DIREITO CIVIL 3

ESQUE
MATI
ZADO

Histórico da Obra

- **1.ª edição:** jan./2014; 2.ª tir., jul./2014
- **2.ª edição:** abr./2015
- **3.ª edição:** fev./2016
- **4.ª edição:** jan./2017
- **5.ª edição:** jan./2018; 2.ª tir., jun./2018
- **6.ª edição:** dez./2018
- **7.ª edição:** jan./2020; 2.ª tir., jul./2020
- **8.ª edição:** dez./2020

Carlos Roberto Gonçalves

Mestre em Direito Civil pela PUC-SP.
Desembargador aposentado do Tribunal de Justiça de São Paulo.
Compõe o Corpo de Árbitros do Centro de Arbitragem e Mediação da FIESP.

DIREITO CIVIL 3

RESPONSABILIDADE CIVIL ▪ DIREITO DE FAMÍLIA ▪ DIREITO DAS SUCESSÕES

Coordenador
Pedro Lenza

ESQUEMATIZADO

8ª edição
2021

saraiva jur

saraiva EDUCAÇÃO | saraiva jur

Av. Paulista, 901, 3º andar
Bela Vista – São Paulo – SP – CEP: 01311-100

SAC | sac.sets@somoseducacao.com.br

Direção executiva	Flávia Alves Bravin
Direção editorial	Renata Pascual Müller
Gerência de projetos e produção editoriais	Fernando Penteado
Planejamento	Josiane de Araujo Rodrigues
Novos projetos	Sergio Lopes de Carvalho Dalila Costa de Oliveira
Edição	Clarissa Boraschi Maria (coord.) Liana Ganiko Brito
Produção editorial	Daniele Debora de Souza (coord.) Daniela Nogueira Secondo
Arte e digital	Mônica Landi (coord.) Camilla Felix Cianelli Chaves Claudirene de Moura Santos Silva Deborah Mattos Guilherme H. M. Salvador Tiago Dela Rosa
Projetos e serviços editoriais	Kelli Priscila Pinto Laura Paraíso Buldrini Filogônio Marília Cordeiro Nicoly Wasconcelos Razuk
Diagramação	Nelson Mitsuhashi
Revisão	Paula Brito
Capa	Aero Comunicação/Danilo Zanott
Produção gráfica	Marli Rampim Sergio Luiz Pereira Lopes
Impressão e acabamento	Edições Loyola

DADOS INTERNACIONAIS DE CATALOGAÇÃO NA PUBLICAÇÃO (CIP)
ANGÉLICA ILACQUA CRB-8/7057

Gonçalves, Carlos Roberto

Direito civil : responsabilidade civil – direito de família – direito das sucessões – v. 3 / Carlos Roberto Gonçalves / coord. Pedro Lenza. – 8. ed. – São Paulo: Saraiva Educação, 2021. (Coleção Esquematizado®)

1322 p.

Bibliografia
ISBN 978-65-5559-041-8 (impresso)

1. Responsabilidade (Direito). 2. Direito civil - Brasil. I. Título. II. Lenza, Pedro.

CDD 340
20-0459 CDU 347(81)

Índice para catálogo sistemático:

1. Direito civil : Brasil

Data de fechamento da edição: 19-10-2020

Dúvidas? Acesse www.editorasaraiva.com.br/direito

CL 606738 CAE 736331

METODOLOGIA ESQUEMATIZADO

Durante o ano de 1999, pensando, naquele primeiro momento, nos alunos que prestariam o exame da OAB, resolvemos criar uma **metodologia** de estudo que tivesse linguagem "fácil" e, ao mesmo tempo, oferecesse o conteúdo necessário à preparação para provas e concursos.

O trabalho foi batizado como ***Direito constitucional esquematizado***. Em nosso sentir, surgia ali uma metodologia **pioneira**, idealizada com base em nossa experiência no magistério e buscando, sempre, otimizar a preparação dos alunos.

A metodologia se materializou nos seguintes "pilares":

- **esquematizado**: a parte teórica é apresentada de forma objetiva, dividida em vários itens e subitens e em parágrafos curtos. Essa estrutura revolucionária rapidamente ganhou a preferência dos concurseiros;
- **superatualizado**: doutrina, legislação e jurisprudência em sintonia com as grandes tendências da atualidade e na linha dos concursos públicos de todo o País;
- **linguagem clara**: a exposição fácil e direta, a leitura dinâmica e estimulante trazem a sensação de que o autor está "conversando" com o leitor;
- **palavras-chave (*keywords*)**: os destaques na cor azul possibilitam a leitura "panorâmica" da página, facilitando a fixação dos principais conceitos. O realce colorido recai sobre os termos que o leitor certamente grifaria com a sua caneta marca-texto;
- **recursos gráficos**: esquemas, tabelas e gráficos favorecem a assimilação e a memorização dos principais temas;
- **questões resolvidas**: ao final de cada capítulo, o assunto é ilustrado com questões de concursos ou elaboradas pelos próprios autores, o que permite conhecer as matérias mais cobradas e também checar o aprendizado.

Depois de muitos anos de **aprimoramento**, o trabalho passou a atingir tanto os candidatos ao **Exame de Ordem** quanto todos aqueles que enfrentam os concursos em geral, sejam das **áreas jurídica** ou **não jurídica**, de **nível superior** ou mesmo os de **nível médio**, assim como os **alunos de graduação** e demais **profissionais**.

Ada Pellegrini Grinover, sem dúvida, anteviu, naquele tempo, a evolução do *Esquematizado*. Segundo a Professora escreveu em 1999, "a obra destina-se, declaradamente, aos candidatos às provas de concursos públicos e aos alunos de graduação, e, por isso mesmo, após cada capítulo, o autor insere questões para aplicação da parte teórica. Mas será útil também aos operadores do direito mais experientes, como fonte de consulta rápida e imediata, por oferecer grande número de informações buscadas em diversos autores, apontando as posições predominantes na doutrina, sem eximir-se de criticar algumas delas e de trazer sua própria contribuição. Da leitura amena surge um livro 'fácil', sem ser reducionista, mas que revela, ao contrário, um grande poder de síntese, difícil de encontrar mesmo em obras de autores mais maduros, sobretudo no campo do direito".

Atendendo ao apelo de "concurseiros" de todo o País, sempre com o apoio incondicional da Editora Saraiva, convidamos professores das principais matérias exigidas nos concursos públicos das *áreas jurídica* e *não jurídica* para compor a **Coleção Esquematizado®**.

Metodologia pioneira, vitoriosa, consagrada, testada e aprovada. **Professores** com larga experiência na área dos concursos públicos. Estrutura, apoio, profissionalismo e *know-how* da **Saraiva Educação**. Sem dúvida, ingredientes indispensáveis para o sucesso da nossa empreitada!

Para o **direito civil**, tivemos a honra de contar com o trabalho de **Carlos Roberto Gonçalves**, que soube, com maestria, aplicar a **metodologia "esquematizado"** à sua vasta e reconhecida trajetória profissional como professor, desembargador aposentado, advogado e autor de consagradas obras.

Carlos Roberto Gonçalves, além de toda a experiência como magistrado de carreira, ministrou aulas de direito civil no Damásio Educacional por mais de 20 anos, ajudando muitos que hoje são juízes, promotores e advogados públicos a realizarem seus sonhos.

O ilustre professor foi pioneiro ao lançar os seus volumes pela Coleção Sinopses Jurídicas da Editora Saraiva, além de ser autor de várias obras pela mesma editora, consagradas no meio acadêmico e profissional (os sete volumes de *Direito civil brasileiro*, *Responsabilidade civil*, entre outras).

O grande desafio, em nossa opinião concretizado com perfeição, foi condensar todo o direito civil em três únicos volumes, cumprindo, assim, o objetivo da coleção.

Não temos dúvida de que este livro contribuirá para "encurtar" o caminho do ilustre e "guerreiro" concurseiro na busca do "sonho dourado"!

Esperamos que a **Coleção Esquematizado®** cumpra o seu papel. Em constante parceria, estamos juntos e aguardamos suas críticas e sugestões.

Sucesso a todos!

Pedro Lenza
Mestre e Doutor pela USP
Visiting Scholar pela Boston College Law School
pedrolenza@terra.com.br
https://twitter.com/pedrolenza
http://instagram.com/pedrolenza
http://www.periscope.tv/pedrolenza
https://www.facebook.com/pedrolenza
https://www.youtube.com/pedrolenza
saraiva jur http://www.saraivajur.com.br/esquematizado

SUMÁRIO

SEGUNDA PARTE

Direito de Família

TERCEIRA PARTE
Direito das Sucessões

PRIMEIRA PARTE

RESPONSABILIDADE CIVIL

1

IDEIAS GERAIS SOBRE A RESPONSABILIDADE CIVIL

1.1. AS VÁRIAS ACEPÇÕES DA RESPONSABILIDADE

A palavra responsabilidade tem sua origem na raiz latina *spondeo*, pela qual se vinculava o devedor, solenemente, nos contratos verbais do direito romano. Dentre as várias acepções existentes, algumas fundadas na doutrina do livre-arbítrio, outras em motivações psicológicas, destaca-se a noção de responsabilidade como aspecto da **realidade social**.

Toda atividade que acarreta **prejuízo** traz em seu bojo, como fato social, o problema da **responsabilidade**. Destina-se ela a restaurar o equilíbrio moral e patrimonial provocado pelo autor do dano. Exatamente o interesse em restabelecer a harmonia e o equilíbrio violados pelo **dano** constitui a fonte geradora da responsabilidade civil. Pode-se afirmar, portanto, que *responsabilidade* exprime ideia de **restauração de equilíbrio**, de contraprestação, de **reparação de dano**. Sendo múltiplas as atividades humanas, **inúmeras** são também as espécies de responsabilidade, que abrangem todos os ramos do direito e extravasam os limites da vida jurídica, para se ligar a todos os domínios da vida social.

Coloca-se, assim, o responsável na situação de quem, por ter violado determinada norma, vê-se exposto às consequências não desejadas decorrentes de sua conduta danosa, podendo ser compelido a **restaurar** o *statu quo ante*.

1.2. DISTINÇÃO ENTRE OBRIGAÇÃO E RESPONSABILIDADE

Obrigação

É o vínculo jurídico que confere ao credor (sujeito ativo) o direito de exigir do devedor (sujeito passivo) o cumprimento de determinada **prestação**. Corresponde a uma relação de natureza pessoal, de crédito e débito, de caráter transitório (extingue-se pelo cumprimento), cujo objeto consiste numa prestação economicamente aferível. A obrigação nasce de diversas **fontes** e deve ser **cumprida** livre e espontaneamente.

Responsabilidade

Quando tal não ocorre e sobrevém o inadimplemento, surge a **responsabilidade**. Não se confundem, pois, *obrigação* e *responsabilidade*. Esta só surge se o devedor não cumpre espontaneamente a primeira. A **responsabilidade** é, pois, a consequência jurídica patrimonial do **descumprimento** da relação obrigacional.

Obrigação "é sempre um dever jurídico originário; *responsabilidade* é um dever jurídico sucessivo, consequente à violação do primeiro. Se alguém se compromete a prestar serviços profissionais a outrem, assume uma obrigação, um dever jurídico originário. Se não cumprir a obrigação (deixar de prestar os serviços), violará o dever jurídico originário, surgindo daí a responsabilidade, o dever de compor o prejuízo causado pelo não cumprimento da obrigação"[1].

A **distinção** entre obrigação e responsabilidade começou a ser feita na Alemanha, discriminando-se, na relação obrigacional, dois momentos distintos:

- o do **débito** (*Schuld*), consistindo na obrigação de realizar a prestação e dependente de ação ou omissão do devedor, e
- o da **responsabilidade** (*Haftung*), em que se faculta ao credor atacar e executar o patrimônio do devedor a fim de obter o pagamento devido ou indenização pelos prejuízos causados em virtude do inadimplemento da obrigação originária na forma previamente estabelecida.

1.3. A IMPORTÂNCIA DO TEMA

A tendência de não deixar irressarcida a vítima de atos ilícitos sobrecarrega os nossos pretórios de ações de indenização das mais variadas espécies. O tema é, pois, de grande atualidade e de enorme importância para o estudioso e para o profissional do direito.

O instituto da responsabilidade civil é parte integrante do **direito obrigacional**, pois a principal consequência da prática de um ato ilícito é a obrigação que acarreta, para o seu autor, de reparar o dano, obrigação esta de natureza **pessoal**, que se resolve em **perdas e danos**.

As **fontes** das obrigações previstas no Código Civil são:

- a **vontade humana** (os contratos, as declarações unilaterais da vontade e os *atos ilícitos*);
- a **vontade do Estado** (a lei).

As obrigações derivadas dos **atos ilícitos** são as que se constituem por meio de ações ou omissões culposas ou dolosas do agente, praticadas com infração a um dever de conduta e das quais resulta dano para outrem. A obrigação que, em consequência, surge é a de **indenizar ou ressarcir** o prejuízo causado.

O **Código Civil de 2002** dedicou poucos dispositivos à responsabilidade civil. Na **Parte Geral**, nos arts. 186, 187 e 188, consignou a regra geral da responsabilidade aquiliana e algumas excludentes. Na **Parte Especial** estabeleceu a regra básica da responsabilidade contratual no art. 389 e dedicou dois capítulos à "obrigação de indenizar" e à "indenização", sob o título **"Da Responsabilidade Civil"**. Repetiu, em grande parte, *ipsis litteris*, alguns dispositivos do diploma de 1916, corrigindo a redação de outros, trazendo, porém, poucas inovações.

---

[1] Sérgio Cavalieri Filho, *Programa de responsabilidade civil*, p. 20.

No campo da responsabilidade civil encontra-se a indagação sobre se o prejuízo experimentado pela vítima deve ou não ser reparado por quem o causou e em que condições e de que maneira deve ser estimado e ressarcido.

Quem pratica um ato, ou incorre numa omissão de que resulte dano, deve suportar as **consequências** do seu procedimento. Trata-se de uma regra elementar de equilíbrio social, na qual se resume, em verdade, o problema da responsabilidade. Vê-se, portanto, que **a responsabilidade é um fenômeno social**[2].

O dano, ou prejuízo, que acarreta a responsabilidade não é apenas o **material**. O direito não deve deixar sem proteção as vítimas de ofensas **morais**.

■ 1.4. DEVER JURÍDICO ORIGINÁRIO E SUCESSIVO

Todo aquele que violar direito e causar dano a outrem comete **ato ilícito** (CC, art. 186). Complementa esse artigo o disposto no art. 927, que diz: "Aquele que, por ato ilícito (arts. 186 e 187), causar dano a outrem, fica obrigado a repará-lo". A responsabilidade civil tem, pois, como um de seus pressupostos a violação do dever jurídico e o dano. Há um **dever jurídico originário**, cuja violação gera um **dever jurídico sucessivo** ou secundário, que é o de indenizar o prejuízo.

Responsabilidade civil é, assim, um **dever jurídico sucessivo** que surge para recompor o dano decorrente da violação de um dever jurídico **originário**. Destarte, toda conduta humana que, violando dever jurídico originário, causa prejuízo a outrem é fonte geradora de responsabilidade civil[3].

■ 1.5. A RESPONSABILIDADE CIVIL NOS PRIMEIROS TEMPOS E SEU DESENVOLVIMENTO

■ 1.5.1. Direito romano

A responsabilidade civil se assenta, segundo a teoria clássica, em três **pressupostos**:

- um **dano**;
- a **culpa** do autor; e
- a **relação de causalidade** entre o fato culposo e o mesmo dano[4].

Nos primórdios da humanidade, entretanto, não se cogitava do fator culpa. O dano provocava a reação imediata, instintiva e brutal do ofendido. Não havia regras nem limitações. Não imperava, ainda, o direito. Dominava, então, "a **vingança privada**"[5].

Sucede esse período o da **composição**. O prejudicado passa a perceber as vantagens e conveniências da substituição da vindita, que gera a vindita, pela **compensação**

---

2 Afrânio Lyra, *Responsabilidade civil*, p. 30.

3 Sérgio Cavalieri Filho, *Programa*, cit., p. 20, n. 1.1.

4 André Besson, *La notion de garde dans la responsabilité du fait des choses*, p. 5.

5 Alvino Lima, *Da culpa ao risco*, São Paulo, 1938, p. 10.

econômica. Aí, informa Alvino Lima, a vingança é substituída pela composição a critério da vítima, mas subsiste como fundamento ou forma de reintegração do dano sofrido[6]. Ainda não se cogitava da culpa.

Num estágio mais avançado, quando já existe uma soberana autoridade, o legislador veda à vítima fazer justiça pelas próprias mãos. A **composição econômica**, de voluntária que era, passa a ser obrigatória, e, ao demais disso, **tarifada**. É quando, então, o ofensor paga um tanto por membro roto, por morte de um homem livre ou de um escravo, surgindo, em consequência, as mais esdrúxulas tarifações, antecedentes históricos das nossas **tábuas de indenizações preestabelecidas** por acidentes do trabalho[7]. É a época do Código de Ur-Nammu, do Código de Manu e da Lei das XII Tábuas.

A diferenciação entre a **"pena"** e a **"reparação"**, entretanto, somente começou a ser esboçada ao tempo dos **romanos**, com a distinção entre os delitos públicos (ofensas mais graves, de caráter perturbador da ordem) e os delitos privados. Nos delitos públicos, a pena econômica imposta ao réu deveria ser recolhida aos cofres públicos, e, nos delitos privados, a pena em dinheiro cabia à vítima.

O Estado assumiu assim, ele só, a função de punir. Quando a ação repressiva passou para o Estado, surgiu a **ação de indenização**. A responsabilidade civil tomou lugar ao lado da responsabilidade penal[8].

É na **Lei Aquília** que se esboça, afinal, um princípio geral regulador da reparação do dano. Embora se reconheça que não continha ainda "uma regra de conjunto, nos moldes do direito moderno", era, sem nenhuma dúvida, o germe da jurisprudência clássica com relação à injúria, e "fonte direta da moderna concepção da **culpa aquiliana**, que tomou da Lei Aquília o seu nome característico"[9].

■ 1.5.2. Direito francês

O direito francês, aos poucos, estabeleceu certos **princípios**, que exerceram sensível influência nos outros povos, promovendo a generalização do princípio aquiliano: *in lege Aquilia et levíssima culpa venit*[10], ou seja, o de que a culpa, **ainda que levíssima**, obriga a indenizar.

A noção da **culpa** *in abstracto* e a distinção entre **culpa delitual e culpa contratual** foram inseridas no Código Napoleão, inspirando a redação dos arts. 1.382 e 1.383. A responsabilidade civil se funda na **culpa** — foi a definição que partiu daí para inserir-se na legislação de todo o mundo[11]. Daí por diante observou-se a extraordinária tarefa dos tribunais franceses, atualizando os textos e estabelecendo uma jurisprudência digna dos maiores encômios.

---

6 *Da culpa*, cit., p. 11.

7 Wilson Melo da Silva, *Responsabilidade sem culpa e socialização do risco*, p. 40.

8 Mazeaud e Mazeaud, *Traité théorique et pratique de la responsabilité civile, délictuelle et contractuelle*, t. 1, n. 19.

9 Aguiar Dias, *Da responsabilidade civil*, 10. ed., p. 18, n. 10.

10 Mazeaud e Mazeaud, *Traité*, cit., n. 36, p. 48.

11 Aguiar Dias, *Da responsabilidade civil*, cit., 10. ed., p. 20, n. 11.

1.5.3. Direito brasileiro

O Código Civil de 1916 filiou-se à teoria **subjetiva**, que exige prova de culpa ou dolo do causador do dano para que seja obrigado a repará-lo. Em alguns poucos casos, porém, **presumia a culpa** do lesante (arts. 1.527, 1.528, 1.529, dentre outros).

Nos últimos tempos ganhou terreno a chamada **teoria do risco**, que, sem substituir a teoria da culpa, cobre muitas hipóteses em que o apelo às concepções tradicionais se revela insuficiente para a proteção da vítima[12]. A responsabilidade é encarada sob o aspecto **objetivo**: o operário, vítima de acidente do trabalho, tem sempre direito à indenização, **haja ou não culpa do patrão ou do acidentado**. O patrão indeniza, não porque tenha culpa, mas porque é o dono da maquinaria ou dos instrumentos de trabalho que provocaram o infortúnio[13].

A **responsabilidade objetiva** funda-se num princípio de **equidade**, existente desde o direito romano: aquele que lucra com uma situação deve responder pelo risco ou pelas desvantagens dela resultantes (*ubi emolumentum, ibi onus; ubi commoda, ibi incommoda*). Quem aufere os cômodos (ou lucros) deve suportar os incômodos (ou riscos).

Conforme assinala Ripert, mencionado por Washington de Barros Monteiro, a tendência atual do direito manifesta-se no sentido de substituir a ideia da responsabilidade pela ideia da reparação, a ideia da culpa pela ideia do risco, a responsabilidade subjetiva pela responsabilidade objetiva[14].

A realidade, entretanto, é que se tem procurado fundamentar a responsabilidade na ideia de culpa, mas, sendo esta insuficiente para atender às imposições do progresso, tem o legislador fixado os casos especiais em que deve ocorrer a obrigação de reparar, independentemente daquela noção. É o que acontece no direito brasileiro, **que se manteve fiel à teoria subjetiva** nos arts. 186 e 927 do Código Civil. Para que haja responsabilidade, é preciso que haja culpa. A reparação do dano tem como pressuposto a prática de um ato ilícito. Sem prova de culpa, inexiste a obrigação de reparar o dano.

Entretanto, em outros dispositivos e mesmo em leis esparsas, adotaram-se os **princípios da responsabilidade objetiva**, como nos arts. 936 e 937, que tratam, respectivamente, de responsabilidade do dono do animal e do dono do edifício em ruína; como nos arts. 938, 927, parágrafo único, 933 e 1.299, que assim responsabilizam, respectivamente, o habitante da casa de onde caírem ou forem lançadas coisas em lugar indevido, aquele que assume o risco do exercício de atividade potencialmente perigosa, os pais, empregadores e outros, e os proprietários em geral por danos causados a vizinhos.

A par disso, temos o Código Brasileiro de Aeronáutica, a Lei de Acidentes do Trabalho e outros diplomas em que se mostra nítida a adoção, pelo legislador, da responsabilidade objetiva.

---

12 João Batista Lopes, Perspectivas atuais da responsabilidade civil, *RJTJSP*, 57/14.

13 Washington de Barros Monteiro, *Curso de direito civil,* v. 5, p. 416.

14 Ripert, *O regime democrático e o direito civil moderno,* p. 333 e 361, apud Washington de Barros Monteiro, *Curso*, cit., v. 5.

O **Código Civil de 2002** mantém o princípio da **responsabilidade com base na culpa** (art. 927), definindo o ato ilícito no art. 186, *verbis*:

> "Aquele que, por ação ou omissão voluntária, negligência ou imprudência, violar direito e causar dano a outrem, ainda que exclusivamente moral, comete ato ilícito".

No art. 927, depois de estabelecer, no *caput*, que "aquele que, por ato ilícito (arts. 186 e 187), causar dano a outrem, é obrigado a repará-lo", dispõe, refletindo a moderna tendência, no parágrafo único, *verbis*:

> "Haverá obrigação de reparar o dano, **independentemente de culpa**, nos casos especificados em lei, ou quando a atividade normalmente desenvolvida pelo autor do dano implicar, por sua natureza, **risco** para os direitos de outrem".

Adota, assim, solução mais avançada e mais rigorosa que a do direito italiano, que lhe serviu de modelo, também acolhendo a teoria do exercício de atividade perigosa e o princípio da **responsabilidade independentemente de culpa** nos casos especificados em lei, **a par da responsabilidade subjetiva como regra geral**, não prevendo, porém, a possibilidade de o agente, mediante a inversão do ônus da prova, exonerar-se da responsabilidade se provar que adotou todas as medidas aptas a evitar o dano.

Na busca dos fundamentos da responsabilidade civil, fala-se, hoje, em responsabilidade decorrente do risco-proveito, do risco criado, do risco profissional, do risco da empresa e de se recorrer à mão de obra alheia etc. Quem **cria os riscos** deve responder pelos eventuais danos aos usuários ou consumidores.

Tal posicionamento mostra uma mudança de ótica: da preocupação em julgar a conduta do agente passou-se à preocupação em julgar o dano em si mesmo, em sua ilicitude ou injustiça. A propósito, enfatiza Jorge Mosset Iturraspe que "a última década do século XX nos mostra, juntamente com o avanço dos **critérios objetivos**, o desenvolvimento de fórmulas modernas de cobertura do risco, através da garantia coletiva do seguro obrigatório, com ou sem limites máximos de indenização"[15].

■ 1.6. CULPA E RESPONSABILIDADE

O Código Civil francês, em que se inspirou o legislador pátrio na elaboração dos arts. 159 e 1.518 do nosso diploma civil de 1916, correspondentes, respectivamente, aos arts. 186 e 942 do atual, alude à ***faute*** como fundamento do dever de reparar o dano (art. 1.382: "Tout fait quelconque de l'homme qui cause à autrui un dommage oblige celui par la **faute** duquel il est arrivé à le réparer").

Devido à sua ambiguidade, o termo *faute* (falta ou erro) gerou muita discussão entre os franceses. Em geral, adota-se o critério objetivo na definição da culpa, comparando o comportamento do agente a um tipo abstrato, o ***bonus paterfamilias***. Se, da comparação entre a conduta do agente causador do dano e o comportamento de

[15] Jorge Mosset Iturraspe, *Responsabilidad civil*, p. 29-30.

um **homem médio**, fixado como padrão (que seria normal), resultar que o dano derivou de uma **imprudência, imperícia** ou **negligência** do primeiro — nos quais não incorreria o homem-padrão, criado *in abstracto* pelo julgador —, caracteriza-se a **culpa**[16].

O legislador pátrio, contornando a discussão sobre o vocábulo *faute*, preferiu valer-se da noção de **ato ilícito** como causa da responsabilidade civil. Assim, o art. 186 do Código Civil brasileiro define o que se entende por comportamento culposo do agente causador do dano: "ação ou omissão voluntária, negligência ou imprudência". Em consequência, fica o agente obrigado a **reparar** o dano.

É consenso geral de que não se pode prescindir, para a correta conceituação de culpa, dos elementos **"previsibilidade"** e comportamento do ***homo medius***. Só se pode, com efeito, cogitar de culpa quando o evento é previsível. Se, ao contrário, é imprevisível, não há cogitar de culpa.

O art. 186 do Código Civil pressupõe sempre a existência de culpa ***lato sensu***, que abrange o **dolo** (pleno conhecimento do mal e perfeita intenção de praticá-lo), e a culpa ***stricto sensu*** ou **aquiliana** (violação de um dever que o agente podia conhecer e observar, segundo os padrões de comportamento médio)[17]. Veja-se:

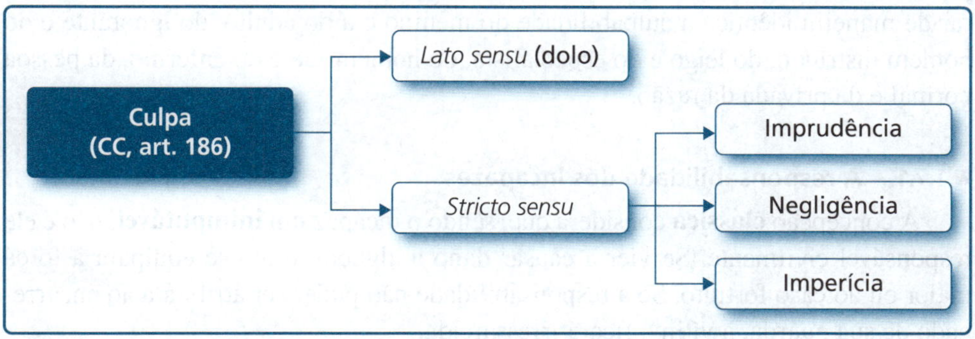

A **imprevidência** do agente, que dá origem ao resultado lesivo, pode apresentar-se, com efeito, sob as seguintes formas: imprudência, negligência ou imperícia.

- **Imprudência** — A conduta imprudente consiste em agir o sujeito sem as cautelas necessárias, com açodamento e arrojo, e implica sempre pequena consideração pelos interesses alheios.
- **Negligência** — O termo "negligência", usado no art. 186, é amplo e abrange a ideia de **imperícia**, pois possui um sentido lato de omissão ao cumprimento de um dever. É a falta de atenção, a ausência de reflexão necessária, uma espécie de preguiça psíquica, em virtude da qual deixa o agente de prever o resultado que podia e devia ser previsto.

16 Silvio Rodrigues, *Direito civil*, v. 4, p. 148, n. 53.

17 Washington de Barros Monteiro, *Curso*, cit., p. 375, n. 156.

- **Imperícia** — Consiste sobretudo na inaptidão técnica, na ausência de conhecimentos para a prática de um ato, ou omissão de providência que se fazia necessária; é, em suma, a culpa profissional[18].

O **previsível** da culpa se mede pelo grau de atenção exigível do *homo medius*. A *obligatio ad diligentiam* é aferida pelo **padrão médio de comportamento**, um grau de diligência considerado normal, de acordo com a sensibilidade ético-social.

Impossível, pois, estabelecer um critério apriorístico geral válido. Na verdade, a culpa não se presume e deve ser apurada no exame de cada caso concreto.

1.7. IMPUTABILIDADE E RESPONSABILIDADE

Pressupõe o art. 186 do Código Civil o elemento **imputabilidade**, ou seja, a existência, no agente, da livre-determinação de vontade. Para que alguém pratique um ato ilícito e seja obrigado a reparar o dano causado, é necessário que tenha capacidade de **discernimento**. Em outras palavras, aquele que não pode querer e entender não incorre em culpa e, *ipso facto*, não pratica ato ilícito.

Já lembrava Savatier[19] que **quem diz culpa diz imputabilidade**. E que um dano previsível e evitável para uma pessoa pode não ser para outra, sendo iníquo considerar de maneira idêntica a culpabilidade do menino e a do adulto, do ignorante e do homem instruído, do leigo e do especialista, do homem são e do enfermo, da pessoa normal e da privada da razão.

1.7.1. A responsabilidade dos incapazes

A concepção **clássica** considera que, sendo o incapaz um **inimputável**, não é ele responsável civilmente. Se vier a causar dano a alguém, o ato se equipara à força maior ou ao caso fortuito. Se a responsabilidade não puder ser atribuída ao encarregado de sua guarda, a vítima ficará irressarcida.

Para alguns, a solução é injusta, principalmente nos casos em que o incapaz é abastado e a vítima fica ao desamparo. O Código de 1916 silenciava a respeito. Na doutrina, entendiam alguns, como Clóvis Beviláqua e Spencer Vampré, que o incapaz devia ser responsabilizado, porque o art. 159 do referido diploma não fazia nenhuma distinção: "Aquele que... causar prejuízo... fica obrigado a reparar o dano".

Acabou prevalecendo, entretanto, a opinião expendida por Alvino Lima: "Quando no art. 159 [*correspondente ao art. 186 do atual diploma*] se fala em ação ou omissão voluntária, ou quando se refere à negligência ou imprudência, está clara e implicitamente exigido **o uso da razão**, da vontade esclarecida. Há, aí, positivamente, a exigência de que na origem do ato ilícito esteja a vontade esclarecida do agente"[20].

---

18 José Frederico Marques, *Tratado de direito penal*, v. 2, p. 212, n. 7.

19 *Traité*, cit., n. 195, p. 246.

20 *Da culpa*, cit., p. 181.

Entretanto, pessoas desprovidas de discernimento geralmente têm um **curador**, incumbido de sua guarda ou vigilância. E o art. 1.521, II, do Código Civil de 1916 responsabilizava o curador pelos atos dos curatelados que estivessem sob sua guarda, salvo se provasse que não houve negligência de sua parte (art. 1.523). Se a responsabilidade, entretanto, não pudesse ser atribuída à pessoa incumbida de sua guarda ou vigilância, **ficaria a vítima irressarcida**, da mesma maneira que ocorria na hipótese de caso fortuito.

Aguiar Dias, entretanto, chegou a afirmar que, "se a pessoa privada de discernimento não está sob o poder de ninguém, responderão **seus próprios bens** pela reparação, como já fizemos sentir. A reparação do dano causado por pessoas nessas condições se há de resolver fora dos quadros da culpa"[21].

Assimilando a melhor orientação já vigente nos diplomas civis de diversos países, o Código Civil de 2002 substituiu o princípio da irresponsabilidade absoluta da pessoa privada de discernimento pelo princípio da responsabilidade **mitigada e subsidiária**, dispondo no art. 928:

> "O incapaz responde pelos prejuízos que causar, se as pessoas por ele responsáveis não tiverem obrigação de fazê-lo ou não dispuserem de meios suficientes.
>
> Parágrafo único. A indenização prevista neste artigo, que deverá ser equitativa, não terá lugar se privar do necessário o incapaz ou as pessoas que dele dependem".

Desse modo, se a vítima não conseguir receber a indenização da pessoa encarregada de sua guarda, poderá o juiz, mas somente se o incapaz for abastado, condená-lo ao pagamento de uma indenização **equitativa**.

Observe-se que, pelo sistema do Código Civil de 2002, a vítima somente não será indenizada pelo **curador** se este **não tiver patrimônio suficiente** para responder pela obrigação. Não se admite, mais, que dela se exonere, provando que não houve negligência de sua parte. O art. 933 do atual diploma prescreve, com efeito, que as pessoas indicadas nos incs. I a V do artigo antecedente (pais, tutores, curadores, empregadores, donos de hotéis e os que gratuitamente houverem participado nos produtos do crime) responderão pelos atos praticados pelos terceiros ali referidos, **"ainda que não haja culpa de sua parte"**.

A afirmação de que o incapaz responde pelos prejuízos que causar, se as pessoas por ele responsáveis "não tiverem obrigação de fazê-lo", **tornou-se inócua** em razão da modificação da redação do art. 928, *caput*, retrotranscrito, ocorrida na fase final da tramitação do Projeto do atual Código Civil no Congresso Nacional. O texto original responsabilizava tais pessoas por culpa presumida, como também o fazia o diploma de 1916, permitindo que se exonerassem da responsabilidade, provando que foram diligentes. A inserção, na última hora, da responsabilidade objetiva, **independentemente de culpa**, no art. 933 do novo Código, **não mais permite tal exoneração**.

---

21 *Da responsabilidade*, cit., t. 2, p. 439-440 e 574, nota 932.

Desse modo, como dito anteriormente, a vítima somente não será indenizada pelo curador se este **não tiver patrimônio suficiente** para responder pela obrigação.

O referido sistema sofreu profunda alteração, introduzida pela Lei n. 13.146, de 6 de julho de 2015, denominada "Estatuto da Pessoa com Deficiência", considerando o deficiente, o enfermo ou o excepcional pessoas plenamente capazes. A referida lei revogou expressamente os incs. II e III do art. 3º do Código Civil, que consideravam absolutamente incapazes os que, "por enfermidade ou deficiência mental, não tiverem o necessário discernimento para a prática desses atos" e os que, "mesmo por causa transitória, não puderem exprimir sua vontade". Revogou também a parte final do inc. II do art. 4º, que definia como relativamente incapazes os que, "por deficiência mental, tenham o discernimento reduzido" e deu nova redação ao inc. III, afastando "os excepcionais, sem desenvolvimento mental completo" da condição de incapazes.

As pessoas mencionadas nos dispositivos revogados, sendo agora "capazes", **salvo se não puderem exprimir a sua vontade** (CC, art. 4º, III, como causa permanente), responderão pela indenização com os seus próprios bens, afastada a responsabilidade subsidiária prevista no mencionado art. 928 do Código Civil. Mesmo que, "quando necessário", sejam interditadas e tenham um curador, como o permite o art. 84, § 1º, da retromencionada Lei n. 13.146/2015.

■ 1.7.2. A responsabilidade dos menores

O atual Código estabelece o limite da menoridade em 18 anos completos, permitindo que os pais emancipem os filhos menores que completarem 16 anos de idade. No art. 928, retrotranscrito, refere-se ao **"incapaz"** de forma geral, abrangendo tanto "aqueles que, por causa transitória ou permanente não puderem exprimir sua vontade" como os **"menores de 18 anos" (CC, arts. 3º e 4º)**, que passam a ter agora, por força da mencionada Lei n. 13.146/2015, responsabilidade **mitigada e solidária**, como já se afirmou.

Em primeiro lugar, a obrigação de indenizar cabe às pessoas **responsáveis** pelo incapaz (amental ou menor de 18 anos). Este só será responsabilizado se aquelas **não dispuserem de meios suficientes** para o pagamento. Mas a indenização, nesse caso, que deverá ser **equitativa**, não terá lugar se **privar do necessário** o incapaz, ou as pessoas que dele dependem.

Não mais se admite que os responsáveis pelo menor, pais e tutores, exonerem-se da obrigação de indenizar, provando que não foram negligentes na guarda, porque, como já mencionado, o art. 933 do atual diploma dispõe que a responsabilidade dessas pessoas **independe de culpa**.

Se os pais emancipam o filho, voluntariamente, a **emancipação** produz todos os efeitos naturais do ato, **menos o de isentar os primeiros da responsabilidade** pelos atos ilícitos praticados pelo segundo, como proclama a jurisprudência. Tal não acontece quando a emancipação decorre do casamento ou das outras causas previstas no art. 5º, parágrafo único, do Código Civil.

■ 1.8. RESUMO

IDEIAS GERAIS SOBRE RESPONSABILIDADE CIVIL	
INTRODUÇÃO	■ A teoria da responsabilidade civil integra o direito obrigacional, pois a principal consequência da prática de um ato ilícito é a obrigação que acarreta, para seu autor, de reparar o dano, obrigação esta de natureza pessoal, que se resolve em perdas e danos.
CULPA E RESPONSABILIDADE	■ A responsabilidade civil, tradicionalmente, baseia-se na ***ideia de culpa***. O art. 186 do CC define o que entende por comportamento culposo: "ação ou omissão voluntária, negligência ou imprudência". Em consequência, fica o agente obrigado a reparar o dano (art. 927). ■ Nos últimos tempos vem ganhando terreno a chamada ***teoria do risco***, que, sem substituir a teoria da culpa, cobre muitas hipóteses em que esta se revela insuficiente para a proteção da vítima. A responsabilidade seria encarada sob o aspecto objetivo: o agente indeniza não porque tenha culpa, mas porque é o proprietário do bem ou o responsável pela atividade que provocou o dano.
IMPUTABILIDADE E RESPONSABILIDADE	■ **A responsabilidade dos incapazes** O CC/2002 substituiu o princípio da irresponsabilidade absoluta da pessoa privada de discernimento pelo princípio da responsabilidade ***mitigada e subsidiária*** (art. 928). Se a vítima não conseguir receber a indenização do curador (art. 932, II), poderá o juiz, mas somente se o incapaz for abastado, condená-lo ao pagamento de uma indenização **equitativa**. ■ **A responsabilidade dos menores** A obrigação de indenizar cabe às pessoas responsáveis pelo menor (art. 932, I e II). Este só será responsabilizado se aquelas não dispuserem de meios suficientes para o pagamento. Mas a indenização, que deverá ser equitativa, não terá lugar se privar o menor do necessário (art. 928).

2

ESPÉCIES DE RESPONSABILIDADE

2.1. RESPONSABILIDADE CIVIL E RESPONSABILIDADE PENAL

A palavra "responsabilidade" origina-se do latim *respondere*, que encerra a ideia de segurança ou garantia da restituição ou compensação do bem sacrificado. Teria, assim, o significado de recomposição, de obrigação de restituir ou **ressarcir**.

Entre os romanos não havia nenhuma distinção entre responsabilidade civil e responsabilidade penal. Tudo, inclusive a compensação pecuniária, não passava de uma pena imposta ao causador do dano. A *Lex Aquilia* começou a fazer uma leve distinção: embora a responsabilidade continuasse sendo penal, a **indenização pecuniária** passou a ser a única forma de sanção nos casos de atos lesivos não criminosos[1].

Discorrendo a respeito da distinção entre responsabilidade civil e responsabilidade penal, escreveu Aguiar Dias: "Para efeito de punição ou da reparação, isto é, para aplicar uma ou outra forma de restauração da ordem social é que se distingue: a sociedade toma à sua conta aquilo que a atinge diretamente, **deixando ao particular a ação para restabelecer-se**, à custa do ofensor, no *statu quo* anterior à ofensa"[2].

Quando ocorre uma colisão de veículos, por exemplo, o fato pode acarretar a **responsabilidade civil** do culpado, que será obrigado a pagar as despesas com o conserto do outro veículo e todos os danos causados. Mas poderá acarretar, também, a sua **responsabilidade penal**, se causou ferimentos em alguém e se se configurou o crime do art. 129, § 6º, ou o do art. 121, § 3º, do Código Penal. Isso significa que uma ação, ou uma omissão, pode acarretar a responsabilidade civil do agente, ou apenas a responsabilidade penal, ou **ambas** as responsabilidades.

Vejamos as **principais diferenças** entre a responsabilidade civil e a responsabilidade penal:

- **Primeira** — No caso da responsabilidade **penal**, o agente infringe uma norma de direito público. O interesse lesado é o da **sociedade**. Na responsabilidade **civil**, o interesse diretamente lesado é o **privado**. O prejudicado poderá pleitear ou não a reparação.

---

1 Cunha Gonçalves, *Tratado de direito civil*, v. 12, t. 2, p. 456 e 563.

2 *Da responsabilidade*, cit., 10. ed., p. 8, n. 5.

- **Segunda** — A responsabilidade **penal** é **pessoal**. Responde o réu com a privação de sua liberdade. A responsabilidade **civil**, todavia, é **patrimonial**: é o patrimônio do devedor que responde por suas obrigações. Ninguém pode ser preso por dívida civil, exceto o devedor de pensão oriunda do direito de família. Desse modo, se o causador do dano e obrigado a indenizar não tiver bens que possam ser penhorados, a vítima permanecerá irressarcida.
- **Terceira** — A responsabilidade **penal** é, também, **intransferível**. Somente o autor do crime pode ser responsabilizado. No cível, no entanto, há várias hipóteses de responsabilidade por ato de outrem (o pai responde pelo ato do filho menor, o empregador pelo ato do empregado etc.).
- **Quarta** — **A tipicidade** é um dos requisitos genéricos do crime. É necessário que haja perfeita adequação do fato concreto ao tipo penal. No **cível**, no entanto, qualquer ação ou omissão pode gerar a responsabilidade civil, desde que viole direito e cause prejuízo a outrem (CC, art. 186).
- **Quinta** — Também a **culpabilidade** é bem mais ampla na área **civil**, segundo a regra *in lege Aquilia et levissima culpa venit* (no cível, a culpa, ainda que levíssima, obriga a indenizar). Na esfera **criminal** nem toda culpa acarreta a condenação do réu, pois se exige que tenha certo grau ou intensidade. Conceitualmente, a culpa civil e a culpa penal são iguais, pois têm os mesmos elementos. A diferença é apenas de grau ou de critério de aplicação da lei, pois o juiz criminal é mais exigente, não vislumbrando infração em caso de culpa levíssima.
- **Sexta** — A **imputabilidade** também é tratada de modo diverso. Somente os maiores de 18 anos são responsáveis, civil e criminalmente, por seus atos. Admite-se, porém, **no cível**, que os menores de 18 anos sejam também responsabilizados, de modo **equitativo**, se as pessoas encarregadas de sua guarda ou vigilância não puderem fazê-lo, desde que não fiquem privados do necessário (CC, art. 928, parágrafo único). Na esfera criminal, estão sujeitos apenas às medidas de proteção e socioeducativas do Estatuto da Criança e do Adolescente.

2.2. RESPONSABILIDADE CONTRATUAL E RESPONSABILIDADE EXTRACONTRATUAL

Uma pessoa pode causar prejuízo a outrem por descumprir uma **obrigação contratual**. Por exemplo: quem toma um ônibus tacitamente celebra um contrato, chamado contrato de adesão, com a empresa de transporte. Esta, implicitamente, assume a obrigação de conduzir o passageiro ao seu destino, são e salvo. Se, no trajeto, ocorre um acidente e o passageiro fica ferido, dá-se o inadimplemento contratual, que acarreta a responsabilidade de indenizar as **perdas e danos**, nos termos do art. 389 do Código Civil.

Acontece o mesmo quando o comodatário não devolve a coisa emprestada porque, por sua culpa, ela pereceu; com o ator, que não comparece para dar o espetáculo contratado. Enfim, com todas as espécies de **contratos não adimplidos**.

Quando a responsabilidade não deriva de contrato, diz-se que ela é **extracontratual**. Nesse caso, aplica-se o disposto no art. 186 do Código Civil. Todo aquele que causa dano a outrem, por culpa em sentido estrito ou dolo, fica obrigado a repará-lo. É a responsabilidade derivada de ilícito extracontratual, também chamada **aquiliana**.

Na responsabilidade **extracontratual**, o agente infringe um **dever legal**, e, na **contratual**, descumpre o avençado, tornando-se **inadimplente**. Nesta, existe uma convenção prévia entre as partes que não é cumprida. Na responsabilidade extracontratual, nenhum vínculo jurídico existe entre a vítima e o causador do dano, quando este pratica o ato ilícito.

O Código Civil distinguiu as duas espécies de responsabilidade, disciplinando genericamente a responsabilidade **extracontratual** nos arts. 186 a 188 e 927 a 954; e a **contratual** nos arts. 389 e s. e 395 e s.

■ 2.2.1. Tese unitária e tese dualista

Há quem critique a dualidade de tratamento. São os adeptos da tese **unitária** ou **monista**, que entendem pouco importar os aspectos sob os quais se apresente a responsabilidade civil no cenário jurídico, pois uniformes são os seus efeitos.

De fato, basicamente as soluções são idênticas para os dois aspectos. Tanto em um como em outro caso, o que se requer, em essência, para a configuração da responsabilidade são estas três condições: o **dano**, o **ato ilícito** e a **causalidade**, isto é, o nexo de causa e efeito entre os primeiros elementos[3]. Essa convicção é, hoje, dominante na doutrina.

Nos códigos de diversos países, inclusive no Brasil, tem sido, contudo, acolhida a tese **dualista** ou **clássica**, embora largamente combatida. Há, com efeito, aspectos privativos, tanto da responsabilidade contratual como da responsabilidade extracontratual, que exigem regulamentação própria. É o caso típico da exceção do contrato não cumprido (*exceptio non adimpleti contractus*) e da chamada "condição resolutiva tácita", nos contratos sinalagmáticos (respectivamente, arts. 476 e 475 do CC), e o que ocorre com as omissões e com os casos de responsabilidade pelo fato de outrem, no domínio da responsabilidade extracontratual[4].

■ 2.2.2. Principais diferenças entre a responsabilidade contratual e a extracontratual

Pelos aspectos práticos que a distinção oferece, será observada nesta obra a concepção dualista. Vejamos, assim, quais as **diferenciações** geralmente apontadas entre as duas espécies de responsabilidade.

■ **Primeira** — A primeira, e talvez mais significativa diferença, diz respeito ao **ônus da prova**. Na responsabilidade **contratual**, o inadimplemento **presume-se culposo**. O credor lesado encontra-se em posição mais favorável, pois só está obrigado

---

3 Aguiar Dias, *Da responsabilidade*, cit., 10. ed., p. 124, n. 67.

4 Antunes Varela, *A responsabilidade no direito*, p. 11.

a demonstrar que a prestação foi descumprida, sendo presumida a culpa do inadimplente (caso do passageiro de um ônibus que fica ferido em colisão deste com outro veículo) por ser contratual (contrato de adesão) a responsabilidade do transportador, que assume, ao vender a passagem, a obrigação de transportar o passageiro são e salvo a seu destino (cláusula de incolumidade). Na responsabilidade **extracontratual**, ao lesado inadimplente incumbe o **ônus de provar culpa ou dolo** do causador do dano (caso do pedestre que é atropelado por veículo particular e tem o ônus de provar a imprudência do condutor).

■ **Segunda** — Diz respeito às **fontes de que promanam**. Enquanto a **contratual** tem a sua origem na **convenção**, a **extracontratual** a tem na inobservância do dever genérico de não lesar, de **não causar dano** a ninguém (*neminem laedere*), estatuído no art. 186 do Código Civil.

■ **Terceira** — Refere-se à **capacidade do agente** causador do dano. Josserand[5] entende que a capacidade sofre **limitações no terreno da responsabilidade simplesmente contratual**, sendo mais ampla no campo da responsabilidade extracontratual. A convenção exige agentes **plenamente capazes** ao tempo de sua celebração, sob pena de nulidade e de não produzir efeitos indenizatórios. De acordo com o Código Civil, o menor de 18 anos é, em princípio, irresponsável, mas poderá responder pelos prejuízos que causar. No campo contratual, esse mesmo menor somente se vinculará se celebrar a convenção devidamente representado ou assistido por seu representante legal, salvo se, já tendo 16 anos, maliciosamente declarou-se maior (art. 180). Razão assiste, pois, a Josserand quando considera a capacidade jurídica bem mais restrita na responsabilidade contratual do que na derivada de atos ilícitos, porque estes podem ser perpetrados por amentais e por menores e podem gerar o dano indenizável, ao passo que somente as pessoas plenamente capazes são suscetíveis de celebrar convenções válidas.

■ **Quarta** — Concerne à **gradação da culpa**. Em regra, a responsabilidade, seja extracontratual (art. 186), seja contratual (arts. 389 e 392), funda-se na culpa. A obrigação de indenizar, tratando-se de delito, deflui da lei, que vale *erga omnes*. Consequência disso seria que, na responsabilidade **delitual**, a falta se apuraria de maneira mais rigorosa, alcançando a culpa leve e a **levíssima**, enquanto na responsabilidade **contratual** ela variaria de intensidade de conformidade com os diferentes casos, sem contudo alcançar aqueles extremos a que se pudesse chegar na hipótese de culpa aquiliana, em que vige o princípio do *in lege Aquilia et levissima culpa venit* (no cível, a culpa levíssima obriga a indenizar).

Decidiu o Superior Tribunal de Justiça que o prazo aplicável à responsabilidade contratual deve ser o de dez anos, e não de três, como na responsabilidade extracontratual, *verbis*: "Inaplicabilidade do art. 206, § 3º, V, do Código Civil. Subsunção à regra geral do art. 205, do Código Civil, salvo existência de previsão expressa de prazo diferenciado"[6].

---

5 *Derecho civil*, v. 1, p. 343, n. 455.

6 STJ, Corte Especial, EREsp 1.281.594-SP, j. 23-5-2019, rel. Min. Felix Fischer.

■ 2.3. RESPONSABILIDADE SUBJETIVA E RESPONSABILIDADE OBJETIVA

■ Responsabilidade subjetiva

Em face da teoria clássica, a culpa era fundamento da responsabilidade. Essa teoria, também chamada de teoria da culpa, ou **"subjetiva"**, pressupõe a **culpa** como fundamento da responsabilidade civil. Não havendo culpa, não há responsabilidade. Diz-se, pois, ser "subjetiva" a responsabilidade quando se esteia na ideia de culpa. A **prova da culpa** do agente passa a ser pressuposto necessário do dano indenizável. Nessa concepção, a responsabilidade do causador do dano somente se configura se agiu com dolo ou culpa.

■ Responsabilidade objetiva

A lei impõe, entretanto, a certas pessoas, em determinadas situações, a reparação de um dano cometido, **independentemente** de culpa. Quando isso acontece, diz-se que a responsabilidade é legal ou **"objetiva"**, porque prescinde da culpa e se satisfaz apenas com o **dano** e o **nexo de causalidade**. Essa teoria, dita objetiva, ou do risco, tem como postulado que todo dano é indenizável e deve ser reparado por quem a ele se liga por um nexo de causalidade, independentemente de culpa[7].

RESPONSABILIDADE SUBJETIVA	RESPONSABILIDADE OBJETIVA
■ Esteia-se na ideia de culpa. A prova da culpa do agente é pressuposto necessário do dano indenizável	■ Independe de culpa. Indispensável é a relação de causalidade entre a ação e o dano

A classificação corrente e tradicional, pois, denomina **objetiva** a responsabilidade que **independe de culpa**. Esta pode ou não existir, mas será sempre irrelevante para a configuração do dever de indenizar. Indispensável será a **relação de causalidade** entre a ação e o dano, uma vez que, mesmo no caso de responsabilidade objetiva, não se pode acusar quem não tenha dado causa ao evento.

Nessa classificação, os casos de **culpa presumida** são considerados hipóteses de responsabilidade **subjetiva**, pois se fundam ainda na culpa, mesmo que presumida.

Uma das teorias que procuram justificar a responsabilidade objetiva é a **teoria do risco**. Para essa teoria, toda pessoa que exerce alguma atividade cria um risco de dano para terceiros; e deve ser obrigada a repará-lo, ainda que sua conduta seja **isenta de culpa**. A responsabilidade civil desloca-se da noção de culpa para a ideia de risco, ora encarada como **"risco-proveito"**, que se funda no princípio segundo o qual é reparável o dano causado a outrem em consequência de uma atividade realizada em benefício do responsável (*ubi emolumentum, ibi onus*); ora mais genericamente como **"risco criado"**, a que se subordina todo aquele que, sem indagação de culpa, expuser alguém a suportá-lo.

■ 2.3.1. A responsabilidade civil no Código de 2002

Malgrado regule um grande número de casos especiais de responsabilidade objetiva, o atual diploma filiou-se **como regra** à teoria **"subjetiva"**. É o que se pode

---

7 Agostinho Alvim, *Da inexecução das obrigações e suas consequências*, cit., p. 237, n. 169.

verificar no art. 186, que erigiu **o dolo e a culpa** como fundamentos para a obrigação de reparar o dano. A responsabilidade subjetiva subsiste como regra necessária, sem prejuízo da adoção da **responsabilidade objetiva**, em dispositivos vários e esparsos.

Poderiam ser lembrados, como de responsabilidade objetiva, em nosso diploma civil, os **arts. 936, 937 e 938**, que tratam, respectivamente, da responsabilidade do dono do animal, do dono do prédio em ruína e do habitante da casa da qual caírem coisas. E, ainda, os **arts. 929 e 930**, que preveem a responsabilidade por ato lícito (estado de necessidade); os **arts. 939 e 940**, sobre a responsabilidade do credor que demanda o devedor antes de vencida a dívida ou por dívidas já pagas; o **art. 933**, pelo qual os pais, tutores, curadores, empregadores, donos de hotéis e de escolas respondem, independentemente de culpa, pelos atos danosos causados por seus filhos, pupilos, curatelados, prepostos, empregados, hóspedes, moradores e educandos; o **parágrafo único do art. 927**, que trata da obrigação de reparar o dano, independentemente de culpa, nos casos especificados em lei, ou quando a atividade normalmente desenvolvida pelo autor do dano implicar, por sua natureza, risco para os direitos de outrem.

■ 2.3.2. A responsabilidade objetiva em diversas leis esparsas

Em diversas **leis esparsas**, a tese da responsabilidade objetiva foi sancionada: Lei de Acidentes do Trabalho, Código Brasileiro de Aeronáutica, Lei n. 6.453/77 (que estabelece a responsabilidade do operador de instalação nuclear), Decreto legislativo n. 2.681, de 1912 (que regula a responsabilidade civil das estradas de ferro), Lei n. 6.938/81 (que trata dos danos causados ao meio ambiente), Código de Defesa do Consumidor e outras.

Isso significa que a responsabilidade objetiva **não substitui** a subjetiva, mas fica circunscrita aos seus justos limites.

Esta, também, a orientação seguida na elaboração do Projeto de Lei n. 634-B/75, sob a supervisão de Miguel Reale, e que se transformou no atual Código Civil, conforme suas palavras: "Responsabilidade subjetiva, ou responsabilidade objetiva? Não há que fazer essa alternativa. Na realidade, **as duas formas de responsabilidade se conjugam e se dinamizam**. Deve ser reconhecida, penso eu, a **responsabilidade subjetiva como norma**, pois o indivíduo deve ser responsabilizado, em princípio, por sua ação ou omissão, culposa ou dolosa. Mas isto não exclui que, atendendo à estrutura dos negócios, se leve em conta a **responsabilidade objetiva**. Este é um ponto fundamental"[8].

■ 2.4. RESPONSABILIDADE EXTRACONTRATUAL POR ATOS ILÍCITOS E LÍCITOS (FUNDADA NO RISCO E DECORRENTE DE FATOS PERMITIDOS POR LEI)

Via de regra a obrigação de indenizar assenta-se na prática de um fato **ilícito**. É o caso, por exemplo, do motorista que tem de pagar as despesas médico-hospitalares

---

[8] Diretrizes gerais sobre o Projeto de Código Civil, in *Estudos de filosofia e ciência do direito*, p. 176-177.

e os lucros cessantes da vítima que atropelou, por ter agido de forma imprudente, praticando um ato ilícito.

Outras vezes, no entanto, essa obrigação pode decorrer, como vimos, do **exercício de uma atividade perigosa**. O dono da máquina que, em atividade, tenha causado dano a alguém (acidentes de trabalho, p. ex.) responde pela indenização não porque tenha cometido propriamente um ato ilícito ao utilizá-la, mas, sim, por ser quem, utilizando-a em seu proveito, suporta o risco (princípio em que se funda a responsabilidade objetiva).

Em outros casos, ainda, a obrigação de indenizar pode nascer de fatos permitidos por lei **(lícitos)** e não abrangidos pelo chamado risco social. Alguns exemplos expressivos podem ser mencionados, dentre outros:

- o dos atos praticados em **estado de necessidade**, considerados **lícitos** pelo art. 188, II, do Código Civil, mas que, mesmo assim, obrigam o seu autor a **indenizar** o dono da coisa, como prevê o art. 929 do mesmo diploma;
- o do dono do **prédio encravado** que exige passagem pelo prédio vizinho, mediante o pagamento de indenização cabal (art. 1.285 do CC);
- o do proprietário que penetra no **imóvel vizinho** para fazer limpeza, reformas e outros serviços considerados necessários (art. 1.313 do CC).

2.5. PRESSUPOSTOS DA RESPONSABILIDADE CIVIL

O **art. 186 do Código Civil** consagra uma regra universalmente aceita: a de que todo aquele que causa dano a outrem é obrigado a repará-lo. Estabelece o aludido dispositivo legal, informativo da responsabilidade aquiliana:

> "Aquele que, por ação ou omissão voluntária, negligência ou imprudência, violar direito e causar dano a outrem, ainda que exclusivamente moral, comete ato ilícito".

A análise do artigo supratranscrito evidencia que quatro são os **elementos essenciais** da responsabilidade civil:

a) ação ou omissão;
b) culpa ou dolo do agente;
c) relação de causalidade; e
d) o dano experimentado pela vítima.

2.5.1. Ação ou omissão

Inicialmente, refere-se a lei a qualquer pessoa que, por ação ou omissão, venha a causar dano a outrem. A responsabilidade pode derivar:

a) de ato próprio;
b) de ato de terceiro que esteja sob a guarda do agente, e ainda
c) de danos causados por coisas e animais que lhe pertençam.

O Código prevê a responsabilidade por **ato próprio**, dentre outros, nos casos de calúnia, difamação e injúria; de demanda de pagamento de dívida não vencida ou já paga; de abuso de direito.

A responsabilidade por **ato de terceiro** ocorre nos casos de danos causados pelos filhos, tutelados e curatelados, ficando responsáveis pela reparação os pais, tutores e curadores. Também o empregador responde pelos atos de seus empregados. Os educadores, hoteleiros e estalajadeiros, pelos seus educandos e hóspedes. Os farmacêuticos, por seus prepostos. As pessoas jurídicas de direito privado, por seus empregados, e as de direito público, por seus agentes. E, ainda, aqueles que participam do produto de crime.

A responsabilidade por danos causados por **animais e coisas** que estejam sob a guarda do agente é, em regra, objetiva: independe de prova de culpa. Isso se deve ao aumento do número de acidentes e de vítimas, que não devem ficar irressarcidas, decorrente do grande desenvolvimento da indústria de máquinas.

■ 2.5.2. Culpa ou dolo do agente

Todos concordam em que o art. 186 do Código Civil cogita do **dolo** logo no início: "ação ou omissão voluntária", passando, em seguida, a referir-se à **culpa**: "negligência ou imprudência".

O **dolo** consiste na vontade de cometer uma violação de direito, e a **culpa**, na falta de diligência[9]. **Dolo**, portanto, é a violação deliberada, consciente, intencional do dever jurídico.

Para obter a reparação do dano, a vítima geralmente tem de provar **dolo** ou **culpa** ***stricto sensu*** do agente, segundo a teoria **subjetiva** adotada em nosso diploma civil. Entretanto, como essa prova muitas vezes se torna difícil de ser conseguida, o nosso direito positivo admite, em hipóteses específicas, alguns casos de responsabilidade sem culpa: a responsabilidade **objetiva**, com base especialmente na teoria do risco. A teoria subjetiva desce a várias distinções sobre a natureza e extensão da culpa:

- **Culpa lata ou grave**: é a falta imprópria ao comum dos homens, a modalidade que mais se avizinha do dolo.
- **Culpa leve**: é a falta evitável com atenção ordinária.
- **Culpa levíssima**: é a falta só evitável com atenção extraordinária, com especial habilidade ou conhecimento singular. Na responsabilidade aquiliana, a mais ligeira culpa produz obrigação de indenizar (*in lege Aquilia et levissima culpa venit*)[10].

A culpa pode ser, ainda:

- ***In eligendo***: decorre da má escolha do representante do preposto.

---

[9] Savigny, *Le droit des obligations*, § 82.

[10] Washington de Barros Monteiro, *Curso*, cit., p. 414.

- ***In vigilando***: decorre da ausência de fiscalização.
- ***In comittendo***: decorre de uma ação, de um ato positivo.
- ***In omittendo***: decorre de uma omissão, quando havia o dever de não se abster.
- ***In custodiendo***: decorre da falta de cuidados na guarda de algum animal ou de algum objeto.

2.5.3. Relação de causalidade

É a relação de causa e efeito entre a ação ou omissão do agente e o dano verificado. Vem expressa no verbo **"causar"**, utilizado no art. 186. Sem ela, não existe a obrigação de indenizar. Se houve o dano, mas sua causa não está relacionada com o comportamento do agente, inexiste a **relação de causalidade** e também a obrigação de indenizar.

Se, *verbi gratia*, o motorista está dirigindo corretamente e a vítima, querendo suicidar-se, atira-se sob as rodas do veículo, não se pode afirmar ter ele "causado" o acidente, pois na verdade foi um mero instrumento da vontade da vítima, esta sim responsável exclusiva pelo evento. As excludentes da ilicitude do ato, como a culpa da vítima e o caso fortuito e a força maior (CC, art. 393), rompem o nexo de causalidade, afastando a responsabilidade do agente.

2.5.4. Dano

Sem a prova do dano, ninguém pode ser responsabilizado civilmente. O dano pode ser **material** ou simplesmente **moral**, ou seja, sem repercussão na órbita financeira do ofendido. O Código Civil consigna um capítulo sobre a liquidação do dano, ou seja, sobre o modo de se apurarem os prejuízos e a indenização cabível. A inexistência de dano é óbice à pretensão de uma reparação, aliás, sem objeto[11].

O atual Código aperfeiçoou o conceito de ato ilícito ao dizer que o pratica quem "violar direito **e** causar dano a outrem" (art. 186), substituindo o **"ou"** ("violar direito *ou* causar dano a outrem") que constava do art. 159 do diploma de 1916. Com efeito, o elemento objetivo da culpa é o dever violado. A responsabilidade é uma reação provocada pela infração de um dever preexistente. No entanto, ainda mesmo que haja violação de um dever jurídico e que tenha havido culpa, e até mesmo dolo, por parte do infrator, **nenhuma indenização será devida, uma vez que não se tenha verificado prejuízo**. Se, por exemplo, o motorista comete várias infrações de trânsito, mas não atropela nenhuma pessoa nem colide com outro veículo, nenhuma indenização será devida, malgrado a ilicitude de sua conduta.

A obrigação de indenizar decorre, pois, da existência da violação de direito ***e*** do dano, concomitantemente.

Confira-se o resumo esquemático a seguir:

[11] Agostinho Alvim, *Da inexecução*, cit., p. 181.

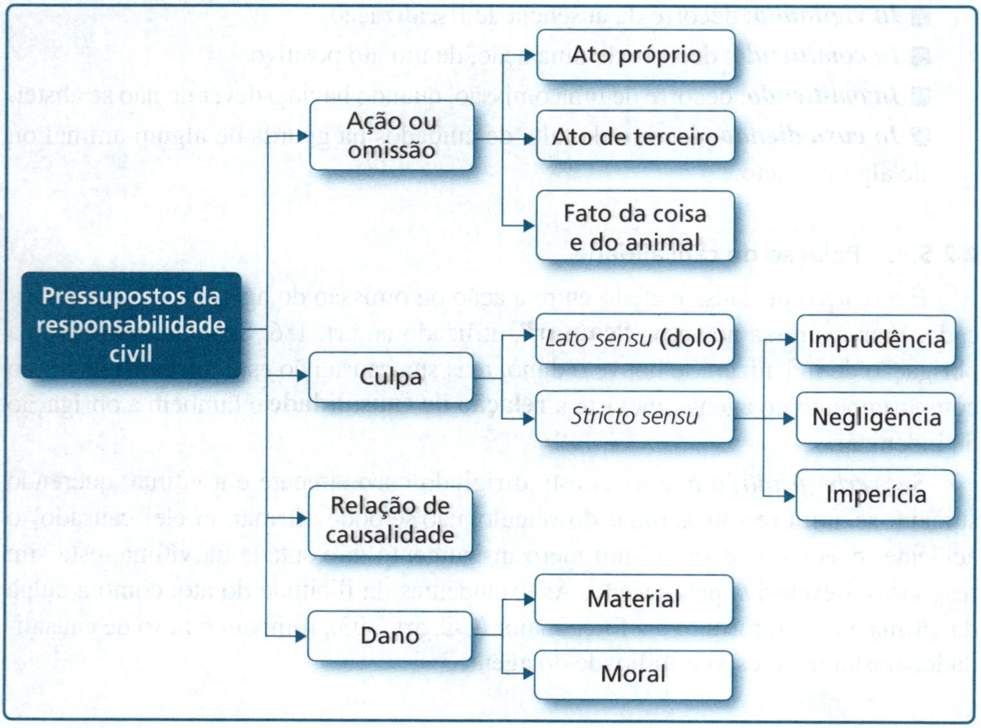

■ 2.6. RESUMO

ESPÉCIES DE RESPONSABILIDADE	
CIVIL E PENAL	■ **Responsabilidade civil** O interesse lesado é o privado. O prejudicado poderá pleitear ou não a reparação. É de natureza patrimonial: é o patrimônio do devedor que responde por suas obrigações. Ninguém pode ser preso por dívida civil, exceto o devedor de pensão oriunda do direito de família. ■ **Responsabilidade penal** O interesse lesado é o da sociedade. O agente infringe uma norma penal, de interesse público. É pessoal, intransferível. Responde o réu com a privação de sua liberdade. É pessoal também no sentido de que a pena não pode ultrapassar a pessoa do delinquente. No cível, ao contrário, há várias hipóteses de responsabilidade por ato de outrem (CC, art. 932, p. ex.).
CONTRATUAL E EXTRACONTRATUAL	■ **Responsabilidade contratual** O inadimplemento contratual acarreta a responsabilidade de indenizar as perdas e danos (CC, art. 389). Todo inadimplemento se presume culposo. O lesado só está obrigado a demonstrar que a prestação foi descumprida. ■ **Responsabilidade extracontratual** É a que deriva de infração ao dever de conduta (dever legal) imposto genericamente no art. 186 do CC. É também chamada de responsabilidade aquiliana. Ao lesado incumbe o ônus de provar culpa ou dolo do causador do dano.
SUBJETIVA E OBJETIVA	**Responsabilidade subjetiva** Diz-se ser subjetiva a responsabilidade quando se esteia na ideia de culpa. A prova da culpa passa a ser pressuposto necessário do dano indenizável. O ônus dessa prova incumbe à vítima. Não havendo culpa (dolo ou culpa em sentido estrito), não há responsabilidade.

	■ **Responsabilidade objetiva** Prescinde da culpa e se satisfaz apenas com o dano e o nexo de causalidade. Denominada objetiva ou do risco, tem como postulado que todo dano é indenizável e deve ser reparado por quem a ele se liga por um nexo de causalidade, independentemente de culpa. No CC brasileiro a responsabilidade subjetiva subsiste como regra necessária (art. 186), sem prejuízo da adoção da responsabilidade objetiva, em dispositivos vários e esparsos (art. 927, parágrafo único, p. ex.).
RESPONSABILIDADE POR ATOS LÍCITOS	■ Via de regra a obrigação de indenizar assenta-se na prática de um ato ilícito. Em alguns casos, todavia, pode resultar de fatos permitidos por lei (***lícitos***), como: os praticados em estado de necessidade (art. 929), os praticados pelo proprietário que penetra no imóvel vizinho para fazer limpeza e outros serviços necessários (art. 1.313) etc.
PRESSUPOSTOS DA RESPONSABILIDADE CIVIL (ART. 186)	■ **Ação ou omissão** Alude o art. 186 do CC a qualquer pessoa que, por ação ou omissão, venha a causar dano a outrem. A responsabilidade pode derivar de ato próprio, de ato de terceiro que esteja sob a guarda do agente e, ainda, de danos causados por coisas e animais que lhe pertençam. ■ **Culpa ou dolo do agente** É necessário, para que a vítima obtenha a reparação do dano, que prove dolo ou culpa *stricto sensu* (aquiliana) do agente (imprudência, negligência ou imperícia). Em alguns casos, o Código responsabiliza o agente independentemente de culpa (arts. 933 e 927, parágrafo único, p. ex.). ■ **Relação de causalidade** É o nexo causal ou etiológico entre a ação ou omissão do agente e o dano verificado. Vem expressa no verbo "causar", empregado no art. 186. A culpa da vítima, o caso fortuito e a força maior (CC, art. 393) rompem o nexo de causalidade, afastando a responsabilidade do agente. ■ **Dano** Sem a prova do dano, ninguém pode ser responsabilizado civilmente. O dano pode ser patrimonial (material) ou extrapatrimonial (moral).

■ 2.7. QUESTÕES

1. (TJSP/Cartórios de Notas e Registros/2009/6º Concurso) A obrigação de reparar o dano, independentemente de culpa, é denominada responsabilidade civil

a) completa.
b) subjetiva.
c) objetivo-subjetiva.
d) objetiva.

2. (Procurador da Fazenda Nacional/2007/ESAF) Se um escritor, culposamente, não entregar ao editor, no prazo estipulado no contrato, a obra prometida, a sua responsabilidade, quanto ao fato gerador, será:

a) objetiva.
b) indireta.
c) contratual.
d) direta.
e) subjetiva.

3. (TRT/11ª Região/Juiz do Trabalho/2007) A indenização devida em razão de responsabilidade civil

a) será equitativa, quanto tiver de ser suportada por incapaz, e não terá lugar se o privar do necessário, ou às pessoas que dele dependam, para sobreviver.
b) em nenhuma hipótese será suportada por pessoa incapaz, devendo sempre onerar o patrimônio de quem a representa.
c) será sempre calculada pela extensão do dano, e não admite redução equitativa, mesmo que haja desproporção entre a gravidade da culpa e o dano.
d) independe de culpa do autor do dano, desde que provado o nexo causal.
e) só será paga pelo empregador em razão de danos causados por seus empregados, se provado que obrou com culpa na escolha deles ou não os vigiou devidamente.

4. (Procurador da Fazenda Nacional/2007/ESAF) Quanto ao conteúdo da conduta culposa, a culpa poderá ser;

a) grave, leve ou levíssima;
b) *in comittendo*, *in omittendo*, *in eligendo*, *in vigilando* ou *in custodiendo*;
c) *in abstracto* ou *in concreto*;
d) aquiliana ou *juris et de jure*;
e) contratual ou extracontratual.

5. (TRT/MT/Juiz do Trabalho Substituto/Fundação Carlos Chagas/2015) Carlos foi vítima de golpe por meio do qual fraudadores utilizaram-se de documentos falsos a fim de realizar operações bancárias em seu nome. Procurada por Carlos, a instituição financeira afirmou não ter tido culpa pelo incidente, negando-se a restituir o prejuízo. A negativa é

a) Ilícita, configurando abuso do direito, decorrente da inobservância do princípio da boa-fé subjetiva, que impõe às partes, dentre outros, o dever anexo de segurança, independentemente da existência do elemento culpa.
b) Lícita, pois, para caracterização do abuso do direito, é necessária a existência do elemento culpa.
c) Lícita, por ausência de nexo de causalidade entre a atividade da instituição financeira e o prejuízo experimentado por Carlos.
d) Lícita, pois somente comete ato ilícito aquele que, por ação ou omissão voluntária decorrente de negligência ou imprudência, viola direito e causa dano a outrem.
e) Ilícita, configurando abuso do direito, decorrente da inobservância do princípio da boa-fé objetiva, que impõe às partes, dentre outros, o dever anexo de segurança, independentemente da existência do elemento culpa.

6. (TJAL/Juiz Substituto/Fundação Carlos Chagas/2015) A responsabilidade civil decorrente do abuso do direito

a) determina indenização material, independentemente de comprovação de prejuízo.
b) não acarreta consequência pecuniária, se não houver dano moral.
c) rege-se pelo critério subjetivo, só sendo indispensável o dano.
d) rege-se pelo critério subjetivo, sendo indispensável o dano apenas quando configurado dolo.
e) independe de comprovação de culpa.

7. (TJPR/Juiz de Direito/2007) Sobre a responsabilidade civil, assinale a alternativa CORRETA:

a) A teoria do risco criado, segundo entendimento pacífico, equivale integralmente à teoria do risco profissional.
b) A responsabilidade civil dos incapazes, nas hipóteses expressamente previstas no Código Civil brasileiro, é subsidiária em relação à responsabilidade de seus representantes.
c) O Código Civil de 2002 adota a teoria do risco integral ao prever a responsabilidade civil independente de culpa daquele que causar danos em virtude de atividade por ele normalmente desenvolvida e que implicar, por sua natureza, risco para os direitos de outrem.
d) Decorre de culpa presumida, e, portanto, consiste em responsabilidade subjetiva, a responsabilidade do empregador pelos danos causados pelo empregado no exercício de suas funções.

8. (TRF/3ª Região/Juiz Federal/XVII Concurso/2013) A responsabilidade civil atribuída ao incapaz, por nosso ordenamento civil, é de ordem subsidiária, vez que prevalece a obrigação de reparação dos pais em relação a atos ilícitos praticados pelos filhos menores. Pode-se deduzir, como exceção a esta regra geral, a situação de penúria dos genitores ou mesmo quando o filho vier a ser emancipado por simples concessão dos pais.
Assinale a única afirmativa considerada EQUIVOCADA:

a) O texto acima descreve conteúdo normativo incompleto, eis que a exceção prevista no ordenamento abrange outras situações de desobrigação dos genitores;

b) O texto acima descreve conteúdo normativo inconsistente, uma vez que a emancipação por simples outorga dos pais não exclui, por si só, a responsabilidade decorrente de ato ilícito do filho;
c) A norma do Código Civil admite a interpretação de que os pais se exoneram da reparação civil quando os filhos são confiados, de forma contínua, à guarda dos avós;
d) O texto acima retrata a hipótese legal de responsabilidade objetiva dos pais em razão de atos ilícitos praticados pelos filhos menores, denominada de responsabilidade por fato de outrem;
e) Os incapazes respondem solidariamente em relação aos seus pais, por atos ilícitos praticados por aqueles, classificando-se tal responsabilidade como objetiva, nos termos da legislação em vigor.

9. (TJPE/Magistratura Estadual/Fundação Carlos Chagas/2013) O abuso de direito acarreta

a) Apenas a ineficácia dos atos praticados e considerados abusivos pela parte prejudicada, independentemente de decisão judicial.
b) Indenização a favor daquele que sofre prejuízo em razão dele.
c) Consequências jurídicas apenas se decorrente de coação, ou de negócio fraudulento ou simulado.
d) Somente a ineficácia dos atos praticados e considerados abusivos pelo juiz.
e) Indenização apenas em hipóteses previstas expressamente em lei.

10. (OAB/SC/2006-3) Assinale a alternativa CORRETA:

a) Constitui ato ilícito o praticado em legítima defesa ou no exercício regular de um direito reconhecido.
b) A responsabilidade civil é independente da criminal, não se podendo questionar mais sobre a existência do fato, ou sobre quem seja o seu autor, quando estas questões se acharem decididas no juízo criminal.
c) Imprudência é a falta de observância do dever de cuidar, por omissão, enquanto que negligência, por sua vez, se caracteriza quando o agente culpado resolve enfrentar desnecessariamente o perigo.
d) Culpa *in vigilando* é a que decorre da falta de vigilância, de fiscalização, em face da conduta de terceiro por quem nos responsabilizamos. A culpa *in eligendo* assemelha-se à culpa *in vigilando*.

11. (TRF/3ª Região/Magistratura Federal/2010) Aponte a assertiva INCORRETA:
A responsabilidade civil objetiva:

a) Está prevista no sistema brasileiro do direito do consumidor, no Código Civil e na Constituição Federal;
b) Embora conste de outros sistemas, no sistema de direito do consumidor está prevista com exclusividade;
c) É presente no sistema de responsabilidade civil por dano ambiental;
d) É o sistema da responsabilidade civil dos que exercem atividade de risco, conforme previsão específica do Código Civil Brasileiro.

12. (TJPR/Juiz de Direito/UFPR/2013) De acordo com as regras que orientam os atos jurídicos e a responsabilidade civil, marque as assertivas como verdadeiras (V) ou falsas (F).

( ) Aquele que, por ação ou omissão voluntária, negligência ou imprudência, violar direito e causar dano a outrem, ainda que exclusivamente moral, comete ato ilícito.
( ) O incapaz responde pelos prejuízos que causar, se as pessoas por ele responsáveis não tiverem obrigação de fazê-lo ou não dispuserem de meios suficientes. A indenização será, contudo, equitativa, e não terá lugar se privar do necessário o incapaz ou as pessoas que dele dependem.
( ) Não há responsabilidade sem que concorra ato ou fato lesivo culposo ou doloso.
( ) Aquele que, por ato ilícito, causar dano a outrem fica obrigado a repará-lo.

Assinale a alternativa que apresenta a sequência correta, de cima para baixo:

a) V — V — F — V
b) F — F — V — V
c) F — V — V — F
d) V — F — F — F

13. (TJSP/Delegação de Notas e de Registro/VUNESP/2014) Na teoria do enriquecimento sem causas, como fonte da obrigação,

a) o deslocamento patrimonial indevido não implica necessariamente que deverá haver empobrecimento de outrem.
b) o caráter desproporcional terá de evidenciar deslocamento excessivo.
c) exige-se deslocamento patrimonial indevido e necessário empobrecimento da outra parte.
d) se a lei conferir outros meios para o lesado ressarcir-se do prejuízo sofrido, estes serão sempre subsidiários em relação ao enriquecimento sem causa, que emergirá como fonte principal.

14. (TRT/4ª Região/Juiz do Trabalho/2016) Considere as assertivas abaixo sobre responsabilidade civil.

I. É possível a responsabilização do incapaz pelos prejuízos que causar, se as pessoas por ele responsáveis não tiverem obrigação de fazê-lo ou não dispuserem de meios suficientes.
II. O direito de exigir reparação e a obrigação de prestá-la transmitem-se com a herança, podendo a reparação ser cobrada integralmente do herdeiro.
III. A indenização é prestada, preferencialmente, em moeda corrente.

Quais são CORRETAS?

a) Apenas I.
b) Apenas II.
c) Apenas III.
d) Apenas II e III.
e) I, II e III.

15. (TJDFT/Juiz de Direito/CESPE/2016) A respeito da responsabilidade civil, assinale a opção CORRETA.

a) De acordo com o Código Civil, a possibilidade legal de redução equitativa da indenização pelo juiz é aplicável às hipóteses de responsabilidade subjetiva e objetiva.
b) Se houver concorrência de culpas e danos a ambas as partes, cada qual deve arcar com seus respectivos prejuízos.
c) Nos termos explicitados no Código Civil, a gradação de culpa possui relevância para a configuração do ato ilícito.
d) Segundo a atual orientação do STJ, a reparação pela lesão extrapatrimonial deve seguir o método denominado bifásico na aferição do valor da indenização.
e) Conforme jurisprudência prevalente do STJ, a cobrança indevida já traz em si a ilicitude, bastando a prova de que se deu por meio judicial para se impor a devolução em dobro, prevista no Código Civil.

■ GABARITO ■

1. "d". Na responsabilidade objetiva prescinde-se totalmente da prova da culpa. Basta que haja relação de causalidade entre a ação e o dano.
2. "c". Na responsabilidade contratual o agente descumpre o avençado, tornando-se inadimplente.
3. "a". *Vide* art. 928, parágrafo único, do CC.
4. "b". Culpa *in comittendo*: decorre de uma ação, de um ato positivo. *In omittendo*: decorre de uma omissão, quando havia o dever de não se abster. *In eligendo*: decorre da má escolha do preposto. *In vigilando*: decorre da ausência de fiscalização. *In custodiendo*: decorre da falta de cuidados na guarda de algum animal ou de algum objeto.

5. "e".
6. "e".
7. "b". *Vide* art. 928 do CC.
8. "e". *Vide* item 1.7.2, *retro*.
9. "b".
10. "b". *Vide* art. 935 do CC.
11. "b". O art. 14, § 4º, do CDC manteve o princípio de que a responsabilidade pessoal dos profissionais liberais será apurada mediante a verificação de culpa.
12. "a". *Vide* arts. 186, 927 e 928 do CC.
13. "a". *Vide* Enunciado 35 da I Jornada de Direito Civil promovida pelo Conselho da Justiça Federal: "A expressão 'se enriquecer à custa de outrem' do art. 884 do atual Código Civil não significa, necessariamente, que deverá haver empobrecimento".
14. "a". *Vide* art. 928 do CC.
15. "d". *Vide* STJ, REsp 959.780-ES, 3ª T., rel. Min. Paulo de Tarso Sanseverino, j. 23-8-2011.

3

RESPONSABILIDADE EXTRACONTRATUAL

3.1. CASOS ESPECIAIS DE RESPONSABILIDADE POR ATO PRÓPRIO

3.1.1. Ação ou omissão: infração a um dever

O elemento objetivo da culpa é o **dever violado**. Para Savatier, "culpa é a inexecução de um dever que o agente podia conhecer e observar"[1]. A **imputabilidade** do agente representa o elemento subjetivo da culpa.

Segundo Marton[2], a responsabilidade é necessariamente uma reação provocada pela infração a um **dever preexistente**. A obrigação preexistente é a verdadeira fonte da responsabilidade, e deriva, por sua vez, de qualquer fator social capaz de criar normas de conduta.

Qual a natureza do dever jurídico cuja violação induz culpa?

- Em matéria de **culpa contratual**, o dever jurídico consiste na obediência ao **avençado**.
- Na **culpa extracontratual**, consiste no cumprimento da **lei** ou do **regulamento**. Se a hipótese não estiver prevista na lei ou no regulamento, haverá ainda o dever indeterminado de **não lesar a ninguém**, princípio este que, de resto, acha-se implícito no art. 186 do Código Civil, que não fala em violação de "lei", mas usa uma expressão mais ampla: violar **"direito"**.

A exigência de um fato **"voluntário"** na base do dano exclui do âmbito da responsabilidade civil os danos causados por **forças da natureza**, bem como os praticados em estado de **inconsciência**, mas não os praticados por uma criança ou um demente. Essencial é que a ação ou omissão seja, em abstrato, **controlável ou dominável** pela vontade do homem. Fato voluntário equivale a fato controlável ou dominável pela vontade do homem[3].

Infração a um dever

Para Silvio Rodrigues[4], a ação ou omissão do agente, que dá origem à indenização, geralmente decorre da infração de um dever, que pode ser:

---

1 *Traité de la responsabilité civile en droit français*, v. 1, n. 4.

2 *Les fondements de la responsabilité civile*, n. 84, p. 84.

3 Larenz, *Lehrbuch des Schuldrechts*, II, 11. ed., apud Antunes Varela, *A responsabilidade no direito*, p. 17-18.

4 *Direito civil*, v. 4, p. 20, n. 9.

a) legal (disparo de arma em local proibido);

b) contratual (venda de mercadoria defeituosa, no prazo da garantia); e

c) social (com abuso de direito: denunciação caluniosa).

■ Responsabilidade por omissão

O motorista que atropela alguém pode ser responsabilizado por omissão de socorro, se esta é a causa da morte, ainda que a culpa pelo evento caiba exclusivamente à vítima, porque tem o **dever legal** de socorrê-la. A responsabilidade civil por omissão, entretanto, ocorre com maior frequência no campo contratual. Para que se configure a responsabilidade por omissão é necessário que exista o **dever jurídico** de praticar determinado fato (de não se omitir) e que se demonstre que, com a sua prática, o **dano** poderia ter sido evitado.

O dever jurídico de agir (de não se omitir) pode ser imposto:

a) por **lei** (dever de prestar socorro às vítimas de acidente imposto a todo condutor de veículo pelo art. 176, I, do Código de Trânsito Brasileiro); ou

b) resultar de **convenção** (dever de guarda, de vigilância, de custódia); e

c) até da criação de alguma situação especial de **perigo**.

■ 3.1.2. Responsabilidade decorrente do abuso do direito

A doutrina do abuso do direito não exige, para que o agente seja obrigado a indenizar o dano causado, que venha a infringir culposamente um dever preexistente. Mesmo agindo dentro do seu direito, pode, não obstante, em alguns casos, ser responsabilizado.

■ *3.1.2.1. Inexigibilidade de prova de culpa*

Prevalece na doutrina, hoje, efetivamente, o entendimento de que o abuso de direito **prescinde** da ideia de culpa. Afirma Aguiar Dias: "Vemos, pois, que o abuso de direito, sob pena de se desfazer em mera expressão de fantasia, não pode ser assimilado à noção de culpa. Inócua, ou de fundo simplesmente especulativo, seria a distinção..."[5].

■ *3.1.2.2. Desconsideração da finalidade social do direito subjetivo*

Silvio Rodrigues considera que "o abuso de direito ocorre quando o agente, atuando dentro das prerrogativas que o ordenamento jurídico lhe concede, **deixa de considerar a finalidade social** do direito subjetivo e, ao utilizá-lo desconsideradamente, causa dano a outrem. Aquele que **exorbita** no exercício de seu direito, causando prejuízo a outrem, pratica ato ilícito, ficando obrigado a reparar. Ele não viola os limites objetivos da lei, mas, embora os obedeça, **desvia-se dos fins sociais** a que esta se destina, do espírito que a norteia"[6].

---

[5] *Da responsabilidade*, cit., 4. ed., p. 539, n. 184.

[6] *Direito civil*, cit., v. 4, p. 49.

A teoria do abuso de direito ganhou autonomia e se aplica **a todos os campos do direito**, extravasando, pois, o campo da responsabilidade civil, e gerando consequências outras que não apenas a obrigação de reparar, pecuniariamente, o prejuízo experimentado pela vítima[7].

Correta a observação de Silvio Rodrigues de ter sido a concepção "de abuso de direito abraçada pelo legislador pátrio quando, no art. 5º da Lei de Introdução ao Código Civil, determinou que na aplicação da lei o juiz atenderá aos **fins sociais** a que ela se dirige e às exigências do bem comum"[8].

3.1.2.3. *Disciplina no Código Civil de 2002*

Sensível a tais considerações, o legislador expressamente disciplinou o abuso de direito como outra forma de **ato ilícito**, no atual Código Civil, nos seguintes termos:

> "Art. 187. Também comete **ato ilícito** o titular de um direito que, ao exercê-lo, **excede manifestamente** os limites impostos pelo seu **fim econômico ou social**, pela boa-fé ou pelos bons costumes".

Muitos exemplos de atos abusivos, decididos pelos tribunais, podem ser apontados. Aguiar Dias menciona, dentre outros: requerer o credor arresto de bens que sabia não pertencerem ao devedor; requerer busca e apreensão sem necessidade; requerer falência de alguém quando as circunstâncias e as relações entre ele e o requerente não o autorizem; provocar prejuízos que excedam os incômodos ordinários da vizinhança etc.[9].

3.1.2.4. *O abuso de direito na jurisprudência*

Dentre as várias fórmulas mencionadas pelos autores, observa-se que a jurisprudência, em regra, considera como abuso de direito o ato que constitui o exercício **egoístico, anormal** do direito, sem motivos legítimos, com **excessos** intencionais ou involuntários, dolosos ou culposos, nocivos a outrem, **contrários ao destino econômico e social do direito** em geral, e, por isso, reprovado pela consciência pública[10].

Vários dispositivos legais demonstram que no direito brasileiro há uma reação contra o **exercício irregular** de direitos subjetivos. O art. 1.277 do Código Civil, inserido no capítulo do direito de vizinhança, permite que se reprima o exercício abusivo do direito de propriedade que perturbe o sossego, a segurança ou a saúde do vizinho[11].

---

7 Silvio Rodrigues, *Direito civil*, cit., v. 4, p. 59.

8 *Direito civil*, cit., p. 55.

9 *Da responsabilidade*, cit., p. 539 e s.

10 Plínio Barreto, *RT*, 79/506; Carvalho Santos, *Código Civil brasileiro interpretado*, v. 3, p. 341; Clóvis Beviláqua, *Código Civil*, v. 1, p. 473; Jorge Americano, *Abuso de direito, no exercício da demanda*, p. 8; *RTJ*, 71/195; *RT*, 487/189.

11 Constantes são os conflitos relativos à perturbação do sossego alegada contra clube de dança (*RT*, 352/298, 365/196), boate (*RT*, 459/63, 561/217, 611/211), oficina mecânica (*RT*, 350/548, 470/106,

Também os arts. 939 e 940 do Código Civil estabelecem sanções ao credor que, abusivamente, demanda o devedor antes do vencimento da dívida ou por dívida já paga. E os arts. 1.637 e 1.638 igualmente preveem sanções contra abusos no exercício do poder familiar, como a suspensão e a perda desse direito.

O **Código de Processo Civil de 2015**, por sua vez, procura reprimir os abusos dos contendores, considerando-os **litigantes de má-fé** quando não procederem com lealdade e boa-fé e responsabilizando-os pelos prejuízos causados à outra parte (arts. 77 a 81). Esses preceitos são aplicáveis ao processo de execução, havendo sanção específica ao abuso de direito no processo de execução (arts. 776 e 771, parágrafo único, do CPC).

■ 3.1.2.4.1. *Princípio da boa-fé e da probidade*

O princípio da boa-fé guarda relação com o princípio de direito segundo o qual ninguém pode beneficiar-se da própria torpeza. A reformulação operada pelo atual Código Civil com base nos princípios da socialidade, eticidade e operabilidade deu nova feição aos princípios fundamentais dos contratos, como se extrai dos novos institutos nele incorporados, *verbi gratia*: o estado de perigo, a lesão, a onerosidade excessiva, a função social dos contratos como preceito de ordem pública (CC, art. 2.035, parágrafo único) e, especialmente, a **boa-fé** e a **probidade**.

A boa-fé que constitui inovação do Código de 2002 e acarretou profunda alteração no direito obrigacional clássico é a objetiva, que se constitui em uma norma jurídica fundada em um princípio geral do direito, segundo o qual todos devem comportar-se de boa-fé nas suas relações recíprocas. Classifica-se, assim, como **regra de conduta**. Incluída no direito positivo de grande parte dos países ocidentais, deixa de ser princípio geral de direito para transformar-se em cláusula geral de boa-fé objetiva. É, portanto, fonte de direito e de obrigações[12].

A cláusula geral da *boa-fé objetiva* é tratada no Código Civil em três dispositivos, sendo de maior repercussão o art. 422 (*"Os contratantes são obrigados a guardar, assim na conclusão do contrato, como em sua execução, os princípios da probidade e boa-fé"*).

Os demais são: o art. 113 (*"Os negócios devem ser interpretados conforme a boa-fé e os usos do lugar de sua celebração"*) e o 187 (*"Também comete ato ilícito o titular de um direito que, ao exercê-lo, excede manifestamente os limites impostos pelo seu fim econômico ou social, pela boa-fé ou pelos bons costumes"*). Os mencionados dispositivos legais contemplam funções relevantes da boa-fé objetiva.

O citado art. 187 estabelece a denominada "*função de controle* ou de *limite*", ao proclamar que comete *ato ilícito* quem, ao exercer o seu direito, exceder manifestamente os *limites impostos pela boa-fé*. Cogita, assim, do chamado **abuso de direito**.

481/76, 567/126), indústria (*RT*, 336/350, 472/73, 491/53), terreiro de umbandismo (*RT*, 473/222), pedreira (*RT*, 172/505, 352/346), escola de samba (*RT*, 565/180) etc.

12 Nelson Nery Junior, *Contratos no Código Civil* — Apontamentos gerais, São Paulo: LTr, obra coletiva, 2003, p. 430-431.

■ 3.1.2.4.2. *Proibição de* venire contra factum proprium

Uma das principais funções do princípio da boa-fé é limitadora: veda ou pune o exercício de direito subjetivo quando se caracterizar *abuso da posição jurídica*. É no âmbito dessa função limitadora do princípio da boa-fé objetiva que são estudadas as situações de *venire contra factum proprium*, *suppressio*, *surrectio* e *tu quoque*.

Pela máxima *venire contra factum proprium non potest*, é vedado ao contratante exercer um direito próprio contrariando um comportamento anterior, devendo ser mantida a confiança e o dever de lealdade decorrentes da boa-fé objetiva, depositada quando da formação do contrato. Depois de criar uma certa expectativa, em razão de conduta seguramente indicativa de determinado comportamento futuro, há quebra dos princípios de lealdade e de confiança se vier a ser praticado ato contrário ao previsto, com surpresa e prejuízo à contraparte[13].

A referida máxima latina traduz, com efeito, o exercício de uma posição jurídica em contradição com o comportamento assumido anteriormente. O fundamento jurídico alicerça-se na proteção da confiança, lesada por um comportamento contraditório da contraparte, contrário à sua expectativa de benefício gerada pela conduta inicial do outro contratante.

A Súmula 370 do Superior Tribunal de Justiça, *verbi gratia*, proclama que "*caracteriza dano moral a apresentação antecipada de cheque pré-datado*". Observa-se assim que, apesar do silêncio da lei, o *venire contra factum proprium* é consectário natural da repressão ao abuso de direito.

Na IV Jornada de Direito Civil promovida pelo Conselho da Justiça Federal, foi aprovado o Enunciado 362, que assim dispõe: "*A vedação do comportamento contraditório (*venire contra factum proprium*) funda-se na proteção da confiança, tal como se extrai dos artigos 187 e 422 do Código Civil*". Assim, por exemplo, o credor que concordou, durante a execução do contrato de prestações periódicas, com o pagamento em lugar ou tempo diverso do convencionado não pode surpreender o devedor com a exigência literal do contrato.

■ 3.1.2.4.3. Suppressio, surrectio e tu quoque

Suppressio, *surrectio* e *tu quoque* são conceitos correlatos à boa-fé objetiva, oriundos do direito comparado. Devem ser utilizados como função integrativa, suprindo lacunas do contrato e trazendo deveres implícitos às partes contratuais. *Suppressio* significa a supressão, por renúncia tácita, de um direito ou de uma posição jurídica, pelo seu não exercício com o passar dos tempos[14].

A *suppressio* é, assim, a situação do direito que deixou de ser exercitado em determinada circunstância e não mais poderá sê-lo por, de outra forma, contrariar a boa-fé. Em suma, funda-se na tutela da confiança da contraparte e na situação de aparência que a iludiu perante o não exercício do direito. Malgrado se aproxime da

---

[13] Flávio Tartuce, *Direito civil*, 12. ed., São Paulo: GEN-Forense, 2017, p. 111.

[14] Flávio Tartuce, *Direito civil*, cit., p. 107.

figura do *venire contra factum proprium*, dele se diferencia basicamente, pois, enquanto no *venire* a confiança em determinado comportamento é delimitada no cotejo com a conduta antecedente, na *suppressio* as expectativas são projetadas apenas pela injustificada inércia do titular por considerável decurso do tempo, somando-se a isso a existência de indícios objetivos de que o direito não mais seria exercido[15].

Pode ser apontado como exemplo da *suppressio* a situação descrita no art. 330 do Código Civil, referente ao local do pagamento: "*O pagamento reiteradamente feito em outro local faz presumir renúncia do credor relativamente ao previsto no contrato*".

O Superior Tribunal de Justiça, em acórdão relatado pela Min. Nancy Andrighi (REsp 1.202.514-RS, j. 21-6-2011), reconheceu a incidência da *suppressio* para a hipótese de cobrança de correção monetária em contrato de mandato judicial, concluindo que "o princípio da boa-fé objetiva torna inviável a pretensão de exigir retroativamente a correção monetária dos valores que era regularmente dispensada, pleito que, se acolhido, frustraria uma expectativa legítima construída e mantida ao longo de toda a relação processual — daí se reconhecer presente o instituto da *supressio*".

A *surrectio* é a outra face da *suppressio*, pois consiste no nascimento de um direito, sendo nova fonte de direito subjetivo, consequente à continuada prática de certos atos. A duradoura distribuição de lucros da sociedade comercial em desacordo com os estatutos pode gerar o direito de recebê-los do mesmo modo, para o futuro[16].

Suppressio e *surrectio* são dois lados de uma mesma moeda: naquela ocorre a liberação do beneficiário; nesta, a aquisição de um direito subjetivo em razão do comportamento continuado. Em ambas preside a confiança, seja pela fé no não exercício superveniente do direito da contraparte, seja pela convicção da excelência do seu próprio direito.

No tocante à figura do *tu quoque*, verifica-se que aquele que descumpriu norma legal ou contratual, atingindo com isso determinada posição jurídica, não pode exigir do outro comportamento obediente ao preceito. Faz-se aqui a aplicação do mesmo princípio inspirador da *exceptio non adimpleti contractus*: quem não cumpriu contrato, ou a lei, não pode exigir o cumprimento de um ou de outro. Ou seja, o *tu quoque* veda que alguém faça contra o outro o que não faria contra si mesmo[17].

■ *3.1.2.4.4.* Duty to mitigate the loss

A expressão *duty to mitigate the loss* ou "mitigação do prejuízo" constitui uma inovação verificada primeiramente no direito anglo-saxão (*doctrine of mitigation* ou *duty to mitigate the loss*), relacionada diretamente com a boa-fé objetiva e aprovada no Enunciado 169 da III Jornada de Direito Civil (STJ-CJF), nestes termos: "O princípio da boa-fé objetiva deve levar o credor a evitar o agravamento do próprio prejuízo".

---

15 Cristiano Chaves de Farias e Nelson Rosenvald, *Curso de direito civil*, 4. ed., Salvador: JusPodivm, 2014, v. 4, p. 188.

16 Ruy Rosado de Aguiar Júnior, cit., p. 254-255.

17 Ruy Rosado de Aguiar Júnior, cit., p. 254-255.

Informa Antunes Varela[18] que o direito português assegura que a vítima do inadimplemento, mesmo quando não contribui para o evento danoso, tem não apenas o dever de proceder de sorte que o dano não se agrave, mas também o de tentar reduzi-lo na medida do possível. Diez-Picazo[19], por sua vez, afirma que o dever de mitigar os danos sofridos decorre do princípio da boa-fé e, quando descumprido, é um fato que "rompe la relación de causalidad, pues el aumento de los daños no es ya consecuencia direta e inmediata del incumplimiento, sino de la inacción o de la pasividad del acreedor". Na Itália, Francesco Galgano[20] opina que o recíproco comportamento do credor e do devedor conforme o princípio da correção e da boa-fé é uma "obrigação geral acessória" cujo conteúdo não é predeterminável.

A mencionada máxima tem sido aplicada especialmente aos contratos bancários, em casos de inadimplência dos devedores, em que a instituição financeira, em vez de tomar as providências para a rescisão do contrato, permanece inerte, na expectativa de que a dívida atinja valores elevados, em razão da alta de juros convencionada no contrato (confira-se acórdão nesse sentido do TJSP, na Ap. 0003643-11.2012.8.26.0627, de 15-5-2015).

Essa conduta incorreta tem sido reprimida pelos nossos Tribunais, especialmente pelo Superior Tribunal de Justiça[21]: "Os contratantes devem tomar as medidas necessárias e possíveis para que o dano não seja agravado. A parte a que a perda aproveita não pode permanecer deliberadamente inerte diante do dano. Agravamento do prejuízo, em razão da inércia do credor. Infringência dos deveres de cooperação e lealdade".

Observa-se, assim, que o instituto do abuso do direito tem aplicação em quase todos os campos do direito, como instrumento destinado a reprimir o **exercício antissocial** dos direitos subjetivos. As sanções estabelecidas em lei são as mais diversas, podendo implicar imposição de restrições ao exercício de atividade e até sua cessação, declaração de ineficácia de negócio jurídico, demolição de obra construída, obrigação de ressarcimento dos danos, suspensão ou perda do pátrio poder e outras.

3.1.3. Responsabilidade civil entre cônjuges

No tocante à indenização em caso de infração dos deveres conjugais, nada existe em nosso direito, tratada apenas no direito alienígena. Não estabelece a nossa lei nenhuma sanção pecuniária contra o causador do divórcio, por danos materiais ou morais sofridos pelo outro cônjuge.

Não obstante, tem a **jurisprudência** proclamado que encontram origem completamente diferente a pensão alimentícia que um dos cônjuges deve ao outro, necessitado, pensão que substitui o dever de assistência, e a **indenização por danos morais** sofridos.

---

18 João de Deus Matos Antunes Varela, *Das obrigações em geral*, 2. ed., Coimbra: Almedina, 1973, v. I, p. 917.

19 Diez-Picazo, *Fundamentos del derecho civil patrimonial*, 5. ed., Madrid: Civitas, 1996. v. 2, p. 689.

20 Francesco Galgano, *Diritto privato,* 4. ed., Padova: Cedam, 1987, p. 184.

21 STJ, REsp 758.518-PR, rel. Des. Conv. Vasco Della Giustina, j. 17-6-2010.

Caio Mário da Silva Pereira, tratando dos efeitos da ruptura da sociedade conjugal, afirmou: "Afora os alimentos, que suprem a perda de assistência direta, poderá ainda ocorrer a **indenização por perdas e danos** (dano patrimonial e dano moral), em face do prejuízo sofrido pelo cônjuge inocente"[22].

Parece-nos que, se o marido agride a esposa e lhe causa ferimentos graves, acarretando, inclusive, diminuição de sua capacidade laborativa, tal conduta pode fundamentar ação de **indenização de perdas e danos**, com suporte nos arts. 186 e 950 do Código Civil. Da mesma forma deve caber a indenização, se o dano causado, e provado, for de natureza **moral**.

O que nos parece, contudo, carecer de fundamento legal, no atual estágio de nossa legislação, é o pedido fundado no só fato da ruptura conjugal, ainda que por iniciativa do outro cônjuge. Provado, no entanto, que tal ruptura, provocada por ato injusto do outro cônjuge, acarretou danos, sejam materiais ou morais, além daqueles já cobertos pela pensão alimentícia (sustento, cura, vestuário e casa), **a indenização pode ser pleiteada**, porque *legem habemus*: o art. 186 do Código Civil.

Mário Moacyr Porto comunga desse entendimento, obtemperando que a "concessão judicial da pensão não tira do cônjuge abandonado a faculdade de demandar o cônjuge culpado para obter uma **indenização por outro prejuízo** que porventura tenha sofrido ou advindo do comportamento reprovável do outro cônjuge, de acordo com o disposto no art. 159 [*atual 186*] do Código Civil"[23].

Prossegue o mencionado autor, afirmando que a "ação fundamenta-se no art. 159 [*hoje, art. 186*] do Código Civil e é independente da ação que visa à dissolução litigiosa da sociedade conjugal e ao chamado 'divórcio-sanção'. As indenizações são, assim, cumuláveis"[24]. Conclui afirmando, com apoio em Ripert: "Não ocorre, assim, uma dupla indenização pelo mesmo dano, mas **indenizações diversas de prejuízos diferentes**"[25].

Mário Moacyr Porto sustenta ainda, com razão e com suporte em Planiol e Ripert, a admissibilidade de ação de indenização do cônjuge inocente contra o cônjuge culpado, no caso de **anulação do casamento putativo**, afirmando: "... no caso de a boa-fé limitar-se a um dos cônjuges (parágrafo único do art. 221 do CC), afigura-se-nos fora de dúvida que o cônjuge inocente poderá promover uma **ação de indenização** do dano que sofreu contra o cônjuge culpado, com apoio no art. 159 do Código Civil"[26].

O Tribunal de Justiça de São Paulo condenou o marido a pagar indenização à mulher por tê-la acusado, infundada e **injuriosamente**, na demanda de separação judicial, atribuindo-lhe a prática de adultério, que não restou provada, e causando-lhe dano moral[27]. E o Tribunal de Justiça de Minas Gerais, por sua vez, condenou a mulher a pagar

---

22 *Instituições de direito civil*, v. V, p. 155, n. 408. No mesmo sentido: *RT*, 560/178-86.
23 *Temas de responsabilidade civil*, p. 65-73.
24 *Temas*, cit., p. 71-72.
25 *Temas*, cit., p. 73.
26 *Temas*, cit., p. 83.
27 Ap. 220.943-1/1, 4ª Câm. Dir. Priv., rel. Des. Olavo Silveira, j. 9-3-1995.

R$ 10.000,00 a título de reparação de danos morais ao seu ex-marido, por ter omitido, durante os anos de casamento, que ele não era o pai biológico de seus dois filhos[28].

A esposa infiel tem o dever de reparar por danos morais o marido traído na hipótese em que tenha ocultado dele, até alguns anos após a separação, o fato de que criança nascida durante o matrimônio e criada como filha biológica do casal seria, na verdade, filha sua e de seu cúmplice. Não é possível ignorar que a vida em comum impõe restrições que devem ser observadas, entre as quais se destaca o dever de fidelidade nas relações conjugais (art. 1.566, I, do CC), o qual pode efetivamente acarretar danos morais. Esse o entendimento tranquilo da jurisprudência[29].

Esse também o entendimento da Corte Paulista: "Mentir sobre paternidade de filho gera indenização por danos morais a quem acreditou durante anos ter relação biológica com a criança". A mulher foi condenada a indenizar o ex-marido em R$ 30.000,00 por não esclarecer a verdadeira paternidade do filho. "Extrapola o razoável o fato de ela ter ficado silente durante 15 anos sobre a possibilidade da paternidade ser outra"[30].

Em princípio, animosidades ou desavenças de cunho familiar, ou mesmo relacionamentos extraconjugais **(adultério)**, que constituem causas de ruptura da sociedade conjugal, não configuram circunstâncias ensejadoras de indenização. Já se decidiu, com efeito, que somente é devida verba ao cônjuge inocente se a violação do dever de fidelidade **extrapolar a normalidade genérica**, sob pena de *bis in idem*[31]. Ou, ainda: "Dano moral. **Adultério**. Indenização indevida. Contexto que não se apresentou de tal sorte excepcional, ou gerador de consequências mais pesarosas, a ponto de autorizar a indenização por dano moral"[32].

O **Superior Tribunal de Justiça** também se pronunciou sobre o assunto, proclamando:

> "O sistema jurídico brasileiro admite, na separação e no divórcio, a **indenização por dano moral**. Juridicamente, portanto, tal pedido é possível (...) Caso em que, diante do comportamento injurioso do cônjuge varão, a Turma conheceu do especial e deu provimento ao recurso por ofensa ao art. 159 do Cód. Civil [*de 1916*], para admitir a obrigação de se ressarcirem danos morais"[33].

---

28 TJMG, 16ª Câm. Cív., rel. Des. Otávio de Abreu Portes, disponível em: <http:/www.conjur.com.br>. Acesso em: 19 abr. 2016.

29 STJ, REsp 922.462-SP, 3ª T., rel. Min. Villas Bôas Cueva, j. 4-4-2013.

30 Disponível in *Revista Consultor Jurídico* de 5-2-2018.

31 *RT*, 836/173.

32 TJRJ, Ap. 2004.001.15985, 4ª Câm. Cív., rel. Des. Alberto Filho, j. 17-8-2004. *V.* ainda, no mesmo sentido: "Dano moral. Adultério. Separação consensual, só por si, não induz a concessão de dano moral. Para que se possa conceder o dano moral é preciso mais que um simples rompimento da relação conjugal, mas que um dos cônjuges tenha, efetivamente, submetido o outro a condições humilhantes, vexatórias e que lhe afronte a dignidade, a honra e o pudor. Não foi o que ocorreu nesta hipótese, porque o relacionamento já estava deteriorado e o rompimento era consequência natural" (TJRJ, Ap. 2000.001.19674, 2ª Câm. Cív., rel. Des. Gustavo Kuhl Leite, j. 10-4-2001).

33 REsp 37.051-0, 3ª T., rel. Min. Nilson Naves, j. 17-4-2001.

A ação de divórcio e a de indenização são **independentes**. Os pedidos, contudo, são **cumuláveis** e podem ser formulados em uma mesma demanda (CPC/2015, art. 327). Nada impede, porém, que a indenização, com apoio no art. 186 do Código Civil, seja pleiteada **antes ou depois** da instauração do processo para a obtenção da dissolução da sociedade conjugal, e até mesmo em reconvenção, sendo competente, em qualquer caso, o **juízo de família**, e não o cível[34].

■ 3.1.4. Responsabilidade civil por dano ecológico ou ambiental

■ *3.1.4.1. O direito ambiental*

A ação destruidora da natureza agravou-se neste século em razão do incontido crescimento da população e do progresso científico e tecnológico, que permitiu ao homem a completa dominação da terra, das águas e do espaço aéreo. Com suas conquistas, o homem está destruindo os bens da natureza, que existem para o seu bem-estar, alegria e saúde[35].

Viu-se, assim, o Estado moderno na contingência de **preservar o meio ambiente**, para assegurar a sobrevivência das gerações futuras em condições satisfatórias de alimentação, saúde e bem-estar. Para tanto, criou-se um direito novo — o **direito ambiental** — destinado ao estudo dos princípios e regras tendentes a impedir a destruição ou a degradação dos elementos da natureza[36].

A palavra **"ambiente"** indica o lugar, o sítio, o recinto, o espaço que envolve os seres vivos ou as coisas. A expressão **"meio ambiente"**, embora redundante (porque a palavra "ambiente" já inclui a noção de meio), acabou consagrada entre nós. Em sentido amplo, abrange toda a natureza original e artificial, bem como os bens culturais correlatos, de molde a possibilitar o seguinte detalhamento:

- **meio ambiente natural** (constituído pelo solo, a água, o ar atmosférico, a flora, a fauna);
- **meio ambiente cultural** (integrado pelo patrimônio arqueológico, artístico, histórico, paisagístico, turístico); e
- **meio ambiente artificial** (formado pelas edificações, equipamentos urbanos, comunitários, enfim todos os assentamentos de reflexos urbanísticos).

O meio ambiente, elevado à categoria de bem jurídico essencial à vida, à saúde e à felicidade do homem, é objeto, hoje, de uma disciplina que já ganha foros de ciência e autonomia: a **ecologia** (do grego *oikos* = casa + *logos* = estudo). Visa a ecologia, portanto, considerar e investigar o mundo como **"nossa casa"**, sendo conhecida, por isso mesmo, como **"ciência do *habitat*"**, na medida em que estuda as relações dos seres vivos entre si e deles com o ambiente[37].

---

34 TJSP, AgI 136.366-4/1-00, 6ª Câm. Dir. Priv., rel. Des. Mohamed Amaro, j. 15-6-2000.

35 Maria Helena Diniz, *Curso de direito civil brasileiro*, v. 7, p. 578.

36 Hely Lopes Meirelles, Proteção ambiental e ação civil pública, *RT*, 611/7.

37 Edis Milaré, Meio ambiente: elementos integrantes e conceito, *RT*, 623/32.

Há, hoje, no mundo todo uma grande preocupação com a **defesa do meio ambiente**, pelos constantes atentados que este vem sofrendo. O dano ecológico ou ambiental tem causado graves e sérias lesões às pessoas e às coisas. Como qualquer outro dano, deve ser reparado por aqueles que o causaram, sejam pessoas físicas ou jurídicas, inclusive a Administração Pública.

■ 3.1.4.2. *A responsabilidade civil por dano ecológico*

No campo da responsabilidade civil, o diploma básico em nosso país é a **"Lei de Política Nacional do Meio Ambiente"** (Lei n. 6.938, de 31-8-1981), cujas principais virtudes estão no fato de:

- ter consagrado a **responsabilidade objetiva** do causador do dano;
- ter regulamentado a proteção não só aos **interesses individuais** como também aos **supraindividuais** (interesses **difusos**, em razão de agressão ao meio ambiente em prejuízo de toda a comunidade); e
- ter conferido legitimidade ao **Ministério Público** para propor ação de responsabilidade civil e criminal por danos causados ao meio ambiente.

■ A responsabilidade objetiva

Dispõe, com efeito, o § 1º do art. 14 do mencionado diploma: "Sem obstar à aplicação das penalidades previstas neste artigo, é o poluidor obrigado, **independentemente da existência de culpa**, a indenizar ou reparar os danos causados ao meio ambiente e a terceiros, afetados por sua atividade. O **Ministério Público** da União e dos Estados terá legitimidade para propor ação de responsabilidade civil e criminal por danos causados ao meio ambiente".

A responsabilidade civil independe, pois, da existência de culpa e se funda na ideia de que a pessoa que cria **o risco** deve reparar os danos advindos de seu empreendimento. Basta, portanto, a prova da **ação ou omissão** do réu, do **dano** e da **relação de causalidade**.

■ Irrelevância da legalidade do ato

Também se mostra irrelevante, *in casu*, a demonstração da **legalidade** do ato. Em matéria de direito de vizinhança já vem a jurisprudência, de há muito, proclamando que a licença ou permissão da autoridade para o exercício de determinada atividade **não autoriza** que se causem danos aos vizinhos. Na ação civil pública ambiental não se discute, pois, necessariamente, a **legalidade** do ato. É a **potencialidade do dano** que o ato possa trazer aos bens e valores naturais e culturais que servirá de fundamento da sentença[38].

Assim, "ainda que haja **autorização** da autoridade competente, ainda que a emissão esteja dentro dos padrões estabelecidos pelas normas de segurança, ainda que a

---

[38] Edis Milaré, Meio ambiente, cit., *RT*, 623/36.

indústria tenha tomado todos os cuidados para evitar o dano, se ele ocorreu em virtude da atividade do poluidor, há o **nexo causal** que faz nascer o dever de indenizar"[39].

■ **O princípio do "poluidor-pagador"**

A formulação de políticas de proteção ao meio ambiente nos diversos países gerou o princípio **"poluidor-pagador"**, propagado pelos diversos setores que se preocupam com a tutela ambiental. Consiste em impor ao poluidor a **responsabilidade pelos danos causados ao meio ambiente**, arcando com as despesas de prevenção, repressão e reparação da poluição provocada.

■ **A solidariedade passiva**

Dado o "caráter de ordem pública de que goza a proteção do meio ambiente, institui-se a **solidariedade passiva** pela reparação do dano ecológico, o que significa dizer que, por exemplo, em um distrito industrial onde seja impossível individualizar-se o responsável pelo dano ambiental, **todos serão solidariamente responsáveis**.

Essa responsabilidade passiva visa atender ao interesse público de ser totalmente reparado o prejuízo causado, constituindo-se faculdade do credor vítima da poluição a escolha de mover o processo contra este ou aquele devedor, **podendo escolher todos ou o que goza de melhor situação financeira**...". "É, sobretudo, o interesse público que faz com que haja a solidariedade entre os degradadores do ambiente, a fim de garantir uma real, mais eficaz e mais rápida reparação integral do dano"[40]. Assim já decidiu o Tribunal de Justiça de São Paulo, em ação civil pública movida contra diversas empresas poluidoras, pertencentes ao mesmo polo industrial, que foram responsabilizadas solidariamente[41].

Aduza-se que o art. 225, § 3º, da Constituição Federal sujeita todos os infratores das normas de proteção ambiental, pessoas físicas ou jurídicas, indistintamente, a "sanções penais e administrativas, independentemente da obrigação de reparar os danos causados".

■ 3.1.4.3. *A responsabilidade objetiva do poluidor e as excludentes do caso fortuito ou da força maior*

A responsabilidade objetiva, como já dito, baseia-se na teoria do risco. Nela se subsome a ideia do exercício de atividade perigosa como fundamento da responsabilidade civil. O exercício de atividade que possa oferecer algum perigo representa, sem dúvida, um **risco** que o agente assume de ser obrigado a ressarcir os danos que venham resultar a terceiros. O princípio da responsabilidade por culpa é substituído pelo da **responsabilidade por risco** (socialização dos riscos).

No dizer de Nelson Nery Junior, **é irrelevante a demonstração do caso fortuito ou da força maior** como causas excludentes da responsabilidade civil por dano

[39] Nelson Nery Junior, Responsabilidade civil por dano ecológico e a ação civil pública, *Justitia*, 126/175.

[40] Fábio Dutra Lucarelli, Responsabilidade civil por dano ecológico, *RT*, 700/16.

[41] *RT*, 655/83.

ecológico. Essa interpretação, afirma, "é extraída do sentido teleológico da Lei de Política Nacional do Meio Ambiente, onde o legislador disse menos do que queria dizer ao estabelecer a responsabilidade objetiva. Segue-se daí que **o poluidor deve assumir integralmente todos os riscos** que advêm de sua atividade, como se isto fora um começo da socialização do risco e de prejuízo... Mas não só a população deve pagar esse alto preço pela chegada do progresso. O poluidor tem também a sua parcela de sacrifício, que é, justamente, a submissão à **teoria do risco integral**, subsistindo o dever de indenizar ainda quando o dano seja oriundo de caso fortuito ou força maior"[42].

Parece-nos, todavia, que **tais excludentes devem ser admitidas**, uma vez que não afastam eventual culpa do poluidor, mas afetam o **nexo causal**, rompendo-o.

■ *3.1.4.4. Os instrumentos de tutela jurisdicional dos interesses difusos*

A Lei n. 7.347, de 24 de julho de 1985, disciplinou a **ação civil pública** de responsabilidade por danos causados ao meio ambiente, legitimando precipuamente o Ministério Público para propô-la, como também a Defensoria Pública, as entidades estatais, autárquicas, paraestatais e as associações que especifica (art. 5º, com a redação dada pela Lei n. 11.448, de 15-1-2007), sem prejuízo da **ação popular** (art. 1º).

Essas duas ações têm objetivos assemelhados, mas **legitimação** de autores diferentes:

- a **civil pública** pode ser ajuizada pelo Ministério Público e pelas pessoas jurídicas acima indicadas;
- a **ação popular** só pode ser proposta por cidadão eleitor (Lei n. 4.717/65, art. 1º).

Ambas têm em comum a defesa dos **interesses difusos** da coletividade, e não o amparo do direito individual de seus autores.

A Lei n. 7.347/85 é unicamente de **caráter processual**, devendo o pedido e a condenação basear-se em disposição de alguma lei material da União, do Estado ou do Município que tipifique a infração ambiental a ser reconhecida e punida judicialmente, e independentemente de quaisquer penalidades administrativas ou de ação movida por particular para defesa de seu direito individual[43].

A criação, na Lei n. 7.347/85, de uma entidade beneficiária das indenizações (art. 13) visa possibilitar a mobilização e administração do dinheiro arrecadado à custa dos predadores condenados em prol da reconstituição do meio ambiente. O **Fundo para Reconstituição de Bens Lesados** foi regulamentado pelo Decreto n. 92.302, de 16 de janeiro de 1986.

Embora a ação civil pública seja de rito ordinário, admite a **suspensão liminar** do ato ou fato impugnado (art. 12), podendo ser precedida ou acompanhada de **medida**

---

42 *Justitia*, 126/174.

43 Hely Lopes Meirelles, Proteção ambiental, cit., *RT*, 611/11.

cautelar nominada ou inominada, bem como de **pedido cominatório** para impedir ou minimizar o dano ecológico, e ainda para preservar os bens de valor histórico, artístico, estético, turístico e paisagístico (art. 4º) ameaçados de destruição ou depredação.

A reparação do dano ambiental pode consistir na **indenização dos prejuízos**, reais ou legalmente presumidos, ou na **restauração** do que foi poluído, destruído ou degradado. A responsabilização do réu pode ser **repressiva** da lesão consumada ou **preventiva** de uma consumação iminente.

Melhor será, sempre, a ação preventiva, visto que há lesões irreparáveis *in specie*, como a derrubada ilegal de uma floresta nativa ou a destruição de um bem histórico, valioso pela sua origem e autenticidade. Daí por que a Lei da Ação Civil Pública admite a **condenação em obrigação de fazer ou de não fazer** (Lei n. 7.347/85, art. 3º). Em qualquer hipótese, a responsabilidade do réu é solidária, abrangendo todos os que cometeram o fato lesivo ou dele participaram[44].

Verifica-se, do que até aqui foi exposto, que existem, no direito brasileiro, dois instrumentos que servem à tutela jurisdicional dos interesses difusos:

- a **ação popular** (Lei n. 4.717/65); e
- a **ação civil pública** (Lei n. 7.347/85).

A **Constituição Federal** dedicou um capítulo à proteção do meio ambiente (art. 225 e parágrafos), proclamando que "todos têm direito ao meio ambiente **ecologicamente equilibrado**, bem de uso comum do povo e essencial à sadia qualidade de vida, impondo-se ao Poder Público e à coletividade o dever de defendê-lo e preservá-lo para as presentes e futuras gerações".

No § 1º estabeleceu, em seus incisos, **medidas** para assegurar a efetividade desse direito. As condutas e atividades consideradas lesivas ao meio ambiente, segundo dispõe o § 3º, sujeitarão os infratores, pessoas físicas ou jurídicas, a **sanções penais e administrativas**, independentemente da obrigação de **reparar os danos** causados.

No capítulo referente às funções institucionais do **Ministério Público**, inseriu-se a de "promover o inquérito civil e a ação pública, para a proteção do patrimônio público e social, do meio ambiente e de outros interesses difusos e coletivos" (art. 129, III).

A Constituição atual ampliou largamente o objeto da ação civil pública, ao incluir a **"proteção de outros interesses difusos e coletivos"** ao lado da proteção de valores já elencados na Lei n. 7.347/85, possibilitando com tal previsão a defesa de todo e qualquer interesse difuso e de todo interesse público, de cunho social e indisponível.

■ 3.1.4.5. A reparação do dano ambiental

Todos os danos aos elementos integrantes do **patrimônio ambiental e cultural**, bem como às **pessoas** (individual, social e coletivamente consideradas) e ao seu patrimônio, como valores constitucional e legalmente protegidos, são passíveis de **avaliação e de ressarcimento**, perfeitamente enquadráveis tanto na categoria do dano

---

44 Hely Lopes Meirelles, Proteção ambiental, cit., *RT*, 611/11.

patrimonial (material ou econômico) como na categoria do dano não patrimonial (pessoal ou moral), tudo dependendo das circunstâncias de cada caso concreto, conforme acentua Helita Barreira Custódio[45].

> "É **impensável a prescrição da pretensão reparatória do dano ambiental**, por se tratar de matéria de ordem pública, indisponível, de titularidade difusa e para a qual a Carta Política de 1988 prevê proteção perpétua"[46].

Confiram-se, ainda, teses que refletem a jurisprudência ambiental consolidada no Superior Tribunal de Justiça, publicadas em 18 de março de 2015, na *Jurisprudência em Teses* de n. 30:

> "**Tese 1:** Admite-se a condenação simultânea e cumulativa das obrigações de fazer, de não fazer e de indenizar na reparação integral do meio ambiente.
>
> **Tese 2:** É vedado ao Instituto Brasileiro do Meio Ambiente e dos Recursos Naturais Renováveis (IBAMA) impor sanções administrativas sem expressa previsão legal.
>
> **Tese 3:** Não há direito adquirido a poluir ou degradar o meio ambiente, não existindo permissão ao proprietário ou posseiro para a continuidade de práticas vedadas pelo legislador.
>
> **Tese 4:** O princípio da precaução pressupõe a inversão do ônus probatório, competindo a quem supostamente promoveu o dano ambiental comprovar que não o causou ou que a substância lançada ao meio ambiente não lhe é potencialmente lesiva.
>
> **Tese 5:** É defeso ao IBAMA impor penalidade decorrente de ato tipificado como crime ou contravenção, cabendo ao Poder Judiciário referida medida.
>
> **Tese 6:** O emprego de fogo em práticas agropastoris ou floresta depende necessariamente de autorização do Poder Público.
>
> **Tese 7:** Os responsáveis pela degradação ambiental são coobrigados solidários, formando-se, em regra, nas ações civis públicas ou coletivas litisconsórcio facultativo.
>
> **Tese 8:** Em matéria de proteção ambiental, há responsabilidade civil do Estado quando a omissão de cumprimento adequado do seu dever de fiscalizar for determinante para a concretização ou o agravamento do dano causado.
>
> **Tese 9:** A obrigação de recuperar a degradação ambiental é do titular da propriedade do imóvel, mesmo que não tenha contribuído para a deflagração do dano, tendo em conta sua natureza *propter rem*.
>
> **Tese 10:** A responsabilidade por dano ambiental é objetiva, informada pela teoria do risco integral, sendo o nexo de causalidade o fator aglutinante que permite que o risco se integre na unidade do ato, sendo descabida a invocação, pela empresa responsável pelo dano ambiental, de excludentes de responsabilidade civil para afastar sua obrigação de indenizar.
>
> **Tese 11:** Prescreve em cinco anos, contados do término do processo administrativo, a pretensão da Administração Pública de promover a execução da multa por infração ambiental".

---

45 Avaliação de custos ambientais em ações jurídicas de lesão ao meio ambiente, *RT*, 652/14.

46 Darlan R. Bittencourt e Ricardo K. Marcondes, Lineamentos da responsabilidade civil ambiental, *RT*, 740/53.

Posteriormente, em fevereiro de 2019, o mencionado Tribunal Superior, na mesma *Jurisprudência em Teses*, divulgou novamente 11 teses sobre o dano ambiental, quais sejam:

Tese 1: "A responsabilidade por dano ambiental é objetiva, informada pela teoria do risco integral, sendo o nexo de causalidade o fator aglutinante que permite que o risco se integre na unidade do ato, sendo descabida a invocação, pela empresa responsável pelo dano ambiental, de excludentes de responsabilidade civil para afastar sua obrigação de indenizar" (Tese julgada sob o rito do art. 543-C do CPC/73 – Temas 681 e 707, letra *a*).

Tese 2: "Causa inequívoco dano ecológico quem desmata, ocupa, explora ou impede a regeneração de Área de Preservação Permanente – APP, fazendo emergir a obrigação *propter rem* de restaurar plenamente e de indenizar o meio ambiente degradado e terceiros afetados, sob o regime de responsabilidade civil objetiva".

Tese 3: "O reconhecimento da responsabilidade objetiva por dano ambiental não dispensa a demonstração do nexo de causalidade entre a conduta e o resultado".

Tese 4: "A alegação de culpa exclusiva de terceiro pelo acidente em causa, como excludente de responsabilidade, deve ser afastada, ante a incidência da teoria do risco integral e da responsabilidade objetiva ínsita ao dano ambiental (art. 225, § 3º, da CF e art. 14, § 1º, da Lei n. 6.938/1981), responsabilizando o degradador em decorrência do princípio do poluidor-pagador" (Tese julgada sob o rito do art. 543-C do CPC/73 – Tema 438).

Tese 5: "É imprescritível a pretensão reparatória de danos ao meio ambiente".

Tese 6: "O termo inicial da incidência dos juros moratórios é a data do evento danoso nas hipóteses de reparação de danos morais e materiais decorrentes de acidente ambiental".

Tese 7: "A inversão do ônus da prova aplica-se às ações de degradação ambiental" (Súmula 618/STJ).

Tese 8: "Não se admite a aplicação da teoria do fato consumado em tema de Direito Ambiental" (Súmula 613/STJ).

Tese 9: "Não há direito adquirido à manutenção de situação que gere prejuízo ao meio ambiente".

Tese 10: "O pescador profissional é parte legítima para postular indenização por dano ambiental que acarretou a redução da pesca na área atingida, podendo utilizar-se do registro profissional, ainda que concedido posteriormente ao sinistro, e de outros meios de prova que sejam suficientes ao convencimento do juiz acerca do exercício dessa atividade".

Tese 11: "É devida a indenização por dano moral patente o sofrimento intenso do pescador profissional artesanal, causado pela privação das condições de trabalho, em consequência do dano ambiental" (Tese julgada sob o rito do art. 543-C do CPC/73 – Tema 439).

Recentemente, a aludida Corte Superior editou duas súmulas atinentes ao direito ambiental. São elas:

a) Súmula 623: "As obrigações ambientais possuem natureza *propter rem*, sendo admissível cobrá-las do proprietário ou possuidor atual e/ou dos anteriores, à escolha do credor".

b) Súmula 629: "Quanto ao dano ambiental, é admitida a condenação do réu à obrigação de fazer ou à de não fazer cumulada com a de indenizar".

■ 3.1.5. Violação do direito à própria imagem

■ *3.1.5.1. Conceito de imagem*

O direito à própria imagem integra o rol dos **direitos da personalidade**. No sentido comum, imagem é a **representação** pela pintura, escultura, fotografia, filme etc. de qualquer objeto e, inclusive, da pessoa humana, destacando-se, nesta, o interesse primordial que apresenta o rosto.

Sobre o direito à própria imagem, não pode ser aceita, segundo Antônio Chaves[47], a definição segundo a qual seria o direito de impedir que terceiros venham a conhecer a imagem de uma pessoa, pois não se pode impedir que outrem conheça a nossa imagem, **e sim que a use contra a nossa vontade**, nos casos não expressamente autorizados em lei, agravando-se evidentemente a lesão ao direito quando tenha havido exploração dolosa, culposa, aproveitamento pecuniário, e, pior que tudo, desdouro para o titular da imagem.

■ *3.1.5.2. Proteção consolidada pela Constituição Federal*

A proteção do direito à imagem resultou de um longo e paulatino trabalho pretoriano, visto não decorrer de texto expresso. Esse trabalho pretoriano já se encontrava praticamente consolidado, quando a **Constituição Federal de 1988** veio a afastar qualquer dúvida que porventura ainda pudesse pairar a respeito da tutela do direito à própria imagem.

Com efeito, a referida Constituição declara invioláveis "a intimidade, a vida privada, a honra e a **imagem** das pessoas, assegurado o direito a indenização pelo dano material ou moral decorrente de sua violação" (art. 5º, X). E o inc. V do mesmo dispositivo assegura "o direito de resposta, proporcional ao agravo, além da indenização por dano material, moral ou à **imagem**".

A nova Carta erigiu, assim, expressamente, o direito à própria imagem à condição de **direito individual**, conexo ao da vida, integrando o conjunto dos ***"direitos à privacidade"***, juntamente com o direito à intimidade, à vida privada e à honra.

■ *3.1.5.3. Proteção no Código Civil de 2002*

O referido diploma dedicou um capítulo novo aos direitos da personalidade (arts. 11 a 21), visando à sua salvaguarda, sob múltiplos aspectos, desde a proteção dispensada ao nome e à **imagem** até o direito de se dispor do próprio corpo para fins científicos ou altruísticos.

A transmissão da **palavra** e a divulgação de **escritos** já eram protegidas pela Lei n. 9.610, de 19 de fevereiro de 1998, que disciplina toda a matéria relativa a direitos autorais.

---

47 Direito à própria imagem, *RT*, 451/12.

O **art. 20 do Código Civil de 2002**, considerando tratar-se de direitos da personalidade, prescreve que **"poderão ser proibidas"**, a requerimento do autor "e sem prejuízo da indenização que couber, se lhe atingirem a honra, a boa fama ou a respeitabilidade, **ou se se destinarem a fins comerciais**", salvo se autorizadas, ou se necessárias à administração da justiça ou à manutenção da ordem pública. Complementa o parágrafo único que, em se "tratando de morto ou de ausente, são partes legítimas para requerer essa proteção o cônjuge, os ascendentes ou os descendentes".

O **mesmo tratamento** é dispensado à exposição ou à utilização da **imagem** de uma pessoa, que o art. 5º, X, da Constituição Federal considera um direito inviolável. A reprodução da imagem é **emanação da própria pessoa** e somente esta pode autorizá-la.

A Carta Magna foi explícita em assegurar, ao lesado, direito a indenização por dano material ou moral decorrente da violação da intimidade, da vida privada, da honra e da imagem das pessoas. Nos termos do **art. 20 do Código Civil**, a reprodução de imagem para **fins comerciais**, sem autorização do lesado, enseja o direito a indenização, **ainda que não lhe tenha atingido a honra ou a respeitabilidade**[48].

Dispõe o Enunciado 587 do Conselho da Justiça Federal: "O dano à imagem restará configurado quando presente a utilização indevida desse bem jurídico, independentemente da concomitante lesão a outro direito da personalidade, sendo dispensável a prova do prejuízo do lesado ou do lucro do ofensor para a caracterização do referido dano, por se tratar de modalidade de dano *in re ipsa*".

Decidiu o Superior Tribunal de Justiça que "o uso de imagem para fins publicitários, sem autorização, pode caracterizar dano moral se a exposição é feita de **forma vexatória, ridícula ou ofensiva ao decoro** da pessoa retratada. A publicação das fotografias depois do prazo contratado e a vinculação em encartes publicitários e em revistas estrangeiras sem autorização não enseja danos morais, mas danos materiais"[49].

Por sua vez, proclamou o Tribunal de Justiça de São Paulo que "a **exploração comercial** de fotografia, sem autorização do fotografado, constitui **violação do direito à própria imagem**, que é direito da personalidade, e, como tal, configura dano moral indenizável. Não se presume nunca a autorização tácita, de caráter gratuito, para uso comercial de fotografia, quando o fotografado não seja modelo profissional"[50].

Confira-se a Súmula 403 do Superior Tribunal de Justiça: "Independe de prova do prejuízo a indenização pela publicação não autorizada de imagem de pessoa com fins econômicos ou comerciais".

---

48 "*Dano à imagem*. Publicação não autorizada de fotografia de modelo profissional seminua, em revista de grande tiragem. Ato ilícito absoluto. Verba devida. Arbitramento prudencial excessivo. Redução determinada. Aplicação do artigo 5º, incisos V e X, da Constituição da República. Recurso provido para esse fim" (*JTJ*, Lex, 223/62). "Direito à proteção da própria imagem, diante da utilização de fotografia em anúncio com fim lucrativo sem a devida autorização da pessoa correspondente. Indenização pelo uso indevido da imagem. Tutela jurídica resultante do alcance do Direito Positivo. Recurso extraordinário não conhecido" (*RT*, 558/230).

49 REsp 230.268-0-SP, 3ª T., rel. Min. Pádua Ribeiro, j. 13-3-2001.

50 AgI 97.702-4-Pompeia, 2ª Câm. Dir. Priv., rel. Des. Cezar Peluso, j. 21-11-2000.

O Supremo Tribunal Federal, em 2015, julgou procedente ação direta de inconstitucionalidade prestigiando a liberdade de expressão e afastando a censura prévia das biografias não autorizadas, para: "a) em consonância com os direitos fundamentais à liberdade de pensamento e de expressão, de criação artística, produção científica, declarar inexigível o consentimento de pessoa biografada relativamente a obras biográficas literárias ou audiovisuais, sendo por igual desnecessária autorização de pessoas retratadas como coadjuvantes (ou de seus familiares, em caso de pessoas falecidas); b) reafirmar o direito à inviolabilidade da intimidade, da privacidade, da honra e da imagem da pessoa, nos termos do inc. X do art. 5º da Constituição da República, cuja transgressão haverá de se reparar mediante indenização"[51].

■ 3.1.6. Responsabilidade civil na internet

■ *3.1.6.1. O comércio eletrônico*

Crescem, a cada dia, os negócios celebrados por meio da **internet**. Entretanto, o direito brasileiro não contém nenhuma norma específica sobre o comércio eletrônico, nem mesmo no Código de Defesa do Consumidor. Ressalve-se a tramitação no Congresso Nacional de vários projetos que tratam da regulamentação jurídica do comércio eletrônico e da assinatura digital, e a edição da **Medida Provisória n. 2.200-2/2001**, que confere às **assinaturas eletrônicas** o mesmo poder e validade jurídica daquelas lançadas de próprio punho nos documentos.

Destaque-se a Lei n. 12.965/2014, denominada "O Marco Civil da Internet", atualizada pela Lei n. 13.709, de 14 de agosto de 2018, considerada uma espécie de Constituição da internet por estabelecer princípios, garantias, direitos e deveres para uso da rede no Brasil, tanto para os usuários quanto para os provedores de conexão e de aplicativos.

No estágio atual, a obrigação do empresário brasileiro que dele se vale para vender os seus produtos ou serviços, para com os consumidores, é a mesma que o referido diploma atribui aos fornecedores em geral. A transação eletrônica realizada entre brasileiros está, assim, sujeita aos **mesmos princípios e regras aplicáveis aos demais contratos** aqui celebrados.

No entanto, o contrato de consumo eletrônico **internacional** obedece ao disposto no art. 9º, § 2º, da **Lei de Introdução às Normas do Direito Brasileiro**, que determina a aplicação, à hipótese, da **lei do domicílio do proponente**. Por essa razão, se um brasileiro faz a aquisição de algum produto oferecido pela internet por empresa estrangeira, o contrato então celebrado rege-se pelas leis do país do contratante que fez a oferta ou proposta.

Assim, malgrado o **Código de Defesa do Consumidor** brasileiro (art. 51, I), por exemplo, considere abusiva e não admita a validade de cláusula que reduza, por qualquer modo, os direitos do consumidor (cláusula de não indenizar), o internauta brasileiro pode ter dado sua adesão a uma proposta de empresa ou comerciante estrangeiro domiciliado em país cuja legislação admita tal espécie de cláusula, especialmente

---

51 STF, ADIn 4.815, rel. Min. Cármen Lúcia, j. 10-6-2015.

quando informada com clareza aos consumidores. E, nesse caso, não terá o aderente como evitar a limitação de seu direito.

Da mesma forma, o **comerciante ou industrial brasileiro** que anunciar os seus produtos no comércio virtual deve atentar para as normas do nosso **Código de Defesa do Consumidor**, especialmente quanto aos requisitos da **oferta**. Podem ser destacadas as que exigem informações claras e precisas do produto, em português, sobre o preço, qualidade, garantia, prazos de validade, origem e eventuais riscos à saúde ou segurança do consumidor (art. 31), e as que se referem à necessidade de identificação dos fabricantes pelo nome e endereço (art. 33).

Se as **informações** transmitidas são incompletas ou obscuras, prevalece a condição mais benéfica ao consumidor (CDC, arts. 30 e 47). E, se não forem verdadeiras, configura-se **vício de fornecimento**, sendo que a disparidade entre a realidade do produto ou serviço e as indicações constantes da mensagem publicitária, na forma dos arts. 18 e 20 do mencionado Código, caracteriza vício de qualidade.

Anote-se que essas cautelas devem ser tomadas pelo **anunciante e fornecedor** dos produtos e serviços, como **único responsável** pelas informações veiculadas, pois o titular do estabelecimento eletrônico em que é feito o anúncio não responde pela regularidade deste nos casos em que atua apenas como veículo. Do mesmo modo **não responde o provedor de acesso à internet**, pois os serviços que presta são apenas instrumentais e não há condições técnicas de avaliar as informações nem o direito de interceptá-las e de obstar qualquer mensagem.

O mencionado **Marco Civil da Internet** foi regulamentado em 11 de maio de 2016 pelo Decreto n. 8.771, que se encontra em vigor desde 10 de junho e tem por foco a **neutralidade da rede e a proteção a registros, dados pessoais e comunicações privadas**, tendo sido atualizado pela Lei n. 13.709, de 14 de agosto de 2018, mediante alteração dos arts. 7º, 16, 61, 62, 63 e 65.

Segundo José Eduardo Pieri e Rebeca Garcia[52], "o decreto dá importante passo para usuários, provedores e empresas que se valem da internet para desenvolver e criar negócios — traz mais luz a um ambiente que ainda carece de uma lei de proteção de dados e de maior segurança jurídica (...) O decreto deixa também incertezas, não só pela amplitude de conceitos ou por manter abertos temas como critérios de aplicação de sanções, mas por ser mesmo novidade. Seu esclarecimento dependerá, sobretudo, do amadurecimento pela prática comercial e jurídica, incluindo a interpretação a ser dada pelos tribunais. Uma coisa é certa: as repercussões da regulamentação são diversas e relevantes, e já estão na ordem do dia de usuários e empresas".

■ 3.1.6.2. *A responsabilidade civil nos meios eletrônicos*

A responsabilidade **extracontratual** pode derivar de inúmeros **atos ilícitos**, sendo de destacar os que dizem respeito à concorrência desleal, à violação da proprieda-

[52] Repercussões práticas da regulamentação do Marco Civil da Internet, disponível em *Revista Consultor Jurídico*, de 18-6-2016.

de intelectual, ao indevido desrespeito à intimidade, ao envio de mensagens não desejadas e ofensivas da honra, à divulgação de boatos infamantes, à invasão de caixa postal, ao envio de vírus etc.

Identificado o **autor**, responde ele civilmente pelos **prejuízos** causados a terceiros. Especialmente no caso da transmissão ou retransmissão de vírus, demonstrada a **culpa ou dolo** do agente e identificado o computador, presume-se que o **proprietário do equipamento**, até prova em contrário, é o responsável pela reparação dos prejuízos materiais e morais, nos termos do art. 5º, X, da Constituição Federal.

É de ponderar, contudo, que muitas mensagens de ordem pessoal são recebidas e, inocentemente, retransmitidas com vírus, culminando com a contaminação de uma grande quantidade de aparelhos. Nessa hipótese, não há falar em responsabilidade civil dos transmitentes, por inexistir a intenção de causar prejuízo a outrem, salvo se evidenciada a negligência do usuário.

Diferente a situação dos **provedores**, cuja culpa é evidenciada pelo fato de permitirem que algum **vírus** passe por seus computadores e se aloje no equipamento de seu cliente. Ocorrerá, na hipótese, **defeito do serviço**, pois o cliente confia que a tecnologia empregada pelo prestador de serviço possa evitar o ataque ao seu computador.

Havendo ofensa à intimidade, à vida privada, à honra e à imagem das pessoas, podem ser responsabilizados não somente os **autores da ofensa** como também os que **contribuíram** para a sua divulgação. A propósito, preleciona Antonio Jeová Santos que é **objetiva a responsabilidade do provedor**, quando se trata da hipótese de *information providers*, em que incorpora a página ou o *site*, pois, "uma vez que aloja a informação transmitida pelo *site* ou página, **assume o risco** de eventual ataque a direito personalíssimo de terceiro".

A responsabilidade é estendida — prossegue — "tanto aos conteúdos próprios como aos conteúdos de terceiros, aqui estabelecidos como diretos e indiretos, respectivamente. Quando ocorre o conteúdo próprio ou direto, **os provedores são os autores**. As notas ou artigos foram elaborados pelo pessoal da empresa que administra o provedor. A respeito dos conteúdos de terceiros ou indiretos, **também são responsáveis em forma objetiva**, já que antes de realizar o *link* a outra página ou *site*, necessariamente, teve que ser analisada e estudada. De maneira tal que, ao eleger livremente a incorporação do *link*, necessariamente tem que ser responsável por isso"[53].

Mais adiante, aduz o mencionado autor: "O **provedor**, para tornar mais agradável seu portal e, assim, conseguir maior número de assinantes, contrata conhecidos profissionais da imprensa que passam a colaborar no noticiário eletrônico. Difundem notícias, efetuam comentários, assinam colunas, tal como ocorre em jornais impressos. São passíveis de ofender pessoas, sujeitando-se à **indenização por dano moral**".

E conclui: "Enquanto não houver lei específica que trate da matéria, a interpretação que os Tribunais vêm fazendo quanto à aplicação da Lei de Imprensa (Lei n. 5.250/67) serve perfeitamente para a aplicação de casos de ofensa pela internet praticada por jornalistas. A notícia é a mesma. Houve mudança apenas do suporte. O que

---

[53] *Dano moral na internet*, p. 119.

antes vinha em forma de jornal impresso, agora surge na tela do computador... É palmar a atuação dos provedores, em tudo similar à de editores quando oferecem este tipo de serviço. Prestando informações, atuam como se fossem um diretor de publicações, entre elas jornais, revistas e periódicos. A responsabilidade prevista na Lei de Imprensa é a mesma para editores de jornais e estes meios modernos de informação"[54].

Desse modo, aplica-se à hipótese a Súmula 221 do Superior Tribunal de Justiça, *verbis*:

> "São civilmente responsáveis pelo ressarcimento de dano, decorrente de publicação pela imprensa, tanto o autor do escrito quanto o proprietário do veículo de divulgação".

Ressalve-se a **revogação da Lei de Imprensa** e a aplicação, em consequência, nesses casos, do Código Civil.

No tocante à internet ***service providers*** e ao ***hosting service providers***, reconhece Antonio Jeová Santos que o assunto se encontra inçado de dificuldades. No seu entender, a responsabilidade de quem explora esses tipos de serviços será sempre **subjetiva**. No primeiro, há apenas a entrega de serviço para possibilitar a conexão à internet, ao passo que o *hosting service providers* tem como função abrigar (hospedagem) *sites* e páginas, atuando como hospedeiro tecnológico virtual. Não há interferência no conteúdo que o usuário coloca na página ou *site*.

Para o mencionado doutrinador, a **responsabilidade dos provedores**, nesses casos, somente ocorrerá se atuarem com **alguma modalidade de culpa**, quando, por exemplo, são informados de que "algum *site* ou página está veiculando algum fato antijurídico e infamante e nada fazem para coibir o abuso".

A indenização por danos morais causados via internet não é, todavia, tema pacífico na jurisprudência. Responsabilizando o provedor, proclamou a **Segunda Turma do Superior Tribunal de Justiça**: "Quem viabiliza tecnicamente, quem se beneficia economicamente e, ativamente, estimula a criação de comunidades e página de relacionamento na internet é tão responsável pelo controle de eventuais abusos e pela garantia dos direitos da personalidade de internautas e terceiros como os próprios internautas que geram e disseminam informações ofensivas aos valores mais comezinhos da vida em comunidade, seja ela real ou virtual"[55].

Posteriormente, a **Terceira Turma da referida Corte** proclamou que **não cabe à empresa provedora o exame prévio** de todo o conteúdo do material que transita pelo *site*, uma vez que atua ela, *in casu*, como provedora de conteúdo — já que apenas disponibiliza as informações inseridas por terceiros no *site*. Desse modo, **não responde de forma objetiva pelo conteúdo ilegal desses dados**. Asseverou a relatora, Min. Nancy Andrighi, que o provedor deve assegurar o sigilo, a segurança e a inviolabilidade dos dados cadastrais de seus usuários, além de garantir o pleno funcionamento das páginas que hospeda. Entretanto, **não pode ser obrigado a exercer**

---

[54] *Dano moral na internet*, cit., p. 120-121.

[55] REsp 111.763-3-RO, rel. Min. Herman Benjamin, *DJU*, 9-3-2010.

um monitoramento prévio das informações veiculadas por terceiros, pois não se trata de atividade intrínseca ao serviço por ele prestado (controle, inclusive, que poderia resultar na perda de eficiência e no retrocesso do mundo virtual), razão pela qual a ausência dessa fiscalização não pode ser considerada falha do serviço.

Ressalvou, no entanto, a mencionada Relatora que, a partir do momento em que o provedor toma conhecimento da existência do conteúdo ilegal, **deve promover a sua remoção imediata**; do contrário, será responsabilizado pelos danos daí decorrentes. Nesse contexto, frisou que o provedor deve possuir meios que permitam a **identificação** dos seus usuários de forma a coibir o anonimato, sob pena de responder subjetivamente por culpa *in omittendo*[56].

Posteriormente, a mesma Turma Julgadora reconheceu que o fato de o serviço prestado pelo provedor de Internet ser gratuito não desvirtua a relação de consumo, e que o provedor de pesquisa é uma espécie do gênero provedor de conteúdo, pois não inclui, hospeda, organiza ou de qualquer outra forma gerencia as páginas virtuais indicadas nos resultados disponibilizados, limitando-se a indicar *links* nos quais podem ser encontrados os termos ou expressões de busca fornecidos pelo próprio usuário. A filtragem do conteúdo das pesquisas feitas por cada usuário não constitui atividade intrínseca ao serviço prestado pelos provedores de pesquisa, de modo que não se pode reputar defeituoso, nos termos do art. 14 do CDC, o *site* que não exerce esse controle sobre os resultados das buscas.

Aduziu a relatora, Min. Nancy Andrighi, que "os provedores de pesquisa realizam suas buscas dentro de um universo virtual, cujo acesso é público e irrestrito, ou seja, seu papel se restringe à identificação de páginas na *web* onde determinado dado ou informação, ainda que ilícito, estão sendo livremente veiculados. Dessa forma, ainda que seus mecanismos de busca facilitem o acesso e a consequente divulgação de páginas cujo conteúdo seja potencialmente ilegal, fato é que essas páginas são públicas e compõem a rede mundial de computadores e, por isso, aparecem no resultado dos *sites* de pesquisa".

Acrescentou o aresto que "os provedores de pesquisa não podem ser obrigados a eliminar do seu sistema os resultados derivados da busca de determinado termo ou expressão, tampouco os resultados que apontem para foto ou texto específico, independentemente da indicação do URL da página onde este estiver inserido. Não se pode, sob o pretexto de dificultar a propagação de conteúdo ilícito ou ofensivo na *web*, reprimir o direito da coletividade à informação. Sopesados os direitos envolvidos e o risco potencial de violação de cada um deles, o fiel da balança deve pender para a garantia da liberdade de informação assegurada pelo art. 220, § 1º, da CF/88, sobretudo considerando que a Internet representa, hoje, importante veículo de comunicação social de massa".

E concluiu: "Preenchidos os requisitos indispensáveis à exclusão, da *web*, de uma determinada página virtual, sob a alegação de veicular conteúdo ilícito ou ofen-

[56] REsp 1.193.764-SP, j. 14-12-2010.

sivo — notadamente a identificação do URL dessa página — a vítima carecerá de interesse de agir contra o provedor de pesquisa, por absoluta falta de utilidade da jurisdição. Se a vítima identificou, via URL, o autor do ato ilícito, não tem motivo para demandar contra aquele que apenas facilita o acesso a esse ato que, até então, se encontra publicamente disponível na rede para divulgação"[57].

Em pedido de indenização por dano moral decorrente de mensagens com conteúdo ofensivo, enviadas pelo usuário via *e-mail*, ressaltou a aludida 3ª Turma do Superior Tribunal de Justiça que não se aplica aos provedores de correio eletrônico a responsabilidade objetiva prevista no art. 927, parágrafo único, do Código Civil. Enfatizou ainda que, "por mais que se diga que um site é seguro, a internet sempre estará sujeita à ação de *hackers*, que invariavelmente conseguem contornar as barreiras que gerenciam o acesso a dados. Assim, a impossibilidade de identificação da pessoa responsável pelo envio da mensagem ofensiva não caracteriza necessariamente defeito na prestação do serviço de provedoria de *e-mail*, não se podendo tomar como legítima a expectativa da vítima, enquanto consumidora, de que a segurança imputada a esse serviço implicaria a existência de meios de individualizar todos os usuários que diariamente encaminham milhões de *e-mails*. Mesmo não exigindo ou registrando os dados pessoais dos usuários do Hotmail, a Microsoft mantém um meio suficientemente eficaz de rastreamento desses usuários, que permite localizar o seu provedor de acesso (este sim com recursos para, em tese, identificar o IP do usuário), medida de segurança que corresponde à diligência média esperada de um provedor de correio eletrônico"[58].

Na VI Jornada de Direito Civil, promovida pelo Conselho da Justiça Federal, foi aprovado o Enunciado 554, do seguinte teor:

> "Independe de indicação do local específico da informação a ordem judicial para que o provedor de hospedagem bloqueie determinado conteúdo ofensivo na internet".

■ 3.1.7. Resumo

RESPONSABILIDADE POR ATO PRÓPRIO	
INFRAÇÃO A UM DEVER	■ O elemento objetivo da culpa é o dever violado. Em matéria de culpa contratual, o dever jurídico consiste na obediência ao convencionado. E, na culpa extracontratual, consiste no cumprimento da lei, que impõe a todos o dever de não lesar a outrem, implícito no art. 186 do CC.
O ABUSO DE DIREITO	■ O abuso de direito é disciplinado no novo CC como outra forma de ***ato ilícito***. Comete-o o titular de um direito que, "ao exercê-lo, excede manifestamente os limites impostos pelo seu fim econômico ou social, pela boa-fé ou pelos bons costumes". Mesmo agindo dentro de seu direito, pois, pode o agente, em alguns casos, ser responsabilizado.
RESPONSABILIDADE CIVIL ENTRE CÔNJUGES	■ Provado que a ruptura da sociedade conjugal foi provocada por ato injusto do consorte e acarretou danos, sejam materiais ou morais, além daqueles já cobertos pela pensão alimentícia, a indenização pode ser pleiteada com fundamento no art. 186 do CC.

---

[57] STJ, REsp 1.316.921-RJ, 3ª T., rel. Min. Nancy Andrighi, j. 26-6-2012.

[58] STJ, REsp 1.300.161-RS, 3ª T., rel. Min. Nancy Andrighi, j. 19-6-2012.

DANO AMBIENTAL	■ A responsabilidade por dano ecológico pode ser penal e civil. Quanto a esta, o diploma básico é a Lei de Política Nacional do Meio Ambiente (Lei n. 6.938/81), cujas principais virtudes estão no fato de ter consagrado a ***responsabilidade objetiva*** do causador do dano e a proteção não só aos interesses individuais, mas também aos supraindividuais (interesses difusos), conferindo legitimidade ao Ministério Público para propor ação civil e criminal. A Lei n. 7.347/85 disciplinou a ***ação civil pública*** de responsabilidade por danos causados ao meio ambiente.
DIREITO À PRÓPRIA IMAGEM	■ O direito à própria imagem integra o rol dos direitos da personalidade (CC, arts. 11 a 21). A CF declara invioláveis a "intimidade, a vida privada, a honra e a ***imagem*** das pessoas, assegurado o direito a indenização pelo dano material ou moral decorrente de sua violação" (art. 5º, X). E o inc. V do mesmo dispositivo assegura "o direito de resposta, proporcional ao agravo, além da indenização por dano material, moral ou à **imagem**".
RESPONSABILIDADE CIVIL NA INTERNET	■ Identificado o autor do ato ilícito, responde ele civilmente pelos prejuízos causados a terceiros. Havendo ofensa à intimidade, à vida privada, à honra e à imagem das pessoas, podem ser responsabilizados não somente os autores da ofensa como também os que contribuíram para a sua divulgação. É objetiva a responsabilidade do provedor, quando se trata de *information providers*, em que incorpora a página ou o *site*.

■ 3.2. CASOS ESPECIAIS DE RESPONSABILIDADE POR ATO OU FATO DE TERCEIRO

■ 3.2.1. Da presunção de culpa à responsabilidade independente de culpa

No sistema da responsabilidade subjetiva, deve haver nexo de causalidade entre o dano indenizável e o ato ilícito praticado pelo agente. Só responde pelo dano, em princípio, **aquele que lhe der causa**. É a responsabilidade por **fato próprio**, que deflui do art. 186 do Código Civil. A lei, entretanto, estabelece alguns casos em que o agente deve suportar as consequências do **fato de terceiro**. Nesse particular, estabelece o **art. 932** do Código Civil:

> "São também responsáveis pela reparação civil:
>
> I — os pais, pelos filhos menores que estiverem sob sua autoridade e em sua companhia;
>
> II — o tutor e o curador, pelos pupilos e curatelados, que se acharem nas mesmas condições;
>
> III — o empregador ou comitente, por seus empregados, serviçais e prepostos, no exercício do trabalho que lhes competir, ou em razão dele;
>
> IV — os donos de hotéis, hospedarias, casas ou estabelecimentos onde se albergue por dinheiro, mesmo para fins de educação, pelos seus hóspedes, moradores e educandos;
>
> V — os que gratuitamente houverem participado nos produtos do crime, até a concorrente quantia".

Em complementação, prescreve o **art. 933**:

> "As pessoas indicadas nos incisos I a V do artigo antecedente, **ainda que não haja culpa de sua parte**, responderão pelos atos praticados pelos terceiros ali referidos".

O Código Civil de 1916 optou por solução mais conservadora, estipulando que o lesado devia provar que o responsável indireto concorreu com culpa ou negligência.

A solução mais avançada e consentânea com os novos rumos da responsabilidade civil sobreveio somente com o **Código Civil de 2002**, que expressamente adotou a responsabilidade **independentemente de culpa**, no caso dos pais, tutores, curadores, empregadores, donos de hotéis, hospedarias, casas ou estabelecimentos onde se albergue por dinheiro, mesmo para fins de educação.

Predomina atualmente o entendimento de que uma solução verdadeiramente merecedora de chamar-se justa só poderia achar-se na teoria do risco. A **ideia de risco** é a que mais se aproxima da realidade. Se o pai põe filhos no mundo, se o patrão se utiliza do empregado, ambos correm o **risco** de que, da atividade daqueles, surja **dano para terceiro**. É razoável que, se tal dano advier, por ele respondam **solidariamente** com os seus causadores diretos aqueles sob cuja dependência estes se achavam[59].

Não será demasia acrescentar que **incumbe ao ofendido provar a culpa do incapaz, do empregado, dos hóspedes e educandos**. A exigência da prova da culpa destes se coloca como antecedente indeclinável à configuração do dever de indenizar das pessoas mencionadas no art. 932. Assim, **provada a culpa do filho menor, responderão os pais**, ainda que não haja culpa de sua parte.

■ 3.2.2. A responsabilidade solidária das pessoas designadas no art. 932 do Código Civil

■ Responsabilidade individual

A responsabilidade civil é, em princípio, **individual**, consoante se vê do art. 942 do Código Civil. Responsável pela reparação do dano é todo aquele que, por ação ou omissão voluntária, negligência ou imprudência, haja causado prejuízo a outrem.

Há casos, entretanto, em que a pessoa pode responder não pelo ato próprio, mas pelo **ato de terceiro** ou pelo **fato das coisas** ou **animais**. "Aí situa-se a responsabilidade por fato de outrem ou pelo fato das coisas, ou **'responsabilidade indireta'** ou **'responsabilidade complexa'**, que Trabuchi explica, quando a lei chama alguém a responder pelas consequências de fato alheio, ou fato danoso provocado por terceiro"[60].

■ Responsabilidade solidária

Pode acontecer, ainda, o **concurso de agentes** na prática de um ato ilícito. Tal concurso se dá quando duas ou mais pessoas praticam o ato ilícito. Surge, então, a **solidariedade** dos diversos agentes, assim definida no art. 942, segunda parte, do Código Civil: "... e, se a ofensa tiver mais de um autor, todos responderão solidariamente pela reparação". E o parágrafo único do aludido dispositivo assim dispõe: "São solidariamente responsáveis com os autores os **coautores** e as pessoas designadas no **art. 932**".

Assim, ocorre a **solidariedade**:

- no caso de concorrer uma **pluralidade** de agentes; e
- **entre as pessoas designadas no art. 932** do Código Civil: pais e filhos, empregadores e empregados etc.

Em consequência, a vítima pode mover a ação contra qualquer um ou contra todos os devedores solidários[61].

---

59 Silvio Rodrigues, *Direito civil*, cit., v. 4, p. 68.

60 Caio Mário da Silva Pereira, *Responsabilidade civil*, cit., p. 93, n. 77.

61 *RJTJSP*, 86/174; *RT*, 613/70.

Essa regra não vale para a área trabalhista, uma vez que o art. 223-E da Consolidação das Leis do Trabalho, introduzido pela Lei n. 13.367, de 13 de julho de 2017, dispõe que "São responsáveis pelo dano **extrapatrimonial** todos os que tenham colaborado para a ofensa ao bem jurídico tutelado, na proporção da ação ou da omissão".

Proclama o Enunciado 41 da I Jornada de Direito Civil do Conselho da Justiça Federal, acertadamente:

> "A única hipótese em que poderá haver responsabilidade solidária do menor de 18 anos com seus pais é ter sido emancipado nos termos do art. 5º, parágrafo único, I, do CC".

■ 3.2.3. Responsabilidade dos pais

O art. 932, I, considera também responsáveis pela reparação civil "os pais, pelos filhos menores que estiverem sob sua autoridade e em sua companhia". Preferiu-se a expressão **"sob sua autoridade"** à "sob seu poder", utilizada pelo Código de 1916.

■ Responsabilidade objetiva

A responsabilidade paterna **independe de culpa** (CC, art. 933). Está sujeito à reparação do dano, por exemplo, o pai que permite ao filho menor de 18 anos sair de automóvel. Se o filho, culposamente, provoca acidente de trânsito, o lesado tem direito de acionar o pai, para obter a indenização.

Da mesma forma, responde pelo ressarcimento do dano causado pelo filho o pai que não o educa bem ou não exerce vigilância sobre ele, possibilitando-lhe a prática de algum delito, como o incêndio, o furto, a lesão corporal e outros. Em todos esses casos, **comprovado o ato ilícito do menor**, dele decorre, por via de consequência e **independentemente de culpa** do pai, a responsabilidade deste.

■ Irrelevância do fato de o autor do ato ilícito não ter discernimento

A responsabilidade dos pais **não é afastada** quando inexiste imputabilidade moral em virtude da ausência de discernimento. Para os subjetivistas, o fundamento está na culpa direta dos pais, consistente na omissão do dever de vigilância. Para a teoria objetiva, a responsabilidade, no caso, funda-se na **ideia do risco** e da reparação de um prejuízo sofrido pelo lesado injustamente, estabelecendo o equilíbrio dos patrimônios, atendendo-se à segurança da vítima[62].

Nesse sentido a jurisprudência: "O fato de o agente do ato ilícito ser menor inimputável não retira seu caráter de **ilicitude**"[63].

■ Responsabilidade solidária

Como já dito, a responsabilidade dos pais é **solidária** (CC, art. 942, parágrafo único), podendo a vítima, em consequência, mover a ação contra o menor ou contra seus pais, ou **contra ambos** (litisconsórcio passivo).

---

62 Alvino Lima, *Culpa e risco*, p. 174.

63 *RT*, 641/132.

Entretanto, segundo o critério adotado pelo atual diploma, a responsabilidade do **incapaz**, esta sim, é **subsidiária e mitigada**, pois só responde pelos prejuízos que causar a terceiros se as pessoas por ele responsáveis não tiverem obrigação de fazê-lo ou não dispuserem de meios suficientes (art. 928 e parágrafo único).

O referido sistema, como já dito, sofreu profunda alteração introduzida pela Lei n. 13.146, de 6 de julho de 2015, denominada "**Estatuto da Pessoa com Deficiência**", considerando o deficiente, o enfermo ou o excepcional pessoas plenamente capazes. A referida lei **revogou expressamente os incisos II e III do art. 3º do Código Civil**, que consideravam absolutamente incapazes os que, "por enfermidade ou deficiência mental, não tiverem o necessário discernimento para a prática desses atos" e os que, "mesmo por causa transitória, não puderem exprimir sua vontade". **Revogou também a parte final do inciso II do art. 4º**, que definia como relativamente incapazes os que, "por deficiência mental, tenham o discernimento reduzido" e deu nova redação ao inciso III, afastando "os excepcionais, sem desenvolvimento mental completo" da condição de incapazes.

As pessoas mencionadas nos dispositivos revogados, sendo agora "pessoas capazes" (**salvo se não puderem exprimir a sua vontade**, como prevê o art. 4º, III, do CC, como causa permanente), responderão pela indenização **com os seus próprios bens**, afastada a responsabilidade subsidiária prevista no mencionado art. 928 do Código Civil. Mesmo que, "quando necessário", sejam interditados e tenham um curador, como o permite o art. 84, § 1º, da retromencionada Lei n. 13.146/2015.

A **única hipótese** em que poderá haver responsabilidade solidária do menor de 18 anos com seu pai é se tiver sido **emancipado aos 16 anos** de idade.

Fora isso, a responsabilidade será **exclusivamente do pai**, ou **exclusivamente do filho**, se aquele não dispuser de meios suficientes para efetuar o pagamento e este puder fazê-lo, sem privar-se do necessário (responsabilidade subsidiária e mitigada, como já mencionado).

■ Cumulação da responsabilidade paterna com a de terceiros

Além da responsabilidade solidária excepcional entre pai e filho, pode haver cumulação de responsabilidade paterna com a **responsabilidade de terceiros**, como lembra Antonio Junqueira de Azevedo, citando os seguintes acórdãos:

> "Tendo o menor perdido o globo ocular em razão de disparo efetuado com arma de pressão, são civilmente responsáveis pela indenização os pais do menor que disparou a arma e os pais do menor que emprestou a arma" (*RJTJRS*, 90:285);
>
> "Acidente de trânsito. Condenação criminal de réu menor púbere, motorista do veículo emprestado, causador do acidente fatal. Indenizatória procedente, reconhecida a responsabilidade do pai e da empresa emprestadora do veículo (*JTACSP*, Saraiva, 74:23)"[64].

[64] Responsabilidade civil dos pais, in *Responsabilidade civil*: doutrina e jurisprudência, diversos autores, p. 64.

Nessa linha, sublinhou o Superior Tribunal de Justiça: "Em matéria de acidente automobilístico, o proprietário do veículo responde objetiva e solidariamente pelos atos culposos de terceiro que o conduz e que provoca o acidente"[65].

■ Emancipação concedida pelos pais

O poder familiar cessa com a maioridade, aos 18 anos, ou com a emancipação, aos 16. Se o pai **emancipa** o filho, **voluntariamente**, a emancipação produz todos os efeitos naturais do ato, **menos o de isentar** o primeiro da responsabilidade **solidária** pelos atos ilícitos praticados pelo segundo, consoante proclama a jurisprudência.

Tal não acontece quando a emancipação decorre do casamento ou das outras causas previstas no art. 5º, parágrafo único, do Código Civil[66].

Segundo a lição de Caio Mário da Silva Pereira, a emancipação voluntária não exonera os pais, "porque **um ato de vontade não elimina a responsabilidade que provém da lei**"[67].

■ Afastamento do filho da casa paterna

O simples afastamento do filho da casa paterna por si só **não elide a responsabilidade** dos pais.

"O pai não pode beneficiar-se com o afastamento do filho se decorrer o mesmo, precisamente, do descumprimento do pátrio poder de ter o menor em sua companhia e guarda, dirigindo-lhe a criação e a educação"[68]. Ou, conforme afirma Orlando Gomes[69], "o pai não deixa de responder pelo filho menor, mesmo que este, com o seu consentimento, esteja em lugar distante".

■ Menor sob a guarda materna

Entretanto, de acordo com o entendimento hoje superado, se sob a guarda e em companhia da **mãe** se encontra o filho, por força de separação judicial ou divórcio, **responde esta, e não o pai**. Confira-se:

> "Indenização. Responsabilidade civil. Acidente de trânsito. Veículo dirigido por menor. Ilegitimidade passiva do pai que não tem poderes de vigilância sobre ele, por deferida a guarda à própria mãe. Hipótese em que não se há de falar em culpa *in vigilando*. Exclusão do pai. Recurso provido para esse fim"[70].

Considerando que ambos os pais exercem o poder familiar, pode-se afirmar, pois, que, para a referida corrente, a presunção de responsabilidade dos pais **resultava antes da guarda** que do poder familiar; e que a falta daquela poderia levar à exclusão da responsabilidade.

---

[65] STJ, REsp 1.636.884-SC, 3ª T., rel. Min. Nancy Andrighi, *DJe*, 23-2-2018.

[66] *RT*, 494/92, 639/172; *RTJ*, 62/108; *JTACSP*, Revista dos Tribunais, 102/79.

[67] *Responsabilidade civil*, cit., p. 100. Nesse sentido decidiu o extinto 1º Tribunal de Alçada Civil de São Paulo: *JTACSP*, Revista dos Tribunais, 103/173, 102/79.

[68] TJSP, *RT*, 380/97.

[69] *Obrigações*, p. 347.

[70] *RJTJSP*, 54/182. No mesmo sentido: TJSP, 6ª Câm., AgI 272.833-SP, rel. Des. Cesar de Moraes, j. 31-8-1978, v. u.

O entendimento jurisprudencial, todavia, evoluiu no sentido de persistir a responsabilidade de ambos os pais quanto aos filhos menores, uma vez que o poder familiar não sofre alteração e não se extingue com a separação ou divórcio. Nessa linha, aresto da 4ª Turma do Superior Tribunal de Justiça, nos seguintes termos:

> "De toda sorte, a mera separação do casal, passando os filhos a residir com a mãe, não constitui, salvo em hipóteses excepcionais, fator de isenção da responsabilidade paterna pela criação e orientação da sua prole"[71].

Apoiam-se os adeptos da referida corrente no art. 1.634 do Código Civil, que disciplina o exercício do poder familiar, bem como nos arts. 227 e 229 da Constituição Federal, que tratam, dentre outros, do dever imposto aos pais, com absoluta prioridade, de educar os filhos menores.

Tal entendimento tem prevalecido no Superior Tribunal de Justiça, como se pode verificar:

> "O fato de o menor não residir com o genitor, por si só, não configura excludente de responsabilidade civil. Há que se investigar se persiste o poder familiar com todos os deveres/poderes de orientação e vigilância que lhe são inerentes. Precedentes"[72].

Concernente ao tema, o Enunciado 450 do Conselho da Justiça Federal: "Considerando que a responsabilidade dos pais pelos atos danosos praticados pelos filhos menores é objetiva, e não por culpa presumida, ambos os genitores, no exercício do poder familiar, são, em regra, solidariamente responsáveis por tais atos, ainda que estejam separados, ressalvado o direito de regresso em caso de culpa exclusiva de um dos genitores".

■ Menor sob a guarda de terceiro

Quando o titular da guarda ou o responsável pelo menor é terceiro, a **ilegitimidade passiva do pai** para ser demandado não pode deixar de ser reconhecida.

O Supremo Tribunal Federal já decidiu que "responde solidariamente pelo dano causado por menor a pessoa que, não sendo seu pai, mãe, tutor, tem, como encarregada de sua guarda, a responsabilidade da vigilância, direção ou educação dele ou, voluntariamente, o traz em seu poder ou companhia"[73].

■ Menor trabalhador

Quando o menor é empregado ou preposto de outrem, **a responsabilidade será do patrão**[74]. Nesse sentido a jurisprudência:

> "O pai não responde por dano causado por filho menor que trabalha para outrem"[75];

---

[71] STJ, REsp 299.048-SP, 4ª T., rel. Min. Aldir Passarinho Júnior, *DJe*, 3-9-2001.

[72] STJ, AgRg no AREsp 220.930., 3ª T., rel. Min. Sidnei Beneti, *DJe*, 9-10-2012.

[73] 2ª T., RE 76.876-MG, j. 16-11-1976, rel. Min. Leitão de Abreu, *DJU*, 31-12-1976, p. 11238.

[74] Caio Mário da Silva Pereira, *Responsabilidade civil*, cit., p. 99.

[75] *RT*, 554/148.

"Menor. Ato ilícito. Responsabilidade do pai. Inadmissibilidade. Prática enquanto se encontrava sob a responsabilidade do patrão"[76].

■ **Menor internado em estabelecimento de ensino**

Se o filho está internado em estabelecimento de ensino, vigora a **responsabilidade do educandário**, por força do disposto no art. 932, IV, do Código Civil[77].

■ **Responsabilidade do adotante**

Tendo em vista que, na adoção, o poder familiar e, consequentemente, a guarda se transferem do pai natural para o adotivo, a responsabilidade se desloca para o **adotante**.

■ **Irresponsabilidade dos pais pelos atos de filho maior**

Finalmente, deve ser lembrado, como adverte Aguiar Dias, "que a responsabilidade dos pais só ocorre em consequência de ato ilícito de filho menor. O pai não responde, a esse título, por **nenhuma obrigação do filho maior**, ainda que viva em sua companhia (ac. do Tribunal de Apelação do Distrito Federal, em 16-10-1942, no *Diário da Justiça* de 20-1-43).

O mesmo não se pode dizer com relação ao filho maior, mas **alienado mental**. É claro que a responsabilidade do pai, nesse caso, não pode ser fundada no art. 932, n. I, mas sim no **art. 186**, pois decorre de omissão culposa na vigilância de pessoa privada de discernimento, não a fazendo internar ou não obstando ao ato danoso"[78].

■ 3.2.4. Responsabilidade dos tutores e curadores

■ **Tutela**

Falecendo os pais, sendo julgados ausentes ou decaindo do poder familiar, os filhos menores são postos em **tutela** (CC, art. 1.728).

■ **Curatela**

Estão sujeitos à **curatela**:

- ■ aqueles que, por causa transitória ou permanente, não puderem exprimir sua vontade;
- ■ os ébrios habituais e os viciados em tóxico;
- ■ os pródigos;
- ■ o nascituro (CC, arts. 1.767 e 1.779, com a redação dada pela Lei n. 13.146/2015).

O tutor, depois de nomeado, passa a ser o **representante legal** do incapaz menor. Por sua vez, o curador representa o incapaz maior.

■ **Responsabilidade objetiva**

Segundo a noção, já enunciada, da responsabilidade objetiva das pessoas mencionadas no art. 932, a situação dos tutores e curadores é **idêntica à dos pais**: respondem

---

76 *RT*, 579/119.

77 Sourdat, *Traité général de la responsabilité civile*, v. 2, n. 818; Caio Mário da Silva Pereira, *Responsabilidade civil*, cit., p. 99.

78 *Da responsabilidade*, cit., p. 561, nota 908.

pelos pupilos e curatelados nas mesmas condições em que os pais respondem pelos filhos menores.

Com efeito, dispõe o art. 933 do Código Civil, retrotranscrito, que os pais, tutores, curadores, empregadores, donos de hotéis e de escolas, "ainda que não haja culpa de sua parte, responderão pelos atos praticados pelos terceiros ali referidos". O referido dispositivo criou, assim, uma **responsabilidade objetiva, independentemente da ideia de culpa**.

Cessa, entretanto, a responsabilidade do curador, providenciada a internação, sendo evidente a necessidade de tal medida, transferida que fica a quem o interdito tenha sido confiado. "É irrelevante contrato assinado entre a clínica e o curador liberando-a de qualquer responsabilidade por possíveis atos do internado, em caso de fuga, uma vez que a delegação de vigilância do demente transfere a responsabilidade por seus atos se feita a estabelecimento específico, mediante paga"[79].

■ 3.2.5. Responsabilidade dos empregadores ou comitentes pelos atos dos empregados, serviçais e prepostos

■ *3.2.5.1. Conceito de empregado, serviçal e preposto*

O art. 932, III, do Código Civil estabelece que o empregador ou comitente responde pelos atos dos **empregados, serviçais ou prepostos**, praticados no exercício do trabalho que lhes competir, ou em razão dele.

Consoante a lição de Antônio Chaves, "essa modalidade de responsabilidade complexa não compreende todas as categorias de prestação de serviços, mas unicamente as que se caracterizam pelo **vínculo de preposição**. **Doméstico, empregado** ou **serviçal** é a pessoa que executa um serviço, trabalho ou função, sob as ordens de uma outra pessoa, de sua família, ou ainda relativa aos cuidados interiores do lar. **Preposto** é aquele que está sob a vinculação de um contrato de preposição, isto é, um contrato em virtude do qual certas pessoas exercem, sob a autoridade de outrem, certas funções subordinadas, no seu interesse e sob suas ordens e instruções, e que têm o dever de fiscalizá-la e vigiá-la, para que proceda com a devida segurança, de modo a não causar dano a terceiros"[80].

Na fixação da exata noção do que seja a condição de empregado, serviçal ou preposto, a doutrina destaca a **subordinação hierárquica**, explicada como a condição de **dependência**, isto é, a situação daquele que recebe ordens, sob poder ou direção de outrem, independentemente de ser ou não assalariado[81]. Requisito essencial, portanto, entre preponente e preposto é o **vínculo de subordinação**.

Segundo o art. 932, III, do Código Civil, "não se exige que o preposto esteja efetivamente em pleno exercício do trabalho, bastando que o fato ocorra 'em razão

---

[79] *RT*, 560/201.

[80] *Tratado de direito civil*, v. 3, p. 97, n. 5.

[81] Mazeaud e Mazeaud, *Responsabilité civile*, cit., v. 1, n. 376 e 377; Serpa Lopes, *Curso de direito civil*, v. 5, n. 214 e 215; Aguiar Dias, *Da responsabilidade*, cit., 4. ed., v. 2, n. 190; Caio Mário da Silva Pereira, *Responsabilidade civil*, cit., p. 102, n. 82.

dele', mesmo que esse nexo causal seja meramente incidental, mas propiciado pelos encargos derivados da relação de subordinação. Na espécie, em virtude de desavenças relativas ao usufruto das águas que provinham das terras que pertencem aos requeridos, o recorrente foi ferido por tiro desferido pelo caseiro de referida propriedade. O dano, portanto, foi resultado de ato praticado no exercício das atribuições funcionais de mencionado empregado – de zelar pela manutenção da propriedade pertencente aos recorridos – e relaciona-se a desentendimento propiciado pelo trabalho a ele confiado – relativo à administração da fonte de água controvertida"[82].

Não basta, porém, o laço de subordinação para que haja preposição. Ainda é preciso que a atividade do preposto seja **em proveito** do comitente.

> "O estado de subordinação ou preposição **não exige necessariamente a presença de um contrato típico de trabalho**. Comissário será tanto o mandatário quanto quem se incumbe de, gratuita ou onerosamente, prestar serviço ou comissão. Verifica-se, no fundo, que o nexo de preposição põe o assento no preponente, por ser ele o beneficiário econômico, de modo a justificar sua responsabilidade pelo dano causado a outrem"[83].

■ *3.2.5.2. Responsabilidade objetiva*

O Código Civil de 2002, como já se afirmou, consagrou a **responsabilidade objetiva, independentemente da ideia de culpa**, dos empregadores e comitentes pelos atos de seus empregados, serviçais e prepostos (art. 933), afastando qualquer dúvida que ainda pudesse existir sobre o assunto e tornando prejudicada a Súmula 341 do Supremo Tribunal Federal, que se referia à "culpa presumida" dos referidos responsáveis. Dizia a referida Súmula: "É presumida a culpa do patrão ou comitente pelo ato culposo do empregado ou preposto".

Resta ao empregador somente a comprovação de que o causador do dano **não é seu empregado ou preposto**, ou que o dano não foi causado no **exercício do trabalho** que lhe competia, ou **em razão** dele.

Quando o art. 933 do Código Civil enuncia que os empregadores, ainda que não haja culpa de sua parte, responderão pelos atos praticados pelos seus empregados, serviçais e prepostos, está se referindo aos atos **ilícitos**, aos atos culposos em sentido lato, compreendendo a culpa e o dolo do empregado. Havendo **dolo ou culpa** *stricto sensu* do empregado na causação do dano, **presume-se**, *ipso facto* e de forma irrefragável, a **responsabilidade** (e não a culpa, por se tratar de responsabilidade objetiva) do empregador.

■ *3.2.5.3. Requisitos para a configuração da responsabilidade do empregador ou comitente*

Para que haja responsabilidade do empregador por ato do preposto, é necessário que concorram três **requisitos**, cuja prova incumbe ao lesado:

---

82 STJ, REsp 1.433.566-RS, 3ª T., rel. Min. Nancy Andrighi, *DJe*, 31-5-2017.

83 Antonio Lindberg C. Montenegro, *Responsabilidade civil*, p. 97, n. 41.

- qualidade de **empregado, serviçal** ou **preposto** do causador do dano (prova de que o dano foi causado por preposto);
- conduta **culposa** (dolo ou culpa *stricto sensu*) do **preposto**;
- que o ato lesivo tenha sido praticado no **exercício da função** que lhe competia, ou **em razão** dela.

Qualidade de empregado, serviçal ou preposto do causador do dano

Como já dito, o importante nessas relações é o vínculo hierárquico de **subordinação**.

Conduta culposa do preposto

Conforme retromencionado, quando o art. 933 do Código Civil enuncia que os empregadores, ainda que não haja culpa de sua parte, responderão pelos atos praticados pelos seus empregados, está se referindo aos atos **dolosos e culposos** do empregado. Se a conduta do empregado **não é ilícita**, não responde ele por ato próprio, nem o patrão pelo ato daquele.

Ato praticado no exercício da função que competia ao empregado, ou em razão dela

Importa, também, o exame da **normalidade** do trabalho. Assim, se o ato ilícito foi praticado fora do exercício das funções e em horário incompatível com o trabalho, não acarreta a responsabilidade do empregador.

Assenta De Page que a responsabilidade do preponente existe "desde que o ato danoso seja cometido **durante o tempo do serviço**, e esteja **em relação** com este serviço", não ocorrendo se o ato realmente se verificou fora do serviço, isto é, sem conexão nem de tempo, nem de lugar de serviço com as funções confiadas ao agente[84].

O preponente é responsável pelo ato ilícito praticado, ainda que não mais durante a execução dos serviços que lhe são afetos, mas **"em razão"** deles (art. 932, III). Segundo Washington de Barros Monteiro[85] e outros autores de nomeada, como Pontes de Miranda[86] e Wilson Melo da Silva[87], a expressão "no exercício do trabalho ou **por ocasião dele**" deve ser entendida de modo **amplo**, e não restrito. Para a caracterização dessa responsabilidade, não importa que o ato lesivo não esteja dentro das funções do preposto. Basta que essas funções **facilitem sua prática**. A propósito, já se decidiu:

> "Pouco importa saber se o acidente ocorreu, ou não, em horário de trabalho do motorista, se não negada a sua condição de empregado e não demonstrado que o acesso à máquina não decorreu de outro fato senão **o vínculo que mantinha com a demandada**"[88].

> "A circunstância de ter o acidente ocorrido num domingo, fora do horário de trabalho do empregado da empresa demandada, é irrelevante. O que é decisivo é que o motorista

---

84 *Traité élémentaire de droit civil belge*, v. 2, n. 989, p. 949.

85 *Curso*, cit., v. 5, p. 422.

86 Direito das obrigações, in *Manual*, cit., v. 16, 3ª parte, t. 1, p. 328, n. 231.

87 *Da responsabilidade*, cit., p. 294.

88 TJMG, Ap. 50.467, in *Responsabilidade civil*, de Humberto Theodoro Júnior, p. 224, n. 90.

tenha acesso ao veículo causador do evento danoso, **em razão do vínculo empregatício existente**. Estando comprovado que o evento decorreu de ato culposo do motorista, presume-se a corresponsabilidade do patrão."[89]

■ 3.2.6. Responsabilidade dos educadores

■ Responsabilidade do educador que visa lucro, bem como do hospedador gratuito

Os pressupostos de aplicação do princípio da responsabilidade dos educadores, e também dos donos de hospedarias em geral, consistem na apuração de que a instituição recolhe ou interna a pessoa com o **fito de lucro**. Não haveria a responsabilidade, *a contrario sensu*, para quem desse pousada gratuita, bem como pelo fato danoso dos que frequentassem a casa eventualmente[90].

No caso do hospedador e do **educador a título gratuito**, pondera, entretanto, com sabedoria, Aguiar Dias que "não se compreende que se albergue alguém para lhe proporcionar ou permitir o dano, através de terceiro". E acrescenta: "É indubitável que lhe incumbe (ao dono da casa), **mesmo quando hospedador gratuito**, um dever de segurança em relação à pessoa do hóspede"[91].

Em nota a esse comentário, aduz Aguiar Dias: "O mesmo ocorre nas **escolas públicas de ensino gratuito**. O Estado responde pelos danos sofridos pelo aluno em consequência de ato ilícito de outro (Carvalho Santos, ob. cit., vol. 20, pág. 240). É claro que na responsabilidade do educador influi consideravelmente a circunstância de má educação anterior do aluno".

■ Os danos indenizáveis

Os danos por que os educadores respondem, assevera Aguiar Dias, "são, ordinariamente, **os sofridos por terceiros**, o que não quer dizer que os danos **sofridos pelo próprio aluno** ou aprendiz não possam acarretar a responsabilidade do mestre ou diretor do estabelecimento". E menciona dois exemplos, tirados de Pontes de Miranda: o do "diretor do estabelecimento que se esquece de prevenir o pai ou parente sobre a doença de um dos colegiais ou pessoas internadas; e o do professor de química, que deixa no chão pedaços de fósforos com os quais se queima um aluno"[92].

Podemos lembrar, ainda, a hipótese em que um aluno fere um seu colega, não logrando a escola provar qualquer excludente de sua responsabilidade, como culpa exclusiva da vítima ou força maior, por exemplo.

■ Responsabilidade restrita ao período em que o educando está sob a vigilância do educador

Quando o aluno se encontra em regime de externato, a "responsabilidade é restrita ao período em que o educando está sob a vigilância do educador (Serpa Lopes, ob. cit., n. 284), compreendendo o que ocorre no **interior do colégio**, ou **durante a**

---

89 TAMG, Ap. 20.443, Boa Esperança, rel. Humberto Theodoro.

90 Caio Mário da Silva Pereira, *Instituições*, cit., p. 504, n. 281.

91 *Da responsabilidade*, cit., p. 588 e nota 962.

92 *Da responsabilidade*, cit., p. 587, n. 194.

estada do aluno no estabelecimento, inclusive no recreio (Pontes de Miranda), ou **em veículo de transporte** fornecido pelo educandário. O mais que ocorra fora do alcance ou da vigilância do estabelecimento estará sujeito ao princípio geral da incidência de culpa. O Tribunal de Justiça do Rio de Janeiro reconheceu a responsabilidade do estabelecimento de ensino por dano sofrido durante a recreação (*ADCOAS*, 1986, n. 106.239)"[93].

■ Incidência do Código de Defesa do Consumidor

Os educadores são **prestadores de serviço**. Com a entrada em vigor do Código Civil de 2002, preocuparam-se os operadores do direito em saber se essa atividade continuava regida pelo Código de Defesa do Consumidor, lei especial que responsabiliza os fornecedores e prestadores de serviço em geral de forma objetiva, só admitindo como excludente a culpa exclusiva da vítima, malgrado também se possa alegar a força maior, porque rompe o nexo de causalidade.

Embora o Código Civil seja bastante amplo, não esgota toda a matéria do direito privado. Se fosse essa a intenção do legislador, teria trazido para o seu bojo tudo o que consta da legislação especial. Todavia, o art. 593 do novel diploma dispõe: "A prestação de serviço, que não estiver sujeita às leis trabalhistas ou a lei especial, reger-se-á pelas disposições deste Capítulo".

Desse modo, o capítulo concernente à **prestação de serviço**, no Código Civil, **teve sua importância diminuída**, interessando mais ao prestador de menor porte, seja pessoa física ou jurídica, e ao trabalhador autônomo, como os profissionais liberais. O aludido diploma cogita do contrato de prestação de serviço apenas **enquanto civil no seu objeto e na disciplina, executado sem habitualidade, com autonomia técnica e sem subordinação**.

No caso dos educadores, **não há incompatibilidade** entre o que dispõe o **Código de Defesa do Consumidor** a respeito dos prestadores de serviço em geral e o **Código Civil de 2002**, pois ambos acolheram a responsabilidade **objetiva**, independentemente de culpa.

Sendo o serviço remunerado, caracteriza-se, na hipótese, relação de consumo[94].

Também responde a escola por danos sofridos pelos alunos fora do estabelecimento educacional em atividade escolar, como ocorre nos passeios por ela organizados e acompanhados. Nessa conformidade, decidiu o Superior Tribunal de Justiça:

> "Acidente ocorrido com aluno durante excursão organizada pelo colégio. Existência de defeito. Fato do serviço. Responsabilidade objetiva. Ausência de excludentes de responsabilidade"[95].

■ Situações específicas

Podemos especificar as seguintes situações:

---

[93] Caio Mário da Silva Pereira, *Responsabilidade civil*, cit., p. 107.

[94] Bruno Miragem, *Direito civil*: responsabilidade civil, São Paulo: Saraiva, 2015, p. 319.

[95] STJ, REsp 762.075-DF, 4ª T., rel. Min. Luis Felipe Salomão, *DJe*, 29-6-2009.

a) Se o dano é causado pelo aluno contra **terceiros**, a escola responde pelos prejuízos, independentemente de culpa. Tem ela, porém, **ação regressiva contra os alunos** (porque os seus pais não têm a obrigação de responder pelos atos praticados por seus filhos na escola), se estes puderem responder pelos prejuízos, sem se privarem do necessário (CC, art. 928 e parágrafo único).

b) Se o dano é **sofrido pelo próprio aluno** (na aula de química, por exemplo), a vítima pode mover, representada pelo pai, **ação contra o estabelecimento**. A propósito, veja-se: "Responsabilidade civil. Acidente ocorrido em laboratório de Química de estabelecimento de ensino. Caso fortuito. Inocorrência. Falta de cautelas de segurança. Caracterização da culpa e do nexo causal. Vítima que não exerce atividade laborativa. Irrelevância. Indenização devida"[96].

"Responsabilidade civil. Faculdade de Educação Física. Morte de aluno no curso de aula de natação. Método arriscado de ensino. Culpa do professor. Responsabilidade solidária da Universidade, segunda ré. Indenização devida."[97]

A responsabilidade, quanto às escolas públicas, cabe ao Estado[98], vigorando as regras da responsabilidade civil das pessoas jurídicas de direito público[99].

O estabelecimento, comercial ou de ensino, tem obrigação de guarda e vigilância de veículos estacionados em suas dependências. Assim decidiu a 13ª Câmara Cível do Tribunal de Justiça de Minas Gerais, ao condenar uma instituição de ensino a indenizar em R$ 70.000,00 um aluno que foi sequestrado no estacionamento da universidade, que não ofereceu a segurança adequada à parte autora. Além disso, a instituição precisa zelar pela integridade física e segurança de seus alunos sempre que estiverem dentro de suas dependências[100].

■ A prática de *bullying* no interior das escolas

A expansão da **prática de *bullying* entre crianças e adolescentes, especialmente no interior das escolas**, tem preocupado a sociedade, a ponto de alguns estados e municípios terem elaborado **cartilhas destinadas a prevenir a violência nos estabelecimentos de ensino** e aprovado leis dispondo sobre medidas de conscientização, prevenção e combate ao *bullying* escolar, que deverão integrar o projeto pedagógico das escolas públicas.

---

96 *RT*, 612/44; *RJTJSP*, 106/371.

97 *RT*, 597/173.

98 Carvalho Santos, *Código Civil*, v. 20, p. 240; De Page, *Traité*, cit., n. 982.

99 Caio Mário da Silva Pereira, *Responsabilidade*, cit., p. 107.

"Responsabilidade civil do Estado. Indenização. Lesão causada por professor em aluno de estabelecimento de ensino municipal durante partida de futebol realizada em aula de Educação Física. Alegação de ser consequência natural e inerente à atividade desportiva. Inadmissibilidade. Competição realizada como atividade obrigatória no *curriculum* e no interior da escola. Obrigação desta de zelar pela integridade física dos alunos, em razão da própria natureza do serviço prestado. Reparação de danos devida independentemente de prova de culpa" (*RT*, 642/104).

100 TJMG, Apel. 1.0000.19.142984-4/001, 13ª Câm. Cív., rel. Des. Alberto Henrique, *in* Revista *Consultor Jurídico* de 5-4-2020.

Bullying é palavra inglesa que significa usar o poder ou força para **intimidar e humilhar**, de modo repetitivo e intencional, sendo utilizada para descrever atos de violência física, verbal ou psicológica. A palavra **bulicídio** (do inglês *bullycide*) tem sido empregada para designar o suicídio cometido por vítimas de *bullying*.

Como já mencionado, os educadores são prestadores de serviço. **O Código de Defesa do Consumidor responsabiliza os fornecedores e prestadores de serviço em geral de forma objetiva**, só admitindo como excludente a culpa exclusiva da vítima, embora também possam alegar o caso fortuito ou força maior, porque rompem o nexo de causalidade. **O art. 933 do Código Civil também prevê a responsabilidade objetiva dos donos de escolas.**

A jurisprudência, por essa razão, tem corretamente reconhecido a responsabilidade **objetiva**, isto é, independentemente de culpa, dos estabelecimentos de ensino, nos casos de *bullying* praticados **no período em que o educando está sob sua vigilância**. Ao receber o estudante em seu estabelecimento, o educador, seja particular ou público, assume o compromisso de velar pela preservação de sua integridade física, moral e psicológica, devendo empregar todos os meios necessários ao integral desempenho desse encargo jurídico, sob pena de responder civilmente pelos danos ocasionados ao aluno.

Também já foi dito que **inexiste, nesses casos, responsabilidade solidária dos pais**, uma vez que a obrigação destes é transferida temporariamente à escola. Descabe, portanto, ação regressiva desta contra os pais, que não são prestadores de serviço. Os pais somente poderão ser responsabilizados, excepcionalmente, **quando comprovado o nexo de causalidade entre a sua conduta e o dano sofrido pela vítima**, por exemplo, quando descuidou da guarda de arma de fogo, que foi levada pelo filho à escola. Ou, como afirma Henri Lalou[101], quando o ato danoso "precede d'une faute du pére", como no caso de deixar uma faca nas mãos da criança. Dificilmente, em um sistema regido pelo Código de Defesa do Consumidor, poder-se-á responsabilizar os pais, que não são prestadores de serviço, pela má ou deficiente educação dos filhos.

A **Lei n. 13.185, de 26 de novembro de 2015**, instituiu o **Programa de Combate à Intimidação Sistemática (*Bullying*) em todo o território nacional** (art. 1º). Observa-se que a referida lei é voltada, essencialmente, ao assédio em estabelecimentos de ensino, em clubes e agremiações recreativas, uma vez que o art. 5º proclama expressamente que é dever dos referidos estabelecimentos "assegurar medidas de conscientização, prevenção, diagnose e combate à violência e à intimidação sistemática (*bullying*)", sendo um dos objetivos do aludido Programa "capacitar docentes e equipes pedagógicas para a implementação das ações de discussão, prevenção, orientação e solução do problema" (art. 4º, II).

A lei em apreço considera intimidação sistemática (*bullying*) "todo ato de violência física ou psicológica, intencional e repetitivo que ocorre sem motivação evidente, praticado por indivíduo ou grupo, contra uma ou mais pessoas, com o objetivo

[101] *Traité pratique de la responsabilité civile*, n. 980, p. 590.

de intimidá-la ou agredi-la, causando dor e angústia à vítima, em uma relação de desequilíbrio de poder entre as partes envolvidas" (art. 1º, § 1º).

Ação de regresso

Não se justifica o regresso contra os pais dos menores, relativa ou absolutamente incapazes, porque o **estabelecimento**, ao acolhê-los, recebe a transferência da guarda e vigilância, sendo, portanto, **responsável** se o aluno pratica algum ato lesivo a terceiro[102], mesmo em regime de externato, restrita a responsabilidade ao período em que o educando está sob a vigilância do educador.

Educando maior de idade

Embora a lei brasileira e a francesa silenciem a respeito da responsabilidade do educador, quando se trata de educando maior de idade, Demogue[103] entende que, tratando-se de educandos maiores, **nenhuma responsabilidade cabe ao educador ou professor**, pois é natural pensar que somente ao menor é que se dirige essa responsabilidade, porquanto o maior não pode estar sujeito a essa mesma vigilância que se faz necessária a uma pessoa menor.

Exclui-se, pois, a responsabilidade dos estabelecimentos de ensino superior, em que há missão de instruir, e não de vigiar, e o aluno não se encontra, normalmente, sob a vigilância do professor ou do educandário[104].

3.2.7. Responsabilidade dos hoteleiros e estalajadeiros

O inc. IV do art. 932 também responsabiliza o hospedeiro pelos prejuízos causados pelos seus hóspedes, seja a terceiros, seja a outro hóspede. Primeiramente, conforme lembra Serpa Lopes[105], em razão de o dono do hotel ser obrigado a uma **vigilância permanente** do comportamento dos seus hóspedes, estabelecendo regulamentos em torno da atividade de cada um deles em face dos demais; em segundo lugar, porque se impõe ao hoteleiro certa disciplina na escolha dos hóspedes que admite.

Aplicação do Código de Defesa do Consumidor

Sendo o hoteleiro um prestador de serviços, encontra-se na mesma situação dos educadores, sujeitando-se, no tocante à responsabilidade por atos de seus hóspedes (responsabilidade indireta), ao **Código de Defesa do Consumidor**, como se afirmou no item anterior, tendo **responsabilidade objetiva**, independentemente de culpa.

Pode, eventualmente, configurar-se a responsabilidade do hoteleiro em atropelamentos verificados no pátio do hotel ou em brigas no interior da hospedaria, por

---

[102] Caio Mário da Silva Pereira, *Responsabilidade civil*, cit., p. 107.

[103] *Traité des obligations en général*, t. 5, n. 854, p. 35.

[104] Aguiar Dias, *Da responsabilidade*, cit., 4. ed., n. 194; Mazeaud e Mazeaud, *Responsabilité civile*, cit., v. I, n. 804; Demogue, *Traité*, cit., t. 5, n. 852, apud Caio Mário da Silva Pereira, *Responsabilidade*, cit., p.107.

[105] *Curso*, cit., p. 283, n. 219.

exemplo. Os casos mais frequentes são aqueles disciplinados no art. 649, parágrafo único, do Código Civil, que prevê a responsabilidade dos donos de hotéis, hospedarias ou casas de pensão pelos furtos e roubos que perpetrarem **as pessoas empregadas ou admitidas em suas casas**.

Reconheceu o Superior Tribunal de Justiça a responsabilidade do dono do hotel por ato de hóspede que lesionou o gerente, assinalando que "a lei presume a culpabilidade do hoteleiro por ato do seu hóspede. Cabe ao estabelecimento tomar todas as medidas de segurança e precaução, por cuja falta ou falha é responsável"[106].

■ **Equiparação ao depósito necessário**

Trata-se de responsabilidade contratual. Equipara-se ao **depósito necessário**. Só cessa provando-se que o dano não podia ser evitado (**caso fortuito** ou **força maior**) ou que a **culpa foi do hóspede**, que deixou a janela aberta, por exemplo.

Por força do depósito necessário previsto no art. 649 do Código Civil, "cumpre ao hospedeiro assegurar a incolumidade pessoal do hóspede no local, bem como a de seus bens que se achem em poder dele, sendo irrelevante o fato de os bens desaparecidos não serem de uso próprio, eis que caracterizados como bagagem"[107].

■ **Extensão da responsabilidade dos hoteleiros**

A responsabilidade dos hoteleiros só diz respeito aos bens que, **habitualmente**, costumam levar consigo os que viajam, como roupas e objetos de uso pessoal, **não alcançando quantias vultosas ou joias**, exceto se proceder culposamente ou se o hóspede fizer **depósito voluntário** com a administração da hospedaria.

O hospedeiro tem o dever de manter a **bagagem** no estado em que a recebeu em seu estabelecimento; se esta se perder ou se deteriorar, será responsabilizado. O hóspede lesado, para receber a indenização a que faz jus, só terá de comprovar o **contrato de hospedagem e o dano** dele resultante[108].

No caso do depósito necessário (bagagens), poderá o hoteleiro ter excluída tal responsabilidade se provar que o prejuízo não poderia ter sido evitado (CC, art. 650) por **força maior**, como no caso de **roubo à mão armada** ou violências semelhantes (CC, art. 642), e **culpa exclusiva do hóspede**. Assim, no caso de depósito voluntário (joias guardadas no cofre do hotel), pode o hoteleiro invocar a excludente da força maior, em caso de roubo à mão armada, provada a inexistência de negligência de sua parte e que o fato não pôde ser afastado ou evitado.

■ **Ineficácia de cláusula de não indenizar**

Já decidiu o Tribunal de Justiça do Rio de Janeiro ser ineficaz **aviso afixado nos quartos** dos hotéis no sentido de que o estabelecimento não se responsabiliza pelo furto de objetos deixados nos apartamentos. **Simples aviso não tem o condão de postergar a regra legal**[109].

---

106 REsp 69.437-SP, 4ª T., rel. Min. Barros Monteiro, j. 6-10-1998, *DJU*, 14-12-1998, p. 242.

107 *RT*, 632/96.

108 Maria Helena Diniz, *Responsabilidade civil*, p. 245.

109 *RT*, 572/177.

Também o Tribunal de Justiça de São Paulo determinou o pagamento de indenização pelo furto em quarto de hotel de aparelhos de videocassete pertencentes a hóspede, considerando-os como integrantes da bagagem e interpretando aviso de que "a gerência não se responsabiliza por objetos ou dinheiro deixados nos apartamentos porque existem cofres à disposição dos hóspedes, com os Caixas de recepção" como previsão relacionada com joias e valores, não a aparelhos como os desaparecidos[110].

É de ponderar que o **art. 51, I, do Código de Defesa do Consumidor** considera **nulas de pleno direito** as cláusulas contratuais que atenuem, por qualquer forma, a responsabilidade do fornecedor de produtos e prestador de serviços. E, na relação entre hóspede e hospedeiro, que não envolva a responsabilidade indireta deste, mas constitua relação de consumo, continua aplicável a legislação consumerista.

■ Hospedagem gratuita

Pondera Aguiar Dias que a expressão **"onde se albergue por dinheiro"** levaria a supor que, sendo gratuita a hospedagem, não há responsabilidade do hospedeiro pelo ato do preposto, o que não é exato, pois a responsabilidade pode basear-se no art. 932, III, do Código Civil de 2002, se se trata de ato de preposto. A questão se complica se o ato, porém, for de outro hóspede, morador ou educando.

O eminente jurista completa o seu pensamento, afirmando: "É indubitável que lhe incumbe, **mesmo quando hospedador gratuito**, um dever de segurança em relação à pessoa do hóspede, pois não se compreende que se albergue alguém para lhe proporcionar ou permitir o dano, através de terceiro"[111].

■ 3.2.8. Responsabilidade dos que participaram no produto do crime

No inc. V, o art. 932 do Código Civil trata da responsabilidade dos que **gratuitamente** houverem participado nos produtos do crime. São obrigados **solidariamente** à reparação civil até à concorrente quantia. Embora a "pessoa não tenha participado do delito, se recebeu o seu produto, deverá restituí-lo, não obstante ser inocente, do ponto de vista penal"[112].

O caso é de ação *in rem verso*. A utilidade do dispositivo é pura e simplesmente lembrar uma hipótese de ***actio in rem verso***, que não depende de texto legal e a respeito da qual não se compreende a necessidade de afirmação expressa pelo legislador[113].

Se alguém participou gratuitamente nos produtos de um crime, está obrigado, é claro, a **devolver o produto dessa participação** até a concorrente quantia. O dispositivo somente consagra um princípio geralmente reconhecido, que é o da repetição do indevido[114].

---

110 *RJTJSP*, 114/150.

111 *Da responsabilidade*, cit., 4. ed., p. 588, n. 194.

112 Washington de Barros Monteiro, *Curso*, cit., p. 423.

113 Aguiar Dias, *Da responsabilidade*, cit., 4. ed., p. 589, n. 195.

114 Miguel Maria de Serpa Lopes, *Curso*, cit., p. 284, n. 221.

3.2.9. A ação regressiva daquele que paga a indenização, contra o causador do dano

3.2.9.1. *Direito regressivo como consequência natural da responsabilidade indireta*

Nos casos de responsabilidade por fato de outrem, aquele que paga a indenização (o responsável indireto) tem um **direito regressivo** (ação de *in rem verso*) contra o **causador** do dano. É o que dispõe o art. 934 do Código Civil:

> "Aquele que ressarcir o dano causado por outrem pode reaver o que houver pago daquele por quem pagou, salvo se o causador do dano for descendente seu, absoluta ou relativamente incapaz".

Esse direito regressivo, de quem teve de ressarcir o dano causado por outrem, é de justiça manifesta, é uma **consequência natural da responsabilidade indireta**[115], sendo previsto no Código Civil espanhol (art. 1.904), no Código Civil argentino (art. 1.132), no Código Civil chileno (art. 2.325), no Código Civil uruguaio (art. 1.326), no Código Civil português (art. 500, 3) e outros.

3.2.9.2. *Exceções à regra*

O citado art. 934 abre **exceção** para o caso de ser o causador do dano **descendente** de quem pagou, não importa se absolutamente incapaz, ou relativamente, apenas. A razão jurídica dessa exceção reside "em considerações de ordem moral e da organização econômica da família"[116].

Pode parecer, à primeira vista, que nos demais casos de responsabilidade indireta sempre terá direito à ação regressiva quem houver suportado seus efeitos. Serpa Lopes, porém, com acuidade, observa que "a obrigação que pesa sobre os que têm a responsabilidade pela vigilância do *infans* e do louco fatalmente lhes sonega o direito regressivo: a sua culpa, nada obstante decorrer de fato de outrem, é igualmente uma **culpa própria**"[117].

Na mesma linha, escreve Mário Moacyr Porto: "Segundo os comentadores mais seguidos do art. 1.524 [*do CC de 1916, correspondente ao art. 934 do atual*], a exceção feita aos descendentes resultaria de considerações morais, solidariedade familiar etc. Mas nos parece que, independentemente das razões invocadas, os pais jamais poderão reaver do seu filho incapaz o que houver pago aparentemente por ele, pela simples e decisiva razão de que o pai não paga pelo filho incapaz. **Solve, ao contrário, dívida própria**".

No parágrafo seguinte, aduz: "E que dizer sobre o **tutor** em relação ao seu pupilo (menor incapaz) e do **curador** em relação ao seu representado (maior incapaz)? (...) Não têm ação regressiva, não podem reaver o que houver pago, pois, considerados

---

[115] Clóvis Beviláqua, *Código Civil*, cit., v. 5, p. 305.

[116] Caio Mário da Silva Pereira, *Responsabilidade*, cit., p. 109.

[117] *Curso*, cit., v. 5, p. 285.

culpados por sentença, pagaram **dívida própria** e não dívida de seus representados inimputáveis"[118].

Consoante anota Washington de Barros Monteiro, em comentário ao art. 913 do Código Civil de 1916 (art. 283 do atual), "satisfeita a obrigação por um dos **devedores solidários**, ela divide-se automaticamente, 'ope legis'. Pode o 'solvens', de tal arte, titulado pelo pagamento feito, voltar-se contra cada um dos demais coobrigados, para deles **reclamar as respectivas quotas**, ainda que a solidariedade, no caso, seja oriunda de ato ilícito e, pois, instituída pela lei"[119].

A **ação regressiva**, no final das contas, acaba restrita:

a) aos **empregadores**;
b) aos **tutores**, somente contra os tutelados que possam pagar a sua quota sem se privarem do necessário (art. 928, parágrafo único);
c) aos **curadores**, somente contra os curatelados que se encontrarem na mesma situação dos referidos tutelados;
d) aos **educadores** e **donos de hospedarias** em geral, contra, respectivamente, os educandos que também se encontrarem na mencionada situação e os hóspedes e moradores;
e) e aos **representantes das pessoas jurídicas de direito público**, em casos de dolo ou culpa de seus agentes.

Fica, assim, **excluída** somente a possibilidade de haver **ação regressiva**:

a) dos **pais** contra os filhos menores; e
b) dos **tutores, curadores** e **educadores** contra os incapazes que não puderem privar-se do necessário.

3.2.10. Resumo

RESPONSABILIDADE POR ATO OU FATO DE TERCEIRO	
PRESUNÇÃO DE CULPA E RESPONSABILIDADE SOLIDÁRIA	■ No caso de concurso de agentes na prática de ato ilícito surge a solidariedade: "... se a ofensa tiver mais de um autor, todos responderão solidariamente pela reparação" (CC, art. 942). São solidariamente responsáveis com os autores "os coautores e as pessoas designadas no art. 932" (art. 942, parágrafo único). Estas são responsabilizadas ainda que não haja culpa de sua parte. O CC/2002 abandonou o critério da culpa presumida, para responsabilizar os pais, tutores, patrões etc. independentemente de culpa.
RESPONSABILIDADE DOS PAIS	■ Os pais respondem pelos atos ilícitos praticados pelos filhos menores que estiverem sob sua autoridade e em sua companhia (art. 932, I), ainda que estes não tenham discernimento. A responsabilidade paterna independe de culpa (art. 933). A única hipótese em que haverá responsabilidade solidária do menor de 18 anos com seus pais é se tiver sido emancipado aos 16 anos de idade. Fora dessa situação, a responsabilidade será exclusivamente dos pais, ou exclusivamente do filho (art. 928).

[118] *Temas*, cit., p. 20-21.
[119] *Curso*, cit., v. IV, p. 209, n. 10.

RESPONSABILIDADE DOS TUTORES E CURADORES	■ A situação destes é idêntica à dos pais: respondem com seu patrimônio pelos pupilos e curatelados (art. 932, II). Transfere-se, entretanto, a responsabilidade do curador para o sanatório, quando o curatelado é internado para tratamento.
RESPONSABILIDADE DOS EMPREGADORES	■ O ***empregador*** ou ***comitente*** responde pelos atos de seus empregados, serviçais e prepostos, praticados no exercício do trabalho que lhes competir, ou em razão dele (art. 932, III). Preposto é o que cumpre ordens de outrem, seja ou não assalariado. A responsabilidade é objetiva, independente de culpa.
RESPONSABILIDADE DOS EDUCADORES	■ O inc. IV do art. 932 refere-se à responsabilidade dos donos de estabelecimentos que recebem pessoas para fins de educação. A responsabilidade quanto às escolas públicas cabe ao Estado. Se o dano é causado pelo aluno ***contra terceiros***, a escola responde pelos prejuízos, objetivamente. Se o dano é sofrido pelo aluno, tem este ação contra o estabelecimento. ■ Os educadores são prestadores de serviço. A prestação de serviço, no Código Civil (art. 593), teve, todavia, a sua importância diminuída, interessando mais ao prestador de menor porte e ao trabalhador autônomo. O Código de Defesa do Consumidor também acolheu a responsabilidade objetiva do prestador de serviço.
RESPONSABILIDADE DOS HOTELEIROS	■ Responde também o hospedeiro pelos prejuízos causados por seus hóspedes, seja a terceiros, seja a outro hóspede. Essa responsabilidade funda-se no risco da atividade e tanto pode decorrer de falta de vigilância sobre o comportamento dos hóspedes como de falta de disciplina em sua admissão. Os hoteleiros também são prestadores de serviço, aplicando-se-lhes o art. 593 do Código Civil.
RESPONSABILIDADE PELO PRODUTO DO CRIME	■ Se a pessoa não participou do delito, mas recebeu seu produto, ainda que gratuitamente, deverá restituí-lo, não obstante ser inocente do ponto de vista penal. O dispositivo (art. 932, V) reafirma o princípio da repetição do indébito.
AÇÃO REGRESSIVA	■ Aquele que paga a indenização por ato de outrem tem um direito regressivo contra o causador do dano, salvo se este for descendente seu, absoluta ou relativamente incapaz (art. 934). A exceção em favor do descendente resulta de considerações de ordem moral, visando à solidariedade familiar.

■ 3.3. RESPONSABILIDADE CIVIL DOS EMPRESÁRIOS INDIVIDUAIS E DAS EMPRESAS PELOS PRODUTOS POSTOS EM CIRCULAÇÃO

■ 3.3.1. Cláusula geral de responsabilidade objetiva

Dispõe o art. 931 do Código Civil:

> "Ressalvados outros casos previstos em lei especial, os empresários individuais e as empresas respondem independentemente de culpa pelos danos causados pelos produtos postos em circulação".

A expressão **"independentemente de culpa"** evidencia ter o Código estabelecido nesse dispositivo mais uma cláusula geral de **responsabilidade objetiva**, acentuando ainda mais a sua indiscutível opção objetivista para melhor resolver a problemática dos acidentes de consumo[120].

■ 3.3.2. Sintonia com a legislação consumerista

O supratranscrito art. 931 do Código Civil tem a finalidade específica de proteger o consumidor. Entretanto, antes que entrasse em vigor o novo diploma, foi editado o

[120] Carlos Alberto Menezes Direito e Sérgio Cavalieri Filho, *Comentários ao novo Código Civil*, v. XIII, p. 182.

Código de Defesa do Consumidor, que aborda a mesma matéria de forma ampla e completa.

Pode-se assim considerar que, na **legislação especial ressalvada**, concernente à responsabilidade pelo fato e vício do produto, insere-se o **Código de Defesa do Consumidor**.

Não havendo nenhuma incompatibilidade entre o referido diploma e o disposto no aludido art. 931 do Código Civil, permanecem válidas e aplicáveis às hipóteses de responsabilidade pelo fato ou pelo vício do produto as disposições da legislação especial consumerista.

Na realidade, o dispositivo em questão terá sua aplicação **restrita** aos poucos casos em que a atividade empresarial **não configurar relação de consumo**.

Resumindo a situação, concluem Carlos Alberto Menezes Direito e Sérgio Cavalieri Filho:

> "**1)** O dispositivo em exame contém uma cláusula geral de **responsabilidade objetiva** que abarca **todos os produtos** cujo fornecimento cria risco para o usuário e a sociedade.
>
> **2)** Tal responsabilidade, embora ancorada na teoria do risco do empreendimento, tem por fato gerador o **defeito do produto**, que se configura quando este não oferece a segurança legitimamente esperada, noção que se extrai do artigo 12 e § 1º, do Código de Defesa do Consumidor.
>
> **3)** Embora comuns as áreas de incidência do artigo 12 e a do artigo 931, as disciplinas jurídicas de ambos estão em **perfeita sintonia**, fundadas nos mesmos princípios e com vistas aos mesmos objetivos. A disciplina do primeiro, todavia, por sua especialidade, só tem incidência quando há **relação de consumo**, reservando-se ao **Código Civil**, muito mais abrangente, a aplicação de sua cláusula geral **nas demais relações jurídicas**, contratuais e extracontratuais"[121].

Nesse sentido, o Enunciado 42 aprovado na Jornada de Direito Civil promovida pelo Centro de Estudos Judiciários do Conselho da Justiça Federal em Brasília, no período de 11 a 13 de setembro de 2002, do seguinte teor:

> "O artigo 931 amplia o conceito de fato do produto existente no artigo 12 do Código de Defesa do Consumidor, imputando responsabilidade civil à empresa e aos empresários individuais vinculados à circulação dos produtos".

■ 3.3.3. Resumo

RESPONSABILIDADE CIVIL PELOS PRODUTOS POSTOS EM CIRCULAÇÃO	
RESPONSABILIDADE OBJETIVA	■ O art. 931 do Código Civil contém uma cláusula geral de responsabilidade objetiva que abarca todos os produtos cujo fornecimento cria risco para o usuário e para a sociedade.
ÁREA DE INCIDÊNCIA	■ Na legislação especial ressalvada insere-se o Código de Defesa do Consumidor. O dispositivo em questão tem sua aplicação restrita aos poucos casos em que a atividade empresarial não configura relação de consumo.

[121] *Comentários*, cit., v. XIII, p. 194-195.

■ 3.4. RESPONSABILIDADE DAS PESSOAS JURÍDICAS DE DIREITO PÚBLICO

■ 3.4.1. Evolução: da fase da irresponsabilidade à da responsabilidade objetiva

A responsabilidade civil do Estado é considerada, hoje, matéria de direito constitucional e de direito administrativo. Em sua evolução, passou ela por diversas **fases**:

- A da **irresponsabilidade do Estado**, representada pela frase universalmente conhecida: *the king can do no wrong*.
- A **civilista**, representada pelo art. 15 do Código Civil de 1916, que responsabilizava civilmente as pessoas jurídicas de direito público pelos atos de seus representantes que nessa qualidade causassem danos a terceiros. Nessa fase, a vítima tinha o ônus de provar a **culpa ou dolo** (**responsabilidade subjetiva**) do funcionário. Assegurou-se ao Estado ação regressiva contra este último.
- A **publicista**, a partir de 1946, quando a questão passou a ser tratada em nível de direito público, regulamentada na **Constituição Federal**. A responsabilidade passou a ser **objetiva**, mas na modalidade do **risco administrativo** (não na do risco integral, em que o Estado responde em qualquer circunstância), sendo tranquila nesse sentido a jurisprudência. Não se exige, pois, comportamento culposo do funcionário. Basta que haja o dano, causado por agente do serviço público agindo nessa qualidade, para que decorra o dever do Estado de indenizar.

A jurisprudência nesse sentido, inclusive a do Pretório Excelso, é pacífica. Confira-se:

> "A responsabilidade civil das pessoas de Direito Público não depende de prova de culpa, exigindo apenas a realidade do prejuízo injusto"[122].

Essa responsabilidade abrange as **autarquias** e as **pessoas jurídicas de direito privado que exerçam funções delegadas** do Poder Público, como as **permissionárias e concessionárias** de serviço público.

O atual Código Civil tratou do assunto no art. 43, *verbis*:

> "As pessoas jurídicas de direito público interno são civilmente responsáveis por atos dos seus agentes que nessa qualidade causem danos a terceiros, ressalvado direito regressivo contra os causadores do dano, se houver, por parte destes, culpa ou dolo".

Acrescentou, apenas, a palavra "*interno*", não trazendo nenhuma inovação, mesmo porque, como já se afirmou, essa matéria é hoje tratada em nível constitucional.

A Constituição Federal, como já mencionado, adotou a teoria da responsabilidade **objetiva** do Poder Público, mas sob a modalidade do **risco administrativo**. Desse modo, pode ser atenuada a responsabilidade do Estado, provada a **culpa parcial** e concorrente da vítima, e até mesmo excluída, provada a **culpa exclusiva**

[122] *RTJ*, 55/516; *JTJ*, Lex, 203/79; *RT*, 745/278.

da vítima[123]. Não foi adotada, assim, a teoria da responsabilidade objetiva sob a modalidade do risco integral, que obrigaria sempre a indenizar, sem qualquer excludente.

A teoria do risco administrativo admite, destarte, a **inversão do ônus da prova**. O Estado exonerar-se-á da obrigação de indenizar se provar:

- **culpa exclusiva da vítima**;
- **força maior**; ou ainda
- **fato exclusivo de terceiro**.

Em caso de culpa concorrente da vítima, a indenização será reduzida em proporção ao grau de culpa desta.

3.4.2. Responsabilidade civil da Administração Pública na Constituição Federal de 1988

3.4.2.1. Inovações

Atualmente, o assunto está regulamentado no **art. 37, § 6º, da Constituição Federal**, que trouxe **duas inovações** em relação às Constituições anteriores:

- substituiu a expressão "funcionários" por **"agentes"**, mais ampla, e
- estendeu essa responsabilidade objetiva às pessoas jurídicas de direito privado **prestadoras de serviço público** (concessionárias, permissionárias).

3.4.2.2. Responsabilidade das pessoas jurídicas de direito privado prestadoras de serviço público

Tem sido decidido, em face do texto constitucional, que a "pessoa jurídica de direito privado, na qualidade de **concessionária** de serviço público, responde imediata e diretamente pelos danos que as empresas contratadas causarem a terceiros, não se necessitando indagar da culpa ou dolo, pois sua responsabilidade está ancorada na culpa **objetiva** e surge do fato lesivo, conforme dispõe o art. 37, § 6º, da Constituição Federal" (*RT*, *745*:278).

Desse modo, o **Estado** responde apenas **subsidiariamente** (e não solidariamente) pelos danos causados pela prestadora de serviços públicos, uma vez exauridos os recursos financeiros e o patrimônio desta. A má escolha da entidade acarreta a responsabilidade subsidiária do Estado, caso aquela se torne insolvente.

Yussef Said Cahali admite a responsabilidade **direta e solidária** do Poder Público, desde que demonstrado ter a **falha na escolha ou na fiscalização** da concessionária ou permissionária sido identificada como a **causa imediata** do evento danoso. Como exemplos de hipóteses mais frequentes, o referido autor menciona as de "omissão de fiscalização das atividades econômicas privadas sujeitas a autorização

---

[123] *RTJ*, 55/50.

governamental (estabelecimentos de crédito e financiamento; companhias de seguros, estabelecimentos de ensino, venda de fogos de artifício em estabelecimentos particulares), ou sob controle direto da Administração (manutenção de elevadores dos edifícios públicos)"[124].

O Superior Tribunal de Justiça, por sua vez, destacou:

> "Ação de responsabilidade civil. Acidente com rede elétrica. Incidência na espécie do art. 17 do Código de Defesa do Consumidor. Responsabilidade objetiva da concessionária de serviço público. Denunciação da lide. Impossibilidade. Aplicação do art. 88 do Código de Defesa do Consumidor. Súmula 83/STJ"[125].

■ 3.4.2.3. *O fato exclusivo de terceiro*

Pode o Estado alegar, além da **força maior** (danos inevitáveis, decorrentes de fenômenos da natureza) e da **culpa da vítima**, exclusiva ou concorrente, também o **fato exclusivo de terceiro**, pois a Constituição Federal o responsabiliza objetivamente apenas pelos danos que os seus **"agentes"** causarem a outrem, agindo nessa qualidade. Não o responsabiliza por atos **praticados por terceiros**, como assaltos em via pública, atos predatórios etc., que não são **causados** por seus agentes.

A Constituição não adotou a teoria do risco integral. O Poder Público só poderá ser responsabilizado nesses casos se restar provado que sua omissão **concorreu diretamente** para o dano, deixando de realizar obras ou de tomar outras providências indispensáveis, que lhe incumbiam (se os policiais, por exemplo, alertados a tempo, omitiram-se e, negligentemente, nenhuma providência tomaram para evitar o assalto). Nesse caso, a responsabilidade estatal será definida pela teoria da **culpa anônima** da administração.

O Estado, porém, não será responsabilizado se a omissão em que incorreu a autoridade, relacionada com o dever de efetuar policiamento eficaz, foi **genérica** e não **específica**, em relação às vítimas.

■ 3.4.2.4. *Ação movida diretamente contra o funcionário causador do dano*

Embora alguns autores afirmem que a ação só pode ser movida contra a **pessoa jurídica**, e não contra o funcionário, o Supremo Tribunal Federal já decidiu que esse entendimento se aplica unicamente às ações fundadas na responsabilidade **objetiva**. Mas, se o autor se dispõe a provar a culpa ou dolo do servidor (responsabilidade **subjetiva**), abrindo mão de uma vantagem, poderá movê-la **diretamente contra o causador do dano**, principalmente porque a execução contra o particular é menos demorada.

Se preferir movê-la contra **ambos**, terá também de arcar com o ônus de descrever a modalidade de **culpa** do funcionário e de provar sua existência.

---

[124] *Responsabilidade civil do Estado*, 2. ed., São Paulo: Revista dos Tribunais, p. 158.

[125] STJ, REsp 1.680.693-RN, 2ª T., rel. Min. Herman Benjamin, *DJe*, 20-10-2017.

3.4.2.5. *Responsabilidade objetiva das empresas de ônibus por danos a terceiros*

O Supremo Tribunal Federal, em julgamento com repercussão geral reconhecida por unanimidade, realizado no mês de agosto de 2009, definiu que há responsabilidade **objetiva** das empresas de ônibus, permissionárias de serviço público, mesmo em relação a terceiros **que não sejam seus usuários** (no caso, um ciclista).

Acentuou o relator que a Constituição Federal não faz qualquer distinção sobre a qualificação do sujeito passivo do dano, ou seja, "não exige que a pessoa atingida pela lesão ostente a condição de usuário do serviço"[126].

3.4.2.6. *Prescrição da pretensão indenizatória*

A ação deve ser proposta dentro do lapso prescricional de **três anos**. O atual Código Civil unificou todos os prazos das ações de ressarcimento de dano, reduzindo-os a três anos, sem fazer nenhuma distinção entre os sujeitos passivos. Confira-se:

> "Art. 206. Prescreve: (...)
>
> § 3º Em três anos: (...)
>
> V — a **pretensão de reparação civil**".

Prescreve ainda o aludido diploma, no art. 200, o seguinte:

> "Quando a ação se originar de **fato que deva ser apurado no juízo criminal**, não correrá a prescrição antes da respectiva sentença condenatória".

3.4.3. Responsabilidade civil do Estado pelos atos omissivos de seus agentes

Cabe ação contra o Estado mesmo quando não se identifique o funcionário causador do dano, especialmente nas hipóteses de omissão da administração. Esses casos são chamados de **"culpa anônima"** da administração (enchentes em São Paulo que não foram solucionadas pelas diversas administrações, assassinato de um detento por outro etc.).

Malgrado a opinião de Celso Antônio Bandeira de Mello no sentido de que o Estado somente responde de forma objetiva nos casos de ação (**não de omissão**), pois o ato omissivo não é causa, mas **condição** da ocorrência do dano[127], a jurisprudência, com algumas exceções, não faz essa distinção.

A 2ª Turma do Supremo Tribunal Federal, pelo voto do Min. Carlos Velloso, reconhecendo a culpa do Poder Público por não zelar devidamente pela incolumidade física de detento, ameaçado por outros presos e por eles assassinado, proclamou que, tratando-se de "ato **omissivo** do Poder Público, **a responsabilidade passa a ser subjetiva**, exigindo dolo ou culpa, numa de suas três vertentes, negligência, imperícia ou imprudência, não sendo, entretanto, necessário individualizá-la"[128].

---

126 STF, RE 591.874-MS, rel. Min. Ricardo Lewandowski.

127 Responsabilidade extracontratual do Estado por comportamentos administrativos, *RT*, 552/11-20.

128 *RT*, 753/156.

Toshio Mukai, todavia, refuta a assertiva, afirmando que "o comportamento **omissivo** do agente público, desde que deflagrador primário do dano praticado por terceiro, **é a causa** e não simples condição do evento danoso. Portanto, há que se examinar, em cada caso concreto, se o evento danoso teve como causa a omissão grave de representante do Estado; ..."[129].

O Supremo Tribunal Federal já decidiu que a atividade administrativa a que alude o art. 37, § 6º, da Constituição Federal, **abrange tanto a conduta comissiva como a omissiva**. No último caso, desde que a omissão seja a causa direta e imediata do dano. Um dos julgamentos refere-se a acidente ocorrido nas dependências de escola municipal, por omissão da administração em evitar que uma criança, durante o recreio, atingisse o olho de outra, acarretando-lhe a perda total do globo ocular direito[130].

Em outro caso, relatado pelo Ministro Moreira Alves, a mesma Corte manteve esse entendimento, afirmando que "não ofende o art. 37, § 6º, da Constituição Federal acórdão que reconhece o direito de indenizar a mãe do preso assassinado dentro da própria cela por outro detento"[131]. O Estado, com base nesse entendimento, foi responsabilizado **objetivamente** pela ***omissão*** no serviço de vigilância dos presos.

Pode-se, assim, afirmar que a jurisprudência, apesar de alguma divergência, tem entendido que a atividade administrativa a que alude o art. 37, § 6º, da Constituição Federal **abrange tanto a conduta comissiva como a omissiva**. No último caso, desde que a omissão seja a causa direta e imediata do dano.

Confira-se:

> "Boletim de ocorrência da Polícia Federal, que destaca que o acidente ocorreu após o condutor do carro perder o controle do automóvel ao cruzar um buraco e que a condição da pista e a sinalização vertical eram ruins, além de não haver acostamento nem sinalização horizontal, o que evidencia a omissão do Estado em manter as condições de trafegabilidade. Configurada a responsabilidade do Estado por conduta omissiva por falta de conservação"[132].

Existindo prova de que ocorreu prisão indevida, há direito a indenização. Em caso em que o detido ficou cerca de quatro meses preso após a expedição do alvará de soltura, ilegalmente, em virtude de equívocos, o Estado de Minas Gerais foi condenado a pagar R$ 7.000,00 de indenização[133].

Todavia, o Tribunal de Justiça do Distrito Federal julgou improcedentes os pedidos de danos morais e materiais, decorrentes de suicídio de preso em cela de Delega-

---

[129] *Responsabilidade solidária da Administração por danos ao meio ambiente*. Conferência pronunciada no II Simpósio Estadual de Direito Ambiental, 11 a 13 de novembro de 1987, Curitiba, Paraná, SUREHMA.

[130] RE 109.615-RJ.

[131] *RT*, 765/88.

[132] TRF, 1ª Região, Proc. 2007.36.00.010479, rel. Des. Jirair Meguerian, disponível in *Revista Consultor Jurídico* de 26-5-2018.

[133] TJMG, Apel. 1.0261.18.004956-9/001, 8ª Câm. Cív., rel. Des. Fábio Torres de Sousa, *in* Revista *Consultor Jurídico* de 3-4-2020.

cia de Polícia, uma vez configurado fato imprevisível. Afirmou-se que, "no caso em apreço, conforme as provas colacionadas aos autos, não há previsibilidade de que o preso praticaria o autoextermínio. O evento deve ser previsível para que o Poder Público possa adotar medidas para evitar o dano e, dessa forma configurar a omissão estatal"[134].

■ 3.4.4. Denunciação da lide ao funcionário ou agente público

Uma corrente doutrinária e jurisprudencial interpreta de forma **restritiva** o art. 125, II, do Código de Processo Civil de 2015, **não admitindo a denunciação da lide** em todos os casos em que há o direito de regresso, pela lei ou pelo contrato, mas somente quando se trata de garantia do resultado da demanda, ou seja, quando, resolvida a lide principal, torna-se automática a responsabilidade do denunciado, independentemente de discussão sobre sua culpa ou dolo (caso das seguradoras), isto é, **sem a introdução de um fato ou elemento novo**.

Vicente Greco Filho entende que a admissão da denunciação ante a simples possibilidade de direito de regresso **violaria a economia processual** e a celeridade da justiça, porque num processo seriam citados inúmeros responsáveis ou pretensos responsáveis numa cadeia imensa e infindável, com suspensão do feito primitivo e em prejuízo da vítima, que teria de aguardar anos até a citação final de todos[135].

O Superior Tribunal de Justiça já proclamou ser possível, por expressa disposição legal e constitucional, a denunciação da lide ao funcionário, mesmo que o Estado, na contestação, alegue culpa exclusiva da vítima, sendo defeso ao juiz condicioná-la à confissão de culpa do denunciante[136]. Entretanto, a **predominância** de entendimento na mencionada Corte é no sentido de que, **"se a litisdenunciação dificulta o andamento do processo, é de ser rejeitada**[137]**"**.

A Primeira Seção da aludida Corte, por unanimidade, afirmou que a denunciação da lide, nesses casos, **não é obrigatória**, sendo que a não aceitação da litisdenunciação não impede o exercício do **direito de regresso**, tendo em vista que a Constituição Federal o assegura ao Estado para que, em ação própria, obtenha o ressarcimento do prejuízo[138].

Tem acolhido, portanto, majoritariamente, a **corrente restritivista**, que não admite a denunciação da lide nesses casos, porque **a discussão sobre a culpa ou dolo** na lide secundária (entre o Estado e seu funcionário, regressivamente) significaria introduzir um **elemento novo** na demanda, retardando a solução da lide principal entre a vítima e o Estado. E também porque não seria correto o Estado assumir **posições antagônicas** no mesmo processo: na lide principal, ao contestar, alegando

---

[134] TJDF, Apel. 0708913-74.2018.8.07.0018, 2ª T., *in* Revista *Consultor Jurídico* de 18-5-2020.

[135] *Direito processual civil brasileiro*, v. 1, p. 142-143.

[136] *RT*, 759/417.

[137] REsp 61.455-PA, 2ª T., rel. Min. Eliana Calmon, *DJU*, 20-11-2000.

[138] EREsp 128.051-RS, 1ª Seção, j. 25-6-2003.

culpa exclusiva da vítima; e na lide secundária, atribuindo culpa ou dolo a seu funcionário.

3.4.5. Dano resultante de força maior

Hipótese de força maior

Há casos em que o dano resulta de **força maior**, de **fatos inevitáveis da natureza**, e não de qualquer atividade ou omissão do Poder Público, **não se configurando a responsabilidade objetiva** do Estado, como já explicitado. Assim, já decidiu o Supremo Tribunal Federal, em hipótese de "danos resultantes de enchentes ocasionadas por forte chuva, caracterizada a força maior, a qual, conjugada com as circunstâncias fáticas emergentes da prova, afastava a responsabilidade do Município"[139].

Por outro lado, proclamou o Tribunal de Justiça de São Paulo que "não responde a Prefeitura Municipal por danos causados por enchentes, se não provado que elas decorreram de defeitos técnicos de córrego, mas resultaram de precipitação pluviométrica excepcional"[140].

Não afastamento da responsabilidade na hipótese de caso fortuito

Yussef Said Cahali sustenta que somente nos casos de dano provocado por **força maior** se legitima a exclusão do dever de indenizar. "Com efeito, se, no plano do direito privado, o **caso fortuito** e a força maior se confundem nas suas consequências, para excluir igualmente a responsabilidade, diverso deve ser o tratamento dos dois institutos no âmbito da responsabilidade civil do Estado."

Na sequência, enfatiza: "Aqui se impõe — como adverte Themístocles Cavalcanti — a distinção entre caso fortuito e força maior, porque, se a **força maior decorre de um fato externo**, estranho ao serviço, o **caso fortuito** provém do seu mau funcionamento, de uma **causa interna**, inerente ao próprio serviço; admite-se, por conseguinte, a exclusão da responsabilidade no caso de força maior, **subsistindo, entretanto, no caso fortuito**, por estar incluído este último no **risco do serviço**; na força maior, nenhuma interferência tem a vontade humana, nem próxima nem remotamente, enquanto que, no **caso fortuito**, a vontade apareceria na organização e no **funcionamento do serviço**"[141].

3.4.6. Culpa da vítima

Outras vezes o dano não se qualifica, também, como injusto porque encontra sua causa exclusiva no procedimento doloso ou culposo do próprio lesado. Como já exposto anteriormente (item 3.4.1, *retro*), pode ser atenuada a responsabilidade do Estado, provada a **culpa parcial e concorrente** da vítima, bem como pode até ser excluída, provada a sua **culpa exclusiva**[142].

---

139 *RTJ*, 78/243.
140 *RT*, 275/319.
141 *Responsabilidade civil*, cit., p. 55-56.
142 *RTJ*, 55/50.

A Constituição Federal não adotou a teoria da responsabilidade objetiva sob a modalidade do risco integral, que obrigaria o Estado sempre a indenizar, sem qualquer excludente. A teoria do **risco administrativo**, embora dispense a prova da culpa da Administração, permite-lhe demonstrar a **culpa da vítima**, para excluir ou atenuar a indenização[143].

A Administração Pública isenta-se totalmente da obrigação de indenizar quando se desincumbe satisfatoriamente do ônus, que lhe pertence, de demonstrar que o fato decorreu de culpa exclusiva do ofendido[144].

Quando, porém, a causa dos danos decorre de culpa administrativa e, também, de imprudência ou negligência do particular, reduz-se a indenização pleiteada, **em proporção ao grau da culpa concorrente**, em geral pela metade[145].

■ 3.4.7. Atividade regular do Estado, mas causadora de dano

Há casos, no entanto, em que a atividade da Administração é **regular**, mas, por causar dano (injusto), legitima a ação de ressarcimento contra o Estado.

O Supremo Tribunal Federal, nessa linha, frisou que "a consideração no sentido da **licitude da ação administrativa é irrelevante**, pois o que interessa é isto: sofrendo o particular um **prejuízo**, em razão da atuação estatal, regular ou irregular, no interesse da coletividade, **é devida a indenização**, que se assenta no princípio da igualdade dos ônus e encargos sociais"[146].

Também desse modo decidiu o Tribunal de Justiça de São Paulo:

> "Danos causados à lavoura por obra pública. Responsabilidade objetiva da Administração. Departamento de Estradas de Rodagem. Responsabilidade solidária da firma empreiteira e construtora"[147].

Verifica-se, assim, que o Estado é obrigado a ressarcir prejuízos causados a particular, embora tais prejuízos sejam consequência indireta de **atividade legítima** do Poder Público[148].

■ 3.4.8. Responsabilidade do Estado por atos judiciais

■ *3.4.8.1. Atos judiciais em geral*

■ *3.4.8.1.1. Tese da irreparabilidade do prejuízo*

A antiga tese da irreparabilidade do prejuízo causado pelo ato judicial danoso vem, aos poucos, perdendo terreno para a da **responsabilidade objetiva**, que independe de culpa do agente, consagrada na Constituição Federal.

---

143 *RT*, 434/94; *RTJ*, 91/377; *RJTJSP*, 37/32.

144 *RJTJSP*, 126/154.

145 *RT*, 455/74 e *RJTJSP*, 51/72.

146 RE 113.587-5-SP, 2ª T., rel. Min. Carlos Velloso, *DJU*, 3-4-1992, n. 65, p. 4292.

147 *RJTJSP*, 40/96, 87/1.220.

148 *RT*, 447/76, 543/102; *RTJ*, 95/434.

Durante muito tempo entendeu-se que o ato do juiz é uma manifestação da soberania nacional. O exercício da função jurisdicional se encontra acima da lei, e os eventuais desacertos do juiz não poderão envolver a responsabilidade civil do Estado. No entanto, **soberania não quer dizer irresponsabilidade**. A responsabilidade estatal decorre do princípio da **igualdade dos encargos sociais**, segundo o qual o lesado fará jus a uma indenização toda vez que sofrer um prejuízo causado pelo funcionamento do serviço público.

■ *3.4.8.1.2. Tese da independência da magistratura*

A independência da magistratura também não é argumento que possa servir de base à tese da irresponsabilidade estatal, porque **a responsabilidade seria do Estado** e não atingiria a independência funcional do magistrado. O juiz só pode ser pessoalmente responsabilizado se houver **dolo ou fraude** de sua parte e, ainda, quando, sem justo motivo, recusar, **omitir ou retardar** medidas que deve ordenar de ofício ou a requerimento da parte (CPC/2015, art. 143, I e II).

Tem-se decidido, com efeito, que "A independência funcional, inerente à Magistratura, tornar-se-ia letra morta se o juiz, pelo fato de ter proferido decisão neste ou naquele sentido, pudesse ser acionado para compor perdas e danos em favor da parte A ou da parte B pelo fato de a decisão ser reformada pela instância superior"[149].

Nas hipóteses em que a lei prevê a responsabilidade **pessoal** do magistrado, poderá o lesado, por atuar aquele como órgão estatal, exercendo função pública, acioná-lo diretamente, ou o Estado, ou ainda ambos, em razão da **solidariedade** estabelecida pelo ato ilícito[150].

■ *3.4.8.1.3. Tese da imutabilidade da coisa julgada*

Igualmente, não constitui obstáculo a imutabilidade da coisa julgada, pois "o fato de ser o Estado condenado a pagar indenização decorrente de dano ocasionado por ato judicial **não implica mudança na decisão judicial**. A decisão continua a valer para ambas as partes; a que ganhou e a que perdeu continuam vinculadas aos efeitos da coisa julgada, que permanece intangível. É o **Estado** que terá que responder pelo **prejuízo que a decisão imutável ocasionou a uma das partes**, em decorrência de erro judiciário"[151].

■ *3.4.8.1.4. Responsabilidade decorrente de funções jurisdicionais e de funções administrativas*

Cumpre distinguir as diversas atividades desenvolvidas no âmbito do Poder Judiciário. O gênero **"funções judiciais"** comporta diversas espécies, como as funções **"jurisdicionais"** ("contenciosas" ou "voluntárias") e as **"administrati-**

[149] *RJTJSP*, 48/95.
[150] *RTJ*, 105/225.
[151] Maria Sylvia Zanella Di Pietro, *Direito administrativo*, 2. ed., São Paulo, Atlas, p. 364.

vas". Nesse último caso, o juiz ou o tribunal atua como se fosse um agente administrativo. É quando, por exemplo, concede férias a servidor, realiza concurso para provimento de cargos ou faz tomada de preços para a aquisição de materiais ou prestação de serviços. A responsabilidade do Estado, então, **não difere da dos atos da Administração Pública**.

■ *3.4.8.1.5. Responsabilidade em razão da má prestação dos serviços*

Em princípio, o fato jurisdicional **regular** não gera a responsabilidade civil do Estado. A esse propósito, anota Caio Mário da Silva Pereira: "... força é concluir que o fato jurisdicional regular não gera responsabilidade civil do juiz, e portanto a ele é imune o Estado"[152]. Assim, o simples fato de alguém **perder uma demanda** e com isso sofrer prejuízo, **sem que tenha havido erro, falha ou demora** na prestação jurisdicional, **não autoriza** a responsabilização do Estado pelo ato judicial.

Segundo Mário Moacyr Porto, "não é indispensável a verificação da ocorrência de culpa dos juízes e funcionários para que se caracterize a responsabilidade do Estado. Basta que o serviço se revele **falho, deficiente, inoperante**, para que o Poder Público responda pelo mau desempenho da prestação judicial a que está obrigado"[153].

As mais modernas tendências apontam no sentido da admissão da responsabilidade civil do Estado pelos danos experimentados por particulares, decorrentes do exercício da atividade judiciária.

■ *3.4.8.2. Erro judiciário*

A responsabilidade do Estado em decorrência de erro judiciário é expressamente reconhecida no art. 5º, LXXV, da Constituição Federal, nestes termos:

> "O Estado indenizará o condenado por erro judiciário, assim como o que ficar preso além do tempo fixado na sentença".

■ *3.4.8.2.1. Indenização não condicionada à revisão da sentença criminal condenatória*

O texto assegura a reparação à vítima do erro judiciário, **sem condicioná-la à revisão** da sentença condenatória. O Código de Processo Penal, em seu art. 630, faculta ao interessado requerer ao Tribunal de Justiça que reconheça o seu direito a essa indenização. Entretanto, quando não for feita essa reclamação no tempo próprio, o interessado não decai do direito de exigir a indenização por ação ordinária[154].

E, por outro lado, impondo ao Estado a obrigação de indenizar aquele que "ficar preso além do tempo fixado na sentença", estará implicitamente também assegu-

---

152 *Responsabilidade civil*, cit., p. 151.
153 *Temas*, cit., p. 155-156.
154 *RT*, 329/744.

rando ao sentenciado o direito de **ser indenizado** em virtude de **prisão sem sentença condenatória**.

■ 3.4.8.2.2. *Absolvição por insuficiência de provas para a condenação*

Tem-se decidido que a "configuração de **erro judiciário**, para efeito de indenização, não se compatibiliza com a absolvição pela **inexistência de prova suficiente** para condenação. Decisão com o suporte processual do art. 386, VI, do CPP, não é demonstrativa da certeza da inocência do réu. É técnica processual que se apoia na dúvida, em que prefere o erro judiciário que desfavorece a sociedade ao erro judiciário que ofenda o denunciado"[155].

■ 3.4.8.2.3. *Extensão da indenização*

A reparação do dano decorrente do erro judiciário deve ser a **mais completa possível**, compreendendo o **material** efetivamente ocorrido, que abrange os danos emergentes e os lucros cessantes, e o **moral**, cumulativamente (cf. Súmula 37 do STJ).

Dispõe o art. 954 do Código Civil que a indenização por ofensa à liberdade pessoal "consistirá no pagamento das **perdas e danos** que sobrevierem ao ofendido". Acrescenta, porém, que "tem aplicação o disposto no parágrafo único do artigo antecedente", se o ofendido não puder provar prejuízo material. O referido parágrafo único diz que, nesse caso, "caberá ao juiz fixar, **equitativamente**, o valor da indenização, na conformidade das circunstâncias do caso". Refere-se ao **dano moral**.

Por essa razão, correto se nos afigura afirmar que, reconhecida a responsabilidade civil do Estado pelo erro judiciário, a indenização há de ser **a mais completa possível**. E que a indenização por "perdas e danos deve compreender os prejuízos materiais e morais que sofreu o ofendido, e que serão apurados em execução, por arbitramento"[156].

■ 3.4.8.2.4. *Erro resultante de ato imputável ao próprio lesado*

Nenhuma indenização, contudo, será devida "se o erro ou a injustiça da condenação proceder de **ato ou falta imputável ao próprio impetrante**, como a **confissão** ou a **ocultação de prova** em seu poder" (CPP, art. 630, § 2º, *a*).

Tal ressalva não se mostra incompatível com o texto constitucional. Trata-se de uma situação que decorre da inexistência da relação de causalidade. Se o erro tem por causa a conduta do próprio autor da ação de revisão penal, não se pode atribuir responsabilidade civil ao Estado. Falta, na hipótese, o necessário nexo causal.

Entretanto, a ressalva contida na letra *b* do mencionado § 2º do art. 630, no sentido de que "a indenização não será devida, se a acusação houver sido **meramente privada**", **não foi recepcionada pela nova Constituição**.

---

[155] TJRS, Embs. 597.222.652-Capital, rel. Des. Tupinambá M. C. do Nascimento, j. 5-3-1999.

[156] *RT*, 511/88; *RT*, 329/744.

3.4.9. Responsabilidade dos representantes do Ministério Público

Os Promotores de Justiça receberam **o mesmo tratamento** que o art. 143, I, do Código de Processo Civil de 2015 dispensa aos magistrados. Dispõe, com efeito, o art. 181 do referido diploma legal:

> "O membro do Ministério Público será civil e regressivamente responsável quando agir com dolo ou fraude no exercício de suas funções".

3.4.10. Responsabilidade do Estado por atos legislativos

Diversos autores sustentam a tese da **irresponsabilidade** do Estado por atos legislativos causadores de dano injusto. Argumenta-se com a soberania do Poder Legislativo e a imunidade parlamentar. As funções do Legislativo, como poder soberano, são sempre legais.

Outros, porém, em posição diversa, admitem que o **Estado responde sempre** por atos danosos, causados quer por lei **inconstitucional**, quer por lei **constitucional**.

3.4.10.1. Danos causados por lei inconstitucional

Assevera, a propósito, José Cretella Júnior: "Se da ***lei inconstitucional*** resulta algum dano aos particulares, caberá a **responsabilidade do Estado**, desde que a inconstitucionalidade tenha sido declarada pelo Poder Judiciário". E aduz: "O que é imprescindível é que se verifique o nexo causal entre a lei inconstitucional e o dano ocorrido"[157].

Assim, o "Estado responde civilmente por danos causados aos particulares pelo desempenho **inconstitucional** da função de legislar"[158].

3.4.10.2. Dano causado por lei constitucionalmente perfeita

Sobreleva indagar, entretanto, da responsabilidade do Estado em face da atividade legislativa normal, visto que mesmo a lei **constitucionalmente perfeita** pode causar um dano injusto aos particulares ou a certa categoria de particulares.

3.4.10.2.1. Hipóteses mais frequentes

Yussef Said Cahali, depois de afirmar que a questão não comporta ser solucionada *in genere*, mas examinada *in specie*, menciona as situações mais frequentemente discutidas na doutrina como **passíveis de acarretar o dano indenizável**: "... o particular desfruta de certas vantagens econômicas asseguradas por um ato legislativo, e sendo este modificado ou revogado, resulta para ele a supressão ou diminuição

---

[157] Responsabilidade civil do Estado legislador, in *Responsabilidade civil*: doutrina e jurisprudência, coord. Yussef Said Cahali, p. 181.

[158] STF, RE 153.464, rel. Min. Celso de Mello, *RDP*, 189/305.

daquelas vantagens; o Estado estabelece a seu benefício um monopólio industrial ou comercial de certa atividade, que assim fica interdita aos particulares, sofrendo aqueles que a exerciam a sua privação"[159].

■ *3.4.10.2.2. Fundamento da responsabilidade do Estado por ato do Poder Legislativo*

Afirma Caio Mário da Silva Pereira que **o mesmo princípio constitucional que proclama a responsabilidade do Estado-Administração** pelo dano causado, independentemente da apuração da culpa do servidor, que somente será levada em conta para a determinação do direito de regresso, serve de **fundamento para a responsabilidade do Poder Legislativo**.

> "Se assim é para os danos causados pela Administração, assim deve ser em se tratando de ato legislativo. O mesmo **princípio da distribuição dos ônus e encargos sociais** habilita a conclusão de que sendo o dano causado pelo Estado legislador, o lesado tem direito à reparação, com o mesmo fundamento"[160].

■ *3.4.10.2.3. Ilegitimidade passiva das Câmaras Municipais, Assembleias Legislativas e outros órgãos públicos*

Malgrado algumas decisões em contrário, tem sido proclamado pelos tribunais, com mais propriedade, que as Câmaras Municipais **não têm personalidade jurídica**, não podendo integrar o **polo passivo** de ação indenizatória[161]. A ação deve ser movida "contra a **Fazenda Municipal**, que, unitariamente, representa os órgãos do poder a nível do Município. Inclusive a Câmara não é detentora de recursos próprios e, por conseguinte, não teria condições, em execução, de suportar o ônus de eventual condenação"[162].

As edilidades, "embora disponham de **capacidade processual** ativa e passiva, para defesa de suas prerrogativas institucionais, como órgãos autônomos da Administração, não possuem personalidade jurídica, mas, apenas, a **judiciária**. Daí a desnecessidade de integrar a lide, como litisconsorte necessária, a Câmara Municipal em ação indenizatória proposta por seu funcionário contra a Municipalidade"[163].

Nesse sentido, decidiu o Supremo Tribunal Federal:

> "Tal como se dá no plano federal, também no plano estadual não se pode acionar uma Secretaria, a **Assembleia Legislativa**, o Tribunal de Justiça ou o Tribunal de Contas. Nessa ordem de considerações, os apelantes não poderiam dirigir sua pretensão de direito material contra a Assembleia Legislativa, que não tem orçamento, não tem receita

---

159 *Responsabilidade civil*, cit., p. 230.
160 *Responsabilidade civil*, cit., p. 148.
161 *RJTJSP*, 122/52.
162 *RJTJSP*, 131/124.
163 *RSTJ*, 93/149.

e não pode ter despesa. Deveria demandar a **Fazenda Pública**, que é o mesmo Estado no seu aspecto financeiro"[164].

3.4.10.3. *Imunidade parlamentar*

No tocante à imunidade parlamentar, por palavras, opiniões e votos, entendeu a 3ª Câmara de Direito Privado do Tribunal de Justiça de São Paulo que o art. 29, VIII, da Constituição Federal diz respeito tão somente à não possibilidade de ser o membro do Poder Legislativo processado **criminalmente**, não se estendendo à responsabilidade civil[165].

Diverso, porém, o entendimento do Supremo Tribunal Federal, como se pode ver:

> "A imunidade material prevista no art. 29, VIII, da CF ('*inviolabilidade dos vereadores por suas opiniões, palavras e votos no exercício do mandato e na circunscrição do Município*') **alcança o campo da responsabilidade civil**"[166].

E, ainda:

> "A imunidade parlamentar prevista no art. 53, *caput*, da CF ('Os Deputados e Senadores são invioláveis por suas opiniões, palavras e votos') alcança a **responsabilidade civil** decorrente dos atos praticados por parlamentares **no exercício de suas funções**. É necessário, entretanto, analisar-se caso a caso as circunstâncias dos atos questionados para verificar a relação de **pertinência com a atividade parlamentar**"[167].

A Emenda Constitucional n. 35, de 20 de dezembro de 2001, deu nova redação ao art. 53 da Constituição Federal, para permitir a instauração, pelo Supremo Tribunal Federal, de processo-crime contra deputados e senadores pela prática de crimes comuns, mantida a inviolabilidade por suas opiniões, palavras e votos no exercício do mandato, mas acrescentando-se e explicitando-se que tal inviolabilidade abrange tanto a **responsabilidade civil** como a penal.

Na mesma linha, a Assembleia Legislativa do Estado de São Paulo aprovou a Emenda Constitucional n. 14, de 12 de março de 2002, dando nova redação ao art. 14 da Constituição do Estado, que passou a vigorar com a seguinte redação:

> "Os Deputados são invioláveis, **civil e penalmente**, por quaisquer de suas opiniões, palavras e votos".

Assentou o Superior Tribunal de Justiça que "as opiniões ofensivas proferidas por deputados federais e veiculadas por meio da imprensa, em manifestações que não guardam nenhuma relação com o exercício do mandato, não estão abarcadas pela imunidade material prevista no art. 53 da CF/88 e são aptas a gerar dano moral"[168].

---

[164] *RTJ*, 65/799, rel. Min. Barros Monteiro, j. 2-4-1973.

[165] Ap. 86.879-4-Santos, rel. Des. Alfredo Migliore, j. 31-8-1999.

[166] RE 220.687-MG, rel. Min. Carlos Velloso, j. 13-4-1999.

[167] RE 210.907-RJ, rel. Min. Sepúlveda Pertence, j. 12-8-1998.

[168] REsp 1.642.310-DF, 3ª T., rel. Min. Nancy Andrighi, *DJe*, 18-8-2017.

■ 3.4.11. Resumo

RESPONSABILIDADE CIVIL DO ESTADO	
A CF DE 1988	■ O assunto está regulamentado no art. 37, § 6º. A responsabilidade é objetiva, sob a modalidade do ***risco administrativo***. A vítima não precisa provar a culpa do agente público. Basta a prova do dano e do nexo de causalidade. Mas admite-se a inversão do ônus da prova. ■ O Estado exonerar-se-á da obrigação de indenizar se provar culpa exclusiva da vítima, força maior ou fato exclusivo de terceiro. Em caso de culpa concorrente da vítima, a indenização será reduzida pela metade. A responsabilidade objetiva foi estendida às pessoas jurídicas de direito privado prestadoras de serviço público. A responsabilidade destas é ***subsidiária***.
DANOS DECORRENTES DE ATOS JUDICIAIS	■ Não é indispensável a verificação da ocorrência de culpa dos juízes e funcionários para que se caracterize a responsabilidade do Estado. Basta que o serviço se revele falho. Quando o juiz ou tribunal desempenha ***funções administrativas***, a responsabilidade do Estado não difere da dos atos da Administração Pública. O juiz só pode ser pessoalmente responsabilizado se houver dolo ou fraude de sua parte e, ainda, quando, sem justo motivo, recusar, omitir ou retardar medidas que deve ordenar de ofício ou a requerimento da parte (CPC/2015, art. 143, I e II). A responsabilidade do Estado em decorrência de ***erro judiciário*** é reconhecida no art. 5º, LXXV, da CF.
DANOS DECORRENTES DE ATOS LEGISLATIVOS	■ Se a lei ***inconstitucional*** acarreta dano aos particulares, caberá a responsabilidade do Estado, desde que a inconstitucionalidade tenha sido declarada pelo Judiciário. Tem sido reconhecida a responsabilidade ressarcitória do Estado, por lei ***constitucionalmente perfeita***, quando causa dano injusto aos particulares.

■ 3.5. RESPONSABILIDADE PELO FATO DA COISA

■ 3.5.1. A responsabilidade na guarda da coisa inanimada

A regra nessa matéria é a de que se presume a responsabilidade dos proprietários das coisas em geral, e de animais, pelos danos que venham a causar a terceiros. Tal noção provém da **teoria da guarda da coisa inanimada**, que remonta ao art. 1.384 do Código Civil francês (Código de Napoleão) e vem sendo aplicada entre nós mediante o emprego da **analogia**.

Embora o Código Civil brasileiro não proclame a responsabilidade dos donos das coisas em geral que causem danos a terceiros, alguns artigos responsabilizam os **donos de certas coisas**: o do animal (art. 936), o do edifício malconservado (art. 937) e o do prédio de onde caírem ou forem lançadas em lugar indevido (art. 938), por exemplo. Seria ilógico responsabilizar o proprietário do animal ou do imóvel, nessas hipóteses, e não responsabilizar, em medida igual, o dono das demais coisas.

■ 3.5.1.1. *Responsabilidade objetiva*

Como os mencionados dispositivos legais responsabilizam o dono, independentemente de culpa (**responsabilidade objetiva**), também em outros casos em que a teoria é aplicada tal responsabilidade só é **ilidível mediante prova de caso fortuito ou força maior e de culpa exclusiva da vítima**.

Se o proprietário fica privado da guarda ou controle da coisa por furto ou roubo, sua responsabilidade desaparece, salvo se concorreu para a perda da posse por negligência (deixando o veículo em via pública, com as chaves no contato, p. ex.), caso em que sua culpa estará lastreada no art. 186 do diploma civil.

A teoria da responsabilidade na guarda da coisa consagra inteiramente o princípio da **responsabilidade objetiva**, como é do magistério de Wilson Melo da Silva[169]. A responsabilidade só é ilidível pela prova, a ser produzida pelo dono, de que o dano adveio de culpa da vítima ou de caso fortuito. Segundo Alvino Lima, a responsabilidade na guarda da coisa "é, irretorquivelmente, a proclamação da **teoria do risco**"[170].

■ 3.5.1.2. *Aplicação da teoria no direito brasileiro*

Não há, no Código Civil brasileiro, nenhum dispositivo que estabeleça, de forma genérica, a responsabilidade dos donos de objetos ou coisas que provoquem dano.

Entretanto, inspirados na jurisprudência francesa, e usando da **analogia** com os arts. 1.527, 1.528 e 1.529 do Código Civil (*de 1916, correspondentes, respectivamente, aos arts.* ***936, 937 e 938 do diploma de 2002***), os doutrinadores de nosso país passaram a defender a aplicação da aludida teoria no Brasil.

■ 3.5.1.3. *A contribuição da jurisprudência*

Na jurisprudência, a aceitação da teoria da responsabilidade do guarda foi lenta. Tem sido aplicada atualmente, entretanto, em muitos casos, por exemplo quando estoura uma caldeira, ou se desprende o aro da roda de um veículo, ocorrendo danos, ou se rompe um fio de alta-tensão[171].

Na realidade, na maioria das vezes não se torna necessário recorrer à teoria do guarda da coisa, solução pretoriana, para responsabilizar o causador do dano. No juízo cível, a culpa, ainda que levíssima, obriga a indenizar. Assim, em matéria de **acidente de veículo**, se é o próprio dono que está dirigindo o automotor causador do sinistro, e a **culpa** pode ser vislumbrada, aplica-se o art. **186** do Código Civil. É que a jurisprudência não chegou ao ponto de responsabilizar o dono do veículo, quando ele próprio o está dirigindo e colide com outro, sem prova de negligência, imprudência ou imperícia. Pois haverá necessidade de se apurar **qual dos dois motoristas, por sua culpa, deu causa ao evento**.

No entanto, diferentemente tem sido decidido quando se trata de atropelamento ou de colisão com poste ou mesmo com outro veículo que se encontra estacionado. Nesses casos, como já se afirmou, tem-se feito referência à **teoria do risco objetivo** para responsabilizar o proprietário, independentemente de culpa[172].

---

169 *Responsabilidade sem culpa e socialização do risco*, p. 159.

170 *Culpa*, cit., n. 26.

171 *RT*, 655/100. Poderíamos mencionar ainda, como exemplos, as decisões insertas nas *RT*, 703/70 (explosão de caldeira), 737/336 (queda de fio elétrico), 745/234 (explosão em *shopping center*), 741/384 (queda de placa de propaganda), 742/375 (queda de árvore), 745/261 (queda de carga transportada em carreta), 746/368 (rompimento de rede de alta-tensão), 573/163 (queda de ponte).

172 *RT*, 610/111.

■ 3.5.1.4. *Hipótese em que a teoria do guarda tem sido invariavelmente aplicada*

Tal hipótese é a do acidente provocado por culpa do condutor, que **não é parente nem empregado ou preposto do dono** do veículo. Nesse caso, como não pode ser observado o art. 932, III, do Código Civil, aplica-se a teoria do guarda para responsabilizar o dono do veículo que o empresta a terceiro[173]. Essa responsabilidade, no entanto, somente existirá se este for o causador do acidente, por culpa[174]. O proprietário, por sua vez, tem ação contra o motorista a quem confiara a direção de seu veículo e que, por culpa, veio a danificá-lo, causando prejuízos ao primeiro[175].

Em casos de danos a pessoas que são **transportadas** em veículos, como ônibus, bondes, trens etc., também é dispensável a aplicação da referida teoria, porque existe outro fundamento legal para responsabilizar o transportador. A jurisprudência, nesse particular, tem entendido que se trata de responsabilidade "contratual" (contrato de adesão). A obrigação do transportador seria a de conduzir o passageiro incólume ao seu destino. Se aconteceu um acidente, houve **inadimplemento contratual**, surgindo a **obrigação de indenizar**, com base no art. 389 do Código Civil.

O Código de Defesa do Consumidor (Lei n. 8.078, de 11-9-1990) responsabiliza os prestadores de serviço (dentre os quais se incluem os transportadores), independentemente da existência de culpa (art. 14).

■ 3.5.2. Responsabilidade pela ruína do edifício

■ 3.5.2.1. *A presunção de responsabilidade*

Dispõe o art. 937 do Código Civil:

> "O dono do edifício ou construção responde pelos danos que resultarem de sua ruína, se esta provier de falta de reparos, cuja necessidade fosse manifesta".

Há uma **presunção de responsabilidade** do dono do edifício ou construção, quando a casa cai sobre as propriedades vizinhas ou sobre os transeuntes. Ressalva-se, apenas, a **ação regressiva** contra o construtor. Facilita-se a ação de reparação para a vítima, que só precisa provar **o dano e o nexo de causalidade**.

Embora o dispositivo em estudo dê a impressão de que a vítima tenha de provar também que a ruína do edifício ocorreu devido à falta de reparos cuja necessidade era manifesta, Aguiar Dias entende que a manifesta falta de reparos **decorre do simples fato de ter havido a ruína**: "tanto necessitava de reparos que caiu". Ao dono do prédio é que incumbe provar o contrário. Enfatiza Aguiar Dias: "Muito mais rara, quase

---

[173] "*Responsabilidade civil.* Acidente de trânsito. Condenação do proprietário pelo fato da coisa perigosa. Responsabilidade presumida do proprietário que entrega o veículo à direção de terceiro, seja seu preposto ou não" (*RJTJSP*, 32/61; *RT*, 450/99, 550/130 e 741/345; *JTACSP*, 168/225).

[174] "Contra o proprietário de veículo dirigido por terceiro *considerado culpado* pelo acidente conspira a presunção *iuris tantum* de culpa *in eligendo* e *in vigilando*, em razão do que sobre ele recai a responsabilidade pelo ressarcimento do dano que a outrem possa ter sido causado" (STJ, REsp 109.309-0-MG, 4ª T., rel. Min. Asfor Rocha, *DJU*, 20-10-1998).

[175] *RT*, 635/293.

impossível, é a hipótese de cair um edifício que não necessitasse de reparos. Faça o proprietário, que tem tão evidente dever de vigilância, prova de que ela ocorreu"[176].

A ideia inspiradora do legislador, no Brasil e na França, consoante muito bem sintetizou Silvio Rodrigues, é a de "criar uma **presunção de responsabilidade** para o proprietário, nos casos contemplados na lei, a fim de **facilitar a tarefa da vítima** que reclama indenização pelos prejuízos por ela experimentados e defluentes da ruína de edifícios. De modo que a vítima não tem que buscar descobrir quem foi o responsável pelo defeito de construção do prédio, nem que indagar se o inquilino é o culpado pela falta de reparos da qual resultou o desabamento de uma casa; não lhe compete averiguar se a queda da construção resultou de imperícia do arquiteto que a projetou, ou do engenheiro que fiscalizou o andamento da obra; e assim por diante".

Aduz o mencionado civilista: "Houve desabamento decorrente da falta de reparos, ou de vício de construção? **O proprietário é responsável**. Este, após pagar a indenização, pode, se quiser, promover **ação regressiva** contra o culpado, quer seja o empreiteiro da construção, quer seja o inquilino que não procedeu aos reparos, nem de sua necessidade deu ciência ao locador, seja quem for enfim. A lei, em face da vítima, **presume a responsabilidade do proprietário**, que é a única pessoa com legitimação passiva para a ação"[177].

■ *3.5.2.2. Extensão da regra às benfeitorias incorporadas ao edifício*

Equipara-se ao edifício tudo o que nele está **incorporado em caráter permanente**, por exemplo, **elevadores, escadas rolantes** etc., pois a lei se refere tanto aos imóveis pela natureza como aos que o são por destinação. Assim, tem-se decidido:

- "Responsabilidade civil. **Queda de elevador**. Falta dos cuidados necessários manifesta. Indenização devida"[178].
- "**Queda de veneziana** de unidade condominial sobre veículo estacionado. Irrelevância da perquirição de defeito de construção. Indenização devida pelo proprietário, ante o descumprimento do dever de vigilância. Direito, no entanto, à ação de regresso contra a construtora. Inocorrência de caso fortuito. Evento que era previsível"[179].
- "**Desabamento de prédio**. Vítimas. Ação de indenização. Propositura contra o proprietário. Procedência"[180].

---

[176] *Da responsabilidade*, cit., 4. ed., v. 2, p. 503, n. 176.

[177] *Direito civil*, cit., v. 4, p. 125-126.

[178] *RT*, 433/86, 504/92, 638/91. "Queda de elevador. Ineficiência de equipamento instalado pela corré Crel para impedir a movimentação do elevador com sobrepeso, bem como da ausência de cautelas do condomínio para impedir a entrada de usuários em excesso. Laudo pericial conclusivo, ainda, no que tange aos danos materiais e morais sofridos pelo autor, portador de sequela permanente. Responsabilidade mantida" (TJSP, Apel. 0002545-21.2009.8.26.0554, 3ª Câm. Dir. Priv., rel. Des. Carlos Alberto de Salles, *DJe*, 15-2-2017).

[179] *RJTJSP*, 10/146.

[180] *RT*, 521/267.

3.5.3. Responsabilidade resultante de coisas líquidas e sólidas (*effusis* e *dejectis*) que caírem em lugar indevido

A reparação do dano consequente ao lançamento de coisas **líquidas** (*effusis*) e **sólidas** (*dejectis*) de uma casa à rua é prevista no art. 938 do Código Civil, que assim dispõe:

> "Aquele que habitar prédio, ou parte dele, responde pelo dano proveniente das coisas que dele caírem ou forem lançadas em lugar indevido".

3.5.3.1. *Responsabilidade objetiva*

A responsabilidade, no caso, é **objetiva**. Não se cogita da culpa. O aludido dispositivo legal pode ser considerado como exemplo mais flagrante da **presunção de responsabilidade** do guarda da coisa inanimada, em nosso direito. A vítima só tem de provar a relação de causalidade entre o dano e o evento.

A presunção de responsabilidade do chefe de família que habita a casa (dono, locatário, usufrutuário, comodatário) só é removível mediante prova de **culpa exclusiva da vítima** (por ter provocado a queda do objeto) ou **força maior** (que afasta o nexo de causalidade). Na demonstração da culpa da vítima pode ser alegado que a coisa foi lançada em local adequado, destinado a esse fim (depósito de lixo, terreno interno), e que a vítima ali não deveria estar.

Conforme ensina Clóvis, a responsabilidade é **puramente objetiva**: "O ponto de vista do Código Civil é o dano à pessoa ou aos bens de outrem. A responsabilidade é objetiva e recai sobre o **habitante** da casa, que não se escusa alegando que o ato prejudicial foi praticado por outra pessoa"[181].

3.5.3.2. *Extensão da responsabilidade a diversas situações*

Embora a ideia inspiradora da regra tenha sido a de garantir o transeunte contra algum objeto que caia ou seja lançado, imprudentemente, do interior de uma residência, **a jurisprudência a tem estendido a diversas situações**. Assim é que já se decidiu que:

- a construtora de uma obra deve indenizar o proprietário de veículo danificado em virtude da **queda de andaime**[182];
- a **queda de um eucalipto** é fato previsível e torna o proprietário do prédio onde ele se encontra responsável pelo dano causado[183];
- a **queda de argamassa de cimento** que se desprende de sacada de edifício e atinge transeunte sujeita os responsáveis pela obra a repararem os danos por este sofridos[184].

---

181 *Código Civil*, cit., p. 239.

182 *RT*, 506/256.

183 *RT*, 413/324.

184 *RT*, 412/160.

■ **Coisas e líquidos lançados de edifícios habitados por vários moradores** — Em relação às coisas e líquidos lançados ou caídos de edifícios, sem que se consiga apurar de qual apartamento tombou, afirma Aguiar Dias que "a solução não pode ser outra senão a que já oferecia o Edito: **responsabilidade solidária de todos os moradores**"[185]. Comenta, a seguir, o referido doutrinador: "É evidente que 'todos os moradores' corresponde a todos os habitantes a cuja responsabilidade seja possível atribuir o dano. Nos grandes edifícios de apartamentos, o **morador da ala oposta** à em que se deu a queda ou lançamento de objeto ou líquido não pode, decerto, presumir-se responsável pelo dano"[186].

■ *3.5.3.3. Posição da jurisprudência*

O **Superior Tribunal de Justiça**, embora admitindo a hipótese de a totalidade dos condôminos arcar com a responsabilidade repartida por danos causados a terceiros quando ocorre a impossibilidade de se identificar o exato ponto de onde partiu a conduta lesiva, isentou, no caso em julgamento, os titulares de apartamentos que não contam com janelas ou sacadas para a via pública onde a recorrida foi atingida, responsabilizando apenas os **proprietários de unidades de onde poderia ter caído ou sido lançado o objeto** que atingiu a vítima, aceitando o "princípio da exclusão" daqueles que certamente não poderiam ter concorrido para o fato[187].

Decidiu, também, o extinto **1º Tribunal de Alçada Civil de São Paulo** que não é razoável que o lesado haja de investigar de qual unidade partiu a agressão ao seu imóvel, se toda a massa condominial é responsável pelo dano proveniente das coisas que caírem ou forem lançadas do prédio em que habita. A repartição dos prejuízos pelos condôminos é questão de **economia interna do condomínio**, que poderá se ressarcir de todos os condôminos, ou exclusivamente daqueles de cujas unidades foram lançados os objetos, ou apenas das unidades de final "2" e "4"[188].

Também já se decidiu que a responsabilidade a que se refere o art. 1.529 (novo art. 938) do CC é objetiva, recaindo sobre o **habitante** da casa, e não sobre o proprietário que a aluga e reside em outro local[189].

■ 3.5.4. Responsabilidade decorrente do exercício de atividade perigosa

■ *3.5.4.1. O exercício de atividade perigosa como fundamento da responsabilidade civil*

A **teoria do risco** teve o seu desenvolvimento acentuado a partir da introdução das máquinas no processo industrial e com os problemas relacionados aos acidentes de trabalho. O surto industrial do início do século XX provocou a disseminação do uso de máquinas, criando risco maior para certas atividades.

---

185 *Da responsabilidade*, cit., 4. ed., p. 505, n. 177.

186 *Da responsabilidade*, cit., 4. ed., nota 836.

187 *RSTJ*, 116/259.

188 *RT*, 714/152.

189 *RT*, 528/62; *RJTJSP*, 124/165.

Tem a doutrina anotado, dentro da teoria do risco, uma responsabilidade decorrente do **exercício de atividade perigosa**, tomada em sentido **dinâmico**, relativa à utilização de diferentes veículos, máquinas, objetos e utensílios; e outra responsabilidade, de cunho estático dos bens, que se incluem na responsabilidade pelo fato das coisas. A primeira resultou da constatação da existência de atividades que, **embora legítimas**, por sua periculosidade frequentemente **ocasionavam danos**, devendo os seus agentes, por essa razão, sujeitar-se à responsabilidade pela simples **criação do risco** decorrente do exercício de **atividade potencialmente perigosa**.

Essa noção, de caráter **objetivo**, passou a integrar os Códigos de diversos países, tais como o italiano, o português, o mexicano, o libanês e outros. Aquele que causar dano a outrem, no exercício de uma atividade perigosa, por sua natureza ou pela natureza do meio empregado, terá de ressarci-lo.

■ *3.5.4.2. A inovação introduzida pelo parágrafo único do art. 927 do Código de 2002*

O Código Civil brasileiro reflete a moderna tendência no art. 927 e parágrafo único, *verbis*:

> "Aquele que, por ato ilícito (arts. 186 e 187), causar dano a outrem, fica obrigado a repará-lo.
>
> Parágrafo único. Haverá obrigação de reparar o dano, independentemente de culpa, nos casos especificados em lei, ou quando a atividade normalmente desenvolvida pelo autor do dano implicar, por sua natureza, risco para os direitos de outrem".

É fora de dúvida, no entanto, que a **culpa exclusiva da vítima** ou de **terceiro** e a **força maior**, por romperem o nexo causal, afastam a responsabilidade do agente.

A obrigação de reparar o dano **independe de prova de culpa** nos casos especificados em lei e quando o autor do dano criar um risco maior para terceiros, em razão de sua atividade. Toda atividade perigosa por sua natureza **cria um risco** de causar danos a terceiros. O **proprietário** que a desenvolve, de acordo com o seu interesse, **deve reparar os danos** experimentados pelas vítimas, se tal prejuízo se concretizar em decorrência do **risco criado**, independentemente de culpa.

O Código Civil brasileiro acolheu, assim, a teoria do **exercício de atividade perigosa** e o princípio da responsabilidade **independentemente de culpa** nos casos especificados em lei, a par da responsabilidade subjetiva como regra geral, não prevendo, porém, a possibilidade de o agente, mediante a inversão do ônus da prova, exonerar-se da responsabilidade se provar que adotou todas as medidas aptas a evitar o dano.

■ *3.5.4.2.1. Passagem de um ato ilícito, na responsabilidade subjetiva, para um lícito, mas gerador de perigo, na responsabilidade objetiva*

Na aludida teoria tem-se o **risco** como fundamento de responsabilidade. A obrigação de reparar surge do simples exercício da atividade que o agente desenvolve em seu interesse e sob seu controle, em função do **perigo que dela decorre para terceiros**.

Como assinala Carlos Alberto Bittar, "passou-se de um **ato ilícito** (teoria subjetiva) para um **lícito**, mas gerador de **perigo** (teoria objetiva), para caracterizar-se a responsabilidade civil. Com efeito, inseriram-se dentro desse novo contexto atividades que, embora legítimas, merecem, pelo seu caráter de perigosas — seja pela natureza (fabricação de explosivos e de produtos químicos, produção de energia nuclear etc.), seja pelos meios empregados (substâncias, máquinas, aparelhos e instrumentos perigosos, transportes etc.) —, tratamento jurídico especial em que não se cogita da subjetividade do agente para a sua responsabilização pelos danos ocorridos"[190].

■ *3.5.4.2.2. Classificação da atividade como perigosa*

A doutrina italiana tem acentuado que a atividade deve ser considerada, ou não, perigosa, sob o prisma substancial, tendo-se em conta uma **objetiva periculosidade, ínsita em si mesma** ou posta em relação aos meios empregados, com base em extensas referências, inclusive jurisprudenciais.

Deve ser considerada perigosa, pois, "aquela atividade que contenha em si uma grave probabilidade, uma **notável potencialidade danosa**, em relação ao critério da **normalidade média** e revelada por meio de estatísticas, de elementos técnicos e da própria experiência comum... Embora não seja fácil a determinação da periculosidade, devem ingressar nessa noção aquelas atividades que, pelo **grau de risco**, justifiquem a aplicação de uma responsabilidade especial. Isso significa que não somente as enumeradas em **disposições legais ou em leis especiais** merecem essa qualificação, mas aquelas que revelem '**periculosidade intrínseca** ou relativa aos **meios de trabalho empregados**', na fórmula consagrada pela Suprema Corte Italiana"[191].

■ *3.5.4.2.3. Desnecessidade de exercício reiterado da atividade perigosa*

Não há necessidade de a atividade perigosa ser exercida **reiteradamente** para o agente incidir na responsabilidade objetiva, independente de culpa.

Com efeito, o advérbio **"normalmente"**, empregado no dispositivo ora comentado, não consta dos códigos de outros países, como Itália, Portugal, Líbano, México etc., que adotaram a teoria do exercício da atividade perigosa antes de nós. Ao utilizá-la, pretendeu o novel legislador apenas deixar claro que a responsabilidade do agente será objetiva quando a atividade por ele exercida contiver uma notável potencialidade danosa, em relação ao critério da **normalidade média**.

---

190 Responsabilidade civil nas atividades perigosas, in *Responsabilidade civil*, cit., p. 90.

191 Carlos Alberto Bittar, Responsabilidade civil nas atividades perigosas, in *Responsabilidade civil*, cit., p. 93-94.

É a aplicação da teoria dos atos **normais e anormais**, medidos pelo padrão médio da sociedade. Basta que, mesmo desenvolvida **"normalmente"** pelo autor do dano, a atividade seja, **"por sua natureza"**, por implicar **"riscos para os direitos de outrem"**, potencialmente perigosa, não havendo necessidade de um exercício **anormal**, extraordinário, para que assim seja considerada.

■ *3.5.4.2.4. Aplicabilidade da teoria, também, às atividades sem fins lucrativos*

Parece-nos, também, que o legislador não teve a intenção de **restringir às atividades lucrativas** a aplicação, entre nós, da teoria do exercício da atividade perigosa, uma vez que adotou solução mais avançada e mais rigorosa que a do direito italiano e do direito português, afastando a possibilidade de o agente, mediante a inversão do ônus da prova, exonerar-se da responsabilidade se provar que adotou todas as medidas aptas a evitar o dano.

Ademais, tendo sido acolhida, no dispositivo em tela, a teoria do **risco criado**, e não do **risco-proveito**, como entende a melhor doutrina, não se pode atribuir à vítima o ônus de demonstrar que o causador do dano exercia **atividade lucrativa**.

■ 3.6. RESPONSABILIDADE PELO FATO OU GUARDA DE ANIMAIS

■ 3.6.1. A responsabilidade objetiva do dono ou detentor do animal

O art. 936 do Código Civil estabelece a presunção *juris tantum* de **responsabilidade** do dono do animal, nestes termos:

> "Art. 936. O dono, ou detentor, do animal ressarcirá o dano por este causado, se não provar culpa da vítima ou força maior".

A **responsabilidade do dono do animal** é, portanto, objetiva. Basta que a vítima prove o dano e a relação de causalidade entre o dano por ela sofrido e o ato do animal. Trata-se de presunção vencível, suscetível de prova em contrário. Permite-se, com efeito, ao dono do animal que se **exonere** da responsabilidade, provando qualquer uma das excludentes mencionadas: **culpa da vítima ou força maior**.

Assim, "tratando-se de acidente de veículo ao atropelar uma rês, em estrada oficial, ao dono do carro cabe apenas provar o fato e o dano. O proprietário da rês só pode exonerar-se oferecendo a prova das excludentes do art. 1.527 do Código Civil [*de 1916; correspondente ao art. 936 do novo diploma*]"[192].

A responsabilidade ainda compete ao dono quando o animal se encontra sob a guarda de um seu **preposto**, pois este age por aquele[193]. Pode, no entanto, passar ao arrendatário, comodatário ou depositário, a quem **a guarda foi transferida**[194]. Ou mesmo ao ladrão, quando o dono é privado da guarda em virtude de furto ou roubo.

---

[192] TJSP, *RT*, 465/77.

[193] Silvio Rodrigues, *Direito civil*, cit., v. 4, p. 141, n. 50.

[194] Aguiar Dias, *Da responsabilidade*, cit., 4. ed., p. 512, n. 179.

3.6.2. Construção de cercas pelo DER

Tem-se decidido que o fato de o Departamento de Estradas de Rodagem (DER) construir **cerca** ao longo da rodovia não implica sua responsabilidade por acidente ocasionado por animais que, varando a cerca, ganham a estrada[195].

As cercas que o DER levanta ao longo das rodovias têm por objetivo simples **demarcação de limites**, uma vez que pela rodovia só trafegam veículos; **aos proprietários lindeiros** cabe reforçá-las de modo a evitar a saída de animais[196].

3.6.3. Responsabilidade das concessionárias de vias expressas

O DERSA responde por acidente com automóvel causado por animais na Rodovia dos Imigrantes[197], por se tratar de via de trânsito rápido, de acesso controlado.

A propósito, decidiu o antigo Tribunal Federal de Recursos:

> "Tratando-se de **via expressa** para a qual são estabelecidas condições especiais de conservação e segurança e por cujo uso é **cobrado preço público**, responsável **é a autarquia** por omissão do dever de vigilância, permitindo o ingresso de animais que surpreendem os usuários, causando-lhes danos"[198].

3.6.4. O Código de Trânsito Brasileiro

Podem ser responsabilizados, pelos danos causados por animais em rodovias, **os seus proprietários e a concessionária de serviços públicos** encarregada de sua conservação e exploração.

Proclama, com efeito, o Código de Trânsito Brasileiro que "o trânsito, em condições seguras, é um direito de todos e dever dos órgãos e entidades componentes do Sistema Nacional de Trânsito, a estes cabendo, no âmbito das respectivas competências, adotar as medidas destinadas a assegurar esse direito", aduzindo que os referidos órgãos e entidades respondem "**objetivamente**, por danos causados aos cidadãos em virtude de ação, omissão ou erro na execução e manutenção de programas, projetos e serviços que garantam o exercício do direito do trânsito seguro" (art. 1º, §§ 2º e 3º).

O trânsito, em condições seguras, passou a ser um direito de todos e um dever do Estado, representado pelos órgãos e entidades componentes do Sistema Nacional de Trânsito, especialmente **as concessionárias e permissionárias** desses serviços, que exploram as rodovias com a obrigação de administrá-las e de fiscalizá-las.

3.6.5. O Código de Defesa do Consumidor

O Código de Defesa do Consumidor, por sua vez, no art. 14, responsabiliza os **prestadores de serviços em geral** (inclusive, portanto, as referidas concessionárias

195 *RT*, 446/101.
196 *RT*, 493/54.
197 *RT*, 523/96, 715/178.
198 Ap. Cív. 52.634-RS, 4ª T., rel. Min. Carlos Alberto Madeira, *ADCOAS*, n. 69.822/80.

e permissionárias), independentemente da verificação de culpa, pelo defeito na prestação dos serviços, podendo assim ser considerada a permanência de animal na pista de rolamento, expondo a risco os usuários.

■ 3.6.6. A Constituição Federal

Não bastasse, a **Constituição Federal**, no art. 37, § 6º, responsabiliza objetivamente as pessoas jurídicas de direito privado, prestadoras de serviço público, pelos danos que seus agentes causarem a terceiros, por ação ou omissão.

■ 3.6.7. Responsabilidade solidária do dono do animal e das concessionárias

Desse modo, responde o **dono do animal**, objetivamente, pelos danos que este causar a terceiros, inclusive nas rodovias, somente se exonerando se provar culpa da vítima ou força maior.

Responde, também de forma objetiva, a **concessionária ou permissionária** encarregada da administração e fiscalização da rodovia, nos termos do **art. 14 do Código de Defesa do Consumidor** e do art. **37, § 6º, da Constituição Federal**, salvo se provar culpa exclusiva da vítima ou força maior.

O primeiro responde por ser o dono do animal, encarregado de sua guarda, devendo manter em ordem os muros e cercas de seus imóveis, para evitar que fuja para as estradas. A **segunda**, por permitir que o animal ingresse ou permaneça na rodovia, provocando risco de acidentes e criando insegurança para os usuários.

Preceitua o art. 942, segunda parte, do Código Civil que, "se a ofensa tiver mais de um autor, todos responderão **solidariamente** pela reparação".

■ 3.6.8. Pretensão exercida somente contra a concessionária

A concessionária, se condenada, terá **ação regressiva** contra o dono do animal, para cobrar deste a sua quota-parte. Decidiu, com efeito, o Tribunal Regional Federal da 4ª Região:

> "A responsabilidade pela presença de animais em rodovia, que se destina ao tráfego de alta velocidade — e, como tal, pressupõe perfeito isolamento de seus terrenos marginais —, **recai sobre a autarquia** encarregada da construção e manutenção das estradas de rodagem nacionais. Na **via de regresso**, demonstrada a ilicitude do comportamento do **proprietário** de animais, poderá o ente público ressarcir-se do valor pago a título de indenização"[199].

De acordo com a jurisprudência do Superior Tribunal de Justiça, a concessionária da rodovia responde objetivamente por qualquer defeito na prestação do serviço e pela manutenção da rodovia em todos os aspectos. Responde, até mesmo, pelos acidentes provocados pela presença de animais na pista[200].

[199] Ap. 17.273-RS, 1ª T., rel. Ellen Gracie, *DJU*, 22-5-1991.

[200] STJ, REsp 573.260, 4ª T., rel. Min. Aldir Passarinho Júnior, j. 10-11-2009.

■ 3.6.9. As excludentes admitidas e a inversão do ônus da prova

Pelo sistema do Código Civil (art. 936), cabendo aos donos ou detentores de animais a sua custódia, a responsabilidade pelos acidentes por eles provocados recai, *ipso facto*, sobre os respectivos donos ou detentores. Trata-se de **responsabilidade presumida**, *ope legis*. Sendo uma presunção vencível, ocorre a inversão do ônus da prova.

Assim, aos donos ou detentores dos animais causadores de acidentes incumbe provar, se pretenderem exonerar-se de tal responsabilidade, que o acidente ocorreu por **imprudência da vítima** ou por **força maior**.

O aludido art. 936 somente permite a exoneração da responsabilidade do dono ou detentor do animal em casos de culpa da vítima ou força maior, equiparando tal responsabilidade à do **guarda da coisa inanimada**, na forma elaborada pela jurisprudência francesa, conforme já anotara Silvio Rodrigues[201]. Tem a jurisprudência proclamado:

> "*Ação reparatória de danos*. Atropelamento de animal. Rodovia. Concessionária de serviço público. Riscos a que essa prestação se sujeita ao garantir tráfego em condições de segurança em troca de recebimento de 'pedágio'. Na responsabilidade objetiva do Estado, encontra-se a obrigação mais ampla de reparar que ao Estado se atribuiu, tornando-o sujeito passivo da ação, independentemente de apuração de culpa, como se verifica do § 6º do art. 37 da Constituição Federal. Defeitos na prestação dos serviços por parte das concessionárias impõem o dever de reparar os danos causados pelo serviço defeituoso. Aplicação do § 1º do art. 14 do Código de Defesa e Proteção do Consumidor. Recurso provido"[202].

■ 3.7. RESUMO

RESPONSABILIDADE PELO FATO DA COISA E DO ANIMAL	
RESPONSABILIDADE NA GUARDA DA COISA INANIMADA	■ A regra nessa matéria é que se presume a responsabilidade dos proprietários das coisas em geral, e de animais, pelos danos que venham a causar a terceiros. Tal noção provém da ***teoria da guarda da coisa inanimada***, que remonta ao art. 1.384 do CC francês e vem sendo aplicada entre nós mediante o emprego da analogia. Embora o CC brasileiro não proclame a responsabilidade dos donos das coisas em geral que causem danos a terceiros, alguns artigos responsabilizam os donos de certas coisas (arts. 936, 937, 938). O princípio foi, pois, acolhido.
RESPONSABILIDADE PELA RUÍNA DO EDIFÍCIO	■ Há presunção de responsabilidade do dono do edifício ou construção quando qualquer parte de sua estrutura cai sobre as propriedades vizinhas ou sobre os transeuntes (art. 937). Ressalva-se, apenas, a ação regressiva contra o construtor. Facilita-se a ação de reparação para a vítima, que só precisa provar o dano e a relação de causalidade.

201 *Direito civil*, cit., v. 4, p. 146, n. 52.

202 TJRJ, AC 5.481/99-RJ, 18ª Câm. Cív., rel. Des. Jorge Luiz Habib, j. 25-5-1999.

V. ainda: "*Responsabilidade civil*. Choque de veículos com animais em rodovia. Ação contra o dono dos animais. Procedência. O caso fortuito só pode resultar de causa estranha à vontade do devedor (*fortuito externo*). O rompimento da cerca não é, evidentemente, um fato assim. Todo homem prudente pode preveni-lo e obstá-lo, com adoção de cuidados precisos (*RT*, 526/60)". No mesmo sentido: *RT*, 495/217, 465/77, 458/199, 444/81; *JTACSP*, *RT*, 119/195.

RESPONSABILIDADE RESULTANTE DE COISAS QUE CAÍREM EM LUGAR INDEVIDO	■ A responsabilidade do dano consequente ao lançamento de coisas líquidas (*effusis*) e sólidas (*dejectis*) de uma casa à rua é prevista no art. 938 do CC. A responsabilidade, no caso, é puramente objetiva. Não se cogita de culpa. A responsabilidade recai sobre o habitante da casa. A jurisprudência a tem estendido a diversas situações: queda de andaime, queda de eucalipto, queda de argamassa de cimento que se desprende de sacada de edifício e atinge transeunte etc.
EXERCÍCIO DE ATIVIDADE PERIGOSA	■ Aquele que causar dano a outrem no exercício de uma atividade perigosa, por sua natureza ou pela natureza do meio empregado, terá de ressarci-lo, independentemente de culpa (art. 927, parágrafo único). A obrigação de reparar o dano surge do simples exercício da atividade que o agente desenvolve em seu interesse e sob seu controle, como fundamento de responsabilidade. Passou-se, assim, de um ato ilícito (teoria subjetiva) para um lícito, mas gerador de perigo (teoria objetiva), para caracterizar a responsabilidade civil.
RESPONSABILIDADE NA GUARDA DE ANIMAIS	■ A responsabilidade do dono do animal é objetiva. Basta que a vítima prove o dano sofrido e a relação de causalidade com o fato do animal. Ao responsável incumbe afastar tal responsabilidade, provando uma das excludentes mencionadas no art. 936: ***culpa da vítima*** ou ***força maior***.

■ 3.8. QUESTÕES

1. (OAB/Exame Unificado/2009.3/CESPE/UnB) Acerca da responsabilidade civil por fato de outrem, assinale a opção CORRETA:

a) O simples afastamento do filho menor da casa dos pais exime-os da responsabilidade pelos atos lesivos que ele venha a praticar.

b) Para responsabilizar os pais por atos lesivos causados por filho menor, a vítima necessita demonstrar a culpa *in vigilando* desses pais.

c) Em razão da inexistência de relação de preposição, empresa locadora de veículos não possui responsabilidade sobre danos que o locatário cause a terceiros no uso do carro locado.

d) O empregador é responsável por dano causado por empregado seu, ainda que praticado com desvio de atribuição, caso o ofendido não tenha conhecimento desse desvio.

2. (MP/RJ/Promotor de Justiça/XXXII Concurso/6-11-2011) Fabiano Bronson, com 17 anos de idade, vítima de acidente automobilístico e devidamente assistido, propõe ação de responsabilidade civil em face dos nacionais Roberto e Geisa, pais do causador do evento, Pedro Paulo, que tem atualmente 15 anos de idade. Na peça de bloqueio, entre outros argumentos, Roberto alega que não tem o dever de reparar o dano em razão de prévia perda do poder familiar, decretada por sentença já transitada em julgado na época do acidente. Geisa, por sua vez, alega em sua defesa que não tem culpa pela conduta de seu filho que, de forma sorrateira, subtraiu seu veículo sem sua autorização, vindo a colidir com a bicicleta da vítima Fabiano Bronson. Os autos são encaminhados ao Ministério Público. O parecer ministerial deve levar em conta que:

a) o adolescente não está mais sob a responsabilidade e autoridade do seu genitor, em razão da destituição do poder familiar; a alegação do réu Roberto deve ser acolhida;

b) a ação de responsabilidade civil deveria ser intentada somente em face do adolescente; os pais são meros representantes legais do absolutamente incapaz, o qual deverá responder com o seu patrimônio próprio;

c) os pais passaram a possuir responsabilidade civil subjetiva com culpa presumida, com o advento do Novo Código Civil. Diante de tal modificação, a inclusão dos pais no polo passivo da relação processual foi acertada. Em razão da culpa presumida, incumbe aos genitores comprovarem que não atuaram de forma descuidada, descumprindo o dever objetivo de cuidado;

d) a ré Geisa, detentora do poder familiar, tinha o dever de elidir a presunção de culpa e não logrou êxito, pois não atuou de forma diligente na guarda de seu veículo; a hipótese é de responsabilidade civil subjetiva, com culpa presumida no tocante à responsabilidade de Geisa pelos atos praticados pelo seu filho Pedro Paulo, em razão do seu dever de vigilância por ser proprietária do veículo;

e) os pais também têm responsabilidade civil objetiva pelos atos dos seus filhos menores. Roberto e Geisa devem ser condenados a reparar o dano causado ao menor Fabiano; deve ser aplicado o parágrafo único do artigo 927 do Código Civil. A potencialidade lesiva do trânsito enseja a responsabilização objetiva do causador.

3. (Secretaria da Fazenda/RJ/Fiscal de Rendas/2009) A respeito da responsabilidade civil do empregador ou comitente por seus empregados, serviçais e prepostos, é CORRETO afirmar que:

a) não há responsabilidade na ausência de vínculo empregatício.
b) a responsabilidade do empregador ou comitente depende da comprovação de sua "culpa *in eligendo*" ou "culpa *in vigilando*".
c) a responsabilidade do empregador exclui a do empregado.
d) o empregador que ressarcir a vítima poderá reaver o que houver pago em ação contra seu empregado.
e) não há responsabilidade quando o empregador ou comitente é pessoa física.

4. (TRF/5ª Região/Juiz Federal/XI Concurso/CESPE/UnB-2011) Com relação à responsabilidade do empregador, assinale a opção CORRETA.

a) Para que seja indenizada pelo dano, é imprescindível que a vítima faça prova da relação de preposição.
b) Para responsabilização do empregador, não basta que o dano tenha sido causado em razão do trabalho.
c) O empregador é responsável pelos atos do preposto, ainda que a relação não tenha caráter oneroso.
d) Em relações regidas pelo Código Civil, ainda que o empregado não tenha atuado com culpa, o empregador será objetivamente responsável pelo dano por ele causado.
e) A aparente competência do preposto não se presta para acarretar a responsabilidade do comitente.

5. (MP/SP/Promotor de Justiça/2010) Assinale a alternativa INCORRETA:

a) o Código Civil adota como regra a responsabilidade civil subjetiva.
b) o chamado "dano remoto" não é indenizável.
c) a responsabilidade civil do incapaz é subsidiária e a indenização correspondente é equitativa.
d) a responsabilidade civil do curador, tutor e pais em razão de atos praticados, respectivamente, pelos curatelados, pupilos e filhos menores, restringe-se aos danos materiais por estes causados a terceiros.
e) a indenização por dano moral prescinde da comprovação do dano material.

6. (TRT/2ª Região/Juiz do Trabalho/2007) Em face das previsões do ordenamento jurídico sobre a responsabilidade civil é LÍCITO afirmar que:

I. aquele que por ato ilícito causar dano a outrem fica obrigado a repará-lo.
II. ressalvados outros casos previstos em lei especial, os empresários individuais e as empresas respondem somente por culpa pelos danos causados pelos produtos postos em circulação.
III. a responsabilidade civil é independente da criminal, não se podendo questionar mais sobre a existência do fato, ou sobre quem seja o seu autor, quando estas questões se acharem decididas no juízo criminal.
IV. o incapaz responde pelos prejuízos que causar, se as pessoas por eles responsáveis não tiverem obrigação de fazê-lo ou não dispuserem de meios suficientes.
V. o dono, ou detentor, do animal ressarcirá o dano por este causado, se não provar a culpa da vítima ou força maior.

Assinale a alternativa CORRETA:

a) As alternativas V e II estão incorretas e as alternativas I, III e IV estão corretas.
b) A alternativa III está incorreta e as alternativas I, II, IV e V são corretas.
c) A alternativa II está incorreta e as alternativas I, III, IV e V estão corretas.

d) Todas as alternativas estão corretas.
e) Todas as alternativas estão incorretas.

7. (TCE/MG/Auditor/2007/Fundação Carlos Chagas) Sobre a responsabilidade civil, é CORRETO afirmar:

I. O incapaz não responde pelos prejuízos que causar, porque somente as pessoas por ele responsáveis terão de arcar com a indenização.
II. A obrigação de reparar o dano independe de culpa, salvo nos casos em que a lei estabelece exclusivamente a responsabilidade subjetiva.
III. O direito de exigir reparação e a obrigação de prestá-la transmitem-se com a herança.
IV. A responsabilidade do empregador é subsidiária pelos atos ilícitos praticados por seus empregados.
V. Aquele que ressarciu o dano causado por seu descendente absoluta ou relativamente incapaz, deste não poderá reaver o que pagou à vítima.

Está correto o que se afirma APENAS em
a) I e II.
b) II e III.
c) III e IV.
d) III e V.
e) IV e V.

8. (PGE/PA/Procurador do Estado/XVIII Concurso/2011) Sobre a responsabilidade civil, assinale a alternativa CORRETA:

a) O Código Civil adotou como regra geral o regime da responsabilidade civil objetiva por dano decorrente de ato ilícito, sendo imposta a reparação correspondente, independente de culpa.
b) O dono, ou detentor, do animal ressarcirá o dano por este causado, ainda que prove a existência de culpa da vítima ou força maior.
c) Inexistindo prova de prejuízo material, não poderá o juiz fixar indenização decorrente de injúria, calúnia ou difamação.
d) A existência de culpa concorrente da vítima afasta o dever de indenizar, materializando excludente de responsabilidade.
e) A culpa de terceiro não constitui excludente de responsabilidade do transportador por acidente com o passageiro, sendo admitido, todavia, o exercício do direito de regresso.

9. (MP/BA/Promotor de Justiça/2010) Acerca da responsabilidade civil do Estado, é INCORRETO afirmar que:

a) O Estado responde por prejuízos causados pelo agente público, por ação ou omissão, mesmo quando não se prova o dano efetivo e o nexo causal entre o prejuízo e a ação do preposto público.
b) Não viola o valor constitucional do *non bis in idem* quando o funcionário público sofre as sanções civil, disciplinar e penal, com base no mesmo caso concreto.
c) A força maior isenta o Poder Público da responsabilidade de ressarcir os danos causados ao particular, vez que está fora do alcance estatal impedir a causa do evento, em razão da inevitabilidade, imprevisibilidade e irresistibilidade.
d) A culpa absoluta é causa excludente da responsabilidade do Poder Público, em razão de o prejudicado não poder auferir vantagens com um acontecimento para o qual concorreu.
e) A culpa recíproca é a circunstância na qual se constatou que, para a ocorrência do evento, concorreram vítima e Estado.

10. (TRF/3ª Região/Juiz Federal/XVII Concurso/2013) Quanto à modalidade de responsabilidade civil oriunda de riscos por atividades normalmente desenvolvidas pelo autor, constante do *parágrafo único*, do art. 927, do Código Civil, é possível afirmar:

I. Trata-se de cláusula aberta de responsabilidade civil subjetiva envolvendo atividades que implicam risco, por sua própria natureza, com possibilidade de dano a terceiros, mediante culpa devidamente demonstrada;
II. Trata-se de cláusula aberta de responsabilidade civil objetiva envolvendo atividades reiteradas, com possibilidade de dano a terceiros, tão somente em função do risco adquirido;
III. Trata-se de cláusula aberta de responsabilidade civil objetiva envolvendo atividades não habituais, mas com possibilidade de dano a terceiros, tão somente em função do risco inerente;
IV. Trata-se de cláusula aberta de responsabilidade civil objetiva envolvendo atividades habituais, com possibilidade de dano a terceiros, tão somente em função do risco inerente;
V. Trata-se de cláusula aberta de responsabilidade civil subjetiva envolvendo atividades habituais e reiteradas, com possibilidade de dano a terceiros, tão somente em função do risco adquirido.

Assinale a alternativa CORRETA:
a) três assertivas estão absolutamente corretas;
b) apenas a assertiva IV corresponde à inteligência do dispositivo;
c) a assertiva mais adequada ao tipo é a primeira;
d) a assertiva II é a mais adequada ao tipo;
e) tanto a assertiva III como a V estão juridicamente corretas.

11. (MPSP/92º Concurso de Ingresso na Carreira do Ministério Público/Promotor de Justiça/2017) Todos aqueles que, por ato ilícito, causarem dano a quem quer que seja deverão pessoalmente reparar esse dano causado. No entanto, além daquele que pessoalmente tenha cometido o ato ilícito, o Código Civil brasileiro estabelece algumas outras hipóteses em que terceiros podem ser corresponsabilizados. Assinale a alternativa que indica corretamente as hipóteses de corresponsabilização civil no Brasil.
a) Os pais, os tutores e curadores, os empregadores ou comitentes, os donos de hotéis e assemelhados e aqueles que houverem participado nos produtos dos crimes.
b) Os pais e os alimentantes sem parentesco, os tutores e curadores, os empregadores ou comitentes e os donos de hotéis e assemelhados.
c) Os pais, os alimentantes sem parentesco, os tutores, os curadores, os representantes legais de empresas e os mandatários.
d) Os pais, os alimentantes sem parentesco, os tutores, os representantes legais de empresas, os mandatários e os membros de conselhos.
e) Os pais e os alimentantes que tenham ou não parentesco, os representantes legais de empresas, todos e quaisquer mandatários.

12. (OAB/XVI Exame de Ordem Unificado/Fundação Getulio Vargas/2015) Daniel, morador do Condomínio Raio de Luz, após consultar a convenção do condomínio e constatar a permissão de animais de estimação, realizou um sonho antigo e adquiriu um cachorro da raça *beagle*. Ocorre que o animal, muito travesso, precisou dos serviços de um adestrador, pois estava destruindo móveis e sapatos do dono. Assim, Daniel contratou Cleber, adestrador renomado, para um pacote de seis meses de sessões. Findo o período do treinamento, Daniel, satisfeito com o resultado, resolve levar o cachorro para se exercitar na área de lazer do condomínio e, encontrando-a vazia, solta a coleira e a guia para que o *beagle* possa correr livremente. Minutos depois, a moradora Diana, com 80 (oitenta) anos de idade, chega à área de lazer com seu neto Theo. Ao perceber a presença da octogenária, o cachorro pula em suas pernas. Diana perde o equilíbrio, cai e fratura o fêmur. Diana pretende ser indenizada pelos danos materiais e compensada pelos danos estéticos.
Com base no caso narrado, assinale a opção CORRETA.
a) Há responsabilidade civil valorada pelo critério subjetivo e solidária de Daniel e Cleber, aquele por culpa na vigilância do animal e este por imperícia no adestramento do *beagle*, pelo fato de não evitarem que o cachorro avançasse em terceiros.
b) Há responsabilidade civil valorada pelo critério objetivo e extracontratual de Daniel, havendo obrigação de indenizar e compensar os danos causados, haja vista a ausência

de prova de alguma das causas legais excludentes do nexo causal, quais sejam, força maior ou culpa exclusiva da vítima.

c) Não há responsabilidade civil de Daniel valorada pelo critério subjetivo, em razão da ocorrência de força maior, isto é, da chegada inesperada da moradora Diana, caracterizando a inevitabilidade do ocorrido, com rompimento do nexo de causalidade.

d) Há responsabilidade valorada pelo critério subjetivo e contratual apenas de Daniel em relação aos danos sofridos por Diana; subjetiva, em razão da evidente culpa na custódia do animal; e contratual, por serem ambos moradores do Condomínio Rio de Luz.

13. (TRT/MT/Juiz do Trabalho/Fundação Carlos Chagas/2015) Carlos foi vítima de golpe por meio do qual fraudadores utilizaram-se de documentos falsos a fim de realizar operações bancárias em seu nome. Procurada por Carlos, a instituição financeira afirmou não ter tido culpa pelo incidente, negando-se a restituir o prejuízo. A negativa é

a) ilícita, configurando abuso do direito, decorrente da inobservância do princípio da boa-fé subjetiva, que impõe às partes, dentre outros, o dever anexo de segurança, independentemente da existência do elemento culpa.

b) lícita, pois, para caracterização do abuso do direito, é necessária a existência do elemento culpa.

c) lícita, por ausência de nexo de causalidade entre a atividade da instituição financeira e o prejuízo experimentado por Carlos.

d) lícita, pois somente comete ato ilícito aquele que, por ação ou omissão voluntária decorrente de negligência ou imprudência, viola direito e causa dano a outrem.

e) ilícita, configurando abuso do direito, decorrente da inobservância do princípio da boa-fé objetiva, que impõe às partes, dentre outros, o dever anexo de segurança, independentemente da existência do elemento culpa.

14. (MP/PB/Promotor Substituto/Fundação Carlos Chagas/2018) Aquele que ressarciu o dano causado por outrem pode reaver o que houver pago daquele por quem pagou, salvo se o causador do dano for

a) seu cônjuge.

b) descendente seu, absolutamente incapaz.

c) descendente seu, absoluta ou relativamente incapaz.

d) seu descendente incapaz ou ascendente.

e) seu tutelado, curatelado ou sujeito a seu poder familiar.

15. (PGE/SP/Procurador do Estado/VUNESP/2018) Assinale a alternativa CORRETA

a) Decisão criminal absolutória por insuficiência de provas impede rediscussão, em âmbito civil, de pretensão de reparação de danos.

b) O incapaz responderá pelos danos que causar, se as pessoas por ele responsáveis não tiverem a obrigação de fazê-lo ou não dispuserem de meios suficientes.

c) O magistrado, em caso de excessiva desproporção entre a gravidade da culpa e o dano, poderá reduzir o valor da indenização em até 2/3 do valor originalmente fixado.

d) Pai que ressarce o dano causado por filho relativamente capaz pode buscar reembolso no prazo de 3 anos, contados da cessação da menoridade.

e) Em caso de concurso de agentes causadores de dano, cada qual responde na medida da sua culpabilidade.

16. (Defensoria Pública/Defensor Público/SP/Fundação Carlos Chagas/2013) Sobre responsabilidade civil, é correto afirmar que

a) o Código Civil adotou a teoria da responsabilidade civil subjetiva, deixando ao Código de Defesa do Consumidor a disciplina da responsabilidade civil objetiva pelo risco da atividade.

b) a responsabilidade civil por atos de terceiros é fundada na culpa presumida, como nas hipóteses da culpa *in vigilando* e da culpa *in eligendo*, sendo que os terceiros respondem solidariamente com os autores do ato ilícito pelos danos causados ao ofendido.

c) o Código de Defesa do Consumidor não equipara as vítimas do evento danoso aos consumidores na responsabilidade civil pelo fato do produto e do serviço.
d) a redução equitativa da indenização na hipótese de excessiva desproporção entre a gravidade da culpa e o dano representa exceção ao princípio da reparação integral do dano.
e) no julgamento do REsp 1.251.993-PR (representativo de controvérsia), proferido em 12-12-2012, o STJ decidiu pela aplicação do prazo prescricional trienal do Código Civil às ações indenizatórias por responsabilidade civil do Estado em detrimento do prazo quinquenal previsto no Decreto-Lei n. 20.910/32.

17. (MP/RO/Promotor de Justiça/CESPE/UnB/2013) No que concerne à responsabilidade civil, assinale a opção CORRETA.

a) O antigo proprietário de veículo alienado somente será solidariamente responsável por dano resultante de acidente que envolva o veículo no caso de ausência de registro da transferência.
b) Sendo objetiva a responsabilidade dos pais em relação aos filhos menores, caso um adolescente menor de dezesseis anos de idade cause, no período de aulas, dano a aluno da escola onde estuda, têm os pais o dever de indenizá-lo, isentando-se de responsabilidade a escola.
c) Para a vítima de acidente de carro provocado por motorista menor de dezoito anos de idade sem habilitação haver a indenização dos pais do motorista, basta a comprovação da culpa *in vigilando* dos pais.
d) Não havendo, entre locadora e locatário, relação de preposição, uma locadora de veículos não responde pelos danos causados pelo locatário quando da utilização de um veículo.
e) A responsabilidade do proprietário de veículo automotor é solidária à do indivíduo que tome o veículo emprestado e, conduzindo-o, cause danos a terceiros.

18. (OAB/XX Exame de Ordem Unificado/Fundação Getulio Vargas/2016) A fim de pegar um atalho em seu caminho para o trabalho, Maria atravessa uma área em obras, que está interditada pela empresa contratada pelo Município para a reforma de um viaduto. Entretanto, por desatenção de um dos funcionários que trabalhava no local naquele momento, um bloco de concreto se desprendeu da estrutura principal e atingiu o pé de Maria.
Nesse caso,

a) a empresa contratada e o Município respondem solidariamente, com base na teoria do risco integral.
b) a ação de Maria, ao burlar a interdição da área, exclui o nexo de causalidade entre a obra e o dano, afastando a responsabilidade da empresa e do Município.
c) a empresa contratada e o Município respondem de forma atenuada pelos danos causados, tendo em vista a culpa concorrente da vítima.
d) a empresa contratada responde de forma objetiva, mas a responsabilidade do Município demanda comprovação de culpa na ausência de fiscalização da obra.

19. (TJDF/Juiz de Direito/XLIII Concurso/CESPE/2016) A respeito da responsabilidade civil, assinale a opção CORRETA.

a) De acordo com o Código Civil, a possibilidade legal de redução equitativa da indenização pelo juiz é aplicável às hipóteses de responsabilidade subjetiva e objetiva.
b) Se houver concorrência de culpas e danos a ambas as partes, cada qual deve arcar com seus respectivos prejuízos.
c) Nos termos explicitados no Código Civil, a gradação de culpa possui relevância para a configuração do ato ilícito.
d) Segundo a atual orientação do STJ, a reparação pela lesão extrapatrimonial deve seguir o método denominado bifásico na aferição do valor da indenização.
e) Conforme jurisprudência prevalente do STJ, a cobrança indevida já traz em si a ilicitude, bastando a prova de que se deu por meio judicial para se impor a devolução em dobro, prevista no Código Civil.

20. (PGE/MT/Procurador do Estado/Fundação Carlos Chagas/2016) Marcelo exerce, com habitualidade, atividade que, por sua natureza, implica risco para os direitos de outrem. Se desta atividade advier dano, Marcelo responderá de maneira

a) subjetiva, não sendo necessária a comprovação do elemento culpa, mas se exigindo, em regra, a existência de nexo de causalidade.
b) subjetiva, a qual exige, em regra, a comprovação de nexo de causalidade e culpa.
c) objetiva, não sendo necessária, em regra, a comprovação dos elementos culpa ou nexo de causalidade.
d) objetiva, não sendo necessária a comprovação do elemento culpa, mas se exigindo, em regra, a existência de nexo de causalidade.
e) objetiva, a qual exige, em regra, a comprovação do nexo de causalidade e culpa.

21. (TJRS/Juiz de Direito/FAURGS/2016) Sobre a reparação de danos, é CORRETO afirmar que

a) Apenas a culpa concorrente da vítima é admitida como causa de redução da indenização pelo Código Civil, constituindo exceção ao princípio da reparação integral.
b) Se adota, segundo entendimento majoritário, a teoria do risco integral como fundamento da imputação de responsabilidade, independente de culpa em razão de atividade de risco (artigo 927, parágrafo único).
c) Todos os membros de um grupo, pela adoção da teoria da causalidade alternativa, podem ser responsabilizados, quando não seja possível determinar, dentre eles, quem deu causa à lesão.
d) A responsabilidade pelo fato do animal é independente de culpa do seu dono ou detentor, não podendo ser afastada mesmo quando ausente o nexo de causalidade.
e) O patrimônio do incapaz não pode servir ao pagamento da indenização, cabendo exclusivamente aos pais, tutores ou curadores, conforme o caso, responder pelos danos que ele causar.

22. (TJPR/Juiz de Direito/CESPE-CEBRASPE/2017) Lucas, menor de idade, filho de Mara e Júlio, praticou ato ilícito que culminou na morte de Pablo. Após tomar conhecimento do evento, Joana, mãe da vítima, ajuizou ação compensatória de danos morais contra Mara e Júlio, em decorrência da conduta praticada por seu filho. Durante a instrução processual, Júlio demonstrou que não mantinha mais vínculo matrimonial com Mara e que o menor estava coabitando com a mãe e sob a guarda desta. Comprovou, também, que Lucas não estava em sua companhia no momento da prática do ilícito e que, dias antes, Maria havia comprado uma arma, de forma irregular, que fora usada no cometimento do crime. Com referência a essa situação hipotética, assinale a opção CORRETA à luz da legislação aplicável ao caso, do entendimento doutrinário sobre o tema e da jurisprudência do STJ.

a) A responsabilidade de Lucas é objetiva, assim como a de seus pais, Mara e Júlio.
b) O pleito de Joana deve ser julgado improcedente em relação a Júlio, pois o contexto fático demonstrou situação que exclui sua responsabilidade.
c) O limite humanitário da indenização, aplicável a Lucas, não é extensivo a seus pais, devido ao princípio da reparação integral do dano.
d) Há presunção absoluta do dever de vigilância dos pais em relação ao filho Lucas, decorrente do poder familiar.

23. (TRF/3ª Região/XIX Concurso para Provimento de Cargos de Juiz Federal/2018) Em tema de responsabilidade civil, é INCORRETO afirmar:

a) O incapaz não responde por prejuízos que causar, exceto se os responsáveis por ele não tiverem a obrigação de fazê-lo ou se não dispuserem de meios suficientes.
b) É do dono ou detentor do animal que causar dano o ônus de provar que o fato ocorreu por culpa da vítima ou força maior.
c) É de cinco anos o prazo prescricional para a pretensão de restituição de valores pagos a título de comissão de corretagem ou de serviço de assistência técnico imobiliário.
d) O dono do edifício ou construção responde por danos que decorrerem de sua ruína por falta de reparos cuja necessidade, segundo a lei, fosse manifesta.

24. (UF/PR/Contador/2018) Sobre a disciplina da responsabilidade civil no direito civil brasileiro, assinale a alternativa CORRETA.

a) Haverá obrigação de reparar o dano somente com a comprovação da culpa.
b) O empregador ou comitente não é responsável pela reparação civil por danos causados por seus empregados, serviçais e prepostos, no exercício do trabalho que lhes competir ou em razão dele.
c) Aquele que ressarcir o dano causado por outrem sempre poderá reaver o que houver pago daquele por quem pagou.
d) O direito de exigir reparação e a obrigação de prestá-la transmitem-se com a herança.
e) Ainda que sentença criminal decida pela inexistência do fato, poderá haver responsabilidade civil.

25. (MP/PR/Promotor Substituto/2019) São responsáveis pela reparação civil:

I. Os pais, pelos filhos menores que estiverem sob sua autoridade e em sua companhia.
II. O empregador ou comitente, por seus empregados, serviçais e prepostos, no exercício do trabalho que lhes competir, ou em razão dele.
III. Os que, gratuita ou onerosamente, houverem participado nos produtos do crime, até a concorrente quantia.

a) Apenas a I está correta.
b) Apenas a II está correta.
c) Apenas a III está correta.
d) Apenas I e II estão corretas.
e) Apenas II e III estão corretas.

26. (Prefeitura Municipal/Valinhos-SP/Procurador Jurídico/VUNESP/2019) Ocorrendo manifestações contra o aumento do valor da passagem de ônibus, grupo identificado danifica o prédio da Prefeitura, quebrando seus vidros e um portal histórico e tombado por seu valor artístico. Diante desses fatos, é possível dizer que os responsáveis poderão responder por dano

a) estético e moral.
b) material e estético.
c) coletivo e moral.
d) material e social.
e) cultural e moral coletivo.

27. (Assembleia Legislativa/GO/Procurador Jurídico/IADES/2019) Em conformidade com o sistema de responsabilidade civil previsto no Direito Civil, assinale a alternativa CORRETA.

a) Se houver excessiva desproporção entre a gravidade da culpa e o dano, poderá o juiz reduzir equitativamente, a indenização.
b) O direito civil brasileiro não admite a responsabilidade civil dos incapazes.
c) A jurisprudência brasileira não admite pedidos de indenizações a título de dano moral, fundadas em danos reflexos ou por ricochete.
d) A demonstração de ter agido em estado de necessidade exonera o réu do dever de indenizar.
e) A responsabilidade do dono do animal pelos danos ocasionados a terceiros é subjetiva, dependendo de demonstração de um ato culposo ou doloso para se configurar.

28. (Prefeitura Municipal/Ribeirão Preto-SP/Procurador Jurídico/VUNESP/2019) Considerando a jurisprudência dos Tribunais Superiores, é correto AFIRMAR, sobre o dano moral, que

a) a pessoa jurídica de direito público pode ser titular de direito à indenização por dano moral relacionado à ofensa de sua honra ou imagem.
b) a pessoa jurídica não pode sofrer dano moral, mesmo que demonstrada ofensa à sua honra objetiva.

c) a legitimidade para pleitear a reparação por danos morais é, em regra, do próprio ofendido. No entanto, em certas situações, são colegitimadas também aquelas pessoas que, sendo muito próximas afetivamente à vítima, são atingidas indiretamente pelo evento danoso, reconhecendo-se, em tais casos, o chamado dano moral reflexo ou em ricochete.
d) o dano moral coletivo é categoria autônoma de dano relacionado à violação injusta e intolerável de valores fundamentais da coletividade sendo indenizável apenas se comprovada a dor, o sofrimento e a humilhação das pessoas que compõem a coletividade lesada.
e) a fixação do valor devido a título de indenização por danos morais deve considerar o método trifásico, que conjuga os critérios de valorização das circunstâncias do caso e do interesse jurídico lesado, minimiza eventual arbitrariedade ao se adotar critérios unicamente subjetivos do julgador, bem como considera a tarifação do dano.

■ GABARITO ■

1. "d". O empregador não é responsável pelo dano se a vítima sabia que o preposto procedia fora de suas funções. É suficiente a aparência de competência do preposto para acarretar a responsabilidade do comitente. Considera-se suficiente a razoável aparência do cargo. Exige-se, também, a boa-fé do lesado, ou seja, a convicção deste de que o preposto se achava no exercício de suas funções, na ocasião da prática do abuso.
2. "a". *Vide* art. 932, I, do CC.
3. "d". *Vide* art. 934 do CC.
4. "c". Na fixação da exata noção do que seja a condição de empregado, serviçal ou preposto, a doutrina destaca a subordinação hierárquica, explicada como a condição de dependência, isto é, a situação daquele que recebe ordens, sob poder ou direção de outrem, independentemente de ser ou não assalariado.
5. "d". *Vide* arts. 186 e 927 do CC. O dano indenizável pode ser material e moral.
6. "c". II — *Vide* art. 931 do CC.
7. "d". III — *Vide* art. 943 do CC; V — *Vide* art. 934 do CC.
8. "e". *Vide* art. 735 do CC.
9. "a". O art. 37, § 6º, da Constituição Federal, proclama que o Estado responde pelos *danos* que seus agentes, nessa qualidade, *causarem* a terceiros. Logo, é indispensável a prova efetiva do dano e do nexo causal entre o prejuízo e a ação do agente público.
10. "d". *Vide* item 3.5.4.1, *retro*.
11. "a". *Vide* art. 932 do CC.
12. "b". *Vide* art. 936 do CC e item 3.6.1, *retro*, que trata da responsabilidade objetiva do dono do animal.
13. "e". *Vide* art. 187 do CC.
14. "c". *Vide* art. 934 do CC.
15. "b". *Vide* art. 928 do CC.
16. "d". *Vide* art. 944, parágrafo único, do CC. O *caput* do dispositivo consagra o princípio tradicional de que, desde que haja culpa, a obrigação de indenizar, a cargo do agente, é sempre a mesma. A cobertura dos danos causados será integral, quer tenha ele agido com dolo, quer tenha procedido com mera negligência. Entretanto, o parágrafo único confere ao juiz o poder de agir equitativamente, como exceção ao princípio da reparação integral do dano.

17. "e". "O dono do veículo responde pelos atos culposos de terceiro a quem o entregou, seja seu preposto ou não" (*RT*, 450/99). Trata-se de aplicação da teoria da guarda da coisa inanimada, que atribui responsabilidade à pessoa não apenas pelo dano por ela causado, mas, ainda, pelo dano causado pelas coisas sob sua guarda. Trata-se, enfim, da teoria que responsabiliza o dono da coisa pelos danos que esta venha a causar.
18. "c". *Vide* art. 945 do CC.
19. "d". *Vide* STJ, REsp 959.780-ES.
20. "d". *Vide* art. 927, parágrafo único, do CC.
21. "c". *Vide*: *Responsabilidade civil*, Carlos Roberto Gonçalves, Saraiva, 17. ed., 2016, p. 498-499.
22. "b". *Vide* art. 932 do CC.
23. "c". *Vide* art. 205 do CC.
24. "d". *Vide* art. 943 do CC.
25. "d".
26. "d".
27. "a". *Vide* art. 944, parágrafo único, do CC.
28. "c".

4

RESPONSABILIDADE CONTRATUAL

■ 4.1. A RESPONSABILIDADE DECORRENTE DOS TRANSPORTES

■ 4.1.1. Introdução

A responsabilidade do **transportador** pode ser apreciada:

- em relação aos seus empregados;
- em relação a terceiros; e
- em relação aos passageiros.

■ Em relação aos seus empregados

No tocante aos seus empregados, como o cobrador, a responsabilidade será derivada de acidente de trabalho, em razão da relação de emprego existente. A indenização, hoje, é devida pelo INSS.

Contudo, se houver dolo ou qualquer grau de culpa do empregador, poderá ser pleiteada também contra ele uma indenização pelo **direito comum** (CF, art. 7º, XXVIII).

■ Em relação a terceiros

Em relação a terceiros, como o dono do outro veículo abalroado, ou o pedestre atropelado, a responsabilidade do transportador é **extracontratual**. Não há vínculo contratual entre os personagens envolvidos.

O fundamento da responsabilidade era, originariamente, o art. 159 do Código Civil de 1916, que consagrava a responsabilidade subjetiva. Entretanto, com o advento do **art. 37, § 6º, da atual Constituição Federal**, tornou-se ela **objetiva**, na modalidade do risco administrativo, pois o referido dispositivo a estendeu às pessoas jurídicas de direito privado prestadoras de serviço público. O transporte coletivo é serviço público, transferido às empresas mediante concessão ou permissão.

O **Código de Defesa do Consumidor** também atribui responsabilidade **objetiva** ao prestador ou fornecedor de serviços (art. 14). E, no art. 17, equipara ao consumidor todas as vítimas do sinistro, inclusive o que, embora não tendo relação contratual com o fornecedor, sofre as consequências de um acidente de consumo.

■ Em relação aos passageiros

O presente item trata especificamente da responsabilidade do transportador em relação ao **passageiro**, de natureza **contratual**.

A incidência do Código de Defesa do Consumidor nos casos de acidentes ocorridos por ocasião do transporte de passageiros não ficou prejudicada pela entrada em vigor do atual Código Civil. Dispõe este, no art. 731, que o "transporte exercido em virtude de autorização, permissão ou concessão, rege-se pelas normas regulamentares e pelo que for estabelecido naqueles atos, **sem prejuízo do disposto neste Código**". E o art. 732 ressalva a aplicabilidade da legislação especial aos contratos de transporte em geral, **desde que não contrarie as disposições do estatuto civil**. Da mesma forma, dispõe o art. 593 do mesmo diploma que "a prestação de serviço, que não estiver sujeita às leis trabalhistas ou a lei especial, reger-se-á pelas disposições deste Capítulo".

■ **Código Civil e Código de Defesa do Consumidor**

Não há incompatibilidade entre eles, visto que ambos adotam a responsabilidade **objetiva** do transportador, só elidível mediante a prova de **culpa exclusiva da vítima**, da **força maior** e do **fato exclusivo de terceiro**, porque tais excludentes rompem o nexo de causalidade. Malgrado não sejam todas mencionadas expressamente nos referidos diplomas, não podem deixar de ser aceitas como excludentes da responsabilidade do transportador, por afastarem, como mencionado, o nexo causal.

A análise e exegese do **contrato de transporte** foi feita na Primeira Parte do 2º volume desta obra (Contratos em espécie), itens 15.1. a 15.12, correspondente aos arts. 730 a 756 do Código Civil. O presente item restringir-se-á à **responsabilidade civil** do transportador.

■ 4.1.2. O transporte de pessoas

■ *4.1.2.1. Fonte histórica da responsabilidade objetiva do transportador*

A responsabilidade do transportador é **objetiva**. No direito brasileiro, a fonte dessa responsabilidade encontra-se no **Decreto n. 2.681**, de 7 de dezembro de 1912, que regula a responsabilidade civil das estradas de ferro. Tal diploma, considerado avançado para a época em que foi promulgado, destinava-se a regular tão somente a responsabilidade civil das ferrovias. Entretanto, por uma **ampliação jurisprudencial**, teve sua aplicação estendida a qualquer outro tipo de transporte: ônibus, táxis, lotações, automóveis etc.

O Decreto n. 2.681 contém em si, conforme observa Wilson Melo da Silva[1], **implícita**, a obrigação de o transportador levar, **são e salvo (cláusula de incolumidade)**, o passageiro até o local de seu destino, obrigação essa apenas elidível pelo caso fortuito, força maior, culpa exclusiva (não concorrente) da vítima ou, ainda, por fato exclusivo de terceiro.

É mister lembrar que, sendo o transporte um contrato de adesão, a vítima (que não chegou incólume ao seu destino porque sofreu um dano no trajeto) não está obrigada a provar a culpa do transportador. Basta provar o **fato do transporte** e o **dano** para que se caracterize a responsabilidade deste pelo **"inadimplemento contratual"**.

---

1 *Da responsabilidade civil automobilística*, p. 68, n. 22.

■ 4.1.2.2. *O Código de Defesa do Consumidor*

Com a entrada em vigor do referido diploma mudou o fundamento da responsabilidade civil do transportador, que passou a ser o **defeito do produto ou do serviço**, causador de um acidente de consumo.

Porém, o referido estatuto manteve o princípio da **responsabilidade objetiva** do prestador de serviços, admitindo como excludentes somente a comprovada **inexistência do defeito** e a **culpa exclusiva da vítima** ou de **terceiro** (art. 14, § 3º), que rompem o nexo causal (sendo admissível, pelo mesmo motivo, a **força maior**).

■ 4.1.2.3. *Culpa concorrente da vítima*

A culpa concorrente do consumidor não foi considerada excludente, nem causa de redução da indenização, sendo indiferente, pois, no sistema da legislação **consumerista**, que o passageiro tenha contribuído também com culpa. Contudo, o **Código Civil** veio modificar essa situação, malgrado tenha mantido a responsabilidade objetiva do transportador e proibido qualquer cláusula de não indenizar.

Com efeito, ao tratar dos deveres do passageiro, o parágrafo único do art. 738 dispôs:

> "Se o prejuízo sofrido pela pessoa transportada for atribuível à transgressão de normas e instruções regulamentares, o juiz **reduzirá equitativamente a indenização**, na medida em que a vítima houver **concorrido** para a ocorrência do dano".

Verifica-se, assim, que a culpa concorrente da vítima constitui causa de redução do montante da indenização pleiteada, **em proporção ao grau de culpa** comprovado nos autos. Desse modo, havendo incompatibilidade entre o Código de Defesa do Consumidor e o Código Civil, nesse particular, **prevalecem as normas deste**.

A jurisprudência do Superior Tribunal de Justiça já se encontra alinhada nesse rumo. Com efeito, no julgamento do Recurso Especial n. 729.397-SP, a Quarta Turma da aludida Corte reconheceu a culpa de jovem que viajava na escada externa de trem da Companhia Paulista de Trens Metropolitanos como "pingente", bem como a negligência da ferrovia por permitir tal situação. O relator, Ministro Aldir Passarinho Júnior, enfatizou que ambas, empresa e vítima, têm **culpa concorrente** no episódio.

No mesmo sentido decidiu a Terceira Turma, em hipótese em que a vítima igualmente viajava como pingente sem que houvesse lotação no vagão, conforme aresto publicado em 24 de setembro de 2006, relatado pelo Ministro Castro Filho.

■ 4.1.2.4. *Excludentes admitidas*

Dispõe o art. 734 do Código Civil:

> "O transportador responde pelos danos causados às pessoas transportadas e suas bagagens, salvo motivo de **força maior**, sendo nula qualquer cláusula excludente da responsabilidade".

Embora não mencionadas expressamente, devem ser admitidas também as excludentes da **culpa exclusiva da vítima** e do **fato exclusivo de terceiro**, por extinguirem o nexo de causalidade.

Considerando que, em outros dispositivos, o Código refere-se conjuntamente ao **caso fortuito e à força maior**, pode-se inferir, da leitura do dispositivo retrotranscrito, que o fato de ter sido mencionada somente a força maior revela a intenção do legislador em considerar excludente da responsabilidade do transportador somente os acontecimentos naturais **(fortuito externo)**, como raio, inundação, terremoto etc., e não os fatos decorrentes da conduta humana **(fortuito interno)**, alheios à vontade das partes, como greve, motim, guerra etc.

Assim, tem-se decidido que o estouro dos pneus, a quebra da barra da direção, o rompimento do "burrinho" dos freios e outros defeitos mecânicos em veículos não afastam a responsabilidade do condutor, porque previsíveis e ligados à máquina.

■ 4.1.2.5. *O transporte terrestre*

■ 4.1.2.5.1. *Obrigação de resultado*

A elaboração pretoriana em nosso país contribuiu decisivamente para a construção dogmática da responsabilidade do transportador, sendo exemplos as Súmulas 187 e 161 do Supremo Tribunal Federal, que estabelecem, respectivamente, que "a responsabilidade contratual do transportador, pelo acidente com passageiro, não é elidida por culpa de terceiro, contra o qual tem ação regressiva", e que, "em contrato de transporte, é inoperante a cláusula de não indenizar".

Pode-se considerar, pois, que o transportador assume uma **obrigação de resultado**: transportar o passageiro são e salvo, e a mercadoria sem avarias, ao seu destino. A não obtenção desse resultado importa o **inadimplemento** das obrigações assumidas e a **responsabilidade pelo dano** ocasionado. Não se eximirá da responsabilidade provando apenas ausência de culpa. Incumbe-lhe o ônus de demonstrar que o evento danoso se verificou por **força maior, culpa exclusiva da vítima** ou ainda por **fato exclusivo de terceiro**.

Veja-se, a propósito: "O acidente ocorrido no interior de ônibus afeto a transporte público coletivo, que venha a causar danos aos usuários, caracteriza defeito do serviço, nos termos do art. 14 do CDC, a atrair o prazo de prescrição quinquenal previsto no art. 27 do mesmo diploma legal. Hipótese em que não houve o implemento da prescrição, na medida em que o acidente ocorreu em 4-9-2002 e a ação indenizatória foi ajuizada pela usuária na data de 16-5-2006"[2].

A jurisprudência, inclusive a do Superior Tribunal de Justiça, tem considerado **causa estranha** ao transporte, equiparável à força maior, disparos efetuados por terceiros contra os trens, ou pedras que são atiradas nas janelas, ferindo passageiros[3], ou ainda disparos efetuados no interior de ônibus, inclusive durante **assaltos aos viajantes**[4], exceto se, no caso das pedras atiradas contra trens, o incidente se torna frequente e em áreas localizadas, excluindo a existência do ***casus***[5].

---

2 STJ, REsp 1.461.535-MG, 3ª T., rel. Min. Nancy Andrighi, *DJe*, 23-2-2018.

3 *RT*, 642/150, 643/219; *RSTJ*, 781/176.

4 *RT*, 429/260; *RTJ*, 96/1201.

5 *RT*, 650/124; *JTACSP*, Lex, 109/174.

4.1.2.5.2. Passageiro clandestino

Observa que a responsabilidade contratual do transportador pressupõe a formação de um contrato de transporte, de modo que afasta essa responsabilidade quando se trata de um passageiro **clandestino**.

4.1.2.5.3. Momento em que cessa a responsabilidade do transportador

Também essa responsabilidade supõe um acidente ocorrido durante a vigência do contrato, mantendo-se até o momento de sua cessação, ou seja, até o momento em que um passageiro **deixa a condução** e atravessa o portão de saída da estação de desembarque.

Assim, o transportador é responsável pelo acidente sofrido por um viajante no **momento da descida** de um ônibus, mesmo que se trate de um escorregão no estribo, ou mesmo quando já no solo se ainda não se havia desprendido inteiramente do veículo.

4.1.2.5.4. Culpa de terceiro

Prescreve o art. 735 do Código Civil:

> "A responsabilidade contratual do transportador por acidente com o passageiro **não é elidida por culpa de terceiro**, contra o qual tem ação regressiva".

O citado dispositivo tem a mesma redação da Súmula 187 do Supremo Tribunal Federal, retromencionada. Ocorrendo um acidente de transporte, não pode o transportador, assim, pretender eximir-se da obrigação de indenizar o passageiro, após haver descumprido a obrigação de resultado tacitamente assumida, atribuindo culpa ao terceiro (ao motorista do caminhão que colidiu com o ônibus, por exemplo). Deve, primeiramente, **indenizar o passageiro**, para depois discutir a culpa pelo acidente, na **ação regressiva** movida contra o terceiro.

Diversa a solução em caso de dolo de terceiro, como na hipótese de **assalto à mão armada**, que se equipara ao fortuito, constituindo **causa estranha** ao transporte.

4.1.2.6. O transporte aéreo

O transporte aéreo divide-se em:

- **internacional**, regulado pela **Convenção de Varsóvia de 1929**, a Convenção de Budapeste de outubro de 1930, Convenção de Haia de 1955 e Protocolo Adicional de Montreal de 1975; e
- **nacional**, disciplinado pelo **Código Brasileiro de Aeronáutica** (Lei n. 7.565, de 19-12-1986).

Transporte aéreo internacional

A Convenção de Varsóvia estabelece uma responsabilidade subjetiva, com **culpa presumida**, do transportador aéreo, ao afirmar que responde "o transportador pelo dano ocasionado por morte, ferimento ou qualquer outra lesão corpórea sofrida pelo viajante, desde que o acidente, que causou o dano, haja ocorrido a bordo da aeronave, ou no curso de quaisquer operações de embarque ou desembarque" (art. 17), aduzindo que "o transportador não será responsável se provar que tomou, e tomaram os seus prepostos, todas as medidas necessárias para que se não produzisse o dano, ou que lhes não foi possível tomá-las" (art. 20, n. I). O fato do passageiro, concorrente ou exclusivo, pode atenuar ou elidir a responsabilidade do transportador (art. 21).

O que se tem observado, contudo, é que os tribunais, interpretando os mencionados dispositivos, têm atribuído **responsabilidade objetiva** ao transportador, não elidível nem pela força maior. Referida Convenção disciplina o transporte aéreo internacional, assim considerando aquele cujo **ponto de partida ou de chegada** do voo localizar-se em um dos países signatários da Convenção. Não se tratando de voo doméstico, inaplicável se torna o Código Brasileiro de Aeronáutica.

É da competência exclusiva da **Justiça brasileira** processar e julgar ações oriundas de contrato de transporte aéreo internacional, quando no bilhete de transporte figura o Brasil como ponto de destino, aplicando-se à hipótese o art. 28 da Convenção de Varsóvia[6].

■ Transporte aéreo nacional

O Código Brasileiro de Aeronáutica disciplina o transporte aéreo realizado exclusivamente dentro do **território nacional** e foi elaborado à luz dos preceitos estatuídos na Convenção de Varsóvia. Segundo se tem entendido, "abraçou a ***teoria objetiva***, visto que impôs responsabilidade ao transportador como decorrência do risco da sua atividade, somente podendo este exonerar-se nas hipóteses fechadas previstas na lei"[7].

A **presunção de responsabilidade** só pode ser elidida "se a morte ou lesão resultar, exclusivamente, do estado de saúde do passageiro, ou se o acidente decorrer de sua culpa exclusiva" (art. 256, § 1º, *a*). Não há referência a fortuito interno ou externo, nem a fato exclusivo de terceiro.

■ 4.1.2.6.1. Danos causados aos passageiros gratuitos

Dispõe, ainda, o mencionado art. 256 que a responsabilidade do transportador aéreo se estende aos **passageiros gratuitos**, que viajarem por cortesia, e aos tripulantes, diretores e empregados que viajarem na aeronave acidentada, sem prejuízo da eventual indenização por acidente de trabalho (§ 2º, *a* e *b*).

■ 4.1.2.6.2. Danos causados a pessoas em terra

É **objetiva** a responsabilidade do proprietário das aeronaves por danos causados a pessoas em terra por coisas que delas caírem, ou lançadas por necessidade de aliviar o peso, conforme já dispunha o Código Brasileiro do Ar (Decreto n. 483, de

---

6 TARJ, Ap. 8.185, AReg. 1.184, 2ª Câm., rel. Juiz Rodrigues Lema.

7 Luis Camargo Pinto de Carvalho, Observações em torno da responsabilidade civil no transporte aéreo, *Revista do Advogado*, São Paulo, n. 46.

8-6-1938), princípio esse não modificado pelos diplomas posteriores que alteraram o referido Código (Decreto-Lei n. 32, de 18-11-1966, Decreto-Lei n. 234, de 28-12-1967, Lei n. 7.565, de 1986, art. 268).

Mesmo em caso de **força maior** o proprietário é responsável e o cálculo da indenização está sujeito ao direito comum[8].

■ *4.1.2.6.3. Ineficácia da limitação da responsabilidade das empresas aéreas*

O art. 269 do Código Brasileiro de Aeronáutica, que **limita** a responsabilidade das empresas aéreas pelos **danos causados a terceiros**, perdeu eficácia a partir da entrada em vigor da **Constituição Federal de 1988**, que estendeu a responsabilidade objetiva, atribuída ao Estado, às pessoas jurídicas de direito privado **prestadoras de serviços públicos**, pelos danos que seus agentes, nessa qualidade, causarem a terceiros (art. 37, § 6º), sem estabelecer qualquer limite para a indenização.

Assim como não há limite para a responsabilidade civil do Estado, igualmente não há para a das concessionárias e permissionárias de serviços públicos, que emana da mesma fonte. A perda de eficácia do aludido dispositivo foi reafirmada com a promulgação do **Código de Defesa do Consumidor**. Em caso de dolo ou culpa grave, o art. 272 do citado Código Brasileiro de Aeronáutica já afastava a responsabilidade limitada do explorador da atividade aérea ou de seus prepostos.

De acordo com a orientação do Superior Tribunal de Justiça, "Atraso inferior a 4 (quatro) horas não gera danos morais. Jurisprudência da Corte, na esteira do art. 3º da Resolução ANAC n. 141/2-10"[9]. Todavia, se o atraso é superior ao mencionado, a companhia aérea responderá por danos materiais e morais. Confira-se: "Transporte aéreo. Voo internacional. Atraso de 14 horas a mais durante a conexão. Prejuízo ao desempenho de atleta em torneio internacional de tênis nos Estados Unidos, pois necessitava se adaptar ao local para a prévia climatização e descanso, por se tratar de local com variação de altitude. Indenização fixada em R$ 12.000,00"[10].

■ *4.1.2.6.4.* Overbooking

A companhia aérea que presta serviço de transporte de passageiros deve indenizá-los por prática de *overbooking*. Confira-se: "Configurado o inadimplemento contratual e o defeito do serviço prestado pela transportadora, consistente na prática de *overbooking*, e não caracterizada nenhuma excludente de sua responsabilidade, de rigor o reconhecimento da responsabilidade e a condenação da ré na obrigação de indenizar os autores pelos danos decorrentes do ilícito em questão"[11].

---

8 *RT*, 543/108.

9 STJ, EDcl no REsp 1.280.372-SP, 3ª T., rel. Min. Villas Bôas Cueva, j. 19-3-2015.

10 TJRJ, Apel. 0022446882016.8.19.0209, 2ª Câm. Cív., rel. Des. Alexandre Freitas, disponível in *Revista Consultor Jurídico* de 23-6-2018.

11 TJSP, Ap. 0001146-94.2013.8.26.0269, 38ª Câm. Dir. Privado, rel. Des. Flávio Cunha da Silva, j. 29-1-2014.

■ *4.1.2.7. O transporte marítimo*

No transporte marítimo, a jurisprudência anterior admitia a **cláusula limitativa de responsabilidade**, desde que aposta em termos claros na passagem ou no conhecimento de transporte, de modo que o aderente não pudesse ignorar a sua existência. Por isso, devia ser recusada quando fundada em impresso estranho ao contrato ou que a ela apenas fizesse referência[12].

Exigia-se, também, que houvesse, em contrapartida, redução no preço do frete.

A jurisprudência, contudo, mudou o entendimento, passando a **desprezar a cláusula limitativa de responsabilidade**, por equiparação à cláusula de não indenizar[13].

Há vários precedentes do Superior Tribunal de Justiça, reputando **não escrita** a cláusula que, por limitar a responsabilidade do transportador marítimo, tornou **irrisória** a indenização relativa aos danos causados[14].

■ 4.1.3. O transporte de bagagem

Prescreve o art. 734 do Código Civil:

> "O transportador responde pelos danos causados às pessoas transportadas e suas **bagagens**, salvo motivo de força maior, sendo nula qualquer cláusula excludente da responsabilidade".

O transporte de bagagem é **acessório** do contrato de transporte de pessoa. O viajante, ao comprar a passagem, adquire o direito de **transportar consigo** a sua bagagem. Ao mesmo tempo, o transportador assume, tacitamente, a obrigação de efetuar esse transporte. Se houver **excesso de peso** ou de volume, poderá ser cobrado um **acréscimo**.

Acrescenta o parágrafo único do mencionado art. 734 que "é lícito ao transportador exigir a **declaração do valor** da bagagem a fim de fixar o **limite** da indenização".

Nesse caso, o **valor declarado** determinará o **montante** a ser pago. Não tendo feito tal exigência, não poderá pretender **limitar** o montante da indenização. Mas poderá cobrar o pagamento de prêmio extra de seguro, para a necessária cobertura de valores elevados.

Tendo havido extravio de bagagem em transporte aéreo nacional (doméstico), acentuou o Superior Tribunal de Justiça, em ação regressiva da seguradora contra o causador do dano, que, "Partindo-se da premissa de que a seguradora recorrente promoveu o pagamento da indenização securitária à passageira (titular do cartão de crédito) pelo extravio de sua bagagem, é inegável que esta sub-rogou-se nos direitos da segurada, ostentando as mesmas prerrogativas para postular o ressarcimento pelo prejuízo sofrido pela própria passageira. Dentro do prazo prescricional aplicável à

---

12 Antonio Lindbergh C. Montenegro, *Responsabilidade civil*, p. 167, n. 74.

13 *JTACSP*, 130/148, 133/99, 139/181, 143/164, 160/125.

14 REsp 644-SP, 4ª T., rel. Min. Barros Monteiro, j. 17-10-1989, in *JTACSP*, 121/276; REsp 9.787-0-RJ, 3ª T., rel. Min. Nilson Naves, j. 13-10-1992, *Lex, Jurisprudência do STJ e TRF*, 43/113; REsp 29.121-9-SP, 3ª T., rel. Min. Waldemar Zveiter, j. 16-12-1992, *RT*, 696/235.

relação jurídica originária, a seguradora sub-rogada pode buscar o ressarcimento do que despendeu com a indenização securitária, nos mesmos termos e limites que assistiam ao segurado. Precedentes"[15].

■ 4.1.4. O Código de Defesa do Consumidor e sua repercussão na responsabilidade civil do transportador

O fornecimento de transportes em geral é atividade abrangida pelo Código de Defesa do Consumidor, por constituir modalidade de **prestação de serviço**. Aplica-se aos contratos de transporte em geral, desde que não contrarie as normas que disciplinam essa espécie de contrato no Código Civil (art. 732).

■ *4.1.4.1. O fortuito e a força maior*

Prescreve o § 3º do art. 14 do Código de Defesa do Consumidor:

> "O fornecedor de serviços só não será responsabilizado quando provar:
>
> I — que, tendo prestado o serviço, o defeito inexiste;
>
> II — a culpa exclusiva do consumidor ou de terceiro".

A interpretação literal do aludido dispositivo pode conduzir a equivocado entendimento no sentido da inaplicabilidade da excludente do caso fortuito ou força maior aos casos regidos pelo Código de Defesa do Consumidor. Na realidade, o dispositivo em questão cuida exclusivamente do fator **culpa**. O **fato inevitável**, porém, rompe o **nexo de causalidade**, especialmente quando não guarda nenhuma relação com a atividade do fornecedor, não se podendo, destarte, falar em defeito do produto ou do serviço.

O Superior Tribunal de Justiça assim vem decidindo:

> "O fato de o art. 14, § 3º, do Código de Defesa do Consumidor não se referir ao caso fortuito e à força maior, ao arrolar as causas de isenção de responsabilidade do fornecedor de serviços, não significa que, no sistema por ele instituído, não possam ser invocados. Aplicação do art. 1.058 do Código Civil [*de 1916*]"[16].

O mesmo Tribunal vem acolhendo a arguição de **força maior**, para isentar de responsabilidade os transportadores, autênticos prestadores de serviços, que são vítimas de roubos de carga, à mão armada, nas estradas[17].

■ *4.1.4.2. Transporte aéreo e indenização tarifada*

A Convenção de Varsóvia **limita a responsabilidade** do transportador (art. 22). O sistema tarifado por ela adotado restringe a indenização, no transporte de pessoas,

---

15 STJ, REsp 1.651.936-SP, 3ª T., rel. Min. Nancy Andrighi, *DJe*, 13-10-2017.

16 REsp 120.647-SP, 3ª T., rel. Min. Eduardo Ribeiro, *DJU*, 15-5-2000, p. 156.

17 REsp 43.756-3-SP, 4ª T., rel. Min. Torreão Braz, j. 13-6-1994, *DJU*, 1º-8-1994, p. 18658, n. 145.

a 250.000 francos franceses por passageiro. No transporte de mercadorias ou de bagagem registrada, a responsabilidade é limitada à quantia de 250 francos. A responsabilidade do transportador com relação aos objetos que o passageiro conservar sob sua guarda limita-se também a 5.000 francos por passageiro.

A respeito da indenização tarifada, escreveu Nelson Nery Junior: "No sistema brasileiro do CDC sobre a responsabilidade do fornecedor, **não existe limitação para a indenização**, também denominada indenização tarifada. Em alguns ordenamentos jurídicos, o legislador impôs limite à responsabilidade, fixando um teto máximo a fim de garantir a continuidade da empresa e evitar-lhe a quebra. No Brasil não houve essa limitação pelo CDC, de modo que, havendo danos causados aos consumidores, o fornecedor deve indenizá-los em sua integralidade"[18].

Desse modo, **não se poderia mais cogitar de qualquer modalidade de indenização tarifada**, nem mesmo em caso de acidente aéreo.

Essa tese prevaleceu durante vários anos nos tribunais pátrios. Veja-se decisão proferida pelo Supremo Tribunal Federal:

> "O atraso de voo internacional, bem como o extravio momentâneo de bagagem, impõe à companhia transportadora o dever de indenizar o passageiro pelos danos morais e materiais experimentados, em observância ao preceito constitucional inserido no art. 5º, V e X, pouco importando que a Convenção de Varsóvia limite a verba indenizatória somente ao dano material, pois a Carta Política da República se **sobrepõe a tratados e convenções** ratificados pelo Brasil"[19].

A Constituição Federal de 1988 dispõe competir à União "explorar, diretamente ou mediante autorização, concessão ou permissão, a navegação aérea, aeroespacial e a infraestrutura aeroportuária" (art. 21, XII, *c*). E o art. 37, § 6º, estendeu a responsabilidade objetiva, fundada no risco administrativo, às pessoas jurídicas de direito privado prestadoras de serviços públicos (empresas aéreas permissionárias), sem estabelecer qualquer limite para a indenização.

O Supremo Tribunal Federal proclamou que tais dispositivos sobrepõem-se à Convenção de Varsóvia e ao Código Brasileiro de Aeronáutica. As normas desses diplomas que limitam a responsabilidade das empresas aéreas, tarifando a indenização, **perderam eficácia a partir da entrada em vigor da Constituição Federal de 1988**. Assim como não há limite para a responsabilidade civil do Estado, igualmente não o há para a das concessionárias e permissionárias de serviços públicos, que emana da mesma fonte.

A perda de eficácia das aludidas normas limitativas foi reafirmada com a promulgação do **Código de Defesa do Consumidor**. O **Código Civil**, lei posterior aos diplomas legais mencionados, dispõe que "o transportador responde pelos danos causados às pessoas transportadas e suas bagagens, salvo motivo de força maior, sendo

[18] Aspectos da responsabilidade civil do fornecedor no Código de Defesa do Consumidor, *Revista do Advogado*, n. 33, p. 78.

[19] *RT*, 755/177.

nula qualquer cláusula excludente da responsabilidade" (art. 734). Não estabeleceu nenhum limite para a indenização, salvo o correspondente ao valor da bagagem, quando declarado[20].

Todavia, o Plenário do Supremo Tribunal Federal, posteriormente, modificou o seu posicionamento, decidindo que os conflitos que envolvem extravios de bagagem e prazos prescricionais ligados à relação de consumo em transporte aéreo internacional de passageiros devem ser resolvidos pelas regras estabelecidas pelas convenções internacionais sobre a matéria, ratificadas pelo Brasil.

A mencionada Corte, apreciando o tema 210 da repercussão geral, por maioria e nos termos do voto do Relator, em 25-5-2017 deu provimento ao recurso extraordinário, para reduzir o valor da condenação por danos materiais, limitando-o ao patamar estabelecido no art. 22 da Convenção de Varsóvia, com as modificações efetuadas pelos acordos internacionais posteriores. Em seguida, o Tribunal fixou a seguinte tese: "Nos termos do art. 178 da Constituição da República, as normas e os tratados internacionais limitadores da responsabilidade das transportadoras aéreas de passageiros, especialmente as Convenções de Varsóvia e Montreal, têm prevalência em relação ao Código de Defesa do Consumidor". Proclamou-se, assim, que deve ser dada prevalência à concretização dos comandos das mencionadas convenções, ratificadas pelo Brasil e compatíveis com a Constituição de 1988, às quais se confere *status* supralegal.

Em consequência, decidiu o Superior Tribunal de Justiça:

> "Extravio de bagagem. Transporte aéreo internacional. Ação regressiva. Seguradora contra o causador do dano. Não aplicação do Código de Defesa do Consumidor. Convenção de Montreal. Incidência. Tese fixada em repercussão geral. Inovação recursal"[21].

> "Responsabilidade civil. Extravio de bagagem. Transporte aéreo internacional. Danos materiais reconhecidos. Limites da responsabilidade civil. Convenção de Montreal. Regime de indenização tarifada. Incidência. Tese fixada em repercussão geral"[22].

■ 4.1.5. O transporte de coisas

O transporte de coisas está disciplinado nos arts. 743 a 756 do Código Civil, aplicando-se, no que couber e não conflitar com este, o Código de Defesa do Consumidor.

---

20 *V.* a jurisprudência: "Com o advento do Código de Defesa do Consumidor, a indenização pelo extravio de mercadoria não está sob o regime tarifado, subordinando-se ao princípio da ampla reparação, configurada a relação de consumo" (STJ, REsp 209.527-0-RJ, 3ª T., rel. Min. Carlos Alberto Menezes Direito, *DJU*, 15-12-2000, v.u.). "*Transporte aéreo.* Extravio de bagagem. Indenização tarifada. Convenção de Varsóvia. Tratando-se de relação de consumo, prevalecem as disposições do Código de Defesa do Consumidor em relação à Convenção de Varsóvia. Derrogação dos preceitos desta que estabelecem a limitação da responsabilidade das empresas de transporte aéreo" (REsp 258.132-0-SP, rel. Min. Barros Monteiro, *DJU*, 28-11-2000, v.u.).

21 STJ, AgInt no REsp 1.711.866, 3ª T., rel. Min. Villas Bôas Cueva, *DJe*, 27-3-2018.

22 REsp 1.707.806, 3ª T., rel. Min. Villas Bôas Cueva, *DJe*, 18-12-2017.

Quando começa a responsabilidade do transportador? A responsabilidade do transportador, que é **presumida** e **limitada ao valor constante do conhecimento**, começa no momento em que ele, ou seus prepostos, **recebe a coisa.**

E quando termina? Só termina quando é **entregue ao destinatário, ou depositada em juízo**, se aquele não for encontrado (art. 750, que não prevê tarifação).

A quem as mercadorias devem ser entregues? Devem ser entregues ao **destinatário**, ou a quem apresentar o **conhecimento endossado**, devendo aquele que as receber conferi-las e apresentar as reclamações que tiver, sob pena de decadência dos direitos. No caso de perda parcial ou de avaria não perceptível à primeira vista, o destinatário conserva a sua ação contra o transportador, desde que denuncie o dano em dez dias a contar da entrega (art. 754).

E se houver dúvida acerca de quem seja o destinatário? Nesse caso, o transportador deve **depositar a mercadoria em juízo**, se não lhe for possível obter instruções do remetente; se a demora puder ocasionar a deterioração da coisa, o transportador deverá **vendê-la**, depositando o saldo em juízo (art. 756).

No caso de **transporte cumulativo**, todos os transportadores respondem **solidariamente** pelo dano causado perante o remetente, ressalvada a apuração final da responsabilidade entre eles, de modo que o ressarcimento recaia, por inteiro, ou proporcionalmente, naquele ou naqueles em cujo percurso houver ocorrido o dano (art. 756).

Se o transporte não puder ser feito ou sofrer **longa interrupção**, o transportador solicitará, incontinenti, instruções ao remetente, e **zelará pela coisa**, por cujo perecimento ou deterioração responderá, salvo força maior. Perdurando o impedimento, sem motivo imputável ao transportador e sem manifestação do remetente, poderá aquele **depositar a coisa em juízo, ou vendê-la**, obedecidos os preceitos legais e regulamentares, ou os usos locais, **depositando o valor** (art. 753 e § 1º).

■ 4.1.6. O transporte gratuito

■ *4.1.6.1. Conceito*

O transporte gratuito é também denominado contrato benévolo ou de **cortesia**. Não se pode, entretanto, afirmar que o transporte é totalmente gratuito quando o transportador, embora nada cobrando, tem algum **interesse** no transporte do passageiro.

É o que acontece, por exemplo, com o vendedor de automóveis que conduz o comprador para lhe mostrar as qualidades do veículo e com o corretor de imóveis que leva o interessado a visitar diversas casas e terrenos à venda. **Tais hipóteses** não configuram contratos verdadeiramente gratuitos, devendo ser regidas pelos critérios aplicáveis aos **contratos onerosos**.

■ *4.1.6.2. A tese contratualista*

No tocante à responsabilidade do transportador, muito se tem discutido se ela, nos casos de danos sofridos pelo passageiro no curso de transporte tipicamente gratuito, é contratual ou extracontratual.

A **tese contratualista sem restrições**, com presunção de culpa, como se dá no transporte oneroso, com cláusula ínsita de incolumidade, mostra-se **injusta** para com o motorista que faz uma cortesia. Por essa razão, o Superior Tribunal de Justiça adotara, na vigência do Código Civil de 1916, a tese contratualista com **responsabilidade atenuada** pelo art. 1.057 (*correspondente ao art. 392 do novo diploma*), que exigia prova de **culpa grave** ou **dolo** do transportador, e não conferia ao passageiro direito a indenização em caso de **culpa leve** ou **levíssima**.

Tal entendimento foi cristalizado na **Súmula 145** da referida Corte:

> "No transporte desinteressado, de simples cortesia, o transportador só será civilmente responsável por danos causados ao transportado quando incorrer em dolo ou culpa grave".

■ *4.1.6.3. A responsabilidade extracontratual ou aquiliana*

Malgrado tal orientação, que uniformizava a jurisprudência, manifestamos, na ocasião, opinião diversa, no sentido de que a tese da responsabilidade **aquiliana**, extracontratual, fundada no art. 159 do Código Civil então em vigor (*correspondente ao art. 186 do novo diploma*), era a que melhor se ajustava ao chamado transporte benévolo ou de cortesia. A culpa do motorista, segundo nosso entendimento, deveria ser demonstrada, não ficando este exonerado em caso de **culpa leve ou levíssima**.

A aplicação do referido art. 1.057 à hipótese colocava o viajante de favor em situação pior do que a do pedestre que viesse a ser atropelado pelo mesmo motorista. A circunstância de o condutor atender a pedido do carona, para que o transporte seja feito gratuitamente, não exclui a obrigação de indenizar.

Como observa Cunha Gonçalves[23], "o homem cortês não está isento de causar danos, até no exercício de sua amabilidade, porque a cortesia não é incompatível com a negligência ou a imprudência: tanto basta para que a sua responsabilidade seja exigível". Havendo culpa, em qualquer de suas modalidades **(grave, leve ou levíssima)**, é o suficiente para que sua responsabilidade seja exigível.

■ *4.1.6.4. O Código Civil de 2002*

O Código Civil define o contrato de transporte como aquele pelo qual "alguém se obriga, mediante retribuição, a transportar, de um lugar para outro, pessoas ou coisas" (art. 730). Logo adiante, preceitua:

> "Art. 736. **Não se subordina às normas do contrato de transporte o feito gratuitamente, por amizade ou cortesia.**
>
> Parágrafo único. Não se considera gratuito o transporte quando, embora feito sem remuneração, o transportador auferir vantagens indiretas".

Percebe-se claramente, pela leitura dos aludidos dispositivos, a adoção da **responsabilidade extracontratual**, ou **aquiliana**, como vínhamos defendendo, no

---

23 *Tratado de direito civil*, 2. ed., v. 13, p. 253.

transporte puramente gratuito ou desinteressado, restando prejudicada, em consequência, a retrotranscrita Súmula 145 do Superior Tribunal de Justiça; e a da contratual, com a cláusula de garantia, no transporte aparentemente gratuito, mas que proporciona vantagens indiretas ao transportador.

A questão, todavia, continua polêmica, tendo o Superior Tribunal de Justiça proclamado: "Em matéria de acidente automobilístico, o proprietário do veículo responde objetiva e solidariamente pelos atos culposos do terceiro que o conduz e que provoca o acidente. Transporte de cortesia. Condutor menor. Responsabilidade dos pais e do proprietário do veículo. No transporte desinteressado, de simples cortesia, o transportador só será civilmente responsável por danos causados ao transportado quando incorrer em dolo ou culpa grave (Súmula 145/STJ). Hipótese em que o Tribunal de origem aferiu a culpa grave do menor que conduzia o veículo"[24].

■ 4.1.7. Resumo

RESPONSABILIDADE DO TRANSPORTADOR	
TRANSPORTE TERRESTRE	■ A responsabilidade do transportador em relação ao passageiro é contratual e objetiva. Sendo o transporte um contrato de adesão, a vítima que não chegou incólume a seu destino porque sofreu dano no trajeto não está obrigada a provar a culpa do transportador. Basta provar o fato do transporte e o dano para que se caracterize a responsabilidade deste pelo inadimplemento contratual. ■ Aplica-se a legislação especial (CDC) aos contratos de transporte em geral, desde que não contrarie as disposições do CC (art. 732). Não há incompatibilidade entre o CC e o CDC, visto que ambos adotam a responsabilidade objetiva do transportador, só elidível mediante a prova de culpa exclusiva da vítima, do caso fortuito e da força maior, ou do fato exclusivo de terceiro. ■ O transporte de bagagem é acessório do contrato de transporte de pessoa. O viajante, ao comprar a passagem, adquire o direito de transportar consigo sua bagagem. ■ A partir do momento em que uma pessoa acena para um veículo de transporte público, já o contrato teve início, diante da oferta permanente em que se encontra o veículo em trânsito. Mas a responsabilidade pela integridade do passageiro só se inicia a partir do momento em que este incide na esfera da direção do transportador, galgando o veículo.
TRANSPORTE AÉREO	■ Divide-se em ***nacional*** e ***internacional***. O primeiro é disciplinado pelo Código Brasileiro de Aeronáutica (Lei n. 7.565, de 19-12-1986). O transporte aéreo internacional é regulado pela Convenção de Varsóvia, de 12-10-1929, recebida no ordenamento jurídico nacional pelo Decreto n. 20.704, de 24-11-1931. ■ A responsabilidade do transportador aéreo é objetiva. ■ O STJ tem afastado a responsabilidade tarifada prevista na Convenção de Varsóvia e no Código Brasileiro de Aeronáutica, por se tratar de relação de consumo, subordinando-se ao princípio da ampla reparação previsto no CDC.
TRANSPORTE GRATUITO	■ Segundo dispõe a Súmula 145 do STJ, "no transporte desinteressado, de simples cortesia, o transportador só será civilmente responsável por danos causados ao transportado quando incorrer em dolo ou culpa grave". O art. 736 do CC, todavia, preceitua: "Não se subordina às normas do contrato de transporte o feito gratuitamente, por amizade ou cortesia". ■ O novo diploma adotou, assim, a responsabilidade extracontratual no transporte benévolo, na qual a culpa levíssima obriga a indenizar. Manteve-se a responsabilidade contratual no transporte aparentemente gratuito, mas que proporciona vantagens indiretas ao transportador (parágrafo único do art. 736).

[24] STJ, REsp 1.637.884-SC, 3ª T., rel. Min. Nancy Andrighi, *DJe*, 23-3-2018.

■ 4.2. A RESPONSABILIDADE DOS ESTABELECIMENTOS BANCÁRIOS

■ 4.2.1. Natureza jurídica do depósito bancário

A responsabilidade dos bancos pode ser:

- **contratual** (na relação entre o banco e seus clientes); e
- **aquiliana** (danos a terceiros, não clientes).

Os casos mais frequentes dizem respeito à responsabilidade contratual, oriunda do pagamento de **cheques falsificados**. Nesse particular, tem prevalecido o entendimento de Aguiar Dias: "O depósito bancário é, com efeito, considerado **depósito irregular** de coisas fungíveis. Neste, os riscos da coisa depositada correm por conta do depositário, porque lhe são aplicáveis as disposições acerca do mútuo (Cód. Civil [*de 1916*], art. 1.280 [*correspondente ao art. 645 do Código de 2002*]). Na **ausência de culpa** de qualquer das partes, ao **banco** toca suportar os prejuízos. Assumir o risco é, na hipótese, o mesmo que assumir a obrigação de vigilância, garantia, ou segurança sobre o objeto do contrato"[25].

■ 4.2.2. Responsabilidade pelo pagamento de cheque falso

Aguiar Dias[26] entende que, **não havendo culpa** de ninguém (caso do falsificador que obtém cheque avulso e o preenche na hora, com assinatura idêntica à do correntista), **o banco deve responder civilmente** e ressarcir o cliente, pois o dinheiro utilizado foi o seu. O cliente é, no caso, apenas um terceiro. O crime de falsidade foi dirigido contra o banco.

Apesar de o problema estar indubitavelmente adstrito ao campo da responsabilidade civil contratual, os julgados ainda se referem à culpa e, muitas vezes, nela se baseiam. Poderíamos resumir a **situação atual** desta forma:

- quando nem o banco nem o cliente têm culpa, a responsabilidade é do primeiro;
- esta é ainda evidenciada se houve culpa de sua parte, quando, por exemplo, a falsificação é grosseira e facilmente perceptível;
- a responsabilidade do banco pode ser diminuída, em caso de culpa concorrente do cliente, ou excluída, se a culpa for exclusivamente da vítima. A propósito, dispõe a **Súmula 28** do Supremo Tribunal Federal: "O estabelecimento bancário é responsável pelo pagamento de cheque falso, ressalvadas as hipóteses de culpa exclusiva ou concorrente do correntista".

■ *4.2.2.1. Responsabilidade objetiva*

Arnoldo Wald assevera que, pela própria natureza dos serviços prestados pela instituição financeira, impõe-se "a sua **responsabilidade objetiva** pelos mesmos motivos por que se estabeleceu a do Estado, que mereceu até ser consagrada consti-

---

25 *Da responsabilidade*, cit., 4. ed., v. 1, n. 150-A.

26 *Da responsabilidade*, cit., 4. ed., n. 150-1, 398.

tucionalmente. Na realidade, sendo impossível ao cliente conhecer a vida interna da instituição financeira, pelo grau de complexidade que alcançou, justifica-se que esta responda objetivamente pelos danos causados, com base na **teoria da culpa do serviço**, consolidada e consagrada no campo do Direito Público"[27].

■ 4.2.2.2. *Atuais diretrizes*

Esses parecem ser, efetivamente, os rumos da responsabilidade dos bancos em nosso país. No momento, no entanto, como já se afirmou, as diretrizes que norteiam a jurisprudência podem ser resumidas desta forma:

- ■ quando o correntista **não concorreu** para o evento danoso, os prejuízos decorrentes do pagamento de cheques fraudados devem ser suportados pelo **banco**;
- ■ provada, pelo banco, a **culpa do correntista** na guarda do talonário, fica aquele isento de culpa;
- ■ em caso de **culpa concorrente** (negligência do correntista, na guarda do talonário, e do banco, no pagamento de cheque com assinatura grosseiramente falsificada), os prejuízos se repartem;
- ■ não provada a culpa do correntista, nem do banco, sobre este é que deve recair o prejuízo.

■ 4.2.2.3. *Situações peculiares*

Cabe salientar a orientação dos nossos tribunais em determinadas situações:

- ■ ao banco cabe arcar com os prejuízos decorrentes de cheque falso, salvo prova de culpa do depositante;
- ■ o banco é responsável no caso de **atraso na remessa de fundos** determinada pelo cliente;
- ■ o banco, na sua qualidade de mandatário incumbido da cobrança de títulos, responde perante o cliente pelo prejuízo decorrente da falência do devedor, quando consente em prorrogação do prazo de pagamento **sem expressa autorização do cliente** ou quando **retarda** indevidamente o protesto de duplicata ou o faz de modo **irregular**;
- ■ o banco é responsável quando recebe do devedor valor inferior ao devido;
- ■ o banco é também responsável pela recusa de pagamento de **cheques regulares**, embora cobertos por suficiente provisão;
- ■ ao contrário, tem-se entendido que o banco **não é responsável** quando se recusa a pagar cheque em virtude de contraordem expressa dada pelo cliente ou quando protesta cambial, embora advertido da eventual falsidade da assinatura do devedor;
- ■ no entanto, é reconhecida a sua responsabilidade quando **descumpre contraordem** de pagamento apresentada pelo emitente do cheque, pela impossibilida-

[27] Responsabilidade civil do banqueiro por atividade culposa, *RT*, 595/40, ns. 51 e 52.

de de examinar a legitimidade da sustação do pagamento. O banco sacado, liberando o pagamento e contrariando a contraordem do sacador, responde perante o emitente do cheque[28].

Dispõe o art. 944, *caput*, do Código Civil: "A indenização mede-se pela extensão do dano". Por essa razão, o Superior Tribunal de Justiça exige comprovação do dano moral como pressuposto do dever de indenizar, na hipótese de saque indevido de valores depositados em conta corrente. Nessa trilha, proclama a Súmula 385 da aludida Corte Superior: "Da anotação irregular em cartório de proteção ao crédito, não cabe indenização por dano moral, quando preexistente legítima inscrição, ressalvado o direito ao cancelamento".

■ *4.2.2.4. Cartões de crédito*

No tocante aos cartões de crédito, os riscos do negócio correm por conta do **empreendedor** e regulam-se pelo art. 14 e § 3º do **Código de Defesa do Consumidor**. Assim, o furto, o roubo ou o seu extravio constituem riscos de **responsabilidade do emissor**, que só se exonerará provando a **culpa exclusiva** do titular e usuário do cartão de crédito.

O usuário, segundo o magistério de Sérgio Cavalieri Filho, "não pode responder pelo fato culposo dos estabelecimentos comerciais filiados ao sistema por não ter com eles nenhum vínculo contratual; nessa esfera o vínculo é com o próprio emissor do cartão, perante quem deve o estabelecimento responder pela sua falta de cautela. Em suma, o risco de aceitar o cartão, sem conferir assinaturas e sem exigir qualquer outro documento, é do vendedor. Se por falta de cautela acaba vendendo mercadoria a quem não é o legítimo portador do cartão, torna-se vítima de um estelionato, cujos prejuízos deve suportar"[29].

■ 4.2.3. Responsabilidade dos bancos pela subtração de bens depositados em seus cofres

Não resta nenhuma dúvida de que o **banqueiro responde contratualmente** perante os clientes pelas suas deficiências, inclusive em casos de subtração ilícita de objetos e valores depositados pelos clientes nos **cofres** que lhes são postos à disposição, tenha ou não havido violência.

O que se pode discutir é apenas a exata configuração da responsabilidade do banco nesses casos. Para tanto, faz-se mister o exame da natureza jurídica do contrato que se estabelece entre a entidade de crédito e o usuário dos cofres.

■ *4.2.3.1. Natureza jurídica do contrato*

As regras de direito comum que mais se aproximam dessa realidade são as referentes à locação, ao depósito e à cessão de uso.

---

28 *RJTJSP*, 86/126.

29 *Programa*, cit., p. 302.

Yussef Said Cahali[30], todavia, fundado em considerações de Garrigues, afirma configurar-se, na espécie, um **contrato misto**, integrado por elementos próprios do contrato de depósito e de elementos outros extraídos do contrato de locação, não se permitindo afirmar a primazia de uns sobre os outros. Assim, a **cessão de uso** é essencial; porém, o cliente não se limita à obtenção do arrendamento de uma caixa na qual pretende depositar os bens que deseja guardar, senão que se exigem do banco, igualmente, a **custódia e a proteção** dessa mesma caixa.

Quem toma em locação um cofre de banco objetiva colocar em segurança os objetos que pretende ali depositar. O banco, ao oferecer esse serviço de segurança, assume um **dever de vigilância** e, portanto, uma **obrigação de resultado**, e não simples obrigação de meio. Ao fazê-lo, passa a responder, portanto, pelo conteúdo do cofre.

Identificada como de resultado, a obrigação da instituição bancária somente pode ser excluída diante da **força maior**. Mesmo assim, a natureza dos serviços de segurança oferecidos e da obrigação assumida exigem que faça a prova da **absoluta inevitabilidade ou irresistibilidade** do desfalque do patrimônio colocado sob sua custódia, devendo-se considerar, por exemplo, que o furto ou o roubo, como fatos previsíveis, não podem conduzir à aceitação da *vis major*, mas, sim, ao reconhecimento de que terá **falhado o esquema de segurança e vigilância prestado pelo banco**[31].

No caso de "furto com arrombamento ou mediante emprego de chaves falsas, justamente o serviço de vigilância que o banco oferece e o sistema de segurança da caixa é que terão falhado, e, assim sendo, o banco é responsável por este fato"[32].

■ *4.2.3.2. Prova do prejuízo alegado pelo lesado*

O grande problema nesses casos reside, na realidade, na **prova do efetivo prejuízo** sofrido pelo cliente. Sem essa prova não há condições de obrigar o banco a indenizar o prejuízo simplesmente alegado pelo lesado.

A prova do dano, contudo, não se revela absolutamente impossível, citando os autores a hipótese de furto em que o assaltante tenha confessado a prática do delito e pelo menos uma parte dos bens subtraídos tenha sido recuperada em seu poder.

O Tribunal de Justiça de São Paulo já teve a oportunidade de **condenar instituição financeira** a indenizar cliente cujas joias e valores foram furtados de cofre alugado, reconhecendo a responsabilidade da empresa guardadora por existir a possibilidade de a depositante possuir joias e valores, dada sua posição socioeconômica, roborado o fato por prova testemunhal idônea[33].

O Superior Tribunal de Justiça decidiu que "**não cabe denunciação da lide de empresa de vigilância** para a eventual apuração de responsabilidade decorrente de ato delituoso de empregado seu, em ação de indenização, por roubo de valores, proposta contra o Banco locador do cofre, onde se encontravam aqueles bens"[34].

---

[30] Responsabilidade dos bancos pelo roubo em seus cofres, *RT*, 591/12.

[31] *RJTJSP*, 125/216.

[32] Responsabilidade dos bancos, cit., *RT*, 591/15.

[33] *RJTJSP*, 122/377.

[34] REsp 8.972-SP, rel. Min. Cláudio Santos, *DJU*, 27-5-1991. No mesmo sentido decidiu o Tribunal de Justiça de São Paulo: *RJTJSP*, 144/167.

4.2.4. A responsabilidade dos bancos em face do Código de Defesa do Consumidor

Em face do Código de Defesa do Consumidor, a responsabilidade dos bancos, como prestadores de serviços, é **objetiva**. Dispõe, com efeito, o art. 14 do aludido diploma que o "fornecedor de serviços responde, independentemente da existência de culpa, pela reparação dos danos causados aos consumidores por defeitos relativos à prestação dos serviços, bem como por informações insuficientes ou inadequadas sobre sua fruição e riscos".

O Código de Defesa do Consumidor **incluiu expressamente as atividades bancárias**, financeiras, de crédito e securitárias **no conceito de serviço** (art. 3º, § 2º). Malgrado a resistência das referidas instituições em se sujeitarem às suas normas, sustentando que nem toda atividade que exercem (empréstimos, financiamentos, poupança etc.) encontra-se sob sua égide, o Superior Tribunal de Justiça não vem admitindo qualquer interpretação restritiva ao aludido § 2º do art. 3º.

Tal orientação veio a se consolidar com a edição da **Súmula 297** do aludido Superior Tribunal de Justiça, do seguinte teor:

"O Código de Defesa do Consumidor é aplicável às instituições financeiras".

Idêntica posição assumiu o **Supremo Tribunal Federal** no julgamento da ADIn 2.591, realizado aos 4 de maio de 2006, proclamando que as instituições financeiras se submetem às regras do Código de Defesa do Consumidor.

O Código de Defesa do Consumidor **não admite** cláusula de não indenizar. A indenização derivada do fato do produto ou serviço não pode ser excluída contratualmente. O art. 51, I, considera abusiva e, portanto, nula a cláusula contratual que impossibilitar, exonerar ou atenuar a responsabilidade civil do fornecedor por vícios de qualquer natureza.

Com relação ao **ônus da prova**, é de ressaltar que, em linhas gerais, a alteração da sistemática da responsabilização, prescindindo do elemento culpa e adotando a teoria objetiva, não desobriga o lesado da prova do dano e do nexo de causalidade entre o produto ou serviço e o dano. No caso dos cofres em bancos locados a particulares, continua a pertencer ao lesado o ônus da prova referente ao conteúdo do cofre violado. No entanto, de acordo com o art. 6º, VIII, do Código de Defesa do Consumidor, **o juiz pode inverter o ônus da prova** quando "for verossímil a alegação" ou quando o consumidor for "hipossuficiente", sempre de acordo com "as regras ordinárias de experiência".

4.2.5. Responsabilidade dos bancos pela segurança dos clientes

A Lei n. 7.102, de 20 de junho de 1983, obriga as instituições financeiras a garantir a segurança de todas as pessoas, clientes ou não, que procuram as suas agências, mediante sistema aprovado pelo Banco Central, que inclui, entre outros requisitos, a presença de vigilantes, a colocação de alarmes e outros equipamentos eletrônicos e de filmagens, bem como artefatos que retardem e dificultem a ação de assaltantes.

Verifica-se, desse modo, que a lei, tendo em vista os riscos inerentes à atividade bancária, impôs às instituições financeiras um dever de segurança às pessoas que utilizam os seus serviços. Não podem se eximir da responsabilidade alegando força maior, por ser o roubo fato previsível na atividade bancária. Assim decidiu o Superior Tribunal de Justiça, reconhecendo a responsabilidade do banco por roubo ocorrido no interior da agência, "por ser a instituição financeira obrigada por lei a tomar todas as cautelas necessárias a assegurar a incolumidade dos cidadãos"[35].

O Tribunal de Justiça do Rio de Janeiro reconheceu a responsabilidade dos bancos nos casos conhecidos como "saidinha bancária", em que a vítima, que fez um saque de numerário, é escolhida por "olheiros", que transmitem a informação aos comparsas postados fora da agência. Estes seguem a vítima até local que permita a abordagem, muitas vezes nas imediações do estabelecimento bancário, para roubar-lhe o dinheiro. Veja-se:

> "Responsabilidade civil — 'Saidinha de banco' — Reserva de numerário de vultosa quantia entregue ao cliente em caixa de deficiente — Ausência de privacidade — Acesso visual do valor sacado por demais usuários do banco — Assalto sofrido pelo cliente ao sair da agência bancária — Dever de cautelas mínimas para garantia do consumidor — Fortuito interno — Responsabilidade do banco configurada.
> 1. O fornecedor de serviços responde pelos prejuízos causados por defeito na prestação do serviço, consoante dispõe o artigo 14 do CDC.
> 2. Cabe ao banco destinar espaço reservado e sistema que evite exposição dos consumidores que saquem valores expressivos nos caixas de bancos, garantindo a inexistência de exposição aos demais usuários.
> 3. Dever de zelar pela segurança dos destinatários de seus serviços, notadamente quando realizam operações de retirada de valores elevados"[36].

O Tribunal de Justiça de Minas Gerais, por seu turno, condenou o Banco Itaú a indenizar uma cliente em R$ 4.000,00 por danos materiais e morais sofridos após ter sacado dinheiro em uma agência. A relatora, Des. Shirley Fenzi Bertão, frisou que o evento em si já ensejava indenização por danos morais, pois quem sofreu ameaça com arma de fogo está sujeito a intenso sofrimento, angústia e abalo emocional, aduzindo que compete a estabelecimentos dessa natureza instalar biombos ou divisórias nos caixas físicos e câmera do lado externo, entre outros cuidados básicos de segurança, sob pena de se responsabilizar pela ação de criminosos nas proximidades das agências. O fato de ter o assalto ocorrido fora das dependências da agência bancária não exime a responsabilidade do banco, que é objetiva, sendo seu dever garantir a privacidade e segurança de seus clientes no momento do saque, que ocorreu no interior da agência, onde se iniciou a ação criminosa, tendo sua funcionária comunicado ao comparsa o saque de elevada quantia pela vítima[37].

---

35 STJ, REsp 227.364-AL, 4ª T., rel. Min. Sálvio de Figueiredo Teixeira.

36 TJRJ, Ap. 2009.001.49066, rel. Des. **Antonio Saldanha Palheiro**.

37 TJMG, 11ª Câm. Cív., rel. Des. Shirley Fenzi Bertão, *in* Revista *Consultor Jurídico* de 3-4-2020.

■ 4.2.6. Resumo

RESPONSABILIDADE DOS BANCOS	
ESPÉCIES	■ A responsabilidade dos bancos pode ser ***contratual*** (na relação com os clientes) e ***aquiliana*** (danos a terceiros, não clientes). Os casos mais frequentes dizem respeito à responsabilidade contratual, oriunda do pagamento de cheques falsificados. Dispõe a Súmula 28 do STF: "O estabelecimento bancário é responsável pelo pagamento de cheque falso, ressalvadas as hipóteses de culpa exclusiva ou concorrente do correntista".
RESPONSABILIDADE OBJETIVA	■ A responsabilidade dos bancos, pela própria natureza dos serviços prestados, é ***objetiva***, nos moldes do art. 14 do Código de Defesa do Consumidor, com base na teoria da culpa do serviço.
APLICAÇÃO DO CDC	■ Proclama a Súmula 297 do STJ: "O Código de Defesa do Consumidor é aplicável às instituições financeiras". Idêntica posição assumiu o STF no julgamento da ADIn 2.591, realizado em 4-5-2006, proclamando que as instituições financeiras se submetem às regras do CDC.

■ 4.3. A RESPONSABILIDADE DOS MÉDICOS, CIRURGIÕES PLÁSTICOS E CIRURGIÕES-DENTISTAS

■ 4.3.1. A responsabilidade dos médicos

■ *4.3.1.1. Responsabilidade contratual*

Não se pode negar a formação de um autêntico contrato entre o cliente e o médico, quando este o atende. Pode-se falar, assim, em tese, em **inexecução de uma obrigação**, se o médico não obtém a cura do doente, ou se os recursos empregados não satisfizerem. Entretanto, "o fato de se considerar como contratual a responsabilidade médica não tem, ao contrário do que poderia parecer, o resultado de presumir a culpa"[38].

■ *4.3.1.2. Obrigação de meio*

Com efeito, a obrigação que tais profissionais assumem é uma obrigação de **"meio"**, e não de **"resultado"**. O objeto do contrato médico não é a cura, obrigação de resultado, mas a prestação de cuidados conscienciosos, atentos, e, salvo circunstâncias excepcionais, de acordo com as aquisições da ciência[39].

Comprometem-se os médicos a tratar o cliente com zelo, utilizando-se dos recursos adequados, **não se obrigando, contudo, a curar o doente**.

■ *4.3.1.3. Responsabilidade subjetiva*

Serão os médicos, pois, civilmente responsabilizados somente quando ficar provada qualquer modalidade de culpa: **imprudência, negligência** ou **imperícia**. Daí o rigor da jurisprudência na exigência da produção dessa prova.

Ao prejudicado incumbe a prova de que o profissional agiu com **culpa**, a teor do estatuído no art. 951 do Código Civil, *in verbis*:

> "O disposto nos arts. 948, 949 e 950 aplica-se ainda no caso de indenização devida por aquele que, no exercício de atividade profissional, por **negligência, imprudência** ou

---

[38] Aguiar Dias, *Da responsabilidade*, cit., p. 296.

[39] Aguiar Dias, *Da responsabilidade*, cit., p. 297.

imperícia, causar a morte do paciente, agravar-lhe o mal, causar-lhe lesão, ou inabilitá-lo para o trabalho".

No mesmo sentido dispõe o art. 14, § 4º, do **Código de Defesa do Consumidor**:

"A responsabilidade pessoal dos profissionais liberais será apurada mediante a **verificação de culpa**"[40].

Convém lembrar que **não se exige que a culpa do médico seja grave**, para responsabilizá-lo. Essa severidade é ainda maior no tocante aos médicos especialistas.

■ 4.3.1.4. Ônus da prova

A prova da negligência e da imperícia constitui, na prática, verdadeiro tormento para as vítimas. Sendo o médico, no entanto, prestador de serviço, a sua responsabilidade, embora subjetiva, está sujeita à disciplina do Código de Defesa do Consumidor, que permite ao juiz **inverter o ônus da prova** em favor do consumidor (art. 6º, VIII).

Deve ser lembrado, ainda, que a **hipossuficiência** nele mencionada não é apenas econômica, mas precipuamente **técnica**. O profissional médico encontra-se, sem dúvida, em melhores condições de trazer aos autos os elementos probantes necessários à análise de sua responsabilidade. Nesse sentido decidiu o Tribunal de Justiça de São Paulo[41].

■ 4.3.1.5. Responsabilidade por ato de terceiro

O médico responde não só por fato próprio como pode vir a responder por fato danoso praticado por terceiros que estejam **diretamente sob suas ordens**. Assim, por exemplo, presume-se a culpa do médico que mandou sua **enfermeira** aplicar determinada injeção da qual resultou paralisia no braço do cliente.

■ 4.3.1.6. Dever de informar

O dever de informar, previsto no art. 6º, III, do Código de Defesa do Consumidor, está ligado ao **princípio da transparência** e obriga o fornecedor a prestar todas as informações acerca do produto e do serviço. Esse princípio é detalhado no art. 31,

---

[40] Assim a jurisprudência: "*Médico*. Reparação de danos na eventualidade de a atuação do profissional da medicina não levar ao resultado objetivado, gerando, ao revés, prejuízo. Verba devida somente se demonstrada convincentemente sua culpa, seja na modalidade de imprudência, negligência ou imperícia" (*RT*, 782/253). "*Médico*. Morte de paciente decorrente de transfusão sanguínea por ele determinada. Sangue utilizado incompatível com o do enfermo. Facultativo que não era responsável pela comparação das amostras sanguíneas nem pela conferência do material a ser utilizado. Culpa do médico inocorrente. Recurso não provido" (*JTJ*, Lex, 23/87).

[41] "*Erro médico*. Inversão do ônus da prova. Saneador que afasta preliminar de ilegitimidade passiva e que, ao inverter os ônus da prova em ação de ressarcimento de danos por erro médico, não só valoriza a função do Judiciário no quesito 'perseguição da verdade real', como faz absoluto o princípio da igualdade substancial das partes, suprindo a inferioridade da parte hipossuficiente (artigos 125, I, do CPC [de 1973, atual art. 139, II]; 5º, LV, da Constituição Federal; e 6º, VIII, da Lei n. 8.078/90)" (AgI 099.305.4/6-SP, 3ª Câm. Dir. Privado, rel. Des. Ênio Zuliani, j. 2-3-1999).

que enfatiza a necessidade de serem fornecidas **informações** corretas, claras, precisas e ostensivas sobre os serviços, "bem como sobre os **riscos** que apresentam à saúde e segurança dos consumidores".

O aludido dever abrange o de se informar o médico acerca do progresso da ciência e sobre a composição e as propriedades das drogas que administra, bem como sobre as condições particulares do paciente, realizando, o mais perfeitamente possível, a completa anamnese. Integra ainda o grupo dos deveres de informação o de orientar o paciente ou seus familiares a respeito dos **riscos** existentes no tocante ao tratamento e aos medicamentos a serem indicados.

■ *4.3.1.7. A perda de uma chance*

Assinala-se que o retardamento nos cuidados, desde que provoque dano ao paciente, pode importar em responsabilidade pela **perda de uma chance**. Consiste esta na interrupção, por determinado fato antijurídico, de um processo que propiciaria a uma pessoa a possibilidade de vir a obter, **no futuro**, algo benéfico, e que, por isso, a oportunidade ficou irremediavelmente destruída. Frustra-se a chance de obter uma vantagem futura.

Essa perda de chance, em si mesma, caracteriza um **dano**, que será reparável quando estiverem reunidos os demais pressupostos da responsabilidade civil. A mais recente jurisprudência brasileira tem-se ocupado do tema[42].

■ *4.3.1.8. Tratamento de risco*

O art. 15 do Código Civil consagra importante direito da personalidade ao dispor:

> "Art. 15. Ninguém pode ser constrangido a submeter-se, **com risco de vida**, a tratamento médico ou a intervenção cirúrgica".

A regra obriga os médicos, nos casos mais graves, a não atuarem sem **prévia autorização do paciente**, que tem a prerrogativa de se recusar a se submeter a um tratamento perigoso. A sua finalidade é proteger a inviolabilidade do corpo humano. Vale ressaltar, *in casu*, a necessidade e a importância do fornecimento de **informação detalhada** ao paciente sobre o seu estado de saúde e o tratamento a ser observado, para que a autorização possa ser concedida com pleno conhecimento dos riscos existentes.

---

42 "Comporta-se contra a prudência médico que dá alta a paciente, a instâncias deste, apesar de seu estado febril não recomendar a liberação, e comunicado, posteriormente, do agravamento do quadro, prescreve sem vê-lo pessoalmente. O retardamento dos cuidados, se não provocou a doença fatal, tirou do paciente razoável chance de sobreviver" (*RJTJRGS*, 158/214). "Responsabilidade civil. Falha do atendimento hospitalar. Paciente portador de pneumonia bilateral. Tratamento domiciliar ao invés de hospitalar. Perda de uma chance. É responsável pelos danos patrimoniais e morais, derivados da morte do paciente o hospital, por ato de médico de seu corpo clínico que, após ter diagnosticado pneumonia dupla, recomenda tratamento domiciliar ao paciente, ao invés de interná-lo, pois, deste modo, privou-o da chance (*perte d'une chance*) de tratamento hospitalar, que talvez o tivesse salvo" (TJRGS, Ap. 596.070.979, 5ª Câm. Cív., rel. Des. Araken de Assis, j. 15-8-1996).

■ 4.3.1.9. *Erro profissional*

Não se tem considerado como culpável o erro profissional que advém da **incerteza da arte médica**, sendo ainda objeto de controvérsias científicas. Deve o Judiciário decidir com base em prova pericial, evitando fazer apreciações técnicas sobre métodos científicos e critérios que, por sua natureza, sejam sujeitos a discussões.

■ 4.3.2. A responsabilidade dos cirurgiões plásticos

Os cirurgiões plásticos assumem, porém, **obrigação de resultado**, porque seu trabalho é, em geral, de natureza **estética**. Os pacientes, na maioria dos casos, não se encontram doentes, mas pretendem corrigir um defeito, um problema estético. Interessa-lhes, precipuamente, o resultado. Se o cliente fica com aspecto pior, após a cirurgia, não se alcançando o resultado que constituía a própria razão de ser do contrato, cabe-lhe o direito à pretensão indenizatória.

Da cirurgia malsucedida surge a **obrigação indenizatória** pelo resultado não alcançado. A indenização abrange, geralmente, todas as despesas efetuadas, danos morais em razão do prejuízo estético, bem como verba para tratamentos e novas cirurgias[43].

Em alguns casos, no entanto, a obrigação **continua sendo de meio**, como no atendimento a vítimas deformadas ou queimadas em acidentes, ou no tratamento de varizes e de lesões congênitas ou adquiridas, em que ressalta a natureza corretiva do trabalho.

A 3ª Turma do Superior Tribunal de Justiça firmou entendimento no sentido de que o cirurgião plástico, quando realiza trabalho de **natureza estética**, assume **obrigação de resultado**. Confira-se:

> "Contratada a realização da **cirurgia estética embelezadora**, o cirurgião assume obrigação de resultado (responsabilidade contratual ou objetiva), devendo indenizar pelo não cumprimento da mesma, decorrente de eventual deformidade ou de alguma irregularidade. No procedimento cirúrgico estético, em que o médico lida com paciente saudável que apenas deseja melhorar sua aparência física e, consequentemente, sentir-se psiquicamente melhor, estabelece-se uma **obrigação de resultado** que impõe ao profissional da medicina, em casos de insucesso da cirurgia plástica, presunção de culpa, competindo-lhe ilidi-la com a inversão do ônus da prova, de molde a livrá-lo da responsabilidade contratual pelos danos causados ao paciente em razão de ato cirúrgico"[44].

No entanto, como observa Rui Stoco, há, "porém, casos em que o cirurgião, embora aplicando corretamente as técnicas que sempre utilizou em outros pacientes com absoluto sucesso, não obtém o resultado esperado. Se o insucesso parcial ou total da intervenção ocorrer em razão de peculiar característica **inerente ao próprio paciente** e se essa circunstância não for possível de ser detectada antes da operação,

---

[43] *RJTJSP*, 65/174.

[44] REsp 81.101-PR, rel. Min. Waldemar Zveiter, *DJU*, 31-5-1999, *RSTJ*, 119/290 e *RT*, 767/111.

estar-se-á diante de verdadeira escusa absolutória ou causa excludente da responsabilidade"[45].

Nesse sentido decidiu o Superior Tribunal de Justiça:

> "O profissional que se propõe a realizar cirurgia, visando a melhorar a aparência física do paciente, assume o compromisso de que, no mínimo, não lhe resultarão danos estéticos, cabendo ao cirurgião a avaliação dos riscos. Responderá por tais danos, salvo culpa do paciente ou a intervenção de **fator imprevisível**, o que lhe cabe provar"[46].

Nesses casos, inverte-se o ônus da prova: "A cirurgia estética é uma obrigação de resultado, pois o contratado se compromete a alcançar um resultado específico, que constitui o cerne da própria obrigação, sem o que haverá a inexecução desta. Nessas hipóteses, há a presunção de culpa, com inversão do ônus da prova. O uso da técnica adequada na cirurgia estética não é suficiente para isentar o médico da culpa pelo não cumprimento de sua obrigação"[47].

4.3.3. A responsabilidade do anestesista

Dentro de uma equipe, em princípio, é o **médico-chefe** quem se presume culpado pelos danos que acontecem, pois é ele quem está no comando dos trabalhos e só sob suas ordens é que são executados os atos necessários ao bom desempenho da intervenção.

Mas a figura do **anestesista** é, nos dias atuais, de suma importância não só dentro da sala de operação, mas também no período pré e pós-operatório. Dessa forma, não pode mais o operador-chefe ser o único responsável por tudo o que aconteça antes, durante e após uma intervenção cirúrgica. A sua responsabilidade vai depender do exame do caso concreto.

Em caso de erro médico, salientou o Superior Tribunal de Justiça: "O Tribunal *a quo*, com base no conjunto fático-probatório dos autos, concluiu pela negligência dos profissionais médicos, que não acompanharam a paciente até a sua saída do quadro anestésico, nem sequer lhe prestaram assistência imediata no momento em que sofreu complicações decorrentes da anestesia"[48].

Fora de dúvida é a existência de **responsabilidade autônoma** do anestesista no **pré e pós-operatório**. A divergência ainda remanesce no caso do anestesista dentro da sala de operação e **sob o comando do cirurgião**, podendo nesse caso a responsabilidade ser **dividida** entre os dois: cirurgião e anestesista. A propósito, decidiu o Superior Tribunal de Justiça:

> "A escolha do médico anestesista pelo **cirurgião-chefe** atribui a este a responsabilidade solidária pela culpa *in eligendo*, quando comprovado o erro médico pela imperícia daquele, pois, ao médico-chefe é a quem se presume a responsabilidade, em princípio,

---

45 *Responsabilidade civil*, cit., p. 299.

46 Rel. Min. Eduardo Ribeiro, j. 28-11-1994, *RT*, 718/270.

47 STJ, REsp 1.395.254, 3ª T., rel. Min. Nancy Andrighi, j. 15-10-2013.

48 STJ, REsp 1.679.588-DF, 3ª T., rel. Min. Moura Ribeiro, *DJe*, 8-8-2017.

pelos danos ocorridos em cirurgia, eis que no comando dos trabalhos e sob suas ordens é que executam-se os atos necessários ao bom desempenho da intervenção"[49].

Acrescentou o referido aresto: "Escolhido que fosse o anestesista pelo **paciente**, induvidosamente sua seria a responsabilidade exclusiva".

■ 4.3.4. A responsabilidade dos hospitais e dos laboratórios

Se o médico tem **vínculo empregatício** com o hospital, integrando a sua equipe médica, responde **objetivamente** a casa de saúde, como prestadora de serviços, nos termos do art. 14, *caput*, do Código de Defesa do Consumidor, **provada a culpa daquele**. No entanto, se o profissional apenas utiliza o hospital para internar os seus **pacientes particulares**, responde com exclusividade pelos seus erros, afastada a responsabilidade do estabelecimento.

Estão também sujeitos à disciplina do referido Código, com responsabilidade ***objetiva*** e de ***resultado***, os **laboratórios** de análises clínicas, **bancos de sangue** e centros de **exames radiológicos**, como prestadores de serviços[50]. Não se tem, todavia, admitido a denunciação da lide ao estabelecimento hospitalar[51].

Conforme observa Ruy Rosado de Aguiar Júnior, o hospital responde pelos atos do seu pessoal, com presunção de culpa: "'É presumida a culpa do patrão ou comitente pelo ato culposo do empregado ou preposto' (Súmula 341, do STF). Isso, contudo, não dispensa que se prove a **culpa do servidor**, na prática do ato danoso. Isto é, o hospital não responde objetivamente, mesmo depois da vigência do Código de Defesa do Consumidor, quando se trata de indenizar dano produzido por médico integrante de seus quadros (AgI 179.184-1 — 5ª CC — TJSP), pois **é preciso provar a culpa deste**, para somente depois se ter como presumida a culpa do hospital"[52].

■ 4.3.5. Planos de saúde

Já se decidiu que "a empresa locadora direta de serviços médico-hospitalares, credenciando médicos e nosocômios para suprir as deficiências de seus próprios serviços, compartilha da responsabilidade civil dos profissionais e hospitais que seleciona". Na hipótese, reconheceu-se a **responsabilidade solidária** da operadora de plano de saúde e do hospital credenciado[53].

---

[49] *RT*, 748/182.

[50] Confira-se a jurisprudência: "Laboratório clínico. Danos moral e material. Incorreção no resultado de exame de tipagem sanguínea e determinação do fator RH. Morte de recém-nascido pela incompatibilidade sanguínea. Nexo etimológico inquestionável. Verba devida" (*JTJ*, Lex, 224/78). "Dano moral. Ambulatório. Diagnóstico equivocado. Apuração da presença do vírus da AIDS em paciente sadio. Verba devida" (*JTJ*, Lex, 226/71).

[51] "Erro médico. Denunciação da lide ao hospital. Inadmissibilidade. Hipótese que não se enquadra nas previstas no artigo 70 do Código de Processo Civil [de 1973, atual art. 125]. Caso de chamamento ao processo (art. 77 do CPC [de 1973, atual art. 130]). Erro inescusável. Denunciação rejeitada" (*JTJ*, Lex, 231/245).

[52] Responsabilidade, cit., *RT*, 718/41.

[53] TJSP, Ap. 67.929.4-SP, j. 16-3-1999.

A responsabilidade das empresas de assistência médica, que **administram planos de saúde**, tem sido, com efeito, reconhecida, como se pode verificar nos repertórios de jurisprudência[54].

Os contratos celebrados com as instituições privadas de assistência médica são tipicamente de **adesão** e suas cláusulas, muitas vezes, **conflitam com o princípio da boa-fé** e, principalmente, com as regras protetivas do Código de Defesa do Consumidor. Assim, por exemplo, a que limita o período de internação hospitalar de seus segurados, objeto da Súmula 302 do Superior Tribunal de Justiça, do seguinte teor:

> "É abusiva a cláusula contratual de plano de saúde que limita no tempo a internação hospitalar do segurado".

Podem ser mencionadas, ainda, as seguintes Súmulas do Superior Tribunal de Justiça:

a) Súmula 587: "A cláusula contratual de plano de saúde que prevê carência para utilização dos serviços de assistência médica nas situações de emergência ou de urgência é considerada abusiva se ultrapassado o prazo máximo de 24 horas contado da data da contratação".

b) Súmula 608: "Aplica-se o Código de Defesa do Consumidor aos contratos de plano de saúde, salvo os administrados por entidades de autogestão" (revogada a Súmula 469).

c) Súmula 609: "A recusa de cobertura securitária, sob a alegação de doença preexistente, é ilícita se não houve a exigência de exames médicos prévios à contratação ou a demonstração de má-fé do segurado".

Segundo a aludida Corte Superior, substituições da rede credenciada de plano de saúde devem ser notificadas aos segurados com no mínimo 30 dias de antecedência. Quando o consumidor não é informado sobre o descredenciamento de algum hospital e ainda tem o atendimento negado pela instituição médica por causa de distrato, a responsabilidade pela situação embaraçosa é solidária entre as duas empresas, assim como os custos do tratamento de saúde. O Egrégio Tribunal, em consequência, condenou as duas empresas a responderem pela continuidade de um tratamento de quimioterapia em paciente diagnosticada com câncer de mama e ovário[55].

Em caso em que a vítima sofreu um acidente vascular cerebral e foi hospitalizada, recebendo posteriormente alta médica com a recomendação de que continuasse o seu tratamento pelo sistema de *home care*, tendo este sido negado pelo plano de saúde e falecendo a vítima, decidiu o Tribunal de Justiça de São Paulo:

---

[54] "Empresa de assistência médica. Lesão corporal provocada por médico credenciado. Responsabilidade solidária da selecionadora pelos atos ilícitos do selecionado" (TJSP, EI 106.119-1, rel. Des. Walter Moraes). "Se há solidariedade da empresa de assistência médica, do médico por ela credenciado e do hospital, na reparação dos danos, contra qualquer deles pode dirigir-se o pedido" (TJRJ, AgI 1.475/92).

[55] STJ, REsp 1.725.092-SP, 3ª T., rel. Min. Nancy Andrighi, disponível in Revista *Consultor Jurídico* de 17-6-2018.

> "Plano de saúde. 'Home Care'. Morte da beneficiária, substituída por seu espólio. Abrangência de todos os serviços necessários à manutenção de sobrevida condigna. Danos morais configurados.
>
> Evidente que não se pode negar ao consumidor o direito ao adequado tratamento, sob pena de quebra dos princípios da boa-fé objetiva e da função social do contrato, além do dever lateral de colaboração que devem nortear as relações contratuais, quanto mais se o caso exige para manutenção da saúde, de modo que inadmissível a negativa de tratamento na forma descrita na inicial. Interpretação de cláusula contratual envolvendo o tratamento em 'home care'. Súmula 90 do TJSP: 'Havendo expressa indicação médica para a utilização dos serviços de 'home care', revela-se abusiva a cláusula de exclusão inserida na avença, que não pode prevalecer'. Precedentes: STJ, Ag em REsp n. 65.735-RS, rel. Min. Sidnei Beneti, *DJe*, 25-10-2011"[56].

■ 4.3.6. A responsabilidade dos cirurgiões-dentistas

No que tange aos **cirurgiões-dentistas**, embora em alguns casos se possa dizer que a sua obrigação é de meio, na maioria das vezes apresenta-se como obrigação de **resultado**. Isso porque os processos de tratamento são mais regulares e restritos. "A sintomatologia, o diagnóstico e a terapêutica são muito mais definidos e é mais fácil para o profissional comprometer-se a curar"[57].

A obrigação de resultado se torna mais evidente quando se trata de colocação de jaqueta, *pivot* e implantes, em que existe uma **preocupação estética** de parte do cliente.

São válidos para os dentistas os comentários *retro* a respeito da responsabilidade dos médicos e dos profissionais liberais em geral em face do Código de Defesa do Consumidor. Confira-se a jurisprudência:

> "*Indenização.* Prestação de serviço. Tratamento odontológico. Obrigação de resultado. Imperícia.
>
> Caracterizado o serviço dentário realizado como **obrigação de resultado**, ainda mais quando se evidencia problema **estético**, e comprovada a imperícia pelo Conselho Regional de Odontologia e pela perícia judicial, resta plenamente evidenciada a **responsabilidade do cirurgião-dentista**, quebrando a relação de confiança para o refazimento do trabalho, a possibilitar que o novo tratamento seja feito por outro profissional, este escolhido pelo autor, sem, contudo, agravar a situação do réu"[58].

Nessa linha, a jurisprudência pátria vem admitindo que a obrigação do dentista é, em regra, de resultado. O Ministro Luis Felipe Salomão, do Superior Tribunal de Justiça, no julgamento do REsp 1.238.746-MS, destacou que, "nos procedimentos odontológicos, mormente os ortodônticos, os profissionais da saúde especializados

---

[56] TJSP, Apel. 9057916-29, 2006.8.26.0000, rel. Des. Francisco Loureiro, j. 11-8-2011.

[57] Responsabilidade profissional do cirurgião-dentista, *RF*, 80/47 e s., apud Aguiar Dias, *Da responsabilidade*, cit., 4. ed., p. 332, n. 121.

[58] TAMG, Ap. 267.169-4-Belo Horizonte, 3ª Câm., Rel. Juiz Guimarães Pereira, j. 25-11-1998.

nessa ciência, em regra, comprometem-se pelo resultado, visto que os objetivos relativos aos tratamentos, de cunho estético e funcional, podem ser atingidos com previsibilidade".

■ 4.3.7. Resumo

RESPONSABILIDADE DOS MÉDICOS, HOSPITAIS E DENTISTAS	
RESPONSABILIDADE SUBJETIVA	■ A obrigação que os médicos assumem é uma obrigação de ***"meio"***, e não de ***"resultado"***. O objeto do contrato médico não é a cura, obrigação de resultado, mas a prestação de cuidados conscienciosos, atentos, e, salvo circunstâncias excepcionais, de acordo com as aquisições da ciência. Comprometem-se a tratar o cliente com zelo, utilizando-se dos recursos adequados, não se obrigando, contudo, a curar o doente. Serão os médicos, pois, civilmente responsabilizados somente quando ficar provada qualquer modalidade de culpa: ***imprudência***, ***negligência*** ou ***imperícia***. Ao prejudicado incumbe a prova de que o profissional agiu com culpa, a teor do estatuído nos arts. 951 do CC e 14, § 4º, do CDC. Permite este ao juiz inverter o ônus da prova em favor do consumidor, dada a sua hipossuficiência. ■ Os ***cirurgiões plásticos***, todavia, assumem obrigação de ***resultado*** quando o trabalho é de natureza ***estética***. ■ O médico responde não só por fato próprio, como pode vir a responder por fato danoso praticado por terceiros que estejam diretamente sob suas ordens.
RESPONSABILIDADE DOS HOSPITAIS E LABORATÓRIOS	■ Se o médico tem vínculo empregatício com o hospital, integrando sua equipe médica, responde ***objetivamente*** a casa de saúde, como prestadora de serviços (CDC, art. 14, *caput*). No entanto, se o profissional apenas utiliza o hospital para internar seus pacientes particulares, responde com exclusividade por seus erros, afastada a responsabilidade do estabelecimento. ■ É preciso primeiro ***provar a culpa do médico***, para somente depois se ter como presumida a responsabilidade do hospital. ■ Estão também sujeitos à disciplina do referido Código, com responsabilidade **objetiva** e de **resultado**, os **laboratórios** de análises clínicas, bancos de sangue e centros de exames radiológicos, como prestadores de serviços. Não se tem, todavia, admitido a denunciação da lide ao estabelecimento hospitalar.
RESPONSABILIDADE DOS DENTISTAS	■ No que tange aos cirurgiões-dentistas, embora em alguns casos se possa dizer que sua obrigação é de meio, na maioria das vezes apresenta-se como de ***resultado***, porque a terapêutica é mais definida e é mais fácil para o profissional comprometer-se a curar. A obrigação de resultado torna-se mais evidente quando se trata de trabalho de natureza estética.

■ 4.4. RESPONSABILIDADE CIVIL DOS ADVOGADOS

■ 4.4.1. Fundamento e configuração da responsabilidade

■ *4.4.1.1. Responsabilidade contratual*

O mandato é uma das formas de contrato previstas no Código Civil. O mandato judicial impõe responsabilidade de **natureza contratual** do advogado perante seus clientes.

Diferentemente do direito francês, em que, conforme ressalta Aguiar Dias, a função do advogado representa um *munus* público, em razão do que ela é tipicamente legal, no sistema do nosso direito o "advogado não é oficial público e, assim, sua responsabilidade é puramente contratual, **salvo o caso de assistência judiciária**"[59].

[59] *Da responsabilidade*, cit., 4. ed., p. 342, n. 123.

■ 4.4.1.2. Obrigação de meio

A responsabilidade do advogado se assemelha à do médico, pois não assume ele a obrigação de sair vitorioso na causa. São **obrigações de meio** as decorrentes do exercício da advocacia, e não de resultado[60].

Suas obrigações contratuais, de modo geral, consistem em defender as partes em juízo e dar-lhes conselhos profissionais. O que lhes cumpre é representar o cliente em juízo, defendendo **pela melhor forma possível** os interesses que este lhes confiou[61]. Se as obrigações de meio são executadas proficientemente, não se lhes pode imputar nenhuma responsabilidade pelo insucesso da causa[62].

Admite-se, no entanto, que a obrigação assumida pelo advogado possa, em determinados casos, ser considerada, em princípio, de **resultado**, como na **elaboração de um contrato** ou da **minuta de uma escritura pública**, por exemplo, em que se compromete, em tese, a ultimar o resultado. Somente o exame do caso concreto, todavia, poderá apurar a ocorrência de eventual falha do advogado e a extensão de sua responsabilidade[63].

■ 4.4.1.3. Responsabilidade subjetiva

São válidos, também para os advogados, os comentários feitos a respeito da responsabilidade civil dos médicos e dos profissionais liberais em geral em face do **Código de Defesa do Consumidor** (item 4.3, *retro*). Manteve-se o princípio de que tal responsabilidade pessoal será apurada mediante a **verificação de culpa** (art. 14, § 4º).

■ 4.4.1.4. Responsabilidade limitada às hipóteses de erros graves

O advogado responde pelos erros de fato e de direito cometidos no desempenho do mandato. Quanto aos últimos, é necessário que o erro em si se revista de **gravidade**, para conduzir à responsabilidade do advogado.

Aguiar Dias[64] fornece alguns exemplos de **erros graves**: "a desatenção à jurisprudência corrente, o desconhecimento de texto expresso de lei de aplicação frequente ou cabível no caso, a interpretação abertamente absurda...".

A **perda de prazo** constitui erro grave. Por constar expressamente da lei, não se tolera que o advogado o ignore. Na dúvida entre prazo maior ou menor, deve a medida judicial ser tomada dentro do menor, para não deixar nenhuma possibilidade de prejuízo ao cliente.

O advogado deve ser diligente e atento, não deixando perecer o direito do cliente por falta de medidas ou omissão de providências acauteladoras, como o protesto de títulos, a notificação judicial, a habilitação em falência, o atendimento de privilégios e a preferência de créditos. Deve, inclusive, ser responsabilizado quando dá

---

60 Serpa Lopes, *Curso*, cit., p. 261, n. 206.

61 Aguiar Dias, *Da responsabilidade*, cit., p. 341 e 143, n. 123.

62 *RJTJSP*, 68/45.

63 Sílvio Venosa, *Direito civil*, v. IV, p. 244.

64 *Da responsabilidade*, cit., 4. ed., p. 343, n. 124.

causa à responsabilidade do cliente e provoca a imposição de sanção contra este, nas hipóteses dos arts. 79 a 81 do Código de Processo Civil de 2015.

Não será, assim, qualquer erro que irá dar causa à responsabilidade civil do profissional, proporcionando a respectiva ação de ressarcimento. E só quando ele for **inescusável, patente**, demonstrativo apenas de ignorância profunda é que terá justificativa o pedido de perdas e danos[65].

Proclamou o Tribunal de Justiça de São Paulo que tão só a circunstância de os autores terem sido julgados carecedores da ação, por inteiramente inadequada, extinguindo-se o processo sem exame do mérito, não proporciona, automaticamente, o direito a eventual ressarcimento pelos danos sofridos, sendo necessária a **comprovação da total inépcia** do profissional e de sua autoria como causador direto do dano[66].

■ 4.4.2. Responsabilidade pela perda de uma chance

Aspecto relevante no estudo da responsabilidade civil do advogado é o que diz respeito à sua desídia ou retardamento na propositura de uma ação judicial. Utiliza-se, nesses casos, a expressão **"perda de uma chance"**, como nos casos de responsabilidade civil dos médicos tratada no item 4.3, *retro*, simbolizando, aqui, a perda, pela parte, da oportunidade de obter, no Judiciário, o reconhecimento e a satisfação íntegra ou completa de seus direitos.

Na busca do diagnóstico da conduta do advogado que perpetrou um dano ao seu cliente, afirmam Pablo Stolze Gagliano e Rodolfo Pamplona Filho[67], inevitável é a ocorrência de situações em que a lesão ao patrimônio jurídico do cliente tenha ocorrido por uma **conduta omissiva** do profissional. Como se trata da "**perda de uma chance**, jamais se poderá saber qual seria o resultado do julgamento se o ato houvesse sido validamente realizado. Nessas situações, há hipóteses extremas em que fatalmente se reconhecerá que uma ação ajuizada é fadada à procedência ou à rejeição como uma aventura processual. A imensa gama de situações intermediárias, porém, impõe admitir que só há possibilidade de responsabilização se for sobejamente demonstrado o nexo de causalidade e a extensão do dano".

Conforme a melhor doutrina, a indenização da chance perdida será **sempre inferior** ao valor do resultado útil esperado. Como assinala Sérgio Savi[68], "se fosse possível afirmar, com certeza, que o recurso acaso interposto seria provido, a hipótese seria de indenização dos lucros cessantes e não da perda da chance, entendida, repita-se, como dano material emergente".

Na sequência, obtempera o mencionado autor: "Para a valoração da chance perdida, deve-se partir da premissa inicial de que **a chance no momento de sua perda tem um certo valor** que, mesmo sendo de difícil determinação, é incontestável. É,

---

65 Mário Guimarães de Souza, *O advogado*, p. 359.

66 *RJTJSP*, 125/177.

67 *Novo curso de direito civil*, v. III, p. 251.

68 Responsabilidade civil por perda de uma chance, p. 63.

portanto, o **valor econômico** desta chance que deve ser indenizado, independentemente do resultado final que a vítima poderia ter conseguido se o evento não a tivesse privado daquela possibilidade (...). Assim, a chance de lucro terá sempre um ***valor menor*** que a vitória futura, o que refletirá no montante da indenização".

Mera possibilidade não é passível de indenização, pois a chance deve ser **séria** e **real** para ingressar no domínio do dano ressarcível.

A quantificação do dano será feita por **arbitramento** (CC, art. 946) de modo equitativo pelo magistrado, que deverá partir do resultado útil esperado e fazer incidir sobre ele o percentual de probabilidade de obtenção da vantagem esperada.

■ 4.4.3. Inviolabilidade profissional

Preceitua o art. 7º, § 2º, do Estatuto da Ordem dos Advogados do Brasil (Lei n. 8.906, de 4-7-1994) que "o advogado tem **imunidade profissional**, não constituindo injúria, difamação ou desacato puníveis qualquer manifestação de sua parte, no exercício de sua atividade, em juízo ou fora dele, sem prejuízo das sanções disciplinares perante a OAB, pelos excessos que cometer".

A expressão "ou desacato" teve a sua eficácia suspensa pelo Supremo Tribunal Federal na ADIn 1.127-8-DF.

Decidiu o Superior Tribunal de Justiça, a propósito, que seria "odiosa qualquer interpretação da legislação vigente conducente à conclusão absurda de que o novo Estatuto da OAB teria instituído, em favor da nobre classe dos advogados, imunidade penal ampla e absoluta, nos crimes contra a honra e até no desacato, imunidade essa não conferida ao cidadão brasileiro, às partes litigantes, nem mesmo aos juízes e promotores. O nobre exercício da advocacia não se confunde com um ato de guerra em que todas as armas, por mais desleais que sejam, possam ser utilizadas"[69].

Confira-se, ainda, nessa mesma linha:

> "*Advogado.* Imunidade profissional. Admissibilidade somente quando o causídico, agindo em seu *munus*, **não extrapole os limites da lei nem utilize expressões injuriosas de caráter pessoal**, conforme interpretação do art. 7º, § 2º, da Lei 8.906/94. Ofensas à dignidade do juiz. Indenização devida"[70].

■ 4.4.4. Resumo

RESPONSABILIDADE DOS ADVOGADOS	
RESPONSABILIDADE SUBJETIVA	■ O § 4º do art. 14 do CDC preceitua: "A responsabilidade pessoal dos profissionais liberais será apurada mediante a verificação de culpa". A responsabilidade do advogado é puramente contratual. Assume ele obrigação de meio, e não de resultado. O advogado responde pelos erros de fato e de direito cometidos no desempenho do mandato. Quanto aos últimos, é necessário que o erro em si se revista de gravidade para conduzir à responsabilidade do advogado.

69 *RSTJ*, 69/129.

70 *RT*, 747/399.

PERDA DE UMA CHANCE	■ A conduta omissiva do profissional, como a perda de prazo, pode representar, para o cliente, a perda de uma chance de se obter, no Judiciário, o reconhecimento e a satisfação íntegra ou completa de seus direitos. Tal perda é indenizável. Para a valoração da chance perdida, deve-se partir da premissa inicial de que a chance, no momento de sua perda, tem um valor que, mesmo sendo de difícil determinação, é incontestável. É o valor econômico dessa chance que deve ser indenizado.
INVIOLABILIDADE PROFISSIONAL	■ Preceitua o art. 7º, § 2º, do Estatuto da OAB que "o advogado tem imunidade profissional, não constituindo injúria ou difamação puníveis qualquer manifestação de sua parte, no exercício de sua atividade, em juízo ou fora dele, sem prejuízo das sanções disciplinares perante a OAB, pelos excessos que cometer". Não pode o causídico, pois, extrapolar os limites da lei, nem utilizar expressões injuriosas, de caráter pessoal.

■ 4.5. RESPONSABILIDADE CIVIL DO FORNECEDOR NO CÓDIGO DE DEFESA DO CONSUMIDOR

■ 4.5.1. Aspectos gerais

Os dois principais protagonistas do Código de Defesa do Consumidor são:

- o **consumidor**; e
- o **fornecedor**.

■ *4.5.1.1. O fornecedor*

Fornecedor é toda pessoa física ou jurídica, pública ou privada, nacional ou estrangeira, bem como os entes despersonalizados que desenvolvem **atividades** de produção, montagem, criação, construção, transformação, importação, exportação, distribuição ou comercialização de produtos ou prestação de serviços (art. 3º).

Incluídos se acham nesse conceito, portanto, o **produtor**, o **fabricante**, o **comerciante**, o **prestador de serviços**, bem como os **órgãos do Poder Público** que desenvolvam as mencionadas atividades ou prestem serviços que caracterizem relação de consumo.

Observe-se que a lei se refere a fornecedor como aquele que desenvolve **"atividade"** de produção, montagem, comercialização etc., mostrando que é a atividade que caracteriza alguém como produtor. Ora, atividade significa não a prática de atos isolados, mas a de **atos continuados e habituais**. Assim, não é considerado fornecedor quem celebra um contrato de compra e venda, mas aquele que exerce **habitualmente** a atividade de comprar e vender. Assim como não é fornecedor quem vende a sua casa ou seu apartamento, mas o construtor que exerce a atividade de venda dos imóveis que constrói, habitual e profissionalmente.

■ *4.5.1.2. Responsabilidade objetiva*

O Código de Defesa do Consumidor consagrou a responsabilidade **objetiva** do fornecedor, tendo em vista especialmente o fato de vivermos, hoje, em uma sociedade de produção e de consumo **em massa**, responsável pela despersonalização ou desindividualização das relações entre produtores, comerciantes e prestadores de serviços, em um polo, e compradores e usuários do serviço, no outro.

■ 4.5.1.3. *Responsabilidade solidária*

A responsabilidade é estendida, **solidariamente**, a todos os que compõem o elo básico na colocação de produtos no mercado quando autores da ofensa (art. 7º, parágrafo único).

No caso de existência de lesões ou problemas com bens, consideram-se equiparadas a consumidor **todas as vítimas** (por exemplo, em uma família, as pessoas que tenham contraído doenças em face de vícios de produto).

■ 4.5.1.4. *Inadmissibilidade de cláusula limitativa da responsabilidade*

No sistema brasileiro, não existe limitação para a indenização, também denominada **"indenização tarifada"**. De modo que, havendo danos causados aos consumidores, o fornecedor deve indenizá-los em sua **integralidade**. Essa indenização derivada do fato do produto ou serviço não pode ser excluída contratualmente.

O art. 51 do Código de Defesa do Consumidor considera abusiva e, portanto, **nula** a cláusula contratual que impossibilitar, exonerar ou atenuar a responsabilidade civil do fornecedor por vícios de qualquer natureza, incluídos aqui os acidentes de consumo e os vícios redibitórios[71].

Hoje em dia é muito comum vermos essas cláusulas de exclusão da responsabilidade civil em avisos existentes em estacionamentos de automóveis, por exemplo, as quais, a partir da entrada em vigor do Código de Defesa do Consumidor, não mais têm eficácia.

■ 4.5.2. A responsabilidade pelo fato do produto e do serviço

■ 4.5.2.1. *Introdução*

Duas são as espécies de responsabilidade civil reguladas pelo Código de Defesa do Consumidor:

- a responsabilidade pelo **fato** do produto e do serviço; e
- a responsabilidade por **vícios** do produto ou do serviço.

Tanto uma como outra são de natureza **objetiva**, prescindindo do elemento culpa para que haja o dever de o fornecedor indenizar, exceção feita aos **profissionais liberais**, cuja responsabilidade pessoal continua sendo de natureza subjetiva (art. 14, § 4º).

■ 4.5.2.2. *Responsabilidade pelo fato do produto e do serviço*

É derivada de danos do produto ou serviço, também chamados de **acidentes de consumo** (extrínseca). Para efeito de indenização, é considerado **fato do produto** todo e qualquer acidente provocado por produto ou serviço que causar dano ao consumidor, sendo equiparadas a este todas as vítimas do evento (art. 17).

---

71 Nelson Nery Junior, Aspectos da responsabilidade civil, cit., *Revista do Advogado*, n. 33, p. 78-79.

Enquadram-se nesses casos os danos, materiais e pessoais, decorrentes de acidente automobilístico ocorrido em virtude de defeito de fabricação da direção ou dos freios; de incêndio ou curto-circuito provocado por defeito de eletrodoméstico; de uso de medicamento nocivo à saúde; de emprego de agrotóxico prejudicial à plantação ou à pastagem etc.

Com relação ao fornecimento de **serviços defeituosos**, podem ser lembradas as hipóteses de danos materiais ou pessoais causados aos usuários dos serviços de transporte (acidentes aeroviários, p. ex.), dos serviços de guarda e estacionamento de veículo, de hospedagem, de construção etc.

■ *4.5.2.3. Conceito de produto defeituoso*

De acordo com o § 1º do art. 12, é defeituoso o produto que não revele a **segurança** que se poderia esperar, levados em consideração sua apresentação, **o uso e o risco** que razoavelmente dele se presume e a época em que foi introduzido no mercado.

Também se considera defeituoso, para efeitos de indenização, o produto que contenha **informações insuficientes ou inadequadas** sobre sua utilização e risco, inclusive as de caráter publicitário (art. 30).

Desde que o produto não contenha nenhum dos defeitos mencionados no art. 12, o simples fato de existir no mercado de consumo outro produto similar e de qualidade superior não o torna defeituoso (art. 12, § 2º).

■ *4.5.2.4. Responsabilidade principal*

A responsabilidade principal é exclusiva do fabricante, produtor, construtor ou importador do produto, sendo que o **comerciante** somente responde, **subsidiariamente**, quando os responsáveis principais não puderem ser identificados, bem como quando não conservar, adequadamente, os produtos perecíveis.

Ressalva o parágrafo único do art. 13 o **direito de regresso**, na medida de sua participação no evento danoso, àquele que indenizar o prejudicado quando havia outros devedores solidários.

■ 4.5.3. A responsabilidade por vício do produto e do serviço

■ *4.5.3.1. Sistema assemelhado ao dos vícios redibitórios*

Os bens ou serviços fornecidos podem ser afetados por **vícios de qualidade ou quantidade** que os tornem impróprios ou inadequados ao consumo a que se destinam ou lhes diminuam o valor, assim como por aqueles decorrentes da **disparidade** com as indicações constantes do recipiente, da embalagem, rotulagem ou mensagem publicitária (art. 18).

O consumidor, em razão da **solidariedade passiva**, tem direito de endereçar a reclamação ao **fornecedor imediato** do bem ou serviço, quer se trate de fabricante, produtor, importador, comerciante ou prestador de serviços, como também pode, querendo, acionar o **comerciante** e o **fabricante** do produto, em **litisconsórcio passivo**.

Se o comerciante for obrigado a indenizar o consumidor, poderá exercer o **direito de regresso** contra os demais responsáveis, segundo sua participação no evento danoso (sem perquirição de culpa), nos termos do art. 13, parágrafo único, do mesmo Código.

■ 4.5.3.2. *Medidas cabíveis*

Constatado vício de qualidade dos bens fornecidos, o consumidor pode exigir a **substituição** das partes viciadas. Não sendo o vício sanado no prazo máximo de trinta dias, pode o consumidor, nos termos do § 1º do art. 18, exigir, alternativamente e à sua escolha:

> "I — a **substituição do produto** por outro da mesma espécie, em perfeitas condições de uso;
>
> II — a **restituição imediata** da quantia paga, monetariamente atualizada, sem prejuízo de eventuais perdas e danos;
>
> III — o **abatimento** proporcional do preço".

Decidiu-se, a propósito:

> "Comprado veículo novo com defeito de fábrica, é responsabilidade do fabricante entregar outro do mesmo modelo, a teor do art. 18, § 1º, do Código de Defesa do Consumidor"[72].

■ 4.5.3.3. *Prazos legais*

O art. 26 do Código de Defesa do Consumidor dispõe que o direito de reclamar por vícios aparentes caduca em **trinta dias** para os bens **não duráveis** e em **noventa dias** tratando-se de bens **duráveis**, iniciando-se a contagem do prazo decadencial da entrega efetiva do produto.

O § 3º aduz que, tratando-se de **vícios ocultos**, o prazo decadencial inicia sua contagem na **data em que ficar evidenciado o defeito**. Assim, o consumidor que apresenta reclamação perante o fornecedor, devidamente comprovada, para que seja sanado o vício, **obsta a decadência** (art. 26, § 2º) e deve aguardar o decurso do prazo de trinta dias para exercer o direito de formular um dos pedidos alternativamente previstos nos incisos do § 1º do art. 18. Essa nova reclamação, que tem agora novo objeto, deve também obedecer aos prazos do art. 26.

■ 4.5.3.4. *Responsabilidade dos órgãos públicos*

Ressalte-se, por fim, que os órgãos públicos, **por si ou suas empresas, concessionárias, permissionárias** ou sob qualquer outra forma de empreendimento, são obrigados a fornecer serviços adequados, eficientes, seguros e, quanto aos essenciais, contínuos.

---

[72] STJ, REsp 195.659-SP, 3ª T., rel. Min. Menezes Direito, *DJU*, 12-6-2000.

Nos termos do parágrafo único do art. 22, "nos casos de descumprimento, total ou parcial, das obrigações referidas neste artigo, serão as pessoas jurídicas compelidas a cumpri-las e a reparar os danos causados, na forma prevista neste Código".

Observa-se, assim, que a responsabilidade das **pessoas jurídicas de direito público** e das **pessoas jurídicas de direito privado prestadoras de serviço público** não se limita à reparação do dano sob a forma de indenização, como previsto na Constituição Federal (art. 37, § 6º), pois nas ações movidas em defesa dos **interesses e direitos dos consumidores** pode já ser obtida a tutela pleiteada, determinando o juiz providências que assegurem o resultado prático equivalente ao cumprimento da obrigação, conforme o estabelecido no art. 84 do **Código de Defesa do Consumidor**.

■ 4.5.4. As excludentes da responsabilidade civil

■ *4.5.4.1. Hipóteses legais*

O Código de Defesa do Consumidor prevê, de **forma taxativa** ou exaustiva, as hipóteses de exclusão de responsabilidade do fabricante, produtor, construtor ou importador, ao proclamar, no art. 12, § 3º, que **"só"** não será responsabilizado quando provar:

> "I — que não colocou o produto no mercado;
>
> II — que, embora haja colocado o produto no mercado, o defeito inexiste;
>
> III — a culpa exclusiva do consumidor ou de terceiro".

A exoneração da responsabilidade depende, pois, de prova, a ser produzida pelo acionado, de **não ter colocado o produto no mercado**, isto é, de ter sido introduzido no mercado de consumo sem seu conhecimento; ou de **inexistência do defeito** ou de **culpa exclusiva** do consumidor ou de terceiro.

■ *4.5.4.2. Ônus da prova*

Em linhas gerais, a alteração da sistemática da responsabilização, prescindindo do elemento da culpa e adotando a teoria objetiva, não desobriga o lesado da prova do dano e do nexo de causalidade entre o produto ou serviço e o dano.

Em relação a esses elementos, entretanto, o juiz pode inverter o ônus da prova quando "for **verossímil** a alegação" ou quando o consumidor for **"hipossuficiente"**, sempre de acordo com "as regras ordinárias de experiência" (art. 6º, VIII). A inversão se dará pela decisão entre duas alternativas: verossimilhança das alegações ou hipossuficiência. Presente **uma das duas**, está o magistrado obrigado a determiná-la.

O significado de **hipossuficiência** não é econômico, **mas técnico**.

■ *4.5.4.3. Culpa exclusiva da vítima e força maior*

Só se admite como causa exonerativa da responsabilidade a **culpa exclusiva** do consumidor ou de terceiro, **não a culpa concorrente**.

A excludente da **força maior** não foi inserida no rol das excludentes da responsabilidade do fornecedor. Mesmo assim, a arguição da aludida excludente é admitida pela jurisprudência, pois o fato inevitável **rompe o nexo de causalidade**, especialmente quando não guarda nenhuma relação com a atividade de fornecedor, não se podendo, destarte, falar em defeito do produto ou do serviço. O Superior Tribunal de Justiça assim vem decidindo:

> "O fato de o art. 14, § 3º, do Código de Defesa do Consumidor não se referir ao **caso fortuito e à força maior**, ao arrolar as causas de isenção de responsabilidade do fornecedor de serviços, não significa que, no sistema por ele instituído, não possam ser invocadas. A inevitabilidade, e não a imprevisibilidade, é que efetivamente mais importa para caracterizar o fortuito. E aquela há de entender-se dentro de certa relatividade, tendo-se o acontecimento como inevitável em função do que seria razoável exigir-se"[73].

O mesmo Tribunal vem acolhendo a arguição de **força maior** para isentar de responsabilidade os transportadores, autênticos prestadores de serviços, que são vítimas de **roubos de carga, à mão armada**, nas estradas[74].

4.5.4.4. *Excludentes admitidas na hipótese de fornecimento de serviços*

Tratando-se de fornecimento de serviços, o prestador "só" não será responsabilizado quando provar:

> "I — que, tendo prestado o serviço, o **defeito inexiste**;
> II — a **culpa exclusiva** do consumidor ou de terceiro" (art. 14, § 3º).

A responsabilidade pessoal dos **profissionais liberais** será apurada mediante a verificação da **culpa** (art. 14, § 4º), podendo, pois, arguir as excludentes da responsabilidade civil geral, como a culpa da vítima, exclusiva ou concorrente, e o caso fortuito e a força maior.

4.5.5. Resumo

RESPONSABILIDADE DO FORNECEDOR	
RESPONSABILIDADE OBJETIVA	■ Não é considerado fornecedor quem celebra um contrato de compra e venda, mas quem exerce habitualmente a atividade de comprar e vender. O diploma consumerista consagrou a responsabilidade *objetiva* do fornecedor, estendendo-a, solidariamente, a todos os que compõem o elo básico na colocação de produtos no mercado, quando autores da ofensa (art. 7º, parágrafo único).
ESPÉCIES	Duas são as espécies de responsabilidade civil reguladas pelo CDC, ambas de natureza objetiva: ■ a responsabilidade pelo fato do produto e do serviço; e ■ a responsabilidade por vícios do produto ou do serviço. ■ A primeira é derivada de danos do produto ou serviço, também chamados de acidentes de consumo (extrínseca). A segunda, relativa ao vício do produto ou serviço (intrínseca), tem sistema assemelhado ao dos vícios redibitórios, ou seja, quando o defeito torna a coisa imprópria ou inadequada para o uso a que se destina, há o dever de indenizar.

[73] REsp 120.647-SP, 3ª T., rel. Min. Eduardo Ribeiro, *DJU*, 15-5-2000, p. 156.
[74] REsp 43.756-3-SP, 4ª T., rel. Min. Torreão Braz, *DJU*, 1º-8-1994, p. 18658.

EXCLUDENTES	■ A exoneração da responsabilidade depende de prova, a ser produzida pelo acionado, de não ter colocado o produto no mercado, ou de inexistência do defeito ou de ruptura do nexo causal (culpa exclusiva da vítima, caso fortuito ou força maior) (CDC, art. 12, § 3º).

■ 4.6. RESPONSABILIDADE DOS DEPOSITÁRIOS E ENCARREGADOS DA GUARDA E VIGILÂNCIA DOS VEÍCULOS (ESTACIONAMENTOS, SUPERMERCADOS, RESTAURANTES, *SHOPPING CENTERS* ETC.)

■ 4.6.1. Contrato de depósito, de guarda e análogos

O depósito é contrato **real**; perfaz-se com a **tradição** do objeto. É contrato pelo qual uma pessoa recebe um objeto móvel alheio, com a obrigação de devolvê-lo e restituí-lo. Para que se aperfeiçoe não basta o consentimento das partes, pois se exige a entrega da coisa ao depositário[75].

O que se identifica na essência das obrigações do depositário, segundo ensina Aguiar Dias[76], é um **dever de segurança** sobre a coisa depositada, obrigação de resultado que tem por efeito a presunção de culpa contra ele, se não a restitui ao termo do depósito.

Sendo um contrato de natureza real, somente se aperfeiçoa com a entrega do veículo à guarda e custódia do depositário. Pode, no entanto, existir **obrigação de vigilância** do veículo em outras modalidades de contratos, que poderiam ser chamados de **contratos de guarda ou de vigilância** ou simplesmente de contratos inominados, onerosos ou gratuitos, em que não ocorre a tradição e **as chaves do veículo permanecem com o proprietário**, assumindo o outro contratante a obrigação de vigiá-lo e de garantir a sua incolumidade contra furtos e contra colisões e danos provocados por terceiros.

■ 4.6.2. A responsabilidade dos donos de estacionamentos

O dono do estacionamento que explora a guarda de veículos mediante paga dos usuários responde como **depositário**. Essa responsabilidade, no entanto, cessa, se os depositários provarem que **"os fatos prejudiciais"** aos depositantes **"não podiam ser evitados"** (CC, art. 650).

O fato inevitável exclui, portanto, a responsabilidade do depositário. Como proclamado pelo Superior Tribunal de Justiça, "a inevitabilidade e não a imprevisibilidade é que efetivamente mais importa para caracterizar o **fortuito**. E aquela há de entender-se dentro de certa relatividade, tendo-se o acontecimento como inevitável em função do que seria razoável exigir-se"[77].

Cabe aos tribunais decidir, pois, em cada caso, se o **assalto à mão armada**, por exemplo, nas condições em que foi realizado, no caso em julgamento, era inevitável, equiparado ao **fortuito ou força maior**, ou não, dizendo se era de se presumir, em face da atividade do depositário, tivessem sido tomadas especiais providências visan-

[75] Clóvis Beviláqua, *Código Civil comentado*, obs. 2 ao art. 1.265; Washington de Barros Monteiro, *Curso de direito civil*, v. 5, p. 234; Caio Mário da Silva Pereira, *Instituições de direito civil*, v. 3, p. 245, n. 247.

[76] *Da responsabilidade*, cit., t. 1, p. 397, n. 145.

[77] *RSTJ*, 132/311.

do à segurança. O **boletim de ocorrência** é considerado prova hábil da existência do furto, por gerar presunção *juris tantum* de veracidade[78].

O Código de Defesa do Consumidor deu novos rumos à jurisprudência nesse particular, pois os donos de estacionamentos e de estabelecimentos análogos são **prestadores de serviços** e respondem, independentemente de culpa, pela reparação de danos causados aos consumidores por **defeitos relativos à prestação de serviços** (art. 14, § 1º). Malgrado algumas discrepâncias ainda encontradas na jurisprudência, o Superior Tribunal de Justiça vem proclamando:

> "Empresa que explora estacionamento, cobrando pelo serviço prestado, tem **dever de guarda e vigilância** sobre os veículos parqueados, respondendo por indenização em caso de subtração. O roubo, a exemplo do furto, não pode ser alegado como motivo de força maior por quem, em razão do seu ramo de atividade, tem por obrigação e especialidade prestar segurança"[79].

■ 4.6.3. A responsabilidade dos donos de postos de gasolina

Os proprietários de postos de gasolina são responsáveis pelos danos que os veículos sofrerem enquanto estiverem **sob sua guarda**, para fins de lavagem, lubrificação e outros serviços. Respondem inclusive pelos atos de seus **empregados e prepostos**, que porventura venham a se utilizar dos veículos e a causar danos a terceiros.

A responsabilidade, nesse caso, deixa de ser do proprietário e passa a ser do **dono do posto**, a quem a guarda foi transferida.

■ 4.6.4. A responsabilidade dos donos de oficinas mecânicas

O proprietário que entrega seu veículo a uma oficina mecânica para reparos **transfere ao dono desta** a guarda e a obrigação de por ele zelar, e de restituí-lo quando solicitado. Dessa relação se origina um contrato de depósito, do qual decorre a **responsabilidade do estabelecimento** por danos sofridos pelo veículo, especialmente os decorrentes de sua movimentação pelos mecânicos e prepostos.

Em virtude dessa transferência da guarda, respondem os **donos de oficinas** também pelos danos causados, por eles ou por seus prepostos, **a terceiros**, na condução dos veículos, e não seus proprietários.

Respondem, também, por seu **desaparecimento**, se não provarem a "culpa exclusiva do consumidor ou terceiro" (CDC, art. 14, § 3º). Confira-se:

> "Tendo a posse do veículo sido transferida à oficina mecânica, cujo titular passou a ter a sua guarda jurídica, não havendo negligência atribuível à proprietária do mesmo, descabe a pretensão ressarcitória, que, em face dela, foi distribuída"[80].

---

[78] *RT*, 638/92; *RJTJSP*, 110/165.

[79] *RT*, 704/232, rel. Min. Dias Trindade; REsp 31.206-5-SP, 4ª T., rel. Min. Sálvio de Figueiredo; REsp 181.390, 4ª T., rel. Min. Barros Monteiro.

[80] TJRJ, Ap. 7.233/98-Capital, 11ª Câm., j. 12-11-1998.

4.6.5. A responsabilidade dos donos de restaurantes

A entrega do veículo ao manobrista, preposto do estabelecimento, transfere a este a **guarda e a responsabilidade** pela sua vigilância, configurando autêntico contrato de depósito. Responde, assim, o dono do restaurante, como **depositário**, em caso de furto.

A propósito da responsabilidade das empresas em geral por furto de veículos, proclama a **Súmula 130 do Superior Tribunal de Justiça**:

> "A empresa responde, perante o cliente, pela reparação do dano ou furto de veículo ocorridos em seu estacionamento".

Decidiu o Tribunal de Justiça de São Paulo que "a **gratuidade** do serviço prestado aos proprietários de veículos que se servem do estabelecimento **não exclui a responsabilidade** pela guarda dos mesmos. Tal responsabilidade emerge exatamente do serviço complementar assim prestado pelo estabelecimento comercial àqueles que o buscam, em razão da comodidade que propicia"[81].

Por sua vez, proclamou o Superior Tribunal de Justiça, no julgamento de caso de roubo de motocicleta mediante emprego de arma de fogo na área externa de lanchonete (estacionamento): "No caso, a prática do crime de roubo, com emprego inclusive de arma de fogo, de cliente de lanchonete *fast food*, ocorrido no estacionamento externo e gratuito por ela oferecido, constitui verdadeira hipótese de caso fortuito (ou motivo de força maior) que afasta do estabelecimento comercial proprietário da mencionada área o dever de indenizar (art. 393 do Código Civil)"[82].

4.6.6. A responsabilidade dos donos de hotéis

Situação análoga à do restaurante é a do hotel que **recebe o veículo do hóspede** e o guarda no próprio estabelecimento ou em algum outro local sob sua **responsabilidade**. Decorre esta da entrega do carro ao dono do hotel ou a seu preposto, que o **recebe para guardar**.

Não importa, na espécie, se é **cobrada ou não alguma remuneração** pelo depósito, valendo aqui as mesmas observações que foram feitas a esse respeito no tocante à responsabilidade dos donos de restaurantes. A propósito, decidiu o Superior Tribunal de Justiça:

> "A empresa que explora hotel é responsável pela indenização de furto de automóvel, verificado em estacionamento que mantém, **ainda que não cobre por esse serviço** destinado a atrair clientela, por falta ao seu dever de vigilância"[83].

Se, no entanto, o hotel não "recebe" as chaves do veículo e não o guarda, mas apenas permite que o hóspede estacione em suas dependências, por **mera cortesia**, sendo tal circunstância do conhecimento deste, não se caracteriza o contrato de depósito.

---

[81] *RT*, 610/77.

[82] STJ, REsp 1.431.606-SP, 3ª T., rel. Min. Villas Bôas Cueva, *DJe*, 13-10-2017.

[83] REsp 6.069-SP, 3ª T., rel. Min. Dias Trindade, j. 11-3-1991, *DJU*, 17-6-1991, p. 8204, n. 114.

4.6.7. A responsabilidade das escolas e universidades

Poucas vezes se configura a responsabilidade das escolas e universidades pelos furtos de veículos ocorridos em suas dependências. Isso porque, na maioria das vezes, **não ocorre a entrega da coisa e a transferência da obrigação de guarda**, limitando-se tais estabelecimentos a permitir que alunos e professores deixem seus carros em área destinada a estacionamento.

Nesses casos, não se caracteriza o contrato de depósito, porque as chaves do veículo permanecem em poder do proprietário e não se dá a emissão de *ticket* comprovando a entrega do veículo à guarda do estabelecimento. Diferente, no entanto, será a situação se o veículo for entregue à guarda do estabelecimento, mediante **remuneração e controle de entrada e saída** de veículos pela emissão de *tickets* ou outro sistema de vigilância.

Decidiu o Tribunal Regional Federal da 1ª Região:

> "Furto de veículo em *campus* de Universidade Federal. Ausência de demonstração de que a instituição oferecia o estacionamento com garantia de policiamento. Verba indevida"[84].

O Tribunal de Justiça de São Paulo, contudo, proclamou:

> "Fazenda Pública. Responsabilidade civil. Veículo de professor danificado no pátio interno de escola. Omissão do zelador demonstrada. **Irrelevante que fosse mera liberalidade** da direção a permissão para estacionamento. Interpretação do artigo 37, § 6º, da Constituição da República. Ação procedente"[85].

4.6.8. A responsabilidade dos donos de supermercados

Há supermercados que integram os *shopping centers*. Outros há, no entanto, que constituem estabelecimentos autônomos e também possuem uma área destinada a estacionamento dos fregueses. Se esses estacionamentos têm um **aparato de segurança** com a finalidade de inspirar confiança a quem vai ter ao supermercado, caracterizado por grades, portões de entrada e de saída para os carros, guaritas para os guardas, não resta dúvida de que **existe o dever de vigilância** e a consequente responsabilidade em caso de furto, mesmo que as chaves do veículo permaneçam em poder do proprietário e o estacionamento seja **gratuito**. Assim, com efeito, tem sido decidido[86].

Quando, no entanto, não existe esse aparato e se trata de um simples estacionamento (geralmente uma área ao lado ou defronte ao estabelecimento, consistente num simples recuo da construção) cedido gratuitamente aos fregueses, não se pode

---

84 *RT*, 773/396.

85 *JTJ*, Lex, 228/59.

86 *RJTJSP*, 111/401.

dizer que foi assumido o dever de vigilância dos veículos, nem que existe responsabilidade do estabelecimento, em caso de furto.

Uma rede de supermercados foi condenada a ressarcir ex-empregado que teve o veículo furtado no estacionamento da unidade em que trabalhava: "A empresa não pode eximir-se de sua responsabilidade pelo ato criminoso ocorrido em suas dependências, máxime quando auferia lucros pela existência e utilização de seu estacionamento pelo reclamante, que fazia o uso do mesmo em razão do contrato"[87].

■ 4.6.9. A responsabilidade dos *shopping centers*

A situação dos *shopping centers* é complexa e mais abrangente. A jurisprudência tem considerado que se trata de uma atividade empresarial que configura uma unidade de serviços, que integra, em espaço determinado, o empreendedor, os lojistas e o público, daí decorrendo relações jurídicas típicas que envolvem a todos eles.

O estacionamento existe como **parte essencial do negócio**, gerando para o cliente uma verdadeira **expectativa de guarda**, isto é, a certeza de que é melhor frequentar o *shopping center* para compra ou lazer, pela segurança e facilidades oferecidas, dentre as quais está o estacionamento.

Não é somente no contrato de depósito que existe o **dever de guarda** e vigilância. Tal dever pode ser assumido, mesmo tacitamente, em outras circunstâncias. Se não há contrato de depósito, pela **falta de entrega das chaves do veículo** ao empreendedor ou a seu preposto, nem por isso deixará de existir o dever de guarda ou de vigilância quando houver todo **um aparato destinado a atrair clientes** em razão das facilidades de compras e de estacionamento seguro que lhes são acenados.

O que se deve ter presente nesses casos, como bem afirmou Carlos Alberto Menezes Direito[88], é que a visibilidade do estacionamento, como integrante do *shopping center*, impõe a este o dever de custódia, **independentemente das circunstâncias específicas de ser pago, ou não**, de ter controle de entrada e saída, ou de ter suficiente proteção, ou não.

■ 4.6.10. A responsabilidade dos condomínios edilícios

Um condomínio não tem, em princípio, a obrigação de guardar os bens de seus condôminos. Mas é preciso distinguir: se estes dispõem de todo um **aparato** destinado a zelar pela guarda de tais bens (vigias, dispositivos de segurança etc.), **a responsabilidade** pelo furto de veículo pertencente a condômino, ou de toca-fitas, **pode ser-lhes tributada**, porque os prepostos contratados para cuidar desses bens negligenciaram, permitindo a consumação do furto[89].

---

[87] TRT, 4ª Reg., 8ª T., rel. Des. Marcos Fagundes Salomão, disponível in *Revista Consultor Jurídico* de 9-6-2019.

[88] Anotações sobre a responsabilidade civil por furto de automóveis em *shopping centers*, *RT*, 651/239.

[89] *RJTJSP*, 123/331.

Decidiu o Superior Tribunal de Justiça que é lícito aos condôminos estabelecer, na convenção, "não ser devida indenização, pelo condomínio, em virtude de danos sofridos por veículos estacionados na garagem do edifício"[90].

Também reconheceu a referida Corte a responsabilidade de empresa de vigilância em razão de falha na prestação de serviços, pelo fato de moradora ter dinheiro e joias de valor sentimental furtados de seu apartamento. Confira-se:

> "Ficou demonstrado no processo que o acesso dos assaltantes ao condomínio se deu a partir do comportamento negligente do preposto da empresa recorrente e que não estava em funcionamento o circuito TV, cuja manutenção competia à firma – o que torna inequívoca a ocorrência não apenas de uma, mas de duas graves falhas no serviço de segurança prestado"[91].

■ 4.6.11. Resumo

RESPONSABILIDADE DOS DEPOSITÁRIOS EM GERAL	
DONOS DE ESTACIONAMENTOS	■ A obrigação de vigilância do veículo pode resultar de contrato de depósito, de guarda ou de contrato inominado. Os donos de estacionamento são prestadores de serviços e respondem, independentemente de culpa, pela reparação de danos causados aos consumidores por defeitos relativos à prestação de serviços (CDC, art. 14).
DONOS DE OFICINAS	Respondem os donos de oficinas também pelos danos causados, por eles ou por seus prepostos, a terceiros, na condução dos veículos, e não seus proprietários.
SHOPPING CENTERS	■ Cabe aos *shopping centers* o dever de guarda ou vigilância sobre os veículos deixados em seu estacionamento, seja este gratuito ou remunerado. Respondem pelos furtos ou outros danos causados aos veículos por terceiros ou por seus empregados.
CONDOMÍNIOS EM EDIFICAÇÕES	Os condomínios em edificações não têm, em princípio, a obrigação de cuidar dos bens de seus condôminos. No entanto, se dispõem de todo um aparato destinado a zelar pela guarda de tais bens, a responsabilidade pelo furto do veículo pertencente a condômino, ou de toca-fitas, pode ser-lhes tributada.

■ 4.7. ACIDENTE DE TRABALHO E RESPONSABILIDADE CIVIL

■ 4.7.1. Indenização acidentária

■ *4.7.1.1. Atual monopólio do seguro de acidentes*

A indenização decorrente da infortunística, tarifada, não cobre todos os danos sofridos pelo trabalhador. O seguro de acidentes do trabalho, na atual legislação, está integrado na Previdência Social, em forma de monopólio.

Sob a égide do Decreto-Lei n. 7.036, de 1944, o **empregador** era responsável, em decorrência do **contrato de trabalho**, pela **indenização acidentária**, e deveria manter seguro para garantir ao trabalhador o pagamento da respectiva indenização em caso de infortúnio, sendo que o prêmio era pago pela empresa.

Hoje, com a integração do seguro de acidentes na **Previdência Social**, alteraram-se as formas de indenização, não havendo mais o pagamento de uma indenização fixa,

---

90 REsp 10.285-SP, 3ª T., rel. Min. Nilson Naves, *DJU*, 16-12-1991, p. 18534.

91 STJ, REsp 1.330.225, 3ª T., rel. Min. Villas Bôas Cueva, disponível in *Revista Consultor Jurídico* de 11-2-2018.

mas a adoção de novos critérios para a compensação previdenciária específica do trabalhador pelo dano sofrido em razão do infortúnio. A ação, agora, é ajuizada **contra o órgão previdenciário** que detém o **monopólio do seguro de acidentes**.

■ *4.7.1.2. Responsabilidade objetiva*

No seguro contra acidentes do trabalho a responsabilidade é **objetiva**, sendo suficiente apenas a ocorrência do acidente para exsurgir ao acidentado o direito de socorrer-se da legislação acidentária, cabendo ao **órgão securitário** a obrigação de indenizar a **incapacidade** para o trabalho.

■ 4.7.2. Avanço representado pela Constituição Federal de 1988

A Constituição Federal de 1988, no capítulo dos direitos sociais, dentre outros direitos assegurados aos trabalhadores urbanos e rurais, estabeleceu o "seguro contra acidentes de trabalho, a cargo do empregador, **sem excluir a indenização a que este está obrigado**, quando incorrer em **dolo ou culpa**" (art. 7º, XXVIII).

Nota-se um grande avanço em termos de legislação, pois se admitiu a possibilidade de ser pleiteada a indenização pelo **direito comum**, cumulável com a **acidentária**, no caso de dolo ou culpa do empregador, **sem fazer qualquer distinção quanto aos graus de culpa**. Qualquer falta cometida pelo empregador, na ocasião de evento lesivo ao empregado, acarretar-lhe-á o dever indenizatório, mesmo as levíssimas. Confira-se:

> "A empresa responde objetivamente em caso de acidente de trabalho ocorrido durante atividade de risco acentuado. Ajudante geral que durante 10 anos fazia viagens a cidades do interior e do litoral de São Paulo e a outros estados para fazer reparos em redes elétricas e que foi 'fechado' por outro carro e acabou falecendo no acidente. Ainda que a empresa não tenha agido com culpa, o fato de o empregado ter de fazer viagens para fazer seu trabalho o colocava em situação de risco, caracterizando a responsabilidade objetiva da empresa"[92].

> "Atividade profissional desempenhada com o uso de motosserra deve ser considerada de risco, cabendo à empresa indenizar o empregado em caso de acidente. O artigo 927, parágrafo único, do Código Civil preconiza que a responsabilidade independerá da existência de culpa quando a atividade desenvolvida pelo autor do dano implicar, por sua natureza, risco para os direitos de outrem. Está-se diante da responsabilidade objetiva, em que, mesmo ausente a culpa ou o dolo do agente, a reparação será devida"[93].

> "Conforme jurisprudência dominante, em se tratando de atividade que, pela sua natureza, pressupõe a utilização de motocicleta, aplica-se a teoria da responsabilidade objetiva, prevista no parágrafo único do artigo 927 do Código Civil"[94].

---

92 TST, RR 795-07.2011.5.02.0271-SP, 2ª T., rel. Min. José Roberto Freire Pimenta, disponível in *Revista Consultor Jurídico* de 29-4-2019.

93 TST, RR 347-77.2012.5.09.0053, 2ª T., rel. Min. José Roberto Freire Pimenta, disponível in *Revista Consultor Jurídico* de 15-5-2019.

94 TRT, 2ª T., Des. Platon Teixeira de Azevedo Filho, j. 6-5-2020.

Qualquer que seja, portanto, o grau de culpa, terá o empregador de suportar o dever indenizatório, **segundo as regras do Direito Civil**, sem qualquer compensação com a reparação concedida pela Previdência Social. Somente a ausência total de culpa do patrão (em hipóteses de caso fortuito ou força maior, ou de culpa exclusiva de vítima ou de terceiro) é que o isentará da responsabilidade civil concomitante à reparação previdenciária.

Quando a responsabilidade pelo acidente de trabalho é de ambos, ou seja, da empresa e também do empregado, a indenização deve ser **dividida em 50% para cada um**[95].

4.7.2.1. *Responsabilidade subjetiva, na indenizatória movida pelo direito comum*

O avanço, no entanto, não foi completo, adotada apenas a responsabilidade **subjetiva**, que condiciona o pagamento da indenização à **prova de culpa ou dolo** do empregador, enquanto a indenização acidentária e securitária é objetiva.

Os novos rumos da responsabilidade civil, no entanto, caminham no sentido de considerar **objetiva** a responsabilidade das empresas pelos danos causados aos empregados, com base na **teoria do risco criado**, cabendo a estes somente a **prova do dano** e do **nexo causal**.

4.7.2.2. *Requisitos*

Esses dois requisitos, prova do dano e do nexo causal, **não podem ser dispensados**. Já se decidiu, com efeito, ser incabível a indenização se não demonstrado que a vítima se encontrava em serviço e que tivesse se dirigido ao estabelecimento comercial a mando ou no interesse da empresa, embora se tivesse apossado de trator desta para seu transporte pessoal[96].

4.7.3. Resumo

RESPONSABILIDADE POR ACIDENTE DO TRABALHO	
MONOPÓLIO DO SEGURO DE ACIDENTES	▪ Com a integração do seguro de acidentes na Previdência Social, a ação acidentária é ajuizada contra o órgão previdenciário, que detém o monopólio do seguro de acidentes.
RESPONSABILIDADE OBJETIVA	▪ No seguro contra acidentes do trabalho a responsabilidade é ***objetiva***, sendo suficiente apenas a ocorrência do acidente para que exsurja a obrigação do órgão securitário de indenizar a incapacidade para o trabalho.
INDENIZATÓRIA PELO DIREITO COMUM	▪ A CF/88, no capítulo dos direitos sociais (art. 7º, XXVIII), assegurou a indenização acidentária, sem excluir a do direito comum, em caso de dolo ou culpa do empregador. ▪ Adotou-se, assim, a teoria ***subjetiva***. Qualquer que seja o grau de culpa, terá o empregador de suportar o dever indenizatório, segundo as regras do direito civil, sem qualquer compensação com a reparação concedida pela Previdência Social.

95 TST, RR 45700-98.2007.5.170181, 1ª T., rel. Min. Hugo Carlos Scheuermann, j. 3-2-2016.

96 *RT*, 608/98.

■ 4.8. QUESTÕES

1. (PGE/PR/Procurador do Estado/2007) Sobre a disciplina do dever de indenizar é CORRETO afirmar que:

a) O Código Civil de 2002 não diferencia a imputação do dever de indenizar contratual e extracontratual.
b) O incapaz para celebrar negócios jurídicos não tem capacidade para praticar ilícitos civis.
c) O elemento da culpa pode servir para interpretação tanto sobre o dever de indenizar como sobre a quantificação do valor da indenização.
d) Em regra, não há solidariedade passiva entre os autores e coautores do dano.
e) A ilicitude da conduta é indispensável para a configuração do dever de indenizar.

2. (TRF/4ª Região/Juiz Federal/XIII Concurso/2008) Assinalar a alternativa INCORRETA quanto à responsabilidade civil.

a) Nas indenizações decorrentes de "perda de uma chance", a probabilidade de perda de uma oportunidade não pode ser considerada em abstrato.
b) O fato de terceiro somente exclui a responsabilidade do transportador em casos excepcionais, equiparáveis ao caso fortuito ou força maior.
c) Nas hipóteses de morte do chefe da família, tem sido reconhecido aos beneficiários da indenização o direito de acrescer.
d) Quando o ato, além de ilícito civil, constituir também crime, a indenização será fixada com o cômputo de juros compostos.

3. (TJPA/Juiz de Direito/VUNESP/2014) Maria compareceu ao banco para pagamento de taxa de inscrição para prestar concurso público. Por erro do sistema não foi computado o pagamento, embora tenha sido recebido o valor determinado, deixando Maria fora do certame. Do ponto de vista da Responsabilidade Civil, Maria tem direito a ser indenizada:

a) pelo valor do pagamento da taxa e danos, pela perda de uma chance;
b) pelos danos materiais apenas;
c) por danos morais apenas;
d) por danos morais, pela perda de uma chance apenas.

4. (MP/SP/Promotor de Justiça/73º Concurso) Responsabilidade civil. Indenização.

a) Morte da vítima, em acidente de trânsito, que estava sendo transportada a título de cortesia, transporte gratuito. Indenização devida, ainda que o transportador não tenha atuado com dolo ou culpa grave.
b) Acidente de trânsito. Evento causado por menor púbere, sem habilitação. Veículo de propriedade de terceiros. Responsabilidade solidária dos pais e dos titulares do bem.
c) Condomínio. Furto de veículo na garagem do edifício. Convenção condominial omissa a respeito. Indenização devida diante do vínculo obrigacional de guarda e vigilância.
d) Vítima atropelada em via férrea ao se utilizar de passagem clandestina comumente usada por pedestres. Local desprovido de sinalização, cancela ou guarda permanente, não obstante conhecimento da companhia. Existência de passarela em local distante. Culpa da ferrovia não caracterizada.

5. (TJPR/Juiz Substituto/CESPE/2017) Ana, maior de sessenta e cinco anos de idade, valendo-se da gratuidade constitucional do transporte coletivo urbano, ingressou em ônibus da empresa Transpark S. A. e declarou o valor da bagagem em R$ 10.000, o que foi aceito pela transportadora. Durante o trajeto, o veículo que estava à frente do ônibus freou abruptamente, sem causa aparente. O motorista do coletivo, visando não colidir, perdeu o controle do carro e caiu em uma ponte, ocasionando perda de bens e lesões em vários passageiros, entre eles, Ana, que ingressou em juízo pleiteando danos morais e estéticos, além de danos materiais pela perda total da bagagem. A empresa, por sua vez, alegou a ocorrência de fato exclusivo de terceiro, o que ficou comprovado mediante laudo pericial da polícia civil.

Nessa situação hipotética, de acordo com o Código Civil, com o entendimento doutrinário sobre o tema e com a jurisprudência do STJ,

a) por se tratar de transporte gratuito, não se pode cogitar a incidência da cláusula de incolumidade.
b) ainda que demonstrado o fato exclusivo de terceiro, a responsabilidade da empresa não é elidida em relação a Ana.
c) a transportadora não poderia exigir de Ana a declaração do valor da bagagem, com vistas à limitação da indenização, pois essa conduta viola o princípio da reparação integral dos danos.
d) os danos estéticos são espécie de danos morais, razão pela qual os pedidos não podem ser cumulados.

6. (TJSP/Juiz de Direito/180º Concurso/2007) No que concerne à responsabilidade civil, é INCORRETO afirmar que:
a) o deficiente mental total responde pelos prejuízos que causou, na falta de obrigação ou de meios de seus responsáveis;
b) a pessoa, agindo em estado de necessidade, tem o dever de indenizar terceiro prejudicado que não deu causa à situação de perigo;
c) as empresas respondem objetivamente pelos danos causados pelos produtos postos em circulação;
d) o estabelecimento bancário não é responsável pelo pagamento do cheque falso, ressalvada a culpa exclusiva do correntista.

7. (OAB/XXIV Exame de Ordem Unificado/Fundação Getulio Vargas/2017) Osvaldo adquiriu um veículo zero quilômetro e, ao chegar a casa, verificou que, no painel do veículo, foi acionada a indicação de problema no nível de óleo. Ao abrir o capô, constatou sujeira de óleo em toda a área. Osvaldo voltou imediatamente à concessionária, que realizou uma rigorosa avaliação do veículo e constatou que havia uma rachadura na estrutura do motor, que, por isso, deveria ser trocado. Osvaldo solicitou um novo veículo, aduzindo que optou pela aquisição de um zero quilômetro por buscar um carro que tivesse toda a sua estrutura "de fábrica".
A concessionária se negou a efetuar a troca ou devolver o dinheiro, alegando que isso não descaracterizaria o veículo como novo e que o custo financeiro de faturamento e outras medidas administrativas eram altas, não justificando, por aquele motivo, o desfazimento do negócio.
No mesmo dia, Osvaldo procura você, como advogado, para orientá-lo. Assinale a opção que apresenta a orientação dada.
a) Cuida-se de vício do produto, e a concessionária dispõe de até trinta dias para providenciar o reparo, fase que, ordinariamente, deve preceder o direito do consumidor de pleitear a troca do veículo.
b) Trata-se de fato do produto, e o consumidor sempre pode exigir a imediata restituição da quantia paga, sem prejuízo de pleitear perdas e danos em juízo.
c) Há evidente vício do produto, sendo subsidiária a responsabilidade da concessionária, devendo o consumidor ajuizar a ação de indenização por danos materiais em face do fabricante.
d) Trata-se de fato do produto, e o consumidor não tem interesse de agir, pois está no curso do prazo para o fornecedor sanar o defeito.

8. (TRF/3ª Região/Juiz Federal/CESPE/UnB/2011) Considerando demanda promovida pela União contra advogado de seus quadros que perdeu o prazo para interpor recurso contra decisão desfavorável em mandado de segurança e permitiu o trânsito em julgado da referida decisão, assinale a opção CORRETA.
a) A reparação possível tem caráter moral e exige prova de que a imagem pública da autoridade identificada como coatora foi atingida.
b) A reparação devida em razão da procedência da ação deverá abranger danos materiais atinentes à possibilidade de sucesso perdida pela não observância do prazo recursal.
c) A responsabilidade do advogado é objetiva, já que atuava em nome da administração pública no momento em que perdeu o prazo para o recurso.

d) O provimento do pedido deve prever a reversão aos cofres públicos exatamente daquilo que foi perdido em razão do trânsito em julgado da decisão não recorrida.
e) Não existe direito à reparação de danos caso não reste provado que a jurisprudência se encontrava uniformizada em sentido contrário ao da decisão não recorrida.

9. (MP/SP/Analista de Promotoria I/2010/VUNESP) Consideram-se produtos essenciais os indispensáveis para satisfazer as necessidades imediatas do consumidor. Logo, na hipótese de falta de qualidade ou quantidade, não sendo o vício sanado pelo fornecedor,

a) é direito do consumidor exigir a substituição do produto por outro de mesma espécie, em perfeitas condições de uso, ou, a seu critério exclusivo, a restituição imediata da quantia paga, sem prejuízo de eventuais perdas e danos, ou, ainda, o abatimento proporcional do preço.
b) o consumidor tem apenas o direito de exigir a substituição do produto por outro de mesma espécie, em perfeitas condições de uso.
c) abre-se, para o consumidor, o direito de, alternativamente, solicitar, dentro do prazo de 7 (sete) dias, a substituição do produto durável ou não durável por outro de mesma espécie, em perfeitas condições de uso, ou a restituição imediata da quantia paga, sem prejuízo de eventuais perdas e danos, ou, ainda, o abatimento proporcional do preço.
d) é direito do consumidor exigir apenas a substituição do produto durável por outro de mesma espécie, em perfeitas condições de uso, ou, sendo não durável, a restituição imediata da quantia paga, sem prejuízo de eventuais perdas e danos, ou, ainda, o abatimento proporcional do preço.
e) é direito do consumidor exigir a substituição do produto durável ou não durável, dentro do prazo de 180 (cento e oitenta) dias, por outro de mesma espécie, em perfeitas condições de uso, ou, a seu critério exclusivo, a restituição imediata da quantia paga, sem prejuízo de eventuais perdas e danos, ou, ainda, o abatimento proporcional do preço.

10. (TJMS/Juiz de Direito/Fundação Carlos Chagas/2010) Segundo o Código de Defesa do Consumidor:

a) o prazo prescricional para o exercício da pretensão de reparação por danos resultantes de fato do produto ou serviço é de 5 (cinco) anos, contados a partir da ocorrência do dano, independente do conhecimento da autoria.
b) a contagem do prazo para reclamar por vícios aparentes ou de fácil constatação se inicia com o conhecimento do dano pelo consumidor e não com a efetiva entrega do produto ou término da execução dos serviços.
c) os prazos de 30 (trinta) e 90 (noventa) dias para reclamar de vícios aparentes e de fácil constatação em produtos e serviços, duráveis e não duráveis, têm natureza decadencial.
d) tratando-se de vício oculto, o prazo para reclamar por vício do produto ou serviço inicia-se com a entrega da mercadoria, independente da data em que o defeito se exteriorizar e ficar evidenciado.
e) apenas a instauração do inquérito civil obsta o decurso da decadência para reclamar vícios aparentes em produtos e serviços.

11. (TRF/3ª Região/Juiz Federal/XIV Concurso/2008) Um consumidor adquire uma televisão numa loja de eletrodomésticos. No momento da aquisição foi-lhe informado que poderia pagar em até 24 vezes sem juros. Posteriormente, após três meses, vem a saber que, desde antes da sua aquisição e até hoje, o mesmo produto tem sido regularmente vendido pelo mesmo estabelecimento com desconto de 40% no caso de pagamento à vista. Assinale a alternativa CORRETA:

a) A venda não padece de qualquer vício desde que o fornecedor tenha adequadamente informado o preço total do produto.
b) A venda violou o CDC que obriga o fornecedor a informar o consumidor, prévia e adequadamente, sobre juros cobrados, ainda que a cobrança ocorra de maneira indireta.
c) A venda não violou nenhum direito do consumidor tendo em vista que a concessão de desconto para pagamento à vista constitui-se em liberdade que o fornecedor pode conceder ao consumidor.

d) O fornecedor tem a obrigação de fornecer o mesmo desconto de 40% para pagamento em 24 prestações.

12. (PGE/MS/Defensor Público/VUNESP/2014) Marcelo, menor de idade, utilizou o carro de seus pais, sem anuência destes, para ir a uma festa. Marcelo convenceu seu amigo Ricardo, igualmente menor de idade, a ir com ele, argumentando que sabia dirigir e seus pais emprestaram o carro. No caminho da festa, Marcelo bruscamente colidiu o veículo e seu amigo Ricardo ficou gravemente ferido, sendo submetido a extenso tratamento para recuperação de sua plena saúde. Sob prisma da responsabilidade civil, é CORRETO afirmar que:

a) os pais de Marcelo não têm responsabilidade pelo ato de seu filho, na medida em que não autorizaram a utilização do veículo.
b) Ricardo e sua família não terão direito a indenização pelos gastos com o tratamento, pois Ricardo conhecia a circunstância de que seu amigo não possuía idade e habilitação para dirigir.
c) os pais de Marcelo deverão indenizar Ricardo e sua família pelos gastos com o tratamento, independentemente da apuração de culpa.
d) os gastos com o tratamento deverão ser igualmente repartidos entre os pais dos amigos, em razão da hipótese configurar culpa concorrente.

13. (TJPR/Juiz Substituto/CESPE-CEBRASPE/2019) Uma empresa contratou uma transportadora para a prestação de serviço de transporte de carga altamente valiosa. A transportadora, por sua vez, não contratou seguro contra perdas e danos que poderiam ser causados à carga transportada, embora o contrato firmado pela transportadora tivesse estipulado a obrigatoriedade de seguro com tal cobertura. A carga era transportada em trajeto conhecido e em horário com intenso tráfego, quando o veículo que a transportava foi interceptado por assaltantes à mão armada, que roubaram toda a carga. Em decorrência desse fato, a empresa contratante ajuizou ação de reparação de danos em desfavor da transportadora.

À luz do entendimento jurisprudencial, nessa situação hipotética,

a) não há responsabilidade civil da transportadora, pois o roubo à mão armada constitui motivo de força maior.
b) há responsabilidade civil da transportadora, desde que seja demonstrado que ela não adotou medidas razoáveis de cautela, como a contratação do referido seguro.
c) não há responsabilidade civil da transportadora, pois, ao ter realizado o transporte em trajeto conhecido e em horário com intenso tráfego, adotou medidas razoáveis de cautela.
d) há responsabilidade civil da transportadora, sendo suficiente para sua configuração a previsibilidade abstrata de risco de roubo da carga transportada.

14. (Defensoria Pública/SP/2009-III) Considere os seguintes enunciados:

I. Quem eventualmente pratica atos envolvendo um bem, por exemplo, a venda de uma casa de seu patrimônio pessoal, não se sujeita à responsabilidade prevista no Código de Defesa do Consumidor.
II. As pessoas que não participam do negócio de transmissão e aquisição de um produto e venham a sofrer lesão pelo uso deste devem buscar reparação em face do adquirente.
III. Os danos causados aos consumidores no caso de contratos que contenham cláusula com tarifação para lesões devem ser ressarcidos conforme os modos e valores estipulados.
IV. Tanto a responsabilidade pelo fato do produto quanto a por vícios do produto prescindem da perquirição de culpa. A reparação cabe, principalmente, ao fabricante, produtor ou importador, salvo se não puderem ser identificados e quando o comerciante não houver conservado adequadamente o produto.
V. Eximem-se de responsabilidade fabricantes, produtores ou importadores quando demonstram não ter colocado o produto no mercado, a inexistência de defeitos ou a culpa do comerciante ou do consumidor.

Estão corretos SOMENTE

a) I, II e V.
b) I, IV e V.
c) II e III.
d) III e V.
e) IV e V.

15. (TRF/2ª Região/Juiz Federal/2018) Cláudio, cirurgião e locatário de centro cirúrgico de hospital de renome pelo prazo de quinze dias, submete seu paciente João à cirurgia de ponte de safena, conforme prognóstico anteriormente feito. Contudo, a intervenção cirúrgica não é bem-sucedida e, no curso do procedimento, João vem a falecer. Pressupondo a configuração da responsabilidade civil no caso, aponte quem é o responsável pelo óbito do paciente:

a) o médico, em razão de responsabilidade civil objetiva.
b) o médico e o hospital, devido à teoria do risco profissional.
c) somente o hospital, devido à sua condição de prestador de serviço.
d) o médico, desde que demonstrada culpa no evento.
e) o médico e o hospital, em virtude do vínculo de locação.

16. (Defensoria Pública/PB/Defensor Público/Fundação Carlos Chagas/2014) Fernanda viajava de ônibus operado pela PPC Transportes quando um caminhão invadiu a pista e abalroou o veículo. A batida causou danos à integridade física de Fernanda e à sua bagagem. Fernanda ajuizou ação contra a PPC Transportes, postulando compensação por danos morais, em razão dos danos físicos que experimentou, bem como indenização por danos materiais, em razão do perecimento de sua bagagem. Tal ação deverá ser julgada

a) procedente, devendo comprovar a existência do contrato de transporte, culpa da PPC Transportes e os danos descritos na inicial;
b) improcedente, pois a culpa exclusiva de terceiro afasta o elemento culpa;
c) improcedente, pois a culpa exclusiva de terceiro afasta o nexo de causalidade;
d) procedente, bastando prova do contrato de transporte e dos danos descritos na inicial;
e) procedente, devendo comprovar a existência do contrato de transporte e culpa da PPC Transportes, sendo presumidos os danos descritos na inicial.

17. (TJPR/Juiz de Direito/CESPE/2017) Ana, maior de sessenta e cinco anos de idade, valendo-se da gratuidade constitucional do transporte coletivo urbano, ingressou em ônibus da empresa Transpark S.A. e declarou o valor da bagagem em R$ 10.000, o que foi aceito pela transportadora. Durante o trajeto, o veículo que estava à frente do ônibus freou abruptamente, sem causa aparente. O motorista do coletivo, visando não colidir, perdeu o controle do carro e caiu em uma ponte, ocasionando perda de bens e lesões em vários passageiros, entre eles, Ana, que ingressou em juízo pleiteando danos morais e estéticos, além de danos materiais pela perda total da bagagem. A empresa, por sua vez, alegou a ocorrência de fato exclusivo de terceiro, o que ficou comprovado mediante laudo pericial da polícia civil.

Nessa situação hipotética, de acordo com o Código Civil, com o entendimento doutrinário sobre o tema e com a jurisprudência do STJ,

a) por se tratar de transporte gratuito, não se pode cogitar a incidência de cláusula de incolumidade.
b) ainda que demonstrado o fato exclusivo de terceiro, a responsabilidade da empresa não é elidida em relação a Ana.
c) a transportadora não poderia exigir de Ana a declaração do valor da bagagem, com vistas à limitação da indenização, pois essa conduta viola o princípio da reparação integral dos danos.
d) os danos estéticos são espécie de danos morais, razão pela qual os pedidos não podem ser cumulados.

18. (TCE/CE/Analista de Controle Externo/Fundação Carlos Chagas/2015) João é dono de um cão feroz que atacou Maicon quando este passava em frente de sua residência. João responderá de maneira

a) objetiva pelos danos causados pelo animal, salvo se provar culpa exclusiva da vítima ou força maior.
b) subjetiva pelos danos causados pelo animal, não se admitindo causa excludente de responsabilização.
c) objetiva pelos danos causados pelo animal, não se admitindo causa excludente de responsabilização.
d) subjetiva pelos danos causados pelo animal, salvo se provar força maior.
e) subjetiva pelos danos causados pelo animal, salvo se provar que não agiu com dolo ou culpa.

19. (TRF/5ª Região/Juiz Federal/CESPE/UnB/2013) No que se refere à responsabilidade civil, assinale a opção CORRETA.

a) A jurisprudência do STJ tem afastado a caracterização de assalto ocorrido em estabelecimentos bancários como caso fortuito ou força maior, mantendo o dever de indenizar da instituição bancária, já que a segurança é essencial ao serviço prestado.
b) É devida indenização por lucros cessantes aos dependentes, considerando-se a vida provável do falecido do qual dependam. Segundo a jurisprudência do STJ, a longevidade provável da vítima, para efeito de fixação do tempo de pensionamento, pode ser apurada, no caso concreto, por critério fixado livremente pelo próprio julgador.
c) O início do prazo para a fluência dos juros de mora, nos casos de condenação a indenização por dano moral decorrente de responsabilidade extracontratual, ocorre na data do ajuizamento da ação.
d) Quanto à sua origem, a responsabilidade civil pode ser classificada em contratual ou negocial e extracontratual ou *aquiliana*. Esse modelo binário de responsabilidades, embora consagrado de modo unânime pela doutrina e pela jurisprudência pátria, não está expressamente previsto no Código Civil, ao contrário do que ocorre no CDC.
e) Com base no Código Civil brasileiro, o abuso de direito pode ser conceituado como ato jurídico de objeto lícito, mas cujo exercício, levado a efeito sem a devida regularidade, acarreta um resultado ilícito. Na codificação atual, portanto, não foi mantida a concepção tridimensional do direito de Miguel Reale, segundo a qual o direito é fato, valor e norma.

20. (PGE/PB/Defensor Público/Fundação Carlos Chagas/2014) Fernanda viajava de ônibus operado pela PPC Transportes quando um caminhão invadiu a pista e abalroou o veículo. A batida causou danos à integridade física de Fernanda e à sua bagagem. Fernanda ajuizou ação contra a PPC Transportes, postulando compensação por danos materiais, em razão do perecimento de sua bagagem. Tal ação deverá ser julgada

a) procedente, devendo comprovar a existência do contrato de transporte, culpa da PPC Transportes e os danos descritos na inicial.
b) improcedente, pois a culpa exclusiva de terceiro afasta o elemento culpa.
c) improcedente, pois a culpa exclusiva de terceiro afasta o nexo de causalidade.
d) procedente, bastando a prova do contrato de transporte e dos danos descritos na inicial.
e) procedente, devendo comprovar a existência do contrato de transporte e culpa da PPC Transportes, sendo presumidos os danos descritos na inicial.

21. (TRT/15ª Região/Juiz do Trabalho/XXVIII Concurso/2015) A banda de música X foi contratada para animar uma festa, por 05 (cinco) horas, de 23h às 4h, mediante o pagamento posterior de R$ 20.000,00 (vinte mil reais), estabelecendo-se a pena de R$ 19.000,00 (dezenove mil reais), no caso de descumprimento do contrato. Na data aprazada, a banda contratada não compareceu e alegou que seu dirigente se equivocara, entendendo que o evento só ocorreria na semana seguinte. A banda Y, que já se encontrava no local e animara a festa de 18h30 às 22h30 concordou em suprir a falta, mediante o pagamento adicional de, também, R$ 20.000,00. Neste caso, a banda X, em ação judicial movida pela contratante,

a) deverá ser condenada ao pagamento do valor despendido para remunerar a banda Y, sem incidência da cláusula penal.

b) deverá ser condenada ao pagamento da pena contratual e o contratante não poderá exigir indenização suplementar, salvo se esta houver sido convencionada. Entretanto, o juiz deverá reduzir a penalidade equitativamente se a entender manifestamente excessiva.
c) deverá ser condenada ao pagamento da pena contratual, bem como ao valor pago à banda Y.
d) nada deverá pagar ao contratante, porque o serviço foi executado por terceiro.
e) deverá ser condenada ao pagamento da pena contratual e o contratante poderá exigir indenização suplementar, não podendo o juiz, ainda que considere excessiva a pena, reduzi-la.

22. (OAB/XXII Exame de Ordem Unificado/Fundação Getulio Vargas/2017) Alvina, condômina de um edifício residencial, ingressou com ação para reparação de danos, aduzindo falha na prestação dos serviços de modernização dos elevadores. Narrou ser moradora do 10º andar e que hospedou parentes durante o período dos festejos de fim de ano. Alegou que o serviço nos elevadores estava previsto para ser concluído em duas semanas, mas atrasou mais de seis semanas, o que implicou falta de elevadores durante o período em que recebeu seus hóspedes, fazendo com que seus convidados, todos idosos, tivessem que utilizar as escadas, o que gerou transtornos e dificuldades, já que os hóspedes deixaram de fazer passeios e outras atividades turísticas diante das dificuldades de acesso. Sentindo-se constrangida e tendo que alterar todo o planejamento de atividades para o período, Alvina afirmou ter sofrido danos extrapatrimoniais decorrentes da mora do fornecedor de serviço, que, ainda que regularmente notificado pelo condomínio, quedou-se inerte e não apresentou qualquer justificativa que impedisse o cumprimento da obrigação de forma tempestiva. Diante da situação apresentada, assinale a afirmativa CORRETA.

a) Existe relação de consumo apenas entre o condomínio e o fornecedor de serviço, não tendo Alvina legitimidade para ingressar com ação indenizatória, por estar excluída da cadeia da relação consumerista.
b) Inexiste relação consumerista na hipótese, e sim relação contratual regida pelo Código Civil, tendo a multa contratual pelo atraso na execução do serviço cunho indenizatório, que deve servir a todos os condôminos e não a Alvina, individualmente.
c) Existe relação de consumo, mas não cabe ação individual, e sim a perpetrada por todos os condôminos, em litisconsórcio, tendo como objeto apenas a cobrança de multa contratual e indenização coletiva.
d) Existe relação de consumo entre a condômina e o fornecedor, com base na teoria finalista, podendo Alvina ingressar individualmente com a ação indenizatória, já que é destinatária final e quem sofreu os danos narrados.

23. (TJPR/Juiz de Direito/CESPE-CEBRASPE/2017) À luz do Código Civil, do entendimento doutrinário sobre o tema e da jurisprudência do STJ, assinale a opção CORRETA a respeito da responsabilidade civil e da obrigação de indenizar.

a) A embriaguez do segurado que conduz veículo automotor, por si só, é causa suficiente para exclusão da garantia, pois houve o agravamento do risco.
b) No caso de violação da posse, se a coisa se perder e deixar de existir, a indenização em favor do possuidor terá de ser estimada pelo seu valor originário e de afeição.
c) A aplicação da teoria da perda de uma chance restringe-se aos danos materiais.
d) A responsabilização do dono de animal pelos danos por este ocasionados a terceiros decorre do instituto da culpa presumida.

24. (OAB/XXIV Exame de Ordem Unificado/Fundação Getulio Vargas/2017) Os arquitetos Everton e Joana adquiriram pacote de viagens para passar a lua de mel na Europa, primeira viagem internacional do casal. Ocorre que o trajeto do voo previa conexão em um país que exigia visto do trânsito, tendo havido impedimento do embarque dos noivos, ainda no Brasil, por não terem o visto exigido. O casal questionou a agência de turismo por não ter dado qualquer explicação prévia nesse sentido, e a fornecedora informou que não se responsabilizava pela informação de necessidade de visto para a realização da viagem.
Diante do caso apresentado, assinale a afirmativa CORRETA.

a) Cabe ação de reparação por danos extrapatrimoniais, em razão da insuficiência de informação clara e precisa, que deveria ter sido prestada pela agência de turismo, no tocante à necessidade de visto de trânsito para a conexão internacional prevista no trajeto.
b) Não houve danos materiais a serem ressarcidos, já que os consumidores sequer embarcaram, situação muito diferente de terem de retornar, às próprias expensas, diretamente do país de conexão, interrompendo a viagem durante o percurso.
c) Não ocorreram danos extrapatrimoniais por se tratar de pessoas que tinham capacidade de leitura e compreensão do contrato, sendo culpa exclusiva das próprias vítimas a interrupção de viagem por desconhecerem a necessidade de visto de trânsito para realizarem a conexão internacional.
d) Houve culpa exclusiva da empresa aérea que emitiu os bilhetes de viagem, não podendo a agência de viagem ser culpabilizada, por ser o comerciante responsável subsidiariamente e não responder diretamente pelo fato do serviço.

25. (OAB/XXIII Exame de Ordem Unificado/Fundação Getulio Vargas/2017) Vera sofreu acidente doméstico e, sentindo fortes dores nas costas e redução da força dos membros inferiores, procurou atendimento médico-hospitalar. A equipe médica prescreveu uma análise neurológica que, a partir dos exames de imagem, evidenciaram uma lesão na coluna. O plano de saúde, entretanto, negou o procedimento e material, aduzindo negativa de cobertura, embora a moléstia estivesse prevista em contrato.
Vera o(a) procura como advogado(a) a fim de saber se o plano de saúde poderia negar, sob a justificativa de falta de cobertura contratual, algo que os médicos informaram ser essencial para a diagnose correta da extensão da lesão da coluna.
Neste caso, à luz da norma consumerista e do entendimento do STJ, assinale a afirmativa CORRETA.

a) O contrato de plano de saúde não é regido pelo Código do Consumidor e sim, exclusivamente, pelas normas da Agência Nacional de Saúde, o que impede a interpretação ampliativa, sob pena de comprometer a higidez econômica dos planos de saúde, respaldada no princípio da solidariedade.
b) O plano de saúde pode se negar a cobrir o procedimento médico-hospitalar, desde que possibilite o reembolso de material indicado pelos profissionais de medicina, ainda que imponha limitação de valores e o reembolso se dê de forma parcial.
c) O contrato de plano de saúde é regido pelo Código do Consumidor e os planos de saúde apenas podem estabelecer para quais moléstias oferecerão cobertura, não lhes cabendo limitar o tipo de tratamento que será prescrito, incumbência essa que pertence ao profissional da medicina que assiste ao paciente.
d) O contrato de plano de saúde é regido pelo Código do Consumidor e, resguardados os direitos básicos do consumidor, os planos de saúde podem estabelecer para quais moléstias e para que tipo de tratamento oferecerão cobertura, de acordo com a categoria de cada nível contratado, sem que isso viole o CDC.

26. (TJCE/Juiz de Direito/CESPE-CEBRASPE/2018) Pedro descobriu que seu nome havia sido inscrito em órgãos de restrição ao crédito por determinada instituição financeira em decorrência do inadimplemento de contrato fraudado por terceiro.
Nesse caso hipotético, a instituição financeira

a) não responderá civilmente, uma vez que se trata de fato de terceiro, mas deverá proceder à retirada do registro negativo no nome de Pedro.
b) não responderá civilmente, porque a fraude configura uma excludente de caso fortuito externo.
c) responderá civilmente na modalidade objetiva integral.
d) responderá civilmente apenas se Pedro comprovar que sofreu prejuízos devido à inscrição de seu nome nos órgãos de restrição ao crédito.
e) responderá civilmente na modalidade objetiva, com base no risco do empreendimento.

27. (Prefeitura Municipal/Curitiba-PR/Procurador Jurídico/NC-UFPR/2019) Acerca da responsabilidade civil objetiva, é CORRETO afirmar:

a) É o perigo que resulta do comportamento do agente o que fundamenta o dever de indenizar.
b) Ante a dificuldade da prova da culpa, cabe à vítima apenas fazer prova de ocorrência do dano.
c) Só haverá obrigação de reparar o dano independentemente de culpa nos casos especificados em lei.
d) A responsabilidade surge como consequência da prática de atividades ilícitas.
e) O dever ressarcitório surge, pois quem exerce atividade perigosa, independentemente de agir com culpa, tem a obrigação de velar para que dela não resulte prejuízo.

28. (TJDFT/Titular de Serviços de Notas e de Registros/Provimento/CESPE/2019) Um médico-cirurgião, empregado de determinado hospital, durante a realização de uma cirurgia, amputou a perna de Maria, que, muito abalada, ajuizou uma ação contra o referido médico do hospital. Em contestação, o médico afirmou que havia realizado o procedimento para salvar a vida da paciente e que uma possível responsabilidade que pudesse ser a ele atribuída necessitaria de comprovação da culpa. Por sua vez, o hospital sustentou não ter nenhuma responsabilidade no caso em discussão, que decorreu de conduta exclusiva do médico. Considerando que tenha sido comprovado o dano suportado pela paciente e causado pela conduta do médico, assinale a opção correta acerca da relação jurídica estabelecida entre as partes e a responsabilidade civil no Código de Defesa do Consumidor.

a) A relação jurídica estabelecida entre Maria e o hospital tem natureza civil.
b) A responsabilidade civil do médico somente poderá ser aferida mediante a comprovação da culpa.
c) A responsabilidade civil do hospital é subjetiva, em razão da natureza contratual da relação jurídica.
d) A responsabilidade é objetiva e incidirá somente sobre o hospital.
e) A relação jurídica estabelecida entre Maria e o médico é uma relação jurídica de consumo.

29. (MP/PI/Promotor de Justiça/CESPE/2019) Em uma demanda judicial menor de dezesseis anos de idade foi condenado a reparar danos que havia causado a terceiro. Nesse caso, para que os pais do menor sejam responsáveis pela reparação civil basta que seja

a) comprovada a culpa do menor.
b) confirmada a culpa *in vigilando* dos pais.
c) comprovado que o menor estava na companhia dos pais quando ocorreu o evento danoso.
d) confirmado que os pais não haviam empregado as diligências necessárias para evitar o evento danoso.
e) confirmado que o dano é resultado de ato ilícito.

■ GABARITO ■

1. "c". *Vide* arts. 186, 944, parágrafo único, e 945 do CC.
2. "d". O CC/2002 não reproduziu a regra do art. 1.544 do CC/1916 que determinava o cômputo de juros compostos quando o fato, além de ilícito civil, era também crime.
3. "a". A indenização deve ser ampla, ou seja, abranger todo o prejuízo sofrido pelo lesado. No caso, deve compreender o pagamento da taxa, que constitui o prejuízo material, e o dano moral, bem como a perda de uma chance, que será sempre inferior ao valor do resultado útil esperado (*vide* item 4.4.2, *retro*).
4. "b". A resposta sob letra "a" também está correta, uma vez que o Código Civil de 2002 adotou, no art. 736, a responsabilidade extracontratual ou aquiliana no transporte puramente gratuito, responsabilizando o transportador, portanto, também no caso de culpa leve.

5. "b".

6. "d". *Vide* a Súmula 28 do STF: "O estabelecimento bancário é responsável pelo pagamento de cheque falso, ressalvadas as hipóteses de culpa exclusiva ou concorrente do correntista".

7. "a". *Vide* art. 18 do CDC.

8. "b". A perda de prazo constitui erro grave. Por constar expressamente da lei, não se tolera que o advogado o ignore. Tal erro acarretou a perda, pela União, da oportunidade ou chance de obter, no Judiciário, o reconhecimento e a satisfação íntegra ou completa de seus direitos.

9. "a". *Vide* art. 18, § 1º, do CDC.

10. "c". *Vide* art. 26 do CDC.

11. "b". *Vide* art. 52, II, do CDC.

12. "d". *Vide* art. 945 do CC.

13. "b".

14. "b". I — O CDC se refere a fornecedor como aquele que desenvolve "atividade". Tal palavra significa não a prática de atos isolados, mas a de atos continuados e habituais; IV — *Vide* art. 12 e parágrafos do CDC; V — *Vide* art. 12, § 3º, do CDC.

15. "d".

16. "d". *Vide* a Súmula 187 do Supremo Tribunal Federal, *verbis*: "A responsabilidade contratual do transportador, pelo acidente com o passageiro, não é elidida por culpa de terceiro, contra o qual tem ação regressiva".

17. "b". *Vide* art. 930 do CC.

18. "a". *Vide* art. 936 do CC.

19. "a". A Lei n. 7.102, de 20 de junho de 1983, obriga as instituições financeiras a garantir a segurança de todas as pessoas, clientes ou não, que procuram as suas agências, mediante sistema aprovado pelo Banco Central. Não podem elas se eximir da responsabilidade alegando força maior, por ser o roubo fato previsível na atividade bancária. Assim decidiu o STJ, reconhecendo a responsabilidade do banco por roubo ocorrido no interior da agência, "por ser a instituição financeira obrigada por lei a tomar todas as cautelas necessárias a assegurar a incolumidade dos cidadãos" (REsp 227.364-AL, 4ª T., rel. Min. Sávio de Figueiredo Teixeira).

20. "d". *Vide* Súmula 187 do STF, *verbis*: "A responsabilidade contratual do transportador, pelo acidente com o passageiro, não é elidida por culpa de terceiro, contra o qual tem ação regressiva".

21. "b". *Vide* arts. 413 e 416 do CC.

22. "d". *Vide* arts. 2º e 34 do CDC.

23. "b". *Vide* art. 952, parágrafo único, do CC.

24. "a".

25. "c". *Vide* a Súmula 469 do STJ e o seguinte acórdão da referida Corte: "Aplica-se o Código de Defesa do Consumidor nos contratos de plano de saúde" (AgRg no ARESP 708.082, *DJe*, 26-2-2016).

26. "e".

27. "e".

28. "d".

29. "a". *Vide* art. 932, I, do CC.

5

DA CULPA

■ 5.1. CULPA *LATO SENSU*. ELEMENTOS DA CULPA

A culpa é um dos **pressupostos** da responsabilidade civil. Nesse sentido, preceitua o art. 186 do Código Civil que a ação ou omissão do agente seja "voluntária" ou que haja, pelo menos, **"negligência"** ou **"imprudência"**.

Para que haja obrigação de indenizar, não basta que o autor do fato danoso tenha procedido ilicitamente, violando um direito (subjetivo) de outrem ou infringindo uma norma jurídica tuteladora de interesses particulares. A obrigação de indenizar não existe, em regra, só porque o agente causador do dano procedeu objetivamente mal. **É essencial que ele tenha agido com culpa**: por ação ou omissão voluntária, por negligência ou imprudência, como expressamente se exige no art. 186 do Código Civil.

Agir com culpa significa atuar o agente em termos de, pessoalmente, **merecer a censura ou reprovação do direito**. E o agente só pode ser pessoalmente censurado, ou reprovado na sua conduta, quando, em face das circunstâncias concretas da situação, caiba a afirmação de que ele **podia e devia ter agido de outro modo**[1].

■ 5.2. CULPA E DOLO

■ 5.2.1. Conceito

Se a atuação desastrosa do agente é **deliberadamente** procurada, voluntariamente alcançada, diz-se que houve **culpa *lato sensu*** (dolo). **Dolo** é, portanto, o **propósito** de causar dano a outrem. É a violação consciente do dever preexistente.

Se, entretanto, o prejuízo da vítima é decorrência de comportamento **negligente e imprudente** do autor do dano, diz-se que houve **culpa *stricto sensu***, também denominada culpa **aquiliana**. O juízo de reprovação próprio da culpa pode, pois, revestir-se de intensidade variável, correspondendo à clássica divisão da culpa em dolo e negligência, abrangendo esta última, hoje, a imprudência e a imperícia.

Em qualquer de suas modalidades, entretanto, a culpa implica a **violação de um dever de diligência**, ou, em outras palavras, a violação do dever de previsão de certos fatos ilícitos e de adoção das medidas capazes de evitá-los. É caracterizada pela imperícia, imprudência ou negligência, sem qualquer deliberação de violar um dever.

[1] Antunes Varela, *Das obrigações em geral*, v. 1.

Confira-se o quadro esquemático abaixo:

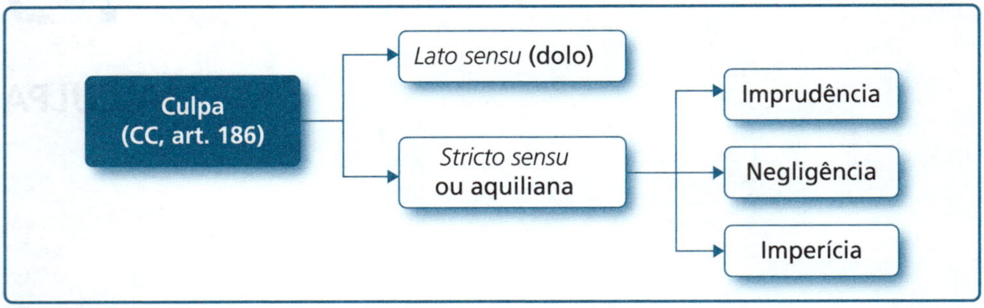

■ 5.2.2. Inexistência de distinção entre dolo e culpa levíssima, para fins de reparação do dano

O Código Civil não faz distinção alguma entre dolo e culpa, nem entre os graus de culpa, para fins de reparação do dano. Tenha o agente agido com **dolo ou culpa levíssima**, existirá sempre a obrigação de indenizar, obrigação esta que será calculada exclusivamente sobre a extensão do dano. Em outras palavras, **mede-se a indenização pela extensão do dano, e não pelo grau de culpa**.

Adotou o legislador a norma romana segundo a qual a culpa, **ainda que levíssima**, obriga a indenizar. No entanto, nos contratos benéficos, responde só por dolo o contratante a quem o contrato não favoreça (CC, art. 392).

■ 5.2.3. Critério para aferição da culpa

O critério para aferição da diligência exigível do agente, e, portanto, para caracterização da culpa, é o da comparação de seu comportamento com o do ***homo medius***, do homem ideal, que diligentemente prevê o mal e precavidamente evita o perigo.

■ 5.2.4. Hipóteses de responsabilidade independentemente de culpa

Para obter a reparação do dano, a vítima geralmente tem de provar dolo ou culpa *stricto sensu* do agente, segundo a teoria subjetiva adotada em nosso diploma civil.

Entretanto, como essa prova muitas vezes se torna difícil de ser conseguida, o direito positivo admite, em hipóteses específicas, alguns casos de responsabilidade sem culpa: a **responsabilidade objetiva**, com base especialmente na **teoria do risco**, como na hipótese do parágrafo único do art. 927 do Código Civil, que trata da responsabilidade decorrente do exercício de atividade perigosa, e do art. 933 do mesmo diploma, que trata da responsabilidade por ato de terceiro (filhos, tutelados, empregados etc.).

■ 5.3. O DEVER DE CUIDADO

A responsabilidade é necessariamente uma reação provocada pela infração a um **dever preexistente**. Em qualquer atividade o homem deve observar a necessária cautela para que sua conduta não venha a causar danos a terceiros, ainda que ausente o *animus laedendi*. A inobservância desse dever geral de cautela ou **dever de cuida-**

do, imposto genericamente no art. 186 do Código Civil, configura a culpa *stricto sensu* ou aquiliana.

Mesmo não havendo lei ou regulamento — porque o legislador não pode prever e disciplinar todas as atividades e condutas humanas —, deve ser observado o dever genérico de **não lesar a outrem**, previsto no mencionado art. 186 do estatuto civil. A observância dessa norma é fator de harmonia social. A conduta culposa deve ser aferida pelo que **ordinariamente** acontece, e não pelo que extraordinariamente possa ocorrer. Jamais poderá ser exigido do agente um cuidado tão extremo que não seria aquele usualmente adotado pelo homem comum[2].

■ 5.4. PREVISÃO E PREVISIBILIDADE

É consenso geral que não se pode prescindir, para a correta conceituação de culpa, dos seguintes elementos:

- **previsibilidade**; e
- comportamento do ***homo medius***.

Só se pode, com efeito, cogitar de culpa quando o evento é **previsível**. Se, ao contrário, é imprevisível, não há cogitar de culpa.

O art. 186 do Código Civil pressupõe sempre a existência de culpa *lato sensu*, que abrange o **dolo** (pleno conhecimento do mal e perfeita intenção de o praticar), e de **culpa *stricto sensu*** ou aquiliana (violação de um dever que o agente podia conhecer e observar, segundo os padrões de comportamento médio)[3].

Embora involuntário, o resultado poderá ser previsto pelo agente. Não o sendo, terá de, pelo menos, ser **previsível**. Não havendo previsibilidade, estaremos fora dos limites da culpa, já no terreno do **caso fortuito** ou da **força maior**. Ninguém pode responder por fato imprevisível porque, na realidade, não lhe deu causa[4].

■ 5.5. IMPRUDÊNCIA, NEGLIGÊNCIA E IMPERÍCIA

A **culpa *stricto sensu*** ou **aquiliana** abrange:

- a imprudência;
- a negligência; e
- a imperícia.

■ Imprudência

É a precipitação ou o ato de proceder **sem cautela**; é **conduta positiva**, consistente em uma ação da qual o agente deveria abster-se, ou em uma **conduta precipitada**. Por exemplo, o condutor de um automóvel ingere bebidas alcoólicas antes de

---

2 Sérgio Cavalieri Filho, *Programa de responsabilidade civil*, p. 36, n. 8.1.

3 Washington de Barros Monteiro, *Curso de direito civil*, v. 5, p. 412.

4 Sérgio Cavalieri Filho, *Programa*, cit., p. 40, n. 8.8.

dirigir; um médico dá uma injeção no paciente sem verificar previamente se este é ou não alérgico ao medicamento. Ou o motorista conduzia veículo de maior porte e deveria dar preferência a ciclista, visto que a bicicleta é um veículo menor. Dessa maneira, o caminhoneiro deveria ter aguardado a passagem da bicicleta e não ter aberto para a esquerda, abrindo a curva imprudentemente, sem observar a presença da bicicleta, vindo assim a colher o ciclista, que acabou perdendo uma das pernas, com a parte dianteira esquerda do caminhão[5].

■ **Negligência**

É a **inobservância** de normas que nos ordenam agir com atenção, capacidade, solicitude e discernimento. Consiste em uma **conduta omissiva**: não tomar as precauções necessárias, exigidas pela natureza da obrigação e pelas circunstâncias, ao praticar uma ação. Por exemplo, a pessoa que faz uma queimada e se afasta do campo sem verificar se o fogo está completamente apagado.

■ **Imperícia**

É a falta de habilidade ou a inaptidão para praticar certo ato. É a **incapacidade técnica** para o exercício de determinada função, profissão ou arte. Por exemplo, um médico que desconhece que determinado medicamento pode produzir reações alérgicas, não obstante essa eventualidade estar cientificamente comprovada[6].

■ 5.6. ESPÉCIES DE CULPA

Podem ser distinguidas as seguintes espécies de culpa:

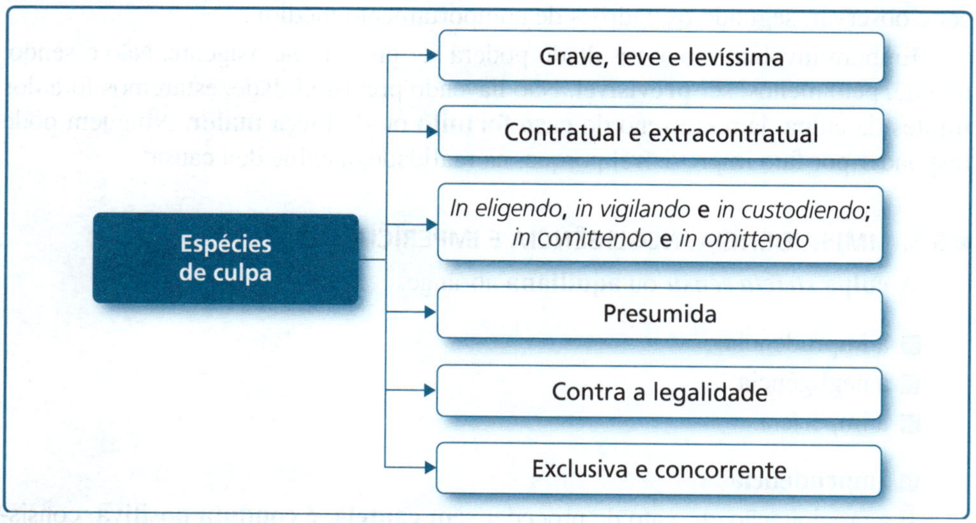

■ 5.6.1. Culpa grave, leve e levíssima

Com relação aos **graus**, a culpa pode ser:

---

5 STJ, REsp 1.761.956, 3ª T., rel. Min. Nancy Andrighi, *DJe*, 15-2-2019.

6 Jorge Mosset Iturraspe, *Responsabilidade civil*, p. 143-144.

- grave;
- leve; e
- levíssima.

Culpa grave

Consiste em não prever o que todos preveem, **omitir os cuidados mais elementares** ou descuidar da diligência mais evidente. Por exemplo, dirigir um veículo em estado de embriaguez alcoólica ou em velocidade excessiva, ingressar em cruzamento sinalizado com o semáforo fechado etc.

A culpa grave **equipara-se ao dolo**, nos seus efeitos (*culpa lata dolus equiparatur*). Assim, quando a lei prescreve que, em determinada situação, o agente só responderá civilmente por seu ato se agir com dolo, como ocorre no art. 392 do Código Civil, pode-se entender que responderá também em caso de culpa grave, que àquele se equipara. Na realidade, a culpa grave é a decorrente de uma **violação mais séria do dever de diligência** que se exige do homem mediano. É a que resulta de uma negligência extremada.

Culpa leve

Configura-se quando a falta puder ser evitada com **atenção ordinária**. A doutrina em geral a ela se refere como a falta de diligência própria do bom pai de família.

Culpa levíssima

É a falta só evitável com **atenção extraordinária**, com extremada cautela. Esta a distinção que faz Teixeira de Freitas, mencionado por Washington de Barros Monteiro[7].

Influência do grau de culpa na fixação do *quantum* da indenização

O Código Civil de 2002 manteve o entendimento doutrinário de que o grau de culpa não deve influir na estimativa das perdas e danos, proclamando:

> "Art. 944. A indenização mede-se pela **extensão do dano**".

Atendendo, no entanto, aos reclamos de que tal regra pode mostrar-se injusta em alguns casos, inovou, permitindo, no parágrafo único do aludido dispositivo, que o juiz os julgue **por equidade**, nestes termos:

> "Parágrafo único. Se houver excessiva desproporção entre a gravidade da culpa e o dano, poderá o juiz reduzir, equitativamente, a indenização".

5.6.2. Culpa contratual e extracontratual

A culpa será contratual ou extracontratual conforme a natureza do **dever violado**.

Culpa contratual

Configura-se se tal dever se fundar em uma **relação jurídica obrigacional** preexistente, respondendo o devedor por perdas e danos, nos termos do art. 389 do Código Civil.

7 *Curso*, cit., v. 5, p. 413.

O credor deverá comprovar a mora do inadimplente, mas não precisará demonstrar a sua culpa, porque em princípio todo inadimplemento se presume culposo. Inverte-se o ônus da prova: ao devedor competirá provar a ocorrência de caso fortuito, força maior, ou de outra causa excludente de responsabilidade, para elidir a referida presunção.

■ **Culpa extracontratual**

Caracteriza-se se o dever violado for o **genérico**, imposto no art. 186 do Código Civil (*neminem laedere*). Nesse caso, a sua prova, a ser produzida pela vítima, tornar-se-á imperiosa, ressalvadas as hipóteses de responsabilidade independentemente de culpa, como as previstas, *verbi gratia*, nos arts. 927, parágrafo único, 933 e 938 do referido diploma.

■ 5.6.3. Culpa *in eligendo, in vigilando* e *in custodiendo*; culpa *in comittendo* e *in omittendo*

■ **Culpa *in eligendo*:** é a que decorre da má escolha do representante ou preposto.

■ **Culpa *in vigilando*:** é a que resulta da ausência de fiscalização sobre pessoa que se encontra sob a responsabilidade ou guarda do agente.

■ **Culpa *in custodiendo*:** é a que decorre da falta de cuidados na guarda de algum animal ou objeto.

■ **Culpa *in comittendo*** ou ***in faciendo*:** resulta de uma ação, de um ato positivo do agente.

■ **Culpa *in omittendo*:** decorre de uma omissão, só tendo relevância para o direito quando haja o dever de não se abster.

■ 5.6.4. Culpa presumida

A concepção clássica é a de que a vítima tem de provar a culpa do agente para obter a reparação. Essa solução passou por diversos estágios evolutivos, em virtude da necessidade de melhor se ampararem os lesados, facilitando-lhes a tarefa, muitas vezes inglória, de busca da justa indenização. Um dos processos utilizados foi o estabelecimento de casos de **presunção de culpa**.

Têm-se observado, com efeito, várias situações em que a lei, com o escopo de facilitar a prova da culpa e do ato ilícito, **estabelece presunções *juris tantum***. Nesses casos ocorre a **inversão do ônus da prova**, melhorando muito a situação da vítima. Esta não terá de provar a culpa psicológica, subjetiva, do agente, que é **presumida**. Basta a prova da relação de causa e efeito entre o ato por este praticado e o dano experimentado. Para livrar-se da presunção de culpa, o causador da lesão patrimonial ou moral é que terá de produzir prova de inexistência de culpa ou de caso fortuito.

O Código Civil de 1916, por exemplo, presumia a culpa *in vigilando* dos pais, tutores, curadores, donos de hotéis e escolas, encarregados da fiscalização, respectivamente, dos filhos menores, tutelados, curatelados, hóspedes e alunos; e a culpa *in eligendo* dos patrões pela má escolha de seus empregados.

A **jurisprudência** tem, também, estabelecido **várias presunções** *juris tantum* de culpa, por exemplo a do motorista que colide contra a traseira do veículo que lhe vai à frente e a do que sobe com o carro na calçada e atropela o transeunte, entendendo-se, nesse caso, que a culpa decorre do próprio fato, isto é, está *in re ipsa*.

Igualmente, dirigir embriagado implica presunção relativa de culpa, por representar grave infração de trânsito e comprometer a segurança viária – o que é motivo suficiente para a caracterização de culpa presumida do infrator em caso de acidente[8].

■ 5.6.5. Culpa contra a legalidade

■ *5.6.5.1. Conceito*

A teoria da chamada "culpa contra a legalidade" considera que a simples **inobservância de regra expressa de lei** ou **regulamento** serve para configurar a culpa do agente, sem necessidade de outras indagações. O só fato da **transgressão de uma norma** regulamentária materializaria, assim, uma culpa *tout cour*[9].

Tal teoria aplicar-se-ia especialmente aos casos de acidentes de veículos e encontraria fundamento no fato de as autoridades competentes se basearem na experiência daquilo que **normalmente acontece**, ao expedirem os regulamentos e instruções de trânsito para segurança do tráfego em geral. É notório que o motorista cauteloso, respeitador das normas regulamentares de trânsito, tem enormes possibilidades de não provocar acidentes. Ao contrário, **as infrações às normas** que estabelecem os limites máximos e mínimos de velocidade, às regras de ultrapassagem, de parada obrigatória, de conversões à esquerda e à direita, de sinalização em geral e a outras, quase sempre acarretam acidentes. É o *quod plerumque accidit*.

Dentro desse princípio, seria o motorista que se envolvesse em um acidente desde logo considerado **culpado**, se comprovada a **inobservância** de algumas dessas determinações regulamentares.

■ *5.6.5.2. A posição da jurisprudência*

A teoria da **culpa contra a legalidade**, no entanto, **não tem encontrado**, na jurisprudência pátria, o acolhimento almejado por seus defensores. Na realidade, tem sido proclamado que a simples inobservância de disposição regulamentar, sem a **prova de culpa** do condutor, não autoriza sua condenação por acidente de trânsito. Muitas vezes quem é culpado pelo acidente é o motorista do outro veículo, **e não o que violou o regulamento de trânsito**.

Inúmeras vezes se decidiu que o estacionamento irregular ou a falta de habilitação legal, por si sós, não configuram culpa, justificando apenas a aplicação de penalidade administrativa ou de multa prevista na Lei das Contravenções Penais.

■ 5.6.6. Culpa exclusiva e culpa concorrente

■ Culpa exclusiva da vítima

Quando o evento danoso acontece por culpa exclusiva da vítima, desaparece a responsabilidade do agente. Nesse caso, **deixa de existir a relação de causa e efeito** entre o seu ato e o prejuízo experimentado pela vítima.

---

8 STJ, REsp 1.749.954, 3ª T., rel. Min. Marco Aurélio Bellizze, *DJe*, 15-3-2019.

9 Wilson Melo da Silva, *Da responsabilidade civil automobilística*, p. 62.

Pode-se afirmar que, no caso de culpa exclusiva da vítima, o causador do dano não passa de **mero instrumento** do acidente. Não há **liame de causalidade** entre o seu ato e o prejuízo da vítima. É o que se dá quando a vítima é atropelada ao atravessar, embriagada, uma estrada de alta velocidade ou quando o motorista, dirigindo com toda a cautela, vê-se surpreendido pelo ato da vítima que, pretendendo suicidar-se, atira-se sob as rodas do veículo.

Impossível, nesses casos, falar em **nexo de causa e efeito** entre a conduta do motorista e os ferimentos, ou o falecimento, da vítima.

■ **Culpa concorrente**

Em muitos casos o dano não decorre de uma só causa, mas da concorrência da atividade culposa **da vítima e do autor**. Não é correto falar em compensação de culpas, pois a compensação é um modo extintivo de obrigações (CC, art. 368) e, na hipótese, a culpa de um não extingue a do outro, mas a conduta de ambos será valorada para se estabelecer a proporção do dano que cada um deverá suportar.

Quando a culpa da vítima é apenas parcial, ou **concorrente com a do agente** causador do dano, **ambos contribuem**, ao mesmo tempo, para a produção de um mesmo fato danoso. É a hipótese, para alguns, de "culpas comuns", e, para outros, de "culpa concorrente". Nesses casos, existindo uma parcela de culpa também do agente, haverá repartição de responsabilidades, **de acordo com o grau de culpa**. A indenização poderá ser reduzida pela **metade**, se a culpa da vítima corresponder a uma **parcela de 50%**, como também poderá ser reduzida de 1/4, 2/5, dependendo de cada caso.

Nessa consonância, o art. 945 do novo Código Civil, suprimindo omissão do diploma de 1916, por sua vez preceitua:

> "Se a vítima tiver concorrido culposamente para o evento danoso, a sua indenização será fixada tendo-se em conta a gravidade de sua culpa em confronto com a do autor do dano".

A propósito, decidiu o Tribunal de Justiça do Paraná:

> "Morte do carona. Veículo conduzido por preposto da ré. Culpa incontroversa. Vítima que não utilizava cinto de segurança. Fato relevante para as consequências do acidente. Configuração de culpa concorrente e não exclusiva. Redução proporcional das verbas indenizatórias"[10].

■ 5.7. CULPA E RISCO

■ 5.7.1. Evolução histórica

Sabemos que a concepção clássica é a de que a vítima tem de provar a culpa do agente para obter a reparação. Essa solução, no entanto, passou por diversos **estágios evolutivos**, em virtude da necessidade de melhor amparar os acidentados, facilitando-lhes a tarefa de busca da justa indenização.

Tal evolução foi motivada especialmente pelo **desenvolvimento industrial**, pelo advento do maquinismo e pelo crescimento populacional. O conceito **tradicional** de

---

[10] TJPR, Ap. 7.131.946, *DJe*, 16-6-2011.

culpa apresentava-se, então, **inadequado** para servir de suporte à teoria da responsabilidade civil, pois o fato de impor à vítima, como pressuposto para ser ressarcida do prejuízo experimentado, o encargo de demonstrar não só o liame de causalidade, como por igual o comportamento culposo do agente causador do dano, equivalia a deixá-la irressarcida, visto que em inúmeros casos o ônus da prova surgia como barreira intransponível[11].

5.7.2. Processos técnicos

E sobreviria, então, o que De Page denominaria **"processos técnicos"**, cuja principal função consistiu em tornar possível, em nome, ainda, da culpa, a solução das espécies novas que transbordavam dos lindes da velha concepção.

Poderíamos relacionar as seguintes **fases** pelas quais passou a teoria da responsabilidade civil, abrandando, pouco a pouco, o rigor de exigir a prova de culpa do agente, até chegar à **teoria do risco**, como última etapa da evolução:

- primeiramente, procurou-se proporcionar **maior facilidade à prova da culpa**. Os tribunais, em muitos casos, passaram a examinar com benignidade a prova de culpa produzida pela vítima, extraindo-a de circunstâncias do fato e de outros elementos favoráveis;
- admissão da teoria do **abuso de direito** como ato ilícito;
- estabelecimento de casos de **presunção de culpa** (Código de Menores de 1927, art. 68, § 4º; Súmula 341 do STF; a lei sobre a responsabilidade das estradas de ferro etc.), casos estes que invertiam sempre o ônus da prova, melhorando muito a situação da vítima;
- admissão de maior número de casos de **responsabilidade contratual** (transportes em geral), que oferecem vantagem para a vítima no tocante à prova, visto que esta precisa provar apenas que não chegou incólume ao seu destino, e que houve, pois, inadimplemento contratual;
- adoção da **teoria do risco**, pela qual não há falar em culpa. Basta a prova da relação de causalidade entre a conduta e o dano (por exemplo, a Lei n. 6.938/81, que trata dos danos causados ao meio ambiente; o art. 37, § 6º, da Constituição Federal; a Lei n. 8.078/90 — Código de Defesa do Consumidor e outras).

5.8. A CULPA NO CÍVEL E NO CRIME

5.8.1. Unidade da jurisdição e interação civil e penal

A jurisdição, como função soberana atribuída ao Judiciário, é uma só. A divisão que se estabelece entre jurisdição civil e jurisdição penal é apenas de **ordem prática**, ou seja, para facilitar o seu exercício. A diversidade de matérias sobre as quais se pode exercer a atividade jurisdicional e certas necessidades sentidas pelo Estado de atribuir a órgãos especializados o processo e julgamento de determinadas causas levaram-no a repartir a jurisdição.

---

11 Josserand, *Évolutions e actualités*, apud Silvio Rodrigues, *Direito civil*, v. 4, p. 155.

Verifica-se, assim, que a jurisdição, em si mesma, como um dos aspectos da soberania nacional, é **una e indivisível** e que, no entanto, por uma **questão prática de divisão do trabalho**, as questões cíveis são julgadas no que se convencionou chamar de **"jurisdição civil"**, enquanto as criminais são julgadas na **"jurisdição penal"**.

Como na maioria das vezes o ilícito penal é também ilícito civil, porque acarreta dano ao ofendido, pode ser apurada a responsabilidade penal do agente no **juízo criminal** e, **concomitantemente**, a responsabilidade civil, no **juízo cível**. Uma vez que nos dois juízos haverá pronunciamento judicial a respeito do mesmo fato, corre-se o risco de se ter **duas decisões conflitantes**: uma afirmando a existência do fato ou da autoria e a outra negando; uma reconhecendo a ilicitude da conduta do réu e a outra a licitude.

Tendo em vista que tal acontecimento representaria um desprestígio para a justiça, criou-se um **mecanismo** destinado a promover a **interação entre as jurisdições civil e penal**, mecanismo este composto de dispositivos legais encontrados no Código Civil (art. 935), no Código Penal (art. 91, I), no Código de Processo Penal (arts. 63 a 68), no Código de Processo Civil/2015 (art. 515, VI) e destinado a evitar a ocorrência de decisões que não se compatibilizam.

Dispõe o art. 935 do Código Civil:

> "A responsabilidade civil é **independente** da criminal, não se podendo questionar mais sobre a **existência do fato**, ou sobre **quem seja o seu autor**, quando estas questões se acharem decididas no **juízo criminal**".

O Código Civil estabeleceu, assim, na primeira parte, a **independência** da responsabilidade civil da responsabilidade criminal, pois diversos são os campos de ação da lei penal e da lei civil. Mas a segunda parte do dispositivo mostra que tal separação **não é absoluta** e que o sistema adotado é o da **independência relativa**.

■ 5.8.2. A sentença condenatória proferida no juízo criminal

■ *5.8.2.1. Fundamentos legais*

Se a infração penal houver acarretado dano, a sentença condenatória terá também o efeito de **tornar certa** a obrigação de indenizar.

Para condenar, o juiz criminal se pronuncia sobre a existência do fato, admitindo-o e definindo também quem é o seu autor. Não pode haver sentença condenatória sem prova da **existência do fato** e da sua **autoria**. Assim, em face do disposto na segunda parte do art. 935 do Código Civil, movida a ação cível, não poderão mais ser discutidas a existência do fato e a questão da autoria, pois tais circunstâncias já estão decididas no crime e **produzem efeito absoluto no cível**.

De nada adianta o réu, no cível, alegar que não teve culpa ou não foi o autor, ou que o fato não existiu, ou mesmo que agiu em legítima defesa. Se já foi **condenado criminalmente** é porque já se lhe reconheceu o dolo, ou a culpa, **não podendo ser reexaminada a questão no juízo cível**[12].

---

[12] "A sentença penal condenatória faz coisa julgada no cível no tocante à obrigação do réu de indenizar os danos suportados pela vítima. Resulta, implicitamente, condenação civil, ficando, portanto,

■ 5.8.2.1.1. *Sentença penal condenatória como título executivo judicial*

O **Código Penal** menciona, como efeito da sentença condenatória, "**tornar certa** a obrigação de indenizar o dano resultante do crime" (art. 91, I), em harmonia com a segunda parte do retrotranscrito art. 935 do Código Civil. E, em perfeita sintonia, o art. 63 do **Código de Processo Penal** estabelece:

> "Transitada em julgado a sentença condenatória, poderão promover-lhe **a execução, no juízo cível**, para o efeito da reparação do dano, o ofendido, seu representante legal ou seus herdeiros".

Com o intuito, pois, de **evitar contradições** de julgamento, o legislador, no referido dispositivo legal e no art. 515, VI, do **Código de Processo Civil/2015**, atribuiu à sentença penal condenatória com trânsito em julgado o valor de **título executivo judicial**, a fim de possibilitar à vítima ou aos seus sucessores exigir a reparação, vedada a rediscussão, no cível, sobre a existência do fato, de sua autoria ou de sua ilicitude.

Na execução promovida no juízo cível, com base em tal título (*actio judicati*), não mais se discutirá o ***an debeatur*** (se deve) e sim o ***quantum debeatur*** (quanto é devido).

■ 5.8.2.1.2. *Sentenças de pronúncia e impronúncia*

A "sentença penal condenatória", que enseja a execução civil da indenização, é, **a final**, a que **aplicou sanção ao réu** e que tenha transitado em julgado.

As sentenças de **pronúncia** ou de **impronúncia**, nos processos de competência do Tribunal do Júri, **não terão efeito algum** para o fim de permitir ou de obstar a execução no cível, pois ainda **não há qualquer condenação**, da qual pudesse decorrer dano. Além disso, não é qualquer condenação criminal. "É necessário que haja efetivamente dano resultante do crime, *ex vi* do citado art. 74, I (atual art. 91, I), do Código Penal"[13].

■ 5.8.2.1.3. *Actio civilis* e *actio judicati*

A **ação** civil que se intenta visando à satisfação do dano produzido pela infração penal é comumente denominada ***actio civilis ex delicto***.

A **execução** civil (***actio judicati***) é resultante direta da condenação do réu no processo criminal, ainda que a sentença penal nada mencione quanto à responsabilidade civil que, mesmo assim, será apurada no juízo cível competente.

O fato de o juiz indicar ou não a responsabilidade civil do condenado não aumenta nem diminui o direito de o credor promover a execução. Esse direito decorre

---

prejudicado o julgamento da lide, uma vez que a sentença penal já a dirimiu definitivamente, cumprindo ao lesado promover a execução forçada, precedida de liquidação de danos" (*RT*, 629/140). "Responsabilidade civil. Condenação na justiça penal. Impossibilidade de reexame da culpabilidade na justiça civil. Art. 935 do Código Civil" (*RJTJSP*, 40/165, 46/99).

13 Alcides de Mendonça Lima, *Comentários ao Código de Processo Civil*, v. 6, t. 1, p. 303, n. 678.

da condenação em si mesma, que, por força de lei, já origina **pretensão de executar** a sentença penal pelo credor à indenização pelo dano[14].

■ 5.8.2.1.4. *Fixação, na sentença criminal condenatória, do valor mínimo da indenização*

A Lei n. 11.719, de 20 de junho de 2008, deu nova redação ao inc. IV do art. 387 do Código de Processo Penal, estabelecendo que o juiz, ao proferir sentença condenatória, "**fixará valor mínimo** para reparação dos danos causados pela infração, considerando os prejuízos sofridos pelo ofendido".

Tal inovação agiliza o pagamento da indenização devida pelo infrator condenado criminalmente. Todavia, é necessário que o Ministério Público ou o particular, no caso de ação penal privada, **formalizem o pedido de indenização na peça inicial**, possibilitando a observância do princípio constitucional da ampla defesa.

■ 5.8.2.1.5. *Sentença penal condenatória do empregado. Execução contra o patrão*

A sentença penal condenatória do empregado **não pode ser executada contra o patrão**. Contra este, que não figura no título (sentença) como devedor (CPC, art. 779, I), deverá ser proposta a ***actio civilis*** (para a formação de título executivo em que figure como devedor), **e não a *actio judicati***.

Há divergências sobre a possibilidade de ser ou não rediscutida a ilicitude da conduta do preposto, condenado criminalmente. A opinião correta é a expendida por Ada Pellegrini Grinover, com suporte na teoria de Liebman sobre a coisa julgada e no art. 472 do Código de Processo Civil [de 1973, atual art. 506], bem como no princípio constitucional do devido processo legal, no sentido de que **a coisa julgada só pode atingir o réu do processo penal, não o responsável civil**[15].

■ 5.8.2.2. *Medidas processuais adequadas*

O dano pode ser pleiteado:

- pela **execução** (*actio judicati*) no cível da sentença penal condenatória (CPP, art. 63), medida esta de caráter absoluto, pois a responsabilidade do condenado

---

14 Alcides de Mendonça Lima, *Comentários*, cit., v. 6, t. 1, p. 303, n. 681. Confira-se, ainda: "A responsabilidade civil não depende da criminal. Conquanto haja condenação penal, tal não impede se reconheça, na ação cível, a culpa concorrente da vítima. O que o art. 1.525 do Código Civil (*de 1916, correspondente ao art. 935 do novo*) proíbe é que se questione sobre a existência do fato e a autoria" (*RJTJSP*, 121/255).

15 *Eficácia e autoridade da sentença penal*, p. 49-54.

Nesse sentido a jurisprudência: "Empregador que não foi parte no processo-crime e, portanto, não é atingido pela coisa julgada penal. Plena possibilidade de apreciação da culpa concorrente. Faz coisa julgada penal apenas o dispositivo da sentença condenatória, com efeitos somente para as partes do processo. É, portanto, admissível a propositura pelo empregador do condenado, no âmbito civil, de ação condenatória em face da vítima, para apreciação do fato sob o ângulo de possível culpa concorrente" (*RT*, 647/129).

não mais pode ser discutida, restando apenas apurar o montante da indenização a ser paga ao credor;

- pela **ação de indenização** (*actio civilis ex delicto*), que independe de sentença condenatória e pode ser proposta **paralelamente** com a ação penal (CPP, arts. 64 a 67). Nesta, o réu tem direito de defender-se, para eximir-se de responsabilidade, alegando até razões vinculadas diretamente ao fato delituoso de que é acusado. É facultado ao juiz (CPP, art. 64) **suspender o andamento da ação civil** até o julgamento definitivo da ação penal, para evitar decisões contraditórias.

■ *5.8.2.2.1. Liquidação da sentença*

Munido de **carta de sentença**, ou de **certidão em inteiro teor** da condenação com trânsito em julgado, o lesado promoverá, no juízo cível, primeiro a **liquidação**, para determinar o valor da indenização (*quantum debeatur*). Segundo o art. 509 do Código de Processo Civil de 2015, "quando a sentença condenar ao pagamento de quantia ilíquida, proceder-se-á à sua liquidação, a requerimento do credor ou do devedor".

É o que ocorre com a sentença penal condenatória. A liquidação nesses casos é feita, em regra, **"pelo procedimento comum"**, em razão da necessidade de alegar e provar **fato novo** (art. 509, II, do CPC/2015). Se se trata, por exemplo, de morte de um chefe de família, os legitimados a pleitear a indenização terão de provar, na liquidação, dentre outros fatos, os rendimentos do falecido e, em alguns casos, a relação de dependência deste em que se encontravam.

Em algumas hipóteses, no entanto, a liquidação pode ser feita por **"arbitramento"** (CPC/2015, art. 509, I), quando, por exemplo, versa sobre o valor dos danos materiais em acidente automobilístico. Julgada a liquidação, a parte promoverá a execução, nos termos do art. 513 do Código de Processo Civil.

■ *5.8.2.2.2. Prescrição da pretensão executória*

Cumpre ressaltar que a prescrição da pretensão executória da condenação, que só ocorre depois do trânsito em julgado da sentença, **não retira a força executiva desta**, exercitável no âmbito civil, já que não se confundem os seus efeitos com os decorrentes da prescrição da pretensão punitiva.

Na prescrição da pretensão executória, a ação penal foi declarada **procedente** e apenas não haverá o cumprimento da pena principal, **persistindo, porém, as consequências secundárias da condenação**, inclusive aquelas projetadas no campo civil, quanto à sua executoriedade indenizatória.

A ação penal que teve impacto na área cível "suspende a prescrição da indenização"[16].

---

[16] STJ, REsp 1.631.870-SE, 3ª T., rel. Min. Villas Bôas Cueva, *DJe*, 24-10-2017.

■ 5.8.2.2.3. Prescrição da pretensão punitiva

Mas a prescrição **retroativa** e a prescrição **intercorrente** são formas de prescrição da **pretensão punitiva** e, por esse motivo, afastam todos os efeitos, principais e secundários, penais e extrapenais, da condenação.

■ 5.8.2.2.4. O perdão judicial

Por outro lado, tem-se entendido que, por ser o perdão judicial uma causa extintiva da punibilidade, a sentença que o concede é **declaratória**, não subsistindo, assim, qualquer efeito, inclusive de natureza secundária.

Nesse sentido prescreve a Súmula 18 do Superior Tribunal de Justiça: "A sentença concessiva do perdão judicial é declaratória da extinção da punibilidade, **não subsistindo qualquer efeito condenatório**".

■ 5.8.2.3. Legitimidade ativa e passiva

■ 5.8.2.3.1. Legitimidade ativa

As pessoas legitimadas a promover a execução estão mencionadas no art. 63 do Código de Processo Penal: **"o ofendido, seu representante legal ou seus herdeiros"**.

Como assinala Alcides de Mendonça Lima[17], de certo modo são os mesmos que se acham habilitados pelos arts. 566 e 567 do Código de Processo Civil [de 1973, atuais arts. 778, *caput*, § 1º, e s.]. O art. 943 do Código Civil, por sua vez, dispõe que o "direito de exigir reparação e a obrigação de prestá-la **transmitem-se com a herança**".

■ 5.8.2.3.2. Legitimidade do Ministério Público

Se o credor da reparação for **pobre**, a execução será promovida pelo representante do Ministério Público, se o interessado o requerer, pois o art. 68 do Código de Processo Penal estabelece:

> "Quando o titular do direito à reparação for pobre (art. 32, §§ 1º e 2º) a execução da sentença condenatória (art. 63) ou a ação civil (art. 64) será promovida a seu requerimento, pelo **Ministério Público**".

Malgrado a divergência anteriormente existente nos tribunais sobre o assunto, já decidiu o Supremo Tribunal Federal que o **Ministério Público é parte ativa legítima** para a ação civil de indenização, **em favor da vítima pobre**, a teor do art. 68 do Código de Processo Penal, que foi recepcionado pela Constituição Federal em vigor, uma vez que, não podendo o titular do direito arcar com as despesas processuais, não se lhe poderia negar o direito fundamental de acesso ao Judiciário, assegurado no art. 5º, XXXV[18].

Posteriormente, a mesma Corte afirmou: "No contexto da Constituição de 1988, a atribuição anteriormente dada ao Ministério Público pelo art. 68 do Cód. de Pro-

---

17 *Comentários*, cit., v. 6, t. 1, p. 302, n. 677.

18 RE 136.206-5-SP, *DJU*, 18-10-1996, p. 39883.

cesso Penal — constituindo modalidade de assistência judiciária — deve reputar-se transferida para a **Defensoria Pública**: essa, porém, para esse fim, só se pode considerar existente, **onde e quando organizada**, de direito e de fato, nos moldes do art. 134 da própria Constituição e da lei complementar por ela ordenada: **até que — na União ou em cada Estado considerado — se implemente essa condição** de viabilização da cogitada transferência constitucional de atribuições, **o art. 68 do Código de Processo Penal será considerado ainda vigente**; é o caso do Estado de São Paulo, como decidiu o plenário no RE 135.328"[19].

Segundo Alcides de Mendonça Lima, "será um caso de **substituição processual**, que se insere no art. 566, II, deste Código. Se for pobre e incapaz, não é necessário requerer que o Ministério Público aja, porque isso já lhe compete"[20].

■ *5.8.2.3.3. Legitimação passiva*

A **execução** civil decorrente do dano causado pelo delito recai exclusivamente sobre o **patrimônio do próprio condenado**, exatamente porque a responsabilidade criminal é pessoal.

Como já foi visto, condenado criminalmente o empregado ou o filho menor, a execução não pode ser promovida contra o patrão ou contra os pais. Contra estes não há título executivo judicial. Mas a **ação civil** poderá ser proposta "**contra o autor do crime** e, se for o caso, **contra o responsável civil**", como proclama o art. 64 do Código de Processo Penal.

Tendo em vista o disposto no art. 943 do Código Civil, já mencionado, e o art. 779, II, do Código de Processo Civil de 2015, a execução pode **prosseguir contra os herdeiros** ou **ser movida** diretamente contra esses, que responderão apenas dentro das **forças da herança** que o falecido lhes deixou.

■ 5.8.3. A sentença absolutória proferida no crime

Diferentemente do que ocorre com a sentença penal condenatória, a sentença absolutória **nem sempre faz coisa julgada** no juízo cível. Quer dizer: mesmo tendo o réu sido absolvido no juízo penal, pode ele, em certos casos, vir a ser **condenado**, no juízo cível, a ressarcir o dano causado à vítima.

Dispõe, com efeito, o art. 66 do Código de Processo Penal:

> "Não obstante a sentença **absolutória** no juízo criminal, a ação civil poderá ser proposta quando **não tiver sido, categoricamente, reconhecida a inexistência material do fato**".

Por sua vez, o art. 386 do mesmo estatuto processual arrola as causas que podem determinar um decreto absolutório, *in verbis*:

19 RE 147.776-SP, *DJU*, 19-6-1998.

20 *Comentários*, cit., v. 6, t. 1, p. 303, n. 679.

"Art. 386. O juiz **absolverá** o réu, mencionando a causa na parte dispositiva, desde que reconheça:

I — estar provada a inexistência do fato;

II — não haver prova da existência do fato;

III — não constituir o fato infração penal;

IV — estar provado que o réu não concorreu para a infração penal;

V — não existir prova de ter o réu concorrido para a infração penal;

VI — existirem circunstâncias que excluam o crime ou isentem o réu de pena (arts. 20, 21, 22, 23, 26 e § 1º do art. 28, todos do Código Penal), ou mesmo se houver fundada dúvida sobre sua existência;

VII — não existir prova suficiente para a condenação (redação de acordo com a Lei n. 11.690, de 9-6-2008)".

Conforme o **fundamento da absolvição**, a sentença criminal produzirá ou não efeitos de coisa julgada no cível, isto é, fechará ou não as portas do cível para o pedido de ressarcimento do dano.

Em **três hipóteses** o réu absolvido poderá ser condenado, no cível, a ressarcir o prejuízo causado à vítima:

- quando a absolvição criminal se dá por **falta ou insuficiência de provas** para a condenação (CPP, art. 386, VII), porque a vítima poderá produzir, no cível, as provas que faltaram no processo-crime;
- quando a sentença criminal reconhecer **"não constituir o fato infração penal"** (art. 386, III), pois poderá constituir ilícito civil;
- quando a absolvição se fundar em **"inexistência de culpa"** do réu, porque o juízo criminal é mais exigente na aferição da culpa; no cível, a mais leve culpa obriga o agente a indenizar. Assim, embora o juiz criminal tenha decidido que a culpa inexistiu, pode o juiz cível entender que o réu se houve com **culpa levíssima** (insuficiente para uma condenação criminal) e condená-lo a reparar o dano.

No entanto, em **dois casos** a sentença criminal absolutória **faz coisa julgada** no cível, fechando as portas deste ao ressarcimento do dano:

- se reconhece, categoricamente, a **inexistência material do fato**, ou se afirma **não ter sido o réu o autor do crime**, porque nas duas hipóteses houve um pronunciamento, embora de caráter negativo, "sobre a existência do fato, ou quem seja o seu autor", não se podendo mais questionar sobre essas questões no cível (CC, art. 935, segunda parte; CPP, art. 66);
- se reconhece existir circunstância que exclua o crime ou isente o réu de pena, ou seja, ter sido o ato praticado em **estado de necessidade**, em **legítima defesa**, em **estrito cumprimento do dever legal** ou no **exercício regular de direito** (CPP, arts. 65 e 386, VI). Por sua vez, o art. 188 do Código Civil, harmonicamente, proclama não constituírem atos ilícitos os praticados em legítima defesa, estado de necessidade ou no exercício regular de um direito reconhecido. Embo-

ra não explícito, o **"cumprimento do dever legal"** está contido no referido dispositivo, porquanto atua no exercício regular de um direito reconhecido aquele que pratica um ato "no estrito cumprimento de dever legal"[21]. Assim, se o juiz penal reconhece ter o agente praticado o ato em qualquer dessas situações, tal decisão **faz coisa julgada no cível**, em que não se poderá mais negar a existência dessas excludentes.

Confira o quadro esquemático abaixo:

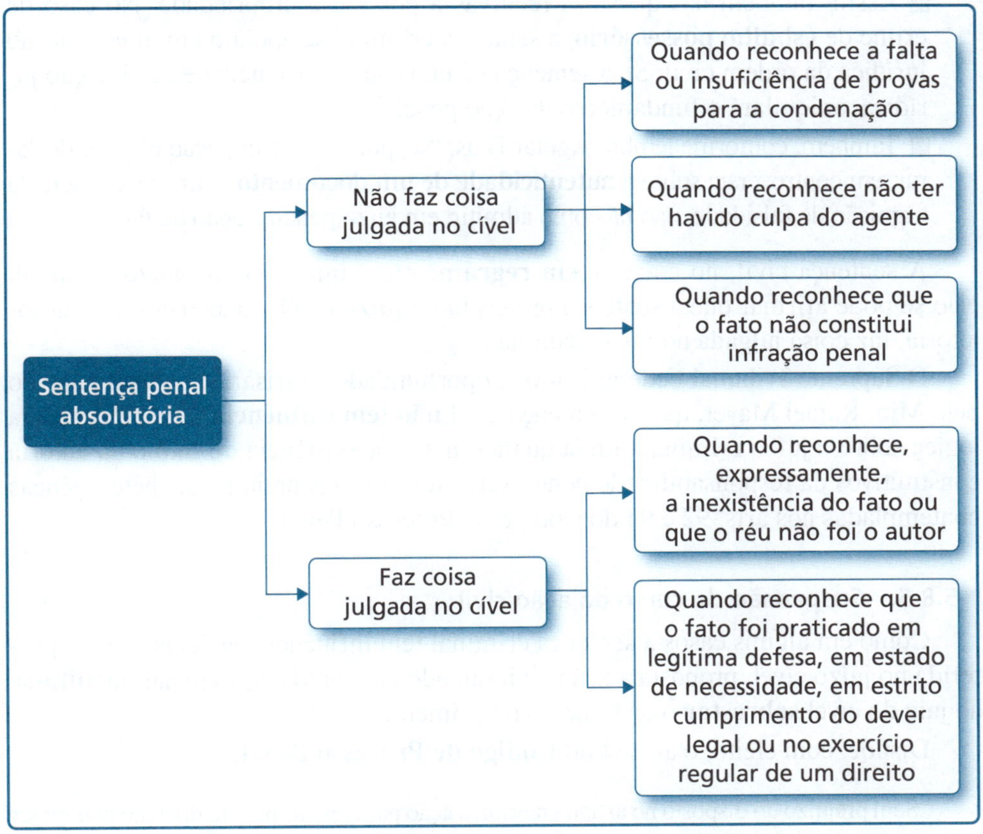

Apesar de reconhecer a licitude do ato praticado em **estado de necessidade**, a lei civil não exonera o seu autor da responsabilidade pelo **ressarcimento do dano**, como expressamente dispõe nos arts. 929 e 930. Reconhecidas no juízo penal, entretanto, as demais excludentes (**estrito cumprimento do dever legal, exercício regular de um direito** e **legítima defesa** praticada contra o autor de injusta agressão), tal decisão será observada no cível e o agente ficará **exonerado** de qualquer responsabilidade (*v.*, a propósito, o capítulo "Os meios de defesa ou as excludentes da ilicitude", n. 9, *infra*).

[21] Frederico Marques, *Tratado de direito penal*, v. 3, p. 295.

■ 5.8.4. Efeitos da coisa julgada civil na esfera criminal

Cumpre lembrar, por derradeiro, a existência de situações em que a sentença proferida no **juízo cível** é que vai **influenciar o processo-crime**, fazendo coisa julgada. Podem ser mencionados os seguintes exemplos, dentre outros:

- Nas questões de estado, como, *verbi gratia*, nos casos de **bigamia**, a sentença criminal ficará na dependência da decisão que vier a ser proferida na ação anulatória do primeiro ou do segundo casamento.
- Assim também nas questões relativas à posse e à propriedade. No caso de crime de **esbulho possessório**, a sentença criminal se apoiará em uma situação jurídica da ordem civil. Se a sentença cível negar a existência dessa situação jurídica, aniquilará o fundamento da ação penal[22].
- Também, conforme lembra Aguiar Dias, "se, porventura, em ação cível se declarar, em controvérsia sobre a **autenticidade de um documento**, a improcedência da arguição de falsidade, não há como admitir, em juízo penal, a ação de falso"[23].

A sentença civil, no entanto, **em regra** não tem influência no juízo criminal. Não se pode afirmar que a sentença proferida no **juízo cível**, condenatória ou absolutória, faz coisa julgada no juízo criminal.

O Supremo Tribunal Federal já teve a oportunidade de frisar, em aresto relatado pelo Min. Rafael Mayer, que "a sentença civil **não tem influência** nem precedência lógica sobre o juízo criminal, ainda quando negue a existência do fato e da autoria constitutivos da responsabilidade penal, salvo no caso das prejudiciais heterogêneas contempladas nos arts. 92 e 93 do Código de Processo Penal"[24].

■ 5.8.5. Suspensão do curso da ação civil

Como em alguns casos a sentença criminal tem influência na decisão a ser proferida no juízo cível, proposta a ação civil quando em curso a ação penal, **faculta-se** ao juiz do cível **sobrestar** o andamento da primeira.

Dispõe, com efeito, o art. 64 do **Código de Processo Penal**:

> "Sem prejuízo do disposto no artigo anterior, a ação para ressarcimento do dano poderá ser proposta no juízo cível, contra o autor do crime e, se for caso, contra o responsável civil.
> Parágrafo único. Intentada a ação penal, o juiz da ação civil poderá **suspender o curso desta**, até o julgamento definitivo daquela".

Estatui, por outro lado, o art. 315 do **Código de Processo Civil de 2015**:

> "Se o conhecimento do mérito depender de verificação da existência de fato delituoso, o juiz pode determinar **a suspensão do processo** até que se pronuncie a justiça criminal".

---

22 Washington de Barros Monteiro, *Curso*, cit., v. 5, p. 427.

23 *Da responsabilidade civil*, 4. ed., t. 2, p. 901.

24 *RTJ*, 102/127.

No mesmo sentido dispõe o art. 313, V, *a*, do referido Código, isto é, **a suspensão será determinada** quando a "sentença" de mérito "depender do julgamento de outra causa, ou da declaração da existência ou inexistência da relação jurídica, que constitua o objeto principal de outro processo pendente".

5.8.5.1. *Mera faculdade concedida ao juiz*

O juiz civil tem a **mera faculdade** de determinar ou não a suspensão do andamento da ação, enquanto a questão penal não for definitivamente decidida. Entretanto, há casos em que **o juiz deve determinar a suspensão**, para evitar decisões contraditórias:

- quando se alega, no juízo criminal, **legítima defesa real**; ou
- se **nega a existência do fato ou a autoria**.

Há outros, contudo, em que tal suspensão se mostra **desnecessária**, como quando se argui:

- **insuficiência de provas** para a condenação;
- **inexistência de culpa**; ou
- que o fato **não constitui infração penal**[25].

Na realidade, a "suspensão do processo civil é providência que cabe ao **prudente discernimento do juiz** da causa".

5.8.5.2. *Duração do período de suspensão*

Deve o juiz "observar para que o período de suspensão seja condicionado ao art. 265, § 5º, do CPC [de 1973, atual art. 313, § 5º]"[26]. O referido dispositivo **proíbe** a suspensão da ação civil por **tempo superior a um ano**. Findo esse prazo, o juiz mandará prosseguir no processo.

5.8.5.3. *Existência de inquérito policial*

A simples existência de inquérito policial **não autoriza a suspensão** da ação civil, porquanto a investigação não é fase da relação processual.

5.8.5.4. *Propositura de revisão criminal*

Cumpre, ainda, registrar que "a interposição de revisão criminal **não autoriza** o juiz, ou Tribunal, a suspender o curso da ação civil"[27].

---

[25] "Responsabilidade civil. Existência de ação penal onde se objetiva o reconhecimento da legítima defesa. Circunstância que excluiria 'ipso facto' a própria noção de ato ilícito. Artigo 160, inciso I, do Código Civil (*de 1916, correspondente ao art. 188, I, do novo diploma*). Decisão determinando a suspensão da ação civil até o julgamento do processo criminal que não ofendeu a lei e evitará a ocorrência de decisões conflitantes e ofensivas ao prestígio da Justiça" (*RJTJSP*, 110/293, 126/329).

[26] *RT*, 542/232.

[27] Frederico Marques, *Elementos*, cit., v. 3, p. 95, n. 647.

A absolvição conseguida em sede de revisão criminal em nada altera a situação que decorre do pronunciamento exarado na **Justiça Cível**, que **não depende das conclusões prolatadas na Justiça Penal**, máxime se o acórdão proferido na revisão não declarou que o fato não constituía infração penal ou que o réu não concorrera para que o fato se consumasse, decidindo tão somente que não existiam provas suficientes para a sua condenação no juízo criminal.

■ 5.8.5.5. *Ação rescisória*

Incabível ação rescisória, visto não ter sido contemplada no rol dos motivos para a rescisão dos julgados (CPC/2015, art. 966) a hipótese de, pronunciada e transitada em julgado uma primeira sentença, esta servir de base a uma segunda sentença, mas que logicamente depende da decisão contida na primeira, e, passada em julgado a segunda sentença, surgirem depois elementos para impugnar a primeira sentença[28].

■ 5.8.5.6. *Sentença criminal superveniente*

Se a ação civil estiver em andamento e sobrevier **sentença criminal condenatória** com trânsito em julgado, nenhum interesse processual haverá em dar continuidade ao processo de conhecimento, que deverá, assim, ser **extinto por falta de interesse de agir**[29], pois o ofendido já passou a dispor de título executivo judicial.

Já se decidiu que, nessa hipótese, o julgamento da lide deve ser tido por **prejudicado**, havendo voto vencido no sentido de que o processo devia ser declarado extinto sem julgamento do mérito, com base no art. 267, V, do Código de Processo Civil [de 1973, atual art. 485, V], em face da existência da coisa julgada material[30].

■ 5.8.5.7. *Ação civil julgada improcedente e condenação criminal posterior*

Se a ação civil, não suspensa, for julgada **improcedente** e a sentença **transitar em julgado**, poderá ocorrer a hipótese de o réu vir a ser condenado, **posteriormente**, na esfera criminal.

Para Humberto Theodoro Júnior, "ainda que tenha sido julgada improcedente a ação de indenização, poderá a vítima executar civilmente o causador do dano, se este, posteriormente, vier a ser condenado no juízo criminal. Isto porque a sentença penal condenatória, por si só, é título executivo civil para assegurar a reparação em tela. E não poderá o culpado sequer invocar a exceção de coisa julgada, diante da autonomia apenas relativa das duas responsabilidades"[31].

A questão não é, todavia, pacífica, pois versa sobre o crucial problema do **conflito de coisas julgadas**. Na realidade, **não há nenhuma razão de ordem jurídica**

---

28 *RT*, 600/103.

29 *RT*, 620/83.

30 *RT*, 629/140.

31 *Processo de execução*, p. 100, n. 3.

para que prevaleça a posterior condenação criminal, pois esta, ao surgir, esbarra numa situação definitivamente **consolidada pela coisa julgada civil**.

Só restará ao lesado a via da ação rescisória da sentença de improcedência da ação de indenização, se não decorrido ainda o prazo decadencial de dois anos e se presentes os requisitos exigidos no art. 966 do Código de Processo Civil de 2015 para a sua propositura.

Segundo o Superior Tribunal de Justiça, "A absolvição na esfera penal só influencia no âmbito do processo administrativo disciplinar se ficar comprovada naquela instância a não ocorrência do fato ou a negativa da sua autoria"[32].

■ 5.8.6. Resumo

<table>
<tr><th colspan="2">DA CULPA</th></tr>
<tr><td>CONCEITO E ELEMENTOS</td><td>■ Agir com culpa significa atuar o agente em termos de, pessoalmente, merecer a censura ou reprovação do direito. O critério para aferição da diligência exigível do agente e caracterização da culpa é o da comparação de seu comportamento com o do homo medius, do homem ideal, que precavidamente evita o perigo. A obrigação de indenizar exige que o agente tenha agido com culpa: por ação ou omissão voluntária, por negligência ou imprudência (CC, art. 186).</td></tr>
<tr><td>CULPA E DOLO</td><td>■ Dolo é o propósito de causar dano a outrem. É a infração consciente do dever preexistente. Se, entretanto, o prejuízo da vítima é decorrência de comportamento negligente e imprudente do autor do dano, diz-se que houve culpa "stricto sensu", também denominada culpa aquiliana.
■ O CC não faz distinção entre dolo e culpa, nem entre os graus de culpa. Tenha o agente agido com dolo ou culpa levíssima, existirá sempre a obrigação de indenizar. Mede-se a indenização pela extensão do dano, e não pelo grau de culpa.
■ Todavia, "se houver excessiva desproporção entre a gravidade da culpa e o dano, poderá o juiz reduzir, equitativamente, a indenização" (CC, art. 944 e parágrafo único).</td></tr>
<tr><td>CULPA E RISCO</td><td>■ A concepção clássica é a de que a vítima tem de provar a culpa do agente para obter a reparação. Essa solução, no entanto, passou por diversos estágios evolutivos, em virtude da necessidade de melhor amparar os acidentados, até se chegar à teoria do risco, após o desenvolvimento industrial. Pela aludida teoria não há falar em culpa. Basta a prova da relação de causalidade entre a conduta e o dano. No Brasil foi ela adotada em diversas leis esparsas e em vários artigos do CC (arts. 933, 927, parágrafo único, 937, 938 etc.).</td></tr>
<tr><td>EFEITOS NO CÍVEL DA SENTENÇA CRIMINAL</td><td>■ Interação entre as jurisdições civil e penal
O art. 935 do CC estabeleceu a independência entre a responsabilidade civil e a criminal. Entretanto, para evitar decisões conflitantes sobre o mesmo fato, criou-se um mecanismo destinado a promover a interação entre as jurisdições civil e penal, pelo qual pode haver, em certos casos, influência no cível da decisão proferida no crime, e vice-versa.
■ Sentença condenatória
<u>Sempre</u> faz coisa julgada no cível, porque para haver condenação criminal o juiz tem de reconhecer a existência do fato e a sua autoria, bem como o dolo ou a culpa do agente (CP, art. 91, I; CPC/73, art. 475-N, II, atual art. 515, VI).</td></tr>
</table>

32 STJ, AgInt no AREsp 1.019.336-SP, 1ª T., rel. Min. Benedito Gonçalves, *DJe*, 2-10-2017.

EFEITOS NO CÍVEL DA SENTENÇA CRIMINAL	■ **Sentença absolutória** ■ **Faz coisa julgada no cível** **a)** Quando reconhece, expressamente, a inexistência do fato ou que o réu não foi o autor (CPP, art. 66; CC, art. 935, 2ª parte). **b)** Quando reconhece que o fato foi praticado em legítima defesa, em estado de necessidade, em estrito cumprimento do dever legal ou no exercício regular de um direito (CPP, art. 65). A legítima defesa precisa ser real e contra o agressor, pois a putativa e a que causa dano a terceiro não excluem a responsabilidade civil. Também não a exclui o ato praticado em estado de necessidade (CC, arts. 929 e 930). ■ **Não faz coisa julgada no cível** **a)** Quando a absolvição se dá por ***falta*** ou ***insuficiência*** de provas para a condenação (que podem ser produzidas pela vítima, no cível). **b)** Quando a absolvição se dá por não ter havido culpa do agente (CPP, art. 66). O juiz criminal é mais exigente em matéria de culpa. No cível, mesmo a culpa levíssima (insuficiente para a condenação criminal) obriga a indenizar. **c)** Quando ocorre absolvição porque se reconhece que o fato ***não*** constitui infração penal (mas pode ser ilícito civil — CPP, art. 67).

■ 5.9. QUESTÕES

1. (MP do Trabalho/Procurador do Trabalho/16º Concurso/2009) Assinale a alternativa INCORRETA:

a) o incapaz responde pelos prejuízos que causar, se as pessoas por ele responsáveis não tiverem obrigação de fazê-lo ou não dispuserem de meios suficientes;
b) haverá obrigação de reparar o dano, independentemente de culpa, nos casos especificados em lei, ou quando a atividade normalmente desenvolvida pelo autor do dano implicar, por sua natureza, risco para os direitos de outrem;
c) a responsabilidade civil é independente da criminal, não se podendo questionar mais sobre a existência do fato, ou sobre quem seja o seu autor, quando estas questões se acharem decididas no juízo criminal;
d) o direito de exigir reparação e a obrigação de prestá-la não se transmitem com a herança, por se tratar de obrigação personalíssima;
e) não respondida.

2. (PGE/SP/Procurador do Estado/Fundação Carlos Chagas/2009) Assinale a alternativa CORRETA.

a) Na responsabilidade subjetiva, a culpa será considerada *in concreto* quando se fizer uma análise comparativa da conduta do agente com a do homem médio.
b) Se alguém causar dano em caso de legítima defesa de terceiro, e vier a repará-lo, poderá voltar-se contra quem defendeu para cobrar o valor desembolsado.
c) No campo da responsabilidade civil contratual, a mora nas obrigações pecuniárias não é hipótese de dano presumido, cabendo ao credor alegar o prejuízo.
d) O juiz não poderá condenar o lesante incapaz ao pagamento de uma indenização equitativa, se o lesado não conseguir obter do representante do incapaz a quantia devida por falta de meios financeiros.
e) A perda de uma chance, caracterizada como dano negativo ou emergente, afasta por completo a possibilidade de indenização por ser a frustração da probabilidade de obter um benefício.

3. (MP/BA/Promotor de Justiça/2008) Sabe-se que a responsabilidade civil significa a obrigação de reparação imposta por lei a todo aquele que, por ação, omissão, negligência, imprudência ou imperícia, gerar danos a terceiros. Esta concepção é fruto da racionalidade inerente ao homem, que o faz gozar de liberdade e que lhe dá o direito de agir de acordo com o seu arbítrio. Isso, porém, lhe impõe deveres, e, entre estes, o de assumir seus atos. Se, usando do livre-arbítrio, contrariar a ordem jurídica ou prejudicar a qualquer semelhante, acarretará, no campo civil, a obrigação de reparar o dano causado. Sobre a temática acima posta, depois da análise dos itens abaixo, é CORRETO afirmar:

a) O montante da reparação do dano calcula-se pelo próprio dano e, proporcionalmente, à intensidade da culpa.
b) Existe responsabilidade civil por ato lícito ou por fato jurídico independentemente de culpa, mas tão somente quando verificar-se risco ao direito de outrem.
c) A responsabilidade dos pais pelos atos de seus filhos menores, que estiverem sob sua autoridade e em sua companhia, é considerada subjetiva, ainda que demonstrada a culpa daqueles.
d) A responsabilidade objetiva, em virtude da teoria do risco, representa, na atualidade, a regra no ordenamento positivado.
e) Independentemente da culpa, quando a atividade normalmente desenvolvida pelo autor do dano implicar, por sua natureza, risco para os direitos de outrem, haverá obrigação de reparar o dano.

4. (TJPR/Juiz de Direito/2008) Assinale a alternativa CORRETA:

a) É subjetiva, por culpa presumida, a responsabilidade dos pais pelos atos praticados pelos filhos menores que estiverem sob sua autoridade e em sua companhia.
b) O direito de exigir a reparação civil somente se transmite com a herança quando se tratar de dano patrimonial.
c) A desproporção entre a gravidade da culpa e o dano pode ser critério hábil a intervir na fixação do *quantum* indenizatório.
d) A culpa leve não gera dever de indenizar, ao passo que a culpa gravíssima enseja responsabilidade objetiva do agente causador do dano.

5. (MP/SC/Promotor de Justiça/XXXIII Concurso) 18ª QUESTÃO

I. Mesmo o ato praticado no exercício regular de um direito reconhecido pode levar a um dever de indenizar.
II. O Estado sempre responde objetivamente pelos danos que causar, independentemente da culpa de seus agentes, seja nos atos comissivos, seja nos omissivos.
III. Sem dano não há responsabilidade civil, seja das pessoas jurídicas de direito público, seja das de direito privado.
IV. Ao juiz não é dado reduzir a indenização do dano, porque esta se mede sempre por sua extensão, independentemente da gravidade da culpa.
V. No homicídio, o homicida pagará alimentos à(s) pessoa(s) a quem o defunto os devia, de modo que o valor da indenização sempre dependerá das condições econômicas da vítima e daquelas do autor do dano.

a) apenas I, III e IV estão corretos.
b) apenas II e IV estão corretos.
c) apenas II está correto.
d) apenas II, III e IV estão corretos.
e) apenas I e III estão corretos.

6. (TRT/MG/Analista Judiciário/2015) Saulo foi condenado criminalmente, por decisão transitada em julgado, em razão de lesões corporais causadas em Anderson, tendo sido reconhecidos, dentre outros elementos, a existência do fato e seu autor. Se Anderson ajuizar ação na esfera civil, Saulo

a) poderá questionar a existência do fato e sua autoria independentemente de qualquer requisito, tendo em vista que a responsabilidade civil é independente da criminal.
b) poderá questionar a existência do fato e sua autoria desde que, no juízo cível, apresente provas novas.
c) não poderá questionar a existência do fato nem sua autoria.
d) poderá questionar apenas a autoria do fato e desde que, no juízo cível, apresente provas novas.

7. (Pref. Municipal/Registro-SP/Advogado/VUNESP/2016) Considerando fato que gera o dever de indenizar, mas que também será apurado na esfera criminal, é CORRETO afirmar que a responsabilidade civil

a) é independente da criminal, não se podendo questionar mais sobre a existência do fato, ou sobre quem seja o seu autor, quando estas questões se acharem decididas no juízo criminal.
b) é independente da criminal; porém, para que não haja decisões conflitantes, deve-se aguardar a decisão criminal, suspendendo-se o prazo prescricional da ação civil.
c) é independente da criminal, nos casos em que se deve apurar culpa ou dolo do agente, sobrestando-se a ação civil até a apuração criminal.
d) é dependente da criminal, devendo aguardar-se a decisão criminal, interrompendo-se o curso de prazo prescricional da ação civil.
e) é dependente da criminal, devendo ambas serem julgadas na mesma decisão, para que não existam decisões conflitantes.

8. (DPE/DF/Analista Judiciário/Fundação Carlos Chagas/2014) Verônica conduzia seu veículo automotor pela sua mão de direção, quando foi obrigada a desviar de um caminhão desgovernado que seguiu em rota de colisão com o seu carro. Ao desviar, Verônica acabou colidindo com o veículo de Jorge, que estava na via secundária, em velocidade moderada e em estrita observância das leis de trânsito. Nesse caso é CORRETO afirmar que:

a) há responsabilidade civil de Verônica pelos danos causados ao veículo de Jorge, podendo exigir regressivamente o valor que indenizar do proprietário ou condutor do caminhão.
b) há responsabilidade civil subsidiária de Verônica, caso o dono ou condutor do caminhão não indenize Jorge.
c) não há responsabilidade civil de Verônica, já que agiu em estado de necessidade.
d) não há responsabilidade civil de Verônica, em virtude da ausência de culpa.
e) não há responsabilidade civil de Verônica, já que em relação a ela se verifica um caso de força maior.

9. (TJMA/Concurso para Outorga de Titularidade de Serviços de Notas e de Registros/IESES/2016) Acerca da força maior e do caso fortuito enquanto excludentes da responsabilidade civil, assinale a alternativa CORRETA:

a) Sempre excluem a responsabilidade civil.
b) São aplicáveis apenas à responsabilidade civil extracontratual.
c) Atingem o elemento dano emergente, afastando a obrigação de indenizar.
d) Não excluem a responsabilidade civil diante da existência de cláusula de assunção convencional (art. 393 do Código Civil).

10. (TRT/24ª Região/Juiz do Trabalho/2007) Assinale a alternativa que está em conformidade com o Código Civil brasileiro:

a) Na responsabilidade civil, se a vítima tiver concorrido culposamente para o evento danoso, a sua indenização será fixada pela metade.
b) A indenização por injúria, difamação ou calúnia consistirá na reparação do dano que delas resultar ao ofendido, condicionada à comprovação do prejuízo material.
c) O direito de exigir reparação civil e a obrigação de prestá-la transmitem-se com a herança.
d) A responsabilidade civil é dependente da criminal, não se podendo questionar mais sobre a existência do fato, ou sobre quem seja seu autor, quando estas questões se acharem decididas no juízo criminal.
e) Na obrigação de indenizar, os coautores são subsidiariamente responsáveis com os autores.

11. (OAB/XV Exame de Ordem Unificado/Fundação Getulio Vargas/2014) Devido à indicação de luz vermelha do sinal de trânsito, Ricardo parou seu veículo pouco antes da faixa de pedestres. Sandro, que vinha logo atrás de Ricardo, também parou, guardando razoável distância entre eles. Entretanto, Tatiana, que trafegava na mesma faixa de rolamento, mais atrás, distraiu-se ao redigir mensagem no celular enquanto conduzia seu veículo, vindo a colidir com o veículo de Sandro, o qual, em seguida, atingiu o carro de Ricardo.

Diante disso, à luz das normas que disciplinam a responsabilidade civil, assinale a afirmativa CORRETA.

a) Cada um arcará com seu próprio prejuízo, visto que a responsabilidade pelos danos causados deve ser repartida entre todos os envolvidos.
b) Caberá a Tatiana indenizar os prejuízos causados ao veículo de Sandro, e este deverá indenizar os prejuízos causados ao veículo de Ricardo.
c) Caberá a Tatiana indenizar os prejuízos causados aos veículos de Sandro e Ricardo.
d) Tatiana e Sandro têm o dever de indenizar Ricardo, na medida de sua culpa.

12. (TRT/14ª Região/Juiz do Trabalho/2013) Assinale a alternativa CORRETA.

I. Será objetiva a responsabilidade civil do causador do dano quando a atividade normalmente desenvolvida por ele implicar, por sua natureza, risco para os direitos de outrem, hipótese em que bastará ao lesado provar o nexo causal e a culpa.
II. A responsabilidade civil é independente da criminal; assim, o réu inocentado por falta de provas no processo penal poderá responder a ação civil e ser condenado a indenizar pelo mesmo fato.
III. O empregador responde civilmente pelos danos causados por seus empregados, quando estes agirem no exercício do trabalho que lhes competir, ou em razão dele, cabendo à vítima provar a condição de empregado do causador do dano.

a) Apenas as proposições I e II são falsas.
b) Apenas as proposições I e III são falsas.
c) Apenas as proposições II e III são falsas.
d) Todas as proposições são verdadeiras.
e) Todas as proposições são falsas.

13. (TRT/18ª Região/Juiz do Trabalho/Fundação Carlos Chagas/2014) Embora preso em canil que respeitou todas as normas técnicas de construção, Átila, cão de raça pastor alemão, pertencente a Cássio, consegue pulá-lo e morde gravemente o vizinho, Fábio, que na ocasião conversava com Cássio no quintal do imóvel, ao lado do canil. Nessas circunstâncias,

a) Cássio é responsável objetivo pelas lesões causadas, pelo só fato da coisa, inexistentes causas excludentes na hipótese formulada.
b) nenhuma responsabilidade aquiliana cabe a Cássio, haja vista culpa exclusiva da vítima, Fábio, consistente em estar ao lado do canil por ocasião dos fatos.
c) a responsabilidade de Cássio e Fábio é de igual intensidade, caracterizada culpa concorrente de Fábio por estar ao lado do canil quando dos fatos.
d) nenhuma responsabilidade cabe a Cássio, que agiu diligentemente, sem culpa, ao construir o canil de acordo com as normas técnicas pertinentes.
e) nenhuma responsabilidade cabe a Cássio, já que o ocorrido equiparou-se a caso fortuito ou força maior, tendo em vista o canil ter sido construído de modo adequado.

14. (Pref. Mun./Registro/Concurso/Advogado do Município/VUNESP/2016) Considerando fato que gera o dever de indenizar, mas que também será apurado na esfera criminal, é CORRETO afirmar que a responsabilidade civil

a) é independente da criminal, não se podendo questionar mais sobre a existência do fato, ou sobre quem seja o seu autor, quando estas questões se acharem decididas no juízo criminal.
b) é independente da criminal, porém, para que não haja decisões conflitantes, deve-se aguardar a decisão criminal, suspendendo-se o prazo prescricional da ação civil.
c) é independente da criminal, nos casos em que se deve apurar culpa ou dolo do agente, sobrestando-se a ação civil até a apuração criminal.
d) é dependente da criminal, devendo aguardar-se a decisão criminal, interrompendo-se o curso de prazo prescricional da ação civil.
e) é dependente da criminal, devendo ambas serem julgadas na mesma decisão, para que não existam decisões conflitantes.

15. (TJRS/Juiz de Direito/FAURGS/2016) Sobre a reparação de danos, é CORRETO afirmar que

a) apenas a culpa concorrente da vítima é admitida como causa de redução da indenização pelo Código Civil, constituindo exceção ao princípio da reparação integral.
b) se adota, segundo entendimento majoritário, a teoria do risco integral como fundamento da imputação da responsabilidade, independente de culpa em razão de atividade de risco (artigo 927, parágrafo único).
c) todos os membros de um grupo, pela adoção da teoria da causalidade alternativa, podem ser responsabilizados, quando não seja possível determinar, dentre eles, quem deu causa à lesão.
d) a responsabilidade pelo fato do animal é independente de culpa do seu dono ou detentor, não podendo ser afastada mesmo quando ausente o nexo de causalidade.
e) o patrimônio do incapaz não pode servir ao pagamento da indenização, cabendo exclusivamente aos pais, tutores ou curadores, conforme o caso, responder pelos danos que ele causar.

16. (TJDF/Juiz de Direito/CESPE/2016) A respeito da responsabilidade civil, assinale a opção CORRETA.

a) De acordo com o Código Civil, a possibilidade legal de redução equitativa da indenização pelo juiz é aplicável às hipóteses de responsabilidade subjetiva e objetiva.
b) Se houver concorrência de culpas e danos a ambas as partes, cada qual deve arcar com seus respectivos prejuízos.
c) Nos termos explicitados no Código Civil, a gradação de culpa possui relevância para a configuração do ato ilícito.
d) Segundo a atual orientação do STJ, a reparação pela lesão extrapatrimonial deve seguir o método bifásico na aferição do valor da indenização.
e) Conforme a jurisprudência prevalente do STJ, a cobrança indevida já traz em si a ilicitude, bastando a prova de que se deu por meio judicial para se impor a devolução em dobro, prevista no Código Civil.

17. (PGE/SP/22º Concurso de Ingresso na Carreira de Procurador do Estado/VUNESP/2018) Assinale a alternativa CORRETA.

a) Decisão criminal absolutória por insuficiência de provas impede rediscussão, em âmbito civil, de pretensão de reparação de danos.
b) O incapaz responderá pelos danos que causar, se as pessoas por ele responsáveis não tiverem a obrigação de fazê-lo ou não dispuserem de meios suficientes.
c) O magistrado, em caso de excessiva desproporção entre a gravidade da culpa e o dano, poderá reduzir o valor da indenização, em até 2/3 do valor originalmente fixado.
d) Pai que ressarce o dano causado por filho relativamente capaz pode buscar reembolso no prazo de 3 anos, contados da cessação da menoridade.
e) Em caso de concurso de agentes causadores de dano, cada qual responde na medida da sua culpabilidade.

18. (TJDFT/Titular de Serviços de Notas e de Registros/Provimento/CESPE/2019) Mário dirigia seu veículo em velocidade compatível com a via em que trafegava e foi surpreendido pela travessia de Pedro, que caminhava fora da faixa destinada aos pedestres. Naquele momento Pedro utilizava o telefone móvel para o envio de uma mensagem de texto e não observou a aproximação do veículo conduzido por Mário. Para evitar o atropelamento, Mário teve de efetuar uma manobra brusca, o que culminou na colisão com o veículo de Ana, que estava regularmente estacionado.

A respeito dessa situação hipotética, assinale a opção CORRETA.

a) A conduta de Mário foi ilícita, razão pela qual surge a obrigação de indenizar Ana.
b) A responsabilidade civil pelo acidente deve ser imputada diretamente a Pedro.
c) A excludente de responsabilidade do fortuito incide em favor de Pedro.
d) A conduta de Mário foi lícita; contudo, nessa situação, há obrigação de indenizar Ana.
e) Mário agiu no exercício regular do direito, razão pela qual não será obrigado a indenizar Ana.

19. (TJPR/Titular de Serviços de Notas e de Registros/Remoção/NC-UFPR/2019) Sobre a responsabilidade civil subjetiva e objetiva no Direito Civil brasileiro, identifique como verdadeiras (V) ou falsas (F) as seguintes afirmativas:

( ) Também comete ato ilícito o titular de um direito que, ao exercê-lo, excede manifestamente os limites impostos pelo seu fim econômico ou social, pela boa-fé ou pelos bons costumes.

( ) Somente gera direito a indenização o ato que transgrediu uma norma jurídica, sendo, portanto, o ato ilícito.

( ) Haverá obrigação de reparar o dano, independentemente de culpa, nos casos especificados em lei, ou quando a atividade normalmente desenvolvida pelo autor do dano implicar, por sua natureza, risco para os direitos de outrem.

( ) São também responsáveis pela reparação civil o empregador, por seus empregados, serviçais e prepostos, no exercício do trabalho que lhes competir, ou em razão dele, ressalvado o comitente.

Assinale a alternativa que apresenta a sequência correta, de cima para baixo.

a) V — F — F — F.
b) V — F — V — F.
c) V — V — V — V.
d) F — V — F — V.
e) F — F — V — V.

GABARITO

1. "d". *Vide* art. 943 do CC.
2. "b". *Vide* art. 930, parágrafo único, do CC.
3. "e". *Vide* art. 927, parágrafo único, do CC.
4. "c". *Vide* art. 944, parágrafo único, do CC.
5. "e". De acordo com a resposta oficial, apenas I e III estão corretas. A questão n. II, porém, é polêmica. Segundo o entendimento majoritário, como exposto no item 3.4.3. *retro*, ela também está correta.
6. "c". *Vide* art. 935 do CC.
7. "a". *Vide* art. 935 do CC.
8. "a". *Vide* art. 930 do CC.
9. "d". *Vide* art. 393 do CC.
10. "c". *Vide* art. 943 do CC.
11. "c". *Vide* a jurisprudência: "O automóvel conduzido pela ré vinha em último lugar na fila de veículos, os quais pararam normalmente à sua frente. No entanto, a ré não teve a necessária cautela ao se aproximar do veículo do autor, que era o penúltimo, e projetou o seu carro contra aquele, provocando os sucessivos abalroamentos. Dúvida não há de que foi a ré a única causadora do engavetamento" (1º TACSP, Ap. 326.902, 6ª Câm., j. 19-6-1984).
12. "b". No inciso I, está errado afirmar que o lesado terá de provar a culpa do causador do dano; já no inciso III, está incorreto dizer que cabe à vítima provar a condição de empregado do causador do dano sem mencionar que deve ser provada, também, a sua culpa.
13. "a". *Vide* art. 936 do CC e item 3.6.1, *retro*.
14. "a". *Vide* art. 935 do CC.
15. "c". *Vide* art. 942, segunda parte, do CC.
16. "d". *Vide*: STJ, REsp 1.332.366-MS, *DJe*, 7-12-2016.

17. "c". *Vide* art. 944, parágrafo único, do CC.
18. "d". *Vide* arts. 188 e 930 do CC.
19. "b".

6

DA RELAÇÃO DE CAUSALIDADE

6.1. O LIAME DA CAUSALIDADE

Um dos pressupostos da responsabilidade civil é a existência de um **nexo causal** entre o fato ilícito e o dano produzido. Sem essa **relação de causalidade** não se admite a obrigação de indenizar. O art. 186 do Código Civil a exige expressamente, ao atribuir a obrigação de reparar o dano àquele que, por ação ou omissão voluntária, negligência ou imprudência, violar direito e **causar** dano a outrem.

O dano só pode gerar responsabilidade quando for possível estabelecer um **nexo causal** entre ele e o seu autor. Entretanto, qual o **critério** que poderemos utilizar para chegar à conclusão de que, no concurso de várias circunstâncias, uma dentre elas é que foi o fator determinante do prejuízo? A resposta a essa pergunta constituiu um dos problemas mais debatidos em direito, pelo menos desde há um século, pois só nos meados do século passado é que ele passou a tomar uma forma definida.

O que se deve entender, juridicamente, por **nexo causal** determinador da responsabilidade civil? O esclarecimento dessa noção vamos encontrá-lo na lição de Demogue, ao precisar que não pode haver uma questão de nexo causal senão quando se esteja diante de uma **relação necessária** entre o fato incriminado e o prejuízo. É necessário que se torne absolutamente certo que, **sem esse fato, o prejuízo não poderia ter lugar**[1].

Dificuldades decorrentes do surgimento de concausas

A teoria do nexo causal encerra dificuldades porque, em razão do aparecimento de **concausas**, a pesquisa da verdadeira causa do dano nem sempre é fácil. Essas concausas podem ser:

- **sucessivas**; ou
- **simultâneas**.

Concausas simultâneas

Surgem quando há um só dano, ocasionado por **mais de uma causa**. É a hipótese de um dano que pode ser atribuído a várias pessoas. O Código Civil, em matéria de responsabilidade extracontratual, dispõe que, nesse caso, ela é **solidária** (cf. art. 942, parágrafo único).

---

1 Miguel M. de Serpa Lopes, *Curso de direito civil*, v. 5, p. 251-252.

■ Concausas sucessivas

Estabelece-se **uma cadeia** de causas e efeitos. A dificuldade está em saber qual delas deve ser escolhida como a **responsável pelos danos**. Agostinho Alvim exemplifica e indaga: "Suponha-se que um prédio desaba por culpa do engenheiro que foi inábil; o desabamento proporcionou o saque; o saque deu como consequência a perda de uma elevada soma, que estava guardada em casa, o que, por sua vez, gerou a falência do proprietário. O engenheiro responde por esta falência?"[2].

Três são as **principais teorias** formuladas a respeito dessa questão, conforme quadro esquematizado abaixo:

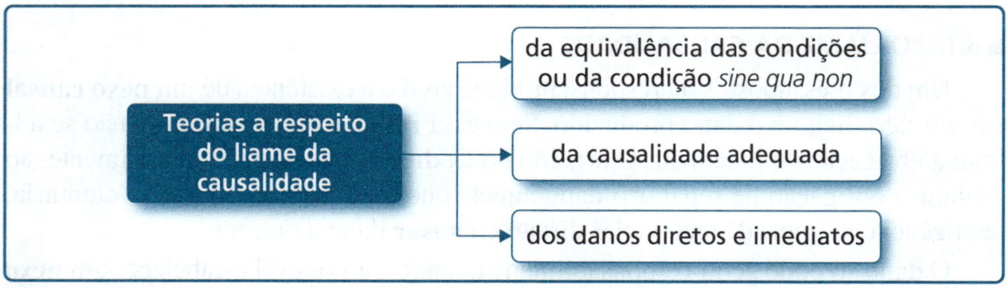

■ 6.2. A PESQUISA DO NEXO CAUSAL

■ 6.2.1. Teoria da equivalência das condições

Considera como causa toda e qualquer circunstância que haja concorrido para produzir o dano. A sua equivalência resulta de que, suprimida uma delas, o dano não se verificaria[3]. O ato do autor do dano era **condição *sine qua non*** para que este se verificasse. Por isso, chama-se essa teoria **da equivalência das condições** ou **da condição *sine qua non***[4].

■ 6.2.2. Teoria da causalidade adequada

Somente considera como causadora do dano a condição por si só apta a produzi-lo. Ocorrendo certo dano, temos de concluir que o fato que o originou era **capaz de lhe dar causa**. Se tal relação de causa e efeito existe sempre em casos dessa natureza, diz-se que a causa era **adequada** a produzir o efeito. Se existiu no caso em apreciação somente por força de uma circunstância acidental, diz-se que a causa não era adequada.

■ 6.2.3. Teoria dos danos diretos e imediatos

É um amálgama das anteriores, uma espécie de meio-termo, mais razoável. Requer ela haja, entre a conduta e o dano, uma relação de causa e efeito **direta e imediata**. É indenizável todo dano que se filia a uma causa, desde que esta seja necessária,

---

2 *Da inexecução*, cit., p. 328.

3 Agostinho Alvim, *Da inexecução*, cit., p. 329.

4 Espínola, *Sistema do direito civil brasileiro*, v. 2, t. 1, p. 514.

por não existir outra que explique o mesmo dano. Quer a lei que o dano seja o **efeito direto e imediato da inexecução**.

Assim, no clássico exemplo mencionado por Wilson Melo da Silva, do acidentado que, ao ser conduzido em uma ambulância para o hospital, vem a falecer em virtude de tremenda colisão da ambulância com outro veículo, responderia o autor do dano primeiro da vítima, o responsável pelo seu ferimento, **apenas pelos prejuízos de tais ferimentos oriundos**. Pelos danos da morte dessa mesma vítima em decorrência do abalroamento da ambulância, na qual era transportada ao hospital, com o outro veículo, responderia o motorista da ambulância ou o do carro abalroador, ou ambos.

Mas o agente do primeiro evento não responderia por todos os danos, isto é, pelos ferimentos e pela morte[5]. Segundo tal teoria, **cada agente responde, assim, somente pelos danos que resultam direta e imediatamente, isto é, proximamente, de sua conduta**.

6.2.4. Críticas à teoria da equivalência das condições

Tal teoria pode conduzir a resultados **absurdos** dentro do direito. Tem, por isso, recebido críticas, por exemplo as de que o nascimento de uma pessoa não pode, absolutamente, ser tido como causa do acidente de que foi vítima, embora possa ser havido como condição *sine qua non* do evento; na hipótese de um homicídio, poderia fazer-se estender, segundo tal teoria, a responsabilidade pelo evento ao próprio fabricante da arma com a qual o dano se perpetrou; ou talvez se tivesse de responsabilizar, também, como partícipe do adultério, o marceneiro que fez a cama na qual se deitou o casal amoroso.

6.2.5. Diferença entre a teoria da equivalência das condições e a da causalidade adequada

A diferença pode ser facilmente compreendida com o seguinte exemplo: "A" deu uma pancada ligeira no crânio de "B", que seria insuficiente para causar o menor ferimento num indivíduo normalmente constituído, mas, por ser "B" portador de uma fraqueza particular dos ossos do crânio, isso lhe causou uma fratura de que resultou sua morte. O prejuízo deu-se, apesar de o fato ilícito praticado por "A" **não ser a causa adequada** a produzir aquele dano em um homem adulto.

Segundo a teoria da equivalência das condições, a pancada é uma **condição *sine qua non*** do prejuízo causado, pelo qual o seu autor terá de responder. Ao contrário, não haveria responsabilidade em face da teoria da **causalidade adequada**[6].

Esta última é bastante aplicada em acidentes de veículos, para se definir, por exemplo, qual das condutas foi adequada a provocar o dano: se a do motorista que

5 *Da responsabilidade civil automobilística*, p. 237.

6 Cardoso de Gouveia, *Da responsabilidade contratual*, n. 69, apud Agostinho Alvim, *Da inexecução*, cit., p. 330.

invadiu a preferencial, não respeitando a placa "PARE", ou se a do que transitava por esta, em velocidade excessiva.

6.2.6. Teoria adotada pelo Código Civil

Das várias teorias sobre o nexo causal, o nosso Código adotou, indiscutivelmente, a do **dano direto e imediato**, como está expresso no art. 403. Dispõe, com efeito, o mencionado dispositivo legal:

> "Ainda que a inexecução resulte de dolo do devedor, as perdas e danos só incluem os prejuízos efetivos e os lucros cessantes por efeito dela **direto e imediato**, sem prejuízo do disposto na lei processual".

Não é, portanto, indenizável o chamado **"dano remoto"**, que seria consequência **indireta** do inadimplemento, envolvendo lucros cessantes para cuja caracterização tivessem de concorrer **outros fatores**. Se alguém, por exemplo, sofre um acidente automobilístico no instante em que se dirigia ao aeroporto para uma viagem de negócios, pode responsabilizar o motorista causador do dano pelos prejuízos que resultarem direta e imediatamente do sinistro, como as despesas médico-hospitalares e os estragos do veículo, bem como os lucros cessantes, referentes aos dias de serviço perdidos. Mas **não poderá cobrar os danos remotos**, atinentes aos eventuais lucros que poderia ter auferido, se tivesse viajado e efetuado os negócios que tinha em mente. É que esses danos, embora filiados a ato do motorista, acham-se muito distantes deste e podem ter outras causas.

Entretanto, segundo reconhece o próprio Agostinho Alvim, a teoria da necessariedade da causa **não tem o condão de resolver todas as dificuldades práticas** que surgem, embora seja a que de modo mais perfeito e mais simples cristalize a doutrina do dano direto e imediato, adotada pelo nosso Código.

Enneccerus[7], por sua vez, pondera: "A difícil questão de saber até onde vai o nexo causal não se pode resolver nunca, de uma maneira plenamente satisfatória, mediante **regras abstratas**, mas em casos de dúvida o juiz há de resolver segundo sua **livre convicção**, ponderando todas as circunstâncias, segundo lhe faculta o § 287 da LPC" (lei processual alemã).

6.3. A NEGAÇÃO DO LIAME DA CAUSALIDADE: AS EXCLUDENTES DA RESPONSABILIDADE

Há certos fatos que interferem nos acontecimentos ilícitos e rompem o nexo causal, excluindo a responsabilidade do agente. As principais **excludentes da responsabilidade civil**, que envolvem a negação do liame de causalidade, são:

- estado de necessidade;
- a legítima defesa;

[7] Apud Agostinho Alvim, *Da inexecução*, cit., p. 352, n. 227.

- a culpa da vítima;
- o fato de terceiro;
- o caso fortuito ou força maior; e
- a cláusula de não indenizar.

Assim, por exemplo, se o raio provocou o incêndio que matou os passageiros transportados pelo ônibus, considera-se **excluída a relação de causalidade**, e o ato do agente (no caso, o transportador) não pode ser tido como **causa** do evento. Ou se alguém, desejando suicidar-se, atira-se sob as rodas de um veículo, seu motorista, que o dirigia de forma normal e prudente, não pode ser considerado o causador do atropelamento. Foi ele mero instrumento da vontade da vítima, esta sim a única culpada pela ocorrência.

6.3.1. Concausas preexistentes

Tem-se entendido que as concausas preexistentes **não eliminam a relação causal**, considerando-se como tais aquelas que já existiam quando da conduta do agente.

Assim, por exemplo, as condições pessoais de saúde da vítima, embora às vezes agravem o resultado, **em nada diminuem a responsabilidade do agente**. Se de um atropelamento resultam complicações por ser a vítima cardíaca ou diabética, o agente responde pelo resultado mais grave, independentemente de ter ou não conhecimento da concausa antecedente que agravou o dano.

6.3.2. Causa superveniente

Idêntica é a situação, havendo causa superveniente. Embora concorra também para o agravamento do resultado, **em nada favorece o agente**.

Se, por exemplo, a vítima de um atropelamento não é socorrida em tempo e perde muito sangue, vindo a falecer, essa causa superveniente, malgrado tenha concorrido para a morte da vítima, será **irrelevante em relação ao agente**, porque, por si só, não produziu o resultado, mas **apenas o reforçou**.

A causa superveniente só terá relevância quando, rompendo o nexo causal anterior, erige-se em **causa direta e imediata do novo dano**.

6.3.3. Causa concomitante

A mesma consequência decorre da causa concomitante, que **por si só acarrete o resultado**. Não se culpa, por exemplo, o médico porque a paciente morreu durante o parto, vítima da ruptura de um edema, que não guarda nenhuma relação com o parto e pode ter origem congênita[8].

---

[8] Sérgio Cavalieri Filho, *Programa de responsabilidade civil*, p. 63.

6.4. RESUMO

DA RELAÇÃO DE CAUSALIDADE	
O LIAME DA CAUSALIDADE	■ O dano só pode gerar responsabilidade quando seja possível estabelecer um nexo causal entre ele e seu autor. O art. 186 do CC o exige, ao empregar o verbo "causar".
A PESQUISA DO NEXO CAUSAL	■ Teoria da ***equivalência das condições*** ou da ***condição "sine qua non"***: toda e qualquer circunstância que haja concorrido para produzir o dano é considerada uma causa. Sua equivalência resulta de que, suprimida uma delas, o dano não se verificaria. ■ Teoria da ***causalidade adequada***: somente considera como causadora do dano a condição por si só apta a produzi-lo. Se existiu no caso em apreciação somente por força de uma circunstância acidental, diz-se que a causa não era adequada. ■ Teoria dos ***danos diretos e imediatos***: requer haja, entre a conduta e o dano, relação de causa e efeito direta e imediata. O agente responde pelos danos que resultam direta e imediatamente, isto é, proximamente, de sua conduta. É a adotada pelo nosso Código (art. 403).

7

DO DANO INDENIZÁVEL

7.1. CONCEITO DE DANO

Dano, em sentido amplo, é a **lesão de qualquer bem jurídico**, patrimonial ou moral. Segundo Enneccerus[1], é toda **desvantagem ou diminuição** que sofremos em nossos bens jurídicos (patrimônio, corpo, vida, saúde, crédito, honra, dignidade, imagem etc.).

Embora possa haver responsabilidade sem culpa, não se pode falar em responsabilidade civil ou em dever de indenizar se não houve dano. **Ação de indenização sem dano é pretensão sem objeto**, ainda que haja violação de um dever jurídico e que tenha existido culpa e até mesmo dolo por parte do infrator. Se, por exemplo, o motorista comete várias infrações de trânsito, mas não atropela nenhuma pessoa nem colide com outro veículo, **nenhuma indenização será devida**, malgrado a ilicitude de sua conduta.

Esse princípio está consagrado nos arts. 402 e 403 do Código Civil. As exceções ressalvadas no primeiro dispositivo mencionado dizem respeito aos juros moratórios e à cláusula penal, conforme consta dos arts. 416 e 407. Podem ser lembradas, ainda, a multa penitencial e as arras penitenciais, que não são propriamente casos de indenização sem dano e sim de dispensa da alegação de prejuízo.

7.2. REQUISITOS

Nenhuma indenização será devida se o dano não for **atual** e **certo**. Isso porque nem todo dano é ressarcível, mas somente o que preencher os requisitos de certeza e atualidade. Dois, portanto, são os requisitos do dano:

- atualidade; e
- certeza.

Atualidade

Segundo Lalou, **atual** é o dano que já existe "no momento da ação de responsabilidade". Em princípio, acrescenta, **"um dano futuro não justifica uma ação de indenização"**. Admite, no entanto, que essa regra não é absoluta, ao ressalvar que

---

1 *Derecho de obligaciones*, v. 1, § 10.

uma ação de perdas e danos por um prejuízo futuro é possível quando esse prejuízo é a consequência de um "dano presente e que os tribunais tenham elementos de apreciação para **avaliar o prejuízo futuro**"[2].

■ Certeza

Certo, segundo o mesmo autor, é o dano "fundado sobre um fato preciso **e não sobre hipótese**". O requisito da "certeza" do dano afasta a possibilidade de reparação do dano **meramente hipotético** ou eventual, que poderá não se concretizar. Tanto é assim que, na apuração dos lucros cessantes, não basta a simples possibilidade de realização do lucro, embora não seja indispensável a absoluta certeza de que este se teria verificado sem a interferência do evento danoso. O que deve existir é uma **probabilidade objetiva** que resulte do curso normal das coisas, como se infere do advérbio **"razoavelmente"**, colocado no art. 402 do Código Civil ("o que razoavelmente deixou de lucrar").

Tal advérbio não significa que se pagará aquilo que for razoável (ideia quantitativa) e sim que se pagará se se puder, razoavelmente, admitir que houve lucro cessante (ideia que se prende à existência mesma do prejuízo). Decidiu o Tribunal de Justiça de São Paulo:

> "Somente **danos diretos e efetivos**, por efeito imediato do ato culposo, encontram no Código Civil suporte de ressarcimento. Se dano não houver, falta matéria para a indenização. **Incerto e eventual** é o dano quando resultaria de **hipotético** agravamento da lesão"[3].

■ 7.3. ESPÉCIES DE DANO

Confira o quadro esquemático abaixo:

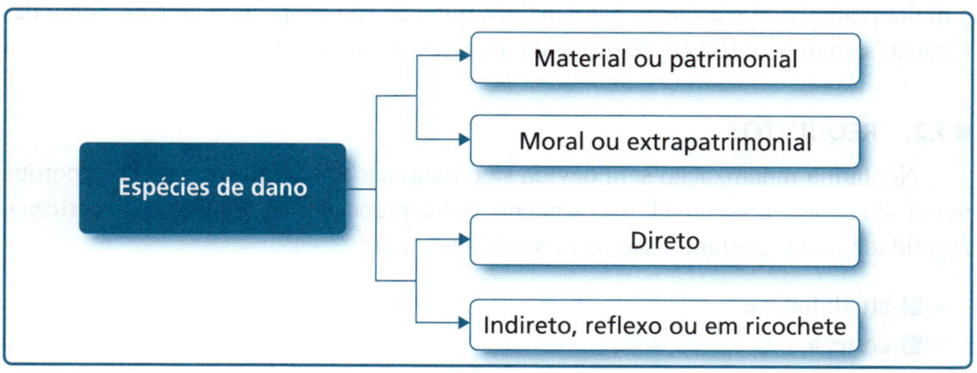

■ Material

É o dano que afeta somente o **patrimônio** do ofendido.

---

2 *Traité pratique de la responsabilité civile*, n. 137.

3 *RT*, 612/44.

Moral

É o que só ofende o devedor como **ser humano**, não lhe atingindo o patrimônio. A expressão "dano moral" deve ser reservada exclusivamente para designar a lesão que não produz qualquer efeito patrimonial. Se há consequências de ordem patrimonial, ainda que mediante repercussão, o dano deixa de ser extrapatrimonial.

Direto

É o dano que atinge diretamente o lesado ou os seus bens.

Indireto

Também denominado **"dano reflexo"** ou **"dano em ricochete"**, configura-se quando uma pessoa sofre o reflexo de um dano causado **a outrem**. É o que acontece, por exemplo, quando o ex-marido, que deve à ex-mulher ou aos filhos pensão alimentícia, vem a ficar incapacitado para prestá-la, em consequência de um dano que sofreu. Nesse caso, o prejudicado tem ação contra o causador do dano, embora não seja ele diretamente o atingido, porque existe a certeza do prejuízo.

Caio Mário da Silva Pereira discorre a respeito, argumentando: "Se pela morte ou incapacidade da vítima, as pessoas, que dela se beneficiavam, ficaram privadas de socorro, o dano é certo, e cabe ação contra o causador. Vitimando a pessoa que prestava alimentos a outras pessoas, privou-as do socorro e causou-lhes prejuízo certo"[4].

O Superior Tribunal de Justiça tem reconhecido a ocorrência de **dano moral reflexo ou indireto**, também denominado dano moral por **ricochete**, como já dito, em pedidos de reparação feitos por **parentes** ou pessoas que mantenham fortes vínculos afetivos com a vítima, entendendo que o sofrimento, a dor e o trauma provocados pela morte de um ente querido podem gerar o dever de indenizar[5].

É possível a condenação para pagamento de indenização por dano moral reflexo quando a agressão moral praticada repercutir intimamente no núcleo familiar formado por pai, mãe, cônjuges ou filhos da vítima diretamente atingida. A doutrina e a jurisprudência do Superior Tribunal de Justiça têm "admitido, em certas situações, que pessoas muito próximas afetivamente à pessoa insultada, que se sintam atingidas pelo evento danoso, possam pedir o chamado dano moral ou em ricochete"[6]. Os irmãos, vítimas por ricochete, têm direito de requerer a indenização pelo sofrimento da perda do ente querido, sendo desnecessária a prova do abalo íntimo. No entanto, "o valor indenizatório pode variar, dependendo do grau de parentesco ou proximidade, pois o sofrimento pela morte de familiar atinge os membros do núcleo familiar em gradações diversas, o que deve ser observado pelo magistrado para arbitrar o valor da reparação"[7].

---

4 *Instituições de direito civil*, v. 3, p. 50.

5 STJ, REsp 1.208.949-MG, rel. Min. Nancy Andrighi, in <http://www.editoramagister.com> de 12-4-2011; REsp 160.125-DF, rel. Min. Sálvio de Figueiredo Teixeira, 1999.

6 STJ, REsp 1.119.632, 4ª T., rel. Min. Raul Araújo, disponível in *Revista Consultor Jurídico* de 25-9-2017.

7 STJ, AgInt no AREsp 1.165.102-RJ, 4ª T., rel. Min. Raul Araújo, *DJe*, 7-12-2016.

Novas espécies de dano

Além das espécies tradicionais já mencionadas, tem a jurisprudência reconhecido novas categorias de danos, tais como: **danos por perda de uma chance, danos morais coletivos e danos sociais**.

a) **Danos por perda de uma chance** — Já foram comentados no item 4.4.2, concernente à responsabilidade civil dos advogados, ao qual nos reportamos.

b) **Dano moral coletivo** — Constitui, segundo Carlos Alberto Bittar Filho, "a injusta lesão da esfera moral de uma dada comunidade, ou seja, é a **violação antijurídica** de um determinado círculo de **valores coletivos**". Ocorre dano moral à coletividade, *verbi gratia*, nos casos de propaganda enganosa ou ofensiva; de ofensa aos valores e credos de determinada religião; de discriminação de determinada comunidade ou raça; de colocação em risco da saúde ou da integridade física dos trabalhadores de uma empresa em face da não adoção de medidas de segurança obrigatórias; de descumprimento de medidas estabelecidas por lei, como no caso das cotas reservadas para deficientes físicos no mercado de trabalho etc.

c) **Danos sociais** — São aqueles que causam um rebaixamento no nível de vida da coletividade e que decorrem de **condutas socialmente reprováveis**. Nesses casos, o juiz fixa a verba compensatória e aquela de caráter punitivo ao dano social. Essa indenização não se destina à vítima, mas a um **fundo de proteção** consumerista (CDC, art. 100), ambiental ou trabalhista, por exemplo, ou até mesmo a uma instituição de caridade, a critério do juiz. Constitui, em suma, a **aplicação social da responsabilidade civil**.

Distinção entre as expressões "ressarcimento", "reparação" e "indenização"

a) **Ressarcimento** é o pagamento de todo o **prejuízo material** sofrido, abrangendo o dano emergente e os lucros cessantes, o principal e os acréscimos que lhe adviriam com o tempo e com o emprego da coisa.

b) **Reparação** é a compensação pelo **dano moral**, a fim de minorar a dor sofrida pela vítima.

c) **Indenização** é reservada para a compensação do dano decorrente de ato lícito do Estado, lesivo do particular, como ocorre nas desapropriações. A Constituição Federal, contudo, usou-a como **gênero**, do qual o ressarcimento e a reparação são **espécies**, ao assegurar, no art. 5º, V e X, indenização por dano material e moral.

7.4. RESUMO

DO DANO INDENIZÁVEL	
CONCEITO	■ Dano é a lesão de qualquer bem jurídico, patrimonial ou moral. É toda desvantagem ou diminuição que sofremos em nossos bens jurídicos.
REQUISITOS	■ O dano deve ser *atual*. Atual é o dano que já existe no momento da ação de responsabilidade. Em princípio, um dano *futuro* não justifica a pretensão, salvo quando se tratar de consequência de um dano presente. ■ O dano deve ser *certo*. Certo é o dano fundado sobre um fato preciso, e não sobre hipótese. É afastada a possibilidade de reparação do dano hipotético ou eventual, que poderá não se concretizar.

ESPÉCIES	■ Dano *material* ou *patrimonial* é o que afeta somente o patrimônio do ofendido. ■ *Moral* ou *extrapatrimonial* é o que só ofende o lesado como ser humano, não lhe atingindo o patrimônio. ■ Dano *direto* é o que atinge somente a vítima. ■ *Indireto, reflexo* ou *em ricochete* é o dano causado diretamente a outrem, mas que reflete no lesado. ■ *Novas espécies*: dano por perda de uma chance, dano coletivo e dano social.

■ 7.5. O DANO MATERIAL

■ 7.5.1. Titulares da ação de ressarcimento do dano material

■ *7.5.1.1. O lesado e os dependentes econômicos (cônjuge, descendentes, ascendentes, irmãos)*

■ *7.5.1.1.1. A vítima ou lesado*

Compete à vítima da lesão pessoal ou patrimonial o direito de pleitear a indenização.

Vítima é quem **sofre o prejuízo**. Assim, num acidente automobilístico, é o que **arca com as despesas** de conserto do veículo danificado. Não precisa ser, necessariamente, o seu proprietário, pois o art. 186 do Código Civil não distingue entre o proprietário e o mero detentor. Terceiro, a quem o veículo foi emprestado, pode ter providenciado os reparos e efetuado o pagamento das despesas, devolvendo-o ao proprietário em perfeito estado. Mas, por ter suportado as despesas todas, está legitimado a pleitear o ressarcimento junto ao causador do acidente.

O Superior Tribunal de Justiça acolheu essa orientação, ao proclamar:

> "Tem legítimo interesse para pleitear indenização a pessoa que **detinha a posse** do veículo sinistrado, independentemente de título de propriedade"[8].

■ *7.5.1.1.2. Os herdeiros da vítima*

Igual direito têm os herdeiros da vítima. Dispõe, com efeito, o art. 943 do Código Civil:

> "O direito de **exigir reparação** e a obrigação de prestá-la **transmitem-se com a herança**".

Ressalve-se que, em caso de morte de um chefe da família, a esposa e os filhos menores têm legitimidade para pleitear a indenização não na condição de herdeiros do falecido, mas na de vítimas, porque são as pessoas prejudicadas com a perda do esposo e pai. Nesse caso, pois, a indenização é pleiteada *iure proprio*.

Mas, se o genitor era credor de indenização já reconhecida judicialmente, ou mesmo se tinha o direito de pleiteá-la e, antes disso, veio a falecer por outro motivo, **o direito de exigir a reparação se transmite aos seus herdeiros**. Pois, como afirma Aguiar Dias, "a ação de indenização se transmite como qualquer outra ação ou direito aos sucessores da vítima. A ação que se transmite aos sucessores supõe o prejuízo causado em vida da vítima"[9].

---

8 REsp 5.130-SP, 3ª T., j. 8-4-1991, rel. Min. Dias Trindade, *DJU*, 6-5-1991, n. 85, p. 5663.

9 *Da responsabilidade civil*, v. 2, p. 854, n. 251.

■ *7.5.1.1.3. Beneficiários da pensão*

Beneficiários da pensão são apenas aqueles que viviam sob **dependência econômica** da vítima.

Em relação ao **cônjuge e aos filhos menores**, tem-se decidido que a dependência econômica é **presumida**. No caso, porém, dos ascendentes, dos descendentes maiores e irmãos da vítima, tem-se exigido a **prova da dependência econômica** para que a ação de ressarcimento de danos materiais possa vingar. Não provada, o ofensor somente poderá ser condenado, eventualmente, a reparar o dano moral causado aos referidos parentes.

■ *7.5.1.2. Os companheiros*

Tem sido admitido, sem discrepâncias, o **direito da companheira** de receber indenização, quando se trata efetivamente daquela que viveu *more uxorio* com o falecido[10], ou seja, quando comprovada a **união estável**, pela convivência duradoura, pública e contínua, estabelecida com o objetivo de constituição de família (CF, art. 226, § 3º; CC, art. 1.723). Como toda pessoa que demonstre um **prejuízo**, tem ela o direito de pedir a sua **reparação**. Veja-se, a propósito:

> "Responsabilidade Civil. Indenizatória por morte de companheiro. Legitimação da autora. Entidade familiar, decorrente de **união estável, e dependência econômica** comprovadas. Interesse e possibilidade jurídica também presentes, dada a posse do estado de casada"[11].

A companheira tem o seu direito à pensão **condicionado à não constituição de nova união** familiar, legítima ou estável (de fato). Confira-se:

> "Acidente de trânsito. Companheirismo. Pensão mensal. Verba devida enquanto a companheira não se casar ou constituir nova união familiar estável. Art. 226, § 3º, da CF/88. Embargos de declaração recebidos para esse fim"[12].

■ 7.5.2. Pessoas obrigadas a reparar o dano

■ *7.5.2.1. Responsabilidade por ato próprio*

Responsável pelo pagamento da indenização é todo aquele que, por ação ou omissão voluntária, negligência ou imprudência, haja violado direito e **causado prejuízo** a outrem. Na responsabilidade **objetiva**, é aquele que **assumiu o risco** do exercício de determinada atividade (risco profissional, risco criado, risco-proveito etc.).

A responsabilidade é, pois, em princípio, individual, como se infere do art. 942 do Código Civil.

---

10 *RTJ*, 105/865.

11 *JTJ*, Lex, 200/210 e 218/81; *RT*, 762/398.

12 *JTACSP*, Revista dos Tribunais, 117/143.

7.5.2.2. *Responsabilidade por ato de outrem e concurso de agentes*

Há casos, entretanto, conforme já vimos, em que a pessoa passa a responder não pelo ato próprio, mas pelo **ato de terceiro** ou pelo **fato das coisas** ou **animais**. E pode acontecer, ainda, o **concurso de agentes** na prática de um ato ilícito. Tal concurso se dá quando duas ou mais pessoas o praticam. Surge, então, a **solidariedade dos diversos agentes**, assim definida no art. 942, segunda parte, do Código Civil:

> "... e, se a ofensa tiver mais de um autor, todos responderão **solidariamente** pela reparação".

Acrescenta o parágrafo único:

> "São solidariamente responsáveis com os autores os coautores e as pessoas designadas no art. 932".

Assim, ocorre a **solidariedade** não só no caso de concorrer uma pluralidade de agentes, como também entre as pessoas designadas no art. 932, isto é, entre pais e filhos menores, tutores e tutelados, patrões e empregados etc.

7.5.2.3. *Responsabilidade dos sucessores do agente*

A obrigação de reparar o dano ocasionado se estende aos **sucessores** do autor. É o que dispõe o art. 943 do Código Civil:

> "O direito de exigir reparação e a **obrigação de prestá-la** transmitem-se com a **herança**".

Estatui, também, o art. 5º, XLV, da Constituição Federal:

> "XLV — nenhuma pena passará da pessoa do condenado, podendo a obrigação de reparar o dano e a decretação do perdimento de bens ser, nos termos da lei, estendidas aos sucessores e contra eles executadas, até o limite do valor do patrimônio transferido".

7.5.2.4. *Limitação da responsabilidade dos sucessores*

Entretanto, a responsabilidade do sucessor a título universal é limitada, pois não pode ultrapassar as **forças da herança**, nos termos do art. 1.792 do Código Civil e do dispositivo constitucional citado.

O sucessor a **título particular**, quer a título gratuito, quer a título oneroso, ao contrário, **não responde** pelos atos ilícitos do sucedido.

7.5.3. Perdas e danos: o dano emergente e o lucro cessante

O critério para o ressarcimento do **dano material** encontra-se no art. 402 do Código Civil, que assim dispõe:

> "Salvo as exceções expressamente previstas em lei, as perdas e danos devidas ao credor abrangem, além do que ele efetivamente perdeu, o que razoavelmente deixou de lucrar".

As perdas e danos compreendem, pois, o **dano emergente** e o **lucro cessante**. Devem cobrir todo o dano material experimentado pela vítima.

7.5.3.1. *Dano emergente*

Dano emergente é o efetivo prejuízo, a **diminuição patrimonial** sofrida pela vítima. É, por exemplo, o que o dono do veículo danificado por outrem desembolsa para consertá-lo. Representa, pois, a **diferença** entre o patrimônio que a vítima tinha antes do ato ilícito e o que passou a ter depois.

Na liquidação apura-se o *quantum* da indenização. A estimativa do dano emergente se processa com mais facilidade, porque é possível estabelecer-se com precisão o desfalque do patrimônio. A prova pode ser feita, por exemplo, mediante a juntada de notas fiscais, orçamentos, recibos de pagamento etc.

7.5.3.2. *Lucro cessante*

Lucro cessante é a frustração da expectativa de lucro. É a **perda de um ganho esperado**.

Malgrado constitua o reflexo futuro do ato ilícito sobre o patrimônio da vítima, é apurado, em regra, com base em fatos pretéritos, isto é, naquilo que vinha ocorrendo anteriormente, não se confundindo com o dano meramente hipotético.

Como diretriz, o Código usa a expressão **"razoavelmente"**, ou seja, o que a vítima **"razoavelmente deixou de lucrar"**, cujo sentido, segundo Agostinho Alvim, é este: "... até prova em contrário, admite-se que o credor haveria de lucrar aquilo que o bom-senso diz que lucraria. Há aí uma presunção de que os fatos se desenrolariam dentro do seu curso normal, **tendo-se em vista os antecedentes**..."[13].

A propósito, proclamou o Superior Tribunal de Justiça que a expressão "o que razoavelmente deixou de lucrar", utilizada pelo Código Civil, "deve ser interpretada no sentido de que, até prova em contrário, se admite que o credor haveria de lucrar aquilo que o **bom-senso** diz que lucraria, existindo a presunção de que os fatos se desenrolariam dentro do seu curso normal, **tendo em vista os antecedentes**"[14].

7.5.4. A influência de outros elementos

7.5.4.1. *Cumulação da pensão indenizatória com a de natureza previdenciária*

O entendimento generalizado na doutrina é o de que a indenização de **natureza previdenciária**, paga em geral também sob a forma de **pensão mensal**, não mantém com o fato determinador do prejuízo qualquer relação de causalidade, senão apenas de **"ocasião"**. Seria paga mesmo que o contribuinte tivesse falecido de **morte natural**. Por essa razão, **não se deduzem da indenização por ato ilícito**, exigida pelo direito comum, as quantias recebidas pela vítima, ou seus beneficiários, dos institutos previdenciários ou assistenciais, **que se cumulam**.

---

13 *Da inexecução*, cit., p. 188-190.

14 REsp 61.512-SP, rel. Min. Sálvio de Figueiredo, *DJU*, 1º-12-1997, n. 232, p. 62757.

Na jurisprudência, esse entendimento tem também prevalecido. Confira-se:

> "Pensão alimentícia e benefício previdenciário. **Cumulação possível**, porque pagos sob títulos e pressupostos diferentes. A obrigação de indenizar, pelos autores de ato ilícito, não se elide pelos benefícios de ordem previdenciária. A **cumulação de pensões** alimentícias nessa hipótese é hoje pacificamente **admitida pela jurisprudência**, porquanto não é justo e nem lícito que os responsáveis pelo ato ilícito aufiram vantagens em razão de auxílios aos dependentes das vítimas sob outro título, de natureza previdenciária"[15].

A percepção de pensão previdenciária não pode, assim, ser alegada como compensação do *quantum* devido a título reparatório pelo causador do evento[16].

7.5.4.2. Dedução do seguro obrigatório

A jurisprudência tem, entretanto, adotado **critério diverso** no tocante ao **seguro obrigatório**, porque o prêmio é pago pelo dono do veículo com a finalidade de reparar danos físicos de terceiros, no caso de acidentes de trânsito, de acordo com a única finalidade de tal seguro. As verbas recebidas pela vítima a esse título devem ser **descontadas da indenização**[17]. Proclama, com efeito, a **Súmula 246** do Superior Tribunal de Justiça:

> "O valor do seguro obrigatório deve ser deduzido da indenização judicialmente fixada".

O mesmo acontece com as **despesas com o funeral**, pois, embora pagas pelo instituto em virtude de contribuições previdenciárias das vítimas, os beneficiários não podem receber duas vezes parcela destinada ao mesmo fim, salvo se demonstrarem sua insuficiência[18].

A dedução do **seguro obrigatório** deve ter sido objeto de apreciação judicial **no decorrer da ação**, pois, consoante já decidido, "o seguro obrigatório não pode ser abatido do montante da indenização se do acórdão condenatório não consta determinação alguma nesse sentido"[19].

7.5.5. Alteração da situação e dos valores

7.5.5.1. A correção monetária

A alteração da situação de fato pode, em alguns casos, produzir efeitos na situação jurídica decorrente do direito de indenização. Nesse aspecto, releva saber se os valores que integram a indenização devem ser **atualizados ou corrigidos monetariamente**; se são devidos juros; se o prejuízo deve ser estimado tomando-se por base

---

15 *RT*, 559/81.

16 *RT*, 747/330; STJ, REsp 61.303-0-MG, 3ª T., rel. Min. Nilson Naves, j. 21-2-2000.

17 *RTJ*, 93/801.

18 *RT*, 566/132.

19 *RT*, 561/137.

o dia em que ele se deu ou o momento do pagamento da indenização; se, no pagamento de prestações sucessivas, deve ou não ser adotado o critério de atualização automática.

É fora de dúvida que, nas indenizações por ato ilícito, as verbas devem ser **corrigidas monetariamente**. Deve ser tomado por base, para a estimativa do prejuízo, **o dia em que ele se deu**. Em seguida, procede-se à correção monetária.

7.5.5.1.1. A disciplina no Código Civil

Preceitua, com efeito, o **art. 389 do Código Civil**:

> "Não cumprida a obrigação, responde o devedor por perdas e danos, mais juros e **atualização monetária** segundo índices oficiais regularmente estabelecidos, e honorários de advogado".

Também o **art. 395** dispõe que o devedor responde pelos prejuízos a que sua mora der causa, mais juros, "**atualização dos valores monetários** segundo índices oficiais regularmente estabelecidos, e honorários de advogado".

Estabelece, por sua vez, o **art. 398**:

> "Nas obrigações provenientes de **ato ilícito**, considera-se o devedor em mora, desde que o praticou".

7.5.5.1.2. A posição da jurisprudência

A **Súmula 43** do **Superior Tribunal de Justiça** proclama:

> "Incide correção monetária sobre dívida por ato ilícito **a partir da data do efetivo prejuízo**".

E a de n. **490 do Supremo Tribunal Federal**, por sua vez, determina que a indenização deve ser automaticamente reajustada, **quando fixada em forma de pensão, temporária ou vitalícia**, nestes termos:

> "A **pensão**, correspondente a indenização oriunda da responsabilidade civil, deve ser calculada com base no **salário mínimo** vigente ao tempo da sentença e ajustar-se-á às variações ulteriores".

Entende a referida Corte que a fixação da pensão com base no salário mínimo deve ser utilizada, nesses casos, como parâmetro para o fim de assegurar ao beneficiário **as mesmas garantias** que o texto constitucional concede **ao trabalhador e à sua família**.

Quando a sentença fixa o valor da pensão com base no salário mínimo, aplicando a Súmula 490 do Supremo Tribunal Federal, **a atualização será automática**, pois acompanhará o reajuste deste[20]. Entretanto, o mesmo Colendo Tribunal, em hipótese

---

[20] RE 194.165-1-Goiás, rel. Min. Néri da Silveira, *DJU*, 31-3-1997, n. 60, p. 9581.

não atinente a indenização sob a forma de pensão mensal, que é fixada com base nos rendimentos da vítima, mas a **dano moral**, decidiu de forma diferente, afirmando que **o art. 7º da Constituição veda a vinculação ao salário mínimo para qualquer fim**[21].

Desse modo, se a indenização do dano moral for fixada, realmente, em uma quantidade de salários mínimos, deve o magistrado dizer a quantos reais corresponde o referido montante, na data da sentença, para que, sobre o valor convertido em reais, recaia a correção monetária legal. Nesse sentido decidiu o Tribunal de Justiça de São Paulo[22].

7.5.5.1.3. Data do início da incidência da correção monetária

A correção monetária é um componente indestacável do prejuízo a reparar, retroagindo ao próprio momento em que a desvalorização da moeda principiou a erodir o direito lesado. Por essa razão, deve ser calculada **a partir do evento**.

No entanto, quando o lesado **efetua o pagamento das despesas** que o ato ilícito lhe acarretou, a atualização monetária deve ser calculada a partir do **desembolso**. É o que acontece, por exemplo, com as seguradoras, que indenizam o segurado e depois movem ação regressiva contra o causador do sinistro. Nesse sentido dispunha a Súmula 16 de Incidente de Uniformização de Jurisprudência do extinto 1º Tribunal de Alçada Civil de São Paulo.

Outras vezes, o lesado não desembolsa o numerário necessário ao pagamento das despesas e propõe ação de reparação de danos alicerçado em **orçamentos** fornecidos por firmas presumidamente idôneas. "Nestes casos, o *dies a quo* da incidência da correção monetária é a **data do orçamento** acolhido pelo Juiz, elaborado, naturalmente, com base nos preços vigentes na referida data"[23].

Se o cálculo da indenização foi feito com suporte em algum **laudo técnico**, a correção monetária incidirá a partir da **data de sua elaboração**, e não do ajuizamento da ação[24].

7.5.5.2. A garantia do pagamento futuro das prestações mensais

Problema de relevância é o relativo à **garantia do credor** de que a pensão alimentícia, nas obrigações de prestação futura decorrentes de **ato ilícito**, será realmente paga. Ninguém pode garantir que o devedor solvente de hoje não estará insolvente no futuro. Por essa razão, o vigente Código de Processo Civil dispôs:

> "Art. 533. Quando a indenização por ato ilícito incluir prestação de alimentos, caberá ao executado, a requerimento do exequente, constituir capital cuja renda assegure o pagamento do valor mensal da pensão.

---

21 STF, RE 225.488-1-PR, 1ª T., rel. Min. Moreira Alves, *DJU*, 16-6-2000.

22 *JTJ*, Lex, 225/139.

23 *JTACSP*, Revista dos Tribunais, 109/76.

24 *JTACSP*, Revista dos Tribunais, 109/216.

§ 1º O capital a que se refere o *caput*, representado por imóveis ou por direitos reais sobre imóveis suscetíveis de alienação, títulos da dívida pública ou aplicações financeiras em banco oficial, será inalienável e impenhorável enquanto durar a obrigação do executado, além de constituir-se em patrimônio de afetação.

§ 2º O juiz poderá substituir a constituição do capital pela inclusão do exequente em folha de pagamento de pessoa jurídica de notória capacidade econômica ou, a requerimento do executado, por fiança bancária ou garantia real, em valor a ser arbitrado de imediato pelo juiz.

§ 3º (...)

§ 4º A prestação alimentícia poderá ser fixada tomando por base o salário mínimo.

§ 5º Finda a obrigação de prestar alimentos, o juiz mandará liberar o capital, cessar o desconto em folha ou cancelar as garantias prestadas".

Desde, portanto, que o beneficiário da pensão venha a ser incluído na **folha de pagamento** da recorrente vencida, poderá ser **dispensada a constituição de capital** garantidor de seu pagamento, a critério do juiz da execução, que terá, certamente, melhores elementos para a apreciação da espécie.

O dispositivo legal em epígrafe (antigo art. 602), com redação e remanejamento determinados pela Lei n. 11.232, de 22 de dezembro de 2005, refere-se exclusivamente à prestação de **alimentos** incluída na **indenização por ato ilícito**, restrita às hipóteses de **homicídio** (CC, art. 948) e de lesões corporais que acarretem **redução ou incapacidade** para o trabalho (CC, art. 950), não compreendendo os alimentos devidos a título de parentesco ou resultantes do direito de família.

O fato de determinado bem ficar vinculado ao pagamento de prestações futuras não significa que deixou de pertencer ao devedor. Apenas "sofre **limitações na sua disponibilidade**. O capital, aliás, se circunscreve, apenas, a produzir **renda mensal equivalente aos alimentos devidos** à vítima e, na sua falta, a seus dependentes"[25]. Enquanto estiver pagando em dia as prestações, a renda desse capital continuará a pertencer ao devedor. Tornando-se inadimplente, referida renda será transferida ao beneficiário da pensão.

O § 1º do art. 533 do Código de Processo Civil de 2015 menciona três modalidades de prestação da garantia:

- por meio de imóveis;
- por meio de títulos da dívida pública; ou
- por meio de aplicações financeiras em banco oficial.

Arnaldo Rizzardo[26] assinala que a jurisprudência entende como mais viável o depósito bancário e em **caderneta de poupança** de certa quantia, a render juros e correção monetária, bloqueadas as retiradas, salvo as pensões do credor, sendo de bom alvitre seja depositado um *quantum* capaz de ensejar razoável grau de segurança, e cujas retiradas não o consumam.

[25] Alcides de Mendonça Lima, *Comentários ao Código de Processo Civil*, Forense, v. 6, t. 2, p. 564.

[26] *A reparação nos acidentes de trânsito*, p. 136.

■ 7.5.5.3. Prisão civil do devedor. Natureza da obrigação alimentar

Não se pode decretar a prisão civil do devedor que frustra o pagamento das pensões mensais. Como "meio coercitivo para o adimplemento da obrigação alimentar, é cabível apenas no caso dos alimentos previstos nos arts. 231, III, e 396 e segs. do CC [*de 1916, correspondentes aos arts. 1.566, III, e 1.694 do atual*], que constituem relação de **direito de família**; inadmissível, assim, a sua cominação determinada por falta de pagamento de prestação alimentícia decorrente de ação de responsabilidade '***ex delicto***'"[27].

Assim, o preceito constitucional que excepcionalmente permite a prisão por dívida, nas hipóteses de obrigação alimentar, é de ser **restritivamente interpretado**, não tendo aplicação analógica às hipóteses de **prestação alimentar derivada de ato ilícito**[28], pois o fato gerador da responsabilidade de indenizar sob a forma de pensão alimentícia é a prática de um ato ilícito, **não a necessidade de alimentos**, como assinala Arnaldo Rizzardo, amparado em lições de Carvalho Santos, Aguiar Dias e Garcez Neto[29].

Pontes de Miranda, por sua vez, obtempera que a expressão "alimentos", no art. 1.537, II, do Código Civil de 1916, correspondente ao art. 948, II, do atual diploma, **de modo nenhum se refere às dívidas de alimentos conforme o direito de família**. "Alimentos são, aí, apenas, o elemento que se há de ter em conta para o cálculo da indenização. Donde a morte do filho menor dar direito à indenização aos pais... Alimentos (no sentido de indenização) são devidos mesmo se o legitimado ativo não poderia, então, mover ação de alimentos por ter meios para a própria manutenção"[30].

Trata-se, em suma, de indenização **a título de alimentos**, e não de alimentos propriamente ditos.

■ 7.5.5.4. Atualização e revisão das pensões

O § 3º do mencionado art. 533 do Código de Processo Civil de 2015 dispõe:

> "Se sobrevier modificação nas condições econômicas, poderá a parte requerer, conforme as circunstâncias, redução ou aumento da prestação".

A **pensão**, correspondente à indenização, deve ser fixada em escala móvel, representada pelo **salário mínimo**, de modo a acompanhar as variações da moeda. Assim, estará sempre atualizada e protegida contra a corrosão do valor monetário.

Essa matéria era anteriormente tratada no art. 602, § 3º, do diploma processual civil [de 1973], que previa a possibilidade de a parte pedir ao juiz redução ou aumento "do encargo", se sobreviesse modificação nas condições econômicas. O emprego do vocábulo **"encargo"** levou a jurisprudência a sustentar que o dispositivo em questão não estabelecia que seria admitida ação revisional de alimentos decorrentes de obrigação *ex*

---

27 Yussef Said Cahali, *Dos alimentos*, p. 631, n. 3.

28 *RT*, 646/124.

29 *A reparação*, cit., p. 78-82.

30 *Tratado de direito privado*, v. 54, p. 284-285, § 5.573, n. 1.

delicto, como ocorre no direito de família. A situação econômica a ser levada em conta não era a do devedor ou do credor, mas da **rentabilidade do capital ou da caução**.

O aludido art. 602, § 3º, do estatuto processual civil [de 1973] foi, porém, transformado em **art. 475-Q** pela Lei n. 11.232, de 22 de dezembro de 2005, que também modificou a redação do mencionado **§ 3º**, o qual não se refere mais a redução ou aumento do "encargo", mas sim da **"prestação"**. Optou o legislador, desse modo, por admitir expressamente que a "prestação" alimentícia decorrente da prática de um ato ilícito **pode**, independentemente da situação da garantia ou do encargo, **sofrer redução ou aumento**, se sobrevier modificação nas condições econômicas das partes.

A matéria é tratada, hoje, no art. 533 do Novo Código de Processo Civil, que se refere também "a prestação".

Entendemos, no entanto, **inaplicável a revisão em caso de homicídio**, requerida pelos dependentes do falecido. É que não se pode confundir a pensão decorrente de um ato ilícito, que é indenização, com a obrigação de pagar alimentos ao cônjuge ou aos parentes necessitados. A primeira tem natureza reparatória de danos. A segunda tem por pressuposto a necessidade dos familiares e cônjuge e a possibilidade do prestante. Como já se salientou, a primeira é indenização a título de alimentos, e não alimentos propriamente ditos. Para a sua fixação, não se levam em conta as necessidades das vítimas. O fato gerador da indenização é o **ato ilícito**, não a necessidade de alimentos.

Assim, a indenização é fixada sob a forma de pensão, **com base nos rendimentos do falecido**. Eventual ação revisional dessa pensão seria baseada em situação meramente **hipotética**, portanto inaceitável, qual seja, a de que o falecido, **se estivesse vivo**, poderia ter alcançado melhor situação financeira e, assim, ajudar mais os seus familiares e dependentes.

Somente a **alteração da condição econômica dos réus** pode levar a uma revisão do valor da pensão, como já decidiu o Superior Tribunal de Justiça em decisão relativa à melhor maneira de aplicar o art. 602, § 3º, do Código de Processo Civil (posteriormente transformado em art. 475-Q e recebido, no NCPC, o número 533)[31].

O que, no entanto, pode-se admitir é a revisão da pensão em caso de **lesão corporal que acarretou redução da capacidade de trabalho**, verificando-se posteriormente que houve **agravamento** das lesões, provocando incapacidade total para o trabalho.

O Código de Processo Civil de 1973 veio espancar as dúvidas daqueles que se apegam à irretratabilidade da *res judicata* ao preceituar que o interessado poderá pedir a revisão da sentença desde que se trate de **relação jurídica continuada** e tenha havido modificação no estado de fato ou de direito (art. 471, I, atual art. 505, I).

Já se decidiu:

> "Acidente de trânsito. Pretensão à ampliação da condenação pela **superveniência de incapacidade total**. Art. 471, I, do CPC (de 1973, atual art. 505, I). **Admissibilidade**. Inexistência de ofensa à coisa julgada. Recurso desprovido"[32].

---

[31] STJ, 3ª T., rel. Min. Nancy Andrighi, *Revista Consultor Jurídico*, de 6-12-2007.

[32] *JTACSP*, Revista dos Tribunais, 111/222.

7.5.5.5. A incidência dos juros. Juros simples e compostos

Para que a reparação do dano seja completa, a indenização, além de sujeita à correção monetária, deve ser acrescida dos **juros**. Integram eles a obrigação de indenizar, e injustiça seria cometida à vítima se não fossem computados. Têm natureza de rendimento do bem de que esta se viu privada; representam a **renda de determinado capital**. Podem ser:

- **simples**, ou **ordinários**: sempre calculados sobre o capital inicial; e
- **compostos:** capitalizados ano a ano, isto é, constituem **juros sobre juros**. O Código Civil de 2002 **não reproduziu** a regra do art. 1.544 do diploma de 1916, que determinava o cômputo de juros compostos quando o fato, além de ilícito civil, era também **crime**. Desse modo, a sentença que julgar procedente a ação determinará que os juros devidos sejam pagos **desde o dia em que o ato ilícito foi praticado** (CC, art. 398). Esses juros são, em qualquer caso (de mero ilícito civil, ou também de crime), **os legais**, conforme art. 406, que assim dispõe: "Art. 406. Quando os juros moratórios não forem convencionados, ou o forem sem taxa estipulada, ou quando provierem de determinação da lei, serão fixados segundo a taxa que estiver em vigor para a mora do pagamento de impostos devidos à Fazenda Nacional".

7.5.5.5.1. Responsabilidade extracontratual

Proclama a **Súmula 54** do Superior Tribunal de Justiça que "os juros moratórios fluem a partir do **evento danoso**, em caso de responsabilidade **extracontratual**".

Assim, se o ônibus, por exemplo, atropela o transeunte, os juros incidem sobre o valor da indenização a partir do evento.

7.5.5.5.2. Responsabilidade contratual

Nos casos, porém, de **inadimplemento contratual**, contam-se "os juros da mora desde a **citação inicial**" (CC, art. 405). Se a vítima, *verbi gratia*, é **passageira** do coletivo (responsabilidade contratual: contrato de adesão), os juros são computados somente a partir da **citação**.

Tal regra não se aplica à liquidação das obrigações resultantes de atos ilícitos, porque para estas existe norma específica: o art. 398.

7.5.5.6. O cálculo da verba honorária

Julgada procedente a ação, o réu será condenado ao pagamento da verba destinada à reparação do dano, corrigida monetariamente, acrescida dos juros, além das custas processuais e **honorários advocatícios**, estes fixados em porcentagem sobre o **valor da condenação**, nos termos dos arts. 85, § 2º, e 17 do Código de Processo Civil de 2015.

Quando, no entanto, a condenação incluir prestação de alimentos, sob a forma de **pensão mensal**, a verba honorária será calculada sobre a **soma das prestações**

vencidas, mais doze das vincendas[33], aplicando-se o disposto no art. 292, § 1º, do Código de Processo Civil de 2015.

Entretanto, nas ações de indenização por **ato ilícito contra pessoa**, aplica-se o § 9º do art. 85 do Código de Processo Civil de 2015, *verbis*:

> "§ 9º Na ação de indenização por ato ilícito **contra pessoa**, o percentual de honorários incidirá sobre a **soma das prestações vencidas acrescida de 12 (doze) prestações vincendas**".

A propósito, decidiu o Superior Tribunal de Justiça:

> "Nos casos de responsabilidade civil extracontratual (ato ilícito contra pessoa), que é o caso dos autos, posto se tratar de atropelamento por um trem de propriedade da ré, a verba advocatícia deve ser calculada na forma do § 5º, do art. 20, do CPC [de 1973], introduzido pela Lei n. 6.745, de 5-12-79 [atual § 9º do art. 85]"[34].

O mencionado dispositivo legal, no entanto, **não se aplica** às hipóteses de **responsabilidade objetiva** e de **culpa contratual**[35]. Também já decidiu o Supremo Tribunal Federal que não se aplica à ação de indenização por **acidente de trabalho**, com base no **direito comum**[36].

Se a ação é julgada **improcedente**, a verba honorária é fixada, usualmente, em porcentagem sobre o **valor da causa**. A propósito, preceitua a Súmula 14 do Superior Tribunal de Justiça: "Arbitrados os honorários advocatícios em percentual sobre o valor da causa, a correção monetária incide a partir do respectivo ajuizamento".

■ 7.5.6. Resumo

O DANO MATERIAL	
PESSOAS QUE PODEM EXIGIR A REPARAÇÃO DO DANO	■ Em primeiro lugar, a ***vítima*** ou lesado, ou seja, o que sofre ou arca com o prejuízo. ■ Igual direito têm os ***herdeiros*** da vítima, pois o direito de exigir reparação se transmite com a herança (art. 943). ■ Em caso de homicídio, legitimadas são as ***pessoas a quem o falecido teria de prestar alimentos*** se vivo fosse. ■ Tem sido admitido o direito dos ***companheiros*** de receber indenização, quando comprovada a união estável. ■ O ***dano moral*** pode ser reclamado, conforme a situação, pelo próprio ofendido, bem como por seus herdeiros, por seu cônjuge ou companheira, e pelos membros de sua família a ele ligados afetivamente. ■ A ***pessoa jurídica*** pode sofrer dano moral (STJ, Súmula 227) e, portanto, está legitimada a pleitear sua reparação. ■ Assim também as crianças e os amentais.

33 *RTJ*, 101/1314, 116/822; *RT*, 607/56.

34 REsp 1.256-MG, 1ª T., rel. Min. Geraldo Sobral, j. 7-3-1990, v.u., *DJU*, 26-3-1990, p. 2169.

35 *RTJ*, 95/1379, 101/1314, 111/1251; *RT*, 545/264, 550/222.

36 *RTJ*, 115/741.

PESSOAS OBRIGADAS A REPARAR O DANO	■ Responsabilidade por ***ato próprio***. Em princípio a responsabilidade é individual (art. 186). ■ Responsabilidade por ***ato de terceiro*** ou pelo ***fato de coisas*** ou ***animais*** (arts. 932, 936, 937 e 938). ■ Responsabilidade em ***concurso de agentes***. Surge a **solidariedade** dos diversos agentes (art. 942, 2ª parte). ■ Responsabilidade dos ***sucessores***. Não só a obrigação de reparar o dano, senão também o direito de exigir a reparação, transmite-se com a herança (art. 943). A primeira é limitada às forças da herança (art. 1.792).
PERDAS E DANOS	■ ***Introdução***: indenizar significa reparar o dano causado à vítima, integralmente. O critério para o ressarcimento do dano material encontra-se no art. 402 do CC. Abrange o pagamento do dano emergente e do lucro cessante. ■ ***Dano emergente***: é o efetivo prejuízo, a diminuição patrimonial sofrida pela vítima. ■ ***Lucro cessante***: é a frustração da expectativa de lucro. É a perda de um ganho esperado. É apurado com base em fatos pretéritos, naquilo que vinha ocorrendo anteriormente.
CUMULAÇÃO DE PENSÕES	■ A indenização de natureza ***previdenciária***, paga em geral também sob a forma de pensão mensal, seria paga mesmo que o contribuinte tivesse falecido de morte natural. Por essa razão, ***não se deduzem*** da indenização por ato ilícito, exigida pelo direito comum, as quantias recebidas pela vítima, ou seus beneficiários, dos institutos previdenciários, ***que se cumulam***.
DEDUÇÃO DO SEGURO OBRIGATÓRIO	■ A jurisprudência tem, entretanto, adotado critério diverso no tocante ao seguro obrigatório, porque o prêmio é pago pelo dono do veículo com a finalidade de reparar danos físicos de terceiros, no caso de acidentes de trânsito, de acordo com a única finalidade de tal seguro. Proclama, a propósito, a Súmula 246 do STJ: ***"O valor do seguro obrigatório deve ser deduzido da indenização judicialmente fixada"***.
CORREÇÃO MONETÁRIA	■ Nas indenizações por ato ilícito, as verbas devem ser corrigidas monetariamente. Deve ser tomado por base, para a estimativa do prejuízo, o dia em que ele se deu. Em seguida, procede-se à ***atualização monetária*** desde a data do fato (arts. 389 e 395).
GARANTIA DO PAGAMENTO FUTURO	■ Como ninguém pode garantir que o devedor solvente de hoje não estará insolvente no futuro, dispõe o art. 533 do CPC/2015: "Quando a indenização por ato ilícito incluir prestação de alimentos, caberá ao executado, a requerimento do exequente, constituir capital cuja renda assegure o pagamento do valor mensal da pensão".
PRISÃO CIVIL DO DEVEDOR	■ Não se pode decretar a prisão civil do devedor que frustra o pagamento das pensões mensais. Tal meio coercitivo é cabível apenas no caso dos alimentos previstos no direito de família, e não por falta de pagamento de alimentos decorrentes de ação de responsabilidade *ex delicto*. Esta não passa de indenização, sob a forma de prestação ou pensão mensal.
REVISÃO DAS PENSÕES	■ A revisão da pensão devida em caso de lesão corporal que acarretou a redução da capacidade de trabalho, quando ocorre agravamento ou redução posterior do estado da vítima, tem sido admitida com base no art. 505, I, do CPC, por se tratar de "relação jurídica continuativa".
INCIDÊNCIA DOS JUROS	■ A sentença que julgar procedente a ação determinará que os juros devidos sejam pagos desde o dia em que o ato ilícito foi praticado (art. 398). Esses juros são os ***legais***, conforme o art. 406.
VERBA HONORÁRIA	■ Os honorários advocatícios são fixados em porcentagem sobre o valor da condenação (CPC/2015, art. 85, § 2º). Quando esta incluir prestação de alimentos, sob a forma de pensão mensal, serão calculados sobre a soma das prestações vencidas, mais doze das vincendas, aplicando-se o disposto no art. 292, § 1º, do CPC. Nas ações de indenização por ato ilícito contra ***pessoa***, aplica-se o § 9º do art. 85 do CPC.

7.6. O DANO MORAL

7.6.1. Conceito

Dano moral é o que atinge o ofendido como **pessoa**, não lesando seu patrimônio. É lesão de bem que integra os **direitos da personalidade**, como a honra, a dignidade, a intimidade, a imagem, o bom nome etc., como se infere dos arts. 1º, III, e 5º, V e X, da Constituição Federal, e que acarreta ao lesado dor, sofrimento, tristeza, vexame e humilhação.

Para Orlando Gomes, "a expressão 'dano moral' deve ser reservada exclusivamente para designar o agravo que **não produz qualquer efeito patrimonial**. Se há consequências de ordem patrimonial, ainda que mediante repercussão, o dano deixa de ser extrapatrimonial"[37].

7.6.2. Bens lesados e configuração do dano moral

No tocante aos bens lesados e à configuração do dano moral, malgrado os autores em geral entendam que a enumeração das hipóteses, previstas na Constituição Federal, seja meramente exemplificativa, não deve o julgador afastar-se das diretrizes nela traçadas, sob pena de considerar dano moral pequenos incômodos e desprazeres que todos devem suportar, na sociedade em que vivemos.

Desse modo, **os contornos e a extensão do dano moral** devem ser buscados na própria **Constituição**, ou seja, no art. 5º, n. V (que assegura o "direito de resposta, proporcional ao agravo, além da indenização por dano material, *moral* ou à imagem") e n. X (que declara invioláveis "a intimidade, a vida privada, a honra e a imagem das pessoas"), e, especialmente, no art. 1º, n. III, que erigiu à categoria de fundamento do Estado Democrático "a **dignidade** da pessoa humana".

Para evitar excessos e abusos, recomenda Sérgio Cavalieri, com razão, que só se deve reputar como dano moral "a dor, vexame, sofrimento ou humilhação que, fugindo à normalidade, interfira intensamente no comportamento psicológico do indivíduo, causando-lhe aflições, angústia e desequilíbrio em seu bem-estar. **Mero dissabor**, aborrecimento, mágoa, irritação ou sensibilidade exacerbada estão **fora da órbita do dano moral**, porquanto, além de fazerem parte da normalidade do nosso dia a dia, no trabalho, no trânsito, entre os amigos e até no ambiente familiar, tais situações não são intensas e duradouras, a ponto de romper o equilíbrio psicológico do indivíduo"[38].

7.6.3. A gravidade do dano moral como pressuposto para a sua reparabilidade

Exemplar, nesse particular, o art. 496 do Código Civil português, *verbis*:

> "Na fixação da indenização deve atender-se aos danos não patrimoniais que, pela sua **gravidade**, mereçam tutela do direito".

Assim, somente o dano moral **razoavelmente grave** deve ser indenizado. "O que se há de exigir como pressuposto comum da reparabilidade do dano não patrimonial, incluído, pois, o moral, é a **gravidade**, além da ilicitude. Se não teve gravidade o dano, não se há pensar em indenização. *De minimis non curat praetor*"[39].

---

[37] *Obrigações*, n. 195, p. 332.

[38] *Programa de responsabilidade civil*, p. 78.

[39] Pontes de Miranda, *Tratado de direito privado*, t. 26, § 3.108, n. 2.375.

■ 7.6.4. Titulares da ação de reparação do dano moral, por danos diretos e indiretos

■ *7.6.4.1. Ofendido, cônjuge, companheiro, membros da família, noivos, sócios etc.*

Pode-se afirmar que, além do próprio ofendido, poderão reclamar a reparação do dano moral, dentre outros, seus **herdeiros**, seu **cônjuge** ou **companheira** e os **membros de sua família** a ele ligados afetivamente.

A propósito do dano moral, anota Carlos Alberto Bittar que "por **dano direto**, ou mesmo por **dano indireto**, é possível haver titulação jurídica para demandas reparatórias. Titulares **diretos** são, portanto, aqueles atingidos de frente pelos reflexos danosos, enquanto **indiretos** os que sofrem, por consequência, esses efeitos (assim, por exemplo, a morte do pai provoca dano moral ao filho; mas o ataque lesivo à mulher pode ofender o marido, o filho ou a própria família, suscitando-se, então, ações fundadas em interesses indiretos)".

E prossegue: "Assentaram-se, depois de inúmeros debates na doutrina, certas posições, como as de **filhos e cônjuges**, em relação ao pai e ao marido, ou vice-versa; de **companheiros**, em relações estáveis; de **noivos**, sob compromisso formal; de **credores** e de **devedores**, em certos contratos, como, por exemplo, acidentes que impossibilitem a satisfação de débitos; de **empregados e empregadores**, e outros, especialmente, a partir da jurisprudência francesa, em que se colocaram essas inúmeras questões"[40].

Em nota de rodapé da referida obra, observa ainda Carlos Alberto Bittar: "As pessoas legitimadas são, exatamente, aquelas que mantêm **vínculos firmes de amor, de amizade ou de afeição**, como os parentes mais próximos; os cônjuges que vivem em comum; os unidos estavelmente, desde que exista a efetiva aproximação e nos limites da lei, quando, por expresso, definidos (como na sucessão, em que se opera até o quarto grau, pois a lei presume que não mais prospera, daí em diante, a afeição natural)"[41].

A propósito decidiu o **Superior Tribunal de Justiça**, no julgamento de caso em que se discutia se o sofrimento, a dor e o trauma provocados pela morte de um ente querido podem gerar o dever de indenizar, que, "embora o ato tenha sido praticado diretamente contra determinada pessoa, seus efeitos acabam por atingir, **indiretamente**, a integridade moral de terceiros. É o chamado dano moral por **ricochete** ou *préjudice d'affection*, cuja reparação constitui direito personalíssimo e autônomo dos referidos autores"[42].

O Superior Tribunal de Justiça, por seu turno, tem considerado parte legítima da demanda reparatória "qualquer parente em linha reta ou colateral até o quarto grau"[43],

---

40 *Reparação do dano moral*, p. 148/150.

41 *Reparação*, cit., p. 149, nota 275.

"É devida indenização a título de danos morais à noiva cujo nubente tenha falecido em acidente, principalmente se comprovada a seriedade do compromisso assumido pelos noivos, o vínculo afetivo que os unia e o dano efetivo como consequência direta da perda sofrida" (*RT*, 790/438).

42 REsp 1.208.949, 3ª T., rel. Min. Nancy Andrighi, <http://www.editoramagister.com> de 12-4-2011.

43 STJ, AREsp 1.290.597, rel. Des. convocado Lázaro Guimarães, *DJe*, 28-5-2018.

e que "não é necessário que se comprove a afetividade para pleitear indenização por danos morais reflexos"[44].

■ 7.6.4.2. *Incapazes*

Controverte-se a respeito da possibilidade dos incapazes, especialmente do nascituro e de amentais, serem vítimas de dano moral.

■ *7.6.4.2.1. A situação dos menores impúberes, amentais, portadores de arteriosclerose etc.*

Antônio Jeová Santos entende que a "não existência de lágrimas ou a incapacidade de sentir dor espiritual não implica na conclusão de que tais pessoas **não possam** sofrer dano moral ressarcível. É que a indenização do dano moral não está condicionada a que a pessoa alvo do agravo seja capaz de sentir e de compreender o mal que lhe está sendo feito"[45].

Maria Helena Diniz, igualmente, afirma que poderão "apresentar-se, por meio de seus representantes legais, na qualidade de **lesados diretos de dano moral**, os **menores impúberes**, os **loucos**, os portadores de **arteriosclerose**, porque, apesar de carecerem de discernimento, o ressarcimento do dano não é considerado como a reparação do sentimento, mas como uma indenização objetiva de um bem jurídico violado"[46].

Nesse sentido vem decidindo o Tribunal de Justiça de São Paulo[47].

■ *7.6.4.2.2. A legitimidade ativa do nascituro*

Tem predominado, na doutrina e na jurisprudência, entendimento de que "também **ao nascituro se assegura o direito de indenização dos danos morais** decorrentes do homicídio de que foi vítima seu genitor.

É desimportante o fato de ter nascido após o falecimento do pai. Mesmo que não o tenha conhecido, por certo, terá o menino, por toda a vida, a dor de nunca ter conhecido o pai. Certo, esta dor é menor do que aquela sentida pelo filho que já conviveu por muitos anos com o pai e vem a perdê-lo. Todavia, **isso só influi na gradação** do dano moral, eis que sua ocorrência é incontroversa.

Todos sofrem com a perda de um familiar, mesmo aquele que nem o conheceu. Isso é normal e presumido. O contrário é que deve ser devidamente provado"[48]. Por seu turno, decidiu o **Superior Tribunal de Justiça**:

> "Morte de genitor. **Nascituro. Direito à reparação do dano moral**. Possibilidade.

---

[44] STJ, REsp 1.291.845, 4ª T., rel. Min. Luis Felipe Salomão, disponível in *Revista Consultor Jurídico* de 15-4-2019.

[45] *Dano moral indenizável*, p. 36.

[46] O problema da liquidação do dano moral e o dos critérios para a fixação do "quantum" indenizatório, in *Atualidades jurídicas*, Saraiva, p. 252, n. 2.

[47] *JTJ*, Lex, 233/89; EI 277.062-1-SP, 3ª Câm. Dir. Públ., rel. Des. Hermes Pinotti.

[48] Yussef Said Cahali, *Dano moral*, 2. ed., p. 162.

O nascituro também tem direito à reparação dos danos morais pela morte do pai, mas a circunstância de não tê-lo conhecido em vida tem influência na fixação do *quantum*"[49].

■ 7.6.4.3. *A pessoa jurídica*

A pessoa jurídica, como proclama a Súmula 227 do Superior Tribunal de Justiça, **pode sofrer dano moral** e, portanto, está **legitimada** a pleitear a sua reparação. Malgrado não tenha direito à reparação do dano moral **subjetivo**, por não possuir capacidade afetiva, poderá sofrer dano moral **objetivo**, por ter atributos sujeitos à valoração extrapatrimonial da sociedade, como o conceito e bom nome, o crédito, a probidade comercial, a boa reputação etc.

O abalo de crédito acarreta, em regra, prejuízo material. Mas o **abalo de credibilidade** pode ocasionar dano de natureza moral. Nesse caso, a pessoa jurídica poderá propor ação de indenização de **dano material e moral**.

■ 7.6.5. Características dos direitos da personalidade. A intransmissibilidade e a imprescritibilidade

A Constituição Federal expressamente se refere aos direitos da personalidade, no art. 5º, X, que proclama: "são **invioláveis** a intimidade, a vida privada, a honra e a imagem das pessoas, assegurado o direito a **indenização** pelo dano material ou moral decorrente de sua violação".

■ A imprescritibilidade

Os direitos da personalidade são **imprescritíveis**. Malgrado, em si, sejam personalíssimos (direito à honra, à imagem etc.) e, portanto, intransmissíveis, **a pretensão** ou direito de exigir a sua reparação pecuniária, em caso de ofensa, **transmite-se aos sucessores**, nos termos do art. 943 do Código Civil.

E, embora também sejam **imprescritíveis** (a honra e outros direitos da personalidade nunca prescrevem — melhor seria falar-se em decadência), a **pretensão** à sua reparação está sujeita aos prazos prescricionais estabelecidos em lei.

■ A intransmissibilidade

O Código Civil preceitua, no art. 11:

> "Com exceção dos casos previstos em lei, os direitos da personalidade são **intransmissíveis** e irrenunciáveis, não podendo o seu exercício sofrer limitação voluntária".

No tocante à **intransmissibilidade** do dano moral, observa Maria Helena Diniz: "É preciso não olvidar que a **ação de reparação** comporta transmissibilidade aos sucessores do ofendido, desde que o prejuízo tenha sido causado **em vida** da vítima.

Realmente, pelo Código Civil, art. 1.526 [*do Código Civil de 1916, correspondente ao art. 943 do atual*], o direito de exigir a reparação transmite-se com a herança"[50]. Nessa linha, decidiu o Superior Tribunal de Justiça:

---

[49] REsp 399.028-SP, 4ª T., rel. Min. Sálvio de Figueiredo Teixeira, *DJU*, 15-4-2002, in *RSTJ*, 161/395.

[50] O problema, in *Atualidades jurídicas*, p. 253-254.

"O direito de ação por dano moral é de natureza **patrimonial** e, como tal, **transmite-se aos sucessores** da vítima"[51].

A mesma Corte veio a reconhecer, posteriormente, a legitimidade ativa do espólio para pleitear a reparação do **dano moral** em decorrência de acidente sofrido pelo *de cujus*, afirmando:

"Dotado o espólio de capacidade processual (art. 12, V, do Código de Processo Civil — de 1973, atual art. 75, VII), tem legitimidade ativa para postular em juízo a reparação do dano sofrido pelo *de cujus*, **direito que se transmite com a herança** (art. 1.526 do CC de 1916). Recurso especial conhecido e provido"[52].

■ 7.6.6. A prova do dano moral

■ Dispensa de prova em concreto

O dano moral, salvo casos especiais, como o de inadimplemento contratual, por exemplo, em que se faz mister a prova da perturbação da esfera anímica do lesado, **dispensa prova em concreto**, pois se passa no interior da personalidade e existe *in re ipsa*.

Trata-se de **presunção absoluta**. Desse modo, não precisa a mãe comprovar que sentiu a morte do filho; ou o agravado em sua honra demonstrar em juízo que sentiu a lesão; ou o autor provar que ficou vexado com a não inserção de seu nome no uso público da obra, e assim por diante. A propósito, decidiu-se:

"Responsabilidade civil. Dano moral. Comprovação pelo ofendido. **Desnecessidade**. Existência do ato ilícito apto a ocasionar sofrimento íntimo. Suficiência. Prova negativa a cargo do ofensor. Verba devida"[53].

"O dano moral, oriundo de inscrição ou manutenção indevida em cadastro de inadimplentes ou protesto indevido, prescinde de prova, configurando-se *in re ipsa*, visto que é presumido e decorre da própria licitude do fato"[54].

Proclamou o Tribunal de Justiça do Rio Grande do Sul que advogado que se refere à parte adversária como "devedora contumaz" não fere direitos da personalidade, pois se trata de expressão comum inserida em peças genéricas, "quase padronizadas, de demandas consumeristas e que não refletem a intenção de violar a honra subjetiva de ninguém"[55].

---

51 *RSTJ*, 71/183.

52 REsp 343.654-SP, rel. Min. Menezes Direito, *DJU*, 1º-7-2002. No mesmo sentido: REsp 324.886-PR, 1ª T., rel. Min. José Delgado, *DJU*, 3-9-2001.

V. ainda: "Sucessores. Legitimidade para receber indenização por danos morais sofridos por pessoa falecida no curso da ação. O direito que se sucede é o de ação, de caráter patrimonial, e não o direito moral em si, personalíssimo por natureza e intransmissível" (STJ, REsp 1.040.529, 3ª T., rel. Min. Nancy Andrighi, junho de 2011).

53 *JTJ*, Lex, 216/191.

54 STJ, AgInt no AREsp 858.040-SC, rel. Min. Maria Isabel Gallotti, *DJe*, 9-5-2017.

55 TJRS, 23ª Câm. Cív., rel. Des. Eugênio Facchini Neto, j. 31-10-2017.

■ **Realização de perícia psicológica**

Controvertida se mostra a realização de perícia psicológica para constatação da ocorrência de dano moral. Já decidiu o Tribunal de Justiça de São Paulo que as alegações podem ser demonstradas por **testemunhas**, inexistindo caráter técnico a ser verificado. Afirmou o acórdão:

> "Não são os psicólogos profissionais dotados de técnica de avaliação de danos morais, razão pela qual não se pode alegar que o fato exposto na inicial dependa de prova técnica. Não houve cerceamento de defesa, porque ao juiz é facultado indeferir prova inútil e impertinente"[56].

Em **sentido contrário** à última ementa transcrita, proclamou a mesma Corte:

> "Prova. Perícia psicológica. Dano moral. Viabilidade. Se o alegado dano moral traduz-se em desgaste emocional para a pessoa lesada, é **cabível a prova pericial** para a verificação do mal psíquico sofrido"[57].

■ 7.6.7. A reparação do dano moral e a Constituição Federal de 1988

■ **Código Civil de 1916**

O aludido diploma previa **algumas hipóteses** de reparação do dano moral, como quando a lesão corporal acarretasse aleijão ou deformidade, ou quando atingisse mulher solteira ou viúva ainda capaz de casar (art. 1.538); quando ocorresse ofensa à honra da mulher por defloramento, sedução, promessa de casamento ou rapto (art. 1.548); ofensa à liberdade pessoal (art. 1.550); calúnia, difamação ou injúria (art. 1.547).

Mas, em quase todos esses casos, o valor era prefixado e calculado com base na **multa criminal** prevista para a hipótese. Lembra Caio Mário da Silva Pereira que a resistência que encontrava, entre nós, a teoria da reparação do dano moral estava em que "não havia uma disposição genérica, no Código Civil, admitindo-a"[58].

■ **O Código Civil de 2002**

Oriundo de projeto elaborado antes da Constituição de 1988, prevê a reparação do dano moral ao se referir, no **art. 186**, ao ato ilícito: "Aquele que, por ação ou omissão voluntária, negligência ou imprudência, violar direito e causar dano a outrem, **ainda que exclusivamente moral**, comete ato ilícito".

■ **A Constituição Federal de 1988**

A atual Carta Magna assegura, no título "Dos direitos e garantias fundamentais" (art. 5º), o "direito de resposta, proporcional ao agravo, além da indenização por dano material, **moral** ou à imagem" (inc. V); e declara invioláveis "a intimidade, a vida privada, a honra e a imagem das pessoas, assegurado o direito a indenização pelo dano material ou **moral** decorrente de sua violação" (inc. X).

---

[56] TJSP, *JTJ*, Lex, 231/244.
[57] *JTJ*, Lex, 219/213.
[58] *Responsabilidade civil*, p. 64.

Caio Mário da Silva Pereira observou que "a enumeração é meramente **exemplificativa**, sendo lícito à jurisprudência e à lei ordinária editar outros casos, aduzindo que tais dispositivos vieram pôr uma pá de cal na resistência à reparação do dano moral"[59].

■ 7.6.8. Cumulação da reparação do dano moral com o dano material

Preleciona Caio Mário da Silva Pereira que "não cabe considerar que são incompatíveis os pedidos de reparação patrimonial e indenização por dano moral. O fato gerador pode ser o mesmo, porém **o efeito pode ser múltiplo**. A morte de uma pessoa fundamenta a indenização por **dano material** na medida em que se avalia o que perdem pecuniariamente os seus dependentes. Ao mesmo tempo justifica a reparação por **dano moral** quando se tem em vista a dor, o sofrimento que representa para os seus parentes ou aliados a eliminação violenta e injusta do ente querido, independentemente de que a sua falta atinge a economia dos familiares e dependentes"[60].

Ante o texto constitucional, que assegura o direito à indenização por dano **material, moral ou à imagem** (art. 5º, V), não se tem negado a possibilidade de sua cumulação. O Superior Tribunal de Justiça consolidou nesse sentido a sua jurisprudência, editando a **Súmula 37**, do seguinte teor:

> "São **cumuláveis** as indenizações por dano material e dano moral oriundos do mesmo fato".

■ 7.6.9. Natureza jurídica da reparação

Há controvérsias a respeito da natureza jurídica da reparação do dano moral. Alguns autores, como Carbonnier[61], vislumbram apenas o caráter punitivo, enquanto outros, como Espínola Filho[62], afirmam que tal colocação não satisfaz para fundamento da reparação do dano moral.

Tem prevalecido, no entanto, o entendimento de que a reparação pecuniária do dano moral tem **duplo caráter**:

- **compensatório** para a vítima; e
- **punitivo** para o ofensor.

Ao mesmo tempo em que serve de lenitivo, de consolo, de uma espécie de **compensação** para atenuação do sofrimento havido, atua como sanção ao lesante, como **fator de desestímulo**, a fim de que não volte a praticar atos lesivos à personalidade de outrem.

---

59 *Responsabilidade civil*, cit., p. 65, n. 48.

60 *Responsabilidade civil*, cit., p. 63, n. 45.

61 *Droit civil*, v. IV, p. 308, n. 88.

62 O dano moral em face da responsabilidade civil, prefácio de *O dano moral, no direito brasileiro,* de Ávio Brasil, p. 27.

Não se pode negar, diz Maria Helena Diniz, que a reparação pecuniária do dano moral é um **misto** de pena e de satisfação compensatória, tendo função:

> "**a) penal**, ou **punitiva**, constituindo uma sanção imposta ao ofensor, visando a diminuição de seu patrimônio, pela indenização paga ao ofendido, visto que o bem jurídico da pessoa — integridade física, moral e intelectual — não poderá ser violado impunemente, subtraindo-se o seu ofensor às consequências de seu ato por não serem reparáveis; e
> **b) satisfatória** ou **compensatória**, pois, como o dano moral constitui um menoscabo a interesses jurídicos extrapatrimoniais, provocando sentimentos que não têm preço, a reparação pecuniária visa proporcionar ao prejudicado uma satisfação que atenue a ofensa causada"[63].

É de salientar que o ressarcimento do dano **material** ou **patrimonial** tem, igualmente, **natureza sancionatória indireta**, servindo para desestimular o ofensor à repetição do ato, sabendo que terá de responder pelos prejuízos que causar a terceiros. O **caráter punitivo é meramente reflexo ou indireto**: o autor do dano sofrerá um desfalque patrimonial que poderá desestimular a reiteração da conduta lesiva.

Mas a finalidade precípua do ressarcimento dos danos não é punir o responsável, e sim **recompor o patrimônio do lesado**, visto que o direito moderno sublimou aquele caráter de pena contra o delito ou contra a injúria, que lhe emprestava o antigo direito.

A finalidade precípua da reparação do **dano moral**, por outro lado, é proporcionar uma **compensação** à vítima. O caráter sancionatório permanece ínsito na condenação, pois acarreta a redução do patrimônio do lesante.

■ 7.6.10. A quantificação do dano moral

O problema da quantificação do dano moral tem preocupado o mundo jurídico, em virtude da proliferação de demandas, sem que existam parâmetros seguros para a sua estimação. Enquanto o ressarcimento do dano material procura colocar a vítima no estado anterior, recompondo o patrimônio afetado mediante a aplicação da fórmula "danos emergentes-lucros cessantes", a reparação do dano moral objetiva apenas **uma compensação, um consolo**, sem mensurar a dor.

Em todas as demandas que envolvem danos morais, o juiz defronta-se com o mesmo problema: a perplexidade ante a **inexistência de critérios uniformes e definidos** para arbitrar um valor adequado.

■ *7.6.10.1. Tarifação e arbitramento*

■ Critério da tarifação

Tal critério, pelo qual **o *quantum* das indenizações é prefixado**, não tem aplicação em nosso país. O **inconveniente desse critério** é que, conhecendo antecipadamente o valor a ser pago, as pessoas podem avaliar as consequências da prática do

[63] O problema, cit., in *Atualidades jurídicas*, p. 248.

ato ilícito e confrontá-las com as vantagens que, em contrapartida, poderão obter, como no caso do dano à imagem, e concluir que vale a pena, no caso, infringir a lei.

■ **Critério do arbitramento pelo juiz**

É o que predomina entre nós, a teor do disposto no art. 1.533 do Código Civil de 1916. O atual mantém a fórmula ao determinar, no art. 946, que se apurem as perdas e danos na forma que a lei processual determinar. Prevê esta, no art. 509, a liquidação pelo procedimento comum e por **arbitramento**, sendo a última forma **a mais adequada para a quantificação do dano moral**.

A crítica que se faz a esse sistema é que não há defesa eficaz contra uma estimativa que a lei submeta apenas ao critério livremente escolhido pelo juiz, porque, exorbitante ou ínfima, qualquer que seja ela, estará sempre em consonância com a lei, não ensejando a criação de padrões que possibilitem o efetivo controle de sua justiça ou injustiça.

Deve o juiz, "ao fixar o valor, e à falta de critérios objetivos, **agir com prudência**, atendendo, em cada caso, às suas peculiaridades e à repercussão econômica da indenização, de modo que o valor da mesma não deve ser **nem tão grande** que se converta em fonte de enriquecimento, **nem tão pequeno** que se torne inexpressivo"[64].

A propósito, foi aprovado, na VI Jornada de Direito Civil do Conselho da Justiça Federal, o Enunciado 550, do seguinte teor:

> "A quantificação da reparação por danos extrapatrimoniais não deve estar sujeita a tabelamento ou a valores fixos".

■ *7.6.10.2. Critérios para o arbitramento da reparação na Justiça Comum e na Justiça do Trabalho*

Na fixação do *quantum* indenizatório, à falta de regulamentação específica, os tribunais utilizaram, numa primeira etapa, os critérios estabelecidos no **Código Brasileiro de Telecomunicações** (Lei n. 4.117, de 27-8-1962), por se tratar do primeiro diploma legal a estabelecer alguns parâmetros para a quantificação do dano moral, ao determinar que se fixasse a indenização entre cinco e cem salários mínimos, conforme as circunstâncias e até mesmo o grau de culpa do lesante.

Mesmo tendo sido revogados os dispositivos do referido Código pelo Decreto-Lei n. 236, de 28 de fevereiro de 1967, a hoje **revogada Lei de Imprensa** (Lei n. 5.250, de 9-2-1967) elevou o teto da indenização para duzentos salários mínimos.

Durante muito tempo esse critério serviu de norte para o arbitramento das indenizações em geral. Argumentava-se: se, para uma simples calúnia, a indenização pode alcançar cifra correspondente a duzentos salários mínimos, em caso de dano mais grave tal valor pode ser multiplicado uma ou várias vezes.

Algumas recomendações da **revogada Lei de Imprensa**, feitas no art. 53, no entanto, **continuam a ser aplicadas** na generalidade dos casos, por integrarem o

64 TJMG, 3ª Câm., Ap. 87.244, j. 9-4-1992, *Rep. IOB Jurisp.*, 3/7.679.

repertório jurisprudencial, como a situação econômica do lesado; a intensidade do sofrimento; a gravidade, a natureza e a repercussão da ofensa; o grau de culpa e a situação econômica do ofensor, bem como as circunstâncias que envolveram os fatos.

Em razão da diversidade de situações, muitas vezes valem-se os juízes de **peritos** para o arbitramento da indenização, como no caso de dano à imagem. Em outros, levam em conta o valor do título, como na hipótese de indevido protesto de cheques.

Levam-se em conta, basicamente, as **circunstâncias do caso**, a **gravidade do dano**, a **situação do ofensor**, a **condição do lesado**, preponderando, em nível de orientação central, a ideia de **sancionamento ao lesante** (*punitive damages*).

Assevera Maria Helena Diniz que, "na quantificação do dano moral, o arbitramento deverá, portanto, ser feito com **bom-senso e moderação**, proporcionalmente ao grau de culpa, à gravidade da ofensa, ao nível socioeconômico do lesante, à realidade da vida e às particularidades do caso *sub examine*"[65].

Pode-se afirmar que os **principais fatores** a serem considerados são:

- a condição social, educacional, profissional e econômica do lesado;
- a intensidade de seu sofrimento;
- a situação econômica do ofensor e os benefícios que obteve com o ilícito;
- a intensidade do dolo ou o grau de culpa;
- a gravidade e a repercussão da ofensa; e
- as peculiaridades e circunstâncias que envolveram o caso, atentando-se para o caráter antissocial da conduta lesiva.

Verifica-se, em conclusão, que **não há um critério objetivo e uniforme** para o arbitramento do dano moral. Cabe ao juiz a tarefa de, em cada caso, agindo com **bom-senso** e usando da justa medida das coisas, fixar um valor **razoável e justo** para a indenização. O **Superior Tribunal de Justiça**, nessa linha, decidiu:

> "Na fixação da indenização por danos morais, recomendável que o arbitramento seja feito com **moderação**, proporcionalmente ao grau de culpa, ao nível socioeconômico dos autores, e, ainda, ao porte da empresa recorrida, orientando-se o juiz pelos critérios sugeridos pela doutrina e pela jurisprudência, com **razoabilidade**, valendo-se de sua experiência e do **bom-senso**, atento à realidade da vida e às peculiaridades de cada caso"[66].

Por outro lado, se o valor arbitrado não pode ser muito elevado, também não deve ser tão pequeno a ponto de se tornar inexpressivo e inócuo. Daí a necessidade de se encontrar o **meio-termo ideal**.

A Lei n. 13.467/2017 (Lei da Reforma Trabalhista) introduziu na Consolidação das Leis do Trabalho o art. 223, letras A a G, disciplinando o dano moral. De acordo

[65] O problema, cit., in *Atualidades jurídicas*, p. 266-267.

[66] REsp 135.202-0-SP, 4ª T., rel. Min. Sálvio de Figueiredo, j. 19-5-1998.

com a redação da Lei, são objetivamente protegidos como bens morais do trabalhador a honra, a imagem, a intimidade, a liberdade de ação, a autoestima, a sexualidade, a saúde, o lazer e a sua integridade física, assim como a imagem, a marca, o nome, o segredo empresarial e o sigilo de correspondência das pessoas jurídicas.

A referida lei estipula alguns critérios objetivos que o juiz deve observar na fixação do valor da indenização por dano moral, além de possibilitar a indenização dobrada nos casos de reincidência entre as mesmas partes.

■ O método bifásico na aferição do valor da indenização

O Superior Tribunal de Justiça tem aplicado o referido método para o arbitramento do valor da reparação por danos extrapatrimoniais. Segundo o Ministro Paulo de Tarso Sanseverino, relator do REsp 959.780-ES, constitui ele o método mais adequado para a quantificação da compensação por danos morais em casos de morte.

Fixa-se inicialmente o valor básico da indenização, levando-se em conta a jurisprudência sobre casos de lesão ao mesmo interesse jurídico. "Assegura-se, com isso, uma exigência da justiça comutativa que é uma razoável igualdade de tratamento para casos semelhantes, assim como que situações distintas sejam tratadas desigualmente na medida em que se diferenciam". Em seguida, "procede-se à fixação definitiva da indenização, ajustando-se o seu montante às peculiaridades do caso com base nas suas circunstâncias. Partindo-se, assim, da indenização básica, eleva-se ou reduz-se esse valor de acordo com as circunstâncias particulares do caso (gravidade do fato em si, culpabilidade do agente, culpa concorrente da vítima, condição econômica das partes) até se alcançar o montante definitivo. Procede-se, assim, a um arbitramento efetivamente equitativo, que respeita as peculiaridades do caso".

■ 7.6.10.3. *Fixação do* quantum *do dano moral vinculada ao salário mínimo*

A Súmula 490 do Supremo Tribunal Federal determina que a indenização deve ser automaticamente reajustada, quando fixada em forma de **pensão**, temporária ou vitalícia, nestes termos:

> "A **pensão**, correspondente à indenização oriunda da responsabilidade civil, deve ser calculada com base no **salário mínimo** vigente ao tempo da sentença e ajustar-se-á às variações ulteriores".

Assim, quando a sentença fixa o valor da **pensão com base no salário mínimo**, aplicando a referida súmula, **a atualização será automática**, pois acompanhará o reajuste daquele. Nesse caso, não cabe, pois, a correção monetária.

Entretanto, o mesmo Tribunal, em hipótese não atinente a pensão mensal, que é fixada com base nos rendimentos da vítima, mas a **dano moral**, decidiu de forma diferente:

> "*Dano moral*. Indenização. Fixação vinculada ao salário mínimo. Vedação. Inconstitucionalidade.

Ao estabelecer o art. 7º da Constituição que é **vedada a vinculação ao salário mínimo** para qualquer fim, quis evitar que interesses estranhos aos versados na norma constitucional venham a ter influências na fixação do valor mínimo a ser observado. Assim, se a indenização por dano moral é fixada em 500 salários mínimos, para que, inequivocamente, o valor do salário mínimo a que essa indenização está vinculada atue como fator de atualização desta, **tal vinculação é vedada** pelo citado dispositivo constitucional"[67].

Por essa razão, se a indenização for fixada, realmente, em uma quantidade de salários mínimos, deve o magistrado dizer **a quantos reais corresponde o referido montante**, na data da sentença, para que, sobre o valor convertido em reais, recaia a correção monetária legal.

Nesse sentido decisão do Tribunal de Justiça de São Paulo[68].

7.6.11. Valor da causa na ação de reparação do dano moral

Malgrado respeitáveis opiniões no sentido de que o autor da ação de reparação por dano moral deve dar **valor certo à causa**, não podendo deixar a critério do juiz a sua fixação, sob pena de emenda ou indeferimento da inicial, "se não para que não fique ao arbítrio do julgador, ao menos para que possa o requerido contrariar a pretensão com objetividade e eficácia"[69], proclamou o Superior Tribunal de Justiça, na vigência do Código de Processo Civil de 1973, que, ao contrário, **"é admissível o pedido genérico"**[70].

Acabou efetivamente prevalecendo na jurisprudência o entendimento de que "é irrelevante que o pedido de indenização por dano moral tenha sido proposto de forma genérica, uma vez que **cabe ao prudente arbítrio do juiz a fixação do *quantum*** a título de reparação. Deve-se ter em mente que a estimativa do valor do dano, na petição inicial, não confere certeza ao pedido, sendo a obrigação do réu de valor abstrato, que depende de estimativa e de arbitramento judicial"[71].

Esse entendimento possibilitava que o autor, beneficiário da justiça gratuita, atribuísse à causa um **valor superestimado**, sem correspondência com o pedido certo que formulou. Tal expediente constitui abuso de direito processual, por cercear o direito de defesa do réu, onerando o custo da taxa judiciária. Deve o juiz, nesses casos, **acolher a impugnação ao valor da causa**, para adequá-lo ao pedido[72].

A situação, todavia, modificou-se com a entrada em vigor do Novo Código de Processo Civil, cujo art. 292, inc. V, preceitua que o valor da causa será, **"na ação indenizatória, inclusive a fundada em dano moral, o valor pretendido"**. O autor

---

67 STF, 1ª T., RE 225.488-1-PR, rel. Min. Moreira Alves, *DJU*, 16-6-2000.

68 *JTJ*, Lex, 225/139.

69 *RT*, 660/114, 722/113.

70 *RSTJ*, 29/384; REsp 125.417-RJ, 3ª T., *DJU*, 18-8-1997, p. 37867.

71 *RT*, 760/310, 730/307.

72 2º TACSP, 7ª Câm., AgI 561.297-00-São Bernardo do Campo, rel. Paulo Ayrosa, j. 2-2-1999; TJSP, 3ª Câm. Dir. Priv., AgI 124.212-4-Boituva, rel. Ênio Zuliani, j. 14-12-1999.

deverá, portanto, estimar na inicial o valor do dano moral, não podendo mais formular pedido genérico. O montante não poderá, pois, ser exagerado, uma vez que, ocorrendo sucumbência parcial ou total, os honorários advocatícios serão fixados entre o mínimo de dez e o máximo de vinte por cento sobre o valor atualizado da causa (CPC/2015, art. 85, § 2º).

7.6.12. Antecipação da tutela nas ações de reparação do dano moral

Admite-se a antecipação da tutela não só nas ações de ressarcimento do dano material, como também nas ações de reparação do **dano moral**.

A possibilidade, prevista no **art. 303 do Código de Processo Civil de 2015**, de o juiz conceder ao autor um provimento antecipatório que lhe assegure, de pronto, a obtenção do bem jurídico objeto da prestação de direito material reclamada constitui eficaz mecanismo de aceleração do procedimento em juízo e instrumento fundamental de resguardo da dignidade do Judiciário.

A **antecipação da tutela** tem como pressupostos:

- a **"verossimilhança"** do direito alegado (elementos que evidenciem a probabilidade do direito);
- o **"fundado receio de dano irreparável ou de difícil reparação"**; ou
- o **risco ao resultado útil do processo**.

Constitui uma antecipação do próprio mérito da demanda, não tendo natureza cautelar ainda que fundada na urgência.

Inúmeras são as **hipóteses** em que se pode buscar a **tutela preventiva**, com força de inibir a ocorrência de dano moral ou o prosseguimento das condutas ativas ou omissivas que continuem causando lesão de natureza diversa da patrimonial:

> "**a)** a providência de antecipação de tutela para o cancelamento dos efeitos da inscrição do nome de pessoa perante o Serviço de Proteção ao Crédito ou a inclusão do seu nome na relação do sistema Serasa, indicando a existência de impedimento ao crédito quando, evidentemente, essa providência se mostre indevida;
>
> **b)** para suspender o protesto indevido de título de crédito;
>
> **c)** para impedir ou suspender a publicação de fotografia, divulgação de voz, entrevista ou programa com conotação vexatória ou ofensiva da imagem da pessoa;
>
> **d)** para impedir a publicação de fotografia, entrevista, inquirição ou divulgação de reportagem com imagens de crianças e adolescentes, por força de vedação expressa no Estatuto da Infância e Juventude, etc."[73]

A propósito, pondera Flávio Luiz Yarshell: "Quando se trata de *prevenir* a perpetração do ilícito (impedindo que o dano moral venha a se consumar), ou mesmo de fazer *cessar* a violação que está em curso (impedindo sua reiteração ou agravamento), não há dúvida de que a intervenção judicial pode dar-se mediante a imposição de

---

[73] Rui Stoco, Responsabilidade civil e tutela antecipada nas ações de reparação de danos, *Informativo Jurídico Incijur*, p. 24 e 25.

prestações de ***fazer* e *não fazer***. Trata-se de atuar sobre a conduta do autor da violação, para que se **abstenha** da prática do ato ilícito; ou para que **cesse** a violação já iniciada; ou ainda para que, desde logo, **desfaça** a materialidade ou o resultado de seu ato ilícito, potencial ou concretamente gerador de um dano moral"[74].

Além, portanto, da disposição genérica do art. 294 do Código de Processo Civil, que prevê a possibilidade de antecipação total ou parcial dos efeitos da tutela postulada na inicial, o **art. 497** do mesmo diploma permite a concessão de **tutela específica da obrigação de fazer ou não fazer**, podendo o magistrado, antecipadamente, assegurar o resultado prático e equivalente a adimplemento da obrigação pleiteada.

Na esfera de abrangência da responsabilidade extrapatrimonial tem-se decidido:

> "**Tutela antecipada**. Responsabilidade civil. Tratamento médico-hospitalar. **Admissibilidade**, diante dos pressupostos processuais. Nos casos de urgência urgentíssima, em que o julgador é posto ante a alternativa de prover ou perecer o direito que no momento apresenta-se apenas provável, ou confortado com prova de simples verossimilhança, se o índice de plausibilidade do direito for suficientemente consistente, entre permitir irremediável destruição ou tutelá-lo como simples aparência, esta última solução torna-se perfeitamente legítima"[75].

■ 7.6.13. Súmulas do Superior Tribunal de Justiça relativas ao dano moral

Seguem as súmulas do Superior Tribunal de Justiça que, direta ou indiretamente, abordam a questão do dano moral:

- ■ Súmula 37 — "São cumuláveis as indenizações por dano material e dano moral oriundos do mesmo fato".
- ■ Súmula 54 — "Os juros moratórios fluem a partir do evento danoso, em caso de responsabilidade extracontratual".
- ■ Súmula 227 — "A pessoa jurídica pode sofrer dano moral".
- ■ Súmula 326 — "Na ação de indenização por dano moral, a condenação em montante inferior ao postulado na inicial não implica sucumbência recíproca".
- ■ Súmula 362 — "A correção monetária do valor da indenização do dano moral incide desde a data do arbitramento".
- ■ Súmula 370 — "Caracteriza dano moral a apresentação antecipada de cheque pré-datado".

---

[74] Dano moral: tutela preventiva (ou inibitória), sancionatória e específica, *Revista do Advogado*, n. 49, p. 62.

[75] TJSP, 10ª Câm. Dir. Priv., AgI 97.779-4-SP, rel. Des. Ruy Camilo, j. 24-11-1998.

Vide ainda: "*Tutela antecipatória.* Acidente aéreo. Concessão da medida à noiva da vítima fatal. Admissibilidade se incontroverso o dano moral experimentado pela pretendente. Possibilidade, também, do ressarcimento dos gastos com adiantamento de despesas com a futura cerimônia de casamento e não foram expressamente contrariados pela empresa de transportes" (*RT*, 774/268). "*Tutela antecipatória.* Concessão desautorizando o credor a enviar dados do devedor ao Serasa e outras entidades de proteção ao crédito. Admissibilidade se o débito está sendo discutido em juízo. Direito do inadimplente em questionar o valor da dívida sem o constrangimento da negativação" (*RT*, 772/260).

- Súmula 385 — "Da anotação irregular em cadastro de proteção ao crédito, não cabe indenização por dano moral, quando preexistente legítima inscrição, ressalvado o direito ao cancelamento".
- Súmula 387 — "É lícita a cumulação das indenizações de dano estético e dano moral".
- Súmula 388 — "A simples devolução indevida de cheque caracteriza dano moral".
- Súmula 402 — "O contrato de seguro por danos pessoais compreende os danos morais, salvo cláusula expressa de exclusão".
- Súmula 403 — "Independe de prova do prejuízo a indenização pela publicação não autorizada de imagem de pessoa com fins econômicos ou comerciais".
- Súmula 420 — "Incabível, em embargos de divergência, discutir o valor de indenização por danos morais".
- Súmula 498 — "Não incide imposto de renda sobre a indenização por danos morais".

A referida Corte divulgou, em maio de 2019, 11 teses consolidadas sobre responsabilidade civil por dano moral (edição 125):

> "**1ª Tese:** A fixação do valor devido a título de indenização por danos morais deve considerar o método bifásico, que conjuga os critérios da valorização das circunstâncias do caso e do interesse jurídico lesado, e minimiza eventual arbitrariedade ao se adotar critérios unicamente subjetivos do julgador, além de afastar eventual tarifação do dano.
>
> **2ª Tese:** O dano moral coletivo, aferível *in re ipsa*, é categoria autônoma de dano relacionado à violação injusta e intolerável de valores fundamentais da coletividade.
>
> **3ª Tese:** É lícita a cumulação das indenizações de dano estético e dano moral (Súmula 387/STJ).
>
> **4ª Tese:** A legitimidade para pleitear a reparação por danos morais é, em regra, do próprio ofendido; no entanto, em certas situações, são colegitimadas também aquelas pessoas que, sendo muito próximas afetivamente à vítima, são atingidas indiretamente pelo evento danoso, reconhecendo-se, em tais casos, o chamado dano moral reflexo ou em ricochete.
>
> **5ª Tese:** Embora a violação moral atinja apenas os direitos subjetivos do falecido, o espólio e os herdeiros têm legitimidade ativa *ad causam* para pleitear a reparação dos danos morais suportados pelo *de cujus*.
>
> **6ª Tese:** Os sucessores possuem legitimidade para ajuizar ação de reparação de danos morais em decorrência de perseguição, tortura e prisão, sofridos durante a época do regime militar.
>
> **7ª Tese:** O abandono afetivo de filho, em regra, não gera dano moral indenizável, podendo, em hipóteses excepcionais, se comprovada a ocorrência de ilícito civil que ultrapasse o mero dissabor, ser reconhecida a existência do dever de indenizar.
>
> **8ª Tese:** Não há responsabilidade por dano moral decorrente de abandono afetivo antes do reconhecimento da paternidade.
>
> **9ª Tese:** O prazo prescricional da pretensão reparatória de abandono afetivo começa a fluir a partir da maioridade do autor.

10ª Tese: A pessoa jurídica pode sofrer dano moral, desde que demonstrada ofensa à sua honra objetiva.

11ª Tese: A pessoa jurídica de direito público não é titular de direito à indenização por dano moral relacionado à ofensa de sua honra ou imagem, porquanto, tratando-se de direito fundamental, seu titular imediato é o particular e o reconhecimento desse direito ao Estado acarreta a subversão da ordem natural dos direitos fundamentais".

A aludida Corte Superior também decidiu que "a demora em fila para atendimento bancário não gera dano moral, podendo ser classificada como mero desconforto. Para que fique caracterizado o dano moral, é preciso levar em consideração a lesão a direito de personalidade. Essa espera não tem o condão de afetar o direito da personalidade, interferir intensamente no bem-estar do consumidor de serviço. Nas situações-limite, como demora para atendimento médico emergencial se poderia cogitar em dano moral indenizável"[76].

Homem falsamente acusado de assédio deve ser indenizado — proclamou o Tribunal de Justiça de Minas Gerais. Com efeito, mentir sobre outra pessoa como forma de retaliação gera o dever de indenizar. *In casu*, a ré não cumpriu adequadamente suas funções, ignorando advertências de sua chefia. Por esse motivo, acabou sendo mandada para casa e suas infrações foram informadas à empresa. Em retaliação, compareceu ela a uma unidade policial e registrou boletim de ocorrência alegando ter sofrido assédio sexual. Comprovada, posteriormente, a mentira, foi condenada ao pagamento de indenização por danos morais no valor de R$ 3.000,00[77].

7.6.14. Resumo

O DANO MORAL	
CONCEITO	Dano moral é o que atinge o ofendido como pessoa, não lesando seu patrimônio. É lesão de bem que integra os direitos da personalidade, como a honra, a dignidade etc. (CF, arts. 1º, III, e 5º, V e X), e que acarreta ao lesado dor, sofrimento, tristeza, vexame e humilhação.
O DANO MORAL E A CF/88	A CF/88 pôs uma pá de cal na resistência à reparação do dano moral, ao dispor que "é assegurado o direito de resposta, proporcional ao agravo, além da indenização por dano material, moral ou à imagem" (art. 5º, V), declarando ainda "invioláveis a intimidade, a vida privada, a honra e a imagem das pessoas, assegurado o direito à indenização pelo dano material ou moral decorrente de sua violação" (inc. X).
QUANTIFICAÇÃO DO DANO MORAL	Não tem aplicação, em nosso país, o critério da ***tarifação***, pelo qual o *quantum* das indenizações é prefixado. Predomina entre nós o critério do ***arbitramento*** pelo juiz (CC, art. 946). Não há um critério objetivo e uniforme para o arbitramento do dano moral. Cabe ao juiz a tarefa de, em cada caso, agindo com bom-senso e usando da justa medida das coisas, fixar um valor razoável e justo para a indenização.
NATUREZA JURÍDICA	Tem prevalecido o entendimento dos que vislumbram, na indenização do dano moral, duplo caráter: ***compensatório*** para a vítima e ***punitivo*** para o ofensor. Ao mesmo tempo em que serve de consolo, de compensação para atenuar o sofrimento havido, atua como sanção ao lesante, como fator de desestímulo, a fim de que não volte a praticar atos lesivos à personalidade de outrem. O caráter punitivo é meramente reflexo ou indireto.

[76] STJ, REsp 1.647.452, 4ª T., rel. Min. Luis Felipe Salomão, j. 27-2-2019.

[77] TJMG, Apel. 1.0702.15.020123-5/001, 20ª Câm. Cív., rel. Des. Vicente de Oliveira Silva, *in* Revista *Consultor Jurídico* de 10-6-2020.

■ 7.7. QUESTÕES

1. (PGE/SC/Procurador do Estado/7º Concurso/2009) Assinale a alternativa INCORRETA.

a) A indenização mede-se pela extensão do dano.
b) A teoria do dano direto e imediato é aplicável ao sistema de responsabilidade civil brasileiro.
c) De acordo com o novo Código Civil, o grau de culpa do agente nunca poderá influenciar na quantificação do prejuízo.
d) O fato exclusivo da vítima e o caso fortuito e de força maior são excludentes da causalidade.
e) De acordo com o novo Código Civil, a responsabilidade civil dos pais pelos atos dos filhos é regulada pela teoria da responsabilidade objetiva.

2. (MP do Trabalho/Procurador do Trabalho/16º Concurso/2009) A propósito da responsabilidade civil subjetiva, da qual resulte a obrigação de indenizar dano MORAL, considere as seguintes proposições:

I. são pressupostos da responsabilidade subjetiva: conduta culposa do agente, nexo causal e dano, podendo haver ilicitude sem dano e dano sem ilicitude;
II. mesmo exercício regular de um direito pode se transformar em ato ilícito se e quando seu titular exceder os limites estabelecidos pela lei;
III. a pessoa jurídica, detentora de honra subjetiva, pode sofrer dano moral quando ofendida em sua reputação;
IV. a culpa contra a legalidade decorre de o dever violado resultar de texto expresso de lei ou de regulamento.

De acordo com as assertivas *retro*, pode-se afirmar que:

a) o item I é certo e o item III é errado;
b) o item I é errado e o item II é certo;
c) o item III é certo e o item IV é errado;
d) os itens II e III são errados;
e) não respondida.

3. (BACEN/Procurador/12º Concurso/CESPE/UnB/2009) A respeito da responsabilidade civil e da obrigação por atos ilícitos, assinale a opção CORRETA.

a) O desvio de atribuições por parte do empregado, por si só, não exonera o patrão do dever de indenizar.
b) O inadimplemento contratual, dada a sua natureza, é incompatível com o dano moral.
c) De acordo com a jurisprudência do STJ, a absolvição criminal por insuficiência de provas gera dano moral.
d) Os pais não possuem legitimidade concorrente com o filho para pleitear indenização por danos morais quando este sobrevive ao sinistro.
e) O dono de prédio locado possui responsabilidade subsidiária por coisas que dele caiam e causem dano a terceiros.

4. (DPE-PR/Defensor Público/Fundação Carlos Chagas/2017) Sobre o dano moral, é CORRETO afirmar:

a) A natureza de reparação dos danos morais, e não de ressarcimento, é o que justifica a não incidência de imposto de renda sobre o valor recebido a título de compensação por tal espécie de dano.
b) Como indenização por dano moral, não é possível, por exemplo, que uma vítima obtenha direito de resposta em caso de atentado contra a honra praticado por veículo de comunicação, sendo possível apenas o recebimento de quantia em dinheiro.
c) O descumprimento de um contrato não gera dano moral, ainda que envolvido valor fundamental protegido pela Constituição Federal de 1988.
d) O dano moral indenizável pressupõe necessariamente a verificação de sentimentos humanos desagradáveis, como dor ou sofrimento; por isso não se pode falar em dano moral da pessoa jurídica.

e) A quantificação por danos morais está sujeita a tabelamento e a valores fixos.

5. (TJMG/Juiz de Direito/VUNESP/2012) Assinale a alternativa que apresenta informação INCORRETA.

a) Medindo-se a indenização pela extensão do dano, o juiz poderá reduzir equitativamente a indenização quando houver excessiva desproporção entre a gravidade da culpa e o dano.
b) Havendo usurpação ou esbulho do alheio, a indenização consistirá no reembolsar o seu equivalente ao prejudicado.
c) A indenização por injúria, difamação ou calúnia consistirá na reparação do dano que delas resulte ao ofendido, porém, se o ofendido não puder provar prejuízo material, caberá ao juiz fixar, equitativamente, o valor da indenização conforme as circunstâncias do caso.
d) A indenização por ofensa à liberdade pessoal consistirá no pagamento das perdas e danos que sobrevierem ao ofendido.

6. (UECE/FUNECE/Advogado/2017) No que concerne à indenização por responsabilidade civil, é CORRETO afirmar que

a) se da ofensa resultar defeito pelo qual o ofendido não possa exercer o seu ofício ou profissão, ou se lhe diminua a capacidade de trabalho, a indenização, além das despesas do tratamento e lucros cessantes até ao fim da convalescença, incluirá pensão correspondente à importância do trabalho para que se inabilitou, ou da depreciação que ele sofreu.
b) se o ofendido não puder provar prejuízo material, não cabe ao juiz fixar o valor da indenização.
c) havendo usurpação ou esbulho do alheio, além da restituição da coisa, a indenização consistirá em pagar o valor das suas deteriorações e o devido a título de lucros cessantes; faltando a coisa, resta prejudicada a obrigação de indenizar.
d) no caso de homicídio, a indenização consiste, somente, no pagamento das despesas com o tratamento da vítima, seu funeral e o luto da família, e na prestação de alimentos às pessoas a quem o morto os devia, levando-se em conta a duração provável da vida da vítima.

7. (OAB/SP/137° Exame de Ordem) Assinale a opção CORRETA acerca da responsabilidade civil.

a) Em razão da natureza do dever violado, a culpa poderá ser contratual ou extracontratual.
b) Considera-se dano moral direto a lesão a interesse tendente à satisfação ou a gozo de bem jurídico patrimonial que produz depreciação a um bem extrapatrimonial.
c) Dano moral é a lesão de interesses exclusivamente patrimoniais de pessoas naturais ou jurídicas provocada pelo fato lesivo.
d) Só subsiste a imputabilidade se presente o nexo causal.

8. (UNICAMP/Procurador Assistente/VUNESP/2018) Acerca dos danos morais, considerando a jurisprudência do STJ, é CORRETO afirmar:

a) da anotação irregular em cadastro de proteção ao crédito, não cabe indenização por dano moral, quando preexistente legítima inscrição, ressalvado o direito ao cancelamento.
b) a simples devolução indevida de cheque caracteriza dano moral, mas não a apresentação antecipada de cheque pré-datado, tendo em vista o cheque ser uma ordem de pagamento à vista.
c) são cumuláveis as indenizações por dano material e dano moral oriundos do mesmo fato, mas não são cumuláveis as indenizações de dano estético e dano moral.
d) a pessoa jurídica não pode sofrer dano moral, tendo em vista não ser titular dos direitos inerentes à personalidade, exclusivos das pessoas naturais.

e) depende de prova do prejuízo a indenização pelas publicação não autorizada de imagem de pessoa, mesmo com fins econômicos ou comerciais.

9. (Ass. Legislativa/RO/Fundação Getulio Vargas/2018) Com relação ao estudo do direito dos danos, analise as afirmativas a seguir.

I. O dano imaterial decorrente da prática de *bullying*, também chamado de assédio escolar, pode acarretar a responsabilidade civil dos genitores da criança que o pratica, assim como do estabelecimento de ensino.
II. Uma pessoa privada completamente de discernimento não pode sofrer dano moral por ofensa ao direito à imagem.
III. Se um objeto cai de uma janela de um apartamento edifício e não é possível identificar a unidade de onde o mesmo foi lançado, a vítima do dano pode demandar do condomínio, aplicando-se no caso a teoria da causalidade alternativa.

Está CORRETO o que se afirma em:
a) II, somente.
b) III, somente.
c) I e II, somente.
d) I e III, somente.
e) I, II e III.

10. (MP/SP/Analista de Promotoria/VUNESP/2010) A indenização mede-se pela extensão do dano, devendo-se considerar, para sua fixação, que

a) se a obrigação for indeterminada e não houver na lei ou no contrato disposição fixando a indenização devida pelo inadimplente, apurar-se-á o valor das perdas e danos na forma que a lei processual determinar.
b) o grau de culpa do causador do dano não será levado em conta para a fixação da indenização, no caso de responsabilidade subjetiva, pois tal não se confunde com o conceito de equidade.
c) havendo esbulho do alheio, além da restituição da coisa, a indenização consistirá em pagar o valor das suas deteriorações e o devido a título de lucros cessantes, estes fixados até o prazo máximo estabelecido em lei.
d) no caso de morte de filho menor, somente haverá indenização por danos materiais se este contribuía para o sustento da família.
e) não será possível cumular a indenização por danos morais e estéticos, uma vez que se confundem, pois resultam de mesmo fato.

11. (TRF/2ª Região/Juiz Federal/2014) À luz do previsto no Código Civil de 2002, assinale a opção CORRETA:

a) O sistema de responsabilidade por ato de terceiro é, em regra, de responsabilidade subjetiva, com presunção relativa de culpa.
b) Aquele que, acobertado pelo estado de necessidade, causa dano a terceiro, está isento de responder pelo prejuízo, diante da excludente de ilicitude.
c) A responsabilidade dos patrões, pelos atos de seus empregados, assenta-se no risco da atividade e apenas excepcionalmente admite o direito de regresso.
d) Quanto à indenização, o Código Civil prevê que, ainda que ela resulte de dolo do devedor, as perdas e danos só incluem os prejuízos efetivos e os lucros cessantes por efeito dela direto e imediato.
e) É vedada a cumulação de dano moral com o dano estético.

12. (TJPA/Juiz de Direito/VUNESP/2014) Maria compareceu ao banco para pagamento de taxa de inscrição para prestar concurso público. Por erro do sistema não foi computado o pagamento, embora tenha sido recebido o valor determinado, deixando Maria fora do certame. Do ponto de vista da Responsabilidade Civil, Maria tem direito a ser indenizada

a) pelo valor do pagamento da taxa e danos, pela perda de uma chance.
b) pelos danos materiais apenas.

c) por danos morais apenas.
d) por danos morais, pela perda de uma chance apenas.
e) pela perda de uma chance e dos valores que Maria teria direito a perceber no cargo pretendido.

13. (TRT/MS/Juiz do Trabalho/Fundação Carlos Chagas/2014) A atriz Maria, ao atravessar a rua, em local proibido, foi atropelada por um carro, cujo motorista não tinha habilitação para dirigir e que trafegava em velocidade incompatível com aquele local. Do acidente resultaram cicatrizes que lhe comprometeram a formosura, tendo perdido trabalho durante alguns meses. Neste caso, poderá pleitear.

a) apenas indenização por danos materiais, porque de acidentes de veículo não se podem extrair danos morais, e os estéticos só serão indenizáveis quando, também, se reconhecerem danos morais.
b) somente metade da indenização dos dias em que ficou sem trabalhar e que, comprovadamente, não lhe tiverem sido ressarcidos pelo empregador, por seguro privado ou pela previdência social, já levando em consideração a culpa recíproca.
c) indenização por danos materiais, morais e estéticos cumulativamente, mas o juiz deverá, ao fixar a indenização, ter em conta a gravidade de sua culpa em confronto com a do autor do dano.
d) apenas indenização por danos materiais e morais ou, alternativamente, por danos materiais e estéticos, mas o juiz deverá, ao fixar a indenização, ter em conta a gravidade de sua culpa em confronto com a do autor do dano.
e) indenização por danos materiais, morais e estéticos, cumulativamente, mas o juiz não poderá levar em conta a culpa da vítima, porque o motorista não possuía habilitação para dirigir.

14. (TJRS/Juiz de Direito/FAURGS/2016) Sobre a reparação de danos, é CORRETO afirmar que

a) apenas a culpa concorrente da vítima é admitida como causa de redução da indenização pelo Código Civil, constituindo exceção ao princípio da reparação integral.
b) se adota, segundo entendimento majoritário, a teoria do risco integral como fundamento da imputação de responsabilidade, independente de culpa em razão de atividade de risco (artigo 927, parágrafo único).
c) todos os membros de um grupo, pela adoção da teoria da causalidade alternativa, podem ser responsabilizados, quando não seja possível determinar, dentre eles, quem deu causa à lesão.
d) a responsabilidade pelo fato do animal é independente de culpa do seu dono ou detentor, não podendo ser afastada mesmo quando ausente o nexo de causalidade.
e) o patrimônio do incapaz não pode servir ao pagamento da indenização, cabendo exclusivamente aos pais, tutores ou curadores, conforme o caso, responder pelos danos que ele causar.

15. (OAB/XXI Exame de Ordem Unificado/Fundação Getulio Vargas/2016) Tomás e Vinícius trabalham em uma empresa de assistência técnica de informática. Após diversas reclamações de seu chefe, Adilson, os dois funcionários decidem se vingar dele, criando um perfil falso em seu nome, em uma rede social. Tomás cria o referido perfil, inserindo no sistema os dados pessoais, fotografias e informações diversas sobre Adilson. Vinícius, a seu turno, alimenta o perfil durante duas semanas com postagens ofensivas, até que os dois são descobertos por um terceiro colega, que os denuncia ao chefe. Ofendido, Adilson ajuíza ação indenizatória por danos morais em face de Tomás e Vinícius. A respeito da caso narrado, assinale a afirmativa CORRETA.

a) Tomás e Vinícius são corresponsáveis pelo dano moral sofrido por Adilson e devem responder solidariamente pelo dever de indenizar.
b) Tomás e Vinícius devem responder pelo dano moral sofrido por Adilson, sendo a obrigação de indenizar, nesse caso, fracionária, diante da pluralidade de causadores do dano.

c) Tomás e Vinícius apenas poderão responder, cada um, por metade do valor fixado a título de indenização, pois cada um poderá alegar a culpa concorrente do outro para limitar sua responsabilidade.
d) Adilson sofreu danos morais distintos: um causado por Tomás e outro por Vinícius, devendo, portanto, receber duas indenizações autônomas.

16. (TJRJ/XLVII Concurso para Ingresso na Magistratura/VUNESP/2016) Kleber, renomado médico ortopedista, atendeu Bruno em uma emergência médica decorrente de um abalroamento de veículos. Bruno chegou ao hospital com grave fratura em sua perna e foi submetido a uma cirurgia capitaneada pelo ortopedista. Em consequência da natureza e extensão da fratura, após o período de convalescença, constatou-se que Bruno teria sua mobilidade reduzida. Inconformado com sua condição, acreditando ter ocorrido erro médico, Bruno voltou ao hospital em fevereiro de 2009 e desferiu 2 disparos de arma de fogo contra Kleber, um em seu peito e outro em seu rosto. Kleber foi prontamente atendido e sobreviveu ao atentado, permanecendo até fevereiro de 2010 em convalescença, sem poder trabalhar neste período. Sua recuperação foi integral, mas restou com grande e incômoda cicatriz em seu rosto. Em decorrência dos fatos, uma ação penal foi ajuizada em face de Bruno em março de 2011, sobrevindo definitiva sentença criminal condenatória em dezembro de 2012. Kleber relutou em buscar reparação pelos danos suportados, mas, em abril de 2015, ajuizou ação indenizatória em face de Bruno, que foi citado no mesmo mês. Sua pretensão consiste, em suma, nos cumulativos pedidos de reembolso das despesas com tratamento médico, de lucros cessantes, de danos morais e de dano estético.
Nesse cenário, é CORRETO afirmar que a pretensão de Kleber

a) está prescrita em relação aos danos materiais, mas não em relação aos danos imateriais.
b) não está prescrita e deverá englobar todos os pedidos formulados.
c) está integralmente prescrita.
d) não está prescrita, mas os danos estéticos são quantificados a título de danos morais, não comportando cumulação desses pedidos.
e) está prescrita em relação aos danos imateriais, mas não em relação aos danos materiais.

17. (MP/MG/LVI Concurso para Ingresso na Carreira do Ministério Público/FUNDEP/2018) Assinale a alternativa INCORRETA:

a) A usurpação indevida do tempo útil caracteriza dano moral indenizável.
b) O dano moral é presumido (*re in ipsa*) na violência praticada no âmbito familiar.
c) Afeito ao princípio da eticidade, o abuso de direito se distancia da importância do ato volitivo, bastando a desproporcionalidade no exercício da autonomia, que frustra a boa-fé objetiva, os bons costumes e a finalidade social da situação jurídica.
d) A mensuração da indenização pela extensão do dano tem pretensão punitiva à vista do grau de dolo ou da culpa do ofensor.

18. (OAB/XXV Exame de Ordem Unificado/Fundação Getulio Vargas/2018) João, empresário individual, é titular de um estabelecimento comercial que funciona em loja alugada em um *shopping center* movimentado. No estabelecimento trabalham o próprio João, como gerente, sua esposa, como caixa, e Márcia, uma funcionária contratada para atuar como vendedora.
Certo dia, Miguel, um fornecedor de produtos da loja, quando da entrega de uma encomenda feita por João, foi recebido por Márcia e sentiu-se ofendido por comentários preconceituosos e discriminatórios realizados pela vendedora. Assim, Miguel ingressou com ação indenizatória por danos morais em face de João.
A respeito do caso narrado, assinale a afirmativa CORRETA:

a) João não deve responder pelo dano moral, uma vez que não foi causado direta e imediatamente por conduta sua.
b) João pode responder apenas pelo dano moral, caso reste comprovada sua culpa *in vigilando* em relação à conduta de Márcia.

c) João pode responder apenas por parte da compensação por danos morais diante da verificação de culpa concorrente de terceiro.
d) João deve responder pelos danos causados, não lhe assistindo alegar culpa exclusiva de terceiro.

GABARITO

1. "c". *Vide* art. 944, parágrafo único, do CC.
2. "a". I — *Vide* arts. 186 e 188 do CC; III — *Vide* Súmula 227 do STJ: "A pessoa jurídica pode sofrer dano moral". Este, porém, é objetivo, como o conceito e o bom nome.
3. "a". Tem predominado, na jurisprudência, mediante aplicação da teoria da aparência, a orientação de que é suficiente a aparência de competência do preposto para acarretar a responsabilidade do comitente.
4. "a".
5. "b". *Vide* art. 952 do CC.
6. "a". *Vide* art. 950 do CC.
7. "a". Quando a responsabilidade deriva de inadimplemento do contrato, diz-se que ela é contratual. Se decorre de infração a um dever legal, é extracontratual.
8. "a".
9. "d".
10. "a". A apuração dos prejuízos é feita por meio da liquidação, na forma determinada na lei processual (CC, art. 946).
11. "d". *Vide* art. 403 do CC.
12. "a". *Vide* item 4.4.2 (Responsabilidade pela perda de uma chance), *retro*.
13. "c". *Vide* item 8.7.3.1 (Cumulação do dano patrimonial com o estético), *retro*, e art. 945 do CC.
14. "c". *Vide* art. 942, parágrafo único, do CC. *Vide*, ainda, o item 6.1 (O liame da causalidade), *retro*.
15. "a". *Vide* art. 942, 2ª parte, do CC.
16. "c". O prazo prescricional, que é de três anos, só começa a fluir após o trânsito em julgado da sentença penal condenatória (CC, art. 206, § 3º, V).
17. "d".
18. "d". *Vide* art. 932, III, do CC.

8

DA LIQUIDAÇÃO DO DANO

8.1. O GRAU DE CULPA E SUA INFLUÊNCIA NA FIXAÇÃO DA INDENIZAÇÃO

A indenização, visando, tanto quanto possível, recolocar a vítima na situação anterior, deve abranger **todo o prejuízo** sofrido efetivamente e também os lucros cessantes. Não terá nenhuma influência na apuração do montante dos prejuízos o **grau de culpa** do agente. Ainda que a sua culpa seja **levíssima**, deverá arcar com o prejuízo causado à vítima em toda a sua extensão.

De acordo com o ensinamento que veio da *Lex Aquilia* (daí a origem da expressão "culpa aquiliana"), a culpa, **por mais leve que seja**, obriga a indenizar. Assim, mesmo uma pequena inadvertência ou distração obriga o agente a reparar todo o dano sofrido pela vítima. Na fixação do *quantum* da indenização **não se leva em conta, pois, o grau de culpa** do ofensor. Se houve culpa — grave, leve ou levíssima —, todo o dano provocado deve ser indenizado.

Para Agostinho Alvim, "a maior ou menor gravidade da falta não influi sobre a indenização, a qual só se medirá pela **extensão do dano** causado. A lei não olha para o causador do prejuízo, a fim de medir-lhe o grau de culpa, e sim para o dano, a fim de avaliar-lhe a extensão. A classificação da infração pode influir no sentido de **atribuir-se ou não responsabilidade** ao autor do dano, o que é diferente"[1].

Yussef Said Cahali, entretanto, citando alguns exemplos extraídos do nosso direito positivo, discorda da afirmação de Agostinho Alvim e afirma que "não se pode dizer singelamente que a lei não olha para o causador do prejuízo, a fim de medir-lhe o grau de culpa, e sim para o dano, a fim de avaliar-lhe a extensão... Pelo contrário, é compatível com a sistemática legal o reconhecimento de que **a classificação da culpa** (esta em sentido lato) **pode fazer-se necessária**, não só quando se cuida de definir a responsabilidade do autor do dano, como também quando se cuida de agravar ou tornar mais extensa a indenização devida"[2].

Os casos mencionados por Yussef Said Cahali dizem respeito a:

- "conhecimento da coação" (CC, art. 155);
- "conhecimento do vício redibitório" (CC, art. 443);

---

[1] *Da inexecução das obrigações e suas consequências*, p. 197, n. 150.

[2] *Dano e indenização*, p. 135.

- "cumulação da multa contratual com perdas e danos" (CC, art. 409);
- "indenização acidentária e indenização civil" (Súmula 229 do STF);
- "responsabilidade civil e acidente aviatório" (Código Brasileiro de Aeronáutica);
- "responsabilidade civil e indenização tarifada do seguro obrigatório" (Decreto-Lei n. 73/66);
- "termo inicial de fluência dos juros simples e juros compostos" (CC, art. 398); e
- "responsabilidade civil e responsabilidade processual" (CPC/2015, arts. 79 e 85, *caput*, e § 17).

8.2. DECISÃO POR EQUIDADE, EM CASO DE CULPA LEVE OU LEVÍSSIMA

Fora dos casos expressamente previstos, o juiz não pode julgar por equidade. Se a lei não dispõe, expressamente, que a culpa ou o dolo podem influir na estimativa das perdas e danos, o juiz estará adstrito à regra que manda apurar **todo o prejuízo** sofrido pela vítima, em toda a sua extensão, **independentemente do grau de culpa** do agente. E, ainda que o resultado se mostre injusto, não estará autorizado a decidir por equidade.

O Código Civil de 2002 manteve o entendimento doutrinário de que o grau de culpa não deve influir na estimativa das perdas e danos. Proclama, com efeito, o art. 944, *caput*:

> **"A indenização mede-se pela extensão do dano"**.

Atendendo, no entanto, aos reclamos de que tal regra pode mostrar-se injusta em alguns casos, inovou o aludido diploma, acrescentando, no parágrafo único:

> "Se houver **excessiva desproporção** entre a gravidade da culpa e o dano, poderá o juiz reduzir, **equitativamente**, a indenização".

Assim, poderá o juiz fixar a indenização que julgar adequada ao caso concreto, levando em conta, se necessário, a situação econômica do ofensor, **o grau de culpa**, a existência ou não de seguro e outras circunstâncias.

Comentando o aludido parágrafo único, observa Aguiar Dias que "pequenas faltas podem produzir grandes danos, como mostra a fábula da guerra perdida em consequência da ferradura que se soltou do cavalo do guerreiro. A equidade, todavia, terá lugar na indenização do dano moral"[3].

8.3. A LIQUIDAÇÃO POR ARBITRAMENTO

Na liquidação apura-se o ***quantum*** da indenização. Reparação do dano e liquidação são dois termos que se completam:

- na **reparação do dano**, procura-se saber exatamente qual foi a sua extensão e a sua proporção; é objeto da **ação**.

---

[3] *Da responsabilidade civil*, 10. ed., p. 38, n. 31.

- na **liquidação**, busca-se fixar concretamente o **montante** dos elementos apurados naquela primeira fase; é objeto da **execução** e permanece submetida ao *decisum* proferido na ação, pelo princípio da *res judicata*[4].

Preceitua o art. 946 do Código Civil:

> "Se a obrigação for indeterminada, e não houver na lei ou no contrato disposição fixando a indenização devida pelo inadimplente, apurar-se-á o valor das perdas e danos na forma que a lei processual determinar".

Prevê o estatuto processual, no art. 509, a **liquidação**:

- **pelo procedimento comum**; e
- **por arbitramento**, sendo esta forma a mais adequada para a quantificação do dano moral.

A **liquidação por arbitramento** é realizada, em regra, por um perito, nomeado pelo juiz. A apuração do *quantum* depende exclusivamente da **avaliação** de uma coisa, um serviço ou um prejuízo, a ser feita por quem tenha conhecimento técnico. Nessa espécie de liquidação não cabe a produção de prova oral. Eventual prova documental só poderá ser produzida se disser respeito, exclusivamente, à avaliação.

O arbitramento será admitido sempre que a **sentença ou a convenção das partes** o determinar, ou quando a **natureza do objeto** da liquidação o exigir.

■ 8.4. A LIQUIDAÇÃO PELO PROCEDIMENTO COMUM

A liquidação realizar-se-á pelo procedimento comum quando houver necessidade de alegar e **provar fato novo**, para apurar o valor da condenação.

Os fatos novos devem vir **articulados** na petição inicial, com toda a clareza, pois constituem a verdadeira causa de pedir nessa espécie de liquidação, e só deverão dizer respeito ao ***quantum***, uma vez que não se admite a rediscussão da lide, ou a modificação da sentença.

Todos os meios de prova são admitidos na liquidação pelo procedimento comum, inclusive a pericial. Se os fatos novos não forem provados, o juiz não julgará improcedente a liquidação, cuja finalidade é declarar o *quantum debeatur*. O juiz deverá simplesmente julgar **não comprovado** o montante da condenação. Sentença dessa natureza não impedirá a repropositura da liquidação, por não se tratar de julgamento de mérito.

Realiza-se a liquidação pelo procedimento comum, por exemplo, na execução, no cível, de sentença penal condenatória (*actio iudicati)* do autor da morte de chefe de família, em razão do ônus imposto aos seus dependentes (esposa, filhos menores) de **provar os ganhos mensais do falecido**, que servirão de base para a fixação do *quantum* da pensão mensal que lhes é devida.

---

4 Miguel Maria de Serpa Lopes, *Curso de direito civil*, v. 5, p. 386.

8.5. MODOS DE REPARAÇÃO DO DANO

8.5.1. A reparação específica

Indenizar significa reparar o dano causado à vítima, integralmente. Se possível, **restaurando o *statu quo ante***, isto é, devolvendo-a ao estado em que se encontrava antes da ocorrência do ato ilícito.

Na **reparação específica** ocorre a entrega da própria coisa ou de objeto **da mesma espécie** em substituição àquele que se deteriorou ou pereceu, de modo a restaurar a situação alterada pelo dano. A reparação do dano ambiental, por exemplo, pode consistir na restauração do que foi poluído, destruído ou degradado.

No ressarcimento do dano moral, às vezes, ante a impossibilidade da reparação natural, isto é, da reconstituição natural, na *restitutio in integrum* procurar-se-á atingir uma **situação material correspondente**. Por exemplo:

> "**a)** nos delitos contra a reputação, pela publicação, pelo jornal, do desagravo, pela retratação pública do ofensor; ou pela divulgação, pela imprensa, da sentença condenatória do difamador ou do injuriador e a suas expensas;
> **b)** nos delitos contra a honra de uma mulher, pelo casamento do sedutor com a seduzida;
> **c)** no dano estético, mediante cirurgia plástica, cujo preço estará incluído na reparação do dano e na sua liquidação (*RT*, *193*:403, *262*:272, *436*:97; *RTJ*, *39*:320, *47*:316)"[5].

8.5.2. A reparação por equivalente em dinheiro

Como na maioria dos casos se torna impossível devolver a vítima ao estado em que se encontrava anteriormente, busca-se uma **compensação** em forma de pagamento de uma **indenização monetária**. Desse modo, sendo impossível devolver a vida à vítima de um crime de homicídio, a lei procura **remediar** a situação, impondo ao homicida a obrigação de pagar uma pensão mensal às pessoas a quem o defunto sustentava.

Dispõe, assim, o art. 947 do Código Civil:

> "Se o devedor não puder cumprir a prestação na espécie ajustada, substituir-se-á pelo seu valor, em moeda corrente".

Assinala Silvio Rodrigues que se trata de um remédio nem sempre ideal, mas o único de que se pode lançar mão[6].

Assim também na **responsabilidade contratual**: se o devedor não puder cumprir a prestação na espécie ajustada (*impossibilia nemo tenetur*), substituir-se-á pelo seu valor, em moeda corrente (CC, art. 947).

8.6. INDENIZAÇÃO EM CASO DE HOMICÍDIO

O Código Civil destacou **algumas espécies** de dano, estabelecendo critérios para sua liquidação no capítulo intitulado "Da Indenização". Nos demais casos, fixar-se-á o *quantum* por arbitramento ou por artigos de liquidação (art. 946).

---

[5] Maria Helena Diniz, *Curso de direito civil brasileiro*, v. 7, p. 95.

[6] *Direito civil*, cit., 19. ed., p. 186.

Prescreve, assim, o art. 948 do aludido diploma:

"Art. 948. No caso de **homicídio**, a indenização consiste, **sem excluir outras reparações**:

I — no **pagamento das despesas** com o tratamento da vítima, seu **funeral** e o **luto** da família;

II — na **prestação de alimentos** às pessoas a quem o morto os devia, levando-se em conta a duração provável da vida da vítima".

Referido dispositivo, como se pode verificar pela expressão **"sem excluir outras reparações"**, é meramente **exemplificativo**, devendo ser indenizado todo o prejuízo sofrido e demonstrado. Incluem-se, por exemplo, as verbas para **dano moral**, jazigo, luto, funeral, dano emergente e lucro cessante, décimo terceiro salário, horas extras habituais etc., corrigidas desde a data do fato ou do orçamento, conforme o caso, e acrescidas dos juros da mora.

Aguiar Dias critica a manutenção, no inc. II do art. 948, da expressão "na **prestação de alimentos** às pessoas a quem o defunto as devia", considerando-a "sumamente infeliz, porque autoriza a **confusão entre crédito de reparação e crédito de alimentos**, quando são nitidamente distintos em suas fontes e explicação. Também dá margem ao entendimento de que só aos titulares do direito a alimentos pode ser deferida a reparação do dano, quando ela **é devida a todos os dependentes** a todos os títulos sujeitos de vínculo econômico de auxílio, educação, assistência e alimentos, devidos ou não, desde que recebidos em caráter permanente"[7].

■ 8.6.1. Morte de filho menor

É indenizável o acidente que cause a morte do filho menor, **ainda que não exerça trabalho remunerado** (Súmula 491 do STF). Tem a indenização, nesse caso, caráter **puramente moral**, sendo indevida nova verba a esse título[8].

Se o filho menor trabalhava e contribuía para a renda familiar, cabe também o ressarcimento do dano patrimonial, **cumulativamente**, arbitrado em 2/3 de seus ganhos. Se ainda não trabalhava, mas, pelas circunstâncias, idade e condições, tanto do filho como dos genitores, e pelo contexto familiar da vítima, representava a sobrevida desta **valor econômico potencial**, futuro, eventual, sendo razoavelmente esperada sua contribuição para os encargos da família, também se mostra cabível a concessão de indenização por danos patrimoniais e morais.

Compreenderá a indenização, todavia, **somente os danos morais**, se não demonstrado que a morte do filho menor representou a frustração da expectativa de **futura contribuição econômica** sua para os genitores.

Entendiam alguns que a pensão, em caso de morte de filho menor, devia ser paga aos pais até a época em que o falecido completaria 21 anos de idade[9]. Entretanto,

---

7 *Da responsabilidade civil*, 10. ed., p. 38-39, n. 35.

8 *RTJ*, 82/515.

9 *RJTJSP*, 48/99.

posteriormente, os tribunais passaram a fixar tal **limite em 25 anos**, idade provável de casamento dos filhos. Algumas decisões do Supremo Tribunal Federal, no entanto, não faziam nenhuma limitação, entendendo que o único limite aceitável seria o tempo de vida provável da vítima (o menor), ou seja, **65 anos**, podendo ser extinta à medida que os beneficiários (pais) fossem falecendo.

O Superior Tribunal de Justiça vem decidindo que, após a data em que o menor completaria 25 anos, **a pensão deve ser reduzida à metade**. No julgamento dos EREsp 106.327-PR, realizado aos 25 de fevereiro de 2002 e tendo como relator o Ministro Cesar Asfor Rocha, a 2ª Seção do mencionado Tribunal unificou entendimento divergente sobre o limite temporal da indenização, em caso de morte de filho menor, assentando que a indenização por dano material, paga sob a forma de pensão, em caso de falecimento de filho, deve ser:

- **integral até os 25 anos** de idade da vítima; e
- **reduzida à metade, até os 65 anos**.

Segundo o mencionado relator, a redução da pensão, paga aos pais das vítimas, pela metade, deve-se ao fato de as pessoas normalmente mudarem de estado civil por volta dos 25 anos de idade e assumirem, assim, **novos encargos**. É sensato, assim, que, a partir da data em que a vítima completaria 25 anos, a pensão seja reduzida em 50% do valor fixado, até o limite de 65 anos.

Frise-se que a 3ª Turma do Superior Tribunal de Justiça manteve decisão do Tribunal de Justiça do Rio Grande do Sul que elevou a referida idade limite para uma expectativa de **70 anos**, modificando o seu entendimento a respeito da expectativa de vida do brasileiro. Segundo a relatora, Ministra Nancy Andrighi, a **expectativa de vida para fins de recebimento de pensão** fixada a título de indenização por danos materiais é hoje de **70 anos**[10].

Yussef Said Cahali, fazendo um resumo da posição da jurisprudência, extrai duas regras a serem observadas na aplicação da **Súmula 491** do Supremo Tribunal Federal. Afirma o insigne civilista que a perda de filho menor em razão de ato ilícito possibilita a concessão aos seus genitores de **indenização**:

> "**a)** por danos **patrimoniais** e danos **extrapatrimoniais**, se pelas circunstâncias, idade e condições dos filhos e dos genitores, do contexto familiar da vítima, representa a sobrevida desta um **valor econômico potencial**, futuro, eventual, sendo razoavelmente esperada a sua contribuição para os encargos da família;
> **b)** por **danos morais apenas**, se não demonstrado que a morte do filho menor representou a **frustração** da expectativa de futura contribuição econômica do mesmo para os genitores"[11].

Se a vítima é solteira e vive com os pais, mas já tem 25 anos de idade, não teriam estes direito à pensão. O mais razoável, contudo, é que, se a vítima ajudava em casa

10 STJ, 3ª T., rel. Min. Nancy Andrighi, *Revista Consultor Jurídico*, de 7-3-2008.
11 *Dano moral*, p. 136.

e não cogitava de se casar brevemente, deva ser fixada uma **pensão por um prazo de cinco anos**, como acontece quando morre um chefe de família que tem mais de 65 (*hoje, 70*) anos de idade. Nesse caso, tem sido considerada razoável uma sobrevida de cinco anos[12].

Anote-se que a indenização por *danos morais* nos casos de morte de filho menor vem sendo, em regra, fixada entre 300 e 500 salários mínimos, ressalvando-se que esse critério não é absoluto, podendo ser alterado de acordo com as peculiaridades do caso concreto.

Quanto aos *danos materiais*, os tribunais têm condenado o causador do dano a pagar determinado valor a título de danos emergentes e uma pensão aos pais do falecido, como lucros cessantes, com fundamento no art. 948 do Código Civil, retrotranscrito.

Entende-se também, como mencionado, que, no período em que o filho falecido teria entre 14 e 25 anos, os pais devem receber pensão em valor equivalente a 2/3 do salário mínimo. Na hipótese de o falecimento ter ocorrido entre 25 e 70 anos, a pensão corresponderá a 1/3 do salário mínimo. Quatorze anos é a idade em que o menor pode começar a trabalhar como aprendiz (CF, art. 7º, XXXIII); e vinte e cinco anos, a arbitrada pela jurisprudência como aquela em que as pessoas normalmente se casam, passando a ajudar menos financeiramente os pais; e setenta anos, a expectativa de vida estimada pela jurisprudência.

8.6.2. Morte de chefe de família

8.6.2.1. Ressarcimento do dano patrimonial

Quando morre **chefe de família**, o autor do homicídio deve pagar às pessoas que eram por ele sustentadas, como ressarcimento do **dano patrimonial**, uma indenização sob a forma de pensão mensal.

8.6.2.2. Limitações

O direito dos referidos familiares, entretanto, sofre limitações estabelecidas na jurisprudência:

- **Idade provável da vítima** — A primeira limitação diz respeito à idade provável da vítima, que era fixada, até o final de 2007, em 65 anos[13]. Posteriormente, como mencionado no item anterior, o Superior Tribunal de Justiça passou a considerar que a **expectativa de vida** do brasileiro, para fins de recebimento de pensão, aumentou para **70 anos**. Desse modo, a esposa ou companheira e o filho incapaz terão direito ao recebimento da pensão somente **durante o tempo de vida provável** do chefe da família. Se este, por exemplo, faleceu aos 60 anos, aqueles terão direito à pensão até a data em que ele completaria 70 anos. Se já

[12] *RTJ*, 61/250; *RJTJSP*, 38/24.

[13] *RT*, 321/221, 302/281, 559/81.

ultrapassara tal idade, considera-se razoável uma **sobrevida de 5 anos**[14]. Em geral, é paga metade aos filhos menores não casados e metade à viúva ou companheira (*v.* Súmula 35 do STF).

■ **Viúva ou companheira** — Estas sofrem outra limitação: terão direito à pensão somente enquanto se mantiverem em **estado de viuvez** e **não conviverem em união estável**.

■ **Filhos menores** — Também só fazem jus ao benefício os filhos menores **não casados**, cuja dependência é presumida, e até atingir a idade de **25 anos**, perdendo-o os que se **casarem antes**. Continuarão a receber a pensão, porém, os filhos com mais de 25 anos portadores de **deficiências físicas e mentais**, que os impossibilitem de prover ao próprio sustento. De outros parentes, como irmãos, exige-se prova de que dependiam economicamente do *de cujus*. Se a ação é proposta pelos filhos, **a filiação tem de estar provada**. Assim, não pode ser acolhido pedido formulado por supostos filhos, fundado na filiação, sem prova preconstituída desse estado[15]. Se a filha já está emancipada pelo **casamento** e, portanto, não é mais sustentada pelos pais, **não pode pedir indenização** pela morte destes[16].

■ 8.6.2.3. *Cálculo da pensão mensal*

A pensão mensal é calculada com base na **renda auferida pela vítima**, descontando-se sempre **um terço**, porque, se estivesse viva, estaria despendendo pelo menos um terço de seus ganhos em sua própria manutenção. Seus descendentes, ou os que dela recebiam alimentos, seriam beneficiados com somente **dois terços** de sua renda.

O *quantum* apurado deve ser **convertido em salários mínimos**, pelo valor vigente ao tempo da sentença, ajustando-se às variações ulteriores (STF, Súmula 490). Se a vítima não tinha **rendimento fixo**, ou não foi possível prová-lo, mas sustentava a família, a pensão será fixada em **dois terços** de um salário mínimo (ganho presumível).

Inclui-se, também, o **décimo terceiro salário**, a menos que a vítima fosse trabalhador autônomo e não o recebesse[17].

■ 8.6.2.4. *Direito de acrescer*

Tal direito tem sido reconhecido aos beneficiários. Em consequência, cessado o direito de um deles, sua quota na pensão transfere-se ou **acresce-se** à dos demais[18].

Não se reduz da pensão mensal a quantia paga pelos institutos previdenciários, **cumulando-se as duas pensões**, porque decorrem de causas diversas.

---

14 *RTJ*, 61/250.

15 *JTACSP*, Revista dos Tribunais, 110/207.

16 *RT*, 548/129.

17 *RTJ*, 117/454.

18 *RTJ*, 79/142.

■ 8.6.2.5. *Reparação do dano moral*

Além da satisfação do dano patrimonial, cabe também pedido de reparação do **dano moral** (cf. CF, art. 5º, V e X), oriundos do mesmo fato, **cumulativamente** (STJ, Súmula 37).

Não há um critério uniforme para a avaliação do dano moral. Deve ser arbitrada uma **verba única**, a teor do estatuído no art. 946 do Código Civil.

Como já mencionado, é assente na jurisprudência o entendimento de que, nos casos em que há acidente com morte, cabe como forma de reparar o dano material sofrido, entre outras medidas, a fixação de pensão mensal a ser paga ao dependente econômico da vítima. Nos casos em que a vítima é jovem, a orientação do STJ é a de que referida obrigação deve perdurar até a data em que ela vier a atingir a idade correspondente à expectativa média de vida do brasileiro na data do óbito, que é de 70 anos. "O fato de a vítima já ter ultrapassado a idade correspondente à expectativa média de vida do brasileiro, por si só, não é óbice ao deferimento do benefício, pois muitos são os casos em que referida faixa etária é ultrapassada. Por isso, é conveniente a utilização da tutela de sobrevida (Tábua Completa de Mortalidade correspondente ao gênero da vítima) do IBGE em vigência na data do óbito para melhor valorar a expectativa de vida da vítima e, consequentemente, para fixar o termo final da pensão"[19].

■ 8.6.3. Morte de esposa ou companheira

Atualmente, devido à Constituição Federal de 1988 (art. 5º, V e X), reconhece-se o direito à indenização pela morte de esposa por **danos materiais e morais**, cumulativamente. Pois, como já se afirmou, "é de evidência palmar que a ausência da esposa, mesmo que não exerça ela atividade profissional além das domésticas, desorganiza a estrutura familiar e exige um maior esforço econômico para, suprindo sua ausência, realizarem-se as tarefas, que, normalmente, ficam a cargo da dona de casa"[20], reconhecida a possibilidade da **cumulação** da indenização por dano moral.

O valor da pensão, nesses casos, tem sido fixado com base no salário-padrão na localidade, pago a pessoa encarregada de cuidar dos **afazeres domésticos**. Quando a esposa exerce profissão **fora do lar** e colabora no sustento e manutenção da família, a **pensão deve corresponder a 2/3 dos seus rendimentos**, devidos ao viúvo e aos filhos menores, nas mesmas condições já expostas quando ocorre a morte do marido. Em qualquer caso, pode-se pleitear o direito à indenização por morte de esposa por danos materiais e morais, **cumulativamente**.

Se a **esposa** ou **companheira** só cuidava dos afazeres domésticos, a situação é semelhante à da morte de filho menor, que não exercia trabalho remunerado. A indenização por dano moral deve consistir no pagamento de uma verba arbitrada pelo juiz, feito de uma só vez. Mas, diferentemente do que ocorre com os filhos menores que não exercem trabalho remunerado, a indenização por **dano moral**, em caso de morte de esposa ou companheira, pode ser **cumulada com a do dano material**, cor-

[19] STJ, REsp 1.311.402-SP, rel. Min. João Otávio de Noronha, *DJe*, 7-3-2016.

[20] *RT*, 643/177.

respondente ao necessário para o pagamento de outra pessoa que cuide dos afazeres domésticos, suprindo a falta daquela.

Somente se justifica, pois, a fixação da indenização sob a forma de pensão mensal, em caso de morte de esposa ou companheira, quando se trata de dano material. O **dano moral** deve ser arbitrado judicialmente, em verba a ser paga **de uma só vez**.

8.6.4. Cálculo da indenização. O método bifásico como critério para a quantificação do dano moral

A indenização sob a forma de **pensão mensal** é calculada com base na **renda auferida pela vítima**, descontando-se sempre **1/3**, porque se ela estivesse viva estaria despendendo pelo menos 1/3 de seus ganhos em sua própria manutenção. Os seus descendentes, ascendentes, esposa ou companheira (os que dela recebiam alimentos, ou de qualquer forma estavam legitimados a pleitear a pensão) estariam recebendo somente **2/3** de sua renda.

Computam-se, ainda, verbas com **construção de jazigo** e para as **despesas de funeral e luto**.

As verbas devem ser **corrigidas monetariamente**, mesmo que não tenha sido pedida, na inicial, a atualização dos valores[21]. Corrigem-se as despesas diversas. As prestações mensais já devem sofrer atualização automática, devido à fixação em porcentagem sobre o **salário mínimo**.

O *quantum* apurado deve ser, efetivamente, **convertido em salários mínimos**, pelo valor vigente ao tempo da sentença, ajustando-se às variações ulteriores, como preceitua a Súmula 490 do Supremo Tribunal Federal.

Incumbe aos autores da ação e beneficiários da pensão o **ônus de provar os rendimentos do falecido**. Se este tinha mais de uma fonte de renda, **somam-se os valores**, fixando-se a pensão em 2/3 do total comprovado. Se a vítima não tinha rendimento fixo, ou não foi possível prová-lo, mas sustentava a família, a pensão será fixada em 2/3 de **um salário mínimo** (ganho presumível).

O limite provável de vida do brasileiro, admitido na jurisprudência até o final de 2007, era de 65 anos de idade. Entretanto, se a vítima tinha idade superior, aceitava-se como razoável uma **sobrevida de cinco anos**. O Tribunal de Justiça de São Paulo, ante a lacuna da lei, já reputou razoável que, tendo a vítima ultrapassado a idade provável de vida do homem médio, em caso de seu homicídio deve-se considerar como razoável uma sobrevida de cinco anos. Tal critério foi também acolhido pelo Supremo Tribunal Federal[22].

Todavia, como já dito, o Superior Tribunal de Justiça, no início de 2008, modificou a orientação sobre a idade limite para pagamento de pensão fixada a título de indenização por danos materiais, que é delimitada com base na **expectativa média de vida** do brasileiro, estabelecendo que tal expectativa, hoje, é de **70 anos**.

21 *RTJ*, 82/980.

22 *RTJ*, 61/250.

No cômputo da indenização paga sob a forma de pensão mensal incluem-se, também, o **13º salário**, a menos que a vítima fosse trabalhador autônomo e não o recebesse[23], e as **horas extras**, desde que habituais.

O Superior Tribunal de Justiça, todavia, tem aplicado o denominado "**MÉTODO BIFÁSICO**" para o arbitramento do valor da reparação por danos extrapatrimoniais. De acordo com o Ministro Paulo de Tarso Sanseverino[24], do Superior Tribunal de Justiça, constitui ele o método mais adequado para a quantificação da compensação por danos morais em casos de morte.

Segundo o mencionado Ministro, fixa-se inicialmente o valor básico da indenização, levando-se em conta a jurisprudência sobre casos de lesão ao mesmo interesse jurídico. "Assegura-se, com isso, uma exigência da justiça comutativa que é uma razoável igualdade de tratamento para casos semelhantes, assim como que situações distintas sejam tratadas desigualmente na medida em que se diferenciam. Em seguida, procede-se à fixação definitiva da indenização, ajustando-se o seu montante às peculiaridades do caso com base nas suas circunstâncias. Partindo-se, assim, da indenização básica, eleva-se ou reduz-se esse valor de acordo com as circunstâncias particulares do caso (gravidade do fato em si, culpabilidade do agente, culpa concorrente da vítima, condição econômica das partes) até se alcançar o montante definitivo. Procede-se, assim, a um arbitramento efetivamente equitativo, que respeita as peculiaridades do caso."

A Quarta Turma da referida Corte também adotou o método bifásico para analisar a adequação de valores referentes a indenização por danos morais. A aplicação desse método — que já foi utilizado pela Terceira Turma, conforme mencionado — uniformiza o tratamento da questão nas duas turmas do tribunal especializadas em direito privado. O método em epígrafe, efetivamente, atende às exigências de um arbitramento equitativo da indenização por danos extrapatrimoniais, uma vez que minimiza eventual arbitrariedade de critérios unicamente subjetivos dos julgados, além de afastar eventual tarifação do dano. Segundo o Ministro Luis Felipe Salomão, o método bifásico "traz um ponto de equilíbrio, pois se alcançará uma razoável correspondência entre o valor da indenização e o interesse jurídico lesado, além do fato de estabelecer montante que melhor corresponda às peculiaridades do caso"[25].

■ 8.7. INDENIZAÇÃO EM CASO DE LESÃO CORPORAL

■ 8.7.1. Lesão corporal de natureza leve

Dispõe o art. 949 do Código Civil:

[23] *RTJ,* 82/515, 85/202, 177/454; *RT,* 748/385.

[24] STJ, 3ª T., REsp 959.780-ES.

[25] STJ, 4ª T., REsp 1.332.366-MS, *DJe*, 7-12-2016.

"No caso de lesão ou outra ofensa à saúde, o ofensor indenizará o ofendido das despesas do tratamento e dos lucros cessantes até ao fim da convalescença, além de algum outro prejuízo que o ofendido prove haver sofrido".

■ 8.7.1.1. *Despesas de tratamento*

Na hipótese de terem sido causadas lesões corporais transitórias, que não deixam marcas, serão pagas pelo agente causador do dano as despesas do tratamento. Incluem-se nestas as despesas **hospitalares, médicas etc.** Se exageradas, incluindo tratamento no estrangeiro, o juiz pode glosá-las[26].

■ 8.7.1.2. *Lucros cessantes*

Também devem ser pagos os lucros cessantes, isto é, aquilo que a vítima deixou de ganhar em virtude do acidente. São os **dias de trabalho perdidos**. O advérbio **"razoavelmente"**, utilizado pelo legislador no art. 402 do Código Civil, está a indicar que deve ser afastada a ideia de ganhos exagerados.

Os lucros cessantes devem ser pagos até a obtenção da alta médica ou até ficar em condições de retornar ao trabalho normal.

■ 8.7.1.3. *Dano moral*

A expressão "além de algum outro prejuízo que o ofendido prove haver sofrido" permite que a vítima pleiteie, também, **reparação de dano moral**.

Embora nem sempre a lesão corporal de natureza leve justifique pedido dessa natureza, há casos em que tal pretensão se mostra pertinente. Se a lesão resultou de uma agressão física, por exemplo, que provocou uma situação vexatória para a vítima, é possível, conforme as circunstâncias, pleitear-se a reparação do dano moral causado pela injusta e injuriosa agressão, que será arbitrada judicialmente, em cada caso.

Assim se atenderá ao espírito da lei, que não se contentou em prever, para a hipótese de lesão corporal de natureza leve, somente o ressarcimento do dano emergente e dos lucros cessantes.

■ 8.7.2. Lesão corporal de natureza grave

A lesão corporal de natureza grave se configura, em geral, em caso de "aleijão" ou "deformidade", ou seja, quando a lesão deixa marcas.

- **Aleijão** é a perda de um braço, de uma perna, de movimentos ou de sentidos.
- Para que se caracterize **deformidade** é necessário que haja **dano estético**, que o ofendido cause impressão penosa ou desagradável.

---

26 *RJTJSP*, 37/127.

O art. 949 do Código Civil, retrotranscrito, aplica-se à lesão corporal de **natureza leve** e à de **natureza grave**, com previsão de indenização das **despesas do tratamento** e dos **lucros cessantes**, até ao fim da convalescença, fixando-se o **dano moral** em cada caso, conforme as circunstâncias, segundo prudente arbitramento judicial.

Obviamente, as despesas do tratamento e os lucros cessantes serão mais elevados em caso de lesão corporal de natureza grave, porque abrangem todas as despesas médicas e hospitalares, incluindo-se cirurgias, aparelhos ortopédicos, fisioterapia etc.

A **gravidade do dano**, que acarreta aleijão ou dano estético, é fato a ser considerado pelo magistrado na fixação do *quantum* indenizatório do **dano moral**.

8.7.3. Dano estético

A pedra de toque da **deformidade** é o dano estético. O conceito de deformidade repousa na estética e só ocorre quando causa uma impressão, se não de repugnância, pelo menos de desagrado, acarretando **vexame** ao seu portador.

Entendemos que, tal como já vem acontecendo com a jurisprudência referente a acidentes do trabalho, deve ser indenizado o dano estético, **mesmo sem a redução da capacidade laborativa**. Por sinal, assim já decidiu o Tribunal de Justiça de São Paulo, em ação de indenização pelo direito comum[27].

Para que se caracterize a deformidade, é preciso que haja o dano estético. O que se indeniza, nesse caso, é a tristeza, o vexame, a humilhação, ou seja, **o dano moral decorrente da deformidade física**. Não se trata, pois, de uma terceira espécie de dano, ao lado do dano material e do dano moral, mas apenas de **um aspecto** deste.

8.7.3.1. Cumulação do dano patrimonial com o estético

Há situações em que o dano estético acarreta **dano patrimonial** à vítima, incapacitando-a para o exercício de sua profissão (caso da atriz cinematográfica ou de TV, da modelo, da cantora que, em virtude de um acidente automobilístico, fica deformada), como ainda **dano moral** (tristeza e humilhação).

Admite-se, nessa hipótese, a **cumulação do dano patrimonial com o estético**, este como **aspecto do dano moral**.

8.7.3.2. Inacumulabilidade do dano estético com o dano moral

O que não se deve admitir, porém, é a cumulação do dano estético com o moral, para evitar a caracterização de autêntico *bis in idem*.

No IX Encontro dos Tribunais de Alçadas do Brasil foi aprovada, por unanimidade, conclusão nesse sentido: "O dano moral e o dano estético **não se cumulam**, porque ou o dano estético importa em dano material ou está compreendido no dano moral".

---

27 *RJTJSP*, 26/78.

■ 8.7.3.3. *Casos especiais de cumulação*

Contudo, em alguns casos especiais, o Superior Tribunal de Justiça vem admitindo a referida cumulação. Veja-se:

> "Nos termos em que veio a orientar-se a jurisprudência das Turmas que integram a Seção de Direito Privado deste Tribunal, as indenizações pelos danos moral e estético podem ser cumuladas, **se inconfundíveis suas causas e passíveis de apuração em separado**. A amputação traumática das duas pernas causa dano estético que deve ser indenizado cumulativamente com o dano moral, neste considerados os demais danos à pessoa, resultantes do mesmo fato ilícito"[28].

■ 8.7.4. Inabilitação para o trabalho

■ 8.7.4.1. *A indenização devida*

Dispõe o art. 950 do Código Civil:

> "Se da ofensa resultar defeito pelo qual o ofendido não possa exercer o seu ofício ou profissão, ou se lhe diminua a capacidade de trabalho, a indenização, **além das despesas do tratamento e lucros cessantes** até ao fim da convalescença, incluirá **pensão** correspondente à importância do trabalho para que se inabilitou, ou da depreciação que ele sofreu.
>
> Parágrafo único. O prejudicado, se preferir, poderá exigir que a indenização seja arbitrada e paga de uma só vez".

O art. 949, anteriormente comentado, não cogita de redução da capacidade laborativa da vítima. Quando isso ocorre, tem aplicação o art. 950. A inabilitação refere-se à **profissão exercida pela vítima**, e não a qualquer atividade remunerada. A propósito, comenta Silvio Rodrigues: "Desse modo, se se trata, por exemplo, de um violinista que, em virtude de acidente, perdeu um braço, houve inabilitação absoluta para o exercício de seu ofício e não mera diminuição de sua capacidade laborativa"[29].

O **grau de incapacidade** é apurado mediante perícia médica. A indenização abrange:

- o pagamento das **despesas de tratamento**, inclusive as relativas a aparelho ortopédico;
- o ressarcimento dos **lucros cessantes**; e, ainda,
- uma **pensão correspondente ao grau de redução** da capacidade laborativa.

---

[28] REsp 116.372-MG, 4ª T., rel. Min. Sálvio de Figueiredo Teixeira, *DJU*, 2-3-1998, *RSTJ*, 105/331. No mesmo sentido: "Permite-se a cumulação de valores autônomos, um fixado a título de dano moral e outro a título de dano estético, derivados do mesmo fato, quando forem passíveis de apuração em separado, com causas inconfundíveis. Hipótese em que do acidente decorreram sequelas psíquicas por si bastantes para reconhecer-se existente o dano moral; e a deformação sofrida em razão de a mão do recorrido ter sido traumaticamente amputada, por ação corto-contundente, quando do acidente, ainda que posteriormente reimplantada, é causa bastante para reconhecimento do dano estético" (STJ, REsp 210.351-0-RJ, 4ª T., rel. Min. César Asfor Rocha, *DJU*, 3-8-2000).

[29] *Direito civil*, v. 4, p. 239-240.

Aplica-se, ainda, o disposto no art. 533 do Código de Processo Civil de 2015. Deverá, assim, o causador do dano, para garantir o pagamento da pensão, fornecer **um capital**, que será inalienável e impenhorável, **cuja renda assegure o pagamento do valor mensal da pensão**.

O pagamento dos **lucros cessantes** deve ser feito de modo integral até a obtenção da **alta médica**, ou seja, até que a vítima esteja em condições de retornar ao trabalho normal. Daí por diante, corresponderá a uma **porcentagem** do salário que deveria receber normalmente, **proporcional à redução de sua capacidade laborativa**.

Cumpre ao ofendido **comprovar os rendimentos que auferia** por ocasião do evento danoso, para apuração da porcentagem da depreciação de sua capacidade laborativa. À falta de tal prova, ou se demonstrado que vivia de trabalhos eventuais, sem renda determinada, toma-se por base o **salário mínimo** para a fixação da referida porcentagem.

Esse mesmo critério é adotado quando o lesado não consegue demonstrar qualquer renda porque não se encontrava exercendo atividade alguma, sendo, no entanto, pessoa apta para o trabalho. Nesse sentido a jurisprudência[30].

As pessoas lesadas fazem jus também a uma verba para **pagamento de terceiros** contratados para a execução de serviços domésticos dos quais se viram temporariamente incapacitadas[31].

Fixado o *quantum* da pensão, "há somente duas hipóteses para que se altere o valor da prestação de alimentos decorrentes de ato ilícito: uma, o decréscimo das condições econômicas da vítima, dentre elas a eventual defasagem da indenização fixada; a outra, a capacidade de pagamento do devedor. Se houver piora, poderá a vítima requerer revisão para mais, até atingir a integralidade do dano material futuro; se houver melhora, o próprio devedor pedirá a revisão para menor em atenção ao princípio da dignidade humana e à faculdade outorgada no art. 533, § 3º, do CPC/2015[32].

■ 8.7.4.2. A situação dos aposentados e idosos que não exercem atividade laborativa

Não há que falar em pagamento de pensão pela redução ou incapacidade laborativa quando a vítima se encontrava, **antes do sinistro**, incapacitada de exercer qualquer atividade, por problemas de saúde ou mesmo pela ancianidade, ou ainda por se encontrar aposentada e não estar exercendo atividade suplementar.

Nessas hipóteses **não há prejuízos**, visto que o ofendido ou dependia de terceiros para sobreviver, ou dos proventos da aposentadoria, e não colaborava, assim, economicamente para o seu sustento.

---

30 *RT*, 427/224.

31 *RT*, 753/334.

32 STJ, REsp 913.431-RJ, 3ª T., rel. Min. Nancy Andrighi.

Nas hipóteses referidas, **restringe-se**, como assinala Arnaldo Rizzardo, **"às despesas consequentes e necessárias para a recuperação"**. Nesse rumo — assinala — "caminha a jurisprudência, ao negar indenização a quem 'não exercia, antes do evento, até mesmo por sua ancianidade, qualquer atividade que lhe produzisse ganhos acaso reduzidos ou suprimidos em consequência das lesões que sofreu, não sendo também de supor-se que pudesse exercer, mesmo na esfera doméstica, atividade econômica estimável' (*RTJ*, *78*:324)"[33].

Regem-se tais hipóteses, enfim, pelo **art. 949 do Código Civil**.

Se a vítima se encontrava aposentada, mas **exercia outras atividades**, seja no lar, seja em serviços suplementares, que passam a ser executados por terceiros, o prejuízo nesse caso é evidente e, portanto, indenizável.

■ 8.7.4.3. *A duração da pensão e sua cumulação com os benefícios previdenciários*

Segundo entendimento consagrado inclusive no Supremo Tribunal Federal, a "**pensão mensal** por incapacidade laborativa deve ser **vitalícia**, vez que, se a vítima sobreviveu ao acidente, não cabe estabelecer limite com base na duração de vida provável"[34].

A pensão é mensal e vitalícia, não devendo ser limitada ao tempo provável de vida da vítima. Deve ser convertida em **porcentagem sobre o salário mínimo** (tantos quantos a vítima percebia) da época do pagamento, para sofrer atualização automática e periódica. Tal porcentagem será determinada em função da **redução da capacidade laborativa** do ofendido[35].

A circunstância de o lesado haver recebido auxílio do Instituto de Previdência não afasta a indenização do direito comum, já que esta resulta exclusivamente de **ato ilícito**, não tendo, portanto, qualquer relação com pagamento de benefício previdenciário.

Tem a jurisprudência, com efeito, proclamado que **não se confundem**, e muito menos se compensam, **benefícios previdenciários**, que são assistenciais, com **reparação civil de danos por ato ilícito**, pois do contrário se transmudaria o réu, responsável pela reparação do ato ilícito, em beneficiário da vítima de seguro social, o que é inadmissível[36].

A pensão **não pode ser reduzida** se a vítima melhorou de vida. Deve ser integral e independe de qualquer variação positiva no patrimônio do credor. Premiar o causador do dano pelos méritos alcançados pela vítima "seria no mínimo conduta ética e moralmente repreensível"[37].

---

33 *A reparação nos acidentes de trânsito*, p. 113.

34 RE 94.429-0, j. 20-4-1984, rel. Min. Nery da Silveira, *DJU*, 15-6-1984.

35 *RT*, 610/111.

36 *RJTJSP*, 16/89, 20/89, 50/115, 62/101.

37 STJ, 3ª T., rel. Min. Nancy Andrighi, *Revista Consultor Jurídico*, de 6-12-2007.

8.7.4.4. O pagamento de pensão a menores que ainda não exercem atividade laborativa

Prevê o art. 950 do Código Civil o pagamento de pensão para a hipótese de o ofendido não poder exercer o seu ofício ou profissão, ou lhe diminuir o valor do trabalho. Deverá ser fixada, pois, com base nos **rendimentos auferidos pelo lesado**, no exercício de sua profissão ou ofício.

Poder-se-á argumentar, pois, que o menor que ainda não exerce atividade laborativa somente poderá pleitear a reparação do dano com base no art. 949 do Código Civil, sem direito à pensão mensal e vitalícia. Por não se saber qual a profissão que irá exercer, estaria ele pleiteando indenização por dano futuro. E não é jurídico indenizar expectativas e muito menos conjecturas[38].

Há, no entanto, certas lesões que prejudicam o exercício de **qualquer profissão**, ou ao menos constituem uma limitação à potencialidade do indivíduo para as atividades profissionais em geral. Nesse caso, o dano não é futuro, nem representa indenização de meras expectativas: é **certo e atual**. Apenas o *quantum* da pensão é que dependerá de circunstâncias futuras, a serem apuradas em liquidação posterior e eventualmente com a realização de nova perícia.

Conforme o pedido e as circunstâncias do caso, no entanto, o valor da pensão pode ser fixado desde logo, **com base no salário mínimo e por arbitramento**, levando-se em consideração especialmente a situação social do ofendido, o meio em que vive e a profissão **exercida por seus pais e irmãos** (por exemplo, membros de famílias compostas por trabalhadores braçais, podendo presumir-se que o menor seguirá a mesma trilha).

Têm, de fato, a doutrina e a jurisprudência admitido a indenização com base no art. 950 do Código Civil, até mesmo para menores, nessas circunstâncias, pouco importando o fato de eles não se encontrarem trabalhando à época do evento. Leva-se em conta a diminuição da sua capacidade de trabalho.

Irrelevante, pois, o fato de a vítima não exercer atividade laborativa, **uma vez manifesta a diminuição da capacidade para o trabalho**[39].

8.7.4.5. Arbitramento e pagamento por verba única

O parágrafo único do art. 950 faculta ao prejudicado exigir que "a indenização seja arbitrada e paga **de uma só vez**".

Aguiar Dias considera inconveniente a inovação, dizendo que "a orientação atualmente seguida, no sentido de parcelamento da indenização, atende a interesse do credor e do devedor e, ainda, a um interesse social, o da prevenção da dilapidação da reparação global"[40].

Tendo em vista que a pensão pela redução da capacidade de trabalho alonga-se por toda a vida, e não pelo tempo de vida provável da vítima, haverá dificuldade para o juiz

---

38 *RT*, 612/47, voto vencido.

39 *RJTJSP*, 106/371; *RT*, 612/44.

40 *Da responsabilidade*, cit., 10. ed., p. 39.

arbitrar o valor da verba a ser paga de uma só vez. Parece-nos que, nesse caso, a solução será alterar o referido critério e **considerar o tempo de vida provável do ofendido**.

Na IV Jornada de Direito Civil promovida pelo Centro de Estudos Judiciários do Conselho da Justiça Federal em Brasília, no período de 25 a 27 de outubro de 2006, foi aprovado o seguinte enunciado:

> "O lesado pode exigir que a indenização, sob a forma de pensionamento, seja arbitrada e paga de uma só vez, **salvo impossibilidade econômica do devedor**, caso em que o juiz poderá fixar outra forma de pagamento, atendendo à condição financeira do ofensor e aos benefícios resultantes do pagamento antecipado".

Vide, a propósito, a jurisprudência do Superior Tribunal de Justiça:

> "Erro médico que causou sequelas permanentes em criança que, à época dos fatos, contava com 01 ano e três meses de idade. Aplicação do art. 950 do Código Civil...". "... Na forma da jurisprudência do STJ, 'é cabível o arbitramento de pensão vitalícia aqueles que sofreram lesão permanente e parcial à sua integridade física, resultando em redução de sua capacidade laborativa/profissional, consoante interpretação do art. 950 do Código Civil'"[41].

> "Acidente em escola pública. Criança. Perda da visão. Pensionamento. Indenizatória movida contra a administração pública. Jurisprudência do STJ que admite o pensionamento diante da redução da capacidade de trabalho"[42].

8.8. HOMICÍDIO E LESÃO CORPORAL PROVOCADOS NO EXERCÍCIO DE ATIVIDADE PROFISSIONAL

Dispõe o art. 951 do Código Civil:

> "O disposto nos arts. 948, 949 e 950 aplica-se ainda no caso de indenização devida por aquele que, no exercício de atividade profissional, por negligência, imprudência ou imperícia, causar a morte do paciente, agravar-lhe o mal, causar-lhe lesão, ou inabilitá-lo para o trabalho".

O dispositivo aplica-se especialmente aos **farmacêuticos** e **profissionais da medicina em geral** que, no exercício de atividade profissional, venham a causar, culposamente, a morte do paciente ou lesão corporal de natureza grave.

Aplicam-se-lhes os **critérios de liquidação** estabelecidos nos artigos anteriores, referentes ao pagamento das despesas com o tratamento da vítima, seu funeral, o luto da família e à prestação de alimentos (CC, art. 948), ao lucro cessante e ao dano moral (CC, art. 949), bem como à pensão correspondente à importância do trabalho para que se inabilitou (CC, art. 951).

Entende Aguiar Dias que "não se fazia necessária essa referência ao regime dessa responsabilidade, uma vez que abrangido pelos princípios gerais. A responsa-

---

[41] STJ, AgInt no AREsp 1.136.381-SP, 2ª T., rel. Min. Assusete Magalhães, *DJe*, 26-3-2018.

[42] STJ, AgInt no AREsp 1.180.321-RS, 2ª T., rel. Min. Francisco Falcão, *DJe*, 26-3-2018.

bilidade civil dos profissionais médicos e paramédicos, a que alude o dispositivo, tem, porém, aspectos peculiares que recomendam tratamento adequado, como a aferição do erro capaz de acarretar a obrigação de indenizar. Há uma certa margem de tolerância, tradicionalmente aceita, **que afasta a incidência do critério da Lei Aquília**, segundo a qual a própria culpa levíssima é suficiente para autorizar a responsabilidade civil"[43].

■ 8.9. INDENIZAÇÃO EM CASO DE USURPAÇÃO OU ESBULHO DE COISA ALHEIA. O VALOR DE AFEIÇÃO

■ Usurpação ou esbulho

Dá-se o esbulho possessório quando alguém é **desapossado** de alguma coisa, móvel ou imóvel, por meios violentos ou clandestinos. Dispõe o art. 952 do Código Civil que, nesse caso, "além da **restituição da coisa**, a indenização consistirá em pagar o **valor das suas deteriorações** e o devido a título de **lucros cessantes**; faltando a coisa, dever-se-á **reembolsar** o seu equivalente ao prejudicado".

Deve ser devolvida, pois, **a própria coisa**, acrescida das **perdas e danos**. Estas compreendem o dano emergente e os lucros cessantes. Se o agente estiver de **boa-fé**, não haverá propriamente esbulho. A devolução será **simples** (cf. arts. 1.220 e 1.221).

Se a coisa estiver **em poder de terceiro**, este será obrigado a entregá-la, esteja de boa-fé ou de má-fé, pois ela não lhe pertence. Se a aquisição, porém, foi onerosa, a indenização a que terá direito o possuidor correrá por conta do vendedor, em ação regressiva.

■ O valor de afeição

Acrescenta o parágrafo único do aludido art. 952:

> "Para se restituir o equivalente, quando não exista a própria coisa, estimar-se-á ela pelo seu preço ordinário e pelo de afeição, contanto que este não se avantaje àquele".

Estabelece, assim, um caso de **indenização por dano moral**. Se a própria coisa não puder ser devolvida, porque não existe mais, o prejuízo da vítima poderá não ser compensado com a simples devolução do seu valor ordinário e atual, porque pode ser um objeto de estimação. Então, **além do preço equivalente ao da coisa** desaparecida, o dono receberá também o de **"afeição"**, que não poderá ser superior ao **preço real**.

Silvio Rodrigues entende que a indenização do art. 1.543 do Código Civil (de 1916, correspondente ao art. 952 do atual) deve ser composta **não só do valor ordinário da coisa**, como **também do valor de afeição**, "contanto que este não se avantaje àquele". E aduz: "Ora, é óbvio que, recebendo o valor da coisa, a vítima estará ressarcida do dano patrimonial. Se, além disso, recebe dinheiro para compensá-la do valor de afeição, estará recebendo a **reparação de um dano moral**, pois o excesso recebido nada mais é do que o preço do dissabor derivado de ficar a

[43] *Da responsabilidade*, cit., 10. ed., p. 39-40.

vítima privada de uma coisa, com a qual estava ligada por memórias felizes e recordações agradáveis"[44].

Na VI Jornada de Direito Civil do Conselho da Justiça Federal, realizada em Brasília, foi aprovado o Enunciado 561, do seguinte teor:

> "No caso do art. 952 do CC, se a coisa faltar, dever-se-á, além de reembolsar o seu equivalente ao prejudicado, indenizar também os lucros cessantes".

8.10. INDENIZAÇÃO POR OFENSA À LIBERDADE PESSOAL

A ofensa à liberdade pessoal justifica pedido de dupla reparação:

- do dano material; e
- do dano moral.

Dispõe, com efeito, o art. 954 do Código Civil:

> "A indenização por ofensa à liberdade pessoal consistirá no pagamento das perdas e danos que sobrevierem ao ofendido, e se este não puder provar prejuízo, tem aplicação o disposto no parágrafo único do artigo antecedente.
>
> Parágrafo único. Consideram-se ofensivos da liberdade pessoal:
>
> I — o cárcere privado;
>
> II — a prisão por queixa ou denúncia falsa e de má-fé;
>
> III — a prisão ilegal".

O mencionado parágrafo único do artigo antecedente (art. 953) prescreve que, "se o ofendido não puder provar prejuízo material, caberá ao juiz fixar, equitativamente, o valor da indenização, na conformidade das circunstâncias do caso".

A enumeração feita no art. 954 é **meramente exemplificativa**, e não taxativa, aplicando-se, portanto, a outros casos de ofensa à liberdade pessoal.

No caso de simples **prisão por queixa**, ainda que não tenha havido denúncia falsa e de má-fé, cabe indenização se a prisão era **indevida**. Mas já se decidiu ser necessário que tenha havido queixa na acepção da palavra, isto é, apresentada **perante autoridade judiciária** (não perante autoridade policial), com observância das formalidades legais[45].

De acordo com a Constituição Federal, a pessoa jurídica de direito público **(o Estado)** é **responsável direta** por prisão ilegal, tendo **ação regressiva** contra a autoridade arbitrária, para se ressarcir do pagamento efetuado.

O art. 37, § 6º, da referida Constituição dispõe:

> "As pessoas jurídicas de direito público e as de direito privado prestadoras de serviços públicos responderão pelos danos que seus agentes, nessa qualidade, causarem a terceiros, assegurado o direito de regresso contra o responsável nos casos de dolo ou culpa".

---

44 *Direito civil*, cit., v. 4, p. 255.

45 *RT*, 113/728.

Os casos conhecidos como de **"erro judiciário"** geralmente são solucionados à luz do que dispõe o **art. 630 do Código de Processo Penal**, inserido no capítulo que versa sobre a revisão criminal, *in verbis*:

"Art. 630. O tribunal, se o interessado o requerer, poderá reconhecer o direito a uma justa indenização pelos prejuízos sofridos.

§ 1º Por essa indenização, que será liquidada no juízo cível, responderá a União, se a condenação tiver sido proferida pela justiça do Distrito Federal ou de Território, ou o Estado, se o tiver sido pela respectiva justiça.

§ 2º A indenização não será devida:

a) se o erro ou a injustiça da condenação proceder de ato ou falta imputável ao próprio impetrante, como a confissão ou a ocultação de prova em seu poder;

b) se a acusação houver sido meramente privada".

Mesmo quando o interessado não faz uso da faculdade prevista no art. 630 do Código de Processo Penal, e não reclama, por ocasião da absolvição obtida em revisão criminal, a justa indenização, tal fato não deve constituir impedimento para o **posterior exercício da ação de indenização**. É o que tem sido decidido:

"O Código de Processo Penal, em seu art. 630, faculta ao interessado requerer ao Tribunal de Justiça que reconheça o seu direito a essa indenização. Entretanto, quando não for feita essa reclamação no tempo próprio — o interessado **não decai do direito de exigir a indenização por ação ordinária**"[46].

Atualmente, não há mais nenhuma possibilidade de se negar a responsabilidade civil do Estado pela reparação do **erro judiciário**, pois a **Constituição Federal** de 1988 proclamou, peremptoriamente, no inc. LXXV do art. 5º, inserido no título que trata dos direitos e garantias fundamentais, que "**o Estado indenizará o condenado por erro judiciário**, assim como o que ficar preso além do tempo fixado na sentença". A indenização deve ser o mais completa possível, abrangendo os danos **materiais e morais**[47].

8.11. RESUMO

DA LIQUIDAÇÃO DO DANO — CASOS ESPECIAIS	
HOMICÍDIO	Segundo o art. 948 do CC, consiste a indenização, no caso de homicídio, "sem excluir outras reparações": ■ no pagamento das despesas com o tratamento da vítima, seu funeral e o luto da família; e ■ na prestação de alimentos às pessoas a quem o morto os devia, levando-se em conta a duração provável da vida da vítima. O rol é meramente exemplificativo, devendo ser indenizado todo o prejuízo sofrido e demonstrado, incluindo-se, p. ex., o dano moral, o 13º salário, as horas extras habituais etc.

46 *RT*, 329/744.

47 *RTJ*, 61/587; *RT*, 329/744, 511/88.

<table>
<tr><td>MORTE DE CHEFE DE FAMÍLIA</td><td>O ressarcimento do dano patrimonial se dá mediante o pagamento de uma indenização sob a forma de prestação mensal (alimentos). Os beneficiários sofrem, no entanto, limitações:
■ o pagamento será feito somente até a data em que o falecido completaria 70 anos de idade (idade provável da vítima). Se já ultrapassara tal idade, considera-se razoável uma sobrevida de 5 anos. Em geral, a pensão mensal é paga metade aos filhos menores não casados e metade à viúva ou companheira.
■ Estas sofrem outra limitação: terão direito à pensão somente enquanto se mantiverem em estado de viuvez e não conviverem em união estável.
■ Aos filhos a pensão é paga até completarem 25 anos de idade, perdendo-a se se casarem antes. Continuarão a recebê-la após essa idade os portadores de defeitos físicos ou mentais que os impossibilitem de prover ao próprio sustento.
A pensão é calculada com base na renda auferida pela vítima, descontando-se sempre um terço, porque, se estivesse viva, estaria despendendo pelo menos um terço de seus ganhos em sua própria manutenção. O quantum apurado deve ser convertido em salários mínimos, para ser reajustado automaticamente (STF, Súmula 490). Tem sido reconhecido o direito de acrescer entre os beneficiários: cessado o direito de um deles, sua quota na pensão transfere-se ou acresce-se à dos demais. Podem os familiares pedir também, cumulativamente, a reparação do dano moral (STJ, Súmula 37).</td></tr>
<tr><td>MORTE DE ESPOSA OU COMPANHEIRA</td><td>■ Cabe indenização por dano material e moral, cumulativamente, nas mesmas condições expostas a respeito da morte do chefe de família. Se exercia profissão fora do lar e colaborava no sustento da família, a pensão corresponderá a 2/3 de seus rendimentos. Se só cuidava dos afazeres domésticos, deve ela corresponder ao necessário para a contratação de uma pessoa para esses misteres. Nas duas hipóteses, cabe também a reparação do dano moral.</td></tr>
<tr><td>MORTE DE FILHO</td><td>■ É também indenizável o acidente que cause a morte de filho menor, ainda que não exerça trabalho remunerado (STF, Súmula 491). Tem a indenização, nesse caso, caráter puramente moral, sendo indevida nova verba a esse título. Se trabalhava e contribuía para a renda familiar, ou representava um valor econômico potencial, cabe também o ressarcimento do dano patrimonial, cumulativamente, arbitrado em 2/3 de seus ganhos, sendo paga até os 25 anos de idade da vítima, e reduzida à metade (1/3) até os 70 anos, cessando se os beneficiários falecerem antes.</td></tr>
<tr><td>LESÃO CORPORAL</td><td>■ Lesão corporal de natureza leve
No caso de "lesão ou outra ofensa à saúde, o ofensor indenizará o ofendido das despesas do tratamento (dano emergente) e dos lucros cessantes até ao fim da convalescença, além de algum outro prejuízo que o ofendido prove haver sofrido" (art. 949). A parte final do dispositivo permite que a vítima pleiteie, também, reparação de dano moral, p. ex.
■ Lesão corporal de natureza grave
O art. 949 supratranscrito aplica-se à lesão corporal de natureza leve e à de natureza grave. Indenizam-se as despesas do tratamento e os lucros cessantes até o fim da convalescença, fixando-se o dano moral em cada caso, conforme as circunstâncias, segundo prudente arbitramento judicial. A gravidade do dano, que acarreta aleijão ou deformidade, é fato a ser considerado pelo juiz na fixação do quantum indenizatório do dano moral. Para que se caracterize a deformidade, é preciso que haja o dano estético.
■ Inabilitação para o trabalho
Se da ofensa resultar aleijão que acarrete inabilitação para o trabalho, total ou parcial, a indenização, além das despesas do tratamento (inclusive as relativas a aparelho ortopédico) e lucros cessantes até o fim da convalescença, incluirá pensão correspondente à importância do trabalho para que se inabilitou, ou da depreciação que ele sofreu (art. 950), sem prejuízo da reparação de eventual dano moral. O prejudicado, se preferir, poderá exigir que a indenização seja arbitrada e paga de uma só vez (parágrafo único). A inabilitação refere-se à profissão exercida pela vítima na ocasião dos fatos, e não a qualquer atividade remunerada.</td></tr>
<tr><td>USURPAÇÃO OU ESBULHO DO ALHEIO</td><td>■ Quando alguém é desapossado de bem móvel ou imóvel por meios violentos ou clandestinos, a indenização consistirá em devolver a própria coisa, acrescida de perdas e danos (art. 952). Se estiver em poder de terceiro, este será obrigado a entregá-la, esteja de boa ou de má-fé. O parágrafo único do art. 952 estabelece um caso de indenização moral: se se tratar de objeto de estimação, e não puder ser devolvido, porque não mais existe, o dono receberá, além do valor equivalente ao real da coisa desaparecida, também o valor de afeição, que não poderá ser superior àquele.</td></tr>
</table>

RESPONSABILIDADE DOS MÉDICOS E OUTROS	■ O disposto nos arts. 948, 949 e 950, que disciplinam a liquidação do dano em caso de homicídio e de lesão corporal, "aplica-se ainda no caso de indenização devida por aquele que, no exercício de atividade profissional, por negligência, imprudência ou imperícia, causar a morte do paciente, agravar-lhe o mal, causar-lhe lesão, ou inabilitá-lo para o trabalho" (art. 951). Exige-se, portanto, ***prova da culpa*** dos médicos, cirurgiões, farmacêuticos, parteiras e dentistas. Tal exigência encontra-se também no art. 14, § 4º, do CDC.
OFENSA À LIBERDADE PESSOAL	■ Cabe dupla reparação: por dano material e por dano moral, ou só por dano moral, se o ofendido não puder provar prejuízo patrimonial (art. 954). São considerados ofensivos da liberdade pessoal: o cárcere privado, a prisão por queixa ou denúncia falsa e de má-fé e a prisão ilegal ou abuso de autoridade (art. 954).

■ 8.12. QUESTÕES

1. (OAB/XIII Exame de Ordem Unificado/Fundação Getulio Vargas/2014) Felipe, atrasado para um compromisso profissional, guia seu veículo particular de passeio acima da velocidade permitida e, falando ao celular, desatento, não observa a sinalização de trânsito para redução da velocidade em razão da proximidade da creche Arca de Noé. Pedro, divorciado, pai de Júlia e Bruno, com cinco e sete anos de idade respectivamente, alunos da creche, atravessava a faixa de pedestres para buscar os filhos, quando é atropelado pelo carro de Felipe. Pedro fica gravemente ferido e vem a falecer, em decorrência das lesões, um mês depois. Maria, mãe de Júlia e Bruno, agora privados do sustento antes pago pelo genitor falecido, ajuíza demanda reparatória em face de Felipe, que está sendo processado no âmbito criminal por homicídio culposo no trânsito.
Com base no caso em questão, assinale a opção CORRETA.

a) Felipe indenizará as despesas comprovadamente gastas com o mês de internação para tratamento de Pedro, alimentos indenizatórios a Júlia e Bruno tendo em conta a duração provável da vida do genitor, sem excluir outras reparações, a exemplo das despesas com sepultamento e luto da família.
b) Felipe deverá indenizar as despesas efetuadas com a tentativa de restabelecimento da saúde de Pedro, sendo incabível a pretensão de alimentos para seus filhos, diante de ausência de previsão legal.
c) Felipe fora absolvido por falta de provas do delito de trânsito na esfera criminal e, como a responsabilidade civil e a criminal não são independentes, essa sentença fará coisa julgada no cível, inviabilizando a pretensão reparatória proposta por Maria.
d) Felipe, como a legislação civil prevê em caso de homicídio, deve arcar com as despesas do tratamento da vítima, seu funeral, luto da família, bem como dos alimentos aos dependentes enquanto viverem, excluindo-se quaisquer outras reparações.

2. (TRT/2ª Região/Juiz do Trabalho Substituto/2016) Quanto à responsabilidade civil assinale a alternativa INCORRETA:

a) Sendo da própria atividade o risco de dano, o autor ficará responsável pela indenização civil independentemente da aferição de culpa.
b) Decidido acerca da existência do fato e seu autor no juízo criminal, é vedado discutir-se tais questões no juízo competente para resolver sobre a responsabilidade civil.
c) Sendo o dano desproporcional à gravidade da culpa do autor, o Juiz poderá reduzir o valor da indenização; mas se o autor for menor, poderá deixar de fixá-la se privá-lo ou a seus dependentes do necessário.
d) O incapaz não responde pelos prejuízos que causar ainda que as pessoas por ele responsáveis não disponham de meios suficientes para cumprir a obrigação.
e) O Juiz poderá fixar indenização a ser paga de uma só vez se do dano sofrido vier resultar defeito que inabilite a vítima ao exercício de sua profissão.

3. (TJSC/Juiz de Direito/2010) Assinale a alternativa CORRETA:

I. O Código Civil, ao prescrever que o juiz pode reduzir equitativamente a reparação do dano material se houver excessiva desproporção entre a gravidade da culpa e o dano, adota a teoria da gradação da culpa a influenciar na definição do *quantum* indenizatório. Contudo, nas hipóteses de responsabilidade objetiva, por não se apurar a culpa, não se cogita da diminuição da indenização.

II. A indenização por injúria, difamação ou calúnia consistirá na reparação do dano que delas resulte ao ofendido. Se o ofendido não puder provar prejuízo material, cabe ao juiz fixar o valor da indenização por dano moral no correspondente ao dobro da multa no grau máximo da pena criminal respectiva, modulado conforme as circunstâncias do caso.

III. No caso de prisão ilegal, a pessoa jurídica de direito público será a responsável direta pelo dano causado a pessoa física. A privação do exercício de liberdade pessoal é reparada mediante o pagamento de indenização das perdas e danos que sobrevierem ao ofendido. Se este não puder provar o prejuízo material, cabe ao juiz fixar equitativamente o montante indenizatório, atendidas as peculiaridades do caso.

IV. O empregador é também responsável pela reparação civil por ato de seu empregado que no exercício do trabalho que lhe competir ou em razão dele causar dano a terceiro, desde que caracterizada, por parte do patrão, a culpa *in vigilando* ou a culpa *in eligendo*.

a) Somente as proposições I e III estão corretas.
b) Somente as proposições I, II e IV estão corretas.
c) Somente as proposições III e IV estão corretas.
d) Somente as proposições II e IV estão corretas.
e) Todas as proposições estão corretas.

4. (TCE/PR/Auditor/CESPE/2016) Assinale a opção CORRETA relativa à responsabilidade civil.

a) A indenização é mensurada pela extensão do dano, de modo que aquele que sofrer dano deverá ser indenizado pela integralidade do prejuízo, não se admitindo qualquer redução.
b) Admitida a responsabilidade civil do incapaz que tiver causado prejuízos a terceiros, a indenização deverá ser fixada de forma equitativa.
c) Não tendo culpa em relação ao fato ocorrido, o pai não é responsável pela reparação civil dos danos causados por filhos menores de idade que estejam sob sua guarda.
d) A responsabilidade civil será objetiva sempre que a lei não dispuser ser ela subjetiva.
e) Sempre que o empregado, no exercício de suas funções, causar prejuízos a terceiros, o empregador será responsável pela reparação civil.

5. (TRF/1ª Região/Juiz Federal, 2005) Acerca da responsabilidade civil, julgue os itens:

I. No Código Civil de 2002 tem-se como regra geral a responsabilidade subjetiva, embora alguns autores admitam que, com o novo texto, a regra geral é a da responsabilidade objetiva.

II. A admissão do dano moral, embora não possa ser cumulado com o dano patrimonial, fundamenta-se, unicamente, no Código Civil.

III. Para a fixação da indenização por dano patrimonial e do dano moral é irrelevante o binômio possibilidade-necessidade.

IV. A pedagogia da pena é elemento caracterizador e imprescindível para a admissão da indenização por danos patrimoniais e morais.

a) I e II são verdadeiros.
b) somente o I é verdadeiro.
c) II e III são verdadeiros.
d) I, II e IV são falsos.

6. (Ass. Legislativa/RO/Consultor Legislativo/2018) Veridiana, modelo fotográfica, passavas pelas Rua Sete de Setembro quando, repentinamente, foi atingida por um cinzeiro em sua testa, que caiu de uma das janelas do Condomínio do Edifício Palmeiras, o qual possui apenas um apartamento em cada um de seus andares. O golpe terminou por deixar uma cicatriz irreversível no rosto de Veridiana, que deixou de cumprir contratos profissionais. Sobre a responsabilidade civil no caso concreto é CORRETO afirmar que:

a) por ser responsabilidade subjetiva, não imputa culpa ao Condomínio pelos danos causados por unidade autônoma.

b) impossível a cumulação, no caso concreto, de danos morais e danos estéticos.
c) não poderá o condomínio ser responsabilizado, pois o nexo causal é afastado por fato de terceiro.
d) ante a impossibilidade de identificar o autor do ato, o condomínio deverá responder pelo dano causado.
e) ainda que se identifique, posteriormente, a unidade autônoma que produziu o dano, inexiste direito de regresso.

7. (TRT/8ª Região/Juiz do Trabalho/2006) Sobre a indenização decorrente da responsabilidade civil é CORRETO afirmar que:

a) A indenização devida pela morte de paciente obriga o profissional responsável ao pagamento de prestação de alimentos às pessoas a quem o morto devia concedê-la, excluindo-se despesas com o luto da família, cabíveis apenas quando se tratar de homicídio doloso.
b) Se a vítima tiver concorrido culposamente para o evento danoso, a indenização a que tem direito será reduzida pela metade.
c) A indenização decorrente de prisão ilegal será sempre fixada equitativamente pelo juiz, independentemente de prova dos prejuízos.
d) A indenização mede-se pela extensão do dano; e se houver excessiva desproporção entre a gravidade da culpa e o dano, o juiz pode reduzir a indenização de forma equitativa.
e) O prejudicado cuja indenização for fixada sob forma de pensionamento não pode exigir que a indenização seja arbitrada e paga de uma só vez.

8. (PGE/AM/Defensor Público/Fundação Carlos Chagas/2018) Em relação à responsabilidade civil prevista no Código Civil, é CORRETO afirmar:

a) Todas as situações de fato previstas podem implicar responsabilidade subjetiva ou objetiva, dependendo das circunstâncias a serem examinadas; a indenização mede-se sempre pela extensão do dano, somente.
b) Em regra, a responsabilidade é objetiva e a indenização mede-se pela gravidade da culpa; as atividades de risco conduzem à responsabilidade objetiva integral.
c) Em regra, a responsabilidade é subjetiva e a indenização mede-se pela extensão do dano; no entanto, haverá obrigação de reparar o dano, independentemente de culpa, nos casos especificados em lei, ou quando a atividade normalmente desenvolvida pelo autor do dano implicar, por sua natureza, risco para os direitos de outrem.
d) Todas as situações de fato previstas no Código Civil dependem da caracterização de culpa ou dolo, presumindo-se a culpa quando a responsabilidade se der pelo risco da atividade; a indenização será material ou moral e mede-se pelas consequências causadas à vítima.
e) A reparação do dano material dependerá sempre de apuração de culpa, enquanto a reparação do dano moral dar-se-á pelo só fato da coisa; a indenização mede-se pela extensão do dano material ou pela gravidade da conduta do ofensor na apuração do dano moral.

9. (OAB/ES/2006.1.CESPE/UnB) A respeito da responsabilidade civil, assinale a opção CORRETA.

a) A fixação judicial do valor da indenização a título de danos morais está vinculada estritamente ao valor do prejuízo efetivamente experimentado e demonstrado pela vítima. Para a adequada fixação do dano moral, há de se levar em conta o poder econômico das partes e o caráter educativo da sanção.
b) Não se admite a cumulação de indenização por danos morais e estéticos, em parcelas quantificáveis autonomamente, decorrentes do mesmo fato, por configurar um indevido *bis in idem* (duas vezes sobre a mesma coisa), porque no dano estético está compreendido o dano moral.
c) Contratada a realização de uma cirurgia estética embelezadora, o cirurgião assume uma obrigação de resultado, sujeitando-se à obrigação de indenizar pelo não cumprimento do resultado pretendido pela outra parte contratante, ou decorrente de eventual deformidade ou de alguma irregularidade, de modo que o insucesso importa em responsabilidade civil pelos danos materiais e morais que acarretar.

d) Se a vítima tiver concorrido culposamente para o evento danoso, desaparece a responsabilidade do agente causador, deixando de existir a relação de causa e efeito entre o ato e o prejuízo experimentado pela vítima.

10. (TRF/4ª Região/Juiz Federal/2008) Assinalar a alternativa INCORRETA quanto à responsabilidade civil.

a) Nas indenizações decorrentes de perda de uma chance, a probabilidade de perda de uma oportunidade não pode ser considerada em abstrato.
b) O fato de terceiro somente exclui a responsabilidade do transportador em casos excepcionais, equiparáveis ao caso fortuito ou força maior.
c) Nas hipóteses de morte de chefe da família, tem sido reconhecido aos beneficiários da indenização o direito de acrescer.
d) Quando o ato, além de ilícito civil, constituir também crime, a indenização será fixada com o cômputo dos juros compostos.

11. (TRT/2ª Região/Juiz do Trabalho/XXXVI Concurso/2011) Assinale a alternativa INCORRETA:

a) São requisitos de validade do negócio jurídico ser o agente capaz, o objeto lícito, possível, determinado ou determinável e observar forma prescrita ou não defesa em lei.
b) Extingue-se a obrigação de não fazer, desde que, sem culpa do devedor, se lhe torne impossível abster-se do ato, que se obrigou a não praticar.
c) Quando a escolha couber ao credor e uma das prestações tornar-se impossível por culpa do devedor, o credor terá direito de exigir a prestação subsistente ou o valor da outra, com perdas e danos. Se, por culpa do devedor, ambas as prestações se tornarem inexequíveis, poderá o credor reclamar o valor de qualquer das duas, além da indenização por perdas e danos.
d) No caso de responsabilidade civil, em regra a indenização mede-se pela extensão do dano. Se da ofensa resultar defeito pelo qual o ofendido não possa exercer o seu ofício ou profissão, ou se lhe diminua a capacidade de trabalho, a indenização, além das despesas do tratamento e lucros cessantes até ao fim da convalescença, incluirá pensão correspondente à importância do trabalho para que se inabilitou, ou da depreciação que ele sofreu. O prejudicado, se preferir, poderá exigir que a indenização seja arbitrada e paga de uma só vez.
e) É defeso ao juiz reduzir o valor da indenização mesmo havendo excessiva desproporção entre a gravidade da culpa e o dano, tendo em vista ser inviável a prolação de sentença de natureza diversa da pedida.

12. (TRT/2ª Região/Juiz do Trabalho/XL Concurso/2015) À luz da jurisprudência consolidada do Superior Tribunal de Justiça, em matéria de responsabilidade civil, analise as seguintes proposições:

I. A indenização por publicação não autorizada de imagem de pessoa com fim econômico ou comercial independe de prova do prejuízo.
II. Nas ações de indenização, se o pedido for julgado procedente, é necessária a constituição de capital ou caução fidejussória para a garantia de pagamento de pensão, exceto se o demandado possuir notória condição econômica.
III. A mera apresentação antecipada de cheque "pré-datado" não enseja indenização por dano moral.
IV. Nas indenizações por dano moral, a correção monetária incide desde a data da citação.
V. O contrato de seguro por danos pessoais compreende os danos morais, salvo cláusula expressa de exclusão.

Responda:

a) Somente as proposições I e III estão incorretas.
b) Somente as proposições I e V estão corretas.
c) Somente as proposições III e IV estão corretas.
d) Somente as proposições II e V estão incorretas.
e) Somente as proposições II e IV estão corretas.

13. (OAB/XX Exame de Ordem Unificado/Fundação Getulio Vargas/2016) Maria, trabalhadora autônoma, foi atropelada por um ônibus da Viação XYZ S.A. quando atravessava movimentada rua da cidade, sofrendo traumatismo craniano. No caminho do hospital, Maria veio a falecer, deixando o marido, João, e o filho, Daniel, menor impúbere, que dela dependiam economicamente.

Sobre o caso, assinale a afirmativa CORRETA.

a) João não poderá cobrar compensação por danos morais, em nome próprio, da Viação XYZ S.A., porque o dano direto e imediato foi causado exclusivamente a Maria.
b) Ainda que reste comprovado que Maria atravessou a rua fora da faixa e com o sinal de pedestres fechado, tal fato em nada influenciará a responsabilidade da Viação XYZ S.A.
c) João poderá cobrar pensão alimentícia apenas em nome de Daniel, por se tratar de pessoa incapaz.
d) Daniel poderá cobrar pensão alimentícia da Viação XYZ S.A., ainda que não reste comprovado que Maria exercia atividade laborativa, se preenchido o critério da necessidade.

14. (TCE/PR/Auditor/CESPE/2016) Assinale a opção CORRETA relativa à responsabilidade civil:

a) A indenização é mensurada pela extensão do dano, de modo que aquele que sofrer dano deverá ser indenizado pela integralidade do prejuízo, não se admitindo qualquer redução.
b) Admitida a responsabilidade civil do incapaz que tiver causado prejuízos a terceiros, a indenização deverá ser fixada de forma equitativa.
c) Não tendo culpa em relação ao fato ocorrido, o pai não é responsável pela reparação civil dos danos causados por filhos menores de idade que estejam sob sua guarda.
d) A responsabilidade civil será objetiva sempre que a lei não dispuser ser ela subjetiva.
e) Sempre que o empregado, no exercício de suas funções, causar prejuízos a terceiros, o empregador será responsável pela reparação civil.

15. (UECE/Advogado/FUNECE/2017) No que concerne à indenização por responsabilidade civil, é CORRETO afirmar que

a) se da ofensa resultar defeito pelo qual o ofendido não possa exercer o seu ofício ou profissão, ou se lhe diminua a capacidade de trabalho, a indenização, além das despesas do tratamento e lucros cessantes até ao fim da convalescença, incluirá pensão correspondente à importância do trabalho para que se inabilitou, ou da depreciação que ele sofreu.
b) se o ofendido não puder provar prejuízo material, não cabe ao juiz fixar o valor da indenização.
c) havendo usurpação ou esbulho do alheio, além da restituição da coisa, a indenização consistirá em pagar o valor das suas deteriorações e o devido a título de lucros cessantes; faltando a coisa, resta prejudicada a obrigação de indenizar.
d) no caso de homicídio, a indenização consiste, somente, no pagamento das despesas com o tratamento da vítima, seu funeral e o luto da família, e na prestação de alimentos às pessoas a quem o morto os devia, levando-se em conta a duração provável da vida da vítima.

■ GABARITO ■

1. "a". *Vide* art. 948 do CC.
2. "d".
3. "a". I — *Vide* art. 944, parágrafo único, do CC; III — *Vide* art. 37, § 6º, da CF, e art. 945 do CC.
4. "b".
5. "b". Quanto ao item III, é relevante o binômio possibilidade-necessidade somente na fixação do dano moral. No caso do dano patrimonial, leva-se em conta apenas a extensão do prejuízo.

6. "d".

7. "d". *Vide* art. 944 do CC. Quanto ao item "b", *vide* art. 945.

8. "c". *Vide* art. 927, parágrafo único, do CC.

9. "c". *Vide RSTJ*, 119/290 e *RT*, 767/111; *Vide*, ainda, STJ, REsp 81.101-PR, rel. Min. Waldemar Zveiter, *DJU*, 31-5-1999.

10. "d". O CC/2002 não reproduziu a regra do art. 1.544 do diploma de 1916, que determinava o cômputo de juros compostos quando o fato, além de ilícito civil, era também crime.

11. "e". *Vide* art. 944, parágrafo único, do CC.

12. "b". I — *Vide* a Súmula 403 do STJ: "Independe de prova do prejuízo a indenização pela publicação não autorizada de imagem de pessoa com fins econômicos ou comerciais"; V — *Vide* a Súmula 402 do STJ: "O contrato de seguro por danos pessoais compreende os danos morais, salvo cláusula expressa de exclusão".

13. "d". *Vide* itens 8.6.2 (Morte de chefe de família) e 8.6.3 (Morte de esposa ou companheiro), *retro*.

14. "e". *Vide* art. 932, III, do CC.

15. "a". *Vide* art. 950 do CC.

9

OS MEIOS DE DEFESA OU AS EXCLUDENTES DA ILICITUDE

9.1. O ESTADO DE NECESSIDADE

Em regra, todo ato ilícito é **indenizável**. A restrição a essa regra geral está consagrada no art. 188, I e II, do Código Civil, que **excepciona** os praticados em legítima defesa, no exercício regular de um direito reconhecido e a **deterioração ou destruição da coisa alheia, a fim de remover perigo iminente**.

Os arts. 929 e 930 designam casos em que, embora o agente tenha atuado sob o amparo dessas circunstâncias inibidoras do ilícito, **subsiste a obrigação de indenizar** o eventual dano causado a outrem. Mesmo não sendo considerada ilícita a conduta daquele que age em **estado de necessidade**, exige-se que **repare o prejuízo causado** ao dono da coisa, ou à pessoa lesada, se estes não forem culpados pelo perigo.

No direito brasileiro, a figura do chamado **"estado de necessidade"** é delineada pelas disposições dos mencionados arts. 188, II, 929 e 930 do Código Civil.

Dispõe o primeiro:

> "Art. 188. **Não constituem atos ilícitos**:
>
> (...)
>
> II — **a deterioração ou destruição da coisa alheia, ou a lesão a pessoa, a fim de remover perigo iminente**.
>
> Parágrafo único. No caso do inciso II, o ato será legítimo somente quando as circunstâncias o tornarem absolutamente **necessário**, não excedendo os limites do indispensável para a remoção do perigo".

É o **estado de necessidade** no âmbito civil. Entretanto, embora a lei declare que o ato praticado em estado de necessidade não é ato ilícito, nem por isso libera quem o pratica de **reparar o prejuízo** que causou[1].

Se um motorista, por exemplo, atira o seu veículo contra um muro, derrubando-o, para não atropelar uma criança que, inesperadamente, surgiu-lhe à frente, o seu ato, **embora lícito** e mesmo nobilíssimo, **não o exonera de pagar a reparação do muro**. Com efeito, o art. 929 do Código Civil estatui que, se a pessoa lesada, ou o dono da coisa (o dono do muro) destruída ou deteriorada **"não forem culpados do perigo"**, terão direito de ser indenizados.

---

[1] Silvio Rodrigues, *Direito civil*, v. 4, p. 29.

No entanto, o evento ocorreu por culpa *in vigilando* do pai da criança, que é o responsável por sua conduta. Desse modo, embora tenha de pagar o conserto do muro, o motorista terá **ação regressiva** contra o pai do menor, para se ressarcir das despesas efetuadas. É o que expressamente dispõe o art. 930 do Código Civil:

> "No caso do inciso II do art. 188, se o perigo ocorrer por culpa de terceiro, contra este terá o autor do dano ação regressiva para haver a importância que tiver ressarcido ao lesado".

O Código atual prevê expressamente, como fatos que configuram o estado de necessidade, não só a **"deterioração ou destruição da coisa alheia"** como também **"a lesão a pessoa"** (art. 188, II).

A solução dos arts. 929 e 930 não deixa de estar em **contradição** com o art. 188, II, pois, enquanto este considera lícito o ato, aqueles obrigam o agente a indenizar a deterioração da coisa alheia para remover perigo iminente. É o caso, por exemplo, da destruição de prédio alheio, vizinho ao incendiado, para evitar que o fogo se propague ao resto do quarteirão. Tal solução pode desencorajar muitas pessoas a tomar certas atitudes necessárias para a remoção de perigo iminente.

Sem dúvida, melhor ficaria se fosse permitido ao juiz, por arbitramento, fixar uma **indenização moderada**, e não aquela **"indenização do prejuízo que sofreram"** os lesados, tal como consta do art. 929 do Código Civil, e que pode conduzir a injustiças.

Tem a **jurisprudência** decidido:

> "Ação de indenização por danos morais e físicos decorrentes de acidente de trânsito. Manobra brusca realizada com vistas a evitar colisão traseira. Veículo parado sem qualquer sinalização. Ato praticado em estado de necessidade. Situação que, embora não seja ilícita, não exime o causador direto do dano do dever de indenizar, ressalvado o direito de regresso ao terceiro culpado. Arts. 88, II, e 930 do Código Civil"[2].

> "Responsabilidade civil por ato ilícito. Acidente automobilístico. Estado de necessidade. Acidente de trânsito ocorrido em estrada federal consistente na colisão de um automóvel com uma motocicleta, que trafegava em sua mão de direção. Alegação do motorista do automóvel de ter agido em estado de necessidade, pois teve a sua frente cortada por outro veículo, obrigando-o a invadir a outra pista da estrada. Irrelevância da alegação, mostrando-se correto o julgamento antecipado da lide por se tratar de hipótese de responsabilidade civil por ato lícito prevista nos artigos 929 e 930 do Código Civil. O estado de necessidade não afasta a responsabilidade civil do agente, quando o dono da coisa atingida ou a pessoa lesada pelo evento danoso não for culpado pela situação de perigo (art. 930 do CC/02). Ausência de cerceamento de defesa. Condutor e passageiro da motocicleta que restaram com lesões gravíssimas, resultando na amputação da perna esquerda de ambos"[3].

---

2 TJSC, Apel. 0000471-03.2008.24.0063, *DJe*, 31-8-2017.

3 STJ, REsp 1.278.627-SC, 3ª T., rel. Min. Paulo de Tarso Sanseverino, *DJe*, 4-2-2012.

■ 9.2. A LEGÍTIMA DEFESA, O EXERCÍCIO REGULAR DE UM DIREITO E O ESTRITO CUMPRIMENTO DO DEVER LEGAL

Embora quem pratique o ato danoso em estado de necessidade seja obrigado a reparar o dano causado, o mesmo não acontece com aquele que o pratica em legítima defesa, no exercício regular de um direito e no estrito cumprimento do dever legal.

■ 9.2.1. Legítima defesa

Proclama o art. 188, I, do Código Civil que não constituem atos ilícitos

> "I — os praticados em **legítima defesa** ou no exercício regular de um direito reconhecido".

Se o ato foi praticado **contra o próprio agressor**, e em legítima defesa, não pode o agente ser responsabilizado civilmente pelos danos provocados.

■ Erro de pontaria (*aberratio ictus*)

Entretanto, se por engano ou erro de pontaria, **terceira pessoa** foi atingida (ou alguma coisa de valor), nesse caso **deve o agente reparar o dano**. Mas terá **ação regressiva contra o agressor**, para se ressarcir da importância desembolsada. Dispõe, com efeito, o parágrafo único do art. 930:

> "A mesma ação competirá contra aquele em defesa de quem se causou o dano (art. 188, inciso I)".

Nesse sentido o entendimento do Superior Tribunal de Justiça:

> "O agente que, estando em situação de legítima defesa, causa **ofensa a terceiro**, por erro na execução, responde pela indenização do dano, se provada no juízo cível a sua culpa. A possibilidade de responsabilização, no caso da legítima defesa com *aberratio ictus*, ou no estado de necessidade **contra terceiro** que não provocou o perigo, **não exclui o exame da culpa** do agente na causação da lesão em terceiro"[4].

■ Legítima defesa real

Somente a legítima defesa real, e praticada contra o agressor, **impede a ação de ressarcimento de danos**. Se o agente, por erro de pontaria (*aberratio ictus*), como dissemos, atingir um terceiro, ficará obrigado a indenizar os danos a este causados. E terá ação regressiva contra o injusto ofensor.

■ Legítima defesa putativa

A legítima defesa putativa também **não exime o réu de indenizar o dano**, pois somente exclui a **culpabilidade**, e não a antijuridicidade do ato. Frederico Marques lembra que o art. 65 do Código de Processo Penal não faz nenhuma referência às causas excludentes da culpabilidade, ou seja, às denominadas dirimentes penais[5]. Nessa linha decidiu o **Tribunal de Justiça de São Paulo**:

---

4 *RSTJ*, 113/290.

5 *Tratado*, cit., p. 295-296.

"Responsabilidade civil. Disparo de arma de fogo feito por quem imaginava estar sendo assaltado. Alegação de **legítima defesa putativa**. Absolvição sumária na esfera criminal. Hipótese que **não afasta o dever de indenizar**. Excludente de responsabilidade que só se aplica em sendo a legítima defesa real"[6].

Na legítima defesa putativa há um equívoco do pseudoagredido, que age precipitadamente. Embora o fato seja penalmente irrelevante, por estar ausente o dolo, no cível a culpa mesmo levíssima obriga a indenizar.

■ 9.2.2. Exercício regular de um direito

Conforme acentua Frederico Marques, reportando-se ao art. 160, I, do Código Civil de 1916, de idêntica redação, "o próprio 'cumprimento de dever legal', não explícito no artigo 160, nele está contido, porquanto **atua no exercício regular de um direito** reconhecido aquele que pratica um ato 'no estrito cumprimento do dever legal'"[7].

Tem a jurisprudência, *verbi gratia*, considerado que age no exercício regular de um direito o credor que promove a inclusão do nome do devedor no cadastro de inadimplentes de serviço de proteção ao crédito, como o Serasa e o SPC[8].

■ 9.2.3. Estrito cumprimento do dever legal

Nos casos de estrito cumprimento do dever legal, em que o agente é exonerado da responsabilidade pelos danos causados, a vítima, muitas vezes, **consegue obter o ressarcimento do Estado**, já que, nos termos do art. 37, § 6º, da Constituição Federal, "as pessoas jurídicas de direito público responderão pelos danos que seus agentes, nessa qualidade, causarem a terceiros".

E **o Estado não terá ação regressiva contra o funcionário** responsável (só cabível nos casos de culpa ou dolo), porque ele estará amparado pela excludente do estrito cumprimento do dever legal.

■ 9.2.4. Excesso no uso dos meios de defesa

Exige-se, para que o estado de necessidade (*v.* parágrafo único do art. 188) e a legítima defesa autorizem o dano, a obediência a certos limites. Preleciona Pontes de Miranda que, se o ato praticado em legítima defesa for **excessivo**, torna-se **contrário ao direito**. Entretanto, mesmo assim, pode o agente alegar e provar que o excesso resultou do terror, do medo, ou de algum distúrbio ocasional, para se livrar da aplicação da lei penal.

Na esfera cível, **a extrapolação da legítima defesa**, por negligência ou imprudência, **configura a situação do art. 186 do Código Civil**[9].

---

6 *RT*, 808/224.

7 *Tratado de direito penal*, v. 3, p. 295.

8 STJ, Agravo regimental no AgI 557.358-RS, 3ª T., rel. Min. Menezes Direito, *DJU*, 2-8-2004, p. 379.

9 *Tratado de direito privado*, t. 2, p. 277-278.

■ 9.3. A CULPA EXCLUSIVA OU CONCORRENTE DA VÍTIMA

■ 9.3.1. Culpa exclusiva

Quando o evento danoso acontece por culpa exclusiva da vítima, **desaparece a responsabilidade** do agente. Nesse caso, **deixa de existir a relação de causa e efeito** entre o seu ato e o prejuízo experimentado pela vítima.

Pode-se afirmar que, no caso de culpa exclusiva da vítima, o causador do dano não passa de mero instrumento do acidente. **Não há liame de causalidade** entre o seu ato e o prejuízo da vítima. É o que se dá quando a vítima é atropelada ao atravessar, embriagada, uma estrada de alta velocidade; ou quando o motorista, dirigindo com toda a cautela, vê-se surpreendido pelo ato da vítima que, pretendendo suicidar-se, atira-se sob as rodas do veículo.

Impossível, nesses casos, falar em nexo de causa e efeito entre a conduta do motorista e os ferimentos, ou o falecimento, da vítima. Veja-se a jurisprudência:

> "Procede com imprudência a pessoa que, pela madrugada, com densa neblina, permanece abaixada em estrada de rodagem, à procura de um documento. A culpa cabe, portanto, inteiramente ao autor e a ação não podia deixar de ser julgada improcedente"[10].

■ 9.3.2. Culpa concorrente

Há casos em que a culpa da vítima é apenas parcial, ou concorrente com a do agente causador do dano. Autor e vítima contribuem, ao mesmo tempo, para a produção de um mesmo fato danoso. É a hipótese, para alguns, de **"culpas comuns"**, e, para outros, de **"culpa concorrente"**.

Nesses casos, existindo uma parcela de culpa também do agente, haverá **repartição de responsabilidades, de acordo com o grau de culpa**. A indenização poderá ser reduzida pela metade, se a culpa da vítima corresponder a uma parcela de 50%, como também poderá ser reduzida de 1/4, 2/5, **dependendo de cada caso**.

Dispõe o **art. 945 do Código Civil**:

> "Se a vítima tiver concorrido culposamente para o evento danoso, a sua indenização será fixada tendo-se em conta a gravidade de sua culpa **em confronto** com a do autor do dano".

Confira-se a jurisprudência:

> "Havendo culpa recíproca, deve a condenação ser **proporcional**, usando-se as frações na fixação da indenização"[11].

> "Redução da pensão destinada à viúva a 1/4 do salário mínimo, ante as circunstâncias de fato ocorrentes no caso concreto, com destaque para as culpas recíprocas, do réu e da vítima"[12].

---

[10] *RT*, 440/74, 563/146.

[11] *RT*, 356/519.

[12] *RJTJSP*, 47/128.

"Quando a vítima do atropelamento for **criança**, que sobrevive ao acidente, não há como falar-se em concorrência de culpas, se os autos revelam alguma parcela de culpa do condutor do veículo. A culpa de terceiro, no caso, culpa 'in vigilando', dos pais da criança, não pode opor-se aos direitos desta"[13].

■ 9.4. O FATO DE TERCEIRO

■ 9.4.1. O causador direto do dano e o ato de terceiro

Muitas vezes, o ato daquele que atropela alguém ou causa alguma outra espécie de dano pode não ser o responsável pelo evento, o verdadeiro causador do dano, mas, sim, **o ato de um terceiro**.

■ **Obrigação do causador direto do dano em reparar o dano**

Em matéria de responsabilidade civil, no entanto, predomina o princípio da obrigatoriedade do causador direto em reparar o dano. **A culpa de terceiro não exonera o autor direto do dano do dever jurídico de indenizar**. O assunto vem regulado nos arts. 929 e 930 do Código Civil, concedendo o último **ação regressiva contra o terceiro** que criou a situação de perigo, para haver a importância despendida no ressarcimento ao dono da coisa.

Segundo entendimento acolhido na jurisprudência, os acidentes, inclusive os determinados pela imprudência de terceiros, são fatos previsíveis e representam um risco que o condutor de automóveis assume pela só utilização da coisa, não podendo os atos de terceiros servir de pretexto para eximir o causador direto do dano do dever de indenizar[14].

■ **Exceção à regra**

Quando, no entanto, o ato de terceiro **é a causa exclusiva do prejuízo**, desaparece a relação de causalidade entre a ação ou a omissão do agente e o dano. A exclusão da responsabilidade se dará porque o fato de terceiro se reveste de características semelhantes às do **caso fortuito**, sendo imprevisível e inevitável.

Melhor dizendo, somente quando o fato de terceiro se revestir dessas características, e, portanto, **equiparar-se ao caso fortuito ou à força maior**, é que poderá ser excluída a responsabilidade do causador direto do dano.

■ 9.4.2. O fato de terceiro e a responsabilidade contratual do transportador

A jurisprudência **não tem admitido** a referida excludente em casos de transporte. Justifica-se o rigor, tendo em vista a maior atenção que deve ter o motorista que tem a seu cargo zelar pela integridade de outras pessoas. Dispõe, com efeito, a Súmula 187 do Supremo Tribunal Federal:

"A responsabilidade contratual do **transportador**, pelo acidente com o passageiro, **não é elidida por culpa de terceiro**, contra o qual tem ação regressiva".

---

13 *RT*, 678/113.

14 *RT*, 416/345.

A referida súmula de jurisprudência transformou-se no art. 735 do Código Civil, que tem a mesma redação. Assim, qualquer acidente ocorrido com o passageiro obriga o transportador a indenizar os prejuízos eventualmente ocorridos. Não importa que o evento tenha ocorrido porque o veículo foi "fechado" ou mesmo abalroado por outro. O transportador **indeniza o passageiro** e move, depois, **ação regressiva** contra o terceiro.

Há casos, no entanto, em que o acidente ocorrido com o passageiro não está relacionado com o fato do transporte em si. Por exemplo: quando alguém, do lado de fora, efetua disparo contra ônibus ou trem em movimento, ferindo passageiro. Trata-se de fato inevitável e imprevisível, **estranho ao fato do transporte**. Nesse caso, isto é, quando o fato de terceiro se equipara ao **caso fortuito**, pode o transportador eximir-se da responsabilidade.

O fato de terceiro, com efeito, só exonera quando constitui **causa estranha** ao devedor, isto é, quando elimine totalmente a relação de causalidade entre o dano e o desempenho do contrato. Geralmente, pois, o fato de terceiro não exclui a responsabilidade do transportador. Somente a exclui em casos excepcionais, **equiparáveis ao caso fortuito**[15].

O tema em estudo, atinente à responsabilidade contratual do transportador e o fato de terceiro, foi minuciosamente examinado no item ***O transporte terrestre* (n. 4.1.2.5, *retro*)**, ao qual nos reportamos.

■ 9.4.3. O fato de terceiro em casos de responsabilidade aquiliana

No caso de responsabilidade aquiliana, não contratual (atropelamento, p. ex.), se dois veículos colidem e um deles atropela alguém, serão ambos os motoristas responsáveis solidariamente, se não se puder precisar qual dos dois teve culpa direta na ocorrência[16].

■ Responsabilidade do causador direto do dano

Em princípio, o causador direto do dano tem a obrigação de repará-lo, ficando com direito à **ação regressiva contra o terceiro**, de quem partiu a manobra inicial e ensejadora da colisão. Assim, se um motorista colide seu veículo com outro, não lhe aproveita a alegação de que tal ocorreu porque foi **"fechado"** por um terceiro. Nesse caso, **deve indenizar os prejuízos** que causou ao lesado e, depois, **mover ação regressiva contra o terceiro**[17].

Os problemas em que inexiste culpa do causador direto do dano têm sido solucionados com base nos **arts. 188, II, 929 e 930** do Código Civil. Nada impede que a vítima proponha a ação diretamente contra o terceiro, arcando, nesse caso, com o ônus da prova de culpa deste e abrindo mão da vantagem que o art. 929 lhe proporciona.

Da mesma forma, em casos de acidente causado por ato de terceiro, com dano ao passageiro (responsabilidade contratual), pode a vítima optar pela ação não contra

---

15 *RJTJSP*, 42/103, 41/108, 43/83; *RT*, 437/127 e 782/211.

16 *RJTJSP*, 41/108.

17 *JTACSP*, 157/194.

o próprio transportador, mas contra o terceiro, embora, nesse caso, sua situação se torne penosa, por lhe caber o ônus da prova da culpa do terceiro.

É possível ao autor **litigar contra o agente direto do prejuízo e também contra o terceiro**, cujo procedimento culposo foi o elemento que provocou o acidente. A sentença definirá o responsável.

■ **A possibilidade de invocação do fato de terceiro**

Se, entretanto, o motorista do veículo que atropelou dirigia corretamente e foi **lançado** contra o transeunte em virtude de abalroamento culposo, poderá exonerar-se da responsabilidade, **invocando o fato de terceiro** como causador único do evento, demonstrando que deixou de existir relação de causalidade entre o atropelamento e seu veículo, pois o acidente teria sido causado **exclusivamente por culpa de terceiro**.

Acontece o mesmo quando dois veículos se encontram parados, um à frente do outro, aguardando a abertura do semáforo, e o segundo é colidido na traseira por um terceiro, dirigido por motorista desatento, sendo projetado contra a traseira do que lhe está à frente. Nesse caso, se o dono do primeiro veículo acionar o motorista do segundo, este poderá defender-se com sucesso, alegando o fato de terceiro, ou seja, que serviu de **mero instrumento** da ação do motorista imprudente, **nada podendo fazer para evitar o arremesso de seu veículo** contra a traseira daquele[18].

Tem-se decidido, com efeito, que, quando a primeira culpa, causadora do sinistro, é de tal força e de tal intensidade que exclui a liberdade de ação do causador direto do dano, este terá excluída sua culpa[19]. Ainda aqui se pode observar que a exclusão da responsabilidade se dará porque **o fato de terceiro se reveste de características semelhantes às do caso fortuito**, sendo imprevisível e inevitável. Somente nessa hipótese deixa de haver responsabilidade pela reparação, por inexistência da relação de causalidade.

■ **Conclusão**

Em conclusão: o causador direto do dano só se eximirá da obrigação de indenizar se sua ação for **equiparável ao fortuito** (caso em que terá sido **mero instrumento** do terceiro, servindo de **"projétil"**). Quando essa situação está bem caracterizada, a ação deve ser proposta unicamente contra o terceiro, o verdadeiro e único causador do evento.

■ 9.4.4. Fato de terceiro e denunciação da lide

O terceiro denunciado não pode ser condenado a indenizar os danos, **em substituição** ao denunciante. Malgrado algumas decisões em sentido contrário, admitindo a chamada "denunciação de fato"[20] por medida de economia processual, tem a jurisprudência dominante proclamado a **nulidade da sentença** que, excluindo o réu litisdenunciante, julga procedente o pedido, condenando só o litisdenunciado, como se contra este houvesse sido proposta ação direta.

[18] *JTACSP*, 156/187.
[19] *RT*, 404/134.
[20] *JTACSP*, Revista dos Tribunais, 111/217.

A rigor, não é possível estabelecer-se uma solidariedade não desejada pela vítima, nem excluir-se da demanda o réu, **para se responsabilizar terceiro**, que não litiga com ela. Por tal razão, é princípio consagrado na jurisprudência:

> "Incide na **nulidade**, de pleno direito, decretável de ofício, a sentença que, **excluindo o réu litisdenunciante**, julga procedente o pedido, condenando, tão só, o litisdenunciado, como se contra este houvesse sido proposta ação direta, quando é certo que o autor é litigante estranho na lide formada entre denunciante e denunciado"[21].

Coloca-se, porém, como requisito necessário que o réu, para poder denunciar a lide, seja parte legítima passiva. Como pondera Arruda Alvim, "alguém acionado para responder por acidente de veículo, na condição de proprietário do veículo, por danos causados, **arguindo sua ilegitimidade passiva 'ad causam'**, estribado no fato de que, à época do acidente, já havia alienado o veículo, **não pode, simultaneamente, pretender denunciar a lide** a esse adquirente do veículo (o novo proprietário). Através da denunciação objetiva o denunciante, se for condenado na ação principal, obter, via denunciação, e a seu favor, um título executivo contra aquele em relação a quem afirma ter direito de regresso. Se isto é impossível, pois o denunciante se diz parte ilegítima passiva 'ad causam', não pode denunciar. Numa palavra, portanto, **quem é (ou pretende ser) parte ilegítima passiva 'ad causam', na ação principal, 'ipso facto' sê-lo-á parte ilegítima ativa na denunciação**"[22].

■ 9.5. CASO FORTUITO E FORÇA MAIOR

■ Principal característica

O art. 393, parágrafo único, do Código Civil, não faz distinção entre o caso fortuito e a força maior, definindo-os da seguinte forma:

> "O caso fortuito ou de força maior verifica-se no fato necessário, cujos efeitos não era possível evitar, ou impedir".

A **inevitabilidade** é, pois, a sua principal característica.

■ Rompimento do nexo causal

Pode ser apontada a seguinte diferença entre eles:

- ■ O **caso fortuito** geralmente decorre de fato ou ato alheio à vontade das partes: greve, motim, guerra.
- ■ **Força maior** é a derivada de acontecimentos **naturais**: raio, inundação, terremoto.

Ambos, equiparados no dispositivo legal retrotranscrito, constituem excludentes da responsabilidade porque **afetam a relação de causalidade**, rompendo-a, entre o

---

[21] *RT*, 539/196, 544/227, 551/218; *JTACSP*, Saraiva, 81/208; *JTACSP*, Revista dos Tribunais, 98/122, 100/102.

[22] *Manual de direito processual civil*, v. 2, p. 101.

ato do agente e o dano sofrido pela vítima. Assim, por exemplo, se um raio romper os fios de alta-tensão e inutilizar os isolantes, não será a empresa fornecedora da energia elétrica responsabilizada se alguém neles esbarrar e perecer eletrocutado. A menos que, informada do evento, não tome urgentes providências para sanar o problema[23]. Se há caso fortuito, não pode haver culpa, na medida em que um exclui o outro.

■ **Requisitos para a configuração do fortuito e da força maior**

Na lição da doutrina exige-se, pois, para a configuração do caso fortuito, ou de força maior, a presença dos seguintes **requisitos**:

a) o fato deve ser necessário, **não determinado por culpa do devedor**, pois, se há culpa, não há caso fortuito; e reciprocamente, se há caso fortuito, não pode haver culpa, na medida em que um exclui o outro. Como dizem os franceses, culpa e fortuito, *ces sont des choses que hurlent de se trouver ensemble*;

b) o fato deve ser **superveniente e inevitável**;

c) o fato deve ser **irresistível**, fora do alcance do poder humano.

■ **Fortuito interno e fortuito externo**

Modernamente se tem feito, com base na lição de Agostinho Alvim, a distinção entre "fortuito interno" (ligado à pessoa, ou à coisa, ou à empresa do agente) e "fortuito externo" (força maior, ou *Act of God* dos ingleses). Somente o **fortuito externo**, isto é, a **causa ligada à natureza**, estranha à pessoa do agente e à máquina, **excluiria a responsabilidade**, principalmente se esta se fundar no risco. **O fortuito interno, não.**

Assim, tem-se decidido que o estouro dos pneus do veículo, a quebra da barra de direção ou de outra peça, o rompimento do "burrinho" dos freios e outros eventuais **defeitos mecânicos** não afastam a responsabilidade, porque **previsíveis e ligados à máquina**[24]. Também não afasta a responsabilidade a causa ligada à pessoa, por exemplo o mal súbito[25].

Desse modo, **somente o fortuito externo**, isto é, a causa ligada à natureza, **exclui a responsabilidade, por ser imprevisível**. Um raio que atinge subitamente uma condução, provocando a perda da direção e um acidente com danos, afasta a responsabilidade do motorista, pelo rompimento da relação de causalidade. Já o **fortuito interno**, em que a causa está ligada à pessoa (quando ocorre um mal súbito) ou à coisa (defeitos mecânicos), **não afasta a responsabilidade do agente**, ainda que o veículo esteja bem cuidado e conservado, **porque previsível**.

A jurisprudência brasileira admitiu expressamente, com efeito, a distinção entre o caso fortuito externo (força maior) e o caso fortuito interno, identificando, neste último, situações de risco inerentes à atividade do agente. A hipótese consagrada é a prevista na Súmula 479 do Superior Tribunal de Justiça, que dispõe: "As instituições financeiras respondem objetivamente pelos danos gerados por fortuito interno relativo a fraudes e delitos praticados por terceiros no âmbito de operações bancárias".

---

23 *RT*, 369/89.

24 *RT*, 431/73; *RJTJSP*, 33/118; *JTACSP*, 117/22 e 155/194.

25 *JTACSP*, 156/184.

Observa-se que inexiste uma rígida divisão entre a área do fortuito interno e a do externo, pois a avaliação do que se submeterá a uma ou outra dependerá da natureza da atividade causadora do dano. A propósito, proclama o Enunciado 443 do Conselho de Justiça Federal: "O caso fortuito e a força maior somente serão considerados como excludentes da responsabilidade civil quando o fato gerador do dano não for conexo à atividade desenvolvida".

Nas hipóteses de defeitos mecânicos, aplica-se a teoria do exercício da atividade perigosa, que não aceita o fortuito como excludente da responsabilidade. Quem assume o risco do uso da máquina, desfrutando os cômodos, deve suportar também os incômodos[26].

■ 9.6. CLÁUSULA DE IRRESPONSABILIDADE OU DE NÃO INDENIZAR

Cláusula de não indenizar é o **acordo de vontades** que objetiva **afastar as consequências** da inexecução ou da execução inadequada do contrato. Tem por função alterar, em benefício do contratante, o jogo dos riscos, pois estes são transferidos para a vítima.

É o caso, por exemplo, do contrato de depósito celebrado entre o cliente e o dono do estacionamento, contendo cláusula pela qual o último **não se responsabiliza** pelo desaparecimento de objetos deixados no interior do veículo. A sua finalidade não é propriamente afastar a responsabilidade do inadimplente, mas apenas a obrigação de indenizar.

Nosso direito não simpatiza com a cláusula de não indenizar. A jurisprudência, de forma torrencial, **não a admite nos contratos de transporte**, sendo peremptória a Súmula 161 do Supremo Tribunal Federal, nestes termos:

> "Em contrato de transporte, **é inoperante a cláusula de não indenizar**".

E o Código Civil, no art. 734, preceitua:

> "O transportador responde pelos danos causados às pessoas transportadas e suas bagagens, salvo motivo de força maior, sendo **nula qualquer cláusula excludente da responsabilidade**".

■ 9.6.1. Contratos regidos pelo Código de Defesa do Consumidor

O referido diploma (Lei n. 8.078, de 11-9-1990), que se aplica atualmente **à maior parte dos contratos**, por sua vez **não admite a sua estipulação nas relações de consumo**. Com efeito, em seu art. 24 o aludido diploma diz que **"é vedada** a exoneração contratual do fornecedor". E, no art. 25, proclama:

---

26 "Quem põe em circulação veículo automotor assume, só por isso, a responsabilidade pelos danos que do uso da coisa resultarem para terceiros. Os acidentes, inclusive os determinados por defeitos da própria máquina, são fatos previsíveis e representam um risco que o condutor de automóveis assume, pela só utilização da coisa, não podendo servir de pretexto para eximir o autor do dano do dever de indenizar" (*RT*, 416/345).

"**É vedada** a estipulação contratual de cláusula que **impossibilite, exonere ou atenue** a obrigação de indenizar prevista nesta e nas Seções anteriores".

Não bastasse isso, em seu art. 51, ao tratar das **cláusulas abusivas**, considera **nulas de pleno** direito as cláusulas que "**impossibilitem, exonerem ou atenuem** a responsabilidade do fornecedor por vícios de qualquer natureza dos produtos e serviços ou impliquem **renúncia ou disposição de direitos**", incluídos aqui os acidentes de consumo e os vícios redibitórios.

A maioria dos contratos não admite, pois, cláusula de não indenizar.

■ 9.6.2. Contratos não regidos pelo Código de Defesa do Consumidor

Mesmo no restrito campo dos contratos não regidos pela legislação consumerista, várias **limitações são impostas** à referida cláusula. A sua validade dependerá da observância de alguns **requisitos**, quais sejam:

- **Bilateralidade de consentimento** — Considera-se inteiramente ineficaz declaração feita unilateralmente. "Não pode ser deduzida de fórmulas impressas não integrantes do contrato, nem de avisos afixados em paredes."[27]
- **Não colisão com preceito de ordem pública** — Ainda que haja acordo de vontades, não terá validade se visa afastar uma responsabilidade imposta em atenção a interesse de ordem pública ou aos bons costumes[28].
- **Igualdade de posição das partes** — Tal requisito impede a sua inserção nos contratos de adesão, como se infere da Súmula 161 do Supremo Tribunal Federal, retrotranscrita.
- **Inexistência do escopo de eximir o dolo ou a culpa grave do estipulante** — Não se admite cláusula de exoneração de responsabilidade em matéria delitual, pois seu domínio se restringe à responsabilidade contratual. Mesmo nesse campo, a cláusula não abrange os casos de dolo ou culpa grave.
- **Ausência da intenção de afastar obrigação inerente à função** — A cláusula de não indenizar não pode ser estipulada para afastar ou transferir obrigações essenciais do contratante. O contrato de compra e venda, por exemplo, estaria desnaturado se o vendedor pudesse convencionar a dispensa de entregar a coisa vendida.

■ 9.7. A PRESCRIÇÃO

Prescrita a pretensão à reparação de danos, fica afastada qualquer possibilidade de recebimento da indenização. **A responsabilidade do agente causador do dano se extingue**.

Se o fato também constitui ilícito penal, "a prescrição da ação penal **não influi** na ação de reparação do dano, que tem seus próprios prazos de prescrição"[29].

---

27 *RT*, 533/76, 563/146.

28 Aguiar Dias, *Da responsabilidade*, cit., 4. ed., t. 2, p. 702.

29 Aguiar Dias, *Da responsabilidade*, cit., 4. ed., t. 2, p. 732, n. 222.

A obrigação de reparar o dano é de natureza **pessoal**. Contudo, a prescrição não ocorre no prazo geral de dez anos, do art. 205, porque o art. 206, que estipula **prazos especiais**, dispõe:

"Art. 206. Prescreve:
(...)
§ 3º Em três anos:
(...)
V — a pretensão de reparação civil".

■ 9.7.1. Prescrição da pretensão de reparação civil contra a Fazenda Pública

Não há previsão de prazo menor para a prescrição da pretensão de reparação civil contra a Fazenda Pública, como havia no Código Civil de 1916.

Sustentam alguns que o Decreto n. 20.910, de 6 de janeiro de 1932, que estabelece o prazo de **cinco anos** para a prescrição de direitos e ações contra a Fazenda Pública, encontra-se ainda em vigor. Todavia, tal decreto deve ser entendido como **regra geral** e aplicado **quando não houver outro fixado por lei**, como já decidiu o extinto 2º Tribunal de Alçada Civil de São Paulo[30].

O fato de o Código Civil de 2002 ter, no art. 43, tratado expressamente da responsabilidade civil do Estado, reproduzindo norma que já constava da Constituição Federal e apenas acrescentando a palavra "interno", demonstra que tal matéria foi regulada pelo aludido diploma, **devendo ser-lhe aplicadas as regras gerais, inclusive as concernentes à prescrição**.

Deve-se ainda ponderar que o objetivo do aludido Decreto n. 20.910/32 era, nitidamente, **beneficiar a Fazenda Pública**, não podendo, por isso, permanecer em vigor diante de nova norma mais benéfica, trazida a lume pelo art. 206, § 3º, do Código Civil de 2002[31].

Nesse sentido decidiu o Superior Tribunal de Justiça[32].

■ 9.7.2. Prazos prescricionais no Código de Defesa do Consumidor

O referido diploma distingue os prazos decadenciais dos prescricionais. Os **decadenciais** são regulados no art. 26 e são:

---

[30] Ap. 616.174-00/7, 9ª Câm., rel. Eros Piceli, j. 21-11-2001.

[31] Flávio de Araújo Willeman, *Responsabilidade civil das agências reguladoras*, p. 44.

[32] "1. O legislador estatuiu a prescrição de cinco anos em benefício do Fisco e, com o manifesto objetivo de favorecer ainda mais os entes públicos, estipulou que, no caso da eventual existência de prazo prescricional menor a incidir em situações específicas, o prazo quinquenal seria afastado nesse particular. Inteligência do art. 10 do Decreto 20.910/32. 2. O prazo prescricional de três anos relativo à pretensão de reparação civil — art. 206, § 3º, do Código Civil de 2002 — prevalece sobre o quinquênio previsto no art. 1º do Decreto 20.910/32" (STJ, REsp 1.137.354-RJ, 2ª T., rel. Min. Castro Meira, j. 8-9-2009).

- de **trinta dias**, tratando-se de fornecimento de serviço e de produto **não duráveis** (inc. I);
- de **noventa dias**, tratando-se de fornecimento de serviço e de produto **duráveis** (inc. II). A contagem do prazo **decadencial** inicia-se:
- para os **vícios aparentes**, a partir da **entrega efetiva** do produto ou do **término da execução dos serviços** (§ 1º);
- tratando-se de **vício oculto**, no momento em que ficar **evidenciado** o defeito. Os prazos, tanto para os vícios aparentes como para os ocultos, são os mesmos. A diferença reside no **momento em que passam a fluir**. Para os ocultos, é o instante em que **o defeito ficar evidenciado**, enquanto para os aparentes é o da **entrega do produto** ou do **término da execução do serviço**.

O **prazo prescricional**, porém, **é único** para todos os casos de acidente de consumo. Dispõe o art. 27 que a pretensão à reparação pelos danos causados por fato do produto ou do serviço prescreve em **cinco anos**, iniciando-se a contagem do prazo a partir do conhecimento do dano e de sua autoria.

O **art. 7º** não exclui a aplicação das demais leis que disciplinem os prazos prescricionais, desde que sejam respeitados os princípios da lei consumerista, dentre eles o que estabelece a proteção do consumidor (art. 1º). Assim, a condição para a aplicação de outro prazo é que seja **favorável ao consumidor**.

9.7.3. Redução do prazo prescricional e retroatividade da lei

O Código Civil de 2002 estabeleceu, no livro complementar que trata "Das Disposições Finais e Transitórias", a seguinte regra:

> "Art. 2.028. Serão os da lei anterior os prazos, quando reduzidos por este Código, e se, na data de sua entrada em vigor, já houver transcorrido mais da metade do tempo estabelecido na lei revogada".

O prazo continuará a ser o de **vinte anos**, portanto, e pelo período faltante, se, **na data da entrada em vigor do novo diploma**, já houver transcorrido lapso prescricional **superior a dez anos**. Do contrário, incidirá e começará a fluir da referida data o novo **prazo de três anos**. Confira-se a propósito:

> "Reduzido, pelo novo Código Civil, o prazo prescricional da pretensão de reparação civil de vinte anos para três anos, aplica-se o prazo novo se, na data da entrada em vigor do Código Reale, ainda não houver transcorrido mais da metade do tempo estabelecido na lei revogada. O termo inicial do novo prazo (reduzido) começou a fluir em 11/1/2003, data de início da vigência do Código Civil, sob pena de aplicação retroativa do novo prazo prescricional"[33].

O Supremo Tribunal Federal proclamou, em julgamento de recurso extraordinário com repercussão geral, que a ação de reparação de danos à Fazenda Pública de-

[33] 2º TACSP, AgI 847.171-0/0-SP, 5ª Câm., rel. Manoel de Queiroz Pereira Calças, j. 28-4-2004.

corrente de ilícito civil prescreve em cinco anos. A decisão, no entanto, não alcança prejuízos que decorram de ato de improbidade administrativa. Afastou, portanto, a tese de que o prazo da União é imprescritível[34].

■ 9.8. RESUMO

AS EXCLUDENTES DA RESPONSABILIDADE CIVIL	
O ESTADO DE NECESSIDADE	■ O estado de necessidade é delineado pelos arts. 188, II, 929 e 930 do CC. Dispõe o primeiro não constituir ato ilícito "a deterioração ou destruição da coisa alheia, ou a lesão a pessoa, a fim de remover perigo iminente". E o parágrafo único completa: "No caso do inciso II, o ato será legítimo somente quando as circunstâncias o tornarem absolutamente necessário, não excedendo os limites do indispensável para a remoção do perigo". Embora a lei declare que o ato praticado em estado de necessidade não é ilícito, nem por isso libera quem o pratica de reparar o prejuízo que causou (art. 929), ressalvando-lhe o direito de mover ação regressiva contra o terceiro que criou a situação de perigo (art. 930).
A LEGÍTIMA DEFESA	■ O art. 188, I, do CC proclama que não constituem atos ilícitos "os praticados em legítima defesa ou no exercício regular de um direito reconhecido". Se o ato foi praticado contra o próprio agressor, não pode o agente ser responsabilizado civilmente pelos danos provocados. Entretanto, se, por erro de pontaria, terceira pessoa foi atingida, deve o agente reparar o dano. Mas terá ação regressiva contra o agressor, para se ressarcir da importância desembolsada (art. 930, parágrafo único). ■ A ***legítima defesa putativa*** também não exime o réu de indenizar o dano, pois somente exclui a culpabilidade, e não a antijuridicidade do ato. Assim, somente a ***legítima defesa real***, e praticada ***contra o agressor***, deixa de ser ato ilícito, apesar do dano causado.
A CULPA EXCLUSIVA OU CONCORRENTE DA VÍTIMA	■ Quando o evento danoso acontece por ***culpa exclusiva da vítima***, desaparece a responsabilidade do agente. Nesse caso, deixa de existir a relação de causa e efeito entre seu ato e o prejuízo experimentado pelo lesado. ■ Em caso de ***culpa concorrente*** da vítima, a indenização será reduzida em proporção ao seu grau de culpa (art. 945).
O FATO DE TERCEIRO	■ A culpa de terceiro não exonera o autor direto do dano do dever jurídico de indenizar. Se o motorista colide o seu carro com o que estava estacionado, de nada lhe adianta alegar que foi "fechado" por terceiro. Cabe-lhe indenizar o dano causado e depois mover ação regressiva contra este. Ressalva-se, no entanto, a hipótese de o fato de terceiro equiparar-se ao fortuito, como no caso, p. ex., em que dois veículos se encontram parados, um em frente do outro, aguardando a abertura do semáforo, e o segundo é colidido na traseira por um terceiro, sendo projetado contra a traseira do que lhe está à frente. Nesse caso, se o dono do primeiro veículo acionar o motorista do segundo, este poderá defender-se com sucesso, alegando o fato de terceiro, ou seja, que serviu de mero instrumento da ação do motorista imprudente. ■ A ***responsabilidade contratual do transportador*** também, em regra, não é afastada por culpa de terceiro (do motorista que colide com o ônibus, p. ex.). Cabe-lhe indenizar o passageiro ferido no acidente e mover ação regressiva contra o terceiro (STF, Súmula 187; CC, art. 735). O transportador só pode alegar o fato de terceiro em caso de o dano decorrer de ***causa estranha*** ao transporte, como uma bala perdida, p. ex., ou mesmo um assalto à mão armada no interior do ônibus ou trem.
CASO FORTUITO E FORÇA MAIOR	■ **Caso fortuito:** geralmente decorre de fato ou ato alheio à vontade das partes: greve, motim, guerra. ■ **Força maior:** é a derivada de acontecimentos naturais: raio, inundação, terremoto. O art. 393 do CC não faz distinção, definindo-os da seguinte forma: "O caso fortuito ou de força maior verifica-se no fato necessário, cujos efeitos não era possível evitar ou impedir". A ***inevitabilidade*** é, pois, a sua principal característica. Ambos rompem o nexo de causalidade, afastando a responsabilidade do agente.

[34] STF, RE 669.069, rel. Min. Teori Zavascki, disponível em *Revista Consultor Jurídico*, de 17-6-2016.

CLÁUSULA DE NÃO INDENIZAR	É o acordo de vontades que objetiva afastar as consequências da inexecução ou da execução inadequada do contrato. ■ **Código de Defesa do Consumidor:** não admite sua estipulação nas relações de consumo (arts. 24, 25 e 51). ■ **Contratos não regidos pelo CDC:** a sua validade dependerá da observância de alguns requisitos: **a)** bilateralidade de consentimento; **b)** não colisão com preceito de ordem pública; **c)** igualdade de posição das partes; **d)** inexistência do escopo de eximir o dolo ou a culpa grave do estipulante; **e)** ausência da intenção de afastar a obrigação inerente à função.
PRESCRIÇÃO	■ Prescrita a pretensão à reparação de danos, fica afastada qualquer possibilidade de recebimento da indenização. A obrigação de reparar o dano é de natureza pessoal. Contudo, a prescrição não ocorre no prazo legal de dez anos, do art. 205, porque o art. 206, que estipula prazos especiais, dispõe que prescreve em "três anos (...) a pretensão de reparação civil" (§ 3º, V). ■ Não há previsão de prazo menor para a prescrição da pretensão de reparação civil contra a Fazenda Pública, como havia no CC/1916. ■ No capítulo das disposições transitórias consta a seguinte regra: "Serão os da lei anterior os prazos, quando reduzidos por este Código, e se, na data de sua entrada em vigor, já houver transcorrido mais da metade do tempo estabelecido na lei revogada" (art. 2.028).

■ 9.9. QUESTÕES

1. (TJSP/Juiz de Direito/182º Concurso/VUNESP/2009) A responsabilidade civil extracontratual no direito brasileiro

a) é afastada em caso de estado de necessidade, pois o autor do dano não responde pelos prejuízos causados.

b) não é afastada em caso de estado de necessidade, pois o autor do dano responde pelos prejuízos causados.

c) não é afastada em caso de estado de necessidade, mas apenas o causador do perigo responde pelos danos causados.

d) é afastada, respondendo apenas aquele em defesa de quem se causou o dano.

2. (DELPOL/GO/Delegado de Polícia/CESPE/2017) Um oficial do corpo de bombeiros arrombou a porta de determinada residência para ingressar no imóvel vizinho e salvar uma criança que corria grave perigo em razão de um incêndio.

A respeito dessa situação hipotética e conforme a doutrina dominante e o Código Civil, assinale a opção CORRETA.

a) O oficial tem o dever de indenizar o proprietário do imóvel danificado, devendo o valor da indenização ser mitigado em razão da presença de culpa concorrente.

b) O ato praticado pelo oficial é ilícito porque causou prejuízo ao dono do imóvel, inexistindo, entretanto, o dever de indenizar, dada a ausência de nexo causal.

c) Não se aplica ao referido oficial a regra do Código Civil segundo a qual o agente que atua para remover perigo iminente pode ser chamado a indenizar terceiro inocente.

d) Conforme disposição do Código Civil, o oficial teria o dever de indenizar o dono do imóvel no valor integral dos prejuízos existentes, tendo direito de regresso contra o responsável pelo incêndio.

e) Não se pode falar em responsabilidade civil nesse caso, pois, na hipótese de estado de necessidade, o agente causador do dano nunca terá o dever de indenizar.

3. (TJSE/Juiz de Direito/CESPE/UnB-2008) Assinale a opção CORRETA com referência à responsabilidade civil.

a) A fixação judicial do valor da indenização a título de danos morais está vinculada ao valor do prejuízo efetivamente experimentado e demonstrado pela vítima. Para a adequada fixação do dano moral, há de se levar em conta o poder econômico das partes e o caráter educativo da sanção.

b) Tratando-se de acidente de veículos em que um dos envolvidos é empresa de transporte coletivo, portanto, prestadora de serviços públicos, independentemente da culpa do motorista ou da vítima essa empresa responde objetivamente pelos danos causados pelo acidente.

c) Se o condutor de um veículo invadir a pista contrária para não colidir com outro que intercepta sua trajetória e assim colidir com veículo que transite corretamente na outra pista, nessa situação o mencionado condutor não praticará ato ilícito; entretanto, subsistirá o dever de reparar os prejuízos que causou.

d) O incapaz responde pelos danos que causar a terceiros. No entanto, ocorre a responsabilidade subsidiária de seus responsáveis, quando o incapaz não dispuser de meios suficientes para efetuar o pagamento, podendo a vítima, em consequência, propor ação contra o menor ou contra seus pais.

e) O protesto indevido de título cambial e o registro do nome do devedor nos serviços de proteção ao crédito geram direito à indenização por danos morais à imagem do devedor, mesmo quando existentes outras restrições ao crédito desse devedor inscritas naqueles serviços.

4. (OAB/CESPE/UnB/2008.1) A respeito da responsabilidade civil, assinale a opção CORRETA.

a) O dano emergente compreende aquilo que a vítima efetivamente perdeu e o que razoavelmente deixou de ganhar com a ocorrência do fato danoso. Na reparação desse dano, procura-se fixar a sua extensão e a expectativa de lucro, objetivando-se a recomposição do patrimônio lesado.

b) Na responsabilidade subsidiária, uma das pessoas tem o débito originário e a outra tem apenas a responsabilidade por esse débito. Por isso, existe uma preferência na ordem de excussão: primeiro, são demandados os bens do devedor; não tendo sido encontrados ou sendo eles insuficientes, inicia-se, então, a excussão de bens do responsável em caráter subsidiário, por toda a dívida.

c) A legítima defesa putativa é causa excludente de responsabilidade civil pelo prejuízo causado, porque o ofensor acredita encontrar-se diante de uma injusta agressão. Nesse caso, por não constituir ato ilícito, apesar de causar dano aos direitos de outrem, não acarreta o dever de indenizar.

d) A responsabilidade civil de dono de animal pelos danos que este venha a causar a terceiros depende da comprovação de ter havido falta de vigilância ou de cuidado com o animal, sendo indiferente a culpa da vítima.

5. (MP/DFT/Promotor de Justiça/29° Concurso/2011) Quanto à responsabilidade civil contratual e extracontratual, leia as proposições abaixo:

I. Pode o transportador eximir-se da obrigação de indenizar o passageiro em decorrência de acidente de transporte, comprovando culpa exclusiva da vítima ou de terceiro, causador do dano, bem como ocorrência de evento fortuito.

II. Em virtude do princípio da imutabilidade da cláusula penal, o valor da penalidade não poderá ser alterado pelo juiz, por importar em pré-avaliação das perdas e danos.

III. Tem responsabilidade objetiva o pai em relação ao ato ilícito praticado pelo filho menor que tiver sob sua autoridade e em sua companhia, sendo desnecessária a comprovação de culpa *in vigilando.*

IV. Os atos praticados em legítima defesa, em estado de necessidade e no exercício regular de um direito não são considerados atos ilícitos, liberando quem os praticou de reparar o prejuízo causado.

Pode-se afirmar que:

a) Somente o item III está correto.
b) Somente o item IV está correto.
c) Somente os itens III e IV estão corretos.
d) Somente os itens I e II estão corretos.
e) Somente os itens I, II e IV estão corretos.

6. (OAB/CESPE/UnB/2007.3) No que concerne ao ato ilícito e à responsabilidade civil, assinale a opção CORRETA.

a) A responsabilidade por ato de terceiro é objetiva e permite estender a obrigação de reparar o dano a pessoa diversa daquela que praticou a conduta danosa, desde que exista uma relação jurídica entre o causador do dano e o responsável pela indenização.
b) A concorrência de culpas do agente causador do dano e da vítima por acidente de trânsito, por exemplo, no caso de colisão de veículos, acarreta a compensação dos danos, devendo cada parte suportar os prejuízos sofridos.
c) Quando inúmeras e sucessivas causas contribuem para a produção do evento danoso, todas essas causas são consideradas como adequadas a produzir o acidente e a gerar a responsabilidade solidária para aqueles que o provocaram. Nessa situação, cabe à vítima escolher a quem imputar o dever de reparar.
d) Os atos praticados em legítima defesa, no exercício regular de um direito ou em estado de necessidade, que provoquem danos morais ou materiais a outrem, embora sejam considerados como atos ilícitos, exoneram o causador do dano da responsabilidade pela reparação do prejuízo causado.

7. (TJSC/Juiz de Direito/Fundação Carlos Chagas/2015) A vítima de um acidente automobilístico ajuizou, um ano após o fato, ação indenizatória contra o condutor, a quem o proprietário confiara o veículo, ocorrendo imediatamente a citação. Achando-se ainda o processo em curso, mas já passados quatro anos do acidente, a vítima propôs ação indenizatória contra o proprietário do automotor, que, na contestação, alegou inviabilidade do pedido, em razão da pretensão já deduzida contra o condutor, e prescrição. Nesse caso,

a) o juiz deverá extinguir o processo, porque a propositura da ação contra um dos devedores importa renúncia do direito em relação ao outro.
b) ambas as alegações do réu encontram respaldo na lei.
c) nenhuma das alegações do réu deve ser acolhida.
d) apenas a alegação de inviabilidade do pedido, em razão da pretensão já deduzida contra o condutor, é acolhível.
e) apenas a arguição de prescrição é cabível.

8. (Defensoria Pública/DF/Analista Judiciário/Fundação Getulio Vargas/2014) Verônica conduzia seu veículo automotor pela sua mão de direção, quando foi obrigada a desviar de um caminhão desgovernado que seguiu em rota de colisão com o seu carro. Ao desviar, Verônica acabou colidindo com o veículo de Jorge, que estava na via secundária, em velocidade moderada e em estrita observância das leis de trânsito. Nesse caso é CORRETO afirmar que:

a) há responsabilidade civil de Verônica pelos danos causados ao veículo de Jorge, podendo exigir regressivamente o valor que indenizar ao proprietário ou condutor do caminhão;
b) há responsabilidade civil subsidiária de Verônica, caso o dono ou condutor do caminhão não indenize Jorge;
c) não há responsabilidade civil de Verônica, já que agiu em estado de necessidade;
d) não há responsabilidade civil de Verônica, em virtude da ausência de culpa concorrente;
e) não há responsabilidade civil de Verônica, já que em relação a ela se verifica um caso de força maior.

9. (OAB/CESPE/UnB/2007.2) Acerca da responsabilidade civil, assinale a opção CORRETA.

a) No caso de estado de necessidade decorrente de situação de perigo causada por terceiro, por se tratar de ato lícito, a pessoa lesada ou o dono da coisa danificada não pode reclamar indenização do prejuízo que sofreu.
b) Tratando-se de vício exclusivamente de quantidade, ressalvadas as normas aplicáveis às relações de consumo, os empresários individuais e as empresas respondem objetivamente por danos causados pelos produtos postos em circulação.
c) A responsabilidade civil decorrente do abuso do direito depende da comprovação de culpa, pois se fundamenta no critério subjetivo-finalístico.
d) São requisitos essenciais da responsabilidade subjetiva: a prática do ato, o nexo de causalidade, o dano e o dolo ou a culpa do agente causador do dano.

10. (TJPR/Juiz de Direito/2008) Antônio, em 10 de janeiro de 1993, ao transpor um cruzamento com o sinal vermelho, acaba por abalroar o automóvel de Bruna, causando danos patrimoniais. Diante desses fatos, assinale a alternativa CORRETA:

a) A pretensão de Bruna à reparação civil frente a Antônio prescreveu três anos após o acidente.
b) A pretensão de Bruna à reparação civil frente a Antônio prescreveu três anos após a data do início da vigência do Código Civil de 2002.
c) A pretensão de Bruna à reparação civil frente a Antônio prescreverá 20 anos após o acidente.
d) A pretensão de Bruna à reparação civil frente a Antônio prescreverá 10 anos após a data de início da vigência do Código Civil de 2002.

11. (OAB/Exame de Ordem Unificado 2010.3/Fundação Getulio Vargas/2011) Ricardo, buscando evitar um atropelamento, realiza uma manobra e atinge o muro de uma casa, causando um grave prejuízo.

Em relação à situação acima, é CORRETO afirmar que Ricardo

a) não responderá pela reparação do dano, pois agiu em estado de necessidade.
b) responderá pela reparação do dano, apesar de ter agido em estado de necessidade.
c) responderá pela reparação do dano, apesar de ter agido em legítima defesa.
d) praticou um ato ilícito e deverá reparar o dano.

12. (TRF/2ª Região/Juiz Federal/2014) À luz do previsto no Código Civil de 2002, assinale a opção CORRETA:

a) O sistema de responsabilidade por ato de terceiro é, em regra, de responsabilidade subjetiva, com presunção relativa de culpa.
b) Aquele que, acobertado pelo estado de necessidade, causa dano a terceiro, está isento de responder pelo prejuízo, diante da excludente de ilicitude.
c) A responsabilidade dos patrões, pelos atos de seus empregados, assenta-se no risco da atividade e apenas excepcionalmente admite o direito de regresso.
d) Quanto à inexecução, o Código Civil prevê que, ainda que ela resulte de dolo do devedor, as perdas e danos só incluem os prejuízos efetivos e os lucros cessantes por efeito dela direto e imediato.
e) É vedada a cumulação de dano moral com o dano estético.

13. (TJRJ/Juiz de Direito/XLVII Concurso/VUNESP/2016) Kleber, renomado médico ortopedista, atendeu Bruno em uma emergência médica decorrente de um abalroamento de veículos. Bruno chegou ao hospital com grave fratura em sua perna e foi submetido a uma cirurgia capitaneada pelo ortopedista. Em consequência da natureza e extensão da fratura, após o período de convalescença, constatou-se que Bruno teria sua mobilidade reduzida. Inconformado com sua condição, acreditando ter ocorrido erro médico, Bruno voltou ao hospital em fevereiro de 2009 e desferiu 2 disparos de arma de fogo contra Kleber, um em seu peito e outro em seu rosto. Kleber foi prontamente atendido e sobreviveu ao atentado, permanecendo até fevereiro de 2010 em convalescença, sem poder trabalhar neste período. Sua recuperação foi integral, mas restou com grande e incômoda cicatriz em seu rosto. Em decorrência dos fatos, uma ação penal foi ajuizada em face de Bruno em março de 2011, sobrevindo definitiva sentença criminal condenatória em dezembro de 2012. Kleber relutou em buscar reparação pelos danos suportados, mas, em abril de 2015, ajuizou ação indenizatória em face de Bruno, que foi citado no mesmo mês. Sua pretensão consiste, em suma, nos cumulativos pedidos de reembolso das despesas com tratamento médico, de lucros cessantes, de danos morais e de dano estético.

Nesse cenário, é CORRETO afirmar que a pretensão de Kleber

a) está integralmente prescrita.
b) está prescrita em relação aos danos imateriais, mas não em relação aos danos materiais.
c) não está prescrita, mas os danos estéticos são quantificados a título de danos morais, não comportando cumulação desses pedidos.
d) não está prescrita e deverá englobar todos os pedidos formulados.
e) está prescrita em relação aos danos materiais, mas não em relação aos danos imateriais.

14. (SEGEP/MA/Procurador do Estado/Fundação Carlos Chagas/2016) Considere as proposições abaixo, sobre a exclusão da responsabilidade civil:

I. A responsabilidade civil do Estado por atos comissivos de seus agentes não admite causa de exclusão.

II. A culpa exclusiva da vítima afasta o elemento culpa, porém não o nexo de causalidade e a obrigação de indenizar.

III. O caso fortuito e a força maior nem sempre excluem a responsabilidade pelo dano.

IV. Não constitui ilícito, e por isto não enseja a responsabilização civil, o exercício de direito reconhecido, ainda que exercido de maneira antifinalística, excedendo manifestamente os limites impostos por seu fim econômico ou social, pela boa-fé ou pelos bons costumes.

Está CORRETO o que se afirma APENAS em

a) I, II e III.
b) I e II.
c) II e III.
d) III.
e) I, III e IV.

15. (DELPOL/GO/Delegado de Polícia/CESPE/2017) Um oficial do corpo de bombeiros arrombou a porta de determinada residência para ingressar no imóvel vizinho e salvar uma criança que corria grave perigo em razão de um incêndio.

A respeito dessa situação hipotética e conforme a doutrina dominante e o Código Civil, assinale a opção CORRETA.

a) O oficial tem o dever de indenizar o proprietário do imóvel danificado, devendo o valor da indenização ser mitigado em razão da presença de culpa concorrente.
b) O ato praticado pelo oficial é ilícito porque causou prejuízo ao dono do imóvel, inexistindo, entretanto, o dever de indenizar, dada a ausência de nexo causal.
c) Não se aplica ao referido oficial a regra do Código Civil segundo a qual o agente que atua para remover perigo iminente pode ser chamado a indenizar terceiro inocente.
d) Conforme disposição do Código Civil, o oficial teria o dever de indenizar o dono do imóvel no valor integral dos prejuízos existentes, tendo direito de regresso contra o responsável pelo incêndio.
e) Não se pode falar em responsabilidade civil nesse caso, pois, na hipótese de estado de necessidade, o agente causador do dano nunca terá o dever de indenizar.

16. (TRF/2ª Região/Juiz Federal/2017) Magnus, com 15 anos de idade, pega a chave do veículo de seu pai e, ao dirigi-lo com cautela, perto de sua casa, faz desvio para evitar o atropelamento de criancinha que, de surpresa, avançou sobre a rua. Magnus, ao fazer a manobra salvadora da criança, colide com veículo da Empresa de Correios e Telégrafos, regularmente estacionado. Assinale a opção CORRETA:

a) Magnus, ao desviar, agiu em estado de necessidade, daí que não há base legal para obrigá-lo ou a seu responsável, a reparar o dano causado ao veículo da ECT.
b) Admitindo que o pai de Magnus seja condenado a reparar o dano, ele, mais tarde, faz jus a obter o regresso contra o filho.
c) Embora não se configure o estado de necessidade, o absolutamente incapaz não responde em termos civis, e apenas seu representante ou responsável pode ser chamado a reparar o dano.
d) Mesmo que se acolha a tese de estado de necessidade, o responsável pelo menor pode, legalmente, ser condenado a reparar o dano causado à ECT.
e) O estado de necessidade não se caracteriza. Dirigir sem habilitação é ilícito permanente e incide o Estatuto da Criança e do Adolescente, com responsabilidade civil direta de Magnus e subsidiária de seu pai.

17. (TJMA/Titular de Serviços de Notas e de Registros/Provimento/IESES/2016) Acerca da força maior e do caso fortuito enquanto excludentes da responsabilidade civil, assinale a alternativa CORRETA:

a) Sempre excluem a responsabilidade civil.
b) São aplicáveis apenas à responsabilidade civil extracontratual.
c) Atingem o elemento dano emergente, afastando a obrigação de indenizar.
d) Não excluem a responsabilidade civil diante da existência de cláusula de assunção convencional (art. 393 do Código Civil).

GABARITO

1. "b". *Vide* arts. 188, II, 929 e 930 do CC.
2. "c". *Vide* art. 188 do CC.
3. "c". *Vide* arts. 188, II, e 929 do CC.
4. "b". Exemplo de responsabilidade subsidiária: art. 928 e parágrafo único do CC.
5. "a". *Vide* arts. 932, III, e 933 do CC.
6. "a". *Vide* art. 933 do CC.
7. "c". *Vide* arts. 275, parágrafo único, e 204 do CC.
8. "a". *Vide* art. 930 do CC.
9. "d". *Vide* art. 186 do CC.
10. "b". *Vide* arts. 206, § 3º, e 2.028 do CC.
11. "b". *Vide* arts. 188, II, 929 e 930 do CC.
12. "d". *Vide* art. 403 do CC.
13. "d". *Vide* art. 200 do CC.
14. "d". *Vide* item 5, *retro*.
15. "c". A ação, nesse caso, deve ser movida contra o Estado.
16. "d". *Vide* arts. 188, II, 929 e 930 do CC.
17. "d".

SEGUNDA PARTE

DIREITO DE FAMÍLIA

1

DIREITO DE FAMÍLIA

1.1. NOÇÃO DE DIREITO DE FAMÍLIA

O direito de família é, de todos os ramos do direito, **o mais intimamente ligado à própria vida**, uma vez que, de modo geral, as pessoas provêm de um organismo familiar e a ele conservam-se vinculadas durante a sua existência, mesmo que venham a constituir nova família pelo casamento ou pela união estável.

Já se disse, com razão, que a família é uma realidade sociológica e **constitui a base do Estado**, o núcleo fundamental em que repousa toda a organização social. Em qualquer aspecto em que é considerada, aparece a família como uma instituição necessária e sagrada, que vai merecer a mais **ampla proteção do Estado**. A Constituição Federal e o Código Civil a ela se reportam e estabelecem a sua estrutura, sem no entanto defini-la, uma vez que não há identidade de conceitos tanto no direito como na sociologia. Dentro do próprio direito a sua natureza e a sua extensão variam, conforme o ramo.

1.1.1. Conceito *lato sensu*

Lato sensu, o vocábulo ***família*** abrange todas as pessoas ligadas por **vínculo de sangue** e que procedem, portanto, de um tronco ancestral comum, bem como as unidas pela **afinidade** e pela **adoção**. Compreende os **cônjuges e companheiros, os parentes e os afins**.

Segundo Josserand, esse primeiro sentido é, em princípio, "o único verdadeiramente jurídico, em que a família deve ser entendida: tem o valor de um grupo étnico, intermédio entre o indivíduo e o Estado"[1].

1.1.2. Família tradicional

As leis em geral referem-se à família como um núcleo mais restrito, constituído pelos **pais e sua prole**, embora esta não seja essencial à sua configuração. É a denominada *pequena família*, porque o grupo é reduzido ao seu núcleo essencial: **pai, mãe e filhos**[2], correspondendo ao que os romanos denominavam ***domus***. Trata-se de instituição

---

[1] *Derecho civil*, t. I, v. II, p. 4.

[2] José Lamartine Corrêa de Oliveira e Francisco José Ferreira Muniz, *Direito de família*, p. 9.

jurídica e social, resultante de casamento ou união estável, formada por duas pessoas de sexo diferente com a intenção de estabelecerem uma comunhão de vidas e, via de regra, de terem filhos a quem possam transmitir o seu nome e seu patrimônio.

Identificam-se na sociedade conjugal estabelecida pelo casamento três ordens de **vínculos**:

- **o conjugal**, existente entre os cônjuges;
- **o de parentesco**, que reúne os seus integrantes em torno de um tronco comum, descendendo uns dos outros ou não; e
- **o de afinidade**, estabelecido entre um cônjuge e os parentes do outro.

O direito de família regula exatamente as relações entre os seus diversos membros e as consequências que delas resultam para as pessoas e bens. O **objeto do direito de família** é, pois, o complexo de disposições, pessoais e patrimoniais, que se origina do entrelaçamento das múltiplas relações estabelecidas entre os componentes da entidade familiar[3].

1.2. CONTEÚDO DO DIREITO DE FAMÍLIA

O direito de família constitui o ramo do direito civil que disciplina as relações entre pessoas unidas **pelo matrimônio, pela união estável ou pelo parentesco**, bem como os institutos complementares da **tutela e curatela**, visto que, embora tais institutos de caráter protetivo ou assistencial não advenham de relações familiares, têm, em razão de sua finalidade, nítida conexão com aquele[4].

O atual Código Civil destina o Livro IV da Parte Especial ao direito de família.

1.3. PRINCÍPIOS DO DIREITO DE FAMÍLIA

Rege-se o novo direito de família pelos princípios que se seguem.

1.3.1. Princípio do respeito à dignidade da pessoa humana

Trata-se de uma decorrência do disposto no art. 1º, III, da Constituição Federal.

Verifica-se, com efeito, do exame do texto constitucional, como assinala Gustavo Tepedino, que "a milenar proteção da família como instituição, unidade de produção e reprodução dos valores culturais, éticos, religiosos e econômicos, dá lugar à **tutela essencialmente funcionalizada à dignidade de seus membros**, em particular no que concerne ao desenvolvimento da personalidade dos filhos"[5].

---

3 Cunha Gonçalves, *Direitos de família e direitos das sucessões*, p. 10; Ricardo Pereira Lira, Breve estudo sobre as entidades familiares, in *A nova família:* problemas e perspectivas, p. 25; Washington de Barros Monteiro, *Curso de direito civil*, 32. ed., v. 2, p. 1.

4 Maria Helena Diniz, *Curso de direito civil brasileiro*, v. 5, p. 3-4.

5 A disciplina civil-constitucional das relações familiares, in *A nova família:* problemas e perspectivas, p. 48-49.

O direito de família é o **mais humano** de todos os ramos do direito. Preleciona Rodrigo da Cunha Pereira[6] que "a evolução do conhecimento científico, os movimentos políticos e sociais do século XX e o fenômeno da globalização provocaram mudanças profundas na estrutura da família e nos ordenamentos jurídicos de todo o mundo. Todas essas mudanças trouxeram novos ideais, provocaram um 'declínio do patriarcalismo' e lançaram as bases de sustentação e compreensão dos Direitos Humanos, a partir da noção da ***dignidade da pessoa humana***, hoje insculpida em quase todas as constituições democráticas".

O princípio do respeito à **dignidade da pessoa humana** constitui, assim, **base da comunidade familiar**, garantindo o pleno desenvolvimento e a realização de todos os seus membros, principalmente da criança e do adolescente (CF, art. 227)[7].

1.3.2. Princípio da igualdade jurídica dos cônjuges e dos companheiros

Tal princípio concerne aos direitos e deveres estabelecido no art. 226, § 5º, da Constituição Federal, *verbis*:

> "Os **direitos e deveres** referentes à sociedade conjugal são exercidos **igualmente** pelo homem e pela mulher".

A regulamentação instituída no aludido dispositivo **acaba com o poder marital** e com o sistema de encapsulamento da mulher, restrita a tarefas domésticas e à procriação. O art. 233 do Código Civil de 1916 proclamava que o *marido* era o chefe da sociedade conjugal, competindo-lhe a administração dos bens comuns e particulares da mulher, o direito de fixar o domicílio da família e o dever de prover à manutenção desta.

Todos esses direitos são agora exercidos pelo casal, em sistema de **cogestão**, devendo as divergências ser solucionadas pelo juiz (CC, art. 1.567, parágrafo único). O dever de prover à manutenção da família deixou de ser apenas um encargo do marido, incumbindo também à mulher, de acordo com as possibilidades de cada qual (art. 1.568).

1.3.3. Princípio da igualdade jurídica de todos os filhos

O aludido princípio encontra-se consubstanciado no art. 227, § 6º, da Constituição Federal, que assim dispõe:

> "Os filhos, havidos ou não da relação do casamento, ou por adoção, **terão os mesmos direitos e qualificações**, proibidas quaisquer designações discriminatórias relativas à filiação".

---

6 Família, direitos humanos, psicanálise e inclusão social, *Revista Brasileira de Direito de Família*, v. 16, p. 5-6.

7 Maria Helena Diniz, *Curso*, cit., v. 5, p. 21.

O dispositivo em apreço estabelece **absoluta igualdade entre todos os filhos**, não admitindo mais a retrógrada distinção entre filiação legítima ou ilegítima, segundo os pais fossem casados ou não, e adotiva, que existia no Código Civil de 1916. Hoje, todos são apenas filhos, uns havidos fora do casamento, outros em sua constância, mas com **iguais direitos e qualificações** (CC, arts. 1.596 a 1.629).

■ 1.3.4. Princípio da paternidade responsável e planejamento familiar

Dispõe o art. 226, § 7º, da Constituição Federal que o planejamento familiar é **livre decisão do casal**, fundado nos princípios da dignidade da pessoa humana e da **paternidade responsável**. Essa responsabilidade é de ambos os genitores, cônjuges ou companheiros. A Lei n. 9.253/96 regulamentou o assunto, especialmente no tocante à responsabilidade do Poder Público.

O Código Civil de 2002, no art. 1.565, traçou algumas diretrizes, proclamando que "o planejamento familiar é de **livre decisão do casal**" e que é "vedado qualquer tipo de coerção por parte de instituições públicas e privadas".

■ 1.3.5. Princípio da comunhão plena de vida

A comunhão plena de vida baseia-se na **afeição** entre os cônjuges ou conviventes, como prevê o art. 1.511 do Código Civil. Tal dispositivo tem relação com o aspecto espiritual do casamento e com o **companheirismo** que nele deve existir.

Priorizada, assim, a **convivência familiar**, ora nos defrontamos com o grupo fundado **no casamento ou no companheirismo**, ora com a **família monoparental** sujeita aos mesmos deveres e tendo os mesmos direitos. O Estatuto da Criança e do Adolescente outorgou, ainda, direitos à família substituta. Os novos rumos conduzem à **família socioafetiva**, na qual prevalecem os laços de afetividade sobre os elementos meramente formais[8]. Nessa linha, a dissolução da sociedade conjugal pelo divórcio tende a ser uma consequência da **extinção da *affectio*, e não da culpa** de qualquer dos cônjuges.

O princípio ora comentado é reforçado pelo art. 1.513 do Código Civil, que **veda** a qualquer pessoa jurídica, seja ela de direito público ou de direito privado, **a interferência na comunhão de vida** instituída pela família.

■ 1.3.6. Princípio da liberdade de constituir uma comunhão de vida familiar

A comunhão, seja pelo casamento, seja pela união estável, estabelece-se **sem qualquer imposição ou restrição de pessoa jurídica de direito público ou privado**, como dispõe o supramencionado art. 1.513 do Código Civil. Tal princípio abrange também a livre decisão do casal no planejamento familiar (CC, art. 1.565), intervindo o Estado apenas para propiciar recursos educacionais e científicos ao exercício desse direito (CF, art. 226, § 7º).

---

8 Caio Mário da Silva Pereira, *Instituições*, cit., v. 5, p. 6.

O reconhecimento da **união estável como entidade familiar**, instituído pela Constituição de 1988 no art. 226, § 3º, retrotranscrito, e sua regulamentação pelo novo Código Civil possibilitam essa opção aos casais que pretendem estabelecer uma comunhão de vida baseada no relacionamento afetivo. A aludida Carta Magna alargou o conceito de família, passando a integrá-lo as **relações monoparentais**, de um pai com seus filhos. Esse redimensionamento, "calcado na realidade que se impôs, acabou afastando da ideia de família o pressuposto de casamento. Para sua configuração, deixou-se de exigir a necessidade de existência de um par, o que, consequentemente, subtraiu de sua finalidade a proliferação"[9].

1.4. NATUREZA JURÍDICA DO DIREITO DE FAMÍLIA

1.4.1. Predominância das normas de ordem pública

Em razão da importância social de sua disciplina, **predominam no direito de família as normas de ordem pública**, impondo antes deveres do que direitos. Todo o direito familiar se desenvolve e repousa, com efeito, na ideia de que os vínculos são impostos e as faculdades conferidas não tanto para atribuir direitos quanto para impor deveres. Não é principalmente "o interesse individual, com as faculdades decorrentes, que se toma em consideração. Os direitos, embora assim reconhecidos e regulados na lei, assumem, na maior parte dos casos, **o caráter de deveres**"[10].

Daí por que se observa uma **intervenção crescente do Estado** no campo do direito de família, visando conceder-lhe maior proteção e propiciar melhores condições de vida às gerações novas. Essa constatação tem conduzido alguns doutrinadores a *retirar do direito privado o direito de família e incluí-lo no direito público*. Outros preferem classificá-lo como **direito *sui generis*** ou **"direito social"**.

1.4.2. Caráter predominantemente privado

Malgrado as peculiaridades das normas do direito de família, o seu correto lugar é mesmo junto ao direito privado, **no ramo do direito civil**, em razão da finalidade tutelar que lhe é inerente, ou seja, da natureza das relações jurídicas a que visa disciplinar. Destina-se, como vimos, a **proteger a família**, os bens que lhe são próprios, a prole e interesses afins.

Como assinala Arnaldo Rizzardo, a íntima aproximação do direito de família "ao direito público não retira o caráter privado, pois está disciplinado num dos mais importantes setores do direito civil, e não envolve diretamente uma relação entre o Estado e o cidadão. As relações adstringem-se às pessoas físicas, sem obrigar o ente público na solução dos litígios"[11].

---

9 Ivone Coelho de Souza e Maria Berenice Dias, Famílias modernas: (Inter)secções do afeto e da lei, *Revista Brasileira de Direito de Família*, v. 8, p. 65.

10 Eduardo Espínola, *A família no direito civil brasileiro*, p. 14, n. 3.

11 *Direito de família*, p. 6.

1.4.3. Natureza personalíssima

Outra característica dos direitos de família é a sua *natureza personalíssima*: são **direitos irrenunciáveis e intransmissíveis por herança**. Desse modo, "ninguém pode transferir ou renunciar sua condição de filho. O marido não pode transmitir seu direito de contestar a paternidade do filho havido por sua mulher; ninguém pode ceder seu direito de pleitear alimentos, ou a prerrogativa de demandar o reconhecimento de sua filiação havida fora do matrimônio"[12].

1.5. FAMÍLIA E CASAMENTO

O **Código Civil de 1916** proclamava, no art. 229, que o primeiro e principal efeito do casamento é a criação da **família legítima**. A família estabelecida fora do casamento era considerada **ilegítima** e só mencionada em alguns dispositivos que faziam restrições a esse modo de convivência, então chamado de **concubinato**, proibindo-se, por exemplo, doações ou benefícios testamentários do homem casado à concubina, ou a inclusão desta como beneficiária de contrato de seguro de vida.

Os filhos que não procediam de justas núpcias, mas de relações extramatrimoniais, eram classificados como **ilegítimos** e não tinham sua filiação assegurada pela lei, podendo ser:

- **naturais:** os que nasciam de homem e mulher entre os quais não havia impedimento matrimonial; e
- **espúrios:** os nascidos de pais impedidos de se casar entre si em decorrência de parentesco, afinidade ou casamento anterior e se dividiam em:

a) ***adulterinos***; e

b) ***incestuosos***.

Somente os filhos naturais podiam ser reconhecidos, embora apenas os legitimados pelo casamento dos pais, após sua concepção ou nascimento, fossem em tudo equiparados aos legítimos (art. 352).

O art. 358 do mencionado Código Civil de 1916 proibia, no entanto, expressamente, o reconhecimento dos filhos adulterinos e incestuosos. O aludido dispositivo só foi revogado em 1989 pela Lei n. 7.841, depois que **a Constituição Federal de 1988 proibiu, no art. 227, § 6º, qualquer designação discriminatória relativa à filiação**, proclamando a **igualdade de direitos e qualificações entre os filhos**, havidos ou não da relação do casamento.

Antes mesmo da nova Carta, no entanto, aos poucos, a começar pela legislação previdenciária, alguns direitos da **concubina** foram sendo reconhecidos, tendo a jurisprudência admitido outros, como o direito à meação dos bens adquiridos pelo esforço comum (STF, Súmula 380). As restrições existentes no Código Civil passaram a ser aplicadas somente aos casos de ***concubinato adulterino***, em que o homem vivia

[12] Silvio Rodrigues, *Direito civil*, v. 6, p. 14.

com a esposa e, concomitantemente, mantinha concubina. Quando, porém, encontrava-se separado de fato da esposa e estabelecia com a concubina um relacionamento *more uxorio*, isto é, de marido e mulher, tais restrições deixavam de ser aplicadas, e a mulher passava a ser chamada de ***companheira***.

As soluções para os conflitos pessoais e patrimoniais surgidos entre os que mantinham uma comunhão de vida sem casamento eram encontradas, todavia, fora do direito de família. A mulher abandonada fazia jus a uma **indenização por serviços prestados**, baseada no princípio que veda o enriquecimento sem causa.

A **Constituição Federal de 1988**, todavia, alargou o conceito de família, passando a integrá-lo as **relações monoparentais, de um pai com os seus filhos**. Esse redimensionamento, "calcado na realidade que se impôs, acabou afastando da ideia de família o pressuposto de *casamento*. Para sua configuração, deixou-se de exigir a necessidade de existência de um par, o que, consequentemente, subtraiu de sua finalidade a proliferação"[13].

Assinala, a propósito, Eduardo de Oliveira Leite que a singeleza ilusória de apenas dois artigos, os **arts. 226 e 227 da Constituição Federal**, "gerou efeitos devastadores numa ordem jurídica, do Direito de Família, que se pretendia pacificada pela tradição, pela ordem natural dos fatos e pela influência do Direito Canônico"[14]. O citado art. 227, aduz, redimensionou a ideia de **filiação**, enquanto o art. 226 incluiu no plano constitucional o conceito de *entidade familiar*, "quer decorrente da **união estável** entre homem e mulher, quer daquele oriundo da comunidade entre qualquer dos pais e seus descendentes, previsto no art. 226, § 4º, da Constituição Federal. O novo e instigante dispositivo constitucional reconheceu a existência das 'famílias monoparentais', que passam, a partir de então, a ser protegidas pelo Estado. Ao lado do casamento (legalizado), o constituinte reconheceu a união livre (não legalizada), e entre os dois extremos vaga, indefinida, a noção de '**família monoparental**', ainda aguardando integral definição, estruturação e limites pela legislação infraconstitucional".

Ao reconhecer **como família a união estável** entre um homem e uma mulher, a Carta Magna conferiu juridicidade ao relacionamento existente fora do casamento.

Finalmente, o **Código Civil de 2002** inseriu título referente à **união estável** no Livro de Família, incorporando, em cinco artigos, os princípios básicos das aludidas leis, que têm agora caráter subsidiário, tratando, nesses artigos, dos aspectos pessoais e patrimoniais.

Verifica-se, assim, que a Constituição Federal, alterando o conceito de família, impôs novos modelos. Embora a família continue a ser a base da sociedade e a desfrutar da especial proteção do Estado, não mais se origina apenas do casamento, uma vez que, a seu lado, duas novas entidades familiares passaram a ser reconhecidas: a constituída pela **união estável** e a **formada por qualquer dos pais e seus descendentes**[15].

---

[13] Ivone Coelho de Souza e Maria Berenice Dias, Famílias modernas, cit., v. 8, p. 65.

[14] *Famílias monoparentais*, p. 7-8.

[15] Heloísa Helena Barboza, O direito de família, cit., p. 104.

1.6. O DIREITO DE FAMÍLIA NA CONSTITUIÇÃO DE 1988 E NO CÓDIGO CIVIL DE 2002

O Código Civil de 1916 e as leis posteriores, vigentes no século passado, regulavam a família constituída unicamente pelo *casamento*, de modelo patriarcal e hierarquizada, como foi dito, ao passo que o moderno enfoque pelo qual é identificada tem indicado novos elementos que compõem as relações familiares, destacando-se os vínculos afetivos que norteiam a sua formação. Nessa linha, a **família socioafetiva** vem sendo priorizada em nossa doutrina e jurisprudência.

1.6.1. A Constituição de 1988

A Constituição Federal de 1988 "absorveu essa transformação e adotou uma nova ordem de valores, privilegiando a **dignidade da pessoa humana**, realizando verdadeira revolução no Direito de Família, a partir de três eixos básicos". Assim:

- O art. 226 afirma que "a entidade familiar é plural e não mais singular, **tendo várias formas de constituição**".
- O segundo eixo transformador "encontra-se no § 6º do art. 227. É a alteração do sistema de **filiação**, de sorte a **proibir designações discriminatórias** decorrentes do fato de ter a concepção ocorrido dentro ou fora do casamento".
- A terceira grande revolução situa-se "nos artigos 5º, inciso I, e 226, § 5º. Ao consagrar o **princípio da igualdade entre homens e mulheres**, derrogou mais de uma centena de artigos do Código Civil de 1916"[16].

A nova Carta abriu ainda outros horizontes ao instituto jurídico da família, dedicando especial atenção ao planejamento familiar e à assistência direta à família (art. 226, §§ 7º e 8º).

No tocante ao **planejamento familiar**, o constituinte enfrentou o problema da limitação da natalidade, fundando-se nos *princípios da dignidade humana* e da *paternidade responsável*, proclamando competir ao Estado propiciar recursos educacionais e científicos para o exercício desse direito. Não desconsiderando o crescimento populacional desordenado, entendeu, todavia, que cabe ao casal a escolha dos critérios e dos modos de agir, **"vedada qualquer forma coercitiva por parte de instituições oficiais ou particulares"** (art. 226, § 7º)[17].

1.6.2. O Código Civil de 2002

Todas as mudanças sociais havidas na segunda metade do século passado e o advento da Constituição Federal de 1988, com as inovações mencionadas, levaram à aprovação do Código Civil de 2002, com a convocação dos pais a uma **"paternidade responsável"** e a assunção de uma realidade familiar concreta, em que os vínculos

---

[16] Rodrigo da Cunha Pereira e Maria Berenice Dias, *Direito de família e o novo Código Civil*, Prefácio.

[17] Caio Mário da Silva Pereira, *Instituições*, cit., v. 5, p. 37.

de afeto se sobrepõem à verdade biológica, após as conquistas genéticas vinculadas aos estudos do DNA. Uma vez declarada a convivência familiar e comunitária como direito fundamental, **prioriza-se a família socioafetiva, a não discriminação de filhos, a corresponsabilidade dos pais quanto ao exercício do poder familiar, e se reconhece o núcleo monoparental como entidade familiar**[18].

O Código de 2002 destina um título para reger o *direito pessoal*, e outro para a disciplina do ***direito patrimonial*** da família. Desde logo enfatiza a *igualdade dos cônjuges* (art. 1.511), materializando a paridade no exercício da sociedade conjugal, redundando no *poder familiar*, e proíbe a interferência das pessoas jurídicas de direito público na comunhão de vida instituída pelo casamento (art. 1.513), além de disciplinar o regime do casamento religioso e seus efeitos.

O novo diploma:

- amplia, ainda, o conceito de família, com a regulamentação da ***união estável*** como entidade familiar;
- revê os preceitos pertinentes à contestação, pelo marido, da ***legitimidade do filho*** nascido de sua mulher, ajustando-se à jurisprudência dominante;
- reafirma a ***igualdade entre os filhos*** em direitos e qualificações, como consignado na Constituição Federal;
- atenua o princípio da ***imutabilidade do regime de bens*** no casamento;
- limita o parentesco, na linha colateral, até o ***quarto grau***, por ser este o limite estabelecido para o direito sucessório;
- introduz novo regime de bens, em substituição ao regime dotal, denominado regime de ***participação final nos aquestos***;
- confere nova disciplina à matéria de ***invalidade do casamento***, que corresponde melhor à natureza das coisas;
- introduz nova disciplina do ***instituto da adoção***, compreendendo tanto a de crianças e adolescentes como a de maiores, exigindo procedimento judicial em ambos os casos;
- regula a ***dissolução da sociedade conjugal***, revogando tacitamente as normas de caráter material da Lei do Divórcio, mantidas, porém, as procedimentais;
- disciplina a ***prestação de alimentos*** segundo nova visão, abandonando o rígido critério da mera garantia dos meios de subsistência;
- mantém a instituição do ***bem de família***; e
- procede a uma revisão nas normas concernentes à tutela e à curatela, acrescentando a hipótese de ***curatela do enfermo ou portador de deficiência física***, dentre outras alterações.

As inovações mencionadas dão uma visão panorâmica das profundas modificações introduzidas no direito de família, que serão objeto de detidos estudos no desenvolvimento desta obra.

[18] Caio Mário da Silva Pereira, *Instituições*, cit., v. 5, p. 39.

1.6.3. A função social da família

Frise-se que as alterações pertinentes ao direito de família demonstram e ressaltam a ***função social*** da família no direito brasileiro, a partir especialmente:

- da proclamação da **igualdade absoluta dos cônjuges e dos filhos**;
- da disciplina **concernente à guarda, manutenção e educação da prole**, com atribuição de poder ao juiz para decidir sempre no interesse desta e determinar a guarda a quem revelar melhores condições de exercê-la, bem como para **suspender ou destituir os pais do poder familiar**, quando faltarem aos deveres a ele inerentes;
- do reconhecimento do **direito a alimentos inclusive aos companheiros** e da observância das circunstâncias socioeconômicas em que se encontrarem os interessados;
- da obrigação imposta a ambos os cônjuges, separados judicialmente (antes da aprovação da Emenda Constitucional n. 66/2010) ou divorciados, **de contribuírem, na proporção de seus recursos, para a manutenção dos filhos** etc.

1.6.4. Ampliação do conceito de família

Acrescente-se, por fim, que há, na doutrina, uma tendência de ampliar o conceito de família, para abranger situações não mencionadas pela Constituição Federal. Fala-se, assim, em:

- **Família matrimonial:** decorrente do casamento;
- **Família informal:** decorrente da união estável;
- **Família monoparental:** constituída por um dos genitores com seus filhos;
- **Família anaparental:** constituída somente pelos filhos;
- **Família homoafetiva:** formada por pessoas do mesmo sexo;
- **Família eudemonista:** caracterizada pelo vínculo afetivo.

A Lei n. 12.010, de 2009 (Lei da Adoção), conceitua ***família extensa*** "aquela que se estende para além da unidade pais e filhos ou da unidade do casal, formada por parentes próximos com os quais a criança ou adolescente convive e mantém vínculos de afinidade e afetividade".

1.7. RESUMO

DIREITO DE FAMÍLIA	
CONCEITO	***Lato sensu*** O vocábulo *família* abrange todas as pessoas ligadas por vínculo de sangue e que procedem, portanto, de um tronco ancestral comum, bem como as unidas pela afinidade e pela adoção. Compreende os cônjuges e companheiros, os parentes e os afins. **Família tradicional** A denominada *pequena família* é reduzida ao seu núcleo essencial: pai, mãe e filhos.

PRINCÍPIOS	Rege-se o direito de família pelos seguintes princípios: ■ Princípio do respeito à dignidade da pessoa humana; ■ Princípio da igualdade jurídica dos cônjuges e dos companheiros; ■ Princípio da igualdade jurídica de todos os filhos; ■ Princípio da paternidade responsável e planejamento familiar; ■ Princípio da comunhão plena de vida, baseada na afeição entre os cônjuges ou conviventes; ■ Princípio da liberdade de constituir uma comunhão de vida familiar.
NATUREZA JURÍDICA	■ Predominam as **normas de ordem pública**, impondo antes deveres do que direitos. Não obstante, o correto lugar do direito de família é junto ao direito privado, no ramo do **direito civil**, em razão da natureza das relações jurídicas a que visa disciplinar.
CÓDIGO CIVIL DE 2002	■ O CC/2002 destina um título para reger o ***direito pessoal***, e outro para a disciplina do ***direito patrimonial*** da família. Desde logo enfatiza a ***igualdade dos cônjuges*** (art. 1.511), materializando a paridade no exercício da sociedade conjugal, redundando no poder familiar, e ***proíbe a interferência das pessoas jurídicas de direito público*** na comunhão de vida instituída pelo casamento (art. 1.513), além de disciplinar o ***regime do casamento*** e seus efeitos. O novo diploma amplia, ainda, o conceito de família, com a regulamentação da ***união estável*** como entidade familiar.

2

DO CASAMENTO

2.1. CONCEITO

Segundo a clássica definição de **Clóvis Beviláqua**, "O casamento é um *contrato bilateral* e *solene*, pelo qual um homem e uma mulher se unem indissoluvelmente, legalizando por ele suas relações sexuais, estabelecendo a mais estreita comunhão de vida e de interesses, e comprometendo-se a criar e a educar a prole, que de ambos nascer"[1]. Tem a virtude de aderir à **concepção contratualista** e de enfatizar a tradicional e estreita **comunhão de vida e de interesses**, realçando o mais importante dos deveres, que é o relacionado à **prole**.

Na realidade **a referência à prole não é essencial**. Basta lembrar, como o faz Cunha Gonçalves[2], que, embora os cônjuges normalmente objetivem ter filhos, tal não ocorre, por exemplo, no casamento *in articulo mortis*, que pode dissolver-se logo depois de celebrado. **A falta de filhos não afeta o casamento**, pois podem casar-se pessoas que, pela idade avançada ou por questões de saúde, não têm condições de procriar. E nunca se pensou em anular todos os casamentos de que não advenha prole.

Merece referência a definição de **Washington de Barros Monteiro**, segundo a qual "casamento é a união permanente entre o homem e a mulher, de acordo com a lei, a fim de se reproduzirem, de se ajudarem mutuamente e de criarem os seus filhos"[3].

Impossível ser original, diante de tantas definições, antigas e modernas. Por essa razão, entendemos desnecessário formular qualquer outra, preferindo aderir, por sua concisão e precisão, à apresentada por José Lamartine Corrêa de Oliveira, que considera casamento "o **negócio jurídico de Direito de Família** por meio do qual **um homem e uma mulher** se vinculam através de uma relação jurídica típica, que é a **relação matrimonial**. Esta é uma relação **personalíssima e permanente**, que traduz ampla e duradoura **comunhão de vida**"[4].

Como se observa, todas as definições apresentam o casamento como união entre homem e mulher, ou seja, entre duas pessoas de sexo diferente. Tal requisito, todavia, foi **afastado pelo Superior Tribunal de Justiça**, que reconheceu expressamente a inexistência do óbice relativo à igualdade de sexos **(uniões homoafetivas)**, nestes termos:

1 *Direito de família*, § 6º, p. 46.

2 *Direitos de família e direitos das sucessões*, p. 19.

3 *Curso*, cit., v. 2, p. 12.

4 *Direito de família*, p. 121.

"Assim sendo, as famílias formadas por pessoas *homoafetivas* não são menos dignas de proteção do Estado se comparadas com aquelas apoiadas na tradição e formadas por casais heteroafetivos. O que se deve levar em consideração é como aquele arranjo familiar deve ser levado em conta e, evidentemente, o vínculo que mais segurança jurídica confere às famílias é o casamento civil. Assim, se é o casamento civil a forma pela qual o Estado melhor protege a família e se são múltiplos os arranjos familiares reconhecidos pela CF/1988, **não será negada essa via a nenhuma família que por ela optar, independentemente de orientação sexual dos nubentes, uma vez que as famílias constituídas por pares *homoafetivos* possuem os mesmos núcleos axiológicos daquelas constituídas por casais heteroafetivos, quais sejam, a dignidade das pessoas e o afeto**. Por consequência, o mesmo raciocínio utilizado tanto pelo STJ quanto pelo STF para conceder aos pares homoafetivos os direitos decorrentes da união estável deve ser utilizado **para lhes proporcionar a via do casamento civil**, ademais porque a CF determina a facilitação da conversão da união estável em casamento (art. 266, § 3º)"[5].

2.2. NATUREZA JURÍDICA

Não há um consenso, na doutrina, a respeito da natureza jurídica do casamento. A *concepção clássica*, também chamada **individualista ou contratualista**, acolhida pelo Código de Napoleão e que floresceu no século XIX, considerava o casamento civil, indiscutivelmente, **um contrato**, cuja validade e eficácia decorreriam exclusivamente da vontade das partes. A Assembleia Constituinte, instalada após a eclosão da Revolução Francesa de 1789, proclamou que "la loi ne considère le mariage que comme un contrat civil".

Tal concepção representava uma reação à ideia de caráter religioso que vislumbrava no casamento um sacramento. Segundo os seus adeptos, **aplicavam-se aos casamentos as regras comuns a todos os contratos**. Assim, o *consentimento* dos contraentes constituía o elemento essencial de sua celebração e, sendo contrato, certamente poderia dissolver-se por um distrato. A sua dissolução ficaria, destarte, apenas na dependência do mútuo consentimento[6].

Em oposição a tal teoria, surgiu a concepção **institucionalista ou supraindividualista**, defendida pelos elaboradores do Código Civil italiano de 1865 e por escritores franceses como Hauriou e Bonnecase. Para essa corrente o casamento é uma **"instituição social"**, no sentido de que reflete uma situação jurídica cujos parâmetros se acham preestabelecidos pelo legislador.

Nessa polêmica surgiu uma terceira concepção, de **natureza eclética ou mista**, que considera o casamento ato complexo, **ao mesmo tempo contrato e instituição**. Trata-se de um contrato especial, **um contrato de direito de família**.

Não há, realmente, inconveniente de chamar o casamento de **contrato especial, um contrato de direito de família**, com características diversas do disciplinado no

---

5 STJ, REsp 1.183.378-RS, 4ª T., rel. Min. Luis Felipe Salomão, j. 25-10-2011.

6 Washington de Barros Monteiro, *Curso*, cit., v. 2, p. 13; Silvio Rodrigues, *Comentários ao Código Civil*, v. 17, p. 3.

direito das obrigações, uma vez que, como afirma Silvio Rodrigues, assume ele "a feição de um **ato complexo**, de natureza institucional, que depende da manifestação livre da vontade dos nubentes, mas que se completa pela celebração, que é ato privativo de representante do Estado"[7].

■ 2.3. CARACTERES DO CASAMENTO

O casamento reveste-se de diversos caracteres, sendo alguns peculiares a determinados sistemas jurídicos. Podem ser destacados os seguintes:

- **É ato eminentemente solene.** O casamento e o testamento constituem os dois atos mais repletos de formalidades do direito civil, devido à sua reconhecida importância. Destinam-se elas a dar **maior segurança** aos referidos atos, para garantir a sua validade e enfatizar a sua seriedade. Destaca-se a **formalidade da celebração**, presidida pelo representante do Estado que, depois de ouvida aos nubentes a afirmação de que pretendem casar-se por livre e espontânea vontade, **declara efetuado o casamento mediante palavras sacramentais** (CC, art. 1.535). As formalidades exigidas constituem **elementos essenciais e estruturais** do casamento, cuja inobservância torna o ato *inexistente*.
- **As normas que o regulamentam são de ordem pública.** *Ipso facto*, não podem ser derrogadas por convenções particulares. Com efeito, o casamento é constituído de um **conjunto de normas imperativas**, cujo objetivo consiste em dar à família uma organização social moral compatível com as aspirações do Estado e com a natureza permanente do homem, definidas em princípios insculpidos na Constituição Federal e nas leis civis.
- **Estabelece comunhão plena de vida, com base na igualdade de direitos e deveres dos cônjuges.** Assim o proclama o art. 1.511 do Código Civil. Implica necessariamente *união exclusiva*, uma vez que o primeiro dever imposto a ambos os cônjuges no art. 1.566 do mencionado diploma é o de *fidelidade recíproca*. **A aludida comunhão está ligada ao princípio da igualdade substancial**, que pressupõe o respeito à diferença entre os cônjuges e a consequente preservação da dignidade das pessoas casadas. Em complemento, dispõe o art. 1.565 do novo Código que, por meio do casamento, "homem e mulher assumem mutuamente a condição de consortes, companheiros e responsáveis pelos encargos da família".
- **Representa união permanente.** Dividem-se nesse ponto os sistemas jurídicos. Predominam atualmente os que consagram a sua dissolubilidade. **Poucos são, na realidade, os países que ainda não admitem o divórcio.** O Código Civil proclama que o divórcio é uma das causas que ensejam o término da sociedade conjugal, tendo o condão de dissolver o casamento válido (art. 1.571, IV e § 1º), regulamentando o assunto nos arts. 1.571 a 1.582. **A Emenda Constitucional n. 66/2010 alterou a redação do § 6º do art. 226 da Constituição Federal**,

[7] *Comentários*, cit., v. 17, p. 5.

retirando do texto a referência à separação judicial e aos requisitos temporais para a obtenção do divórcio.

- **Exige diversidade de sexos.** A Constituição Federal só admite casamento entre homem e mulher. Esse posicionamento é o tradicional e já era salientado nos textos clássicos romanos. A diferença de sexos sempre constituiu requisito natural do casamento, a ponto de serem consideradas inexistentes as uniões homossexuais. A Lei Maior, inclusive, só permite a união estável entre homem e mulher. Todavia, como retromencionado (item 2.1, *in fine*), **a partir do reconhecimento, pelo Supremo Tribunal Federal, da união homoafetiva como entidade familiar**, a jurisprudência, especialmente a do Superior Tribunal de Justiça (cf. REsp 1.183.378-RS), tem afastado o requisito da diversidade de sexos, **admitindo expressamente o *casamento homoafetivo***.
- **Não comporta termo ou condição.** Constitui, assim, negócio jurídico **puro e simples**.
- **Permite liberdade de escolha do nubente.** Trata-se de uma consequência natural do seu caráter pessoal. Cabe exclusivamente aos consortes manifestar a sua vontade, pessoalmente ou por procurador com poderes especiais (CC, art. 1.542). Reconhece hoje a melhor doutrina que **a liberdade de casar-se corresponde a um direito da personalidade**, pois que tutela interesse fundamental do homem, consagrado pelo art. 16 da "Declaração Universal dos Direitos do Homem" e pelo art. 12 da Convenção Europeia dos Direitos do Homem, como observa José Lamartine Corrêa de Oliveira[8].

2.4. INOVAÇÕES INTRODUZIDAS PELO CÓDIGO CIVIL DE 2002

Dentre as diversas inovações trazidas pelo Código Civil de 2002 destacam-se as seguintes:

- **Gratuidade da celebração do casamento** e, com relação à pessoa cuja pobreza for declarada sob as penas da lei, também da **habilitação, do registro e da primeira certidão** (art. 1.512).
- Regulamentação e facilitação do **registro civil do casamento religioso** (art. 1.516).
- Redução da **capacidade do homem para casar** para dezesseis anos (art. 1.517).
- Previsão somente dos **impedimentos ou dirimentes absolutos**, reduzindo-se o rol (art. 1.521).
- Tratamento das hipóteses de impedimentos **relativamente dirimentes** do Código Civil de 1916 não mais como impedimentos, mas como casos de **invalidade relativa do casamento** (art. 1.550).
- Substituição dos antigos impedimentos impedientes ou meramente proibitivos pelas **causas suspensivas** (art. 1.523).

---

8 *Direito de família*, cit., p. 123-124.

■ Exigência de **homologação da habilitação para o casamento pelo juiz** (art. 1.526), limitada, posteriormente, pela Lei n. 12.133, de 17-12-2009, aos casos em que tenha havido impugnação do oficial, do Ministério Público ou de terceiros.

■ Casamento por procuração mediante instrumento público, com **validade restrita a noventa dias**.

■ Consolidação da **igualdade dos cônjuges**, aos quais compete a direção da sociedade conjugal, com o desaparecimento da figura do chefe de família (arts. 1.565 e 1.567).

■ **Oficialização do termo *sobrenome*** e possibilidade de adoção do utilizado pelo outro por qualquer dos nubentes (art. 1.565, § 1º).

■ 2.5. FINALIDADES DO CASAMENTO

São múltiplas as finalidades do casamento e variam conforme a visão filosófica, sociológica, jurídica ou religiosa com que são encaradas.

■ **Amor físico.** Para a corrente **individualista** retromencionada, a satisfação sexual, ou seja, **o amor físico constitui o único objetivo do matrimônio**. Tal concepção avilta, evidentemente, a dignidade da união matrimonial. Não resta dúvida serem **a *affectio maritalis***, ou o amor que une um homem e uma mulher, no qual se converte a atração sexual inicial, e a pretensão a um direcionamento comum na vida, como salienta Arnaldo Rizzardo[9], os motivos ou finalidades principais do casamento.

■ **Procriação.** Sustentam alguns ser a **procriação** a exclusiva finalidade do casamento. Todavia, como claramente demonstra Washington de Barros Monteiro, não procede semelhante ponto de vista, "que deixa sem explicação plausível o casamento *in extremis vitae momentis* e o de pessoas em idade avançada, já privadas da função reprodutora. Além disso, aceito que a reprodução constitua o fim exclusivo do matrimônio, ter-se-á logicamente de concluir pela anulação de todos os casamentos em que não advenha prole, conclusão profundamente perturbadora da estabilidade do lar e da segurança da família"[10].

■ **Comunhão plena de vida.** Sem dúvida, **a principal finalidade do casamento é estabelecer uma *comunhão plena de vida***, como prevê o art. 1.511 do Código Civil de 2002, impulsionada pelo amor e afeição existente entre o casal e baseada na igualdade de direitos e deveres dos cônjuges e na mútua assistência. O que define a família, na realidade, como destaca Sérgio Resende de Barros, "**é um afeto especial**, com o qual se constitui a diferença específica que define a entidade familiar (...). Este é o afeto que define a família: **é o *afeto conjugal***"[11]. Os demais objetivos, embora também importantes, **são secundários**, não essenciais, como a procriação, a educação dos filhos e a satisfação sexual, já citados,

---

9 *Direito de família*, cit., p. 25.

10 *Curso*, cit., v. 2, p. 14-15.

11 A ideologia do afeto, *Revista Brasileira de Direito de Família*, v. 14, p. 8.

aliados à atribuição de nome de um dos cônjuges ao outro, e o de ambos aos filhos, bem como à legalização de estados de fato[12].

■ 2.6. RESUMO

DO CASAMENTO	
CONCEITO	■ Casamento é a união legal entre duas pessoas, com o objetivo de constituírem uma ***família***. Reconhece-se-lhe o efeito de estabelecer "comunhão plena de vida, com base na igualdade de direitos e deveres dos cônjuges" (CC, art. 1.511). A união estável, reconhecida pela CF e pelo CC (art. 1.723) como entidade familiar, pode ser chamada de ***família natural***. Quando formada por somente um dos pais e seus filhos, denomina-se ***família monoparental*** (CF, art. 226, § 4º).
NATUREZA JURÍDICA	■ **Teoria clássica** Também chamada de ***individualista***, considera o casamento uma relação puramente contratual, resultante de um acordo de vontades, como acontece nos contratos em geral. ■ **Teoria institucionalista** Também denominada ***supraindividualista***, sustenta que o casamento é uma grande instituição social, a ela aderindo os que se casam. ■ **Teoria eclética** Constitui uma fusão das anteriores, pois considera o casamento um ato complexo: um contrato especial, do direito de família, mediante o qual os nubentes aderem a uma instituição pré-organizada, alcançando o estado matrimonial.

12 Caio Mário da Silva Pereira, *Instituições*, cit., v. 5, p. 67; Maria Helena Diniz, *Curso de direito civil brasileiro*, v. 5, p. 40-42.

3

DO PROCESSO DE HABILITAÇÃO PARA O CASAMENTO

3.1. DA CAPACIDADE PARA O CASAMENTO

O Código Civil trata, em capítulo próprio (arts. 1.517 a 1.520), da ***capacidade*** para o casamento, que deve ser demonstrada no processo de habilitação, fixando em **16 anos** a idade mínima, denominada **idade núbil**, tanto para o homem como para a mulher.

Ordenando a matéria, o novel diploma tratou separadamente da ***capacidade*** nos arts. 1.517 a 1.520, dos ***impedimentos*** nos arts. 1.521 e 1.522, e das ***causas suspensivas*** nos arts. 1.523 e 1.524.

3.1.1. Requisitos gerais e específicos

Não há uma perfeita coincidência entre a **capacidade genérica** para os atos da vida civil e a **capacidade específica** para o casamento. Às vezes a lei reconhece habilitação aos noivos para o casamento, como aos maiores de 16 anos, embora lhes falte a capacidade civil plena. Outras vezes, não obstante maiores e capazes, carecem de aptidão para o matrimônio, como sucede, por exemplo, com as pessoas já casadas.

Idade mínima

Bem andou o legislador ao estabelecer uma **idade mínima** para o casamento, dada a **seriedade do ato e sua repercussão na vida social**, sendo realmente conveniente que só se permita o ingresso no matrimônio de pessoas que atingiram maior desenvolvimento psíquico e intelectual. Se o enlace matrimonial se realizar sem que os consortes tenham atingido aquela idade, pode-se promover a sua **anulação**, mediante iniciativa própria ou de seus representantes legais[1].

O Código Civil de 1916 estipulava, como idade para casar, a de 16 para as mulheres e a de 18 para os homens (art. 183, XII). O diploma de 2002 equiparou a capacidade matrimonial **do homem e da mulher aos 16 anos de idade** em razão da **igualdade de direitos e deveres entre os cônjuges**, prevista no § 5º do art. 226 da Constituição Federal. Com a celebração do casamento **cessa a incapacidade dos nubentes** (art. 5º, parágrafo único, II). Desfeito o vínculo matrimonial pela viuvez ou divórcio, mantém-se a capacidade civil. O casamento nulo, entretanto, não produz

---

1 Silvio Rodrigues, *Comentários*, cit., v. 17, p. 17-18.

nenhum efeito (CC, art. 1.563). Proclamada a **nulidade**, ou mesmo a **anulabilidade**, o emancipado retorna à **situação de incapaz**, salvo se o contraiu de boa-fé (casamento putativo)[2].

No capítulo concernente à capacidade para o casamento, o novo Código só exige que o homem e a mulher tenham **"dezesseis anos"** de idade e exibam **"autorização de ambos os pais, ou de seus representantes legais, enquanto não atingida a maioridade civil"** (art. 1.517), permitindo o suprimento do consentimento quando a denegação for injusta (art. 1.519) e autorizando, excepcionalmente, **"o casamento de quem ainda não alcançou a idade núbil, para evitar imposição ou cumprimento de pena criminal ou em caso de gravidez"** (art. 1.520). Confira-se, a propósito, *Suprimento judicial de idade*, n. 3.1.2, *infra*.

No entanto, a idade núbil não é o único *pressuposto da capacidade matrimonial*. Josserand[3] aponta, acertadamente, como impedimentos ao casamento de uma pessoa com qualquer outra, também:

a) a **loucura**;

b) a existência de **outro casamento**: e,

c) para a mulher, em certos casos, o **prazo de viuvez**, ou seja, a proximidade da dissolução de um casamento anterior.

■ Loucura

Dispunha, com efeito, o art. 1.548, I, do Código Civil que é nulo o casamento contraído "pelo **enfermo mental** sem o necessário discernimento para os atos da vida civil". O nosso ordenamento jurídico **não admite os denominados "intervalos lúcidos"**. Desse modo, não poderia o alienado mental casar-se, ainda que o ato se realizasse no momento em que aparentava certa lucidez. A capacidade mental é aferida no instante da celebração do ato.

Todavia, a Lei n. 13.146, de 6 de julho de 2015, que instituiu a Lei Brasileira de Inclusão de Pessoa com Deficiência, **revogou expressamente o aludido inc. I do art. 1.548 do Código Civil**, que se limita, agora, a declarar nulo o casamento contraído **"por infringência de impedimento"**.

A referida lei deu nova redação aos arts. 3º e 4º do Código Civil, considerando **absolutamente incapazes** somente os menores de dezesseis anos e **relativamente incapazes** "I — os maiores de dezesseis e menores de dezoito anos; II — os ébrios habituais e os viciados em tóxicos; III — aqueles que, por causa transitória ou permanente, não puderem exprimir sua vontade; IV — os pródigos".

Desse modo, eventual deficiência mental ou intelectual, por si sós, não afastam a capacidade civil das pessoas, salvo se, em decorrência delas, **não puderem exprimir sua vontade**.

---

[2] Carlos Roberto Gonçalves, *Direito de família*, p. 39 (Col. Sinopses Jurídicas, v. 2).

[3] *Derecho civil*, cit., t. I, v. II, p. 20-26.

Anote-se que o art. 6º da mencionada Lei n. 13.146/2015 dispõe que **a deficiência não afeta a plena capacidade civil da pessoa**, inclusive para "a) casar-se e constituir união estável; b) exercer direitos sexuais e reprodutivos; c) exercer o direito de decidir sobre o número de filhos e de ter acesso a informações adequadas sobre reprodução e planejamento familiar; d) conservar sua fertilidade, sendo vedada a esterilização compulsória; e) exercer o direito à guarda, à tutela, à curatela e à adoção, como adotante ou adotando, em igualdade de oportunidades com as demais pessoas". E o § 2º do art. 1.550 do Código Civil, introduzido pela aludida lei, proclama: "**A pessoa com deficiência mental ou intelectual em idade núbil poderá contrair matrimônio**, expressando sua vontade diretamente ou por meio de seu responsável ou curador".

Existência de casamento anterior

Tal fato **impede a união conjugal** com qualquer outra pessoa, como dispõe o art. 1.521, VI, do Código Civil. Procura-se, assim, combater a **bigamia**. É nulo o casamento celebrado "*por infringência de impedimento*" (art. 1.548, II). O impedimento só desaparece após a dissolução do anterior vínculo matrimonial pela morte, nulidade ou anulação, divórcio e pela caracterização da presunção estabelecida quanto ao ausente (art. 1.571, § 1º).

Prazo de viuvez, para a mulher

O **decurso do prazo de dez meses de viuvez para novo casamento** é requisito imposto **somente à mulher**, estabelecido no novo Código Civil como "causa suspensiva" (art. 1.523, II). **O objetivo é evitar dúvida sobre a paternidade** (*turbatio sanguinis*).

3.1.2. Suprimento judicial de idade

Proclamava o art. 1.520 do Código Civil que, "excepcionalmente, será permitido o casamento de quem ainda não alcançou a idade núbil (art. 1.517), **para evitar imposição ou cumprimento de pena criminal ou em caso de gravidez**".

A prática de crime contra os costumes contra o menor ou a menor, ou o estado de gravidez, constituem as condições para o requerimento do suprimento judicial de idade. Todavia, a **Lei n. 11.106, de 28 de março de 2005**, revogou, além de outros dispositivos, o inc. VII do art. 107 do Código Penal. Em consequência, **o casamento deixou de evitar a imposição ou o cumprimento de pena criminal**, nos crimes contra os costumes de ação penal pública[4] (*v.*, a propósito, *Defeito de idade*, n. *10.2.3.1*). Além disso, a Lei n. 13.811, de 12 de março de 2019, deu nova redação ao mencionado art. 1.520, *verbis*: "O art. 1.520 da Lei n. 10.406, de 10 de janeiro de 2002 (Código Civil), passa a vigorar com a seguinte redação:

---

[4] Exemplos de crimes cuja imposição ou cumprimento de pena podiam ser evitados pelo casamento entre a vítima e o agente, conforme o art. 107, VII, do Código Penal: estupro — art. 213; atentado violento ao pudor — art. 214; posse sexual mediante fraude — art. 215; atentado ao pudor mediante fraude — art. 216; corrupção de menores — art. 218; rapto — arts. 219 e 220.

'Art. 1.520. Não será permitido, em qualquer caso, o casamento de quem não atingiu a idade núbil, observado o disposto no art. 1.517 deste Código'".

■ 3.1.3. Suprimento judicial do consentimento dos representantes legais

■ *3.1.3.1. Requisito: injusta denegação do consentimento*

O homem e a mulher com 16 anos podem casar, dispõe o art. 1.517 do Código Civil, desde que obtenham "**autorização de ambos os pais**, ou de seus representantes legais, enquanto não atingida a maioridade civil". Acrescenta o art. 1.519 do mesmo diploma que a **"denegação do consentimento, quando injusta, pode ser suprida pelo juiz"**.

Segundo preleciona Washington de Barros Monteiro, com esse dispositivo (referia-se ao art. 188 do Código de 1916, que tinha idêntica redação) "procura o legislador dar remédio contra o despotismo dos pais tiranos ou caprichosos. Encontra-se aí, portanto, indispensável corretivo contra a prepotência paterna"[5].

O Código não especifica os casos em que a denegação do consentimento deve ser considerada **injusta**. A matéria está entregue, pois, ao **prudente critério do juiz**, que verificará se a recusa paterna se funda em **mero capricho** ou em **razões plausíveis e justificadas**. Evidentemente, não são aceitas razões fundadas em preconceito racial ou religioso, no ciúme despropositado ou em outra razão menos nobre[6].

Reputam-se **justos e fundados**, segundo os autores, os seguintes motivos:

- existência de **impedimento legal**;
- **grave risco à saúde** do menor;
- **costumes desregrados**, como embriaguez habitual e paixão imoderada pelo jogo;
- **falta de recursos** para sustentar a família;
- total **recusa ou incapacidade para o trabalho**;
- **maus antecedentes criminais**, tais como condenação em crime grave (p. ex., estupro, roubo, estelionato etc.)[7].

Não poderia, efetivamente, o legislador discriminar as hipóteses que permitem a denegação do consentimento, por serem estas inesgotáveis.

Se o pedido de suprimento do consentimento for deferido, **será expedido alvará, a ser juntado no processo de habilitação**, e o casamento celebrado no **regime da separação de bens**. Com efeito, segundo dispõe o art. 1.641, III, do Código Civil, o *regime de bens* que obrigatoriamente será adotado pelos cônjuges que obtêm suprimento judicial para o casamento é o da *separação*.

---

5 *Curso de direito civil*, 32. ed., v. 2, p. 35.

6 Silvio Rodrigues, *Comentários*, cit., v. 17, p. 19.

7 Lafayette, *Direitos de família*, cit., § 27, p. 75, nota 121; Washington de Barros Monteiro, *Curso*, cit., v. 2, p. 35; Arnaldo Rizzardo, *Direito de família*, cit., p. 60.

■ 3.1.3.2. *O procedimento para o suprimento judicial do consentimento dos representantes legais*

O *procedimento* é o previsto para a **jurisdição voluntária** (CPC/2015, arts. 719 e s.). Para viabilizar o pedido, admite-se que o menor púbere outorgue **procuração a advogado, sem assistência de seu representante legal**, em razão da evidente colidência de interesses e por se tratar de procedimento de jurisdição voluntária[8]. Comumente, no entanto, o próprio **representante do Ministério Público** — a quem não se pode negar a legitimidade de parte, como defensor dos interesses dos incapazes — encarrega-se de requerer ao juiz a nomeação de advogado dativo para o menor. Da decisão proferida pelo juiz cabe **recurso de apelação** para a instância superior. Como o art. 496 do Código de Processo Civil não incluiu tal situação nas hipóteses de reexame necessário, **esse recurso é o voluntário, com efeito suspensivo**[9].

Entende Pontes de Miranda[10] que o juiz deve considerar legitimada a pessoa com quem se vai casar aquele que não obteve o consentimento, quando, na petição, explique satisfatoriamente as razões por que o não faz, diretamente, a noiva ou o noivo.

O parágrafo único do art. 1.517 do Código Civil dispõe que, se houver **divergência entre os pais**, aplica-se o disposto no parágrafo único do art. 1.631: **"é assegurado a qualquer deles recorrer ao juiz para solução do desacordo"**. Pode também a ação ser endereçada contra um dos pais, se somente este se recusar a dar a autorização.

■ 3.2. O PROCEDIMENTO PARA A HABILITAÇÃO

O *processo de habilitação*, como foi dito, tem a finalidade de **comprovar que os nubentes preenchem os requisitos que a lei estabelece para o casamento**. É por meio dele que as partes demonstram, com a apresentação dos documentos exigidos, estar em condições de convolar as justas núpcias.

Destina-se a aludida medida preventiva a constatar:

- a capacidade para a realização do ato (CC, arts. 1.517 a 1.520);
- a inexistência de impedimentos matrimoniais (art. 1.521) ou de causa suspensiva (art. 1.523); e

---

8 "É de se admitir que o menor relativamente incapaz conceda mandato judicial, independentemente da presença do assistente legal, sob pena de impedi-lo definitivamente de obter a tutela jurisdicional, quando o representante se recusa a conceder-lhe permissão para determinados atos da vida civil, como ocorre nos casos de necessidade de suprimento de autorização para contrair matrimônio" (*RT*, 670/149).

9 "O art. 475 do CPC [de 1973, atual art. 496], que estipula as hipóteses de reexame necessário, não abarca, entre elas, o julgado sobre suprimento judicial de consentimento para casamento" (TJDF, Remessa de Ofício 2001.01.1.084210-3, 1ª T., rel. Des. Hermenegildo Gonçalves, *DJU*, 23-10-2002).

10 *Tratado de direito de família*, v. I, p. 133.

- a dar publicidade, por meio de editais, à pretensão manifestada pelos noivos, convocando as pessoas que saibam de algum impedimento para que venham opô-lo[11].

- **Requisitos gerais**

Não basta a presença dos requisitos gerais de validade dos contratos, como a **capacidade do agente, objeto lícito, possível, determinado ou determinável e observância das formalidades legais**. Dada a seriedade e importância do ato, exige-se a comprovação de **outros pressupostos**, alguns de ordem física e psíquica, outros de cunho jurídico.

- **Outros requisitos**

Requisito básico, segundo o art. 1.514 do Código Civil, que se reporta a casamento entre homem e mulher, era a **diversidade de sexo**. O casamento de pessoas do mesmo sexo era, até há pouco tempo, considerado *inexistente*. Todavia, como já mencionado no item 2.1, *in fine*, *retro*, tal requisito foi **afastado pelo Superior Tribunal de Justiça**, que admitiu expressamente as **uniões homoafetivas**, entendendo não serem elas menos dignas de proteção do Estado. Por consequência, "o mesmo raciocínio utilizado tanto pelo STJ quanto pelo STF para conceder aos pares homoafetivos os direitos decorrentes da união estável deve ser utilizado **para lhes proporcionar a via do casamento civil**, ademais porque a CF determina a facilitação da conversão da união estável em casamento (art. 266, § 3º)"[12].

O **consentimento dos nubentes** e a **celebração na forma da lei** são assim, atualmente, os únicos **requisitos de existência do casamento**. O primeiro é manifestado perante a autoridade celebrante, que deve ser a competente para presidir a solenidade.

Além de permitir a verificação da presença dos requisitos essenciais do casamento e da capacidade dos nubentes, o processo de habilitação permite ainda o exame de situações que possam, de algum modo, ameaçar a ordem pública, como o **parentesco próximo** dos nubentes, proibindo-se a realização do enlace para preservar a eugenia e a moral familiar. Possibilita ainda evitar uniões decorrentes de **outras circunstâncias prejudiciais ou em que existam defeitos impossíveis de serem supridos ou sanados**.

V. ainda: "O noivo é parte legítima, como interessado, para pedir o suprimento do consentimento da genitora da noiva menor que, vindo a Juízo, manifesta expressamente sua livre vontade, perante o Juiz, de se casar com o postulante, com quem já vive maritalmente" (TJRJ, *Adcoas*, 1982, n. 83.432).

[11] As formas de publicidade têm origem no direito canônico matrimonial. Os proclamas (*banni nuptiales*) remontam ao Concílio de Latrão do ano de 1215. Determinou-se a publicação pelos sacerdotes dos futuros casamentos para que os fiéis pudessem manifestar os impedimentos dentro de determinado prazo. A forma ordinária da celebração tem origem no decreto "Tametsi", do Concílio de Trento, que subordina em princípio a validade do casamento à celebração na presença do pároco (*proprios parochus*) e de duas ou três testemunhas (José Lamartine Corrêa de Oliveira e Francisco José Ferreira Muniz, *Direito de família*, p. 131, nota 2).

[12] STJ, REsp 1.183.378-RS, 4ª T., rel. Min. Luis Felipe Salomão, j. 25-10-2011.

Como preleciona Silvio Rodrigues[13], o Estado "assume, em face da pessoa que quer casar-se, duas atitudes. A primeira é uma ***atitude preventiva***, manifestada no processo de habilitação, em que, demonstrada a existência do empecilho dirimente, proíbe-se a realização do matrimônio. A segunda é uma ***atitude repressiva***, que tem lugar quando, a despeito da existência de um impedimento dirimente, efetua-se o casamento. Nessa hipótese, como se verá mais abaixo, o Estado reage contra o ato infringente do mandamento legal para fulminá-lo de nulidade".

■ 3.3. DOCUMENTOS NECESSÁRIOS

■ O requerimento de habilitação

O art. 1.525 do Código Civil dispõe que "o requerimento de habilitação para o casamento será firmado **por ambos os nubentes**, de próprio punho, ou, a seu pedido, por procurador" (primeira parte). Os noivos devem requerer a instauração do referido processo **no cartório de seu domicílio**. Se domiciliados em **municípios ou distritos diversos**, processar-se-á o pedido perante o Cartório do Registro Civil de **qualquer deles**, mas o edital será **publicado em ambos**. Se forem analfabetos, o requerimento será assinado a rogo, com duas testemunhas. A Lei dos Registros Públicos (Lei n. 6.015/73) desenvolve as normas procedimentais da habilitação nos arts. 67 a 69.

■ Publicação dos proclamas

O oficial afixará os proclamas em lugar ostensivo de seu cartório e fará publicá-los pela imprensa local, se houver.

Decorrido o **prazo de quinze dias a contar da afixação do edital em cartório** (e não da publicação na imprensa), o oficial entregará aos nubentes **certidão de que estão habilitados a se casar dentro de noventa dias**, sob pena de perda de sua eficácia. Vencido esse prazo, que é de caducidade, será necessária nova habilitação, porque pode ter surgido algum impedimento que inexistia antes da publicação dos proclamas.

■ Participação excepcional do juiz

Dispunha o art. 1.526 do atual Código Civil, na sua redação original, que, após a audiência do Ministério Público, a qual poderia requerer a juntada de documentos ou alguma outra providência, a habilitação seria homologada pelo juiz. A inovação foi alvo de merecidas críticas, por sobrecarregar desnecessariamente o Judiciário.

A Lei n. 12.133, de 17 de dezembro de 2009, deu nova redação ao aludido art. 1.526 do Código Civil, introduzindo um parágrafo único, nestes termos:

> "A habilitação será feita pessoalmente perante o oficial do Registro Civil, com a audiência do Ministério Público.
>
> Parágrafo único. **Caso haja impugnação** do oficial, do Ministério Público ou de terceiro, **a habilitação será submetida ao juiz**".

---

[13] *Comentários*, cit., v. 17, p. 39.

Dispensa dos proclamas

Dispõe o parágrafo único do art. 1.527 do Código Civil que a autoridade competente, ***"havendo urgência"***, poderá **dispensar a publicação dos proclamas**. Tal publicação pode, assim, ser dispensada a critério do juiz, pois o aludido dispositivo não define qual seria o motivo de urgência. Também não o faz o art. 69 da Lei dos Registros Públicos. Exige este apenas que os contraentes, em petição dirigida ao juiz, deduzam "**os motivos de urgência do casamento, provando-a, desde logo**, com documentos ou indicando outras provas para demonstração do alegado". Tais motivos podem ser, por exemplo, moléstia grave ou iminente risco de vida de um dos cônjuges; viagem imprevista e demorada; prestação de serviço público obrigatório, inadiável e que determine, para seu desempenho, a ausência temporária do domicílio; parto próximo da futura mulher etc.

Acrescenta o § 1º do último dispositivo mencionado que, "quando o pedido se fundar em **crime contra os costumes**, a **dispensa de proclamas será precedida da audiência dos contraentes**, separadamente e em segredo de justiça". Se for necessária a produção de prova testemunhal, será ela colhida no prazo de cinco dias. O juiz, em seguida, ouvirá o representante do Ministério Público e "decidirá, em igual prazo, sem recurso, remetendo os autos para serem anexados ao processo de habilitação matrimonial" (§ 2º).

Na V Jornada de Direito Civil do Conselho da Justiça Federal aprovou-se o Enunciado 513, do seguinte teor:

> "O juiz não pode dispensar, mesmo fundamentadamente, a publicação do edital de proclamas do casamento, mas sim o decurso do prazo".

Dispensa dos proclamas e da própria habilitação

O art. 1.540 do Código Civil dispensa não só a publicação dos proclamas como também **a própria habilitação e a celebração presidida pela autoridade competente** "quando algum dos contraentes estiver em **iminente risco de vida**, não obtendo a presença da autoridade à qual incumba presidir o ato", exigindo, em contrapartida, **uma série de formalidades e providências a serem tomadas posteriormente**, descritas no art. 1.541 e seus parágrafos.

Documentação insuficiente ou irregular

O Código Civil de 2002 inovou ao determinar, no art. 1.528, que "é dever do oficial do registro esclarecer os nubentes a respeito dos fatos que podem ocasionar a invalidade do casamento, bem como sobre os diversos regimes de bens". **Não publicará este os editais**, ou suspenderá temporariamente a celebração do casamento, sempre que **a documentação for insuficiente ou irregular ou existir impedimento matrimonial que, de ofício, lhe cabe declarar**.

Preceitua o art. 68 da Lei dos Registros Públicos (Lei n. 6.015/73) que, "se o interessado quiser **justificar fato necessário à habilitação para o casamento**, deduzirá sua intenção perante o juiz competente, **em petição circunstanciada, indicando testemunhas e apresentando documentos que comprovem a alegação**".

Versa o dispositivo sobre a possibilidade de um dos cônjuges demonstrar, por exemplo, mediante a oitiva de testemunhas, que o outro encontra-se desaparecido há anos e, portanto, impossibilitado de dar o consentimento para o casamento de filho menor, a fim de que o peticionário possa dar sozinho, validamente, a necessária anuência; de se proceder a eventual retificação de idade; de se corrigir algum outro dado irreal sobre a pessoa do habilitando etc.

Gratuidade da celebração

Dispõe o art. 1.512 do Código Civil que **"o casamento é civil e gratuita a sua celebração"**, acrescentando o parágrafo único que "a habilitação para o casamento, o registro e a primeira certidão serão isentos de selos, emolumentos e custas, para as pessoas cuja pobreza for declarada, sob as penas da lei".

O dispositivo regulamenta o art. 226, § 1º, da Constituição Federal, que declara ser civil o casamento e gratuita a sua celebração, **assegurando a gratuidade somente diante de declaração de pobreza, feita sob as penas da lei**. Concede esta um benefício, suprimindo entraves ao casamento das pessoas menos favorecidas, num país onde a fome e a miséria campeiam.

A previsão de que o casamento, no âmbito jurídico, é civil mantém o monopólio da jurisdição estatal. O **casamento religioso**, conforme disposto nos arts. 1.515 e 1.516, somente tem efeitos civis **se atender às exigências neles formuladas**.

A habilitação para casamento a ser realizado no Brasil, sendo um dos nubentes **divorciado no exterior**, depende de **homologação da sentença estrangeira pelo Superior Tribunal de Justiça** (CF, art. 105, I, *i*), uma vez que irá produzir efeitos em nosso país.

3.3.1. Certidão de nascimento ou documento equivalente

A segunda parte do art. 1.525 do Código Civil elenca os documentos que devem instruir o requerimento de habilitação para o casamento.

O **primeiro documento** exigido é a **"certidão de nascimento ou documento equivalente"** (inc. I). Este pode ser a **cédula de identidade, título de eleitor ou passaporte**, por exemplo, uma vez que tais documentos somente são obtidos mediante a apresentação da aludida certidão.

Admite-se também a **justificação de idade**, prevista no art. 68 da Lei dos Registros Públicos. Tal justificação, entretanto, não tem sido utilizada, porque hoje se admite o registro tardio, que cumpre ao interessado providenciar.

Idade núbil

A certidão de nascimento destina-se a comprovar, em primeiro lugar, que os nubentes atingiram a **idade mínima** para o casamento.

Pessoas idosas

Examinando a certidão de nascimento, o oficial do registro civil apura, também, **se os noivos têm mais de 70 anos de idade**. Basta que um deles tenha ultrapassado esse limite para que o casamento seja realizado obrigatoriamente no **regime da separação de bens** (CC, art. 1.641, II, com redação dada pela Lei n. 12.344/2010).

Não há limite de idade para o casamento de pessoas idosas. A única restrição é a concernente à imposição do regime da separação de bens às maiores de 70 anos, de constitucionalidade duvidosa. Já se decidiu, com efeito, que a referida restrição é incompatível com as cláusulas constitucionais de tutela da dignidade da pessoa humana, da igualdade jurídica e da intimidade, bem como com a garantia do justo processo da lei, tomado na acepção substantiva (CF, arts. 1º, III, e 5º, I, X e LIV)[14].

■ 3.3.2. Autorização das pessoas sob cuja dependência legal estiverem, ou ato judicial que a supra

A **"autorização por escrito"** dos pais ou responsáveis pelos nubentes menores ou incapazes, **"ou ato judicial que a supra"**, constitui o **segundo documento** exigido pelo art. 1.525 do Código Civil para instruir o processo de habilitação para o casamento (inc. II). Se os genitores não souberem escrever, o assentimento será assinado a rogo, na presença de duas testemunhas.

A necessidade dessa anuência, como sublinha Washington de Barros Monteiro[15], "descansa em razões de proteção ao próprio nubente; representa um amparo contra as irreflexões da juventude".

Se os nubentes **ainda não completaram 18 anos de idade**, devem apresentar a autorização, por escrito, dos pais ou tutores, ou prova do ato judicial que a supra ou da emancipação. **É mister consentimento de *ambos os pais*** (CC, art. 1.517). Se não forem casados, **bastará o consentimento do que houver reconhecido o menor, ou, se este não for reconhecido, o consentimento materno**. A falta de autorização dos pais e representantes legais acarreta a **anulabilidade** do casamento (CC, art. 1.550, II e IV).

A Lei n. 13.146/2015 (Estatuto da Pessoa com Deficiência) acrescentou o § 2º ao aludido art. 1.550 do Código Civil, dispondo: "A pessoa **com deficiência mental ou intelectual** em idade núbia [o correto é 'núbil'] **poderá contrair matrimônio**, expressando sua vontade diretamente ou por meio de seu responsável ou curador".

Não há impedimento, portanto, para a habilitação ao casamento de pessoa com deficiência, **caso ela tenha condições de exprimir sua vontade** e o faça de forma clara e inequívoca perante o Oficial do Registro Civil, que não deverá negá-la. Saliente-se que o art. 85 do mencionado Estatuto da Pessoa com Deficiência dispõe que **a curatela afetará tão somente os atos relacionados aos direitos de natureza patrimonial e negocial**, não alcançando "o direito ao próprio corpo, à sexualidade, ao matrimônio, à privacidade, à educação, à saúde, ao trabalho e ao voto" (§ 1º).

Se o Oficial do Registro Civil tiver dúvida sobre a capacidade do nubente de exprimir claramente a sua vontade, **poderá remeter os autos do procedimento de**

---

[14] TJSP, Ap. 7.512-4-São José do Rio Preto, 2ª Câm., rel. Des. Cezar Peluso, j. 18-8-1998, v. u.

[15] *Curso*, cit., v. 2, p. 32.

habilitação de casamento ao Promotor de Justiça, conforme prevê o art. 67, § 1º, da Lei n. 6.015/73 (Lei dos Registros Públicos). Mesmo que tenha sido decretada a interdição parcial do deficiente, poderá ser formalizado o ato por meio de seu responsável ou curador (CC, art. 1.550, § 2º).

Se o marido se encontra desaparecido há vários anos, pode a mulher, **justificando judicialmente o fato por testemunhas** (LRP, art. 68), **ser autorizada a, sozinha, dar validamente o consentimento**. Se, por algum obstáculo intransponível, não se torna possível obter a manifestação dos pais do menor e há **urgência** na realização do casamento, têm os juízes solucionado o impasse com a nomeação de um **curador especial** para o ato, nos próprios autos de habilitação.

■ Divergência entre os pais

Preceitua o parágrafo único do art. 1.517 do Código Civil que, em caso de ***"divergência entre os pais"***, aplica-se o disposto no parágrafo único do art. 1.631, que assegura **a qualquer dos genitores o direito de recorrer ao juiz para solução do desacordo** verificado no exercício do poder familiar.

Tal regra é resultante da isonomia conjugal consagrada na atual Constituição Federal, colocando marido e mulher em pé de igualdade, não mais prevalecendo a vontade paterna. A solução deve ser dada pelo juiz competente.

■ Casamento do pródigo

O *pródigo* não figura no rol das pessoas impedidas de casar, nem o seu estado constitui causa suspensiva ou de anulabilidade do casamento, mesmo porque a sua interdição acarreta apenas incapacidade para cuidar de seus bens.

Embora a dependência legal a que o pródigo está sujeito seja limitada à prática de atos que possam onerar o seu patrimônio, o casamento envolve um acervo de obrigações econômicas de acentuada importância, nas quais pode o pródigo comprometer a sua fortuna.

Para a **lavratura do pacto antenupcial deverá o pródigo ser *assistido* pelo curador**, tendo em vista a possibilidade de tal ato acarretar a transferência de bens de seu patrimônio ao cônjuge, conforme o regime de bens adotado.

Declara o art. 6º da Lei n. 13.146/2015: "A deficiência não afeta a plena capacidade civil da pessoa, inclusive para: I — casar-se e constituir união estável; (...)".

■ Revogação da autorização

O art. 1.518 do Código Civil [redação dada pela Lei n. 13.146/2015: Estatuto da Pessoa com Deficiência] dispõe: "Até a celebração do casamento podem os **pais ou tutores revogar a autorização**". Na redação original, o aludido dispositivo mencionava também os "curadores".

Pode ocorrer, com efeito, o surgimento de algum fato novo cuja gravidade justifique a mudança de atitude, por exemplo, a descoberta posterior de doença grave e transmissível ou de acentuado e perigoso desvio de personalidade.

Pontes de Miranda[16], referindo-se ao art. 187 do Código Civil de 1916, que tinha redação semelhante à do aludido art. 1.518 do novo diploma, indaga se, após a entrega do documento em que consente, falece o pai, ou a mãe, ou o tutor, ou o curador, que consentiu, é de exigir-se novo consentimento por parte de quem o substituiu no então denominado pátrio poder, na tutela, ou na curatela? A verdadeira solução, responde, "**é a que reconhece ao sucessor a faculdade de retratar, porém não exige outro consentimento**. A vontade foi expressa e, a despeito da mudança subjetiva, continua, até que se manifeste aquele que passou a ter o direito de retratar".

Se o consentimento negado pelos pais ou tutor foi judicialmente suprido, a **apresentação de novas razões para denegação pode justificar o pronunciamento do Judiciário, para cassação do suprimento**.

■ **Pessoas que necessitam de autorização especial**

Além dos incapazes sujeitos ao poder familiar ou tutela, há ainda pessoas que necessitam de autorização especial para casar, sob pena de sofrerem sanções de ordem administrativa. **O casamento dos militares** está sujeito a licença de seus superiores (Lei n. 6.880/80). Os **funcionários diplomáticos e consulares** igualmente dependem de autorização para casar (Lei n. 7.501/86).

■ 3.3.3. Declaração de duas pessoas maiores, parentes ou não, que atestem conhecer os nubentes e afirmem não existir impedimento

A apresentação de tal documento tem por finalidade **completar e ratificar a identificação dos contraentes e reforçar a prova da inexistência de impedimentos** para a realização do casamento. Para esse fim, a lei admite que a declaração seja **assinada por familiares**, derrogando a proibição genérica estabelecida no art. 228, V, do Código Civil. A lei não se contenta com as informações dos cônjuges sobre os seus dados pessoais, exigindo a atestação feita por duas testemunhas de que elas são verídicas.

O fato de constar do processo de habilitação a aludida declaração não obsta à oposição de eventual impedimento, na forma da lei.

■ 3.3.4. Declaração do estado civil, do domicílio e da residência dos contraentes e de seus pais, se forem conhecidos

O documento, que recebe a denominação de ***memorial***, destina-se a uma **perfeita identificação dos nubentes** e deve ser assinado por eles. A declaração esclarecerá se os nubentes são maiores ou menores, solteiros, viúvos ou divorciados, devendo os viúvos informar se há filhos do primeiro casamento e os divorciados exibir certidão do registro da sentença; se o casamento anterior de um deles foi anulado, onde e quando tal ocorreu. Devem ainda declarar se ambos têm domicílio na localidade ou se um deles reside em outra, o que terá influência para a publicação dos proclamas.

---

16 *Tratado de direito de família*, cit., v. I, p. 132, n. 10.

A providência, como se percebe, oferece condições ao oficial do registro civil para aferir a existência de eventuais impedimentos ou causas suspensivas.

■ 3.3.5. Certidão de óbito do cônjuge falecido, da anulação do casamento anterior ou do registro da sentença de divórcio

O **viúvo** deve provar o seu estado com a **certidão de óbito** do cônjuge falecido. A exigência tem por objetivo **evitar o casamento de pessoas já casadas**, com infração do impedimento dirimente do art. 1.521, VI. As pessoas indicadas só poderão contrair novas núpcias se demonstrarem o **falecimento de seu cônjuge**, se exibirem **sentença que anulou seu casamento anterior**, ou **certidão do registro de sentença de divórcio**.

Se a morte do cônjuge ocorreu no **exterior**, o viúvo deverá prová-la mediante a juntada de certidão obtida **no país em que se verificou o fato**, vertida para o português por tradutor juramentado, não podendo ser suprida por justificação processada no Brasil[17].

■ Declaração de morte presumida

Se o assento do óbito, entretanto, não foi lavrado porque o corpo desapareceu em naufrágio, inundação, incêndio, terremoto ou qualquer outra catástrofe, ou o falecido estava em perigo de vida e é extremamente provável a sua morte, tal certidão pode ser substituída por sentença obtida em **declaração da morte presumida, sem decretação de ausência** (CC, art. 7º) ou em **justificação judicial** requerida perante juiz togado (LRP, art. 88).

■ Declaração de ausência de pessoas

Tais procedimentos não se confundem com a declaração de **ausência de pessoas que deixam o seu domicílio sem dar notícia de seu paradeiro**, porque nesse caso não se declara a morte do ausente, e **o seu cônjuge não poderá casar-se, salvo se obtiver o divórcio ou estiverem preenchidos os requisitos para a abertura da sucessão definitiva** (CC, arts. 6º e 37), que dissolve a sociedade conjugal (art. 1.571, § 1º).

Na última hipótese, a declaração de morte presumida ocorrerá após o trânsito em julgado da sentença que concedeu a sucessão definitiva dos bens do ausente (art. 6º), a qual, por sua vez, tem lugar depois de decorridos dez anos da concessão da sucessão provisória (art. 37).

■ Nulidade ou anulação do casamento anterior

Nos casos de nulidade ou anulação do casamento, **será juntada certidão do trânsito em julgado da sentença**. Se um dos cônjuges for **divorciado**, não bastará a certidão do trânsito em julgado da sentença que decretou o divórcio: é preciso juntar certidão do registro dessa sentença no Cartório do Registro Civil em que o casamento se realizou, porque somente com esse registro produzirá efeitos (CC, art. 10, I; Lei n. 6.515/77, art. 32).

---

[17] Washington de Barros Monteiro, *Curso*, cit., v. 2, p. 34.

■ 3.4. RESUMO

PROCESSO DE HABILITAÇÃO	
O PROCEDIMENTO	■ Os noivos devem requerer a instauração do referido processo no cartório de seu domicílio. Se domiciliados em municípios diversos, processar-se-á o pedido perante o cartório do registro civil de qualquer deles, mas o edital será publicado em ambos. O oficial afixará os proclamas em lugar ostensivo de seu cartório e fará publicá-los pela imprensa local, se houver. É necessária a audiência do MP. A habilitação só será submetida ao juiz se houver impugnação (CC, art. 1.525, com a redação dada pela Lei n. 12.133, de 17-12-2009).
AUTORIZAÇÃO PARA O CASAMENTO	■ Decorrido o prazo de 15 dias, a contar da afixação do edital em cartório, o oficial, se não houver oposição de impedimentos matrimoniais, entregará aos nubentes certidão de que estão habilitados a se casar dentro de 90 dias, sob pena de perda de sua eficácia.
DOCUMENTOS NECESSÁRIOS	■ Certidão de nascimento ou documento equivalente. ■ Autorização das pessoas sob cuja dependência legal estiverem, ou ato judicial que a supra. Se o pai, tutor ou curador não autorizar o casamento, o interessado poderá requerer o suprimento judicial do consentimento, quando injusta a denegação (CC, art. 1.519). ■ Declaração de duas testemunhas maiores, parentes ou não, que atestem conhecê-los e afirmem não existir impedimento que os iniba de casar. ■ Declaração do estado civil, do domicílio e da residência atual dos contraentes e de seus pais, se forem conhecidos. ■ Certidão de óbito do cônjuge falecido, de sentença declaratória de nulidade ou de anulação de casamento, transitada em julgado, ou do registro da sentença de divórcio.

4

DOS IMPEDIMENTOS

4.1. CONCEITO

Para que o casamento tenha **existência** jurídica, é necessária, segundo a orientação tradicional, a presença dos elementos denominados **essenciais**:

- **diferença de sexo;**
- **consentimento;** e
- **celebração** na forma da lei.

Faltando qualquer deles, o casamento era considerado, até há pouco tempo, **inexistente**. Todavia, o Superior Tribunal de Justiça reconheceu as uniões entre pessoas do mesmo sexo (homoafetivas) como entidades familiares.

Para que o casamento seja **válido** e **regular**, deve preencher outras condições.

O Código Civil não menciona os requisitos de ***existência*** jurídica do casamento por entender desnecessária a sua indicação, uma vez que dizem respeito aos elementos naturais da união conjugal, sendo implícita a necessidade de sua presença. Outros requisitos, porém, são expressamente exigidos e devem ser observados para a ***validade*** e regularidade do casamento, pressupostos estes não somente de ordem jurídica como ainda de natureza puramente ética, tão grande a influência que o casamento exerce nas relações de família e no meio social. Visam estes, cujo número restringe-se a sete no atual Código Civil, evitar uniões que possam, de algum modo, ameaçar a ordem pública. A sua inobservância fulmina de ***nulidade*** o ato.

A ideia básica é que o casamento exige requisitos especiais distintos dos pressupostos necessários dos atos comuns da vida civil. Para que os indivíduos tenham essa capacidade especial é mister que reúnam as condições impostas pela lei, que costumam apresentar-se sob a forma negativa e são designadas como impedimentos. A expressão ***impedimento*** é de origem canônica e salienta o caráter excepcional da regra proibitiva, uma vez que, em princípio, todos podem casar-se, segundo expressa a regra "omnes possunt matrimoniun contrahere, qui jure non prohibentur"[1].

---

[1] Eduardo Espínola, *A família no direito civil brasileiro*, p. 73; Cunha Gonçalves, *Direitos de família e direitos das sucessões*, p. 22-23; José Lamartine Corrêa de Oliveira e Francisco José Ferreira Muniz, *Direito de família*, p. 166; Caio Mário da Silva Pereira, *Instituições de direito civil*, v. 5, p. 79.

Os **impedimentos** são, portanto, circunstâncias ou situações de fato ou de direito, expressamente especificadas na lei, que **vedam a realização do casamento**.

■ 4.1.1. Disciplina no Código Civil de 2002

O Código Civil de 2002 considera *impedimentos* os denominados **dirimentes absolutos**, ou seja, os que visam evitar uniões que possam, de algum modo, ameaçar a *ordem pública*, resultantes de circunstâncias ou fatos impossíveis de serem supridos ou sanados.

As hipóteses de impedimentos **relativamente dirimentes** do **Código Civil de 1916**, como a falta de idade mínima para casar e a ausência de autorização por seu representante legal, foram deslocadas para o capítulo concernente à **invalidade do casamento**, como causas de anulabilidade. Em regra, a falta ou insuficiência da capacidade de consentir torna **anulável** (CC, art. 1.550, III e IV) o casamento.

■ 4.1.2. Impedimento e incapacidade

Não se deve confundir *impedimento* com *incapacidade* (*v.* item 3.1, *retro*).

- **Incapacidade** — O incapaz não pode casar-se com nenhuma pessoa, porque há um obstáculo intransponível. É o que acontece, por exemplo, com um menor de 8 anos de idade.
- **Impedimento** — O impedido apenas não está legitimado a casar com determinada pessoa (ex.: ascendente com descendente), mas pode fazê-lo com outra pessoa. É problema de ***falta de legitimação***.

■ 4.2. ESPÉCIES

Os impedimentos visam preservar:

- a **eugenia** (pureza da raça) e a **moral familiar**, obstando a realização de casamentos entre parentes consanguíneos, por afinidade e adoção (CC, art. 1.521, I a V);
- a **monogamia** (art. 1.521, VI), não permitindo o casamento de pessoas já casadas; e
- evitar uniões que tenham **raízes no crime** (art. 1.521, VII).

Distribuem-se os impedimentos em três categorias, conforme a enumeração do art. 1.521, I a VII:

- **Impedimentos resultantes do parentesco** (incs. I a V), que se subdividem em:

a) impedimentos de ***consanguinidade*** (*impedimentum consanguinitatis*, entre ascendentes e descendentes e entre colaterais até o terceiro grau — incs. I e IV);

b) impedimento de ***afinidade*** (*impedimentum affinitatis*, que abrange os afins em linha reta — inc. II); e

c) impedimentos de **adoção** (incs. III e V).

- **Impedimento resultante de casamento anterior** (inc. VI); e
- **Impedimento decorrente de crime** (*impedimentum criminis*: inc. VII).

4.2.1. Impedimentos resultantes do parentesco (consanguinidade, afinidade e adoção)

4.2.1.1. A consanguinidade

Dispõe o art. 1.521 do Código Civil que *não podem casar*:

> "I — os **ascendentes com os descendentes**, seja o parentesco natural ou civil;
> (...)
> IV — os **irmãos, unilaterais ou bilaterais, e demais colaterais**, até o terceiro grau inclusive".

Casamento entre ascendentes e descendentes

A proibição do casamento de **ascendentes e descendentes** abrange todos os parentes em linha reta *in infinitum*, ou seja, **sem limitação de graus**.

As relações sexuais entre os parentes por consanguinidade caracterizam o **incesto**, que sempre foi combatido, mesmo entre os povos de pouca cultura. O casamento entre parentes consanguíneos próximos pode provocar o nascimento de filhos defeituosos. O impedimento revela, pois, preocupação de natureza eugênica[2].

Não importa, para a caracterização do impedimento, se se trata de **descendente havido do matrimônio ou não**. Não podem casar, efetivamente, o ascendente com o descendente, seja a relação oriunda de casamento, de união estável, de concubinato ou de encontros esporádicos.

Casamento entre adotante e adotado

O impedimento resultante do parentesco civil, existente entre adotante e adotado (CC, art. 1.593), é justificado pelo fato de **a adoção imitar a família**. Inspira-se, pois, em razões de **moralidade familiar**. O adotante apresenta-se em face do adotado, aos olhos da sociedade, no lugar de pai. Seria, por isso, "repugnante ao sentimento moral da coletividade admitir um casamento entre as pessoas do adotante e do adotado. Daí a proibição da parte final do inciso I"[3].

Casamento entre irmãos

Os *irmãos* são **parentes colaterais em segundo grau**, porque descendem de um tronco comum, e não um do outro, e porque a contagem é feita subindo de um deles

[2] Por motivos "tanto de ordem eugênica, em face da observação de que as uniões consanguíneas próximas geram taras fisiológicas, como ainda considerações de moralidade pública, presentes estas no parentesco consanguíneo como no afim, o incesto constitui um dos mais profundos tabus da Humanidade. É milenar o seu repúdio nas leis e nos costumes. Na literatura clássica, é bem viva a sua condenação na tragédia de Sófocles, onde se vê com horror Édipo desposar a mãe depois de assassinar o pai" (Caio Mário da Silva Pereira, *Instituições*, cit., v. 5, p. 82).

[3] Silvio Rodrigues, *Comentários ao Código Civil*, v. 17, p. 25-26.

até o tronco comum (um grau) e descendo pela outra linha, até encontrar o outro irmão (mais um grau). O impedimento alcança os **irmãos havidos ou não de casamento**, sejam **unilaterais ou bilaterais** (que têm o mesmo pai e a mesma mãe, também denominados germanos). Os primeiros podem ser irmãos somente por parte de mãe **(uterinos)** ou somente por parte do pai **(consanguíneos)**.

■ Casamento entre tios e sobrinhos

As mesmas razões de ordem moral e biológica desaconselham também o casamento de **parentes próximos, na linha colateral**. A concupiscência estimulada pela proximidade constante se instalaria no ambiente familiar, provocando desvios não desejáveis e o risco de agravamento de malformações somáticas.

Tios e sobrinhos são colaterais de terceiro grau, impedidos de casar. O impedimento já constava do Código Civil de 1916. O **Decreto-Lei n. 3.200/41 permitiu, entretanto, tal casamento, desde que se submetessem ao exame pré-nupcial** (cuja realização, por dois médicos nomeados pelo juiz, deveria ser requerida no processo de habilitação) e o resultado lhes fosse favorável.

■ O exame pré-nupcial

Dispõe o art. 2º do aludido decreto-lei:

> "Os colaterais do terceiro grau que pretendem casar-se, ou seus representantes legais, se forem menores, requererão ao juiz competente para a habilitação que nomeie **dois médicos de reconhecida capacidade**, isentos de suspeição, para examiná-los, e atestar-lhes a sanidade, **afirmando não haver inconveniente**, sob o ponto de vista da saúde de qualquer deles e da prole, na realização do matrimônio".

Se houver **divergência** entre os médicos, deve o juiz nomear um **terceiro desempatador**, salvo se, como *peritus peritorum*, entenda haver elementos nos laudos apresentados que o autorizam a acolher um deles. Poderá ainda optar por nomear nova junta médica, para a realização de outro exame, aplicando por analogia o disposto na Lei n. 5.891, de 12 de junho de 1973, que altera normas sobre exame médico na habilitação de casamento entre colaterais de terceiro grau. Dispõe o art. 1º da aludida lei que, quando não se conformarem com o laudo que exclui a possibilidade de realização do casamento, "**poderão os nubentes requerer novo exame**, que o juiz determinará, com observância do disposto no art. 2º do Decreto-lei n. 3.200, de 19 de abril de 1941, caso reconheça procedentes as alegações ou hajam os nubentes juntado ao pedido atestado divergente firmado por outro médico".

O **legislador de 2002 não se referiu à situação regulamentada pelo Decreto-Lei n. 3.200/41**, que abria uma exceção à proibição legal de casamento entre tio e sobrinha, incorporada ao nosso sistema jurídico há mais de cinquenta anos. À primeira vista, ante a mencionada omissão, poder-se-ia entender vedado o casamento entre colaterais até o terceiro grau, e revogado o mencionado Decreto-Lei n. 3.200/41 pela lei posterior.

Todavia, acabou prevalecendo a melhor interpretação doutrinária, no sentido de que a ideia da revogação da indigitada exceção "**afronta o princípio da especialidade**. Com efeito, o Decreto-Lei n. 3.200/41 é regra especial em relação ao Código Civil, pelo que sua disciplina se mantém íntegra. Não altera, portanto, **o novo Código Civil** o regime do casamento entre tios e sobrinhos: **haverá vedação legal somente se comprovada a inconveniência das núpcias no que tange à saúde de futura prole**"[4].

Destarte, perde o impedimento para o casamento entre colaterais de terceiro grau o caráter absoluto, uma vez que **é válido o casamento entre tios e sobrinhos que se submeterem a exame pré-nupcial**, atestando o laudo médico a ausência de riscos para a saúde da futura descendência.

■ Casamento entre primos

Primos não são atingidos pela restrição e **podem casar-se sem nenhum problema**, porque são colaterais de **quarto grau**.

■ 4.2.1.2. *A afinidade*

Preceitua o art. 1.521, II, do Código Civil, que **não podem casar *"os afins em linha reta"***.

Parentesco por **afinidade** é o que **liga um cônjuge ou companheiro aos parentes do outro** (CC, art. 1.595). Resulta, pois, do **casamento** ou da **união estável**.

■ Afinidade na linha reta

A proibição refere-se apenas à *linha reta*. Dissolvido o casamento ou a união estável que deu origem ao aludido parentesco, o **viúvo** não pode casar-se com a enteada, nem com a sogra, porque **a afinidade em linha reta não se extingue com a dissolução do casamento que a originou** (CC, art. 1.595, § 2º).

■ Afinidade na linha colateral

A afinidade na *linha colateral* não constitui empecilho ao casamento. Assim, o cônjuge viúvo ou divorciado pode casar-se com a cunhada. Tendo em vista que o art. 1.595 do Código Civil de 2002 incluiu o **companheiro** no rol dos parentes por afinidade, **não pode ele, dissolvida a união estável, casar-se com a filha de sua ex-companheira**.

■ Extensão da afinidade

Sobreleva anotar que **a afinidade não vai além da pessoa do cônjuge**: *adfinitas non egreditur e persona, adfinitas adfitatem non generat*. Quer dizer, segundo esclarece José Lamartine Corrêa de Oliveira, "que os tios de minha mulher são meus tios, por afinidade, na linha colateral, mas não são afins de meu irmão. Um homem pode casar-se com a enteada de seu irmão, ou com a sogra de seu filho. De outro lado, a afinidade subsistente (por ser na linha reta) entre uma pessoa e os parentes de seu falecido cônjuge, ou de seu ex-cônjuge, de que se tenha divorciado, não se estende ao novo cônjuge. Os afins de um cônjuge não são afins do outro, *adfines inter se non sunt adfines*: o marido da irmã e a mulher do irmão nada são entre si"[5].

---

4 Fachin e Pianovski, *Código Civil comentado*, v. XV, p. 64.
No mesmo sentido manifestam-se: Silvio Rodrigues, *Comentários*, cit., v. 17, p. 28; Maria Helena Diniz, *Curso de direito civil brasileiro*, v. 5, p. 72; Arnaldo Rizzardo, *Direito de família*, p. 37; Alexandre Guedes Alcoforado Assunção, *Novo Código Civil comentado*, p. 1319.

5 *Direito de família*, cit., p. 176.

■ **Afinidade e dissolução do casamento ou união estável**

Faz-se mister a concomitância de dois fatores da afinidade para que se configure o impedimento:

- o **parentesco**; e
- **casamento** ou **companheirismo**.

Significa dizer que, **dissolvido um casamento ou união estável, não haverá afinidade entre os ex-cônjuges ou ex-companheiros e os eventuais futuros parentes do outro cônjuge ou companheiro**, que não chegaram a ser parentes na constância do casamento ou união estável. Não há, desse modo, afinidade e, portanto, impedimento entre um homem e a filha da mulher de quem ele se divorciou, concebida com terceiro depois de dissolvido o casamento.

■ **Nulidade ou anulabilidade da união que deu origem à afinidade**

Não se configura o impedimento para o casamento dos afins se a união que deu origem à afinidade é **declarada nula ou venha a anular-se**. No primeiro caso, o casamento nulo nunca existiu, em realidade; no do anulável, dá-se o seu desfazimento pela sentença, como se nunca tivesse existido. Ainda que se considere ter havido mera união de fato, não tem esta o condão de gerar a afinidade, pois dispõe o § 1º do art. 1.723 do Código Civil que "a união estável não se constituirá se ocorrerem os impedimentos do art. 1.521".

■ **Parentesco espiritual**

Observa Lafayette[6] que não mais prevalece o impedimento resultante do chamado "parentesco espiritual" (*cognatio spiritualis*), que estabelecia o direito antigo, **originário do batismo** e que, sob fundamento canônico, **obstava o casamento do padrinho com a afilhada, e entre os pais do batizado e os padrinhos.**

■ *4.2.1.3. A adoção*

Prescreve também o art. 1.521 do Código Civil que **não podem casar**:

> "III — o adotante com quem foi cônjuge do adotado e o adotado com quem o foi do adotante;
>
> (...)
>
> V — o adotado com o filho do adotante".

A razão da proibição é de ordem moral, considerando o respeito e a confiança que devem reinar no seio da família. **A adoção, como foi dito, imita a família**. Desse modo, o pai adotivo ou a mãe adotiva não pode casar-se com a viúva do filho adotivo ou com o viúvo da filha adotiva.

No caso do **inc. V**, os contraentes encontram-se na **posição de irmãos**.

---

[6] *Direitos de família*, p. 52 e 55, notas 72 e 77.

Na realidade, os mencionados incs. III e V do art. 1.521 do novo Código Civil seriam até **dispensáveis** se considerarmos que **a Constituição Federal proíbe qualquer discriminação ou diferença de tratamento entre os filhos, seja o parentesco natural ou resultante da adoção**. Desse modo não era necessário afirmar que o adotante não pode casar "com quem foi cônjuge do adotado", pois se trata de **parentes por afinidade na linha reta, impedidos de se casar** por força do disposto no inc. II do referido dispositivo legal.

Da mesma forma mostra-se despicienda a referência a impedimentos entre **o adotado e o filho do adotante, pelo fato de que são irmãos**, como proclama a Constituição Federal, enquadráveis no inc. IV já mencionado.

A adoção, no Código Civil de 2002, é concedida por sentença constitutiva (art. 1.623, parágrafo único), sendo, portanto, *irretratável*. **O impedimento, em consequência, é perpétuo**.

■ 4.2.2. Impedimento resultante de casamento anterior

Não podem casar, ainda, **"as pessoas casadas"** (CC, art. 1.521, VI). Procura-se, assim, combater a poligamia e **prestigiar a monogamia**, sistema que vigora nos países em que domina a civilização cristã.

O impedimento (*impedimentum ligaminis seu vinculi*) só desaparece após a dissolução do anterior vínculo matrimonial pela **morte, invalidade, divórcio ou morte presumida dos ausentes** (CC, art. 1.571, § 1º).

No regime instituído pela Lei do Divórcio, o casamento válido se extinguia com a morte do outro cônjuge ou com o registro de sentença de divórcio (Lei n. 6.515/77, art. 24). **A declaração de ausência não produzia efeitos de ordem pessoal, mas só patrimonial**. Desse modo, ainda que o desaparecimento se prolongasse no tempo e possibilitasse a abertura da sucessão definitiva do ausente, **não era permitido o casamento do outro cônjuge**. Teria este de se divorciar, com fundamento na separação de fato por mais de dois anos, para novamente se casar.

O Código Civil de 2002 acrescentou, como **causa de dissolução** de casamento válido, **"a presunção estabelecida neste Código quanto ao ausente"** (art. 1.571, § 1º). O art. 6º do aludido diploma **presume a morte do ausente** "nos casos em que a lei autoriza a abertura da sucessão definitiva" e o art. 7º possibilita a **declaração da "morte presumida**, sem decretação de ausência", nos casos nele especificados. Os arts. 37 e 38, por sua vez, autorizam a abertura da sucessão definitiva do ausente **"dez anos depois de passada em julgado a sentença que concede a abertura da sucessão provisória"** e, também, "provando-se que o ausente conta **oitenta anos de idade, e que de cinco datam as últimas notícias dele**".

■ Efeito da infração ao impedimento

A infração do impedimento em apreço acarreta a **nulidade do segundo casamento**, respondendo ainda o infrator pelo **crime de bigamia**, punido com pena que varia de dois a seis anos de reclusão. Nesse sentido tem-se decidido:

"Sendo irretorquível a prova da bigamia de um dos cônjuges, **impõe-se a declaração da nulidade do casamento**"[7].

Na vigência, pois, de um casamento válido não se pode contrair novas núpcias. O impedimento não decorre do fato de a pessoa já ter sido casada, mas por ser casada.

■ **A existência de anterior casamento religioso**

O casamento religioso de um ou de ambos os cônjuges, **que ainda não foi registrado no registro civil**, não constitui impedimento para a celebração do casamento civil, uma vez que, na esfera jurídica, não é nulo nem anulável, **mas inexistente**. Também não obsta a aquisição dos efeitos civis por meio de um segundo casamento religioso.

■ **Declaração de nulidade do casamento**

Mesmo nulo o casamento, necessita o cônjuge, para se casar novamente, obter a declaração judicial da nulidade. Na ação declaratória de nulidade do segundo casamento, conforme ensinamento de Iolanda Moreira Leite, há que se provar a ocorrência de dois pressupostos: "a) a **realização válida do primeiro casamento**; b) a **vigência desse casamento à época da realização do segundo**. Provados esses dois pressupostos na esfera civil, **o segundo casamento receberá a sanção de nulidade**, cessando todos os seus efeitos. A sanção de nulidade recairá sobre o segundo casamento, **ainda que um ou ambos os contraentes estivessem de boa-fé**"[8].

O Código Civil de 2002 **manteve a exigência de processo para a proclamação da nulidade e anulabilidade do casamento**, supondo sentença modificativa do *status* (arts. 1.561 a 1.563).

Preleciona Pontes de Miranda que, **enquanto não se pronuncia a nulidade do primeiro casamento, o posterior é *tido* como nulo**. Mas é nulo, aduz, "o posterior se o primeiro era apenas *anulável*, e não passou em julgado a sentença de anulação

---

[7] TJSC, Ap. 41.602, 2ª Câm. Cív., rel. Des. Renato Melillo, v. u.

V. ainda: "É nulo o casamento de pessoas já casadas, afastada a boa-fé quando, ao habilitar-se para o segundo matrimônio, um dos nubentes emite declaração falsa em torno de seu estado civil" (TJRJ, 4ª Câm. Cív., DGJ 41, rel. Des. Marden Gomes). "Restando demonstrado, de forma cabal, celebração de seu casamento com a autora da ação anulatória, correta é a sentença que, proclamando a existência de impedimento dirimente absoluto, declara a anulação do vínculo matrimonial" (TJDF, Remessa de Ofício 2000.01.011853-5, 1ª T., rel. Des. Camanho de Assis, *DJU*, 7-8-2002). "Certidão de nascimento confeccionada com o fito exclusivo de propiciar segundo casamento. Bigamia caracterizada, estando porém demonstrada a boa-fé do outro cônjuge. Correta a sentença que proclama a nulidade do segundo casamento e declara a putatividade do casamento em relação ao cônjuge não impedido" (TJRJ, DGJ 00016/00, 4ª Câm. Cív., rel. Des. Maria Augusta V. M. de Figueiredo, j. 31-8-2000).

[8] Bigamia, in *Família e casamento* — doutrina e jurisprudência, p. 307.

V. a jurisprudência: "Bigamia. Ação anulatória. Demonstração de que ambos os cônjuges estavam vivos ao tempo do segundo matrimônio. Prova necessária. Presunção de subsistência do vínculo sem essa prova. Impõe-se a extinção do processo, sem julgamento do mérito, quando efetivamente não há prova convincente da subsistência do casamento anterior, nem de sua inexistência, o que implica impossibilidade jurídica de qualquer julgamento da lide, em sua subsistência. Se não foi provado o óbito do primeiro marido da ré, em tempo anterior ao seu casamento com o autor, também não foi categoricamente desmentido, de tal maneira que pelo menos a dúvida persiste em torno da circunstância básica da pretensão do autor" (*RT*, 588/175).

do primeiro antes de ser contraído o outro (Martins Wolff, Familienrecht, *Lehrbuch*, II, 2ª parte, n. 45). Temos, assim, que a existência de casamento nulo opera como impedimento impediente e, infringido, o segundo casamento fica como *suspenso*. **Decretada a nulidade do primeiro, o posterior é válido *ex tunc*.** Porque a sentença de nulidade tem efeitos retroativos, o que também ocorre com a anulação (com exceções, *e.g.*, art. 217 — *CC/1916*)"[9].

Para o mencionado autor, assim, como por ele explicitado em outro local[10], a **anulação** do casamento "**produz efeitos iguais à decretação da nulidade**, salvo onde a lei civil abriu explícita exceção", como no caso de casamento putativo, previsto no art. 1.561 do novo diploma.

Nessa linha, enfatiza José Lamartine Corrêa de Oliveira[11] que, caso venha **o primeiro casamento**, em data posterior à da celebração do segundo casamento, a ser declarado nulo ou anulado, sem que se lhe reconheça o caráter putativo, daí decorrerá, **dada a eficácia retroativa da nulidade ou anulação do primeiro casamento**, ser **válido o segundo casamento**, por força de verdadeira remoção da causa originária de invalidade. Ajuizada eventualmente, aduz, "a ação de nulidade do 2º casamento (com fundamento na bigamia), pode ser suscitada nos autos a existência, em tramitação, de ação de nulidade ou anulação do 1º casamento. Em tal hipótese, **deverá ser suspenso o processo referente à nulidade do 2º casamento**, por depender a sentença de mérito do julgamento da ação de nulidade ou anulação do 1º (CPC/1973, art. 265, IV, *a*, atual art. 313, V, *a*)".

4.2.3. Impedimento decorrente de crime

Estatui, por fim, o art. 1.521 do Código Civil que **não podem casar**:

> "VII — o cônjuge sobrevivente com o condenado por homicídio ou tentativa de homicídio contra o seu consorte".

Trata-se de ***impedimentum criminis***.

O dispositivo, malgrado não tenha feito nenhuma distinção, **abrange somente o homicídio doloso**, como é da tradição de nosso direito. Ademais, **só existe tentativa de homicídio dolosa**. No homicídio culposo não há o intuito de eliminar um dos cônjuges para desposar o outro e, por essa razão, não se justificaria punir o autor com a proibição.

A *ratio* do impedimento assenta, com efeito, em juízo ético de reprovação, que **não incide nos casos de simples culpa**. Pela mesma razão, ou seja, por não ter havido intenção de matar, **não alcança o impedimento o caso de homicídio preterintencional**[12].

---

9 *Tratado de direito de família*, cit., v. I, p. 116, n. 4.

10 *Tratado de direito privado*, v. 8, § 823, n. 1, p. 7.

11 *Direito de família*, cit., p. 186-187. A jurisprudência dominante é no sentido de que, "mesmo o agente estando separado judicial ou consensualmente, praticará o delito de bigamia em se casando novamente, pois a separação põe fim à sociedade conjugal, mas não extingue o vínculo matrimonial" (TJRN, Ap. 2003.004.293-8, Câm. Crim., rel. Des. Deusdedit Maria, *DJe*, 10-6-2004).

12 Degni, *Il diritto di famiglia nel nuovo Códice Civile italiano*, § 17, p. 85; José Lamartine e Ferreira Muniz, *Direito de família*, cit., p. 184.

■ **Desnecessidade de que o outro cônjuge esteja conluiado com o criminoso**

Não se reclama que o outro cônjuge seja conivente ou esteja conluiado com o autor do **conjugicídio**, como ocorria na legislação pré-codificada e na de alguns países. O Decreto n. 181, de 24 de janeiro de 1890, exigia, para que se configurasse o impedimento, a condenação também do cônjuge sobrevivente como coautor ou cúmplice do delito (art. 7º, § 4º).

Informa Eduardo Espínola[13] que procede do Projeto Beviláqua a ideia de **impedir o casamento do esposo supérstite, embora absolutamente inocente**, com a pessoa que haja, como autor ou cúmplice, sido condenada no processo decorrente do homicídio ou tentativa de homicídio contra o esposo falecido.

■ **Exigência de que tenha havido condenação criminal do autor do crime**

A inspiração do impedimento é de ordem moral. Exige-se, todavia, para a sua existência, **que tenha havido condenação**. Se ocorreu absolvição ou o crime prescreveu, **extinguindo-se a punibilidade**, não se configura o impedimento. Tendo, porém, havido condenação, não o fazem desaparecer a prescrição da pretensão executória, a reabilitação, a anistia, a graça ou perdão.

Quer a lei que se trate de **condenação criminal**, porquanto em processo civil de separação judicial poderá ser condenado o cônjuge adúltero, não o seu corréu.

■ **A existência de pronúncia do nubente ou de inquérito policial para apuração do crime**

O Código Civil brasileiro **não considera impedimento** a **pronúncia do nubente** pelo crime de homicídio doloso contra o cônjuge do outro, nem o fato de existir **inquérito policial** em andamento para apuração do homicídio ou da tentativa de homicídio, **ou mesmo processo penal**. Torna-se necessária a **condenação do autor ou mandante do crime** para que subsista o impedimento matrimonial.

Luiz Edson Fachin e Carlos Eduardo Pianovski pensam, todavia, do seguinte modo: "Ainda que a condenação seja posterior ao casamento, retroagirão seus efeitos para a situação jurídica matrimonial já estabelecida, operando sua nulidade"[14].

Parece-nos, no entanto, que as **causas de nulidade do casamento** são aquelas mencionadas no art. 1.548 do Código Civil:

a) ausência do necessário discernimento para os atos da vida civil por parte do enfermo mental; e

b) infringência de impedimento.

Se o casamento se realiza quando ainda não havia condenação criminal transitada em julgado, não há fundamento para a sua anulação, porque **inexistia o impedimento por ocasião de sua celebração**. Como assinala Pontes de Miranda[15], quando a lei fala em "condenado" havemos de entender que se trata de **"condenação por sentença passada em julgado"**.

---

13 *A família no direito civil brasileiro*, p. 89, nota 83.

14 *Código Civil comentado*, v. XV, cit., p. 66.

15 *Tratado de direito de família*, cit., v. I, p. 119-120.

Observa ainda Pontes de Miranda que há o *impedimentum criminis* ainda que se possa provar a nulidade ou a anulabilidade do casamento do cônjuge sobrevivente. Somente não o há, aduz, "se o crime foi cometido após passar em julgado a decisão de nulidade ou de anulação, ou, em se tratando de pessoa que pode, por seu estatuto, ser divorciada, depois de passar em julgado a sentença de divórcio".

■ Extensão da restrição

A restrição alcança não só o **autor do homicídio** como também o **mandante ou autor intelectual**, desde que condenado. E estende-se ao que o for por **tentativa de homicídio**, ainda que o cônjuge alvo desse crime venha a falecer por outra causa. Obviamente, a proibição do casamento só se aplica após a morte deste ou a dissolução da sociedade conjugal por outra causa, como o divórcio e a morte presumida do ausente, quando então, desfeito o impedimento decorrente do liame matrimonial, haverá possibilidade de casamento do cônjuge supérstite, conivente ou não com o crime praticado. **Poderá ele casar validamente com qualquer outra pessoa desimpedida, menos com o condenado por homicídio ou tentativa de homicídio contra o seu consorte**[16].

■ Proibição de que os impedidos de se casar passem a viver em união estável

O impedimento obsta também que os impedidos de se casar passem a viver, **legalmente**, em **união estável**, pois o art. 1.723, § 1º, do Código Civil proclama que **"a união estável não se constituirá se ocorrerem os impedimentos do art. 1.521"**, abrindo exceção apenas para que não incida a proibição do inc. VI no caso de a pessoa casada se achar separada de fato ou judicialmente.

■ Inexistência de impedimento decorrente de adultério

O Código Civil de 2002 não contempla o impedimento relativo ao **casamento do cônjuge adúltero com o seu cúmplice por tal condenado**, previsto no diploma de 1916, merecendo por isso encômios.

Como percucientemente observa Caio Mário, "sob aspecto moral, mais correto age quem se casa com a mulher que induziu ao erro, do que aquele que a abandona. A vida social está cheia desses exemplos, merecendo aplausos quem repara o mal. Diante do entendimento mais recente no sentido de, cada vez mais, se descriminalizar o adultério, antecipou-se o legislador civil ao excluir dos impedimentos tal hipótese"[17].

■ 4.3. RESUMO

IMPEDIMENTOS	
CONCEITO	■ *Impedimento* é a falta dos requisitos exigidos pela lei para a validade e regularidade do casamento (CC, art. 1.521, I a VII). A sua inobservância fulmina o ato de nulidade. O Código Civil considera impedimentos apenas os dirimentes absolutos, ou seja, os que visam evitar uniões que possam ameaçar a ordem pública, resultantes de fatos impossíveis de serem supridos.

16 Caio Mário da Silva Pereira, *Instituições*, cit., v. 5, p. 87; Vicente de Faria Coelho, *Nulidade*, cit., p. 90; José Lamartine e Ferreira Muniz, *Direito de família*, cit., p. 183.

17 *Instituições*, cit., v. 5, p. 88-89.

IMPEDIMENTOS RESULTANTES DO PARENTESCO	▪ ***Consanguinidade*** — Não podem casar: "I — os ascendentes com os descendentes, seja o parentesco natural ou civil; (...) IV — os irmãos, unilaterais ou bilaterais, e demais colaterais, até o terceiro grau inclusive" (CC, art. 1.521, I e IV). ▪ ***Afinidade*** — Não podem casar: "II — os afins em linha reta" (CC, art. 1.521, II). Parentesco por afinidade é o que liga um cônjuge ou companheiro aos parentes do outro (CC, art. 1.595). A proibição refere-se apenas à linha reta. ▪ ***Adoção*** — Não podem casar: "III — o adotante com quem foi cônjuge do adotado e o adotado com quem o foi do adotante; (...) V — o adotado com o filho do adotante" (CC, art. 1.521, III e V). A razão é de ordem moral, considerando o respeito e a confiança que devem reinar no seio da família. A adoção imita a família.
IMPEDIMENTO RESULTANTE DE CASAMENTO ANTERIOR	▪ Não podem casar: "VI — as pessoas casadas" (CC, art. 1.521, VI). O impedimento só desaparece após a dissolução do anterior vínculo matrimonial pela morte, anulação, divórcio ou morte presumida do ausente (CC, art. 1.571, § 1º). O casamento religioso anterior não constitui impedimento.
IMPEDIMENTO DECORRENTE DE CRIME	▪ Não podem casar: "VII — o cônjuge sobrevivente com o condenado por homicídio ou tentativa de homicídio contra o seu consorte" (CC, art. 1.521, VII). O dispositivo abrange somente o homicídio doloso, como é da tradição do nosso direito. Não se reclama que o outro esteja conluiado com o autor do ***conjugicídio***, mas se exige que tenha havido condenação.

5

DAS CAUSAS SUSPENSIVAS

5.1. CONCEITO

Causas suspensivas são determinadas circunstâncias ou situações capazes de **suspender a realização do casamento**, se arguidas tempestivamente pelas pessoas legitimadas a fazê-lo, mas que não provocam, quando infringidas, a sua nulidade ou anulabilidade. O casamento é apenas considerado ***irregular***, tornando, porém, **obrigatório o regime da separação de bens** (CC, art. 1.641, I), como sanção imposta ao infrator[1].

5.2. REGULAMENTAÇÃO LEGAL

As aludidas causas visam proteger ***interesses de terceiros***, em geral:

- **da prole** (herdeiros) **do leito anterior** (evitando a confusão de patrimônios e de sangue);
- do **ex-cônjuge**; e
- da **pessoa influenciada pelo abuso de confiança ou de autoridade** exercido pelo outro (tutela e curatela).

Podem, por isso, deixar de ser aplicadas pelo juiz, **provando-se a inexistência de prejuízo** para essas pessoas (CC, art. 1.523 e parágrafo único).

O Código Civil qualifica as restrições como **"causas suspensivas"**, enunciadas como conselhos: **"*não devem casar*"**. A sua incidência depende, contudo, de **oposição tempestiva por algum dos legitimados**. Se comprovadas as causas invocadas, **o casamento não poderá se realizar** enquanto não forem afastadas. Se, porém, forem opostas apenas **depois de celebrado o casamento, este será válido**, mas vigorará entre os cônjuges o regime da **separação de bens**, como já foi dito.

Ainda como sanção, aplicável à hipótese do inc. I do art. 1.523 do Código Civil, **a lei confere hipoteca** "aos filhos, sobre os imóveis do pai ou da mãe que passar a outras núpcias, **antes de fazer o inventário do casal anterior**" (CC, art. 1.489, II),

---

1 Proclama a Súmula 377 do Supremo Tribunal Federal: "No regime de separação legal de bens, comunicam-se os adquiridos na constância do casamento". Consagra tal súmula, portanto, a comunicação dos *aquestos*.

com o objetivo de evitar qualquer possibilidade de dilapidação do patrimônio antes da partilha.

A **oposição das causas suspensivas**, como se verá no capítulo seguinte, deve ser feita **no prazo de quinze dias da publicação dos editais**, para produzir o efeito de sustar a realização do casamento. Se efetivada após esse prazo, não terá o condão de obstá-lo, embora sujeite os cônjuges ao regime da separação dos bens e os imóveis destes a hipoteca legal, na hipótese do inc. I do art. 1.523 supramencionado. Ainda que arguidas tempestivamente, **há, não obstante, possibilidade de se afastarem tais causas**, com todos os seus respectivos efeitos, nas hipóteses do parágrafo único do art. 1.523, que se reporta à **inexistência de prejuízo** às pessoas que a lei visa proteger[2].

■ 5.3. CONFUSÃO DE PATRIMÔNIOS

Para evitar a confusão de patrimônios, dispõe o art. 1.523 do Código Civil:

> "Art. 1.523. **Não devem casar**:
> I — o viúvo ou a viúva que tiver filho do cônjuge falecido, enquanto não fizer inventário dos bens do casal e **der partilha** aos herdeiros".

■ Sanções previstas

Com a partilha, definem-se os bens que comporão o quinhão dos filhos do casamento anterior, evitando a referida confusão. A infração à restrição legal acarreta as seguintes **sanções**:

- ■ imposição do **regime da separação de bens**, prevista no livro do direito de família;
- ■ incidência de **hipoteca legal em favor dos** "**filhos**, sobre os imóveis do pai ou da mãe que passar a outras núpcias, **antes de fazer o inventário do casal anterior**", prevista no livro concernente ao direito das coisas (art. 1.489, II).

■ Necessidade de partilha julgada por sentença

O óbice à realização do casamento não desaparece com o fato de haver sido iniciado o inventário. A lei exige mais: **que haja partilha julgada por sentença**, pois é ela que define claramente o direito de cada um. É necessário, assim, **que se homologue a partilha**, promovendo-se a separação dos patrimônios, de modo que aos herdeiros do cônjuge falecido sejam atribuídos discriminadamente os bens que lhes cabem.

Se todos forem capazes e não houver testamento, **a partilha poderá ser feita administrativamente, por escritura pública**, a qual valerá, por si só, como título hábil para o registro imobiliário, nos termos do art. 610, § 1º, do Código de Processo Civil de 2015.

Todavia, em hipótese em que o viúvo somente realizou a partilha dos bens aos herdeiros do leito anterior tempos depois do segundo casamento, decidiu o Tribunal de Justiça de São Paulo, quando ainda vigente o Código Civil de 1916:

---

[2] Fachin e Pianovski, *Código Civil comentado*, v. XV, p. 75.

"A razão de ser do impedimento proibitivo disposto no inc. XIII do art. 183 do CC é a de evitar-se a confusão do patrimônio do novo casal com o dos herdeiros do primeiro casamento. **Evitando-se tal confusão, com rigoroso respeito do patrimônio dos herdeiros**, por ocasião do inventário dos bens do cônjuge falecido, seria de muito rigor impor-se o regime de separação de bens ao novo casamento, como determina o art. 258, I, do CC"[3].

■ Inventário negativo, em caso de inexistência de filho ou de bens a partilhar

A jurisprudência tem, efetiva e sabiamente, nos casos de infração à restrição legal, **afastado a invalidade** do regime da comunhão de bens, se o cônjuge falecido **não tiver deixado algum filho**, assim como, ainda que tenha deixado algum, **se o casal não tiver bens a partilhar**.

Por essa razão, admitem os juízes, embora não prevista no Código de Processo Civil, a realização do ***inventário negativo***, instruído com certidão negativa de bens, cuja única finalidade é comprovar a inexistência da causa suspensiva em questão. Mesmo existindo filhos e bens, também **tem sido afastada a nulidade quando não há risco de confusão de patrimônios** em razão do novo casamento, como consta do precedente retrotranscrito.

Poderá o juiz, como foi dito, autorizar a realização do casamento se o nubente **provar a inexistência de prejuízo** para ele e para os filhos, como lhe faculta o parágrafo único do art. 1.523 do Código Civil.

■ 5.4. DIVÓRCIO

Para também evitar confusão de patrimônios, o novel legislador estabeleceu previsão específica de **causa suspensiva de casamento** para "o **divorciado**, enquanto não houver sido homologada ou decidida a **partilha dos bens** do casal" (CC, art. 1.523, III).

Procura-se evitar controvérsia a respeito dos bens comuns na hipótese de novo casamento de um dos divorciados, em face do regime de bens adotado. Contudo, **a restrição será afastada, provando-se a inexistência de prejuízo para o ex-cônjuge** (art. 1.523, parágrafo único).

Registre-se que o art. 733 do Novo Código de Processo Civil permite que a separação consensual, o divórcio consensual e a separação consensual de união estável, não havendo nascituro ou filhos incapazes do casal, poderão ser realizados

---

[3] *RT*, 647/101.

Decidiu o Superior Tribunal de Justiça interessante caso: "O viúvo que recasa, pelo regime da comunhão de bens, sem antes proceder ao inventário dos bens do casal, beneficiando-se com o patrimônio aportado pela nova esposa, alienado a benefício comum, não tem legitimidade para propor a ação de retificação do registro civil, a fim de fazer prevalecer o regime da separação legal, com o intuito de assim excluir a mulher da partilha do único bem com que ele concorreu para o patrimônio do casal, comportamento malicioso que não pode encontrar guarida no ordenamento jurídico, presidido pelo princípio da boa-fé. Nesse caso, seria só dos filhos o interesse em promover a ação. Carência reconhecida" (REsp 21.162-5-SP, 4ª T., rel. Min. Ruy Rosado de Aguiar).

por **"escritura pública", com "partilha dos bens comuns"**. A escritura "**não depende de homologação judicial** e constitui título hábil para qualquer ato de registro".

■ 5.5. CONFUSÃO DE SANGUE (*TURBATIO SANGUINIS*)

Dispõe o inc. II do art. 1.523 do Código Civil que também **não devem casar** "a **viúva, ou a mulher cujo casamento se desfez** por ser nulo ou ter sido anulado, **até dez meses** depois do começo da viuvez, ou da dissolução da sociedade conjugal".

Trata-se de **causa suspensiva que se impõe somente à mulher**. O objetivo é **evitar dúvida sobre a paternidade** (*turbatio sanguinis*), que fatalmente ocorreria, considerando-se que se presumiria filho do falecido aquele que nascesse até **"trezentos dias"** da data do óbito ou da sentença anulatória ou que declare nulo o casamento. Igual presunção atribuiria a paternidade ao segundo marido quanto ao filho que nascesse até "**cento e oitenta dias, pelo menos**, depois de estabelecida a convivência conjugal" (CC, art. 1.597, I e II).

■ Hipóteses de não incidência da proibição

Não subsiste a proibição se a nubente, "na fluência do prazo", segundo proclama o parágrafo único, *in fine*, do referido art. 1.523, provar:

- **nascimento de filho**; ou
- **inexistência de gravidez**.

Contudo, deve-se admitir também a inexistência da mencionada restrição:

- se **houver aborto**; ou
- se **a gravidez for evidente** quando da viuvez ou da anulação do casamento;
- igualmente, se o casamento anterior foi anulado por **impotência *coeundi***, desde que **absoluta e anterior ao casamento**;
- ou quando resulta evidente das circunstâncias a **impossibilidade física de coabitação** entre os cônjuges[4].

Observe-se que o dispositivo em epígrafe não menciona impedimento para casamento de mulher divorciada há menos de dez meses pelo fato de que o divórcio exigia prazo mais dilatado, qual seja, de um ano no divórcio-conversão, e de dois anos no divórcio direto. Todavia, como proclama o Enunciado 517 da V Jornada de Direito Civil do Conselho da Justiça Federal, "A Emenda Constitucional n. 66/2010 extinguiu os prazos previstos no art. 1.580 do Código Civil, mantido o divórcio por conversão". Desse modo, **a restrição deve ser aplicada, também, à mulher divorciada**, uma vez que *ubi eadem ratio, ibi idem jus.*

A **sanção** ao infrator é a mesma prevista para todas as causas suspensivas, qual seja, **a imposição da separação de bens** no casamento. No entanto, poderá o juiz,

[4] Caio Mário da Silva Pereira, *Instituições de direito civil*, v. 5, p. 93.

como foi dito, autorizar o casamento se a nubente **provar nascimento do filho** ou **inexistência da gravidez** (CC, art. 1.523, parágrafo único).

■ 5.6. TUTELA E CURATELA

Não devem, por fim, casar "**o tutor ou o curador e os seus descendentes, ascendentes, irmãos, cunhados ou sobrinhos**, com a pessoa tutelada ou curatelada, enquanto não cessar a tutela ou curatela, e não estiverem saldadas as respectivas contas" (CC, art. 1.523, IV).

Trata-se de causa suspensiva **destinada a afastar a coação moral** que possa ser exercida por pessoa que tem ascendência e autoridade sobre o ânimo do incapaz. O tutor é o representante legal do incapaz menor, e o curador, do incapaz maior. A lei restringe a liberdade do tutor e do curador de casarem com seus tutelados e curatelados **enquanto não cessada a tutela ou curatela e não houverem saldado as respectivas contas**.

■ Finalidade da restrição

A finalidade da regra em apreço é **a proteção do patrimônio do incapaz**, evitando o locupletamento do representante ou de seus parentes a suas expensas. Cessa a causa suspensiva com a extinção da tutela ou da curatela e com a **aprovação das contas pelo juízo competente**. Observa-se que a lei não proíbe que o tutor se case com o tutelado, ou o curador com o curatelado. Apenas impõe, como condição, que as contas devidas sejam prestadas e aprovadas e eventual débito saldado. Não vale a quitação dada pelo próprio interessado, pois as contas se prestam em juízo.

■ Extensão da restrição

A restrição não se limita à pessoa do tutor ou à do curador, mas **estende-se a seus descendentes, ascendentes, irmãos, cunhados e sobrinhos**, que a lei não isenta de suspeição. Tal restrição não é, entretanto, absoluta. **Pode ser afastada provando-se a inexistência de prejuízo** para a pessoa tutelada ou curatelada, como dispõe o parágrafo único do art. 1.523 do Código Civil, já mencionado.

Somente será necessário comprovar ausência de prejuízo, em todos os casos mencionados no aludido parágrafo único, **se oposta a causa suspensiva por algum interessado**, uma vez que não é dado ao oficial do registro ou ao celebrante do casamento declarar de ofício a causa suspensiva.

■ 5.7. OBSERVAÇÕES FINAIS

Inexistem outros impedimentos e outras causas de suspensão do casamento, além dos elencados pelo estatuto civil. Não são assim considerados outros fatos ou circunstâncias, como o alcoolismo, a dependência de substâncias tóxicas e certas doenças, como sucede em alguns países, nem a diversidade de crenças ou de raça dos contraentes[5].

---

[5] Washington de Barros Monteiro, *Curso de direito civil*, 32. ed., v. 2, p. 58-59.

Leis especiais criaram, todavia, restrições ao casamento de certas pessoas, em razão de seu estado ou profissão, equiparáveis a impedimentos. Necessitam estas de **autorização de terceiros**, sob pena de sofrerem **sanções de ordem administrativa**, impostas por seus superiores, **sem afetar a validade do matrimônio**. São alcançados por essas normas regulamentares:

- membros do Exército, Marinha e Aeronáutica;
- funcionários diplomáticos e consulares.

Os impedimentos do **direito canônico** não são reconhecidos pela lei civil.

Anote-se que o art. 7º, § 1º, da Lei de Introdução às Normas do Direito Brasileiro dispõe que, "realizando-se o casamento no Brasil, será aplicada a lei brasileira quanto aos impedimentos dirimentes e às formalidades da celebração". Assim, **quanto às causas suspensivas, levar-se-á em conta o estatuto pessoal**. Não se aplicará, por exemplo, a sanção do art. 1.641, I, do Código Civil, que impõe o regime da separação de bens, a cônjuge estrangeiro, em cuja lei nacional inexista semelhante penalidade.

■ 5.8. RESUMO

CAUSAS SUSPENSIVAS	
CONFUSÃO DE PATRIMÔNIOS	■ Para evitar ***confusão de patrimônios***, não devem casar "o viúvo ou a viúva que tiver filho do cônjuge falecido, enquanto não fizer inventário dos bens do casal e der partilha aos herdeiros" (CC, art. 1.523, I).
CONFUSÃO DE SANGUE (*TURBATIO SANGUINIS*)	■ Para evitar ***confusão de sangue ("turbatio sanguinis")***, não devem casar "a viúva, ou a mulher cujo casamento se desfez por ser nulo ou ter sido anulado, até dez meses depois do começo da viuvez, ou da dissolução da sociedade conjugal" (CC, art. 1.523, II). Alcança somente a mulher. O objetivo é evitar dúvida sobre a paternidade.
TUTELA E CURATELA	■ Para impedir casamento de pessoas que se acham sob poder de outrem, não devem casar "o tutor ou o curador e os seus descendentes, ascendentes, irmãos, cunhados ou sobrinhos, com a pessoa tutelada ou curatelada, enquanto não cessar a tutela ou curatela, e não estiverem saldadas as respectivas contas" (CC, art. 1.523, IV).

6

DA OPOSIÇÃO DOS IMPEDIMENTOS E DAS CAUSAS SUSPENSIVAS

6.1. DA OPOSIÇÃO DOS IMPEDIMENTOS

A oposição de impedimento é a **comunicação escrita feita por pessoa legitimada**, antes da celebração do casamento, ao oficial do registro civil perante quem se processa a habilitação, ou ao juiz que preside a solenidade, **sobre a existência de um dos empecilhos mencionados na lei**[1].

6.1.1. Pessoas legitimadas

A legitimidade para a oposição dos impedimentos rege-se pelo disposto no art. 1.522 do Código Civil, que assim dispõe:

> "Os impedimentos podem ser opostos, **até o momento da celebração do casamento**, por qualquer pessoa capaz.
>
> Parágrafo único. Se o juiz, ou o oficial de registro, tiver conhecimento da existência de algum impedimento, será obrigado a declará-lo".

A sociedade tem interesse em que não se realize o casamento de pessoas entre as quais vigora o impedimento. Razões de ordem pública, dirigidas especialmente à proteção da família, ditaram a sua previsão e enumeração. Por essa razão é amplo o campo de titularidade para a sua arguição. A lei autoriza, com efeito, **qualquer pessoa capaz** a denunciar o obstáculo ao casamento de que tenha conhecimento, ainda que não comprove interesse específico no caso.

Além disso, a oposição prescinde de provocação, pois **o juiz, ou o oficial de registro**, que tenha conhecimento da existência de algum impedimento, **será obrigado a declará-lo *ex officio***.

O *não cumprimento* desse dever pode acarretar-lhes não só **sanções** de natureza **administrativa**, como também de natureza **indenizatória**, uma vez que um casamento anulado por conta de impedimento conhecido e não declarado de ofício pode dar ensejo a grave dano de natureza moral[2].

Embora não mencionada expressamente, **é óbvia a legitimidade ativa do Ministério Público** para opor os impedimentos dirimentes.

---

1 Silvio Rodrigues, *Comentários ao Código Civil*, v. 17, p. 31.

2 Luiz Edson Fachin e Carlos Eduardo Pianovski Ruzyk, *Código Civil comentado*, v. XV, p. 68.

A oposição de impedimento, ou a sua declaração de ofício, **susta a realização do casamento até final decisão**. Se, malgrado o impedimento, o casamento se realizar, poderá ser decretada a sua **nulidade**, a qualquer tempo, por iniciativa de qualquer interessado ou do Ministério Público (CC, art. 1.549).

6.1.2. Momento da oposição dos impedimentos

O art. 1.522 do Código Civil, retrotranscrito, simplificou o sistema de oposição de impedimentos ao declarar que podem ser opostos por qualquer pessoa capaz, em qualquer fase do processo de habilitação e **"até o momento da celebração do casamento"**.

Diante da gravidade dos obstáculos impostos no interesse da própria sociedade, **os respectivos impedimentos podem ser ofertados a qualquer tempo, somente cessando a oportunidade com a cerimônia do casamento**. A publicidade proporcionada pelos proclamas tem exatamente a finalidade de dar conhecimento geral da pretensão dos noivos de se unirem pelo matrimônio, para que qualquer pessoa capaz possa informar o oficial do cartório ou o celebrante do casamento da existência de algum empecilho legal.

Até o momento da realização da solenidade há, portanto, a possibilidade de se apontar o impedimento, diferentemente do que sucede no tocante às causas suspensivas, cuja oposição se submete ao prazo de publicação dos editais de habilitação, como se verá adiante.

6.1.3. Forma da oposição

Para evitar que a oposição de impedimentos se transforme em estímulo às imputações levianas e caluniosas, encoraje paixões incontidas ou disfarce despeitos inconfessáveis, torna-se necessária a observância rigorosa da forma de oposição dos impedimentos[3]. Deve ela ser **fundada em elementos que demonstrem a sua veracidade**, apresentados desde logo pelo oponente. Não se admite, pois, oposição anônima.

Preceitua, com efeito, o art. 1.529 do Código Civil que os *impedimentos* **"serão opostos em declaração escrita e assinada, instruída com as provas do fato alegado, ou com a indicação do lugar onde possam ser obtidas"**. Acrescenta o art. 1.530 que o oficial do registro civil "dará aos nubentes ou a seus representantes **nota da oposição**, indicando os fundamentos, as provas e o nome de quem a ofereceu".

Direito à contraprova

Por outro lado, aos nubentes é assegurado o direito de "requerer prazo razoável para fazer **prova contrária aos fatos alegados**, e promover as ações civis e criminais contra o **oponente de má-fé**" (CC, art. 1.530, parágrafo único).

Procedimento sumário

O procedimento para a oposição dos impedimentos é *sumário* e complementado pelo art. 67, § 5º, da Lei dos Registros Públicos (Lei n. 6.015/73). Os autos serão

[3] De Page, *Traité élémentaire de droit civil belge*, v. I, n. 638; Caio Mário da Silva Pereira, *Instituições de direito civil*, v. 5, p. 89.

remetidos ao juízo competente, **com as provas já apresentadas ou com a indicação do lugar onde possam ser obtidas**. O juiz designará audiência, se houver necessidade de ouvir testemunhas indicadas pelo impugnante e pelos nubentes, e, após a oitiva dos interessados e do Ministério Público, decidirá no prazo de cinco dias, cabendo a interposição de recurso de apelação tanto por parte dos interessados como do representante do Ministério Público oficiante.

Se os cônjuges residirem em localidades diferentes, os editais serão publicados em cada circunscrição. Pode ocorrer, por essa razão, que a impugnação seja apresentada em circunscrição diferente daquela em que se processa a habilitação. Nesse caso, **o processamento se dará no cartório onde foi apresentada**, mas o oficial deste comunicará ao do cartório onde se promove a habilitação. Enquanto não resolvido o incidente, fica sobrestado o casamento[4].

Oponente de má-fé

Julgada improcedente a oposição, estará o *oponente de má-fé* sujeito à **responsabilização civil e criminal**, nos termos do parágrafo único do mencionado art. 1.530 do Código Civil. Se é certo que a oposição de impedimentos e de causas suspensivas tem a finalidade de evitar nulidades ou prejuízos que possam decorrer do casamento, "não há dúvida de que a oposição de falso impedimento pode gerar grandes prejuízos morais ou mesmo patrimoniais aos nubentes; **é cabível reparação civil, além de reprimenda de natureza penal**, quando a oposição tiver características que possam enquadrá-la em previsão legal que constitua crime"[5].

A má-fé, *in casu*, é a que resulta de **comportamento doloso, malicioso**, do impugnante, mas que **pode advir também da negligência e da imprudência**. Não resta dúvida de que o impugnante não pode agir precipitadamente e levantar suspeitas sobre a viabilidade e legalidade do casamento, sem acautelar-se acerca da veracidade da arguição. **Um mínimo de cautela é exigível, para evitar dissabores e prejuízos desnecessários aos nubentes**. A **conduta negligente** de quem provoca a suspensão do casamento sem apresentar elementos de convicção que tornem verossímil a oposição **pode caracterizar a má-fé** a que alude o mencionado parágrafo único do art. 1.530 do Código Civil.

Todavia, não se pode ser rigoroso na apreciação da conduta do impugnante, sob pena de se criar uma excessiva restrição à oposição de impedimentos, que constituiria um perigoso risco para quem se dispusesse a efetivá-la. **Somente, pois, a culpa que revele uma total ausência de cautelas mínimas por parte do impugnante pode justificar a sua responsabilização como oponente de má-fé, afastando-se as hipóteses de culpa levíssima e até mesmo, conforme as circunstâncias, de culpa leve**.

Cumpridas as formalidades dos arts. 1.526 e 1.527 do Código Civil e considerados aptos os nubentes ao casamento, lavrará o oficial certidão nesse sentido nos autos

4 Arnaldo Rizzardo, *Direito de família*, p. 66-67.

5 Fachin e Pianovski, *Código Civil comentado*, cit., v. XV, p. 93.

da habilitação e extrairá o respectivo certificado. **A partir dessa data começará a fluir o prazo de noventa dias para contraírem o casamento**. O aludido prazo, como já foi dito, é **decadencial**. Decorrido *in albis*, perderá efeito a habilitação, havendo necessidade de sua repetição caso persista a intenção dos nubentes de realizar o casamento (CC, arts. 1.531 e 1.532).

■ 6.2. DA OPOSIÇÃO DAS CAUSAS SUSPENSIVAS

Causas suspensivas são circunstâncias ou situações capazes de **suspender a realização do casamento**, quando opostas tempestivamente, mas que não provocam, quando infringidas, a sua nulidade ou anulabilidade, como já foi dito. O Código Civil incluiu entre as causas suspensivas a que estipula não dever o divorciado casar-se enquanto não houver sido homologada ou decidida a partilha dos bens do anterior casamento.

■ 6.2.1. Pessoas legitimadas

O art. 1.524 do Código Civil enumera as pessoas que podem arguir as causas suspensivas, estabelecendo que podem ser opostas pelos **"parentes em linha reta de um dos nubentes, sejam consanguíneos ou afins, e pelos colaterais em segundo grau, sejam também consanguíneos ou afins"**.

■ Elenco restrito

Diferentemente, pois, do que sucede com os impedimentos, que podem ser apresentados por qualquer pessoa capaz, **é restrito o elenco de pessoas que podem articular as causas suspensivas**. Somente podem fazê-lo os **parentes em linha reta** de um dos nubentes (pais, avós, sogros) e os **irmãos e cunhados**. Nem mesmo o **Ministério Público** está autorizado a tomar essa providência.

A diferença de tratamento reside no fato de que os impedimentos são previstos em normas de ordem pública, cuja observância atende aos interesses da própria sociedade, ao passo que **as causas suspensivas interessam apenas à família e eventualmente a terceiros**. Podem, por isso, deixar de ser aplicadas pelo juiz, provando-se a **inexistência de prejuízo** para as pessoas que a lei visa proteger (CC, art. 1.523 e parágrafo único).

Constitui inovação do Código de 2002 **a inclusão dos cunhados dos nubentes**, que durante a vigência do casamento são parentes por afinidade em segundo grau, entre as pessoas legitimadas a opor as causas suspensivas.

Entende Pontes de Miranda[6] que se deve admitir, também, a oposição **do que fora casado com a mulher que quer novamente se casar antes dos trezentos dias**, em caso de nulidade ou anulação de casamento, porque tal causa suspensiva (art. 183, XIV, do CC/1916, *correspondente ao art. 1.523, II, do atual*) tem por fim evitar a *turbatio sanguinis*. Com efeito, um dos maiores interessados em afastar o problema

6 *Tratado de direito de família*, cit., v. I, § 25, n. 5.

que pode decorrer do casamento realizado antes dos dez meses posteriores à anulação do casamento anterior é o ex-cônjuge, do matrimônio anulado.

■ 6.2.2. Momento da oposição das causas suspensivas

Diversamente dos impedimentos, que podem ser opostos no processo de habilitação e "até o momento da celebração do casamento, por qualquer pessoa capaz" (CC, art. 1.522), as *causas suspensivas* devem ser articuladas no **curso do processo de habilitação, até o decurso do prazo de quinze dias da publicação dos proclamas**.

Salienta Caio Mário[7], no tocante à oportunidade da oposição das causas suspensivas, que esta se liga, particularmente, ao processo de habilitação: **anunciadas as núpcias pela publicação dos proclamas, abre-se o prazo de quinze dias, dentro do qual os interessados podem objetar contra o casamento**.

A suspensão do casamento só tem lugar, assim, se a causa que a admite é oposta tempestivamente por algum dos legitimados, ou seja, dentro do prazo de quinze dias da publicação dos editais. **Se o casamento se realizar a despeito da causa suspensiva, será válido, mas os nubentes sofrerão as sanções já mencionadas**[8].

■ 6.2.3. Forma da oposição

Na mesma trilha da orientação traçada para os impedimentos, prescreve o art. 1.529 do Código Civil que as causas suspensivas serão opostas **"em declaração escrita e assinada, instruída com as provas do fato alegado, ou com a indicação do lugar onde possam ser obtidas"**.

Incumbe ao oficial dar ciência da impugnação aos nubentes, fornecendo inclusive o nome de quem a apresentou, a teor do art. 1.530 do mesmo diploma: "O oficial do registro dará aos nubentes ou a seus representantes **nota da oposição**, indicando os fundamentos, as provas e o nome de quem a ofereceu". A eles é permitido requerer a concessão de prazo razoável para **fazer prova contrária aos fatos alegados, "e promover as ações civis e criminais contra o oponente de má-fé"** (parágrafo único).

Dispõe ainda o art. 1.531 do Código Civil que, cumpridas as formalidades relativas à habilitação (arts. 1.526 e 1.527) e verificada a inexistência de fato obstativo, **"o oficial do registro extrairá o certificado de habilitação"**.

■ 6.3. RESUMO

OPOSIÇÃO DOS IMPEDIMENTOS E DAS CAUSAS SUSPENSIVAS	
IMPEDIMENTOS	**■ Forma** Os impedimentos devem ser opostos em declaração escrita e assinada, instruída com as provas do fato alegado ou a indicação do lugar onde possam ser obtidas (CC, art. 1.529). A habilitação ou a celebração serão imediatamente suspensas e só prosseguirão depois do julgamento favorável aos nubentes.

7 *Instituições*, cit., v. 5, p. 95.

8 Fachin e Pianovski, *Código Civil comentado*, cit., v. XV, p. 72.

	■ **Momento** Podem ser opostos no processo de habilitação e "***até o momento da celebração do casamento***, por qualquer pessoa capaz" (CC, art. 1.522). O juiz e o oficial do registro têm a obrigação de declará-los de ofício.
CAUSAS SUSPENSIVAS	■ **Forma** Tanto os impedimentos quanto as causas suspensivas devem ser opostos em declaração escrita e assinada, instruída com as provas do fato alegado ou a indicação do lugar onde possam ser obtidas (CC, art. 1.529). A habilitação ou a celebração serão imediatamente suspensas e só prosseguirão depois do julgamento favorável aos nubentes. ■ **Momento** Como interessam apenas à família, a lei restringe a legitimação para a oposição aos parentes em linha reta e aos colaterais em segundo grau de um dos nubentes, sejam consanguíneos ou afins (CC, art. 1.524). Nem mesmo o MP pode alegá-las. Podem ser opostas somente ***no curso do processo de habilitação***, até o decurso do prazo de quinze dias da publicação dos proclamas.

7

DA CELEBRAÇÃO DO CASAMENTO

7.1. FORMALIDADES

O casamento é cercado de um verdadeiro **ritual**, com significativa incidência de **normas de ordem pública**. Constitui **negócio jurídico solene**. As formalidades atribuem seriedade e certeza ao ato, garantem e facilitam sua prova e resguardam o interesse de terceiros no tocante à publicidade da sociedade conjugal.

Embora o casamento civil não seja tão solene quanto os rituais eclesiásticos, as formalidades exigidas são suficientes para enfatizar a relevância social do ato. Seja, no entanto, casamento civil ou religioso com efeitos civis, **reveste-se da necessária solenidade** por constituir o ato da vida civil a que a ordem jurídica atribui maior importância, sendo o ponto de partida para a constituição da família[1].

A celebração do casamento **sem o atendimento dos rigores da lei** torna ***inexistente*** o ato, salvo casos excepcionais de dispensa, no casamento nuncupativo e na conversão da união estável em casamento.

Os nubentes, depois de cumpridas as formalidades preliminares e munidos da certidão de habilitação passada pelo oficial do registro, devem peticionar à autoridade que presidirá o ato, requerendo a **designação do "*dia, hora e local*" de sua celebração** (CC, art. 1.533).

Local da celebração

O *local* da realização da cerimônia em geral é **a sede do próprio cartório** onde se processou a habilitação, **mas pode ser escolhido outro, público ou particular**, como clubes, salões de festas, templos religiosos, casa de um dos nubentes etc., ***"consentindo a autoridade celebrante"***. É importante que **as portas permaneçam abertas, permitindo o livre ingresso de qualquer pessoa no recinto**, e que a solenidade se realize com toda publicidade, a fim de possibilitar a oposição de eventuais impedimentos, **"presentes pelo menos duas testemunhas, parentes ou não dos contraentes"**, como o exige o art. 1.534, *caput* e § 1º, do Código Civil. Por essa razão, não se admitem locais impróprios, que inviabilizem a publicidade, ou inacessíveis ao público.

Não deve ser permitida a realização de casamentos em prédios de apartamentos, seja no salão de festas, seja na unidade condominial, ainda que permaneçam

---

1 Caio Mário da Silva Pereira, *Instituições de direito civil*, v. 5, p. 111.

com as portas abertas, uma vez que a insegurança que reina principalmente nas cidades mais populosas faz com que **o ingresso nos prédios seja controlado pelo serviço de portaria**. Todavia, observa Caio Mário[2] que, "não obstante, celebram-se casamentos nestas circunstâncias, sem que se argua nulidade, o que converte o preceito em **mera recomendação**".

O modo de fazer com que a lei seja cumprida é **não permitir**, como já sugerido, a realização de casamento em **prédios de apartamentos que mantêm a portaria fechada**, colocando empecilhos ao ingresso de pessoas, e considerar ***inexistente*** o celebrado nesses locais e nessas condições, uma vez demonstrado que tal circunstância **obstou a oposição de algum impedimento**, pela ausência de um de seus elementos essenciais, que é a celebração *na forma da lei*, tendo em vista que esta determina: "Quando o casamento for em edifício particular, ficará este de portas abertas durante o ato" (CC, art. 1.534, § 1º). Observe-se que o aludido dispositivo refere que o **"edifício particular"** (e não o apartamento) ficará de portas abertas durante o ato.

■ **Cerimônias coletivas**

Nada impede que se realizem cerimônias coletivas, **celebradas simultaneamente**, como acontece muitas vezes nos grandes centros para atender às preferências dos cônjuges quanto a determinadas datas ou a movimentos destinados a incentivar a regularização de uniões de fato.

■ **Hora da celebração**

No tocante à *hora*, pode o casamento ser realizado **durante o dia ou à noite**, e em **qualquer dia**, inclusive aos domingos e feriados, contanto que a celebração não ocorra de madrugada ou em altas horas noturnas — o que dificultaria a presença de pessoas que pretendessem oferecer impugnações.

■ **Presença das testemunhas**

A presença das testemunhas é **imprescindível**. O art. 1.534, *caput*, do Código Civil exige a presença de **pelo menos duas**, afirmando que podem ser **parentes ou não** dos contraentes. Se algum deles **não souber ou não puder escrever**, colher-se-ão as impressões digitais, e o número de testemunhas será **aumentado para quatro**, qualquer que seja o local em que se realize o ato. Também será **aumentado para quatro** se o casamento se realizar em **edifício particular** (art. 1.534, §§ 1º e 2º), não havendo também aqui nenhuma restrição relativa ao parentesco, mesmo próximo, dos contraentes[3].

■ 7.2. AUTORIDADE COMPETENTE PARA A CELEBRAÇÃO

A *autoridade competente* para celebrar casamentos, no Estado de São Paulo, enquanto não criados os juizados de paz mencionados na Constituição Federal e de caráter eletivo (arts. 98, II, e 30 do ADCT), é o **juiz de casamentos** do lugar em que

---

[2] *Instituições*, cit., v. 5, p. 113.

[3] Arnaldo Rizzardo, *Direito de família*, p. 71; Sílvio Venosa, *Direito civil*, v. VI, p. 97.

se processou a habilitação. A lei de organização judiciária de cada Estado é que designa a referida autoridade. Em alguns Estados chama-se **juiz de paz**; em outros, o próprio **juiz de direito** é incumbido desse mister.

No Estado de São Paulo, a nomeação do juiz de casamentos é feita pelo **Secretário da Justiça**, que é auxiliar do governador. Cada Município e cada circunscrição territorial têm o seu **juiz de casamentos e dois suplentes**. Trata-se de função não remunerada. Nas faltas ou nos impedimentos, tal autoridade será substituída somente por um dos suplentes nomeados (CC, art. 1.539, § 1º). O **oficial do Registro Civil**, nesses casos, será substituído **por oficial *ad hoc*,** nomeado pelo presidente do ato, o qual, nos casos de urgência e ausência do Livro de Registros, lavrará **termo avulso**, "que será registrado no respectivo registro dentro em cinco dias, perante duas testemunhas, ficando arquivado" (art. 1.539, § 2º).

7.3. MOMENTO DA CELEBRAÇÃO

Dispõe o art. 1.535 do Código Civil:

> "Presentes os contraentes, em pessoa ou por procurador especial, juntamente com as testemunhas e o oficial do registro, o presidente do ato, ouvida aos nubentes a afirmação de que pretendem casar por livre e espontânea vontade, **declarará efetuado o casamento nestes termos**:
> 'De acordo com a vontade que ambos acabais de afirmar perante mim, de vos receberdes por marido e mulher, eu, em nome da lei, vos declaro casados'".

O comparecimento dos nubentes deve ser **simultâneo**, sendo necessário que a vontade de casar seja **manifestada no ato da celebração**. Não se admite, com efeito, uma declaração de vontade formulada anteriormente à solenidade, pois a lei visa assegurar a liberdade e a atualidade do consentimento matrimonial. O princípio da **atualidade do mútuo consenso** sofre restrição, todavia, pela admissibilidade do casamento por **procuração** (CC, art. 1.542), como se verá no item 7.7, *infra*[4].

A inequívoca manifestação da vontade

A celebração do casamento obedece a formalidades essenciais (*ad solemnitatem*), que, se ausentes, tornarão o ato *inexistente*, como foi dito. A principal ocorre no momento em que o juiz pergunta aos nubentes, a um e após ao outro, se persistem no propósito de casar. *A resposta*, segundo o art. 1.535 do Código Civil, deve ser **pessoal e oral**, mas se admite, para o casamento de um **surdo**, pergunta e resposta escritas, e, para o casamento de um **mudo**, resposta por sinal[5]. O importante é que o consentimento seja **inequívoco, por palavras, gestos ou escrito,** podendo resumir-se ao **"sim"**.

---

[4] José Lamartine Corrêa de Oliveira e Francisco José Ferreira Muniz, *Direito de família*, p. 138; Antunes Varela, *Direito da família*, n. 38, p. 202.

[5] Marty e Raynaud, *Les personnes*, p. 119.

O **silêncio**, nesse caso, **não pode ser interpretado como manifestação de vontade**. Não se admite também que o consentimento seja subordinado a **condição** ou **termo**. O estrangeiro pode valer-se de **intérprete**, caso não entenda bem o vernáculo.

7.4. MOMENTO EM QUE SE TEM POR REALIZADO O CASAMENTO

Tendo os nubentes manifestado o consentimento de forma inequívoca, o juiz **declarará efetuado o casamento**, proferindo as palavras sacramentais discriminadas na segunda parte do art. 1.535 do Código Civil, retrotranscrito. Ao pronunciá-las o celebrante o faz em nome da lei, como representante do Estado, e é nessa qualidade que participa do ato.

A declaração do celebrante é essencial, como expressão do interesse do Estado na constituição da família, bem como do ponto de vista formal, destinada a assegurar a legitimidade da formação do vínculo matrimonial e conferir-lhe certeza. Sem ela, o casamento perante o nosso direito é ***inexistente***. Pode-se afirmar, pois, que o ato só se tem por **concluído** com a solene **declaração do celebrante**.

Basta lembrar que **a retratação superveniente** de um dos nubentes, quando "manifestar-se arrependido" (CC, art. 1.538, III) após o consentimento e **antes da referida declaração**, acarreta a **suspensão da solenidade**. Tal fato demonstra que o casamento ainda não estava aperfeiçoado e que a manifestação de vontade dos nubentes só seria irretratável a partir da declaração do celebrante.

Qualquer dúvida que ainda pudesse existir foi afastada por expressa disposição do atual Código Civil:

> "O casamento se realiza no momento em que o homem e a mulher manifestam, perante o juiz, a sua vontade de estabelecer vínculo conjugal, **e o juiz os declara casados**" (art. 1.514).

Não basta, portanto, a declaração de vontade dos contraentes, mesmo porque podem arrepender-se ou sofrer oposição de impedimento (CC, arts. 1.522 e 1.538).

7.5. SUSPENSÃO DA CERIMÔNIA

Dispõe o art. 1.538 do Código Civil:

> "A celebração do casamento será imediatamente suspensa se algum dos contraentes:
> I — recusar a solene afirmação da sua vontade;
> II — declarar que esta não é livre e espontânea;
> III — manifestar-se arrependido.
> Parágrafo único. O nubente que, por algum dos fatos mencionados neste artigo, der causa à suspensão do ato, **não será admitido a retratar-se no mesmo dia**".

Se, **apesar da recusa,** a cerimônia prosseguir e o ato for concluído e registrado, o casamento será **inexistente** por falta de elemento essencial: o ***consentimento***[6].

---

[6] Eduardo Espínola, *A família*, cit., p. 138, nota 5.

A **retratação não será aceita** ainda que o nubente provocador do incidente declare tratar-se de **simples gracejo**. A intenção da lei é resguardar a vontade do nubente contra qualquer interferência. Mesmo que não se encontre sob influência estranha, a lei lhe propicia um compasso de espera para que medite e, se retornar, traga uma deliberação segura e amadurecida.

O certo é designar-se o casamento para **o dia seguinte ou para nova data**, dentro do prazo de eficácia da habilitação, para permitir uma serena reflexão do nubente indeciso. Será caso de ***nulidade virtual*** do casamento **se a retratação for admitida no mesmo dia**, por contrariar proibição expressa, constante de norma cogente[7].

A **proibição** é justificada pelo "receio de ser o contraente, que deu causa à suspensão do ato, **moralmente coagido a voltar de pronto à presença do juiz** a fim de pronunciar uma afirmação que não corresponda ao seu verdadeiro desejo"[8].

Além dos casos mencionados no art. 1.538 do Código Civil, retrotranscrito, *a celebração do casamento se* ***interromperá***:

- **Se os pais, tutores ou curadores revogarem a autorização concedida para o casamento** respectivamente dos filhos, tutelados e curatelados, como o permite o art. 1.518 do aludido diploma.
- Se, **no decorrer da solenidade, for devidamente oposto algum impedimento legal cuja existência se mostre plausível** ante a idoneidade do oponente, a seriedade da arguição e a robustez da prova ou informação[9].

7.6. ASSENTO DO CASAMENTO NO LIVRO DE REGISTRO

Completando o ciclo de formalidades, que se inicia com o processo de habilitação e prossegue com a cerimônia solene, **lavrar-se-á**, logo depois da celebração, ***assento no livro de registro***, com os elementos elencados nos arts. 1.536 do Código Civil e 173 da Lei dos Registros Públicos. Deve ainda constar, se for o caso, a **autorização para casar** e transcrever-se-á, integralmente, a **escritura antenupcial** (art. 1.537).

Finalidade do registro

Tal assento *destina-se*:

- **a dar publicidade ao ato** e, precipuamente,
- a **servir de prova** de sua realização e do regime de bens.

A sua lavratura constitui formalidade *ad probationem tantum*, e não *ad solemnitatem*, pois ocorre depois que o casamento já está concluído e aperfeiçoado. A sua

---

7 *RF*, 66/308; Caio Mário da Silva Pereira, *Instituições*, cit., v. 5, p. 116.

8 Eduardo Espínola, *A família*, cit., p. 138, nota 5.

9 Caio Mário da Silva Pereira, *Instituições*, cit., v. 5, p. 115-116; Eduardo Espínola, *A família*, cit., p. 139, nota 5.

falta apenas **dificultará a prova do ato, mas não o tornará inválido**. Assim, o cônjuge que optou por adotar os apelidos do outro deve assiná-lo com o nome de casado.

O registro "não contende com a existência, nem, em rigor, com a nulidade ou mesmo com a eficácia do ato, **mas só com a sua prova**"[10]. **Prova-se o casamento celebrado no Brasil**, com efeito, pela **certidão do registro**, como dispõe o art. 1.543 do Código Civil. Nada obsta, porém, que, **inexistindo tal assento**, seja o casamento provado por **outros meios**, inclusive a posse do estado de casado, provada por testemunhas que assistiram à celebração do ato ou que sempre consideraram os cônjuges como entre si casados, como se verá no capítulo seguinte[11].

■ **Registro do casamento religioso com efeitos civis**

Diversamente, porém, ocorre no casamento religioso com efeitos civis, em que **o registro no livro próprio é condição de sua eficácia**, devendo ser realizado no ofício competente. Efetuado o registro nas condições exigidas no art. 1.516 do Código Civil, reputar-se-ão os cônjuges casados desde a data da celebração (CC, art. 1.515).

■ **Dados necessários**

O art. 1.536 enumera os dados que devem constar do assento no livro de registro. Constarão necessariamente:

- **"prenomes, sobrenomes, datas de nascimento, profissão, domicílio e residência atual dos cônjuges"** (inc. I). Tais informações atualizadas destinam-se a identificar os consortes de modo completo e inequívoco;
- no tocante ao estado familiar, **"os prenomes, sobrenomes, datas de nascimento ou de morte, domicílio e residência atual dos pais"** (inc. II) de ambos os cônjuges;
- **"o prenome e sobrenome do cônjuge precedente e a data da dissolução do casamento anterior"** (inc. III), quando se tratar de cônjuge viúvo, divorciado ou, ainda, que teve casamento anterior anulado;
- **"a data da publicação dos proclamas e da celebração do casamento"** (inc. IV);
- **"a relação dos documentos apresentados ao oficial do registro"** (inc. V), para possibilitar a verificação da regularidade da habilitação. Caso se constate a existência de irregularidades em seu processamento, após o casamento, por não terem os nubentes, por exemplo, completado a idade mínima para casar ou obtido a autorização de seu representante, será o casamento **anulável** (CC, art. 1.550);
- **qualificação** no assentamento **das pessoas que atuaram na solenidade como "testemunhas"** (inc. VI);
- e, por fim, ainda, para fazer prova entre os próprios cônjuges e resguardar interesses de terceiros de boa-fé, **"o regime do casamento, com a declaração**

[10] Pereira Coelho, *Curso*, cit., p. 169-170.

[11] Cunha Gonçalves, *Direitos de família e direitos das sucessões*, p. 42.

da data e do cartório em cujas notas foi lavrada a escritura antenupcial, quando o regime não for o da comunhão parcial, ou o obrigatoriamente estabelecido" (inc. VII).

■ Anotação da adoção do sobrenome do outro cônjuge

Embora não esteja consignada exigência nesse sentido, também se faz necessário anotar no registro **o nome adotado pelos nubentes**, em caso de eventual adoção do sobrenome do consorte. O § 1º do art. 1.565 do Código Civil faculta a qualquer dos nubentes optar pelo sobrenome do outro, ou conservar o próprio, sem qualquer acréscimo, dispondo: **"Qualquer dos nubentes, querendo, poderá acrescer ao seu o sobrenome do outro".**

A clareza do dispositivo não deixa dúvida de que o nubente, ao se casar, pode permanecer com o seu sobrenome de solteiro; mas, se quiser adotar os apelidos do consorte, **não poderá suprimir o seu próprio sobrenome**. Essa interpretação se mostra a mais apropriada em face do **princípio da estabilidade do nome**, que só deve ser alterado em casos excepcionais, princípio esse que é de ordem pública[12].

A jurisprudência considera que, "tendo a Constituição da República, em seu artigo 226, parágrafo 5º, assegurado a igualdade entre marido e mulher quanto aos direitos e deveres que resultam do casamento, **nada impede que o marido venha a adotar, quando do casamento, o apelido de família da mulher**"[13]. O art. 1.565, § 1º, do Código Civil, retrotranscrito, veio consolidar esse entendimento[14].

■ 7.7. CASAMENTO POR PROCURAÇÃO

O casamento pode ser celebrado **"mediante procuração, por instrumento público"**, que outorgue **"poderes especiais"** ao mandatário para receber, em nome do outorgante, o outro contraente (CC, art. 1.542), que deve ser nomeado e qualificado. A procuração pode ser outorgada **tanto a homem como a mulher** para representar qualquer um dos nubentes.

---

12 Carlos Roberto Gonçalves, *Direito civil brasileiro*, v. 1, p. 134. Silvio Rodrigues, a propósito, adverte: "Note-se que a lei não permite que a mulher, ao casar-se, tome o patronímico do marido, abandonando os próprios. Apenas lhe faculta *acrescentar* ao seu o nome de família do esposo" (*Direito civil*, v. 6, p. 143). Nesse sentido também a jurisprudência: *RT*, 785/345.

13 *JTJ*, Lex, 149/100.

14 Logo que promulgada a Constituição Federal de 1988, Paulo Eduardo Razuk (O nome civil da mulher casada, *RJTJSP*, Lex, 128/19) criticou a inovação, afirmando que "o uso do nome do marido pela mulher permanece entre nós pela força do costume, como hábito enraizado na vida social", e que o uso pelo marido do nome da mulher seria prática inédita no Brasil. Aduziu que, nos países em que tal ocorre — França e Alemanha — "há nobreza de sangue, inexistente no Brasil, daí o interesse em preservar os seus nomes". Conclui o emérito juiz paulista que tal prática, no seu entender, "não teria aceitação social no Brasil". Na realidade, mesmo em países em que a opção é permitida há bastante tempo, como na Alemanha, é mínima a porcentagem de homens que adotam, pelo casamento, o sobrenome da mulher.

O dispositivo em apreço possibilita, portanto, ao contraente que esteja impossibilitado de comparecer pessoalmente perante a autoridade competente, ou que prefira adotar essa forma, **nomear procurador com poderes especiais** para representá-lo no ato de celebração do casamento.

Se ambos não puderem comparecer, deverão nomear procuradores diversos. Como a procuração é outorgada para o mandatário receber, em nome do outorgante, o outro contraente, deduz-se que ambos **não podem nomear o mesmo procurador**, até porque há a obrigação legal de cada procurador atuar em prol dos interesses de seu constituinte, e pode surgir algum conflito de interesses.

Reconhece a doutrina **um certo poder de decisão ao procurador *ad nuptias*, que lhe permite recusar a celebração do casamento sempre que possa supor que o mandante, se tivesse conhecimento da realidade, com certeza não se casaria**, como na hipótese de tomar ciência de relevante circunstância, como uma causa de invalidade do casamento ou doença física ou psíquica do nubente, por exemplo[15].

■ **Revogação do mandato**

O mandato pode ser revogado só por **instrumento público** e terá **eficácia pelo prazo de *noventa dias*** (CC, art. 1.542, §§ 3º e 4º).

"A revogação do mandato não necessita chegar ao conhecimento do mandatário; mas, celebrado o casamento sem que o mandatário ou o outro contraente tivessem ciência da revogação, responderá o mandante por perdas e danos" (art. 1.542, § 1º). **O casamento será *anulável*, desde que não sobrevenha coabitação entre os cônjuges**, como prescreve o art. 1.550, V, do Código Civil.

■ **Formalidades exigidas**

Sujeitam-se os nubentes ao **formalismo especial** exigido no mencionado art. 1.542 do Código Civil: outorga, **por instrumento público**, de poderes especiais ao mandatário para receber, em nome do mandante, **o outro contraente, com a individuação precisa**. Não constitui requisito essencial do instrumento a menção ao regime de bens do casamento, embora possa ser feita, facultativamente. No seu **silêncio**, prevalecerá o da **comunhão parcial**, salvo se for obrigatório, na espécie, o da separação[16].

A permissão se justifica plenamente, quando, inadiável o casamento ou inconveniente o seu retardamento, **não seja possível a presença simultânea dos nubentes** perante a autoridade que irá celebrar o ato. Por esse meio facilita-se o matrimônio quando, por exemplo, um dos nubentes reside em localidade diversa do outro e não pode deslocar-se, ou quando um deles se encontra no estrangeiro em trabalho, estudo ou missão que não podem ser interrompidos[17].

■ **Extinção da representação pela revogação da procuração, por morte ou incapacidade superveniente do representado**

---

15 Corrêa de Oliveira e Ferreira Muniz, *Direito de família*, cit., p. 143; Pereira Coelho, *Curso*, cit., n. 38, p. 89-90.

16 Pontes de Miranda, *Tratado de direito de família*, cit., v. I, § 29, n. 2, p. 195.

17 Eduardo Espínola, *A família*, cit., p. 143-144; Caio Mário da Silva Pereira, *Instituições*, cit., v. 5, p. 120.

No tocante à *revogação*, faz-se mister esclarecer que o mandato de direito das obrigações supõe a ciência do mandatário, pois, revogando o mandato, o mandante tem de dar ciência ao representante. Desse modo, valem os atos praticados enquanto o mandatário não sabe da revogação. Quanto aos terceiros de boa-fé, ainda que notificada ao mandatário a revogação, não produzirá efeitos (CC, art. 686).

Tais noções **não se aplicam, todavia, à procuração *ad nuptias***, em razão da natureza personalíssima do casamento e do fato de a lei exigir a manifestação do consentimento no próprio ato da celebração. **Afasta-se, portanto, o regime geral da extinção do mandato quanto ao mandatário** (arts. 682, primeira parte, e 686) e **a respeito do contraente de boa-fé** (art. 689), pelo qual se mantêm os efeitos da procuração após a causa de extinção quando desta não tenha conhecimento o mandatário ou o terceiro contraente. Não houvesse tal arredamento, poderia ocorrer uma situação inadmissível: a validade de um casamento realizado no momento em que o representado esteja já morto, desde que este fato seja ignorado do procurador ou do outro nubente.

A propósito, preleciona Eduardo Espínola: "Em nosso direito, parece-nos, quer se trate **de morte**, da qual tenham notícia o procurador e o outro contraente, **quer de revogação** de mandato, **o casamento se não terá realizado validamente**, porquanto a lei exige a manifestação do consentimento no próprio ato da celebração, e o consentimento requerido é o do mandante, e não o do mandatário. Óbvio é que a declaração feita pelo procurador, após a morte do representando ou a revogação do mandato, não corresponde à vontade atual do mandante. **O contraente prejudicado, no caso de revogação, terá direito à indenização por perdas e danos**, como expressamente lho autoriza a lei austríaca"[18].

■ Anulabilidade do casamento, em caso de revogação do mandato

O Código Civil, como dito inicialmente, considera simplesmente **anulável** o casamento realizado pelo mandatário, sem que ele ou o outro contraente soubesse da **revogação** do mandato, desde que a ele não siga a coabitação (art. 1.550, V). Por essa razão, declara que **a revogação do mandato não necessita chegar ao conhecimento do mandatário para produzir efeitos** (art. 1.542, § 1º). Tal afirmação não exime o mandante, todavia, do **dever de informar o mandatário e o outro nubente** da revogação do mandato, sob pena de responder pelos prejuízos morais ou patrimoniais que causar por sua omissão, se o casamento se realizar.

Luiz Edson Fachin e Carlos Eduardo Pianovski aplaudem a solução, afirmando: "Ao optar pela anulabilidade, a codificação oportuniza que **a coabitação convalide o casamento**, o que não seria possível na hipótese de inexistência"[19].

■ Inexistência do casamento, em caso de morte superveniente do representado

A caducidade da procuração *ad nuptias* pela **morte superveniente** do representado acarreta, todavia, a **inexistência do casamento** posteriormente celebrado pelo

---

18 *A família*, cit., p. 147.

19 *Código Civil comentado*, v. XV, p. 132.

mandatário[20]. A morte faz cessar o mandato para casamento como faz cessar qualquer mandato. Porém, "enquanto, no direito das obrigações, são válidos, a respeito dos contraentes de boa-fé, os atos ajustados em nome do mandante pelo mandatário, no tempo em que o mandatário ignora a morte do mandante, **não vale o casamento que foi contraído após a morte do mandante, ainda que a ignorem o procurador e o outro nubente, ou a ignore um só deles**"[21].

Não subsistirá o casamento, diz igualmente Eduardo Espínola, se falecer o mandante antes da celebração, "ainda que o mandatário e o outro contraente tenham ignorado essa circunstância"[22]. A natureza do ato, aduz, "não permite possa ele constituir-se, **quando já morto um dos noivos**, dadas as relações pessoais que se estabelecem por efeito do casamento".

■ **Loucura superveniente do mandante**

A *loucura superveniente*, como assinala Pontes de Miranda, "**revoga a procuração**. Se efetuado o casamento após a loucura, volta o mandante à lucidez e, ciente da efetuação do casamento, tem relações sexuais com a pessoa com quem foi realizado, ou pratica qualquer ato de assentimento, **sanada está a nulidade relativa**"[23].

■ **Casamento do mandante com outra pessoa**

Obviamente, ficará de **nenhum efeito** o casamento se, antes de realizado, houver o mandante contraído matrimônio com outra pessoa.

■ **Casamento nuncupativo**

O Código Civil de 2002 inovou ao prever a hipótese de procuração outorgada pelo nubente, no casamento nuncupativo ou *in articulo mortis*, **"que não estiver em iminente risco de vida"** (art. 1.542, § 2º). Essa modalidade de união conjugal, dada a sua peculiaridade, deve realizar-se com as maiores cautelas, em razão da ausência da autoridade competente.

A dispensa, também, do cônjuge não enfermo, representado por mandatário, pode gerar abusos e litígios futuros, como oportunamente obtempera Caio Mário[24].

■ 7.8. RESUMO

DA CELEBRAÇÃO DO CASAMENTO	
FORMALIDADES ESSENCIAIS (*AD SOLEMNITATEM*)	■ petição dos contraentes à autoridade competente, requerendo a designação de dia, hora e local da celebração do casamento (CC, art. 1.533); ■ publicidade do ato nupcial, realizado a portas abertas (CC, art. 1.534); ■ presença simultânea dos contraentes, em pessoa ou por procurador especial, das testemunhas, do oficial do registro e do juiz de casamentos (CC, art. 1.535); ■ afirmação dos nubentes de que pretendem casar por livre e espontânea vontade, sob pena de ser suspensa a celebração (CC, art. 1.538 e parágrafo único); ■ declaração do presidente do ato, mediante fórmula sacramental (CC, art. 1.535), de que o casamento está aperfeiçoado.

20 Corrêa de Oliveira e Ferreira Muniz, *Direito de família*, cit., p. 145.
21 Pontes de Miranda, *Tratado de direito de família*, cit., v. I, § 29, n. 8, p. 198.
22 *A família*, cit., p. 146.
23 *Tratado de direito de família*, cit., v. I, § 29, n. 7, p. 197.
24 *Instituições*, cit., v. 5, p. 121.

FORMALIDADE *AD PROBATIONEM TANTUM*	■ Lavratura do assento no livro de registro, assinado pelo presidente do ato, pelos cônjuges, pelas testemunhas e pelo oficial do registro (CC, art. 1.536).
CASAMENTO POR PROCURAÇÃO	■ O casamento pode ser celebrado mediante procuração, por ***instrumento público***, que outorgue poderes especiais ao mandatário para receber, em nome do outorgante, o outro contraente (CC, art. 1.542). ■ Se ambos não puderem comparecer, deverão nomear procuradores diversos. O mandato pode ser revogado só por instrumento público e terá eficácia pelo prazo de 90 dias (CC, art. 1.542, §§ 3º e 4º).
MOMENTO DA REALIZAÇÃO	■ O casamento "se realiza no momento em que o homem e a mulher manifestam, perante o juiz, a sua vontade de estabelecer vínculo conjugal, e o juiz os declara casados" (CC, art. 1.514). Não basta, portanto, a declaração de vontade dos contraentes, mesmo porque podem arrepender-se ou sofrer oposição de impedimento (CC, arts. 1.522 e 1.538).

8

DAS PROVAS DO CASAMENTO

8.1. INTRODUÇÃO

Como todo negócio jurídico, o casamento está sujeito a **comprovação**. A lei estabelece um rigoroso sistema de prova da sua existência, em decorrência de sua repercussão na órbita privada e dos **efeitos relevantes** que dele defluem, por exemplo:

- a condição de cônjuge meeiro e de herdeiro legítimo;
- a presunção de paternidade dos filhos nele havidos;
- a comunhão dos bens adquiridos na sua constância;
- a obrigação de prestar alimentos ao consorte;
- o estabelecimento de um regime de bens entre os cônjuges;
- a configuração da nulidade de outras núpcias posteriores etc.

O sistema de prova instituído pelo legislador do Código Civil de 2002, assim como já era no diploma de 1916, é o da **prova pré-constituída**.

Num primeiro momento, só permite a lei que o casamento seja provado com a **certidão do registro**. Todavia, tendo em conta a necessidade de minorar o rigor inicial, ela **abre exceções** ao princípio geral estatuído, para **permitir a demonstração da existência de casamentos realmente ocorridos**, mas que, por alguma circunstância, não podem ser comprovados pelo meio inicialmente aludido, como se verá a seguir.

8.2. PROVA ESPECÍFICA: CERTIDÃO DO REGISTRO

Prescreve o art. 1.543 do Código Civil que **o casamento celebrado no Brasil prova-se pela "certidão do registro"** (certidão de casamento expedida com base nos dados constantes do assento lavrado na data de sua celebração, conforme o estatuído no art. 1.536, ou posteriormente, se se tratar de casamento religioso com efeitos civis).

É o sistema da **prova pré-constituída**, como mencionado no item anterior, adotado pela maioria das legislações estrangeiras.

8.3. OUTROS MEIOS DE PROVA

Preceitua o parágrafo único do aludido art. 1.543 do Código Civil, no entanto, que a prova do casamento pode ser produzida ***por outros meios***, **"justificada a falta ou perda do registro civil"**, como em caso de incêndio do cartório, inundação, fraude, negligência do cartorário etc. Não se trata da simples perda da certidão, que pode ser substituída por segunda via, mas sim de **desaparecimento do próprio registro**, seja do livro ou do cartório onde efetuado o lançamento.

Essa prova *supletória* faz-se, assim, em duas fases:

- *na primeira*, **prova-se o fato que ocasionou a perda ou a falta do registro**;
- *na segunda*, **se satisfatória a primeira, admitidas serão as outras**, como testemunhas, registros em carteiras de trabalho e em passaportes, certidão de nascimento de filhos etc.

Antigo julgado do Tribunal de Justiça de São Paulo proclamou que, "**justificada a falta ou perda do registro civil, admite-se qualquer outra espécie de prova**, quer dizer: documentos, testemunhas, presunções, exames e vistorias, depoimentos, atos processados em juízo, sentença criminal passada em julgado, contra o responsável por subtração ou inutilização do registro civil, sentença proferida em justificação"[1].

Sublinha Pontes de Miranda que, na justificação, "**a prova que se tem de dar é a de ter havido o registro civil**, sem o qual o casamento não teve publicidade. Por isso mesmo, diz o art. 202, parágrafo único (*do CC/1916*), que, 'justificada a falta ou perda do registro civil, é admissível qualquer outra espécie de prova'. A prova é para **suprir a falta, ou perda, do registro civil**, porque só o registro civil prova a existência do casamento"[2].

É a **ação declaratória** meio hábil para confirmar a existência do casamento se perdido ou extraviado o registro do matrimônio, não se exigindo a restauração. A transcrição do julgado produzirá todos os efeitos civis desde a data da celebração.

8.4. POSSE DO ESTADO DE CASADOS

8.4.1. Conceito

Posse do estado de casados é a situação de duas pessoas que **vivem como casadas** (*more uxorio*) e assim são **consideradas por todos**. É, em suma, a situação de duas pessoas que **vivem publicamente como marido e mulher e assim são reconhecidas pela sociedade**.

Tal *modus vivendi*, em regra, não constitui meio de prova do casamento, a não ser excepcionalmente,

- em benefício da **prole comum** (art. 1.545); e
- nas hipóteses em que ele **é impugnado e a prova mostra-se dúbia**, funcionando nesse último caso como elemento favorável à sua existência (art. 1.547).

Não se trata de conferir o *status* de casamento a circunstâncias de mera convivência ou coabitação, ainda que haja filhos, mas de **induzir a existência do casamento**,

1 *RT*, 63/339.

2 *Tratado de direito de família*, v. I, § 55, n. 2, p. 279.

que não pode ser provado por certidão do registro em face das aludidas circunstâncias. Desse modo, "**a posse do estado de casado, por si só, *não equivale a casamento***. É uma situação de fato, de vivência *more uxorio*, que serve como **prova de casamento** que tenha sido **efetivamente celebrado**. Sem esse antecedente, a mera situação fática da posse do estado de casado seria, eventualmente, uma união estável"[3], que poderia converter-se em casamento a pedido das partes.

■ 8.4.2. Elementos

Os *elementos* que caracterizam a posse do estado de casados são:

- ***Nomen***, indicativo de que a mulher usava o nome do marido.
- ***Tractatus***, de que se tratavam publicamente como marido e mulher.
- ***Fama***, de que gozavam da reputação de pessoas casadas.

A rigor, a posse do estado de casados não constitui prova das justas núpcias, visto não se admitir presunção de casamento. Não se pode considerar existente a união conjugal pelo fato de conviverem e coabitarem duas pessoas e terem filhos.

É difícil distinguir a sociedade conjugal de uma união estável, pois que esta também se caracteriza pelos três elementos suprarreferidos: *nomen*, *tractatus* e *fama*. O que distingue as duas situações é a **prova da celebração**, que deve existir, sob pena de toda união estável ser tida como casamento. Faculta-se a prova subsidiária de sua realização, justificada a falta do registro.

A **posse do estado de casados** constitui, pois, **prova hábil da celebração do casamento** quando tem cunho **confirmatório**, não se prestando a tanto quando desacompanhada de outra prova do ato.

Em regra, a posse do estado de casados somente pode ser invocada como prova do casamento em caráter de exceção, para sanar qualquer falha no respectivo assento ou para beneficiar a prole.

■ 8.4.3. Validade como prova do casamento de pessoas falecidas ou que não possam manifestar vontade

O art. 1.545 do Código Civil preceitua que o "casamento de pessoas que, na posse do estado de casadas, não possam manifestar vontade, ou tenham falecido, **não se pode contestar em prejuízo da prole comum**, salvo mediante certidão do Registro Civil que prove que já era casada alguma delas, quando contraiu o casamento impugnado".

Tal situação somente poderá ser alegada pelos ***filhos* e se *mortos ambos os cônjuges***. É que, se um deles está vivo, deve indicar o local onde se realizou o casamento, para que os filhos obtenham a certidão. O dispositivo em apreço admite também a referida prova, mas pelos filhos de pais ainda **vivos**, e se estes se encontrarem impossibilitados de manifestar vontade, quando, por exemplo:

---

[3] Euclides de Oliveira e Giselda Novaes Hironaka, Do casamento, cit., p. 32.

- perderam as **faculdades mentais**;
- encontram-se em **estado de coma**; ou
- foram **declarados ausentes** por sentença judicial.

Malgrado a Constituição Federal tenha equiparado os filhos, havidos ou não da relação do casamento, proibindo quaisquer designações discriminatórias relativas à filiação (art. 227, § 6º), têm eles interesse em comprovar a sua condição de membros de família regularmente constituída, podendo então alegar como prova a *posse de estado de casados* de seus pais. **Não prospera, todavia, a aludida prova**, como consta expressamente do dispositivo em tela, **se for exibida certidão de que qualquer dos pais já era casado**.

Adverte Silvio Rodrigues[4] que **a finalidade da exceção é proteger a prole comum**. Portanto, "se o **ascendente** de um dos pretensos cônjuges, para dele herdar, pretende provar o casamento, não pode, com fundamento nesse dispositivo (CC, art. 1.545), recorrer à posse do estado de casado, pois essa situação só é alegável tendo em vista evitar prejuízo à prole".

Vale ressaltar que o pedido de reconhecimento da existência do casamento com base na posse do estado de casados **não pode fundar-se em prova exclusivamente testemunhal**, senão também em outros elementos probantes idôneos, bem como em uma reunião de fatos que, considerados de modo unitário, revelem no plano social a existência do aludido estado.

Para que prevaleça a presunção do retrotranscrito art. 1.545 do Código Civil como **prova do casamento** é necessário, assim, em resumo, que:

- **tenham falecido os dois cônjuges**, pois se apenas um é morto cumpre ao sobrevivo indicar o lugar em que foi celebrado o casamento, para que se extraia a respectiva certidão, ou, na falta ou perda do registro, promova-se a prova de que fala o parágrafo único do art. 1.543; ou
- estando ainda vivos, **não puderem manifestar vontade**;
- **encontrem-se na posse do estado de casados**, no momento em que, pelo falecimento de um deles, dissolveu-se a união conjugal;
- **não tenha, algum interessado, apresentado certidão do registro civil que prove que com outra pessoa era casado**, quando aparentava a posse de estado, um dos genitores, dos favorecidos com a presunção[5].

8.4.4. Importância na solução da dúvida entre as provas favoráveis e contrárias à existência do casamento

A posse do estado de casados também poderá ser alegada *em vida* dos cônjuges quando o casamento for impugnado. Nesse caso, se houver **dúvidas** entre as provas

[4] *Direito civil*, v. 6, p. 75.

[5] Eduardo Espínola, *A família no direito civil brasileiro*, p. 166-168.

favoráveis e **contrárias** à celebração do casamento, **dever-se-á admitir sua existência** (*in dubio pro matrimonio*), "se os cônjuges, cujo casamento se impugna, viverem ou tiverem vivido **na posse do estado de casados**" (CC, art. 1.547).

Tal prova **não se presta a convalescer vício que possa invalidar o casamento**, pois não diz respeito à validade, **mas à existência do fato** (destruição ou falsidade do documento relativo ao casamento, p. ex.). Tem a doutrina, com efeito, advertido que "este meio de prova não deve ser utilizado nos casos em que se litiga sobre a validade do casamento. A presunção — *in dubio pro matrimonio* — só pode ser invocada para dirimir a incerteza, se ocorreu, ou não, o ato de celebração do casamento. Assim, a alegada posse do estado de casados serve para se provar a *existência* do casamento, nunca para convalescer vício que o *invalida*"[6].

Por maior que seja o tempo em que duas pessoas coabitem, como assinala Caio Mário, "A posse de estado será, portanto, um elemento **adminicular ou subsidiário**, concedido ao juiz, para julgar *in favor matrimonii*, se as provas produzidas no processo forem colidentes, não o habilitando a decidir, com base nelas, pela existência ou pela inexistência do casamento"[7].

■ 8.5. PROVA DO CASAMENTO CELEBRADO NO EXTERIOR

Prova-se o casamento celebrado fora do Brasil **de acordo com a lei do país onde se celebrou**. Trata-se de aplicação do princípio ***locus regit actum***, acolhido no art. 7º da Lei de Introdução às Normas do Direito Brasileiro, segundo o qual a lei do país onde está domiciliada a pessoa determina as regras gerais sobre direito de família.

O documento estrangeiro deverá ser **autenticado**, segundo as leis consulares, para produzir efeitos no Brasil. Exige-se-lhe a legalização pelo cônsul brasileiro do lugar. Se, porém, foi contraído perante agente consular, provar-se-á o casamento por certidão do assento no registro do consulado.

Dispõe o art. 1.544 do Código Civil:

> "O **casamento de brasileiro, celebrado no estrangeiro**, perante as respectivas autoridades ou os cônsules brasileiros, deverá ser **registrado** em cento e oitenta dias, a contar da volta de um ou de ambos os cônjuges ao Brasil, no **cartório do respectivo domicílio**, ou, em sua falta, no 1º Ofício da Capital do Estado em que passarem a residir".

O cidadão brasileiro que resida no exterior pode optar por se casar pela lei brasileira, perante a autoridade consular, ou simplesmente conforme a lei estrangeira. **Para a validade no Brasil**, vindo o casal estrangeiro a fixar residência em nosso país, será necessário o **registro da certidão do casamento realizado fora**, com a devida tradução e a autenticação pelo agente consular brasileiro, conforme dispõe a Lei dos Registros Públicos (Lei n. 6.015/73, art. 32).

---

6 Euclides de Oliveira e Giselda Novaes Hironaka, Do casamento, cit., p. 33.

7 *Instituições de direito civil*, v. 5, p. 126.

O aludido art. 1.544 do Código Civil é pouco claro e não compreende todas as hipóteses que possam ocorrer, devendo-se distinguir o casamento de brasileiro do de nacionais do país em que se celebrem.

Segundo preleciona Caio Mário, "o casamento de brasileiro no exterior pode ser celebrado perante o cônsul ou perante autoridade competente de acordo com a lei local. Se for celebrado perante **autoridade consular**, provar-se-á **pela certidão respectiva**, que faz as vezes de assento no Registro Civil. Se se celebrar o casamento perante a autoridade local **prova-se na forma da lei do lugar**, segundo a velha regra *locus regit actum*"[8].

Em qualquer das hipóteses, aduz o mencionado autor, "quando os cônjuges, ou um deles, **regressar ao Brasil, deverá promover o registro no cartório do respectivo domicílio**. Não fixando o domicílio, ou se no lugar em que o estabelecerem não houver cartório, a inscrição far-se-á no 1º Ofício da Capital do Estado em que passarem a residir. A referência ao prazo de 180 dias não tem maior consequência. É mera recomendação burocrática, porque, se não for promovido o registro nesse prazo, não ficam impedidos os cônjuges de o fazerem ulteriormente".

A lei não exige o registro, no Brasil, do casamento de estrangeiros celebrado no exterior, pois em princípio os atos e fatos ocorridos em outro país não entram no registro civil. **Basta aos cônjuges apresentar a certidão do casamento autenticada pela autoridade consular, para provarem seu estado civil**[9]. Pode, porém, haver problema de ordem prática na hipótese de o casal aqui se divorciar, por não ter acesso ao registro civil, uma vez que é necessária a averbação, no registro de casamentos, da sentença que decretou a dissolução conjugal. Somente a partir desse registro passa ela a produzir efeitos perante terceiros, e os cônjuges podem casar-se novamente.

Algumas decisões proíbem a transcrição de assento no registro civil, se os cônjuges eram estrangeiros ao se consorciarem, mesmo que o casal venha a se naturalizar posteriormente[10]. Nesse caso, deve-se **admitir que os cônjuges estrangeiros aqui divorciados se casem novamente, sem a prévia averbação da sentença que decretou a extinção do vínculo matrimonial**. Da mesma forma se deve proceder, como alvitra Arnaldo Rizzardo[11], para a posterior conversão da separação em divórcio, que prescinde daquelas providências no cartório do registro civil, **bastando "anexar, com o pedido, a certidão da sentença que concedeu a separação, com o trânsito em julgado"**. A prova da separação ou do divórcio é feita com certidão ou carta de sentença expedidas nos respectivos processos.

---

8 *Instituições*, cit., v. 5, p. 123.

9 "Divórcio direto. Estrangeiros. Casamento contraído no exterior. Eficácia deste que independe de traslado do assento em cartório brasileiro. Inaplicabilidade do artigo 32, § 1º, da Lei de Registros Públicos. Carência afastada. Prosseguimento do feito ordenado" (*RJTJSP*, Lex, 124/92).

10 "Estrangeiro. Cerimônia realizada no exterior. Pretensão da transcrição de assento no Registro Civil do Brasil. Inadmissibilidade, se os cônjuges ao se consorciarem eram estrangeiros. Inocorrência de ofensa à proibição de distinguir o brasileiro nato do naturalizado, mesmo que o casal venha a se naturalizar posteriormente" (*RT*, 778/361, 561/71, 541/103).

11 *Direito de família,* p. 80.

Nada impede, portanto, que os estrangeiros se separem ou se divorciem, apresentando em juízo a **certidão estrangeira comprobatória do casamento, legalizada pela autoridade consular brasileira**. Obtido o divórcio, apresentarão no processo de habilitação ao novo casamento apenas carta de sentença e a certidão do casamento anterior.

Já se decidiu, inclusive no Supremo Tribunal Federal, ser admissível a transcrição do registro no Brasil de casamento de estrangeiros, celebrado no exterior, "**para possibilitar eventual averbação de sentença proferida em ação de divórcio consensual**, se ocorrer posterior naturalização de ambos os cônjuges, ou de apenas um deles, pela lei brasileira"[12].

■ 8.6. CASAMENTO CUJA PROVA RESULTAR DE PROCESSO JUDICIAL

Dispõe o art. 1.546 do Código Civil que, "quando a prova da celebração legal do casamento **resultar de processo judicial**, o registro da sentença no livro do Registro Civil produzirá, tanto no que toca aos cônjuges como no que respeita aos filhos, **todos os efeitos civis desde a data do casamento**".

Os efeitos do casamento, *in casu*, **operam desde a data da celebração, e não apenas a partir do registro**. A regra já constava do art. 205 do Código Civil de 1916 e tinha mais importância antes da vigência da atual Constituição Federal, que estabelece a igualdade entre todos os filhos (art. 227, § 6º). Anteriormente, a retroatividade beneficiava os filhos já nascidos, que eram considerados legítimos desde a data da celebração do casamento.

O dispositivo em apreço trata das hipóteses em que, diante das dificuldades encontradas para provar a existência do matrimônio, recorrem os cônjuges ao **processo judicial**. A ação declaratória se mostra adequada para esse mister. **A sentença deve ser inscrita no Registro Civil, com efeito retro-operante à data do casamento**.

■ 8.7. RESUMO

DAS PROVAS DO CASAMENTO	
PROVAS DIRETAS	■ **Específicas** — do casamento celebrado no Brasil: certidão do registro civil do ato nupcial (CC, art. 1.543); — do casamento realizado no exterior: documento válido de acordo com a lei do país onde se celebrou, legalizado pelo cônsul brasileiro do lugar. Se foi contraído perante agente consular, provar-se-á o casamento por certidão do assento no registro do consulado (CC, art. 1.544). ■ **Supletórias** Admite-se que a prova do casamento seja produzida por outros meios, "justificada a falta ou perda do registro civil" (CC, art. 1.546, parágrafo único). Essa prova ***supletória*** faz-se, assim, em duas fases: na primeira, prova-se o fato que ocasionou a perda ou a falta do registro; na segunda, se satisfatória a primeira, admitidas serão outras, como testemunhas, registros em passaportes, certidão de nascimento de filhos etc.

12 *RT*, 776/321; STF: *RT*, 560/255, 594/233; *RTJ*, 111/665.

PROVA INDIRETA (POSSE DO ESTADO DE CASADOS)	■ **Conceito** A posse do estado de casados é a situação de duas pessoas que viveram como casadas (*more uxorio*) e assim eram consideradas por todos. ■ **Requisitos** a) *nomen*; b) *tractatus*; c) *fama*. ■ **Hipóteses** a) para provar casamento de ***pessoas falecidas***, em benefício da prole, ante a impossibilidade de se obter prova direta (CC, art. 1.545); b) para eliminar dúvidas entre provas favoráveis e contrárias à celebração do casamento (CC, arts. 1.546 e 1.547), *em vida* dos cônjuges quando o casamento for impugnado.

9

ESPÉCIES DE CASAMENTO VÁLIDO

9.1. CASAMENTO VÁLIDO

O casamento **putativo, nuncupativo, religioso com efeitos civis, consular e por procuração**, desde que presentes os elementos essenciais e observados todos os requisitos legais, constituem ***formas válidas*** de uniões conjugais regulamentadas na lei. O putativo, embora nulo ou anulável, produz efeitos de casamento válido para o cônjuge de boa-fé e, por isso, não será incluído, neste trabalho, nos casos de casamento inválido.

O **casamento por procuração**, admitido no art. 1.542 do Código Civil, foi comentado no item 7.7, *retro*, ao qual nos reportamos.

9.2. CASAMENTO PUTATIVO

9.2.1. Conceito

Casamento putativo, segundo se depreende do art. 1.561 do Código Civil, é o que, **embora "anulável ou mesmo nulo"**, foi contraído de **"boa-fé"** por um ou por ambos os cônjuges. **Boa-fé**, no caso, significa **ignorância da existência de impedimentos dirimentes** à união conjugal.

Para Alípio Silveira, "casamento putativo é aquele nulo ou anulável, mas que, em atenção à boa-fé com que foi contraído por um ou ambos os cônjuges, **produz, para o de boa-fé e os filhos**, todos os efeitos civis até passar em julgado a sentença anulatória"[1]. Esclarece o aludido autor, no tocante aos efeitos: "É certo, por outro lado, que **alguns efeitos se perpetuam**, como os relativos à **legitimidade dos filhos** havidos durante o período de validez. A essência do matrimônio putativo está, assim, na boa-fé em que se encontram um ou ambos os cônjuges no momento da celebração do matrimônio".

Essa ficção de casamento *nulo* ou *anulável*, **mas válido** quanto a seus efeitos civis, encerra, filosoficamente, segundo a doutrina tradicional:

"**a) indulgência** para o cônjuge ou os cônjuges de **boa-fé**;
b) e **piedade** para a prole que deles tenha nascido"[2].

A palavra ***putativo*** vem do latim *putare*, que significa ***reputar*** ou estar convencido da verdade de um fato, o que se presume ser, mas não é, ou ainda o que é imaginário,

---

1 *O casamento putativo no direito brasileiro*, p. 7.

2 Pontes de Miranda, *Tratado de direito de família*, v. I, § 82, n. 1, p. 384.

fictício, irreal. Na linguagem jurídica o vocábulo é usado também para designar o herdeiro aparente e o credor putativo. Casamento putativo é, destarte, aquele que as partes e os terceiros ***reputam* ter sido legalmente celebrado**[3].

Ao casamento ***inexistente*** não se aplicam as regras sobre o casamento putativo, restritas ao nulo e ao anulável.

■ **Momento em que se apura a existência da boa-fé**

Esse é o da **celebração do casamento**, sendo irrelevante eventual conhecimento da causa de invalidade posterior a ela, pois **a má-fé ulterior não a prejudica** (*mala fides superveniens non nocet*). Como **a boa-fé em geral se presume**, cabe o ônus da prova da má-fé à parte que a alega[4].

■ **O requisito da boa-fé**

Malgrado alguns autores vislumbrem dois requisitos para a caracterização da putatividade, quais sejam, a boa-fé (requisito subjetivo) e a circunstância de ser o casamento declarado nulo ou anulado (requisito objetivo), **prevalece a corrente integrada pelos que se contentam com a verificação *exclusivamente da boa-fé***, considerando-a como o **único requisito autônomo**, uma vez que a circunstância de ser o casamento declarado nulo ou anulado não é pressuposto da putatividade, mas mero suporte lógico, sem o qual não faz sentido, no sistema vigente, falar em putatividade[5].

A ignorância da existência de impedimentos **decorre de erro**, que tanto pode ser ***de fato*** (irmãos que ignoram a existência do parentesco, p. ex.) como ***de direito*** (tios e sobrinhos que ignoram a necessidade do exame pré-nupcial, *v. g.*). Muito embora o **erro de direito** seja inescusável, em geral, por força do art. 3º da Lei de Introdução às Normas do Direito Brasileiro, **pode, todavia, ser invocado para justificar a boa-fé**, sem que com isso se pretenda o descumprimento da lei, pois o casamento será, de qualquer modo, declarado nulo. Para o reconhecimento da putatividade não é necessário demonstrar **nenhum outro elemento além da boa-fé, nem a escusabilidade do erro** em que teria o nubente incorrido[6].

---

3 Cunha Gonçalves, *Direitos de família e direitos das sucessões*, p. 87; Washington de Barros Monteiro, *Curso*, cit., v. 2, p. 105.

4 "Casamento. Nulidade. Bigamia. A putatividade do casamento se presume em relação ao cônjuge não impedido, devendo a má-fé de sua parte ser provada" (TJRJ, Ap. 5.333, 3ª Câm. Cív., rel. Des. Ferreira Pinto).

5 Caio Mário da Silva Pereira, *Instituições*, cit., v. 5, p. 154; Corrêa de Oliveira e Ferreira Muniz, *Direito de família*, cit., p. 270.

V. a jurisprudência: "Bigamia caracterizada, estando porém demonstrada a boa-fé do outro cônjuge. Correta a sentença que proclama a nulidade do segundo casamento e declara a putatividade do casamento em relação ao cônjuge não impedido" (TJRJ, DGJ 00016/00, 4ª Câm. Cív., rel. Des. Maria Augusta V. M. de Figueiredo, j. 31-8-2000). "Se um dos cônjuges estava de boa-fé, porque desconhecia o estado civil do outro contraente, há de ser proclamada a putatividade do matrimônio nulo, preservando-se os seus efeitos em relação a si e aos filhos do casal" (TJDF, Remessa de Ofício 2000.01.1.011853-5, 1ª T., rel. Des. Camanho de Assis, *DJU*, 7-8-2002).

6 Pontes de Miranda, *Tratado de direito de família*, cit., v. I, § 83, p. 386-391.

Declaração *ex officio* da putatividade

Na sentença em que proclama a invalidade do casamento, o juiz declara a putatividade ***ex officio*** ou **a requerimento das partes**[7]. "Uma vez reconhecida a boa-fé, o casamento é putativo, ***ex vi legis***. Não cabe ao juiz conceder ou recusar o favor; compete-lhe, tão somente, apurar a boa-fé, em face das circunstâncias do caso, e, sendo a prova positiva, proclamar a putatividade"[8].

Se a sentença é omissa, **a declaração pode ser obtida em embargos de declaração ou em ação declaratória autônoma**.

Equiparação da coação, no plano dos efeitos, à boa-fé

Nos casos de *coação*, não se poderia, a rigor, reconhecer a putatividade do casamento, porque o coacto não ignora a existência da coação. No entanto, **o senso ético-jurídico recomenda que seja equiparado, no plano dos efeitos, ao cônjuge de boa-fé**.

Efetivamente, a solução da questão não pode, como acertadamente assinalam José Lamartine e Ferreira Muniz, "deixar de orientar-se **no sentido da equiparação do coacto ao cônjuge de boa-fé**. Não se trata, evidentemente, de dizer que ele esteja de boa-fé, o que é inadmissível, partindo-se da noção de boa-fé como ignorância. Trata-se, porém, **de equipará-lo, *no plano dos efeitos*, ao cônjuge de boa-fé**"[9].

9.2.2. Efeitos

Os efeitos da putatividade são todos os **normalmente** produzidos por um **casamento válido**, para o cônjuge de **boa-fé**, até a data da sentença que lhe ponha termo.

A eficácia dessa decisão manifesta-se *ex nunc*, **sem retroatividade**, e não *ex tunc*, **não afetando os direitos até então adquiridos**. Essa situação faz com que o casamento putativo assemelhe-se à dissolução do matrimônio pelo divórcio. **Os efeitos do casamento cessam para o futuro**, sendo considerados produzidos todos os efeitos que se tenham verificado até a data da sentença anulatória.

Enquanto pendentes os recursos eventualmente interpostos, permanecem os efeitos do casamento, como se válido fosse, em virtude do princípio segundo o qual não há casamento nulo nem anulado antes do trânsito em julgado da sentença[10].

Desse modo, se o casal não tem filhos nem ascendentes vivos, e um dos cônjuges morre antes de a sentença anulatória transitar em julgado, **o sobrevivo herda**[11], além de receber a sua meação, ou concorrerá com eles, se existirem e se o regime de bens adotado o permitir (art. 1.829, I).

O art. 1.561 do Código Civil prevê três situações distintas:

---

7 Washington de Barros Monteiro, *Curso*, cit., v. 2, p. 110; Corrêa de Oliveira e Ferreira Muniz, *Direito de família*, cit., p. 276.

8 *Instituições*, cit., v. 5, p. 155.

9 *Direito de família*, cit., p. 277.

10 Corrêa de Oliveira e Ferreira Muniz, *Direito de família*, cit., p. 278.

11 Caio Mário da Silva Pereira, *Instituições*, cit., v. 5, p. 157.

- Se **"ambos os cônjuges"** estavam de boa-fé, **"o casamento, em relação a estes como aos filhos, produz todos os efeitos"**, inclusive comunicação de bens e eficácia da doação *propter nuptias*, como se, por ficção, o casamento originariamente viciado não contivesse nenhum defeito (*caput*)[12].
- Se somente **"um dos cônjuges estava de boa-fé ao celebrar o casamento"**, unicamente em relação a ele e aos filhos se produzirão os efeitos da putatividade, ficando excluído dos benefícios e vantagens o que estava de má-fé (§ 1º).
- E, finalmente, **"se ambos os cônjuges estavam de má-fé ao celebrar o casamento, os seus efeitos civis só aos filhos aproveitarão"** (§ 2º).

Efeitos quanto aos cônjuges

Quanto aos *cônjuges*, os efeitos pessoais são os de qualquer **casamento válido**. Findam, entretanto, **na data do trânsito em julgado**. Cessam, assim, os deveres matrimoniais impostos no art. 1.566 do Código Civil (fidelidade, vida em comum, mútua assistência etc.), **mas não, porém**, aqueles efeitos que geram situações ou estados que tenham por pressuposto **a inalterabilidade**, como a maioridade, que fica antecipada pela *emancipação* do cônjuge inocente de ***modo irreversível***[13].

Efeitos quanto ao regime de bens

Produzem-se todos os efeitos do *regime de bens*, operando-se a **dissolução da eventual comunhão** pelas mesmas regras previstas para a **separação judicial**. Se somente *um dos cônjuges estava de boa-fé*, adquirirá meação nos bens levados ao casamento pelo outro, se convencionada a comunhão, mantendo-se para o futuro tal efeito já produzido por ocasião da celebração. **Sem putatividade por parte de ambos os cônjuges entende-se, opostamente, jamais ter havido comunhão.**

Dispõe o art. 1.564 do Código Civil:

> "Quando o casamento for anulado por culpa de um dos cônjuges, este incorrerá:
>
> I — na **perda** de todas as vantagens havidas do cônjuge inocente;
>
> II — na **obrigação** de cumprir as promessas que lhe fez no contrato antenupcial".

Por conseguinte, o cônjuge de *má-fé* **perde as vantagens econômicas** auferidas com o casamento: se este se realizou no regime da comunhão de bens, não pode aquele conservar a meação adquirida no patrimônio do outro cônjuge. O *inocente* terá, todavia, **direito à participação no acervo que o culpado trouxe para o casamento**. Partilham-se, no entanto, "normalmente *os bens adquiridos pelo esforço comum*, como regra de equidade, independentemente da natureza do desfazimento do

---

[12] "Casamento. Putatividade. Réu desquitado. Ausência de má-fé demonstrada. Inocorrência de ocultação da autora, ou mesmo das autoridades, de seu verdadeiro estado civil. Nulidade declarada, reconhecendo-se que o casamento foi contraído de boa-fé por ambos os cônjuges, porque o réu não ocultou, da autora ou das autoridades, a verdade sobre o seu estado civil de desquitado e o ato só se consumou por absoluto descuido, no processo de habilitação, por parte do Promotor de Justiça oficiante, que opinou favoravelmente ao pedido" (*JTJ*, Lex, 239/44).

[13] Clóvis Beviláqua, *Código Civil dos Estados Unidos do Brasil comentado*, v. 1, p. 163.

casamento, sob pena de enriquecimento ilícito de um cônjuge às custas do outro, o que é vedado por nosso ordenamento jurídico"[14].

■ Efeitos da putatividade no tocante aos alimentos

No tocante aos *alimentos*, há divergências a respeito da existência ou não de **efeitos para o futuro**. Os pagos antes do trânsito em julgado da sentença são irrepetíveis. Prevalece o entendimento de que não são mais devidos os alimentos para o *futuro* porque as partes não são mais cônjuges.

A 3ª Turma do Superior Tribunal de Justiça, nessa trilha, proclamou, por votação unânime:

> "Casamento putativo. Boa-fé. Direito a alimentos. Reclamação da mulher. A mulher que reclama alimentos a eles tem direito, ***mas* até a data da sentença** (CC/*1916*, art. 221, parte final). **Anulado ou declarado nulo** o casamento, **desaparece** a condição de ***cônjuges***"[15].

O *decisum* menciona e acolhe as lições de Washington de Barros Monteiro, Carvalho Santos, Caio Mário da Silva Pereira e, especialmente, de Yussef Said Cahali, para quem entendimento contrário poderia até encontrar amparo na equidade, mas não na sistemática de nosso direito. Confira-se:

> "Melhor se conforma, com ele (com o nosso direito), o entendimento, aliás predominante na doutrina, no sentido de que **o dever de assistência recíproca cessa com a sentença anulatória do casamento**: a partir daí **não mais existe a condição de cônjuge**, que está na base de um direito que decorreria do matrimônio"[16].

■ Efeitos em relação aos filhos

Em relação aos *filhos*, estatui o § 2º do art. 1.561 do Código Civil:

> "Se **ambos os cônjuges** estavam de **má-fé** ao celebrar o casamento, os seus efeitos civis **só aos filhos aproveitarão**".

Como a Constituição Federal não permite mais qualquer distinção, quanto aos direitos e até mesmo quanto à designação, entre os filhos, havidos ou não do casamento, a questão em epígrafe perdeu a importância que tinha anteriormente.

■ 9.3. CASAMENTOS REALIZADOS EM SITUAÇÕES ESPECIAIS

O Código Civil abre **duas exceções** quanto às *formalidades* para a validade do casamento:

- em caso de **moléstia grave** de um dos nubentes (art. 1.539);
- na hipótese de estar um dos nubentes em **iminente risco de vida** (arts. 1.540 e 1.541).

---

[14] Sílvio Venosa, *Direito civil*, v. VI, p. 142.
[15] *RSTJ*, 130/225.
[16] *Dos alimentos*, p. 265.

9.3.1. Casamento em caso de moléstia grave

Nessa hipótese, pressupõe-se que já estejam satisfeitas as formalidades preliminares do casamento e **o oficial do registro civil tenha expedido o certificado de habilitação ao casamento**, mas *a gravidade do estado de saúde* de um dos nubentes o impede de locomover-se e de adiar a cerimônia. Nesse caso, o juiz irá celebrá-lo na casa dele ou **"onde se encontrar"** (no hospital, p. ex.), em companhia do oficial, "**ainda que à noite, perante duas testemunhas** que saibam ler e escrever". Só em havendo **urgência** é que o casamento será realizado à noite.

A regra do art. 1.539 do Código Civil só se aplica em hipóteses nas quais se caracterize **moléstia grave**, que efetivamente **impossibilite o nubente** de aguardar a celebração futura do casamento, em lugar diverso daquele em que se encontra, não sendo aconselhável a sua locomoção. **Moléstia grave** deve ser reputada aquela que pode acarretar a morte do nubente em breve tempo, embora o desenlace não seja iminente, e cuja remoção o sujeita a riscos.

Impedimento da autoridade competente para o casamento

Se, num caso de urgência, por moléstia de um dos nubentes, não for encontrada ou não puder comparecer à presença do impedido a autoridade competente para o casamento, tal fato não será obstáculo à realização imediata do ato, pois qualquer de seus **substitutos legais**, que porventura seja encontrado, deverá transportar-se ao lugar em que se encontre o enfermo, seja casa particular, casa de saúde ou hospital, e **celebrar o casamento**[17].

Falta ou impedimento do oficial

Na falta ou impedimento do oficial, o juiz designará uma pessoa que o substitua, atuando como **oficial *ad hoc***. O **termo avulso por este lavrado** será assinado pelo celebrante, pelo oficial *ad hoc* e pelas testemunhas e **registrado no respectivo registro dentro em cinco dias, perante duas testemunhas**, ficando arquivado (CC, art. 1.539, §§ 1º e 2º). Se o nubente enfermo não puder assinar, serão necessárias **quatro testemunhas**, conforme o disposto no § 2º do art. 1.534.

O art. 1.539 do Código Civil disciplina o casamento celebrado em regime de urgência em **locais** e **horários** não previamente determinados pela autoridade competente, em virtude da premência da situação, pressupondo-se prévia habilitação. **Se o certificado de habilitação ao casamento não foi expedido, deve a autoridade celebrante exigir a apresentação dos documentos necessários**[18], podendo dispensar, em face da urgência, a publicação dos proclamas.

---

17 Eduardo Espínola, *A família no direito civil brasileiro*, p. 151, nota 9.

18 "Habilitação para casamento. Nubente em risco de vida. É exigida a apresentação dos documentos elencados no art. 180 do CCB (*de 1916*), por ambos os nubentes, ainda que um deles esteja em iminente risco de vida, pois tal apresentação constitui manifestação prévia da vontade dos nubentes em contrair matrimônio, que não pode ser suprimida" (TJDF, Ap. Cív. 2001.01.1.099.968-0, 4ª T., rel. Des. Vera Andrighi, *DJU*, 25-9-2002).

■ 9.3.2. Casamento nuncupativo

A segunda exceção é a de casamento em **iminente risco de vida**, quando se permite a **dispensa do processo de habilitação e até a presença do celebrante**. Assim ocorre, por exemplo, "quando um dos nubentes é ferido por disparo de arma de fogo, ou sofre grave acidente, ou, ainda, é vítima de mal súbito, em que não há a mínima esperança de salvação, e a duração da vida não poderá ir além de alguns instantes ou horas. Nestas desesperadoras circunstâncias, pode a pessoa desejar a regularização da vida conjugal que mantém com outra, ou pretender se efetive o casamento já programado e decidido, mas ainda não providenciado o encaminhamento"[19].

Trata-se do casamento ***in extremis vitae momentis***, **nuncupativo** (de viva voz) ou ***in articulo mortis***. Em razão da extrema urgência, quando não for possível obter a presença do juiz ou de seus suplentes, e ainda do oficial, os contraentes poderão celebrar o casamento "**na presença de seis testemunhas**, que com os nubentes não tenham parentesco em linha reta, ou, na colateral, até segundo grau" (CC, art. 1.540).

■ Confirmação posterior do ato pelas testemunhas

Bastará nesse caso que os contraentes manifestem o propósito de casar e, de **viva voz**, recebam um ao outro por marido e mulher, **na presença das seis testemunhas**. Estas devem comparecer, dentro em dez dias, **perante a autoridade judiciária mais próxima** a fim de que sejam reduzidas a termo as suas declarações, pelo processo das justificações avulsas. Se não comparecerem espontaneamente, poderá qualquer interessado requerer a sua notificação. Deverão declarar:

> "I — que foram convocadas por parte do enfermo;
> II — que este parecia em perigo de vida, mas em seu juízo;
> III — que, em sua presença, declararam os contraentes, livre e espontaneamente, receber-se por marido e mulher" (CC, art. 1.541).

Anote-se que, enquanto "na forma ordinária de celebração **os parentes dos noivos podem ser testemunhas, no casamento *in extremis* são eles afastados**. Isso porque, enquanto naquela espécie de cerimônia o interesse dos parentes em geral coincide com o dos nubentes e com o da sociedade, nesta, tal interesse pode ser oposto"[20].

A **autoridade judiciária competente** para ouvir as testemunhas e proceder às diligências necessárias é a **mais próxima do lugar em que se realizou o casamento**, ainda que não seja a do domicílio ou residência dos cônjuges. O juiz, se não for o competente *ratione materiae* ou *ratione personae*, **encaminhará as declarações, depois de autuadas, à autoridade judiciária** que o for. Esta determinará providências para verificar a inexistência de impedimentos, em procedimento semelhante a uma habilitação *a posteriori*, ouvirá o Ministério Público e realizará as diligências necessárias, **antes de proferir a sentença, da qual caberá apelação em ambos os efeitos**. Transitada em julgado, o juiz mandará **registrá-la no Livro do Registro dos**

---

19 Arnaldo Rizzardo, *Direito de família*, p. 90.
20 Silvio Rodrigues, *Direito civil*, v. 6, p. 63.

Casamentos, retroagindo os efeitos, quanto ao estado dos cônjuges, à data da celebração (CC, art. 1.541, §§ 1º a 4º)[21].

A **Lei dos Registros Públicos** (Lei n. 6.015, de 31-12-1973) dispõe sobre as formalidades relativas ao **casamento nuncupativo** no art. 76 e seus parágrafos.

■ **Dispensa da formalidade, em caso de confirmação do casamento pelo nubente**

Serão dispensadas tais formalidades se **o enfermo convalescer** e puder **ratificar o casamento** em presença da autoridade competente e do oficial do registro (art. 1.541, § 5º). Não se trata de novo casamento, mas de **confirmação** do já realizado. Essa ratificação faz-se **por termo no livro do Registro dos Casamentos**, devendo vir assinada também pelo outro cônjuge e por duas testemunhas. Antes da lavratura do termo, exigem-se os documentos do art. 1.525 e o certificado do art. 1.531, comprobatório da inexistência de impedimentos. **Não havendo a ratificação, após a convalescença, não tem valor o casamento**[22].

Vale registrar que não é somente quando o nubente morre ou ocorre a ratificação que tem validade o casamento nuncupativo. Se, após a cerimônia e por força da moléstia, "**o enfermo continuar impedido** enquanto se procedem às formalidades reclamadas pelo art. 76 da Lei n. 6.015/73 (Registros Públicos), só vindo a se restabelecer após a transcrição no Registro Civil da sentença que julgou regular o casamento, **não há mister de ratificar o casamento**, que continua absolutamente eficaz"[23].

■ 9.4. CASAMENTO RELIGIOSO COM EFEITOS CIVIS

A Constituição Federal prevê dois modos de união legal (art. 226, §§ 1º e 2º):

- ■ **casamento civil**; e
- ■ **casamento religioso com efeitos civis.**

O último era regulamentado pela Lei n. 1.110, de 23 de maio de 1950, sendo que os seus efeitos civis passaram a ser tratados na Lei dos Registros Públicos (Lei n. 6.015/73, arts. 70 a 75).

O **atual Código Civil**, suprindo omissão do anterior, disciplina expressamente o casamento religioso, que pode ser de duas espécies:

- ■ com **prévia habilitação** (art. 1.516, § 1º); e
- ■ com **habilitação posterior à celebração religiosa** (art. 1.516, § 2º).

---

21 "Casamento nuncupativo. Presença dos requisitos legais previstos para a validade do ato. Celebração efetiva do casamento *in extremis*. Declaração espontânea do desejo de se receberem por marido e mulher. Determinação de efetivação do registro previsto no artigo 76, § 5º, da Lei n. 6.015/73" (*JTJ*, Lex, 226/21).

22 Caio Mário da Silva Pereira, *Instituições de direito civil*, v. 5, p. 119.

23 Silvio Rodrigues, *Direito civil*, cit., v. 6, p. 64-65.

Em ambas, portanto, exige-se o **processo de habilitação**. Somente **a celebração é feita pela autoridade religiosa** da religião professada pelos nubentes, reconhecida como tal oficialmente.

A Constituição Federal assegura a todos o direito de credo. A **validade civil** do casamento religioso está condicionada à **habilitação e ao registro** no Registro Civil das Pessoas Naturais, "produzindo efeitos a partir da data de sua celebração" (CC, art. 1.515). O registro "submete-se aos mesmos requisitos exigidos para o casamento civil" (art. 1.516).

■ 9.4.1. Casamento religioso com prévia habilitação

Processada e homologada a habilitação na forma do Código Civil e **obtido o certificado de habilitação**, será ele apresentado ao ministro religioso, que o arquivará. Celebrado o casamento, deverá ser **promovido o registro, dentro de *noventa dias* de sua realização**, mediante comunicação do celebrante ao ofício competente, ou por iniciativa de qualquer interessado. Tal prazo, contado da celebração, é **decadencial** e, se esgotado, ficarão sem efeito os atos já praticados. Os nubentes terão de promover nova habilitação e cumprir todas as formalidades legais, se desejarem realmente conferir efeitos civis ao casamento religioso (art. 1.516, § 1º).

O **falecimento** de um dos nubentes, desde que o pedido seja encaminhado dentro do referido prazo, **não constituirá obstáculo ao registro**, uma vez que realizado o ato validamente. Malgrado o Código não faça referência expressa ao registro *post mortem*, deve-se entender que, sobrevindo a morte, se os nubentes porém tiveram o cuidado de promover a habilitação nos termos da lei civil, e se esta faz alusão à possibilidade de se efetuar o registro **por iniciativa de qualquer interessado e a qualquer tempo**, "lícito será ao cônjuge sobrevivente e aos herdeiros completar as providências para que a vontade presumida dos cônjuges se converta em realidade"[24].

A expressão **"qualquer interessado"**, constante do art. 1.516, § 1º, do Código Civil, aplica-se **ao cônjuge e ao celebrante**. Qualquer deles tem legitimidade para propor o registro, como expressamente mencionado.

■ 9.4.2. Casamento religioso com habilitação posterior à celebração religiosa

Celebrado o casamento religioso, os nubentes requererão o registro, **a qualquer tempo**, instruindo o pedido com certidão do ato religioso e com os documentos exigidos pelo art. 1.525 do Código Civil. **Processada e homologada a habilitação** e certificada a inexistência de impedimento, o oficial fará o **registro do casamento religioso, lavrando o assento**.

O registro, como já referido, **produzirá efeitos jurídicos a partir da data da realização do ato religioso** (CC, art. 1.515). "Será **nulo** o registro civil do casamento religioso se, antes dele, qualquer dos consorciados **houver contraído com outrem**

[24] Caio Mário, *Instituições*, cit., v. 5, p. 70.

casamento civil" (art. 1.516, § 3º), pois, se um dos nubentes já é casado e o vínculo matrimonial não se dissolveu por nenhuma causa jurídica, incide o impedimento expresso no art. 1.521, VI.

O casamento religioso é, assim, no Código Civil de 2002, "**equiparado ao casamento civil**. A equiparação é maneira jurídica de acolher no direito pátrio institutos que lhe são estranhos. Mediante a equiparação o casamento religioso, provenha do sistema jurídico-religioso que for, passa a ser aceito pelo ordenamento brasileiro. **Obtido o registro, o casamento religioso goza da equiparação *ex tunc*** (art. 1.515). O efeito retroativo ao momento em que foi contraído indica a recepção total do casamento religioso. O casal pode também requerer o registro anos depois de haver contraído o matrimônio religioso; entretanto, **uma vez registrado, a equiparação geradora dos efeitos jurídicos retroage à data das núpcias** — já dispunha o art. 7º da Lei 1.110"[25].

Aplicam-se ao casamento religioso, no tocante ao **regime de bens**, as regras do Código Civil: não tendo sido realizado pacto antenupcial, prevalece o da comunhão parcial, salvo nos casos em que a lei impõe o regime da separação.

■ 9.5. CASAMENTO CONSULAR

Casamento *consular* é aquele celebrado por **brasileiro no estrangeiro, perante autoridade consular brasileira**.

Dispõe o art. 1.544 do Código Civil que "o casamento de brasileiro, celebrado no estrangeiro, perante as respectivas autoridades ou os cônsules brasileiros, **deverá ser registrado em cento e oitenta dias, a contar da volta de um ou de ambos os cônjuges ao Brasil**, no cartório do respectivo domicílio, ou, em sua falta, no 1º Ofício da Capital do Estado em que passaram a residir".

A exigência, portanto, **é a mesma na hipótese de casamento de brasileiro, realizado fora do País de acordo com as leis locais** (*v.* "Prova do casamento celebrado no exterior", n. 8.5, *retro*).

A competência dos agentes consulares para celebrar casamentos está prevista no art. 18 da Lei de Introdução às Normas do Direito Brasileiro, *verbis*:

> "Tratando-se de brasileiros, **são competentes as autoridades consulares brasileiras** para lhes celebrar o casamento e os mais atos de Registro Civil e de tabelionato, inclusive o registro de nascimento e de óbito dos filhos de brasileiro ou brasileira nascidos no país da sede do Consulado".

Acrescenta o Decreto n. 24.113/34, não revogado pela codificação de 2002, que "os cônsules de carreira só poderão celebrar casamentos quando **ambos os nubentes forem brasileiros e a legislação local reconhecer efeitos civis aos casamentos assim celebrados**". Nessa consonância, a validade do casamento celebrado no estrangeiro pela autoridade consular brasileira está submetida ao requisito de que

[25] Paulo Restiffe Neto e Félix Ruiz Alonso, A recepção do casamento religioso e o novo Código Civil, *RT*, 817/35.

ambos os nubentes sejam brasileiros, cessando sua competência se um deles for de nacionalidade diversa[26].

A **eficácia, no Brasil, do casamento celebrado perante autoridade diplomática ou consular** é submetida, pois, à condição de **efetivação de seu registro em território nacional**, nos moldes do art. 32, § 1º, da Lei dos Registros Públicos (Lei n. 6.015/73), segundo o qual os assentos de nascimento, óbito e de casamento de brasileiros em país estrangeiro, legalizadas as certidões pelos cônsules ou, quando por estes tomados, nos termos do regulamento consular, serão "**trasladados nos cartórios do 1º Ofício do domicílio do registrado ou no 1º Ofício do Distrito Federal, em falta de domicílio conhecido**, quando tiverem de produzir efeito no País, ou, antes, por meio de segunda via que os cônsules serão obrigados a remeter por intermédio do Ministério das Relações Exteriores".

A Lei n. 12.874, de 29 de outubro de 2013, acrescentou dois parágrafos ao referido art. 18 da Lei de Introdução, para permitir que a separação ou o divórcio consensuais de brasileiros no exterior possam ser feitos pelas autoridades consulares brasileiras, desde que o casal não tenha filhos menores ou incapazes, devendo constar da escritura pública as disposições relativas à descrição e à partilha dos bens comuns e à pensão alimentícia, bem como o acordo quanto à retomada pelo cônjuge de seu nome de solteiro ou à manutenção do nome adotado quando se deu o casamento. Embora a assistência do advogado seja indispensável, não se faz necessário que a sua assinatura conste da escritura pública.

9.6. CONVERSÃO DA UNIÃO ESTÁVEL EM CASAMENTO

O Código Civil não cuida da conversão da união estável em casamento no Título ora em estudo, mas no Título III, concernente à união estável. O art. 1.726 a disciplina nos seguintes termos:

> **"A união estável poderá converter-se em casamento, mediante pedido dos companheiros ao juiz e assento no Registro Civil".**

Exige-se, pois, **pedido ao juiz**, ao contrário da Lei n. 9.278, de 10 de maio de 1996, que se contentava com o requerimento de conversão formulado diretamente ao oficial do Registro Civil. A exigência do novel legislador desatende ao comando do art. 226, § 3º, da Constituição Federal de que deve a lei **facilitar** a conversão da união estável em casamento, isto é, estabelecer modos mais ágeis de se alcançar semelhante propósito.

Em vez de recorrer ao Judiciário, mais fácil será simplesmente casar, com observância das formalidades exigidas para a celebração do casamento civil, máxime considerando-se que a referida conversão não produz efeitos pretéritos, valendo apenas a partir da data em que se realizar o ato de seu registro[27].

---

26 Washington de Barros Monteiro, *Curso*, cit., v. 2, p. 68; Maria Helena Diniz, *Curso de direito civil brasileiro*, v. 5, p. 106; Luiz Edson Fachin e Carlos Eduardo Pianovski Ruzyk, *Código Civil comentado*, v. XV, p. 140.

27 Euclides de Oliveira e Giselda Novaes Hironaka, Do casamento, in *Direito de família e o novo Código Civil*, p. 20.

■ 9.7. RESUMO

ESPÉCIES DE CASAMENTO VÁLIDO	
CASAMENTO PUTATIVO	■ **Conceito** É o casamento que, embora nulo ou anulável, foi contraído de boa-fé por um ou por ambos os cônjuges (CC, art. 1.561). Boa-fé, no caso, significa ignorância da existência de impedimentos dirimentes à união conjugal. ■ **Efeitos** — Quanto aos ***cônjuges***: são todos os de um casamento válido para o cônjuge de boa-fé (CC, arts. 1.561 e 1.564). Findam, entretanto, na data do trânsito em julgado da sentença que lhe ponha termo. Cessam, portanto, para o futuro, sendo considerados produzidos todos os efeitos que se tenham verificado até a data da sentença anulatória. — No tocante aos *alimentos*, não são mais devidos para o futuro, porque as partes não são mais cônjuges. Assim, a mulher que reclama alimentos a eles tem direito, mas até a data da sentença (*RSTJ*, 130:225). — Em relação aos *filhos*, dispõe o § 2º do art. 1.561 do CC: "Se ambos os cônjuges estavam de má-fé ao celebrar o casamento, os seus efeitos civis só aos filhos aproveitarão".
CASAMENTO EM CASO DE MOLÉSTIA GRAVE	■ Constitui exceção quanto às formalidades para a validade do casamento. Pressupõe-se que tenha sido expedido o certificado de habilitação ao casamento, mas a gravidade do estado de saúde de um dos nubentes impede-o de locomover-se e de adiar a cerimônia. Nesse caso, o juiz irá celebrá-lo em sua casa ou onde estiver, em companhia do oficial, mesmo à noite, perante duas testemunhas que saibam ler e escrever (CC, art. 1.539).
CASAMENTO NUNCUPATIVO	■ O casamento em ***iminente risco de vida*** ou ***nuncupativo*** constitui uma segunda exceção, pois se permite a dispensa do processo de habilitação e até a presença do celebrante. ■ Em razão da extrema urgência, os contraentes poderão celebrar o casamento, recebendo um ao outro, de viva voz, por marido e mulher, na presença de seis testemunhas, que com os nubentes não tenham parentesco em linha reta, ou, na colateral, até segundo grau. Requer-se posterior homologação judicial (CC, arts. 1.540 e 1.541).
CASAMENTO RELIGIOSO COM EFEITOS CIVIS	■ Com ***prévia habilitação***: o certificado de habilitação será apresentado ao ministro religioso, que o arquivará. Celebrado o casamento, deverá ser promovido o registro civil, dentro do prazo decadencial de 90 dias de sua celebração (CC, art. 1.516, § 1º). ■ Com ***habilitação posterior***: celebrado o casamento religioso, os nubentes requererão o registro, *a qualquer tempo*, instruindo o pedido com certidão do ato religioso e com os documentos exigidos pelo art. 1.525 do CC. Processada e homologada a habilitação e certificada a inexistência de impedimento, o oficial fará o registro, lavrando o assento. O casamento produzirá efeitos jurídicos a partir da data de sua celebração (CC, art. 1.515).
CASAMENTO CONSULAR	■ **Conceito** Casamento consular é aquele celebrado por brasileiro no estrangeiro, perante autoridade consular brasileira. ■ **Formalidades** Uma vez realizado, deverá ser registrado em 180 dias, a contar da volta de um ou de ambos os cônjuges ao Brasil, no cartório do respectivo domicílio, ou, em sua falta, no 1º Ofício da Capital do Estado em que passarem a residir (CC, art. 1.544).
CONVERSÃO DA UNIÃO ESTÁVEL EM CASAMENTO	■ A união estável "poderá converter-se em casamento, mediante pedido dos companheiros ao juiz e assento no Registro Civil" (CC, art. 1.726).

10

DA INEXISTÊNCIA E DA INVALIDADE DO CASAMENTO

10.1. CASAMENTO INEXISTENTE

A denominação **"Da invalidade do casamento"**, dada ao Capítulo VIII do Subtítulo I do Título I do Livro IV do Código Civil de 2002, abrange a **nulidade e a anulabilidade** do matrimônio, ou seja, a nulidade absoluta e a relativa. É empregada para designar o casamento realizado com um defeito que impede a formação de vínculo matrimonial válido.

A doutrina inclui, todavia, no gênero "*casamento inválido*", **o casamento inexistente**, distinguindo, destarte, três espécies: *casamento inexistente*, *nulo* e *anulável*. Todavia, como já foi dito (*v.* item 9.1, *retro*), **o plano da existência antecede o da validade**. Antes de verificar se o ato jurídico ou o casamento são válidos, faz-se mister averiguar se existem. Existindo, podem ser válidos ou inválidos.

É tradicional o entendimento de que, para que o casamento *exista*, é necessária a presença dos elementos denominados essenciais ou estruturais: **diferença de sexo, consentimento e celebração** na forma da lei. Para que seja válido, outros requisitos são exigidos. O casamento, repita-se, pode existir, mas não ser válido.

A teoria do negócio jurídico inexistente é, hoje, admitida em nosso direito, malgrado o Código Civil a ela não se refira, por se tratar de **mero fato**, insuscetível de produzir efeitos jurídicos. Há apenas a **aparência de um casamento**, sendo implícita a necessidade da presença dos referidos elementos essenciais.

A teoria foi concebida no século XIX por Zachariae Von Lingenthal, em comentários ao Código de Napoleão escritos em 1808 na Alemanha, e mais tarde desenvolvida por Saleilles em estudo realizado em 1911, **para contornar, em matéria de casamento, o princípio de que não há nulidade sem texto legal** (*pas de nullité sans texte*), pois as hipóteses de identidade de sexo, falta de consentimento e ausência de celebração não costumam constar dos diplomas legais.

Tendo em vista que o art. 146 do aludido Código Civil francês proclama que *il n'y a pas de mariage lorsqu'il n'y a point de consentement*, o mencionado civilista germânico concluiu que **a ausência absoluta de consentimento** (que não se confunde com consentimento defeituoso, eivado de algum vício) obsta à realização do casamento, devendo por isso ser proclamada **a sua inexistência, e não a sua nulidade**[1].

---

1 Caio Mário da Silva Pereira, *Instituições de direito civil*, v. 5, p. 129-130.

Em razão de o ato inexistente constituir um ***nada*** no mundo jurídico, não reclama ação própria para combatê-lo. No entanto, se, apesar da ausência de consentimento, ignorada pelo celebrante, houve **celebração e lavratura do assento, far-se-á necessária a propositura de ação para cancelamento do registro**, sendo imprescindível a produção de provas do fato alegado.

Admite-se o reconhecimento da inexistência **a qualquer tempo**, não estando sujeito a prescrição ou decadência. Com efeito, ocorrendo algum dos casos de inexistência, que serão examinados abaixo, pode o juiz pronunciá-la **a qualquer tempo e sem a necessidade de se propor ação ordinária anulatória**, salvo nas hipóteses supramencionadas. Diversamente, a nulidade do casamento somente pode ser decretada em ação própria.

Se o casamento, como fato, inexiste, **não pode ser declarado putativo** (*v.* item n. 9.2.2, *retro*). Não se deve confundir a **falta de consentimento** (procuração sem poderes especiais, ausência de resposta à indagação do juiz, p. ex.) com o **consentimento viciado**, como acontece quando há coação. Nesse caso, o casamento existe, mas não é válido (anulável). Também não há que se confundir **falta de celebração** com celebração feita por **autoridade incompetente *ratione loci***, que o torna também existente, mas **inválido** (anulável, nos termos do art. 1.550, VI, do CC). Será **inexistente** quando o celebrante **não for juiz de casamentos**, ou seja, quando a **incompetência for absoluta**, em razão da matéria.

O art. 1.554 do Código Civil estatui, todavia:

> "Subsiste o casamento celebrado por aquele que, sem possuir a competência exigida na lei, exercer publicamente as funções de juiz de casamentos e, nessa qualidade, tiver registrado o ato no Registro Civil".

Trata-se de aplicação do princípio geral de direito ***in dubio pro matrimonio*** e do que tutela a **aparência** e a **boa-fé**.

Examinam-se a seguir as hipóteses que acarretam a inexistência do casamento.

■ 10.1.1. Diversidade de sexos

Ainda que de forma indireta, a Constituição Federal, ao reconhecer a união estável "entre o *homem e a mulher* como entidade familiar, devendo a lei facilitar sua conversão em casamento", e ao proclamar que "os direitos e deveres referentes à sociedade conjugal são exercidos igualmente *pelo homem e pela mulher*" (art. 226, §§ 3º e 5º), **só admite casamento entre pessoas que não tenham o mesmo sexo**. Esse posicionamento é tradicional e já era salientado nos textos clássicos romanos.

Sempre se entendeu, com efeito, que a diversidade de sexos constitui requisito natural do casamento, a ponto de serem consideradas **inexistentes** as uniões homossexuais.

■ Afastamento do requisito pela jurisprudência do Supremo Tribunal Federal e do Superior Tribunal de Justiça

Todavia, como retromencionado (item 2.1, *in fine*), a partir do reconhecimento, **pelo Supremo Tribunal Federal, da união homoafetiva como entidade fa-**

miliar, a jurisprudência, especialmente a do Superior Tribunal de Justiça (cf. REsp 1.183.378-RS), tem afastado o requisito da diversidade de sexos, **admitindo expressamente o *casamento homoafetivo*.** Tal requisito foi expressamente **afastado pelo Superior Tribunal de Justiça**, que reconheceu a inexistência do óbice relativo à igualdade de sexos (**uniões homoafetivas**), nestes termos:

> "Assim sendo, as famílias formadas por pessoas homoafetivas não são menos dignas de proteção do Estado se comparadas com aquelas apoiadas na tradição e formadas por casais heteroafetivos. O que se deve levar em consideração é como aquele arranjo familiar deve ser levado em conta e, evidentemente, o vínculo que mais segurança jurídica confere às famílias é o casamento civil. Assim, se é o casamento civil a forma pela qual o Estado melhor protege a família e se são múltiplos os arranjos familiares reconhecidos pela CF/1988, **não será negada essa via a nenhuma família que por ela optar, independentemente de orientação sexual dos nubentes, uma vez que as famílias constituídas por pares homoafetivos possuem os mesmos núcleos axiológicos daquelas constituídas por casais heteroafetivos, quais sejam, a dignidade das pessoas e o afeto.** Por consequência, o mesmo raciocínio utilizado tanto pelo STJ quanto pelo STF para conceder aos pares homoafetivos os direitos decorrentes da união estável deve ser utilizado **para lhes proporcionar a via do casamento civil**, ademais porque a CF determina a facilitação da conversão da união estável em casamento (art. 266, § 3º)"[2].

Não se exige mais, portanto, a diferença de sexos para que o casamento exista.

■ Diversidade de sexos e dubiedade de sexo

A ausência de diversidade de sexos não deve ser confundida com hipóteses de **dubiedade de sexo,** de **malformação dos órgãos genitais e** de **disfunção sexual**, que somente induzem **anulabilidade**, em regra.

Questão mais complexa, todavia, é a que diz respeito ao denominado **transexualismo**, especialmente quando o transexual se submete a tratamento cirúrgico e vem a ter alterados seus caracteres sexuais externos, retificando nome e sexo no registro civil.

O transexual, como já afirmamos no volume I desta obra (Parte Geral, itens 4.5.2.5.3.4 e 4.6.4.2.2), **não se confunde com o travesti ou com o homossexual**. Trata-se de um indivíduo anatomicamente de um sexo, que acredita firmemente pertencer ao outro sexo. A sua condição somente pode ser constatada, pois, por avaliação psiquiátrica.

É inegável a possibilidade de o transexual, após a cirurgia plástica e a alteração do nome e do sexo no registro civil, **casar-se com pessoa pertencente ao seu anterior sexo**, como sustentam José Lamartine Corrêa de Oliveira e Francisco José Ferreira Muniz[3], citando precedente do Tribunal Constitucional alemão, com a ressalva de que essa possibilidade não exclui eventuais anulações por erro essencial, se o

---

2 STJ, REsp 1.183.378-RS, rel. Min. Luis Felipe Salomão, j. 25-10-2011.

3 *Direito de família*, p. 219-220.

outro nubente ignorava os fatos antes do casamento e a descoberta levou à insuportabilidade da vida em comum.

A situação se torna mais complexa no caso do transexual casado que, submetendo-se a tratamento cirúrgico, vem a ter alterados seus caracteres sexuais, que passam a ser idênticos aos do sexo do cônjuge. Segundo parte da doutrina, nesse caso desaparece um dos pressupostos de existência do matrimônio. Todavia, assim não entendeu a Corte da cidade de Bochum, na Alemanha, que **acolheu o pedido alternativo de anulação do casamento por erro**, na consideração de que a inclinação transexual do réu configurava **hipótese de erro sobre sua qualidade pessoal**.

A alegação de **inexistência do casamento** foi *refutada*, considerando a aludida Corte juridicamente irrelevante a operação de mudança de sexo.

Corrêa de Oliveira e Ferreira Muniz[4], em cuja obra se encontra a referência ao aresto ora comentado, aplaudem a citada decisão, também entendendo **não ser possível enquadrar o problema como caso de inexistência**.

O Superior Tribunal de Justiça, em maio de 2017, proclamou que, à luz do princípio fundamental da dignidade da pessoa humana, o direito dos transexuais à retificação do sexo no registro civil não pode ficar condicionado à exigência de realização da operação de transgenitalização, "para muitos inatingível do ponto de vista financeiro, ou mesmo inviável do ponto de vista médico. Independentemente da realidade biológica, o registro civil deve retratar a identidade de gênero psicossocial da pessoa transexual, de quem não se pode exigir a cirurgia de transgenitalização para o gozo e um direito"[5].

Posteriormente, em 15 de agosto de 2018, o Supremo Tribunal Federal reafirmou jurisprudência da Corte, permitindo que o transgênero mude seu nome e gênero no registro civil, mesmo sem procedimento cirúrgico de redesignação de sexo. A alteração poderá ser feita por meio de decisão judicial ou diretamente no cartório. A tese definida, sob o regime de *repercussão geral*, foi a seguinte: "O transgênero tem direito fundamental subjetivo à alteração de seu prenome e de sua classificação de gênero no registro civil, não se exigindo, para tanto, nada além da manifestação da vontade do indivíduo, o qual poderá exercer tal faculdade tanto pela via judicial como diretamente pela via administrativa"[6].

■ 10.1.2. Falta de consentimento

A **ausência total de consentimento**, como ocorre nos casos de procuração outorgada sem poderes específicos e de completo silêncio ou mesmo de resposta negativa ante a indagação da autoridade celebrante, **não se confunde com declaração defeituosa por vício de consentimento**, como no caso de *erro* ou *coação*, em que o casamento **existe, mas não é válido, e sim anulável**.

---

4 *Direito de família*, cit., p. 218.

5 STJ, REsp 1.626.739-RS, 4ª T., rel. Min. Luis Felipe Salomão, j. 9-5-2017.

6 STF, RE 670.422, rel. Min. Dias Toffoli, j. 15-8-2018.

A **coação absoluta** insere-se, todavia, na casuística da **inexistência por falta de consentimento**, uma vez que não ocorre, nesse caso, nenhuma exteriorização de vontade que possa ser atribuída ao nubente. Não se faz necessário que haja omissão por parte de ambos os nubentes. Basta, para configurar a inexistência do casamento, que tenha **faltado a declaração de vontade de um deles**.

■ 10.1.3. Ausência de celebração na forma da lei

A Lei dos Registros Públicos (Lei n. 6.015/73) regula as formalidades da celebração do casamento, referindo-se ao **"presidente" do ato**, que pode ser inclusive sacerdote ou ministro do culto, no caso de casamento religioso com efeitos civis.

■ Autoridades competentes

As *autoridades competentes* para exercer a presidência do ato solene são as indicadas nas **leis de organização judiciária dos Estados**, enquanto não forem criados os juizados de paz mencionados na Constituição Federal e de caráter eletivo (arts. 98, II, e 30 do ADCT), sendo, em algumas unidades da Federação, **o próprio magistrado, o juiz de casamentos, o juiz de paz e até mesmo os oficiais titulares dos cartórios do registro civil**.

■ Incompetência do celebrante

O Código Civil considera **anulável** (art. 1.550, VI) o casamento celebrado por autoridade incompetente *ratione loci* **(em razão do lugar da celebração)** ou *ratione personarum* **(em função do domicílio dos nubentes)**.

A incompetência ***ratione materiae*** (como sucede quando **o presidente do ato não é juiz de casamentos**, mas, por exemplo, autoridade com outra espécie de competência, como delegado de polícia ou promotor de justiça) enseja, entretanto, a **inexistência do casamento**, salvo na hipótese prevista no art. 1.554 retrotranscrito (*v.* item n. 10.1), que considera subsistente o casamento celebrado por pessoa que, embora não possua a competência exigida na lei, **exerce publicamente as funções de juiz de casamento**, aplicando, assim, à hipótese a **teoria da aparência**.

Para que se caracterize situação de **aparência digna de tutela jurídica** exige-se, no entanto, que o celebrante seja **publicamente reconhecido** como tal **e registre, em tal condição, o casamento celebrado**, não bastando que se caracterize erro por parte dos nubentes. Todavia, quem não tem, de modo absoluto, competência para a celebração do casamento sequer pode ser reputado autoridade celebrante. Trata-se de casamento celebrado por particular **sem autoridade alguma para presidir a solenidade nupcial** e, nesse caso, o casamento é **inexistente**[7].

Hipótese ilustrativa de inexistência do casamento por ausência de celebração na forma da lei é a noticiada pelos jornais, referente a um casamento ***gay*** realizado, no Rio de Janeiro, mediante ritual próprio e sem a participação de autoridade competente.

---

7 Luiz Edson Fachin e Carlos Eduardo Pianovski Ruzyk, *Código Civil comentado*, v. XV, p. 163 e 169.

■ **Inoperância de escritura pública e instrumento particular de casamento**

A inobservância do conjunto de formalidades reguladas nos arts. 1.535 e 1.536 do Código Civil tem consequência, pois, no **plano da existência**. Considera-se que não houve casamento. A celebração **na forma da lei** é que permite distinguir o casamento da mera relação de fato estável e duradoura.

Não têm nenhum valor, como prova de casamento, escritura pública de união matrimonial e instrumento particular de casamento temporário. O escrito particular só vale entre **companheiros**, o denominado **"contrato de convivência"**, geralmente utilizado para definir o regime de bens, como consta do art. 1.725 do Código Civil.

10.2. CASAMENTO INVÁLIDO

10.2.1. Casamento e a teoria das nulidades

O casamento inválido pode ser **nulo** ou **anulável**, dependendo do **grau de imperfeição**, ou seja, de inobservância dos requisitos de validade exigidos na lei.

Preleciona Silvio Rodrigues[8] que, quando um casamento se realiza com **infração de impedimento imposto pela ordem pública**, por ameaçar diretamente a estrutura da sociedade, esta reage violentamente, "**fulminando de nulidade o casamento** que a agrava". Nos casos em que, entretanto, a infração se revela mais branda, **não atentando contra a ordem pública, mas ferindo apenas o interesse de pessoas que a lei quer proteger**, o legislador apenas defere a estas "uma **ação anulatória**, para que seja por elas usada, se lhes aprouver". Se o cônjuge, que podia anular o enlace **não prejudicial à ordem pública**, mantém-se inerte, "o casamento convalesce e ganha validade, não mais podendo ser infirmado".

A doutrina universal proclama **não se admitirem nulidades *virtuais***, em matéria de casamento, sustentando que este somente se invalida nas condições e nos casos definidos na lei. As nulidades seriam **apenas *textuais*, isto é, as descritas pela lei**, prevalecendo assim o princípio assentado pela doutrina francesa: *pas de nullité sans texte*. As nulidades implícitas, admitidas por alguns, não passam de hipóteses de casamento inexistente, cuja teoria nem todos aceitam, envolvendo uniões que repugnam ao direito[9].

■ **Exceções à teoria das nulidades**

A teoria das nulidades apresenta algumas *exceções* em matéria de casamento. Assim:

- Embora os atos nulos em geral não produzam efeitos, há uma espécie de casamento, **o putativo**, que produz **todos os efeitos de um casamento válido para o cônjuge de boa-fé**. Não se aplica, assim, ao matrimônio a parêmia *quod nullum est nullum producit effectum*.

---

8 *Direito civil*, v. 6, p. 80-81.

9 Caio Mário da Silva Pereira, *Instituições*, cit., v. 5, p. 133.

■ Malgrado o juiz deva pronunciar de ofício a nulidade dos atos jurídicos em geral (art. 168, parágrafo único), **a nulidade do casamento somente poderá ser declarada em ação ordinária** (arts. 1.549 e 1.563), **não podendo, pois, ser proclamada de ofício**. Desse modo, enquanto não declarado nulo por decisão judicial transitada em julgado, o casamento existe e produz efeitos, incidindo todas as regras sobre efeitos do casamento (deveres dos cônjuges, regimes de bens)[10].

■ **Ação declaratória de nulidade e ação anulatória**

Quando o casamento é **nulo**, a ação adequada é a **declaratória de nulidade**. Os efeitos da sentença são *ex tunc*, **retroagindo à data da celebração**.

A **anulabilidade** reclama a propositura de **ação anulatória**, em que a sentença, segundo uma corrente, **produz efeitos somente a partir de sua prolação, não retroagindo** (*ex nunc*). A irretroatividade dos efeitos da sentença anulatória é sustentada por Orlando Gomes[11], Maria Helena Diniz[12], Carlos Alberto Bittar[13], dentre outros.

Pontes de Miranda[14], entretanto, afirma que a anulação do casamento **"produz efeitos iguais à decretação da nulidade, salvo onde a lei civil abriu explícita exceção"**. Assim, ficam como não ocorridos os efeitos que de um casamento válido decorreriam. Tal como o nulo, não há o efeito de antecipação da maioridade pela emancipação, **salvo caso de putatividade**. Nesse mesmo sentido, manifestam-se Clóvis Beviláqua[15], Antunes Varela[16], José Lamartine Corrêa de Oliveira[17], dentre outros.

A lição de Beviláqua, por sua clareza, merece ser transcrita: "Se o casamento é nulo, nenhum efeito produz (...), e, **quando anulável, desfaz-se como se nunca tivesse existido**. Nem um nem outro forma sociedade conjugal, e sim mera união de fato, a que o direito atribui, em dados casos, certos efeitos jurídicos e econômicos. Somente quando se realizam as condições do **casamento putativo** é que há, propriamente, uma sociedade conjugal, que se dissolve pela nulidade ou anulação do casamento"[18].

Ambas, ação declaratória de nulidade do casamento e ação anulatória, são **ações de estado** e versam sobre **direitos indisponíveis**. Em consequência:

---

10 Embora de ordem pública, as nulidades de casamento não atuam de pleno direito, devendo sempre ser pronunciadas pelo juiz. Confira-se: "Bigamia. Declaração de nulidade *incidenter tantum* em ação promovida para anular partilha realizada em inventário. Inadmissibilidade. Necessidade de procedimento próprio, com a citação do bígamo e da segunda mulher" (*RT*, 760/232). "Anulação de casamento. Hipótese que não pode ser decidida de ofício pela autoridade judiciária, devendo a nulidade ser pleiteada em ação ordinária especialmente ajuizada para esse fim, para que deixe o casamento de produzir seus efeitos" (TJSP, Ap. 71.105-4/9-00, 6ª Câm. Dir. Priv., rel. Des. Reis Kuntz, j. 18-12-1997).

11 *Direito de família*, p. 127, n. 79.

12 *Curso de direito civil brasileiro*, v. 5, p. 223.

13 *Curso de direito civil*, v. 2, p. 1116, n. 74.

14 *Tratado de direito privado*, v. 8, § 823, n. 1, p. 7.

15 *Código Civil dos Estados Unidos do Brasil comentado*, v. 2, p. 207-208.

16 *Dissolução da sociedade conjugal*, p. 14.

17 *Direito de família*, cit., p. 237.

18 *Código Civil*, cit., v. 2, p. 207-208.

- Não se operam os efeitos da revelia (CPC, art. 345, II), **não se presumindo verdadeiros os fatos não contestados.**
- Não existe o ônus da impugnação especificada (CPC, art. 341), **não se presumindo verdadeiros os fatos não impugnados especificamente.**

Imprescritibilidade da ação declaratória de nulidade

O prazo para a propositura da ação anulatória é decadencial. A **ação declaratória**, por ser ajuizada nos casos em que não se estabeleceu o vínculo da relação jurídica entre as partes, **é imprescritível**, como bem explica San Thiago Dantas:

> "Quando o ato é **nulo**, a ação que tem o interessado, para fazer declarar a sua nulidade, **não prescreve.** Pode ser proposta em qualquer tempo; precisamente porque o ato é nulo, não existe, não vale e toda época será oportuna para se demonstrar judicialmente a sua inexistência"[19].

Pré-dissolução do casamento

A pré-dissolução do casamento por **morte** de um dos cônjuges ou pelo **divórcio** não exclui a possibilidade de existir legítimo interesse que justifique a propositura da ação declaratória de nulidade, como enfatizam Corrêa de Oliveira e Ferreira Muniz, pois **o cônjuge sobrevivo** "**pode ter legítimo interesse na propositura da ação de nulidade**, quer por desejar excluir os efeitos do regime de bens, quer por desejar excluir outra espécie de efeitos, como, por exemplo, o direito ao nome"[20].

Importantes efeitos da declaração de nulidade

Alguns efeitos da declaração de nulidade merecem destaque. Assim,

- O casamento nulo **não produz o efeito de antecipar a maioridade pela emancipação**, salvo caso de boa-fé.
- Nulo o casamento, **o pacto antenupcial**, de caráter acessório, **segue o mesmo destino.**
- **No tocante aos filhos**, determina o art. 1.587 do Código Civil que se observe o disposto nos arts. 1.584 e 1.586. Estabelece o primeiro que, não havendo acordo entre as partes quanto à guarda dos filhos, "será ela atribuída a quem revelar melhores condições para exercê-la"; e o segundo, que, "havendo motivos graves, poderá o juiz, em qualquer caso, a bem dos filhos, regular de maneira diferente da estabelecida nos artigos antecedentes a situação deles para com os pais".

Declaração de nulidade do casamento e regime de bens

Em matéria de *regime de bens*, "faz-se sentir de modo nítido a **eficácia retroativa da sentença de nulidade.** A sentença faz desaparecer **retroativamente** o **regime de bens.** Quer isso dizer que a liquidação das relações patrimoniais, eventualmente surgidas em função da vida em comum que existiu, deverá ser feita com base nas regras referentes à **sociedade de fato**, como se procederia na hipótese de mero concubinato.

---

[19] *Direitos de família e das sucessões*, p. 135.

[20] *Direito de família*, p. 235.

Essa solução só é, porém, incidente nas hipóteses de **casamento nulo** em que **ambos os cônjuges estivessem, no momento da celebração, de má-fé**. No caso de boa-fé da parte de um ou de ambos os cônjuges, toda solução será dominada pelos princípios próprios do **casamento putativo**"[21].

Síntese das distinções entre o casamento nulo e o casamento anulável

Luiz Edson Fachin e Carlos Eduardo Pianovski[22] apontam, em preciosa síntese, as seguintes distinções entre o casamento cuja invalidade é sancionada com **nulidade** daquele ao qual se aplica o regime da **anulabilidade**:

> "**a)** na **nulidade**, o negócio jurídico possui defeito em sua base fática que é reputado **mais grave** pelo direito que o defeito ao qual se aplica o regime da anulabilidade;
>
> **b)** em regra, **o vício que enseja nulidade diz respeito à matéria de ordem pública**, ao passo que o vício que enseja **anulabilidade refere-se a determinadas pessoas**. Daí as restrições à legitimidade ativa para propositura de ação que visa à anulabilidade, que não se apresentam nos casos de nulidade;
>
> **c)** a pretensão de declaração de **nulidade** é reputada **imprescritível**, ao passo que a decretação de **anulabilidade** do casamento é submetida a **prazos decadenciais** que podem ser bastante exíguos, dependendo da hipótese de que se está a tratar;
>
> **d)** mais do que a decadência do direito de anular o casamento, o fluir do tempo opera verdadeira **convalidação das invalidades sancionáveis com anulabilidade**, o que não ocorre com as causas de **nulidade**, que são reputadas **insanáveis**;
>
> **e)** o casamento **anulável pode ser passível de ratificação**, o que não ocorre com o casamento nulo".

10.2.2. Casamento nulo

10.2.2.1. Casos de nulidade

Em dois casos o Código Civil considerava *nulo* o casamento:

- quando contraído por "**enfermo mental sem o necessário discernimento** para os atos da vida civil";
- quando infringe **"impedimento"** (CC, art. 1.548).

Casamento contraído por enfermo mental

A primeira hipótese é compreensiva de todos os casos de insanidade mental, **permanente e duradoura**, caracterizada por graves alterações das faculdades psíquicas. Foi ela, entretanto, suprimida pelo art. 123, IV, da Lei n. 13.146, de 6 de julho de 2015 (Estatuto da Pessoa com Deficiência), que **revogou expressamente** o mencionado **inc. I** do art. 1.548 do Código Civil.

Casamento realizado com infração de impedimento

O art. 1.548, II, do Código Civil também estabelece, de forma genérica, que é nulo o casamento por infração de *impedimento*. Os impedimentos para o casamento

---

[21] Corrêa de Oliveira e Ferreira Muniz, *Direito de família*, cit., p. 233-234.

[22] *Código Civil comentado*, cit., v. XV, p. 153.

são **somente os elencados no art. 1.521, I a VII**, do referido diploma. Apurado que os nubentes infringiram qualquer deles, "**é nulo o casamento**. Não importa que não tenha havido impugnação na fase do processo preliminar, ou mesmo que haja sido rejeitada. As situações, erigidas em impedimentos, condizem com a **ordem pública**, e, assim sendo, não se coadunam com a subsistência do matrimônio"[23].

■ **Efeitos da declaração de nulidade**

A declaração de nulidade proclama, **retroativamente**, jamais ter existido casamento válido. Por isso se diz que, em princípio, a nulidade produz efeitos *ex tunc*. **Desde a celebração o casamento não produzirá efeitos**. Estatui, com efeito, o art. 1.563 do Código Civil:

> "A sentença que decretar a nulidade do casamento **retroagirá à data da sua celebração**, sem prejudicar a aquisição de direitos, a título oneroso, por terceiros de boa-fé, nem a resultante de sentença transitada em julgado".

Assim:

- ■ **Os bens** que se haviam comunicado pelo casamento **retornam ao antigo dono**.
- ■ **Não se cumpre o pacto antenupcial**, como foi dito no item anterior.
- ■ O casamento nulo, entretanto, **aproveita aos filhos**, ainda que ambos os cônjuges estejam de má-fé, segundo dispõe o § 2º do art. 1.561 do Código Civil, e a paternidade é certa.
- ■ Se reconhecida **a boa-fé** de um ou de ambos os cônjuges, ele **será putativo** e produzirá efeitos de casamento válido ao cônjuge de boa-fé até a data da sentença.
- ■ A mulher, no entanto, **não deve casar-se novamente, até dez meses após a sentença**, salvo se der à luz algum filho ou provar inexistência de gravidez, na fluência do prazo (CC, art. 1.523, parágrafo único, segunda parte).

De relembrar que, **enquanto não declarado nulo por decisão judicial transitada em julgado**, o casamento existe e produz todos os efeitos, especialmente quanto aos deveres conjugais e ao regime de bens.

■ 10.2.2.2. *Pessoas legitimadas a arguir a nulidade*

No tocante à *legitimidade* para a decretação de nulidade de casamento, pelos motivos mencionados, proclama o art. 1.549 do Código Civil que "pode ser promovida mediante ação direta, por qualquer interessado, ou pelo Ministério Público".

---

[23] Caio Mário da Silva Pereira, *Instituições*, cit., v. 5, p. 135. *V.* a propósito: "É nulo o casamento de pessoas casadas, afastada a boa-fé quando, ao habilitar-se para o segundo matrimônio, um dos nubentes emite declaração falsa em torno de seu estado civil" (TJRJ, ac. un. da 4ª Câm. Cív., DGJ 41, rel. Des. Marden Gomes). "Nulidade. Ocorrência. Estrangeiros casados em seu país de origem que contraem novas núpcias no Brasil após a naturalização" (*RT*, 791/219).

Qualquer pessoa maior pode opor os **impedimentos** cuja violação acarrete a nulidade do casamento, mas a **ação declaratória de nulidade** é permitida somente a quem tenha **legítimo interesse**, **econômico ou moral**, e ao **Ministério Público**, cujo interesse é de cunho social. O Código Civil concede legitimidade ativa aos membros do *Parquet* para arguir a nulidade do casamento **sem restrições**, uma vez que as nulidades mencionadas dizem respeito à infração de dispositivo legal de **ordem pública**.

Podem alegar **interesse moral** os próprios cônjuges, ascendentes, descendentes, irmãos, cunhados[24] e o primeiro cônjuge do bígamo. Têm **interesse econômico** os herdeiros sucessíveis, os credores dos cônjuges e os adquirentes de seus bens, bem como a companheira.

Decidiu a propósito o Tribunal de Justiça de São Paulo:

> "Casamento. Anulação. Cônjuge-varão que, ao tempo da celebração do ato, já era casado legitimamente com outra mulher. Ação movida por terceiro, estando já falecido o referido cônjuge, com fundamento em legítimo interesse econômico por ser réu em ação de anulação de escritura de venda e compra efetuada com o 'de cujus'. Ilegitimidade de parte repelida"[25].

Tendo em vista os dizeres amplos do art. 1.549 do Código Civil, que legitima **"qualquer interessado"** a propor ação direta de nulidade do casamento, nada impede que até o cônjuge de má-fé, como o bígamo, por exemplo, possa arguir a nulidade de seu casamento, reconhecendo-se-lhe direito moral para tanto[26].

■ 10.2.2.3. *Ação declaratória de nulidade e pedido de prévia separação de corpos*

Quando o casamento é *nulo*, cabe, como já dito, ação *declaratória de nulidade*, sendo *ex tunc* os efeitos da sentença, considerando-o retroativamente como não ocorrido.

Podem, no entanto, a ação declaratória de nulidade e a ação anulatória começar com o pedido de **prévia separação de corpos**. O Código Civil admite expressamente a *separação de corpos*, comprovada a sua necessidade, como **medida preparatória de ação de nulidade do casamento, de anulação, de separação judicial, de divórcio direto e de dissolução de união estável**, devendo ser "concedida pelo juiz com a possível brevidade" (art. 1.562).

A separação de corpos se mostra às vezes necessária para proteger a **integridade física e psicológica** do casal, bem como para comprovar **o *dies a quo* da separação de fato**. A comprovação da necessidade pode ser feita por todos os meios de prova em direito admitidos.

Cessado o afeto ou presente o espectro da violência, seja ela física, seja psicológica, cabível se mostra a separação de corpos, para que os cônjuges tenham liber-

---

24 "Casamento. Ação anulatória. Legitimidade *ad causam*. Ajuizamento pelo irmão e pelo cunhado do consorte falecido, que à época do casamento já era incapaz. Admissibilidade" (STJ, *RT*, 796/209).

25 *RJTJSP*, Lex, 18/76.

26 Fachin e Pianovski, *Código Civil comentado*, cit., v. XV, p. 159.

dade de ação e se livrem da situação de constrangimento nos encontros de quem habita a mesma casa. Além disso, a separação de corpos **antecipa a cessação dos deveres de coabitação e fidelidade recíproca, afastando a imputação de abandono do lar**, e comprova cabalmente a data da ruptura da vida em comum para fins de fixação do termo inicial da contagem do prazo para a conversão da separação judicial em divórcio. Tem-se admitido a cautelar de separação de corpos **mesmo quando o casal já se encontra separado de fato**, como forma de dar-se juridicidade à separação do casal[27].

A Lei n. 11.340, de 7 de agosto de 2006 (conhecida como **"Lei Maria da Penha"**), que criou mecanismos para coibir a violência doméstica e familiar contra a mulher, dispõe, no art. 23, que o juiz do Juizado de Violência Doméstica e Familiar contra a Mulher poderá, quando necessário, sem prejuízo de outras medidas protetivas de urgência: "(...) **IV — determinar a separação de corpos**".

Como a **ação de nulidade** segue o rito ordinário, **admite-se reconvenção**, com pedido de divórcio, por exemplo, ou imputação de culpa ao autor, para responsabilizá-lo pela nulidade e pelos ônus da sucumbência.

■ Ônus da prova

Proposta a aludida ação, incumbe a quem a alega o ônus da prova. Como a lide versa sobre direitos indisponíveis, regidos por princípios de ordem pública, a **confissão do réu** é, por si só, **insuficiente para o decreto de procedência**. O seu valor é considerado relativo, devendo a admissibilidade do pedido ser sopesada em conjunto com outros elementos de convicção[28].

■ Revelia

O mesmo se pode dizer em relação à *revelia*, que **pode encobrir uma fraude encetada pelos cônjuges para anular o casamento**, em detrimento de terceiros ou para burlar a lei[29].

■ Efeitos contra terceiros da sentença de nulidade

Uma vez transitada em julgado, a sentença de nulidade do casamento **opera retroativamente**, devendo ser **averbada** no livro de casamentos do Registro Civil e no Registro de Imóveis (Lei n. 6.015/73, arts. 100 e 167, II, n. 14). **Antes da averbação,**

---

27 Fachin e Pianovski, *Código Civil comentado*, cit., v. XV, p. 194-195. *V.* a jurisprudência: "Separação de corpos. Concessão da medida que não é incompatível com a permanência dos cônjuges sob o mesmo teto, se a coabitação do casal se faz necessária por razões econômicas. Deferimento da liminar que, em tais casos, serve para cessar alguns deveres do casamento, como a prestação do débito conjugal, além de proteger o requerente de eventual ação de separação judicial litigiosa por culpa" (*RT*, 788/247).

28 "Ação de anulação de casamento. Confissão. Insuficiência, por si só, para o decreto de procedência da ação. É ineficaz a confissão quando dela resulta a perda de direitos que o confitente não pode renunciar ou sobre que não possa transigir, pois nestes casos prevalecem os princípios de ordem pública" (STF, *RTJ*, 58/652).

29 "Anulação de casamento. Revelia do réu. Necessidade de rigor na apreciação da prova. Em caso de anulação de casamento, a revelia do cônjuge deve ser apreciada com um certo rigor, para evitar a fraude destinada a elidir o cânone da indissolubilidade do vínculo matrimonial" (*RJTJSP*, 9/40).

não produzirá efeitos contra terceiros (art. 100, § 1º). A nulidade do casamento, como já mencionado, "tem sistema próprio e específico, não se lhe aplicando a disciplina da nulidade do ato jurídico"[30].

■ Foro competente

Dispõe o art. 53, I, do Código de Processo Civil de 2015 que é **competente o foro** "para a ação de divórcio, separação, anulação de casamento e reconhecimento ou dissolução de união estável: **a) de domicílio do guardião de filho incapaz; b) do último domicílio do casal, caso não haja filho incapaz; c) de domicílio do réu, se nenhuma das partes residir no antigo domicílio do casal**".

■ 10.2.3. Casamento anulável

O Código Civil considera *anulável* o casamento nas hipóteses elencadas nos arts. 1.550, 1.556 e 1.558. Dispõe o primeiro dispositivo citado:

> "É **anulável** o casamento:
> I — de quem não completou a idade mínima para casar;
> II — do menor em idade núbil, quando não autorizado por seu representante legal;
> III — por vício da vontade, nos termos dos arts. 1.556 a 1.558;
> IV — do incapaz de consentir ou manifestar, de modo inequívoco, o consentimento;
> V — realizado pelo mandatário, sem que ele ou o outro contraente soubesse da revogação do mandato, e não sobrevindo coabitação entre os cônjuges;
> VI — por incompetência da autoridade celebrante.
> Parágrafo único. Equipara-se à revogação a invalidade do mandato judicialmente decretada".

A Lei n. 13.146/2015 transformou o parágrafo único em § 1º e introduziu o § 2º, do seguinte teor:

> "§ 2º A pessoa com deficiência mental ou intelectual em idade núbia [o correto é 'núbil'] **poderá contrair matrimônio**, expressando sua vontade diretamente ou por meio de seu responsável ou curador".

Na maioria dos casos há um consentimento defeituoso, uma manifestação volitiva imperfeita, seja por se tratar de pessoa que se casou inspirada no erro, seja por se tratar de quem, pela sua imaturidade ou defeito mental, não podia consentir desassistido de seu representante.

■ Efeitos retro-operantes da sentença anulatória

O casamento anulável **produz todos os efeitos enquanto não anulado** por decisão judicial transitada em julgado. Até então tem **validade resolúvel**, que se tornará definitiva se decorrer o prazo decadencial sem que tenha sido ajuizada ação anulatória. Porém, **a sentença que anula o casamento tem efeitos retro-operantes**,

---

30 STF, *RTJ*, 111/1341.

fazendo com que os cônjuges retornem à condição anterior, como se jamais o tivessem contraído. Produz efeitos iguais à decretação da nulidade, **desfazendo a sociedade conjugal como se nunca houvesse existido**, salvo caso de putatividade. Tal como no nulo, não houve o efeito de antecipação da maioridade.

Há, entretanto, **uma corrente que sustenta serem *ex nunc*** os efeitos da sentença anulatória, como vimos no n. 10.2.1, *retro*. No referido item foi dito ainda que a *nulidade* do casamento somente poderá ser declarada em **ação ordinária** (arts. 1.549 e 1.563), não podendo, pois, ser proclamada de ofício. Tal afirmação é aplicável também aos casos de *anulabilidade*, assim como tudo o que foi dito a respeito da guarda dos filhos de casamento declarado nulo, da liquidação das relações pecuniárias entre os cônjuges e da supressão retroativa dos efeitos do regime de bens. O art. 1.561, § 2º, do Código Civil estende os efeitos civis do casamento, embora nulo ou anulável, aos filhos, ainda que ambos os cônjuges estejam de má-fé quando da celebração.

■ **Proteção, com a anulação, do interesse individual**

Observa-se que em todas as hipóteses de anulabilidade há um tratamento menos severo da lei, uma vez que não há interesse social no desfazimento do matrimônio, como sucede no caso de nulidade absoluta. As imperfeições que caracterizam a nulidade relativa são estabelecidas **em favor de certas pessoas que a lei quis proteger**. A **legitimidade ativa** para a propositura da *ação anulatória* é reservada, assim, exclusivamente às **partes diretamente interessadas** no ato (CC, arts. 1.552, 1.555 e 1.559).

A anulação visa proteger, pois, direta e principalmente, **o interesse individual**, como o de pessoas que se casaram, por exemplo, em virtude de erro ou coação ou antes de terem atingido a idade nupcial. Como inexiste afronta aos interesses gerais da sociedade, **convalesce definitivamente o casamento** se essas pessoas, em vez de promoverem o seu desfazimento, **deixarem escoar o prazo estabelecido na lei para que o façam**. Ao contrário, pois, da pretensão à declaração de nulidade, que é imprescritível, a que visa à anulação do casamento está sujeita a *decadência*, sendo em geral breves os prazos para a sua dedução em juízo.

■ **Exclusão do dolo como causa de nulidade relativa do casamento**

O *dolo*, em si, isto é, quando não leve a erro essencial, **embora vício do consentimento, não conduz à anulabilidade do matrimônio**, diversamente do que acontece com os negócios jurídicos em geral[31].

■ *10.2.3.1. Defeito de idade*

Havendo defeito de idade, no casamento dos **menores de 16 anos**, a ação anulatória pode ser proposta:

---

[31] Na legislação alemã, todavia, o dolo é causa autônoma de resolução de casamento (*Ehegetz*, § 33, al. 1), podendo ser do outro nubente ou de terceiro, com o conhecimento daquele (§ 33, al. 2), sendo irrelevante, no entanto, quando tenha tido por objeto indução do nubente em erro quanto à situação patrimonial do outro (§ 33, al. 2).

- **pelo próprio cônjuge menor**, mesmo sem assistência ou representação;
- **por seus representantes legais**; e
- **por seus ascendentes** (CC, art. 1.552).

A ação pode ser ajuizada:

- **no prazo de cento e oitenta dias, contado da data da celebração**, para os representantes legais ou ascendentes dos menores; e,
- para os menores, **da data em que atingirem a referida idade mínima** (art. 1.560, § 1º).

Mesmo se o representante legal do menor **consentiu no casamento, ele pode propor a ação de anulação por defeito de idade**, porque podia ter ignorado a verdadeira idade do menor representado e também porque a falta de idade nada tem que ver com a apreciação da conveniência do casamento.

■ **Suprimento judicial de idade**

Podem, entretanto, casar-se os menores para evitar imposição ou cumprimento de *pena criminal*, quando a mulher é vítima de crime contra os costumes, ou em caso de *gravidez*, mediante **suprimento judicial de idade** (CC, art. 1.520)[32], comentado no item n. 3.1.2, *retro*, ao qual nos reportamos.

A Lei n. 11.106, de 28 de março de 2005, revogou, além de outros dispositivos, o inc. VII do art. 107 do Código Penal. Com isso, o casamento deixou de evitar a imposição ou o cumprimento de pena criminal, **nos crimes contra os costumes de *ação penal pública***. Nesses delitos, preleciona Gustavo Filipe Barbosa Garcia, "a parte inicial do art. 1.520 do Código Civil de 2002, que permitia o casamento de quem não atingiu a idade núbil, com o fim de evitar a imposição ou o cumprimento de pena criminal, deixou de fazer sentido, não tendo mais como produzir efeitos. A alteração legislativa, no entanto, não pode operar retroativamente, de forma que o casamento realizado antes da entrada em vigor da Lei n. 11.106/2005, permitido para evitar imposição ou cumprimento de pena criminal, não é anulável, pois celebrado de acordo com expressa permissão legal vigente à época, devendo ser preservado o ato jurídico perfeito"[33].

Entretanto, prossegue o mencionado autor, "em se tratando de **crimes contra os costumes de *ação penal privada***, persiste a possibilidade de extinção da punibilidade pela renúncia do direito de queixa, ou pelo perdão do ofendido aceito (art. 107, V, do Código Penal). Como **o casamento da vítima com o agente pode ser visto como renúncia tácita, ou perdão tácito** (conforme exercido antes ou depois da propositu-

[32] "Suprimento de idade para contrair matrimônio. Admissibilidade diante da possibilidade de imposição de pena criminal e de gravidez de menor de dezesseis anos" (*RT*, 797/365). "Suprimento de idade. Casamento. Menor. Concordância dos genitores. Oposição do Ministério Público. Inadmissibilidade. Interesse da família que prevalece. Finalidade social de constituir família legítima. Aptidão física da mulher ao matrimônio" (*JTJ*, Lex, 248/242).

[33] Casamento anulável no Código Civil de 2002 e repercussões da Lei 11.106/2005. *RT*, 840/143.

ra da ação penal, respectivamente), mesmo que a aplicabilidade desta parte inicial do art. 1.520 do Código Civil de 2002 tenha se reduzido, **ainda persiste**".

■ **Casamento de que resultou gravidez**

Prescreve o art. 1.551 do Código Civil que **"não se anulará, por motivo de idade, o casamento de que resultou gravidez"**. Não importa se o defeito de idade é da mulher ou do homem. **A gravidez superveniente exclui, assim, a anulação por *defeito de idade*** (não por outros defeitos, como a falta de consentimento paterno), ainda que se manifeste depois de ajuizada a ação.

Apurada a **gravidez**, ocorrida antes ou depois de instaurada a lide, **extingue-se a ação**, ainda que aquela se frustre. A anulabilidade não obsta que o filho seja considerado concebido ou havido na constância do casamento.

■ **Confirmação do casamento pelo menor ao atingir a idade mínima**

Se a ação anulatória foi ajuizada pelos representantes legais ou pelos ascendentes do menor (art. 1.552, II e III), poderá este **"confirmar seu casamento"** ao perfazer a idade mínima, com efeito retroativo, desde que ainda não tenha transitado em julgado a sentença anulatória, e **"com a autorização de seus representantes legais, se necessária, ou com suprimento judicial"** (art. 1.553). Nesse caso, a ação será extinta e a única consequência será a subsistência do regime da separação de bens, se houve suprimento judicial (art. 1.641, III).

A confirmação processa-se perante **o próprio oficial do cartório e o juiz celebrante**. Trata-se de um "simples **ato de ratificação**, com dispensa da convalidação judicial. Efetua-se **por termo**, que terá a assinatura do ratificante e de duas testemunhas. Apenas o cônjuge menor ou incapaz e os representantes assinarão o termo, não significando o ato uma nova celebração do casamento"[34].

Na hipótese em que o fundamento da ação é somente o defeito de idade, os nubentes ficam dispensados do consentimento de seus representantes, pressupondo-se que estes já o tenham dado quando da celebração, expressa ou tacitamente. **Se, entretanto, o casamento foi anulado por defeito de idade, nada impede venham a casar-se novamente os menores, ao atingirem a idade exigida pela lei**.

■ 10.2.3.2. *Falta de autorização do representante legal*

No caso de *falta de autorização* dos pais ou representantes legais, a ação anulatória só pode ser proposta, em **cento e oitenta dias**:

- **por iniciativa do próprio incapaz**, ao deixar de sê-lo;
- das pessoas que tinham o direito de consentir, ou seja, **de seus representantes legais, desde que não tenham assistido ao ato** ou, por qualquer modo, manifestado sua aprovação (CC, art. 1.555, § 2º); ou
- **de seus herdeiros necessários**.

---

[34] Arnaldo Rizzardo, *Direito de família*, p. 122.

Se a pessoa que tinha o direito de consentir tiver assistido ao casamento, não poderá, pois, requerer a anulação, porquanto a sua presença tem o valor de um **consentimento tácito**.

O prazo "será contado do dia em que cessou a incapacidade, no primeiro caso; a partir do casamento, no segundo; e, no terceiro, da morte do incapaz" (art. 1.555, § 1º).

■ Contagem do prazo, em caso de morte do incapaz

Se o incapaz morrer, poderão seus herdeiros ajuizar a ação anulatória nos **cento e oitenta dias que se seguirem à sua morte**, se esta ocorrer durante a incapacidade. Se o falecimento ocorrer depois de iniciada a ação, poderão seus herdeiros nela prosseguir. Não terão, todavia, direito de ação se o desenlace se der após o nubente tornar-se capaz, presumindo-se nesse caso que não era de seu interesse intentá-la.

Caio Mário[35] observa que pode ocorrer, entretanto, que o nubente venha a falecer **depois de completada a maioridade, porém antes de decorrido o prazo de cento e oitenta dias** dentro do qual teria direito à ação. Nesse caso, assinala, "os herdeiros poderão ajuizá-la, no pressuposto de que o próprio cônjuge o faria, se sobrevivesse".

■ *10.2.3.3. Erro essencial sobre a pessoa do outro cônjuge*

O art. 1.556 do Código Civil permite a anulação do casamento por *erro essencial quanto à pessoa* ("*error in persona*") *do outro cônjuge*. O legislador, porém, não deixou ao juiz a decisão sobre quais os fatos que podem ser considerados erro essencial capaz de ensejar a anulação. As hipóteses vêm especificadas no art. 1.557, **cujo rol é taxativo**:

> "I — o que diz respeito à sua identidade, sua honra e boa fama, sendo esse erro tal que o seu conhecimento ulterior torne insuportável a vida em comum ao cônjuge enganado;
>
> II — a ignorância de crime, anterior ao casamento, que, por sua natureza, torne insuportável a vida conjugal;
>
> III — a ignorância, anterior ao casamento, de defeito físico irremediável **que não caracterize deficiência**, ou de moléstia grave e transmissível, pelo contágio ou herança, capaz de pôr em risco a saúde do outro cônjuge ou de sua descendência" (redação de acordo com a Lei n. 13.146, de 6 de julho de 2015).

O *prazo* para a propositura da ação anulatória é de **três anos** (CC, art. 1.560, III). Somente o cônjuge que **incidiu em erro** pode demandar a anulação do casamento; mas a **coabitação**, **havendo ciência do vício, valida o ato**, ressalvada a hipótese do inc. III do art. 1.557, que se refere à ignorância de defeito físico irremediável **que não caracterize deficiência** ou moléstia grave e doença mental grave (CC, art. 1.559) anteriores ao casamento.

O erro, como regra geral, consiste em uma **falsa representação da realidade**. Em matéria de casamento nada mais é do que uma especificação da teoria geral do **erro substancial quanto à pessoa** (CC, art. 139, II). Nessa modalidade de vício de

---

35 *Instituições*, cit., v. 5, p. 141.

consentimento o agente engana-se sozinho. Deve-se, no entanto, salientar que não é qualquer erro que torna anulável o negócio jurídico ou o casamento. Para tanto, deve ser **substancial**, como proclamam os arts. 138, 139, 1.556 e 1.557 do Código Civil[36]. Há de ser **a causa determinante**, ou seja, se conhecida a realidade, o casamento não seria celebrado.

■ **Erro obstativo**

O direito brasileiro não distingue o erro *obstativo* ou *impróprio* do vício do consentimento. O primeiro é adotado, tanto em matéria de negócio jurídico como de casamento, no direito alemão, que assim considera o **erro de relevância exacerbada**, que apresenta uma profunda divergência entre o que o agente quer e o que faz, **impedindo que o ato venha a existir**, como na hipótese, por exemplo, do nubente que razoavelmente acredita tratar-se de um ensaio teatral, e não de verdadeira cerimônia de casamento.

Entre nós, todavia, como foi dito, **não há distinguir o erro que torna o casamento anulável daquele outro que o torna inexistente**[37].

■ **Adultério precoce**

O Código Civil de 2002, contrariamente ao que dispunha o inc. IV do art. 219 do diploma de 1916, **não considera motivo para anulação do casamento o defloramento da mulher ignorado pelo marido** (*error virginitatis*), tendo em vista que a virgindade deixou de ser, na sociedade moderna, requisito da honorabilidade feminina. A hipótese, denominada por alguns ***adultério precoce***, exigia a propositura da ação anulatória, no exíguo prazo decadencial de dez dias, pelo cônjuge enganado. Não se exigia a prova do mau comportamento da mulher, bastando a do desvirginamento anterior, mesmo que a mulher houvesse sido vítima de estupro, supondo-se que o marido não a desposaria, se a soubesse deflorada.

■ *10.2.3.3.1. Erro sobre a identidade do outro cônjuge, sua honra e boa fama*

O erro quanto à identidade do outro cônjuge pode ter por objeto a **identidade física** e a **identidade civil**.

■ **Erro sobre a identidade física**

No erro sobre a identidade *física* (*error in corpore*) ocorre o casamento com pessoa diversa, **por substituição ignorada pelo outro cônjuge**. É a hipótese bastante rara de pessoa que, pretendendo casar-se com "B", por erro casa-se com "C".

Segundo os autores, tal engano pode ocorrer em contos ou enredo de novelas, ou ainda no casamento por procuração, mas dificilmente acontecerá na realidade da vida, como no clássico exemplo bíblico, cantado em versos por Camões, de Jacob, que se casou com Lia no lugar de Raquel.

---

[36] Sílvio Venosa, *Direito civil,* v. VI, p. 127; Carlos Roberto Gonçalves, *Direito civil brasileiro*, v. 1, p. 356.

[37] Caio Mário da Silva Pereira, *Instituições*, cit., v. 5, p. 142.

Erro sobre a identidade civil

Mais comum é o erro sobre a *identidade civil* do outro cônjuge, sua honra e boa fama. Identidade *civil* é o **conjunto de atributos ou qualidades com que a pessoa se apresenta no meio social**. Algumas pessoas são tidas como trabalhadoras, honestas, probas; outras, porém, como inidôneas, desqualificadas etc.

O erro sobre a identidade civil se manifesta como causa de **anulação do casamento** "quando alguém descobre, em seu consorte, após a boda, **algum atributo inesperado e inadmitido, alguma qualidade repulsiva**, capaz de, ante seus olhos, transformar-lhe a personalidade, fazê-lo pessoa diferente daquela querida. É nesse conceito de identidade civil que se alarga o arbítrio do juiz. Porque nele caberá qualquer espécie de engano sério sobre a qualidade do outro cônjuge e estará porventura caracterizado o erro referente à pessoa"[38].

Nessa trilha, têm os tribunais concedido a anulação do casamento quando:

- A mulher descobre ter desposado cônjuge toxicômano, sendo tal circunstância apta a inviabilizar o projeto de convivência sustentável em padrões naturais ou aceitáveis de coabitação[39].
- O cônjuge varão contrai núpcias com a mulher em razão de sua gravidez e vem a descobrir posteriormente que o filho pertence a terceiro, anulando-se o casamento independentemente de a esposa ter ou não agido dolosamente[40].
- O réu está envolvido com prática de ilícitos penais e age de modo zombeteiro em relação à esposa, demonstrando desvio de comportamento[41].
- A mulher mantém relações sexuais anômalas, confessando a prática de lesbianismo[42].
- O marido ignorava que a esposa se encontrava apaixonada por outro indivíduo, dando-se conta disso somente na lua de mel, quando passou a ser rejeitado sexualmente[43].
- A mulher se recusa ao pagamento do débito conjugal[44].

[38] Silvio Rodrigues, *Comentários ao Código Civil*, v. 17, p. 88. *V.* a jurisprudência: "A recusa do marido em conviver com a esposa e a procura por outras mulheres, nos primeiros dias após as bodas, revelam desvio de caráter e propiciam a anulação do casamento, por caracterizado erro essencial quanto à pessoa do cônjuge" (TJSP, Ap. 66.100-4/4-00, 6ª Câm. Dir. Priv., rel. Des. Ernani de Paiva, j. 19-2-1988). "Anulação de casamento. Abandono da esposa logo após as núpcias. Comportamento que denota completa insensibilidade ético-moral, falta de caráter e acentuada ausência de qualquer senso de responsabilidade" (*RT*, 543/85).

[39] *RT*, 796/244; *JTJ*, Lex, 249/31; TJDF, *Revista Brasileira de Direito de Família*, v. 6, p. 124, em. 600.

[40] *RT*, 767/235 e 635/188.

[41] TJSP, *Revista Brasileira de Direito de Família*, cit., v. 6, p. 124, em. 602.

[42] *JTJ*, Lex, 180/25; *Revista Brasileira de Direito de Família*, cit., v. 5, p. 117.

[43] TJRJ, *RT*, 614/167; TJSP, Ap. 69.459-4/3-00, 9ª Câm. Dir. Priv., rel. Des. Paulo Menezes, j. 10-3-1998.

[44] TJSP, Ap. 170.561-1, 1ª Câm. Cív., rel. Des. Renan Lotufo, j. 29-6-1993, *RT*, 614/167.

- O relacionamento sexual do casal é anormal, por falta de libido do marido em relação à esposa, sendo o quadro patológico e de difícil solução clínica[45].
- O marido exercia a profissão de odontólogo e, após o casamento, transforma-se em outra pessoa, dedicando-se ao misticismo e deixando de manter contato sexual com a mulher[46] etc.

Erro sobre a honra e a boa fama do outro cônjuge

Ao mencionar também a *honra* e a *boa fama*, cogitou o Código, especialmente, das qualidades morais do indivíduo.

- **Honrada** é a pessoa digna, que pauta a sua vida pelos ditames da moral.
- **Boa fama** é o conceito e a estima social de que a pessoa goza, por proceder corretamente. Pode-se dizer que o erro quanto às qualidades essenciais do outro contraente abrange as qualidades físicas, jurídicas, morais ou de caráter[47].

Como exemplos clássicos de erro sobre a honra e a boa fama do outro cônjuge podem ser citados:

- O do homem que, sem o saber, **desposa uma prostituta**[48].
- O da mulher que descobre, somente após o casamento, que o marido se entrega a **práticas homossexuais**[49].

Registre-se que a lei restringe o erro exclusivamente à pessoa do outro cônjuge. Por conseguinte, não se anula o casamento se os fatos desonrosos ou infamantes concernirem **não ao cônjuge pessoalmente, mas a outros membros de sua família**[50].

Requisitos para a arguição do erro essencial

Dois são os *requisitos* para que a invocação do erro essencial possa ser admitida:

- que o defeito, ignorado por um dos cônjuges, **preexista ao casamento**;
- que a descoberta da circunstância, **após o matrimônio, torne insuportável a vida em comum** para o cônjuge enganado.

Não se pode, com efeito, pretender anular o casamento arguindo circunstâncias ou fatos desabonadores da conduta de um cônjuge, já conhecidos do outro[51]. Para

---

45 TJMG, Ap. 161.812-3/00, 3ª Câm. Cív., rel. Des. Isalino Lisboa, *DJMG*, 23-6-2001.

46 TJRJ, *Revista Brasileira de Direito de Família*, cit., v. 5, p. 121, em. 453.

47 Antunes Varela, *Direito da família*, cit., p. 211.

48 *RT*, 490/51 e 536/114.

49 "Ação anulatória. Marido homossexual. Desconhecimento antes do casamento. Erro essencial. Vida em comum. Insuportabilidade. Ação procedente" (*RT*, 506/88; TJMG, *Revista Brasileira de Direito de Família*, v. 5, p. 122, em. 459, e v. 6, p. 125, TJRJ, em. 603).

50 Washington de Barros Monteiro, *Curso de direito civil*, 32. ed., v. 2, p. 95.

51 "Autora que não consegue demonstrar a sua ignorância em relação ao fato de ser o réu portador de

haver anulação faz-se mister que tais fatos **tenham existência anterior ao casamento e que a sua descoberta, após o matrimônio, haja tornado insuportável a vida em comum**. Se o erro não prejudica a pessoa do outro cônjuge, não provocando repulsa nem colocando em risco a sua saúde ou de sua descendência, deixa de constituir causa de anulação.

A apreciação far-se-á em cada caso, tendo em vista as condições subjetivas do cônjuge enganado e outras circunstâncias que evidenciem a insuportabilidade da vida em comum após a descoberta do defeito.

É necessário, pois, que o comportamento inqualificável do outro cônjuge, desconhecido pelo consorte enganado, **continue após o casamento**, tornando insuportável para este a vida em comum.

■ **Inexigibilidade da escusabilidade do erro**

A falta de conhecimento da conduta inqualificável do outro cônjuge, por imprudência, isto é, por **ausência da necessária cautela na indagação dos antecedentes de seu consorte**, não obsta à anulação, pois a lei não cogitou, na apreciação do erro, da prudência ou imprudência dos que se vão casar, mesmo porque o relacionamento afetivo não se concilia com a frieza da cautela e da ponderação.

Destarte, **não se exige que o erro, para ensejar anulabilidade, seja *escusável*.** Exigir-se a escusabilidade ou desculpabilidade como condição de relevância do erro equivale a acrescentar requisito não previsto na lei brasileira, malgrado algumas legislações estrangeiras (o CC português, art. 1.636º, p. ex.) incluam tal requisito como necessário para a anulação do casamento por erro[52].

■ **Irrelevância do erro de direito**

É irrelevante, ainda, em matéria de casamento, o **erro de direito**, ou seja, por exemplo, o erro a respeito do regime legal do casamento[53]. O erro sobre a identidade jurídica, sobre o estado civil, como no caso de mulher que se casa com divorciado, supondo-o solteiro, é, na realidade, erro de fato quanto à identidade civil.

■ *10.2.3.3.2. Ignorância de crime ultrajante*

Caracteriza-se o erro, nesse caso, quando o crime, ignorado pelo outro cônjuge, tenha ocorrido **antes** do casamento e, por sua **natureza**, **"torne insuportável a vida conjugal"** (CC, art. 1.557, II).

---

moléstia grave e transmissível, ou mesmo erro de identidade. Inadmissibilidade da anulação da união" (*RT*, 764/323). "O erro essencial para anular o casamento diz respeito a fatos anteriores ao matrimônio e não a fatos subsequentes a este, e se a mulher não queria o casamento e a ele submeteu-se por pressão do varão e dos familiares dela, recusando-se, posteriormente, ao débito conjugal, é fato que autoriza a separação judicial, nunca a anulação de casamento" (TJSP, Ap. 42.220-4/6, 8ª Câm. Dir. Priv., rel. Des. Egas Galbiatti, j. 17-12-1997).

52 Vicente de Faria Coelho, *Nulidade e anulação do casamento*, p. 233-234; Corrêa de Oliveira e Ferreira Muniz, *Direito de família*, cit., p. 250; Fachin e Pianovski, *Código Civil comentado*, cit., v. XV, p. 177-178.

53 Caio Mário da Silva Pereira, *Instituições*, cit., v. 5, p. 142.

Não mais se exige que o crime seja inafiançável, como o fazia o Código de 1916. Em determinados casos, a prática de delito **afiançável**, anterior ao casamento, e ignorada pelo outro cônjuge, pode configurar **erro essencial quanto à pessoa do outro cônjuge**, desde que, por sua natureza (p. ex., crime de ato obsceno), torne **insuportável a vida conjugal**. Como o dispositivo em análise não exige prévia condenação criminal, a existência e a autoria do crime podem ser provadas na própria ação anulatória.

■ **Crime praticado antes dos 18 anos**

A lei pressupõe que o cônjuge não teria casado, se soubesse da prática de ato socialmente reprovável pelo consorte. Se o crime foi praticado quando o agente era **menor de 18 anos** e, portanto, penalmente inimputável, **a anulação só pode ser pleiteada com fundamento no erro quanto à honra e boa fama**[54].

■ **Absolvição do agente**

Se o réu é *absolvido*, **já não poderá o cônjuge enganado invocar o erro**, salvo se a sua conduta, apesar da absolvição, demonstrar defeitos assimiláveis às hipóteses de erro sobre a identidade civil. O fundamento da anulação, nesse caso, não será mais a conduta criminosa.

■ **Necessidade de que o crime tenha sido cometido antes do casamento**

Justifica-se a anulação do casamento porque o ato praticado revela o mau caráter e a periculosidade do agente, causando constrangimento ao cônjuge no meio em que vive[55]. Configura-se a hipótese legal quando o crime tenha ocorrido ***antes* do casamento**, como foi dito. **A sentença condenatória pode ter sido prolatada posteriormente**.

Pouco importa, pois, que "o cônjuge tenha ou não cumprido a pena, que o crime tenha sido julgado prescrito, depois da condenação, ou mesmo que tenha havido perdão ou anistia.

O Código não distingue quanto à sentença ter sido lavrada antes ou depois do casamento, exigindo apenas que o crime tenha sido **perpetrado antes do casamento e que o outro cônjuge no momento de casar ignorasse o fato**"[56].

---

54 Sílvio Venosa, *Direito civil*, cit., v. VI, p. 131.

55 "Anulação de casamento. Ignorância por parte de um dos cônjuges de condenação criminal do outro por sentença definitiva e decorrente de crime inafiançável anterior ao casamento. Circunstâncias que bastam à caracterização da hipótese prevista no art. 219, II, do Código Civil (*de 1916, correspondente ao art. 1.557, II, do CC/2002*). Recurso desprovido" (*RT*, 614/176). "Ação anulatória. Alegação pela mulher de erro por desconhecer a condenação criminal anterior do homem que desposou. Necessidade de prova do fato (desconhecimento) que, descoberto, tornou insuportável a coabitação. Inaplicabilidade do art. 330, II, do CPC [de 1973, atual art. 355, II]" (TJSP, Ap. 168.575-4/4, 3ª Câm. Dir. Priv., rel. Des. Ênio Zuliani, j. 14-8-2001).

56 Carvalho Santos, *Código Civil brasileiro interpretado*, v. IV, p. 232. *V.* a jurisprudência anterior ao CC/2002, mas a ele aplicável: "Quando a lei considera erro essencial sobre a pessoa do outro cônjuge a ignorância de crime inafiançável, anterior ao casamento e definitivamente julgado por sentença condenatória, evidentemente não exige que a sentença também preceda ao matrimônio. Feita a prova do desconhecimento anterior da autora, anula-se o casamento" (TJRJ, Ap. 109/90, 1ª Câm. Cív., j. 26-6-1990).

■ 10.2.3.3.3. *Ignorância de defeito físico irremediável que não caracterize deficiência ou de moléstia grave*

■ Defeito físico irremediável que não caracterize deficiência

É o que impede a realização dos fins matrimoniais. Em geral, apresenta-se como **deformação dos órgãos genitais que obsta à prática do ato sexual**. Deve ser entendido como referindo-se às anormalidades orgânicas ou funcionais que prejudiquem o desenvolvimento da relação conjugal, como, *v. g.*, o sexo dúbio, o hermafroditismo, o infantilismo, o vaginismo etc.

A jurisprudência tem solidificado essa noção, nela inserindo as diferentes **anomalias de natureza sexual**, quer tenham origem orgânica, quer tenham origem psíquica. O casamento pode ser anulado mesmo que o defeito físico não impeça a relação sexual, **mas imponha sacrifícios à sua realização ou repulsa a uma das partes**, e ainda que o defeito não se localize nos órgãos genitais, desde que atue como freio inibidor da libido, como é o caso de cicatrizes e ulcerações repugnantes, a falta de seios etc.

A **irremediabilidade** é caracterizada pela **impossibilidade de tratamento médico ou cirúrgico e pela ineficácia do tratamento ministrado por longo tempo, bem como pela recusa ao tratamento adequado**. Admitem-se todos os meios de prova do defeito físico irremediável, inclusive a testemunhal, sendo porém mais indicada a pericial, que só deve ser dispensada se for impossível a sua realização.

■ Impotência

A impotência também está incluída na noção de "defeito físico irremediável", **mas somente a *coeundi* ou instrumental**[57]. A que configura o erro é aquela que se manifesta **em relação ao outro cônjuge**, ainda que não persista em relação a outra pessoa, e seja **irremediável**, isto é, perpétua, insanável. Com efeito, têm os tribunais dado essa conotação aos casos de **impotência *coeundi*** (incapacidade para o ato conjugal), quer tenha origem orgânica, quer psíquica, quer absoluta, quer relativa apenas à pessoa do cônjuge.

■ Esterilidade

A *esterilidade* ou **impotência *generandi*** (do homem, para gerar filhos) e ***concipiendi*** (da mulher, para conceber) **não constituem causas para a anulação**.

---

[57] "Casamento. Anulação. Erro essencial. Marido portador de deformidade peniana congênita. Defeito equiparável à impotência instrumental. Ciência anterior da mulher não comprovada. Óbice à plena satisfação sexual, também procurada no casamento" (*JTJ*, Lex, 251/39). "Casamento. Anulação. Impotência *coeundi*. Indícios razoáveis nesse sentido, diante da revelia do réu, das alegações da autora e da rapidez de sua atuação, ao propor a ação um mês após o casamento, bem como dos testemunhos prestados. Não estava a autora, sem a intenção do réu de se submeter à cura imediata, compelida a ter tolerância fática com este estado de coisas permanente. Conquanto a prova não tenha sido cabal, a dúvida, nestes casos, deve ser dirimida em favor do ofendido" (TJSP, Ap. 37.236-4/7, 3ª Câm. Dir. Priv., rel. Des. Alfredo Migliore, j. 23-9-1997). "Convivência do casal jovem, durante período relativamente longo, sob o mesmo teto e sobre a mesma cama, permanecendo intacta a mulher. Fato que demonstra por si a inaptidão irremediável do marido para realizar a cópula" (*RTJ*, 58/351; *RJTJSP*, Lex, 43/35).

É tradicional o entendimento segundo o qual **não é anulável** o casamento com fundamento em esterilidade do outro cônjuge (a denominada impotência *generandi*), uma vez que, embora a procriação seja uma das finalidades do casamento, não é a única, nem de tal relevância que a sua ausência justifique a invalidade[58].

Efetivamente, o casamento visa também "ao estabelecimento de **união afetiva e espiritual entre os cônjuges**. Uma vez que essa união pode ser alcançada, inexistirá motivo para anular o casamento, só porque dele não adveio prole, em razão da esterilidade de um dos cônjuges"[59].

■ **Moléstia grave**

Para caracterizar o defeito, deve ser **transmissível por contágio ou herança**, capaz de pôr em risco a saúde do outro cônjuge ou de sua descendência, e **anterior ao casamento**. Tem a jurisprudência decretado a anulação do casamento em casos de tuberculose, lepra, sífilis, AIDS[60] etc.

O Código Civil cogitava, no inc. III do art. 1.557, ora em estudo, de **moléstia física**. Cuidava, no entanto, dos casos de **doença mental** no inc. IV, que foi expressamente revogado pela Lei n. 13.146/2015.

Como se infere do texto legal, a moléstia que justifica a anulação do casamento há de ser, ao mesmo tempo, **grave** e **transmissível**, não bastando a alternativa. É necessário, também, que **preexista ao casamento, mas se torne conhecida do outro cônjuge somente após a sua celebração**. Se dela já tinha conhecimento, não pode reclamar. Faz-se mister, ainda, que seja suscetível de **"pôr em risco a saúde do outro cônjuge ou sua descendência"**[61].

Não exige a lei que a enfermidade seja *incurável*, mas tão somente que seja **grave**, capaz de contagiar o consorte ou sua prole, expondo-os a perigo[62].

■ *10.2.3.4. Vício da vontade determinado pela coação*

Coação é toda **ameaça ou pressão injusta** exercida sobre um indivíduo para forçá-lo, contra a sua vontade, a praticar um ato ou realizar um negócio. Não é a coa-

58 Corrêa de Oliveira e Ferreira Muniz, *Direito de família*, cit., p. 243; Caio Mário da Silva Pereira, *Instituições*, cit., v. 5, p. 145.

59 Washington de Barros Monteiro, *Curso*, cit., 32. ed., v. 2, p. 98.

60 "Casamento. Ação anulatória. Cônjuge portador de AIDS. Doença grave e transmissível. Por mais cruel e dolorosa que seja a situação do réu, não se pode impor à mulher o duro ônus de suportar uma união que só gera repulsa e temor, apenas porque aquele ignorava a doença. Se a autora soubesse do fato antes da sua realização, jamais teria dado o seu consentimento" (TJRJ, Ap. 4.652, 2ª Câm. Cív., rel. Des. Lindberg Montenegro).

61 "Moléstia grave. Doença, porém, não transmissível. Desconhecimento prévio não comprovado. Insuportabilidade da vida em comum não caracterizada. Improcedência decretada" (*RT*, 640/71). "A moléstia grave de um dos cônjuges, ignorada pelo outro à data do consentimento, só seria razão jurídica para anulação do casamento se preenchidos os demais requisitos legais: transmissibilidade da patologia e colocação, do marido ou da prole, sob risco de vida. Indemonstrados tais requisitos, a pretensão anulatória deve ser rejeitada" (*RT*, 706/61).

62 Washington de Barros Monteiro, *Curso*, cit., 32. ed., v. 2, p. 99.

ção, em si, vício da vontade, mas sim o temor que ela inspira, tornando defeituosa a manifestação de querer do agente. Corretamente, os romanos empregavam o termo *metus* (*mentis trepidatio*), e não *vis* (violência), porque é **o temor infundido na vítima** que constitui o vício do consentimento, e não os atos externos utilizados no sentido de desencadear o medo[63].

O matrimônio, segundo a tradição romana, origina-se do consentimento. Quer, assim, o legislador que seja celebrado com a maior liberdade possível.

Preceitua o art. 1.558 do Código Civil que se caracteriza a coação "quando o consentimento de um ou de ambos os cônjuges houver sido captado mediante fundado temor de mal considerável e iminente para a vida, a saúde e a honra, sua ou de seus familiares".

Trata-se de **coação moral ou relativa** (*vis compulsiva*), que constitui **vício do consentimento**[64]. Nesta, deixa-se uma opção ou escolha à vítima: praticar o ato exigido pelo coator ou correr o risco de sofrer as consequências da ameaça por ele feita. Trata-se, portanto, de uma **coação psicológica**.

Coação absoluta

A coação física ou absoluta (*vis absoluta*), mais rara e que se caracteriza pelo **uso da violência atual**, torna o casamento **inexistente**, em razão da **ausência de manifestação da vontade**.

Prazo para a propositura da ação anulatória

Na hipótese de casamento contraído por pessoa *coacta,* a ação só pode ser promovida **pelo próprio coato, no prazo de *quatro anos* a contar da celebração** (CC, arts. 1.559 e 1.560, IV).

Tal prazo mostra-se excessivo, pois não se concebe que uma pessoa possa permanecer tanto tempo coagida e impedida de agir.

Prova da coabitação produzida pelo coator

A prova da coabitação pode ser utilizada pelo coator **para evitar a anulação do casamento** (CC, art. 1.559, segunda parte). Contudo, além de tal prova ser muito subjetiva, a própria coabitação pode ter sido obtida mediante coação. Por conseguinte, **somente a coabitação voluntária, devidamente comprovada, mostra-se apta a validar o ato**. Não terá, porém, esse condão a coabitação que também é uma decorrência da violência ou da grave ameaça exercidas quando da manifestação do consentimento.

O art. 1.559 do Código Civil, na segunda parte, retrata a situação da mulher que se casa coagida e que, mesmo sabendo que pode anular seu casamento, **deliberadamente coabita com o marido**. Nesse caso, a coabitação inibe sua eventual pretensão de anular o casamento inicialmente não desejado. Registre-se que o aludido disposi-

---

63 Carlos Roberto Gonçalves, *Direito civil brasileiro*, cit., v. 1, p. 379.

64 "Casamento. Anulação. Celebração realizada por força de coação paterna. Desnecessidade de rigor excessivo na apreciação das provas. Ação procedente. Sentença confirmada" (*RJTJSP*, Lex, 120/38). "Casamento. Coação demonstrada. Intuito de obrigar o casamento entre as partes, contrariando a sua vontade. Hipótese de anulação do matrimônio" (TJMG, *Revista Brasileira de Direito de Família*, v. 5, p. 121, em. 456).

tivo ressalva as hipóteses dos incs. III e IV do art. 1.557. O inc. IV, como já mencionado, foi expressamente revogado pela Lei n. 13.146/2015.

Na do inc. III, primeira parte, a impotência *coeundi* frustraria a tentativa de convivência, impossibilitando o convívio sexual, e, desse modo, o casamento pode ser anulado. **No caso de moléstia grave** capaz de pôr em risco a saúde do outro cônjuge, prevista na segunda parte do mencionado inciso, conserva o que incorreu em erro, mesmo no caso de ter havido, levianamente, convivência entre os cônjuges, o direito de intentar ação anulatória de seu casamento.

■ Características da coação

A coação, que torna anulável o casamento, segue o mesmo regime da disciplina geral dos defeitos do negócio jurídico, tal como prevista na Parte Geral do Código Civil, e, dessa forma, deve ser **grave, injusta e atual**. Aprecia-se a sua gravidade "em relação às condições pessoais da vítima, **mas tal não se considera o temor reverencial ou a ameaça do exercício normal de um direito**"[65].

Com efeito, dispõe o art. 152 do Código Civil que, "no apreciar a coação, ter-se-ão em conta o sexo, a idade, a condição, a saúde, o temperamento do paciente e todas as demais circunstâncias que possam influir na **gravidade** dela".

Por sua vez, o art. 153 proclama que "não se considera coação **a ameaça do exercício normal de um direito, nem o simples temor reverencial**". Assim, não se reveste de gravidade suficiente para anular o ato o receio de desgostar os pais ou outras pessoas a quem se deve obediência e respeito, como os superiores hierárquicos[66].

O emprego do vocábulo "*simples*", no dispositivo legal supratranscrito, evidencia que o temor reverencial não vicia o consentimento quando desacompanhado de ameaças ou violências. Assim, no casamento, consideram-se coação, e não simples temor reverencial, as graves ameaças de castigo à filha, para obrigá-la a casar. Em conclusão: **o simples temor reverencial não se equipara à coação, mas, se for acompanhado de ameaças ou violências, transforma-se em vício da vontade**. E se referidas ameaças provierem de pessoas que, por sua situação, inspirem respeito e obediência (tais como os ascendentes, o marido, os superiores hierárquicos), elas não necessitam de se revestir da mesma gravidade de que se revestiriam se emanassem de outras fontes, porque o temor reverencial é, por si mesmo, uma agravante da ameaça[67].

■ *10.2.3.5. Incapacidade de manifestação do consentimento*

O inc. IV do art. 1.550 do Código Civil declara anulável o casamento "do incapaz de consentir ou manifestar, de modo inequívoco, o consentimento".

---

65 Caio Mário da Silva Pereira, *Instituições*, cit., v. 5, p. 147.

66 "Casamento. Anulação. Inadmissibilidade. Adolescente que, por temor reverencial ao pai, precipita-se em contrair núpcias, em face do conhecimento, pelos genitores, da manutenção de relações sexuais com seu namorado. Situação que não caracteriza coação, pois não restou configurado que a vontade emitida pela nubente foi induzida por força da insinuação de outrem" (*RT*, 778/335).

67 Silvio Rodrigues, *Direito civil*, v. 1, p. 382-383.

A incapacidade de consentir, **que torna anulável o casamento**, abrange as hipóteses mencionadas no inc. III do art. 4º do Código Civil, com a redação conferida pela Lei n. 13.146/2015, *verbis*: "aqueles que, por causa transitória ou permanente, **não puderem exprimir sua vontade**", que exigem **assistência do representante legal**.

A expressão genérica não abrange as pessoas portadoras de **doença ou deficiência mental permanentes**, referidas no revogado inc. II do art. 3º do Código Civil, mas as que não puderem exprimir totalmente sua vontade por causa *transitória*, ou *permanente*, em virtude de alguma **patologia** (p. ex., arteriosclerose, excessiva pressão arterial, paralisia, embriaguez não habitual, uso eventual e excessivo de entorpecentes ou de substâncias alucinógenas, hipnose ou outras causas semelhantes, mesmo não permanentes).

É **anulável**, assim, o ato jurídico exercido pela pessoa de **condição psíquica normal**, mas que se encontrava completamente embriagada no momento em que o praticou e que, em virtude dessa situação transitória, não se encontrava em perfeitas condições de exprimir a sua vontade.

■ **A situação dos pródigos**

Os *pródigos*, também mencionados no dispositivo em apreço, **não figuram no rol das pessoas impedidas de casar**, nem o seu estado constitui causa suspensiva ou de anulabilidade do casamento, mesmo porque a sua interdição acarreta **apenas incapacidade para cuidar de seus bens**, como foi dito no n. 3.3.2, *retro*, ao qual nos reportamos.

■ **Prazo para a propositura da ação anulatória**

O prazo para ser intentada a ação de anulação do casamento, **a contar da celebração** (e não da data em que cessar a incapacidade, como era no Código Civil de 1916), **é de cento e oitenta dias** (CC, art. 1.560, I).

Sublinha Silvio Rodrigues que "a ideia do legislador, fixando um prazo inexorável de caducidade para as ações anulatórias, inspira-se no **propósito de pôr termo à insegurança**, derivada da ameaça que surge sobre uma instituição tão importante como a do casamento. De maneira que, embora permita sua anulação nas hipóteses figuradas, só ouve o pleito do autor se ajuizada a demanda dentro de determinado período. Se o interessado desleixa de ajuizar sua pretensão no interstício legal, fecham-se, para ele, as portas do pretório. Na prática, a hipótese é dificílima de ocorrer"[68].

Nos casos de incapacidade do cônjuge, "não se pode restringir a titularidade ao próprio incapaz e aos representantes. **Os herdeiros possuem induvidosamente interesse na propositura da ação**, em face dos efeitos econômicos que resultarem da procedência da lide. Aumentarão, a toda evidência, seus quinhões"[69].

■ *10.2.3.6. Realização por mandatário, estando revogado o mandato*

É anulável o casamento "realizado pelo mandatário, sem que ele ou o outro contraente soubesse da revogação do mandato, e não sobrevindo coabitação entre os cônjuges" (CC, art. 1.550, V).

---

[68] *Comentários*, cit., v. 17, p. 109.

[69] Arnaldo Rizzardo, *Direito de família*, cit., p. 125.

Cuida-se de hipótese em que o outorgado, estando de boa-fé, **utiliza um mandato já anteriormente revogado sem seu conhecimento**. Proclama o parágrafo único do art. 1.550 do Código Civil:

"Equipara-se à revogação a invalidade do mandato judicialmente decretada".

■ Prazo para o ajuizamento da ação anulatória

"O prazo para anulação do casamento é de **cento e oitenta dias**, a partir da data em que o mandante tiver conhecimento da celebração" (art. 1.560, § 2º).

Preleciona Caio Mário da Silva Pereira que "o termo inicial deste prazo ficou muito incerto, sem que se determine um critério objetivo para a sua apuração"[70]. Aduz o mencionado civilista que, se a procuração não revestir os requisitos exigidos pelo art. 1.542, poderá ser invalidada por procedimento judicial e, nesse caso, "o prazo para a anulação ficará suspenso até o pronunciamento judicial da invalidade do mandato, salvo se o autor acumular os dois pedidos, de anulação deste e de invalidade do casamento".

■ Coabitação dos cônjuges

Sobrevindo *coabitação* dos cônjuges, **não se anulará o casamento realizado mediante procuração já revogada**, como expressamente dispõe a segunda parte do inc. V do art. 1.550 retrotranscrito. Só se pode entender esse convalescimento **em havendo a convivência após conhecer o outro contraente a revogação do mandato**. Desse modo, "resguardando a sensibilidade moral do cônjuge enganado, somente se compreende que a coabitação convalida o matrimônio, se o outro contraente se conforma com o procedimento desleal do mandante, que depois de anular a manifestação de vontade contida na procuração condiciona o outro cônjuge a uma vida conjugal que nasceu de um engodo"[71].

Assim, se o varão, por exemplo, revoga a procuração e, por desconhecimento desse ato, o casamento se realiza, **a sua convalidação somente se dará se a mulher, cientificada da revogação, com ele coabitar**, conformando-se com o seu procedimento desleal, ou apenas indicativo de uma contradição emocional.

■ *10.2.3.7. Celebração por autoridade incompetente*

É anulável, **no prazo de dois anos a contar da data da celebração** (CC, art. 1.560, II), o casamento "por incompetência da autoridade celebrante" (art. 1.550, VI).

A lei não distingue se se trata de incompetência em razão do lugar ou da matéria. Predomina na doutrina, entretanto, a opinião de que **somente acarreta a anulabilidade a incompetência *ratione loci* ou *ratione personarum*** (quando o celebrante preside a cerimônia nupcial fora do território de sua circunscrição ou o casamento é celebrado perante juiz que não seja o do local da residência dos noivos).

---

[70] *Instituições*, cit., v. 5, p. 149-150.

[71] Caio Mário da Silva Pereira, *Instituições*, cit., v. 5, p. 150.

Se, porém, **o presidente não é autoridade competente *ratione materiae*** (não é juiz de casamentos, mas promotor de justiça, prefeito ou delegado de polícia, p. ex.), **o casamento não é anulável, mas *inexistente***, salvo na hipótese prevista no art. 1.554 do Código Civil, que considera subsistente o casamento celebrado por pessoa que, embora não possua a competência exigida na lei, exerce publicamente as funções de juiz de casamentos, aplicando, assim, à hipótese a teoria da aparência.

As **autoridades competentes** para exercer a presidência do ato solene são as indicadas nas **leis de organização judiciária dos Estados**, enquanto não forem criados os juizados de paz mencionados na Constituição Federal e de caráter eletivo (arts. 98, II, e 30 do ADCT), sendo, em algumas unidades da Federação, o próprio magistrado, o juiz de casamentos, o juiz de paz e até mesmo os oficiais titulares dos cartórios do registro civil, como foi dito no n. 10.1.3, *retro*, onde essa matéria foi abordada em maior extensão e à qual nos reportamos.

10.3. CASAMENTO IRREGULAR

Essa categoria jurídica deixou de ser considerada forma irregular de união conjugal ao serem introduzidas em nosso direito as "*causas suspensivas*" do casamento previstas no art. 1.523 do Código Civil de 2002.

O casamento contraído com inobservância das causas suspensivas (CC, art. 1.523, I a IV) não é nulo nem anulável, acarretando ao infrator apenas uma sanção: **o casamento será considerado realizado no regime da separação de bens** (CC, art. 1.641, I). Proclama, todavia, a Súmula 377 do Supremo Tribunal Federal:

"No regime de separação legal de bens, comunicam-se os adquiridos na constância do casamento". Consagra tal súmula, portanto, a comunicação dos *aquestos*.

É permitido aos nubentes solicitar ao juiz que não lhes sejam aplicadas as mencionadas causas suspensivas, **provando-se a inexistência de prejuízo**, como proclama o art. 1.523, parágrafo único, do Código Civil (*v.*, a propósito, *Das causas suspensivas*, item n. 5.5, *retro*).

Finalizando este capítulo, anote-se que em nosso direito não cabe acrescentar mais um caso de nulidade ou de anulabilidade do casamento, tendo em vista a **taxatividade da enumeração legal**.

10.4. RESUMO

CASAMENTO INVÁLIDO	
INTRODUÇÃO	A invalidade do casamento, no Código Civil, abrange a ***nulidade*** e a ***anulabilidade***. A doutrina, contudo, inclui também no referido gênero a ***inexistência***, pois antes de verificar se o ato ou negócio jurídico e o casamento são válidos, faz-se mister averiguar se existem. Existindo, podem ser válidos ou inválidos.
CASAMENTO INEXISTENTE	Para que o casamento ***exista***, é necessária a presença dos elementos essenciais: ***consentimento*** e ***celebração*** na forma da lei. O casamento, atualmente, pode existir sem **diferença de *sexo***, outrora apontada também como elemento essencial. A teoria do ato inexistente é, hoje, admitida em nosso direito, malgrado o CC a ele não se refira. Em razão de constituir um ***nada*** no mundo jurídico, não reclama ação própria para combatê-lo.

CASAMENTO E A TEORIA DAS NULIDADES	■ A teoria das nulidades apresenta algumas ***exceções*** em matéria de casamento. Assim, embora os atos nulos em geral não produzam efeitos, há uma espécie de casamento, o putativo, que produz todos os efeitos de um casamento válido para o cônjuge de boa-fé. E, também, embora o juiz deva pronunciar de ofício a nulidade dos atos jurídicos em geral, a nulidade do casamento somente poderá ser declarada em ação ordinária (CC, arts. 1.549 e 1.563), não podendo, pois, ser proclamada de ofício.
AÇÕES CABÍVEIS	■ casamento ***nulo***: a ação é ***declaratória de nulidade***, com efeitos ***ex tunc***; ■ casamento ***anulável***: a ação é ***anulatória***, produzindo a sentença efeitos ***ex nunc***, não retroagindo; ■ ambas são ***ações de estado*** e versam sobre direitos indisponíveis. Em consequência: **a)** não se operam os efeitos da revelia (CPC, art. 345, II); **b)** não existe o ônus da impugnação especificada (CPC, art. 341).
CASAMENTO NULO	■ quando contraído por enfermo mental sem o necessário discernimento para os atos da vida civil (CC, arts. 1.548, I, e 3º, II); ■ quando infringe impedimento (art. 1.548, II). Os impedimentos para o casamento são somente os elencados no art. 1.521, I a VII, do CC.
CASAMENTO ANULÁVEL (CC, ART. 1.550, I A VI)	■ por defeito de idade, no caso dos menores de 16 anos; ■ por falta de autorização do representante legal; ■ por erro essencial sobre a pessoa do outro cônjuge (arts. 1.556 e 1.557): a) erro sobre a identidade do outro cônjuge, sua honra e boa fama (inc. I); b) ignorância de crime ultrajante (inc. II); c) defeito físico irremediável e moléstia grave (inc. III); d) doença mental grave (inc. IV); ■ por vício da vontade determinado pela coação; ■ por incapacidade de manifestação do consentimento; ■ quando realizado por mandatário, estando revogado o mandato; ■ quando celebrado por autoridade incompetente.
CASAMENTO IRREGULAR	■ É o contraído com inobservância das causas suspensivas (CC, art. 1.523, I a IV). Não é nulo nem anulável, mas ***irregular***, acarretando ao infrator apenas uma sanção: o casamento será considerado realizado no regime da ***separação de bens*** (CC, art. 1.641, I).

■ 10.5. QUESTÕES

1. (MP/MG/Promotor de Justiça/52º Concurso/2012) Quanto ao processo de habilitação para o casamento, é INCORRETO afirmar que:

a) a habilitação será feita pessoalmente perante o oficial do Registro Civil, com a audiência do Ministério Público. Caso haja impugnação do oficial, do Ministério Público ou de terceiro, a habilitação será submetida ao juiz.
b) é dever do oficial do registro esclarecer os nubentes a respeito dos fatos que podem ocasionar a invalidade do casamento, bem como sobre os diversos regimes de bens.
c) tanto os impedimentos quanto as causas suspensivas serão opostos em declaração escrita e assinada, instruída com as provas do fato alegado, ou com a indicação do lugar onde possam ser obtidas.
d) a eficácia da habilitação será de cento e vinte dias, a contar da data em que foi extraído o certificado.

2. (MP/GO/Promotor de Justiça, 2010) A respeito do processo de habilitação ao casamento, marque a alternativa FALSA:

a) O controle sobre a existência de impedimentos matrimoniais na conversão da união estável em casamento é feito pelo juiz na medida em que pressupõe a existência da convivência sem esses obstáculos, salvo ser algum deles casado, mas encontrando-se separado de fato ou judicialmente.
b) Embora no casamento nuncupativo não haja processo preliminar de habilitação, a verificação da ausência de impedimentos matrimoniais é examinada pelo juiz posteriormente.
c) No silêncio dos nubentes quanto ao regime patrimonial a ser adotado prevalece o regime da comunhão parcial em qualquer hipótese.
d) A eficácia da habilitação será de 90 dias, a contar da data em que foi extraído certificado.

3. (MP/PR/Promotor de Justiça/2019) Não incide causa suspensiva no casamento entre:

a) O cônjuge sobrevivente e o condenado por homicídio ou tentativa de homicídio contra o seu consorte.
b) O viúvo ou a viúva que tiver filho do cônjuge falecido, enquanto não fizer inventário dos bens do casal e der partilha aos herdeiros.
c) A viúva, ou a mulher cujo casamento se desfez por ser nulo ou ter sido anulado, até dez meses depois do começo da viuvez, ou da dissolução da sociedade conjugal.
d) O divorciado, enquanto não houver sido homologada ou decidida a partilha dos bens do casal.
e) O tutor e os seus descendentes, ascendentes, irmãos, cunhados ou sobrinhos, com a pessoa tutelada, enquanto não cessar a tutela, e não estiverem saldadas as respectivas contas.

4. (TJDF/Titular de Cartório de Notas e de Registros/CESPE/2014) Acerca do casamento, assinale a opção CORRETA.

a) É possível a anulação de casamento, sob o fundamento de erro essencial quanto à pessoa, em caso de impotência *coeundi* do cônjuge, por impossibilitar a realização da finalidade do matrimônio, ainda que tenha havido coabitação anterior à celebração do casamento e por mais de três anos após essa celebração.
b) O casamento nulo ou anulável produz todos os efeitos até o dia da sentença anulatória se ambos os cônjuges o contraíram de boa-fé.
c) Sobrevindo prole, não podem ser anulados os efeitos civis do casamento celebrado em infringência a impedimento dirimente decorrente de má-fé de ambos os cônjuges.
d) É válido o casamento nuncupativo realizado perante o oficial do registro, em caso de interditado portador de moléstia grave, na presença de duas testemunhas e do curador.
e) O casamento religioso celebrado sem a observância das formalidades legais, das causas suspensivas e da capacidade matrimonial poderá ser inscrito no registro civil, no prazo estabelecido no Código Civil, mediante requerimento do celebrante ou dos interessados.

5. (TJMG/Outorga de Delegações de Notas e de Registro/2018) São impedidos de casar

a) os parentes colaterais até o quarto grau.
b) os afins em linha reta e em linha colateral.
c) o adotante com quem foi cônjuge do adotado e o adotado com quem o foi do adotante.
d) o divorciado, enquanto não houver sido homologada ou decidida a partilha dos bens do casal.

6. (TJDFT/Juiz de Direito/2011) Referindo-se aos impedimentos para o matrimônio, considere as proposições abaixo e assinale a INCORRETA:

a) podem casar o adotante com quem foi cônjuge do adotado e o adotado com quem o foi do adotante;
b) não podem casar os ascendentes com os descendentes, seja o parentesco natural ou civil;
c) podem casar o cônjuge sobrevivente com o que fora absolvido por crime de homicídio consumado contra o seu consorte;
d) não podem casar os irmãos, unilaterais ou bilaterais, e demais colaterais, até o terceiro grau inclusive.

7. (MP/SP/Analista de Promotoria I/VUNESP/2010) Assinale a alternativa CORRETA.

a) A publicidade do casamento é requisito de ordem pública, proibindo-se que o ato seja praticado a portas fechadas ou sem a publicação e fixação de proclamas em local visível.
b) Nuncupativo é o casamento celebrado por autoridade incompetente.
c) Putativo é o matrimônio nulo ou anulável contraído de boa-fé por um ou por ambos os contraentes e que, em razão disso, produz efeitos até o dia da sentença anulatória.
d) Em virtude do avanço da tecnologia, é perfeitamente possível a realização do matrimônio pela internet e/ou por via satélite, mesmo não havendo mandato especificamente outorgado pelos nubentes para tal fim.

e) O casamento religioso terá efeitos civis, independentemente das exigências de validade para o casamento civil, e desde que registrado no registro próprio.

8. (TJSC/Juiz de Direito/2010) Assinale a alternativa CORRETA:

I. Não pode casar o adotante com quem foi cônjuge do adotado e o adotado com quem o foi do adotante.
II. É da essência do ato a certidão, de modo que o casamento somente pode ser provado por ela.
III. É nulo o casamento por violação de impedimento e anulável aquele celebrado em desacordo com as regras da idade núbil.
IV. Mesmo o casamento nulo, se celebrado de boa-fé por ambos os cônjuges, produz efeitos em relação a estes e aos respectivos filhos até a data da sentença anulatória.

a) Somente as proposições I, II e IV estão corretas.
b) Somente as proposições I e II estão corretas.
c) Somente as proposições I, III e IV estão corretas.
d) Somente as proposições II e III estão corretas.
e) Somente as proposições III e IV estão corretas.

9. (MP/SP/Promotor de Justiça/87º Concurso/2010) Assinale a alternativa CORRETA:

a) O casamento daquele que não alcançou 16 (dezesseis) anos será permitido nos casos de gravidez.
b) A autorização tácita dos representantes legais do incapaz, para fins de casamento, não possui relevância jurídica.
c) A idade núbil é de 15 anos.
d) É pressuposto legal para o deferimento do pedido de suprimento judicial de idade para casamento a demonstração da maturidade do nubente que não atingiu a idade núbil.
e) A anulação do casamento daquele que não atingiu a idade núbil pode ser requerida pelo próprio cônjuge menor, por seus representantes legais e por seus ascendentes, no prazo de 180 (cento e oitenta) dias, a partir da cessação da incapacidade, no primeiro caso, e do casamento, nas demais hipóteses.

10. (TJSP/Titular de Cartório de Serviços de Notas e de Registro/VUNESP/2014) Assinale a alternativa CORRETA.

a) Basta o adultério da mulher, desde que confessado judicialmente, para ilidir a presunção legal da paternidade gerada pelo casamento.
b) O domicílio do casal será escolhido por ambos os cônjuges, mas um e outro podem ausentar-se do domicílio conjugal para atender a encargos públicos, ao exercício de sua profissão, ou a interesses particulares relevantes, pelo prazo máximo de sessenta dias, sob pena de abandono.
c) A alteração não autorizada ou o descumprimento imotivado de cláusula de guarda, unilateral ou compartilhada, poderá implicar a redução de prerrogativas atribuídas ao seu detentor, inclusive quanto ao número de horas de convivência com o filho, sendo vedada a utilização da ata notarial em matéria de direito de família.
d) A sentença que decretar a nulidade do casamento retroagirá à data da sua celebração, sem prejudicar a aquisição de direitos, a título oneroso, por terceiros de boa-fé, nem a resultante de sentença transitada em julgado.

11. (MP/PB/Promotor de Justiça/Fundação Carlos Chagas/2018) O Ministério Público pode, mediante ação direta, promover a decretação de nulidade de casamento

a) por incompetência da autoridade celebrante.
b) realizado entre madrasta, que novamente viuvar-se, e seu enteado.
c) realizado entre primos.
d) do incapaz de consentir ou manifestar de modo inequívoco o consentimento.
e) de quem não completou a idade mínima para casar.

12. (TJMG/Juiz de Direito/VUNESP/2012) Assinale a alternativa CORRETA.

a) É nulo o casamento celebrado por autoridade incompetente.
b) É anulável o casamento contraído por enfermo mental sem o necessário discernimento para os atos da vida civil.
c) É anulável o casamento realizado pelo mandatário, sem que ele ou o outro contraente soubesse da revogação do mandato, e não sobrevindo coabitação entre os cônjuges.
d) A anulação do casamento dos menores de 16 (dezesseis) anos não pode ser requerida pelo próprio cônjuge menor.

13. (TJSP/Titular de Cartório de Notas e de Registros/VUNESP/2014) Sobre o instituto do casamento, assinale a alternativa CORRETA.

a) O casamento não pode ser realizado por procuração com poderes especiais, ainda que por instrumento público.
b) O suprimento judicial de idade é previsto em favor de pessoa sem idade núbil, em razão de gravidez ou para evitar a imposição de pena criminal, ao passo que o suprimento judicial do consentimento viabiliza o casamento de pessoa com idade núbil, em caso de denegação injusta de qualquer um dos pais, de ambos, ou do representante legal.
c) A solenidade realizar-se-á na sede do cartório, com toda publicidade, a portas abertas, presentes quatro testemunhas se algum dos contraentes não souber ou não puder escrever, sob pena de nulidade do ato.
d) Quando algum dos contraentes estiver em iminente risco de vida, não obtendo a presença da autoridade à qual incumba presidir o ato, nem a de seu substituto, poderá o casamento ser celebrado na presença de oito testemunhas, que com os nubentes não tenham parentesco em linha reta, ou, na colateral, até segundo grau.

14. (TJGO/Juiz de Direito/Fundação Carlos Chagas/2012) O casamento contraído por pessoa que desconhecia doença mental grave, anterior ao casamento, do outro cônjuge, que torne impossível a vida em comum é

a) nulo, podendo ser requerido o decreto de nulidade por qualquer interessado, ou pelo Ministério Público.
b) anulável, podendo a nulidade ser arguida pelo cônjuge que se enganou, por qualquer interessado, ou pelo Ministério Público.
c) nulo, podendo apenas o prejudicado arguir-lhe a nulidade.
d) anulável, podendo a nulidade ser arguida apenas pelo cônjuge que se enganou.
e) inexistente porque a doença mental do outro cônjuge impede o casamento de produzir qualquer efeito.

15. (TJPB/Juiz de Direito/CESPE/UnB/2011) Considerando as disposições legais e doutrinárias a respeito do direito de família, assinale a opção CORRETA.

a) Tanto o casamento nulo quanto o anulável requerem, para a sua invalidação, pronunciamento judicial em ação própria, visto que ao juiz é vedado declarar de ofício a invalidade.
b) Os pais que tenham consentido, mediante ato escrito, no casamento de filho menor de dezoito anos de idade poderão revogar a autorização, inclusive durante a celebração do casamento, desde que por ato escrito.
c) É admitida a alteração de regime de bens entre os cônjuges, independentemente de autorização judicial.
d) De acordo com o Código Civil, a relação concubinária mantida simultaneamente ao matrimônio gera, após o seu encerramento, direito a indenização e direitos hereditários.
e) No denominado casamento religioso com efeitos civis, o registro tem natureza meramente probatória, não constituindo ato essencial para a atribuição dos efeitos civis.

16. (OAB/VI Exame Unificado/Fundação Getulio Vargas/2012) Rejane, solteira, com 16 anos de idade, órfã de mãe e devidamente autorizada por seu pai, casa-se com Jarbas, filho de sua tia materna, sendo ele solteiro e capaz, com 23 anos de idade.

A respeito do casamento realizado, é CORRETO afirmar que é

a) nulo, tendo em vista o parentesco existente entre Rejane e Jarbas.
b) é anulável, tendo em vista que, por ser órfã de mãe, Rejane deveria obter autorização judicial a fim de suprir o consentimento materno.
c) válido.
d) anulável, tendo em vista o parentesco existente entre Rejane e Jarbas.

17. (OAB/Exame de Ordem 2010.3/Fundação Getulio Vargas/2011) João foi registrado ao nascer com o gênero masculino. Em 2008, aos 18 anos, fez cirurgia para correção de anomalia genética e teve seu registro retificado para o gênero feminino, conforme sentença judicial. No registro não constou textualmente a indicação de retificação; apenas foi lavrado um novo termo, passando a adotar o nome de Joana. Em julho de 2010, casou-se com Antônio, homem religioso e de família tradicional interiorana, que conheceu em janeiro de 2010, por quem teve uma paixão fulminante e correspondida. Joana omitiu sua história registral por medo de não ser aceita e perdê-lo. Em dezembro de 2010, na noite de Natal, a tia de Joana revela a Antônio a verdade sobre o registro de Joana/João. Antônio, não suportando ter sido enganado, deseja a anulação do casamento.

Conforme a análise da hipótese formulada, é CORRETO afirmar que o casamento de Antônio e Joana

a) só pode ser anulado até 90 dias da sua celebração.
b) poderá ser anulado pela identidade errônea de Joana/João perante Antônio e a insuportabilidade da vida em comum.
c) é inexistente, pois não houve a aceitação adequada, visto que Antônio foi levado a erro de pessoa, o que tornou insuportável a vida em comum do casal.
d) é nulo; portanto, não há prazo para a sua arguição.

18. (MP/PR/Promotor de Justiça/2013) É hipótese de nulidade do casamento:

a) O casamento do menor de 16 anos;
b) O casamento com infringência de impedimento;
c) O casamento contraído com erro sobre a pessoa do outro nubente;
d) O casamento do menor entre 16 e 18 anos não autorizado por seu representante legal;
e) O casamento do menor emancipado, sem autorização de seu representante legal.

19. (TJSP/Juiz de Direito/184º Concurso/VUNESP/2013) A respeito do casamento, é certo afirmar:

a) É vedado, em qualquer circunstância, o casamento de pessoa menor de 16 anos.
b) Enquanto não houver sido homologada ou decidida a partilha dos bens do casal, não pode casar o divorciado, sendo nulo o casamento se assim contraído.
c) O casamento nuncupativo poderá ser celebrado na presença de seis testemunhas que com os nubentes não tenham parentesco em linha reta, ou, na colateral, até segundo grau, devendo ser comunicado à autoridade judicial mais próxima no prazo de 10 dias.
d) O casamento pode ser feito por procuração outorgada mediante instrumento particular, desde que com poderes especiais.

20. (MP/AC/Promotor de Justiça/CESPE/UnB/2014) No que se refere aos impedimentos ao casamento e às circunstâncias que o tornam nulo ou anulável, assinale a opção CORRETA.

a) Não podem casar-se os já casados, devendo-se observar que o casamento religioso, ainda que não inscrito em livro no registro civil de pessoas naturais, também caracteriza o referido impedimento.
b) O MP tem legitimidade para promover ação direta requerendo a decretação de nulidade do casamento.
c) É nulo o casamento contraído por pessoa com reduzida ou parcial capacidade de discernimento.
d) O casamento anulável, diferentemente do nulo, se celebrado de boa-fé pelos contraentes, produzirá os efeitos do casamento válido até a data da sentença que decretar a sua invalidação, de forma a resguardar a família e, em especial, os filhos havidos desse negócio jurídico.

e) Os impedimentos ao casamento previstos no art. 1.521 do Código Civil, por se basearem no interesse público e estarem relacionados à instituição da família e à estabilidade social, têm caráter absoluto, o que torna anulável o casamento realizado por desrespeito a qualquer um deles.

21. (TJPE/Juiz de Direito/Fundação Carlos Chagas/2015) Na habilitação para o casamento, se houver oposição do impedimento, o oficial

a) indeferirá o pedido de habilitação e remeterá o oponente e os nubentes às vias ordinárias em juízo, para decisão do magistrado.
b) encaminhará a oposição ao juiz, sem efeito suspensivo do procedimento, que, depois de regular instrução e manifestação do Ministério Público decidirá até a data do casamento.
c) encaminhará os autos, imediatamente, ao juiz, que intimará o oponente e os nubentes a indicarem provas, que serão produzidas e, ouvido o Ministério Público, decidirá.
d) dará ciência do fato aos nubentes para que indiquem provas que desejam produzir, colhendo-as e em seguida remeterá os autos ao juiz que, ouvido o Ministério Público, decidirá.
e) dará ciência do fato aos nubentes, para que indiquem provas que desejam produzir e remeterá os autos ao juiz que decidirá depois da produção das provas pelo oponente e pelos nubentes, com a participação do Ministério Público.

22. (TJAL/Juiz de Direito/Fundação Carlos Chagas/2015) A respeito do casamento putativo, é CORRETO afirmar que

a) não encontra previsão legal, sendo criação da jurisprudência, para regularizar a posse do estado de casado.
b) produz todos os efeitos, embora nulo ou anulável, independentemente de boa-fé de um ou de ambos os cônjuges, tendo em vista a necessidade de segurança jurídica em matéria de casamento.
c) Se não for nulo, mas apenas anulável, se contraído de boa-fé, por ambos os cônjuges, o casamento, em relação a estes como aos filhos, produz todos os efeitos até o dia da sentença anulatória.
d) embora anulável ou mesmo nulo, se contraído de boa-fé por ambos os cônjuges, o casamento, em relação a estes como aos filhos, produz todos os efeitos até o dia da sentença anulatória.
e) não produz nenhum efeito, porque o casamento se regula por normas de ordem pública.

23. (MP/PR/Promotor de Justiça/2017) É nulo o casamento:

a) Contraído com infringência do impedimento.
b) De quem não completou a idade mínima para casar.
c) Do menor em idade núbil, quando não autorizado por seu representante legal.
d) Por vício da vontade.
e) Realizado pelo mandatário, sem que ele ou o outro contraente soubesse da revogação do mandato, e não sobrevindo coabitação entre os cônjuges.

24. (UECE/Advogado/FUNECE/2017) Considerando os impedimentos ao matrimônio elencados no Código Civil Brasileiro, NÃO pode(m) casar:

a) o adotante com quem foi cônjuge do adotado e o adotado com quem o foi do adotante.
b) o viúvo ou a viúva que tiver filho do cônjuge falecido, enquanto não fizer inventário dos bens do casal e der partilha aos herdeiros.
c) o tutor ou o curador e os seus descendentes, ascendentes, irmãos, cunhados ou sobrinhos, com a pessoa tutelada ou curatelada, enquanto não cessar a tutela ou curatela, e não estiverem saldadas as respectivas contas.
d) o divorciado, enquanto não houver sido homologada ou decidida a partilha dos bens do casal.

25. (TJRO/Titular de Serviços de Notas e de Registros/IESES/2017) Segundo a legislação civilista brasileira, no que corresponde ao instituto de casamento podemos afirmar, EXCETO:

a) O casamento religioso, que atender às exigências da lei para a validade do casamento civil, equipara-se a este, desde que registrado no registro próprio, produzindo efeitos a partir da data de sua celebração.
b) O casamento é civil e sua celebração é onerosa.
c) É defeso a qualquer pessoa, de direito público ou privado, interferir na comunhão de vida instituída pela família.
d) O casamento estabelece comunhão plena de vida, com base na igualdade de direitos e deveres dos cônjuges.

26. (DPE/SC/Defensor Público/Fundação Carlos Chagas/2017) O casamento realizado por pessoa com deficiência mental ou intelectual em idade núbil mas expressando sua vontade diretamente e o casamento do incapaz de consentir ou manifestar de modo inequívoco o consentimento é, respectivamente,

a) válido e inexistente.
b) válido e anulável.
c) anulável e inexistente.
d) nulo e nulo.
e) nulo e anulável.

27. (TJRS/Titular de Serviços de Notas e de Registros/Provimento/VUNESP/2019) Assinale a alternativa CORRETA sobre o casamento, de acordo com as disposições do Código Civil de 2002.

a) A idade núbil é, em regra, 14 (quatorze) anos completos, ressalvada a possibilidade do casamento por quem ainda não alcançou tal idade para evitar imposição ao cumprimento de pena criminal ou em caso de gravidez.
b) O requerimento de habilitação para o casamento pode ser realizado por procurador.
c) Quando a solenidade de celebração do casamento for realizada na sede do cartório, dispensa-se a presença de testemunhas.
d) A eficácia da habilitação para o casamento é de 180 (cento e oitenta) dias, a contar da data em que for extraído o certificado de habilitação.
e) Não podem casar os colaterais do quarto grau.

■ GABARITO ■

1. "d". *Vide* art. 1.532 do CC.
2. "c". *Vide* art. 1.641 do CC.
3. "a". *Vide* art. 923 do CC.
4. "b". *Vide* art. 1.561 do CC.
5. "c". *Vide* art. 1.521, III, do CC.
6. "a". *Vide* art. 1.521, III, do CC.
7. "c". *Vide* art. 1.561 do CC.
8. "c". *Vide*, respectivamente: **I** — art. 1.521, III; **III** — arts. 1.548, II, e 1.550, I; e **IV** — art. 1.561, todos do CC.
9. "a". *Vide* art. 1.551 do CC.
10. "d". *Vide* art. 1.563 do CC.
11. "b".
12. "c". *Vide* art. 1.550, V, do CC.
13. "b". *Vide* arts. 1.519 e 1.520 do CC.

14. "d". *Vide* arts. 1.557, IV, e 1.559 do CC.

15. "a". *Vide* arts. 1.549, 1.562 e 1.563 do CC.

16. "c". *Vide* art. 1.521, IV, *in fine*, do CC. O impedimento ao casamento dos colaterais não ultrapassa o terceiro grau (tios e sobrinhos). No caso, Rejane e Jarbas são primos, ou seja, colaterais em quarto grau.

17. "b". *Vide* arts. 1.550, III; 1.556; 1.557, I; e 1.560, III. Este último prevê o prazo de três anos, a contar da data da celebração do casamento, para a propositura da ação anulatória.

18. "b". *Vide* art. 1.548, II, do CC.

19. "c". *Vide* arts. 1.540 e 1.541 do CC.

20. "b". *Vide* art. 1.549 do CC.

21. "e". *Vide* arts. 1.529 e 1.530 do CC e art. 67, § 5º, da Lei dos Registros Públicos (Lei n. 6.015/73).

22. "d". *Vide* art. 1.561 do CC.

23. "a". *Vide* art. 1.548, II, do CC.

24. "a". *Vide* art. 1.521, III, do CC.

25. "b". *Vide* art. 1.512 do CC, *verbis*: "O casamento é civil e gratuita a sua celebração".

26. "b". *Vide* art. 6º, I, do Estatuto da Pessoa com Deficiência (Lei n. 13.146/2015) e art. 4º, III, do CC, com a redação dada pela referida lei.

27. "b". *Vide* art. 1.525 do CC.

11

DA EFICÁCIA JURÍDICA DO CASAMENTO

11.1. EFEITOS JURÍDICOS DO CASAMENTO

O casamento irradia os seus múltiplos efeitos e consequências **no ambiente social** e especialmente **nas relações pessoais** e **econômicas** dos cônjuges, e entre estes e seus filhos, como atos de direito de família puros, **gerando direitos e deveres** que são disciplinados por normas jurídicas. Pode-se, em consequência, afirmar que as relações que se desenvolvem como corolário da constituição da família pertencem a três categorias:

- As da primeira **têm cunho *social***, irradiando as suas consequências por toda a sociedade.
- As da segunda **têm caráter puramente *pessoal***: limitam-se, em regra, **aos cônjuges e aos filhos** e são essencialmente de natureza ética e social. Assumem, no entanto, caráter propriamente jurídico pela consideração especial que lhes dá a ordem legal. Concernem, em geral, aos **direitos e deveres dos cônjuges e dos pais em face dos filhos**. E,
- As da terceira **são fundamentalmente *patrimoniais***: abrangem precipuamente o regime de bens, a obrigação alimentar e os direitos sucessórios; podem eventualmente estender-se aos ascendentes e aos colaterais até o segundo grau (CC, art. 1.697), ou ainda até o quarto grau (art. 1.839)[1].

11.1.1. Efeitos sociais

Os efeitos do casamento, em razão de sua relevância, **projetam-se no ambiente social** e irradiam as suas consequências por toda a sociedade. O matrimônio legaliza as relações sexuais do casal, proibindo a sua prática com outrem e estabelecendo o *debitum conjugale*. **O seu principal efeito, no entanto, é a constituição da família *legítima* ou *matrimonial***. Ela é a base da sociedade e tem especial proteção do Estado, conforme estatui o art. 226 da Constituição Federal, que reconhece também **a união estável e a família monoparental** como entidades familiares (§§ 3º e 4º).

---

[1] Eduardo Espínola, *A família no direito civil brasileiro*, p. 241, n. 44; Caio Mário da Silva Pereira, *Instituições de direito civil*, v. 5, p. 163; Maria Helena Diniz, *Curso de direito civil brasileiro*, v. 5, p. 120.

A família constituída pelo casamento, e só por isso, pode continuar sendo chamada de ***legítima***, para se distinguir das outras duas, não se confundindo com as expressões "filiação legítima" ou "ilegítima", não mais permitidas pelo art. 227, § 6º, do diploma constitucional. Pode também ser denominada ***matrimonial***.

Por sua significação social, o Estado não se limita a chancelar o casamento e atribuir responsabilidades aos cônjuges, mas **disciplina** a relação conjugal, **impondo-lhe deveres e assegurando-lhe direitos**, e, muitas vezes, interferindo na vida íntima do casal[2].

Insere-se no contexto social o **planejamento familiar**, hoje assegurado constitucionalmente ao casal (CF, art. 226, § 7º). Por sua vez, proclama o § 2º do art. 1.565 do Código Civil:

> "O **planejamento familiar é de livre decisão do casal**, competindo ao Estado propiciar recursos educacionais e financeiros para o exercício desse direito, vedado qualquer tipo de coerção por parte de instituições privadas ou públicas".

A Lei n. 9.263, de 12 de janeiro de 1996, visando regulamentar o citado dispositivo constitucional, estabeleceu penalidades e deu outras providências, tendo o Ministério da Saúde, por intermédio de portarias, estabelecido os procedimentos administrativos adequados. Essa lei relaciona, no art. 10, as situações em que é permitida a esterilização voluntária e pune com reclusão de dois a oito anos quem realizar esterilização cirúrgica em desacordo com o estabelecido no mencionado art. 10[3].

11.1.2. Efeitos pessoais

O principal efeito pessoal do casamento consiste no estabelecimento de uma "**comunhão plena de vida**, com base na **igualdade de direitos e deveres** dos cônjuges" (CC, art. 1.511).

O casamento, destarte, implica necessariamente **união exclusiva**, uma vez que o primeiro dever imposto a ambos os cônjuges no art. 1.566 do Código Civil é o de **fidelidade recíproca**. A aludida comunhão está ligada ao **princípio da igualdade substancial**, que pressupõe o respeito à diferença entre os cônjuges e a consequente preservação da dignidade das pessoas casadas. Em complemento, dispõe o art. 1.565 do aludido diploma que, por meio do casamento, "homem e mulher assumem

---

[2] Luiz Edson Fachin e Carlos Eduardo Pianovski, *Código Civil comentado*, v. XV, p. 38.

[3] A aludida Lei n. 9.263/96 considera planejamento familiar "o conjunto de ações de regulação da fecundidade que garanta direitos iguais de constituição, limitação ou aumento da prole pela mulher, pelo homem ou pelo casal" (art. 2º). O seu art. 5º atribui ao Estado o dever de, "através do Sistema Único de Saúde, em associação, no que couber, às instâncias componentes do sistema educacional, promover condições e recursos informativos, educacionais, técnicos e científicos que assegurem o livre exercício do planejamento familiar". "A realização de experiências com seres humanos no campo da regulação da fecundidade somente será permitida se previamente autorizada, fiscalizada e controlada pela direção nacional do Sistema Único de Saúde e atendidos os critérios estabelecidos pela Organização Mundial de Saúde" (art. 8º).

mutuamente a condição de **consortes, companheiros e responsáveis pelos encargos da família**".

O legislador, ao destacar o estabelecimento da **comunhão plena de vida** logo no art. 1º do título concernente ao direito pessoal, no Livro do Direito de Família, sem dúvida **priorizou as relações pessoais no casamento**, considerando tal comunhão como o seu efeito por excelência. Essa priorização se acentuou com a complementação realizada no art. 1.565, uma vez que serem **"consortes e companheiros"** reflete a parceria de interesses e dedicação que devem envolver a vida em comum[4].

É importante salientar que do casamento advém uma situação jurídica relevante para os cônjuges, que adquirem um *status* especial, **o estado de casados**, que se vem somar às qualificações pelas quais se identificam no seio da sociedade e do qual decorrem, como foi dito, inúmeras consequências, que não se aferem em valores pecuniários, mas têm expressiva significação, especialmente no tocante às relações jurídicas com a prole e com terceiros[5].

Prevê o § 1º do aludido art. 1.565 do Código Civil que **"qualquer dos nubentes, querendo, poderá acrescer ao seu o sobrenome do outro"**. Malgrado já se tenha decidido, no direito anterior, que a possibilidade de um cônjuge "acrescer" ao seu o sobrenome do outro não impedia que o cônjuge simplesmente substituísse o seu apelido familiar pelo do outro cônjuge, predominava o entendimento de que a lei não permitia que o cônjuge, ao adotar o patronímico do outro, abandonasse os próprios[6].

A clareza do retrotranscrito dispositivo legal não deixa dúvida de que o cônjuge, ao se casar, pode permanecer com o seu nome de solteiro; mas, se quiser adotar os apelidos do consorte, **não poderá suprimir o seu próprio sobrenome**. Essa interpretação se mostra a mais apropriada em face do **princípio da estabilidade do nome**, que só deve ser alterado em casos excepcionais, princípio esse que é de ordem pública[7].

O Superior Tribunal de Justiça deu provimento a recurso especial para permitir a uma mulher a reinclusão do sobrenome do pai após o sobrenome do marido, uma vez que, após o casamento, seu nome se tornou muito comum, de modo que a reinclusão do sobrenome do pai, após o sobrenome do marido, evitaria dissabores com pessoas homônimas. Para o relator, Min. Luis Felipe Salomão, "a legislação não impede a reinclusão do sobrenome paterno após o sobrenome adquirido com o casamento. Precedentes já permitiram esse tipo de retificação, com o acréscimo do sobrenome materno ou paterno. Não se vislumbra que haja prejuízo à plena ancestralidade nem à sociedade, sendo possível o acolhimento do pedido em questão"[8].

■ Igualdade de direitos e deveres entre os cônjuges

No tocante às relações pessoais no casamento, o Código Civil, ao tratar da "eficácia do casamento", procurou dar consecução ao princípio da **plena igualdade de**

---

4 Caio Mário da Silva Pereira, *Instituições*, cit., v. 5, p. 164.

5 Caio Mário da Silva Pereira, *Instituições*, cit., v. 5, p. 164.

6 *RT*, 785/345.

7 Carlos Roberto Gonçalves, *Direito civil brasileiro*, v. 1, p. 134.

8 STJ, 4ª T., rel. Min. Luis Felipe Salomão, *in* Revista *Consultor Jurídico* de 11-5-2020 (número de processo não divulgado em razão de segredo judicial).

direitos e deveres entre os cônjuges: não há mais deveres próprios do marido e da mulher, assumindo ambos a condição de **"consortes, companheiros e responsáveis pelos encargos da família"** (art. 1.565). Aos deveres de ambos os cônjuges acrescentou-se o de **"respeito e consideração mútuos"**.

"A direção da sociedade conjugal será exercida, em colaboração, **pelo marido e pela mulher**, sempre no interesse do casal e dos filhos" (art. 1.567). "Havendo divergência", aduz o parágrafo único, **"qualquer dos cônjuges poderá recorrer ao juiz**, que decidirá tendo em consideração aqueles interesses". A direção do casal não compete apenas ao marido, como ocorria no regime do Código Civil de 1916, uma vez que ambos são associados e responsáveis pelos encargos da família, **exercendo a cogestão de seu patrimônio**[9].

A direção da família caberá **exclusivamente a um dos cônjuges**, caso o outro esteja "em lugar remoto ou não sabido, encarcerado por mais de cento e oitenta dias, interditado judicialmente ou privado, episodicamente, de consciência, em virtude de enfermidade ou de acidente" (CC, art. 1.570).

Os citados dispositivos do Código Civil refletem a orientação traçada pela Constituição Federal de 1988, que consagrou a mais ampla igualdade dos cônjuges em direitos e deveres concernentes à sociedade conjugal (art. 226, § 5º).

■ 11.1.3. Efeitos patrimoniais

O casamento gera, para os consortes, além dos efeitos pessoais, **consequências e vínculos econômicos**, consubstanciados:

- no **regime de bens**;
- nas **doações recíprocas**;
- na **obrigação de sustento** de um ao outro e da prole;
- no **usufruto dos bens dos filhos** durante o poder familiar;
- no **direito sucessório** etc.

■ O regime de bens e a mutabilidade motivada

A lei cria para os cônjuges, com efeito, o dever de sustento da família, a obrigação alimentar e o **termo inicial da vigência do regime de bens**. Este, segundo dispõem os §§ 1º e 2º do art. 1.639 do Código Civil, **"começa a vigorar desde a data do casamento"** e pode ser alterado "mediante autorização judicial em pedido motivado de ambos os cônjuges, apurada a procedência das razões invocadas e ressalvados os direitos de terceiros".

O regime de bens é, em princípio, **irrevogável**, só podendo ser alterado nas condições mencionadas. Antes da celebração, podem os nubentes modificar o pacto antenupcial, para alterar o regime de bens. **Celebrado, porém, o casamento, ele se**

---

9 Heloísa Helena Barboza, O direito de família no Projeto de Código Civil: considerações sobre o "direito pessoal", *Revista Brasileira de Direito de Família*, v. 11, p. 25.

torna *imutável*. Mesmo nos casos de reconciliação de casais separados judicialmente, o restabelecimento da sociedade conjugal dá-se no mesmo regime de bens em que havia sido estabelecida. Se o casal se divorciar, poderá casar-se novamente, adotando regime diverso do anterior.

No Código Civil de 2002 foi afastada a imutabilidade absoluta do regime de bens, **permitindo-se a sua alteração** "mediante **autorização judicial em pedido motivado** de ambos os cônjuges" (art. 1.639, § 2º). Observe-se que a aludida alteração não pode ser obtida unilateralmente, ou por iniciativa de um dos cônjuges em processo litigioso, pois o novel dispositivo citado exige pedido motivado de **"ambos"**.

Proteção do patrimônio comum e dos cônjuges

No intuito de preservar o patrimônio da entidade familiar, o novo diploma regula a instituição do **bem de família** nos arts. 1.711 a 1.722. Visando ainda proteger o patrimônio comum e de cada cônjuge, especifica os **atos que não podem ser praticados por um dos cônjuges sem a anuência do outro** (art. 1.647). E, além de assegurar **ao cônjuge sobrevivo** (art. 1.838) **os direitos sucessórios** que o diploma de 1916 já lhe conferia, na ausência de descendentes e ascendentes, inova ao incluí-lo como **herdeiro necessário** (art. 1.845), concorrendo à herança com os descendentes e ascendentes (arts. 1.829, I e II, 1.832 e 1.837). No art. 1.789 proclama que, se houver herdeiros necessários, "o testador só poderá dispor da metade da herança".

Direito sucessório dos cônjuges

Somente é reconhecido direito sucessório ao cônjuge sobrevivente, todavia, **"se, ao tempo da morte do outro, não estavam separados judicialmente, nem separados de fato há mais de dois anos"** (CC, art. 1.830), ressalvada, nesta última hipótese, a prova de que **"essa convivência se tornara impossível sem culpa do sobrevivente"**.

A participação na herança se dá nos seguintes casos:

- se o regime de bens era o da **separação convencional**;
- se o regime de bens era o da **comunhão parcial e o *de cujus* tinha bens particulares** — hipótese em que o cônjuge será, ao mesmo tempo, **herdeiro e meeiro**, incidindo a meação apenas sobre o patrimônio comum;
- se o regime de bens era o da **participação final nos aquestos** (CC, art. 1.672), com direito também à herança e meação (art. 1.685)[10].

Desse modo, as pessoas casadas no **regime da comunhão parcial** de bens fazem jus à meação dos bens comuns da família, como se de comunhão universal se tratasse, mas passam a participar da sucessão do cônjuge falecido, **na porção dos bens particulares deste**. O cônjuge supérstite participa, portanto, "por *direito próprio* dos bens comuns do casal, **adquirindo a meação que já lhe cabia**, mas que se encontrava em propriedade condominial dissolvida pela morte do outro componente

[10] Caio Mário da Silva Pereira, *Instituições*, cit., v. 5, p. 184.

do casal **e *herda*, enquanto herdeiro preferencial, necessário**, concorrente de *primeira classe*, **uma quota parte dos *bens exclusivos* do cônjuge falecido**, sempre que não for obrigatória a separação completa dos bens"[11].

Infere-se da leitura do aludido art. 1.829, I, do Código Civil que **o cônjuge sobrevivente não concorre à herança com os descendentes** se o regime de bens do casal era o da comunhão universal de bens ou o da separação obrigatória, ou ainda o da comunhão parcial, sem que o falecido tenha deixado bens particulares. Concorrendo com ascendentes, será irrelevante o regime de bens do casamento (art. 1.829, II).

■ Direito real de habitação

O art. 1.831 do Código Civil assegura ao cônjuge supérstite, **"qualquer que seja o regime de bens"** e sem prejuízo da participação que lhe caiba na herança, o **"direito real de habitação"**, desde que o imóvel seja destinado à residência da família e o único daquela natureza a inventariar. Se houver dois ou mais imóveis residenciais, não se pode falar em direito real de habitação.

Malgrado a omissão do citado dispositivo, que não vinculou o exercício do direito real de habitação à condição de **"enquanto viver ou permanecer viúvo"**, como o fazia o diploma de 1916, deve-se entender que ele perdurará enquanto o cônjuge supérstite permanecer vivo, pois o legislador quis privilegiá-lo, mantendo seu *status* e sua condição de vida, garantindo-lhe o teto. Não se justifica, no entanto, a sua manutenção, em detrimento dos herdeiros, **se o cônjuge sobrevivente constituir nova família**.

■ 11.2. DEVERES RECÍPROCOS DOS CÔNJUGES

O art. 1.566 do Código Civil impõe deveres recíprocos aos cônjuges, a saber:

> "I — fidelidade recíproca;
>
> II — vida em comum, no domicílio conjugal;
>
> III — mútua assistência;
>
> IV — sustento, guarda e educação dos filhos;
>
> V — respeito e consideração mútuos".

Embora o casamento estabeleça vários deveres recíprocos aos cônjuges, **a lei ateve-se aos principais, considerados necessários para a estabilidade conjugal**.

A infração a cada um desses deveres constituía causa para a separação judicial, como o adultério, o abandono do lar conjugal, a injúria grave etc. (CC, art. 1.573). Com o advento da **Emenda Constitucional n. 66/2010**, ficam eles contidos em sua matriz ética, desprovidos de sanção jurídica, exceto no caso dos deveres de "sustento, guarda e educação dos filhos" e de "mútua assistência", cuja violação pode acarretar, conforme a hipótese, a perda da guarda dos filhos ou ainda a suspensão ou destituição do poder familiar, e a condenação ao pagamento de pensão alimentícia.

---

[11] Giselda Novaes Hironaka, Concorrência do companheiro e do cônjuge na sucessão dos descendentes, in *Questões controvertidas no novo Código Civil*, p. 436.

■ 11.2.1. Fidelidade recíproca

O dever de fidelidade recíproca é uma decorrência do caráter *monogâmico* do casamento. É dever de conteúdo negativo, pois exige uma abstenção de conduta, enquanto os demais deveres reclamam comportamentos positivos. A infração a esse dever, imposto a ambos os cônjuges, configura o **adultério** ou **infidelidade**, indicando a falência da moral familiar, além de agravar a honra do outro cônjuge. Se extrapolar a normalidade genérica, pode ensejar indenização por dano moral[12].

Os atos meramente *preparatórios* da relação sexual, o namoro e os encontros em locais comprometedores não constituem adultério, mas podem caracterizar a **injúria grave** (quase adultério). Quando a conduta pessoal reflete uma variedade de situações desrespeitosas e ofensivas à honra do consorte, uma forma de agir inconveniente para pessoas casadas, inclusive a denominada "*infidelidade virtual*" cometida via internet, pode também caracterizar-se a ofensa ao inc. V do aludido art. 1.566, que exige **"respeito e consideração mútuos"**.

O dever de fidelidade recíproca perdura enquanto subsistir a sociedade conjugal. O Código Civil admite, no art. 1.723, § 1º, a **união estável** entre pessoas que mantiveram seu estado civil de casadas, estando, porém, **separadas de fato**, como já vinham proclamando alguns julgados, que entendiam **não haver mais o dever de fidelidade em caso de separação de fato**[13] e que o ***animus*** de pôr um fim na relação conjugal bastaria para fazer cessar a adulterinidade[14].

■ 11.2.2. Vida em comum, no domicílio conjugal

A vida em comum, no domicílio conjugal, ou **dever de coabitação**, obriga os cônjuges a **viver sob o mesmo teto e a ter uma comunhão de vidas**. Essa obrigação não deve ser encarada como absoluta, pois uma impossibilidade física ou mesmo moral pode justificar o seu não cumprimento. Assim, um dos cônjuges pode ter necessidade de se ausentar do lar por longos períodos **em razão de sua profissão, ou mesmo de doença**, sem que isso signifique quebra do dever de vida em comum.

O que caracteriza o **abandono do lar** é o *animus*, **a intenção de não mais regressar à residência comum**. Por essa razão, proclama o art. 1.569 do Código Civil que "o domicílio do casal será escolhido por ambos os cônjuges, mas um e outro podem ausentar-se do domicílio conjugal para atender a encargos públicos, ao exercício de sua profissão, ou a interesses particulares relevantes". **Só a ausência do lar conjugal durante um ano contínuo**, sem essas finalidades, **caracteriza o abandono voluntário**, como dispõe o art. 1.573, IV, do Código Civil (*v.*, a propósito, "*Grave infração dos deveres do casamento*", n. 14.2, *infra*).

■ Justa causa para a cessação da vida em comum

Cessa, todavia, o dever de vida em comum, havendo **justa causa** para o afastamento do lar:

---

[12] *RT*, 836/173.

[13] *RT*, 445/92, 433/87.

[14] Maria Helena Diniz, *Curso*, cit., v. 5, p. 125.

■ **Se um consorte não trata o outro com o devido respeito e consideração.** Aplica-se, à hipótese, o princípio comum a todas as convenções, de que uma parte não pode exigir o cumprimento da obrigação da outra se ela própria não cumpre a sua.

■ Se o marido, por exemplo, pretender que **a mulher o acompanhe na sua vida errante, ou que com ele perambule para subtrair-se a condenação criminal**[15].

■ **Pagamento do *debitum conjugale***

O cumprimento do dever de coabitação pode variar, conforme as circunstâncias. Assim, **admite-se até a residência em locais separados**, como é comum hodiernamente. Porém, nele se inclui a obrigação de manter relações sexuais, **sendo exigível o pagamento do *debitum conjugale***. Já se reconheceu que a recusa reiterada da mulher em manter relações sexuais com o marido caracteriza injúria grave, salvo se ela assim procedeu com justa causa.

No entanto, **a obrigação não envolve o atendimento a taras ou abusos sexuais**. A "*traditio corporum* e o *jus in corpus* não devem ser confundidos com a sujeição às aberrações sexuais, mas devem ser entendidas no interesse pessoal de cada um dos cônjuges, com o respeito à sua liberdade sexual, de forma que esse bem da personalidade deve ser respeitado pelo cônjuge no que se refere à escolha e prática de **atividades sexuais normais**"[16].

■ **Aspectos da comunhão de vida**

A comunhão de vida sexual é, contudo, apenas **um dos aspectos** da *comunhão de vida*, sendo dominada pela ideia diretriz de dedicação exclusiva, mostrando íntima conexão com o dever de fidelidade recíproca. A união de vida abrange, além dos aspectos materiais da comunidade de vida sexual e coabitação (comunhão de cama, mesa e casa), **o aspecto espiritual**.

■ **Domicílio conjugal**

A vida em comum desenvolve-se no local do domicílio conjugal. A fixação do domicílio competia ao marido. Hoje, no entanto, diante da isonomia de direitos estabelecida na Constituição Federal e do mencionado art. 1.569 do Código Civil, **a escolha do local deve ser feita pelo casal.** Caberá ao juiz solucionar eventual desacordo no tocante a essa escolha, bem como à direção da sociedade conjugal (CC, art. 1.567, parágrafo único).

■ 11.2.3. Mútua assistência

O dever de *mútua assistência* obriga os cônjuges a se **auxiliarem reciprocamente, em todos os níveis**. Assim, inclui a recíproca prestação de **socorro material**,

---

[15] Washington de Barros Monteiro, *Curso*, cit., 32. ed., v. 2, p. 120.

[16] Regina Beatriz Tavares da Silva, *Dever de assistência imaterial entre cônjuges*, p. 144. *V.* a jurisprudência: "O coito anal, embora inserido dentro da mecânica sexual, não integra o débito conjugal, porque este se destina à procriação. A mulher somente está sujeita à cópula vagínica e não a outras formas de satisfação sexual, que violentem sua integridade física e seus princípios morais" (*RJTJRS*, 176/763).

como também a **assistência moral e espiritual**. Envolve o desvelo próprio do **companheirismo** e o auxílio mútuo em qualquer circunstância, especialmente nas situações adversas.

Trata-se de dever que se cumpre, na maior parte das vezes, de modo imperceptível, uma vez que se trata de **um conjunto de gestos, atenções, cuidados na saúde e na doença**, serviços, suscitados pelos acontecimentos cotidianos. Envolve, por conseguinte, "deveres de respeito, sinceridade, recíproca ajuda e mútuos cuidados. Trata-se de dever que dirige e vivifica o vínculo, assegurando-lhe altíssimo valor ético"[17].

■ Abandono material e ausência de apoio moral

Não só o *abandono material* como também a **falta de apoio moral** configuram infração ao dever de mútua assistência. No primeiro caso, constitui fundamento legal para a **ação de alimentos**. Se qualquer dos cônjuges faltar ao dever de assistência, pode ser compelido compulsoriamente à prestação alimentar. **O dever de mútua assistência extingue-se, porém, com a dissolução da sociedade conjugal pelo divórcio.**

A igualdade dos cônjuges no casamento, assegurada em nível constitucional, não mais permite qualquer distinção baseada na diversidade de sexos ou em concepção hierarquizada que impute à mulher dever de obediência e ao marido dever de proteção da mulher, como ocorria outrora.

■ 11.2.4. Sustento, guarda e educação dos filhos

O *sustento* e a *educação* dos filhos constituem **deveres de ambos os cônjuges**. A *guarda* é, ao mesmo tempo, **dever e direito** dos pais. A infração ao dever em epígrafe sujeita o infrator à perda do poder familiar e constitui fundamento para ação de alimentos.

Subsiste a obrigação de sustentar os filhos menores e dar-lhes orientação moral e educacional **mesmo após a dissolução da sociedade conjugal**, até eles atingirem a maioridade. A jurisprudência, no entanto, tem estendido essa obrigação até a obtenção do diploma universitário, no caso de filhos estudantes que não dispõem de meios para pagar as mensalidades[18].

■ Dever de sustento

O dever de *sustento* ou de prover à subsistência material dos filhos compreende o fornecimento de alimentação, vestuário, habitação, medicamentos e tudo mais que seja necessário à sua sobrevivência.

■ Dever de fornecer educação

Abrange a **instrução básica e complementar**, na conformidade das condições sociais e econômicas dos pais.

---

17 Corrêa de Oliveira e Ferreira Muniz, *Direito de família*, cit., p. 298-299.

18 "Pensão alimentícia. Maioridade do filho, que é estudante regular de curso superior e não trabalha. Impossibilidade de exclusão da responsabilidade do pai quanto a seu amparo financeiro para o sustento e os estudos" (*RT*, 814/220).

■ **Dever de guarda**

Obriga à **assistência material, moral e espiritual**, conferindo ao detentor o direito de opor-se a terceiros, inclusive pais.

A separação judicial e o divórcio **em nada alteram os direitos e deveres dos pais em relação aos filhos** (CC, art. 1.579). Esses deveres são impostos a ambos, na proporção de seus recursos e de suas possibilidades (art. 1.703). Se, ao marido, com melhores rendas, cumpre prover o lar dos meios indispensáveis, **à mulher que disponha de rendas ou que as aufira de seu trabalho, cabe concorrer nas despesas**[19].

A cada um dos pais e a ambos simultaneamente incumbe zelar pelos filhos, provendo à sua subsistência material, guardando-os ao tê-los em sua companhia e educando-os moral, intelectual e fisicamente, de acordo com suas condições sociais e econômicas. Abona e reforça essa ideia o art. 1.634, I a VII, do Código Civil, que dispõe sobre o exercício do poder familiar, ao estatuir que **compete aos pais, quanto à pessoa dos filhos menores**, "dirigir-lhes a criação e educação" e "tê-los em sua companhia e guarda", bem como praticar outros atos que decorrem dos aludidos deveres[20].

O casamento ou novo casamento de qualquer dos pais ou de ambos **não implicará restrição alguma aos seus direitos e deveres em relação aos filhos do relacionamento anterior**, "exercendo-os sem qualquer interferência do novo cônjuge ou companheiro" (CC, art. 1.636).

■ 11.2.5. Respeito e consideração mútuos

O respeito e a consideração mútuos constituem corolário do princípio esculpido no art. 1.511 do Código Civil, segundo o qual o casamento estabelece **comunhão plena de vida, com base na igualdade de direitos e deveres dos cônjuges**. Tem relação com o **aspecto espiritual do casamento** e com **o companheirismo** que nele deve existir. Demonstra a intenção do legislador de torná-lo mais humano.

Configuram **violação a esse dever** "a tentativa de morte, a sevícia, a injúria grave, a conduta desonrosa, a ofensa à liberdade profissional, religiosa e social do cônjuge, dentre outros atos que importem em desrespeito aos direitos da personalidade do cônjuge"[21].

Incluem-se no dever de respeito e consideração mútuos, "além da consideração social compatível com o ambiente e com a educação dos cônjuges, o dever, negativo, de não expor um ao outro a vexames e descrédito. É nesta alínea que se pode inscrever a '**infidelidade moral**', que não chega ao adultério por falta da concretização das relações sexuais, mas que não deixa de ser injuriosa (...)"[22].

O dever ora em estudo inspira-se no princípio da **dignidade da pessoa humana**, que não é um simples valor moral, mas um valor jurídico, tutelado no art. 1º, III, da Constituição Federal.

---

19 Caio Mário da Silva Pereira, *Instituições*, cit., v. 5, p. 175; Eduardo Espínola, *A família*, cit., p. 229.

20 Maria Helena Diniz, *Curso*, cit., v. 5, p. 138.

21 Regina Beatriz Tavares da Silva, *Novo Código Civil comentado*, p. 1365-1366.

22 Caio Mário da Silva Pereira, *Instituições*, cit., v. 5, p. 176.

Deveres implícitos

A jurisprudência criou, com efeito, ao lado dos deveres legais ou explícitos, outros tantos deveres conjugais, extraídos da apreciação das situações fáticas retratadas nas ações de separação, construindo assim a ***teoria dos deveres implícitos***, que se distinguem dos atos de cortesia ou de assistência moral, dentre os quais se destacam:

- o **dever de sinceridade**;
- o de **respeito pela honra e dignidade** própria e da família;
- o dever de **não expor o outro cônjuge** a companhias degradantes;
- o de **não conduzir a esposa a ambientes de baixa moral**.

11.3. DIREITOS E DEVERES DE CADA CÔNJUGE

O art. 233 do Código anterior estabelecia que o *marido* era o chefe da sociedade conjugal, competindo-lhe a administração dos bens comuns e particulares da mulher, o direito de fixar o domicílio da família e o dever de prover à manutenção da família. **Todos esses direitos agora são *exercidos pelo casal***, em sistema de ***cogestão***, devendo as divergências ser solucionadas pelo juiz. Dispõe, a propósito, o art. 1.567 do Código Civil de 2002:

> "A direção da sociedade conjugal será exercida, em colaboração, **pelo marido e pela mulher**, sempre no interesse do casal e dos filhos.
>
> Parágrafo único. Havendo divergência, qualquer dos cônjuges poderá recorrer ao juiz, que decidirá tendo em consideração aqueles interesses".

Não há mais que falar em poder marital. Não cabe ao marido interferir nos assuntos particulares da mulher, impor-lhe ou proibir-lhe leituras e estudos, nem abrir-lhe a correspondência. O mesmo se diga da mulher em relação ao marido[23].

Dever de prover à manutenção da família

Tal dever deixou de ser apenas um encargo do marido, **incumbindo também à mulher**, de acordo com as possibilidades de cada qual. Preceitua, com efeito, o art. 1.568 do Código Civil:

> "Os **cônjuges** são obrigados a concorrer, **na proporção de seus bens e dos rendimentos do trabalho**, para o sustento da família e a educação dos filhos, qualquer que seja o regime patrimonial".

Se qualquer dos cônjuges estiver desaparecido ou preso por mais de cento e oitenta dias, interditado judicialmente ou privado, temporariamente, de consciência, em virtude de enfermidade ou de acidente, **"o outro exercerá com exclusividade a direção da família, cabendo-lhe a administração dos bens"** (CC, art. 1.570).

---

[23] Caio Mário da Silva Pereira, *Instituições*, cit., v. 5, p. 177.

■ 11.4. O EXERCÍCIO DE ATIVIDADE EMPRESÁRIA PELOS CÔNJUGES

A abertura do livro do "Direito da Empresa" no Código Civil de 2002, com o oferecimento de um conceito de empresário, e regulando o exercício de uma atividade econômica, cria uma série de direitos e deveres que interessam diretamente às relações entre os cônjuges, sem correspondência no diploma de 1916. Proclama o art. 966 do Código Civil:

> "Considera-se **empresário** quem exerce profissionalmente profissão econômica organizada para a produção ou a circulação de bens ou de serviços".

Foram excluídos desse conceito aqueles que exerçam profissão intelectual, de natureza científica, literária ou artística (CC, art. 966, parágrafo único), como o advogado, o médico e o professor, por exemplo. Todavia, serão reputados empresários se se organizarem economicamente, fundando uma clínica ou criando um estabelecimento de ensino.

O art. 977 do novo Código **faculta aos cônjuges** "**contratar sociedade**, entre si ou com terceiros, **desde que não tenham casado no regime da comunhão universal de bens, ou no da separação obrigatória**". O dispositivo **aplica-se, por analogia, à união estável**, autorizando os companheiros a constituírem sociedade entre si, tendo em vista que o art. 1.725 do aludido diploma estabeleceu, quanto às relações patrimoniais, o regime da comunhão parcial, salvo contrato escrito.

■ **Regime da comunhão universal de bens**

A proibição da contratação de sociedade no regime da comunhão universal é compreensível, **uma vez que os bens de ambos os consortes já lhes pertencem em comum** e, por essa razão, a sociedade seria uma espécie de ficção.

■ **Regime da separação obrigatória**

No referido regime, "a **vedação ocorre por disposição legal**, nos casos em que sobre o casamento possam ser levantadas dúvidas ou questionamentos acerca do cumprimento das formalidades ou pela avançada idade de qualquer dos cônjuges"[24].

■ **Regimes da comunhão parcial voluntária**

Permite-se, desse modo, a sociedade empresária ou simples entre marido e mulher nos regimes de **comunhão parcial e da separação voluntária**, pois em ambos os cônjuges podem fazer suas contribuições individuais para a formação do patrimônio social.

O art. 978 do Código Civil autoriza o empresário casado a, "**sem necessidade de outorga conjugal**, qualquer que seja o regime de bens, alienar os imóveis que integrem o patrimônio da empresa ou gravá-los de ônus real".

A aplicação desse princípio "decorre, diretamente, da **separação patrimonial objetiva entre os bens da sociedade e os bens particulares dos sócios**"[25].

---

[24] Ricardo Fiuza, *Novo Código Civil comentado*, p. 882-883.

[25] *Novo Código Civil*, cit., p. 884.

Anotem-se, ainda, as inovações introduzidas nos arts. 979 e 980 do Código Civil de 2002, concernentes, respectivamente, à **obrigatoriedade da *inscrição* no Registro Público de Empresas Mercantis** dos "pactos e declarações antenupciais do empresário, o título de doação, herança ou legado, os bens clausulados de incomunicabilidade ou inalienabilidade", e do ***arquivamento e averbação*** no aludido Registro Público, para validade perante terceiros, da sentença que "decretar ou homologar a separação judicial do empresário e o ato de reconciliação".

É que a partilha, no regime da comunhão parcial, sempre acarreta redução do patrimônio do cônjuge que exerce atividade empresarial. **O registro visa dar publicidade à disponibilidade dos bens do empresário**, após a modificação de seu estado civil e da consequente partilha do patrimônio anteriormente pertencente ao casal.

■ 11.5. RESUMO

DA EFICÁCIA JURÍDICA DO CASAMENTO	
PRINCIPAIS EFEITOS DO CASAMENTO	■ a constituição da família legítima (CF, art. 226); ■ a mútua assunção, pelo casal, da condição de consortes, companheiros e responsáveis pelos encargos da família (CC, art. 1.565); ■ a imposição de deveres aos cônjuges, que passam a viger a partir da celebração (CC, art. 1.566); ■ a imediata vigência, na data da celebração (CC, art. 1.639, § 1º), ***do regime de bens***, que em princípio é irrevogável, só podendo ser alterado mediante autorização judicial em pedido motivado de ambos os cônjuges, apurada a procedência das razões invocadas e ressalvados os direitos de terceiros (CC, art. 1.639, § 2º).
DEVERES DE AMBOS OS CÔNJUGES	■ fidelidade recíproca (CC, art. 1.566, I); ■ vida em comum (coabitação), no domicílio conjugal (inc. II); ■ mútua assistência (inc. III); ■ sustento, guarda e educação dos filhos (inc. IV); ■ respeito e consideração mútuos (inc. V).
DIREITOS E DEVERES DE CADA CÔNJUGE	■ O atual CC disciplinou somente os direitos de ambos os cônjuges, afastando as diferenças constantes do diploma anterior. A direção da sociedade conjugal será exercida, em colaboração, pelo marido e pela mulher, sempre no interesse do casal e dos filhos. Havendo divergência, qualquer dos cônjuges poderá recorrer ao juiz, que decidirá tendo em consideração aqueles interesses (CC, art. 1.567 e parágrafo único).

12

DA DISSOLUÇÃO DA SOCIEDADE E DO VÍNCULO CONJUGAL

12.1. DISTINÇÃO ENTRE SOCIEDADE CONJUGAL E VÍNCULO MATRIMONIAL

As causas terminativas da sociedade conjugal estão especificadas no art. 1.571 do Código Civil:

- **morte** de um dos cônjuges;
- **nulidade** ou **anulação** do casamento;
- **separação judicial**; e
- **divórcio**.

Acrescenta o § 1º do dispositivo em apreço que tem aplicação, ainda, a *presunção* estabelecida no aludido Código quanto ao **ausente**.

Cumpre-nos, inicialmente, distinguir entre o *término da sociedade conjugal* e a *dissolução do vínculo matrimonial*.

Término da sociedade conjugal

O casamento estabelece, concomitantemente, a sociedade conjugal e o vínculo matrimonial. *Sociedade conjugal* é o **complexo de direitos e obrigações que formam a vida em comum dos cônjuges**. O casamento cria a **família legítima ou matrimonial**, passando os cônjuges ao *status* de casados, como partícipes necessários e exclusivos da sociedade que então se constitui. Tal estado gera direitos e deveres, de conteúdo moral, espiritual e econômico, que se fundam não só nas leis como nas regras da moral, da religião e dos bons costumes.

O art. 1.571, *caput*, do Código Civil, retromencionado, elenca as **causas terminativas da sociedade conjugal**.

Dissolução do vínculo matrimonial

O casamento válido, ou seja, o *vínculo matrimonial*, porém, somente é dissolvido **pelo divórcio e pela morte de um dos cônjuges**, tanto a *real* como a *presumida* do ausente, nos casos em que a lei autoriza a abertura de sucessão definitiva (arts. 1.571, § 1º, e 6º, segunda parte). A separação judicial, embora colocasse termo à sociedade conjugal, mantinha intacto o vínculo matrimonial, impedindo os cônjuges de contrair novas núpcias. Pode-se, no entanto, afirmar que representava a abertura do caminho à sua dissolução.

De um modo geral, pois, **somente autorizam os ex-cônjuges a contrair novo matrimônio**:

- a **morte real** ou a **presumida do ausente** nos casos em que a lei autoriza a abertura de sucessão definitiva;
- a **nulidade** ou a **anulação** do casamento; e
- o **divórcio**.

12.2. INOVAÇÃO INTRODUZIDA PELA EMENDA CONSTITUCIONAL N. 66/2010

A Emenda Constitucional n. 66, de 14 de julho de 2010, conhecida como "PEC do Divórcio", deu nova redação ao § 6º do art. 226 da Constituição Federal, **retirando do texto a exigência, para o divórcio, do requisito temporal e da prévia separação**. No quadro esquemático abaixo pode-se comparar a redação anterior e a atual do aludido dispositivo constitucional:

ANTERIOR REDAÇÃO DO § 6º DO ART. 226 DA CONSTITUIÇÃO FEDERAL	ATUAL REDAÇÃO DO § 6º DO ART. 226 DA CONSTITUIÇÃO FEDERAL
■ "§ 6º O casamento civil pode ser dissolvido pelo divórcio, após prévia separação judicial por mais de um ano nos casos expressos em lei, ou comprovada separação de fato por mais de dois anos."	■ "§ 6º O casamento civil pode ser dissolvido pelo divórcio."

A referida alteração resultou de proposta elaborada pelo Instituto Brasileiro de Direito de Família — IBDFAM, nos seguintes termos:

> "§ 6º O casamento civil pode ser dissolvido pelo divórcio consensual ou litigioso, *na forma da lei*".

A Câmara dos Deputados, todavia, acertadamente, suprimiu a parte final do aludido § 6º do art. 226 da Constituição Federal, que passou a ter, assim, a final, a seguinte redação:

> **"§ 6º O casamento pode ser dissolvido pelo divórcio"**.

Desse modo, a "PEC do Divórcio" passou a ter eficácia imediata e direta, afastando-se a possibilidade de eventuais limitações futuras, que poderiam advir de lei ordinária.

12.2.1. Breve escorço histórico

O Decreto n. 181, de 1890, que instituiu o casamento civil no Brasil, previa o divórcio *a thoro et mensa* (divórcio canônico), que acarretava somente a *separação de corpos*, mas não rompia o vínculo matrimonial. O Código Civil de 1916 previa o desquite como forma de extinção da sociedade conjugal, sem também o rompimento do aludido vínculo.

O **divórcio vincular**, que dissolve o vínculo e permite novo casamento, somente passou a ser aplicado no Brasil com a aprovação da **Emenda Constitucional n. 9, de 28 de junho de 1977**, que deu nova redação ao § 1º do art. 175 da Constituição de 1969, **suprimindo o princípio da indissolubilidade do vínculo matrimonial**, e após a sua regulamentação pela Lei n. 6.515, de 26 de dezembro de 1977. O referido § 1º passou a ter a seguinte redação:

> "§ 1º O casamento somente poderá ser dissolvido, nos casos expressos em lei, desde que haja prévia separação judicial por mais de três anos".

Não se cogitava, portanto, do divórcio direto. **A separação judicial, por mais de três anos, era requisito prévio para o pedido de divórcio**.

A Constituição de 1988 tratou do assunto no § 6º do art. 226, do seguinte teor:

> "§ 6º O casamento civil pode ser dissolvido pelo divórcio, **após prévia separação judicial por mais de um ano** nos casos expressos em lei, ou comprovada separação de fato por mais de dois anos".

Reduziu-se, assim, o prazo da separação judicial para **um ano, no divórcio-conversão**, criando-se uma modalidade permanente e ordinária de **divórcio direto**, desde que comprovada a **separação de fato por mais de dois anos**. Pode-se afirmar que a separação judicial passou a ser facultativa, uma vez que os cônjuges poderiam optar pelo divórcio direto, comprovando a separação de fato por mais de dois anos. A separação judicial tinha, pois, a finalidade de ser convertida em divórcio, após um ano da separação judicial, e de permitir a reconciliação do casal, antes da sua conversão em divórcio.

A Emenda Constitucional n. 66/2010 completou o ciclo evolutivo iniciado com a Lei do Divórcio (Lei n. 6.515/77). Com a supressão da parte final do § 6º do art. 226, **a separação judicial deixou de ser contemplada na Constituição Federal**, na qual figurava como requisito para a conversão, desaparecendo ainda o requisito temporal para a obtenção do divórcio, agora exclusivamente direto, por mútuo consentimento ou litigioso.

O casamento, como retromencionado, gera, concomitantemente, a sociedade conjugal e o vínculo matrimonial. Portanto, quando o § 6º do art. 226 da Constituição Federal, com a redação dada pela Emenda Constitucional n. 66/2010, menciona que o "casamento" pode ser dissolvido pelo "divórcio", está afirmando, *ipso facto*, que **a "sociedade conjugal" e o "vínculo matrimonial"** *podem ser dissolvidos pelo divórcio*. Não desaparece apenas o vínculo, senão também a sociedade conjugal.

A inovação constitucional, de grande envergadura, dividiu opiniões, especialmente acerca da extinção do instituto da separação judicial e da possibilidade de se obter o divórcio sem a necessidade de demonstrar o tempo de separação de fato ou de separação judicial.

Torna-se relevante, para conhecer o contexto social e histórico de sua apresentação, transcrever trecho da justificativa do Deputado Sérgio Barradas Carneiro, anexa à proposta que se converteu na EC n. 66/2010:

> "Não mais se justifica a sobrevivência da separação judicial, em que se converteu o antigo desquite. Criou-se, desde 1977, com o advento da legislação do divórcio, uma duplicidade artificial entre dissolução da sociedade conjugal e dissolução do casamento, como solução de compromisso entre divorcistas e antidivorcistas, o que não mais se

sustenta. Impõe-se a unificação do divórcio de todas as hipóteses de separação dos cônjuges, sejam litigiosos ou consensuais. A submissão a dois processos judiciais (separação judicial e divórcio por conversão) resulta em acréscimos de despesas para o casal, além de prolongar sofrimentos evitáveis. (...) Por outro lado, a preferência dos casais é nitidamente para o divórcio, que apenas prevê a causa objetiva da separação de fato, sem imiscuir-se nos dramas íntimos. Afinal, qual o interesse público relevante em se investigar a causa do desaparecimento do afeto ou do desamor? O que importa é que a lei regule os efeitos jurídicos da separação, quando o casal não se entender amigavelmente, máxime em relação à guarda dos filhos, aos alimentos e ao patrimônio familiar. Para tal, não é necessário que haja dois processos judiciais, bastando o divórcio amigável ou judicial".

A propósito, afirma Zeno Veloso: "Numa interpretação histórica, sociológica, finalística, teleológica do texto constitucional, diante da nova redação do art. 226, § 6º, da Carta Magna, sou levado a concluir que **a separação judicial ou por escritura pública foi figura abolida em nosso direito, restando o divórcio** que, ao mesmo tempo, rompe a sociedade conjugal e extingue o vínculo matrimonial. Alguns artigos do Código Civil que regulavam a matéria foram revogados pela superveniência da norma constitucional — que é de estatura máxima — e perderam a vigência por terem entrado em rota de colisão com o dispositivo constitucional superveniente"[1].

O desaparecimento da separação de direito, judicial e extrajudicial, revelou-se, todavia, questão polêmica. Em sentido contrário, ou seja, entendendo não ter ocorrido o seu desaparecimento, o Enunciado 514 da V Jornada de Direito Civil do Conselho da Justiça Federal, *verbis*: "A Emenda Constitucional n. 66/2010 não extinguiu o instituto da separação judicial e extrajudicial".

Também na jurisprudência a questão tornou-se controvertida, havendo decisões em ambos os sentidos.

■ 12.2.2. Extinção das causas subjetivas e objetivas da dissolução do casamento

A nova redação da norma constitucional determinou a extinção das *causas subjetivas* (culpa) e *objetivas* (lapso temporal) da dissolução do casamento.

■ Causas subjetivas

O Código Civil admite, nas ações de separação litigiosa, **a discussão da culpa** pelo término da relação conjugal, para os seguintes fins:

- ■ **o cônjuge culpado perde o direito de pleitear alimentos**, exceto se estiver inapto ao trabalho ou se necessitar e não houver nenhum outro parente capaz de pensioná-lo — hipótese em que os alimentos serão os indispensáveis à subsistência (CC, art. 1.704);
- ■ **o cônjuge culpado perde o direito de continuar utilizando o sobrenome do outro**, exceto se a alteração acarretar prejuízo evidente para a sua identificação,

[1] O novo divórcio e o que restou do passado. In: Portal IBDFAM. Disponível em: <http://www.ibdfam.org.br>. Acesso em: 15 ago. 2010.

ou manifesta distinção entre o seu nome e dos filhos da união dissolvida, ou, ainda, dano grave reconhecido na decisão judicial (CC, art. 1.578);

- **o cônjuge separado de fato há mais de dois anos será excluído da sucessão de seu consorte**, se culpado pela separação (CC, art. 1.830).

Dispõe o art. 1.572 do referido diploma que será ***culpado*** pela separação o cônjuge que pratique algum **ato que importe grave violação dos deveres do casamento e torne insuportável a vida em comum**. Por sua vez, estabelece o art. 1.573 que podem caracterizar a **impossibilidade da comunhão de vida** o adultério, a tentativa de morte, a sevícia ou injúria grave, o abandono voluntário do lar conjugal durante um ano contínuo, a condenação por crime infamante e a conduta desonrosa.

A inovação constitucional **impede a discussão sobre a culpa**, uma vez que a ação de divórcio não a admite; e, na separação de direito, não poderia ocorrer, sob pena de desvirtuamento do sistema optativo estabelecido pela Emenda Constitucional n. 66 em favor dos cônjuges, que poderão escolher entre o divórcio e a separação. Poderá ela ser discutida, todavia, em **ação indenizatória por danos materiais e morais**, de um cônjuge contra o outro, uma vez que a culpa é elemento da responsabilidade civil. Poderá ser discutida, também, nas hipóteses de **anulabilidade do casamento por vícios da manifestação da vontade** aplicáveis ao casamento, como a coação e o erro essencial sobre a pessoa do outro cônjuge. Nesses casos, a culpa importará na perda das vantagens havidas do cônjuge inocente e no cumprimento das promessas feitas no pacto antenupcial (CC, art. 1.564).

O divórcio sem culpa já era previsto na redação originária do § 6º do art. 226 da Constituição. Dependia, todavia, do preenchimento do requisito temporal.

■ **Causas objetivas**

Para a separação judicial há **duas causas *objetivas***:

- **a ruptura da vida em comum há mais de um ano**;
- **a doença mental de um dos cônjuges, manifestada após o casamento** (CC, art. 1.572, §§ 1º e 2º).

Para o **divórcio direto**, havia apenas uma: a **separação de fato por mais de dois anos** (art. 1.580, § 2º). "Todas desapareceram. **Não há mais qualquer causa, justificativa ou prazo para o divórcio**"[2].

■ 12.3. CAUSAS TERMINATIVAS DA SOCIEDADE E DO VÍNCULO CONJUGAL

Já foi dito que o casamento gera, concomitantemente, a sociedade conjugal e o vínculo matrimonial. O art. 1.571 do Código Civil disciplina as hipóteses de dissolução da sociedade conjugal: morte, invalidade do casamento, separação judicial e divórcio. **Excluindo-se a separação judicial**, as demais hipóteses **alcançam diretamente a dissolução do vínculo conjugal ou casamento**; a morte, a invalidação e o divórcio dissolvem o casamento e *a fortiori* a sociedade conjugal.

---

[2] Paulo Lôbo. Divórcio: alteração constitucional e suas consequências, cit., p. 4.

Efetivamente, pode-se afirmar que **desapareceu o discrime entre dissolução da sociedade e do vínculo conjugal**, uma vez que a dissolução do casamento pelo divórcio — única forma admitida — engloba as duas hipóteses.

■ 12.4. MORTE DE UM DOS CÔNJUGES. MORTE REAL E MORTE PRESUMIDA

A *morte* a que se refere o art. 1.571, no inc. I e no § 1º, primeira parte, do Código Civil, como causa terminativa da sociedade conjugal e de dissolução do vínculo matrimonial, **é a real**. O cônjuge supérstite é autorizado a contrair novas núpcias, respeitado, quanto à mulher, o prazo do art. 1.523, II, do mesmo diploma, exigido para se evitar a *turbatio sanguinis*. *Mors omnia solvit*, já diziam os romanos, advertindo que a morte põe termo a todas as relações pessoais, que não possam prosseguir com os sucessores.

O Código Civil, porém, incluiu entre as causas de dissolução, como mencionado, a **morte *presumida* do ausente** (art. 1.571, § 1º, segunda parte), que se configura "nos casos em que a lei autoriza a abertura de sucessão definitiva" (art. 6º, segunda parte). A abertura desta poderá ser requerida **"após dez anos de passada em julgado a sentença que conceder a abertura da sucessão provisória"** ou provando-se que **"o ausente conta oitenta anos de idade, e que de cinco datam as últimas notícias dele"** (arts. 37 e 38). Antes disso, os efeitos da declaração de ausência serão apenas patrimoniais, limitando-se a permitir a abertura da sucessão provisória.

Como se vê, o diploma de 2002, inovando, expressamente dispõe que o casamento válido se dissolve **não só pelo divórcio e pela morte real, como também pela *morte presumida do ausente***, nos casos em que a lei autoriza a abertura de sucessão definitiva (CC, arts. 1.571, § 1º, segunda parte, e 6º, segunda parte). Tal abertura, que antes só acarretava efeitos de ordem patrimonial, passa a produzir também efeitos pessoais, na medida em que constitui, tal como a morte real, **causa de dissolução do casamento do ausente**. Uma vez declarada judicialmente, permite a habilitação do viúvo a novo casamento.

Se o cônjuge do ausente, por razões de ordem pessoal, preferir não pleitear o divórcio direto, requerendo a citação do ausente por edital, mas esperar o seu retorno, não necessitará, não ocorrendo tal regresso, e desde que preenchidos os requisitos para a abertura da sucessão definitiva, requerer o divórcio, pois **estará configurada a morte presumida daquele e dissolvido o vínculo matrimonial *ex vi legis***. Nesse caso, poderá obter declaração judicial nesse sentido e habilitar-se a novo casamento.

■ Retorno do presumido morto, estando seu ex-cônjuge já casado com terceira pessoa

Não traz o novo diploma expressa solução para essa hipótese. No entanto, **estando legalmente dissolvido o primeiro casamento**, contraído com o ausente, **prevalecerá o último**, diferentemente do que ocorre no direito italiano (CC, art. 68), que declara nulo o segundo casamento se o ausente retorna, sendo considerado, porém, casamento putativo, gerando todos os efeitos civis.

Nesse sentido a manifestação de Yussef Cahali: "Entende-se assim que, no sistema ora implantado em nosso direito, a declaração judicial da ausência de um dos cônjuges **produz os efeitos de morte real** do mesmo no sentido de *tornar irreversível a dissolução da sociedade conjugal*; **o seu retorno a qualquer tempo em nada interfere no novo casamento do outro cônjuge**, que tem preservada, assim, a sua plena validade"[3].

A solução do Código Civil brasileiro afigura-se melhor, pois a esposa, em virtude da ausência, já constituiu nova família, sendo desarrazoado dissolver o novo casamento para tentar restabelecer uma ligação já deteriorada pelo tempo[4].

Morte presumida, sem decretação de ausência

O Código Civil admite ainda a declaração da "*morte presumida, sem decretação de ausência*", para todos os efeitos, **"se for extremamente provável a morte de quem estava em perigo de vida"** e se "alguém, desaparecido em campanha ou feito prisioneiro, não for encontrado até dois anos após o término da guerra" (art. 7º, I e II). Nesses casos, a sentença fixará "a data provável do falecimento" (art. 7º, parágrafo único).

Como a morte presumida **extingue o vínculo conjugal**, será permitido ao ex-cônjuge contrair novas núpcias, uma vez que a declarada por sentença, mesmo sem decretação de ausência, nas condições do aludido art. 7º, **desfruta da mesma eficácia correspondente à morte real, como causa da dissolução do casamento**[5].

Nesse caso, sim, poderá haver problema se o viúvo se casar novamente e o cônjuge declarado presumidamente morto reaparecer. Nem sempre ocorre uma longa separação de fato, visto que, logo após o conhecimento da morte do cônjuge, pode o viúvo propor a ação declaratória. Incabível ***in casu*** a ação rescisória, movida pelo cônjuge declarado morto, pois a sentença declaratória foi proferida em procedimento de jurisdição voluntária.

Tem a jurisprudência proclamado, com efeito, que "não cabe ação rescisória nos processos de jurisdição voluntária. Ela só é admissível contra as sentenças de mérito, ou seja, naquelas em que há litígio e produz coisa julgada material... As decisões proferidas nos processos de jurisdição graciosa, todavia, não fazem coisa julgada material. Os seus efeitos podem ser modificados ou alterados a qualquer tempo, desde que surjam motivos que aconselhem modificação do que foi decidido anteriormente"[6].

Reformada, em face do fato novo consistente no retorno do cônjuge tido como morto, a sentença que declarou a sua morte presumida e ensejou a celebração das segundas núpcias, o casamento precedente permanece válido, considerando-se nulo o segundo, reconhecida, porém, a sua putatividade. Caberá à ex-cônjuge decidir se volta a viver com o primeiro marido, que supunha morto, ou se dele se divorcia, para se consorciar novamente, e dessa vez validamente, com o segundo esposo.

---

3 *Divórcio e separação*, p. 70.
4 Carlos Roberto Gonçalves, *Direito civil brasileiro*, v. 1, p. 118.
5 Yussef Cahali, *Divórcio*, cit., p. 71.
6 *RT*, 622/58.

12.5. NULIDADE OU ANULAÇÃO DO CASAMENTO

A *nulidade* ou a *anulação* do casamento rompem o vínculo matrimonial, extinguindo a sociedade conjugal e permitindo que os cônjuges se casem novamente. As causas de nulidade e de anulabilidade do casamento já foram estudadas nos ns. 10.2.2.1 e 10.2.3.1 a 10.2.3.7, concernentes à inexistência e invalidade do casamento, aos quais nos reportamos.

Cumulação da ação anulatória com a de divórcio

Aduza-se que **nada impede a referida cumulação**, em ordem subsidiária (CPC/2015, art. 326). Não ocorre, na hipótese, simples "ligação consequencial entre os pedidos", mas o que os processualistas chamam de **"cúmulo objetivo eventual"**, em que os pedidos são ligados por uma relação supletiva, de modo que se substituem um ao outro, na ordem em que são postos. Examina-se o segundo no caso em que haja falhado o primeiro[7].

Existência de anterior sentença de separação judicial ou de divórcio

Também tal fato **não constitui óbice para a propositura da ação anulatória**. Não é necessário antes anular ou rescindir a sentença de separação judicial ou de divórcio, pois tal sentença não decide sobre a validade do casamento. Efetivamente, na ação de divórcio ou de separação judicial "só se discutem causas supervenientes que autorizam a dissolução da sociedade conjugal, mas partindo do pressuposto da validade do matrimônio; além do mais, trata-se de ações que colimam resultados ou consequências diversas"[8].

Já decidiu o Supremo Tribunal Federal, outrossim, ser admissível, **por via reconvencional**, pedido de divórcio em ação de anulação de casamento e vice-versa[9]. Ajuizada a demanda principal para o divórcio e sendo oposta reconvenção no sentido de anular o casamento, ou vice-versa, "o provimento a respeito da validade do vínculo terá preferência lógica, com caráter de prejudicialidade"[10].

12.6. SEPARAÇÃO JUDICIAL E EXTRAJUDICIAL

12.6.1. Separação de direito ocorrida antes do advento da Emenda Constitucional n. 66/2010

As pessoas já separadas ao tempo da promulgação da emenda em epígrafe não podem ser consideradas divorciadas. **Permanecem na condição de separadas, até que promovam a conversão da separação em divórcio**, por iniciativa de um ou de

---

7 *Revista de Direito Civil*, 30/280.

8 Yussef Cahali, *Divórcio*, cit., p. 71.

V. a jurisprudência: "A separação judicial por mútuo consentimento não impede o cônjuge de ajuizar, ou prosseguir, ação de anulação de casamento. Aquela separa corpos e patrimônio, em rito especial, simples e rápido. Esta desconstitui o matrimônio, que subsiste após a separação judicial, em ação ordinária processada com a intervenção obrigatória do defensor do vínculo e sabidamente demorada. Nada tem de comum uma pretensão em relação à outra" (*RJTJSP*, Lex, 31/157).

9 *RT*, 340/483.

10 Yussef Cahali, *Divórcio*, cit., p. 73.

ambos os cônjuges, sem necessidade de observarem qualquer prazo, mantidas as condições acordadas ou judicialmente decididas. Faculta-se-lhes, todavia, **restabelecer a sociedade conjugal**, por ato regular em juízo ou mediante escritura pública, como autoriza o art. 733 do Novo Código de Processo Civil.

■ 12.6.2. Modalidades de divórcio

Há **quatro** modalidades de divórcio:

- **divórcio-conversão;**
- **divórcio judicial litigioso;**
- **divórcio judicial consensual**; e
- **divórcio extrajudicial consensual**.

Em todos, exige-se apenas a exibição da certidão de casamento.

Proclama o Enunciado 517 do Conselho da Justiça Federal: "A Emenda Constitucional n. 66/2010 extinguiu os prazos previstos no art. 1.580 do Código Civil, **mantido o divórcio por conversão**".

A nova redação dada ao § 6º do art. 226 da Constituição Federal apenas **deixou de exigir o prazo de 1 ano** do decreto de separação judicial.

■ Questões correlatas

As questões correlatas, como as concernentes **à guarda e proteção dos filhos, alimentos, sobrenome e partilha dos bens**, poderão ser discutidas e definidas, embora não tenham nenhuma influência na decretação do divórcio.

Permanece incólume a regra constante do art. 1.581 do Código Civil, no sentido de que **"O divórcio pode ser concedido sem que haja prévia partilha de bens"**, bem como a Súmula 197 do Superior Tribunal de Justiça, na mesma linha: "*O divórcio direto pode ser concedido sem que haja prévia partilha de bens*".

■ Divórcio judicial litigioso

É o adequado para os casais que não acordaram sobre a própria separação ou sobre algumas das mencionadas questões correlatas. Sobre elas apenas poderá haver contestação ao pedido, **mas não sobre as causas da separação**.

Na **pretensão a alimentos**, discutir-se-ão apenas a *necessidade* do postulante e a *possibilidade* do outro cônjuge de pagar a pensão pretendida, **sem perquirição da culpa**.

Na questão da **guarda dos filhos**, verificar-se-á apenas qual dos cônjuges revela melhores condições de exercê-la, **afastadas quaisquer indagações sobre o culpado pela separação**. A indenização por eventuais danos materiais ou morais deverá ser pleiteada em ação autônoma de indenização.

■ Divórcio judicial consensual

Essa via poderá ser utilizada pelos casais que **não desejarem ou não puderem se valer do divórcio extrajudicial consensual, por terem filhos menores, por exemplo**. Efetivamente, o divórcio extrajudicial consensual, realizado mediante escritura pública lavrada por notário e assistência de advogado ou defensor público, exige a **inexistência de nascituro ou de filhos incapazes e acordo sobre todas as questões essenciais**, inclusive sobre a partilha dos bens (CPC/2015, arts. 733 e 734).

12.6.3. Efeitos decorrentes da "PEC do Divórcio"

O novo texto constitucional, como já dito:

- **suprimiu a prévia separação** como requisito;
- **eliminou qualquer prazo para a propositura do divórcio** judicial ou extrajudicial;
- **afastou, em consequência, qualquer possibilidade de se discutir a culpa** pelo término do casamento.

Os efeitos da inovação se estendem para toda a **legislação infraconstitucional que revelar incompatibilidade com a nova ordem**, uma vez que deve esta apresentar compatibilidade, e não conflito, com o texto constitucional.

12.6.4. Espécies e efeitos da separação judicial e extrajudicial

Prescreve o art. 1.576 do Código Civil:

> "A separação judicial põe termo aos deveres de coabitação e fidelidade recíproca e ao regime de bens".

Permanecem, porém, os outros três deveres impostos pelo art. 1.566 do Código Civil: mútua assistência; sustento, guarda e educação dos filhos; respeito e consideração mútuos.

No sistema inaugurado pela Emenda Constitucional n. 9/77 e pela Lei do Divórcio, a regra era o divórcio-conversão, reservando-se o divórcio direto, excepcionalmente, aos casais que se encontrassem separados de fato havia mais de cinco anos, desde que iniciada essa separação anteriormente a 28 de junho de 1977.

A **Constituição de 1988 e a Lei n. 7.841/89** possibilitaram a escolha pelos cônjuges da via de **separação judicial e sua conversão em divórcio após um ano, ou o divórcio direto após dois anos de separação de fato**, iniciada a qualquer tempo. Essa alternativa, a critério dos interessados, foi mantida no Código Civil de 2002 (art. 1.580, §§ 1º e 2º), remanescendo as modalidades de **separação judicial consensual** ou por mútuo consentimento e a **separação judicial litigiosa**, pedida por um cônjuge contra o outro.

Maria Berenice Dias[11] procurou demonstrar a **"total inutilidade e dispensabilidade da mantença de uma dupla via para pôr termo ao casamento"**, afirmando que "é imperioso que se reconheça ser de todo inútil, desgastante e oneroso, não só para o casal mas também para o Poder Judiciário, impor uma duplicidade de procedimentos para simplesmente manter no âmbito jurídico — durante o breve período de um ano — uma união que não mais existe".

---

[11] Da separação e do divórcio, in *Direito de família e o novo Código Civil*, p. 66-67.

Como já dito, **a Emenda Constitucional n. 66/2010** atendeu aos reclamos de inúmeros doutrinadores, **eliminando o sistema dual para romper o vínculo legal do casamento, suprimindo a separação como requisito para o divórcio.**

■ 12.6.5. Caráter pessoal da ação

O *caráter personalíssimo* da separação judicial vem estampado no parágrafo único do aludido art. 1.576:

"O procedimento judicial da separação **caberá somente aos cônjuges**...".

Somente eles têm a *iniciativa da ação*, que é **privativa e intransmissível**, não comportando intervenção de terceiros. Assim, se um deles morrer, a ação será extinta. A morte, por si, já é causa de dissolução da sociedade conjugal. Também a ação de divórcio extingue-se com a morte de um dos cônjuges.

O aludido caráter personalíssimo da ação de separação **inviabiliza até mesmo o exercício da ação rescisória da sentença após a morte de qualquer dos ex-cônjuges**, no pressuposto de ser inviável a colocação no polo passivo da pretensão rescindenda dos filhos do casal, e ser impossível a restauração da sociedade conjugal pela rescisão do julgado[12]. **Perde o caráter personalíssimo a ação, todavia, no tocante à repercussão patrimonial da separação**, permitindo o seu prosseguimento pelo espólio[13].

Os filhos do casal, embora partes na ação de alimentos, **não têm legitimidade para recorrer na ação de separação judicial**[14]. Não se admite, igualmente, **a intervenção de eventuais credores** de qualquer dos cônjuges nos autos da separação consensual, para impugnar a partilha convencionada entre os cônjuges, com a invocação de fraude à garantia do crédito[15].

■ Substituição processual excepcional

Na segunda parte, o citado parágrafo único do art. 1.576 do Código Civil abre uma **exceção**, permitindo que, no caso de "*incapacidade*" do cônjuge, seja este representado **"pelo curador, pelo ascendente ou pelo irmão"**. O legislador tem sido criticado por falar em representação, e não em substituição processual, como seria correto.

A ordem enunciada é **preferencial**: havendo curador, nomeado em regular processo de interdição, unicamente a ele caberá a "representação" do cônjuge que se tornou incapaz após o casamento; **somente se não houver curador** a representação passará sucessivamente ao **ascendente e ao irmão, este à falta daquele**. Entretanto, se o cônjuge incapaz figurar no ***polo passivo*** da ação de separação ou de divórcio,

---

[12] *RJTJSP*, Lex, 70/273; *RT*, 664/57, 735/264.

[13] *RT*, 506/64; *JTJ*, Lex, 202/211; *RJTJSP*, Lex, 75/175.

[14] *RT*, 569/93.

[15] *RJTJSP*, Lex, 100/172.

será representado exclusivamente por seu curador. A disposição repete-se no art. 1.582, parágrafo único, quanto ao pedido de divórcio.

Essa representação ou, melhor, substituição processual pode ocorrer tanto nos casos de **separação litigiosa** como nos de **separação amigável**, malgrado a opinião de Silvio Rodrigues[16] de que não caberia nesta última modalidade, que exige a presença, perante o juiz, de ambos os cônjuges. Tal entendimento já se encontra superado pela doutrina e não se coaduna com o texto da lei, que não faz distinção.

■ Impossibilidade de comparecimento do interessado à audiência

Têm os tribunais admitido a representação com poderes especialíssimos, com efeito, quando há total impossibilidade de comparecimento do interessado à audiência designada pelo juiz, como **quando um dos consortes reside ou se encontra exilado no exterior, ou ainda quando é impraticável a sua vinda**, uma vez que o § 4º do art. 34 da Lei do Divórcio admite que "as assinaturas serão, obrigatoriamente, reconhecidas por tabelião, quando não lançadas na presença do juiz". Se o separando estiver no exterior, deverá ser reconhecida também "a assinatura do agente consular constante da procuração"[17].

■ 12.6.6. Tentativa de reconciliação e presença de advogado

O art. 693 do Código de Processo Civil de 2015 prescreve que as normas do capítulo concernente às *ações de família* "aplicam-se aos processos contenciosos de divórcio, separação, reconhecimento e extinção de união estável, guarda, visitação e filiação".

Nas **ações de família**, todos os esforços devem ser empreendidos "**para a solução consensual da controvérsia**, devendo o juiz dispor do auxílio de profissionais de outras áreas de conhecimento para a mediação e conciliação" (art. 694). Na audiência, "as partes deverão estar acompanhadas de seus advogados ou de defensores públicos" (art. 695, § 4º).

A audiência de **mediação e conciliação** "poderá dividir-se em tantas sessões quantas sejam necessárias para viabilizar a solução consensual, sem prejuízo de providências jurisdicionais para evitar o perecimento do direito" (art. 696). Não realizado o acordo, passarão a incidir as normas do procedimento comum (art. 697).

O não comparecimento de qualquer das partes deve ser havido como recusa a qualquer acordo. Não obtida a reconciliação do casal, nem a convolação em separação amigável, **começa a fluir da data da audiência prévia o prazo para a contestação, ainda que o réu a ela não tenha comparecido**.

O capítulo do Código Civil de 2002 que disciplina a dissolução da sociedade conjugal não contém normas procedimentais. Impõe-se concluir, pois, que as existentes na Lei do Divórcio permanecem em vigor.

---

[16] *Comentários ao Código Civil*, v. 17, p. 180.

[17] *RT*, 431/203; *RJTJSP*, Lex, 125/367, 94/97; *RJTJRS*, 142/249.

12.7. RESUMO

DA DISSOLUÇÃO DA SOCIEDADE CONJUGAL	
CONCEITO	■ Sociedade conjugal é o complexo de direitos e obrigações que formam a vida em comum dos cônjuges.
CAUSAS TERMINATIVAS	■ As causas terminativas da sociedade conjugal estão especificadas no art. 1.571 do CC: ***morte*** de um dos cônjuges, ***nulidade*** ou ***anulação*** do casamento, ***separação judicial*** e ***divórcio***. A ***morte*** que a extingue é a **real**. O CC/2002, porém, incluiu entre as causas de dissolução a ***morte presumida*** do ausente (§ 1º), que se configura "nos casos em que a lei autoriza a abertura de sucessão definitiva" (art. 6º). Passou a admitir ainda a declaração de morte presumida, ***sem decretação de ausência***, para todos os efeitos, nos casos do art. 7º, I e II.
SEPARAÇÃO JUDICIAL	■ **Espécies** a) separação ***consensual*** ou por mútuo consentimento dos cônjuges (CC, art. 1.574); b) separação ***judicial*** a pedido de um dos cônjuges ou litigiosa (CC, art. 1.572). ■ **Efeitos em relação aos consortes** A separação judicial põe termo aos deveres de coabitação e fidelidade recíproca e ao regime de bens (CC, art. 1.576). Permanecem, porém, os outros três deveres impostos pelo art. 1.566 do CC: mútua assistência; sustento, guarda e educação dos filhos; respeito e consideração mútuos.

13

SEPARAÇÃO JUDICIAL POR MÚTUO CONSENTIMENTO

■ 13.1. CARACTERÍSTICAS. REQUISITO

A separação judicial requerida por **ambos** os cônjuges ou por *mútuo consentimento* é também chamada de **amigável** ou **consensual**. É procedimento típico de **jurisdição voluntária**, em que o juiz administra interesses privados. Não há litígio, pois ambos os cônjuges buscam a mesma solução: a homologação judicial do acordo por eles celebrado.

Preleciona Teresa Ancona Lopez que "a separação consensual é essencialmente **um acordo entre duas partes (cônjuges) que têm por objetivo dar fim à sua sociedade conjugal**. É, portanto, negócio jurídico bilateral, pois, para que esse acordo exista e seja válido, é necessária a declaração livre e consciente da vontade dessas partes. Todavia, para que o *muttus dissensus* tenha executoriedade ou gere os efeitos queridos pelas partes, necessita de um ato de autoridade, qual seja, **a sua homologação através de sentença judicial**"[1].

O art. 1.574 do Código Civil prescreve:

> "Dar-se-á a separação judicial por mútuo consentimento dos cônjuges se forem casados por mais de um ano e o manifestarem perante o juiz, sendo por ele devidamente homologada a convenção".

A vantagem dessa modalidade é que os separandos não precisam declinar a causa, o motivo da separação. O **único requisito** exigido, havendo consenso mútuo, era estarem os nubentes casados há mais de um ano. Todavia, **o referido prazo deixou de existir** em razão da Emenda Constitucional n. 66/2010. A propósito, proclama o Enunciado 515 da V Jornada de Direito Civil do Conselho da Justiça Federal:

> **"Pela interpretação teleológica da Emenda Constitucional n. 66/2010, não há prazo mínimo de casamento para a separação consensual"**.

Basta, portanto, o acordo de vontades.

---

[1] Separação consensual (aspectos práticos e controvérsias). In: *Família e casamento*, p. 639.

13.2. PROCEDIMENTO

O **art. 34 da Lei n. 6.515/77** dispõe que a separação judicial consensual se fará pelo procedimento previsto nos arts. 1.120 a 1.124 do Código de Processo Civil [de 1973, substituídos pelos arts. 731 a 734 do NCPC], mas acrescentando as seguintes regras:

> "§ 1º A petição será também assinada pelos advogados das partes ou pelo advogado escolhido de comum acordo.
>
> § 2º O juiz pode recusar a homologação e não decretar a separação judicial, se comprovar que a convenção não preserva suficientemente os interesses dos filhos ou de um dos cônjuges.
>
> § 3º Se os cônjuges não puderem ou não souberem assinar, é lícito que outrem o faça a rogo deles.
>
> § 4º As assinaturas, quando não lançadas na presença do juiz, serão, obrigatoriamente, reconhecidas por tabelião".

Recusa, pelo juiz, de homologação do acordo

O art. 1.574, parágrafo único, do Código Civil de 2002 reproduziu integralmente o § 2º supratranscrito, que trata da ***recusa de homologação*** do acordo pelo juiz. Deve ela ser fundamentada, com indicação das modificações que comportariam as **cláusulas prejudiciais**, porque a parte inconformada pode interpor recurso de apelação ao Tribunal de Justiça.

Em geral as cláusulas que justificam a recusa do juiz em homologar a separação concernem **à guarda e ao sustento dos filhos menores, por atentatórias do interesse ou do direito destes**. Podem os pais, por exemplo, egoisticamente, ter acordado a entrega dos filhos menores à guarda de terceiros ou a internação em colégio interno, privando-os do carinho e da orientação paterna, indispensáveis ao seu desenvolvimento sadio, ou ainda ter estipulado alimentos em quantia insuficiente. Pode acontecer, ainda, que um dos separandos tenha sido **induzido a aceitar alguma cláusula que o desfavoreça** e o fato seja percebido pelo juiz.

Permissão, deferida ao juiz, de cindir a convenção

É também permitido ao juiz ***cindir a convenção***, homologando parcialmente a separação, deixando de lado, por exemplo, as cláusulas referentes à partilha, por reputá-la prejudicial a um dos separandos[2].

Preceitua o Enunciado 516 da V Jornada de Direito Civil do Conselho da Justiça Federal:

> "Na separação judicial por mútuo consentimento, o juiz só poderá intervir **no limite da preservação do interesse dos incapazes ou de um dos cônjuges, permitida a cindibilidade dos pedidos**, com a concordância das partes, aplicando-se esse entendimento também ao divórcio".

---

2 Yussef Cahali, *Divórcio*, cit., p. 173-174.
V. a jurisprudência: *RT*, 529/77, 450/210; *RJTJSP*, Lex, 58/170.

Cláusulas obrigatórias

Prescreve o art. 731 do Código de Processo Civil de 2015 que a petição inicial deve conter:

> "I — as disposições relativas à descrição e à **partilha dos bens comuns**;
> II — as disposições relativas à pensão alimentícia entre os cônjuges;
> III — o acordo relativo à **guarda dos filhos** incapazes e ao **regime de visitas**; e
> IV — o **valor da contribuição** para criar e educar os filhos".

Partilha dos bens

Prevê o parágrafo único do aludido dispositivo que: "se os cônjuges não acordarem sobre a partilha dos bens, far-se-á esta **depois de homologado o divórcio**, na forma estabelecida nos arts. 647 a 658".

O Código Civil de 2002, incompreensivelmente, estabeleceu no art. 1.575 que "a sentença de separação judicial importa a separação de corpos e a **partilha de bens**", confrontando com o art. 1.581 do mesmo diploma, que permite a concessão do divórcio **"sem que haja prévia partilha de bens"**. O verbo "importar" significa que a separação judicial acarreta, como consequência necessária, a partilha de bens. No entanto, a redação do citado art. 1.581 demonstra que o sistema adotado pelo novo diploma é o de que **a divisão de bens, na separação judicial, não pode ser obrigatória**, como de resto vem entendendo a jurisprudência mais atualizada. Ora, se o divórcio pode ser realizado sem partilha prévia de bens, não há motivo para que a separação judicial também não o possa.

Com a separação do casal cessa a comunhão de bens, de modo que, embora ainda não operada a partilha do patrimônio comum do casal, **é facultado a um dos ex-cônjuges exigir do outro**, que estiver na posse e uso exclusivos de determinado imóvel, a título de indenização, **parcela correspondente a 50% do valor de mercado de aluguel mensal do imóvel**, deduzidas as despesas de manutenção do bem, inclusive tributos incidentes, e será paga a partir da ciência do pedido[3].

Se o casal **não tiver bens a partilhar, deve declarar tal fato**. Caso nada declarem, deverão depois discutir judicialmente pelas vias ordinárias a partilha dos bens omitidos na petição de separação[4].

A partilha pode ser realizada de modo desigual, pois os cônjuges, sendo maiores e capazes, podem transigir, sujeitando-se eventualmente ao recolhimento do imposto decorrente da doação implicitamente feita ao outro cônjuge.

Dispõe, com efeito, a Súmula 116 do Supremo Tribunal Federal:

> "Em desquite, ou inventário, é legítima a cobrança do chamado imposto de reposição, **quando houver desigualdade nos valores partilhados**".

---

[3] STJ, REsp 983.450-RS, 3ª T., rel. Min. Nancy Andrighi, j. 2-2-2017; STJ, 2ª Seção, rel. Min. Raul Araújo, Disponível em *Revista Consultor Jurídico*, de 13-2-2017.

[4] *RT*, 519/217.

Somente poderá um dos cônjuges *renunciar integralmente à sua parte*, no patrimônio comum, doando-a indiretamente ao ex-consorte, **se dispuser de meios de subsistência** (CC, art. 548). Lavrado e assinado o termo, considera-se dissolvida a sociedade conjugal e, destarte, não se comunicam os bens que venham a ser adquiridos posteriormente e antes da partilha, se esta foi postergada.

■ **Guarda dos filhos menores**

Devem os consortes disciplinar, minuciosamente, a *guarda dos filhos*, **se compartilhada ou não**, e o **direito de visitas**, inclusive o modo de convivência durante as férias escolares e feriados tradicionais. No entanto, a omissão sobre a guarda dos filhos não constitui óbice à homologação da separação judicial. O juiz, nesse caso, pressupondo que os genitores não terão chegado a um entendimento, homologará simplesmente a separação pessoal dos cônjuges, aplicando quanto aos filhos o disposto no art. 1.584 do Código Civil, atribuindo a guarda **"a quem revelar melhores condições para exercê-la"**.

Se os consortes acordarem que a *guarda* dos filhos menores **fique com um terceiro, como o avô, este deverá assinar também a petição, anuindo**. Recomenda-se a regulamentação das visitas, para evitar futuros litígios, prejudiciais aos menores. **Deve ser, obrigatoriamente, fixada a *pensão* a ser paga aos filhos pelo genitor que não ficou com a guarda**.

■ **Pensão alimentícia**

Se um dos **cônjuges** necessitar de auxílio, deverá ser fixado o **valor da *pensão*** que o outro lhe pagará. Tem-se admitido que a mulher abra mão dos alimentos, podendo, porém, pleiteá-los futuramente, se vier a necessitar e não tiver sido contemplada, na partilha, com bens suficientes para a sua subsistência (CC, art. 1.704). Dispõe, com efeito, a Súmula 379 do Supremo Tribunal Federal:

> **"No acordo de desquite não se admite renúncia aos alimentos, que poderão ser pleiteados ulteriormente, verificados os pressupostos legais"**.

A omissão de qualquer referência à pensão que o marido pagará à mulher não impedirá a homologação da separação, **devendo-se presumir que decorre do fato de a separanda dela não necessitar, por ter meios próprios de subsistência**. Não se permite, no entanto, que os pais deixem de contribuir para o sustento dos filhos menores, na proporção de seus ganhos.

■ **Uso do nome de solteiro**

A petição deverá esclarecer, ainda, se o cônjuge que usa o sobrenome do outro voltará a usar o *nome* de solteiro (CC, art. 1.578, § 2º). **No silêncio, deve-se entender que optou por conservá-lo**. Como os cônjuges têm o direito de optar por conservar ou não o sobrenome do outro, podem eles, posterior e unilateralmente, requerer o seu cancelamento, voltando a usar o nome de solteiro. **Se, no entanto, haviam optado por não conservá-lo, não poderão futuramente voltar a usá-lo**.

A cláusula alusiva ao nome dos separandos **é a única que pode ser modificada unilateralmente**. Se um dos cônjuges quiser alterar, por exemplo, a referente à guarda dos filhos, não poderá fazê-lo. Terá de propor uma ação ordinária de modificação de cláusula sobre guarda de filhos e provar a existência de motivos graves, prejudiciais aos menores, que justifiquem a sua pretensão.

Cláusulas facultativas

Além dessas cláusulas obrigatórias, pode o acordo da separação, sendo esta um negócio jurídico, conter diversas outras sujeitas apenas à deliberação das partes, **no exercício da autonomia da vontade**, desde que **não ofendam normas de ordem pública, a moral e os bons costumes**. Podem, assim, *v. g.*, assumir obrigações recíprocas, outorgar procuração em causa própria ao outro consorte para transferência de determinado bem, fazer ou prometer fazer doações aos filhos ou ao outro cônjuge com ou sem usufruto, estipular cessões de bens em comodato ou em locação etc.

Oitiva dos cônjuges e homologação do pedido

A petição será apresentada ao juiz, que **ouvirá os cônjuges**, verificando se estão deliberando livremente e se desejam a separação, sem hesitação. Convencendo-se disso, mandará **reduzir a termo** as declarações e, depois de ouvir o Ministério Público quando houver interesse de incapaz (CPC/2015, art. 698), **homologá-la-á**.

Se se verificar posteriormente que o acordo celebrado pelas partes encontra-se **eivado de algum vício**, como erro, dolo e coação, por exemplo, cabe o ajuizamento de **ação anulatória da sentença homologatória**, com base no art. 966, § 4º, do Código de Processo Civil, conforme iterativa jurisprudência, *e não a ação rescisória*, que é adequada para atacar a sentença em si (por proferida por juiz incompetente, p. ex.), e não o ato da parte[5].

O pedido de separação, de caráter personalíssimo, ficará prejudicado se um dos cônjuges falecer antes de sua homologação pelo juiz. **Não se defere, assim, pedido de homologação de separação amigável após o falecimento de um dos cônjuges**, mediante provocação de parentes sucessíveis[6].

Enquanto não lavrado o termo pelo escrivão e assinado pelas partes, o pedido não se torna público e poderá haver **arrependimento unilateral**. Assinado o termo, o pedido torna-se **irretratável** pela **manifestação unilateral** de um só dos cônjuges. Admite-se, todavia, a homologação de novo acordo, substituindo o primeiro, dispensando-se para tanto eventual ação anulatória[7].

13.3. PROMESSA DE DOAÇÃO NA SEPARAÇÃO CONSENSUAL

Assim como há promessa ou compromisso de compra e venda, pode haver, também, *promessa de doação*.

Controverte-se, no entanto, a respeito da **exigibilidade de seu cumprimento**.

Uma corrente doutrinária sustenta ser **inexigível o cumprimento de promessa de *doação pura*, porque esta representa uma liberalidade plena**. Não cumprida a promessa, haveria uma execução coativa ou poderia o promitente-doador ser responsabilizado por perdas e danos, nos termos do art. 389 do Código Civil — o que se mostra

---

5 *RT*, 554/248, 665/186; *RSTJ*, 17/422; *RTJ*, 83/977; *RJTJSP*, Lex, 98/397.

6 *RJTJSP*, Lex, 53/71.

7 STJ, 3ª T., rel. Min. Nancy Andrighi, disponível in Revista *Consultor Jurídico* de 21-5-2018.

incompatível com a gratuidade do ato. Tal óbice não existe, contudo, na ***doação onerosa***, porque o encargo imposto ao donatário estabelece um dever exigível do doador.

Para outra corrente, **a intenção de praticar a liberalidade manifesta-se no momento da celebração da promessa**. A sentença proferida na ação movida pelo promitente-donatário nada mais faz do que cumprir o que foi convencionado. Nem faltaria, *in casu*, a espontaneidade, pois se ninguém pode ser compelido a praticar uma liberalidade, pode, contudo, assumir voluntariamente a obrigação de praticá-la. **Esta corrente admite promessa de doação entre cônjuges, celebrada em separação judicial consensual, e em favor de filhos do casal, cujo cumprimento, em caso de inadimplemento, pode ser exigido com base no art. 501 do Código de Processo Civil**[8].

Na **jurisprudência** também há divergências. Algumas decisões acolhem o entendimento da última corrente mencionada. Outras, porém, exigem que a promessa convencionada em separação consensual tenha caráter retributivo (não seja de doação pura), havendo ainda manifestações no sentido de que a promessa enseja a possibilidade de arrependimento entre a vontade manifestada e o ato de doar, sendo inadmissível a execução forçada[9].

Yussef Said Cahali[10] considera necessário distinguir, nas separações consensuais, a **doação definitiva** da **promessa de doação** de bens imóveis aos filhos. Na **primeira**, homologado o acordo por sentença, a doação se tem como **consumada**, não se sujeitando à retratação unilateral ou bilateral dos autores da liberalidade. Antecedendo à sentença homologatória, nada impede a retratação *bilateral*. Não há necessidade de completar o ato transmissivo por instrumento público, pois, **sendo praticado em juízo, tem a mesma eficácia da escritura pública**.

A **promessa de doação** em favor da prole é admitida, prossegue o mencionado autor, "atribuindo-se à cláusula do acordo homologado **eficácia plena e irrestrita**, sem condições de retratabilidade ou arrependimento, assegurando-se ao beneficiário direito à adjudicação compulsória do imóvel ou à sentença condenatória substitutiva da declaração de vontade recusada".

Nesse diapasão decidiu o Tribunal de Justiça de São Paulo que "o acordo, quando contém os mesmos requisitos formais e de fundo da liberalidade prometida, erige-se em contrato preliminar, **sujeitando-se à execução específica das obrigações de emitir declaração de vontade**"[11].

■ 13.4. O PROCEDIMENTO ADMINISTRATIVO, MEDIANTE ESCRITURA PÚBLICA, PARA A SEPARAÇÃO E O DIVÓRCIO CONSENSUAIS

Visando racionalizar as atividades processuais e simplificar a vida jurídica dos cidadãos, bem como evitar uma indevida intromissão do Estado na vida privada, a

8 Carlos Roberto Gonçalves, *Direito civil brasileiro*, v. 3, p. 290.

9 *RT*, 699/55, 738/400.

10 *Divórcio e separação*, p. 174-197.

11 *RT*, 460/107.

Lei n. 11.441, de 4 de janeiro de 2007, facultou a realização das **separações, divórcios e partilhas consensuais por meio de escritura pública lavrada em cartório de notas**, quando todos os interessados forem capazes e concordes com os termos do ajuste, afastando a obrigatoriedade do procedimento judicial.

A referida lei introduziu, no Código de Processo de 1973, o art. 1.124-A, que foi reproduzido no art. 733 do Novo Código de Processo Civil, com poucas alterações, como se pode verificar:

> "Art. 733. O divórcio consensual, a separação consensual e a extinção consensual de união estável, **não havendo nascituro ou filhos incapazes** e observados os requisitos legais, poderão ser realizados por **escritura pública**, da qual constarão as disposições de que trata o art. 731.
>
> § 1º A escritura **não depende de homologação judicial** e constitui título hábil para qualquer ato de registro, bem como para levantamento de importância depositada em instituições financeiras.
>
> § 2º O tabelião somente lavrará a escritura se os interessados estiverem **assistidos por advogado ou por defensor público**, cuja qualificação e assinatura constarão do ato notarial".

Foi suprimido apenas o § 3º, pelo qual a escritura e demais atos notariais seriam "gratuitos àqueles que se declararem pobres sob as penas da lei".

A redação conferida ao dispositivo em apreço, com a utilização do verbo "poderão", aponta o **caráter facultativo** do procedimento administrativo. A escolha fica a critério das partes. Entende-se, pois, que a Lei n. 11.441/2007, ao criar inventário e partilha extrajudiciais, separações e divórcios também extrajudiciais, mediante escritura pública, **não obsta à utilização da via judicial correspondente**.

Ao argumento de que, sendo as partes capazes e plenamente concordes com os termos do ajuste dissolutório, podem pôr termo ao casamento por escritura pública e, desse modo, careceriam do interesse de agir se recorressem ao procedimento judicial, pode-se objetar que, todavia, o art. 189 do estatuto processual civil proclama que tramitam "**em segredo de justiça** os processos (...) II — que versem sobre casamento, separação de corpos, divórcio, separação, união estável, filiação, alimentos e guarda de crianças e adolescentes".

A **opção pelo procedimento judicial** pode-se justificar, pois, pelo interesse das partes em que os termos do acordo, especialmente os concernentes à partilha e à pensão alimentícia, *permaneçam cobertos pelo segredo de justiça* — o que não ocorrerá se a dissolução da sociedade conjugal se realizar por escritura pública.

Tal opção, por sinal, deve ser feita toda vez que **o ajuste contiver cláusula estabelecendo a obrigação de um dos cônjuges pagar alimentos ao outro**. É que, nesse caso, como salienta Cristiano Chaves de Farias, "**é imprescindível a prolação de decisão judicial** para que, havendo, no futuro, eventual descumprimento da obrigação alimentícia pelo devedor, possa o credor (alimentando) utilizar o procedimento especial de execução dos alimentos (art. 733 do Código de Processo Civil [de 1973]), através da coerção pessoal consistente na **prisão civil do alimentante**. Isto porque **não vem se**

admitindo, corretamente, o decreto de prisão civil por dívida alimentar quando a obrigação de prestar alimentos foi estabelecida em sede extrajudicial"[12].

Salienta o mencionado autor, com razão e com fulcro no art. 226, § 3º, da Constituição Federal (que elevou a união estável ao *status* de entidade familiar), que, uma vez admitida a dissolução do casamento por escritura pública, fundadas razões levam à **admissibilidade de utilização do procedimento administrativo simplificado também para a extinção consensual de *união estável***, apesar do inexplicável silêncio do legislador.

Pode-se afirmar, em face do texto da lei em epígrafe, que os **requisitos** para o exercício da faculdade legal são:

- **inexistência de filhos menores ou incapazes** do casal;
- **consenso sobre todas as questões** emergentes da separação ou do divórcio;
- lavratura de **escritura pública** por tabelião de notas;
- assistência de **advogado**.

13.4.1. Inexistência de nascituro ou filhos incapazes do casal

O procedimento administrativo *poderá* ser adotado, segundo proclama o *caput* do art. 733 do Código de Processo Civil de 2015, **se não houver "nascituro ou filhos incapazes" do casal.**

Em princípio, pois, a existência de filhos menores ou incapazes impede a dissolução do casamento mediante escritura pública, **devendo ser observado o procedimento judicial**, mais demorado. Por isso, os interessados no procedimento mais célere devem fazer prova, perante o tabelião, com a certidão de casamento e as certidões de nascimento dos filhos, de que estes são maiores ou emancipados.

O Conselho Nacional de Justiça (CNJ) alterou, no dia 6 de abril de 2016, a Resolução n. 35/2007, estabelecendo que **a separação ou divórcio não pode efetivar-se por escritura pública quando a mulher está grávida**, ao fundamento de que permitir o procedimento nos cartórios nesses casos poderia gerar risco de prejuízo ao nascituro, que pode ter seus direitos violados, como no caso, por exemplo, da partilha de um bem comum com outro filho capaz.

Todavia, **se o pacto não versar sobre eventuais direitos dos filhos**, que são indisponíveis, o casal poderá deliberar a separação ou o divórcio **por meio de escritura pública**. Assim, **fraciona-se a dissolução do casamento**. Em sede administrativa, *por meio de escritura pública*, serão ajustados os interesses recíprocos de caráter disponível do casal, como a partilha de bens e o uso do nome, extinguindo-se a união conjugal. E, **na via judicial, serão resolvidas as questões atinentes à guarda e visita dos filhos incapazes, bem como aos alimentos** a eles devidos, além de outras eventuais divergências.

Como já mencionado anteriormente no n. 13.2 (*Procedimento*), com supedâneo na doutrina de Yussef Said Cahali, **é também permitido ao juiz cindir a conven-**

---

[12] *O novo procedimento da separação e do divórcio*, p. 66 e 44.

ção, homologando parcialmente a separação, deixando de lado, por exemplo, as cláusulas referentes à partilha, por reputá-la prejudicial a um dos separandos. Nesse sentido o Enunciado 516 da V Jornada de Direito Civil do Conselho da Justiça Federal, retrotranscrita. Em realidade, sempre se admitiu e continua sendo admitida a homologação do acordo com exclusão ou ressalva de cláusulas.

■ 13.4.2. Consenso do casal sobre todas as questões emergentes da separação ou do divórcio

Assim como sucede na separação judicial e no divórcio judicial consensuais, **a escritura pública deve expressar a livre decisão do casal** acerca da partilha dos bens comuns, do *quantum* e do modo de pagamento dos alimentos que um dos cônjuges pagará ao outro, ou sua dispensa, e da retomada, ou não, do nome de solteiro.

Trata-se de regras obrigatórias. Em princípio, se houver qualquer discordância sobre alguns desses pontos, o tabelião não poderá lavrar a escritura. Entretanto, tanto em separação consensual como em divórcio consensual, por escritura pública, **as partes podem optar em partilhar os bens, ou resolver sobre a pensão alimentícia, *a posteriori***.

Não há empeço, efetivamente, a que os cônjuges **releguem a discussão sobre a *partilha* para o futuro**, realizando-a de forma amigável ou judicial, pelas vias ordinárias. De fato, o art. 1.581 do Código Civil e a Súmula 197 do Superior Tribunal de Justiça autorizam a dissolução do casamento sem partilha do patrimônio comum. Malgrado se refiram somente à hipótese de divórcio consensual, não há motivo para que não se apliquem também à separação por mútuo consentimento.

Se o casal não tiver bens a partilhar, deve declarar tal fato. **Se tiver e nada dispuser acerca da partilha, permanecerá o patrimônio em regime de condomínio**, a ser extinto oportunamente. Havendo transmissão de propriedade entre cônjuges, de bens do patrimônio separado, ou partilha de modo desigual do patrimônio comum, sujeitam-se eles ao recolhimento do tributo devido: ITBI, se onerosa, conforme a lei municipal da localidade do imóvel; ou ITCMD, se gratuita, conforme a legislação estadual.

Dispõe a propósito a Súmula 116 do Supremo Tribunal Federal:

> "Em desquite ou inventário, é legítima a cobrança do chamado imposto de reposição quando houver desigualdade nos valores partilhados".

Se um dos cônjuges necessitar de auxílio, deverá ser fixado o valor da pensão que o outro lhe pagará. Como já mencionado no item 13.2, *retro*, **a omissão de qualquer referência ao eventual pagamento de *pensão alimentícia* não impedirá a lavratura da escritura, devendo-se presumir que decorre do fato de nenhum deles necessitar da benesse**, por ter meios próprios de subsistência, ou da opção pela discussão da questão pelas vias judiciais, para que possa ser utilizado o procedimento especial, com previsão de prisão do devedor, em caso de descumprimento do acordo.

Tem-se admitido que o cônjuge renuncie, isto é, **abra mão dos alimentos, podendo, porém, pleiteá-los futuramente**, se vier a necessitar e não tiver sido contemplado, na partilha, com bens suficientes para a sua subsistência (CC, art. 1.704). Dispõe, com efeito, a Súmula 379 do Supremo Tribunal Federal:

> "No acordo de desquite não se admite renúncia aos alimentos, que poderão ser pleiteados ulteriormente, verificados os pressupostos legais".

A ausência de acordo dos cônjuges acerca dos alimentos não importa, portanto, em impedimento à lavratura da escritura pública de separação ou de divórcio, uma vez que, mesmo não estando previsto o ajuste sobre o pensionamento alimentício, **os interessados poderão reclamar alimentos, posteriormente**, como lhes faculta o art. 1.694 do Código Civil.

O ajuste deve esclarecer, ainda, se o cônjuge que usa o sobrenome do outro voltará ou não a usar o *nome de solteiro*. No silêncio, como já dito (item 13.2, *retro*), deve-se entender que optou por conservá-lo. Como os cônjuges, na separação e no divórcio judiciais, têm o direito de optar por conservar ou não o sobrenome do outro, podem eles, também no procedimento administrativo, fazer tal opção.

Reitere-se que, além dessas cláusulas obrigatórias, pode o acordo conter diversas outras sujeitas apenas à deliberação das partes, **no exercício da autonomia da vontade**, desde que não ofendam normas de ordem pública, a moral e os bons costumes. Podem, assim, por exemplo, assumir obrigações recíprocas, outorgar procuração em causa própria ao outro consorte para transferência de determinado bem, fazer ou prometer fazer doações aos filhos ou ao outro cônjuge com ou sem usufruto, estipular cessões de bens em comodato ou em locação etc.

■ 13.4.3. Lavratura de escritura pública por tabelião de notas

Preceitua o § 1º do art. 733 do diploma processual civil de 2015:

> "A escritura **não depende de homologação judicial** e constitui título hábil para **qualquer ato de registro**, bem como para levantamento de importância depositada em instituições financeiras".

Desse modo, não dependendo de homologação judicial, a separação e o divórcio consensuais, realizados administrativamente, **produzem seus efeitos imediatamente na data da lavratura da escritura pública**. O traslado fornecido pelo tabelião constitui instrumento hábil para averbação da separação ou do divórcio no registro civil, e para o registro de imóveis, se houver bens dessa natureza.

■ Livre escolha do tabelião de notas

Para a lavratura dos atos notariais de que trata o art. 733, ora comentado, *é livre a escolha do tabelião de notas*, **não se aplicando as regras de competência** do Código de Processo Civil. A competência é uma medida da jurisdição, que é monopólio do Poder Judiciário — e o tabelião não tem poderes jurisdicionais. Por essa razão, podem os cônjuges promover a lavratura da escritura **no cartório da localidade que lhes for mais conveniente**, independentemente de serem ali domiciliados ou não. Igualmente, não se aplica, pelo mesmo motivo, qualquer regra que estabeleça privilégio de foro para a mulher.

Lavrada a escritura, **não se admite retratação do acordo celebrado, mas apenas a correção de erros materiais**. Daí a necessidade de as partes estarem devidamente assistidas por advogado.

■ **Possibilidade de representação das partes**

Qualquer dos cônjuges pode ser *representado* por **procurador, com poderes específicos e bastantes**, mediante instrumento público de procuração, porque não há vedação legal e a situação é similar ao ato solene do casamento, que permite tal forma de representação (CC, art. 1.542).

O comparecimento pessoal das partes, portanto, não é indispensável à lavratura da escritura pública de separação e divórcio consensuais, **sendo admissível aos separandos ou aos divorciandos se fazer representar por mandatário constituído, desde que por instrumento público** (CC, art. 657), com poderes especiais. Não poderão as duas partes, contudo, ser representadas no ato pelo mesmo procurador, como já acentuado no item n. 7.5, *retro*.

■ **Dispensa da participação do Ministério Público**

Desnecessária a participação do Ministério Público no ato de lavratura da escritura pública em cartório, **por inexistir interesse público** que justifique a sua atuação na separação e no divórcio consensuais entre pessoas capazes. Igualmente, **dispensável se mostra, em regra, a participação de testemunhas**.

No entanto, se algum dos partícipes não for conhecido do tabelião, nem puder identificar-se por documento, "*deverão participar do ato pelo menos duas testemunhas que o conheçam e atestem sua identidade*" (CC, art. 215, § 5º).

■ **Escritura pública de reconciliação do casal**

A *reconciliação* dos separados extrajudicialmente também pode ser formalizada mediante escritura pública, que será levada à averbação no registro do casamento, independentemente de homologação judicial. **Pode efetivamente o casal se reconciliar a qualquer tempo, desde que antes do divórcio, mediante escritura pública lavrada em cartório de notas**.

Nesse caso, o *restabelecimento da sociedade conjugal* ocorrerá pela simples **averbação** no registro civil do novo negócio jurídico bilateral, independentemente de chancela judicial.

■ 13.4.4. Assistência de advogado

Conforme já mencionado, prescreve o § 2º do art. 733 do estatuto processual civil de 2015: "O tabelião somente lavrará a escritura se os interessados estiverem **assistidos por advogado ou por defensor público**, cuja qualificação e assinatura constarão do ato notarial".

Cumpre enfatizar que assistência não é simples presença formal do advogado ao ato para sua autenticação, mas de **efetiva participação na orientação do casal**, esclarecendo as dúvidas de caráter jurídico e redigindo a minuta do acordo para a lavratura da escritura pública.

O advogado **comparece ao ato e subscreve a escritura, como assistente das partes, não havendo necessidade de procuração**. Com efeito, os arts. 103 e 104 do

Código de Processo Civil de 2015 exigem a procuração somente para que o advogado venha a "procurar em juízo" — o que não é o caso. Pode o advogado, no mesmo instrumento, ser constituído procurador para eventuais rerratificações necessárias, salvo em matéria de direito personalíssimo e indisponível.

Se os cônjuges necessitarem de assistência judiciária gratuita, por não poderem pagar advogado particular, poderão ser assistidos por **defensor público**, onde houver, ou, na sua falta, por **advogado indicado pela OAB**, em virtude da garantia constitucional (CF, art. 134).

■ 13.4.5. Separação ou divórcio consensuais celebrados por autoridades consulares

A Lei n. 12.874, de 29 de outubro de 2013, introduziu dois parágrafos ao art. 18 da Lei de Introdução às Normas do Direito Brasileiro, permitindo que a separação ou o divórcio consensuais de brasileiros no exterior possam ser feitos pelas autoridades consulares brasileiras, desde que o casal não tenha filhos menores ou incapazes, devendo constar da escritura pública as disposições relativas à descrição e à partilha dos bens comuns e à pensão alimentícia, bem como o acordo quanto à retomada pelo cônjuge de seu nome de solteiro ou à manutenção do nome adotado quando se deu o casamento. Embora a assistência do advogado seja indispensável, não se faz necessário que a sua assinatura conste da escritura pública.

■ 13.5. RESUMO

SEPARAÇÃO JUDICIAL CONSENSUAL	
CARACTERÍSTICAS	■ A separação requerida por ambos os cônjuges (amigável ou consensual) é procedimento típico de ***jurisdição voluntária***, em que o juiz administra interesses privados. Não há litígio, pois ambos os cônjuges buscam a mesma solução: a homologação judicial do acordo por eles celebrado (CC, art. 1.574).
REQUISITO	■ A vantagem dessa modalidade é que os separandos não precisam declinar o motivo da separação. O ***único requisito*** exigido, havendo consenso mútuo, é estarem os nubentes casados há mais de um ano. Imprescindível, pois, a anexação à inicial da certidão de casamento. O Enunciado 515 da V Jornada de Direito Civil do Conselho da Justiça Federal, todavia, proclama: "Pela interpretação teleológica da Emenda Constitucional n. 66/2010, ***não há prazo mínimo de casamento para a separação consensual***".
PROCEDIMENTO	■ O capítulo do Código Civil que disciplina a dissolução da sociedade conjugal não contém normas procedimentais. Impõe-se concluir, pois, que as existentes na Lei do Divórcio (Lei n. 6.515/77) continuam em vigor. O art. 34 da mencionada lei dispõe que a separação consensual se fará pelo procedimento previsto nos arts. 1.120 a 1.124 do CPC [de 1973, substituídos pelos arts. 731 a 734 do NCPC], mas acrescentando outras regras.

14

SEPARAÇÃO JUDICIAL A PEDIDO DE UM DOS CÔNJUGES

14.1. ESPÉCIES

Separação-sanção

Preceitua o art. 1.572, *caput*, do Código Civil que "qualquer dos cônjuges poderá propor a ação de separação judicial, imputando ao outro qualquer ato que importe grave violação dos deveres do casamento e torne insuportável a vida em comum". Trata-se de ***separação-sanção***, que pode ser pedida a qualquer tempo após a realização do casamento.

Separação-falência

Aduz o § 1º que "a separação judicial pode também ser pedida se um dos cônjuges provar ruptura da vida em comum há mais de um ano e a impossibilidade de sua reconstituição". Essa modalidade é denominada ***separação-falência***.

Separação-remédio

Por fim, dispõe o § 2º que "o cônjuge pode ainda pedir a separação judicial quando o outro estiver acometido de doença mental grave, manifestada após o casamento, que torne impossível a continuação da vida em comum, desde que, após uma duração de dois anos, a enfermidade tenha sido reconhecida de cura improvável". A situação é de ***separação-remédio***.

A enumeração é taxativa, não podendo ser estendida a outras situações.

Características da separação-sanção

A hipótese prevista no art. 1.572, *caput*, é chamada de separação-sanção porque um dos cônjuges atribui ***culpa*** ao outro (na modalidade de grave infração dos deveres conjugais), **aplicando-se sanções ao culpado**. Estas são: perda do direito a alimentos, exceto os indispensáveis à sobrevivência (CC, arts. 1.694, § 2º, e 1.704, parágrafo único) e perda do direito de conservar o sobrenome do outro (art. 1.578).

Como é a única hipótese em que se discute culpa, **é também a única que admite *reconvenção***. Nesse caso, pode a separação ser decretada por **culpa de um só dos cônjuges ou de ambos**. Se ambos forem culpados, nenhum deles fará jus à verba alimentícia, exceto se necessária à subsistência.

Para que a separação judicial seja decretada por culpa de ambos os cônjuges, faz-se necessário que o réu ofereça reconvenção ou, tendo proposto demanda autônoma, ocorra a unificação dos processos pela conexidade. Em princípio, como observa

Yussef Cahali[1], **se o réu apenas contestou a ação, mas não reconveio**, só ele poderá ser considerado cônjuge **culpado** ou responsável pela separação judicial decretada.

Nessa linha, a jurisprudência:

> "Sendo a separação litigiosa proposta pela mulher e não se demonstrando a culpa do marido, ao revés, comprovando-se, robustamente, o adultério da esposa, o não ajuizamento da reconvenção, que impede a decretação da separação por culpa da autora, acarreta a manutenção da relação marital, ainda que configurada a insuportabilidade da vida em comum, pela improcedência do pedido inicial"[2].

Todavia, o Superior Tribunal de Justiça já teve a oportunidade de ressalvar, em separação judicial com alegação de culpa recíproca e fato conhecido no curso da ação, **que a ausência de reconvenção constituía formalidade superada**, assim enfatizando:

> "Nos casos de separação judicial, a inércia do réu em não propor a reconvenção não é, necessariamente, óbice para que o juiz examine a prática do adultério só alegada após a contestação, presumido fato que somente chegou ao seu conhecimento quando do depoimento de testemunha arrolada pela autora"[3].

■ Causas peremptórias e facultativas da separação judicial

A doutrina costuma classificar as causas de separação judicial em *peremptórias* e *facultativas.*

■ **Peremptórias** são aquelas que, uma vez ocorridas, tornam **obrigatória a decretação da separação**, por si só, independentemente de uma apreciação valorativa do juiz.

Facultativas são as que, **por si, não acarretam a decretação da separação**, mas somente se o juiz constatar que tornaram insuportáveis a vida em comum.

O Código Civil, ao exigir, no art. 1.572, *caput*, que a infração dos deveres conjugais torne insuportável a vida em comum, aparentemente teria optado pelo sistema das causas *facultativas.* Na prática, entretanto, a jurisprudência vinha proclamando, antes da promulgação do Código de 2002, interpretando o art. 5º da Lei n. 6.515/77, do mesmo teor, que **o simples fato de o autor ter ingressado em juízo imputando culpa ao réu já faz presumir que a descoberta da falta cometida tornou, para ele, insuportável a vida em comum**. Há, assim, uma **inversão do ônus da prova**: ao réu cabe demonstrar, se tiver interesse, que a infração por ele cometida não tornou, para o outro, insuportável a vida em comum, por terem, por exemplo, voltado ao conúbio conjugal, pernoitando na mesma cama.

■ Indicação genérica das causas de separação litigiosa

A Lei do Divórcio optou por indicar genericamente as causas de separação litigiosa (**conduta desonrosa** e **grave infração dos deveres do casamento**), ao contrário do revogado art. 317 do Código Civil de 1916, que especificava as seguintes

---

[1] *Divórcio*, cit., p. 611.
[2] *RT*, 700/151.
[3] REsp 115.876, rel. Min. Asfor Rocha, *DJU*, 3-4-2000, p. 152.

causas: adultério, tentativa de morte, sevícia, injúria grave e abandono voluntário do lar conjugal durante dois anos contínuos. O Código de 2002 especificou tais fatos como **aptos a caracterizar a impossibilidade da comunhão de vida**, reduzindo o prazo do abandono voluntário do lar conjugal para um ano contínuo e acrescentando outros: condenação por crime infamante e conduta desonrosa (art. 1.573).

O rol é meramente exemplificativo, pois o parágrafo único do referido dispositivo proclama que o juiz **"poderá considerar outros fatos que tornem evidente a impossibilidade da vida em comum"**.

O adultério, a tentativa de morte, a sevícia, a injúria grave, o abandono voluntário do lar conjugal, bem como a condenação por crime infamante e a conduta desonrosa (quando representem desrespeito e falta de consideração ao outro cônjuge), caracterizam **grave violação dos deveres do casamento e, ao mesmo tempo, evidenciam a impossibilidade da comunhão de vida**, que não precisa ser demonstrada pelo autor da ação. Desse modo, pode-se afirmar que, na realidade, **o novo diploma optou pelo sistema das causas *peremptórias* de separação judicial**.

■ 14.2. GRAVE INFRAÇÃO DOS DEVERES DO CASAMENTO

O art. 1.572 do Código Civil, ao permitir a decretação da separação judicial por culpa de um dos cônjuges, consistente em grave violação dos deveres do casamento que torne insuportável a vida em comum, conferiu ao juiz um certo **poder discricionário** na avaliação dos fatos e **aferição da aludida culpa**. Não basta a prova de ato que importe grave violação dos deveres do casamento. É necessário que se demonstre que a sua prática tornou **insuportável a vida em comum**.

A exigência da pesquisa da culpa representa um **retrocesso da legislação**, tendo em vista a tendência demonstrada pelo direito de família brasileiro, facilitando a dissolução do casamento mediante a simples prova de um ano ininterrupto de separação de fato, **sem qualquer indagação sobre a culpa**, bem como permitindo o divórcio direto com o preenchimento de um único pressuposto: o transcurso do prazo de dois anos ininterruptos de separação de fato[4]. Mais recentemente, a Emenda Constitucional n. 66/2010 extinguiu até mesmo os prazos previstos no art. 1.580 do Código Civil.

Na maioria dos países desenvolvidos foi completamente abolida qualquer possibilidade de ser pesquisada a culpa dos cônjuges pelo fracasso do seu casamento, sendo

---

[4] Caio Mário da Silva Pereira, *Instituições de direito civil*, v. V, p. 257.

V. a jurisprudência: "Separação litigiosa. Crise familiar que reclama providências satisfatórias para pôr fim aos conflitos. Estado-juiz que deve priorizar o aspecto social do processo e não a técnica, sob pena de inviabilizar o direito de obter o processo efetivo, variante do acesso à ordem jurídica justa. Inteligência do art. 5º, XXXV, da CF" (*RT*, 801/177). "O exame da culpa na separação judicial deve ser evitado sempre que possível, consoante moderna tendência do Direito de Família. Quando termina o amor, é dramático o exame da relação havida, pois, em regra, cuida-se apenas da causa imediata da ruptura, desconsiderando-se que o rompimento é resultado de uma sucessão de acontecimentos e desencontros próprios do convívio diuturno, em meio também às próprias dificuldades pessoais de cada um" (TJRS, Ap. 70.003.893.534, 7ª Câm. Cív., rel. Des. Vasconcellos Chaves, j. 6-3-2002).

eloquente exemplo disso a Alemanha. Enfatiza Maria Berenice Dias, a propósito, que, "seja porque é difícil atribuir a só um dos cônjuges a responsabilidade pelo fim do vínculo afetivo, seja porque é absolutamente indevida a intromissão na intimidade da vida das pessoas, **tal motivação vem sendo desprezada pela jurisprudência**"[5].

Por tais razões, merece ser mantida a orientação traçada pelo Superior Tribunal de Justiça:

> "Evidenciada a insuportabilidade da vida em comum, e manifestado por ambos os cônjuges, pela ação e reconvenção, o propósito de se separarem, o mais conveniente é reconhecer esse fato e decretar a separação, **sem imputação da culpa a qualquer das partes**"[6].

14.2.1. Adultério

O primeiro dever cuja violação constitui causa de separação litigiosa, de acordo com o Código Civil de 2002, é o de **fidelidade recíproca** (art. 1.566). A sua infração caracteriza o ***adultério***, que é difícil de provar, porque resulta da conjunção carnal entre duas pessoas de sexo diferente, praticado em geral às escondidas[7]. Constitui este **a mais grave das faltas**, não só por representar ofensa moral ao consorte, mas também por infringir o regime monogâmico e colocar em risco a legitimidade dos filhos.

Segundo a lição de Cunha Gonçalves[8], para haver adultério não é necessária a repetição de fatos da mesma natureza; **basta um só caso**. Supõe tal infração, contudo, a presença de dois elementos essenciais: um, puramente material: **a cópula**; outro, consciente e intencional: a **vontade de faltar ao dever de fidelidade**. Faltando um desses elementos não haverá adultério. Assim, **não é adúltera uma mulher casada que foi forçada a manter relações sexuais**, mediante violência física ou grave ameaça ou ainda mediante o emprego de substâncias que lhe retiraram a capacidade de discernimento.

---

[5] Da separação, cit., p. 71.

V. a jurisprudência: "Confirmando-se o fracasso do casamento, pela ruptura da vida em comum, admite-se a separação-consumação do § 1º do art. 5º da Lei n. 6.515/77, como técnica jurídica de legalização do término do vínculo conjugal irremediavelmente rompido, dispensado o exame da culpa, sempre complicado em termos de matéria probatória e traumatizante para o direito de personalidade dos cônjuges" (TJSP, Ap. 211.302-4/7, 3ª Câm. Dir. Priv., rel. Des. Ênio Zuliani, j. 5-2-2002).

[6] REsp 467.184-SP, 4ª T., rel. Min. Ruy Rosado de Aguiar Júnior, *DJU*, 17-2-2003. No mesmo sentido: "Separação judicial. Decisão que não perquire culpa. Irrelevância. Hipótese em que o próprio casal manifesta o propósito de dissolver a sociedade conjugal. Lide que se restringe às questões de ordem econômica e patrimonial. Questionamento da culpa que se mostra desprovida de qualquer sequela jurídica" (*RT*, 812/335).

[7] "Abalo à honra e à dignidade da esposa. Caracterização. Inexistência de prova cabal do adultério que se imputa ao cônjuge varão, porém com fortes indícios de sua ocorrência, com comentários partidos dos próprios familiares. Circunstância que, somada à indiscutível insuportabilidade da convivência conjugal, leva à procedência do pedido" (*RT*, 768/370). "Adúlteros encontrados em flagrante no quarto e na cama do casal, em trajes íntimos. Consumação, mesmo que o casal tenha ingressado com pedido de separação judicial, ainda pendente de decisão" (*RT*, 732/716).

[8] *Direitos de família e direitos das sucessões*, p. 94.

Destarte, **não configuram adultério, por faltar a voluntariedade de ação**, as relações sexuais oriundas de estupro, de coação, de embriaguez involuntária, de hipnose e sonambulismo, por exemplo, bem como o coito vestibular, a cópula frustrada, as aberrações sexuais etc.[9].

O dever de fidelidade se aplica a ambos os cônjuges e **não sofre modificação durante a separação de fato**. Esta não desobriga os cônjuges do dever de fidelidade, ou seja, não os libera para o sexo com terceiros. Todavia, como foi dito no n. 11.2.1., *retro*, o diploma de 2002 admite, no art. 1.723, § 1º, **a união estável entre pessoas que mantiveram seu estado civil de casadas, estando, porém, separadas de fato**, como já vinham proclamando alguns julgados, que entendiam não haver mais o dever de fidelidade em caso de separação de fato[10] e que o *animus* de pôr um fim na relação conjugal bastaria para fazer cessar a adulterinidade[11].

Muitas vezes delineiam-se situações complexas, numa sociedade conjugal já em declínio, com **infrações praticadas por ambos os cônjuges**. Não se pode, nesses casos, atribuir a responsabilidade pela separação a um deles apenas, considerando mais grave a infração por ele cometida.

■ Perdão do adultério

Presume-se *perdoado* o adultério se o cônjuge inocente, conhecendo-o, **coabitar com o culpado**. Não basta a coabitação física, sendo necessário que esta ocorra após o conhecimento do adultério pelo cônjuge inocente. O perdão em regra é tácito.

Malgrado essa regra não tenha sido incorporada expressamente ao Código de 2002, deve-se entender que inexiste causa para a decretação judicial se o cônjuge inocente, cientificado da falta cometida pelo outro, prossegue coabitando com o infrator, sem que o fato provoque a repulsa ao casamento, **presumindo-se que, para ele, tal infração não tornou insuportável a vida em comum, tendo-a perdoado**.

■ Quase adultério

O adultério tentado ou não consumado, caracterizado pelos atos pré-sexuais, **não é propriamente adultério, porque a sua existência depende de congresso sexual completo**. Os atos **pré-sexuais ou preparatórios** não deixam de ofender o dever de fidelidade, mas caracterizam-se como ***injúria grave*** ou ***quase adultério***.

Em geral, os advogados não fundamentam o pedido somente no adultério, porque de difícil prova, mas também na injúria grave, porque a prova dos atos preparatórios já é suficiente para a decretação da separação culposa.

■ Adultério casto ou científico

A **inseminação artificial**, também chamada de *adultério casto* ou *científico*, malgrado a opinião em contrário de alguns doutrinadores, **não configura adultério, porque este só ocorrerá se houver cópula completa com estranho de outro sexo**.

---

9 Caio Mário da Silva Pereira, *Instituições de direito civil*, cit., v. 5, p. 259; Maria Helena Diniz, *Curso de direito civil brasileiro*, v. 5, p. 254-255.

10 *RT*, 445/92, 433/87.

11 Maria Helena Diniz, *Curso*, cit., v. 5, p. 125.

A fecundação não pertence à sexualidade, e sim à genitalidade, sendo um fato exclusivamente biológico, desvinculado da libido.

Na realidade, a mulher poderá dar causa à separação judicial ao sujeitar-se a inseminação artificial, **recebendo o sêmen de outro homem sem o consentimento do marido**, mas a sua conduta subsumir-se-á no comportamento desonroso, por constituir **injúria grave**. Também constitui conduta injuriosa o fornecimento de sêmen pelo homem casado para a inseminação de mulher estranha **sem o consentimento da esposa**.

■ **Adultério precoce**

Em regra, a anulação do casamento dá-se por fatos anteriores a ele, e a separação judicial por fatos posteriores. Assim, o **defloramento da mulher, ignorado pelo marido** (art. 219, IV, do CC de 1916, revogado tacitamente pela CF), não constituía causa de separação judicial, mas de **anulação do casamento por erro essencial** quanto à pessoa do outro cônjuge.

Alguns autores denominavam esse fato *adultério precoce*. Alípio Silveira[12] usa essa expressão para designar **a fuga aviltante de um dos cônjuges com outra pessoa, logo após a celebração do casamento e antes de sua consumação pela coabitação**, afirmando que tal conduta revela uma pessoa destituída de honra, uma personalidade psicopática, até então insuspeitada, sendo caso de **anulação do casamento por erro essencial**. Trata-se, portanto, de exceção à regra de que somente se anulam casamentos por fatos ocorridos antes de sua celebração.

■ **Recusa à consumação do casamento**

Outra exceção configura-se quando um dos cônjuges (geralmente a mulher) se recusa, terminantemente, a consumar o casamento mediante o congresso carnal, permanecendo *virgo intacta*, apurado o fato em regular perícia[13].

■ 14.2.2. Abandono voluntário do lar conjugal

O segundo dever, de **vida em comum no domicílio conjugal**, quando desrespeitado, caracteriza o ***abandono voluntário*** do lar conjugal. O **dever de coabitação** obriga os cônjuges, com efeito, a viver sob o mesmo teto e a ter uma comunhão de vidas. Para que o abandono do lar conjugal possa fundamentar a separação judicial exige-se:

- **saída do domicílio conjugal**;
- **voluntariedade** do ato;
- **ausência de consentimento** do outro cônjuge;

---

12 *Da separação litigiosa à anulação do casamento*, p. 115.

13 "A recusa terminante ao débito conjugal caracteriza erro essencial sobre a pessoa do outro cônjuge, que autoriza a anulação do casamento" (*RF*, 226/201). "Configura-se erro essencial quanto à identidade psicossocial do cônjuge que, recusando-se à coabitação e às relações sexuais, frustrou a união em virtude de adultério moral, representado pelo interesse em outra pessoa. Mantém-se a exigência de a causa de nulidade preexistir ao matrimônio, embora venha a tornar-se conhecido, como nos demais casos, apenas após o matrimônio" (*RJTJSP*, Lex, 102/21).

- **intenção de não retornar** à vida comum;
- **decurso do prazo mínimo de um ano**, requisito este que pode ser dispensado se manifestado, de modo inequívoco, desde logo, o intuito de romper a vida conjugal, ou se acompanhado de grave ofensa ao consorte.

Saída do domicílio conjugal

No tocante ao primeiro requisito, já se decidiu que "a mulher que abandona o lar e depois volta a ocupar nele um cômodo, excluindo deste o marido, não voltou ao lar ou à habitação conjugal, pois falta para tanto a vida normal em comum com o marido"[14], a induzir, daí, como observa Yussef Cahali, "a possibilidade de **abandono do lar em decorrência da simples separação de fato sob o mesmo teto**"[15].

A obrigação em apreço não deve ser encarada como absoluta, pois uma impossibilidade física ou mesmo moral pode justificar o seu não cumprimento. Assim, um dos cônjuges pode ter necessidade de se ausentar do lar por longos períodos **em razão de sua profissão, ou mesmo de doença**, sem que isso signifique quebra do dever de vida em comum.

Voluntariedade do ato

Como foi dito no título concernente à "Eficácia Jurídica do Casamento", n. 11.2.2, *retro*, ao qual nos reportamos, os requisitos de maior importância e que melhor caracterizam o abandono do lar são a **voluntariedade** e o ***animus***, a intenção de não mais regressar à residência comum.

Para que o abandono caracterize infração do dever de coabitação, de modo a autorizar a separação judicial, é necessário que seja **voluntário, caprichoso, injusto, sem motivo plausível**. Tem a jurisprudência considerado **justo motivo** para o afastamento da **mulher**:

- deixar o marido de fornecer-lhe os **meios necessários para a sua subsistência**;
- entregar-se o marido ao **uso de entorpecentes ou ao vício da embriaguez**;
- quando o marido se entrega habitualmente ao **jogo ou a diversões fora de casa, pernoitando em outro local** sem necessidade, habitualmente;
- o afastamento para se submeter a **tratamento médico necessário**, embora contra a vontade do marido;
- a imposição do marido de **residirem em casa comum, com terceira pessoa**, com quem a mulher não mantenha relações etc.[16].

O dever de coabitação é recíproco, mas está subordinado a certas condições. Efetivamente, a mulher, em especial, pode ser escusada de não tê-lo cumprido, se o marido não a trata com o devido respeito e consideração, impondo-lhe maus-tratos,

---

[14] *RF*, 222/161.

[15] *Divórcio*, cit., p. 371.

[16] Yussef Cahali, *Divórcio*, cit., p. 372-373.

ou não cumprindo ele próprio a obrigação de manter e sustentar o lar. Não pode, assim, o marido exigir da mulher o cumprimento de sua obrigação se ele próprio não cumpre a sua.

A jurisprudência iterativamente tem proclamado que **não incorre na sanção do abandono voluntário e injurioso** o cônjuge que se afasta do lar em razão de agressões, maus-tratos, sevícias e injúrias praticadas pelo outro, tornando insustentável a vida em comum no domicílio conjugal[17]. Compete ao réu, nesse caso, a **prova de ter havido motivo justo para o abandono**, se tal fato tiver sido apresentado na contestação, uma vez que o ônus da prova incumbe a quem a alega[18].

■ **Ausência do consentimento do outro cônjuge**

Para que se configure tal causa de dissolução da sociedade conjugal é necessário que o abandono seja **voluntário e malicioso, sem que tenha havido um motivo justo para o ato**.

Por essa razão, proclama o art. 1.569 do Código Civil que "o domicílio do casal será escolhido por ambos os cônjuges, **mas um e outro podem ausentar-se do domicílio conjugal para atender a encargos públicos, ao exercício de sua profissão, ou a interesses particulares relevantes**". Só a ausência do lar conjugal durante **um ano contínuo**, sem essas finalidades, caracteriza o *abandono voluntário*, como dispõe o art. 1.573, IV, do Código Civil.

A vida em comum no domicílio conjugal é decorrência da união de corpo e de espírito. Somente nas hipóteses expressamente mencionadas no art. 1.569 retrotranscrito é de se admitir o descumprimento desse dever imposto aos consortes. Se um deles, depois de certo tempo, **passa a se negar à prática do ato sexual, ao pagamento do *debitum conjugale***, dá causa, também, à separação judicial por **infração ao dever de coabitação**. Embora o princípio não seja absoluto, pode representar o desfazimento da *affectio maritalis* e constituir, quando não aceita pelo outro cônjuge, motivo de separação[19].

■ **Intenção de não retornar à vida em comum**

Como já dito, o *animus*, a intenção de **não mais regressar à residência comum** é um dos requisitos que mais caracterizam o abandono do lar.

■ **Decurso do prazo mínimo de um ano**

O Código Civil de 1916 exigia o decurso do prazo de *dois anos* para a caracterização do abandono do lar conjugal.

A Lei do Divórcio suprimiu tal prazo, limitando-se a exigir que a infração aos deveres conjugais fosse grave, uma vez que o *animus* que caracteriza o abandono pode revelar-se desde o início da separação de fato. Constitui, portanto, um **retrocesso** a inovação introduzida pelo inc. IV do art. 1.573 do Código Civil de 2002, exigindo

---

17 Washington de Barros Monteiro, *Curso*, cit., 4. ed., v. 2, p. 120; Yussef Cahali, *Divórcio*, cit., p. 375; *RT*, 707/133; *RJTJSP*, Lex, 100/372.

18 *RT*, 422/145; *RJTJSP*, Lex, 13/42.

19 Sílvio Venosa, *Direito civil*, v. VI, p. 157.

a ausência do lar conjugal **"durante um ano contínuo"** para a configuração do abandono.

Consequências do abandono do lar

O abandono do lar sem justificativa gera outras consequências mais amplas, **desobrigando o outro cônjuge de pagar alimentos ao que se ausentou**. Além disso, **em caso de morte**, somente terá a administração da herança até o compromisso do inventariante o "cônjuge ou companheiro, se com o outro convivia ao tempo da abertura da sucessão" (CC, art. 1.797, I). Essa exigência é feita também para ser nomeado **inventariante** (CPC/2015, art. 617, I).

14.2.3. Sevícia e injúria grave

A infração ao terceiro dever, o de **mútua assistência**, pode caracterizar a *sevícia* e a *injúria grave*. Constitui infração ao dever de respeito à integridade física do outro cônjuge, com negação do dever de mútua assistência.

Sevícia

O vocábulo *sevícias* provém do francês *sévices*, do verbo *sévir*, que significa maltratar, castigar severamente, praticar ofensas corporais graves. Compreende **toda espécie de violência física** (agressão, pancada), que coloque em risco a saúde e a integridade física do cônjuge ofendido, tornando-lhe insuportável a vida em comum[20].

Consoante a lição de Washington de Barros Monteiro, "sevícia é pancada, mau trato, imposição de qualquer sofrimento físico de um cônjuge ao outro. Se o marido empurra a mulher, arranca-lhe os cabelos, esbofeteia-a, derruba-a ao solo, fere-a, terá praticado sevícia, de molde a justificar a terminação da sociedade conjugal"[21].

Injúria grave

Constituem, por outro lado, *injúrias graves* não só "as palavras ultrajantes, ofensivas da **honra, reputação e dignidade** do cônjuge, mas também **toda a violação dos deveres conjugais**.

As injúrias podem ser:

- **verbais**, faladas ou escritas; ou
- **reais**, por atos ou fatos em si mesmo injuriosos.

Elementos da sevícia e da injúria

Tanto as sevícias como as injúrias têm dois elementos:

- um **material**; e
- outro **intencional**.

Uma ferida **involuntária** não é sevícia. Não são sevícias ou injúrias as que sejam causadas por um alienado ou ébrio. Não podem considerar-se injúrias palavras ásperas, ditas num momento de rápida exaltação, sem a intenção de injuriar. Não são

20 Cunha Gonçalves, *Direitos de família*, cit., p. 95.

21 *Curso*, cit., 4. ed., v. 2, p. 206.

injúrias os palavrões, usualmente proferidos, até em trivial conversa, por peixeiras e carroceiros"[22].

■ **Socorro material e moral**

O dever de **mútua assistência**, como foi dito no item concernente à "Eficácia Jurídica do Casamento", n. 11.2.3, *retro*, ao qual nos reportamos, **obriga os cônjuges a se auxiliarem reciprocamente, em todos os níveis**.

Assim, inclui a recíproca prestação de socorro **material**[23], como também a assistência **moral** e **espiritual**. Envolve a ***affectio maritalis***, o desvelo próprio do companheirismo, e o auxílio mútuo em qualquer circunstância, especialmente nas situações adversas. Caracteriza-se, pois, pelo respeito, sinceridade, recíproca ajuda e mútuos cuidados.

A igualdade dos cônjuges no casamento, assegurada em nível constitucional, não mais permite qualquer distinção baseada na diversidade de sexos ou em concepção hierarquizada que impute à mulher dever de obediência e ao marido dever de proteção da mulher, como ocorria outrora. A **violação do dever de assistência, tanto material como espiritual**, por qualquer dos consortes, constitui **injúria grave**, que pode dar origem à ação de separação judicial (art. 1.573, III).

■ 14.2.4. Abandono material e moral dos filhos

O quarto dever, de **sustento, guarda e educação dos filhos**, quando descumprido, além de configurar, em tese, os crimes de **abandono material** e de **abandono intelectual** e poder acarretar a **perda do poder familiar**, constitui também **causa para a separação judicial**, pois o casamento fica comprometido quando a prole é abandonada material e espiritualmente.

Embora não se trate de agressão direta ao outro cônjuge, **é ele atingido pelo sofrimento dos filhos** (*v.*, a propósito, o estudo sob a epígrafe "Da Eficácia Jurídica do Casamento", n. 11.2.4, *retro*, ao qual nos reportamos).

■ 14.2.5. Imputação caluniosa

A infração ao quinto e último dever, de **respeito e consideração mútuos**, pode configurar *injúria grave*, que será estudada adiante (n. 14.4) como espécie de conduta desonrosa que torna **insuportável a vida em comum**. Abrange a **lealdade recíproca** e o **respeito à honra e à dignidade** do outro cônjuge, impedindo a imputação entre eles de defeitos pessoais, intimidades desabonadoras ou deslizes conjugais, seja

[22] Cunha Gonçalves, *Direitos de família*, cit., p. 95-96.

[23] "Dentre os deveres que a lei impõe ao cônjuge varão, em decorrência do casamento, está o de prover o referido cônjuge à manutenção da família. O descumprimento, pelo cônjuge, dessa obrigação configura grave violação dos deveres do casamento, justificando a decretação da separação judicial" (*Revista de Direito Civil*, 42/277). "Não dar à esposa o lar a que ela tem direito, obrigando-a ao vexame de residir em casa alheia, não lhe prover à subsistência e à dos filhos, não assegurar à família o padrão mínimo de conforto por preferir o marido a vida sem trabalho, são faltas que colocam a mulher em situação humilhante e que se enquadram tipicamente no conceito de injúria civil para o processo de desquite" (STF, *RT*, 253/619).

no meio social em que vivem, seja como fundamento de ação de dissolução da sociedade conjugal, de anulação de casamento, de interdição, de contestação de paternidade, de alimentos, ou mesmo de ação penal, se não existirem sérios elementos de convicção a robustecê-la[24].

■ 14.3. CONFISSÃO REAL E FICTA

■ Confissão real

A confissão *real* do réu **basta para o acolhimento da inicial, desde que não contrarie outras provas** existentes nos autos e se revista de sinceridade e espontaneidade. Nesse caso, nada impede que possa "servir de fundamento *suficiente* para o decreto de separação judicial, inaplicando-se, aqui, a regra do art. 392 do CPC/2015, segundo a qual 'não vale como confissão a admissão, em juízo, de fatos relativos a direitos indisponíveis'". Pois, desde que poderia dispor do vínculo societário, **anuindo à dissolução consensual** da sociedade conjugal, **pode fazê-lo com o reconhecimento da procedência do pedido de separação litigiosa** (art. 487, III, *a*, do CPC), nos termos da confissão judicial, ao admitir a veracidade dos fatos alegados na inicial[25].

■ Confissão ficta

Há divergência doutrinária e jurisprudencial, todavia, quando se trata de confissão *ficta* ou *presumida*, decorrente da **revelia**. Discute-se sobre a possibilidade de se decretar a separação judicial com supedâneo exclusivamente na revelia do réu, mediante o julgamento antecipado da lide, nos termos do art. 355, II, do Código de Processo Civil.

A jurisprudência **firmou-se inicialmente no sentido da inadmissibilidade de acolhimento do pedido de separação judicial culposa**, em julgamento antecipado da lide determinado exclusivamente em razão da revelia do réu, por envolver direitos indisponíveis[26].

Contudo, expressiva corrente jurisprudencial vem proclamando **a disponibilidade do direito**, por admitida a dissolução consensual do casamento, **operando-se, assim, os efeitos da revelia em caso de ausência de contestação**[27].

Efetivamente, tem sido decidido que "o efeito da revelia não induz procedência do pedido e nem afasta o exame de circunstâncias capazes de qualificar os fatos fictamente comprovados"[28].

---

24 Yussef Cahali, *Divórcio*, cit., p. 363.
"A atribuição ao cônjuge de graves falhas (maledicências e intrigas; subtração de documentos; uso de maconha) constitui atroz injúria" (*RT*, 361/143). "Se um dos cônjuges exerce o seu direito de ação irregularmente, com excesso e exorbitância, mediante a imputação de fatos com o propósito deliberado de vexar, de comprometer ou denegrir a pessoa do outro cônjuge, pratica uma injúria" (*RT*, 811/190).

25 Yussef Cahali, *Divórcio*, cit., p. 617.

26 *RT*, 710/65, 594/64, 482/273; *JTJ*, Lex, 159/172.

27 *RT*, 737/338, 615/168, 612/58, 519/258; *RJTJSP*, Lex, 74/183, 49/59. *V.* ainda: "A Constituição mantém a indissolubilidade do matrimônio. Já a sociedade conjugal se pode desfazer pelo desquite litigioso ou amigável. O desquite não constitui direito indispensável e, portanto, não foge à regra do art. 319 do CPC [de 1973, atual art. 344], donde a possibilidade de julgamento antecipado da lide" (*RT*, 483/182).

28 *RSTJ*, 53/335.

Uma solução intermediária, que merece ser prestigiada, propõe que se faça a distinção, no objeto da ação de separação litigiosa, dos **bens indisponíveis**, como os relativos, por exemplo, à guarda, educação e alimentos dos filhos, **e os disponíveis**, relacionados com as causas de dissolução legal da sociedade conjugal. **Somente quanto aos últimos haveria a possibilidade de reconhecimento expresso ou tácito da veracidade dos fatos alegados pelo autor.**

Nessa linha, decidiu o Superior Tribunal de Justiça:

> "Não fere direito líquido e certo do autor a decisão judicial que, não obstante a revelia, determina se proceda à instrução. Ainda que o direito da separação, em si, possa considerar-se como disponível, já que passível de fazer-se por mútuo consenso, uma vez reunidos os pressupostos legais, dela resultam consequências a cujo respeito o juiz deve prover e que se inserem entre os **direitos indisponíveis**. Dentre elas a pertinente à **guarda dos filhos**"[29].

No mesmo sentido, proclamou o Tribunal de Justiça de São Paulo:

> "Separação judicial litigiosa. Decisão fundamentada, exclusivamente, na revelia do réu. Inadmissibilidade. Ação de estado em que são discutidos **direitos indisponíveis relativos a *guarda de filho* e *alimentos*. Necessidade de dilação probatória**"[30].

■ 14.4. INSUPORTABILIDADE DA VIDA EM COMUM

O revogado art. 319 do Código Civil de 1916 previa o **perdão para o adultério**, que se presumia se o cônjuge inocente, conhecendo-o, coabitasse com o culpado. Nesse caso, deixaria de ser causa para a separação judicial. Embora tal dispositivo legal não mais exista, o princípio que o inspirou foi, de certa forma, mantido e ampliado no art. 5º, *caput*, da Lei do Divórcio e no art. 1.572 do Código Civil de 2002, ao exigirem o requisito da **"insuportabilidade da vida em comum"**.

Se o cônjuge inocente, cientificado da falta cometida pelo outro (adultério, injúria grave ou qualquer outra), prossegue **coabitando com o infrator, sem que a falta provoque a repulsa ao casamento**, deve-se entender que, para ele, tal infração não tornou insuportável a vida em comum, tendo-a perdoado. E, assim, **inexiste causa para a decretação da separação judicial**. Ao demandado é que cabe a alegação e prova da *exceção da suportabilidade da vida em comum*.

■ Fatos que caracterizam a insuportabilidade da vida em comum

O atual estatuto civil declara, no art. 1.573, exemplificativamente:

> "Podem caracterizar a **impossibilidade da comunhão de vida** a ocorrência de algum dos seguintes motivos:
>
> I — adultério;
>
> II — tentativa de morte;

---

[29] *RT*, 672/199.

[30] *RT*, 792/263.

III — sevícia ou injúria grave;

IV — abandono voluntário do lar conjugal, durante um ano contínuo;

V — condenação por crime infamante;

VI — conduta desonrosa".

Segundo se infere da redação dos arts. 1.572 e 1.573 do Código Civil, que substituíram o disposto no art. 5º da Lei do Divórcio, **a gravidade da infração dos deveres conjugais conduz à insuportabilidade**. Os fatos elencados no supratranscrito art. 1.573, quando representem desrespeito e falta de consideração ao outro cônjuge, caracterizam grave violação dos deveres do casamento e, ao mesmo tempo, **evidenciam a impossibilidade da comunhão de vida, que não precisa ser demonstrada pelo autor**.

A conjugação dos dois elementos serve de causa para a separação, **embora seja necessária apenas a prova de um dos atos que importem grave violação dos deveres do casamento**. A insuportabilidade está relacionada a esses fatos ou causas.

■ Rol meramente exemplificativo. Admissibilidade de outros fatos

Depois de elencar as hipóteses que podem caracterizar a insuportabilidade da vida em comum, o novo diploma, no parágrafo único do mencionado art. 1.573, outorga ao juiz a faculdade de considerar **"outros fatos que tornem evidente a impossibilidade da vida em comum"**, demonstrando que o aludido rol é *meramente exemplificativo*.

A rigor, tais fatos devem configurar **grave infração dos deveres conjugais**, como o exige o art. 1.572 retrotranscrito. A interpretação literal do aludido dispositivo conduz à conclusão de que, no sistema da separação-sanção, não basta a insuportabilidade da vida em comum para que a ação seja acolhida.

■ Separação judicial pela simples insuportabilidade da vida em comum

No direito italiano, todavia, concede-se a separação judicial pela *simples insuportabilidade da vida em comum* (CC, art. 151). No Brasil, algumas interpretações liberais têm sido adotadas, naqueles casos de irreversível separação de fato do casal, **sem possibilidade de determinação absoluta da culpa exclusiva de um dos cônjuges**. O próprio Superior Tribunal de Justiça já teve a oportunidade de proclamar, como mencionado anteriormente:

> "Evidenciada a insuportabilidade da vida em comum, e manifestado por ambos os cônjuges, pela ação e reconvenção, o propósito de se separarem, o mais conveniente é reconhecer esse fato e decretar a separação, **sem imputação da culpa a qualquer das partes**"[31].

Nessa trilha, decidiu o Tribunal de Justiça do Paraná:

> "Alegação pela recorrente de conduta desonrosa e violação dos deveres do casamento que não resta plenamente demonstrada. Sentença que julga improcedente a ação. Decisão que, inobstante comportar acerto, por determinado prisma de observação técnica da

---

[31] REsp 467.184-SP, 4ª T., rel. Min. Ruy Rosado de Aguiar, *DJU*, 17-2-2003.

lei, não resiste à análise do caso concreto, contemporâneo, **onde o nível de *insuportabilidade da vida em comum* (art. 5º da Lei n. 6.515/77) deve ser medido de modo a possibilitar a melhor distribuição da justiça entre as partes**. Sentença reformada"[32].

Os arestos mencionados demonstram uma **tendência da jurisprudência em afastar as discussões sobre a culpa nas separações judiciais**, como foi dito no n. 14.1, *retro*, desobrigando seus partícipes da necessidade de alegarem qualquer outra causa de dissolução, que não seja a própria vontade como manifestação da impossibilidade de convivência.

■ 14.4.1. Adultério

A infidelidade conjugal, como já dito (n. 14.2.1, *retro*), constitui **a mais grave das faltas**, não só por representar ofensa moral ao consorte, mas também por infringir o regime monogâmico e colocar em risco a legitimidade dos filhos.

■ 14.4.2. Tentativa de morte

Não se requer, no caso de *tentativa de morte*, haja condenação do agente no juízo criminal. A comprovação do atentado à vida **pode ser feita nos próprios autos da separação judicial**. Se, todavia, houver **condenação criminal**, a causa da separação será **peremptória**, no sentido de que o juiz não poderá deixar de decretar a separação.

A **absolvição do cônjuge infrator**, contudo, fundada em prova da inexistência do fato ou da autoria, bem como de alguma excludente da antijuridicidade, **pode elidir a ação de separação judicial por culpa do outro consorte**.

■ 14.4.3. Sevícia ou injúria grave

A *injúria grave*, igualmente arrolada no art. 1.573 do Código Civil como motivo capaz de ensejar a insuportabilidade da vida em comum, abrange, segundo Clóvis Beviláqua, "toda **ofensa à honra, à respeitabilidade, à dignidade do cônjuge**, quer consista em atos, quer em palavras"[33]. Se atinge o outro cônjuge *diretamente*, **é infração de dever conjugal** (*dever de respeito e consideração mútuos*); se só o atinge *indiretamente*, **é conduta desonrosa, na modalidade injúria grave**, que pode caracterizar a impossibilidade da comunhão de vida.

Preleciona Antunes Varela que "**a injúria, como causa da dissolução da sociedade conjugal**, tanto compreende a imputação de *qualquer fato preciso, desonroso ou indigno* (a calúnia), *v. g.*, a afirmação de que a mulher é amante de alguém, ou que o marido furtou dinheiro do patrão, como a atribuição *vaga, genérica ou imprecisa de defeitos que afetam a honra, o bom nome ou a dignidade da pessoa* (*v. g.*, o chamamento de gatuno ou homossexual ao marido), constituindo a injúria em sentido restrito"[34].

---

[32] *RT*, 633/148. No mesmo sentido: *RT*, 553/242; *JTJ*, 246/163; *RJTJRS*, 208/371.

[33] *Código Civil dos Estados Unidos do Brasil comentado*, v. 2, p. 214.

[34] *Dissolução da sociedade conjugal*, p. 72-73.

Exige-se o *animus injuriandi*, **a intenção de fazer ofensa ao outro consorte**. Atos isolados resultantes de momentânea exacerbação não podem caracterizar injúria grave. Não podem considerar-se injúrias palavras ásperas, ditas num momento de rápida exaltação, sem a intenção de injuriar, como os palavrões usualmente proferidos até em trivial conversa[35].

Na casuística da *injúria grave* são mencionadas, dentre outras, as seguintes hipóteses:

- o contágio do outro cônjuge por **doença venérea** adquirida com a prática de adultério;
- **as comparações depreciativas** de um dos cônjuges feitas pelo outro, com relação a terceira pessoa;
- **as referências desairosas** de um cônjuge em relação ao outro, como a esposa que se refere ao marido chamando-o de "caloteiro" e "idiota";
- **a apresentação da amante como esposa;**
- o *incitamento* da mulher à **prática da prostituição ou do adultério**;
- **atos de aberração sexual** praticados contra a vontade do consorte;
- **ciúme doentio**, sem culpa do consorte;
- **desprezo afetivo do marido à mulher**, ausentando-se constantemente do lar e deixando-a em humilhante abandono;
- **homicídio** praticado contra **pessoa da família do outro cônjuge**;
- **falta de lisura e honestidade na administração e disposição de bens comuns**, transferindo-os a terceiros, no intuito de lesar o outro cônjuge;
- **atribuir o marido a gravidez da esposa a outrem;**
- a não prestação de assistência moral e material à esposa por ocasião do parto;
- **constranger a esposa a viver com sogra irascível**[36].

Todavia, "**ligeiras ofensas** ditas no recesso do lar, em momento de desinteligência entre o casal, são **toleráveis**, mesmo porque a vida em comum é tortuosa e nem sempre se apresenta como um lago de bonança"[37]. Do mesmo modo, o **exercício regular de um direito** pelo cônjuge descaracteriza a injúria grave hábil para fundamentar o pedido de separação judicial. Assim, a queixa apresentada pela mulher, pedindo garantia de vida por ameaças do marido, não constitui injúria grave, mas uso de direito expresso em lei para proteção de sua integridade física.

A *injúria*, nas relações entre os cônjuges, **não necessita ser pública**, pois "ainda na intimidade ela significa, da parte de quem a pratica, uma violação dos deveres de afeição e respeito devidos ao consorte, e da parte de quem a sofre, será uma dor moral insuportável"[38].

---

35 Cunha Gonçalves, *Direitos de família*, cit., p. 96.

36 Yussef Cahali, *Divórcio*, cit., p. 358-360.

37 *RJTJSP*, Lex, 88/255; *RT*, 523/64.

38 Clóvis Beviláqua, *Código Civil*, cit., v. 2, p. 276.

14.4.4. Abandono voluntário do lar conjugal, durante um ano contínuo

Como já dito (item 14.2.2, *retro*), constitui um retrocesso a inovação introduzida pelo inc. IV do art. 1.573 do Código Civil de 2002, exigindo a ausência do lar conjugal **"durante um ano contínuo"** para a configuração do abandono, uma vez que o *animus* que caracteriza o abandono pode revelar-se desde o início da separação de fato. A Lei do Divórcio não previa nenhum prazo, limitando-se a exigir que a infração fosse grave.

14.4.5. Condenação por crime infamante

O Código Civil de 2002 incluiu ainda, como hábil à caracterização da conduta desonrosa, a **"condenação por crime infamante"** (art. 1.573, V). Deve-se entender como tal o ilícito penal que traduz **vício de personalidade** por parte do seu autor, repercutindo negativamente no meio social pelos propósitos vis de quem o praticou, **capaz de provocar a repulsa do consorte e de tornar insuportável a convivência**.

Em geral **tais crimes são de extrema gravidade**, como o estupro, a extorsão mediante sequestro, o latrocínio, o tráfico de entorpecentes etc. Todavia, o estigma da infâmia pode ser encontrado em crimes de **menor gravidade**, punidos às vezes com penas inexpressivas, mas que demonstram o mau caráter e a crueldade do agente e causam repugnância no consorte, por exemplo a prática de **ato obsceno, os maus-tratos infligidos a filhos menores ou aos pais idosos etc**.

14.4.6. Conduta desonrosa

"*Conduta desonrosa*" é uma expressão bastante ampla, que se caracteriza pelo **comportamento imoral, ilícito ou antissocial** de um ou de ambos os cônjuges. Está mais vinculada aos **efeitos colaterais** do casamento, qualificados como deveres implícitos dos cônjuges. Incluem-se nessa expressão os casos de **alcoolismo, toxicomania, namoro do cônjuge com terceiro, prática de crime, contaminação com doença venérea** etc.[39]. Enfim, muitas daquelas hipóteses que eram enquadradas pela jurisprudência brasileira na categoria de injúria grave.

Não há um critério preestabelecido para a definição do que se compreende como conduta desonrosa, mencionada no inc. VI do art. 1.573 do Código Civil. Assim se considera, no entanto, "todo comportamento de um dos cônjuges, **que implique granjear menosprezo no ambiente familiar ou no meio social em que vive o casal**. Assim se devem entender os atos degradantes como o lenocínio, o vício do jogo, o uso de tóxicos, a conduta homossexual, a condenação por crime doloso, especialmente

[39] "A embriaguez habitual do cônjuge, ainda que não acompanhada de violências e escândalos, criando uma situação vexatória para o outro, representa procedimento injurioso suficiente para a decretação da separação do casal" (*RJTJRS*, 90/373). "Configura injúria grave e autoriza o desquite o fato de o marido emitir reiteradamente cheques sem fundos, vindo a ser condenado em processo criminal, e além disso deixando a família ao desamparo" (*RT*, 495/73). "O vício do jogo constitui falta grave e não deixa de ofender a honra e a dignidade da cônjuge varoa" (*RF*, 187/239).

que impliquem a prática de atos contra a natureza, os delitos sexuais, o vício da embriaguez"[40].

Essa referência é meramente exemplificativa, pois é impossível elencar todos os atos que caracterizam a aludida infração dos deveres conjugais. Compete ao juiz, em cada caso, tendo em vista especialmente o **grau de educação e a sensibilidade do outro cônjuge, bem como a repercussão do fato no ambiente social**, decidir sobre a configuração da conduta desonrosa imputada ao cônjuge.

■ 14.5. RUPTURA DA VIDA EM COMUM

Somente no *caput* do art. 1.572 do Código Civil temos *separação-sanção*. As duas hipóteses dos §§ 1º e 2º são de *separação-remédio*, porque não se discute a culpa.

As duas modalidades de divórcio **(divórcio-conversão e divórcio direto)** também são casos de *dissolução-remédio*, bem como a **separação amigável**. Temos, assim, o seguinte quadro esquemático:

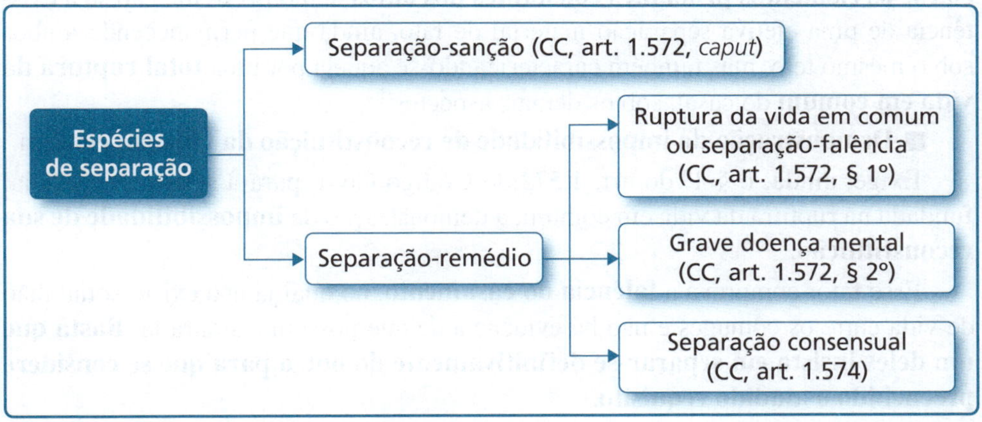

Na hipótese do aludido § 1º, temos a separação por **ruptura da vida em comum**, também chamada de *separação-falência* (espécie de *separação-remédio*). O tempo de **separação de fato** exigido é **"mais de um ano"**, impondo-se também prova da **"impossibilidade da reconstituição do casamento"**.

■ Dispensa da indagação sobre a culpa de qualquer dos cônjuges

Como a separação judicial fundamenta-se exclusivamente em **circunstância objetiva**, qual seja, a irreversível **separação de fato** pelo tempo estabelecido na lei, **nenhuma indagação precisa ser feita a respeito de eventual procedimento culposo de qualquer dos cônjuges como causa da separação**. A caracterização da "*ruptura*" não é condicionada a nenhum outro fator material ou à violência física ou moral. Não importa sequer saber quem tomou a iniciativa da ruptura da união conjugal.

Nessa linha, tem a jurisprudência proclamado que "**não se distingue entre cônjuge inocente e cônjuge culpado**: ao contrário do que ocorre na hipótese do *caput*, aqui

[40] Caio Mário da Silva Pereira, *Instituições*, cit., v. 5, p. 264.

o caso é posto em termos puramente objetivos, sem referência alguma à responsabilidade pela ruptura. Qualquer dos cônjuges legitima-se a propor a ação, independentemente da questão de saber qual deles teve a iniciativa de romper a comunhão de vida"[41].

A ruptura da vida em comum pode restar caracterizada, pois, **não obstante permaneçam os cônjuges residindo sob o mesmo teto**, pode acontecer de não terem vida em comum, "por não coabitarem no mesmo leito, não tomarem em conjunto as suas refeições, não conviverem como marido e mulher"[42]. A possibilidade de fraude exige, nesses casos, **um maior rigor probatório da ruptura da vida em comum**, uma vez que em princípio a permanência dos consortes sob o mesmo teto induz a presunção de coabitação, que não é elidida pela desarmonia dos cônjuges dentro do lar, com o cortejo de brigas, desinteligências e falta de compreensão mútua, restando apenas uma tênue aparência de casados[43].

Trata-se, portanto, de **matéria de prova**. Devem ser examinadas cuidadosamente as circunstâncias de cada caso, somente se deferindo o pedido de separação judicial **se os elementos probantes constantes dos autos** demonstrarem "não só a existência de uma efetiva separação material de fato, ainda que permanecendo ambos sob o mesmo teto, mas também caracterizando-se aquela por uma **total ruptura da vida em comum** do casal, sob os demais aspectos"[44].

■ Demonstração da impossibilidade de reconstituição da vida em comum

Exige, ainda, o § 1º do art. 1.572 do Código Civil, para a separação judicial fundada na ruptura da vida em comum, a demonstração da **impossibilidade de sua reconstituição**.

Esse fator comprova a **falência do casamento**, no qual já não existe comunhão de vida entre os cônjuges e não há evidência de que possam restaurá-la. **Basta que um deles insista em separar-se definitivamente do outro para que se considere preenchido o aludido requisito**.

Tem sido proclamado, com efeito, que a comprovação da impossibilidade de reconstituição da vida conjugal é matéria de **presunção quase absoluta**, pois após prolongada separação tudo estará mudado. Mais se acentua essa impossibilidade quando um dos consortes, por exemplo, passa a conviver com outra pessoa[45].

■ 14.6. SEPARAÇÃO POR MOTIVO DE GRAVE DOENÇA MENTAL

No § 2º do aludido art. 1.572 do Código Civil também está prevista outra espécie de separação baseada na ideia de que o casamento, nas condições de fato em que se encontra, não mais preenche as suas finalidades, sendo conveniente a sua dissolução. Prescreve o aludido dispositivo:

---

41 *RT*, 616/156.

42 Antunes Varela, *Dissolução*, cit., p. 86, n. 30.

43 *RJTJSP*, Lex, 68/210.

44 Yussef Cahali, *Divórcio*, cit., p. 423; Caio Mário da Silva Pereira, *Instituições*, cit., v. 5, p. 253.

45 *RJTJSP*, Lex, 74/183.

"O cônjuge pode ainda pedir a separação judicial quando o outro estiver acometido de grave doença mental, manifestada após o casamento, que torne impossível a continuação da vida em comum, desde que, **após uma duração de dois anos, a enfermidade tenha sido reconhecida de cura improvável**".

Malgrado o dever de assistência e socorro que incumbe a um cônjuge em relação ao outro, fundado na concepção moral de que os consortes são unidos não somente na felicidade, mas também na adversidade, não se pode negar que **os fins do casamento desaparecem quando um deles, por uma fatalidade, perde a razão e o pleno gozo das faculdades mentais**. A dissolução da sociedade, nesses casos, decorre da impossibilidade material e moral da consecução dos fins do casamento.

■ Cláusula de dureza

Foi suprimida, no Código Civil de 2002, a possibilidade, prevista no art. 6º da Lei do Divórcio, de **o juiz negar a separação** nos casos de ruptura da vida em comum e por motivo de doença mental, se constituir **causa de agravamento da doença ou determinar consequências morais de excepcional gravidade para os filhos menores**.

Tal possibilidade, denominada *cláusula de dureza*, foi trazida do direito francês (*clause de dureté*) e era aplicada pela jurisprudência somente em circunstâncias de excepcional gravidade e de prova indiscutível.

■ Requisitos para a configuração da doença mental como causa da separação (CC, art. 1.572, § 2º)

São os seguintes:

- que se trate de doença **mental**, e não física;
- que a enfermidade seja **grave**;
- que se manifeste **após o casamento**;
- que torne **impossível a continuação da vida em comum**;
- que tenha sido reconhecida de **cura improvável**; e
- que tenha uma **duração de dois anos**.

■ Doença mental, e não física

Apenas a *doença mental*, por exemplo a epilepsia, a esquizofrenia, a psicose maníaco-depressiva, a paranoia, a senilidade patológica e outras, constitui causa de separação judicial, **não assim a moléstia *física*, ainda que contagiosa**.

■ Gravidade da doença mental

É ela aferida pelo juiz, **com base no parecer do experto nomeado e em consideração às condições pessoais do paciente**, uma vez que lhe cabe decidir, *in concreto*, se ela pode ser assim considerada.

A mesma enfermidade mental "poderá **ser grave para um e não o ser para outro**, em atenção às suas condições pessoais, à sua idade ou outro fator personalíssimo"[46].

---

[46] Caio Mário da Silva Pereira, *Instituições*, cit., v. 5, p. 255.

■ **Manifestação após o casamento**

Segundo a lição de Antunes Varela, torna-se "indispensável que a grave anomalia psíquica imputada ao demandado **se tenha manifestado só depois do casamento, embora a sua origem possa ser anterior ao matrimônio**. Se a anomalia, embora grave, já se tivesse revelado *anteriormente*, o cônjuge não poderá invocá-la como fundamento da separação.

Há, no entanto, que interpretar e aplicar a lei, neste ponto, em termos hábeis. Se a doença se tiver manifestado anteriormente, **mas por forma que o outro cônjuge a não tivesse conhecido**, nem facilmente a pudesse conhecer, não deve negar-se-lhe a faculdade de invocá-la. O pensamento da lei é o de impedir apenas que o outro cônjuge se prevaleça de doença **que já conhecia ou devia conhecer** e não o de afastar peremptoriamente a superveniência subjetiva"[47].

■ **Impossibilidade da vida em comum**

Não se faz mister que o enfermo seja recolhido a estabelecimento psiquiátrico, **sendo suficiente que a moléstia em si impeça o relacionamento próprio da vida conjugal**. Já se decidiu, a propósito, que mesmo de "um homem de nível cultural elevado, tem-se de respeitar o limite de suportabilidade diante da psicose da esposa, e que hoje consubstancia causa não culposa de separação"[48].

■ **Cura improvável da doença**

A enfermidade há de ter sido reconhecida, ainda, de *cura improvável*. Aresto do Tribunal de Justiça de São Paulo afirmou ser incurável a doença, no caso *sub judice*, "levando-se em conta que, no curso normal das coisas, é pelo menos altamente improvável que a pessoa possa retomar sua vida matrimonial normal... Pelas várias internações da ré constata-se que o diagnóstico é sempre o mesmo: psicose maníaco-depressiva e esquizofrênica"[49].

A incurabilidade improvável da doença depende de apreciação de natureza subjetiva, devendo o juiz **valer-se do parecer do perito e levar em consideração as condições pessoais do enfermo**.

■ **Tempo de duração da enfermidade**

Há, ainda, o fator temporal: não se refere a lei a qualquer moléstia mental, mas àquela que, após **"dois anos"** de manifestação, seja dada como de cura improvável.

■ **Sanção ao cônjuge que tomar a iniciativa da separação**

Por seu turno, o § 3º do citado art. 1.572 do Código Civil contém regra pela qual o cônjuge que tomar a **iniciativa da separação por doença mental** do outro cônjuge sofrerá uma *sanção*: o seu consorte tornar-se-á proprietário exclusivo dos bens que

---

47 *Dissolução*, cit., p. 95, n. 36.

V. a jurisprudência: "Não é incomum que, com suas causas remontadas a passado distante, a moléstia mental só venha a revelar-se em momento adiantado da vida em manifestações de graves desvios de comportamento. Importa, como motivo bastante para a separação judicial, que a moléstia se ponha à mostra após o matrimônio, tornando-se, apenas então, conhecida do outro cônjuge" (*RJTJSP*, Lex, 112/275).

48 TJSP, Ap. 24.276-1, 3ª Câm., rel. Des. Yussef Cahali, j. 30-11-1982.

49 *JTJ*, Lex, 190/161.

trouxe para o casamento e da meação dos adquiridos posteriormente. Embora a redação do aludido parágrafo se apresente ampla, na realidade acaba aplicando-se **somente ao regime da comunhão universal de bens**, como assevera Silvio Rodrigues[50].

Aduz, na sequência, o renomado civilista: "Em ocorrendo pedido de separação judicial, com incidência dessa reserva da lei, e se o regime de bens for o da comunhão universal, o cônjuge que não formulou o pedido **terá direito ao remanescente dos bens que levou para o casamento**. Tais bens serão apartados do **patrimônio comum, que só então será dividido, metade por metade, entre os separandos**. Nesse caso, parece fora de dúvida que o prejuízo econômico pode ser elemento a desencorajar o interessado em pedir a dissolução da sociedade conjugal".

O art. 226, § 6º, da Constituição Federal, que permitiu o divórcio direto após dois anos de separação de fato, já havia tornado inócuo e obsoleto (Theotonio Negrão[51] fala em revogação virtual) o mencionado art. 6º da Lei do Divórcio, podendo ser feita idêntica afirmação no tocante aos §§ 2º e 3º do art. 1.572 do novo Código Civil, porque, se o casal já se encontra **separado de fato há mais de dois anos**, jamais irá, hoje, pleitear a separação por motivo de doença mental, pois **poderá postular desde logo o divórcio direto, sem se sujeitar a qualquer espécie de sanção**.

■ 14.7. SEPARAÇÃO DE CORPOS

A separação judicial importa a **separação de corpos** e a **partilha dos bens** (CC, art. 1.575). Esta pode ser feita mediante proposta dos cônjuges e homologação do juiz ou por este decidida (art. 1.575, parágrafo único). Se não houver acordo para que a partilha se faça como no inventário, impor-se-á a liquidação pelo **procedimento comum** (CPC, art. 511), decidindo o juiz, a final.

■ Separação prévia de corpos

O art. 1.562 do Código Civil de 2002 declara que, **antes de mover a ação** de nulidade do casamento, a de anulação, a de separação judicial, a de divórcio direto ou a de dissolução de união estável, poderá a parte requerer, **"comprovando sua necessidade, a separação de corpos, que será concedida pelo juiz com a possível brevidade"**.

A separação de corpos se mostra às vezes necessária para proteger a integridade física e psicológica do casal, bem como para comprovar o *dies a quo* da separação de fato. A comprovação da ***necessidade*** pode ser feita por todos os meios de prova em direito admitidos[52].

Como foi dito no item n. 10.2.2.3, *retro*, "**cessado o afeto ou presente o espectro da violência**, seja ela física, seja psicológica, **cabível se mostra a separação de**

---

50 *Direito civil*, v. 6, p. 257-258.

51 *Código de Processo Civil e legislação processual em vigor*, p. 1154, nota 1 ao art. 6º da Lei n. 6.515/77.

52 "Separação de corpos. Decretação do afastamento temporário do marido do lar conjugal. Comprovação da imposição de maus-tratos à mulher e da queda ao vício do jogo" (*RT*, 810/391). "Separação de corpos. Concessão ao cônjuge sem que esteja vivendo uma situação de perigo. Possibilidade diante da ocorrência de desamor entre o casal. Circunstância, no entanto, que deverá ser devidamente comprovada" (*RT*, 788/247).

corpos, para que os cônjuges tenham liberdade de ação e se livrem da situação de constrangimento nos encontros de quem habita a mesma casa. Além disso, a separação de corpos antecipa a cessação dos deveres de coabitação e fidelidade recíproca, afastando a imputação de abandono do lar...".

A separação de corpos poderá ser determinada como **tutela provisória**, nos moldes dos arts. 294 e s. do Código de Processo Civil[53].

■ Separação de corpos entre companheiros

Também é admissível a separação de corpos entre *companheiros*, uma vez que o art. 226, § 3º, da Constituição Federal reconhece a união estável como entidade familiar. Além disso, o art. 1.562 do Código Civil refere-se expressamente a essa possibilidade[54].

O Superior Tribunal de Justiça, mesmo antes do novo Código Civil, já assentara a "**possibilidade de um dos companheiros requerer o afastamento do outro do lar conjugal**, seja pela norma do direito ordinário insculpida no art. 798 do Código de Processo Civil [de 1973, atual art. 297] (poder geral de cautela do juiz), seja pelo disposto no art. 226, § 3º, da Constituição Federal, que reconhece a união estável entre homem e mulher, qualificando-a como entidade familiar a ser protegida juridicamente pelo Estado"[55].

■ Medida preparatória ou incidental

A medida destinada a promover a separação de corpos pode ser **preparatória** ou **incidental** e não se examinam as causas da futura separação judicial. **Basta a prova do casamento, da necessidade da separação de corpos** (CC, art. 1.562) e que o pedido **se revista dos requisitos do art. 305 do Código de Processo Civil de 2015**[56].

---

[53] "Separação de corpos. Extinção do processo por falta de interesse de agir em razão da anterior separação de fato do casal. Inadmissibilidade. Medida perfeitamente cabível para regularizar situações, na tentativa de se evitar a alegação de abandono do lar como argumento de defesa ou acusação no processo de separação judicial" (*RT*, 781/349). "Separação de corpos. Cabimento ainda que existente a separação de fato" (*RT*, 810/391).

[54] Confira-se a jurisprudência: "Separação de corpos. União estável. Indeferimento da inicial. Inadmissibilidade. Existência de direito líquido e certo da autora na apreciação do seu pedido. Entendimento do artigo 226, § 3º, da Constituição da República. Recurso provido" (*JTJ*, Lex, 258/166). *V.* ainda: "Separação de corpos. Afastamento do convivente do lar comum. Admissibilidade. Segurança da requerente e do filho do casal que ficaria comprometida, se o requerido continuasse a partilhar a mesma residência" (TJSP, AgI 6.008-4/5, 10ª Câm. Dir. Priv., rel. Des. Roberto Stucchi). "Separação de corpos. Ação movida por companheira, com base no art. 798 do CPC [de 1973, correspondente ao art. 297 do novo diploma processual], para afastar do lar conjugal o companheiro acusado de maltratá-la e aos filhos. Admissibilidade" (TJSC, Ap. Cív. 40.904, 1ª Câm., rel. Des. João Martins).

[55] *RSTJ*, 25/472.

[56] "Separação de corpos. Irresignação quanto à medida determinante do afastamento do lar conjugal. Improcedência. A animosidade existente entre as partes litigantes e a necessidade de preservação da integridade física dos envolvidos, bem como dos filhos, justificam a concessão da liminar" (TJMG, AgI 000.175.412-6/00, 1ª Câm. Cív., rel. Des. Orlando Carvalho, j. 16-5-2000). "Separação de corpos. Riscos de desavenças graves. Ação da ex-mulher para afastar o ex-marido da residência comum. Admissibilidade. Se é admissível ação cautelar de separação de corpos entre companheiros, 'a fortiori' o é entre ex-cônjuges que se reconciliaram de fato, depois de separação consensual

O Código de Processo Civil de 2015 não prevê expressamente a separação de corpos, mas unificou os procedimentos. Basta entrar com a tutela cautelar de separação de corpos e, no prazo de 30 dias, ajuizar, nos mesmos autos, a ação principal de divórcio ou de dissolução de entidade familiar ou outra ação adequada ao caso *sub judice*. Desse modo, não haverá mais duas custas processuais e dois processos. Em um único processo serão discutidas a tutela cautelar e a ação principal.

Conforme leciona Yussef Cahali, com suporte na melhor doutrina e reiterada jurisprudência, "na separação provisória de corpos, como processo cautelar, **a única prova a ser examinada é a da existência do casamento**, revelando-se inoportuna e impertinente qualquer discussão sobre os fatos que devam ser apreciados e julgados na ação de separação judicial; a gravidade do fato que a legitima resulta, por presunção legal, do enunciado da própria ação de dissolução da sociedade conjugal que vai ser proposta (ou já foi proposta, se a medida cautelar for incidente); devidamente instruído com a prova do casamento, solicitada a separação de corpos como preliminar da ação de separação definitiva ante o natural constrangimento que daí resulta, **não é dado ao juiz negá-lo**, pois este não pode substituir as partes na avaliação da existência ou não do constrangimento nem julgar se é, ou não, insuportável o convívio dos futuros litigantes"[57].

Nessa trilha, tem-se decidido que "basta, para a concessão de alvará de separação de corpos, apenas que a instrução sumária positive a existência de um conflito grave entre o casal; **nesse processo não se debate matéria pertinente à futura ação de desquite**"[58]. E, ainda:

> "A separação de corpos visa a acautelar a integridade física dos esposos, não exigindo que o suplicante da medida desde logo demonstre a insuportabilidade da vida em comum com o outro cônjuge, senão, **apenas, que motivos graves e sérios aconselhem a separação de corpos**"[59].

■ Afastamento temporário dos cônjuges da morada do casal

Admite-se ainda o afastamento temporário dos cônjuges da morada do casal, como tutela provisória (CPC/2015, arts. 294 e s.), exigindo-se a propositura da **ação principal no prazo de trinta dias** (CPC, art. 308). A esse respeito, já se decidiu:

> "A distinção prática relevante que se impõe é **entre o caso em que o cônjuge pede a autorização para sair do lar e aquele em que quer dele expulsar o outro**. Nesta

em que o marido se obrigou a deixar a residência comum" (TJSP, Ap. 23.303-4/6-00, 2ª Câm. Dir. Priv., rel. Des. Cezar Peluso, j. 12-5-1998).

57 *Divórcio*, cit., p. 455.

58 *RT*, 313/276.

59 *RT*, 248/312. *V.* ainda: "Separação de corpos. Trata-se de medida que visa a evitar agressões físicas e morais entre os cônjuges, na fase que antecede à separação judicial, a qual poderá ocorrer por mútuo consentimento ou de forma litigiosa. Por essa razão, não se pode exigir, para a apreciação do pedido, prova da insuportabilidade da vida em comum, a ser produzida na ação principal" (AgI 146.759.4/3-SP, 3ª Câm. Dir. Priv., rel. Des. Carlos Roberto Gonçalves).

última hipótese, imprescindível todo o cuidado por parte do magistrado, a começar pela não concessão da medida sem ouvir a parte contrária, salvo em casos muitos excepcionais, e pela providência de exigir alguma prova de motivos que devem provocar o afastamento compulsório de um cônjuge, em vez da retirada não traumática de um deles, espontaneamente. Enfim, terá o juiz que resolver qual deles sairá do lar"[60].

O problema do afastamento do lar deve ser resolvido sem qualquer preferência por este ou aquele cônjuge, **podendo ser o marido ou a mulher**. A lei confere um certo arbítrio ao juiz para decidir qual deles deve ser afastado temporariamente da residência do casal. **A decisão dependerá de várias circunstâncias**, como a idade dos filhos e a situação econômica dos separandos, por exemplo. Como o marido, em geral, tem maior possibilidade de obter uma nova morada, deve-se optar pela permanência da mulher na casa, sobretudo se os filhos menores estão com ela.

Já se decidiu, por sinal:

> "Sempre se admitiu, com base na melhor doutrina, que, em igualdade de condições, é justo que se dê preferência à pretensão da mulher"[61].

Ou, ainda:

> "Não dispondo a mulher de apartamento para morar, é mais justo, mais humano e mais racional que saia o marido da casa onde atualmente reside o casal"[62].

Dependendo, porém, das circunstâncias, **a separação de corpos pode ser concedida para que se determine o afastamento da esposa do lar conjugal**. Confira-se:

> "Separação de corpos. Decisão que determina a retirada do marido do lar. Inadmissibilidade. Permanência da mulher que apresenta risco de graves agressões aos filhos e ao marido. Decisão reformada, para determinar-se o afastamento da mulher e a permanência do varão e prole no imóvel"[63].

Se, por outro lado, o imóvel residencial foi herdado ou adquirido por um só dos cônjuges, sem comunicação ao outro, não é justo determinar-se que permaneça este último e saia o proprietário.

■ Separação de corpos com permanência dos cônjuges sob o mesmo teto

Tem a jurisprudência, ainda, firmado o entendimento de que a concessão da separação de corpos **não é incompatível com a permanência dos cônjuges sob o mesmo teto**, se a coabitação do casal se torna necessária por **razões econômicas**. Em tais casos, o deferimento da liminar **faz cessar alguns deveres do casamento**, como a prestação do débito conjugal, além de proteger o requerente de eventual ação de separação judicial litigiosa por culpa[64].

---

60 *RJTJRS*, 176/706.

61 *RJTJSP*, 14/196.

62 *RT*, 548/177.

63 TJSP, AgI 71.361-4/6, 7ª Câm. Dir. Priv., rel. Des. Rebouças de Carvalho, j. 22-4-1998.

64 *RT*, 788/247.

■ "Lei Maria da Penha"

A Lei n. 11.340, de 7 de agosto de 2006, conhecida como "Lei Maria da Penha" e que criou mecanismos para coibir a violência doméstica e familiar contra a mulher, prevê que o juiz do Juizado de Violência Doméstica e Familiar contra a Mulher poderá, quando necessário, sem prejuízo de outras medidas protetivas de urgência:

> "I — encaminhar a ofendida e seus dependentes a **programa oficial ou comunitário** de proteção ou de atendimento;
>
> II — determinar a **recondução da ofendida e a de seus dependentes ao respectivo domicílio**, após afastamento do agressor;
>
> III — determinar o **afastamento da ofendida do lar**, sem prejuízo dos direitos relativos a bens, guarda dos filhos e alimentos;
>
> IV — determinar a **separação de corpos**" (art. 23).

A Lei n. 13.894, de 29 de outubro de 2019, alterou a Lei Maria da Penha, para assegurar assistência jurídica e dar prioridade nos processos judiciais de separação ou divórcio à mulher vítima de violência doméstica. De acordo com a citada lei, o juiz deverá assegurar à mulher em situação de violência doméstica encaminhamento à assistência judiciária, inclusive para eventual ajuizamento da ação de separação judicial, divórcio ou de dissolução de união estável. A autoridade policial deve informar à vítima os direitos garantidos pela Lei Maria da Penha, inclusive a assistência judiciária.

A lei em apreço alterou também a Lei n. 13.105/2015 (Código de Processo Civil), passando a permitir que a mulher vítima de violência doméstica ajuíze as ações de divórcio, separação, anulação de casamento e reconhecimento ou dissolução de união estável no foro do seu domicílio ou de sua residência. Prevê, também, a intervenção obrigatória do Ministério Público nas ações de família em que figure como parte a vítima de violência doméstica e familiar.

■ 14.8. O USO DO NOME DO OUTRO CÔNJUGE

■ Na separação consensual

O cônjuge **decide livremente** a respeito do uso do sobrenome do outro[65]. A omissão no acordo sobre essa questão não deve ser interpretada como renúncia, pois **tem ele o direito de continuar a usar o nome do ex-consorte**.

■ Na separação litigiosa

A solução se encontra no art. 1.578 e §§ 1º e 2º do Código Civil. Qualquer dos cônjuges "**declarado culpado** na ação de separação judicial" **perde o direito de usar o sobrenome do outro**. Porém, a aplicação dessa sanção é condicionada a expresso requerimento pelo cônjuge inocente e **desde que a alteração não acarrete**:

---

[65] "Ex-cônjuges que acordam que a ex-esposa continue a usar o nome de casada. Admissibilidade. Juiz que não pode impor que a mulher volte a usar o nome de solteira, mais de dez anos após a separação judicial. Patronímico do ex-marido que já faz parte de sua personalidade" (*RT*, 808/402).

"I — evidente prejuízo para a sua identificação;

II — manifesta distinção entre o seu nome de família e o dos filhos havidos da união dissolvida;

III — dano grave reconhecido na decisão judicial" (art. 1.578, *caput*, I a III).

Verifica-se, assim, que **o culpado** só pode continuar a usar o sobrenome que adotou quando do casamento **se com isso concordar o outro cônjuge**. Contudo, mesmo havendo essa oposição, **será possível mantê-lo** nas hipóteses excepcionadas pelo mencionado art. 1.578.

■ Hipóteses legais que permitem a manutenção, pelo culpado, do nome do outro cônjuge

O **inc. I** aplica-se às **pessoas que se tornaram famosas** nos meios artístico, cultural, literário etc. usando o sobrenome do outro cônjuge, enfim, quando esse sobrenome estiver ligado às suas atividades comerciais ou industriais.

O **inc. II** diz respeito aos casos em que **os filhos foram registrados só com o apelido familiar do pai, sem o da mãe**. Se a mulher perder o sobrenome do marido, haverá manifesta distinção entre o que passará a usar e o dos filhos. Aplica-se também à hipótese em que os filhos foram registrados só com o sobrenome da mãe.

O **inc. III** destina-se, genericamente, aos casos em que o cônjuge conseguir provar, por sentença, que sofrerá **dano grave** com a perda do sobrenome do outro, como na hipótese, por exemplo, em que o nome do marido foi atribuído ao estabelecimento comercial da mulher e registrado como firma comercial.

■ Situação do cônjuge considerado inocente na separação

Poderá ele optar por **conservar** o sobrenome do outro. Nesse caso, terá a possibilidade de **renunciar ao seu uso a qualquer tempo** (art. 1.578, § 1º).

Assim, se na separação amigável a mulher optou por conservar o nome do ex-marido, **pode a qualquer tempo voltar a usar o de solteira**, requerendo ao juiz (que não precisa ser o que homologou a separação, podendo ser o de seu domicílio) que determine a averbação da alteração no Registro Civil. Com efeito, tratando-se de faculdade exercitável a seu critério exclusivo, o pedido da mulher é de **simples *averbação* no Registro Civil**, com base no art. 96 da Lei dos Registros Públicos (Lei n. 6.015/73), com caráter de jurisdição meramente administrativa, não sendo necessária nem mesmo a audiência do marido, pois a hipótese não se confunde com a ação de retificação de nome[66].

É a única cláusula da separação amigável que pode ser alterada unilateralmente. Nos demais casos, caberá ao cônjuge a opção pela conservação do nome de casado (art. 1.578, § 2º).

A separação consensual não subtrai à mulher o direito de usar o nome que adotou com o casamento, mas **o uso do nome do marido é, como foi dito, renunciável**. A renúncia poderá ser feita **de início ou posteriormente à homologação**, mesmo

[66] *RT* 275/751, 400/213, 477/221; *RJTJSP*, Lex, 8/389.

que tenha a mulher se reservado o direito de usar o nome do esposo[67]. Efetivada a renúncia, torna-se ela irretratável, não mais podendo a mulher recuperá-lo, senão na eventualidade de reconciliação do casal[68].

Todas essas regras aplicam-se **a ambos os cônjuges**, tendo em vista que hoje, em face da isonomia constitucional, o homem pode adotar, no casamento, o sobrenome da mulher.

■ **Perda do direito ao uso do sobrenome do outro cônjuge, por motivos graves**

O uso do nome do outro cônjuge, nos casos especificados, não é, entretanto, absoluto. Se a mulher, por exemplo, após a separação, mesmo vitoriosa na ação de separação, passa a ter **conduta imoral ou desonrosa**, agindo de modo a enxovalhar o nome do ex-marido, este poderá **ajuizar ação ordinária para cassar esse direito**, pela superveniente alteração das circunstâncias.

No entanto, **somente motivos muito graves e devidamente comprovados** poderão acarretar a perda do direito ao uso do sobrenome do outro, se o cônjuge não renunciou a eles, na separação. Se o fez, não poderá voltar a usá-lo posteriormente[69].

■ **O nome da viúva**

"A posição mais defensável continua sendo a do Prof. Serpa Lopes, que afirma ter a viúva '**o direito de usar o nome de casada**, pois, apesar da extinção do vínculo matrimonial em virtude da morte, alguns direitos ainda permanecem íntegros, como o de defender a memória do marido (...) e os sucessórios entre outros' (*Tratado de Registros Públicos*, p. 193-194). **No caso de contrair novo casamento, inexistiria qualquer justificativa para manter o nome do primeiro marido**"[70].

Decidiu o Tribunal de Justiça de São Paulo ser admissível a retificação do nome da *viúva*, **para exclusão do patronímico do esposo falecido**[71].

■ **Uso do sobrenome do ex-cônjuge após o divórcio**

O Código Civil de 2002 não disciplinou o referido uso, que não era permitido, salvo nas três hipóteses reproduzidas no art. 1.578, I a III, do novo Código Civil, acrescentadas ao art. 25, parágrafo único, da Lei do Divórcio pela Lei n. 8.408, de 13 de fevereiro de 1992.

Impõe-se concluir que o tema foi exaurido no referido art. 1.578, não mais subsistindo a aludida proibição. Desse modo, havendo divórcio direto ou por conversão, **será facultado ao cônjuge manter o sobrenome de casado, salvo se, neste último caso, houver determinação em contrário na sentença de separação judicial**.

Nessa linha, decidiu-se:

"Na conversão da separação judicial em divórcio, se é a própria mulher que, abrindo mão de prerrogativa de continuar a usar o nome de casada para proteção de interesse pessoal,

---

67 *RT*, 400/213.

68 *RJTJSP*, Lex, 58/172; *JTJ*, Lex, 141/279.

69 Yussef Cahali, *Divórcio*, cit., p. 722-723; *RT*, 498/219.

70 Eduardo de Oliveira Leite, *Temas de direito de família*, p. 48.

71 Ap. 15.071-4-Campinas, 2ª Câm. Dir. Priv., j. 10-2-1998.

requer o retorno ao nome de solteira, mister lhe seja reconhecida a faculdade, sem que, para tanto, lhe seja exigido extenso rol de certidões negativas, uma vez que não se trata de pedido ordinário de alteração do nome, mas de direito líquido e certo da agravante"[72].

Confira-se, a respeito da ***adição do sobrenome do companheiro***, o volume I desta obra, Primeira Parte (Parte Geral), item n. 4.5.2.5.3.4.

■ 14.9. RESTABELECIMENTO DA SOCIEDADE CONJUGAL

Dispõe o art. 1.577 do Código Civil:

"Seja qual for a causa da separação judicial e o modo como esta se faça, **é lícito aos cônjuges restabelecer, a todo tempo, a sociedade conjugal**, por ato regular em juízo.

Parágrafo único. A reconciliação em nada prejudicará o direito de terceiros, adquirido antes e durante o estado de separado, seja qual for o regime de bens".

■ Procedimento

O requerimento **deve ser formulado por ambos os cônjuges**, perante o juízo competente, que é o da separação judicial, sendo reduzido a termo assinado pelos cônjuges e **homologado por sentença**, depois da manifestação do Ministério Público. Não se exige o comparecimento pessoal das partes perante o juízo[73].

■ Efeitos da reconciliação quanto ao nome dos cônjuges e ao regime de bens

Com a reconciliação, os cônjuges **voltarão a usar o nome que usavam antes** da dissolução da sociedade conjugal.

O regime de bens também será o mesmo, porque o restabelecimento far-se-á nos exatos termos em que a sociedade fora constituída. Se, porém, o casal se divorciou, poderá unir-se novamente com outro regime de bens, mas não pelo restabelecimento da sociedade conjugal, e sim mediante novo casamento.

É possível, todavia, em caso de separação judicial, a alteração do regime de bens por ocasião da reconciliação, mediante autorização judicial, se houver "pedido motivado de ambos os cônjuges, apurada a procedência das razões invocadas e ressalvados os direitos de terceiros" (CC, art. 1.639, § 2º).

Preceitua o art. 101 da Lei dos Registros Públicos, aludida no item anterior, que o ato de restabelecimento de sociedade conjugal **será também averbado no Registro Civil**, com as mesmas indicações e efeitos.

■ Reconciliação apenas de fato

Nesse caso, instaura-se entre o casal uma **simples sociedade de fato**, regendo-se os interesses patrimoniais recíprocos pelas regras do direito das obrigações. Desse modo, se houver aquisição de bens nesse período, terá a mulher participação no novo patrimônio, ainda que apenas cuide dos afazeres domésticos.

---

72 TJDF, AgI 2004.00.2.000521-4, 2ª T. Cív., rel. Des. Sérgio Rocha, *DJ*, 29-3-2005, v. u.

73 "Separação consensual. Restabelecimento da sociedade conjugal. Desnecessidade do comparecimento pessoal dos cônjuges para a audiência de ratificação do pedido de reconciliação. Recurso não provido" (*JTJ*, Lex, 145/202).

14.10. RESUMO

SEPARAÇÃO JUDICIAL LITIGIOSA	
ESPÉCIES	**Separação-sanção:** quando um dos consortes imputar ao outro qualquer ato que importe grave violação dos deveres do casamento e torne insuportável a vida em comum (CC, art. 1.572, *caput*). **Separação-falência:** se um dos cônjuges provar ruptura da vida em comum há mais de um ano e a impossibilidade de sua reconstituição (§ 1º). **Separação-remédio:** quando o outro cônjuge estiver acometido de doença mental grave, manifestada após o casamento, que torne impossível a continuação da vida em comum, desde que, após uma duração de dois anos, a enfermidade tenha sido reconhecida de cura improvável (§ 2º).
PROCEDIMENTO	pode ser precedida de separação de corpos (CC, art. 1.562); segue o rito ordinário; é obrigatória a realização de audiência prévia de conciliação; a iniciativa da ação é privativa dos cônjuges. No caso de incapacidade, serão representados por curador, ascendente ou irmão (CC, art. 1.576); é competente o foro do domicílio da mulher (Lei n. 6.515/77, art. 52); é admitido, depois de decretada a separação, o restabelecimento da sociedade conjugal (CC, art. 1.577).

15
DIVÓRCIO

15.1. INTRODUÇÃO

Instituição do divórcio no país

No direito dos povos modernos, o divórcio tem ampla aceitação.

No Brasil, após uma árdua batalha legislativa, foi o divórcio **introduzido pela Emenda Constitucional n. 9, de 28 de junho de 1977**, que suprimiu o princípio da indissolubilidade do vínculo matrimonial, conforme escorço histórico constante do item 12.2.1, *retro*, ao qual nos reportamos.

O Código Civil de 2002

O atual Código Civil limita-se a proclamar que o divórcio é uma das **causas que ensejam o término da sociedade conjugal**, tendo o condão de dissolver o casamento válido (art. 1.571, IV e § 1º). O art. 1.579 do aludido diploma reproduz o texto do art. 27 da Lei do Divórcio, reiterando a **inalterabilidade dos "direitos e deveres dos pais em relação aos filhos"**, em decorrência quer do divórcio, quer do novo casamento de qualquer deles.

Além disso, o mencionado *Codex* regulava a conversão da separação em divórcio, dispondo no art. 1.580:

> "**Decorrido um ano** do trânsito em julgado da sentença que houver decretado a separação judicial, ou da decisão concessiva da medida cautelar de separação de corpos, qualquer das partes poderá requerer sua **conversão em divórcio**.
>
> § 1º A conversão em divórcio da separação judicial dos cônjuges será decretada por sentença, **da qual não constará referência à causa que a determinou**.
>
> § 2º O divórcio poderá ser requerido, por um ou por ambos os cônjuges, no caso de comprovada **separação de fato por mais de dois anos**".

O aludido prazo ânuo era estabelecido pelo art. 226, § 6º, da Constituição Federal.

A PEC do divórcio

Em 13 de julho de 2010 foi promulgada pelo Congresso Nacional e publicada no *Diário Oficial da União* no dia seguinte a denominada "PEC do Divórcio", convertendo-se na **Emenda Constitucional n. 66/2010**.

O texto aprovado, como já dito, deu nova redação ao § 6º do art. 226 da Constituição Federal, do seguinte teor:

> **"O casamento civil pode ser dissolvido pelo divórcio"**.

Foi eliminada, portanto, a exigência de separação judicial por mais de um ano ou comprovada separação de fato por mais de dois anos para os casais requererem o divórcio.

A **separação judicial deixou, assim, de ser contemplada na Carta Magna**, inclusive na modalidade de requisito voluntário para **conversão ao divórcio**, sendo revogado, *ipso facto*, o art. 1.580 do Código Civil retrotranscrito.

Segundo a Súmula 197 do Superior Tribunal de Justiça, "O divórcio direto pode ser concedido sem que haja prévia partilha dos bens". O Código Civil, por sua vez, dispõe, no art. 1.581:

> **"O divórcio pode ser concedido sem que haja prévia partilha dos bens"**.

Todavia, no capítulo concernente às "*causas suspensivas*", preceitua o novo diploma que não deve casar: "o divorciado, enquanto não houver sido homologada ou decidida a partilha dos bens do casal" (art. 1.523, III).

O estatuto civil menciona ainda, no art. 1.582, as pessoas legitimadas a propor a ação. **Não há nenhuma sanção para o cônjuge que tiver a iniciativa de ajuizá-la**. Não se reproduziu o texto do art. 26 da Lei do Divórcio, que punia o cônjuge autor da ação de separação, nos casos de ruptura da vida em comum há mais de um ano e de **grave doença mental** adquirida depois do casamento e reputada de cura improvável, com a prestação de assistência material e imaterial ao cônjuge réu.

■ Divórcio-remédio

Podemos dizer, desse modo, que a modalidade de divórcio existente no país tem características de *divórcio-remédio*, pois **não admite qualquer discussão sobre a culpa**. Quem pretendesse, anteriormente, a condenação do outro cônjuge ao pagamento ou perda de alimentos deveria propor ação autônoma de alimentos. Os juízes, entretanto, por economia processual, vinham admitindo tais pedidos, mas para os efeitos mencionados, e não para a decretação do divórcio.

■ Caráter personalíssimo da ação de divórcio

O *caráter personalíssimo* da ação de divórcio vem ressaltado no retromencionado art. 1.582 do Código Civil, ao estatuir que o pedido **"somente competirá aos cônjuges"**. No entanto, em caso de *incapacidade*, poderá haver substituição destes pelo **curador, ascendente ou irmão**, uns em falta de outros (art. 1.582, parágrafo único).

Esse assunto foi desenvolvido no item n. 12.6.5, *retro*, concernente ao caráter também personalíssimo da ação de separação judicial estabelecido no parágrafo único do art. 1.576, ao qual nos reportamos.

■ Direitos e deveres dos divorciados em relação aos filhos

O divórcio, bem como o novo casamento dos pais, como foi dito, **não modifica os direitos e deveres destes em relação aos filhos** (art. 1.579 e parágrafo único). Esses direitos e deveres, inerentes ao poder familiar, encontram-se especificados no art. 1.634, I a VII, do Código Civil.

Efeitos do divórcio em relação a alimentos

Findo o casamento, com o divórcio, **extinguem-se também os deveres e direitos alimentários**, decorrentes do dever de mútua assistência, **salvo se ficarem estabelecidos antes da dissolução do vínculo matrimonial**.

O novo casamento, a união estável ou o concubinato **do cônjuge credor** da pensão **extinguem a obrigação do cônjuge devedor** (CC, art. 1.708). Não seria razoável, efetivamente, "se continuasse a pensionar o cônjuge credor, que convolou novas núpcias, ou que passou a viver em união estável ou a ter relações com outra pessoa que é casada, neste último caso em razão não só da desnecessidade, mas, principalmente, da indignidade desse procedimento"[1].

Mas, se o **devedor** vier a casar-se, ou a viver em união estável com outra pessoa, **o novo casamento ou união não alterará a sua obrigação** (art. 1.709).

15.2. DIVÓRCIO-CONVERSÃO

Prescrevia o art. 1.580 do Código Civil que, **decorrido um ano** do trânsito em julgado da sentença que houvesse decretado a separação judicial, ou da decisão concessiva da medida cautelar de separação de corpos, qualquer das partes poderia requerer sua **"conversão em divórcio"**. Não importava se a separação judicial fora consensual ou litigiosa, pois num ou noutro caso a conversão poderia ser deferida, desde que devidamente provada a aludida separação e o prazo mínimo exigido.

Esse prazo, todavia, **deixou de existir** com a aprovação da Emenda Constitucional n. 66/2010, que deu nova redação ao § 6º do art. 226 da Constituição Federal, eliminando a exigência de prazos para o divórcio.

Malgrado a lei não mencione o **divórcio *consensual***, a sua admissibilidade é tranquila na prática, generalizando-se o costume de promoverem os ex-cônjuges conjuntamente o divórcio, evitando a perda de tempo que ocorreria se um tivesse de promover a citação do outro. Se a conversão da separação judicial pode ser feita mediante pedido de qualquer das partes (CC, art. 1.580); se na conversão não caberá reconvenção na resposta do réu citado (Lei do Divórcio, art. 36); se na sentença não constará referência à causa que a determinou (CC, art. 1.580, § 1º), parece ilógico não admitir que o pedido de conversão seja formulado desde logo em comum pelos cônjuges separados judicialmente.

O pedido pode ser feito perante o **juízo do domicílio de qualquer dos ex-cônjuges**, ainda que diverso do juízo por onde tenha, eventualmente, tramitado a ação de separação judicial (Lei do Divórcio, arts. 47 e 48). "O que não se mostra admissível, mesmo em sede de divórcio consensual, é a propositura da ação em comarca na qual não reside nenhum dos cônjuges, sendo o juízo, neste caso, absolutamente incompetente"[2].

---

1 Washington de Barros Monteiro, *Curso de direito civil*, 37. ed., v. 2, p. 280.

2 Yussef Cahali, *Divórcio*, cit., p. 1014; *RJTJSP*, Lex, 123/243; TJMS, Ap. 58.179, 2ª T., rel. Des. Rêmolo Letteriello, *DJMS*, 17-8-1998, p. 6.

Proclama o Enunciado 517 da V Jornada de Direito Civil do Conselho da Justiça Federal:

"A Emenda Constitucional n. 66/2010 extinguiu os prazos previstos no art. 1.580 do Código Civil, mantido o divórcio-conversão".

O pedido de conversão da separação em divórcio **constitui um novo processo, autônomo em relação ao anterior desquite ou separação judicial**. Será apensado aos autos da separação judicial quando formulado no mesmo juízo desta (Lei do Divórcio, art. 35, parágrafo único). Todavia, se os autos do desquite ou os da separação judicial tiverem sido extraviados, ou se encontrarem em outra circunscrição judiciária, o pedido de conversão em divórcio será instruído com a certidão da sentença, ou da sua averbação no assento de casamento (art. 47).

Embora haja uma tendência natural de os ex-cônjuges manterem as cláusulas convencionadas ou determinadas na separação, **nada obsta que as modifiquem, especialmente as referentes a alimentos, guarda dos filhos menores e maiores inválidos, regulamentação de visitas, uso do sobrenome do outro cônjuge etc**. Admite a jurisprudência a hipótese de, **renunciados os alimentos pela mulher** quando da separação consensual, **voltarem eles a ser convencionados** quando da conversão da separação judicial em divórcio[3], bem como a de serem alteradas cláusulas de conteúdo patrimonial, como a concernente a promessa de doação de bens do casal aos filhos, ainda não efetivada, atribuindo-se a meação a cada um deles[4]. No regime da Lei do Divórcio não se decretava a conversão da separação em divórcio sem prévia partilha dos bens (art. 31). Contudo, o Código Civil, como foi dito, trouxe significativa alteração nesse aspecto ao permitir, expressa e genericamente, **a concessão do divórcio "*sem que haja prévia partilha de bens*"** (art. 1.581).

A jurisprudência já havia assumido essa posição desde o advento da Constituição Federal de 1988, que não impôs nenhuma restrição ao admitir a dissolução do casamento pelo divórcio, nem mesmo a decisão sobre a "partilha dos bens" ou o "descumprimento das obrigações assumidas pelo requerente na separação" (art. 36, parágrafo único, II).

Se a partilha tiver sido convencionada no acordo de conversão, a Fazenda Pública deverá ser ouvida, em razão de seu eventual interesse no imposto de reposição (decorrente da diferença de quinhões, equivalendo a uma doação).

Dispensa-se a fase conciliatória no processo de conversão consensual, não prevista na lei, mas a petição inicial deve ser assinada pelas próprias partes, pelas implicações que encerra, e por advogado. A rigor, a Lei do Divórcio e o Código Civil não estatuem que, na conversão da separação judicial em divórcio, há necessidade de os cônjuges subscreverem a inicial. Por essa razão, tem sido permitida a postulação da conversão da separação judicial em divórcio mediante a apresentação de procuração,

---

[3] *JTJ*, Lex, 213/11.

[4] *RJTJSP*, Lex, 128/170.

por instrumento público ou particular, com poderes especiais expressos, a fim de que o advogado de ambos os interessados subscreva, em seu nome, a inicial e possa ratificá-la em juízo, dispensando o comparecimento pessoal dos divorciandos. Para tanto, como foi dito, a procuração deve conter poderes especiais expressos[5].

O procedimento do pedido de conversão é de jurisdição voluntária e, por essa razão, tem curso durante as férias, não se suspendendo por superveniência delas. Mas, como já dito, pode ser adotada a via administrativa, efetivando-se a conversão em cartório de notas, mediante escritura pública, nos termos do art. 733 do Código de Processo Civil de 2015.

Na **conversão *litigiosa***, o juiz conhecerá diretamente do pedido, quando não houver contestação ou necessidade de produzir prova em audiência, e proferirá a sentença em dez dias (Lei do Divórcio, art. 37), diferentemente do que acontece na ação de separação judicial. É que a ação de conversão funda-se precipuamente em prova pré-constituída. Por se tratar de divórcio-remédio, em que não se discute culpa, *não se admite reconvenção* (art. 36), mesmo porque da sentença "*não constará referência à causa que a determinou*" (CC, art. 1.580, § 1º).

Podem ser arguidas, ainda, as objeções a que se refere o art. 337 do Código de Processo Civil de 2015, como, por exemplo, a **inépcia da inicial e defeito de representação**.

A sentença limitar-se-á à conversão da separação em divórcio.

Maria Berenice Dias[6] considera que a mais significativa alteração trazida pelo novo Código Civil tenha sido, talvez, a de ter permitido a concessão do divórcio sem a prévia partilha dos bens (art. 1.581). Tal explicitação, ao certo, aduz, "veio referendar a posição maciça da jurisprudência".

■ 15.3. DIVÓRCIO DIRETO

Como retromencionado (item 12.6.2), a Emenda Constitucional n. 66/2010 autoriza o divórcio sem o requisito temporal. Confira-se: **"O casamento civil pode ser dissolvido pelo divórcio"**. O denominado divórcio direto pode tresdobrar-se em: a) divórcio **judicial litigioso**; b) divórcio **judicial consensual**; e c) divórcio **extrajudicial consensual**. Em todos eles se exige apenas a exibição da certidão de casamento.

■ **Questões correlatas**

Questões como a *guarda* e *proteção dos filhos*, *alimentos*, *partilha dos bens* e *sobrenome a ser utilizado* **podem ser objeto de discussão e contestação**, para os fins próprios, **sem prejudicar a decretação do divórcio**. A partilha dos bens, segundo expressamente dispõe o art. 1.581 do Código Civil, pode ser discutida em outra ocasião.

Nessas questões **não se discutirá a causa ou a culpa pelo fim do casamento**.

■ **No tocante à guarda dos filhos**, discutir-se-á apenas o melhor interesse destes, buscando apurar qual dos genitores desfruta de melhores condições para exercê-la.

---

5 *RT*, 553/116, 581/172; *RJTJSP*, Lex, 109/80.

6 Da separação, cit., p. 77.

- **No que tange aos alimentos**, importará saber apenas da necessidade de quem os pede e da possibilidade do outro cônjuge.
- Não se poderá decretar a **perda do direito do uso do sobrenome** do outro consorte, com base no reconhecimento da culpa, como se verá adiante.

A realidade é que a discussão acerca dessas questões, mesmo afastada a perquirição da culpa pelo fracasso do casamento, provoca sempre o retardamento da decretação do divórcio, especialmente quando são interpostos recursos às instâncias superiores. Por essa razão, **é conveniente sejam ajuizadas ações distintas**:

- uma, apenas para a decretação do divórcio;
- e outra, a ser distribuída por dependência, para a discussão das aludidas questões litigiosas, inclusive regulamentação de visitas.

O divórcio direto pode ser **consensual** ou **litigioso**, sendo suficiente, em qualquer caso, a comprovação da juntada da **certidão de casamento**, sem qualquer indagação da causa da dissolução.

15.4. PROCEDIMENTOS DO DIVÓRCIO JUDICIAL E DA SEPARAÇÃO DE CORPOS

Divórcio consensual

Por força do art. 40, § 2º, da Lei do Divórcio, o procedimento adotado era o previsto nos arts. 1.120 a 1.124 do Código de Processo Civil de 1973, observadas ainda as seguintes normas:

> "(...)
>
> II — a petição fixará o valor da pensão do cônjuge que dela necessitar para sua manutenção, e indicará as garantias para o cumprimento da obrigação assumida;
>
> (...)
>
> IV — a partilha dos bens deverá ser homologada pela sentença do divórcio" (art. 40, § 2º).

Em razão da entrada em vigor da Emenda Constitucional n. 66/2010, **foram excluídos os incisos**:

I, que dispunha sobre a comprovação da separação de fato, e

III, relativo à produção de prova testemunhal e audiência de ratificação, porque incompatíveis com a supressão das causas subjetivas e objetivas decorrentes da nova redação conferida ao § 6º do art. 226 da Constituição Federal.

Atualmente, o **procedimento do divórcio e da separação consensuais** é o previsto nos arts. 731 e s. do Código de Processo Civil. Dispõe o mencionado dispositivo:

> "Art. 731. A homologação do divórcio ou da separação consensuais, observados os requisitos legais, poderá ser requerida em petição assinada por ambos os cônjuges, da qual constarão:
>
> I — as disposições relativas à descrição e à partilha dos bens comuns;
>
> II — as disposições relativas à pensão alimentícia entre os cônjuges;

III — o acordo relativo à guarda dos filhos incapazes e ao regime de visitas; e

IV — o valor da contribuição para criar e educar os filhos.

Parágrafo único. Se os cônjuges não acordarem sobre a partilha dos bens, far-se-á esta depois de homologado o divórcio, na forma estabelecida nos arts. 647 a 658".

Aduza-se que o art. 733 do aludido diploma autoriza a realização do **divórcio consensual por escritura pública**.

O divórcio, amigável ou não, como já foi dito, **"pode ser concedido sem que haja prévia partilha de bens"** (CC, art. 1.581). Nada impede seja esta feita consensualmente, mesmo em partes ideais, estabelecendo-se, após o término do regime de bens entre cônjuges, um condomínio sujeito ao direito das coisas.

Se houver necessidade de ajustes na partilha entre os cônjuges, poderão eles ser efetuados de forma consensual, nos âmbitos judicial ou extrajudicial, e sem a necessidade de uma ação anulatória para tanto[7].

Não havendo mais provas a serem produzidas sobre o tempo da separação, não há necessidade da realização da audiência de ratificação mencionada no art. 40, § 2º, III, da Lei do Divórcio.

A **sentença** que homologa o divórcio consensual ou recusa a homologação do acordo é definitiva, dela cabendo **apelação voluntária**, não havendo a lei estabelecido recurso *ex officio*. O Ministério Público, contudo, só está legitimado a recorrer quando a sentença homologa o pedido de divórcio consensual, faltando-lhe interesse para recorrer da sentença de recusa.

■ Divórcio litigioso

A ação de divórcio é personalíssima e se extingue **com a morte do requerente**, mesmo pendente recurso para a instância superior. Já decidiu a propósito o Superior Tribunal de Justiça que, se ocorre o "falecimento do varão antes do trânsito em julgado da decisão que concedeu o divórcio, **o estado civil do cônjuge sobrevivente é de viúva**, não de divorciada"[8].

O divórcio direto requerido por um só dos cônjuges (*litigioso*) seguirá o **procedimento ordinário**, segundo dispõe o art. 40, § 3º, da Lei do Divórcio. Nada obsta a iniciativa por aquele que deu causa ao rompimento da convivência familiar.

O divórcio direto, com efeito, segundo preleciona Yussef Cahali, "é uma faculdade que se concede a qualquer dos cônjuges, **inclusive, portanto, ao próprio cônjuge infrator** ou de conduta desonrosa, que tenha abandonado o outro cônjuge, ou tenha sido por este justamente abandonado"[9].

Tal fato, porém, não o exime das obrigações e responsabilidades com o cônjuge e os filhos.

---

7 STJ, REsp 1.623.475-PR, 3ª T., rel. Min. Nancy Andrighi, *DJe*, 20-4-2018.

8 *Revista Brasileira de Direito de Família*, Síntese-IBDFAM, v. 12, p. 134, em. 1.282.

9 *Divórcio*, cit., p. 1179.

■ Inadmissibilidade de reconvenção

Afastada a pesquisa da culpa, **não se admite a *reconvenção*** no divórcio direto, aplicando-se, por analogia, o *caput* do art. 36 da Lei n. 6.515/77.

■ Concessão do divórcio sem prévia partilha dos bens

Como o processo de conhecimento exaure-se com a sentença desconstitutiva do vínculo, **não deverá esta antecipar-se quanto à *partilha* dos bens do casal**, que ficará reservada ao juízo sucessivo da execução[10].

Decidiu o Superior Tribunal de Justiça que **o separado judicialmente pode optar pelo divórcio direto em vez do divórcio-conversão**: "Não impede a lei que o separado judicialmente opte por ajuizar o divórcio direto, ocorrendo os pressupostos deste, até porque não é razoável que o separado de fato lhe tenha direito maior"[11].

Agora, em virtude de a Emenda Constitucional n. 66/2010 ter extinguido o divórcio-conversão (ressalvado o entendimento da corrente contrária), os casais que se separaram judicialmente antes de sua vigência não terão escolha: caso queiram se divorciar, deverão realizar o divórcio direto, consensual ou litigioso.

■ Descumprimento de obrigações alimentares

Não constitui óbice à decretação do divórcio direto o **descumprimento de obrigações alimentares**, devendo tal questão ser resolvida em sede de execução de alimentos.

■ Formulação, mais de uma vez, de pedido de divórcio

Por outro lado, admite-se que o pedido de divórcio seja formulado mais de uma vez. O art. 38 da Lei n. 6.515/77, que impedia tal fato, dizendo que "o pedido de divórcio, em qualquer dos seus casos, somente poderá ser formulado uma vez", foi expressamente revogado pela Lei n. 7.841/89. Desse modo, **nada obsta a que uma pessoa promova o divórcio quantas vezes quiser** e desde que tenha condições de responder pelos encargos legais, uma vez que o art. 1.579 do Código Civil preceitua que "o divórcio não modificará os direitos e deveres dos pais em relação aos filhos".

■ Desconstituição do vínculo matrimonial pelo trânsito em julgado da sentença

O Código Civil não vincula a produção de efeitos da sentença de divórcio ao seu registro "no Registro Público competente", como o fazia o art. 32 da Lei do Divórcio.

---

10 "Partilha determinada na própria sentença. Desnecessidade de antecipar tal provimento. A partilha reserva-se assim, em todos os seus termos, ao juízo sucessivo da execução, para aquilatar quais bens foram adquiridos, em qual tempo e se houve a conjugação de esforços para obtê-los. Sentença reformada" (TJCE, Ap. 97.06711-7, 2ª Câm. Cív., rel. Des. Stênio Leite Linhares, j. 9-12-1998).

11 REsp 9.924-MG, 4ª T., *DJU*, 1º-7-1991, p. 9202, Seção I, em. *V.* ainda: "Divórcio direto. Separação judicial em curso. Irrelevância. Ação embasada na separação de fato do casal há mais de dois anos. Hipóteses totalmente distintas, porquanto na ação de separação litigiosa é discutida a culpa de um dos cônjuges, enquanto que no pedido de divórcio direto basta tão somente a comprovação do lapso temporal exigido. Decreto de extinção afastado" (*JTJ*, Lex, 258/26); "Nada obsta que o separado judicialmente opte por ajuizar o divórcio direto, desde que presentes os pressupostos deste, até porque não é razoável que o separado de fato lhe tenha direito maior" (TJRS, Ap. 70.002.275.998, 7ª Câm. Cív., rel. Des. Brasil Santos, j. 4-4-2001).

Contudo, o art. 1.525, V, do Código Civil exige que o divorciado instrua o processo de habilitação ao novo casamento com certidão do "registro da sentença de divórcio".

Na realidade, **o vínculo matrimonial desconstitui-se pela sentença transitada em julgado**, reclamando-se o seu registro apenas para efeitos colaterais. O oficial do registro civil exigirá prova do registro da sentença, no processo de habilitação, para fins administrativos, ou seja, para evitar que, ao ser feito o registro do novo casamento, ainda não conste dos livros de registro a notícia da desconstituição do anterior, dando a impressão de que teria havido bigamia. Esta, porém, somente ocorrerá se o segundo casamento se realizar antes da sentença definitiva do divórcio, que rompe o primeiro casamento.

Separação prévia de corpos

Antes de mover a ação de divórcio judicial litigioso, poderá requerer a parte, "comprovando sua necessidade, a *separação de corpos*, que será concedida pelo juiz com a possível brevidade" (CC, art. 1.562).

Preleciona, a propósito, Paulo Lôbo[12] que, em virtude do desaparecimento das causas culposas e temporais, por força da nova redação do § 6º do art. 226 da Constituição, o pedido de separação de corpos não mais tem a finalidade de legitimar a saída do cônjuge do lar conjugal, ou para os fins de contagem do tempo para separação consensual (um ano) ou para o divórcio direto (dois anos). Doravante, assume sua característica essencial como providência inevitável **quando há ameaça ou consumação de violência física, psicológica ou social de um cônjuge contra o outro ou contra os filhos**, para afastá-lo do lar conjugal, por via cautelar. E de acordo com o art. 888, VI, do CPC [de 1973], a medida também pode ser autorizada pelo juiz na pendência da ação principal, para o fim do afastamento temporário de um dos cônjuges da morada do casal.

Procedimento protetivo de dissolução das uniões conjugais introduzido na Lei Maria da Penha

A Lei Maria da Penha (Lei n. 11.340, de 7-8-2006) sofreu alterações promovidas pela Lei n. 13.894, de 29 de outubro de 2019, para, em síntese, assegurar assistência jurídica e dar prioridade, nas ações de separação ou divórcio, à mulher vítima de violência doméstica. O juiz deverá assegurar à mulher que se encontre nessa situação o "encaminhamento à assistência judiciária, quando for o caso, inclusive para eventual ajuizamento da ação de separação judicial, de divórcio, de anulação de casamento ou de dissolução de união estável perante o juízo competente" (art. 9º, § 2º, III). E a autoridade policial deverá "informar à ofendida os direitos a ela conferidos" na referida lei, bem como "os serviços disponíveis, inclusive os de assistência judiciária", para o eventual ajuizamento perante o juiz competente das referidas ações.

Registre-se que a lei em apreço, levando em conta a vulnerabilidade da mulher vítima de violência doméstica e familiar, declarou a competência de foro, para a ação de divórcio, separação, anulação de casamento e reconhecimento ou dissolução de

---

12 Divórcio: alteração constitucional e suas consequências. In: Portal IBDFAM. Disponível em: <http://www.ibdfam.org.br>. Acesso em: 9 jul. 2010.

união estável, mediante a inserção da alínea *d*, entre as hipóteses do inciso I do art. 53 do Código de Processo Civil, nestes termos: "É competente o foro de domicílio da vítima de violência doméstica e familiar, nos termos da Lei n. 11.340, de 7 de agosto de 2006 (Lei Maria da Penha)".

Outra alteração no diploma processual prevê a intervenção do Ministério Público "nas ações de família em que figure como parte vítima de violência doméstica e familiar", nos termos da Lei Maria da Penha. Por fim, acrescentou-se o inciso III ao art. 1.048 do estatuto processual: "Art. 1.048. Terão prioridade de tramitação, em qualquer juízo ou tribunal, os procedimentos judiciais: (...) III – em que figure como parte a vítima de violência doméstica e familiar", nos termos da Lei Maria da Penha.

■ 15.5. O USO DO NOME DO CÔNJUGE APÓS O DIVÓRCIO

Já foi dito, no item 14.8, *retro* ("*O uso do nome do outro cônjuge*"), que o culpado pela dissolução do casamento só pode continuar a usar o sobrenome que adotou quando do casamento **se com isso concordar o outro cônjuge**. Contudo, mesmo havendo essa oposição, será possível mantê-lo **nas hipóteses excepcionadas pelo art. 1.578 do Código Civil**.

Também foi mencionado que o Código Civil não disciplinou o uso do sobrenome do ex-cônjuge após o divórcio. Tal uso não era permitido, salvo nas três hipóteses reproduzidas no art. 1.578, I a III, do Código Civil ("I — evidente prejuízo para a sua identificação; II — manifesta distinção entre o seu nome de família e o dos filhos havidos da união dissolvida; III — dano grave reconhecido na decisão judicial"), acrescentadas ao art. 25, parágrafo único, da Lei do Divórcio pela Lei n. 8.408, de 13 de fevereiro de 1992. Impõe-se, frisou-se, concluir que o tema foi exaurido no referido art. 1.578, não mais subsistindo a aludida proibição. Desse modo, havendo divórcio direto, será facultado ao cônjuge manter o sobrenome de casado.

Com a aprovação da Emenda Constitucional n. 66/2010, não poderá haver nenhuma repercussão de eventual culpa na manutenção ou perda do direito de usar o sobrenome de casado após o divórcio. O referido art. 1.578 deve ser tido como revogado, por incompatibilidade com a nova ordem constitucional estabelecida pela "PEC do Divórcio".

Seja como for, o nome **incorpora-se à personalidade da pessoa**, sendo por isso incluído no rol dos direitos da personalidade disciplinados no Código Civil (arts. 16 a 19) e na Carta Magna (art. 5º, X, quando se refere à "vida privada") e amparado pelo princípio constitucional da dignidade humana (CF, art. 1º, III).

Desse modo, a utilização do sobrenome de casado, após o divórcio, pelo cônjuge, culpado ou não pelo rompimento do casamento, constitui uma faculdade deste, **pois está incorporado à sua personalidade**.

Decidiu o Superior Tribunal de Justiça que o fato de a ré ter sido revel em ação de divórcio em que se pretende, também, a exclusão do patronímico adotado por ocasião do casamento "não significa concordância tácita com a modificação de seu nome civil, quer seja porque o retorno ao nome de solteira após a dissolução do vínculo conjugal exige manifestação expressa nesse sentido, quer seja porque o efeito da presunção de veracidade decorrente da revelia apenas atinge as questões de fato, quer seja ainda porque os direitos indisponíveis não se submetem ao efeito da presunção da veracidade dos fatos"[13].

■ 15.6. RESUMO

DIVÓRCIO	
CONCEITO	■ O divórcio é uma das causas que ensejam o término da sociedade conjugal, tendo o condão de dissolver o casamento válido mediante sentença judicial, habilitando as pessoas a contrair novas núpcias.
ESPÉCIES	■ **Divórcio-conversão** **a)** consensual (formulado por ambos os cônjuges); **b)** litigioso (formulado por um só dos cônjuges (CC, art. 1.580)). ■ **Divórcio direto** **a)** consensual; **b)** litigioso (CC, art. 1.580, § 2º).
DIVÓRCIO--CONVERSÃO	■ **Litigioso** "Decorrido um ano do trânsito em julgado da sentença que houver decretado a separação judicial, ou da decisão concessiva da medida cautelar de separação de corpos, qualquer das partes poderá requerer sua conversão em divórcio" (CC, art. 1.580, ***caput***). Tem-se entendido, no entanto, que a Emenda Constitucional n. 66/2010 extinguiu os prazos previstos no art. 1.580 do CC, mantido o divórcio por conversão. Nesse sentido o Enunciado 517 da V Jornada de Direito Civil do Conselho da Justiça Federal. ■ **Consensual** Malgrado a lei não mencione o *consensual*, a sua admissibilidade é tranquila na prática. Pode ser formulado perante o juízo do domicílio de qualquer dos ex-cônjuges, ainda que diverso do juízo por onde tramitou a ação de separação judicial.
DIVÓRCIO DIRETO	■ **Espécies** Pode ser consensual ou litigioso, sendo suficiente, em qualquer caso, a comprovação da separação de fato por mais de 2 anos, sem qualquer indagação da causa. Predomina, no entanto, como já dito, o entendimento de que a Emenda Constitucional n. 66/2010 extinguiu os prazos previstos no art. 1.580 do CC. ■ **Divórcio direto consensual** O procedimento adotado será o previsto nos arts. 731 e s. do CPC/2015, observadas ainda outras normas especificadas no art. 40, § 2º, I a IV, da Lei do Divórcio. O divórcio pode ser concedido sem que haja prévia partilha de bens (CC, art. 1.581). ■ **Divórcio direto litigioso** Seguirá o procedimento *comum* (LD, art. 40, § 3º). Não há necessidade de tentativa de reconciliação, nem se aplica a regra do art. 447 do CPC. A revelia do réu não dispensa o autor da prova do único requisito exigido pela lei: o decurso do prazo de mais de 2 anos de separação de fato. Tem-se entendido, porém, como já mencionado, que a Emenda Constitucional n. 66/2010 extinguiu os prazos previstos no art. 1.580 do CC.

[13] STJ, 3ª T., rel. Min. Nancy Andrighi, disponível in *Revista Consultor Jurídico* de 3-9-2018.

16

PROTEÇÃO DA PESSOA DOS FILHOS

16.1. PROTEÇÃO À PESSOA DOS FILHOS NA SEPARAÇÃO JUDICIAL OU DIVÓRCIO

O Código Civil, depois de tratar da separação judicial e do divórcio, dedica um capítulo à **proteção da pessoa dos filhos** (arts. 1.583 a 1.590).

Possibilidade de recusa, pelo juiz, da homologação do acordo celebrado pelos pais

Na *separação judicial por mútuo consentimento* ou no *divórcio direto consensual*, **observar-se-á o que os cônjuges acordarem sobre a guarda dos filhos**, dizia o art. 1.583 em sua redação original, presumindo-se que são os maiores interessados no futuro e bem-estar da prole. Mas o juiz poderá **"recusar a homologação e não decretar a separação"** se não estiverem preservados os interesses dos filhos menores e dos maiores inválidos (CC, arts. 1.574, parágrafo único, e 1.590). **Não vale**, portanto, o que resolverem contrariamente à ordem pública ou ao **interesse dos filhos** (*v.* n. 13.2, *retro*).

Omissão, no acordo, sobre a guarda dos filhos

Não constitui óbice à homologação judicial da separação amigável (para aqueles que entendem que a separação de direito não foi proscrita de nosso ordenamento) **omissão dos consortes sobre a guarda dos filhos**. Nesse caso o juiz, deduzindo que os genitores não chegaram a um consenso a esse respeito, **simplesmente homologará a separação** por eles requerida.

Aplicação do princípio do "melhor interesse da criança"

No tocante aos filhos, vinha sendo aplicado, analogicamente, o disposto no art. 1.584 do Código Civil, em sua redação original:

> "Decretada a separação judicial ou o divórcio sem que haja entre as partes acordo quanto à guarda dos filhos, **será ela atribuída a quem revelar melhores condições para exercê-la**".

A inovação rompeu com o sistema que vincula a guarda dos filhos menores à **culpa** dos cônjuges.

Não mais subsiste, portanto, a regra do art. 10 da Lei do Divórcio de que os filhos menores ficarão com o cônjuge que a ela não houver dado causa. Assim, mesmo que a mãe seja considerada culpada pela separação, pode o juiz deferir-lhe a guarda dos filhos menores, se estiver comprovado que o pai, por exemplo, é alcoólatra e não tem condições de cuidar bem deles.

Não se indaga, portanto, quem deu causa à separação e quem é o cônjuge inocente, mas qual deles revela **melhores condições para exercer a guarda dos filhos menores**, cujos interesses foram colocados em primeiro plano. A solução será, portanto, a mesma se ambos os pais forem culpados pela separação e se a hipótese for de ruptura da vida em comum ou de separação por motivo de doença mental.

A regra inovadora amolda-se ao ***princípio do "melhor interesse da criança"***, identificado como direito fundamental na Constituição Federal (art. 5º, § 2º), em razão da ratificação pela Convenção Internacional sobre os Direitos da Criança-ONU/89[1].

Desse modo, a Emenda Constitucional n. 66/2010 ("PEC do Divórcio") **nenhuma repercussão terá sobre a questão da proteção à pessoa dos filhos no divórcio**, uma vez que a culpa, antes mesmo de sua promulgação, já não influenciava no critério de atribuição da guarda dos menores.

■ Deferimento da guarda dos filhos a terceiro

Em princípio, a guarda dos filhos constitui direito natural dos genitores. Verificado, porém, que **não devem eles permanecer em poder da mãe ou do pai**, o juiz deferirá a sua guarda a pessoa "que revele compatibilidade com a natureza da medida, considerados, de preferência, o grau de parentesco e as relações de afinidade e afetividade" com os infantes (CC, art. 1.584, § 5º, com a redação dada pela Lei n. 13.058, de 22-12-2014). Destaque-se a importância que o novo diploma confere aos laços de afinidade e de afetividade na fixação da guarda dos menores[2].

Não há dúvida de que tal dispositivo se aplica não só **à guarda unilateral como também à *compartilhada***, malgrado nenhuma referência a esse respeito tenha sido feita. Observa-se, no entanto, que o parágrafo supramencionado deve ser interpretado em conjunto com o *caput* do artigo, que assim preceitua: "A guarda, **unilateral ou compartilhada**, poderá ser:...".

---

[1] Caio Mário da Silva Pereira, *Instituições*, cit., v. 5, p. 297.
V. a jurisprudência: "No tocante à guarda dos filhos, tem-se entendido que o que deve predominar é o interesse dos menores e, no caso, nada aconselha fiquem eles em poder do pai, mesmo vencedor da lide, por permanecer, via de regra, fora de casa o dia todo, podendo a apelante melhor cuidar da educação e criação dos menores" (*RJTJSP*, Lex, 59/170). "Menor que era criado pelos avós. Pretensão da genitora em tê-lo sob sua responsabilidade. Admissibilidade. Laudo psicológico que indica a conveniência em se manter o infante junto de sua mãe. Circunstância em que a custódia deve a ela ser concedida" (*RT*, 817/367).

[2] "Guarda. Adolescente. Encargo deferido ao irmão mais velho. Admissibilidade. Entidade familiar formada pelos irmãos após o falecimento do pai. Estudos sociais realizados e oitiva dos menores que demonstram a formação de um núcleo coeso que, mesmo com a falta da figura materna, conseguiu superar os desafios típicos da difícil adaptação e convivência, alcançando um nível de solidariedade que repudia fragmentação" (RT, 786/268). "Guarda. Requerimento pelo companheiro da mãe. Admissibilidade. Solução que melhor atende aos interesses da criança. Mera regularização da situação de fato existente" (*JTJ*, Lex, 250/199).

Os tribunais, com efeito, mesmo antes do novo regramento, têm determinado, em inúmeros casos, **a guarda compartilhada de um dos pais com terceira pessoa**, ou seja, por exemplo, de um dos genitores com um dos *avós*, de um dos genitores com *tio ou tia* do menor, de um dos genitores com a *ex-mulher* ou *ex-companheira* daquele genitor, de um dos genitores e terceira pessoa, *não parente, mas ligada ao menor por fortes laços de afetividade e afinidade*. Confira-se:

> "Ação de regularização de guarda de menor impúbere proposta pela **avó materna** à mãe da criança. Oposição trazida pelo pai. Julgamento de procedência, estabelecendo a **guarda compartilhada entre a autora e o opoente**. Apelo da ré improvido"[3].

Decisão pioneira da 4ª Turma do Superior Tribunal de Justiça permitiu que **a avó e o tio paternos** tivessem a guarda compartilhada de uma adolescente, que convive com eles há 12 anos, desde os quatro meses de vida. Ressaltou o relator que, na verdade, pretendiam eles tão somente consolidar legalmente um fato que já existe, e que "a própria criança expressou o seu desejo de permanecer com os recorrentes, bem como os seus genitores concordam com a guarda pretendida, havendo reconhecimento de que a menor recebe bons cuidados"[4].

Para romper o liame natural existente entre pais e filhos, com o deferimento da guarda a terceiro, é necessário que existam **motivos graves** que autorizem a medida e atribuam maior vantagem aos filhos.

No tocante à preferência entre os familiares paternos e maternos, deve-se optar por aquele que ofereça **melhores condições de vida e educação para o menor**[5]. Sempre que possível, atender-se-á à vontade manifestada pelo próprio menor, quanto à sua conveniência[6].

As referidas disposições sobre guarda dos filhos aplicam-se também em sede de medida cautelar de **separação de corpos** (art. 1.585) e de **invalidade do casamento** (art. 1.587).

Amplos poderes conferidos ao juiz, havendo motivos graves

Deve-se sempre dar **primazia** aos interesses dos menores. Em questões de família, a autoridade judiciária é investida dos mais amplos poderes. Por isso, o art. 1.586

---

[3] TJSP, Ap. 512.336.460-0, rel. Des. Marco César. No mesmo sentido: "Guarda de menor. Pedido formulado pelo pai. Menor com 5 anos de idade, que vive sob a guarda de fato de uma tia. Interdição da mãe do menor, por deficiência mental. Curadoria exercida pela irmã, guardiã de fato do menor. Concessão da guarda ao pai não recomendada. Manutenção do menor junto à guardiã e à mãe. Solução que melhor atende, no momento, aos interesses do menor" (TJSP, Ap. 111.249-4, rel. Des. Zélia Antunes Alves, j. 21-2-2000).

[4] STJ, 4ª T., rel. Min. Aldir Passarinho Júnior. Disponível em: <http://www.editoramagister.com>. Acesso em: 18 maio 2010.

[5] *RF*, 230/201. "Guarda. Pedido efetuado pelos avós maternos. Indeferimento. Pleito embasado no fito de propiciar ao neto estudo mais refinado, ante a dificuldade financeira dos pais. Fato que, por si só, não autoriza a entrega da guarda. Possibilidade dos progenitores de fornecer tal ajuda sem a necessidade do deslocamento da guarda. Recurso não provido" (*JTJ*, Lex, 256/180; *RT*, 748/375).

[6] *RT*, 600/172, 611/198, 620/65; 747/253; 758/315.

do Código Civil permite que, **a bem deles, o juiz decida de forma diferente** dos critérios estabelecidos nos artigos anteriores, desde que comprovada a existência de ***motivos graves***.

A questão da guarda admite **revisão**, sempre a bem do menor, com base no princípio *rebus sic stantibus*, **não havendo coisa julgada**.

Decidiu o Superior Tribunal de Justiça, nessa linha, em ação de guarda e regulamentação de visitas movida pelo pai, que **não se fazia necessária a apresentação formal de reconvenção, podendo a mãe conseguir a referida guarda por meio de contestação**. Frisou o relator que "tanto o pai como a mãe podem exercer de maneira simultânea o direito de ação, pleiteando a guarda da filha menor, sendo que a improcedência do pedido do autor conduz à procedência do pedido de guarda à mãe, restando evidenciada, assim, a natureza dúplice da ação"[7].

■ 16.1.1. A guarda unilateral

A Lei n. 11.698, de 13 de junho de 2008, trouxe profundas alterações na redação dos citados arts. 1.583 e 1.584 do novo diploma, regulamentando a guarda unilateral e a guarda compartilhada.

Compreende-se por *guarda unilateral*, segundo dispõe o § 1º do art. 1.583 do Código Civil, com a redação dada pela Lei n. 11.698, de 13 de junho de 2008, **"a atribuída a um só dos genitores ou a alguém que o substitua"**.

Essa tem sido a forma mais comum: um dos cônjuges, ou alguém que o substitua, tem a guarda, enquanto o outro tem, a seu favor, a regulamentação de visitas.

Tal modalidade apresenta o inconveniente de privar o menor da convivência diária e contínua de um dos genitores. Por essa razão, **a supramencionada Lei n. 11.698/2008 procura incentivar a guarda compartilhada**, que pode ser requerida por qualquer dos genitores, ou por ambos, mediante consenso, bem como ser decretada de ofício pelo juiz, em atenção a necessidades específicas do filho.

■ Obrigação do pai ou da mãe que não detenha a guarda do filho

Oportuno o destaque dado no § 5º do art. 1.583, introduzido pela Lei n. 13.058/2014, à regra de que "a guarda unilateral obriga o pai ou a mãe que não a detenha **a supervisionar os interesses dos filhos, e, para possibilitar tal supervisão, qualquer dos genitores sempre será parte legítima para solicitar informações e/ou prestação de contas, objetivas ou subjetivas, em assuntos ou situações que direta ou indiretamente afetem a saúde física e psicológica e a educação dos filhos**".

Estabelece-se, assim, um dever genérico de cuidado material, atenção e afeto por parte do genitor a quem não se atribuiu a guarda, estando implícita a intenção de evitar o denominado "abandono moral". O dispositivo não o responsabiliza civilmente, todavia, pelos danos causados a terceiros pelo filho menor.

---

7 STJ, 4ª T., rel. Min. Luis Felipe Salomão. Disponível em: <http://www.editoramagister.com>. Acesso em: 26 ago. 2010.

16.1.2. A guarda compartilhada

O art. 1.583, § 1º, do Código Civil, com a redação dada pela Lei n. 11.698/2008, conceitua a guarda compartilhada como **"a responsabilização conjunta e o exercício de direitos e deveres do pai e da mãe que não vivam sob o mesmo teto, concernentes ao poder familiar dos filhos comuns"**.

Os casos mais comuns são os:

- de pais que moram perto um do outro, de maneira que as crianças possam ir de uma casa para outra o mais livremente possível;
- de alternância periódica de casas, em que a criança passa um tempo na casa de um dos pais e um tempo igual na casa do outro; e
- de permanência com um genitor durante o período escolar e nas férias com o outro.

As Leis ns. 11.698/2008 e 13.058/2014 chegaram em boa hora, assegurando "a ambos os genitores **responsabilidade conjunta**, conferindo-lhes, **de forma igualitária**, o exercício dos direitos e deveres concernentes à autoridade parental. Não mais se limita o não guardião a fiscalizar a manutenção e educação do filho quando na guarda do outro (CC, art. 1.589). Ambos os pais persistem com todo o complexo de ônus que decorrem do poder familiar, sujeitando-se à pena de multa se agirem dolosa ou culposamente (ECA, art. 249)"[8].

Guarda compartilhada e guarda alternada

Trata-se, naturalmente, de modelo de guarda que não deve ser imposto como solução para todos os casos, sendo contraindicado para alguns. Sempre, no entanto, que houver interesses dos pais e for conveniente para os filhos, a *guarda compartilhada* deve ser incentivada. **Esta não se confunde com a guarda alternada**, em que o filho passa um período com o pai e outro com a mãe.

Na *guarda compartilhada*, a criança tem **o referencial de uma casa principal, na qual vive com um dos genitores**, ficando a critério dos pais planejar a convivência em suas rotinas quotidianas e, obviamente, facultando-se as visitas a qualquer tempo. **Defere-se o dever de guarda de fato a ambos os genitores**, importando numa relação ativa e permanente entre eles e seus filhos[9].

Dispõe o § 2º do art. 1.583 do Código Civil, com a redação dada pela Lei n. 13.058/2014: "Na guarda compartilhada, o **tempo de convívio** com os filhos deve ser dividido de **forma equilibrada com a mãe e com o pai**, sempre tendo em vista as condições fáticas e os interesses dos filhos". E o § 3º complementa: "Na guarda compartilhada, a **cidade considerada base de moradia dos filhos** será aquela que melhor atender aos interesses dos filhos".

---

8 Maria Berenice Dias, Guarda compartilhada: uma solução para os novos tempos, *Revista Jurídica Consulex*, n. 275, p. 26, publicada em 30-6-2008.

9 Sérgio Eduardo Nick, Guarda compartilhada: um novo enfoque no cuidado aos filhos de pais separados ou divorciados, in *A nova família*: problemas e perspectivas, p. 127-163; Lia Justiniano dos Santos, Guarda compartilhada, *Revista Brasileira de Direito de Família*, v. 8, p. 155-164.

O aludido dispositivo legal, no § 5º, tendo em vista que o pai ou a mãe que não detenha guarda unilateral são obrigados a supervisionar os interesses dos filhos, permite que qualquer deles solicite informações e/ou **prestação de contas** "em assuntos ou situações que direta ou indiretamente afetem a saúde física e psicológica e a educação de seus filhos".

■ Estabelecimento da guarda compartilhada, mediante consenso ou determinação judicial

Preceitua o art. 1.584 do Código Civil, em sua redação dada pela Lei n. 11.698/2008:

> "Art. 1.584. A guarda, unilateral ou compartilhada, poderá ser:
>
> I — requerida, por consenso, pelo pai e pela mãe, ou por qualquer deles, em ação autônoma de separação, de divórcio, de dissolução de união estável ou em medida cautelar;
>
> II — decretada pelo juiz, em atenção a necessidades específicas do filho, ou em razão da distribuição de tempo necessário ao convívio deste com o pai e com a mãe".

A guarda compartilhada pode ser estabelecida, portanto, **mediante consenso ou determinação judicial**. Caso não convencionada na ação de separação, divórcio ou dissolução da união estável, pode ser buscada em **ação autônoma**. Também pode ser requerida por qualquer dos pais em ação própria.

Consoante dispõe ainda o § 2º do dispositivo retrotranscrito, com a redação dada pela Lei n. 13.058/2014, "quando não houver acordo entre a mãe e o pai quanto à guarda do filho, encontrando-se ambos os genitores aptos a exercer o poder familiar, **será aplicada a guarda compartilhada**, salvo se um dos genitores declarar ao magistrado que não deseja a guarda do menor".

O dispositivo em epígrafe estabelece uma prioridade: se não houver acordo entre os pais, **o juiz deve determinar que a guarda seja compartilhada**. E abre apenas **duas exceções**: se o pai ou a mãe declararem não desejar a guarda e se um deles não estiver apto para cuidar dos filhos.

A propósito, salientou o Superior Tribunal de Justiça, ao apreciar caso de disputa da guarda definitiva, que **não era necessário haver consenso dos pais para a aplicação da guarda compartilhada**, "pois o foco é **o melhor interesse do menor**, princípio norteador das relações envolvendo filhos. O entendimento de que é inviável a guarda compartilhada sem consenso fere esse princípio, pois só observa a existência de conflito entre os pais, ignorando o melhor interesse da criança. Não se busca extirpar as diferenças existentes entre o antigo casal, mas sim, evitar impasses que inviabilizem a guarda compartilhada"[10].

Observa-se que, pelo sistema da Lei n. 11.698/2008, se **não houvesse acordo** entre o pai e a mãe, a **guarda unilateral** deveria ser concedida ao genitor que apresentasse "melhores condições" para exercê-la. A Lei n. 13.058/2014 alterou esse critério, estabelecendo que, **quando não houver acordo** entre o pai e a mãe, o juiz deve

---

[10] STJ, REsp 1.251.000, 3ª T., rel. Nancy Andrighi, in *Revista Consultor Jurídico*, de 27-11-2011.

determinar, prioritariamente, que **a guarda seja compartilhada**, desde que ambos os genitores estejam aptos para cuidar dos filhos.

Na ação em que um dos genitores reivindica a guarda do filho, **verificando o juiz que ambos revelam condições de tê-lo em sua companhia**, deve determinar a *guarda compartilhada* e encaminhar os pais, se necessário, a **acompanhamento psicológico ou psiquiátrico** (ECA, art. 129, III), para desempenharem a contento tal mister.

Prescreve o § 3º do art. 1.584 do Código Civil, introduzido pela referida Lei n. 11.698/2008, que, "para estabelecer as atribuições do pai e da mãe e os períodos de convivência sob guarda compartilhada, o juiz, de ofício ou a requerimento do Ministério Público, poderá basear-se em **orientação técnico-profissional ou de equipe interdisciplinar**". Por sua vez, a Lei n. 13.058/2014, acrescentou, no final, que a referida orientação "**deverá visar à divisão equilibrada do tempo com o pai e com a mãe**".

Dever do juiz de informar o pai e a mãe sobre o significado da guarda compartilhada

Na **audiência de conciliação**, diz o § 1º, inserido no art. 1.584 pela Lei n. 11.698/2008, "**o juiz informará ao pai e à mãe** o significado da guarda compartilhada, a sua importância, a similitude de deveres e direitos atribuídos aos genitores e as sanções pelo descumprimento de suas cláusulas".

Descumprimento imotivado de cláusula de guarda

Com o objetivo de evitar a inobservância do que se pactuou, proclama o § 4º do art. 1.584 do Código Civil, também inserido pela Lei n. 13.058/2014, que "**a alteração não autorizada ou o descumprimento imotivado** de cláusula de guarda, unilateral ou compartilhada, poderá implicar a **redução de prerrogativas** atribuídas ao seu detentor".

O dispositivo em apreço demonstra a intenção do legislador de desestimular condutas calcadas em mero espírito de emulação.

Responsabilidade civil solidária dos pais pelos atos ilícitos dos filhos menores

Deve-se registrar, por oportuno, que a guarda compartilhada terá influência na responsabilidade civil dos pais por atos dos filhos menores. Segundo a jurisprudência dominante, a responsabilidade dos pais resulta antes da guarda que do poder familiar. Em caso de guarda unilateral, responde somente o genitor que a tem, embora ambos sejam detentores do poder familiar[11].

Como na **guarda compartilhada** ambos detêm o poder de fato sobre os filhos menores, mantendo-os "sob sua autoridade e em sua companhia" (CC, art. 932, I), **respondem solidariamente pelos atos ilícitos dos filhos menores**.

Priorização da guarda compartilhada

O sistema introduzido pela citada Lei n. 13.058/2014 deixa de priorizar a guarda individual. Além de definir o que é guarda unilateral e guarda compartilhada, **dá preferência ao compartilhamento** (CC, art. 1.584, § 2º), por garantir maior participação de ambos os pais no crescimento e desenvolvimento da prole.

---

11 STJ, REsp 540.459-RS, 3ª T., rel. Min. Menezes Direito, j. 18-2-2003; *RJTJSP*, 54/182.

O novo modelo de *corresponsabilidade*, segundo Maria Berenice Dias, "**é um avanço**, porquanto favorece o desenvolvimento das crianças com menos traumas, propiciando a continuidade da relação dos filhos com seus dois genitores e retirando da guarda a ideia de posse"[12].

Qualquer estabelecimento público ou privado é obrigado a prestar informações a qualquer dos genitores sobre os filhos destes, sob pena de multa de R$ 200,00 a R$ 500,00 por dia pelo não atendimento da solicitação (CC, art. 1.584, § 6º, de acordo com a Lei n. 13.058/2014). O novo texto do art. 1.585 do Código Civil estabelece que nenhuma decisão sobre guarda de filhos, em sede de medida cautelar, será proferida sem a oitiva de ambas as partes pelo juiz.

■ Deferimento da guarda a terceiro

Dispõe o § 5º do art. 1.584 do Código Civil, com a redação dada pelas Leis ns. 11.698/2008 e 13.058/2014, que, "se o juiz verificar que o filho não deve permanecer sob a guarda do pai ou da mãe, deferirá a guarda a pessoa que revele compatibilidade com a natureza da medida, considerados, de preferência, o grau de parentesco e as relações de afinidade e afetividade".

Os tribunais, com efeito, mesmo antes do novo regramento, já haviam determinado, em inúmeros casos, a guarda compartilhada de um dos pais com terceira pessoa, por exemplo, de um dos genitores com um dos avós, de um dos genitores com tio ou tia do menor, de um dos genitores com a ex-mulher ou ex-companheira daquele genitor, de um dos genitores e terceira pessoa, não parente, mas ligada ao menor por fortes laços de afetividade e afinidade (cf. TJSP, Ap. 512.336.460-0 e 111.249-4).

Segundo o Superior Tribunal de Justiça, "A revelia em ação que envolve guarda de filho, por si só, não implica renúncia tácita do pai ou da mãe em relação à guarda compartilhada, por se tratar de direito indisponível dos pais. Apesar da previsão legal de transação do direito indisponível, não há que se falar em presunção de veracidade dos fatos oriunda da revelia nas ações que envolvem a guarda de filho, resultado da interpretação em conjunto dos artigos 344 e 345 do Código de Processo Civil de 2015. Independentemente da decretação da revelia, a questão sobre a guarda dos filhos deve sempre ser apreciada com base nas peculiaridades do caso concreto, observando-se se realmente será do melhor interesse da criança a fixação da guarda compartilhada. A guarda unilateral somente será fixada se um dos pais declarar que não deseja a guarda, se o juiz entender que um deles não está apto a exercer o poder familiar ou, ainda, em casos excepcionais, em observância ao princípio do melhor interesse da criança e do adolescente"[13].

■ 16.2. PROTEÇÃO AOS FILHOS NA SEPARAÇÃO DE FATO

O Código Civil não regulamenta a questão da guarda dos filhos nas *separações de fato*, mas a jurisprudência formada com base na Lei do Divórcio utilizava o critério do art. 13, correspondente ao art. 1.586 do atual Código Civil, para solucioná-la

---

[12] Guarda compartilhada, cit., p. 26.

[13] STJ, 3ª T., rel. Min. Marco Aurélio Bellizze, disponível in *Revista Consultor Jurídico* de 11-6-2019.

em **ações de busca e apreensão entre pais separados apenas de fato**. Como nenhum tem mais direito do que o outro, pois o poder familiar pertence a ambos, **a tendência é manter o *statu quo***, deixando-se os filhos com quem se encontram até que, no procedimento da ação de divórcio, o juiz resolva definitivamente a situação, decidindo em favor do que revelar melhores condições para exercer a guarda.

O juiz só estará autorizado a alterar o *statu quo*, na cautelar de busca e apreensão, **a bem dos filhos** e se o autor comprovar **a existência de motivos graves**[14].

■ 16.3. DIREITO DE VISITA

O cônjuge que não ficou com a guarda dos filhos menores tem o direito de *visitá-los*. Dispõe o art. 1.589 do Código Civil:

"O pai ou a mãe, em cuja guarda não estejam os filhos, **poderá visitá-los e tê-los em sua companhia**, segundo o que acordar com o outro cônjuge, ou for fixado pelo juiz, bem como fiscalizar sua manutenção e educação". **Se não houver acordo dos pais, caberá ao juiz a regulamentação das visitas**.

Mesmo o cônjuge **declarado culpado** na ação de separação litigiosa e que não ostentava melhores condições para exercer a guarda dos filhos menores, **tem o direito de visitá-los**.

A petição inicial da separação por mútuo consentimento **deve conter, obrigatoriamente**, "o acordo relativo à guarda dos filhos incapazes ***e ao regime de visitas***" (CPC, art. 731, III).

■ O que entende a lei sobre regime de visitas

A Lei n. 11.112, de 2005, introduziu ainda o § 2º no aludido dispositivo processual, estatuindo:

> "Entende-se por *regime de visitas* a forma pela qual os cônjuges ajustarão a permanência dos filhos em companhia daquele que não ficar com sua guarda, **compreendendo encontros periódicos regularmente estabelecidos, repartição das férias escolares e dias festivos**".

Depois de homologado o acordo, **qualquer desentendimento a respeito do direito de visitas**, regulamentado ou não, bem como do exercício da guarda ou da interpretação de cláusulas do acordo, **deve ser resolvido em ação própria**, e não nos autos de processo já findo[15].

---

[14] "Busca e apreensão. Filho que está sob a guarda do pai. Inadmissibilidade da medida se o poder familiar é exercido, concomitantemente, por ambos os genitores. Inexistência, ademais, de prova suficiente de que a permanência da situação representa nocividade ao menor em relação a aspectos educacionais ou quanto à sua formação física e moral" (*RT*, 766/241).

"Busca e apreensão. Guarda. Manutenção da situação de fato. Estando o menor, sob a proteção do pai, em boas condições, e inexistindo indícios de que a situação em que ele se encontra seja prejudicial aos seus interesses, não há que se atribuir à mãe a guarda do filho" (TJSP, AgI 201.724-1, 5ª Câm. Dir. Priv., rel. Des. Marco César, j. 17-2-1994).

[15] *RT*, 393/191; *RJTJSP*, Lex, 16/328.

Tal direito, no entanto, **pode ser restringido e até suprimido temporariamente**, em situações excepcionais, quando as visitas forem comprovadamente *nocivas* aos filhos.

O direito de visita, com efeito, na medida em que se invoca a sua natureza puramente afetiva, "**não tem caráter definitivo**, devendo ser modificado sempre que as circunstâncias o aconselharem; e também **não é absoluto**, pois, por humana que se apresente a solução de nunca privar o pai ou a mãe do direito de ver seus filhos, situações se podem configurar em que o exercício do direito de visita venha a ser fonte de prejuízos — principalmente no aspecto moral —, sendo certo que todos os problemas devem ser solucionados à luz do princípio de que **é o interesse dos menores o que deve prevalecer**"[16].

Deve o juiz, destarte, **resguardar os filhos menores de todo abuso que possa ser praticado contra eles pelos pais**, seja de natureza sexual, seja sob a forma de agressão, maus-tratos, sequestro e outros, afastando o ofensor diante de situações comprovadas ou de flagrantes indícios.

Nessa linha, decidiu o Tribunal de Justiça de São Paulo que o direito de visitar o filho é respeitável e digno de proteção, desde que não cause danos e prejuízos a ele. "Não se pode permitir a retomada do regime de visitas diante das graves imputações feitas ao pai, colocando em risco a incolumidade física e emocional da filha adolescente"[17].

■ Lei "Maria da Penha" e o direito de visitas

A Lei n. 11.340, de 7 de agosto de 2006, que criou mecanismos para coibir a violência doméstica e familiar contra a mulher, prevê que o juiz do Juizado de Violência Doméstica e Familiar contra a Mulher poderá, quando necessário, sem prejuízo de outras medidas protetivas de urgência, aplicar ao agressor a de "**restrição ou suspensão de visitas** aos dependentes menores, ouvida a equipe de atendimento multidisciplinar ou serviço similar" (art. 22, IV).

■ Inadimplência alimentar do genitor

Não obstante já se tenha decidido que tal fato constitui causa de suspensão ou exclusão do direito de visitas[18], parece-nos que tal infração deve ser sanada com as medidas judiciais próprias.

Razão assiste a Yussef Cahali quando adverte que "o direito de visitas é ao mesmo tempo um dever de visitas, **e se revela incompatível com a dignidade das relações familiares** a transformação da recusa da visita em exceção de obrigação alimentar não cumprida ou forma (não prevista em lei) de sanção contra o alimentante inadimplente"[19].

---

[16] Fábio de Mattia, Direito de visita e limites à autoridade paterna, in *Enciclopédia Saraiva do Direito*, v. 77, p. 431.

[17] TJSP, 4ª Câm. Dir. Priv., rel. Des. Francisco Loureiro, *Revista Consultor Jurídico*, de 3-4-2009.

[18] *JTJ*, Lex, 184/71.

[19] *Divórcio*, cit., p. 936.

Do mesmo modo, **não pode o juiz condicionar o direito de visita à elaboração da partilha**. Há meios jurídicos próprios para que esta se efetive, não se justificando sua exigência como condição ao direito que o pai tem de visitar o filho[20].

■ Sanção em caso de descumprimento do regime de visitas

O direito de visitação deve ser entendido como uma **obrigação de fazer da guardiã de facilitar, assegurar e garantir a convivência do(a) filho(a) com o não guardião**, de modo que ele possa se encontrar com a criança, manter e fortalecer os laços afetivos, e, assim, atender suas necessidades imateriais, dando cumprimento ao preceito constitucional. Decidiu, a propósito, o Superior Tribunal de Justiça que "a transação ou conciliação homologada judicialmente equipara-se ao julgamento de mérito da lide e tem valor de sentença, dando lugar, em caso de descumprimento, à execução da obrigação, **podendo o juiz aplicar multa da recalcitrância emulativa**. A aplicação das ***astreintes*** em hipótese de descumprimento do regime de visitas por parte do genitor, detentor da guarda da criança, se mostra um instrumento eficiente, e, também, menos drástico para o bom desenvolvimento da personalidade da criança, que merece proteção integral e sem limitações"[21].

■ Direito de visita dos avós e dos tios

Embora não constasse da Lei n. 6.515/77 nem do Código Civil, a jurisprudência vinha assegurando também aos *avós* **o direito de visita aos netos**, como imperativo da lei natural de solidariedade familiar e tendo em vista que participam, mesmo indiretamente, da criação e formação destes, com afeto, enlevo e carinho, que ultrapassam o círculo paterno[22].

Em circunstâncias excepcionais, já se reconheceu o **direito de visita do *tio***, partindo da noção e da função da família, levando-se ainda em consideração que, no caso, tratava-se de menor órfã de pai e mãe, sob a guarda de tutor[23]. Afirmou-se na ocasião que, "da mesma forma que os avós têm direito a visitas, **o tio, quando falecidos os avós e os pais do menor, tem o mesmo direito de conviver com sobrinho**". Nesse sentido o Enunciado 333 da IV Jornada de Direito Civil do Conselho da Justiça Federal:

> "O *direito de visita* pode ser estendido aos **avós e pessoas com as quais a criança ou adolescente mantenha vínculo afetivo**, atendendo ao seu melhor interesse".

A Lei n. 12.398, de 28 de março de 2011, acrescentou parágrafo ao art. 1.589 do Código Civil e modificou o art. 888 do Código de Processo Civil [de 1973], **para assegurar aos avós, a critério do juiz, o direito de visita aos netos**, depois do fim do relacionamento conjugal dos pais da criança ou do adolescente.

A referida lei visa coibir a *Síndrome da Alienação Parental* e foi aprovada com a seguinte justificativa: se os avós têm por obrigação prestar auxílio material ao neto (CC, art. 1.696), o que se dirá do auxílio emocional incluído no convívio familiar. É

---

20 *RJTJSP*, Lex, 67/247.

21 STJ, REsp 1.481.531, 3ª T., rel. Min. Moura Ribeiro, j. 16-2-2017.

22 *RT*, 587/219, 650/77; *JTJ*, Lex, 233/237, 236/137.

23 *RT*, 562/189, 575/207.

usual, ao término de um relacionamento conjugal, surgirem desavenças e ressentimentos entre o casal e, não raras vezes, a tendência à vingança e represália, acarretando, via de regra, o afastamento da convivência dos filhos com o causador da dor e de seus demais familiares. Essa situação é conhecida como Síndrome da Alienação Parental. Nesse cenário, os avós são impedidos, por oposição injustificada, de manter relacionamento afetivo com os netos. A lei em apreço visa solucionar essa questão.

Assim, sendo os avós injustamente impedidos de visitar os netos, **poderão requerer a concessão judicial do direito de visita, o qual deve ser deferido pelo magistrado** sempre que o seu exercício não cause qualquer inconveniente, de acordo com as circunstâncias de cada caso[24].

> "Como regra deve ser assegurado aos avós o direito de exercer a visitação em relação aos netos e estes, por sua vez, têm o direito de receber o afeto avoengo, estreitar laços de convivência familiar e ampliar a convivência social, pois os filhos não são propriedade dos pais, mas pessoas titulares de direitos, que merecem ser respeitados, bem como de terem, tanto quanto possível, uma vida saudável e feliz"[25].

> "Regulamentação de visitas. Aplicação de multa à mãe por impedir a visitação da avó paterna. Princípio do melhor interesse do menor.
> Decorrendo de acordo celebrado entre as partes e homologado judicialmente, tem a avó paterna o direito de avistar-se com a neta, acompanhando-lhe a educação e estabelecendo com ela um vínculo afetivo saudável. Não havendo bom relacionamento entre a genitora da menor e a avó paterna e não havendo qualquer impedimento para exercer a visitação, deve ser assegurado a ela o direito de conviver com a neta, inclusive através de aplicação de multa à guardiã por impedir a visitação"[26].

Todavia, havendo **motivos sérios e graves** que desaconselhem as visitas, o juiz as suspenderá ou restringirá, para o fim de preservar os superiores interesses dos menores.

Preceitua o art. 1.590 do Código Civil que "as disposições relativas à guarda e prestação de alimentos aos filhos menores **estendem-se aos maiores incapazes**".

Já decidiu o Tribunal de Justiça de São Paulo **ser admissível pedido de guarda formulado por homossexual**, considerando tratar-se de medida de natureza provisória, que pode ser revogada se constatado desvio na formação psicológica da menor[27]. Por sua vez, o Tribunal de Justiça de Goiás deferiu **pedido de guarda feito pela avó** com o propósito de incluir, como sua dependente, neta sobre a qual já exercia guarda de fato, dispensando-lhe assistência material, moral e educacional[28].

---

[24] Paulo Henrique Donadeli e Rosiane Sasso Rissi, O direito à convivência familiar e o direito de visita dos avós, *Revista Jurídica Consulex*, n. 278, p. 43, 15-8-2008.

[25] TJRS, Ap. 70.079.187.480, 7ª Câm. Cív., rel. Des. Sérgio Vasconcellos Chaves, *DJe*, 8-4-2019.

[26] TJRS, Ap. 70.077.606.226, 7ª Câm. Cív., rel. Des. Sérgio Vasconcellos Chaves, *DJe*, 7-11-2018.

[27] *RT*, 747/258.

[28] *RT*, 750/364.

■ 16.4. A SÍNDROME DA ALIENAÇÃO PARENTAL

■ Conceito

A Lei n. 12.318, de 26 de agosto de 2010, visa coibir a denominada *alienação parental*, expressão utilizada por Richard Gardner no ano de 1985 ao se referir às ações de guarda de filhos nos tribunais norte-americanos em que se constatava que a mãe ou o pai de uma criança a induzia a romper os laços afetivos com o outro cônjuge ("*Parental Alienation Syndrome*"). O vocábulo inglês *alienation* significa **"criar antipatia"**, e *parental* quer dizer **"paterna"**.

A situação é bastante comum no cotidiano dos casais que se separam: um deles, magoado com o fim do casamento e com a conduta do ex-cônjuge, procura afastá-lo da vida do filho menor, **denegrindo a sua imagem perante este e prejudicando o direito de visitas**. Cria-se, nesses casos, em relação ao menor, a situação conhecida como "órfão de pai vivo".

Dispõe o art. 2º da referida Lei:

> "Art. 2º Considera-se ato de *alienação parental* a interferência na formação psicológica da criança ou do adolescente promovida ou induzida por um dos genitores, pelos avós ou pelos que tenham a criança ou adolescente sob a sua autoridade, guarda ou vigilância **para que repudie genitor ou que cause prejuízo ao estabelecimento ou à manutenção de vínculos com este**.
>
> Parágrafo único. São **formas exemplificativas de alienação parental**, além dos atos assim declarados pelo juiz ou constatados por perícia, praticados diretamente ou com auxílio de terceiros:
>
> I — realizar campanha de desqualificação da conduta do genitor no exercício da paternidade ou maternidade;
>
> II — dificultar o exercício da autoridade parental;
>
> III — dificultar contato de criança ou adolescente com genitor;
>
> IV — dificultar o exercício do direito regulamentado de convivência familiar;
>
> V — omitir deliberadamente a genitor informações pessoais relevantes sobre a criança ou adolescente, inclusive escolares, médicas e alterações de endereço;
>
> VI — apresentar falsa denúncia contra genitor, contra familiares deste ou contra avós, para obstar ou dificultar a convivência deles com a criança ou adolescente;
>
> VII — mudar o domicílio para local distante, sem justificativa, visando a dificultar a convivência da criança ou adolescente com o outro genitor, com familiares deste ou com avós".

■ Rol meramente exemplificativo dos fatos que caracterizam a alienação parental

A lei em apreço deixou claro o que caracteriza a alienação parental, transcrevendo uma série de condutas que se enquadram na referida síndrome, **sem, todavia, considerar taxativo o rol apresentado**. Faculta, assim, o reconhecimento, igualmente, *dos atos assim considerados pelo magistrado ou constatados pela perícia*. Estendeu ela os seus efeitos não apenas aos pais, mas também **aos avós e**

quaisquer outras pessoas que tenham a guarda ou a vigilância (guarda momentânea) **do incapaz**.

Esclareceu, também, como o Judiciário pode agir para reverter a situação. O juiz pode, por exemplo, afastar o filho do convívio da mãe ou do pai, mudar a guarda e o direito de visita e até impedir a visita. Como última solução, pode ainda destituir ou suspender o exercício do poder parental.

■ Rito procedimental

A referida Lei n. 12.318/2010, ao dispor sobre a síndrome da alienação parental, fortaleceu o direito fundamental à **convivência familiar**, regulamentado no Capítulo III do Estatuto da Criança e do Adolescente e que diz respeito ao direito da criança ou adolescente ao convívio com ambos os pais. O art. 4º estabelece o **rito procedimental** a ser observado, nestes termos:

> "Art. 4º Declarado indício de ato de alienação parental, a requerimento ou de ofício, em qualquer momento processual, em ação autônoma ou incidentalmente, o processo terá tramitação prioritária, e o juiz determinará, com urgência, ouvido o Ministério Público, as medidas provisórias necessárias para preservação da integridade psicológica da criança ou do adolescente, inclusive para assegurar sua convivência com genitor ou viabilizar a efetiva reaproximação entre ambos, se for o caso.
>
> Parágrafo único. Assegurar-se-á à criança ou adolescente e ao genitor garantia mínima de visitação assistida, ressalvados os casos em que há iminente risco de prejuízo à integridade física ou psicológica da criança ou do adolescente, atestado por profissional eventualmente designado pelo juiz para acompanhamento das visitas".

Ao ser informado de indício de alienação parental, o juiz deverá determinar que uma **equipe multidisciplinar realize e conclua uma perícia** sobre o caso em até 90 dias.

■ Sanções aplicáveis ao alienador

Após regular o procedimento de apuração da alienação parental, a lei em epígrafe especifica, no art. 6º, as *sanções aplicáveis* ao agente infrator, *verbis*:

> "Art. 6º Caracterizados atos típicos de alienação parental ou qualquer conduta que dificulte a convivência de criança ou adolescente com genitor, em ação autônoma ou incidental, o juiz poderá, cumulativamente ou não, sem prejuízo da decorrente responsabilidade civil ou criminal e da ampla utilização de instrumentos processuais aptos a inibir ou atenuar seus efeitos, segundo a gravidade do caso:
>
> I — declarar a ocorrência de alienação parental e advertir o alienador;
>
> II — ampliar o regime de convivência familiar em favor do genitor alienado;
>
> III — estipular multa ao alienador;
>
> IV — determinar acompanhamento psicológico e/ou biopsicossocial;
>
> V — determinar a alteração da guarda para guarda compartilhada ou sua inversão;
>
> VI — determinar a fixação cautelar do domicílio da criança ou adolescente;
>
> VII — declarar a suspensão da autoridade parental.
>
> Parágrafo único. Caracterizado mudança abusiva de endereço, inviabilização ou obstrução à convivência familiar, o juiz também poderá inverter a obrigação de levar para ou

retirar a criança ou adolescente da residência do genitor, por ocasião das alternâncias dos períodos de convivência familiar".

A lei ora comentada tem mais **um caráter educativo**, no sentido de conscientizar os pais, uma vez que o Judiciário já vinha tomando providências para proteger o menor, quando detectado um caso da aludida síndrome.

A 2ª Câmara de Direito Civil do Tribunal de Justiça de Santa Catarina[29], por exemplo, conforme publicação de 9 de agosto de 2010, manteve a suspensão de visitas ao pai que praticara *alienação parental*. Decidiu-se que o pai da criança necessitava de **tratamento psicológico antes de voltar a ter permissão para as visitas**. Consta do processo que a mãe, ao buscar o filho na creche, teve a criança tirada de seus braços pelo pai, de forma violenta, e, depois disso, ficou durante cinco anos sem ter informações sobre o paradeiro do menor. Durante esse período, o pai passou à criança conceitos distorcidos sobre a figura materna, para obter a exclusividade do seu afeto, com a rejeição da mãe e a manutenção do seu paradeiro em segredo. Após localizar a criança com o auxílio de programas de TV, a mãe obteve a sua guarda provisória e teve conhecimento de que, para não ser encontrado, o pai mudava-se constantemente, tendo passado pela Argentina, Paraguai e Chile, além de cidades do Estado de São Paulo e Barra Velha, em Santa Catarina.

O art. 10 da lei em apreço, que **previa pena de detenção de seis meses a dois anos** para o parente que apresentasse relato falso a uma autoridade judicial ou membro do conselho tutelar que pudesse "ensejar restrição à convivência da criança com o genitor", **recebeu o veto presidencial**, sob o argumento de que a aplicação da pena traria prejuízos à própria criança ou adolescente e que a inversão da guarda ou suspensão da autoridade parental já são punições suficientes.

■ Cumulação do pedido de declaração da alienação parental com o de dano moral

Não há como negar a aplicação do dano moral sob a esfera do art. 2º da Lei n. 12.318/2010, **cumulando-se o pedido com o de declaração da alienação parental**. Também pode haver a cumulação da multa sancionatória do artigo 6º, inciso III, da Lei de Alienação Parental **com a condenação por dano moral, no mesmo ato judicial**[30].

■ Alienação parental: motivo para a prisão

A Lei n. 13.431, de 4 de abril de 2017, estabelece o sistema de garantia de direitos da criança e do adolescente vítima ou testemunha de violência. São reconhecidos como forma de violência psicológica os atos de alienação parental (art. 4º, II, *b*), sendo assegurado o direito de, por meio do representante legal, pleitear medidas protetivas contra o autor da violência, à luz do disposto no Estatuto da Criança e do Adolescente e na Lei Maria da Penha (art. 6º e parágrafo único).

---

29 TJSC, 2ª Câm. Dir. Civil, rel. Des. Nelson Schaeffer Martins. Disponível em: <http://www.editoramagister.com>. Acesso em: 9 ago. 2010.

30 Jones Figueirêdo Alves, artigo publicado na *Revista IBDFAM* de abril/maio de 2017, edição 32.

A Lei Maria da Penha autoriza o juiz a aplicar, além das medidas protetivas elencadas, medidas outras, sempre que a segurança da vítima ou as circunstâncias o exigirem (LMP, art. 22, § 1º). Para garantir a efetividade das medidas protetivas de urgência, pode o juiz requisitar o auxílio da força policial (LMP, art. 22, § 3º). E, a qualquer momento, decretar a prisão preventiva do agressor, de ofício, a requerimento do Ministério Público ou mediante representação da autoridade policial (LMP, art. 20).

O Estatuto da Criança e do Adolescente, por sua vez, atribui aos pais a obrigação de cumprir e fazer cumprir as determinações judiciais (art. 22). Verificada a hipótese de maus-tratos, opressão ou abuso sexual impostos pelos pais ou responsável, a autoridade judiciária pode determinar, como medida cautelar, o afastamento do agressor da moradia comum, além da fixação provisória de alimentos de que necessitem a criança ou o adolescente dependentes do agressor (ECA, art. 130 e parágrafo único). Concedidas essas medidas a título de medida protetiva, o descumprimento pode ensejar a decretação da prisão preventiva (LMP, art. 20, e Lei n. 13.431/2017, art. 6º)[31].

Em caso de alienação parental, a Lei n. 12.318/2010 prevê, expressamente, em seu art. 6º, *caput*, a possibilidade de apurar-se a responsabilidade civil e criminal do genitor alienador. Comprovada a efetiva ocorrência de alienação parental por parte de um dos cônjuges, com a provocação de crises emocionais e psicológicas à criança, admite-se que o outro ajuíze ação de danos materiais e morais, com fulcro no aludido art. 6º, *caput*, da referida lei[32].

16.5. RESUMO

PROTEÇÃO DA PESSOA DOS FILHOS	
SEPARAÇÃO E DIVÓRCIO DIRETO CONSENSUAIS	Na separação judicial por mútuo consentimento ou no divórcio direto consensual, observar-se-á o que os cônjuges acordarem sobre a guarda dos filhos. Mas o juiz poderá "***recusar a homologação e não decretar a separação***" se não estiverem preservados os interesses dos filhos menores e dos maiores inválidos (CC, arts. 1.574, parágrafo único, e 1.590).
RESPEITO AO MELHOR INTERESSE DA CRIANÇA	A guarda dos filhos será atribuída a quem revelar melhores condições para exercê-la (CC, art. 1.583, § 2º). A regra amolda-se ao princípio do "melhor interesse da criança", identificado como direito fundamental na Constituição Federal (art. 5º, § 2º).
GUARDA UNILATERAL	Compreende-se por guarda unilateral "a atribuída a um só dos genitores ou a alguém que o substitua" (CC, art. 1.583, § 1º, com a redação dada pela Lei n. 11.698, de 2008).
GUARDA COMPARTILHADA	**Conceito** O art. 1.583, § 1º, do CC, conceitua a guarda compartilhada como "a responsabilização ***conjunta*** e o exercício de direitos e deveres do pai e da mãe que não vivam sob o mesmo teto, concernentes ao poder familiar dos filhos comuns". **Modo de estabelecimento** A guarda compartilhada pode ser estabelecida mediante consenso ou determinação judicial (CC, art. 1.584). Caso não convencionada na ação de separação, divórcio ou dissolução da união estável, pode ser buscada em ação autônoma. Também pode ser requerida por qualquer dos pais em ação própria.

31 Maria Berenice Dias, Alienação parental. Motivo para a prisão, disponível in Revista *Consultor Jurídico* de 5-4-2018.

32 TJMS, 1ª Câm., rel. Des. João Maria Lós, disponível in IBDFAM — <http://www.ibdfam.org.br> — de 18-4-2018.

SEPARAÇÃO DE FATO	■ Em ações de busca e apreensão entre pais separados apenas de fato, a tendência é manter o *status quo*, deixando-se os filhos com quem se encontram até que, no procedimento da ação de separação ou de divórcio, o juiz resolva definitivamente a situação, decidindo em favor do que revelar melhores condições para exercer a guarda. Segundo a jurisprudência, o juiz só estará autorizado a alterar o *statu quo*, na cautelar de busca e apreensão, ***a bem dos filhos*** e se o autor comprovar a existência de ***motivos graves***.
DIREITO DE VISITA	■ **Direito dos pais** O pai ou a mãe, *em* cuja guarda não estejam os filhos, ***poderá visitá-los*** e tê-los em sua companhia, segundo o que acordar com o outro cônjuge, ou for fixado pelo juiz, bem como fiscalizar sua manutenção e educação (CC, art. 1.589). ■ **Direito dos avós** A Lei n. 12.398, de 28-3-2011, acrescentou parágrafo ao art. 1.589 do CC e modificou o art. 888 do CPC [de 1973], para **assegurar aos avós**, a critério do juiz, o direito de visita aos netos, depois do fim do relacionamento conjugal dos pais da criança ou do adolescente.
SÍNDROME DA ALIENAÇÃO PARENTAL	■ Considera-se ato de alienação parental a interferência na formação psicológica da criança ou do adolescente promovida ou induzida por um dos genitores, pelos avós ou pelos que tenham a criança ou adolescente sob a sua autoridade, guarda e vigilância para que repudie genitor ou que cause prejuízo ao estabelecimento ou à manutenção de vínculos com este (Lei n. 12.318, de 26-8-2010, art. 2º).

■ 16.6. QUESTÕES

1. (MP/SP/Promotor de Justiça/89º Concurso/2012) Pelo casamento, homem e mulher assumem mutuamente a condição de consortes, companheiros e responsáveis pelos encargos da família. Em relação à eficácia do casamento, é CORRETO afirmar:

a) Qualquer dos nubentes, com a autorização expressa do outro, poderá acrescer ao seu o sobrenome do outro.

b) A direção da sociedade conjugal será exercida pelo marido, com a colaboração da mulher, sempre no interesse do casal e dos filhos.

c) São deveres do cônjuge virago: o planejamento familiar, a escolha do domicílio do casal, a educação dos filhos e a administração dos bens do casal.

d) Se qualquer dos cônjuges estiver encarcerado por mais de 180 (cento e oitenta) dias, o outro requererá ao juiz alvará para exercer, com exclusividade, a direção da família e a administração dos bens do casal.

e) Os cônjuges são obrigados a concorrer, na proporção de seus bens e dos rendimentos do trabalho, para o sustento da família e a educação dos filhos, qualquer que seja o regime patrimonial.

2. (OAB/MG/Exame de Ordem/2009) Assinale a alternativa INCORRETA:

a) O juiz não poderá deixar de decretar a separação consensual, se os cônjuges forem casados por mais de 01 (um) ano, ainda que sob o argumento de que a convenção não preserva suficientemente o interesse de um deles, mesmo sendo eles maiores e capazes, e tendo de próprio punho firmado a petição inicial em conjunto com o advogado.

b) Caso um dos cônjuges seja incapaz, o pedido de separação judicial poderá ser promovido por seu irmão, em representação a ele.

c) O cônjuge inocente na separação judicial poderá a qualquer tempo renunciar ao direito de usar o sobrenome do outro.

d) Da sentença que decretar o divórcio, mesmo que por conversão, não constará o motivo da separação.

3. (OAB/Exame de Ordem 2009.2/CESPE/UnB/2009) Em relação às regras que disciplinam o casamento, assinale a opção CORRETA.

a) Decorrido um ano do trânsito em julgado da sentença que haja decretado a separação judicial, é automática a conversão desta em divórcio.

b) No casamento realizado mediante procuração, a morte superveniente do mandante acarreta a inexistência do casamento se este tiver sido celebrado pelo mandatário após a morte do mandante.

c) Se os cônjuges divorciados quiserem restabelecer a união conjugal, terão de peticionar nos mesmos autos em que se processou o divórcio, informando ao juiz que pretendem restabelecer a vida conjugal.
d) O homem com 16 anos de idade, filho de pais solteiros e que viva na companhia da mãe, não necessita de consentimento do pai para se casar.

4. (PGE/PR/Defensoria Pública/2014) Assinale a alternativa CORRETA acerca do Direito de Família.

a) O Código Civil de 2002 afastou a imutabilidade absoluta do regime de bens, permitindo-se a sua alteração mediante autorização judicial, em pedido motivado, por iniciativa de um ou de ambos os cônjuges.
b) Após a inovação introduzida pela Emenda Constitucional 66/2010, não mais subsiste qualquer causa, justificativa ou prazo para o divórcio, que pode ser, a qualquer tempo, pedido judicialmente ou celebrado consensual e extrajudicialmente mediante escritura pública, nos termos legais, sendo imprescindível a assistência de advogado ou Defensor Público.
c) A lei civil, além de definir o que é guarda compartilhada e guarda unilateral, dá preferência a esta última, que será aplicada pelo juiz em favor da mãe, quando não houver acordo entre os pais quanto à guarda do filho.
d) O dever de prestar alimentos é recíproco entre pais e filhos, e extensivo a todos os ascendentes, com preferência aos mais próximos em grau. Na falta destes, a obrigação cabe aos descendentes, guardada a ordem de sucessão, não havendo previsão legal para a imposição desta obrigação aos colaterais, em qualquer grau.
e) A prática de atos de alienação parental ou de qualquer conduta que dificulte a convivência de criança ou adolescente com genitor pode dar ensejo à aplicação de sanções pelo juiz, previstas na Lei 12.318/2010, das quais são exemplos a advertência e multas ao alienador, a alteração da guarda para guarda compartilhada, ou a sua inversão e a suspensão da autoridade parental, e a perda do poder familiar.

5. (MP/SP/Promotor de Justiça/88° Concurso/2011) Quando os cônjuges decidem pôr fim à sociedade conjugal, pretendendo divorciar-se consensualmente, eles devem levar em consideração:

a) o prazo de 2 (dois) anos a contar da separação judicial por mútuo consentimento.
b) a possibilidade de o divórcio ser formalizado perante o Cartório de Registro Civil, inclusive com relação aos filhos menores de 16 (dezesseis) anos.
c) a guarda compartilhada, com previsão de visita do pai em dias e horários alternados e opção de a mãe decidir sobre a educação.
d) o fato de as novas núpcias de um dos cônjuges não lhe retirar o direito de guarda antes fixado.
e) a prestação de alimentos aos filhos, que poderá ser compensada com a proximidade e visitação do cônjuge.

6. (PGE/PR/Procurados do Estado/2015) No Direito de Família brasileiro contemporâneo, em que convivem inovação e tradição, pode-se afirmar CORRETAMENTE que:

a) Ante o rechaço da prisão civil do devedor de alimentos em importantes documentos internacionais, como o Pacto de São José da Costa Rica, há uma tendência de amenização desta medida extrema. Isto pode ser constatado pela dilação do prazo de justificativa do devedor de alimentos após sua intimação pessoal para pagamento do débito de 3 (três) para 10 (dez) dias.
b) A Lei 13.058/2014, que alterou o Código Civil para disciplinar a guarda compartilhada dos filhos menores de casais separados, objetiva que o tempo de convivência com os filhos seja dividido de forma equitativa entre pai e mãe. Isso se alcança através da convivência e moradia alternadas durante os dias da semana, o que inviabiliza a aplicação da guarda compartilhada quando os pais moram em cidades diferentes.
c) Em caso de resultado negativo do exame pericial de paternidade, aquele que pagou alimentos gravídicos por força de decisão judicial tem pretensão de ressarcimento contra a autora da ação porque esta responde objetivamente pelos danos causados ao réu.

d) Um dos genitores, que não possua a guarda do filho menor, pode requerer judicialmente a guarda compartilhada. Se deferida pelo juízo, poderá subsistir o seu dever de pagamento de pensão alimentícia, porque a divisão proporcional dos gastos na criação dos filhos subordina-se à medida das condições financeiras de cada um dos pais.
e) Se houver a revogação da doação de descendente a ascendente por liberalidade tanto do doador quanto do donatário, mediante acordo mútuo das partes, haverá possibilidade de restituição do ITCMD (Imposto de Transmissão *Causa Mortis* e Doação de quaisquer Bens ou Direitos) recolhido.

7. (MP/BA/Promotor de Justiça/2008) Analise as proposições apresentadas abaixo, identificando a alternativa correta.

a) Em ação investigatória, a recusa do suposto pai a submeter-se ao exame de DNA induz presunção absoluta de paternidade.
b) Em se tratando de ação de investigação de paternidade, cumulada com alimentos, a competência para julgamento da ação será firmada pelo domicílio do réu.
c) A guarda compartilhada será deferida sempre que não houver acordo entre os pais quanto à guarda do menor.
d) Para estabelecer as atribuições do pai e da mãe e os períodos de convivência sob guarda compartilhada, o juiz, de ofício ou a requerimento do Ministério Público, poderá basear-se em orientação técnico-profissional ou de equipe interdisciplinar.
e) O deferimento de guarda compartilhada é irrevogável.

8. (MP/SC/Promotor de Justiça/XXXVI Concurso/2011)

I. A alienação parental é um processo comportamental, construído a partir da interferência na formação psicológica de uma criança ou do adolescente promovida ou induzida por um dos genitores, pelos avós ou pelos que tenham a criança ou adolescente sob a sua autoridade, guarda ou vigilância para que repudie genitor ou que cause prejuízo ao estabelecimento ou à manutenção de vínculos com este. Segundo a Lei n. 12.318/2010, que dispõe sobre a temática no sistema jurídico brasileiro, o rol previsto no parágrafo único do seu art. 2º é exemplificativo, porquanto poderão existir outras hipóteses que caracterizam a alienação parental e não estejam ali elencadas.
II. Nas ações de investigação de paternidade, todos os meios legais bem como os moralmente legítimos serão hábeis para provar a verdade dos fatos. A recusa do réu em se submeter ao exame médico de código genético (DNA), requerido pelo Ministério Público e ordenado por magistrado, faz presunção *juris et de jure* de paternidade.
III. O enteado ou a enteada, havendo motivo ponderável, cumprindo as formalidades dispostas na Lei 6.015/73, poderá requerer ao juiz competente que, no registro de nascimento, seja averbado o nome de família de seu padrasto ou de sua madrasta, desde que haja expressa concordância destes, sem prejuízo de seus apelidos de família.
IV. Quando não houver acordo entre os genitores quanto à guarda de seu filho, será aplicada, sempre que possível, a guarda unilateral, que será atribuída ao genitor que revele melhores condições para exercê-la. Concedida a guarda unilateral, haverá a obrigação de supervisionamento dos interesses do filho pelo pai ou pela mãe que não a detenha.
V. Segundo o Código Civil, na sucessão testamentária podem ainda ser chamados a suceder, dentre outros: os filhos, ainda não concebidos, de pessoas indicadas pelo testador, desde que vivas estas ao abrir-se a sucessão. Esta faculdade do testador, lançada em cláusula testamentária, no sentido de beneficiar filhos de determinada origem, não deve ser interpretada extensivamente. Registra-se que a incapacidade superveniente do testador não prejudica a validade do testamento e dos efeitos pretendidos com este ato de última vontade.

a) Apenas as assertivas I e III estão corretas.
b) Apenas as assertivas II, IV e V estão corretas.
c) Apenas as assertivas I, III e V estão corretas.
d) Apenas as assertivas II e IV estão corretas.
e) Todas as assertivas estão corretas.

9. (TJRJ/Juiz de Direito/XLVI Concurso/VUNESP/2014) Mãe que possui a guarda unilateral de dois filhos, menores de 12 (doze) anos, oriundos de casamento anterior, contrai nova união. Tal fato

a) permite que seja alterada a guarda para sua forma compartilhada, a fim de que seja atendido o princípio do melhor interesse;
b) não repercute no direito de a mãe ter os filhos do leito anterior em sua companhia, salvo quando houver comprometimento da sadia formação e do integral desenvolvimento da personalidade destes;
c) permite ao pai das crianças pleitear a guarda unilateral dos filhos, já que não é aconselhável a permanência com a mãe;
d) poderá ser considerado para fins de modificação da guarda para os avós ou para pessoas com as quais a criança ou o adolescente mantenha vínculo afetivo, atendendo ao seu melhor interesse.

10. (Defensoria Pública/PA/Defensor Público/2014) Assinale a alternativa CORRETA acerca do Direito de Família.

a) O Código Civil de 2002 afastou a imutabilidade absoluta do regime de bens, permitindo-se a sua alteração mediante autorização judicial, em pedido motivado, por iniciativa de um ou de ambos os cônjuges.
b) Após a inovação introduzida pela Emenda Constitucional 66/2010, não mais subsiste qualquer causa, justificativa ou prazo para o divórcio, que pode ser, a qualquer tempo, pedido judicialmente ou celebrado consensual e extrajudicialmente mediante escritura pública, nos termos legais, sendo imprescindível a assistência de advogado ou Defensor Público.
c) A lei civil, além de definir o que é guarda compartilhada e guarda unilateral, dá preferência a esta última, que será aplicada pelo juiz em favor da mãe, quando não houver acordo entre os pais quanto à guarda do filho.
d) O dever de prestar alimentos é recíproco entre pais e filhos, e extensivo a todos os ascendentes, com preferência aos mais próximos em grau. Na falta destes, a obrigação cabe aos descendentes, guardada a ordem de sucessão, não havendo previsão legal para a imposição desta obrigação aos colaterais, em qualquer grau.
e) O deferimento de guarda compartilhada é irrevogável.

11. (TJSP/Titular de Serviços de Notas e de Registros/Concurso de Remoção/VUNESP/2016) O divórcio extingue o casamento e possibilita

a) novo casamento, incondicionalmente.
b) novo casamento, desde que não esteja pendente causa suspensiva.
c) o retorno ao estado civil original, como consequência da extinção do vínculo do matrimônio.
d) novo casamento entre as mesmas pessoas, dispensada nova habilitação.

12. (OAB/XXI Exame de Ordem Unificado/Fundação Getulio Vargas/2016) Maria, mãe de João, criança com nove anos de idade, que está na guarda de fato da avó paterna Luisa, almeja viajar com o filho, que já possui passaporte válido, para os Estados Unidos. Para tanto, indagou ao pai e à avó se eles concordariam com a viagem do infante, tendo o primeiro anuído e a segunda não, pelo fato de o neto não estar com boas notas na escola. Preocupada, Maria procura orientação jurídica de como proceder. À Luz do Estatuto da Criança e do Adolescente, assinale a opção que indica a medida que deverá ser adotada pelo (a) advogado (a) de Maria.

a) Ingressar com ação de suprimento do consentimento do pai e da avó paterna, para fins de obter a autorização judicial de viagem ao exterior.
b) Solicitar ao pai que faça uma autorização de viagem acompanhada de cópias dos documentos dele, pois a criança já possui passaporte válido.
c) Ingressar com ação de guarda de João, requerendo sua guarda provisória, para que possa viajar ao exterior independente da anuência do pai e da avó paterna.

d) Solicitar ao pai que faça uma autorização de viagem com firma reconhecida, pois a criança já possui passaporte válido.

13. (OAB/XXI Exame de Ordem Unificado/Fundação Getulio Vargas/2016) Augusto e Raquel casam-se bem jovens, ambos com 22 anos. Um ano depois, nascem os filhos do casal: dois meninos gêmeos. A despeito da ajuda dos avós das crianças, o casamento não resiste à dura rotina de criação dos dois recém-nascidos. Augusto e Raquel separam-se ainda com os filhos em tenra idade, indo as crianças residir com a mãe. Raquel, em pouco tempo, contrai novas núpcias. Augusto, em busca de um melhor emprego, muda-se para uma cidade próxima. A respeito da guarda dos filhos, com base na hipótese apresentada, assinale a afirmativa CORRETA.

a) A guarda dos filhos de tenra idade será atribuída, preferencialmente, de forma unilateral, à mãe.
b) Na guarda compartilhada, o tempo de convívio com os filhos será dividido de forma matemática entre o pai e a mãe.
c) O pai ou a mãe que contrair novas núpcias perderá o direito de ter consigo os filhos.
d) Na guarda compartilhada, a cidade considerada base de moradia dos filhos será a que melhor atender aos interesses dos filhos.

14. (PGE/MT/Defensor Público/2016) Segundo o Código Civil, após as alterações introduzidas pelo Estatuto da Pessoa com Deficiência (Lei n. 13.146/2015), em relação ao casamento e à união estável, assinale a afirmativa CORRETA.

a) Os primos estão impedidos de contrair matrimônio entre si.
b) A pessoa com deficiência mental ou intelectual em idade núbia poderá contrair matrimônio, expressando sua vontade diretamente ou por meio de seu responsável ou curador.
c) A união estável não se constituirá se ocorrerem as causas suspensivas do casamento.
d) No regime da comunhão parcial de bens, excluem-se na comunhão as benfeitorias em bens particulares de cada cônjuge.
e) É nulo o casamento contraído pelo enfermo mental sem o necessário discernimento para os atos da vida civil.

15. (TJMG/Titular de Serviços de Notas e de Registros/CONSULPLAN/2017) Em decorrência da evolução histórica nas relações familiares, o pátrio poder perdeu força e foi substituído pelo poder familiar que constitui um conjunto de direitos e deveres exercidos igualmente pelos pais. Dentre os efeitos do poder familiar, está o da guarda dos filhos menores ou maiores incapazes. Com relação à guarda dos filhos, está CORRETO afirmar:

a) a guarda unilateral é atribuída somente à mãe ou quem a substitua e pode ser requerida ou determinada pelo juiz.
b) A guarda alternada consiste naquela em que há revezamento dos genitores, por períodos determinados e equânimes, na guarda exclusiva da prole e está expressamente previsto em nosso ordenamento jurídico.
c) a guarda compartilhada caracteriza-se pela responsabilização conjunta e o exercício de direitos e deveres do pai e da mãe que não vivam sob o mesmo teto, sobre os filhos menores ou incapazes.
d) A guarda pode ser exercida por terceiro, por determinação judicial, isentando os pais de prestar assistência, uma vez que o poder familiar não continua presente, ainda que tenha ocorrido sua destituição.

16. (Procuradoria do Estado/SP/Defensor Público/Fundação Carlos Chagas/2019) Rubens separou-se de fato de Betina em 2007. Casados desde 2004, não ajuizaram ação de divórcio, e Betina, em 2016, faleceu. Por ocasião do casamento, Rubens adotou o sobrenome de Betina. Diante de seu falecimento, Rubens

a) não poderá retirar o sobrenome de Betina administrativamente se vier a contrair novo casamento.

b) poderá requerer administrativamente o retorno ao nome de solteiro.
c) não poderá requerer judicialmente o retorno ao nome de solteiro porque tal pedido deveria ser feito em ação de divórcio.
d) não poderá requerer judicialmente o retorno ao nome de solteiro porque dependia de anuência do outro cônjuge.
e) poderá requerer judicialmente o retorno ao nome de solteiro.

17. (Prefeitura Municipal/São José do Rio Preto-SP/Procurador Jurídico/VUNESP/2019) A sociedade conjugal termina

a) pelo divórcio que só pode ser concedido desde que haja partilha prévia de bens.
b) pela separação judicial que pode ou não pôr termo aos deveres de coabitação, fidelidade recíproca e ao regime de bens.
c) pela morte de um dos cônjuges ou tentativa de morte.
d) pela nulidade ou anulação do casamento.
e) pelo abandono voluntário do lar conjugal, durante um ano contínuo.

■ GABARITO ■

1. "e". *Vide* art. 1.568 do CC.
2. "a". *Vide* o parágrafo único do art. 1.574 do CC.
3. "b". A caducidade da procuração *ad nuptias* pela morte superveniente do representado acarreta a inexistência do casamento posteriormente celebrado pelo mandatário (José Lamartine Corrêa de Oliveira e Ferreira Muniz, *Direito de família*, p. 145). "Enquanto no direito das obrigações são válidos, a respeito dos contraentes de boa-fé, os atos ajustados em nome do mandante pelo mandatário, no tempo em que o mandatário ignora a morte do mandante, não vale o casamento que foi contraído após a morte do mandante, ainda que a ignorem o procurador e o outro nubente, ou a ignore um só deles" (Pontes de Miranda, *Tratado de direito de família*, n. 8, p. 198).
4. "b".
5. "d". *Vide* art. 1.588 do CC.
6. "d".
7. "d". *Vide* o § 3º do art. 1.584 do CC.
8. "c". *Vide,* respectivamente, **I**: art. 2º e parágrafo único da Lei n. 12.318/2010; **III**: art. 57, § 8º, da Lei dos Registros Públicos (Lei n. 6.015/73); e **V**: arts. 1.799, I, e 1.861, primeira parte, do CC.
9. "b". As novas núpcias da genitora não acarretam automaticamente a perda da guarda do filho menor. Somente "motivos graves", devidamente comprovados, têm esse condão.
10. "b". *Vide* item 15.2, *retro*.
11. "b". *Vide* art. 1.523, III e parágrafo único, do CC.
12. "d". *Vide* art. 84, II, do Estatuto da Criança e do Adolescente.
13. "d". *Vide* § 3º do art. 1.583 do CC, com redação determinada pela Lei n. 13.058, de 22-12-2014.
14. "b". *Vide* art. 6º, I, do Estatuto da Pessoa com Deficiência (Lei n. 13.146/2015).
15. "c".
16. "e".
17. "d". *Vide* art. 1.571, II, do CC.

17

DAS RELAÇÕES DE PARENTESCO

17.1. INTRODUÇÃO

As pessoas unem-se em uma família em razão:

- de **vínculo conjugal** ou **união estável**;
- de **parentesco** por **consanguinidade** ou **outra origem**; e
- da **afinidade**.

Clóvis Beviláqua[1] define o parentesco como a relação que vincula entre si as pessoas que **descendem do mesmo tronco ancestral**.

Para Pontes de Miranda[2], *parentesco* é a relação que vincula entre si pessoas que descendem umas das outras, ou de autor comum (**consanguinidade**), que aproxima cada um dos cônjuges dos parentes do outro (**afinidade**), ou que se estabelece, por *fictio iuris*, entre o **adotado e o adotante**.

Parentesco em sentido estrito

Em sentido estrito, a palavra "parentesco" abrange somente o **consanguíneo**, definido de forma mais correta como a relação que vincula entre si pessoas que **descendem umas das outras**, ou de um mesmo tronco.

Parentesco em sentido amplo

Em sentido amplo, no entanto, inclui o parentesco por **afinidade** e o decorrente da **adoção** ou de **outra origem**, como algumas modalidades de técnicas de reprodução medicamente assistida, que, nos países de língua francesa, é chamada de *procréation médicalement assistée*.

O conhecimento da *relação de parentesco*, como destaca Orlando Gomes[3], "reveste-se de grande importância prática, porque a lei lhe atribui efeitos relevantes, estatuindo direitos e obrigações recíprocos entre os parentes, de ordem pessoal e patrimonial, e fixando proibições com fundamento em sua existência".

Parentesco por afinidade

Afinidade é o vínculo que se estabelece entre um dos cônjuges ou companheiro **e os parentes do outro** (sogro, genro, cunhado etc.). A relação tem os seus limites

---

1 *Código Civil dos Estados Unidos do Brasil comentado*, v. 2, obs. ao art. 330.

2 *Tratado de direito de família*, v. III, § 201, p. 21.

3 *Direito de família*, p. 311.

traçados na lei e não ultrapassa esse plano, pois que não são entre si parentes os afins de afins (*affinitas affinitatem non parit*). Tal vínculo resulta exclusivamente **do casamento e da união estável**.

■ Parentesco resultante da consanguinidade ou de outra origem (adoção, inseminação artificial, paternidade socioafetiva)

Dispõe o art. 1.593 do Código Civil que "o parentesco é *natural* ou *civil*, conforme resulte de *consanguinidade* ou *outra origem*". Assim, é **natural** o parentesco resultante de laços de sangue. O **civil** recebe esse nome por se tratar de uma criação da lei. O emprego da expressão **"outra origem"** constitui avanço verificado no Código Civil de 2002, uma vez que o diploma de 1916 considerava civil apenas o parentesco que se originava da *adoção*.

A inovação teve em vista alcançar, além da adoção, "as hipóteses de filhos havidos por **reprodução assistida heteróloga**, que não têm vínculo de consanguinidade com os pais. Em razão do art. 227, § 6º, da Constituição Federal, bem como da presunção de paternidade do marido que consente que sua esposa seja **inseminada artificialmente** com sêmen de terceiro, conforme o art. 1.597, inciso V, a pessoa oriunda de uma das técnicas de reprodução assistida deve ter vínculo de parentesco não só com os pais, mas, também, com os parentes destes, em linha reta e colateral"[4].

Como destaca Caio Mário da Silva Pereira, "nova modalidade de filiação adveio, a qual se pode designar 'filiação social', pela qual o marido ou companheiro admite como filho o ente gerado por **inseminação artificial**"[5].

Parentesco **civil**, portanto, é o resultante da **adoção** ou **outra origem**, como a inseminação artificial.

■ Relações de parentesco socioafetivas

O aludido art. 1.593 do Código Civil, ao utilizar a expressão "*outra origem*", também "abre espaço ao reconhecimento da paternidade **desbiologizada ou socioafetiva**, em que, embora não existam elos de sangue, há laços de **afetividade** que a sociedade reconhece como mais importantes que o vínculo consanguíneo"[6].

A doutrina tem, efetivamente, identificado no dispositivo em apreço elementos para que a jurisprudência possa interpretá-lo de forma mais ampla, abrangendo também as **relações de parentesco socioafetivas**. Nessa linha, Luiz Edson Fachin anota que são elas comuns no Brasil, "e inscrevem-se na realidade segundo a qual uma pessoa é recepcionada no âmbito familiar, sendo neste criada e educada, tal como se da família fosse"[7].

Mais adiante afirma ainda o mencionado autor[8] ser induvidoso ter o Código Civil reconhecido, no art. 1.593, outras espécies de parentesco civil além daquele decorrente da adoção, "acolhendo a **paternidade socioafetiva, fundada na posse de**

---

4 Regina Beatriz Tavares da Silva, *Novo Código Civil comentado*, p. 1403.

5 *Instituições de direito civil*, v. 5, p. 312.

6 Washington de Barros Monteiro, *Curso*, cit., v. 2, p. 294.

7 *Comentários ao novo Código Civil*, v. XVIII, p. 18.

8 *Comentários*, cit., v. XVIII, p. 29.

estado de filho", aduzindo que "essa *verdade socioafetiva* não é menos importante que a *verdade biológica*. A realidade jurídica da filiação não é, portanto, fincada apenas nos laços biológicos, mas na realidade de afeto que une pais e filhos, e se manifesta em sua subjetividade e, exatamente, perante o grupo social e a família".

Nessa linha, tem o Superior Tribunal de Justiça proclamado que o vínculo socioafetivo prevalece sobre a verdade biológica[9] e que a maternidade socioafetiva deve ser reconhecida, mesmo no caso em que a mãe tenha registrado a filha de outra pessoa como sua[10].

Todavia, a paternidade socioafetiva, mantida com o pai registral, não afasta os direitos decorrentes da paternidade biológica, sob pena de violar o princípio constitucional da dignidade da pessoa humana. "Reconhecida a paternidade biológica, prospera a petição de herança, não subsistindo aos sucessores do investigado legitimidade para pugnar pela prevalência da paternidade socioafetiva, sobretudo quando o próprio pai registral concorda com o pleito. Se é o próprio filho quem busca o reconhecimento do vínculo biológico com outrem, porque durante toda a sua vida foi induzido a acreditar em uma verdade que lhe foi imposta por aqueles que o registraram, não é razoável que se lhe imponha a prevalência da paternidade socioafetiva, a fim de impedir sua pretensão, ainda que haja a consequência patrimonial advinda do reconhecimento do vínculo jurídico do parentesco"[11].

Na V Jornada de Direito Civil do Conselho da Justiça Federal, foi aprovado o Enunciado 519, com a seguinte redação:

> "O reconhecimento judicial do vínculo de parentesco em virtude de socioafetividade deve ocorrer a partir da relação entre pai(s) e filho(s), com base na posse do estado de filho, para que produza efeitos pessoais e patrimoniais".

■ A multiparentalidade

Destaca-se a aceitação, na doutrina, da possibilidade de reconhecimento da *dupla parentalidade* ou *multiparentalidade*. Têm surgido, igualmente, nos Tribunais, inúmeras decisões afastando a escolha entre o vínculo biológico e o socioafetivo e admitindo a hipótese de a pessoa ter dois pais ou duas mães em seu registro civil. Entre as que deferiram o duplo registro do menor, em nome da mãe biológica e da mãe socioafetiva, ante o pedido de ambos para que a dupla parentalidade fosse reconhecida, destaca-se a proferida pelo Tribunal de Justiça de São Paulo, nestes termos:

> "MATERNIDADE SOCIOAFETIVA. Preservação da Maternidade Biológica. Respeito à memória da mãe biológica, falecida em decorrência do parto, e de sua família — Enteado criado como filho desde dois anos de idade — Filiação socioafetiva que tem amparo no art. 1.593 do Código Civil e decorre da posse do estado de filho, fruto de longa e estável convivência, aliada ao afeto e consideração mútuos, e sua manifestação pública, de forma a não deixar dúvida, a quem não conhece, de que se trata de parentes

9 STJ, REsp 1.078.285-MS, 3ª T., rel. Min. Massami Uyeda, *DJ*, 18-8-2010.

10 STJ, REsp 1.000.356-SP, 3ª T., rel. Min. Nancy Andrighi, j. 25-5-2010.

11 TJRS, 8ª Câm. Civ., rel. Des. Ricardo Moreira Lins Pastl, in <http://www.conjur.com.br> de 24-3-2014.

— A formação da família moderna não consanguínea tem sua base na afetividade e nos princípios da dignidade da pessoa humana e da solidariedade"[12].

A multiparentalidade consiste, pois, no fato de o filho ter dois pais ou mães reconhecidos pelo direito, o biológico e o socioafetivo, em função da valorização da filiação socioafetiva.

O Supremo Tribunal Federal, em julgamento realizado no dia 21 de setembro de 2016, negou pedido de reconhecimento da preponderância da paternidade socioafetiva sobre a biológica, fixando tese de **repercussão geral** nos seguintes termos: "A **paternidade socioafetiva**, declarada ou não em registro público, **não impede o reconhecimento do vínculo de filiação concomitante baseado na origem biológica**, com os efeitos jurídicos próprios".

A decisão admitiu a multiparentalidade, com a manutenção dos pais afetivos e biológicos. Proclamou a referida Corte que a existência de pai socioafetivo não tira deveres do pai biológico, como o de pagar alimentos[13].

O posicionamento da Suprema Corte impede a aceitação, como regra, da afirmação de que uma modalidade, a paternidade socioafetiva e a biológica, prevalece sobre a outra, indicando que a melhor posição será definida apenas no julgamento do caso concreto. O que restou claro é a possibilidade de se reconhecer a cumulação de uma paternidade socioafetiva concomitantemente com uma paternidade biológica, mantendo-se ambas em determinada situação fática, **reconhecendo-se, com isso, a possibilidade da existência jurídica de dois pais ou duas mães**.

■ Parentesco resultante da adoção

O art. 227, § 7º, da Constituição Federal, proibindo designações e tratamentos discriminatórios, atribuiu aos filhos adotivos **os mesmos direitos e deveres oriundos da filiação biológica**. Essa regra foi reafirmada no art. 1.596 do Código Civil de 2002, tendo o aludido diploma ainda **unificado a *adoção* para menores e maiores de 18 anos** ao estatuir, no art. 1.619, com a redação dada pela Lei da Adoção (Lei n. 12.010, de 3-8-2009), que a medida depende "da assistência efetiva do Poder Público e de sentença constitutiva".

■ Parentesco espiritual

Sublinhe-se que o nosso direito positivo **não confere importância** ao denominado "parentesco espiritual" (*spiritualis cognatio*), derivado das qualidades de padrinho ou madrinha e afilhado, cuja existência o direito canônico sempre reconheceu, inclusive como impedimento matrimonial[14].

■ Provimento da Corregedoria Nacional de Justiça

A fim de sanar as dúvidas e auxiliar nas decisões a serem tomadas em casos de multiparentalidade, o Provimento n. 63 da Corregedoria Nacional de Justiça, de 14

---

[12] TJSP, Ap. 0006422-26.2011.8.26.0286-Itu, 1ª Câm. Dir. Priv., rel. Des. Alcides Leopoldo e Silva Júnior, j. 14-8-2012.

[13] STF, RE 898.060, rel. Min. Luiz Fux, disponível em *Revista Consultor Jurídico*, de 21-9-2016.

[14] Washington de Barros Monteiro, *Curso*, cit., 37. ed., v. 2, p. 294.

de novembro de 2017, institui normas para emissão, pelos cartórios de registro civil, de certidão de nascimento, casamento e óbito, que terão obrigatoriamente o número de CPF. Entre as novas regras encontra-se a possibilidade de reconhecimento voluntário da maternidade e paternidade socioafetiva.

Dentre outros temas, o referido Provimento trata do reconhecimento extrajudicial da parentalidade socioafetiva diretamente no Cartório de Registro Civil. E confirma a possibilidade de o parentesco resultar de "outra origem" que não a consanguinidade, como consta do art. 1.593 do Código Civil, incluindo-se, na hipótese, a posse de estado de filhos geradora do vínculo socioafetivo. Reconhece-se, ainda, o fato de que "a paternidade socioafetiva, declarada ou não em registro público, não impede o reconhecimento do vínculo de filiação concomitante, baseada na origem biológica, com os efeitos jurídicos próprios", nos termos do estabelecido pelo Supremo Tribunal Federal em 2016, quando do julgamento da repercussão geral sobre o tema, retromencionado.

Segundo consta do art. 14 do Provimento n. 63 do CNJ, o reconhecimento voluntário da paternidade ou da maternidade socioafetiva de pessoa de qualquer idade, efetuado perante os Oficiais de Registro Civil das Pessoas Naturais, é irrevogável, somente afastado por declaração judicial que reconheça a presença de vício da vontade. Poderão requerer tal reconhecimento, limitado ao número de dois pais e de duas mães, no máximo, os maiores de dezoito anos de idade, independentemente de seu estado civil, valendo para todos os fins civis, inclusive alimentares e sucessórios.

O Superior Tribunal de Justiça reconheceu a impossibilidade de reconhecimento *post mortem* da maternidade socioafetiva de filho maior pelo fato de ter ocorrido o seu falecimento e faltar o consenso. Observou a relatora, Min. Nancy Andrighi, que "a imprescindibilidade do consentimento do filho maior para o reconhecimento de filiação *post mortem* decorre da impossibilidade de se alterar, unilateralmente, a verdade biológica ou afetiva de alguém sem que lhe seja dada a oportunidade de se manifestar, devendo ser respeitadas a memória e a imagem póstumas de modo a preservar a história do filho e também de sua genitora biológica"[15].

Registre-se que a aludida Corte Superior, apreciando outro caso, manteve decisão que permitiu o registro de dupla paternidade sem inclusão do nome da mãe biológica, denegando provimento ao recurso interposto pelo Ministério Público. Afirmou o relator, Min. Paulo de Tarso Sanseverino, da 3ª Turma, em julho de 2019 (número do processo não divulgado em razão de segredo judicial), que, no caso, a mãe biológica, irmã de um dos pais, não tem vínculo de parentesco com a criança, filha do pai biológico e filha socioafetiva do seu companheiro, mencionando a evolução jurisprudencial sobre o assunto e o Provimento n. 63 do Conselho Nacional de Justiça, de novembro de 2017, que reconhece a possibilidade do regis-

[15] STJ, REsp 1.688.470-RJ, 3ª T., rel. Min. Nancy Andrighi, *DJe*, 13-4-2018.

tro com a dupla paternidade, assegurando direitos aos casais homoafetivos. Se o caso fosse iniciado hoje, aduziu, "ele seria resolvido extrajudicialmente. Não havendo vínculo de parentesco com a genitora, há tão somente a paternidade biológica da criança, registrada em seus assentos cartorários, e a pretensão declaratória da paternidade socioafetiva pelo companheiro".

■ 17.2. O VÍNCULO DE PARENTESCO: LINHAS E GRAUS

O vínculo de parentesco estabelece-se por **linhas**: reta e colateral, e a contagem faz-se por **graus**.

■ Parentesco em linha reta

Parentes em *linha reta* são as pessoas que descendem umas das outras, ou, na dicção do art. 1.591 do Código Civil, são "as pessoas que estão umas para com as outras na relação de **ascendentes e descendentes**", tais como bisavô, avô, pai, filho, neto e bisneto. Confira-se:

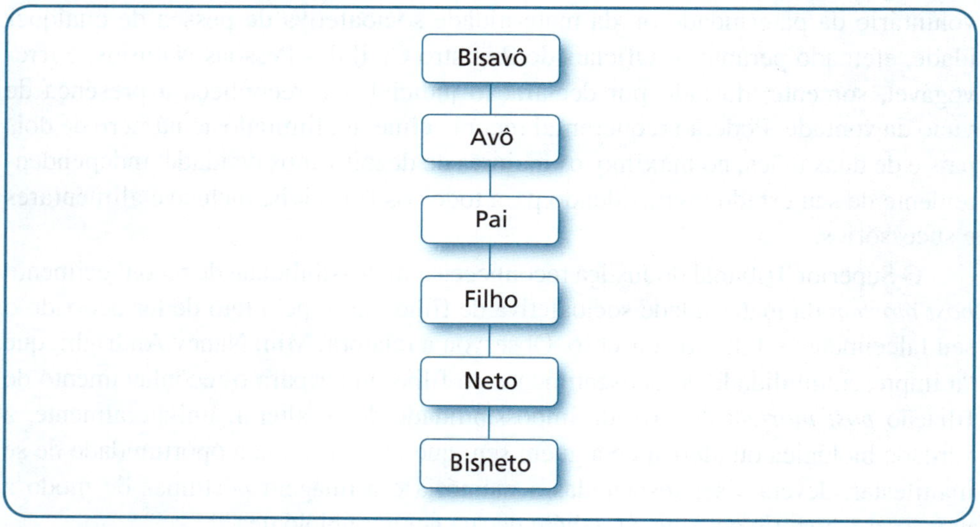

■ Linha reta ascendente

A linha reta é *ascendente* quando **se sobe** de determinada pessoa para os seus **antepassados** (do pai para o avô etc.). Toda pessoa, sob o prisma de sua ascendência, tem duas linhas de parentesco: a **linha paterna** e a **linha materna**. Essa distinção ganha relevância no campo do direito das sucessões, que adota, para partilhar a herança, o modo denominado "partilha *in lineas*". A linha ascendente, depois de bifurcar-se entre os ascendentes do pai e os ascendentes da mãe, prossegue em sucessivas bifurcações, pois cada pessoa se origina de duas. Por isso, fala-se em "árvore genealógica"[16]. Veja-se:

[16] Paulo Luiz Netto Lôbo, *Código Civil comentado*, v. XVI, p. 18.

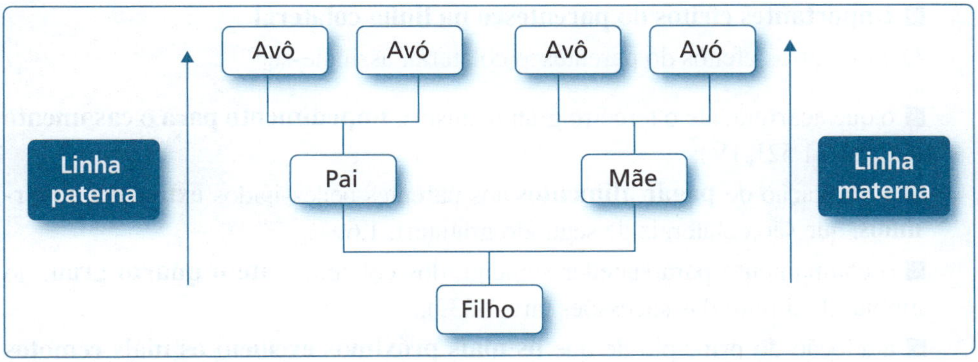

■ **Linha reta descendente**

A linha reta é *descendente* quando **se desce** dessa pessoa para os seus **descendentes**. Tal assertiva igualmente repercute no direito das sucessões, quanto ao modo de partilhar a herança *in stirpes*, tendo em vista que cada descendente passa a constituir uma estirpe relativamente aos seus pais[17].

■ **Efeitos importantes do parentesco em linha reta**

O parentesco em linha reta produz diversos efeitos importantes, merecendo destaque:

■ "o dever de **assistir, criar e educar os filhos menores**", imposto aos pais pelo art. 229 da Constituição Federal, que também atribui **aos filhos maiores** o encargo de "ajudar e amparar os pais na velhice, carência ou enfermidade";

■ o direito deferido aos parentes, no art. 1.694 do Código Civil, de pedirem uns aos outros "**os alimentos** de que necessitem para viver de modo compatível com a sua condição social";

■ a indicação dos descendentes e ascendentes, no art. 1.829, como **sucessores legítimos**, e como **herdeiros necessários**, no art. 1.845;

■ a inclusão da aludida relação no rol dos **impedimentos absolutos à realização do casamento**, em consequência do vínculo da consanguinidade etc.

■ **Parentesco na linha colateral**

São parentes em *linha colateral, transversal* ou *oblíqua* as pessoas que provêm de um tronco comum, **"sem descenderem uma da outra"**. É o caso de irmãos, tios, sobrinhos e primos. Na linha reta não há limite, pois a contagem do parentesco é *ad infinitum*; na colateral, este se estende somente até **"o quarto grau"**. Dispõe, com efeito, o art. 1.592 do Código Civil que "são parentes em linha colateral ou transversal, até o **quarto grau**, as pessoas provenientes de **um só tronco, sem descenderem uma da outra**".

17 Guilherme Calmon Nogueira da Gama, Das relações de parentesco, in *Direito de família e o novo Código Civil*, p. 90.

■ Importantes efeitos do parentesco na linha colateral

Dentre outros efeitos do parentesco colateral, assinale-se:

- o que acarreta, até o terceiro grau inclusive, **impedimento para o casamento** (CC, art. 1.521, IV);
- a obrigação de **pagar alimentos** aos parentes necessitados **extensiva aos irmãos**, que são colaterais de segundo grau (art. 1.697);
- o chamamento para suceder somente dos colaterais **até o quarto grau**, no âmbito do direito das sucessões (art. 1.839);
- a adoção do princípio de que **os mais próximos excluem os mais remotos** (art. 1.840).

■ Contagem do parentesco na linha reta

A distância entre dois parentes mede-se por graus. **Grau**, portanto, é a **distância em gerações**, que vai de um a outro parente.

Na *linha reta*, contam-se os graus **"pelo número de gerações"**. Geração é a relação existente entre o genitor e o gerado. Assim, pai e filho são parentes em linha reta em primeiro grau. Já avô e neto são parentes em segundo grau, porque entre eles há duas gerações. Confira-se:

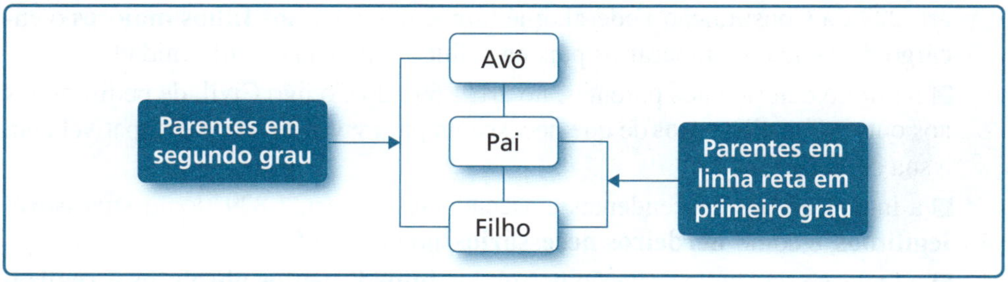

■ Contagem do parentesco na linha colateral

Na *linha colateral* a contagem faz-se também pelo **número de gerações**. Parte-se de um parente situado em uma das linhas, subindo-se, contando as gerações, **até o tronco comum**, e **descendo pela outra linha**, continuando a contagem das gerações, "até encontrar o outro parente" (CC, art. 1.594). Trata-se do sistema romano de contagem de graus na linha colateral.

Assim, *irmãos* são colaterais em **segundo grau**. Partindo-se de um deles, até chegar ao tronco comum conta-se uma geração. Descendo pela outra linha, logo depois de uma geração já se encontra o outro irmão. *Tios e sobrinhos* são colaterais em **terceiro grau**; *primos*, em **quarto**. No caso dos primos, cada lado da escala de contagem terá dois graus. Também são colaterais de **quarto grau** os *sobrinhos-netos* e *tios-avós*, hipóteses em que um dos lados da escala terá três graus, e o outro um. Veja-se:

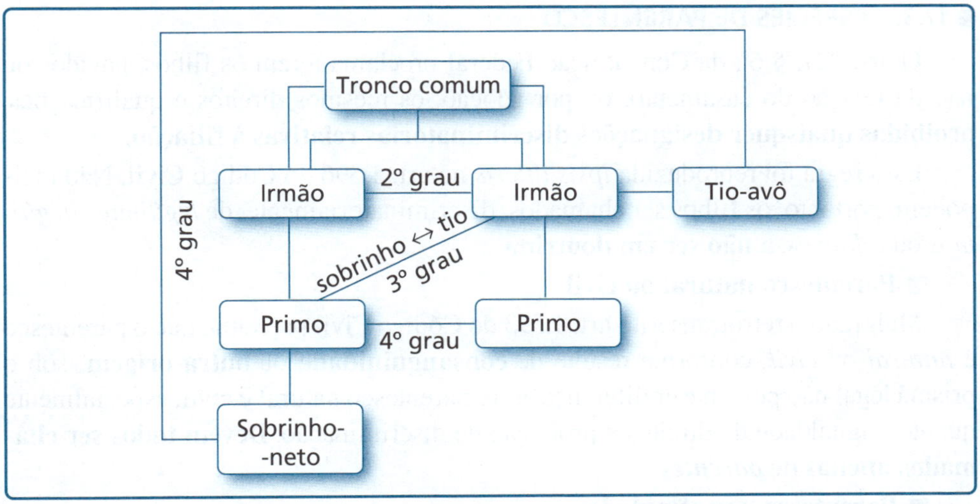

O parentesco mais próximo na linha colateral é o de segundo grau, existente entre irmãos. **Não há parentesco em primeiro grau na linha colateral**, porque quando contamos uma geração ainda estamos na linha reta. Para a contagem dos graus, como se observa, utiliza-se sistema segundo o qual o ascendente comum não é incluído na contagem — *stipite deempto*.

■ Irmãos germanos e unilaterais

Denominam-se irmãos *germanos* ou *bilaterais* os que têm **o mesmo pai e a mesma mãe**; e *unilaterais* os irmãos somente por parte de mãe (**uterinos**) ou somente por parte do pai (**consanguíneos**). O Código Civil regulamenta, nos arts. 1.841 a 1.843, os direitos sucessórios dos irmãos germanos e unilaterais.

■ Linha colateral igual, desigual e dúplice

A linha *colateral* pode ser:

- ■ **igual:** como no caso de irmãos, porque a distância que os separa do tronco comum, em número de gerações, é a mesma;
- ■ **desigual:** como no caso de tio e sobrinho, porque este se encontra separado do tronco comum por duas gerações e aquele por apenas uma;
- ■ **dúplice** ou **duplicada**, como no caso de dois irmãos que se casam com duas irmãs. Nesse caso, os filhos que nascerem dos dois casais serão **parentes colaterais em linha duplicada**.

■ Família e parentesco

Observa-se, do exposto, que *família* e *parentesco* **são categorias distintas**. Obtempera Pontes de Miranda que "o cônjuge pertence à família, e não é parente do outro cônjuge, posto que seja parente afim dos parentes consanguíneos do outro cônjuge.

É possível *ação declaratória* do parentesco, ainda que se não alegue ligação a qualquer outro interesse. Basta o interesse mesmo do parentesco"[18].

[18] *Tratado de direito de família*, cit., v. III, § 201, p. 22.

■ 17.3. ESPÉCIES DE PARENTESCO

O art. 227, § 6º, da Constituição Federal proclama terem os filhos, havidos ou não da relação do casamento, ou por adoção, os mesmos direitos e qualificações, **proibidas quaisquer designações discriminatórias relativas à filiação**.

Essa regra foi reproduzida *ipsis litteris* no art. 1.596 do Código Civil. Não mais podem, portanto, os filhos ser chamados, discriminatoriamente, de *legítimos, ilegítimos* ou *adotivos*, **a não ser em doutrina**.

■ Parentesco natural ou civil

Malgrado o retrotranscrito art. 1.593 do Código Civil preceitue que o parentesco é *natural* ou *civil*, conforme resulte de **consanguinidade** ou **outra origem**, sob o prisma legal não pode haver diferença entre parentesco natural e civil, especialmente quanto à igualdade de direitos e proibição de discriminação. **Devem todos ser chamados apenas de *parentes***.

■ Parentesco por afinidade

O **casamento** e a **união estável** dão origem ao parentesco por *afinidade*. Cada cônjuge ou companheiro torna-se **parente por afinidade dos parentes do outro** (CC, art. 1.595). Mesmo não existindo, *in casu*, tronco ancestral comum, contam-se os graus por analogia com o parentesco consanguíneo. Se um dos cônjuges ou companheiros tem parentes em linha reta (pais, filhos), estes se tornam parentes por **afinidade em linha reta** do outro cônjuge ou companheiro. Essa afinidade em linha reta pode ser **ascendente** (sogro, sogra, padrasto e madrasta, que são afins em 1º grau) e **descendente** (genro, nora, enteado e enteada, no mesmo grau de filho ou filha, portanto afins em 1º grau).

■ Limitação do parentesco ao segundo grau

Proclama o § 1º do aludido art. 1.595 do Código Civil que "o parentesco por afinidade limita-se aos ascendentes, aos descendentes e aos irmãos do cônjuge ou companheiro". **Cunhados** (irmãos de um e de outro cônjuge ou companheiro) são **afins na linha colateral** em segundo grau.

A afinidade é um vínculo de ordem jurídica e **decorre somente da lei**. Essa circunstância vem claramente expressa na língua inglesa, que designa o afim pelo mesmo vocábulo com o qual indica o consanguíneo correspondente, acrescentando-lhe a frase *in law* (segundo a lei). Assim, sogro é chamado *father-in-law* (pai segundo a lei) e cunhado *brother-in-law*[19].

Como a afinidade é relação de natureza estritamente pessoal, cujos limites são traçados na lei, **ela não se estabelece entre os parentes dos cônjuges ou companheiros**, sendo que os afins de cada um não o são entre si (concunhados não são afins entre si). E, no caso de novo casamento ou união estável, os afins da primeira comunhão de vidas não se tornam afins do cônjuge ou companheiro da segunda.

[19] Washington de Barros Monteiro, *Curso*, cit., 37. ed., v. 2, p. 299.

■ Perpetuidade da afinidade na linha reta

Dispõe, por sua vez, o § 2º do mencionado art. 1.595 do Código Civil que, "na linha reta, a afinidade **não se extingue** com a dissolução do casamento ou da união estável". Nesse dispositivo se encontra a razão do impedimento matrimonial previsto no art. 1.521, II, do mesmo diploma, que também se aplica à união estável (art. 1.723, § 1º).

Desse modo, **rompido o vínculo matrimonial permanecem o sogro ou sogra, genro ou nora ligados pelas relações de afinidade**. Significa dizer que, falecendo a esposa ou companheira, por exemplo, o marido ou companheiro continua ligado à sogra pelo vínculo da afinidade. Se se casar novamente, terá duas sogras.

Na **linha colateral**, contudo, a morte ou o divórcio de um dos cônjuges ou companheiros faz **desaparecer a afinidade**. Como o impedimento matrimonial refere-se apenas à linha reta (CC, art. 1.521, II), nada impede, assim, o casamento do viúvo ou divorciado com a cunhada.

Se a dissolução da sociedade conjugal se der pela separação judicial, que não rompe o vínculo, subsiste a afinidade entre o cônjuge separado e os parentes do consorte. **Com o divórcio e consequente rompimento do vínculo, não mais persiste a afinidade**. O casamento do cônjuge separado judicialmente com a cunhada só poderá realizar-se, pois, após a conversão da separação em divórcio (ou o divórcio direto, para quem, como nós, entende que o divórcio-conversão foi eliminado do nosso ordenamento jurídico pela "PEC do Divórcio").

Nos casos de **nulidade ou de anulabilidade**, somente persistirá a afinidade se reconhecida a **putatividade** do casamento. Tendo em vista que o citado art. 1.595 do Código Civil de 2002 incluiu o **companheiro** no rol dos parentes por afinidade, **não pode ele, dissolvida a união estável, casar-se com a filha de sua ex-companheira**.

■ 17.4. RESUMO

DAS RELAÇÕES DE PARENTESCO	
CONCEITO	■ **Em sentido estrito** A palavra "parentesco" abrange somente o consanguíneo, definido como a relação que vincula entre si pessoas que descendem umas das outras, ou de um mesmo tronco. ■ **Em sentido amplo** Inclui o parentesco por ***afinidade*** e o decorrente da ***adoção*** ou de ***outra origem***, como algumas modalidades de técnicas de reprodução medicamente assistida. ■ ***Afinidade*** é o vínculo que se estabelece entre um dos cônjuges ou companheiro e os parentes do outro. ■ Parentesco *civil* é o resultante da adoção ou outra origem (CC, art. 1.593).
VÍNCULO DE PARENTESCO	■ Estabelece-se por *linhas*: reta e colateral, e a contagem faz-se por ***graus***.
PARENTESCO EM LINHA RETA	■ Parentes *em linha reta* são as pessoas que descendem umas das outras: bisavô, avô, pai, filho, neto e bisneto. A linha reta é *ascendente* quando se sobe de determinada pessoa para os seus antepassados (do pai para o avô etc.). É *descendente* quando se desce dessa pessoa para os seus descendentes (CC, art. 1.591).
PARENTESCO EM LINHA COLATERAL	■ São parentes em linha colateral, transversal ou oblíqua as pessoas que provêm de um tronco comum, sem descenderem uma da outra (CC, art. 1.592). É o caso de irmãos, tios, sobrinhos e primos. Na linha reta não há limite de parentesco; na colateral, este se estende somente até o quarto grau.

CONTAGEM EM GRAUS	■ *Grau* é a distância, em gerações, que vai de um a outro parente. ■ Na *linha reta*, contam-se os graus pelo número de gerações (pai e filho são parentes em primeiro grau; avô e neto, em segundo grau). ■ Na *linha colateral*, a contagem faz-se também pelo número de gerações. Parte-se de um parente situado em uma das linhas, subindo-se, contando as gerações, até o tronco comum, e descendo pela outra linha, continuando a contagem das gerações, até encontrar o outro parente (CC, art. 1.594). Assim, irmãos são colaterais em segundo grau.
ESPÉCIES DE PARENTESCO	■ *natural*: resulta da consanguinidade; ■ *civil*: resulta de outra origem, p. ex., a adoção ou inseminação artificial heteróloga (CC, art. 1.593); ■ *por afinidade*: origina-se do casamento e da união estável (CC, art. 1.595).

18

DA FILIAÇÃO

18.1. INTRODUÇÃO

Conceito

Filiação é a relação de parentesco consanguíneo, **em primeiro grau e em linha reta**, que liga uma pessoa àquelas que a geraram, ou a receberam como se a tivessem gerado[1]. Todas as regras sobre parentesco consanguíneo estruturam-se a partir da noção de filiação, pois a mais próxima, a mais importante, a principal relação de parentesco é a que se estabelece entre pais e filhos[2].

Em sentido estrito, **filiação** é a relação jurídica que liga o filho a seus pais. É considerada **filiação propriamente dita** quando visualizada pelo lado do filho. Encarada em sentido inverso, ou seja, pelo lado dos genitores em relação ao filho, o vínculo se denomina **paternidade** ou **maternidade**. Em linguagem jurídica, todavia, às vezes "se designa por paternidade, num sentido amplo, tanto a paternidade propriamente dita como a maternidade. É assim, por exemplo, que deve ser entendida a expressão **'paternidade responsável'** consagrada na Constituição Federal de 1988, art. 226, § 7º"[3].

Princípio da igualdade dos filhos

A Constituição de 1988 (art. 227, § 6º) estabeleceu **absoluta igualdade entre todos os filhos**, não admitindo mais a retrógrada distinção entre filiação legítima e ilegítima, segundo os pais fossem casados ou não, e adotiva, que existia no Código Civil de 1916. Naquela época, dada a variedade de consequências que essa classificação acarretava, mostrava-se relevante provar e estabelecer a legitimidade.

Filhos **legítimos** eram os que procediam de justas núpcias. Quando não houvesse casamento entre os genitores, denominavam-se **ilegítimos** e se classificavam, por sua vez, em naturais e espúrios. **Naturais**, quando entre os pais não havia impedimento para o casamento. **Espúrios**, quando a lei proibia a união conjugal dos pais. Estes podiam ser **adulterinos**, se o impedimento resultasse do fato de um deles ou de ambos serem casados, e **incestuosos**, se decorresse do parentesco próximo, como entre pai e filha ou entre irmão e irmã.

---

1 Silvio Rodrigues, *Direito civil*, v. 6, p. 297.

2 Zeno Veloso, *Direito brasileiro da filiação e paternidade*, p. 7.

3 Washington de Barros Monteiro, *Curso de direito civil*, 37. ed., v. 2, p. 305.

Hoje, todavia, **todos são apenas filhos**, uns havidos fora do casamento, outros em sua constância, mas **com iguais direitos e qualificações**. O princípio da igualdade dos filhos é reiterado no art. 1.596 do Código Civil, que enfatiza:

> "Os filhos, havidos ou não da relação de casamento, ou por adoção, terão os mesmos direitos e qualificações, proibidas quaisquer designações discriminatórias relativas à filiação".

Malgrado a inexistência, por vedação expressa da lei, de diversidade de direitos, qualificações discriminatórias e efeitos diferenciados pela origem da filiação, estabelece ela, para os filhos que procedem de *justas núpcias*, **uma presunção de paternidade e a forma de sua impugnação**; para os havidos *fora do casamento*, critérios para **o reconhecimento, judicial ou voluntário**; e, para os *adotados*, **requisitos para a sua efetivação**.

■ 18.2. PRESUNÇÃO LEGAL DE PATERNIDADE

Preleciona Caio Mário que, "não se podendo provar diretamente a paternidade, toda a civilização ocidental assenta a ideia de filiação num '**jogo de presunções**', a seu turno fundadas numa **probabilidade**: o casamento pressupõe as relações sexuais dos cônjuges e fidelidade da mulher; o filho que é concebido durante o matrimônio tem por pai o marido de sua mãe. E, em consequência, '**presume-se filho o concebido na constância do casamento**'. Esta regra já vinha proclamada no Direito Romano: *pater is est quem justae nuptiae demonstrant*"[4].

Baseado no que normal ou comumente acontece (*quod plerumque accidit*), presume o legislador que o filho da mulher casada foi fecundado por seu marido. **Tal presunção visa preservar a segurança e a paz familiar**, evitando "que se atribua prole adulterina à mulher casada e se introduza, desnecessariamente, na vida familiar, o receio da imputação de infidelidade"[5].

Já diziam os romanos: *mater semper certa est*. Em regra, o simples fato do nascimento estabelece o vínculo jurídico entre a mãe e o filho. Se a mãe for casada, esta circunstância estabelece, automaticamente, a paternidade: o pai da criança é o marido da mãe, incidindo a aludida presunção *pater is est quem justae nuptiae demonstrant*[6].

■ 18.2.1. A presunção *pater is est*

O Código Civil, no capítulo concernente à filiação, enumera as hipóteses em que se presume terem os filhos sido concebidos na constância do casamento. Embora tal noção não tenha mais interesse para a configuração da filiação legítima, **continua sendo importante para a incidência da presunção legal de paternidade**.

---

4 *Instituições*, cit., v. 5, p. 315.

5 Silvio Rodrigues, *Direito civil*, cit., v. 6, p. 300.

6 Zeno Veloso, *Direito brasileiro*, cit., p. 13-14.

Essa presunção, que vigora quando o filho é concebido na constância do casamento, é conhecida, como já dito, pelo adágio romano *pater is est quem justae nuptiae demonstrant*, segundo o qual **é presumida a paternidade do marido no caso de filho gerado por mulher casada**. Comumente, no entanto, é referida de modo abreviado: presunção *pater is est*.

Dispõe o art. 1.597 do Código Civil que se presumem concebidos na constância do casamento os filhos:

"I — nascidos cento e oitenta dias, pelo menos, depois de estabelecida a convivência conjugal;

II — nascidos nos trezentos dias subsequentes à dissolução da sociedade conjugal, por morte, separação judicial, nulidade e anulação do casamento;

III — havidos por fecundação artificial homóloga, mesmo que falecido o marido;

IV — havidos, a qualquer tempo, quando se tratar de embriões excedentários, decorrentes de concepção artificial homóloga;

V — havidos por inseminação artificial heteróloga, desde que tenha prévia autorização do marido".

■ Inc. I: período mínimo de gestação viável

Baseiam-se os dois primeiros incisos do aludido dispositivo nos períodos mínimo e máximo de gestação viável. O **prazo de cento e oitenta dias** começa a fluir não da data da celebração do casamento, mas do momento em que se estabelece a **convivência conjugal** (caso de pessoas que se casam por procuração ou se veem impossibilitadas de iniciar o convívio por algum motivo relevante, como um repentino problema de saúde, p. ex.).

A ciência moderna, com seus constantes avanços, autoriza, todavia, outras soluções, uma vez que consegue determinar com precisão a data em que se deu a concepção, com pequenas e desprezíveis diferenças. Por outro lado, o **exame de DNA** possibilita definir a paternidade com a **certeza necessária**.

Assim, **pouca ou nenhuma valia** terá na prática o aludido inc. I ora comentado.

■ Relativização da origem biológica, na família socioafetiva

Não se pode deixar de enfatizar que, todavia, sob o ponto de vista da **família socioafetiva** prestigiada pela Constituição Federal, "que relativiza a origem biológica, essa presunção não é determinante da paternidade ou da filiação, pois, independentemente da fidelidade da mulher, **pai é marido ou o companheiro que aceita a paternidade do filho, ainda que nascido antes do prazo de 180 dias do início da convivência**, sem questionar a origem genética, consolidando-se o estado de filiação. Não se deve esquecer que a origem dessa presunção, e sua própria razão de ser, antes da Constituição, era a atribuição da legitimidade ou ilegitimidade da filiação"[7].

7 Paulo Luiz Netto Lôbo, *Código Civil comentado*, v. XVI, p. 49.

■ Inc. II: período máximo de gestação viável

No inc. II, como as separações judiciais, divórcios e anulações não se resolvem em um dia, é evidente que o prazo deve iniciar-se da **separação de fato**, devidamente comprovada.

Se o filho nascer depois dos trezentos dias, **a contar da morte do marido**, não o socorrerá a presunção de legitimidade, e, nesse caso, aos herdeiros caberá o direito de propor ação impugnativa da filiação. Preceitua, a propósito, o art. 1.598 do Código Civil:

> "Salvo prova em contrário, se, antes de decorrido o prazo previsto no inciso II do art. 1.523, a mulher contrair novas núpcias e lhe nascer algum filho, este se presume do primeiro marido, se nascido dentro dos trezentos dias a contar da data do falecimento deste e, do segundo, se o nascimento ocorrer após esse período e já decorrido o prazo a que se refere o inciso I do art. 1.597".

Sublinha Caio Mário[8] que, para impedir esse conflito de presunções (*turbatio sanguinis*), instituiu-se a causa suspensiva do inc. II do art. 1.523 do Código Civil de 2002. Se, não obstante, vier a casar-se a viúva, ou aquela cujo casamento se desfez, aduz, "recorrer-se-á à produção dos meios regulares de prova: **exame de DNA, documentos, oitiva de testemunhas**. Baldadas as provas, **institui o artigo uma presunção**, a exemplo do Código Civil Alemão (BGB, art. 1.600): o filho presume-se do primeiro marido, **se nascer dentro dos trezentos dias a contar do falecimento dele, ou da anulação do casamento**. Será do segundo marido, se ocorrer mais tarde. É a solução que melhor se coaduna com a ciência".

Somente incide a presunção *pater is est* se houver **convivência** do casal. Com o desenvolvimento da ciência e a possibilidade de se realizarem exames que apurem a paternidade com certeza científica, especialmente por meio de DNA, cuja molécula contém o código genético pela herança cromossômica de cada indivíduo, prevalecerá a verdade biológica.

■ 18.2.2. A procriação assistida e o novo Código Civil

O art. 1.597 do Código Civil prevê, nos incs. III, IV e V, mais **três hipóteses de presunção** de filhos concebidos na constância do casamento, todas elas vinculadas à **reprodução assistida**. A doutrina tem considerado tais presunções adequadas aos avanços ocorridos nessa área.

■ Inc. III: presunção decorrente de fecundação artificial homóloga

O inc. III do aludido dispositivo faz incidir a presunção de filhos concebidos na constância do casamento nos "havidos por **fecundação artificial homóloga**, mesmo que falecido o marido".

O vocábulo ***fecundação*** indica a fase de reprodução assistida consistente na **fertilização do óvulo pelo espermatozoide**. A fecundação ou inseminação *homóloga* é realizada com sêmen originário do marido. Nesse caso **o óvulo e o sêmen**

[8] *Instituições*, cit., v. 5, p. 319-320.

pertencem à mulher e ao marido, respectivamente, pressupondo-se, *in casu*, o consentimento de ambos. A fecundação ou inseminação artificial *post mortem* é realizada com embrião ou sêmen conservado, após a morte do doador, por meio de técnicas especiais[9].

Na Jornada de Direito Civil realizada no Conselho da Justiça Federal no mês de junho de 2002, aprovou-se proposição (Enunciado 106) para que se interprete o inc. III do citado art. 1.597 no sentido de ser obrigatório, para que se presuma a paternidade do marido falecido, "que **a mulher**, ao se submeter a uma das técnicas de reprodução assistida com o material genético do falecido, **esteja ainda na condição de viúva**, devendo haver ainda **autorização escrita do marido** para que se utilize seu material genético após sua morte".

Adverte Caio Mário[10] que **não se pode falar em direitos sucessórios** daquele que foi concebido por inseminação artificial *post mortem*, uma vez que a transmissão da herança se dá em consequência da morte (CC, art. 1.784) e dela participam as "pessoas **nascidas ou já concebidas** no momento da abertura da sucessão" (art. 1.798).

Enquanto não houver uma reforma legislativa, até mesmo para atender ao princípio constitucional da não discriminação de filhos, caberá à doutrina e à jurisprudência fornecer subsídios para a solução dessa questão.

■ Inc. IV: presunção, no caso de embriões excedentários

Dispõe o inc. IV do art. 1.597 do Código Civil que se presumem filhos aqueles "havidos, a qualquer tempo, quando se tratar de **embriões excedentários**, decorrentes de concepção artificial **homóloga**".

Preleciona Regina Beatriz Tavares da Silva[11], forte nas lições de Monica Sartori Scarparo e Joaquim José de Souza Diniz sobre fertilização assistida, que ***embrião é* o ser oriundo da junção de gametas humanos**, sendo que há basicamente dois métodos de reprodução artificial: a **fertilização *in vitro***, na qual o óvulo e o espermatozoide são unidos numa proveta, ocorrendo a fecundação fora do corpo da mulher, e a **inseminação artificial**, consistente na introdução de gameta masculino, por meio artificial, no corpo da mulher, esperando-se que a própria natureza faça a fecundação.

O embrião é **excedentário** quando é **fecundado fora do corpo** (*in vitro*) e não é introduzido prontamente na mulher, sendo armazenado por técnicas especiais.

Considera-se **embrião**, diz Paulo Luiz Netto Lôbo, "o ser humano durante as oito primeiras semanas de seu desenvolvimento intrauterino, ou em proveta e depois no útero, nos casos de fecundação *in vitro*, que é a hipótese cogitada no inciso IV do artigo sob comento"[12]. Segundo o mencionado autor, o Código Civil não define a partir de quando se considera embrião, mas a Resolução 1.358/92, do Conselho Federal de

---

9 Washington de Barros Monteiro, *Curso*, cit., 37. ed., v. 2, p. 307; Caio Mário da Silva Pereira, *Instituições*, cit., v. 5, p. 318.

10 *Instituições*, cit., v. 5, p. 318.

11 *Novo Código*, cit., p. 1408.

12 *Código Civil*, cit., v. XVI, p. 51-52.

Medicina, indica que, "a partir de 14 dias, tem-se propriamente o embrião, ou vida humana. Essa distinção é aceita em vários direitos estrangeiros, especialmente na Europa".

Apenas é admitida a concepção de embriões excedentários "**se estes derivarem de fecundação homóloga, ou seja, de gametas da mãe e do pai**, sejam casados ou companheiros de união estável. Por consequência, está proibida a utilização de embrião excedentário por homem e mulher que não sejam os pais genéticos ou por outra mulher titular de entidade monoparental. O que ocorrerá, contudo, se a vedação for descumprida e ocorrer a concepção no útero da mulher que não seja a mãe genética? **O filho será juridicamente daquela e, no caso de par casado, do marido**, neste caso em virtude do princípio *pater is est* e da presunção de maternidade da mulher parturiente, além da circunstância de não ter o Brasil, ao lado da maioria dos países, acolhido o uso instrumental do útero alheio, sem vínculo de filiação (popularmente conhecido como 'barriga de aluguel')"[13].

■ Barriga de aluguel

A **Resolução 1.957, de 2010**, do Conselho Federal de Medicina, que revogou a Resolução 1.358, de 2002, prescreve que as clínicas, centros ou serviços de reprodução humana podem usar técnicas de reprodução assistida para criarem a situação identificada como *gestação de substituição* **(barriga de aluguel)**, "desde que exista um problema médico que impeça ou contraindique a gestação na doadora genética". Na sequência, proclama a referida Resolução:

> "As doadoras temporárias do útero **devem pertencer à família da doadora genética, num parentesco até o segundo grau**, sendo os demais casos sujeitos à autorização do Conselho Regional de Medicina".

Frisa, ainda, a mencionada Resolução:

> "A doação temporária do útero **não poderá ter caráter lucrativo ou comercial**".

A mencionada Jornada de Direito Civil, realizada em Brasília em junho de 2002, aprovou proposição no sentido de que, "finda a sociedade conjugal, na forma do art. 1.571, deste Código, a regra do inciso IV somente poderá ser aplicada se houver **autorização prévia, por escrito, dos ex-cônjuges**, para a utilização dos embriões excedentários, **só podendo ser revogada até o início do procedimento de implantação destes embriões**".

---

13 Paulo Luiz Netto Lôbo, *Código Civil*, cit., v. XVI, p. 52. Aduz o mencionado autor: "Com a natureza de norma ética, dirigida à conduta profissional dos médicos, a Resolução n. 1.358 de 1992, do Conselho Federal de Medicina, admite a cessão temporária do útero, sem fins lucrativos, desde que a cedente seja parente colateral até o segundo grau da mãe genética. Na Alemanha, a legislação de 1997, que deu nova redação ao art. 1.591 do Código Civil, decidiu-se pela mãe parturiente. Somente ela tem relação física e psicológica com a criança durante a gravidez e diretamente depois do parto".

Inc. V: presunção decorrente de inseminação artificial heteróloga

Por fim, o inc. V do art. 1.597 presume concebidos na constância do casamento os filhos "havidos por inseminação artificial **heteróloga**, desde que tenha **prévia autorização do marido**".

Ocorre tal modalidade de inseminação quando é utilizado "**sêmen de outro homem**, normalmente doador anônimo, e não o do marido, **para a fecundação do óvulo da mulher**. A lei não exige que o marido seja estéril ou, por qualquer razão física ou psíquica, não possa procriar. **A única exigência é que tenha o marido previamente autorizado a utilização de sêmen estranho ao seu**. A lei não exige que haja autorização escrita, apenas que seja **'prévia'**, razão por que pode ser verbal e comprovada em juízo como tal"[14].

Segundo Maria Helena Diniz[15], se o marido "anuiu na inseminação artificial heteróloga, será o pai legal da criança assim concebida, **não podendo voltar atrás**, salvo se provar que, na verdade, aquele bebê adveio da infidelidade de sua mulher (CC, arts. 1.600 e 1.602)".

Tal anuência só será revogável até o momento da inseminação; feita esta, não poderá desconhecer a paternidade do filho de sua esposa.

Na esteira desse entendimento, salienta Zeno Veloso[16] que "é princípio universalmente seguido o de que o marido que teve conhecimento e **consentiu na inseminação artificial** com esperma de um terceiro **não pode, depois, impugnar a paternidade**... Seria antijurídico, injusto, além de imoral e torpe, que o marido pudesse desdizer-se e, por sua vontade, ao seu arbítrio, desfazer um vínculo tão significativo, para o qual aderiu, consciente e voluntariamente".

Relatividade da presunção legal de paternidade

Em regra, a presunção de paternidade do art. 1.597 do Código Civil é *juris tantum*, **admitindo prova em contrário**. Pode, pois, ser elidida pelo marido, mediante **ação negatória de paternidade**, que é imprescritível (art. 1.601). Não incidirá se o filho nascer antes de a convivência conjugal completar cento e oitenta dias.

Compreensível, desse modo, não bastar **"a confissão materna para excluir a paternidade"** (art. 1.602), nem **"o adultério da mulher, ainda que confessado"** (art. 1.600). Com efeito, a confissão não vale quanto a direitos indisponíveis (CPC/2015, art. 392). E o reconhecimento da filiação tem essa natureza.

A confissão da mulher não é suficiente para ilidir a presunção, "porque pode ser produto de interesses materiais, e não da verdade. Ademais, referida confissão implicaria um prejuízo para a prole, com o qual o legislador não concorda"[17]. Compete ao marido propor a **ação de contestação da paternidade**, instruindo-a com **prova que complemente convincentemente a confissão materna**.

---

14 Paulo Luiz Netto Lôbo, *Código Civil*, cit., v. XVI, p. 53.

15 *Curso de direito civil brasileiro*, v. 5, p. 380.

16 *Direito brasileiro*, cit., p. 150-151.

17 Silvio Rodrigues, *Direito civil*, cit., v. 6, p. 309.

■ Afastamento da presunção mediante prova da impotência do cônjuge

No entanto, "a prova da *impotência* do cônjuge para gerar, à época da concepção, **ilide a presunção da paternidade**" (art. 1.599). Exigia o Código de 1916 que a impotência fosse absoluta, isto é, total, insuscetível de ser sanada por intervenção médica. O novo diploma, todavia, **não considera mais necessário que seja absoluta**, "o que reflete o avanço das provas técnicas existentes para a demonstração da filiação, dentre as quais se destaca o exame de DNA"[18].

O importante é que a patologia tenha **ocorrido depois de estabelecida a convivência conjugal e no prazo legal atribuído ao momento da concepção**, traduzido nos cento e vinte e um dias, ou mais, dos trezentos que houverem precedido ao nascimento do filho[19].

Ressalte-se que a esterilidade pode ter sido provocada mediante cirurgia de vasectomia no homem, que é reversível em muitos casos, ou por fatores físicos que, após tratamento médico adequado, tenham sido afastados, restabelecendo-se a capacidade do paciente de gerar filhos. Daí a razão pela qual o citado art. 1.599 do Código Civil de 2002 exige prova da impotência **"à época da concepção"**.

Só a impotência *generandi*, que é a **incapacidade para gerar ou esterilidade**, não a *coeundi* ou instrumental, que é a incapacidade para o coito, pode ser arguida pelo marido, provando a **ausência total de espermatozoides** em seu líquido seminal (azoospermia) no período em que a mulher foi fecundada.

Os avanços da ciência e da técnica no campo da reprodução assistida têm conseguido contornar a impossibilidade de o portador de impotência *coeundi* fecundar sua mulher, uma vez que hoje se pode extrair o sêmen do homem, sem ejaculação natural, para fins de **inseminação artificial**. A mutilação, que poderia ser uma espécie de impotência instrumental, inviabiliza a fecundação natural pela impossibilidade de ejaculação, mas não a inseminação artificial.

Pontes de Miranda[20], tecendo comentários ao art. 342 do Código Civil de 1916, acentuou que "a palavra 'impotência' não é empregada no sentido de impossibilidade instrumental, de inaptidão para o coito (*impotentia coeundi*), mas na acepção de **impotência de gerar** (*impotentia generandi*)".

■ 18.3. AÇÃO NEGATÓRIA DE PATERNIDADE E DE MATERNIDADE

No sistema do Código Civil de 1916 a presunção *pater is est* mostrava-se rigorosa, pois se o casal vivia sob o mesmo teto e o marido não se achava fisicamente impossibilitado de manter relação sexual com a mulher, não teria como ilidi-la, mesmo provando o adultério por ela praticado.

O diploma de 2002, contudo, suprimiu todas as limitações à contestação da paternidade e declarou **imprescritível a ação negatória** (art. 1.601), levando em conta o desenvolvimento da ciência e a possibilidade de se apurar o "pai biológico" com a desejada certeza científica, em razão da evolução dos exames hematológicos.

---

[18] Regina Beatriz Tavares da Silva, *Novo Código Civil*, cit., p. 1410.

[19] Luiz Edson Fachin, *Comentários ao novo Código Civil*, v. XVIII, p. 76.

[20] *Tratado de direito de família*, v. III, § 208, n. 14, p. 52.

■ Legitimidade ativa para a ação

Conhecida também como *ação de contestação de paternidade*, a **ação negatória** destina-se a **excluir a presunção legal de paternidade**. A *legitimidade ativa* é **privativa do marido** (CC, art. 1.601). Só ele tem a titularidade, a iniciativa da ação, mas, uma vez iniciada, **passa a seus herdeiros** (art. 1.601, parágrafo único), se vier a falecer durante o seu curso. Assim, entende a doutrina que nem mesmo o curador do marido interdito poderia ajuizar tal ação. Corrente mais consentânea com a realidade sustenta, no entanto, que **a iniciativa do curador deve ser acolhida** quando as circunstâncias evidenciam de forma ostensiva que o marido não é o pai.

Pontes de Miranda, que se filia a essa corrente, obtempera: "Imaginemos que o marido esteja no hospício, **internado, sem ter relações sexuais com a mulher**, ou que esta resida em outro lugar e nunca visite, sequer, o marido. Seria absurdo ir-se considerando filho do marido, com todos os deveres de pai para esse, cada filho que nasça à mulher. **O curador pode propor a ação, representando o pai interdito por incapacidade absoluta**. O problema de não correr prazo é outro"[21].

■ Legitimidade passiva

Legitimado passivamente para essa ação **é o filho**, mas, por ter sido efetuado o registro pela mãe — e porque se objetiva desconstituir um ato jurídico, retirando do registro civil o nome que figura como pai —, deve ela também integrar a lide, na posição de ré. **Se o filho é falecido, a ação deve ser movida contra seus herdeiros** (normalmente a mãe é a herdeira).

■ Direito do filho de impugnar a paternidade

Mesmo que o marido não tenha ajuizado a negatória de paternidade, tem sido reconhecido ao filho *o direito de impugnar a paternidade*, com base no art. 1.604 do novo diploma, correspondente ao art. 348 do Código Civil de 1916, **provando o erro ou a falsidade do registro**.

Mais se evidenciou essa possibilidade com o advento da Lei n. 8.560/92, elaborada com o intuito de conferir maior proteção aos filhos, por permitir que **a investigação da paternidade, mesmo adulterina, seja proposta contra o homem casado, ou pelo filho da mulher casada contra o seu verdadeiro pai**; e por permitir, também, no art. 8º, a retificação, por decisão judicial, ouvido o Ministério Público, dos "registros de nascimento anteriores à data da presente lei".

O Estatuto da Criança e do Adolescente (Lei n. 8.069/90) também contribuiu para que a rigidez da presunção legal de paternidade existente no Código Civil de 1916 fosse afastada, ao dispor, no art. 27: "O reconhecimento do estado de filiação é direito personalíssimo, indisponível e imprescritível, **podendo ser exercitado contra os pais ou seus herdeiros**, sem qualquer restrição, observado o segredo de justiça".

Como reflexo dessa evolução, o Superior Tribunal de Justiça deferiu a produção de prova pericial (exame de DNA) em ação negatória de paternidade movida por marido que vivia com a mulher e não estava impossibilitado de manter relações

---

21 *Tratado de direito privado*, v. IX, p. 48.

sexuais com ela. **Havia somente a prova do adultério da mulher**, que o referido estatuto também considerava insuficiente. Frisou o acórdão: "Na fase atual da evolução do Direito de Família, é injustificável o fetichismo de normas ultrapassadas em detrimento da verdade real, sobretudo quando em prejuízo de **legítimos interesses de menor**. Deve-se ensejar a produção de provas sempre que ela se apresentar imprescindível à boa realização da justiça"[22].

A restrição à iniciativa da ação (CC, art. 1.601) incide, porém, somente sobre a negatória de paternidade, **não impedindo que a filiação venha a ser discutida em outras ações, de natureza diversa**. Assim, "o filho pode investigar a paternidade em face de terceiros que, se acolhida, compromete aquela presunção. Igualmente, a pessoa que teria mantido a relação adulterina com a mãe tem o direito de ver reconhecida a filiação em ação própria. Tanto em um como em outro caso, o resultado final poderá desconstituir a paternidade presumida, porém como efeito reflexo das ações próprias, **não por meio da negatória que, repita-se, é privativa do pai presumido**"[23].

■ **Ação de impugnação de paternidade ou maternidade**

Dispõe o art. 1.608 do Código Civil que, "quando a maternidade constar do termo do nascimento do filho, a mãe só poderá contestá-la, **provando a falsidade do termo, ou das declarações nele contidas**". Tal dispositivo abre **exceção à presunção *mater in jure semper certa est***, que visa à proteção da família constituída pelo casamento. A falsidade do termo de nascimento pode ser atribuída ao próprio oficial do registro civil ou à declaração da mãe ou do pai, induzidos a erro por falta de cuidado de hospitais e maternidades, como ocorre nos casos de troca de bebês.

Deve-se, pois, distinguir a ação *negatória* de paternidade ou maternidade daquela destinada a *impugnar* a paternidade ou a maternidade.

- ■ **Ação negatória de paternidade**: tem por objeto negar o *status* de filho ao que goza da presunção decorrente da concepção na constância do casamento.
- ■ **Ação de impugnação da paternidade ou da maternidade**: visa negar o fato da própria concepção, ou provar a suposição de parto, para afastar a condição de filho, como nas hipóteses de troca de crianças em maternidades, de simulação de parto e introdução maliciosa na família da pessoa portadora do *status* de filho e de falsidade ideológica do assento de nascimento[24].

Somente a ação negatória é privativa do marido ou da mulher. A de *impugnação da paternidade ou da maternidade* **pode ser ajuizada**:

- ■ **pelo próprio filho**, por interesse moral ou até mesmo de natureza sucessória, para demonstrar que não é seu pai ou sua mãe a pessoa que figura como tal no registro civil;

---

22 REsp 4.987, 4ª T., rel. Min. Sálvio de Figueiredo, *DJU*, 26-10-1991, *RSTJ*, 26/378.

23 Silvio Rodrigues, *Direito civil*, cit., v. 6, p. 304.

24 Caio Mário da Silva Pereira, *Instituições*, cit., v. 5, p. 333.

■ **pelo pai e mãe verdadeiros**, com citação dos pais presumidos, fazendo-o com base no art. 1.604 do Código Civil e provando erro ou falsidade do registro; **ou, ainda,**

■ **por quem demonstre legítimo interesse**, como os irmãos da pessoa registrada como filho.

Já decidiu o Superior Tribunal de Justiça, com efeito, que "a anulação do registro de nascimento ajuizada com fulcro no art. 348 do Código Civil (*de 1916; art. 1.604 do CC/2002*), em virtude de falsidade ideológica, pode ser pleiteada **por quem tenha legítimo interesse moral ou material na declaração da nulidade**"[25].

O mesmo Superior Tribunal de Justiça já decidira:

> "**Nada obsta que se prove a falsidade do registro no âmbito da ação investigatória de paternidade**, a teor da parte final do artigo 348 do CC (*de 1916, correspondente ao art. 1.604 do atual*). O cancelamento do registro, em tais circunstâncias, será consectário lógico e jurídico da eventual procedência do pedido de investigação, não se fazendo mister, pois, cumulação expressa"[26].

Obtempera Paulo Luiz Netto Lôbo que "a contestação da paternidade não pode ser decisão arbitrária do marido, quando declarou no registro que era seu o filho que teve com a mulher, em virtude do princípio *venire contra factum proprium nulli conceditur.* A contestação, nesse caso, terá de estar fundada em hipótese de **invalidade dos atos jurídicos**, que o direito acolhe, tais como **erro, dolo, coação**"[27].

Por sua vez, o Tribunal de Justiça do Rio Grande do Sul, no julgamento de ação de anulação de registro civil mediante pedido de exame de DNA, decidiu que "o registro civil somente será anulado nos casos em que comprovada a ocorrência de um dos vícios do ato jurídico, tais como **coação, erro, dolo, simulação ou fraude**, não servindo o exame de DNA como prova do erro no registro de nascimento, uma vez que há casos em que a paternidade se dá por afetividade e não por laços de sangue. Indeferimento do pedido de exame de DNA"[28].

Nessa linha, tem o Superior Tribunal de Justiça decidido que, para obter êxito em ação negatória de paternidade, é necessário comprovar a *inexistência de vínculo*

---

25 REsp 40.690-0-SP, 3ª T., rel. Min. Costa Leite, j. 21-2-1995.

26 REsp 257.119-MG, 4ª T., rel. Min. Asfor Rocha, *DJU*, 2-4-2001, p. 298. *V.* ainda: "Negatória de paternidade. Cumulação com investigação de paternidade. Possibilidade. Não há óbice à cumulação das ações de investigação de paternidade, c.c. alimentos, contra o suposto pai e de anulação de registro civil contra aquele que consta como tal no registro aludido e cuja paternidade é negada" (TJSP, AgI 171.765.4/9-Ilha Solteira, 3ª Câm. Dir. Priv., rel. Des. Waldemar Nogueira Filho).

27 *Código Civil*, cit., v. XVI, p. 75.

V., ainda, na mesma linha: TJSP, *RT*, 811/229; "Ainda que se considere que o reconhecimento de filho é situação jurídica irrevogável, admite-se o uso da ação negatória de paternidade diante da alegação do suposto pai, de falsidade do registro de nascimento e de vício de consentimento, em face do disposto no art. 348 do CC (*de 1916; CC/2002: art. 1.604*)". No mesmo sentido: *RT*, 600/38, 656/76; *JTJ*, Lex, 234/275, 247/138.

28 TJRS, AgI 70.028.805.901-Portão, 8ª Câm. Cív., rel. Des. José S. Trindade, j. 29-4-2009.

genético e, além disso, **de vínculo social e afetivo**. Assim, exame de DNA negativo não basta para anular registro de nascimento. Para a Quarta Câmara da aludida Corte, "em conformidade com os princípios do Código Civil de 2002 e a Constituição Federal de 1988, o êxito em ação negatória de paternidade depende da demonstração, a um só tempo, da inexistência de origem biológica e também de que não tenha sido constituído o estado de filiação, fortemente marcado pelas **relações socioafetivas** e edificado na convivência familiar".

Segundo o relator, Min. Luis Felipe Salomão, a negatória de paternidade submete-se a outras considerações que não a simples base da consanguinidade. "Exames laboratoriais hoje não são, em si, suficientes para a negação de laços estabelecidos nos recônditos espaços familiares. **A paternidade atualmente deve ser considerada gênero do qual são espécies a paternidade biológica e a socioafetiva**."[29]

Igualmente assentou a 3ª Turma do Superior Tribunal de Justiça, no julgamento de ação negatória de paternidade cumulada com retificação do registro civil, que, "se o genitor, após um grande lapso temporal entre o nascimento do filho e o reconhecimento da paternidade, entendeu por bem reconhecer a paternidade, esse ato é **irrevogável e irretratável**, pois **deve prevalecer a paternidade socioafetiva sobre a biológica**". No caso, por remanescerem dúvidas quanto à paternidade, o pai havia feito um exame de DNA, que revelou não ser ele o pai biológico[30].

A mesma Turma decidiu, após sete anos de disputa judicial entre pai biológico e pai de criação, que o registro civil da filha deverá permanecer com o nome do pai afetivo, uma vez que **a filiação socioafetiva predomina sobre o vínculo biológico**, pois atende ao melhor interesse do menor. Salientou a Turma Julgadora que, no futuro, ao atingir a maioridade civil, a menina poderá pedir a retificação de seu registro, se quiser[31].

■ Presunção de paternidade na união estável

Assinale-se que o Código Civil **não inclui a união estável no regime das presunções**, restringindo-as aos filhos nascidos do casamento, sendo tal fato objeto de críticas procedentes da doutrina, que reclama imediata revisão do sistema adotado.

O Superior Tribunal de Justiça, a propósito, teve a oportunidade de decidir que "**a regra *pater est* aplica-se também aos filhos nascidos de companheira**, casada eclesiasticamente com o extinto, suposta união estável e prolongada", afirmando-se expressamente na ocasião: "Negar esta presunção aos filhos nascidos de união estável, sob o pálio de casamento religioso, com vivência como marido e mulher, será manter funda discriminação, que a Constituição não quer e proíbe, entre filhos nascidos da relação de casamento civil e filhos nascidos da união estável, que a vigente Lei Maior igualmente tutela"[32].

---

[29] STJ, 4ª T., rel. Min. Luis Felipe Salomão, in <http://www.editora magister.com> de 29-2-2012.

[30] STJ, 3ª T., rel. Min. Massami Uyeda, *Revista Consultor Jurídico*, de 19-10-2009.

[31] STJ, 3ª T., rel. Min. Nancy Andrighi, in <http://www.editoramagister.com> de 13-10-2011.

[32] REsp 23-PR, 4ª T., rel. Min. Athos Carneiro, j. 19-9-1989.

■ 18.4. PROVA DA FILIAÇÃO

Dispõe o art. 1.603 do Código Civil que "a filiação prova-se pela certidão do termo de nascimento **registrada no Registro Civil**". O *registro*, que deve conter os dados exigidos no art. 54 da Lei dos Registros Públicos (Lei n. 6.015/73), discriminados em nove itens, prova não só o nascimento como também a filiação.

Prova-se também a filiação pelos meios de prova elencados no art. 1.609 do Código Civil como modos de reconhecimento voluntário dos filhos havidos fora do casamento:

- **escritura pública** ou **escrito particular**, a ser arquivado em cartório;
- **testamento**, ainda que incidentalmente manifestado; e
- **manifestação** direta e expressa **perante o juiz**.

■ Formalidades do registro

O registro torna público o nascimento e **estabelece presunção de veracidade** das declarações efetuadas.

Exigem os arts. 50 e 52 da citada Lei dos Registros Públicos que todo nascimento ocorrido no território nacional seja levado a registro, no lugar em que tiver ocorrido o parto ou no lugar da residência dos pais, dentro do prazo de quinze dias, **pelo pai**, em primeiro lugar, ou, na falta ou impedimento deste, **pela mãe** e, sucessivamente, pelo **parente mais próximo**, pelos administradores de hospitais ou pelos médicos e parteiras, por pessoa idônea da casa em que ocorrer o parto e pela pessoa encarregada da guarda do menor.

O registro conterá **o nome do pai ou da mãe**, ainda que não sejam casados, quando qualquer deles for o declarante (LRP, art. 60). Se o pai for casado, o seu nome constará obrigatoriamente do registro público, ainda que não seja o declarante, em virtude da presunção *pater is est*. Se o declarante for outra pessoa, não será declarado o nome do pai não casado com a mãe do menor sem que ele expressamente o autorize e compareça, por si ou por procurador especial, para assinar o respectivo assento com duas testemunhas (art. 59).

■ Presunção de veracidade do registro

Preceitua, por sua vez, o art. 1.604 do Código Civil:

> "Ninguém pode vindicar estado contrário ao que resulta do registro de nascimento, salvo provando-se erro ou falsidade do registro".

A presunção que dele emana é quase absoluta, uma vez que ninguém será admitido a impugnar-lhe a veracidade sem antes provar ter havido erro ou falsidade do declarante. O que consta do registro, "*pro veritate habetur*, **vale como verdade** em relação à data do nascimento, a menção de quem são os pais, e, por via de consequência, não pode este pretender ou ostentar estado diverso do que do registro resulta. Mencionados os nomes dos pais, ou o que mais seja, **tem força probante enquanto subsistir o registro**, cujo conteúdo é indivisível"[33].

---

[33] Caio Mário da Silva Pereira, *Instituições*, cit., v. 5, p. 324.

■ Outros meios de prova, em caso de inexistência de registro

Se os pais desapareceram ou faleceram sem registrar o filho, ou não procederam ao registro de nascimento por algum outro motivo, bem como se ocorreu a destruição ou o desaparecimento do livro ou há algum outro obstáculo intransponível para a obtenção da certidão do termo, **pode ser utilizado qualquer outro meio de prova**, desde que admitido em direito.

Prescreve, com efeito, o art. 1.605 do Código Civil:

> "Na falta, ou defeito, do termo de nascimento, poderá provar-se a filiação **por qualquer modo admissível em direito**:
>
> I — quando houver **começo de prova por escrito**, proveniente dos pais, conjunta ou separadamente;
>
> II — quando existirem **veementes presunções** resultantes de fatos já certos".

Admitem-se provas documentais, periciais e testemunhais. Todas elas, porém, são complementares dos dois requisitos mencionados. Consideram-se **começo de prova por escrito**, proveniente dos pais, "quaisquer documentos que revelem a filiação, como cartas, autorizações para atos em benefício dos filhos, declaração de filiação para fins de imposto de renda ou de previdência social, anotações dando conta do nascimento do filho"[34].

Pode ser enquadrada como **veemente presunção resultante de fatos** já certos a convivência familiar, conhecida como **"posse do estado de filho"**, caracterizada pelo *tractatus* (quando o interessado é tratado publicamente como filho), *nomen* (indicativo de que a pessoa utiliza o nome de família dos pais) e *fama* (quando a pessoa goza da reputação de filha, na família e no meio em que vive).

Na realidade, em razão do avanço da ciência e, principalmente, do **advento do exame de DNA**, o reconhecimento forçado da paternidade ou da maternidade independe de começo de prova por escrito ou das mencionadas veementes presunções. O dispositivo em apreço, além de obsoleto, está em desacordo com o princípio da verdade real.

A Lei n. 12.004, de 29 de julho de 2009, alterou a Lei n. 8.560, de 29 de dezembro de 1992, que regula a investigação de paternidade dos filhos havidos fora do casamento, acrescentando-lhe o art. 2º-A, do seguinte teor:

> "Art. 2º-A. Na ação de investigação de paternidade, todos os meios legais, bem como os moralmente legítimos, serão hábeis para provar a verdade dos fatos.
>
> Parágrafo único. A recusa do réu em se submeter ao exame de código genético — DNA gerará a presunção da paternidade, a ser apreciada em conjunto com o contexto probatório".

---

[34] Paulo Luiz Netto Lôbo, *Código Civil*, cit., v. XVI, p. 95.

■ 18.5. RESUMO

DA FILIAÇÃO	
CONCEITO	■ ***Filiação*** é a relação de parentesco consanguíneo, em primeiro grau e em linha reta, que liga uma pessoa àquelas que a geraram ou a receberam como se a tivessem gerado. A CF/88 (art. 227, § 6º) estabeleceu absoluta igualdade entre todos os filhos.
PRESUNÇÃO LEGAL DE PATERNIDADE	■ **Hipóteses (CC, art. 1.597)** Presumem-se concebidos na constância do casamento os filhos: **a)** nascidos 180 dias, pelo menos, depois de estabelecida a convivência conjugal; **b)** nascidos nos 300 dias subsequentes à dissolução da sociedade conjugal, por morte, separação judicial, nulidade e anulação do casamento; **c)** havidos por fecundação artificial homóloga, mesmo que falecido o marido; **d)** havidos, a qualquer tempo, quando se tratar de embriões excedentários, decorrentes de concepção artificial homóloga; **e)** havidos por inseminação artificial heteróloga, desde que tenha prévia autorização do marido. ■ **Efeitos** Em regra, a presunção de paternidade do art. 1.597 do CC é *juris tantum*, admitindo prova em contrário. Pode, pois, ser ilidida pelo marido, mediante ação negatória de paternidade, que é imprescritível (CC, art. 1.601). Não incidirá se o filho nascer antes de a convivência conjugal completar 180 dias.
AÇÃO NEGATÓRIA DE PATERNIDADE	■ Conhecida também como ação de contestação de paternidade, destina-se a excluir a presunção legal de paternidade. ■ A legitimidade ativa é privativa do marido (CC, art. 1.601). Só ele tem a titularidade, a iniciativa da ação, mas, uma vez iniciada, passa a seus herdeiros, se vier a falecer durante o seu curso. ■ Legitimado passivamente para esta ação é o filho, mas, por ter sido efetuado o registro pela mãe, deve ela também integrar a lide, na posição de ré.
AÇÃO DE IMPUGNAÇÃO DA PATERNIDADE	■ Mesmo que o marido não tenha ajuizado a negatória de paternidade, tem sido reconhecido ao filho o direito de impugnar a paternidade, com base no art. 1.604 do CC, provando o erro ou a falsidade do registro.

19

DO RECONHECIMENTO DOS FILHOS

19.1. FILIAÇÃO HAVIDA FORA DO CASAMENTO

Os filhos de pais casados não precisam ser reconhecidos, pois a *paternidade*, pelo sistema do Código Civil, **decorre do casamento dos pais**. Se estes são casados e, por desídia ou outra razão, não providenciam o registro do filho, assegura-se a este a ação de prova de filiação (CC, art. 1.606).

O filho **havido fora do casamento**, porém, não é beneficiado pela presunção legal de paternidade que favorece aqueles. Embora entre ele e seu pai exista o vínculo biológico, falta o **vínculo jurídico de parentesco, que só surge com o reconhecimento**. Se tal ato não se realiza voluntariamente, assegura-se ao filho o reconhecimento judicial por meio da ação de **investigação de paternidade**.

O filho havido fora do casamento pode ser reconhecido pelos pais:

- conjunta ou separadamente (CC, art. 1.607);
- pessoalmente; ou por
- procurador com poderes especiais.

O reconhecimento é **ato personalíssimo**. Efetuado por um dos pais, só em relação a ele produz efeito, não se dando ao filho reconhecido qualquer direito perante o outro genitor.

Se a mãe, não sendo casada, comparece ao registro civil para registrar o filho, **não pode exigir o lançamento do nome do pai**, salvo se este estiver presente e consentir, ou se aquela exibir procuração, com poderes específicos para tal declaração (LRP, art. 59). Não há igual restrição para o lançamento do nome da mãe, visto que se considera a maternidade sempre certa (*mater semper certa est*).

Espécies de reconhecimento

O reconhecimento de filho pode ser:

- **voluntário**, também denominado "*perfilhação*"; ou
- **judicial**, também chamado de "*coativo*" ou "*forçado*", que se realiza por meio de ação de investigação de paternidade.

Qualquer que seja a sua forma, o ato de reconhecimento é **declaratório**, pois não cria a paternidade, mas apenas declara uma realidade fática, da qual o direito extrai consequências[1].

---

[1] Caio Mário da Silva Pereira, *Instituições de direito civil*, v. 5, p. 340.

■ Capacidade para o reconhecimento

O reconhecimento voluntário constitui espécie de ato jurídico em sentido estrito que exige *capacidade* do agente. Os **menores de 16 anos, portanto, não podem fazê-lo (CC, art. 3º)**. O único caminho, *in casu*, é a investigação de paternidade. Aos relativamente incapazes permite-se o reconhecimento.

■ Reconhecimento pelo relativamente incapaz

Há alguma dúvida sobre a necessidade de os relativamente incapazes estarem ou não assistidos.

Pontes de Miranda[2], depois de dizer que a lei nada explica sobre a capacidade requerida para reconhecer filho, acrescenta que é de crer-se, todavia, que se não apliquem à espécie as regras relativas à capacidade de exercer os demais atos da vida civil. Não se trata "de contrato, mas de simples declaração unilateral de vontade, com o conteúdo de comunicação de fato". Assim, aduz, quaisquer pessoas, exceto os absolutamente incapazes, podem reconhecer, **inclusive os relativamente incapazes, ainda que sem a assistência e autorização** do pai ou do tutor.

Entendemos, no entanto, que:

- Se o reconhecimento for feito pela *via testamentária*, **não se exigirá, efetivamente, a assistência**, porque o testamento pode ser feito por menor púbere, independentemente de assistência de seu representante legal (CC, art. 1.860, parágrafo único), mas produzirá efeitos somente após a sua morte.
- Pode o relativamente incapaz, também, declarar a paternidade *perante o oficial do registro civil*, para lavratura do termo, sem assistência, **porque se trata de declaração de um fato**.
- Para a lavratura de *escritura pública*, porém, como *ato autêntico*, **deve ser exigida a assistência de seu representante**.

■ Ato jurídico unilateral e personalíssimo

O reconhecimento não configura negócio jurídico, uma vez que os seus efeitos não decorrem de estipulação das partes, nem se subordinam a condição ou cláusulas restritivas. A **condição e o termo** eventualmente apostos **"são ineficazes"** (CC, art. 1.613).

Malgrado a prerrogativa deferida ao menor de impugnar o seu reconhecimento dentro dos quatro anos que se seguirem à maioridade, ou emancipação, é ato jurídico **unilateral** e **personalíssimo**, tendo em vista que gera efeitos pela mera manifestação de vontade do reconhecente e o outro genitor não pode a ele se opor. Perde essa característica, todavia, em relação ao filho maior de idade, cujo consentimento é exigido pela lei (CC, art. 1.614)[3].

---

2 *Tratado de direito de família*, v. III, § 220, p. 83.

3 "Reconhecimento voluntário de maternidade. Pai falecido. Por se tratar de ato individual e personalíssimo, o outro progenitor não pode se opor ao reconhecimento, pelo que irrelevante ser ele falecido ou se encontrar em lugar desconhecido. Outra característica do reconhecimento é a unilate-

■ 19.2. RECONHECIMENTO VOLUNTÁRIO

■ 19.2.1. Modos de reconhecimento voluntário dos filhos

O reconhecimento voluntário será feito, segundo o art. 1.609 do Código Civil:

"I — no registro do nascimento;

II — por escritura pública ou escrito particular, a ser arquivado em cartório;

III — por testamento, ainda que incidentalmente manifestado;

IV — por manifestação direta e expressa perante o juiz, ainda que o reconhecimento não haja sido o objeto único e principal do ato que o contém".

São cinco, pois, atualmente, os modos de reconhecimento dos filhos. Qualquer que seja a forma, **será sempre irrevogável** (CC, arts. 1.609 e 1.610). Embora o testamento seja essencialmente revogável, **não poderá sê-lo na parte em que o testador reconheceu o filho** havido de relação extramatrimonial.

■ Irrevogabilidade do reconhecimento e invalidade

Não se deve confundir *irrevogabilidade* do reconhecimento com *invalidade*. Se o reconhecimento decorrer de **vício do consentimento** (coação, *v. g.*), poderá, como foi dito no item 18.3, *retro*, ser objeto de **ação anulatória**.

O reconhecimento **voluntário** ou **perfilhação** pode ser feito, portanto:

■ No registro do nascimento (inc. I), **no próprio termo**, mediante declaração por um ou por ambos os pais.

Se o filho já estiver registrado em nome de um deles, o outro também poderá fazer o reconhecimento no próprio termo, **mediante averbação** por determinação judicial, ou a pedido da parte, como prescreve o art. 1.609, I, do Código Civil.

Preleciona a respeito Mário de Aguiar Moura: "A nosso sentir, nada obsta ao reconhecimento complementar do outro pai, diretamente no assento de nascimento. A lei fala que o reconhecimento pode ser feito no próprio termo de nascimento"[4].

O reconhecimento no registro do nascimento faz prova eficaz da paternidade, mas pode, todavia, ser impugnado nos casos em que o podem ser os registros em geral. **O reconhecimento voluntário de filho *já registrado* não produz qualquer efeito jurídico**. Não se pode atribuir pai ou mãe a quem já os tem, conforme assento no registro de nascimento, inclusive na hipótese de filho adotado. Somente após a invalidação do registro existente, comprovando-se erro ou falsidade, poder-se-á efetuar o pretendido reconhecimento[5].

---

ralidade, salvo em relação ao maior de idade, caso em que a lei exige o seu consentimento" (TJRJ, AgI 7.782/98, 2ª Câm. Cív., rel. Des. Sérgio Cavalieri Filho, j. 23-2-1999).

4 *Tratado prático da filiação*, v. I, p. 232.

5 Paulo Luiz Netto Lôbo, *Código Civil*, cit., v. XVI, p. 107.

■ **Por escritura pública** (inc. II, 1ª parte), que também será *averbada*.

A escritura pode ser lavrada **especificamente para o reconhecimento**, ou este pode fazer-se **incidentemente** em escritura que tenha outros objetivos imediatos, desde que a manifestação seja expressa e não deixe margem a nenhuma dúvida. Nesse sentido já decidiu o Superior Tribunal de Justiça[6].

Tal assertiva vale também para o reconhecimento por **escrito *particular*, arquivado em cartório**, uma vez que, como já foi dito, o interesse prevalecente é o do filho.

Embora seja recomendável a **anuência da mãe**, para evitar futura impugnação, **a lei não exige a sua oitiva**, nem consta tal exigência do Provimento n. 494/93, do Conselho Superior da Magistratura do Tribunal de Justiça de São Paulo, que traçou diretrizes para o registro de filhos havidos fora do matrimônio após a vigência da Lei n. 8.560/92. Sendo beneficiada a criança, nenhum obstáculo deve ser colocado à averbação do reconhecimento em seu registro de nascimento, prevalecendo o ato até que, por meio de ação própria, seja declarada a sua ineficácia.

■ **Por escrito particular, a ser arquivado em cartório** (inc. II, 2ª parte).

O Código Civil de 1916 só o admitia como começo de prova para a ação de investigação de paternidade. No atual diploma, **vale, por si só, como reconhecimento, desde que expresso**. Depois da averbação por determinação judicial, o documento permanecerá arquivado em cartório. Pode-se agora, então, reconhecer um filho **por codicilo**, já que este é um escrito particular, datado e assinado pelo *de cujus* (art. 1.881).

Como a lei não especifica a espécie de documento ou escrito particular, o reconhecimento pode ser feito em declaração escrita, em carta e até mesmo em mensagem eletrônica, desde que não paire dúvida sobre a autoria e sobre sua autenticidade.

■ **Por testamento, ainda que incidentalmente manifestado o reconhecimento do filho** (inc. III).

Não se exige, pois, a feitura do testamento para o fim específico do reconhecimento. As formas válidas de testamento ordinário são as mencionadas no art. 1.862 do Código Civil, que faculta ao testador a adoção de:

a) testamento público, escrito e lavrado por tabelião;

b) testamento cerrado, escrito pelo testador e aprovado e lacrado pelo tabelião; e

c) testamento particular, escrito e lido pelo testador na presença de pelo menos três testemunhas.

Podem os pais valer-se, ainda, **em situações de viagem ou guerra**, dos testamentos especiais:

a) o **marítimo**;

6 REsp 57.505-MG, 4ª T., rel. Min. Asfor Rocha, j. 19-3-1996.

b) o **aeronáutico**; e

c) o **militar** (CC, art. 1.886).

Por manifestação direta e expressa perante o juiz, ainda que o reconhecimento não haja sido o objeto único e principal do ato que o contém (inc. IV).

O ato no qual se dá a manifestação voluntária de reconhecimento de filho pode resultar de **qualquer depoimento em juízo** prestado pelo genitor, **incidentalmente e tomado por termo**, ainda que a finalidade desse depoimento seja outra, por exemplo a de reduzir o valor de pensão alimentícia paga a outros filhos, como pode decorrer ainda de qualquer manifestação nos autos, seja **na contestação**, seja **nas alegações finais** ou nas **razões de recurso**. O juiz, diante do reconhecimento manifestado, encaminhará certidão ao Cartório do Registro Civil, para que seja providenciada a averbação no registro de nascimento do filho[7].

Reconhecimento voluntário, porém não espontâneo

Pode-se acrescentar ainda outro modo de reconhecimento paterno que, *embora voluntário, não é espontâneo*. Encontra-se ele disciplinado no art. 2º da Lei n. 8.560/92, pelo qual o oficial que procedeu ao registro de nascimento de menor apenas com a maternidade estabelecida **deverá remeter ao juiz** certidão integral do registro e o nome e prenome, profissão, identidade e residência do suposto pai, a fim de ser averiguada oficiosamente a procedência da alegação. Se este **admitir a paternidade**, será lavrado **termo de reconhecimento**, a ser averbado pelo oficial do Registro Civil junto ao assento de nascimento. Se, porém, negá-la, ou não atender à notificação, os autos serão remetidos ao Ministério Público para que este promova a ação de investigação da paternidade.

Embora o aludido modo de reconhecimento de filho não tenha sido reproduzido no Código Civil de 2002, o dispositivo em epígrafe deve ser havido como vigente, porque essa matéria não foi tratada especificamente no novo diploma[8].

Reconhecimento de filho na ata do casamento

É **proibido** reconhecer o filho na *ata do casamento* (Lei n. 8.560/92, art. 3º), para evitar referência a sua origem extramatrimonial. Com essa finalidade, também **não se fará**, nos registros de nascimento, **qualquer referência à natureza da filiação**, à sua ordem em relação a outros irmãos do mesmo prenome, exceto gêmeos, ao lugar e cartório do casamento dos pais e ao estado civil destes (art. 5º).

Igualmente, das certidões de nascimento **não constarão indícios de a concepção haver sido decorrente de relação extraconjugal**, não devendo constar, em qualquer caso, o estado civil dos pais e a natureza da filiação, bem como o lugar e

---

7 "Se a Lei n. 8.560/92 permite o reconhecimento de filhos havidos fora do casamento por escritura pública ou escrito particular, *a fortiori* o reconhecimento por declaração feita em Juízo deve produzir de pronto seus efeitos, sem necessidade da ação ordinária investigatória, notadamente quando se trata de declaração da mãe" (TJRJ, AgI 7.781/98, 16ª Câm. Cív., rel. Des. Paulo Gustavo Horta, j. 26-1-1999).

8 Washington de Barros Monteiro, *Curso*, cit., 37. ed., v. 2, p. 317-318.

cartório do casamento, proibida referência à apontada Lei n. 8.560/92, salvo autorizações ou requisições judiciais de certidões de inteiro teor (art. 6º).

■ Reconhecimento de filho já concebido

O reconhecimento pode **preceder** o nascimento do filho já concebido (CC, art. 1.609, parágrafo único), mas o filho que haja *falecido* **só poderá ser reconhecido se tiver deixado descendentes**. A ressalva é feita para evitar reconhecimentos *post mortem* por interesse, pois, se o filho não deixou descendente algum, os seus bens irão para o ascendente que o reconheceu.

Embora a personalidade civil da pessoa comece do nascimento com vida, "a lei põe a salvo, desde a concepção, **os direitos do nascituro**", como estatui o art. 2º do Código Civil. Sendo este um *ser em potencial*, **nada obsta o reconhecimento da paternidade**. Tal reconhecimento ocorre, em geral, quando é forte a probabilidade de o reconhecente não sobreviver ao nascimento do filho, não sendo seu desejo sujeitá-lo às incertezas de uma ação de investigação de paternidade. Representa, destarte, uma justa precaução do genitor que tem a consciência de ser o responsável pela gravidez comprovada.

Em nascendo mais de um filho do mesmo parto — *gêmeos ou trigêmeos* —, **o reconhecimento não ficará prejudicado**, como oportunamente salienta Arnaldo Rizzardo, pois "tem-se em conta o ato de vontade do reconhecente, que é uma determinada concepção, ou o fruto de um relacionamento"[9].

■ Reconhecimento pela mãe

Acrescenta Arnaldo Rizzardo que "**não se impede o reconhecimento pela mãe**. Não terá finalidade alguma esta disposição de vontade se casada a mesma, pois o registro em seu nome é natural. Todavia, **se a mulher ficou grávida com pessoa que não o marido, e durante a sociedade conjugal**, embora admitido o reconhecimento do filho adulterino, é perfeitamente lícito o reconhecimento prematuro, e possível de ocorrer caso o parto for considerado de alto risco para a mãe. Falecendo, e desinteressando-se os parentes com o destino da prole, encontra-se a mesma reconhecida antecipadamente".

■ Reconhecimento póstumo

O reconhecimento *póstumo*, como foi dito, também é admitido, **desde que o filho falecido tenha deixado descendentes**. Não produzirá nenhum efeito, porém, se o objetivo for o benefício do próprio pai reconhecente, como na hipótese de aquele falecer sem descendentes, mas deixando bens. O reconhecimento nessa situação **é sempre suspeito**, sendo de se indagar por que motivo o pai não reconheceu o filho durante toda a vida deste, mas somente após a sua morte e deixando invejável patrimônio, que será desviado para o perfilhante tardio. Obviamente quis a lei evitar esses reconhecimentos por interesse, provocados por razões mesquinhas ou menos nobres.

■ Inexistência de restrições ao reconhecimento do estado de filiação

O art. 27 do Estatuto da Criança e do Adolescente preceitua que o reconhecimento do estado de filiação pode ser exercitado, hoje, **sem qualquer restrição**,

---

9 *Direito de família*, p. 443-444.

observado apenas o segredo de justiça. E o art. 1.596 do Código Civil, reproduzindo o texto constitucional, proclama que "os filhos, havidos ou não da relação de casamento, ou por adoção, terão os mesmos direitos e qualificações, **proibidas quaisquer designações discriminatórias relativas à filiação**".

Filhos *adulterinos* e *incestuosos* **podem, assim, ser reconhecidos, ainda que os seus pais estejam casados**. Mesmo o adulterino *a matre* pode ajuizar a qualquer tempo ação de investigação de paternidade contra o verdadeiro pai, afastando desse modo os efeitos da presunção *pater is est*.

■ 19.2.2. Oposição ao reconhecimento voluntário

Dispõe o art. 1.614 do Código Civil:

"O filho maior não pode ser reconhecido sem o seu consentimento, e o menor pode impugnar o reconhecimento, nos quatro anos que se seguirem à maioridade, ou à emancipação".

■ Reconhecimento de filho maior de idade

Não vale, assim, o reconhecimento do **filho maior sem a sua anuência**, mas esta pode ser dada posteriormente, sanando-se a omissão. Segundo Massimo Bianca, "o filho que presta o consentimento não participa do reconhecimento, que permanece sempre ato exclusivo do genitor"[10].

O consentimento entraria, assim, na categoria dos **atos autorizativos** e, mais especificamente, configurar-se-ia como **aprovação**. No "exercício de sua liberdade, e até contra todas as evidências, **o reconhecido pode negar seu consentimento**, que não poderá ser suprido pelo juiz"[11].

■ Forma do consentimento

O consentimento **independe de forma especial**. Poderá ser manifestado no reconhecimento feito por qualquer dos modos indicados no art. 1.609 do Código Civil, com exceção do efetuado por testamento, **mediante o comparecimento do filho maior ao ato** de perfilhação no termo lavrado no Cartório do Registro Civil, na escritura pública, no escrito particular ou mesmo na manifestação feita perante a autoridade judicial.

■ Reconhecimento do filho menor de idade

Se *menor* de idade, poderá o filho **impugnar o reconhecimento** no quatriênio que se seguir à aquisição da capacidade civil, por meio da **ação de contestação** ou **impugnação de reconhecimento**. Nada impede que ingresse antes com a ação, enquanto menor, se devidamente representado ou assistido.

O *repúdio ao reconhecimento* é **exercício de direito** a ter ou não como pai ou mãe quem reconheceu o titular como filho, havido fora do casamento ou da união estável, posteriormente a seu registro de nascimento. É o oposto da investigação da

---

10 *Diritto civile:* la famiglia — le successioni, p. 262.

11 Paulo Luiz Netto Lôbo, *Código Civil*, cit., v. XVI, p. 129.

paternidade. O consentimento do filho, quando ainda menor, é dispensado em virtude da regra geral da incapacidade, que impede seja considerada a sua manifestação de vontade, bem como em razão da presunção de ser feito o reconhecimento em seu benefício. Essa presunção pode, todavia, ser elidida pela **impugnação do filho, ao adquirir a maioridade, resultando no mesmo direito de livre consentimento pelo reconhecido maior**[12].

Anota Paulo Lôbo[13] que, sendo a impugnação do reconhecimento um ato de liberdade, "não se necessita provar a inexistência de origem genética ou qualquer outra situação que contrarie a paternidade ou a maternidade, tais como erro ou falsidade do registro, que são hipóteses distintas, contempladas no art. 1.604 do Código Civil".

■ **Ação de repúdio e ação de impugnação do reconhecimento**

Observa Zeno Veloso que "o aludido prazo de quatro anos, cujo termo inicial ocorre quando o menor reconhecido se torna capaz, diz respeito à ação para o **repúdio da perfilhação**, que depende, apenas, de manifestação em contrário da vontade do que foi reconhecido enquanto era menor. Se, por outro lado, o caso for de **impugnação do reconhecimento**, por ser *falso* o ato, por exemplo, **a ação, que é imprescritível, pode ser ajuizada a todo tempo**, não estando, é claro, na dependência do termo inicial referido no art. 362 do Código Civil (*de 1916, correspondente ao art. 1.614 do CC/2002*)"[14].

Nesse sentido decidiram o Tribunal de Justiça de Minas Gerais[15] e o Superior Tribunal de Justiça[16].

■ 19.3. RECONHECIMENTO JUDICIAL: INVESTIGAÇÃO DE PATERNIDADE E MATERNIDADE

O filho não reconhecido voluntariamente pode obter o reconhecimento **judicial, forçado** ou **coativo**, por meio da *ação de investigação de paternidade*, que é **ação de estado**, de natureza **declaratória e imprescritível**.

Trata-se de direito **personalíssimo** e **indisponível**. Dispõe efetivamente o art. 27 do Estatuto da Criança e do Adolescente (Lei n. 8.069/90): "O reconhecimento do estado de filiação é direito **personalíssimo, indisponível e imprescritível**, podendo ser exercitado contra os pais ou seus herdeiros, sem qualquer restrição, observado o segredo de Justiça".

---

12 Paulo Luiz Netto Lôbo, *Código Civil*, cit., v. XVI, p. 128-130.

13 *Código Civil*, cit., v. XVI, p. 131-133.

14 *Direito brasileiro da filiação e paternidade*, p. 135.

15 Ap. 000.191.719-4/00, 4ª Câm. Cív., rel. Des. Almeida Mejo, j. 14-12-2000.

16 REsp 256.171-0-RS, 3ª T., rel. Min. Antônio de Pádua Ribeiro, j. 2-3-2004, *Boletim do STJ*, 5/2004. *V.*, ainda, da mesma Corte: "Investigação de paternidade. Ação proposta por quem, registrada como filha legítima do marido de sua mãe, quer a declaração de que o pai é outrem. Inaplicabilidade do art. 362 do Código Civil (*de 1916, correspondente ao art. 1.614 do CC/2002*), que se refere à hipótese diversa: a de quem, nascido como filho natural, isto é, fora do casamento, foi reconhecido. Prescrição afastada" (REsp 222.782-MG, 3ª T., rel. Min. Ari Pargendler, *DJU*, 1º-10-2001). No mesmo sentido: STJ, *RT*, 798/220.

Os *efeitos* da sentença que declara a paternidade são os mesmos do reconhecimento voluntário e também *ex tunc*: **retroagem à data do nascimento** (CC, art. 1.616).

Na V Jornada de Direito Civil do Conselho Federal, foi aprovado o Enunciado 521, do seguinte teor:

> "Qualquer descendente possui legitimidade, por direito próprio, para o reconhecimento do vínculo de parentesco em face dos avós ou qualquer ascendente de grau superior, ainda que o seu pai não tenha iniciado a ação de prova da filiação em vida".

■ 19.3.1. Ação de petição de herança

Embora a ação seja imprescritível, os efeitos patrimoniais do estado da pessoa prescrevem. Por essa razão, preceitua a Súmula 149 do Supremo Tribunal Federal: "É imprescritível a ação de investigação de paternidade, **mas não o é a de petição de herança**". Esta prescreve em ***dez anos*** (CC, art. 205), a contar não da morte do suposto pai, mas do momento em que foi reconhecida a paternidade. É que o prazo de prescrição somente se inicia quando surge o direito à ação, e este só nasce com o reconhecimento.

A ação de investigação de paternidade é, assim, um **indeclinável pressuposto** para o ajuizamento da ação de petição de herança. **Não corre contra o filho *não reconhecido* a prescrição da ação de petição de herança**. Geralmente, essa ação é cumulada com a de investigação de paternidade, estando implícita a anulação da partilha, se já inventariados os bens. O pedido, no entanto, deverá ser expresso nesse sentido. **Trata-se de ação que interessa ao espólio, devendo ser citados os herdeiros**. Se o filho foi reconhecido e já completou dezesseis anos, o prazo prescricional começa a fluir da data da abertura da sucessão, pois não se pode litigar a respeito de herança de pessoa viva. Se ainda não alcançou essa idade, começa a correr somente na data em que a atingir (CC, art. 198, I).

Tal critério, contudo, só se aplica a herdeiro reconhecido pelo genitor, como proclamou o Tribunal de Justiça de São Paulo[17]. Compete a referida ação ao *herdeiro* preterido e que não tenha participado do processo. **Mas herdeiro reconhecido, voluntária ou judicialmente**. Quem não desfruta da condição de herdeiro, por não ter sido reconhecido voluntariamente, ou não ter obtido judicialmente o reconhecimento da paternidade, não pode ajuizá-la. **E, se não pode fazê-lo, não está sujeito a nenhum prazo prescricional**. Porque não corre prescrição alguma, enquanto não nascem a pretensão e o direito de propor a ação, consoante o princípio da *actio nata*.

A propósito, obtempera Mário Moacyr Porto[18] que a ação de investigação de paternidade "**é um inafastável pressuposto**, uma prejudicial incontornável, para que o filho possa intentar a ação de petição de herança... Conclui-se, de tudo, que **não**

---

17 Ap. 134.291.4/4-Ribeirão Preto, 3ª Câm. Dir. Priv., rel. Ênio Zuliani, Voto 459.

18 Ações de investigação de paternidade ilegítima e petição de herança, *RT*, 645/10.

corre contra o filho natural *não reconhecido*, a prescrição da ação de petição de herança. *Action non natae non praescribitur*".

Para Arnaldo Rizzardo esta é, efetivamente, "a melhor exegese, porquanto não pode iniciar a prescrição sobre um direito ainda não formado judicialmente"[19].

■ 19.3.2. Legitimidade para as ações de investigação de paternidade e de maternidade

■ *19.3.2.1. Legitimidade ativa*

A *legitimidade ativa* para o ajuizamento da ação de investigação de paternidade **é do filho**. O reconhecimento do estado de filiação é direito personalíssimo, por isso a ação é **privativa** dele. Se menor, será representado pela mãe ou tutor.

Não é correto a mãe ajuizar a ação. Esta deve ser **proposta pelo menor, representado pela mãe**. Todavia, o fato de constar o nome da genitora na inicial como postulante tem sido interpretado pela jurisprudência como mero lapso de redação, que não torna inepta a aludida peça, tratando-se na espécie de representação implícita, visto que a sua atuação se dá na qualidade de representante legal do filho, embora formulado o pedido em seu próprio nome[20].

■ Litisconsórcio ativo dos filhos

É de se admitir o **litisconsórcio ativo facultativo dos filhos da mesma mãe** na investigação de paternidade do mesmo suposto genitor, como sustenta Zeno Veloso, "para desembaraçar, facilitar, descomplicar, apressar a solução do litígio (CPC/1973, art. 125, II, atual art. 139)", dadas a "identidade das pretensões dos autores, a coligação de direitos e interesses dos filhos, considerando que a relação jurídica questionada tem o mesmo fundamento, sendo as questões conexas, apresentando afinidades ditadas por um ponto comum de fato e de direito (CPC/1973, art. 46; CPC/2015, art. 113)"[21].

■ Incapacidade da mãe do investigante

Se a mãe do investigante é menor, relativa ou absolutamente incapaz, poderá ser **representada ou assistida por um dos seus genitores, ou por tutor** nomeado especialmente para o ato, a pedido do Ministério Público, que zela pelos interesses do incapaz. A mãe natural, ainda que menor, exerce o poder familiar de filho menor não reconhecido pelo pai e, pois, "representa-o nos atos da vida civil e pode, destarte, **assistida por seu pai, intentar em nome do filho** a ação investigatória de paternidade"[22].

■ Morte do filho antes de intentar a ação

Se o filho morrer antes de iniciá-la, seus herdeiros e sucessores **ficarão inibidos para o ajuizamento**, salvo se "*ele morrer menor e incapaz*" (CC, art. 1.606). Se já tiver sido iniciada, têm eles legitimação para **"continuá-la, salvo se julgado extinto o processo"** (art. 1.606, parágrafo único).

---

19 *Direito de família*, cit., p. 465.

20 *RT*, 405/383, 586/171; *RJTJSP*, Lex, 126/300.

21 *Direito brasileiro*, cit., p. 35.

22 *RT*, 428/221.

Em virtude do caráter personalíssimo da ação, em princípio nem aos netos se reconhece o direito de promovê-la, em caso de os pais falecerem sem ter tomado a iniciativa de investigar a sua ascendência biológica.

No caso de morte do autor após o ajuizamento da ação de investigação de paternidade, nada impede que o **herdeiro testamentário** ingresse no feito, dando-lhe seguimento, autorizado não apenas pela disposição de última vontade do *de cujus* quanto à transmissão de seu patrimônio, mas também pelo **art. 1.606 do Código Civil**, que permite o prosseguimento da ação de investigação de paternidade pelos herdeiros, **independentemente de serem eles sucessores pela via legítima ou testamentária**"[23].

■ Legitimidade do nascituro

Hoje, a ação pode ser ajuizada sem qualquer restrição (ECA, art. 27), isto é, por filhos outrora adulterinos e incestuosos, mesmo durante o casamento dos pais. A moderna doutrina, secundada pela jurisprudência, tem reconhecido legitimidade ao **nascituro** para a sua propositura, **representado pela mãe**, não só em face do que dispõe o parágrafo único do art. 1.609 do Código Civil, como também por se tratar de pretensão que se insere no rol dos **direitos da personalidade e na ideia de proteção integral à criança**, consagrada na própria Constituição Federal[24].

■ Legitimidade do filho adotivo em face do pai biológico

Não há empeço a que o *filho adotivo* intente ação de investigação de paternidade **em face do pai biológico**, de caráter declaratório e satisfativo do seu interesse pessoal.

A propósito, o Tribunal de Justiça do Rio Grande do Sul **reconheceu tal legitimidade**, na medida em que "os deveres erigidos em garantia constitucional à criança e ao adolescente, na Carta de 1988, em seu artigo 227, se sobrepõem às regras formais de qualquer natureza e não podem ser relegados a um plano secundário"[25].

■ Ação movida contra o avô

Como já dito, em princípio nem aos netos se reconhece o direito de promover a ação investigatória, em caso de os pais falecerem sem ter tomado a iniciativa de investigar a sua ascendência biológica. Já reconheceu o Superior Tribunal de Justiça, no entanto, **válida a pretensão dos filhos, substituindo o pai, em investigar a filiação deste, junto ao avô** (*relação avoenga*), dirigindo a lide contra os referidos

---

[23] STJ, 3ª T., rel. Min. Marco Aurélio Bellizze, disponível em *Revista Consultor Jurídico*, de 25-10-2016.

[24] "Investigação de paternidade. Nascituro. Ação proposta pela mãe, menor púbere representada por sua genitora. Admissibilidade. Legitimidade 'ad causam'. Direitos subordinados à condição de nascer com vida" (*RT*, 625/172).

[25] *RJTJRS*, 176/766. No mesmo sentido: "Adoção. Investigação de paternidade. Possibilidade. Admitir-se o reconhecimento do vínculo biológico de paternidade não envolve qualquer desconsideração ao disposto no art. 48 da Lei 8.069/1990, pois a adoção subsiste inalterada. A lei determina o desaparecimento dos vínculos jurídicos com pais e parentes, mas, evidentemente, persistem os naturais, daí a ressalva quanto aos impedimentos matrimoniais. Possibilidade de existir, ainda, respeitável necessidade psicológica de se conhecerem os verdadeiros pais" (STJ, REsp 127.541-RS, 3ª T., rel. Min. Eduardo Ribeiro, *DJU*, 28-8-2000).

herdeiros, especialmente em face da Constituição Federal e da inexistência de qualquer limitação no Código Civil[26].

■ **Legitimidade extraordinária do Ministério Público**

Também a Lei n. 8.560/92 permite que a referida ação seja ajuizada pelo *Ministério Público*, **na qualidade de parte**, havendo elementos suficientes, quando o oficial do Registro Civil encaminhar ao juiz os dados sobre o suposto pai, fornecidos pela mãe ao registrar o filho (art. 2º, § 4º), ainda que o registro de nascimento tenha sido lavrado anteriormente à sua promulgação. Trata-se de **legitimação extraordinária** deferida aos membros do *Parquet*, na defesa dos interesses do investigando[27].

A Lei n. 12.010, de 3 de agosto de 2009, **que dispõe sobre a adoção**, acrescentou, ao art. 2º da Lei n. 8.560/92, novo parágrafo (5º), renumerando o anterior § 5º para 6º, com a seguinte redação: "§ 5º Nas hipóteses previstas no § 4º deste artigo, é dispensável o ajuizamento de ação de investigação de paternidade pelo Ministério Público se, após o não comparecimento ou a recusa do suposto pai em assumir a paternidade a ele atribuída, a criança for encaminhada para adoção". O § 6º, por sua vez, dispõe que "**a iniciativa conferida ao Ministério Público** não impede a quem tenha legítimo interesse de intentar investigação, visando a obter o pretendido reconhecimento da paternidade".

■ **Indisponibilidade do direito ao reconhecimento**

O direito ao reconhecimento da paternidade é *indisponível*, pelo que **não é possível à mãe ou tutora da menor desistir da ação já em curso**. Se a ação é proposta pelo próprio investigante maior, eventual desistência por ele manifestada, embora válida, não resulta em renúncia ao direito à filiação[28].

---

[26] "Admissível a ação declaratória para que diga o Judiciário existir ou não a relação material de parentesco com o suposto avô que, como testemunha, firmou na certidão de nascimento dos autores a declaração que fizera seu pai ser este, em verdade, seu avô, caminho que lhes apontara o Supremo Tribunal Federal, quando, excluídos do inventário, julgou o recurso que interpuseram" (REsp 269-RS, 3ª T., rel. Min. Waldemar Zveiter, *DJU*, 7-6-1990, *RSTJ*, 40/237). "Investigação de paternidade envolvendo o suposto avô. Legitimidade dos netos reconhecida. No estágio atual do Direito de Família não seria viável recusar aos netos o direito de terem a origem reconhecida. O fato de o pai não ter proposto ação investigatória não justificaria afastar o legítimo direito dos jovens" (REsp 603.885-RS, 3ª T., rel. Min. Menezes Direito). No mesmo sentido: STJ, 2ª Seção, rel. Min. Nancy Andrighi. Disponível em: <http://www.editoramagister.com>. Acesso em: 5 abr. 2010; REsp 604.154-RS, 3ª T., rel. Min. Humberto Gomes de Barros, *DJe*, 1º-7-2005; AR 336-RS, 2ª Seção, rel. Min. Aldir Passarinho Júnior, *DJe*, 24-4-2006, p. 43.

[27] STJ, REsp 169.728-MG, *DJU*, 21-9-1998.

[28] "Investigação de paternidade. Desistência da ação. Pedido manifestado pela mãe do menor. Fato que não implica trancamento do feito, por versar sobre direito indisponível. Prosseguimento da ação que se impõe" (*RT*, 788/362). "O direito ao reconhecimento da paternidade é indisponível, pelo que não é possível à tutora da menor desistir da ação já em curso. Interesse da menor e do Estado na apuração da verdade real" (STJ, REsp 472.608-AL, 4ª T., rel. Min. Aldir Passarinho Júnior, *DJU*, 9-6-2003). "Desistência da ação pelo investigante. Validade. Ato, no entanto, que não resulta em renúncia ao direito à filiação, posto que se pode deixar de exercer, mas nunca renunciar ao direito à paternidade, de natureza indisponível" (*RT*, 790/356).

■ *19.3.2.2. Legitimidade passiva*

A *legitimidade passiva* recai no **suposto pai** ou na **suposta mãe**, dependendo de quem está sendo investigado. Se o demandado já for *falecido*, a ação deverá ser dirigida contra os seus **herdeiros**[29]. Havendo descendentes ou ascendentes, **o cônjuge do falecido não participará da ação**, se não concorrer com estes à herança, salvo como representante de filho menor.

Em princípio, pois, a mãe não deve figurar no polo passivo da ação movida contra os herdeiros do falecido pai, uma vez que sua meação não será atingida pelo reconhecimento. Entretanto, embora "a ação, após a morte do investigado, deva intentar-se contra os herdeiros do pai, **o STF reconhece na viúva legítimo interesse moral para contestar a ação**"[30].

Deverá a viúva **ser citada como parte**, todavia, *sempre que for herdeira*, seja por inexistirem descendentes e ascendentes (CC, art. 1.829, III), seja por concorrer com eles à herança (art. 1.829, I e II).

Não é correto mover a ação contra o espólio do finado pai. O espólio não tem personalidade jurídica, não passando de um acervo de bens[31].

■ Contestação por qualquer pessoa que justo interesse tenha

O art. 27 do Estatuto da Criança e do Adolescente menciona expressamente "os herdeiros" do suposto pai, mas referida ação pode ser contestada por qualquer pessoa **"que justo interesse tenha"** (CC, art. 1.615). A defesa pode, assim, ser apresentada pela **mulher do investigado**, pelos **filhos** havidos no casamento ou filhos reconhecidos anteriormente, bem como outros **parentes sucessíveis**, uma vez que a declaração do estado de filho repercute não apenas na relação entre as partes, mas pode atingir terceiros, como **aquele que se considera o verdadeiro genitor**, por exemplo.

■ Citação por edital de eventuais herdeiros, incertos e desconhecidos

Se não houver herdeiros sucessíveis conhecidos, a ação deverá ser movida contra *eventuais herdeiros*, incertos e desconhecidos, *citados por editais*.

O município não é herdeiro, não figurando na ordem de vocação hereditária estampada no art. 1.829 do Código Civil, e apenas recolhe os bens, não existindo herdeiros sucessíveis (art. 1.844). **Estando na posse dos bens, será citado, em razão dos interesses patrimoniais em conflito, envolvendo a petição de herança** (CC, art. 1.824). "Como a ação de investigação envolve quase sempre a petição de

---

[29] "Investigação de paternidade *post mortem*. Ajuizamento contra a avó paterna. Ilegitimidade passiva de parte. Existência de descendente do suposto pai. Demanda a ser aforada contra este" (*JTJ*, Lex, 250/179). "Investigação de paternidade *post mortem*. Avó paterna única herdeira. Possibilidade de condenação ao pagamento de alimentos. Termo inicial: data da citação" (TJDF, Ap. 180.274, 5ª T., rel. Des. Maria Beatriz Parrilha, *DJU*, 22-10-2003).

[30] Caio Mário da Silva Pereira, *Reconhecimento de paternidade e seus efeitos*, p. 89-90.

[31] "Investigação de paternidade. Ilegitimidade passiva *ad causam*. Ação ajuizada contra o espólio do indigitado pai. Nulidade" (*RT*, 753/200). "Investigação *post mortem*. Ação proposta contra espólio. Não cabimento. Hipótese de propositura contra os herdeiros do indigitado pai. Ilegitimidade passiva de parte" (*JTJ*, Lex, 253/137).

herança (mais do que *status*, são visados bens), canaliza-se contra quem detém o patrimônio deixado."[32]

■ Legitimidade passiva dos legatários

Os legatários, por sua vez, figurarão no polo passivo, caso a herança venha a ser distribuída exclusivamente entre eles. Não se justifica, no entanto, a sua intervenção na demanda, se já há outros herdeiros e o legado não sofre redução, por ter sido respeitada a parte disponível, uma vez que os legados não sofrerão nenhuma diminuição com a procedência da ação investigatória da paternidade.

■ Interesse moral na investigação

Decidiu o Tribunal de Justiça de São Paulo:

> "A existência de herdeiros testamentários, únicos contemplados, por si só, não afasta a condição de herdeiro prevista no Código Civil. **Interesse moral do herdeiro na pesquisa do vínculo genético**, que se resume na defesa da honra, da conduta reta e outros atributos de ordem moral e social, em favor do suposto genitor e autor da herança. **Legitimidade passiva reconhecida**"[33].

Arnaldo Medeiros da Fonseca[34] ressalta, na mesma linha, que a inexistência de bens a partilhar ou mesmo a circunstância de os **sucessores legítimos** terem renunciado à herança **não lhes retira a legitimidade para compor o polo passivo da ação de investigação de paternidade**, uma vez que o procedimento judicial "não tem apenas por objeto assegurar direitos sucessórios, mas visa, com mais amplitude, **à declaração do estado de família**, na qual continuam os mesmos a ter presumido interesse, por outras consequências que produz, **inclusive o direito de alimentos**, daí decorrendo a necessidade de sua citação inicial".

■ Admissibilidade da inclusão de mais de uma pessoa no polo passivo da ação

Se a mãe manteve relações sexuais com **dois ou mais homens** no período provável da concepção, poderá o filho promover a ação investigatória contra todos, requerendo a realização do exame hematológico pelo sistema DNA com material por eles fornecido.

Segundo preleciona Zeno Veloso, "tendo a mãe coabitado com vários homens durante o tempo possível da concepção do filho, a ação de investigação de paternidade pode ser intentada, **separada ou conjuntamente**, contra os mesmos. Se **vários podem ser o pai da criança**, embora, é claro, só um deles o seja, realmente, até pelo princípio da economia processual, não há razão para que se intentem ações sucessivas, uma depois da outra, contra os pais potenciais, sendo **conveniente e útil consolidar a discussão num só processo**, tornando mais seguro o contraditório, facilitando a defesa, a produção de prova, enfim, a busca da verdade"[35].

Por outro lado, quando o filho *reconhecido por terceiro* move ação contra o alegado *pai biológico*, instaura-se um **litisconsórcio passivo unitário e necessário**, tendo em

---

32 Lourenço Mário Prunes, *Investigação de paternidade*, p. 30.

33 AgI 110.331-4-Paraguaçu Paulista, 5ª Câm. Dir. Priv., rel. Des. Silveira Netto, j. 13-4-2000.

34 *Investigação de paternidade*, p. 379.

35 *Direito brasileiro*, cit., p. 35.

vista que a eventual procedência da pretensão acarretará o cancelamento do registro de nascimento em relação ao pai jurídico, que deve, assim, ser incluído no polo passivo[36].

A sentença que julga procedente ação de investigação de paternidade faz coisa julgada também em relação aos demais filhos do investigado, ainda que só este tenha sido parte no processo[37].

■ 19.3.3. Fatos que admitem a investigação de paternidade

A ação de investigação de paternidade pode ser ajuizada, sem restrição, por qualquer filho havido fora do casamento.

Hoje, com o exame de *DNA*, **é possível afirmar-se a paternidade com um grau praticamente absoluto de certeza**. A incerteza trazida aos autos pela exceção oposta pelo réu já não conduz, necessariamente, à improcedência da ação, pois mesmo comprovado o *plurium concubentium* (exceção do concubinato plúrimo), **tal exame demonstrará, com elevado grau de certeza, quem é o verdadeiro pai**. Por essa razão, o Código Civil de 2002, ao contrário do diploma de 1916, **não especifica os casos em que cabe a investigação da paternidade**. Poderá ser requerido, assim, como único meio de prova, o exame hematológico[38].

Continuam, todavia, **válidos os demais meios de prova disponíveis no diploma processual civil para a determinação da paternidade**, que poderão ser utilizados quando o exame hematológico não puder ser realizado por alguma razão, ou para roborar a certeza científica. Registre-se ser necessária, sob pena de perder a credibilidade, "**uma interpretação cuidadosa e apropriada dos resultados do exame de DNA**, de modo a fornecer ao processo uma prova idônea a auxiliar na formação do convencimento. Impende cautela na realização do exame, desde a escolha do laboratório até a escorreita redação do laudo, passando pela formação acadêmica do profissional. Sobreleva evitar, assim, uma *sacralização* ou divinização do DNA, que, repita-se, não se tornou prova exclusiva em tais ações"[39].

■ Presunção resultante da negativa do investigando em se submeter ao exame de DNA

É necessário frisar que ninguém pode ser constrangido a fornecer amostras do seu sangue para a realização da prova pericial[40]. No entanto, **a negativa do réu** pode

[36] *JTJ*, Lex, 253/333.

[37] TJSP, Ap. 99.853-4-Piracicaba, 8ª Câm. Dir. Priv., rel. Des. Aldo Magalhães, j. 2-6-1999.

[38] "É admissível a não realização de prova oral quando exames periciais, pelo sistema de DNA, excluem a paternidade, sendo um deles firmado pelo assistente técnico da própria parte autora da investigação. Em tal hipótese, não há falar em sacralização da prova técnica" (TJRS, Ap. 596.139.451, 7ª Câm. Cív., rel. Des. Sérgio Gischkow, j. 30-4-1997). "Exame de DNA. Confirmação da paternidade, mesmo que não existam outras provas a respeito do relacionamento amoroso entre os genitores do investigado" (TJPR, Ap. Cív. 127.146-7, 7ª Câm. Cív., rel. Des. Mendonça de Anunciação, *DJPR*, 10-3-2003).

[39] Cristiano Chaves de Farias, Um alento ao futuro: novo tratamento da coisa julgada nas ações relativas à filiação, *Revista Brasileira de Direito de Família*, v. 13, p. 91.

[40] "Ação proposta *post mortem*. Prova. Exame hematológico. Realização que se pretende seja feita em in-

levar o juiz, a quem a prova é endereçada, **a interpretá-la de forma desfavorável** àquele, máxime havendo outros elementos indiciários[41]. A propósito, preceitua o art. 231 do Código Civil:

> "Aquele que se nega a submeter-se a exame médico necessário não poderá aproveitar-se de sua recusa".

Complementa o art. 232:

> "A recusa à perícia médica ordenada pelo juiz poderá suprir a prova que se pretendia obter com o exame".

Nesse sentido, a Súmula 301 do Superior Tribunal de Justiça:

> "Em ação investigatória, a recusa do suposto pai a submeter-se ao exame de DNA **induz presunção *juris tantum* de paternidade**".

A presunção que resulta da recusa do réu em se submeter ao exame hematológico não deve, todavia, ser tida como absoluta[42], **merecendo ser desconsiderada quando contrariar outros elementos indiciários** constantes dos autos, como a não comprovação das relações sexuais com a mãe do investigante e a farta demonstração da *exceptio plurium concubentium* por viver esta na zona do meretrício. Nessa trilha, decidindo caso com essas características fáticas, o Tribunal de Justiça de Minas Gerais proclamou que, "em ação de investigação de paternidade, a recusa do investigado em se submeter à realização do exame de DNA é um forte indício de veracidade dos fatos alegados. Porém, **não pode a paternidade ser declarada apenas com base nesta recusa**, principalmente quando fartamente comprovada nos autos a *exceptio plurium concubentium*"[43].

A propósito, a Lei n. 12.004, de 29 de julho de 2009, mandou acrescer à Lei n. 8.560, de 29 de dezembro de 1992, o art. 2º-A, cujo parágrafo único assim dispõe: "A recusa do réu em se submeter ao exame de código genético — DNA gerará a **presunção da paternidade, a ser apreciada em conjunto com o contexto probatório**".

---

capaz. Oposição do curador. Admissibilidade. Hipótese em que ninguém pode ser compelido a realizar exames ou inspeção corporal para prova no cível" (*RT*, 810/213). "Declaratória de paternidade. Recusa da investiganda de se submeter ao exame de impressões do DNA. Condução coercitiva. Descabimento. Agravo provido" (TJSP, AgI 69.290-4/1-00, 6ª Câm. Dir. Priv., rel. Des. Testa Marchi, j. 12-2-1998).

41 "Prova. Pretenso pai que se recusa ao exame pericial sem nenhuma explicação. Solução que deve favorecer os direitos da personalidade do menor interessado na descoberta de sua identidade genética" (*RT*, 812/212). "Exame de DNA. Recusa injustificada do réu em submeter-se ao exame, aliada às demais provas e circunstâncias dos autos, inclusive indicativos de esterilidade do pai registral, leva à presunção de veracidade das alegações postas na inicial" (STJ, AgRg no AgI 322.374-RS, 3ª T., rel. Min. Antônio de Pádua Ribeiro, *DJU*, 12-5-2003). "Exame de DNA. Recusa desmotivada ao exame. Presunção desfavorável para quem assim age. Prova oral suficiente. Procedência" (TJMG, Ap. Cív. 217.575-0/00, 3ª Câm. Cív., rel. Des. Isalino Lisboa, *DJMG*, 30-11-2001).

42 Caio Mário da Silva Pereira, *Instituições*, cit., v. 5, p. 369-370.

43 EI 000173.589-2/01-Patrocínio, 2ª Câm. Cív., rel. Des. Abreu Leite, j. 14-4-2002.

■ Direito do filho de investigar a paternidade em caso de inseminação artificial

Se a mulher se submeter à *inseminação artificial* e engravidar, malgrado a inexistência de legislação específica no País, **não se poderá negar ao filho o direito de investigar a paternidade** (ECA, art. 27). Se a mulher for casada e a inseminação feita *sem a permissão do marido*, **pode este negar a paternidade**.

■ Mitigação dos efeitos da coisa julgada

A jurisprudência vem mitigando os efeitos da coisa julgada, permitindo a investigação da paternidade quando a anterior ação foi julgada improcedente **por insuficiência de provas**, sem o exame do mérito. Tem-se decidido, com efeito, que "a decisão monocrática que não decreta ser ou não o investigante filho do investigado, *por não apreciar o mérito*, **não impede que a lide volte a ser posta em juízo** em nova relação processual, inexistindo afronta à coisa julgada material"[44].

Nesse sentido decidiu o Supremo Tribunal Federal, reconhecendo a repercussão geral do tema, porém restringindo sua abrangência a casos de investigação de paternidade, sem generalizá-la. Na discussão sobre o reconhecimento da repercussão geral, a referida Corte decidiu **relativizar a tese da intangibilidade da coisa julgada**, ao cotejar o disposto no art. 5º, XXXVI, da Constituição Federal, que prevê que a lei não poderá prejudicar a coisa julgada, com o art. 1º, III, do mesmo diploma, que consagra o princípio da dignidade da pessoa humana, **conferindo-lhe o direito à verdade real**. Reconheceu-se, assim, o direito do filho de saber quem era seu pai. Na hipótese, **a ação de investigação de paternidade fora julgada improcedente por insuficiência de provas, sem ter sido realizado o exame de DNA**[45].

Mesmo quando a paternidade é reconhecida expressamente em sentença transitada em julgado, tem a jurisprudência, inclusive do Superior Tribunal de Justiça, **admitido o ajuizamento de ação rescisória**, considerando "*prova nova cuja existência ignorava ou de que não pôde fazer uso, capaz, por si só, de lhe assegurar pronunciamento favorável*", nos termos do art. 966, VII, do Código de Processo Civil de 2015, **o laudo de DNA**, ainda que o exame tenha sido realizado posteriormente à investigação de paternidade, uma vez que revela prova existente, mas desconhecida até então.

Constitui, no entanto, questão controvertida e polêmica a concernente à possibilidade de se afastar a coisa julgada, **nas ações negatórias de paternidade, quando a sentença proferida na ação investigatória anteriormente ajuizada reconheceu**

---

44 *RT*, 767/302. No mesmo sentido: *RSTJ*, 154/403; TJMG, Ap. Cív. 264.746-9/00, 3ª Câm. Cív., rel. Des. Isalino Lisboa, *DJMG*, 9-4-2003. *Vide* ainda: "Indeferimento da inicial. Coisa julgada. Não caracterização. Decisão anterior que julgou improcedente a ação por insuficiência de prova. Acesso do autor ao exame de DNA. Prosseguimento do feito" (*JTJ*, Lex, 259/163). "Coisa julgada. Inocorrência. Acordo de reconhecimento de paternidade homologado em juízo. Caracterização de erro substancial em decorrência da exclusão de paternidade comprovada em exame de DNA. Anulação da decisão homologatória que se impõe. Ato jurídico de cognição sumária, porque não examina o mérito da causa" (*RT*, 802/165).

45 RE 363.889-DF, rel. Min. Dias Toffoli, j. 2-6-2011. No mesmo sentido: RE 649.154-MG, rel. Min. Celso de Mello, nov. de 2011.

expressamente a paternidade atribuída ao autor, já tendo passado, em muito, o prazo para o exercício da ação rescisória. Vários julgados existem, inadmitindo a propositura nessa hipótese, por estar presente a coisa julgada, tornando imutável o *decisum*, mesmo se tratando de ação de estado e exibido exame negativo do DNA[46].

Em sentido contrário e em decisão inovadora, decidiu, a propósito, o Tribunal de Justiça de São Paulo, no julgamento de ação negatória de paternidade, que, mesmo superado o prazo de dois anos para a propositura da ação rescisória, **não fica o pai** — o qual, mesmo tendo dúvida quanto à paternidade, reconheceu voluntariamente o filho em anterior ação investigatória de paternidade — **impedido de elucidar a suspeita e buscar a verdade real**. Consta da ementa do aludido aresto:

> "Admite-se seja proposta ação negatória de paternidade, pelo suposto pai, **alegando vício de consentimento**, eis que o direito ao reconhecimento do estado filial é indissociável da personalidade humana, devendo ser prestigiado, ainda que existente sentença transitada em julgado fundada na verdade formal"[47].

Desse modo, como assinala Cristiano Chaves de Farias, não se consideram acobertadas com o manto de coisa julgada "ações nas quais **não foram exauridos todos os meios de provas**, inclusive científicos (como o DNA), seja por falta de condições das partes interessadas, por incúria dos advogados, por inércia do Estado-Juiz. Em outras palavras **não faz coisa julgada material** a decisão judicial em ações filiatórias nas quais não se produziu a pesquisa genética adequada, seja por que motivo for"[48].

Na mesma linha, assevera Belmiro Pedro Welter: "Somente haverá coisa julgada material nas ações de investigação e contestação de paternidade **quando tiverem sido produzidas todas as provas**, documental, testemunhal, pericial, **notadamente o exame genético do DNA** e depoimento pessoal"[49].

Engrossando a fileira, preleciona Cândido Dinamarco que a *relativização da coisa julgada* deve aplicar-se também "a todos os casos de ações de investigação de paternidade julgadas procedentes ou improcedentes **antes do advento dos modernos testes imunológicos** (HLA, DNA), porque do contrário a coisa julgada estaria privando alguém de ter como pai aquele que realmente o é, ou impondo a alguém um suposto filho que realmente não o é..."[50].

---

46 "A existência de um exame de DNA, posterior ao feito já julgado, com decisão transitada em julgado que reconheceu a paternidade, não tem o condão de reabrir a questão com uma declaratória para negar a paternidade, sendo certo que o julgado está coberto pela certeza jurídica conferida pela coisa julgada" (STJ, REsp 1.107.248-GO, 3ª T., rel. Min. Menezes Direito, j. 7-5-1998). No mesmo sentido: TJSP, Ap. 261.497.4/6-00-SP e 250.373.4/5-00-Estrela D'Oeste, 3ª Câm. Dir. Priv., rel. Des. Waldemar Nogueira Filho; TJSP, Ap. 48.389-4-SP, 2ª Câm. Dir. Priv., rel. Des. Cezar Peluso, j. 2-9-1997.

47 *RT*, 803/212.

48 Um alento ao futuro, cit., p. 95.

49 *Direito de família:* questões controvertidas, p. 75.

50 Relativizar a coisa julgada material — I, *Revista Meio Jurídico*, v. 44, p. 34-39.

19.3.4. Ação de investigação de maternidade

A ação de investigação de maternidade, embora rara, uma vez que *mater semper certa est*, é reconhecida ao filho, que pode **endereçá-la contra a mãe ou seus herdeiros**, pois os arts. 1.606 e 1.616 do Código Civil não fazem nenhuma distinção ou limitação à investigação da filiação.

O art. 364 do Código Civil de 1916 impedia o seu ajuizamento quando tivesse por fim atribuir prole ilegítima à mulher casada ou incestuosa à solteira. Tais restrições não mais subsistem, em face da atual Constituição, do citado art. 27 do Estatuto da Criança e do Adolescente e dos mencionados dispositivos do Código Civil de 2002. Assim, **pode hoje o filho, mesmo aquele considerado incestuoso pelo Código de 1916, mover ação de investigação de maternidade sem qualquer restrição, seja sua mãe solteira ou casada**.

19.3.5. Meios de prova

Todos os meios de prova são admissíveis nas ações de filiação, especialmente as biológicas, consideradas hoje as mais importantes.

Importância do teste de DNA

Com o progresso científico e a invenção do teste de DNA (ácido desoxirribonucleico), **a paternidade pode ser determinada com absoluta certeza**, tornando-se obsoletos, como observa Zeno Veloso, "todos os métodos científicos até então empregados para estabelecer a filiação. A comparação genética através do DNA é tão esclarecedora e conclusiva quanto as impressões digitais que se obtêm na datiloscopia, daí afirmar-se que o DNA é uma impressão digital genética"[51].

O exame de DNA é hoje, sem dúvida, a prova central, a prova mestra na investigação filial, chegando a um **resultado matemático superior a 99,9999%**. Faz-se mister, no entanto, que seja realizado **com todos os cuidados recomendáveis**, não só no tocante à escolha de laboratório idôneo e competente, dotado de profissionais com habilitação específica, como também na coleta do material. É fundamental que tal coleta seja acompanhada pelos assistentes técnicos indicados pelas partes e o material bem conservado e perfeitamente identificado. Se tais cautelas não forem tomadas o laudo pode ser impugnado, dada a possibilidade de erro.

Malgrado a prova pericial genética não seja o único meio idôneo de prova nas ações em apreço, nem constitua prova inconteste, **deve o juiz determinar a sua realização, ainda que de ofício**, dada a sua precisão e elevado grau de acerto.

O Superior Tribunal de Justiça, em didática e sábia decisão sobre a valoração da prova nas ações de investigação de paternidade, enfatizou:

> "Diante do grau de precisão alcançado pelos métodos científicos de investigação de paternidade com fulcro na análise do DNA, a valoração da prova pericial com os demais meios de prova admitidos em direito deve observar os seguintes critérios:

---

[51] *Direito brasileiro*, cit., p. 108-109.

a) se o exame de DNA contradiz as demais provas produzidas, não se deve afastar a conclusão do laudo, mas converter o julgamento em diligência, a fim de que novo teste de DNA seja produzido, em laboratório diverso, com o fito de assim minimizar a possibilidade de erro resultante seja da técnica em si, seja da falibilidade humana na coleta e manuseio do material necessário ao exame;

b) se o segundo teste de DNA corroborar a conclusão do primeiro, devem ser afastadas as demais provas produzidas, a fim de se acolher a direção indicada nos laudos periciais; e

c) se o segundo teste de DNA contradiz o primeiro laudo, deve o pedido ser apreciado em atenção às demais provas produzidas"[52].

■ Outros meios hábeis para a comprovação da filiação

A prova pericial genética, embora importante, não é o único meio hábil para a comprovação da filiação, mesmo porque nem sempre se torna possível a sua realização. Tem-se decidido, por essa razão, que, **"diante da ausência do exame de DNA, admitem-se outros tipos probatórios, como o documental e o testemunhal"**[53]. Tais provas servem ainda para **roborar a prova técnica**, reforçando a certeza científica, ou para contradizê-la, exigindo a realização de novo exame, em laboratório diverso.

O Superior Tribunal de Justiça já vinha decidindo que "a recusa do investigado em submeter-se ao exame de DNA, aliada à comprovação do relacionamento sexual entre o investigado e a mãe do autor impúbere, gera a presunção de veracidade das alegações postas na exordial"[54]. A mesma Corte ressaltou, todavia, que **não se presume a paternidade em caso de recusa de avós em fazer exame de DNA**, não se podendo dar ao fato o mesmo efeito que se atribui ao próprio investigado[55].

Assentou o Superior Tribunal de Justiça, efetivamente, que a *presunção* relativa decorrente da recusa do suposto pai em submeter-se ao exame de DNA, nas ações de investigação de paternidade, **não pode ser estendida aos *descendentes*, por se tratar de direito personalíssimo e indisponível**, enfatizando que "a recusa do descendente, quando no polo passivo da ação de investigação de paternidade, em ceder tecido humano para a realização de exame pericial, não se reveste de presunção relativa e nem lhe impõe o ônus de formar robusto acervo probatório que desconstitua tal presunção"[56].

Não são descartados os casos permissivos da investigação da paternidade previstos no art. 363 do Código Civil de 1916, embora não elencados no novo diploma como *numerus clausus*. Assim,

---

52 REsp 397.013-0-MG, 3ª T., rel. Min. Nancy Andrighi, j. 11-11-2003. *V.* ainda: "Prova testemunhal precária. Ação de estado. Busca da verdade real. Prova genética. DNA. Preclusão. Inocorrência para o juiz, em se cuidando de instrução probatória. Na fase atual da evolução do Direito de Família, não se justifica desprezar a produção da prova genética pelo DNA, que a ciência tem proclamado idônea e eficaz" (STJ, REsp 192.681-PR, 4ª T., rel. Min. Sálvio de Figueiredo Teixeira, *DJU*, 24-3-2003).

53 TJDF, Ap. 172.095, 1ª T., rel. Des. Valter Xavier, *DJU*, 30-4-2003.

54 *RSTJ*, 135/315.

55 Segunda Seção, rel. Min. Humberto Gomes de Barros, Boletim *Gazeta Juris*, 2-3-2006.

56 STJ, REsp 714.969-MS, 4ª T., rel. Min. Luis Felipe Salomão. Disponível em: <http://www.editoramagister.com>. Acesso em: 15 mar. 2010.

■ **a existência de concubinato** (CC, art. 1.727) e de **união estável** (art. 1.723), com vida em comum, sob o mesmo teto ou não, representa importante prova na determinação da paternidade;

■ **assim também o rapto**, por meio do qual a mulher é subtraída de seu lar mediante violência, fraude, sedução ou emboscada, desde que haja coincidência com o período da concepção;

■ **igualmente, a existência de relações sexuais** entre a mãe do investigante e o suposto pai, no período da concepção[57];

■ **do mesmo modo, qualquer escrito particular** emanado do pai, como começo de prova.

Inexistindo nos autos a prova pericial capaz de propiciar certeza quase absoluta do vínculo de parentesco, é firme a jurisprudência no sentido de admitir "**indícios e presunções**, desde que robustos, fortes e convincentes para comprovar a paternidade"[58]. Nessa consonância, enfatiza Zeno Veloso que, na impossibilidade da prova direta da filiação, **admite-se o recurso aos indícios e presunções**, que, não obstante, devem ser "**graves, precisos, recebidos com cautelas e reservas, examinados com prudência e rigor**. Do conjunto probatório, o juiz alcança a verdade, forma a sua convicção e sentencia"[59].

■ **A prova testemunhal**

A *prova testemunhal* é admitida com **cautela e restrições** nas ações de investigação de paternidade, **dada sua falibilidade**. O art. 447, § 2º, I, do Código de Processo Civil de 2015 admite nas aludidas ações, que dizem respeito ao estado das pessoas, o testemunho do cônjuge, bem como do ascendente e do descendente em qualquer grau, ou colateral, até o terceiro grau, de alguma das partes, por consanguinidade ou afinidade, se "não se puder obter de outro modo a prova que o juiz repute necessária ao julgamento do mérito".

Decidiu o Tribunal de Justiça do Maranhão **ser a prova testemunhal "meio probatório válido e suficiente quando o relacionamento amoroso havido entre os genitores era público e notório"**, tratando-se de hipótese em que a época da con-

---

57 "*Exceptio plurium concubentium*. Inocorrência. Prova dos autos que demonstra que a mãe do autor veio a conceber durante o tempo de relacionamento afetivo com o réu. Mulher de regular conduta. Reconhecimento da paternidade" (*RT*, 800/347). "Coincidência entre a concepção do filho e as relações sexuais mantidas pela genitora com o suposto pai, sem que haja qualquer prova de que aquela, durante este período, levasse vida desregrada. Fatos que, aliados à recusa injustificada do réu em submeter-se ao exame de DNA, impõem o reconhecimento da paternidade" (*RT*, 765/326 e 759/322).

58 TJDF, Ap. 181.761, 2ª T., rel. Des. Carmelita Brasil, *DJU*, 19-11-2003. *V.* ainda: "Pode o magistrado julgar o pedido de investigação de paternidade por meio de provas indiciárias, como cartas e outros escritos do investigado e seus familiares, na ausência de realização de prova pericial, que não pode ser debitada à parte autora, porque o investigado requereu sua produção, mas não adiantou as despesas processuais, nem podia fazê-lo a menor impúbere, cuja mãe é empregada doméstica, litigando sob o pálio da justiça gratuita" (STJ, REsp 341.495-RS, 3ª T., rel. Min. Nancy Andrighi, *DJU*, 18-2-2002).

59 *Direito brasileiro*, cit., p. 107.

cepção coincidia com o período do romance, não tendo sido comprovada a existência de relação plúrima[60].

Por sua vez, proclamou o Tribunal de Justiça de São Paulo:

> "Prova oral conclusiva do relacionamento entre a mãe do autor e o apelante, que, por si só, seria suficiente para outorgar certeza moral da paternidade. Exame HLA que não excluiu a compatibilidade genética. Suficiência deste material probatório a dispensar a complementação requerida (DNA)"[61].

■ Semelhança física entre o investigante e o investigado

Tal semelhança, principalmente quando representada por particularidades características, não deve ser subestimada, embora não possa, por si só, servir de prova da paternidade. Todavia, *conjugada a outros elementos*, **pode constituir adminículo relevante na formação da convicção do magistrado**.

Preleciona Mário Aguiar Moura, a propósito: "Desde que a semelhança seja representada por particularidades características, estas podem **somar-se a outras provas**, obtendo, assim, qualificação subsidiária que não pode ser desprezada. Por si só, a semelhança física seria anódina e inconsequente. Mas, inserida com a prova do concubinato, rapto, relações sexuais ou escrito do pai e demais provas da ação, ganha relevância"[62].

Nessa linha, decidiu-se: "A semelhança física entre o filho e o suposto pai, embora não constitua prova pacificamente aceita, seja na Medicina, seja no Direito, **opera, contudo, como elemento subsidiário**, em alguns casos, de acentuado valor"[63].

■ A posse do estado de filho

A posse do estado de filho, representada pela conjugação dos elementos *tractatus*, *nomen* e *fama,* **é invocada, frequentemente, para fundamentar o pedido de reconhecimento da paternidade**. Zeno Veloso, depois de dizer que "a posse de estado é a expressão mais exuberante do parentesco psicológico, da filiação afetiva", indaga: "Aliás, que modo mais expressivo de reconhecimento haverá do que um pai tratar o seu filho como tal, publicamente, sendo o filho assim reputado pelos que convivem com ele?"[64].

A posse do estado de filho constitui, todavia, "**prova adminicular, que apenas completa ou reforça outros meios probantes**. Se não existem esses meios, não pode o juiz recorrer à prova isolada da posse de estado"[65].

---

60 *RT*, 818/302. *V.* ainda: "*Exceptio plurium concubentium*. Inocorrência. Concepção que ocorreu no mesmo período do relacionamento carnal entre o investigado e a genitora da infante. Exame hematológico não excludente da paternidade, compondo-se, ainda, com os esclarecimentos trazidos pela prova testemunhal. Reconhecimento da paternidade que se impõe" (*RT*, 780/321).

61 Ap. 290.660-4/8, 3ª Câm. Dir. Priv., rel. Des. Ênio Zuliani, j. 30-9-2003. *V.* ainda: "Nas ações de investigação de paternidade é importantíssima a participação da prova testemunhal, não se desprezando, igualmente, os sempre valiosos indícios" (*RT*, 617/47).

62 *Tratado*, cit., v. 2, n. 56, p. 204.

63 *RT*, 418/134.

64 *Direito brasileiro*, cit., p. 33-34.

65 Washington de Barros Monteiro, *Curso*, cit., 37. ed., v. 2, p. 323.

Tem o Superior Tribunal de Justiça, porém, enfatizado **a importância da prova da posse do estado de filho na ação de investigação de paternidade ou maternidade *socioafetiva***. Decidiu, com efeito, a Terceira Turma da aludida Corte que a busca do reconhecimento de vínculo de **filiação socioafetiva é possível por meio de ação de investigação de paternidade ou maternidade, desde que seja verificada a posse do estado de filho**. A ação de investigação de paternidade ou maternidade socioafetiva deve ser interpretada de modo flexível, aplicando-se analogicamente as regras da filiação biológica. Segundo a Min. Nancy Andrighi, "o art. 27 do Estatuto da Criança e do Adolescente afasta restrições à busca da filiação e assegura ao interessado no reconhecimento de vínculo socioafetivo trânsito livre da pretensão. Preceitua o mencionado dispositivo legal: 'O reconhecimento do estado de filiação é direito personalíssimo, indisponível e imprescritível, podendo ser exercitado contra os pais ou seus herdeiros, sem qualquer restrição, observado o segredo de justiça'"[66].

Nessa trilha, assevera o Enunciado 519 da V Jornada de Direito Civil do Conselho da Justiça Federal:

> "O reconhecimento judicial do vínculo de parentesco em virtude de *socioafetividade* deve ocorrer a partir da relação entre pai(s) e filho(s), **com base na posse do estado de filho**, para que produza efeitos pessoais e patrimoniais".

■ 19.4. EFEITOS DO RECONHECIMENTO DOS FILHOS HAVIDOS FORA DO CASAMENTO

O reconhecimento produz efeitos de **natureza patrimonial** e de **cunho moral**.

■ Principal efeito

O principal efeito é estabelecer a **relação jurídica de parentesco** entre pai e filho. Embora se produzam a partir do momento de sua realização, são, porém, **retroativos** ou retro-operantes (*ex tunc*), gerando as suas consequências, não da data do ato, mas **retroagindo "até o dia do nascimento do filho, ou mesmo de sua concepção**, se isto condisser com seus interesses"[67].

■ Natureza declaratória do reconhecimento

Preleciona Mário Aguiar Moura que "o reconhecimento tem **natureza declaratória**. Serve apenas para fazer ingressar no mundo jurídico uma situação que existia de fato. Repousando sobre a filiação biológica, a filiação jurídica, mesmo que declarada muito tempo depois do nascimento, preenche todo o espaço decorrido em que não existiu o reconhecimento. **Retroage até a época da concepção**, no sentido de o reconhecido adquirir todos os direitos que porventura se tenham concretizado e atualizado *medio tempore*"[68].

O efeito retro-operante tem por *limite*, todavia, **as situações jurídicas definitivamente constituídas, encontrando embaraço em face de direitos de terceiros**, pela

---

[66] STJ, 3ª T., rel. Min. Nancy Andrighi, in <http://www.editoramagister.com> de 16-9-2011. No mesmo sentido: REsp 878.941-DF, REsp 709.608-MS, REsp 1.000.356-SP.

[67] Caio Mário da Silva Pereira, *Reconhecimento*, cit., n. 31.

[68] *Tratado*, cit., v. 1, n. 42.6.

proteção legal concedida a certas situações concretas. Depois do reconhecimento, por exemplo, "não se poderá anular o casamento do filho natural contraído sem autorização paterna, porque o poder de consentir não existia no momento da celebração"[69].

A *retroatividade* do estabelecimento da filiação tem sua aplicação mais importante, sob o ângulo patrimonial, **no âmbito do direito sucessório**, pois "o filho que obteve o reconhecimento de seu estado quando seu pai já havia falecido, nem pelo atraso no estabelecimento da filiação deixa de ser herdeiro dele; e **herdeiro em igualdade de condições com os demais filhos**, se existirem, e que já estavam registrados antes"[70].

■ **Alteração do registro de nascimento**

Com o reconhecimento, o filho ingressa na família do genitor e passa a usar o sobrenome deste. O *registro de nascimento* deve ser, pois, **alterado**, para que dele venham a constar os dados atualizados sobre sua ascendência. Se menor, **sujeita-se ao poder familiar**, ficando os pais submetidos ao dever de sustentá-lo, de tê-lo sob sua guarda e de educá-lo (CC, art. 1.566, IV). Entre o pai e o filho reconhecido há **direitos recíprocos aos alimentos** (CC, art. 1.696) e à sucessão (art. 1.829, I e II).

■ **Reconhecimento de filho havido fora do casamento**

Malgrado adstrito ao poder familiar, "o filho havido fora do casamento, reconhecido por um dos cônjuges, **não poderá residir no lar conjugal sem o consentimento do outro**" (CC, art. 1.611). O art. 15 do Decreto-Lei n. 3.200/41 determina que, nesse caso, todavia, caberá ao pai ou à mãe prestar ao filho reconhecido, fora do lar, **idêntico tratamento ao que dispensa ao filho havido no casamento**, se o tiver, correspondente à condição social em que viva.

A regra em apreço encontra-se em harmonia com o princípio da **absoluta igualdade entre os filhos**, estatuído no art. 227, § 6º, da Constituição Federal e no art. 1.596 do Código Civil de 2002.

■ **Reconhecimento e guarda de filho menor**

"O filho reconhecido, enquanto menor, **ficará sob a guarda do genitor que o reconheceu**, e, se ambos o reconheceram e não houver acordo, **sob a de quem melhor atender aos interesses do menor**" (CC, art. 1.612).

Na hipótese de ambos os genitores reconhecerem o menor, aquele que não detiver a guarda **não deixará de ter o poder familiar**, cabendo-lhe o direito de visitar e ter o filho em sua companhia, fiscalizar sua educação e demais direitos e deveres daí decorrentes[71].

O referido diploma adota, mais uma vez, o **princípio do "melhor interesse da criança"**, estampado no art. 3º do Decreto n. 99.710/90, que ratificou a Convenção Internacional sobre os Direitos da Criança[72].

---

[69] Arnoldo Medeiros da Fonseca, *Investigação*, cit., n. 272, p. 350.

[70] Zeno Veloso, *Direito brasileiro*, cit., p. 145-146.

[71] Washington de Barros Monteiro, *Curso*, cit., v. 2, p. 332.

[72] Caio Mário da Silva Pereira, *Instituições*, cit., v. 5, p. 353.

Ineficácia do reconhecimento sob condição ou a termo

O reconhecimento é **incondicional**: não se pode subordiná-lo a *condição*, ou a *termo* (CC, art. 1.613). É vedado ao pai subordinar a eficácia do reconhecimento a determinada data ou a determinado período, afastando-se, assim, a temporariedade do ato.

Igualmente **é ineficaz qualquer condição que lhe seja aposta**, pois o genitor, pai ou mãe, é livre para reconhecer voluntariamente o filho, mas não poderá determinar em que condições o faz. Embora a condição e o termo, que constituem autolimitações da vontade, sejam admitidos nos atos de natureza patrimonial em geral e se adaptem à generalidade dos atos e negócios jurídicos, **não podem integrar os de caráter eminentemente pessoal, como os direitos de família puros e os direitos personalíssimos**[73].

Validade *erga omnes* do reconhecimento

O reconhecimento, seja voluntário, seja judicial, **tem validade *erga omnes***. Não se pode conceber, diz Zeno Veloso, "que alguém seja filho de uma pessoa, para uns, e não seja filho desta pessoa, para outros"[74]. Arremata o aludido autor: "Os efeitos do reconhecimento, pois, não se limitam nem se circunscrevem ao reconhecente e ao reconhecido, isto é, ao pai e ao filho. O estado que é conferido pelo documento **projeta-se a todos os demais parentes e a terceiros**, em geral, ressalvada a ação que alguém possa ter para impugnar judicialmente a perfilhação".

Irrevogabilidade do reconhecimento

Proclama o art. 1.609 do Código Civil, como já foi dito, que "o reconhecimento dos filhos havidos fora do casamento é **irrevogável**". A *irrevogabilidade* **não se confunde, todavia, com a anulabilidade do ato**, que pode ser arguida pelo reconhecente ou seus herdeiros, sob fundamento de qualquer dos *defeitos* que maculam os atos jurídicos.

Ação anulatória de reconhecimento

Será admitida a *ação anulatória de reconhecimento* sempre que se verificar a sua **desconformidade com a verdadeira filiação biológica**, pois, como preceitua o art. 113 da Lei dos Registros Públicos, "as questões de filiação legítima ou ilegítima serão decididas em processo contencioso para anulação ou reforma do assento".

Têm *legitimidade* para anular o assento e desconstituir reconhecimento voluntário de paternidade não presumida todos aqueles que tenham **justo interesse em contestar a ação investigatória**, ou seja, todas as pessoas afetadas, direta ou indiretamente, como o filho reconhecido, a mãe, os filhos e pretensos irmãos, bem como aquele que se diz verdadeiro pai e mesmo outros herdeiros. O Ministério Público figura entre os que têm legitimidade, por se tratar de questão que diz respeito ao estado da pessoa. Por essa razão, **a ação é imprescritível**.

---

73 Carlos Roberto Gonçalves, *Direito civil brasileiro*, v. 1, p. 332; Washington de Barros Monteiro, *Curso*, cit., 37. ed., v. 2, p. 332; Paulo Luiz Netto Lôbo, *Código Civil*, cit., v. XVI, p. 126.

74 *Direito brasileiro*, cit., p. 146-147.

Assim, provando-se a **falsidade ideológica do registro de reconhecimento de paternidade não presumida**, poderá ser-lhe alterado e retificado o conteúdo, como se extrai do disposto no art. 1.604 do Código Civil, *verbis:* "Ninguém pode vindicar estado contrário ao que resulta do registro de nascimento, salvo provando-se **erro ou falsidade** do registro" (*v.* Prova da filiação, item 18.4, *retro*).

Dispõe o art. 1.616 do Código Civil, por fim, que "a sentença que julgar procedente a ação de investigação produzirá os mesmos efeitos do reconhecimento; mas poderá ordenar que o filho se crie e eduque fora da companhia dos pais ou daquele que lhe contestou essa qualidade". O dispositivo permite, portanto, que, **em nome do melhor interesse da criança**, ela possa permanecer na companhia de quem a acolheu e criou.

■ 19.5. RESUMO

DO RECONHECIMENTO DOS FILHOS	
CONCEITO	■ Constitui espécie de ato jurídico em sentido estrito, pelo qual se declara a filiação, estabelecendo juridicamente o parentesco entre o pai, ou a mãe, e seu filho.
MODOS	■ **Voluntário (perfilhação)** I — no registro do nascimento; II — por escritura pública ou escrito particular, a ser arquivado em cartório; III — por testamento, ainda que incidentalmente manifestado; IV — por manifestação direta e expressa perante o juiz, ainda que o reconhecimento não haja sido o objeto único e principal do ato que o contém (CC, art. 1.609). ■ **Judicial (coativo ou forçado)** Por meio de ação de investigação de paternidade.
EFEITOS	■ O reconhecimento produz todos os efeitos a partir do momento de sua realização e é ***retroativo*** (*ex tunc*), ou seja, retroage à data do nascimento, sendo de ***natureza declaratória***.
ANULAÇÃO	■ Será admitida a ***ação anulatória de reconhecimento*** sempre que se verificar a sua desconformidade com a verdadeira filiação biológica (LRP, art. 113).
INVESTIGAÇÃO DE PATERNIDADE	■ **Natureza jurídica** Tem ***natureza declaratória*** e é ***imprescritível*** (ação de estado). Trata-se de direito ***personalíssimo*** e ***indisponível*** (ECA, art. 27). É pressuposto para o ajuizamento da ação de petição de herança, que prescreve em 10 anos (CC, art. 205), por concernir aos efeitos patrimoniais do estado da pessoa. ■ **Legitimidade para a ação** — A legitimidade ***ativa*** é do ***filho*** (CC, art. 1.606). Se menor, será representado pela mãe ou tutor. Hoje, a ação pode ser ajuizada sem qualquer restrição (ECA, art. 27), isto é, por filhos adulterinos e incestuosos, mesmo durante o casamento dos pais. — A legitimidade **passiva** recai no **suposto pai**. Se já for falecido, a ação deverá ser dirigida contra os seus ***herdeiros***. Referida ação pode ser contestada por qualquer pessoa que justo interesse tenha (CC, art. 1.615).
INVESTIGAÇÃO DE MATERNIDADE	■ Referida ação é reconhecida ao filho, que pode endereçá-la contra a mãe ou seus herdeiros. Os arts. 1.606 e 1.616 do CC não impõem nenhuma limitação à investigação da filiação, como o fazia o art. 364 do CC/1916. Assim, pode hoje o filho, mesmo incestuoso, mover ação de investigação de maternidade sem qualquer restrição, seja sua mãe solteira ou casada (ECA, art. 27).

■ 19.6. QUESTÕES

1. (TJMS/Juiz de Direito/Fundação Carlos Chagas/2010) Relações de parentesco.

a) As pessoas se unem em família só em razão do vínculo conjugal ou união estável.

b) As pessoas se unem em família só em razão do parentesco por consanguinidade.
c) As pessoas se unem em família só em razão da afinidade ou da adoção.
d) O parentesco é natural ou civil, conforme resulte da consanguinidade ou de outra origem.
e) O parentesco é o vínculo que se estabelece entre um dos cônjuges ou companheiro e os parentes do outro.

2. (MP/SP/Promotor de Justiça/87° Concurso/2010) Assinale a alternativa CORRETA.

a) na linha colateral, o parentesco encerra-se no sexto grau, sendo, pois, para fins jurídicos, finito.
b) o parentesco por afinidade limita-se aos ascendentes, aos descendentes e aos irmãos do cônjuge ou companheiro, não se extinguindo com a dissolução do casamento ou da união estável.
c) o parentesco pode ser natural ou civil. O primeiro decorre dos laços biológicos, da consanguinidade. O segundo, de outra origem, sendo exemplo desta espécie de parentesco a inseminação artificial heteróloga.
d) o ato de reconhecimento de filho é nulo quando feito sob condição ou termo.
e) O castigo imoderado do filho pelo pai é causa de extinção do poder familiar.

3. (MP/SC/Promotor de Justiça/XXXVII Concurso/2012) 37ª Questão:

I. Segundo o disposto na Lei n. 8.560/92, o reconhecimento dos filhos havidos fora do casamento é irrevogável e será feito: a) no registro de nascimento; b) por escritura pública ou escrito particular, a ser arquivado em cartório; c) por testamento, ainda que incidentalmente manifestado; d) por ata de casamento; e) por manifestação expressa e direta perante o juiz, ainda que o reconhecimento não haja sido o objeto único e principal do ato que o contém.
II. Na hipótese de suposto pai que notificado judicialmente negue a alegada paternidade e a criança já tenha sido encaminhada para adoção, considerando o disposto na lei que regula a investigação de paternidade dos filhos havidos fora do casamento (Lei n. 8.560/92), deverá o representante do Ministério Público intentar ação de investigação de paternidade.
III. Fixados os alimentos gravídicos, estes perdurarão até o nascimento da criança, sopesando-se as necessidades da parte autora e as possibilidades da parte ré. Após o nascimento com vida, os alimentos gravídicos ficam convertidos em pensão alimentícia em favor do menor até que uma das partes solicite a sua revisão.
IV. A prática de ato de alienação parental fere direito fundamental da criança ou do adolescente de convivência familiar saudável, prejudica a realização de afeto nas relações com genitor e com o grupo familiar, constitui abuso moral contra a criança ou o adolescente e descumprimento dos deveres inerentes à autoridade parental ou decorrentes de tutela ou guarda.
V. Determinada a perícia psicológica ou biopsicossocial tendente a verificar a prática de ato de alienação parental, o perito ou equipe multidisciplinar designada para tal atividade terá, nos termos da Lei n. 12.318/10, o prazo de 90 (noventa) dias para apresentação do laudo, prorrogável exclusivamente por autorização judicial baseada em justificativa circunstanciada.

a) Apenas as assertivas I, III e IV estão corretas.
b) Apenas as assertivas I, II e V estão corretas.
c) Apenas as alternativas III, IV e V estão corretas.
d) Apenas a assertiva II está correta.
e) Todas as assertivas estão corretas.

4. (TJSP/11° Concurso para Outorga de Delegações de Notas e de Registro/VUNESP/2018) A presunção de paternidade dos filhos concebidos na constância do casamento, prevista no artigo 1.597 do Código Civil,

a) tem caráter absoluto em relação ao pai e relativo em relação a terceiros.
b) configura-se para os havidos a qualquer tempo, quando se trata de embriões excedentários decorrentes de concepção artificial heteróloga.

c) é estabelecida para os havidos por fecundação artificial homóloga, mesmo que falecido o marido.
d) é estabelecida para os havidos por fecundação artificial homóloga, desde que haja prévia autorização do marido e mediante comprovação de que esse seja incapaz de procriar.

5. (OAB/MG/Exame de Ordem/AGOSTO2009) Assinale a alternativa CORRETA:

a) Aos filhos do marido, a qualquer tempo, concede-se legitimidade para promover ação que conteste a paternidade dos filhos nascidos de sua mulher.
b) A confissão pela mulher do adultério faz-se suficiente para ilidir a presunção legal da paternidade.
c) Mesmo morto o marido, presume-se concebido na constância do casamento o filho havido por fecundação homóloga.
d) A confissão materna é suficiente para excluir a paternidade.

6. (TJSP/Juiz de Direito/183° Concurso/2011) O reconhecimento de filho

a) pode ser revogado, quando feito por testamento.
b) pode ser feito apenas durante a vida do filho.
c) depende do consentimento do filho, quando este for maior.
d) não pode ser impugnado pelo filho, quando este for menor.
e) havido fora do casamento permite que ele resida no lar conjugal, independentemente do consentimento do outro cônjuge.

7. (OAB/Exame de Ordem 2009.2/CESPE/UnB) Com base no Código Civil brasileiro, assinale a opção CORRETA acerca do reconhecimento dos filhos.

a) O filho havido fora do casamento e reconhecido por um dos cônjuges não poderá residir no lar conjugal sem o consentimento do outro cônjuge.
b) É passível de revogação o reconhecimento dos filhos havidos fora do casamento.
c) O filho havido fora do casamento não pode ser reconhecido, separadamente, pelos pais.
d) O filho maior pode ser reconhecido, independentemente de seu consentimento, visto que o reconhecimento da paternidade constitui direito subjetivo do genitor.

8. (TJBA/Juiz de Direito/CESPE-CEBRASPE/2019) Com relação ao reconhecimento voluntário de filhos tidos fora do casamento, julgue os seguintes itens.

I. O Código Civil admite o reconhecimento voluntário de paternidade por declaração direta e expressa perante o juiz, desse que manifestada em ação própria, denominada ação declaratória de paternidade. Nesse caso, o ato jurídico é irrevogável.
II. De acordo com o Código Civil, o reconhecimento voluntário de paternidade por meio do testamento é revogável pelo testador, por constituir ato de última vontade, mutável a qualquer tempo antes do falecimento do testador.
III. O reconhecimento de filiação pode preceder o nascimento do filho e, até mesmo, ser posterior ao falecimento deste. Nesse último caso, admite-se o reconhecimento *post mortem* se o filho deixar descendentes.

Assinale a opção CORRETA.

a) Apenas o item II está certo.
b) Apenas o item III está certo.
c) Apenas os itens I e II estão certos.
d) Todos os itens estão certos.

9. (MP/MG/Promotor de Justiça/XLIX Concurso/2009) Assinale a alternativa INCORRETA.

a) A ação de investigação de paternidade é imprescritível, mas não o é a de petição de herança e podem ser manejadas por quem tenha interesse jurídico de exercê-las.
b) No caso dos filhos concebidos fora do casamento e aqueles frutos da união estável, a guarda está condicionada à concordância do outro cônjuge ou companheiro do genitor.

c) Os genitores de filhos de até 16 anos detêm o usufruto legal sobre os bens dos menores, como justificativa de que haveria uma compensação com as despesas de criação e de educação.
d) Minucioso o testador, beneficiando herdeiro menor em demasia, justificado pela diferença de idade, contraria disposição legal e a inoficiosidade dá ensejo à redução, ouvido o MP.
e) Se o prédio é divisível, far-se-á a redução proporcional; se o prédio é indivisível, a redução implica a anulação ou nulidade da liberalidade, mesmo beneficiando menor.

10. (MP/MG/Promotor de Justiça/LII Concurso/2012) Quanto ao reconhecimento dos filhos, é INCORRETO afirmar que:

a) são ineficazes a condição e o termo apostos ao ato de reconhecimento do filho.
b) qualquer pessoa, que justo interesse tenha, pode contestar a ação de investigação de paternidade, ou maternidade.
c) o filho maior pode ser reconhecido sem o seu consentimento, e o menor pode impugnar o reconhecimento, em até cinco anos que se seguirem à maioridade, ou à emancipação.
d) quando a maternidade constar do termo do nascimento do filho, a mãe só poderá contestá-la provando a falsidade do termo, ou das declarações nele contidas.

11. (MP/PR/Promotor de Justiça/2013) Assinale a alternativa INCORRETA:

a) Pai e filho são parentes em linha reta, 1° grau;
b) Tio e sobrinho são parentes em linha colateral, 3° grau;
c) Irmãos são parentes em linha colateral, 1° grau;
d) Cunhados são parentes por afinidade, em linha colateral, 2° grau;
e) Genro e sogro são parentes por afinidade, em linha reta, 1° grau.

12. (TJMG/Juiz de Direito/FUNDEP/2014) Quanto às relações de parentesco, assinale a alternativa CORRETA.

a) O parentesco por afinidade limita-se aos ascendentes, aos descendentes e aos irmãos do cônjuge ou companheiro.
b) São parentes em linha colateral as pessoas que estão umas para com as outras na relação de ascendentes e descendentes.
c) Na linha reta, a afinidade se extingue com a dissolução do casamento ou da união estável.
d) São parentes em linha transversal, até o sexto grau, as pessoas provenientes de um só tronco, sem descenderem uma da outra.

13. (MP/BA/Promotor de Justiça/2015) Assinale a alternativa INCORRETA acerca das relações de parentesco e adoção, segundo o Código Civil Brasileiro:

a) Os filhos, havidos ou não da relação de casamento ou por adoção terão os mesmos direitos e qualificações, proibidas quaisquer designações discriminatórias relativas à filiação.
b) A filiação prova-se pela certidão do termo de nascimento no Registro Civil.
c) O reconhecimento dos filhos havidos fora do casamento é irrevogável e será feito no cartório, por testamento, ainda que incidentalmente manifestado, dentre outros.
d) Só a pessoa maior de 18 (dezoito) anos pode adotar.
e) A adoção dispensa processo judicial.

14. (TJMG/Titular de Serviços e Notas e de Registros/CONSULPLAN/2017) O reconhecimento de filho é ato personalíssimo. Sobre o tema, marque a alternativa CORRETA.

a) O reconhecimento dos filhos havidos fora do casamento poderá ser feito por escritura pública ou escrito particular, a ser arquivado em cartório; mas, este reconhecimento não pode preceder o nascimento do filho.
b) O reconhecimento de filho não pode ser revogado, salvo quando feito em testamento.

c) O reconhecimento de filho, sendo irrevogável, independe de consentimento do filho maior.
d) O reconhecimento de filho por pessoa relativamente incapaz independe de assistência de seus pais, tutor ou curador.

15. (TJRO/Titular de Serviços de Notas e de Registros/IESES/2017) Presumem-se do marido, de acordo com o Código Civil, os filhos:

I. Nascidos 180 dias, pelo menos, após o estabelecimento da sociedade conjugal.
II. Havidos, a qualquer tempo, quando se tratar de embriões excedentários, decorrentes de concepção artificial homóloga.
III. Havidos por inseminação artificial heteróloga, desde que tenha prévia autorização do marido.

Assinale a alternativa CORRETA:

a) Apenas a assertiva I é verdadeira.
b) Apenas as assertivas I e III são verdadeiras.
c) Apenas as assertivas I e II são verdadeiras.
d) Todas as assertivas são verdadeiras.

16. (MP/PR/Promotor de Justiça/2019) *NÃO* é tese de repercussão geral do STF:

a) A paternidade socioafetiva, declarada ou não em registro público, impede o reconhecimento do vínculo de filiação concomitante baseado na origem biológica, com os efeitos jurídicos próprios.
b) O transgênero tem direito fundamental subjetivo à alteração de seu prenome e de sua classificação de gênero no registro civil, não se exigindo, para tanto, nada além da manifestação de vontade do indivíduo, o qual poderás exercer tal faculdade tanto pela via judicial como diretamente pela via administrativa.
c) É inconstitucional a distinção de regimes sucessórios entre cônjuges e companheiros prevista no art. 1.790 do CC/2002, devendo ser aplicado, tanto nas hipóteses de casamento quanto nas de união estável, o regime do art. 1.829 do CC/2002.
d) É inconstitucional a distinção de regimes sucessórios entre cônjuges e companheiros prevista no art. 1.790 do CC/2002, devendo ser aplicado, tanto nas hipóteses de casamento quanto nas de união estável, o regime do art. 1.829 do CC/2002.
e) É constitucional a penhora de bem de família pertencente a fiador de contrato de locação, em virtude da compatibilidade da exceção prevista no art. 3º, inciso VII, da Lei n. 8.009/1990 com o direito à moradia consagrado no art. 6º da Constituição Federal, com redação da EC 26/2000.

17. (MP/MT/Promotor de Justiça/Fundação Carlos Chagas/2019) No que tange às relações de parentesco e à filiação, é CORRETO afirmar:

a) Em nenhuma hipótese pode alguém vindicar estado contrário ao que resulta do registro de nascimento.
b) Contam-se, na linha reta, os graus de parentesco pelo número de gerações, e, na colateral, também pelo número delas, subindo de um dos parentes até ao ascendente comum, e descendo até encontrar o outro parente.
c) É suficiente o adultério da mulher, desde que por ela confessado, para ilidir a presunção legal da paternidade.
d) Na linha colateral, a afinidade entre parentes não se extingue com a dissolução do casamento ou da união estável.
e) Presumem-se concebidos na constância do casamento os filhos havidos por fecundação artificial homóloga, salvo se falecido o marido.

■ GABARITO ■

1. "d". *Vide* art. 1.593 do CC.

2. "c". *Vide* arts. 1.593 e 1.597, V, do CC.
3. "c". *Vide*, respectivamente, **III**: o art. 6º, parágrafo único, da Lei n. 11.804/2008; **IV**: art. 2º e parágrafo único, da mesma lei; **V**: e o art. 5º da Lei n. 12.318/2010.
4. "c".
5. "c". *Vide* art. 1.596, III, do CC.
6. "c". *Vide* art. 1.614 do CC.
7. "a". *Vide* art. 1.611 do CC.
8. "b".
9. "e". *Vide* art. 1.968 e parágrafos do CC.
10. "c". *Vide* art. 1.614 do CC.
11. "c". *Vide* arts. 1.592 e 1.594 do CC. "Na linha colateral a contagem faz-se também pelo número de gerações. Parte-se de um parente situado em uma das linhas, subindo-se contando as gerações, até o tronco comum, e descendo pela outra linha, continuando a contagem das gerações 'até encontrar o outro parente' (CC, art. 1.594). (...) Assim, irmãos são colaterais em segundo grau. (...) Não há parentesco em primeiro grau na linha colateral, porque quando contamos uma geração ainda estamos em linha reta" (Carlos Roberto Gonçalves, *Direito civil brasileiro*, v. 6, 11. ed., p. 315-316).
12. "a". *Vide* art. 1.595, § 1º, do CC.
13. "e". *Vide* art. 1.619 do CC.
14. "d". Confira-se a manifestação de Flávio Tartuce (*Direito civil*, ed. 2018, p. 474): "Quanto ao reconhecimento de filho por pessoa relativamente incapaz este independerá de assistência de seus pais, tutor ou curador, o que já era amplamente reconhecido pela doutrina (art. 6º, § 4º, do Provimento n. 16 do CNJ).
15. "d".
16. "a".
17. "b". *Vide* art. 1.594 do CC.

20

DA ADOÇÃO

■ 20.1. CONCEITO

Adoção é o ato jurídico solene pelo qual alguém recebe em sua família, **na qualidade de filho**, pessoa a ela estranha.

Malgrado a diversidade de conceitos do aludido instituto, todos os autores lhe reconhecem o caráter de uma ***fictio iuris***. Para Pontes de Miranda, "adoção é o ato solene pelo qual se cria entre o adotante e o adotado **relação *fictícia* de paternidade e filiação**"[1].

Deve ser destacado no atual conceito de adoção a observância do **princípio do melhor interesse da criança**, uma vez que o parágrafo único do art. 100 do Estatuto da Criança e do Adolescente proclama que são também princípios que regem a aplicação das medidas de proteção, dentre outros, o **"IV — interesse superior da criança e do adolescente"**, reiterando o conteúdo do revogado art. 1.625 do Código Civil de 2002, no sentido de que "somente será admitida a adoção que constituir efetivo **benefício** para o adotando". O art. 43 do referido Estatuto se refere a **"reais vantagens para o adotando"**[2].

■ 20.2. NATUREZA JURÍDICA

É controvertida a natureza jurídica da adoção. No sistema do *Código de 1916*, era nítido o **caráter contratual** do instituto. Tratava-se de negócio jurídico bilateral e solene, uma vez que se realizava por escritura pública, mediante o consentimento das duas partes. Se o adotado era maior e capaz, comparecia em pessoa; se incapaz, era representado pelo pai, ou tutor, ou curador. Admitia-se a dissolução do vínculo, sendo as partes maiores, pelo acordo de vontades (arts. 372 a 375).

A partir da *Constituição de 1988*, todavia, a adoção passou a constituir-se por **ato complexo e a exigir sentença judicial**, prevendo-a expressamente o **art. 47 do Estatuto da Criança e do Adolescente** e o **art. 1.619 do Código Civil** de 2002, com a redação dada pela Lei n. 12.010, de 3-8-2009. O *art. 227, § 5º, da Carta Magna*, ao determinar que "**a adoção será assistida pelo Poder Público**, na forma da lei, que

---

[1] *Tratado de direito de família*, v. III, § 249, p. 177.

[2] "Adoção. Criança. Vantagens reais para o adotando fulcradas em motivos legítimos. Interesse de menor que sobrepuja qualquer outro. Concessão do pedido" (*RT*, 810/354).

estabelecerá casos e condições de sua efetivação por parte de estrangeiros", demonstra que a matéria refoge dos contornos de simples apreciação juscivilista, passando a ser matéria de interesse geral, de ordem pública.

A adoção **não mais estampa o caráter contratualista** de outrora, como ato praticado entre adotante e adotado, pois, em consonância com o preceito constitucional mencionado, o legislador ordinário ditará as regras segundo as quais o Poder Público dará assistência aos atos de adoção. Desse modo, como também sucede com o casamento, podem ser observados **dois aspectos na adoção**:

- o de sua formação, representado por um **ato de *vontade*** submetido aos requisitos peculiares; e
- o do *status* que gera, **preponderantemente de natureza *institucional***[3].

20.3. A ATUAL DISCIPLINA DA ADOÇÃO

A adoção de crianças e adolescentes rege-se, na atualidade, pela **Lei n. 12.010, de 3 de agosto de 2009**. De apenas 7 artigos, a referida lei introduziu inúmeras alterações no Estatuto da Criança e do Adolescente e revogou expressamente 10 artigos do Código Civil concernentes à adoção (arts. 1.620 a 1.629), dando ainda nova redação a outros dois (arts. 1.618 e 1.619). Conferiu, também, nova redação ao art. 1.734 do Código Civil e acrescentou dois parágrafos à Lei n. 8.560, de 29 de dezembro de 1992, que regula a investigação da paternidade dos filhos havidos fora do casamento.

A referida Lei Nacional da Adoção, dentre outras providências:

- **estabelece prazos** para dar mais rapidez aos processos de adoção;
- **cria um cadastro nacional**, definido em resolução do Conselho Nacional de Justiça, para facilitar o encontro de crianças e adolescentes em condições de serem adotados por pessoas habilitadas; e
- **limita em dois anos**, prorrogáveis em caso de necessidade, **a permanência de criança e jovem em abrigo**.

A transitoriedade da medida de abrigamento é ressaltada na nova redação dada ao art. 19 do ECA, que **fixa o prazo de seis meses para a reavaliação** de toda criança ou adolescente que estiver inserido em programa de acolhimento familiar ou institucional.

Adoção de crianças indígenas

A lei em questão trata também das *crianças indígenas* que, por prática cultural de sua tribo, algumas vezes acabam sendo rejeitadas. Nesses casos, a Fundação Nacional do Índio (FUNAI) promoverá a colocação da criança em outra família.

Preferência da família biológica

É, também, reforçado o direito da criança de ser criada por sua *família biológica*, **sendo a adoção considerada medida excepcional**, à qual se deve recorrer apenas

[3] Caio Mário da Silva Pereira, *Instituições*, cit., v. 5, p. 396.

quando esgotados os recursos de sua manutenção na família natural ou extensa, na forma do parágrafo único do art. 25 (ECA, art. 39, nova redação).

No art. 1º, § 1º, a referida lei proclama que a intervenção estatal, "em observância ao disposto no *caput* do art. 226 da Constituição Federal, será prioritariamente voltada à orientação, apoio e promoção social **da família natural, junto à qual a criança e o adolescente devem permanecer**, ressalvada absoluta impossibilidade, demonstrada por decisão judicial fundamentada". E, no art. 1º, § 2º, deixa claro que somente em caso de **absoluta impossibilidade serão colocados em família substituta**, sob as formas de adoção, tutela ou guarda.

■ Conceito de família "extensa" ou "ampliada"

No mencionado parágrafo único do art. 25 do Estatuto da Criança e do Adolescente, com a nova redação, a Lei Nacional de Adoção estabelece o conceito de família *extensa* ou *ampliada*, que se estende para além da unidade pais e filhos ou da unidade do casal, **formada por parentes próximos com os quais a criança ou adolescente convive e mantém vínculos de afinidade e afetividade**.

Aprimoram-se, com isso, os mecanismos de prevenção do afastamento do menor do convívio familiar, somente se permitindo a adoção depois de esgotadas todas as possibilidades, inclusive a convivência com parentes próximos.

■ Normas procedimentais

No sistema da Lei n. 12.010, de 3 de agosto de 2009, que dispõe sobre adoção e alterou o Estatuto da Criança e do Adolescente, o instituto da adoção compreende tanto a de **crianças e adolescentes** como a de **maiores**, exigindo **procedimento judicial** em ambos os casos (ECA, art. 47; CC, art. 1.619, com a redação dada pela Lei n. 12.010/2009). Descabe, portanto, qualquer adjetivação ou qualificação, devendo ambas ser chamadas simplesmente de "adoção".

A **competência** é exclusiva das **Varas de Infância e Juventude** quando o adotante for *menor de 18 anos* e das **Varas de Família**, quando o adotante for *maior*[4].

Foram reproduzidos, na quase totalidade e com algumas alterações de redação, os dispositivos do Estatuto da Criança e do Adolescente. Contudo, o novo diploma **não contém normas procedimentais**, não tratando da competência jurisdicional. Mantém-se, portanto, a atribuição exclusiva do *Juiz da Infância e da Juventude* para conceder a adoção e observar os procedimentos previstos no mencionado Estatuto, **no tocante aos menores de 18 anos**.

O art. 1.618 do Código Civil, com a redação dada pela Lei n. 12.010, de 3 de agosto de 2009, dispõe que a "adoção de crianças e adolescentes será deferida na forma prevista pela Lei n. 8.069, de 13 de julho de 1990 — Estatuto da Criança e do Adolescente". O mencionado Estatuto estabelece **procedimento comum para todas as formas de colocação familiar** (guarda, tutela e adoção).

---

4 STJ, 4ª T., rel. Min. Luis Felipe Salomão. Disponível em: <http://www.editoramagister.com>. Acesso em: 14 jun. 2010.

Competirá aos juízes de *varas de família* a concessão da medida aos adotandos que já atingiram a **maioridade**, ressalvada a competência exclusiva do *juízo da infância e da juventude* para concedê-la às **crianças e adolescentes**, bem como aos que completaram 18 anos de idade e já estavam sob a guarda ou tutela dos adotantes, **como prevê o art. 40 do mencionado Estatuto** (ECA, art. 148, III).

Além das regras procedimentais e do citado art. 40, outros dispositivos constantes do Estatuto da Criança e do Adolescente continuam em vigor, **por não conflitarem com as normas do Código Civil de 2002**. Para adaptar o aludido Estatuto ao novo diploma devem-se considerar, em face da omissão deste, **revogados somente os dispositivos que se mostram incompatíveis com a nova legislação**.

Nessa consonância, ressalvadas as alterações e adaptações efetivadas pela citada Lei n. 12.010/2009, **ainda subsistem as normas do ECA** que estabelecem:

- a vedação de adoção por procuração (art. 39, parágrafo único);
- o estágio de convivência (art. 46);
- a irrevogabilidade da adoção (art. 48);
- a restrição à adoção de ascendentes e irmãos do adotando (art. 42, § 1º);
- os critérios para a expedição de mandado e respectivo registro no termo de nascimento do adotado (art. 47 e parágrafos);
- critérios para a adoção internacional (arts. 31, 51 e 52);
- a manutenção de cadastro de adotantes e adotados junto ao juízo da infância e da juventude e a prévia consulta aos órgãos técnicos competentes (art. 50, *caput* e § 1º)[5].

20.4. ADOÇÃO "SIMULADA" OU "À BRASILEIRA"

A adoção *simulada* ou *à brasileira* é uma criação da jurisprudência. A expressão "adoção simulada" foi empregada pelo Supremo Tribunal Federal ao se referir a **casais que registram filho alheio, recém-nascido, como próprio**, com a intenção de dar-lhe um lar, de comum acordo com a mãe, e não com a intenção de tomar-lhe o filho. Embora tal fato constitua, em tese, uma das modalidades do crime de falsidade ideológica, na esfera criminal tais casais eram absolvidos pela **inexistência do dolo específico**. Atualmente, dispõe o Código Penal que, nesse caso, o juiz deixará de aplicar a pena.

No cível, a aludida Corte manteve o mesmo entendimento, **não determinando o cancelamento do registro de nascimento**, afirmando tratar-se de uma *adoção simulada*[6].

---

5 Silvio Rodrigues, *Direito civil*, cit., v. 6, p. 339.

6 *RTJ*, 61/745. *V.* ainda: "Adoção à brasileira. Falsa declaração de paternidade de criança abandonada. Pretensão de anulação do registro de nascimento com a exclusão de filiação hereditária. Inadmissibilidade. Direito constitucional satisfeito de forma diversa que deve ser preservado, mormente quando o curso do tempo revelou ter atingido sua finalidade precípua, com a produção de efeitos jurídicos e sociais na esfera da menor, agregando-se à sua personalidade, sendo indisponível e irre-

A 3ª Turma do Superior Tribunal de Justiça igualmente decidiu que a **maternidade socioafetiva** deve ser reconhecida, mesmo na hipótese da chamada "*adoção à brasileira*", em que criança recém-nascida foi registrada como filha pela adotante. Segundo o *decisum*, "se a atitude da mãe foi uma manifestação livre de vontade, sem vício de consentimento e **não havendo prova de má-fé**, a filiação socioafetiva, ainda que em descompasso com a verdade biológica, deve prevalecer, como mais uma forma de proteção integral à criança. Isso porque a maternidade que nasce de uma decisão espontânea — **com base no afeto** — deve ter guarida no Direito de Família, como os demais vínculos de filiação"[7].

■ 20.5. QUEM PODE ADOTAR

■ Regra geral

Podem adotar todas as pessoas **maiores de 18 anos**. Preceitua o art. 42 do ECA, com a nova redação dada pela Lei n. 12.010/2009: "Podem adotar os *maiores de 18 (dezoito) anos*, independentemente do estado civil".

A adoção é ato pessoal do adotante, uma vez que a lei a **veda por procuração** (ECA, art. 39, § 2º). O *estado civil*, o *sexo* e a *nacionalidade* **não influem na capacidade ativa de adoção**. Está **implícito**, no entanto, que o adotante deve estar em **condições morais e materiais** de desempenhar a função, de elevada sensibilidade, de verdadeiro pai de uma criança carente, cujo destino e felicidade lhe são entregues[8].

O Estatuto da Criança e do Adolescente, nessa linha, não permite seja deferida a colocação em família substituta "a pessoa que revele, por qualquer modo, **incompatibilidade** com a natureza da medida ou não ofereça ambiente familiar adequado" (art. 29). E o § 2º do art. 42, por sua vez, exige, na adoção por ambos os cônjuges ou companheiros, a comprovação da **"estabilidade da família"**.

■ Capacidade do adotante

Tratando-se de ato jurídico, **a adoção exige *capacidade***. Assim, **não podem adotar** os menores de 18 anos e os deficientes considerados incapazes e sujeitos à curatela, como os ébrios habituais e os viciados em tóxico; os que, por causa transitória ou permanente, não puderem exprimir sua vontade, bem como os pródigos, "mesmo porque a natureza do instituto pressupõe a introdução do adotando em ambiente familiar saudável, capaz de propiciar o seu desenvolvimento humano"[9].

Proclama o art. 6º, VI, da Lei n. 13.146, de 6 de julho de 2015 (Estatuto da Pessoa com Deficiência), que "A deficiência não afeta a plena capacidade civil da pessoa, inclusive para exercer o direito à guarda, à tutela, à curatela e à *adoção*, como

---

tratável. Prevalência do sentimento de nobreza. Direito personalíssimo do adotado que, após sua perfectibilização, não pode ser anulado sequer pelo pai que efetuou o registro" (*RT*, 802/352).

7 STJ, 3ª T., rel. Min. Nancy Andrighi. Disponível em: <http://www.editoramagister.com>. Acesso em: 31 maio 2010.

8 Antônio Chaves, *Adoção*, p. 225.

9 Paulo Luiz Netto Lôbo, *Código Civil comentado*, v. XVI, p. 148.

adotante ou adotando, em igualdade de oportunidades com as demais pessoas". **Todavia, não poderá adotar se sujeita à curatela.**

■ Adoção por homossexual

A adoção por homossexual, *individualmente*, tem sido admitida, mediante cuidadoso estudo psicossocial por equipe interdisciplinar que possa identificar na relação **o melhor interesse do adotando**. Decidiu a propósito o Tribunal de Justiça do Rio de Janeiro:

> "A afirmação de *homossexualidade* do adotante, preferência individual constitucionalmente garantida, não pode servir de empecilho à adoção de menor, se não demonstrada ou provada qualquer manifestação ofensiva ao decoro e capaz de deformar o caráter do adotado, por mestre a cuja atuação é também entregue a formação moral e cultural de muitos outros jovens"[10].

A Lei Nacional da Adoção não prevê a adoção por *casais* homossexuais, porque a união estável só é permitida entre homem e mulher (CC, art. 1.723; CF, art. 226, § 3º). Não obstante, **o Supremo Tribunal Federal**, como já dito (item 10.1.1, *retro*), atribuiu verdadeiro *status* de cidadania às **uniões estáveis homoafetivas**.

Na jurisprudência, o Tribunal de Justiça do Rio Grande do Sul e o Tribunal Regional Federal da 4ª Região têm reconhecido **a união entre homossexuais como possível de ser abarcada dentro do conceito de entidade familiar**, sob a forma de união estável homoafetiva, para *fins previdenciários e de partilhamento de bens*[11].

O Superior Tribunal de Justiça, por sua vez, firmou orientação **admitindo a adoção por casal formado por duas pessoas do mesmo sexo**, enfatizando:

> "Anote-se, então, ser imprescindível, na adoção, a prevalência dos interesses dos menores sobre quaisquer outros, até porque se discute o próprio direito de filiação, com consequências que se estendem por toda a vida. Decorre daí que, também no campo da **adoção na união homoafetiva**, a qual, como realidade fenomênica, o Judiciário não pode desprezar, há que se verificar qual a melhor solução a privilegiar **a proteção aos direitos da criança**. (...) Na específica hipótese, há consistente relatório social lavrado por assistente social favorável à adoção e conclusivo da estabilidade da família, pois é incontroverso existirem fortes vínculos afetivos entre a requerente e as crianças. Assim, impõe-se deferir a adoção lastreada nos estudos científicos que afastam a possibilidade de prejuízo de qualquer natureza às crianças, visto que criadas com amor..."[12].

■ Adoção por tutores e curadores

Não estão legitimados a adotar seus pupilos e curatelados os tutores e curadores enquanto não prestarem **"contas de sua administração"** e **saldarem o alcance**, se

---

[10] Ap. 14.332/98, 9ª Câm. Cív., rel. Des. Jorge de Miranda Magalhães, *DORJ*, 28-4-1999.

[11] *Revista do TRF/4ª Região*, 57/310, rel. Des. Fed. João Batista Pinto Silveira; TJRS, Ap. 70.005.488.812, 7ª Câm. Cív., rel. Des. José Carlos Teixeira Giorgis; TJRS, Ap. 70.009.550.070, 7ª Câm. Cív., rel. Des. Maria Berenice Dias, j. 17-11-2004.

[12] STJ, REsp 889.852-RS, 4ª T., rel. Min. Luis Felipe Salomão, j. 27-4-2010.

houver (ECA, art. 44). A restrição protege os interesses do tutelado ou dos filhos do interditado e é ditada pela moralidade, pois visa impedir a utilização da adoção como meio para fugir ao dever de prestar contas e de responder pelos débitos de sua gestão.

O tutor *nomeado por testamento ou qualquer documento autêntico* deverá, no prazo de 30 dias após a abertura da sucessão, ingressar com pedido destinado ao controle judicial do ato. Na apreciação do pedido, somente será deferida a tutela à pessoa indicada na disposição de última vontade **"se restar comprovado que a medida é vantajosa ao tutelando e que não existe outra pessoa em melhores condições de assumi-la"** (ECA, art. 37, *caput* e parágrafo único).

■ Possibilidade de os cônjuges ou companheiros adotarem separadamente

O adotante pode adotar **quantos filhos quiser, simultânea ou sucessivamente**, ao contrário do que sucedia no regime do Código Civil de 1916, pelo qual só podiam adotar casais com mais de 50 anos de idade e sem filhos. Por outro lado, o direito brasileiro não contém qualquer dispositivo que vede a possibilidade de os cônjuges ou companheiros **adotarem separadamente**. O art. 165, I, do ECA exige, todavia, expressa anuência do consorte.

Se a adoção se efetuar por **pessoa solteira ou que não tenha companheiro**, constituir-se-á a entidade familiar denominada **família monoparental**.

■ Adoção de filhos havidos fora do casamento

Sendo a adoção e o reconhecimento de filhos institutos diversos, de efeitos diferentes, **não há empeço a que se adotem filhos *havidos fora do casamento***. Tem-se entendido, com efeito, que nada impede o pai, quando não queira reconhecer seu filho nascido das relações extramatrimoniais, de se utilizar da adoção para lhe dar a qualidade de filho adotivo, como se ele fora um terceiro e estranho. Tal circunstância não impede o filho de não aceitar a adoção e pleitear o reconhecimento judicial da paternidade.

Pode-se afirmar, pois, que "quem tem filhos naturais e não os queira reconhecer **poderá adotá-los**, o mesmo não ocorrendo **quanto aos que já os tenham reconhecido**, pois chegaríamos à situação interessante de alguém que, já sendo filho e com os direitos correspondentes a essa condição, ser novamente admitido como tal e, até certo ponto, em situação inferior à que possuía: o reconhecimento cria laços de filiação que vão além dos estabelecidos pela adoção"[13].

■ Proibição de adoção por ascendentes e irmãos do adotando

Dispõe o art. 42, § 1º, do Estatuto da Criança e do Adolescente (Lei n. 8.069/90):

> **"Não podem adotar os ascendentes e os irmãos do adotando".**

Desse modo, por total incompatibilidade com o instituto da adoção, **não pode o avô adotar o neto, nem o homem solteiro, ou um casal sem filhos, adotar um irmão de um dos cônjuges**. O avô, por exemplo, pode ser detentor da guarda do neto, pode ser seu tutor, mas não pode adotá-lo como filho. Na hipótese de irmãos,

---

13 Dias Correia, *A adoção*, apud Antônio Chaves, *Adoção*, cit., p. 237.

haveria uma confusão de parentesco tão próximo, pois o adotado seria irmão e filho, ao mesmo tempo.

■ Adoção por avós em circunstâncias excepcionais

O Superior Tribunal de Justiça, inovando, proclamou que, em circunstâncias excepcionais, os avós podem adotar o próprio neto, apesar da vedação prevista no mencionado art. 42, § 1º, do Estatuto da Criança e do Adolescente. No caso concreto, a criança foi concebida em razão de violência sexual praticada contra a mãe, o que provocou trauma psicológico que a impediu de cuidar do filho. Por isso, os pais dela assumiram a criação, situação que se prolongou durante todo o desenvolvimento do menor. Após obter a guarda judicial, o casal pediu autorização para adotar o neto, alegando que estabeleceu "verdadeiro" e "indiscutível" vínculo de parentalidade socioafetiva.

Para a relatora, Min. Nancy Andrighi, "quando é o próprio legislador que outorga ao juiz a possibilidade de, excepcionalmente, suplantar ou suplementar normas em nome do melhor interesse do menor, que embora tenha regulado as relações intrafamiliares, há inúmeras circunstâncias, ditadas pela imprevisível dinâmica social, que podem fazer o sistema protetivo legislado conspirar contra os melhores interesses do menor, a quem pretende proteger. O princípio do melhor interesse da criança é o critério primário para a interpretação de toda legislação atinente a menores, sendo capaz, inclusive, de retirar a peremptoriedade de qualquer texto legal atinente aos interesses da criança ou do adolescente, submetendo-o ao crivo objetivo de apreciação judicial da situação concreta"[14].

A aludida Corte, em outra oportunidade, proclamou que, apesar da proibição prevista no § 1º do art. 42 do Estatuto da Criança e do Adolescente, a adoção pelos avós é possível quando for justificada pelo melhor interesse do menor. Entre as condições para tanto, destacou o relator, Min. Luis Felipe Salomão, encontram-se: a necessidade de que o pretenso adotando seja menor de idade; que os avós exerçam o papel de pais, com exclusividade, desde o nascimento da criança; que não haja conflito familiar a respeito da adoção e que esta apresente reais vantagens para o adotando[15].

■ Inexistência de impedimento para outros parentes

Não há impedimento, todavia, nem na lei, nem na natureza da adoção, que impeça os **tios** de adotar os sobrinhos[16], ou os **sogros** de adotar a nora ou o genro,

---

[14] STJ, REsp 1.635.449, 3ª T., rel. Min. Nancy Andrighi, disponível in Revista *Consultor Jurídico* de 28-2-2018.

[15] STJ, 4ª T., rel. Min. Luis Felipe Salomão, *in* Revista *Consultor Jurídico* de 11-3-2020 (número do processo não divulgado em razão de segredo judicial).

[16] Paulo Luiz Netto Lôbo, *Código Civil*, cit., v. XVI, p. 148.
V. a jurisprudência: "Adoção. Pedido formulado pelos avós paternos, cujo filho não reconhecera em vida o adotando. Impossibilidade. Inteligência do disposto no art. 42, § 1º, do ECA. Recurso não provido" (TJSP, Ap. 44.829-0/5-Osasco, rel. Des. Djalma Lofrano, j. 5-11-1998). "Menor. Adoção. Pedido efetuado pela tia da criança. Inexistência de óbice legal para sua concessão" (TJSP, Ap. 64.288-0/1-Ribeirão Preto, rel. Des. Oetterer Guedes, j. 16-12-1999).

naturalmente depois do falecimento do filho ou da filha, uma vez que a restrição não alcança os parentes colaterais de terceiro grau, nem os parentes por afinidade.

■ Adoção de um cônjuge por outro

Não pode um cônjuge adotar o outro, pois haveria, na hipótese, casamento entre *ascendente e descendente* por parentesco civil, vedado pelo art. 1.521, I, *in fine*, do Código Civil. Ademais, como poderia um deles ser tratado como filho do outro? Opõe-se a essa modalidade a própria natureza da adoção, que não se coaduna com o vínculo que une indissoluvelmente os dois cônjuges.

■ Adoção do marido e da mulher por terceiro

Por outro lado, **não podem marido e mulher ser adotados pela mesma pessoa**, uma vez que passariam à condição de *irmãos*. Inexiste, contudo, dispositivo legal que impeça que marido e mulher sejam adotados por **pessoas diferentes**, malgrado os graves inconvenientes que daí podem resultar para a harmonia conjugal. Tal circunstância deve ser cuidadosamente sopesada pelo juiz a quem competir decidir os pedidos.

■ Requisitos para a adoção conjunta

O § 2º do art. 42 do Estatuto da Criança e do Adolescente exige, para a adoção conjunta, que os adotantes **"sejam casados civilmente ou mantenham união estável, comprovada a estabilidade da família"**, não admitindo, por exemplo, que irmãos adotem conjuntamente.

Acresce o § 4º que **"os divorciados, os judicialmente separados e os ex-companheiros podem adotar conjuntamente**, contanto que acordem sobre a guarda e o regime de visitas e desde que o estágio de convivência tenha sido iniciado na constância do período de convivência e que seja comprovada a existência de vínculos de afinidade e afetividade com aquele não detentor da guarda, que justifiquem a excepcionalidade da concessão".

O § 5º do art. 42, com a nova redação dada pela Lei n. 12.010/2009, dispõe que, nos casos de divorciados, judicialmente separados e ex-companheiros, "desde que demonstrado efetivo benefício ao adotando, **será assegurada a guarda compartilhada**, conforme previsto no art. 1.584 do Código Civil".

Releva frisar que, por uma *fictio iuris*, a adoção procura imitar a natureza (*adoptio naturam imitatur*). Por essa razão, é inadmissível que uma pessoa seja adotada, sucessiva ou simultaneamente, por duas ou mais pessoas, pois assim como ninguém pode ter mais de um pai pela natureza, também não pode tê-lo artificialmente pela lei. **A adoção cumulativa somente será possível se os dois adotantes forem casados ou viverem em união estável** e desde que o estágio de convivência com o menor tenha sido iniciado **na constância da sociedade conjugal**. Considerando que a mudança de estado civil dos pais atinge necessariamente os filhos, exige-se que acordem sobre a guarda da criança e o regime de visitas[17].

---

[17] Washington de Barros Monteiro, *Curso*, cit., 37. ed., v. 2, p. 340; Caio Mário da Silva Pereira, *Instituições*, cit., v. 5, p. 403; Antônio Chaves, *Adoção*, cit., p. 258.

A proibição tem por fim evitar conflito no poder familiar. **Se, todavia, o primeiro adotante já faleceu, nada obsta que o adotado o seja novamente**. A morte dos adotantes não restaura o poder familiar dos pais naturais (ECA, art. 49), devendo o adotado ser colocado sob tutela.

■ Adoção *post mortem*

A adoção *post mortem* foi introduzida no nosso ordenamento pelo § 5º do art. 42 (atual § 6º) do Estatuto da Criança e do Adolescente, com a seguinte redação:

> "A adoção poderá ser deferida ao adotante que, **após inequívoca manifestação de vontade**, vier a *falecer* no curso do procedimento, antes de prolatada a sentença".

A ideia subjacente ao preceito supratranscrito, segundo Silvio Rodrigues, "é a de que a adoção **só não se aperfeiçoou em razão da morte do adotante**. Por isso é que a lei fala 'no curso do procedimento'. Se o pedido foi formulado, mas a instância por qualquer motivo se extinguiu e, após sua extinção, houve o óbito do requerente, não se defere a adoção, porque a morte subsequente ao pedido não se deu no curso do procedimento. Ocorrendo esses pressupostos, **o juiz deve deferir o pedido de adoção**, gerando a sentença todos os efeitos daquela"[18].

■ Adoção unilateral

O § 1º do art. 41 do Estatuto da Criança e do Adolescente trata da situação bastante comum do cônjuge ou companheiro que traz para a nova união familiar filho havido em outro relacionamento. Dispõe o aludido dispositivo:

> "Se **um dos cônjuges ou concubinos adota o filho do outro**, mantêm-se os vínculos de filiação entre o adotado e o cônjuge ou concubino do adotante e os respectivos parentes".

Onde está escrito "concubino" ou "concubinos" deve-se ler "companheiro" ou "companheiros". Trata-se da espécie conhecida como **"adoção unilateral"**, em que **o cônjuge ou companheiro do adotante não perde o poder familiar**, exercendo-o em conformidade com o art. 1.631 do Código Civil.

Tal modalidade de adoção **somente é possível se não constarem do registro do nascimento os nomes de ambos os pais**, salvo se houver consentimento do pai registrado ou este perder o poder familiar. Depois de efetuada, não se alteram as relações de parentesco que já havia entre o filho e o pai ou mãe e os parentes deste. Como a igualdade de direitos é total, "a mesma situação ocorreria se o filho do cônjuge não

---

[18] *Direito civil*, cit., v. 6, p. 343.

V. a jurisprudência: "Adoção póstuma. Adotante que falece antes do início do procedimento para regularizar a situação do menor. Circunstância que não impede o reconhecimento do vínculo de adoção. Demonstração de forma inequívoca de que era essa a intenção do *de cujus*" (STJ, *RT*, 815/224). "Adotando maior. Outorga via judicial. Admissibilidade. Falecimento da adotante no curso do feito. Fato que não obsta o deferimento do pedido" (*RT*, 750/250). "Adoção *post mortem*. Indeferimento. Promovida a adoção após o falecimento de um dos cônjuges e não demonstrado que o *de cujus* manifestara, em vida, inequívoca vontade de adotar, somente em relação ao supérstite pode ser deferido o pedido" (TJPR, Ap. 96.416-9, 2ª Câm., rel. Des. Telmo Cherem, j. 9-11-2000).

fosse biológico, mas adotado; a nova adoção em nada alteraria as relações de parentesco já constituídas entre o filho, o cônjuge ou companheiro e os parentes destes"[19].

20.6. QUEM PODE SER ADOTADO

No atual regime, tanto a adoção de *menores* quanto a de *maiores* revestem-se das mesmas características, **estando sujeitas a decisão judicial**, em atenção ao comando constitucional de que a **adoção será sempre assistida pelo Poder Público** (CF, art. 227, § 5º). Presentemente, a adoção de criança e adolescente até os 18 anos de idade e a dos maiores de 18 anos é regulada pelo Estatuto da Criança e do Adolescente (Lei n. 12.010/2009, art. 4º).

Exigência de uma diferença mínima de idade entre adotante e adotado

Podem ser adotadas, portanto, todas as pessoas **cuja diferença mínima de idade para com o adotante seja de dezesseis anos**, uma vez que o art. 42, § 3º, do Estatuto da Criança e do Adolescente exige que o adotante seja, "pelo menos, dezesseis anos mais velho do que o adotando".

Anote-se que **nenhuma influência exerce na capacidade passiva da adoção a qualidade da filiação**. Não importa se o adotado é filho havido do casamento dos pais ou não, tenha ou não pais conhecidos. A existência de filho adotivo não constitui impedimento à adoção de outra pessoa. Nenhuma justificação se exige do adotante para nova adoção. Outrossim, a superveniência de filhos não anula os efeitos da adoção realizada quando os cônjuges ou companheiros não tinham filhos[20].

Necessidade de manter unidos os irmãos

O § 4º do art. 28, introduzido pela Lei Nacional da Adoção, explicita a necessidade de manter unidos os irmãos sujeitos a adoção, estatuindo: "Os *grupos de irmãos* serão colocados sob adoção, tutela ou guarda **da mesma família substituta**, ressalvada a comprovada existência de risco de abuso ou outra situação que justifique plenamente a excepcionalidade de solução diversa, procurando-se, em qualquer caso, evitar o rompimento definitivo dos vínculos fraternais".

Adoção de nascituro

O Código Civil de 1916 aludia à possibilidade de se adotar o *nascituro*. Prescrevia o art. 372 do mencionado diploma que "não se pode adotar sem o consentimento do adotado ou de seu representante legal se for incapaz ou nascituro".

A regra não foi reproduzida no Estatuto da Criança e do Adolescente, nem no Código Civil de 2002. Antônio Chaves considera por isso **suprimido de nosso direito** o que chama de "contrassenso do ponto de vista humano e do ponto de vista legal. Do humano, porque a ninguém deveria ser facultado adotar uma criatura que ainda não nasceu, que não se sabe se vai ou não nascer com vida, qual seu sexo, seu aspecto, sua viabilidade, sua saúde etc. Do ponto de vista jurídico, porque a dependência

19 Paulo Luiz Netto Lôbo, *Código Civil*, cit., v. XVI, p. 174.

20 Orlando Gomes, *Direito de família*, p. 374.

em que fica essa adoção, de um acontecimento futuro e incerto, importa numa verdadeira condição, que o art. 375 (*do CC/1916*) não admite"[21].

■ Consentimento dos pais ou representante legal do adotando

O art. 45, *caput*, do Estatuto da Criança e do Adolescente exige o "*consentimento dos* pais ou representante legal do adotando" para a adoção. O § 1º, todavia, **dispensa tal consentimento se os pais forem desconhecidos ou tiverem sido destituídos do poder familiar**.

■ Oitiva da criança ou adolescente

Por seu turno, o § 1º do art. 28 do aludido diploma recomenda: "Sempre que possível, a **criança ou o adolescente será previamente ouvido por equipe interprofissional**, respeitado seu estágio de desenvolvimento e grau de compreensão sobre as implicações da medida, e terá sua opinião devidamente considerada". A nova redação, determinada pela Lei Nacional da Adoção, prevê a atuação dos serviços auxiliares encarregados de assessorar a Justiça da Infância e da Juventude, que passam a ter a atribuição de ouvir a criança e o adolescente acerca do pedido de adoção.

Prescreve, por sua vez, o § 2º do referido dispositivo que, tratando-se de **"maior de 12 (doze) anos de idade, será necessário seu consentimento, colhido em audiência"**. A expressão "colhido em audiência" constitui inovação, que obriga a realização de ato específico de oitiva do adotando pelo juiz, com a presença do representante do Ministério Público.

Como a adoção cria direitos e deveres recíprocos, inclusive a mudança de estado familiar do filho, com ingresso deste numa família que lhe é estranha, só se sujeitará ele a tais contingências **se houver consentido no ato, sendo maior e capaz, ou se, sendo menor, contar mais de 12 anos e houver manifestado sua concordância, em conjunto com os pais**. Tem sido admitida a **anuência posterior**, mediante atos inequívocos, **de pessoa maior**.

No tocante aos menores, **não cabe suprimento judicial do consentimento**, uma vez que o direito de consentir é personalíssimo e exclusivo. Quando os pais do adotando forem conhecidos e detiverem o poder familiar, **o consentimento de ambos será indispensável**, pois o de um não supõe o do outro (ECA, art. 45, *caput*). **A recusa de qualquer dos pais impede a adoção do menor por terceiro.**

Haverá dispensa do consentimento dos pais que tiverem **perdido o poder familiar**.

O consentimento fornecido pelos pais, pelos representantes legais e pelo adotando **pode ser revogado no curso do processo de adoção** e "até a data da publicação da sentença constitutiva da adoção" (ECA, art. 166, § 5º, com a redação dada pela Lei n. 12.010/2009).

■ 20.7. REQUISITOS DA ADOÇÃO

Os principais *requisitos* exigidos pelo Estatuto da Criança e do Adolescente para a adoção são:

[21] *Adoção*, cit., p. 165.

■ **Idade mínima de 18 anos para o adotante** (ECA, art. 42, *caput*).

■ **Diferença de dezesseis anos entre adotante e adotado** (art. 42, § 3º). A adoção imita a natureza. Desse modo, é imprescindível que o adotante seja mais velho *para que possa desempenhar eficientemente o poder familiar.* Conseguintemente, a adoção do maior de 18 anos reclama tenha o adotante no mínimo 34 anos. E, embora com 18 anos já se possa adotar, o adotando, na hipótese, não poderá ter mais de 2 anos.

■ **Consentimento dos pais ou dos representantes legais de quem se deseja adotar**. Trata-se de condição fundamental à concessão da medida. Todavia, o art. 166 do ECA o dispensa, dentre outras hipóteses, se os pais foram "*destituídos do poder familiar*". Tal destituição só pode ser feita com rigorosa observância de **procedimento contraditório** (ECA, art. 24). Se, por exemplo, a mãe deixa o filho em total abandono, sendo desconhecido o pai, o processo de adoção deve ser precedido, obrigatoriamente, da destituição. Esta pode ser requerida cumulativamente ao pedido de adoção, como pressuposto lógico de seu deferimento[22]. Tem sido proclamada, inclusive, a **desnecessidade de expressa cumulação de pedido de destituição do poder familiar**, sendo este *pressuposto lógico do pedido*, quando implicitamente conste da finalidade da adoção, referindo-se a inicial a respeito do seu exercício irregular por parte da genitora[23]. Quando os titulares do poder familiar *não são localizados*, devem ser **citados por edital**. Cumpridas todas as formalidades legais, "e decretada a destituição por sentença passada em julgado, **a autoridade judiciária, ao deferir a adoção, suprirá o consentimento paterno**"[24]. Segundo o texto em vigor, a decretação da perda do poder familiar terá de ser feita no máximo em 120 dias após o encaminhamento do processo à autoridade judicial. Quando houver recurso nos procedimentos de adoção, o processo terá de ser julgado no prazo máximo de 60

---

22 "Adoção. Criança. Destituição do poder familiar que constitui pressuposto lógico do pedido. Necessidade de que a inicial aponte causa eficiente para tanto e de que seja observado o contraditório" (*RT*, 785/211). "Adoção. Cumulação com pedido de destituição do poder familiar. Desinteresse do genitor em relação à vida da filha, de molde a configurar descumprimento injustificado dos deveres e obrigações a que se refere o art. 22 do ECA. Adoção que representa reais vantagens para a adotada. Deferimento" (TJSP, Ap. 56.153-0, rel. Des. Jesus Lofrano, j. 30-3-2000). "Em caso de abandono de menor pelo pai biológico, que se encontra em local incerto, é possível a adoção com o consentimento da mãe, sem a prévia ação de destituição do poder familiar do genitor. De acordo com a jurisprudência do STJ, é desnecessária a prévia ação para destituição do poder paterno" (STJ, 4ª T., rel. Min. Luis Felipe Salomão, in <http://www.editoramagister.com> de 20-10-2011).

23 TJSP, Ap. 74.991-0/8-Campos do Jordão, rel. Des. Fábio Quadros, j. 20-11-2000; Ap. 75.887-0/0-ES. do Pinhal, rel. Des. Nuevo Campos, j. 13-11-2000. *V.* ainda: "Adoção. Decisão que deferiu o pedido que não contou com a concordância dos pais biológicos. Inexistência de prévia destituição do poder familiar ou de pedido cumulativo. Sentença que foi além do pedido e dispôs sobre a destituição. Recurso provido para anular a decisão" (TJSP, Ap. 79.022-0/3-Pres. Prudente, rel. Des. Fábio Quadros, j. 2-4-2002).

24 Caio Mário da Silva Pereira, *Instituições*, cit., v. 5, p. 405.

dias. **O adotado terá o direito de conhecer sua origem biológica e acesso irrestrito ao processo que resultou em sua adoção**, caso tenha interesse. Esse direito é estendido aos seus descendentes que queiram conhecer a história familiar.

- **Concordância do adotando, se contar mais de 12 anos**. Prescreve, efetivamente, o § 2º do art. 28, como já dito, que, tratando-se de "maior de 12 (doze) anos de idade, será necessário seu consentimento, *colhido em audiência*".
- **Processo judicial** (art. 47, *caput*). A adoção, seja a de menor ou a de maior de idade, deve sempre obedecer a *processo judicial* (ECA, art. 47; CC, art. 1.619). Sobreleva relembrar que o Estatuto da Criança e do Adolescente prevê **procedimentos próprios para a adoção de menores de 18 anos** (arts. 165 a 170), sob a **competência do Juiz da Infância e da Juventude** (art. 148, III).
- **Efetivo benefício para o adotando**. O art. 43 do ECA se refere a "reais vantagens para o adotando".

Tais requisitos foram comentados em linhas gerais nos itens anteriores. Acresça-se que, embora não explicitado no Código Civil, é necessário também, para aperfeiçoamento da adoção, **o consentimento dos adotantes**.

- **Ato personalíssimo e exclusivo**

A adoção constitui ato *personalíssimo e exclusivo*, como já foi dito. Destarte, **não pode**, por exemplo, uma pessoa, que tenha sido criada desde tenra idade por outra, **exigir o reconhecimento, por sentença, de sua condição de filho adotivo**. Por sua natureza *contratual*, ao lado da *institucional*, a adoção exige **convergência das vontades** do adotante e do adotado, não podendo operar-se pela vontade de uma só pessoa. Constitui em realidade uma faculdade jurídica do adotante, em relação ao qual os filhos havidos do casamento não têm nenhuma interferência e nem devem, por isso, ser ouvidos. O art. 165, I, do Estatuto da Criança e do Adolescente **requer, porém, a anuência do cônjuge ou companheiro do adotante**.

- **Estágio de convivência**

A adoção dos menores de 18 anos requer o preenchimento ainda de outro requisito: o *estágio de convivência*, **a ser promovido obrigatoriamente**, só podendo ser **dispensado** "se o adotando já estiver sob a tutela ou guarda legal do adotante durante tempo suficiente para que seja possível avaliar a conveniência da constituição do vínculo" (ECA, art. 46, § 1º, com a redação dada pela Lei n. 12.010/2009).

O novo § 3º do art. 46 do ECA, introduzido pela Lei Nacional da Adoção, trata do estágio de convivência na hipótese de **adoção internacional**, antes disciplinada pelo § 2º do aludido dispositivo legal. A novidade é que o **prazo mínimo de estágio foi unificado para trinta dias**, independentemente da idade da criança ou do adolescente.

A finalidade do estágio de convivência é "**comprovar a compatibilidade entre as partes e a probabilidade de sucesso na adoção**. Daí determinar a lei a sua dispensa, quando o adotando já estiver na companhia do adotante durante tempo suficiente para se poder avaliar a conveniência da constituição do vínculo"[25]. A prova do estágio de convivência é, entretanto, indispensável na adoção por estrangeiro (ECA, art. 46, § 3º, com a redação dada pela Lei n. 12.010/2009).

Competência do Juízo de Família

Sendo o adotado maior, será *competente o Juízo de Família* para a apreciação e deferimento da medida, não se dispensando a efetiva assistência do Poder Público. O juiz da Vara de Família averiguará se foram ou não cumpridos os requisitos legais e se a adoção é conveniente para o adotado. Não há limite de idade para o adotando.

Invalidade da adoção

A adoção pode ser **judicialmente declarada nula**, desde que ofendidas as prescrições legais (CC, **art. 166, V e VI**). Todavia, a natureza benéfica do instituto afasta o extremado rigor no exame das formalidades legais. A adoção pode ser declarada **nula** se:

- o adotante não tiver mais de 18 anos (ECA, art. 42);
- o adotante não for pelo menos dezesseis anos mais velho que o adotado (art. 42, § 3º);
- duas pessoas, sem serem marido e mulher ou conviventes, adotarem a mesma pessoa (art. 42, § 2º);
- o tutor ou o curador não tiver prestado contas (art. 44);
- houver vício resultante de simulação ou de fraude à lei (arts. 167 e 166, VI).

A **anulabilidade**, por outro lado, pode resultar de:

- falta de assistência do pai, tutor ou curador, ao consentimento do adotado relativamente incapaz (CC, art. 171, I);
- vício de consentimento do adotante, do adotado e do representante legal deste, proveniente de erro, dolo, coação, lesão e estado de perigo (art. 171, II).

20.8. EFEITOS DA ADOÇÃO

Os principais efeitos da adoção podem ser de ordem *pessoal* e *patrimonial*.

Os de **ordem pessoal** dizem respeito:

- ao parentesco;
- ao poder familiar; e
- ao nome.

Os de **ordem patrimonial** concernem:

- aos alimentos; e
- ao direito sucessório.

[25] Silvio Rodrigues, *Direito civil*, cit., v. 6, p. 345.

■ 20.8.1. Efeitos de ordem pessoal

■ *20.8.1.1. Parentesco*

A adoção gera um *parentesco* entre adotante e adotado, chamado de **civil**, mas em tudo equiparado ao consanguíneo (CF, art. 227, § 6º). Preceitua, com efeito, o art. 41, *caput*, do Estatuto da Criança e do Adolescente:

> "A adoção atribui **a condição de filho** ao adotado, com os mesmos direitos e deveres, inclusive sucessórios, desligando-o de qualquer vínculo com pais e parentes, salvo os impedimentos matrimoniais".

Essa a principal característica da adoção, nos termos em que se encontra estruturada no Código Civil. Ela promove a **integração completa** do adotado na família do adotante.

■ Momento inicial da produção de efeitos

A adoção, no sistema do Estatuto da Criança e do Adolescente, produz seus efeitos **"a partir do trânsito em julgado da sentença"** que a deferiu, exceto no caso de adoção *post mortem*, **"caso em que terá força retroativa à data do óbito"** (ECA, art. 47, § 7º), como comentado no item n. 20.5, *retro*.

■ Irrevogabilidade da adoção

A irrevogabilidade da adoção, que era prevista no art. 48 do ECA, foi deslocada pela Lei Nacional da Adoção para o § 1º do art. 39, que proclama: "A adoção é medida **excepcional e irrevogável**, à qual se deve recorrer apenas quando esgotados os recursos de manutenção da criança ou adolescente na família natural ou extensa, na forma do parágrafo único do art. 25 desta Lei"[26].

■ Novo registro de nascimento

A sentença será inscrita no registro civil **mediante mandado**. Estatui o art. 47, §§ 1º e 2º, do Estatuto da Criança e do Adolescente que a inscrição da sentença de adoção **consignará os nomes dos adotantes como pais**, bem como o nome de seus ascendentes, sendo que o mandado judicial, que será arquivado, cancelará o registro original do adotado. **Nenhuma observação sobre a origem da adoção poderá constar das certidões de registro** (art. 47, § 4º). O intuito é fazer com que caia no esquecimento a paternidade biológica e haja uma integração total do adotado na família do adotante.

O § 3º do aludido art. 47 do ECA, introduzido pela Lei n. 12.010/2009, dispõe que, "a pedido do adotante, **o novo registro poderá ser lavrado no Cartório do Registro Civil do município de sua residência**". A inovação é importante porque evita que o adotante tenha que explicar para a criança ou adolescente o motivo pelo qual seu registro foi feito em cidade diversa daquela em que tem residência.

■ Reciprocidade do direito sucessório

Dispõe o art. 41, § 2º, do Estatuto da Criança e do Adolescente:

---

[26] A relação, cit., p. 33.

"É **recíproco o direito sucessório** entre o adotado, seus descendentes, o adotante, seus ascendentes, descendentes e colaterais até o 4º grau, observada a ordem de vocação hereditária".

20.8.1.2. *Poder familiar*

Com a adoção, o filho adotivo é **equiparado ao consanguíneo** sob todos os aspectos, ficando sujeito ao *poder familiar*, transferido do pai natural para o adotante com todos os direitos e deveres que lhe são inerentes, especificados no art. 1.634 do Código Civil, inclusive administração e usufruto de bens (art. 1.689).

Como a adoção **extingue o poder familiar dos pais biológicos** (art. 1.635, IV) e atribui a situação de filho ao adotado, "desligando-o de qualquer vínculo com pais e parentes, salvo os impedimentos matrimoniais" (ECA, art. 41, *caput*), **deverá o menor ser colocado sob tutela em caso de morte do adotante**, uma vez que o aludido poder não se restaura.

20.8.1.3. *Nome*

No tocante ao nome, prescreve o art. 47, § 5º, do ECA, com a redação que lhe foi dada pela Lei n. 12.010/2009:

"A sentença conferirá ao adotado **o nome do adotante** e, a pedido de qualquer deles, poderá determinar a modificação do prenome".

Acrescenta o § 6º:

"Caso a modificação de prenome seja *requerida pelo adotante*, **é obrigatória a oitiva do adotando**, observado o disposto nos §§ 1º e 2º do art. 28 desta Lei".

Nesse caso, são observados, ainda, o estágio de desenvolvimento da criança ou adolescente e seu grau de compreensão sobre as implicações da medida, bem como seu consentimento em audiência se se tratar de maior de doze anos.

O *sobrenome* dos pais adotantes é **direito do adotando**. Mais se acentua a correta finalidade da norma em apreço quando os adotantes já têm outros filhos, biológicos ou adotados. Nesse caso, o sobrenome deve ser comum, para não gerar discriminação, vedada constitucionalmente.

Nessa linha, tem-se decidido:

"Adoção. Registro de nascimento. **Pedido de retificação para que sejam colocados os nomes dos pais dos adotantes, em lugar daqueles dos genitores biológicos. Admissibilidade**. Circunstância em que a denegação da pretensão significa perpetuar discriminações injustas, trazendo constrangimentos ao adotado, aos adotantes e aos seus familiares"[27].

[27] *RT*, 812/319, 766/372. *V.* ainda: "Registro civil. Assento de nascimento. Pretensão à substituição dos nomes dos avós consanguíneos pelos avós adotivos. Cabimento. Recurso provido" (*JTJ*, Lex, 260/36).

O pedido de mudança do prenome deve ser formulado desde logo, na petição inicial. Tal alteração constitui exceção à regra sobre a imutabilidade de prenome (Lei n. 6.015/73, art. 58). Geralmente é solicitada quando o adotado é de tenra idade e ainda não atende pelo prenome original. Tendo em vista que os pais têm o direito de escolher o prenome dos filhos, e que a adoção procura imitar a natureza e a família, **permite a lei que os adotantes também escolham o prenome do adotado**, como se, por uma *fictio iuris*, acabassem de ter um filho natural, ouvido, porém, o adotando, conforme a nova regulamentação. Sendo o nome um direito da personalidade (CC, art. 16), incorpora-se ao adotado e transmite-se aos seus descendentes.

■ 20.8.2. Efeitos de ordem patrimonial

Os efeitos de ordem patrimonial, como já dito, concernem a *alimentos* e ao *direito sucessório*:

■ *20.8.2.1. Alimentos*

São devidos *alimentos*, **reciprocamente**, entre adotante e adotado, pois tornam-se parentes. A prestação de alimentos é **decorrência normal do parentesco** que então se estabelece. São devidos alimentos pelo *adotante* nos casos em que o são pelo pai ao filho biológico.

Quanto aos *adotados*, ao direito de receberem alimentos enquanto menores, e enquanto maiores se impossibilitados de prover ao próprio sustento, corresponde a obrigação de prestarem tal assistência quando capazes economicamente e necessitarem os pais.

O *adotante*, enquanto no exercício do poder familiar, é **usufrutuário e administrador dos bens do adotado** (CC, art. 1.689, I e II), como compensação pelas despesas com sua educação e manutenção, em substituição ao pai natural.

■ *20.8.2.2. Direito sucessório*

Com relação ao *direito sucessório*, o filho adotivo concorre, hoje, **em igualdade de condições** com os filhos de sangue, em face da paridade estabelecida pelo art. 227, § 6º, da Constituição e do disposto no art. 1.628 do Código Civil[28]. Em consequência, os direitos hereditários envolvem também a **sucessão dos avós e dos colaterais**, tudo identicamente como acontece na filiação biológica.

[28] "Sucessão. Adotante que possuía filhos biológicos. Exclusão do adotado da sucessão hereditária. Admissibilidade, se a abertura sucessória ocorreu antes do advento da Constituição Federal de 1988. Aplicação, na espécie, do art. 377 do CC/1916" (*RT*, 787/228). "Adoção. Direito sucessório. Art. 227, § 6º, da CF/1988. Hoje está vigendo o sentido da 'paternidade responsável, *ex vi* art. 226, § 7º, de nossa Carta Magna'. Não pode haver distinção entre filho legítimo, legitimado, os legalmente reconhecidos e os adotivos. Recurso não provido" (TJRJ, AgI 1.085/95, 6ª Câm. Cív., rel. Des. Luiz Carlos Perlingeiro, j. 12-12-1995).

Na linha *colateral*, na falta de parentes mais próximos, o adotivo, como acontece com o filho biológico, **sucede até o quarto grau**, isto é, pode ser contemplado no inventário por morte dos tios (art. 1.839 do Código Civil).

Nesse sentido é expresso o art. 41, § 2º, do Estatuto da Criança e do Adolescente:

> "É **recíproco o direito sucessório** entre o adotado, seus descendentes, o adotante, seus ascendentes, descendentes e colaterais até o 4º grau, observada a ordem de vocação hereditária".

Desaparece qualquer parentesco com os pais consanguíneos. "Por outras palavras, não há sucessão por morte dos parentes de sangue, eis que afastados todos os laços de parentesco"[29].

Aplicam-se ao filho adotado e ao adotante as hipóteses legais de **deserdação** e de **exclusão da sucessão por indignidade** elencadas nos arts. 1.962, 1.963 e 1.814 do Código Civil.

O Tribunal de Justiça da Paraíba manteve a condenação de um casal ao pagamento de uma indenização de cem salários mínimos por danos morais pelo fato de terem desistido da guarda provisória de duas irmãs menores, obtida por processo de adoção pelo qual conviveram com os pais adotivos pelo período de três anos. Afirmou o relator ser "incontestável que a situação trouxe sensação de abandono para as infantes que, após três anos vivenciando uma rotina familiar, criaram mais do que uma expectativa de vida em família. Elas desenvolveram um senso de segurança e um vínculo afetivo com o casal recorrente"[30].

■ 20.9. ADOÇÃO INTERNACIONAL

As normas do **Código Civil não incidem na adoção por estrangeiros**, pois o art. 52 do Estatuto da Criança e do Adolescente, com a redação dada pela Lei n. 12.010/2009, dispõe que "a adoção internacional observará o procedimento previsto nos arts. 165 a 170 desta Lei", com as adaptações estabelecidas em 8 incisos e 15 parágrafos.

Aplicam-se à hipótese a regulamentação estabelecida nos arts. 51 e 52-D do **Estatuto da Criança e do Adolescente e os princípios do Decreto n. 3.087/99**, que ratificou a "Convenção Relativa à Proteção e Cooperação Internacional em Matéria de Adoção Internacional" aprovada em Haia, em 29 de maio de 1993. O Ministério da Justiça passou a exercer as funções da *Autoridade Central* indicada no Documento Internacional[31].

O **estrangeiro radicado no Brasil poderá adotar em igualdade de condições com os nacionais**, mesmo que a lei de seu país de origem ignore o instituto da ado-

---

29 Arnaldo Rizzardo, *Direito de família*, p. 593.

30 TJPA, rel. Des. José Ricardo Porto, *in* Revista *Consultor Jurídico* de 8-3-2020 (não publicado o número da apelação, por se tratar de segredo de justiça).

31 Caio Mário da Silva Pereira, *Instituições*, cit., v. 5, p. 408.

ção, uma vez que prevalece entre nós a lei do domicílio, como estabelece o art. 7º da Lei de Introdução às Normas do Direito Brasileiro. Por sua vez, o art. 5º, *caput*, da Constituição Federal estatui que nenhuma diferença haverá entre estrangeiro domiciliado no Brasil e o nacional.

■ Preferência por adotante brasileiro

Dispõe o art. 31 do Estatuto da Criança e do Adolescente:

> "A colocação em família substituta estrangeira constitui medida excepcional, somente admissível na modalidade de adoção".

A redação do dispositivo sugere que a adoção deve ser deferida **preferencialmente a brasileiro**, sendo excepcional a adoção por estrangeiros. Nessa linha decidiu o Superior Tribunal de Justiça:

> "A adoção por estrangeiros é medida excepcional que, além dos cuidados próprios que merece, deve ser deferida somente depois de esgotados os meios para a adoção por brasileiros. Existindo no Estado de São Paulo o Cadastro Central de Adotantes, impõe-se ao Juiz consultá-lo antes de deferir a adoção internacional"[32].

Em outros casos, todavia, tem-se decidido que "o fato de ser dada preferência a casal brasileiro **não pode prevalecer em situações que tragam maiores vantagens para o adotado**"[33].

A **preferência por adotante brasileiro** foi reiterada no art. 51, § 1º, II, do Estatuto da Criança e do Adolescente, com a redação dada pela Lei n. 12.010/2009, que estabelece:

> "§ 1º A adoção internacional de criança ou adolescente brasileiro ou domiciliado no Brasil somente terá lugar quando restar comprovado:
>
> (...)
>
> II — que foram esgotadas todas as possibilidades de colocação da criança ou adolescente em família substituta brasileira, após consulta aos cadastros mencionados no art. 50 desta Lei".

■ Estágio de convivência

O Estatuto da Criança e do Adolescente prevê o estágio de convivência entre o adotando e o estrangeiro adotante de, **no mínimo, trinta dias, independentemente da idade da criança ou adolescente** (art. 46, § 3º).

Verificada, após estudo realizado pela Autoridade Central Estadual, a compatibilidade da legislação estrangeira com a nacional, **além do preenchimento por parte dos postulantes dos requisitos objetivos e subjetivos** necessários ao seu deferi-

---

[32] REsp 196.406-SP, 4ª T., rel. Min. Ruy Rosado de Aguiar, j. 9-3-1999.

[33] *RT*, 757/300. *V.* ainda: "Adoção. Casal estrangeiro. Pretendida obstaculização do ato pelo tardio interesse de casal brasileiro, sob o argumento da preferência dos nacionais. Inadmissibilidade, mormente se o casal do exterior satisfez todos os requisitos exigidos em lei, inclusive cumprindo satisfatoriamente o período de adaptação" (*RT*, 796/352).

mento, tanto à luz do que dispõe o Estatuto da Criança e do Adolescente como da legislação do país de acolhida, **será expedido laudo de habilitação à adoção internacional, que terá validade por, no máximo, um ano** (art. 52, VII, nova redação).

■ Recurso contra sentença que defere a adoção

A apelação será recebida em seus *efeitos devolutivo e suspensivo* quando interposta contra sentença que deferir a adoção por estrangeiro (art. 198, VI).

■ Regulamentação

A **Convenção** Relativa à Proteção das Crianças e à Cooperação em Matéria de Adoção Internacional retromencionada, aprovada no Brasil pelo Decreto Legislativo n. 1, de 14 de janeiro de 1999, e promulgada pelo Decreto n. 3.087, de 21 de junho de 1999, está inspirada na ideia de que **a adoção internacional pode apresentar a vantagem de dar uma família permanente à criança para quem não se possa encontrar uma família adequada em seu país de origem**, e na necessidade de prever medidas para garantir que as adoções internacionais sejam feitas no **interesse superior da criança** e com respeito a seus direitos fundamentais, assim como para prevenir o sequestro, a venda ou o tráfico de crianças.

Em princípio, estrangeiros e brasileiros **residentes fora do país** devem submeter os documentos para adoção à Autoridade Central do país de acolhida, que emitirá um relatório e o encaminhará à Autoridade Central Estadual, com cópia para a Autoridade Central Federal brasileira (ECA, art. 52, I a III).

A Secretaria de Estado dos Direitos Humanos, do Ministério da Justiça, regulamentou **o credenciamento das organizações** que atuam em adoção internacional no Estado Brasileiro, mediante a Portaria SDH n. 14, de 27 de julho de 2000.

O *credenciamento das organizações* é **requisito obrigatório** para efetuar quaisquer procedimentos perante as Autoridades Centrais dos Estados Federados e do Distrito Federal, sendo necessário que:

- estejam devidamente credenciadas pela Autoridade Central de seu país de origem;
- tenham solicitado ao Ministério da Justiça autorização para funcionamento no Brasil, para fins de reconhecimento da personalidade jurídica;
- estejam de posse do registro assecuratório de caráter administrativo federal na órbita policial de investigação, obtido junto ao Departamento de Polícia Federal;
- persigam unicamente fins não lucrativos;
- sejam dirigidas e administradas por pessoas qualificadas por sua integridade moral e por sua formação ou experiência para atuar na área de adoção internacional[34].

O art. 52 do Estatuto da Criança e do Adolescente, com a redação dada pela Lei n. 12.010/2009, especifica, nos §§ 3º a 15, os **requisitos obrigatórios para a atuação de organismos credenciados**.

---

[34] Paulo Luiz Netto Lôbo, *Código Civil*, cit., v. XVI, p. 185.

■ 20.10. RESUMO

DA ADOÇÃO	
CONCEITO	■ A adoção é negócio bilateral e solene, pelo qual alguém estabelece, irrevogável e independentemente de qualquer relação de parentesco consanguíneo ou afim, um vínculo jurídico de filiação, trazendo para sua família, na condição de filho, pessoa que geralmente lhe é estranha.
NATUREZA JURÍDICA	■ A adoção é negócio bilateral e solene. Todavia, a partir da CF/88, passou a constituir-se por ato complexo, a exigir sentença judicial, destacando-se o ato de vontade e o nítido caráter institucional (CF, art. 227, § 5º).
ATUAL DISCIPLINA	■ No sistema da Lei n. 12.010/2009, que alterou o ECA, a adoção compreende tanto a de crianças e adolescentes como a de maiores, exigindo procedimento judicial em ambos os casos (ECA, art. 47; CC, art. 1.619, com a redação dada pela referida lei). Descabe, portanto, qualquer adjetivação. Manteve-se a atribuição exclusiva do Juiz da Infância e da Juventude para conceder a adoção e observar os procedimentos previstos no mencionado Estatuto, no tocante aos menores de dezoito anos.
PRINCIPAIS REQUISITOS	**a)** idade mínima de 18 anos para o adotante (ECA, art. 42); **b)** diferença de 16 anos entre adotante e adotado (ECA, art. 42, § 3º); **c)** consentimento dos pais ou dos representantes legais de quem se deseja adotar; **d)** consentimento deste, colhido em audiência, se contar mais de 12 anos (ECA, art. 28, § 2º); **e)** processo judicial (CC, art. 1.623); **f)** efetivo benefício para o adotando (ECA, art. 43).
EFEITOS	■ **De ordem pessoal** a) ***Parentesco***: embora chamado de civil, é em tudo equiparado ao consanguíneo (CF, art. 227, § 6º; CC, art. 1.626). b) ***Poder familiar***: transfere-se do pai natural para o adotante. c) ***Nome***: confere ao adotado o sobrenome do adotante, podendo determinar a modificação de seu prenome (ECA, art. 47, § 5º). ■ **De ordem patrimonial** a) ***Alimentos***: são devidos reciprocamente, entre adotante e adotado, pois tornam-se parentes (CC, art. 1.694). b) ***Direito sucessório***: o filho adotivo concorre em igualdade de condições com os filhos de sangue, em face da paridade estabelecida pelo art. 227, § 6º, da CF e do disposto no § 2º do art. 41 do ECA.

21

DO PODER FAMILIAR

■ 21.1. CONCEITO

Poder familiar é o conjunto de **direitos e deveres atribuídos aos pais**, no tocante à **pessoa e aos bens dos filhos menores**. Segundo Silvio Rodrigues, "é o conjunto de direitos e deveres atribuídos aos pais, em relação à pessoa e aos bens dos filhos não emancipados, tendo em vista a proteção destes"[1].

O instituto em apreço resulta de uma necessidade natural. Constituída a família e nascidos os filhos, não basta alimentá-los e deixá-los crescer à lei da natureza, como os animais inferiores. **Há que educá-los e dirigi-los**[2].

O ente humano necessita, "durante sua infância, de quem **o crie e eduque, ampare e defenda, guarde e cuide dos seus interesses**, em suma, tenha a regência de sua pessoa e seus bens. As pessoas naturalmente indicadas para o exercício dessa missão são **os pais**. A eles confere a lei, em princípio, esse ministério"[3], organizando-o no instituto do **poder familiar**.

■ Múnus público

Modernamente, graças à influência do Cristianismo, o poder familiar constitui um conjunto de deveres, transformando-se em instituto de caráter eminentemente protetivo, que transcende a órbita do direito privado para ingressar no âmbito do direito público. **Interessa ao Estado, com efeito, assegurar a proteção das gerações novas**, que representam o futuro da sociedade e da nação. Desse modo, o poder familiar nada mais é do que um ***munus* público, imposto pelo Estado aos pais**, a fim de que zelem pelo futuro de seus filhos. Em outras palavras, o poder familiar é instituído no interesse dos filhos e da família, não em proveito dos genitores, em atenção ao *princípio da paternidade responsável* insculpido no art. 226, § 7º, da Constituição Federal[4].

---

1 *Direito civil*, v. 6, p. 356.

2 Cunha Gonçalves, *Direitos de família e direitos das sucessões,* p. 307.

3 Orlando Gomes, *Direito de família*, p. 389.

4 Washington de Barros Monteiro, *Curso de direito civil*, 37. ed., v. 2, p. 346; Silvio Rodrigues, *Direito civil*, cit., v. 6, p. 355.

■ 21.2. CARACTERÍSTICAS

O poder paternal faz parte do estado das pessoas e por isso **não pode ser *alienado* nem *renunciado*, *delegado* ou *substabelecido***. Qualquer convenção, em que o pai ou a mãe abdiquem desse poder, será nula[5].

O aludido instituto constitui, como foi dito, um *múnus público*, pois ao Estado, que fixa normas para o seu exercício, interessa o seu bom desempenho. É, portanto:

- **Irrenunciável**, incompatível com a transação.
- **Indelegável**[6], não podendo os pais renunciá-lo, nem transferi-lo a outrem. Do contrário, estar-se-ia permitindo que, por sua própria vontade, retirassem de seus ombros uma obrigação de ordem pública, ali colocada pelo Estado. A **única exceção** é a prevista no art. 166 do Estatuto da Criança e do Adolescente, sob a forma de **adesão ao pedido de colocação do menor em família substituta, mas feita em juízo** (geralmente em pedidos de adoção, que transfere aos adotantes o poder familiar), cuja conveniência será examinada pelo juiz.
- **Imprescritível**, no sentido de que **dele o genitor não decai** pelo fato de não exercitá-lo, somente podendo perdê-lo na forma e nos casos expressos em lei.
- **Incompatível com a tutela**, não se podendo nomear tutor a menor cujos pais não foram suspensos ou destituídos do poder familiar.
- **De incidência sobre os filhos, enquanto menores**. Preceitua o art. 1.630 do Código Civil que "os filhos estão sujeitos ao poder familiar, enquanto menores". O dispositivo abrange os **filhos menores não emancipados, havidos ou não no casamento, ou resultantes de outra origem, desde que reconhecidos** (uma vez que somente o reconhecimento estabelece, juridicamente, o parentesco), **bem como os adotivos**. A menoridade cessa *aos 18 anos completos* (CC, art. 5º), quando o jovem fica habilitado à prática de todos os atos da vida civil. **Extingue-se nessa idade**, pois, em virtude da mudança havida na legislação civil, o poder familiar, **ou antes, se ocorrer a emancipação** em razão de alguma das causas indicadas no parágrafo único do aludido artigo.

■ 21.3. TITULARIDADE DO PODER FAMILIAR

A **igualdade completa** no tocante à *titularidade e exercício do poder familiar pelos cônjuges* só se concretizou com o advento da **Constituição Federal de 1988**, cujo art. 226, § 5º, dispôs:

> "Os direitos e deveres referentes à sociedade conjugal são *exercidos igualmente* pelo homem e pela mulher".

Em harmonia com o aludido mandamento, estabeleceu o **Estatuto da Criança e do Adolescente**, no art. 21:

---

5 Cunha Gonçalves, *Direitos de família*, cit., p. 308.

6 "Como conjunto de obrigações, tratando-se de ônus, o poder familiar é irrenunciável e indelegável" (*JSTJ*, 123/243).

> "O pátrio poder deve ser exercido, *em igualdade de condições, pelo pai e pela mãe*, na forma que dispuser a legislação civil, assegurado a qualquer deles o direito de, em caso de discordância, recorrer à autoridade judiciária competente para a solução da divergência".

O **Código Civil de 2002**, nessa trilha, atribui o poder familiar a ambos os pais, em igualdade de condições, dispondo, no art. 1.631:

> "Durante o casamento e a união estável, *compete o poder familiar aos* ***pais***; na falta ou impedimento de um deles, o outro o exercerá com exclusividade".

Nesse exercício conjunto, divergindo os pais, "é assegurado a qualquer deles recorrer ao juiz para solução do desacordo" (parágrafo único).

■ Múnus decorrente da filiação, e não do casamento ou união estável

A redação do citado dispositivo tem sido criticada, pois **o poder familiar não está necessariamente vinculado ao casamento**. E, na união estável, enquanto não houver previsão legislativa, não vigora a presunção *pater is est*, dependendo a filiação jurídica do reconhecimento feito pelo genitor. O poder familiar decorre do reconhecimento dos filhos por seus genitores, independentemente da origem do seu nascimento.

Na realidade, **independentemente do vínculo entre os pais**, desfeito ou jamais ocorrido, **ambos os genitores** exercem **em conjunto** o poder familiar. Bastaria, pois, que o dispositivo em apreço estabelecesse que "o poder familiar será exercido, em igualdade de condições, **pelo pai e pela mãe**...", visto que o aludido *múnus* decorre da filiação, não do casamento ou união estável[7].

Embora o Código silencie quanto às demais entidades familiares tuteladas explícita ou implicitamente pela Constituição, a norma deve ser entendida como abrangente de todas elas. Assim, o poder familiar compete também aos que se identifiquem como **pai ou mãe do menor, na família monoparental**[8].

■ Inalterabilidade do poder familiar em caso de separação dos pais

A separação judicial, o divórcio e a dissolução da união estável **não alteram o poder familiar**, *com exceção da guarda*, que representa uma pequena parcela desse poder e fica com um deles (CC, art. 1.632), assegurando-se ao outro o direito de visita e de fiscalização da manutenção e educação por parte do primeiro.

O exercício por ambos fica prejudicado, havendo na prática uma espécie de repartição entre eles, com um enfraquecimento dos poderes por parte do genitor *privado da guarda*, porque o outro os exercerá em geral individualmente.

■ Filho havido fora do casamento ou da união estável

O filho havido fora do casamento **ficará sob o poder do genitor que o reconheceu**. Se ambos o reconheceram, **ambos serão os titulares**, mas *a guarda ficará com quem revelar melhores condições para exercê-la*. O Código Civil revogou a norma

---

7 Silvio Rodrigues, *Direito civil*, cit., v. 6, p. 359; Caio Mário da Silva Pereira, *Instituições de direito civil*, v. 5, p. 424.

8 Paulo Luiz Netto Lôbo, *Código Civil*, cit., v. XVI, p. 197.

que atribuía a guarda dos filhos ao cônjuge que não tivesse dado causa à separação judicial, estabelecida no art. 10 da Lei do Divórcio.

"O filho, *não reconhecido pelo pai*, fica **sob poder familiar exclusivo da mãe**; se a mãe não for conhecida ou capaz de exercê-lo, dar-se-á tutor ao menor" (CC, art. 1.633).

A norma cuida da hipótese de filho havido fora do casamento ou da união estável, em consonância com o conceito atual de **família monoparental** do art. 226, § 4º, da Constituição Federal. Se a mãe for desconhecida ou incapaz, o juiz deverá nomear tutor à criança, até que atinja a maioridade ou seja emancipado por sentença judicial.

■ 21.4. CONTEÚDO DO PODER FAMILIAR

Foi dito inicialmente que o poder familiar é representado por um conjunto de regras que engloba direitos e deveres atribuídos aos pais, **no tocante à *pessoa* e aos *bens* dos filhos menores**.

As concernentes à **pessoa dos filhos** são, naturalmente, as mais importantes. As que aludem aos **bens dos filhos** foram deslocadas, no Código de 2002, como inovação, para o Título II, destinado ao direito patrimonial, com a denominação "*Do usufruto e da administração dos bens de filhos menores*" (Subtítulo II). Trata-se, todavia, de matéria relativa ao poder familiar.

■ 21.4.1. Quanto à pessoa dos filhos

O art. 1.634 do Código Civil, com a redação dada pela Lei n. 13.058/2014, enumera os **direitos e deveres** que incumbem aos pais, no tocante à *pessoa dos filhos menores*:

"I — dirigir-lhes a criação e educação;

II — exercer a guarda unilateral ou compartilhada nos termos do art. 1.584;

III — conceder-lhes ou negar-lhes consentimento para casarem;

IV — conceder-lhes ou negar-lhes consentimento para viajarem ao exterior;

V — conceder-lhes ou negar-lhes consentimento para mudarem sua residência permanente para outro Município;

VI — nomear-lhes tutor por testamento ou documento autêntico, se o outro dos pais não lhe sobreviver, ou o sobrevivo não puder exercer o poder familiar;

VII — representá-los, judicial e extrajudicialmente, até os dezesseis anos, nos atos da vida civil, e assisti-los, após essa idade, nos atos em que forem partes, suprindo-lhes o consentimento;

VIII — reclamá-los de quem ilegalmente os detenha;

IX — exigir que lhes prestem obediência, respeito e os serviços próprios de sua idade e condição".

Compete, assim, aos pais, quanto à *pessoa dos filhos menores*:

I — O dever de dirigir-lhes a criação e educação. É o mais importante de todos. Incumbe aos pais velar *não só pelo sustento dos filhos, como pela sua formação*, a fim de torná-los úteis a si, à família e à sociedade. O encargo envolve, pois, além do zelo material, para que o filho fisicamente sobreviva, também o moral, para que, **por meio da educação**, forme seu espírito e seu caráter[9].

■ Crime de abandono material

A infração ao dever de criação configura, em tese, o crime de *abandono material* (CP, art. 244) e constitui **causa de perda do poder familiar** (CC, art. 1.638, II). A *perda deste* **não desobriga os pais de sustentar os filhos**, sendo-lhes devidos alimentos ainda que estejam em poder da mãe, em condições de mantê-los. Não fosse assim, o genitor faltoso seria beneficiado com a exoneração do encargo, que recairia integralmente sobre o outro cônjuge. Ora, a suspensão e a perda do poder familiar constituem **punição, e não prêmio**, ao comportamento faltoso.

■ Crime de abandono intelectual

A infração ao dever de proporcionar ao menos **educação primária** aos filhos caracteriza o crime de *abandono intelectual* (CP, art. 246).

Proclama a Constituição Federal, no art. 205, que a educação, "direito de todos e dever do Estado e da família, será promovida e incentivada com a colaboração da sociedade, visando ao **pleno desenvolvimento da pessoa**, seu preparo para o exercício da cidadania e sua qualificação para o trabalho".

O dever em tela **não se limita, pois, a fornecer instrução ao filho**, pois *a noção de educação é ampla*, incluindo a escolar, moral, política, profissional e cívica.

II — Exercer a guarda unilateral ou compartilhada nos termos do art. 1.584, podendo para tanto reclamá-los de quem ilegalmente os detenha (inc. VIII), por meio de ação de busca e apreensão, pois lhes incumbe fixar o domicílio. Trata-se, com efeito, **de direito e, ao mesmo tempo, dever**, porque aos pais, a quem incumbe criar, incumbe igualmente guardar. Em consequência, a "*entrega de filho a pessoa inidônea*" pode configurar o crime previsto no art. 245 do Código Penal.

■ A guarda dos filhos em caso de separação de fato dos pais

Tal dever-direito cabe a ambos os pais. Nenhum tem mais direito do que o outro. Se estes se encontram *separados de fato*, **a tendência é manter o *statu quo***, deixando-se os filhos com quem se encontram, até que, no procedimento da separação judicial, o juiz resolva definitivamente a situação, devendo dar prioridade à guarda compartilhada. O juiz só estará autorizado a alterar o *statu quo*, na cautelar de busca e apreensão, depois de ouvir o casal, **a bem dos filhos** e se o autor comprovar a existência de **motivos graves**[10].

Embora o Código Civil não regulamente a questão da guarda dos filhos nas ***separações de fato***, a jurisprudência formada com base na Lei do Divórcio utilizava o critério do art. 13, correspondente ao art. 1.586 do Código de 2002, que confere poderes

---

9 Washington de Barros Monteiro, *Curso*, cit., v. 2, p. 350; Silvio Rodrigues, *Direito civil*, cit., v. 6, p. 360.

10 "Busca e apreensão. Filho que está sob a guarda do pai. Inadmissibilidade da medida se o poder familiar é exercido, concomitantemente, por ambos os genitores. Inexistência, ademais, de prova suficiente de que a permanência da situação representa nocividade ao menor em relação a aspectos educacionais ou quanto à sua formação física e moral" (TJSP, Ap. 96.493-4/0, 10ª Câm. Cív., rel. Des. Ruy Camilo, j. 23-3-1999).

ao juiz para, a bem dos menores, decidir de forma diferente dos critérios estabelecidos nos artigos anteriores, desde que comprovada a existência de ***motivos graves***. **Deve-se sempre dar prevalência aos interesses dos menores.**

■ A guarda dos filhos em caso de dissolução da união conjugal ou estável

Dispõe o art. 1.583 do Código Civil que, "no caso de dissolução da sociedade ou do vínculo conjugal pela separação judicial por mútuo consentimento ou pelo divórcio direto consensual, **observar-se-á o que os cônjuges acordarem sobre a guarda dos filhos**". Podem eles, desse modo, acordar, por exemplo, sobre a guarda compartilhada dos filhos, atribuindo-se a eles uma residência principal e ficando a critério dos genitores planejar a convivência em suas rotinas diárias.

■ Responsabilidade dos pais pelos atos ilícitos praticados pelo filho menor

Durante vários anos entendeu a jurisprudência que, sendo o pai responsável pelos atos ilícitos praticados pelo filho menor (CC, art. 932, I), o direito de guarda era indispensável para que pudesse exercer sobre ele a necessária vigilância. Como ambos os pais exercem o poder familiar, afirmava-se que a presunção de responsabilidade, nesse caso, resultava antes da guarda que do poder familiar. **Proclamava-se que, se sob a guarda e em companhia da mãe se encontra o filho, por força de separação judicial ou divórcio, responde esta, e não o pai, pelos atos praticados pelo filho**[11]. Se o fato ocorresse no período de visitas (fins de semana ou férias escolares), em que a guarda do menor, em razão do acordo celebrado nos autos da separação consensual ou divórcio, é transferida provisoriamente para o pai, somente este responderia pelos danos eventualmente causados a terceiros por aquele, pois tinha a obrigação de vigiá-lo.

O entendimento jurisprudencial, entretanto, evoluiu no sentido de persistir a responsabilidade de ambos os pais quanto aos filhos menores, uma vez que o poder familiar não sofre alteração e não se extingue com a separação ou divórcio. Nessa linha, aresto da 4ª Turma do Superior Tribunal de Justiça, nos seguintes termos:

"De toda sorte, **a mera separação do casal, passando os filhos a residir com a mãe, não constitui, salvo em hipóteses excepcionais, fator de isenção da responsabilidade paterna pela criação e orientação da sua prole**"[12].

Apoiam-se os adeptos da referida corrente no art. 1.634 do Código Civil, que disciplina o exercício do poder familiar, bem como nos arts. 227 e 229 da Constituição Federal, que tratam, dentre outros, do dever imposto aos pais, com absoluta

---

[11] "Para que subsista a responsabilidade dos pais pelos atos lesivos dos filhos, é indispensável que os tenham sob seu poder e em sua companhia" (TJSP, AgI 272.833-SP, 6ª Câm., rel. Des. César de Moraes, j. 31-8-1978). "Se o causador do acidente vivia em companhia da mãe, que estava separada de fato do pai, de quem veio a se separar judicialmente, dias após o fato, não pode o pai ser responsabilizado pelo ato de seu filho, já que não exercia sobre ele a autoridade paterna e nem tinha poder de vigilância" (STJ, AgI 29.652-5-RJ, rel. Min. Athos Carneiro, *DJU*, 26-11-1992). No mesmo sentido: *RJTJSP*, Lex, 54/182.

[12] REsp 299.048-SP, 4ª T., rel. Min. Aldir Passarinho Júnior, *DJU*, 3-9-2001.

prioridade, de educar os filhos menores. Tal entendimento tem prevalecido no Superior Tribunal de Justiça, como se pode verificar:

> "O fato de o menor não residir com o genitor, por si só, não configura excludente de responsabilidade civil. Há que se investigar se persiste o poder familiar com todos os deveres/poderes de orientação e vigilância que lhe são inerentes. Precedentes"[13].

Concernente ao tema, o **Enunciado 450 do Conselho da Justiça Federal**: "Considerando que a responsabilidade dos pais pelos atos danosos praticados pelos filhos menores é objetiva, e não por culpa presumida, ambos os genitores, no exercício do poder familiar, são, em regra, solidariamente responsáveis por tais atos, ainda que estejam separados, ressalvado o direito de regresso em caso de culpa exclusiva de um dos genitores".

■ Dever imposto a ambos os pais para contribuir para o sustento dos filhos

Dispõe o art. 1.703 do Código Civil que *ambos os pais devem contribuir para o sustento dos filhos*, **"na proporção de seus recursos"**. Todavia, a falta de meios próprios para sustentar o filho não será, por si, motivo de perda da guarda, nem do poder familiar (ECA, art. 23)[14].

III — Dar ou negar seu consentimento para que o filho se case. Pressupõe-se que ninguém poderá manifestar maior interesse pelo filho do que os seus pais. Daí a razão da prerrogativa a eles concedida. O consentimento deve ser **específico, para o casamento com determinada pessoa**, não bastando ser manifestado em termos gerais.

Em razão da isonomia, no tocante aos direitos e deveres que resultam do casamento, consagrada na Constituição (art. 226, § 5º), **será exigida a anuência de ambos os genitores ou do representante legal**. Havendo *recusa injustificada*, o juiz poderá **suprir o consentimento**, como foi explanado no item 3.1.3, *retro*, ao qual nos reportamos.

IV — Conceder-lhes ou negar-lhes consentimento para viajarem ao exterior. Mesmo nos casos de guarda unilateral, a autorização para viagens do menor ao exterior deve ser dada por ambos os pais, uma vez que o não exercício da guarda compartilhada não implica, necessariamente, a perda do poder familiar.

V — Conceder-lhes ou negar-lhes consentimento para mudarem sua residência permanente para outro Município. A guarda compartilhada assegura a ambos os genitores a responsabilidade conjunta e o exercício de direitos e deveres concernentes ao poder familiar, na mesma medida e na mesma intensidade.

---

[13] STJ, AgRg no ARESP 220.930, 3ª T., rel. Min. Sidnei Beneti, *DJe*, 9-10-2012. No mesmo sentido: REsp 1.436.401-MG, 4ª T., rel. Min. Luis Felipe Salomão, *DJe*, 16-3-2017.

[14] "Guarda. Alteração. Pretensão de modificação por motivos de ordem financeira. Inexistência de fatos prejudiciais à formação moral e psicológica do menor. Prevalência da guarda materna" (TJMG, *Revista Brasileira de Direito de Família*, Síntese-IBDFAM, v. 12, p. 137, em. 1.304). "Pátrio poder. Destituição. Falta de recursos materiais do genitor, que não é motivo suficiente para decretar a medida" (*RT*, 761/371 e 783/258).

Segundo dispõe o art. 1.583, § 3º, do Código Civil, com a redação dada pela Lei n. 13.058/2014, "na guarda compartilhada, a cidade considerada base de moradia dos filhos será aquela que melhor atender aos interesses dos filhos".

VI — Nomear tutor aos filhos por testamento ou documento autêntico, se o outro dos pais não lhe sobreviver, ou o sobrevivo não puder exercer o poder familiar. Aqui também se presume que ninguém melhor que os próprios pais saberá escolher a pessoa a quem confiar a tutela do filho menor.

Como observa Silvio Rodrigues, "esse é o campo da **tutela testamentária**. Ela só se justifica *se o outro cônjuge*, que também é titular do poder familiar, **for morto ou não puder, por alguma incapacidade, exercitar o poder paternal**, pois não pode um dos cônjuges privar o outro de um direito que a lei lhe confere"[15].

VII — Representá-los, judicial e extrajudicialmente, até os 16 anos e assisti-los, após essa idade, nos atos em que forem partes. A incapacidade de fato ou de exercício impede que os menores exerçam, por si sós, os atos da vida civil. A *absoluta* (CC, art. 3º) acarreta a **proibição total do exercício, por si só, do direito**. O ato somente poderá ser praticado pelo representante legal do absolutamente incapaz, sob pena de nulidade (art. 166, I). A *incapacidade relativa* (art. 4º) permite que o incapaz pratique os atos da vida civil, **desde que assistido**, sob pena de anulabilidade (art. 171, I).

As incapacidades, absoluta ou relativa, são supridas, pois, pela **representação** do filho, desde a concepção (CC, art. 2º) até aos 16 anos, e pela **assistência**, após essa idade e até completar 18 anos, nos atos em que for parte. Sempre que, no exercício do poder familiar, *colidir o interesse dos pais com o do filho*, a requerimento deste ou do Ministério Público, "o juiz lhe dará **curador especial**" (CC, art. 1.692).

Morrendo o pai, o poder familiar será exercido unicamente pela mãe, ainda que venha a novamente se casar. **Se esta também falecer**, ou for incapaz de exercer o aludido múnus, a representação ou assistência **caberá ao tutor** nomeado pelos genitores por testamento ou documento público, ou pelo juiz, em falta de tutor nomeado pelos pais (CC, arts. 1.729 e 1.731).

VIII — Reclamá-los de quem ilegalmente os detenha, por meio de ação de busca e apreensão, para exercer o direito e dever de **ter os filhos em sua companhia e guarda**, como foi dito nos comentários ao n. II, *retro*.

O Tribunal de Justiça de São Paulo, tendo em vista a *natureza dúplice da aludida ação*, reconheceu a possibilidade de se inverter a guarda, independentemente de ação movida pelo réu para modificar o acordo de separação judicial, devendo ser aberta oportunidade às partes de produzirem provas[16].

Também o Superior Tribunal de Justiça decidiu, nessa linha, em ação de guarda e regulamentação de visitas movida pelo pai, **que não se fazia necessária a apresentação formal de reconvenção, podendo a mãe conseguir a referida guarda por meio de contestação**. Frisou o relator que "tanto o pai como a mãe podem exercer

[15] *Direito civil*, cit., v. 6, p. 361.

[16] Ap. 75.011-4/9, 2ª Câm. Dir. Priv., rel. Des. Lino Machado, j. 9-6-1998.

de maneira simultânea o direito de ação, pleiteando a guarda da filha menor, sendo que a improcedência do pedido do autor conduz à procedência do pedido de guarda à mãe, restando evidenciada, assim, a *natureza dúplice da ação*"[17].

IX — Exigir que lhes prestem obediência, respeito e os serviços próprios de sua idade e condição (CC, art. 1.634, VII). Para tanto podem os pais até castigá-los fisicamente, desde que o façam **moderadamente**. A aplicação de castigos imoderados caracteriza o crime de maus-tratos, causa de perda do poder familiar (art. 1.638, I).

Assevera Caio Mário da Silva Pereira que, "quanto aos serviços exigidos, **a ideia predominante é a participação**. O filho coopera com o pai, na medida de suas forças e aptidões, devendo ser observadas as normas constitucionais proibitivas no que se refere ao trabalho infantil, salvo na condição de aprendiz (Emenda Constitucional n. 20/98)"[18].

A Lei n. 13.010, de 26 de junho de 2014, conhecida como **"Lei da Palmada"**, ou "Lei Menino Bernardo" por ter este sido vítima de violências praticadas pelo pai e pela madrasta, acrescentou os arts. 18-A, 18-B e 70-A ao Estatuto da Criança e do Adolescente (Lei n. 8.069/90), visando proibir castigos físicos *moderados* ou imoderados no lar, na escola, em instituição de atendimento público ou privado ou em locais públicos.

Preceitua o art. 18-A, acrescido ao Estatuto da Criança e do Adolescente (ECA):

> "Art. 18-A. A criança e o adolescente têm o direito de ser educados e cuidados sem o uso de castigo físico ou de tratamento cruel ou degradante, como formas de correção, disciplina, educação ou qualquer outro pretexto, pelos pais, pelos integrantes da família ampliada, pelos responsáveis, pelos agentes públicos executores de medidas socioeducativas ou por qualquer pessoa encarregada de cuidar deles, tratá-los, educá-los ou protegê-los".

As **práticas vedadas** são indicadas no parágrafo único, *verbis*:

> "Para os fins desta Lei, considera-se:
> I — castigo físico: ação de natureza disciplinar ou punitiva aplicada com o uso da força física sobre a criança ou o adolescente que resulte em: a) sofrimento físico; ou b) lesão;
> II — tratamento cruel ou degradante: conduta ou forma cruel de tratamento em relação à criança ou ao adolescente que: a) humilhe; ou b) ameace gravemente; ou c) ridicularize".

Por sua vez, o art. 18-B, acrescentado ao ECA, dispõe que "Os pais, os integrantes da família ampliada, os responsáveis, os agentes públicos executores de medidas socioeducativas ou **qualquer pessoa encarregada de cuidar de crianças e de adolescentes**, tratá-los, educá-los ou protegê-los que utilizarem castigo físico ou tratamento cruel ou degradante como formas de correção, disciplina, educação ou qualquer outro pretexto **estarão sujeitos, sem prejuízo de outras sanções cabíveis, às seguintes medidas**, que serão aplicadas de acordo com a gravidade do caso: I — encaminhamento a programa oficial ou comunitário de proteção à família; II — enca-

---

17 STJ, 4ª T., rel. Min. Luis Felipe Salomão. Disponível em: <http://www.editoramagister.com>. Acesso em: 26 ago. 2010.

18 *Instituições*, cit., v. 5, p. 431.

minhamento a tratamento psicológico ou psiquiátrico; III — encaminhamento a cursos ou programas de orientação; IV — obrigação de encaminhar a criança a tratamento especializado; V — advertência. Parágrafo único. As medidas previstas neste artigo serão aplicadas pelo Conselho Tutelar, sem prejuízo de outras providências legais".

A lei em epígrafe tem como justificativa o disposto no art. 227 da Constituição Federal, que considera dever da família, da sociedade e do Estado assegurar à criança e ao adolescente, com absoluta prioridade, dentre outros, **o direito à dignidade, além de colocá-los a salvo de toda forma de violência, crueldade e opressão**.

Todavia, tem provocado polêmica por interferir em assunto delicado, qual seja, a forma como os pais devem educar seus filhos. Todos concordam sobre a proibição da imposição de castigos físicos *imoderados* aos filhos. **O consenso deixa de existir, no entanto, quando se pretende proibir a adoção de castigos *moderados* (a chamada "palmadinha")**. Para alguns pais, o projeto representa uma interferência direta do Estado na forma como devem educar os filhos. Afirma-se, por exemplo, que os pais ou responsáveis pelo menor ficarão à mercê da análise subjetiva do autor da denúncia ou dos Conselhos Tutelares, sempre que, de alguma forma, obstarem alguma ação reprovável do menor ou praticarem uma ação que "humilhe" ou "ridicularize" a criança. Critica-se também o rol de sanções cabíveis, consideradas exageradas uma vez que podem conduzir até à perda do poder familiar.

De acordo com o art. 1.689 do Código Civil, o pai e a mãe, enquanto no exercício do poder familiar, "são usufrutuários dos bens dos filhos" e "têm a administração dos bens dos filhos menores sob sua autoridade". Como assinala Flávio Tartuce[19], "esse usufruto legal visa a proteção dos interesses dos filhos menores, devendo ser analisado à luz do princípio do maior interesse". Esse também o entendimento do Superior Tribunal de Justiça, *verbis*:

> "Partindo-se da premissa de que o poder dos pais, em relação ao usufruto e à administração dos bens de filhos menores, não é absoluto, deve-se permitir, em caráter excepcional, o ajuizamento de ação de prestação de contas pelo filho sempre que a causa de pedir estiver fundada na suspeita de abuso de direito no exercício desse poder, como ocorrido na espécie"[20].

■ 21.4.2. Quanto aos bens dos filhos

Os atributos na ordem patrimonial dizem respeito à *administração* e ao direito de *usufruto*. Como já foi dito, o Código Civil de 2002 transferiu toda a seção relativa ao poder familiar **quanto aos bens dos filhos** para o Título II, destinado ao direito patrimonial, com a denominação **"Do usufruto e da administração dos bens de filhos menores"** (Subtítulo II). A matéria é, todavia, concernente ao poder familiar.

Dispõe o art. 1.689 do Código Civil:

[19] *Direito civil*: direito de família, 14. ed., São Paulo: GEN/Forense, 2019.

[20] STJ, REsp 1.623.098-MG, 3ª T., rel. Min. Marco Aurélio Bellizze, *DJe*, 23-3-2018.

"O pai e a mãe, enquanto no exercício do poder familiar:

I — são **usufrutuários** dos bens dos filhos;

II — têm a **administração** dos bens dos filhos menores sob sua autoridade".

21.4.2.1. *Administração dos bens dos filhos menores*

Os pais, em igualdade de condições, são, pois, os *administradores legais* dos bens dos filhos menores sob sua autoridade. *Havendo divergência*, poderá qualquer deles **recorrer ao juiz** para a solução necessária (CC, arts. 1.689, II, e 1.690, parágrafo único). **Não podem, porém, praticar atos que ultrapassem os limites da simples administração.**

Necessidade de autorização judicial para alienar ou gravar de ônus reais os bens imóveis

No exercício do múnus que lhes é imposto, os pais devem zelar pela preservação do patrimônio que administram, não podendo praticar atos dos quais possa resultar uma diminuição patrimonial. Para *alienar ou gravar de ônus reais os bens imóveis dos filhos menores* precisam obter **autorização judicial**, mediante a demonstração da **"necessidade, ou evidente interesse da prole"** (art. 1.691). Expedido o alvará, a venda poderá ser feita a quem melhor pagar, não devendo o preço ser inferior ao da avaliação. Não se exige a oferta em hasta pública.

Competente para processar o pedido **é o juiz do domicílio do menor**, e não o da situação. Se o imóvel, porém, foi recebido em inventário, a competência será do juízo onde este se processar, em virtude da conexidade de causas.

Se a venda se efetivar *sem a autorização judicial*, padecerá de **nulidade, porém relativa, porque só poderá ser oposta pelo próprio filho, seus herdeiros ou seu representante legal** (CC, art. 1.691, parágrafo único). Os poderes dos pais não podem, destarte, ultrapassar os da simples administração, entendida esta como a prática dos atos concernentes à boa conservação e exploração dos bens, pagamento de imposto, defesa judicial, locação de imóveis, venda de móveis, recebimento de juros ou rendas e atos semelhantes. A **simples movimentação e aplicação, pela mãe, de valores pecuniários pertencentes ao filho sob o seu poder familiar não desborda do direito de administrar**, assegurado pelo art. 1.689, II, do Código Civil, não cabendo a imposição de restrição sem a demonstração de motivo plausível que a justifique[21].

Colidência do interesse dos pais com o do filho

Sempre que no exercício do poder familiar colidir o interesse dos pais com o do filho, **"o juiz lhe dará curador especial"** (art. 1.692). Não se exige, para tanto, prova de que o pai pretende lesar o filho. **Basta que se coloquem em situações cujos interesses são aparentemente antagônicos**, como acontece na venda de ascendente a descendente, que depende do consentimento dos demais descendentes. Se um destes for menor, ser-lhe-á nomeado curador especial, para representá-lo na anuência.

[21] *RSTJ*, 69/86.

■ 21.4.2.2. *Direito ao usufruto dos bens dos filhos menores*

Aos pais pertence o *usufruto*, as rendas dos bens dos filhos menores (CC, art. 1.689, I), **como uma compensação dos encargos decorrentes de sua criação e educação**.

Trata-se de **usufruto legal**, que *dispensa prestação de contas e da caução* a que se refere o art. 1.400 do Código Civil, uma vez que as questões atinentes à renda produzida pelos aludidos bens não interessam à pessoa do administrado, mas sim à do administrador.

■ 21.4.2.3. *Bens excluídos do usufruto e da administração dos pais*

Dispõe o art. 1.693 do Código Civil:

> "Excluem-se do usufruto e da administração dos pais:
>
> I — os bens adquiridos pelo filho havido fora do casamento, antes do reconhecimento;
>
> II — os valores auferidos pelo filho maior de dezesseis anos, no exercício de atividade profissional e os bens com tais recursos adquiridos;
>
> III — os bens deixados ou doados ao filho, sob a condição de não serem usufruídos, ou administrados, pelos pais;
>
> IV — os bens que aos filhos couberem na herança, quando os pais forem excluídos da sucessão".

O dispositivo em apreço afasta, portanto, **não só do usufruto como da administração** dos pais:

I — Os bens adquiridos pelo filho havido fora do casamento, antes do reconhecimento. Cuida a hipótese de bens que já se encontravam no patrimônio do menor quando foi reconhecido, voluntária ou judicialmente, por um dos pais. A restrição não atinge o outro, que tenha eventualmente promovido o registro de nascimento, e **tem o fundamento ético de evitar o reconhecimento voluntário pelo puro interesse em aproveitar-se do acervo patrimonial do filho**. Se tal interesse inexistir, o genitor reconhecerá o filho de qualquer forma, mesmo ficando privado do usufruto e da administração dos bens a este pertencentes.

II — Os valores auferidos pelo filho maior de 16 anos, no exercício de atividade profissional e os bens com tais recursos adquiridos. Silvio Rodrigues[22] aponta o **insignificante alcance prático da norma e a sua limitada duração**, tendo em vista que a maioridade se atinge aos 18 anos. Não bastasse, haverá a emancipação do titular dos valores e bens se a atividade profissional implicar o estabelecimento civil ou comercial, ou importar na existência de uma relação de emprego, "desde que, em função deles, o menor com dezesseis anos completos tenha economia própria" (CC, art. 5º, V).

---

22 *Direito civil*, cit., v. 6, p. 367.

III — Os bens deixados ou doados ao filho, sob a condição de não serem usufruídos, ou administrados, pelos pais. Pode o doador ou testador **ser um dos pais**, que se encontra separado do outro e não quer que os bens sejam administrados e usufruídos por este. Nesse caso, terá ele o direito de designar terceiro para o ato, ou reservar para si o exercício do encargo, se a liberalidade praticada for a doação. Se não o fizer, o juiz deverá nomear o administrador, sob a forma de curador especial. Pode ainda o doador ou testador **ser um terceiro**, que veta a administração dos bens por um ou por ambos os pais. No último caso, **será também nomeado administrador, pelo juiz**.

IV — Os bens que aos filhos couberem na herança, quando os pais forem excluídos da sucessão. Trata-se de consequência natural da pena de *indignidade* imposta ao herdeiro, **pai do menor**, que a cometeu. Os filhos do excluído o sucedem como se fosse premorto (CC, art. 1.816). Tal sanção perderia grande parte de sua eficácia se o indigno pudesse administrar ou ter o usufruto dos bens havidos por seu filho, em sucessão de que foi excluído.

21.5. EXTINÇÃO E SUSPENSÃO DO PODER FAMILIAR

Dispõe o art. 1.635 do Código Civil:

> "Extingue-se o poder familiar:
> I — pela morte dos pais ou do filho;
> II — pela emancipação, nos termos do art. 5º, parágrafo único;
> III — pela maioridade;
> IV — pela adoção;
> V — por decisão judicial, na forma do artigo 1.638".

A **perda** ou **destituição** constitui *espécie de extinção do poder familiar*, decretada por decisão judicial (arts. 1.635, V, e 1.638). Assim como a suspensão, **constitui sanção aplicada aos pais** pela infração ao dever genérico de exercer a *patria potestas* em consonância com as normas regulamentares, que visam atender ao melhor interesse do menor.

21.5.1. Extinção e perda ou destituição do poder familiar

A *extinção* do poder familiar dá-se:

- por **fatos naturais**, de pleno direito; ou
- **por decisão judicial**.

21.5.1.1. Extinção por fatos naturais

O art. 1.635 do Código Civil menciona as seguintes causas de extinção por *fatos naturais*:

- **Morte** dos pais ou do filho — Com a morte dos *pais*, desaparecem os titulares do direito. A de um deles faz concentrar no sobrevivente o aludido poder. **A de**

ambos impõe a nomeação de tutor, para se dar sequência à proteção dos interesses pessoais e patrimoniais do órfão. A morte do *filho*, a emancipação e a maioridade fazem desaparecer a razão de ser do instituto, que é a proteção do menor.

- **Emancipação** — Dá-se por concessão dos pais, homologada pelo juiz, se o menor tiver 16 anos completos (CC, art. 5º, parágrafo único, I). Mas pode ela decorrer, automaticamente, de certas situações ou fatos previstos no aludido art. 5º, parágrafo único, II a V. Presume a lei que os maiores de 18 anos e os emancipados não mais precisam da proteção conferida aos incapazes.
- **Maioridade** — Faz cessar inteiramente a subordinação aos pais.
- **Adoção** — Extingue o poder familiar na pessoa do pai natural, transferindo-o ao adotante. Tal circunstância é **irreversível**, de acordo com o que chancelam os tribunais, sendo ineficaz posterior arrependimento daquele se a criança foi entregue em adoção mediante procedimento regular.

21.5.1.2. *Extinção por decisão judicial*

O referido art. 1.635 do Código Civil menciona ainda, como causa de extinção do poder familiar, a "**decisão judicial**, na forma do artigo 1.638".

Tal modalidade de extinção, que não existia no Código anterior, depende da configuração das hipóteses enumeradas no art. 1.638, *caput* e parágrafo único (este introduzido pela Lei n. 13.715/2018), como causas de *perda* ou *destituição*[23], quais sejam:

I — Castigar imoderadamente o filho. Seria realmente iníquo que se conservasse, sob o poder de pai violento e brutal, o filho que ele aflige com excessivos castigos e maus-tratos[24]. A doutrina em geral entende que o advérbio **"imoderadamente"** serve para legitimar o *jus corrigendi* na pessoa do pai, pois a infração ao dever só se caracteriza quando for excessivo o castigo. Desse modo, ao incluir a vedação ao castigo imoderado, implicitamente o Código Civil estaria admitindo o castigo físico moderado.

Parece-nos, todavia, não ser essa a melhor interpretação da regra em apreço, que **deve ser aplicada em consonância com os princípios constitucionais pertinentes**, especialmente o art. 227 da Carta Magna, que proclama ser dever da família, da sociedade e do Estado assegurar à criança e ao adolescente, com absoluta prioridade, dentre outros direitos, o **direito à dignidade e ao respeito**, além de colocá-los a salvo de toda **"violência, crueldade e opressão"**.

Não resta dúvida de que todo castigo físico configura violência à integridade física da criança ou adolescente e mesmo ofensa à sua dignidade. A imposição do aludido castigo configura, pois, *abuso da autoridade paterna*, que autoriza o juiz a **suspender temporariamente** o poder familiar. **A reiteração pode levar à sua destituição** (CC, arts. 1.637 e 1.638, IV).

II — Deixar o filho em abandono. Prevê o art. 227 da Constituição Federal que a criança e o adolescente têm direito "à convivência familiar e comunitária". O aban-

---

23 "Poder familiar. Destituição. Admissibilidade. Pais biológicos que não têm condições de atender os deveres legais na criação do filho" (*RT*, 810/354).

24 Pontes de Miranda, *Tratado de direito de família*, cit., v. III, § 247, p. 170.

dono priva o filho desse direito, além de prejudicá-lo em diversos sentidos. A falta de **assistência material** coloca em risco a sua saúde e sobrevivência[25], mas não constitui a única forma de abandono. Este pode ser também **moral e intelectual**, quando importa em descaso com a educação e moralidade do infante[26]. O Código Penal, visando reprimir as diversas formas de abandono de filho, prevê os crimes de "abandono material" (CP, art. 244), "abandono intelectual" (art. 245), "abandono moral"[27] (art. 247), "abandono de incapaz" (art. 133), "abandono de recém-nascido" (art. 134).

III — Praticar atos contrários à moral e aos bons costumes. Visa o legislador evitar que o *mau exemplo dos pais* prejudique a formação moral dos infantes. O lar é uma escola onde se forma a personalidade dos filhos. Sendo eles facilmente influenciáveis, **devem os pais manter uma postura digna e honrada**, para que nela se amolde o caráter daqueles. A falta de pudor, a libertinagem, o sexo sem recato podem ter influência maléfica sobre o posicionamento futuro dos descendentes na sociedade, no tocante a tais questões, sendo muitas vezes a causa que leva as filhas menores a se entregarem à prostituição[28].

IV — Incidir, reiteradamente, nas faltas previstas para suspensão do poder familiar. Trata-se de causa de destituição do poder familiar inexistente no Código de 1916. A inovação *visa obstar que os pais abusem na repetição de conduta* que pode ensejar, isoladamente, apenas a pena mais branda de suspensão do exercício do múnus em epígrafe.

V — Praticar, contra outrem, igualmente titular do mesmo poder familiar, de homicídio, feminicídio ou lesão corporal de natureza grave ou seguida de morte, quando se tratar de crime doloso envolvendo violência doméstica e familiar ou menosprezo ou discriminação à condição de mulher.

VI — Praticar estupro ou outro crime contra a dignidade sexual sujeito à pena de reclusão.

VII — Praticar contra filho, filha ou outro descendente, de homicídio, feminicídio ou lesão corporal de natureza grave ou seguida de morte, quando se

---

25 "Poder familiar. Destituição. Admissibilidade. Miserabilidade da mãe dos menores que não justifica que trate sua prole com desleixo e extremada desídia, faltando com os cuidados básicos e essenciais à própria sobrevivência dos infantes" (*RT*, 791/333). "Procede pedido de destituição quando revelados, nos autos, a ocorrência de maus-tratos, o abandono e o injustificado descumprimento dos mais elementares deveres de sustento, guarda e educação da criança por seus pais" (STJ, REsp 245.657-PR, 4ª T., rel. Min. Aldir Passarinho Júnior, *DJU*, 23-6-2003).

26 "Poder familiar. Destituição. Inadmissibilidade. Inexistência de prova de que o pai tenha agido com descaso intencional na criação, educação e moralidade da criança. Falta de recursos materiais do genitor, que também não é motivo suficiente para decretar a medida" (*RT*, 761/371).

27 "Menor. Destituição do poder familiar. Decretação. Abandono material e moral caracterizados. Castigos imoderados, negligência em relação aos cuidados mínimos com os filhos e, por fim, abandono destes com uma conhecida" (TJSP, Ap. 57.333-0, Câm. Esp., rel. Des. Nuevo Campos, j. 16-3-2000).

28 "Destituição do poder familiar. Filhos menores em ambiente promíscuo e inadequado. Comportamento imoral e vida desregrada dos genitores. Provas suficientes para procedência do pedido" (TJMG, Ap. 000.151.088-2/00, 2ª Câm. Cív., rel. Des. Abreu Leite, j. 15-2-2000).

tratar de crime doloso envolvendo violência doméstica e familiar ou menosprezo ou discriminação à condição de mulher.

VIII — Praticar estupro de vulnerável ou outro crime contra a dignidade sexual sujeito à pena de reclusão.

Registre-se que os itens V a VIII referem-se a situações previstas no parágrafo único do art. 1.638 do Código Civil, introduzido pela mencionada **Lei n. 13.715, de 24 de setembro de 2018**, que alterou o Código Penal, o Estatuto da Criança e do Adolescente e o Código Civil, "para dispor sobre hipóteses de perda do poder familiar pelo autor de determinados crimes contra outrem igualmente titular do mesmo poder familiar ou contra filho, filha ou outro descendente", como consta de seu art. 1º.

Segundo o Superior Tribunal de Justiça, "a legitimidade para o pedido de destituição do poder familiar não está limitada ao Ministério Público e ao interessado que tenha laços familiares com o menor. O legítimo interesse deve ser analisado a partir do caso concreto, considerando os princípios da proteção integral e do melhor interesse do menor, podendo ser feito inclusive por quem não é parente da criança". Para o relator, Min. Marco Buzzi, "O foco central da medida de perda ou suspensão do poder familiar é, na sua essência, salvaguardar o bem-estar da criança ou do adolescente, motivo pelo qual a legitimidade para o pedido está atrelada à situação específica factual, notadamente diante dos complexos e muitas vezes intrincados arranjos familiares que se delineiam no universo jurídico de amparo aos interesses e direitos de menores"[29].

■ 21.5.2. Nova união do titular do poder familiar

O art. 1.636 do Código Civil regula situações que não afetam o exercício do poder familiar, estabelecendo a sua incomunicabilidade ao cônjuge ou companheiro de nova relação amorosa. Preceitua o aludido dispositivo:

> "O pai ou a mãe que *contrai novas núpcias, ou estabelece união estável*, **não perde, quanto aos filhos do relacionamento anterior, os direitos ao poder familiar**, exercendo-os sem qualquer interferência do novo cônjuge ou companheiro".

Mais adequado seria dizer que o pai ou a mãe que contrai novas núpcias, ou estabelece união estável, **não perde o poder familiar** sobre os filhos do relacionamento anterior.

Aduz o parágrafo único do aludido dispositivo que "igual preceito ao estabelecido neste artigo aplica-se ao pai ou à mãe **solteiros que casarem ou estabelecerem união estável**". A regra contém uma obviedade. Nunca se pôs em dúvida a subsistência do poder familiar na hipótese mencionada, uma vez que o outro cônjuge ou companheiro nenhum direito tem sobre os filhos de seu consorte, nascidos anteriormente[30], salvo se se dispuser a adotá-los.

---

[29] STJ, 4ª T., rel. Min. Marco Buzzi, *in* Revista *Consultor Jurídico* de 16-10-2019 (processo não divulgado em razão de segredo judicial).

[30] Caio Mário da Silva Pereira, *Instituições*, cit., v. 5, p. 434.

21.5.3. Suspensão do poder familiar

Dispõe o art. 1.637 do Código Civil:

"Se o pai, ou a mãe, **abusar de sua autoridade**, *faltando aos deveres* a eles inerentes ou *arruinando os bens dos filhos*, cabe ao juiz, requerendo algum parente, ou o Ministério Público, adotar a medida que lhe pareça reclamada pela segurança do menor e seus haveres, até **suspendendo o poder familiar**, quando convenha.

Parágrafo único. Suspende-se igualmente o exercício do poder familiar ao pai ou à mãe *condenados por sentença irrecorrível*, em virtude de crime cuja pena exceda a dois anos de prisão".

21.5.3.1. Abuso de autoridade

O dispositivo em apreço não autoriza somente a *suspensão*, mas, igualmente, **outras medidas** que decorram da natureza do poder familiar. Prevê ele a possibilidade de o juiz aplicá-las, ou suspender o aludido poder, em caso de *abuso de autoridade*, caracterizado:

- pelo **descumprimento dos deveres** inerentes aos pais;
- pelo fato de **arruinarem** os bens dos filhos;
- por colocarem em risco a **segurança** destes;
- pelo fato de o pai ou a mãe serem **condenados em virtude de crime** cuja pena exceda a *dois anos de prisão*.

■ Descumprimento dos deveres inerentes aos pais

Tais deveres não são apenas os expressamente elencados no Código Civil, mas também os que se acham esparsos na legislação, especialmente no **Estatuto da Criança e do Adolescente** (arts. 7º a 24), na Lei n. 13.010/2014, conhecida como **"Lei da Palmada"**, e na **Constituição Federal** (art. 227), tais como os que dizem respeito ao sustento, guarda e educação dos filhos, os que visam assegurar aos filhos o direito à vida, saúde, lazer, profissionalização, dignidade, respeito, liberdade, convivência familiar e comunitária, bem como os que visam impedir que sejam submetidos a discriminação, exploração, violência, crueldade e opressão.

Não é necessário que o atentado contra o bem físico ou moral do filho seja permanente ou reiterado, pois **um só acontecimento pode constituir perigo para o menor**.

21.5.3.2. Condenação criminal do titular do poder familiar

No tocante à suspensão do poder familiar em virtude de *condenação criminal* do seu titular por sentença irrecorrível, decidiu o Tribunal de Justiça de São Paulo: "Menor. Suspensão do poder familiar. Réu condenado por **sentença criminal irrecorrível em crime cuja pena excede a dois anos de prisão**. Presença dos pressupostos objetivos descritos na norma do art. 394, parágrafo único, do Código Civil (*de*

1916, correspondente ao art. 1.637, parágrafo único, do diploma de 2002). Adequação do julgamento antecipado da lide. Sentença de procedência confirmada"[31].

■ **Temporariedade da suspensão**

A suspensão é *temporária,* perdurando somente **até quando se mostre necessária**. Cessada a causa que a motivou, volta a mãe, ou o pai, temporariamente impedido, a exercer o poder familiar, pois a sua modificação ou suspensão deixa intacto o direito como tal, excluindo apenas o exercício. A lei não estabelece o limite de tempo. Será aquele que, na visão do julgador, seja conveniente aos interesses do menor.

A suspensão, deixada ao *arbitrium boni viri* do juiz, **poderá assim ser revogada**, também a critério dele. As causas de suspensão vêm mencionadas um tanto genericamente no mencionado art. 1.637 do Código Civil justamente para que se veja **o juiz munido de certa dose de arbítrio**, que não pode ser usado a seu capricho, porém sob a inspiração do melhor interesse da criança[32]. Desse modo, em vez de suspender o exercício do poder familiar, pode o magistrado, dependendo das circunstâncias, limitar-se a estabelecer condições particulares às quais o pai ou a mãe devem atender.

■ **Suspensão total ou parcial**

A suspensão pode ser:

■ **Total**, envolvendo todos os poderes inerentes ao poder familiar, privando o pai, ou a mãe, **inclusive do usufruto**, que é um de seus elementos e direito acessório.
■ **Parcial**, cingindo-se, por exemplo, à administração dos bens ou à proibição de o genitor ou genitores ter o filho em sua companhia.

A suspensão é também **facultativa** e pode referir-se unicamente a **determinado filho**.

Frise-se que o Estatuto da Criança e do Adolescente (art. 23) dispõe que a *falta ou carência de recursos materiais* **não constitui, por si só, motivo suficiente para a suspensão ou a perda do poder familiar**, devendo o menor, se não concorrer outro motivo que autorize a decretação da medida, ser incluído em programas oficiais de auxílio[33].

■ **Suspensão do poder familiar em relação a um dos pais**

Nesse caso, **concentra-se o exercício no outro**. Se este outro, todavia, não puder exercê-lo, ou tiver falecido, nomeia-se **tutor** ao menor.

■ **Regras procedimentais**

O Código Civil de 2002 não traça regras procedimentais para a extinção ou suspensão do poder familiar. Por inexistir incompatibilidade, **permanecerão as do Estatuto da Criança e do Adolescente**.

---

31 Ap. 236.366-1-Taubaté, 5ª Câm. Cív., rel. Des. Luís Carlos de Barros, j. 5-10-1995.

32 Caio Mário da Silva Pereira, *Instituições*, cit., v. 5, p. 435.

33 "Poder familiar. Destituição. Inadmissibilidade. Falta ou carência de recursos materiais que não é suficiente para a adoção da medida. Imaturidade anterior para assumir a maternidade que não deve ser usada contra a mãe, mormente se existe entre a criança e a genitora natural vínculo afetivo" (*RT*, 783/258).

A *suspensão do poder familiar* poderá ser decretada **liminar ou incidentalmente**, ficando o menor confiado a pessoa idônea (ECA, art. 157). A sentença que decretar a perda ou suspensão será registrada à margem do registro de nascimento do menor (art. 163). Observar-se-ão, assim, o **procedimento contraditório** exigido no art. 24 e os trâmites indicados nos arts. 155 a 163 do aludido Estatuto.

O art. 24 do Estatuto da Criança e do Adolescente preceitua que a "*perda* e a *suspensão* do pátrio poder serão decretadas judicialmente, em **procedimento contraditório**".

O art. 155 do aludido diploma disciplina o *procedimento* a ser seguido, que pode ter início por **provocação do Ministério Público** ou de quem tenha **legítimo interesse**. Havendo motivo grave, poderá o juiz, ouvido o Ministério Público, **decretar a suspensão do pátrio poder** (expressão mantida pelo ECA), **liminarmente**, até o julgamento definitivo da causa, ficando a criança ou o adolescente confiado a pessoa idônea, mediante termo de responsabilidade.

Outras hipóteses de perda do poder familiar

O **Código Penal** também prevê a *perda do poder familiar* como efeito da condenação, nos crimes dolosos, sujeitos à pena de reclusão, cometidos contra filho (art. 92, II).

O **Estatuto da Criança e do Adolescente** estabelece a perda do poder familiar pela **infração ao dever de sustento, guarda e educação** dos filhos menores (arts. 22 e 24), hipótese esta já abrangida pelo art. 1.638, II, do Código Civil.

Características da perda do poder familiar

A perda do poder familiar é **permanente**, mas não se pode dizer que seja definitiva, pois os pais podem recuperá-lo em procedimento judicial, de caráter contencioso, desde que comprovem a cessação das causas que a determinaram.

É **imperativa**, e não facultativa. **Abrange toda a prole**, por representar um reconhecimento judicial de que o titular do poder familiar não está capacitado para o seu exercício.

Entretanto, como se deve dar prevalência aos interesses do menor, nada obsta a que, em caso de perda do poder familiar por abuso sexual de pai contra filha, por exemplo, decida-se não atingir a destituição o filho, que trabalhava com o pai e estava aprendendo o ofício, sem nenhum problema de relacionamento, entendendo-se que, nesse caso especial, separá-lo do pai trar-lhe-ia prejuízo ao invés de benefício.

21.6. RESUMO

DO PODER FAMILIAR	
CONCEITO	■ Poder familiar é o conjunto de direitos e deveres atribuídos aos pais, no tocante à pessoa e aos bens dos filhos menores.

CARACTERÍSTICAS	■ constitui um múnus público; ■ é irrenunciável; ■ é indelegável; ■ é imprescritível; ■ é incompatível com a tutela; ■ é uma relação de autoridade.
QUANTO À PESSOA DOS FILHOS	Compete aos pais, quanto à pessoa dos filhos menores (CC, art. 1.634): ■ dirigir-lhes a criação e a educação; ■ exercer a guarda unilateral ou compartilhada, nos termos do art. 1.584; ■ conceder-lhes ou negar-lhes consentimento para casarem; ■ conceder-lhes ou negar-lhes consentimento para viajarem ao exterior; ■ conceder-lhes ou negar-lhes consentimento para mudarem sua residência permanente para outro Município; ■ nomear-lhes tutor por testamento ou documento autêntico, se o outro dos pais não lhe sobreviver, ou o sobrevivo não puder exercer o poder familiar; ■ representá-los, até aos 16 anos, nos atos da vida civil, e assisti-los, após essa idade, nos atos em que forem partes, suprindo-lhes o consentimento; ■ reclamá-los de quem ilegalmente os detenha; ■ exigir que lhes prestem obediência, respeito e os serviços próprios de sua idade e condição.
QUANTO AOS BENS DOS FILHOS	■ **Administração dos bens:** os pais são os administradores legais dos bens dos filhos. Não podem, porém, praticar atos que ultrapassem os limites da simples administração, sem autorização judicial (CC, art. 1.691). ■ **Usufruto:** aos pais pertencem o usufruto, as rendas dos bens dos filhos menores (CC, art. 1.689, I), como uma compensação dos encargos decorrentes de sua criação e educação (usufruto legal).
EXTINÇÃO DO PODER FAMILIAR (CC, ART. 1.635)	■ pela morte dos pais ou do filho; ■ pela emancipação; ■ pela maioridade; ■ pela adoção; ■ por decisão judicial, na forma do art. 1.638 do CC.
SUSPENSÃO DO PODER FAMILIAR	■ **Finalidade** Constitui sanção aplicada aos pais pelo juiz, não tanto com intuito punitivo, mas para proteger o menor. É imposta nas infrações menos graves. ■ **Hipóteses legais (CC, art. 1.637)** a) abuso do poder por pai ou mãe; b) falta aos deveres paternos; c) dilapidação dos bens do filho; d) condenação por sentença irrecorrível; e) maus exemplos, crueldade ou outro ato que comprometa a saúde, segurança e moralidade do filho. ■ **Características** a) é *temporária*, perdurando somente até quando se mostre necessária; b) é *facultativa*; c) pode referir-se unicamente *a determinado filho*.
PERDA DO PODER FAMILIAR	■ é causa de extinção do poder familiar por decisão judicial (CC, art. 1.635, V); ■ decorre de faltas graves, que configuram ilícitos penais e são especificadas no art. 1.638 do CC; ■ é permanente, pois os pais só podem recuperá-lo em procedimento judicial, de caráter contencioso, desde que comprovem a cessação das causas que a determinaram; ■ é imperativa e não facultativa; ■ abrange ***toda a prole***; ■ o procedimento a ser seguido é disciplinado no art. 155 do ECA.

■ 21.7. QUESTÕES

1. (MP/SP/Analista de Promotoria/VUNESP/2010) Em matéria de adoção, levando em conta, especialmente, as modificações introduzidas pela Lei n. 12.010, de 03 de agosto de 2009, assinale a alternativa CORRETA.

a) Por meio da família extensa ou ampliada intensificam-se os laços de afeto entre adotante e adotado, muito embora a Lei n. 12.010, de 03 de agosto de 2009, ainda não tenha prestigiado as relações de parentesco estabelecidas entre o adotante e os parentes do adotado.

b) A Lei n. 2.010, de 03 de agosto de 2009, enfatizou a importância do instituto da adoção, tanto que determinou a obrigatoriedade na preparação psicossocial dos adotantes, incentivando a adoção de irmãos biológicos, além de dificultar o caminho para a adoção internacional.

c) Passou a ser admitida pela Lei n. 12.010, de 03 de agosto de 2009, a adoção por pessoas do mesmo sexo.

d) A adoção *intuitu personae* e a promovida por escritura pública passam a ser mecanismos úteis para fomentar o instituto, atribuindo maior dignidade e proteção à criança e ao adolescente.

e) A manutenção do pretendente à adoção no seio da família biológica continua sendo prioridade legislativa; sendo inviável essa permanência, porém, deve-se recorrer em primeiro lugar à adoção internacional, vale dizer, àquela na qual a pessoa ou casal postulante é residente ou domiciliado fora do Brasil.

2. (MP/SP/Promotor de Justiça/2015) Aponte a alternativa CORRETA:

a) O Ministério Público não intervém nas ações de adoção entre partes maiores e capazes.

b) A adoção de pessoa maior e capaz, firmada na relação socioafetiva entre adotante e adotado, não depende de consentimento dos pais biológicos.

c) No caso de adoção póstuma, o juiz poderá suprir a vontade não manifestada em vida, por procedimento ou documento próprio, pelo pai de criação do adotando maior.

d) Em situações excepcionais, o marido poderá adotar a sua mulher, desde que comprovada em ação judicial a necessidade dessa providência.

e) Na adoção conjunta entre partes maiores e capazes, a lei dispensa a prova do casamento civil ou da união estável dos adotantes.

3. (MP/BA/Promotor de Justiça/2015) Assinale a alternativa INCORRETA acerca das relações de parentesco e adoção, segundo o Código Civil Brasileiro:

a) Os filhos, havidos ou não da relação de casamento ou por adoção, terão os mesmos direitos e qualificações, proibidas quaisquer designações discriminatórias relativas à filiação.

b) A filiação prova-se pela certidão do termo de nascimento no Registro Civil.

c) O reconhecimento dos filhos havidos fora do casamento é irrevogável e será feito no registro do nascimento, por escritura pública ou escrito particular, a ser arquivado em cartório, por testamento, ainda que incidentalmente manifestado, dentre outros.

d) Só a pessoa maior de 18 (dezoito) anos pode adotar.

e) A adoção dispensa processo judicial.

4. (MP/SP/Promotor de Justiça/2015) Aponte a alternativa CORRETA:

a) O Ministério Público não intervém nas ações de adoção entre partes maiores e capazes.

b) A adoção de pessoa maior e capaz, firmada na relação socioafetiva entre adotante e adotado, não depende de consentimento dos pais biológicos.

c) No caso de adoção póstuma, o juiz poderá suprir a vontade não manifestada em vida, por procedimento ou documento próprio, pelo pai de criação do adotando maior.

d) Em situações excepcionais, o marido poderá adotar a sua mulher, desde que comprovada em ação judicial a necessidade dessa providência.

e) Na adoção conjunta entre partes maiores e capazes, a lei dispensa a prova do casamento civil ou da união estável dos adotantes.

5. (OAB/VI Exame de Ordem Unificado/Fundação Getulio Vargas/2012) Um famoso casal de artistas residente e domiciliado nos Estados Unidos, em viagem ao Brasil para o lançamento do seu mais novo filme, se encantou por Caio, de 4 anos, a quem pretende adotar. Caio teve sua filiação reconhecida exclusivamente pela mãe Isabel, que, após uma longa conversa com o casal, concluiu que o melhor para o filho era ser adotado, tendo em vista que o famoso casal possuía condições infinitamente melhores de bem criar e educar Caio. Além disso, Isabel ficou convencida do amor espontâneo e sincero que o casal de imediato nutriu pelo menino. Ante a situação hipotética, é CORRETO afirmar que

a) A adoção só é concedida quando for impossível manter a criança ou o adolescente em sua família, razão pela qual o consentimento de Isabel é irrelevante para a apreciação do pedido do famoso casal, que será deferido caso represente o melhor interesse de Caio.
b) Independentemente da manifestação de vontade de Isabel, o famoso casal terá prioridade na adoção de Caio, depois de esgotadas todas as possibilidades de colocação de Caio em uma família brasileira.
c) Tendo em vista o consentimento da mãe de Caio, o famoso casal terá prioridade em sua adoção em face de outros casais já previamente inscritos nos cadastros de interessados na adoção, mantidos pela Justiça da Infância e da Juventude.
d) A adoção internacional é medida excepcional; entretanto, em virtude do consentimento de Isabel para a adoção de seu filho pelo famoso casal, este só não terá prioridade se houver casal de brasileiro, residente no Brasil, habilitado para a adoção.

6. (TJPI/Juiz de Direito/CESPE/UnB/2012) Com referência ao instituto da adoção, assinale a opção CORRETA.

a) Toda sentença de adoção transitada em julgado produz efeitos *ex tunc*.
b) Com o falecimento dos adotantes, restabelece-se o poder familiar dos pais naturais.
c) Cabe ao MP a função de *custos legis* do cadastro de adotantes e da convocação criteriosa dos interessados, podendo, no caso de discordância dos critérios utilizados, propor medida judicial.
d) O pedido de adoção, ainda que unilateral, não poderá ser deferido a candidato domiciliado no Brasil não cadastrado previamente.
e) A adoção depende do consentimento dos pais ou do representante legal do adotando, não se exigindo forma específica para a permissão.

7. (DEL/POL/RJ/Delegado de Polícia/Acadepol/2009) Acerca do poder familiar, é INCORRETA a seguinte afirmação:

a) Os filhos estão sujeitos ao poder familiar, enquanto menores.
b) A separação judicial, o divórcio e a dissolução da união estável não alteram as relações entre pais e filhos, senão quanto ao direito, que aos primeiros cabe, de terem em sua companhia os segundos.
c) Durante o casamento e a união estável, compete o poder familiar aos pais; na falta ou impedimento de um deles, o outro o exercerá com exclusividade.
d) Compete aos pais, quanto à pessoa dos filhos menores, dirigir-lhes a criação e a educação.
e) Extingue-se o poder familiar do pai ou da mãe condenado por sentença irrecorrível.

8. (MP/MG/Promotor de Justiça/2011) São formas de extinção do poder familiar, EXCETO:

a) morte dos pais ou do filho.
b) adoção.
c) maioridade.
d) estabelecimento de união estável ou casamento, quanto aos filhos do relacionamento anterior.

9. (MP/SC/Promotor de Justiça/XXXVI Concurso/2011)

I. A partir de 11 de janeiro de 2005, no caso da usucapião extraordinária, com termo inicial da posse sobre o imóvel anterior à vigência do Código Civil, mas cujo lapso temporal ainda não estava completado na data da entrada em vigor da Lei 10.406/2002, não mais deverão ser adicionados os dois anos previstos na norma transitória, que deixa de ter aplicabilidade.

II. A desapropriação judicial também denominada de alienação compulsória, prevista no Código Civil, fundada na posse *pro labore*, enseja a improcedência do pedido reivindicatório. Por envolver relevante interesse público a desapropriação judicial requer a atuação do Ministério Público. A sentença judicial valerá como título para o registro da propriedade imobiliária em nome dos possuidores gerando um condomínio híbrido, independentemente do pagamento ao proprietário do preço arbitrado judicialmente e mesmo que não ultrapassado o prazo prescricional para se exigir o crédito correspondente.

III. Se o pai, ou a mãe, abusar de sua autoridade, faltando aos deveres a eles inerentes ou arruinando os bens dos filhos, cabe exclusivamente ao Ministério Público, na sua função de proteger os interesses dos incapazes, requerer ao juiz que adote medida que lhe pareça adequada para a segurança do menor e seus haveres, inclusive com a suspensão do poder familiar.

IV. É nulo o casamento contraído: pelo enfermo mental sem o necessário discernimento para os atos da vida civil; por infringência de impedimento; por vício da vontade; do incapaz de consentir ou manifestar, de modo inequívoco, o consentimento. A decretação de nulidade de casamento, pelos motivos acima indicados, pode ser promovida mediante ação direta, preferencialmente pelo Ministério Público.

V. Diante da prevalência da realidade socioafetiva sobre a biológica, o reconhecimento voluntário da paternidade constitui declaração de vontade irretratável e irrevogável. O reconhecimento pode ser realizado no registro do nascimento; por escritura pública ou escrito particular, a ser arquivado em cartório; por testamento, ainda que incidentalmente manifestado; por manifestação direta e expressa perante o juiz, ainda que o reconhecimento não haja sido o objeto único e principal do ato que o contém.

a) Apenas as assertivas I, II e V estão corretas.
b) Apenas as assertivas II e IV estão corretas.
c) Apenas as assertivas III e IV estão corretas.
d) Apenas as assertivas I e V estão corretas.
e) Todas as assertivas estão corretas.

10. (TJDFT/Juiz de Direito/2011) Dita a lei que o pai e a mãe, enquanto no exercício do poder familiar, são usufrutuários dos bens dos filhos e têm a administração dos bens dos filhos menores sob sua autoridade. A própria lei, entretanto, determina a exclusão do usufruto e da administração, nessa condição, de certos bens. Assim exposto, considere as proposições abaixo e assinale a INCORRETA:

a) Excluem-se do usufruto e da administração os bens adquiridos pelo filho havido fora do casamento, antes do reconhecimento.
b) Excluem-se do usufruto e da administração dos pais os valores auferidos pelo filho maior de dezesseis anos, no exercício de atividade profissional e os bens com tais recursos adquiridos.
c) Excluem-se do usufruto e da administração dos pais os bens deixados ou doados ao filho, sob a condição de não serem usufruídos, ou administrados, pelos pais.
d) Excluem-se do usufruto e da administração dos pais os bens que aos filhos couberem na herança, quando os pais, embora casados, se encontrarem separados de fato.

11. (MP/SP/Promotor de Justiça/86° Concurso/2008)

a) O pai ou a mãe que abusarem de sua autoridade, arruinando os bens dos filhos, poderão sofrer a suspensão do poder familiar e, na reiteração, a sua destituição.
b) Na administração dos rendimentos e dos bens dos filhos, os pais ficam sujeitos a apresentar contas e também a prestar caução para garantir o fiel cumprimento de seu encargo.

c) Os valores auferidos pelos filhos no exercício de atividade profissional estão sujeitos ao poder familiar, independentemente da idade.
d) Os bens adquiridos pelos filhos maiores de dezesseis anos em decorrência do exercício de atividade profissional estão sujeitos ao poder familiar.
e) Ficam sujeitos à administração e ao usufruto dos pais os bens doados ao filho, independentemente de qualquer condição.

12. (TJPR/Juiz de Direito/CESPE-CEBRASPE/2019) Fábio e Eliana foram casados e tiveram um filho chamado Enzo. Após terem se divorciado, foi determinado judicialmente que ambos teriam a guarda do menino. Alguns meses após a separação, durante uma discussão por questões financeiras, Fábio chamou Eliana de prostituta, por ela estar em um novo relacionamento, e a agrediu, causando-lhe lesão corporal de natureza grave.
À luz do Código Civil, é CORRETO afirmar que Fábio
a) poderá perder o poder familiar de Enzo por decisão judicial.
b) poderá perder o poder familiar de Enzo somente se comprovado que ele agrediu também o menino.
c) não poderá perder o poder familiar de Enzo, somente a sua guarda.
d) não poderá perder nem o poder familiar de Enzo, nem a sua guarda.

13. (TJPI/Juiz de Direito/CESPE/UnB/2012) Em relação à suspensão e à perda do poder familiar, assinale a opção CORRETA.
a) A norma segundo a qual a conduta dos genitores deve ser compatível com a moral e os bons costumes é meramente orientadora, dado o seu caráter subjetivo, razão por que seu descumprimento não acarreta sanção.
b) O proferimento, pelo juízo criminal, de sentença absolutória de acusação de maus-tratos contra menor impede a proposição de ação cível.
c) A destituição do poder familiar pode ocorrer quando os pais reincidirem nas faltas que conduzem à suspensão desse poder.
d) Perdem o poder familiar os pais condenados, pela prática de crime, a pena superior a dois anos de reclusão.
e) A perda do poder familiar implica a cessação da responsabilidade civil do genitor por ato ilícito praticado pelo filho.

14. (MP/SP/Promotor de Justiça/2013) Dentre as situações abaixo, assinale aquela que NÃO extingue o poder familiar.
a) Morte dos pais.
b) Emancipação.
c) Adoção.
d) Morte do filho.
e) Deserdação.

15. (TJPR/Juiz de Direito/UFPR/2013) No que concerne ao poder familiar, assinale a alternativa CORRETA.
a) O pai ou a mãe que estabelecer nova união estável não perde, quanto aos filhos do relacionamento anterior, os direitos do poder familiar, exercendo-os sem qualquer interferência do novo companheiro.
b) Os pais, quanto à pessoa dos filhos menores, podem recomendar, não porém exigir, que lhes prestem obediência, respeito e os serviços próprios da sua idade e condição.
c) Durante o casamento ou a união estável, aos pais compete o poder familiar; na falta ou impedimento de um deles, dará o juiz tutor ou curador, conforme o caso.
d) Os filhos estão sujeitos ao poder familiar, enquanto permanecem seus vínculos de dependência econômica.

16. (OAB/XII Exame de Ordem Unificado/Fundação Getulio Vargas/2014) Vilma, avó materna do menor Oscar, de quinze anos de idade, pretende mover ação de suspensão do poder familiar em face de Onísio e Paula, pais do menor. Argumenta que Oscar estaria na condição

de evasão escolar e os pais negligentes, embora incansavelmente questionados por Vilma quanto às consequências negativas para a formação de Oscar.

Considere a hipótese narrada e assinale a única opção CORRETA aplicável ao caso.

a) Do ponto de vista processual, Vilma não tem legitimidade para propor a ação que deve ser movida exclusivamente pelo Ministério Público, diante da indisponibilidade do direito em questão, a quem a interessada deve dirigir a argumentação para a tomada das medidas judiciais cabíveis.

b) Do ponto de vista material, os elementos indicados por Vilma são suficientes ao pleito de suspensão do poder familiar, do mesmo modo que a falta ou a carência de recursos materiais são, ainda que isoladamente, justo motivo para propositura da medida de suspensão do poder familiar.

c) Do ponto de vista material, os argumentos indicados por Vilma são irrelevantes a dar ensejo à medida de suspensão de poder familiar, medida grave e excepcionalmente aplicada, mas são suficientes ao pleito de aplicação de multa e repreensão aos pais negligentes, por se tratar de infração administrativa.

d) Do ponto de vista processual, Vilma possui legitimidade para propor a ação de suspensão do poder familiar e, tramitando o processo perante a Justiça da Infância e da Juventude, é impositiva a isenção de custas e emolumentos, independente de concessão da gratuidade de justiça, conforme dispõe expressa e literalmente o ECA.

17. (MP/SP/Promotor de Justiça/91º Concurso/2015) Aponte a alternativa CORRETA.

a) O Ministério Público não intervém nas ações de adoção entre partes maiores e capazes.

b) A adoção de pessoa maior e capaz, firmada na relação socioafetiva entre adotante e adotado, não depende de consentimento dos pais biológicos.

c) No caso de adoção póstuma, o juiz poderá suprir a vontade não manifestada em vida, por procedimento ou documento próprio, pelo pai de criação do adotando maior.

d) Em situações excepcionais, o marido poderá adotar a sua mulher, desde que comprovada em ação judicial a necessidade dessa providência.

e) Na adoção conjunta entre partes maiores e capazes, a lei dispensa a prova do casamento civil ou da união estável dos adotantes.

18. (OAB/XX Exame de Ordem Unificado/Fundação Getulio Vargas/2016) Casal de brasileiros, domiciliado na Itália, passa regularmente férias duas vezes por ano no Brasil. Nas férias de dezembro, o casal visitou uma entidade de acolhimento institucional na cidade do Rio de Janeiro, encantando-se com Ana, criança de oito anos de idade, já disponível nos cadastros de habilitação para adoção nacional e internacional. Almejando adotar Ana, consultam advogado especialista em infância e juventude.

Assinale a opção que apresenta a orientação jurídica CORRETA pertinente ao caso.

a) Ingressar com pedido de habilitação para adoção junto à Autoridade Central Estadual, pois são brasileiros e permanecem, duas vezes por ano, em território nacional.

b) Ingressar com pedido de habilitação para adoção no Juízo da Infância e da Juventude e, após a habilitação, ajuizar ação de adoção.

c) Ajuizar ação de adoção requerendo, liminarmente, a guarda provisória da criança.

d) Ingressar com pedido de habilitação junto à Autoridade Central do país de acolhida, para que esta, após a habilitação do casal, envie um relatório para a Autoridade Central Estadual e para a Autoridade Central Federal Brasileira, a fim de que obtenham o laudo de habilitação à adoção internacional.

19. (OAB/XX Exame de Ordem Unificado/Fundação Getulio Vargas/2016) Vanessa e Vitor vivem com o filho Marcelo, criança com 06 anos de idade, na casa dos avós paternos. Em um trágico acidente, Vitor veio a falecer. A viúva, logo após o óbito, decide morar na casa de seus pais com o filho. Após 10 dias, já residindo com os pais, Vanessa, em depressão e fazendo uso de entorpecentes, deixa o filho aos cuidados dos avós maternos, e se submete a tratamento de internação em clínica de reabilitação. Decorridos 20 dias e com alta médica, Vanessa mantém acompanhamento ambulatorial e aluga apartamento para morar sozinha com o filho. Os

avós paternos inconformados ingressaram com Ação de Guarda de Marcelo. Afirmaram que sempre prestaram assistência material ao neto, que com eles residia desde o nascimento até o falecimento de Vitor. Citada, Vanessa contestou o pedido, alegando estar recuperada de sua depressão e da dependência química. Ainda, demonstrou possuir atividade laborativa, e que obteve vaga para o filho em escola. Os avós maternos, por sua vez, ingressam com oposição. Aduziram que Marcelo ficou muito bem aos seus cuidados e que possuem excelente plano de saúde, que possibilitará a inclusão do neto como dependente.

Sobre a guarda de Marcelo, à luz da Proteção Integral da Criança e do Adolescente, assinale a afirmativa CORRETA.

a) Marcelo deve ficar com os avós maternos, com quem por último residiu, em razão dos benefícios da inclusão da criança como dependente do plano de saúde.
b) Marcelo deve ficar na companhia dos avós paternos, pois sempre prestaram assistência material à criança, que, com eles residia antes do falecimento de Vitor.
c) Marcelo deve ficar sob a guarda da mãe, já que ela nunca abandonou o filho e sempre cumpriu com os deveres inerentes ao exercício do poder familiar, ainda que com o auxílio dos avós.
d) Em programa de acolhimento familiar, até que esteja cabalmente demonstrado que a genitora não faz mais uso de substâncias entorpecentes.

20. (OAB/XXI Exame de Ordem Unificado/Fundação Getulio Vargas/2016) Marcelo e Maria são casados há 10 anos. O casal possui a guarda judicial de Ana, que tem agora três anos de idade, desde o seu nascimento. A mãe da infante, irmã de Maria, é usuária de *crack* e soropositiva. Ana reconhece o casal como seus pais. Passados dois anos, Ana fica órfã, o casal se divorcia e a criança fica residindo com Maria. Sobre a possibilidade de adoção de Ana por Marcelo e Maria em conjunto, ainda que divorciados, assinale a afirmativa CORRETA.

a) Apenas Maria poderá adotá-la, pois é parente de Ana.
b) O casal poderá adotá-la, desde que acorde com relação à guarda (unipessoal ou compartilhada) e à visitação de Ana.
c) O casal somente poderia adotar em conjunto caso ainda estivesse casado.
d) O casal deverá se inscrever previamente no cadastro de pessoas interessadas na adoção.

21. (OAB/XXIV Exame de Ordem Unificado/Fundação Getulio Vargas/2017) Os irmãos órfãos João, com 8 anos de idade, e Caio, com 5 anos de idade, crescem juntos em entidade de acolhimento institucional, aguardando colocação em família substituta. Não existem pretendentes domiciliados no Brasil interessados na adoção dos irmãos de forma conjunta, apenas separados. Existem famílias estrangeiras com interesse na adoção de crianças com o perfil dos irmãos e uma família de brasileiros domiciliados na Itália, sendo esta a última inscrita no cadastro.

Considerando o direito à convivência familiar e comunitária de toda criança e de todo adolescente, assinale a opção que apresenta a solução que atende aos interesses dos irmãos.

a) Adoção nacional pela família brasileira domiciliada na Itália.
b) Adoção internacional pela família estrangeira.
c) Adoção nacional por famílias domiciliadas no Brasil, ainda que separados.
d) Adoção internacional pela família brasileira domiciliada na Itália.

22. (OAB/XXV Exame de Ordem Unificado/Fundação Getulio Vargas/2018) Beatriz, quando solteira, adotou o bebê Théo. Passados dois anos da adoção, Beatriz começou a viver em união estável com Leandro. Em razão das constantes viagens a trabalho de Beatriz, Leandro era quem diariamente cuidava de Théo, participando de todas as atividades escolares. Théo reconheceu Leandro como pai.

Quando Beatriz e Leandro terminaram o relacionamento, Théo já contava com 15 anos de idade. Leandro, atendendo a um pedido do adolescente, decide ingressar com ação de adoção unilateral do infante. Beatriz discorda do pedido, sob o argumento de que a união estável está extinta e que não mantém um bom relacionamento com Leandro.

Considerando o Princípio do Superior Interesse da Criança e do Adolescente e a Prioridade Absoluta no Tratamento de seus Direitos, Théo pode ser adotado por Leandro?

a) Não, pois, para a adoção unilateral, é imprescindível que Beatriz concorde com o pedido.
b) Sim, caso haja, no curso do processo, acordo entre Beatriz e Leandro, regulamentando a convivência familiar de Théo.
c) Não, pois somente os pretendentes casados, ou que vivam em união estável, podem ingressar com ação de adoção unilateral.
d) Sim, o pedido de adoção unilateral formulado por Leandro poderá, excepcionalmente, ser deferido e, ainda que de forma não consensual, regulamentada a convivência familiar de Théo com os pais.

23. (TJRS/Concurso para Outorga de Delegação de Serviços Notariais e Registrais/2019) José, no curso do procedimento de adoção de Pedro, faleceu em 01/01/2019. Antes do falecimento já havia, diversas vezes, manifestado o desejo de adotar Pedro. Todos os requisitos legais para a adoção já estavam devidamente comprovados nos autos do processo de adoção. Foi prolatada a sentença de adoção em 10/02/2019.
Tendo em vista a disciplina constante do Estatuto da Criança e do Adolescente, é CORRETO AFIRMAR QUE

a) a sentença é válida, somente produzindo efeitos a partir do trânsito em julgado, por ter natureza constitutiva.
b) a sentença somente será válida se os sucessores de José concordarem em dar continuidade ao processo de adoção.
c) a sentença deve ser revista, tendo em vista que a morte do adotante impede a continuidade do processo de adoção.
d) a sentença é válida, retroagindo à data do óbito de José.

24. (MP/PR/Promotor de Justiça/2019) Perderá por ato judicial o poder familiar aquele que:

I. castigar imoderadamente o filho.
II. entregar de forma irregular o filho a terceiros para fins de adoção.
III. praticar contra outrem igualmente titular do mesmo poder familiar estupro ou outro crime contra a dignidade sexual sujeito à pena de reclusão.
IV. praticar contra o filho, filha ou outro descendente, homicídio, feminicídio ou lesão corporal de natureza grave ou seguida de morte, quando se tratar de crime doloso envolvendo violência doméstica e familiar.

a) Estão corretas apenas I e II.
b) Estão corretas apenas III e IV.
c) Estão corretas apenas I, II e IV.
d) Estão corretas apenas II, III e IV.
e) Todas estão corretas.

25. (TJDFT/Titular de Serviços Notariais e Registrais/Remoção/CESPE/2019) A adoção de pessoas maiores de dezoito anos de idade deverá ser realizada, necessariamente,

a) por ato extrajudicial, mediante registro em registro público, sem necessidade de consentimento dos pais biológicos, ainda que estes sejam conhecidos.
b) por ato extrajudicial, mediante averbação em registro público, sem necessidade de consentimento dos pais biológicos, ainda que estes sejam conhecidos.
c) por sentença judicial, não sendo admissível a adoção por ato extrajudicial.
d) por ato extrajudicial, mediante registro em registro público, se houver consentimento dos pais biológicos, caso estes sejam conhecidos.
e) tanto por sentença judicial como por ato extrajudicial, mediante escritura em registro público, se houver consentimento dos pais biológicos, caso estes sejam conhecidos.

■ GABARITO ■

1. "b". *Vide* arts. 50, § 3º; 28, § 4º; e 52, incisos e parágrafos, do ECA, com a redação dada pela Lei n. 12.010/2009.
2. "b". *Vide* art. 619 do CC.
3. "b". *Vide* art. 1.619 do CC.
4. "b". Segundo Maria Berenice Dias, "deve-se concluir que, pelo fato de se tratar de interesse de maior, parece que a concordância é até dispensável. Entretanto, deverá ocorrer pelo menos a citação dos pais biológicos, pois a sentença terá profunda ingerência em suas vidas" (*Manual de direito das famílias*, 2005, p. 434).
5. "d". *Vide* arts. 39, § 1º; 45, *caput*; e 51, § 1º, II, do ECA.
6. "c". *Vide* art. 50, § 12, do ECA.
7. "e". *Vide* art. 1.637, parágrafo único, do CC, segundo o qual a condenação por sentença irrecorrível, em virtude de crime cuja pena exceda a dois anos de prisão, é causa de *suspensão* apenas e, não, de extinção do poder familiar.
8. "d". *Vide* art. 1.636, parágrafo único, do CC.
9. "d".
10. "d". *Vide* art. 1.692, IV, do CC.
11. "a". *Vide* arts. 1.637, *caput*, e 1.638, IV, do CC.
12. "a". *Vide* art. 1.638, *caput* e parágrafo único do CC, este último introduzido pela Lei n. 13.715/2018.
13. "c". *Vide* art. 1.638, IV, do CC.
14. "e". *Vide* art. 1.635 do CC.
15. "a". *Vide* art. 1.636 do CC.
16. "d". *Vide* art. 1.637 do CC e art. 141 e parágrafos do ECA.
17. "b". A maioridade do adotando o legitima a consentir na adoção, independentemente de manifestação dos pais biológicos.
18. "d". *Vide* art. 51, I a III, do ECA.
19. "c". *Vide* art. 1.631 do CC.
20. "b". *Vide* §§ 4º e 5º do art. 42 do ECA, com a redação dada pela Lei n. 12.010/2009.
21. "d". A solução é a que melhor atende aos interesses das crianças (Princípio do Superior Interesse da Criança) e encontra respaldo na legislação em vigor.
22. "d".
23. "e". *Vide* art. 42, § 6º, do ECA.
24. "e". *Vide* art. 1.638 do CC, *caput* e parágrafo único, este último introduzido pela Lei n. 13.715, de 24-9-2018, como causas de *perda* ou *destituição*.
25. "c". *Vide* art. 1.619 do CC.

22

DO REGIME DE BENS ENTRE OS CÔNJUGES

■ 22.1. DISPOSIÇÕES GERAIS

Os efeitos produzidos pelo casamento são numerosos e complexos. Irradiam-se os seus múltiplos efeitos e consequências no ambiente *social,* especialmente nas **relações pessoais** e **econômicas** dos cônjuges, e entre estes e seus filhos, gerando direitos e deveres que são disciplinados por normas jurídicas.

■ Relações de caráter pessoal

Limitam-se, em regra, aos cônjuges e aos filhos e são essencialmente de natureza ética e social. Referem-se aos direitos e deveres dos cônjuges e dos pais em relação aos filhos.

■ Relações de cunho patrimonial

Abrangem precipuamente o *regime de bens*, a obrigação alimentar e os direitos sucessórios, e podem eventualmente estender-se aos ascendentes e aos colaterais até o segundo grau (CC, art. 1.697) ou ainda até o quarto grau (art. 1.839).

■ 22.2. REGIME DE BENS: PRINCÍPIOS BÁSICOS

■ Conceito

Regime de bens é o conjunto de regras que disciplina **as relações econômicas dos cônjuges**, quer entre si, quer no tocante a terceiros, durante o casamento. Regula especialmente o domínio e a administração de ambos ou de cada um sobre os bens anteriores e os adquiridos na constância da união conjugal.

■ Espécies disciplinadas no Código Civil brasileiro

Embora sejam numerosos os regimes matrimoniais encontrados na legislação dos países modernos, o Código Civil brasileiro prevê e disciplina apenas quatro:

- o da **comunhão parcial** (arts. 1.658 a 1.666);
- o da **comunhão universal** (arts. 1.667 a 1.671);
- o da **participação final nos aquestos** (arts. 1.672 a 1.686); e
- o da **separação** (arts. 1.687 e 1.688).

■ Faculdade concedida aos cônjuges de fazer fusões entre os regimes ou criar um novo

Todavia, esse diploma, além de facultar aos cônjuges a escolha dos aludidos regimes, permite que as partes regulamentem as suas relações econômicas, fazendo combinações entre eles, **criando um regime misto, bem como elegendo um novo e distinto**, salvo nas hipóteses especiais do art. 1.641, I a III, em que o regime da separação é imposto compulsoriamente.

Ao fazer uso dessa liberdade de estruturação do regime de bens, não podem os nubentes, no entanto, estipular cláusulas que atentem contra os **princípios da ordem pública** ou contrariem a **natureza e os fins do casamento**. Dispõe o art. 1.639 do Código Civil, com efeito, que "é lícito aos nubentes, antes de celebrado o casamento, estipular, quanto aos seus bens, **o que lhes aprouver**". Todavia, aduz o art. 1.655 que "**é nula** a convenção ou cláusula dela que **contravenha disposição absoluta de lei**".

A convenção deve ser celebrada em **pacto antenupcial**, que também será *nulo* "se não for feito por **escritura pública**" (art. 1.653).

Esse sistema é o que melhor atende aos interesses dos cônjuges, uma vez que poderão estes regulá-los soberanamente de modo mais vantajoso que a própria lei.

■ **Regime legal**

No *silêncio das partes*, ou se a convenção for *nula ou ineficaz*, "vigorará, quanto aos bens entre os cônjuges, **o regime da comunhão parcial**", por determinação do art. 1.640 do Código Civil. Por essa razão, tal regime é chamado também de **regime legal** ou **supletivo**.

■ **Momento em que começa a vigorar o regime de bens**

Dispõe o § 1º do retrotranscrito art. 1.639 do Código Civil que "o regime de bens entre os cônjuges *começa a vigorar* **desde a data do casamento**". Seja qual for o regime adotado pelos contraentes, não poderá ter início em data anterior à da celebração do matrimônio.

O art. 2.039 do Código Civil de 2002 contém norma de direito intertemporal de grande relevância. Dispõe o aludido dispositivo:

> "O regime de bens nos casamentos celebrados *na vigência do Código Civil anterior*, Lei n. 3.071, de 1º de janeiro de 1916, **é o por ele estabelecido**".

Desse modo, no decorrer da presente explanação será feita referência ao Código de 1916, sempre que necessário e pertinente.

■ **Princípios básicos**

As relações econômicas entre os cônjuges, e entre estes e terceiros, no casamento, submetem-se a três princípios básicos:

- ■ **imutabilidade** ou irrevogabilidade;
- ■ **variedade** de regimes;
- ■ **livre** estipulação.

■ 22.2.1. Da imutabilidade absoluta à mutabilidade motivada

A irrevogabilidade ou imutabilidade do regime de bens já foi tratada no item 11.1.3, *retro*, sob o título "Efeitos patrimoniais", ao qual nos reportamos.

Acrescente-se que se justifica a imutabilidade por *duas razões básicas*:

■ o **interesse dos cônjuges**, evitando que um deles abuse de sua ascendência para obter alterações em seu benefício; e

■ o **interesse de terceiros**, que também fica resguardado contra mudanças que lhes poderiam ser prejudiciais.

■ O sistema do Código Civil de 1916

O Código Civil de 1916 estabelecia a **irrevogabilidade ou inalterabilidade** do regime de bens entre os cônjuges, que devia perdurar assim enquanto subsistisse a sociedade conjugal. Antes da celebração poderiam os nubentes modificar o pacto antenupcial, para alterar o regime de bens. Celebrado, porém, o casamento, ele se tornava *imutável*. Mesmo nos casos de reconciliação de casais separados judicialmente, o restabelecimento da sociedade conjugal dá-se, até hoje, no mesmo regime de bens em que havia esta sido estabelecida. Se o casal se divorciar, poderá casar-se novamente, sob regime diverso do anterior.

A imutabilidade do regime de bens era, portanto, absoluta. A *única exceção* constava da Lei de Introdução às Normas do Direito Brasileiro, que a estabeleceu **em favor do estrangeiro** casado, a quem ficou facultado, com a anuência do outro cônjuge, *no ato de se naturalizar brasileiro*, optar pelo regime da comunhão parcial, que é o regime legal entre nós, respeitados os direitos de terceiros (LINDB, art. 7º, § 5º). Se já é casado sob esse regime, não poderá optar por outro.

A Súmula 377 do Supremo Tribunal Federal abriu a possibilidade de *amenizar o princípio da imutabilidade* do regime legal do casamento, ao proclamar que **"no regime da separação legal de bens comunicam-se os adquiridos na constância do casamento"**. Permitiu, desse modo, que sejam reconhecidos, no aludido regime, a colaboração e o esforço comum dos cônjuges. No caso da separação convencional não basta, todavia, para que ocorra a comunicação, a vida em comum, com o atendimento dos deveres que decorram da existência do consórcio. É necessário que se unam em empreendimento estranho ao casamento, como autênticos sócios.

■ O sistema do Código Civil de 2002

A imutabilidade do regime de bens **não é, porém, absoluta** no novo Código Civil, como foi dito, pois o art. 1.639, § 2º, admite a sua alteração, "mediante autorização judicial em pedido motivado de ambos os cônjuges, apurada a procedência das razões invocadas e ressalvados os direitos de terceiros".

Observe-se que a referida alteração não pode ser obtida unilateralmente, ou por iniciativa de um dos cônjuges em processo litigioso, pois o novel dispositivo citado exige **pedido motivado "de ambos"**.

O Código Civil de 2002, dessarte, inovou, substituindo o princípio da imutabilidade absoluta do regime de bens pelo da **mutabilidade motivada ou justificada**. A inalterabilidade continua sendo a regra e **a mutabilidade a exceção**, pois esta somente pode ser obtida em casos especiais, mediante **sentença judicial**, depois de demonstrados e comprovados, em procedimento de jurisdição voluntária, *a procedência da pretensão bilateralmente manifestada* e *o respeito a direitos de terceiros*.

Para que o regime de bens no casamento possa ser modificado, desde que não seja o obrigatório imposto no art. 1.641 do Código Civil, são necessários, portanto, *quatro requisitos*:

- pedido formulado por **ambos os cônjuges**;
- autorização **judicial**;
- **razões relevantes**; e
- ressalva dos **direitos de terceiros**.

Formulação do pedido por ambos os cônjuges, devidamente motivado

A falta ou recusa de um dos cônjuges em dar a anuência impede o deferimento do pedido, **não podendo ser suprida judicialmente**. A proteção aos cônjuges, no novo sistema, "é assegurada, em razão da necessidade de **pedido conjunto e motivado** ao juiz competente, e a **proteção a terceiros** deve ser ressalvada na **decisão judicial**, com todas as cautelas, dentre as quais a apresentação em juízo de certidões negativas de ações judiciais e protestos e a devida **publicidade** do procedimento judicial respectivo, com publicação de editais, além dos registros próprios da sentença homologatória, dentre os quais o Registro de Imóveis do domicílio dos cônjuges (Cód. Civil de 2002, art. 1.657)"[1].

Dispõe o art. 734, *caput*, do Código de Processo Civil de 2015: "A alteração do regime de bens do casamento, observados os requisitos legais, poderá ser requerida, **motivadamente**, em petição assinada por **ambos os cônjuges**, na qual serão expostas as razões que justificam a alteração, ressalvados os direitos de terceiros".

A **averbação da sentença** modificativa será feita tanto no Registro Civil das Pessoas Naturais e no Registro de Imóveis como na Junta Comercial, se for comerciante qualquer dos cônjuges, e, por extensão da regra do art. 979 do Código Civil, também no Registro Público das Pessoas Mercantis e Atividades Afins (CPC/2015, art. 734, § 3º).

Dentre os **motivos relevantes para a modificação do regime** pode ser mencionada, *exemplificativamente*, a alteração do regime legal de comunhão parcial para o de separação de bens, na hipótese de **os consortes passarem a ter vidas econômicas e profissionais próprias**, mostrando-se conveniente a existência de patrimônios distintos, não só para garantir obrigações necessárias à vida profissional, como para incorporação em capital social de empresa. Ou, ainda, **a constituição de uma sociedade personificada entre o marido e a mulher, ou formada com terceiro e da qual ambos participam**, hipóteses estas vedadas se o regime de bens for o da comunhão universal ou o de separação obrigatória (CC, art. 977). No último caso, a aludida motivação justifica plenamente a pretensão de mudar o regime para o de comunhão parcial, ou de participação final nos aquestos, ou, ainda, de separação voluntária de bens[2].

---

[1] Washington de Barros Monteiro, *Curso de direito civil*, 37. ed., v. 2, p. 187; Débora Gozzo, *Pacto antenupcial*, p. 117; TJMG, AC 105921800001, rel. Des. Belizário de Lacerda, j. 16-2-2020. *V.* ainda Lei n. 6.017/73, art. 167, I, n. 12.

[2] Paulo Luiz Netto Lôbo, *Código Civil*, cit., v. XVI, p. 234; Arnaldo Rizzardo, *Direito de família*, p. 630.

■ Modificação do regime obrigatório de separação de bens

A modificação do regime de bens **não é admitida** na hipótese de casamento submetido a *regime obrigatório de separação de bens*, imposto pelo art. 1.641 do Código Civil:

- às pessoas que o contraírem com inobservância das causas suspensivas da celebração do casamento;
- a pessoa maior de 70 anos; e
- a todos os que dependerem, para casar, de suprimento judicial.

Assiste razão, no entanto, a Silvio Rodrigues quando considera **possível a modificação** do aludido regime de bens "apenas **se superada aquela circunstância que impedia a livre opção das partes** (p. ex., quando o cônjuge divorciado promove a partilha dos bens integrantes de seu anterior casamento, desaparecendo assim a causa suspensiva que lhe impunha o regime de separação)"[3].

Efetivamente, se o parágrafo único do art. 1.523 do Código Civil permite aos nubentes solicitar ao juiz que não lhes sejam aplicadas as causas suspensivas previstas no *caput* do dispositivo em tela, **"provando-se a inexistência de prejuízo"**, com maior razão devem ser afastadas as consequências da sanção se a omissão que provocou a sua imposição foi sanada.

Nesse sentido o Enunciado 262 da III Jornada de Direito Civil realizada pelo Conselho da Justiça Federal:

> "A obrigatoriedade da separação de bens, nas hipóteses previstas no art. 1.641, I e III, do Código Civil **não impede a alteração do regime, desde que superada a causa que o impôs**".

O referido Enunciado não abrange, porém, a hipótese prevista no art. 1.641, II, concernente às pessoas que se casarem com **mais de 70 anos de idade** e que também deverão adotar o regime da separação obrigatória de bens.

A imposição do regime da separação legal, nesses casos, **é de duvidosa constitucionalidade, por ofender a dignidade humana**, como adiante comentado (*v.* item 22.5, *Regime da separação legal ou obrigatória*, *infra*).

■ Admissibilidade de alteração do regime de bens de casamento ocorrido na vigência do Código Civil de 1916

Decidiu, por unanimidade, a 4ª Turma do Superior Tribunal de Justiça **ser admissível a alteração do regime de bens de casamentos ocorridos na vigência do Código Civil de 1916**. O relator perfilhou-se, no seu voto, a nomes de relevo da doutrina brasileira que defendem a possibilidade de alteração de regime de bens para os casamentos realizados antes do novo Instituto Civil, observados os direitos de terceiros e apuradas as razões invocadas para o casal. Dessa forma, aduziu que "os bens adquiridos antes da decisão que eventualmente autorizar a alteração de regime

---

[3] *Direito civil*, cit., v. 6, p. 151.

permanecem sob as regras do pacto de bens anterior, vigorando o novo regime sobre os bens e negócios jurídicos comprados e realizados após a autorização"[4].

Na I Jornada de Direito Civil, realizada em Brasília por iniciativa do Superior Tribunal de Justiça em setembro de 2002, aprovou-se o Enunciado 113, que recomenda **ampla publicidade** para a autorização da mudança:

> "É admissível a alteração do regime de bens entre os cônjuges, quando então o pedido, devidamente motivado e assinado por ambos os cônjuges, será objeto de autorização judicial, com ressalva dos direitos de terceiros, inclusive dos entes públicos, após perquirição de inexistência de dívida de qualquer natureza, **exigida ampla publicidade**".

Segundo dispõe o § 1º do art. 734 do Código de Processo Civil de 2015, o juiz, ao receber a petição inicial, deve determinar a "**publicação de edital** que divulgue a pretendida alteração de bens, somente podendo decidir depois de decorrido o prazo de 30 (trinta) dias da publicação do edital". Complementa o § 2º que "os cônjuges, na petição inicial ou em petição avulsa, podem propor ao juiz **meio alternativo de divulgação da alteração do regime de bens**, a fim de resguardar direitos de terceiros".

■ 22.2.2. Variedade de regimes

A lei coloca à disposição dos nubentes não apenas um modelo de regime de bens, **mas quatro**. Como o regime dotal previsto no diploma de 1916 não vingou, assumiu a sua vaga, no novo Código, o regime de participação final nos aquestos (arts. 1.672 a 1.686), sendo mantidos os de comunhão parcial, comunhão universal e separação convencional ou legal.

Podem os contraentes adotar um dos quatro regimes retromencionados, ou combiná-los entre si, **criando um regime misto**, *desde que as estipulações não sejam incompatíveis com os princípios e normas de ordem pública* que caracterizam o direito de família (CC, art. 1.655). Podem as partes, ainda, adotar o regime, simplesmente mencionando-o pela rubrica constante do Código (comunhão parcial, comunhão universal etc.), pelos artigos de lei que o disciplinam, bem como pelos preceitos que o regem.

■ 22.2.3. Livre estipulação

Estatui o art. 1.639 do Código Civil:

> "É lícito aos nubentes, antes de celebrado o casamento, estipular, quanto aos seus bens, **o que lhes aprouver**".

Tal dispositivo enuncia o **princípio-base da liberdade de escolherem os nubentes o que lhes aprouver quanto aos seus bens**, fundado na ideia de que são eles os melhores juízes da opção que lhes convém, no tocante às relações econômicas a vigorar durante o matrimônio.

[4] REsp 73.056, 4ª T., rel. Min. Jorge Scartezzini, j. 24-8-2005.

Acrescenta o parágrafo único do art. 1.640 que poderão os nubentes, "*no processo de habilitação*, **optar por qualquer dos regimes**". Quanto à **forma**, aduz o aludido parágrafo único: "reduzir-se-á **a termo** a opção pela comunhão parcial, fazendo-se o pacto antenupcial por **escritura pública**, nas demais escolhas".

Conforme a lição de Lafayette, "podem os contraentes escolher um desses regimes, ou modificá-los e combiná-los entre si de modo a formar uma nova espécie, como se, por exemplo, convencionam a separação de certos e determinados bens e a comunhão de todos os mais. Neste caso **torna-se misto o regime**"[5].

Essa orientação é a mais difundida nas legislações modernas.

■ Exceção à regra

O princípio vigente entre nós, entretanto, admite uma *exceção*: a lei fixa, imperativamente, o regime de bens a pessoas que se encontrem nas situações previstas no art. 1.641, **tornando obrigatório o da separação**.

■ O pacto antenupcial

A escolha é feita no *pacto antenupcial*. Se este *não foi feito, ou for nulo ou ineficaz*, "vigorará, quanto aos bens entre os cônjuges, **o regime da comunhão parcial**" (art. 1.640).

O pacto antenupcial é, portanto, facultativo. Somente se tornará necessário se os nubentes quiserem adotar regime matrimonial diverso do legal. Os que preferirem o regime legal não precisarão estipulá-lo, **pois sua falta revela que aceitaram o regime da comunhão parcial**. Presume-se que o escolheram, pois caso contrário teriam feito pacto antenupcial.

■ 22.3. ADMINISTRAÇÃO E DISPONIBILIDADE DOS BENS

A sociedade conjugal é composta de uma comunidade de pessoas, incluindo os filhos, que precisa atender à sua necessidade de subsistência com suas rendas e com seus bens. **Cabe à *entidade conjugal* o sustento da família**, não mais ao marido, como era antes da isonomia constitucional consagrada na atual Constituição.

No capítulo dedicado às Disposições Gerais, o Código de 2002 apresenta um conjunto de normas que dizem respeito aos interesses patrimoniais dos cônjuges, disciplinando as obrigações que estes podem ou não assumir, bem como a propriedade, administração e disponibilidade da massa de bens conjugais, nas quais ressalta a **igualdade de tratamento dispensada ao casal**.

■ 22.3.1. Atos que podem ser praticados sem a autorização do outro cônjuge

Em abono dessa assertiva, o art. 1.642 proclama:

> "Qualquer que seja o regime de bens, **tanto o marido quanto a mulher podem livremente** *(isto é, sem a autorização do outro cônjuge)*:

[5] *Direitos de família*, § 50.

I — praticar todos os atos de disposição e de administração necessários ao desempenho de sua profissão, com as limitações estabelecidas no inciso I do art. 1.647;

II — administrar os bens próprios;

III — desobrigar ou reivindicar os imóveis que tenham sido gravados ou alienados sem o seu consentimento ou sem suprimento judicial;

IV — demandar a rescisão dos contratos de fiança e doação, ou a invalidação do aval, realizados pelo outro cônjuge com infração do disposto nos incisos III e IV do art. 1.647;

V — reivindicar os bens comuns, móveis ou imóveis, doados ou transferidos pelo outro cônjuge ao concubino, desde que provado que os bens não foram adquiridos pelo esforço comum destes, se o casal estiver separado de fato por mais de cinco anos;

VI — praticar todos os atos que não lhes forem vedados expressamente".

■ Incs. I e II

O novo diploma concentra, nos dois primeiros incisos, **a liberdade do marido e da mulher** para a prática de todo *ato de disposição e de administração* de que necessitem **no exercício das respectivas profissões** (tais como as de comerciantes, profissionais liberais ou empresários, que exigem frequentemente disposição ou alienação de bens), bem como de todo ato de administração dos **bens próprios**, ou seja, dos que não integram a comunhão, consoante o regime de bens adotado. **São ressalvados, todavia, no inc. I, os imóveis**, bem como **os direitos reais sobre imóveis alheios**, que nem o marido nem a mulher podem dispor sem a anuência do consorte.

■ Inc. III

O inciso em tela, visando preservar o patrimônio do casal, **permite a qualquer dos cônjuges** — e não apenas à mulher, como fazia o inc. II do art. 248 do Código de 1916 — *desobrigar ou reivindicar* os **bens imóveis que tenham sido gravados ou alienados sem o seu consentimento**, ressalvada a hipótese de o ato ter sido praticado após a obtenção do suprimento judicial do consentimento.

■ Inc. IV

O aludido inciso faz remissão aos incs. III e IV do art. 1.647. Assim, se um dos consortes **"prestar fiança ou aval"** ou fizer **"doação, não sendo remuneratória, de bens comuns, ou dos que possam integrar futura meação"**, não sendo o regime da absoluta separação (CC, art. 1.647, III e IV), **poderá o outro demandar a sua anulação**.

Estatui o art. 1.646 do Código Civil que, "no caso dos incisos III e IV do art. 1.642, *o terceiro, prejudicado* com a sentença favorável ao autor, terá **direito regressivo** contra o cônjuge, que realizou o negócio jurídico, ou seus herdeiros".

O **terceiro prejudicado** terá a aludida ação regressiva, portanto, nos casos de ausência de consentimento do outro cônjuge e de suprimento judicial.

As ações para **desobrigar ou reivindicar os imóveis** que tenham sido onerados sem o consentimento do outro cônjuge ou sem suprimento judicial, para demandar a **rescisão dos contratos de fiança e doação** ou a **invalidação do aval** convencionados sem autorização marital ou outorga uxória e para **reivindicar os bens comuns**

doados ou transferidos ao concubino (art. 1.642, III a V) "*competem ao cônjuge prejudicado e a seus herdeiros*" (art. 1.645). Os referidos atos são, pois, anuláveis.

■ **Inc. V**

O inciso em apreço exige **separação de fato há mais de cinco anos**, bem como prova de que os bens **não teriam sido adquiridos com o esforço do cônjuge e seu *concubino*** — o qual não se confunde com companheiro, por inexistir união estável, mas relação adulterina.

A fixação desse prazo representa **um retrocesso** em relação ao que vem sendo decidido pelos tribunais. Tem a jurisprudência, com efeito, assentado que, **em caso de separação de fato do casal**, que caracteriza o rompimento fático do vínculo, **não se comunicam ao outro cônjuge os bens adquiridos nesse período**, ou durante a convivência com terceira pessoa, não constituindo tal fato ofensa ao princípio da imutabilidade do regime de bens[6].

Pelo novo Código o cônjuge separado de fato será beneficiado com meação em patrimônio que não ajudou a construir, adquirido nos cinco anos que se seguiram à mencionada separação. Esse risco, no entanto, só existirá **se os conviventes não lograrem provar, de forma convincente, que os bens reivindicados decorreram do esforço comum do novo casal**.

■ **Inc. VI**

Finalmente, segundo o inc. VI do aludido art. 1.642, **todos os atos não vedados expressamente pela lei podem ser praticados livremente por qualquer dos cônjuges**. Utilizou o legislador o *critério da exclusão*: ressalvadas as vedações legais, tudo o mais é permitido, mesmo porque, segundo o princípio da legalidade insculpido no art. 5º, II, da Constituição Federal, ninguém é obrigado a fazer ou deixar de fazer algo, senão em virtude de lei.

■ 22.3.2. Despesas necessárias à economia doméstica

Prevê ainda o art. 1.643 do Código Civil:

"Podem os cônjuges, independentemente de autorização um do outro:

I — comprar, ainda a crédito, as coisas necessárias à *economia doméstica*;

II — obter, por empréstimo, *as quantias que a aquisição dessas coisas possa exigir*".

Aduz o art. 1.644 do mesmo diploma que as referidas dívidas **"obrigam solidariamente ambos os cônjuges"**.

Presume-se autorizado pelo outro, **especialmente em relação a terceiros de boa-fé**, o cônjuge que realiza negócios jurídicos e contrai obrigações relativas à manutenção da *vida doméstica*, do dia a dia da família. Assim, "não pode o outro cônjuge alegar a falta de sua autorização, quando ficarem evidenciadas as **despesas de economia doméstica**, que ele e os demais membros da família foram destinatários.

6 *RJTJSP*, Lex, 114/102.

Não se incluem as despesas suntuárias ou supérfluas, ainda que tendo destino o lar conjugal, pois não se enquadram na economia doméstica cotidiana"[7].

22.3.3. Impossibilidade de um dos cônjuges exercer a administração dos bens

Ao mesmo tempo em que concede a ambos os cônjuges a administração do casal, o Código Civil de 2002 aponta solução para hipóteses em que se **torna impossível a um deles a administração dos bens** que lhe incumbe por força do regime matrimonial adotado. Assim, dispõe o art. 1.570 do aludido diploma:

> "Se qualquer dos cônjuges estiver em lugar remoto ou não sabido, encarcerado por mais de cento e oitenta dias, interditado judicialmente ou privado, episodicamente, de consciência, em virtude de enfermidade ou de acidente, **o outro exercerá com exclusividade a direção da família, cabendo-lhe a administração dos bens**".

Por seu turno, acrescenta o art. 1.651:

> "Quando um dos cônjuges **não puder exercer a administração dos bens** que lhe incumbe, segundo o regime de bens, **caberá ao outro**:
>
> I — gerir os bens comuns e os do consorte;
>
> II — alienar os bens móveis comuns;
>
> III — alienar os imóveis comuns e os móveis ou imóveis do consorte, mediante autorização judicial".

Observa-se que o dispositivo faz uma distinção: os **bens móveis** comuns poderão ser alienados sem qualquer impedimento, **mas os imóveis comuns** e os **móveis e os imóveis do outro cônjuge** somente poderão ser alienados com prévia autorização judicial.

Estabelece ainda o art. 1.652 do Código Civil:

> "O cônjuge, **que estiver na posse dos bens particulares do outro**, será para com este e seus herdeiros *responsável*:
>
> I — como **usufrutuário**, se o rendimento for comum;
>
> II — como **procurador**, se tiver mandato expresso ou tácito para os administrar;
>
> III — como **depositário**, se não for usufrutuário, nem administrador".

O dispositivo em tela trata das consequências do fato de um dos cônjuges administrar os bens do consorte, em decorrência de impedimento deste.

Decidiu o Superior Tribunal de Justiça que **o cônjuge que conserva a posse dos bens do casal é obrigado a prestar contas ao outro no período entre o fim do casamento e a partilha**. Na hipótese, o casal separou-se de fato e os bens do casal

---

[7] Paulo Luiz Netto Lôbo, *Código Civil*, cit., v. XVI, p. 252.

V. a jurisprudência: "Pelas compras, ainda que a crédito, realizadas pela mulher casada necessárias à economia doméstica, responde o marido, frente à presunção legal de que está por ele autorizada" (*RJTJRS*, 72/697).

ficaram sob os cuidados do marido, até a partilha. Segundo o relator do acórdão, Min. Villas Bôas Cueva, "aquele que detiver a posse e a administração dos bens comuns antes da efetivação do divórcio, com a consequente partilha, deve geri-los no interesse de ambos os cônjuges, sujeitando-se ao dever de prestar contas ao outro consorte, a fim de evitar eventuais prejuízos relacionados ao desconhecimento quanto ao estado dos bens comuns"[8].

■ 22.3.4. Atos que um cônjuge não pode praticar sem autorização do outro

O art. 1.647 do Código Civil especifica os atos que nenhum dos cônjuges pode praticar sem autorização do outro, "exceto no regime da separação absoluta":

I — Alienar ou gravar de ônus real os bens imóveis

Trata-se, na verdade, de mera **falta de legitimação, e não de incapacidade**, pois, obtida a anuência do outro, o cônjuge fica legitimado, e os atos por ele praticados revestem-se de legalidade. A restrição impõe-se, qualquer que seja o regime de bens, *exceto no da separação absoluta.*

O verbo "*alienar*" tem **sentido amplo**, abrangendo toda forma de transferência de bens de um patrimônio para outro, como a venda, a doação, a permuta, a dação em pagamento etc.

■ Liberdade de disposição do patrimônio, no regime da separação absoluta de bens

Observa-se que, como inovação, o Código Civil de 2002 concede total liberdade de administração e disposição de seu patrimônio ao cônjuge, *no regime da separação absoluta de bens.* Todavia, no sistema do Código de 1916, mesmo no aludido regime era exigida a autorização do consorte para alienar ou gravar de ônus reais os bens imóveis. Tendo em vista que o art. 2.039 do novo diploma determina que o regime de bens nos casamentos celebrados na vigência do Código Civil anterior "*é o por ele estabelecido*", permanece, em consequência, a **necessidade da outorga uxória ou autorização marital** para a prática desses atos nos **casamentos celebrados na vigência do diploma anterior** pelo regime da separação de bens.

■ Necessidade da anuência conjugal no compromisso de compra e venda

A vênia conjugal é necessária também no *compromisso de compra e venda irretratável e irrevogável*, pois é hábil para transferir o domínio por meio da **adjudicação compulsória** (CC, art. 1.418). Inclui-se na exigência de anuência do outro cônjuge a **constituição de hipoteca ou de outros ônus reais sobre imóveis**.

A autorização do consorte é necessária **ainda que os bens imóveis sejam particulares do cônjuge**, nos regimes de *comunhão parcial e universal*, podendo ser dispensada, em pacto antenupcial, no regime de participação final nos aquestos (CC, art. 1.656). Todavia, o art. 978 do Código Civil preceitua que "o empresário casado pode, sem necessidade de outorga conjugal, qualquer que seja o regime de bens, alienar os imóveis que integrem o patrimônio da empresa ou gravá-los de ônus real".

---

8 STJ, 3ª T., rel. Min. Villas Bôas Cueva, in <http://www.conjur.com.br> de 5-4-2012.

II — Pleitear, como autor ou réu, acerca desses bens ou direitos

É uma consequência da exigência expressa no inciso anterior. A sentença final, nessas hipóteses, poderá acarretar a **perda da propriedade imóvel, correspondendo a uma forma de alienação**. Natural que o outro cônjuge participe da ação e venha a juízo para fazer valer e defender os seus direitos. Reversamente, em qualquer demanda intentada por terceiros deve ser promovida a citação de ambos os cônjuges.

Daí a razão de o art. 73 do Código de Processo Civil de 2015 exigir a participação do outro cônjuge na ação que **"verse sobre direito real imobiliário"**[9], não nas ações pessoais relativas a imóveis, como a ação de despejo, a de consignação em pagamento, a renovatória de contrato de locação, a cominatória para prestação ou abstenção de fato etc.

III — Prestar fiança ou aval

Procura-se evitar, com essa limitação, o **comprometimento dos bens do casal**, em razão de graciosa garantia concedida a débito de terceiro.

Se a fiança e o aval não forem anulados pelo cônjuge prejudicado (*o que os prestou não tem legitimidade para pedir a anulação*), poderá este **opor embargos de terceiro para excluir a sua meação** de eventual penhora que venha a recair sobre os bens do casal, pois somente as dívidas contraídas para os fins do art. 1.643 do Código Civil (para comprar coisas necessárias à economia doméstica e para obter, por empréstimo, as quantias que a aquisição dessas coisas possa exigir) obrigam solidariamente ambos os cônjuges.

■ Oposição, pelo cônjuge, de embargos de terceiro

O cônjuge pode defender a sua meação por meio de *embargos de terceiro*, com base no § 2º, I, do art. 674 do Código de Processo Civil, mesmo intimado da penhora e não tendo ingressado, no prazo legal, com os embargos de devedor. Nesse sentido dispõe a Súmula 134 do Superior Tribunal de Justiça:

> **"Embora intimado da penhora em imóvel do casal, o cônjuge do executado pode opor embargos de terceiro para defesa de sua meação"**[10].

Se a penhora recaiu sobre bem de sua meação, próprio, reservado (desde que adquirido antes da atual CF) ou dotal, poderá o cônjuge apresentar embargos de terceiro, no prazo do art. 1.048[11] [do CPC/1973, atual art. 675], sendo irrelevante que

---

9 Dispõe o mencionado art. 73 do CPC que "o cônjuge necessitará do consentimento do outro para propor ação que verse sobre direito real imobiliário, salvo quando casados sob o regime de separação absoluta de bens". Proclama ainda o § 2º que, nas "ações possessórias, a participação do cônjuge do autor ou do réu somente é indispensável nas hipóteses de composse ou de ato por ambos praticados".

10 *V.* a jurisprudência sobre a aludida Súmula: *RSTJ*, 80/51 a 74; STJ, *RT*, 693/256 e 712/292.

11 *RTJ*, 93/878; STF, *RT*, 514/268. *V.* ainda: "Mulher casada. Oposição visando a defesa de seus bens próprios, e não para a defesa da meação, em execução movida apenas contra seu marido. Admissi-

haja sido intimado da penhora[12]. Nos embargos, poderá pleitear que os bens sejam excluídos da penhora, **mas não discutir o débito**, porque isso é matéria a ser deduzida em embargos do devedor[13].

Desse modo, conforme o caso, o cônjuge poderá intervir no processo, ao mesmo tempo, como parte e como terceiro, com base em títulos diversos[14].

Pelo Estatuto da Mulher Casada (Lei n. 4.121/62, art. 3º, reforçado pela norma do art. 226, § 5º, da CF), a meação da mulher **não responde** pelos títulos de dívida de qualquer natureza firmados apenas pelo marido, **salvo se resultou em benefício da família**. Em regra, presume-se que os negócios feitos pelo cônjuge sejam em benefício da família[15], daí por que compete à mulher elidir tal presunção[16]. Esta deixará de existir, entretanto, quando a dívida do marido provier de aval, dado de favor, desde que não à firma da qual é sócio[17].

O **aval** é instituto do direito cambiário, restrito aos débitos submetidos aos princípios deste. Não pode o cônjuge avalizar títulos *sem anuência do consorte*, porque esse ato pode trazer como consequência o **desfalque do patrimônio comum**.

A aludida inovação tem sido criticada por comprometer o dinamismo das relações comerciais, tendo em vista que a livre circulação é inerente à cártula. Por força do art. 2.039 do Código Civil de 2002, comentado no item I, *retro*, a vedação somente se aplica aos casamentos celebrados após a entrada em vigor do aludido diploma, **uma vez que não era imposta nos regimes de bens disciplinados pelo Código de 1916**.

Na Jornada de Direito Civil realizada em Brasília nos dias 11 a 13 de junho de 2002, no Superior Tribunal de Justiça, aprovou-se proposição (Enunciado n. 114) no sentido de que "o aval não pode ser anulado por falta de vênia conjugal, de modo que o inciso III do art. 1.647 **apenas caracteriza a inoponibilidade do título** ao

---

bilidade se o casamento foi celebrado no regime de separação total de bens. Simples conjectura de tratar-se de dívida contraída em benefício da sociedade conjugal que não caracteriza responsabilidade solidária da mulher" (*RT*, 777/349).

12 *RJTJSP*, Lex, 98/350.

13 *RTJ*, 101/800.

14 *RTJ*, 105/274; STJ, REsp 83.051-RS, 4ª T., rel. Min. Rosado de Aguiar, *DJU*, 27-5-1996; STJ, REsp 252.854-RJ, 4ª T., rel. Min. Sálvio de Figueiredo Teixeira, *DJU*, 11-9-2000, p. 258. "O cônjuge intimado da penhora tem dupla legitimidade: para ajuizar embargos à execução, visando a discutir a dívida, e embargos de terceiro, objetivando evitar que sua meação responda pelo débito exequendo" (*RSTJ*, 46/242; *RT*, 694/197 e 726/361).

15 STF, *RT*, 500/247.

16 "Consolidou-se a jurisprudência do STJ no sentido de que a meação da mulher responde pelas dívidas do marido, salvo se ela provar não terem sido assumidas em benefício da família" (STJ, REsp 47.693-3-RS, rel. Min. Costa Leite, *DJU*, 13-3-1995, p. 5.289, 2ª col., em.; STJ, REsp 216.659-RJ, 3ª T., rel. Min. Ari Pargendler, *DJU*, 23-4-2001, p. 160). Nesse sentido: *RSTJ*, 59/354.

17 "Embargos de terceiro. Defesa da meação. Devedor que empresta aval à empresa de que era sócio. Endividamento que ocorreu em benefício da família. Circunstância que não resguarda a meação do cônjuge. Aval que não se reconhece gratuito ou concedido por mera liberalidade" (*RT*, 817/416).

cônjuge que não assentiu". Este, todavia, segundo dispõe o art. 1.649 do Código Civil, tem legitimidade para "**pleitear-lhe a anulação**, até dois anos depois de terminada a sociedade conjugal", assim como a anulação da fiança e de qualquer outro ato praticado **sem a autorização conjugal**, "não suprida pelo juiz, quando necessária *(art. 1.647)*".

Proclama a Súmula 332 do Superior Tribunal de Justiça:

"A anulação de fiança prestada sem outorga uxória implica a **ineficácia total** da garantia".

IV — Fazer doação, não sendo remuneratória, de bens comuns, ou dos que possam integrar futura meação

Tal proibição aplica-se aos **bens móveis**, porque dos *imóveis* já trata o inc. I. É permitida somente a doação **remuneratória**, qualquer que seja o seu valor, porque representa o **pagamento de serviço prestado pelo donatário** (médico, dentista, advogado etc.), cuja cobrança não mais podia ser feita (em razão da prescrição da ação, p. ex.). A obrigação de pagar, embora nesse caso seja apenas moral, existe, e o pagamento pode ser feito sem a anuência do outro cônjuge.

■ Exceção em caso de doação aos filhos quando casarem ou estabelecerem economia separada

O parágrafo único complementa o inc. IV citado, declarando válidas as "doações nupciais feitas aos filhos **quando casarem** ou estabelecerem **economia separada**". A doação aos filhos quando se estabelecem com economia própria é dever natural para auxiliá-los nessa contingência.

A propósito, obtempera Clóvis Beviláqua[18] que é intuitiva a razão da proibição de um cônjuge fazer doações sem a autorização do outro: para evitar que, por excessivamente liberal, não vá colocar em dificuldade a família, cuja mantença é dever seu, que sobreleva a qualquer outro de ordem filantrópica. Se, porém, "as dádivas aproveitam às *filhas*, que vão **constituir família**, ou aos *filhos*, que se vão **estabelecer por conta própria**, não importam violação desse dever sagrado; são modos de continuar a cumpri-lo".

Aduz o consagrado jurista que, por ser **em benefício dos filhos** que o cônjuge faz as liberalidades, "a lei as *dispensa da outorga* uxoriana instituída para garantia e defesa dos interesses da família".

O parágrafo único em epígrafe não cogita de bens particulares, porque já foram ressalvados no aludido inc. IV, mas de **bens comuns**, sob pena de ser norma inócua. Dessarte, constando no contrato ou escritura de doação tal motivação, não haverá necessidade da outorga uxória[19].

■ Forma da vênia conjugal

A autorização do cônjuge deve ser **expressa** e constar de **instrumento público**, quando outorgada para a prática de ato que reclame tal solenidade, como, *v. g.*, a

---

[18] *Código Civil dos Estados Unidos do Brasil comentado*, v. 2, obs. ao art. 236.

[19] Paulo Luiz Netto Lôbo, *Código Civil*, cit., v. XVI, p. 260.

alienação de bens imóveis de valor superior a trinta vezes o maior salário mínimo vigente no país (CC, art. 108). Para a prática de atos que *não exijam instrumento público*, a procuração poderá constar de **instrumento particular**. Dispõe, com efeito, o art. 220 do Código Civil:

> "A anuência ou a autorização de outrem, necessária à validade de um ato, **provar-se-á do mesmo modo que este**, e constará, sempre que se possa, do próprio instrumento".

■ 22.3.5. Suprimento da autorização conjugal

Cabe ao juiz *suprir* tanto a outorga da mulher como a autorização marital, quando as deneguem **sem motivo justo**, ou lhes seja **impossível concedê-la** (CC, art. 1.648). A lei não esclarece quando se mostra justa a negativa, deixando ao prudente arbítrio do juiz o exame das situações que caracterizam ou não o justo motivo para a denegação.

Anota Washington de Barros Monteiro que a jurisprudência assentou a seguinte orientação:

> "*a*) é justa a recusa, quando o marido pretende alienar o único prédio do casal, que serve de residência à família, sem que ocorra indeclinável necessidade da venda;
>
> *b*) se o marido pretende vender o imóvel por preço vil, caso em que se impõe a respectiva avaliação;
>
> *c*) quando o casal se acha separado de fato e a mulher não conta com suficientes garantias para recebimento de sua meação;
>
> *d*) quando o requerente não prova a necessidade da alienação;
>
> *e*) finalmente, quando ele pretende a venda para despender o produto com o seu exclusivo sustento e o da concubina"[20].

■ Negativa, sem justo motivo, da necessária anuência

Nos casos, porém, em que a resistência de um cônjuge em conceder a necessária anuência para a prática dos atos mencionados no item anterior se mostra **arbitrária, abusiva e injustificável**, permite a lei seja o consentimento suprido pelo juiz, assim como nas situações em que se torna impossível obtê-lo. Com o suprimento, o outro cônjuge fica autorizado a praticar o ato.

■ Impossibilidade de dar o consentimento

Os casos de impossibilidade para dar o consentimento geralmente decorrem de incapacidade de consentir, como no caso de interdição, ou desaparecimento do outro cônjuge. Na hipótese de um dos cônjuges se encontrar **interditado ou ausente, em local ignorado**, e o outro tiver necessidade de realizar um negócio que envolva a alienação ou oneração de um imóvel, por exemplo, cabe a este requerer suprimento judicial do consentimento (CC, arts. 1.570, 1.647 e 1.651).

---

[20] *Curso*, cit., 37. ed., v. 2, p. 176-177.

■ **Anulabilidade do ato, na falta de autorização não suprida pelo juiz**

A falta de autorização, não suprida pelo juiz, quando necessária (art. 1.647), como já mencionado, "**tornará anulável o ato praticado**, podendo o outro cônjuge pleitear-lhe a anulação, até dois anos depois de terminada a sociedade conjugal" (art. 1.649)[21].

■ **Legitimação para a ação anulatória**

A legitimação é do **cônjuge prejudicado**, mas *passa aos herdeiros* depois de sua morte, como proclama o art. 1.650 do mesmo diploma. Não pode, destarte, ser pronunciada de ofício pelo juiz, nem a requerimento da parte contrária[22].

Conclui-se que a ação é **privativa do cônjuge** a quem cabia conceder a anuência, **enquanto viver**. Morrendo na pendência da lide, poderão os herdeiros nela prosseguir. Vindo a falecer sem iniciá-la, *a legitimidade passa aos herdeiros*, desde que exerçam o direito **até dois anos depois da morte**.

■ **Direito de regresso do terceiro prejudicado**

Anulado o negócio jurídico, o *terceiro prejudicado* terá **direito de regresso contra o cônjuge que praticou o ato eivado de vício, ou seus herdeiros**, como prevê o art. 1.645 do Código Civil, que alude às hipóteses previstas nos incs. III e IV do art. 1.642, recaindo sobre os *bens particulares ou em sua meação*. A indenização somente atingirá a **meação do outro cônjuge** se o culpado não tiver bens particulares, ou o valor superar sua meação, e desde que o lesado demonstre que o ato trouxe proveito para o casal[23].

■ **Convalidação do ato, com aprovação posterior**

Permite-se, no entanto, a *convalidação do ato*, com a aprovação posterior, que deve revestir-se da **forma escrita**, por instrumento público ou particular. Dispõe, com efeito, o parágrafo único do aludido art. 1.649 do Código Civil que "a aprovação torna válido o ato, desde que feita por instrumento público, ou particular, autenticado".

Para ser *autenticado* basta que a firma lançada no instrumento particular seja reconhecida por notário. Desse modo, embora a autorização deva preceder o ato, **a outorga posterior sana qualquer vício, fazendo desaparecer a anulabilidade**.

■ 22.4. PACTO ANTENUPCIAL

A escolha do regime de bens é feita no *pacto antenupcial*. Se este não foi feito, ou for nulo ou ineficaz, **"vigorará, quanto aos bens entre os cônjuges, o regime da**

---

21 "Fiança. Ausência de outorga uxória. Anulabilidade. É carecedor da ação declaratória de nulidade, por ilegitimidade ativa, o marido que deu causa ao ato. A fiança prestada pelo marido sem a outorga uxória da mulher não é nula de pleno direito, e sim anulável. Portanto, deve a mesma ser eficaz em relação ao cônjuge/fiador e limitada apenas ao seu patrimônio, sendo ressalvada a meação da mulher" (TJRS, Ap. 70.000.530.881, 6ª Câm. Cív., rel. Des. Palmeiro da Fontoura, j. 25-4-2001). "Fiança. Garantia prestada sem a outorga uxória. Produção de efeitos apenas em relação à meação do cônjuge que a prestou" (*RT*, 810/284, 803/266, 799/387).

22 "Fiança. Garantia prestada sem outorga uxória. Anulabilidade que depende de provocação do cônjuge que não assentiu, ou de seus herdeiros" (*RT*, 749/324). "Garantia prestada sem a outorga uxória. Incorrência de nulidade em prestígio à boa-fé de quem acreditou nas informações do fiador. Hipótese em que somente é assegurada a proteção da meação do cônjuge não participante" (*RT*, 763/319).

23 Silvio Rodrigues, *Direito civil*, cit., v. 6, p. 163.

comunhão parcial" (CC, art. 1.640, *caput*), por isso chamado também de regime *legal* ou *supletivo*, tendo em vista que a lei supre o silêncio das partes.

■ **Conceito e características**

Pacto antenupcial é um contrato **solene** e **condicional**, por meio do qual os nubentes *dispõem sobre o regime de bens* que vigorará entre ambos, após o casamento.

■ **Solene**, porque será *nulo* se não for feito por *escritura pública*. Não é possível convencionar o regime matrimonial mediante simples instrumento particular ou no termo do casamento, pois o instrumento público é exigido *ad solemnitatem*.

■ **Condicional**, porque só terá eficácia *se o casamento se realizar* (*si nuptiae fuerint secutae*). Caducará, sem necessidade de qualquer intervenção judicial, se um dos nubentes vier a falecer ou se contrair matrimônio com outra pessoa.

Proclama, efetivamente, o art. 1.653 do Código Civil:

> "É nulo o pacto antenupcial se não for feito por escritura pública, e ineficaz se não lhe seguir o casamento".

Afora, portanto, a hipótese de adoção do regime de *comunhão parcial*, que a lei presume, como foi dito, ter sido escolhido pelas partes quando estas nada convencionaram, a escolha de qualquer outro regime de bens depende de **ajuste entre os nubentes no pacto antenupcial**.

■ **Capacidade para a celebração do pacto**

A *capacidade* para a celebração da aludida convenção é a mesma exigida para o casamento. Os **menores** necessitam do consentimento dos pais para casar e da **assistência** deles para a celebração da convenção antenupcial.

O *consentimento* para o casamento **não dispensa a intervenção do representante legal** para a celebração do aludido **pacto**. A sua eficácia, quando "realizado por menor, fica condicionada à aprovação de seu representante legal, salvo as hipóteses de regime obrigatório de separação de bens" (CC, art. 1.654).

Dispõe o art. 1.537 do Código Civil que "o instrumento da autorização para casar transcrever-se-á integralmente na escritura antenupcial".

■ **Requisitos para a validade contra terceiros**

Para valer contra terceiros, o pacto antenupcial *deve ser registrado* "em livro especial, pelo oficial do **Registro de Imóveis** do domicílio dos cônjuges" (CC, art. 1.657).

O *registro* dá publicidade ao ato, alertando terceiros sobre a modificação no domínio do bem imóvel. **Sem ele o regime escolhido só vale entre os nubentes** (regime interno). Perante terceiros, é como se não existisse o pacto, vigorando então o regime da comunhão parcial (regime externo). Depois de efetuado, a sua eficácia atua, porém, *erga omnes*, não se admitindo alegação de ignorância por parte de quem quer que seja.

Anota Débora Gozzo[24] que a Lei n. 6.015, de 31 de dezembro de 1973 (Lei dos Registros Públicos), no seu art. 167, I, n. 12, disciplina a matéria, que também é com-

---

24 *Pacto antenupcial*, cit., p. 126.

plementada pela Lei n. 4.726, de 13 de julho de 1965, prevendo o seu art. 37, III, n. 1, o arquivamento do pacto antenupcial na **Junta Comercial** competente **quando os nubentes forem comerciantes**.

■ Estipulações permitidas

Pode ser convencionada, no pacto que adotar o *regime de participação final nos aquestos*, a **livre disposição dos bens imóveis**, desde que particulares (art. 1.656).

Preceitua o art. 1.655 do Código Civil:

> **"É nula a convenção ou cláusula que contravenha disposição absoluta de lei"**.

Nessa consonância, as estipulações permitidas são as de **caráter econômico**, uma vez que *os direitos conjugais, paternos e maternos, são normatizados*, não se deixando a sua estruturação e disciplina à mercê da vontade dos cônjuges. Assim, exemplificativamente, nenhum valor terão as cláusulas que dispensem os cônjuges do dever de fidelidade, coabitação, mútua assistência, sustento e educação dos filhos e exercício do poder familiar.

■ Efeitos do vício da convenção

O vício de uma cláusula não contamina, todavia, toda a convenção antenupcial, **mantendo-se íntegras** as demais que não contrariam a ordem pública, segundo o princípio *utile per inutile non vitiatur*.

O pacto antenupcial, quando simplesmente *anulável*, **pode ser confirmado, mesmo após o casamento**, retroagindo a confirmação à data da solenidade matrimonial. Tendo natureza acessória, **tem o mesmo destino do casamento**: anulado ou dissolvido este pela separação judicial, invalida-se aquele. Mas a recíproca não é verdadeira, visto que a nulidade da convenção não afeta a validade do matrimônio.

A lei *não fixou o prazo* dentro do qual se opera a caducidade em razão da não realização do casamento. Se este não se efetua em **tempo razoável**, qualquer dos contratantes pode denunciá-lo. Se no próprio pacto acordaram as partes em período certo, para dentro dele se celebrarem as núpcias, vale a convenção até que o prazo se extinga[25].

■ 22.5. REGIME DA SEPARAÇÃO LEGAL OU OBRIGATÓRIA

As hipóteses em que é obrigatório o regime da separação de bens no casamento estão especificadas no art. 1.641 do Código Civil. Dispõe o aludido dispositivo:

> "É **obrigatório o regime da separação de bens** no casamento:
>
> I — das pessoas que o contraírem com inobservância das causas suspensivas da celebração do casamento;
>
> II — da pessoa maior de setenta anos (redação de acordo com a Lei n. 12.344, de 9-12-2010);
>
> III — de todos os que dependerem, para casar, de suprimento judicial".

[25] Pontes de Miranda, *Tratado de direito de família*, cit., v. II, § 135, p. 160.

Por se tratar de regime imposto por lei, **não há necessidade de pacto antenupcial**. Em alguns casos, tal imposição é feita por ter havido contravenção a dispositivo legal que regula as *causas suspensivas* da celebração do casamento. Em outros, mostra-se evidente o intuito de proteger certas pessoas que, pela posição em que se encontram, poderiam ser vítimas de aventureiros interessados em seu patrimônio, como as *menores de 16, as maiores de 70 anos* e todas as que dependerem, para casar, de *suprimento judicial*. Vejamos as hipóteses elencadas:

I — Inobservância das causas suspensivas da celebração do casamento

O art. 1.523 do Código Civil aponta quatro causas suspensivas, já comentadas no Capítulo 5 ("Das causas suspensivas"), *retro*, ao qual nos reportamos. Prescreve o aludido dispositivo:

> "Não devem casar:
>
> I — o viúvo ou a viúva que tiver filho do cônjuge falecido, enquanto não fizer inventário dos bens do casal e der partilha aos herdeiros;
>
> II — a viúva, ou a mulher cujo casamento se desfez por ser nulo ou ter sido anulado, até dez meses depois do começo da viuvez, ou da dissolução da sociedade conjugal;
>
> III — o divorciado, enquanto não houver sido homologada ou decidida a partilha dos bens do casal;
>
> IV — o tutor ou o curador e os seus descendentes, ascendentes, irmãos, cunhados ou sobrinhos, com a pessoa tutelada ou curatelada, enquanto não cessar a tutela ou curatela, e não estiverem saldadas as respectivas contas".

A *inobservância das mencionadas causas suspensivas* torna o casamento **irregular**, sendo imposto o **regime da separação como sanção aos cônjuges**. Silvio Rodrigues anota, todavia, que a novidade mais significativa introduzida pelo Código de 2002 no direito de família "consiste no fato de que, por expressa previsão legal, **'é permitido aos nubentes solicitar ao juiz que não lhes sejam aplicadas as causas suspensivas', nas circunstâncias previstas na norma** (art. 1.523, parágrafo único), devendo-se entender daí que, nesses casos, pode ser relaxada a imposição ao regime de bens contida no art. 1.641, I. Vale dizer, dispensando a causa suspensiva, cessa o obstáculo à livre convenção"[26].

II — Pessoa maior de setenta anos

A restrição é eminentemente de **caráter protetivo**. Objetiva obstar à realização de casamento exclusivamente por interesse econômico. O Código Civil de 1916 impunha o regime da separação somente ao homem com mais de 60 anos. Para a mulher, o limite de idade era 50 anos. O diploma de 2002 (inc. II do art. 1.641) estabelece a **idade de 70 anos para todas as pessoas, sem distinção de sexo**, observando a isonomia constitucional. Basta que apenas um dos cônjuges supere essa idade, ainda que o outro ainda não a tenha atingido na data da celebração do casamento.

O Superior Tribunal de Justiça decidiu que, à semelhança do que ocorre com o casamento, na **união estável** é obrigatório o regime de separação de bens, no caso de

---

[26] *Direito civil*, cit., v. 6, p. 144.

companheiro com idade igual ou superior a 60 anos (atualmente 70 anos). Frisou a aludida Corte que, todavia, **casamento de idosos que já viviam em união estável dispensa separação de bens**. Assim decidiu a Quarta Turma em processo que envolvia um casal que viveu em união estável por 15 anos, até 1999, quando foi feito o casamento com regime de comunhão total de bens[27].

III — Os que dependerem de autorização judicial para casar

O dispositivo tem, igualmente, evidente **intuito protetivo** e aplica-se aos menores que obtiveram o *suprimento judicial de idade* ou o *suprimento judicial do consentimento dos pais*.

■ Comunicação dos bens adquiridos na constância do casamento pelo esforço comum dos cônjuges

A **jurisprudência**, ao tempo do Código Civil de 1916, tendo constatado que o regime da separação legal, ao contrário do que imaginou o legislador, não protegia devidamente as pessoas que deviam ser protegidas, passou a proclamar que, nesse regime, comunicavam-se os bens adquiridos **a título oneroso** na constância do casamento, denominados **aquestos**. O Supremo Tribunal Federal editou, então, a Súmula 377, do seguinte teor:

> **"No regime de separação legal de bens comunicam-se os adquiridos na constância do casamento".**

No princípio essa súmula foi aplicada com amplitude. Posteriormente, no entanto, a sua aplicação ficou restrita aos **bens adquiridos pelo esforço comum dos cônjuges**, reconhecendo-se a existência de uma verdadeira **sociedade de fato**. Assim passou a decidir o Superior Tribunal de Justiça[28].

A referida Corte também reconheceu ao cônjuge o direito à meação dos bens adquiridos na constância do casamento pelo esforço comum, **no regime da separação convencional**. Confira-se:

> "A circunstância de os cônjuges haverem pactuado, como regime de bens, o da separação não impede que se unam, em empreendimento estranho ao casamento. Isso ocorrendo, poderá caracterizar-se a sociedade de fato, admitindo-se sua dissolução, com a consequente partilha de bens. O que não se há de reconhecer é a existência de tal sociedade, apenas em virtude da vida em comum, com o atendimento dos deveres que decorram da existência do consórcio"[29].

■ 22.6. REGIME DA COMUNHÃO PARCIAL OU LIMITADA

O regime da comunhão parcial é o que prevalece se os consortes não fizerem pacto antenupcial, ou, se o fizerem, for nulo ou ineficaz (CC, art. 1.640, *caput*). Por

[27] STJ, 4ª. T., rel. Min. Isabel Gallotti, disponível em *Revista Consultor Jurídico*, de 16-12-2016.

[28] *RSTJ*, 39/413; *RT*, 691/194; *RF*, 320/84.

[29] STJ, REsp 30.513-9-MG, 3ª T., rel. Min. Eduardo Ribeiro, j. 26-4-1994, in *RT*, 710/174.

essa razão, é chamado também de **regime legal** ou **supletivo**, como já mencionado. Caracteriza-se por estabelecer:

- a **separação quanto ao passado** (bens que cada cônjuge possuía antes do casamento);
- e a **comunhão quanto ao futuro** (bens adquiridos na constância do casamento), gerando três massas de bens: os *do marido*, os *da mulher* e os *comuns*.

Nessa trilha, preleciona Silvio Rodrigues: "Regime de comunhão parcial é aquele em que basicamente se excluem da comunhão os bens que os cônjuges possuem ao casar ou que venham a adquirir por causa anterior e alheia ao casamento, como as doações e sucessões; e em que entram na comunhão os bens adquiridos posteriormente, em regra, a título oneroso"[30].

Constitui, portanto, um **regime misto**, formado em parte pelo da comunhão universal e em parte pelo da separação.

■ 22.6.1. Bens excluídos da comunhão parcial

Dispõe o art. 1.661 do Código Civil:

> "São *incomunicáveis* os bens cuja aquisição tiver por título uma *causa anterior ao casamento*".

Assim, por exemplo, **não integra a comunhão**:

- o bem reivindicado pelo marido **quando solteiro**, sendo a ação julgada procedente quando já casado;
- o dinheiro recebido após o casamento pela **venda anterior de um bem**;
- o bem recebido em razão do **implemento de condição** verificada depois do casamento, tendo o contrato oneroso **sido celebrado anteriormente**.

O regime em epígrafe caracteriza-se pela **comunicação dos bens adquiridos na constância do casamento**. Estabelece o art. 1.658, com efeito, que, "no regime de comunhão parcial, comunicam-se os bens que sobrevierem ao casal, **na constância do casamento**, com as **exceções** dos artigos seguintes".

Os bens **incomunicáveis, próprios ou particulares de cada cônjuge**, não são, desse modo, somente os que cada um possuía por ocasião do casamento, **mas também os elencados no art. 1.659 do Código Civil**, que assim dispõe:

> "Excluem-se da comunhão:
>
> I — os bens que cada cônjuge possuir ao casar, e os que lhe sobrevierem, na constância do casamento, por doação ou sucessão, e os sub-rogados em seu lugar;
>
> II — os bens adquiridos com valores exclusivamente pertencentes a um dos cônjuges em sub-rogação dos bens particulares;

[30] *Direito civil*, cit., v. 6, p. 178.

III — as obrigações anteriores ao casamento;

IV — as obrigações provenientes de atos ilícitos, salvo reversão em proveito do casal;

V — os bens de uso pessoal, os livros e instrumentos de profissão;

VI — os proventos do trabalho pessoal de cada cônjuge;

VII — as pensões, meios-soldos, montepios e outras rendas semelhantes".

Vejamos cada uma das hipóteses mencionadas.

I — Os bens que cada cônjuge possuir ao casar, e os que lhe sobrevierem, na constância do casamento, por doação ou sucessão, e os sub-rogados em seu lugar

■ **Bens que cada cônjuge possuir ao casar**

Os bens que cada cônjuge possuía ao casar constituem os **bens particulares** de cada um. É da essência do aludido regime a sua *incomunicabilidade*. A **comunhão** só compreende os bens adquiridos **a título oneroso na constância do casamento**, originando-se dessa circunstância a denominação "regime da comunhão parcial".

■ **Bens que cada cônjuge receber como herança ou doação depois do casamento**

Com mais razão serão particulares tais bens se recebidos antes do casamento. A **doação** é uma liberalidade e pode ser pura ou com encargo. A **sucessão** mencionada na lei é a *hereditária*, que decorre da morte de quem transmitiu o bem, podendo ser **legítima ou testamentária**. O bem pode ser recebido na condição de **herdeiro ou de legatário**[31].

Se o doador ou testador quiser que a liberalidade **beneficie o casal**, e não apenas um dos cônjuges, **fará a doação ou o legado em favor do casal**, como determina o art. 1.660, III, do Código Civil.

O bem recebido individualmente por companheiro, através de doação pura e simples, ainda que o doador seja o outro companheiro, "deve ser excluído do monte partilhável da união estável regida pelo estatuto supletivo, nos termos do art. 1.659, I, do CC/2002"[32].

■ **Bens sub-rogados no lugar dos recebidos como herança ou doação**

Ocorre a sub-rogação do bem quando é **substituído por outro**: o cônjuge o vende a terceiro e, com os valores auferidos, adquire outro bem, que substitui o primeiro em seu patrimônio particular. Leva-se em conta, portanto, **a origem** do valor pecuniário.

---

31 "No regime de comunhão parcial, não se comunicam os bens adquiridos por qualquer dos cônjuges em razão de doação ou sucessão. Não provado, por documentação hábil, que o imóvel foi adquirido através da venda de bens do casal, improcede o reclamo que pretende incluí-lo na partilha" (TJSC, Ap. 96.004.807-3, 1ª Câm. Cív., rel. Des. Carlos Prudêncio). "No regime de comunhão parcial, excluem-se da comunhão que cada cônjuge possuir ao casar, e os que lhe sobrevierem, na constância do matrimônio por doação ou sucessão" (TJDF, Ap. 1998.04.1.004162-7, 5ª Câm., rel. Des. Gonzaga Neiva, *DJU*, 2-5-2001). "No regime da comunhão parcial de bens, excluem-se da comunhão aqueles que os consortes possuem ao casar ou que venham a adquirir por causa anterior ao matrimônio, sendo irrelevante venha o seu registro no cartório imobiliário a efetivar-se já na vigência da vida conjugal. Partilham-se, porém, igualmente os bens amealhados em face do esforço comum dos cônjuges" (TJSC, Ap. 36.642, 4ª Câm. Cív., rel. Des. Alcides Aguiar).

32 STJ, REsp 1.171.488-RS, 4ª T., rel. Min. Raul Araújo, *DJe*, 11-5-2017.

A sub-rogação pode decorrer de **venda ou permuta**. Da mesma forma, permanecem no domínio particular do cônjuge os bens adquiridos em **sub-rogação aos bens que já estavam em seu domínio e posse antes do casamento**[33].

■ Comunicação dos frutos dos bens particulares

Comunicam-se, todavia, "*os frutos* dos bens comuns, ou dos particulares de cada cônjuge, percebidos na constância do casamento, ou pendentes ao tempo de cessar a comunhão" (CC, art. 1.660, V).

Desse modo, embora os bens recebidos por um cônjuge a título de doação ou herança não se comuniquem ao outro, **entram na comunhão os frutos civis ou rendimentos dos bens doados ou herdados**, tais como juros e aluguéis.

II — Os bens adquiridos com valores exclusivamente pertencentes a um dos cônjuges em sub-rogação dos bens particulares

A regra repete noção já expendida no inciso anterior: se os bens adquiridos antes do casamento não se comunicam, logicamente **não devem comunicar-se os que tomam o seu lugar no patrimônio do cônjuge alienante, comprados com os valores obtidos na venda**. Continuam estes a pertencer exclusivamente ao proprietário alienante.

Assim, se o cônjuge ao casar possuía um veículo e posteriormente o vendeu para, com o valor auferido, comprar um terreno, **este imóvel lhe pertencerá com exclusividade**, revestindo-se da mesma incomunicabilidade de que se revestia o veículo. Configura-se, *in casu*, a **sub-rogação real**, que é a substituição de uma coisa por outra, em uma relação jurídica (*in judicis universalibus res succedit in loco pretii et pretium in loco rei*).

Se o bem sub-rogado é **mais valioso** que o alienado, **a diferença de valor, se não foi coberta com recursos próprios e particulares do cônjuge, passa a integrar o acervo comum**, ou seja, pertencerá ao outro cônjuge parte ideal sobre o bem, correspondente a 50% da diferença. Assim, se o veículo valia 30 e o terreno foi comprado por 50 durante o casamento, este integra o acervo comum, cabendo 30 ao cônjuge alienante, como bem particular, mais 10 correspondente à sua meação na diferença. Ao outro caberá apenas 10, que é a sua parte na diferença apontada[34].

III — As obrigações anteriores ao casamento

Caracteriza-se o regime da comunhão parcial pela *incomunicabilidade* dos **bens adquiridos antes do casamento**. Também não se comunicam as **obrigações** particularmente assumidas pelos cônjuges, pois integram o acervo de cada qual. Em princípio, **só as obrigações subsequentes ao casamento se comunicarão**.

---

[33] Paulo Luiz Netto Lôbo, *Código Civil*, cit., v. XVI, p. 287. *V.* a jurisprudência: "No regime de comunhão parcial, o bem adquirido pela mulher com o produto auferido mediante a alienação do patrimônio herdado de seu pai não se inclui na comunhão" (STJ, REsp 331.840-SP, 4ª T., rel. Min. Ruy Rosado de Aguiar, *DJU*, 19-12-2002).

[34] Silvio Rodrigues, *Direito civil*, cit., v. 6, p. 180; Caio Mário da Silva Pereira, *Instituições*, cit., v. 5, p. 214; Paulo Luiz Netto Lôbo, *Código Civil*, cit., v. XVI, p. 287.

Observa Caio Mário que esse "é o ponto mais realçado pela doutrina, como favorável ao outro cônjuge, **resguardando os seus haveres da ação dos credores do outro**. Entende-se, todavia, que haverá comunicação dos débitos anteriores **no caso de se beneficiar o cônjuge** que não os tenha, como na hipótese de dívida contraída na aquisição de bens de que **lucram ambos**"[35].

■ **Dívidas contraídas pelo cônjuge na administração de seus bens particulares e dos bens comuns**

Além de prever a exclusão da comunhão das obrigações anteriores, o Código Civil ainda estabelece, no art. 1.664, que "os **bens da comunhão** respondem pelas obrigações contraídas pelo marido ou pela mulher para atender aos encargos da família, às despesas de administração e às decorrentes de imposição legal", aduzindo, no art. 1.666, que "as dívidas, contraídas por qualquer dos cônjuges na administração de seus *bens particulares e em benefício destes*, **não obrigam os bens comuns**".

Todavia, as dívidas contraídas no exercício da administração do patrimônio comum "obrigam os bens comuns e particulares do cônjuge que os administra, e os do outro **em razão do proveito que houver auferido**" (art. 1.663, § 1º). A **anuência de ambos os cônjuges** "é necessária para os atos, *a título gratuito*, que impliquem **cessão do uso ou gozo dos bens comuns**" (art. 1.663, § 2º).

IV — As obrigações provenientes de atos ilícitos, salvo reversão em proveito do casal

Malgrado algumas poucas exceções, que admitem a responsabilidade civil por ato de terceiro, em regra só responde pela reparação dos danos causados por ato ilícito quem lhes deu causa. Esse princípio é aplicado no inciso em tela, **suportando cada cônjuge as obrigações derivadas de ilícito por ele cometido** (*unuscuique sua culpa nocet*), **salvo se dele o outro obteve algum proveito**. Não importa a época em que tal fato ocorreu, se antes ou após o casamento.

Se forem penhorados os bens comuns, poderá o cônjuge inocente opor **embargos de terceiro** para livrar a sua meação da constrição judicial. Não o fazendo, poderá requerer que, no caso de eventual separação e partilha dos bens, **seja imputada a importância da indenização paga na meação do culpado**.

Se, no entanto, o dano foi provocado no exercício de profissão ou atividade de que *depende o sustento da família*, ou se *proporcionou proveito ao patrimônio comum*, a indenização será suportada pela totalidade dos bens. O inciso ora em estudo expressamente excepciona as **obrigações que trouxeram benefício ao casal**, passando para a responsabilidade comum[36].

V — Os bens de uso pessoal, os livros e instrumentos de profissão

O inciso em epígrafe abrange também roupas, joias, objetos de ornamentação, celular, computador e outros, utilizados no quotidiano da vida. *Por terem caráter pessoal, são incomunicáveis.*

[35] *Instituições*, cit., v. 5, p. 214-215.

[36] Arnaldo Rizzardo, *Direito de família*, cit., p. 635; *RT*, 268/742.

Os **livros e os instrumentos de profissão**, entretanto, **só não entram para a comunhão** se indispensáveis ao "exercício da atividade própria dos cônjuges e não integrem um fundo de comércio, ou o patrimônio de uma instituição industrial ou financeira, da qual participa o consorte, ou não tenham sido adquiridos a título oneroso com dinheiro comum"[37].

Presume a lei que os bens de **uso pessoal** foram adquiridos com **recursos do próprio cônjuge**, inclusive as joias. Todavia, se representarem *investimento do casal*, **passam a se comunicar**, pertencendo a metade a cada um no momento da dissolução do casamento[38].

VI — Os proventos do trabalho pessoal de cada cônjuge

A expressão "proventos" não é empregada em seu sentido técnico, mas genérico, abrangendo **vencimentos, salários e quaisquer formas de remuneração**. Deve-se entender, na hipótese, que **não se comunica somente o *direito* aos aludidos proventos**. Recebida a remuneração, o dinheiro ingressa no patrimônio comum. Da mesma forma os bens adquiridos com o seu produto. Em caso de separação judicial, o direito de cada qual continuar a receber o seu salário não é partilhado.

Se se interpretar que o numerário recebido não se comunica, mas somente o que for com ele adquirido, poderá esse entendimento acarretar um desequilíbrio no âmbito financeiro das relações conjugais, **premiando injustamente o cônjuge que preferiu conservar em espécie os proventos do seu trabalho**, em detrimento do que optou por converter suas economias em patrimônio comum.

VII — As pensões, meios-soldos, montepios e outras rendas semelhantes

- **Pensões** são as quantias em dinheiro pagas mensalmente a um beneficiário para a sua subsistência em virtude de lei, sentença, contrato ou disposição de última vontade.
- **Meio-soldo** é a metade do soldo que o Estado paga aos militares reformados.
- **Montepio** é a pensão devida pelo instituto previdenciário aos herdeiros do devedor falecido.
- **"Outras rendas semelhantes"**. Nessa expressão inclui-se a *tença*, considerada a pensão alimentícia, quer a preste o Estado, quer a preste qualquer outra pessoa de direito público ou de direito privado, a alguém, periodicamente, para a sua subsistência familiar[39].

O que não se comunica é somente o **direito** ao percebimento desses benefícios. Se um dos cônjuges, antes de casar, tinha direito a um dos benefícios mencionados, tal direito não se comunica em razão do casamento posterior. As *quantias mensalmente recebidas na constância do casamento*, a esse título, porém, **entram para o**

37 Arnaldo Rizzardo, *Direito de família*, cit., p. 636.

38 Silvio Rodrigues, *Direito civil*, cit., v. 6, p. 182.

39 Silvio Rodrigues, *Direito civil*, cit., v. 6, p. 183; Washington de Barros Monteiro, *Curso*, cit., v. 2, p. 199.

patrimônio do casal e comunicam-se logo que percebidas. Do mesmo modo, os bens adquiridos com o seu produto.

Se o casal se *divorciar*, **o cônjuge com direito ao benefício continuará levantando-o mensalmente, sem perder a metade para o outro**, porque o direito, sendo incomunicável, não é partilhado. Como salienta Silvio Rodrigues, "esse entendimento não frustra a regra do art. 1.659, VI e VII, porque, se o casamento, por exemplo, for dissolvido por separação judicial, o cônjuge separado terá, além de sua meação, o direito a pensão e salários que não se comunicou"[40].

Se não se interpretar dessa forma a norma em questão, serão excluídos os bens que forem adquiridos com os aludidos benefícios, nos quais se sub-rogarão os valores pecuniários percebidos — o que destoa da essência do regime. Valem aqui as observações feitas a propósito da **incomunicabilidade dos proventos** nos comentários ao inciso anterior.

O inc. IV do art. 269 do Código Civil de 1916, que excluía da comunhão todos os bens considerados excluídos da comunhão universal, não foi reproduzido, dando lugar aos incs. V, VI e VII do art. 1.659 do novo diploma.

■ 22.6.2. Bens que se comunicam, no regime da comunhão parcial

Dispõe o art. 1.660 do Código Civil que *entram na comunhão*:

"I — os bens adquiridos na constância do casamento por título oneroso, ainda que só em nome de um dos cônjuges;

II — os bens adquiridos por fato eventual, com ou sem o concurso de trabalho ou despesa anterior;

III — os bens adquiridos por doação, herança ou legado, em favor de ambos os cônjuges;

IV — as benfeitorias em bens particulares de cada cônjuge;

V — os frutos dos bens comuns, ou dos particulares de cada cônjuge, percebidos na constância do casamento, ou pendentes ao tempo de cessar a comunhão".

O Código Civil de 2002 excluiu o conteúdo do inc. VI do art. 271 do diploma de 1916, que se referia aos "frutos civis do trabalho, ou indústria de cada cônjuge, ou de ambos".

I — Os bens adquiridos na constância do casamento por título oneroso, ainda que só em nome de um dos cônjuges

A comunicação dos *bens adquiridos a título oneroso* na constância do casamento por qualquer dos cônjuges é uma **característica do regime da comunhão parcial**, como já foi dito, ressalvadas as hipóteses dos incs. VI e VII do art. 1.659, comentados no item anterior.

II — Os bens adquiridos por fato eventual, com ou sem o concurso de trabalho ou despesa anterior

40 *Direito civil*, cit., v. 6, p. 183.

O inc. II em epígrafe determina a inclusão no acervo comum dos bens adquiridos por *fato eventual*, como **loteria, sorteio, jogo, aposta, descobrimento de tesouro**. Não se indaga se, para a aquisição, houve ou não despesa por parte do beneficiário.

III — Os bens adquiridos por doação, herança ou legado, em favor de ambos os cônjuges;

A propósito, salientou o Superior Tribunal de Justiça, aplicando tal norma a uma união estável:

> "O prêmio da lotomania, recebido pelo ex-companheiro, sexagenário, deve ser objeto de partilha, haja vista que: (i) se trata de bem comum que ingressa no patrimônio do casal, independentemente da aferição do esforço de cada um; (ii) foi o próprio legislador quem estabeleceu a referida comunicabilidade; (iii) como se trata de regime obrigatório imposto pela norma, permitir a comunhão dos aquestos acaba sendo a melhor forma de se realizar maior justiça social e tratamento igualitário, tendo em vista que o referido regime não adveio da vontade livre e expressa das partes; (iv) a partilha dos referidos ganhos com a loteria não ofenderia o desiderato da lei, já que o prêmio foi ganho durante a relação, não havendo falar em matrimônio realizado por interesse ou em união meramente especulativa"[41].

Cogita o inc. III de hipótese em que sobressai a vontade de favorecer o conjunto familiar, e não apenas um cônjuge: doação, herança ou legado **em favor de ambos os cônjuges**. Essa vontade deve ser manifestada **expressamente**, para que possa derrogar a regra geral constante do art. 1.659, I, que prevê a incomunicabilidade dos bens adquiridos na constância do casamento por doação ou sucessão.

IV — As benfeitorias em bens particulares de cada cônjuge

As *benfeitorias*, segundo dispõe o art. 96 do Código Civil, podem ser voluptuárias, úteis ou necessárias. Não se confundem com as acessões, que são as construções e plantações (CC, art. 1.248, V). São acréscimos ou melhoramentos realizados em determinado bem. O inc. IV do art. 1.660 em apreço presume que, **embora feitas em bens particulares, o foram com o produto do esforço comum**, sendo justo que o seu valor se incorpore ao patrimônio do casal.

V — Os frutos dos bens comuns, ou dos particulares de cada cônjuge, percebidos na constância do casamento, ou pendentes ao tempo de cessar a comunhão

O inc. V evidencia que somente os bens é que constituem o patrimônio incomunicável. Os **frutos percebidos** na constância do casamento, bem como os **pendentes ao tempo de cessar a comunhão**, sejam rendimentos de um imóvel, de aplicação financeira ou de dividendos de ações de alguma empresa, **integram o patrimônio comum**, como consequência lógica do sistema estabelecido, que impõe a separação quanto ao passado e comunhão quanto ao futuro, ou seja, quanto aos bens adquiridos após o casamento.

---

41 STJ, REsp 1.689.152-SC, 4ª T., rel. Min. Luis Felipe Salomão, *DJe*, 22-11-2017.

Observa Caio Mário[42] que, "afastando dúvidas e polêmicas, **presumem-se adquiridos os bens móveis na constância do casamento** quando não se provar com documento autêntico que o foram em data anterior (art. 1.662). Daí a necessidade de o pacto antenupcial descrever minuciosamente os bens móveis, sob pena de se reputarem comuns".

A regra confere segurança às relações de terceiros com os cônjuges, uma vez que, na dúvida e na ausência de prova, **vigora a presunção de que os bens móveis são comuns**. Tem a jurisprudência proclamado, nessa esteira:

> "No regime de comunhão parcial, quando não puder ser comprovado, por documento autêntico (fatura, duplicata, nota fiscal), que os bens móveis foram adquiridos em data anterior ao ato nupcial, vigora a presunção legal de que foram comprados durante o casamento, não tendo como excluí-los da partilha"[43].

■ Administração dos bens

O marido não é mais o administrador exclusivo dos bens comuns e dos particulares, como prescrevia o Código de 1916. **A administração compete hoje a qualquer dos consortes** (CC, art. 1.663). Em caso de *malversação dos bens*, o juiz poderá atribuir a administração a apenas um deles (CC, art. 1.663, § 3º). A administração e disposição dos *bens particulares* "**competem ao cônjuge proprietário**, salvo convenção diversa em pacto antenupcial" (art. 1.665).

Dissolvida a sociedade conjugal, conserva cada cônjuge o que lhe pertence a título de acervo **particular**, dividindo-se os **bens comuns** na conformidade dos princípios que norteiam a partilha no regime da comunhão universal de bens.

■ 22.7. REGIME DA COMUNHÃO UNIVERSAL

■ Conceito

Regime da comunhão universal é aquele em que se **comunicam todos os bens, atuais e futuros**, dos cônjuges, ainda que adquiridos em nome de um só deles, bem como as **dívidas posteriores ao casamento**, salvo os expressamente excluídos pela lei ou pela vontade dos nubentes, expressa em convenção antenupcial (CC, art. 1.667). Por se tratar de regime convencional, deve ser estipulado em **pacto antenupcial**.

■ Predominância dos bens comuns

Dispõe o art. 1.667 do novel diploma:

> "O regime de comunhão universal importa a comunicação de todos os bens presentes e futuros dos cônjuges e suas dívidas passivas, com as exceções do artigo seguinte".

No aludido regime **predominam, pois, os bens comuns**, de propriedade e posse de ambos os cônjuges, não importando a natureza, se móveis e imóveis, direitos e ações. O acervo comum permanece indivisível até a dissolução da sociedade conjugal.

---

42 *Instituições*, cit., v. 5, p. 217.

43 TJMG, Ap. 88.567/3, 1ª Câm. Cív., j. 20-5-1997.

Embora tudo quanto um deles adquire se transmita imediatamente, por metade, ao outro cônjuge, **podem existir**, no entanto, **bens próprios do *marido* e bens próprios da *mulher***. Exclui-se da comunhão o que a lei ou a convenção antenupcial especialmente mencionam. Inexistindo tal exclusão, não é permitido a um ou outro cônjuge apossar-se de qualquer dos bens comuns, privando o consorte de igual uso. A ambos, todavia, compete defender a coisa possuída contra as vias de fato ou pretensões de terceiros[44].

O Superior Tribunal de Justiça tem decidido que "**integram a comunhão as verbas indenizatórias trabalhistas** correspondentes a direitos adquiridos durante o matrimônio sob o regime da comunhão universal"[45].

■ 22.7.1. Bens excluídos da comunhão universal

Os bens **incomunicáveis**, no regime da comunhão universal, estão relacionados no art. 1.668 do Código Civil, assim elencados:

I — Os bens doados ou herdados com a cláusula de incomunicabilidade e os sub-rogados em seu lugar

Não só são excluídos os bens *doados em vida*, os *deixados em testamento*, com cláusula de incomunicabilidade, como também os *sub-rogados* em seu lugar, ou seja, os que substituírem os bens incomunicáveis. Assim, se o dono de um terreno recebido em doação com cláusula de incomunicabilidade resolver vendê-lo para, com o produto da venda, adquirir outro, com localização que melhor atende aos seus interesses, este se sub-rogará no lugar do primeiro e será também incomunicável. Hipótese semelhante é consignada no inc. IV do mesmo dispositivo.

■ Bens gravados com cláusula de inalienabilidade

A incomunicabilidade não acarreta a *inalienabilidade* do bem, mas esta produz, de pleno direito, a **impenhorabilidade** e a **incomunicabilidade** (CC, art. 1.911). Isso porque quem se casa — e do casamento resulta a comunicação da metade do bem — de certa forma está alienando. E a penhora é realizada para a venda do bem em hasta pública. Dispõe a Súmula 49 do Supremo Tribunal Federal:

"A cláusula de inalienabilidade inclui a incomunicabilidade dos bens".

Embora omissa a lei, não se comunicam também os bens doados com a **cláusula de reversão** (CC, art. 547), ou seja, com a condição de, morto o donatário antes do doador, o bem doado voltar ao patrimônio deste, não se comunicando ao cônjuge do falecido.

---

[44] Caio Mário da Silva Pereira, *Instituições*, cit., v. 5, p. 224.
"Regime da comunhão universal. Se, à data do matrimônio, o marido já herdara bens, ainda que não partilhados, a mulher tem direito à meação, qualquer que tenha sido a duração do casamento" (STJ, REsp 145.812-SP, 3ª T., rel. Min. Ari Pargendler, *DJU*, 16-12-2002).

[45] STJ, REsp 878.516-SC, 4ª T., rel. Min. Luis Felipe Salomão, j. 5-8-2008. No mesmo sentido: EREsp 421.801-RS, 2ª Seção; REsp 355.581-PR, 3ª T., rel. Min. Nancy Andrighi.

II — Os bens gravados de fideicomisso e o direito do herdeiro fideicomissário, antes de realizada a condição suspensiva

Fideicomisso é espécie de **substituição testamentária**, na qual existem dois beneficiários sucessivos. Os bens permanecem durante certo tempo, ou sob certa condição, fixados pelo testador, em poder do **fiduciário**, passando depois ao **substituto ou fideicomissário**. Para que possa cumprir a obrigação imposta pelo testador, os bens **não se comunicam** ao cônjuge do fiduciário. Embora o último seja titular do domínio, o seu direito é *resolúvel*.

O **fideicomissário**, por sua vez, possui um direito *eventual*. A aquisição do domínio depende da morte do fiduciário, do decurso do tempo fixado pelo testador ou do implemento da condição resolutiva por ele imposta. O seu direito também **não se comunica**, por razões de segurança, nas relações sociais. Se falecer antes do fiduciário, caduca o fideicomisso, consolidando-se a propriedade em mãos deste último.

Haverá **comunicação de bens**, portanto, se, com o *advento da condição*, os bens passarem para o patrimônio do fideicomissário, ou se a propriedade se consolidar nas mãos do fiduciário, em virtude da pré-morte daquele.

O atual Código Civil estabelece que a referida substituição fideicomissária somente é permitida **"em favor dos não concebidos ao tempo da morte do testador"** (art. 1.952). Limita, desse modo, a instituição do fideicomisso somente em **benefício da prole eventual**, ou seja, dos não concebidos ao tempo da morte do testador. Caso contrário, o fideicomissário adquire a propriedade plena dos bens fideicometidos, convertendo-se em usufruto o direito do fiduciário.

Dispõe, com efeito, o parágrafo único do citado art. 1.952 que, "se, ao tempo da morte do testador, já houver nascido o fideicomissário, adquirirá este a propriedade dos bens fideicometidos, **convertendo-se em usufruto** o direito do fiduciário".

III — As dívidas anteriores ao casamento, salvo se provierem de despesas com seus aprestos, ou reverterem em proveito comum

Somente o devedor responde pelas dívidas anteriores ao casamento, com seus bens particulares ou com os bens que trouxe para a comunhão. A lei, entretanto, abre *duas exceções*:

- comunicam-se as dívidas contraídas com os **aprestos ou preparativos** do casamento, como enxoval, aquisição de móveis etc.;
- e também as que **reverterem em proveito comum**, como as decorrentes da aquisição de imóvel que servirá de residência do casal e dos móveis que a guarnecem, ainda que contraídas em nome de um só dos cônjuges.

Pelas dívidas que não se comunicam **será demandado o devedor** e, se na sua liquidação forem alcançados os *bens comuns*, o valor deverá **imputar-se na meação do responsável e ser excluído da do outro**[46]. Caberá a este, caso não se dê a aludida

---

[46] Caio Mário da Silva Pereira, *Instituições*, cit., v. 5, p. 226.

"Dívidas contraídas antes do matrimônio. Cônjuge devedor que responderá pela obrigação com seus bens particulares ou com aqueles que trouxe para a comunhão conjugal" (*RT*, 794/277).

exclusão, defender a sua meação mediante a oposição de embargos de terceiro (CPC, art. 674, § 2º, I).

IV — As doações antenupciais feitas por um dos cônjuges ao outro com a cláusula de incomunicabilidade

A disposição é dispensável, já incidindo na hipótese a regra contida no inc. I, igualmente excluindo da comunhão a liberalidade feita com a cláusula de incomunicabilidade.

Na **constância do casamento** não cabem doações de um cônjuge ao outro, uma vez que o acervo patrimonial é comum a ambos. Só podem ser feitas quando envolverem os **bens excluídos da comunhão** (CC, arts. 544 e 1.668). São vedadas também as doações que envolvam fraude ao regime de separação obrigatória.

V — Os bens referidos nos incs. V a VII do art. 1.659, já comentados no item 22.6.1, *retro*, ao qual nos reportamos.

Foram suprimidas do rol dos bens incomunicáveis as hipóteses previstas no art. 263 do Código Civil de 1916 nos incs. IV, V, VI, X e XII. O inc. VI excluía da comunhão "as obrigações provenientes de atos ilícitos". Comenta Silvio Rodrigues a propósito que, "por falha ou omissão intencional, já não serão excluídas da comunhão as obrigações provenientes de ato ilícito, uma vez ausente a respectiva previsão no art. 1.668"[47].

Dispõe, todavia, a Súmula 134 do Superior Tribunal de Justiça:

> "Embora intimado da penhora em imóvel do casal, o cônjuge do executado pode opor embargos de terceiro para defesa de sua meação".

Diante da omissão do novel legislador, parece-nos razoável aplicar à hipótese a regra do art. 942, primeira parte, do Código Civil, que declara sujeitarem-se à reparação do dano causado **"os bens do responsável pela ofensa ou violação do direito de outrem"**. Esses bens serão **os particulares ou os que compõem a sua meação**.

A segunda parte do aludido dispositivo estabelece uma **solidariedade passiva**, mas somente "se a ofensa tiver mais de um autor". **Os bens do cônjuge inocente não podem estar sujeitos, pois, a uma solidariedade inexistente**. E, mesmo que, por excesso de interpretação, venha-se a admiti-la, entendendo-se que a omissão do legislador foi intencional, para estabelecer a comunicação das obrigações provenientes de atos ilícitos, deve-se aplicar à hipótese o art. 285 do Código Civil, pelo qual "se a dívida solidária interessar exclusivamente a um dos devedores, responderá este por toda ela para com aquele que pagar".

22.7.2. Outras disposições

Comunicação dos frutos

Os *frutos* dos bens incomunicáveis, quando se percebam ou vençam durante o casamento, **comunicam-se**. Dispõe a propósito o art. 1.669 do Código Civil:

---

47 *Direito civil*, cit., v. 6, p. 189.

"A incomunicabilidade dos bens enumerados no artigo antecedente não se estende aos frutos, quando se percebam ou vençam durante o casamento".

Assim, embora certos bens sejam *incomunicáveis* (art. 1.668), **os seus rendimentos se comunicam**. A disposição está em harmonia com o princípio de que, no regime da comunhão universal, a comunicabilidade é a regra.

Administração dos bens

A *administração* dos **bens comuns** compete ao casal (sistema da *cogestão*), e a dos **particulares**, ao cônjuge proprietário, salvo convenção diversa em pacto antenupcial (arts. 1.670, 1.663 e 1.665).

Responsabilidade pelas dívidas

Por fim, dispõe o art. 1.671 do Código Civil que, "extinta a comunhão, e efetuada a divisão do ativo e do passivo, cessará a responsabilidade de cada um dos cônjuges para com os credores do outro".

A sociedade conjugal termina, segundo estatui o art. 1.571, *caput* e § 1º, do Código Civil, pela morte de um dos cônjuges, pela nulidade ou anulação do casamento, pela separação judicial (suprimida pela EC n. 66/2010), pelo divórcio e pela morte presumida do ausente, quando presentes os requisitos para a abertura da sucessão definitiva. *Não havendo mais comunhão*, **"a responsabilidade pelas dívidas se torna pessoal, por ela só respondendo o cônjuge que a contraiu"**[48].

Extinção do regime de bens em caso de separação de fato

A evolução jurisprudencial conduziu ao entendimento de que **"a separação de fato prolongada deveria pôr fim ao regime de bens**, até mesmo no que se refere aos bens havidos por herança, que deixariam, nesse caso, de comunicar-se. Isto em razão da ausência de *affectio maritalis* na separação de fato do casal e do enriquecimento ilícito que pode provocar a continuidade da comunhão nesse caso"[49].

Malgrado o art. 1.571 do Código Civil de 2002 supramencionado não inclua a separação de fato no rol das causas de dissolução da sociedade conjugal, o disposto nos arts. 1.723, § 1º, e 1.725 autoriza a jurisprudência a preservar a interpretação de que **a separação de fato prolongada extingue o regime de bens e a comunhão respectiva**. Prescrevem os aludidos dispositivos que a pessoa casada, mas separada de fato, pode constituir união estável, cujo regime de bens será o da co-

---

48 Carvalho Santos, *Código Civil*, cit., v. 5, p. 83.

49 Washington de Barros Monteiro, *Curso*, cit., 37. ed., v. 2, p. 208.

"A orientação jurisprudencial reconhece incomunicáveis os bens adquiridos por qualquer dos cônjuges, durante simples separação de fato, precedente à separação judicial ou ao divórcio" (*RT*, 716/148). "Tratando-se de aquisição após a separação de fato, à conta de um só dos cônjuges, que tinha vida em comum com outra mulher, o bem adquirido não se comunica ao outro cônjuge, ainda quando se trate de casamento sob o regime da comunhão universal" (STJ, REsp 67.678-RS, 3ª T., rel. Min. Nilson Naves, *DJU*, 14-8-2000). "A cônjuge virago separada de fato do marido há muitos anos não faz jus aos bens por ele adquiridos posteriormente a tal afastamento, ainda que não desfeitos, oficialmente, os laços mediante separação judicial" (STJ, REsp 32.218, 4ª T., rel. Min. Aldir Passarinho Júnior, *DJU*, 3-9-2001).

munhão parcial. Não poderá a mesma pessoa, nessa hipótese, evidentemente, conviver sob regime de comunhão com o cônjuge e em regime de comunhão parcial com o companheiro.

■ 22.8. REGIME DA PARTICIPAÇÃO FINAL NOS AQUESTOS

Dispõe o art. 1.672 do Código Civil:

> "No regime de participação final nos aquestos, cada cônjuge possui patrimônio próprio, consoante disposto no artigo seguinte, e lhe cabe, à época da dissolução da sociedade conjugal, direito à metade dos bens adquiridos pelo casal, a título oneroso, na constância do casamento".

■ Regime híbrido

Trata-se de um regime *híbrido*:

- **durante o casamento** aplicam-se as regras da **separação total**;
- **após a sua dissolução**, as da **comunhão parcial**.

Nasce de convenção, dependendo, pois, de **pacto antenupcial**. Cada cônjuge possui patrimônio próprio, com direito, como visto, à época da dissolução da sociedade conjugal, à metade dos bens adquiridos pelo casal, a título oneroso, na constância do casamento.

■ Separação de bens, enquanto durar a sociedade conjugal

É, na realidade, um *regime de separação de bens, enquanto durar a sociedade conjugal*, tendo **cada cônjuge a exclusiva administração de seu patrimônio pessoal**, integrado pelos que possuía ao casar e pelos que adquirir a qualquer título na constância do casamento, podendo livremente dispor dos **móveis** e dependendo da autorização do outro para os **imóveis** (CC, art. 1.673, parágrafo único).

Somente após a dissolução da sociedade conjugal serão apurados os bens de cada cônjuge, cabendo a cada um deles — ou a seus herdeiros, em caso de morte, como dispõe o art. 1.685 — **a metade dos adquiridos pelo casal, a título oneroso, na constância do casamento**.

É considerado regime ideal para as pessoas que exercem *atividades empresárias*, pela liberdade que confere aos cônjuges de administrar livremente, na constância da sociedade conjugal, o seu patrimônio próprio, sem afastar a participação nos aquestos por ocasião da dissolução da aludida sociedade.

■ Comunhão parcial, cessada a convivência

Em caso de *separação judicial ou divórcio*, "verificar-se-á o montante dos aquestos à data em que cessou a convivência" (CC, art. 1.683). Observe-se que a apuração do acervo partilhável será feita levando-se em conta a data em que cessou a **convivência**, e não a da decretação ou homologação judicial.

Nessa hipótese, como assinala Caio Mário, "reconstitui-se contabilmente uma comunhão de aquestos. Nesta reconstituição nominal (não *in natura*), levanta-se o acréscimo patrimonial de cada um dos cônjuges no período de vigência do casamento. **Efetua-se uma espécie de balanço, e aquele que se houver enriquecido menos terá direito à metade do saldo encontrado**"[50].

Se não for possível nem conveniente a divisão de todos os bens em natureza, admite o art. 1.684 do Código Civil **a reposição em dinheiro**, calculando-se o valor de alguns ou de todos. Nesse caso, segundo estabelece o parágrafo único, "serão avaliados e, mediante autorização judicial, alienados tantos bens quantos bastarem". Não se exige que a venda seja judicial. Poderá, desse modo, realizar-se extrajudicialmente, salvo desentendimento dos interessados, ou disposição especial de lei[51].

■ **Bens excluídos do rol dos aquestos**

Na apuração dos aquestos, "*sobrevindo a dissolução da sociedade conjugal*", excluem-se da soma dos patrimônios próprios:

> "I — os bens **anteriores ao casamento** e os que em seu lugar se **sub-rogaram**;
>
> II — os que sobrevierem a cada cônjuge por **sucessão ou liberalidade**; e
>
> III — **as dívidas** relativas a esses bens" (CC, art. 1.674).

■ **Presunção incidente sobre os bens móveis**

Os bens *móveis*, salvo prova em contrário, **"presumem-se adquiridos durante o casamento"** (art. 1.674, parágrafo único). Em face de *terceiros*, "**presumem-se do domínio do cônjuge devedor**, salvo se o bem for de uso pessoal do outro" (art. 1.680). Em relação aos próprios cônjuges, portanto, os bens móveis pertencem àquele que os adquirir na constância do casamento. Em relação a terceiros, presumem-se adquiridos pelo cônjuge devedor os que o forem na constância do casamento, salvo se comprovada a aquisição pelo outro. **Excluem-se da presunção os bens de uso pessoal**.

■ **Solução, em caso de dívidas e de doação dos aquestos, sem autorização do outro cônjuge**

O cônjuge prejudicado, ou seus herdeiros, poderá **reivindicar**, finda a sociedade conjugal, os **aquestos doados** ou por outra forma alienados **sem sua autorização**, ou optar pela **compensação** por outro bem ou pelo pagamento de seu valor em dinheiro (arts. 1.675 e 1.676).

Pode ser **compensada a dívida de um consorte, solvida pelo outro** com bens de seu próprio patrimônio, devendo ser atualizado o valor do pagamento e imputado, na data da cessação da convivência, à meação daquele (arts. 1.678 e 1.683). Aplica-se, à solução de dívida, o princípio geral do pagamento com sub-rogação.

Na lição de Zeno Veloso "não se forma uma massa a ser partilhada; o que ocorre é **um crédito em favor de um dos cônjuges, contra o outro, para igualar os acréscimos, os ganhos obtidos durante o casamento**"[52]. O consorte só responde

---

50 *Instituições*, cit., v. 5, p. 229.

51 Caio Mário da Silva Pereira, *Instituições*, cit., v. 5, p. 235.

52 Regimes matrimoniais de bens, in *Direito de família contemporâneo*, p. 205.

pela dívida, contraída pelo outro, que houver revertido, comprovadamente, **em seu proveito**, parcial ou totalmente (CC, art. 1.677). O mesmo critério é adotado **em caso de morte** de um dos cônjuges (art. 1.686).

■ Bens adquiridos pelo esforço comum

Quanto aos bens adquiridos pelo trabalho conjunto ou esforço comum, "terá cada um dos cônjuges uma quota igual no condomínio ou no crédito por aquele modo estabelecido" (CC, art. 1.679). Tais bens serão **atribuídos por igual**, na apuração e balanço dos adquiridos.

■ Propriedade dos bens imóveis

Em princípio, segundo dispõe o art. 1.681 do Código Civil, "*os bens imóveis* são de **propriedade do cônjuge cujo nome constar no registro**". Ressalva, porém, o parágrafo único que, "impugnada a titularidade, caberá ao cônjuge proprietário **provar a aquisição regular dos bens**".

Tendo em vista que o registro do título no Registro Imobiliário gera a presunção de propriedade, cabe a quem impugna tal presunção o ônus de promover, pela via própria, o cancelamento ou anulação do aludido registro. No entanto, para os fins do regime matrimonial não é bastante a regularidade formal ou extrínseca do título de aquisição ou do registro imobiliário. **Terá o cônjuge proprietário, respondendo à impugnação, de provar que adquiriu o imóvel com recursos próprios e exclusivos, sem participação do outro**. De qualquer modo, para fins de participação final nos aquestos, a titularidade exclusiva perde importância, pois os bens particulares integram o monte partilhável[53].

■ Irrenunciabilidade do direito à meação

O direito à meação "**não é renunciável, cessível ou penhorável** na vigência do regime matrimonial" (art. 1.682). Trata-se de um princípio de ordem pública que não pode ser contrariado pela vontade das partes e que tem a finalidade de sustentar economicamente o casamento e a família e de não inviabilizar o seu regular desenvolvimento.

■ Dissolução da sociedade conjugal por morte

Estatui o art. 1.685 do Código Civil que, se a dissolução da sociedade conjugal se der *por morte*, apurar-se-á a meação do cônjuge sobrevivente com base nos mesmos princípios e critérios já mencionados, "deferindo-se a herança aos herdeiros na forma estabelecida neste Código". A *morte* de um dos cônjuges **não altera o critério de participação nos aquestos**. Apurado o monte partível e o patrimônio próprio de cada cônjuge, ao sobrevivente tocará a respectiva meação e, aos herdeiros do falecido, a outra.

■ Vantagens e desvantagens do regime

O regime de participação final nos aquestos apresenta, como foi dito, a **vantagem de permitir a conservação da independência patrimonial de cada cônjuge**, até mesmo no tocante à elevação ocorrida durante o casamento, proporcionando, ao mesmo tempo, por ocasião da dissolução da sociedade conjugal, **proteção econômi-**

[53] Paulo Luiz Netto Lôbo, *Código Civil*, cit., v. XVI, p. 333.

ca àquele que acompanhou tal evolução na condição de parceiro, sem ter, no entanto, bens em seu nome.

De outro lado, recebe críticas **(desvantagens)**, sendo a mais constante e contundente, segundo Zeno Veloso, a que se refere "às **dificuldades e complicações de sua liquidação**, por ocasião da dissolução da sociedade conjugal"[54].

Em razão da apontada **complexidade da apuração contábil**, exigida não só para a exata identificação dos aquestos como para a respectiva valorização, muitas vezes com realização de perícia dispendiosa e demorada, a tendência, na prática, deverá ser a de afastar os nubentes dessa opção.

Observa-se, em abono dessa afirmação, que a justificativa ao Projeto de Lei n. 2.285/2007, em tramitação no Congresso Nacional e que propõe a criação do **Estatuto das Famílias**, em substituição ao Livro do Direito de Família do Código Civil, esclarece: "**Suprimiu-se o regime de bens de participação final nos aquestos**, introduzido pelo Código Civil, em virtude de não encontrar nenhuma raiz na cultura brasileira e por transformar os cônjuges em sócios de ganhos futuros ou contábeis, potencializando litígios".

■ 22.9. REGIME DA SEPARAÇÃO CONVENCIONAL OU ABSOLUTA

Dispõe o art. 1.687 do Código Civil:

> "Estipulada a separação de bens, estes permanecerão sob a administração exclusiva de cada um dos cônjuges, que os poderá livremente alienar ou gravar de ônus real".

■ Extensão dos direitos dos cônjuges

No regime da separação convencional, **cada cônjuge conserva a plena propriedade, a integral administração e a fruição de seus próprios bens**, podendo aliená-los e gravá-los de ônus real livremente, sejam móveis ou imóveis. O Código Civil, ao elencar os atos que nenhum dos cônjuges pode praticar sem autorização do outro, incluiu o de "*alienar ou gravar de ônus real os bens imóveis*", fazendo, porém, a ressalva: **"exceto no regime da separação absoluta"** (art. 1.647, I).

Quando se convenciona o aludido regime, **o casamento não repercute na esfera patrimonial dos cônjuges**, pois a incomunicabilidade envolve **todos os bens presentes e futuros, frutos e rendimentos**, conferindo autonomia a cada um na gestão do próprio patrimônio. Cada consorte conserva a posse e a propriedade dos bens que trouxer para o casamento, bem como os que forem a eles sub-rogados, e dos que cada um adquirir a qualquer título na constância do matrimônio, atendidas as condições do pacto antenupcial[55].

---

[54] Regimes matrimoniais, cit., p. 207.

[55] Caio Mário da Silva Pereira, *Instituições*, cit., v. 5, p. 237.

"Não há que falar em aquestos, quando a hipótese revela que pessoa solteira adquire imóvel, permutando-o por outro, após casado sob o regime da separação de bens" (TJRJ, Ap. 21.990/00, 6ª Câm. Cív., rel. Des. Albano Mattos Corrêa, *DORJ*, 4-4-2002).

Para que esses efeitos se produzam e a separação seja pura ou absoluta, **é mister expressa estipulação em pacto antenupcial**. Podem os nubentes convencionar a **separação limitada**, envolvendo somente os bens presentes e comunicando os futuros, os frutos e os rendimentos. Não haverá, nesse caso, diferença com o regime da comunhão parcial.

No regime da separação absoluta, embora sejam marido e mulher, **cada um dos cônjuges continua dono do que lhe pertencia e se tornará proprietário exclusivo dos bens que vier a adquirir**, recebendo sozinho as rendas produzidas por uns e outros desses bens. É lógico que, "em tal regime, **a cada cônjuge compete a administração dos bens que lhe pertencem**, pois, em tese e a rigor, só ele tem interesse nisso"[56].

Em princípio, ambos os cônjuges **"são obrigados a contribuir para as despesas do casal na proporção dos rendimentos de seu trabalho e de seus bens"**. Podem, no entanto, estabelecer, no pacto antenupcial, a quota de participação de cada um ou sua dispensa do encargo (CC, art. 1.688), bem como fixar normas sobre a administração dos bens.

A obrigação de contribuir para as despesas do casal estende-se hoje **a todos os regimes, em razão da isonomia constitucional**. Não se comunicam, todavia, as dívidas por cada qual contraídas, exceto as que o forem para compra das coisas necessárias à economia doméstica (CC, arts. 1.643 e 1.644).

Tem a jurisprudência admitido a comunicação dos bens adquiridos na constância do casamento pelo **esforço comum do casal**, comprovada a existência da sociedade de fato. Assim, "sob a inspiração do princípio que norteou a Súmula n. 380, a respeito do concubinato, e a Súmula n. 377, sobre o regime da separação obrigatória, que veda o enriquecimento ilícito, se provado que o cônjuge casado pelo **regime da separação convencional** concorreu diretamente, **com capital ou trabalho**, para a aquisição de bens em nome do outro cônjuge, **é cabível a atribuição de direitos àquele consorte**"[57].

Desse modo, "se houve eventual **contribuição em dinheiro** de um dos cônjuges na reconstrução e conservação de **imóvel pertencente ao outro**, justo se lhe indenize"[58]. No entanto, a partilha dos bens exige a prova do esforço comum em **ação própria de reconhecimento de sociedade de fato**. Como adverte aresto do Superior Tribunal de Justiça, "o que não se há de reconhecer é a existência de tal sociedade, apenas em virtude da vida em comum, com o atendimento dos deveres que decorram da existência do consórcio"[59].

---

56 Silvio Rodrigues, *Direito civil*, cit., v. 6, p. 191.

57 Washington de Barros Monteiro, *Curso*, cit., 37. ed., v. 2, p. 222. *V.* ainda Yussef Said Cahali, A comunhão dos aquestos no regime da separação de bens, in *Família e casamento:* doutrina e jurisprudência, p. 697-716.

58 TJRS, Ap. 598.010.791, 8ª Câm. Cív., rel. Des. Stangler Pereira, j. 27-8-1998. No mesmo sentido: "Se o patrimônio do marido, ao tempo da separação (isto é, ao tempo em que vigorou o regime da separação de bens), foi formado com o esforço comum, resultado de dinheiro destinado pelos dois cônjuges, tem a mulher direito a parte dos bens, ainda que o regime matrimonial seja o da separação absoluta" (*RT*, 578/67).

59 REsp 30.513-9-MG, 3ª T., rel. Min. Eduardo Ribeiro, j. 26-4-1994, in *RT*, 710/174.

A respeito da necessidade da prova do esforço comum, frisou a Segunda Seção do Superior Tribunal de Justiça, interpretando a Súmula 377 do Supremo Tribunal Federal: "No regime de separação legal de bens, comunicam-se os adquiridos na constância do casamento, desde que comprovado o esforço comum para sua aquisição"[60].

22.10. RESUMO

DO REGIME DE BENS ENTRE OS CÔNJUGES	
PRINCÍPIOS BÁSICOS	■ **Irrevogabilidade:** passou-se, com o CC/2002, da imutabilidade absoluta, do sistema anterior, para a mutabilidade motivada (CC, art. 1.639, § 2º). ■ **Variedade de regimes:** comunhão parcial, comunhão universal, separação convencional e legal e de participação final nos aquestos. ■ **Livre estipulação:** é lícito aos nubentes, antes de celebrado o casamento, "estipular, quanto aos seus bens, o que lhes aprouver" (CC, art. 1.639).
ADMINISTRAÇÃO E DISPONIBILIDADE DOS BENS	Tanto o marido quanto a mulher podem livremente praticar todos os atos de disposição de sua profissão, com as limitações estabelecidas no inc. I do art. 1.647 (CC, art. 1.642). Nenhum deles, porém, pode praticar, sem autorização do outro, ***exceto no regime da separação absoluta***, os seguintes atos (CC, art. 1.647): ■ alienar ou gravar de ônus real os bens imóveis; ■ pleitear, como autor ou réu, acerca desses bens ou direitos; ■ prestar fiança ou aval; ■ fazer doação, não sendo remuneratória, de bens comuns, ou dos que possam integrar futura meação.
REGIME DA SEPARAÇÃO LEGAL OU OBRIGATÓRIO (CC, ART. 1.641)	■ das pessoas que o contraírem com inobservância das causas suspensivas (CC, art. 1.523) da celebração do casamento; ■ da pessoa maior de setenta anos; ■ de todos os que dependerem, para casar, de suprimento judicial.
REGIME DA COMUNHÃO PARCIAL	■ **Conceito** É o que prevalece, se os consortes não fizerem pacto antenupcial, ou o fizerem, mas for nulo ou ineficaz (CC, art. 1.640, ***caput***). Por essa razão, é chamado também de ***regime legal*** ou ***supletivo***. ■ **Característica** Caracteriza-se por estabelecer a separação quanto ao passado (bens que cada cônjuge possuía antes do casamento) e comunhão quanto ao futuro (adquiridos na constância do casamento), gerando três massas de bens: os do marido, os da mulher e os comuns. ■ **Bens incomunicáveis** São os que constituem o patrimônio pessoal da mulher ou do marido e encontram-se elencados nos arts. 1.659 e 1.661 do CC. ■ **Bens comunicáveis** São os que entram na comunhão, integrando o patrimônio comum do casal (CC, art. 1.660, I a V). ■ **Responsabilidade pelos débitos** É estabelecida nos arts. 1.659, III, 1.663, § 1º, 1.664 e 1.666 do CC. ■ **Dissolução do regime (CC, art. 1.571)** a) pela morte de um dos cônjuges; b) pela separação judicial; c) pelo divórcio; d) pela nulidade ou anulação do casamento.

60 STJ, EREsp 1.623.858-MG, 2ª Seção, rel. Min. Lázaro Guimarães, *DJe*, 30-5-2018.

REGIME DA COMUNHÃO UNIVERSAL	■ **Conceito** É o regime em que se comunicam todos os bens, atuais e futuros, dos cônjuges, ainda que adquiridos em nome de um só deles, bem como as dívidas posteriores ao casamento, salvo os expressamente excluídos pela lei ou pela vontade dos nubentes, expressa em convenção antenupcial (CC, art. 1.667). ■ **Bens excluídos da comunhão** São os elencados no art. 1.668, I a V, do CC. ■ **Dissolução do regime (art. 1.571)** a) pela morte de um dos cônjuges; b) pela separação judicial; c) pelo divórcio; d) pela nulidade ou anulação do casamento.
REGIME DE PARTICIPAÇÃO FINAL DOS AQUESTOS	■ **Conceito** É um regime misto: durante o casamento aplicam-se as regras da separação total e, após a sua dissolução, os da comunhão parcial (CC, art. 1.672). Nasce da convenção, dependendo, pois, de pacto antenupcial. ■ **Administração** Enquanto durar a sociedade conjugal, cada cônjuge tem a exclusiva administração de seu patrimônio pessoal. ■ **Responsabilidade pelas dívidas** Cada cônjuge responde por suas dívidas, salvo prova de terem revertido, parcial ou totalmente, em benefício do outro. Se um deles solveu uma dívida do consorte com bens do seu patrimônio, o valor do pagamento deve ser atualizado e imputado, na data da dissolução, à meação do outro (CC, arts. 1.677, 1.678 e 1.686). ■ **Apuração dos aquestos** Será feita quando ocorrer a dissolução da sociedade conjugal, observando-se as regras dos arts. 1.674 a 1.676 e 1.683 a 1.685 do CC.
REGIME DA SEPARAÇÃO CONVENCIONAL	■ **Conceito** Nesse regime, cada cônjuge conserva a plena propriedade, a integral administração e a fruição de seus próprios bens, podendo aliená-los e gravá-los de ônus real livremente (CC, art. 1.687), sejam móveis ou imóveis (CC, art. 1.647). ■ **Espécies** a) ***Absoluta***: se os cônjuges estabelecerem, no pacto antenupcial, a incomunicabilidade de todos os bens adquiridos antes e depois do casamento, inclusive frutos e rendimentos. b) ***Relativa*** ou ***limitada***: se estabelecerem a incomunicabilidade somente dos bens presentes, comunicando-se os futuros, os frutos e os rendimentos. ■ **Mantença da família** Em princípio, ambos os cônjuges são obrigados a contribuir para as despesas do casal na proporção dos rendimentos de seu trabalho e de seus bens, salvo estipulação em contrário no pacto antenupcial (CC, art. 1.688).

■ 22.11. QUESTÕES

1. (TJSP/Juiz de Direito/182º Concurso/VUNESP/2009) Com relação aos efeitos patrimoniais do casamento,

a) o regime de bens pode ser alterado a qualquer momento, bastando o acordo entre os cônjuges e a autorização judicial.

b) no regime da comunhão parcial, o aval, como a fiança, depende da concordância do cônjuge, sob pena de anulabilidade do ato, podendo o juiz supri-la se injustificável a recusa.

c) independentemente do regime de bens, a alienação de imóveis não pode ser realizada por um dos cônjuges sem autorização do outro.

d) se um dos cônjuges for incapaz, a alienação dos bens comuns pode ser feita pelo outro, independentemente de autorização judicial.

2. (MP/SE/Promotor de Justiça/CESPE/UnB/2010) Um casal realizou pacto antenupcial sobre regime de bens. Mais tarde, esse pacto foi declarado nulo por defeito de forma. Nesse caso,

a) vigorará o regime obrigatório de separação de bens.
b) vigorará o regime da comunhão parcial de bens.
c) os noivos deverão realizar novo pacto antenupcial.
d) vigorará o regime da comunhão universal de bens.
e) o casamento também será nulo.

3. (TJGO/Juiz de Direito/Fundação Carlos Chagas/2012) O pacto antenupcial

a) será arquivado e averbado no Registro Público de Empresas Mercantis, quando o cônjuge for empresário.
b) pode ser celebrado por instrumento particular desde que haja expressa concordância dos cônjuges.
c) é facultativo na celebração do casamento pelo regime da separação convencional de bens.
d) gera efeitos a partir da data em que os nubentes realizarem a sua celebração.
e) é necessário na celebração do casamento pelo regime da separação obrigatória de bens.

4. (MP/SP/Promotor de Justiça/88º Concurso/2011) Um cônjuge, casado sob o regime de comunhão parcial de bens e em estado de solvência, firma contrato de fiança em favor de terceiro, sem a necessária outorga uxória. Pode(m) pedir a decretação de anulabilidade:

a) ambos os cônjuges e o afiançado.
b) o cônjuge que não firmou o contrato.
c) o cônjuge que firmou o contrato.
d) No direito de família a regra de que os acessórios seguem o principal não se aplica aos frutos civis dos bens particulares.

5. (OAB/Exame de Ordem Unificado 2009.3/CESPE/UNB/2010) João e Maria, às vésperas do casamento, firmaram documento particular, e não por escritura pública, por meio do qual optaram pelo regime da separação de bens. Eles viveram aparentemente bem durante dez anos, mas, no início de 2006, Maria requereu separação litigiosa fundamentada em provas irrefutáveis, que foi julgada procedente.

Na situação hipotética apresentada, na fase da partilha dos bens, o juiz deve

a) determinar a ratificação do pacto antenupcial.
b) aplicar as regras que tratam do regime da comunhão universal de bens.
c) declarar nulo o pacto particular e aplicar as regras do regime da comunhão parcial de bens.
d) decidir pela divisão, em partes iguais, do patrimônio comum, independentemente da forma e da data de aquisição.

6. (OAB/Exame de Ordem Unificado 2010.3/Fundação Getulio Vargas/2011) Mathias, solteiro e capaz, com 65 anos de idade, e Tânia, solteira e capaz, com 60 anos de idade, conheceram-se há um ano e, agora, pretendem se casar.

A respeito da situação narrada, é CORRETO afirmar que Mathias e Tânia

a) deverão, necessariamente, celebrar pacto antenupcial optando expressamente pelo regime da separação de bens.
b) Poderão casar-se pelo regime da comunhão parcial de bens, desde que obtenham autorização judicial, mediante a prévia demonstração da inexistência de prejuízo para terceiros.
c) poderão optar livremente dentre os regimes de bens previstos em lei, devendo celebrar pacto antenupcial somente se escolherem regime diverso da comunhão parcial de bens.
d) somente poderão se casar pelo regime da separação obrigatória de bens, por força de lei e independentemente da celebração de pacto antenupcial.

7. (TJPE/Juiz de Direito/Fundação Carlos Chagas/2011) Sendo o casamento realizado sob o regime da comunhão parcial de bens, entram na comunhão aqueles adquiridos na constância da sociedade conjugal,

a) apenas a título oneroso por ambos os cônjuges.
b) considerados instrumentos de profissão pertencentes a cada um dos cônjuges.
c) pela herança recebida por qualquer dos cônjuges, salvo cláusula testamentária impondo incomunicabilidade.
d) por doação a qualquer dos cônjuges.
e) por fato eventual, com ou sem o concurso de trabalho ou despesa anterior.

8. (MP/MG/Promotor de Justiça/52º Concurso/2012) No regime de comunhão parcial, comunicam-se, via de regra, os bens que sobrevierem ao casal, na constância do casamento, EXCETO:

a) os bens de uso pessoal, os livros e instrumentos de profissão.
b) os bens adquiridos por fato eventual, com ou sem o concurso de trabalho ou despesa anterior.
c) as benfeitorias em bens particulares de cada cônjuge.
d) os frutos dos bens comuns, ou dos particulares de cada cônjuge, percebidos na constância do casamento, ou pendentes ao tempo de cessar a comunhão.

9. (TJPR/Juiz de Direito/CESPE-CEBRASPE/2019) Júlia e Leandro casaram-se no regime obrigatório de separação de bens. Enquanto estavam casados, Leandro recebeu um terreno a título de doação, e, alguns meses depois, ele faleceu.
Considerando-se essa situação hipotética, é CORRETO afirmar que, à luz do entendimento jurisprudencial, para fins de partilha, os bens adquiridos na constância do casamento

a) não se comunicam entre Júlia e Leandro, exceto o terreno doado.
b) não se comunicam entre Júlia e Leandro, ainda que seja comprovado o esforço comum para sua aquisição.
c) comunicam-se entre Júlia e Leandro, inclusive o terreno doado.
d) comunicam-se entre Júlia e Leandro, desde que comprovado o esforço comum para sua aquisição.

10. (TJSP/11º Concurso para Delegação de Notas e de Registros/VUNESP/2018) Tulio e Lívia possuem, respectivamente, sessenta e cinquenta e quatro anos de idade e celebraram pacto antenupcial, no qual adotaram o regime da participação final nos aquestos. Convencionaram, nesse pacto, a dispensa da autorização conjugal para a livre disposição dos bens imóveis particulares. O referido pacto antenupcial é

a) válido.
b) ineficaz.
c) nulo.
d) anulável.

11. (MP/SC/Promotor de Justiça/XXXVII Concurso/2012) 40ª Questão

I. O pacto antenupcial realizado por instrumento particular, nos termos do disposto no Código Civil, é anulável. Contudo, será ineficaz se não lhe seguir o casamento.
II. No regime de participação final nos aquestos, cada cônjuge possui patrimônio próprio, ou seja, os bens que cada um possuía ao casar e os por ele adquiridos, a qualquer título, na constância do casamento. Neste regime, quando da dissolução da sociedade conjugal, caberá a cada um deles direito à metade dos bens adquiridos pelo casal, a título oneroso, na constância do casamento.
III. A tutela é um conjunto de direitos e obrigações conferidos pela lei a um terceiro, para que proteja a pessoa de um menor não emancipado que não se acha sob o poder familiar, administrando seus bens, representando-o e assistindo-o nos atos da vida civil. Citam-se como exemplos, nos termos do disposto no Código Civil, algumas hipóteses em que a tutela não poderá ser exercida: a) por aqueles que, no momento de lhes ser deferida a tutela, se acharem constituídos em obrigação para com o menor, ou tiverem

que fazer valer direitos contra este, e aqueles cujos pais, filhos ou cônjuges tiverem demanda contra o menor; b) os inimigos do menor, ou de seus pais, ou que tiverem sido por estes expressamente excluídos de tutela.

IV. A legitimação para suceder das pessoas já concebidas no momento da abertura da sucessão é estendida aos embriões formados mediante o uso de técnicas de reprodução assistida, abrangendo, assim, a vocação hereditária da pessoa humana a nascer, cujos efeitos patrimoniais se submetem às regras previstas para a petição de herança.

V. O testamento público, segundo o Código Civil, apresenta requisitos essenciais, dentre eles pode-se citar: a) ser escrito por tabelião ou por seu substituto legal em seu livro de notas, de acordo com as declarações do testador, podendo este servir-se de minuta, notas ou apontamentos; b) que o tabelião lavre, desde logo, o auto de aprovação, na presença de duas testemunhas, e o leia, em seguida, ao testador e testemunhas; c) ser o instrumento, em seguida à leitura, assinado pelo testador, pelas testemunhas e pelo tabelião.

a) Apenas as assertivas II, III e IV estão corretas.
b) Apenas as assertivas II e IV estão corretas.
c) Apenas as assertivas III e V estão corretas.
d) Apenas as assertivas I, II e V estão corretas.
e) Todas as assertivas estão corretas.

12. (TJPR/Juiz de Direito/UFPR/2013) Tendo em vista as disposições da lei civil com relação ao regime matrimonial de bens, assinale a alternativa INCORRETA:

a) O regime de bens entre os cônjuges, seja o legal, seja o contratual, este estabelecido por meio do denominado "pacto antenupcial", somente começa a vigorar desde a data do casamento.
b) Mesmo não havendo convenção, ou sendo ela nula ou ineficaz, vigorará, quanto aos bens entre os cônjuges, o regime da comunhão parcial.
c) Nada interferindo no regime de bens, pode qualquer dos cônjuges, livremente, independente um da autorização do outro, reivindicar os bens comuns, sejam móveis, sejam imóveis, doados ou transferidos pelo outro cônjuge ao concubino.
d) Estabelecido o regime matrimonial de bens, por força de pacto antenupcial ou adoção do regime legal, não é possível, por conta da imutabilidade, a alteração posterior do regime matrimonial de bens.

13. (TJSP/Juiz de Direito/184º Concurso/VUNESP/2013) Com relação ao regime de bens do casamento, é correto afirmar que

a) qualquer que seja o regime de bens, nenhum cônjuge poderá, sem a autorização do outro, alienar ou onerar bens imóveis.
b) no regime da comunhão parcial, entram na comunhão todos os bens adquiridos na constância do casamento.
c) excluem-se da comunhão parcial as obrigações provenientes de atos ilícitos, salvo reversão em proveito do casal.
d) a falta de autorização de um cônjuge para que o outro preste fiança, quando o regime não é o da separação absoluta de bens, torna nula a garantia, podendo essa nulidade ser alegada a qualquer tempo.

14. (OAB/XI Exame de Ordem Unificado/Fundação Getulio Vargas/2013) A escritura pública, lavrada em notas de tabelião, é documento dotado de fé pública, notadamente no que tange ao fato de o ato de declaração ter sido praticado na presença do tabelião e ter sido feita sua regular anotação em assentos próprios, o que não importa na veracidade quanto ao conteúdo declarado.

A respeito desse tema, assinale a afirmativa CORRETA.

a) Aos cônjuges ou à entidade familiar é vedado destinar parte do seu patrimônio para instituir bem de família por escritura pública, cuja forma legal exige testamento.
b) A escritura pública é essencial para a validade do pacto antenupcial, devendo ser declarado nulo se não atender à forma exigida por lei.

c) A partilha amigável entre herdeiros capazes será feita por termo nos autos do inventário ou por escritura pública, não se admitindo escrito particular, ainda que homologado pelo Juiz.
d) A doação será realizada por meio de escritura pública ou instrumento particular, não tendo validade a doação verbal, tendo em vista ser expressamente vedada pela norma.

15. (TJSP/Juiz de Direito/186º Concurso/VUNESP/2015) Em tema de outorga marital ou uxória, é correto afirmar que

a) o fiador tem legitimidade para arguir a invalidade da garantia fidejussória independentemente de tal consentimento.
b) é exigível em todos os regimes de bens, e sua ausência implica ineficácia total do contrato.
c) é válida a fiança prestada durante união estável sem anuência do companheiro, conforme entendimento do Superior Tribunal de Justiça.
d) a assinatura do cônjuge, na qualidade de testemunha instrumental do contrato, supre a outorga exigida na garantia fidejussória, conforme o entendimento do Superior Tribunal de Justiça.

16. (MP/SP/Promotor de Justiça/91º Concurso/2015) Sobre o regime de bens do casamento, assinale a alternativa CORRETA:

a) O Código Civil alterou o ordenamento jurídico brasileiro para impor o princípio da imutabilidade absoluta do regime matrimonial de bens.
b) É vedada qualquer modificação no regime de bens de casamento celebrado antes da vigência do Código Civil de 2001.
c) A alteração do regime de bens na união estável depende de homologação judicial e prévia oitiva do Ministério Público.
d) O regime da separação obrigatória de bens do casamento poderá ser alterado pelos nubentes com mais de 70 anos de idade.
e) Cessada a causa suspensiva da celebração do casamento, será possível aos cônjuges modificar o regime obrigatório de bens do casamento para o eleito pelo casal.

17. (TJSP/Juiz de Direito/186º Concurso/VUNESP/2015) É correto afirmar que

a) é obrigatório o regime da separação de bens aos que contraírem matrimônio com inobservância das cláusulas de impedimento da celebração do casamento.
b) se excluem da comunhão parcial de bens os proventos do trabalho pessoal de cada cônjuge.
c) salvo no regime da separação, os cônjuges são obrigados a concorrer, na proporção de seus bens e rendimentos, para o sustento da família e a educação dos filhos.
d) as causas suspensivas do casamento podem ser opostas por qualquer pessoa.

18. (TJSC/Juiz de Direito/Fundação Carlos Chagas/2015) Analise as seguintes assertivas sobre o regime de bens do casamento.

I. No regime da comunhão parcial de bens excluem-se da comunhão os proventos do trabalho pessoal de cada cônjuge.
II. No regime da separação de bens, salvo disposição em contrário no pacto antenupcial, ambos os cônjuges são obrigados a contribuir para as despesas do casal apenas na proporção dos rendimentos de seu trabalho.
III. No regime da comunhão universal de bens, são excluídos da comunhão os bens herdados com a cláusula de inalienabilidade.
IV. Nos regimes da comunhão parcial e da comunhão universal de bens, recusando-se um dos cônjuges à outorga para alienação de bem imóvel, cabe ao juiz supri-la, se não houver motivo justo para a recusa.
V. Salvo no regime da separação de bens, é nula a fiança concedida por um dos cônjuges sem a autorização do outro.

É correto o que se afirma APENAS em

a) II, IV e V.
b) III, IV e V.
c) I, II e III.
d) II, III e IV.
e) I, III e IV.

19. (OAB/XX Exame de Ordem Unificado/Fundação Getulio Vargas/2016) Em maio de 2005, Sérgio e Lúcia casaram-se pelo regime da comunhão parcial de bens. Antes de se casar, ele já era proprietário de dois imóveis. Em 2006, Sérgio alugou seus dois imóveis e os aluguéis auferidos, mês a mês, foram depositados em conta corrente aberta por ele, um mês depois da celebração dos contratos de locação. Em 2010, Sérgio recebeu o prêmio máximo da loteria, em dinheiro, que foi imediatamente aplicado em uma conta poupança aberta por ele naquele momento.

Em 2013, Lúcia e Sérgio se separaram. Lúcia procurou um advogado para saber se tinha direito à partilha do prêmio que Sérgio recebeu na loteria, bem como aos valores oriundos dos aluguéis dos imóveis adquiridos por ele antes do casamento e, mensalmente, depositados na conta corrente de Sérgio.

Com base na hipótese narrada, assinale a afirmativa CORRETA.

a) Ela não tem direito à partilha do prêmio e aos valores depositados na conta corrente de Sérgio, oriundos dos aluguéis de seus imóveis, uma vez que se constituem como bens particulares de Sérgio.
b) Ela tem direito à partilha dos valores depositados na conta corrente de Sérgio, oriundos dos aluguéis de seus imóveis, mas não tem direito à partilha do prêmio obtido na loteria.
c) Ela tem direito à partilha do prêmio, mas não poderá pleitear a partilha dos valores depositados na conta corrente de Sérgio, oriundos dos aluguéis de seus imóveis.
d) Ela tem direito à partilha do prêmio e dos valores depositados na conta corrente de Sérgio, uma vez que ambos constituem-se bens comuns do casal.

20. (TJRS/Juiz de Direito/FAURGS/2016) Assinale a alternativa CORRETA de acordo com a jurisprudência do Superior Tribunal de Justiça pertinente ao direito de família.

a) O Código Civil de 2002 manteve, no ordenamento jurídico brasileiro, o sistema em relação ao princípio da imutabilidade absoluta de regime de bens.
b) A arguição do direito real de habitação, para fins exclusivamente possessórios, depende de seu reconhecimento anterior em ação própria declaratória de união estável.
c) A supressão do patronímico materno não é possível por ocasião do casamento, mesmo quando preservados os interesses de terceiro e demonstrado justo motivo.
d) A filiação socioafetiva, da qual a denominada adoção à brasileira consubstancia espécie, detém integral respaldo do ordenamento jurídico nacional.
e) A aplicação da guarda compartilhada, em razão de o divórcio usualmente coincidir com o ápice do distanciamento do antigo casal e com a maior evidenciação das diferenças existentes, constitui medida excepcional, inviável quando ausente o consenso.

21. (OAB/XX Exame de Ordem Unificado/Fundação Getulio Vargas/2016) Juliana é sócia de uma sociedade empresária que produz bens que exigem alto investimento, por meio de financiamento significativo. Casada com Mário pelo regime da comunhão universal de bens, desde 1998, e sem filhos, decide o casal alterar o regime de casamento para o de separação de bens, sem prejudicar direitos de terceiros, e com a intenção de evitar a colocação do patrimônio já adquirido em risco.

Sobre a situação narrada, assinale a afirmativa CORRETA.

a) A alteração do regime de bens mediante escritura pública, realizada pelos cônjuges e averbada no Registro Civil, é possível.
b) A alteração do regime de bens, tendo em vista que o casamento foi realizado antes da vigência do Código Civil de 2002, não é possível.
c) A alteração do regime de bens mediante autorização judicial, com pedido motivado de ambos os cônjuges, apurada a procedência das razões invocadas e ressalvados os direitos de terceiros, é possível.

d) Não é possível a alteração para o regime da separação de bens, tão somente para o regime de bens legal, qual seja, o da comunhão parcial de bens.

22. (OAB/XXI Exame de Ordem Unificado/Fundação Getulio Vargas/2016) João e Maria casaram-se, no regime de comunhão parcial de bens, em 2004. Contudo, em 2008, João conheceu Vânia e eles passaram a ter um relacionamento amoroso. Separando-se de fato de Maria, João saiu da casa em que morava com Maria e foi viver com Vânia, apesar de continuar casado com Maria. Em 2016, João, muito feliz em seu novo relacionamento, resolve dar de presente um carro 0 km da marca X para Vânia. Considerando a narrativa apresentada, sobre o contrato de doação celebrado entre João, doador, e Vânia, donatária, assinale a afirmativa CORRETA.

a) É nulo, pois é hipótese de doação de cônjuge adúltero ao seu cúmplice.
b) Poderá ser anulado, desde que Maria pleiteie a anulação até dois anos depois da assinatura do contrato.
c) É plenamente válido, porém João deverá pagar perdas e danos à Maria.
d) É plenamente válido, pois João e Maria já estavam separados de fato.

23. (TJPR/Juiz de Direito/CESPE-CEBRASPE/2017) Silas e Laura conviveram em regime de união estável a partir de 2005, sem contrato escrito, e tiveram dois filhos, Artur e Bruno. Laura faleceu, e, até então, existia um único bem adquirido durante a convivência dela com Silas. Após o falecimento de Laura, Silas, em 2012, à época com sessenta anos de idade, casou-se com Beatriz, sob o regime da separação de bens. Dessa união não advieram filhos. Transcorridos alguns anos, Silas faleceu e deixou o mesmo bem para inventariança. Então, Artur e Bruno ingressaram em juízo para serem imitidos na posse. Considerando essa situação hipotética à luz do Código Civil, assinale a opção CORRETA.

a) Era obrigatória, para a celebração do casamento entre Silas e Beatriz, a adoção do regime da separação de bens.
b) Aplica-se às relações patrimoniais entre Silas e Laura o regime da comunhão parcial de bens.
c) Na sucessão de Laura, Silas tem direito a metade da herança, respeitada sua meação.
d) Beatriz não terá assegurado seu direito real de habitação em decorrência do regime de bens do casal.

24. (OAB/XXIII Exame de Ordem Unificado/Fundação Getulio Vargas/2017) Arlindo e Berta firmam pacto antenupcial, preenchendo todos os requisitos legais, no qual estabelecem o regime de separação absoluta de bens. No entanto, por motivo de saúde de um dos nubentes, a celebração civil do casamento não ocorreu na data estabelecida.
Diante disso, Arlindo e Berta decidem não se casar e passam a conviver maritalmente. Após cinco anos de união estável, Arlindo pretende dissolver a relação familiar e aplicar o pacto antenupcial, com o objetivo de não dividir os bens adquiridos na constância dessa união. Nessas circunstâncias, o pacto antenupcial é

a) válido e ineficaz.
b) válido e eficaz.
c) inválido e ineficaz.
d) inválido e eficaz.

25. (TJRS/Juiz de Direito/VUNESP/2018) Joaquina nasceu com o diagnóstico de síndrome de Down; aos 18 anos, conheceu Raimundo e decidiu casar. Os pais de Joaquina declararam que somente autorizam o casamento se o mesmo for celebrado sob o regime da separação convencional de bens, tendo em vista que a família é possuidora de uma grande fortuna e Raimundo é de origem humilde. Joaquina, que tem plena capacidade de comunicação, não aceitou a sugestão dos pais e deseja casar sob o regime legal (comunhão parcial de bens). Assinale a alternativa CORRETA.

a) Para que possa casar sob o regime da comunhão parcial de bens, deverá Joaquina ser submetida, mesmo contra sua vontade, ao procedimento de tomada de decisão apoiada.

b) Joaquina poderá casar sob o regime de bens que melhor entender, tendo em vista que é dotada de plena capacidade civil.
c) O juiz deverá nomear um curador para que possa analisar as pretensões do noivo em relação a Joaquina e decidir acerca do melhor regime patrimonial para o casal.
d) Joaquina é relativamente incapaz e deve ser assistida no ato do casamento, que somente pode ser celebrado sob o regime da separação legal.
e) Joaquina somente poderá casar se obtiver autorização dos pais, que poderá ser suprida pelo juiz, ouvido o Ministério Público.

26. (MP/SP/92º Concurso na Carreira do Ministério Público/2017) A legislação brasileira, quanto ao regime de comunhão universal entre cônjuges, determina que são

a) incluídos na comunhão universal as dívidas anteriores ao casamento, salvo se provierem de despesas com seus aprestos ou reverterem em proveito comum.
b) incluídos na comunhão universal os proventos do trabalho pessoal de cada cônjuge, percebidos na constância do casamento.
c) excluídos da comunhão universal todos os bens anteriores ao casamento, pois apenas os bens que forem adquiridos a partir da celebração do casamento se comunicam integralmente.
d) excluídos da comunhão universal joias pessoais e prêmios personalíssimos havidos ou recebidos por um dos cônjuges antes ou durante o casamento.
e) excluídos da comunhão universal os bens doados ou herdados com a cláusula de incomunicabilidade e os sub-rogados em seu lugar.

27. (OAB/XXVIII Exame de Ordem Unificado/2019) Mônica, casada pelo regime da comunhão total de bens, descobre que seu marido, Geraldo, alienou um imóvel pertencente ao patrimônio comum do casal, sem a devida vênia conjugal. A descoberta agrava a crise conjugal entre ambos e acaba conduzindo ao divórcio do casal.

Tempos depois, Mônica ajuíza ação em face de seu ex-marido, objetivando a invalidação da alienação do imóvel.

Sobre o caso narrado, assinale a afirmativa CORRETA.

a) O juiz pode conhecer de ofício do vício decorrente do fato de Mônica não ter anuído com a alienação do bem.
b) O fato de Mônica não ter anuído com a alienação do bem representa um vício que convalesce com o decurso do tempo.
c) O vício decorrente da ausência de vênia conjugal não pode ser sanado pela posterior confirmação do ato por Mônica.
d) Para que a pretensão de Mônica seja acolhida, ela deveria ter observado o prazo prescricional de dois anos, a contar da data do divórcio.

28. (Procuradoria Geral/MG/Defensor Público/FUNDEP/2019) No regime da comunhão parcial, comunicam-se os bens que sobrevierem ao casal, na constância do casamento, excluindo-se da comunhão

a) os ganhos eventuais.
b) as benfeitorias em bens particulares de cada cônjuge.
c) as obrigações provenientes de ato ilícito revertidas a um dos cônjuges.
d) os bens adquiridos na constância do casamento a título oneroso com esforço exclusivo de um dos cônjuges e apenas em seu nome.

■ GABARITO ■

1. "b". *Vide* arts. 1.647, III, e 1.648 do CC.
2. "b". *Vide* art. 1.640 do CC.
3. "a". *Vide* art. 37, III, n. 1, da Lei n. 4.726, de 13 de julho de 1965.

4. "b". *Vide* arts. 1.647, III, e 1.649 do CC.
5. "c". *Vide* art. 1.640, *caput* e parágrafo único, do CC.
6. "c". *Vide* o parágrafo único do art. 1.640 do CC. O art. 1.641, II, do CC, impunha o regime da separação de bens às pessoas maiores de sessenta anos. Todavia, a Lei n. 12.344, de 9 de dezembro de 2010, aumentou o limite para setenta anos.
7. "e". *Vide* art. 1.660, II, do CC.
8. "a". *Vide* art. 1.659, V, do CC.
9. "d". *Vide* art. 1.647, I. A outorga uxória é necessária também no compromisso de compra e venda irretratável e irrevogável, pois é hábil para transferir o domínio por meio da adjudicação compulsória (CC, art. 1.418).
10. "a".
11. "a". *Vide* **(II)** arts. 1.672 e 1.673 do CC; **(III)** arts. 1.741, 1.747 e 1.735 do CC; e **(IV)** art. 1.597, IV, do CC.
12. "d". *Vide* art. 1.639, § 2º, do CC.
13. "c". *Vide* art. 1.659, IV, do CC.
14. "b". *Vide* art. 1.635 do CC.
15. "c". *Vide* STJ, REsp 1.299.894, 4ª T., rel. Min. Luis Felipe Salomão, publicado em 8-4-2014.
16. "e". *Vide* Enunciado 262 da III Jornada de Direito Civil realizada pelo Conselho da Justiça Federal: "A obrigatoriedade da separação de bens, nas hipóteses previstas no art. 1.641, I e III, do Código Civil não impede a alteração do regime, desde que superada a causa que a impôs".
17. "b". *Vide* art. 1.659, VI, do CC.
18. "e". I — *Vide* art. 1.659, VI, do CC; III — *Vide* art. 1.668, I, do CC; IV — *Vide* art. 1.638 do CC.
19. "d". *Vide* art. 1.660, II e V, do CC.
20. "d". *Vide* STJ, REsp 1.000.356-SP, 3ª T., rel. Min. Nancy Andrighi, j. 25-5-2010.
21. "c". *Vide* art. 1.639, § 2º, do CC.
22. "d". *Vide* art. 1.723, § 1º, segunda parte, do CC.
23. "b". *Vide* art. 1.725 do CC.
24. "a". *Vide* art. 1.653, 2ª parte, do CC.
25. "b". *Vide* arts. 3º e 4º do CC, com a redação dada pela Lei n. 13.146/2015 (Estatuto da Pessoa com Deficiência), e art. 6º, I, da referida Lei.
26. "e". *Vide* art. 1.668, I, do CC.
27. "b".
28. "c". *Vide* art. 1.659, IV, do CC.

23

DO USUFRUTO E DA ADMINISTRAÇÃO DOS BENS DE FILHOS MENORES

■ 23.1. EXERCÍCIO DO USUFRUTO E DA ADMINISTRAÇÃO

Entendeu o legislador, em razão da importância do assunto, de bom alvitre separá-lo do capítulo concernente ao poder familiar, dando-lhe o necessário destaque na parte dedicada ao direito patrimonial, com a denominação "Do usufruto e da administração dos bens de filhos menores".

Para facilitar a exposição da matéria, dela tratamos no capítulo atinente ao **poder familiar**, uma vez que lhe diz respeito e ao qual nos reportamos (item 21.4.2, *retro*, que se refere ao *poder familiar quanto aos bens dos filhos*).

Acrescente-se que, diferentemente do que dispunha o art. 385 do Código Civil de 1916, que atribuía ao pai e, na sua falta, à mãe a administração legal dos bens dos filhos menores, o novo diploma estabelece que **os pais, em igualdade de condições, são os administradores legais e usufrutuários dos bens dos filhos menores sob sua autoridade** (art. 1.689).

Em realidade, desde a Constituição Federal de 1988 pai e mãe são **coadministradores e cousufrutuários** dos bens dos filhos menores, não mais persistindo a prevalência outrora atribuída ao pai.

Havendo divergência, poderá qualquer deles recorrer ao juiz para a solução necessária (arts. 1.689, II, e 1.690, parágrafo único). **Não podem, porém, praticar atos que ultrapassem os limites da simples administração**. Esta envolve a guarda, o cuidado e a gerência dos bens, abrangendo a locação de móveis e imóveis, a exploração agrícola e pecuária de imóvel rural, pagamento de imposto, defesa judicial, recebimento de juros ou rendas etc.

A administração e o usufruto legais "são corolários do **poder familiar**, no direito brasileiro. Incluem-se todos os bens móveis e imóveis que caiam sob a titularidade do menor, independentemente de sua origem, seja por herança, seja por adoção, seja por qualquer meio de alienação. Todavia, a administração e o usufruto podem ser **subtraídos do poder familiar por disposição expressa do doador ou do testador**, que podem indicar outro administrador dos bens respectivos. Se não o fizerem, o juiz dará **curador especial** ao menor (art. 1.692 do Código Civil). O usufruto legal é **indisponível, intransmissível e inexpropriável**"[1].

---

[1] Paulo Luiz Netto Lôbo, *Código Civil comentado*, v. XVI, p. 347.

Compete aos pais, no exercício da função de administração, **a representação ou a assistência** dos filhos menores, conforme tenham mais ou menos de 16 anos (CC, art. 1.690). O usufruto, paterno e materno, **não necessita ser levado a registro público**, porque decorre de **imposição legal**. Pela mesma razão, não se exige dos pais a caução a que se refere o art. 1.400 do Código Civil, nem prestação de contas.

■ 23.2. AUTORIZAÇÃO JUDICIAL PARA A PRÁTICA DE ATOS QUE ULTRAPASSEM A SIMPLES ADMINISTRAÇÃO

No exercício do múnus que lhes é imposto, os pais devem zelar pela preservação do patrimônio que administram, não podendo praticar atos dos quais possa resultar uma diminuição patrimonial. Para *alienar ou gravar de ônus reais os bens imóveis dos filhos menores*, precisam obter **autorização judicial**, mediante a demonstração da **"necessidade, ou evidente interesse da prole"**. Dispõe, com efeito, o art. 1.691 do Código Civil:

> "Não podem os pais alienar, ou gravar de ônus real os imóveis dos filhos, nem contrair, em nome deles, obrigações que ultrapassem os limites da simples administração, salvo por necessidade ou evidente interesse da prole, mediante prévia autorização do juiz".

Comprovada a **necessidade ou evidente interesse da prole e expedido o alvará**, a venda poderá ser feita **a quem melhor pagar**, não devendo o preço ser inferior ao da avaliação. **Não se exige a oferta em hasta pública**. Competente para processar o pedido é o juiz do domicílio do menor, e não o da situação.

A necessidade pode decorrer de várias situações. Autoriza-se a venda de bens pertencentes a menores, por exemplo, para garantir a sua subsistência e adquirir alimentos, para o atendimento de despesas médicas e hospitalares, para a aquisição de outro imóvel que oferece lucro seguro em sub-rogação de outro que só acarreta despesas ou para investimento rentável e menos dispendioso.

A **assunção de obrigações, não decorrentes de simples administração**, pode dizer respeito à contratação de serviços e obras de interesse do menor e aquisição de bens de evidente utilidade e necessidade, por exemplo. A necessidade a ser considerada pelo juiz, ao decidir sobre a concessão do alvará, deve ser a do menor, e não a de seus pais. Não se justifica a venda ou oneração dos bens dos filhos para atender a necessidades de caráter econômico dos pais.

Se a venda se efetivar **sem a autorização judicial**, padecerá de **nulidade, porém relativa**, porque só poderá ser oposta pelo próprio filho, seus herdeiros ou seu representante legal (CC, art. 1.691, parágrafo único).

■ 23.3. COLIDÊNCIA DE INTERESSES ENTRE OS PAIS E O FILHO

Sempre que no exercício do poder familiar colidir o interesse dos pais com o do filho, **"o juiz lhe dará curador especial"** (art. 1.692). Não se exige, para tanto, prova de que o pai pretende lesar o filho. Basta que se coloquem em situações cujos interesses são **aparentemente antagônicos**, como acontece na venda de ascendente a descendente, que depende do consentimento dos demais descendentes. Se um destes for menor, ser-lhe-á nomeado curador especial para representá-lo na anuência[2].

Frequentemente colide o interesse dos pais com o dos filhos. Hipóteses comuns ocorrem "quando um genitor procura anular uma doação feita pelo outro genitor; ou ingressa com ação buscando anular um testamento, no qual foi contemplado o filho menor; ou na venda que fizeram os pais a um dos filhos; ou em permuta que os pais realizam com o filho"[3].

Pode ser lembrada, ainda, a necessidade de nomeação de **curador especial ao menor** para receber em nome deste doação que lhe vai fazer o pai, para concordar com a venda que o genitor efetuará a outro descendente, para intervir na permuta entre o filho menor e os pais e para levantamento da inalienabilidade que pesa sobre o bem de família.

23.4. BENS EXCLUÍDOS DO USUFRUTO E DA ADMINISTRAÇÃO DOS PAIS

Dispõe o art. 1.693 do Código Civil:

> "Excluem-se do usufruto e da administração dos pais:
>
> I — os bens adquiridos pelo filho havido fora do casamento, antes do reconhecimento;
>
> II — os valores auferidos pelo filho maior de dezesseis anos, no exercício de atividade profissional e os bens com tais recursos adquiridos;
>
> III — os bens deixados ou doados ao filho, sob a condição de não serem usufruídos, ou administrados, pelos pais;
>
> IV — os bens que aos filhos couberem na herança, quando os pais forem excluídos da sucessão".

Todas essas hipóteses foram devidamente analisadas no item 21.4.2, *retro*, que trata do poder familiar quanto aos bens dos filhos, ao qual nos reportamos.

No item 21.6, *retro*, encontra-se o **resumo** do presente capítulo.

---

2 Washington de Barros Monteiro, *Curso de direito civil*, 37. ed., v. 2, p. 356.

3 Arnaldo Rizzardo, *Direito de família*, p. 707.

24

DOS ALIMENTOS

24.1. CONCEITO

Alimentos, segundo a precisa definição de Orlando Gomes[1], são prestações para **satisfação das necessidades vitais** de quem não pode provê-las por si. Têm por *finalidade* fornecer a um parente, cônjuge ou companheiro o **necessário à sua subsistência**.

O vocábulo "alimentos" tem, todavia, conotação muito mais ampla do que na linguagem comum, não se limitando ao necessário para o sustento de uma pessoa. Nele se compreende não só a obrigação de prestá-los, como também **o conteúdo da obrigação a ser prestada**. A aludida expressão tem, no campo do direito, uma acepção técnica de larga abrangência, compreendendo não só o indispensável ao sustento, **como também o necessário à manutenção da condição social e moral do alimentando**.

Quanto ao **conteúdo**, os alimentos abrangem, assim, o indispensável ao sustento, vestuário, habitação, assistência médica, instrução e educação (CC, arts. 1.694 e 1.920). Dispõe o art. 1.694 do Código Civil, com efeito, que "podem os parentes, os cônjuges ou companheiros pedir uns aos outros os alimentos de que **necessitem para viver de modo compatível com a sua condição social**, inclusive para atender às necessidades de sua educação".

Esclarece Silvio Rodrigues que "a tendência moderna é a de impor ao Estado o dever de socorro dos necessitados, tarefa que ele se desincumbe, ou deve desincumbir-se, por meio de sua atividade assistencial. Mas, no intuito de aliviar-se desse encargo, ou na inviabilidade de cumpri-lo, **o Estado o transfere, por determinação legal, aos parentes, cônjuges ou companheiro do necessitado**, cada vez que aqueles possam atender a tal incumbência"[2].

O Estado tem, pois, interesse direto no cumprimento das normas que impõem a obrigação legal de alimentos, pois a inobservância ao seu comando aumenta o número de pessoas carentes e desprotegidas, que devem, em consequência, ser por ele amparadas. Daí a razão por que as aludidas normas são consideradas **de ordem pública, inderrogáveis por convenção entre os particulares** e impostas por meio de **violenta sanção, como a pena de prisão** a que está sujeito o infrator.

Tradicionalmente, no direito brasileiro a obrigação legal de alimentos tem um **cunho *assistencial* e não indenizatório**. Essa característica transparece nitidamente

---

1 *Direito de família*, p. 427.

2 *Direito civil*, v. 6, p. 373.

no art. 1.702 do Código Civil, ao dispor que, "na separação judicial litigiosa, sendo um dos cônjuges inocente e **desprovido de recursos**, prestar-lhe-á o outro a pensão alimentícia que o juiz fixar, obedecidos os critérios estabelecidos no art. 1.694".

■ 24.2. NATUREZA JURÍDICA

No tocante à *natureza jurídica* do direito à prestação de alimentos, embora alguns autores o considerem direito *pessoal extrapatrimonial*, e outros, simplesmente *direito patrimonial*, prepondera o entendimento daqueles que, como Orlando Gomes[3], atribuem-lhe **natureza mista**, qualificando-o como um direito de **conteúdo patrimonial** e **finalidade pessoal**.

■ 24.3. ESPÉCIES

Os alimentos são de diversas *espécies*, classificados pela doutrina segundo vários critérios, conforme quadro esquemático abaixo:

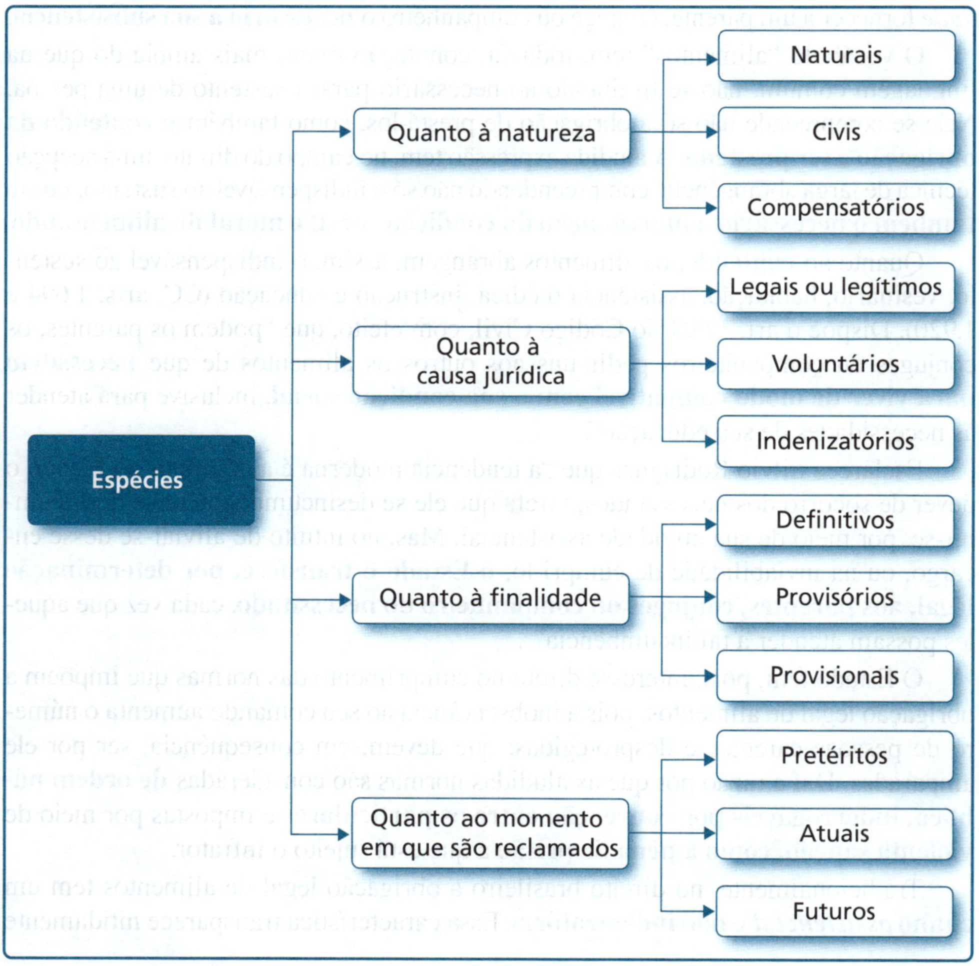

[3] *Direito de família*, cit., p. 535-536.

24.3.1. Classificação quanto à natureza

Sob esse prisma, os alimentos podem ser *naturais, civis* e *compensatórios.*

- **Naturais** ou **necessários:** restringem-se ao indispensável à satisfação das necessidades primárias da vida.
- **Civis** ou **côngruos:** expressão usada pelo autor venezuelano Lopes Herrera[4] e mencionada no art. 323 do Código Civil chileno — destinam-se a manter a condição social, o *status* da família.
- **Compensatórios:** visam evitar o descomunal desequilíbrio econômico-financeiro do consorte dependente, por ocasião da ruptura do vínculo conjugal, pelo fato de as empresas do casal permanecerem na administração exclusiva do outro cônjuge, desequilíbrio este impossível de ser afastado com modestas pensões mensais. De cunho mais indenizatório do que alimentar, não devem ter duração ilimitada no tempo. Uma vez desfeitas as desvantagens sociais e reparado o desequilíbrio financeiro provocado pela ruptura da união conjugal, devem cessar. Decidiu o Tribunal de Justiça do Rio Grande do Sul que "cabe a fixação de alimentos compensatórios, em valor fixo, decorrente da administração exclusiva por um dos cônjuges das empresas do casal. Caso em que os alimentos podem ser compensados, dependendo da decisão da ação de partilha dos bens, bem como não ensejam possibilidade de execução pessoal sob o rito de prisão"[5]. "Os alimentos compensatórios são espécie de alimentos transitórios ou temporários, porquanto possuem nítido cunho resolúvel, surtindo efeito pelo prazo fixado na decisão judicial — sob termo ou condição (até a partilha de bens do casal) — findo o qual estará cessado, automaticamente, o dever alimentício"[6].

A expressão "alimentos" ora significa "o que é **estritamente necessário à vida de uma pessoa**, compreendendo, tão somente, a alimentação, a cura, o vestuário e a habitação, ora abrange outras necessidades, compreendidas as intelectuais e morais, **variando conforme a posição social** da pessoa necessitada. Os primeiros chamam-se alimentos *naturais*, os outros, *civis* ou *côngruos*[7].

---

4 *Derecho de família*, n. 24, p. 123.

5 TJRS, Ap. 70.026.541.623, 8ª Câm. Cív., rel. Des. Rui Portanova, j. 4-6-2009. *V.* ainda: "Alimentos compensatórios são pagos por um cônjuge ao outro, por ocasião da ruptura do vínculo conjugal. Servem para amenizar o desequilíbrio econômico no padrão de vida de um dos cônjuges, por ocasião do fim do casamento. Fixados em valor razoável, não reclamam elevação" (TJDFT, AI 20.080.020.195.721, 6ª T., rel. Des. Jair Soares, j. 10-6-2009); "Em se tratando de verba alimentar de natureza compensatória, fixada em caráter vitalício, por ter o patrimônio ficado na propriedade do varão, descabe a justificativa do inadimplemento sob a alegação de ausência de condições financeiras" (TJRS, AI 70.020.992.285, 7ª Câm. Cív., rel. Des. Maria Berenice Dias, j. 19-12-2007); "Alimentos compensatórios objetivam amenizar o desequilíbrio econômico no padrão de vida de um dos cônjuges por ocasião do fim do casamento. Tendo natureza compensatória, a eventual inadimplência dessa modalidade de obrigação alimentar não sujeita o devedor à prisão civil. Ordem concedida" (TJDFT, HC 2009.00.2.013078-8, 6ª T., rel. Des. Jair Soares, j. 21-10-2009).

6 TJGO, AI-01126718820198090000, 5ª Câm. Cív., rel. Des. Guilherme Gutemberg, j. 14-8-2019.

7 Orlando Gomes, *Direito de família*, cit., p. 427; Yussef Cahali, *Dos alimentos*, cit., p. 18; Borges Carneiro, *Direito civil de Portugal*, v. II, § 167, n. 2. p. 179.

O Código Civil de 2002 introduziu expressamente em nosso direito a aludida classificação, proclamando, no art. 1.694, *caput*, que os alimentos devem ser fixados em montante que possibilite ao alimentando "viver de modo compatível com a sua **condição social**", e restringindo o direito a alimentos, em alguns casos, ao **indispensável à subsistência do indivíduo**, ou seja, aos civis ou necessários (arts. 1.694, § 2º, e 1.704).

O Tribunal de Justiça do Rio Grande do Sul, reiterando esse entendimento, proclamou que "os alimentos compensatórios, diferentemente dos naturais ou civis que possuem natureza juridicamente alimentar, possuem caráter reparatório com o intuito de equilibrar a relação econômica entre os ex-cônjuges". Destarte, frisou a relatora, "não ensejam possibilidade de execução pessoal sob o rito de prisão"[8].

■ 24.3.2. Classificação quanto à causa jurídica

Quanto à *causa jurídica*, os alimentos dividem-se em *legais* ou *legítimos*, *voluntários* (obrigacionais e testamentários) e *indenizatórios*.

- **Legítimos:** são devidos em virtude de uma **obrigação legal**, que pode decorrer do *parentesco* (*iure sanguinis*), do *casamento* ou do *companheirismo* (CC, art. 1.694).
- **Voluntários:** emanam de uma declaração de vontade *inter vivos*, como na obrigação assumida contratualmente por quem não tinha a obrigação legal de pagar alimentos, ou *causa mortis*, manifestada em testamento, em geral sob a forma de legado de alimentos, e prevista no art. 1.920 do Código Civil. Os primeiros pertencem ao direito das obrigações e são chamados também de **obrigacionais**; os que derivam de declaração *causa mortis* pertencem ao direito das sucessões e são também chamados de **testamentários**.
- **Indenizatórios** ou **ressarcitórios**: resultam da prática de um ato ilícito e **constituem forma de indenização do dano *ex delicto***. Pertencem também ao direito das obrigações e são previstos nos arts. 948, II, e 950 do Código Civil.

Os alimentos **voluntários**, que resultam da intenção de fornecer a uma pessoa os meios de subsistência, podem tomar a forma jurídica de:

- constituição de uma **renda vitalícia**, onerosa ou gratuita;
- constituição de um **usufruto**; ou de
- constituição de um **capital vinculado**, que ofereça as vantagens de uma segurança maior para as partes interessadas.

■ Prisão civil

Somente os alimentos *legais* ou *legítimos* **pertencem ao direito de família**. Assim, a *prisão civil* pelo não pagamento de dívida de alimentos, permitida na Constituição Federal (art. 5º, LXVII), **somente pode ser decretada** no caso dos alimentos previstos nos arts. 1.566, III, e 1.694 e s. do Código Civil, que constituem relação de

---

[8] TJRS, *Habeas Corpus* 2012.064736-2, 1ª Câm. Cív., rel. Des. Denise Volpago, j. 25-9-2012.

direito de família, **sendo inadmissível** em caso de não pagamento dos alimentos *indenizatórios* (responsabilidade civil *ex delicto*) e dos *voluntários* (obrigacionais ou testamentários).

Tem-se decidido, com efeito, que constitui **constrangimento ilegal** a prisão civil do devedor de alimentos decorrentes de **responsabilidade civil *ex delicto***. Somente se admite como meio coercitivo para o adimplemento de pensão **decorrente do parentesco ou matrimônio**, pois o preceito constitucional que excepcionalmente permite a prisão por dívida, nas hipóteses de obrigação alimentar, é de ser restritivamente interpretado, não tendo aplicação analógica às hipóteses de prestação alimentar derivada de ato ilícito[9].

■ 24.3.3. Classificação quanto à finalidade

Sob esse enfoque, classificam-se os alimentos em *definitivos* ou *regulares*, *provisórios*, *provisionais* e *transitórios*.

- **Definitivos:** são os de **caráter permanente**, estabelecidos pelo juiz na sentença ou em acordo das partes devidamente homologado, malgrado possam ser revistos (CC, art. 1.699).
- **Provisórios:** são os **fixados liminarmente** no despacho inicial proferido na ação de alimentos, de rito especial estabelecido pela Lei n. 5.478/68 — Lei de Alimentos.
- **Provisionais** ou ***ad litem*:** são os determinados em **tutela provisória, preparatória ou incidental**, de ação de separação judicial, de divórcio, de nulidade ou anulação de casamento, ou de alimentos. Destinam-se a **manter o suplicante**, geralmente a mulher, e a prole, durante a tramitação da lide principal, e ao **pagamento das despesas judiciais**, inclusive honorários advocatícios. Daí a razão do nome *ad litem* ou *alimenta in litem*.
- **Transitórios:** admitidos pela jurisprudência do Superior Tribunal de Justiça, de cunho resolúvel, "são obrigações prestadas, notadamente entre ex-cônjuges ou ex-companheiros, em que o credor, em regra pessoa com idade apta para o trabalho, necessita dos alimentos apenas até que se projete determinada condição ou ao final de certo tempo, circunstância em que a obrigação extinguir-se-á automaticamente"[10]. Em outras palavras, "a obrigação de prestar alimentos transitórios — a tempo certo — é cabível, em regra, quando o alimentando é pessoa com idade, condições e formação profissional compatíveis com uma provável inserção no mercado de trabalho, **necessitando dos alimentos apenas até que se atinja sua autonomia financeira**, momento em que se emancipará da tutela do alimentante — outrora provedor do lar —, que se extinguirá automaticamente"[11].

---

9 *RT*, 646/124; *RJTJSP*, Lex, 17/413; *JTJ*, Lex, 183/261.

10 STJ, REsp 1.388.955-RS, 3ª T., rel. Min. Nancy Andrighi, *DJe*, 29-11-2013.

11 STJ, REsp 1.025.769-MG, 3ª T., rel. Min. Nancy Andrighi, *DJe*, 1º-9-2010.

■ Fixação dos alimentos *provisórios*

Os *provisórios* exigem prova pré-constituída do **parentesco, casamento ou companheirismo**. Apresentada essa prova, o juiz "fixará" os alimentos provisórios, se requeridos. Os termos imperativos empregados pelo art. 4º da Lei de Alimentos demonstram que a fixação não depende da discrição do juiz, **sendo obrigatória**, se requerida e se provados os aludidos vínculos.

Têm os tribunais admitido o arbitramento dos alimentos provisórios, incidentalmente, em ação de separação judicial litigiosa e de divórcio. Confira-se, a propósito:

> "Separação judicial. Cumulação com alimentos. **Pedido de concessão de provisórios**. Indeferimento diante do procedimento ordinário adotado. **Cabimento, porém, da providência, pelo princípio da instrumentalidade do processo**, quando menos com o caráter de tutela antecipatória prevista no artigo 273, do Código de Processo Civil [de 1973], e para evitar desnecessária propositura de processo cautelar em separado"[12].

■ Fixação dos alimentos *provisionais*

Já a determinação dos *provisionais* depende da comprovação dos requisitos inerentes à tutela de urgência: o ***fumus boni juris*** e o ***periculum in mora* (CPC/2015, art. 300)**. Estão sujeitos, pois, à discrição do juiz. Podem ser fixados, por exemplo, em ação de alimentos cumulada com investigação de paternidade, liminar e excepcionalmente, se houver indícios veementes desta. Não são assim os provisórios, por falta de prova pré-constituída da filiação.

De acordo com o disposto no art. 5º da Lei n. 883/49, na ação de investigação de paternidade **fixar-se-ão os provisionais somente na *sentença***, a partir de quando serão devidos, mesmo que tenha havido recurso. Entretanto, a isonomia imposta pela Constituição Federal **torna-os devidos a contar da citação**[13], pois atribuem-se aos filhos nascidos fora da relação de casamento os mesmos direitos concedidos aos nascidos das justas núpcias. Incide assim, de tal modo, também em relação àqueles a regra do art. 13, § 2º, da Lei Federal n. 5.478, de 1968, segundo a qual **os alimentos retroagem à data da citação**.

Nesse sentido dispõe a Súmula 277 do Superior Tribunal de Justiça:

> **"Julgada procedente a investigação de paternidade, os alimentos são devidos a partir da citação"**.

Não se exclui, porém, como afirmado, a **possibilidade de fixação, nessas ações, de alimentos provisionais, liminar e excepcionalmente**, se houver indícios veementes da paternidade.

■ Eficácia dos alimentos provisionais

Os alimentos provisionais conservam a sua *eficácia* até o **julgamento da ação principal**, mas podem, a qualquer tempo, ser **revogados ou modificados** (CPC/2015, art. 296).

---

12 TJSP, AgI 201.423-4-São Bernardo do Campo, 2ª Câm. Dir. Priv., rel. Des. J. Roberto Bedran, j. 10-4-2001; AgI 336.998.4/3, 3ª Câm. Dir. Priv., rel. designado Des. Alfredo Migliore, j. 29-6-2004.

13 STJ, REsp 161.347-DF, 3ª T., rel. Min. Costa Leite, j. 3-11-1998.

■ **Decretação da prisão do devedor**

É possível decretar-se a *prisão* do devedor, para garantir a eficácia de *alimentos transitórios* fixados até a partilha dos bens. Confira-se: "Assim, como dedução lógica de tudo o quanto exposto, conclui-se que, sem prejuízo ao disposto no Enunciado n. 309 da Súmula/STJ, somente o rito da execução cumulado com a prisão (art. 733, CPC [de 1973]) é o adequado para plena eficácia da decisão que conferiu, em razão da demora injustificada da partilha, alimentos transitórios em valor suficiente à composição definitiva do litígio instalado entre as partes e, ainda, para que a situação outrora tida por temporária não se eternize no tempo"[14].

■ 24.3.4. Classificação quanto ao momento em que são reclamados

Sob essa ótica, os alimentos classificam-se em *pretéritos, atuais* e *futuros.*

■ **Pretéritos:** quando o pedido retroage a **período anterior** ao ajuizamento da ação.

■ **Atuais:** os postulados **a partir do ajuizamento**.

■ **Futuros:** os devidos somente **a partir da sentença**.

O direito brasileiro só admite os alimentos *atuais* e os *futuros*. **Os pretéritos, referentes a período anterior à propositura da ação, não são devidos**. Se o alimentando, bem ou mal, conseguiu sobreviver sem o auxílio do alimentante, não pode pretender o pagamento de alimentos relativos ao passado (*in praeteritum non vivitur*).

Têm os tribunais proclamado que a **prisão civil** somente poderá ser imposta para compelir o alimentante a suprir as **necessidades atuais** do alimentário, representadas pelas **três últimas prestações**, devendo as pretéritas ser cobradas em procedimento próprio (*vide*, a propósito, o item 24.6.3, *infra*, intitulado "Meios de execução da prestação não satisfeita").

■ 24.4. OBRIGAÇÃO ALIMENTAR E DIREITO A ALIMENTOS

Entre **pais** e **filhos menores**, **cônjuges** e **companheiros** não existe propriamente obrigação alimentar, mas ***dever familiar***, respectivamente de sustento e de mútua assistência (CC, arts. 1.566, III e IV, e 1.724).

A ***obrigação alimentar*** também decorre da lei, mas é fundada no **parentesco** (art. 1.694), ficando circunscrita aos **ascendentes, descendentes e colaterais até o segundo grau**, com reciprocidade, tendo por fundamento o princípio da *solidariedade familiar.*

Malgrado a incumbência de amparar aqueles que não podem prover à própria subsistência incumba precipuamente ao Estado, **este a transfere, como foi dito, às pessoas que pertencem ao mesmo grupo familiar**, as quais, por um imperativo

---

[14] STJ, REsp 1.362-MG, 3ª T., rel. Min. Nancy Andrighi, j. 18-2-2014.

da própria natureza, têm o dever moral, convertido em **obrigação jurídica**, de prestar auxílio aos que, por enfermidade ou por outro motivo justificável, dele necessitem.

■ **Diferenças entre dever familiar e obrigação de prestar alimentos**

Enfatiza Orlando Gomes que não se deve, realmente, confundir a **obrigação de prestar alimentos** "com certos **deveres familiares**, de sustento, assistência e socorro, como os que tem o *marido em relação à mulher* e os *pais para com os filhos*, enquanto menores — **deveres que devem ser cumpridos incondicionalmente**.

A **obrigação de prestar alimentos** '*stricto sensu*' tem pressupostos que a diferenciam de tais *deveres*. Ao contrário desses *deveres familiares*:

■ é **recíproca**;
■ depende das **possibilidades** do devedor; e
■ somente se torna exigível se o credor potencial estiver **necessitado**"[15].

■ **Disciplina no atual Código Civil**

O art. 1.694 do diploma de 2002, ao dispor sobre a obrigação de prestar alimentos, **engloba os parentes e os cônjuges ou companheiros**, estendendo a sua aplicação a todos eles[16].

Na sistemática proposta, segundo observa Francisco José Cahali, "em um só subtítulo, entre os artigos 1.694 e 1.710, trata-se promiscuamente dos alimentos, **quer tenham eles origem na relação de parentesco, quer sejam consequentes do rompimento do casamento ou da convivência**. Esta modificação estrutural, sem dúvida, repercute na interpretação das regras e princípios sobre a matéria, indicando venha prevalecer o tratamento estritamente idêntico da pensão, independentemente da origem da obrigação. Daí, como se verá, **restabelece entre os cônjuges a invalidade da renúncia à pensão e estende aos alimentos decorrentes do parentesco a transmissibilidade da obrigação alimentar**"[17].

■ 24.4.1. Características da obrigação alimentar

A obrigação de prestar alimentos é *transmissível, divisível, condicional, recíproca* e *mutável*. Vejamos cada uma delas.

■ *24.4.1.1. Transmissibilidade*

Dispõe o art. 1.700 do Código Civil:

> "A obrigação de prestar alimentos **transmite-se aos herdeiros do devedor**, na forma do art. 1.694".

---

[15] *Direito de família*, cit., p. 428-429.

[16] Zeno Veloso, *Código Civil comentado*, v. XVII, p. 23.

[17] Dos alimentos, in *Direito de família e o novo Código Civil*, p. 182.

Considera Yussef Cahali[18] que o novel legislador "teve em vista a transmissão da obrigação de prestar alimentos **já estabelecidos, mediante convenção ou decisão judicial, reconhecidos como de efetiva obrigação do devedor quando verificado o seu falecimento**; quando muito poderia estar compreendida nesta obrigação se, ao falecer o devedor, já existisse demanda contra o mesmo visando o pagamento da pensão".

Tal entendimento se amolda à interpretação restritiva dada ao revogado art. 23 da Lei do Divórcio pelo Superior Tribunal de Justiça, *verbis*:

> "A transmissibilidade da obrigação de prestar alimentos, prevista no art. 23 da Lei n. 6.515, de 1977, é restrita às pensões devidas em razão da separação ou divórcio judicial, **cujo direito já estava constituído à data do óbito do alimentante**; não autoriza ação nova, em face do espólio, fora desse contexto"[19].

Não destoa desse posicionamento a manifestação de Zeno Veloso, segundo o qual o art. 1.700 do Código Civil **"só pode ser invocado se o dever de prestar alimentos já foi determinado por acordo ou por sentença judicial"**[20].

■ Responsabilidade do herdeiro limitada às forças da herança

Mesmo que se considere a aplicação do art. 1.700 do Código Civil restrita às obrigações já estabelecidas, mediante convenção ou decisão judicial, há de reconhecer que não faz sentido os herdeiros do falecido terem de se valer de seus próprios recursos, e na proporção deles, para responder pela obrigação alimentar. **Deve ela ficar limitada às forças da herança.**

Nessa linha, obtempera Zeno Veloso que, "em qualquer caso, a obrigação do herdeiro tem de estar **limitada às forças da herança**, pois o art. 1.792, embora não tenha sido expressamente invocado no art. 1.700, enuncia um princípio capital de Direito das Sucessões, o de que o herdeiro só responde *intra vires hereditatis* = dentro das forças da herança"[21].

O Projeto de Lei n. 6.920/2002 (atual Projeto de Lei n. 699/2011), apresentado ao Congresso Nacional pelo Deputado Ricardo Fiuza, propõe se dê ao aludido art. 1.700 do Código Civil a seguinte redação: "A obrigação de prestar alimentos decorrente do casamento e da união estável transmite-se aos herdeiros do devedor, **nos limites das forças da herança, desde que o credor da pensão alimentícia não seja herdeiro do falecido**".

Comentando a proposta, Sílvio Venosa assevera: "Ainda que não se converta tal dicção em lei, **essa deve ser a correta interpretação do art. 1.700 atual**, porque

---

[18] Dos alimentos, cit., p. 95.

[19] REsp 232.901-RJ, 3ª T., rel. Min. Ari Pargendler, j. 7-12-1999, *RSTJ*, 135/359.

[20] *Código Civil*, cit., v. XVII, p. 40.

[21] *Código Civil*, cit., v. XVII, p. 40. No mesmo sentido as opiniões de Yussef Cahali, Dos alimentos, cit., p. 95-96; Francisco José Cahali, in *Direito civil*, de Silvio Rodrigues, cit., v. 6, p. 388; Regina Beatriz Tavares da Silva, in *Curso de direito civil*, de Washington de Barros Monteiro, 37. ed., v. 2, p. 371; Caio Mário da Silva Pereira, *Instituições de direito civil*, v. 5, p. 508-509; Sílvio Venosa, *Direito civil*, v. VI, p. 393; Silmara Juny Chinelato, *Comentários ao Código Civil*, v. 18, p. 482.

traduz a *mens legis* e harmoniza-se com o sistema. Se o alimentando é **herdeiro do falecido**, do mesmo modo **não subsiste razão para que persista o direito a alimentos após a morte do autor da herança**"[22].

Mesmo que o *de cujus* não tenha deixado herança, o herdeiro necessitado não poderá cobrar alimentos dos outros, por força do aludido art. 1.792 do Código Civil, **uma vez que não estarão obrigados a pagá-los com recursos próprios**.

■ 24.4.1.2. *Divisibilidade*

A obrigação alimentar é também ***divisível*, e não solidária**, porque a solidariedade não se presume; resulta da lei ou da vontade das partes (CC, art. 264). Não havendo texto legal impondo a solidariedade, é ela divisível, isto é, conjunta. **Cada devedor responde por sua quota-parte**.

Havendo, por exemplo, quatro filhos em condições de pensionar o ascendente, **não poderá este exigir de um só deles o cumprimento da obrigação por inteiro**. Se o fizer, sujeitar-se-á às consequências de sua omissão, por inexistir na hipótese litisconsórcio passivo necessário, mas sim facultativo impróprio, isto é, **obterá apenas 1/4 do valor da pensão**[23].

Cumpre ao ascendente, nesse caso, **chamar a juízo, simultaneamente, todos os filhos**, não lhe sendo lícito escolher apenas um deles. Se o fizer, sujeitar-se-á, como visto acima, às consequências de sua omissão. Propondo a ação contra todos, **o juiz rateará entre eles a pensão arbitrada, de acordo com as possibilidades econômicas de cada um**, exonerando do encargo o que se achar incapacitado financeiramente.

Nesse caso, salienta Lafayette[24], a dívida alimentária é distribuída não em partes aritmeticamente iguais, mas **em quotas proporcionais aos haveres de cada um dos coobrigados**, constituindo cada quota uma dívida distinta. A exclusão, portanto, só se legitima ao nível do exame de mérito se provada a incapacidade econômica do devedor.

■ Nova modalidade de intervenção de terceiro

Como inovação, o Código Civil de 2002 preceitua que, "sendo várias as pessoas obrigadas a prestar alimentos, todas devem concorrer na proporção dos respectivos recursos, e, intentada ação contra uma delas, **poderão as demais ser chamadas a integrar a lide**" (art. 1.698, segunda parte).

O dispositivo cria uma **modalidade de intervenção de terceiro não prevista no Código de Processo Civil**. Não há falar em *denunciação da lide*, por inexistir direito de regresso entre as partes. Sendo divisível a obrigação, "esta presume-se dividida em tantas obrigações, iguais e distintas, quanto os credores ou devedores" (CC, art. 257). Direito de regresso e possibilidade de se fazer denunciação da lide só

---

22 *Direito civil*, cit., v. VI, p. 393.

23 STJ, REsp 50.153-9-RJ, 4ª T., rel. Min. Barros Monteiro, *DJU*, 14-11-1994, p. 30961, Seção I.

24 *Direitos de família*, § 139, p. 256.

haveria se a obrigação fosse solidária (art. 283). Também não é caso de *chamamento ao processo*, por inexistir, como referido, solidariedade passiva (CPC/2015, art. 130, III).

Como a forma de intervenção de terceiros no processo é matéria que refoge ao âmbito do Código Civil, compete ao **estatuto processual civil** traçar normas que assegurem a eficiência do comando legal[25].

A intenção do legislador foi **evitar que o credor escolha um devedor, deixando outro de lado**. Todavia, como foi dito, se assim fizer, sujeitar-se-á às consequências de sua omissão, **obtendo apenas uma parte do montante de que necessita**. A inovação, além de ensejar um incidente que pode atrasar a decisão, tem o grave inconveniente de obrigar uma pessoa a litigar contra quem, por motivos que só a ela interessam, não deseja litigar. Pode, por isso, deixar de executar a sentença contra ela, tornando inócua a intervenção de terceiro requerida pelo devedor escolhido pelo credor.

O Superior Tribunal de Justiça vem decidindo, a respeito dessa questão, que "**a obrigação alimentar não tem caráter de solidariedade**, no sentido de que 'sendo várias pessoas obrigadas a prestar alimentos todos devem concorrer na proporção dos respectivos recursos'. **O demandado, no entanto, terá direito de chamar ao processo** *os corresponsáveis* da obrigação alimentar, caso não consiga suportar sozinho o encargo, **para que se defina quanto caberá a cada um contribuir de acordo com as suas possibilidades financeiras**"[26].

■ A disciplina no Estatuto do Idoso

O *Estatuto do Idoso* (Lei n. 10.741, de 1º-10-2003), inovando, **instituiu a solidariedade no tocante à obrigação de alimentos para os maiores de 60 anos, podendo estes escolher os prestadores**. Ao lado da ampliação do direito de acesso aos alimentos, proclama o aludido diploma, no art. 12:

"A obrigação alimentar é **solidária**, podendo o idoso optar entre os prestadores".

Dispõe ainda o art. 14 da referida lei que "se o idoso ou seus familiares não possuírem condições econômicas de prover o seu sustento, **impõe-se ao Poder Público esse provimento, no âmbito da assistência social**".

A propósito, decidiu o Superior Tribunal de Justiça:

---

[25] *Código Civil*, cit., v. XVII, p. 31-32.

O Tribunal de Justiça de São Paulo deferiu, com base no art. 1.698 do Código Civil, pedido formulado pelo avô paterno para que os avós maternos fossem chamados a integrar o polo passivo da relação processual na condição de litisconsortes facultativos, afirmando que o chamamento a que alude a lei material não toma necessariamente a conformação do instituto de direito processual, uma vez que o chamado não é devedor solidário, senão alguém, dentre aqueles em tese obrigados a participar do custeio das necessidades do alimentado. Se "é correta a premissa de que os avós devem concorrer para o sustento do neto na proporção de suas forças, em não podendo arcar com o sustento o pai, e se todos podem ser chamados para responder à ação, motivo não há para que não se defira o pedido do agravante, para que sejam citados os avós maternos" (AgI 332.114-4/1-SP, 10ª Câm. Dir. Priv., rel. Des. João Carlos Saletti).

[26] STJ, REsp 658.139-RS, 4ª T., rel. Min. Fernando Gonçalves, *DJU*, 13-3-2006, p. 326.

"**A Lei 10.741/2003 atribuiu natureza solidária à obrigação de prestar alimentos quando os credores forem idosos.** Por força da sua natureza especial, **prevalece ela sobre as disposições específicas do Código Civil**. O Estatuto do Idoso, cumprindo política pública (art. 3º), assegura celeridade no processo, impedindo intervenção de outros eventuais devedores de alimentos. A solidariedade da obrigação alimentar devida ao idoso lhe garante a opção entre os prestadores (art. 12)"[27].

Na conformidade do art. 1.694 do Código Civil, são obrigados a prestar alimentos ao idoso os parentes e os cônjuges ou companheiros. Preceituam, todavia, os arts. 1.696 e 1.697 do aludido diploma que, entre os parentes, **a obrigação tem caráter sucessivo: somente na falta dos ascendentes é que podem ser chamados os descendentes, e, na falta destes, podem ser chamados os irmãos**.

O Estatuto do Idoso apenas estabeleceu a solidariedade entre os prestadores de alimentos, mas não revogou os mencionados dispositivos do Código Civil. De modo que **deve ser afastada a interpretação** de que uma pessoa de mais de 60 anos de idade poderá agora, se quiser, acionar qualquer parente obrigado, netos, filhos, irmãos, sem qualquer ordem de preferência, ou todos eles simultaneamente.

■ *24.4.1.3. Condicionalidade*

Diz-se que a obrigação de prestar alimentos é *condicional* porque a sua eficácia está subordinada a uma condição resolutiva. **Somente subsiste tal encargo enquanto perduram os pressupostos objetivos de sua existência**, representados pelo binômio necessidade-possibilidade, extinguindo-se no momento em que qualquer deles desaparece.

Segundo dispõe o § 1º do art. 1.694 do Código Civil, **"os alimentos devem ser fixados na proporção das necessidades do reclamante e dos recursos da pessoa obrigada"**. Se, depois da aludida fixação, o alimentando adquire condições de prover à própria mantença, ou o alimentante não mais pode fornecê-los, sem desfalque do necessário ao seu sustento, **extingue-se a obrigação**.

■ *24.4.1.4. Reciprocidade*

Tal característica encontra-se mencionada expressamente no art. 1.696 do Código Civil, *verbis*:

---

27 STJ, REsp 775.665-SP, 3ª T., rel. Min. Nancy Andrighi, *DJU*, 26-6-2006, p. 143. Em sentido contrário, respeitável, porém *contra legem*, decisão do Tribunal de Justiça do Rio Grande do Sul: "A Lei n. 10.741/2003 prevê, em seu art. 12, que a obrigação alimentar é solidária, podendo o idoso optar entre os prestadores. Trata-se, à evidência, de regra que, ao conferir à obrigação alimentar a característica da solidariedade, contraria a própria essência da obrigação, que, consoante dispõe o art. 1.694 do Código Civil, deve ser fixada na proporção da necessidade de quem pede e da possibilidade de quem é chamado a prestar. Logo, por natureza, trata-se de obrigação divisível e, por consequência, não solidária, mostrando-se como totalmente equivocada, e à parte do sistema jurídico nacional, a dicção da novel regra estatutária" (Ap. 70.006.634.414, 7ª Câm. Cív., rel. Des. Luiz Felipe Brasil Santos, j. 22-10-2003, in *RJTJRS*, 228/336).

> "O direito à prestação de alimentos é **recíproco** entre pais e filhos, e extensivo a todos os ascendentes, recaindo a obrigação nos mais próximos em grau, uns em falta de outros".

Assim, há reciprocidade entre os parentes, cônjuges e companheiros discriminados na lei quanto ao direito à prestação de alimentos e à obrigação de prestá-los, ou seja, ao direito de exigir alimentos corresponde o dever de prestá-los.

Na lição de Pontes de Miranda, "a obrigação à prestação de alimentos é **recíproca no direito brasileiro**, uma vez que se estende em toda a linha reta **entre ascendentes e descendentes**, e na colateral **entre os irmãos**, que são parentes recíprocos por sua natureza. E é razoável que assim seja. Se o pai, o avô, o bisavô, têm o dever de sustentar aquele a quem deram vida, injusto seria que o filho, neto ou bisneto, abastado, não fosse obrigado a alimentar o seu ascendente incapaz de manter-se"[28].

24.4.1.5. *Mutabilidade*

A variabilidade da obrigação de prestar alimentos consiste na propriedade de **sofrer alterações em seus pressupostos objetivos**: a necessidade do reclamante e a possibilidade da pessoa obrigada. Sendo esses elementos variáveis em razão de diversas circunstâncias, permite a lei que, nesse caso, proceda-se à alteração da pensão, mediante **ação revisional ou de exoneração**, pois toda decisão ou convenção a respeito de alimentos traz ínsita a cláusula *rebus sic stantibus*.

Dispõe a propósito o art. 1.699 do Código Civil:

> "Se, fixados os alimentos, **sobrevier mudança na situação financeira de quem os supre, ou na de quem os recebe**, poderá o interessado reclamar ao juiz, conforme as circunstâncias, exoneração, redução ou majoração do encargo".

Desse modo, se a credora por alimentos, por exemplo, consegue trabalho honesto que lhe permita viver condignamente, pode o marido devedor pedir com êxito a **exoneração da obrigação alimentar, enquanto durar tal situação**.

24.4.2. Características do direito a alimentos

Várias são as características do *direito a alimentos*. Colocando em destaque as principais, pode-se dizer que se trata de **direito**:

24.4.2.1. *Personalíssimo*

Essa é a característica fundamental, da qual decorrem as demais. Como os alimentos se destinam à subsistência do alimentando, constituem um direito *pessoal, intransferível*. A sua qualidade de direito da personalidade é reconhecida pelo fato de se tratar de um direito inato tendente a assegurar a subsistência e integridade física do ser humano. Considera-o a doutrina, sob esse aspecto, como uma das manifestações do direito à vida.

---

28 *Tratado de direito de família*, v. III, § 261, p. 214-215.

É **direito personalíssimo** no sentido de que a sua titularidade **não passa a outrem por negócio ou por fato jurídico**[29].

■ 24.4.2.2. *Incessível*

Tal característica é consequência do seu caráter *personalíssimo*. Sendo inseparável da pessoa, **não pode ser objeto de cessão de crédito**, pois a isso se opõe a sua natureza (art. 286).

O art. 1.707 do Código Civil diz expressamente que o crédito a alimentos é **"insuscetível de cessão"**. No entanto, somente não pode ser cedido o direito a *alimentos futuros*. O crédito constituído por **pensões alimentares vencidas** é considerado um crédito comum, já integrado ao patrimônio do alimentante, que logrou sobreviver mesmo sem tê-lo recebido. **Pode, assim, ser cedido**.

■ 24.4.2.3. *Impenhorável*

Preceitua, com efeito, o art. 1.707 do Código Civil que o crédito alimentar é "**insuscetível** de cessão, compensação ou **penhora**".

Inconcebível a penhora de um direito destinado à mantença de uma pessoa. Logo, por sua natureza, é **impenhorável**. Por essa mesma razão, as apelações interpostas das sentenças que condenarem à prestação de alimentos são recebidas **apenas no efeito devolutivo**, e não no suspensivo (CPC/2015, art. 1.012, II), pois a suspensão do *decisum* poderia conduzir ao perecimento do alimentário. O Código de Processo Civil prevê, no art. 833, IV, **a impenhorabilidade das pensões destinadas ao sustento do devedor ou de sua família**.

Anota Orlando Gomes[30] que a **impenhorabilidade do crédito** decorre do fundamento e da finalidade do instituto. Seria um absurdo, aduz, "admitir que os credores pudessem privar o alimentando do que é estritamente necessário à sua mantença".

■ 24.4.2.4. *Incompensável*

A *compensação* é meio de extinção de obrigações entre pessoas que são, ao mesmo tempo, credor e devedor uma da outra. **Acarreta a extinção de duas obrigações**, cujos credores são, simultaneamente, devedores um do outro. É meio indireto de extinção das obrigações[31].

O direito a alimentos **não pode ser objeto de compensação**, destarte, segundo dispõe o art. 1.707 do Código Civil, **porque seria extinto**, total ou parcialmente (CC, arts. 368 e 373, II), com prejuízo irreparável para o alimentando, já que os alimentos constituem o mínimo necessário à sua subsistência. Assim, por exemplo, o marido

---

29 Yussef Cahali, Dos alimentos, cit., p. 49-50; Orlando Gomes, *Direito de família*, cit., p. 431.

30 *Direito de família*, cit., p. 432-433.

31 Carlos Roberto Gonçalves, *Direito civil brasileiro*, v. 2, p. 325.

não pode deixar de pagar a pensão a pretexto de compensá-la com recebimentos indevidos, pela esposa, de aluguéis só a ele pertencentes[32].

A jurisprudência, no entanto, vem permitindo a compensação, nas prestações vincendas, **de valores pagos a mais**, entendendo tratar-se de adiantamento do pagamento das futuras prestações. Nada impede que os valores pagos a mais sejam computados **nas prestações vincendas, operando-se a compensação dos créditos**. É que o princípio da não compensação da dívida alimentar deve ser aplicado ponderadamente, para que dele não resulte eventual **enriquecimento sem causa** de parte do beneficiário[33].

Em discussão no Superior Tribunal de Justiça sobre a possibilidade, em sede de execução de alimentos, de serem deduzidas da pensão alimentícia fixada exclusivamente em pecúnia as despesas pagas *in natura* referentes a aluguel, condomínio e IPTU do imóvel onde residia o exequente, frisou o relator, Min. Paulo de Tarso Sanseverino, que a referida Corte, sob o prisma da vedação ao enriquecimento sem causa, vem admitindo, excepcionalmente, a mitigação do princípio da incompensabilidade dos alimentos. "Tratando-se de custeio direto de despesas de natureza alimentar, comprovadamente feitas em prol do beneficiário, possível o seu abatimento no cálculo da dívida, sob pena de obrigar o executado ao duplo pagamento da pensão, gerando enriquecimento indevido do credor. No caso, o alimentante contribuiu por cerca de dois anos, de forma efetiva, para o atendimento de despesa incluída na finalidade da pensão alimentícia, viabilizando a continuidade da moradia do alimentado."[34]

24.4.2.5. *Imprescritível*

O direito aos alimentos é *imprescritível*, ainda que não seja exercido por longo tempo e mesmo que já existissem os pressupostos de sua reclamação. O que não prescreve é o **direito de postular em juízo o pagamento de pensões alimentícias**, ainda que o alimentando venha passando necessidade há muitos anos. No entanto, **prescreve em dois anos o direito de cobrar as pensões já fixadas** em sentença ou estabelecidas em acordo e não pagas, a partir da data em que se vencerem.

Estabelece, com efeito, o art. 206, § 2º, do Código Civil que prescreve, "em dois anos, a pretensão para **haver prestações alimentares**, a partir da data em que se vencerem". A prescrição da pretensão a essas parcelas ocorre **mensalmente**. Tratando-se, porém, de execução de alimentos proposta por alimentando absolutamente incapaz, não há falar em prescrição das prestações mensais, em virtude do disposto nos arts. 197, II, e 198, I, do Código Civil de 2002[35].

---

32 *RT*, 506/323; *RJTJSP*, Lex, 67/212. *V.* ainda: "Não se admite a compensação de alimentos devidamente acordados para o filho menor com valores pagos espontaneamente pelo alimentante" (TJMG, Ap. 000.204.088-9/00, 4ª Câm. Cív., rel. Des. Bady Curi, *DJMG*, 31-10-2001).

33 *RT*, 616/147; *RJTJSP*, Lex, 123/236.

34 STJ, REsp 1.501.992-RJ, 3ª T., rel. Min. Paulo de Tarso Sanseverino, *DJe*, 20-4-2018.

35 STJ, REsp 569.291-SP, 3ª T., rel. Min. Castro Filho, *DJU*, 20-10-2003.

24.4.2.6. *Intransacionável*

Sendo indisponível e personalíssimo, **o direito a alimentos** não pode ser objeto de transação (CC, art. 841). Em consequência, não pode ser objeto de juízo arbitral ou de compromisso. A regra aplica-se somente ao direito de pedir alimentos, pois a jurisprudência considera **transacionável o *quantum* das prestações, tanto vencidas como vincendas**. É até comum o término da ação em acordo visando prestações alimentícias futuras ou atrasadas[36].

A *transação* celebrada nos autos de ação de alimentos constitui **título executivo judicial**. Tem a mesma eficácia a homologação do acordo extrajudicial de alimentos, que dispensa a intervenção de advogado, mas exige a imprescindível intervenção do Ministério Público[37].

24.4.2.7. *Atual*

É *atual* no sentido de **exigível no presente**, e não no passado (*in praeteritum non vivitur*). Alimentos são devidos *ad futurum*, não *ad praeteritum*.

A necessidade que justifica a prestação alimentícia é, ordinariamente, inadiável, conferindo a lei, por esse motivo, meios coativos ao credor para a sua cobrança, "que vão do desconto em folha à prisão administrativa"[38].

24.4.2.8. *Irrepetível ou irrestituível*

Os alimentos, uma vez pagos, são *irrestituíveis*, sejam provisórios, definitivos ou *ad litem*. É que a obrigação de prestá-los constitui **matéria de ordem pública**, e só nos casos legais pode ser afastada, devendo subsistir até decisão final em contrário. Mesmo que a ação venha a ser julgada *improcedente*, **não cabe a restituição dos alimentos provisórios ou provisionais**. Quem pagou alimentos pagou uma dívida, não se tratando de simples antecipação ou de empréstimo.

Como acentua Pontes de Miranda, "os alimentos recebidos **não se restituem**, ainda que o alimentário venha a decair da ação na mesma instância, ou em grau de recurso: *Alimenta decernuntur, nec teneri ad restitutionem praedictorum alimentorum, in casu quo victus fuerit*"[39].

V. ainda: "A prescrição é a regra (CC/2002, art. 189), inclusive nos casos de prestações alimentares; porém apresenta exceções e dentre estas encontram-se os casos em que prejudica o absolutamente incapaz. O art. 198, inciso I, do CC impede o curso da prescrição para certas ações, excepcionando, assim, a regra geral do art. 206, parágrafos e incisos, da mesma norma, os quais estipulam regras gerais para a prescrição das ações. Não há necessidade de utilização do princípio da especialidade neste caso porque não se verifica antinomia entre tais normas. Ademais, não corre a prescrição entre ascendentes e descendentes durante o poder familiar (art. 197, inciso II, e art. 198, inciso I — ambos do Código Civil)" (TJDF, Ap. 20.081.010.044.126APC-Brasília, 2ª T., rel. Des. Waldir Leôncio Júnior, j. 4-2-2009).

36 *RT*, 676/157; *JTJ*, Lex, 189/162.

37 *RT*, 645/170.

38 Silvio Rodrigues, *Direito civil*, cit., v. 6, p. 375.

39 *Tratado de direito de família*, cit., v. III, § 262, p. 218.

A irrepetibilidade abrange inclusive os alimentos prestados durante o **casamento nulo ou anulável**, pois se fundam em um dever moral.

■ **Limites à aplicação do princípio da irrepetibilidade**

O princípio da irrepetibilidade **não é, todavia, absoluto** e encontra *limites* no **dolo em sua obtenção**, bem como na hipótese de **erro no pagamento** dos alimentos. Por isso, tem-se deferido pedido de repetição, em caso de cessação automática da obrigação devido ao segundo casamento da credora, **não tendo cessado o desconto em folha de pagamento** por demora na comunicação ao empregador, sem culpa do devedor, bem como a **compensação nas prestações vincendas**, como já exposto, porque, em ambas as hipóteses, envolve um enriquecimento sem causa por parte do alimentado, que não se justifica[40].

■ *24.4.2.9. Irrenunciável*

Quanto a esta última característica, preceitua o art. 1.707 do Código Civil:

> "Pode o credor não exercer, porém **lhe é vedado renunciar o direito a alimentos**, sendo o respectivo crédito insuscetível de cessão, compensação ou penhora".

O direito a alimentos constitui uma modalidade do direito à vida. Por isso, o Estado protege-o com normas de ordem pública, decorrendo daí **a sua irrenunciabilidade, que atinge, porém, somente o direito, não o seu exercício**. Não se pode assim renunciar aos alimentos futuros. A não postulação em juízo é interpretada apenas como falta de exercício, não significando renúncia.

■ **Renúncia aos alimentos devidos, efetuada posteriormente**

Os alimentos **devidos e não prestados** podem, no entanto, ser renunciados, pois é permitido o **não exercício** do direito a alimentos. A renúncia posterior é, portanto, **válida**.

■ **Convalidação da Súmula 379 do Supremo Tribunal Federal**

Proclama a referida Súmula:

"A jurisprudência e a doutrina assentaram entendimento no sentido de que os valores atinentes à pensão alimentar são *incompensáveis* e *irrepetíveis*, porque restituí-los seria privar o alimentado dos recursos indispensáveis à própria mantença, condenando-o assim a inevitável perecimento. Daí que o credor da pessoa alimentada não pode opor seu crédito, quando exigida a pensão" (STJ, REsp 25.730-SP, 3ª T., rel. Min. Waldemar Zveiter, *DJU*, 1º-3-1993, p. 2510).

40 Yussef Cahali, Dos alimentos, cit., p. 126; José Roberto Pacheco Di Francesco, Aspectos da obrigação alimentar, *Revista do Advogado*, 58/106; *JTJ*, Lex, 143/133.

"Alimentos. Repetição de indébito. Indução em erro. Inexistência de filiação declarada em sentença. Enriquecimento sem causa do menor inocorrente. Pretensão que deve ser deduzida contra a mãe ou contra o pai biológico, responsáveis pela manutenção do alimentário. Restituição por este não devida. Ação improcedente. Aquele que fornece alimentos pensando erradamente que os devia, pode exigir a restituição do seu valor do terceiro que realmente devia fornecê-los" (TJSP, Ap. 195.592-4-Santos, 3ª Câm. Dir. Priv., rel. Des. Carlos Roberto Gonçalves, j. 14-8-2001).

"No acordo de desquite não se admite renúncia aos alimentos, que poderão ser pleiteados ulteriormente, verificados os pressupostos legais".

Por ela, a renúncia na separação consensual deve ser interpretada como **simples dispensa provisória e momentânea** da pensão alimentar, podendo o cônjuge, ou companheiro, **vir a pleiteá-la ulteriormente**, provando a necessidade atual e a possibilidade econômica do alimentante.

Sendo irrenunciáveis os alimentos entre cônjuges, nos termos do retrotranscrito art. 1.707 do Código Civil, **revigora-se na sua plenitude o enunciado da Súmula 379 do Supremo Tribunal Federal** e deixa de existir qualquer diferença, quanto aos efeitos, entre "dispensa" temporária e "renúncia" definitiva dos alimentos, considerada relevante ao tempo do diploma de 1916, uma vez que, qualquer que seja a expressão que constar da transação, haverá sempre a possibilidade de posterior pedido de alimentos.

■ Não aplicação da Súmula 379 do STF aos casais divorciados

Frise-se, desde logo, que tal súmula **não se aplica aos casais divorciados**, mas somente aos separados judicialmente.

A propósito, Yussef Cahali, citando diversos arestos extraídos dos repertórios de jurisprudência, assevera: "(...) se inexistente o direito de ser a mulher pensionada pelo marido no momento da conversão — seja em virtude de renúncia dos alimentos quando da separação ou posteriormente a ela —, a conversão consensual homologada extingue de vez pretenso direito da mulher a posterior reclamação da verba alimentar"[41].

Nesse sentido vem decidindo o Superior Tribunal de Justiça:

"Se há dispensa mútua entre os cônjuges quanto à prestação alimentícia e na conversão da separação consensual em divórcio não se faz nenhuma ressalva quanto a essa parcela, **não pode um dos ex-cônjuges, posteriormente, postular alimentos, dado que já definitivamente dissolvido qualquer vínculo existente entre eles**. Precedentes iterativos desta Corte"[42].

■ Incidência da proibição de renunciar ao direito aos alimentos aos parentes e também aos cônjuges e companheiros

O Código Civil, contudo, faz incidir a proibição de renunciar ao direito a alimentos não só aos parentes, **mas também aos cônjuges e companheiros**, por ocasião da dissolução da sociedade conjugal ou da união estável.

Preleciona a propósito Francisco José Cahali, atualizador da obra de Silvio Rodrigues, que, "contrariando a tendência doutrinária e pretoriana, o novo Código registra ser irrenunciável o direito a alimentos, sem excepcionar a origem da obrigação, fazendo incidir, pois, esta limitação, à pensão decorrente também da **dissolu-**

41 *Divórcio e separação*, p. 1247-1248.

42 REsp 199.427-0-SP, 4ª T., rel. Min. Fernando Gonçalves, j. 9-3-2004.

ção da sociedade conjugal ou da união estável, uma vez tratadas, agora, no mesmo subtítulo da pensão resultante do parentesco. E vai além: confirmando ser esta a sua intenção, estabelece expressamente a possibilidade de o cônjuge separado judicialmente vir a pleitear alimentos do outro, diante de necessidade superveniente (CC, art. 1.704)"[43].

A nova disciplina legal completa-se com o art. 1.708 do Código Civil, segundo o qual, "com o casamento, a união estável ou o concubinato *do credor*, **cessa o dever de prestar alimentos**". Acrescenta o parágrafo único:

> "Com relação ao credor cessa, também, o direito a alimentos, se tiver procedimento indigno em relação ao devedor".

Finalizando, há que reconhecer, como já dito, que o Código Civil, certa ou erradamente, orientou-se no sentido da **plena convalidação da referida Súmula 379 do Supremo Tribunal Federal**. Pensamos que tal opção representa um retrocesso, explicável pelo fato de o projeto de reforma do estatuto civil ter tramitado por longo tempo no Congresso Nacional. Quando finalmente aprovado, encontrava-se superado e em desacordo, em muitos pontos, com os novos rumos do direito de família, determinados especialmente pelo advento da Constituição Federal de 1988.

O **enunciado protecionista** da aludida Súmula 379, como foi dito, não mais se compatibiliza com o **princípio igualitário entre os cônjuges**, proclamado pelo art. 226, § 5º, da aludida Carta.

24.4.3. Pressupostos da obrigação alimentar. Objeto e montante das prestações

Dispõe o § 1º do art. 1.694 do Código Civil:

> "Os alimentos devem ser fixados na proporção das necessidades do reclamante e dos recursos da pessoa obrigada".

São pressupostos da obrigação de prestar alimentos:

- Existência de um **vínculo de parentesco**.
- **Necessidade** do reclamante.
- **Possibilidade** da pessoa obrigada.
- **Proporcionalidade**.

Preceitua de forma mais explícita o art. 1.695 do Código Civil:

> "São devidos os alimentos quando quem os pretende não tem bens suficientes, nem pode prover, pelo seu trabalho, à própria mantença, e aquele, de quem se reclamam, pode fornecê-los, sem desfalque do necessário ao seu sustento".

[43] *Direito civil*, cit., v. 6, p. 379.

■ 24.4.3.1. *Existência de um vínculo de parentesco*

Só pode reclamar alimentos, assim, **o *parente* que não tem recursos próprios e está impossibilitado de obtê-los**, por doença, idade avançada ou outro motivo relevante.

Aplica-se aos alimentos devidos **em razão do casamento e da união estável** o disposto no parágrafo único do art. 1.708 do Código Civil, segundo o qual cessa o direito do credor a alimentos, "se tiver procedimento indigno em relação ao devedor".

■ 24.4.3.2. *Necessidade do reclamante*

O art. 1.694 do Código Civil usa expressão ampla, referindo-se a alimentos como tudo aquilo de que a pessoa **necessita** "para viver de modo **compatível com a sua condição social**, inclusive para atender às necessidades de sua educação", e não apenas para garantir a sua subsistência.

Desse modo, se provar necessidade, filho maior poderá receber pensão alimentícia. Com efeito, pacificou o entendimento jurisprudencial de que a maioridade civil de um filho não extingue, automaticamente, o seu direito à percepção de alimentos. A partir desse momento assenta-se na relação de parentesco e na necessidade do alimentando, especialmente se estiver matriculado em curso superior. Nessa trilha, asseverou o Tribunal de Justiça do Rio Grande do Sul: "Em que pese o alimentado tenha atingido a maioridade civil, estando atualmente com 20 anos, prevalece o dever de prestação alimentar, agora fundado na solidariedade familiar, pois ele demonstrou que carece deste aporte para manter-se minimamente. Conforme os elementos probatórios acostados aos autos, o agravante está cursando ensino superior em uma universidade americana e possui bolsa de estudos. No entanto, o jovem comprova que o valor auferido pela bolsa não é suficiente para sua manutenção fora do país"[44].

■ 24.4.3.3. *Possibilidade da pessoa obrigada*

O fornecimento de alimentos depende, também, das *possibilidades* do alimentante. Desse modo, "se o alimentante possui tão somente o indispensável à própria mantença, não é justo seja ele compelido a desviar parte de sua renda, a fim de socorrer o parente necessitado. A lei não quer o perecimento do alimentado, mas também não deseja o sacrifício do alimentante. **Não há direito alimentar contra quem possui o estritamente necessário à própria subsistência**"[45].

---

[44] TJRS, Ap. 70.078797719, 8ª Câm. Cív., rel. Des. J. A. Daltoé Cezar, disponível in *Revista Consultor Jurídico* de 2-12-2018.

[45] Washington de Barros Monteiro, *Curso*, cit., 37. ed., v. 2, p. 368.

"Para fixação da verba alimentar devida pelo genitor a seu filho menor, é necessário estabelecer perfeita sintonia entre as necessidades do alimentando e as possibilidades do alimentante. O Judiciário não pode, a pretexto de satisfazer as necessidades do menor alimentando, lançar o alimentante na indigência, arbitrando elevado percentual de sua renda para pagamento dos alimentos, mormente se o mesmo já paga tal verba a outros dois filhos menores" (TJDF, Ap. 2.000.02.1.002.833-8, 2ª T., rel. Des. Adelith de Carvalho Lopes, *DJU*, 11-6-2003).

24.4.3.4. *Proporcionalidade*

O requisito da *proporcionalidade* é também exigido no aludido § 1º do art. 1.694, ao mencionar que os alimentos devem ser fixados **"na proporção"** das necessidades do reclamante e dos recursos da pessoa obrigada, impedindo que se leve em conta somente um desses fatores.

Não deve o juiz, pois, fixar pensões de valor exagerado, nem por demais reduzido, devendo estimá-lo com **prudente arbítrio**, sopesando os dois vetores a serem analisados, **necessidade** e **possibilidade**, na busca do equilíbrio entre eles.

24.4.3.5. *Montante das prestações*

No exame da **capacidade do alimentante** deve o juiz ter em conta a **renda líquida** por ele obtida, pois muitas vezes, malgrado o expressivo patrimônio imobiliário, tais bens não lhe proporcionam renda suficiente para o pagamento de pensão elevada. O valor dos bens pode ser grande, e pequeno o rendimento. Os **"recursos da pessoa obrigada"** a que se refere o § 1º do retrotranscrito art. 1.694 do Código Civil são os seus rendimentos, as suas **disponibilidades financeiras**.

Não seria razoável nem justo, em regra, como obtempera Zeno Veloso, "constranger-se o devedor a alienar imóvel de sua propriedade para atender às necessidades do alimentante"[46].

Prova dos ganhos do alimentante

Tal prova constitui, como bem observa Silvio Rodrigues, "o problema fundamental. Quando se trata de **funcionário público, ou de empregado de grande empresa**, a comunicação **obtida do empregador**, conferida eventualmente com a contabilidade da firma, ou com seu envelope de pagamento, constitui evidência irretorquível. Mas, se, ao invés, o réu é **trabalhador autônomo ou empresário**, raramente se obtém um resultado indiscutível. Aqui a **declaração de renda representa**, muitas vezes, um bom elemento de prova, que pode ser completado com a verificação da **movimentação bancária e de cartões de crédito**"[47].

Os tribunais adotam o critério de arbitrar, em regra, a pensão devida pelo marido à mulher e aos filhos em **um terço dos ganhos líquidos** daquele[48]. Esse montante pode, todavia, **variar para mais ou para menos**, conforme as circunstâncias. Se forem diversos os filhos e, portanto, maior a necessidade de auxílio, é razoável que a porcentagem seja aumentada, dentro das possibilidades do alimentante. Se a mulher também trabalha, é justo que as responsabilidades sejam divididas, reduzindo-se a porcentagem a ser paga pelo varão[49]. Por outro lado, se a mulher não tem filhos e é

---

[46] *Código Civil*, cit., v. XVII, p. 20.

[47] *Direito civil*, cit., v. 6, p. 384.

[48] "O arbitramento de alimentos que considera determinada percentagem dos ganhos líquidos do alimentante continua sendo o critério preferido, porque outorga segurança quanto ao atendimento do pressuposto necessidade do alimentando e possibilidade do alimentante" (TJSP, Ap. 268.528-4/00, 3ª Câm. Dir. Priv., rel. Des. Ênio Zuliani, j. 13-5-2003).

[49] "Pensionamento em favor de filho comum. Valor que deve atender à capacidade do pai alimentante.

apta para o trabalho, deve fazê-lo para não onerar em demasia o marido obrigado a prestar-lhe alimentos[50].

Só se deve, porém, fixar alimentos em **porcentagem sobre os vencimentos do alimentante** quando estes são determinados em remuneração fixa. Quando se trata principalmente de **profissional liberal**, com rendimentos variáveis e auferidos de diversas fontes, mostra-se mais eficiente e recomendável o **arbitramento de quantia certa, sujeita aos reajustes legais**. Tal critério afasta as longas discussões, na fase da execução, em torno do rendimento-base de incidência do percentual.

Ademais, não deve o juiz, ao analisar as possibilidades financeiras do alimentante **empresário ou profissional liberal**, ater-se apenas ao rendimento por ele admitido, mas levar em conta também os **sinais exteriores de riqueza**, como carros importados, barcos, viagens, apartamentos luxuosos, casa de campo ou de praia etc.[51].

■ Modificação da situação econômica das partes

O *quantum* fixado não é imutável, pois, se houver modificação na situação econômica das partes, poderá qualquer delas ajuizar **ação revisional de alimentos**, com fundamento no art. 1.699 do Código Civil, para pleitear a exoneração, redução ou majoração do encargo.

As sentenças proferidas em ações de alimentos trazem ínsita a **cláusula *rebus sic stantibus***, pois o montante da prestação tem como pressuposto a permanência das condições de necessidade e possibilidade que o determinaram. **O caráter continuativo da prestação impede que ocorra a coisa julgada material**. O efeito da preclusão máxima se opera apenas formalmente, possibilitando eventual **modificação posterior do montante** estabelecido.

Deve-se verificar se os alimentos foram fixados em valor fixo ou sobre percentual dos rendimentos líquidos do alimentante. Estabelecido um percentual sobre os rendimentos, o 13º e o adicional de férias integram a base de cálculo da pensão alimentícia, caso não haja decisão judicial ou contratual em sentido diverso[52]. O valor recebido pelo alimentante a título de horas extras, mesmo que não habituais, embora não ostente caráter salarial para efeitos de apuração de outros benefícios trabalhistas,

---

Dever que também se impõe à mãe exercente de profissão rendosa" (TJMG, Ap. 000.271.790-8/00, 2ª Câm. Cív., rel. Des. Francisco Figueiredo, *DJMG*, 1º-7-2003).

50 *RT*, 500/104.

51 "À míngua de provas específicas quanto aos rendimentos reais do alimentante, deve o magistrado, na tarefa de fixação dos alimentos, valer-se dos sinais exteriores de riqueza daquele, a denotarem, ante a visão de seu patrimônio e de seu modo de vida, o seu verdadeiro poder aquisitivo, mormente quando se tratar de empresário ou de profissional liberal, dada a falta de credibilidade das declarações unilaterais feitas por eles, em juízo, a respeito de seus rendimentos mensais" (TJSC, Ap. 2002.003.831-8, 2ª Câm. Cív., rel. Des. Luiz Carlos Freyesleben, *DJSC*, 26-8-2002). "Devedor que alega não possuir capacidade financeira para arcar integralmente com a verba. Inadmissibilidade. Sinais exteriores que dão certeza moral da possibilidade de pagamento" (*RT*, 812/313). No mesmo sentido: *RJTJRS*, 169/306 e 178/350.

52 STJ, REsp 1.332.808-SC, 4ª T., rel. Min. Luis Felipe Salomão, *DJe*, 24-2-2015.

é verba de natureza remuneratória e integra a base de cálculo para a incidência dos alimentos fixados em percentual sobre os rendimentos líquidos do devedor[53].

24.4.3.6. *Alimentos decorrentes do dever familiar*

Os alimentos decorrem também de *dever familiar*, como ocorre na relação entre os **pais e os filhos menores, entre cônjuges e companheiros** ou conviventes.

O dever de sustentar os **filhos menores** é expresso no art. 1.566, IV, do Código Civil e enfatizado nos arts. 1.634, I, e 229, este da Constituição. Decorre do **poder familiar** e deve ser cumprido *incondicionalmente*, **não concorrendo os pressupostos da obrigação alimentar. Subsiste independentemente do estado de necessidade do filho**, ou seja, mesmo que este disponha de bens, recebidos por herança ou doação. **Cessa quando o filho se emancipa ou atinge a maioridade**, aos 18 anos de idade. Nessas hipóteses, deixa de existir o dever alimentar decorrente do poder familiar, mas **pode surgir a *obrigação alimentar***, de natureza genérica, decorrente do **parentesco** (CC, art. 1.694).

Assim, os **filhos maiores** que, por incapacidade ou enfermidade, não estiverem em condições de prover à própria subsistência, poderão pleitear também alimentos, mas com este outro fundamento, sujeitando-se à **comprovação dos requisitos da necessidade e da possibilidade**. Tal obrigação pode durar até a morte.

Reiterada jurisprudência tem, contudo, afirmado a não cessação da obrigação alimentar paterna diante da simples maioridade do filho, **determinando a manutenção do encargo até o limite de 24 anos deste** — limite este extraído da legislação sobre o imposto de renda —, **enquanto estiver cursando escola superior**, salvo se dispuser de meios próprios para sua manutenção.

Para esse fim tem o Superior Tribunal de Justiça proclamado que, "atingida a maioridade do filho, o alimentante pode requerer, nos autos da ação em que foram estipulados os alimentos, o cancelamento da prestação, com instrução sumária, quando então será apurada a eventual necessidade de o filho continuar recebendo a contribuição. Não se há de exigir do pai a propositura de ação de exoneração, nem do filho o ingresso com ação de alimentos, uma vez que **tudo pode ser apreciado nos mesmos autos**, salvo situação especial que recomende sejam as partes enviadas à ação própria"[54].

Tendo o novo Código Civil disposto expressamente no art. 1.694 que a pensão deve ser fixada "inclusive para atender às **necessidades de sua educação**", mais fácil tornou-se sustentar a subsistência da obrigação mesmo após alcançada a maioridade pelo filho estudante, como se pode verificar:

---

53 STJ, REsp 1.098.585-SP, 4ª T., rel. Min. Luis Felipe Salomão, *DJe*, 25-11-2013.

54 REsp 347.010-SP, 4ª T., rel. Min. Ruy Rosado de Aguiar, *DJU*, 10-2-2003. *V.* ainda: "Alimentos. Exoneração. Filho que atingiu a maioridade civil. Cessação automática do dever de sustento. Ausência de situação de excepcionalidade, a justificar a sua manutenção" (TJSP, Ap. 284.161.4/1-00-São José dos Campos, 3ª Câm. Dir. Priv., rel. Des. Waldemar Nogueira Filho).

"Alimentos. Exoneração por antecipação dos efeitos da tutela. Descabimento. Obrigação alimentar que inclui, dentre suas finalidades, o atendimento das necessidades referentes à **educação dos alimentários**, que, mesmo sendo maiores, **ainda cursam universidade**. Art. 1.694, *caput*, do novo Código Civil"[55].

Sem embargo dessa postura, já se decidiu que o pensionamento há de ser destinado aos estudantes, e não aos profissionais do estudo universitário. Cessa o direito aos repetentes contumazes e para aqueles que, solertemente, buscam sucessivos cursos superiores. Nessa linha assentou o Tribunal de Justiça de São Paulo:

"A jurisprudência que prolonga o dever alimentar para que os filhos emancipados concluam curso universitário **não se destina aos estudantes relapsos, indisciplinados e seguidamente reprovados, por constituir verdadeiro abuso de relação familiar**"[56].

Havendo, no entanto, compatibilização da jornada estudantil com a de trabalho, deverá o estudante, a exemplo de milhares de brasileiros, manter sua subsistência e educação sem onerar os pais. Enfim, o trabalho é obrigação social. Destarte, se o filho, por exemplo, **frequenta a universidade no período noturno, bem pode exercer atividade laborativa no período diurno**[57].

Fora dos casos mencionados, **a maioridade faz cessar automaticamente o dever de pagar alimentos, dispensando o ajuizamento de ação exoneratória**, podendo simplesmente ser deferido pedido de expedição de ofício à empregadora do devedor, inexistindo, ademais, o direito de acrescer[58]. Cessa também de imediato a obrigação alimentar em relação ao **filho emancipado em razão do casamento**[59].

O Superior Tribunal de Justiça consolidou a sua jurisprudência no sentido de que o cancelamento da pensão alimentícia e dos descontos em folha de pagamentos, quando o alimentando atinge a maioridade, não deve ser automático, **exigindo-se instrução sumária, em respeito ao contraditório, nos próprios autos da ação em que foi fixada a contribuição ou em ação autônoma de revisão.** Na oportunidade, será apurada a eventual necessidade de o credor continuar recebendo o pensionamento. Nesse sentido a Súmula 358 do referido Tribunal:

---

[55] TJSP, AgI 308.724-4/4-SP, 1ª Câm. Dir. Priv., rel. Des. Alexandre Germano, j. 11-11-2003. *V.* ainda: "Pensão alimentícia. Maioridade do filho, que é estudante regular de curso superior e não trabalha. Impossibilidade de exclusão da responsabilidade do pai quanto a seu amparo financeiro para o sustento e os estudos" (*RT*, 814/220). "A maioridade do filho, que é estudante e não trabalha, a exemplo do que acontece com as famílias abastadas, não justifica a exclusão da responsabilidade do pai quanto a seu amparo financeiro para o sustento e estudos. Assim, têm direito a alimentos os filhos maiores, até 24 anos, quando ainda estejam cursando estabelecimento de ensino superior, salvo a hipótese de possuírem rendimentos próprios" (*RJTJSP*, Lex, 18/201, *RT*, 727/262).

[56] TJSP, Ap. 225.777-4/0-SP, 3ª Câm. Dir. Priv., rel. Des. Ênio Zuliani, j. 9-4-2002.

[57] *RT*, 534/80. *V.* ainda: "Pensão alimentícia. Benefício pleiteado por filho maior ao pai. Verba indevida se o autor é estudante de curso noturno de direito, não demonstra disposição para o labor, e, ainda, tem as mensalidades da universidade garantidas por pensão de avó materna e a alimentação e vestuário fornecidos pela genitora" (*RT*, 772/216).

[58] TJSP, AgI 260.325-1-SP, 1ª Câm. Dir. Priv., rel. Des. Renan Lotufo, j. 10-9-1995.

[59] TJSP, AgI 248.527-1/8-SP, rel. Des. Sousa Lima, j. 19-4-1995.

"O cancelamento de pensão alimentícia de filho que atingiu a maioridade está sujeito à decisão judicial, **mediante contraditório**, ainda que **nos próprios autos**".

■ Fixação *intuitu personae* dos alimentos

Significativa corrente jurisprudencial sustenta que, convencionados englobadamente os alimentos, presume-se terem sido estabelecidos *intuitu familiae*, e não *intuitu personae*. Por conseguinte, ocorrendo a cessação da menoridade de cada um dos filhos ou a cessação do direito da genitora, as respectivas quotas ideais da pensão acrescem aos demais beneficiários remanescentes. A redução do valor englobado só é admissível, nesse caso, em ação revisional[60].

A questão é, todavia, controvertida. Preservado o respeito à mencionada orientação, entendemos que **a lei não contempla o acréscimo automático do direito a alimentos aos beneficiários remanescentes**. Até mesmo no usufruto exige-se estipulação expressa a esse respeito. Desse modo, como entende outra também expressiva corrente, **o direito de acrescer somente poderá ser reconhecido se constar expressamente do acordo**. Caso contrário, caberá a dedução da parte daqueles que completarem a maioridade ou tiverem adquirido condições para dispensar a pensão, enquanto não houver um pedido revisional formulado em ação própria[61].

■ 24.4.4. Pressupostos subjetivos

■ *24.4.4.1. Quem tem o dever de prestar alimentos*

O *dever de sustento* recai somente **sobre os pais** (CC, art. 1.566, IV), pois tem sua causa no poder familiar, **não se estendendo aos outros ascendentes**. E **não é recíproco**, ao contrário da *obrigação alimentar* do art. 1.694, que o é entre todos os ascendentes e descendentes. Esta, mais ampla, de caráter geral e não vinculada ao poder familiar, **decorre da relação de parentesco**, em linha reta e na colateral até o segundo grau, do casamento e da união estável.

É indeclinável a obrigação alimentar dos genitores em relação aos **filhos incapazes**, sejam menores, interditados ou impossibilitados de trabalhar e perceber o suficiente para a sua subsistência em razão de doença ou deficiência física ou mental. **A necessidade, nesses casos, é presumida**. Obviamente, se o filho trabalha e ganha o suficiente para o seu sustento e estudos, ou possui renda de capital, não se cogita de fixação da verba alimentícia, ainda que incapaz[62]. Se trabalha e não percebe o suficiente, a complementação pelos genitores é de rigor[63].

Sustenta Washington Epaminondas Barra que "**aos filhos incapazes não se aplica a regra do § 2º do art. 1.694** do Código Civil. E não se aplica porque não se

---

60 *RJTJSP*, Lex, 7/10 e 120/304; *RT*, 664/137.

61 TJSP, *JTJ*, Lex, 239/40 e Ap. 102.843-4, 8ª Câm. Dir. Priv., j. 9-6-1999. *V.* ainda: "O direito de acrescer tem que ser expresso. A fixação dos alimentos feita de maneira global não significa que, com a desnecessidade dos filhos que atingiram a maioridade e exercem atividade lucrativa, sua cota acresça aos demais alimentandos" (TJSP, Ap. 46.025-4/5, 7ª Câm. Dir. Priv., j. 20-8-1997).

62 *RT*, 757/321.

63 *JTJ*, Lex, 178/20.

pode cogitar, em relação àqueles, de **conduta culposa** geradora de causa minorativa ou extintiva da obrigação. A incapacidade não permite tal tratamento"[64].

■ Modo alternativo de cumprimento do dever

Dispõe o art. 1.701, *caput*, do Código Civil que "a pessoa obrigada a suprir alimentos poderá **pensionar o alimentando, ou dar-lhe hospedagem e sustento**, sem prejuízo do dever de prestar o necessário à sua educação, quando menor". Acrescenta o parágrafo único que "*compete ao juiz*, se as circunstâncias o exigirem, **fixar a forma do cumprimento da prestação**".

A obrigação de prestar alimentos é, portanto, no tocante ao modo de cumprimento, **alternativa**, pois há, nos termos do dispositivo em apreço, duas modalidades:

- ■ mediante **prestação em dinheiro**, sob a forma de pensão periódica, ou **em espécie** (*pensão alimentícia imprópria*);
- ■ mediante **recebimento do alimentando em casa, fornecendo-lhe hospedagem e sustento**, sem prejuízo do dever de prestar o necessário à sua educação, quando menor (*pensão alimentícia própria*)[65].

O direito de escolha cabe ao devedor, mas não é absoluto. **Compete ao juiz**, se as circunstâncias o exigirem, **fixar a forma do cumprimento da prestação**, como consta do parágrafo único supratranscrito. Se o credor não concordar com a escolha ou com a determinação judicial, **exonerar-se-á o devedor**. Não pode o magistrado, todavia, constranger o primeiro a coabitar com o segundo, se existe, por exemplo, como observa Washington de Barros Monteiro[66], situação de **incompatibilidade entre alimentante e alimentado**. Tal convivência, conclui, "contribuiria certamente para recrudescimento da incompatibilidade, convertendo-se em fonte de novos atritos".

De qualquer modo, *a escolha feita pelo devedor, ou a fixação pelo juiz*, jamais será definitiva, pois do mesmo modo que a pensão alimentícia **pode ser revista, pode sê-lo igualmente o modo de cumprimento da obrigação**.

Pode ser convencionado o pagamento da pensão **em espécie**, sob a forma de fornecimento direto de gêneros alimentícios (cesta básica, p. ex.), roupas, remédios etc., bem como de mensalidades escolares, plano de saúde e até mesmo aluguel de imóvel residencial do alimentando.

■ Exigência de prestação de contas pelo genitor que recebe a pensão deferida ao filho menor

É vitoriosa na jurisprudência a tese da inexigibilidade da aludida *prestação de contas*, não podendo o genitor, por exemplo, que paga a pensão diretamente à mãe do

---

[64] Dos alimentos no direito de família e o novo Código Civil — célere apreciação, in *Questões de direito civil e o novo Código*, p. 15-16.

[65] Yussef Cahali, Dos alimentos, cit., p. 131. Decidiu o STJ: "Ação revisional. Filhos maiores que passam a residir com o pai. Dispensa do pagamento quanto aos mesmos. Pagamento de pensão apenas ao filho menor que continuou a residir com a mãe" (REsp 107.562-PR, 4ª T., rel. Min. Aldir Passarinho Júnior, *DJU*, 29-4-2002).

[66] *Curso*, cit., 37. ed., v. 2, p. 375.

menor, exigir desta, no caso de serem os alimentos apenas para os filhos. A propósito, decidiu o Tribunal de Justiça de São Paulo: "O pai, e ex-marido, somente por proporcionar pensão aos filhos, **não se acha legitimado a exigir da mãe e ex-mulher prestação de contas**, porque cabe a ela administrar os bens do filho. A relação jurídica, pois, existe entre a mãe e os filhos, nunca entre o pai e a mãe"[67].

Nessa esteira, afirma Nanci Mahfuz que, "se o pai deseja participar da criação e educação do filho e fiscalizá-la, bem como o emprego dos alimentos para esses fins, **deverá buscar outros meios que não seja a prestação de contas**, que diz respeito apenas a valores monetários, e visa à apuração de saldo, passível de execução, conforme o art. 918 do CPC [de 1973, atual art. 552]"[68].

Todavia, a Lei n. 13.058, de 22 de dezembro de 2014, acrescentou ao art. 1.583 do Código Civil o § 5º, do seguinte teor: "A guarda unilateral **obriga o pai ou a mãe que não a detenha a supervisionar os interesses dos filhos**, e, para possibilitar tal supervisão, qualquer dos genitores sempre será parte legítima para solicitar **informações e/ou prestação de contas**, objetivas ou subjetivas, em assuntos ou situações que direta ou indiretamente afetem a saúde física e psicológica e a educação de seus filhos".

■ *24.4.4.2. Obrigação de prestar alimentos*

■ Parentesco natural

Quanto às **pessoas obrigadas** a prestar alimentos em razão do **parentesco**, prescreve o Código Civil, no art. 1.696:

> "O direito à prestação de alimentos é recíproco entre pais e filhos, e extensivo a todos os ascendentes, recaindo a obrigação nos mais próximos em grau, uns em falta de outros".

E, no art. 1.697:

> "Na falta dos ascendentes cabe a obrigação aos descendentes, guardada a ordem de sucessão e, faltando estes, aos irmãos, assim germanos como unilaterais".

---

[67] *JTJ*, Lex, 210/17. De outra feita, decidiu o mesmo Tribunal: "O direito que a lei reconhece ao cônjuge que não tem a guarda dos filhos é apenas o de fiscalizar. Pode tentar obter esclarecimentos de outro cônjuge, incumbido na administração da pensão, inclusive através de interpelação. E se se convencer, com ou sem os esclarecimentos, de que o ex-cônjuge vem administrando mal a verba, pode até pleitear a modificação da guarda, a redução da pensão, enfim, o que lhe parecer de direito. Mas não pode exigir prestação de contas a respeito daquilo que não lhe pertence" (*RJTJSP*, Lex, 82/169).

[68] Prestação de contas de pensão alimentícia, *Revista do EMERJ*, 54/23-24. *V.* ainda: "Não pode o alimentante exigir contas do representante legal do alimentando, pois entre eles inexiste relação de direito material capaz de gerar a obrigação. Esta se restringe a representante e representado, podendo somente este último exigir contas do primeiro" (*RJTJRS*, 170/175). "Ação de prestação de contas. Alimentos devidos a filho menor. Direito de exigir contas que não se confunde com o de fiscalização, previsto no artigo 15 da Lei 6.515/77. Natureza irrepetível dos alimentos. Carência da ação. Impossibilidade jurídica do pedido" (TJRJ, Ap. 14.441/00, 1ª Câm. Cív., rel. Des. Amaury Arruda de Souza, j. 19-12-2000). No mesmo sentido: AgI 5.567/00, 10ª Câm. Cív., rel. Des. Sylvio Capanema de Souza.

■ Parentesco por afinidade

O rol das pessoas obrigadas a prestar alimentos é taxativo (*numerus clausus*) e **não inclui os parentes por afinidade** (sogros, cunhados, padrastos, enteados). A doutrina é uniforme no sentido da inadmissibilidade de obrigação alimentar entre pessoas ligadas pelo vínculo da afinidade, perante o nosso direito. Todavia, embora não incumba aos afins a prestação de alimentos, quem os presta em cumprimento de uma *obrigação natural* do dever de solidariedade familiar **não tem direito a repetição**[69].

■ Ilegitimidade passiva de irmã casada e dependente economicamente do marido

Já se decidiu que, em razão do caráter pessoal da obrigação, se as irmãs "são casadas, têm filhos e são inteiramente dependentes, econômica e financeiramente, dos maridos, sem qualquer renda ou atividade independente, **não poderiam, assim, ser responsabilizadas pela pensão aos irmãos menores**, sob pena de, por via indireta, condenarem-se os cunhados, que não estão evidentemente na linha de responsabilidade fixada pela lei civil"[70].

■ Pretensão de cônjuge casado

Por outro lado, se o alimentando é casado, **é ao seu cônjuge que ele deve dirigir-se, antes de visar algum dos parentes**. Assim, embora a mulher casada possa eventualmente pedir alimentos aos irmãos, a exigibilidade deve ser dirigida primeiramente contra o marido.

■ Ordem preferencial das pessoas obrigadas à prestação de alimentos

Somente quatro classes de parentes são, pois, obrigadas à prestação de alimentos, em *ordem preferencial*, formando uma verdadeira hierarquia no parentesco:

- ■ **pais e filhos**, reciprocamente;
- ■ na falta destes, os **ascendentes**, na ordem de sua proximidade;
- ■ os **descendentes**, na ordem da sucessão;
- ■ os **irmãos**, unilaterais ou bilaterais, sem distinção ou preferência.

Os demais parentes, consequentemente, não se acham sujeitos ao encargo familiar. Este, **na linha colateral, não vai além do segundo grau**, o que "colide com o direito sucessório, que, em nossa legislação, vai até o quarto grau (Cód. Civil de 2002, art. 1.839). Por conseguinte, no direito pátrio, o *onus alimentorum* não coincide com o *emolumentum successionis*"[71].

Segundo o magistério de Maria Helena Diniz, "quem necessitar de alimentos deverá pedi-los, **primeiramente, ao pai ou à mãe** (*RT*, *490*:108). Na falta destes, aos avós paternos ou maternos (*AASP*, *1.877*:145; *ESTJ*, *19*:49; *RSTJ*, *100*:195, *Adcoas*, 1980, n. 74.442, TJRJ); na ausência destes, aos bisavós e assim sucessivamente. **Não havendo ascendentes, compete a prestação de alimentos aos des-**

---

69 *RT*, 144/353, 402/209; *RF*, 90/385.

70 *RT*, 665/74, 721/97; *RJTJSP*, Lex, 129/35.

71 Washington de Barros Monteiro, *Curso*, cit., 37. ed., v. 2, p. 367.

cendentes, ou seja, aos filhos maiores, independentemente da qualidade de filiação (CF/88, art. 229)"[72].

Nos casos em que a ação de alimentos for dirigida apenas contra um dos coobrigados, e o credor tiver plena capacidade processual, cabe a ele, exclusivamente, provocar a integração posterior do polo passivo. Se a filha, possuidora de plena capacidade processual, dirigir a ação exclusivamente contra o pai, por exemplo, estaria abdicando da cota-parte da pensão que caberia à mãe, concordando de forma tácita em receber apenas os alimentos correspondentes à cota-parte devida por ele. Sem prejuízo de eventualmente ajuizar, no futuro, ação de alimentos autônoma em face da genitora[73].

Obrigação alimentar decorrente de paternidade socioafetiva

Quem assumir paternidade de uma criança, que não é filha biológica, **deve pagar pensão alimentícia**. O entendimento é do Tribunal de Justiça do Distrito Federal, ao afirmar que nesse caso há **parentesco civil**.

Entendeu a Turma Julgadora, no caso em julgamento, que, embora a menor não seja filha biológica do autor, não se pode ignorar outro tipo de filiação reconhecido pela doutrina e pela jurisprudência: a **paternidade socioafetiva**. O reconhecimento voluntário da paternidade, quando ausente o vínculo biológico, aproxima-se da paternidade adotiva. Foi ressaltado no acórdão que houve um convívio familiar, pois o autor morou mais de sete anos com a menina e com a mãe. Sendo assim, "embora ausente a paternidade natural, biológica, se faz reconhecer **a paternidade socioafetiva como um modo de parentesco civil**, de tal sorte que não assiste razão ao apelante, quando pretende se desincumbir do vínculo paternal que tem com a apelada"[74].

24.4.4.3. Direito de reclamar alimentos

Nascituro

Uma considerável parcela da jurisprudência tem, igualmente, reconhecido a **legitimidade processual do nascituro**, representado pela mãe, para propor ação de investigação de paternidade com pedido de alimentos[75]. Esta a melhor posição, considerando que os alimentos garantem a subsistência do alimentando e, portanto, têm afinidade com o **direito à vida**, que é direito da personalidade a todos assegurado pela Constituição Federal (art. 5º).

A constatação de que a proteção de certos direitos do nascituro encontra, na legislação atual, pronto atendimento, antes mesmo do nascimento, leva-nos a admitir a aquisição da personalidade desde a concepção **apenas para a titularidade de direitos da personalidade**, sem conteúdo patrimonial, a exemplo do direito à vida ou a uma

---

72 *Curso de direito civil brasileiro*, v. 5, p. 469.

73 STJ, 3ª T., rel. Min. Nancy Andrighi, disponível in *Revista Consultor Jurídico* de 4-12-2018.

74 TJDFT, Ap. 20.070.510.006.227, 6ª T., in *Consultor Jurídico* de 24-2-2009.

75 *RT*, 703/69, 650/220; *RJTJRS*, 104/418.

gestação saudável, uma vez que os direitos patrimoniais estariam sujeitos ao nascimento com vida, ou seja, sob condição suspensiva[76].

■ **Filhos**

Todos os filhos, inclusive os havidos fora do matrimônio e os adotivos, **têm direito ao benefício** (CC, art. 1.705; CF, art. 227, § 6º), "sendo facultado ao juiz determinar, a pedido de qualquer das partes, que a ação se processe em segredo de justiça".

■ **Pretensão deduzida contra os avós**

O filho somente pode pedir alimentos ao avô **se faltar o pai ou se, existindo, não tiver condições econômicas de efetuar o pagamento**. Tem a jurisprudência proclamado, nessa linha, que a admissibilidade da ação contra os avós dar-se-á na **ausência** ou absoluta **incapacidade** dos pais[77].

Entende-se por **ausência**:

- ■ aquela juridicamente considerada (CC, art. 22);
- ■ desaparecimento do genitor obrigado, estando ele em local incerto e não sabido (ausência não declarada judicialmente); e
- ■ morte.

A **incapacidade** do principal obrigado pode consistir:

- ■ na impossibilidade para o exercício de atividade laborativa decorrente de estado mórbido, por doença ou deficiência;
- ■ na reconhecida velhice incapacitante;
- ■ na juventude não remunerada pelo despreparo e incapacidade para o exercício de atividade rentável;
- ■ na prisão do alimentante em face da prática de delito, enquanto durar a pena[78].

No entanto, consoante já se decidiu, "**a má vontade dos pais dos menores em assisti-los convenientemente não pode ser equiparada à sua falta**, em termos de devolver a obrigação ao avô; se o pai não está impossibilitado de prestar alimentos,

---

76 Carlos Roberto Gonçalves, *Direito civil*, cit., v. 1, p. 82-83.

77 "Demanda proposta pelos netos diretamente contra os avós. Hipótese em que os netos deverão comprovar a impossibilidade material do genitor, que é o ascendente em grau mais próximo" (*RT*, 805/240). "A obrigação de alimentar os filhos é dos pais. Os avós só serão chamados a tanto excepcionalmente, na ausência dos genitores ou provada a falta de condições destes em cuidarem, adequadamente, dos filhos. Sem esta prova, isentos estarão os avós de tal responsabilidade" (TJDF, AgI 2.002.00.2.00.492-8, 1ª T., rel. designado Des. Eduardo de Moraes Oliveira, *DJU*, 23-4-2003). "A interpretação do art. 397 do CC/1916 (correspondência: art. 1.696 do CC/2002) permite concluir que os avós respondem pelos alimentos devidos ao neto apenas quando verificada uma das seguintes circunstâncias: ausência propriamente dita; incapacidade de exercício de atividade remunerada pelo pai; e condições financeiras insuficientes do genitor para suprir as necessidades do filho" (STJ, REsp 649.774-PR, 3ª T., rel. Min. Nancy Andrighi, *DJU*, 1º-8-2005).

78 Washington Epaminondas Barra, Dos alimentos, cit., p. 31.

porque é homem válido para o trabalho, nem está desaparecido, a sua relutância não poderá ser facilmente tomada como escusa, sob pena de estimular-se em egoísmo antissocial. No caso, os meios de coerção de que pode valer-se o credor da prestação alimentícia devem ser utilizados antes"[79].

Destarte, enquanto o obrigado mais próximo tiver condições de prestar os alimentos, ele é o devedor e não se convoca o mais afastado.

Decidiu o Superior Tribunal de Justiça, todavia, em hipótese peculiar:

> "Responsabilidade alimentar do avô. Admissibilidade se o genitor, inadimplente durante meses, não cumpre sua obrigação. Fato que se equipara à 'falta' dos pais"[80].

Complementação da pensão, pelos avós

A ação deve ser dirigida primeiramente contra o pai, para, na impossibilidade dele, serem chamados os avós. Não se exclui a possibilidade de **a ação ser proposta contra o pai e o avô**, se evidenciado que aquele não tem condições de arcar sozinho com a obrigação alimentar. Os avós são, assim, chamados a **complementar a pensão** que o pai, sozinho, não pode oferecer aos filhos (CC, art. 1.698).

A doutrina e a jurisprudência são tranquilas no sentido da **admissibilidade do pedido de complementação**[81], "não possuindo o pai legitimação ou interesse para insurgir-se contra tal litisconsórcio passivo, que no caso é facultativo impróprio, pois não lhe causa prejuízo algum, formal ou material". A obrigação dos avós de prestar alimentos é, assim, **subsidiária e complementar** à dos pais, e *não solidária*[82].

---

[79] TJSP, 2ª Câm., Ap. 2.390-1, j. 1º-7-1980.

[80] *RT*, 771/188.

[81] "Pensão alimentícia. Pai que não supre de modo satisfatório a necessidade dos alimentandos. Possibilidade de chamar os avós a complementar o pensionamento" (STJ, *RT*, 816/168).

[82] TJSP, AgI 300.412-4/2-Sumaré, 2ª Câm. Dir. Priv., rel. Des. J. Roberto Bedran, j. 7-10-2003. *V.* ainda: "A responsabilidade dos avós quanto aos alimentos é complementar e deve ser diluída entre todos eles (paternos e maternos)" (STJ, REsp 401.484-PB, 4ª T., rel. Min. Fernando Gonçalves, *DJe*, 20-10-2003, p. 278); "Os avós podem ser instados a pagar alimentos aos netos por obrigação própria, complementar e/ou sucessiva, mas não solidária. Na hipótese de alimentos complementares, tal como no caso, a obrigação de prestá-los se dilui entre todos os avós, paternos e maternos, associada à responsabilidade primária dos pais de alimentarem os seus filhos" (STJ, REsp 366.836-RJ, 4ª T., rel. p/ ac. Min. Asfor Rocha, *DJe*, 22-9-2003, p. 331); "A obrigação dos avós de prestar alimentos é subsidiária e complementar à dos pais. Assim, cabe ação contra eles somente nos casos em que ficar provada a total ou parcial incapacidade dos genitores em provê-los" (STJ, REsp 576.152-ES, 4ª T., rel. Min. Aldir Passarinho Junior, *Revista Consultor Jurídico*, de 16-6-2010; REsp 70.740-SP, 4ª T., rel. Min. Barros Monteiro); "Alimentos. Responsabilidade dos avós. O demandado terá direito de chamar ao processo os corresponsáveis da obrigação alimentar, caso não consiga suportar sozinho o encargo, para que se defina quanto caberá a cada um contribuir de acordo com as suas possibilidades financeiras. Neste contexto, à luz do novo Código Civil, frustrada a obrigação alimentar principal, de responsabilidade dos pais, a obrigação subsidiária deve ser diluída entre os avós paternos e maternos na medida de seus recursos, diante de sua divisibilidade e possibilidade de fracionamento" (STJ, REsp 658.139-RS, 4ª T., rel. Min. Fernando Gonçalves, *DJe*, 13-3-2006, p. 326).

A propósito, dispõe a Súmula 596 do Superior Tribunal de Justiça: "A obrigação alimentar dos avós tem natureza complementar e subsidiária, somente se configurando no caso de impossibilidade total ou parcial de seu cumprimento pelos pais".

Se, no entanto, o pai, comprovadamente, estiver ausente, ou, estando presente, não reunir condições para responder pela obrigação alimentar, **a ação poderá, como dito, ser ajuizada somente contra os avós**, assumindo o autor o ônus de demonstrar a ausência ou absoluta incapacidade daquele[83]. Somente se ficar demonstrado no curso do processo que o autor pode ser sustentado pelo seu genitor é que seus avós serão excluídos da lide. A ausência de prova inequívoca da incapacidade econômica do pai é matéria de mérito, devendo, pois, ser verificada durante a instrução do processo, e não ser indeferida a pretensão *initio litis* ou no despacho saneador[84].

Confira-se a jurisprudência:

> "1. A obrigação de prover o sustento dos filhos é de ambos os genitores, isto é, do pai e da mãe, e de um na falta do outro. 2. O chamamento dos avós para prestar alimentos somente cabe em situação de excepcional necessidade. 3. O fato de o pai não estar prestando de forma regular os alimentos não transfere automaticamente a responsabilidade para os avós paternos. 4. Descabe fixar alimentos provisórios quando os avós são idosos, têm ganhos modestos e boa parte está comprometida com gastos com os seus problemas de saúde"[85].

> "Não tendo sido demonstrada a impossibilidade total ou parcial de cumprimento da obrigação alimentar pelo genitor, não é possível o chamamento dos avós paternos. Inteligência da Súmula 596 do STJ e do Enunciado n. 13 desta Colenda Câmara. Precedentes deste E. Tribunal"[86].

■ Pretensão deduzida contra os descendentes

Se faltam ascendentes, a obrigação alcança os *descendentes*, **segundo a ordem de sucessão** (CC, art. 1.697). São convocados os filhos, em seguida os netos, depois os bisnetos etc. **O pai somente pode pedir alimentos ao neto se faltar o filho** ou, se existindo, este não estiver em condições de responder pelo encargo, havendo também nesse caso a possibilidade de o neto ser chamado a complementar a pensão, que o filho não pode pagar por inteiro.

Já se decidiu que **não tem direito de pedir alimentos aos filhos o pai** que, embora alegando idade avançada e desemprego e invocando o dever de solidariedade familiar, comprovadamente **abandonou a família**, sem manter com ela qualquer contato por mais de dezoito anos. Salientou-se que tal dever é uma via de mão dupla, ou seja, "merecer solidariedade implica também ser solidário"[87].

---

83 TJSP, Ap. 250.096.4/0-00-SP, 3ª Câm. Dir. Priv., rel. Des. Waldemar Nogueira Filho.

84 *JTJ*, Lex, 192/171 e 176/22.

85 TJRS, Ap. 70.082.947.367, 7ª Câm. Cív., rel. Des. Vasconcellos Chaves, j. 2-3-2020.

86 TJSP, Ap. 10014716720198260196-SP, 3ª Câm. Dir. Priv., rel. Des. Maria do Carmo Honório, j. 6-3-2020.

87 TJRS, Ap. 70.013.502.331, 7ª Câm. Cív., rel. Des. Berenice Dias, j. 15-2-2006.

Embora **menor de 18 anos e sob o poder familiar**, está obrigado a prestar alimentos ao filho o pai que o reconheceu por ocasião do registro de nascimento. Se, no entanto, a alimentanda é maior de idade, só ela tem legitimidade para promover o ajuizamento da ação ou mesmo a execução de alimentos, e não sua genitora. Já se decidiu, com efeito: "Não tem a mãe legitimidade para promover execução de prestações alimentícias devidas à filha maior de idade"[88].

Pretensão deduzida contra os irmãos

Inexistindo descendentes, o encargo recai sobre os **irmãos, germanos ou unilaterais**, sem distinção de qualquer espécie. Não tendo a lei distinguido, gramaticalmente, as espécies de irmãos, deve-se entender que **afastou a possibilidade de se firmar, em primeiro lugar, a obrigação dos irmãos germanos**.

Ao admitir-se tal entendimento, diz Yussef Cahali, "estar-se-ia constituindo uma classe distinta de devedor alimentar, postado em último lugar, na escala da lei; assim, o art. 1.696 do Novo Código Civil estaria sendo interpretado como tendo estabelecido a seguinte ordem de preferência: I) Pais e filhos. II) Ascendentes. III) Descendentes. IV) Irmãos germanos. V) Irmãos unilaterais"[89].

Ilegitimidade passiva dos colaterais além do segundo grau

Como já mencionado, o legislador **não legitima os colaterais além do segundo grau** a prestar alimentos, embora defira a sucessão legítima aos colaterais até o quarto grau. Na linha colateral, portanto, **a obrigação restringe-se aos irmãos** do necessitado (CC, art. 1.697). Por essa razão se tem **negado pedido de alimentos formulado contra tios, ou destes contra os sobrinhos**, colaterais em terceiro grau. O Superior Tribunal de Justiça decidiu, a propósito do tema:

> "Posicionando-se a maioria doutrinária no sentido do descabimento da obrigação alimentar do tio em relação ao sobrinho, é de afastar-se a prisão do paciente"[90].

Incabível igualmente **ação de alimentos entre primos**, colaterais em quarto grau. Confira-se:

> "Alimentos. **Ação ajuizada em face de primos**. Carência decretada por impossibilidade jurídica do pedido. Ausência de titularidade dos réus, parentes em quarto grau, quanto à obrigação alimentar entre parentes da linha colateral, prevista somente até o segundo grau. Sentença mantida, porém, sob o fundamento de ilegitimidade passiva"[91].

---

88 TJSP, AgI 200.471-4-SP, 1ª Câm. Dir. Priv., rel. Des. Laerte Nordi, j. 7-8-2001.

89 Dos alimentos, cit., p. 695.

90 *Repertório IOB de Jurisprudência* 3/17425, j. 12-9-2000. *V.* ainda: "Pedido de homologação de acordo de alimentos em favor de sobrinho. Impossibilidade. O art. 398 do CC (*de 1916; CC/2002: art. 1.697*) não inclui os sobrinhos entre os parentes que legalmente têm direito a alimentos da parte dos tios" (TJDF, Ap. 28.553, 3ª Câm. Cív., *DJU*, 4-5-1994, p. 4800). "Ação de alimentos promovida contra sobrinhos. Descabimento, eis que a obrigação, na linha colateral, não passa do segundo grau" (*RJTJRS*, 174/391). No mesmo sentido: STF, *RT*, 172/161, 537/105; *RJTJSP*, Lex, 4/85.

91 *JTJ*, Lex, 202/28.

Descabimento de ação de alimentos contra o espólio

Frise-se, por fim, *descaber ação de alimentos contra o espólio*, em face da natureza personalíssima do direito. A propósito, decidiu o Tribunal de Justiça de São Paulo:

"**A obrigação alimentar é personalíssima**... No caso, e sem que existissem débitos anteriores à data do óbito — a obrigação alimentar, ao que consta, era até então satisfeita —, houve por bem a autora intentar ação de alimentos contra o espólio de seu falecido genitor, quando **o herdeiro não é titular da ação de alimentos contra o espólio**. Assim assentou o Colendo Superior Tribunal de Justiça (*RSTJ*, 135/359), tendo os Min. Relator Ari Pargendler e Carlos Alberto Menezes Direito pontificado que a manutenção dos filhos deve ser resolvida no inventário, com o recebimento antecipado de eventuais rendas, orientando-se, por igual, precedente desta Corte, de que foi relator o Des. Laerte Nordi (*JTJ*, 209, em especial à pág. 11)"[92].

24.5. ALIMENTOS DECORRENTES DA DISSOLUÇÃO DA SOCIEDADE CONJUGAL E DA UNIÃO ESTÁVEL

A dicção do art. 1.694 do novo diploma permite concluir que devem ser aplicados aos alimentos devidos em consequência da *dissolução da união estável* os mesmos princípios e regras aplicáveis à **separação judicial ou divórcio**.

Significativa inovação trouxe o Código Civil de 2002 nesse assunto ao prever a fixação de alimentos na dissolução litigiosa da sociedade conjugal mesmo **em favor do cônjuge declarado culpado, se deles vier a necessitar** e não tiver parentes em condições de prestá-los, nem aptidão para o trabalho, **limitando-se, todavia, a pensão ao indispensável à sobrevivência deste** (art. 1.704, parágrafo único), como já foi dito.

O **cônjuge inocente** e desprovido de recursos, todavia, **terá direito a pensão**, a ser paga pelo outro, fixada com obediência aos critérios estabelecidos no aludido art. 1.694 e destinada, portanto, a proporcionar-lhe um **modo de vida compatível com a sua condição social**, inclusive para atender às necessidades de sua educação, e não apenas para suprir o indispensável à sua subsistência (art. 1.702).

Cessação do dever de prestar alimentos

Cessa o dever de prestar alimentos com **"o casamento, a união estável ou o concubinato do credor"** (CC, art. 1.708). Bem a propósito decidiu o Tribunal de Justiça de São Paulo:

---

[92] Ap. 213.607.4/3-00-Osasco, 3ª Câm. Dir. Priv., rel. Des. Waldemar Nogueira Filho. *V.* ainda: "Investigação de paternidade. Alimentos provisórios. Cabimento quando existe prova razoável da paternidade. Descabe, porém, deferir alimentos contra o espólio. Inexistência de título jurídico estabelecendo relação obrigacional entre o espólio e o investigante" (TJRS, AgI 598.005.445, 7ª Câm. Cív., rel. Des. Vasconcellos Chaves, j. 22-4-1998). "Falecendo no curso do processo aquele de quem se reclamam alimentos, a obrigação alimentar *constituenda* não se transfere à universalidade que, em si mesma, não é parente do alimentado. Significa dizer que o espólio não está passivamente legitimado para responder ao pedido de alimentos. A obrigação transmite-se aos herdeiros do devedor, sem dúvida, mas não ao espólio" (TJSP, Ap. 290.951-4/6-00, 5ª Câm. Dir. Priv., rel. Des. Corrêa de Moraes, j. 19-5-2004).

"Tutela antecipada. Alimentandas emancipadas pelo casamento. Direito verossímil e provas inequívocas da extinção do poder familiar e do vínculo alimentar. Recurso improvido"[93].

Por outro lado, perde o direito a alimentos o credor que **"tiver procedimento indigno em relação ao devedor"** (art. 1.708, parágrafo único). Anote-se que não apenas o concubinato, definido no art. 1.727 do novo diploma como "relações não eventuais entre o homem e a mulher impedidos de casar", mas igualmente o procedimento ***indigno*** passam a constituir fundamento para a exoneração do cônjuge devedor[94].

Novo casamento do cônjuge devedor

O novo casamento do *cônjuge devedor*, no entanto, **"não extingue a obrigação constante da sentença de divórcio"** (art. 1.709). É vedado, portanto, alegar nova união para reduzir o pensionamento anterior. Quer o devedor constitua família, quer estabeleça qualquer relacionamento afetivo ou amoroso, **não cessa a obrigação alimentar** reconhecida na sentença de divórcio. Todavia, se vem a casar ou a constituir união estável e, desse relacionamento, advêm-lhe novos encargos em virtude do **nascimento de filhos**, é cabível, em tese, como vem reconhecendo a jurisprudência e se verá adiante, a **ação revisional para obtenção da redução da pensão alimentícia**[95].

A simples união concubinária ou o novo casamento do genitor alimentante **não basta, portanto, para justificar pretensa redução da pensão alimentar devida aos filhos do leito anterior**. Tem-se contudo que, "**havendo prole** do novo casamento ou da união concubinária, tendo estes filhos similar direito de serem sustentados pelo genitor comum, **só daí resulta a configuração de um encargo superveniente** que autorizaria a minoração do *quantum* antes estipulado, para que todos os filhos menores, independentemente da natureza da filiação, possam ser atendidos equitativamente, na proporção de suas necessidades"[96].

Fixação de alimentos transitórios

Admite-se a fixação de alimentos *transitórios*, devidos **por prazo certo**, a ex-cônjuge. Com efeito, o Superior Tribunal de Justiça reconheceu válida a fixação de pensão alimentícia mensal por dois anos, a contar do trânsito em julgado da decisão que a fixou, em favor de ex-cônjuge (ex-esposa) que, embora não tenha exercido ati-

---

93 AgI 255.727.4/8-São Vicente, 3ª Câm. Dir. Priv., rel. Des. Ênio Zuliani, j. 13-8-2002.

94 Dos alimentos, cit., p. 190. Decidiu o STJ: "O fato de a mulher manter relacionamento afetivo com outro homem não é causa bastante para a dispensa da pensão alimentar prestada pelo ex-marido, acordada quando da separação consensual, diferentemente do que aconteceria se estabelecida união estável. Precedentes. Recurso não conhecido" (REsp 107.959-RS, 4ª T., rel. Min. Ruy Rosado de Aguiar, j. 7-6-2001, *RT*, 797/200). "Alimentos. Exoneração. Pretensão fundada no fato de a beneficiária manter relacionamento amoroso com outro homem e de tal relação advir prole. Irrelevância. Separação judicial que põe termo aos deveres de fidelidade e coabitação. Verba alimentar devida" (STJ, *RT*, 803/173).

95 "Ação revisional. Pedido de redução da prestação alimentícia, em razão de nova união do alimentante, da qual resultou prole. Circunstância que demonstra, indubitavelmente, a alteração da sua capacidade financeira pela agravação de seus encargos" (*RT*, 800/375).

96 Yussef Cahali, Dos alimentos, cit., p. 946.

vidade remunerada durante a constância do casamento, **tem idade e condições para o trabalho**.

Frisou o acórdão que a fixação dos alimentos transitórios, no caso, reveste-se de caráter motivador para que a alimentanda busque efetiva recolocação profissional, e não permaneça indefinidamente à sombra do conforto material propiciado pelos alimentos prestados pelo ex-cônjuge, antes provedor do lar[97].

■ 24.6. MEIOS DE ASSEGURAR O PAGAMENTO DA PENSÃO

Para garantir o direito à pensão alimentícia e o adimplemento da obrigação, dispõe o credor dos seguintes meios:

- ação de alimentos, para reclamá-los (Lei n. 5.478/68);
- execução por quantia certa (CPC/2015, arts. 528, § 8º, e 913);
- penhora em vencimento de magistrados, professores e funcionários públicos, soldo de militares e salários em geral, inclusive subsídios de parlamentares (CPC, art. 833, IV);
- desconto em folha de pagamento da pessoa obrigada (CPC, arts. 529 e 912);
- entrega ao cônjuge, mensalmente, para assegurar o pagamento de alimentos provisórios (Lei n. 5.478/68, art. 4º, parágrafo único), de parte da renda líquida dos bens comuns, administrados pelo devedor, se o regime de casamento for o da comunhão universal de bens;
- constituição de garantia real ou fidejussória e de usufruto (Lei n. 6.515/77, art. 21);
- prisão do devedor (Lei n. 5.478/68, art. 21; CPC/2015, arts. 528, § 3º, e 911).

■ 24.6.1. Ação de alimentos

A Lei n. 5.478, de 25 de julho de 1968, conhecida como **"Lei de Alimentos"**, estabelece **procedimento especial**, concentrado e mais célere, para a ação de alimentos. Só pode valer-se, todavia, desse rito quem puder apresentar prova pré-constituída do *parentesco* (certidão de nascimento) ou do *dever alimentar* (certidão de casamento ou comprovante do companheirismo). Quem não puder fazê-lo terá de ajuizar ação ordinária.

Se o pretendente à pensão não preencher os requisitos exigidos para dedução de sua reivindicação pelo rito especial, ou **optar pela ação ordinária de alimentos**, cumulada ou não com pedido de investigação de paternidade, poderá formular **pedido de tutela de urgência (CPC/2015, art. 300)**, incidente ou antecedente, de alimentos *provisionais*[98].

Dispõe o art. 1.706 do Código Civil que "os alimentos provisionais serão fixados pelo juiz, nos termos da lei processual".

---

[97] STJ, 3ª T., rel. Min. Nancy Andrighi. Disponível em: <http://www.editoramagister.com>. Acesso em: 15 set. 2010.

[98] Silvio Rodrigues, *Direito civil*, cit., v. 6, p. 389-390.

■ Legitimidade ativa

A legitimidade ativa para propor ação de alimentos é dos **filhos**, devendo os pais representá-los ou assisti-los, conforme a idade, bem como de **todas as pessoas com direito de reclamar alimentos**, mencionadas no item 24.4.3, *retro*. Contudo, decidiu o Superior Tribunal de Justiça que "a formulação do pedido em nome da mãe **não anula o processo**, apesar da má técnica processual, pois está claro que o valor se destina à manutenção da família. O pedido está claramente formulado em favor dos filhos"[99].

A Lei n. 8.560/92, que regula a investigação de paternidade dos filhos havidos fora do casamento, dispõe em seu art. 7º que, "sempre que na sentença de primeiro grau se **reconhecer a paternidade**, nela se fixarão os alimentos provisionais ou definitivos do reconhecido que deles necessite". Proclama a Súmula 277 do Superior Tribunal de Justiça, por sua vez:

> "Julgada procedente a investigação de paternidade, **os alimentos são devidos a partir da citação**".

Decidiu o Superior Tribunal de Justiça que, **se ainda não está confirmada a paternidade, o suposto pai não pode ser preso por falta de pagamento de alimentos provisórios**. O art. 7º da Lei n. 8.560/92 nada dispõe sobre a fixação de alimentos provisórios quando ainda não há reconhecimento judicial da paternidade. Essa possibilidade só existe quando já foi proferida a sentença que reconhece a paternidade[100].

O Ministério Público é parte legítima para ajuizar ação de alimentos em benefício de menor e pode fazê-lo independentemente do exercício do poder familiar pelos pais, da existência de risco previsto no Estatuto da Criança e do Adolescente ou da capacidade da Defensoria Pública de atuar[101]. Nesse sentido a Súmula 594 do Superior Tribunal de Justiça, *verbis*: "O Ministério Público tem legitimidade ativa para ajuizar ação de alimentos em proveito de criança ou adolescente independentemente do exercício do poder familiar dos pais, ou do fato de o menor se encontrar nas situações de risco descritas no art. 98 do Estatuto da Criança e do Adolescente, ou de quaisquer outros questionamentos acerca da existência ou eficiência da Defensoria Pública na Comarca".

A propósito, nesse mesmo sentido a premissa número 3, publicada na Edição n. 65 de ferramenta *Jurisprudência em Teses*, do Superior Tribunal de Justiça: "O Ministério Público tem legitimidade ativa para ajuizamento/execução de alimentos em favor de criança ou adolescente, nos termos do art. 201, III, da Lei 8.069/1990".

■ Foro competente

Dispõe o art. 53, II, do Código de Processo Civil de 2015, com o propósito de beneficiar a parte mais fraca na demanda, que é competente o foro "de **domicílio ou**

---

[99] STJ, REsp 1.046.130-MG, 3ª T., rel. Min. Nancy Andrighi. Disponível em: <http://www.conjur.com.br>. Acesso em: 23 out. 2009.

[100] STJ, 4ª T., rel. Min. Raul Araújo. Disponível em: <http://www.conjur.com.br>. Acesso em: 5 nov. 2010.

[101] STJ, 2ª Seção, rel. Min. Luis Felipe Salomão. Disponível em: <http://www.conjur.com.br>. Acesso em: 30 maio 2014.

residência do alimentando, para a ação em que se pedem alimentos". Mantém-se a mesma regra para as hipóteses de ação revisional de alimentos e para a hipótese de oferta dos alimentos por parte do devedor.

■ Oferta de alimentos pelo devedor

O art. 24 da Lei de Alimentos (Lei n. 5.478/68) possibilita, com efeito, àquele que deve alimentos **tomar a iniciativa de judicialmente oferecê-los**, estatuindo:

> "A parte responsável pelo sustento da família, e que deixar a residência comum por motivo que não necessitará declarar, poderá tomar a iniciativa de comunicar ao juízo os rendimentos de que dispõe e de pedir a citação do credor, para comparecer à audiência de conciliação e julgamento destinada à fixação dos alimentos a que está obrigada".

Desse modo, em vez de aguardar a ação de alimentos a ser promovida pelo outro cônjuge, com o risco de ver a pensão provisória fixada em montante acima de suas possibilidades, pode a parte *que pretende deixar, ou já deixou, a residência comum* **antecipar-se** e requerer ao juiz, demonstrando o seu ganho efetivo, a fixação da pensão com observância do princípio da proporcionalidade estabelecido no § 1º do art. 1.694 do Código Civil.

■ Fixação dos alimentos provisórios

Ao **despachar a inicial** da ação de rito especial (art. 4º), o juiz fixará desde logo *alimentos provisórios*, em geral, na base de um terço dos rendimentos do devedor, como dito anteriormente, sendo de salientar que a lei não estabelece nenhum critério. Malgrado a ambiguidade do texto, entende a jurisprudência que **o juiz não deve fixar *de ofício* os alimentos provisórios**, mas somente se o interessado o requerer.

Quando o devedor da pensão **não tem remuneração fixa**, mas vive de "bicos", é empresário ou profissional liberal, não se recomenda, como já comentado, a utilização de percentual sobre os seus ganhos líquidos, em virtude da dificuldade para a execução do *decisum* em caso de inadimplemento, uma vez que estes teriam de ser apurados e investigados mensalmente. O arbitramento dos alimentos provisórios será feito, nesses casos, em **quantia certa, corrigida monetariamente** segundo índice oficial (CC, art. 1.710).

Deve o magistrado, todavia, agir com prudência e cautela, para evitar injustiças, tendo em vista que o autor costuma, na inicial, exagerar os ganhos do alimentante. Os arts. 19 e 20 da Lei n. 5.478/68 permitem a **requisição judicial de informações sobre os ganhos e a situação econômico-financeira do alimentante** às empresas e "repartições públicas, civis ou militares, inclusive do Imposto de Renda", destinadas a possibilitar melhor avaliação das **reais possibilidades do responsável pela obrigação alimentar**.

Como pontifica Caio Mário, não pode o devedor ser compelido a prestar alimentos "com sacrifício próprio ou da sua família, pelo fato de o reclamante os estimar muito alto, ou revelar necessidades maiores (§ 1º do art. 1.694)"[102].

---

[102] *Instituições*, cit., v. 5, p. 498.

Revisão de alimentos provisórios

Cabe pedido de revisão de alimentos provisórios fixados na inicial, que será sempre **processado em apartado**, "se houver **modificação na situação financeira** das partes" (Lei n. 5.478/68, art. 13, § 1º). Em qualquer caso, "os alimentos fixados retroagem à data da citação" (§ 2º), a partir de quando as prestações são devidas. **Processar-se-á em apartado também a execução dos alimentos provisórios**. Os *provisionais*, como já referido, serão fixados pelo juiz nos termos da lei processual (CC, art. 1.706).

Prescreve o art. 13, *caput*, da aludida Lei de Alimentos, que "aplica-se igualmente, no que couber, às ordinárias de desquite, nulidade e anulação de casamento, à revisão de sentenças proferidas em pedidos de alimentos e respectivas execuções" o que nela está disposto.

Deve o juiz determinar ainda, ao despachar a inicial, "que seja entregue ao credor, mensalmente, **parte da renda líquida dos bens comuns, administrados pelo devedor**", se se tratar de alimentos *provisórios* pedidos pelo cônjuge "casado pelo regime da *comunhão universal* de bens" (Lei n. 5.478/68, art. 4º, parágrafo único).

Viabilidade de arbitramento maior que o pedido

As prestações de alimentos são **dívidas de valor**, e não de quantia certa. Dessa assertiva resulta que **inexiste julgamento *ultra petita*** na fixação dos alimentos, pela sentença, **acima dos limites da estimativa do pedido**. Este, que se formula na ação de alimentos, "é de natureza genérica, donde não se adstringir a sentença, necessariamente, ao *quantum* colimado inicialmente; o arbitramento far-se-á *a posteriori* quando já informado o sentenciante dos elementos fáticos que integram a equação legal"[103].

Fixação da pensão em percentual sobre os rendimentos auferidos pelo devedor

Em regra, a pensão é convencionada com base nos rendimentos do alimentante, **sendo atualizada, automaticamente**, na mesma proporção dos reajustes salariais. Quando adotado valor fixo, a pensão será atualizada "segundo índice oficial regularmente estabelecido" (CC, art. 1.710), mas **poderá ser determinada a atualização com base no *salário mínimo***, não obstante a vedação enunciada no art. 7º, IV, *in fine*, da Constituição Federal, em função da identidade de fins da pensão alimentar e do salário mínimo, como aquilo que representa o mínimo necessário para a subsistência da pessoa[104].

Nessa trilha, assentou o Supremo Tribunal Federal que, no caso em julgamento, "a inexistência da relação de trabalho **não retira, do salário mínimo, a patente prestabilidade para estipulação do valor dos alimentos**, a cuja prestação foi condenado o recorrido; ao reverso, dada sua presumida capacidade de atender às neces-

"Requisição judicial de informações a respeito da movimentação financeira de empresa da qual o alimentante é sócio. Admissibilidade. Medida que visa a avaliar as reais possibilidades do responsável pela obrigação alimentar" (*RT*, 807/245).

103 Yussef Cahali, Dos alimentos, cit., p. 815-816; *RT*, 381/127 e 636/522; *RSTJ*, 29/317 e 338; *RJTJRS*, 183/206.

104 *JSTF*, 159/227.

sidades vitais básicas do trabalhador, e às de sua família com moradia, alimentação, educação, saúde, lazer, vestuário, higiene, transporte e previdência social, com reajustes periódicos que lhe preservem o poder aquisitivo (art. 7º, IV, da CF), nenhum outro padrão seria mais adequado à estipulação de alimentos, porque estes devem atender a idênticas necessidades"[105].

■ Audiência de conciliação e julgamento

Dispõe o art. 6º da citada Lei de Alimentos:

> "Na audiência de conciliação e julgamento deverão estar presentes autor e réu, independentemente de intimação e de comparecimento de seus representantes".

Acrescenta o art. 7º que "o não comparecimento do autor determina o arquivamento do pedido, e a ausência do réu importa em revelia, além de confissão quanto à matéria de fato".

A **ausência do representante legal do menor** autor à audiência, exigida por lei para viabilizar eventual acordo, implica tão só o **arquivamento do processo, e não a sua extinção**[106]. Todavia, tal ausência não conduz ao arquivamento do feito, se ao ato **compareceu seu procurador, munido de poderes especiais para transigir**[107]. Nos termos do mencionado art. 7º da Lei de Alimentos, ausente o réu à audiência, aplica-se-lhe a **pena de confesso**, inclusive com dispensa de sua intimação da sentença.

Preceitua o art. 9º da Lei n. 5.478/68:

> "Aberta a audiência, lida a petição, ou o termo, e a resposta, se houver, ou dispensada a leitura, o juiz ouvirá as partes litigantes e o representante do Ministério Público, **propondo conciliação**".
>
> "Embora obrigatória a renovação da proposta de conciliação, sua falta **não acarreta a nulidade** da sentença"[108].

Na ação de alimentos regulada pela Lei n. 5.478/68, a realização da audiência de instrução e julgamento é imprescindível, pouco importando a revelia do demandado. Desse modo, a **ausência do advogado de qualquer das partes não impede a produção das provas requeridas**, se assim entender necessário o juiz, ou a requerimento do Ministério Público[109].

■ Duração dos alimentos provisórios

Os alimentos provisórios são devidos desde a sua fixação, no despacho inicial, **até a sentença final**, quando serão substituídos pelos *definitivos*, **que retroagem à**

---

[105] *RTJ*, 139/971, e *JSTF*, 159/227. *V.* ainda: "Segundo a jurisprudência dominante no C. Supremo Tribunal Federal e nesta Corte, admissível é fixar-se a prestação alimentícia com base no salário mínimo" (*RSTJ*, 96/322). No mesmo sentido: *JSTF*, 187/263 e 196/178; STF, *RT*, 724/223 e 741/226.

[106] TJSP, Ap. 183.936.4/2-00-SP, 3ª Câm. Dir. Priv., rel. Des. Waldemar Nogueira Filho.

[107] TJSC, AgI 10.147, 3ª Câm. Cív., j. 5-3-1996, *DJSC*, 27-3-1996, p. 3.

[108] *RJTJSP*, Lex, 20/215 e 103/36. Nesse sentido igualmente a manifestação de Yussef Cahali (Dos alimentos, cit., p. 805).

[109] *RT*, 599/55; *RJTJSP*, Lex, 95/193.

data da citação, conforme o art. 13, § 2º, da Lei de Alimentos. Dispõe a **Súmula 6 do Tribunal de Justiça de São Paulo**:

> "Os alimentos são sempre devidos a partir da citação, mesmo que fixados em ação revisional, quer majorados ou reduzidos, respeitado o princípio da irrepetibilidade".

Somente no caso de a ação ser, a final, **julgada improcedente** (e revogados os alimentos provisórios) é que **serão devidos até o julgamento do recurso especial ou extraordinário**, a teor do estatuído no aludido art. 13, § 3º.

Por sua vez, proclama a Súmula 621 do Superior Tribunal de Justiça: "Os efeitos da sentença que reduz, majora ou exonera o alimentante do pagamento retroagem à data da citação, vedadas a compensação e a repetibilidade".

Todavia, tem-se entendido que a decisão final referida nesse parágrafo *diz respeito somente aos alimentos provisórios*. Assim, a sentença ou acórdão que julga a ação na qual foram concedidos os alimentos provisórios substitui a decisão que os concedeu, de modo que, se julga improcedente a ação ou fixa os alimentos em verba inferior, tem eficácia imediata. Assim, **"proferida decisão de improcedência da ação de alimentos, cessa o pagamento dos alimentos provisórios"**[110].

■ Prazo prescricional da pretensão a prestações alimentares

O atual Código Civil reduziu, de cinco (como constava no diploma de 1916) para **dois anos**, o prazo prescricional da pretensão "para haver prestações alimentares, **a partir da data em que se vencerem**" (art. 206, § 2º). Nos casos concretos, ocorrerá a prescrição em cada prestação, isoladamente.

■ 24.6.2. Ação revisional de alimentos

Sendo **variáveis**, em razão de diversas circunstâncias, os pressupostos objetivos de obrigação de prestar alimentos — necessidade do reclamante e possibilidade da pessoa obrigada —, permite a lei que, nesse caso, proceda-se à alteração da pensão, mediante *ação revisional ou de exoneração*, pois toda decisão ou convenção a respeito de alimentos traz ínsita a cláusula *rebus sic stantibus*.

Por isso se diz que a sentença proferida em ação de alimentos **não faz coisa julgada *material*, mas apenas *formal***, no sentido de que se sujeita a reexame ou revisão, independentemente de esgotamento de todos os recursos. Nessas condições, "se, fixados os alimentos, **sobrevier mudança na situação financeira de quem os supre, ou na de quem os recebe**, poderá o interessado reclamar ao juiz, conforme as circunstâncias, exoneração, redução ou majoração do encargo" (CC, art. 1.699).

Desse modo, se o alimentante, depois de fixado o *quantum* alimentar com base nos seus ganhos líquidos, é promovido ou obtém sucesso em sua atividade profissional, comercial, industrial ou artística, por exemplo, **com melhoria de sua situação**

---

[110] STJ, RMS 3.538-7-SP, 3ª T., rel. Min. Cláudio Santos, *DJU*, 10-4-1995, p. 9.271. No mesmo sentido: "Julgada improcedente a ação de alimentos provisionais, não mais são devidos os alimentos provisórios nela fixados" (*RSTJ*, 97/239).

econômico-financeira, pode o alimentando, em face desses fatos supervenientes, **pleitear majoração da pensão**, na proporção de suas necessidades.

Se, todavia, ocorre o contrário, ou seja, se o alimentante, em razão de diversas causas, como falência, doença impeditiva do exercício de atividade laborativa, perda do emprego e outras, sofre **acentuada diminuição em seus ganhos mensais** a ponto de não mais ter condições de arcar com o pagamento das prestações, assiste-lhe o direito de reivindicar a **redução do aludido *quantum*** ou mesmo, conforme as circunstâncias, completa **exoneração do encargo alimentar**.

As **necessidades do alimentando podem servir também de motivo para a majoração da pensão**. À medida que os filhos crescem, as necessidades e as despesas aumentam, principalmente quando atingem a puberdade, sendo maiores nessa etapa da vida as exigências femininas. Outras vezes a necessidade de receber maior auxílio tem por causa **doença grave de tratamento prolongado e de alto custo** ou o **ingresso em dispendiosa instituição particular de ensino**.

■ Desemprego do devedor

O desemprego **não tem sido considerado causa de exoneração definitiva** da obrigação de prestar alimentos. Ao reverso, tem-se decidido que o desemprego ocasional do alimentante não incapacita a prestação alimentícia para o efeito de exoneração, **podendo apenas justificar inadimplência transitória**. Decidiu o Tribunal de Justiça de São Paulo que "desemprego não é, nunca foi motivo para isentar devedor do pagamento de pensão alimentícia; se consumado, o desemprego apenas desloca o pagamento para época oportuna, jamais libera o devedor"[111].

E ainda:

> "O eventual *desemprego* do devedor de alimentos **não tem o condão de exonerá-lo da obrigação**, pois isto equivaleria a reconhecer, em favor do alimentante, uma condição potestativa, sujeitando os alimentados ao seu arbítrio, prática defesa nos termos do art. 115 do CC (*de 1916; CC/2002: art. 122*)"[112].

■ Rito processual

A ação revisional dos alimentos definitivos segue **o mesmo rito da Lei n. 5.478/68.** Preceitua o art. 13, *caput*, da mencionada lei que o nela disposto aplica-se igualmente, no que couber, (...) "à revisão de sentenças proferidas em pedidos de alimentos".

---

[111] AgI 197.021-1, 1ª Câm. Cív., j. 10-8-1993. *V.* ainda: "Pensão alimentícia. Fixação em percentual sobre o salário do alimentante. Fim do vínculo empregatício. Hipótese em que este deve ou continuar a pagar os alimentos ou, se alterada a sua situação para pior, buscar a revisão ou exoneração. Ônus de rever o valor da pensão que não é do alimentando, que a tanto não deu causa" (*RT*, 812/215).

[112] *RT*, 779/220. *V.* ainda: "Homem válido e capacitado para o trabalho não pode se furtar das obrigações que resultam da paternidade. Se, no momento, encontra-se desempregado, poderá empregar-se e reunir condições de adimplir sua obrigação" (TJSP, Ap. 209.074-1, 2ª Câm. Cív., j. 19-4-1994). "Alimentos. Execução. Rescisão do contrato de trabalho do devedor. Circunstância que não retira a liquidez do título acordado quando da separação dos pais. Eventual mudança na situação econômica que poderá ser motivo de defesa apresentada pelo devedor ou de ação de revisão" (STJ, *RT*, 799/212).

Juízo competente

Inexiste prevenção para a ação revisional ou exoneratória, sujeitando-se à regra especial de competência ou **foro do domicílio ou residência do alimentando** (CPC/2015, art. 53, II), se houve mudança de domicílio. Deve a ação, nesse caso, ser proposta **no foro do novo domicílio** do alimentando. Nesse sentido a jurisprudência:

> "Ação revisional. Competência. Previsão pela sistemática legal de que **o juízo competente para julgá-la é o do domicílio do alimentando**. Inexistência de conexão com o juízo que fixou a pensão alimentícia anterior"[113].

Não tendo havido alteração de domicílio, sendo o pedido formulado no mesmo foro, **a competência será do juízo por onde tramitou o processo de separação ou de alimentos em que a pensão havia sido fixada**.

Fixação de alimentos provisórios em ação revisional de alimentos

Admite-se tal fixação, porém sempre **em razão de circunstâncias excepcionais**, quando, por exemplo, os alimentos anteriormente fixados se mostram **excessivamente irrisórios**[114]. Nessa linha, enfatizou o Tribunal de Justiça de São Paulo:

> "Ação revisional de alimentos. Inadmissibilidade de emitir tutela antecipada, *inaudita altera parte*, sem provas inequívocas da redução da capacidade patrimonial do provedor (arts. 1.699, do CC, e 273, do CPC [de 1973, atual art. 300]) e sem confirmação do *periculum in mora* que legaliza julgamentos sem observância do princípio da ampla defesa e do contraditório (art. 5º, LV, da CF)"[115].

Proclamou o Superior Tribunal de Justiça que, tendo havido, em ação revisional, redução da verba devida, o novo valor só deve ser considerado **a partir do trânsito em julgado da sentença**, e não da citação, inexistindo possibilidade de repetição dos alimentos e de aplicação do art. 13, § 2º, da Lei n. 5.478/68[116]. Posteriormente, todavia, a Segunda Seção da mencionada Corte, no julgamento do EREsp 1.181.19-RJ, pacificou o entendimento segundo o qual "os alimentos definitivos fixados na sentença prolatada em revisional de alimentos, independentemente de se tratar de aumento, redução ou exoneração, **retroagem à data da citação**, nos termos do art. 13, § 2º, da Lei n. 5.478/68, com a ressalva de que os valores já pagos são irrepetíveis e não podem ser objeto de compensação com prestações vincendas"[117].

---

113 *RT*, 818/288.

114 *RTJ*, 100/101; *RT*, 597/179.

115 AgI 240.203-4/2, 3ª Câm. Dir. Priv., rel. Des. Ênio Zuliani, j. 13-8-2002. No mesmo sentido: "Ação revisional. Tutela antecipada. Pretensão manifestada visando a redução de valor antes fixado na ação de alimentos. Admissibilidade quando manifestamente em desacordo com as necessidades atuais do alimentário em confronto com os recursos do alimentante. Impossibilidade, no entanto, do deferimento da antecipação da tutela se a real necessidade da verba, em razão do estado de saúde da alimentária, depende de um melhor exame da prova de uma e outra parte em audiência de conciliação, instrução e julgamento" (*RT*, 785/314).

116 *RT*, 793/198.

117 STJ, AgRG no REsp 1.412.781-SP, 4ª T., rel. Min. Luis Felipe Salomão, j. 22-5-2014, *DJe*, 25-4-2014.

Pedido reconvencional

Admite-se a *pretensão reconvencional* visando à **exoneração do alimentante**, na ação que lhe é movida com o objetivo de majorar a pensão. O Código de Processo Civil permite a reconvenção em qualquer ação, exigindo apenas sua conexão com a principal ou com o fundamento da defesa. Do mesmo modo é cabível, em ação de exoneração do encargo alimentar, pretensão reconvencional visando à **majoração da verba**. Veja-se:

> "Alimentos. Revisional. Reconvenção. Admissibilidade. Sumariedade do procedimento especial que não impede o ajuizamento. Artigo 278, § 1º, do Código de Processo Civil [de 1973]. Recurso provido"[118].

24.6.3. Meios de execução da prestação não satisfeita

Para garantir o fiel cumprimento da obrigação alimentar, estabelece a lei diversas providências, dentre elas a **prisão do alimentante inadimplente** (CF, art. 5º, LXVII; CPC/2015, arts. 528, §§ 3º, 5º e 6º, e 911, parágrafo único). Trata-se de exceção ao princípio segundo o qual não há prisão por dívidas, justificada pelo fato de o adimplemento da obrigação de alimentos atender não só ao interesse individual, mas também ao **interesse público**, tendo em vista a preservação da vida do necessitado, protegido pela Constituição Federal, que garante a sua inviolabilidade (art. 5º, *caput*).

Adverte Washington de Barros Monteiro que, todavia, "só se decreta a prisão se o alimentante, **embora solvente, frustra, ou procura frustrar**, a prestação. Se ele se acha, no entanto, *impossibilitado* de fornecê-la, não se legitima a decretação da pena detentiva"[119].

Assim, a **falta de pagamento da pensão alimentícia não justifica, por si, a prisão do devedor**, medida excepcional "que somente deve ser empregada em casos extremos de contumácia, obstinação, teimosia, rebeldia do devedor que, embora possua os meios necessários para saldar a dívida, procura por todos os meios **protelar o pagamento** judicialmente homologado"[120].

Nessa linha, considerou o Supremo Tribunal Federal que a **incapacidade econômica é base para evitar a prisão civil** do devedor de pensão alimentícia[121].

Para assegurar o cumprimento da obrigação pelo devedor, pode o credor optar desde logo pela **execução por quantia certa**, embora isso raramente ocorra, por ser de demorada solução. Em regra, só se promove a execução por quantia certa quando o devedor não efetua o pagamento das prestações nem mesmo depois de cumprir a

---

118 *RJTJSP*, Lex, 270/270.

119 *Curso*, cit., 37. ed., v. 2, p. 378-379.

120 *RT*, 788/321, 609/66, 590/94. Lembra Yussef Cahali (Dos alimentos, cit., p. 1049) que o permissivo constitucional da prisão por alimentos não perde a sua eficácia diante da Convenção de São José da Costa Rica, que afasta a sanção ao depositário infiel, mas mantém a coercibilidade ao devedor renitente de alimentos.

121 STF, 2ª T., rel. Min. Gilmar Mendes. Disponível em: <http://www.editoramagister.com>. Acesso em: 27 jun. 2011.

pena de prisão. É que **o cumprimento da pena não o exime do pagamento das prestações vencidas** (CPC/2015, art. 911; Lei n. 5.478/68, art. 19). Confira-se:

> "Devedor que, descumprindo a obrigação, cumpre a penalidade de prisão de 60 dias. Circunstância que não extingue a execução da prestação alimentícia. Extinção que só se dá nos casos previstos no art. 794 do CPC [de 1973, atual art. 924]"[122].

■ 24.6.3.1. *Ordem de prioridades das medidas cabíveis*

Se o credor optar pela execução por quantia certa, iniciada esta e **efetuada a penhora de bens, inadmissível a postulação, simultaneamente, da prisão do devedor inadimplente**. Se, entretanto, não optar por essa forma de cobrança, deverá respeitar uma *ordem de prioridades*, em respeito à liberdade individual do alimentante.

Se o devedor for funcionário público, militar ou empregado sujeito a legislação do trabalho, a **primeira opção** será pelo *desconto em folha de pagamento* do valor da prestação alimentícia.

Tal desconto constitui meio executório de excelsas virtudes, uma vez que o efeito mandamental imediato realiza a obrigação pecuniária do título. Em atenção "ao êxito e à simplicidade do mecanismo do desconto, o art. 16 da Lei 5.478/68 conferiu-lhe total prioridade, sobrepondo-o, inclusive, à coação pessoal. **Compete ao credor socorrer-se primeiro dessa modalidade executiva**, para só então, frustrada ou inútil por razões práticas — por exemplo: desemprego do alimentante —, cogitar de outros expedientes"[123].

Se esses expedientes de exigência do chamado "pagamento direto" mostrarem-se inviáveis, daí sim poderá o credor requerer ao juiz, com base no art. 911 do Código de Processo Civil de 2015, a citação do devedor para, "em 3 (três) dias, efetuar o pagamento das parcelas anteriores ao início da execução e das que vencerem no seu curso, provar que o fez ou justificar a impossibilidade de fazê-lo", **sob pena de prisão**.

O credor não é obrigado a recorrer antes à execução de bens do patrimônio do devedor para, somente depois de frustrada essa modalidade de cobrança, requerer a sua prisão.

Assinala Araken de Assis[124] que, "na impossibilidade do desconto e da expropriação de aluguéis e de rendimentos, **o credor escolherá, a seu exclusivo talante, a coação ou a expropriação**".

■ 24.6.3.2. *Prisão civil do devedor*

A prisão civil por alimentos não tem caráter punitivo. Não constitui propriamente pena, mas **meio de coerção**, expediente destinado a forçar o devedor a cumprir a

---

[122] *RT*, 802/218.

[123] Araken de Assis, *Da execução*, cit., p. 125.

[124] *Da execução de alimentos e prisão do devedor*, p. 115.

obrigação alimentar. Por essa razão, **será imediatamente revogada se o débito for pago**. Dispõe o art. 528, § 6º, do Código de Processo Civil de 2015:

> "Paga a prestação alimentícia, o juiz suspenderá o cumprimento da ordem de prisão".

Só se decreta a prisão, como foi dito, se o devedor, embora solvente, procura frustrar a prestação, e não quando se acha impossibilitado de pagá-la (CF, art. 5º, LXVII).

A prisão civil por débito alimentar é justificável apenas quando cumpridos alguns requisitos, como nas hipóteses em que "for indispensável à consecução do pagamento da dívida; para garantir, pela coação extrema, a sobrevida do alimentando; e quando a prisão representar a medida de maior efetividade com a mínima restrição aos direitos do devedor. A ausência desses requisitos retira o caráter de urgência da prisão civil, que possui natureza excepcional"[125].

A Lei n. 14.010, de 10 de junho de 2020, dispõe sobre o Regime Jurídico Emergencial e Transitório das relações jurídicas de Direito Privado (RJET) no período da pandemia do coronavírus (Covid-19), e estabelece, no art. 15, que, "Até outubro de 2020, a prisão civil por dívida alimentícia, prevista no art. 528, § 3º e seguintes da Lei n. 13.105, de 16 de março de 2015 (Código de Processo Civil), deverá ser cumprida exclusivamente sob a modalidade domiciliar, sem prejuízo da exigibilidade das respectivas obrigações".

■ Pagamento do débito alimentar por terceiro

Não há empeço a que **terceiro**, interessado ou não, para evitar a prisão do devedor, **efetue o pagamento do débito alimentar**.

Desse modo, "na execução da dívida alimentar devida pelo marido à mulher, o filho do casal tem legítimo interesse em solver o débito e extinguir a obrigação; em primeiro lugar, com o propósito de superar a divergência dos genitores, que tem sempre repercussão em toda a família; depois, para procurar evitar a prisão do pai, com todos os consectários, assim na família como no ambiente social em que vivem seus integrantes; por fim, para evitar forma de execução mais gravosa para o devedor"[126].

■ Inadmissibilidade da decretação *ex officio* da prisão do devedor

A jurisprudência dominante entende não poder o juiz decretar, *de ofício*, a prisão do devedor. Tal decretação **depende de requerimento do credor**, embora se reconheça ser desnecessário pedido expresso. Este pode ser deduzido do requerimento de instauração do processo de execução na modalidade do art. 733 do Código de Processo Civil de 1973, correspondente aos arts. 528, § 3º, e 911 do diploma de 2015, que preveem a pena de prisão, bastando também expressões como citação do devedor para pagamento **"sob as penas da lei"** ou **"sob as cominações legais"**[127].

---

[125] STJ, 3ª T., rel. Min. Marco Aurélio Bellizze, disponível in Revista *Consultor Jurídico* de 23-8-2018.

[126] *RT*, 577/62; *RJTJSP*, Lex, 78/335.

[127] TJSP, HC 120.208-1, 7ª Câm. Cív., j. 7-6-1989; *RT*, 547/297 e 548/279; *RJTJSP*, Lex, 70/317.

■ Pensão decorrente da prática de ato ilícito

Não cabe, porém, a prisão por inadimplemento de prestação alimentícia decorrente de responsabilidade civil por ato ilícito[128].

Com efeito, a prisão civil por dívida, como meio coercitivo para o adimplemento da obrigação alimentar, **é cabível apenas no caso dos alimentos previstos nos arts. 1.566, III, e 1.694 do Código Civil, que constituem relação de direito de família**. Inadmissível, assim, a sua cominação determinada por falta de pagamento de prestação alimentícia decorrente de ação de responsabilidade *ex delicto*.

O preceito constitucional que excepcionalmente permite a prisão por dívida, nas hipóteses de obrigação alimentar, é de ser **restritivamente interpretado**, não tendo aplicação analógica às hipóteses de prestação alimentar derivada de ato ilícito.

■ Legitimação para o pedido de prisão

A *legitimação* para o pedido de prisão é **exclusivamente do alimentando ou de seu representante legal**, se incapaz.

O **Ministério Público**, como geralmente atua nessas ações apenas como fiscal do processo, em defesa dos interesses do menor (CPC/2015, art. 178, II), **não pode pedir a prisão do obrigado**. Poderá fazê-lo, entretanto, quando se tratar de **promotor da infância e da juventude**, colocando-se como substituto processual, com legitimação extraordinária para a iniciativa da ação alimentar em favor do menor, nas hipóteses regidas pelo Estatuto da Criança e do Adolescente (arts. 98, II, e 201, III)[129].

Todavia, reconheceu o Tribunal de Justiça do Paraná **legitimidade ativa ao Ministério Público** para propor execução de alimentos em favor de menores sob a guarda da mãe, **em comarca onde inexiste serviço de assistência judiciária gratuita**[130].

O Superior Tribunal de Justiça, por sua vez, acolheu pedido do Ministério Público de Minas Gerais para declarar a sua legitimidade ativa para o ajuizamento de ação de alimentos em favor de menor carente e incapaz. Apontou a relatora a **legitimidade do *Parquet* para atuar no polo ativo de ações *onde não houver* serviço estatal organizado**, fundamentado no direito ao acesso ao Judiciário garantido no art. 5º da Constituição[131].

■ Prisão civil na hipótese de não pagamento de alimentos provisórios ou provisionais

Da composição dos textos do Código de Processo Civil e da Lei de Alimentos resulta o entendimento de que **a prisão civil do devedor pode ser requerida** tanto

---

128 STJ, REsp 93.948-SP, 3ª T., rel. Min. Eduardo Ribeiro, *DJU*, 1º-6-1998, p. 79; *RT*, 646/124; *JTJ*, Lex, 167/251; *JTA*, Lex, 118/153; *JTARS*, 91/55.

129 O promotor de justiça, "como *custos legis*, não tem legitimação postulatória para pedir a prisão do devedor de alimentos. Constitui, portanto, constrangimento ilegal a decretação da prisão do devedor de alimentos se não requerida pelo credor" (*RJTJSP*, Lex, 134/381).

130 *RT*, 806/308.

131 STJ, REsp 1.113.590-MG, 3ª T., rel. Min. Nancy Andrighi. Disponível em: <http://www.editoramagister.com>. Acesso em: 14 set. 2010.

no caso de não pagamento dos alimentos *definitivos*, como também dos **provisórios** e **provisionais**[132].

■ Prisão civil na hipótese de não pagamento de alimentos transitórios

É possível decretar-se a *prisão* do devedor, para garantir a eficácia de *alimentos transitórios* fixados até a partilha dos bens. Confira-se: "Assim, como dedução lógica de tudo o quanto exposto, conclui-se que, sem prejuízo ao disposto no Enunciado n. 309 da Súmula/STJ, somente o rito da execução cumulado com a prisão (art. 733, CPC [de 1973, atual art. 911]) é o adequado para plena eficácia da decisão que conferiu, em razão da demora injustificada da partilha, alimentos transitórios em valor suficiente à composição definitiva do litígio instalado entre as partes e, ainda, para que a situação outrora tida por temporária não se eternize no tempo"[133].

■ Prazo de duração da prisão civil

Tem prevalecido o critério unitário de duração máxima de **sessenta dias**, aplicando-se a todos os casos (alimentos *definitivos, provisórios* e *provisionais*) o art. 19 da Lei de Alimentos, por se tratar de **lei especial**, além de conter regra mais favorável ao paciente da medida excepcional (*odiosa restringenda*).

Ao decretar a prisão, o juiz deverá dosar o tempo de duração segundo as circunstâncias, **sempre respeitando, porém, o limite máximo de sessenta dias**. Caracteriza-se como ilegal a estipulação no que exceder àquele limite[134].

■ Cumprimento da pena em regime domiciliar ou em regime aberto

Tendo em vista a circunstância de que a custódia tem por finalidade compelir o devedor a cumprir a sua obrigação, **é inadmissível o seu cumprimento sob o benefício do regime domiciliar**. Não se confunde a prisão civil, que se caracteriza como meio de coerção, com pena decorrente de condenação criminal[135].

Todavia, o Tribunal de Justiça de Santa Catarina deferiu pedido de *habeas corpus* para autorizar o devedor, preso civilmente por falta de pagamento da pensão alimentícia de suas filhas, a cumprir em **regime aberto** a segregação imposta, de 60 dias. Dessa forma, permitiu-se ao réu sair do presídio pela manhã e retornar no período noturno para cumprir o prazo remanescente da pena, **visto que, recolhido à cela, perderia seu emprego e as últimas chances de cumprir suas obrigações**.

Afirmou o relator que, embora reconheça a distinção entre os princípios da prisão civil e daquela de caráter criminal, não há por que deixar de aplicar, na primeira, aspectos previstos na segunda, em relação à natureza do regime de cumprimento das penas[136].

---

132 *RTJ*, 104/137; *RT*, 585/261.

133 STJ, REsp 1.362.113-MG, 3ª T., rel. Min. Nancy Andrighi, j. 18-2-2014.

134 STF, *RTJ*, 104/137; TJSP, HC 184.193-1, 6ª Câm. Cív., j. 24-9-1992.

135 *RT*, 818/209.

136 TJSC, 4ª Câm. Cív., rel. Des. Carlos Adilson Silva. Disponível em: <http://www.editoramagister.com>. Acesso em: 30 abr. 2010.

■ Ineficácia do decreto de prisão omisso quanto ao respectivo prazo

Não é correto o entendimento de que, nesse caso, deve-se considerar como correspondente a um mês, que é o mínimo previsto em lei (CPC/1973, art. 733, § 1º; CPC/2015, art. 528, § 3º). **Sendo omisso, é ineficaz** e, portanto, inexequível, ressalvando-se, porém, a possibilidade da decretação por outra decisão que atenda aos ditames legais[137].

■ Recurso cabível contra a decretação da prisão

Caracterizando-se o deferimento da prisão civil, bem como o indeferimento, como decisão interlocutória, o recurso cabível é o **agravo de instrumento**.

Como tal recurso não tinha efeito suspensivo, impetrava-se mandado de segurança para a obtenção desse efeito. Hoje, no entanto, com a regulamentação dada ao agravo de instrumento pelo diploma processual civil (art. 1.015, parágrafo único), **não se justifica mais a impetração do *mandamus***, porque o agravante pode requerer diretamente ao relator que determine a suspensão do cumprimento da decisão agravada até o julgamento do recurso pela turma.

O Tribunal de Justiça de São Paulo, considerando estar em jogo, nesses casos, o direito de locomoção, **tem admitido a impetração de *habeas corpus* em caso de *evidente ilegalidade***, inadmitindo-o, todavia, quando o impetrante apenas alega **impossibilidade econômico-financeira** de efetuar o pagamento das prestações alimentícias. Nessa mesma direção pontificou o Superior Tribunal de Justiça:

> "Alimentos. Discussão sobre a **possibilidade** de o alimentante pagar a pensão e a **necessidade** do alimentado. Matéria reservada ao juízo competente cível, no mérito da ação de execução, refugindo ao âmbito do *habeas corpus*"[138].

Tem-se admitido a sua impetração, todavia, em casos de **evidente ilegalidade**, assim se entendendo:

- a falta de fundamentação do decreto de prisão;
- a inobservância dos princípios do contraditório e da ampla defesa, com citação para pagamento, sob pena de prisão, sem possibilitar à defesa as alternativas do art. 528, § 3º, do CPC/2015;
- a incompetência do juízo;
- a inexistência de cálculo quando necessário;
- o não exaurimento da execução mediante desconto ou expropriação, segundo a ordem legal de preferências;
- a fixação do prazo da prisão fora dos limites legais etc.

■ Inadmissibilidade de nova prisão do devedor pelo não pagamento das mesmas prestações vencidas

Cumprida a pena de prisão, o devedor não poderá ser novamente preso pelo **não pagamento das mesmas prestações vencidas**, mas poderá sê-lo outras vezes mais, quantas forem necessárias, **se não pagar *novas* prestações que se vencerem**. Veja-se:

---

137 *RT*, 490/373.

138 *RT*, 787/183.

> "Prisão civil. Alimentos. **Renovação pelo não pagamento da mesma dívida. Inadmissibilidade**. Ofensa ao princípio da dignidade humana. Alimentante que se qualificou como desempregado. Encarceramento que não surtiu o efeito desejado. Dívida que admite outras formas de execução"[139].

■ Decretação da prisão somente em caso de não pagamento das três últimas prestações

Têm os tribunais proclamado que a prisão civil tem em vista a preservação da vida e somente poderá ser imposta para compelir o alimentante a suprir as necessidades *atuais* do alimentário, **representadas pelas três últimas prestações**, devendo as pretéritas ser cobradas em procedimento próprio. O Superior Tribunal de Justiça tem decidido iterativamente, com efeito:

> "A execução de alimentos prevista pelo art. 733 do Código de Processo Civil [de 1973, atual art. 911] **restringe-se às três prestações** anteriores ao ajuizamento da execução e às que vencerem no seu curso, conforme precedentes desta Corte"[140].

Esse reiterado posicionamento resultou na edição da Súmula 309, do seguinte teor:

> "O débito alimentar que autoriza a prisão civil do alimentante é o que compreende as **três prestações** anteriores à citação e as que vencerem no curso do processo".

É preciso verificar, contudo, se as prestações pretéritas tornaram-se antigas **devido à má-fé e desídia do devedor ou às dificuldades e carências do credor, não se aplicando o referido critério no primeiro caso**. Assim, "havendo injustificável desídia do devedor em quitar suas obrigações, notadamente em razão de, à exceção de um mês, nada ter sido pago ao alimentando desde a sentença, admissível a decretação da prisão em relação a todo o débito"[141].

■ Prestações vencidas no curso da execução

No caso de *prestações vencidas no curso da execução*, **não se aplica a jurisprudência que restringe a prisão ao pagamento das três últimas parcelas**. Se "o credor por alimentos tarda em executá-los, a prisão civil só pode ser decretada quanto às prestações dos últimos três meses. Situação diferente, no entanto, é das prestações que vencem após o início da execução. **Nesse caso, o pagamento das três últimas prestações não livra o devedor da prisão civil**. A não ser assim, a duração do processo faria por beneficiá-lo, que seria maior ou menor, conforme os obstáculos e incidentes por ele criados (...). A ponto de que a cada dois anos provavelmente paga-

---

[139] *JTJ*, Lex, 263/240.

[140] HC 30.528, 4ª T., rel. Min. Asfor Rocha, j. 18-11-2003. *V.* ainda: "Prisão civil. Pagamento das três últimas prestações vencidas à data do mandado de citação e as vincendas durante o processo. Ato que, ao ser efetivado, evita a prisão do devedor" (STJ, *RT*, 809/203); "Prisão civil. Pensão alimentícia. Medida que só se justifica no que tange à falta de pagamento das prestações vencidas nos três meses anteriores à propositura da execução, e àquelas vencidas no decurso do respectivo processo" (STJ, *RT*, 810/165). No mesmo sentido: *RT*, 791/200 e 801/141.

[141] STJ, REsp 157.664-SP.

ria as três últimas prestações, para se livrar da prisão, as restantes sujeitando-se à cobrança pelos meios comuns, de duvidosa eficácia"[142].

■ Quitação parcial do débito

A quitação parcial do débito relativo à pensão alimentícia **não tem o condão de elidir a dívida** e, por isso, não gera a revogação do decreto prisional, expedido por falta de pagamento da obrigação[143].

■ Restabelecimento da ordem de prisão em caso de não cumprimento do acordo

Tem a jurisprudência, especialmente a do Superior Tribunal de Justiça, proclamado que, se o processo de execução de alimentos é suspenso por força de **acordo entre as partes**, o *inadimplemento deste* "autoriza o **restabelecimento da ordem de prisão** anteriormente decretada, independentemente de nova citação do devedor. Basta a intimação do respectivo procurador"[144].

Efetivamente, as Turmas que compõem a 2ª Seção da aludida Corte "assentaram que a celebração de acordo nos autos de execução de alimentos, por si só, **não impede a efetivação da prisão civil do devedor se o mesmo não cumprir o avençado**"[145].

■ Protesto da escritura pública, em caso de inadimplemento da obrigação alimentar nela estipulada

Foi dito, no item 13.4, *retro*, que um dos motivos para o casal optar pelo divórcio judicial e não pelo extrajudicial consiste no fato de ser imprescindível a prolação de decisão judicial para que, havendo, no futuro, eventual descumprimento da obrigação alimentícia pelo devedor, possa o credor (alimentando) utilizar o procedimento especial de execução de alimentos (CPC/2015, art. 911), por meio da coerção pessoal consistente na prisão civil do alimentante.

Com efeito, a escritura pública não constitui decisão judicial e, por esse motivo, não autoriza o pedido de prisão civil do devedor. Entretanto, caso essa forma tenha sido utilizada, **poderá o credor da pensão inadimplida levar a escritura pública a protesto**, com base no art. 1º da Lei n. 9.492, de 10 de setembro de 1997, que prevê expressamente o protesto das dívidas constantes em documentos, enquadrando-se nessas hipóteses a obrigação alimentar estipulada na escritura pública.

A premissa n. 4, publicada na Edição 77 da ferramenta *Jurisprudência em Teses*, do Superior Tribunal de Justiça, de março de 2017 (Alimentos II), assim dispõe: "O cumprimento da prisão civil em regime semiaberto ou em prisão domiciliar é excepcionalmente autorizado quando demonstrada a idade avançada do devedor de alimentos ou a fragilidade de sua saúde".

---

[142] STJ, REsp 278.734-RJ.

[143] TJRS, Ap. 70.013.980.990, rel. Des. Luiz Felipe Brasil Santos, j. 25-1-2006.

[144] STJ, HC 16.602-SP, 3ª T., rel. Min. Ari Pargendler, j. 7-8-2001.

[145] STJ, HC 20.369-SP, 3ª T., rel. Min. Menezes Direito, j. 26-3-2002. No mesmo sentido: STJ, REsp 401.273-SP, 4ª T., rel. Min. Aldir Passarinho Jr., j. 25-2-2003; HC 71.527-SP, 3ª T., rel. Min. Menezes Direito, j. 10-4-2007; TJSP, Ap. 134.410-4-DP, 10ª Câm. Dir. Priv., rel. Des. Souza José, j. 22-2-2000, v. u.; AgI 81.367-4-Jaú, 8ª Câm. Dir. Priv., rel. Des. César Lacerda, j. 16-9-1998, v. u.

■ 24.7. ALIMENTOS GRAVÍDICOS

Como mencionado no item 24.4.4.3, *retro*, uma considerável parcela da jurisprudência tem reconhecido a legitimidade processual do **nascituro**, representado pela mãe, para propor ação de alimentos ou ação de investigação de paternidade com pedido de alimentos. Mesmo a corrente que franqueia ao nascituro o acesso ao Judiciário impõe-lhe, porém, como requisito, a **demonstração prévia do vínculo de paternidade**, como o exige o art. 2º da Lei de Alimentos (Lei n. 5.478, de 25-7-1968).

A Lei n. 11.804, de 5 de novembro de 2008, que regulou os alimentos gravídicos, veio resolver esse problema, **conferindo legitimidade ativa à própria gestante para a propositura da ação de alimentos**. O objetivo da referida lei, em última análise, é proporcionar um nascimento com dignidade ao ser concebido.

■ Conceito

Alimentos gravídicos, segundo o art. 2º da citada Lei, são os destinados a cobrir as **despesas adicionais do período de gravidez** e que sejam dela decorrentes, da concepção ao parto. Compreendem inclusive (o rol não é taxativo) as referentes a "alimentação especial, assistência médica e psicológica, exames complementares, internações, parto, medicamentos e demais prescrições preventivas e terapêuticas indispensáveis, a juízo do médico, além de outras que o juiz considerar pertinentes".

■ Legitimidade ativa da mulher gestante

Preceitua o art. 1º da lei em epígrafe:

> "Esta Lei disciplina o direito de alimentos da mulher gestante e a forma como será exercido".

A *legitimidade* para a propositura da ação de alimentos é, portanto, da **mulher gestante**, independentemente de qualquer vínculo desta com o suposto pai. Basta a existência de *indícios de paternidade*, para que o juiz fixe os **alimentos gravídicos, que perdurarão até o nascimento da criança** (art. 6º). Ao fazê-lo, o juiz sopesará as necessidades da parte autora e as possibilidades da parte ré.

■ Legitimidade passiva

A legitimidade passiva foi atribuída exclusivamente **ao suposto pai**, não se estendendo a outros parentes do nascituro. **Compete à gestante o ônus de provar a necessidade de alimentos**. O suposto pai não é obrigado a arcar com todas as despesas decorrentes da gravidez, pois o parágrafo único do art. 2º da lei em apreço proclama que "os alimentos de que trata este artigo referem-se à parte das despesas que deverá ser custeada pelo futuro pai, **considerando-se a contribuição que também deverá ser dada pela mulher grávida**, na proporção dos recursos de ambos".

■ Conversão dos alimentos gravídicos em pensão alimentícia, após o nascimento com vida

Dispõe o parágrafo único do art. 6º da referida Lei que, "após o nascimento com vida, os alimentos gravídicos ficam **convertidos em pensão alimentícia em favor do menor** até que uma das partes solicite a sua revisão".

Quando do nascimento, os alimentos gravídicos mudam de natureza, **convertem-se em favor do filho**, apesar de o encargo do poder familiar ter parâmetro diverso, pois deve garantir ao credor o direito de desfrutar da mesma condição social do devedor.

A propósito, não admite Flávio Monteiro de Barros possa o juiz estabelecer um valor para a gestante, até o nascimento e, atendendo ao critério da proporcionalidade, fixar alimentos para o filho, a partir do seu nascimento. Frisa o mencionado autor que a ação de alimentos gravídicos não tem o objetivo de criar vínculo definitivo de paternidade. Não se pode olvidar, afirma, que o suposto pai, que figura como réu nessa ação, é condenado a pagar alimentos com base em meros indícios de paternidade. Logo, **as verbas alimentares não podem ultrapassar o conteúdo fixado pela Lei n. 11.804/2008**, cujo objetivo é a tutela dos direitos do nascituro e da gestante. Para que o valor dos alimentos abranja outras despesas, como educação, alimentação, habitação, saúde etc., "**é essencial a propositura de outra ação**, seja apenas de alimentos ou investigação de paternidade cumulada com alimentos, na qual se permitirá a ampla discussão da paternidade, realizando-se, inclusive, os exames periciais pertinentes"[146].

O Tribunal de Justiça do Rio Grande do Sul, examinando o preenchimento dos requisitos para a obtenção dos alimentos gravídicos *ab initio*, decidiu que, nos casos *sub judice*, foram levados aos autos "elementos suficientes acerca da existência de um namoro existente entre as partes. A agravante demonstra a **coabitação com o agravado em período compatível com a concepção** (*contrato de locação e comprovante de residência*). Além disso, há **fotos das partes** datadas de abril de 2008, o que vem ao encontro da tese da autora. A **gravidez** de C., por sua vez, está comprovada pelo exame de sangue de fls. 22. Ainda que não se trate de provas cabais acerca da paternidade do agravado, não se pode negar que há indícios suficientes para corroborar a versão da autora"[147].

■ O procedimento

A *petição inicial* da ação de alimentos gravídicos deve vir instruída com a **comprovação da gravidez** e dos **indícios de paternidade** do réu (por exemplo, cartas, *e-mails* ou outro documento em que o suposto pai admite a paternidade; comprovação da hospedagem do casal em hotel, pousada ou motel, no período da concepção; fotografias que comprovem o relacionamento amoroso do casal no período da concepção etc.).

Os **indícios de paternidade devem ser analisados sem muito rigor pelo juiz**, ao decidir pela concessão ou não dos alimentos gravídicos, decidiu o Tribunal de Justiça do Rio Grande do Sul. Caso contrário, frisou o relator, diante da dificuldade na comprovação do vínculo de parentesco, não se atenderá à finalidade da lei, que é proporcionar ao nascituro um desenvolvimento sadio. Com esse entendimento, a aludida Corte considerou procedente o pedido de uma gestante na ação de alimentos gravídicos movida contra seu ex-companheiro, suposto pai do bebê. Os desembargadores aceitaram como **indício de paternidade uma nota fiscal da compra de um carrinho de bebê, em nome do suposto pai**[148].

---

[146] Alimentos gravídicos, in *Boletim 03/09*, Jornal do Curso FMB, 2009.

[147] TJRS, AgI 70.028.667.988-Palmares do Sul, 8ª Câm. Cív., rel. Des. Claudir Fidélis Faccenda, j. 6-3-2009.

[148] TJRS, AgI 70.046.905.147, 8ª Câm. Cív., rel. Des. Ricardo Moreira, in <http://www.conjur.com.br> de 21-5-2012.

O Juiz **não pode determinar a realização de exame de DNA** por meio da coleta de líquido amniótico, em caso de negativa da paternidade, porque pode colocar em risco a vida da criança, além de retardar o andamento do feito. Todavia, **após o nascimento com vida**, o vínculo provisório da paternidade pode ser desconstituído mediante ação de exoneração da obrigação alimentícia, com a realização do referido exame.

■ Responsabilidade civil da mãe, em caso de dolo ou culpa grave

Prescrevia o art. 9º do projeto de lei que resultou na citada Lei n. 11.804/2008 que, "em caso de resultado negativo do exame pericial de paternidade, o autor responderá, objetivamente, pelos danos materiais e morais causados no réu". **Tal dispositivo foi vetado**, uma vez que afrontava o princípio constitucional do acesso à justiça, prevendo a obrigação da mulher gestante de indenizar o suposto pai pelo simples fato de havê-lo acionado judicialmente.

Entretanto, embora afastada a responsabilidade objetiva da autora da ação, **resta a possibilidade de ser esta responsabilizada com base no art. 186 do Código Civil**, que exige, para tanto, como regra geral, prova de dolo ou da culpa em sentido estrito do causador do dano. O problema é que, nesse caso, qualquer grau de culpa, mesmo a levíssima, pode ser considerado pelo julgador (*in lege Aquilia et levissima culpa venit*) — o que poderia desencorajar a mulher grávida de propor ação de alimentos gravídicos, para não correr o risco de, no caso de insucesso da empreitada, vir a ser condenada a indenizar o suposto pai.

Afigura-se-nos, nesse caso, razoável afirmar que **não se pode ser rigoroso na apreciação da conduta da mulher gestante, sob pena de se criar uma excessiva restrição ao direito de postular em juízo**, que constituiria um perigoso risco para quem se dispusesse a exercê-lo. Deve-se aplicar o mesmo critério recomendado para o caso de oposição, de má-fé, de impedimentos ao casamento, comentado no item 6.1.3, *retro*, qual seja: **somente a culpa que revele uma total ausência de cautelas mínimas por parte da mulher pode justificar a sua responsabilização**, afastando-se as hipóteses de culpa levíssima e até mesmo da culpa leve. **Somente o dolo ou culpa grave** serviriam de fundamento para a sentença condenatória.

■ Improcedência da ação

Julgada *improcedente* a ação de alimentos, **descabe ação de repetição de indébito** por parte do suposto pai, relativa aos pagamentos efetuados, em virtude do princípio da *irrepetibilidade* dos alimentos (*v.* item 24.4.2.8, *retro*).

■ Prisão civil do devedor

Na V Jornada de Direito Civil do Conselho Federal, foi aprovado o Enunciado 522, com a seguinte redação:

> "Cabe prisão civil do devedor nos alimentos gravídicos estabelecidos com base na Lei n. 11.804/2008, inclusive deferidos em qualquer caso de tutela de urgência".

■ 24.8. RESUMO

DOS ALIMENTOS	
CONCEITO	■ *Alimentos* são prestações para satisfação das necessidades vitais de quem não pode provê-las por si. Têm por *finalidade* fornecer a um parente, cônjuge ou companheiro o necessário à sua subsistência.

CONTEÚDO	■ Abrangem o indispensável ao sustento, vestuário, habitação, assistência médica e instrução (CC, art. 1.920).
ESPÉCIES	■ **Quanto à natureza** a) ***naturais*** (ou necessários); b) ***civis*** (ou côngruos). ■ **Quanto à causa jurídica** a) ***legais*** (ou legítimos): devidos em virtude de uma obrigação legal, que pode decorrer do **parentesco**, do **casamento** ou do **companheirismo** (CC, art. 1.694); b) ***voluntários***: emanados de uma declaração de vontade ***inter vivos*** (obrigacionais) ou ***causa mortis*** (testamentários); c) ***indenizatórios*** (ou ressarcitórios): resultantes da prática de ato ilícito. ■ **Quanto à finalidade** a) ***definitivos***: de caráter permanente, embora possam ser revistos (CC, art. 1.699); b) ***provisórios***: fixados liminarmente no despacho inicial; c) ***provisionais*** (ou ***ad litem***): determinados em medida cautelar. ■ **Quanto ao momento em que são reclamados** a) ***pretéritos***: quando o pedido retroage a período anterior ao ajuizamento da ação. Não são devidos; b) ***atuais***: os postulados a partir do ajuizamento da ação; c) ***futuros***: os alimentos devidos somente a partir da sentença.
OBRIGAÇÃO ALIMENTAR	■ **Noção** Decorre da lei e é fundada no ***parentesco*** (CC, art. 1.694), ficando circunscrita aos ascendentes, descendentes e colaterais até o segundo grau, com reciprocidade. ■ **Características** a) é ***transmissível*** (CC, art. 1.700); b) é ***divisível*** e não solidária. Cada devedor responde por sua quota-parte (CC, art. 1.698). ■ **Pressupostos** a) existência de um vínculo de parentesco; b) necessidade do reclamante; c) possibilidade da pessoa obrigada; d) proporcionalidade entre as necessidades do alimentário e os recursos do alimentante.
ALIMENTOS DECORRENTES DO DEVER FAMILIAR	■ Os alimentos decorrem também do ***dever familiar***, como ocorre na relação entre os pais e os filhos menores, entre cônjuges e companheiros. O dever de sustentar os ***filhos menores*** é expresso nos arts. 1.566, IV, do CC, e 229 da CF. Cessa quando o filho se emancipa ou atinge a maioridade, podendo surgir, depois, a ***obrigação alimentar***, de natureza genérica, decorrente do parentesco (CC, art. 1.694).
CARACTERÍSTICAS DO DIREITO A ALIMENTOS	a) é personalíssimo; b) é incessível (CC, arts. 286 e 1.707); c) é impenhorável (CC, art. 1.707); d) é incompensável (CC, arts. 373, II, e 1.707); e) é imprescritível, prescrevendo somente as prestações já fixadas; f) é intransacionável, podendo ser transacionado somente o ***quantum*** das prestações (CC, art. 841); g) é atual; h) é irrepetível ou irrestituível; i) é irrenunciável (CC, art. 1.707).
PESSOAS OBRIGADAS A PRESTAR ALIMENTOS	■ **Em razão da união conjugal** ***Cônjuge*** ou ***companheiro***, durante ou após a dissolução da sociedade conjugal ou da união estável (CC, art. 1.694). Cessa o dever com "o casamento, a união estável ou o concubinato do credor" (CC, art. 1.708), bem como com o procedimento indigno deste (parágrafo único). ■ **Em razão do parentesco (ordem preferencial)** a) pai e mãe; b) demais ascendentes, na ordem de sua proximidade; c) descendentes, na ordem da sucessão; d) os irmãos, unilaterais ou bilaterais, sem distinção ou preferência (CC, arts. 1.696 e 1.697).

MEIOS PARA GARANTIR PAGAMENTO DA PENSÃO	**a)** Ação de alimentos, para reclamá-los (Lei n. 5.478/68). **b)** Execução por quantia certa (CPC/2015, art. 913). **c)** Penhora em vencimento de magistrados, professores e funcionários públicos, soldo de militares e salários em geral, inclusive subsídios de parlamentares (CPC, art. 833, IV). **d)** Desconto em folha de pagamento da pessoa obrigada (CPC, art. 529). **e)** Reserva de aluguéis de prédios do alimentante (Lei n. 5.478/68, art. 17). **f)** Entrega ao cônjuge, mensalmente, para assegurar o pagamento de alimentos provisórios (Lei n. 5.478/68, art. 4º, parágrafo único), de parte da renda líquida dos bens comuns, administrados pelo devedor, se o regime de casamento for o da comunhão universal de bens. **g)** Constituição de garantia real ou fidejussória e de usufruto (Lei n. 6.515/77, art. 21). **h)** Prisão do devedor (Lei n. 5.478/68, art. 21; CPC, art. 911).
AÇÃO DE ALIMENTOS	■ Só pode valer-se do rito especial da Lei de Alimentos (Lei n. 5.478/68) quem puder apresentar prova pré-constituída do ***parentesco*** (certidão de nascimento) ou do ***dever alimentar*** (certidão de casamento ou comprovante do companheirismo). Quem não puder fazê-lo terá de ajuizar ação ordinária. ■ Ao despachar a inicial, o juiz fixará desde logo ***alimentos provisórios*** (art. 4º). ■ A ***ação revisional*** dos alimentos definitivos segue o mesmo rito da Lei n. 5.478/68 (art. 13). ■ Na sentença, o juiz fixa alimentos segundo seu convencimento, não estando adstrito ao ***quantum*** pleiteado na inicial. O critério para a fixação é a necessidade do alimentando e a possibilidade do alimentante. ■ O débito alimentar que autoriza a prisão civil do alimentante é o que compreende as três prestações anteriores à citação e as que vencerem no curso do processo (STJ, Súmula 309).

■ 24.9. QUESTÕES

1. (PGE/AM/Defensor Público/Fundação Carlos Chagas/2018) Em relação a alimentos,

a) com o nascimento com vida da criança, os alimentos gravídicos concedidos à gestante serão convertidos automaticamente em pensão alimentícia em favor do recém-nascido, com mudança, assim, da titularidade dos alimentos, sem que, para tanto, seja necessário pronunciamento judicial ou pedido expresso da parte.

b) uma vez tendo o alimentante sido preso pelo inadimplemento das prestações alimentícias, estará isento de nova prisão por inadimplemento futuro, nesse caso sendo possível apenas penhora em bens de que seja proprietário ou possuidor.

c) o direito à prestação de alimentos é recíproco entre pais e filhos, e extensivo a todos ascendentes, recaindo a obrigação nos parentes consanguíneos ou afins até o terceiro grau, inclusive.

d) o inadimplemento de prestações alimentícias que justifica a prisão civil do alimentante é o que se refere aos últimos seis meses vencidos, em razão da finalidade do crédito, de resguardo à sobrevivência do alimentando.

e) ao completar 18 anos, pode o alimentante deixar de pagar automaticamente os alimentos, haja vista as maioridade atingida pelo alimentando, a quem caberá a prova da permanência da necessidade à pensão.

2. (MP/AL/Analista — Área Jurídica/Fundação Getulio Vargas/2018) Shirley e Henrique, universitários, os dois com 19 anos, tiveram uma filha, fruto de um rápido namoro. Após o nascimento de Kátia, Shirley estabeleceu união estável com sua amiga de infância Carla, próspera e jovem empresária, com quem reside junto com sua filha. Shirley, embora trabalhe, não aufere renda suficiente para o sustento de Kátia, que não recebe qualquer contribuição de Henrique, visto que desempregado. Inconformada por não contar com Henrique na divisão das despesas de Kátia, Shirley resolve propor ação de alimentos em face dos avós paternos da criança, já que não conta com a ajuda de seus falecidos pais. Quanto ao pedido de alimentos, assinale a afirmativa CORRETA.

a) Procede a cobrança, uma vez que os avós são responsáveis subsidiários.

b) Deve ser acolhido, pois os avós são solidários com Henrique na dívida alimentar.

c) Não deve ser acolhido, uma vez que os avós não são os pais de Kátia.

d) Não tem cabimento, pois Carla deverá auxiliar nas despesas de Kátia.
e) Pode ser acolhido, desde que os alimentos sejam proporcionais ao auxílio prestado por Carla.

3. (Del/Pol/RJ/Acadepol/RJ/2009) A respeito dos alimentos no Código Civil em vigor, assinale a alternativa INCORRETA:

a) O cônjuge declarado culpado na ação de separação judicial pode pedir alimentos ao outro.
b) A obrigação de prestar alimentos pode ser transmitida aos herdeiros.
c) É possível que a pessoa que necessite dos alimentos não venha a pedi-los, mas a renúncia ao direito a alimentos não é permitida.
d) Os alimentos devem ser fixados na proporção das necessidades do reclamante e dos recursos da pessoa obrigada.
e) A pessoa obrigada a suprir alimentos poderá pensionar o alimentando, ou dar-lhe hospedagem e sustento, deixando, assim, de prestar o necessário à sua educação, quando menor.

4. (OAB/Exame de Ordem 2009.2/CESPE/UnB/2009) Assinale a opção CORRETA acerca dos encargos alimentares.

a) Alimentos são devidos entre cônjuges, companheiros e parentes, limitando-se, neste caso, aos colaterais até o terceiro grau.
b) A fixação dos alimentos privilegia a necessidade em detrimento da possibilidade.
c) A transmissão da obrigação alimentícia não ocorre em relação aos herdeiros do devedor, visto que é obrigação personalíssima.
d) Admite-se a prestação de alimentos com caráter complementar, desde que reste comprovado que os alimentos originalmente fixados não atendem integralmente às necessidades do credor.

5. (MP/BA/Promotor de Justiça/2010) Segundo os ensinamentos do mestre Paulo Nader, o direito subjetivo aos alimentos vincula-se, umbilicalmente, aos valores de sobrevivência. Assim, assinale a alternativa CORRETA, após a aferição da veracidade das assertivas abaixo.

I. Os alimentos côngruos ou civis limitam-se a suprir as carências fundamentais da pessoa.
II. Enquanto direito real, o usufruto pode ser instituído visando a uma finalidade alimentar.
III. Como corolário de seu caráter personalíssimo, o direito subjetivo aos alimentos é incessível.
IV. Na conformidade do Código Civil em vigor, o direito a alimentos, por ser inerente à pessoa humana, é irrenunciável.
V. As obrigações derivadas de alimentos podem ser extintas mediante o instituto da compensação.

a) FVVVF.
b) VFVVF.
c) VFFFV.
d) FVFVV.
e) VFFVV.

6. (TJSC/Juiz de Direito/2010) Assinale a alternativa CORRETA:

I. Após homologação judicial, extingue-se o poder familiar pela emancipação derivada da concessão por ambos os pais ou de um deles na falta do outro, se o menor tiver 16 (dezesseis) anos completos. Se houver discordância entre os pais na concessão ou não da emancipação é assegurado o direito de um dos genitores ou de o menor recorrer ao Poder Judiciário.
II. Não basta o adultério da mulher, com quem o marido vivia sob o mesmo teto, para ilidir a presunção legal da paternidade do filho. No entanto, a confissão materna, a critério do juiz, pode ser considerada suficiente como meio de prova para a exclusão da paternidade.
III. A perda do poder familiar é uma sanção imposta por sentença judicial ao pai ou à mãe que executar atos que a justificam, como por exemplo uso abusivo de álcool ou de entorpecentes, prática de obscenidades no lar testemunhadas pelo menor ou submissão da criança ou adolescente a abuso sexual.

IV. O Código Civil prevê que, se o pai ou a mãe que deve alimentos em primeiro lugar não estiver em condições de suportar totalmente o encargo, os avós podem ser obrigados a prestar alimentos aos netos. Esta obrigação não tem o caráter de solidariedade mas o de subsidiariedade e de complementaridade.

a) Somente as proposições I, III e IV estão corretas.
b) Somente as proposições III e IV estão corretas.
c) Somente as proposições II e IV estão corretas.
d) Somente as proposições II e III estão corretas.
e) Todas as proposições estão corretas.

7. (MP/MG/Promotor de Justiça/XLIX Concurso/2010) Relativamente a alimentos, assinale a opção CORRETA.

a) Exercido o credor o direito de cobrar alimentos, pode cedê-los a terceiros, oferecê-los em penhora ou compensação.
b) Declarada a insolvência do supridor, o alimentando pode exigir o cumprimento da obrigação ou prisão do devedor *incontinenti*.
c) Considera-se recíproca a obrigação alimentar entre ascendentes e descendentes, afins e consanguíneos e irmãos germanos.
d) São devidos alimentos, decorrentes de atos ilícitos, testamentos, legados, promessa política e contratos.
e) Compõem-se os alimentos de comida, moradia, vestuário, assistência médica, além da educação, se o alimentado for menor.

8. (MP/GO/Promotor de Justiça/2010) Acerca dos alimentos, de acordo com a jurisprudência do Superior Tribunal de Justiça, assinale a alternativa CORRETA:

a) Mesmo que os pais não tenham condições financeiras de prestar auxílio material aos filhos menores, os alimentos não poderão ser exigidos dos tios, pois a obrigação alimentar decorre de lei, que indica os parentes de forma taxativa, não abrangendo tios e sobrinhos.
b) Embora os tios não possam ser obrigados a prestar alimentos a seus sobrinhos menores, por falta de previsão legal, caso o façam terão direito a repetição do indébito.
c) Apesar de a lei indicar tios e sobrinhos, dentre os parentes que se podem exigir alimentos, a exigência somente pode incidir sobre aqueles, na falta dos demais.
d) Após a separação dos pais, caso não tenham condições financeiras de prestar auxílio material aos filhos menores, os alimentos poderão ser exigidos dos tios.

9. (TJPE/Juiz de Direito/Fundação Carlos Chagas/2011) O direito à prestação de alimentos obedece às seguintes regras:

I. É recíproco entre pais e filhos e extensivo a todos os ascendentes, recaindo a obrigação nos mais próximos em grau, uns em falta de outros;
II. Na falta de ascendentes e descendentes, cabe a obrigação aos irmãos germanos, mas não aos unilaterais, salvo se apenas unilaterais houver;
III. Se o parente, que deve alimentos em primeiro lugar, não estiver em condições de suportar totalmente o encargo, serão chamados a concorrer os de grau imediato;
IV. Na falta dos ascendentes, cabe a obrigação aos descendentes, independentemente da ordem de sucessão.
V. Sendo várias as pessoas obrigadas a prestar alimentos, todas devem concorrer na proporção dos respectivos recursos, e, intentada ação contra uma delas, poderão as demais ser chamadas a integrar e lide.

Estão CORRETAS apenas:

a) I, II e III.
b) I, III e V.
c) I, IV e V.
d) II, III e IV.
e) III, IV e V.

10. (OAB/Exame de Ordem 2010.3/Fundação Getulio Vargas/2011) Em relação aos alimentos, assinale a alternativa CORRETA.

a) Eles não servem apenas para garantir as necessidades básicas do alimentando, mas também para preservar a condição social de quem os pleiteia.
b) No atual Código Civil, o cônjuge eventualmente declarado culpado pela separação não sofre qualquer restrição em seu direito de pedir alimentos ao outro cônjuge.
c) A obrigação alimentar possui como característica básica ser irrenunciável, não poder ser restituída ou compensável e ser intransmissível.
d) A possibilidade de os filhos maiores pedirem alimentos aos pais continua a existir após se atingir a maioridade, em razão da continuação do poder familiar que esses exercem sobre os filhos necessitados.

11. (MP/RJ/Promotor de Justiça/XXXII Concurso/2011) A obrigação alimentar é um dos mais importantes temas do Direito de Família. O advento do Código Civil e de microssistemas legislativos ensejou grandes mudanças na normatização da matéria. Diante disso, é CORRETO afirmar que:

a) A obrigação alimentar avoenga fundamenta-se no poder familiar e necessita da presença do binômio possibilidade/necessidade. Para alguns autores, não se deve falar mais em binômio, e sim em trinômio, incluindo a proporcionalidade como novo requisito para a obrigação alimentar.
b) Segundo entendimento pacificado e sumulado do Egrégio Superior Tribunal de Justiça, julgada procedente a ação de investigação de paternidade, os alimentos são devidos a partir da prolação da sentença.
c) Em conformidade com determinação expressa da Lei n. 11.804/08, os alimentos gravídicos serão fixados a partir da citação.
d) A doutrina é uníssona, sob o prisma do Código Civil, em afirmar que o dever de prestar alimentos recíprocos entre pais e filhos não tem natureza solidária, porque é conjunto. Já o Estatuto do idoso atribuiu natureza solidária à obrigação de prestar alimentos quando os credores forem idosos e, por força da sua natureza especial, o Estatuto prevalece sobre as disposições específicas do Código Civil.
e) As parcelas fixadas e convencionadas da verba alimentar não prescrevem, sendo uma decorrência lógica da característica da imprescritibilidade do direito subjetivo relativo aos alimentos.

12. (TJSP/Juiz de Direito/184° Concurso/VUNESP/2013) Acerca de alimentos, assinale a alternativa CORRETA.

a) A lei permite que a mulher grávida postule alimentos, que compreendem os valores suficientes para cobrir as despesas adicionais do período de gravidez e que sejam dela decorrentes, da concepção ao parto.
b) O cônjuge declarado culpado na ação de separação judicial perde definitivamente o direito de pleitear alimentos do outro cônjuge, ainda que não lhe reste qualquer outro meio de subsistência.
c) Os alimentos provisórios são aqueles postulados liminarmente, ao passo que os provisionais são aqueles concedidos definitivamente.
d) A obrigação de prestar alimentos é personalíssima, não se transmitindo aos herdeiros do devedor.

13. (MP/AC/Promotor de Justiça/CESPE/UnB/2014) Com relação à prestação de alimentos, assinale a opção CORRETA.

a) A obrigação alimentar, por ser personalíssima, não pode ser transmitida aos herdeiros do devedor.
b) Quanto à finalidade, os alimentos são assim definidos: provisórios, os fixados em medidas cautelares; e definitivos, os fixados por sentença ou acordo, em caráter permanente, sem possibilidade de revisão.
c) O direito aos alimentos é personalíssimo, podendo, contudo, ser objeto de cessão de crédito quando pretéritos, uma vez que integrados ao patrimônio do alimentando.

d) O direito a alimentos pode ser cobrado dos pais e dos demais ascendentes; por outro lado, os pais somente podem pedir alimentos aos filhos, não se estendendo esse direito aos descendentes de grau mais remoto, como netos e bisnetos.
e) A sentença que fixa alimentos definitivos faz coisa julgada material, não sendo passível de mudança.

14. (MP/SP/Promotor de Justiça/90º Concurso/2013) Em matéria de alimentos, é CORRETO afirmar:

a) a fixação de alimentos em favor de mulher gestante depende de prova pré-constituída da paternidade.
b) após o nascimento da criança com vida, os alimentos gravídicos se extinguem, independentemente de sentença, devendo ser proposta ação de alimentos pelo recém-nascido contra o pai.
c) os alimentos gravídicos compreenderão os valores suficientes para cobrir as despesas com o parto, vedada pelo legislador a cobertura de outras despesas.
d) na ação de alimentos gravídicos, o prazo para o réu apresentar resposta é de 15 (quinze) dias.
e) na ação de alimentos gravídicos, é admitida a fixação de alimentos provisórios pelo juiz.

15. (MP/SP/Promotor de Justiça/91º Concurso/2015) Sobre as pessoas obrigadas a prestar alimentos, é correto afirmar que:

a) o alimentando poderá escolher livremente o parente que deverá prover o seu sustento.
b) somente pessoas que procedem do mesmo tronco ancestral devem alimentos, incluindo-se os afins.
c) na falta dos ascendentes, a obrigação alimentícia cabe aos descendentes, guardada a ordem de sucessão e, na falta destes, aos irmãos, assim germanos como unilaterais.
d) os tios poderão ser convocados a suprir alimentos em ação proposta pela sobrinha que deles necessitar.
e) os pais consanguíneos do adotado são obrigados a prestar-lhe alimentos, se o adotante não tiver recursos suficientes para tanto.

16. (TJSP/Juiz de Direito/186º Concurso/VUNESP/2015) Acerca dos alimentos, é CORRETO afirmar que:

a) considerando que se extingue o poder familiar pela maioridade (art. 1.635 do Código Civil), cessa desde logo o dever de prestar alimentos, dispensada decisão judicial a esse respeito.
b) a obrigação alimentar dos ascendentes é subsidiária à obrigação alimentar entre irmãos, germanos ou unilaterais.
c) o débito alimentar que autoriza a prisão civil do alimentante é o que compreende as prestações que se vencerem no curso do processo.
d) se o cônjuge declarado culpado pela separação judicial vier a necessitar de alimentos e não tiver aptidão para o trabalho, o outro cônjuge será obrigado a assegurá-los, desde que inexistam parentes na condição de prestá-los, limitados ao *quantum* indispensável à sobrevivência.

17. (TJRJ/Juiz de Direito/XLVII Concurso/VUNESP/2016) Mark e Christina divorciaram-se consensualmente, estabelecendo a guarda unilateral para a mãe do único filho, Piero, em razão de sua tenra idade (3 anos). Estabeleceram, ainda, que o pai pagaria R$ 2.000,00 por mês a título de alimentos. Mark, aproveitando-se da boa situação financeira da ex-cônjuge, jamais pagou os alimentos ajustados, mas cumpria os demais deveres decorrentes da paternidade. Quando Piero completou 18 anos, ajuizou execução de alimentos em face de Mark.

Nesse cenário, é CORRETO afirmar que:

a) Piero poderá executar apenas os últimos 2 anos das prestações alimentares.
b) Piero poderá executar apenas os últimos 5 anos das prestações alimentares.
c) estão prescritas as prestações alimentares, ressalvada a possibilidade de Piero pleitear perdas e danos de sua mãe, que detinha sua guarda e manteve-se inerte no período.

d) a inércia durante o longo período acarretou na exoneração de Mark, ressalvada a possibilidade de Piero ajuizar ação para constituir nova obrigação alimentar.
e) Piero poderá executar as prestações alimentares devidas desde quando tinha 3 anos de idade.

18. (TJDF/Juiz de Direito/XLIII Concurso/CESPE/2016) Acerca das ações de alimentos, assinale a opção CORRETA.

a) A ação de alimentos não prossegue se o demandado for citado por edital, devendo ser suspenso o processo, que tem natureza personalíssima, enquanto o devedor não for localizado.
b) Na ação de alimentos gravídicos, o prazo para a parte ré citada apresentar resposta é de dez dias.
c) A fixação liminar de alimentos gravídicos, em princípio, perdurará até a sentença final ou até quando uma das partes requeira a revisão desses.
d) Mesmo com o estabelecimento do regime de guarda compartilhada, é possível a fixação da pensão alimentícia em desfavor de um dos genitores.
e) Na ação de alimentos, existe a isenção legal de custas processuais, por já existir, na hipótese, a presunção da hipossuficiência da pessoa requerente.

19. (DPE/BA/Defensor Público/Fundação Carlos Chagas/2016) A respeito dos alimentos, é CORRETO afirmar que:

a) por expressa disposição de lei, somente incidem sobre a gratificação natalina e o terço de férias se constar expressamente no título que estipulou o direito aos alimentos.
b) diante do inadimplemento do pai, a obrigação é transmitida imediatamente aos avós.
c) cessam automaticamente com a maioridade do alimentando, salvo determinação judicial expressa em sentido contrário.
d) cessam com o casamento ou a união estável do credor, assim como no caso de o credor portar-se de maneira indigna contra o alimentante.
e) a prova do desemprego do devedor de alimentos é suficiente para afastar possibilidade de prisão civil.

20. (MP/RS/Promotor de Justiça/2017) Assinale a alternativa INCORRETA quanto à obrigação alimentar.

a) Julgada procedente a investigação de paternidade, os alimentos são devidos a partir da citação, isso se os alimentos não forem fixados provisoriamente, por meio de tutela antecipada ou em cautelar de alimentos provisionais.
b) Se o alimentando for absolutamente incapaz, contra ele não corre a prescrição. Os alimentos fixados na sentença e vencidos só terão a prescrição iniciada quando o alimentando se tornar relativamente capaz. Todavia, sendo o pai ou a mãe os devedores dos alimentos, a prescrição, de dois anos, só se inicia quando o menor se tornar capaz, salvo se emancipado.
c) Paulo, com 52 anos de idade e necessitando de alimentos para viver, ingressou em juízo buscando alimentos de seus irmãos Maria e Sérgio. Não demandou contra seu outro irmão Marcos. Todavia, a cota de Marcos deve ser distribuída entre os outros dois irmãos. A cota de Sérgio pode ser superior à de Maria, se dispuser de melhores condições econômicas para suportá-la.
d) Considerando as modalidades de alimentos, cabe ser dito que nem todas ensejam a prisão civil; todavia, somente as três últimas prestações inadimplidas antes da execução e as que porventura venham a vencer ensejam a decretação de prisão do devedor de alimentos.
e) A cessação da obrigação alimentar no procedimento indigno do credor não se limita unicamente às relações entre cônjuges e companheiros.

21. (TJSP/188º Concurso para Ingresso na Magistratura/VUNESP/2018) Uma pessoa de idade avançada e viúva, que não possui bens, nem mais podendo prover, pelo seu trabalho, à

própria mantença, tem como únicos parentes um primo e um sobrinho-neto, ambos em excelentes condições financeiras. Nesse caso, necessitando alimentos,

a) tem direito de exigi-los de ambos, que deverão concorrer de acordo com as suas possibilidades e segundo as necessidades do alimentando.
b) não tem direito de exigi-los de qualquer deles.
c) tem direito de exigi-los de ambos, que os devem solidariamente.
d) só poderá exigi-los do primo, que é parente sucessível mais próximo.

22. (TRT/2ª Região/Juiz Federal Substituto/2018) João da Silva e Vanessa Lizandra, após vinte anos de casamento, se separam consensualmente através de escritura pública, devido à inexistência de filhos incapazes, no ano de 2015, não sendo acordada a fixação de alimentos para qualquer um deles. Após dez meses de separação formal, João vem a óbito devido ao câncer diagnosticado, sendo que Vanessa requer à União Federal (Ministério das Comunicações) sua habilitação como pensionista de servidor público civil sob o fundamento de que não houve dissolução válida da sociedade conjugal em razão da Emenda Constitucional n. 66/2020, que, segundo alega, ab-rogou as normas que tratavam da separação formal. Assinale a opção CORRETA.

a) Vanessa não tem direito à pensão pois não houve a supressão da separação formal no Direito brasileiro.
b) Vanessa não tem direito à integralidade da pensão, mas apenas à metade do valor devido à sua necessidade.
c) Vanessa tem direito à pensão securitária, mas deve ajuizar ação declaratória de nulidade do acordo de separação.
d) a separação extrajudicial é nula eis que inexistente o instituto desde 2010.
e) a escritura pública somente contempla os casos de divórcio consensual.

23. (TJCE/Titular de Serviços de Notas e de Registros/Provimento/IESES/2018) Sobre alimentos, responda:

I. Com relação ao credor cessa o direito a alimentos, se tiver procedimento indigno em relação ao devedor.
II. Com o casamento, a união estável ou o concubinato do credor, cessa o dever de prestar alimentos.
III. Os alimentos serão apenas os indispensáveis à subsistência, quando a situação de necessidade resultar de culpa de quem os pleiteia.

Assinale a CORRETA:

a) Todas as assertivas são verdadeiras.
b) Apenas a assertiva II é verdadeira.
c) Apenas a assertiva I é verdadeira.
d) Apenas as assertivas I e III são verdadeiras.

24. (PGE-MA/Defensor Público/Fundação Carlos Chagas/2018) Os alimentos gravídicos

a) dependem de prova da paternidade para a aferição da legitimidade passiva do devedor dos alimentos.
b) devem ser automaticamente convertidos em pensão alimentícia em favor do recém-nascido, independentemente de pedido expresso ou de pronunciamento judicial.
c) por se tratar de alimentos deferidos com base em juízo de probabilidade, não autorizam a prisão civil do devedor.
d) deve ser fixado diante de mero indício de gravidez.
e) geram efeitos imediatamente a partir a data em que foram fixados.

GABARITO

1. "a". *Vide* parágrafo único do art. 6º da Lei n. 11.804/2008.

2. "a".
3. "e". *Vide* art. 1.694, *in fine*, do CC.
4. "d". *Vide* art. 1.699 do CC.
5. "a". As assertivas **I** e **V** estão erradas porque os alimentos côngruos ou civis destinam-se a manter a condição social, o *status* da família; e o direito a alimentos não pode ser objeto de compensação (CC, art. 1.707). A assertiva **II** está correta porque os alimentos "*voluntários*" podem tomar a forma jurídica de constituição de um usufruto. A **III**, porque, efetivamente, sendo inseparável da pessoa, o direito a alimentos não pode ser objeto de cessão de crédito. A **IV**, porque o referido direito é também irrenunciável (cf. art. 1.707 do CC).
6. "b". Quanto à assertiva **III**, *vide* art. 1.638 do CC. E, quanto à assertiva **IV**, *vide* arts. 1.696 e 1.698 do CC. A assertiva **I** está errada porque a emancipação por concessão dos pais independe de homologação judicial (*vide* art. 5º, I, do CC). A **II**, porque "não basta o adultério da mulher, *ainda que confessado*, para ilidir a presunção legal da paternidade" (CC, art. 1.600).
7. "e". *Vide* art. 1.694 do CC.
8. "a". *Vide* arts. 1.696 e 1.697 do CC.
9. "b". Quanto à assertiva **I**, *vide* art. 1.696 do CC. Quanto à assertiva **III**, *vide* art. 1.698, primeira parte, do CC. E, quanto à assertiva **V**, *vide* art. 1.698, segunda parte, do CC.
10. "a". *Vide* art. 1.694 do CC.
11. "d". *Vide* art. 12 da Lei n. 10.741, de 1º-10-2003 (Estatuto do Idoso).
12. "a". *Vide* art. 2º da Lei n. 11.804, de 5-11-2008.
13. "c". Os alimentos são chamados de *pretéritos* quando o pedido retroage a período anterior ao ajuizamento da ação. Na prática, têm sido confundidos com *prestações pretéritas*, que são as fixadas na sentença ou no acordo, estando há muito vencidas e não cobradas, a ponto de não se poder tê-las mais por indispensáveis à própria sobrevivência do alimentado, não significando mais que um crédito como outro qualquer (*Direito civil brasileiro*, 11. ed., v. 6, p. 511).
14. "e". *Vide* art. 6º da Lei n. 11.804, de 5-11-2008 (Alimentos Gravídicos).
15. "a". *Vide* art. 1.697 do CC.
16. "c". *Vide* Súmula 309 do Superior Tribunal de Justiça, *verbis*: "O débito alimentar que autoriza a prisão civil do alimentante é o que compreende as três prestações anteriores à citação e as que vencerem no curso do processo".
17. "e". *Vide* art. 198, I, do CC.
18. "d". *Vide* o Enunciado 607 aprovado na VII Jornada de Direito Civil, de 2015, *verbis*: "A guarda compartilhada não implica ausência de pagamento de pensão alimentícia". Assinale-se que o que se compartilha é a convivência e não as despesas com a manutenção dos filhos.
19. "d". *Vide* art. 1.708, *caput* e parágrafo único, do CC.
20. "c". A obrigação alimentar é divisível e não solidária. *Vide* arts. 264 e 265 do CC.
21. "b". *Vide* art. 1.697 do CC.
22. "a".
23. "a".
24. "b". *Vide* o parágrafo único do art. 6º da Lei n. 11.804, de 5-11-2008, que regulou os alimentos gravídicos.

25

DO BEM DE FAMÍLIA

25.1. INTRODUÇÃO

A instituição do bem de família, segundo Caio Mário da Silva Pereira, "é uma forma da afetação de bens a um destino especial que é ser a residência da família, e, enquanto for, **é impenhorável** por dívidas posteriores à sua constituição, salvo as provenientes de impostos devidos pelo próprio prédio"[1].

Consoante a lição de Álvaro Villaça Azevedo, "o bem de família é um **meio de garantir um asilo à família**, tornando-se o imóvel onde ela se instala domicílio impenhorável e inalienável, enquanto forem vivos os cônjuges e até que os filhos completem sua maioridade"[2].

Além da legislação ordinária que será a seguir mencionada, o princípio foi acolhido, em benefício do pequeno produtor rural, na **Carta Magna de 1988**, cujo art. 5º, XXVI, proclama que "**a pequena propriedade rural**, assim definida em lei, desde que trabalhada pela família, **não será objeto de penhora** para pagamento de débitos decorrentes de sua atividade produtiva, dispondo a lei sobre os meios de financiar o seu desenvolvimento".

A Lei n. 8.009, de 29 de março de 1990, norma de ordem pública, criou o bem de família **obrigatório**, também denominado **involuntário** ou **legal**, imposto pelo Estado em defesa da entidade familiar. Segundo Álvaro Villaça Azevedo, "nessa lei emergencial, não fica a família à mercê de proteção, por seus integrantes, mas defendida pelo próprio Estado, de que é fundamento"[3].

O Código Civil de 2002 tratou da matéria no direito de família, no título referente ao direito patrimonial (arts. 1.711 a 1.722), disciplinando, todavia, **somente o bem de família voluntário**. Deixou de incorporar em seu texto a repercussão que o bem de família *involuntário* ou *legal* **regulado pela Lei n. 8.009/90** trouxe em benefício das entidades familiares, malgrado a ressalva, feita no art. 1.711, de serem **"mantidas as regras sobre a impenhorabilidade do imóvel residencial estabelecida em lei especial"**.

Diante disso, **coexistem** na legislação civil, atualmente, **duas espécies de bem de família**, ambas incidindo sobre bens imóveis, e móveis àqueles vinculados:

---

1 *Instituições de direito civil*, v. 5, p. 557-558.

2 *Comentários ao Código Civil*, v. 19, p. 11.

3 *Bem de família, com comentários à Lei n. 8.009/90*, p. 158-159.

- **o voluntário**, decorrente da vontade dos cônjuges, companheiros ou terceiro; e
- **o involuntário** ou **obrigatório**, resultante de estipulação legal (Lei n. 8.009/90).

O *primeiro*, no entanto, só se verifica quando o proprietário tem dois ou mais imóveis residenciais e deseja optar por um deles, para mantê-lo protegido, e o fizer **mediante escritura pública ulteriormente registrada**. Toda a minuciosa regulamentação do instituto no novo diploma *pouca aplicação prática tem*, pois concerne apenas ao bem de família voluntário, que raramente é instituído.

25.2. BEM DE FAMÍLIA VOLUNTÁRIO

Dispõe o art. 1.711 do Código Civil:

> "Podem os cônjuges, ou a entidade familiar, mediante escritura pública ou testamento, destinar parte de seu patrimônio para instituir bem de família, desde que não ultrapasse um terço do patrimônio líquido existente ao tempo da instituição, mantidas as regras sobre a impenhorabilidade do imóvel residencial estabelecida em lei especial.
>
> Parágrafo único. O terceiro poderá igualmente instituir bem de família por testamento ou doação, dependendo a eficácia do ato da aceitação expressa de ambos os cônjuges beneficiados ou da entidade familiar beneficiada".

Modo de instituição

O dispositivo em apreço permite, pois, aos cônjuges ou à entidade familiar a constituição do bem de família, **mediante escritura pública ou testamento**, não podendo seu valor ultrapassar **um terço do patrimônio líquido** do instituidor existente ao tempo da instituição. Ao mesmo tempo, declara mantidas as regras sobre a impenhorabilidade do imóvel residencial estabelecida em **lei especial**.

Assim, como foi dito, só haverá necessidade de sua criação pelos meios retromencionados na hipótese do parágrafo único do art. 5º da Lei n. 8.009/90, ou seja, quando o casal ou entidade familiar possuir vários imóveis, utilizados como residência, **e não desejar que a impenhorabilidade recaia sobre o de menor valor**. Nesse caso, deverá ser estabelecido o bem de família mediante *escritura pública*, registrada no Registro de Imóveis, na forma do art. 1.714 do Código Civil, escolhendo-se um imóvel de maior valor para tornar-se impenhorável.

Aplicabilidade do benefício à união estável

Como observa Zeno Veloso, "não apenas a família matrimonializada, mas a que se constituiu pela **união estável**, pode usar da faculdade legal. No entanto, é preciso observar e dar concretitude ao disposto no art. 226, § 4º, da Constituição Federal: 'Entende-se, também, como entidade familiar a comunidade formada por qualquer dos pais e seus descendentes'"[4].

Sublinha Eduardo de Oliveira Leite que o Constituinte de 1988, "de forma lapidar e amplíssima, dispôs que a família (todas as famílias, certamente) tem especial

[4] *Código Civil comentado*, v. XVII, p. 78.

proteção do Estado. Isto é, tanto as **famílias biparentais** (oriundas de um casamento civil, ou religioso, ou decorrentes de *união estável*), quanto as **famílias monoparentais** (previstas no § 4º do art. 226)"[5].

■ **Revogabilidade da instituição feita por testamento**

A declaração de última vontade, como é cediço, é *essencialmente revogável*. Pode o instituidor, assim, seja cônjuge, entidade familiar ou terceiro, revogar a todo tempo o testamento, **inviabilizando unilateralmente o estabelecimento do bem de família**.

Por outro lado, tratando-se de negócio jurídico *causa mortis*, só terá eficácia com a morte do testador.

■ **Possibilidade da instituição por terceiro**

O bem de família pode ser estabelecido não só pelos cônjuges e pela entidade familiar, mas ainda por um **terceiro**, em *testamento* ou *doação*.

Nesse caso, como anota Alexandre Alcoforado Assunção[6], a doação ou disposição testamentária é "**condicionada à aceitação expressa** de ambos os cônjuges ou da entidade familiar".

■ **Limitação do valor**

O art. 1.711 em apreço determina o limite máximo do valor em **um terço do patrimônio líquido do instituidor**, existente à época de sua instituição. O objetivo do legislador é que aquele seja proprietário do bem e solvente.

Tal limitação frustra a obtenção, pelas camadas de baixo poder, do benefício do bem de família quanto ao imóvel mais valorizado que vierem a adquirir. A opção ficará, sem dúvida, "muito difícil doravante, pois, quando se adquire a segunda casa residencial, essa é normalmente mais valiosa que a primeira, a superar e em muito o terço patrimonial estabelecido. Punem-se, de maneira anti-isonômica, as famílias de menor poder aquisitivo"[7].

Não poderá, com efeito, uma família proprietária de um único imóvel ou, ainda, de dois imóveis que tenham aproximadamente o mesmo valor valer-se da benesse em tela.

■ **Exigência de que o imóvel seja residencial**

O art. 1.712 do estatuto civil admite que o bem de família consista em imóvel urbano ou rural, "com suas pertenças e acessórios, **destinando-se em ambos os casos a domicílio familiar**, podendo abranger valores mobiliários, cuja renda será aplicada na conservação do imóvel e no sustento da família".

O aludido dispositivo vincula, pois, o bem de família **móvel ao imóvel**, não podendo aquele existir isoladamente, nem exceder o valor do prédio convertido em bem de família, à época de sua instituição (art. 1.713).

Considera-se requisito básico para a caracterização do bem de família que o prédio seja **residencial**. Há, também, que constituir **residência efetiva da família**. Não pode, portanto, tratar-se de um terreno em zona urbana ou rural nem prédio que

---

5 *Famílias monoparentais*, p. 18-19.

6 *Novo Código Civil comentado*, p. 1522.

7 Ricardo Arcoverde Credie, *Bem de família:* teoria e prática, p. 3 e 9.

não se preste a esse fim, como galpão industrial, loja comercial, posto de gasolina, obra inacabada etc., salvo se devidamente comprovada a mudança de destinação ou a sua adaptação para imóvel residencial.

O Superior Tribunal de Justiça, que julgara ser inadmissível a penhora incidente sobre garagem de apartamento residencial, mesmo que tenha matrícula própria no Registro Imobiliário[8], reformulou o seu entendimento, agora consolidado na *Súmula 499*, do seguinte teor:

> **"A vaga de garagem que possui matrícula própria no registro de imóveis não constitui bem de família para efeito de penhora".**

■ Incidência do benefício sobre um único imóvel

Na dicção do art. 5º da Lei n. 8.009/90, "considera-se residência **um único imóvel** utilizado pelo casal ou pela entidade familiar para moradia permanente". A impenhorabilidade não incide sobre vários imóveis, uma vez que a lei utiliza o singular quando dispõe sobre o "bem imóvel". Não pode o analisador dar interpretação ampliativa à regra em questão[9].

Deve ser utilizado, portanto, **como residência efetiva do grupo familiar**, ou seja, com ânimo de permanência. Mesmo que os seus ocupantes tenham de se ausentar em função de atividades profissionais ou de participação em cursos de estudos, ou por outra razão justificável, não haverá descaracterização dessa utilização permanente, pois o que a determina é o vínculo da pessoa com a habitação, dela fazendo o seu lar ou sede familiar.

■ Necessidade de registro do título

Constitui-se o bem de família **"pelo registro de seu título no Registro de Imóveis"**, quando instituído pelos cônjuges ou companheiros ou por terceiro (art. 1.714), dependendo a sua eficácia, no último caso, **"da aceitação expressa"** (art. 1.711, parágrafo único), ficando isento, desde então, "de execução por dívidas posteriores à sua instituição, salvo as que provierem de tributos relativos ao prédio, ou de despesas de condomínio" (art. 1.715).

■ Duração da isenção

A isenção durará **"enquanto viver um dos cônjuges"** (acrescente-se: ou companheiros), ou, *na falta destes*, **"até que os filhos completem a maioridade"** (art. 1.716). Apura-se o patrimônio líquido do instituidor, para os fins do citado art. 1.711, deduzindo-se o total de suas dívidas.

---

8 *RT*, 781/201.

9 *RT*, 813/313. *V.* ainda: "Alegação de que o imóvel que se pretende constritar não é o único pertencente aos devedores. Ônus da prova que compete ao credor, de molde a inviabilizar a impenhorabilidade do bem" (*RT*, 794/278). "Bem de família. Descaracterização. Imóvel pertencente ao devedor em que reside com sua segunda esposa. Bem que não goza dos benefícios da impenhorabilidade se existe outro imóvel ocupado por sua ex-mulher e seus filhos, ou seja, pela entidade familiar" (*RT*, 797/267). No mesmo sentido: *RT*, 782/287.

Administração do bem de família

A administração do bem de família **"compete a ambos os cônjuges"** (acrescente-se: ou companheiros), salvo disposição em contrário estipulada no ato de instituição, resolvendo o juiz em caso de divergência. Com o falecimento destes, **"a administração passará ao filho mais velho, se for maior, e, do contrário, a seu tutor"** (art. 1.720 e parágrafo único).

A regra reafirma o princípio da isonomia entre cônjuges e companheiros, assegurado na Constituição Federal, admitindo a intervenção da autoridade judiciária para dirimir as dúvidas em caso de divergência quanto à administração do bem de família.

Extinção do bem de família

Dá-se a extinção do bem de família "**com a morte de ambos os cônjuges** (acrescente-se: ou companheiros) e a **maioridade dos filhos, desde que não sujeitos a curatela**" (art. 1.722).

A regra preserva os interesses da família, em razão da finalidade para que foi criado, até a natural dissolução do direito pelo falecimento de ambos os cônjuges ou companheiros e maioridade dos filhos, **perdurando, entretanto, caso haja filhos sujeitos à curatela**. Nesse caso cabe a administração ao curador.

25.3. BEM DE FAMÍLIA OBRIGATÓRIO OU LEGAL

A **Lei n. 8.009, de 29 de março de 1990**, veio ampliar o conceito de bem de família, que não depende mais de instituição voluntária, mediante as formalidades previstas no Código Civil. Agora, como foi dito, **resulta ele diretamente da lei**, de ordem pública, que tornou **impenhorável o imóvel residencial**, próprio do casal, ou da entidade familiar, que *não responderá por qualquer tipo de dívida* civil, comercial, fiscal, previdenciária ou de outra natureza, contraída pelos cônjuges ou pelos pais ou filhos que sejam seus proprietários e nele residam, salvo nas hipóteses expressamente previstas nos arts. 2º e 3º, II a VII (fiança em contrato de locação, pensão alimentícia, impostos e taxas que recaem sobre o imóvel etc.). O inciso I foi revogado pela Lei Complementar n. 150, de 11-6-2015.

Dispõe, com efeito, o art. 1º do aludido diploma legal:

> "O imóvel *residencial* próprio do casal, ou da entidade familiar, **é impenhorável e não responderá por qualquer tipo de dívida** civil, comercial, fiscal, previdenciária ou de outra natureza, contraída pelos cônjuges ou pelos pais ou filhos que sejam seus proprietários e nele residam, salvo nas hipóteses previstas nesta Lei.
>
> Parágrafo único. A impenhorabilidade compreende o **imóvel** sobre o qual se assentam a **construção, as plantações, as benfeitorias** de qualquer natureza e todos os **equipamentos**, inclusive os de uso profissional, ou **móveis** que guarnecem a casa, desde que quitados".

Norma de ordem pública

Sendo instituidor dessa modalidade o próprio Estado, que a impõe por *norma de ordem pública* em defesa do núcleo familiar, **independe de ato constitutivo** e, portanto, de registro no Registro de Imóveis. Nada obsta a incidência dos benefícios da lei especial se o bem tiver sido instituído, também, na forma do Código Civil[10].

Aludindo a "entidade familiar", a referida lei não exclui da proteção as **famílias monoparentais**, como mencionado no item anterior.

A Súmula 205 do Superior Tribunal de Justiça reconhece a aplicabilidade da Lei n. 8.009/90, "mesmo se a penhora for anterior à sua vigência".

■ Impenhorabilidade do imóvel residencial de pessoa solteira ou viúva

Malgrado já se tenha decidido que a impenhorabilidade não alcança o imóvel do devedor solteiro, que reside solitário[11], a jurisprudência tomou outro rumo, passando a admiti-la mesmo quando o ocupante do imóvel reside sozinho.

Nessa linha, decidiu o Superior Tribunal de Justiça:

> "Penhora. Bem de família. **É impenhorável o imóvel residencial de pessoa solteira ou viúva**. Lei n. 8.009/90. Precedentes"[12].

Esse entendimento consolidou-se com a edição da Súmula 364 do Superior Tribunal de Justiça, do seguinte teor:

> **"O conceito de impenhorabilidade de bem de família abrange também o imóvel pertencente a pessoas solteiras, separadas e viúvas"**.

Todos os residentes, sujeitos do bem de família, são, pois, beneficiários dessa impossibilidade de apreensão judicial. Têm eles, em seu favor, esse direito ou poder de não ver constrita a casa onde moram[13].

■ Casal separado apenas de fato

Se o casal estiver separado apenas de fato, poderá indicar, como bem de família impenhorável, **apenas um único imóvel**, pois a mera separação de fato, não homologada, não dissolve a sociedade conjugal. Caso contrário, haveria grande risco de fraude, pois bastaria que o casal que estivesse sofrendo uma execução declarasse uma separação de fato e, com isso, protegeria dois imóveis.

---

10 Caio Mário da Silva Pereira, *Instituições*, cit., v. 5, p. 564.

11 STJ, *RT*, 726/203. *Vide* ainda: STJ, ED-REsp 182.223-SP, Corte Especial, rel. Min. Humberto Gomes de Barros, *DJU*, 7-4-2003, *RT*, 818/158. *V.* ainda: "A Lei n. 8.009/90, art. 1º, precisa ser interpretada consoante o sentido social do texto. Nessa linha, conservada a teleologia da norma, o solteiro deve receber o mesmo tratamento. E mais. Também o viúvo, ainda que seus descendentes hajam constituído outras famílias, e, como normalmente acontece, passam a residir em outras casas. *Data venia*, a Lei n. 8.009/90 não está dirigida a número de pessoas. Ao contrário — à pessoa. Solteira, casada, viúva, desquitada, divorciada, pouco importa. O sentido social da norma busca garantir um teto para cada pessoa" (STJ, REsp 182.223-SP, 6ª T., rel. Min. Vicente Cernicchiaro, j. 18-8-1999).

12 REsp 420.086-SP, 4ª T., rel. Min. Ruy Rosado de Aguiar, j. 27-8-2002. *V.* ainda: "Bem de família. Impenhorabilidade. Ocorrência. Imóvel pertencente ao devedor destinado à sua moradia e de sua irmã. Irrelevância de que o executado seja solteiro" (*RT*, 800/287). "Bem de família. Caracterização. Único imóvel residencial do devedor e que era habitado por seu genitor, que veio a falecer no curso do processo. Situação que não afasta a aplicação da norma protetiva" (*RT*, 808/281).

13 Ricardo Arcoverde Credie, *Bem de família*, cit., p. 24.

Nesse caso, deve ser considerado impenhorável somente o **ocupado pela mulher e filhos**.

Impenhorabilidade da residência comum

Quando se trata de condôminos que tenham *residência concomitante*[14] no imóvel, o bem de família se mostra *indivisível*. **Todos os coproprietários são beneficiados com a impenhorabilidade da residência comum**, seja a dívida de um só deles, de alguns ou de todos.

Do princípio da indivisibilidade decorre a consequência de que **jamais se exerce o bem de família sobre parte do imóvel residencial**. Qualquer dos consortes poderá, agindo como parte ou como terceiro, excluir do ato de constrição judicial toda a residência familiar[15].

Tem o Superior Tribunal de Justiça reconhecido, todavia, a possibilidade de recair a constrição judicial sobre parte do bem, "**quando possível o desmembramento do imóvel sem descaracterizá-lo**, levando-se em consideração, com razoabilidade, as circunstâncias e as peculiaridades de cada caso"[16].

Irrelevância do valor do bem

Por outro lado, proclamou a referida Corte que, "para que seja reconhecida a impenhorabilidade do bem de família, de acordo com o art. 1º da Lei n. 8.009/90, **basta que o imóvel sirva de residência para a família do devedor, sendo irrelevante o valor do bem**. O art. 3º da referida lei, que trata das exceções à regra da impenhorabilidade, não traz nenhuma indicação concernente ao valor do imóvel.

Portanto, é *irrelevante*, para efeitos de impenhorabilidade, que o imóvel seja considerado **luxuoso ou de alto padrão**"[17].

Impenhorabilidade dos bens móveis pertencentes ao locatário

O parágrafo único do art. 2º da citada Lei n. 8.009/90 resguarda da penhora, no caso de imóvel locado, **os *bens móveis* pertencentes ao locatário** e que guarneçam a residência por ele ocupada. O benefício pode ser estendido ao *comodatário*.

O aludido dispositivo impõe, todavia, como condição, **que os aludidos móveis estejam quitados**, para evitar que alguém adquira, mediante financiamento, móveis e equipamentos para a residência, imbuído de má-fé, com a intenção dolosa de não pagá-los e, ao depois, pretender prevalecer-se dos benefícios legais numa execução[18].

---

14 "Penhora. Bem de família. Constrição sobre parte ideal do imóvel onde o devedor confessadamente não reside. Admissibilidade, visto não incidir a proteção de que trata o art. 1º da Lei n. 8.009/90" (1º TACSP, Ap. 692.669, 4ª Câm. Extraordinária, rel. Juiz Celso Bonilha, j. 19-6-1997).

15 "Penhora. Incidência sobre uma fração ideal de um imóvel rural. Impenhorabilidade reconhecida, por se tratar de bem de família. Hipótese de condomínio, onde o que beneficia a um há de beneficiar aos demais e o que prejudica a um não pode prejudicar aos demais. Impossibilidade, ademais, de se subtrair de um condômino o direito de proteção ao bem de família, excluindo a incidência da lei específica, em virtude da sua situação de indivisibilidade. Exclusão da constrição mantida" (1º TACSP, Ap. 625.335-Jundiaí, 3ª Câm., rel. Juiz Antonio Rigolin, j. 15-8-1995). No mesmo sentido: *RT*, 800/355.

16 *RT*, 804/184. No mesmo sentido: STJ, *RT*, 771/196; TAMG, *RT*, 775/383.

17 STJ, REsp 1.178.469-SP, 3ª T., rel. Min. Massami Uyeda, j. 18-11-2010.

18 Ricardo Arcoverde Credie, *Bem de família*, cit., p. 38.

■ Eletrodomésticos e linha telefônica

O *caput* do aludido art. 2º **exclui da impenhorabilidade** "os veículos de transporte, obras de arte e adornos suntuosos".

Malgrado a jurisprudência não se mostre uniforme no estabelecimento da diferença entre bens de utilidade e os exorbitantes ou supérfluos, tem-se decidido, em geral, que **os eletrodomésticos**, como geladeiras, televisores, videocassetes, assim como a **linha telefônica**, que integram usualmente o dia a dia das famílias, **não se qualificam como objetos de luxo ou adorno**[19].

No entanto, se o devedor possui vários eletrodomésticos ou várias linhas telefônicas, **somente um desses bens é considerado impenhorável**. Confira-se:

> "Se a residência é guarnecida com vários utilitários da mesma espécie, a impenhorabilidade cobre apenas aqueles necessários ao funcionamento do lar. Os que excederem o limite da necessidade podem ser objeto de constrição. Se existem, na residência, vários aparelhos de televisão, **a impenhorabilidade protege apenas um deles**"[20].

■ 25.3.1. Exceções à regra sobre a impenhorabilidade do bem de família

A regra que torna imune à penhora a morada da família e determinados móveis e equipamentos, ou apenas certos móveis e equipamentos da casa que não for própria, comporta **exceções expressamente mencionadas no art. 3º da Lei n. 8.009/90**, além da constante do art. 2º, já comentado, pelo qual são excepcionados "os veículos de transporte, obras de arte e adornos suntuosos".

O elenco das exceções à regra geral da impenhorabilidade do bem de família obrigatório é **taxativo**, constituindo *numerus clausus*. Nenhum outro pode ser nele incluído, mediante interpretação extensiva.

Dispõe o art. 3º da aludida lei:

> "A impenhorabilidade é oponível em qualquer processo de execução civil, fiscal, previdenciária, trabalhista ou de outra natureza, salvo se movido:
>
> I — Revogado pela Lei Complementar n. 150, de 1-6-2015.
>
> II — pelo titular do crédito decorrente do financiamento destinado à construção ou à aquisição do imóvel, no limite dos créditos e acréscimos constituídos em função do respectivo contrato;
>
> III — pelo credor de pensão alimentícia, resguardados os direitos, sobre o bem, do seu coproprietário que, com o devedor, integre união estável ou conjugal, observadas as

---

19 *RT*, 783/367. *V.* ainda: "Sob cobertura de precedentes da Corte que consideram bem de família aparelho de televisão, videocassete e aparelho de som, tidos como equipamentos que podem ser mantidos usualmente por suas características" (STJ, REsp 82.067-SP, 3ª T., rel. Min. Menezes Direito, j. 26-6-1997, *RSTJ*, 103/209).

20 STJ, REsp 109.351-RS, Corte Especial, rel. Min. Humberto Gomes de Barros, j. 22-10-1998. *V.* ainda: "A impenhorabilidade estabelecida pela Lei n. 8.009/90 alcança os móveis que guarnecem, sem exorbitância, a casa. No caso, tendo a penhora recaído sobre três bens da mesma natureza, apenas o direito ao uso de um terminal telefônico é impenhorável" (STJ, REsp 121.634-MG, 4ª T., rel. Min. Fontes de Alencar, j. 17-6-1997).

hipóteses em que ambos responderão pela dívida (redação determinada pela Lei n. 13. 144, de 6-7-2015.

IV — para cobrança de impostos, predial ou territorial, taxas e contribuições devidas em função do imóvel familiar;

V — para execução de hipoteca sobre o imóvel oferecido como garantia real pelo casal ou pela entidade familiar;

VI — por ter sido adquirido com produto de crime ou para execução de sentença penal condenatória a ressarcimento, indenização ou perdimento de bens;

VII — por obrigação decorrente de fiança concedida em contrato de locação".

■ Não pagamento de despesas condominiais

Malgrado a falha e omissão da Lei n. 8.009/90, tem a jurisprudência **admitido a penhora do bem de família** por não pagamento de *despesas condominiais*, apregoando-se que o vocábulo "*contribuições*", mencionado no inc. IV do aludido art. 3º, não exprime apenas a contribuição de melhoria, **mas também a mensalidade correspondente ao rateio condominial**. Não fosse assim, poderia tornar-se inviável a administração dos condomínios em geral, que não teriam como se manter.

Portanto, vem decidindo o Superior Tribunal de Justiça:

> "Consolida-se nesta Corte entendimento jurisprudencial no sentido de que passível de penhora o imóvel residencial da família, quando a execução se referir a contribuições sobre ele incidentes"[21].

Ou ainda:

> "A Quarta Turma alterou seu posicionamento anterior para passar a admitir a penhora de imóvel residencial na execução promovida pelo condomínio para a cobrança de *cotas condominiais* sobre ele incidentes, **inserindo a hipótese nas exceções contempladas pelo inciso IV do art. 3º, da Lei n. 8.009/90**"[22].

Vejamos as *exceções à impenhorabilidade* retrotranscritas, decorrentes de processo de execução movido:

II — pelo titular do crédito decorrente do financiamento destinado à construção ou à aquisição do imóvel, no limite dos créditos e acréscimos constituídos em função do respectivo contrato

A casa de moradia, *edificada com numerário obtido junto a instituição financeira, ou mutuante particular*, mediante contrato de mútuo, **não fica isenta de penhora na execução promovida com base no empréstimo contraído** para o fim específico de adquiri-la ou construí-la. Terceiros que não tiveram nenhuma participação no negócio não poderão obter a constrição do imóvel, *salvo se forem cessionários do crédito* do promitente vendedor, incorporador ou financiador (Lei n. 8.009/90, art. 3º, II).

---

21 REsp 152.512-SP, 3ª T., rel. Min. Waldemar Zveiter, j. 3-2-1999.

22 REsp 203.629-SP, 4ª T., rel. Min. Asfor Rocha, j. 18-5-1999.

Assim, enfatiza a jurisprudência:

"Reconhecido pela instância ordinária que os recursos do financiamento garantido pelo exequente, e por ele honrado, destinavam-se ao **pagamento de dívida para a aquisição do imóvel penhorado**, incide a regra excludente do art. 3º, inciso II, da Lei n. 8.009/90"[23].

Segundo o Superior Tribunal de Justiça, a impenhorabilidade do bem de família pode ser afastada quando houver violação do princípio da boa-fé objetiva. Segundo a relatora, Min. Nancy Andrighi, "Não se pode olvidar da máxima de que a nenhum é dado beneficiar-se de sua própria torpeza, isto é, não pode o devedor ofertar bem em garantia que é sabidamente residência familiar para, posteriormente, vir a informar que tal garantia não encontra respaldo legal, pugnando pela sua exclusão". No caso, o próprio empresário deu o imóvel como garantia na negociação da dívida e, depois, alegou que não poderia ser penhorado por constituir bem de família[24].

A mesma Corte reconheceu que a dívida proveniente de contrato de empreitada para a construção — ainda que parcial — de imóvel residencial faz parte das exceções legais que permitem a penhora do bem de família[25].

III — pelo credor de pensão alimentícia

A exceção em favor do "*credor de pensão alimentícia*" justifica-se plenamente, pois **a necessidade familiar é mais premente que a de moradia**. Não importa se os alimentos devidos são necessários, destinados à satisfação das necessidades primárias da vida, ou civis, direcionados à manutenção da condição socioeconômica, do *status* da família.

A rigor, a exceção deve concernir somente aos **alimentos regidos pelo direito de família**, provenientes do parentesco, do casamento e da união estável, uma vez que os devidos pela prática de ilícito civil, malgrado sejam também chamados de "alimentos" e de "pensão" (CC, arts. 948 e 950), **não passam de indenização por responsabilidade civil *ex delicto*** e nada têm que ver com a necessidade de alimentos.

O inc. VI do aludido art. 3º cuida exclusivamente da *indenização decorrente da prática de ilícito penal*, exigindo expressamente **"sentença penal condenatória"**. Quando se trata de mero ilícito civil, não incide a aludida exceção. Por essa razão, já se decidiu:

"Bem de família. Exclusão de impenhorabilidade de que trata o art. 3º, VI, da Lei 8.009/90. **Necessidade da existência de sentença penal transitada em julgado**, condenando ao ressarcimento, indenização ou perdimento de bens"[26].

Ou ainda:

"Penhora. Bem de família. Responsabilidade civil oriunda de acidente de trânsito do qual resultaram danos físicos à vítima. Inexistência de processo penal. **Ilícito civil que**

[23] STJ, in *TRF*, Lex, 89/233.

[24] STJ, REsp 1.782.227, 3ª T., rel. Min. Nancy Andrighi, j. 27-8-2019.

[25] STJ, 4ª T., rel. Min. Maro Buzzi, *in* Revista *Consultor Jurídico* de 23-10-2019.

[26] *RT*, 782/403.

não afasta a impenhorabilidade da norma do art. 1º da Lei n. 8.009/90. Embargos do devedor procedentes”[27].

Esse, igualmente, o entendimento do Superior Tribunal de Justiça:

“A indenização, no caso, decorre de erro médico, sobrevindo condenação civil à reparação do dano material e moral, sem obrigação de prestar alimentos. Não incide, portanto, a exceção de impenhorabilidade de bem de família prevista no inciso III, do art. 3º, da Lei 8.009/90. De outra parte, **não é possível ampliar o alcance da norma prevista no art. 3º, inciso VI**, do mesmo diploma legal, para afastar a impenhorabilidade de bem de família em caso de indenização por ilícito civil, desconsiderando a exigência legal expressa de que haja ‘**sentença penal condenatória**’”[28].

Nos casos de indenização por ilícito penal e, ao mesmo tempo, civil, em que cabe **indenização sob a forma de pensão** (CC, arts. 948, II, e 950), exige-se “*sentença penal condenatória*”. Essas hipóteses **inserem-se, pois, no inc. VI** do aludido art. 3º da Lei n. 8.009/90, *e não no inc. III*, que cuida unicamente da **pensão alimentícia que tem por fundamento o parentesco, o casamento e a união estável**.

A Lei n. 13.144, de 6 de julho de 2015, deu nova redação ao aludido inc. III do art. 3º, dispondo: “A impenhorabilidade é oponível em qualquer processo de execução civil, fiscal, previdenciária, trabalhista ou de outra natureza, salvo se movido (...) III — pelo credor da pensão alimentícia, resguardados os direitos, sobre o bem, do seu coproprietário que, com o devedor, integre união estável ou conjugal, observadas as hipóteses em que ambos responderão pela dívida; (...)”.

A alteração não afeta a responsabilidade do devedor da pensão alimentícia, ou seja, o seu bem continua penhorável. Mas ficam resguardados os direitos do coproprietário, seja ele seu cônjuge ou companheiro. A penhora recai apenas sobre a meação do devedor, preservando-se a meação do cônjuge ou companheiro.

IV — para cobrança de impostos, predial ou territorial, taxas e contribuições devidas em função do imóvel familiar

Segundo se extrai do inciso em tela, nas execuções fiscais somente se penhora a casa familiar em caso de débitos do **Imposto Predial e Territorial Urbano** (IPTU), de **taxa**, incluindo as de poder de polícia, e ainda das **contribuições de melhoria**, sempre que vinculadas ao próprio imóvel residencial familiar. Tais encargos, que recaem sobre o imóvel, hão de ser pagos, “pois de outro modo a Administração Pública deixaria de contar com a receita necessária à realização de seus objetivos sociais”[29].

Ressalte-se que **não se incluem nessas exceções os demais tributos devidos pelo titular do bem de família**, “como o imposto sobre a renda, o imposto sobre

27 1º TACSP, Ap. 698.090-Americana, rel. Juiz Kioitsi Chicuta, j. 26-9-1996.

28 STJ, REsp 711.889-PR, 4ª T., rel. Min. Luis Felipe Salomão, *DJe*, 1º-7-2010.

29 Ricardo Arcoverde Credie, *Bem de família*, cit., p. 88-89.

serviços, em razão do exercício de sua profissão etc., não podendo, em caso de inadimplemento deles, ser penhorado o bem de família, com o qual esses tributos não apresentam qualquer relação"[30].

V — para execução de hipoteca sobre o imóvel oferecido como garantia real pelo casal ou pela entidade familiar

No inc. V da lei ora em estudo cuida-se de situação em que o devedor, na constituição de um contrato de mútuo qualquer, **oferece, como garantia real, o imóvel residencial da família**. A hipótese de crédito hipotecário do financiador, incorporador, construtor ou vendedor do imóvel sede da família é ressalvada no inc. II do aludido art. 3º. A solução tem sido estendida a **outros casos em que o próprio devedor oferece à penhora o bem de família**. Veja-se:

> "Penhora. Bem de família. Hipótese de indenização por ilícito penal. Nomeado o bem à penhora, voluntariamente, renunciou a ré ao benefício concedido pela Lei, sendo-lhe defeso sustentar a ineficácia do ato. Embargos improcedentes"[31].

VI — por ter sido adquirido com produto de crime ou para execução de sentença penal condenatória a ressarcimento, indenização ou perdimento de bens

Segundo Carlos Gonçalves, que não se confunde com o autor desta obra, "quanto à primeira parte do inciso VI, do artigo 3º, se o bem de família foi adquirido com *produto do crime*, não resta dúvida que o mesmo **responde em sua totalidade**, dada a origem criminosa dos valores despendidos em sua aquisição".

Por outro lado, aduz, "se se tratar apenas de *execução de sentença penal condenatória* a ressarcimento ou indenização devida por um dos membros da entidade familiar, **por ela somente responde a sua parte ideal**, já que os demais não participaram da prática do ato delituoso. O *perdimento de bens*, da mesma forma, somente atingirá a **parte ideal** do condenado criminalmente"[32].

VII — por obrigação decorrente de fiança concedida em contrato de locação

Quando da promulgação da Lei n. 8.009/90, a contratação de fiança não excluía a proteção dada pelo bem de família. O imóvel residencial do fiador estava isento de constrição judicial. Todavia, o art. 82 da **Lei do Inquilinato** (Lei n. 8.245/91) acres-

---

30 Álvaro Villaça Azevedo, *Comentários*, cit., v. 19, p. 109.

31 1º TACSP, Ap. 578.115-SP, 6ª Câm., rel. Juiz Carlos Roberto Gonçalves, j. 6-12-1994. No mesmo sentido: "Do mesmo modo, desaparece a impenhorabilidade se os bens protegidos foram ofertados à penhora pelo próprio devedor" (*RT*, 725/379; STJ, REsp 54.740-7-SP, 4ª T., rel. Min. Ruy Rosado de Aguiar, j. 6-12-1994). *V.* ainda: "Penhora. Bem de família. Imóvel objeto de garantia hipotecária do débito em execução. Inaplicabilidade do benefício. Art. 3º, V, da Lei n. 8.009/90. Embargos à arrematação improcedentes" (1º TACSP, Ap. 617.896-Conchas, 3ª Câm., rel. Juiz Antonio Rigolin, j. 26-12-1996).

32 *Impenhorabilidade do bem de família*, p. 173.

centou o inc. VII ao art. 3º da lei ora em estudo, objetivando viabilizar as locações em geral, sem distinguir entre locações residenciais e não residenciais. Passaram os tribunais, então, a decidir:

"**É válida a penhora do único bem do garantidor do contrato de locação**, posto que realizada na vigência da Lei n. 8.245/91, que introduziu, no seu art. 82, um novo caso de exclusão de impenhorabilidade do bem destinado à moradia da família, ainda mais quando a fiança fora prestada anteriormente à Lei n. 8.009/90"[33].

A Segunda Seção do Superior Tribunal de Justiça, em julgamento de recurso especial sob o rito dos repetitivos (art. 543-C do Código de Processo Civil de 1973), firmou a tese de que é possível a penhora de bem de família de fiador apontado em contrato de locação, ante o que dispõe o art. 3º, inc. VII, da Lei n. 8.009/90[34].

Nessa linha, a Súmula 549 da mencionada Corte, *verbis*: "É válida a penhora de bem de família pertencente a fiador de contrato de locação".

Mas o Supremo Tribunal decidiu posteriormente, de forma correta, que "Não é penhorável o bem de família do fiador, no caso de contratos de locação comercial"[35].

25.3.2. Aquisição de má-fé, pelo devedor insolvente, de imóvel mais valioso

Outra exceção à ideia mestra de tornar impenhorável o bem de família encontra-se no art. 4º da mencionada Lei n. 8.009/90, que exclui os benefícios da referida lei àquele que, **"sabendo-se insolvente, adquire de má-fé imóvel mais valioso para transferir a residência familiar, desfazendo-se ou não da moradia antiga"**.

O § 1º do mesmo dispositivo autoriza o juiz, na ação movida pelo credor, a "transferir a impenhorabilidade para a **moradia familiar anterior, ou anular-lhe a venda**, liberando a mais valiosa para execução ou concurso, conforme a hipótese".

Acrescenta o § 2º que, "quando a residência familiar constituir-se em *imóvel rural*, a impenhorabilidade restringir-se-á à **sede de moradia, com os respectivos bens móveis**, e, nos casos do art. 5º, inciso XXVI, da Constituição, à área limitada como pequena propriedade rural".

---

33 STJ, REsp 145.003-SP, 5ª T., rel. Min. Edson Vidigal, j. 7-10-1997. *V.* ainda: "Com a promulgação da Lei n. 8.245/91, mais especificamente seu art. 82, que acrescentou o inciso VII ao art. 3º da Lei n. 8.009/90, o imóvel do fiador, apesar de único, responde pelas dívidas advindas da fiança prestada em contrato de locação" (2º TACSP, *RT*, 750/325). "Impenhorabilidade. Inocorrência. Locação. Único imóvel pertencente ao fiador. Irrelevância. Inaplicabilidade do benefício previsto na Lei 8.009/90" (2º TACSP, *RT*, 807/303). "O único imóvel (bem de família) de uma pessoa que assume a condição de fiador em contrato de locação pode ser penhorado, em caso de inadimplência do locatário. Não há incompatibilidade entre o inciso VII do art. 3º da Lei n. 8.009/90 e a Emenda Constitucional 26/2000, que trata do direito social à moradia" (STF, RE 407.688-SP, rel. Min. Cezar Peluso).

34 STJ, REsp 1.363.368, 2ª Seção, rel. Min. Luis Felipe Salomão, disponível em: <http://www.conjur.com.br>. Acesso em: 20 nov. 2014.

35 STF, RE 605.709-SP, rel. p/ acórdão Min. Rosa Weber, j. 12-6-2018.

25.3.3. Impenhorabilidade da pequena propriedade rural

Esclarece Ricardo Arcoverde Credie[36] que a *pequena propriedade rural*, que não pode ultrapassar quatro módulos fiscais do município onde estiver situada, **é totalmente imune por preceito constitucional** — art. 5º, XXVI —, repetido pelo art. 649, X, do Código de Processo Civil [de 1973, atual art. 833, X], desde que seja **trabalhada pela família do produtor e a dívida executada esteja relacionada com a própria indústria rural exercida no imóvel**.

O residir no terreno, então, passa a ser mero acidente, aduz, pois "a casa de moradia nele eventualmente existente será inexcutível, muito antes de considerar-se bem de família, pela própria imunidade à apreensão que a norma constitucional assegura. A jurisprudência tem reconhecido, por consequência, a não excutibilidade da pequena propriedade rural **mesmo quando a família que nela labora não tem condições físicas ou econômicas de habitá-la**, vivendo, portanto, em centro urbano próximo".

25.3.4. Impenhorabilidade de um único imóvel residencial

Preceitua o art. 5º da Lei n. 8.009/90:

> "Para os efeitos de impenhorabilidade, de que trata esta Lei, considera-se residência **um único imóvel** utilizado pelo casal ou pela entidade familiar para moradia permanente".

Na hipótese de o devedor possuir *domicílio plúrimo*, ou seja, várias residências onde alternadamente viva, como previsto no art. 71 do Código Civil, **a impenhorabilidade recairá sobre o imóvel de "menor valor"**, salvo se outro tiver sido indicado pelo proprietário, na forma prevista no parágrafo único do aludido art. 5º.

Em nenhuma hipótese se considera, pois, impenhorável mais de uma residência, ainda que em cidades diferentes. A casa de campo ou a de praia, *ipso facto*, excluem-se da inexcutibilidade.

25.3.5. Exigência de moradia permanente no imóvel

O dispositivo em apreço exige, como requisito para a caracterização do bem de família, "*moradia permanente*" no imóvel. As pessoas devem ocupar o prédio residencial com o ânimo de nele permanecer, tornando-o a sede da família. Todavia, a jurisprudência vem proclamando que, se o único bem residencial do devedor não vem sendo por ele utilizado como residência, *por estar locado*, **é de ser aplicada a regra da impenhorabilidade da Lei n. 8.009/90**.

Nessa linha decidiu o Superior Tribunal de Justiça que, se o imóvel **está locado, servindo de subsistência da família que passa a morar em imóvel alugado**, nem por isso o bem perde a sua destinação imediata que continua sendo garantia à moradia familiar[37]. A propósito, dispõe a **Súmula 486** da aludida Corte:

---

[36] *Bem de família*, cit., p. 55.

[37] REsp 98.958-DF, 4ª T., rel. Min. Ruy Rosado de Aguiar, j. 19-11-1996, e REsp 114.119-SP, j. 18-12-1997. No mesmo sentido: "Bem de família. Caracterização. Impenhorabilidade. Ocorrência. Imó-

"É impenhorável o único imóvel residencial do devedor que esteja **locado a terceiros**, desde que a renda obtida com a locação seja revertida para a subsistência ou a moradia da sua família".

A Quarta Turma do mesmo Tribunal reconheceu a impenhorabilidade de bem de família não habitado pelo devedor, mas por sua mãe em **usufruto vitalício**. O relator, Min. Luiz Felipe Salomão, salientou que "ao usufrutuário é concedido o direito de desfrutar do bem alheio, percebendo-lhe os frutos e dele podendo retirar proveito econômico; ao nu-proprietário remanesce tão somente a posse indireta e o direito de dispor desse bem. Apenas os frutos podem ser penhorados. A propriedade, porém, pode ser objeto de constrição, exceto se for bem de família"[38].

25.3.6. Arguição da impenhorabilidade

A impenhorabilidade é oponível **em qualquer processo de execução** singular ou coletiva, ou seja, contra devedor solvente ou insolvente. Ainda que revel o devedor, a impenhorabilidade do bem de família é plenamente assegurada[39].

Tendo em vista que as normas que disciplinam o bem de família são cogentes, de ordem pública, **a impenhorabilidade deve ser declarada de ofício pelo juiz**, quando encontrar provados nos autos os requisitos que o caracterizam. Já se excluiu, por isso, bem de família da penhora mediante provocação contida em **simples petição** juntada aos autos, sem forma nem figura de juízo[40].

Todavia, em muitas outras ocasiões exigem os tribunais que tais pedidos venham insertos nas modalidades de tutela jurisdicional previstas na lei processual, não se excluindo a **exceção de pré-executividade** e os **embargos de terceiro**. Os **embargos à execução ou à penhora**, no entanto, constituem o meio mais adequado para a defesa do bem de família no processo de execução[41].

A propósito, decidiu o Superior Tribunal de Justiça:

"Em se tratando de nulidade absoluta, a exemplo do que se dá com os bens absolutamente impenhoráveis (CPC, art. 649), prevalece o interesse de ordem pública, podendo ser ela arguida **em qualquer fase ou momento, devendo inclusive ser apreciada de ofício**. O executado pode alegar a impenhorabilidade do bem constrito **mesmo quando já designada a praça** e não tenha ele suscitado o tema em outra oportunidade, inclusive em sede de embargos do devedor, pois tal omissão não significa renúncia a qualquer

---

vel locado, único pertencente ao devedor, cujo produto da locação é destinado ao pagamento de outro, no qual o executado reside com a entidade familiar" (1º TACSP, *RT*, 796/291). "Imóvel residencial único do casal ou da entidade familiar dado em locação, servindo como fonte de renda para subsistência da família. Circunstância que não faz com que o bem perca a sua destinação mediata que continua sendo a de garantir a moradia familiar" (TJRJ, *RT*, 779/339).

38 STJ, REsp 950.663, 4ª T., rel. Min. Luis Felipe Salomão, in <http://www.conjur.com.br>.

39 Carlos Gonçalves, *Impenhorabilidade*, cit., p. 174.

40 "Bem de família. Penhora. Execução. Arguição da impenhorabilidade que pode se dar por simples petição nos autos. Embargos à execução. Desnecessidade de oposição" (TRF, 5ª Reg., *RT*, 811/459).

41 Ricardo Arcoverde Credie, *Bem de família*, cit., p. 93.

direito, pelo retardamento injustificado, sem prejuízo de eventual acréscimo na verba honorária, a final"[42].

Se a impenhorabilidade é reconhecida em sede de embargos do devedor, **deve o magistrado suspender o feito até que se realize a segurança do juízo**, para então apreciar as demais questões de mérito erigidas pelo embargante, pronunciando-se, ao final, sobre os ônus da sucumbência[43].

25.4. RESUMO

DO BEM DE FAMÍLIA	
CONCEITO	■ A instituição do bem de família é uma forma de afetação do imóvel residencial a um destino especial, tornando-o o asilo da família e, assim, impenhorável por dívidas posteriores à sua constituição, salvo as provenientes de impostos devidos pelo próprio prédio, enquanto forem vivos os cônjuges e até que os filhos completem sua maioridade.
ESPÉCIES	■ **Voluntário**, decorrente da vontade dos cônjuges, companheiros ou terceiro (CC, art. 1.711). ■ **Involuntário** ou **legal**, resultante de estipulação legal (Lei n. 8.009/90).
BEM DE FAMÍLIA VOLUNTÁRIO	■ O art. 1.711 do CC permite aos cônjuges ou à entidade familiar a constituição do bem de família, mediante ***escritura pública*** ou ***testamento***, não podendo seu valor ultrapassar um terço do patrimônio líquido do instituidor existente ao tempo da instituição. Ao mesmo tempo, declara mantidas as regras sobre a impenhorabilidade do imóvel residencial estabelecida em ***lei especial***. Desse modo, só haverá necessidade de sua instituição pelos meios supramencionados na hipótese do parágrafo único do art. 5º da Lei n. 8.009/90, ou seja, quando o casal ou entidade familiar possuir vários imóveis, utilizados como residência, e não desejar que a impenhorabilidade recaia sobre o de menor valor.
EXTINÇÃO	■ Dá-se a extinção do bem de família "com a morte de ambos os cônjuges e a maioridade dos filhos, desde que não sujeitos a curatela" (CC, art. 1.722).
BEM DE FAMÍLIA INVOLUNTÁRIO	■ A Lei n. 8.009/90 veio ampliar o conceito de bem de família, que não depende mais de instituição voluntária, mediante as formalidades previstas no CC. Agora, resulta ele diretamente da lei, de ordem pública, que tornou impenhorável o imóvel residencial, próprio do casal, ou da entidade familiar, que não responderá por qualquer tipo de dívida civil, comercial, fiscal, previdenciária ou de outra natureza, contraída pelos cônjuges ou pelos pais ou filhos que sejam seus proprietários e neles residam, salvo nas hipóteses expressamente previstas nos arts. 2º e 3º, I a VII.

25.5. QUESTÕES

1. (TJAM/Juiz de Direito/CESPE/2016) A respeito do direito de família, assinale a opção CORRETA.

a) Dos nubentes que optam pelo regime de comunhão universal de bens não se exige a formulação de pacto antenupcial, ato solene lavrado por escritura pública.
b) É considerado bem de família, insuscetível de penhora, o único imóvel residencial do devedor no qual resida seu familiar, ainda que ele, proprietário, não habite no imóvel.
c) O fato de um casal de namorados projetar constituir família no futuro caracteriza a união estável se houver coabitação.
d) O casamento putativo não será reconhecido de ofício pelo juiz.
e) Se não houver transação em sentido contrário, as verbas indenizatórias integram a base de cálculo da pensão alimentícia.

---

[42] REsp 192.133-MS, 4ª T., rel. Min. Sálvio de Figueiredo Teixeira, j. 21-6-1999.
[43] *RT*, 775/383.

2. (TJPA/Titular de Serviços de Notas e de Registros/IESES/2016) O bem de família convencional:

a) não é requisito essencial para a instituição da condição de titular de domínio, com título aquisitivo devidamente registrado.
b) não se exige que o bem esteja a salvo de ônus e gravames.
c) diante da nova dimensão do conceito de entidade familiar, pode ser instituído pelos cônjuges, pelo separado judicialmente ou de fato, pelo viúvo ou por solteiro.
d) é possível a constituição por condômino, qualquer que seja a modalidade de condomínio.

3. (TJRS/Concurso para a Outorga de Delegação de Serviços Notariais e Registrais/2019) Pode-se corretamente afirmar, sobre o bem de família, que

a) o fato de o terreno encontrar-se desocupado ou não edificado são circunstâncias que sempre obstam a qualificação do imóvel como bem de família.
b) a impenhorabilidade do bem de família abrange o imóvel objeto do contrato de promessa de compra e venda inadimplido, mas não abrange os bens móveis, mesmo que indispensáveis à habitabilidade de uma residência ou usualmente mantidos em um lar comum.
c) a impenhorabilidade do bem de família é matéria disponível, razão pela qual admite renúncia pelo titular e não abrange o imóvel pertencente a pessoas solteiras, separadas e viúvas.
d) é impenhorável o único imóvel residencial do devedor que esteja locado a terceiros, desde que a renda obtida com a locação seja revertida para a subsistência ou a moradia da sua família; a vaga de garagem que possui matrícula própria no registro de imóveis constitui bem de família para efeito de penhora.
e) a impenhorabilidade do bem de família não pode ser oposta ao credor de pensão alimentícia decorrente de vínculo familiar ou de ato ilícito; entretanto, é oponível às execuções de sentenças cíveis decorrentes de atos ilícitos, salvo se decorrente de ilícito previamente reconhecido na esfera penal.

4. (TRT/24ª Região/Juiz do Trabalho/2006) A respeito do bem de família, assinale a alternativa CORRETA:

a) O Código Civil de 2002, ao disciplinar o instituto do bem de família, revogou tacitamente as disposições da Lei n. 8.009/90.
b) A impenhorabilidade do bem de família compreende o imóvel sobre o qual se assentam a construção, as plantações, as benfeitorias de qualquer natureza, excetuadas as voluptuárias, e todos os equipamentos, inclusive os de uso profissional, ou móveis que guarnecem a casa, desde que quitados.
c) Na hipótese de o casal, ou entidade familiar, ser possuidor de vários imóveis utilizados como residência, a impenhorabilidade do bem de família recairá sobre o de maior valor, salvo se outro estiver registrado, para esse fim, no Registro de Imóveis.
d) Dissolvida a sociedade conjugal pela morte de um dos cônjuges, opera-se a extinção automática do bem de família.
e) A impenhorabilidade do bem de família é oponível em qualquer processo de execução civil, fiscal, previdenciária, trabalhista ou de outra natureza, salvo se movido para execução de hipoteca sobre o imóvel, oferecido como garantia real pelo casal ou pela entidade familiar.

5. (TJCE/Concurso para a Outorga de Serviços de Notas e de Registros/IESES/2018) Sobre a instituição do bem de família, responda às questões:

I. O terceiro poderá instituir bem de família por testamento ou doação, dependendo a eficácia do ato da aceitação expressa de ambos os cônjuges beneficiados ou da entidade familiar beneficiada.
II. Dissolvida a sociedade conjugal pela morte de um dos cônjuges, o sobrevivente poderá pedir a extinção do bem de família, se for o único bem do casal.

III. Extingue-se, igualmente, o bem de família com a morte de ambos os cônjuges e a maioridade dos filhos, desde que não sujeitos a curatela.

Assinale a CORRETA:

a) Apenas a assertiva II é verdadeira.
b) Apenas as assertivas I e II são verdadeiras.
c) Todas as assertivas são verdadeiras.
d) Todas as assertivas são falsas.

6. (STJ/Analista Judiciário/CESPE/2018) Em relação ao direito de família e ao direito das sucessões, julgue o item subsequente.

O bem de família é constituído voluntariamente e visa proteger o ente familiar, de maneira que, se dissolvida a sociedade conjugal, fica extinto o bem de família.

( ) Certo ( ) Errado

7. (MP/PR/Promotor de Justiça Substituto/2014) Não é súmula do Superior de Justiça:

a) A hipoteca firmada entre a construtora e o agente financeiro, anterior ou posterior à celebração da promessa de compra e venda, não tem eficácia perante os adquirentes do imóvel.
b) O direito à adjudicação compulsória não se condiciona ao registro do compromisso de compra e venda no cartório de imóveis.
c) Caracteriza dano moral a apresentação antecipada de cheque pré-datado.
d) O conceito de impenhorabilidade do bem de família abrange também o imóvel pertencente a pessoas solteiras, separadas e viúvas.
e) A vaga de garagem que possui matrícula própria no registro de imóveis constitui bem de família para efeito de penhora.

8. (MP/MG/Promotor de Justiça/52º Concurso/2012) Quanto ao bem de família, é INCORRETO afirmar que:

a) O bem de família consistirá em prédio residencial urbano ou rural, com suas pertenças e acessórios, destinando-se em ambos os casos a domicílio familiar, e poderá abranger valores mobiliários, cuja renda será aplicada na conservação do imóvel e no sustento da família.
b) O bem de família, quer instituído pelos cônjuges ou por terceiro, constitui-se pelo registro de seu título no Registro de Imóveis.
c) Comprovada a impossibilidade da manutenção do bem de família nas condições em que foi instituído, poderá o juiz, a requerimento dos interessados, extingui-lo ou autorizar a sub-rogação dos bens que o constituem em outros, ouvidos o instituidor e o Ministério Público.
d) A dissolução da sociedade conjugal pelo divórcio extingue o bem de família.

9. (TJDFT/Juiz de Direito/2011) Bem de família obrigatório ou legal é aquele que resulta diretamente da lei, de ordem pública, que tornou impenhorável o imóvel residencial, próprio do casal, ou da entidade familiar, daí por que não poderá ser objeto de penhora por dívida de natureza civil, comercial, fiscal, previdenciária ou de outra natureza, salvo nas hipóteses expressamente previstas nos artigos 2º e 3º, I a VII, da Lei n. 8.009, de 29 de março de 1990. Assim, considere as proposições abaixo, assinalando a INCORRETA:

a) Ao solteiro, não obstante resida e ocupe o imóvel sozinho, aplica-se esta mesma regra;
b) Ao viúvo, ao contrário, não se aplica tal regra, máxime quando seus descendentes hajam constituído outras famílias;
c) É entendimento assente que a Lei n. 8.009/1990 tem aplicabilidade mesmo nos casos em que a penhora for anterior à sua vigência.
d) Todos os residentes do imóvel, sujeitos do bem de família, portanto beneficiários da regra da impenhorabilidade, têm em seu favor esse direito, ou seja, a lei confere-lhes o poder de não ver constrita a casa onde moram.

10. (TJGO/Juiz de Direito/Fundação Carlos Chagas/2012) Sobre a instituição de bem de família é CORRETO afirmar:

a) Pode ser instituído como bem de família o imóvel comercial desde que seja o único bem do casal e que sua renda seja a única fonte de sustento da família.
b) A instituição voluntária prescinde de escritura pública e registro porque a Lei n. 8.009/90 produz os mesmos efeitos.
c) O bem de família fica isento de qualquer tipo de execução.
d) Não se admite a instituição de bem de família se o imóvel for recebido em dação em pagamento.
e) Se for instituído por terceiro mediante liberalidade exige a aceitação do casal.

11. (TJ/SP/Juiz de Direito/184º Concurso/VUNESP/2013) No que concerne ao bem de família, assinale a resposta CORRETA consoante a Lei n. 8.009 e a jurisprudência do STJ.

a) A vaga de garagem, ainda que possua matrícula própria no registro de imóveis, constitui bem de família para efeito de penhora.
b) O conceito de impenhorabilidade do bem de família abrange as benfeitorias de qualquer natureza, equipamentos, inclusive veículos de transporte, móveis que guarnecem a casa e obras de arte.
c) O conceito de impenhorabilidade do bem de família não abrange o imóvel pertencente a pessoas solteiras, viúvas e separadas.
d) É impenhorável o único imóvel residencial do devedor que esteja locado a terceiros, desde que a renda obtida com a locação seja revertida para a subsistência ou a moradia da sua família.

12. (TJSP/Juiz de Direito/184º Concurso/VUNESP/2013) No que concerne ao bem de família, assinale a resposta correta consoante a Lei n. 8.009 e a jurisprudência do STJ.

a) A vaga de garagem, ainda que possua matrícula própria no registro de imóveis, constitui bem de família para efeito de penhora.
b) O conceito de impenhorabilidade do bem de família abrange as benfeitorias de qualquer natureza, equipamentos, inclusive veículos de transporte, móveis que guarnecem a casa e obras de arte.
c) O conceito de impenhorabilidade do bem de família não abrange o imóvel pertencente a pessoas solteiras, viúvas e separadas.
d) É impenhorável o único imóvel residencial do devedor que esteja locado a terceiros, desde que a renda obtida com a locação seja revertida para a subsistência ou a moradia da sua família.

13. (MP/PR/Promotor de Justiça/2014) Não é súmula do Superior Tribunal de Justiça:

a) A hipoteca firmada entre a construtora e o agente financeiro, anterior ou posterior à celebração da promessa de compra e venda, não tem eficácia perante os adquirentes do imóvel.
b) O direito à adjudicação compulsória não se condiciona ao registro do compromisso de compra e venda no cartório de imóveis.
c) Caracteriza dano moral a apresentação antecipada de cheque pré-datado.
d) O conceito de impenhorabilidade do bem de família abrange também o imóvel pertencente a pessoas solteiras, separadas e viúvas.
e) A vaga de garagem que possui matrícula própria no registro de imóveis constitui bem de família para efeito de penhora.

14. (TRT/2ª Região/Juiz do Trabalho/XLI Concurso/2016) Considerando-se o disposto no Código Civil, quanto ao bem da família, é INCORRETO afirmar que:

a) Comprovada a impossibilidade da manutenção do bem de família nas condições em que foi instituído, poderá o juiz, a requerimento dos interessados, extingui-lo ou autorizar a sub-rogação dos bens que o constituem em outros, ouvidos o instituidor e o Ministério Público.

b) Não havendo disposição em contrário do ato de instituição, a administração do bem de família compete a ambos os cônjuges, resolvendo o juiz em caso de divergência.
c) No caso de falecimento de ambos os cônjuges, a administração do bem de família instituído nos termos do Código Civil, passará ao filho mais velho, se for maior, e, do contrário, a seu tutor.
d) A dissolução da sociedade conjugal extingue o bem de família.
e) Extingue-se o bem de família com a morte de ambos os cônjuges e a maioridade dos filhos, desde que não sujeitos a curatela.

15. (TJPR/Juiz de Direito/CESPE-CEBRASPE/2017) Pedro alugou um imóvel pertencente a Maria. Os fiadores, João e Mateus, não renunciaram ao benefício de ordem nem optaram expressamente pelo benefício da divisão. Diante da ausência de pagamento de Pedro, Maria ajuizou ação de despejo cumulada com cobrança de aluguéres vencidos e vincendos. Julgado procedente o pedido, na fase de execução do julgado, ante a ausência de bens de Pedro e João, foi penhorado imóvel de Mateus, o qual argumentou que o bem era destinado à sua residência com os filhos menores. Considerando essa situação hipotética à luz da legislação aplicável ao caso e da jurisprudência do STJ, assinale a opção CORRETA.

a) É reconhecido benefício de ordem em favor de João, ainda que Pedro seja insolvente.
b) Um dos pressupostos para o conhecimento de ações semelhantes à impetrada por Maria é a demonstração de atraso e, no mínimo, três meses no pagamento do aluguel.
c) Mateus poderia alegar o benefício da divisão e exigir de João a parte que lhe cabe no pagamento.
d) A penhora realizada sobre o bem de família de Mateus foi legítima.

16. (TJSP/Titular de Serviços de Notas e de Registros/VUNESP/2016) A instituição do bem de família sobre um terço do patrimônio líquido, por ato de vontade, nos moldes do Código Civil,

a) deverá ser formalizada necessariamente por escritura pública, levada a registro no Registro de Imóveis.
b) afasta as regras sobre a impenhorabilidade do imóvel residencial estabelecidas em lei especial.
c) produz efeitos temporalmente ilimitados, salvo se novo título for levado ao Registro, modificando o conteúdo anterior.
d) terá forma solene e dependerá do registro do título no Registro de Imóveis para sua constituição.

17. (TJSC/Titular de Serviços de Notas e de Registros/IESES/2019) Com relação ao bem de família:

I. Podem os cônjuges, ou a entidade familiar, mediante escritura pública ou testamento, destinar parte de seu patrimônio para instituir bem de família, podendo o terceiro igualmente instituir bem de família por testamento ou doação, independentemente da aceitação expressa de ambos os cônjuges beneficiados ou da entidade familiar beneficiada.
II. Os cônjuges, ou a entidade familiar, podem destinar parte de seu patrimônio para instituir bem de família, desde que não ultrapasse um terço do patrimônio bruto existente ao tempo da instituição.
III. O bem de família é isento de execução por dívidas posteriores à sua instituição, salvo as que provierem de tributos relativos ao prédio, ou de despesas de condomínio.
IV. O bem de família, quer instituído pelos cônjuges, ou pela entidade familiar, quer por terceiro, constitui-se pelo registro de seu título no Registro de Imóveis.

Aponte as afirmativas CORRETAS:

a) I e IV.
b) II e III.
c) III e IV.
d) I e II.

18. (Prefeitura Municipal/São José do Rio Preto-SP/Procurador Municipal/VUNESP/2019) Assinale a alternativa CORRETA no que diz respeito ao entendimento legal e sumulado sobre bem de família.

a) O conceito de impenhorabilidade de bem de família abrange também o imóvel pertencente a pessoas solteiras, mas não abrange o imóvel pertencente a pessoas separadas e viúvas.
b) É penhorável o único imóvel residencial do devedor que esteja locado a terceiros, ainda que a renda obtida com a locação seja revertida para a subsistência ou a moradia da sua família.
c) A vaga de garagem que possui matrícula própria no registro de imóveis não constitui bem de família para efeito de penhora.
d) Não é válida a penhora de bem de família pertencente a fiador de contrato de locação.
e) São impenhoráveis os veículos de transporte, as obras de arte e os adornos suntuosos.

GABARITO

1. "b ".
2. "c".
3. "e". *Vide* art. 3° da Lei n. 8.009/90.
4. "e". *Vide* art. 3°, V, da Lei n. 8.009/90, que disciplina o bem de família.
5. "b".
6. "errado".
7. "e".
8. "d". *Vide* art. 1.721 do CC.
9. "b". *Vide* a Súmula 364 do STJ, do seguinte teor: "O conceito de impenhorabilidade de bem de família abrange também o imóvel pertencente a pessoas solteiras, separadas e *viúvas*".
10. "e". *Vide* o parágrafo único do art. 1.711 do CC.
11. "d". *Vide* Súmula 486 do STJ.
12. "d". *Vide* a Súmula 486 do STJ: "É impenhorável o único imóvel residencial do devedor que esteja locado a terceiros, desde que a renda obtida com a locação seja revertida para a subsistência ou a moradia da sua família".
13. "e". Proclama a Súmula 449 do STJ justamente o contrário, ou seja, que "a vaga de garagem que possui matrícula própria no registro de imóveis NÃO constitui bem de família para efeito de penhora".
14. "d". *Vide* a Súmula 364 do STJ, do seguinte teor: "O conceito de impenhorabilidade de bem de família abrange também o imóvel pertencente a pessoas solteiras, separadas e viúvas".
15. "d". *Vide* inciso VII do art. 3° da Lei n. 8.009/90, acrescentado pela Lei n. 8.245/91.
16. "d". *Vide* arts. 1.711 e 1.714 do CC.
17. "c".
18. "c".

26

DA UNIÃO ESTÁVEL

26.1. CONCEITO E EVOLUÇÃO HISTÓRICA

A união prolongada entre o homem e a mulher, sem casamento, foi chamada, durante longo período histórico, de **concubinato**. O conceito generalizado do concubinato, também denominado "*união livre*", tem sido invariavelmente, no entender de Washington de Barros Monteiro[1], o de vida prolongada em comum, sob o mesmo teto, com a **aparência de casamento**.

A união livre **difere do casamento** sobretudo pela **liberdade de descumprir os deveres** a este inerentes. Por isso, a doutrina clássica esclarece que **o estado de concubinato pode ser rompido a qualquer instante**, qualquer que seja o tempo de sua duração, sem que ao concubino abandonado assista direito a indenização pelo simples fato da ruptura.

O Código Civil de 1916 continha alguns dispositivos que faziam restrições a esse modo de convivência, *proibindo*, por exemplo, **doações ou benefícios testamentários do homem casado à concubina**, ou a inclusão desta como **beneficiária de contrato de seguro de vida**.

Aos poucos, no entanto, a começar pela **legislação previdenciária**[2], alguns direitos da concubina foram sendo reconhecidos, tendo a jurisprudência admitido outros, como o direito à **meação dos bens adquiridos pelo esforço comum**.

A realidade é que o julgador brasileiro passou a compreender que a ruptura de longo concubinato, de forma unilateral ou por mútuo consentimento, **acabava criando uma situação extremamente injusta para um dos concubinos**, porque em alguns casos, por exemplo, os bens amealhados com o **esforço comum** haviam sido adquiridos somente em nome do varão. Por outro lado, havia conflito entre o regime de bens que prevalecia em muitos países da Europa, que é o legal da separação, e o da comunhão de bens, vigorante então entre nós, ficando a mulher desprovida de qualquer recurso, em benefício de parentes afastados do marido, em caso de falecimento de imigrantes.

---

1 *Curso de direito civil*, 37. ed., v. 2, p. 30-31.

2 "Previdência social. Comprovação de estabilidade no concubinato e de dependência econômica da concubina com ex-segurado. Possibilidade de inscrição daquela como dependente, no órgão previdenciário" (*RT*, 805/374).

A posição humana e construtiva do Tribunal de Justiça de São Paulo acabou estendendo-se aos demais tribunais do País, formando uma jurisprudência que foi adotada pelo **Supremo Tribunal Federal**, no sentido de que a ruptura de uma ligação *more uxorio* duradoura gerava consequências de ordem patrimonial. Essa Corte cristalizou a orientação jurisprudencial na **Súmula 380**, nestes termos:

> "Comprovada a existência da sociedade de fato entre concubinos, é cabível a sua dissolução judicial, com a **partilha do patrimônio adquirido pelo esforço comum**".

As *restrições* existentes no Código Civil passaram a ser aplicadas somente aos casos de **concubinato adulterino**, em que o homem vivia com a esposa e, concomitantemente, mantinha concubina. Quando, porém, encontrava-se separado de fato da esposa e estabelecia com a concubina um **relacionamento *more uxorio***, isto é, de marido e mulher, tais restrições deixavam de ser aplicadas, e a mulher passava a ser chamada de **companheira**.

Começaram os tribunais a decidir, com efeito, que o art. 1.177 do Código Civil de 1916, que proibia a doação do cônjuge adúltero ao seu cúmplice, **não atingia a companheira**, que não devia ser confundida com a concubina[3].

Também começou a ser utilizada a expressão **"concubinato impuro"**[4], para fazer referência ao *adulterino*, envolvendo pessoa casada em ligação amorosa com terceiro, ou para apontar os que mantêm mais de uma união de fato. **"Concubinato puro"** ou **companheirismo** seria a convivência duradoura, *como marido e mulher*, sem impedimentos decorrentes de outra união (caso dos solteiros, viúvos, separados judicialmente, divorciados ou que tiveram o casamento anulado).

O grande passo, no entanto, foi dado pela atual **Constituição**, ao proclamar, no art. 226, § 3º:

> "Para efeito da proteção do Estado, **é reconhecida a união estável entre o homem e a mulher como entidade familiar**, devendo a lei facilitar sua conversão em casamento".

---

[3] STJ, *RT*, 719/258 e 623/170. *V.* ainda: "Doação. Aquisição de imóvel em nome da companheira por homem casado, após, entretanto, o rompimento da vida conjugal deste. Distinção entre concubina e companheira. Não incidem as normas dos arts. 248, IV, e 1.177 do Código Civil (*de 1916*), quando ocorrida a doação após o rompimento da vida em comum entre o finado doador e sua mulher; quando, enfim, já se haviam findadas as relações patrimoniais decorrentes do casamento. Precedentes do STJ quanto à distinção entre 'concubina' e 'companheira'" (STJ, 4ª T., rel. Min. Barros Monteiro, j. 18-4-1995, *DJU*, 19-6-1995).

[4] "Concubinato impuro. Relacionamento com homem casado. Impossibilidade de a união ser convertida em casamento. Pretensão da companheira à partilha de bens ou indenização pelo tempo em que as partes mantiveram relacionamento. Inadmissibilidade. Intel. do § 3º do art. 226 da CF" (TJSP, *RT*, 817/238). "Convivência entre homem e mulher que se iniciou quando o companheiro ainda era casado. Caracterização de concubinato impuro que não gera qualquer direito ou dever entre os conviventes. Reconhecimento da união estável, no entanto, a partir do momento em que o concubino se separou judicialmente de sua esposa, assumindo publicamente o relacionamento com sua companheira como se casados fossem" (TJMS, *RT*, 794/365).

A partir daí a relação familiar nascida fora do casamento passou a denominar-se **união estável**, ganhando novo *status* dentro do nosso ordenamento jurídico.

A conceituação da união estável consta do art. 1.723 do Código Civil de 2002, *verbis*:

> "É reconhecida como entidade familiar a *união estável* entre o homem e a mulher, configurada na convivência pública, contínua e duradoura e estabelecida com o objetivo de constituição de família".

A expressão **"concubinato"** é hoje utilizada para designar o relacionamento amoroso envolvendo **pessoas casadas, que infringem o dever de fidelidade**, também conhecido como *adulterino*. Configura-se, segundo o novo Código Civil, quando ocorrem **"relações não eventuais entre o homem e a mulher, impedidos de casar"** (CC, art. 1.727).

Malgrado a impropriedade da expressão utilizada, deve-se entender que nem todos os impedidos de casar são concubinos, pois o § 1º do art. 1.723 trata como união estável a convivência pública e duradoura entre pessoas **separadas de fato** e que mantêm o vínculo de casamento, não sendo separadas de direito.

■ 26.2. REGULAMENTAÇÃO DA UNIÃO ESTÁVEL ANTES DO CÓDIGO CIVIL DE 2002

A primeira regulamentação da norma constitucional que trata da união estável adveio com a **Lei n. 8.971, de 29 de dezembro de 1994**, que definiu como "*companheiros*" o homem e a mulher que mantenham união comprovada, na qualidade de solteiros, separados judicialmente, divorciados ou viúvos, por mais de cinco anos, ou com prole (concubinato puro).

A **Lei n. 9.278, de 10 de maio de 1996**, alterou esse conceito, omitindo os requisitos de natureza pessoal, tempo mínimo de convivência e existência de prole. Preceituava o seu art. 1º que se considera *entidade familiar* a convivência duradoura, pública e contínua, de um homem e de uma mulher, estabelecida com o objetivo de constituição de família. Usou-se a expressão "*conviventes*" em substituição a "companheiros".

Embora esse artigo não aludisse expressamente à união estável pura, ou seja, não incestuosa e não adulterina, inegavelmente se aplicava a ela. Conforme acentuou Álvaro Villaça Azevedo, em comentário à aludida lei, "é certo que o § 3º do art. 226 da Constituição Federal também não especifica nesse sentido; contudo, ambos os dispositivos legais apontam o objetivo de constituição familiar, **o que impede que exista concubinato impuro** (contra o casamento preexistente de um dos concubinos ou em situação incestuosa) ou **concubinato desleal** (em concorrência com outro concubinato puro)"[5].

Conclui-se, assim, que **não era possível**, no sistema da Lei n. 9.278/96, **a simultaneidade de casamento e união estável, ou de mais de uma união estável**.

[5] Comentários à Lei n. 9.278, de 10 de maio de 1996, *Revista Literária de Direito*, n. 11, p. 19.

O art. 5º da última lei mencionada cuidava da **meação sobre os bens adquiridos durante o tempo de convivência, a título oneroso**, considerando-os fruto do trabalho e da colaboração comum, salvo se houvesse estipulação contrária em contrato escrito, ou se a aquisição dos bens se desse com o produto de outros anteriores ao início da união (sub-rogação). Estabeleceu-se, assim, a **presunção de colaboração dos conviventes** na formação do patrimônio durante a vida em comum, invertendo-se o ônus probatório, que competia ao que negasse a participação do outro.

■ 26.3. A UNIÃO ESTÁVEL NO CÓDIGO CIVIL DE 2002

Restaram **revogadas** as mencionadas Leis n. 8.971/94 e 9.278/96 em face da inclusão da matéria no âmbito do Código Civil de 2002, que fez significativa mudança, inserindo o título referente à união estável no *Livro de Família* e incorporando, **em cinco artigos** (1.723 a 1.727), os princípios básicos das aludidas leis, bem como introduzindo disposições esparsas em outros capítulos quanto a certos efeitos, como nos casos de obrigação alimentar (art. 1.694).

O novo diploma tratou, nesses dispositivos, dos aspectos *pessoais* e *patrimoniais*, **deixando para o direito das sucessões o efeito patrimonial sucessório** (CC, art. 1.790).

■ Não estabelecimento de período mínimo de convivência

Na mesma linha do art. 1º da Lei n. 9.278/96, **não foi estabelecido período mínimo de convivência** pelo art. 1.723 do novo diploma. Não é, pois, o tempo com determinação de número de anos que deverá caracterizar uma relação como união estável, mas outros elementos expressamente mencionados: **"convivência pública, contínua e duradoura e estabelecida com o objetivo de constituição de família"**.

■ Admissão da união estável entre pessoas casadas, porém separadas de fato

Foi admitida expressamente, no § 1º do aludido dispositivo, a união estável entre pessoas que mantiveram seu estado civil de casadas, estando, porém, **separadas de fato**, nestes termos:

> "A união estável não se constituirá se ocorrerem os impedimentos do art. 1.521; não se aplicando a incidência do inciso VI no caso de a pessoa casada se achar **separada de fato ou judicialmente**".

■ Manutenção dos deveres impostos aos cônjuges

No campo pessoal, reitera o novo diploma os deveres de **"lealdade, respeito e assistência, e de guarda, sustento e educação dos filhos"**, como obrigação recíproca dos conviventes (CC, art. 1.724).

Em face da equiparação do referido instituto ao casamento, aplicam-se-lhe os mesmos princípios e normas atinentes a **alimentos entre cônjuges**.

■ Incabível pedido de indenização por serviços prestados, em caso de dissolução da união estável

Anote-se que, havendo previsão legal para a concessão de alimentos aos companheiros desde a vigência das leis especiais supracitadas, **não mais se justifica falar**

em indenização por serviços prestados ao que não deu causa à dissolução da união estável, conforme vem reconhecendo a jurisprudência[6].

Decidiu, a propósito, a 3ª Turma do Superior Tribunal de Justiça que "**não mais há de se cogitar, sob a alegação de serviços domésticos prestados**, a busca da tutela jurisdicional, revelando-se indevida discriminação a concessão do benefício pleiteado à concubina, pois o término do casamento não confere direito à referida indenização. Assim, se com o fim do casamento não há possibilidade de se pleitear indenização por serviços prestados, tampouco quando se finda a união estável, muito menos com o cessar do concubinato haverá qualquer viabilidade de se postular tal direito, sob pena de se cometer grave discriminação frente ao casamento, que tem primazia constitucional de tratamento"[7].

No mesmo sentido aresto da 4ª Turma do mesmo Tribunal:

> "Concubinato. **Indenização decorrente de serviços domésticos. Impossibilidade**. Inteligência do art. 1.727 do CC/02. Incoerência com a lógica jurídica adotada pelo Código e pela CF/88, que não reconhecem direito análogo no casamento ou união estável"[8].

■ Incidência do regime da comunhão parcial de bens, salvo contrato escrito entre os companheiros

No tocante aos efeitos patrimoniais, o Código Civil de 2002 determina a aplicação, no que couber, do **regime da comunhão parcial de bens**, pelo qual haverá comunhão dos aquestos, isto é, dos bens adquiridos na constância da convivência, como se casados fossem, **"salvo contrato escrito entre os companheiros"** (art. 1.725).

■ Conversão da união estável em casamento

Prevê ainda o art. 1.726 do Código Civil que "a união estável poderá **converter-se em casamento**, mediante pedido dos companheiros ao juiz e assento no Registro Civil".

■ 26.4. REQUISITOS PARA A CONFIGURAÇÃO DA UNIÃO ESTÁVEL

Uma das características da união estável é a **ausência de formalismo** para a sua constituição. Enquanto o casamento é precedido de um processo de habilitação, com publicação dos proclamas e de inúmeras outras formalidades, a união estável, ao contrário, **independe de qualquer solenidade**, bastando o fato da vida em comum.

Embora, por essa razão, tal modo de relacionamento afetivo apresente uma aparente vantagem, por não oferecer dificuldade para a sua eventual dissolução, bastando o mero consenso dos interessados, por outro lado cede passo, como acentua Euclides de Oliveira[9], à **dificuldade de prova** que lhe é inerente, por falta de documento constitutivo da entidade familiar.

---

[6] "Indenização. Serviços domésticos prestados. Não cabimento. Pagamento que conferiria à companheira direitos maiores que os concedidos à mulher casada" (TJSP, *JTJ*, 253/226).

[7] STJ, REsp 872.659-MG, 3ª T., rel. Min. Nancy Andrighi, *DJe*, 19-10-2009.

[8] STJ, REsp 988.090-MS, 4ª T., rel. Min. Luis Felipe Salomão, *DJe*, 22-2-2010.

[9] *União estável*, cit., p. 125.

Recomenda por isso o mencionado autor, embora não exigível instrumentação escrita, seja formalizada a constituição da união estável "por meio de um **contrato de convivência** entre as partes, que servirá como marco de sua existência, além de propiciar regulamentação do regime de bens que venham a ser adquiridos no seu curso".

Esclarece Zeno Veloso que, malgrado a tônica da união estável seja a informalidade, não se pode dizer que a entidade familiar surja no mesmo instante em que o homem e a mulher passam a viver juntos, ou no dia seguinte, ou logo após. **Há que existir, aduz, uma duração**, "a sucessão de fatos e de eventos, a permanência do relacionamento, a continuidade do envolvimento, a **convivência *more uxorio***, a notoriedade, enfim, a soma de fatores subjetivos e objetivos que, do ponto de vista jurídico, definem a situação"[10].

Vários são, portanto, os requisitos ou pressupostos para a configuração da união estável, desdobrando-se em **subjetivos** e **objetivos**, conforme quadro esquemático abaixo:

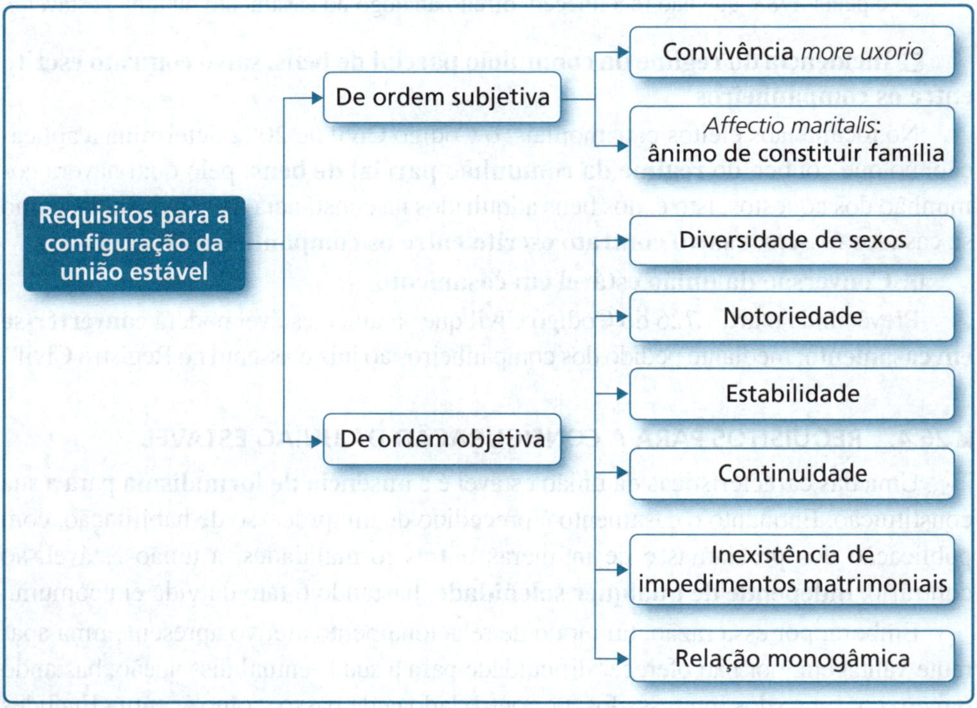

■ 26.4.1. Pressupostos de ordem subjetiva

■ *26.4.1.1. Convivência* more uxorio

É mister uma **comunhão de vidas**, no sentido material e imaterial, **em situação similar à de pessoas casadas**. Envolve a *mútua assistência material, moral e espiritual*,

---

[10] *Código Civil comentado*, v. XVII, p. 117.

a troca e soma de interesses da vida em conjunto, atenção e gestos de carinho, enfim, o somatório de componentes materiais e espirituais que alicerçam as relações afetivas inerentes à entidade familiar.

Embora o art. 1.723 do Código Civil não se refira expressamente à **coabitação ou vida em comum sob o mesmo teto**, tal elemento constitui uma das mais **marcantes características da união estável**, até porque, como acentua Zeno Veloso, "essa entidade familiar decorre desse fato, da *aparência de casamento*, e essa aparência é o elemento objetivo da relação, a mostra, o sinal exterior, a fachada, o fator de demonstração inequívoca da constituição de uma família"[11].

A **Súmula 382** do Supremo Tribunal Federal proclama, todavia, que **"a vida em comum sob o mesmo teto, *more uxorio*, não é indispensável à caracterização do concubinato"**.

Se o casal, aduz Zeno Veloso, "**mesmo morando em locais diferentes**, assumiu uma relação afetiva, se o homem e a mulher **estão imbuídos do ânimo firme de constituir família**, se estão na posse do estado de casados, e se o círculo social daquele par, pelo comportamento e atitudes que os dois adotam, reconhece ali uma situação com aparência de casamento, **tem-se de admitir a existência de união estável**"[12].

A tendência parece ser mesmo, como assinala Rodrigo da Cunha Pereira, "a de **dispensar a convivência sob o mesmo teto para a caracterização da união estável**, exigindo-se, porém, **relações regulares, seguidas, habituais e conhecidas**, se não por todo mundo, ao menos por um pequeno círculo"[13], aduzindo o mencionado autor que "no direito brasileiro já não se toma o elemento da coabitação como requisito essencial para caracterizar ou descaracterizar o instituto da união estável, mesmo porque, hoje em dia, já é comum haver casamentos em que os cônjuges vivem em casas separadas, talvez como uma fórmula para a durabilidade das relações".

Esse tem sido, com efeito, o posicionamento do Superior Tribunal de Justiça:

> "**Não exige a lei específica (Lei n. 9.278/96) a coabitação como requisito essencial para caracterizar a união estável**. Na realidade, a convivência sob o mesmo teto pode ser um dos fundamentos a demonstrar a relação comum, mas a sua ausência não afasta, de imediato, a união estável. Diante da alteração dos costumes, além das profundas mudanças pelas quais tem passado a sociedade, não é raro encontrar cônjuges ou companheiros residindo em locais diferentes. O que se mostra indispensável é que **a união se revista de estabilidade, ou seja, que haja aparência de casamento**"[14].

■ *26.4.1.2.* Affectio maritalis*: ânimo ou objetivo de constituir família*

O elemento subjetivo é essencial para a configuração da união estável. Afora outros requisitos, é absolutamente necessário que haja entre os conviventes, além do

[11] *Código Civil*, cit., v. XVII, p. 115.
[12] *Código Civil*, cit., v. XVII, p. 114.
[13] *Concubinato e união estável*, p. 30.
[14] REsp 474.962-SP, 4ª T., rel. Min. Sálvio de Figueiredo Teixeira, *DJU*, 1º-3-2004.

afeto, o elemento espiritual caracterizado pelo ânimo, a intenção, **o firme propósito de constituir uma família**, enfim, a *affectio maritalis*.

O requisito em apreço exige a **efetiva constituição de família**, não bastando para a configuração da união estável o simples *animus*, o objetivo de constituí-la, "já que, se assim não fosse, o mero namoro ou noivado, em que há somente o objetivo de formação familiar, seria equiparado à união estável"[15].

Não configuram união estável, com efeito, os encontros amorosos mesmo constantes, ainda que os parceiros mantenham relações sexuais, nem as viagens realizadas a dois ou o comparecimento juntos a festas, jantares, recepções etc., **se não houver da parte de ambos o intuito de constituir uma família**.

Muitas vezes se torna difícil a prova do aludido elemento subjetivo. São **indícios veementes dessa situação de vida à moda conjugal** "a mantença de um lar comum, frequência conjunta a eventos familiares e sociais, eventual casamento religioso, existência de filhos havidos dessa união, mútua dependência econômica, empreendimentos em parceria, contas bancárias conjuntas etc."[16].

■ 26.4.2. Pressupostos de ordem objetiva

■ *26.4.2.1. Diversidade de sexos*

Por se tratar de modo de constituição de família que se assemelha ao casamento, apenas com a diferença de não exigir a formalidade da celebração, **entendia-se, até recentemente**, que a união estável só poderia decorrer de relacionamento entre pessoas de sexo diferente. A doutrina considerava da essência do casamento a heterossexualidade e classificava na categoria de **ato inexistente a união entre pessoas do mesmo sexo**.

Segundo a lição de Álvaro Villaça Azevedo, "com a **Constituição Federal**, de 5-10-1988, ficou bem claro esse posicionamento, de só reconhecer, como entidade familiar, a união estável entre o homem e a mulher, conforme o claríssimo enunciado do § 3º do seu art. 226"[17].

---

[15] Regina Beatriz Tavares da Silva, *Novo Código Civil comentado*, p. 1532.

"O período de namoro e noivado que antecedeu o casamento não configura união estável para fins de partilhamento dos bens então adquiridos" (TJRS, Ap. 598.349.306, 7ª Câm. Cív., rel. Des. Maria Berenice Dias, j. 17-3-1999). "O namoro prolongado, mesmo com congresso íntimo, desenrolado enquanto as partes resolviam anteriores casamentos, não induz união estável" (TJRS, Ap. 599.152.105, 7ª Câm. Cív., rel. Des. Teixeira Giorgis, j. 12-5-1999); "Não integra o período de namoro o prazo de vigência da união estável, devendo-se ter como termo *a quo* do relacionamento, para efeitos de partição patrimonial, o momento em que passaram a coabitar sob o mesmo teto" (TJRS, Ap. 597.242.791, 7ª Câm. Cív., rel. Des. Maria Berenice Dias, j. 24-6-1998).

[16] Euclides de Oliveira, *União estável*, cit., p. 133.

[17] *Comentários ao Código Civil*, v. 19, p. 203.

Entende Maria Berenice Dias, contrariamente, injustificável a discriminação constante do § 3º do art. 226 da Constituição Federal, como inconstitucional a restrição das Leis ns. 8.971/94 e 9.278/96, que regulamentavam a união estável, ao se referirem somente ao relacionamento entre um homem e uma mulher, argumentando que um Estado Democrático de Direito, que valoriza a dignidade da

A jurisprudência reconhecia tão somente a existência de **sociedade de fato**, entre sócios, a indicar direitos de participação no patrimônio formado pelo esforço comum de ambos, e não união livre como entidade familiar. Desse modo, a união de duas pessoas do mesmo sexo, chamada de parceria homossexual ou união homoafetiva, por si só, não gerava direito algum para qualquer delas, independentemente do período de coabitação[18].

A matéria ficava assim excluída do âmbito do direito de família, **gerando apenas efeitos de caráter obrigacional**.

A diversidade de sexos, como já foi dito, constituía requisito natural do casamento, sendo, por isso, **consideradas inexistentes as uniões homossexuais**.

Aos poucos, no entanto, eminentes doutrinadores começaram a colocar em evidência, com absoluta correção, a necessidade de atribuir verdadeiro estatuto de cidadania às uniões estáveis homoafetivas. Na jurisprudência, o Tribunal de Justiça do Rio Grande do Sul **passou a reconhecer a união entre homossexuais como possível de ser abarcada dentro do conceito de entidade familiar**, sob a forma de *união estável homoafetiva*, ao fundamento de que "a ausência de lei específica sobre o tema não implica ausência de direito, pois existem mecanismos para suprir as lacunas legais, aplicando-se aos casos concretos **a analogia, os costumes e os princípios gerais de direito**, em consonância com os preceitos constitucionais (art. 4º da LINDB)"[19].

A Quarta Turma do Superior Tribunal de Justiça **admitiu a possibilidade jurídica do pedido de reconhecimento da união estável entre homossexuais** e determinou que o Tribunal de Justiça do Rio de Janeiro retomasse o julgamento da ação envolvendo um brasileiro e um canadense, que viviam juntos havia quase 20 anos, ação esta que fora extinta sem análise do mérito. O Ministro Luis Felipe Salomão

---

pessoa humana, não pode chancelar distinções baseadas em características individuais (*União homossexual, o preconceito e a justiça*, p. 147, n. 8).

18 TJMG, *RT*, 742/393. *V.* ainda: "Inventário. Habilitação. Companheiro do falecido. Pretensão à condição de herdeiro e meeiro do *de cujus*. Não cabimento. Direitos decorrentes da união estável para fins sucessórios restritos ao companheiro sobrevivente de união estável entre homem e mulher" (TJSP, *JTJ*, Lex, 262/319). "Ainda que evidenciada por longo tempo, a relação homossexual entre dois homens, a ela não se aplicam as disposições da Lei n. 8.971/94, sob alegação de existência de união estável. Sobretudo porque a Carta Magna, em seu art. 226, estabelece que 'a família, base da sociedade, tem especial proteção do Estado, e que é reconhecida a união estável entre o homem e a mulher como entidade familiar, devendo a lei facilitar sua conversão em casamento'. Esse preceito constitucional, pois, tem por escopo a união entre pessoas de sexo oposto e não elementos do mesmo sexo" (TJRJ, Ap. 10.704/2000, 3ª Câm. Cív., rel. Des. Antonio Eduardo F. Duarte, *DJRJ*, 3-5-2001).

19 TJRS, Ap. 70.009.550.070, 7ª Câm. Cív., rel. Des. Maria Berenice Dias, j. 17-11-2004. *V.* ainda: "Constitui união estável a relação fática entre duas mulheres, configurada na convivência pública, contínua, duradoura e estabelecida com o objetivo de constituir verdadeira família, observados os deveres de lealdade, respeito e mútua assistência" (TJRS, Ap. 70.005.488.812, 7ª Câm. Cív., rel. Des. José Carlos Teixeira Giorgis); "Reconhecida como entidade familiar, merecedora da proteção estatal, a união formada por pessoas do mesmo sexo, com características de duração, publicidade, continuidade e intenção de constituir família, decorrência inafastável é a possibilidade de que seus companheiros possam adotar" (TJRS, Ap. 70.013.801.592, 7ª Câm. Cív., rel. Des. Luiz Felipe Brasil Santos, j. 5-4-2006).

ressaltou que o legislador, caso desejasse, poderia utilizar expressão restritiva de modo a impedir que a união entre pessoas do mesmo sexo ficasse definitivamente excluída da abrangência legal, mas não procedeu dessa maneira[20].

À falta de legislação específica, os casais que viviam em união homoafetiva **buscavam os seus direitos junto ao Poder Judiciário**. Os tribunais reconheciam, nesses casos, o direito de inclusão do companheiro como dependente no plano de saúde; de recebimento de pensão em caso de morte do parceiro segurado no INSS ou em plano de previdência privada[21]; de guarda de filho, em caso de um dos parceiros ser mãe ou pai biológico da criança; de adoção por casal formado por duas pessoas do mesmo sexo; e de participação no patrimônio formado pelo esforço comum de ambos.

No dia 5 de maio de 2011, o **Supremo Tribunal Federal**, ao julgar a Ação Direta de Inconstitucionalidade (ADIn) 4.277 e a Arguição de Descumprimento de Preceito Fundamental (ADPF) 132, **reconheceu a união homoafetiva como entidade familiar**, regida pelas mesmas regras que se aplicam à união estável dos casais heterossexuais. Proclamou-se, com efeito vinculante, que **o não reconhecimento da união homoafetiva contraria preceitos fundamentais** como *igualdade, liberdade* (da qual decorre a autonomia da vontade) e o princípio da *dignidade da pessoa humana*, todos da Constituição Federal. A referida Corte reconheceu, assim, por unanimidade, a união homoafetiva como entidade familiar, tornando automáticos os direitos que até então eram obtidos com dificuldades na Justiça.

O Superior Tribunal de Justiça, logo depois, ou seja, no dia 11 de maio do mesmo ano, aplicou o referido entendimento do Supremo Tribunal Federal, por causa de seu efeito vinculante, **reconhecendo também o *status* de união estável aos relacionamentos homoafetivos**[22].

■ *26.4.2.2. Notoriedade*

Exige o art. 1.723 do Código Civil, para que se configure a união estável, que a convivência, além de contínua e duradoura, seja ***"pública"***. Não pode, assim, a

---

[20] Disponível em: <http://www.ibdfam.org.br/?noticias&noticia=2636>. Acesso em: 5 set. 2008. Em 1998, o Superior Tribunal de Justiça, tendo como relator o Min. Ruy Rosado de Aguiar Júnior, decidiu que, em caso de casal homossexual, o parceiro teria direito de receber metade do patrimônio obtido pelo esforço comum (REsp 148.897). Também já foi reconhecido pela 6ª Turma da mencionada Corte o direito do parceiro de receber a pensão por morte do companheiro (REsp 395.804).

[21] Decidiu a 3ª Turma do STJ: "Comprovada a existência de união estável entre pessoas do mesmo sexo, deve-se reconhecer o direito do companheiro sobrevivente de receber benefícios decorrentes do plano de previdência privada (Previ — Caixa de Previdência dos Funcionários do Banco do Brasil), com os idênticos efeitos operados pela união estável". Até então, tal benefício só era concedido dentro do Regime Geral da Previdência Social. Aduziu a relatora, Min. Nancy Andrighi: "Se, por força do art. 16 da Lei 8.213/91, a necessária dependência econômica para a concessão da pensão por morte entre companheiros de união estável é presumida, também o é no caso de companheiros do mesmo sexo, diante do emprego da analogia que se estabeleceu entre essas duas entidades familiares" (STJ, REsp 1.016.981-RJ, 3ª T., rel. Min. Nancy Andrighi. Disponível em: <http://www.conjur.com.br>. Acesso em: 9 fev. 2010).

[22] 2ª Seção, rel. Min. Nancy Andrighi. Disponível em: <http://www.conjur.com.br>. Acesso em: 13 maio 2011.

união permanecer em sigilo, em segredo, desconhecida no meio social. Requer-se, por isso, **notoriedade ou publicidade no relacionamento amoroso**, ou seja, que os companheiros se apresentem à coletividade como se fossem marido e mulher (*more uxorio*). **Relações clandestinas, desconhecidas da sociedade, não constituem união estável**[23].

Realmente, como um fato social, "**a união estável é tão exposta ao público como o casamento**, em que os companheiros são conhecidos, no local em que vivem, nos meios sociais, principalmente de sua comunidade, junto aos fornecedores de produtos e serviços, apresentando-se, enfim, como se casados fossem. Diz o povo, em sua linguagem autêntica, que só falta aos companheiros 'o papel passado'"[24].

■ 26.4.2.3. Estabilidade ou duração prolongada

A denominação "união estável" já indica que o relacionamento dos companheiros deve ser duradouro, estendendo-se no tempo. Não obstante, tal requisito foi enfatizado no art. 1.723 do Código Civil, ao exigir que a convivência seja pública, contínua e **"duradoura"**. Malgrado a lei não estabeleça um prazo determinado de duração para a configuração da entidade familiar, **a estabilidade da relação é indispensável**.

Embora o novo diploma não tenha estabelecido prazo algum para a caracterização da união estável, pondera Zeno Veloso que **"o que não se marcou foi um prazo mínimo**, um lapso de tempo rígido, a partir do qual se configuraria a união estável, no geral dos casos. Mas **há um prazo implícito**, sem dúvida, a ser verificado diante de cada situação concreta. Como poderá um relacionamento afetivo ser público, contínuo e duradouro se não for prolongado, se não tiver algum tempo, **o tempo que seja razoável para indicar que está constituída uma entidade familiar**?"[25].

Desse modo, deverá o juiz, **em cada caso concreto**, verificar se a união **perdura por tempo suficiente, ou não**, para o reconhecimento da estabilidade familiar, perquirindo sempre o intuito de constituição de família, que constitui o fundamento do instituto em apreço[26].

■ 26.4.2.4. Continuidade

Para que a convivência possa ser alçada à categoria de união estável faz-se necessário que, além de pública e duradoura, seja também **"contínua"**, sem interrup-

---

[23] "União estável. Pessoa casada. Relacionamento amoroso clandestino envolvido pelo véu da ilicitude. Situação construída à margem da lei. Sociedade monogâmica que impossibilita a concessão de direitos à amante" (*RT*, 817/340).

[24] Álvaro Villaça Azevedo, *Comentários*, cit., v. 19, p. 254-255.

[25] *Código Civil*, cit., v. XVII, p. 112.

[26] "União estável. Não caracterização. Convivência de ano e meio. Pessoas de idades avançadas com filhos e patrimônios distintos formados quando das outras uniões. Relacionamento curto e sem intenção de constituir família" (*JTJ*, Lex, 263/416). "União estável que perdurou por oito anos. Bens adquiridos com a colaboração da companheira. Ajuda material, moral e afetiva direcionada a uma vida em comum. Reconhecimento à meação dos bens adquiridos na constância do vínculo concubinário" (TJSP, Ap. 1.341-4/8, 7ª Câm. Dir. Priv., rel. Des. Júlio Vidal, j. 25-6-1997).

ções (CC, art. 1.723). Diferentemente do casamento, em que o vínculo conjugal é formalmente documentado, a união estável é um fato jurídico, uma conduta, um comportamento. **A sua solidez é atestada pelo caráter contínuo do relacionamento.** A instabilidade causada por constantes rupturas desse relacionamento poderá provocar insegurança a terceiros, nas suas relações jurídicas com os companheiros.

Naturalmente, desavenças e desentendimentos ocorrem com todos os casais, durante o namoro, o noivado, o casamento ou o companheirismo, seguidos, muitas vezes, de uma breve ruptura do relacionamento e posterior reconciliação. Todavia, "se o rompimento for sério, **perdurando por tempo que denote efetiva quebra da vida em comum**, então se estará rompendo o elo próprio de uma união estável"[27].

Se os companheiros, depois de estabelecida a união estável, casam-se ou a convertem em casamento, **o tempo anterior de convivência permanecerá valendo como união estável**, com natural sujeição às normas da legislação correspondente, em especial quanto à divisão dos bens havidos em comum durante esse período. Assim, os bens adquiridos pelo casal, **em cada período**, serão computados para efeito de partilha, se a aquisição ocorreu a título oneroso. Cada patrimônio, em cada união matrimonial ou estável, deve ser considerado isoladamente, para que se evitem locupletamentos sem causa, indevidos[28].

Decidiu o Tribunal de Justiça do Rio de Janeiro que, havendo convolação da união estável em casamento, a vigência deste se inicia **a partir da data do pedido**[29].

Nada obsta que o casal, separado judicialmente ou divorciado e que **volta a conviver**, opte por não restabelecer o casamento e **passe a viver em união estável**. Nesse sentido assentou o Tribunal de Justiça de São Paulo:

> "Ex-cônjuges. Restabelecimento da vida em comum, sem restauração do vínculo. Declaratória objetivando o reconhecimento da sociedade de fato. Interesse de agir existente. Inadmissibilidade de ser imposto ao casal o restabelecimento do casamento civil. Extinção do processo afastada"[30].

■ 26.4.2.5. *Inexistência de impedimentos matrimoniais*

O § 1º do art. 1.723 do Código Civil *veda* a constituição da união estável **"se ocorrerem os impedimentos do art. 1.521"**, ressalvado o inc. VI, que proíbe o casamento das pessoas casadas, se houver separação judicial ou de fato. Assim, **não podem constituir união estável**:

---

27 Euclides de Oliveira, *União estável*, cit., p. 131.

28 Álvaro Villaça Azevedo, *Comentários*, cit., v. 19, p. 204-205; Euclides de Oliveira, *União estável*, cit., p. 152.

29 *RT*, 751/373.

30 *JTJ*, Lex, 251/211. *V.* ainda: "Obrigação alimentar. União estável. Reconhecimento de sua existência entre casal separado judicialmente e que voltou a conviver. A situação da sociedade de fato instaurada a partir do convívio iniciado após separação judicial de casal pode ser equiparada à união estável, nos moldes concebidos pela CF/88 e legislação ordinária que a respeito se sucedeu" (TJSP, Ap. 140.569-4-Pederneiras, 2ª Câm. Dir. Priv., rel. Des. J. Roberto Bedran, j. 4-4-2000, v. u.).

- os ascendentes com os descendentes, seja o parentesco natural ou civil;
- os afins em linha reta, ou seja, sogro e nora, sogra e genro, padrasto e enteada, madrasta e enteado, observando-se que o vínculo de afinidade resulta tanto do casamento como da união estável, como dispõe o art. 1.595, *caput*;
- os irmãos, unilaterais ou bilaterais, os colaterais até o terceiro grau inclusive; e
- o cônjuge sobrevivente com o condenado por homicídio ou tentativa de homicídio contra seu consorte.

Quem não tem legitimação para casar não tem legitimação para criar entidade familiar pela convivência, ainda que observe os requisitos do *caput* do art. 1.723 do Código Civil[31].

Dispõe o § 2º do aludido art. 1.723 que, porém, **"as causas suspensivas do art. 1.523 não impedirão a caracterização da união estável"**. Não se aplicam, portanto, à união estável as causas suspensivas que correspondem aos **impedimentos proibitivos ou meramente impedientes** do art. 183, XIII a XVI, do Código de 1916. Dessa forma, pode a viúva, por exemplo, constituir união estável, mesmo que o novo relacionamento se inicie antes de dez meses depois do começo da viuvez.

26.4.2.6. *Relação monogâmica*

Como também ocorre nas uniões conjugais, o vínculo entre os companheiros deve ser único, em face do **caráter monogâmico** da relação. Não se admite que pessoa casada, não separada de fato, venha a constituir união estável, nem que aquela que convive com um companheiro venha a constituir outra união estável. A referência aos integrantes da união estável, tanto na Constituição Federal como no novo Código Civil, é feita **sempre no singular**. Assim, "a relação de convivência amorosa formada à margem de um casamento ou de uma união estável caracteriza-se como proibida, porque adulterina, no primeiro caso, e desleal no segundo"[32].

Embora a convivência múltipla a um só tempo, simultânea, não caracterize união estável, **admite-se a existência de uniões estáveis *sucessivas***. Pode, com efeito, uma pessoa conviver, com observância dos requisitos do art. 1.723, *caput*, do Código Civil, **em épocas diversas com pessoas diversas**. Os direitos dos companheiros serão definidos, nessa hipótese, em cada período de convivência, como também sucede com a pessoa que se casa mais de uma vez, sucessivamente.

[31] Zeno Veloso, *Código Civil*, cit., v. XVII, p. 122.

[32] Euclides de Oliveira, *União estável*, cit., p. 127.

"A união estável é entidade familiar e o nosso ordenamento jurídico sujeita-se ao princípio da monogamia, não sendo possível juridicamente reconhecer uniões estáveis paralelas, até que a própria recorrente reconheceu em outra ação que o varão mantinha com outra mulher uma união estável, que foi judicialmente declarada. Diante disso, o seu relacionamento com o *de cujus* teve cunho meramente concubinário, capaz de agasalhar uma sociedade de fato, protegida pela Súmula n. 380 do STF" (TJRS, Ap. 70.001.494.237, 7ª Câm. Cív., rel. Des. Vasconcellos Chaves, *DOERS*, 14-2-2001).

■ União estável putativa

O vínculo entre os companheiros, assim, tem de ser único, em vista do caráter monogâmico da relação. Pode acontecer, todavia, que um dos conviventes esteja **de boa-fé, na ignorância de que o outro é casado** e vive concomitantemente com seu cônjuge, ou mantém outra união estável. Zeno Veloso defende o reconhecimento, nessa hipótese, ao convivente de boa-fé, que ignorava a infidelidade ou a deslealdade do outro, "uma **união estável putativa**, com os respectivos efeitos para este parceiro inocente"[33].

Na mesma linha, Euclides de Oliveira[34] sustenta a possibilidade de existir uma segunda união **de natureza putativa**, como se dá no casamento, mesmo em casos de nulidade ou de anulação, quando haja boa-fé por parte de um ou de ambos os cônjuges, com reconhecimento de direitos, nos termos do art. 1.561 do Código Civil. Sublinha o apontado autor que, "para o companheiro de boa-fé **subsistirão os direitos da união que lhe parecia estável**, desde que duradoura, contínua, pública e com propósito de constituição de família, enquanto não reconhecida ou declarada a sua invalidade em face de uma união mais antiga e que ainda permaneça".

Veja-se a jurisprudência:

> "Comprovada a notoriedade e a publicidade do relacionamento amoroso havido entre a autora e o falecido companheiro, mas ficando comprovado que ele mantinha concomitantemente união estável com outra mulher, em outra cidade, é cabível o reconhecimento de união estável putativa, pois ficou bem demonstrado que ela não sabia do relacionamento paralelo do varão com a outra mulher. Comprovada a união estável, tem a autora direito à meação dos bens adquiridos a título oneroso na constância da vida em comum, devendo a questão sucessória ser apreciada nos autos do inventário do companheiro, pois ela, em tese, deverá participar da sucessão relativamente aos bens cuja aquisição tiver concorrido"[35].

■ Famílias paralelas

O Tribunal de Justiça do Rio Grande do Sul tem, reiteradamente, reconhecido as denominadas **"uniões paralelas"** como uniões estáveis, ao fundamento, especialmente, de que "o Judiciário não pode se esquivar de tutelar as **relações baseadas no afeto**, não obstante as formalidades muitas vezes impingidas pela sociedade para que uma união seja 'digna' de reconhecimento judicial. Dessa forma, havendo duplicidade de uniões estáveis, **cabível a partição do patrimônio** amealhado na concomitância das duas relações"[36].

---

[33] *Código Civil*, cit., v. XVII, p. 126; Euclides de Oliveira, *União estável*, cit., n. 42, p. 77.

[34] *União estável*, cit., p. 139-140.

[35] TJRS, Apel. n. 70.072.235.328, 7ª Câm., rel. Des. Vasconcellos Chaves, j. 22-2-2017.

[36] Ap. 70.010.787.398, 7ª Câm. Cív., rel. Des. Maria Berenice Dias, j. 27-4-2005. No mesmo sentido: Ap. 70.006.936.900, 8ª Câm. Cív., rel. Des. Rui Portanova, j. 13-11-2003; Ap. 70.012.696.068, 8ª Câm. Cív., rel. Des. Siqueira Trindade, j. 6-10-2005. Também o Tribunal de Justiça de Minas Gerais proferiu decisão no mesmo sentido: Ap. 1.0017.05.016882-6/003-Almenara, 5ª Câm. Cív., rel. Des. Maria Elza, j. 20-11-2008.

Todavia, o Supremo Tribunal Federal, no julgamento do caso da família paralela constituída, durante 37 anos, por Valdemar do Amor Divino Santos e Joana da Paixão Luz, da qual resultaram 9 filhos (Valdemar teve ainda 11 filhos com a esposa, com a qual vivia maritalmente), decidiu, com o voto contrário do Min. Carlos Ayres Britto, que não colhia a pretensão da primeira de receber metade da pensão por morte do citado Valdemar. Segundo o relator, Min. Marco Aurélio, **a referida união afetiva não podia ser considerada merecedora da proteção do Estado, porque conflitava com o direito posto**. O atual Código Civil, aduziu, "versa, ao contrário do anterior, de 1916, sobre a união estável, realidade a consubstanciar núcleo familiar. Entretanto, na previsão, está excepcionada a proteção do Estado quando existente impedimento para o casamento relativamente aos integrantes da união, sendo que, se um deles é casado, esse estado civil apenas deixa de ser óbice quando verificada a separação de fato. A regra é fruto do texto constitucional e, portanto, não se pode olvidar que, ao falecer, o varão encontrava-se na chefia da família oficial, vivendo com a esposa"[37].

Tal entendimento foi reiterado pela referida Turma do Pretório Excelso, por ocasião do julgamento do RE 590.779-ES, realizado em 10-2-2009.

No mesmo sentido decidiram a 6ª[38] e a 3ª[39] Turmas do Superior Tribunal de Justiça.

A falta de comprovação de boa-fé impede o reconhecimento de união estável com homem casado não separado de fato. Não se admite, em regra, por exemplo, que, após mais de dez anos de relacionamento, a autora da ação não soubesse que o homem, além de casado, mantinha convívio com sua mulher, de quem não havia se separado de fato[40].

■ 26.5. DEVERES DOS COMPANHEIROS

O art. 1.724 do Código Civil regula as **relações pessoais** entre os companheiros. Declara o aludido dispositivo:

> "As relações pessoais entre os companheiros obedecerão aos deveres de *lealdade, respeito* e *assistência*, e de *guarda, sustento* e *educação* dos filhos".

Os três primeiros são **direitos e deveres recíprocos**, vindo em seguida os de **guarda, sustento e educação** dos filhos.

■ 26.5.1. Dever de fidelidade

O dever de *fidelidade recíproca* está implícito nos de **lealdade e respeito**. Embora o Código Civil não fale em adultério entre companheiros, a lealdade é gênero de que a fidelidade é espécie. E o dispositivo em apreço exige que eles sejam leais.

---

37 STF, RE 397.762-8-BA, 1ª T., rel. Min. Marco Aurélio, j. 4-10-2005.

38 STJ, REsp 674.176, 6ª T., rel. vencido Min. Nilson Naves, rel. designado Min. Hamilton Carvalhido, *DJU*, 31-8-2009.

39 STJ, REsp 1.157.273-RN, 3ª T., rel. Min. Nancy Andrighi, *DJe*, 7-6-2010. No mesmo sentido: STJ, REsp 1.107.192-PR, 3ª T., rel. Min. Nancy Andrighi, j. 20-4-2010.

40 STJ, 4ª T., rel. Min. Luis Felipe Salomão, disponível in *Revista Consultor Jurídico* de 14-1-2019.

Preleciona Guilherme Calmon Nogueira da Gama que, "ao lado do casamento, o companheirismo também impõe o **dever de fidelidade a ambos os partícipes**, e não apenas a um deles, ante a regra constitucional já analisada. Tal conclusão se afigura coerente com os contornos traçados pela doutrina e pela jurisprudência na caracterização do **companheirismo** que, repita-se, deve ser o único vínculo que une o casal em perfeito clima de harmonia e estabilidade. **Não haveria a configuração do companheirismo na hipótese de prática desleal** perpetrada por um dos companheiros, mantendo conjunção carnal com terceiro, inexistindo a denominada *affectio maritalis* no caso específico"[41].

26.5.2. Dever de respeito

O dever de *respeito*, também mencionado no dispositivo supratranscrito, consiste não só em considerar a individualidade do outro, senão também em **não ofender os direitos da personalidade do companheiro**, como os concernentes à *liberdade*, à *honra*, à *intimidade*, à *dignidade* etc. É ele descumprido quando um dos conviventes comete **injúria grave** contra o outro, atingindo-lhe a honra ou a imagem mediante o emprego de palavras ofensivas ou gestos indecorosos[42].

26.5.3. Dever de assistência

A *assistência* constitui também dever recíproco dos companheiros, **correspondente ao dever de *mútua assistência* imposto aos cônjuges** (CC, art. 1.566, III). Tal dever os obriga a se auxiliarem reciprocamente, em todos os níveis. Assim, inclui a **recíproca prestação de socorro *material***, como também a **assistência *moral* e *espiritual***. Envolve o desvelo, próprio do companheirismo, e o auxílio mútuo em qualquer circunstância, especialmente nas situações difíceis.

Enquanto o dever de *assistência imaterial* implica a solidariedade que os companheiros devem ter em todos os momentos, bons ou maus, da convivência, a *assistência material* revela-se no âmbito do patrimônio, especialmente no tocante à obrigação alimentar. A união duradoura entre homem e mulher, com o propósito de estabelecer uma vida em comum, pode determinar, como proclamou o Superior Tribunal de Justiça, "**a obrigação de prestar alimentos ao companheiro necessitado**, uma vez que o dever de solidariedade não decorre exclusivamente do casamento, mas também da realidade do laço familiar"[43].

---

41 *O companheirismo*, p. 232.

42 Zeno Veloso, *Direito civil*, cit., v. XVII, p. 130; Álvaro Villaça Azevedo, *Comentários*, cit., v. 19, p. 263.

43 *RT*, 767/198. *V.* ainda: "A união estável, reconhecida na CF (art. 226, § 3º) e nas L. 8.971/94 e 9.278/96, pode ensejar, assim como no casamento, o dever de prestar alimentos ao ex-companheiro que se encontre em situação de necessidade, deitando raízes, afinal, na solidariedade mútua que se estabelece em uma vida comum" (STJ, REsp 186.013-SP, 4ª T., rel. Min. Fernando Gonçalves, *DJU*, 8-3-2004).

26.5.4. Dever de guarda, sustento e educação dos filhos

Menciona ainda o aludido art. 1.724 os deveres impostos aos companheiros, de "*guarda, sustento e educação dos filhos*", em tudo semelhantes aos respectivos deveres atribuídos aos cônjuges no art. 1.566, IV, como um dos efeitos do casamento.

Dever de guarda

A *guarda* é, ao mesmo tempo, **dever e direito** dos pais. Ocorrendo a separação destes, sem que haja acordo quanto à guarda dos filhos, será ela atribuída **"a quem revelar melhores condições para exercê-la"**, nos moldes do disposto no art. 1.584 do Código Civil.

Dever de sustentar os filhos

Subsiste a obrigação de *sustentar* os filhos menores e de dar-lhes orientação moral e educacional **mesmo após a dissolução da união estável**. O poder familiar, de que decorre a obrigação de sustento dos filhos menores, independe de casamento dos pais e da subsistência da união conjugal ou estável.

Dever de educar os filhos

O dever de fornecer *educação* aos filhos inclui não só o ensinamento escolar, os cuidados com as lições e o aprendizado, **como também o zelo para que tenham formação cultural e moral** e se desenvolvam em ambiente sadio.

Justifica-se a não inclusão do dever de coabitação, em virtude do entendimento mencionado no item 26.4.1.1, *retro*, de que a vida em comum sob o mesmo teto, *more uxorio*, não é indispensável à caracterização do companheirismo.

26.6. DIREITOS DOS COMPANHEIROS

A proteção jurídica à entidade familiar constituída pela união estável entre o homem e a mulher abrange o complexo de direitos de cunho pessoal e de natureza patrimonial, mencionados no item anterior, além de inúmeros outros, esparsos pela legislação ordinária.

Destacam-se, no entanto, como direitos fundamentais dos companheiros, no plano material, os concernentes a **alimentos, meação e herança**.

26.6.1. Alimentos

O art. 1.694 do Código Civil assegura o **direito recíproco** dos companheiros aos alimentos. Na hipótese de dissolução da união estável, o convivente terá direito, além da partilha dos bens comuns, **a alimentos, desde que comprove suas necessidades e as possibilidades do parceiro**, como o exige o § 1º do aludido dispositivo[44]. Cessa,

[44] "União estável. Dissolução. Alimentos. Assistência material que somente será devida se o convivente comprovar sua necessidade" (*RT*, 794/365). "Alimentos provisórios. União estável. Possibilidade, diante da situação de dependência econômica estimulada durante a convivência e não porque representaria uma espécie de tutela antecipada pelo ajuizamento de ação de reconhecimento de sociedade, com partilha de bens" (TJSP, AgI 295.857-4/3, 3ª Câm. Dir. Priv., j. 5-8-2003). "União

todavia, tal direito, com o casamento, a união estável ou o concubinato do credor (art. 1.708)[45]. Perderá também o direito aos alimentos o credor que tiver "**procedimento indigno** em relação ao devedor" (art. 1.708, parágrafo único).

O legislador **equiparou os direitos dos companheiros aos dos parentes e aos dos cônjuges**. Por conseguinte, **aplicam-se-lhes as mesmas regras** dos alimentos devidos na separação judicial, inclusive o direito de utilizar-se do rito especial da Lei de Alimentos (Lei n. 5.478/68). Assim, o companheiro que infringir os deveres de lealdade, respeito e assistência (CC, art. 1.724) ao parceiro perderá o direito aos alimentos, por cometer ato de indignidade[46].

Os companheiros, assim como os cônjuges, **têm a faculdade de oferecer alimentos**, em ação prevista no art. 24 da Lei n. 5.478/68, ao tomarem a iniciativa de deixar o lar comum. Prevê a referida lei o **desconto em folha de pagamento** do alimentante, como meio de assegurar o pagamento da pensão (art. 17).

■ Alimentos provisórios

Prevê a lei, também, a possibilidade de serem fixados *alimentos provisórios* pelo juiz. Estes, todavia, exigem **prova pré-constituída** do parentesco, casamento ou *companheirismo* (art. 4º).

A **prova da união estável** pode ser feita por todos os meios de prova. No caso dos alimentos provisórios, exigindo-se prova pré-constituída, dá-se ênfase à documental. Nesse ponto sobreleva a importância do denominado **contrato de convivência**. *Se já houve o reconhecimento judicial da entidade familiar para outros fins*, seja para sua dissolução com partilha dos bens, seja em ação de investigação de paternidade, **será possível pedir alimentos pelo rito especial da Lei n. 5.478/68, com fixação dos provisórios**.

Segundo aponta Euclides de Oliveira, "**evidências podem ser colhidas** de certidão do casamento religioso das partes, declaração de dependência para fins de imposto de renda, dependência para fins previdenciários, aquisição conjunta de bens, locação de imóvel para uso em comum e outras espécies de documentos, públicos ou particulares (cartas, bilhetes, fotografias), além dos demais meios de prova oral ou pericial"[47].

---

estável. Não caracterização. Relacionamento, embora por longo período, concomitante ao casamento do réu. Relação adulterina. Direito à pensão inexistente" (*JTJ*, Lex, 251/36).

45 "Obrigação alimentar. Filha menor que constitui união estável. Natureza de entidade familiar. Extinção do dever de sustento. Recurso provido para esse fim" (*JTJ*, Lex, 250/48).

46 "Obrigação alimentar. União estável. Dissolução. Interesse processual. Ocorrência. Separação amigável que nada estipulou sobre os alimentos. Possibilidade do pedido de alimentos segundo o rito da Lei Federal n. 5.478/68" (*JTJ*, Lex, 253/240). "Obrigação alimentar. Ex-companheira. Inadmissibilidade. Hipótese em que a autora abandonou o lar. Recurso não provido" (*JTJ*, Lex, 267/257). "União estável. Alimentos. Ao companheiro que, unilateralmente e por sua vontade, põe fim à união, não se concedem alimentos" (TJMG, Ap. 239.467-4/00, 2ª Câm. Cív., rel. Des. Lúcio Urbano, *DJMG*, 1º-2-2002).

47 *União estável*, cit., p. 150.

"Obrigação alimentar. Ex-companheira. Existência de escritura pública de declaração da união estável. Direito reconhecido" (*JTJ*, Lex, 267/286). "Se a união estável está documentalmente reco-

■ Alimentos em união estável homoafetiva

O Tribunal de Justiça de São Paulo decidiu que **é possível haver obrigação alimentar em união estável homoafetiva**, quando presentes a *necessidade* do alimentando e a *possibilidade* do alimentante, podendo tal possibilidade ser recebida no mundo jurídico por meio da analogia e de princípios jurídicos[48].

A decisão posterior do Supremo Tribunal Federal, que reconheceu a união homoafetiva como entidade familiar, veio confirmar esse entendimento.

■ 26.6.2. Meação e regime de bens

Dispõe o art. 1.725 do Código Civil:

> "Na união estável, salvo contrato escrito entre os companheiros, aplica-se às relações patrimoniais, *no que couber*, o **regime da comunhão parcial de bens**".

Em suma, os bens adquiridos a título oneroso na constância da união estável **pertencem a ambos os companheiros**, devendo ser partilhados, em caso de dissolução, com observância das normas que regem o regime da comunhão parcial de bens.

Não celebrando os parceiros contrato escrito estabelecendo regra diversa, aplicar-se-á à união por eles constituída o **regime da comunhão de bens abrangendo os aquestos**, ou seja, os bens que sobrevieram na constância do casamento, permanecendo como bens particulares de cada qual os adquiridos anteriormente e os sub-rogados em seu lugar, bem como os adquiridos durante a convivência a título gratuito, por doação ou herança. **Aplicam-se à união estável, pois, os arts. 1.659, 1.660 e 1.661 do Código Civil.**

Determinando o novo diploma que se apliquem às relações patrimoniais dos companheiros, "*no que couber*", as regras do regime da comunhão parcial de bens, a sua incidência se dá não só no tocante à partilha dos bens da entidade familiar, senão também no que concerne à administração dos aludidos bens. Assim, **cada parceiro administrará livremente seus bens particulares**, cabendo a administração do patrimônio comum a qualquer um dos companheiros (CC, art. 1.663).

■ Autorização do companheiro para a alienação de imóvel

Parece-nos que **a outorga do companheiro é necessária**, para a alienação ou oneração imobiliária. Sendo a união estável regida pela comunhão parcial de bens, há de ser observado o disposto no art. 1.647, I, do Código Civil, que trata da aludida autorização.

---

nhecida pelo varão, a mulher tem direito a alimentos" (STJ, REsp 487.895-MG, 3ª T., rel. Min. Ari Pargendler, *DJU*, 15-3-2004). "A escritura pública é prova contundente da união estável" (TJRS, Ap. 70.004.731.964, 2ª Câm. Cív., rel. Des. Ney Wiedemann Neto, j. 25-9-2002). "Obrigação alimentar. Ex-companheira. União estável. Não comprovação. Convivência efêmera e inapta a surtir efeitos jurídicos. Conclusão decorrente da prova dos autos" (*JTJ*, Lex, 248/21).

48 TJSP, 9ª Câm. Dir. Priv., rel. Des. João Carlos Garcia. Disponível em: <http://www.conjur.com.br>. Acesso em: 22 mar. 2011.

Como bem acentua Zeno Veloso, não é só por analogia que a exigência se impõe, mas principalmente porque, "tratando-se de imóvel adquirido por título oneroso na constância da união estável, ainda que só em nome de um dos companheiros, **o bem entra na comunhão, é de propriedade de ambos os companheiros**, e não bem próprio, privado, exclusivo, particular. Se um dos companheiros vender tal bem sem a participação no negócio do outro companheiro, estará alienando — pelo menos em parte — coisa alheia, **perpetrando uma venda a *non domino***, praticando ato ilícito. O companheiro, no caso, terá de assinar o contrato, nem mesmo porque é necessário seu assentimento, mas, sobretudo, **pela razão de que é, também, proprietário, dono do imóvel**"[49].

Todavia, como a união estável decorre de um fato e não é objeto de registro, inexiste um ato que dê publicidade formal à sua existência, **não podendo, por essa razão, tal situação ser oposta a terceiros**. *Não compete, assim, aos companheiros, em princípio, a ação anulatória* que o cônjuge, a quem não foi solicitada a outorga, pode propor com base no art. 1.650 do Código Civil.

Nessas condições, complementa Zeno Veloso, "no caso de um dos companheiros ter vendido imóvel que era da comunhão, que estava registrado no Registro de Imóveis apenas em seu nome, tendo ele omitido a circunstância de que vivia em união estável, **o terceiro de boa-fé que adquiriu o bem não pode ser molestado ou prejudicado**, podendo ser invocada, ainda, a teoria da aparência. A questão tem de ser resolvida **entre os próprios companheiros**, pleiteando o prejudicado, além de outras que forem cabíveis, **indenização por perdas e danos**"[50].

Na mesma trilha o ensinamento de Álvaro Villaça Azevedo: "O maior perigo está na alienação unilateral de um bem, por um dos companheiros, **ilaqueando a boa-fé do terceiro**, em prejuízo da cota ideal do outro companheiro, omitindo ou falsamente declarando seu estado concubinário. Nesse caso, o companheiro faltoso poderá estar, conforme a situação, se o bem for do casal, alienando, *a non domino*, a parte pertencente ao outro, inocente. Esse **ato ilícito** leva o faltoso, também, no âmbito civil, à necessidade de compor as **perdas e danos** sofridos pelo companheiro inocente"[51].

Pode, no entanto, **inexistir boa-fé do terceiro**, como no caso de negociar com um dos companheiros, sabendo de sua situação familiar convivencial. Não se afasta, *in casu*, **a possibilidade de o parceiro lesado postular a anulação do negócio**, desde que apresente prova segura e convincente do conhecimento, por parte do terceiro adquirente, da união estável e da sua existência ao tempo da alienação.

A propósito, decidiu a 3ª Turma do Superior Tribunal de Justiça que "a invalidação da alienação de imóvel comum, realizada sem o consentimento do companheiro, dependerá da publicidade conferida à união estável mediante a averbação de contrato de convivência ou da decisão declaratória da existência da união estável no Ofício do Registro de Imóveis em que cadastrados os bens comuns, ou pela demonstração de

---

49 *Código Civil*, cit., v. XVII, p. 144-145.

50 *Código Civil*, cit., v. XVII, p. 144-145.

51 *Comentários*, cit., v. 19, p. 273-274.

má-fé do adquirente. Hipótese dos autos em que não há qualquer registro no álbum imobiliário em que inscrito o imóvel objeto de alienação em relação à copropriedade ou mesmo à existência de união estável, devendo-se preservar os interesses do adquirente de boa-fé, conforme reconhecido pelas instâncias de origem"[52].

Ressalvou o relator que a autora poderá discutir em ação própria os prejuízos sofridos com a alienação do bem.

■ Obrigatoriedade do regime da separação de bens, no caso de companheiro com idade igual ou superior a 70 anos

Segundo Zeno Veloso, "o art. 1.725 não se aplica aos companheiros se eles estiverem na mesma situação dos nubentes, consoante o art. 1.641, incisos I, II e III, aplicando-se a eles, por lógica, necessidade e similitude de situação, o disposto no aludido dispositivo, ou seja, **a união estável fica submetida ao regime obrigatório da separação de bens**"[53].

O Superior Tribunal de Justiça, por sua vez, decidiu que, à semelhança do que ocorre com o casamento, na união estável **é obrigatório o regime de separação de bens**, no caso de companheiro com idade igual ou superior a 60 anos (*atualmente 70 anos*)[54].

É oportuno lembrar, a essa altura, que a jurisprudência tem proclamado, porém, que a referida restrição **é incompatível com as cláusulas constitucionais** de tutela da dignidade da pessoa humana, da igualdade jurídica e da intimidade, bem como com a garantia do justo processo da lei, tomado na acepção substantiva (CF, arts. 1º, III, e 5º, I, X e LIV)[55].

■ Extinção da comunhão em virtude de separação de fato

Por fim, tem também a jurisprudência assentado que, tratando-se "de aquisição **após a separação de fato**, à conta de um só dos cônjuges, que tinha vida em comum com outra mulher, **o bem adquirido não se comunica ao outro cônjuge**, ainda quando se trate de casamento sob o regime da comunhão universal"[56].

O disposto nos arts. 1.723, § 1º, e 1.725 do Código Civil autoriza a jurisprudência a preservar a interpretação, como no aresto supratranscrito, de que **a separação de fato prolongada extingue o regime de bens e a comunhão respectiva**. Prescrevem os aludidos dispositivos, como já dito, que a pessoa casada, mas separada de fato, pode constituir união estável, cujo regime de bens será o da comunhão parcial. Não poderá a mesma pessoa, nessa hipótese, evidentemente, conviver sob regime de comunhão com o cônjuge e em regime de comunhão parcial com o companheiro.

---

52 STJ, REsp 1.424.275, 3ª T., rel. Min. Paulo de Tarso Sanseverino, *DJe*, 16-12-2014.

53 *Código Civil*, cit., v. XVII, p. 147.

54 STJ, REsp 1.090.772, 3ª T., rel. Min. Massami Uyeda. Disponível em: <http://www.editoramagister.com>. Acesso em: 16 abr. 2010; STJ, 4ª T., rel. Min. Luis Felipe Salomão. Disponível em: <http://www.editoramagister.com>. Acesso em: 23 jun. 2010.

55 TJSP, Ap. 7.512-4-SJRPreto, 2ª Câm., rel. Des. Cezar Peluso, j. 18-8-1998. No mesmo sentido: "Regime de separação de bens imposto pelo art. 258, par. ún., II, do CC (*de 1916; art. 1.641, II, CC/2002*). Norma incompatível com os arts. 1º, III, e 5º, I, X e LIV, da CF" (*RT*, 767/223 e 758/106).

56 STJ, REsp 67.678-RS, 3ª T., rel. Min. Nilson Naves, *DJU*, 14-8-2000.

■ 26.6.3. Sucessão hereditária

O Código Civil de 2002, no campo do direito sucessório, **preserva a meação**, que não se confunde com herança, do companheiro sobrevivente, em razão do regime da comunhão parcial de bens, nos termos do art. 1.725 do aludido diploma. No tocante à herança, os direitos sucessórios **limitam-se "aos bens adquiridos onerosamente na vigência da união estável"**, como preceitua o art. 1.790, *caput*.

Esses direitos sucessórios são, todavia, *restritos a uma quota* equivalente à que por lei for atribuída ao filho, **se concorrer com filhos comuns**, ou *à metade* do que couber a cada um dos descendentes exclusivos do autor da herança, **se somente com eles concorrer**, ou a *um terço* daqueles bens se concorrer com **outros parentes sucessíveis**, como ascendentes, irmãos, sobrinhos, tios e primos do *de cujus*, ou à *totalidade da herança*, **não havendo parentes sucessíveis**, segundo dispõe o art. 1.790, I a IV.

Assim, o novo diploma, além de restringir o direito hereditário aos bens adquiridos *onerosamente* na constância da união, ainda **impôs a concorrência do cônjuge sobrevivente com descendentes, ascendentes e até colaterais do falecido**, retirando-lhe o direito real de habitação e o usufruto vidual, previstos nas leis que anteriormente regulavam a convivência extramatrimonial.

A disciplina dos direitos sucessórios dos companheiros é considerada pela doutrina um evidente **retrocesso** no sistema protetivo da união estável, pois no regime da Lei n. 8.971/94 o companheiro recebia toda a herança na falta de descendentes ou ascendentes. No sistema do aludido art. 1.790, todavia, só receberá a totalidade dos bens adquiridos onerosamente na vigência da união estável **se não houver nenhum parente, descendente, ascendente ou colateral até o quarto grau**. Se houver, concorrerá com eles, recebendo apenas um terço da herança se concorrer com ascendentes e colaterais[57].

Não se justifica, com efeito, esse tratamento discriminatório, em comparação com a posição reservada às famílias matrimonializadas, nas quais o cônjuge sobrevivente figura em terceiro lugar na ordem de vocação hereditária, afastando da sucessão os colaterais do *de cujus*, quando a própria Constituição Federal recomenda proteção jurídica à união estável como forma alternativa de entidade familiar, ao lado do casamento[58].

Em candente crítica ao sistema inaugurado pelo Código Civil de 2002, desabafa Zeno Veloso: "Na sociedade contemporânea, já estão muito esgarçadas, quando não extintas, as relações de afetividade entre parentes colaterais de 4º grau (primos, tios-avós, sobrinhos-netos). Em muitos casos, sobretudo nas grandes cidades, tais parentes mal se conhecem, raramente se encontram. E o novo Código Civil brasileiro (...) resolve que **o companheiro sobrevivente**, que formou uma família, manteve uma comunidade de vida com o falecido, **só vai herdar, sozinho, se não existirem des-**

---

[57] Francisco José Cahali, in Silvio Rodrigues, *Direito civil*, cit., v. 6, p. 283; Regina Beatriz Tavares da Silva, in Washington de Barros Monteiro, *Curso*, cit., 37. ed., v. 2, p. 55; Euclides de Oliveira, *União estável*, cit., p. 211.

[58] Euclides de Oliveira, *União estável*, cit., p. 213.

cendentes, ascendentes, nem colaterais até o 4º grau do *de cujus*. Temos de convir: isto é demais! Para tornar a situação mais grave e intolerável, conforme a severa restrição do *caput* do artigo 1.790, que foi analisado acima, o que o companheiro sobrevivente vai herdar sozinho não é todo o patrimônio deixado pelo *de cujus*, mas, apenas, o que foi adquirido na constância da união estável"[59].

Fazendo coro a essas críticas, Euclides de Oliveira enfatiza: "Demais disso, considere-se a hipótese de o falecido ter deixado apenas bens adquiridos antes da união estável, ou havidos por doação ou herança. Então, **o companheiro nada herdará**, mesmo que não haja parentes sucessíveis, ficando a herança vacante para o ente público beneficiário (Município ou Distrito Federal, se localizada nas respectivas circunscrições, ou União, quando situada em território federal — art. 1.844 do NCC)"[60].

■ 26.7. CONTRATO DE CONVIVÊNCIA ENTRE COMPANHEIROS

■ Conceito

O Código Civil de 2002 manteve a possibilidade, prevista anteriormente no art. 5º da Lei n. 9.278/96, **de os companheiros celebrarem *contrato escrito*** que disponha de forma contrária, afastando o regime da comunhão parcial de bens (art. 1.725) e adotando, por exemplo, regime semelhante ao da comunhão universal ou da separação absoluta, ou estabelecendo novas regras.

Contrato de convivência, segundo Francisco José Cahali[61], é **o instrumento pelo qual os sujeitos de uma união estável promovem regulamentações quanto aos reflexos da relação por eles constituída**.

■ Contrato não solene

Esse contrato, segundo o mencionado autor, "**não reclama forma preestabelecida** ou já determinada para sua eficácia, embora se tenha como **necessário seja escrito**, e não apenas verbal".

Em suma, "os protagonistas da união estável estão autorizados, explicitamente, a celebrar contrato — **por escritura pública ou instrumento particular** —, estabelecendo, por exemplo, que suas relações patrimoniais regem-se pelo regime da separação — excluindo, totalmente, a comunhão —, e que cada companheiro é dono exclusivo do que foi por ele adquirido, a qualquer título; ou que os bens adquiridos onerosamente, durante a convivência, são de propriedade de cada parceiro, em percentual diferenciado; ou que algum bem ou alguns bens são de propriedade de ambos e que outro ou outros, de propriedade exclusiva de um dos companheiros"[62].

Ainda que sem registro público, os contratos de convivência em regime de união estável e relações patrimoniais são válidos, inclusive aqueles que se asseme-

---

[59] Do direito sucessório dos companheiros, in *Direito de família e o novo Código Civil*, p. 236-237.
[60] *União estável*, cit., p. 211.
[61] *Contrato de convivência na união estável*, p. 55-56.
[62] Zeno Veloso, *Código Civil*, cit., v. XVII, p. 150.

lham ao regime de comunhão universal de bens. Quanto à forma e requisitos, diferentemente do que ocorreu na regulação do regime bens no casamento, o Código Civil, no que toca aos conviventes, laconicamente fixou a **exigência de contrato escrito** para fazer a vontade dos conviventes, ou a incidência do regime da comunhão parcial de bens, na hipótese de quedarem silentes quanto à regulação das relações patrimoniais. Nem mesmo a regulação do registro de uniões estáveis, com o Provimento 37/14 do Conselho Nacional de Justiça, exige que a união estável seja averbada no registro imobiliário correspondente ao dos bens do conviventes[63].

Adverte Francisco José Cahali que **o contrato de convivência não possui, porém**, "**força para criar a união estável**, e, assim, tem sua eficácia condicionada à caracterização, pelas circunstâncias fáticas, da entidade familiar em razão do comportamento das partes. Vale dizer, a união estável apresenta-se como ***conditio juris* ao pacto**, de tal sorte que, se aquela inexistir, a convenção não produz os efeitos nela projetados"[64].

De nada valerá, destarte, o ajuste escrito e solene se não for acompanhado de uma **efetiva convivência familiar** entre os companheiros.

Nessa trilha, arremata Francisco José Cahali: "Da mesma forma que a inscrição do instrumento particular em Cartório de Títulos e Documentos, **a escritura pública com o conteúdo de contrato de convivência não é oponível *erga omnes***, inexistindo previsão para tanto, de tal sorte que esse documento não basta para se impedir o questionamento da união por terceiros, até porque, como visto, **a convenção não cria a união estável**, e a sua eficácia, até para as partes, está condicionada à caracterização da convivência"[65].

■ Conteúdo do contrato

No tocante ao *conteúdo* do contrato de convivência, está ele circunscrito aos limites das **disposições patrimoniais sobre bens havidos pelos companheiros ou por serem adquiridos durante o tempo de vida em comum**, bem como, eventualmente, **à administração desses bens**.

A convenção **não pode abranger os bens anteriores ao início da convivência**, uma vez que o mero contrato escrito não equivale ao pacto antenupcial da comunhão geral de bens das pessoas casadas. Somente mediante escritura pública de doação, tratando-se de bens imóveis ou de bens móveis de grande valor, poderá haver a comunhão nesses bens.

Como assinala Euclides de Oliveira, a eficácia do contrato cinge-se ao seu conteúdo adequado, ou seja, "sobre **os bens adquiridos ou que venham a integrar o patrimônio isolado de um dos companheiros** durante a convivência"[66].

Não se admitem, aduz o mencionado autor, no contrato de convivência, "**cláusulas restritivas a direitos pessoais dos companheiros ou violadores de preceitos**

---

63 STJ, 3ª T., rel. Min. Nancy Andrighi, disponível em *Revista Consultor Jurídico*, de 3-2-2017.

64 *Contrato de convivência*, cit., p. 306.

65 *Contrato de convivência*, cit., p. 135-136.

66 *União estável*, cit., p. 158 e 161.

legais. Haveria objeto ilícito, a gerar nulidade do ato. Por isso mesmo, inadmissível contrato com exclusão dos deveres de mútua assistência durante o tempo de vida em comum. Da mesma forma, nula será a cláusula de afastamento do direito à sucessão hereditária prevista nas leis da união estável, mesmo porque envolveria contrato sobre herança de pessoa viva, com expressa vedação legal (art. 1.089 do CC/16; art. 426 do NCC)".

■ Contrato de namoro

Segundo Zeno Veloso[67], nada obsta que os casais, que participam de eventos sociais, viajando juntos, hospedando-se nos mesmos quartos de hotel, passando dias e noites cada um no apartamento do outro, **sem que tenham, porém, qualquer intenção de constituir família**, não os envolvendo a *affectio maritalis* e não havendo entre eles qualquer compromisso, **celebrem um contrato escrito**, para ressalva de direitos e para tornar a situação bem clara, definida e segura, **prevenindo pretensões incabíveis**, em que declaram, expressamente, que o relacionamento deles esgota-se em si próprio, **representando um simples namoro**, e não se acham ligados por qualquer outro objetivo, especialmente o de constituir uma família, obrigando-se a nada reclamar, a qualquer título, um do outro, se o namoro se extinguir.

O denominado **"contrato de namoro"** tem, todavia, *eficácia relativa*, pois a união estável é, como já enfatizado, um fato jurídico, um fato da vida, uma situação fática, com reflexos jurídicos, mas que decorrem da convivência humana. **Se as aparências e a notoriedade do relacionamento público caracterizarem uma união estável, de nada valerá contrato dessa espécie que estabeleça o contrário** e que busque neutralizar a incidência de normas cogentes, de ordem pública, inafastáveis pela simples vontade das partes.

Com precisão, o Tribunal de Justiça de Minas Gerais distinguiu o simples namoro da união estável, afirmando:

> "União estável. Improcedência. Configuração de mero namoro de longa duração. A declaração judicial de existência de união estável deve atender alguns requisitos de *ordem subjetiva* — **vontade de constituição familiar** — e *objetiva* — **vida em comum por longo período de tempo**. Caso a parte autora não logre êxito em comprovar que os dois critérios se faziam presentes na relação, não há que se falar em união estável, mas em **simples relação de namoro, por mais longo que seja o período**"[68].

■ 26.8. CONVERSÃO DA UNIÃO ESTÁVEL EM CASAMENTO

Dispõe o art. 1.726 do Código Civil que "a união estável poderá **converter-se em casamento**, mediante pedido dos companheiros ao juiz e assento no Registro Civil".

Exige-se, pois, **pedido ao juiz**, ao contrário da Lei n. 9.278, de 10 de maio de 1996, que se contentava com o requerimento de conversão formulado diretamente ao

[67] *Código Civil*, cit., v. XVII, p. 153.
[68] Ap. 1.0024.05.774608-3/0011, rel. Des. Vanessa Verdolim Hudson Andrade, j. 26-5-2009.

oficial do Registro Civil. A exigência do novel legislador desatende ao comando do art. 226, § 3º, da Constituição Federal de que deve a lei facilitar a conversão da união estável em casamento, isto é, estabelecer modos mais ágeis de se alcançar semelhante propósito.

Em vez de recorrer ao Judiciário, **mais fácil será simplesmente casar**, com observância das formalidades exigidas para a celebração do casamento civil, máxime considerando-se que a referida conversão não produz efeitos pretéritos, valendo apenas a partir da data em que se realizar o ato de seu registro[69].

O supratranscrito art. 1.726 do Código Civil destina-se a operacionalizar o mandamento constitucional sobre a **facilitação da *conversão da união estável em casamento***, facultando aos companheiros formular requerimento nesse sentido ao juiz e providenciar o assento no Registro Civil. No entanto, por não esclarecer o procedimento a ser adotado, mostra-se inócuo.

Decidiu o Tribunal de Justiça do Rio de Janeiro, antes do Código Civil de 2002: "União estável. Convolação em casamento. Hipótese em que **a vigência do matrimônio se inicia a partir da data do pedido**"[70].

É evidente que o **oficial deverá exigir todas as providências que o Código Civil prevê para a habilitação ao casamento**, especialmente para fins de *verificação da existência de impedimentos*, sob pena de restar frustrada a figura do casamento civil, pois bastará viver o casal em concubinato durante algum tempo, sem qualquer formalidade, e convertê-lo, também sem qualquer formalidade, em casamento civil.

Resta saber se há a **possibilidade de casamento, não a conversão, de pessoas do mesmo sexo**. A Quarta Turma do Superior Tribunal de Justiça respondeu **afirmativamente**. Salientou o relator, Min. Luis Felipe Salomão, que o legislador poderia, se quisesse, ter utilizado expressão restritiva, de modo que o casamento entre pessoas do mesmo sexo ficasse definitivamente excluído da abrangência legal — o que não ocorreu. Por consequência, aduziu, "o mesmo raciocínio utilizado, tanto pelo STJ quanto pelo Supremo Tribunal Federal, para conceder aos pares homoafetivos os direitos decorrentes da união estável, deve ser utilizado para lhes franquear a via do casamento civil, mesmo porque é a própria Constituição Federal que determina a **facilitação da conversão da união estável em casamento**"[71].

■ 26.9. AS LEIS DA UNIÃO ESTÁVEL E O DIREITO INTERTEMPORAL

A nova regulamentação da união estável destina-se aos companheiros com vida em comum *na data de início da vigência do Código Civil de 2002*, **não se aplicando a situações de convivência já cessada em definitivo antes dessa data**. Impõe-se,

---

[69] Euclides de Oliveira e Giselda Novaes Hironaka, Do casamento, in *Direito de família e o novo Código Civil*, p. 20.

[70] *RT*, 751/373.

[71] STJ, REsp 1.183.378-RS, 4ª T., rel. Min. Luis Felipe Salomão, *DJe*, 1º-2-2012.

ainda, aos casos de união iniciada anteriormente, mas prorrogada até o início da vigência do novo diploma ou mantida depois. As cessadas depois de 29 de dezembro de 1994 sujeitam-se às normas das Leis ns. 8.971/94 e 9.278/96, conforme a data da cessação, sendo que as terminadas anteriormente, em definitivo, não são alcançadas por nenhum dos referidos diplomas legais.

Francisco José Cahali, atualizando a obra de Silvio Rodrigues[72], considera que, para a *obrigação alimentar*, **deve incidir a lei vigente na data do rompimento da união**, com os requisitos e efeitos nela previstos. Assim, rompida a convivência após a lei de 1994, mas antes da lei de 1996, será necessário, por exemplo, que a união tenha um lustro ou prole comum. Na seara patrimonial, aduz, deve ser aplicada a "lei vigente na data da aquisição do patrimônio, sempre respeitada eventual convenção entre os interessados. Nessa linha, dissolvida hoje uma união de trinta anos, **deverá ser analisada a participação de cada convivente no patrimônio adquirido no período**, de acordo com toda a evolução acima referida, incidindo a Súmula 380, a Lei n. 9.278/96 e o novo Código Civil, para os bens adquiridos, respectivamente, até 1996, entre esta data e 2002 e a partir da vigência na atual codificação".

Efetivamente, assim deve ser, uma vez que, iniciada a vigência da lei, sua aplicação é imediata e geral, mas com a ressalva de que a amplitude na produção de efeitos encontra limite no comando do art. 5º, XXXVI, da Constituição Federal, segundo o qual **"a lei não prejudicará o direito adquirido, o ato jurídico perfeito e a coisa julgada"**.

No tocante aos *efeitos sucessórios* da união estável, **incidirá a lei vigente na data da abertura da sucessão**, na conformidade do disposto no art. 1.787 do Código Civil.

■ 26.10. AÇÕES CONCERNENTES À UNIÃO ESTÁVEL

■ 26.10.1. Ação declaratória de existência e dissolução de união estável, com partilha dos bens comuns

Assim como nasce informalmente da simples convivência, a união estável prescinde de qualquer formalidade para se extinguir. Quando não há entendimento para que tal extinção se faça amigavelmente, acordando os parceiros sobre assistência alimentar, partilha dos bens e guarda dos filhos, pode qualquer deles recorrer à via judicial, com pedido de **declaração de sua existência e subsequente dissolução, com a partilha dos bens comuns e decisão sobre as outras questões mencionadas**.

Decidiu o Superior Tribunal de Justiça que, em caso de *falecimento de um dos companheiros*, a ação de reconhecimento e dissolução da união estável **deve ser promovida contra o espólio do falecido**. Se a partilha ainda não foi efetivada no inventário, **é do espólio a legitimidade** para responder aos atos e termos da ação proposta. Segundo afirmou a relatora, "em regra, as ações que originariamente teriam de ser propostas contra o *de cujus* devem, após seu falecimento, ser propostas em face do espólio, de modo que a eventual condenação possa ser abatida do valor do

[72] *Direito civil*, cit., v. 6, p. 284.

patrimônio a ser inventariado e partilhado. **Os herdeiros, se desejarem, poderão ingressar nos autos como litisconsortes facultativos**. Mas não há ilegitimidade do espólio ou litisconsórcio unitário"[73].

Se a extinção se der por *mútuo consenso* e sob a forma escrita, **pode o ajuste ser submetido a homologação judicial**, como já decidiu o Tribunal de Justiça de São Paulo:

> "União estável. Dissolução. Acordo extrajudicial que dispõe sobre alimentos, guarda de filhos, regime de visitas e partilha dos bens. **Homologação. Admissibilidade**. Transação efetuada com fulcro no artigo 515 do Código de Processo Civil [de 1973]. Interesse de agir dos recorrentes evidenciado. Homologação judicial que forçará ainda mais o acordo e evitará o futuro ajuizamento de novas ações. Aplicação do artigo 515, § 3º, do mesmo *Codex*"[74].

26.10.2. Reconhecimento, no inventário, dos direitos sucessórios do companheiro

Como a lei reconhece os direitos sucessórios dos companheiros, o reconhecimento desses direitos pode ser obtido *diretamente no processo de inventário*, mediante habilitação do companheiro sobrevivente, **quando há prova documental bastante ou prévio reconhecimento da união estável**. Nesses casos, o juiz poderá deferir o pedido mesmo que haja impugnação dos herdeiros.

Se a **prova apresentada** não for, porém, suficiente, o juiz remeterá o postulante às **vias ordinárias**, devendo este ajuizar a competente ação de reconhecimento da união estável até a data do óbito do autor da herança. Ao mesmo tempo, poderá garantir o seu quinhão na herança mediante pedido de reserva de bens no inventário ou medida cautelar correspondente[75].

Já decidiu a propósito o Tribunal de Justiça de São Paulo:

> "União estável. **Inventário. Reconhecimento do vínculo nos próprios autos. Admissibilidade**. Desnecessidade de interposição de ação autônoma com o objetivo de provar o que já foi devidamente demonstrado"[76].

Na mesma linha, proclamou o Superior Tribunal de Justiça:

> "Desde que **documentalmente comprovados os fatos no curso do inventário**, sem necessidade de procurar provas fora do processo e além dos documentos que o instruem, *nesse feito é que devem ser dirimidas as questões levantadas pelas autoras*, no tocante às condições de filha ou herdeira e à **condição de companheira** do *de cujus*, prestigiando-se o princípio da instrumentalidade, desdenhando-se as vias ordinárias"[77].

---

73 STJ, REsp 1.080.614-SP, 3ª T., rel. Min. Nancy Andrighi. Disponível em: <http://www.conjur.com.br>. Acesso em: 1º out. 2009.

74 *JTJ*, Lex, 261/267.

75 Euclides de Oliveira, *União estável*, cit., p. 248.

76 *RT*, 807/250.

77 REsp 57.505-MG, 4ª T., rel. Min. Asfor Rocha, j. 19-3-1996.

26.10.3. Ação de alimentos

A ação de alimentos entre companheiros, com fundamento no art. 1.694 do Código Civil, como já visto, pode ser proposta com base na Lei n. 5.478/68, **com pedido de alimentos provisórios**, mediante **prova pré-constituída** da situação de conviventes. Do contrário, o procedimento será o comum, com a possibilidade de postulação cautelar de alimentos provisionais, ou antecipação da tutela.

Do mesmo modo como ocorre em relação aos cônjuges, cabe também **ação revisional de alimentos** entre companheiros.

26.10.4. Pedido de separação de corpos

O art. 1.562 do Código Civil expressamente reconhece o direito do companheiro em obter *prévia separação de corpos* como **medida preparatória da dissolução da vida em comum**. Dispõe o aludido dispositivo:

> "Antes de mover a ação de nulidade do casamento, a de anulação, a de separação judicial, a de divórcio direto ou a de dissolução de união estável, poderá requerer a parte, comprovando sua necessidade, a **separação de corpos**, que será concedida pelo juiz com a possível brevidade".

26.10.5. Ação destinada à recuperação de imóvel ocupado pelo ex-companheiro

Dissolvida a sociedade conjugal, surge oportunidade também, muitas vezes, para ajuizamento de ação de um ex-parceiro contra outro, de *natureza possessória ou petitória*, para **recuperação da posse de imóvel ocupado por apenas um deles**. Não sendo o atual ocupante coproprietário do bem que era utilizado como residência do casal, dissolvida a união estável por morte ou separação, pode o companheiro proprietário, ou seus herdeiros, interpelar aquele a restituir o imóvel, sob pena de configurar-se o esbulho possessório.

A questão deve, todavia, ser examinada com cautela, uma vez que pode, no caso concreto, estar caracterizada a **composse** dos companheiros. Nessa hipótese, **o término da união estável não é bastante para caracterizar a posse injusta** do que permanece ocupando o imóvel, como já decidiu o Superior Tribunal de Justiça. Confira-se:

> "Reconhecida a composse da concubina em terreno acrescido de marinha, o fim do concubinato não é bastante para caracterizar a sua posse como injusta, mesmo que o título de ocupação tenha sido concedido apenas ao companheiro"[78].

Também já decidiu o extinto 2º Tribunal de Alçada Civil de São Paulo, em sintonia com a evolução legislativa da situação dos conviventes, que, "diante da inovação constitucional que protege a união estável entre o homem e a mulher, **é idêntica à do cônjuge a posse da companheira**, que agora tem protegida a posse que conser-

---

78 *RSTJ*, 93/230.

va em razão de situação de fato anterior à abertura de sucessão de seu companheiro, **não se reconhecendo esbulho nem mesmo em favor do espólio, ainda que sua permanência se dê em imóvel adquirido em nome da *de cujus***"[79].

■ 26.10.6. Embargos de terceiro

Admite-se também, eventualmente, a oposição de embargos de terceiro pelo companheiro quando, como sucede comumente, é efetivada **penhora em imóvel do devedor** sem a sua citação, tendo ele meios de comprovar que sua aquisição ocorreu **durante o tempo de convivência em união estável**.

■ Ação de indenização por morte do companheiro

Tem sido reconhecido atualmente, sem discrepâncias, **o direito do companheiro de receber indenização pela morte do outro**, quando se trata efetivamente de relacionamento *more uxorio* com o falecido, ou seja, quando comprovada a união estável, pela convivência duradoura, pública e contínua, estabelecida com o objetivo de constituição de família (CF, art. 226, § 3º; CC, art. 1.723). **Como toda pessoa que demonstre um prejuízo, tem ele o direito de pedir a sua reparação**[80].

Assim como a morte do esposo acarreta danos materiais e morais à esposa e aos familiares, também a do companheiro acarreta as mesmas consequências para a entidade familiar, permitindo a **Súmula 37 do Superior Tribunal de Justiça** que sejam pleiteadas, **cumulativamente**, as indenizações por **dano material e moral** oriundos do mesmo fato.

Decidiu a propósito o Tribunal de Justiça de São Paulo:

"**Morte da companheira. Indenização. Danos moral e material. Pedidos formulados pelo companheiro.** Extinção do processo sem julgamento do mérito por ilegitimidade ativa. Inadmissibilidade. Companheirismo que é reconhecido como entidade familiar por preceito constitucional e, por norma infraconstitucional, os conviventes possuem direitos de assistência moral recíproca"[81].

Em ação de indenização ajuizada pela esposa, separada do falecido marido, mas que dele recebia pensão alimentícia, houve oposição da companheira, pretendendo o reconhecimento de seu **direito de concorrer com a autora na indenização**. Decidiu o extinto 1º Tribunal de Alçada Civil de São Paulo que a prova do companheirismo era inconteste, e, assim, "a **concorrência de ambas**, na hipótese de indenização a ser

---

79 Ap. 432.655-06/1, 7ª Câm., rel. Juiz Luiz Henrique.

80 *RTJ*, 105/865.

81 *RT*, 795/192. *V.* ainda: "Indenizatória por morte de companheiro. Legitimidade da autora. Entidade familiar, decorrente de união estável, e dependência econômica comprovadas. Interesse e possibilidade jurídica também presentes, dada a posse do estado de casada" (*JTJ*, Lex, 200/210 e 218/81). "Acidente de trânsito. Pensão pleiteada pela concubina em face da morte do companheiro. Verba devida, com termo final aos 65 anos de idade, tempo provável de vida do *de cujus*, sob pena de violar-se o art. 226, § 3º, da CF, que elevou o concubinato à categoria de entidade familiar" (*RT*, 762/398). No mesmo sentido: STJ, REsp 58.654-MG, 3ª T., rel. Min. Nilson Naves, *DJU*, 9-6-1997; REsp 194.468-PB, 4ª T., rel. Min. Ruy Rosado de Aguiar, j. 6-5-1999.

paga pelos apelantes **é medida acertada**, não se podendo falar em ilegitimidade de parte da opoente"[82].

A companheira, naturalmente, tem o seu **direito à pensão condicionado à não constituição de nova união familiar**, pelo casamento ou união estável. Nessa esteira a jurisprudência:

> "Acidente de trânsito. Companheirismo. **Verba devida enquanto a companheira não se casar ou constituir nova união familiar estável**. Art. 226, § 3º, da CF/88"[83].

26.11. RESUMO

DA UNIÃO ESTÁVEL	
CONCEITO	É a que se constitui pela convivência pública, contínua e duradoura de um homem e uma mulher, estabelecida com o objetivo de constituição de família (CC, art. 1.723; CF, art. 226, § 3º).
PESSOAS SEPARADAS DE FATO	O CC admite, expressamente, no § 1º do art. 1.723, a união estável entre pessoas que mantiveram seu estado civil de casadas, estando porém separadas de fato.
RELAÇÕES PESSOAIS	As relações pessoais entre os companheiros devem obedecer aos deveres de lealdade, respeito e assistência, e de guarda, sustento e educação dos filhos (CC, art. 1.724). O dever de fidelidade recíproca está implícito nos de lealdade e respeito. A coabitação não é indispensável à caracterização do companheirismo (STF, Súmula 382).
REGIME DE BENS	Na união estável, salvo contrato escrito entre os companheiros, aplica-se às relações patrimoniais, no que couber, o regime da comunhão parcial de bens (CC, art. 1.725). Assim, os bens adquiridos a título oneroso na constância da união estável pertencem a ambos os companheiros, assim como a sua administração (CC, art. 1.663).
CONVERSÃO EM CASAMENTO	Visando operacionalizar o mandamento constitucional sobre a facilitação da conversão da união estável em casamento, o art. 1.726 do CC faculta aos companheiros formular requerimento nesse sentido ao juiz e providenciar o assento no Registro Civil.
CONCUBINATO	A expressão "concubinato" é hoje utilizada para designar o relacionamento amoroso envolvendo pessoas casadas, que infringem o dever de fidelidade (adulterino). Configura-se quando ocorrem "relações não eventuais entre o homem e a mulher, impedidos de casar" (CC, art. 1.727). Denominado "concubinato impuro", não enseja a configuração de união estável, pois o objetivo desta é a constituição de família.

26.12. QUESTÕES

1. (DELPOL/MG/Delegado de Polícia/FUMARC/2018) Considere as seguintes afirmativas a respeito do direito de família:

I. A diversidade de sexos entre os companheiros não é requisito essencial para a configuração da união estável.
II. A pessoa casada, mas separada de fato, pode constituir união estável.
III. De acordo com a jurisprudência pacificada no âmbito do Superior Tribunal de Justiça, na união estável, na ausência de contrato de convivência, a partilha de bens exige prova do esforço comum.
IV. A pessoa divorciada, enquanto não houver sido homologada ou decidida a partilha de bens do casal, não pode constituir união estável.

82 *JTACSP*, Saraiva, 76/3.
83 *JTACSP*, Revista dos Tribunais, 117/143.

Estão CORRETAS apenas as afirmativas:

a) I e II.
b) I, II e III.
c) I, II e IV. .
d) II e IV.

2. (TJSP/Concurso para a Outorga de Delegação de Serviços de Notas e de Registros/VUNESP/2018) A propósito da conversão da união estável em casamento, assinale a alternativa CORRETA.

a) A união estável poderá converter-se em casamento mediante pedido dos companheiros ao Juiz Corregedor Permanente, independentemente de prévia habilitação para o casamento.
b) Não se admite, para fins de registro, a conversão de união estável em casamento de pessoas do mesmo sexo.
c) O processo de habilitação se desenvolve sob o mesmo rito previsto para o casamento, devendo constar dos editais que se trata de conversão, seguindo-se a lavratura do respectivo assento independentemente de autorização do Juiz Corregedor Permanente, prescindindo o registro da celebração do matrimônio.
d) O assento de conversão da união estável em casamento será lavrado imediatamente após a celebração do matrimônio, com expressa indicação da data do início de seu estabelecimento.

3. (PGE/PE/Defensor Público/CESPE/2018) De acordo com a jurisprudência do Supremo Tribunal Federal (STF) e do STJ acerca da união estável e casamento, assinale a opção CORRETA.

a) É possível o reconhecimento da união estável entre pessoas do mesmo sexo, sendo vedado o casamento civil.
b) A união estável homoafetiva é vedada no ordenamento jurídico brasileiro: união estável consiste de uma relação entre homem e mulher, contínua e duradoura, com o objetivo de constituição de família.
c) Como não se trata de entidade familiar, a relação entre pessoas do mesmo sexo é uma sociedade de fato, inclusive com competência da vara cível, e não da de família, para eventual ajuizamento de ação.
d) A união entre duas pessoas do mesmo sexo é reconhecida como entidade familiar, com convivência pública, contínua, duradoura, com o objetivo de constituição de família, e é de competência da vara de família o ajuizamento de eventual ação a respeito.
e) Diferentemente do instituto do casamento, a companheira ou o companheiro, na vigência da união estável, participará da sucessão do outro apenas quanto aos bens adquiridos onerosamente.

4. (TJMG/Juiz de Direito/2007) Para efeito da proteção do Estado, é reconhecida a união estável entre o homem e a mulher como entidade familiar, devendo a lei facilitar sua conversão em casamento (CF, art. 226, § 3º). O Código Civil NÃO reconhece a união estável na seguinte hipótese:

a) se a pessoa viúva tem filho do cônjuge falecido, e o inventário dos bens do casal não se encontra encerrado.
b) se divorciada a pessoa, não houver sido homologada ou decidida a partilha de bens do casal.
c) se a pessoa casada não se achar separada de fato ou judicialmente.
d) se, anulado o casamento da mulher, decorreu prazo de até 12 (doze) meses da dissolução da sociedade conjugal.

5. (Defensoria Pública/SP/Defensor Público/2007) Na união estável, com relação aos conviventes, é CORRETO afirmar que

a) estão incluídos na ordem de vocação hereditária, com todos os direitos e garantias deferidos aos cônjuges.

b) há presunção *juris et de jure* de que os bens adquiridos de forma onerosa na constância da união são frutos do esforço comum.
c) a Lei n. 8.971/94 não quantificou prazo de convivência e fixou a competência das varas de família para o julgamento dos litígios entre eles.
d) o direito aos alimentos foi regulamentado pela Lei n. 9.278/96.
e) é assegurado o direito real de habitação pelo Código Civil, ao sobrevivente, quando houver a morte do companheiro.

6. (TJPR/Juiz de Direito/2008) Sobre o direito de família, assinale a alternativa CORRETA:

a) A pluralidade familiar, apreendida pelo Direito e por meio da Constituição da República, somente se refere a direitos exigíveis perante o Estado, como, por exemplo, aqueles de caráter previdenciário, não sendo, todavia, admissível cogitar da imposição de efeitos próprios da família legítima para entidades que não forem constituídas pelo casamento.
b) O Código Civil admite hipótese em que a união estável entre homem e mulher será reconhecida e protegida como tal, mesmo que um dos companheiros tenha impedimento para casar.
c) Tanto o pacto antenupcial quanto o contrato de convivência são negócios jurídicos solenes, pelo que somente podem ser celebrados validamente mediante escritura pública.
d) Pode-se afirmar que é certa a inexistência de união estável quando o casal não reside sob o mesmo teto.

7. (BACEN/Procurador/12º Concurso/CESPE/UnB/2009) Duas pessoas viveram relação amorosa estável e, durante os dois primeiros anos, a mulher ainda mantinha convívio com seu marido. Com a revelação do caso, o casamento da mulher encerrou-se por separação litigiosa, porém a relação estável com o terceiro foi mantida e perdurou publicamente por mais três anos, até que os dois, após firmarem pacto antenupcial e marcarem a data para o casamento, se desentenderam e se separaram.
Considerando essa situação hipotética, assinale a opção CORRETA.

a) Nos três anos posteriores à separação judicial da companheira, deve-se entender que se comunicaram os bens adquiridos onerosamente, incidindo presunção absoluta da colaboração de ambos.
b) Por ser de livre disposição das partes, caso o pacto antenupcial tenha previsto a separação de bens, somente a prova da efetiva participação dos dois será bastante para permitir a partilha dos bens adquiridos durante a união.
c) Havendo convívio estável, mesmo no período em que viviam em concubinato, incidirá presunção relativa de aquisição de bens mediante esforço comum e consequente necessidade de partilha destes.
d) A condição de validade e eficácia do pacto antenupcial é o seu registro no cartório de imóveis, de modo que, mesmo não celebrado o casamento, os bens adquiridos durante a união passaram a pertencer a quem os registrou em seu nome.
e) Não incide no período do concubinato a presunção relativa de esforço comum na formação do patrimônio do casal, que passou a incidir após a separação judicial da mulher e a manutenção do relacionamento com o companheiro.

8. (MP/MG/Promotor de Justiça/XLIX Concurso/2010) Em se tratando de união estável, é CORRETO afirmar que

a) o CC reconhece entidade familiar a união de duas pessoas, sem diversidade de sexo, configurada na convivência pública, contínua e duradoura com o objetivo de constituir família.
b) aplica-se o regime de comunhão parcial de bens às relações patrimoniais, podendo os conviventes estipular em contrato opção diversa à sua escolha, nos padrões legais.
c) poder-se-á converter-se em casamento, bastando os companheiros firmarem contrato, documento autêntico, fazendo o assento diretamente no Registro Civil competente.
d) serem necessários o dever de fidelidade, a coabitação, os deveres de guarda, sustento e criação dos filhos, carinho e tolerância nos modos.
e) entre os conviventes, por não existir casamento nem parentesco consanguíneo, não há obrigação alimentar prevista no CC.

9. (MP/BA/Promotor de Justiça/2010) Segundo Caio Mário Pereira da Silva, os regimes de bens no casamento constituem os princípios jurídicos que disciplinam as relações econômicas entre os cônjuges, na constância do casamento.

Noutro giro, estabelece o Código Civil em vigor que é reconhecida como entidade familiar a união estável entre o homem e a mulher, configurada na convivência pública, contínua e duradoura, estabelecida com o objetivo de constituição de família.

Assim, após o confronto entre as assertivas supraelencadas e as disposições do Código Civil em vigor, assinale a alternativa CORRETA.

a) O cônjuge pode, independentemente do regime de bens, e sem a anuência expressa do outro, comprar, ainda a crédito, as coisas necessárias à economia doméstica, e como consequência será o único obrigado pelo adimplemento da dívida eventualmente contraída em razão da aquisição.
b) Somente no regime de separação opcional é facultado ao cônjuge, sem anuência expressa do outro, obter empréstimo para adquirir as coisas necessárias à economia doméstica.
c) Na união estável, quando o homem ou a mulher contar com mais de 60 (sessenta) anos ao tempo do início da convivência, aplicar-se-á nas relações patrimoniais o regime da separação obrigatória.
d) No regime de comunhão parcial, é vedado ao cônjuge prestar aval ou fiança, sem autorização do outro.
e) Em sede de união estável, salvo estipulação em contrário, aplica-se às relações patrimoniais o regime da comunhão universal.

10. (OAB/Exame de Ordem Unificado — 2010.2/2010) Jane e Carlos constituíram uma união estável em julho de 2003 e não celebraram contrato para regular as relações patrimoniais decorrentes da aludida entidade familiar. Em março de 2005, Jane recebeu R$ 100.000,00 (cem mil reais) a título de doação de seu tio Túlio. Com os R$ 100.000,00 (cem mil reais), Jane adquiriu em maio de 2005 um imóvel na barra da Tijuca. Em 2010, Jane e Carlos se separaram. Carlos procura um advogado, indagando se tem direito a partilhar o imóvel adquirido por Jane na Barra da Tijuca em maio de 2005.

Assinale a alternativa que indique a orientação CORRETA a ser exposta a Carlos.

a) Por se tratar de bem adquirido a título oneroso na vigência da união estável, Carlos tem direito a partilhar o imóvel adquirido por Jane na Barra da Tijuca em maio de 2005.
b) Carlos não tem direito a partilhar o imóvel adquirido por Jane na Barra da Tijuca em maio de 2005 porque, salvo contrato escrito entre os companheiros, aplica-se às relações patrimoniais entre os mesmos o regime da separação total de bens.
c) Carlos não tem direito a partilhar o imóvel adquirido por Jane na Barra da Tijuca em maio de 2005 porque, em virtude da ausência de contrato escrito entre os companheiros, aplica-se às relações patrimoniais entre os mesmos o regime da comunhão parcial de bens, que exclui dos bens comuns entre os consortes aqueles doados e os sub-rogados em seu lugar.
d) Carlos tem direito a partilhar o imóvel adquirido por Jane na Barra da Tijuca em maio de 2005 porque, muito embora o referido bem tenha sido adquirido com o produto de uma doação, não se aplica a sub-rogação de bens na união estável.

11. (OAB/SP/Exame de Ordem Unificado 2011.2/Fundação Getulio Vargas/2011) Em relação à união estável, assinale a alternativa CORRETA.

a) Para que fique caracterizada a união estável, é necessário, entre outros requisitos, tempo de convivência mínima de cinco anos, desde que durante esse período a convivência tenha sido pública e duradoura.
b) Quem estiver separado apenas de fato não pode constituir união estável, sendo necessária, antes, a dissolução do anterior vínculo conjugal; nesse caso, haverá simples concubinato.
c) Não há presunção legal de paternidade no caso de filho nascido na constância da união estável.
d) O contrato de união estável é solene, rigorosamente formal e sempre público.

12. (Del/Pol/RJ/Delegado de Polícia/XII Concurso/FUNCAB/2012) De acordo com o Código Civil, na união estável, salvo contrato escrito entre os companheiros, aplica-se às relações patrimoniais, no que couber, o regime:

a) da participação final nos aquestos.
b) da comunhão universal.
c) da comunhão parcial de bens.
d) da separação de bens.
e) dotal.

13. (TJRJ/Juiz de Direito/XLV Concurso/VUNESP/2013) Sobre a união estável, é correto afirmar que

a) na hipótese de falecimento, o companheiro sobrevivente terá direito à herança, inclusive sobre os bens que o falecido tiver recebido por doação.
b) não pode ser reconhecida caso um dos conviventes seja casado ainda que esteja separado de fato.
c) pode ser reconhecida nos casos das relações entre a adotada com o filho do adotante.
d) se houver contrato escrito dispondo de outro modo, não se aplicará às relações patrimoniais o regime da comunhão parcial de bens.

14. (TJSC/Juiz de Direito/Fundação Carlos Chagas/2015) Joaquim, viúvo, é pai de José, que se casara com Amélia. José e Amélia divorciaram-se. Três meses após esse divórcio, Joaquim e Amélia compareceram a um Cartório de Notas, solicitando ao Tabelião que lavrasse uma escritura pública de união estável, escolhendo o regime da comunhão universal de bens. O Tabelião recusou-se a lavrar a escritura, por reputar inválido o ato. A recusa

a) justifica-se, mas poderá ser estabelecida a união estável entre os pretendentes depois de transcorridos trezentos (300) dias do divórcio de Amélia e desde que os bens deixados pelo cônjuge de Joaquim tenham sido inventariados e partilhados.
b) não se justifica, porque não há qualquer impedimento entre os pretendentes à união estável.
c) justifica-se, porque Joaquim e Amélia não podem estabelecer união estável.
d) só se justifica no tocante à escolha do regime de bens, porque seria obrigatório o regime da separação de bens.
e) só se justifica no tocante à escolha do regime de bens, porque o único admissível é o da comunhão parcial de bens na união estável.

15. (TJDF/Juiz de Direito/CESPE/2015) De acordo com a jurisprudência do STJ, assinale a opção CORRETA no que concerne ao instituto da união estável.

a) Diante da inaplicabilidade de analogia com a legislação referente às relações estáveis heteroafetivas, é vedado o reconhecimento *post mortem* de união homoafetiva.
b) Apesar de não estar previsto no Código Civil, o companheiro supérstite tem o direito real de habitação sobre o imóvel de propriedade do falecido onde o casal residia.
c) É permitida a alienação de bem imóvel adquirido na constância de união estável independentemente da autorização de um dos companheiros.
d) Em uma eventual ação de alimentos que seja posterior à dissolução de união estável homoafetiva, é juridicamente impossível o pedido de alimentos formulado pelo ex-companheiro.
e) Caso um senhor, convivente em união estável, preste fiança sem a outorga uxória de sua companheira, tal fiança será nula.

16. (TJSP/Titular de Cartório de Notas e de Registros/VUNESP/2016) O reconhecimento da união estável como entidade familiar, configurada na convivência pública, contínua e duradoura,

a) pressupõe a inexistência de impedimentos para o casamento e a separação de fato, se a pessoa for casada, não bastando que a união seja constituída com o objetivo de constituição de família.

b) pressupõe tão somente que a união seja constituída com o objetivo de constituição de família, devendo a lei facilitar sua conversão em casamento.
c) independe do estado civil e da situação de fato de seus membros.
d) pressupõe a inexistência de impedimentos e de causas suspensivas do casamento, não bastando que a união seja constituída com o objetivo de constituição de família.

17. (TJRS/Concurso para a Outorga de Delegação de Serviços Notariais e Registrais/2019) Sobre a união estável, pode-se corretamente afirmar que

a) a existência de casamento válido obsta o reconhecimento da união estável, mesmo havendo separação de fato entre os casados.
b) na união estável de pessoa maior de setenta anos, impõe-se o regime da separação obrigatória, sendo possível a partilha de bens adquiridos na constância da relação, desde que comprovado o esforço comum.
c) são comunicáveis os bens particulares adquiridos anteriormente à união estável ou ao casamento sob o regime de comunhão parcial desde que a transcrição no registro imobiliário ocorra na constância da relação.
d) a coabitação é elemento indispensável à caracterização da união estável.
e) é possível o reconhecimento de uniões estáveis simultâneas, mesmo entre pessoas casadas.

18. (TJRS/Concurso para a Outorga de Delegação de Serviços Notariais e Registrais/2019) João vivia com José em união estável homoafetiva. João faleceu, deixando, como único bem, um apartamento adquirido antes do início da união estável com José. Maria e Joana são filhas de João. Sobre a partilha dos bens de João, assinale a alternativa CORRETA.

a) José tem direito a receber um quarto da herança.
b) José tem direito a receber 50% da herança.
c) José, Maria e Joana irão receber o mesmo quinhão da herança deixada por João.
d) José receberá metade do valor atribuído aos filhos de João.
e) José não participará da sucessão de João, tendo em vista a inexistência de bens adquiridos durante a união estável.

19. (TJSC/Concurso para a Outorga de Delegação de Serviços Notariais e Registrais/IESES/2019) Considerando o instituto da união estável:

a) A lei determina que a união estável deva ser estabelecida obrigatoriamente por escritura pública.
b) Ao lavrar uma escritura pública de união estável, deve o Notário averiguar a real existência da situação relatada e especificar o regime de bens, bem como de sua administração, além de outras obrigações decorrentes da situação de convivência.
c) Ao notário é permitido, conforme sua apreensão dos fatos, lavrar escritura de união estável embasado em declaração unilateral.
d) Para que tenham validade, as escrituras de união estável devem ser registradas no Livro "E", por Oficial de Registro Civil das Pessoas Naturais.

20. (TJSC/Concurso para a Outorga de Delegação de Serviços Notariais e Registrais/Remoção/IESES/2019) Assinale a alternativa CORRETA. União estável:

a) É a união informal entre duas pessoas do mesmo sexo ou entre duas pessoas de sexo diferente, configurada na convivência pública, contínua e duradoura e estabelecida com o objetivo de constituição de família.
b) Poderá ser convertida automaticamente em casamento somente após o transcurso de dois anos de convivência.
c) Não exige deveres entre os conviventes.
d) É a união informal entre duas pessoas de sexo diferente, configurada na convivência pública, contínua e duradoura e estabelecida com o objetivo de constituição de família.

GABARITO

1. "a".

2. "c".

3. "d". *Vide* art. 1.723 do CC.

4. "c". *Vide* art. 1.723, § 1º, do CC. Esse diploma admite que a pessoa casada constitua união estável com terceiro somente se estiver separada de fato ou judicialmente.

5. "b". *Vide* arts. 1.725 e 1.660, I, do CC.

6. "b". *Vide* art. 1.723, § 1º, do CC.

7. "a". *Vide* art. 1.725 do CC. Os bens adquiridos a título oneroso na constância da união estável pertencem a ambos os companheiros, devendo ser partilhados, em caso de dissolução, com observância das normas que regem o regime da comunhão parcial de bens.

8. "b". *Vide* art. 1.725 do CC.

9. "d". *Vide* art. 1.647, III, do CC.

10. "c". *Vide* arts. 1.725 e 1.659, I, do CC.

11. "c". Efetivamente, o Código Civil não inclui a união estável no regime das presunções, restringindo-as aos filhos nascidos do casamento, sendo, por esse motivo, alvo de críticas procedentes da doutrina.

12. "c". *Vide* art. 1.725 do CC.

13. "d". *Vide* art. 1.725 do CC.

14. "c". *Vide* art. 1.723, § 1º, do CC ("A união estável não se constituirá se ocorrerem os impedimentos do art. 1.521"). Destarte, não podem constituir união estável os afins em linha reta, ou seja, sogro e nora, sogra e genro, padrasto e enteada, madrasta e enteado. Quem não tem legitimação para casar não tem legitimação para criar entidade familiar pela convivência.

15. "b". *Vide* STJ, REsp 821.660-DF, 3ª T., rel. Min. Sidnei Beneti, disponível em: <http://www.editoramagister.com>, acesso em: 19-7-2011.

16. "a". *Vide* art. 1.723 e parágrafos do CC.

17. "b".

18. "c".

19. "b".

20. "a". *Vide* art. 1.723 do CC.

27

DA TUTELA

■ 27.1. CONCEITO

Tutela é o encargo conferido por lei a uma pessoa capaz, para **cuidar da pessoa do menor e administrar seus bens**. Destina-se a **suprir a falta do poder familiar** e tem nítido caráter assistencial. É, segundo o magistério de Álvaro Villaça Azevedo, "um instituto jurídico que se caracteriza pela **proteção dos menores**, cujos pais faleceram ou que estão impedidos de exercer o poder familiar, seja por incapacidade, seja por terem sido dele destituídos ou terem perdido esse poder"[1].

Dispõe o art. 1.728 do Código Civil:

> "Os filhos menores são postos em tutela:
>
> I — com o falecimento dos pais, ou sendo estes julgados ausentes;
>
> II — em caso de os pais decaírem do poder familiar".

A tutela constitui um **sucedâneo do poder familiar e é incompatível com este**. Se os pais recuperarem o poder familiar, ou se este surgir com a adoção ou com o reconhecimento do filho havido fora do casamento, cessará o aludido ônus. Se o menor ainda se encontrar sob o poder familiar, **só se admitirá a nomeação de tutor depois que os pais forem destituídos de tal encargo**.

■ Múnus público

O tutor exerce um *múnus público*, uma delegação do Estado que, não podendo exercer essa função, transfere a obrigação de zelar pela criação, pela educação e pelos bens do menor a terceira pessoa. É considerado um **encargo público e obrigatório**, salvo as hipóteses dos arts. 1.736 e 1.737 do Código Civil.

■ Falecimento ou ausência de um dos pais

Os filhos menores só são postos em tutela se acontece o falecimento ou a ausência de ambos os pais, ou se ambos decaem do poder familiar, pois se tais fatos ocorrem com apenas um deles, **o poder familiar se concentra no outro**, ainda que este venha a novamente se casar. O incapaz maior de idade é, todavia, submetido à curatela (CC, art. 1.767).

---

[1] *Comentários ao Código Civil*, v. 19, p. 319.

■ Menores abandonados

O legislador de 2002, ao cuidar da tutela, preocupou-se, principalmente, com o órfão rico. No Estatuto da Criança e do Adolescente (Lei n. 8.069/90), a tutela se apresenta como uma das formas de **"família substituta"**, devendo ser atendidas as "disposições gerais" previstas nos arts. 28 a 32.

Dispondo o referido diploma "sobre a proteção integral à criança e ao adolescente", a sua aplicação não se restringe aos filhos de pais abastados, **abrangendo também os menores abandonados**.

■ 27.2. ESPÉCIES DE TUTELA

Podem ser apresentadas as seguintes:

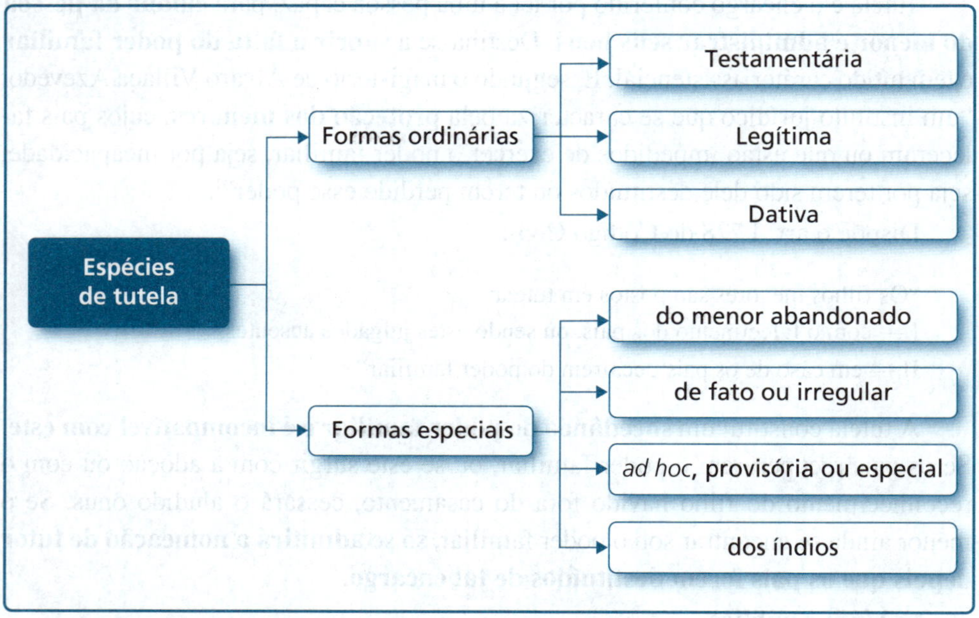

Quanto à fonte donde defluem, três são, assim, as *formas ordinárias* de tutela civil, oriundas do direito romano:

- ■ testamentária;
- ■ legítima; e
- ■ dativa (CC, arts. 1.729 a 1.732).

■ Tutela do menor abandonado

Modalidades *especiais* de tutela, além das três mencionadas, costumam ser apontadas pela doutrina. O art. 1.734 do Código Civil referia-se à tutela dos *menores abandonados*, que terão tutores "nomeados pelo juiz, ou serão recolhidos a estabelecimento público para este fim destinado", ficando sob a responsabilidade do Estado, que poderá colocá-los em famílias substitutas, "sob a tutela das pessoas que, voluntária e gratuitamente, se encarregarem da sua criação".

Tal espécie de tutela encontra-se hoje regulamentada pelo **Estatuto da Criança e do Adolescente**.

A Lei n. 12.010, de 3 de agosto de 2009, que dispõe sobre adoção e alterou inúmeros artigos do **Estatuto da Criança e do Adolescente**, no seu art. 4º deu nova redação ao supratranscrito art. 1.734 do Código Civil, do seguinte teor:

> "As crianças e os adolescentes cujos pais **forem desconhecidos, falecidos ou que tiverem sido suspensos ou destituídos do poder familiar** terão tutores nomeados pelo juiz ou serão incluídos em programa de colocação familiar, na forma prevista pela Lei n. 8.069, de 13 de julho de 1990 — Estatuto da Criança e do Adolescente".

■ Tutela de fato

Dá-se a *tutela de fato* ou *irregular* quando uma pessoa passa a zelar pelo menor e por seus bens, **sem ter sido nomeada**. Os seus atos não têm validade, não passando o suposto tutor de mero gestor de negócios.

Comenta Washington de Barros Monteiro que nessa espécie não há propriamente nomeação, em forma legal, mas "o suposto tutor vela pelo menor e seus interesses como se estivesse legitimamente investido do ofício tutelar. Nosso direito **não reconhece efeitos jurídicos a essa falsa tutela**, que não passa, em última análise, de mera *gestão de negócios* e como tal regida"[2].

■ Tutela *ad hoc*

A *tutela ad hoc*, também chamada de *provisória* ou *especial*, ocorre quando uma pessoa é nomeada tutora para a prática de determinado ato, **sem destituição dos pais do poder familiar**. Muitas vezes, para atender aos interesses do menor, o juiz nomeia-lhe um tutor **somente para consentir no seu casamento, por exemplo**, porque os pais encontram-se em local ignorado, ou para permitir que o tutor nomeado **inscreva o menor como seu beneficiário** no instituto previdenciário.

Também se denomina *tutor "ad hoc"* o **curador especial** nomeado pelo juiz quando os interesses do incapaz colidirem com os do tutor (CC, art. 1.692).

■ Tutela dos índios

Há, ainda, a *tutela dos índios*, que o art. 4º, parágrafo único, do Código Civil remete à **legislação especial**. Tal modalidade de tutela encontra-se atualmente regulamentada pela Lei n. 6.001, de 19 de dezembro de 1973, denominada **"Estatuto do Índio"**, e é exercida pela União Federal, por meio da Fundação Nacional do Índio (Funai).

O índio pertencente às comunidades não integradas é incapaz desde o seu nascimento, sendo necessária a participação da Funai para a prática de qualquer ato da vida civil. **Poderá ser liberado da tutela da União se estiver adaptado à civilização**, preenchendo os requisitos do art. 9º da aludida lei, mediante solicitação feita à Justiça Federal, com a manifestação da Funai.

A tutela dos *silvícolas* e a do *menor em situação irregular* são espécies de **tutela estatal**.

---

2 *Curso de direito civil*, 37. ed., v. 2, p. 386.

27.2.1. Tutela testamentária

Direito de nomear tutor

A tutela *testamentária* é regulada nos arts. 1.729 e 1.730 do Código Civil, que atribuem o direito de nomear tutor *somente* **"aos pais, em conjunto"**. Não há a prevalência de um sobre outro. Se estão vivos, a nomeação deve ser feita **por ambos**, como resultado da isonomia constitucional observada no mencionado art. 1.729. **Só se admite a nomeação por apenas um deles se o outro for falecido**. Se este outro estiver vivo e no exercício do poder familiar, não poderá dele ser afastado pela manifestação unilateral de última vontade do testador.

Em nosso direito, o poder parental é, portanto, *privativo dos pais*. **Nem aos avós é permitida a nomeação**. Nesse ponto, o Código Civil de 2002 corrige a posição anteriormente adotada, deferindo somente aos pais o direito de nomear tutor aos filhos. E **afasta também a discriminação contra a mulher**, que constava do art. 407 do Código de 1916, ao dizer que o direito de nomear tutor competia ao pai; em sua falta à mãe; se ambos faleceram, ao avô paterno. Morto este, ao materno.

Na realidade a evolução se deu primeiramente na Constituição Federal de 1988, que, em mais de um dispositivo, proclama o **princípio da igualdade entre o homem e a mulher** (art. 5º, *caput* e I; art. 226, § 5º).

Álvaro Villaça Azevedo[3] alvitra a hipótese de ambos os pais nomearem tutores diversos, **por meio de dois documentos**. Ocorrendo a morte dos pais, surge a dúvida de qual tutor deve ser admitido: o nomeado pelo pai ou o nomeado pela mãe? Entende o mencionado autor que, nesse caso, "**ao juiz competirá decidir entre qual desses tutores deve ser nomeado**, atentando, sempre, ao interesse do tutelado. Por outro lado, não existindo comoriência, melhor que se considere a nomeação de tutor pelo que **faleceu por último**".

Forma de nomeação

A nomeação "deve constar de **testamento** ou de qualquer outro **documento autêntico**", como codicilo, escritura pública e escrito particular (CC, art. 1.729, parágrafo único).

Documento *autêntico* é qualquer documento, **público ou particular, em que as assinaturas dos pais estejam reconhecidas por tabelião**. Quando o ato requer escritura pública, como única forma admitida, a lei o diz expressamente. Mesmo feita por instrumento particular, a nomeação não deixa de ser testamentária, por somente produzir efeitos após a morte do nomeante.

Requisito legal: ser detentor do poder familiar

Só podem nomear tutor para os filhos os pais que, **"ao tempo de sua morte"**, e não quando da elaboração do testamento, **detinham o poder familiar**. O art. 1.730 do Código Civil considera *nula* a nomeação feita por quem não preenchia esse requisito. Melhor teria agido se a considerasse *ineficaz*, pois se trata de negócio válido, que apenas não terá eficácia (o testamento só produz efeitos após a morte do testador)

[3] *Comentários*, cit., v. 19, p. 325.

porque o instituidor, ao falecer, não preenchia o requisito para a nomeação do tutor, que é o exercício do poder familiar.

Optando por nomear tutor para os filhos menores mediante testamento, não poderão os genitores fazê-lo na mesma cédula testamentária, uma vez que **o testamento conjuntivo é expressamente proibido** no ordenamento civil brasileiro (art. 1.863). Ambos poderão comparecer juntamente ao cartório de notas, se preferirem a forma pública, mas **o pai terá de fazer a nomeação em seu próprio testamento, e a mãe no testamento dela**.

■ Nomeação a termo ou sob condição

Obtempera Pontes de Miranda que "o Código Civil brasileiro, uma vez que não proíbe, **faculta a nomeação sob condição ou a termo**"[4].

Haverá **nomeação *sub condicione***, aduz, se o nomeante, por exemplo, requer que, para o exercício da tutela, se case o nomeado com alguém, ou se declare exonerado o tutor no dia em que enviuvar.

A **nomeação a termo** pode ser:

- **até certo tempo** (*ad certum tempus*) se, *verbi gratia*, a nomeação foi feita dispondo-se que o nomeado exerça a tutoria durante quatro anos, até que o menor atinja os 16 anos, ou mesmo até dia certo (*ad diem*); e
- **a partir de certo tempo** (*ex certo tempore*), quando se declara, por exemplo, que o tutor testamentário será investido de suas funções quando o menor completar certa idade.

Acrescenta o erudito jurista citado que, na nomeação *ad certum tempus*, com o advento do termo **pode o mesmo tutor, por nomeação do juiz, continuar no exercício**, salvo se há outro tutor testamentário, ou legítimo, ou se dispôs contrariamente o nomeante; e na *ex certo tempore* o juiz defere a tutela a **outro tutor**, para exercer a tutela **até o tempo ou dia marcado pelo testador**, quando, exonerado o atual, a defere ao nomeado.

■ Controle judicial da nomeação testamentária

A Lei Nacional da Adoção (Lei n. 12.010/2009) deu nova redação ao art. 37 e parágrafo único do Estatuto da Criança e do Adolescente, fixando o **prazo de 30 dias** após a abertura da sucessão para que o nomeado por testamento ou qualquer documento autêntico ingresse com pedido **"destinado ao controle judicial do ato"**.

Somente será deferida a tutela à pessoa indicada na disposição de última vontade "se restar comprovado que **a medida é vantajosa ao tutelado** e que não existe outra pessoa em melhores condições de assumi-la".

■ 27.2.2. Tutela legítima

Não havendo nomeação de tutor, por testamento ou outro documento autêntico, **"incumbe a tutela aos parentes consanguíneos do menor"**, sendo chamada de

---

4 *Tratado de direito de família*, cit., v. III, § 269, p. 235-236.

legítima. O art. 1.731 do Código Civil indica os parentes que devem ser nomeados pelo juiz, **em ordem preferencial**: ascendentes e colaterais até o terceiro grau. Preceitua o aludido dispositivo:

> "Em falta de tutor nomeado pelos pais incumbe a tutela aos parentes consanguíneos do menor, por esta ordem:
> I — aos ascendentes, preferindo o de grau mais próximo ao mais remoto;
> II — aos colaterais até o terceiro grau, preferindo os mais próximos aos mais remotos, e, no mesmo grau, os mais velhos aos mais moços; em qualquer dos casos, o juiz escolherá entre eles o mais apto a exercer a tutela em benefício do menor".

■ Permissão concedida ao juiz de escolher o mais apto para exercer a tutela

Malgrado a intenção demonstrada pelo legislador, de que o tutor seja **parente**, tem sido acolhida a orientação doutrinária e jurisprudencial de **não considerar absoluta a ordem preferencial** estabelecida, devendo ser observada se os indicados forem **idôneos e capazes**. A bem do menor, pode o juiz alterá-la e até não nomear nenhum dos parentes consanguíneos, se comprovadamente inidôneos ou incapacitados, escolhendo **pessoa idônea estranha à família**, pois se há de dar, sempre, **prevalência aos interesses do incapaz**[5].

Assim, somente ***se todos reúnem condições para o exercício do encargo***, ou seja, encontram-se em igualdade de condições, deve ser atendida a prioridade legal.

A cláusula final do inc. II do aludido dispositivo permite ao juiz escolher **"o mais apto a exercer a tutela"**. Prevalecendo o interesse do tutelando, pode o juiz escolher aquele que demonstre maior **afinidade e afetividade** com a criança ou o adolescente, como prevê o § 2º do art. 28 do Estatuto da Criança e do Adolescente[6].

Nesse passo, decisão do Superior Tribunal de Justiça pontifica que a colocação do menor em família substituta, prevista nos arts. 28 e 36 da Lei n. 8.069/90, deve ocorrer observando-se a "**conveniência da criança ou do adolescente**, devendo o infante ser ouvido previamente e sua opinião devidamente considerada, **podendo, consequentemente, o juiz desconsiderar a ordem prevista no art. 409 do CC** (*de 1916; CC/2002: art. 1.731*) para a incumbência da tutela, se as circunstâncias do caso assim recomendam"[7].

Anota Álvaro Villaça Azevedo que o aludido acréscimo de expressão no final do citado inc. II do art. 1.731 do novo diploma "deveria constar de um inciso III, autonomamente, ou de um parágrafo único, **pois ele se relaciona com as duas hipóteses constantes dos incisos I e II**. Atente-se ao texto acrescido: **em qualquer dos casos**, quer dizer, em qualquer das situações em que a ordem legal de chamamento à tutela se estabelece"[8].

---

5 "Tutela. Colocação em família substituta. Obediência à ordem legal de precedência prevista no art. 409 do CC (*de 1916; CC/2002: art. 1.731*). Desnecessidade, se o interesse do infante assim recomendar" (STJ, *RT*, 747/228).

6 Caio Mário da Silva Pereira, *Instituições*, cit., v. 5, p. 447.

7 REsp 68.433-SP, 3ª T., rel. Min. Nilson Naves, j. 17-6-1997.

8 *Comentários*, cit., v. 19, p. 332.

■ 27.2.3. Tutela dativa

A tutela é *dativa* quando **não há tutor testamentário, nem a possibilidade de nomear-se parente consanguíneo do menor**, ou porque não existe nenhum, ou porque os que existem são inidôneos, foram excluídos ou se escusaram. Nesse caso, o juiz nomeará **pessoa estranha à família**, idônea e residente no domicílio do menor. A tutela dativa tem, portanto, *caráter subsidiário*. Dispõe, com efeito, o art. 1.732 do Código Civil:

"O juiz nomeará tutor idôneo e residente no domicílio do menor:
I — na falta de tutor testamentário ou legítimo;
II — quando estes forem excluídos ou escusados da tutela;
III — quando removidos por não idôneos o tutor legítimo e o testamentário".

■ Requisitos para a nomeação de tutor dativo

É requisito que o tutor seja **domiciliado no mesmo local** em que o é o menor.

Devem ser atendidas também as **"disposições gerais"** para colocação em família substituta previstas nos arts. 28 a 32 do Estatuto da Criança e do Adolescente.

■ Nomeação de um só tutor para irmãos órfãos

Dispõe o art. 1.733 do Código Civil que, no caso de irmãos órfãos, **"dar-se-á um só tutor"**. Pretende-se, com isso, facilitar a administração dos patrimônios e manter juntos os irmãos, em razão dos laços de afetividade que os unem.

Entretanto, **tal regra não deve ser interpretada como de caráter absoluto**. Pode o juiz dividir a tutela, conforme as circunstâncias, para melhor atender aos interesses dos irmãos menores.

■ Nomeação de mais de um tutor

Se constar do testamento a nomeação de mais de um tutor, sem esclarecer qual deverá ter precedência, **entender-se-á que a tutela foi deferida ao primeiro** dos que tiverem sido designados, **sucedendo-lhe os demais**, se ocorrer morte, incapacidade, escusa ou qualquer outro impedimento (art. 1.733, § 1º).

■ Nomeação de curador especial

O § 2º do aludido art. 1.733 do Código Civil permite àquele que institui um menor herdeiro, ou legatário seu, "nomear-lhe **curador especial** para os bens deixados, ainda que o beneficiário se encontre sob o poder familiar, ou tutela". Assim, é facultado ao instituidor designar **administrador dos bens** deixados, sem prejuízo dos poderes e atribuições, quanto ao mais, dos pais ou do tutor já existente.

O art. 1.778 do Código Civil estabelece que a autoridade do curador estende-se à pessoa e aos bens dos filhos do curatelado. Destarte, **o curador exercerá a função de tutor**, enquanto estes forem menores.

■ 27.3. REGULAMENTAÇÃO DA TUTELA

■ 27.3.1. Incapazes de exercer a tutela

O art. 1.735 do Código Civil aponta as pessoas *incapazes de exercer a tutela*. Trata-se mais propriamente de circunstâncias que acarretam **"impedimentos"** ou

"falta de legitimação" para assumir tal encargo do que incapacidades, sendo denominadas por alguns *"escusas proibitórias"*, para distinguir das "escusas voluntárias" previstas no art. 1.736 do mesmo diploma.

"Não podem ser tutores e serão exonerados da tutela, caso a exerçam", proclama o citado art. 1.735:

I — Aqueles que não tiverem a livre administração de seus bens

Obviamente, quem não reúne condições para administrar **seus próprios bens** não pode cuidar do tutelado e de seu patrimônio. Inserem-se nessa categoria, por exemplo, os **absoluta e os relativamente incapazes** mencionados nos arts. 3º e 4º do Código Civil, com a redação dada pela Lei n. 13.146/2015 (Estatuto da Pessoa com Deficiência). Nesse rol devem ser também incluídos os **falidos**, enquanto não reabilitados.

Não há nenhuma restrição a que **estrangeiros residentes no País** sejam nomeados tutores, pois a Constituição Federal os iguala, em direitos, aos brasileiros (art. 5º, *caput*).

O art. 6º da mencionada Lei n. 13.146/2015 dispõe que **a deficiência não afeta a plena capacidade civil** da pessoa para "VI — exercer o direito à guarda, ***à tutela***, à curatela e à adoção, como adotante ou adotando, em igualdade de oportunidades com as demais pessoas".

II — Aqueles que, no momento de lhes ser deferida a tutela, se acharem constituídos em obrigação para com o menor, ou tiverem que fazer valer direitos contra este, e aqueles cujos pais, filhos ou cônjuges tiverem demanda contra o menor

Cogita o inciso de hipóteses que, por evidenciarem manifesto **conflito de interesses** com os do tutelado, desaconselham a nomeação do tutor.

Observa com propriedade Zeno Veloso que "a proibição de ser nomeado tutor, se o indicado tiver que fazer valer direitos contra o menor, **não é absoluta**, pois o art. 1.751 estatui que o tutor, antes de assumir a tutela, deve declarar tudo o que o menor lhe deva, e a pena para a omissão é **não poder ele cobrar do pupilo a dívida, enquanto exerça a tutoria**, salvo provando que não conhecia o débito quando o assumiu"[9].

III — Os inimigos do menor, ou de seus pais, ou que tiverem sido por estes expressamente excluídos da tutela

As pessoas apontadas estão impedidas de exercer a tutela. Torna-se óbvio, assinala Washington de Barros Monteiro, "o motivo da proibição, que se baseia em **razão de ordem moral**, não sendo necessário se trate de inimizade capital"[10].

IV — Os condenados por crime de furto, roubo, estelionato, falsidade, contra a família ou os costumes, tenham ou não cumprido pena

Pessoas que apresentam tais antecedentes são havidas como **inidôneas** e, portanto, **impedidas** de cuidar da pessoa e, principalmente, do patrimônio do menor.

---

9 *Código Civil*, cit., v. XVII, p. 172.

10 *Curso*, cit., 37. ed., v. 2, p. 388.

Denota-se a intenção do legislador de **resguardar o menor** não só da ação maléfica de ladrões, estelionatários e falsários, como também do mau exemplo daqueles que, por terem sido condenados por crime contra a família ou os costumes, revelam personalidade incompatível com a responsabilidade pela criação e educação de crianças ou adolescentes.

V — As pessoas de mau procedimento, ou falhas em probidade, e as culpadas de abuso em tutorias anteriores

O impedimento tem a mesma origem da anterior: a **inidoneidade** e a **má conduta** moral e social.

VI — Aqueles que exercerem função pública incompatível com a boa administração da tutela

Há certas funções públicas que, por exigirem dedicação exclusiva do agente, são **incompatíveis com o exercício da tutela**. No entanto, só serão motivo de inaptidão ou de exoneração do encargo quando restar evidenciado, no caso concreto, que a natureza da função e a forma de exercício **dificultam ou obstam à boa e diligente administração dos bens do pupilo** e, especialmente, aos **deveres do tutor quanto à educação, guarda e vigilância dele**[11]. A incapacidade posterior faz nula, desde o seu surgimento, a nomeação anteriormente válida.

Por sua vez, preceitua o art. 29 do Estatuto da Criança e do Adolescente:

> "Não se deferirá colocação em família substituta a pessoa que revele, por qualquer modo, **incompatibilidade** com a natureza da medida ou não ofereça **ambiente familiar adequado**".

■ 27.3.2. Escusa dos tutores

Embora a tutela decorra de uma imposição legal e seja exercida por delegação do Estado, sendo, portanto, de cumprimento obrigatório na condição de múnus público, **admitem-se algumas *escusas***. Proclama, a propósito, o art. 1.736 do Código Civil:

> "Podem escusar-se da tutela:
> I — mulheres casadas;
> II — maiores de sessenta anos;
> III — aqueles que tiverem sob sua autoridade mais de três filhos;
> IV — os impossibilitados por enfermidade;
> V — aqueles que habitarem longe do lugar onde se haja de exercer a tutela;
> VI — aqueles que já exercerem tutela ou curatela;
> VII — militares em serviço".

As pessoas legitimadas, que não incorram nos impedimentos elencados no art. 1.735, retromencionado, *nem se encontrem na situação de poder invocar uma das causas legais de escusa*, **não se podem furtar a exercer a tutela**, seja decorrente de nomeação em testamento, seja deferida pelo juiz.

---

11 Pontes de Miranda, *Tratado de direito de família*, cit., v. III, § 273, p. 247.

■ Distinção entre incapacidade e escusa

É oportuno lembrar, diz Pontes de Miranda, "a distinção entre *incapacidade* para tutor e *escusa* da tutela. A *incapacidade* importa **proibição absoluta** para se exercer a tutela. Os antigos escritores a denominavam *escusatio necessaria*. A *escusa* é a **dispensa concedida por justa causa** ao que poderia ser tutor, se quisesse: *escusatio voluntaria*"[12].

O legislador, exceto no caso da mulher casada, **desobriga pessoas que ficariam sobrecarregadas**, em virtude de idade, de doença ou de outros obstáculos, se não pudessem recusar a nomeação.

Vejamos as **escusas permitidas**:

I — Mulheres casadas

Ao permitir a escusa da *mulher casada* (inc. I), o Código **malfere o princípio constitucional da igualdade entre o homem e a mulher**, dogmatizado no art. 5º, I, e entre os cônjuges, enfatizado no art. 226, § 6º, da Carta Magna. Não bastasse, o inciso apontado **não alude à mulher que vive em união estável**. Por todas essas razões a sua exclusão é proposta no Projeto n. 6.960/2002 (atual PL 699/2011), em tramitação no Congresso Nacional.

Constituindo *faculdade* do nomeado alegar ou não a escusa (*escusatio voluntaria*), nada impede que as mulheres casadas exerçam a tutela, **se não quiserem se valer do indigitado benefício**, inexistindo qualquer proibição nesse sentido.

II — Maiores de sessenta anos

A idade avançada é considerada, tradicionalmente, razão para a escusa da tutela. Presume a lei que, a partir da referida idade, o exercício da tutela se torne cada vez mais difícil.

O critério adotado pelo Código Civil foi reforçado pelo **Estatuto do Idoso** (Lei n. 10.741, de 1º-10-2003), "destinado a regular os direitos assegurados às pessoas com *idade igual ou superior a sessenta anos*", que **gozam de proteção integral**, com direito a todas as facilidades "para preservação de sua saúde física e mental e seu aperfeiçoamento moral, intelectual, espiritual e social, em condições de liberdade e dignidade" (art. 2º).

III — Aqueles que tiverem sob sua autoridade mais de três filhos

O inciso em apreço, tendo em conta as dificuldades do mundo moderno, **reduz para três o número de filhos** que isenta o nomeado do exercício da tutela, sendo que o diploma anterior dispensava do ônus somente quem tivesse mais de cinco.

Não cabe distinguir se os filhos foram havidos do casamento ou não, nem se são adotivos. Malgrado o caráter assistencial da tutela, **não pode ela, com efeito, onerar demais o tutor**, a ponto de prejudicá-lo e também à sua família.

---

12 *Tratado de direito de família*, cit., v. III, § 274, p. 249.

IV — Os impossibilitados por enfermidade

Os *impossibilitados por enfermidade*, mui justamente, são igualmente contemplados, comprovando que **a moléstia de que padecem é incompatível com o seu exercício do encargo**. Os **cegos** podem escusar-se por esse motivo.

V — Aqueles que habitarem longe do lugar onde se haja de exercer a tutela

A exoneração do encargo, nessa hipótese, é compreensível, visto que **encontrarão maiores dificuldades** para administrar o patrimônio do tutelado, bem como para zelar por sua pessoa.

VI — Aqueles que já exercerem tutela ou curatela

A cumulação de atribuições justifica a escusa permitida aos que *já estiverem no exercício de tutela ou curatela* (inc. VI). Para que eventual nomeação não venha a prejudicar o exercício de tutela ou de curatela existente, possibilita-se **a divisão do encargo, atribuindo-se o novo a outra pessoa**, uma vez que os encargos sociais devem ser distribuídos na comunidade.

VII — Militares em serviço

Os militares em serviço podem também recusar a nomeação, porque entende o legislador que os membros das Forças Armadas que estejam na ativa, em razão da natureza do trabalho que executam, **estão sujeitos a transferências constantes** de um lugar para outro, em prejuízo do pupilo.

■ Direito do tutor de receber remuneração pelo exercício do múnus

A função tutelar, devido ao seu caráter assistencial, é em regra gratuita. Todavia, o art. 1.752 do Código Civil permite que se pague ao tutor **"remuneração proporcional à importância dos bens administrados"**, salvo no caso do art. 1.734, que concerne aos menores abandonados.

■ Convocação preferencial dos parentes

Por sua vez, preceitua o art. 1.737 que "quem não for parente do menor não poderá ser obrigado a aceitar a tutela, se houver no lugar parente idôneo, consanguíneo ou afim, em condições de exercê-la".

Embora não haja limitação ao parentesco consanguíneo, na linha colateral **deve limitar-se ao quarto grau**, porque tais parentes são sucessíveis. A tutela envolve a **solidariedade familiar** e, por isso, havendo parentes em qualquer grau na linha reta, e até o sexto grau na linha colateral, não quer a lei que sejam convocados estranhos, **pois os parentes têm direito a alimentos e podem ser chamados à sucessão**. É justo, assim, que suportem os incômodos decorrentes dessa situação jurídica[13].

Não se trata propriamente de recusa ao cumprimento de uma obrigação, mas de **convocação preferencial de parente**, demonstrando-se a sua idoneidade, a identidade de domicílios e a não arguição de nenhuma das escusas legais[14].

---

13 Álvaro Villaça Azevedo, *Comentários*, cit., v. 19, p. 347; Silvio Rodrigues, *Direito civil*, cit., v. 6, p. 403.

14 Washington de Barros Monteiro, *Curso*, cit., 37. ed., v. 2, p. 389.

■ **Prazo para a apresentação da escusa**

Dispõe o art. 1.738 do Código Civil que "a escusa apresentar-se-á **nos dez dias subsequentes à designação**, sob pena de entender-se renunciado o direito de alegá-la; se o motivo escusatório ocorrer depois de aceita a tutela, os dez dias contar-se-ão do em que ele sobrevier".

Naturalmente, a contagem do prazo só se inicia a partir da intimação do tutor, não se admitindo possa fluir sem que tenha conhecimento da nomeação.

O juiz apreciará a alegação e **decidirá de plano o pedido de escusa**, examinando os motivos invocados. Se a julgar improcedente, da decisão caberá recurso de agravo de instrumento, cujo efeito é somente devolutivo. Estabelece o art. 1.739 do Código Civil, na mesma linha do art. 760, § 2º, do Código de Processo Civil, que, nessa hipótese, "**exercerá o nomeado a tutela, enquanto o recurso interposto não tiver provimento**, e responderá desde logo pelas perdas e danos que o menor venha a sofrer".

Justifica-se o rigor do Código pelo fato de não poderem os interesses do menor ficar ao desamparo, na pendência de uma decisão judicial. É dever do nomeado, uma vez inadmitida a escusa, assinar o termo de tutela e entrar no exercício da função. Se não o fizer, será responsável pelos prejuízos que o menor vier a sofrer com o abandono de seu patrimônio e da direção de seus negócios.

■ 27.3.3. Garantia da tutela

■ **Prestação de caução**

Visando resguardar os interesses do tutelado, determina o art. 1.745 que os bens do menor sejam "entregues ao tutor mediante termo especificado deles e seus valores, ainda que os pais o tenham dispensado". Aduz o parágrafo único que, "se o patrimônio do menor for de valor considerável, poderá o juiz condicionar o exercício da tutela à **prestação de caução** bastante, **podendo dispensá-la se o tutor for de reconhecida idoneidade**".

O Código Civil de 2002 **aboliu a exigência de hipoteca legal**, sem deixar, no entanto, de resguardar o menor tutelado, ao permitir que o juiz exija a *prestação de caução*.

Demonstrando certa perplexidade com a parte final do dispositivo em apreço ("*se o tutor for de reconhecida idoneidade*"), obtempera Zeno Veloso que, "obviamente, ninguém pode ser nomeado tutor se não for pessoa idônea"[15], como estatui o art. 1.732 do Código Civil. Conclui o emérito jurista que o parágrafo único do aludido art. 1.745 se refere a "**idoneidade notória, reputação ilibada, honestidade conhecida e manifesta. Enfim, algo mais que a simples idoneidade, mencionada no art. 1.732**".

■ **Responsabilidade do magistrado**

Foi mantida pelo atual Código a responsabilidade do magistrado, caso venha a **negligenciar dever de priorizar o interesse do menor, causando-lhe prejuízo**. O juiz responde, com efeito:

[15] *Código Civil*, cit., v. 19, p. 185.

- **subsidiariamente** pelos prejuízos que sofra o menor "quando não tiver exigido garantia legal do tutor, nem o removido, tanto que se tornou suspeito"; e
- **direta e pessoalmente**, "quando não tiver nomeado o tutor, ou não o houver feito oportunamente" (CC, art. 1.744, I e II).

A *legitimidade* para promover os procedimentos pertinentes **além do Ministério Público cabe a quem demonstre legítimo interesse**, nos termos da lei processual.

Aplicam-se as regras genéricas do art. 143 do Código de Processo Civil de 2015, que preveem a **responsabilidade do juiz, por perdas e danos**, quando, no exercício de suas funções, "proceder com dolo ou fraude" (inc. I) ou **"recusar, omitir ou retardar, sem justo motivo, providência"**, que deva ser ordenada de ofício ou a requerimento da parte, por intermédio do escrivão, não atendida essa providência no prazo de dez dias (inc. II e parágrafo único).

■ Entrega dos bens do menor ao tutor mediante termo especificado

O art. 1.745, *caput*, do Código Civil determina que os bens do menor sejam "entregues ao tutor mediante termo especificado deles e seus valores, ainda que os pais o tenham dispensado".

Serão realizados, assim, **inventário e avaliação** dos referidos bens, **para que se conheça com precisão o patrimônio do menor**, valendo o aludido termo, também, como título para o tutor que tenha, nas relações com terceiros, de provar a sua qualidade.

Ao assumir o encargo, o tutor receberá, portanto, os bens do pupilo minuciosamente descritos e avaliados. Sendo princípio de ordem pública, não poderá ser dispensada a providência, nem pelo juiz, nem pelos pais se tiverem feito estes a nomeação[16].

27.3.4. A figura do protutor

Ampliando o elenco de cautelas que cercam a tutela, o art. 1.742 do Código Civil de 2002, inovando, autoriza o juiz a **nomear um *protutor* para fiscalização dos atos do tutor**. A figura do protutor existia no direito romano, correspondendo à do gestor dos negócios do menor ou pupilo.

Na atualidade, vários países disciplinam o instituto.

■ Função do protutor

O Código Civil não estabeleceu o âmbito de competência do protutor, atribuindo-lhe tão só a *função* de **fiscalizar os atos praticados pelo tutor**, complementando a fiscalização natural, que é a do juiz. Este poderá, nos casos em que houver necessidade de auxílio para o desempenho desse mister, e sempre atendendo aos interesses do menor, nomear o protutor[17].

---

16 Alexandre Alcoforado Assunção, *Novo Código Civil comentado*, p. 1560; Caio Mário da Silva Pereira, *Instituições*, cit., v. 5, p. 457-458.

17 Zeno Veloso, *Código Civil*, cit., v. XVII, p. 183.

Na forma adotada, o protutor não se transforma em auxiliar ou coadjuvante do tutor, incumbindo-lhe **apenas auxiliar o juiz, fiscalizando a atuação do onerado e informando o magistrado** sobre qualquer malversação dos bens por ele recebidos mediante termo especificado.

Preceitua o art. 1.742 do Código Civil, simplesmente, que **"para fiscalização dos atos do tutor, pode o juiz nomear um protutor"**. E o § 1º do art. 1.752 prevê o seu direito à percepção de "uma **gratificação módica** pela fiscalização efetuada".

■ 27.3.5. Exercício da tutela

O exercício da tutela **assemelha-se ao do poder familiar**, mas não se lhe equipara, pois sofre algumas **limitações**, sendo ainda sujeito à **inspeção judicial**. O tutor assume o lugar dos pais, com os direitos e deveres que estes teriam no tocante à pessoa e aos bens do tutelado, porém com algumas **restrições**. Ressalta o art. 1.935 do Código Civil português que o tutor deve exercer a tutela com a diligência de um bom pai de família.

■ Limitações ao exercício da tutela

Entre as limitações referidas está o exercício da função de tutor **sob fiscalização do juiz**, como mencionado.

Necessita o tutor da **autorização do juiz**, por exemplo, para pagar as dívidas do menor, aceitar por ele heranças, legados ou doações, transigir, vender-lhe bens imóveis e os móveis cuja conservação não convier, promover em juízo as ações e defendê-lo nos pleitos contra ele movidos (CC, art. 1.748).

Também **não pode o tutor emancipar voluntariamente o pupilo**. A emancipação do tutelado dá-se por sentença judicial (CC, art. 5º, parágrafo único, I).

O Código Civil, ao fixar a competência do tutor, igualmente distingue as obrigações de **natureza pessoal** daquelas que concernem aos **interesses materiais** do tutelado.

■ *27.3.5.1. O exercício da tutela em relação à pessoa do menor*

O art. 1.740 do Código Civil indica as atribuições relativas à *pessoa* do menor, proclamando que **"incumbe ao tutor"**:

I — Dirigir-lhe a educação, defendê-lo e prestar-lhe alimentos, conforme os seus haveres e condição

■ Educação

Salienta Caio Mário da Silva Pereira[18] que "a obrigação mais importante da tutela é a assistência, **a educação**, a direção moral do pupilo". E aduz: "É seu dever proporcionar-lhe o **ensino fundamental**, matriculando-o, obrigatoriamente, na rede regular de ensino (art. 55, ECA) e capacitá-lo para desenvolver aptidões para a vida produtiva através da **formação profissional** (art. 39 da Lei n. 9.394/96). A instrução de ensino médio e superior depende de suas condições econômicas e sociais".

---

[18] *Instituições*, cit., v. V, p. 454.

Assistência material e moral

O tutor obriga-se também à prestação de assistência material e moral ao menor, **podendo opor-se a terceiros, inclusive aos pais**, quando suspenso ou extinto o poder familiar (ECA, art. 33).

Alimentos

Quanto ao dever de prestar alimentos é preciso distinguir. **Se o menor possui bens**, obtempera Pontes de Miranda, "é sustentado e educado **a expensas suas**, arbitrando o juiz, para tal fim, as quantias, que lhe pareçam necessárias, atento ao rendimento da fortuna do pupilo, quando o pai ou a mãe não as haja taxado. Se o órfão *não possui bens*, **mas tem parentes**, obrigados, em direito, a prestar-lhe alimentos, **deve o tutor providenciar, com a autorização do juiz, e de acordo com o pupilo**, se esse já tem dezesseis anos, a fim de obtê-los amigável ou judicialmente"[19].

Não tendo o menor **parentes** obrigados a prestar alimentos, **a obrigação é do próprio tutor**, nos termos do dispositivo ora em estudo.

II — Reclamar do juiz que providencie, como houver por bem, quando o menor haja mister correção

O tutor *não pode*, para corrigir o menor, **aplicar-lhe castigos físicos**, ainda que moderadamente, **devendo reclamar providências ao juiz**. Como responsável pela educação do menor, incumbe ao tutor **orientá-lo e corrigi-lo**, aplicando-lhe punições, se necessário. Estas, todavia, devem circunscrever-se às **sanções de caráter moral**, como impedir a ida ao clube ou a algum estabelecimento de diversão, ou exigir que permaneça estudando em domingo ou feriado etc., por exemplo.

Em casos mais graves, quando o menor apresenta conduta desregrada, mostra-se rebelde, assume postura antissocial, malgrado todo o esforço moral e psicológico do tutor para corrigi-lo, cabe a este **recorrer ao juiz, reclamando providências**. Jamais deverá, no entanto, infligir castigos físicos no tutelado[20].

III — Adimplir os demais deveres que normalmente cabem aos pais, ouvida a opinião do menor, se este já contar doze anos de idade

A inovação sintetiza as obrigações do tutor, enfatizando que lhe incumbe **cumprir os deveres que normalmente cabem aos pais**, exercendo a guarda do menor.

A norma em epígrafe adotou a orientação do Estatuto da Criança e do Adolescente (art. 28, § 1º), que prevê a oitiva do menor para que opine sobre seus interesses na tutela, se já contar doze anos de idade.

Representação e assistência do menor

Ainda no que concerne ao exercício da tutela em relação à pessoa do menor, dispõe o art. 1.747, I, do Código Civil que compete mais ao tutor "**representar** o menor, até os dezesseis anos, nos atos da vida civil, e **assisti-lo**, após essa idade, nos atos em que for parte".

---

[19] *Tratado de direito de família*, cit., v. III, § 276, p. 255-256.

[20] Silvio Rodrigues, *Direito civil*, cit., v. 6, p. 405; Zeno Veloso, *Código Civil*, cit., v. XVII, p. 181.

■ *27.3.5.2. O exercício da tutela em relação aos bens do tutelado*

Dispõe o art. 1.741 do Código Civil:

> "Incumbe ao tutor, sob a inspeção do juiz, administrar os bens do tutelado, em proveito deste, cumprindo seus deveres com zelo e boa-fé".

Destaque-se a expressão "*sob a inspeção do juiz*". O tutor não exerce uma livre administração, pois o juiz participa, indiretamente, dos negócios que tem de autorizar, até mesmo, como visto, no âmbito social, na orientação de como corrigir o menor tutelado. A aludida expressão torna evidente que **os poderes do tutor são menos amplos do que os dos pais que exercem o poder familiar**.

A administração atribuída ao tutor implica conservação e gestão dos bens do pupilo, com o zelo do bom pai de família.

■ *27.3.5.2.1. Atos considerados de mera gestão ou administração ordinária*

Continuando a especificar o que mais compete ao tutor, no âmbito pessoal e patrimonial, proclama o art. 1.747 do Código Civil que lhe compete ainda:

I — Representar o menor, até os dezesseis anos, nos atos da vida civil, e assisti-lo, após essa idade, nos atos em que for parte

A **assistência** é necessária até os 18 anos, quando o pupilo atinge a maioridade civil.

Os atos e negócios jurídicos praticados ou celebrados por menores de 16 anos são nulos. Os aludidos incapazes serão *representados* pelos pais ou, na falta destes, pelos tutores, **sob pena de nulidade** (CC, art. 166, I). A incapacidade relativa permite que o incapaz pratique atos da vida civil, desde que *assistido* por seu representante legal, **sob pena de anulabilidade** (art. 171, I). Certos atos, porém, pode praticar **sem a assistência** deste, como ser testemunha (art. 228, I), aceitar mandato (art. 666), fazer testamento (art. 1.860, parágrafo único) etc.

II — Receber as rendas e pensões do menor, e as quantias a ele devidas

Em consequência, está o tutor, nesse caso, autorizado a **dar quitação** pelo recebimento.

III — Fazer-lhe as despesas de subsistência e educação, bem como as de administração, conservação e melhoramentos de seus bens

Cuida o inciso dos atos de **administração ordinária**, que possibilitem prover à criação e educação do pupilo, de acordo com a sua situação econômica e social, bem como à administração, à conservação e aos melhoramentos do seu patrimônio, tais como benfeitorias necessárias e úteis.

Tais atos **independem de interferência judicial**, embora o dispositivo não neutralize o direito e o dever genérico atribuído ao juiz, no art. 1.741, de fiscalizar e de intervir, se necessário, na gestão do tutor.

IV — Alienar os bens do menor destinados a venda

Alude o dispositivo aos bens que, **por sua natureza jurídica e econômica**, *destinam-se à alienação*, como os produtos de propriedade agrícola ou pecuária, os livros de uma livraria e a produção industrial, por exemplo.

Cabe ao tutor vendê-los, bem como aqueles cuja alienação foi determinada pelos pais no ato de nomeação ou em cláusula testamentária, independentemente de prévia autorização judicial.

V — Promover-lhe, mediante preço conveniente, o arrendamento de bens de raiz

O Código Civil confere autonomia ao tutor, não se referindo a prévia autorização judicial nem a praça pública para o *arrendamento de imóveis* pertencentes ao tutelado. A **única exigência** é que o arrendamento seja feito **"mediante preço conveniente"**, ou seja, vantajoso, pelo menos igual ao corrente ou de mercado e que atenda aos interesses do pupilo. Sujeita-se o tutor às consequências de eventual má administração.

■ *27.3.5.2.2. Atos que dependem de autorização do juiz*

O art. 1.748 do Código Civil elenca atos que se revestem de **maior complexidade e risco** e que podem repercutir negativamente no patrimônio do pupilo. Por essa razão, não são considerados procedimentos de mera gestão ou administração ordinária. Dependem de *autorização do juiz*, que deve ser antes consultado pelo tutor. Dispõe o aludido dispositivo que compete também ao tutor, com **autorização do juiz**:

I — Pagar as dívidas do menor

Embora as dívidas devam ser honradas, o pagamento, na hipótese, está sujeito ao controle do tutor, para evitar que o tutelado, por inexperiência e falta de maturidade, seja explorado, **passando também pelo crivo do juiz**, que precisa verificar se a dívida é legítima e correto o seu montante.

II — Aceitar por ele heranças, legados ou doações, ainda que com encargos

Melhor teria sido se o legislador tivesse dito "principalmente as que forem oneradas com encargo", pois esse é o sentido, em vez de "ainda que com encargos".

Acrescenta Zeno Veloso que a lei não menciona expressamente a **renúncia da herança** (art. 1.689), "mas, é claro, o ato abdicativo **depende de autorização do juiz**. Não seria lógico que a aceitação de uma herança dependesse de autorização judicial e que a renúncia ficasse dispensada disso"[21].

III — Transigir

Compreensível a exigência de autorização para o tutor transigir, representando o menor, uma vez que **toda transação envolve concessões recíprocas e, destarte, pode haver renúncias ou alienações patrimoniais desvantajosas e até prejudiciais ao transator tutelado**. Cada parte, na transação, abre mão de uma parcela de seus direitos, para possibilitar o acordo de vontades. Para transigir, diz Pontes de Miranda, "é preciso poder dispor: *transigere est alienare*"[22].

IV — Vender-lhe os bens móveis, cuja conservação não convier, e os imóveis nos casos em que for permitido

---

21 *Código Civil*, cit., v. XVII, p. 189.

22 *Tratado de direito de família*, cit., v. III, § 276, p. 257.

A expressão "nos casos em que for permitido" remete ao art. 1.749 do Código Civil, que inquina de nulidade determinados atos praticados pelo tutor, mesmo com a autorização judicial. Refere-se o dispositivo em apreço aos **bens móveis** cuja conservação seja dispendiosa ou inconveniente. Quanto aos **imóveis**, dispõe o art. 1.750 que os "pertencentes aos menores sob tutela somente podem ser vendidos quando houver **manifesta vantagem**, mediante prévia avaliação judicial e aprovação do juiz".

Como salienta Washington de Barros Monteiro, "são três, portanto, os requisitos para a venda de bens imóveis de menor sob tutela: *a*) que haja manifesta vantagem na operação; *b*) prévia avaliação judicial; *c*) aprovação do juiz"[23].

Demonstrada a manifesta vantagem do negócio para o tutelado, o juiz determinará a **avaliação do imóvel** e autorizará a venda, após a **manifestação favorável do Ministério Público**, por valor não inferior ao apurado, **cabendo ao tutor prestar as respectivas contas**.

> "A proibição para venda **estende-se à permuta**, que estará sujeita às mesmas exigências, acrescidas de que a avaliação deve compreender os bens do tutelado e os que por ele serão trocados"[24].

V — Propor em juízo as ações, ou nelas assistir o menor, e promover todas as diligências a bem deste, assim como defendê-lo nos pleitos contra ele movidos

Cabe ainda ao tutor *promover as ações e medidas judiciais* de interesse do pupilo, e ainda *defendê-lo* naqueles casos em que seja réu. Sustenta Caio Mário que "a propositura da ação ou medida cautelar **nem sempre pode subordinar-se à prévia aprovação**. Não sendo de *caráter urgente*, o artigo a exige"[25]. Praticado o ato urgente sem prévia autorização do juiz, **poderá este supri-la posteriormente**, como proclama o parágrafo único do aludido art. 1.748 do Código Civil, *verbis*:

> "No caso de falta de autorização, a eficácia de ato do tutor depende da aprovação ulterior do juiz".

■ *27.3.5.2.3. Atos que não podem ser praticados pelo tutor, ainda que com autorização judicial*

Depois de elencar os atos que o tutor pode praticar livremente, embora sob a fiscalização do juiz, e aqueles que dependem de autorização judicial, o Código Civil enumera, no art. 1.749, os que *não podem ser por ele praticados, ainda que com autorização judicial*. As vedações nele apontadas têm **caráter absoluto**, inflexível, acarretando a *nulidade do ato*, ainda que o juiz tenha autorizado a sua prática. A nulidade deve ser pronunciada de ofício pelo juiz, não lhe sendo permitido supri-la (art. 168, parágrafo único).

Preceitua o aludido art. 1.749 do Código Civil, com efeito, que o tutor **não pode praticar, nem mesmo com autorização judicial**, *sob pena de nulidade*:

---

23 *Curso*, cit., 37. ed., v. 2, p. 392.

24 Caio Mário da Silva Pereira, *Instituições*, cit., v. 5, p. 461-462.

25 *Instituições*, cit., v. 5, p. 462.

I — Adquirir por si, ou por interposta pessoa, mediante contrato particular, bens móveis ou imóveis pertencentes ao menor

Essas aquisições são sempre *suspeitas de desonestidade*. A vedação evita que o tutor abuse de sua função, simulando aquisições onerosas, tendo, portanto, **cunho moral**. O *conflito de interesses, in casu*, é flagrante e invencível[26].

II — Dispor dos bens do menor a título gratuito

Não se pode dispor da coisa e do direito de outrem. Só quem é dono pode ceder gratuitamente o que lhe pertence, renunciar créditos ou recebimentos. O tutor não é proprietário, senão mero administrador dos bens de seu pupilo. **A doação, a renúncia excede as faculdades de administração a ele conferidas**[27].

III — Constituir-se cessionário de crédito ou de direito, contra o menor

As mesmas **razões de ordem moral destinadas a evitar abusos e explorações**, já mencionadas a propósito do inc. I, são invocadas para a vedação do ato em apreço. A sua prática faz nascer para o tutor um conflito incompatível com a tutela.

■ Delegação parcial da tutela

O art. 1.743 do Código Civil de 2002, sem correspondência com dispositivo do diploma de 1916, preceitua que "se os bens e interesses administrativos exigirem conhecimentos técnicos, forem complexos, ou realizados em lugares distantes do domicílio do tutor, poderá este, mediante aprovação judicial, delegar a outras pessoas físicas ou jurídicas o exercício parcial da tutela".

A inovação constitui exceção ao princípio da indivisibilidade e da indelegabilidade do poder tutelar, pois permite a **delegação parcial da tutela a pessoas físicas ou jurídicas**, nas hipóteses especificadas. A **aprovação judicial** é indispensável. A pessoa a quem foi delegado o exercício da tutela, quanto aos bens e interesses do menor, e nos limites da delegação, age como tutor, podendo ser considerado um co-tutor, aplicando-se-lhe as regras a respeito dos tutores[28].

■ 27.3.6. Responsabilidade e remuneração do tutor

Dispõe o art. 1.752 do Código Civil que "o tutor responde pelos prejuízos que, por culpa, ou dolo, causar ao pupilo; mas tem direito a ser pago pelo que realmente despender no exercício da tutela, salvo no caso do art. 1.734, e a perceber remuneração proporcional à importância dos bens administrados".

■ Responsabilidade civil do tutor

Os Códigos modernos costumam consignar regra segundo a qual o tutor administrará os bens do menor como um bom pai de família e **responderá pelas perdas e danos que resultarem de uma má gestão**. Todavia, segundo o princípio geral da responsabilidade civil consagrado no art. 927, *caput*, do novo Código Civil, o tutor

---

[26] Caio Mário da Silva Pereira, *Instituições*, cit., v. 5, p. 462-463; Zeno Veloso, *Código Civil*, cit., v. XVII, p. 190.

[27] Álvaro Villaça Azevedo, *Comentários*, cit., v. 19, p. 381.

[28] Zeno Veloso, *Código Civil*, cit., v. XVII, p. 184; Álvaro Villaça Azevedo, *Comentários*, cit., v. 19, p. 360-361.

só responde se age com **dolo ou culpa**. Não pode ser responsabilizado se o prejuízo resultou de *caso fortuito* ou *força maior* (art. 393, parágrafo único). As perdas e danos devidas ao menor abrangem, além do que efetivamente perdeu, o que razoavelmente deixou de lucrar (art. 402).

O dispositivo supratranscrito reitera o preceito de caráter geral de que todo aquele que comete ato ilícito ou abusivo deve indenizar os prejuízos patrimoniais e morais decorrentes de sua conduta (CC, arts. 186 e 187).

Responde o tutor, também, perante terceiros, pelos atos ilícitos de seu tutelado, quando este estiver "sob sua autoridade e em sua companhia" (art. 932, II). Nessa hipótese, a sua responsabilidade será *objetiva*, pois o art. 933 do mesmo diploma proclama que as pessoas indicadas no artigo antecedente, "ainda que não haja culpa de sua parte, responderão pelos atos praticados pelos terceiros ali referidos".

■ **Direito a reembolso de despesas e a remuneração**

Em contrapartida, malgrado não tenha direito ao usufruto dos bens do tutelado, como têm os pais sobre os bens dos filhos menores (CC, art. 1.689, I), o tutor tem o direito de ser **reembolsado pelas despesas que fizer no exercício da tutela**, salvo no caso de *menores abandonados*, que, se não forem recolhidos a estabelecimento público para esse fim destinado, serão colocados em família substituta, cujos membros, voluntária e gratuitamente, encarregarem-se da sua criação (CC, art. 1.734). Somente nessa hipótese a lei exclui a **remuneração do tutor**, uma vez que o exercício da tutela não é, ordinariamente, gratuito. Na realidade, pelo sistema jurídico brasileiro, é, em regra, **onerosa**.

O Código Civil de 2002 indica corretamente que o tutor tem o direito de perceber **"remuneração proporcional à importância dos bens administrados"**. *Cabe ao juiz* fixar o *quantum* da remuneração em proporção à importância dos bens administrados, **observados os princípios da razoabilidade e da proporcionalidade**[29].

■ **Responsabilidade solidária**

O § 2º do aludido art. 1.752 do Código Civil declara "**solidariamente responsáveis** pelos prejuízos as pessoas às quais competia **fiscalizar** a atividade do tutor, e as que **concorreram** para o dano". Pelos prejuízos causados ao tutelado responde, como visto, não só o tutor, mas também, **solidariamente**, as pessoas às quais competia fiscalizar a atividade daquele, como o protutor e o próprio juiz, bem como as que concorreram para o dano.

Ao **protutor** também "será arbitrada uma gratificação módica pela fiscalização efetuada", dispõe o § 1º do dispositivo em apreço.

■ 27.3.7. Bens do tutelado

O Código Civil de 2002, nos arts. 1.753 e 1.754, desce a exageradas minúcias para evitar que o tutor conserve em seu poder dinheiro do tutelado, além do necessário para sua educação, sustento e administração dos bens.

---

[29] Zeno Veloso, *Código Civil*, cit., v. XVII, p. 194.

Dispõe o art. 1.753, *caput*, do Código Civil que "os tutores **não podem conservar em seu poder dinheiro dos tutelados**, além do necessário para as despesas ordinárias com o seu sustento, a sua educação e a administração de seus bens".

Acrescenta o § 1º que "**os objetos de ouro e prata, pedras preciosas e móveis**" serão avaliados por pessoa idônea e, após autorização judicial, **alienados**, sendo o seu produto convertido em títulos, obrigações e letras de responsabilidade direta ou indireta da União ou dos Estados, atendendo-se preferentemente à rentabilidade, e recolhidos ao estabelecimento bancário oficial ou aplicado na aquisição de imóveis, conforme determinado pelo juiz.

O tutelado que já tiver 12 anos de idade **deverá ser ouvido**, levando-se em consideração a sua opinião. Como obtempera Sílvio Venosa, "nem sempre a venda desses bens será a melhor opção, e nem sempre os títulos públicos oferecem melhores vantagens. **A matéria deve ser analisada no caso concreto**. O mesmo será feito com dinheiro arrecadado para o menor proveniente de qualquer outra procedência (art. 1.753, § 2º)"[30].

O dispositivo em questão **visa impedir que o tutor se aproveite do dinheiro do pupilo**, utilizando-se dele em proveito próprio. Os depósitos podem ser feitos em qualquer estabelecimento bancário oficial. O tutor deve **conservar em seu poder somente o montante necessário para acudir às despesas essenciais** do tutelado, devendo utilizá-lo logo, sob pena de ficar obrigado a aplicá-lo corrigido monetariamente e acrescido dos juros legais (CC, art. 1.753, § 3º).

Cabe ao tutor, assim, manter o dinheiro do tutelado, que esteja em seu poder, **em conta corrente que renda juros e correção monetária**, para se precaver contra suspeitas de enriquecimento ilícito ou indevido.

Dispõe ainda o art. 1.754 do Código Civil que "os valores que existirem em estabelecimento bancário oficial, na forma do artigo antecedente, **não se poderão retirar, senão mediante ordem do juiz**, e somente:

"I — para as despesas com o sustento e educação do tutelado, ou a administração de seus bens;

II — para se comprarem bens imóveis e títulos, obrigações ou letras, nas condições previstas no § 1º do artigo antecedente;

III — para se empregarem em conformidade com o disposto por quem os houver doado, ou deixado;

IV — para se entregarem aos órfãos, quando emancipados, ou maiores, ou, mortos eles, aos seus herdeiros".

O último inciso cuida de casos de **cessação da tutela**. Nas hipóteses de emancipação e de alcance da maioridade, o próprio ex-tutelado pode ter acesso direto à sua conta corrente junto à instituição bancária.

---

30 *Direito civil*, v. VI, p. 420.

27.3.8. Prestação de contas

Como toda pessoa que administra bens alheios, **ao tutor compete prestar contas**, ainda que dispensado pelos pais dos tutelados. É ele obrigado a apresentar **balanços anuais** e a **prestar contas** em juízo, sob forma contábil, **de dois em dois anos**, de sua administração (CC, art. 1.757, *caput* e parágrafo único). Esses prazos não são estritos, devendo ser prestadas contas **toda vez que o juiz entender necessário**, uma vez que a ele incumbe preservar o interesse do menor[31].

Prescreve o parágrafo único do art. 1.757 do Código Civil que "as contas serão prestadas em juízo, e julgadas depois da audiência dos interessados, recolhendo o tutor imediatamente a estabelecimento bancário oficial os saldos, ou adquirindo bens imóveis, ou títulos, obrigações ou letras, na forma do § 1º do art. 1.753".

Se o tutor descumpre a obrigação e não apresenta, por iniciativa própria, as contas de sua administração, **podem elas ser exigidas por meio da competente ação de prestação de contas**, por quem tenha legitimidade. A omissão quanto à apresentação, ou sua desaprovação, poderá ensejar a **destituição do tutor e o ajuizamento da ação de indenização** pelo Ministério Público ou outro interessado.

Proclama, com efeito, o art. 763, § 2º, do Código de Processo Civil de 2015: "Cessada a tutela ou a curatela, é indispensável a **prestação de contas pelo tutor ou pelo curador**, na forma da lei civil".

As despesas com a prestação de contas **"serão pagas pelo tutelado"** (CC, art. 1.761). São elas verificadas pelo representante do Ministério Público e julgadas pelo juiz. O alcance do tutor, bem como o saldo contra o tutelado, "são dívidas de valor e vencem juros desde o julgamento definitivo das contas" (art. 1.762).

A **quitação dada pelo menor**, finda a tutela pela emancipação ou maioridade, "não produzirá efeito **antes de aprovadas as contas pelo juiz**, subsistindo inteira, até então, a responsabilidade do tutor" (art. 1.758). Desse modo, embora o tutelado se torne plenamente capaz pela emancipação ou maioridade, podendo praticar livremente todos os atos da vida civil, por exceção, no entanto, **a quitação por ele fornecida não terá eficácia antes de aprovadas as contas do tutor pelo juiz**.

Caberá **aos herdeiros ou representantes do tutor** a responsabilidade pela apresentação das contas, "nos casos de **morte, ausência ou interdição** do tutor" (CC, art. 1.759).

27.4. CESSAÇÃO DA TUTELA

Em relação ao tutelado

Dispõe o art. 1.763 do Código Civil:

---

[31] Silvio Rodrigues, *Direito civil*, cit., v. 6, p. 409.

"Tutela. Prestação de contas. Obrigatoriedade. Dever irrenunciável. Recurso não provido" (TJSP, AgI 256.882-1, rel. Des. Correia Lima, j. 15-8-1995).

"Cessa a condição de **tutelado**:

I — com a **maioridade** ou a **emancipação** do menor;

II — ao **cair o menor sob o poder familiar**, no caso de reconhecimento ou adoção".

Tendo em vista a natureza protetiva do instituto, cessa a tutela, *em relação ao tutelado*, nesses casos, **porque não mais precisa de amparo**. Com a *maioridade* e a *emancipação*, presume-se dispensar este a proteção que a lei confere aos incapazes.

Sendo a tutela **um sucedâneo do poder familiar**, não mais se justifica a sua existência com o surgimento deste em virtude do reconhecimento, pelo pai, do filho havido fora do matrimônio, ou da adoção, que transfere ao adotante o aludido poder, reputado um meio mais eficaz e mais natural de proteção[32].

■ Em relação ao tutor

Estabelece, por sua vez, o art. 1.764 do Código Civil as hipóteses em que *cessam as funções do tutor*, sem que cesse a tutela:

I — Ao expirar o termo, em que era obrigado a servir

O tutor é obrigado a servir somente pelo **prazo de dois anos** (CC, art. 1.765). Decorrido o lapso legal, **assiste-lhe o direito de "requerer a exoneração do encargo"**, preceitua o art. 1.198 do Código de Processo Civil [de 1973, atual art. 763]. Não o fazendo dentro dos **dez dias seguintes** à expiração do termo, aduz o aludido dispositivo de natureza processual, **"entender-se-á reconduzido, salvo se o juiz o dispensar"**. Pode, portanto, *continuar além desse prazo* no exercício da tutela **"se o quiser e o juiz julgar conveniente ao menor"** (CC, art. 1.765, parágrafo único).

Se o tutor preferir, porém, exonerar-se do encargo e prestar as contas de sua administração, ou se ocorrer qualquer das causas de cessação da tutoria previstas nos incs. II e III do citado art. 1.764 do Código Civil, **deve o juiz, prontamente, nomear substituto**, uma vez que a pessoa e o patrimônio do menor não podem ficar desprotegidos. Nas hipóteses mencionadas não desaparece o mister de zelar pela pessoa e pelos bens do menor, cessando apenas as funções do tutor primitivamente nomeado.

Caso encontre dificuldade para encontrar quem possa servir pelo aludido prazo legal, deve o magistrado nomear, com supedâneo no art. 762 do Código de Processo Civil de 2015, **substituto interino**, até a nova indicação em caráter permanente.

II — Ao sobrevir escusa legítima

As escusas permitidas e o modo de apresentá-las encontram-se nos arts. 1.736 a 1.738 do Código Civil, já mencionados. Cogita o inc. II do dispositivo em apreço da **superveniência de uma causa que, afetando a pessoa do tutor, dificulta ou impede o exercício da tutela**. É o caso, por exemplo, do tutor que, depois de se achar investido na função, é acometido de grave enfermidade ou completa 60 anos de idade.

Menciona Washington de Barros Monteiro[33], referindo-se à última hipótese, que, cuidando-se de causa superveniente, não poderia o tutor pleitear dispensa do

---

[32] Silvio Rodrigues, *Direito civil*, cit., v. 6, p. 409.

[33] *Curso*, cit., 37. ed., v. 2, p. 398.

encargo "**se tivesse tal idade quando aceitou o *munus***; nessa conjuntura, deverá completar o biênio para o qual fora nomeado".

III — Ao ser removido

O art. 1.735 do Código Civil determina a exoneração do tutor, comprovadamente **incapaz de exercer a tutela**. Prescreve, por sua vez, o art. 1.766 do Código Civil que "será **destituído o tutor** quando negligente, prevaricador ou incurso em incapacidade". Também será destituído da tutela se infringir os dispositivos inerentes à **proteção do trabalho do menor** (CLT, art. 436, parágrafo único).

De acordo com o art. 761 do Código de Processo Civil de 2015, incumbe ao órgão do Ministério Público, ou a quem tenha legítimo interesse, requerer, nos casos previstos na lei civil, a remoção do tutor, seguindo-se o procedimento previsto no parágrafo único.

■ 27.5. RESUMO

DA TUTELA	
CONCEITO	■ *Tutela* é o encargo conferido por lei a uma pessoa capaz, para cuidar da pessoa do menor e administrar seus bens. Destina-se a suprir a falta do poder familiar e tem nítido caráter assistencial (CC, art. 1.728).
ESPÉCIES	■ **Formas ordinárias (CC, arts. 1.729 a 1.732)** a) tutela testamentária; b) tutela legítima; c) tutela dativa. ■ **Formas especiais** a) tutela do menor abandonado (CC, art. 1.734); b) tutela de fato ou irregular: exercida sem nomeação; c) tutela *ad hoc* ou provisória: para a prática de determinado ato; d) tutela dos índios (Lei n. 6.001/73).
OS INCAPAZES DE EXERCER A TUTELA (CC, ART. 1.735)	a) aqueles que não tiverem a livre administração de seus bens; b) aqueles que tiverem obrigação para com o menor, ou tiverem de fazer valer direitos contra este; c) aqueles cujos pais, filhos ou cônjuges tiverem demanda contra o menor; d) os inimigos do menor, ou de seus pais, ou que tiverem sido por estes expressamente excluídos da tutela; e) os condenados por crime de furto, roubo, estelionato, falsidade, contra a família ou os costumes, tenham ou não cumprido a pena; f) as pessoas de mau procedimento, ou falhas em probidade, e as culpadas de abuso em tutorias anteriores; g) aqueles que exercerem função pública incompatível com a boa administração da tutela.
OS QUE PODEM ESCUSAR-SE DA TUTELA (CC, ART. 1.736)	a) mulheres casadas; b) maiores de 60 anos; c) aqueles que tiverem sob sua autoridade mais de três filhos; d) os impossibilitados por enfermidade; e) aqueles que habitarem longe do lugar onde se haja de exercer a tutela; f) aqueles que já exercerem tutela ou curatela.
GARANTIA DA TUTELA	a) caução real ou fidejussória (CC, art. 1.745 e parágrafo único); b) responsabilidade subsidiária do juiz (CC, art. 1.744, II); c) responsabilidade pessoal e direta do juiz (CC, art. 1.744, I).

EXERCÍCIO DA TUTELA	O exercício da tutela assemelha-se ao do poder familiar, mas não se lhe equipara, pois sofre algumas limitações, sendo ainda sujeito à inspeção judicial. O tutor é obrigado a apresentar balanços anuais e a prestar contas em juízo, sob forma contábil, de dois em dois anos, de sua administração (CC, art. 1.757). A venda de imóveis pertencentes ao menor só pode ser feita mediante autorização judicial e quando houver manifesta vantagem, mediante prévia avaliação judicial (CC, art. 1.750).
CESSAÇÃO DA TUTELA	**Em relação ao menor (CC, art. 1.763)** a) pela morte; b) pela maioridade; c) pela emancipação; d) pela superveniência do poder familiar, no caso de reconhecimento. **Em relação ao tutor (CC, art. 1.764)** a) ao expirar o termo, em que era obrigado a servir; b) ao sobrevir escusa legítima; c) ao ser removido.

28

DA CURATELA

■ 28.1. CONCEITO

Curatela é **encargo** deferido por lei a alguém capaz, para reger a pessoa e administrar os bens de quem, em regra maior, não pode fazê-lo por si mesmo. Clóvis Beviláqua[1] a define como "o **encargo público** conferido por lei a alguém, para **dirigir a pessoa e administrar os bens dos maiores** que por si não possam fazê-lo".

As definições apresentadas não abrangem, todavia, todas as espécies de curatela, algumas das quais, pela natureza e efeitos específicos, como assinala Caio Mário da Silva Pereira[2], "**mais tecnicamente se denominam *curadorias***. E desbordam da proteção aos maiores incapazes, para às vezes alcançarem **menores, e até nascituros**".

■ Semelhanças entre curatela e tutela

A curatela assemelha-se à tutela por seu **caráter assistencial**, destinando-se, igualmente, à **proteção de incapazes**. Por essa razão, a ela são aplicáveis as disposições legais relativas à tutela, com apenas algumas modificações (CC, art. 1.774).

Ambas se alinham no mesmo Título do Livro do Direito de Família, devido às **analogias que apresentam**:

- vigoram para o curador as escusas voluntárias (art. 1.736) e proibitórias (art. 1.735);
- é obrigado a prestar caução bastante, quando exigida pelo juiz, e a prestar contas;
- cabem-lhe os direitos e deveres especificados no capítulo que trata da tutela;
- somente pode alienar bens imóveis mediante prévia avaliação judicial e autorização do juiz etc.

■ Diferenças entre curatela e tutela

Apesar dessa semelhança, os dois institutos não se confundem. Podem ser apontadas as seguintes **diferenças**:

---

1 *Direito de família*, p. 401.

2 *Instituições de direito civil*, v. 5, p. 477.

TUTELA	CURATELA
■ É destinada a menores de 18 anos de idade	■ É deferida, em regra, a maiores
■ Pode ser testamentária, com nomeação de tutor pelos pais	■ É sempre deferida pelo juiz
■ Abrange a pessoa e os bens do menor	■ Pode compreender somente a administração dos bens do incapaz, como no caso dos pródigos
■ Confere poderes mais amplos ao tutor	■ O curador tem poderes mais restritos

■ **Curatela do relativamente incapaz**

Não é absoluta, como já dito, a regra de que a curatela se destina somente aos incapazes maiores. O Código Civil prevê a curatela do nascituro, sendo também necessária a *nomeação de curador* ao **relativamente incapaz, maior de 16 e menor de 18 anos**, que, por causa transitória ou permanente, não puder exprimir sua vontade, porque não pode praticar nenhum ato da vida civil. O tutor só poderia *assistir* o menor, que também teria de participar do ato. Não podendo haver essa participação, em razão da enfermidade ou doença mental, **ser-lhe-á nomeado curador**, que continuará a representá-lo mesmo depois de atingida a maioridade.

■ 28.2. CARACTERÍSTICAS DA CURATELA

A curatela apresenta **cinco características** relevantes:

a) os seus fins são **assistenciais**;

b) tem caráter eminentemente **publicista**;

c) tem, também, caráter **supletivo** da capacidade;

d) é **temporária**, perdurando somente enquanto a causa da incapacidade se mantiver (cessada a causa, levanta-se a interdição);

e) a sua decretação requer **certeza** absoluta da incapacidade[3].

■ **Fins assistenciais**

O instituto da curatela completa, no Código Civil, o *sistema assistencial* dos que não podem, por si mesmos, reger sua pessoa e administrar seus bens:

■ **O primeiro componente é o poder familiar** atribuído aos pais, sob cuja proteção ficam adstritos os filhos menores.

■ **O segundo é a tutela**, sob a qual são postos os filhos menores que se tornaram órfãos ou cujos pais desapareceram ou decaíram do poder parental.

■ **Em terceiro lugar surge a curatela**, como encargo atribuído a alguém, para reger a pessoa e administrar os bens de maiores incapazes, que não possam fazê-lo por si mesmos, com exceção do nascituro e dos maiores de 16 e menores de 18 anos[4].

---

[3] Arnaldo Rizzardo, *Direito de família*, p. 967.

[4] Caio Mário da Silva Pereira, *Instituições*, cit., v. 5, p. 477.

"Interdição. Curatela. Constatação pericial da existência de doença ou deficiência mental. Fato que inviabiliza que a pessoa dirija a si mesma ou administre seus bens. Decretação do ato interditório" (*RT*, 815/336).

■ Caráter publicista

O *caráter publicista* advém do fato de ser **dever do Estado zelar pelos interesses dos incapazes**. Tal dever, no entanto, é delegado a pessoas capazes e idôneas, que passam a exercer um múnus público, ao serem nomeadas curadoras.

■ Caráter supletivo

O *caráter supletivo* da curatela, em terceiro lugar, exsurge do fato de o curador ter o encargo de representar ou assistir o seu curatelado, **cabendo em todos os casos de incapacidade não suprida pela tutela**.

Supre-se a incapacidade, que pode ser absoluta e relativa conforme o grau de imaturidade, deficiência física ou mental da pessoa, pelos institutos da **representação** e da **assistência**. O art. 120 do Código Civil preceitua que "os requisitos e os efeitos da representação legal são os estabelecidos nas normas respectivas".

No que concerne aos menores sob *tutela*, dispõe o art. 1.747, I, do Código Civil, que *compete ao tutor* "**representar o menor**, até os dezesseis anos, nos atos da vida civil, e **assisti-lo**, após essa idade, nos atos em que for parte". O aludido dispositivo aplica-se também, *mutatis mutandis*, **aos curadores e aos curatelados**, por força do art. 1.774 do mesmo diploma, que determina a aplicação, à curatela, das disposições concernentes à tutela.

■ Temporariedade

A quarta característica da curatela, como visto, é a *temporariedade*, pois subsistem a incapacidade e a representação legal pelo curador *enquanto perdurar a causa da interdição*. **Cessa a incapacidade, desaparecendo os motivos que a determinaram**. Assim, no caso da loucura e da surdo-mudez, por exemplo, desaparece a incapacidade, cessando a enfermidade físico-psíquica que a determinou. Quando a causa é a menoridade, desaparece pela *maioridade* e pela *emancipação*.

■ Necessidade de certeza da incapacidade

A *certeza da incapacidade*, por fim, é obtida por meio de um **processo de interdição**[5], disciplinado nos arts. 747 e s. do Código de Processo Civil de 2015, no capítulo que trata dos procedimentos especiais de jurisdição voluntária, que será comentado adiante, no item n. 28.4, ***infra***.

■ 28.3. ESPÉCIES DE CURATELA

■ Curatela dos adultos incapazes

O Código Civil declara, no art. 1.767, com as alterações promovidas pela Lei n. 13.146, de 6 de julho de 2015 (Estatuto da Pessoa com Deficiência), **sujeitos a curatela**:

---

5 "Curatela. Nomeação de curador especial a maior de idade. Inadmissibilidade se não houve declaração judicial acerca de sua incapacidade. Instituto que pressupõe interdição, visando essencialmente a defesa dos bens e da pessoa do incapaz" (*RT*, 785/375). "Proibição de registros no cadastro imobiliário de imóvel alienado pela interditanda, antes de o Juiz concluir se ela possui ou não capacidade plena para a administração de sua pessoa e de seus bens. Inadmissibilidade. Hipótese em que se deve fazer constar no registro imobiliário a litigiosidade do imóvel" (*RT*, 760/377).

"I — aqueles que, por causa transitória ou permanente, não puderem exprimir sua vontade;
II — (Revogado);
III — os ébrios habituais e os viciados em tóxico;
IV — (Revogado);
V — os pródigos".

Cuida-se, nas hipóteses elencadas, da curatela dos *adultos incapazes*, que é a forma mais comum.

■ Outras modalidades

a) Curatela dos nascituros

Mais adiante, o aludido diploma trata também da curatela dos *nascituros* (art. 1.779).

b) Curatela do enfermo ou portador de deficiência física

O Código Civil previa a possibilidade de ser decretada a interdição do *enfermo ou portador de deficiência física*, a seu requerimento, ou, na impossibilidade de fazê-lo, de qualquer das pessoas a que se refere o art. 1.768, "para cuidar de todos ou alguns de seus negócios ou bens" (art. 1.780).

Não era requisito a falta de discernimento ou a impossibilidade da manifestação da vontade pelo curatelando. Bastava a condição de enfermo ou deficiente físico aliada ao propósito de ter um curador. Tal modalidade de curatela somente tinha utilidade quando o paciente, por enfermidade ou deficiência física, estava **impossibilitado de outorgar mandato a procurador de sua confiança**, para os fins mencionados, como sucede com o indivíduo que não consegue assinar a procuração ou se encontra na CTI do hospital, impossibilitado fisicamente de constituir procurador (por se encontrar em estado de coma ou inconsciente há longo tempo, p. ex.), estando a família necessitada de retirar dinheiro de agência bancária para pagamento das despesas, ou para atender a necessidades urgentes, ou ainda ultimar negócios inadiáveis[6].

O referido **art. 1.780 do Código Civil foi expressamente revogado** pelo art. 123, VII, do Estatuto da Pessoa com Deficiência (Lei n. 13.146/2015), que trata da nova figura jurídica denominada **"Tomada de Decisão Apoiada"**, nestes termos: "A requerimento do enfermo ou portador de deficiência física, ou, na impossibilidade de fazê-lo, de qualquer das pessoas a que se refere o art. 1.768, dar-se-lhe-á curador para cuidar de todos ou alguns de seus negócios ou bens".

c) Curadoria dos bens do ausente

Na Parte Geral, nos arts. 22 a 25, para onde a matéria foi deslocada, o Código Civil de 2002 disciplina a curadoria dos bens dos *ausentes*.

São espécies de curatela que se destacam da disciplina legal do instituto por apresentarem peculiaridades próprias.

---

[6] Zeno Veloso, *Código Civil comentado*, v. XVII, p. 227; Álvaro Villaça Azevedo, *Comentários ao Código Civil*, v. 19, p. 484; Sílvio Venosa, *Direito civil*, cit., v. VI, p. 433.

A curatela dos **toxicômanos** é disciplinada no art. 1.767, III, *in fine*, do Código Civil.

■ Curadorias especiais

Essas modalidades de curatela não se confundem com a *curadoria* instituída para a prática de determinados atos, como os mencionados nos arts. 1.692, 1.733, § 2º, e 1.819 do Código Civil.

As *curadorias especiais*, como esclarece Orlando Gomes, "distinguem-se pela **finalidade específica**, que, uma vez exaurida, esgota a função do curador, automaticamente. Têm cunho meramente funcional. **Não se destinam à regência de pessoas, mas sim à administração de bens ou à defesa de interesses**. Para fins especiais, as leis de organização judiciária cometem a membros do **Ministério Público** as funções de curadoria. Esses *curadores oficiais* assistem judicialmente nos negócios em que são interessados menores órfãos, interditos, ausentes, falidos. Daí a existência dos **curadores de resíduos, de massas falidas, de órfãos e ausentes, de menores**"[7].

Dentre as **curadorias especiais** podem ser mencionadas:

a) a instituída pelo testador para os bens deixados a herdeiro ou legatário menor (CC, art. 1.733, § 2º);

b) a que se dá à herança jacente (CC, art. 1.819);

c) a que se dá ao filho, sempre que no exercício do poder familiar colidirem os interesses do pai com os daquele (CC, art. 1.692; Lei n. 8.069/90, arts. 142, parágrafo único, e 148, parágrafo único, *f*);

d) a dada ao incapaz que não tiver representante legal ou, se o tiver, se seus interesses conflitarem com os daquele;

e) a conferida ao réu preso;

f) a que se dá ao revel citado por edital ou com hora certa, que se fizer revel (curadoria *in litem*, CPC/2015, art. 72, I e II)[8].

■ Curadorias *ad litem*

Quando a nomeação é feita para a **prática de atos processuais**, temos as curadorias *ad litem*, como nos processos de interdição ajuizados pelo Ministério Público (CC, art. 1.770), na curadoria à lide para os réus presos e citados por edital ou com hora certa (CPC, art. 72, II) etc.

■ Incapacidade absoluta e relativa

A redação do retrotranscrito art. 1.767 do Código Civil harmoniza-se com o texto do art. 4º do mesmo diploma, o qual trata da capacidade civil.

Os incs. I e III indicam a **incapacidade relativa**. A situação dos *pródigos* é disciplinada destacadamente no art. 1.782 do mesmo diploma.

---

[7] *Direito de família*, p. 418.

[8] Maria Helena Diniz, *Curso de direito civil brasileiro*, v. 5, p. 518; Arnaldo Rizzardo, *Direito de família*, cit., p. 968.

Idosos, cegos, analfabetos e outras pessoas não sujeitas à curatela

Assinala Washington de Barros Monteiro que "**não há outras pessoas sujeitas à curatela**; *analfabetismo, idade provecta*, por si sós, não constituem motivo bastante para interdição. A **velhice** acarreta, sem dúvida, diversos males, verdadeiro cortejo de transtornos, mas **só quando assume caráter psicopático**, com estado de involução senil em desenvolvimento e tendência a se agravar, pode sujeitar o paciente à curatela; enquanto não importe em deficiência, não reclama intervenção legal"[9].

Não se nomeia, assim, curador para **os cegos, nem a pessoas rústicas**, sem cultura ou desprovidas dos conhecimentos básicos, de reduzidíssima inteligência ou incapazes de entender de negócios, suscetíveis de se deixarem envolver com facilidade pelas palavras de terceiros com as quais contratam[10].

28.3.1. O Estatuto da Pessoa com Deficiência

A Lei n. 13.146, de 6 de julho de 2015, denominada "Estatuto da Pessoa com Deficiência", promoveu uma profunda mudança no sistema das incapacidades, **alterando substancialmente a redação dos arts. 3º e 4º do Código Civil**, que passou a ser a seguinte:

> "Art. 3º São absolutamente incapazes de exercer pessoalmente os atos da vida civil os menores de 16 (dezesseis) anos.
>
> Art. 4º São incapazes, relativamente a certos atos ou à maneira de os exercer:
>
> I — os maiores de dezesseis e menores de dezoito anos;
>
> II — os ébrios habituais e os viciados em tóxico;
>
> III — aqueles que, por causa transitória ou permanente, não puderem exprimir sua vontade;
>
> IV — os pródigos.
>
> Parágrafo único. A capacidade dos indígenas será regulada por legislação especial".

Observa-se que o art. 3º, que trata dos absolutamente incapazes, teve todos os seus incisos revogados, indicando no *caput*, ***como únicas pessoas com essa classificação, "os menores de 16 (dezesseis) anos"***.

Por sua vez, o art. 4º, que relaciona os relativamente incapazes, manteve, no inc. I, os ***"maiores de dezesseis e menores de dezoito anos"***, mas suprimiu, no inc. II, "os que, por deficiência mental, tenham o discernimento reduzido". Manteve apenas

---

9 *Curso de direito civil*, 37. ed., v. 2, p. 404.

"Se a idade avançada e o estado de decadência orgânica não são motivos legais para a interdição, esta não pode deixar de ser decretada, quando o paciente não consegue, pela palavra falada ou escrita, manifestar seu pensamento, cuidar dos próprios negócios e reger sua pessoa e bens" (TJSP, Ap. 13.047, j. 21-9-1941). No mesmo sentido: TJSP, Ap. 166.925-4/8, j. 7-11-2000.

10 Arnaldo Rizzardo, *Direito de família*, cit., p. 969.

"Cegueira. Fato que, por si só, não se constitui em motivo bastante para sujeição à curatela. Hipótese não abrangida pelo art. 446 do Código Civil (*de 1916; CC/2002: art. 1.767*). Pedido indeferido" (*JTJ*, Lex, 237/85).

"os ébrios habituais e os viciados em tóxico". E, no inc. III, suprimiu "os excepcionais, sem desenvolvimento mental completo", substituindo-os pelos que, ***"por causa transitória ou permanente, não puderem exprimir sua vontade"***. Os ***pródigos*** permanecem no inc. IV como relativamente incapazes.

Destina-se a aludida Lei n. 13.146/2015, como proclama o art. 1º, "a assegurar e a promover, em condições de igualdade, o exercício dos direitos e das liberdades fundamentais por pessoa com deficiência, visando à sua inclusão social e cidadania". Em suma, para a referida lei o deficiente tem uma qualidade que o difere das demais pessoas, mas não uma doença. Por essa razão é excluído do rol dos incapazes **e se equipara à pessoa capaz**.

A consequência direta e imediata dessa alteração legislativa é exatamente essa, repita-se: **o deficiente é agora considerado pessoa plenamente capaz**. Como afirmou Pablo Stolze, em comentário à nova lei, "a pessoa com deficiência — aquela que tem impedimento de longo prazo, de natureza física, mental, intelectual ou sensorial, nos termos do art. 2º — não deve ser mais tecnicamente considerada civilmente incapaz, na medida em que os arts. 6º e 84, do mesmo diploma, deixam claro que a deficiência não afeta a plena capacidade civil da pessoa"[11].

O citado art. 6º declara, efetivamente, que "**A deficiência não afeta a plena capacidade civil da pessoa**, inclusive para: I — casar-se e constituir união estável; II — exercer direitos sexuais e reprodutivos; III — exercer o direito de decidir sobre o número de filhos e de ter acesso a informações adequadas sobre reprodução e planejamento familiar; IV — conservar sua fertilidade, sendo vedada a esterilização compulsória; V — exercer o direito à família e à convivência familiar e comunitária; e VI — exercer o direito à guarda, à tutela, à curatela e à adoção, como adotante ou adotando, em igualdade de oportunidades com as demais pessoas".

Por seu turno, o mencionado art. 84 estatui, categoricamente, que **"A pessoa com deficiência tem assegurado o direito ao exercício de sua capacidade legal em igualdade de condições com as demais pessoas". Quando necessário**, aduz o § 1º, "***a pessoa com deficiência será submetida à curatela***, *conforme a lei*". A definição de curatela de pessoa com deficiência, complementa o § 3º, "*constitui* ***medida protetiva extraordinária***, *proporcional às necessidades e às circunstâncias de cada caso, e durará o menor tempo possível*".

Pretendeu o legislador, com essas inovações, **impedir que a pessoa deficiente seja considerada e tratada como incapaz**, tendo em vista os princípios constitucionais da igualdade e da dignidade humana. Segundo Nelson Rosenvald, "O Estatuto de Pessoa com Deficiência admite em caráter excepcional o modelo jurídico da curatela, porém sem associá-la à incapacidade absoluta. Portanto, a Lei n. 13.146/15 nos remete a dois modelos jurídicos de deficiência: deficiência sem curatela e deficiência qualificada pela curatela. A deficiência como gênero engloba todas as pessoas que possuam uma menos-valia na capacidade física, psíquica ou sensorial — independente

---

[11] O Estatuto da Pessoa com Deficiência e o sistema jurídico brasileiro de incapacidade civil, disponível em Jus Navigandi (<http://jus.com.br>). Acesso em: 28 ago. 2015.

de sua gradação —, sendo bastante uma especial dificuldade para satisfazer as necessidades normais. O deficiente desfruta plenamente dos direitos civis, patrimoniais e existenciais. Contudo, se a deficiência se qualifica pelo fato de a pessoa não conseguir se autodeterminar, o ordenamento lhe conferirá proteção ainda mais densa do que aquela deferida a um deficiente capaz, demandando o devido processo legal de curatela"[12].

Aduz o mencionado civilista[13]: "Ora, se a pessoa deficiente submetida à curatela se converte em relativamente incapaz, o corolário lógico será a revogação dos preceitos que associam os seus atos à sanção da nulidade, transpondo-os ao plano da anulabilidade. Contudo, insista-se quanto a isso, a CDPD e a Lei n. 13.146/15 tutelam a preservação do ato existencial matrimonial da pessoa com deficiência capaz e não daqueles que forem curatelados após processo que comprove a sua incapacidade para consentir".

■ Intervalos lúcidos

O nosso ordenamento **silencia a respeito** dos chamados "intervalos lúcidos". Todavia, prevalece o entendimento de que os atos praticados pelo incapaz interditado *serão sempre anuláveis* após a entrada em vigor da Lei n. 13.146/2015, ainda que no momento **aparentasse alguma lucidez**. É que a incapacidade para exprimir a vontade é considerada um estado permanente e contínuo.

É fácil imaginar os infindáveis debates que ocorreriam se fossem admitidos tais intervalos, uns alegando que o ato foi praticado durante um intervalo lúcido e outros negando tal fato, gerando constantes e exaustivas demandas e trazendo incertezas nas relações jurídicas[14].

■ 28.3.2. Curatela dos impedidos, por causa transitória ou permanente, de exprimir sua vontade

O inc. I do art. 1.767 do Código Civil, com a redação conferida pela Lei n. 13.146/2015, declara sujeitos a curatela "aqueles que, **por causa transitória ou permanente**, não puderem exprimir sua vontade". Aplica-se o dispositivo, dentre outros, aos portadores de *arteriosclerose ou paralisia* **avançadas e irreversíveis** e, *excepcionalmente, aos surdos-mudos* que não hajam recebido educação adequada que os habilite a enunciar precisamente a sua vontade[15].

---

12 Curatela, in *Tratado de direito das famílias*. Belo Horizonte: IBDFAM, 2015, p. 740.

13 Op. cit., p. 746.

14 Silvio Rodrigues, *Direito civil*, v. 1, p. 45.
"Interdição. Pedido efetuado em face de portadora de transtorno bipolar. Incapacidade absoluta. Caracterização. Intervalos de lucidez. Irrelevância. Quadro de enfermidade mental que suprime o necessário e permanente discernimento para os atos da vida civil. Curatela irrestrita" (*JTJ*, Lex, 269/145).

15 "Interdição. Interditanda que, embora portadora de deficiência auditiva, pode manifestar validamente sua vontade, podendo, inclusive, melhorar sua audição com a utilização de aparelho próprio. Incapacidade para a prática de atos da vida civil inexistente" (*RT*, 775/235).

Não se cuida de enfermidade ou deficiência mental, mas de **toda e qualquer outra causa que impeça a manifestação da vontade do agente**. Incluem-se aqui as *doenças graves* que tornam a pessoa completamente imobilizada, **sem controle dos movimentos e incapacitadas de qualquer comunicação**, em estado afásico, ou seja, impossibilitadas de compreender a fala ou a escrita, como sucede comumente nos casos de *acidente vascular cerebral* (isquemia e derrame cerebral), e nas *doenças degenerativas do sistema nervoso*, que deixam a pessoa prostrada, sem lucidez, perturbada no seu juízo e na sua vontade, ou em estado de coma.

Excluem-se, todavia, aqueles que, mesmo sendo portadores de lesões de nervos cerebrais, conservam a capacidade de se comunicar com outras pessoas, por escrito ou sinais convencionados.

■ 28.3.3. Curatela dos ébrios habituais e viciados em tóxico

Preleciona Sílvio Venosa que nessa categoria "incluem-se as pessoas que podem ser interditadas em razão de deficiência mental relativa por fatores congênitos ou adquiridos, como os **alcoólatras** e os **viciados em tóxicos**. Como essas pessoas podem ser submetidas a tratamento e voltar à plenitude de suas condutas, **os estados mentais descritos são, em princípio, reversíveis**"[16].

■ Aplicação do dispositivo aos alcoólatras e toxicômanos

Aplica-se o mencionado inc. III do art. 1.767 do Código Civil, ora comentado, aos **alcoólatras** e aos **toxicômanos**, isto é, aos viciados no uso e dependentes de substâncias alcoólicas ou entorpecentes, bem como aos **usuários eventuais** que, por efeito transitório dessas substâncias, ficarem impedidos de exprimir plenamente sua vontade.

A curatela dos *toxicômanos* abrange os incapazes em virtude do vício ou dependência de substâncias tóxicas em geral, seja cocaína, morfina, ópio, maconha ou outra, bem como o álcool.

■ Limites da curatela

Estatui, por outro lado, o art. 1.772 do Código Civil, com a redação dada pela Lei n. 13.146/2015, que "O juiz determinará, segundo as potencialidades da pessoa, os **limites da curatela**, circunscritos às restrições constantes do art. 1.782, e indicará curador".

■ 28.3.4. Curatela dos pródigos

Pródigo é o indivíduo que dissipa o seu patrimônio desvairadamente. Na verdade, é o indivíduo que, por ser portador de grave defeito de personalidade, **gasta imoderadamente**, dissipando o seu patrimônio com o risco de reduzir-se à miséria.

Preleciona Pontes de Miranda que "entre os pródigos estão os **onemaníacos** (impulso irresistível a comprar objetos de toda a espécie), os **dipsômanos** (impulso a beber, uma vez que com isso dissipem o que possuem), os **depravados** de qualquer

---

16 *Direito civil*, v. VI, p. 428-429.

espécie que *dilapidam a fortuna ou o patrimônio em diversões, mulheres, luxo, doações, empréstimos* etc."[17].

Justifica-se a interdição do pródigo pelo fato de encontrar-se permanentemente sob o **risco de reduzir-se à miséria**, em detrimento de sua pessoa e de sua família, podendo ainda transformar-se num encargo para o Estado, que tem a obrigação de dar assistência às pessoas necessitadas[18].

Segundo expressamente dispõe o inc. V do mencionado art. 1.767 do Código Civil, *os pródigos* também **"estão sujeitos a curatela"**.

A interdição do pródigo **visa protegê-lo**, e não sua família, como previa o Código de 1916. É ele o destinatário da assistência e proteção reservada aos incapazes.

■ Efeitos da interdição do pródigo

A interdição do pródigo só interfere em atos de **disposição** e **oneração** do seu **patrimônio**. Pode inclusive **administrá-lo**, mas ficará *privado* de praticar atos que possam desfalcá-lo, como **"emprestar, transigir, dar quitação, alienar, hipotecar, demandar ou ser demandado"**. Tais atos dependem da assistência do curador. Sem essa assistência, serão anuláveis (art. 171, I). Não tendo a livre administração de seus bens, não pode ser nomeado tutor.

Dispõe, com efeito, o art. 1.782 do Código Civil:

> "A interdição do pródigo só o privará de, sem curador, emprestar, transigir, dar quitação, alienar, hipotecar, demandar ou ser demandado, e praticar, em geral, os atos que não sejam de mera administração".

Não há limitações concernentes à *pessoa* do pródigo, que poderá viver como lhe aprouver, podendo votar, ser jurado e testemunha, fixar o domicílio do casal, autorizar o casamento dos filhos, *exercer profissão que não seja a de comerciante e até casar*, exigindo-se, somente neste último caso, a assistência do curador se celebrar pacto antenupcial que acarrete alteração em seu patrimônio.

A prodigalidade constitui **desvio da personalidade**, comumente ligado à prática do jogo e à dipsomania (alcoolismo), e não, propriamente, um estado de alienação mental[19]. Se, no entanto, *evoluir a esse ponto*, transformando-se em enfermidade ou deficiência mental, com prejuízo do necessário discernimento, poderá ser enquadrado como **absolutamente incapaz** (CC, art. 3º, II).

O pródigo só passará à condição de *relativamente incapaz* depois de declarado tal, em **sentença de interdição**. São raras, hoje, as decisões a respeito dos pródigos, dada a dificuldade de se distinguir, no caso concreto, a prodigalidade da irresponsabilidade.

---

17 *Tratado de direito de família*, cit., v. III, § 289, p. 289.

18 Carlos Roberto Gonçalves, *Direito civil*, cit., v. 1, p. 98.

19 Decidiu o Superior Tribunal de Justiça ser dispensável, no pedido de interdição do pródigo, a referência a anomalia psíquica, "mostrando-se suficiente a indicação dos fatos que revelam o comprometimento da capacidade de administrar o patrimônio. A prodigalidade é uma situação que tem mais a ver com a objetividade de um comportamento na administração do patrimônio do que com o subjetivismo da insanidade mental invalidante da capacidade para os atos da vida civil" (*RSTJ*, 70/159).

Salienta Arnaldo Rizzardo que "há uma diferença entre a demência e a irresponsabilidade. Talvez, o que se verifica mais amiúde é a **conduta irresponsável**, a total ausência de compromisso, ou despreocupação com a sorte dos membros da família"[20].

Todavia, tal conduta irresponsável, quando consistir em **dissipação do patrimônio** com o risco de reduzir o seu titular à miséria, **é suficiente para acarretar a sua interdição**.

28.3.5. Curatela do nascituro

Nascituro, segundo a definição de Silvio Rodrigues, é **"o ser já concebido, mas que ainda se encontra no ventre materno"**[21]. Acrescenta o mencionado autor: "A lei não lhe concede personalidade, a qual só lhe será conferida se nascer com vida. Mas, como provavelmente nascerá com vida, o ordenamento jurídico desde logo preserva seus interesses futuros, tomando medidas para salvaguardar os direitos que, com muita probabilidade, em breve serão seus".

A lei prevê a possibilidade excepcional de se dar *curador ao nascituro*, ante duas circunstâncias:

- se o pai falecer, estando a mulher grávida;
- não tendo a mãe o exercício do poder familiar.

Esta última hipótese só pode ocorrer se ela tiver sido **destituída do poder familiar** em relação a filhos havidos anteriormente, pois tal sanção abrange toda a prole, inclusive o nascituro.

Poderá ocorrer também nomeação de curador ao nascituro:

- **se a mulher estiver interditada**, caso em que "seu curador será o do nascituro" (CC, art. 1.779, parágrafo único);
- se o pai for **desconhecido** e a **mãe interdita ou destituída do poder familiar**; e, ainda,
- **se ambos** forem **interditos** ou tiverem sido **destituídos do aludido poder**[22].

Esclarece Pontes de Miranda que, "nascida a criança, **cessa a curatela**, e se lhe dá, não mais *curador*, e sim *tutor*, testamentário, legítimo ou dativo, conforme tenha, ou não, deixado o pai ou a mãe tutor nomeado, ou o juiz, na falta, defira a tutela a algum parente ou estranho: *'Nato eo, finit curatoris, et intrat tutoris officium'*"[23].

Só há interesse na nomeação de curador ao nascituro se tiver de receber herança, legado ou doação. A raridade da hipótese torna sem interesse prático a sua abordagem.

---

20 *Direito de família*, cit., p. 978.

21 *Direito civil*, cit., v. 1, p. 36.

22 Caio Mário da Silva Pereira, *Instituições*, cit., v. 5, p. 488.

23 *Tratado de direito de família*, cit., v. III, § 296, p. 315.

28.3.6. Curatela de pessoas capazes (deficientes). A tomada de decisão apoiada

O Estatuto da Pessoa com Deficiência (Lei n. 13.146, de 6 de julho de 2015) inova ao admitir a **interdição de pessoa capaz**. Dispõe, com efeito, o art. 84, § 1º, da referida lei: "**Quando necessário, a pessoa com deficiência será submetida à curatela**, conforme a lei".

Acrescenta o mencionado diploma:

> "Art. 84, § 3º. A definição de curatela de pessoa com deficiência constitui **medida protetiva extraordinária**, proporcional às necessidades e às circunstâncias de cada caso, e **durará o menor tempo possível**".

Por sua vez, proclama o art. 85, *caput*, que "A curatela afetará tão somente os atos relacionados aos direitos de **natureza patrimonial e negocial**", acrescentando, no § 2º, que "A curatela constitui medida extraordinária, devendo constar da sentença as razões e motivações de sua definição, preservados os interesses do curatelado".

Obtempera Nelson Rosenvald que se equivocam "os que creem que a partir da vigência do Estatuto todas as pessoas que forem interditadas serão consideradas plenamente capazes. A garantia de igualdade reconhece uma presunção geral de plena capacidade a favor das pessoas com deficiência. Isso significa que, por meio de relevante inversão da carga probatória, a incapacidade surgirá excepcionalmente e amplamente justificada. Por conseguinte, a Lei n. 13.146/2015 mitiga, mas não aniquila a teoria das incapacidades do Código Civil. As pessoas deficientes submetidas à curatela são removidas do rol dos absolutamente incapazes do Código Civil e enviadas para o catálogo dos relativamente incapazes, com uma renovada terminologia"[24].

O art. 1.783-A do Código Civil, criado pelo Estatuto da Pessoa com Deficiência e que supre a mencionada revogação, ampliando o seu âmbito, dispõe que "a tomada de decisão apoiada é o processo pelo qual a pessoa com deficiência **elege pelo menos 2 (duas) pessoas idôneas**, com as quais mantenha vínculos e que gozem de sua confiança, para prestar-lhe **apoio na tomada de decisão sobre atos da vida civil**, fornecendo-lhe os elementos e informações necessários para que possa exercer sua capacidade".

O novo dispositivo aplica-se aos casos de pessoas que **possuem algum tipo de deficiência mas podem, todavia, *exprimir a sua vontade***. O caso típico é o do portador da Síndrome de Down, que o torna uma pessoa deficiente mas não acarreta, necessariamente, impedimento para a manifestação da vontade. Nesse caso, não se justifica a classificação dessa pessoa como relativamente incapaz, sujeita à curatela.

A tomada de decisão apoiada constitui, destarte, um **terceiro gênero** (o de pessoas que apresentam alguma deficiência física ou mental, mas podem exprimir a sua vontade e por essa razão podem se valer do benefício da tomada de decisão apoiada), ao lado das pessoas não portadoras de deficiência e, portanto, plenamente capazes, e das pessoas com deficiência e incapazes de exprimir a sua vontade, sujeitas, desse modo, à curatela.

---

[24] Nelson Rosenvald, *Curatela*, cit., p. 740.

"O pedido de tomada de decisão apoiada será requerido pela pessoa a ser apoiada, **com indicação expressa das pessoas aptas a prestarem o apoio** previsto no *caput* deste artigo" (art. 1.783-A do CC, § 2º).

28.4. O PROCEDIMENTO DE CURATELA. NATUREZA JURÍDICA DA SENTENÇA

O procedimento de curatela é especial de **jurisdição voluntária** e segue o rito estabelecido nos arts. 747 e s. do Código de Processo Civil de 2015, bem como as disposições da Lei dos Registros Públicos (Lei n. 6.015/73). É obrigatório o **exame pessoal** do interditando, em audiência, ocasião em que será minuciosamente interrogado pelo juiz "acerca de sua vida, negócios, bens, vontades, preferências e laços familiares e afetivos e sobre o que mais lhe parecer necessário para convencimento quanto à sua capacidade para praticar atos da vida civil, devendo ser reduzidas a termo as perguntas e respostas" (CPC, art. 751). É também obrigatória a nomeação de **perito médico** para proceder ao exame do interditando. É **nulo** o processo em que não se realizou o referido interrogatório ou não foi feito o exame pericial[25].

Proclamou o Tribunal de Justiça do Rio Grande do Sul, ao anular sentença de interdição em razão da ausência de perícia: "Com o advento da Lei 13.146/2015, a teoria das incapacidades do Código Civil foi alterada. Agora, a deficiência mental, emocional ou sensorial não acarreta, inexoravelmente, a incapacidade ampla e completa para prática de atos da vida civil. Com efeito, a partir de uma abordagem iluminada pelo princípio da dignidade humana e das complexidades que cada pessoa, individualmente, traz consigo, o Estado deve identificar, caso a caso, o nível limitação da capacidade do réu em processo de interdição. Nesse contexto, a perícia médica é imprescindível. Consequentemente, de rigor a desconstituição da sentença"[26].

O mesmo Tribunal, d'outra feita, assentou: "É de ser cassada a sentença que, em sede de 'ação de curatela', julga procedente o pedido, decretando a interdição da requerida, declarando a sua incapacidade para gerir e administrar sua pessoa e seus bens, sem que tenha sido procedida à perícia médica da demandada, tampouco realizado o interrogatório, ou inspeção judicial, nos moldes previstos na lei processual civil — atos processuais que representam um meio de defesa da pessoa supostamente sujeita à curatela. Ademais, tendo em vista a entrada em vigor da Lei n. 13.146/2015, o Estatuto da Pessoa com Deficiência, a condução do feito deverá se dar sob a nova ótica dada ao instituto da curatela pelo referido estatuto, que inclusive restringiu as hipóteses de sujeição à curatela"[27].

Se o pedido for formulado pelo **Ministério Público**, será nomeado curador à lide ao interditando. Se formulado por outra pessoa, o Ministério Público atuará

[25] Nelson Nery Junior e Rosa Maria de Andrade Nery, *Código de Processo Civil comentado*, p. 1.066. "Somente em casos especiais, de pessoas gravemente excepcionais, inexistente qualquer sinal de risco de fraude, poder-se-á, no interesse do interditando, dispensar o interrogatório" (*JTJ*, Lex, 179/166).

[26] TJRS, Ap. 70.068.854.611,7, 8ª Câm. Cív., rel. Des. Rui Portanova, j. 7-7-2016.

[27] TJRS, Ap. 70. 068.532.464, 8ª Câm. Cív., rel. Des. Felipe Brasil, j. 19-5-2016.

como fiscal da lei (CPC, arts. 178, II, e 752, § 1º). Mas o interditando poderá constituir advogado para defender-se. Caso não o faça, deve ser nomeado curador especial (§ 2º).

Estatui o art. 1.769 do Código Civil, com a redação determinada pelo Estatuto da Pessoa com Deficiência (Lei n. 13.146/2015):

> "Art. 1.769. O **Ministério Público** somente promoverá o processo que define os termos da curatela:
>
> I — nos casos de deficiência mental ou intelectual;
>
> II — se não existir ou não promover a interdição alguma das pessoas designadas nos incisos I e II do artigo antecedente;
>
> III — se, existindo, forem menores ou incapazes as pessoas mencionadas no inciso II."

Todavia, o art. 748 do Novo Código de Processo Civil, **que é posterior** ao aludido Estatuto, prescreve:

> "Art. 748. O Ministério Público só promoverá interdição em caso de **doença mental grave**:
>
> I — se as pessoas designadas nos incisos I, II e III do art. 747 não existirem ou não promoverem a interdição;
>
> II — se, existindo, forem incapazes as pessoas mencionadas nos incisos I e II do art. 747".

Decretada a curatela, será nomeado **curador** ao interdito, sendo a sentença de natureza ***declaratória***, pois "não é o decreto de interdição, que cria a incapacidade, porém, a alienação mental"[28]. A sentença somente reconhece a incapacidade.

Sob a ótica **processual**, alguns autores, no entanto, entendem que ela é **constitutiva**, porque os seus efeitos são *ex nunc*, verificando-se desde logo, embora sujeita a apelação (CPC, art. 755, § 3º). Sustentam os aludidos autores que a declaração da incapacidade absoluta é feita na fundamentação da sentença e que a criação de uma situação nova, a qual sujeita o interdito à curatela, dá-se na parte dispositiva do *decisum*.

Todavia, sob o aspecto do reconhecimento de uma situação de fato tem **natureza declaratória**, uma vez que, mesmo nas sentenças constitutivas, há uma declaração de certeza do direito preexistente, das condições necessárias e determinadas em lei para se criar nova relação ou alterar a relação existente. Dá-se razão, portanto, a Maria Helena Diniz, quando afirma que a sentença de interdição tem natureza mista, sendo, concomitantemente, ***constitutiva*** e ***declaratória***: declaratória no sentido de "declarar a incapacidade de que o interditando é portador" e "ao mesmo tempo constitutiva de uma nova situação jurídica quanto à capacidade da pessoa que, então, será considerada legalmente interditada"[29].

Para assegurar a sua eficácia *erga omnes*, a sentença deve ser registrada em livro especial no Cartório do 1º Ofício do Registro Civil da comarca em que for proferida

---

[28] Caio Mário da Silva Pereira, *Instituições*, cit., v. 1, p. 172.

[29] *Curso*, cit., p. 146 e 170.

(LRP, art. 92) e publicada três vezes na imprensa local e na oficial. É nulo o ato praticado pelo enfermo ou deficiente mental depois dessas providências.

■ 28.4.1. Legitimidade para requerer a interdição

Dispunha o art. 1.768 do Código Civil que a interdição deve ser promovida:

"I — pelos pais ou tutores;

II — pelo cônjuge, ou por qualquer parente;

III — pelo Ministério Público".

Tal dispositivo, todavia, foi revogado pelo art. 1.072, II, do atual Código de Processo Civil, diploma este que proclama no art. 747:

> "Art. 747. A interdição pode ser promovida:
> I — pelo cônjuge ou companheiro;
> II — pelos parentes ou tutores;
> III — pelo representante da entidade em que se encontra abrigado o interditando;
> IV — pelo Ministério Público".

■ Legitimidade dos pais, em igualdade de condições

Existindo pai e mãe, casados ou não, seus direitos são exercidos *em igualdade de condições*, em concurso ou isoladamente. Em face da isonomia assegurada na Constituição Federal, **qualquer um dos dois pode, individualmente, requerer a interdição do filho maior**. Discordando expressamente o outro, *cabe ao juiz* redobrar os cuidados na apreciação do pedido.

■ Legitimidade do tutor

Igualmente pode o *tutor*, como substituto dos pais, pedir a interdição do tutelado **que já tenha completado 16 anos de idade**, caso este venha a sofrer uma das causas que justifiquem a curatela, uma vez que, ao atingir essa idade, teria ele de participar dos atos jurídicos de seu interesse, em conjunto com o aludido representante.

A mesma situação pode suceder com os menores que se encontrem sob o **poder familiar**, que passam a ser *assistidos pelos pais após os 16 anos de idade*, participando em concurso com eles dos atos jurídicos em geral.

Obviamente os *pais* se legitimam a promover a interdição do filho não só ao exercerem o poder familiar, mas também quando **o filho é maior** e se enquadra numa das situações previstas no art. 1.767 do Código Civil.

■ Legitimidade de "qualquer parente"

O Código Civil confere legitimidade a "*qualquer parente*". Pode ser, portanto, próximo ou não. Qualquer parente pode requerer a interdição de uma pessoa porque tal pedido **não visa prejudicá-la, mas protegê-la**. O atual Código de Processo Civil, por sua vez, refere-se simplesmente a "**parentes**" (art. 747, II). **Pode ser, portanto, próximo ou não**. Na linha colateral, o parentesco limita-se ao quarto grau.

Rol não preferencial das pessoas legitimadas

Pela mesma razão não se deve entender que o elenco das pessoas legitimadas, constante do retrotranscrito art. 1.768, seja preferencial, com o mais próximo excluindo o mais remoto.

Nessa linha, reconheceu o Tribunal de Justiça de São Paulo a legitimidade ativa *ad causam* **do neto para requerer a interdição dos avós**, que seriam pródigos, considerando irrelevante a oposição manifestada pelos filhos, uma vez que a enumeração do art. 1.768 do Código Civil vigente é taxativa, **mas não preferencial**[30].

Palavra "parentesco" empregada em sentido amplo

O atual Código de Processo Civil, como já dito, refere-se simplesmente a **"parentes"**. Essa palavra, em sentido amplo, inclui, além do *consanguíneo*, o parentesco por *afinidade* e o decorrente da *adoção* ou de *outra origem*.

Desse modo, e considerando que a interdição de uma pessoa é requerida com o intuito de protegê-la, como já dito, **não se vê razão para excluir a legitimação de um padrasto para promover a interdição de um enteado**, acometido de grave perturbação mental que lhe tira a razão[31].

Legitimidade do representante da entidade em que se encontra abrigado o interditando

Tal legitimidade constitui uma **inovação** do Código de Processo Civil de 2015. Observa-se que inexiste, *in casu*, a restrição imposta ao Ministério Público, de a intervenção depender da omissão do cônjuge ou dos parentes e de se tratar de doença mental grave.

Legitimidade do Ministério Público

Dispõe o art. 748 do atual Código de Processo Civil:

> "Art. 748. O Ministério Público só promoverá interdição em caso de doença mental grave:
>
> I — se as pessoas designadas nos incisos I, II e III do art. 747 não existirem ou não promoverem a interdição;
>
> II — se, existindo, forem incapazes as pessoas mencionadas nos incisos I e II do art. 747."

A lei exige, portanto, que o promovente, além de parente (na linha colateral, o parentesco limita-se ao quarto grau), seja também **maior** e **capaz**.

Em qualquer caso de **doença mental** ***grave***, o representante do Ministério Público está legitimado a promover a interdição, **se os parentes, o cônjuge ou companheiro não o tiverem feito**. O simples fato de existir pessoa sujeita a curatela, porém não ainda interditada, já autoriza o Ministério Público a agir, não sendo necessário que notifique antes as demais pessoas mencionadas no art. 747 do Código de Processo Civil, estipulando-lhes um prazo para suprir a omissão[32].

---

30 Ap. 304.846-4/1-SP, 3ª Câm. Dir. Priv., rel. Des. Waldemar Nogueira Filho, j. 24-8-2004.

31 Zeno Veloso, *Código Civil*, cit., v. XVII, p. 218.

32 "Interdição. Requerimento pelo Ministério Público. Admissibilidade pela suspeita de anomalia

Sendo **taxativa** a enumeração do dispositivo em epígrafe, **nenhum outro interessado** em requerer a interdição, como o credor do alienado, por exemplo, poderá fazê-lo. **Nem o juiz poderá decretar a interdição *ex officio***[33].

■ 28.4.2. Pessoas habilitadas a exercer a curatela

Ao decretar a interdição, o juiz nomeará curador ao interdito. Sob esse aspecto, a curatela pode ser **legítima** ou **dativa**. É que a lei indica as pessoas que devem ser nomeadas. Dispõe o art. 1.775 do Código Civil:

> "O cônjuge ou companheiro, não separado judicialmente ou de fato, é, de direito, curador do outro, quando interdito.
>
> § 1º Na falta do cônjuge ou companheiro, é curador legítimo o pai ou a mãe; na falta destes, o descendente que se demonstrar mais apto.
>
> § 2º Entre os descendentes, os mais próximos precedem aos mais remotos.
>
> § 3º **Na falta das pessoas mencionadas neste artigo, compete ao juiz a escolha do curador**".

Neste último caso, o nomeado deverá ser *pessoa idônea*, podendo ser estranha à família do interdito, configurando-se, então, a **curatela dativa**.

Preceitua o art. 1.775-A, com a redação dada pela Lei n. 13.146/2015: "Na nomeação de curador para a pessoa com deficiência, o juiz poderá estabelecer **curatela compartilhada** a mais de uma pessoa".

■ Ordem preferencial, mas não absoluta

A ordem estabelecida no dispositivo supratranscrito é *preferencial*, mas a preferência **não é absoluta**. Havendo *motivos graves*, a bem do interdito, **o juiz pode alterá-la**. Tem ele a faculdade de invertê-la se entender mais conveniente ao interdito, ou mesmo dispensá-la, se se convencer de que as funções do curador serão mais bem desempenhadas por pessoa de sua escolha[34].

---

psíquica do interditado ou pelo desinteresse de parentes próximos, bem como do cônjuge ou tutor" (*RT*, 748/233). "Interdição. Anomalia psíquica. Ministério Público. Membro do *Parquet* que assume o polo ativo da lide em virtude do falecimento do autor da demanda. Admissibilidade" (TJSP, *RT*, 796/249). "Interdição. Anomalia psíquica. Promoção pelo Ministério Público. Cabimento. Aplicabilidade do artigo 1.178, inciso I, do Código de Processo Civil [de 1973, atual art. 748]" (*JTJ*, Lex, 256/306).

[33] Álvaro Villaça Azevedo, *Comentários*, cit., v. 19, p. 445.

[34] Caio Mário da Silva Pereira, *Instituições*, cit., v. 5, p. 486; Álvaro Villaça Azevedo, *Comentários*, cit., v. 19, p. 445; Zeno Veloso, *Código Civil*, cit., v. XVII, p. 224.

"Curatela. Ordem estabelecida no § 2º do art. 454 do Código Civil (*de 1916; CC/2002: art. 1.775*). Critério não absoluto. Designação de filho do interditando, único em condições para assumir o encargo. Admissibilidade" (*JTJ*, Lex, 251/125). "Interdição. No interesse do interditando, pode o juiz olvidar o normativo do § 1º do art. 454 do CC (*correspondente ao art. 1.775 do CC/2002*), e escolher, como Curador, outros parentes ou estranho, idôneo e capaz de exercer o encargo" (TJDF, Ap. 1998.01.1.052791-0, 1ª T., rel. Des. Moraes Oliveira, *DJU*, 12-9-2001). No mesmo sentido: *RT*, 796/363 e 797/240.

■ Curatela testamentária

O Código Civil **não prevê a curatela testamentária**, ou seja, a possibilidade de nomeação do curador por testamento do ascendente. A doutrina, no entanto, com suporte na lição de Beviláqua, afirma que o ascendente poderá indicar alguém que, **depois de sua morte**, cuide da pessoa e dos bens do curatelado, que o juiz levará em conta, independentemente dos curadores mencionados na lei[35].

Parece-nos, no entanto, que, inexistindo a previsão legal estabelecida no caso da tutela, **não poderá o juiz afastar os curadores legítimos** que, concorrendo com o testamentário, manifestaram interesse em assumir o encargo, se forem idôneos e capazes. Aduza-se que o art. 1.774 do Código Civil determina que se apliquem à curatela as disposições concernentes à tutela, **"com as modificações dos artigos seguintes"**. Dentre esses artigos se encontra exatamente o aludido art. 1.775, **que contém o rol dos curadores legítimos**.

■ Preferência do cônjuge ou companheiro

Menciona o dispositivo em tela que o *cônjuge é, de direito, curador do outro*, quando interdito. Pressupõe, todavia, a **convivência do casal**. Se estão separados, judicialmente ou de fato, não incide a regra.

Como inovação, o referido preceito considera também, expressamente, **o companheiro** curador legítimo do outro, afastando qualquer discussão que pudesse haver a esse respeito.

■ Preferência, a seguir, do pai ou da mãe e, na falta deles, do descendente

A preferência para o exercício da curatela, embora não absoluta, como mencionado, foi atribuída ao *cônjuge ou companheiro*. Na falta de um ou de outro, o curador legítimo **será o pai ou a mãe**, não se estabelecendo qualquer preferência entre eles[36].

Na falta de ambos, o dever, e ao mesmo tempo direito, é atribuído ao **descendente**, sem distinção de sexo ou idade. Havendo *igualdade de grau*, deve ser escolhido o que **ostentar melhores condições** para o exercício do múnus; no caso de *diversidade de graus*, **os mais próximos precedem aos mais remotos**.

■ Nomeação de pessoa proba e capacitada

Se não houver nenhuma das pessoas mencionadas, ou se as existentes forem inidôneas ou demonstrarem inaptidão para o encargo, como reconhece a jurisprudência já mencionada, cabe ao juiz nomear **pessoa proba e capacitada**, que reúna as condições necessárias para o desempenho da curatela, **configurando-se nesse caso a *tutela dativa***.

---

35 Zeno Veloso, *Código Civil*, cit., v. XVII, p. 224; Álvaro Villaça Azevedo, *Comentários*, cit., v. 19, p. 463.

Sílvio Venosa afirma que "a curadoria também pode ser testamentária: na hipótese de os pais nomearem curadores para os filhos que não possuem desenvolvimento mental para plena capacidade após atingirem a maioridade" (*Direito civil*, cit., v. VI, p. 426).

36 Já decidiu o Tribunal de Justiça de São Paulo: "Nada mais natural que recaia na pessoa da mãe a nomeação para o exercício do encargo de curadora do filho se detinha ela de fato a guarda do interditando, uma vez que o pai abandonou o lar" (*RT*, 595/87).

■ Obrigação do curador de promover o tratamento do curatelado

Depois de nomeado, passa o curador a exercer, desde logo, o múnus público, incumbindo-lhe *zelar pela pessoa e pelos bens* do curatelado.

Dispõe o art. 1.777 do Código Civil, com a redação promovida pela Lei n. 13.146/2015, que "as pessoas referidas no inciso I do art. 1.767 ["aqueles que, por causa transitória ou permanente, não puderem exprimir sua vontade"] receberão todo o apoio necessário para ter preservado o direito à **convivência familiar e comunitária, sendo evitado o seu recolhimento em estabelecimento que os afaste desse convívio**".

Na medida do possível, "a família deve cuidar do curatelado"[37].

■ Extensão da curatela aos filhos do curatelado

Prescreve ainda o art. 1.778 do Código Civil que "a autoridade do curador estende-se à pessoa e aos bens dos **filhos do curatelado**, observado o art. 5º". Visa o preceito estabelecer unidade na proteção legal, evitando que se entregue a uma pessoa a tutela dos menores e a outra, a curatela de seu genitor.

O curador nomeado para o interdito é, assim, *de direito*, **tutor dos filhos menores não emancipados do incapaz**. Trata-se, na realidade, de uma curadoria **prorrogada**. Segundo Pontes de Miranda, "curatelas *prorrogadas*, ou *extensivas*, são as que **se estendem do curatelado a seus filhos** nascidos ou nascituros. Têm por fim, como a tutela, suprir a autoridade do titular do pátrio poder"[38].

Com a entrada em vigor do Novo Código de Processo Civil, **a curatela extensiva deixou de ser automática**. Preceitua, com efeito, o art. 757 do referido diploma: "A autoridade do curador estende-se à pessoa e aos bens do incapaz que se encontrar sob a guarda e a responsabilidade do curatelado ao tempo da interdição, **salvo se o juiz considerar outra solução como mais conveniente aos interesses do incapaz**".

■ Remoção do curador

Dispõe o art. 761 do Código de Processo Civil de 2015 que "incumbe ao Ministério Público ou a quem tenha legítimo interesse requerer, nos casos previstos em lei, a **remoção do tutor ou do curador**".

O parágrafo único do aludido dispositivo processual exige expressamente a **citação do curador** para contestar a arguição no prazo de cinco dias. Assim, o curador que demonstra **falta de cuidados com a curatela**, administrando ruinosamente o patrimônio do curatelado, descuidando de sua pessoa ou o desrespeitando, **pode ser removido do encargo**. Já se decidiu que, "comprovada a *administração ruinosa* do patrimônio e a *falta de cuidados* com a curatela, com prejuízo ao curatelado, **impõe-se a remoção do curador**"[39].

---

37 Alexandre Alcoforado Assunção, *Novo Código*, cit., p. 1589.

38 *Tratado de direito de família*, cit., v. III, § 285, p. 276.

39 TJSP, Ap. 10.691-4, rel. Des. Ricardo Brancato, j. 13-5-1998.

■ Suspensão do exercício das funções

Preceitua ainda o art. 762 do Código de Processo Civil de 2015 que, em caso de *extrema gravidade*, o juiz poderá **suspender o tutor ou o curador do exercício de suas funções, "nomeando substituto interino"**. Com base nesse dispositivo e ainda no poder geral de cautela atribuído ao juiz, tem-se admitido a nomeação de **administrador provisório** ao interditando, podendo o designado ser nomeado posteriormente curador ou não.

Tal nomeação muitas vezes se faz necessária para que, durante a tramitação do processo de interdição, possa o indicado provisoriamente **desde logo cuidar da pessoa do portador de alguma anomalia psíquica**, recebendo as pensões e administrando os seus bens, enquanto não colocado definitivamente sob curatela.

Nessa senda, decidiu o Superior Tribunal de Justiça:

> "Interdição. **Curador provisório**. Nomeação com base no poder cautelar geral do Juiz. **Admissibilidade** se presentes elementos de convicção que recomendem acautelar interesses pessoais e patrimoniais do interditando. Hipótese que não se confunde com a antecipação da tutela prevista no art. 273 do CPC [de 1973]"[40].

■ Curatela compartilhada

Tem sido admitida, também, em atenção ao melhor interesse do incapaz, a *curatela compartilhada*. Veja-se:

> "Diante da prova nos autos no sentido de que o agravado é incapaz para os atos da vida civil, é de se determinar a sua interdição provisória, ficando a **curatela compartilhada entre sua esposa e seu irmão**, situação que provisoriamente *melhor atende aos interesses do incapaz*"[41].

A possibilidade de se estabelecer a curatela compartilhada foi sacramentada pelo art. 1.775-A do Código Civil, introduzido pela Lei n. 13.146/2015. A propósito, ressaltou o Tribunal de Justiça de São Paulo: "Mas, sobrevinda a Lei 13.146, que instituiu a Lei Brasileira de Inclusão da Pessoa com Deficiência (Estatuto da Pessoa com Deficiência), a questão ganhou novos contornos, introduzido no CC/02 o art. 1.775-A, de cujo teor se colhe: 'na nomeação de curador para a pessoa com deficiência, o juiz poderá estabelecer curatela compartilhada a mais de uma pessoa'"[42].

■ 28.4.3. Levantamento da interdição

Cessa a incapacidade, **desaparecendo os motivos** que a determinaram. Assim, no caso de impossibilidade de o incapaz exprimir sua vontade, por causa transitória

---

[40] *RT*, 757/144.

[41] TJMG, AgI 1.0024.09.450844-7/001, 8ª Câm. Cív., rel. Des. Bitencourt Marcondes, j. 6-10-2011. *Vide* ainda: "Interdição. Maioridade civil. Curatela compartilhada. Pedido formulado pelos genitores. Inexistência de vedação legal. Melhor interesse do interditando" (TJMG, AgI 0024752-85.2010.8.19.0000, j. 17-8-2010).

[42] TJSP, AgI 2191636-02.2015.8.26.0000, 1ª Câm. Dir. Priv., rel. Des. Cláudio Godoy, j. 16-2-2016.

ou permanente (CC, art. 4º, III), por exemplo, **desaparece a incapacidade, cessando a mencionada deficiência**. Cessada a incapacidade, qualquer que seja a sua causa, após a decretação da interdição, esta será levantada. Assim, o ébrio e o toxicômano que, após adequado tratamento, *verbi gratia*, conseguiram se recuperar e se livrar do vício, poderão requerer o **levantamento da interdição**, alegando o desaparecimento da causa que a motivou.

Dispõe, com efeito, o art. 756 do Código de Processo Civil de 2015:

"Levantar-se-á a curatela quando cessar a causa que a determinou".

O procedimento terá início por provocação do interessado, do curador ou do Ministério Público (§ 1º) e será *apensado aos autos da interdição*. O juiz nomeará perito ou equipe multidisciplinar para proceder ao **exame do interdito** e designará audiência de instrução e julgamento após a apresentação do laudo (§ 2º). Acolhido o pedido, **o juiz decretará o levantamento da interdição** e determinará a publicação da sentença, após o trânsito em julgado, na forma do art. 755, § 3º, ou, não sendo possível, na imprensa local e no órgão oficial, por três vezes, com intervalo de dez dias, seguindo-se a **averbação no registro de pessoas naturais** (§ 3º). A interdição poderá ser levantada parcialmente quando demonstrada a capacidade do interdito para praticar alguns atos da vida civil (§ 4º).

Pode o juiz, em face do laudo médico, autorizar o **levantamento parcial da interdição**, permitindo ao interdito a prática de determinados atos, em decorrência da melhora verificada em seu estado.

■ 28.5. EXERCÍCIO DA CURATELA

Como foi dito no item n. 28.1, *retro*, a curatela **assemelha-se à tutela** por seu caráter assistencial, destinando-se, igualmente, à proteção de incapazes. Por essa razão, a ela **são aplicáveis as disposições legais relativas à tutela**, com apenas algumas modificações (CC, art. 1.774). Ambas se alinham no mesmo Título do Livro do Direito de Família, devido às analogias que apresentam.

Vigoram para o curador:

- as escusas voluntárias (art. 1.736) e proibitórias (art. 1.735);
- embora não mais adstrito à especialização de hipoteca legal, é obrigado a prestar caução bastante, quando exigida pelo juiz (CC, art. 1.745, parágrafo único), e a prestar contas (art. 1.755);
- cabem-lhe os direitos e deveres especificados no capítulo que trata da tutela;
- somente pode alienar bens imóveis mediante prévia avaliação judicial e autorização do juiz etc.

Em tais condições, "bens imóveis de interditos só podem ser alienados se houver **manifesta vantagem** na operação e **prévia avaliação judicial**, com aprovação do juiz. Conseguintemente, o curador do incapaz, parente ou estranho, somente pode dispor dos bens imóveis do curatelado com observância da regra geral e absoluta do art. 1.750 do Código Civil de 2002. As próprias permutas não escapam a essa exigência"[43].

O art. 1.783 do Código Civil *dispensa* o cônjuge curador, **"salvo determinação judicial"**, *de prestar contas* de sua administração, quando **"o regime de bens do casamento for de comunhão universal"**. Justifica-se a regra pelo fato de, no regime da comunhão universal, haver a comunicação de todos os bens presentes e futuros dos cônjuges e suas dívidas passivas (art. 1.667), com as exceções do art. 1.668.

A ressalva sobre a **determinação judicial** é feita para a hipótese de o juiz perceber que o cônjuge curador está se aproveitando, tirando **vantagem indevida** do patrimônio do casal. Poderá, nesse caso, exigir a prestação de contas. O mesmo acontecerá na **união estável**, se os companheiros elegeram o regime da comunhão universal, afastando o regime-regra que é o da comunhão parcial, por contrato escrito, como o permite o art. 1.725 do Código Civil.

Se o regime *não for o da comunhão de bens*, deverá **sempre o cônjuge, ou o companheiro, prestar contas** de sua gestão[44].

O curador **não pode reter renda do curatelado**, por conta própria, a título de remuneração. Embora o curador tenha direito à remuneração pelos serviços prestados, não deve ela ser feita por sua própria conta, com o valor e modo que decidir. Decidiu a propósito o Superior Tribunal de Justiça que **a remuneração do administrador deve ser fixada em juízo** e não pode ser decidida por quem gerencia os bens[45].

■ 28.6. RESUMO

DA CURATELA	
CONCEITO	■ *Curatela* é encargo deferido por lei a alguém capaz para reger a pessoa e administrar os bens de quem, em regra maior, não pode fazê-lo por si mesmo. Assemelha-se à tutela por seu caráter assistencial, destinando-se, igualmente, à proteção de incapazes. Por essa razão, a ela são aplicáveis as disposições legais relativas à tutela, com apenas algumas modificações (CC, art. 1.774).
DIFERENÇAS ENTRE TUTELA E CURATELA	■ a tutela é destinada a menores de 18 anos de idade, enquanto a curatela é deferida, em regra, a maiores; ■ a tutela pode ser testamentária, com nomeação do tutor pelos pais; a curatela é sempre deferida pelo juiz; ■ a tutela abrange a pessoa e os bens do menor, enquanto a curatela pode compreender somente a administração dos bens do incapaz, como no caso dos pródigos; ■ os poderes do curador são mais restritos do que os do tutor.

[43] Washington de Barros Monteiro, *Curso*, cit., 37. ed., v. 2, p. 408-409.

[44] Álvaro Villaça Azevedo, *Comentários*, cit., v. 19, p. 492.

[45] STJ, 3ª T., rel. Min. Nancy Andrighi, in <http://www.conjur.com.br> de 13-4-2012.
Vide ainda: "A interdição é determinada no interesse do próprio interditado. Apesar de ter direito à remuneração pela administração do patrimônio colocado sob sua responsabilidade, o curador não pode transformar a atividade em meio de acumulação de riqueza. Apenas o juiz pode avaliar variáveis subjetivas como a capacidade financeira do interditado, suas necessidades e o esforço exigido do curador no cumprimento de sua função" (STJ, 3ª T., rel. Min. Nancy Andrighi, in <http://www.editoramagister.com> de 15-9-2011).

CARACTERÍSTICAS RELEVANTES DA CURATELA	■ os seus fins são assistenciais; ■ tem caráter eminentemente publicista; ■ tem, também, caráter supletivo da capacidade; ■ é temporária, perdurando somente enquanto a causa da incapacidade se mantiver; ■ a sua decretação requer certeza absoluta da incapacidade, obtida por meio do procedimento especial de interdição (CPC, arts. 747 e s.).
ESPÉCIES	■ **Formas ordinárias** a) a daqueles que, por enfermidade ou deficiência mental, não tiverem o necessário discernimento para os atos da vida civil; b) a daqueles que, por outra causa duradoura, não puderem exprimir a sua vontade; c) a dos deficientes mentais, dos ébrios habituais e dos viciados em tóxicos; d) a dos excepcionais sem completo desenvolvimento mental; e) a dos pródigos. ■ **Formas especiais** a) a dos nascituros (CC, art. 1.779); b) a do enfermo ou portador de deficiência física (CC, art. 1.780).
PESSOAS LEGITIMADAS A PROMOVER A INTERDIÇÃO DOS INCAPAZES (CC, ARTS. 1.768 E 1.769)	■ pais ou tutores; ■ cônjuge (ou companheiro, embora não mencionado) ou qualquer parente; ■ o Ministério Público.
QUEM PODE SER NOMEADO CURADOR (CC, ART. 1.775)	■ **Curatela legítima** a) o cônjuge ou companheiro, não separado judicialmente ou de fato; b) na falta destes, qualquer dos pais; c) e, na falta destes, o descendente que se mostrar mais apto. Os mais próximos excluem os mais remotos. ■ **Curatela dativa** Configura-se quando faltam as pessoas mencionadas e o juiz escolhe o curador, que deverá ser pessoa idônea, podendo ser estranha à família do interdito (CC, art. 1.775, § 3º).
EXERCÍCIO DA CURATELA	■ Basicamente aplicam-se as mesmas regras sobre o exercício da tutela, no que não contrariarem as peculiaridades do instituto da curatela, inclusive as referentes a escusas, nomeação do curador e cessação da curatela.

■ 28.7. QUESTÕES

1. (TJCE/Juiz de Direito/CESPE-CEBRASPE/2018) A curatela de pessoa com deficiência é medida protetiva extraordinária

a) que impõe aos curadores o dever de representar os curatelados e de prestar semestralmente contas de sua situação ao juiz.
b) incompatível com a nomeação do curador provisório, haja vista a natureza definitiva da curatela.
c) que afetará somente os atos relacionados aos direitos de natureza patrimonial e negocial indicados na sentença.
d) que poderá ser instituída por iniciativa do próprio interditando, mediante escritura pública, conforme o CPC.
e) proporcional às necessidades e às circunstâncias de cada caso, sendo um instituto igual ao da modalidade de decisão apoiada.

2. (MP/DFT/Promotor de Justiça/29º Concurso/2011) No que se refere à guarda, tutela e adoção, marque a única alternativa CORRETA:

a) A lei concede ao tutor a possibilidade de adotar o tutelado se houver entre eles vínculo de parentesco na linha colateral em segundo grau, desde que inexistam pendências financeiras em relação ao exercício da tutela.
b) O tutor não poderá dispor dos bens do tutelado, a título gratuito, ainda que com autorização judicial, sob pena de nulidade.

c) Segundo as novas disposições sobre a adoção (Lei n. 12.010/09), somente quem se encontra previamente inscrito no cadastro de adotantes pode adotar, a não ser que a criança adotanda já se encontre sob a guarda fática dos pretendentes, mantendo com estes vínculo de afetividade.
d) Se o adotante falecer no curso do processo de adoção, deverá ser declarada a perda do objeto, caso em que a criança ficará disponível para colocação em família substituta.
e) Tratando-se de ato de liberalidade que não onera nem coloca em risco o patrimônio do tutelado, não necessita o tutor de autorização judicial para aceitar doação de imóvel ao incapaz.

3. (MP/PR/Promotor de Justiça/2011) Acerca da tutela e da curatela, assinale a alternativa CORRETA:

a) Caso ocorram danos ao patrimônio do tutelado causados por tutor do qual não se exigiu garantia legal, haverá responsabilidade civil direta e imediata do juiz que se omitiu na exigência da garantia.
b) A responsabilidade do tutor pelos danos causados ao tutelado é, em regra, objetiva.
c) O Ministério Público somente terá legitimidade para propor a interdição de alguém em hipótese de doença mental grave.
d) Nos casos em que a interdição for promovida pelo Ministério Público, o juiz nomeará defensor ao suposto incapaz; nos demais casos o Ministério Público será o defensor.
e) A legitimidade de um cônjuge para o exercício da curatela do outro depende do regime de bens instituído entre eles.

4. (TJRO/Juiz de Direito/PUC-PR/2011) Assinale a única alternativa CORRETA.

a) No regime da comunhão parcial entram na comunhão as obrigações provenientes de atos ilícitos, quando reverterem em proveito do casal, e os sub-rogados.
b) Podem os pais, independentemente de autorização judicial, alienar imóveis dos filhos menores quando demonstrada necessidade ou evidente interesse da prole.
c) Para os efeitos de impenhorabilidade, de que trata a Lei 8.009/1990, se o casal é possuidor de vários imóveis utilizados como residência, a impenhorabilidade recairá sobre o de menor valor, ainda que outro tenha sido registrado, para esse fim, no Registro de Imóveis.
d) Em regra, a tutela cede lugar à curatela quando o tutelado cai sob poder familiar ou atinge a maioridade.
e) Os tutores são obrigados a prestar contas da sua administração ainda que os pais dos tutelados tenham disposto em contrário.

5. (TJPI/Juiz de Direito/CESPE/UnB/2012) No que diz respeito à colocação do menor em família substituta, assinale a opção CORRETA.

a) Tanto a adoção quanto a tutela visam suprir a carência de representação legal.
b) Um dos principais efeitos da destituição da tutela é o de a remoção do tutor extinguir por inteiro seu vínculo pessoal e jurídico com o pupilo, incluindo-se a responsabilidade de ordem patrimonial.
c) A tutela de pessoa maior de dezoito anos de idade será deferida desde que a sua incapacidade absoluta seja previamente reconhecida por sentença com trânsito em julgado.
d) Sempre que possível, a criança com mais de oito anos de idade sujeita à colocação em família substituta será previamente ouvida, além de ser necessário o seu consentimento, colhido em audiência.
e) Dada a provisoriedade do termo de guarda, a responsabilidade do guardião sobre o menor pode ser revogada, por exemplo, por comprovação de negligência.

6. (MP/SP/Analista de Promotoria/VUNESP/2010) A interdição é medida judicial

a) de proteção ao incapaz, maior ou menor, por meio da qual se lhe nomeia curador com o fito de administrar-lhe os bens e acompanhá-lo na prática dos atos da vida civil.
b) de proteção ao menor incapaz por meio da qual se lhe nomeia tutor com o fito de administrar-lhe os bens e acompanhá-lo na prática dos atos da vida civil.

c) de proteção ao maior incapaz por meio da qual se lhe nomeia curador com o fito de administrar-lhe os bens e acompanhá-lo na prática dos atos da vida civil.
d) destinada a agilizar a confirmação da morte presumida, garantindo aos cônjuges a disponibilidade de convolarem novas núpcias.
e) destinada a agilizar a confirmação da ausência, garantindo aos cônjuges a disponibilidade de convolarem novas núpcias.

7. (MP/RJ/Promotor de Justiça/XXXII Concurso/2011) A Promotoria de Justiça da Comarca de Paracambi instaura procedimento administrativo para verificar a situação do paciente Márcio Almeida, de 57 anos, que se encontra internado no Hospital Psiquiátrico desde 2004. A equipe técnica do Ministério Público, composta por psiquiatra, psicólogo e assistente social, confirma a existência de doença mental grave, elaborando laudo técnico que retira por completo do paciente o necessário discernimento para a prática dos atos da vida civil. Mesmo com a realização de diversas diligências no procedimento instaurado, não foi possível encontrar nenhum familiar do paciente, apesar de estarem eles devidamente identificados desde 2010. Diante desse quadro, a conduta adequada do membro do Ministério Público seria propor uma ação de:

a) interdição do paciente, com pedido de nomeação de um tutor provisório, com fundamento no fato de o tutelado ser absolutamente incapaz. Nesse caso, o *Parquet* possui legitimidade para demandar em razão da omissão dos parentes, conforme o laudo da equipe técnica do Ministério Público.
b) interdição em razão da situação de risco vivida pelo paciente, requerendo a nomeação de um dos parentes como seu tutor, em conformidade com o Estatuto do Idoso.
c) alimentos, com fundamento no Estatuto do Idoso, em face dos parentes do paciente, em razão da solidariedade de todos eles na obrigação alimentar.
d) responsabilidade civil em face dos parentes omissos do paciente, em razão da falta de cuidados e da não propositura da ação de interdição pelos legitimados.
e) interdição do paciente, com requerimento de nomeação de um curador provisório. A incapacidade absoluta comprovada e a impossibilidade de gerir os atos da vida civil fundamentam o pleito.

8. (MP/MS/Promotor de Justiça/XXV Concurso/FADEMS/2011) Observe as seguintes informações.

I. Nos casos em que a interdição for promovida pelo Ministério Público, não se nomeará defensor ao suposto incapaz.
II. Podem os cônjuges, ou a entidade familiar, mediante escritura pública ou testamento, destinar parte de seu patrimônio para instituir bem de família, mesmo que ultrapasse um terço do patrimônio líquido existente ao tempo da instituição.
III. O direito à prestação de alimentos é recíproco entre pais e filhos, e extensivo a todos os ascendentes, recaindo a obrigação nos mais próximos em grau, uns em falta de outros.
IV. No processo em que haja interesses de menores, colidam ou não os interesses desses com os de seus pais ou representantes, o Ministério Público deve sempre intervir, como também haverá a necessidade de nomeação de curador especial aos menores.
V. É admissível alteração do regime de bens, mediante autorização judicial em pedido motivado de ambos os cônjuges, apurada a procedência das razões invocadas e ressalvados os direitos de terceiros.

Assinale a alternativa CORRETA.

a) Todas as alternativas estão incorretas;
b) As alternativas III, IV e V estão corretas;
c) Todas as alternativas estão corretas;
d) Apenas as alternativas II e III estão corretas;
e) As alternativas I, IV e V estão corretas.

9. (MP/SC/Promotor de Justiça/XXXVI Concurso/2011) 39ª Questão:

I. É obrigatório o regime da separação de bens no casamento: de todos os que dependerem, para casar, de suprimento judicial; da pessoa maior de sessenta anos; das pessoas que o contraírem com inobservância das causas suspensivas da celebração do casamento.

II. A interdição deve ser promovida pelos pais ou tutores; pelo cônjuge ou por qualquer parente; ou pelo Ministério Público. O Ministério Público, diante de sua legitimação supletiva, somente promoverá a interdição se as pessoas acima referidas não existirem, não promoverem a medida ou se também forem incapazes. Nos casos em que a interdição for promovida pelo Ministério Público, o juiz nomeará defensor ao suposto incapaz; nos demais casos o Ministério Público será o defensor, sem prejuízo de nomeação de advogado pelo próprio curatelando para exercer sua defesa.

III. O princípio da boa-fé objetiva decorre do ideal proposto pelo Código Civil, compreendendo a criação de uma sociedade mais justa e solidária. A cláusula geral contida no art. 422 do Código Civil impõe ao juiz interpretar e, quando necessário, suprir e corrigir o contrato segundo a boa-fé objetiva, entendida como a exigência de comportamento leal dos contratantes. A vedação ao comportamento contraditório (*venire contra factum proprium*) não se enquadra na proteção da confiança preconizada por tal princípio, porquanto a responsabilidade civil decorrente do abuso do direito independe de culpa e fundamenta-se somente no critério objetivo-finalístico.

IV. Se, na separação litigiosa, um dos cônjuges for declarado inocente e não tiver meios para prover a sua subsistência o outro prestar-lhe-á a pensão alimentícia fixada pelo juiz. Por outro lado, se ao cônjuge inocente não tiverem sido fixados alimentos, mas depois da separação judicial este vier a deles necessitar, o juiz obrigará o outro a pagar-lhe pensão. Contudo, mesmo o cônjuge declarado culpado poderá pleitear alimentos em valor indispensável à sua sobrevivência, denominados de humanitários, se deles necessitar, e não tiver parentes em condições de prestá-los, nem aptidão para o trabalho.

V. Prescreve em um ano a ação do filho da vítima morta em decorrência de acidente automobilístico contra segurador no caso de seguro de responsabilidade civil obrigatório. Todavia, se o beneficiário do seguro for menor de 16 anos, não corre a prescrição enquanto durar a incapacidade.

a) Apenas as assertivas I e III estão corretas.
b) Apenas as assertivas I, III e V estão corretas.
c) Apenas as assertivas IV e V estão corretas.
d) Apenas as assertivas II e IV estão corretas.
e) Todas as assertivas estão corretas.

10. (TJMG/Juiz de Direito/VUNESP/2012) Analise as afirmativas seguintes:

I. Estão sujeitos à curatela os ébrios habituais e os viciados em tóxicos.
II. O Ministério Público não tem legitimidade para propor a interdição se não promovê-la os pais ou tutores, cônjuge ou qualquer parente.
III. A autoridade do curador estende-se à pessoa e aos bens dos filhos do curatelado, até cessar a menoridade.
IV. A decisão que declara a interdição só produz efeitos após o trânsito em julgado.

Estão CORRETAS apenas as afirmativas:

a) I e III.
b) I e IV.
c) II e III.
d) II e IV.

11. (MP/SP/Promotor de Justiça/90º Concurso/2013) Dentre as incumbências estabelecidas pelo Código Civil ao tutor, assinale aquela que depende de autorização do juiz para ser exercida.

a) Pagar as dívidas do menor.
b) Fazer as despesas de subsistência e educação do menor, bem como as de administração, conservação e melhoramentos de seus bens.
c) Alienar os bens do menor destinados à venda.
d) Receber as rendas e pensões do menor, e as quantias a ele devidas.
e) Promover, mediante preço conveniente, o arrendamento de bens de raiz pertencentes ao menor.

12. (MP/AC/Promotor de Justiça/CESPE/UnB/2014) Assinale a opção correta a respeito da tutela.

a) Aquele que, não sendo parente do menor, seja nomeado, por sentença, tutor é obrigado a aceitar a tutela, sob pena de crime de desobediência, ainda que haja parentes idôneos, consanguíneos ou afins, em condições de exercê-la.

b) Os tutores são obrigados a prestar contas de sua administração, podendo ser dispensados desse dever pelos pais do tutelado, em testamento, ou pelo juiz, por decisão judicial.

c) O tutor poderá delegar a outra pessoa, física ou jurídica, o exercício total da tutela.

d) Se o patrimônio do menor for de valor considerável, poderá o juiz condicionar o exercício da tutela à prestação de caução bastante ou dispensá-la se for o tutor de reconhecida idoneidade.

e) A tutela testamentária é válida ainda que o nomeante, no momento de sua morte, não tenha pleno exercício do poder familiar.

13. (MP/GO/Promotor de Justiça/2014) Assinale alternativa CORRETA:

a) A interdição do pródigo só o privará de, sem curador, emprestar, transigir, dar quitação, alienar, hipotecar, demandar ou ser demandado, e praticar, em geral, os atos que não sejam de mera administração.

b) A cessação da condição de tutelado somente ocorre com a maioridade, já que o tutor não poderá emancipar o menor.

c) Os imóveis pertencentes aos menores sob tutela ou aos interditados somente podem ser vendidos quando houver manifesta vantagem, prescindível de autorização do juiz quando avaliados por três avaliadores oficiais e registrados os documentos no Cartório de Registro de Imóveis.

d) Com a autorização judicial, poderá o tutor adquirir por si, ou por interposta pessoa, mediante contrato particular, bens móveis ou imóveis pertencentes ao menor.

14. (TJDF/Juiz de Direito/XLIII Concurso/CESPE/2016) Com fundamento na jurisprudência do STJ, assinale a opção CORRETA acerca do direito de família.

a) O contrato de união estável pode ter efeitos retroativos, se os conviventes que o assinam tiverem o objetivo de eleger o regime de bens aplicável ao período de convivência anterior a sua assinatura.

b) Em regra, a pensão alimentícia devida a ex-cônjuge deve ser fixada por tempo indeterminado.

c) Nas ações de interdição não ajuizadas pelo MP, a função de defensor do interditando deve ser exercida pelo próprio *parquet*, o que dispensa a nomeação de curador à lide.

d) Desde que não haja disposição transacional nem decisão judicial em sentido contrário, o aviso prévio deve integrar a base de cálculo da pensão alimentícia.

e) As verbas indenizatórias, auxílio-acidente, vale-cesta e vale-alimentação, integram a base de cálculo para fins de desconto de pensão alimentícia.

15. (TRF/4ª Região/Juiz Federal/2016) Assinale a alternativa CORRETA a respeito da capacidade civil, levando em conta a Lei n. 13.146/2015:

a) O direito ao recebimento de atendimento prioritário da pessoa com deficiência não abrange a tramitação processual e os procedimentos judiciais em que for parte ou interessada.

b) A pessoa com deficiência — assim entendida aquela que tem impedimento de longo prazo de natureza física, mental, intelectual ou sensorial, o qual, em interação com uma ou mais barreiras, pode obstruir sua participação plena e efetiva na sociedade em igualdade de condições com as demais pessoas — é considerada capaz para casar-se e constituir união estável, exercer direitos sexuais e reprodutivos e conservar sua fertilidade, mas não para exercer o direito à guarda, à tutela, à curatela e à adoção.

c) A menoridade cessa aos dezoito anos completos, quando a pessoa fica habilitada à prática de todos os atos da vida civil. Contudo, a incapacidade cessará, para os menores, dentre outras hipóteses legalmente elencadas, pelo desempenho de funções inerentes a cargo público comissionado ou de provimento efetivo.

d) Qualquer pessoa com mais de dezesseis anos pode casar, independentemente de autorização de seus pais e representantes legais.
e) A curatela de pessoas com deficiência afetará tão somente os atos relacionados aos direitos de natureza patrimonial e negocial, isto é, sua definição não alcança o direito ao próprio corpo, à sexualidade, ao matrimônio, à privacidade, à educação, à saúde, ao trabalho e ao voto.

16. (MP/SP/92º Concurso de Ingresso na Carreira do Ministério Público/2017) Com relação à capacidade para o exercício da tutela, a legislação civil brasileira estabelece que não poderão ser tutoras, ou serão da tutela exoneradas, algumas pessoas que estejam ou que venham a estar em determinadas situações consideradas impeditivas para o exercício de tal atribuição. Para qual grupo de pessoas a seguir haveria a possibilidade de exercício de tutela?

a) Pessoas que não sejam probas.
b) Pessoas exercendo função pública incompatível com a administração da tutela.
c) Pessoas que não tenham a livre administração de seus bens.
d) Pessoas sob investigação em inquérito policial.
e) Pessoas que estejam constituídas em obrigação para com o menor.

17. (MP/MG/LVI Concurso para Ingresso na Carreira de Promotor de Justiça/2018) Assinale a alternativa CORRETA:

a) A Lei n. 13.146/15 (Estatuto da Pessoa com Deficiência — EPD) instituiu, com a curatela, o modelo protetivo de substituição da vontade no sistema de incapacidades.
b) A Lei n. 13.146/15 (Estatuto da Pessoa com Deficiência — EPD), embora qualifique a validade dos atos existenciais praticados pela pessoa com deficiência, não retroage para alcançar situações pretéritas.
c) A tomada de decisão apoiada é medida que visa à proteção da pessoa com deficiência capaz em situação de vulnerabilidade.
d) Não corre a prescrição contra o relativamente incapaz curatelado.

18. (OAB/XXVII Exame de Ordem Unificado/2018) Ana, que sofre de grave doença, possui um filho, Davi, com 11 anos de idade. Ante o falecimento precoce de seu pai, Davi apenas possui Ana como sua representante legal. De forma a prevenir o amparo de Davi em razão de seu eventual falecimento, Ana pretende que, na sua ausência, seu irmão, João, seja o tutor da criança. Para tanto, Ana, em vida, poderá nomear João por meio de

a) escritura pública de constituição de tutela.
b) testamento ou qualquer outro documento autêntico.
c) ajuizamento de ação de tutela.
d) diretiva antecipada de vontade.

19. (TJPR/Juiz de Direito/CESPE-CEBRASPE/2019) Após o falecimento dos pais, uma criança de dez anos de idade foi colocada sob tutela de sua avó, de sessenta e cinco anos de idade, já que constitui parente de grau mais próximo. Em relação à tutela dessa criança, considerando-se as disposições legais, é CORRETO afirmar que a avó

a) poderá se escusar da tutela, sob a alegação de ser aposentada.
b) poderá se escusar da tutela, sob o fundamento de ser maior de sessenta anos.
c) não poderá se escusar da tutela, já que é o parente de grau mais próximo da criança.
d) não poderá se escusar da tutela, uma vez que tal ato é vedado pela legislação vigente.

20. (TJAM/Titular de Serviços e de Registros/Provimento/ESES/2018) A respeito da curatela, responda:

I. Não corre prescrição entre curatelados e seus curadores, durante a curatela.
II. Há impedimento matrimonial entre o tutor e os seus descendentes, ascendentes, irmãos, cunhados ou sobrinhos, com a pessoa curatelada, enquanto não cessar a curatela, e não estiverem saldadas as respectivas contas.

III. Quando o curador for o cônjuge e o regime de bens do casamento for de comunhão universal, não será obrigado à prestação de contas, salvo determinação judicial.

Assinale a CORRETA:

a) Apenas as assertivas I e III são verdadeiras.
b) Apenas a assertiva II é verdadeira.
c) Todas as assertivas são verdadeiras.
d) Apenas as assertivas I e II são verdadeiras.

21. (MP/PR/Promotor de Justiça/2019) Sobre *tomada de decisão apoiada*, assinale a alternativa INCORRETA:

a) Antes de se pronunciar sobre o pedido de tomada de decisão apoiada, o juiz, assistido por equipe multidisciplinar, após oitiva do Ministério Público, ouvirá pessoalmente o requerente e as pessoas que lhe prestarão apoio.
b) A decisão tomada por pessoa apoiada terá validade e efeitos sobre terceiros, sem restrições, desde que esteja inserida nos limites do apoio acordado.
c) Terceiro com quem a pessoa apoiada mantenha relação negocial pode solicitar que os apoiadores contra-assinem o contrato ou acordo, especificando, por escrito, sua função em relação ao apoiado.
d) Em caso de negócio jurídico que possa trazer risco ou prejuízo relevante, se houver divergência de opiniões entre a pessoa apoiada e um dos apoiadores, prevalecerá a opinião do apoiador.
e) O apoiador pode solicitar ao juiz a exclusão de sua participação do processo de tomada de decisão apoiada, sendo seu desligamento condicionado à manifestação do juiz sobre a matéria.

GABARITO

1. "c". *Vide* art. 85, *caput*, do Estatuto da Pessoa com Deficiência (Lei n. 13.146/2015).
2. "b". *Vide* art. 1.749, II, do CC.
3. "d". *Vide* art. 1.770 do CC e art. 1.182 do CPC. Todavia, a jurisprudência tem proclamado: "Conquanto o Código Civil atualmente em vigor esteja a dispor, no art. 1.770, que o Ministério Público será o defensor, quando a interdição não for promovida por ele, o preceito, nessa parte, não pode ter aplicação, porque a contrariar a Constituição Federal, no referente à fisionomia da instituição estabelecida pela Lei Maior" (TJSP, 4ª Câm. Dir. Priv., AgI 485.078-4/8-SP, rel. Des. Jacobina Rabello, j. 19-7-2007).
4. "e". *Vide* art. 1.755 do CC.
5. "e". *Vide* art. 35 do ECA (Lei n. 8.069/90).
6. "a". Curatela é encargo deferido por lei a alguém capaz, para reger a pessoa e administrar os bens de quem, *em regra maior*, não pode fazê-lo por si mesmo. Não é absoluta a regra de que se destina ela somente aos incapazes maiores. O CC prevê a curatela do nascituro, sendo também necessária a nomeação de curador ao relativamente incapaz, maior de 16 e menor de 18 anos, que sofra das faculdades mentais, porque não pode praticar nenhum ato da vida civil.
7. "e". *Vide* arts. 1.767, I, e 1.769 e incisos do CC.
8. "b". **III**: *vide* art. 1.696 do CC; **IV**: *vide* arts. 82, I e II, do CPC e 1.692 do CC; **V**: *vide* art. 1.639, § 2º, do CC.
9. "d". **II**: *vide* arts. 1.768, 1.769 e 1.770 do CC, e art. 1.182 do CPC; **IV**: *vide* arts. 1.702 e 1.704 e parágrafo único, do CC.
10. "a". **I**: *vide* art. 1.767, III, do CC; **III**: *vide* art. 1.778 do CC.
11. "a". *Vide* art. 1.748, I, do CC.

12. "d". *Vide* art. 1.745, parágrafo único, do CC.
13. "a". *Vide* art. 1.782 do CC.
14. "c". *Vide* art. 1.179 do CPC/73 e arts. 178, II, e 752, § 1º, do CPC/2015.
15. "e". *Vide* arts. 6º e 85 da Lei n. 13.146/2015 (Estatuto da Pessoa com Deficiência).
16. "d". *Vide* art. 1.735 do CC.
17. "c". *Vide* art. 1.783-A do CC.
18. "b". *Vide* art. 1.729, parágrafo único, do CC.
19. "b". *Vide* art. 1.736, II, do CC.
20. "a".
21. "d".

TERCEIRA PARTE

DIREITO DAS SUCESSÕES

1

DA SUCESSÃO EM GERAL

1.1. CONCEITO

A palavra "sucessão", em sentido amplo, significa o ato pelo qual uma pessoa assume o lugar de outra, **substituindo-a na titularidade de determinados bens**. Numa compra e venda, por exemplo, o comprador ***sucede*** ao vendedor, adquirindo todos os direitos que a este pertenciam. De forma idêntica, ao cedente ***sucede*** o cessionário, o mesmo acontecendo em todos os modos derivados de adquirir o domínio ou o direito.

A ideia de sucessão, que se revela na permanência de uma relação de direito que perdura e subsiste a despeito da mudança dos respectivos titulares, não ocorre somente no direito das obrigações, encontrando-se frequente **no direito das coisas**, em que a tradição a opera, e no **direito de família**, quando os pais decaem do poder familiar e são substituídos pelo tutor, nomeado pelo juiz, quanto ao exercício dos deveres elencados nos arts. 1.740 e 1.741 do Código Civil.

Nas hipóteses mencionadas, ocorre a **sucessão *inter vivos***[1].

No **direito das sucessões**, entretanto, o vocábulo é empregado em sentido estrito, para designar tão somente a decorrente da *morte* de alguém, ou seja, **a sucessão *causa mortis***. O referido ramo do direito disciplina a transmissão do patrimônio, ou seja, do ativo e do passivo do *de cujus* ou autor da herança a seus sucessores.

A expressão latina ***de cujus*** é abreviatura da frase *de cujus sucessione* (ou *hereditatis*) *agitur*, que significa "aquele de cuja sucessão (ou herança) se trata".

Direito das sucessões, segundo Binder, citado por Orlando Gomes[2], é "a parte especial do direito civil que **regula a destinação do patrimônio de uma pessoa depois de sua morte**". Refere-se apenas às *pessoas naturais*. Não alcança as pessoas jurídicas, uma vez que não têm a natureza de disposições de última vontade os preceitos estatutários que regulam o destino do patrimônio social.

Clóvis Beviláqua, por sua vez, conceitua o direito das sucessões como "o complexo dos princípios segundo os quais se realiza **a transmissão do patrimônio de alguém que deixa de existir**"[3].

---

[1] Washington de Barros Monteiro, *Curso de direito civil*, v. 6, p. 1; Lacerda de Almeida, *Sucessões*, p. 10.

[2] *Sucessões*, p. 1.

[3] *Direito das sucessões*, p. 44.

■ 1.2. ABERTURA DA SUCESSÃO

Dispõe o art. 1.784 do Código Civil:

> "Aberta a sucessão, a *herança* transmite-se, **desde logo**, aos herdeiros legítimos e testamentários".

A *herança* é um **somatório**, em que se incluem os bens e as dívidas, os créditos e os débitos, os direitos e as obrigações, as pretensões e ações de que era titular o falecido, e as que contra ele foram propostas, desde que transmissíveis. Compreende, portanto, **o ativo e o passivo** (CC, arts. 1.792 e 1.997)[4].

A existência da pessoa natural termina com a **morte real** (CC, art. 6º). Como não se concebe direito subjetivo sem titular, no mesmo instante em que aquela acontece **abre-se a sucessão**, transmitindo-se automaticamente a herança aos herdeiros legítimos e testamentários do *de cujus*, sem solução de continuidade e ainda que estes ignorem o fato.

Na impossibilidade de se admitir que um patrimônio permaneça sem titular, o direito sucessório impõe, *mediante uma ficção jurídica*, **a transmissão da herança**, garantindo a continuidade na titularidade das relações jurídicas do defunto por meio da **transferência imediata da propriedade aos herdeiros**[5].

Não há falar em herança de pessoa viva, embora possa ocorrer a abertura da sucessão do *ausente*, presumindo-se-lhe a morte (CC, arts. 26 e s.).

■ Pressupostos da sucessão

Constituem, destarte, pressupostos da sucessão:

- ■ que o *de cujus* tenha **falecido**;
- ■ que lhe **sobreviva herdeiro**.

Se o autor da herança estiver vivo, não haverá sucessão (*viventis nulla hereditatis*). A morte civil (*ficta mors*), admitida no direito romano, não subsiste no direito moderno. **Abre-se a sucessão somente com o óbito**, *real* ou *presumido*[6].

Com a morte, pois, transmite-se a herança aos herdeiros, de acordo com a **ordem de vocação hereditária** estabelecida no art. 1.829 do Código Civil. Na falta destes, será a herança recolhida pelo **Município, pelo Distrito Federal ou pela União**, na conformidade do disposto no art. 1.844 do mesmo diploma.

A morte a que se refere o legislador é a **morte natural**. Não importa o motivo que a tenha determinado. A expressão "abertura da sucessão" é, todavia, abrangente. Por conseguinte, mesmo no caso de *suicídio* abre-se a sucessão do *de cujus*.

■ Morte presumida do ausente

A lei prevê, ainda, ao lado da morte natural, a *morte presumida do ausente*, como referido. O art. 6º do Código Civil, com efeito, refere-se à ausência como morte presumida.

---

4 Zeno Veloso, *Novo Código Civil comentado*, p. 1596.

5 Eduardo de Oliveira Leite, *Comentários ao novo Código Civil*, v. XXI, p. 5.

6 Washington de Barros Monteiro, *Curso de direito civil*, v. 6, p. 15.

Ausente é a pessoa que **desaparece de seu domicílio sem dar notícia de seu paradeiro** e sem deixar um representante ou procurador para administrar-lhe os bens (CC, art. 22). Protege o Código, por meio de medidas acautelatórias, inicialmente o seu **patrimônio**, pois quer esteja ele vivo, quer esteja morto, é importante considerar o interesse social de preservar os seus bens, impedindo que se deteriorem ou pereçam (arts. 22 a 25). Prolongando-se a ausência e crescendo **a possibilidade de que haja falecido**, a proteção legal volta-se para os **herdeiros**, cujos interesses passam a ser considerados (arts. 25 a 38).

Assim, a lei autoriza os herdeiros do ausente, num primeiro momento, a ingressarem com o pedido de **abertura de sucessão provisória**. Se, depois de passados dez anos da abertura dessa sucessão, o ausente não tiver retornado, ou não se tiver confirmação de sua morte, os herdeiros poderão requerer a **sucessão definitiva**, que também terá a duração de dez anos. Pode-se, ainda, requerer a *sucessão definitiva*, provando-se que o ausente conta 80 anos de idade, e que de cinco datam as últimas notícias dele (CC, art. 38).

O *ausente*, pois, é **uma exceção dentro do sistema sucessório**, tendo em vista que se admite a abertura de sua sucessão simplesmente em razão de seu desaparecimento, sem que se tenha certeza de seu falecimento[7].

■ Necessidade de prova da morte real

Em regra é indispensável, para que se possa considerar *aberta a sucessão* de uma pessoa, **a prova de sua morte real**, mediante a apresentação do *atestado de óbito*. Tal espécie de atestado, todavia, só é fornecida a partir da constatação, mediante o exame do cadáver, da morte biológica, uma vez que, conforme já observado, o direito pátrio não admite a morte civil.

■ Morte presumida sem decretação de ausência

Há situações, entretanto, em que, embora haja uma evidência da morte, **o corpo do *de cujus* não é encontrado**, por ter desaparecido em naufrágio, inundação, incêndio, terremoto ou outra catástrofe, impossibilitando a aludida constatação e o fornecimento do atestado de óbito, bem como o registro deste.

Para esses casos, a Lei dos Registros Públicos (Lei n. 6.015/73) prevê um procedimento de justificação. O Código Civil, por sua vez, amplia, no art. 7º, I e II, as hipóteses de **morte presumida**, que pode ser declarada **sem decretação de ausência**, usando expressão genérica: **"se for extremamente provável a morte de quem estava em perigo de vida"**.

Desse modo, o novel dispositivo abrange não somente aqueles que *desapareceram em alguma catástrofe*, como também os que estavam **em perigo de vida** decorrente de qualquer situação, sendo extremamente provável a sua morte. Nesse caso, só poderá ser requerida a declaração (mediante ação declaratória, e não simples justificação judicial) de morte presumida **"depois de esgotadas as buscas e averiguações, devendo a sentença fixar a data provável do falecimento"** (CC, art. 7º, parágrafo único).

---

[7] Débora Gozzo, *Comentários ao Código Civil brasileiro*, v. XVI, p. 34.

■ 1.3. MOMENTO DA TRANSMISSÃO DA HERANÇA. A COMORIÊNCIA

Segundo a lição de Zeno Veloso, "**a morte, a abertura da sucessão e a transmissão da herança aos herdeiros ocorrem num só momento**. Os herdeiros, por essa previsão legal, tornam-se donos da herança ainda que não saibam que o autor da sucessão morreu, ou que a herança lhes foi transmitida. Mas precisam aceitar a herança, bem como podem repudiá-la, até porque ninguém é herdeiro contra a sua vontade. Mas a **aceitação** tem o efeito — como diz o art. 1.804 — de tornar **definitiva** a transmissão que *já havia ocorrido* por força do art. 1.784. E, se houver **renúncia** por parte do herdeiro, tem-se por não verificada a transmissão mencionada no mesmo artigo (art. 1.804, parágrafo único)"[8].

Assim, aduz o mencionado autor, "o legislador concilia a transmissão automática e por força da lei da herança, no próprio momento da morte do *de cujus*, com a necessidade de os herdeiros aceitarem a herança e com a possibilidade de eles preferirem repudiá-la".

■ Abertura e delação da sucessão

Aberta a sucessão, *devolve-se* a herança, ou melhor, *defere-se* o acervo hereditário a este ou àquele herdeiro. Tal abertura é também denominada *delação* ou *devolução sucessória* e beneficia desde logo os herdeiros, como visto.

Na dicção de Lacerda de Almeida, "*devolve-se* a herança aos herdeiros necessários; aos testamentários *defere-se*". Não se confundem, aduz, os vocábulos "abertura" e "delação" da sucessão. Com a **abertura**, pela morte do *de cujus*, nasce o direito de herdar, não importa para que herdeiro. A **delação** ou **deferimento** da herança, no entanto, pode não coincidir com a abertura da sucessão, como nos casos, por exemplo, em que a instituição de herdeiro depende de condição ou de termo, ou quando a delação se faz muito tempo depois da morte do autor da herança (testamento anulado e consequente vocação *ab intestato*)[9].

Quanto aos **legatários**, a situação é diferente: adquirem a propriedade dos bens *infungíveis* desde a abertura da sucessão; **a dos fungíveis, porém, só pela partilha**. A posse, em ambos os casos, deve ser requerida aos herdeiros, que só estão obrigados a entregá-la por ocasião da partilha e depois de comprovada a solvência do espólio (CC, art. 1.923, § 1º).

■ Comoriência

Como foi dito, para que haja sucessão é necessário que o herdeiro sobreviva ao hereditando. Há casos, no entanto, em que ambos falecem em condições que **impossibilitam precisar qual deles morreu primeiro** e se ocorreu ou não a sobrevivência do herdeiro. Essas hipóteses de morte simultânea recebem a denominação de *comoriência*, disciplinada no art. 8º do Código Civil, nestes termos:

> "Se dois ou mais indivíduos falecerem na mesma ocasião, não se podendo averiguar se algum dos comorientes precedeu aos outros, **presumir-se-ão simultaneamente mortos**".

---

[8] *Novo Código*, cit., p. 1598.

[9] *Sucessões*, p. 55, nota 3.

Quando duas pessoas morrem em determinado acidente, somente interessa saber qual delas morreu primeiro **se uma for herdeira ou beneficiária da outra**. Do contrário, inexiste qualquer interesse jurídico nessa pesquisa.

O principal efeito da presunção de morte simultânea é que, não tendo havido tempo ou oportunidade para a transferência de bens entre os comorientes, **um não herda do outro**.

Não há, pois, transferência de bens e direitos entre comorientes. Por conseguinte, se morre em acidente casal sem descendentes e ascendentes, sem saber qual morreu primeiro, um não herda do outro. Assim, os colaterais da mulher ficarão com a meação dela; enquanto os colaterais do marido ficarão com a meação dele.

Diversa seria a solução se houvesse prova de que um faleceu pouco antes do outro. O que viveu um pouco mais herdaria a meação do outro e, por sua morte, a transmitiria aos seus colaterais. O diagnóstico científico do momento exato da morte, hodiernamente representado pela paralisação da atividade cerebral, circulatória e respiratória, só pode ser feito por médico legista. Se este não puder estabelecer o exato momento das mortes, porque os corpos se encontram em adiantado estado de putrefação, por exemplo, **presumir-se-á a morte simultânea**, com as consequências já mencionadas. A situação de dúvida que o art. 8º pressupõe é a incerteza invencível[10].

Para que se configure a comoriência **não é mister que as mortes tenham ocorrido no mesmo lugar**. Pode, por exemplo, uma ter ocorrido na Europa e outra na América[11].

■ 1.4. TRANSMISSÃO DA POSSE: O PRINCÍPIO DA *SAISINE*

Uma vez *aberta a sucessão*, dispõe o art. 1.784 do Código Civil, retrotranscrito, a herança transmite-se, **desde logo**, aos herdeiros. Nisso consiste o princípio da *saisine*, segundo o qual o próprio defunto transmite ao sucessor a propriedade e a posse da herança.

Embora não se confundam a morte com a transmissão da herança, sendo aquela pressuposto e causa desta, a lei, **por uma ficção**, torna-as coincidentes em termos cronológicos, presumindo que o próprio *de cujus* investiu seus herdeiros no domínio e na posse indireta de seu patrimônio, porque este não pode restar acéfalo[12].

Para que a transmissão tenha lugar é necessário, porém:

---

[10] Carlos Roberto Gonçalves, *Direito civil brasileiro*, v. 1, p. 116-117.
"Falecendo no mesmo acidente o segurado e o beneficiário e inexistindo prova de que a morte não foi simultânea, não haverá transmissão de direitos entre os dois, sendo inadmissível, portanto, o pagamento do valor do seguro aos sucessores do beneficiário. É preciso que o beneficiário exista ao tempo do sinistro" (*RT*, 587/121). "A presunção legal de comoriência estabelecida quando houver dúvida sobre quem morreu primeiro só pode ser afastada ante a existência de prova inequívoca de premoriência" (*RT*, 639/62).

[11] *Curso*, cit., v. 6, p. 16.

[12] Giselda Hironaka, *Comentários ao Código Civil*, v. 20, p. 21.

- que o herdeiro exista ao tempo da delação; e
- que a esse tempo não seja incapaz de herdar[13].

Segundo esclarece Planiol[14], *saisine* quer dizer **posse**, e *saisine héréditaire* significa que os parentes de uma pessoa falecida tinham o direito de tomar posse de seus bens **sem qualquer formalidade**. Essa situação se expressava pela máxima *le mort saisit le vif*, princípio que se encontra consignado no art. 724 do Código Civil francês, pelo qual os herdeiros são **investidos de pleno direito** nos bens, direitos e ações do defunto.

O Código Civil acolheu o **aludido princípio** no art. 1.784, fazendo referência à transmissão da *herança*, subentendendo a noção abrangente de propriedade. **Harmoniza-se** ele com os arts. 1.207 e 1.206, pelos quais o **"sucessor universal continua de direito a posse do seu antecessor"**, com **"os mesmos caracteres"**. Compatibiliza-se, também, com os arts. 617 e 618 do Código de Processo Civil de 2015 e 1.797 do estatuto civil, mediante a interpretação de que *o inventariante* administra o espólio, tendo a **posse direta** dos bens que o compõem, enquanto *os herdeiros* adquirem a **posse indireta**. Uma não anula a outra, como preceitua o art. 1.197 do Código Civil.

- **Incidência da lei vigente ao tempo da abertura da sucessão**

Em decorrência do princípio da *saisine*, "regula a sucessão e a legitimação para suceder **a lei vigente ao tempo da abertura** daquela" (CC, art. 1.787).

> "A lei do dia da morte **rege todo o direito sucessório**, quer se trate de fixar a vocação hereditária, quer de determinar a extensão da quota hereditária. Não pode a lei nova disciplinar sucessão aberta na vigência da lei anterior"[15].

Uma vez que a transmissão da herança se opera no momento da morte, é nessa ocasião que se devem verificar os **valores do acervo hereditário**, de forma a determinar o monte partível e o valor do imposto de transmissão *causa mortis*. Dispõe a Súmula 112 do Supremo Tribunal Federal:

> "O imposto de transmissão *causa mortis* é devido pela alíquota vigente **ao tempo da abertura da sucessão**".

Outra consequência do princípio da *saisine* consiste em que o herdeiro que sobrevive ao *de cujus*, *ainda que por um instante*, **herda os bens por este deixados e os transmite aos seus sucessores**, se falecer em seguida.

1.5. ESPÉCIES DE SUCESSÃO E DE SUCESSORES

Podem ser apontadas as seguintes espécies de sucessão:

---

[13] Lacerda de Almeida, *Sucessões*, cit., p. 56.

[14] *Traité élémentaire de droit civil français*, t. 3, n. 1.929 e 1.930.

[15] Washington de Barros Monteiro, *Curso*, cit., v. 6, p. 18.

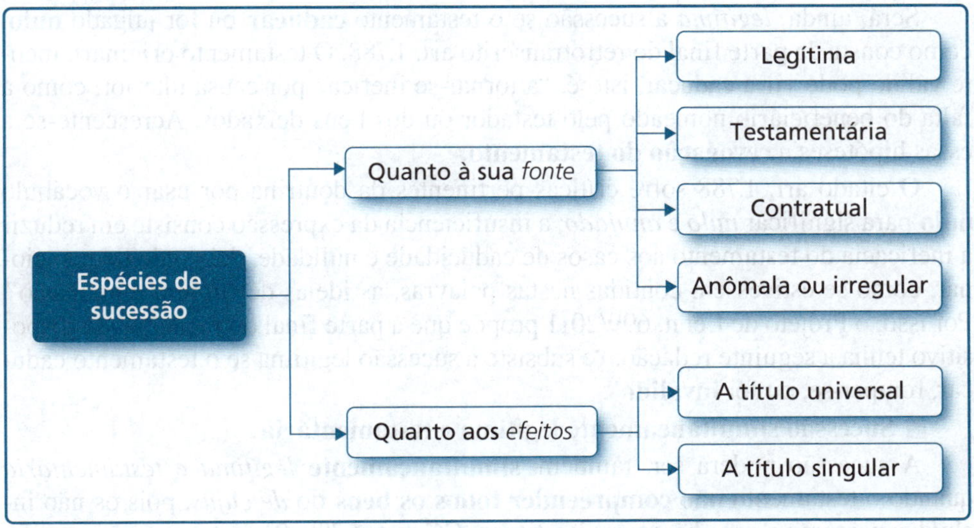

■ 1.5.1. Sucessão legítima e testamentária

Proclama o art. 1.786 do Código Civil:

> "A sucessão dá-se por lei ou por disposição de última vontade".

Por isso se diz que a sucessão, considerando-se a sua *fonte*, pode ser:

- ■ **legítima** ou *ab intestato*, quando se dá em virtude da lei; e
- ■ **testamentária**, quando decorre de manifestação de última vontade, expressa em testamento ou codicilo.

Pode ser, ainda, **contratual** e **anômala** ou irregular (*v.* itens 1.5.4 e 1.5.5, *infra*).

■ **Sucessão legítima**

Por sua vez, prescreve o art. 1.788 do Código Civil:

> "Morrendo a pessoa **sem testamento**, transmite a herança aos herdeiros legítimos; o mesmo ocorrerá quanto aos bens que não forem compreendidos no testamento; e subsiste a sucessão legítima se o testamento caducar, ou for julgado nulo".

Morrendo, portanto, a pessoa *ab intestato*, transmite-se a herança a seus herdeiros legítimos, **expressamente indicados na lei** (CC, art. 1.829), de acordo com uma *ordem preferencial*, denominada **ordem da vocação hereditária**. Costuma-se dizer, por isso, que a sucessão legítima representa a **vontade presumida** do *de cujus* de transmitir o seu patrimônio para as pessoas indicadas na lei, pois teria deixado testamento se outra fosse a intenção.

O Código Civil de 2002 incluiu o **cônjuge supérstite no rol dos herdeiros necessários** (art. 1.845), determinando que concorra com os herdeiros das classes descendente e ascendente (art. 1.829, I e II), e faça parte da terceira classe, com exclusividade.

Será, ainda, *legítima* a sucessão se o testamento **caducar** ou for julgado **nulo**, como consta da parte final do retrotranscrito art. 1.788. O testamento originariamente válido pode vir a caducar, isto é, "a tornar-se ineficaz por causa ulterior, como a falta do beneficiário nomeado pelo testador ou dos bens deixados. Acrescente-se a essas hipóteses a **revogação do testamento**.

O citado art. 1.788 sofre críticas pertinentes da doutrina por usar o vocábulo **nulo** para significar *nulo* e *anulado*; a insuficiência da expressão consiste em reduzir a ineficácia do testamento aos casos de caducidade e nulidade, deixando de mencionar, como se estivessem contidas nestas palavras, as ideias de ruptura e anulação". Por isso, o Projeto de Lei n. 699/2011 propõe que a parte final do mencionado dispositivo tenha a seguinte redação: "e subsiste a sucessão legítima se o testamento caducar, romper-se, ou for **inválido**".

- **Sucessão simultaneamente legítima e testamentária**

A sucessão poderá ser, também, **simultaneamente** *legítima e testamentária* quando o testamento **não compreender todos os bens** do *de cujus*, pois os não incluídos passarão a seus herdeiros legítimos (CC, art. 1.788, 2ª parte).

- **Sucessão testamentária**

A *sucessão testamentária* dá-se por **disposição de última vontade**. Havendo herdeiros necessários (ascendentes, descendentes ou cônjuge), divide-se a herança em duas partes iguais e o testador só poderá dispor livremente da metade, denominada **porção disponível**, para outorgá-la ao cônjuge sobrevivente, a qualquer de seus herdeiros ou mesmo a estranhos, pois a outra constitui a **legítima**, àqueles assegurada no art. 1.846 do Código Civil.

1.5.2. Liberdade de testar

Não havendo herdeiros necessários, plena será a **liberdade de testar**, podendo o testador afastar da sucessão os herdeiros colaterais (art. 1.850).

Estabelece, com efeito, o art. 1.789 do Código Civil:

> "Havendo herdeiros necessários, o testador só poderá dispor da metade da herança".

Se o testador for casado no regime da *comunhão universal de bens*, o patrimônio do casal será dividido em **duas meações**, e só poderá dispor, em testamento, *integralmente*, da sua, **se não tiver herdeiros necessários**, e da *metade*, correspondente a um quarto do patrimônio do casal, **se os tiver**.

Como enfatiza Washington de Barros Monteiro, "não se deve perder de vista que, se o testador é casado pelo regime da comunhão universal (art. 1.667), a metade dos bens pertence ao outro cônjuge; portanto, para o cálculo da legítima e da porção disponível **ter-se-á em vista, exclusivamente, a meação que toca ao testador**. Por igual, de acordo com o art. 1.790, há que ser considerada a parte que ao companheiro ou companheira caiba quanto aos bens adquiridos onerosamente na vigência da união estável, que a ele ou a ela já pertence como condômino"[16].

[16] *Curso*, cit., v. 6, p. 10-11.

Acrescenta o mencionado autor que a legítima "constitui um freio ao poder de dispor por ato de última vontade. Em face do nosso direito, **é sagrada e intangível**. Herdeiro necessário dela não pode ser privado, a menos que ocorra algum caso de deserdação (art. 1.961)".

■ 1.5.3. Sucessão a título universal e a título singular

A sucessão pode ser classificada, ainda, quanto aos *efeitos*, em *a título universal* e *a título singular*.

- **Sucessão a título universal:** dá-se quando o herdeiro é chamado a suceder na totalidade da herança, fração ou parte alíquota (porcentagem) dela. Pode ocorrer tanto na sucessão legítima como na testamentária. Nessa modalidade, o sucessor sub-roga-se na posição do finado, como titular da totalidade ou de parte da *universitas iuris*, que é o seu patrimônio, de modo que, da mesma maneira que se investe na titularidade de seu ativo, assume a responsabilidade por seu passivo[17].
- **Sucessão a título singular:** ocorre quando o testador deixa ao beneficiário um bem certo e determinado, denominado **legado**, como um veículo ou um terreno, por exemplo.

Legatário, portanto, não é o mesmo que *herdeiro*. Este sucede **a título universal**, pois a herança é uma universalidade; aquele, porém, sucede ao falecido **a título singular**, tomando o seu lugar em coisa certa e individuada.

A sucessão *legítima* é sempre **a título universal**, porque transfere aos herdeiros a totalidade ou fração ideal do patrimônio do *de cujus*. A *testamentária* pode ser **a título universal ou a título singular**. Será a título singular quando envolver coisa determinada e individualizada, conforme a vontade do testador.

■ 1.5.4. Sucessão contratual

O nosso direito **não admite** outras formas de sucessão, especialmente a *contratual*, por estarem expressamente proibidos os **pactos sucessórios**, *não podendo ser objeto de contrato herança de pessoa viva* (CC, art. 426). Aponta-se, no entanto, uma **exceção**: podem os pais, por **ato entre vivos**, partilhar o seu patrimônio entre os descendentes.

Dispõe, efetivamente, o art. 2.018 do Código Civil:

> "É válida a partilha feita por ascendente, por ato entre vivos ou de última vontade, contanto que não prejudique a legítima dos herdeiros necessários".

A sucessão contratual era também condenada no direito romano, porque pode representar um *votum captandae mortis*, encobrindo sentimentos menos nobres. Por isso, era chamada de ***pacta corvina*** — o que demonstra a repulsa provocada por semelhante estipulação.

[17] Silvio Rodrigues, *Direito civil*, v. 7, p. 17.

■ 1.5.5. Sucessões irregulares

Sucessão *anômala* ou *irregular* é a disciplinada por **normas peculiares e próprias**, não observando a ordem da vocação hereditária estabelecida no art. 1.829 do Código Civil para a sucessão legítima.

Assim, por exemplo, dentre outras hipóteses:

- ■ o art. 692, III, do diploma de 1916, ainda aplicável às enfiteuses constituídas durante sua vigência, por força do disposto no art. 2.038 do Código de 2002, prevê a extinção destas, em caso de falecimento do enfiteuta sem herdeiros, em vez da transmissão do imóvel para o Município;
- ■ o art. 520 do atual Código prescreve que o direito de preferência, estipulado no contrato de compra e venda, não passa aos herdeiros;
- ■ a Constituição Federal estabelece, no art. 5º, XXXI, benefício ao cônjuge ou filhos brasileiros, na sucessão de bens de estrangeiros situados no País, permitindo a aplicação da lei pessoal do *de cujus*, se mais favorável.

■ 1.5.6. Espécies de sucessores

Podem ser apontadas as seguintes *espécies* de sucessores:

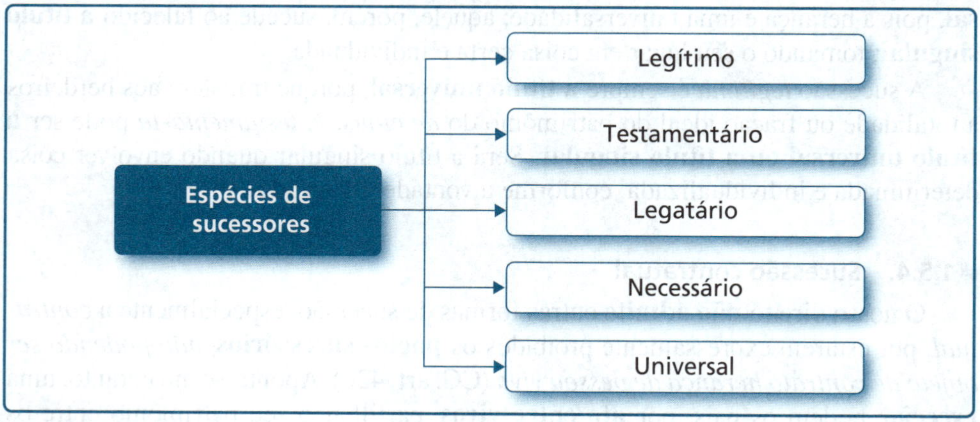

- ■ **Sucessor ou herdeiro legítimo:** é o indicado pela lei, em ordem preferencial (art. 1.829).
- ■ **Sucessor testamentário ou instituído:** é o beneficiado pelo testador no ato de última vontade com uma parte ideal do acervo, sem individuação de bens.
- ■ **Legatário:** é a pessoa contemplada em testamento com coisa certa e determinada, não sendo, como já foi dito, herdeiro instituído ou testamentário.
- ■ **Sucessor ou herdeiro necessário:** *legitimário* ou *reservatário*: é o descendente ou ascendente sucessível e o cônjuge (CC, art. 1.845), ou seja, todo parente em linha reta não excluído da sucessão por indignidade ou deserdação, bem como o cônjuge, que só passou a desfrutar dessa qualidade no atual Código Civil, constituindo tal fato importante inovação.

Herdeiro universal: é assim chamado o herdeiro único, que recebe a totalidade da herança, mediante auto de adjudicação (e não de partilha) lavrado no inventário, seja em virtude de lei, seja em virtude de renúncia dos outros herdeiros ou de testamento.

1.6. LUGAR EM QUE SE ABRE A SUCESSÃO

Dispõe o art. 1.785 do Código Civil:

"A sucessão abre-se no lugar do último domicílio do falecido".

É esse o **foro competente para o processamento do inventário**, mesmo que o óbito tenha ocorrido em outro local ou, até, no exterior e ainda que outros sejam os locais da situação dos bens.

O dispositivo supratranscrito, norma de direito substantivo, deve ser conjugado ao art. 48, *caput*, e parágrafo único do Código de Processo Civil. Cumpre salientar que abertura da sucessão não é o mesmo que abertura do inventário. Há, todavia, uma **coincidência entre a norma substantiva e a de natureza processual**, pois o aludido art. 48 estabelece que "o *foro do domicílio do autor da herança*, no Brasil, é o competente para o inventário, a partilha, a arrecadação, o cumprimento de disposições de última vontade, a impugnação ou anulação de partilha extrajudicial e para todas as ações em que o espólio for réu, ainda que o óbito tenha ocorrido no estrangeiro".

Domicílio incerto

Tendo em vista que o domicílio do falecido pode ser *incerto*, houve por bem o legislador processual, outrossim, especificar a regra, no tocante ao local da abertura do inventário, fazendo-o incidir, nesse caso, no **local da situação dos bens**. Prescreve, com efeito, o parágrafo único, I, do aludido art. 48 que, se o autor da herança não possuía domicílio certo, é competente **"o foro de situação dos bens imóveis"**.

Se, porventura, os bens que compõem a herança *se situarem em locais diversos*, tem aplicação o disposto no inc. II do mencionado parágrafo único, segundo o qual é competente o **foro "de qualquer destes"**. Entendeu o legislador, nesse caso, não ser possível a multiplicidade de inventários relativos a uma mesma herança, bem imóvel indivisível por determinação legal[18].

Pluralidade domiciliar

Para a hipótese de pluralidade domiciliar, permitiu o legislador a abertura do inventário em **qualquer foro correspondente a um dos domicílios do finado** (CPC/2015, art. 46, § 1º)[19].

[18] "Demonstrada a existência de dois domicílios do falecido, e havendo concomitância destes na realização de seus negócios, considera-se competente o foro para o processamento do inventário o local em que ocorreu o óbito" (*RT*, 786/435).

[19] "Possuindo o *de cujus* vários domicílios, qualquer das comarcas é competente para a abertura e processamento do inventário dos bens por ele deixados" (*RT*, 674/92). "Determina-se a compe-

Predomina na jurisprudência o entendimento de que é **relativa** a incompetência de qualquer outro juízo, suscetível de prorrogação, ante o silêncio dos interessados. Nesse sentido posicionou-se a 2ª Seção do Superior Tribunal de Justiça:

> "A competência para o processo sucessório **é relativa, não podendo ser arguida de ofício**"[20].

■ Inventários conjuntos

O art. 672 do Código de Processo Civil trata dos casos em que se processam inventários conjuntos. Dispõe o aludido dispositivo: "É lícita **a cumulação de inventários** para a partilha de heranças de **pessoas diversas** quando houver: I — identidade de pessoas entre as quais devam ser repartidos os bens; II — heranças deixadas pelos dois cônjuges ou companheiros; III — dependência de uma das partilhas em relação à outra". Efetivamente, a herança, como universalidade de bens deixados pelo casal, é uma só. Por conseguinte, não se mostra razoável a abertura de dois inventários distintos, com a nomeação de dois inventariantes para a administração da mesma e única herança indivisa.

■ Competência internacional

Na esfera da competência internacional, dispõe o art. 23, II, do Código de Processo Civil que compete à *autoridade judiciária brasileira*, com exclusão de qualquer outra, "em matéria de sucessão hereditária", "proceder à confirmação de testamento particular e ao inventário e à partilha de **bens, situados no Brasil**, ainda que o autor da herança seja de nacionalidade estrangeira ou tenha domicílio fora do território nacional".

Somente, portanto, se o brasileiro ou estrangeiro, falecido no exterior, deixar bens no Brasil é que o foro competente será o da Justiça brasileira. Se os **bens deixados estão localizados no exterior**, o processamento do inventário e partilha, quanto a esses bens, escapará à jurisdição brasileira, *competindo ao país onde se situem*. Se

---

tência, por prevenção, do juiz que primeiro conheceu do inventário, quando, ante a existência de duplo domicílio do autor da herança, com bens em vários municípios de diferentes Estados, com óbito verificado em comarca diversa das dos domicílios e de situação dos bens, se conflitam positivamente os juízes dos dois domicílios do falecido" (STJ, CComp 6.539-9-RO, 2ª Seção, rel. Min. Dias Trindade, *DJU*, 11-4-1994, p. 7584); "Se os juízes em conflito tomaram conhecimento da inicial no mesmo dia, prevalece a competência do juiz onde primeiro foi prestado o compromisso de inventariante" (TFR, CComp 7.487-PA, 1ª Seção, rel. Min. Milton Luiz Pereira, *DJU*, 3-5-1989, p. 6735).

[20] CComp 3.646-6-PR, rel. Min. Ruy Rosado de Aguiar, *DJU*, 25-9-1995, p. 31059. No mesmo sentido: "A competência para o processo sucessório com a abertura de inventário, por ser de natureza territorial, é relativa, não comportando a declaração de incompetência de ofício, ainda que o Juiz assim proceda em sua primeira intervenção no processo, em face do disposto na Súm. 33 do STJ" (TJSP, *RT*, 766/242).

V. Súmula 58 do TFR: "Não é absoluta a competência definida no art. 96, do Código de Processo Civil [de 1973, atual art. 48], relativamente à abertura de inventário, ainda que existente interesse de menor, podendo a ação ser ajuizada em foro diverso do domicílio do inventariado".

forem feitos inventário e partilha de bens situados no Brasil em país estrangeiro, a sentença não terá validade no Brasil, nem induzirá litispendência[21].

■ 1.7. RESUMO

DA SUCESSÃO EM GERAL	
EM SENTIDO AMPLO	■ A palavra ***sucessão***, em sentido amplo, significa o ato pelo qual uma pessoa assume o lugar de outra, substituindo-a na titularidade de determinados bens (numa compra e venda, p. ex., o comprador sucede ao vendedor). Ocorre, nesse caso, a sucessão ***inter vivos***.
EM SENTIDO ESTRITO	■ No direito das sucessões, o mesmo vocábulo é empregado em sentido estrito, para designar tão somente a decorrente da morte de alguém, ou seja, a sucessão ***causa mortis***.
DIREITO DAS SUCESSÕES	■ O referido ramo do direito disciplina a transmissão do patrimônio (o ativo e o passivo) do ***de cujus*** (ou autor da herança) a seus sucessores. Essa expressão latina é abreviatura da frase ***de cujus sucessione*** (ou ***hereditatis***) ***agitur***, que significa "aquele de cuja sucessão (ou herança) se trata".
DISPOSIÇÕES GERAIS	■ **Abertura da sucessão** Dá-se no mesmo instante da morte do ***de cujus***, transmitindo-se automaticamente a herança aos seus herdeiros legítimos e testamentários (CC, art. 1.784). Nisso consiste o princípio da ***saisine***, segundo o qual o próprio defunto transmite ao sucessor o domínio e a posse da herança (***le mort saisit le vif***). ■ **Efeitos do princípio da *saisine*** **a)** regula a sucessão e a legitimação para suceder a lei vigente ao tempo da abertura daquela (CC, art. 1.787); **b)** o sucessor universal ***continua*** de direito a posse do seu antecessor, com os mesmos caracteres (art. 1.206); **c)** o herdeiro que sobrevive ao ***de cujus***, ainda que por um instante, herda os bens deixados e os transmite aos seus sucessores, se falecer em seguida; **d)** abre-se a sucessão no lugar do ***último domicílio*** do falecido (art. 1.785), que é o foro competente para o processamento do inventário.
ESPÉCIES DE SUCESSÃO	■ **Quanto à sua fonte** **a) *Sucessão legítima.*** Decorre da lei. Morrendo a pessoa sem deixar testamento, ou se este caducar ou for julgado nulo, transmite-se a herança a seus herdeiros legítimos (art. 1.788), indicados na lei (art. 1.829), de acordo com uma ordem preferencial. A sucessão poderá ser simultaneamente legítima e testamentária quando o testamento não compreender todos os bens do ***de cujus*** (art. 1.788, 2ª parte). **b) *Sucessão testamentária.*** Decorre de disposição de última vontade: testamento ou codicilo. Havendo herdeiros necessários, o testador só poderá dispor da metade da herança (art. 1.789), pois a outra constitui a legítima, àqueles assegurada no art. 1.846; não havendo, plena será a sua liberdade de testar, podendo afastar da sucessão os colaterais (art. 1.850). **c) *Sucessão contratual.*** Não é admitida pelo nosso ordenamento, por estarem proibidos os pactos sucessórios, não podendo ser objeto de contrato herança de pessoa viva (art. 426). Exceção: podem os pais, por atos entre vivos, partilhar o seu patrimônio entre os descendentes (art. 2.018). **d) *Anômala ou irregular.*** É a disciplinada por normas peculiares e próprias, não observando a ordem da vocação hereditária estabelecida no art. 1.829 para a sucessão legítima. Assim, p. ex., o art. 520 prescreve que o direito de preferência, estipulado no contrato de compra e venda, não passa aos herdeiros. A CF (art. 5º, XXXI) estabelece benefício ao cônjuge ou filhos brasileiros, na sucessão de bens de estrangeiros situados no País, permitindo a aplicação da lei pessoal do *de cujus*, se mais favorável.

[21] Sebastião Amorim e Euclides de Oliveira, *Inventários e partilhas*, p. 314-315.
"Com respaldo doutrinário, cabe salientar que os bens do *de cujus* estrangeiro situados em território brasileiro aqui serão objeto de inventário e partilha. Existentes, todavia, em espaço alienígena, este simples fato acarreta a fixação da competência no foro da respectiva situação" (*RT*, 583/88). No mesmo sentido: *RT*, 713:224.

	■ **Quanto aos efeitos** a) ***A título universal.*** Quando o herdeiro é chamado a suceder na totalidade da herança, fração ou parte alíquota (porcentagem) dela. Pode ocorrer tanto na sucessão legítima como na testamentária. b) ***A título singular.*** Quando o testador deixa ao beneficiário um bem certo e determinado. Legatário sucede ao falecido a título singular, tomando o seu lugar em coisa individuada. Herdeiro sucede a título universal. A sucessão legítima é sempre a título universal; a testamentária pode ser a título universal ou a título singular, dependendo da vontade do testador.
ESPÉCIES DE HERDEIROS	■ ***legítimo***: é o indicado pela lei, em ordem preferencial (art. 1.829); ■ ***testamentário*** ou ***instituído***: é o beneficiado pelo testador no ato de última vontade com uma parte ideal do acervo, sem individuação de bens; a pessoa contemplada com coisa certa não é herdeiro, mas legatário; ■ ***necessário*** (***legitimário*** ou ***reservatário***): é o descendente ou ascendente sucessível e o cônjuge (art. 1.845); ■ ***universal***: costuma-se assim chamar o herdeiro único, que recebe a totalidade da herança, mediante auto de adjudicação lavrado no inventário.

2

DA HERANÇA E DE SUA ADMINISTRAÇÃO

2.1. A HERANÇA COMO UM TODO UNITÁRIO

Dispõe o art. 1.791 do Código Civil:

> "A herança defere-se como um *todo unitário*, ainda que vários sejam os herdeiros.
>
> Parágrafo único. Até a partilha, o direito dos coerdeiros, quanto à propriedade e posse da herança, será *indivisível*, e regular-se-á pelas normas relativas ao *condomínio*".

Por uma **ficção legal**, como vimos, a morte do titular do patrimônio, a abertura da sucessão e a transmissão da herança aos herdeiros **ocorrem num só momento**. O art. 1.791 supratranscrito e seu parágrafo único reafirmam duas ideias fundamentais do direito sucessório:

- a da **devolução unitária** da herança aos herdeiros; e
- a noção de **indivisibilidade** do monte hereditário, no momento da abertura da sucessão, até a partilha final.

Antes da partilha, **nenhum herdeiro tem a propriedade ou a posse exclusiva sobre um bem certo e determinado** do acervo hereditário. Só a partilha individualiza e determina objetivamente os bens que cabem a cada herdeiro. Julgada a partilha, diz o art. 2.023 do Código Civil, "fica o direito de cada um dos herdeiros **circunscrito aos bens do seu quinhão**"[1].

É a **data da abertura da sucessão** que determina a devolução da herança, que produz o seu efeito translativo. Deferindo-se como "um todo unitário" a transmissão dos direitos do *de cujus* se opera **de plano**. É nesse momento que nasce a indivisão, no caso de pluralidade de herdeiros. E "quando ocorrer a divisão, com seu efeito declarativo (na partilha), **é a esta data que remontarão os direitos privativos dos herdeiros** sobre os bens correspondentes a suas cotas respectivas"[2].

2.2. A INDIVISIBILIDADE DO DIREITO DOS COERDEIROS

O aludido parágrafo único do art. 1.791 do Código Civil reafirma, como visto, o **princípio da indivisibilidade da herança**, considerando-a um todo unitário e indivisível,

---

1 Silvio Rodrigues, *Direito civil*, v. 7, p. 23.

2 Eduardo de Oliveira Leite, *Comentários ao novo Código Civil*, v. XXI, p. 69.

até a partilha, tendo os herdeiros seus direitos de propriedade e posse regulados pelas disposições relativas ao condomínio.

Por conseguinte, cada um dos herdeiros tem os mesmos direitos e deveres **em relação ao todo**, não cabendo a nenhum deles direitos e deveres sobre um ou mais bens determinados da herança; é esta uma *universitas iuris*.

A *indivisibilidade* diz respeito ao domínio e à posse dos bens hereditários, desde a abertura da sucessão até a atribuição dos quinhões a cada sucessor, **na partilha**. *Antes desta*, o coerdeiro pode alienar ou ceder **apenas sua quota ideal**, ou seja, o direito à sucessão aberta, que o art. 80, II, do Código Civil considera bem imóvel, exigindo escritura pública e outorga uxória, não lhe sendo permitido transferir a terceiro parte certa e determinada do acervo.

Prescreve o § 2º do art. 1.793 do Código Civil que "é *ineficaz* a cessão, pelo coerdeiro, de seu direito hereditário sobre qualquer bem da herança considerado **singularmente**". Sendo a herança uma universalidade, e indivisível, **somente com a partilha serão determinados os bens que comporão o quinhão de cada herdeiro**.

Em razão dessa indivisibilidade, qualquer dos coerdeiros pode reclamar a universalidade da herança em face de terceiro, não podendo este opor-lhe, em exceção, o caráter parcial do seu direito nos bens da sucessão (CC, arts. 1.825 e 1.827).

As regras aplicáveis são as concernentes ao **condomínio**. *Ipso facto*, o coerdeiro pode alienar, respeitada a *preferência* estabelecida no art. 504 do Código Civil, "a terceiro sua parte indivisa, ou seja, a fração ideal de que é titular; pode mesmo alienar uma parte alíquota de seu quinhão, mas **não pode, jamais, alienar um bem que componha o acervo patrimonial ou hereditário**, pois este bem é insuscetível de ser alienado por um dos condôminos sem o assentimento dos demais. Na hipótese de todos os comproprietários desejarem fazer a venda de um bem, **é a comunidade que procede à alienação**, e o preço recebido, até ser dividido entre os interessados, sub-roga-se no lugar da coisa vendida, pelo princípio da sub-rogação real. *In judicis universalibus res succedit in loco pretii et praetium in loco rei*"[3].

■ 2.3. RESPONSABILIDADE DOS HERDEIROS

Prescreve o art. 1.792 do Código Civil:

> "O herdeiro *não responde* por encargos **superiores às forças da herança**; incumbe-lhe, porém, a prova do excesso, salvo se houver inventário que a escuse, demonstrando o valor dos bens herdados".

No direito brasileiro, durante a vigência das Ordenações Filipinas, prevalecia a doutrina romana: o herdeiro precisava dizer que aceitava a herança *a benefício do inventário*. A aceitação pura e simples impunha ao herdeiro todos os encargos do monte. Somente a invocação expressa da aludida cláusula produzia o efeito de **exonerar o aceitante** das responsabilidades e obrigações excedentes das forças da herança.

---

[3] Silvio Rodrigues, *Direito civil*, cit., v. 7, p. 24.

Como no direito pré-codificado tornou-se costume a aceitação da herança sob *benefício de inventário*, o legislador de 1916 houve por bem torná-la **regra geral**. Assim, o art. 1.587 do aludido diploma dispôs que as responsabilidades dos herdeiros nunca ultrapassariam as forças da herança. Tal determinação foi reproduzida no art. 1.792 do novo diploma, ora comentado.

Pode-se dizer, desse modo, que em nosso direito a aceitação da herança **é sempre a benefício de inventário**, *ex vi legis* e sem necessidade de ressalva expressa.

Para que o herdeiro não responda pelas dívidas que ultrapassarem as forças da herança exige a lei, todavia, que **prove tal excesso**, "salvo se houver inventário que a escuse, demonstrando o valor dos bens herdados" (CC, art. 1.792, 2ª parte).

No **inventário** é feito um levantamento do patrimônio do falecido, relacionando-se os bens, créditos e débitos que deixou. **As dívidas são da herança**, que responde por elas (CC, art. 1.997). Só serão partilhados os bens ou valores que restarem depois de pagas as dívidas, isto é, depois de descontado o que, de fato, pertence a outrem.

2.4. CESSÃO DE DIREITOS HEREDITÁRIOS

2.4.1. Conceito

O direito à sucessão aberta, como qualquer direito patrimonial de conteúdo econômico, **pode ser transferido mediante cessão**. A cessão de direitos hereditários é negócio jurídico translativo ***inter vivos***, pois só pode ser celebrado depois da abertura da sucessão. O nosso direito não admite essa modalidade de avença estando vivo o hereditando. Antes da abertura da sucessão a cessão configuraria pacto sucessório, contrato que tem por objeto a herança de pessoa viva, que nossa lei proíbe e considera nulo de pleno direito (CC, arts. 426 e 166, II e VII)[4].

Todavia, aberta a sucessão, mostra-se lícita a cessão de direitos hereditários, **ainda que o inventário não tenha sido aberto**. Se não foi imposta aos bens deixados pelo *de cujus* nenhuma cláusula de inalienabilidade, *desde a abertura da sucessão* já pode o herdeiro promover a transferência de seus direitos ou quinhão, por meio da aludida cessão. **Não poderá mais fazê-lo, no entanto, depois de julgada a partilha**, uma vez que a indivisão estará extinta e cada herdeiro é dono dos bens que couberem no seu quinhão.

Nessa hipótese, estando definidos concretamente os bens atribuídos a cada herdeiro, qualquer alienação será considerada **uma venda, e não uma cessão**, já que este vocábulo só se aplica à transmissão de bens incorpóreos.

Pode-se dizer, assim, que *a cessão de direitos hereditários*, gratuita ou onerosa, "consiste na **transferência** que o herdeiro, legítimo ou testamentário, faz a outrem de **todo quinhão ou de parte dele**, que lhe compete após a abertura da sucessão"[5].

Sendo *gratuita*, a aludida cessão equipara-se à **doação**; e à **compra e venda**, se realizada *onerosamente*.

---

4 Silvio Rodrigues, *Direito civil*, cit., v. 7, p. 26-27; Débora Gozzo, *Comentários ao Código Civil brasileiro*, v. XVI, p. 62.

5 Maria Helena Diniz, *Curso de direito civil brasileiro*, v. 6, p. 74.

O Código Civil regula a matéria nos arts. 1.793 a 1.795. Dispõe o primeiro artigo citado:

> "Art. 1.793. O direito à sucessão aberta, bem como o quinhão de que disponha o coerdeiro, pode ser objeto de cessão por escritura pública.
>
> § 1º Os direitos, conferidos ao herdeiro em consequência de substituição ou de direito de acrescer, presumem-se não abrangidos pela cessão feita anteriormente.
>
> § 2º É ineficaz a cessão, pelo coerdeiro, de seu direito hereditário sobre qualquer bem da herança considerado singularmente.
>
> § 3º Ineficaz é a disposição, sem prévia autorização do juiz da sucessão, por qualquer herdeiro, de bem componente do acervo hereditário, pendente a indivisibilidade".

■ Cessão do direito à sucessão aberta e cessão do quinhão

Ao afirmar que tanto "*o direito à sucessão aberta*" como "*o quinhão de que disponha o coerdeiro*" podem ser objeto de cessão por escritura pública, refere-se o dispositivo supratranscrito a duas situações distintas, embora geradoras das mesmas consequências.

Cede **direito à sucessão aberta** o herdeiro que ainda não tenha declarado, de forma expressa ou tácita, aceitar a herança. Por outro lado, cede **o quinhão de que dispõe** o herdeiro que já a tenha aceitado. No primeiro caso, ao ceder o seu direito à sucessão aberta, pelo mesmo ato estará aceitando a herança, ainda que tácita ou implicitamente, uma vez que o herdeiro só pode ceder direito que tenha aceitado[6].

■ 2.4.2. Forma e objeto

O direito abstrato à sucessão aberta é considerado **bem imóvel**, ainda que os bens deixados pelo *de cujus* sejam todos móveis ou direitos pessoais. Nesse caso, o que se considera imóvel não é o direito aos bens componentes da herança, mas o direito a esta, como uma unidade abstrata (CC, art. 80, II). A lei não cogita das coisas que estão na herança, mas do direito a esta. Somente depois da partilha é que se poderá cuidar dos bens, individualmente.

Sendo assim, a *cessão de direitos hereditários*, por versar sobre bem *imóvel*, exige, no tocante à forma, **escritura pública** e **outorga uxória** ou **autorização marital**, como condição de validade do negócio (CC, arts. 1.793, 1.647, *caput* e I, e 166, IV).

No instrumento público deve constar se a cessão é feita a título gratuito ou oneroso, bem como se abrange a totalidade da herança, quando o cedente é herdeiro único, ou parte dela, e todo o seu quinhão ou parte dele. **Os direitos hereditários são**, em última análise, **o objeto do contrato**.

■ Requisito essencial: capacidade específica de alienar

O cedente deve ser **capaz de alienar**, não bastando a capacidade genérica.

O cessionário recebe a herança no estado em que se encontra, correndo, portanto, os **riscos** de ser mais ou menos absorvida pelas dívidas. Aquele garante a existência do

---

6 Giselda Hironaka, *Comentários ao Código Civil*, v. 20, p. 73.

direito cedido, não a sua extensão ou quantidade dos bens, a não ser que haja ressalva expressa. Dado o *caráter aleatório* da cessão, **não responde o cedente pela evicção**[7].

■ Efeitos da cessão

O cessionário assume o lugar e a posição jurídica do cedente, **ficando sub-rogado** em todos os direitos e obrigações, como se fosse o próprio herdeiro, recebendo, desse modo, na partilha, o que o herdeiro cedente haveria de receber[8].

O coerdeiro somente pode ceder **quota-parte ou parcela de quota-parte** naquele complexo hereditário (*universitas*), mas **nunca um ou mais bens determinados**. Tal regra decorre da indivisibilidade da herança como um todo e da incerteza relativa aos bens que tocarão a cada coerdeiro quando ultimada a partilha. Se discriminar as coisas que pretende alienar, não obriga com isso os coerdeiros, perante os quais é ineficaz a alienação (CC, art. 1.793, § 2º).

Nada obsta a que o cedente *especifique um bem* como integrante de sua quota--parte, mas tal especificação **não obriga aos coerdeiros**. Se estes concordarem com a cláusula aposta no instrumento de cessão, podem acordar que o bem especificado faça parte da quota que caberia ao cessionário, mas não estão obrigados a fazê-lo, exceto por cortesia[9].

A cessão abrange, em princípio, apenas os direitos hereditários havidos até a data de sua realização. Se, depois dela, houver em favor do cedente *substituição* ou *direito de acrescer*, como na hipótese, *e. g.*, de renúncia de coerdeiro prevista no art. 1.810 do Código Civil, os direitos daí resultantes **presumem-se não abrangidos no ato de alienação do quinhão hereditário**, conforme proclama o § 1º do retrotranscrito art. 1.793 do mesmo diploma. Nada impede, todavia, que as partes, prevendo qualquer daquelas hipóteses, estabeleçam regra oposta[10].

O § 3º do aludido art. 1.793, por sua vez, trata não da hipótese de o herdeiro ceder *a sua quota*, fazendo-a incidir sobre bem da herança considerado singularmente, **mas da cessão do próprio bem**, como se fosse um legado. A disposição nesse caso é **ineficaz**, *exceto se o juiz da sucessão a tiver autorizado*.

■ 2.4.3. Direito de preferência do coerdeiro

Preceitua o art. 1.794 do Código Civil:

> "O coerdeiro não poderá ceder a sua quota hereditária a pessoa estranha à sucessão, se outro coerdeiro a quiser, tanto por tanto".

Equivale a dizer que, para efeitos do *direito de preferência*, os coerdeiros são **equiparados aos coproprietários**, em caso de alienação de quinhão hereditário a estranhos.

Complementa o art. 1.795 do mesmo Código:

---

7 Caio Mário da Silva Pereira, *Instituições*, cit., v. VI, p. 70-71.
8 Silvio Rodrigues, *Direito civil*, cit., v. 7, p. 27.
9 Giselda Hironaka, *Comentários*, cit., v. 20, p. 74.
10 Caio Mário da Silva Pereira, *Instituições*, cit., v. VI, p. 71.

> "O coerdeiro, a quem não se der conhecimento da cessão, poderá, depositado o preço, haver para si a quota cedida a estranho, se o requerer até cento e oitenta dias após a transmissão.
>
> Parágrafo único. Sendo vários os coerdeiros a exercer a preferência, entre eles se distribuirá o quinhão cedido, na proporção das respectivas quotas hereditárias".

Repete o legislador o que já havia determinado no art. 504, *caput*, ao disciplinar a venda de **coisa indivisível em condomínio**. O coerdeiro preterido pode exercer o seu **direito de preferência** ou **prelação** pela *ação de preempção*, ajuizando-a no prazo decadencial de cento e oitenta dias, contados da data em que teve ciência da alienação[11], e na qual efetuará o depósito do preço pago, havendo para si a parte vendida ao terceiro.

Em linha de princípio, a orientação legal é no sentido de evitar o ingresso de estranho no condomínio, preservando-o de futuros litígios e inconvenientes[12].

A preferência, todavia, **só pode ser exercida nas cessões onerosas**, como se depreende da expressão "*tanto por tanto*" (art. 1.794). Não há, por conseguinte, direito do coerdeiro se a transferência da quota hereditária é feita gratuitamente. Como não existe preferência se o coerdeiro **cede o seu quinhão a outro coerdeiro**, que, logicamente, não é pessoa estranha à sucessão[13].

2.5. ABERTURA DO INVENTÁRIO

Estabelece o art. 1.796 do Código Civil:

> "No prazo de trinta dias, a contar da abertura da sucessão, instaurar-se-á inventário do patrimônio hereditário, perante o juízo competente no lugar da sucessão, para fins de liquidação e, quando for o caso, de partilha da herança".

O art. 611 do Código de Processo Civil de 2015 prevê, todavia, o prazo de 2 (dois) meses, a contar da abertura da sucessão, para a instauração do inventário, que deve ser ultimado "nos 12 (doze) meses subsequentes, podendo o juiz prorrogar esses prazos, de ofício ou a requerimento de parte".

A inobservância do prazo para o início do inventário pode acarretar sanção de natureza fiscal, com a **imposição de multa** sobre o imposto a recolher. Proclama a Súmula 542 do Supremo Tribunal Federal que "não é inconstitucional a multa instituída pelo Estado-membro, como sanção pelo retardamento do início ou da ultimação do inventário".

O requerimento de *abertura do inventário* será instruído obrigatoriamente com **certidão de óbito** do *de cujus* e com a **procuração** outorgada ao advogado que assinar a petição. Tendo sido deixado **testamento**, o respectivo instrumento deverá ser também anexado à inicial, além de qualquer outro documento de interesse dos herdeiros.

---

11 *RT*, 432/229, 543/144; STJ, REsp 71.731-SP, 4ª T., rel. Min. César Asfor Rocha, *DJU*, 13-10-1998, p. 110.

12 STJ, *RF*, 329/223.

13 Silvio Rodrigues, *Direito civil*, cit., v. 7, p. 29.

Se nenhuma das pessoas legitimadas, elencadas nos arts. 615 e 616 do Código de Processo Civil, tomar a iniciativa de postular a instauração do inventário no prazo de sessenta dias, o juiz determinará, **de ofício**, que se inicie.

2.5.1. Foro competente

O foro competente para a abertura e processamento do inventário, conforme já estudado no item n. 1.6, *retro*, ao qual nos reportamos, é o lugar do **último domicílio** do *de cujus* (CC, art. 1.795; CPC/2015, art. 48).

2.5.2. Nomeação do inventariante

Ao despachar a inicial de abertura do inventário, **o juiz nomeará inventariante**, que prestará compromisso e, em vinte dias, as primeiras declarações.

O inventariante é a pessoa que tem por função **administrar os bens do espólio,** sendo o seu **representante legal**. Só podem exercer esse *munus* pessoas capazes e que não tenham, de algum modo, interesses contrários aos do espólio.

As *declarações do inventariante*, depois de compromissado, **presumem-se verdadeiras**, em vista do *munus* que exerce. A presunção é da seriedade e da veracidade das declarações, como se tem decidido:

> "As declarações do inventariante são 'comunicações de conhecimento' e gozam da **presunção de verdade**, merecendo ser acreditadas, até prova em contrário"[14].

Apurando-se, no entanto, *falsidades ou ocultação de bens*, incidem as penas de **sonegados** ou do **crime de apropriação indébita**, conforme seja a declaração de inexistência ou haja a apropriação[15].

A **ordem preferencial** das pessoas que podem ser nomeadas para o aludido cargo é estabelecida no art. 617 do Código de Processo Civil de 2015, comentado no item 27.6.1, *infra*, ao qual nos reportamos.

2.6. ADMINISTRAÇÃO PROVISÓRIA DA HERANÇA

Como já mencionado, o inventário deve ser instaurado no prazo de dois meses, a contar da abertura da sucessão (CPC, art. 611). Desde então e **até que o inventariante seja nomeado e preste compromisso** — quando passará a administrar a herança até a homologação da partilha —, continuará o espólio **na posse do administrador provisório** (CPC, art. 613).

O administrador provisório é aquele que **está na posse da herança**. Representa ativa e passivamente o espólio, é obrigado a trazer ao acervo os frutos que desde a abertura da sucessão percebeu, tem direito ao reembolso das despesas necessárias e úteis que fez e responde pelo dano a que, por dolo ou culpa, der causa (CPC, art. 614).

---

14 TJRS, AgI 591.015.029, 7ª Câm. Cív., j. 25-5-1991, *RJTJRS*, 152/425.

15 Arnaldo Rizzardo, *Direito das sucessões*, p. 633.

Caberá ao juiz indicar o administrador provisório sempre que tal encargo tiver sido assumido por **pessoa que não integra o rol estabelecido no art. 1.797 do Código Civil**, que assim dispõe:

"Até o compromisso do inventariante, a administração da herança caberá, sucessivamente:

I — ao cônjuge ou companheiro, se com o outro convivia ao tempo da abertura da sucessão;

II — ao herdeiro que estiver na posse e administração dos bens, e, se houver mais de um nessas condições, ao mais velho;

III — ao testamenteiro;

IV — a pessoa de confiança do juiz, na falta ou escusa das indicadas nos incisos antecedentes, ou quando tiverem de ser afastadas por motivo grave levado ao conhecimento do juiz".

O administrador provisório que tiver obrado em *prejuízo do espólio* pode ser **substituído pelo juiz**. Nada obsta, por outro lado, a que a nomeação para o cargo de inventariante venha a recair sobre a mesma pessoa, desde que seja idônea e conste do elenco previsto no art. 617 do estatuto processual, inexistindo, nesse caso, interrupção da administração.

2.7. RESUMO

DA HERANÇA E DE SUA ADMINISTRAÇÃO	
INDIVISIBILIDADE DA HERANÇA	■ Até a partilha, o direito dos coerdeiros, quanto à propriedade e posse da herança, será ***indivisível***, e regular-se-á pelas normas relativas ao condomínio (CC, art. 1.791, parágrafo único). Por isso, o coerdeiro pode alienar ou ceder apenas sua quota ideal, ou seja, o direito à sucessão aberta. É ineficaz a cessão, pelo coerdeiro, de seu direito hereditário sobre qualquer bem da herança considerado singularmente (art. 1.793, § 2º).
PREFERÊNCIA DO COERDEIRO	■ O art. 1.795 do CC assegura direito de preferência ao coerdeiro, a quem não se der conhecimento da cessão. Poderá ele, depositado o preço, haver para si a quota cedida a estranho, exercendo tal direito se o requerer até 180 dias após a transmissão.
CESSÃO DE DIREITOS HEREDITÁRIOS	■ O direito à sucessão aberta, bem como o quinhão de que disponha o coerdeiro, pode ser objeto de **cessão** por escritura pública (CC, art. 1.793, ***caput***). Cessão de direitos hereditários, gratuita ou onerosa, consiste na transferência que o herdeiro, legítimo ou testamentário, faz a outrem de todo o quinhão, ou de parte dele, que lhe compete após a abertura da sucessão.
RESPONSABILIDADE DOS HERDEIROS	■ O herdeiro não responde por encargos superiores às forças da herança (CC, art. 1.792). Em nosso direito, a aceitação da herança é sempre, por lei, a ***benefício do inventário***. Incumbe, porém, ao herdeiro a prova do excesso, salvo se houver inventário que a escuse, demonstrando o valor dos bens herdados.
ADMINISTRAÇÃO DA HERANÇA	■ O inventário deve ser instaurado no prazo de 60 dias, a contar da abertura da sucessão, cabendo a administração provisória da herança, até o compromisso do inventariante, sucessivamente: a) ao cônjuge ou companheiro; b) ao herdeiro que estiver na posse e administração dos bens; c) a pessoa de confiança do juiz (CC, arts. 1.796 e 1.797).

3

DA VOCAÇÃO HEREDITÁRIA

3.1. LEGITIMAÇÃO PARA SUCEDER: REGRA GERAL E EXCEÇÃO

A *legitimidade passiva* é a **regra** e a ilegitimidade, a **exceção**. No direito sucessório vigora o princípio de que todas as pessoas têm legitimação para suceder, **exceto** aquelas afastadas pela lei.

Princípio geral

A disposição *genérica* vem expressa no art. 1.798 do Código Civil, que se refere tanto à sucessão *legítima* quanto à *testamentária*, *verbis*:

> "Legitimam-se a suceder as pessoas **nascidas** ou **já concebidas** no momento da abertura da sucessão".

Só não se legitimam, portanto, como dito, as pessoas expressamente excluídas. Ressalvou-se o direito do ***nascituro***, por já concebido.

Animais, coisas inanimadas e entidades místicas

Como o dispositivo em apreço refere-se somente a "*pessoas*", **não podem ser contemplados animais**, salvo indiretamente, pela imposição ao herdeiro testamentário do encargo de cuidar de um especificamente. Também **estão excluídas as coisas inanimadas e as entidades místicas**, como os santos. As disposições testamentárias a estes consideram-se feitas às diversas igrejas existentes no lugar do domicílio do falecido.

Pessoas jurídicas

Tanto as pessoas naturais como as **jurídicas**, de *direito público* ou *privado*, podem ser beneficiadas.

O nascituro

A *regra geral* segundo a qual só têm legitimação para suceder as pessoas nascidas por ocasião da abertura da sucessão encontra exceção no caso do **nascituro**. De acordo com o sistema adotado pelo Código Civil acerca do começo da personalidade natural (art. 2º), tem-se o nascimento com vida como o marco inicial da personalidade. **Respeitam-se, porém, os direitos do nascituro, desde a concepção**, pois desde esse momento já começa a formação do novo ser.

Os *nascituros* podem ser, assim, chamados a suceder **tanto na sucessão legítima como na testamentária**, ficando a eficácia da vocação dependente do seu nascimento. Podem, com efeito, ser indicados para receber deixa testamentária.

Todavia, se porventura *nascer morto* o feto, **não haverá aquisição de direitos**, como se nunca tivesse existido. Com isso, nem recebe, nem transmite direitos. Nesse caso, a herança ou quota hereditária será devolvida **aos herdeiros legítimos do *de cujus*, ou ao substituto testamentário**, se tiver sido indicado, retroagindo a devolução à data da abertura da sucessão.

■ **Princípio da coexistência**

O *segundo princípio* que se aplica a ambas as espécies de sucessão, legítima e testamentária, é o de que **o herdeiro ou legatário tem de sobreviver ao *de cujus***. A herança não se defere no vazio, não se transmite ao nada. A delação da herança pressupõe que o herdeiro exista e seja conhecido: *nascitur ubi sit et an sit*. Se naquele instante **o herdeiro já é morto**, defere-se a herança aos outros de sua classe, ou aos da imediata, se for ele o único[1].

Desse modo, só as pessoas **vivas** ou **já concebidas** ao tempo da abertura da sucessão podem ser herdeiras ou legatárias. Caducam as disposições testamentárias que beneficiarem pessoas já falecidas, pois a nomeação testamentária tem caráter pessoal (*intuitu personae*).

Trata-se do denominado **princípio da coexistência**, ao qual alude Carlos Maximiliano: "Herdar é adquirir a propriedade do espólio; ora o *nada* não pode adquirir. A sucessão transmite-se no momento da morte; logo nesse momento é preciso haver sucessor, ***coexistirem* hereditando e herdeiro, testador e legatário**"[2].

Tal princípio, com a ressalva que admite a vocação do nascituro, **aplica-se também à sucessão testamentária**, para a qual, todavia, o Código Civil dedica algumas *regras especiais*, que serão estudadas no item seguinte, como a legitimação da **prole eventual** (concepturo) e da **futura fundação** (arts. 1.799 e 1.800).

■ 3.2. LEGITIMAÇÃO PARA SUCEDER POR TESTAMENTO

Preceitua o art. 1.799 do Código Civil:

> "Na sucessão testamentária podem ainda ser chamados a suceder:
>
> I — os filhos, ainda não concebidos, de pessoas indicadas pelo testador, desde que vivas estas ao abrir-se a sucessão;
>
> II — as pessoas jurídicas;
>
> III — as pessoas jurídicas, cuja organização for determinada pelo testador sob a forma de fundação".

O dispositivo, como se vê, indica **outras pessoas, além das existentes ou já concebidas** quando da abertura da sucessão, que também podem ser contempladas. Diferentemente do art. 1.798, que trata dos que podem ser chamados a suceder, de forma genérica e abrangendo herdeiros legítimos, testamentários e legatários, cuida o presente artigo de pessoas que só podem receber a herança ou os legados por **disposição de última vontade**.

---

[1] Caio Mário da Silva Pereira, *Instituições de direito civil*, v. VI, p. 30.

[2] *Direito das sucessões*, v. I, p. 130.

Inc. I: prole eventual

O citado *inciso* abre exceção à regra geral ao permitir que os filhos **não concebidos**, *de pessoas indicadas pelo testador, e vivas ao abrir-se a sucessão*, venham a recolher a herança. Refere-se à **prole eventual** do anterior Código Civil.

Os contemplados, verdadeiramente, "são os próprios filhos, **que poderão ser concebidos e nascer**. A deixa não é feita em favor das pessoas indicadas pelo testador, passando, com a morte destas, a seus filhos, o que seria substituição fideicomissária. O testador como que dá um salto, *passando por cima dos genitores*, contemplando os **filhos** que estes tiverem, e se tiverem"[3].

Não se trata mais do nascituro (*conceptus*), mas do *nondum conceptus*, ou seja, de **indivíduo nem ainda concebido**. Em tais casos, a transmissão hereditária é *condicional*, subordinando-se a aquisição da herança a evento futuro e incerto.

O Código refere-se a "*filhos, ainda não concebidos*", de modo a não deixar espaço para qualquer dúvida: **é preciso que os concepturos sejam *filhos***, e não quaisquer outros descendentes, como netos ou bisnetos.

Necessidade de que as pessoas indicadas estejam vivas ao abrir-se a sucessão

O dispositivo em apreço coloca como requisito que as pessoas indicadas pelo testador estejam "*vivas*" ao abrir-se a sucessão. Operar-se-á a sucessão unicamente **se nascerem os filhos da pessoa indicada e esta estiver viva** por ocasião do falecimento do testador. Se morrer antes da abertura da sucessão, a disposição testamentária será *ineficaz*. Desse modo, se o autor da herança beneficia em testamento, por exemplo, a prole que sua filha eventualmente venha a ter, e esta, ao abrir-se a sucessão, já está morta, **caduca a disposição testamentária**.

Guarda dos bens confiada a curador nomeado pelo juiz

Aberta a sucessão, os bens da herança serão confiados, após a liquidação ou partilha, "*a curador nomeado pelo juiz*". Salvo disposição testamentária em contrário, "a curatela caberá à pessoa cujo filho o testador esperava ter por herdeiro e, sucessivamente, às pessoas indicadas no art. 1.775" (CC, art. 1.800, *caput* e § 1º).

A nomeação de curador não fica, portanto, ao arbítrio do juiz, pois deve ele deferir o *munus* **à pessoa cujo filho o testador pretende beneficiar**, ou seja, ao pai ou mãe do concepturo. Se tal, no entanto, não for possível, a nomeação recairá nas pessoas designadas no art. 1.775 do Código Civil, *no que couber*, visto que nem todas as opções constantes do aludido dispositivo mostram-se adequadas.

Na realidade, **a única alternativa aplicável à curatela do concepturo** é a prevista no § 2º do art. 1.775, que permite ao juiz a nomeação de *curador dativo*, na falta das pessoas anteriormente mencionadas. Por essa razão, mais correto e apropriado seria a remissão ao art. 1.797 do Código Civil, e não, como foi feito, ao art. 1.775.

A norma do § 1º do citado art. 1.800 tem **caráter dispositivo**, ressalvando a possibilidade de o administrador ser quem o testador indicar ("Salvo disposição testamentária em contrário [...]").

---

[3] Zeno Veloso, *Novo Código Civil comentado*, p. 1616.

Infere-se do exposto que, aberta a sucessão que beneficia a prole eventual, a herança é posta sob administração, permanecendo nessa situação **até que a condição se cumpra ou haja a certeza de que não pode cumprir-se**. A "*certeza* de que o nascimento não poderá ocorrer se dá **quando morre o progenitor, indicado pelo testador do concepturo instituído**, ou quando ele for **declarado impotente**, por exemplo, numa ação de anulação de casamento ou em ação de impugnação de paternidade presumida, ou, ainda, na hipótese prevista no § 4º do art. 1.800, ou seja, se **decorridos dois anos** após a abertura da sucessão, não for concebido o herdeiro esperado"[4].

■ **Instituição de herdeiros já existentes e também de prole eventual**

Se o testador institui herdeiros já existentes e também prole eventual, *a partilha deve ser realizada sob condição resolutiva*, ou, como esclarece Eduardo de Oliveira Leite, "faz-se **provisoriamente** a partilha entre os herdeiros *já existentes*, com a obrigação de recomporem sucessivamente o respectivo quinhão aos herdeiros que de futuro forem nascendo. A partilha fica sujeita à **condição resolutiva** de posteriormente nascerem mais herdeiros. Os herdeiros nascidos recebem os bens em propriedade resolúvel"[5].

■ **Prazo de espera**

Nascendo com vida o herdeiro esperado, "ser-lhe-á deferida a sucessão, com os frutos e rendimentos relativos à deixa, a partir da morte do testador". Se, "**decorridos dois anos** após a abertura da sucessão, **não for concebido o herdeiro esperado**, os bens reservados, salvo disposição em contrário do testador, caberão aos herdeiros legítimos" (CC, art. 1.800, §§ 3º e 4º).

Os bens também caberão aos herdeiros legítimos se o herdeiro aguardado e concebido **nascer morto**.

A estipulação do chamado **"prazo de espera"** supre omissão do Código de 1916, que possibilitava a perpetuação da situação de espera do herdeiro aguardado.

■ **Inclusão, no âmbito da prole eventual, dos filhos adotivos e dos provenientes de relacionamento socioafetivo**

Durante a vigência do Código de 1916 e até o advento da Constituição Federal de 1988, predominava o entendimento de que, no caso de prole eventual de pessoas indicadas pelo testador, a capacidade para adquirir por testamento não compreendia os *filhos adotivos* das pessoas por ele designadas, a menos que houvesse referência expressa por parte do testador. A prole eventual seria, portanto, a descendência natural, compreensiva de filhos legítimos, legitimados ou ilegítimos, **mas filhos carnais**.

Tal posicionamento não merece ser mantido, tendo em vista que a atual **Constituição** não faz distinção, e **proíbe quaisquer designações discriminatórias entre os filhos**, seja qual for a sua origem ou a espécie de relação mantida por seus genitores (art. 227, § 6º). Diante da equiparação de todos os filhos, com a proibição expressa de qualquer discriminação, inclusive no campo do direito sucessório, é de concluir

4 Eduardo de Oliveira Leite, *Comentários*, cit., v. XXI, p. 106.

5 *Comentários*, cit., v. XXI, p. 107-108.

que a disposição testamentária há de prevalecer e **o adotivo poderá receber a herança ou o legado** a que tem direito[6].

Esse entendimento é reforçado pelo art. 1.596 do Código Civil de 2002, que reafirma o **princípio da igualdade entre os filhos** no que concerne a todos os direitos e qualificações, sejam eles nascidos ou não de justas núpcias, **sejam eles adotivos**, restando proibidas quaisquer formas de discriminação.

Ademais, dispõe o art. 1.626 do mesmo diploma que **a adoção atribui a situação de filho ao adotado**, rompendo-se todos os laços com sua família de origem, exceto quanto aos impedimentos matrimoniais[7].

Em suma, os filhos a que se refere o inc. I do art. 1.799 são tanto os *filhos biológicos* como aqueles que vieram ter à família pelos **laços do afeto e do coração**, como afirma Giselda Hironaka[8].

■ Direitos sucessórios de quem foi concebido por inseminação artificial *post mortem*

Em princípio *não se pode falar em direitos sucessórios* daquele que foi concebido por inseminação artificial *post mortem*, uma vez que a transmissão da herança se dá em consequência da morte (CC, art. 1.784) e dela participam as **"pessoas nascidas ou já concebidas** no momento da abertura da sucessão" (art. 1.798).

A questão, no entanto, é tormentosa e cabe à doutrina e à jurisprudência fornecer subsídios para sua solução. A doutrina brasileira se inclina no sentido de **negar legitimação para suceder** aos filhos havidos por métodos de reprodução assistida, quer na hipótese de a morte do ascendente preceder à concepção, quer na de implantação de embriões depois de aberta a sucessão. Solução favorável à criança ocorreria se houvesse disposição legislativa favorecendo o fruto de inseminação *post mortem*[9].

Não há como esquivar-se, todavia, do disposto nos arts. 1.597 do Código Civil e 227, § 6º, da Constituição Federal. O primeiro afirma que se presumem **"concebidos"** na constância do casamento "os filhos havidos por fecundação artificial homóloga, mesmo que falecido o marido" (inc. III). O segundo consagra a **absoluta igualdade de direitos entre os filhos**, proibindo qualquer distinção ou discriminação.

Se, assim, na sucessão legítima, são iguais os direitos sucessórios dos filhos, e se o Código Civil de 2002 trata os filhos resultantes de fecundação artificial homóloga, posterior ao falecimento do pai, como tendo sido **"concebidos na constância do casamento"**, não se justifica a exclusão de seus direitos sucessórios. Entendimento contrário conduziria à aceitação da existência, em nosso direito, de filho que não tem direitos sucessórios, em situação incompatível com o proclamado no art. 227, § 6º, da Constituição Federal[10].

---

6 Zeno Veloso, *Novo Código*, cit., p. 1614.

7 Débora Gozzo, *Comentários ao Código Civil brasileiro*, v. XVI, p. 82.

8 *Comentários ao Código Civil*, v. 20, p. 93.

9 Eduardo de Oliveira Leite, *Comentários*, cit., v. XXI, p. 110; Caio Mário da Silva Pereira, *Instituições*, cit., v. VI, p. 33-34.

10 José Luiz Gavião de Almeida, *Código Civil comentado*, cit., v. XVIII, p. 104.

■ Inc. II: legitimidade sucessória das pessoas jurídicas

O inc. II do retrotranscrito art. 1.799 do Código Civil permite que a deixa testamentária beneficie **"as pessoas jurídicas"**. A *existência legal* das pessoas jurídicas de direito privado começa com a inscrição do ato constitutivo no respectivo **registro** (CC, art. 45). Antes disso, não passam de meras sociedades de fato ou sociedades não personificadas.

Qualquer pessoa jurídica pode ser contemplada, **seja simples, seja empresária, de direito público ou de direito privado**. Tratando-se, porém, de pessoas jurídicas de **direito público externo**, pesam restrições legais: estão impedidas de adquirir no Brasil bens imóveis ou suscetíveis de desapropriação (LINDB, art. 11, § 2º), excetuando-se os imóveis necessários para seu estabelecimento no País.

■ Inc. III: pessoas jurídicas cuja organização for determinada pelo testador sob a forma de fundação

O inc. III do art. 1.799 abre, com efeito, outra exceção, em favor das pessoas jurídicas cuja organização for determinada pelo testador sob a forma de *fundação*. Esta pode ser criada por escritura pública ou por *testamento*, como proclama o art. 62. No último caso, por ainda não existir a pessoa jurídica idealizada pelo testador, **aberta a sucessão os bens permanecerão sob a guarda provisória da pessoa encarregada de instituí-la**, até o registro de seus estatutos, quando passará a ter existência legal.

Justifica-se a regra pelo fato de o testador efetivar a dotação de bens para a instituição da fundação, instituição esta que interessa à sociedade em virtude dos **fins nobres** que deve ter tal espécie de pessoa jurídica (CC, art. 62, parágrafo único).

Por conseguinte, se quiser testar em favor de pessoa jurídica **já instituída**, fá-lo-á o testador com fulcro no inc. II do art. 1.799 do Código Civil, *ainda que de fundação se trate*. O inc. III do mesmo dispositivo cogita da hipótese de o testador pretender *criar* uma fundação, mediante a dotação de bens livres e desembaraçados, para fins religiosos, morais, culturais ou de assistência (art. 62, parágrafo único).

■ Legitimidade das sociedades de fato

A interpretação literal do dispositivo em apreço tem levado parte da doutrina a entender que, salvo o caso de fundação, expressamente ressalvado na lei, a pessoa jurídica tem de existir, **precisa ter personalidade no momento da abertura da sucessão** — o que se dá com a inscrição do ato constitutivo no respectivo registro[11].

Afastada estaria, assim, perante o novo Código, a possibilidade de o testador beneficiar mera associação ou sociedade de fato, ou seja, aquelas que já atuam no mundo dos negócios mas **não têm ainda existência legal** por falta de registro de seus atos constitutivos.

A tendência, todavia, é a de manter a *testamenti factio passiva* das aludidas pessoas jurídicas, **por ser evidente o paralelismo com o nascituro**. Basta lembrar

---

[11] Silvio Rodrigues, *Direito civil*, v. 7, p. 44; Zeno Veloso, *Novo Código*, cit., p. 1614; José Luiz Gavião de Almeida, *Código Civil comentado*, cit., v. XVIII, p. 107-108; Arnaldo Rizzardo, *Direito das sucessões*, p. 256.

que o novo Código Civil disciplina a sociedade irregular ou de fato no livro concernente ao Direito de Empresa, como "sociedade não personificada" (arts. 986 a 990).

O que *não se pode admitir* é que a deixa testamentária seja atribuída a uma pessoa jurídica **ainda não existente nem mesmo embrionariamente**, exceto no caso expresso da fundação. Se já existe uma pessoa jurídica em formação, existe sujeito de direito para assumir o patrimônio. Da mesma forma que, para o **nascituro**, haverá alguém para zelar por seus bens até seu nascimento com vida[12].

As sociedades de fato, como mencionado, **já existem**, realizam negócios e são representadas em juízo, ativa e passivamente, pela pessoa que administrar os seus bens, sendo disciplinada a sua situação nos arts. 986 e seguintes do Código Civil. Daí admitir-se, como preleciona Caio Mário da Silva Pereira[13], que "a instituição hereditária **permaneça deferida a uma sociedade ainda não legalmente constituída** (*sociedade de fato*), aguardando-se torne em sociedade regular quando, então, opera-se a transmissão".

■ 3.3. OS QUE NÃO PODEM SER NOMEADOS HERDEIROS TESTAMENTÁRIOS NEM LEGATÁRIOS

O art. 1.801 do Código Civil menciona outras pessoas que não podem ser nomeadas herdeiras nem legatárias:

> "Não podem ser nomeados herdeiros nem legatários:
>
> I — a pessoa que, a rogo, escreveu o testamento, nem o seu cônjuge ou companheiro, ou os seus ascendentes e irmãos;
>
> II — as testemunhas do testamento;
>
> III — o concubino do testador casado, salvo se este, sem culpa sua, estiver separado de fato do cônjuge há mais de cinco anos;
>
> IV — o tabelião, civil ou militar, ou o comandante ou escrivão, perante quem se fizer, assim como o que fizer ou aprovar o testamento".

O dispositivo reporta-se à **incapacidade testamentária passiva** de pessoas — quer sejam herdeiros, quer legatários — que não podem adquirir por testamento, por serem consideradas **suspeitas**. Exceto o caso do concubino, em que há o propósito de proteger a família, as proibições inspiram-se em questão de segurança, objetivando evitar que tais pessoas se vejam tentadas a **abusar da confiança** nelas depositada e procurem alterar a vontade do testador para obter algum benefício para si ou seus parentes, ou, ainda, para o cônjuge ou companheiro.

O dispositivo em tela cuida de situações de **falta de legitimação**, pois as pessoas mencionadas não podem ser beneficiadas em determinado testamento, conquanto possam sê-lo em qualquer outro em que não existam os apontados impedimentos.

---

12 Antonio Cicu, *Successioni per causa di morte*, p. 243; Sílvio de Salvo Venosa, *Direito civil*, v. VII, p. 208.

13 *Instituições*, cit., v. VI, p. 35.

■ Inc. I: a pessoa que escreveu o testamento a rogo do testador

Figura em primeiro lugar (CC, art. 1.801, I), entre os incapazes de receber por testamento, *a pessoa que o escreveu a rogo do testador*. Excluiu-a a lei por **motivo de suspeição**, como já referido. Poderia tal pessoa, com efeito, ser tentada a abusar da confiança nela depositada pelo testador e modificar deliberadamente o teor de sua última vontade, ou, ainda, movida pela cobiça, induzi-lo a testar em seu benefício, ou de algum parente próximo[14].

Além de quem escreveu a rogo o testamento, igualmente não pode ser nomeado herdeiro ou legatário seu **"cônjuge, ou companheiro, ou os seus ascendentes e irmãos"**. Mesmo quando a pessoa encarregada de escrever o testamento fosse fiel ao transcrever as palavras do testador, "poderia influir em seu espírito, induzindo-o a gratificar uma daquelas pessoas, interferindo, desse modo, em sua liberdade de dispor"[15].

Diferentemente do Código de 1916, o novo diploma não incluiu, no dispositivo ora em estudo, os **descendentes** da pessoa que redigiu o testamento, mesmo altamente suspeitos, no rol das pessoas impedidas de serem contempladas em ato de última vontade. Todavia, **o parágrafo único do art. 1.802 supre a omissão**, presumindo pessoas interpostas, dentre outros, os *descendentes* do não legitimado a suceder e considerando nulas as disposições testamentárias em seu favor.

■ Inc. II: as testemunhas do testamento

Em segundo lugar, ainda para evitar a influência, por interesse, na vontade do testador, o legislador estende a restrição às **testemunhas do testamento** (CC, art. 1.801, II). A segurança e a veracidade das disposições *causa mortis* melhor se asseguram, efetivamente, mediante o testemunho de pessoas despidas de interesse nas liberalidades do testador.

A proibição alcança as **testemunhas do auto de aprovação**, no testamento cerrado, malgrado não tenham conhecimento do teor da cédula testamentária.

■ Inc. III: o concubino do testador casado

O *concubino do testador casado* também **não pode ser beneficiado** em ato *causa mortis* (CC, art. 1.801, III). Constituem **concubinato**, segundo estatui o art. 1.727 do novo diploma, "as relações não eventuais entre o homem e a mulher, impedidos de casar".

A restrição atinge tanto o homem quanto a mulher, mas limita-se ao caso de concubinato denominado **adulterino**, em que o testador vive com o cônjuge e mantém relação extraconjugal, **não se aplicando** às hipóteses em que a sociedade conjugal **já se encontra dissolvida**, *de direito* ou apenas *de fato*, há mais de cinco anos, sem culpa sua.

A fixação do prazo de cinco anos para o afastamento da vedação **conflita com o disposto no art. 1.723** do mesmo diploma de 2002, que não estabelece prazo para a configuração da união estável, **bem como com o art. 1.830**, que não reconhece

---

[14] Washington de Barros Monteiro, *Curso*, cit., v. 6, p. 45.

[15] Silvio Rodrigues, *Direito civil*, cit., v. 7, p. 44.

direito sucessório ao cônjuge sobrevivente se, ao tempo da morte do outro, estava separado de fato havia mais de dois anos, salvo prova, nesse caso, de que essa convivência se tornara impossível sem culpa do sobrevivente.

O aludido prazo de cinco anos mostra-se, pois, excessivo.

Por outro lado, **a exigência de que inexista culpa na separação de fato não parece oportuna**, pois irá propiciar extensas discussões a esse respeito. A referência à culpa, como bem salienta Caio Mário da Silva Pereira[16], "é uma ressalva incabível, ou um excesso de puritanismo. Separado de fato o casal por um quinquênio, não cabe apurar de quem a culpa, como se se tratasse de dissolução da sociedade conjugal. O que a disposição veda é que o marido ou a mulher teste em favor de seu (ou de sua) amante. Mas se o casal é separado de fato há mais de cinco anos, não é hora de apurar culpa".

A expressão "*testador casado*", constante do inc. III em epígrafe, **não abrange testador separado judicialmente ou divorciado**. Efetivamente, dissolvida a sociedade conjugal, não mais pode ser este considerado casado e nada obsta, destarte, a que beneficie livremente a concubina.

Inexiste, igualmente, impedimento a que o testador **solteiro ou viúvo** contemple a concubina.

O Código Civil de 2002, como visto, no art. 1.801, III, encarou a realidade das longas separações de fato, em que a sociedade conjugal já se desfez, embora a separação não tenha sido legalizada. Malgrado o separado de fato continue casado, a lei abre exceção à **separação de fato** com **ausência de culpa**, e por mais de **cinco anos**. A proibição que incide sobre pessoas separadas de fato há menos de cinco anos não incide, todavia, sobre pessoas que estejam *separadas judicialmente*[17].

■ Inc. IV: o tabelião, civil ou militar

Por fim, não pode ser nomeado herdeiro, nem legatário, o *tabelião*, civil ou militar, nem o *comandante* ou *escrivão*, perante quem se fez, assim como o que fez, ou aprovou o testamento (CC, art. 1.801, IV).

Objetiva o legislador, com a proibição, **impedir qualquer abuso de confiança** daqueles que participaram da elaboração do testamento e afastar toda suspeita sobre a autenticidade das declarações do testador, bem como sobre a lisura do oficial. Por ter redigido o ato, ou nele funcionado, não tem o serventuário a necessária isenção.

■ 3.4. SIMULAÇÃO DE CONTRATO ONEROSO E INTERPOSIÇÃO DE PESSOAS

Dispõe o art. 1.802 do Código Civil:

> "São nulas as disposições testamentárias em favor de pessoas não legitimadas a suceder, ainda quando simuladas sob a forma de contrato oneroso, ou feitas mediante interposta pessoa.
>
> Parágrafo único. Presumem-se pessoas interpostas os ascendentes, os descendentes, os irmãos e o cônjuge ou companheiro do não legitimado a suceder".

[16] *Instituições*, cit., v. VI, p. 213.

[17] Débora Gozzo, *Comentários*, cit., v. XVI, p. 96, nota 27.

Se, apesar das proibições previstas nos arts. 1.801, 1.798 e 1.799, I, do Código Civil, forem contempladas, **de modo direto ou mediante simulação**, pessoas neles mencionadas, ***nulas*** se tornarão as disposições testamentárias. Simulação é uma declaração falsa, enganosa, da vontade, visando aparentar negócio diverso do efetivamente desejado. Proclama coerentemente o art. 167 do novo diploma que **"é nulo o negócio jurídico simulado"**, conquanto possam permanecer os efeitos do ato dissimulado, se válido for na substância e na forma.

A **nulidade** da deixa testamentária pode revestir-se de duas formas:

- **O testador dissimula a liberalidade sob a aparência de contrato oneroso.** Como exemplifica Washington de Barros Monteiro[18], confessa o testador "ser devedor de obrigação inexistente ou alega haver prometido a venda de certo bem, tendo recebido do não legitimado o preço respectivo".
- **O testador recorre a interposta pessoa para beneficiar o proibido de suceder.** Aduz o referido autor: "Ele se vale de testa de ferro, realizando assim obliquamente a operação que tinha em mente".

Configura-se a **interposição de pessoas**, espécie de simulação relativa (CC, art. 167, § 1º, I), quando a disposição testamentária **beneficia diretamente um terceiro e indiretamente o não legitimado**. Impedido de beneficiar diretamente o concubino ou outros não legitimados, o testador **contorna a proibição legal contemplando parentes dessas pessoas**, que figuram apenas como herdeiros ou legatários aparentes. O ato aparente, simulado, serve apenas para ocultar a efetiva intenção, que é premiar os não legitimados.

Assim, por exemplo, *pretendendo gratificar a concubina*, o testador casado burla a proibição legal nomeando herdeiro ou legatário **o pai da referida mulher**, beneficiando-a *indiretamente*.

- **Presunção de simulação**

Provada a *interposição de pessoas* não elencadas no parágrafo único do aludido art. 1.802 do Código Civil, **nula é a cláusula testamentária**, como dito anteriormente. Tendo em vista a dificuldade para provar o ardil, o expediente astucioso, admite-se a prova da simulação por *indícios e presunções* (CPC/39, art. 252; CPC/73, arts. 332 e 335; CPC/2015, arts. 369 e 375).

Todavia, a lei *presume de modo absoluto* a interposição de pessoas, dispensando qualquer prova, na hipótese de serem contemplados os **"ascendentes, os descendentes, os irmãos e o cônjuge ou companheiro do não legitimado a suceder"** (CC, art. 1.802, parágrafo único).

Há, no entanto, uma **exceção** à aplicação da indigitada presunção: trata-se da hipótese em que **o descendente da concubina é, também, filho do testador**. Sendo filho de ambos, prevalece a intenção de beneficiar a prole comum.

A questão, controvertida no passado, foi solucionada pela Súmula 447 do Supremo Tribunal Federal, *verbis*:

---

[18] *Curso*, cit., v. 6, p. 48.

"É válida a disposição testamentária em favor de filho adulterino do testador com sua concubina".

O Código Civil normatizou a matéria, adotando a orientação consagrada na aludida súmula. Estatui, assim, o art. 1.803 do novo diploma:

"É lícita a deixa ao filho do concubino, quando também o for do testador".

Se, porém, **for filho somente do concubino, subsiste a proibição**, ressurgindo a intenção de proteger a genitora. Mas as pessoas presumidas interpostas (ascendentes, descendentes etc.) podem adquirir em seu próprio favor, se a beneficiária não legitimada (concubina, por exemplo) já faleceu à data da abertura da sucessão, porque nesse caso desaparece a violação indireta da lei.

■ 3.5. RESUMO

DA VOCAÇÃO HEREDITÁRIA	
LEGITIMAÇÃO PASSIVA PARA SUCEDER	■ A legitimidade passiva é a regra e a ilegitimidade, a exceção: "Legitimam-se a suceder as pessoas nascidas ou já concebidas no momento da abertura da sucessão" (CC, art. 1.798). Só não se legitimam, portanto, as expressamente excluídas. Ressalvou-se o direito do nascituro, por já concebido. ■ O citado art. 1.798 refere-se tanto à sucessão legítima quanto à testamentária. ■ Na sucessão ***testamentária*** podem ainda ser chamados a suceder: **a)** os filhos, ainda não concebidos (prole eventual), de pessoas indicadas pelo testador, desde que vivas estas ao abrir-se a sucessão; **b)** as pessoas jurídicas; **c)** as pessoas jurídicas cuja organização for determinada pelo testador sob a forma de fundação (art. 1.799).
FALTA DE LEGITIMAÇÃO PARA SER NOMEADO HERDEIRO OU LEGATÁRIO (CC, ART. 1.801)	**a)** da pessoa que, a rogo, escreveu o testamento, bem como do seu cônjuge ou companheiro, e de seus ascendentes e irmãos; **b)** das testemunhas do testamento; **c)** do concubino do testador casado, salvo se este, sem culpa sua, estiver separado de fato do cônjuge há mais de cinco anos; **d)** do tabelião, civil ou militar, ou do comandante ou escrivão, perante quem se fizer, assim como o que fizer ou aprovar o testamento.
SIMULAÇÃO DE CONTRATO ONEROSO E INTERPOSIÇÃO DE PESSOA	■ São nulas as disposições testamentárias em favor de pessoas não legitimadas a suceder, ainda quando simuladas sob a forma de contrato oneroso, ou feitas mediante interposta pessoa. Presumem-se interpostas pessoas os ascendentes, os descendentes, os irmãos e o cônjuge ou companheiro do não legitimado a suceder (CC, art. 1.802 e parágrafo único).

4

DA ACEITAÇÃO E RENÚNCIA DA HERANÇA

4.1. CONCEITO DE ACEITAÇÃO DE HERANÇA

Aceitação ou *adição* da herança é o ato pelo qual o herdeiro **anui** à transmissão dos bens do *de cujus*, ocorrida por lei com a abertura da sucessão, **confirmando-a**.

Trata-se de uma **confirmação**, uma vez que a aquisição dos direitos sucessórios não depende da aceitação. Aberta a sucessão, a herança transmite-se, desde logo e por força de lei, ao patrimônio do herdeiro legítimo ou testamentário (CC, art. 1.784). A aceitação revela, destarte, apenas a **anuência do beneficiário em recebê-la**, tendo em vista que, perante o nosso ordenamento jurídico, só é herdeiro ou legatário quem deseja sê-lo.

Embora a aquisição da herança emane de pleno direito da delação, a aceitação não constitui ato supérfluo ou necessário, visto que, como mencionado, ninguém deve ser herdeiro contra a própria vontade. A lei concede, assim, ao herdeiro chamado à sucessão a **faculdade de deliberar** se aceita, ou não, a herança transmitida *ipso iure*.

Fase de deliberação

A doutrina chama efetivamente esse período de *fase de deliberação*, na qual o adquirente **aceita** ou **renuncia** a herança. A aceitação só pode ser compreendida juntamente com a renúncia. Portanto, como deliberação. E essa oportunidade de deliberar conferida ao herdeiro é de fato, segundo Walter Moraes, "uma decorrência necessária da ordem das coisas (...), porquanto não é admissível que tal patrimônio fique por algum tempo vago e sem titular, aberto às depredações. Por outra, contudo, repugna à índole essencial do direito o ser alguém obrigado a ingressar numa situação patrimonial nova, contra a sua vontade"[1].

Prossegue o referido autor, mencionando que "**é o ato de renúncia que releva** no *ius deliberandi*, não propriamente o de aceitação".

Efeito retro-operante da aceitação

Disciplinando a aludida situação prescreve o art. 1.804 do Código Civil:

> "Aceita a herança, torna-se definitiva a sua transmissão ao herdeiro, desde a abertura da sucessão.
>
> Parágrafo único. A transmissão tem-se por não verificada quando o herdeiro renuncia à herança".

---

1 *Teoria geral e sucessão legítima*, p. 51.

A aceitação tem, portanto, **efeito retro-operante**. Os direitos hereditários não nascem com ela, mas *retroagem*, automaticamente e *ex vi legis*, **à data do óbito do autor da herança**.

4.2. ESPÉCIES DE ACEITAÇÃO

A aceitação, ou ato de confirmação da posição de sucessor, pode perfazer-se por *formas diversas*, mas nas quais se tenha como inequívoca a intenção do interessado de participar da sucessão.

Trata-se de **negócio jurídico unilateral e não receptício**, não precisando, pois, ser comunicado a quem quer que seja para que produza seus efeitos. Pode consistir em declaração, ou em comportamento indicativo de acolhimento de sua condição. É, ademais, **necessário**, pois os herdeiros devem suportar, até as forças da herança, as dívidas do falecido, transferíveis por sucessão[2].

Veja-se o quadro esquemático abaixo:

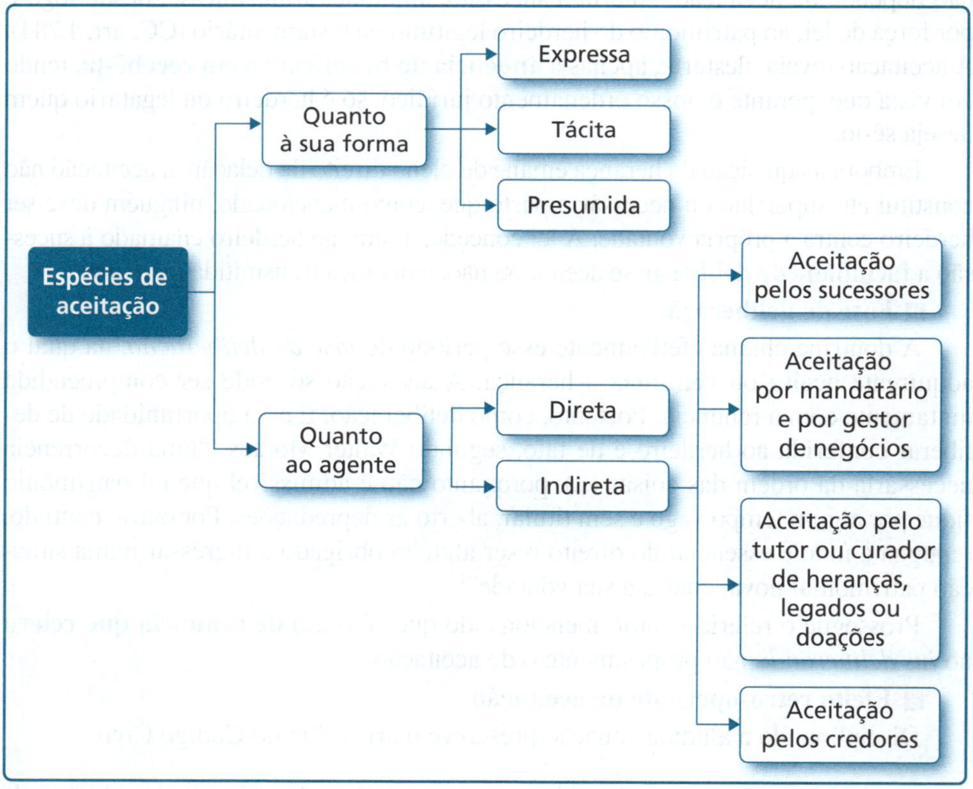

4.2.1. Quanto à sua forma

Sob esse aspecto, a aceitação pode ser:

---

2 Carlos Alberto Bittar, *Direito das sucessões*, p. 32-33.

■ **expressa**, quando é manifestada mediante declaração escrita (CC, art. 1.805, *caput*);

■ **tácita**, quando resulta de conduta própria de herdeiro (art. 1.805, *caput*); e

■ **presumida**, quando o herdeiro permanece silente, depois de notificado, nos termos do art. 1.807, para que declare, em prazo não superior a trinta dias, a pedido de alguém interessado — geralmente o credor — se aceita ou não a herança.

Dispõe o art. 1.805 do Código Civil:

> "A aceitação da herança, quando **expressa**, faz-se por declaração escrita; quando **tácita**, há de resultar tão somente de atos próprios da qualidade de herdeiro.
>
> § 1º Não exprimem aceitação de herança os atos oficiosos, como o funeral do falido, os meramente conservatórios, ou os de administração e guarda provisória.
>
> § 2º Não importa igualmente aceitação a cessão gratuita, pura e simples, da herança, aos demais coerdeiros".

A *aceitação* é o que normalmente ocorre, é o ordinário. Por isso é *informal*, admite-se seja **tácita** e às vezes **se presume**. A *renúncia*, ao contrário, transtorna a normalidade sucessória, é excepcional e por isso tem de ser **expressa** e **formal**, como veremos adiante.

■ Aceitação expressa

Na *aceitação expressa* o herdeiro assume inequivocamente o seu título ou qualificação. Perfaz-se por declaração **"escrita"**, diz o legislador. Resolvendo aceitar a herança, deve o herdeiro fazê-lo, assim, por *declaração escrita*, que pode ser **pública** ou **particular**.

No *direito pré-codificado*, havia mais interesse na manifestação expressa da aceitação, porque não constava da lei a regra de não responder o herdeiro por encargos superiores à força da herança. Quando o herdeiro sucedia o *de cujus*, tomava-lhe o lugar, substituindo-o em todas as suas relações jurídicas. **Aceita a herança, transferiam-se para os herdeiros também os ônus**, ou seja, não só os créditos senão também os débitos, sem qualquer limitação. Assim, se o passivo excedesse o ativo, o herdeiro continuava responsável pelo saldo devedor.

Para se livrar desse risco, era necessário o herdeiro declarar que aceitava a herança **sob benefício do inventário**, ou seja, *condicionalmente*, só tendo eficácia o ato se o ativo superasse o passivo. Como hoje, *por lei* (CC, art. 1.792), o **"herdeiro não responde por encargos superiores às forças da herança"** (*ultra vires hereditatis*), a aceitação costuma ser tácita. Nada impede, todavia, que renuncie ao benefício do inventário, declarando assumir *sponte sua* todos os débitos do *de cujus*, ainda que superiores ao ativo da herança.

Pode o herdeiro, por motivos de ordem moral, por exemplo, desejar pagar todos os débitos do falecido, mesmo se forem superiores ao seu ativo. Nessa hipótese, será mister que manifeste de modo explícito a sua vontade de renunciar ao benefício de inventário, arcando com todo o passivo do espólio, qualquer que seja o seu ativo.

■ Aceitação tácita

A *aceitação tácita* resulta de **qualquer ato que demonstre intenção de adir a herança**, como a intervenção no inventário, representado por advogado, concordando com as declarações preliminares e avaliações; a cessão de seus direitos a outrem; a participação em defesa dos interesses do espólio; o apossamento de bens a este pertencentes ou outros atos.

Pode-se afirmar que há aceitação tácita quando o sucessor pratica atos que ultrapassam a simples conservação e administração da herança, que implicam necessariamente a **intenção de aceitar** e que só poderia praticar na qualidade de herdeiro. Já se decidiu que simples requerimento de abertura de inventário, por si só, não traduz o propósito de aceitar a herança, por se tratar de obrigação legal do herdeiro[3].

■ **Atos oficiosos**

No § 1º do dispositivo retrotranscrito o legislador *afasta da presunção de aceitação* "os **atos oficiosos**, como **o funeral do finado, os meramente conservatórios, ou os de administração e guarda provisória**", porque praticados altruisticamente, sem o intuito de recolher a herança.

- ■ **Meramente conservatórios:** são os atos necessários e urgentes, que têm por fim impedir a perda ou deterioração dos bens da herança.
- ■ **De administração e guarda provisória:** são os praticados pelo herdeiro para atender a uma necessidade premente, sem a intenção de tê-los para si, mas com o ânimo de entregá-los, logo que possível, a quem deva guardá-los e conservá-los.

O § 2º, por sua vez, proclama que *a cessão gratuita, pura e simples* da herança aos demais coerdeiros **"não importa, igualmente, aceitação"**, porque tal ato equivale a uma renúncia (*v.* n. 4.6, *infra*).

■ **Aceitação presumida**

A aceitação é denominada *presumida*, como foi dito, na hipótese do art. 1.807 do Código Civil, ou seja, quando algum interessado em saber se o herdeiro aceita ou não a herança requer ao juiz, depois de passados vinte dias da abertura da sucessão, que **assinale ao herdeiro prazo razoável, não maior de trinta dias, para, nele, pronunciar-se**, "*sob pena de se haver a herança por aceita*". Cuida-se do conhecido **prazo para deliberar**, que suscitou muita controvérsia no direito pré-codificado.

Trata-se da *actio interrogatoria*, sendo *competente* para o processamento o **juízo do inventário**. O interessado pode ser o legatário, algum credor e também aquele que eventualmente sucederia, em substituição, caso se consumasse a renúncia (CC, art. 1.947).

Nessa hipótese, o silêncio é interpretado como manifestação de vontade, ou seja, **como aceitação presumida ou ficta**.

A lei não estabelece prazo para a aceitação. Desse modo, enquanto não intimado a manifestar-se em prazo certo, o herdeiro tem a faculdade de aceitar a herança a todo tempo, até que se consume a prescrição ao cabo de dez anos (CC, art. 205).

Esgotado o prazo do *ius deliberandi*, extingue-se a faculdade de optar e a situação permanece inalterada, ou seja, a herança está adquirida, sem possibilidade de alterar-se o *statu quo*.

---

3 *RT*, 375/174, 387/142.

4.2.2. Quanto ao agente

Quanto ao agente ou pessoa que a manifesta, a aceitação pode ser:

- **direta** — a que provém do próprio herdeiro; e
- **indireta** — quando alguém a faz por ele, como pode suceder em quatro hipóteses legalmente previstas[4]:

a) Aceitação pelos sucessores

Preceitua o art. 1.809, *caput*, do Código Civil:

> "Falecendo o herdeiro antes de declarar se aceita a herança, **o poder de aceitar passa-lhe aos herdeiros**, a menos que se trate de vocação adstrita a uma condição suspensiva, ainda não verificada".

Trata-se de **sucessão hereditária do direito de aceitar**. O herdeiro que falece antes de aceitar morre na posse de um direito. E esse direito, que faz parte do seu patrimônio, é, como os demais direitos, transmissível por sucessão hereditária[5].

Não apenas os direitos sucessórios se transmitem, mas igualmente **o prazo para deliberar** (*spatium deliberandi*), "a menos que se trate de vocação adstrita a uma **condição suspensiva ainda não verificada**", como ressalva o dispositivo supratranscrito (possibilidade esta que só existe na sucessão testamentária), uma vez que tal espécie de condição impede a aquisição do direito (CC, art. 125).

Assim, se um herdeiro foi nomeado sob a condição de, por exemplo, obter o primeiro lugar em determinado concurso, ou vencer determinada disputa ou colar grau em curso universitário, **e faleceu antes de seu implemento**, os mencionados direitos eventuais consideram-se como se nunca tivessem existido. **Com a frustração da condição cessa a expectativa de direito**. Tornando-se *ineficaz* a deixa testamentária, **o poder de aceitar não passa aos herdeiros** do que faleceu antes de declarar se aceitava a herança[6].

Aduz o parágrafo único do art. 1.809, como inovação e consequência lógica dos princípios, a seguinte condição para que os sucessores do herdeiro, falecido antes da aceitação, possam aceitar ou renunciar a primeira herança: que *antes* **"concordem em receber a segunda herança"** deixada por este. Exemplificando: falecendo o pai e sendo herdeiro um dos seus filhos, que morre depois da abertura do inventário sem ter aceito a herança, transmitindo os seus bens para os seus filhos, estes últimos não poderão aceitar a herança do avô em nome do pai, sem terem previamente aceito a herança paterna[7].

---

[4] Caio Mário da Silva Pereira, *Instituições*, cit., v. VI, p. 52; Maria Helena Diniz, *Curso de direito civil brasileiro*, v. 6, p. 61-62.

[5] Lacerda de Almeida, *Sucessões*, cit., § 27, p. 171.

[6] Washington de Barros Monteiro, *Curso*, cit., v. 6, p. 56; Caio Mário da Silva Pereira, *Instituições*, cit., v. VI, p. 52; Silvio Rodrigues, *Direito civil*, v. 7, p. 53-54; Maria Helena Diniz, *Curso*, cit., v. 6, p. 62; Eduardo de Oliveira Leite, *Comentários ao novo Código Civil*, v. XXI, p. 140-141.

[7] Arnoldo Wald, *Direito das sucessões*, p. 28.

b) Aceitação por mandatário e por gestor de negócios

A doutrina, sem discrepâncias, admite a aceitação da herança por **mandatário**. Carlos Maximiliano afirma que "tanto a adição como a renúncia podem ser feitas por procurador; para a última se requerem poderes especiais"[8].

A aceitação feita pelo **gestor de negócios**, entretanto, é controvertida. Dá-se a *gestão de negócios* quando uma pessoa, sem autorização do interessado, intervém na administração de negócio alheio, dirigindo-o segundo o interesse e a vontade presumível de seu dono (CC, art. 861). A intervenção é motivada por **necessidade** ou por **utilidade**, com a intenção de trazer proveito para o dono.

Em princípio, **nada obsta** a que a aceitação da herança seja feita pelo gestor de negócios, para evitar prejuízo ao herdeiro, mesmo sem autorização deste. Todavia, tal hipótese se configurará **somente quando a não aceitação imediata puder prejudicar o herdeiro**, uma vez que a ausência de aceitação, esgotado o prazo do *ius deliberandi*, apenas extingue a faculdade de optar, mantendo o *statu quo*. A situação "resta como está, isto é, **a herança está adquirida**, sem possibilidade de alterar-se, então, tal quadro"[9].

c) Aceitação pelo tutor ou curador de heranças, legados ou doações, representando o incapaz, mediante autorização judicial

Dispõe o art. 1.748 do Código Civil:

> "Compete também ao tutor, com autorização do juiz:
>
> (...)
>
> II — **aceitar por ele heranças, legados ou doações**, ainda que com encargos".

E o art. 1.781 proclama que "as regras a respeito do exercício da tutela aplicam-se ao da curatela (...)".

d) Aceitação pelos credores

O art. 1.813 do Código Civil afasta a possibilidade de haver renúncia lesiva a estes. Se tal ocorrer, **podem aceitar a herança em nome do renunciante**, nos autos de inventário não encerrado, mediante **autorização judicial**, sendo aquinhoados no curso da partilha (CPC/2015, art. 642, § 3º, c/c o art. 647). Se houver saldo, será entregue aos demais herdeiros, e não ao renunciante, como prescreve o referido art. 1.813, segunda parte.

A *existência de prejuízos* aos credores do renunciante faz, portanto, com que a renúncia não produza efeitos **até o montante necessário para a satisfação do débito**.

Tendo em vista que a transmissão da herança se dá no mesmo instante da abertura da sucessão (CC, art. 1.784), a renúncia da herança por parte do herdeiro pode consistir em **fraude aos seus credores**.

Optou o legislador por uma ficção legal, que atende principalmente ao **interesse dos credores**, permitindo que estes aceitem a herança em nome do herdeiro, como forma de se cobrarem.

---

[8] *Direito das sucessões*, v. I, p. 69, n. 40. Na mesma linha as manifestações de Caio Mário da Silva Pereira (*Instituições*, cit., v. VI, p. 52) e Maria Helena Diniz (*Curso*, cit., v. 6, p. 63).

[9] Walter Moraes, *Teoria geral*, cit., p. 53.

Como inovação, o Código de 2002 fixou prazo para a habilitação, na herança, dos credores do renunciante, nestes termos: "A *habilitação dos credores* se fará no **prazo de trinta dias** seguintes ao conhecimento do fato" (art. 1.813, § 1º). A aceitação valerá somente até a concorrência dos créditos, não podendo os habilitantes beneficiar-se além de seu montante.

Pagas as dívidas, **o remanescente devolve-se aos herdeiros** a quem a renúncia beneficia, e não ao renunciante, que perdera a condição hereditária. A renúncia acarreta, pois, o desaparecimento de um herdeiro sucessível e gera, subsequentemente, o surgimento de dois novos personagens, **os credores e os herdeiros subsequentes**[10].

Provado o prejuízo decorrente da renúncia, podem os credores requerer autorização para aceitar a herança em nome do renunciante, **independentemente de prova de má-fé** do herdeiro ou de *consilium fraudis*. Não necessitam recorrer à ação pauliana para atingir tal objetivo, se o processo de inventário está em curso. Se, no entanto, acha-se encerrado, ou já decorreu o prazo de trinta dias seguintes ao conhecimento da renúncia, qualquer direito deverá ser reclamado por meio da aludida ação[11].

Os herdeiros beneficiados com a renúncia **podem insurgir-se contra a habilitação dos credores**, requerendo não seja admitida pelo juiz, alegando, conforme o caso, que a dívida já foi paga, ou pode ser paga com outros recursos ou outra matéria que, por exigir a produção de provas, seja considerada de alta indagação, para que o juiz determine seja ela resolvida pelas vias ordinárias.

Na faculdade outorgada aos credores, **não se inclui**, todavia, como assinala Washington de Barros Monteiro, "**a de aceitar legado**, recusado pelo devedor, porque semelhante recusa pode ser fruto de ponderosas razões de ordem moral e também porque contra a vontade não se faz benefício (*invito beneficium non datur*)"[12].

4.3. CARACTERÍSTICAS DA ACEITAÇÃO

A aceitação é:

- **Negócio jurídico unilateral**, porque se aperfeiçoa com uma única manifestação de vontade.
- **De natureza não receptícia**, porque não depende de ser comunicado a outrem para que produza seus efeitos. Podem praticá-lo apenas as pessoas capazes de agir. Os *incapazes* devem ser representados ou assistidos.
- **Indivisível e incondicional**. Proclama, efetivamente, o art. 1.808, *caput*, do Código Civil: **"Não se pode aceitar ou renunciar a herança em parte, sob condição ou a termo"**. O herdeiro que aceita a herança continua a posse do *de cujus*, sub-rogando-se em seus direitos e obrigações. Se fosse permitida a aceitação parcial, o herdeiro apenas tomaria parcialmente o lugar do falecido e, por certo, só recolheria seu ativo e repudiaria o seu passivo[13].

10 Eduardo de Oliveira Leite, *Comentários*, cit., v. XXI, p. 152.

11 Washington de Barros Monteiro, *Curso*, cit., v. 6, p. 56-57.

12 *Curso*, cit., v. 6, p. 57.

13 Silvio Rodrigues, *Direito civil*, cit., v. 7, p. 57; José Luiz Gavião de Almeida, *Código Civil comentado*, v. XVIII, p. 135.

■ Situação do herdeiro e também legatário

Se o herdeiro é também **legatário**, pode, porém, **aceitar a herança e renunciar ao legado**, e vice-versa, sem que isso prejudique a intencionada definição de situações, porque a ordem da aquisição da herança não interfere com a do legado, distintas que são objetiva e subjetivamente.

Nessa consonância, prescreve o § 1º do art. 1.808:

> "O *herdeiro*, a quem se testarem **legados**, pode aceitá-los, renunciando a herança; ou, aceitando-a, repudiá-los".

Se o herdeiro optar pela aceitação da herança, esta será sempre **integral**.

■ Herdeiro chamado à sucessão sob títulos sucessórios diversos

Inova o § 2º do mesmo artigo ao preceituar:

> "O herdeiro, chamado, na mesma sucessão, a mais de um quinhão hereditário, *sob títulos sucessórios diversos*, pode livremente deliberar quanto **aos quinhões que aceita e aos que renuncia**".

Washington de Barros Monteiro[14] já anteriormente mencionara em sua consagrada obra a lição de Brugi, segundo a qual *nada impede* que alguém aceite a herança na qualidade de **herdeiro legítimo** e renuncie a que se lhe atribui na qualidade de **herdeiro testamentário.**

Cuida-se da hipótese em que o **herdeiro legítimo sucede a título universal e, simultaneamente, tem a sua quota-parte acrescida por disposição testamentária também a título universal**, que o coloca em situação vantajosa em relação aos demais herdeiros. Nesse caso, pode aceitar uma delas, renunciando à outra, sem que incorra em aceitação parcial, por serem diversas as origens[15].

■ 4.4. IRRETRATABILIDADE DA ACEITAÇÃO

O art. 1.812 do diploma de 2002 declara **irrevogáveis** tanto os atos de **aceitação** como os de **renúncia** da herança, deixando patenteado que tais negócios unilaterais fixam, definitivamente, na pessoa do autor, a qualidade de herdeiro ou legatário, bem como a propriedade de sua quota na herança, ou nas coisas legadas[16].

O dispositivo em apreço mostra coerência com a proclamação, feita no art. 1.804, de que, "aceita a herança, **torna-se definitiva** a sua transmissão ao herdeiro, desde a abertura da sucessão".

Desse modo, como declaração unilateral da vontade, a aceitação gera efeitos imediatos e definitivos. Pode-se dizer que, "**uma vez herdeiro, sempre herdeiro**, como na antiga parêmia: *semel heres semper heres*"[17].

---

14 *Curso*, cit., v. 6, p. 55.

15 Giselda Hironaka, *Comentários ao Código Civil*, v. 20, p. 128.

16 Eduardo de Oliveira Leite, *Comentários*, cit., v. XXI, p. 148.

17 Caio Mário da Silva Pereira, *Instituições*, cit., v. VI, p. 54.

O pedido de **abertura de inventário e arrolamento de bens**, com a regularização processual **por meio de nomeação de advogado**, implicam **aceitação tácita da herança**, ato que é irrevogável[18].

4.5. ANULAÇÃO DA ACEITAÇÃO

A aceitação **pode**, entretanto, **ser anulada** se, depois de manifestada, apurar-se que *o aceitante não é herdeiro*, como na hipótese de ser chamado um ascendente e verificar-se posteriormente a existência de um descendente vivo, ou quando *se toma conhecimento da existência de um testamento* que absorva a totalidade da herança, não havendo herdeiros necessários.

Nesses casos, declarada a ineficácia da aceitação, **devolve-se a herança** àquele que a ela tem direito, como se a aceitação inexistisse. Mas, se o inventário já houver sido encerrado e *homologada a partilha*, só por **ação de petição de herança** poderá o interessado reivindicar o que lhe cabe[19].

4.6. CONCEITO DE RENÚNCIA

A renúncia da herança é **negócio jurídico unilateral**, pelo qual o herdeiro manifesta a intenção de se demitir dessa qualidade. Segundo Itabaiana de Oliveira, "é o ato pelo qual o herdeiro declara, expressamente, que a não quer aceitar, preferindo conservar-se completamente estranho à sucessão"[20].

O herdeiro não é, com efeito, obrigado a receber a herança (*il n'est héritier qui ne veut*). A recusa denomina-se **renúncia** ou **repúdio**. Desde o momento, porém, em que manifesta a *aceitação*, os efeitos desta **retroagem à data da abertura da sucessão**, e o aceitante é havido como se tivesse adquirido a herança desde a data em que faleceu o *de cujus* (CC, art. 1.804).

O mesmo acontece com o *repúdio*. O herdeiro que renuncia é havido **como se nunca tivesse sido herdeiro**, e como se nunca lhe houvesse sido deferida a sucessão[21].

Forma

Dispõe o art. 1.806 do Código Civil que "a renúncia da herança deve constar expressamente de instrumento público ou termo judicial". **Não pode ser tácita**, portanto, como sucede com a aceitação. Também **não se presume**, não podendo ser inferida de simples conjeturas. Tem de resultar de ato positivo e só pode ter lugar mediante:

- **escritura pública** que traduza uma declaração de vontade; ou
- **termo judicial**.

O último é lavrado nos autos do inventário e a primeira é simplesmente juntada.

---

18 STJ, REsp 1.622.331-SP, 3ª T., rel. Min. Villas Bôas Cueva, j. 08-11-2016.

19 Vittore Vitali, *Delle successioni testamentaire e legitime*, apud Caio Mário da Silva Pereira, *Instituições*, cit., v. VI, p. 55.

20 *Tratado*, cit., v. I, § 121, p. 96.

21 Lacerda de Almeida, *Sucessões*, cit., § 15, p. 91; Caio Mário da Silva Pereira, *Instituições*, cit., v. VI, p. 57.

O *termo nos autos* é a maneira mais simples e menos dispendiosa, bastando que registre o comparecimento da parte e assinale ter esta declarado o firme propósito de renunciar pura e simplesmente à herança. Poderá ser assinado pela **própria parte ou por procurador com poderes especiais.**

Mesmo a renúncia **em favor de terceiro** pode ser feita mediante termo nos autos. Nesse sentido, decidiu o Superior Tribunal de Justiça:

> "Ainda que se trate de renúncia em favor de pessoa determinada, é ela suscetível de formalizar-se mediante termo nos autos (art. 1.581 do CC de 1916)"[22].

■ Renúncia da meação

Controverte-se, porém, a respeito da forma da renúncia de *meação*, entendendo alguns que não pode ser efetuada por simples termo judicial, sendo necessária a escritura pública. O Superior Tribunal de Justiça, todavia, decidiu, de forma contrária:

> "Arrolamento. Composição da viúva-meeira e dos herdeiros. Renúncia 'translativa'. Instituição de usufruto. Possibilidade. Termo nos autos. (CC *de 1916*), art. 1.581. Partilha homologada. Precedentes. Não há vedação jurídica em se efetivar renúncia *in favorem*, e em se instituir usufruto nos autos de arrolamento, o que se justifica até mesmo para evitar as quase infindáveis discussões que surgem na partilha de bens"[23].

Recentemente, porém, a 3ª Câmara de Direito Privado da aludida Corte, numa interpretação literal, proclamou:

> "O ato para dispor da meação não se equipara à cessão de direitos hereditários, prevista no art. 1.793 do Código Civil, porque esta pressupõe a condição de herdeiro para que possa ser efetivada. Embora o art. 1.806 do Código Civil admita que a renúncia à herança possa ser efetivada por instrumento público ou *termo judicial*, a meação não se confunde com a herança. (...) O ato de disposição patrimonial representado pela cessão gratuita da meação em favor dos herdeiros configura uma verdadeira doação, a qual, nos termos do art. 541 do Código Civil, far-se-á por escritura pública ou instrumento particular, sendo que, na hipótese, deve ser adotado o instrumento público, por conta do disposto no art. 108 do Código Civil"[24].

Parece-nos, no entanto, que, embora inconfundível com a renúncia à herança, o ato de disposição da *meação* dela se aproxima no ponto em que implica efetiva ces-

---

[22] *RSTJ*, 40/107.

V. ainda: "Renúncia translativa ou *in favorem*. Formalização mediante termo, na presença do juiz, nos autos de arrolamento ou inventário. Validade. Por prescindir de escritura pública, considerada na sua acepção estrita, é válida, nos termos da alternativa do art. 1.581, *caput*, 2ª alínea, do CC (*de 1916*), a renúncia translativa ou *in favorem*, formalizada mediante termo, na presença do Juiz de Direito nos autos de arrolamento ou inventário" (*RT*, 736/201).

No mesmo sentido: STF, RE 83.361-0-MG, rel. Min. Moreira Alves, *RTJ*, 93/293; RE 81.632-PR, rel. Min. Bilac Pinto, *RTJ*, 76/296.

[23] *RSTJ*, 111/95.

[24] STJ, REsp 1.196.992-MS, 3ª T., rel. Min. Nancy Andrighi, j. 6-8-2013.

são de direitos, a permitir que sejam utilizados os mesmos instrumentos para sua formalização, especialmente considerando-se que o Supremo Tribunal Federal já decidiu que "a mesma fé pública de que se revestem as declarações de ofício do tabelião de notas têm-na igualmente as declarações de escrivães e, anteriormente, dos denominados tabeliães do judicial. Uns e outros lavram 'escrituras públicas'"[25].

■ Negócio solene

A renúncia é, portanto, *negócio solene*, pois a sua validade depende de observância da forma prescrita em lei. **Não se admite renúncia tácita ou presumida**, porque constitui abdicação de direitos, nem **promessa de renúncia**, porque implicaria pacto sucessório.

A vontade manifestada em *documento particular* não é válida. A renúncia à herança, enfatiza o Superior Tribunal de Justiça, "depende de ato solene, a saber, a **escritura pública ou termo nos autos** de inventário; petição manifestando a renúncia, com a promessa de assinatura do termo judicial, não produz efeitos sem que essa formalidade seja ultimada"[26].

Enfatizou a aludida Corte: "O ato de disposição patrimonial representado pela cessão gratuita da meação em favor dos herdeiros configura uma verdadeira doação, a qual, nos termos do art. 541 do Código Civil, far-se-á por escritura pública ou instrumento particular, sendo que, na hipótese, deve ser adotado o instrumento público, por conta do disposto no art. 108 do Código Civil"[27].

■ Dispensa de homologação

A jurisprudência dominante é no sentido de que a renúncia por termo nos autos **independe de homologação**[28].

Efetivamente, não vincula a lei, em nenhum caso, o efeito da renúncia à sua homologação. Por essa razão, prevalece o entendimento de que essa declaração unilateral de vontade completa-se por si mesma e **não depende de homologação judicial**[29].

■ 4.7. ESPÉCIES DE RENÚNCIA

A renúncia pode ser de duas espécies:

a) abdicativa ou **propriamente dita**; e

b) translativa, também denominada **cessão** ou **desistência**.

■ Renúncia abdicativa

Configura-se quando o herdeiro a manifesta **sem ter praticado qualquer ato que exprima aceitação**, logo ao se iniciar o inventário ou mesmo antes, e mais: quando é **pura e simples**, isto é, em benefício do monte, sem indicação de qualquer favorecido.

---

25 *RT*, 494/233; *RJTJSP*, 81/283.

26 REsp 431.695-SP, 3ª T., *DJU*, 5-8-2002.

27 STJ, REsp 1.196.992-MS, 3ª T., Min. Nancy Andrighi, j. 6-8-2013.

28 *RT*, 427/237, 468/263; TJSP, AgI 94.831-1, rel. Des. Olavo Silveira, j. 17-12-1987.

29 Caio Mário da Silva Pereira, *Instituições*, cit., v. VI, p. 58; José Luiz Gavião de Almeida, *Código Civil comentado*, cit., v. XVIII, p. 133; Giselda Hironaka, *Comentários*, cit., v. 20, p. 121.

Dispõe o § 2º do art. 1.805 do Código Civil que "não importa igualmente aceitação a **cessão gratuita, pura e simples**, da herança, aos demais coerdeiros". Por sua vez, preceitua o parágrafo único do art. 1.804 que "a transmissão tem-se por não verificada quando o herdeiro renuncia à herança".

■ **Renúncia translativa**

O herdeiro que renuncia em favor de determinada pessoa, citada nominalmente, está praticando dupla ação: aceitando tacitamente a herança e, em seguida, doando-a. Alguns entendem que, neste último caso, não há *renúncia* ou *repúdio*, mas sim **cessão** ou **desistência** da herança. Outros, no entanto, preferem denominar o ato **renúncia translativa**, que pode ocorrer, também, *mesmo quando pura e simples*, se manifestada depois da prática de atos que importem aceitação, como a habilitação no inventário, manifestação sobre a avaliação, sobre as primeiras e últimas declarações etc.

Preleciona a propósito Alberto Trabucchi[30] que a verdadeira renúncia é a **abdicativa**, feita gratuita e genericamente em favor de todos os coerdeiros. Só produzirá efeitos se observada a forma solene. Coisa diversa é a renúncia **translativa**, que implica aceitação e transferência posterior dos direitos hereditários.

A distinção se mostra relevante em virtude dos **tributos** devidos. Na renúncia **abdicativa**, o único imposto devido é o *causa mortis*. Na **translativa**, é devido também o *inter vivos*. Nesse caso, "presume-se que o filho aceitou a herança e que a transmitiu, por ato entre vivos, a seus filhos. Há impostos sobre duas transmissões: uma *causa mortis*, do defunto a seu filho; outra, deste aos donatários"[31].

■ 4.8. RESTRIÇÕES LEGAIS AO DIREITO DE RENUNCIAR

Para que o direito de renúncia possa ser exercido, alguns **pressupostos** são necessários. Vejamos:

■ **Capacidade jurídica plena do renunciante**

Em decorrência dos efeitos que acarreta, a renúncia à herança exige plena capacidade jurídica do renunciante. Não basta a capacidade genérica, sendo necessária também a de alienar.

A renúncia efetivada pelo **incapaz** *não terá validade*, ainda que manifestada por seu representante, uma vez que este reúne os poderes de administração, e não de alienação. Embora tenha a atribuição de gerir os bens do representado, falta-lhe a liberdade para dispor deles. Todavia, poderá a renúncia ser formulada pelo representante ou assistente do incapaz **mediante prévia autorização do juiz**, que somente a concederá se provada a necessidade ou evidente utilidade para o requerente (CC, art. 1.691), o que dificilmente ocorrerá, tratando-se de renúncia de direitos[32].

---

30 *Instituciones de derecho civil*, v. II, p. 450, nota n. 26.

31 *Direito civil*, cit., v. 7, p. 58.

"Inventário. Partilha. Renúncia à herança manifestada por herdeiro após ter aceitado a inventariança. Hipótese que caracteriza doação em favor da única herdeira remanescente. Incidência do imposto de transmissão *inter vivos*" (*JTJ*, Lex, 261/388).

32 Caio Mário da Silva Pereira, *Instituições*, cit., v. VI, p. 59; Washington de Barros Monteiro, *Curso*, cit., v. 6, p. 53.

Feita a renúncia por *mandatário*, deve este exibir procuração com **poderes especiais para renunciar** (CC, art. 661, § 1º).

■ **A anuência do cônjuge, se o renunciante for casado, exceto se o regime de bens for o da separação absoluta** (CC, art. 1.647, I)

Isso porque o "*direito à sucessão aberta*" é considerado **bem imóvel**, por determinação legal (art. 80, II). A cessão de direitos hereditários, em consequência, deve ser feita por **escritura pública**, por força do art. 108, ainda que o espólio seja constituído somente de bens móveis, porque o que está sendo objeto da cessão é o direito abstrato à sucessão aberta.

Tem-se decidido, destarte, que, "sendo a renúncia à herança um **ato alienativo**, na hipótese de o renunciante ser casado sob o regime de comunhão de bens faz-se necessário, para que se torne eficaz, **o consentimento do outro cônjuge** não herdeiro. A falta de outorga marital, todavia, apenas torna o ato **anulável**, pois passível de ratificação"[33].

Merece destaque o posicionamento de Zeno Veloso: "Se o renunciante é casado, necessita da outorga do cônjuge para a prática do negócio abdicativo. A herança se considera imóvel e **a renúncia equivale à alienação**. Mas não há necessidade do assentimento do cônjuge se o regime de bens for o da separação absoluta (art. 1.647)"[34].

Se porventura o cônjuge discordar da renúncia e recusar-se a dar a sua anuência por motivo injusto, poderá o juiz, a pedido do renunciante casado, **suprir a outorga denegada**, com fundamento no art. 1.648 do Código Civil.

■ **Que não prejudique os credores**

Como já mencionado, o art. 1.813 afasta, com efeito, a possibilidade de haver *renúncia lesiva a estes*. Se tal ocorrer, **podem aceitar a herança em nome do renunciante**, nos autos de inventário não encerrado, mediante *autorização judicial*, sendo aquinhoados no curso da partilha (CPC/2015, art. 642, § 3º, c/c o art. 647).

O direito deferido aos credores, de aceitarem a herança em nome do renunciante, foi comentado no n. 4.2.2, *d*, *retro*, ao qual nos reportamos.

A Lei de Falências e Recuperação de Empresas (Lei n. 11.101, de 9-2-2005), reproduzindo regra que já existia no anterior diploma falimentar, dispõe a respeito da renúncia lesiva aos credores, proclamando, no art. 129, que "são **ineficazes em relação à massa falida**, tenha ou não o contratante conhecimento do estado de crise econômico-financeira do devedor, seja ou não intenção deste fraudar credores: (...) V — **a renúncia à herança ou a legado**, até dois anos antes da decretação da falência".

---

33 TJSP, *RT*, 675/102. No mesmo sentido: STF, *RTJ*, 109/1086.

34 *Novo Código Civil comentado*, p. 1625. No mesmo sentido a manifestação de Silvio Rodrigues: "Tendo em vista que o Código Civil classifica o direito à sucessão aberta como bem imóvel (art. 80, II) e considerando que o cônjuge não pode, sem consentimento do outro, alienar bens imóveis (art. 1.647, I), a renúncia da herança, efetuada por pessoa capaz, depende de consentimento do consorte, exceto no regime da separação absoluta (arts. 1.647, *caput*, parte final, e 1.687)".

Para que a **ineficácia** do ato seja reconhecida é necessário que o administrador judicial, qualquer credor ou o Ministério Público proponha a competente **ação revocatória**, regulada nos arts. 132 e seguintes do aludido diploma, no prazo de três anos contado da decretação da quebra.

■ 4.9. EFEITOS DA RENÚNCIA

Da renúncia decorrem importantes efeitos, relacionados ao destino da quota hereditária do herdeiro renunciante. São eles os seguintes:

■ **Exclusão, da sucessão, do herdeiro renunciante**

O primeiro e principal efeito da renúncia é, com efeito, *afastar o renunciante da sucessão.* Pelo princípio da *saisine*, com a abertura da sucessão a herança se transmite, desde logo, ao herdeiro (CC, art. 1.784). Mas se este a renuncia, **a transmissão tem-se por não verificada** (art. 1.804, parágrafo único). Não ocorre a alienação da herança aos outros coerdeiros. **Renunciando-a, o sucessor a deixa como está, saindo da sucessão**. Os efeitos da renúncia retroagem à data da abertura da sucessão. Se, porém, renuncia *in favorem*, em benefício de outrem, já não há renúncia, senão cessão da herança, como anteriormente mencionado[35].

■ **Acréscimo da parte do renunciante à dos outros herdeiros da mesma classe**

Dispõe, com efeito, a primeira parte do art. 1.810 do Código Civil:

> "Na sucessão legítima, a parte do renunciante acresce à dos outros herdeiros da mesma classe".

Assim, se o *de cujus* tinha vários filhos e um deles é premorto, a sua parte passará aos seus filhos, netos do primeiro. Se não morreu, mas **renunciou** à herança, a sua quota **passará aos seus irmãos, em prejuízo de seus filhos**, pois o renunciante e sua estirpe são considerados como se nunca houvessem existido.

Na segunda parte, estabelece o aludido art. 1.810 que, sendo o renunciante *o único da sua classe* (a dos descendentes), devolve-se a herança **"aos da subsequente"**. Se o *de cujus* tinha apenas um filho e este, não tendo descendentes, renuncia a herança, esta é devolvida aos ascendentes do falecido, em concorrência com o cônjuge deste (CC, art. 1.829, II).

■ **Proibição da sucessão por direito de representação**

Se um dos filhos do autor da herança já é falecido, o seu lugar é ocupado pelos filhos que porventura tenha, que herdam por **representação** ou estirpe.

Dispõe o art. 1.811, primeira parte, do Código Civil, todavia, que **"ninguém pode suceder, representando herdeiro renunciante"**. O destino da herança renunciada tem de ser, com efeito, compatível com a ideia de que o renunciante desaparece da sucessão. Por isso ninguém pode suceder, representando-o. Se um filho do renun-

[35] Silvio Rodrigues, *Direito civil*, cit., v. 7, p. 60; Walter Moraes, *Teoria geral*, cit., p. 57.

ciante lhe tomasse o lugar na sucessão, representando-o, não teria ele, na verdade, saído da herança, pois continuaria nela, representado por seu filho[36].

Aduz o mencionado dispositivo, na segunda parte: "Se, porém, ele for **o único legítimo da sua classe**, ou se **todos os outros da mesma classe** renunciarem a herança, poderão os filhos vir à sucessão, **por direito próprio, e por cabeça**", ou seja, a herança será dividida em partes iguais entre os netos, mesmo que o finado tenha deixado vários filhos, todos renunciantes, cada qual com diversa quantidade de filhos.

Na sucessão **testamentária**, a renúncia do herdeiro acarreta a **caducidade** da instituição, salvo se o testador tiver indicado substituto (CC, art. 1.947) ou houver direito de acrescer entre os herdeiros (art. 1.943).

4.10. INEFICÁCIA E INVALIDADE DA RENÚNCIA

Ineficácia

A *ineficácia* da renúncia pode ocorrer pela **suspensão temporária** dos seus efeitos pelo juiz, **a pedido dos credores prejudicados**, que não precisam ajuizar ação revocatória, nem anulatória, a fim de se pagarem, nos termos do art. 1.813 do Código Civil (*v.* n. 4.2.2, *d*, *retro*).

Invalidade

a) Dá-se a **invalidade absoluta** se não houver sido feita por escritura pública ou termo judicial, ou quando manifestada por pessoa absolutamente incapaz, não representada, e sem autorização judicial.

b) Dá-se a **invalidade relativa**, quando proveniente de erro, dolo ou coação, a ensejar a anulação do ato por *vício de consentimento*, ou quando realizada *sem a anuência do cônjuge*, se o renunciante for casado em regime que não seja o da separação absoluta de bens.

Dispõe o art. 1.649, *caput*, do Código Civil que a **falta de autorização**, quando necessária, como é o caso da renúncia da herança, "tornará anulável o ato praticado, podendo o outro cônjuge pleitear-lhe a anulação, até dois anos depois de terminada a sociedade conjugal". A **anulabilidade** — e não nulidade — do ato praticado **sem a outorga uxória** é ratificada no parágrafo único do aludido artigo, ao estatuir que a aprovação ou confirmação **"torna válido o ato"**. Só a anulabilidade pode ser sanada pela *confirmação* (CC, arts. 169 e 172), limitada a determinadas pessoas.

4.11. IRRETRATABILIDADE DA RENÚNCIA

Dispõe o art. 1.812 do diploma civil:

> "São **irrevogáveis** os atos de aceitação ou de renúncia da herança".

---

[36] Walter Moraes, *Teoria geral*, cit., p. 57.

A renúncia é irretratável porque retroage à data da abertura da sucessão, presumindo-se que os outros herdeiros por ela beneficiados tenham herdado na referida data. Tratando-se de negócio jurídico unilateral, ele se aperfeiçoa desde o momento da solene manifestação de vontade, **gerando, desde então, todos os efeitos dele decorrentes**.

Se fosse possível acolher a retratação da renúncia ou sua revogação, **estar-se-ia admitindo a perda da propriedade adquirida pelos herdeiros** — o que constitui efeito de um ato jurídico perfeito — pela manifestação de vontade do renunciante arrependido; solução inteiramente absurda, como obtempera Silvio Rodrigues, "desacolhida pela lei, que não poderia concordar com a admissão de ameaça de tal porte à segurança e à estabilidade das relações jurídicas"[37].

Vinculando os dois atos, aceitação e renúncia, num só dispositivo, "o legislador não só garantiu — via irrevogabilidade — a repercussão de efeitos de um ato sobre o outro, como também colocou no mesmo patamar a ocorrência da manifestação de vontade do titular de direitos sucessórios, **cerceando-lhe qualquer possibilidade de arrependimento**, inadmissível nessas matérias"[38].

O dispositivo em apreço deixa patenteado que a aceitação e a renúncia fixam, **definitivamente**, a qualidade de herdeiro ou legatário, estabelecendo a propriedade de sua quota na herança ou nas coisas legadas, **cuja transmissão não pode ser alterada pela retratação**.

Discute-se a possibilidade de renunciar à herança em pacto antenupcial. Essa questão aplica-se à hipótese, por exemplo, em que as partes convencionam, em pacto antenupcial ou em contrato de união estável, que nenhum dos pactuantes concorrerá com os descendentes ou ascendentes do outro, afastando, assim, a regra de concorrência dos incisos I e II do art. 1.829, e que, aberta a sucessão pelo falecimento de qualquer deles, todo o seu patrimônio reverterá exclusivamente para os respectivos descendentes ou ascendentes. Nessas situações, a doutrina ainda majoritária tem reputado inválida a cláusula de renúncia, enquadrando-a entre os chamados *pacta corvina*, cujo vício não admitiria suprimento ou confirmação.

A resposta afirmativa nos é dada, com precisão, por Rolf Madaleno: "Trata-se de direito que se encontra dentro da esfera de disponibilidade dos cônjuges e companheiros que podem abdicar destes benefícios sucessórios viduais de conteúdo assistencial, impostos pelo legislador de 2002 como legados *ex lege*, e cuja renúncia os cônjuges podem avençar em escrituras especialmente lavradas, e que só produzem eficácia se ao tempo da abertura da sucessão ainda persista a comunidade de vida do matrimônio, pois tanto a separação fática como a dissolução oficial do casamento produzem a ineficácia dos direitos e a perda de objeto da renúncia sucessória"[39].

---

37 *Direito civil*, cit., v. 7, p. 62.

38 Eduardo de Oliveira Leite, *Comentários*, cit., v. XXI, p. 149.

39 Rolf Madaleno, Renúncia de herança no pacto antenupcial, *Revista IBDFAM*, maio-jun. 2018, p. 50.

■ 4.12. RESUMO

DA ACEITAÇÃO E RENÚNCIA DA HERANÇA	
Da Aceitação	
CONCEITO	■ Aceitação ou adição da herança é o ato pelo qual o herdeiro anui à transmissão dos bens do ***de cujus***, ocorrida por lei com a abertura da sucessão, confirmando-a.
ESPÉCIES	a) ***Expressa***: se resultar de manifestação escrita (CC, art. 1.805, 1ª parte). b) ***Tácita***: quando resultante de conduta própria de herdeiro. É a forma mais comum, tendo em vista que toda aceitação, por lei, é feita ***sob benefício do inventário*** (art. 1.792), dispensando manifestação expressa. c) ***Presumida***: quando o herdeiro permanece silente, depois de notificado, nos termos do art. 1.807, para que declare, em prazo não superior a trinta dias, a pedido de alguém interessado — geralmente o credor —, se aceita ou não a herança.
CARACTERÍSTICAS	■ a aceitação é ***negócio jurídico unilateral***, porque se aperfeiçoa com uma única manifestação de vontade; ■ tem natureza ***não receptícia***, porque não depende de ser comunicada a outrem para que produza seus efeitos; ■ é, também, ***indivisível*** e ***incondicional***, porque "não se pode aceitar ou renunciar a herança em parte, sob condição, ou a termo" (CC, art. 1.808).
Da Renúncia	
CONCEITO	■ Renúncia é ***negócio jurídico unilateral***, pelo qual o herdeiro manifesta a intenção de se demitir dessa qualidade.
CARACTERÍSTICAS	■ A renúncia há de ser ***expressa*** e constar, obrigatoriamente, de ***instrumento público*** ou ***termo judicial***, lançado nos autos do inventário (CC, art. 1.806), sendo, portanto, ***solene***. Não se admite renúncia tácita ou presumida, porque constitui abdicação de direitos, nem ***promessa de renúncia***, porque implicaria ilegal pacto sucessório.
ESPÉCIES	■ ***Abdicativa*** (renúncia propriamente dita): quando o herdeiro a manifesta sem ter praticado qualquer ato que exprima aceitação, logo ao iniciar o inventário ou mesmo antes, e mais: quando é pura e simples, isto é, em benefício do monte, sem indicação de qualquer favorecido (CC, art. 1.805, § 2º). ■ ***Translativa***: quando o herdeiro renuncia em favor de determinada pessoa, citada nominalmente. É também chamada de cessão ou desistência da herança. Pode ocorrer também, mesmo quando pura e simples, se manifestada depois da prática de atos que importem aceitação, p. ex., a habilitação no inventário.
PRESSUPOSTOS	■ ***capacidade*** jurídica plena do renunciante; ■ ***anuência do cônjuge***, se o renunciante for casado, exceto se o regime de bens for o da separação absoluta (CC, art. 1.647), porque o direito à sucessão aberta é considerado bem imóvel, por determinação legal (art. 80, I); ■ ***inexistência de prejuízo*** para os credores. Se tal ocorrer, podem eles aceitar a herança em nome do renunciante, mediante autorização judicial, sendo aquinhoados no curso da partilha.
EFEITOS	■ exclusão, da sucessão, do herdeiro renunciante, que será tratado como se jamais houvesse sido chamado; ■ acréscimo da parte do renunciante à dos outros herdeiros da mesma classe (CC, art. 1.810); ■ proibição da sucessão por direito de representação, pois ninguém pode suceder "representando herdeiro renunciante" (art. 1.811).
INEFICÁCIA	■ Pode ocorrer pela suspensão temporária dos seus efeitos pelo juiz, a pedido dos credores prejudicados, que não precisam propor ação revocatória, nem anulatória, a fim de se pagarem, nos termos do art. 1.813 do CC.
INVALIDADE	■ Dá-se a invalidade ***absoluta*** se não houver sido feita por escritura pública ou termo judicial, ou quando manifestada por pessoa absolutamente incapaz, não representada, e sem autorização judicial; e ***relativa***, quando proveniente de erro, dolo ou coação, ou quando realizada sem a anuência do cônjuge, quando exigida.
IRRETRATABILIDADE	■ A renúncia é irretratável (CC, art. 1.812) porque retroage à data da abertura da sucessão, presumindo-se que os outros herdeiros por ela beneficiados tenham herdado na referida data.

5

DOS EXCLUÍDOS DA SUCESSÃO

5.1. CONCEITO DE INDIGNIDADE

A sucessão hereditária assenta em uma razão de ordem *ética*: **a afeição real ou presumida do defunto ao herdeiro ou legatário**. Tal afeição deve despertar e manter neste o sentimento da gratidão ou, pelo menos, do acatamento e respeito à pessoa do *de cujus* e às suas vontades e disposições[1].

A quebra dessa afetividade, mediante a prática de atos inequívocos de desapreço e menosprezo para com o autor da herança, e mesmo de atos reprováveis ou delituosos contra a sua pessoa, torna o herdeiro ou o legatário **indignos** de recolher os bens hereditários.

No capítulo sob a epígrafe **"Dos Excluídos da Sucessão"**, o Código Civil regula os casos de **indignidade**, como menciona o art. 1.815.

O herdeiro ou legatário pode, com efeito, ser privado do direito sucessório se praticar contra o *de cujus* atos considerados ofensivos, de indignidade. Não é qualquer ato ofensivo, entretanto, que a lei considera capaz de acarretar tal exclusão, **mas somente os consignados no art. 1.814**, que podem ser assim resumidos:

- atentado contra a **vida**;
- atentado contra a **honra**; e
- atentado contra a **liberdade de testar** do *de cujus*.

Dispõe o aludido dispositivo:

> "São excluídos da sucessão os herdeiros ou legatários:
> I — que houverem sido autores, coautores ou partícipes de homicídio doloso, ou tentativa deste, contra a pessoa de cuja sucessão se tratar, seu cônjuge, companheiro, ascendente ou descendente;
> II — que houverem acusado caluniosamente em juízo o autor da herança ou incorrerem em crime contra a sua honra, ou de seu cônjuge ou companheiro;
> III — que, por violência ou meios fraudulentos, inibirem ou obstarem o autor da herança de dispor livremente de seus bens por ato de última vontade".

A *indignidade* é, portanto, uma sanção civil que acarreta a **perda do direito sucessório**.

[1] Lacerda de Almeida, *Sucessões*, p. 71.

■ 5.2. FUNDAMENTO DA INDIGNIDADE

Comenta Orlando Gomes que o *fundamento* da indignidade "encontra-se, para alguns, **na presumida vontade do *de cujus***, que excluiria o herdeiro se houvesse feito declaração de última vontade. Preferem outros atribuir os efeitos da indignidade, previstos na lei, ao propósito de **prevenir ou reprimir o ato ilícito**, impondo uma *pena civil* ao transgressor, independentemente da sanção penal"[2].

Em reforço da primeira corrente invoca-se a possibilidade de o autor da herança perdoar ou reabilitar o indigno, por testamento ou outro ato autêntico, afastando por sua exclusiva vontade a causa da exclusão.

Em verdade, porém, inspira-se o instituto da indignidade **"num princípio de ordem pública"**, uma vez que *repugna à consciência social* que uma pessoa suceda a outra, extraindo vantagem de seu patrimônio, depois de haver cometido contra esta atos lesivos de certa gravidade. Por essa razão, atinge tanto os herdeiros legítimos quanto os testamentários, e até mesmo os legatários[3].

■ 5.3. CAUSAS DE EXCLUSÃO POR INDIGNIDADE

Como mencionado, incorre em indignidade o herdeiro que tenha cometido ato lesivo à pessoa do autor da herança, dentre os enumerados de **forma taxativa** no art. 1.814, retrotranscrito.

■ 5.3.1. Atentado contra a vida do *de cujus*

O inc. I do art. 1.814 considera indignos os que "houverem sido autores, coautores ou partícipes de **homicídio doloso, ou tentativa deste**, contra a pessoa de cuja sucessão se tratar, cônjuge, companheiro, ascendente ou descendente".

Não se exige que o herdeiro seja autor do homicídio ou tentativa deste. A sua participação no crime como **coautor ou partícipe**, por qualquer forma, é suficiente para comprometê-lo.

Trata o inciso em epígrafe da **mais grave de todas as causas**, pois é manifesta a ingratidão do herdeiro que priva o hereditando, ou tenta privá-lo, de seu maior bem, que é a vida, praticando contra ele homicídio doloso ou tentado. Daí o provérbio alemão: mão ensanguentada não apanha herança (*blutige hand nimmt kein erbe*).

Considerando a afetividade que une a pessoa a determinados familiares, o Código Civil sanciona também o herdeiro que comete o aludido crime contra a pessoa do **cônjuge, companheiro, ascendente ou descendente** do autor da herança.

A regra permite, portanto, a exclusão do **herdeiro neto**. Embora não tenha ele atentado contra o autor da herança, agiu de forma violenta contra um descendente deste.

---

2 *Sucessões*, p. 32.

3 Azzariti-Martinez, *Sucessioni per causa di morte e donazione*, apud Washington de Barros Monteiro, *Curso de direito civil*, v. 6, p. 63; Caio Mário da Silva Pereira, *Instituições de direito civil*, v. VI, p. 37.

Malgrado não prevista especificamente a hipótese, a **instigação ao suicídio** deve equiparar-se ao homicídio, para efeito da indignidade[4].

■ Inexigibilidade de condenação criminal

Prevalece entre nós o princípio da *independência da responsabilidade civil* em relação à penal, adotado no art. 935 do Código Civil. Não se pode, todavia, aduz o referido dispositivo, "questionar mais sobre a existência do fato, ou sobre quem seja o seu autor, quando estas questões se acharem decididas no juízo criminal".

Desse modo, enquanto tais aspectos fáticos não estiverem definidos na esfera criminal, as ações cível e penal correrão independente e autonomamente, sendo apuradas ambas as responsabilidades, a civil e a penal. No entanto, **se já foi proferida sentença criminal condenatória**, é porque se reconheceu o dolo ou a culpa do causador do dano, não podendo ser reexaminada a questão no cível. Assim, **a sentença criminal condenatória, com trânsito em julgado, sempre faz coisa julgada no cível**[5].

A prova do fato e da culpabilidade faz-se, portanto, no curso da ação cível. Mas a absolvição do réu na esfera penal em razão do expresso reconhecimento da inexistência do fato ou da autoria **afasta a pena de indignidade no cível**, por força do mesmo art. 935 retromencionado, assim como o reconhecimento da legítima defesa, do estado de necessidade e do exercício regular de um direito (CPP, art. 65).

■ Não exclusão do herdeiro, em caso de homicídio culposo e de outros atos involuntários

O homicídio há de ser doloso, como expressamente prevê o art. 1.814; **se culposo, não acarreta a exclusão**.

Inexistente a **voluntariedade**, não há razão para excluir da sucessão o agente, como sucede nos casos de perturbação das faculdades psíquicas por demência ou embriaguez (CP, art. 26), de *aberratio ictus* e de erro sobre a pessoa (art. 20, § 3º), bem como no de homicídio preterintencional, em que não existe *animus necandi*[6].

■ 5.3.2. Atentado contra a honra do *de cujus*

O inc. II do art. 1.814 do Código Civil exclui da sucessão os que "houverem acusado caluniosamente em juízo o autor da herança ou incorrerem em crime contra a sua honra, ou de seu cônjuge ou companheiro".

Contempla o dispositivo duas hipóteses:

a) denunciação caluniosa do *de cujus* em juízo; e

b) prática de **crime contra a sua honra**.

Em nenhuma delas é prevista a *tentativa*, mencionada apenas no inc. I, já comentado.

---

4 Antonio Cicu, *Successioni per causa di morti*, v. I, p. 86.

5 *RT*, 629/140; *RF*, 251/286; *RSTJ*, 121/255.

6 Washington de Barros Monteiro, *Curso*, cit., v. 6, p. 65.

■ Denunciação caluniosa

Configura-se o crime de *denunciação caluniosa*, segundo dispõe o art. 339 do Código Penal (com a redação determinada pela Lei n. 10.028, de 19-10-2000), quando o agente dá causa a "instauração de investigação policial, de processo judicial, instauração de investigação administrativa, inquérito civil ou ação de improbidade administrativa contra alguém, **imputando-lhe crime de que o sabe inocente**".

A denunciação deve ser objetiva e subjetivamente **falsa**, isto é, deve estar em contradição com a verdade dos fatos, e o denunciante deve estar plenamente **ciente** de tal contradição[7].

Para que a denunciação gere efeitos no âmbito sucessório, exige a lei civil que a imputação do crime tenha sido **proferida em juízo**. Não se tem em conta a que o ingrato pode cometer por outro modo qualquer, em palestras, em jornais ou livros, ou mesmo na esfera administrativa. Não basta, assim, qualquer acusação perante a polícia ou outra repartição pública.

A jurisprudência restringe ainda mais o conceito de denunciação caluniosa, exigindo que tenha sido praticada não apenas em juízo, mas em **juízo criminal**. A utilização da expressão "houverem acusado" conduz ao entendimento de que a acusação há de ser formulada em *juízo penal*, **seja perante o juiz, seja mediante representação ao Ministério Público**.

Alusões lançadas em feitos cíveis não tornam, igualmente, cabível a pena civil. **Não há, todavia, necessidade de condenação criminal**. Basta que tenha sido instaurado o processo judicial em virtude de postulação do herdeiro, imputando caluniosamente ao autor da herança a prática de um ato definido como crime. Não se configurará a hipótese de exclusão da sucessão, todavia, se a denunciação lastrear-se em **infração penal realmente cometida** pelo *de cujus*.

■ Crime contra a honra

A segunda parte do inc. II do art. 1.814 do Código Civil refere-se à prática de *crimes contra a honra* do hereditando. Tais crimes são os de **calúnia, difamação e injúria**, regulados, respectivamente, nos arts. 138, 139 e 140 do Código Penal.

A exemplo do que ocorreu na hipótese de homicídio tentado ou consumado, o legislador de 2002 ampliou a incidência da indignidade para suceder de modo a incluir também os casos em que a denunciação caluniosa e os crimes contra a honra forem praticados pelo herdeiro contra o **cônjuge** ou **companheiro** do extinto. Mas a ofensa à honra de *ascendente ou descendente* do *de cujus* não foi considerada causa de exclusão de herdeiro ou legatário.

Em ambos os casos, de **denunciação caluniosa e de crime contra a honra**, a regra atinge a ofensa ao cônjuge e ao autor da herança[8].

Expressiva corrente doutrinária entende que o emprego do verbo incorrer ("*incorrerem*"), no tocante aos crimes contra a honra, conduz à conclusão de que o reconhecimento da indignidade, nesses casos, depende de prévia condenação no juízo

---

7 *RT*, 510/351, 562/294.

8 José Luiz Gavião de Almeida, *Código Civil comentado*, v. XVIII, p. 162; Washington de Barros Monteiro, *Curso*, cit., v. 6, p. 66.

criminal. Outros, no entanto, **com maior razão, a dispensam**, com fundamento no art. 935 do Código Civil, bem como por não possuir o termo o alcance mencionado.

Nesse sentido a convincente lição de Walter Moraes: "A palavra 'incorrer' (em crime ou em certa pena), vocábulo não técnico e de uso frequentíssimo na prática do foro criminal, não significa mais do que incidir, estar implicado, estar sujeito"[9].

Aduza-se que, se até o crime contra a vida do hereditando **não necessita de condenação no foro criminal**, como já comentado, descabida seria tal exigência para os crimes de calúnia, injúria e difamação[10].

■ **Ofensa à memória do *de cujus***

> "Se o ato do beneficiado não atinge mais o *de cujus*, diz Carlos Maximiliano, só ofende a sua *memória*, nem por isso ele se exculpa: **a ingratidão é clamorosa, o castigo se impõe**"[11].

É admissível, portanto, a perpetração de crime contra a honra **mesmo quando já falecida a vítima**. Fere o respeito aos mortos, ofende a quem não mais poderia defender-se (CP, art. 138, § 2º)[12].

■ 5.3.3. Atentado contra a liberdade de testar

O inc. III do art. 1.814, por fim, cogita de hipótese difícil de ocorrer: afasta da sucessão os que, "por violência ou meios fraudulentos, **inibirem ou obstarem** o autor da herança de dispor livremente de seus bens **por ato de última vontade**".

- **Inibir** é cercear a liberdade de disposição de bens.
- **Obstar** corresponde a impedir tal disposição.

Em ambos os casos a conduta do herdeiro ou legatário implica indignidade, quando a inibição ou impedimento é exercido mediante **violência ou fraude**. A violência se traduz em ação física; a fraude, em psicológica.

A regra em apreço tem por objetivo preservar a **liberdade de testar** do hereditando. Pune "o que atenta contra ela, por violência ou dolo, coação ou artifício; não só quando impede a feitura do instrumento, ou consegue alterar o que estava pronto, como abusar da confiança do testador, exercer pressão sobre ele, iludi-lo, fazer, maliciosamente, crer em fatos não reais; mas também quando oculta, vicia, inutiliza ou falsifica o escrito revelador das disposições derradeiras do *de cujus*, ou embaraça o cumprimento das mesmas"[13].

---

9 *Teoria geral e sucessão legítima*, p. 103.

10 Débora Gozzo, *Comentários ao Código Civil brasileiro*, v. XVI, p. 141; Carlos Maximiliano, *Direito das sucessões*, cit., v. I, p. 103, n. 73.

11 *Direito das sucessões*, cit., v. I, p. 104, n. 74.

12 Ney de Mello Almada, *Direito das sucessões*, v. I, p. 201-202.

13 Carlos Maximiliano, *Direito das sucessões*, cit., v. I, p. 104-105, n. 75.

Acrescenta o mencionado autor: "Incorre na mesma pecha o que vai até a coação, o que emprega a força ou ameaça para levar o hereditando a dispor dos seus bens a favor de determinada pessoa,

A exclusão pode, assim, por exemplo, atingir o herdeiro legítimo que **obste à feitura de testamento ou que suprima testamento cerrado ou particular anteriormente confeccionado**, com o intuito de impedir que a parte disponível se desprenda da legítima; e também quando obrigue o testador a **revogar** sua última vontade.

Pode, ainda, ocorrer quando determinada pessoa, que não desfruta da qualidade de herdeiro legítimo ou necessário, **constrange o autor da herança** a testar, ou elabora um testamento falso; ou, enfim, na hipótese de pessoa contemplada em testamento anterior, que impede que o testador o revogue[14].

A fraude e a violência, sendo vícios do consentimento, podem ensejar a decretação da nulidade relativa do testamento. Não obstante, **o indigno sofrerá a pena em que incorre por sua atuação típica**[15].

■ 5.4. FALTA DE LEGITIMAÇÃO PARA SUCEDER, INDIGNIDADE E DESERDAÇÃO

■ 5.4.1. Falta de legitimação e indignidade

A indignidade é instituto próximo da *falta de legitimação para suceder*. Alguns autores chegam a considerá-los institutos equivalentes. Outros, todavia, com maior razão, **os distinguem**, definindo:

- **a ausência de legitimação** para suceder como a *inaptidão de alguém para receber a herança*, por motivos de ordem geral, independente de seu mérito ou demérito; e
- **a exclusão por indignidade** como a *perda dessa aptidão* por culpa do beneficiado[16].

Aberta a sucessão, a herança é transmitida aos sucessores que tenham **legitimidade** para tanto. **Os que não a têm não adquirem**, a qualquer tempo, os bens deixados pelo falecido, ao passo que, nos casos de indignidade, **o indigno adquire a herança** e a conserva até que passe em julgado a sentença que o exclui da sucessão[17].

Enfim, a exclusão por *indignidade* somente **obstaculiza a conservação da herança**, enquanto a *falta de legitimação* para suceder **impede que surja** o direito à sucessão. Nesse caso, a base de tal impedimento é sempre de ordem **objetiva**, ao passo que a exclusão se baseia numa circunstância eminentemente **subjetiva**.

---

alterar ou romper o instrumento já feito, abster-se de redigir, escrever, assinar ou modificar um ato de última vontade. Também é indigno o que, a fim de alcançar qualquer dos resultados acima expostos, embriaga ou hipnotiza o sucessível. O mesmo acontece ao que vicia ou dilacera o testamento de modo que não possa ler-se ou aproveitar-se a primitiva disposição, esconde, manda esconder, ou desencaminha o ato de última vontade, salvo se extravia o documento sem má-fé, sem intuito de lucro para si ou para outrem" (*Direito das sucessões*, cit., p. 105-106, n. 76).

[14] Giselda Hironaka, *Comentários*, cit., v. 20, p. 150.

[15] Ney de Mello Almada, *Direito das sucessões*, cit., v. I, p. 202.

[16] Caio Mário da Silva Pereira, *Instituições*, cit., v. VI, p. 37; Giselda Hironaka, *Comentários*, cit., v. 20, p. 142; Eduardo de Oliveira Leite, *Comentários ao novo Código Civil*, v. XXI, p. 157.

[17] Silvio Rodrigues, *Direito civil*, v. 7, p. 66.

5.4.2. Indignidade e deserdação

Não se deve confundir, igualmente, *indignidade* com *deserdação*, embora ambas tenham a mesma finalidade: excluir da sucessão quem praticou atos condenáveis contra o *de cujus*. Em realidade, há semelhanças e traços comuns entre os dois institutos.

Com efeito, dispõe o art. 1.961 do Código que "os herdeiros necessários podem ser **privados de sua legítima, ou deserdados**, em todos os casos em que podem ser **excluídos da sucessão**". Os arts. 1.962 e 1.963 acrescentam outras causas delituosas de deserdação, quer de descendente, quer de ascendente.

De outro lado, ambos têm o mesmo fundamento, qual seja, **a vontade do *de cujus***, com a diferença de que, para a *indignidade*, o fundamento é vontade **presumida**, enquanto a *deserdação* só pode fundar-se na vontade **expressa** do testador.

Não obstante as semelhanças apontadas, indignação e deserdação não se confundem. **Distinguem-se**, basicamente:

- **Pela sua causa eficiente**

a) **A indignidade** decorre da **lei**, que prevê a pena somente nos casos do art. 1.814, já comentado.

b) **Na deserdação**, é o **autor da herança** quem pune o responsável, em testamento, nos casos previstos no aludido dispositivo, bem como nos constantes do art. 1.962.

A *indignidade*, pois, resulta de causa **impessoal**, conquanto se lastreie em vontade presumida, podendo o autor da herança apenas arredar a causa de incapacidade. Já a *deserdação* advém da **vontade direta** do testador, limitando-se a lei a reconhecer e regular o exercício do poder de deserdar a este atribuído[18].

- **Pelo seu campo de atuação**

O Código Civil de 2002 continua a tratar a *deserdação* como um **instituto da sucessão testamentária**. Assim, pode-se afirmar que:

- **a indignidade** é instituto da **sucessão legítima**, malgrado possa alcançar também o legatário, enquanto
- **a deserdação** só pode ocorrer na **sucessão testamentária**, pois depende de testamento, com expressa declaração de causa (art. 1.964).

A *indignidade* pode atingir **todos os sucessores**, legítimos e testamentários, inclusive legatários, enquanto a *deserdação* é utilizada pelo testador para afastar de sua sucessão os **herdeiros necessários** (descendentes, ascendentes e cônjuge), também chamados reservatários ou legitimários, aos quais a lei assegura o direito à legítima. Somente a deserdação pode privá-los desse direito.

Nos termos do **art. 1.829, I, do Código Civil**, a mulher, casada no regime da comunhão universal de bens, **não é herdeira do falecido marido**. Por outro lado, estatui o art. 1.814 do mesmo diploma que são excluídos da sucessão **somente "os**

[18] Walter Moraes, *Teoria geral*, cit., p. 100-101.

herdeiros ou legatários". Neste caso, **mesmo sendo ela causadora da morte do marido, não pode ser excluída da sucessão para não receber a meação**. Embora seja meeira, não é herdeira. Não faz jus à metade dos bens inventariados por direito sucessório, uma vez que, **sendo meeira, metade do patrimônio já lhe pertence por direito**, independente da morte do marido[19].

Anote-se que, **se o testamento for nulo**, e por isso a deserdação não se efetivar, poderão os interessados pleitear a exclusão do sucessor por indignidade, **se a causa invocada pelo testador for causa também de indignidade**. Quando ocorre essa simultaneidade de causas, o fato de o *de cujus* não ter promovido a deserdação por testamento não faz presumir que tenha perdoado o indigno. Nada obsta a que, nesse caso, os interessados na sucessão ajuízem a ação de exclusão de herdeiro, salvo se, por documento autêntico ou por testamento, aquele o houvesse perdoado de forma expressa ou tácita (CC, art. 1.818)[20].

■ **Pelo modo de sua efetivação**

A exclusão por *indignidade* é postulada por terceiros interessados em ação própria e obtida mediante **sentença judicial** (CC, art. 1.815). A *deserdação*, todavia, como foi dito, dá-se por **testamento**, com expressa declaração da causa (art. 1.964).

■ 5.5. PROCEDIMENTO PARA OBTENÇÃO DA EXCLUSÃO

Proclama o art. 1.815 do Código Civil:

> "A exclusão do herdeiro ou legatário, em qualquer desses casos de indignidade, será declarada **por sentença**.
>
> § 1º O direito de demandar a exclusão do herdeiro ou legatário extingue-se em quatro anos, contados da abertura da sucessão.
>
> § 2º Na hipótese do inciso I do art. 1.814, o Ministério Público tem legitimidade para demandar a exclusão do herdeiro ou legatário" (acrescentado pela Lei n. 13.532, de 7-12-2017).

A exclusão do indigno depende, pois, de propositura de **ação específica**, intentada por quem tenha interesse na sucessão, sendo decretada por sentença, de natureza **declaratória**.

Predomina na doutrina o entendimento de que, embora a condenação criminal tenha valor probatório inegável, é indispensável a provocação da exclusão **em processo próprio no juízo cível**[21].

■ **Exclusão do herdeiro somente em processo contencioso**

Em nosso direito somente vale, para o fim de excluir o herdeiro da sucessão, sentença que se revista dos requisitos de provimento jurisdicional em **processo contencioso**. Não gera a exclusão, *verbi gratia*, "o pronunciamento nos autos do inven-

---

19 TJRS, Ac 70.073.625.667. 8ª Câm. Cív., rel. Des. Moreira Lins Parti, j. 22-6-2017.

20 Giselda Hironaka, *Comentários*, cit., v. 20, p. 143-144.

21 Giselda Hironaka, *Comentários*, cit., v. 20, p. 151; Eduardo de Oliveira Leite, *Comentários*, cit., v. XXI, p. 165; Maria Helena Diniz, *Curso de direito civil brasileiro*, v. 6, p. 49; Washington de Barros Monteiro, *Curso*, cit., v. 6, p. 67.

tário, ou a afirmativa emanada de processo de jurisdição graciosa, ou mesmo a confissão do fato pelo herdeiro; nem mesmo ele pode ter a iniciativa da ação"[22].

■ **Interesse e legitimidade**

O atual Código Civil não dispõe expressamente que a ação de exclusão por indignidade deve ser movida por quem tenha interesse na sucessão, nem especifica o rito a ser seguido. Aplicar-se-ão, no caso, as **regras processuais** referentes aos procedimentos e à legitimidade processual em geral. A matéria, como bem compreendeu o novel legislador, tem sede própria no estatuto processual civil, cujo art. 17 dispõe que "para postular em juízo é necessário ter **interesse e legitimidade**".

Afirma, a propósito, Eduardo de Oliveira Leite[23]: "**Interessado na sucessão** é quem quer que, no caso de ser favorável a sentença em ação de exclusão por indignidade, ou de serem favoráveis as sentenças em duas ou mais ações, **tenha direito de herdeiro ou de legatário**".

Pode-se dizer que têm interesse em propor a aludida ação:

- **o coerdeiro e o donatário** favorecidos com a exclusão do indigno;
- **o Município, o Distrito Federal ou a União**, na falta de sucessores legítimos e testamentários;
- **o Ministério Público**, nos casos previstos no inciso I do art. 1.814 do CC.

Não o tem, todavia, aquele que, embora sucessor do autor da herança, **não se beneficiar diretamente da exclusão**, como o irmão do indigno, por exemplo, quando este tiver filhos, que herdarão no lugar do ofensor uma vez proclamada a exclusão.

■ **Ilegitimidade dos credores prejudicados com a inércia dos legitimados**

Acrescentam alguns autores, como também interessados, os credores prejudicados com a inércia dos mencionados legitimados[24]. Caio Mário da Silva Pereira, todavia, cita lição do doutrinador italiano Walter D'Avanzo, no sentido de que **não têm legítimo interesse os credores** daqueles que se beneficiariam se fosse o herdeiro declarado indigno e como tal excluído[25].

A razão está com este último, como enfatiza Francisco José Cahali: "Como o interessado na sucessão é o titular do direito potencialmente lesado, só ele tem legitimidade para ingressar com a ação (CPC, art. 18). Ademais, **permanecendo inerte**, não estará praticando nenhum ilícito, pois sua a opção"[26]

A matéria concernente ao legítimo interesse para o ajuizamento da ação de exclusão do indigno é, como acentua Silvio Rodrigues, "**de interesse privado**, e não público, de sorte que só aqueles que se beneficiariam com a sucessão poderiam propor a

[22] Caio Mário da Silva Pereira, *Instituições*, cit., v. VI, p. 41.

[23] *Comentários*, cit., v. XXI, p. 166.

[24] Washington de Barros Monteiro, *Curso*, cit., v. 6, p. 67; Carlos Maximiliano, *Direito das sucessões*, cit., v. I, p. 113, n. 82; Maria Helena Diniz, *Curso*, cit., v. 6, p. 49; Arnaldo Rizzardo, *Direito das sucessões*, p. 92.

[25] *Instituições*, cit., v. VI, p. 40.

[26] *Curso avançado de direito civil*, v. 6, p. 147-148, nota 214.

exclusão do indigno. Se o herdeiro legítimo ou testamentário assassinou o hereditando, mas as pessoas a quem sua exclusão beneficiaria **preferissem manter-se silentes**, o assassino não perderia a condição de herdeiro e receberia os bens da herança, **não podendo a sociedade, através do Ministério Público, impedir tal solução**"[27].

■ **Propositura da ação somente após a morte do hereditando**

A ação para exclusão do indigno não pode ser proposta em vida, mas somente após a morte do hereditando, **pois até então inexiste a sucessão**: *hereditas viventis non datur*[28].

Parte legítima passiva é só o imputado. Como a culpa não se transmite, sendo eminentemente pessoal, se ele falecer antes do autor da herança não mais caberá a ação de indignidade, pois não chegou a adquirir a qualidade hereditária. Não poderia, nesse caso, a sentença cassá-la.

Morrendo o réu no curso do processo, **extingue-se a ação**, por efeito do princípio da personalidade da culpa e da pena. A morte do indigno acarreta a transmissão dos bens herdados, dos quais vinha desfrutando desde o falecimento do *de cujus*, aos seus próprios sucessores, visto que a indignidade só produziria efeitos depois de declarada por sentença, e tal pena não deve ir além da pessoa do criminoso[29].

O fato de a morte do indigno ou a sua exclusão alterarem a cadeia sucessória não constitui razão suficiente para se entender de outra forma.

■ **Prazo decadencial para a propositura da ação**

O direito de demandar a exclusão do herdeiro ou legatário extingue-se no **prazo decadencial de quatro anos**, contado da *abertura da sucessão* (CC, art. 1.815, parágrafo único).

■ 5.6. REABILITAÇÃO OU PERDÃO DO INDIGNO

O art. 1.818 do Código Civil prevê a *reabilitação* ou *perdão* do indigno, pelo ofendido:

> "Aquele que incorreu em atos que determinem a exclusão da herança será admitido a suceder, se o ofendido o tiver expressamente reabilitado em testamento, ou em outro ato autêntico".

O perdão é, portanto, **ato solene**, pois a lei só lhe dá eficácia se efetuado mediante **ato autêntico**, ou em **testamento**. Deve ser **expresso**, embora não se exijam palavras sacramentais. Uma vez concedido torna-se **irretratável**, sob pena de tolerar-se arrependimento no perdão, o que não seria moral[30].

---

27 *Direito civil*, cit., v. 7, p. 71.

28 Caio Mário da Silva Pereira, *Instituições*, cit., v. VI, p. 40.

29 Ney de Mello Almada, *Direito das sucessões*, cit., v. I, p. 204; Washington de Barros Monteiro, *Curso*, cit., v. 6, p. 67; Giselda Hironaka, *Curso*, cit., v. 20, p. 156.

30 Degni, *Lezioni di diritto civile, successioni a causa di morte*, apud Washington de Barros Monteiro, *Curso*, cit., v. 6, p. 68.

Desse modo, mesmo *revogado o testamento* que contém o perdão, **permanece válida** a cláusula que reabilita o indigno.

Ato autêntico

É qualquer declaração, por instrumento público ou particular, **autenticada pelo escrivão**. Não têm valor, para esse fim, escritura particular; declarações verbais ou do próprio punho, embora corroboradas por testemunhas; cartas, ou quaisquer outros atos que revelem reconciliação ou propósitos de clemência. Não é necessário que o ato seja lavrado exclusivamente para reabilitar o indigno. Mesmo que o ato autêntico tenha objetivo diverso, como doação ou pacto antenupcial, pode o hereditando inserir o seu perdão. **Pode fazê-lo até em ata de casamento**, acrescenta Carlos Maximiliano[31].

Hipótese de perdão tácito

Tem-se admitido o perdão *tácito* somente na via testamentária, quando o testador houver, *após a ofensa*, **contemplado o indigno em testamento**. A propósito, proclama o parágrafo único do artigo em análise:

> "Não havendo reabilitação expressa, o indigno, contemplado em testamento do ofendido, quando o testador, ao testar, já conhecia a causa da indignidade, pode suceder **no limite da disposição testamentária**".

O herdeiro reabilitado, nessa hipótese, tem os seus direitos circunscritos **aos limites da deixa**.

Ato privativo

Concedendo perdão ao indigno, o autor da herança **evita que os outros herdeiros o excluam da sucessão**, após a abertura desta. Trata-se de *ato privativo*, pois ninguém melhor do que o ofendido para avaliar a intensidade da ofensa à sua sensibilidade. Pode acontecer, por exemplo, que o ascendente, embora caluniado judicialmente por um dos filhos, continue a amá-lo e não deseje vê-lo excluído de sua sucessão em ação movida pelos outros filhos. Por isso perdoa-o da ofensa, ordenando que não se proceda à sua exclusão[32].

Nulidade do testamento

Nulo o testamento que contém o perdão, este *não terá efeito*, salvo se tiver sido adotada a **forma pública**, quando poderá ser utilizado como **ato autêntico**. O testamento cerrado ou particular não comporta tal aproveitamento.

5.7. EFEITOS DA EXCLUSÃO

O reconhecimento judicial da indignidade produz vários **efeitos**, destacando-se os seguintes:

a) São pessoais os efeitos da exclusão

Dispõe nesse sentido o art. 1.816 do Código Civil, aduzindo que "os descendentes do herdeiro excluído sucedem, **como se ele morto fosse** antes da abertura da sucessão".

---

31 *Direito das sucessões*, cit., v. I, p. 116, n. 86.

32 Silvio Rodrigues, *Direito civil*, cit., v. 7, p. 71; Caio Mário da Silva Pereira, *Instituições*, cit., v. VI, p. 44.

A disposição tem por fundamento o princípio de que a pena não pode passar da pessoa do delinquente. A exclusão, tendo natureza punitiva, **não pode assim prejudicar os descendentes** daquele que foi excluído pela sentença de indignidade, e o sucedem, por representação, como se o indigno morto fosse[33].

A situação do excluído **equipara-se à do herdeiro premorto**: embora vivo, será representado por seus descendentes, como se tivesse morrido. Os bens que deixa de herdar são devolvidos às pessoas que os herdariam, **caso ele já fosse falecido na data da abertura da sucessão**. Se o *de cujus*, por exemplo, tinha dois filhos e um deles foi excluído por indignidade, tendo prole, a herança será dividida entre as duas estirpes: metade ficará com o outro filho, e metade será entregue aos descendentes do excluído, que herdarão representando o indigno.

Sendo o indigno **o único da sua classe**, defere-se a sucessão aos da seguinte; **se não o for**, aos coerdeiros, da sua classe, pelo direito de acrescer, ressalvado, contudo, aos seus descendentes herdar por estirpe ou representação[34].

Somente os descendentes, conforme expresso no art. 1.816 do Código Civil, **substituem o indigno**. Se inexistirem, serão aquinhoados com a sua parte os demais herdeiros do *de cujus*, que herdarão por direito próprio.

■ Filhos do indigno nomeado por testamento

Frise-se que os descendentes somente serão chamados a herdar em lugar de seu genitor quando este tiver de herdar por **disposição legal**. Os filhos do indigno *nomeado em testamento* não podem ser imitidos na herança que a este caberia, pois nesse caso os bens seguem o destino previsto no testamento, se nomeado substituto, ou são acrescidos ao monte-mor para partilha entre os herdeiros legítimos e/ou testamentários[35].

■ Bens ereptícios

Os bens **retirados do indigno**, isto é, os que deixa de herdar e são devolvidos às pessoas que os recebem como se ele nunca tivesse sido herdeiro, são chamados de *bens ereptícios*. No direito romano, da pena de indignidade beneficiava-se o fisco, de onde resultava a erepção, a confiscação da herança, além da morte civil do infrator. O fisco se apoderava (*eripere*) dos bens hereditários, daí se originando a denominação de *ereptorium* (ereptícios) aos bens assim adquiridos[36].

b) Os efeitos da sentença retroagem à data da abertura da sucessão

Embora se reconheça a aquisição da herança pelo indigno, no momento da abertura da sucessão, o legislador, por ficção legal, determina a *retroação dos efeitos da sentença*, para considerar o indigno como **premorto ao hereditando**. Como consequência, o excluído da sucessão "é obrigado a restituir os frutos e rendimentos que dos bens da herança houver percebido, mas tem direito a ser indenizado das benfeitorias com a conservação deles" (CC, art. 1.817, parágrafo único), para que não ocor-

---

33 Silvio Rodrigues, *Direito civil*, cit., v. 7, p. 72.

34 Caio Mário da Silva Pereira, *Instituições*, cit., v. VI, p. 42.

35 Giselda Hironaka, *Comentários*, cit., v. 20, p. 159.

36 Eduardo de Oliveira Leite, *Comentários*, cit., v. XXI, p. 157.

ra o enriquecimento sem causa dos seus sucessores. As despesas reembolsáveis são todas as que teve o indigno com a conservação dos bens hereditários.

Assemelha-se o indigno ao possuidor de má-fé. Na qualidade de titular de patrimônio resolúvel, fica obrigado a restituir os frutos e rendimentos do que desfrutou, mas que efetivamente não lhe pertencia.

c) O indigno não terá direito ao usufruto e administração dos bens que passem aos filhos menores

Os pais, titulares do poder familiar, são, por lei (CC, art. 1.689, I e II), usufrutuários e administradores dos bens dos filhos menores. Dispõe, todavia, o parágrafo único do art. 1.816 do Código Civil que "o excluído da sucessão **não terá direito ao usufruto ou à administração dos bens** que a seus sucessores couberem na herança, nem à sucessão eventual desses bens".

Não fosse a regra em apreço, o indigno poderia tirar proveito, indiretamente, das rendas produzidas pela herança da qual foi afastado por ingratidão. O propósito do legislador é impedir que tal aconteça. Da mesma intenção se acha este imbuído quando estabelece, na parte final do supratranscrito parágrafo único, que o indigno não poderá suceder nos bens de que foi excluído.

A lei **afasta, assim, o sucessível indigno da sucessão de seus filhos ou netos**, quanto aos bens que estes receberam do *de cujus*, em lugar do ofensor. Se os filhos pré-morrerem ao indigno, este é afastado da ordem de vocação hereditária, no que concerne aos bens originalmente herdados, ou nos sub-rogados[37].

■ 5.8. VALIDADE DOS ATOS PRATICADOS PELO HERDEIRO APARENTE

Preceitua o art. 1.817, *caput*, do Código Civil:

> "São válidas as alienações onerosas de bens hereditários a terceiros de boa-fé, e os atos de administração legalmente praticados pelo herdeiro, antes da sentença de exclusão; mas aos herdeiros subsiste, quando prejudicados, o direito de demandar-lhe perdas e danos".

O reconhecimento judicial da indignidade acarreta a resolução do direito sucessório do indigno. Os efeitos da sentença operam, todavia, *ex nunc*. Em consequência, **válidas serão as alienações de bens hereditários efetuadas pelo excluído antes da sentença**, como prescreve o art. 1.817, bem como os atos de administração praticados anteriormente[38].

Em rigor, a sentença de exclusão, como retromencionado, *retroage* para todos os demais efeitos, **exceto para invalidar os atos de disposição praticados pelo indigno**.

A regra decorre da necessidade de **privilegiar a boa-fé** daquele que, vendo no ingrato um herdeiro, presume que a aquisição que efetivar lhe será definitiva e válida. Na proteção da boa-fé, o legislador acaba atribuindo efeitos à aparência.

---

[37] Giselda Hironaka, *Comentários*, cit., v. 20, p. 158; Silvio Rodrigues, *Direito civil*, cit., v. 7, p. 76.

[38] Washington de Barros Monteiro, *Curso*, cit., v. 6, p. 69.

■ Negócio a título oneroso e celebrado de boa-fé

A validade dos atos praticados pelo herdeiro aparente só é reconhecida se se tratar de negócio a *título oneroso*, como expressamente mencionado no dispositivo em apreço, e na hipótese de os adquirentes estarem de *boa-fé*. Não se pode exigir que estes tenham conhecimento da indignidade. Mas, se dela tiverem ciência e, ainda assim, efetuarem a aquisição onerosa, terão de devolver o bem à herança, para ulterior sobrepartilha.

Igualmente, se a alienação for *gratuita*, **não se aproveita o ato**, uma vez que o terceiro não terá prejuízo, mas apenas ficará privado de um ganho. Tendo de escolher entre os interesses de quem procura evitar um prejuízo — *qui certat de damno vitando* — e os interesses de quem busca alcançar um lucro — *qui certat de lucro captando* —, o legislador prefere proteger os do primeiro[39].

■ Herdeiro aparente

Herdeiro aparente, segundo a definição de Mário Moacyr Porto, "é o que, não sendo titular dos direitos sucessórios, **é tido, entretanto, como legítimo proprietário da herança**, em consequência de erro invencível e comum"[40].

Para Zeno Veloso, herdeiro aparente é "o que se encontra na posse de bens hereditários **como se fosse legítimo sucessor do *de cujus***, assumindo posição notória, ostensiva, sendo por todos considerado, por força de erro comum ou geral, como verdadeiro herdeiro"[41].

Malgrado alguns entendam que o excluído por indignidade não pode ser considerado herdeiro aparente, por se encontrar, antes da sentença, na situação de proprietário dos bens, predomina na doutrina entendimento contrário. Como esclarece Silvio Rodrigues, se a retroação do julgado não alcança os atos de disposição praticados pelo indigno, "isso não se dá por entender o legislador que o indigno, no ato de vender, é legítimo proprietário, **mas sim em respeito à boa-fé dos adquirentes** que, fiados na aparência, não podiam antever a futura exclusão do ingrato e, portanto, ludibriados por um erro comum e invencível, acreditaram estar adquirindo os bens hereditários do verdadeiro dono"[42].

A lei resolve, assim, as duas questões num só dispositivo: o indigno é considerado herdeiro aparente, mas, para não prejudicar os demais coerdeiros, confere-lhes ação objetivando o ressarcimento das perdas e danos.

■ Aplicação da regra também aos demais herdeiros aparentes

Dispõe o parágrafo único do art. 1.827 do Código Civil que "são eficazes as alienações feitas, a título oneroso, pelo herdeiro aparente a terceiro de boa-fé".

---

[39] Silvio Rodrigues, *Direito civil*, cit., v. 7, p. 78-79; Eduardo de Oliveira Leite, *Comentários*, cit., v. XXI, p. 174-175; Giselda Hironaka, *Comentários*, cit., v. 20, p. 163.

[40] Teoria da aparência e herdeiro aparente, in *Ação de responsabilidade civil e outros estudos*, p. 132.

[41] *Novo Código Civil comentado*, p. 1645, art. 1.827.

[42] *Direito civil*, cit., v. 7, p. 78.

A regra se aplica, por exemplo, ao **herdeiro legítimo**, que se vê surpreendido, muito tempo depois de aberta a sucessão, pela existência de testamento beneficiando terceira pessoa, ou, ainda, ao **herdeiro testamentário**, prejudicado pelo rompimento do testamento que o instituiu, em razão da descoberta de um herdeiro necessário do falecido, e a muitos outros que se encontravam em situação semelhante.

O art. 1.828, por sua vez, estabelece que "o herdeiro aparente, **que de boa-fé houver pago um legado**, não está obrigado a pagar o equivalente ao verdadeiro sucessor, ressalvado a este o direito de proceder contra quem o recebeu".

A justificativa para o preceito encontra-se no fato de que, ao pagar o legado, de boa-fé, o herdeiro aparente **está cumprindo disposição de última vontade do autor da herança**, de modo que contra ele nada tem o verdadeiro sucessor, que poderá, contudo, voltar-se contra o legatário. Caberá, desse modo, ao verdadeiro herdeiro, a tarefa de reagir contra o legatário, para a restituição daquilo que ele indevidamente recebeu[43].

■ 5.9. RESUMO

DOS EXCLUÍDOS DA SUCESSÃO	
CONCEITO DE INDIGNIDADE	■ Constitui uma sanção civil imposta ao herdeiro ou legatário, privando-o do direito sucessório por haver praticado contra o ***de cujus*** os atos considerados ofensivos, enumerados na lei: atentado contra a vida, contra a honra e contra a liberdade de testar (CC, art. 1.814).
CAUSAS DE EXCLUSÃO (CC, ART. 1.814)	■ autoria ou participação em crime de homicídio doloso, ou em sua tentativa, contra o autor da herança, seu cônjuge, companheiro, ascendente ou descendente; ■ acusar o ***de cujus*** caluniosamente em juízo ou incorrer em crime contra a sua honra, ou de seu cônjuge ou companheiro; ■ inibir ou obstar, por violência ou meios fraudulentos, o **de cujus** de dispor livremente de seus bens por ato de última vontade.
REABILITAÇÃO DO INDIGNO	■ O art. 1.818 do CC possibilita a ***reabilitação*** ou ***perdão*** do indigno, permitindo-lhe ser admitido a suceder se o ofendido, cujo herdeiro ele for, assim o determinar em testamento ou em outro ato autêntico. Pode este ser considerado qualquer declaração, por instrumento público ou particular, autenticada pelo escrivão.
DISTINÇÃO ENTRE INDIGNIDADE E DESERDAÇÃO	■ A ***indignidade*** decorre da lei (a sanção é prevista somente nos casos do mencionado art. 1.814 do CC); na ***deserdação***, é o autor da herança quem pune o responsável, em testamento, desde que fundada em motivo legal (arts. 1.814, 1.962 e 1.963). ■ A ***indignidade*** é instituto da sucessão legítima, malgrado possa alcançar também o legatário, enquanto a ***deserdação*** só pode ocorrer na sucessão testamentária (art. 1.964). ■ A ***indignidade*** pode atingir todos os sucessores, legítimos e testamentários, inclusive legatários, ao passo que a **deserdação** é utilizada pelo testador para afastar de sua sucessão os herdeiros necessários.
PROCEDIMENTO PARA OBTENÇÃO DA EXCLUSÃO	■ A exclusão do indigno depende de propositura de ***ação específica***, intentada por quem tenha interesse na sucessão, no prazo decadencial de quatro anos, contado da abertura da sucessão (CC, art. 1.815, parágrafo único). Só estão legitimados para o ajuizamento da ação os que venham a se beneficiar com a exclusão.

[43] Washington de Barros Monteiro, *Curso*, cit., v. 6, p. 72; Eduardo de Oliveira Leite, *Comentários*, cit., v. XXI, p. 206.

EFEITOS DA EXCLUSÃO	■ São pessoais os efeitos da exclusão. Os descendentes do herdeiro excluído sucedem, como se ele morto fosse antes da abertura da sucessão (CC, art. 1.816), por estirpe ou representação. ■ Os efeitos retroagem à data da abertura da sucessão: o indigno é obrigado a restituir os frutos e rendimentos que dos bens da herança houver percebido, mas tem direito a ser indenizado das despesas com a conservação deles (art. 1.817, parágrafo único). ■ Os bens retirados do indigno são chamados de ***bens erepticios***. ■ A exclusão acarreta, também, a perda do direito ao ***usufruto*** e à **administração** dos bens que a seus filhos couberem na herança e à sucessão eventual desses mesmos bens (art. 1.816, parágrafo único). ■ Embora a sentença tenha efeito retro-operante, não pode prejudicar direitos de terceiros de boa-fé. São válidas as alienações **onerosas** a estes feitas pelo herdeiro, quando ostentava a condição de **herdeiro aparente** (arts. 1.817 e 1.360).

6

DA HERANÇA JACENTE E DA HERANÇA VACANTE

6.1. CONCEITO DE HERANÇA JACENTE

Quando se abre a sucessão sem que o *de cujus* tenha deixado testamento, e não há conhecimento da existência de algum herdeiro, diz-se que a herança é ***jacente*** (CC, art. 1.819).

A doutrina em geral considera **jacente** a herança quando:

- não há herdeiro certo e determinado, ou
- se não sabe da existência dele, ou
- quando a herança é repudiada.

O atual Código Civil, inovando, considera a herança **vacante** desde logo, **no caso de repúdio por parte de todos os chamados a suceder**, proclamando: "Quando todos os chamados a suceder renunciarem à herança, será esta desde logo declarada vacante" (art. 1.823). Nesse caso, não há a fase da jacência.

Jacência e vacância

A jacência não se confunde com a vacância. É apenas uma fase do processo que antecede a esta.

A herança "**jaz enquanto não se apresentam herdeiros do *de cujus* para reclamá-la, não se sabendo se tais herdeiros existem ou não**. O Estado, no intuito de impedir o perecimento da riqueza representada por aquele espólio, ordena sua arrecadação, para o fim de entregá-lo aos herdeiros que aparecerem e demonstrarem tal condição. Somente quando, após as diligências legais, **não aparecerem herdeiros, é que a herança, até agora *jacente*, é declarada *vacante***, para o fim de incorporar-se ao patrimônio do Poder Público"[1].

Ainda que haja herdeiro sucessível a herança pode ser jacente, enquanto a sua existência permanecer ignorada.

O legislador protege, nesses casos, os credores do falecido: "É assegurado aos credores o direito de pedir o pagamento das dívidas reconhecidas, nos limites das forças da herança" (art. 1.821).

Segundo a abalizada lição de Itabaiana de Oliveira, "a herança é:

---

1 Silvio Rodrigues, *Direito civil*, v. 7, p. 81.

a) **jacente** — quando não há herdeiro certo e determinado, ou quando se não sabe da existência dele, ou, ainda, quando é renunciada;

b) **vacante** — quando é devolvida à fazenda pública por se ter verificado não haver herdeiros que se habilitassem no período da jacência"[2].

6.2. NATUREZA JURÍDICA DA HERANÇA JACENTE

A herança jacente **não tem personalidade jurídica** nem é patrimônio autônomo sem sujeito, dada a força retro-operante que se insere à eventual aceitação da herança. Consiste, em verdade, num **acervo de bens, administrado por um curador**, sob fiscalização da autoridade judiciária, até que se habilitem os herdeiros, incertos ou desconhecidos, ou se declare por sentença a respectiva vacância[3].

Reconhece-se-lhe, entretanto, **legitimação ativa e passiva para comparecer em juízo**.

A lei prevê, com efeito, certos casos de universalidades de direito e de massas de bens identificáveis como unidade que, mesmo não tendo personalidade jurídica, podem gozar de **capacidade processual e ter legitimidade ativa e passiva para acionar e ser acionadas em juízo**. São entidades que se formam independentemente da vontade dos seus membros ou em virtude de um ato jurídico que os vincule a determinados bens, sem que haja a *affectio societatis*.

Entre esses grupos despersonalizados, figuram a **herança jacente** e a **herança vacante**. O Código de Processo Civil de 2015 determina a *representação processual* de ambas pelo seu **curador** (art. 75, VI).

Distinção entre herança jacente e espólio

Releva salientar que a *herança jacente* distingue-se do *espólio*, malgrado tenham em comum a ausência de personalidade.

- **Espólio** — No espólio, os herdeiros legítimos ou testamentários são conhecidos. Compreende os bens deixados pelo falecido, desde a abertura da sucessão até a partilha. Pode aumentar com os rendimentos que produza, ou diminuir em razão de ônus ou deteriorações.
- **Herança jacente** — A noção de herança jacente, todavia, é a de uma sucessão sem dono atual. É o estado da herança que não se sabe se será adida ou repudiada[4].

6.3. HIPÓTESES DE JACÊNCIA

Dispõe o art. 1.819 do Código Civil:

"Falecendo alguém **sem deixar testamento nem herdeiro legítimo notoriamente conhecido**, os bens da herança, depois de arrecadados, ficarão sob a guarda e administração

---

[2] *Tratado de direito das sucessões*, v. I, § 131, p. 101-102.

[3] Washington de Barros Monteiro, *Curso de direito civil*, v. 6, p. 74.

[4] Lacerda de Almeida, *Sucessões*, § 16, p. 95-97; Caio Mário da Silva Pereira, *Instituições de direito civil*, v. VI, p. 63-64.

de um curador, até a sua entrega ao sucessor devidamente habilitado ou à declaração de sua vacância".

Trata o dispositivo das **duas espécies** de jacência:

■ **Sem testamento**, que se desdobra em duas situações distintas:

a) *inexistência de herdeiros conhecidos* (cônjuge ou companheiro, ou herdeiro descendente, ascendente e colateral sucessível, notoriamente conhecidos); e

b) *renúncia da herança*, por parte destes.

Num e noutro caso, *hereditas jacet*[5].

■ **Com testamento**, que se configura quando o herdeiro instituído ou o testamenteiro não existir ou não aceitar a herança, ou a testamentaria, e o falecido não deixar cônjuge nem companheiro, nem herdeiro presente, da classe dos supramencionados. Também nessa hipótese a herança será arrecadada e posta sob a administração de um curador.

Herdeiros **notoriamente conhecidos** são os presentes no lugar em que se abre a sucessão, que podem ser facilmente localizados por serem conhecidos de todos.

■ **Outras hipóteses de jacência**

Aponta a doutrina outros casos de jacência, que podem configurar-se por não se encontrar o herdeiro ainda em condições de se tornar titular do patrimônio que se lhe deseja transferir. Um deles, não raro, verifica-se **quando se espera o nascimento de um herdeiro**. Pode suceder, por exemplo, de o testador nomear, como herdeiro universal, o filho já concebido e ainda não nascido de determinada pessoa. Com o falecimento do testador, a herança é arrecadada como jacente, aguardando-se o nascimento com vida do beneficiário. Admite-se nesse caso que seja retirado do acervo, ou de sua renda, o necessário para a manutenção da mãe do nascituro, se ela não tiver meios próprios de subsistência[6].

Outro caso de jacência verifica-se **enquanto se aguarda a formação ou constituição da pessoa jurídica**, a que se atribuíram os bens. Do mesmo modo, se se tratar de instituição de herdeiro **sob condição suspensiva**, enquanto pender a condição[7].

■ **Arrecadação dos bens do ausente**

Preceitua o art. 28, § 2º, do Código Civil que, "não comparecendo herdeiro ou interessado para requerer o inventário até trinta dias depois de passar em julgado a sentença que mandar abrir a sucessão provisória, proceder-se-á à **arrecadação dos bens do ausente** pela forma estabelecida nos arts. 1.819 a 1.823".

A ausência foi deslocada do livro do "Direito de Família", onde se situava no Código de 1916, para a Parte Geral do novo, onde encontra sua sede natural. Desse

---

5 Washington de Barros Monteiro, *Curso*, cit., v. 6, p. 74-75.

6 Carlos Maximiliano, *Direito das sucessões*, v. I, p. 82, n. 51; Silvio Rodrigues, *Direito civil*, cit., v. 7, p. 83.

7 Ruggiero e Maroi, *Istituzioni di diritto privato*, v. 1, p. 391; Washington de Barros Monteiro, *Curso*, cit., v. 6, p. 75-76.

modo, a sucessão dos bens do ausente foi tratada no volume I desta obra, ao qual nos reportamos.

■ 6.4. CONCEITO DE VACÂNCIA DA HERANÇA

Segundo o art. 1.820 do Código Civil:

"Praticadas as diligências de arrecadação e ultimado o inventário, serão expedidos editais na forma da lei processual, e, decorrido um ano de sua primeira publicação, sem que haja herdeiro habilitado, ou penda habilitação, **será a herança declarada vacante**".

Não havendo herdeiro aparente, o juiz promove a arrecadação dos bens, para preservar o acervo e entregá-lo aos herdeiros que se apresentem ou ao Poder Público, caso a herança seja declarada vacante (CPC/2015, art. 738). Enquanto isso, permanecerá sob a guarda de um **curador**, nomeado livremente pelo juiz (CC, art. 1.819; CPC, art. 739).

Serão publicados editais, com o prazo de seis meses, contados da primeira publicação, reproduzidos três vezes, com o intervalo de trinta dias, para que venham a habilitar-se os sucessores (CPC, art. 741). Passado um ano da primeira publicação e não havendo herdeiro habilitado nem habilitação pendente, **a herança será declarada vacante** (CPC, art. 743; CC, art. 1.820).

A declaração de vacância, como assinala Lacerda de Almeida, "põe fim ao estado de jacência da herança e, ao mesmo tempo, devolve-a ao ente público, que a adquire ato contínuo. O estado de jacência é, pois, transitório e limitado por natureza. A derelição em que se acha a herança termina com a devolução desta aos herdeiros devidamente habilitados, ou, caso não apareçam e se habilitem, com a **sentença declaratória da vacância e consequente incorporação dos bens ao patrimônio do Poder Público**"[8].

A *vacância* é, pois, quase sempre o **estado definitivo da herança que foi jacente**. Habilitado o herdeiro, desaparecem, graças à retroatividade da adição, os efeitos da jacência. A procedência da habilitação converte em inventário a arrecadação e exclui a possibilidade de vacância (CPC/2015, art. 741, § 3º).

Se, ao contrário, *inexistir herdeiro habilitado, ou pender habilitação*, **"será a herança declarada vacante"**, como consta do art. 1.820 do Código Civil em estudo. A herança, como já referido, é considerada **jacente** quando não há herdeiro certo, ou não se sabe de sua existência; e **vacante**, quando é devolvida ao Município, por ter-se verificado, depois de praticadas todas as diligências, não haver herdeiro.

Segundo Silvio Rodrigues, "**herança vacante** é a que não foi disputada, com êxito, por qualquer herdeiro e que, judicialmente, foi proclamada de ninguém"[9].

■ 6.5. EFEITOS DA DECLARAÇÃO DE VACÂNCIA

Prescreve o art. 1.822 do Código Civil:

---

8 *Sucessões*, cit., § 19, p. 113.

9 *Direito civil*, cit., v. 7, p. 84.

"A declaração de vacância da herança não prejudicará os herdeiros que legalmente se habilitarem; mas, decorridos cinco anos da abertura da sucessão, os bens arrecadados passarão ao domínio do Município ou do Distrito Federal, se localizados nas respectivas circunscrições, incorporando-se ao domínio da União quando situados em território federal.

Parágrafo único. Não se habilitando até a declaração de vacância, os colaterais ficarão excluídos da sucessão".

A sentença que declara vaga a herança põe fim à imprecisão que caracteriza a situação de jacência, estabelecendo a **certeza jurídica** de que o patrimônio hereditário não tem titular até o momento da delação ao ente público. Concomitantemente, ao declarar vago o patrimônio hereditário, a sentença de vacância **devolve-o *ipso iure* ao Poder Público**.

É só nesse momento, diz Walter Moraes, "que acontece a delação ao Estado, e não na abertura da sucessão; porque, com efeito, antes disso o Estado não estava convocado à sucessão nem a deixa lhe era oferecida. Trata-se então da única hipótese em que o momento do início da delação afasta-se cronologicamente da abertura da sucessão, colocando-se entre uma e outra etapas do fenômeno sucessório um espaço vazio, que é a mesma vacância"[10].

A sentença que converte a herança jacente em herança vacante **promove a transferência dos bens, ainda que resolúvel, para o Poder Público**. O curador é obrigado a entregá-los, quando se complete um ano da primeira publicação dos editais (CC, art. 1.820), mas o prazo de aquisição definitiva não se conta desse fato, senão da *abertura da sucessão*.

A declaração de vacância **não impede que herdeiro sucessível reivindique a herança, enquanto não decorrido o prazo de cinco anos contado da abertura da sucessão**, a menos que seja colateral e não se tenha habilitado até a declaração de vacância. Por isso se diz que tal declaração defere a propriedade dos bens arrecadados ao ente público designado na lei, mas ainda não em caráter definitivo. Trata-se, em verdade, de *propriedade resolúvel*[11].

■ Efeito da vacância em relação aos colaterais

Outro importante efeito da vacância é **afastar da sucessão legítima os herdeiros da classe dos colaterais**, como expressamente proclama o parágrafo único do retrotranscrito art. 1.822 do Código Civil.

Estatui o art. 743, § 2º, do Código de Processo Civil que, "transitada em julgado a sentença que declarou a vacância, o cônjuge, o companheiro, os herdeiros e os credores só poderão reclamar o seu direito por ação direta". Assim, mesmo após o trânsito em julgado da sentença de declaração de vacância, era necessário aguardar o prazo legal de cinco anos, a contar da abertura da sucessão, para eventual habilitação de algum herdeiro legítimo, mesmo colateral, por meio de ação direta, que é a ordinária de petição de herança.

---

[10] *Teoria geral e sucessão legítima*, p. 82.

[11] Orlando Gomes, *Sucessões*, p. 74.

Todavia, o Código Civil de 2002 repristinou, nesse particular, o sistema do diploma de 1916, declarando expressamente que **ficarão excluídos da sucessão "os colaterais" que não se habilitarem até a declaração de vacância** (art. 1.822, parágrafo único).

O Superior Tribunal de Justiça tem admitido a aquisição por **usucapião** de herança jacente, se não houve declaração de vacância. Veja-se: "Herança jacente. Usucapião. Admissibilidade se não houve declaração de vacância. Para que a herança jacente se incorpore ao patrimônio público, tornando-se, assim, insuscetível de aquisição por usucapião, é necessário que haja a declaração de vacância, conforme disposto no art. 1.143 do CPC [de 1973, atual art. 739], c/c o art. 1.594 do CC (*de 1916*)"[12].

Não se confundem *bens vacantes* com **coisas ou bens vagos**. Estes constituem coisa alheia perdida, que deve ser devolvida ao dono por quem a encontrar.

■ 6.6. RESUMO

HERANÇA JACENTE E HERANÇA VACANTE	
HERANÇA JACENTE	■ **Conceito** Diz-se que a herança é jacente quando a sucessão se abre e não há conhecimento da existência de algum herdeiro, não tendo o *de cujus* deixado testamento. ■ **Natureza jurídica** A herança jacente não tem personalidade jurídica, consistindo num acervo de bens, administrado por um curador até a habilitação dos herdeiros. Entretanto, reconhece-se-lhe legitimação ativa e passiva para comparecer em juízo (CPC, art. 75, VI). ■ **Arrecadação** Não havendo herdeiro aparente, o juiz promove a arrecadação dos bens (CPC, art. 738), para preservar o acervo e entregá-lo aos herdeiros que se apresentem ou ao Poder Público, caso a herança seja declarada vacante. Enquanto isso, permanecerá sob a guarda de um curador, nomeado pelo juiz. Serão publicados editais para que venham a habilitar-se os sucessores (CPC, arts. 739 a 743).
VACÂNCIA DA HERANÇA	■ Serão declarados vacantes os bens da herança jacente se, praticadas todas as diligências, não aparecerem herdeiros (CC, art. 1.820). Tal declaração não prejudicará os herdeiros que legalmente se habilitarem; mas, decorridos cinco anos da abertura da sucessão, os bens arrecadados passarão ao domínio do Município ou do Distrito Federal, se localizados nas respectivas circunscrições, incorporando-se ao domínio da União quando situados em território federal (CC, art. 1.822). Ficarão excluídos da sucessão os colaterais que não se habilitarem até a declaração de vacância (parágrafo único).

[12] REsp 55.728-SP, 4ª T., rel. Min. César Asfor Rocha, *DJU*, 18-5-1998, *RT*, 755/201. No mesmo sentido: "Usucapião. Herança jacente. O Estado não adquire a propriedade dos bens que integram a herança jacente, até que seja declarada a vacância, de modo que, nesse interregno, estão sujeitos à usucapião" (STJ, REsp 36.959-SP, 3ª T., rel. Min. Ari Pargendler, *DJU*, 11-6-2001, p. 196). "Usucapião. Herança jacente. O bem integrante da herança jacente só é devolvido ao Estado com a sentença de declaração da vacância, podendo, até ali, ser possuído *ad usucapionem*. Precedentes" (STJ, REsp 253.719-RJ, 4ª T., rel. Min. Ruy Rosado de Aguiar, j. 26-9-2000). "Herança jacente. Embargos de terceiro. Usucapião. Aquele que passou a exercer, depois da morte da proprietária, posse *ad usucapionem*, pode opor embargos de terceiro para obstar a arrecadação de bens pelo Estado" (STJ, REsp 73.458-SP, *RSTJ*, 86/177).

7

DA PETIÇÃO DE HERANÇA

7.1. CONCEITO

A ação de petição de herança constitui a **proteção específica da qualidade de sucessor**. Pelo princípio da *saisine*, desde a abertura da sucessão pertence a herança ao herdeiro (CC, art. 1.784). Pode ocorrer, todavia, de nela estar investida pessoa aparentemente detentora de título hereditário. Compete a aludida ação, conhecida no direito romano como *petitio hereditatis*, ao sucessor preterido, para o fim de ser **reconhecido o seu direito sucessório** e obter, em consequência, a **restituição da herança**, no todo ou em parte, de quem a possua, na qualidade de herdeiro, ou mesmo sem título[1].

Preceitua o art. 1.824 do Código Civil:

> "O herdeiro pode, em **ação de petição de herança**, demandar o reconhecimento de seu direito sucessório, para obter a restituição da herança, ou de parte dela, contra quem, na qualidade de herdeiro, ou mesmo sem título, a possua".

O verdadeiro sucessor pode ter sido **preterido**, por exemplo:

- porque não era conhecido;
- porque não se encontrou testamento ou este veio a ser anulado; ou
- por se tratar de filho não reconhecido[2].

Como esclarece Silvio Rodrigues, "além do caso de alguém ter-se apossado, pura e simplesmente — e ilegalmente —, da herança, ou de parte dela, a *petitio hereditatis* é pertinente, por exemplo:

- quando a herança é recolhida por parentes mais afastados do falecido, **e o interessado é parente mais próximo**, que se acha em classe preferencial;
- quando a herança é distribuída entre os herdeiros legítimos, **e aparece testamento do *de cujus***, em que outra pessoa é nomeada herdeira;
- quando o filho não reconhecido do sucedido ingressa com **ação investigatória cumulada com a petição de herança**"[3].

---

1 Silvio Rodrigues, *Direito civil*, v. 7, p. 87.

2 Walter Moraes, *Teoria geral e sucessão legítima*, p. 90.

3 *Direito civil*, cit., v. 7, p. 87-88.

Segundo a definição de Itabaiana de Oliveira, "ação de petição de herança é a que compete ao herdeiro legítimo ou testamentário contra aqueles que, pretendendo ter direito à sucessão, detêm os bens da herança no todo ou em parte"[4].

■ Arguição da pretensão no curso do inventário

Nem sempre a omissão do nome do herdeiro nas primeiras declarações, ou no curso do inventário, justifica o ajuizamento de uma ação. Dispõe o art. 628 do Código de Processo Civil de 2015 que o herdeiro "que se julgar preterido poderá demandar sua admissão no inventário, requerendo-a **antes da partilha**".

Nesse caso o juiz ouvirá as partes no prazo de quinze dias e decidirá. Se não acolher o pedido, remeterá o requerente para os **meios ordinários**, mandando reservar, em poder do inventariante, o quinhão do herdeiro excluído, até que se decida o litígio.

O que o art. 628 do estatuto processual **proíbe é a reabertura de procedimento de inventário já encerrado**, para que se examine a habilitação do herdeiro preterido. Até a partilha, porém, qualquer interessado tem legitimação para requerer o seu ingresso no inventário; não, contudo, depois de realizada, "porque aí já estaria encerrado o inventário, e **somente através de ação específica, de petição de herança**, é que poderia alguém pretender sua parte no patrimônio hereditário"[5].

■ Cumulação de ações

Admite-se a cumulação de ações, desde que **compatíveis os pedidos e adequado o rito processual**, sendo comum a da *petitio hereditatis* com a ação de investigação de paternidade, ou com declaratória da condição de companheiro[6].

■ 7.2. NATUREZA JURÍDICA DA AÇÃO

A ação de petição de herança é uma **ação especial**, informada de peculiaridades, em função da natureza particular do seu objeto. É ação de quem pretende ver **reconhecido o seu direito sucessório**, de quem é o titular da herança, **para o fim de obter a restituição do patrimônio deixado**. Persegue, portanto, além do *fim declaratório* que lhe é precípuo, *fim condenatório*, consistente na mencionada restituição.

Pode-se afirmar, em face do exposto, que a petição de herança é a ação pela qual o herdeiro procura o **reconhecimento judicial** de sua qualidade, com vistas a **recuperar todo ou parte do patrimônio sucessório**, indevidamente em poder de outrem.

■ Natureza real

É ação *real*, malgrado tal entendimento não seja uniforme. É, porém, o que predomina na doutrina e ao qual também nos filiamos. Cumpre, no entanto, esclarecer o alcance do **primeiro objeto** da aludida ação, que é o **reconhecimento do direito sucessório**, em razão de ordem de vocação hereditária ou de disposição testamentária (*fim declaratório*).

---

4 *Tratado de direito das sucessões*, v. III, § 1.014, p. 165.

5 Clóvis do Couto e Silva, *Comentários ao Código de Processo Civil*, v. XI, t. I, p. 329.

6 *V.* TJRS, Ap. 70.004.770.848-Júlio de Castilhos, rel. Des. Strangler Pereira, j. 12-6-2003, reconhecendo a possibilidade de propositura de petição de herança pelo convivente supérstite, pleiteando a declaração de existência da entidade familiar e reclamando a herança que lhe cabe.

Segundo a lição de Orlando Gomes, "a *ação de estado* é **premissa da *petição da herança***, quando o título de herdeiro depende da prova de parentesco", como acontece em relação ao filho havido fora do casamento não reconhecido. Certificada a qualidade de parente sucessível, aduz o mencionado autor, "não implica, entretanto, investidura na de herdeiro, assim entendido o que deveria ter sido chamado. **Atestada, porém, a qualidade sucessória, positiva-se o direito à herança, legitimando-se o pedido de restituição dos bens hereditários**"[7].

Resta, assim, bem esclarecido que a petição de herança não tem o caráter de *ação de estado*. Embora tenha duplo objeto, ou seja, o reconhecimento do direito sucessório e a restituição dos bens hereditários que estão em poder de terceiro, o primeiro é premissa do segundo, sendo esse o escopo prático e especialmente visado pelo herdeiro. **Sua carga principal é condenatória**.

De estado será a demanda destinada a declarar a qualidade de herdeiro, hipótese da investigação de paternidade ou maternidade. **Tal qualidade é um pressuposto lógico e legal da ação**. Mesmo quando a investigatória se apresenta cumulada com a petição de herança, esta só será julgada na hipótese de procedência da primeira[8].

■ Ação universal

Além de real, trata-se de ação *universal*. Com ela pretende o seu autor não a devolução de coisas destacadas, singulares e determinadas, mas a de uma **universalidade**, ou seja, do patrimônio hereditário por inteiro ou em quota ideal, porque **a herança é uma *universitas juris*** (CC, arts. 91 e 1.791).

■ Diferenças entre petição de herança e ação reivindicatória

A ação de petição de herança muito se assemelha à *ação reivindicatória*, mas dela se distingue por algumas características marcantes. Embora ambas constituam meios de tutela da posse, **a última objetiva a posse de coisa singularmente encarada**. Confiram-se as principais diferenças:

> "**a)** a **reivindicatória** tem por objeto o reconhecimento do direito de propriedade sobre determinada coisa, enquanto a **ação de petição de herança** visa ao reconhecimento da qualidade de herdeiro, da qual pode derivar o reconhecimento de um direito de propriedade, de outro direito real, de um direito de crédito ou de outro direito pessoal;
>
> **b)** enquanto na ***rei vindicatio*** deve o autor provar, não somente que adquiriu a propriedade, mas que a houve de quem era proprietário, na ***petitio hereditatis*** deve o herdeiro provar unicamente seu *título de aquisição*"[9].

Tais características mostram as vantagens que sempre tornaram a *petitio hereditatis* instituto mais atraente para o herdeiro do que a *rei vindicatio*.

■ 7.3. PARTES LEGÍTIMAS

Cumpre indicar quem está legitimado a valer-se da ação de petição de herança e contra quem pode ser proposta.

---

7 *Sucessões*, p. 261.

8 Ney de Mello Almada, *Direito das sucessões*, v. I, p. 229.

9 Orlando Gomes, *Sucessões*, cit., p. 260.

7.3.1. Legitimidade ativa

Cabe tal ação a quem se intitula **herdeiro** e reivindica esse **título**, com o objetivo de obter a restituição da herança, no todo ou em parte. Consideram-se **ativamente legitimados**:

- o sucessor *ab intestato*;
- o sucessor testamentário;
- o sucessor ordinário;
- o sucessor reconhecido por ato voluntário dos pais;
- o sucessor reconhecido por sentença proferida na ação de investigação de paternidade[10].

Legitimam-se, ainda:

- o sucessor do herdeiro; e
- o herdeiro fideicomissário.

Ao herdeiro equipara-se o cessionário da herança.

A ação é tanto do titular exclusivo do patrimônio hereditário como daquele que concorre com outros herdeiros para vindicar a parte ideal.

Segundo dispõe o art. 1.825 do Código Civil, "a ação de petição de herança, ainda que exercida por um só dos herdeiros, **poderá compreender todos os bens hereditários**".

Com a morte do *de cujus* estabelecem-se, com efeito, o condomínio e a **composse** entre os herdeiros, **e qualquer deles pode, isoladamente**, ingressar com a *petitio hereditatis* contra o herdeiro ou possuidor despojado de qualquer título, inclusive para postular a restituição de todos os bens hereditários.

Trata-se de consequência natural do princípio insculpido no parágrafo único do art. 1.791 do Código Civil:

> "Até a partilha, o direito dos coerdeiros, quanto à propriedade e posse da herança, será indivisível, e regular-se-á pelas normas relativas ao condomínio".

Em qualquer caso, **ao autor compete a prova de seu título e qualidade**. Todavia, como a ação tem natureza *universal*, como visto, por concernir a uma *universitas juris*, como é considerada a herança, **só o herdeiro se legitima, não o legatário**. Este tem ação própria, também reivindicatória, para reclamá-lo, sob diverso fundamento.

7.3.2. Legitimidade passiva

Legitimado *passivamente* é o **possuidor dos bens hereditários**, com o título de herdeiro ou outra qualificação, ou mesmo sem título. Réu nessa ação é, assim, "a pessoa que está na posse da herança, como se fosse herdeiro (possuidor *pro herede*),

---

10 Mário Moacyr Porto, Ações de investigação de paternidade ilegítima e petição de herança, *RT*, 645/10.

aparentando a qualidade e assumindo a posição de herdeiro, sem que, verdadeiramente, herdeiro seja, ou o que tem a posse de bens hereditários sem título algum que a justifique"[11].

O **herdeiro aparente** é justamente o possuidor *pro herede*, o que **aparece perante todos como adquirente** por causa de morte, a título universal. É necessário esteja na posse dos bens hereditários. Não se propõe a *petitio hereditatis* senão para haver bens da herança indevidamente possuídos pelo herdeiro aparente.

O art. 1.824 do Código Civil permite a propositura da ação de petição de herança contra quem, **"mesmo sem título"**, possua bens do acervo hereditário.

■ Cumulação da ação de petição de herança com a de investigação de paternidade

Cumulada a petição de herança com investigação de paternidade, constarão **como demandados**, além do possuidor dos bens hereditários (o cessionário, por exemplo), **todos os herdeiros do falecido** — e não o espólio —, formando um litisconsórcio passivo necessário, em razão da natureza da relação jurídica (CPC/2015, art. 114), ainda que os herdeiros tenham renunciado à herança ou optado por sua cessão[12].

■ 7.4. EFEITOS DA SENTENÇA

Reconhecida a qualidade hereditária do autor da petição de herança, deflui como efeito natural e principal a transmissão da titularidade do patrimônio deixado em seu favor. A procedência da ação, decretada em sentença transitada em julgado, **gera o reconhecimento da ineficácia da partilha em relação ao autor da ação**, dispensada a sua anulação. Basta o simples pedido de retificação da partilha realizada anteriormente[13].

Nesse sentido, assentou o Superior Tribunal de Justiça:

> "I — Julgados procedentes os pedidos formulados em sede de ação de investigação de paternidade cumulada com petição de herança, disso resulta lógica e automática a nulidade da partilha realizada sem a presença e participação do autor vitorioso, afigurando-se dispensável a propositura de ação específica que tenha por objeto apenas vê-la reconhecida expressamente.
>
> II — A execução da decisão de procedência proferida em autos de petição de herança faz-se, como regra, por meio de **simples pedido de retificação de partilha**, uma vez que a sentença homologatória de partilha não faz coisa julgada em relação ao herdeiro não convocado ao processo de inventário"[14].

---

11 Silvio Rodrigues, *Direito civil*, cit., v. 7, p. 88.

12 Na ação de investigação de paternidade *post mortem*, partes legítimas passivas são os herdeiros e não o espólio (STJ, REsp 331.841-AL, 3ª T., rel. Min. Antônio de Pádua Ribeiro, *DJU*, 10-6-2002, p. 202). Sobre a formação de um litisconsórcio passivo necessário *v. RJTJRS*, 175/379.

13 Cristiano Chaves de Farias, Incidentes à transmissão da herança: aceitação, renúncia, cessão de direitos hereditários e petição de herança, in: Giselda Hironaka e Rodrigo da Cunha Pereira (Coord.), *Direito das sucessões e o novo Código Civil*, p. 70.

14 REsp 16.137-SP, 4ª T., rel. Min. Sálvio de Figueiredo Teixeira, *DJU*, 27-3-1995, p. 7162. No mesmo sentido: REsp 74.478-PR, 4ª T., rel. Min. Ruy Rosado de Aguiar, *DJU*, 4-11-1996.

Efetivamente, se o herdeiro **não participou do inventário**, a sentença de partilha não o afeta, ou seja, **não produz o efeito de coisa julgada perante quem não foi parte no processo**.

A procedência da ação de petição de herança produz **efeitos distintos** em relação ao *herdeiro aparente* ou ao simples possuidor e em relação ao *terceiro adquirente*.

■ **Quanto ao herdeiro aparente**

Sendo o herdeiro aparente um possuidor, a sua responsabilidade rege-se pelas **regras da posse**, a qual pode ser de boa ou de má-fé. Conforme dispõe o art. 1.826 do Código Civil, "o possuidor da herança está obrigado à restituição dos bens do acervo, fixando-se-lhe a responsabilidade segundo a sua posse, observado o disposto nos arts. 1.214 a 1.222".

Destarte, o herdeiro aparente, **condenado** na ação de petição de herança:

- ■ tem de **restituir os bens** com todos os seus acessórios;
- ■ responderá, ainda, por **perdas e danos**, bem como pelos **frutos** que tiver colhido, ressalvado direito de retenção, se estiver de boa-fé;
- ■ faz jus ao **ressarcimento das benfeitorias** necessárias, ainda que de má-fé (CC, art. 1.220), e também das úteis, se estiver de boa-fé;
- ■ quanto às **voluptuárias**, reconhece-lhe a lei, somente no caso de boa-fé, o *jus tollendi*, que é o direito de retirá-las, se puder fazê-lo sem danificar a coisa (art. 1.220).

É de **boa-fé** a posse se o herdeiro aparente a houver adquirido na convicção de ser o verdadeiro herdeiro (CC, art. 1.201). Se o vício na aquisição é de seu conhecimento, a posse é de **má-fé**.

■ **Quanto ao terceiro adquirente**

A questão principal consiste em verificar se a alienação que lhe foi feita pelo herdeiro aparente é válida ou não. Tal alienação pode ser gratuita ou onerosa. **Não tem validade quando feita a *título gratuito*, devendo os bens ser devolvidos ao herdeiro**, sem delongas, porquanto o beneficiário da liberalidade nada perdeu. Nesse caso, embora haja o donatário adquirido de boa-fé, nada perde ao restituir o que recebeu de quem não podia doar[15].

Considera-se, porém, **válido o negócio se alienados os bens a *título oneroso* a terceiro adquirente de boa-fé**. Na hipótese, não fica este obrigado à restituição, respondendo o herdeiro aparente, ao autor da ação de petição de herança, pela restauração do valor dos bens, como o preço recebido, esteja ou não de boa-fé.

Dispõe a propósito o art. 1.827 do Código Civil:

> "O herdeiro pode demandar os bens da herança, mesmo em poder de terceiros, sem prejuízo da responsabilidade do possuidor originário pelo valor dos bens alienados.
>
> Parágrafo único. São eficazes as alienações feitas, a título oneroso, pelo herdeiro aparente a terceiro de boa-fé".

Assim, se o terceiro adquiriu de **má-fé**, o ato é **ineficaz**, competindo-lhe, por conseguinte, restituir os bens.

---

[15] Orlando Gomes, *Sucessões*, cit., p. 263; Walter Moraes, *Teoria geral*, cit., p. 95.

São, portanto, apenas três os **requisitos para a validade da aquisição por terceiro**:

- que adquira de herdeiro aparente;
- que adquira por título oneroso;
- que adquira de boa-fé.

A proteção à boa-fé do terceiro estende-se àquele que, *sem título*, comporta-se como se o fosse, investindo-se na posse dos bens hereditários, pagando tributos, fazendo despesas etc.

Em resumo:

- são **eficazes** as aquisições de boa-fé, por título oneroso; e
- **ineficazes** as de má-fé por esse mesmo título, bem como as feitas a título gratuito[16].

7.5. PAGAMENTO DE LEGADO PELO HERDEIRO APARENTE

Prescreve o art. 1.828 do Código Civil:

> "O herdeiro aparente, que de boa-fé houver pago um legado, **não está obrigado a prestar o equivalente ao verdadeiro sucessor**, ressalvado a este o direito de proceder contra quem o recebeu".

O herdeiro aparente, que se encontra de **boa-fé**, na posse da herança, como se esta efetivamente lhe pertencesse, tem seus atos protegidos por lei em benefício de terceiros de boa-fé. Se se limitou, de boa-fé, a cumprir os legados constantes do testamento, **está isento de qualquer responsabilidade**, visto que cumpriu o escopo do testador, cingindo-se sua atuação à entrega ao verdadeiro herdeiro do remanescente dos bens hereditários, que ficou em seu poder.

Caberá, naturalmente, ao verdadeiro herdeiro a tarefa de reagir contra o legatário, conforme consta da parte final do art. 1.828, para a restituição daquilo que ele indevidamente recebeu[17].

O aludido dispositivo confirma a aplicação, à ação de petição de herança, da **teoria da aparência**. Se o herdeiro aparente pagou o legado, não há falar em prestação equivalente ao verdadeiro sucessor, pois tal fato redundaria num *bis in idem*.

Em suma: não estará o herdeiro aparente, **na hipótese de pagar um legado de boa-fé**, em cumprimento às disposições testamentárias, a prestar o equivalente ao verdadeiro legatário. A este caberá o direito de proceder contra aquele que recebeu indevidamente.

7.6. PRESCRIÇÃO

Muito já se discutiu a respeito da imprescritibilidade da *petitio hereditatis*. Parte da doutrina adere à opinião de Orlando Gomes, segundo a qual tal ação, no rigor dos princípios, **é imprescritível**[18].

---

16 Orlando Gomes, *Sucessões*, cit., p. 264.

17 Eduardo de Oliveira Leite, *Comentários ao novo Código Civil*, v. XXI, p. 206.

18 *Sucessões*, cit., p. 265.

O Supremo Tribunal Federal, todavia, proclamou que **a ação de petição de herança não é imprescritível**, editando a Súmula 149, do seguinte teor:

> "É imprescritível a ação de investigação de paternidade, mas não o é a de petição de herança".

Caio Mário da Silva Pereira bem equacionou a questão, ponderando que "juristas e tribunais têm tumultuado os princípios, confundindo a ação de estado e a de petição de herança, com o efeito patrimonial daquela. O problema se esclarece com a distinção entre **o *status* que é imprescritível, e a pretensão econômica judicialmente exigível, que como toda outra pretensão exigível (*Anspruch*) prescreve**. O filho terá ação sempre para se fazer reconhecer (ação de estado, imprescritível); mas, no sistema do novo Código Civil (art. 205), não poderá exercer pretensão à herança depois de decorridos 10 anos da abertura da sucessão (petição de herança). Se o prazo, iniciado na vigência do Código de 1916, ainda fluía, quando da entrada em vigor do novo Código, incide o art. 2.028 deste último"[19].

■ Termo inicial do lapso prescricional

O termo inicial do lapso prescricional é coincidente com a data da **abertura da sucessão**, como já decidiu o Supremo Tribunal Federal[20], uma vez que não se pode postular acerca de herança de pessoa viva. Somente depois da morte há legitimação ativa para suceder, por parte de quem tiver de pleitear a herança[21].

A prescrição da ação sujeita-se a todas as causas que suspendem ou interrompem a prescrição. Tem incidência na hipótese, destarte, a ressalva expressa no art. 198, I, do Código Civil, segundo a qual **não corre prescrição contra pessoa absolutamente incapaz**. O prazo prescricional só começará a correr quando o herdeiro incapaz completar **16 anos de idade**, tornando-se relativamente incapaz.

Todavia, se a legitimação depender do prévio reconhecimento da paternidade, o *dies a quo* do prazo prescricional será a data em que o direito puder ser exercido, ou seja, **o momento em que for reconhecida a paternidade**, e não o da abertura da sucessão.

Preleciona Mário Moacyr Porto constituir "princípio universalmente aceito que o prazo de prescrição somente se inicia **quando surge o direito à ação**. O Código Civil italiano, em seu art. 2.935, acolhe o princípio, ao dispor: 'A prescrição começa a correr do dia em que o direito pode ser exercido'. Parece-nos, assim, que, antes do julgamento favorável da ação de investigação de paternidade ilegítima, **o filho natural, não reconhecido pelo pai, jamais poderá propor ação de petição de herança** para o fim de lhe ser reconhecida a qualidade de herdeiro, com direito à herança do seu indigitado pai. **A ação de investigação de paternidade, na hipótese em causa, é um inafastável pressuposto**, uma prejudicial incontornável, para que o filho possa intentar a ação de petição de herança"[22].

---

19 *Instituições*, cit., v. VI, p. 68-69.

20 *RTJ*, 59/535, 62/822, 69/165.

21 STF, RE 94.931-RJ, 2ª T., j. 7-12-1982.

22 Ações de investigação de paternidade, cit., p. 10.

Conclui-se, de tudo, aduz o mencionado autor, "que **não corre** contra o filho natural *não reconhecido* a prescrição da ação de petição de herança. 'Action non natae non praescribitur'".

Nessa trilha decidiu a 3ª Câmara de Direito Privado do Tribunal de Justiça de São Paulo:

> "Petição de herança. Cumulação com investigação de paternidade. Prazo prescricional de 20 anos (*CC/1916*). Fluência a partir da data em que a apelante completou 16 anos de idade. Critério, entretanto, só aplicável ao filho reconhecido pelo genitor. **Antes do reconhecimento voluntário, ou do julgamento favorável da ação de investigação de paternidade, não poderá este propor ação de petição de herança**. Aplicação do princípio da *actio nata*: enquanto não nasce a ação, não corre prescrição. Recurso provido"[23].

Na mesma linha, proclamou o Superior Tribunal de Justiça: "Dessa forma, conclui-se que, a teor do art. 189 do Código Civil, o termo inicial para o ajuizamento da ação de petição de herança é **a data do trânsito em julgado da ação de investigação de paternidade**, quando, em síntese, confirma-se a condição de herdeiro"[24].

Assim como sucede na reivindicatória (*v.* Súmula 237 do STF), **a usucapião pode ser alegada como defesa na ação de petição de herança**, sempre que transcorrido o lapso temporal previsto na lei. Extingue-se tal ação se o possuidor dos bens pleiteados pelo filho-herdeiro arguir e provar que usucapiu os bens objeto da demanda (CC, art. 1.238). Nessa hipótese, a *petitio hereditatis* torna-se inútil, em vista de não produzir sua consequência natural, que é a restituição dos mesmos bens.

■ 7.7. RESUMO

DA PETIÇÃO DE HERANÇA	
CONCEITO	■ É a ação que compete ao sucessor preterido, para o fim de ser reconhecido o seu direito sucessório e obter, em consequência, a restituição da herança, no todo ou em parte, de quem a possua, na qualidade de herdeiro, ou mesmo sem título.
LEGITIMIDADE ATIVA	■ Cabe tal ação a quem se intitula ***herdeiro*** e reivindica esse ***título***, com o objetivo de obter a restituição da herança, no todo ou em parte.
LEGITIMIDADE PASSIVA	■ Réu nessa ação é a pessoa que está na posse da herança, como se fosse herdeiro, aparentando a qualidade e assumindo a posição de herdeiro, sem que, verdadeiramente, herdeiro seja, ou o que tem a posse de bens hereditários sem título algum que a justifique.
EFEITOS	■ A procedência da ação, decretada em sentença transitada em julgado, gera o reconhecimento da ineficácia da partilha em relação ao autor da ação, dispensada a sua anulação.
PRESCRIÇÃO	■ A ação de petição de herança pode ser cumulada com a de investigação de paternidade. Proclama a Súmula 149 do STF: "É imprescritível a ação de investigação de paternidade, mas não o é a de petição de herança".

■ 7.8. QUESTÕES

1. (TJSP/11º Concurso para Outorga de Delegações de Notas e de Registro/VUNESP/2018) No que concerne à deserdação e à exclusão por indignidade, é CORRETO afirmar:

---

23 Ap. 134.291.4/4-00-Ribeirão Preto, rel. Des. Ênio Zuliani.

24 STJ, REsp 1.475.759-DF, 3ª T., rel. Min. João Otávio de Noronha, j. 17-5-2016, *DJe*, 20-5-2016.

a) na exclusão por indignidade, os fatos que a fundamentam não podem ser posteriores à morte do autor da herança.
b) se a deserdação não se concretizar por ser nulo o testamento que a contempla, e a causa invocada pelo testador for causa também de exclusão por indignidade, poderá ser proposta ação para exclusão do herdeiro indigno.
c) a deserdação e a exclusão também por indignidade atingem herdeiros necessários e testamentários.
d) todos os motivos que ensejam a deserdação configuram causas que servem de fundamento para a exclusão por indignidade.

2. (TJSP/Juiz de Direito/188º Concurso/VUNESP/2018) Augusto, que tem um vultoso patrimônio, foi condenado criminalmente por lesão corporal seguida de morte, de que foi vítima Josué. O processo criminal durou 18 meses; transitada em julgado a sentença, o condenado empreendeu fuga, e, após um ano, foi morto resistindo à prisão. Josué, quando de sua morte, tinha um filho, Rodolfo, com 15 anos de idade. Augusto era viúvo e não convivia em união estável, só tendo como parentes dois tios e dois sobrinhos. Nesse caso, a herança de Augusto será

a) considerada jacente e, antes da vacância, será paga a indenização devida a Rodolfo, passando depois os bens ao município em que se situarem, aos quais, porém, não aproveita a prescrição iniciada.
b) recebida pelos dois sobrinhos, mas nada será devido a Rodolfo a título de indenização, porque a morte não resultou direta e imediatamente da atuação de Augusto.
c) recebida pelos dois tios e pelos dois sobrinhos, mas não responderão eles pela indenização, porque a dívida fundada na responsabilidade civil não se transmite com a herança.
d) recebida pelos dois sobrinhos aproveitando-lhes a prescrição iniciada, mas responderão pela indenização devida a Rodolfo, nos limites da força da herança, proporcionalmente ao que se atribuir a cada um, se a ação indenizatória for proposta depois da partilha.

3. (TJPR/Juiz de Direito/PUC-PR/2011) Aponte se as assertivas são verdadeiras (V) ou falsas (F) e assinale a única alternativa CORRETA:

I. O pedido de decretação da nulidade do casamento, decorrente de infringência de impedimento, só poderá ser proposto pelas partes interessadas.
II. Jonas, que era casado com Antuérpia pelo regime da comunhão parcial de bens, foi morto por Belício, amante de Antuérpia. Belício foi condenado e, após cumprir pena, casou-se com Antuérpia no Paraguai. Diante da lei brasileira, o casamento realizado entre Belício e Antuérpia possui eficácia no território brasileiro.
III. A exclusão dos herdeiros ou legatários, por ato de indignidade, extingue-se em 04 anos contados da abertura da sucessão.
IV. Denise casou-se com Mauro sob o regime parcial de bens, não tiveram filhos, e estavam separados de fato um do outro havia mais de 3 anos. A separação se deu por vontade de ambos. Falecendo Mauro, Denise terá o prazo de quatro anos para requerer os direitos sucessórios.

a) F, F, F, F
b) F, F, V, F
c) F, F, F, V
d) V, V, F, V

4. (Del/Pol/RJ/Acadepol Silvio Terra/XI Concurso/2009) Em relação à sucessão é CORRETO dizer:

a) A abertura da sucessão ocorre no momento da morte do autor da herança, assim como a abertura do inventário.
b) Os herdeiros não têm, automaticamente, a propriedade e o direito à posse dos bens a partir do falecimento, já que dependem de ato processual específico.
c) Mesmo havendo herdeiros necessários, o testador poderá dispor da totalidade da herança.

d) Quanto aos sucessores do indigno, pode-se afirmar que assim como os do renunciante, sucedem por direito próprio e partilham por cabeça.
e) A partir do Código Civil de 2002, o cônjuge saiu da condição de herdeiro que poderia ser afastado por disposição testamentária, para ser elevado à categoria de herdeiro necessário.

5. (MP/SP/Analista de Promotoria/VUNESP/2010) Considere as afirmações seguintes:

I. tanto o instituto da indignidade quanto o da deserdação procuram afastar da herança aquele que a ela não faz jus, em razão de reprovável conduta que teve em relação ao *autor sucessionis*, ou, ainda, contra seu cônjuge, companheiro, ascendente ou descendente;
II. a pena de indignidade é cominada pela própria lei, nos casos expressos que enumera, ao passo que a deserdação repousa na vontade exclusiva do *de cujus* que a impõe ao culpado, em ato de última vontade, desde que fundada em motivo legal;
III. somente a autoria em crime de homicídio doloso, tentado ou consumado contra o autor da herança, pode afastar o herdeiro da sucessão.

Está correto o contido em

a) I, II e III.
b) I e III, apenas.
c) II e III, apenas.
d) I e II, apenas.
e) I, apenas.

6. (MP/BA/Promotor de Justiça/2010) A Constituição Federal da República Federativa do Brasil consagra, no seu artigo 5º, XXX, o direito de herança como direito fundamental. Com efeito, vaticina Ney de Mello Almada: "o Direito das Sucessões é o conjunto de princípios legais disciplinadores da transmissão, aos herdeiros e legatários, do patrimônio sucessível de uma pessoa, que vem a falecer". Nessa esteira, aduz Lacerda de Almeida que, em razão da repercussão social, tais princípios são "fundamentais e de ordem pública".
Assim sendo, marque a alternativa CORRETA, após o exame de veracidade das assertivas abaixo.

I. A aquisição da propriedade *mortis causa* se dá com o registro da partilha no cartório de registro de imóveis competente.
II. De acordo com a legislação pátria, o direito a sucessão aberta consubstancia-se em uma universalidade *iuris*, bem assim em direito real imobiliário.
III. Na sucessão *mortis causa* de estrangeiro domiciliado no Brasil, no que tange aos bens situados no Brasil, invariavelmente se aplicará a Lei Material Brasileira.
IV. Quando proferida após 5 (cinco) anos da abertura da sucessão, a sentença que declara a vacância produzirá efeitos retro-operantes.
V. Em matéria de sucessão legítima, pode-se afirmar que a representação somente é possível na linha reta descendente.

a) FVFVF.
b) VVFVV.
c) FFVFF.
d) VFVVF.
e) FVVFV.

7. (MP/GO/Promotor de Justiça/2010) Em relação a sucessão em geral, analise as afirmações seguintes:

I. O princípio da *saisine* nos informa que, aberta a sucessão, a herança transmite-se, desde logo, aos herdeiros legítimos e testamentários, independentemente de saberem ou não que o autor da sucessão tenha falecido.
II. O herdeiro sucede a título universal e o legatário a título singular. A sucessão a título singular tanto pode ocorrer na sucessão legítima como na testamentária.
III. A cessão de direitos hereditários é um negócio jurídico translativo *inter vivos* porque só pode ser celebrado depois da abertura da sucessão e por não ser admitido em nosso direito o pacto sucessório.

IV. A aceitação é um ato jurídico unilateral não receptício porque se aperfeiçoa com uma única manifestação de vontade e não depende de ser comunicado a outrem para que produza seus efeitos.

a) Corretos apenas os itens I, II e III.
b) Corretos apenas os itens I, II e IV.
c) Corretos apenas os itens I, III e IV.
d) Corretos apenas os itens II, III e IV.

8. (OAB/Exame de Ordem Unificado 2009.3/CESPE/UnB/2010) Acerca das regras aplicáveis às sucessões, assinale a opção CORRETA.

a) O direito à sucessão aberta bem como o quinhão de que disponha o coerdeiro não pode ser objeto de cessão por escritura pública.
b) A renúncia da herança deve constar expressa e exclusivamente de instrumento público.
c) Quando não se efetua o direito de acrescer, não se transmite aos herdeiros legítimos a quota vaga do nomeado.
d) São irrevogáveis os atos de aceitação ou de renúncia da herança.

9. (Procurador da República/24º Concurso/2008) Em relação à sucessão, é CORRETO dizer:

I. Os efeitos da exclusão do herdeiro indigno transmitem-se aos seus descendentes.
II. Falecendo o herdeiro, antes de declarar se aceita a herança, o direito de aceitar transmite-se aos seus herdeiros.
III. Se o testamento caducar ou for considerado nulo, subsistirá a sucessão legítima.
IV. Até o compromisso do inventariante, o administrador provisório da herança será a pessoa de confiança do juiz.

Das proposições acima:

a) I e II estão corretas;
b) I e III estão corretas;
c) II e III estão corretas;
d) II e IV estão corretas.

10. (PGE/SC/Procurador do Estado/7º Concurso/2009) Assinale a alternativa CORRETA.

a) Se o legatário for menor, o legado de alimentos abrange exclusivamente os gastos com alimentação.
b) O autor da herança que não possui ascendente e descendente pode dispor de mais da metade de seus bens em testamento.
c) Cabe direito de representação para os filhos do herdeiro renunciante.
d) A renúncia da herança terá plena eficácia se feita por instrumento particular.
e) Calcula-se a legítima sobre o valor dos bens existentes na abertura da sucessão, abatidas as dívidas e as despesas do funeral, adicionando-se, em seguida, o valor dos bens sujeitos a colação.

11. (MP/MG/Promotor de Justiça/XLIX Concurso/2010) Assinale a alternativa INCORRETA.

a) Na sucessão *ab intestato*, a capacidade sucessória é determinada pela ordem da vocação hereditária e, igualmente, ao companheiro e à pessoa jurídica nomeada.
b) Os direitos de propriedade e posse dos coerdeiros é indivisível, regulando-se pelas normas relativas ao condomínio, até a partilha dos bens.
c) O cargo de administrador provisório é cabível sucessivamente ao cônjuge, ao companheiro, aos herdeiros, a testamenteiro ou pessoa de confiança do juiz.
d) Pode o companheiro, em concorrência com filho único do *de cujus*, vir a receber parcela maior de aquestos, envolvendo meação e herança partilhável.
e) Pertence ao indigitado pai o filho da mulher com quem manteve convivência conjugal, ilidida a presunção com a prova da impotência na data da concepção.

12. (TJRJ/Juiz de Direito/XLV Concurso/VUNESP/2013) Herança jacente é

a) aquela em que o *de cujus* deixou bens, mas não deixou testamento, sendo que não há conhecimento da existência de algum herdeiro.

b) o reconhecimento por sentença de que não há bens, mas apenas herdeiros, sendo que não tem personalidade jurídica nem é patrimônio autônomo sem sujeito.
c) aquela em que o falecido deixou bens e herdeiros, além de disposição de última vontade, por meio de testamento particular.
d) aquela em que o falecido deixou bens e herdeiros, além de testamento público.

13. (MP/MA/Promotor de Justiça/2014) Considerando a disciplina do Código Civil a respeito da sucessão, assinale a alternativa *incorreta:*

a) O cônjuge sobrevivente não concorre à sucessão com os descendentes, quando casado com o *de cujus* no regime da comunhão universal, ou no da separação obrigatória de bens; ou ainda se, no regime da comunhão parcial, o autor da herança não houver deixado bens particulares.
b) São testamentos ordinários o público, o cerrado e o particular. O testamento público difere do cerrado por ser escrito por tabelião ou por seu substituto legal em seu livro de notas, de acordo com as declarações do testador; enquanto o cerrado é escrito pelo testador, ou por outra pessoa, a seu rogo, e por aquele assinado, devendo, para ter validade, ser aprovado pelo tabelião ou seu substituto legal, que o devolverá devidamente cosido. Ambos podem ser escritos manual ou mecanicamente.
c) A aceitação da herança pode ser expressa, quando realizada por declaração escrita, ou tácita, quando efetivada pela prática de atos próprios da qualidade de herdeiro. Não se considera aceitação tácita, no entanto, a prática de atos como o funeral do falecido, os meramente conservatórios, ou os de administração e guarda provisória de bens, bem como a cessão gratuita, pura e simples, da herança aos demais coerdeiros.
d) Será excluído da sucessão o herdeiro que tenha praticado homicídio doloso contra o cônjuge do autor da herança, devendo a exclusão ser declarada por sentença. O direito de demandar a exclusão do herdeiro extingue-se em quatro anos, contados da abertura da sucessão.
e) Os herdeiros necessários podem ser deserdados em todos os casos em que podem ser excluídos da sucessão, autorizando ainda a deserdação do descendente por seu ascendente a prática de relações ilícitas com a madrasta. Nesta hipótese, incumbe ao herdeiro instituído, ou àquele a quem aproveite a deserdação, provar a ocorrência do fato, no prazo de cinco anos a contar da data da abertura do testamento, sob a pena de extinção do direito de provar a veracidade da causa alegada pelo testador.

14. (TJSP/Juiz de Direito/184° Concurso/VUNESP/2013) Assinale a alternativa CORRETA.

a) Somente ofensa física que resulte em lesão grave autoriza a deserdação de herdeiro necessário em testamento.
b) A deserdação do herdeiro necessário pode ser feita em testamento sem que o testador declare sua causa, mas, nesse caso, caberá a quem aproveite a deserdação justificá-la.
c) Uma vez excluído da sucessão por motivo de indignidade determinado herdeiro, seus descendentes também não sucedem.
d) A exclusão de herdeiro ou legatário da sucessão nos casos de indignidade deverá sempre ser declarada por sentença.

15. (TJRJ/Juiz de Direito/XLV Concurso/VUNESP/2013) Marido e mulher, casados pelo regime da separação total de bens, morreram em um acidente de avião, sem se conseguir, aplicando-se todas as técnicas da medicina legal, identificar qual dos mortos faleceu primeiro. Deixaram filhos. Nesse caso, quanto à sucessão, é correto afirmar que

a) como o regime, no caso, é o da separação total de bens, um cônjuge será herdeiro do outro no importe de 50% sobre o monte partível, sendo que os filhos herdarão a outra metade.
b) pelo regime de bens, um cônjuge poderia ser herdeiro do outro, mas, no presente caso, devido à comoriência, não cabe direito sucessório entre si, pelo que os filhos serão os herdeiros de todo o monte partível.
c) devido ao instituto da colação caracterizado por terem falecido juntos no mesmo acidente, os filhos herdarão os bens de cada genitor, separadamente.

d) não existe possibilidade de se transmitir a herança a mortos, haja vista que com a morte não existe mais pessoa natural, pelo que um cônjuge somente será herdeiro do outro se tiver sido realizado um testamento anterior à morte.

16. (TJSC/Juiz de Direito/Fundação Carlos Chagas/2015) A sucessão *mortis causa* pode dar-se

a) a título universal e a título singular, caracterizando-se a primeira pela transmissão do patrimônio ou cota-parte do patrimônio do defunto e a segunda, pela transferência de algum ou alguns bens determinados.
b) se legítima, apenas a título universal e se testamentária, apenas a título singular.
c) apenas a título universal.
d) apenas a título singular, porque a lei exige a partilha de bens entre os herdeiros.
e) a título singular e a título universal, caracterizando-se a primeira pela transmissão de cota-parte do patrimônio do defunto e a segunda, pela transmissão de certa generalidade de coisa ou cota-parte concreta de bens.

17. (TJSP/Juiz de Direito/186º Concurso/VUNESP/2015) Acerca do Direito das Sucessões, assinale a alternativa CORRETA.

a) Considera-se imóvel o direito à sucessão aberta, exigindo-se escritura pública para sua cessão, não se admitindo que a renúncia da herança conste de termo judicial.
b) A morte do responsável cambiário é modalidade de transferência anômala da obrigação, repassável aos herdeiros, salvo se o óbito tiver ocorrido antes do vencimento do título.
c) É eficaz a cessão, pelo coerdeiro, de seu direito hereditário sobre bem da herança singularmente considerado.
d) É intransmissível ao cessionário de direitos hereditários o direito de preferência inerente à qualidade de herdeiro.

18. (TJPE/Juiz de Direito/Fundação Carlos Chagas/2015) Antônio, que possui três filhos, foi condenado criminalmente pelo Tribunal do Júri, por tentativa de homicídio contra seu pai, Serafim, que possui outro filho. Nesse caso, Antônio

a) não poderá ser admitido a suceder nos bens deixados por morte de Serafim, ainda que este o tenha expressamente reabilitado em testamento, porque a sentença criminal o impede de suceder.
b) será excluído da sucessão de Serafim, independentemente de demanda de exclusão, porque a condenação criminal a supre, e os bens que lhe caberiam serão distribuídos, em partes iguais, entre os filhos e o irmão de Antônio.
c) será excluído da sucessão de Serafim, desde que procedente demanda de exclusão, e os bens que lhe caberiam serão destinados aos filhos do excluído, como se ele morto fosse antes da abertura da sucessão.
d) poderá ser deserdado, mas não excluído da sucessão de Serafim, porque o crime se deu na modalidade tentada.
e) será excluído da sucessão de Serafim, desde que procedente demanda de exclusão, e os bens que lhe caberiam serão destinados ao irmão de Antônio.

19. (TJRS/Juiz de Direito/FAURGS/2016) Assinale a alternativa CORRETA a respeito do direito das sucessões no Código Civil

a) O herdeiro não responde por encargos superiores às forças da herança; incumbe-lhe, porém, a prova do excesso, salvo se houver inventário que a escuse, demonstrando o valor dos bens herdados.
b) O direito à sucessão aberta, bem como o quinhão de que disponha o coerdeiro, não pode ser objeto de cessão por escritura pública.
c) Somente as pessoas já nascidas no momento da abertura da sucessão legitimam-se a suceder.
d) A incapacidade superveniente do testador invalida o testamento, e o testamento do incapaz se valida com a superveniência da capacidade.

e) O herdeiro necessário, a quem o testador deixar a sua parte disponível, ou algum legado, perde o direito à legítima.

20. (MP/PR/Promotor de Justiça/2017) Assinale a alternativa INCORRETA

a) A aceitação da herança pode ser expressa ou tácita.
b) A renúncia da herança pode ser expressa ou tácita.
c) Não se pode aceitar ou renunciar a herança parcialmente.
d) Não se pode aceitar a herança sob condição.
e) O herdeiro pode aceitar legado e renunciar herança e vice-versa.

21. (PGE/SP/22º Concurso de Ingresso na Carreira de Procurador do Estado/VUNESP/2018) Em razão de morte de policial militar, o Estado de São Paulo, por força de lei estadual, inicia processo administrativo para pagamento de indenização, no valor de R$ 200.000,00, aos "herdeiros na forma da lei". O extinto, solteiro, foi morto por um de seus dois filhos, a mando do crime organizado. O homicida, que teve sua indignidade declarada por sentença transitada em julgado, tem 1 filho menor. Nesse caso, a indenização é devida

a) ao filho inocente, na proporção da metade do valor da indenização, podendo a Administração reter a outra metade por ausência de credor legítimo.
b) ao filho inocente do falecido e ao filho do indigno, que recebe por cabeça.
c) exclusivamente ao filho inocente do falecido, pois a cota-parte do indigno acresce à do outro herdeiro de mesma classe.
d) ao filho inocente do falecido e ao filho do indigno, que recebe por estirpe.
e) aos dois filhos do falecido, depositando-se a cota-parte do indigno em conta judicial, para posterior levantamento por seu filho quando completar a maioridade.

22. (MP/SP/Promotor de Justiça/2019) Roberto Nascimento faleceu sem deixar testamento nem herdeiros notoriamente conhecidos. Com relação à sua herança, é CORRETO afirmar que

a) praticadas as diligências de arrecadação e ultimado o inventário, serão expedidos editais na forma da lei processual, e, decorrido um ano de sua primeira publicação, sem que haja herdeiro habilitado, ou penda habilitação, será a herança declarada jacente.
b) os credores de Roberto têm o direito de pedir o pagamento das dívidas, desde que reconhecidas judicialmente, nos limites das forças da herança.
c) seus bens serão arrecadados, ficando sob a guarda e a administração de um curador, até a sua entrega ao sucessor devidamente habilitado ou à declaração de sua vacância.
d) quando todos os chamados a suceder renunciarem à herança, será esta desde logo declarada jacente.
e) a declaração de vacância da herança não prejudicará os herdeiros que legalmente se habilitarem; mas, decorridos cinco anos da abertura da sucessão, os bens arrecadados passarão ao domínio do Município ou do Distrito Federal, se localizados nas respectivas circunscrições, incorporando-se ao domínio da União quando situados em território federal. Não se habilitando até a declaração de jacência, os colaterais ficarão excluídos da sucessão.

23. (TJPR/Titular de Serviços de Notas e de Registros/Provimento/NC-UFPR/2019) Leonel faleceu em decorrência de acidente automobilístico. Deixou cinco filhos e cônjuge. Tendo em vista o relacionamento muito difícil com o pai falecido, um de seus filhos resolve renunciar à herança. Os demais filhos desejam aceitá-la. A cônjuge supérstite impõe como condição ao seu aceite à herança que todos os filhos também aceitem. A respeito do assunto, assinale a alternativa CORRETA.

a) Exprimem aceitação da herança os atos oficiosos, como o funeral do finado.
b) Importa em aceitação a cessão gratuita, pura e simples, da herança, aos demais coerdeiros.
c) A renúncia da herança deve constar expressamente de instrumento público ou particular.

d) Não se pode aceitar ou renunciar a herança em parte, sob condição ou a termo.
e) São revogáveis os atos de aceitação ou de renúncia da herança.

GABARITO

1. "b". *Vide* art 1.814 do CC.
2. "d".
3. "b". I: *Vide* art. 1.549 do CC; II: *Vide* art. 1.521, VII, do CC; III: *Vide* art. 1.815, parágrafo único, do CC; IV: *Vide* art. 1.830 do CC.
4. "e". *Vide* art. 1.845 do CC.
5. "d". I: *Vide* arts. 1.814 e 1.961 do CC; II: *Vide* arts. 1.814 e 1.964 do CC.
6. "a". I: *Vide* art. 1.784 do CC; II: *Vide* arts. 91 e 1.791 do CC; III: *Vide* art. 10, § 1º, da Lei de Introdução às Normas do Direito Brasileiro; IV: *Vide* art. 1.822 do CC; V: *Vide* art. 1.853 do CC.
7. "c". I: *Vide* art. 1.784 do CC; III: O nosso direito não admite a cessão de direitos hereditários (art. 1.793), estando vivo o hereditando. Antes da abertura da sucessão, a cessão configuraria pacto sucessório; IV: A aceitação é negócio jurídico unilateral, porque se aperfeiçoa com uma única manifestação de vontade (CC, art. 1.804), e de natureza não receptícia, porque não depende de ser comunicada a outrem para que produza seus efeitos. O item II está errado, porque a sucessão legítima é sempre a título universal, visto que transfere aos herdeiros a totalidade ou fração ideal do patrimônio do *de cujus*.
8. "d". *Vide* art. 1.812 do CC.
9. "c". II: *Vide* art. 1.809 do CC; III: *Vide* art. 1.788 do CC.
10. "e". *Vide* art. 1.847 do CC.
11. "a". *Vide* art. 1.829 do CC.
12. "a". *Vide* art. 1.819 do CC.
13. "e". *Vide* art. 1.965, parágrafo único, do CC.
14. "d". *Vide* art. 1.815 do CC.
15. "b". *Vide* arts. 8º e 1.834 do CC.
16. "a". *Vide* item 1.5.3, *retro*.
17. "c". *Vide* decisão do TJRS: "Conforme o § 2º do art. 1.793 do Código Civil, a cessão de direitos hereditários será ineficaz, quando feita em relação a bem singular do espólio. Tal restrição legal indica que a falta dos requisitos legais tem reflexo no plano da eficácia do negócio. Ou seja, ainda que feita em relação a bem singular, a cessão de direitos existe e goza de presunção de validade. Disso se conclui que, no momento em que o Código refere apenas à ineficácia do negócio, projeta-se a possibilidade de que o contrato venha a ser eficaz, caso implementadas as condições" (AgI 522596-912012.8.21.7000, rel. Des. Rui Portanova, j. 19-6-2013).
18. "c". *Vide* arts. 1.814, I, e 1.816 do CC.
19. "a". *Vide* art. 1.792 do CC.
20. "b". *Vide* art. 1.806 do CC.
21. "c". *Vide* art. 1.943 do CC.
22. "c". *Vide* art. 1.819 do CC.
23. "d". *Vide* art. 1.808 do CC.

8

DA SUCESSÃO LEGÍTIMA

8.1. INTRODUÇÃO

Dispõe o art. 1.786 do Código Civil:

> "A sucessão dá-se por lei ou por disposição de última vontade".

O Código Civil disciplina, no presente título, a *sucessão legítima*, também denominada *ab intestato*, a que **opera por força de lei e que ocorre em caso de inexistência, invalidade ou caducidade de testamento** e, também, em relação **aos bens nele não compreendidos**. Nesses casos a lei defere a herança a pessoas da família do *de cujus* e, na falta destas, ao Poder Público.

Caráter subsidiário da sucessão legítima

A subsidiariedade é estabelecida no art. 1.788 do Código Civil, *verbis*:

> "Morrendo a pessoa sem testamento, transmite a herança aos herdeiros legítimos; o mesmo ocorrerá quanto aos bens que não forem compreendidos no testamento; e subsiste a sucessão legítima se o testamento caducar, ou for julgado nulo".

Efetivamente, quando o *de cujus* **não fez testamento, ou o por ele deixado foi declarado inválido**, a lei encarrega-se de dar um destino ao seu patrimônio, ou aos bens não abrangidos pelo ato de última vontade, dispondo que irão para certas pessoas de sua família e, na falta destas, como já se disse, para o Poder Público[1].

Enquanto na sucessão testamentária é sucessor o designado no testamento, **na legítima é a lei que diretamente o designa**. A existência de testamento **não exclui a sucessão legítima**. Com efeito, a sucessão testamentária pode com ela conviver, em havendo herdeiro necessário, a quem a lei assegura o direito à legítima, ou quando o testador dispõe apenas de parte de seus bens.

Espécies de herdeiros

Veja-se, a propósito, o quadro esquemático a seguir:

[1] Silvio Rodrigues, *Direito civil*, v. 7, p. 93.

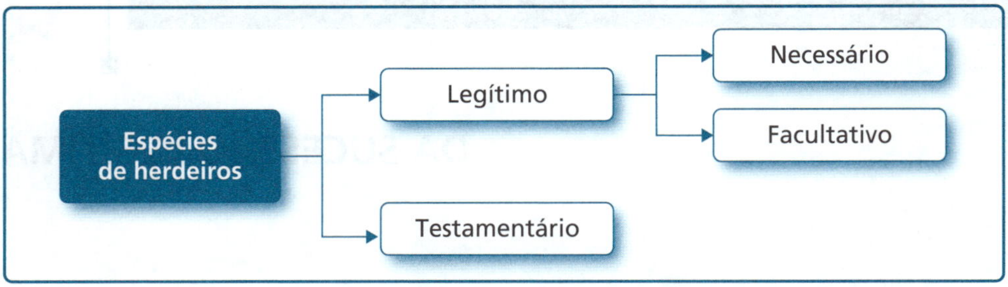

■ **Herdeiro legítimo** é a pessoa indicada na lei como sucessor nos casos de sucessão legal, a quem se transmite a totalidade ou quota-parte da herança.

■ **Herdeiro testamentário** é o sucessor a título universal nomeado em testamento.

Na classificação dos herdeiros *legítimos*, distinguem-se:

a) os **necessários**, também denominados **legitimários** ou **reservatários**; dos
b) facultativos.

■ **Herdeiro necessário** é o parente e o cônjuge com direito a uma quota-parte da herança, da qual não pode ser privado. Ostentam tal título os **descendentes, os ascendentes e o cônjuge**. A parte que lhes é reservada pela lei e que constitui a metade dos bens do falecido chama-se **legítima**. A existência de tais herdeiros impede a disposição, por ato de última vontade, dos bens constitutivos da *legítima* ou *reserva*. Dispõe o art. 1.789 do Código Civil: "Havendo herdeiros *necessários*, o testador só poderá dispor da **metade** da herança".

■ **Herdeiro facultativo:** herda na falta de herdeiros necessários e de testamento que disponha sobre o destino do espólio. Para ser excluído da sucessão, basta que o testador disponha por inteiro de seu patrimônio, sem contemplá-lo.

Em resumo: havendo herdeiros **necessários**, a liberdade de testar é restrita à *metade disponível*; havendo somente herdeiros **facultativos**, é *plena*. Todo herdeiro necessário é legítimo, mas nem todo herdeiro legítimo é necessário[2].

■ **Momento em que se apuram os legitimados para suceder**

Proclama o art. 1.787 do Código Civil:

> "Regula a sucessão e a legitimação para suceder a lei vigente ao tempo da abertura daquela".

Tal dispositivo enuncia um princípio fundamental do direito sucessório: é no **momento da morte do *de cujus*** que se apuram os legitimados para suceder, pois é nesse instante que o patrimônio se transmite automaticamente, pelo princípio da *saisine*, aos herdeiros legítimos e testamentários.

---

2 Orlando Gomes, *Sucessões*, p. 40-41; Walter Moraes, *Teoria geral e sucessão legítima*, p. 109; Dolor Barreira, *Sucessão legítima*, p. 32, nota 27.

Desse modo, continuam regidas pelo Código Civil de 1916 as sucessões abertas até o último dia de sua vigência, enquanto **as que forem abertas após a entrada em vigor do novo diploma por este serão reguladas**, como expressamente prescreve o seu art. 2.041, inserido no Livro Complementar das Disposições Finais e Transitórias, *verbis*:

> "As disposições deste Código relativas à ordem da vocação hereditária (arts. 1.829 a 1.844) não se aplicam à sucessão aberta antes de sua vigência, prevalecendo o disposto na lei anterior (Lei n. 3.071, de 1º de janeiro de 1916)".

■ 8.2. DA ORDEM DA VOCAÇÃO HEREDITÁRIA

Quando o *de cujus* falece *ab intestato*, a herança, como foi dito, é deferida a determinadas pessoas. O chamamento dos sucessores é feito, porém, de acordo com uma sequência denominada **ordem da vocação hereditária**. Consiste esta, portanto, na **relação preferencial** pela qual a lei chama determinadas pessoas à sucessão hereditária.

O chamamento dos sucessores é realizado, com efeito, por **classes**, sendo que **a mais próxima exclui a mais remota** (CC, arts. 1.833, 1.836, § 1º, e 1.840). Por isso se diz que essa ordem é ***preferencial***. Tal afirmação tinha caráter absoluto no sistema do Código Civil de 1916, que estabelecia uma sequência de vocação essencialmente compartimentada, sem qualquer espécie de concorrência entre as classes.

Aos poucos, todavia, o legislador foi admitindo **exceções** a essa ordem estanque, possibilitando que o cônjuge supérstite fosse adquirindo, conforme o regime matrimonial de bens, alguns direitos, como o *direito real de habitação* e o *usufruto vidual*, em concorrência com os herdeiros das classes anteriores (descendentes e ascendentes), aos quais era deferido o domínio dos bens deixados pelo falecido.

Essa evolução culminou com a promulgação do Código Civil de 2002, que possibilitou o entrelaçamento de classes ao estabelecer a **concorrência dos cônjuges ou companheiros supérstites**, sem desvirtuar com isso a classificação dos herdeiros, ou seja, sem prejudicar a ordem de vocação hereditária tradicionalmente aceita pelo ordenamento jurídico brasileiro[3].

■ Importantes inovações apresentadas pelo Código Civil de 2002 no capítulo concernente à ordem da vocação hereditária:

a) a **retirada do Estado do rol de herdeiros legítimos**, uma vez que não adquire, *mortis causa* e pelo princípio da *saisine*, os bens da herança, como sucede com os herdeiros legítimos e testamentários, somente os recolhendo depois de verificado o estado de jacência da herança e de sua conversão em patrimônio vago;

b) a colocação do cônjuge no elenco dos herdeiros necessários, concorrendo com os herdeiros das outras ordens de vocação para suceder, como já referido;

c) a ausência de previsão do benefício do direito real de *usufruto* em favor do cônjuge sobrevivo, como consequência da aludida concorrência com os demais

[3] Giselda Hironaka, *Comentários ao Código Civil*, v. 20, p. 214-215.

herdeiros destinada à aquisição de direito mais amplo sobre uma parte do acervo, que é o direito de propriedade, **malgrado a manutenção do direito real de *habitação* sobre a residência familiar**, limitado ao fato de ser este o único bem com tal destinação[4].

■ A ordem preferencial

A sucessão legítima, como dispõe o art. 1.829 do Código Civil, defere-se na ordem seguinte:

> "I — aos **descendentes**, em concorrência com o cônjuge sobrevivente, salvo se casado este com o falecido no regime da comunhão universal, ou no da separação obrigatória de bens (art. 1.640, parágrafo único); ou se, no regime da comunhão parcial, o autor da herança não houver deixado bens particulares;
> II — aos **ascendentes**, em concorrência com o cônjuge;
> III — ao **cônjuge sobrevivente**;
> IV — aos **colaterais**".

Registre-se a incorreta referência, no inc. I, ao art. 1.640, parágrafo único, uma vez que é o art. 1.641 que alinha as hipóteses em que o regime da separação de bens se torna obrigatório, no casamento.

■ Prioridade dos descendentes

Como se infere do art. 1.829, pois, defere-se a herança, em primeiro lugar, à classe dos **descendentes, em concorrência com o cônjuge sobrevivente**, salvo se casado este com o falecido no regime da comunhão universal, ou no da separação obrigatória de bens, previsto no art. 1.641 do mesmo diploma. Havendo alguém que pertença à aludida classe, **afastados ficam todos os herdeiros pertencentes às subsequentes**, como foi dito, salvo a hipótese de concorrência com cônjuge sobrevivente ou companheiro (art. 1.790).

■ Preferência dentro de uma mesma classe

Dentro de uma mesma classe, a preferência estabelece-se pelo *grau*: **o mais afastado é excluído pelo mais próximo**. Se, por exemplo, concorrem descendentes, o filho prefere ao neto. O princípio não é absoluto, comportando exceções fundadas no direito de representação, como se verá adiante[5].

■ Demais classes preferenciais

Seguem-se, pela ordem preferencial, os demais contemplados pela lei:

- os **ascendentes**, em concorrência com o cônjuge;

---

4 Débora Gozzo, *Comentários ao Código Civil brasileiro*, v. XVI, p. 183-184; Giselda Hironaka, *Comentários*, cit., v. 20, p. 215-216.

5 Preleciona Caio Mário da Silva Pereira: "É comum dizer que o princípio cardeal que preside ao chamamento dos herdeiros *ab intestato* enuncia-se proclamando que o grau mais próximo exclui o mais remoto. Não se deve, todavia, enunciá-lo desta forma. Um bisneto, *e. g.*, prefere ao irmão do de cujo, embora seja parente do terceiro grau, e este do segundo. A regra certa é esta: *dentro da mesma classe, os mais próximos excluem os mais remotos*" (*Instituições*, cit., v. VI, p. 88).

- o **cônjuge sobrevivente**; e
- os **colaterais**.

Observa-se, *in casu*, uma falha legislativa, devido à **falta de inserção do companheiro na referida ordem**, em que deveria estar situado ao lado do cônjuge. Os seus direitos hereditários, todavia, embora reconhecidos, são disciplinados em local inadequado, no capítulo das Disposições Gerais do Título I, concernente à Sucessão em Geral, mais precisamente no art. 1.790, que será comentado adiante.

■ Presunção legal de afetividade

É corrente na doutrina o entendimento de que o legislador, ao estabelecer a ordem de vocação hereditária, funda-se na **vontade presumida** do falecido. Os *descendentes* devem ser sempre o primeiro grupo chamado a herdar, pois, segundo o **senso comum da sociedade**, o amor do falecido era, certamente, mais forte em relação a eles, fruto de seu afeto pelo outro genitor. Apenas na falta absoluta de descendentes, assim, é que os ascendentes deveriam ser chamados a herdar, uma vez que somente na falta de energias novas e vigorosas, continuadoras por excelência da vida que acabara de ser ceifada, é que se deveriam buscar gerações anteriores à do morto[6].

Esse entendimento permanece válido no sistema sucessório estabelecido pelo Código Civil de 2002, com a novidade da previsão da concorrência do cônjuge ou do companheiro supérstites com os descendentes e ascendentes, nas hipóteses especificadas.

■ Regras de ordem pública

Sublinhe-se que todas as disposições legais referentes à vocação hereditária são de **ordem pública**, uma vez que, embora se relacione a um direito próprio dos herdeiros, "reflete igualmente preocupações de ordem familiar, social e até mesmo política, porquanto **o modo de partilhar fortunas afeta o poder do Estado sobre seus súditos**"[7].

■ Sucessão anômala ou irregular

A sucessão **que não obedecer à referida ordem preferencial** é considerada *anômala* ou *irregular*.

Como exemplos podem ser citados:

- O art. 10 e § 1º da Lei de Introdução às Normas do Direito Brasileiro e o art. 5º, XXXI, da Constituição Federal, retromencionados, que regulam a sucessão de bens de estrangeiros situados no País, estabelecendo que **deverá prevalecer a lei mais favorável ao cônjuge brasileiro**.
- O art. 520 do Código Civil, por prescrever que **o direito de preferência, estipulado no contrato de compra e venda, não passa aos herdeiros**.
- O art. 692, III, do diploma de 1916, ainda aplicável às **enfiteuses** constituídas durante sua vigência (CC, art. 2.038), que prevê **a extinção destas, em caso de**

---

6 Giselda Hironaka, Ordem de vocação hereditária, in *Direito das sucessões e o novo Código Civil*, p. 90; Silvio Rodrigues, *Direito civil*, cit., v. 7, p. 95; Washington de Barros Monteiro, *Curso de direito civil*, v. 6, p. 89.

7 Dabin, *Teoría general del derecho*, apud Washington de Barros Monteiro, *Curso*, cit., v. 6, p. 88.

falecimento do enfiteuta sem herdeiros, em vez da transmissão do imóvel para o Município.

■ E **outras hipóteses** apontadas no item n. 1.5.5, *retro*, ao qual nos reportamos.

■ 8.2.1. Sucessão dos descendentes. A parentalidade socioafetiva

A lei privilegia a classe dos descendentes, colocando-os **em primeiro plano** no rol dos herdeiros sucessíveis. A prioridade é respeitada por todos os Códigos e assenta em duplo fundamento: a continuidade da vida humana e a vontade presumida do autor da herança[8].

São contemplados, genericamente, todos os descendentes (filhos, netos, bisnetos etc.), porém **os mais próximos em grau excluem os mais remotos**, salvo os chamados por direito de representação. Dispõe, efetivamente, o art. 1.833 do Código Civil:

> "Entre os descendentes, os em grau mais próximo excluem os mais remotos, salvo o direito de representação".

Na falta de filhos, chamar-se-ão os **netos** e posteriormente os **bisnetos**, ressalvando-se a possibilidade de haver *representação.* Essa vocação "ocorre **sem limitação de grau**, a não ser a determinada pela própria finitude da vida humana, que impede a convivência de gerações mais distantes"[9].

O neto, mesmo sendo parente em linha reta em segundo grau do finado, **exclui o genitor deste**, parente em primeiro grau. Acontece o mesmo com o bisneto.

Prescreve o art. 1.835 do Código Civil:

> "Na linha descendente, **os filhos sucedem por cabeça**, e os outros descendentes, por cabeça ou por estirpe, conforme se achem ou não no mesmo grau".

Sendo três os filhos herdeiros, por exemplo, todos recebem **quota igual** (sucessão *por cabeça* ou *direito próprio*), porque se acham à mesma distância do pai, como parentes em linha reta. Se um deles já faleceu **(é premorto)** e deixou dois filhos, netos do *de cujus*, há **diversidade em graus**, e a sucessão dar-se-á *por estirpe*, dividindo-se a herança em três quotas iguais: duas serão atribuídas aos filhos vivos e a última será deferida aos dois netos, depois de subdividida em partes iguais. Os últimos herdarão **representando o pai premorto**.

■ **As avoengas**

Assim, os *filhos* sucedem **por cabeça** (*per capita*), e os *netos*, **por estirpe** (*in stirpes*). Se, no entanto, todos os filhos já faleceram, deixando filhos, **netos do finado**, estes receberão quotas iguais, por direito próprio, operando-se a sucessão por cabeça, pois encontram-se todos no mesmo grau. Essas quotas chamam-se **avoengas**, por serem transmitidas diretamente do avô para os netos. **Os netos estão excluídos se não há filho premorto.**

---

8 Orlando Gomes, *Sucessões*, cit., p. 54.

9 Giselda Hironaka, Ordem de vocação hereditária, cit., p. 96.

Verifica-se, assim, que os netos do hereditando poderão receber quinhão maior ou menor na sucessão do avô, conforme herdem **por direito próprio** (por cabeça) ou **por representação** (por estirpe).

Decidiu o Tribunal de Justiça de São Paulo:

> "Em verdade, absolutamente descabida a exclusão dos sobrinhos do coautor Benedito de Mattos, quem sejam: filhos das irmãs Sebastiana, Undina e Geralda, que faleceram após o óbito do citado coautor Benedito de Mattos. Isto porque tais sobrinhos do coautor Benedito, por evidente, não herdam por direito de representação, mas por direito de transmissão"[10].

■ Direito à legítima

Outra regra sucessória importante é a que atribui aos descendentes o direito à **legítima**, pertencendo-lhes, *pleno jure*, **metade da herança**. Em consequência, o ascendente não pode dispor senão da outra metade. Caso prejudique, em testamento, a legítima dos descendentes, reduzem-se as liberalidades até o limite da integridade da parte indisponível[11].

Destaca-se a aceitação, na doutrina e na jurisprudência, da possibilidade de reconhecimento da *dupla parentalidade* ou *multiparentalidade*, baseada na *socioafetividade*. Alguns civilistas demonstraram, no entanto, preocupação com a admissão generalizada da multiparentalidade, que "pode não ser assim tão benéfica, seja à pessoa do filho, seja à própria sociedade, visto que, através desta, poderia o filho pleitear pensão alimentícia de dois pais ou duas mães, aumentando os recursos de sua sobrevivência, e também poderia pleitear direitos sucessórios aumentados, tendo em vista a duplicação de genitores. Entretanto, tendo em vista a bilateralidade das ações de família, o filho também teria dever de sustento de um maior número de genitores, os quais poderiam também requerer a guarda do filho e ainda teriam direitos sucessórios quando de sua pré-morte ..."[12].

Torna-se necessário, pois, "um estudo minucioso sobre os efeitos jurídicos dessa forma de parentalidade, haja vista que, atualmente, o que se percebe é que os julgados que a reconhecem não explicam quais serão as consequências jurídicas desse reconhecimento"[13].

O Supremo Tribunal Federal, em julgamento realizado no dia 21 de setembro de 2016, negou pedido de reconhecimento da preponderância da paternidade socioafetiva sobre a biológica, fixando tese de *repercussão geral*, nestes termos: "A paternidade socioafetiva, declarada ou não em registro público, não impede o reconhecimento do vínculo de filiação concomitante baseado na origem biológica, com os efeitos ju-

[10] TJSP, ED 2006086-.26.2018.26.0000, Caraguatatuba, 11ª Câm. Dir. Priv., rel. Des. Renato Rangel Desiano, j. 1º-8-2019.

[11] Orlando Gomes, *Sucessões*, cit., p. 55.

[12] Carlos Alberto Maluf e Adriana Freitas Dabus Maluf, As relações de parentesco na contemporaneidade, in *Revista Nacional de Direito de Família e Sucessões*, Lex Magister e IASP, 2014, p. 125-143.

[13] Christiano Cassettari, Multiparentalidade e parentalidade socioafetiva: efeitos jurídicos, in *Jornal Carta Forense*, junho/2014, p. A 12.

rídicos próprios". A decisão admitiu a multiparentalidade, com a manutenção dos pais afetivos e biológicos. Proclamou a referida Corte que a existência de pai socioafetivo não tira deveres do pai biológico, como o de pagar alimentos[14].

O posicionamento da Suprema Corte impede a aceitação, como regra, da afirmação de que uma modalidade, a paternidade socioafetiva e a biológica, prevalece sobre a outra, indicando que a melhor posição será definida apenas no julgamento do caso concreto. O que restou claro é a possibilidade de se reconhecer a cumulação de uma paternidade socioafetiva concomitantemente com uma paternidade biológica, mantendo-se ambas em determinada situação fática, reconhecendo-se, com isso, a possibilidade da existência jurídica de dois pais ou duas mães.

Nessa linha, proclamou a Terceira Turma do Superior Tribunal de Justiça, em março de 2017, a respeito da socioafetividade, sendo relator o Min. Villas Bôas Cueva, que um idoso de quase 70 anos tem o direito de receber herança do pai biológico em ação de reconhecimento recente, mesmo já tendo recebido o patrimônio de seu pai socioafetivo. O referido julgado, além de reconhecer que a afetividade tem valor jurídico e amplos efeitos, também acentuou que a parentalidade socioafetiva encontra-se em posição de igualdade com a biológica.

Desse modo, "É possível que alguém herde de dois pais e uma mãe ou de um pai e duas mães. Dois pais — o biológico e o socioafetivo — também podem herdar concomitantemente de um mesmo filho, não tendo o nosso legislador previsto tal situação expressamente, o que gera mais uma dúvida a ser sanada pela doutrina e pela jurisprudência nos próximos anos"[15].

Proclamou o Superior Tribunal de Justiça, após o julgamento com repercussão geral do Supremo Tribunal Federal, retromencionado, que deve ser afastada qualquer interpretação apta a ensejar a hierarquização dos vínculos. "A existência de vínculo com o pai registral não é obstáculo ao exercício do direito de busca da origem genética ou de reconhecimento de paternidade biológica. Os direitos à ancestralidade, à origem genética e ao afeto são, portanto, compatíveis. O reconhecimento do estado de filiação configura direito personalíssimo, indisponível e imprescritível, que pode ser exercitado, portanto, sem nenhuma restrição contra os pais ou seus herdeiros."[16]

■ *8.2.1.1. Igualdade do direito sucessório dos descendentes*

Dispõe o art. 1.834 do Código Civil:

> "Os descendentes da mesma classe têm os mesmos direitos à sucessão de seus ascendentes".

O dispositivo é supérfluo e peca pela má redação, ao falar sobre os descendentes da mesma classe, quando uma só é a classe. A intenção do legislador foi frisar que **os**

[14] STF, RE 898.060-SC, rel. Min. Luiz Fux, j. 21-9-2016.

[15] Flávio Tartuce, *Direito civil*, 11. ed., São Paulo: GEN/Forense, 2018, v. 6, p. 215.

[16] STJ, REsp 1.618.230-RS, 3ª T., rel. Min. Villas Bôas Cueva, *DJe*, 10-5-2017.

descendentes têm iguais direitos à sucessão de seus ascendentes, pois diferente era a situação no Código Civil de 1916.

A **Constituição de 1988** (art. 227, § 6º) já estabelecera **absoluta igualdade** entre todos os filhos, não mais admitindo a retrógrada distinção entre filiação legítima e ilegítima, segundo os pais fossem casados ou não, e adotiva, que imperava na legislação anterior. Na época do diploma de 1916, dada a variedade de consequências que essa classificação acarretava, mostrava-se relevante provar e estabelecer a legitimidade.

A **inclusão dos adotivos** na regra igualitária do art. 227, § 6º, da Constituição de 1988, com a proibição de qualquer discriminação entre os filhos, modificou esse panorama. Prescreve o citado dispositivo constitucional que "os filhos, havidos ou não da relação do casamento, **ou por adoção**, terão os mesmos direitos e qualificações, proibidas quaisquer designações discriminatórias relativas à filiação". A regra foi reproduzida no art. 20 da Lei n. 8.069, de 13 de julho de 1990 (Estatuto da Criança e do Adolescente).

Hoje, portanto, todos são apenas filhos, uns havidos fora do casamento, outros em sua constância, **mas com iguais direitos e qualificações**. O princípio da igualdade dos filhos é reiterado no art. 1.596 do Código Civil, que enfatiza:

> "Os filhos, havidos ou não da relação de casamento, ou por adoção, terão os mesmos direitos e qualificações, proibidas quaisquer designações discriminatórias relativas à filiação".

Em suma: em face da atual Constituição Federal (art. 227, § 6º), do Estatuto da Criança e do Adolescente (art. 20) e do Código Civil de 2002 (art. 1.596), **não mais subsistem as desigualdades entre filhos consanguíneos e adotivos, legítimos e ilegítimos**, que constavam dos arts. 377 e 1.605 e parágrafos (o § 1º já estava revogado pelo art. 54 da Lei do Divórcio) do Código Civil de 1916.

Hoje, **todos herdam em igualdade de condições** (CC/2002, art. 1.834). Mesmo os adotados pelo sistema do diploma revogado (adoção restrita) preferem aos ascendentes. O mesmo sucede com os filhos consanguíneos havidos fora do casamento, desde que reconhecidos.

Relembre-se, por fim, tendo em vista a evolução dos direitos dos descendentes até atingir a atual fase igualitária, que **a capacidade para suceder é a do tempo da abertura da sucessão**, que se regulará conforme a lei então em vigor, como expressamente estatui o art. 1.787 do Código Civil de 2002.

■ *8.2.1.2. O sistema de vocação concorrente do cônjuge com os descendentes do autor da herança*

Dispunha o art. 1.611, *caput*, do Código Civil de 1916 que **somente em falta de descendentes e ascendentes seria deferida a sucessão ao cônjuge sobrevivente**, se, ao tempo da morte do outro, não estava dissolvida a sociedade conjugal, ou seja, se o casal não estava separado judicialmente ou divorciado.

Assim, mesmo separados de fato e cada qual vivendo em concubinato com terceiro, um herdaria do outro se o falecido não deixasse testamento nem herdeiros necessários. Essa solução podia ser evitada com a elaboração de testamento, mediante o qual o cônjuge afastasse o seu consorte, do qual se encontrava separado de fato, bastando contemplar terceiro com a totalidade dos bens hereditandos.

O atual Código alterou profundamente esse panorama, trazendo importante modificação na ordem de vocação hereditária. Incluiu, com efeito, o *cônjuge* como **herdeiro necessário, concorrendo com os descendentes e ascendentes**, e não mais sendo excluído por essas classes.

Nos termos do art. 1.846 do Código Civil, "pertence aos **herdeiros necessários**, de pleno direito, a metade dos bens da herança, constituindo a **legítima**". Não podem eles ser afastados pelo arbítrio do autor da herança, sendo-lhe defeso diminuir, onerar, gravar ou mesmo suprimir a legítima dos herdeiros necessários, salvo caso de deserdação (arts. 1.961 e s.). As cláusulas restritivas da legítima só são admitidas se houver justa causa, declarada no testamento (art. 1.848)[17].

O cônjuge sobrevivente permanece em terceiro lugar na ordem de vocação hereditária, **mas passa a concorrer em igualdade de condições com os descendentes do falecido**, salvo quando já tenha direito à meação em face do regime de bens do casamento. **Na falta de descendentes, concorre com os ascendentes**. Como herdeiro necessário, **tem direito à legítima**, como os descendentes e ascendentes do autor da herança, ressalvadas as hipóteses de indignidade e deserdação, como visto. Assiste-lhe o **direito real de habitação**, qualquer que seja o regime de bens, porém **não mais faz jus ao usufruto vidual**, em razão da concorrência à herança com os descendentes e ascendentes.

A ordem da sucessão hereditária encontra-se estabelecida no art. 1.829 do atual diploma. O aludido dispositivo estabelece, *como regra*, a **concorrência** e, em seguida, as **exceções**.

Em primeiro lugar (inc. I), figuram os **descendentes**, porém "**em concorrência** com o cônjuge sobrevivente, **salvo se** casado este com o falecido no regime da **comunhão universal**, ou no da **separação obrigatória** de bens (art. 1.641); ou se, no regime da **comunhão parcial**, o autor da herança *não houver deixado bens particulares*".

Denota-se que a primeira indagação para a correta indicação do destinatário da herança, quando da abertura de uma sucessão, diz respeito ao **estado civil do *de cujus***. É de destacar a hipótese mais comum, em que a sucessão se processa relativamente a uma pessoa que, no momento de sua morte, era casada, ou estava separada de fato havia menos de dois anos. Nesses casos a sucessão processar-se-á de forma a considerar, primeiro, o *regime de bens* do casamento desfeito pela morte. Também se enquadram nessa hipótese aquelas pessoas que, mesmo separadas de fato há mais de dois anos, não se tenham separado por culpa do sobrevivente, que deve fazer prova disso (CC, art. 1.830)[18].

---

[17] Zeno Veloso, Sucessão do cônjuge no novo Código Civil, *Revista Brasileira de Direito de Família*, 17/144.

[18] Giselda Hironaka, Ordem de vocação hereditária, cit., p. 92-93.

■ Regime da comunhão universal

Em regra, não há concorrência do cônjuge sobrevivente com os descendentes do falecido, se o regime de bens no casamento era o da *comunhão universal*. Entende o legislador que a confusão patrimonial já ocorrera desde a celebração da união nupcial, garantindo-se ao cônjuge sobrevivo, pela meação adquirida, a proteção necessária. De fato, **sendo o viúvo ou a viúva titular da meação, não há razão para que seja ainda herdeiro, concorrendo com filhos do falecido**.

■ Regime da separação obrigatória

Afastada fica também a concorrência do cônjuge supérstite com os descendentes do *de cujus*, se o regime de bens do casal era o da *separação obrigatória*. Tal regime é **imposto por lei** às pessoas que contraírem o matrimônio com inobservância das causas suspensivas, forem maiores de 70 anos ou dependerem de suprimento judicial para casar (CC, art. 1.641).

Essa separação é **total e permanente**, atingindo inclusive os bens adquiridos na constância do casamento, que não se comunicam. Exatamente por não se admitir qualquer tipo de comunicação patrimonial por vontade dos cônjuges é que se afasta o direito de concorrência com os descendentes, **a fim de evitar qualquer burla à imposição legal**. É a única exceção ao princípio de que, inexistindo meação, haveria concorrência[19].

Não faria sentido, com efeito, permitir ao cônjuge eventualmente receber, a título de herança, os mesmos bens que **não podiam comunicar-se no momento da constituição do vínculo matrimonial**.

■ Regime da comunhão parcial de bens

Não haverá ainda concorrência do cônjuge sobrevivente com os descendentes do falecido numa terceira hipótese cogitada na parte final do inc. I do art. 1.829 do Código Civil: "se, no regime da *comunhão parcial*, o autor da herança **não houver deixado bens particulares**".

Vale dizer, *a contrario sensu*, que haverá a mencionada concorrência se, no regime da **comunhão parcial**, o autor da herança **deixou bens particulares**, ou seja, se já possuía bens ao casar, ou lhe sobrevieram bens, na constância do casamento, por doação ou sucessão, e os sub-rogados em seu lugar (CC, art. 1.659, I).

Questão relevante se propõe nesse caso: o cônjuge terá a sua quota calculada sobre todo o espólio, ou somente com relação aos bens particulares deixados pelo falecido?

---

19 Mário Luiz Delgado Régis, Controvérsias na sucessão do cônjuge e do convivente, *Revista Brasileira de Direito de Família*, 29/207.

Decidiu, a propósito, o TJRS: "O cônjuge supérstite casado sob o regime de separação obrigatória de bens só herda se não houver descendentes. Na falta de descendentes, herdará em concorrência com o ascendente. Em falta de descendentes e ascendentes, a sucessão é a ele deferida por inteiro. Intel. dos arts. 1.829, I, e 1.838, ambos do novo Código Civil" (AgI 7.006.500.243, 7ª Câm. Cív., rel. Des. Luiz Felipe Brasil Santos, j. 13-8-2003). Salientou o relator que, no caso em exame, o agravante era casado com a falecida pelo regime de separação obrigatória de bens e por isso, "ante a inexistência de descendente, nada herdará".

O assunto tem-se mostrado polêmico. **Alguns autores sustentam que a participação do cônjuge se dará sobre todo o acervo**, em virtude do princípio da indivisibilidade da herança.

Predomina na doutrina, no entanto, entendimento contrário, fundado na interpretação teleológica do dispositivo em apreço, especialmente na circunstância de que a *ratio essendi* da proteção sucessória do cônjuge foi exatamente **privilegiar aqueles desprovidos de meação**. Os que a têm, nos bens comuns adquiridos na constância do casamento, não necessitam, e por isso não devem, participar da que foi transmitida, como herança, aos descendentes, **devendo a concorrência limitar-se aos bens particulares deixados pelo *de cujus***. O quinhão hereditário correspondente à meação do falecido nos bens comuns será, assim, repartido exclusivamente entre os descendentes, sendo que o cônjuge somente será sucessor nos bens particulares[20].

No regime da comunhão parcial de bens, portanto, os que compõem o patrimônio comum do casal são divididos, não em decorrência da sucessão, mas tão só em virtude da dissolução da sociedade conjugal, operando-se, por via de consequência, a divisão dos bens, separando-se as meações que tocavam a cada um dos membros do casal; já **os bens particulares e exclusivos do autor da herança**, relativamente aos quais o cônjuge sobrevivente não tem direito à meação, **serão partilhados entre ele, sobrevivo, e os descendentes do autor da herança**, por motivo da sucessão *causa mortis*[21].

Em suma: se o casamento tiver sido celebrado no **regime da comunhão parcial**, deixando o falecido bens particulares, receberá o cônjuge a sua **meação** nos bens comuns adquiridos na constância do casamento e **concorrerá com os descendentes apenas na partilha dos bens particulares**. Se estes não existirem, receberá somente a sua meação nos aquestos.

A 2ª Seção do Superior Tribunal de Justiça pacificou nesse sentido o entendimento entre a 3ª e a 4ª Turma, no julgamento do REsp 1.368.123, proclamando: "Nos termos do art. 1.829, I, do Código Civil de 2002, o cônjuge sobrevivente, casado no regime de comunhão parcial de bens, concorrerá com os descendentes do cônjuge falecido **somente quando este tiver deixado bens particulares**. A referida concorrência dar-se-á exclusivamente quanto aos bens particulares constantes do acervo hereditário do *de cujus*"[22].

■ Regime da separação convencional

Já foi dito que a regra estabelecida no art. 1.829 do atual Código Civil a respeito da ordem de vocação hereditária é a da concorrência do cônjuge sobrevivente com os descendentes, optando o dispositivo por enumerar as **exceções**. Ora, o regime da *separação convencional de bens* **não foi excepcionado ou ressalvado**, sendo lícito ao intérprete concluir que, nessa hipótese, haverá a aludida concorrência, ocorrendo o mesmo no que respeita ao regime da participação final dos aquestos[23].

20 Mário Luiz Delgado Régis, Controvérsias na sucessão, cit., p. 209.

21 Giselda Hironaka, Ordem de vocação hereditária, cit., p. 95.

22 STJ, REsp 1.368.123-SP, 2ª Seção, rel. Min. Raul Araújo, j. 22-4-2015.

23 Giselda Hironaka, Ordem de vocação hereditária, cit., p. 95.

Sublinha a propósito Euclides de Oliveira que tem prevalecido "a dominante interpretação doutrinária de que, **por não constar das ressalvas do art. 1.829, inc. I, do Código Civil**, o regime da separação de bens decorrente de pacto antenupcial leva, inexoravelmente, ao **direito de concorrência do cônjuge** sobre a quota hereditária dos descendentes"[24].

Observe-se que essa regra é aplicável às uniões ocorridas antes da entrada em vigor do Código Civil de 2002, no regime da separação convencional, mediante pacto antenupcial, tendo a abertura da sucessão se verificado, porém, posteriormente.

Destoa dessa orientação aresto da Terceira Turma do Superior Tribunal de Justiça, que entendeu não ocorrer, a cônjuge casado pelo regime de separação convencional de bens, direito de concorrência hereditária com descendentes do falecido[25]. Segundo o *decisum*, "o regime de separação obrigatória de bens, previsto no art. 1.829, inciso I, do CC/02, é gênero que congrega duas espécies: (i) separação legal; (ii) separação convencional. Uma decorre da lei e a outra da vontade das partes, e ambas obrigam os cônjuges, uma vez estipulado o regime de separação de bens, à sua observância. Não remanesce, para o cônjuge sobrevivente, neste caso, direito à meação, tampouco à concorrência sucessória, respeitando-se o regime de bens estipulado, que obriga as partes na vida e na morte", não sendo ele considerado herdeiro necessário. Entendimento em sentido diverso, afirmou-se ainda, "suscitaria clara antinomia entre os arts. 1.829, inciso I, e 1.687, do CC/02, o que geraria uma quebra da unidade sistemática da lei codificada, e provocaria a morte do regime de separação de bens".

Observa-se que se procurou, na hipótese, **fazer justiça no caso concreto**, mencionando o acórdão o fato de não ter havido longa convivência do casal (cerca de 10 meses), bem como a circunstância de que, quando desse segundo casamento, o autor da herança, pessoa idosa, já havia formado todo seu patrimônio e padecia de doença incapacitante. Por essa razão, acredita-se que tal orientação não servirá de diretriz para a generalidade dos casos.

Resumo

Em suma, o cônjuge sobrevivente **deixa de herdar em concorrência com os descendentes**:

- se **judicialmente** separado do *de cujus*;
- se, separado **de fato** há mais de dois anos, não provar que a convivência se tornou insuportável **sem culpa sua** (CC, art. 1.830);
- se casado pelo regime da **comunhão universal** de bens;

"Viúva casada com o autor da herança no regime de separação convencional de bens. Direito de sucessão legítima em concorrência com a filha do falecido. Inteligência do art. 1.829, I, do Código Civil. Vedação que somente ocorre, entre outras causas, se o regime de casamento for o de separação obrigatória de bens" (TJSP, AgI 313.414-4/1-00, 3ª Câm. Dir. Priv., rel. Des. Flávio Pinheiro, j. 4-11-2003).

[24] Concorrência sucessória e a nova ordem da vocação hereditária, *Revista Brasileira de Direito de Família*, 29/33.

[25] STJ, REsp 992.749-MS, 3ª T., rel. Min. Nancy Andrighi, *DJe*, 5-2-2010, in *RSTJ*, 217/820.

- se casado pelo regime da **separação obrigatória** de bens;
- se, casado pelo regime da **comunhão parcial**, o autor da herança **não houver deixado bens particulares**[26].

Por outro lado, o cônjuge sobrevivente **somente concorrerá com os descendentes**:

- quando casado no regime da **separação convencional**;
- quando casado no regime da **comunhão parcial** e o *de cujus* possuía **bens particulares**;
- quando casado no regime da **participação final dos aquestos**.

Nessa linha o **enunciado** aprovado durante a **III Jornada de Direito Civil**, promovida pelo Conselho da Justiça Federal no período de 1º a 3 de dezembro de 2004:

> "O art. 1.829, inciso I, só assegura ao cônjuge sobrevivente o direito de concorrência com os descendentes do autor da herança quando casados no regime da separação convencional de bens ou, se casados nos regimes da comunhão parcial ou participação final nos aquestos, o falecido possuísse bens particulares, hipóteses em que a concorrência restringe-se a tais bens, devendo os bens comuns (meação) ser partilhados exclusivamente entre os descendentes".

A jurisprudência do Superior Tribunal de Justiça consolidou-se, nesse sentido, em razão do entendimento manifestado pela 2ª Seção: "O cônjuge, qualquer que seja o regime de bens adotado pelo casal, é herdeiro necessário (art. 1.845 do Código Civil). **No regime de separação convencional de bens, o cônjuge sobrevivente concorre com os descendentes do falecido**. A lei afasta a concorrência apenas quanto ao regime da separação legal de bens prevista no art. 1.641 do Código Civil"[27].

Observe-se que o regime da participação final nos aquestos é de natureza híbrida, ou seja, separação na constância do casamento, e comunhão parcial após a sua dissolução. Havendo bens particulares, haverá a concorrência com os descendentes.

Destoa desse entendimento o acórdão proferido pela 3ª Turma da aludida Corte, relatado pela Min. Nancy Andrighi no julgamento do REsp 1.377.084-MG, ocorrido em 8-10-2013, confundindo meação com sucessão ao proclamar que, no regime da comunhão parcial, o cônjuge sobrevivente tem "direito à meação, além da concorrência hereditária sobre os bens comuns, haja ou não bens particulares, partilháveis estes unicamente entre os descendentes".

8.2.1.3. *A reserva da quarta parte da herança em favor do cônjuge sobrevivente na concorrência com os descendentes*

O art. 1.832 do Código Civil estabelece a forma de cálculo da quota devida ao cônjuge, em concurso com descendentes, estatuindo:

---

26 Washington de Barros Monteiro, *Curso*, cit., v. 6, p. 97.

27 STJ, REsp 1.382.170-SP, 2ª Seção, rel. Min. João Otávio de Noronha, *DJ*, 7-5-2015.

"Em concorrência com os descendentes (art. 1.829, I) caberá ao cônjuge quinhão igual ao dos que sucederem por cabeça, **não podendo a sua quota ser inferior à quarta parte da herança**, se for ascendente dos herdeiros com que concorrer".

Hipótese de descendentes comuns

O cônjuge sobrevivente, dependendo do regime de bens do casamento, concorre com os descendentes, conforme já mencionado. Nessa hipótese, e se os descendentes forem **comuns**, ou seja, **descendentes do falecido e do sobrevivente**, simultaneamente, a quota do cônjuge supérstite não poderá ser inferior à **quarta parte** da herança.

Se, por exemplo, o casal tinha três filhos, e falece o marido, a herança será dividida, em partes iguais, entre a viúva e os filhos. Assim, o sobrevivente e cada um dos filhos receberão 25% da herança. Porém, se o falecido deixou quatro filhos ou mais, **e tendo de ser reservado um quarto da herança para o cônjuge sobrevivente**, este receberá quinhão maior, repartindo-se os três quartos restantes entre os quatro ou mais filhos. A repartição da herança por cabeça não irá, portanto, prevalecer nesse caso.

Impende registrar que essa reserva da quarta parte diz respeito à herança possível do cônjuge, e não à totalidade da herança, ou seja: **a reserva deve ser feita apenas sobre os bens particulares, excluindo-se a meação**. Como assevera Mário Luiz Delgado Régis, "não existe reserva da quarta parte no tocante aos bens comuns"[28].

Hipótese de descendentes exclusivos do *de cujus*

No caso, todavia, de descendentes exclusivos do *de cujus*, isto é, de não serem descendentes *comuns*, como na hipótese da existência somente de filhos de casamento anterior, o cônjuge sobrevivente **não terá direito à quarta parte da herança**, cabendo-lhe, tão só, quinhão igual ao que couber a cada um dos filhos.

Hipótese de filhos de origem híbrida

O art. 1.832 não prevê a hipótese de haver filhos do *de cujus* com o cônjuge sobrevivente e também filhos tidos por ele com outra pessoa. Há, nesse caso, concorrência do cônjuge sobrevivo com **descendentes comuns** (ao cônjuge falecido e ao cônjuge sobrevivente) e com **descendentes exclusivos** do autor da herança.

A omissão do novo diploma, deixando de prever a solução para esses casos, bastante comuns, de concorrência do cônjuge sobrevivo com filhos de **origem híbrida**, deixa dúvida sobre o prevalecimento da reserva da quarta parte dos bens a serem partilhados, dando origem a **três correntes** antagônicas.

A ***primeira corrente*** defende a ideia de que, nesses casos de filiação híbrida, **todos os descendentes deveriam ser tratados como comuns**, para fins de *reserva da quarta parte* da herança para o cônjuge sobrevivo.

Tal solução representa, todavia, apreciável **prejuízo aos descendentes exclusivos do falecido**, uma vez que, por não serem descendentes do cônjuge com quem concorrem, são afastados de parte considerável do patrimônio exclusivo de seu ascendente falecido.

---

28 Controvérsias na sucessão, cit., p. 212.

Uma ***segunda corrente*** propõe a **divisão proporcional da herança, segundo a quantidade de descendentes de cada grupo**: resguardar-se-ia a quarta parte da herança ao cônjuge somente com relação aos filhos *comuns*, e fazendo-se a partilha igualitária, sem aquele mínimo de um quarto, com relação aos herdeiros.

Uma **terceira** e *preponderante parcela da doutrina* sustenta que **não assiste ao cônjuge o direito ao benefício** se existirem, concomitantemente, descendentes *comuns* e *unilaterais*, tendo em vista que o Código Civil assegura ao cônjuge o direito à quota mínima somente quando for ascendente de **todos** os herdeiros descendentes do falecido.

Deve-se entender, com efeito, na hipótese aventada, que o cônjuge supérstite teria direito única e exclusivamente a quinhão igual ao dos demais descendentes, pois, se o legislador quisesse, poderia ter estabelecido norma para regular essa situação. Como não o fez, essa interpretação sistemática da hipótese desponta como a mais condizente com o ordenamento jurídico[29].

Essa corrente é a que melhor atende à *mens legis*, pois a intenção do legislador foi, sem dúvida, beneficiar o cônjuge, acarretando o menor prejuízo possível aos filhos.

Se todos os filhos são comuns, a reserva da quarta parte, ainda que implique eventual diminuição do quinhão dos filhos, não lhes acarretará maiores prejuízos, uma vez que o montante a maior destinado ao cônjuge futuramente reverterá aos filhos. Em princípio, os filhos comuns terminarão herdando parte dos bens que ficaram reservados ao cônjuge sobrevivente, como observa Mário Luiz Delgado Régis, que arremata:

> "Quanto ao art. 1.832, deve-se considerar que, na concorrência com os descendentes, só existirá o direito do cônjuge à reserva da quarta parte da herança **quando todos os descendentes forem comuns**; e que, nas hipóteses de *filiação híbrida*, **o quinhão do cônjuge e dos filhos, quanto aos bens particulares do *de cujus*, deve ser rigorosamente igual**"[30].

■ *8.2.1.4. Concorrência sucessória do companheiro sobrevivo*

Pode ainda haver concorrência sucessória com os descendentes se o falecido tiver vivido em união estável, deixando filhos e **companheiro sobrevivente**.

Malgrado a posição sucessória do companheiro não seja tratada no capítulo específico da vocação hereditária, mas nas disposições gerais do título concernente ao direito das sucessões, é inegável que **integra ele a ordem vocacional**, nas condições estabelecidas no art. 1.790 do Código Civil.

A omissão observada no art. 1.829 do diploma em apreço, que contempla a aludida ordem, é suprida pela **menção ao companheiro no art. 1.844**, ao se referir à falta de herdeiros sucessíveis, para justificar a herança vacante.

---

29 Zeno Veloso, Sucessão do cônjuge, cit., p. 146; Débora Gozzo, *Comentários*, cit., v. XVI, p. 203.

30 Controvérsias na sucessão, cit., p. 213-214 e 221.

Segundo dispunham os incs. I e II do art. 1.790, se o companheiro concorrer com filhos comuns, terá direito a **uma quota equivalente à que por lei for atribuída ao filho**; se concorrer com descendentes só do autor da herança, tocar-lhe-á a **metade** do que couber a cada um daqueles. Todavia, tal dispositivo legal foi suprimido do sistema por decisão do Supremo Tribunal Federal, datada de 10 de maio de 2017, proferida em regime de repercussão geral, proclamando a sua inconstitucionalidade e fixando a seguinte tese:

"**No sistema constitucional vigente, é inconstitucional a distinção de regimes sucessórios entre cônjuges e companheiros, devendo ser aplicado em ambos os casos o regime estabelecido no artigo 1.829 desta Corte**".

Desse modo, **a concorrência sucessória do companheiro sobrevivo com o descendente segue agora o mesmo regime estabelecido para o cônjuge sobrevivo**.

Por uma questão didática, visando manter a unidade do tratamento da posição sucessória do companheiro no novo diploma, a matéria será estudada adiante, no n. 8.2.4.

■ 8.2.2. Sucessão dos ascendentes

Somente não havendo herdeiros da classe dos descendentes é que são chamados à sucessão os *ascendentes*, em possível concorrência com o cônjuge sobrevivente (CC, art. 1.836). Nesse caso, a sucessão orienta-se por **dois princípios**:

- o grau mais próximo exclui o mais remoto, sem distinção de linhas;
- havendo igualdade em grau e diversidade em linha, os ascendentes da linha paterna herdam a metade, cabendo a outra aos da linha materna.

Preceitua o art. 1.836 do Código Civil:

"Na falta de descendentes, são chamados à sucessão os ascendentes, em concorrência com o cônjuge sobrevivente.

§ 1º Na classe dos ascendentes, o grau mais próximo exclui o mais remoto, sem distinção de linhas.

§ 2º Havendo igualdade em grau e diversidade em linha, os ascendentes da linha paterna herdam a metade, cabendo a outra aos da linha materna".

Importante se mostra, também, nessa questão, a regra do art. 1.852, *verbis*:

"O direito de representação dá-se na linha reta descendente, mas nunca na ascendente".

Há, nessa espécie de sucessão, uma combinação de **linhas** e **graus**. O **grau mais próximo exclui o mais remoto** (*proximior excludit remotiorem*), **sem distinção de linha**. Assim,

- se não há prole, herdam **os genitores do falecido, em partes iguais**, por direito próprio (*iure proprio*);

- se apenas um está vivo, **recebe a totalidade da herança**, ainda que estejam vivos os pais do genitor falecido (avós do *de cujus*), pois na linha ascendente, como mencionado, não há direito de representação;
- se ambos faltarem, herdarão **os avós da linha paterna e materna**; na falta deles, os bisavós, e assim sucessivamente;
- se concorrerem à herança avós de linhas diversas (paterna e materna), em número de quatro, **divide-se a herança em partes iguais entre as duas linhas**;
- se são três os avós (igualdade de graus), sendo dois paternos e um materno (diversidade em linha), reparte-se a herança entre as duas linhas meio a meio, **cabendo metade para os dois avós paternos** (de uma linha), e **metade para o único avô materno** (da outra linha).

Nas hipóteses de multiparentalidade, "havendo o falecimento do descendente com o chamamento de seus ascendentes à sucessão legítima, se houver igualdade em grau e diversidade em linha entre os ascendentes convocados a herdar, a herança deverá ser dividida em tantas linhas quantos sejam os genitores" (Enunciado 642 da VIII Jornada de Direito Civil do Conselho da Justiça Federal).

Princípio da reciprocidade

Havendo a Constituição Federal de 1988 abolido a distinção entre filhos de qualquer natureza, vigora atualmente, sem restrições, o *princípio da reciprocidade*: qualquer que seja a origem do parentesco, inclusive o decorrente da adoção, **assim como o descendente sucede ao ascendente, o ascendente herda do descendente**[31].

Concorrência com o cônjuge sobrevivente

Os ascendentes ocupam a segunda classe dos sucessíveis (CC, art. 1.828, II), podendo, como visto, *concorrer* com o cônjuge sobrevivente (art. 1.836), **sem qualquer limitação no tocante ao regime matrimonial de bens**. Diferentemente do que sucede nos casos de concorrência com os descendentes, o cônjuge concorrerá com os ascendentes do falecido, **seja qual for o regime**.

A concorrência do cônjuge supérstite com os ascendentes dá-se nas proporções estabelecidas no art. 1.837 do Código Civil:

> "Concorrendo com ascendente em primeiro grau, ao cônjuge tocará um terço da herança; caber-lhe-á a metade desta se houver um só ascendente, ou se maior for aquele grau".

O viúvo, portanto, terá direito:

- a um terço, se concorrer com **os pais** do falecido;
- à metade, se concorrer com **um dos pais** (por falta ou exclusão do outro); e
- também à metade, se concorrer com **avós ou ascendentes de maior grau**.

Assim,

- se o falecido deixou pai e mãe, além do cônjuge, a este caberá **um terço** da herança;

[31] Silvio Rodrigues, *Direito civil*, cit., v. 7, p. 109-110.

■ se ao *de cujus* sobreviveu somente o pai, ou apenas a mãe, ou se possui ascendentes do segundo grau, ou de grau mais elevado, tocará ao cônjuge **a metade** da herança.

Se o *de cujus*, porventura, deixar ascendentes e **companheiro sobrevivente**, este terá direito a um terço da herança, na forma do art. 1.790, III, do Código Civil, como se verá adiante, no n. 8.2.4.

■ 8.2.3. Sucessão do cônjuge sobrevivente

Na falta de ascendentes, a herança de pessoa que tenha falecido enquanto casada ou separada de fato há menos de dois anos será deferida, **por inteiro, ao cônjuge sobrevivente**, que ocupa sozinho a terceira classe da ordem da sucessão hereditária.

Dispõe, com efeito, o art. 1.838 do Código Civil:

> "Em falta de descendentes e ascendentes, será deferida a sucessão por inteiro ao cônjuge sobrevivente".

Somente é reconhecido direito sucessório ao cônjuge supérstite, porém, "se, ao tempo da morte do outro, **não estavam separados judicialmente, nem separados de fato há mais de dois anos**, salvo prova, neste caso, de que essa convivência se tornara impossível sem culpa do sobrevivente" (CC, art. 1.830).

Não se justifica, efetivamente, que o cônjuge sobrevivente seja chamado à sucessão legítima, se já se encontrava **dissolvida a sociedade conjugal**. Com maior razão se o casal estava divorciado, pois nesse caso não só a sociedade se encontra dissolvida, como extinto está o próprio vínculo matrimonial (CC, art. 1.571, § 1º)[32].

O direito sucessório do cônjuge, todavia, só estará afastado **depois de homologada a separação consensual ou passada em julgado a sentença de separação litigiosa ou de divórcio direto**, que só produz efeitos *ex nunc*, ou ainda **depois de lavrada a *escritura pública* de separação ou divórcio consensuais**, que produz seus efeitos imediatamente, nos termos do art. 733 do diploma processual civil de 2015. Morrendo o cônjuge no curso da ação de divórcio direto, de conversão de separação em divórcio ou de separação judicial, extingue-se o processo. Nessa hipótese, o estado civil do outro não será de separado judicialmente ou divorciado, **mas de viúvo**[33].

■ Separação de fato por mais de dois anos

A segunda parte do supratranscrito art. 1.830 constitui uma inovação, afastando o cônjuge da sucessão se, na época em que o outro faleceu, o casal estava **separado**

---

32 Silvio Rodrigues, *Direito civil*, cit., v. 7, p. 115.

33 Mário Luiz Delgado Régis, Controvérsias na sucessão, cit., p. 200.
"O pedido de separação amigável, ou de divórcio consensual, de caráter personalíssimo, ficará prejudicado se um dos cônjuges falecer antes de sua homologação pelo juiz. Não se defere, assim, pedido de homologação de separação amigável após o falecimento de um dos cônjuges, mediante provocação de parentes sucessíveis" (*RJTJSP*, Lex, 53/71, 67/156, 86/279; *RT*, 409/194, 461/77, 485/92).

de fato havia mais de dois anos. Não se faz mais necessária, portanto, a separação **judicial** para o afastamento do cônjuge sobrevivo da relação sucessória. Podem os demais herdeiros demandar tal afastamento se comprovarem que os cônjuges estavam separados **de fato** havia mais de dois anos.

O Superior Tribunal de Justiça, antes do advento do Código Civil de 2002, já firmara entendimento de que **o regime de comunhão entre os cônjuges cessa se há prolongada separação de fato do casal**, estando desfeita a vida em comum, extinta a *affectio societatis*, não se comunicando os bens que um deles tiver adquirido, nesse tempo, sem qualquer esforço ou colaboração do outro, com quem não mais coabitava[34].

O sistema instituído pelo novo diploma traz, todavia, uma exceção, permitindo que o cônjuge sobrevivente seja chamado à sucessão, ainda que o casal estivesse separado de fato há mais de dois anos, **se provar que a convivência conjugal se tornara impossível sem culpa dele**, isto é, que o responsável pela separação de fato foi o *de cujus*.

A lei presume que o decurso de prazo superior a dois anos de rompimento da relação conjugal **é suficiente para arredar a *affectio maritalis*** e, consequentemente, a participação sucessória do sobrevivente no acervo pertencente ao *de cujus*. Essa presunção é, no entanto, como já se disse, relativa, uma vez que se permite ao cônjuge supérstite a prova de que a separação de fato se deu não por sua culpa, **mas por culpa exclusiva do falecido**[35].

A regra tem em mira evitar injustiças que certamente ocorreriam se se admitisse o total afastamento do cônjuge da sucessão, pela mera separação de fato, sem qualquer exceção. Não obstante, parte da doutrina considera que **o legislador não foi feliz em incluir a discussão da culpa para respaldar o direito sucessório**, como também não o fora em entronizá-la como causa para a separação do casal. A separação de fato, ademais, por erodir a arquitetura conjugal, acarreta o fim de deveres do casamento e, assim, do regime patrimonial, **não se comunicando os bens havidos depois daquele desate matrimonial**, como vinha decidindo o Superior Tribunal de Justiça[36].

Por essa razão, foi encaminhada ao Congresso Nacional sugestão aprovada no IV Congresso do Instituto Brasileiro de Direito de Família (IBDFAM), para alteração do aludido art. 1.830 do Código Civil, propondo que, já estando o casal separado de fato, desapareçam os direitos sucessórios dos cônjuges, devendo ser afastada qualquer referência a prazo mínimo de separação fática para que tal fenômeno ocorra, bem como, ainda, o questionamento da culpa.

■ *8.2.3.1. Requisitos para que o cônjuge tenha direito à herança*

No regime do novo Código Civil, são requisitos para o cônjuge ter direito à herança, em resumo:

---

34 *RT*, 735/131, 760/232.

35 Giselda Hironaka, *Comentários*, cit., v. 20, p. 221.

36 José Carlos Teixeira Giorgis, Os direitos sucessórios do cônjuge sobrevivo, *Revista Brasileira de Direito de Família*, 29/104.

- que não esteja divorciado nem separado, judicial ou administrativamente;
- que não esteja separado de fato há mais de dois anos do finado, ou
- que prove ter-se tornado impossível a convivência, sem culpa sua, se estiver separado de fato há mais de dois anos do falecido.

O consorte sobrevivo ainda será chamado a herdar se o casamento for **declarado nulo ou vier a ser anulado**, se de *boa-fé*, desde que a sucessão se abra antes da sentença anulatória (CC, art. 1.561 e § 1º)[37].

■ Pressuposto da inexistência de culpa

Esse pressuposto de não culpa não significa que o morto tenha sido, obrigatoriamente, o culpado exclusivo pela ruptura da vida em comum. A interpretação do art. 1.830 do Código Civil revela que, **se a culpa foi exclusiva do finado, ou se não houve culpa de ninguém** (tendo havido, nesse caso, mero acordo, tácito ou expresso, de separação de fato do casal, sem imputação de culpa a qualquer dos cônjuges), **o consorte sobrevivente, mesmo separado de fato, participará da sucessão**, concorrendo nas duas primeiras ordens de vocação hereditária, ou amealhando a totalidade do acervo, se a vocação chegar até a terceira ordem sucessória.

Será o cônjuge supérstite, todavia, **afastado da sucessão** caso se comprove que a culpa pela separação foi **exclusivamente dele**, ou ainda se ficar demonstrada a **culpa concorrente**, imputável a ambos os membros do casal separado de fato há mais de dois anos[38].

■ Reconciliação dos cônjuges

Podem os cônjuges, **separados judicialmente**, reconciliar-se. Seja qual for a causa da separação judicial e o modo como esta se faça, é lícito, segundo dispõe o art. 1.577 do Código Civil, "aos cônjuges restabelecer, a todo tempo, a sociedade conjugal, por ato regular em juízo". Nesse caso, **poderá o sobrevivente suceder o *de cujus***. Anote-se que a *reconciliação* dos separados **judicialmente** também pode ser formalizada mediante **escritura pública**, que será levada à averbação no registro do casamento, independentemente de homologação judicial. Todavia, como adverte Caio Mário da Silva Pereira, "é irrelevante, em matéria sucessória, a reconciliação de fato dos cônjuges, já separados judicialmente"[39].

Com efeito, **se a reconciliação é apenas de fato**, instaura-se entre o casal uma simples *sociedade de fato*, regendo-se os interesses patrimoniais recíprocos pelas regras do direito das obrigações, **não se restabelecendo *ipso jure* a sociedade conjugal dissolvida**.

Nada obsta que o casal, separado judicialmente e que volta a conviver, **opte por não restabelecer o casamento e passe a viver em união estável**. Nesse sentido assentou o Tribunal de Justiça de São Paulo:

---

37 José Carlos Teixeira Giorgis, Os direitos sucessórios, cit., p. 98-99; Caio Mário da Silva Pereira, *Instituições*, cit., v. VI, p. 147.

38 Giselda Hironaka, Ordem de vocação hereditária, cit., p. 93-94.

39 Instituições, cit., v. VI, p. 147.

"Ex-cônjuges. Restabelecimento da vida em comum, sem restauração do vínculo. Declaratória objetivando o reconhecimento da sociedade de fato. Interesse de agir existente. Inadmissibilidade de ser imposto ao casal o restabelecimento do casamento civil. Extinção do processo afastada"[40].

Euclides de Oliveira, depois de indagar a quem caberia provar que a separação de fato se deu por culpa do cônjuge sobrevivente, responde: "Não a este, certamente, pois basta que se habilite como viúvo, comprovando o casamento com o autor da herança. **Aos terceiros interessados**, então, que seriam os herdeiros em concorrência (descendentes ou ascendentes), ou os colaterais, como também eventual ex-companheiro do falecido, **é que pesará o encargo de provar que a ruptura da vida conjugal se deu por culpa do cônjuge**, mediante a exibição de documentos hábeis ou por meio de ação própria"[41].

8.2.3.2. Direito real de habitação

O art. 1.831 do Código Civil assegura ao cônjuge supérstite, **qualquer que seja o regime de bens** e sem prejuízo da participação que lhe caiba na herança, "o *direito real de habitação* relativamente ao imóvel destinado à residência da família, **desde que seja o único daquela natureza a inventariar**".

Se houver dois ou mais imóveis residenciais, não se pode falar em direito real de habitação. Malgrado a omissão do citado dispositivo, esse benefício, numa interpretação teleológica, perdurará **enquanto o cônjuge sobrevivente permanecer viúvo e não viver em união estável**. O direito em apreço lhe é conferido sem nenhuma restrição quanto ao regime de bens do casamento. Visa preservar as condições de vida do cônjuge sobrevivo, evitando que fique privado de sua moradia.

Na III Jornada de Direito Civil promovida pelo Conselho da Justiça Federal foi aprovado o Enunciado 271, do seguinte teor: "O cônjuge pode renunciar ao direito real de habitação, nos autos do inventário ou por escritura pública, sem prejuízo de sua participação na herança".

O Superior Tribunal de Justiça decidiu que, se duas pessoas são **casadas em qualquer regime de bens ou vivem em união estável** e uma delas falece, a outra tem, por direito, a segurança de continuar vivendo no imóvel em que residia o casal, **desde que este seja o único a inventariar** e mesmo que o inventário tenha sido aberto antes do atual Código Civil[42].

O Tribunal de Justiça do Distrito Federal proclamou que "é de se concluir inviável onerar com direito real de habitação imóvel destinado à moradia do casal que, no momento da morte, não pertencia exclusivamente ao inventariado"[43].

---

40 *JTJ*, Lex, 251/211.

41 *Direito de herança*: a nova ordem da sucessão, p. 130.

42 STJ, REsp 821.660-DF, 3ª T., rel. Min. Sidnei Beneti. Disponível em: <http://www.editoramagister.com>. Acesso em: 19 jul. 2011.

43 TJDF, Ap. 20120310223108APC, 2ª T., Cív., rel. Des. Mário Zan Ribeiro, j. 27-11-2015.

Ressalta-se — afirma Carolina Ramires de Oliveira — "que o objetivo do direito real de habitação em favor do cônjuge/companheiro sobrevivente é de garantir a qualidade de vida do viúvo e evitar que o óbito de um dos consortes sirva para afastar o outro do imóvel que serviu de residência ao casal. Por este motivo é que o direito de habitação não depende do direito à meação ou do direito à herança, ou seja, mesmo que o cônjuge companheiro sobrevivente não seja meeiro ou herdeiro. Consequentemente, mesmo que não tenha nenhum direito sobre o imóvel, lhe será assegurado o direito de ali permanecer residindo (até a sua morte), sendo esta uma regra visivelmente protecionista"[44].

Sublinhou o Superior Tribunal de Justiça que os dispositivos legais relacionados com a matéria não impõem como requisito para o reconhecimento do direito real de habitação a inexistência de outros bens, seja de que natureza for, no patrimônio próprio do cônjuge/companheiro sobrevivente. O objetivo da lei é permitir que o cônjuge/companheiro sobrevivente permaneça no mesmo imóvel familiar que residia ao tempo da abertura da sucessão como forma não apenas de concretizar o direito constitucional à moradia, mas também por razões de ordem humanitária e social, já que não se pode negar a existência de vínculo afetivo e psicológico estabelecido pelos cônjuges/companheiros com o imóvel em que, no transcurso de sua convivência, constituíram não somente residência, mas um lar[45].

■ **Efeitos sucessórios do casamento putativo**

O casamento nulo somente produz efeitos sucessórios se *putativo*, beneficiando o cônjuge que o contraiu de boa-fé, **se posterior à morte do outro cônjuge a sentença de anulação**. Na anulação em vida não há sucessão, pois os bens são partilhados entre ambos.

■ *8.2.3.3. Sucessão do cônjuge nos diversos regimes*

■ **Regime da comunhão universal**

O cônjuge, sendo herdeiro necessário, não pode, como já foi dito, ser totalmente excluído da sucessão por testamento deixado pelo *de cujus* (CC, art. 1.850). Tem direito à legítima, ou seja, à metade dos bens da herança (art. 1.846). Quando o regime de bens adotado pelo casal é o da comunhão universal, recolhe ele, não havendo descendentes e ascendentes, nem testamento, a metade do acervo, ou seja, **toda a herança, na condição de herdeiro, porque a outra metade já lhe pertence, constituindo a *meação***. No regime da comunhão parcial a meação incide sobre o patrimônio comum.

■ **Comunicação dos aquestos no regime da separação convencional de bens**

Tem a jurisprudência admitido a comunicação dos aquestos, que são os bens adquiridos na constância do casamento a título oneroso, no *regime da separação convencional de bens*, quando sejam resultado do **esforço comum dos cônjuges,**

---

44 Direito real de habitação do cônjuge supérstite: há possibilidade de limitá-lo? *in* Revista *Consultor Jurídico* de 9-3-2020.

45 STJ, REsp 1.582.178-RJ, 3ª T., rel. Min. Villas Bôas Cueva, j. 18-10-2018.

comprovada a existência da sociedade de fato. Assim, sob a inspiração do princípio que norteou a Súmula 380, a respeito do concubinato, e a Súmula 377, sobre o regime da separação obrigatória, que veda o enriquecimento ilícito, se provado que o cônjuge casado pelo regime da separação convencional **concorreu diretamente, com capital ou trabalho, para a aquisição dos bens em nome do outro cônjuge**, é cabível a atribuição de direitos àquele consorte[46].

Desse modo, "se houve eventual contribuição em dinheiro de um dos cônjuges na reconstrução e conservação de imóvel pertencente ao outro, justo se lhe indenize"[47].

No entanto, **a partilha dos bens exige a prova do esforço comum** em ação própria de reconhecimento de sociedade de fato. Como adverte aresto do Superior Tribunal de Justiça, "o que não se há de reconhecer é a existência de tal sociedade, apenas em virtude da vida em comum, com o atendimento dos deveres que decorram da existência do consórcio"[48].

■ Comunicação dos aquestos no regime da separação legal

A jurisprudência, ao tempo do Código Civil de 1916, tendo constatado que o *regime da separação legal de bens*, ao contrário do que imaginou o legislador, não protegia devidamente as pessoas que deviam ser protegidas, passou a proclamar que, nesse regime, **comunicavam-se os bens adquiridos a título oneroso na constância do casamento**, denominados *aquestos*. O Supremo Tribunal Federal editou, então, a Súmula 377, do seguinte teor:

> "No regime de separação legal de bens comunicam-se os adquiridos na constância do casamento".

No princípio essa súmula foi aplicada com amplitude. Posteriormente, no entanto, a sua aplicação ficou **restrita aos bens adquiridos pelo esforço comum dos cônjuges**, reconhecendo-se a existência de uma verdadeira **sociedade de fato**. Assim passou a decidir o Superior Tribunal de Justiça[49].

Mesmo que em face do regime de bens adotado no casamento não exista meação, defere-se ao cônjuge supérstite a herança. Se morrer *ab intestato* aquele que se casara pelo regime de separação de bens, **o cônjuge por ele deixado recolherá todo o patrimônio (herança), caso não haja herdeiros das classes anteriores**[50].

---

46 Washington de Barros Monteiro, *Curso*, cit., 37. ed., v. 2, p. 222. *V.* ainda Yussef Said Cahali, A comunhão dos aquestos no regime da separação de bens, in *Família e casamento*: doutrina e jurisprudência, p. 697-716.

47 TJRS, Ap. 598.010.791, 8ª Câm. Cív., rel. Des. Stangler Pereira, j. 27-8-1998. No mesmo sentido: "Se o patrimônio do marido, ao tempo da separação (isto é, ao tempo em que vigorou o regime da separação de bens), foi formado com o esforço comum, resultado de dinheiro destinado pelos dois cônjuges, tem a mulher direito a parte dos bens, ainda que o regime matrimonial seja o da separação absoluta" (*RT*, 578/67).

48 REsp 30.513-9-MG, 3ª T., rel. Min. Eduardo Ribeiro, j. 26-4-1994, *RT*, 710/174.

49 *RSTJ*, 39/413; *RT*, 691/194; *RF*, 320/84.

50 "Intel. dos arts. 1.829, I, e 1.838, ambos do novo Código Civil brasileiro. O cônjuge supérstite casado sob o regime de separação obrigatória de bens só herda se não houver descendentes. Na falta de

■ 8.2.4. Sucessão do companheiro sobrevivente

■ *8.2.4.1. Do concubinato à união estável*

A união prolongada entre o homem e a mulher, **sem casamento**, caracterizada pela "união livre", foi chamada, durante longo período histórico, de **concubinato**. Para os efeitos legais, não apenas eram concubinos os que mantinham vida marital sem serem casados, senão também os que haviam contraído matrimônio não reconhecido legalmente, por mais respeitável que fosse perante a consciência dos contraentes, como sucede com o casamento religioso, por exemplo.

O grande passo para o reconhecimento dos direitos dos companheiros foi dado pela atual Constituição Federal, ao proclamar, no art. 226, § 3º:

> "Para efeito da proteção do Estado, é reconhecida a união estável entre o homem e a mulher como entidade familiar, devendo a lei facilitar sua conversão em casamento".

A partir daí a relação familiar nascida fora do casamento passou a denominar-se **união estável**, ganhando novo *status* dentro do nosso ordenamento jurídico.

A Lei n. 8.971, de 29 de dezembro de 1994, que regulou o direito dos companheiros a alimentos e a sucessão, e a Lei n. 9.278, de 10 de maio de 1996, que regulamentou o art. 226, § 3º, da Constituição Federal, reconhecendo a união estável entre o homem e a mulher como **entidade familiar**, asseguraram aos **companheiros**, dentre outros direitos, o de **herdar**.

A promulgação da Lei n. 9.278/96 e a manutenção de dispositivos da Lei n. 8.971/94 que não conflitassem com aquela acabaram por **conferir mais direitos à companheira do que à esposa**. Esta poderia ter o usufruto vidual *ou* o direito real de habitação, dependendo do regime de bens adotado no casamento, enquanto aquela poderia desfrutar de ambos os benefícios.

■ *8.2.4.2. A união estável no Código Civil de 2002*

Restaram **tacitamente revogadas** as Leis n. 8.971/94 e 9.278/96 em face da inclusão da matéria no âmbito do Código Civil de 2002, que fez significativa mudança, inserindo o título referente à **união estável no Livro de Família** e incorporando, em cinco artigos (1.723 a 1.727), os princípios básicos das aludidas leis, bem como introduzindo disposições esparsas em outros capítulos quanto a certos efeitos, como nos casos de obrigação alimentar (art. 1.694).

O referido diploma tratou, nesses dispositivos, dos aspectos processuais e patrimoniais, **deixando para o direito das sucessões o efeito patrimonial sucessório** (art. 1.790).

■ Direito real de habitação em favor do companheiro

Não foi feita nenhuma referência ao **direito real de habitação** em favor do companheiro sobrevivente, previsto no parágrafo único do art. 7º da Lei n. 9.278/96, nem

---

descendentes, herdará em concorrência com o ascendente. Em falta de descendentes e ascendentes, a sucessão é a ele deferida por inteiro" (TJRS, AgI 70.006.500.243, 7ª Câm. Cív., rel. Des. Luiz Felipe Brasil, j. 13-8-2003).

ao **usufruto vidual**, pelo fato, nesse caso, de concorrer na herança, como herdeiro, com os parentes do *de cujus*.

O **não reconhecimento do direito de habitação ao companheiro sobrevivo tem sido alvo de críticas**, por sujeitá-lo a uma eventual desocupação compulsória do imóvel onde vivia com o finado parceiro, na hipótese de não ter este adquirido bens durante a convivência, ou de tê-lo adquirido só a título gratuito. **Nesses casos carece o companheiro do direito à meação e tampouco concorre na herança**, que poderá ser atribuída a herdeiros que nem sempre aceitarão repartir com ele o uso do imóvel residencial[51].

Mesmo na falta de previsão no Código, tem sido proclamada a **subsistência do art. 7º, parágrafo único, da Lei n. 9.278/96, que defere ao companheiro sobrevivente o direito real de habitação relativamente ao imóvel destinado à residência da família**. Argumenta-se, em defesa do companheiro, não ter havido revogação expressa da referida lei, bem como inexistir incompatibilidade do benefício nela previsto com qualquer dispositivo do novo Código Civil. Invoca-se, ainda, a extensão analógica do mesmo direito assegurado ao cônjuge sobrevivente no art. 1.831 do mesmo diploma.

Nessa linha, o Enunciado 117 do Conselho da Justiça Federal, aprovado na I Jornada de Direito Civil, realizada em Brasília em setembro de 2002:

> "**O direito real de habitação deve ser estendido ao companheiro**, seja por não ter sido revogada a previsão da Lei n. 9.278/96, seja em razão da interpretação analógica do art. 1.831, informado pelo art. 6º, *caput*, da CF/88".

Assim decidiu o Tribunal de Justiça de Minas Gerais[52].

■ Conceituação de união estável

A conceituação da união estável consta do art. 1.723 do Código Civil de 2002, *verbis*:

> "É reconhecida como entidade familiar a união estável entre o homem e a mulher, configurada na **convivência pública, contínua e duradoura** e estabelecida com o **objetivo de constituição de família**".

■ Disciplina sucessória

O art. 1.790 do Código Civil, inexplicavelmente alocado nas disposições gerais do título referente ao direito das sucessões, e não no capítulo da vocação hereditária, preceitua que a companheira ou o companheiro participará da sucessão do outro, **quanto aos bens adquiridos na vigência da união estável, sem receber, no entanto, o mesmo tratamento do cônjuge sobrevivente**, que tem maior participação na herança e foi incluído no rol dos herdeiros necessários, ao lado dos descendentes e ascendentes.

---

51 Euclides de Oliveira, *Direito de herança*, cit., p. 179.

52 TJMG, AC 1.0514.06.020813-9/001, 9ª Câm. Cív., rel. Des. Tarcisio Martins Costa, *DJEMG*, 26-4-2008.

Se o companheiro concorrer à herança, por exemplo, com colaterais, terá direito a somente um terço desta. Enquanto as citadas leis que disciplinaram a união estável caminharam no sentido de igualar os direitos do companheiro aos do cônjuge, o Código Civil de 2002 tomou direção oposta.

Dispõe, com efeito, o art. 1.790 do Código Civil:

> "A companheira ou o companheiro participará da sucessão do outro, quanto aos bens adquiridos onerosamente na vigência da união estável, nas condições seguintes:
>
> I — se concorrer com filhos comuns, terá direito a uma quota equivalente à que por lei for atribuída ao filho;
>
> II — se concorrer com descendentes só do autor da herança, tocar-lhe-á a metade do que couber a cada um daqueles;
>
> III — se concorrer com outros parentes sucessíveis, terá direito a um terço da herança;
>
> IV — não havendo parentes sucessíveis, terá direito à totalidade da herança".

Em linhas gerais, o dispositivo:

- restringe o direito do companheiro aos bens que tenham sido *adquiridos onerosamente* na vigência da união estável;
- faz distinção entre a concorrência do companheiro com filhos comuns ou só do falecido;
- prevê o direito apenas à metade do que couber aos que descenderem somente do autor da herança e estabelece um terço na concorrência com herdeiros de outras classes que não os descendentes do falecido;
- não beneficia o companheiro com quinhão mínimo na concorrência com os demais herdeiros nem o inclui no rol dos herdeiros necessários;
- concorre com um terço também com os colaterais e só é chamado a recolher a totalidade da herança na falta destes; o cônjuge, porém, prefere aos parentes da linha transversal, com exclusividade.

Nos casos de concubinato impuro — relação afetiva em que uma das pessoas já é casada —, a partilha de bens somente é possível se comprovado que o patrimônio adquirido decorreu de esforço comum. Em hipótese em que o concubino, sem deixar o lar oficial, manteve relação extraconjugal por nove anos e, durante esse período, adquiriu um imóvel com a concubina, decidiu o Superior Tribunal de Justiça que "o concubinato ou relação paralela, diferentemente da união estável e do casamento, pode produzir efeitos jurídicos se eventualmente houver prole ou aquisição patrimonial por ambos os concubinos, o que depende de demonstração cabal, inexistente no caso concreto. Aduziu o relator que o recorrente, 'ao não abandonar o lar oficial, deu causa a circunstância antijurídica e desleal, desprezando o ordenamento pátrio, que não admite o concubinato impuro. Ao buscar partilha sem comprovar a contribuição direta para a construção do patrimônio vindicado, pratica verdadeiro *venire contra factum proprium* (proibição do comportamento contraditório), o que é inadmissível, já que o Direito não socorre a própria torpeza'"[53].

---

[53] STJ, 3ª T., rel. Min. Villas Bôas Cueva, disponível in Revista *Consultor Jurídico* de 3-1-2018.

Parte da doutrina critica a disciplina da união estável no diploma em epígrafe, no tocante ao direito sucessório, sublinhando que, em vez de fazer as adaptações e consertos que a doutrina já propugnava, especialmente nos pontos em que o companheiro sobrevivente ficava numa situação mais vantajosa do que a viúva ou o viúvo, **acabou colocando os partícipes de união estável, na sucessão hereditária, numa posição de extrema inferioridade, comparada com o novo *status* sucessório dos cônjuges**[54].

Outros estudiosos, todavia, afirmam que o atual Código procura, com largueza de espírito, guindar a união estável ao patamar do casamento civil, sem incidir em excessos, **não representando discriminação a disparidade de tratamento**, mas o pleno atendimento ao mandamento constitucional que, em momento algum, equiparou a união estável ao casamento[55].

Nessa direção decidiu o Tribunal de Justiça do Rio de Janeiro[56].

Embora o tratamento díspar da sucessão do companheiro tenha resultado de opção do legislador e não ofenda os cânones constitucionais, **merece as críticas que lhe são endereçadas**:

- por limitar a sucessão aos **bens adquiridos onerosamente na vigência da união estável**;
- por repetir, no caso de concorrência com os descendentes, a **indébita distinção entre descendentes exclusivos**, só do autor da herança, e **descendentes comuns**, havidos da união entre o autor da herança e o companheiro; e
- por estabelecer **a concorrência com os colaterais**.

Não se compreende, realmente, como exclama Euclides de Oliveira, "a limitação do direito hereditário do companheiro aos **bens adquiridos onerosamente na vigência da união estável**, quando se considera que **o companheiro já tem direito de meação sobre tais bens**, em face do regime da comunhão parcial previsto no art. 1.725 do Código Civil. Deveria beneficiar-se da herança, isto sim, **apenas sobre os bens particulares do falecido**, exatamente como se estabelece em favor do cônjuge sobrevivente (art. 1.829)"[57].

Com efeito, a concorrência se dará justamente nos bens a respeito dos quais o companheiro já é meeiro. Sendo assim, **se o falecido não tiver adquirido nenhum**

[54] Silvio Rodrigues, *Direito civil*, cit., v. 7, p. 117; Euclides de Oliveira, Concorrência sucessória, cit., p. 41-43.

[55] Eduardo de Oliveira Leite, *Comentários ao novo Código Civil*, v. XXI, p. 53; Mário Luiz Delgado Régis, Controvérsias na sucessão, cit., p. 222.

[56] AgI 2003.002.14421, 18ª Câm. Cív., rel. Des. Marcus Faver, *DJe*, 7-4-2004. No mesmo sentido: "O art. 1.790 do novo Código Civil, ao tratar os companheiros de forma diferente dos cônjuges, não é inconstitucional. A sucessão legítima do companheiro, no novo Código Civil, realmente se dá de forma distinta e mais desvantajosa do que aquela reservada ao cônjuge sobrevivente; entretanto, nada há de inconstitucional em mencionada legislação. A Constituição Federal de 1988 não equiparou a união estável ao casamento, tanto que fixou em seu art. 226, § 3º, que a lei deve facilitar sua conversão em casamento" (Foro Distrital de Macaubal-Monte Aprazível-SP, Proc. 350/03, j. 11-5-2003).

[57] Concorrência sucessória, cit., p. 39.

bem na constância da união estável, ainda que tenha deixado valioso patrimônio formado anteriormente, o companheiro sobrevivente nada herdará, sejam quais forem os herdeiros eventualmente existentes[58].

■ Arguição de inconstitucionalidade do art. 1.790 do Código Civil

O tratamento diverso dado pela legislação ordinária aos direitos do cônjuge e aos do companheiro tem provocado debate nos tribunais estaduais, proclamando alguns julgados a **inconstitucionalidade** do art. 1.790 do Código Civil, **por afrontar os princípios constitucionais da dignidade da pessoa humana e de igualdade**, uma vez que o art. 226, § 3º, da Carta Magna deu tratamento paritário ao instituto da união estável em relação ao casamento[59].

Outros acórdãos, entretanto, **afastam a tese da inconstitucionalidade** do referido art. 1.790 do Código Civil, determinando, em alguns casos, que os bens onerosamente adquiridos na constância da união estável sejam entregues ao companheiro (1/3) em concorrência com os colaterais (2/3), e em outros concedendo ao companheiro a meação, bem como a participação sucessória[60].

■ *8.2.4.2.1. Igualdade de direitos sucessórios do companheiro e do cônjuge proclamada pelo Supremo Tribunal Federal*

Como já mencionado, o Supremo Tribunal Federal concluiu, em 10 de maio de 2017, o julgamento dos Recursos Extraordinários n. 646.721 e 878.694, julgados sob a égide do regime da repercussão geral, reconhecendo, incidentalmente, a inconstitucionalidade do art. 1.790 do Código Civil, que estabelecia a diferenciação dos direitos dos cônjuges e companheiros para fins sucessórios, excluindo praticamente do sistema o aludido dispositivo, ao fixar a seguinte tese:

> **"No sistema constitucional vigente, é inconstitucional a distinção de regimes sucessórios entre cônjuges e companheiros, devendo ser aplicado em ambos os casos o regime estabelecido no artigo 1.829 do Código Civil".**

O referido *decisum* repercutiu incontinenti no Superior Tribunal de Justiça, cuja Terceira Turma, em 27 de junho do mesmo ano, no julgamento de Recurso Especial

---

58 Giselda Hironaka, O sistema de vocação concorrente do cônjuge e/ou do companheiro com os herdeiros do autor da herança, nos direitos brasileiro e italiano, *Revista Brasileira de Direito de Família*, 29/62; Silvio Rodrigues, *Direito civil*, cit., v. 7, p. 118.

59 TJRS, Ap. 70.020.389.284, 7ª Câm. Cív., rel. Des. Ricardo Raupp Ruschel, j. 12-9-2007; TJSP, AI 567.929-4/0-00, 4ª Câm. Dir. Priv., rel. Des. Francisco Loureiro, j. 11-9-2008; TJRS, AI 70.017.169.335, 8ª Câm. Cív., rel. Des. Siqueira Trindade, *DJERS*, 27-11-2009, p. 38; TJSP, AI 654.999.4/7, 4ª Câm. Dir. Priv., rel. Des. Teixeira Leite, *DJESP*, 23-9-2009; TJSP, AI 609.024-4/4-00, 8ª Câm. Dir. Priv., rel. Des. Caetano Lagrasta, j. 6-5-2009.

60 TJSP, AI 578.361-4/2-00, 10ª Câm. Dir. Priv., rel. Des. Testa Marchi, j. 1º-12-2009; TJDFT, Acórdão 355.492, 1ª T., rel. Des. Natanael Caetano, *DJe*, 12-5-2009, p. 81; TJRJ, Ac. 2008.001.51945, 10ª Câm. Cív., rel. Des. Celso Peres, j. 21-1-2009; TJSP, AI 641.861-4/8, 10ª Câm. Dir. Priv., rel. Des. Maurício Vidigal, j. 25-8-2009; TJRJ, AI 72.023.423.833, 8ª Câm. Cív., j. 12-6-2008.

que tinha por objeto a distinção de regime sucessório entre cônjuges e companheiros, adotou a tese definida pelo Pretório Excelso, proclamando que "O tratamento diferenciado acerca da participação na herança do companheiro ou cônjuge falecido conferido pelo art. 1.790 do Código Civil/2002 **ofende frontalmente os princípios da igualdade, da dignidade humana, da proporcionalidade e da vedação ao retrocesso**"[61].

A mesma Corte, em agosto de 2017, decidiu que, "**se companheiro está vivo, colaterais (irmãos e sobrinhos) não podem questionar herança**. É que o regime de sucessão de cônjuges estabelece que os colaterais só têm direito à herança se não houver mais filhos, cônjuge ou ascendentes vivos"[62].

Bem adquirido onerosamente **com recursos provenientes da venda de um bem particular** não poderá integrar o acervo hereditário do companheiro sobrevivente, aplicando-se à hipótese, por analogia, o art. 1.659, I, do Código Civil, que, ao tratar do regime da comunhão parcial de bens, aplicável à união estável na ausência de pacto, estabelece expressamente:

> "Excluem-se da comunhão os bens que cada cônjuge possuir ao casar, e os que lhe sobrevierem, na constância do casamento, por doação ou sucessão, e os sub-rogados em seu lugar"[63].

Segundo Rodrigo da Cunha Pereira[64], corretamente, "se equiparar cônjuge e companheiro em todas as premissas, incluindo o de ser herdeiro necessário, estará tolhendo a liberdade das pessoas de escolherem esta ou aquela forma de família. Poderia, na verdade, sucumbir o instituto da união estável. Se em tudo é idêntica ao casamento, ela deixa de existir, e só passa a existir o casamento. Afinal, se a união estável em tudo se equipara ao casamento, tornou-se um casamento forçado. Respeitar as diferenças entre um instituto e o outro é o que há de mais saudável para um sistema jurídico".

8.2.4.2.2. Concorrência do companheiro com o cônjuge sobrevivente

A concorrência do companheiro com o cônjuge sobrevivente é matéria que desafia solução jurisprudencial. O legislador procurou afastá-la, **dando primazia ao direito sucessório do companheiro**.

Com efeito, a caracterização da união estável pressupõe que os conviventes sejam solteiros ou viúvos, ou, quando casados, já estejam separados judicialmente ou de fato (CC, art. 1.723). E o art. 1.830 exclui o direito sucessório do cônjuge sobrevivente se, ao tempo da morte do outro, estava separado judicialmente ou separado de fato havia mais de dois anos.

---

61 STJ, REsp 1.332.773-MS, 3ª T., rel. Min. Villas Bôas Cueva, j. 27-6-2017.

62 STJ, REsp 1.337.420, 4ª T., rel. Min. Luis Felipe Salomão, disponível em *Revista Consultor Jurídico* de 22-8-2017.

63 Mário Luiz Delgado Régis, Controvérsias na sucessão, cit., p. 216.

64 Assessoria de Comunicação do IBDFAM, Equiparação de cônjuge e companheiro na sucessão ainda gera polêmica e promove o debate. IBDFAM, 14-11-2018. Disponível em: <http://www.ibdfam.org.br>.

O Código Civil, contudo, não fixou prazo mínimo para a caracterização da união estável. Desse modo, **pode suceder que uma pessoa, separada de fato há menos de dois anos, já estivesse vivendo em união estável por ocasião de sua morte**. Nesse caso, o direito sucessório do cônjuge ainda não estaria afastado.

Para solucionar essa antinomia, recomenda Mário Luiz Delgado Régis que se dê prevalência ao disposto "no inciso IV do art. 1.790, tido como norma especial em relação ao art. 1.830, assegurando-se, assim, ao companheiro, a totalidade da herança no tocante a esses bens, e **excluindo, em consequência, quanto aos mesmos, qualquer direito sucessório do cônjuge**"[65].

Em suma, aduz o mesmo autor, deve a participação do *companheiro* ficar restrita **aos bens adquiridos durante a união estável** (patrimônio comum), enquanto o direito sucessório do *cônjuge* só alcançará **os bens anteriores**, adquiridos antes da data reconhecida judicialmente como de início da união estável. Repugnaria "à moral assegurar ao cônjuge direito sucessório sobre um bem adquirido pelo esforço comum da companheira".

Tal proposta harmoniza-se com a orientação traçada pela Lei n. 9.278/96: vivendo uma pessoa com cônjuge, do qual se separara apenas de fato, e, posteriormente, com companheiro, distribuíam-se as meações de conformidade com as aquisições havidas durante cada união.

Outras soluções alvitradas, como a divisão salomônica, partilhando-se os bens da herança meio a meio entre o cônjuge e o companheiro sobrevivente[66], ou a entrega ao companheiro de um terço dos bens adquiridos onerosamente na vigência da união estável[67], **apresentam o inconveniente acima apontado de assegurar a um dos concorrentes direito sucessório sobre um bem adquirido pelo esforço comum do outro**.

■ 8.2.5. Sucessão dos colaterais

Os colaterais figuram em **quarto lugar** na ordem da vocação hereditária. Se não houver cônjuge sobrevivente, nas condições estabelecidas no art. 1.830 do Código Civil, **"serão chamados a suceder os colaterais até o quarto grau"** (CC, art. 1.839).

■ Exclusão dos mais remotos, salvo o direito de representação concedido aos filhos de irmãos

Entre os colaterais, **"os mais próximos excluem os mais remotos, salvo o direito de representação concedido aos filhos de irmãos"**, estatui o art. 1.840 do Código Civil. Assim, a existência de irmãos do *de cujus* (colaterais em segundo grau) afasta os tios (terceiro grau).

---

[65] Controvérsias na sucessão, cit., p. 218-219.

[66] Euclides de Oliveira, *Direito de herança*, cit., p. 182.

[67] José Luiz Gavião de Almeida, *Código Civil comentado*, v. XVIII, p. 216-217.

Segundo o mencionado autor, "se, em havendo colaterais, o convivente recolheria um terço da herança, não se justifica que recolha mais, se concorrer com cônjuge, que tem posição superior na ordem de vocação hereditária, da que goza o colateral" (p. 217).

Abre-se exceção **em favor dos sobrinhos** (terceiro grau), que herdam **representando o pai premorto**, atenuando-se desse modo a inflexibilidade do princípio de que *proximior excludit remotiorem*. Se o *de cujus*, por exemplo, deixa um irmão, dois filhos de outro irmão premorto e três filhos de terceiro irmão, também já falecido, divide-se a herança em três partes iguais, **correspondentes às três estirpes**:

- uma pertencerá, por inteiro, ao irmão sobrevivo, que herdará **por direito próprio**;
- a segunda, aos dois sobrinhos, subdividida em partes iguais;
- e a terceira, aos três últimos sobrinhos, depois de subdividida em três quotas iguais.

Os sobrinhos herdam **por estirpe**.

Se, no entanto, os referidos sobrinhos forem falecidos, **seus filhos, sobrinhos-netos do falecido, nada herdam**, a despeito de serem parentes em quarto grau, porque o *direito de representação*, na conformidade do disposto no art. 1.840 do Código Civil, **só é concedido aos filhos, e não aos netos de irmãos**, seguindo-se mais uma vez o princípio de que *os parentes mais próximos excluem da sucessão os mais remotos*[68].

Nessa linha, decidiu o Superior Tribunal de Justiça que "prima é parente em 4º grau, não podendo representar sua mãe, sendo excluída da sucessão por não concorrer com os tios, parentes de 3º grau colateral"[69].

Sucessão entre irmãos

Entre irmãos, a sucessão obedece a regras próprias. Se concorrerem à herança **irmãos bilaterais** ou **germanos**, isto é, filhos do mesmo pai e da mesma mãe, com **irmãos unilaterais**, ou seja, irmãos por parte apenas do pai (*consanguíneos*) ou apenas da mãe (*uterinos*), **"cada um destes herdará metade do que cada um daqueles herdar"**, segundo dispõe o art. 1.841 do Código Civil.

Assim, se o falecido deixou quatro irmãos, sendo **dois unilaterais** e **dois bilaterais**, e um patrimônio estimado em R$ 300.000,00, os dois últimos receberão, cada qual, R$ 100.000,00, cabendo R$ 50.000,00 a cada um dos unilaterais.

Preceitua o art. 1.842 do Código Civil que, **"não concorrendo à herança irmão bilateral, herdarão, em partes iguais, os unilaterais"**, que o fazem por cabeça (*in capita*). Tal regra aplica-se também quando concorrem unicamente irmãos germanos ou bilaterais.

Sucessão entre tios e sobrinhos

Embora sobrinhos e tios sejam parentes colaterais em terceiro grau, a lei dá preferência aos primeiros, ou seja, à energia mais nova: **"Na falta de irmãos, herdarão os filhos destes e, não os havendo, os tios"** (CC, art. 1.843, *caput*).

---

68 Silvio Rodrigues, *Direito civil*, cit., v. 7, p. 121.

69 STJ, Ag. Reg. no REsp 950.301-SP, 4ª T., rel. Min. João Otávio Noronha.

Concorrendo à herança **"somente filhos de irmãos falecidos, herdarão por cabeça"** (CC, art. 1.843, § 1º). Se **"todos forem filhos de irmãos bilaterais, ou todos de irmãos unilaterais, herdarão por igual"** (§ 3º). Mas, como corolário da regra estabelecida no art. 1.841, **"se concorrerem filhos de irmãos bilaterais com filhos de irmãos unilaterais, cada um destes herdará a metade do que herdar cada um daqueles"** (§ 2º).

Apesar de, neste último caso, a sucessão continuar sendo por cabeça, se houver dois sobrinhos filhos de irmãos unilaterais e dois filhos de irmãos bilaterais, **a divisão far-se-á por seis** (atribuem-se duas porções simples para os unilaterais e duas dobradas para os bilaterais), e a parte atribuível aos últimos será multiplicada por dois.

Não havendo sobrinhos, chamam-se os **tios** do falecido, e depois os **primos-irmãos, sobrinhos-netos** e **tios-avós**, que são parentes colaterais em quarto grau. Como não existe representação, sucedem por direito próprio, **herdando todos igualmente**, sem qualquer distinção.

Saliente-se que os citados colaterais até o quarto grau (irmãos, sobrinhos, tios, primos, tios-avós, sobrinhos-netos) são herdeiros legítimos (CC, art. 1.829, IV), **mas não são herdeiros necessários** (art. 1.845). Por conseguinte, o autor da herança pode excluí-los da sucessão; basta que faça testamento dispondo de todo o seu patrimônio sem os contemplar (art. 1.850).

Verifica-se, pois, que no direito das sucessões brasileiro vigora a regra segundo a qual o herdeiro mais próximo exclui o mais remoto, excepcionada legalmente pelo sistema de sucessão por estirpe. Nos casos legalmente previstos de sucessão por representação (por estirpe), os descendentes de classe mais distante concorrerão com os mais próximos, na proporção que seria cabível ao herdeiro natural premorto, porém em nome próprio e em decorrência de expressa convocação hereditária legal. "O patrimônio herdado por representação, nem mesmo por ficção legal, jamais integra o patrimônio do descendente premorto e, por isso, não pode ser alcançado para pagamento de suas dívidas. Para tanto, limita-se a responsabilidade patrimonial dos sucessores de devedor às forças da herança por ele deixada"[70].

8.2.6. Recolhimento da herança pelo Município, Distrito Federal e União

Nos termos do art. 1.844 do Código Civil:

> "Não sobrevindo cônjuge, ou companheiro, nem parente algum sucessível, ou tendo eles renunciado a herança, esta se devolve ao Município ou ao Distrito Federal, se localizada nas respectivas circunscrições, ou à União, quando situada em território federal".

Na realidade, o dispositivo em apreço só se aplica aos casos em que **o *de cujus* morre *ab intestato***, pois tal devolução pode ser evitada mediante disposição testamentária.

[70] STJ, REsp 1.627.110-GO, 3ª T., rel. Min. Marco Aurélio Bellizze, *DJe*, 15-9-2017.

O Poder Público **não é herdeiro**, não lhe sendo, por isso, reconhecido o direito de *saisine*. Apenas **recolhe a herança na falta de herdeiros**. Não adquire o domínio e a posse da herança no momento da abertura da sucessão, pois, na falta de herdeiros, a herança torna-se jacente, transforma-se posteriormente em vacante, e só então os bens passam ao domínio público (CC, art. 1.822; CPC/2015, arts. 738 e s.).

Não sendo herdeiro, **o Estado não aceita a herança, nem lhe é dado repudiá-la ou renunciá-la**. Torna-se, destarte, **sucessor obrigatório**. O mesmo não se pode dizer do legado, especialmente quando acompanhado de encargo. É que a sucessão *ab intestato* do Estado defere-se *ope legis*, ao passo que a instituição testamentária, como ato de vontade, não tem força coercitiva[71].

■ Natureza jurídica do direito sucessório atribuído ao Estado

Divergem os doutrinadores a esse respeito.

Uma corrente adota a tese da **ocupação**, dizendo que o Estado se apossa dos bens, que se tornam coisas sem dono. Na verdade, o falecido não abandona os bens hereditários. Se isso ocorresse, pertenceriam eles a quem praticasse em primeiro lugar o ato de apropriação — o que não é verdadeiro.

Para outros, o direito do Estado decorre de sua **soberania** (*jus imperii*).

Terceira corrente, ainda, sustenta que o direito do Estado filia-se ao ***jus successionis***: na falta de outras pessoas sucessíveis, por lei ou por testamento, herda o Município em reconhecimento da colaboração prestada ao indivíduo na aquisição e conservação da riqueza. **Essa a teoria a que se filia o direito pátrio**[72].

Como bem esclarece Zeno Veloso, "em nosso sistema, não há herança sem dono, definitivamente sem dono. Incivil seria admitir que, pela falta de parentes sucessíveis, de cônjuge, ou companheiro, ou porque estes renunciaram à herança, ficasse a massa de bens deixados pelo falecido como ***res nullius*** (coisas de ninguém ou coisas sem dono), passíveis de serem ocupadas ou apropriadas por qualquer pessoa, ou como ***res derelictae*** (coisas abandonadas). **O chamamento do Estado às heranças vagas obedece, sem dúvida, a poderosas razões de interesse público e social, atendendo ponderáveis necessidades políticas, econômicas e sociais**"[73].

■ 8.3. RESUMO

DA SUCESSÃO LEGÍTIMA	
CONCEITO	■ Dá-se a sucessão legítima ou *ab intestato* em caso de inexistência, invalidade ou caducidade do testamento, e também em relação aos bens nele não compreendidos. Nesses casos a lei defere a herança a pessoas da família do *de cujus* e, na falta destas, ao Poder Público.

---

71 Walter Moraes, *Teoria geral*, cit., p. 148; Caio Mário da Silva Pereira, *Instituições*, cit., v. VI, p. 176.

72 Washington de Barros Monteiro, *Curso*, cit., v. 6, p. 104-105.

73 *Novo Código Civil comentado*, p. 1663.

ORDEM DA VOCAÇÃO HEREDITÁRIA	■ **Conceito** Consiste na relação preferencial pela qual a lei chama determinadas pessoas à sucessão hereditária. ■ **Chamamento dos sucessores** — O chamamento é feito por ***classes***, sendo que a mais próxima exclui a mais remota. Por isso se diz que tal ordem é ***preferencial***. — A primeira classe é a dos descendentes. Havendo alguém que a ela pertença, afastados ficam todos os herdeiros pertencentes às subsequentes, salvo a hipótese de concorrência com cônjuge sobrevivente ou com companheiro. — Dentro de uma mesma classe, a preferência estabelece-se pelo ***grau***: o mais afastado é excluído pelo mais próximo. ■ **Ordem preferencial (CC. art. 1.829)** **a)** descendentes, em concorrência com o cônjuge sobrevivente, salvo se casado este com o falecido no regime da comunhão universal, ou no da separação obrigatória de bens; ou se, no regime da comunhão parcial, o autor da herança não houver deixado bens particulares; **b)** ascendentes, em concorrência com o cônjuge; **c)** cônjuge sobrevivente; **d)** colaterais.
DESCENDENTES	■ **Sucessão** — São contemplados todos os descendentes, porém os mais próximos em grau excluem os mais remotos, salvo os chamados por direito de representação (CC, art. 1.833). — Os filhos sucedem por ***cabeça*** (ou direito próprio), e os outros descendentes, por cabeça ou por ***estirpe*** (representação), conforme se achem ou não no mesmo grau (art. 1.835). ■ **Concorrência com o cônjuge sobrevivente** Em concorrência com os descendentes, caberá ao cônjuge quinhão igual ao dos que sucederem por cabeça, não podendo a sua quota ser inferior à quarta parte da herança, se for ascendente dos herdeiros com que concorrer (CC, art. 1.832).
ASCENDENTES	■ **Sucessão** — Não havendo herdeiros da classe dos descendentes, são chamados à sucessão os ascendentes, em concorrência com o cônjuge sobrevivente (CC, art. 1.836). — A sucessão, nesse caso, orienta-se por dois princípios: **a)** "o grau mais próximo exclui o mais remoto, sem distinção de linhas" (§ 1º); **b)** "havendo igualdade em grau e diversidade em linha, os ascendentes da linha paterna herdam a metade, cabendo a outra aos da linha materna" (§ 2º). — O direito de representação dá-se na linha reta descendente, ***mas nunca na ascendente*** (art. 1.852). ■ **Concorrência com o cônjuge sobrevivente** Concorrendo com ascendente em primeiro grau, ao cônjuge tocará um terço da herança; caber-lhe-á a metade desta se houver um só ascendente, ou se maior for aquele grau (CC, art. 1.837).
CÔNJUGE SOBREVIVENTE	■ Em falta de descendentes e ascendentes, será deferida a sucessão por inteiro ao cônjuge sobrevivente (CC, art. 1.838), desde que, ao tempo da morte do outro cônjuge, não estavam separados judicialmente, nem separados de fato havia mais de dois anos, salvo prova, nesse caso, de que essa convivência se tornara impossível sem culpa do sobrevivente (art. 1.830). ■ O cônjuge, sendo herdeiro necessário, não pode ser excluído da sucessão por testamento deixado pelo ***de cujus*** (CC, art. 1.850). ■ No regime da ***separação legal*** de bens, comunicam-se os adquiridos na constância do casamento (STJ, Súmula 377). ■ Tem a jurisprudência admitido a comunicação dos aquestos no regime da ***separação convencional*** de bens, quando tenham resultado do esforço comum dos cônjuges.
COMPANHEIRO SOBREVIVENTE	■ A companheira ou o companheiro participará da sucessão do outro, quanto aos bens adquiridos ***onerosamente*** na vigência da união estável, nas condições seguintes (CC, art. 1.790): "I — se concorrer com filhos comuns, terá direito a uma quota equivalente à que por lei for atribuída ao filho; II — se concorrer com descendentes só do autor da herança, tocar-lhe-á a metade do que couber a cada um daqueles; III — se concorrer com outros parentes sucessíveis, terá direito a um terço da herança; IV — não havendo parentes sucessíveis, terá direito à totalidade da herança".

COLATERAIS	■ Figuram em quarto lugar na ordem da vocação hereditária. Serão chamados a suceder se não houver cônjuge sobrevivente (CC, art. 1.839). ■ Se houver companheiro, concorrerão com ele, cabendo àquele um terço da herança (art. 1.790, III). ■ Entre os colaterais, os mais próximos excluem os mais remotos, salvo o direito de representação concedido aos filhos de irmãos (art. 1.840).
MUNICÍPIO, DISTRITO FEDERAL E UNIÃO	■ Não sobrevivendo cônjuge, ou companheiro, nem parente algum sucessível, ou tendo ele renunciado à herança, esta se devolve ao Município ou ao Distrito Federal, se localizada nas respectivas circunscrições, ou à União, quando situada em território federal (CC, art. 1.844). ■ O Poder Público não é herdeiro, não lhe sendo, por isso, reconhecido o direito de *saisine*. Apenas recolhe a herança na falta de herdeiros. ■ Não havendo herdeiros, a herança torna-se *jacente*, transformando-se posteriormente em *vacante*, passando então os bens ao domínio público (CC, art. 1.822; CPC/2015, arts. 738 e s.).

■ 8.4. QUESTÕES

1. (TJMS/Juiz de Direito/Fundação Carlos Chagas/2010) Sucessão legítima

a) O grau mais remoto exclui o mais próximo, na classe dos ascendentes.
b) Na classe dos ascendentes, o grau mais próximo exclui o mais remoto.
c) Há direito de representação na linha ascendente.
d) Havendo igualdade de linhas, os ascendentes da linha paterna herdam na integralidade.
e) Havendo diversidade de graus, os ascendentes da linha paterna herdam na integralidade.

2. (MP/SP/Promotor de Justiça/89° Concurso/2012) Em direito das sucessões, constitui a legítima:

a) Na exclusão da sucessão do herdeiro ou legatário declarado, por sentença, indigno.
b) Na metade dos bens da herança pertencente aos herdeiros necessários.
c) No legado recebido pelo herdeiro necessário, da parte disponível dos bens do testador.
d) Na ordem ocupada pelo cônjuge sobrevivente na sucessão legítima.
e) No direito do herdeiro, em ação de petição de herança, de demandar o reconhecimento de seu direito sucessório.

3. (TJPE/Juiz de Direito/Fundação Carlos Chagas/2011) Na sucessão legítima

a) os filhos sucedem por cabeça e os outros descendentes apenas por estirpe.
b) em falta de descendentes e ascendentes, será deferida a sucessão por inteiro ao cônjuge sobrevivente, apenas se casado sob o regime da comunhão universal ou parcial de bens.
c) sendo chamados a suceder os colaterais, na falta de irmãos sucederão os tios e não os havendo os filhos dos irmãos.
d) em falta de descendente e ascendente, será deferida a sucessão por inteiro ao cônjuge sobrevivente, mesmo que casado tiver sido sob o regime da separação obrigatória de bens.
e) na classe dos ascendentes não há exclusão por grau, todos sendo aquinhoados em igualdade.

4. (OAB/VI Exame de Ordem Unificado/Fundação Getulio Vargas/2012) José, solteiro, possui três irmãos: Raul, Ralph e Randolph. Raul era pai de Mauro e Mário. Mário era pai de Augusto e Alberto. Faleceram, em virtude de acidente automobilístico, Raul e Mário, na data de 15/4/2005. Posteriormente, José veio a falecer em 1°/5/2006. Sabendo-se que a herança de José é de R$ 90.000,00, como ficará a partilha de seus bens?

a) Como José não possui descendente, a partilha deverá ser feita entre os irmãos. E, como não há direito de representação entre os filhos de irmão, Ralph e Randolph receberão cada um R$ 45.000,00.
b) Ralph e Randolph devem receber R$ 30.000,00 cada. A parte que caberá a Raul deve ser repartida entre Mauro e Mário. Sendo Mário premorto, seus filhos Alberto e Augusto devem receber a quantia que lhe caberia. Assim, Mauro deve receber R$ 15.000,00, e Alberto e Augusto devem receber R$ 7.500,00 cada um.

c) Ralph e Randolph receberão R$ 30.000,00 cada um. O restante (R$ 30.000,00) será entregue a Mauro, por direito de representação de seu pai premorto.
d) Ralph e Randolph receberão R$ 30.000,00 cada um. O restante, na falta de outro colateral vivo, será entregue a Mauro, por direito de representação de seu pai premorto.

5. (PGE/SP/Procurador do Estado/Fundação Carlos Chagas/2012) "A" era casada sob o regime da comunhão parcial de bens com "B". "B" faleceu em 2011 e deixou um imóvel por ele adquirido antes do casamento, usado como moradia do casal. Não há descendentes, mas dois ascendentes em primeiro grau vivos. Neste caso,

a) além de receber fração ideal de 1/3 do imóvel como herdeira necessária, "A" tem direito real de habitação, que se constitui a partir do registro do formal de partilha no Cartório de Imóveis.
b) "A" tem direito real de habitação, participa da herança na qualidade de herdeira necessária e recebe a metade ideal do imóvel, cabendo a cada ascendente fração ideal de 1/4 do bem.
c) "A" tem direito real de habitação, cabendo a cada herdeiro fração ideal de 1/3 do imóvel.
d) por se tratar de bem incomunicável, "A" não participa da sucessão, mas tem direito real de habitação, cabendo a cada ascendente metade ideal do imóvel.
e) em razão do regime de bens que regeu o casamento, "A" tem direito ao usufruto da metade do imóvel, cabendo, a cada herdeiro, fração ideal de 1/3 do bem.

6. (OAB/IX Exame de Ordem Unificado/Fundação Getulio Vargas/2012) José, viúvo, é pai de Mauro e Mário, possuindo um patrimônio de R$ 300.000,00. Casou-se com Roberta, que tinha um patrimônio de R$ 200.000,00, pelo regime da comunhão universal de bens. José e Roberta tiveram dois filhos, Bruno e Breno.

Falecendo Roberta, a divisão do monte seria a seguinte:

a) José recebe R$ 250.000,00 e Mauro, Mário, Bruno e Breno recebem cada um R$ 62.500,00.
b) O monte, no valor total de R$ 500.000,00, deve ser dividido em cinco partes, ou seja, José, Mauro, Mário, Breno e Bruno recebem, cada um, R$ 100.000,00.
c) José recebe R$ 250.000,00 e Bruno e Breno recebem, cada um, a importância de R$ 125.000.00.
d) A herança deve ser dividida em três partes, cabendo a José, Bruno e Breno 1/3 do monte, ou seja, R$ 166.666,66 para cada um.

7. (TJSP/11º Concurso para Outorga de Delegações de Notas e de Registro/VUNESP/2018) Pompeu era solteiro e não vivia em união estável e faleceu sem deixar ascendentes ou descendentes e testamento. Entretanto, deixou um tio materno, dois irmãos germanos, um irmão unilateral e um sobrinho — filho de um irmão unilateral premorto. O acervo hereditário corresponde ao montante em pecúnia de R$ 300.000,00 (trezentos mil reais).

Nesse caso, assinale a alternativa CORRETA referente à divisão do acervo hereditário.

a) Cada um dos irmãos germanos receberá R$ 100.000,00 (cem mil reais), o irmão unilateral receberá R$ 50.000,00 (cinquenta mil reais) e o sobrinho R$ 50.000,00 (cinquenta mil reais)
b) Cada um dos irmãos e o tio materno receberão, respectivamente, R$ 75.000,00 (setenta e cinco mil reais).
c) Cada um dos irmãos receberá um quinhão de R$ 100.000,00 (cem mil reais).
d) Cada um dos irmãos germanos receberá R$ 100.000,00 (cem mil reais), o irmão unilateral receberá R$ 50.000,00 (cinquenta mil reais), o tio materno e o sobrinho receberão, respectivamente, R$ 25.000,00 (vinte e cinco mil reais) cada um.

8. (MP/RJ/Promotor de Justiça/XXXII Concurso/2011) O Código Civil de 2002 trouxe para o ordenamento jurídico pátrio profundas modificações no direito sucessório decorrente do casamento e da união estável. O novo diploma legal, editado após a Constituição Federal de 1988, preconiza que o cônjuge sobrevivente:

a) possui os mesmos direitos sucessórios que o companheiro sobrevivente, em razão da isonomia constitucional entre o casamento e a união estável. O novo código estipulou a mesma ordem de vocação hereditária para o companheiro e o cônjuge sobrevivente;
b) concorrerá com todos os demais herdeiros, que são os descendentes, ascendentes e colaterais, aplicando-se os princípios da sucessão legítima e a forma de participação preconizada nos artigos 1.829 e seguintes do citado diploma legal;
c) não concorrerá com os ascendentes, caso o seu casamento tenha sido celebrado pelo regime da comunhão universal de bens; entretanto, será assegurado a ele o direito real de habitação previsto no artigo 1.831 do Código civil;
d) concorrerá com os descendentes existentes, na hipótese de ser casado com o falecido pelo regime da separação convencional de bens, na forma do artigo 1.829, inciso I, do Novo Código Civil, e também terá assegurado o direito real de habitação previsto no artigo 1.831 do mesmo diploma;
e) participará no regime da separação obrigatória de bens da sucessão do outro somente quanto aos bens adquiridos onerosamente na vigência do casamento.

9. (TJRJ/Juiz de Direito/VUNESP/2012) Considerando as disposições positivadas no Código Civil, é CORRETO afirmar sobre a sucessão dos ascendentes:

a) Na falta de descendentes, são chamados à sucessão os ascendentes em concorrência com o cônjuge sobrevivente, salvo se casado este com o falecido no regime da comunhão universal, participação final nos aquestos, ou da separação obrigatória de bens se, no regime da comunhão parcial, o autor da herança houver deixado bens particulares.
b) Na falta de descendentes, são chamados a suceder os ascendentes em concorrência com o cônjuge ou companheiro sobrevivente, salvo se casado este com o falecido no regime da comunhão parcial de bens, ou da separação obrigatória, desde que haja bens particulares.
c) Havendo igualdade em grau e diversidade em linha, os ascendentes da linha paterna herdam a metade, cabendo a outra aos da linha materna.
d) Concorrendo com ascendente em primeiro grau, ao cônjuge tocará a metade da herança; caber-lhe-á um quarto desta se houver um só ascendente ou se maior for aquele grau.

10. (OAB/Exame de Ordem Unificado 2010.3/Fundação Getulio Vargas/2011) Josefina e José, casados pelo regime da comunhão universal de bens, tiveram três filhos: Mário, Mauro e Moacir. Mário teve dois filhos: Paulo e Pedro. Mauro teve três filhos: Breno, Bruno e Brian. Moacir teve duas filhas: Isolda e Isabel. Em um acidente automobilístico, morreram Mário e Mauro. José, muito triste com a perda dos filhos, faleceu logo em seguida, deixando um patrimônio de R$ 900.000,00. Nesse caso hipotético, como ficaria a divisão do monte?

a) Josefina receberia R$ 450.000,00. Os filhos de Mário receberiam cada um R$ 75.000,00. Os filhos de Mauro receberiam R$ 50.000,00 cada um. E, por fim, as filhas de Moacir receberiam R$ 75.000,00 cada uma.
b) A herança seria dividida em três partes de R$ 300.000,00. Paulo e Pedro receberiam cada um R$ 150.000,00. Breno, Bruno e Brian receberiam, cada um, R$ 100.000,00. E, por fim, Isabel e Isolda receberiam cada uma a importância de R$ 150.000,00.
c) Paulo e Pedro receberiam cada um R$ 150.000,00. Breno, Bruno e Brian receberiam, cada um, R$ 100.000,00. E, por fim, Moacir receberia R$ 300.000,00.
d) Josefina receberia R$ 450.000,00. Paulo e Pedro receberiam cada um R$ 75.000,00. Breno, Bruno e Brian receberiam cada um R$ 50.000,00. Moacir receberia R$ 150.000,00.

11. (TJSP/Juiz de Direito/184° Concurso/VUNESP/2013) Relativamente à ordem da vocação hereditária, assinale a alternativa CORRETA.

a) Concorrendo à herança irmãos bilaterais e unilaterais, cada um desses herdará apenas a metade do que cada um daqueles herdar.
b) Concorrendo à herança somente um avô materno e dois avós paternos, a cada um tocará 1/3 (um terço) da herança.

c) Se concorrerem à herança somente um filho de irmão premorto e duas filhas de irmã premorta, àquele tocará metade da herança e a cada uma destas, 1/4 (um quarto) dela.
d) Incluem-se na sucessão legítima os colaterais até o terceiro grau.

12. (MP/SP/90º Concurso/2013) Em tema de sucessão legítima, assinale abaixo a assertiva INCORRETA.

a) São herdeiros necessários os descendentes, os ascendentes e o cônjuge.
b) Ao cônjuge sobrevivente, qualquer que seja o regime de bens, será assegurado, sem prejuízo da participação que lhe caiba na herança, o direito real de habitação.
c) Entre os descendentes, os em grau mais próximo excluem os mais remotos, salvo o direito de representação.
d) Na falta de descendentes, são chamados à sucessão os ascendentes em concorrência com o cônjuge sobrevivente.
e) O herdeiro necessário, a quem o testador deixar a sua parte disponível, ou algum legado, terá excluído seu direito à legítima.

13. (TJSP/Juiz de Direito/186º Concurso/VUNESP/2015) Acerca do Direito das Sucessões, assinale a alternativa CORRETA.

a) É intransferível ao cessionário de direitos hereditários o direito de preferência inerente à qualidade de herdeiro.
b) É eficaz a cessão, pelo coerdeiro, de seu direito hereditário sobre bem da herança singularmente considerado.
c) A morte do responsável cambiário é modalidade de transferência anômala da obrigação, repassável aos herdeiros, salvo se o óbito tiver ocorrido antes do vencimento do título.
d) Considera-se imóvel o direito à sucessão aberta, exigindo-se escritura pública para sua cessão, não se admitindo que a renúncia da herança conste de termo judicial.

14. (TJSP/Juiz de Direito/186º Concurso/VUNESP/2015) Assinale a alternativa CORRETA, no que tange ao direito real de habitação, assegurado ao cônjuge sobrevivente.

a) Não é extensível ao regime da separação de bens.
b) Exige registro imobiliário para a sua constituição.
c) Não dá direito aos frutos.
d) É irrenunciável.

15. (TJRR/Juiz de Direito/Fundação Carlos Chagas/2015) Na sucessão de colateral, não existindo outros parentes que prefiram na ordem da vocação hereditária, mas havendo do *de cujus*.

a) sobrinho neto e primo-irmão, a herança será atribuída somente ao primo-irmão.
b) sobrinho-neto, tio-avô e primo-irmão, a herança será partilhada entre eles, por estirpe.
c) tio e sobrinho, a herança será dividida entre eles.
d) tio e sobrinho, a herança será atribuída apenas ao tio.
e) sobrinho-neto, tio-avô e primo-irmão, a herança será partilhada entre eles, por cabeça.

16. (PGE/MT/Procurador do Estado/Fundação Carlos Chagas/2016) O cônjuge sobrevivente sucede,

a) em concorrência com os descendentes, independentemente do regime em que era casado.
b) ainda que separado de fato do falecido, há mais de dois anos, desde que haja prova de que a convivência se tornou impossível sem culpa do sobrevivente.
c) por inteiro, na falta de descendentes, ainda que haja ascendentes.
d) em concorrência com os descendentes, no regime da comunhão parcial, sejam os bens comuns ou particulares.
e) em concorrência com os ascendentes em primeiro grau, ainda que haja descendentes.

17. (OAB/XXII Exame de Ordem Unificado/Fundação Getulio Vargas/2017) Clara e Sérgio são casados pelo regime da comunhão parcial de bens. Durante o casamento, o casal adquiriu

onerosamente um apartamento e Sérgio herdou um sítio de seu pai. Sérgio morre, deixando, além de Clara, Joaquim, filho do casal. Sobre os direitos de Clara, segundo os fatos narrados, assinale a afirmativa CORRETA.

a) Clara é herdeira do apartamento, em concorrência com Joaquim.
b) Clara é meeira no apartamento e herdeira do sítio, em concorrência com Joaquim.
c) Clara é herdeira do apartamento e do sítio, em concorrência com Joaquim.
d) Clara é meeira no sítio e herdeira do apartamento, em concorrência com Joaquim.

18. (TJSP/Juiz de Direito/187º Concurso/VUNESP/2017) Pedro casa-se com Maria, pelo regime da comunhão parcial de bens, e com ela tem três filhos: Paulo, Luciana e João. Após ficar viúvo, Pedro se casa com Luísa, pelo regime da comunhão universal, e com ela tem um filho: Antônio. Pedro e Luísa morrem. Em momentos posteriores, morrem Paulo e Luciana e, depois, Antônio, cada qual deixando dois filhos. Último dos irmãos a morrer, João era solteiro, não vivia em união estável e não deixou filhos. Como fica a partilha dos bens deixados por João?

a) Os filhos de Paulo, Luciana e Antônio herdarão por representação e em partes iguais, uma vez que não há distinção entre colaterais de mesmo grau.
b) Os filhos de Paulo, Luciana e Antônio herdarão por cabeça, mas aos de Antônio, por ser irmão unilateral, caberá a metade dos demais.
c) Os filhos de Paulo, Luciana e Antônio herdarão por cabeça e em partes iguais.
d) Os filhos de Paulo, Luciana e Antônio herdarão por representação, mas aos de Antônio caberá a metade dos demais, uma vez que na classe dos colaterais os mais próximos excluem os mais remotos.

19. (OAB/XXIV Exame de Ordem Unificado/Fundação Getulio Vargas/2017) Lúcia, sem ascendentes e sem descendentes, faleceu solteira e não deixou testamento. O pai de Lúcia tinha dois irmãos, que tiveram, cada qual, dois filhos, sendo, portanto, primos dela. Quando do falecimento de Lúcia, seus tios já haviam morrido. Ela deixou ainda um sobrinho, filho de seu único irmão, que também falecera antes dela.

Sobre a sucessão de Lúcia, de acordo com os fatos narrados, assinale a afirmativa CORRETA.

a) O sobrinho concorre com o tio na sucessão de Lúcia, partilhando-se por cabeça.
b) O sobrinho representará seu pai, premorto, na sucessão de Lúcia.
c) O filho do tio premorto será chamado à sucessão por direito de representação.
d) O sobrinho é o único herdeiro chamado à sucessão e herda por direito próprio.

20. (TJPR/Juiz de Direito/CESPE-CEBRASPE/2017) César, casado sob o regime da comunhão universal de bens, separou-se de fato de sua esposa, Lina, em 2002. No ano de 2005, após o falecimento de seus pais, César iniciou união estável com Lídia. Posteriormente, no ano de 2006, Hugo, irmão de César, que não possuía vínculo matrimonial ou de convivência, sem descendentes, faleceu, deixando bens. Iniciado o processo de inventário por César, Lina ingressou pleiteando o reconhecimento da sua qualidade de meeira.

Considerando essa situação hipotética à luz do Código Civil, do entendimento doutrinário sobre o tema e da jurisprudência do STJ, assinale a opção CORRETA.

a) Segundo a ordem de vocação hereditária estabelecida no Código Civil, César não é herdeiro de Hugo.
b) A separação de fato de César e Lina é causa que enseja o encerramento do regime de bens entre eles.
c) A união estável havida entre César e Lídia não é reconhecida pelo ordenamento jurídico.
d) Com o falecimento de Hugo, a transmissão da herança ao herdeiro ocorrerá mediante a imissão na posse, a qual, entretanto, será condicionada ao ajuizamento, pelo interessado, de manifestação nesse sentido.

21. (TJRS/Juiz de Direito/VUNESP/2018) José e Maria (grávida de 9 meses) sofreram um acidente automobilístico. José faleceu no acidente. Maria foi levada com vida ao hospital e o filho que estava em seu ventre faleceu alguns minutos após o nascimento, tendo respirado.

Na manhã seguinte, Maria também faleceu em decorrência dos ferimentos causados pelo acidente. José e Maria não tinham outros filhos. O casal tinha uma fortuna de R$ 50.000.000,00 (cinquenta milhões de reais) em aplicações financeiras, numa conta conjunta, valores acumulados exclusivamente durante o período do casamento, sob o regime legal de bens (comunhão parcial). Os pais de José (Josefa e João) e os pais de Maria (Ana e Paulo) ingressaram em juízo postulando seus direitos hereditários. Assinale a alternativa CORRETA.

a) Os pais de Maria têm direito a 75% do valor da herança e os pais de José ao restante.
b) Os pais de José têm direito a 75% do valor da herança e os pais de Maria ao restante.
c) A herança deve ser atribuída totalmente aos pais de José, nada cabendo aos pais de Maria.
d) A herança deve ser atribuída totalmente aos pais de Maria, nada cabendo aos pais de José.
e) Os pais de José e os pais de Maria têm direito, cada um deles, à metade da herança.

22. (OAB/XXV Exame de Ordem Unificado/Fundação Getulio Vargas/2018) Ana, sem filhos, solteira e cujos pais são premortos, tinha os dois avós paternos e a avó materna vivos, bem como dois irmãos: Bernardo (germano) e Carmen (unilateral). Ana falece sem testamento, deixando herança líquida no valor de R$ 60.000,00 (sessenta mil reais).
De acordo com os fatos narrados, assinale a afirmativa CORRETA.

a) Seus três avós receberão, cada um, R$ 20.000,00 (vinte mil reais), por direito de representação dos pais de Ana, premortos.
b) Seus avós paternos receberão, cada um, R$ 15.000,00 (quinze mil reais), por direito próprio.
c) Bernardo receberá R$ 40.000,00 (quarenta mil reais), por ser irmão germano, e Carmen receberá R$ 20.000,00 (vinte mil reais), por ser irmã unilateral.
d) Bernardo e Carmen receberão, cada um, R$ 30.000,00 (trinta mil reais), por direito próprio.
e) Os pais de José e os pais de Maria têm direito, cada um deles, à metade da herança.

23. (TJRS/Concurso para Outorga de Delegação de Serviços Notariais e Registrais/2019) João vivia com José em união estável homoafetiva. João faleceu, deixando, como único bem, um apartamento adquirido antes do início da união estável com José. Maria e Joana são filhas de João. Sobre a partilha dos bens de João, assinale a alternativa CORRETA.

a) José tem direito a receber um quarto da herança.
b) José tem direito a receber 50% do valor da herança.
c) José, Maria e Joana irão receber o mesmo quinhão da herança deixada por João.
d) José receberá metade do valor atribuído aos filhos de João.
e) José não participará da sucessão de João, tendo em vista a inexistência de bens adquiridos durante a união estável.

24. (OAB/XXVIII Exame de Ordem Unificado/ 2019) Matheus, sem filhos, casado com Jane, no regime de comunhão parcial de bens, falece após enfarto fulminante. De seu parentesco em linha reta são ainda vivos Carlos, seu pai, e Irene, sua avó materna.
A partir da situação acima, assinale a opção que indica a sucessão de Matheus.

a) Serão herdeiros Carlos, Irene e Jane, a última em concorrência, atribuído quinhão de 1/3 do patrimônio para cada um deles.
b) Serão herdeiros Carlos e Jane, atribuído quinhão de 2/3 ao pai e de 1/3 a Jane, cônjuge concorrente.
c) Carlos será herdeiro sobre a totalidade dos bens, enquanto Jane apenas herda, em concorrência com este, os bens particulares do falecido.
d) Serão herdeiros Carlos e Jane, esta herdeira concorrente, atribuído quinhão de metade do patrimônio para cada um destes.

25. (TJAC/Juiz de Direito/VUNESP/2019) De acordo com o Código Civil de 2002, é titular de direito real de habitação o cônjuge sobrevivente

a) apenas se for casado pelo regime da separação total de bens, relativamente ao imóvel destinado à residência familiar, desde que seja o único daquela natureza a inventariar.
b) apenas se for casado pelo regime da separação total de bens, relativamente ao imóvel destinado à residência familiar, independentemente da existência de outros bens residenciais a inventariar.
c) qualquer que seja o regime de bens, relativamente ao imóvel destinado à residência familiar, independentemente da existência de outros bens residenciais a inventariar.
d) qualquer que seja o regime de bens, relativamente ao imóvel destinado à residência familiar, desde que seja o único daquela natureza a inventariar.

26. (TJAL/Juiz de Direito/Fundação Carlos Chagas/2019) André, solteiro, não teve filhos e morreu sem deixar ascendentes vivos. Por testamento, deixou todos os seus bens para o seu melhor amigo, Antônio, com quem não tinha nenhum grau de parentesco. Sentindo-se injustamente preteridos, os três únicos irmãos de André ajuizaram ação visando à declaração da nulidade total do testamento, argumentando que, devido ao parentesco, não poderiam ter sido excluídos da sucessão. O pedido deduzido nessa ação é

a) procedente, pois os irmãos de André são herdeiros necessários, devendo ser declarada a nulidade total do testamento.
b) procedente em parte, pois os irmãos de André são herdeiros necessários, devendo ser declarada a nulidade parcial do testamento, apenas quanto a três quartos dos bens.
c) procedente em parte, pois os irmãos de André são herdeiros necessários, devendo ser declarada a nulidade parcial do testamento, apenas quanto à metade dos bens.
d) improcedente, pois os irmãos de André não são herdeiros necessários.
e) improcedente, pois os irmãos de André, embora sejam herdeiros necessários, podem ser excluídos da sucessão mediante testamento.

■ GABARITO ■

1. "b". *Vide* art. 1.836, § 1º, do CC.
2. "b". *Vide* art. 1.846 do CC.
3. "d". *Vide* art. 1.838 do CC.
4. "c". *Vide* art. 1.840 do CC.
5. "c". *Vide* arts. 1.831, 1.836 e 1.837 do CC. Diferentemente do que sucede nos casos de concorrência com os descendentes, o cônjuge concorrerá com os ascendentes do falecido, seja qual for o regime.
6. "c". José, casado no regime da comunhão universal de bens, tem direito à meação de R$ 250.000,00. Por outro lado, somente Bruno e Breno são filhos e herdeiros da falecida.
7. "a". *Vide* arts. 1.841 e 1.843 do CC.
8. "d".
9. "c". *Vide* art. 1.836, § 2º, do CC.
10. "d". Josefina, casada no regime da comunhão universal de bens, receberia a sua meação. Quanto aos filhos e sobrinhos do falecido, *vide* art. 1.840 do CC. Metade da herança (R$ 450.000,00) caberia aos três filhos. Somente Moacir está vivo e por isso receberia R$ 150.000,00. Mário e Mauro, já falecidos, seriam representados por seus filhos.
11. "a". *Vide* art. 1.841 do CC.
12. "e". *Vide* art. 1.849 do CC.
13. "a". *Vide* art. 1.794 do CC.
14. "c". *Vide* art. 1.414 do CC.
15. "e". *Vide* arts. 1.840 e 1.843 do CC.

16. "b". *Vide* art. 1.830 do CC.
17. "b". *Vide* art. 1.829, I, do CC.
18. "b". *Vide* arts. 1.835 e 1.841 do CC.
19. "d". *Vide* art. 1.843, *caput*, do CC.
20. "b". Segundo a jurisprudência, a separação de fato dissolve a sociedade conjugal e a união estável.
21. "d". O filho do casal José e Maria, embora também tenha falecido minutos após o seu nascimento, respirou e, portanto, viveu, herdando todo o patrimônio dos falecidos pais. Tendo falecido em seguida, transmitiu, por sua morte, esse patrimônio à sua mãe, Maria. Esta, ao falecer no dia seguinte, transmitiu-o aos seus pais, Ana e Paulo.
22. "b". *Vide* art. 1.836 do CC.
23. "c". *Vide* art. 1.725 do CC.
24. "d". *Vide* art. 1.829, II, do CC.
25. "d". *Vide* art. 1.831 do CC.
26. "d".

9

DOS HERDEIROS NECESSÁRIOS

9.1. INTRODUÇÃO

O Código Civil de 2002 promoveu um novo enquadramento tópico da matéria concernente aos herdeiros necessários, deslocando-a do título relativo à sucessão testamentária, onde se encontrava no diploma de 1916, para o atinente à sucessão legítima.

Herdeiro **necessário** (legitimário ou reservatário) é o **descendente** (filho, neto, bisneto etc.) ou **ascendente** (pai, avô, bisavô etc.) sucessível, ou seja, é *todo parente* ***em linha reta*** *não excluído da sucessão por indignidade ou deserdação*, bem como o **cônjuge** (CC, art. 1.845).

O Código Civil de 1916 não enumerava os herdeiros necessários, mas se depreendia da leitura do art. 1.721 que eram apenas os descendentes e os ascendentes. O art. 1.845 do diploma de 2002 declara expressamente:

> "São herdeiros necessários os **descendentes**, os **ascendentes** e o **cônjuge**".

A inclusão do cônjuge no rol dos herdeiros necessários constitui uma das mais relevantes inovações introduzidas pelo aludido Código.

A expressão "herdeiro necessário" difere da expressão "herdeiro legítimo", indicada no art. 1.829 do Código Civil. **Todo herdeiro necessário é legítimo, mas nem todo herdeiro legítimo é necessário**, também designado como legitimário, reservatário, obrigatório ou forçado[1].

Entendem-se por herdeiros **necessários** aqueles que **não podem ser afastados da sucessão pela simples vontade do sucedido**, senão apenas na hipótese de praticarem, comprovadamente, ato de ingratidão contra o autor da herança. Mesmo assim, só poderão ser deserdados se tal fato estiver previsto em lei como autorizador de tão drástica consequência[2].

9.2. RESTRIÇÃO À LIBERDADE DE TESTAR. LEGÍTIMA E METADE DISPONÍVEL

Dispõe o art. 1.846 do Código Civil:

---

1 Washington de Barros Monteiro, *Curso de direito civil*, v. 6, p. 107-108.

2 Giselda Hironaka, *Comentários ao Código Civil*, v. 20, p. 250.

"Pertence aos herdeiros necessários, de pleno direito, a metade dos bens da herança, constituindo a legítima".

Aparecem assim, ao lado da expressão *herdeiro necessário*, os conceitos de legítima e de porção disponível, que estão intimamente ligados. Aos herdeiros necessários a lei assegura o direito à **legítima**, que corresponde à metade dos bens do testador, ou à **metade da sua meação**, nos casos em que o regime do casamento a instituir. A outra, denominada **porção** ou **quota disponível**, pode ser deixada livremente.

Se **não existe descendente, ascendente ou cônjuge**, o testador desfruta de **plena liberdade**, podendo transmitir todo o seu patrimônio (que, nesse caso, não se divide em legítima e porção disponível) a quem desejar, exceto às pessoas não legitimadas a adquirir por testamento (arts. 1.798 e 1.801).

No regime da **comunhão universal de bens**, o patrimônio do casal é dividido em **duas meações**. Separa-se, antes da partilha, a do cônjuge sobrevivente. Essa meação não se confunde com a herança, que é a parte deixada pelo *de cujus*. O cônjuge sobrevivo apenas conserva aquilo que já era seu e que estava em condomínio, em seu casal.

A meação do falecido, havendo herdeiros necessários, é dividida em **legítima e metade disponível**. A primeira, nesse caso, corresponde a um quarto do *patrimônio do casal*, ou à **metade da meação do testador**. Dela o herdeiro necessário **não pode ser privado**, pois é herdeiro forçado, imposto pela lei. A **legítima**, ou **reserva**, vem a ser, pois, a porção de bens que a lei assegura a ele. Por outro lado, **porção**, ou **quota disponível**, constitui a parte dos bens de que o testador pode dispor livremente, ainda que tenha herdeiros necessários.

Como não se admite testamento conjuntivo, cada cônjuge deve, se deseja manifestar a sua última vontade, fazer o seu, nele dispondo de sua meação para depois de sua morte.

■ Cálculo da legítima

Preceitua o art. 1.847 do Código Civil:

"Calcula-se a legítima sobre o valor dos bens existentes na abertura da sucessão, abatidas as dívidas e as despesas do funeral, adicionando-se, em seguida, o valor dos bens sujeitos a colação".

As **dívidas** constituem o passivo do *de cujus* e **devem ser abatidas do monte para que se apure o patrimônio líquido e real transmitido aos herdeiros**. Se absorvem todo o acervo, não há herança. As **despesas de funeral constituem dispêndios desta** (CC, art. 1.998), que devem ser atendidas de preferência aos herdeiros e legatários.

O **patrimônio líquido** é dividido em duas metades, correspondendo, uma delas, à **legítima**, e a outra, à **quota disponível**. Ambas, em princípio, **têm o mesmo valor**. O da primeira, no entanto, pode eventualmente superar o da segunda se o testador tiver feito doações aos seus descendentes, as quais devem vir à **colação**. Esta tem por fim conferir e igualar a legítima dos herdeiros necessários. Ressalve-se que, no entanto, o doador pode dela dispensar o descendente beneficiado (CC, art. 2.005). Doações a ascendentes não obrigam à colação.

Em resumo, falecido o autor da herança, **pagas as suas dívidas e as despesas de funeral**, divide-se o patrimônio em duas partes iguais. Uma delas constitui a quota disponível. À outra **adiciona-se o valor das doações** recebidas do *de cujus* pelos seus descendentes, e que estes não tenham sido dispensados de conferir, **e ter-se-á a legítima dos herdeiros necessários**[3].

Os bens que integram o patrimônio deixado pelo ***de cujus*** serão **avaliados com base nos preços de mercado vigentes à época da abertura da sucessão**, deduzindo-se do total o valor da dívida existente e acrescentando-se o valor dos bens colacionados.

■ Deixa da parte disponível ao herdeiro necessário

Estatui o art. 1.849 do Código Civil:

> "O herdeiro necessário, a quem o testador deixar a sua parte disponível, ou algum legado, não perderá o direito à legítima".

Malgrado a lei assegure a legítima aos herdeiros, **nada impede que o testador deixe sua quota disponível ao herdeiro necessário**, uma vez que pode atribuí-la a quem bem entender, seja estranho, seja herdeiro. Admite o dispositivo em apreço, portanto, que o herdeiro necessário seja beneficiado duas vezes: primeiro, com a sua porção na legítima, concorrendo com outros eventuais herdeiros necessários; e, segundo, com parte ou a totalidade da quota disponível[4].

Por conseguinte, uma pessoa pode ser, numa mesma sucessão, herdeiro universal **legítimo necessário** e herdeiro universal **testamentário**, ou herdeiro universal **legítimo necessário** e **legatário** (sucessor a *título singular*), conforme a deixa testamentária do autor da herança o contemple com uma percentagem do acervo disponível ou com um bem considerado individualmente[5].

Decorre do dispositivo em epígrafe que o herdeiro legítimo necessário **não perde sua condição** nem mesmo se contemplado em testamento pelo testador, **quer com um legado, quer com a totalidade da parte disponível**. Embora a lei faça referência à deixa de toda a porção disponível do acervo patrimonial do testador, nada obsta a que o herdeiro seja contemplado com uma **porcentagem ou alíquota dessa porção**, pois se pode o mais, ou seja, herdar a totalidade, pode o menos.

■ Direito do testador de dispor da quota disponível

Pode o testador, uma vez que tem o direito de dispor da quota disponível como lhe aprouver, **beneficiar com ela um filho mais necessitado que outro**. Está apenas impedido de ultrapassar os limites da aludida quota. Não o fazendo, a deixa é perfeitamente válida, não necessitando ser colacionada no inventário.

Tem-se decidido que, "apesar de ser defesa a inclusão do cônjuge casado em regime de separação *obrigatória* de bens, como herdeiro necessário, é certo que poderá

---

3 Silvio Rodrigues, *Direito civil*, v. 7, p. 125.

4 Eduardo de Oliveira Leite, *Comentários*, cit., v. XXI, p. 278.

5 Giselda Hironaka, Herdeiros necessários e direito de representação, in *Direito das sucessões e o novo Código Civil*, p. 108.

ser eleito como **herdeiro testamentário**, tendo em vista que não há vedação legal que o coíba ser destinatário da metade disponível da herança do *de cujus*"[6].

■ Admissibilidade da exclusão dos herdeiros colaterais

Como só aos descendentes, ascendentes e cônjuge é assegurado o direito à legítima, **os *herdeiros colaterais* podem ser excluídos da sucessão**. Não se exige que a exclusão seja expressa. **Basta que o testador não os contemple em testamento**. Dispõe, com efeito, o art. 1.850 do Código Civil que, "para excluir da sucessão os herdeiros colaterais, basta que o testador disponha de seu patrimônio sem os contemplar". Aqueles, no entanto, só podem ser privados do direito sucessório motivadamente, por meio de testamento, se derem causa à deserdação.

■ 9.3. CLÁUSULAS RESTRITIVAS

Malgrado a legítima seja intocável e não possa ser desfalcada em detrimento dos herdeiros necessários, **admite-se que o testador indique os bens que a comporão**. Preceitua o art. 2.014 do Código Civil:

> "Pode o testador indicar os bens e valores que devem compor os quinhões hereditários, deliberando ele próprio a partilha, que prevalecerá, salvo se o valor dos bens não corresponder às quotas estabelecidas".

Por seu turno, proclama o art. 2.018:

> "É válida a partilha feita por ascendente, por ato entre vivos ou de última vontade, contanto que não prejudique a legítima dos herdeiros necessários".

Desse modo, **não havendo ofensa à legítima, pode o autor da herança realizar a partilha dos bens em vida, ou estipulá-la por disposição de última vontade**. Se, no entanto, for casado pelo regime da comunhão universal de bens e o cônjuge lhe sobreviver, a indicação dos bens constitutivos da legítima será reputada simples conselho, que o juiz atenderá ou não, porque o cônjuge sobrevivente tem preferência na escolha dos bens a serem partilhados, cuja metade já lhe pertence como meação[7].

O Código Civil de 2002, no entanto, **proíbe** expressamente a **conversão dos bens da legítima** em outros de espécie diversa. **Veda**, ainda, a imposição de cláusula de **inalienabilidade, impenhorabilidade e incomunicabilidade** sobre os bens da legítima, salvo se houver justa causa, declarada no testamento.

Assim dispõe o art. 1.848, *caput*, do aludido diploma:

> "Salvo se houver justa causa, declarada no testamento, não pode o testador estabelecer cláusula de inalienabilidade, impenhorabilidade, e de incomunicabilidade, sobre os bens da legítima".

---

6 TJDF, Ap. 20070110776726APC, 6ª T. Cív., rel. Des. Ana Maria Duarte Amarante Brito, j. 11-5-2011.

7 Washington de Barros Monteiro, *Curso*, cit., v. 6, p. 111-112.

Proibiu-se a imposição de tais cláusulas, porém com a ressalva: **salvo se houver justa causa, expressamente declarada no testamento**. Não basta, todavia, que o testador aponte a causa. **Ela precisa ser justa**.

Restrições legais

O novo diploma **proíbe** sem ressalvas, ou seja, de forma absoluta, a **conversão dos bens da legítima** em outros de espécie diversa, por exemplo, a venda dos imóveis para a aquisição de ações de determinada empresa. Prescreve, efetivamente, o § 1º do art. 1.848 que "não é permitido ao testador estabelecer a conversão dos bens da legítima em outros de espécie diversa". A proibição não comporta justificativa que permita incluí-la no testamento.

Os bens da legítima não podem ser objeto de **fideicomisso**, pois pertencem aos herdeiros necessários, a quem se faculta o direito de dispor deles por testamento. Não pode, desse modo, o testador determinar a sua passagem ao substituto designado (fideicomissário).

A limitação imposta no art. 1.848, *caput*, do Código Civil restringe-se ao testador e à legítima, **não alcançando a parte disponível nem o doador**, mesmo porque o art. 1.911 do mesmo diploma dispõe que "a cláusula de inalienabilidade, imposta aos bens por ato de liberalidade, implica impenhorabilidade e incomunicabilidade". Justifica-se a restrição no tocante à legítima por se tratar de quota legalmente reservada sobre os bens do espólio.

Ainda que o usufruto não esteja expressamente incluído na lista de vedações do art. 1.848 do Código Civil, não se pode admitir que seja instituído sobre os bens da legítima dos herdeiros. "Isso porque o usufruto é um ato de disposição, ainda que não plena, de poderes inerentes à propriedade (uso e fruição), e o testador não pode dispor livremente sobre os bens que a lei reserva aos herdeiros necessários (art. 1.789 do Código Civil)"[8].

9.3.1. Cláusula de inalienabilidade

As cláusulas de inalienabilidade, impenhorabilidade e incomunicabilidade, como mencionado, são admitidas somente em casos excepcionais, de **justa causa** declarada no testamento. Aceita a justificação, deverão ser obedecidas.

A cláusula de inalienabilidade não excederá, em duração, à vida do herdeiro. Nos casos em que é admitida, **não obstará à livre disposição dos bens por testamento** e, em falta deste, a sua transmissão, **desembaraçados de qualquer ônus**, aos herdeiros legítimos, pois, quando vitalícia, extingue-se com a morte do herdeiro necessário, **não podendo ultrapassar uma geração**. Como o testamento só produz efeitos após a morte do testador, quando os bens já estarão livres da restrição, a deixa é válida.

Nessa consonância, proclamou o Superior Tribunal de Justiça: "A cláusula de inalienabilidade e impenhorabilidade, disposta no testamento em favor da herdeira

---

8 TJSC, Ap. 4021547-58.2018.8.24.0000, 3ª Câm. D. Civil, rel. Des. Marcus Tulio Sartorato, j. 9-4-2019.

necessária, desaparece com o seu falecimento. A cláusula pode apenas atingir os bens integrantes da legítima enquanto estiver vivo o herdeiro, **passando livres e desembaraçados aos herdeiros deste**. Com a morte do herdeiro necessário (CC/1916, art. 1.721; CC/2002, arts. 1.846 e 1.829), que recebeu bens clausulados em testamento, os bens passam aos herdeiros deste, livres e desembaraçados (CC/1916, art. 1.723; CC/2002, art. 1.848)"[9].

A *inalienabilidade* pode ser, ainda:

- **absoluta**, quando prevalecerá em qualquer caso e com relação a qualquer pessoa; e
- **relativa**, se facultada a alienação em determinadas circunstâncias ou a determinada pessoa, indicada pelo testador.

9.3.2. Cláusula de incomunicabilidade

Cláusula de incomunicabilidade é disposição pela qual o testador determina que a **legítima** do herdeiro necessário, qualquer que seja o regime de bens convencionado, **não entrará na comunhão**, em virtude de casamento[10].

Como já salientado, dispõe o art. 1.911 do Código Civil:

> "A cláusula de inalienabilidade, imposta aos bens por ato de liberalidade, implica impenhorabilidade e incomunicabilidade".

Se assim não fosse, pelo casamento contraído sob o regime da comunhão universal de bens o beneficiário transmitiria metade dos bens inalienáveis ao seu cônjuge.

A *incomunicabilidade*, contudo, não acarreta a inalienabilidade do bem. Assim, bens gravados somente com a primeira cláusula não se tornam inalienáveis. A ***impenhorabilidade*** dos bens decorre do fato de a penhora representar começo de venda, forçada ou judicial.

A cláusula de incomunicabilidade constitui uma eficiente proteção ao herdeiro, sem que, por outro lado, colida com qualquer interesse geral. O exemplo mais comum é o do pai cuja filha se casa pelo regime da comunhão de bens. Para evitar que, com a separação, os bens por ela trazidos sejam divididos com o marido não confiável, ou que com a morte deste os mesmos bens sejam partilhados com os seus próprios herdeiros, o genitor **impõe a incomunicabilidade da legítima, impedindo o estabelecimento da comunhão** (CC, art. 1.668, I).

9.3.3. Cláusula de impenhorabilidade

A cláusula de impenhorabilidade imposta pelo testador sobre os bens da legítima visa **impedir a sua constrição judicial** em execução, por dívidas contraídas pelo herdeiro, restringindo a atuação dos credores.

---

9 STJ, REsp 80.480-SP, 4ª T., rel. Min. Rosado de Aguiar, *DJU*, 24-6-1996, p. 22769.

10 Silvio Rodrigues, *Direito civil*, cit., v. 7, p. 128.

Os *frutos* e *rendimentos* caracterizam-se pela sua **alienabilidade**, pois destinam-se à satisfação das necessidades do titular da coisa. Desse modo, a cláusula de *inalienabilidade* imposta a esta não os atinge.

Há uma corrente que admite que o testador pode gravá-los expressamente, juntamente com a coisa principal. Merece ser prestigiada, entretanto, a corrente contrária, que entende **não poderem ser clausurados**, para que a propriedade não se torne de todo inútil ao dono. Como, não obstante, podem ser gravados com a *impenhorabilidade*, consoante entendimento majoritário, uma cláusula que os onere também com a inalienabilidade deve ser interpretada como relativa apenas à primeira restrição. Somente os bens seriam inalienáveis, permanecendo disponíveis os frutos e os rendimentos, embora impenhoráveis.

■ 9.3.4. Sub-rogação de vínculos

O § 2º do art. 1.848 do Código Civil permite a sub-rogação do vínculo, **mediante autorização judicial e havendo justa causa**, alienando-se os bens gravados e convertendo-se o produto em outros bens, que ficarão sub-rogados nos ônus dos primeiros.

A possibilidade reconhecida depende, pois, da ocorrência de dois fatores:

- a **autorização judicial**, e
- a **justa causa**.

Demonstrada esta, pode o juiz autorizar a venda de imóvel gravado com cláusula de inalienabilidade, utilizando-se o produto na aquisição de outro imóvel de igual valor, ao qual serão transferidos os referidos ônus.

Os juízes, em geral, determinam a avaliação do bem clausurado e do que se sub-rogará em seu lugar. Sendo este de igual ou maior valor, autoriza-se a sub-rogação, em operação simultânea, convencendo-se o juiz da necessidade.

O art. 725, II, do Código de Processo Civil estabelece que se processará na forma estabelecida para os **procedimentos especiais de jurisdição voluntária** o pedido de sub-rogação. A jurisprudência, por seu turno, considerando que, pelo art. 1.109, o juiz não fica jungido ao critério de estrita legalidade, tem decidido que pode ele prescindir de hasta pública, se esta não lhe parecer conveniente, ou se houver transferência do vínculo para outro imóvel, assim como pode determinar que o produto da venda seja depositado em caderneta de poupança[11].

Pode o testador, ainda, subtrair ao usufruto paterno os bens deixados, bem como excluí-los da administração do genitor (CC, art. 1.693, III).

---

[11] *RT*, 489/69, 508/104; *Bol. AASP*, 1.036/204, em. 14.

■ 9.4. RESUMO

DOS HERDEIROS NECESSÁRIOS	
CONCEITO	■ Herdeiro necessário (legitimário ou reservatário) é o descendente (filho, neto, bisneto etc.) ou ascendente (pai, avô, bisavô etc.) sucessível, ou seja, é todo parente em linha reta não excluído da sucessão por indignidade ou deserdação, bem como o cônjuge (CC, art. 1.845).
LEGÍTIMA E METADE DISPONÍVEL	■ Ao herdeiro necessário a lei assegura o direito à ***legítima***, que corresponde à metade dos bens do testador (CC, art. 1.846). A outra, denominada ***metade*** ou ***porção disponível***, pode ser deixada livremente. Se não existe herdeiro necessário, a liberdade de testar é plena, podendo o testador transmitir todo o seu patrimônio a quem desejar, exceto às pessoas não legitimadas a adquirir por testamento (arts. 1.798 e 1.801).
CÁLCULO DA LEGÍTIMA	■ Calcula-se a legítima sobre o valor dos bens existentes na abertura da sucessão, abatidas as dívidas e as despesas do funeral, adicionando-se, em seguida, o valor dos bens sujeitos a colação (CC, art. 1.847). O herdeiro necessário, a quem o testador deixar a sua parte disponível, ou algum legado, não perderá o direito à legítima (art. 1.849).
EXCLUSÃO DOS COLATERAIS	■ Para excluir da sucessão os herdeiros colaterais, basta que o testador disponha de seu patrimônio sem os contemplar (CC, art. 1.850), uma vez que só aos descendentes, ascendentes e cônjuge é assegurado o direito à legítima.
CLÁUSULAS RESTRITIVAS	■ O CC proíbe expressamente a conversão dos bens da legítima em outros de espécie diversa (art. 1.848, § 1º). ■ Veda, ainda, a imposição de cláusula de inalienabilidade, impenhorabilidade e incomunicabilidade sobre os bens da legítima, ***salvo se houver justa causa, declarada no testamento*** (art. 1.848, ***caput***). ■ A limitação restringe-se ao testador e à legítima, não alcançando a parte disponível nem o doador. A cláusula de inalienabilidade, imposta aos bens por ato de liberalidade, implica impenhorabilidade e incomunicabilidade (art. 1.911). ■ Permite-se a ***sub-rogação do vínculo***, mediante autorização judicial e havendo justa causa, alienando-se os bens gravados e convertendo-se o produto em outros bens, que ficarão sub-rogados nos ônus dos primeiros (art. 1.848, § 2º).

10

DO DIREITO DE REPRESENTAÇÃO

10.1. CONCEITO

Há duas maneiras de suceder:

- por **direito próprio** (*jure proprio*), quando a herança é deferida **ao herdeiro mais próximo**, seja em virtude de seu parentesco com o falecido, seja por força de sua condição de cônjuge ou companheiro; e
- por **representação** (*jure representationis*), quando chamado a suceder em lugar de parente mais próximo do autor da herança, porém **premorto, ausente ou incapaz de suceder**[1].

Assim, se o *de cujus* deixa **descendentes**, sucedem-no estes por **direito próprio**. Se, no entanto, **um dos filhos já é falecido**, o seu lugar é ocupado pelos filhos que porventura tenha, que herdam por **representação ou estirpe**.

Sucessão por direito de transmissão

Distingue-se a sucessão por direito de representação da que ocorre por **direito de transmissão** (*jure transmissionis*), quando se substitui o herdeiro pertencente à classe chamada à sucessão ***depois* de sua abertura**. Na representação o herdeiro vem ocupar o lugar do representado, e assim sucede, num só chamado, ao autor da herança; na sucessão por direito de transmissão há **dois chamamentos ou dupla transmissão**, passando a herança ao herdeiro do sucedendo, e por morte deste aos respectivos sucessores[2].

Há quem prefere afirmar que a vocação é:

- **direta**, quando a condição de herdeiro resulta do parentesco ou da vontade do testador; ou
- **indireta**, quando o título de herdeiro promana da lei, mas a primeira vocação não pode efetivar-se por ausência do convocado, substituído por isso pelo seu descendente. Nesse caso, não haveria propriamente representação, mas substituição por força de lei[3].

---

1 Silvio Rodrigues, *Direito civil*, v. 7, p. 134; Washington de Barros Monteiro, *Curso de direito civil*, v. 6, p. 116.

2 Caio Mário da Silva Pereira, *Instituições de direito civil*, v. VI, p. 92.

3 Mariano D'Amelio, *Códice Civile, libro delle successioni*, p. 85, apud Washington de Barros Monteiro, *Curso*, cit., v. 6, p. 116.

■ 10.2. FUNDAMENTO JURÍDICO

A representação é restrita à sucessão legítima, não se aplicando à testamentária. Nesta, porém, admite-se a *substituição vulgar* determinada pelo testador (CC, art. 1.947). Pode este estipular, no ato de última vontade, que os bens por ele deixados passem, por pré-morte do beneficiário, a seus herdeiros legítimos.

A finalidade do direito de representação é **mitigar o rigor da regra de que o grau mais próximo exclui o mais remoto**, mantendo o equilíbrio entre pessoas sucessíveis da mesma classe pela substituição, por sua estirpe, da que faltar.

Proclama o art. 1.851 do Código Civil:

> "Dá-se o direito de representação, quando a lei chama certos parentes do falecido a suceder em todos os direitos, em que ele sucederia, se vivo fosse".

E o art. 1.854, de modo redundante, prescreve:

> "Os representantes só podem herdar, como tais, o que herdaria o representado, se vivo fosse".

Malgrado a existência de várias teorias a respeito do fundamento jurídico do direito de representação, como a da *comunhão patrimonial familiar*, de Betti; a da *unidade e continuidade da família*, defendida por Zanzucchi; e a da *necessidade de tutelar a expectativa do representante*, sustentada por Nicolò, a discussão acabou limitando-se à seguinte indagação: **o *jus representationis* constitui ficção legal ou direito**?

O Código Napoleão (art. 739) considera-o como *ficção*, pela qual se faz entrar herdeiro mais afastado no lugar, no grau e nos direitos de herdeiro mais próximo, que faleceu antes do *de cujus*. Como assinala Washington de Barros Monteiro, "não é esse, contudo, o ponto de vista do nosso legislador, **que reputa a representação um direito**"[4].

■ 10.3. REQUISITOS DO DIREITO DE REPRESENTAÇÃO

Para que ocorra a representação são necessários os seguintes **pressupostos**:

■ **Que o representado tenha falecido antes do representante, salvo nas hipóteses de *ausência*** (desaparecimento do domicílio sem dar notícia do paradeiro), ***indignidade* e *deserdação*** (*v*. arts. 749 e s. do CPC/2015 e 1.814 e 1.816 do CC, cujas causas se aplicam à deserdação)

Não se representa, com efeito, pessoa viva, de acordo com o brocardo *viventis non datur repraesentatio*. A sucessão do **indigno**, porém, que o art. 1.816 considera como morto (morte civil) para efeitos hereditários, sendo por isso substituído pelos seus descendentes, constitui exceção a essa regra. Ocorre o mesmo com a representação do **ausente**, aquele que desaparece de seu domicílio sem que haja notícia de seu paradeiro. É também considerado presumidamente morto, nos casos em que a lei autoriza a abertura de sucessão definitiva (CC, art. 6º, 2ª parte).

---

4 *Curso*, cit., v. 6, p. 117.

Admite-se também a representação quando ocorre a **comoriência**, visto não se poder averiguar, nesse caso, qual dos dois sobreviveu ao outro. Observa Orlando Gomes, com apoio na lição de Galvão Teles, que solução diversa conduziria ao absurdo de os netos nada receberem da herança do avô quando o pai tivesse morrido juntamente com ele e existissem outros filhos[5].

Diversa, todavia, a situação do **herdeiro renunciante**, que se considera como se nunca tivesse sido herdeiro e por isso não pode ser substituído pelo seu descendente (CC, art. 1.811).

■ **Que o representante seja descendente do representado**

A representação se caracteriza, com efeito, pela chamada do descendente para substituir o ascendente em uma sucessão. Quando é feita na linha reta, **o filho substitui o pai na sucessão do avô**, e assim por diante. Quando ocorre na linha colateral, **o filho substitui seu pai, na sucessão de um tio**, em concorrência com outros tios. O direito de representação — proclama o art. 1.852 do Código Civil — "dá-se na linha reta descendente, mas nunca na ascendente".

■ **Que o representante tenha legitimação para herdar do representado, no momento da abertura da sucessão**

Tal condição é aferida em relação ao sucedido, e não ao representado. O representante ocupa a posição deixada pelo representado, **mas não herda deste, e sim do *de cujus***, e tem de apresentar legitimação sucessória para essa finalidade. Desse modo, o excluído da sucessão do pai pode representá-lo na sucessão do avô.

A questão, todavia, não é pacífica. Sílvio Venosa, por exemplo, entende que, como o representante recebe a herança diretamente do avô, será tão ofensiva ao direito a tentativa de homicídio contra este, como contra o pai premorto. Por isso, o indigno não está inibido de herdar só em relação ao pai que representa, senão também com relação ao avô, que é o *de cujus* da herança tratada[6].

Predomina na doutrina, no entanto, o entendimento de que **a legitimação para herdar é aferida em relação ao sucedido, e não ao representado**, como sustenta Washington de Barros Monteiro[7].

Desse modo, obtempera Silvio Rodrigues, "o filho que renunciou a herança de seu pai, ou que seja indigno de recebê-la, **pode, não obstante, representando o pai, recolher a herança do avô**, a não ser que, com relação a este ascendente mais afastado (o avô), seja, também, indigno de suceder"[8].

■ **Que não haja solução de continuidade no encadeamento dos graus entre representante e representado** (não pode o neto saltar sobre o pai vivo a fim de representá-lo na herança do avô, salvo em caso de ausência, indignidade ou deserdação)

---

5 *Sucessões*, cit., p. 48.

6 *Direito civil*, v. VII, p. 135-136.

7 *Curso*, cit., v. 6, p. 119.

8 *Direito civil*, cit., v. 7, p. 138.

A representação não se dá, com efeito, *per saltum et omisso medio*, isto é, com omissão de uma geração. Não pode alguém suceder saltando a pessoa do intermediário, enfatiza Caio Mário da Silva Pereira[9].

■ **Que reste, no mínimo, um filho do *de cujus* ou, na linha colateral, um irmão do falecido**

Isso porque, se todos os filhos do falecido já morreram, ou todos os irmãos deste, os netos, no primeiro caso, e os sobrinhos, no segundo, **herdam por direito próprio**.

Registre-se, por fim, que em nenhuma hipótese desaparece a concorrência com cônjuge sobrevivo, salvo as exceções previstas no art. 1.828, I, do Código Civil.

■ 10.4. LINHAS EM QUE SE DÁ O DIREITO DE REPRESENTAÇÃO

O direito de representação, como já foi dito, **só se verifica na linha reta descendente, nunca na ascendente** (CC, art. 1.852). **Na linha colateral, ocorrerá em favor dos filhos de irmãos falecidos** (dos sobrinhos) quando com irmão deste concorrerem (art. 1.853).

Na linha reta descendente, como também mencionado, **os filhos herdam por cabeça**, enquanto os outros descendentes herdam **por estirpe**, se não estiverem no mesmo grau.

Herdar por estirpe é o mesmo que herdar por direito de representação. Assim, havendo descendentes de graus diversos, a herança dividir-se-á em tantas estirpes quantos forem os vários ramos, isto é, os descendentes em grau mais próximo. E o quinhão cabente à estirpe dividir-se-á entre os representantes (CC, art. 1.855).

A estirpe é chamada em conjunto (os netos do herdeiro premorto, por exemplo), mas, **dentro de cada estirpe, o quinhão é dividido igualmente entre os seus membros**. Assim, se alguém morre deixando dois filhos, estes herdam por cabeça, ou seja, a herança se divide em duas partes. Mas, se deixar um filho e dois netos de outro filho premorto, a herança se divide em duas partes, cabendo uma à estirpe do filho vivo, e a outra à estirpe do filho morto. Esse quinhão será dividido pelos dois netos, que representam o ascendente premorto[10].

Na linha colateral, a representação ocorrerá em favor dos filhos de irmãos do falecido (dos sobrinhos) quando com irmão deste concorrerem (CC, art. 1.853). Se o finado deixa apenas sobrinhos, herdam estes por cabeça e em partes iguais. **Não há direito de representação em favor de filhos de sobrinhos**. Se o *de cujus* deixa apenas sobrinhos, e um deles é também falecido, os filhos deste não herdam. A herança é deferida unicamente e por inteiro aos sobrinhos sobreviventes, **excluindo-se, assim, os sobrinhos-netos**.

Também não há direito de representação se não se trata de sucessão de tio. Desse modo, se o falecido tinha como único herdeiro um primo-irmão, só este recolhe a herança, ainda que tenha tido outro primo-irmão, anteriormente falecido e que tenha deixado filhos.

---

9 *Instituições*, cit., v. VI, p. 96.

10 Silvio Rodrigues, *Direito civil*, cit., v. 7, p. 138-139.

Não podem, ainda, os netos de irmãos pretender o direito de representação, só concedido a filhos de irmãos, porquanto na classe dos colaterais os mais próximos excluem os mais remotos.

Por fim, reitere-se, "ninguém pode suceder, representando herdeiro renunciante" (art. 1.811), que é havido como estranho à herança, e não pode, assim, ser substituído pelo seu descendente.

■ 10.5. EFEITOS DA REPRESENTAÇÃO

O principal efeito da representação é **atribuir o direito sucessório a pessoas que não sucederiam**, por existirem herdeiros de grau mais próximo, mas que acabam substituindo um herdeiro premorto. Pelo fato de os representantes sucederem diretamente o *de cujus*, não estão obrigados pelas dívidas do representado, mas somente pelas daquele. **Só podem herdar, como tais, o que herdaria o representado, se vivo fosse** (CC, art. 1.854), ou seja, não recebem menos nem mais do que receberia o representado. O quinhão do representado "partir-se-á por igual entre os representantes" (art. 1.855).

Dispõe o art. 1.856 do Código Civil:

> "O renunciante à herança de uma pessoa poderá representá-la na sucessão de outra".

Assim, se um dos filhos repudiar a herança, os seus filhos, netos do falecido, não herdarão por representação, mas **o renunciante poderá representar o *de cujus* na sucessão de terceira pessoa**, porque a renúncia não se estende a outra herança.

Pode, assim, haver renúncia à herança do pai (para beneficiar um irmão mais necessitado, por exemplo), sem que tal ato importe renúncia à herança do avô, para a qual o renunciante pode ser chamado, representando seu pai, premorto.

Outro efeito da representação é a **obrigação de os netos, representando seus pais, levarem à colação as doações que estes receberam do avô**, cujos bens estão sendo inventariados (CC, art. 2.009). Cumpre salientar que, se os netos herdaram por direito próprio, é irrelevante tenham ou não seus pais recebido doações do autor da herança. Mas, se herdaram por direito de representação, devem conferir as doações recebidas pelo ascendente que representam, ainda que os bens objeto das doações não componham a herança[11].

■ 10.6. RESUMO

DO DIREITO DE REPRESENTAÇÃO	
CONCEITO	■ Dá-se a sucessão por direito próprio quando a herança é deferida ao herdeiro mais próximo. E por ***representação*** quando chamado a suceder em lugar de parente mais próximo do autor da herança, porém premorto, ausente ou incapaz de suceder. Assim, se um dos filhos já é falecido, o seu lugar é ocupado pelos filhos que porventura tenha, os quais herdam por representação ou estirpe (CC, art. 1.851).

[11] Silvio Rodrigues, *Direito civil*, cit., v. 7, p. 139.

FINALIDADE	■ A finalidade do direito de representação é mitigar o rigor da regra de que o grau mais próximo exclui o mais remoto.
REQUISITOS	**a)** que o representado tenha falecido antes do representante, salvo as hipóteses de ausência, indignidade e deserdação; **b)** que o representante seja descendente do representado; **c)** que o representante tenha legitimação para herdar do representado, no momento da abertura da sucessão; **d)** que não haja solução de continuidade no encadeamento dos graus entre representante e representado.
HIPÓTESES	■ Somente se verifica o direito de representação na linha reta descendente, nunca na ascendente (CC, art. 1.852). ■ Na linha colateral, ocorrerá em favor dos filhos de irmãos do falecido (dos sobrinhos) quando com irmão deste concorrerem (art. 1.853). ■ Ninguém pode suceder, representando herdeiro renunciante, que é havido como estranho à herança (art. 1.811).
EFEITOS	■ Atribui o direito sucessório a pessoas que não sucederiam, por existirem herdeiros de grau mais próximo, mas que acabam substituindo um herdeiro premorto. ■ Os representantes herdam exatamente o que o representado herdaria, se vivesse (CC, art. 1.854). ■ A quota hereditária do representante não responde pelas dívidas do representado, mas pelas do autor da herança, a quem sucede diretamente. ■ O quinhão do representado "partir-se-á por igual entre os representantes" (art. 1.855). ■ O renunciante à herança de uma pessoa poderá representá-la na sucessão de outra (art. 1.856). ■ Os netos, representando seus pais, têm a obrigação de levar à colação as doações que estes receberam do avô, cujos bens estão sendo inventariados (art. 2.009).

11

DA SUCESSÃO TESTAMENTÁRIA

■ 11.1. INTRODUÇÃO

Examinada a sucessão legítima, em que a devolução da herança opera por força de lei, passa-se agora ao estudo da **sucessão testamentária**, na qual a transmissão se dá por ato de última vontade.

■ **Sucessão legítima**

Se uma pessoa falece sem ter manifestado a sua vontade em testamento, supre a lei tal omissão e determina a vocação legítima. Dá-se, assim, a **sucessão legítima** quando a herança é deferida a pessoas da família do *de cujus*:

- ■ por **não ter este deixado testamento**;
- ■ **por ineficaz ou caduco** o seu ato de última vontade;
- ■ **se o testamento não compreende todos os bens do testador**, regulando a lei a sucessão no que concerne aos bens não abrangidos;
- ■ **se o testamento caducar** ou for **invalidado**[1].

Como o autor da herança pode dispor de seu patrimônio, alterando a ordem da vocação hereditária prevista na lei, respeitados os direitos dos herdeiros necessários, se não fez testamento presume-se estar de acordo com a referida ordem. Por isso se diz que a sucessão legítima representa a **vontade presumida** do *de cujus* e tem caráter supletivo.

■ **Sucessão testamentária**

A *sucessão testamentária* decorre de expressa manifestação de última vontade, em **testamento** ou **codicilo**. A vontade do falecido, a quem a lei assegura a liberdade de testar, limitada apenas pelos direitos dos herdeiros necessários, constitui, nesse caso, a causa necessária e suficiente da sucessão. Tal espécie permite a instituição de **herdeiros e legatários**, que são, respectivamente, sucessores a título universal e particular.

Em nosso país prepondera, do ponto de vista quantitativo, a sucessão legítima sobre a testamentária.

Embora não se admitam os **pactos sucessórios**, que têm por objeto herança de pessoa viva (CC, art. 426), considera-se válida a **partilha em vida**, sob a forma de

[1] Zeno Veloso, *Testamentos*, p. 12.

doação do ascendente aos descendentes, como dispõe o art. 2.018 do diploma civil (*v.* n. 1.5.4, Sucessão contratual, *retro*).

■ 11.2. CONCEITO DE TESTAMENTO

A clássica definição de Modestino, proveniente do direito antigo, tem perdurado através dos séculos: "*Testamentum est voluntatis nostrae justa sententia, de eo, quod quis pos mortem suam fieri velit*" (Testamento é a justa manifestação de nossa vontade sobre aquilo que queremos que se faça depois da morte).

Ciente de que não cabe ao legislador, mas à doutrina, em regra, apresentar definições dos institutos jurídicos (*omnis definitio in jure civili periculosa*), o Código Civil de 2002 não reproduziu o art. 1.626 do diploma de 1916, segundo o qual testamento é "o ato revogável pelo qual alguém, de conformidade com a lei, dispõe, no todo ou em parte, do seu patrimônio, para depois da sua morte". Todavia, a noção de testamento transparece nitidamente nos arts. 1.857, *caput*, e 1.858, do novo diploma, segundo os quais o testamento **constitui ato personalíssimo e revogável pelo qual alguém dispõe da totalidade dos seus bens, ou de parte deles, para depois de sua morte**.

Essa noção **limita a manifestação de vontade às disposições patrimoniais**, quando se sabe que a vontade do testador pode ser externada para fins de reconhecimento de filhos havidos fora do casamento (CC, art. 1.609, III), nomeação de tutor para filho menor (art. 1.729, parágrafo único), reabilitação do indigno (art. 1.818), instituição de fundação (art. 62), imposição de cláusulas restritivas se houver justa causa (art. 1.848) etc.

Por essa razão, o referido diploma acrescenta, no § 2º do citado art. 1.857, que **"são válidas as disposições testamentárias de caráter não patrimonial, ainda que o testador somente a elas se tenha limitado"**. E, no § 1º, confirma a regra de que a legítima pertence aos herdeiros necessários de pleno direito (art. 1.846), prescrevendo: **"A legítima dos herdeiros necessários não poderá ser incluída no testamento"**.

Essa concepção acompanha o enunciado de outros códigos das nações civilizadas, que em sua generalidade compreendem o testamento como **o ato revogável pelo qual alguém, de conformidade com a lei, dispõe total ou parcialmente de seu patrimônio, para depois de sua morte, ou faz outras declarações de última vontade**.

■ 11.3. CARACTERÍSTICAS DO TESTAMENTO

As principais características do testamento são:

■ **É um *ato personalíssimo*, privativo do autor da herança.**

Não se admite a sua feitura por procurador, nem mesmo com poderes especiais. Assim dispõe o art. 1.858 do Código Civil: **"o testamento é ato personalíssimo, podendo ser mudado a qualquer tempo"**.

Nada impede, todavia, que um terceiro (um tabelião, um advogado ou outra pessoa) redija, a pedido do testador e seguindo sua orientação, uma minuta do testamento, ou acompanhe e assessore o testador, quando da elaboração, desde que se trate de uma participação desinteressada, honesta e normal, sem nenhuma interferência no conteúdo da vontade do testador[2].

■ **Constitui *negócio jurídico unilateral***, isto é, aperfeiçoa-se com uma única manifestação de vontade, a do testador (declaração não receptícia de vontade), e presta-se à produção de diversos efeitos por ele desejados e tutelados na ordem jurídica.

Com efeito, **a só vontade, pessoalmente manifestada, do testador é suficiente à formação do testamento**. Não tem o beneficiário de intervir para a sua perfeição e validade. Posteriormente, depois da morte do testador, quando aberta a sucessão, é que se manifesta a aceitação deste (CC, arts. 1.804 e 1.923), a qual não é elemento ou condição essencial do ato[3].

Aliás, como percucientemente assevera Zeno Veloso[4], "se comparecesse ao testamento um herdeiro instituído, ou um legatário, aceitando, previamente, as disposições que lhe favorecessem, estar-se-ia diante de um pacto sucessório, terminantemente proibido", conforme o art. 426 do Código Civil: "*Não pode ser objeto de contrato a herança de pessoa viva*".

É **proibido** (CC, art. 1.863) o testamento **conjuntivo** (*de mão comum* ou *mancomunado*), feito por duas ou mais pessoas, seja *simultâneo* (disposição conjunta em favor de terceira pessoa), *recíproco* (instituindo benefícios mútuos) ou *correspectivo* (disposições em retribuição de outras correspondentes). Justifica-se a proibição porque tais disposições constituem espécies de **pacto sucessório** e contrariam uma característica essencial do testamento, que é a revogabilidade.

Nada impede que o casal, desejando testar simultaneamente, compareça ao Cartório de Notas e ali **cada qual faça o seu testamento, em cédulas testamentárias distintas**. É vedada somente a feitura conjunta por marido e mulher, no mesmo instrumento. Elaborando-os separadamente, ainda que na mesma ocasião e perante o mesmo tabelião, podem deixar os bens um para o outro. Nesse caso, os testamentos não são considerados conjuntivos, pois cada qual conserva a sua autonomia[5].

■ **É *solene*:** só terá validade se forem observadas todas as formalidades essenciais prescritas na lei (*ad solemnitatem*).

---

2 Zeno Veloso, *Testamentos*, cit., p. 30.

3 Orozimbo Nonato, *Do testamento*, cit., p. 38; Carlos Maximiliano, *Direito das sucessões*, v. I, p. 357, n. 285.

4 *Testamentos*, cit., p. 31.

5 "Testamento. Elaboração de instrumentos diferentes, na mesma data, por marido e mulher, deixando bens um para o outro. Testamentos que não se confundem com o simultâneo e recíproco, vedado pelo art. 1.630 do Código Civil (de 1916). Nulidade não reconhecida" (*JTJ*, Lex, 264/280). "Testamento conjuntivo. Inocorrência. Ato do *de cujus*, deixando suas cotas para sua ex-sócia e concubina, e outro por ela feito. Manifestações de vontade distintas em que cada um compareceu individualmente para expressar seu desejo sucessório" (STJ, *RT*, 787/189). "Testamento conjuntivo. Não configuração. Hipótese de dualidade de testamentos no mesmo dia e tabelião. Testador que em um deles figura como legatário do testador no outro testamento, dos mesmos bens. Não incidência da proibição do art. 1.630 do CC (de 1916). Possibilidade de disposição de bens entre duas pessoas, desde que em atos separados" (Ap. 234.291-1-SP, 2ª Câm. Cív. de Férias, rel. Des. Lino Machado, j. 23-8-1995).

Não podem elas ser postergadas, sob pena de nulidade do ato[6]. Excetua-se o testamento **nuncupativo** (de viva voz), admissível somente como espécie de testamento militar (CC, art. 1.896). A excessiva formalidade do testamento visa assegurar a sua autenticidade e a liberdade do testador, bem como chamar a atenção do autor para a seriedade do ato que está praticando[7].

Tem a jurisprudência, todavia, **amenizado a rigidez formal** quando a vontade do testador se mostra bem patenteada no instrumento. Nessa linha decidiu o Superior Tribunal de Justiça:

> "Testamento. Descumprimento de formalidade. Circunstância que deve ser acentuada ou minorada de molde a assegurar a vontade do testador e proteger o direito de seus herdeiros, sobretudo os filhos"[8].

■ **É um *ato gratuito***, pois não visa à obtenção de vantagens para o testador. A imposição de encargo ao beneficiário não lhe retira tal característica. A gratuidade é, efetivamente, da essência do ato, que não comporta correspectivo. **E a liberalidade existe, ainda nos legados com encargo**. Orozimbo Nonato, depois de afirmar serem de simples aparência as derrogações do princípio de gratuidade, na substituição fideicomissária e nos legados condicionais e com encargo, conclui: "A intrusão de certo elemento oneroso no ato gratuito não lhe apaga o caráter liberal, salvo se preponderante"[9].

■ **É *essencialmente revogável*** (CC, art. 1.969), sendo inválida a cláusula que proíbe a sua revogação.

A revogabilidade é da essência do testamento, não estando o testador obrigado a declinar os motivos de sua ação. Pode o testador, pois, usar do direito de revogá-lo, total ou parcialmente, quantas vezes quiser (*v.* art. 1.858 do CC, retrotranscrito).

O poder de revogar testamento, no todo ou em parte, **é irrenunciável**, uma vez que a revogabilidade constitui princípio de ordem pública. Inválida, portanto, como dito, seria a cláusula contrária à sua revogabilidade essencial, denominada

---

6 "Testamento público. Anulação. Testemunhas. Ausência de algumas delas durante o ato. Inadmissibilidade. Requisito essencial não observado" (*RT*, 687/80, 617/238). "Testamento público. Nulidade. Ocorrência. Formalidade. Descumprimento. Testemunhas que apenas assinaram a escritura sem terem assistido ao ato de redação do testamento no livro de notas. Recurso não provido" (*RJTJSP*, 138/43).

7 Silvio Rodrigues, *Direito civil*, cit., v. 7, p. 145.

8 *RT*, 798/232. Ementa oficial: "O testamento é um ato solene que deve submeter-se a numerosas formalidades que não podem ser descuradas ou postergadas, sob pena de nulidade. Mas todas essas formalidades não podem ser consagradas de modo exacerbado, pois a sua exigibilidade deve ser acentuada ou minorada em razão da preservação dos dois valores a que elas se destinam — razão mesma de ser do testamento —, na seguinte ordem de importância: o primeiro, para assegurar a vontade do testador, que já não poderá mais, após o seu falecimento, por óbvio, confirmar a sua vontade ou corrigir distorções, nem explicitar o seu querer possa ter sido expresso de forma obscura ou confusa; o segundo, para proteger o direito dos herdeiros do testador, sobretudo dos seus filhos".

9 *Estudos sobre sucessão testamentária*, v. I, p. 193, n. 146.

revocatória ou *derrogatória*. Ela não contamina o testamento, mas deve considerar-se não escrita[10].

Há, no entanto, uma **exceção** ao princípio da revogabilidade do ato de última vontade: por força do art. 1.609, III, do mesmo diploma, o testamento é **irrevogável** na parte em que, eventualmente, o testador tenha reconhecido um **filho havido fora do matrimônio**.

A vontade que se respeita é a última. Por isso, se o indivíduo falece com diversos testamentos sucessivos, vale o último, a menos que se destine a completar o anterior, concorrendo para constituir a vontade do testador. De regra, porém, consideram-se revogados os que precederam o derradeiro[11].

- **É, também, ato *causa mortis*:** produz efeitos somente após a morte do testador.

Desse modo, até o falecimento dos disponentes fica sem objeto o ato em que a pessoa dispõe do patrimônio para depois do próprio óbito. **A abertura da sucessão é requisito primordial para se cumprirem os fatos jurídicos nele previstos**. Chama-se *causa mortis* exatamente porque é pressuposto necessário, para que tenha eficiência, a morte do prolator.

Segundo Carlos Maximiliano, as seguintes *diferenças* extremam as linhas limítrofes entre atos jurídicos **entre vivos** e o de **última vontade**:

> "a) o menor, que haja completado dezesseis anos, realiza este, e não aqueles;
>
> b) os primeiros são mais ou menos livres quanto aos requisitos externos; o segundo obedece a formas rigorosas e mais complicadas;
>
> c) o de última vontade pode referir-se a bens futuros; os outros, não;
>
> d) atos entre vivos exigem registro, para valerem contra terceiro; o *causa mortis*, não: o seu registro tem outra finalidade"[12].

11.4. RESUMO

DA SUCESSÃO TESTAMENTÁRIA	
CONCEITO	■ A sucessão testamentária decorre de expressa manifestação de última vontade, em testamento ou codicilo. O ***testamento*** constitui ato de última vontade, pelo qual o autor da herança dispõe de seus bens para depois da morte e faz outras disposições (CC, arts. 1.857 e 1.858).
CARACTERÍSTICAS	■ é ato ***personalíssimo***, privativo do autor da herança; ■ constitui ***negócio jurídico unilateral***. É proibido o testamento ***conjuntivo***, seja simultâneo, seja recíproco ou correspectivo (CC, art. 1.863); ■ é ato ***solene***; ■ é ato ***gratuito***; ■ é ato essencialmente *revogável* (art. 1.969); ■ é também ato ***causa mortis***: produz efeitos somente após a morte do testador.

[10] Caio Mário da Silva Pereira, *Instituições*, cit., v. VI, p. 199; Orozimbo Nonato, *Estudos*, cit., v. I, p. 121, n. 77.

[11] Orlando Gomes, *Sucessões*, p. 96; Carlos Maximiliano, *Direito das sucessões*, cit., v. I, p. 358.

[12] *Direito das sucessões*, cit., v. I, p. 354.

12

DA CAPACIDADE DE TESTAR

12.1. A CAPACIDADE TESTAMENTÁRIA ATIVA COMO REGRA

A capacidade testamentária pode ser **ativa** (*testamenti factio activa*) e **passiva** (*testamenti factio passiva*). A primeira diz respeito aos que podem dispor por testamento; a segunda indica os que podem adquirir por testamento.

A *capacidade* do agente é **requisito de validade** do testamento. Dispõe, efetivamente e de forma genérica, o art. 104 do Código Civil:

> "A validade do negócio jurídico requer:
>
> I — agente capaz;
>
> II — objeto lícito, possível, determinado ou determinável;
>
> III — forma prescrita ou não defesa em lei".

Desse modo, para que o testamento seja válido é mister tenha o testador **capacidade testamentária**. Compreende esta os pressupostos de inteligência e vontade, isto é, o entendimento do que representa o ato, e a manifestação do que o agente quer. Isso sem prejuízo da capacidade genérica para a realização de qualquer negócio jurídico, que de fato é o testamento[1].

Obtempera Carlos Maximiliano que **a capacidade "constitui a regra: a incapacidade, *exceção***: podem fazer testamento todos os que não estão proibidos por lei — *omnes testamentum facere possunt qui non prohibentur*"[2].

A *capacidade testamentária ativa* constitui, portanto, a regra.

Dispõe o art. 1.860 do Código Civil:

> "Além dos incapazes, não podem testar os que, no ato de fazê-lo, não tiverem pleno discernimento.
>
> Parágrafo único. Podem testar os maiores de dezesseis anos".

O dispositivo em apreço menciona somente os que **não podem testar**:

- os **incapazes**; e
- os que, no ato de fazê-lo, não tiverem **pleno discernimento**.

[1] Caio Mário da Silva Pereira, *Instituições de direito civil*, v. VI, p. 202.

[2] *Direito das sucessões*, v. I, p. 381.

Compreende-se que, **exceto essas, todas as pessoas podem fazer testamento válido**.

Nessa conformidade, podem testar, por exemplo, **o cego, o analfabeto, o falido** etc., embora em alguns casos a lei restrinja o direito a certas formas de testamento. O testador, por exemplo, não sabendo a língua nacional, não pode testar de forma pública, pois, para figurar nos livros públicos, é essencial que seja o testamento redigido em português. O cego só pode testar sob a forma pública (CC, art. 1.867). Ao que não sabe ou não pode ler é defeso dispor de seus bens em testamento cerrado (art. 1.872).

São, destarte, taxativos os preceitos que determinam a incapacidade. As normas restritivas de direitos só abrangem os casos que especificam. **Todas as pessoas não incluídas na proibição podem testar**.

■ As pessoas jurídicas

Só as pessoas naturais, entretanto, podem fazer testamento. As pessoas jurídicas estão inibidas de o fazer[3].

Efetivamente, **as *pessoas jurídicas* extinguem-se por dissolução, e não por morte**. A extinção ou dissolução da pessoa jurídica, sua liquidação, o destino ulterior do seu patrimônio e a divisão de seus bens não têm relação com a morte física.

■ 12.2. INCAPACIDADE EM RAZÃO DA IDADE

■ Os menores de 16 anos

Os menores de 16 anos são absolutamente incapazes e, nessa condição, **não podem testar**. Faltando-lhes o poder de deliberar, a lei despreza a sua vontade, não vislumbrando nela a consistência necessária para produzir consequências *post mortem*.

É natural que o legislador não considere a vontade de pessoas que **ainda não têm maturidade e firmeza suficiente** para dispor de seus bens. Para protegê-las, considera nulo o testamento por elas elaborado.

■ Os maiores de 16 anos

Diversa, contudo, é a situação dos *maiores de 16 anos*, relativamente incapazes. Dentre os incapazes em geral, só eles, por exceção, podem testar (CC, art. 1.860, parágrafo único), **mesmo sem a assistência de representante legal**. Malgrado dela necessitem, por força das regras de caráter geral sobre capacidade, para a prática dos demais atos da vida civil, podem dispensá-la para fazer testamento, pois a **regra especial** do parágrafo único do art. 1.860 prevalece sobre aquelas e só considera incapazes, para esse fim, os menores de 16 anos. Os que já atingiram essa idade são, portanto, capazes para testar, agindo sozinhos.

Não obstante determinar o Código Civil que aos pais (arts. 1.634, V, e 1.690) e ao tutor (art. 1.747, I) compete assistir o menor, após os 16 anos de idade e até completar a maioridade, nos atos da vida civil, para a facção testamentária ativa **o menor não precisa da assistência de seu representante legal**, porque, como salienta

[3] Oliveira Ascensão, *Direito civil:* sucessões, n. 32, p. 68.

Itabaiana de Oliveira, o testamento é ato *personalíssimo*, que não admite procurador nem ajudante, como é o testemunho[4].

A capacidade testamentária ativa, que se alcança aos 16 anos de idade, é uma **capacidade especial, diversa da geral, que se adquire aos 18 anos completos** (CC, art. 5º, *caput*). De fato, sendo o testamento um negócio essencialmente revogável, e que só produz efeitos após a morte do testador, poderá o relativamente incapaz, que fez o seu testamento quando ainda imaturo, **revogá-lo a qualquer tempo, ou modificá-lo**, para ajustar a sua manifestação de última vontade às suas conveniências atuais.

■ 12.3. INCAPACIDADE POR FALTA DE DISCERNIMENTO OU ENFERMIDADE MENTAL

Os privados do necessário discernimento para a prática dos atos da vida civil, por enfermidade ou deficiência mental, eram considerados **absolutamente incapazes** pelo art. 3º, II, do Código Civil e, por esse motivo, **inibidos de testar** (art. 1.860, 1ª parte).

Consideram-se portadores de *enfermidade* ou *deficiência mental* **os alienados de qualquer espécie**, como os perturbados mentalmente, os amentais, os mentecaptos, os furiosos, os idiotas, os imbecis, os dementes e os afetados por doenças psíquicas de intensidade capaz de privá-los do necessário discernimento para os atos da vida civil.

A Lei n. 13.146, de 6 de julho de 2015, denominada **"Estatuto da Pessoa com Deficiência"**, promoveu uma profunda mudança no sistema das incapacidades, alterando substancialmente a redação dos arts. 3º e 4º do Código Civil, que passou a ser a seguinte:

> "Art. 3º São **absolutamente incapazes** de exercer pessoalmente os atos da vida civil os menores de 16 (dezesseis) anos.
>
> Art. 4º São **incapazes, relativamente a certos atos** ou à maneira de os exercer:
>
> I — os maiores de dezesseis e menores de dezoito anos;
>
> II — os ébrios habituais e os viciados em tóxico;
>
> III — aqueles que, por causa transitória ou permanente, não puderem exprimir sua vontade;
>
> IV — os pródigos.
>
> Parágrafo único. A capacidade dos indígenas será regulada por legislação especial".

Observa-se que o art. 3º, que trata dos absolutamente incapazes, teve todos os seus incisos revogados, apontando no *caput*, como únicas pessoas com essa classificação, ***"os menores de 16 (dezesseis) anos"***.

Por sua vez, o art. 4º, que relaciona os relativamente incapazes, manteve, no inc. I, os ***"maiores de dezesseis e menores de dezoito anos"***, mas suprimiu, no inc. II, "os que, por deficiência mental, tenham o discernimento reduzido". Manteve apenas

---

4 *Tratado de direito das sucessões*, v. II, p. 29.

"os ébrios habituais e os viciados em tóxico". E, no inc. III, suprimiu "os excepcionais, sem desenvolvimento mental completo", substituindo-os pelos que, ***"por causa transitória ou permanente, não puderem exprimir sua vontade"***. Os ***pródigos*** permanecem no inc. IV como relativamente incapazes.

Destina-se a aludida Lei n. 13.146/2015, como proclama o art. 1º, "a assegurar e a promover, **em condições de igualdade**, o exercício dos direitos e das liberdades fundamentais por pessoa com deficiência, visando à sua inclusão social e cidadania". Em suma, para a referida lei o deficiente tem uma qualidade que os difere das demais pessoas, mas não uma doença. Por essa razão é excluído do rol dos incapazes e se equipara à pessoa capaz.

A consequência direta e imediata dessa alteração legislativa é exatamente essa, repita-se: **o deficiente é agora considerado pessoa plenamente capaz**. Como afirmou Pablo Stolze, em comentário à nova lei, "a pessoa com deficiência — aquela que tem impedimento de longo prazo, de natureza física, mental, intelectual ou sensorial, nos termos do art. 2º — não deve ser mais tecnicamente considerada civilmente incapaz, na medida em que os arts. 6º e 84, do mesmo diploma, deixam claro que a deficiência não afeta a plena capacidade civil da pessoa"[5].

O citado art. 6º declara, efetivamente, que "**A deficiência não afeta a plena capacidade civil da pessoa**, inclusive para: I — casar-se e constituir união estável; II — exercer direitos sexuais e reprodutivos; III — exercer o direito de decidir sobre o número de filhos e de ter acesso a informações adequadas sobre reprodução e planejamento familiar; IV — conservar sua fertilidade, sendo vedada a esterilização compulsória; V — exercer o direito à família e à convivência familiar e comunitária; e VI — exercer o direito à guarda, à tutela, à curatela e à adoção, como adotante ou adotando, em igualdade de oportunidades com as demais pessoas".

Por seu turno, o mencionado art. 84 estatui, categoricamente, que "A pessoa com deficiência tem assegurado o direito ao exercício de sua capacidade legal em **igualdade de condições** com as demais pessoas". **Quando necessário**, aduz o § 1º, "*a pessoa com deficiência será submetida à curatela, conforme a lei*". A definição de curatela de pessoa com deficiência, complementa o § 3º, "*constitui medida protetiva extraordinária, proporcional às necessidades e às circunstâncias de cada caso, e durará o menor tempo possível*".

Pretendeu o legislador, com essas inovações, impedir que a pessoa deficiente seja considerada e tratada como incapaz, tendo em vista os princípios constitucionais da igualdade e da dignidade humana. Todavia, têm elas sido objeto de pesadas críticas formuladas pela doutrina, pelo fato, principalmente, de desproteger aqueles que merecem a proteção legal.

Permanecem assim, como já dito, como *absolutamente incapazes* somente os menores de 16 anos.

---

5 O Estatuto da Pessoa com Deficiência e o sistema jurídico brasileiro de incapacidade civil, disponível em *Jus Navigandi* (http://jus.com.br). Acesso em: 28 ago. 2015.

Na conformidade do disposto na segunda parte do art. 1.860 do Código Civil, será nulo o testamento efetuado por quem, no ato de testar, "não tenha pleno discernimento", mesmo não sendo mais considerado absolutamente incapaz pela citada Lei n. 13.146, de 6 de julho de 2015, denominada "Estatuto da Pessoa com Deficiência". Não se trata, como já dito, de amentais: apenas não se encontram, no momento de testar, em seu perfeito juízo, em virtude de alguma causa transitória. **Pessoas que se encontram nessa situação passaram a ser consideradas relativamente incapazes** no inc. III ("***aqueles que, por causa transitória ou permanente***, *não puderem exprimir sua vontade*") do art. 4º do Código Civil, pelo mencionado "Estatuto da Pessoa com Deficiência". Se tiver ocorrido interdição, haverá presunção *juris et de jure* da ausência do pleno discernimento. É possível, no entanto, pronunciar-se a nulidade do testamento nesse caso, mesmo antes da decretação judicial de sua interdição, desde que provada a falta do pleno discernimento, uma vez que é esta, e não a sentença de interdição, que determina a incapacidade de testar. A diferença é que, se o ato foi praticado após a sentença de interdição, será nulo de pleno direito; se, porém, foi praticado antes, a decretação da nulidade dependerá da produção de prova inequívoca da insanidade[6].

■ Enfermidade ou deficiência mental (CC, art. 3º, II)

Na conformidade do disposto na primeira parte do art. 1.860 do Código Civil, **será nulo o testamento efetuado por quem não se ache no gozo de suas faculdades mentais**. Se tiver ocorrido **interdição**, haverá presunção *juris et de jure* da incapacidade. É possível, no entanto, pronunciar-se a nulidade do testamento feito pelo alienado mental, mesmo antes da decretação judicial de sua interdição, desde que provada a sua **insanidade mental**, uma vez que é esta, e não a sentença de interdição, que determina a incapacidade. A diferença é que, se o ato foi praticado após a sentença de interdição, será nulo de pleno direito; se, porém, foi praticado antes, a decretação da nulidade dependerá da produção de prova inequívoca da insanidade[7].

Não tendo havido interdição, há de se presumir a capacidade do agente, incumbindo ao interessado na declaração de nulidade do testamento a propositura de **ação autônoma** e a produção de prova cabal da alegada incapacidade. **Na dúvida, decide-se pela validade do ato**, em respeito ao princípio *in dubio pro capacitate*.

Os tribunais mostram-se, em regra, cautelosos e exigentes na análise e aferição da prova dessa incapacidade, somente declarando a invalidade do testamento quando exaustivamente provada a incapacidade do testador à época da prática do ato.

■ Carência de pleno discernimento

Simples enfraquecimento da memória, por si só, não acarreta incapacidade.

Repise-se o que foi dito acima a respeito da falta de discernimento: a incapacidade só deve ser reconhecida em ação declaratória de nulidade, mediante prova veemente e exaustiva do fato alegado, uma vez que, **na dúvida, vale o testamento**.

---

6 Carlos Roberto Gonçalves, *Direito civil brasileiro*, v. 1, p. 90.

7 Carlos Roberto Gonçalves, *Direito civil brasileiro*, v. 1, p. 90.

■ 12.4. INCAPACIDADE TESTAMENTÁRIA DOS RELATIVAMENTE INCAPAZES

Proclamando o art. 1.860 do Código Civil, genericamente, sem fazer qualquer distinção, que os incapazes não podem testar, ficam inibidos de fazê-lo, também, os relativamente incapazes, exceto os maiores de 16 anos, cuja situação é ressalvada no parágrafo único do mencionado dispositivo legal.

Desse modo, não podem testar aqueles que, por **causa transitória ou permanente, não puderem exprimir sua vontade**, os **ébrios habituais e os viciados em tóxico** (CC, art. 4º, II e III), na conformidade da nova redação conferida ao art. 1.767 do Código Civil pela citada Lei n. 13.146, de 6 de julho de 2015 (Estatuto da Pessoa com Deficiência).

Os mencionados incapazes estão sujeitos a curatela (CC, art. 1.767, I e III). **Se interditados, e enquanto o legislador não alterar o art. 1.860, a incapacidade testamentária ativa será presumida de forma absoluta** (*juris et de jure*), salvo se o juiz, na sentença, ao fixar os limites da curatela com base no art. 1.772, com a redação dada pelo Estatuto da Pessoa com Deficiência (Lei n. 13.146/2015), afastar a proibição de testar ou circunscrevê-los às restrições impostas ao pródigo (art. 1.782).

É possível, no entanto, como já comentado em relação aos absolutamente incapazes, pronunciar-se a nulidade do testamento feito pelos relativamente incapazes, **mesmo antes da decretação judicial de sua interdição**, desde que provada a dependência do álcool ou de tóxico, ou ainda a impossibilidade de exprimir sua vontade, uma vez que são tais fatos, e não a sentença de interdição, que determinam a incapacidade. O mesmo se pode dizer dos excepcionais, sem desenvolvimento mental completo.

Como a capacidade se presume, a alegada incapacidade terá de ser, segura e veementemente, demonstrada em cada caso pelo autor da **ação declaratória de nulidade** — quando então se verificará a extensão do vício e da dependência do agente, bem como suas consequências sobre o seu discernimento e o entendimento que tinha do ato, no momento em que o praticou. **Na dúvida, como foi dito, prevalece o testamento.**

■ A situação do pródigo

A doutrina em geral manifesta-se no sentido de que **não há motivo para que o *pródigo*, malgrado incluído no rol dos relativamente incapazes (art. 4º, IV), não possa testar**. Com efeito, a interdição do pródigo só o privará de, sem curador, praticar atos que possam comprometer o seu patrimônio (os enumerados no art. 1.782 do Código Civil), conduzindo-o a um empobrecimento. Dentre esses atos *não figura o testamento*. A simples manifestação da sua última vontade não lhe poderá acarretar nenhum prejuízo, pois não estará dilapidando o seu patrimônio, uma vez que as disposições testamentárias hão de vigorar somente depois de sua morte[8].

---

[8] Washington de Barros Monteiro, *Curso de direito civil*, v. 6, p. 129; Silvio Rodrigues, *Direito civil*, cit., v. 7, p. 150; Zeno Veloso, *Comentários*, cit., v. 21, p. 30; Carlos Maximiliano, *Direito das sucessões*, cit., v. I, n. 331, p. 302-404; Pontes de Miranda, *Tratado dos testamentos*, cit., v. I, n. 46-48, p. 115-116; Arnaldo Rizzardo, *Direito das sucessões*, p. 250.

A situação do surdo-mudo

Não pode testar o *surdo-mudo* que **não puder exprimir sua vontade** (CC, art. 4º, III). O que recebeu educação adequada e aprendeu a exprimi-la, sem ter o seu discernimento reduzido, não perde a capacidade testamentária ativa, pois não subsiste a regra *surdus et mutus testamentum facere non possunt*. Desse modo, **a surdo-mudez somente é causa de incapacidade quando impossibilita a manifestação da vontade**.

O atual Código Civil manteve a exigência, constante do anterior, de que o testamento público seja escrito pelo tabelião de acordo com **"as declarações"** do testador, permitindo que, para fazê-las, sirva-se de **"minuta, notas ou apontamentos"** (art. 1.864, I).

Ao **surdo, mas não mudo**, é lícito testar por qualquer forma, inclusive a pública. Segundo dispõe o art. 1.866 do Código Civil, "sabendo ler, lerá o seu testamento, e, se não o souber, designará quem o leia em seu lugar, presentes as testemunhas".

Não se equipara ao mudo aquele que se exprime com extrema dificuldade, muito mal, porém se faz compreender, nem ao surdo o que ouve mal, desde que não lhe falte o sentido da audição[9].

12.5. HIPÓTESES NÃO GERADORAS DE INCAPACIDADE

Os casos de incapacidade testamentária ativa, como já mencionado, são fixados pelo Código Civil em tom excepcional, **taxativo**. Exceto as expressamente mencionadas no art. 1.860, todas as pessoas podem fazer testamento válido, pois a capacidade constitui a regra.

Idade avançada

A lei não estabelece limite temporal para a capacidade testamentária ativa. **A senectude ou idade avançada não inibe o indivíduo de testar**. Em si mesma, não constitui motivo de incapacidade. Todavia, se em razão de condições patológicas que acompanham a *velhice*, como a arteriosclerose, a debilidade mental e outras, a lucidez de espírito for afetada, instalando-se processo de involução senil, caracterizar-se-á a incapacidade. **É mister provar, todavia, que a senilidade abalou seriamente o cérebro, impedindo a manifestação da vontade.**

Segundo Orozimbo Nonato, **a idade avançada, de si só, não exclui o exercício da faculdade de testar**, sendo "comum guardar-se ainda em idade provecta, certo equilíbrio de faculdades, posto enfraquecidas. Esse enfraquecimento não lhes tira, aos velhos, ainda no crepúsculo da vida, a faculdade de testar". Se, aduz, "a velhice deixou de suscitar alterações notáveis no testador, se lhe não causou demência, desconstitui, de si só, causa de incapacidade de testar"[10].

---

9 Carlos Maximiliano, *Direito das sucessões*, cit., v. I, n. 328, p. 401; Caio Mário da Silva Pereira, *Instituições*, cit., v. VI, p. 206.

10 *Estudos sobre sucessão testamentária*, v. I, n. 308, p. 370-372.

Proximidade da morte

A *proximidade da morte*, igualmente, **não acarreta incapacidade testamentária ativa**, se a moléstia de que padece o testador não produz delírio ou perturbação da mente. Clóvis Beviláqua, nessa trilha, declara: "A proximidade da morte só pode determinar incapacidade testamentária se a moléstia, que impele o testador ao túmulo, **produz delírio ou estado de obnubilação mental**"[11].

Ainda agonizante, a balbuciar, diz Pontes de Miranda, "há de presumir-se com juízo perfeito o testador"[12].

Não é, pois, a idade, mais ou menos avançada, nem tampouco a proximidade da morte que determinam a ocorrência ou não de capacidade, que será examinada caso a caso, levando-se em consideração as características manifestadas por cada testador[13].

Enfermidades graves

Enfermidades graves, dores agudas e indisposição psíquica podem colocar o ser humano em prostração e desânimo. Se, no entanto, **o doente conserva o pleno discernimento, não há falar em incapacidade testamentária ativa**. Há, com efeito, enfermos graves que conservam a perfeita lucidez até o último momento de vida. A capacidade de testar, como diz Sílvio Venosa, "requer a capacidade de mente, não do corpo"[14].

Pessoa irada ou fortemente emocionada

A *pessoa irada* ou *encolerizada*, ou fortemente emocionada, pode perder momentaneamente a racionalidade na percepção das coisas e dos fatos que a cercam, **mas não pode ser considerada incapaz**. Só haverá incapacidade testamentária se restar provado que "a cólera, qualquer *paixão violenta*, ou forte acesso de *ciúme*, perturbava, de modo sério, a mente do *de cujus* no tempo em que dispôs do patrimônio"[15].

Suicídio do testador

O *suicídio* do testador, ainda que imediatamente subsequente à feitura do testamento, não induz, em si mesmo, incapacidade, malgrado possa ser ponderado como indício de impossibilidade de manifestação da vontade. Tal impossibilidade terá, porém, de ser demonstrada mediante prova complementar segura e convincente.

Falido, insolvente, ausente, cego e analfabeto

Do mesmo modo não há falar em incapacidade para o *falido*, o *insolvente* e o *ausente*. A cegueira constitui apenas restrição às formas cerrada e particular de testar, pois a lei permite ao *cego* testar pela forma pública (CC, art. 1.867), bem como ao *analfabeto* (art. 1.865).

Silvícolas

Os *índios* não foram incluídos no rol dos inibidos de testar. À medida que vão se adaptando à civilização, podem emancipar-se do regime tutelar especial a que são

---

11 *Direito das sucessões*, p. 197.

12 *Tratado dos testamentos*, cit., v. I, n. 41, p. 111.

13 Eduardo de Oliveira Leite, *Comentários ao novo Código Civil*, v. XXI, p. 324.

14 *Direito civil*, v. VII, p. 206.

15 Carlos Maximiliano, *Direito das sucessões*, cit., v. I, n. 325, p. 398-399.

submetidos. **O simples fato de poderem exprimir vontade testamentária já comprova estarem plenamente entrosados na sociedade**. Ora, diz Pontes de Miranda, "se um silvícola comparece e fala em língua nacional ao tabelião, poderá testar por testamento público. Se escreve o seu testamento, ou, escrito a rogo, o assina, e o leva, em presença, pelo menos, de cinco testemunhas, ao oficial público, que o aprove — vale este testamento cerrado. Com maioria de razão, se o escreve todo e o assina, com as mais formalidades do testamento hológrafo. Donde se tira o princípio: o exercício da testamentifacção pelo silvícola prova, por si, o estado em que se achava de suficiência social. **Se testou, era capaz**"[16].

■ 12.6. MOMENTO EM QUE SE EXIGE A CAPACIDADE

Dispõe o art. 1.861 do Código Civil:

> "A incapacidade superveniente do testador não invalida o testamento, nem o testamento do incapaz se valida com a superveniência da capacidade".

A *capacidade testamentária ativa* é exigida, portanto, **no momento em que se redige ou se elabora o testamento**. É nesse instante que deve ser aferida. Se o testador, no ato de testar, tinha pleno discernimento, o testamento será válido **mesmo que ele venha a perder, posteriormente, a lucidez**, assim como nulo será o testamento elaborado por quem, no ato, encontrava-se completamente embriagado, ainda que no dia seguinte estivesse curado da embriaguez, ou por quem se encontrava privado do necessário discernimento, mesmo que, posteriormente, tivesse recuperado o juízo.

Neste último caso, o que recobra a razão e deseja manter o que determinara no período da incapacidade, passageira ou duradoura, tem só um caminho a trilhar: testar de novo. Não basta ratificar as disposições testamentárias, pois **"o negócio jurídico nulo não é suscetível de confirmação"** (CC, art. 169).

Não se torna necessário, destarte, que o testador conserve a capacidade durante o tempo que mediar entre a manifestação de última vontade e a abertura da sucessão; incapacidade intercorrente não afeta o ato (*media tempore non nocet*)[17].

A lei que regula a *testamenti factio activa* é, assim, **a vigente na época em que o negócio jurídico foi realizado**, não a do tempo da abertura da sucessão, ou de qualquer outro, intermédio. Nesse campo prevalece inteiramente a regra *tempus regit actum*, ou seja, a capacidade testamentária ativa é a do tempo do testamento, não se invalidando este pela superveniência da incapacidade, nem se validando pela superveniência da capacidade[18].

A capacidade deve existir, enfatiza Carlos Maximiliano, "para o testamento *público*, em o dia do lançamento em notas; para o *cerrado*, no da aprovação, não quando foi escrito ou assinado; para o *particular*, quando o escreveram e assinaram, nada

---

16 *Tratado dos testamentos*, cit., v. I, n. 49, p. 117.

17 Baudry-Lacantinerie, *Précis de droit civil*, v. 3, p. 500, apud Washington de Barros Monteiro, *Curso*, cit., v. 6, p. 131.

18 Zeno Veloso, *Comentários*, cit., v. 21, p. 41.

importando o que se verificava na data da publicação; para os *especiais*, no dia das suas disposições. Em *todo* o tempo em que persiste a incapacidade, *e só durante a mesma*, o indivíduo não pode testar"[19].

■ 12.7. IMPUGNAÇÃO DA VALIDADE DO TESTAMENTO. CAPTAÇÃO DA VONTADE

Somente após a morte do testador se poderá questionar sobre a validade do ato de última vontade. Enquanto estiver vivo permanecerá afastada a possibilidade de sofrer impugnações, pois se trata de negócio jurídico *mortis causa*. Do contrário estar-se-ia permitindo a instauração de litígio acerca de herança de pessoa viva.

Dispõe o art. 1.859 do Código Civil:

> "Extingue-se em **cinco anos** o direito de impugnar a validade do testamento, contado o prazo da data do seu registro".

Aberta a sucessão, o testamento deverá ser apresentado em juízo e registrado, para ser mandado cumprir. A contagem do quinquênio decadencial dá-se com a apresentação do testamento ao juiz, que, se lhe não achar vício externo que o torne suspeito de nulidade ou falsidade, mandará que seja registrado, arquivado e cumprido (CPC/2015, art. 735 e parágrafos). **É a partir do registro, e não da abertura da sucessão, que se conta o aludido prazo decadencial**. Uma vez esgotado, o testamento não mais pode ser impugnado, mesmo que eivado de nulidade.

O art. 169 do Código Civil estabelece regra aplicável aos negócios em geral:

> "O negócio jurídico nulo não é suscetível de confirmação, nem convalesce pelo decurso do tempo".

Desse modo, em princípio, por mais longo que seja o tempo decorrido, não convalida o negócio nulo: *quod initio vitiosum est, non potest tractus temporis convalescere*.

Em matéria de testamento, porém, o art. 1.859 supratranscrito inova, introduzindo em nosso sistema um regime especial para a nulidade do negócio jurídico testamentário, fixando um **prazo de caducidade** para que a ação própria seja intentada e derrogando, *ipso facto*, a regra geral estabelecida no art. 169.

O Código Civil, no capítulo concernente à invalidade do negócio jurídico, constante da Parte Geral (arts. 166 a 184), trata da nulidade e da anulabilidade. O vocábulo "invalidade" é empregado para designar o negócio que não produz os efeitos desejados pelas partes, o qual é classificado pela forma mencionada de acordo com o grau de imperfeição verificado.

O art. 1.859, aplicável somente aos negócios jurídicos testamentários, refere-se à **impugnação** da validade do testamento, dando a entender que ela pode ocorrer em ambos os casos: de **nulidade** e de **anulabilidade**.

O testamento pode ser **nulo**, por não observar as formalidades legais, por ser conjuntivo ou por ter sido confeccionado por incapaz, por exemplo.

[19] *Direito das sucessões*, cit., v. I, n. 335, p. 407.

Por sua vez, estatui o art. 1.909 do Código Civil:

"São anuláveis as disposições testamentárias inquinadas de erro, dolo ou coação.

Parágrafo único. Extingue-se em **quatro anos** o direito de anular a disposição, **contados de quando o interessado tiver conhecimento do vício**".

Tal dispositivo tem causado certa perplexidade, em confronto com o art. 1.859, por ter este usado expressão genérica "*impugnar*", que abrange tanto as hipóteses de nulidade como as de anulabilidade. E, também, porque o prazo de quatro anos é por demais elástico, podendo estender-se por tempo indeterminado, dada a imprecisão de seu termo inicial, uma vez que só começa a fluir **"quando o interessado tiver conhecimento do vício"**.

A incongruência do legislador é bem demonstrada por Zeno Veloso, ao dizer que o apontado critério gera instabilidade e não é bom: "Um testamento nulo, por exemplo, não pode mais ter a validade impugnada depois de cinco anos do seu registro. Mas uma disposição que ele contém, sob o argumento de que o testador errou, deliberou mediante dolo, ou foi vítima de coação, pode ser anulada muito depois daquele prazo, pois a decadência do direito de atacar a disposição começa a ser contada de 'quando o interessado tiver conhecimento do vício'. A solução não é lógica, não é razoável. O tema carece de reforma, deve ser ordenado, sistematicamente"[20].

A pura e simples **supressão do parágrafo único** já seria suficiente para resolver o problema, pois prevaleceria então, para ambos os casos, de nulidade e de anulabilidade, o prazo decadencial de cinco anos do art. 1.859, **contado da data do registro do testamento**, embora o prazo quinquenal destoe da regra geral de que é de quatro anos o prazo decadencial para pleitear a anulação do negócio jurídico em caso de vícios do consentimento (CC, art. 178).

■ Captação da vontade do testador

Hipótese de dolo relacionado ao testamento é a *captação da vontade do testador*, que o torna anulável por vício do consentimento. Segundo Clóvis Beviláqua, consiste a captação no "emprego de artifícios para conquistar a benevolência de alguém, no intuito interessado de obter liberalidades de sua parte, em favor do captante ou de terceiros"[21].

A captação em si mesma, limitada à demonstração de afeição pelo testador e à tentativa de se fazer estimar por ele, com o objetivo de ser contemplado no testamento, sem o recurso a manobras fraudulentas, destinadas a influenciar diretamente o ato de disposição testamentária, constitui fenômeno geral e comum entre os homens, não sendo suficiente para viciá-lo. **Somente a captação maliciosa, impregnada de dolo**, tem esse condão, não a inocente. **O que se procura combater não é a captação, mas o dolo**[22].

---

[20] *Comentários*, cit., v. 21, p. 24.

[21] *Direito das sucessões*, cit., § 55.

[22] Silvio Rodrigues, *Direito civil*, cit., v. 7, p. 152-153.

No elenco das manobras captatórias dolosas mencionadas pela doutrina encontram-se, por exemplo, as calúnias levantadas contra herdeiros legítimos, as mentiras, o abuso de influência ou de autoridade, o impedimento do acesso de membros da família ao testador, o afastamento de amigos, a despedida de criados de confiança, a ingerência descabida e constante em seus negócios etc.

A **captação dolosa** somente torna anulável o testamento, todavia, quando é a **causa** da disposição viciada, pois, sendo espécie de dolo, sujeita-se aos ditames do art. 145 do Código Civil, segundo o qual "são os negócios jurídicos anuláveis por dolo, quando este for a sua causa".

■ Aplicação do instituto da conversão aos testamentos

Indaga-se se seria possível converter o testamento nulo em outro que não contivesse os mesmos requisitos, com base no art. 170 do Código Civil, que estatui:

> "Se, porém, o negócio jurídico nulo contiver os requisitos de outro, subsistirá este quando o fim a que visavam as partes permitir supor que o teriam querido, se houvessem previsto a nulidade".

A conversão do negócio jurídico pode ser **formal** ou **substancial**. Ocorre a primeira quando determinado negócio pode ser celebrado por várias formas e, sendo inválido na que foi adotada, é aproveitado e validado sob forma diversa, desde que observados os requisitos desta. Dá-se a conversão substancial quando se altera o tipo contratual, sendo convertido o conteúdo negocial, como no caso da nota promissória emitida sem observância de todos os requisitos formais e que se converte em confissão de dívida. No intuito de salvar o negócio jurídico, que padece de vício insanável, permite a lei a sua conversão, como decorrência direta do princípio da conversão dos negócios jurídicos.

Flávio Tartuce e José Fernando Simão fornecem o seguinte exemplo de aplicação do instituto da conversão aos testamentos: "Imagine-se um testamento público que conta com a assinatura de quatro testemunhas (apesar de a lei só exigir duas), que, por um lapso, deixa de ser assinado pelo Tabelião. Como instrumento público, o testamento é nulo, mas converte-se em testamento particular (que só exige a presença de três testemunhas), ocorrendo a conversão formal, pois a forma pública nula converte-se em forma particular válida. Note-se que o negócio jurídico original é um testamento e o convertido também o é"[23].

■ 12.8. RESUMO

DA CAPACIDADE DE TESTAR
■ A *capacidade testamentária ativa* constitui a regra. O art. 1.860 do CC declara que só não podem testar os *incapazes* e os que, no ato de fazê-lo, não tiverem *pleno discernimento*.
■ Dentre os incapazes em geral, só os maiores de dezesseis anos, por exceção, podem testar (art. 1.860, parágrafo único), mesmo sem a assistência de seu representante legal.
■ São incapazes para fazer testamento: os menores de 16 anos; os que, por causa transitória ou permanente, não puderem exprimir sua vontade; os ébrios habituais e os viciados em tóxico (CC, arts. 1.860 e 4º, II e III).
■ A incapacidade superveniente do testador não invalida o testamento, nem o testamento do incapaz se valida com a superveniência da capacidade (art. 1.861).

[23] *Direito civil*, v. 6, p. 383.

13

DAS FORMAS ORDINÁRIAS DE TESTAMENTO

13.1. INTRODUÇÃO

O Código Civil admite as seguintes formas de testamentos:

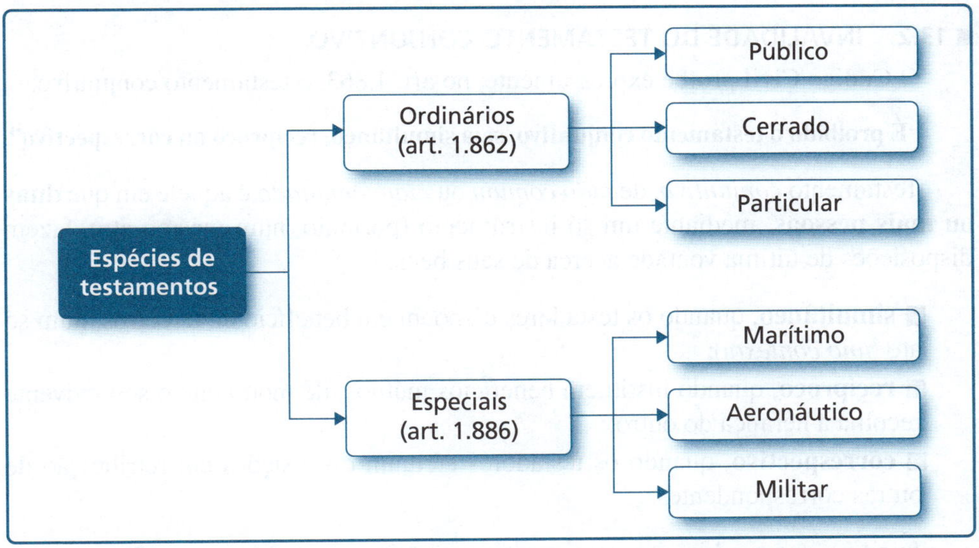

Caracterizam-se pela **exigência do cumprimento de várias formalidades**, destinadas a dar seriedade e maior segurança às manifestações de última vontade, exceção feita ao testamento *nuncupativo*, disciplinado como modalidade de testamento militar, como no diploma de 1916, que **pode ser feito oralmente, perante duas testemunhas**, por militares em combate, ou feridos (art. 1.896).

O casamento e o testamento são considerados os dois atos mais solenes do nosso direito. Longe de representar um obstáculo à faculdade de testar, o formalismo vale como garantia e salvaguarda dessa faculdade. Quando o legislador cria as **exigências de forma, tem em mira preservar a idoneidade psicológica do testador**, protegendo a autenticidade da manifestação volitiva contra as insinuações captatórias, deformação e descompasso entre o querer autêntico e a externação do querer[1].

---

1 Orozimbo Nonato, *Estudos sobre sucessão testamentária*, v. I, n. 148, p. 198; Caio Mário da Silva Pereira, *Instituições de direito civil*, v. VI, p. 218.

O legislador não deixou ao alvedrio do testador a escolha da maneira de manifestar a sua intenção. **Estabeleceu previamente as formas válidas**, devendo a pessoa que desejar testar escolher um dos tipos por ele criados, sem poder inventar um novo, mediante a combinação dos existentes.

Não há outra forma possível de testamento **ordinário** além das três retromencionadas. Proclama o art. 1.887 do Código Civil que, igualmente, **"não se admitem outros testamentos especiais além dos contemplados neste Código"**.

A forma representa, assim, um pressuposto necessário do negócio jurídico testamentário. Testamento que não obedecer à norma sobre forma — que é cogente, de ordem pública — **é nulo de pleno direito e não tem efeito algum**. A declaração *post mortem* pela qual uma pessoa dispõe de seus bens, ainda que autêntica e solene, não terá validade se externada por modo diverso do prescrito em lei (CC, art. 104, III)[2].

■ 13.2. INVALIDADE DO TESTAMENTO CONJUNTIVO

O Código Civil proíbe expressamente, no art. 1.863, o testamento conjuntivo:

"É proibido o testamento conjuntivo, seja simultâneo, recíproco ou correspectivo".

Testamento *conjuntivo*, de *mão comum* ou *mancomunado* é aquele em que **duas ou mais pessoas**, mediante um só instrumento (portanto, num mesmo ato), fazem disposições de última vontade acerca de seus bens. É:

- **simultâneo**, quando os testadores dispõem em benefício de terceiros, num só ato (*uno contextu*);
- **recíproco**, quando instituem benefícios mútuos, de modo que o sobrevivente recolha a herança do outro;
- **correspectivo**, quando os testadores efetuam disposições em retribuição de outras correspondentes.

Justifica-se a proibição do testamento conjuntivo, em todas as suas formas, porque tais disposições constituem espécies de **pacto sucessório** e contrariam uma característica essencial do testamento, que é a *revogabilidade*.

O caráter pactício do testamento conjuntivo, como assevera Silvio Rodrigues, "é inegável, principalmente nas espécies chamadas **recíproca** e **correspectiva**. Ora, como a lei veda o contrato sobre **herança de pessoa viva** (CC, art. 426), por conter um *votum mortis* de indiscutível imoralidade, **deve, obviamente, proibir o testamento de mão comum**"[3].

Nada impede que o casal, desejando testar simultaneamente, compareça ao Cartório de Notas e ali **cada qual faça o seu testamento, em cédulas testamentárias distintas**. É vedada somente a confecção conjunta por marido e mulher, no mesmo instrumento. Elaborando-os separadamente, ainda que na mesma ocasião e perante o

---

2 Zeno Veloso, *Comentários ao Código Civil*, v. 21, p. 43; Silvio Rodrigues, *Direito civil*, v. 7, p. 155.

3 *Direito civil*, cit., v. 7, p. 157.

mesmo tabelião, podem deixar os bens um para o outro. Nesse caso, os testamentos não são considerados conjuntivos, pois cada qual conserva a sua autonomia.

A propósito, proclamou o Tribunal de Justiça de São Paulo:

> "Na hipótese, vislumbra-se que o finado e sua cônjuge elaboraram seus respectivos testamentos no mesmo Tabelionato, no mesmo dia, mas em instrumentos diversos. Preparam-se para testar concomitantemente, mas cada qual a seu modo e sem unificá-los em um só. Nessa gramatura, a disposição do art. 1.630 do Código Civil (atual art. 1.863) não obsta a que duas pessoas, em atos separados, embora na mesma data e nos mesmos termos, disponham em proveito recíproco (*RT* 150/652)"[4].

■ 13.3. PERDA OU DESTRUIÇÃO E RECONSTITUIÇÃO DO TESTAMENTO

A cédula testamentária, perdida ou destruída, **não comporta reconstrução**, pelos riscos que tal atividade encerra e pela possibilidade de encobrir articulações fraudatórias da vontade do morto.

Efetivamente, sem o acesso à cédula testamentária não se pode recompor a vontade do testador, sob pena de contrariar a própria natureza do ato. Haveria, sem dúvida, interferências estranhas à vontade testamentária.

Em princípio, pois, a reconstituição do testamento é incompatível com a solenidade que reveste. Ressalva-se, contudo, o testamento público, de que o traslado é mera cópia[5].

Não se pode afastar, todavia, a possibilidade de se restaurar, mediante recursos técnicos, a cédula testamentária que sofreu os efeitos do longo decurso do tempo e se tornou de difícil leitura, **desde que tal trabalho não comprometa o texto**.

■ 13.4. TESTAMENTO PÚBLICO

O testamento público é escrito **pelo tabelião em seu livro de notas**, de acordo com **as declarações do testador, feitas em língua nacional**, podendo este servir-se de minuta, notas ou apontamentos, em presença de **duas testemunhas**, que devem assistir a todo o ato. O Código de 1916 exigia a presença simultânea de cinco testemunhas.

Essas formalidades tornam-no mais seguro do que as outras espécies de testamento, malgrado apresente o inconveniente de permitir a qualquer pessoa o conhecimento de seu teor.

A publicidade não consiste no fato de o testamento ficar aberto ao conhecimento do público depois de o ato ser lavrado no livro respectivo. Chama-se "público" o testamento em razão de o notário, em nosso país, por longo tempo, ter sido chamado, também, de **"oficial público"**, bem como pela circunstância de o ato ser testemunhado pelas pessoas cuja presença é essencial para garantir a sua seriedade e regularidade[6].

---

4 TJSP, Apel. 1002461-87.2016.8.26.0576, São José do Rio Preto, 7ª Câm. Dir. Priv., rel. Des. Rômulo Russo, j. 22-10-2019.

5 Caio Mário da Silva Pereira, *Instituições*, cit., v. VI, p. 220.

6 Zeno Veloso, *Comentários*, cit., v. 21, p. 58-59.

13.4.1. Requisitos e formalidades

O art. 1.864 enumera, pormenorizadamente, os requisitos e formalidades essenciais do testamento público:

> "I — ser escrito por tabelião ou por seu substituto legal em seu livro de notas, de acordo com as declarações do testador, podendo este servir-se de minuta, notas ou apontamentos;
> II — lavrado o instrumento, ser lido em voz alta pelo tabelião ao testador e a duas testemunhas, a um só tempo; ou pelo testador, se o quiser, na presença destas e do oficial;
> III — ser o instrumento, em seguida à leitura, assinado pelo testador, pelas testemunhas e pelo tabelião.
> Parágrafo único. O testamento público pode ser escrito manualmente ou mecanicamente, bem como ser feito pela inserção da declaração de vontade em partes impressas de livro de notas, desde que rubricadas todas as páginas pelo testador, se mais de uma".

Decidiu o Tribunal de Justiça de Minas Gerais que "**é nulo o testamento público lavrado fora dos limites da circunscrição** na qual a tabeliã indicada exerce sua delegação, notadamente quando a escritura foi assinada apenas pela escrevente, desprovida de atribuição legal para firmar o documento. Conquanto o artigo 367 do CPC [de 1973] atribua ao documento público declarado nulo a eficácia probatória do instrumento particular, **incabível convolar em testamento particular a escritura pública de testamento público quando não se verifica o número de testemunhas exigidas** para confirmação do ato de última vontade, nos moldes do artigo 1.133 do mesmo *codex*"[7].

13.4.1.1. *Lavratura pelo tabelião ou seu substituto legal em seu livro de notas*

A vontade do testador deve ser externada ao oficial público, denominado **tabelião**, sob a forma de **declaração**, admitindo-se a entrega de minuta previamente elaborada, seguida da declaração verbal de que contém a sua última vontade, ou de consulta a anotações.

Tabelião é o agente que exerce, em caráter privado e por delegação do Poder Público, a função de redigir, fiscalizar e instrumentar atos e negócios jurídicos, conferindo-lhes autenticidade e **fé pública**. É também chamado de notário (*notaire*, no direito francês), expressão oriunda do direito canônico e adotada nos países europeus[8].

Não só o tabelião mas também **o seu substituto legal** (*oficial-maior* ou *escrevente* autorizado a substituí-lo, nos termos do art. 20 da Lei n. 8.935, de 18-11-1994, que dispõe sobre os serviços notariais e de registros) **podem lavrar testamento**.

---

[7] TJMG, AC 10024112665546800I, 2ª Câm. Cív., rel. Des. Afrânio Vilela, j. 18-6-2013.

[8] Eduardo de Oliveira Leite, *Comentários*, cit., v. XXI, p. 336-337.
"Testamento. Viabilidade de sua lavratura por tabelião substituto ou escrevente autorizado" (*JTJ*, Lex, 265/62). "É razoável a interpretação que reconhece a validade do *testamento público* lavrado por escrevente juramentado, no impedimento ocasional do tabelião, tal como expressamente o admite a lei estadual de organização judiciária" (STF, RE 51.679-Maranhão, 2ª T., rel. Min. Aliomar Baleeiro, *DJU*, 8-4-1968).

Fica, em consequência, tacitamente revogado o § 4º do aludido art. 20, que proibia os substitutos de praticar tal ato.

Além do tabelião e de seu substituto legal, são também competentes para lavrar testamento público, denominado **testamento consular**, as autoridades diplomáticas, como prevê o art. 18 da Lei de Introdução às Normas do Direito Brasileiro.

■ Identidade e capacidade do testador

Em primeiro lugar deve o tabelião, por dever de ofício, certificar-se cuidadosamente da **identidade** e da **capacidade ou sanidade mental** do testador. Sendo tal modalidade testamentária confeccionada por instrumento público, devem ser observados os requisitos gerais estabelecidos para as escrituras públicas no art. 215, dentre os quais os constantes do inc. II do § 1º: "reconhecimento da identidade e capacidade das partes e de quantos hajam comparecido ao ato, por si, como representantes, intervenientes ou testemunhas".

■ Testemunhas

Também as testemunhas precisam conhecer o testador, para poder afirmar a sua identidade. Basta, entretanto, que haja sido apresentado a elas por quem mereça acatamento, desde que, segundo a opinião de Carlos Maximiliano, "esse fato se não tenha verificado imediatamente antes da lavratura do ato"[9].

Assinala, igualmente, Pontes de Miranda que "o oficial e **as testemunhas devem conhecer o testador**, sendo tal exigência requisito intrínseco do fato. Se, depois, se provar que qualquer deles não o conhecia, é nulo o testamento, embora a nulidade não seja de ordem formal, ou seja: se o oficial deixou de declarar que o conhecia ou que o conheciam as demais pessoas, só por isto não se decreta a nulidade"[10].

■ Declarações do testador

Prosseguindo o ritual da elaboração do testamento, **o testador faz suas *declarações* ao tabelião**, que promove a escrituração, de acordo com elas, no seu livro de notas. Para tanto, pode aquele **servir-se de notas, apontamentos e mesmo de uma minuta do testamento** redigida por advogado, para melhor encaminhar o pensamento e bem enunciar sua última vontade.

Não basta, porém, "entregá-la ao notário, sem mais nada. Tem de lê-la ou, ao menos, **declarar o que nela se contém**, de modo geral, como sua última vontade. Não pode o testador informar, por escrito, que naquele papel está o seu testamento. A declaração de que trata o art. 1.864, I, **deve ser *oral***, que é a regra, nesses casos. Quando o legislador quis que fosse substituída a oralidade por um escrito, deixou isso bem claro e expresso, como no caso do testamento cerrado do surdo-mudo (art. 1.873)"[11].

Permanece a exigência de que o testador manifeste a sua vontade mediante **declaração** ao tabelião (art. 1.864, I). A utilização de minuta, notas ou apontamentos é permitida apenas para que possa melhor encaminhar o seu pensamento, mas não

---

9 *Direito das sucessões*, cit., v. I, n. 375, p. 435.

10 *Tratado dos testamentos*, v. 2, n. 206, p. 35-38.

11 Zeno Veloso, *Comentários*, cit., v. 21, p. 68.

dispensa a declaração oral — **o que impede o mudo e o surdo-mudo de escolherem o testamento público**.

Compete ao tabelião reproduzir fielmente a vontade manifestada pelo testador. Não se exige que reproduza literalmente as próprias palavras por este pronunciadas — nem sempre técnicas ou bastante claras e às vezes até rudes ou impróprias —, mas deve obedecer ao pensamento e à vontade manifestados, sem nada omitir.

■ Rasuras e entrelinhas

Não basta que o instrumento público seja completo; faz-se mister que seja também perfeito quanto à sua forma material, ou seja, **que não contenha imperfeições, rasuras, borrões ou entrelinhas**. Como, entretanto, nem sempre se torna fácil atingir esse máximo de perfeição material, **podem os enganos e defeitos ser sanados pela ressalva ao fim da escritura e antes das assinaturas**. "Se a verificação do defeito se deu após as assinaturas, ela se faz, não obstante, devendo ser as assinaturas repetidas"[12].

Se a ressalva não foi feita, cabe ao juiz, em face de cada caso concreto, deliberar livremente sobre o valor probante que se deve atribuir a determinado documento que contenha rasuras ou entrelinhas. Nesse sentido preceitua o art. 426 do Código de Processo Civil de 2015: "O juiz apreciará fundamentadamente a fé que deva merecer o documento, quando em ponto substancial e sem ressalva contiver entrelinha, emenda, borrão ou cancelamento".

Há uma série de circunstâncias "que devem ser atendidas *in casu* e que podem gerar no espírito do julgador a certeza de que os vícios não provêm de manobra fraudulenta de qualquer das partes ou, pelo menos, da parte que pretende, com a produção judicial do documento, realizar a prova"[13].

Em regra, **eventuais rasuras, borrões ou outros pequenos detalhes que não comprometem a essência do ato não viciam nem invalidam todo o testamento**.

■ Declarações na língua nacional

O Código Civil de 2002 não repetiu expressamente a necessidade, prevista no parágrafo único do art. 1.632 do Código Civil de 1916, de que as declarações do testador sejam feitas na **língua nacional**, por se mostrar dispensável tal exigência, uma vez que, **em nosso país, todos os atos públicos devem ser redigidos na língua portuguesa**. Mesmo que assim não fosse, seria de exigir o emprego da língua nacional nos testamentos, em face da necessidade de as disposições testamentárias serem compreendidas pelas pessoas presentes ao ato.

■ Utilização de meios mecânicos

O testamento, tradicionalmente, é escrito no livro de notas, de próprio punho, pelo tabelião ou por seu substituto legal. Todavia, o Código Civil de 2002, atento à evolução da tecnologia, permite também, no parágrafo único do art. 1.864, a utilização de meios mecânicos **(máquina de escrever, computador)**. A tendência é que a utilização do microcomputador venha a preponderar, como se pode facilmente ante-

[12] Orozimbo Nonato, *Estudos*, cit., v. I, n. 166, p. 224.

[13] Pedro Batista Martins, *Comentários ao Código de Processo Civil*, v. III, n. 30, p. 46.

ver. Nesse caso, uma vez digitado o texto, será ele impresso e encartado no livro próprio, procedendo-se à leitura e às demais solenidades do ato.

Inserção da declaração em partes impressas do livro de notas

Previu-se, ainda, no mesmo dispositivo, uma terceira modalidade de colheita da manifestação do testador: "**pela inserção da declaração de vontade em partes impressas de livro de notas**, desde que rubricadas todas as páginas pelo testador, se mais de uma".

Sua utilização, por certo, ficará limitada aos testamentos de menor extensão, cujo texto possa mais facilmente acomodar-se em espaços previamente reservados à manifestação do testador, de acordo com determinado padrão preestabelecido. A rubrica das páginas pelo testador não dispensa a assinatura do ato por ele, pelo tabelião e pelas testemunhas presentes (CC, art. 1.864, III)[14].

13.4.1.2. Leitura em voz alta na presença de duas testemunhas

Depois de escrito, o instrumento do testamento será lido **"em voz alta pelo tabelião ao testador e a duas testemunhas, a um só tempo; ou pelo testador, se o quiser, na presença destas e do oficial"** (CC, art. 1.864, II).

A finalidade da leitura é possibilitar, tanto ao testador como às testemunhas, que verifiquem a coincidência entre a vontade por ele manifestada e o que foi lançado no livro pelo tabelião[15].

Sendo assim, as testemunhas devem estar presentes do princípio ao fim, sem solução de continuidade, ou seja, **desde o momento em que o testador declara a sua vontade ao tabelião e este lavra o instrumento**, como entende a doutrina majoritária, malgrado essa exigência não apareça expressamente no inc. I do mencionado art. 1.864 do Código.

Se assim não for, não poderão, efetivamente, informar, em eventual ação declaratória de nulidade, se a vontade do testador foi respeitada pelo tabelião e se o teor do instrumento reflete ou não a sua real intenção. E a presença ao ato terá sido inútil. Não são elas chamadas para presenciar parte da solenidade, mas para ver, ouvir e compreender tudo o que se passa, do início ao fim do ritual procedimental.

Por esse motivo, não se nos afigura aceitável a interpretação literal no sentido de que "o art. 1.864, I, não mais considera requisito essencial que as testemunhas sejam presentes quando o testador transmite a sua última vontade ao tabelião, nem quando este redige o testamento"[16].

Número legal de testemunhas

O número legal de duas testemunhas **não pode ser reduzido. Pode, no entanto, ser aumentado**, especialmente na hipótese do art. 1.865 do Código Civil, quando o

14 Caio Mário da Silva Pereira, *Instituições*, cit., v. VI, p. 232-233; Zeno Veloso, *Comentários*, cit., v. 21, p. 67.

15 Silvio Rodrigues, *Direito civil*, cit., v. 7, p. 136.

16 Zeno Veloso, *Comentários*, cit., v. 21, p. 68.

testador não souber ou não puder assinar e, em vez de solicitar que uma das testemunhas instrumentárias assine a seu rogo, como determina o referido dispositivo legal, faz o pedido a outrem. A presença e a participação de uma terceira pessoa no ato trazem até mais segurança à lavratura.

- **Leitura do testamento em voz alta**

A leitura do testamento *em voz alta* pelo tabelião ou pelo testador é exigida (deve sê-lo também de forma inteligível) para que possam os presentes verificar a correspondência entre a vontade do testador e o texto escrito, como já mencionado. O indivíduo **"inteiramente surdo, sabendo ler, lerá o seu testamento, e, se não o souber, designará quem o leia em seu lugar, presentes as testemunhas"** (art. 1.866).

- **Testamento do cego**

Ao *cego* só se permite "**o testamento público**, que lhe será lido em voz alta, duas vezes, uma pelo tabelião ou por seu substituto legal, e a outra por uma das testemunhas, designada pelo testador", para resguardar a fidelidade da lavratura; "fazendo-se de tudo circunstanciada menção no testamento" (CC, art. 1.867).

- **Testamento do analfabeto**

O *analfabeto* também **só pode testar de forma pública**, pois não lhe é permitido fazer testamento cerrado (CC, art. 1.872) ou particular (art. 1.876, § 1º). Como o art. 1.864, I, do Código Civil exige que o testamento seja escrito de acordo com as **declarações** do testador, que deve ouvir a sua leitura em voz alta, feita ao final pelo tabelião, conclui-se que **o surdo-mudo** não pode testar por essa forma ordinária, ainda que saiba ler e escrever. Reforça essa convicção o fato de o art. 1.873 declarar expressamente que o surdo-mudo pode fazer testamento cerrado.

Em síntese, só não podem testar publicamente **os mudos e os surdos-mudos**, por não poderem fazer **declarações orais** ao tabelião (CC, art. 1.864, I). Podem fazê-lo: os surdos (que não sejam mudos), os alfabetizados em geral, os analfabetos (art. 1.865) e os cegos (art. 1.867).

13.4.1.3. *Necessidade da presença das testemunhas durante todo o tempo*

Não pode o tabelião fazer a leitura do instrumento ao testador e às testemunhas separadamente. A leitura precisa ser feita ao testador e às testemunhas **"a um só tempo"**, como expressamente menciona o inc. II do art. 1.864 do Código Civil, "**não sendo possível a leitura sucessiva, ao testador e, depois, às testemunhas**, pois estaria violado o princípio da *unitas actus*, que, a partir da leitura, é requisito essencial do testamento público"[17].

Essa forma testamentária exige a unidade de contexto, a presença simultânea, conjunta e contínua do testador, do tabelião e das testemunhas.

Anota Washington de Barros Monteiro que "**as testemunhas hão de estar presentes, do princípio ao fim, sem solução de continuidade**. Não se permite que elas

[17] Zeno Veloso, *Comentários*, cit., v. 21, p. 64.

se afastem, ainda que por instantes. Exige-se-lhes a presença no mesmo cômodo em que se lavra o ato, não se condescendendo com sua permanência em outro local, embora contíguo"[18].

Em princípio, pois, **é nulo o testamento** se as testemunhas apenas assinaram a escritura sem terem assistido ao ato, ou mesmo se uma delas se afastou durante a sua realização[19].

Observa-se, entretanto, uma **tendência da jurisprudência em afastar a idolatria ao formalismo exagerado, sempre que tal diretriz não comprometer a essência do ato e a fiel vontade manifestada pelo testador**. Assim, já se decidiu que "a ausência temporária das testemunhas, durante a escrita do testamento, não interrompe o ato, porque a sua presença só é exigida, pela lei, para que vejam, ouçam e compreendam ao testador, certificando-se de que a escritura encerra a vontade manifestada"[20].

O rigorismo, com efeito, tem sido temperado, considerando-se não quebrada a unidade do ato se ocorrerem breves e momentâneas interrupções, para resolver uma emergência passageira, para o atendimento de um telefonema urgente ou para resolver uma necessidade corporal das testemunhas, do testador ou mesmo do tabelião.

A propósito, decidiu o Superior Tribunal de Justiça:

> "O testamento é um ato solene que deve ser submetido a numerosas formalidades; caso contrário, pode ser anulado. Entretanto, todas as etapas formais não podem ser consideradas de modo exacerbado, pois a exigência delas deve levar em conta a preservação de dois valores principais: assegurar a vontade do testador e proteger o direito dos herdeiros do testador, sobretudo dos seus filhos. (...) O vício formal somente deve ser motivo de invalidação do ato quando comprometedor da sua essência, que é a livre manifestação da vontade do testador, sob pena de se prestigiar a literalidade em detrimento da outorga legal à disponibilização patrimonial pelo seu titular"[21].

13.4.1.4. *Data e assinatura*

Após a leitura, estando em ordem, o testamento será **assinado pelo tabelião que o escrever, pelo testador e pelas testemunhas**, seguidamente e em ato contínuo (CC, art. 1.964, III). Se "o testador não souber, ou não puder assinar, o tabelião ou seu substituto legal assim o declarará, assinando, neste caso, pelo testador, e, a seu rogo, uma das testemunhas instrumentárias" (art. 1.865).

---

18 Curso, cit., v. 6, p. 136.

19 *RJTJSP*, 138/43; *RT*, 687/80.

20 *JTJ*, Lex, 206/148. No mesmo sentido: "Tendo as testemunhas permanecido, durante a realização do ato, o tempo suficiente para atestar a autenticidade e validade das declarações, irrelevante se torna a ausência ligeira de algumas delas" (*RT*, 596/169). "Não há falar em nulidade do ato simplesmente porque se registraram rápidas ausências, quando da feitura material do testamento, ora de uma, ora de outra testemunha, desde que todas elas ouviram as declarações do testador, certificando-se, depois, presentes também à leitura do ato, de que fielmente respeitada foi a vontade manifestada" (*RF*, 143/363).

21 STJ, REsp 600.746, 4ª T., rel. Min. Aldir Passarinho Júnior, *DJe*, 15-6-2010.

Não constitui, todavia, nulidade assinatura a rogo por terceira pessoa, pois a participação de mais uma testemunha no ato traz mais segurança à lavratura. Somente após o lançamento de todas as assinaturas o testamento público estará perfeito.

O testador aporá a sua assinatura habitual, ou seja, o seu nome escrito de maneira particular, de acordo com a forma utilizada nos diversos atos que exigem essa formalidade, não bastando simples rubrica ou carimbo. **Poderá até usar pseudônimo**, se o tiver e for identificado por ele, uma vez que o art. 19 do Código Civil prescreve que "o pseudônimo adotado para atividades lícitas goza da proteção que se dá ao nome". Nesse caso o tabelião, ao identificá-lo, deve mencionar o pseudônimo e o seu nome civil.

■ Morte do testador após a leitura do testamento

Se, depois de feitas as declarações ao tabelião, de ter sido redigido e lido o instrumento, **falecer o testador, antes de apor a sua assinatura**, o testamento não chegou a existir e não terá, assim, nenhum valor. **Se o falecimento ocorrer depois de o disponente tê-lo assinado**, devem os copartícipes lançar também as suas assinaturas, certificando o tabelião o ocorrido, salvando-se, dessa forma, o testamento que foi lido e aceito por seu autor. A morte de uma das testemunhas depois de assinado o testamento pelo testador não o invalida, devendo o tabelião certificar o ocorrido e a participação da aludida testemunha durante todo o ato[22].

■ Menção do local e data da lavratura do testamento

Omitiu-se o legislador pátrio no tocante à obrigatoriedade de menção, no testamento, do local e *data* da lavratura do testamento. A apuração desses dados é, sem dúvida, importante, se for questionada **a capacidade do testador ou a competência do notário**.

Embora, como regra, o ônus da prova da incapacidade do testador ou da incompetência de quem lavrou o ato caiba àquele que pretender invalidá-lo, muitos autores encarecem a necessidade da medida, anotando, porém, que a jurisprudência tem-se encaminhado no sentido mais liberal. Assim, malgrado a existência de algumas poucas opiniões discrepantes no sentido de que **a falta da data nos testamentos** acarreta nulidade do ato, Orlando Gomes[23], Orozimbo Nonato[24], Arnoldo Wald[25] e Sílvio Venosa[26], entre outros, reconhecendo embora a importância da sua inserção na declaração de última vontade, concluem pela **inexistência de nulidade**.

---

22 Zeno Veloso, *Comentários*, cit., v. 21, p. 66-67.
"Testamento público. Ausência de assinatura de uma das testemunhas instrumentárias. Nulidade. Inocorrência. Vício que autoriza o impedimento do seu registro, mas não a declaração da sua invalidade. Questão que não pode ser discutida no procedimento de registro, por ser este de jurisdição voluntária, sendo necessário remetê-la para a via contenciosa" (*RT*, 802/25).

23 *Sucessões*, p. 108.

24 *Estudos*, cit., v. I, n. 162, p. 216-217.

25 *Direito das sucessões*, p. 113.

26 *Direito civil*, v. VII, p. 223.

Efetivamente, os casos de nulidade são apenas os taxativamente enumerados na lei. E, diante da omissão do legislador, **não há como sustentar a nulidade de um testamento público por ausência de data**, com supedâneo no art. 166, V, do Código Civil.

Não há dúvida de que a inserção da data é da maior relevância para determinar qual testamento é anterior e qual é posterior, bem como para possibilitar a aferição da capacidade do testador no momento da lavratura do ato. Como todos os outros atos notariais, deve conter a data e o local de sua elaboração. Porém, como enfatiza Pontes de Miranda, "daí dizer-se que são nulos, de pleno direito, os testamentos públicos, perfeitos, sem a data, ou com a data incompleta (Ferreira Alves, 104), importaria criar nulidades onde a lei não as aponta"[27].

■ 13.4.1.5. *Menção da observância das formalidades legais*

O Código Civil de 2002, em razão da fé pública conferida por lei aos atos notariais, **não exige que o tabelião declare ter cumprido todas as formalidades legais**. É dever inerente à função de notário descrever as formalidades do ato praticado e portá-las por fé (CC, art. 215, § 1º, V). Ao assinar o instrumento, o tabelião deixa implícito que todas as formalidades legais foram examinadas.

É comum fazerem os notários constar do instrumento estar o testador em pleno gozo de suas faculdades mentais. Embora a constatação do fato seja necessária, a sua menção não constitui, todavia, exigência legal, mesmo porque a omissão não o exime de impugnação sob esse fundamento.

O essencial, como observa Zeno Veloso, **é que as formalidades legais tenham sido observadas**, e isso se poderá concluir da própria leitura, da análise do testamento. O importante "é que a solenidade tenha existido, tenha sido cumprida, e não a menção de que existiu o que existiu"[28].

■ 13.4.2. Registro e cumprimento do testamento público

Sujeita-se o testamento a formalidades processuais para que se reconheça sua validade e se determine seu cumprimento, após o óbito do testador.

Preceitua o art. 736 do Código de Processo Civil de 2015 que "**Qualquer interessado**, exibindo o traslado ou a certidão de testamento público, poderá requerer ao juiz que ordene o seu **cumprimento**, observando-se, no que couber, o disposto nos parágrafos do art. 735".

Assim, ultimado o testamento, o tabelião fornecerá ao testador o traslado desse documento, que é a primeira cópia do original, extraída do respectivo livro. As demais cópias denominam-se certidões.

Exibido o traslado, ou certidão, ao juiz competente para o processo de inventário **(primeiro se registra o testamento; depois, abre-se o inventário)**, ordenará este o seu registro e cumprimento, exarando o *cumpra-se*.

---

[27] *Tratado dos testamentos*, cit., v. 2, n. 202, p. 32.

[28] *Comentários*, cit., v. 21, p. 69-70.

Havendo dúvidas sobre a validade do testamento, "não pode o Juízo deixar de determinar seu registro e arquivamento, **devendo ficar suspenso, apenas, o seu cumprimento** até que haja decisão em processo contencioso sobre o vício desse documento público"[29].

Por outro lado, decidiu o Tribunal de Justiça de São Paulo:

> "A ausência de assinatura de uma das testemunhas instrumentárias em testamento público é razão suficiente para impedir o seu registro por descumprimento da formalidade do art. 1.632, IV, do CC. Sem embargo, tal vício não autoriza que seja declarada a nulidade do ato, pois, sendo o procedimento de registro de jurisdição voluntária, não cabe a discussão a respeito da sua validade, devendo esta ser remetida para a via contenciosa"[30].

■ 13.5. TESTAMENTO CERRADO

Testamento *cerrado*, *secreto* ou *místico*, outrora também chamado de *nuncupação implícita*, é o escrito pelo próprio testador, ou por alguém a seu rogo e por aquele assinado, **com caráter sigiloso**, completado pelo instrumento de aprovação ou autenticação lavrado pelo tabelião ou por seu substituto legal, em presença do disponente e de duas testemunhas idôneas.

A vantagem que tal modalidade testamentária apresenta consiste no fato de **manter em segredo a declaração de vontade do testador**, pois em regra só este conhece o seu teor. Nem o oficial nem as testemunhas tomam conhecimento das disposições, que, em geral, só vêm a ser conhecidas quando o instrumento é aberto após o falecimento do testador.

Se o testador permitir, o oficial público poderá lê-lo e verificar se está de acordo com as formalidades exigidas. Mas isso é a exceção. O testador tem direito a esse segredo, que não lhe pode ser negado por aquele, a pretexto de que, para o aprovar, precisa lê-lo. Pode ser, como pondera Pontes de Miranda, "que o disponente só pelo segredo tenha escolhido tal forma testamentária, que evita ódios e discórdias entre herdeiros legítimos ou parentes e estranhos esperançosos de heranças e legados"[31].

No testamento cerrado, aduz o consagrado jurista, "há oportunidade, discreta, para a deserdação, ou perdão a indigno, clausulação de inalienabilidade ou de incomunicabilidade dos bens *ab intestato* ou *intestato*, nomeação de tutor ou curador, reconhecimento de filhos, medidas sobre funerais, esmolas e recomendações mais ou menos veladas"[32].

O testamento cerrado é **escrito pelo próprio testador, ou por alguém a seu rogo, e *só tem eficácia após o auto de aprovação* lavrado por tabelião, na presença de duas testemunhas**.

---

29 *RT*, 753/231.

30 *RT*, 802/215.

31 *Tratado dos testamentos,* cit., v. 2, n. 282, p. 132.

32 *Tratado de direito privado*, v. 59, § 5.875, p. 77.

A intervenção do tabelião no testamento cerrado objetiva dar-lhe **caráter de autenticidade** exterior, somando-se essa participação à vantagem do segredo. Tal modalidade, todavia, apresenta o **inconveniente de ser reputado revogado o testamento se apresentado em juízo com o lacre rompido**, presumindo-se, até prova em contrário, ter sido aberto pelo próprio testador (CC, art. 1.972), além de poder desaparecer pela ação dolosa de algum herdeiro.

13.5.1. Requisitos e formalidades

O art. 1.868 do Código Civil enumera os requisitos e formalidades do testamento cerrado:

> "O testamento escrito pelo testador, ou por outra pessoa, a seu rogo, e por aquele assinado, será válido se aprovado pelo tabelião ou seu substituto legal, observadas as seguintes formalidades:
>
> I — que o testador o entregue ao tabelião em presença de duas testemunhas;
>
> II — que o testador declare que aquele é o seu testamento e quer que seja aprovado;
>
> III — que o tabelião lavre, desde logo, o auto de aprovação, na presença de duas testemunhas, e o leia, em seguida, ao testador e testemunhas;
>
> IV — que o auto de aprovação seja assinado pelo tabelião, pelas testemunhas e pelo testador.
>
> Parágrafo único. O testamento cerrado pode ser escrito mecanicamente, desde que seu subscritor numere e autentique, com a sua assinatura, todas as páginas".

Em síntese, pois, os requisitos essenciais do testamento cerrado são os seguintes:

- **cédula testamentária**;
- **ato de entrega**;
- **auto de aprovação**;
- cerramento.

13.5.1.1. Cédula testamentária

O testamento cerrado, como se pode verificar pela leitura do dispositivo retrotranscrito, compõe-se de duas partes:

- a **cédula testamentária**, com a manifestação de vontade, escrita pelo testador ou por alguém, a seu rogo, e
- o **auto de aprovação** (melhor seria "de autenticação"), exarado depois e redigido, necessariamente, pelo tabelião.

Resulta, pois, de operação complexa de escritura particular e instrumento público de aprovação, abrangendo, destarte, duas solenidades.

Elaboração e assinatura da cédula testamentária

O art. 1.868, *caput*, retrotranscrito, dispõe que o testamento cerrado **deve ser assinado pelo testador**, quer ele mesmo escreva o documento, quer tenha a cédula sido escrita por outra pessoa, a seu rogo. A "escrita até pode ser feita por outrem, a rogo, mas **a assinatura tem de ser do próprio testador, sempre**"[33].

Estão **inibidos de escrever a cédula testamentária a rogo do testador**: o herdeiro instituído, ou legatário, o seu cônjuge ou companheiro, ou os seus ascendentes e irmãos (CC, art. 1.801, I).

O próprio tabelião pode escrever o testamento, a rogo do testador, quando este não souber, ou não o puder fazer pessoalmente, não ficando, por esse motivo, impedido de, posteriormente, lavrar o auto de aprovação (CC, art. 1.870).

Diante disso, **nada obsta a que o testador se valha da ajuda ou assessoramento de um terceiro para elaborar o testamento**, desde que o auxílio seja leal e desinteressado e não influa no conteúdo da vontade do testador. A propósito, já se decidiu:

> "Impõe-se, outrossim, o cumprimento da disposição se o assessoramento a quem está a testar não afeta a regularidade ou segurança do ato. Observadas, pois, as formalidades legais indispensáveis à garantia da liberalidade, não havendo captação dolosa da vontade do testador ou incapacidade intelectual ou deficiência mental, válida é a cédula"[34].

■ Os impedidos de fazer testamento cerrado

Se, além de não saber escrever, o testador também **não souber ler**, não poderá fazer testamento cerrado, pois não terá meios de certificar-se, pela leitura, de que o terceiro que o redigiu a seu rogo seguiu-lhe fielmente as instruções. Dispõe, com efeito, o art. 1.872 do Código Civil:

> "Não pode dispor de seus bens em testamento cerrado quem **não saiba ou não possa ler**".

Por conseguinte, mesmo que o testador não saiba ou não possa assinar, para elaborar, validamente, testamento cerrado, terá de saber e poder ler.

O **analfabeto**, destarte, só pode testar publicamente, o mesmo acontecendo com o **cego** (CC, art. 1.867). O **surdo-mudo** que souber escrever poderá fazer testamento cerrado, "**contanto que o escreva todo, e o assine de sua mão**, e que, ao entregá-lo ao oficial público, ante as duas testemunhas, escreva, na face externa do papel ou do envoltório, que aquele é o seu testamento, cuja aprovação lhe pede" (art. 1.873).

Em resumo, **não podem fazer testamento cerrado** os analfabetos, incluídos os surdos-mudos (CC, art. 1.872), bem como os cegos (art. 1.867).

■ Redação em língua nacional ou estrangeira

A carta testamentária pode ser redigida **"em língua nacional ou estrangeira, pelo próprio testador, ou por outrem, a seu rogo"**, como faculta o art. 1.871 do Código Civil, se o testador, ou o terceiro, expressar-se melhor na sua língua pátria, mesmo porque nem o tabelião, nem as testemunhas precisam conhecer o seu conteúdo. Aberta a sucessão, o testamento terá, porém, de ser vertido para o vernáculo, por

33 Silvio Rodrigues, *Direito civil*, cit., v. 7, p. 162.

34 *RF*, 256/293.

tradutor juramentado (CPC/2015, art. 192, *caput* e parágrafo único). Já se decidiu, no entanto, que "se dispensa a tradução, se o documento for em língua espanhola"[35].

O **auto de aprovação** ou **autenticação** lavrado pelo tabelião, todavia, sendo um instrumento público, **deve ser escrito na língua nacional**.

Em regra, a inobservância dos requisitos ora mencionados acarreta a decretação da nulidade do testamento. A jurisprudência, no entanto, tem procurado amenizar o rigor da lei, com base no *favor testamenti*, visando assegurar e aproveitar, tanto quanto possível, a vontade do testador.

■ 13.5.1.2. Ato de entrega do testamento cerrado

De posse da cédula testamentária escrita, datilografada ou digitada em computador e impressa, **o testador deve entregá-la, devidamente assinada, ao tabelião, em presença de duas testemunhas**, como determina o inc. I do art. 1.868 do Código Civil, retrotranscrito.

Tem início, nesse momento, a atividade notarial, completando o ato complexo encetado pela vontade manifestada pelo testador. O procedimento de elaboração do testamento cerrado adquire, então, caráter publicístico.

Determina o Código que o testador entregue, pessoalmente, o seu testamento ao tabelião, na presença das duas testemunhas, **que hão de assinar o auto de aprovação**.

A entrega constitui **ato personalíssimo** do testador, não se admitindo, por isso, a utilização de portador, mandatário ou representante. **Deve o testador afirmar que se trata de seu ato de última vontade e quer que seja aprovado**. Essa declaração é indispensável, estando prevista, no inc. III do art. 1.868, como um dos requisitos essenciais do testamento cerrado. Nada obsta a que o tabelião pergunte ao disponente, para que ele responda, de modo claro e inequívoco, que o escrito contém o seu testamento e deseja aprová-lo, caso não tenha assim dito espontaneamente.

As testemunhas participam apenas da apresentação do testamento ao tabelião e não precisam conhecer o seu teor. Mas a sua presença é fundamental na formação do testamento cerrado. Devem assistir à entrega da cédula ao tabelião e ouvir a mencionada declaração feita necessariamente pelo testador, bem como observar que o auto de aprovação foi lavrado em seguida à apresentação, evidenciando-se a ligação entre os dois instrumentos, de cuja fusão resulta o testamento cerrado[36].

■ 13.5.1.3. Auto de aprovação

Apresentado o testamento ao tabelião, este, em seguida, na presença das testemunhas, lavrará o **auto de aprovação** (na verdade, mera autenticação), após a última palavra do testador, declarando, sob sua fé, que o testador lhe entregou para ser aprovado na presença das testemunhas. Se não houver espaço na última folha escrita, colocará o seu sinal público e declarará, colando outra folha, a razão de seu procedimento.

35 STJ, *RT*, 756/125; *JTJ*, Lex, 213/239; *JTACSP*, 112/176.

36 Zeno Veloso, *Comentários*, cit., v. 21, p. 99; Eduardo de Oliveira Leite, *Comentários*, cit., v. XXI, p. 363.

Prescreve o art. 1.869 do Código Civil:

> "O tabelião deve começar o auto de aprovação imediatamente depois da última palavra do testador, declarando, sob sua fé, que o testador lhe entregou para ser aprovado na presença das testemunhas; passando a cerrar e coser o instrumento aprovado.
>
> Parágrafo único. Se não houver espaço na última folha do testamento, para início da aprovação, o tabelião aporá nele o seu sinal público, mencionando a circunstância no auto".

O tabelião **aporá o seu sinal no instrumento**, para maior autenticidade, e **fará ao testador e às testemunhas a leitura do auto de aprovação**, o qual será, em seguida, **assinado por todos** (tabelião, testador e testemunhas).

Toda a solenidade de aprovação deve ser feita **sem interrupção** (*uno contextu continuo*), procedendo-se à redação do auto, sua leitura e respectiva subscrição, tudo seguidamente. O inc. III do art. 1.868 diz que, recebido o testamento, o tabelião lavrará, **desde logo**, o auto de aprovação, na presença de duas testemunhas, lendo-o, **em seguida**, ao testador e testemunhas.

Isso não significa que se possa invalidar o testamento se ocorreu uma rápida interrupção do rito procedimental, para o atendimento de uma chamada telefônica, por exemplo, ou para a assinatura urgente de algum outro documento. O que se deve evitar é a descontinuidade, com interrupções demoradas da cerimônia, propiciando a substituição da cédula[37].

■ Inserção da data

Embora o Código Civil não tenha exigido a colocação da **data**, tanto no testamento público como no cerrado e no particular, trata-se, como já foi dito, de um dado importante para que se saiba, ante a apresentação de **dois testamentos** da mesma pessoa, **qual o anterior e qual o posterior**, tendo em vista que o posterior revoga o anterior naquilo que com ele conflita. Por meio da data poder-se-á verificar, ainda, se o testador **era capaz ao tempo da sua manifestação de última vontade**, e se o tabelião tinha competência para a lavratura do auto de aprovação. Todavia, **ante a omissão do legislador, a falta da data da lavratura do testamento não acarreta a sua nulidade**.

Para os efeitos legais, **a data do testamento é a data da aprovação**. Antes de ser apresentado ao tabelião e de ser lavrado o instrumento de aprovação, o testamento cerrado é um simples projeto. Só se tornará um ato completo e definitivo com a aprovação[38].

Expressiva corrente doutrinária entende que o testamento cerrado, nulo por erro insuperável no auto de aprovação, pode ser **aproveitado como testamento particular**, se estiverem preenchidas todas as formalidades exigidas para este último[39].

---

37 Caio Mário da Silva Pereira, *Instituições*, cit., v. VI, p. 242-243.

38 Zeno Veloso, *Comentários*, cit., v. 21, p. 101.

39 Pontes de Miranda, *Tratado de direito privado*, cit., v. 59, § 5.883, p. 127; Zeno Veloso, *Comentários*, cit., v. 21, p. 120-121.

Disposições nesse sentido são encontradas no Código Napoleão (art. 979); no Código Civil italiano (art. 607); no Código Civil argentino (art. 3.670) e no Código Civil espanhol (art. 715), entre outros.

■ *13.5.1.4. Cerramento*

A última fase é a do **cerramento**, em que, segundo a tradição, o tabelião, estando a cédula dobrada, **costura-a com cinco pontos de retrós e lança pingos de lacre sobre cada um**. A lacração, embora seja uma antiga praxe, que muito dificulta as tentativas de adulteração, não constitui formalidade de que dependa a eficácia do testamento.

Preceitua o art. 1.874 do Código Civil:

> "Depois de aprovado e cerrado, será o testamento entregue ao testador, e o tabelião lançará, no seu livro, nota do lugar, dia, mês e ano em que o testamento foi aprovado e entregue".

Efetuada a entrega pelo tabelião, deve o testamento, fechado e cosido, ser guardado, pelo testador ou pela pessoa que este designar, para ser apresentado em juízo por ocasião da abertura da sucessão. Até então, **o documento deve permanecer inviolável**; se, porventura, for **aberto pelo testador, ou houver violação do lacre, ter-se-á como revogado**[40], consoante o disposto no art. 1.972 do Código Civil:

> "O testamento cerrado que o testador abrir ou dilacerar, ou for aberto ou dilacerado com seu consentimento, haver-se-á como revogado".

Trata-se de **revogação tácita** de testamento. Exige-se, porém, que a abertura ou dilaceração tenha sido feita **voluntariamente** pelo testador, ou por outrem, **com o seu consentimento**, visando àquele fim.

Não se tem, desse modo, por revogado o testamento cerrado se foi aberto por terceiro, ou pelo próprio testador, em razão de mero descuido, sem a intenção de revogar o ato. Em princípio, estando aberto ou dilacerado, o juiz deve considerá-lo revogado, salvo se os interessados demonstrarem, de forma convincente, que a abertura ou dilaceração foi feita contra a vontade do testador, ou por terceiro, acidental ou dolosamente.

■ 13.5.2. Abertura, registro e cumprimento do testamento cerrado

Dispõe, por fim, o art. 1.875 do Código Civil:

> "Falecido o testador, o testamento será apresentado ao juiz, que o abrirá e **o fará registrar, ordenando seja cumprido**, se não achar vício externo que o torne eivado de nulidade ou suspeito de falsidade".

---

40 Washington de Barros Monteiro, *Curso*, cit., v. 6, p. 140-141.

Essa decisão equivale ao **reconhecimento de que foram observadas as formalidades extrínsecas em sua elaboração.**

A abertura, o registro e o cumprimento do testamento cerrado são regulados pelos arts. 735 a 737 do Código de Processo Civil.

Ao receber o testamento, diz o art. 735, "o juiz, se não achar vício externo que o torne suspeito de nulidade ou falsidade, o abrirá e mandará que o escrivão o leia em presença do apresentante". Aduz o § 1º: "Do termo de abertura constarão o nome do apresentante e como ele obteve o testamento, a data e lugar do falecimento do testador, com as respectivas provas, e qualquer circunstância digna de nota".

Conclusos os autos, o juiz ouvirá o representante do Ministério Público e, **se não achar no testamento vício externo**, que o torne suspeito de nulidade ou falsidade, **mandará registrá-lo, arquivá-lo e cumpri-lo** (CPC, art. 735, § 2º). O juiz "somente negará registro ao testamento se ele padecer de vício externo. Eventuais defeitos quanto à formação e manifestação de vontade do testador deverão ser apreciados ou no inventário ou em ação de anulação"[41].

Só é possível, porém, o pronunciamento da nulidade do testamento no curso do inventário se a eiva for tão evidente que não dependa de maior prova e a seu respeito não paire nenhuma dúvida.

Poderá o juiz, antes de lançar o *cumpra-se*, determinar que se faça **perícia**, em apenso ao termo de abertura, para que se registre, com precisão, o estado do testamento. Essa medida só se tornará necessária quando houver sinais veementes da intenção de revogar o testamento. Após a mencionada providência, ou se dispensada a prova técnica, "o juiz abrirá o testamento, ordenando que se lavre auto em que fará constar o estado em que se encontrava o instrumento, apensando-se, caso ocorra a hipótese, o laudo do perito. Esse termo servirá de base para os debates futuros sobre a violação do testamento e sua autoria, com assento no art. 1.972 do Código Civil"[42].

Em seguida, entregar-se-á cópia autêntica ao testamenteiro, **para juntada ao processo de inventário** (CC, art. 1.127, parágrafo único).

Uma vez determinado, por sentença, que se cumpra o testamento, "**só pelos meios regulares de direito pode ser invalidado, no todo ou em parte**. Efetivamente, encerrado o processo de registro e ordenado o cumprimento do ato, somente por ação ordinária pode o interessado reclamar-lhe a nulidade. Inadmissível reforma daquele despacho, mediante simples reclamação da parte"[43].

■ 13.6. TESTAMENTO PARTICULAR

Denomina-se **testamento particular** ou **hológrafo** o ato de disposição de última vontade escrito de próprio punho, ou mediante processo mecânico, **assinado**

---

[41] *JTJ*, Lex, 157/197. No mesmo sentido: "Nos autos de apresentação do testamento cerrado não pode o juiz apreciar alegações de nulidade, dependentes de prova *aliunde*, devendo, portanto, remeter as partes às vias ordinárias" (*RF*, 235/189).

[42] Silvio Rodrigues, *Direito civil*, cit., v. 7, p. 164-165.

[43] Washington de Barros Monteiro, *Curso*, cit., v. 6, p. 141-142.

pelo testador, e lido por este a três testemunhas, que o subscreverão, com a obrigação de, depois da morte do disponente, **confirmar a sua autenticidade**.

Embora também se use a palavra "olográfo" para designá-lo, mostra-se mais adequado o vocábulo *hológrafo*, que, etimologicamente, deriva de *holos*, palavra grega que significa inteiro, e *graphein*, escrever, ou seja, inteiramente escrito. O que caracteriza, com efeito, tal modalidade de testamento é o fato de ser **inteiramente escrito (*autografia*) e assinado pelo testador, lido perante três testemunhas e por elas também assinado**.

A vantagem desse meio de testar consiste na **desnecessidade da presença do tabelião**, tornando-se, assim, simples, cômodo e econômico para o testador. Todavia, é a forma menos segura de testar, porque **depende de confirmação, em juízo, pelas testemunhas** (que poderão faltar), após a abertura da sucessão.

> "Se o testamento não for encontrado, obviamente não pode ser cumprido, ainda que todas as testemunhas confirmem o fato de sua elaboração e atestem qual o seu conteúdo"[44].

Testamento hológrafo simplificado

O testamento hológrafo *simplificado*, apenas escrito, datado e assinado pelo testador, **sem necessidade de testemunhas** e quaisquer outras formalidades, não é admitido no ordenamento jurídico brasileiro, salvo quando elaborado em **circunstâncias excepcionais**, declaradas na cédula, e for aceito pelo juiz (CC, art. 1.879), como inovação introduzida pelo Código de 2002. É, no entanto, espécie difundida e utilizada em diversos países, como França, Alemanha, Itália, Espanha, Áustria, Suíça, Argentina, México, Japão etc.

A fórmula simplificada, contrária à nossa tendência, excessivamente formalista e solene, impôs-se de tal maneira na França que é, hoje, a mais praticada naquele país. Segundo os autores franceses, apresenta ela vantagens evidentes: **para quem sabe ler e escrever, o testamento particular é de extrema simplicidade**. Permanece secreto e não custa um centavo. Faculta a qualquer pessoa testar onde e quando queira, mantido sigilo absoluto até sobre a existência do ato, que pode ficar ignorada. O testador pode facilmente modificar ou revogar suas disposições. O que o caracteriza é sua comodidade, rapidez, economia e simplicidade[45] (*v.* n. 13.6.3, *infra*).

Inconveniências do testamento particular

Nem todas as vantagens enunciadas valem para o nosso país, por causa dos percalços da *leitura* às testemunhas e da *redução "post mortem"*. O próprio sigilo, tão enaltecido, fica comprometido entre nós, porque o testamento particular tem de ser assinado pelas testemunhas, que, pela sua feitura, ficam conhecendo o seu conteúdo.

Se morrerem três testemunhas, fica o dito pelo não dito, o testado pelo não testado[46].

---

[44] Silvio Rodrigues, *Direito civil*, cit., v. 7, p. 166.

[45] Eduardo de Oliveira Leite, *Comentários*, cit., v. XXI, p. 381.

[46] Pontes de Miranda, *Tratado dos testamentos*, cit., v. 2, n. 341, p. 186-187.

Basta, todavia, que uma reconheça o testamento, se as outras duas faltarem, por morte ou ausência. A confirmação vai depender, todavia, do **convencimento do juiz** sobre a existência de prova suficiente da veracidade do testamento (art. 1.878, parágrafo único).

Entretanto, se faltarem as três testemunhas, o testamento estará irremediavelmente prejudicado e não serão cumpridas as disposições de última vontade manifestadas pelo testador. **O destino dos bens regular-se-á pelos critérios estabelecidos para a sucessão legítima.**

■ 13.6.1. Requisitos e formalidades

Os requisitos e formalidades do testamento particular acham-se enumerados no art. 1.876 do Código Civil:

> "O testamento particular pode ser escrito de próprio punho ou mediante processo mecânico.
>
> § 1º Se escrito de próprio punho, são requisitos essenciais à sua validade seja lido e assinado por quem o escreveu, na presença de pelo menos três testemunhas, que o devem subscrever.
>
> § 2º Se elaborado por processo mecânico, não pode conter rasuras ou espaços em branco, devendo ser assinado pelo testador, depois de o ter lido na presença de pelo menos três testemunhas, que o subscreverão".

O testamento particular, entre nós, portanto, pode ser escrito **de próprio punho** (*por la mano misma del testador*, como exprime o Código Civil argentino) ou mediante **processo mecânico**: máquina de escrever, computador ou outro equipamento. A tendência é a utilização de **computador**, uma vez que a máquina de escrever tornou-se um meio obsoleto, caindo em desuso. A confecção da **cédula** se fará, nesse caso, **mediante impressão** daquilo que a máquina captou.

Em qualquer das duas hipóteses — seja o testamento particular escrito de próprio punho pelo testador, seja datilografado, redigido no computador, ou com a utilização de qualquer outro meio mecânico —, **precisa ser lido pelo próprio testador, na presença das testemunhas (três, no mínimo), que o assinarão, também**[47].

■ Redação de próprio punho

O art. 1.876, supratranscrito, estabelece os requisitos essenciais de cada uma das aludidas hipóteses. Assim, se o testamento foi escrito **de próprio punho**, deve ser lido e assinado pelo testador, na presença de pelo menos três testemunhas, que o devem subscrever (§ 1º). A exigência de leitura pelo próprio testador torna **impossível** a utilização dessa forma testamentária pelo **mudo ou pelo surdo-mudo**.

É vedada, assim, a possibilidade de outrem escrevê-lo a rogo. Daí reservar-se essa modalidade apenas àqueles que sabem escrever, isto é, que não sejam simplesmente alfabetizados. Cumpre que saibam expressar o pensamento e a vontade pela escrita.

Se a pessoa, todavia, não possui as mãos ou os dedos, pode, validamente, valer-se dos dedos dos pés, ou da boca, se souber como utilizá-los. Há de existir uma ati-

[47] Zeno Veloso, *Comentários*, cit., v. 21, p. 130.

vidade gráfica pessoal do indivíduo, mesmo que alguém o auxilie segurando a mão, se trêmula, ou amparando-o até no desenhar das letras[48].

A presença de três testemunhas no caso de lavratura de testamento particular escrito de próprio punho é requisito indispensável, nos termos do art. 1.876, § 1º, do Código Civil, sob pena de nulidade, tendo em vista que ouvir a leitura do testamento e subscrevê-lo faz parte do próprio conceito de testamento particular. Assim proclamou o Superior Tribunal de Justiça, mantendo a invalidade do testamento reconhecida pelo Tribunal de Justiça de São Paulo, ao fundamento de que "não foi explicado, de forma inequívoca e incontroversa, a razão da ausência de assinaturas e o motivo pelo qual as testemunhas, apesar de presenciarem a realização do testamento, não o assinaram nem o levaram ao notário ou trouxeram o oficial até a residência da testadora, uma vez que houve tempo para isso. Houvessem os herdeiros testamentários e legítimos apresentado, em conjunto, pedido de cumprimento ao testamento, demonstrando, em uníssono, a concordância, aí sim poderíamos, ao arrepio da lei, determinar seu cumprimento. Entretanto, se há reclamo quanto à inobservância de formalidade essencial e legal, não pode preponderar a vontade sobre a forma, porque, neste caso, a sucessão legítima predomina sobre a testamentária"[49].

Utilização de meios mecânicos

Hoje, os percalços decorrentes da falta das mãos ou dos dedos, por exemplo, são supríveis pelos **meios mecânicos**, uma vez que, nesse caso, a atuação do testador pode limitar-se a ditar a sua última vontade à pessoa que está manejando o computador. Como já visto, numa inovação importante, o § 2º do art. 1.876 permite que o testamento particular seja elaborado por processo mecânico. Mas não afirma que tenha de ser escrito *pessoalmente* pelo testador. **Não se pode, com efeito, impor que a redação mecânica seja do testador**, mesmo porque, se tal requisito fosse exigido, não se afiguraria possível realizar a prova da autoria.

O Código Civil, como consta do art. 1.876, *caput*, retrotranscrito, e já referido, admite, de modo expresso, que o testamento particular seja escrito de próprio punho "ou mediante **processo mecânico**". Nesse caso, "**não pode conter rasuras ou espaços em branco**, devendo ser assinado pelo testador, depois de o ter lido na presença de pelo menos três testemunhas, que o subscreverão" (§ 2º).

Leitura pelo testador

É indispensável que o texto digitado seja impresso, não podendo apenas ficar arquivado em alguma pasta do computador, ou guardado em disquete ou "CD". **Após o ditado feito pelo testador, a digitação e a impressão, deve a cédula ser dada ao conhecimento das testemunhas, por meio da leitura por ele feita**. Depois de ouvida a leitura, seguem-se as assinaturas, a começar pelo testador, e concluindo-se pelas testemunhas, imediatamente após a última linha, pois **são expressamente proibidos os "espaços em branco"**. Compondo-se de mais de uma folha, faz-se mister que

48 Arnaldo Rizzardo, *Direito das sucessões*, p. 311.

49 STJ, REsp 1.639.021, 3ª T., rel. Min. Villas Bôas Cueva, *DJe*, 12-11-2017.

todos lancem as rubricas em todas elas. Para a validade do ato não se impõe o reconhecimento das assinaturas, pois que nada ordena o Código a esse respeito[50].

Nada impede que o testador se valha de minuta ou esboço redigido por terceiro, mais preparado, para escrever o testamento particular.

A tendência da jurisprudência é, como já salientado, procurar, com base no *favor testamenti*, **aproveitar, tanto quanto possível, a vontade do testador**, facilitando a confecção do testamento.

Nessa ordem de ideias, proclamou o Superior Tribunal de Justiça:

> **"Não havendo dúvida quanto à autenticidade do documento de última vontade** e conhecida, induvidosamente, no próprio, a vontade do testador, **deve prevalecer o testamento particular**, que as testemunhas ouviram ler e assinaram uma a uma, na presença do testador, mesmo sem que estivessem elas reunidas, todas, simultaneamente, para aquele fim. Não se deve alimentar a superstição do formalismo obsoleto, que prejudica mais do que ajuda. Embora as formas testamentárias operem como 'jus cogens', entretanto a lei da forma está sujeita a interpretação e construção apropriadas às circunstâncias"[51].

■ Elaboração em língua estrangeira

O testamento particular pode ser escrito em *língua estrangeira*, **contanto que as testemunhas a compreendam** (CC, art. 1.880).

Enquanto no testamento público é inadmissível o emprego de língua estrangeira, pois lavrado por tabelião em livro oficial, tratando-se de documento privado, como é o testamento particular, a regra é a mais absoluta liberdade de se expressar em língua que retrate fidedignamente a vontade do testador.

Todavia, não estando escrito o testamento na língua nacional, **terá de ser vertido, para ser exequível após a morte do testador, para a língua portuguesa**, que é o idioma oficial do País, por tradutor juramentado (CPC, art. 192, *caput* e parágrafo único).

■ Inserção da data

Mesmo não havendo menção ***à data*** no art. 1.876, a sua indicação constitui elemento comum a todos os testamentos e serve para esclarecer se o testador era capaz no momento em que o redigiu, bem como qual dos testamentos é o posterior (o posterior revoga tacitamente o anterior, no que conflitarem), se dois forem apresentados para cumprimento.

■ 13.6.2. Publicação e confirmação do testamento particular

A singularidade maior do testamento hológrafo está em que suas formalidades devem existir e ser apuradas não somente quando de sua elaboração, senão também quando de sua **execução**, após o falecimento do disponente. Há, então, requisitos de **validade** e requisitos de **eficácia**. As formalidades previstas para a fase de execução, de eficácia do testamento particular, realizam-se judicialmente, com a **publicação e confirmação** do testamento[52].

---

[50] Arnaldo Rizzardo, *Direito das sucessões*, cit., p. 317.

[51] REsp 1.422-RS, *RT*, 673/167.

[52] Zeno Veloso, *Comentários*, cit., v. 21, p. 136.

Dispõe a propósito o art. 1.877 do Código Civil:

> "Morto o testador, publicar-se-á em juízo o testamento, com citação dos herdeiros legítimos".

As três testemunhas serão inquiridas em juízo, e, **se pelo menos uma reconhecer a sua autenticidade**, o juiz, a seu critério, o confirmará, se houver prova suficiente desta. Se todas as testemunhas falecerem ou estiverem em local ignorado, ou não o confirmarem, o testamento particular não será cumprido.

A publicação em juízo do testamento particular geralmente é feita pelo herdeiro instituído, pelo legatário ou pelo testamenteiro. Estes devem requerer a notificação das pessoas às quais caberia a sucessão legítima para virem, em dia, lugar e hora designados, assistir à inquirição das testemunhas instrumentais, que deverão ser intimadas a depor (CC, art. 1.877; CPC, art. 737).

Presentes as pessoas notificadas, ou à sua revelia, proceder-se-á à **inquirição das testemunhas sobre**:

> "*a*) autenticidade de suas assinaturas;
> *b*) teor das disposições testamentárias;
> *c*) fato de o testamento lhes haver sido lido, por ocasião de sua elaboração;
> *d*) encontrar-se o testador em perfeito juízo, no momento de testar"[53].

O assunto é regulado no art. 1.878 do Código Civil, *in verbis*:

> "Se as testemunhas forem contestes sobre o fato da disposição, ou, ao menos, sobre a sua leitura perante elas, e se reconhecerem as próprias assinaturas, assim como a do testador, o testamento será confirmado.
> Parágrafo único. Se faltarem testemunhas, por morte ou ausência, e se pelo menos uma delas o reconhecer, o testamento poderá ser confirmado, se, a critério do juiz, houver prova suficiente de sua veracidade".

É nesse dispositivo que se apresenta o enorme inconveniente do testamento particular. **Se as testemunhas houverem falecido, ou estiverem em local ignorado, o testamento estará prejudicado**, e a sucessão legítima regulará o destino dos bens do *de cujus*, ainda que não haja impugnação. A autenticidade do testamento depende da audiência das testemunhas instrumentárias.

■ Inquirição das testemunhas

Não é necessário que as testemunhas se recordem, com detalhes e minúcias, de todas as disposições. Mas as declarações devem harmonizar-se, no tocante aos pontos fundamentais, confirmando especialmente que o testamento foi de fato elaborado e que foram convocadas para testemunhá-lo. Devem, ainda, declarar, sem discrepâncias, **que a leitura do instrumento foi feita perante elas e reconhecer as suas próprias assinaturas, assim como a do testador**.

---

53 Silvio Rodrigues, *Direito civil*, cit., v. 7, p. 167.

Uma só testemunha que contradiga o escrito **invalida a disposição**, salvo provando-se que foi subornada para contradizer a verdade. Nessa esteira a lição de Orlando Gomes: "Pela disposição legal, **as testemunhas devem ser contestes sobre o fato da disposição, ou, ao menos, sobre a sua leitura perante elas**. Uma negativa seria bastante para tornar ineficaz o testamento. Entende-se, contudo, que, se o depoimento é falso, o testamento deve ser cumprido"[54].

Observe-se que, se pelo menos uma das testemunhas estiver viva e comparecer para depor, e se o seu depoimento confirmar a autenticidade do instrumento, o juiz poderá mandar cumprir o testamento, dependendo do seu convencimento sobre a existência de prova suficiente da sua veracidade.

■ **Determinação do juiz para que o testamento seja cumprido**

Tal determinação baseia-se unicamente na constatação da **inexistência de vícios externos**, extrínsecos, que possam tornar o documento suspeito de falsidade ou eivado de nulidade. Está sujeito, todavia, a sofrer impugnação, no inventário mesmo, se a arguição não envolver questões de alta indagação e não depender de provas complexas a serem produzidas, ou em ação própria, destinada à discussão de questões mais profundas, envolvendo a validade intrínseca do testamento.

Destarte, havendo impugnação, baseada em elementos adequados, o juiz remeterá as partes **às vias ordinárias**, para que apurem a procedência da irresignação.

■ 13.6.3. Confecção do testamento particular em circunstâncias excepcionais

O art. 1.879 do Código Civil, como já mencionado, apresenta uma importante inovação:

> "Em circunstâncias excepcionais declaradas na cédula, o testamento particular de próprio punho e assinado pelo testador, sem testemunhas, poderá ser confirmado, a critério do juiz".

Tal dispositivo introduz em nosso direito a possibilidade excepcional de se admitir como testamento válido **um simples escrito particular** pelo qual o declarante dispõe de seus bens para depois de sua morte, **sem observância das formalidades e tipos legais**.

Mas esse testamento, como adverte Silvio Rodrigues, "com diminuição extrema de formalidades, só pode ser utilizado **em circunstâncias excepcionais**, que precisam ser declaradas no documento"[55].

Trata-se, em verdade, de nova modalidade de testamento especial, na qual se exige que a excepcionalidade seja declarada na cédula. Não se admite que esta seja redigida por meios mecânicos, pois deve ser elaborado **"de próprio punho e assinado pelo testador"**.

A doutrina em geral critica, com razão, **o fato de o legislador não ter fixado um prazo de caducidade de tal testamento**, entendendo que, se o testador sobrevi-

---

[54] *Sucessões*, cit., p. 129.

[55] *Direito civil*, cit., v. 7, p. 168.

ve, as circunstâncias excepcionais desaparecem, e pode ser utilizada uma forma ordinária de disposição de última vontade.

Uma das características dos testamentos especiais, em nosso direito, por sinal, é a de que eles caducam se o testador não morrer em decorrência da circunstância excepcional, como sucede nos testamentos marítimo e aeronáutico (CC, art. 1.891).

Deveria, assim, essa forma de testamento ser válida, entre nós, como o testamento nuncupativo, **apenas se seguido da morte do autor da herança**, que não teve oportunidade de fazê-lo por outro meio[56].

A responsabilidade de decidir se o testamento particular excepcional poderá ser confirmado, ou não, recai sobre o juiz. A ele compete decidir, na falta de previsão expressa do legislador, se tal testamento será cumprido e terá eficácia, ainda que o testador tenha falecido muito tempo depois da cessação da situação excepcional que justificou a utilização da forma simplificada, tendo desfrutado de tempo mais do que suficiente para testar de outra forma.

■ 13.7. TESTEMUNHAS INSTRUMENTÁRIAS

As testemunhas desempenham relevante papel na elaboração do testamento. A sua atuação tem por escopo garantir a liberdade do testador e a veracidade de suas disposições.

A lei estabelece o **número mínimo de testemunhas** para cada modalidade de testamento. O comparecimento em número superior ao legal não constitui razão capaz de invalidar o ato, pois simplesmente vem reforçar a sua segurança.

Em princípio, todas as pessoas capazes podem ser testemunhas de negócios jurídicos, **sendo excluídas apenas as que a lei expressamente menciona**. O Código Civil enumera as pessoas que não podem ser admitidas como testemunhas no art. 228, colocado na Parte Geral:

> "Não podem ser admitidos como testemunhas:
>
> I — os menores de dezesseis anos;
>
> II — aqueles que, por enfermidade ou retardamento mental, não tiverem discernimento para a prática dos atos da vida civil;
>
> III — os cegos e surdos, quando a ciência do fato que se quer provar dependa dos sentidos que lhes faltam;
>
> IV — o interessado no litígio, o amigo íntimo ou o inimigo capital das partes;
>
> V — os cônjuges, os ascendentes, os descendentes e os colaterais, até o terceiro grau de alguma das partes, por consanguinidade, ou afinidade.
>
> Parágrafo único. Para a prova de fatos que só elas conheçam, pode o juiz admitir o depoimento das pessoas a que se refere este artigo".

O dispositivo aplica-se aos atos e negócios jurídicos em geral, **inclusive aos testamentos**, uma vez que o Código Civil não estabeleceu regras ou impedimentos

---

[56] Washington de Barros Monteiro, *Curso*, cit., v. 6, p. 146; Zeno Veloso, *Comentários*, cit., v. 21, p. 145-146; Sílvio Venosa, *Direito civil*, cit., v. VII, p. 240.

especiais para as testemunhas testamentárias. Aplicam-se, portanto, aos testamentos as normas para os negócios jurídicos em geral, **estabelecidas no art. 228, I, II e III**, uma vez que os incs. IV e V, que se referem a "interessado no litígio" e a "partes", têm caráter processual, não incidindo no campo material.

■ **Incs. I e II do art. 228**

Os incs. I e II do art. 228 não admitem como testemunhas os **menores de 16 anos e aqueles que, por enfermidade ou retardamento mental, não tiverem discernimento** para a prática dos atos da vida civil. Como pessoas absolutamente incapazes (CC, art. 3º, I e II), não podem atuar como testemunhas.

■ **Inc. III do art. 228**

O inc. III, por sua vez, refere-se aos **cegos e surdos** como impedidos de servir como testemunhas quando a ciência do fato que se quer provar dependa dos sentidos que lhes faltam. Os sentidos que faltam ao cego (visão) e ao surdo (audição) são essenciais para participar dos testamentos, resultando daí o seu impedimento.

Quanto ao **mudo**, embora não seja incapaz de testemunhar — e a sua participação na elaboração do testamento não constitua, por si só, causa de nulidade do ato *causa mortis* —, não é aconselhável que venha a atuar como tal, mesmo que saiba ler, assinar e não seja surdo, pois estará prestando uma colaboração deficiente[57].

■ **O analfabeto**

O analfabeto **não pode ser testemunha dos testamentos**, pois, em todas as suas formas, as testemunhas têm de assiná-los e podem, eventualmente, ser chamadas a assinar a rogo do testador (art. 1.865), a ler o testamento do cego quando por ele indicado (art. 1.867) e a reconhecer a assinatura do testador no testamento particular (art. 1.878). **Apenas no testamento nuncupativo do art. 1.896 a doutrina admite a testemunha analfabeta.**

Do mesmo modo, o que sabe, mas **não pode** assinar no momento da feitura do testamento, está inibido de testemunhá-lo.

■ **Inexistência de outras incompatibilidades**

Não há outras incompatibilidades. Nada impede, por exemplo, que sirvam de testemunhas testamentárias funcionários do cartório em que se lavra o ato, ou o testamenteiro nomeado pelo disponente e gratificado com a vintena, atribuída a título de remuneração pelos serviços prestados à testamentaria. Do mesmo modo, os parentes afins do testador, bem como os diretores e representantes das pessoas jurídicas eventualmente contempladas. **As incompatibilidades são estritas e não se aplicam a situações não previstas**[58].

Nada obsta, também, a que o **amigo íntimo** participe do testamento como testemunha. O inimigo capital do testador evidentemente não será convidado para parti-

57 Silvio Rodrigues, *Direito civil*, cit., v. 7, p. 177.

58 Washington de Barros Monteiro, *Curso*, cit., v. 6, p. 148-149. *V.* ainda: "Testamento particular. Testemunha. Dirigente de associação beneficente, sem fins lucrativos, beneficiada com legado. Admissibilidade. Interesse pessoal da testemunha inexistente. Validade do testamento" (*RJTJSP*, 134/343).

cipar da solenidade. Mas, se tal acontecer, a sua participação não terá o condão de invalidar o testamento.

■ Pessoas que participaram de alguma forma do testamento

O legislador de 2002, porém, proibiu que fossem nomeadas herdeiras ou legatárias **pessoas que participaram de alguma forma do testamento** (CC, art. 1.801). Quanto aos **herdeiros** e **legatários** nomeados no instrumento, se forem testemunhas do ato *mortis causa*, as disposições testamentárias feitas em favor deles é **nula**, pois, no caso, não têm legitimação para suceder (art. 1.801, II), e essa nulidade estende-se à disposição testamentária feita por interposta pessoa, presumindo-se pessoas interpostas os ascendentes, os descendentes, os irmãos e o cônjuge ou companheiro do não legitimado a suceder (art. 1.802).

■ 13.8. RESUMO

DAS FORMAS ORDINÁRIAS DE TESTAMENTO	
FORMAS ADMITIDAS	**■ Testamentos ordinários:** a) público; b) cerrado; c) particular. **■ Testamentos especiais:** a) marítimo; b) aeronáutico; c) militar.
TESTAMENTO PÚBLICO	**■ Conceito** É o escrito pelo **tabelião** em seu livro de notas, de acordo com as **declarações** do testador, em presença de duas testemunhas, podendo este servir-se de minuta, notas ou apontamentos (CC, art. 1.864, I e II). É a forma mais segura de testar. **■ Requisitos** a) deve ser escrito, manualmente ou mecanicamente, na língua nacional, podendo ser inserto em partes impressas de livro de notas (CC, art. 1.864, parágrafo único); b) deve ser lido em ***voz alta*** pelo tabelião ao testador e às duas testemunhas, ***a um só tempo***; ou pelo testador, se o quiser, na presença destas e daquele (art. 1.864, II); c) se o testador não souber, ou não puder assinar, o tabelião assim o declarará, assinando, nesse caso, pelo testador, e a seu rogo, uma das testemunhas instrumentárias (art. 1.865); d) o indivíduo inteiramente surdo, sabendo ler, lerá o seu testamento, e, se não souber, designará quem o faça em seu lugar, presentes as testemunhas (art. 1.866); e) ao cego só se permite o testamento público, que lhe será lido, em alta voz, duas vezes, uma pelo tabelião e outra por uma das testemunhas, designadas pelo testador (art. 1.867). **■ Legitimação ativa** Só não podem testar publicamente os ***mudos*** e os ***surdos-mudos***, por não poderem fazer ***declarações*** ao tabelião de viva voz (CC, art. 1.864, I). ***Podem fazê-lo***: os surdos (que não sejam mudos), os alfabetizados em geral, os analfabetos (art. 1.865) e os cegos (art. 1.867).
TESTAMENTO CERRADO	**■ Conceito** Também chamado de ***secreto*** ou ***místico***, porque só o testador conhece o seu teor, é escrito por este, ou por alguém a seu rogo, e só tem eficácia após o auto de aprovação lavrado por tabelião, na presença de duas testemunhas (CC, art. 1.868). **■ Requisitos** a) cédula testamentária; b) ato de entrega; c) auto de aprovação; d) cerramento. **■ Pessoas não legitimadas** Não podem fazer testamento cerrado os analfabetos, incluídos os surdos-mudos (CC, art. 1.872), bem como os cegos (art. 1.867).

TESTAMENTO PARTICULAR	■ Também chamado de ***hológrafo***, é inteiramente escrito e assinado pelo testador, lido perante três testemunhas e por elas também assinado (CC, art. 1.876, §§ 1º e 2º). É a forma menos segura de testar, porque depende de confirmação, em juízo, pelas testemunhas. ■ Pode ser escrito em ***língua estrangeira***, contanto que as testemunhas a compreendam (art. 1.880). ■ Mesmo não havendo menção à data no art. 1.876, a sua indicação constitui elemento comum a todos os testamentos e serve para esclarecer se o testador era capaz no momento em que o redigiu. ■ É franqueado aos que podem ler e escrever, não se admitindo assinatura a rogo. ■ Não podem dele utilizar-se o cego, o analfabeto e os eventualmente incapacitados de escrever. ■ Basta que uma testemunha confirme, em juízo, a sua autenticidade, havendo prova suficiente desta. Se todas falecerem ou estiverem em local ignorado, ou não o confirmarem, o testamento particular não será cumprido.

14

DOS CODICILOS

■ 14.1. CONCEITO

Codicilo é ato de última vontade, destinado, porém, a **disposições de pequeno valor** ou **recomendações para serem atendidas e cumpridas após a morte**.

A palavra "codicilo" é de origem latina e tem o significado de epístola ou pequena carta. Significa, portanto, pequeno escrito ou pequeno ato de última vontade.

A princípio nada mais eram os codicilos que declarações sem forma determinada, nas quais o testador prescrevia alguma coisa a seu herdeiro. E, por isso, dava-se-lhes a denominação de *epístolas* ou *cartas fideicomissárias*.

Generalizado, porém, o uso dos codicilos, veio a necessidade de se adotar certa **forma legal, menos solene que a dos testamentos**. O instituto jurídico foi crescendo de importância, dilatando o raio do seu alcance. Nesse estado passou para as Ordenações, que mantiveram o critério distintivo do testamento adotado em Roma: **"Codicilo é uma disposição de última vontade sem instituição de herdeiro"**[1].

Admite o legislador pátrio, portanto, **ao lado do testamento, e também como instrumento hábil para transmitir bens *causa mortis***, o codicilo, "que se parece com o testamento, mas não é testamento". Pode ele conter, também, disposições de caráter não patrimonial[2].

■ 14.2. OBJETO DO CODICILO

O art. 1.881 do Código Civil encerra, além do objeto, a finalidade do codicilo. Vejamos:

> "Toda pessoa capaz de testar poderá, mediante escrito particular seu, datado e assinado, fazer disposições especiais sobre o seu enterro, sobre esmolas de pouca monta a certas e determinadas pessoas, ou, indeterminadamente, aos pobres de certo lugar, assim como legar móveis, roupas ou joias, de pouco valor, de seu uso pessoal".

Em complementação, estatui o art. 1.883:

> "Pelo modo estabelecido no art. 1.881, poder-se-ão nomear ou substituir testamenteiros".

---

1 Carlos Maximiliano, *Direito das sucessões*, cit., v. I, n. 514, p. 562.

2 Silvio Rodrigues, *Direito civil*, v. 7, p. 168.

Como se verifica, o objeto do codicilo é **limitado**, de alcance inferior ao do testamento. Não é meio idôneo para instituir herdeiro ou legatário, efetuar deserdações, legar imóveis ou fazer disposições patrimoniais de valor considerável.

Pode o codicilo ser utilizado pelo autor da herança para as seguintes **finalidades**:

- fazer disposições sobre o seu enterro;
- deixar esmolas de pouca monta;
- legar móveis, roupas ou joias, de pouco valor, de seu uso pessoal (art. 1.881);
- nomear e substituir testamenteiros (art. 1.883);
- reabilitar o indigno (art. 1.818);
- destinar verbas para o sufrágio de sua alma (art. 1.998);
- reconhecer filho havido fora do matrimônio, uma vez que o art. 1.609, II, do Código Civil permite tal ato por "escrito particular", sem maiores formalidades.

Reconhecimento de filhos por meio de codicilo

Entendem alguns que o autor do codicilo não pode utilizá-lo para reconhecer filhos porque, com essa perfilhação, transpõe os limites traçados pelos arts. 1.881 e 1.883[3].

Temos, todavia, sustentado essa **possibilidade**[4], desde a entrada em vigor da **Lei n. 8.560, de 29 de dezembro de 1992**, que alterou a regra do art. 357 do Código Civil de 1916, o qual só admitia o reconhecimento voluntário da filiação debaixo de três formas: no próprio termo de nascimento, ou mediante escritura pública, ou por testamento. A referida lei permitiu o reconhecimento dos filhos havidos fora do casamento por escritura pública ou **escrito particular**, a ser arquivado em cartório. Posteriormente, **o Código Civil de 2002, no art. 1.609, II, reproduziu a inovação trazida pela Lei n. 8.560/92**.

Verificamos agora, com satisfação, que o ilustre professor Zeno Veloso[5], em comentários ao novo diploma, **sustenta também essa possibilidade**, com argumentos imbatíveis, baseados na necessidade de se dar ao tema interpretação "construtiva, teleológica, humanitária, pois o direito de ter revelada a ascendência biológica é substancial, e diz respeito à dignidade da pessoa humana, que é um dos fundamentos da República Federativa do Brasil (CF, art. 1º, III)". Assim, "o reconhecimento de filiação tem de ser incentivado, facilitado, e não dificultado, embaraçado, este é o ponto".

Não obsta tal assertiva, enfatiza Zeno Veloso, o fato de o documento particular precisar "ser arquivado em cartório", pois o reconhecimento "só vai ter efeito com o falecimento do declarante, e, então, sem mais nada, o registro será feito".

Bens e valores de pouca monta

Como se infere do art. 1.881 retrotranscrito, só valem, portanto, liberalidades em codicilo que tenham por objeto **bens e valores de pouca monta**. Como a lei não

---

3 Washington de Barros Monteiro, *Curso*, cit., v. 6, p. 151-152.

4 Carlos Roberto Gonçalves, *Direito das sucessões*, Coleção Sinopses Jurídicas, v. 4, p. 54.

5 *Comentários ao Código Civil*, v. 21, p. 150-151.

estabelece um critério para a aferição do pequeno valor, **deve este ser considerado em relação ao montante do patrimônio deixado**, segundo o prudente arbítrio do juiz. Em muitos casos tem-se admitido a liberalidade que não ultrapasse 10% do valor do acervo hereditário[6].

Não se deve, entretanto, adotar tal critério como inflexível, sendo melhor apreciar caso por caso.

Em princípio, pode a deixa codicilar abranger **bens móveis que ornamentam uma sala**, desde que **"de pouco valor"**, sempre em vista do montante do patrimônio deixado. Se forem valiosos, e conforme o caso, deverá restringir-se a uma peça do mobiliário. Pode compreender, também, **utensílios domésticos**, como televisores, refrigeradores, fogões etc. Se todos podem ser endereçados ao beneficiário, ou somente um deles, vai depender do valor do acervo hereditário. Se este, por exemplo, for constituído de móveis e imóvel residencial, inadmissível será a sua deixa por essa forma de disposição, devendo ser utilizado o testamento.

■ **Nomeação ou substituição de testamenteiro**

O art. 1.883 do Código Civil estabelece que a *nomeação* ou *substituição de testamenteiros* **também pode ser objeto de codicilo**. Desse modo, se o disponente nomeou, em testamento, testamenteiro para dar cumprimento às disposições de última vontade, e posteriormente mudou de ideia quanto à pessoa que escolheu, ou esta ficou impossibilitada de exercer o múnus, não se faz mister que aquele elabore novo testamento para substituí-la. **A troca pode ser feita por codicilo, assim como a nomeação de alguém, como testamenteiro, se nada constou do testamento a esse respeito.**

■ 14.3. REDUÇÃO DO VALOR OU DOS BENS PELO JUIZ

Constitui **questão controvertida**, ante a omissão tanto do Código anterior como do atual, saber se, em caso de as deixas ultrapassarem os limites legais, deixando de ser de pouca monta, será nulo o codicilo, ou o juiz poderá fazê-lo convalescer, reduzindo as disposições a montante módico e razoável.

A dúvida tem sido solucionada, na doutrina, pela extensão do *favor testamenti* aos codicilos, mediante o reconhecimento de que, **sempre que possível, deve-se adotar o critério que dê eficácia às disposições de última vontade**.

Nessa linha, preleciona Carlos Maximiliano: "A lei exige que as liberalidades consignadas em codicilos sejam de pouco valor; não fornece critério para aquilatar este; logo o assunto fica ao prudente arbítrio do juiz. Quando lhe parecem exageradas, ele não anula o ato, por isto; **reduz proporcionalmente as esmolas e legados** *ao que seja consentâneo* com o espírito da norma positiva"[7].

Não se admite que as esmolas sejam superiores a 10% do monte-mor, ou um percentual bem menor, se mais vultoso o patrimônio deixado; nem que os legados atinjam considerável parcela das joias, ou dos móveis.

---

6 *RT*, 303/272, 327/240.

7 *Direito das sucessões*, cit., v. I, n. 520, p. 566.

Pontes de Miranda, igualmente, admite a redução da deixa codicilar[8]. Zeno Veloso[9], por sua vez, propõe a redução da deixa na hipótese mencionada, com fulcro no brocardo ***ubi eadem ratio, ibi eadem legis dispositio*** (onde houver a mesma razão, deve haver a mesma disposição legal). Como parâmetros aponta os arts. 1.967 (que, tratando das disposições testamentárias inoficiosas, permite que sejam elas reduzidas) e 549 do Código Civil (que declara nula a doação somente na parte que *exceder* à de que o doador, no momento da liberalidade, poderia dispor em testamento).

■ Cláusula codicilar

Urge frisar, a essa altura, que não mais existe em nosso direito a chamada **cláusula codicilar**, prestigiada pelo direito costumeiro, por via da qual consignava o testador que, se o testamento por ele feito não pudesse valer como tal (por ter um número de testemunhas inferior ao mínimo legal, por exemplo), aceito fosse, ao menos, como codicilo (*si non valeat jure testamenti, valeat jure codicillorum*). Em tais condições, tanto sob a vigência do Código de 1916 como do de 2002, **anulado um testamento, também não poderá valer como codicilo**[10].

■ 14.4. REQUISITOS DO CODICILO

■ Capacidade

Estatui o art. 1.881 do Código Civil que toda pessoa "capaz de testar" poderá fazer disposições de pouca monta, por meio de codicilo. Quanto à **capacidade**, portanto, aplica-se o art. 1.860 do mesmo diploma, que regula a capacidade de testar.

Destarte, **quem pode testar pode fazer codicilo** — e tudo o que foi dito sobre a capacidade testamentária tem aqui aplicação.

■ Forma

A *forma* do codicilo é a **hológrafa simplificada**. A cédula deve ser totalmente **escrita, datada e assinada pelo seu autor**. Por isso, o disponente tem de saber e poder escrever. Exige a lei, portanto, os mesmos requisitos essenciais que a maioria das legislações prevê para o testamento particular. "O que é testamento particular em muitos países, aqui é mero codicilo, observado o conteúdo limitado deste"[11].

■ Processos mecânicos

Não se admite escrita ou assinatura a rogo no codicilo (*alografia*). A jurisprudência tem admitido codicilos **datilografados**, que devem, porém, ser datados e assinados pelo *de cujus*[12].

A escrita não precisa ser, necessariamente, "do próprio punho". Não está vedada, com efeito, a datilografia ou qualquer outro **processo mecânico** como a digitação eletrônica. O Código Civil de 2002 admitiu, francamente, a utilização de processo mecânico em todas as formas ordinárias de testamento. **Se para o testamento**

---

8 *Tratado dos testamentos*, v. 2, n. 455, p. 317.

9 *Comentários*, cit., v. 21, p. 153.

10 Washington de Barros Monteiro, *Curso*, cit., v. 6, p. 152.

11 Zeno Veloso, *Comentários*, cit., v. 21, p. 149.

12 *RT*, 46/351, 164/287, 327/240, 400/183; *RF*, 336/292.

comum é permitido o uso da escrita mecanizada, como a datilografia e a computação, com mais razão deve ser permitida para o codicilo, cujo conteúdo é limitado e tem por objeto bens menos valiosos que o testamento.

Admissibilidade da forma pública

O fato de constar do art. 1.881 do Código Civil a **forma particular** não significa estar proibida alguma outra, como a **pública**. Se esta traz maior segurança e garantia, não se vislumbra razão para excluí-la. O art. 1.885 do atual Código Civil dispõe que, "se estiver fechado o codicilo, abrir-se-á do mesmo modo que o testamento cerrado".

Inserção da data e da assinatura

A **data** é explicitamente exigida. É, pois, requisito *essencial*; **se falta, o documento não tem valor**. Nesse ponto o repositório de normas afastou-se do sistema por ele adotado, uma vez que não a considerou essencial em documentos em que a sua enunciação teria maior utilidade, como os testamentos, salvo no testamento militar semelhante ao testamento cerrado[13].

Também a **assinatura** da cédula codicilar, ao final, pelo disponente é formalidade *ad solemnitatem*, indispensável. Sem a assinatura do próprio declarante, o documento equivale a uma minuta ou projeto, **sem valor algum como manifestação de última vontade**.

14.5. ESPÉCIES DE CODICILO

O codicilo pode assumir a forma de:

- **ato autônomo**, tenha ou não o autor da herança deixado testamento, ou
- **ato complementar** do testamento.

Prescreve o art. 1.882 do Código Civil:

> "Os atos a que se refere o artigo antecedente, salvo direito de terceiro, valerão como codicilos, deixe ou não testamento o autor".

Percebe-se que o codicilo não é, necessariamente, acessório ou complemento do testamento, **pois pode existir como disposição de vontade autônoma** (codicilo *ab intestato*). Pode, outrossim, **ser feito, tendo testamento o seu autor**. Em geral, visa completá-lo, determinando o disponente providências para o seu enterro, destinando uma esmola de pouca monta aos pobres de certo lugar, ou fazendo o legado de um bem de estimação e de pouco valor. Estabelece-se, nesse caso, uma **convivência entre os dois documentos**.

Todavia, se houver **testamento posterior, que não confirma ou modifica o codicilo, este se considera revogado** (CC, art. 1.884).

14.6. REVOGAÇÃO DO CODICILO

A revogação do codicilo pode ser:

---

[13] Carlos Maximiliano, *Direito das sucessões*, cit., v. I, n. 517, p. 565.

- **expressa**, quando o codicilo é revogado por outro codicilo, ou por outro testamento, com menção à intenção de revogá-lo; e
- **tácita**, quando se dá pela elaboração de testamento posterior, de qualquer natureza, sem confirmá-lo, ou modificá-lo.

Dispõe o art. 1.884 do Código Civil:

> "Os atos previstos nos artigos antecedentes revogam-se por atos iguais, e consideram-se revogados, se, havendo testamento posterior, de qualquer natureza, este os não confirmar ou modificar".

O codicilo pode, assim, ser **revogado**:

- por **outro codicilo**, ou
- por um **testamento posterior**.

Ou seja: a revogação do codicilo tanto se faz por outro ato da mesma natureza como por qualquer espécie de testamento.

Nem sempre, porém, o codicilo posterior revoga o anterior. **Podem completar-se e trazer disposições diversas:** num deles, por exemplo, consta esmola de pouca monta a determinada pessoa; noutro, disposições sobre o seu enterro. Após a morte do disponente, ambos serão cumpridos, se não tiverem sido revogados por outro modo, pois não há incompatibilidades entre as disposições de um e de outro.

O codicilo posterior somente revoga o anterior se contiver **cláusula expressa nesse sentido**, ou se as disposições forem **incompatíveis**. Quanto ao testamento posterior, se ele revogar expressamente o codicilo, este perderá a eficácia[14].

Pode ocorrer, no entanto, de o ***testamento* posterior simplesmente silenciar e não fazer nenhuma referência ao codicilo**. Nesse caso, não tendo confirmado ou modificado o codicilo anterior, este será considerado **tacitamente revogado**, como proclama o mencionado art. 1.884, parte final.

O silêncio, nesse caso, será interpretado como manifestação de vontade, e entender-se-á que o codicilo está **revogado, mesmo que o testamento posterior trate de assunto diverso do que se encontra nele regulado**[15].

Testamento revoga codicilo, mas a recíproca não é verdadeira. Preleciona, nessa trilha, Carlos Maximiliano: "O **codicilo não revoga o testamento**; porém é por ele revogado"[16].

Comentando a primeira parte dessa afirmação, manifesta Zeno Veloso o pensamento de que, "se o codicilo posterior ao testamento regula matéria inerente ao seu **conteúdo possível** (art. 1.881), **revoga o que, sobre o mesmo assunto, ditava o testamento**. Se, por exemplo, o testador lega seu relógio de algibeira (de pouco valor) a um amigo, e, depois, em codicilo, deixa o mesmo relógio ao sobrinho Luiz Augusto,

---

[14] Zeno Veloso, *Comentários*, cit., v. 21, p. 155.

[15] Zeno Veloso, *Comentários*, cit., v. 21, p. 156.

[16] *Direito das sucessões*, cit., v. I, n. 519, p. 565.

é o sobrinho que fica com o relógio, após o decesso do autor da sucessão. O codicilo, nessa parte, **porque a disposição é compatível**, insere-se no seu conteúdo específico, e está conforme os limites possíveis, derroga o testamento. Seria absurdo, ilógico, no caso, que o relógio coubesse ao amigo e não ao sobrinho do *de cujus*"[17].

Pontes de Miranda não discrepa desse entendimento, que também se nos afigura correto, asseverando que o **codicilo pode revogar parcialmente o testamento anterior**, "porque, nas coisas **sobre as quais a lei lhe permite recair**, não seria admissível duas validades — a do codicilo posterior, que é por lei válido, e a do testamento revogável pelo mesmo modo e forma, porque pode ser feito"[18].

O codicilo, prossegue o eminente jurista, "**só pode tirar o que ele pode dar. Mas o que ele pode dar, claro que o pode tirar**. Não se pode apagar com o codicilo a herança que se deixou em testamento. Nem deserdar. Mas duas validades, sobre o mesmo objeto, seriam absurdas: em tudo que podia consistir a disposição codicilar revoga-se o testamento, antes feito".

14.7. EXECUÇÃO DO CODICILO

O codicilo é cumprido da mesma forma que o testamento particular. O testamenteiro, se existir, ou o parente, ou ainda qualquer pessoa que encontrar a cédula codicilar a encaminhará ao juiz. Este nomeará um testamenteiro, que velará pelo seu cumprimento. Formula-se um requerimento, acompanhado do original, com o pedido de abertura, caso se encontre fechado ou lacrado.

Dispõe o art. 1.885 do Código Civil, como já visto, que, **"se estiver fechado o codicilo, abrir-se-á do mesmo modo que o testamento cerrado"**.

Falecendo o disponente, a abertura do codicilo far-se-á como a do testamento cerrado: será aberto pelo juiz, que o fará registrar, ordenando que seja cumprido, se não achar vício externo que o torne eivado de nulidade ou suspeito de falsidade (CPC/2015, art. 737).

14.8. RESUMO

DOS CODICILOS	
CONCEITO	Codicilo é ato de última vontade, destinado porém a disposições de ***pequeno valor***.
FORMALIDADES	Não se exigem maiores formalidades para sua validade. Basta que o instrumento particular seja inteiramente escrito pelo testador e por ele datado e assinado (CC, art. 1.881). Têm sido admitidos codicilos datilografados, que devem, porém, ser datados e assinados pelo ***de cujus***. Não se exige a assinatura de testemunhas. Pode assumir a forma de ***ato autônomo*** ou complementar do testamento (art. 1.882).
FINALIDADES	**a)** para o autor da herança fazer disposições sobre o seu enterro; **b)** deixar esmolas de pouca monta; **c)** legar móveis, roupas ou joias, de pouco valor, de seu uso pessoal (CC, art. 1.881); **d)** nomear e substituir testamenteiros (art. 1.883);

17 *Comentários*, cit., v. 21, p. 157.

18 *Tratado dos testamentos*, cit., v. 5, n. 2.018, p. 31-32.

	e) reabilitar o indigno (art. 1.818); f) destinar verbas para o sufrágio de sua alma (art. 1.998); g) reconhecer filho havido fora do matrimônio, uma vez que o art. 1.609, II, do CC permite tal ato por "escrito particular".
OBJETO	■ Só valem liberalidades que tenham por objeto bens e valores de pouca monta. A aferição do pequeno valor é feita com base no montante do patrimônio deixado.
REVOGAÇÃO	■ Revoga-se o codicilo por outro codicilo (*expressamente*) ou pela elaboração de testamento posterior, sem confirmá-lo, ou modificá-lo (*tacitamente*). A falta de qualquer referência ao codicilo, no testamento posterior, importa revogação tácita daquele (CC, art. 1.884). Testamento revoga codicilo, mas a recíproca não é verdadeira.

15

DOS TESTAMENTOS ESPECIAIS

15.1. INTRODUÇÃO

O Código Civil reconhece como testamentos **ordinários** unicamente o *público*, o *cerrado* e o *particular*, não podendo ser utilizado nenhum outro, nem fazer combinações entre os existentes (CC, arts. 1.862 e 1.863). Só se considera testamento o negócio jurídico que for celebrado sob uma das formas indicadas na lei (princípio da **tipicidade**).

Os testamentos ordinários são de livre escolha do disponente capaz e que tenha a legitimação exigida para a respectiva forma. Cada modalidade tem a sua própria regulamentação, como visto.

Mas, além das formas ordinárias, o Código Civil prevê também **formas especiais** de testamento, que não são livremente escolhidas por qualquer pessoa, mas determinadas por circunstâncias e situações excepcionais em que se encontra aquele que pretende manifestar a sua última vontade e que justificam a **diminuição de formalidades e exigências legais**.

O Código Civil regula três formas de testamentos especiais:

- o **marítimo**;
- o **aeronáutico**; e
- o **militar** (arts. 1.886 a 1.896).

E, no art. 1.887, declara peremptoriamente:

"Não se admitem outros testamentos especiais além dos contemplados neste Código".

Os testamentos especiais, malgrado a simplificação das formas, para atender a situações excepcionais, **não derrogam os princípios do direito comum**. "Assim, além das regras específicas que orientam a realização dos testamentos especiais, a eles se aplicam todos os princípios que determinam a capacidade testamentária ativa (arts. 1.860 e 1.861), a proibição do testamento conjuntivo (art. 1.863), os preceitos referentes às disposições testamentárias em geral (arts. 1.897 a 1.900), os que tratam da capacidade para adquirir por testamento (arts. 1.799 a 1.801), o *jus cogens* da sucessão legítima, a ordem de vocação hereditária, o respeito à quota dos herdeiros necessários, os preceitos referentes aos defeitos da vontade, etc."[1].

---

1 Eduardo de Oliveira Leite, *Comentários ao novo Código Civil*, v. XXI, p. 411; Zeno Veloso, *Comentários ao Código Civil*, v. 21, p. 162.

■ 15.2. TESTAMENTO MARÍTIMO

■ 15.2.1. Conceito

Testamento marítimo é a declaração de última vontade **feita a bordo de navios** de guerra ou mercantes, em viagem de alto-mar, fluvial ou lacustre.

Dispõe, com efeito, o art. 1.888 do Código Civil:

> "Quem estiver em viagem, **a bordo de navio nacional**, de guerra ou mercante, pode testar perante o comandante, em presença de duas testemunhas, por forma que corresponda ao testamento público ou ao cerrado.
> Parágrafo único. O registro do testamento será feito no diário de bordo".

O testamento marítimo pode, assim, ser elaborado por **passageiros e tripulantes** ("gente do mar ou passageiro", na expressão de Orozimbo Nonato[2]), nas viagens em alto-mar e em viagem fluvial ou lacustre, especialmente em lagos ou rios de grande dimensão, como os da bacia amazônica, **diante do surgimento de algum risco de vida e da impossibilidade de desembarque em algum porto onde o disponente possa testar na forma ordinária.**

Essa modalidade testamentária apresenta duas peculiaridades:

- **não prevalece o testamento marítimo**, se a embarcação estiver em pequeno cruzeiro, ou mesmo no curso de uma viagem, se ao tempo de sua confecção "o navio estava em porto **onde o testador pudesse desembarcar e testar na forma ordinária**" (CC, art. 1.892);
- **caducará**, como se verá adiante, "**se o testador não morrer em viagem nem nos noventa dias subsequentes ao seu desembarque em terra**, onde possa fazer, na forma ordinária, outro testamento" (art. 1.891).

■ 15.2.2. Requisitos do testamento marítimo

A validade do testamento marítimo requer:

- **que a viagem se realize em *navio nacional***, pois este é considerado extensão do território nacional, ainda que se encontre em águas territoriais ou portos de outros países;
- **que se trate de navio de *guerra* ou *mercante*** — os navios de excursões turísticas e os que deslocam pessoas de um porto a outro enquadram-se como mercantes, pois o transporte de pessoas é mercancia;
- **que o testador esteja *a bordo* do navio**, em viagem;
- **que a cédula testamentária seja *registrada em livro diário de bordo***, que todos os navios possuem — o registro fará referência ao autor do testamento, à data e a outros dados dignos de nota que ocorrerem;
- **que o testamento fique *sob a guarda do comandante***, que o entregará às autoridades administrativas do primeiro porto nacional (CC, art. 1.890).

---

2 *Estudos sobre sucessão testamentária*, v. I, n. 258, p. 314.

15.2.3. Formas de testamento marítimo

Forma correspondente ao testamento público

O testamento, segundo se infere da parte final do art. 1.888 do Código Civil, pode revestir forma **assemelhada ao público** ou **ao cerrado**. No primeiro caso, é **lavrado pelo comandante**, a quem se atribui função notarial, na presença de duas testemunhas, fazendo-se o seu registro no livro diário de bordo (parágrafo único).

Se o testador não puder assinar, o comandante assim o declarará, assinando, nesse caso, pelo testador, e, a seu rogo, uma das testemunhas instrumentárias (CC, art. 1.865).

Não menciona o Código Civil o procedimento a ser seguido **se o comandante pretender testar**. Em alguns Códigos Civis, como o francês, o italiano, o espanhol e outros, consta que, nesse caso, o testamento **será recebido pelo substituto do comandante**. A mesma solução deve ser adotada no Brasil, mesmo porque o novo diploma, ao regular o testamento militar, estabelece que, se o testador for o oficial mais graduado, o testamento será escrito por aquele que o substituir (art. 1.893, § 3º).

Forma assemelhada ao testamento cerrado

O testamento que corresponda ao tipo **cerrado** (CC, art. 1.868) pode ser feito **pelo próprio testador**, que o assinará, ou ser escrito **por outrem**, que o assinará com a declaração de que o subscreve **a rogo** daquele. Deve ser **entregue ao comandante perante duas testemunhas** capazes de entender a vontade do testador, declarando este tratar-se de seu testamento o escrito apresentado, cuja aprovação requer.

O comandante certificará, abaixo do escrito, todo o ocorrido, datando e assinando com o testador e as testemunhas. Todos os partícipes (testador, comandante e testemunhas) devem estar reunidos, simultaneamente presentes (*uno contextu*), do início ao fim da solenidade.

As **testemunhas**, recrutadas de preferência entre os passageiros, devem ter capacidade de compreensão e ser idôneas, aplicando-se-lhes os mesmos impedimentos que atingem as testemunhas nas formas ordinárias de testamento. É mister que saibam assinar, pois o ato conferirá autenticidade ao testamento.

Proibições à nomeação de herdeiros e legatários

Aplicam-se ao testamento marítimo as proibições do art. 1.801 do Código Civil:

> "Não podem ser nomeados herdeiros nem legatários:
>
> I — a pessoa que, a rogo, escreveu o testamento, nem o seu cônjuge ou companheiro, ou os seus ascendentes e irmãos;
>
> II — as testemunhas do testamento;
>
> III — o concubino do testador casado, salvo se este, sem culpa sua, estiver separado de fato do cônjuge há mais de cinco anos;
>
> IV — o tabelião, civil ou militar, ou o comandante ou escrivão, perante quem se fizer, assim como o que fizer ou aprovar o testamento".

Confecção de testamento particular

Embora o Código Civil somente se refira à possibilidade de aquele que esteja a bordo de navio, em viagem, fazer testamento marítimo, **nada obsta a que possa**

confeccionar testamento ordinário particular, que prescinde de tabelião. Tal modalidade pode ser elaborada em qualquer lugar, inclusive em um navio.

■ 15.2.4. Caducidade do testamento marítimo e do aeronáutico

Dispõe o art. 1.891 do Código Civil:

> "Caducará o testamento marítimo, ou aeronáutico, **se o testador não morrer na viagem, nem nos noventa dias subsequentes ao seu desembarque em terra**, onde possa fazer, na forma ordinária, outro testamento".

A caducidade, depois de certo tempo, é uma característica dos testamentos especiais, observada em todas as legislações alienígenas, variando apenas o prazo.

A perda da eficácia do testamento, se o testador não morrer em consequência do acontecimento excepcional que o levou a testar às pressas, nem depois do lapso de tempo estabelecido na lei, justifica-se plenamente, pois se trata de forma privilegiada, para atender a uma situação de emergência. Cessada esta, sem que o testador tenha morrido na viagem, nem nos noventa dias subsequentes ao seu desembarque em terra, onde pudesse fazer outro testamento comum, desaparece a razão para a subsistência do testamento especial.

O simples decurso do prazo de noventa dias não é suficiente para a perda da eficácia do testamento especial. **É necessário que flua em terra, onde o testador possa fazer, na forma ordinária, outro testamento**, não importando que o porto ou aeroporto não esteja localizado em território nacional. **O aludido prazo começa a ser contado após o último desembarque, no fim da viagem**. No último dia, o testamento perde a eficácia. O desembarque circunstancial, por pouco tempo, e posterior reembarque para prosseguimento do percurso, não dá início à contagem do prazo legal.

Se, porventura, após o derradeiro desembarque, o testador ficar impedido, em virtude de **obstáculo invencível** (agravamento do estado de saúde, por exemplo), de fazer novo testamento ordinário, os testamentos marítimo e aeronáutico não caducarão[3].

■ 15.3. TESTAMENTO AERONÁUTICO

■ 15.3.1. Conceito

Preceitua o art. 1.889 do Código Civil:

> "Quem estiver em viagem, a bordo de aeronave militar ou comercial, pode testar perante pessoa designada pelo comandante, observado o disposto no artigo antecedente".

A necessidade de elaborar o seu testamento pode surgir, para o autor da herança, em voos transcontinentais, de percursos muito longos (Brasil-Japão ou Brasil-Austrália, por exemplo), em casos de doença ou indisposição súbita e iminência de morte próxima.

---

[3] Zeno Veloso, *Comentários*, cit., v. 21, p. 170-171; Eduardo de Oliveira Leite, *Comentários*, cit., v. XXI, p. 423-424.

O testamento aeronáutico constitui inovação do atual Código Civil. O art. 1.889, retrotranscrito, determina que se observe **"o disposto no artigo antecedente"**, o qual alude ao testamento marítimo, ou seja, "com as adaptações impostas pelas diferenças existentes entre a organização complexa de um navio e o ligeiro e improvisado equipamento de uma aeronave, onde o comandante não goza da liberdade de movimentos e da disponibilidade de tempo que pode ter o comandante de um navio"[4].

Daí a razão por que já **não é o comandante do avião que redige o testamento** ou o auto de aprovação. O interessado testará perante **"pessoa designada pelo comandante"**, proclama o aludido dispositivo legal.

15.3.2. Formas e requisitos do testamento aeronáutico

Tendo o legislador determinado a observância do disposto no art. 1.888, que regula a forma e os requisitos do testamento marítimo, deve ser adotada, na confecção do testamento aeronáutico, modalidade que corresponda ao testamento **público** ou ao **cerrado**.

Os requisitos do testamento aeronáutico são, portanto, os mesmos do testamento marítimo. Todavia, como referido, não pode o comandante, por estar envolvido na pilotagem, participar da elaboração do testamento. Designará, então, alguém para receber as informações do testador e lavrar o testamento.

A forma cerrada, dadas as circunstâncias, torna-se quase inviável. A maneira mais prática é o ditado da disposição de bens à pessoa designada pelo comandante e a leitura por ela feita, ao testador e a duas testemunhas, após a lavratura do instrumento, com a assinatura de todos (CC, art. 1.864). Se o testador estiver passando mal e não tiver condições de assinar, a pessoa que fizer as vezes do notário assim o declarará, assinando pelo testador, e a seu rogo, uma das testemunhas instrumentárias (art. 1.865).

Nada impede, também, que o testador se utilize do testamento particular, que terá, todavia, de ser por ele redigido (forma hológrafa), ou elaborado em microcomputador, que muitos passageiros carregam durante as viagens de longo percurso. Poderá valer-se, nesse caso, do testamento particular elaborado em **"circunstâncias excepcionais"**, sem testemunhas, se houver dificuldade para conseguir a sua participação, por estarem preocupadas, por exemplo, com os problemas do voo.

Estatui ainda o art. 1.890:

> "O testamento marítimo ou aeronáutico ficará sob a guarda do comandante, que o entregará às autoridades administrativas do primeiro porto ou aeroporto nacional, contra recibo averbado no diário de bordo".

E o art. 1.891, como já comentado no n. 15.2.4, declara que **"caducará o testamento marítimo ou aeronáutico"** se o testador não morrer na viagem, nem nos noventa dias subsequentes ao seu desembarque em terra, onde possa fazer, na forma ordinária, outro testamento.

---

4 Eduardo de Oliveira Leite, *Comentários*, cit., v. XXI, p. 419.

15.4. TESTAMENTO MILITAR

15.4.1. Conceito

Testamento militar é o elaborado por militar e outras pessoas **a serviço das Forças Armadas** em campanha, como médicos, enfermeiros, engenheiros, capelães, telegrafistas etc., que estejam participando de operações de guerra, dentro ou fora do País.

Dispõe o art. 1.893 do Código Civil:

> "O testamento dos militares e demais pessoas a serviço das Forças Armadas em campanha, dentro do País ou fora dele, assim como em praça sitiada, ou que esteja de comunicações interrompidas, poderá fazer-se, não havendo tabelião ou seu substituto legal, ante duas, ou três testemunhas, se o testador não puder, ou não souber assinar, caso em que assinará por ele uma delas.
>
> § 1º Se o testador pertencer a corpo ou seção de corpo destacado, o testamento será escrito pelo respectivo comandante, ainda que de graduação ou posto inferior.
>
> § 2º Se o testador estiver em tratamento em hospital, o testamento será escrito pelo respectivo oficial de saúde, ou pelo diretor do estabelecimento.
>
> § 3º Se o testador for o oficial mais graduado, o testamento será escrito por aquele que o substituir".

A locução **"militares"** recebe interpretação extensiva na doutrina. Abrange não só os integrantes das Forças Armadas (Exército, Marinha e Aeronáutica), como também das **Polícias Militares e outras forças auxiliares**.

Alguns comentadores do Código Civil brasileiro, atendendo ao espírito da lei, à *ratio legis*, e vendo, no caso, menos uma norma feita para favorecer determinada classe do que uma regra que atende à peculiaridade das circunstâncias perigosas em que a parte se encontra, "têm entendido que **podem recorrer ao testamento militar os civis que visitam parente no campo de batalha**, embora a letra da lei a eles não se refira. Haveria a aplicação analógica da lei por ser idêntica a situação"[5].

15.4.2. Requisitos do testamento militar

Algumas formalidades são exigidas para a validade do testamento militar. Reclama-se:

- **Que a Força esteja "*em campanha*", mobilizada**, tanto para a **guerra externa quanto para a interna**, dentro ou fora do País, assim como **"em praça sitiada"**, ou que esteja de **"comunicações interrompidas"**. Considera-se, igualmente, em campanha a Força Armada destacada para cumprir missões de paz, ou garantir segurança em territórios conflagrados, em nome de organismos internacionais, como a ONU, por exemplo.

Comenta Arnoldo Wald que "a interpretação que a jurisprudência e a doutrina deram às normas sobre testamento militar é no sentido de o admitir *independentemente*

[5] Arnoldo Wald, *Direito das sucessões*, p. 123.

do estado de guerra, **sempre que militares estejam trabalhando para a salvação pública**, como pode ocorrer em caso de inundação, incêndio de grandes proporções etc. Amplia a própria lei a faculdade de fazer testamento militar aos civis a serviço do exército"[6].

■ **Que o disponente se encontre participando da guerra, *em campanha ou em praça sitiada*, sem possibilidade de afastar-se das tropas ou do campo de batalha**. Não precisa, necessariamente, estar envolvido nos combates e entrechoques; basta que esteja envolvido em missão pública a favor da defesa da pátria, como numa missão de salvamento, por exemplo, impedido de se comunicar. Admite-se que todas as pessoas que se agregam às Forças Armadas, como voluntários, diplomatas, correspondentes de guerra, capelães, médicos, enfermeiros etc., por estarem expostos aos mesmos riscos, perigos e dificuldades, podem fazer uso do testamento militar.

■ **Que não haja, no local, um tabelionato em que o interessado em testar possa dispor de seus bens pela forma ordinária**. Se, mesmo estando a cidade sitiada, houver a possibilidade de se servir do tabelião local para esse fim, ou de seu substituto legal, não se justifica a confecção de testamento militar.

■ **Que a situação de perigo seja real**, ante a possibilidade de não subsistir com vida após uma batalha ou até o término do conflito armado[7].

■ 15.4.3. Formas de testamento militar

O testamento militar pode revestir três formas:

- ■ a assemelhada ao testamento **público** (CC, art. 1.893);
- ■ a correspondente ao testamento **cerrado** (art. 1.894); e
- ■ a **nuncupativa** (art. 1.896).

■ **Forma assemelhada ao testamento público**

No primeiro caso, **o comandante atuará como tabelião**, estando o testador em serviço na tropa, ou o **oficial de saúde**, ou o **diretor do hospital** em que estiver recolhido, sob tratamento. Será lavrado na presença de duas testemunhas e assinado por elas e pelo testador, ou por três, se o testador não puder, ou não souber assinar, caso em que assinará por ele uma delas. Se o testador for oficial mais graduado, o testamento será escrito por aquele que o substituir (CC, art. 1.893, § 3º).

■ **Forma semelhante ao testamento cerrado**

Na forma semelhante ao testamento *cerrado*, **o testador entregará a cédula ao auditor, ou ao oficial de patente** que lhe faça as vezes nesse mister, aberta ou cerrada, escrita de seu punho ou por alguém a seu rogo, na presença de duas testemunhas. O auditor, ou o oficial a quem o testamento se apresente, notará, em qualquer parte dele, lugar, dia, mês e ano em que lhe for apresentado, nota essa que será

---

6 *Direito das sucessões*, cit., p. 123.

7 Arnaldo Rizzardo, *Direito das sucessões*, p. 352.

assinada por ele e pelas testemunhas (CC, art. 1.894, parágrafo único). Em seguida, o devolverá ao apresentante.

O auditor é o militar encarregado da Justiça no acampamento, ou juiz militar que julga os soldados.

Observa-se que o legislador, nesse caso, diferentemente do tratamento dado aos demais, exige a menção à **data da lavratura do testamento**; e ainda que, tendo determinado que o testador escreva o testamento assemelhado ao cerrado **"de seu punho"**, afastou a possibilidade de confeccioná-lo mediante o uso da datilografia ou de outros meios mecânicos.

■ Utilização de testamento particular

Nada impede que as pessoas legitimadas a fazer testamento militar, devido à situação em que se encontram, **optem pela utilização do testamento particular**, escrevendo e assinando o documento e lendo-o, depois, a três testemunhas, que também o assinam, como estabelece o art. 1.876 do Código Civil.

■ Testamento nuncupativo

O testamento *nuncupativo* é o feito de **viva voz** perante duas testemunhas, por pessoas empenhadas em combate ou feridas. A propósito, dispõe o art. 1.896 do Código Civil:

> "As pessoas designadas no art. 1.893, estando empenhadas em combate, ou feridas, podem testar oralmente, confiando a sua última vontade a duas testemunhas.
>
> Parágrafo único. Não terá efeito o testamento se o testador não morrer na guerra ou convalescer do ferimento".

Pressupõe-se que a pessoa esteja exposta, em qualquer caso, a **risco de vida, e impossibilitada de se utilizar da escrita**. Finda a guerra, porém, ou convalescendo o testador, cessaram as razões e acabaram os motivos que a lei prevê para o testamento especial, realizado *in articulo mortis*.

O testamento nuncupativo constitui **exceção à regra de que o testamento é um negócio solene e deve ser celebrado por escrito**. É também uma forma bastante criticada, por possibilitar facilmente a deturpação da vontade do testador.

Efetivamente, **não oferece o testamento nuncupativo garantias suficientes**, pois morta uma pessoa em batalha, não há nada que impeça o fato de algumas outras se mancomunarem para duas delas se apresentarem como testemunhas, declarando que o defunto testou nuncupativamente em favor de terceiro. Daí se poder afirmar que tal modalidade facilita a simulação e a fraude, promove demandas e favorece, como mencionado, o dolo das testemunhas, que podem alterar a manifestação de última vontade do testador[8].

Prescreve o art. 737, § 3º, do Código de Processo Civil que as disposições da seção precedente, concernentes à confirmação do **testamento particular, aplicam-se "ao testamento nuncupativo"**.

---

8 Silvio Rodrigues, *Direito civil*, cit., v. 7, p. 174.

Desse modo, após a morte do testador, o testamento nuncupativo deve ser apresentado em juízo, para ser publicado, **inquirindo-se as testemunhas às quais foi confiada a última vontade do testador**, sendo intimados para a inquirição aqueles a quem caberia a sucessão legítima, o testamenteiro, os herdeiros e legatários que não tiverem requerido a publicação e o Ministério Público. Inquiridas as testemunhas, poderão os interessados, no prazo comum de cinco dias, manifestar-se sobre o testamento. Se as testemunhas forem contestes e não restarem dúvidas sobre a autenticidade do ato, sentenciará o juiz, mandando cumprir o testamento.

■ 15.4.4. Caducidade do testamento militar

Proclama o art. 1.895 do Código Civil:

> "Caduca o testamento militar, desde que, depois dele, o testador esteja, noventa dias seguidos, em lugar onde possa testar na forma ordinária, salvo se esse testamento apresentar as solenidades prescritas no parágrafo único do artigo antecedente".

Tal como sucede com o testamento marítimo e com o testamento aeronáutico, o testamento militar está, igualmente, sujeito a prazo de caducidade.

O **prazo de noventa dias deve ser contado ininterruptamente**, ainda que o testador passe algum tempo em diversos lugares, desde que em cada um deles pudesse ter feito outro testamento, na forma ordinária.

■ Não caducidade do testamento militar cerrado

O art. 1.895 prevê, todavia, hipótese de testamento militar que não caduca, reportando-se ao parágrafo único do artigo antecedente, que cuida do testamento militar **semelhante ao cerrado**. Pelo fato de ser escrito do próprio punho, datado e assinado pelo testador, obedecendo, ainda, a outras solenidades previstas naquele artigo, inclusive a homologação pelo auditor, ou oficial, com duas testemunhas, entendeu o legislador que ele representa uma disposição de última vontade segura e definitiva. Assim, **não terá prazo de eficácia e, pois, não caducará**, malgrado tratar-se de um testamento especial.

■ 15.4.5. Disposições processuais

O art. 737, § 3º, do Código de Processo Civil prevê que as disposições concernentes ao **testamento particular** se aplicam ao testamento feito por militar ou pessoa em serviço militar, quando em campanha, praça sitiada ou que esteja com as comunicações cortadas.

Já vimos que o referido dispositivo proclama que também o testamento nuncupativo observará o procedimento estabelecido para a confirmação do testamento particular (CPC, art. 737, § 3º).

Impugnado o testamento, o processo tomará curso ordinário. Verificando a presença dos requisitos da lei, ouvido o Ministério Público, o juiz confirmará o testamento (CPC/2015, art. 737, § 2º).

■ 15.5. TESTAMENTO VITAL

O denominado "*testamento vital*" ou "*biológico*" constitui uma **declaração unilateral de vontade** em que a pessoa manifesta o desejo de ser submetida a determinado tratamento, na hipótese de se encontrar doente, **em estado incurável ou terminal**, ou apenas declara que não deseja ser submetida a **nenhum procedimento** que evite a sua morte.

Enquanto capaz, a pessoa escolhe, por escrito, **o tratamento médico que deseja receber ou manifesta o desejo de não se submeter a nenhum**. Com esse documento, o paciente visa influir sobre a conduta médica e a limitar a atuação da família, caso a doença progrida e venha a se tornar impossibilitado de manifestar a sua vontade.

Não se trata, verdadeiramente, de um testamento ou ato *causa mortis*, uma vez que não se destina a produzir efeitos após a morte, mas sim antes desta, aos pacientes terminais. Por essa razão mostra-se mais adequada a expressão **"Diretivas Antecipadas de Vontade"**, utilizada na Resolução n. 1.995/201, do Conselho Federal de Medicina, cujo art. 1º dispõe que o referido Conselho **resolve**:

> "Definir **diretivas antecipadas de vontade** como o conjunto de desejos, prévia e expressamente manifestados pelo paciente, sobre cuidados e tratamentos que quer, ou não, receber no momento em que estiver incapacitado de expressar, livre e autonomamente, sua vontade".

A referida declaração de vontade tem por fundamento jurídico o princípio constitucional da **dignidade humana** e o **art. 15 do Código Civil**, segundo o qual "ninguém pode ser constrangido a submeter-se, com risco de vida, a tratamento médico ou a intervenção cirúrgica". Não se pode obrigar uma pessoa a fazer tratamento contra a sua própria vontade.

Faz-se mister, todavia, para que se possa aceitar a validade de aludida declaração unilateral de vontade, distinguir e estabelecer os limites entre **eutanásia** e **ortotanásia**. A primeira, etimologicamente, significa **"boa morte"** e se dá por meio de utilização de técnicas que **precipitam a ocorrência da morte** e, por isso, constitui ato ilícito (CP, art. 122). A **ortotanásia**, que significa, etimologicamente, **"morte correta"**, é procedimento destinado a evitar que o paciente padeça de um sofrimento físico e psicológico, mediante **o não emprego** de técnicas terapêuticas inúteis de prolongamento da vida.

A distinção entre as duas técnicas se torna, muitas vezes, difícil na prática, embora necessária, uma vez que **o limite do testamento vital é a ortotanásia**. Não se pode derivar para a eutanásia.

Aguarda-se, portanto, com ansiedade, que a prática seja **disciplinada por lei**, vez que vários projetos de lei em tramitação no Congresso Nacional tratam do assunto. Um deles é o Projeto de Lei n. 116, de 2000, de autoria do Senador Gerson Camata, que visa disciplinar a autorização para o procedimento da ortotanásia.

Na V Jornada de Direito Civil, realizada pelo Conselho da Justiça Federal, aprovou-se o Enunciado 528, do seguinte teor:

"É válida a declaração de vontade, expressa em documento autêntico, também chamado 'testamento vital', em que a pessoa estabelece disposições sobre o tipo de tratamento de saúde, ou não tratamento, que deseja no caso de se encontrar sem condições de manifestar a sua vontade".

As Testemunhas de Jeová costumam portar um documento denominado "Diretivas Antecipadas e Procuração para Tratamento de Saúde", que é apresentado à equipe médica e ao hospital quando de seu tratamento médico, ou quando necessário. Tal documento contém diretivas médicas antecipadas (recusa de transfusão de sangue e consentimento para outras opções médicas) e uma procuração para casos de inconsciência (mandato duradouro). Além disso, o paciente também poderá externar sua decisão sobre questões de fim de vida (testamento vital).

Ressalte-se que o objeto do documento portado pelas Testemunhas de Jeová não é a renúncia ao direito à vida, mas o direito de escolherem antecipadamente o tipo de tratamento médico que desejam receber. A jurisprudência internacional tem reconhecido a validade do documento de diretivas antecipadas portado por pacientes seguidores dessa religião[9].

15.6. RESUMO

DOS TESTAMENTOS ESPECIAIS	
TESTAMENTO MARÍTIMO	▪ Constitui forma especial de testamento. Pode ser elaborado por passageiros e tripulantes, estando o testador em viagem, a bordo de navio nacional, de guerra ou mercante (CC, art. 1.888), diante do surgimento de algum risco de vida. ▪ Pode revestir forma assemelhada ao ***público*** ou ao ***cerrado*** (art. 1.888). ▪ Não valerá se, ao tempo em que se fez, o navio estava em porto onde o testador pudesse desembarcar e testar na forma ordinária (art. 1.892).
TESTAMENTO AERONÁUTICO	▪ O testamento aeronáutico, por guardar semelhança com o marítimo, foi disciplinado na mesma seção, estendendo-se-lhe a regulamentação deste. ▪ Quem estiver em viagem, a bordo de aeronave militar ou comercial, pode testar perante pessoa designada pelo comandante (art. 1.899), observado o disposto no art. 1.888. ▪ Caducará o testamento marítimo, ou aeronáutico, se o testador não morrer na viagem, nem nos noventa dias subsequentes ao seu desembarque em terra, onde possa fazer, na forma ordinária, outro testamento.
TESTAMENTO MILITAR	▪ É o elaborado por militar e outras pessoas a serviço das Forças Armadas em campanha, como médicos, enfermeiros, engenheiros, capelães, telegrafistas etc., que estejam participando de operações de guerra, dentro ou fora do País. ▪ Pode revestir três formas: a assemelhada ao testamento ***público*** (CC, art. 1.893), a correspondente ao testamento ***cerrado*** (art. 1.894) e a ***nuncupativa*** (art. 1.896). O testamento ***nuncupativo*** é o feito de viva voz perante duas testemunhas, por pessoas empenhadas em combate ou feridas. ▪ Caducará o testamento militar desde que, depois dele, o testador esteja, noventa dias seguidos, em lugar onde possa testar na forma ordinária, salvo se esse testamento tomar a forma de testamento cerrado (art. 1.895).

[9] César Iotti, Recusa a transfusão por religião deve ser respeitada. Disponível in Revista *Consultor Jurídico* de 6-11-2016.

16

DAS DISPOSIÇÕES TESTAMENTÁRIAS EM GERAL

16.1. INTRODUÇÃO

O testamento, além da nomeação de herdeiro ou legatário, pode encerrar outras disposições. As de cunho **patrimonial** superam sobejamente as de natureza **pessoal**. Estas dizem respeito, em regra:

- à nomeação de tutor para filho menor;
- ao reconhecimento de filho havido fora do casamento;
- à imposição de cláusula restritiva se houver justa causa;
- à educação de filho;
- à reabilitação do indigno;
- a recomendações sobre enterro e sobre sufrágios religiosos em benefício da própria alma etc.

Após regulamentar as formalidades extrínsecas do testamento, o Código Civil trata de seu **conteúdo**, estabelecendo o que pode e o que não pode conter (regras **permissivas** e **proibitivas**) e como deve ser interpretada a vontade do testador (regras **interpretativas**).

Registre-se, *ab initio*, que as disposições testamentárias só podem beneficiar **pessoas naturais ou jurídicas**. Não podem ser contemplados **animais**, salvo indiretamente, pela imposição ao herdeiro testamentário do encargo de cuidar de um especificamente. Também estão excluídas as **coisas inanimadas** e as **entidades místicas** como os santos. Admitem-se, porém, disposições em favor de nascituros ou de prole eventual, bem como de pessoas jurídicas em formação[1].

A vontade de beneficiar deve ser **expressa**, embora indiretamente, algumas vezes, não se podendo deduzir direito sucessório de simples conselhos, recomendações e advertências, que podem gerar apenas deveres de consciência. Por outro lado, diferentemente do que sucedia no direito romano, não são exigidas, no direito moderno, fórmulas especiais para a nomeação de herdeiro ou legatário. Qualquer que seja a expressão usada, mesmo que áspera ou ofensiva, vale a *heredis institutio*, **uma vez evidenciada a intenção de efetuar a liberalidade**[2].

---

1 Washington de Barros Monteiro, *Curso de direito civil*, v. 6, p. 160.

2 Orozimbo Nonato, *Estudos sobre sucessão testamentária*, v. II, p. 191; Caio Mário da Silva Pereira, *Instituições de direito civil*, v. VI, p. 260.

■ 16.2. INTERPRETAÇÃO DOS TESTAMENTOS

Toda manifestação de vontade necessita de interpretação para que se saiba o seu significado e alcance. **O contrato e o testamento originam-se de ato volitivo e por isso requerem sempre uma interpretação**. Não só a lei, com efeito, deve ser interpretada, mas também os negócios jurídicos em geral.

É mínima a diferença entre a interpretação dos contratos e a dos testamentos. Por isso, pode-se afirmar que as regras de interpretação dos primeiros aplicam-se também aos segundos, observadas algumas peculiaridades decorrentes do fato de os contratos serem negócios jurídicos bilaterais e os testamentos, unilaterais. Assim, aqueles decorrem de **mútuo consentimento**, enquanto nestes a vontade é **unilateralmente manifestada**, sendo personalíssima, não receptícia. Não há "conflito de interesses", nem "partes", só produzindo efeitos a declaração após a morte do testador.

Interpretar é perquirir e revelar qual **o verdadeiro sentido e o alcance** das disposições testamentárias. É obra de discernimento e experiência, bom-senso e boa-fé. Esforça-se o intérprete por fixar, em face de todas as circunstâncias, a **vontade real**, verdadeira, contida em cada disposição[3].

Inúmeras vezes a redação mostra-se obscura e ambígua, em virtude das deficiências intelectuais do testador e das dificuldades próprias do vernáculo. **A clareza do texto não afasta, todavia, a atividade interpretativa**. O brocardo romano *in claris cessat interpretatio* não é, hoje, acolhido, pois até para afirmar que o contrato, ou o testamento, é claro é preciso interpretá-lo. Há, na verdade, interpretações mais simples, quando o texto é claro, e complexas, quando a disposição é de difícil entendimento.

■ Método filológico ou gramatical

Aplica-se aos negócios *causa mortis*, em princípio, o processo **filológico** ou **gramatical** de hermenêutica. Procura-se compreender bem as expressões do estipulante, **as palavras empregadas**. Devem elas traduzir, implícita ou explicitamente, a intenção, revelando, com suficiente clareza, não só o intuito do testador de fazer uma liberalidade, senão também o objeto da dádiva e o respectivo beneficiário.

Daí por que o processo **filológico** tem maior valor na exegese dos testamentos do que na interpretação da lei e dos contratos. Somente se o enunciado não é compreensível de plano, revelando ambiguidades e ensejando dúvidas, é que se perquire a real intenção do testador, mediante a utilização do método de interpretação **lógica**.

■ 16.2.1. Regras práticas estabelecidas pela doutrina e pela jurisprudência

A **doutrina**[4] **e a jurisprudência** fornecem valiosos subsídios para a interpretação dos testamentos. Assim:

---

3 Carlos Maximiliano, *Direito das sucessões*, v. II, n. 597, p. 82.

4 Carlos Maximiliano, *Direito das sucessões*, cit., v. II, p. 90-175; Itabaiana de Oliveira, *Tratado de direito das sucessões*, v. II, § 525, p. 135; Washington de Barros Monteiro, *Curso*, cit., v. 6, p. 167-168; Zeno Veloso, *Comentários*, cit., v. 21, p. 216-220; Eduardo de Oliveira Leite, *Comentários ao novo Código Civil*, v. XXI, p. 445-459.

■ **Expressões masculinas abrangem o feminino; mas o inverso não se impõe**, a recíproca não é verdadeira: contemplados filhos, netos, sobrinhos, tios ou primos, aplica-se a deixa às filhas, netas etc.; porém, se está escrito "lego às minhas sobrinhas", ninguém conclui participarem da liberalidade os sobrinhos também.

■ **Pontuação, letras maiúsculas e sintaxe auxiliam a exegese**, embora em menor escala, em caráter complementar, subsidiário apenas, ou em falta de outros meios de hermenêutica. O intérprete assinala e corrige enganos relativos à pontuação e à gramática.

■ *In testamentis plenius voluntates testantium interpretantur* (Interpretam-se nos testamentos, de preferência e em toda a sua plenitude, as vontades dos testadores). Procura-se, destarte, por todos os meios de direito e com o emprego dos vários recursos da hermenêutica, **a intenção real, efetiva**, e não só aquilo que as palavras parecem exprimir.

■ Quando o estipulante beneficia **filhos**, cumpre distinguir: se constituem a prole de terceiro, incluem-se tanto os do sexo masculino como os do feminino, porém não os netos; se do próprio hereditando, toma-se a palavra como sinônima de *descendentes*; recebem os filhos e os netos — dos filhos do *de cujus*, se antes deste morreram os pais e avós dos segundos.

■ Se a disposição testamentária for ambígua, **deve-se interpretá-la no sentido que lhe dê eficácia**, e não no que ela não tenha qualquer efeito. O intérprete deve pender, sempre, para a alternativa que favorecer a validade e eficácia do testamento, atendendo ao princípio da conservação do ato, ou *favor testamenti*.

■ Para melhor aferir a vontade do testador, faz-se mister **apreciar o conjunto das disposições testamentárias**, e não determinada cláusula que, isoladamente, ofereça dúvida.

■ Quando o testador identifica o beneficiário pelo cargo ou função que exerce (o pároco de tal igreja, o prefeito de tal cidade, por exemplo), entende-se que **o beneficiado é a pessoa que exercer o cargo ou a função na época do falecimento do *de cujus***.

■ O vocábulo **"bens"** designa tudo o que tem valor: móveis, imóveis, semoventes, dinheiro, títulos, créditos.

■ Quando o testador diz que deixa a determinado herdeiro o automóvel que possui, ou o dinheiro que tem em casa, compreendem-se os bens dessa natureza **possuídos pelo estipulante ao tempo de sua morte**.

■ Quando o testador contempla indeterminadamente certa categoria de pessoas, por exemplo, empregados e domésticos, entende-se que deseja beneficiar, tão somente, **os que às suas ordens se encontravam ao se abrir a sucessão**.

■ A expressão **"prole"** aplicar-se-á aos descendentes, filhos de sangue ou adotivos, indiferentemente[5].

5 Itabaiana de Oliveira (*Tratado*, cit., v. II, § 525, p. 135-141) reproduz trinta regras de interpretação extraídas dos tratados, dentre as quais destacamos: a) a vontade do testador deve ser interpretada de modo mais amplo; b) nas condições do testamento convém que seja considerada antes a vontade do

■ 16.2.2. Normas interpretativas do Código Civil

Têm caráter **eminentemente interpretativo** os arts. 1.899, 1.902 e 1.904 a 1.908 do Código Civil. No capítulo seguinte, que trata dos legados, novamente se constata a preocupação do legislador em interpretar a vontade presumida do *de cujus*.

■ **Prevalência da interpretação que melhor assegure a observância da vontade do testador**

Dentre as regras interpretativas, destaca-se a do art. 1.899:

> "Quando a cláusula testamentária for suscetível de interpretações diferentes, **prevalecerá a que melhor assegure a observância da vontade do testador**".

Trata-se de reiteração do princípio já constante do art. 112 do diploma civil, segundo o qual "nas declarações de vontade **se atenderá mais à intenção** nelas consubstanciada do que ao sentido literal da linguagem".

Em suma, se a palavra escrita não for clara e ensejar várias interpretações, prevalecerá a que melhor assegure a observância da vontade do testador. Para poder aferi-la, torna-se necessário apreciar **o conjunto das disposições testamentárias, e não determinada cláusula** que, isoladamente, ofereça dúvida.

Se a intenção do testador é manifestada com clareza, podendo ser facilmente interpretada, e com segurança, não deve o intérprete ir além, buscando outro sentido ou efeito. **Sendo, porém, equívoca a disposição, indispensável se torna a pesquisa da real intenção do disponente**, levando-se em conta, para tanto, "a pessoa do testador, sua idade, caráter, estado de saúde, nível cultural e intelectual, modo como se expressava, o ambiente em que vivia, suas relações familiares e afetivas; enfim, tem o intérprete — se é bom intérprete — de se colocar no lugar do testador, levando em conta as circunstâncias que o envolviam, quanto testou. A apuração da vontade, com tais providências, será mais segura, fidedigna. Mais humana, com certeza"[6].

De posse de todas essas informações, pode o intérprete entender melhor o que o falecido deixou consignado no ato testamentário. A vontade pesquisada não é uma vontade qualquer, mas a que está manifestada no instrumento. **A solução deve emergir diretamente do testamento**, não podendo, em princípio, ser buscada fora dele, **exceção feita aos casos de *erro* na designação do herdeiro ou legatário, bem como da coisa legada**, como o permite o art. 1.903 do Código Civil.

Em regra, portanto, só se admite a utilização de prova externa para a elucidação de contradição ou obscuridade sobre o herdeiro, o legatário ou a coisa legada.

Todavia, a utilização, com bastante cautela, dos meios estranhos ao texto do testamento, mas **capazes de auxiliar a descoberta da vontade**, não deve ser vedada

---

que as palavras; c) na dúvida, é melhor atender às palavras da lei; d) o que está escrito em último lugar presume-se conter a vontade na qual o testador perseverou nela, derrogando o que em contrário havia escrito; e) nos casos duvidosos, que se não possam resolver segundo as regras estabelecidas, decidir-se-á em favor da sucessão legítima; f) deve-se preferir a proposição mais benigna à mais rigorosa.

6 Zeno Veloso, *Comentários*, cit., v. 21, p. 211.

naqueles casos em que não se consiga alcançá-la, apesar de todo o esforço interpretativo, com a utilização dos elementos internos.

Decidiu o Tribunal de Justiça de São Paulo:

> "Discussão sobre quem deve ser o inventariante. Substituição do agravante pela pessoa apontada pela testadora. Insurgência do herdeiro substituído. Descabimento. Vontade do *de cujus* que deve prevalecer. Ausência de provas ou indícios de que a pessoa indicada seja desidiosa na condução da abertura do testamento e na inventariança"[7].

■ Art. 1.903 do Código Civil, primeira parte

A primeira parte do art. 1.903 do Código Civil reafirma o preceito do art. 171, II, do mesmo diploma, que considera **anulável o negócio jurídico viciado por erro, dolo, coação, estado de perigo, lesão ou fraude contra credores**. Segundo o art. 138, são anuláveis os negócios jurídicos, "quando as declarações de vontade emanarem de erro substancial", que se configura nas hipóteses do art. 139.

Desse modo, se o testador, por exemplo, deseja beneficiar o legatário com o prédio *A*, mas por engano lhe atribui o imóvel *B*, ocorre **erro sobre o objeto principal da declaração** (CC, art. 139, II). Todavia, se o erro vem a ser meramente **acidental**, relativo a circunstância de somenos importância e que não acarreta efetivo prejuízo, **não ocorrerá a anulação**. Assim, se o testador deixa um legado ao único filho de seu irmão, mas se equivoca ao declinar o nome exato do sobrinho, ou lhe atribui a qualidade de engenheiro, quando é arquiteto, a disposição não é invalidada, porque tais enganos têm natureza secundária e não afetam a eficácia da nomeação.

■ Art. 1.903 do Código Civil, segunda parte

A segunda parte do aludido dispositivo ressalva que mesmo o erro substancial poderá deixar de ser causa de anulação do ato, se for possível **"identificar a pessoa ou coisa a que o testador queria referir-se"**.

Se, *verbi gratia*, o testador deixa bens a pessoa que chamava de filha, e se prova que tal pessoa não era sua filha, a disposição pode ser anulada por seus herdeiros legítimos. Porém, se do próprio contexto do testamento se evidencia que o testador desejava instituir referida pessoa, que considerava como filha, embora soubesse não o ser, fica desfeito o equívoco e afastada a causa de anulabilidade[8].

■ Demais regras interpretativas

As outras regras interpretativas do Código Civil são de fácil entendimento e até dispensáveis.

■ **O art. 1.902** procura suprir a omissão do testador na indicação precisa dos beneficiários, estabelecendo que a disposição geral em favor dos pobres ou de entidades particulares de caridade **entender-se-á relativa aos do lugar do seu domicílio ao tempo de sua morte, salvo se manifestamente constar que ti-**

---

[7] TJSP, AI 2274212-47.2018.8.26.0000-Cravinhos, 7ª Câm. Dir. Priv., rel. Des. Miguel Brandi, j. 8-5-2019.

[8] Silvio Rodrigues, *Direito civil*, cit., v. 7, p. 182.

nha em mente beneficiar os de outra localidade. Em caso de dúvida, as instituições particulares, por serem mais necessitadas, preferem às públicas.

■ **O art. 1.904** dispensa qualquer explicação. Dispõe, com efeito, de forma bastante clara:

"Se o testamento nomear dois ou mais herdeiros, sem discriminar a parte de cada um, partilhar-se-á por igual, entre todos, a porção disponível do testador". Se o autor da herança tem herdeiros necessários, só pode testar a porção disponível (arts. 1.846 e 1.857, § 1º). Atribuindo-a a dois ou mais herdeiros, sem especificar as quotas respectivas, efetuar-se-á a partilha por igual, entre todos.

■ Estabelece, por sua vez, **o art. 1.905: "Se o testador nomear certos herdeiros individualmente e outros coletivamente, a herança será dividida em tantas quotas quantos forem os indivíduos e os grupos designados"**. Aplica-se o dispositivo, por conseguinte, à hipótese de o testador nomear alguns herdeiros individualmente (Renata e Luciana, por exemplo) e outros coletivamente (os filhos de Wanda). Nesse caso, a herança será dividida em três partes: Renata e Luciana, indicadas individualmente, receberão uma quota cada uma, enquanto a dos filhos de Wanda será dividida entre todos eles, salvo se, comprovadamente, outra era a intenção do testador.

■ Segundo **o art. 1.906** do Código Civil: **"Se forem determinadas as quotas de cada herdeiro, e não absorverem toda a herança, o remanescente pertencerá aos herdeiros legítimos, segundo a ordem da sucessão hereditária"**. Ocorrerá, nesse caso, a coexistência da sucessão testamentária com a legítima.

■ Nos termos do **art. 1.907: "Se forem determinados os quinhões de uns e não os de outros herdeiros, distribuir-se-á por igual a estes últimos o que restar, depois de completas as porções hereditárias dos primeiros"**. As quotas determinadas serão, assim, atendidas primeiro, não podendo ser desfalcadas sob pretexto de haver outros herdeiros instituídos, sem quota determinada. A presunção legal é a de que a instituição destes últimos é para o que sobrar, sem prejuízo dos legados de coisa certa ou quantia certa. Se nada sobra, os herdeiros instituídos sem quota determinada nada podem reclamar, porque a sua expectativa jurídica era, *ab initio*, **residual**[9].

■ Preceitua o **art. 1.908** do estatuto civil: **"Dispondo o testador que não caiba ao herdeiro instituído certo e determinado objeto, dentre os da herança, tocará ele aos herdeiros legítimos"**. Cuida o artigo de bem remanescente que o testador não quer que seja atribuído ao herdeiro instituído. A solução é a já prevista no art. 1.906: o bem pertencerá aos herdeiros legítimos, segundo a ordem de vocação hereditária.

■ E o **art. 1.910** do Código Civil prescreve, ainda, que: **"A ineficácia de uma disposição testamentária importa a das outras que, sem aquela, não teriam sido determinadas pelo testador"**. Em princípio, a ineficácia de uma disposição testamentária não se irradia às outras; pressupõe-se que haja independência entre elas. Mas, segundo o dispositivo supratranscrito, a ineficácia *lato sensu* (que inclui a invalidade e outras causas) de uma disposição vai contaminar as demais, se restar comprovado que, sem ela, não teriam estas sido determinadas pelo testador.

---

9 Eduardo de Oliveira Leite, *Comentários*, cit., v. XXI, p. 483-484.

16.3. REGRAS PROIBITIVAS

16.3.1. Nomeação de herdeiro a termo

Conforme o previsto no art. 1.898 do Código Civil:

> "A **designação do tempo** em que deva começar ou cessar o direito do herdeiro, salvo nas disposições fideicomissárias, **ter-se-á por não escrita**".

O dispositivo impede, portanto, a nomeação de herdeiro **a termo**. *Termo* é o dia ou momento em que começa ou se extingue a eficácia do negócio jurídico. Pode ser **inicial** ou **suspensivo** (*dies a quo*) e *final* ou resolutivo (*dies ad quem*).

O artigo transcrito, em verdade, **reafirma o princípio da *saisine***, insculpido no art. 1.784 do Código Civil, segundo o qual, aberta a sucessão, a herança transmite-se, **desde logo**, aos herdeiros legítimos e testamentários.

Se, não obstante a proibição, o testador designa o tempo em que deve começar ou cessar o direito do herdeiro, **a cláusula tem-se por não escrita**, não ficando, destarte, prejudicada a instituição, que será havida como pura e simples. Desse modo, **aberta a sucessão, o herdeiro nada tem que aguardar**, pois transmite-se a ele, incontinenti, o direito sucessório.

Ressalva-se o caso específico de **disposição fideicomissária**, em que é perfeitamente cabível a instituição **"a certo tempo"** (CC, art. 1.951), como se verá adiante.

Ao proibir a nomeação de herdeiro a termo, o Código Civil não deixa de ser **ilógico**, pois permite ao testador, por outro lado, impor à liberalidade **condição** suspensiva ou resolutiva.

■ Nomeação de legatário a termo

Como o art. 1.898 somente se refere a *herdeiro*, **tem-se admitido a nomeação de *legatário* a termo**, sendo a assertiva reforçada pelo art. 1.924, que faz referência expressa a **"legado a prazo"**.

16.3.2. Instituição de herdeiro sob condição captatória

O art. 1.900 do Código Civil estabelece várias proibições. Considera **nula**, em primeiro lugar (inc. I), a disposição que "institua herdeiro ou legatário sob a **condição captatória** de que este disponha, também por testamento, em benefício do testador, ou de terceiro".

Não admite o nosso ordenamento nenhuma espécie de **pacto sucessório**. A lei proíbe expressamente contratos que tenham por objeto herança de pessoa viva (CC, art. 426).

A proibição imposta no inc. I do art. 1.900 do Código Civil acarreta, quando violada, a **nulidade absoluta somente do benefício a que se refere a condição captatória**, não prejudicando os demais, salvo se ocorrer a hipótese prevista no art. 1.910, segundo o qual a ineficácia da disposição importa a das outras que, sem aquela, não teriam sido determinadas pelo testador.

Não se confunde com a vedação genérica da captação dolosa, comentada no n. 12.7, *retro*, que torna **anulável**, com base no art. 171, II, do mesmo diploma, a cláusula testamentária eivada de um vício na manifestação da vontade, ou seja, do artifício ou expediente astucioso utilizado, caracterizando o *dolo*.

A captação da vontade, aqui tratada e que vicia o ato, é a que representa um induzimento, mediante nomeação e favorecimento de outrem, como herdeiro, **para que este também inclua o captador, ou terceiro, em suas disposições testamentárias**, como beneficiário.

O que **o Código veda é a proposta de uma troca de favores, um pacto negocial**. Não vale, assim, a cláusula pela qual o testador institui herdeiro determinado indivíduo se ele, em seu testamento, igualmente nomeá-lo seu sucessor. Por exemplo: "Lego tal quantia a João, se ele me contemplar em ato *causa mortis*". Ou: "Deixo a Pedro, que instituo meu herdeiro, o quanto ele me transmitir no seu testamento".

Tal espécie de cláusula restringe a liberdade de testar, que deve ser ampla.

16.3.3. Referência a pessoa incerta

É nula também a cláusula que se refira a **"pessoa incerta, cuja identidade não se possa averiguar"** (CC, art. 1.900, II).

Sem a identificação do beneficiário, não há como cumprir a vontade do testador, **salvo se a pessoa for determinável**, como na hipótese, por exemplo, de a deixa beneficiar o melhor aluno de determinada classe. **Não valem, todavia, disposições genéricas**, que beneficiem "os amigos do testador", ou muito vagas, como "o mais digno da cidade".

O beneficiado pelo ato de última vontade deve ser **pessoa certa**, cuja designação se encontre no próprio testamento e em termos que tornem possível identificá-lo. Aconselha-se a máxima clareza, com a indicação do nome, sobrenome, domicílio, estado civil e outros qualificativos, de modo a arredar qualquer dúvida sobre a sua identidade.

Não é, entretanto, indispensável que se diga o nome da pessoa a que se quer deixar a herança ou o legado. Basta que se consignem caracteres pelos quais possa, objetivamente, ser distinguida das outras, como nas seguintes hipóteses: a) "Deixo ao filho de minha irmã Enid, que primeiro nascer após a minha morte"; b) "Lego tal imóvel a quem se consorciar com minha sobrinha Ana Beatriz"[10].

Se é incompleta a determinação, por vaga ou demasiado lacônica, ou ambígua, nada obsta a que se recorra a outros dados — extratestamentários ou do próprio testamento — para que se identifique o herdeiro ou legatário.

16.3.4. Favorecimento de pessoa incerta, a ser identificada por terceiro

Considera-se ainda viciada a cláusula que favoreça a **"pessoa incerta, cometendo a determinação de sua identidade a terceiro"** (CC, art. 1.900, III).

---

[10] Carlos Maximiliano, *Direito das sucessões*, cit., v. II, n. 577, p. 64-65; Washington de Barros Monteiro, *Curso*, cit., v. 6, p. 170.

A liberalidade, na hipótese, perderia o seu caráter **personalíssimo**, que lhe é essencial, passando a constituir ato de terceiro. O testamento é ato privativo do autor da herança. Não se admite a sua feitura nem mesmo por procurador com poderes especiais. É, também, negócio jurídico *unilateral*, como já mencionado, isto é, aperfeiçoa-se com uma única manifestação de vontade do testador, que é declaração não receptícia. A consequência, pois, da inserção de tal disposição é a sua **nulidade**.

Proíbe-se, porém, apenas o arbítrio desenfreado. Valerá a disposição em favor de **pessoa incerta** que deva ser determinada por terceiro, dentre duas ou mais pessoas **"mencionadas pelo testador, ou pertencentes a uma família, ou a um corpo coletivo, ou a um estabelecimento por ele designado"** (CC, art. 1.901, I). Nessas hipóteses, previstas em caráter excepcional, a intervenção legal de um terceiro se dá apenas para completar a disposição.

■ 16.3.5. Delegação ao herdeiro, ou a outrem, da prerrogativa de fixar o valor do legado

Não vale também a disposição que deixe **"a arbítrio do herdeiro, ou de outrem, fixar o valor do legado"** (CC, art. 1.900, IV).

Igualmente, nesse caso, a disposição deixa de ser ato exclusivo do testador. A razão em que se fundamenta a proibição é, pois, semelhante à em que se funda o inciso anterior. **Cabe, pois, ao testador e a mais ninguém a prefixação do *quantum* do legado.**

Mas a proibição admite a **exceção** estabelecida no inc. II do art. 1.901 do mesmo diploma: valerá a disposição que deixe ao arbítrio do herdeiro, ou de outrem, determinar o valor do legado, quando instituído **"em remuneração de serviços prestados ao testador, por ocasião da moléstia de que faleceu"**.

■ 16.3.6. Favorecimento de pessoas a que se referem os arts. 1.801 e 1.802

É nula, por fim, a disposição **"que favoreça as pessoas a que se referem os arts. 1.801 e 1.802"** (CC, art. 1.900, V).

■ O art. 1.801 do Código Civil

O aludido dispositivo dispõe que **não podem ser nomeados herdeiros nem legatários**:

> "I — a pessoa que, a rogo, escreveu o testamento, nem o seu cônjuge ou companheiro, ou os seus ascendentes e irmãos;
>
> II — as testemunhas do testamento;
>
> III — o concubino do testador casado, salvo se este, sem culpa sua, estiver separado de fato do cônjuge há mais de cinco anos;
>
> IV — o tabelião, civil ou militar, ou o comandante ou escrivão, perante quem se fizer, assim como o que fizer ou aprovar o testamento".

■ O art. 1.802 do Código Civil

Quanto ao art. 1.802 prescreve a **nulidade das disposições testamentárias** em favor dessas pessoas, ainda quando simuladas sob forma de contrato oneroso ou feitas mediante interposta pessoa (ascendentes, descendentes, irmãos, cônjuge ou companheiro do não legitimado a suceder).

Este último artigo, portanto, ao proclamar a nulidade das disposições em favor das pessoas mencionadas no art. 1.801, torna repetitiva e despicienda a proclamação de nulidade constante do indigitado inc. V do art. 1.900 do Código Civil.

16.4. REGRAS PERMISSIVAS

As regras testamentárias *permissivas* são duas e encontram-se nos arts. 1.897 e 1.911 do Código Civil. Segundo o primeiro, a nomeação de herdeiro, ou legatário, pode fazer-se:

- de forma **pura e simples**;
- sob **condição**;
- para certo fim ou modo **(com imposição de encargo)**;
- ou por certo motivo **(disposição motivada)**.

Legatário não é o mesmo que *herdeiro*. Este sucede a título universal, pois a herança é uma universalidade; aquele, porém, sucede ao falecido **a título singular**, tomando o seu lugar em coisa certa e individuada.

16.4.1. Nomeação pura e simples

A nomeação de herdeiro ou legatário, diz o art. 1.897 retrotranscrito, **"pode fazer-se pura e simplesmente"**.

É a forma mais comum. Ocorre quando o testador **não impõe nenhuma condição, ônus ou qualquer limitação** ao direito do beneficiário, e a estipulação produz seus efeitos logo que se abre a sucessão. Por exemplo: "instituo Edméa minha herdeira".

16.4.2. Nomeação sob condição

O art. 1.897 do Código Civil, ao dispor que **a nomeação de herdeiro ou legatário** pode ser feita "**sob condição**, para certo fim ou modo", transpõe para o direito das sucessões a teoria dos elementos acidentais do negócio jurídico, que constituem autolimitações da vontade e são admitidos nos atos de natureza patrimonial em geral, com algumas exceções, como na aceitação e renúncia da herança.

Admitida a condição no âmbito do testamento, são válidas todas as restrições contra ela estabelecidas no art. 123 do Código Civil.

Condição é o **evento futuro e incerto** de que depende a eficácia do negócio jurídico. Da sua ocorrência depende o nascimento ou a extinção de um direito.

- **Condição suspensiva**

Subordinada a deixa a uma *condição suspensiva*, a aquisição do direito pelo herdeiro, ou legatário, **dependerá de seu implemento**. Enquanto pendente, a situação jurídica do herdeiro instituído será a de titular de **direito eventual não deferido** (CC, art. 130), legitimado a praticar atos destinados a conservá-lo, podendo pedir caução que lhe garanta a entrega da coisa.

O implemento da condição suspensiva produz **efeito retro-operante** (*ex tunc*), considerando-se existente o direito desde a abertura da sucessão, nos termos do art. 126 do Código Civil[11]; **frustrada**, não se dá a aquisição deste. Se o herdeiro, ou legatário, vier a falecer antes de sua verificação, ocorrerá a **caducidade** da disposição testamentária (CC, art. 1.943) e não haverá transmissão de direitos aos sucessores do beneficiado, porque este ainda não os adquirira[12].

■ **Condição resolutiva**

Segundo Caio Mário da Silva Pereira, se a condição é **resolutiva**, o herdeiro adquire o direito desde a abertura da sucessão, como se fora pura e simples. Porém, **se o evento futuro e incerto acontecer, operar-se-á sua perda, extinguindo-se a eficácia do negócio jurídico sem efeito retro-operante**. A liberalidade fica sem efeito a partir do implemento da condição (*ex nunc*). Assim, os **frutos** e **rendimentos** pertencerão ao herdeiro condicional, que não terá de restituí-los, salvo disposição expressa em contrário[13].

■ *16.4.2.1. Retroatividade da condição*

A questão da retroatividade ou não da condição é, porém, controvertida e diz respeito aos efeitos *ex tunc* ou *ex nunc* da estipulação. **Admitida a retroatividade, é como se o ato tivesse sido puro e simples desde a origem.**

O Código Civil de 2002, assim como o de 1916, não adota uma regra precisa a respeito da retroatividade. No entanto, malgrado mantida a regra existente neste último, no sentido de que, com a superveniência da condição resolutiva, extingue-se o direito a que ela se opõe, o art. 128, que a prevê, **abre uma exceção para a proteção de negócios jurídicos de execução continuada ou periódica**.

Preceitua o aludido dispositivo:

> "Sobrevindo a condição resolutiva, extingue-se, para todos os efeitos, o direito a que ela se opõe; mas, se aposta a um negócio de execução continuada ou periódica, a sua realização, salvo disposição em contrário, não tem eficácia quanto aos atos já praticados, desde que compatíveis com a natureza da condição pendente e conforme aos ditames de boa-fé".

Significa dizer que nos demais contratos, **que não sejam de execução continuada ou periódica**, de certo modo **o novo Código firmou como regra a retroatividade**, extinguindo-se para todos os efeitos o direito a que a condição se opõe, desde a conclusão do negócio.

O **princípio da retroatividade** das condições é reafirmado no art. 1.359 do Código Civil:

---

11 Itabaiana de Oliveira, *Tratado*, cit., v. II, § 472, p. 105.

12 Maria Helena Diniz, *Curso de direito civil brasileiro*, v. 6, p. 178; Orlando Gomes, *Sucessões*, p. 154; Zeno Veloso, *Comentários*, cit., v. 21, p. 196; Francisco José Cahali e Giselda Maria Fernandes Novaes Hironaka, *Curso avançado de direito civil*, v. 6, p. 351; Caio Mário da Silva Pereira, *Instituições*, cit., v. VI, p. 261.

13 *Instituições*, cit., v. VI, p. 262.

"Resolvida a propriedade pelo implemento da condição ou pelo advento do termo, entendem-se também resolvidos os direitos reais concedidos na sua pendência, e o proprietário, em cujo favor se opera a resolução, pode reivindicar a coisa do poder de quem a possua ou detenha".

O sucessor sob condição resolutiva tem, com efeito, a propriedade **restrita e resolúvel** dos bens que lhe tocarem. Quem adquire domínio resolúvel está assumindo um risco, não podendo alegar prejuízo se advier a resolução. Em regra, extinguem-se os direitos constituídos *pendente conditione*, **valendo apenas os atos de administração, bem como os de percepção dos frutos** (CC, arts. 1.214 e s.).

Zeno Veloso[14] menciona que o art. 646 do Código Civil italiano e o art. 2.242, I, do Código Civil português estabelecem o princípio da retroatividade quando ocorre a verificação da condição, **suspensiva ou resolutiva**, aduzindo que **tal entendimento é majoritário em nosso país**. A condição resolutiva, então — prossegue —, opera *ex tunc*, como se infere do art. 1.359 do novo diploma, que se estende ao direito sucessório.

■ **Caução muciana**

Na pendência de condição resolutiva, podem os herdeiros legítimos, beneficiados com a sua verificação, exigir que o herdeiro condicional preste caução, denominada **muciana**, em homenagem ao seu autor, Mucio Scevola, que assegure a restituição da coisa, salvo se o testador o dispensou.

■ 16.4.2.2. *Validade da nomeação condicional*

Nem todas as condições, porém, são válidas. Para apreciar a validade da nomeação condicional feita pelo testador devem ser observados os arts. 121 a 130 do Código Civil, que são aplicáveis às disposições testamentárias, especialmente quanto à sua **liceidade e possibilidade**.

■ **Condições lícitas**

As condições hão de ser, efetivamente, **lícitas** e **possíveis**. Dispõe o art. 122, primeira parte, do Código Civil que são **lícitas**, em geral, "todas as condições **não contrárias à lei, à ordem pública ou aos bons costumes**".

A contrario sensu, serão **ilícitas** todas as que atentarem contra **proibição expressa ou virtual** do ordenamento jurídico, **a moral ou os bons costumes**. Vigora, portanto, o princípio da liberdade de condicionar o nascimento ou a extinção dos direitos. É **ilícita**, por exemplo, a cláusula que obriga alguém a mudar de religião, por contrariar a liberdade de credo assegurada na Constituição Federal, bem como a de alguém se entregar à prostituição ou viver na ociosidade. Em geral, as cláusulas que afetam a **liberdade das pessoas só são consideradas ilícitas quando absolutas**, como a que proíbe o casamento ou exige a conservação do estado de viuvez. Sendo

[14] *Comentários*, cit., v. 21, p. 195-196. Anote-se que o sistema contrário, da irretroatividade, foi implantado no Código Civil alemão, no suíço, no colombiano e outros.

relativas, como a de se casar ou de não se casar com determinada pessoa, não se reputam proibidas.

■ **Condições perplexas ou contraditórias**

O Código Civil, nos arts. 122 e 123, proíbe expressamente:

■ as condições que privarem de todo efeito o negócio jurídico **(perplexas ou contraditórias)**;

■ as que o sujeitarem ao puro arbítrio de uma das partes **(puramente potestativas)**;

■ e as **física ou juridicamente impossíveis.**

Condições **perplexas** ou **contraditórias** são as que **não fazem sentido** e deixam o intérprete perplexo, confuso, sem compreender o propósito da estipulação. Resultam na **invalidade do próprio negócio**, quer seja *inter vivos*, quer seja *mortis causa*, pela impossibilidade lógica nelas contida, como prevê expressamente o art. 123, III, do Código Civil, *verbis*: "**Invalidam os negócios jurídicos que lhes são subordinados**: (...) III — as condições incompreensíveis ou contraditórias".

■ **Condições puramente potestativas**

Potestativas são as condições que decorrem da vontade ou do poder de uma das partes. Dividem-se em **puramente potestativas** e **simplesmente potestativas**. Somente as **primeiras** são consideradas ilícitas pelo art. 122 do Código Civil, que as inclui entre as **"condições defesas"**, por sujeitarem todo o efeito do ato **"ao puro arbítrio de uma das partes"**, sem a influência de qualquer fator externo. É a cláusula conhecida no âmbito dos contratos como *si voluero* (se me aprouver), muitas vezes sob a forma de "se eu quiser", "se eu levantar o braço" e outras, que dependem de mero capricho.

No direito sucessório, defesa é, por exemplo, a nomeação de herdeiro, ou legatário, nos termos seguintes: "André será herdeiro, se minha mulher concordar".

■ **Condições física ou juridicamente impossíveis**

O citado art. 123 do Código Civil faz ainda restrições às condições física e juridicamente impossíveis.

Fisicamente impossíveis são as condições que não podem ser cumpridas por nenhum ser humano. Desde que a impossibilidade seja genérica, não restrita ao devedor, têm-se por **inexistentes**, quando *resolutivas* (CC, art. 124), isto é, serão consideradas não escritas. O que se reputa inexistente é a **cláusula estipuladora da condição**, e não o negócio jurídico subjacente, cuja eficácia não fica comprometida.

Condição **juridicamente impossível** é a que esbarra em **proibição expressa** do ordenamento jurídico ou fere a **moral ou os bons costumes**, como a que veda a realização de negócio que tenha por objeto herança de pessoa viva (CC, art. 426).

Em razão do propósito de aproveitar ao máximo as disposições testamentárias (*in favore testamenti*), "têm-se por inexistentes as condições impossíveis, quando resolutivas, e as de não fazer coisa impossível" (CC, art. 124), que não contaminam a deixa. Preceitua, contudo, o art. 123 do estatuto civil que as condições "física ou juridicamente impossíveis" **invalidam os negócios jurídicos** que lhes são subordinados, **"quando suspensivas"** (inc. I). Assim, tanto o contrato como o testamento são nulos.

Quando a condição é **suspensiva**, a eficácia do contrato está a ela subordinada. **Se o evento é impossível, o negócio jamais alcançará a necessária eficácia**. Não poderão as partes, no contrato, e o herdeiro ou legatário, nos testamentos, pretender que ele se concretize, pois isso jamais acontecerá.

Dispõe ainda o art. 123, como já mencionado, que também **contaminam os negócios que lhes são subordinados** "as condições ilícitas, ou de fazer coisa ilícita" (inc. II), e "as condições incompreensíveis ou contraditórias" (inc. III).

16.4.3. Nomeação com imposição de encargo

Pode a herança ou legado vir subordinada a um **encargo** ou disposição **modal**, que o favorecido terá de cumprir, em decorrência natural da aceitação.

O art. 1.897 do Código Civil alude a nomeação de herdeiro, ou legatário, **"para certo fim ou modo"**. Para certo fim ou modo é a disposição submetida a **encargo**.

Encargo ou **modo** é uma determinação que, imposta pelo autor de liberalidade, a esta adere, restringindo-a. Trata-se de **cláusula acessória às liberalidades** (doações, testamentos), pela qual se **impõe uma obrigação** ao beneficiário. É admissível, também, em declarações unilaterais da vontade, como na promessa de recompensa. Não pode ser aposta em negócio a título oneroso, pois equivaleria a uma contraprestação[15].

Na nomeação mediante encargo o testador impõe um **ônus ou obrigação** ao beneficiário, como a de cuidar de certa pessoa ou animal ou a de assumir o pagamento dos estudos de alguém, por exemplo. A imposição é feita **para ser cumprida após a abertura da sucessão**, uma vez que só a partir desse instante o testamento produz efeitos. Não se admite que o ônus seja imposto, e aceito, para ser cumprido em vida do doador, porque caracterizaria um inaceitável pacto sucessório.

Encargo e condição suspensiva

O encargo difere da *condição suspensiva*, como se pode verificar:

CONDIÇÃO SUSPENSIVA	ENCARGO OU MODO
Impede a aquisição do direito.	Não suspende a aquisição nem o exercício do direito.
É imposta com o emprego da partícula "se".	É imposto com as expressões "para que", "com a obrigação de" etc.
É suspensiva, mas não coercitiva. Ninguém pode ser obrigado a cumprir uma condição.	É coercitivo, e não suspensivo.

Encargo e condição resolutiva

Embora o encargo se assemelhe à *condição resolutiva*, dela difere pelo fato de exigir, em caso de descumprimento, **a propositura de ação revocatória**, enquanto aquela opera por sua própria força, **acarretando automaticamente** a perda do benefício.

15 Carlos Roberto Gonçalves, *Direito civil brasileiro*, v. 1, p. 356.

■ Descumprimento do encargo

Embora alguns sustentem a possibilidade de **qualquer interessado** promover a **declaração de ineficácia** da deixa testamentária, em razão do descumprimento do encargo, predomina o entendimento de que **isso não é possível**, salvo se no testamento essa sanção tiver sido expressamente consignada.

É que não há dispositivo específico para o caso de descumprimento de encargo imposto em testamento, como existe nas doações (art. 555). Nestas, o descumprimento somente pode acarretar a sua revogabilidade se pleiteada pelo **doador**, não tendo os demais interessados legitimidade para tanto. Como as disposições testamentárias, inclusive as modais, só produzem efeitos após a morte do testador, a revogação não pode ser decretada a pedido de nenhum interessado, salvo, como já dito, se essa sanção estiver prevista no testamento. **O beneficiário só poderá exigir perdas e danos.**

A **exigibilidade do encargo**, em ação judicial, segue a disciplina estabelecida para as doações onerosas (art. 553). Quando o ônus beneficia determinada pessoa, pode esta exigir o seu cumprimento. Se imposto no interesse geral, legitimado estará o Ministério Público para exigir sua execução. Também estão legitimados o testamenteiro e toda pessoa que tenha legítimo interesse, econômico ou moral, em que se respeite a vontade do testador.

Cumpre salientar que divergência existe somente no tocante à possibilidade de se obter a **declaração judicial de ineficácia do encargo**, por descumprimento, pois todos concordam que o **cumprimento do encargo** pode ser exigido, em ação judicial, por toda pessoa interessada em que se respeite a vontade do testador.

■ Encargo imposto como condição suspensiva

O encargo pode ser imposto como *condição suspensiva* e com efeitos próprios desse elemento acidental, desde que tal disposição seja expressa (CC, art. 136, 2ª parte). Somente nesse caso **terá o efeito de suspender a aquisição e o exercício do direito**. Em caso de dúvida sobre a natureza da cláusula, deve-se interpretá-la como *modal*, por ser mais favorável ao beneficiário.

■ Caução muciana

Os interessados no cumprimento do *encargo* têm direito a reclamar do herdeiro ou do legatário **garantia** de que o cumprirão. Presta-se a garantia mediante a **caução muciana**, que pode, entretanto, ser dispensada pelo testador[16].

■ Licitude e viabilidade do encargo

O encargo há de ser *lícito* e *possível.*

Preenchendo lacuna do Código Civil de 1916, o atual disciplina o encargo **ilícito** ou **impossível**. Dispõe, com efeito, o art. 137:

> "Considera-se **não escrito** o encargo ilícito ou impossível, salvo se constituir o motivo determinante da liberalidade, caso em que se invalida o negócio jurídico".

---

[16] Orlando Gomes, *Sucessões*, cit., p. 157. Na mesma trilha preleciona Itabaiana de Oliveira: "O herdeiro, ou o legatário *sub modo* é obrigado a prestamento da caução muciana se, assim, o exigirem os interessados no cumprimento do encargo" (*Tratado*, cit., v. II, § 492, p. 115).

Verifica-se, assim, que **o encargo deve ser lícito e possível**. Se **fisicamente impossível ou ilícito**, tem-se como **inexistente**. Se o seu objeto constituir-se em razão determinante da liberalidade, o defeito contamina o próprio negócio, *inter vivos* ou *mortis causa*. Assim, por exemplo, se o legado de um imóvel é feito para que o beneficiário nele mantenha casa de prostituição (atividade ilícita), sendo esse o motivo determinante ou a finalidade específica da liberalidade, será esta invalidada.

Em regra, pois, se o cumprimento do encargo se tornar impossível, embora a impossibilidade seja jurídica, **o beneficiado fica isento dele, salvo se a impossibilidade proveio por sua culpa**. Se não puder ser licitamente cumprido pela forma por que o testador determinou, o encargo será, então, cumprido na parte lícita, considerando-se não escrito na parte ilícita[17].

Registre-se, por derradeiro, que **não é válido o encargo que for aposto às legítimas dos herdeiros necessários, que são intangíveis** (CC, arts. 1.846 e 1.857, § 1º). Por isso, tal ônus deve circunscrever-se aos bens da parte disponível[18].

■ 16.4.4. Disposição motivada

Permite o retrotranscrito art. 1.897 do Código Civil que a nomeação do herdeiro ou legatário se faça **por certo motivo**.

> "O testador não é obrigado a dar as razões pelas quais favorece certa pessoa. Não obstante, muitas pessoas preferem consignar a causa pela qual gratificam determinado beneficiário. Algumas chegam a lançar pormenorizadas explicações a esse respeito. Mesmo que sejam inexatas, não invalidam a disposição, nem o herdeiro adstrito se acha a provar que elas são verdadeiras"[19].

Cláusula nesse sentido é denominada **disposição motivada**, que não se confunde com a modal ou onerosa, pois refere-se a **fatos passados**, enquanto esta diz respeito a encargo futuro[20].

Se, todavia, a causa for mencionada expressamente como **razão determinante** do ato e não corresponder à realidade, prejudicada estará a disposição. O **falso motivo** é tipificado no art. 140 do Código Civil como **erro**. Prescreve tal dispositivo:

> "O falso motivo só vicia a declaração de vontade quando expresso como **razão determinante**".

O art. 1.897 deve ser, pois, interpretado de acordo com esse preceito geral.

O erro quanto ao objetivo colimado não vicia, em regra, o negócio jurídico, a não ser quando nele figurar expressamente, integrando-o, como sua razão essencial ou **determinante**, como preceitua o art. 140. Nesse caso, passam à condição de elementos essenciais do negócio.

---

17 Itabaiana de Oliveira, *Tratado*, cit., v. II, § 491, p. 115.

18 Zeno Veloso, *Comentários*, cit., v. 21, p. 98; Sílvio Venosa, *Direito civil*, v. VII, p. 258.

19 Washington de Barros Monteiro, *Curso*, cit., v. 6, p. 165.

20 Itabaiana de Oliveira, *Tratado*, cit., v. II, § 494, p. 116.

Não prevalece, por exemplo, a nomeação de herdeiro testamentário não pertencente à família do testador, com expressa declaração deste de que assim procede porque teve notícias da morte de seu único filho, não tendo outros descendentes nem ascendentes. **Apurado que o filho está vivo, caracteriza-se o falso motivo.**

Configura-se, igualmente, o **erro sobre a pessoa, tornando anulável a disposição testamentária, por exemplo**:

- a instituição, pelo testador, de certa pessoa como seu herdeiro, em remuneração de determinado serviço **que foi por outrem prestado**;
- a liberalidade pela qual o testador deixa um legado a determinada pessoa, declarando que assim procede porque esta lhe salvou a vida, **apurando-se, posteriormente, o engano cometido**.

Não viciará, entretanto, o ato a declaração da causa meramente **impulsiva**, assim considerada a não expressa como razão determinante do ato.

■ 16.4.5. Nomeação a termo, nas disposições fideicomissárias

Como já comentado no n. 16.3.1, *retro*, o art. 1.898 do Código Civil proíbe a nomeação de herdeiro **a termo**. Cláusula dessa natureza **"ter-se-á por não escrita"**, de modo que o herdeiro nada tem a aguardar. Aberta a sucessão, é havido como sucessor, independentemente de qualquer ato.

Diz-se que a nomeação testamentária é feita **a termo** quando a sua eficácia fica subordinada a um evento futuro e **certo**, que em geral é uma determinada data. Só vale a designação do tempo em que deva começar ou cessar o direito do **herdeiro** nas **disposições fideicomissárias**. Não se tratando de fideicomisso, a designação será tida, como foi dito, por não escrita, e a disposição cumprida como se fora pura e simples.

Como o art. 1.898 do Código Civil, que proíbe a nomeação a termo, só se refere à instituição de **herdeiro**, nada impede a fixação do termo inicial ou final para a aquisição ou perda do direito pelo **legatário**, como se pode verificar pela leitura do art. 1.924, que se refere expressamente a legados **"a prazo"**.

■ 16.4.6. Disposição com cláusula de inalienabilidade

O art. 1.911 do Código Civil permite a imposição, pelos testadores, de **ônus** ou **gravame** sobre os bens que integram a herança e compõem a **metade disponível**. O mais comum é o decorrente da cláusula de **inalienabilidade**, vitalícia ou temporária, que inclui automaticamente a impenhorabilidade e a incomunicabilidade dos bens.

Dispõe, com efeito, o aludido art. 1.911:

> "A cláusula de inalienabilidade imposta aos bens por ato de liberalidade, implica impenhorabilidade e incomunicabilidade".

Embora se trate de cláusula permissiva, com as limitações do art. 1.848 do mesmo diploma, será estudada em item autônomo, em razão de sua importância, observando que a ela já foi dedicado o n. 9.3 (Cláusulas restritivas) *retro*, ao qual também nos reportamos.

A **cláusula de inalienabilidade** é a disposição imposta pelo autor de uma liberalidade determinando que o beneficiário não pode dispor da coisa recebida, transferindo-lhe, destarte, o **domínio limitado**, pois só terá a prerrogativa de usar, gozar e reivindicar a coisa, **faltando-lhe, porém, o direito de dela dispor**. Só pode ser estabelecida nas *liberalidades*, ou seja, **nas doações e nos testamentos**, porque ninguém, exceto na hipótese do bem de família, pode tornar inalienáveis e, em consequência, impenhoráveis os seus próprios bens[21].

O art. 1.911 reitera a hipótese de clausulação da **legítima**, tratada no art. 1.848 do mesmo diploma, dispositivo esse que não extinguiu a possibilidade de sua imposição, mas apenas a restringiu à hipótese de existência de **justa causa**, dispondo: "Salvo se houver justa causa, declarada no testamento, não pode o testador estabelecer cláusula de inalienabilidade, impenhorabilidade, e de incomunicabilidade, sobre os bens da **legítima**".

Somente a clausulação da legítima está sujeita à demonstração da ocorrência de **justa causa**. Tal exigência **não incide sobre a quota disponível**, ficando livre o testador para dispor de sua metade, impondo as cláusulas restritivas que achar convenientes.

A inalienabilidade é contrária à natureza da propriedade porque gera a indisponibilidade do bem que não mais pode ser alienado nem a título oneroso, nem a título gratuito, transformando-se em bem *extra commercium*[22].

■ Cláusula de inalienabilidade e dívidas do *de cujus*

A imposição da cláusula de inalienabilidade **não impede a ação dos credores por dívidas do *de cujus***; o ônus só atinge a herança propriamente dita e, onde há débitos, não existe herança. **Só incidirá a cláusula no remanescente, após o pagamento dos credores**. Decidiu o Superior Tribunal de Justiça, com efeito, que "a cláusula testamentária de inalienabilidade não impede a penhora em execução contra o espólio", enfatizando:

> "Por força do art. 1.676 do Código Civil de 1916, as dívidas dos herdeiros não serão pagas com os bens que lhes foram transmitidos em herança, quando gravados com cláusulas de inalienabilidade e impenhorabilidade, por disposição de última vontade. Tais bens respondem, entretanto, pelas dívidas contraídas pelo autor da herança"[23].

■ Renúncia à herança

Lícito é ao herdeiro, por outro lado, diante do gravame imposto, **renunciar à herança**. Mas "não pode fazê-lo em benefício de determinada pessoa, e sim, exclusivamente, **em favor do próprio acervo**. Neste caso, consumada a renúncia, vão os bens para outros herdeiros, **suportando, naturalmente, a cláusula testamentária**"[24].

---

[21] Silvio Rodrigues, *Direito civil*, cit., v. 7, p. 190.

[22] Eduardo de Oliveira Leite, *Comentários*, cit., v. XXI, p. 493.

[23] STJ, REsp 998.031-SP, 3ª T., rel. Min. Humberto Gomes de Barros, *DJU*, 19-12-2007, p. 1230.

[24] Washington de Barros Monteiro, *Curso*, cit., v. 6, p. 179-180.

■ Exceções à sanção da inalienabilidade

O doador, enquanto estiver vivo, pode retirar os referidos ônus, se assim o desejar. Morto, a cláusula torna-se irretratável e não mais pode ser dispensada. Podem os bens gravados, contudo, ser **desapropriados**, e **alienados por conveniência econômica** do donatário ou do herdeiro, mediante **autorização judicial**, ou para fins de **sub-rogação do vínculo** (CC, arts. 1.848, § 2º, e 1.911, parágrafo único), **convertendo-se o produto arrecadado em outros bens** sobre os quais incidirão as restrições apostas aos primeiros.

Verifica-se, assim, que a própria lei abre **exceção** à sanção da inalienabilidade, quando no citado parágrafo único do art. 1.911 se refere à **desapropriação** e à **sub-rogação** ("produto da venda") autorizada pelo juiz. A primeira exceção é determinada pelo interesse público, e a segunda atende à conveniência daquele que possui o bem clausulado.

A cláusula restritiva cede naturalmente ante a desapropriação decretada pelo Poder Público. Efetuada esta, porém, ficará **sub-rogado** no preço pago pelo expropriante o ônus que recaía sobre o bem expropriado, podendo ser ele aplicado na **aquisição de outro imóvel ou outros bens**, que ficarão **clausulados**, à semelhança do que determina o art. 1.409 do Código Civil com relação ao usufruto[25].

■ Cláusulas de incomunicabilidade e impenhorabilidade

Não obstante a sub-rogação do vínculo se dê, comumente, nos casos de imposição aos bens da cláusula de *inalienabilidade*, nada obsta a que o mesmo critério seja observado no tocante às cláusulas de **incomunicabilidade** e **impenhorabilidade**, quando impostas isoladamente, provando-se a necessidade e conveniência de se substituírem bens incomunicáveis ou impenhoráveis.

■ Extinção do condomínio

Embora a hipótese não tenha sido expressamente mencionada no parágrafo único do citado art. 1.911, pode ocorrer, também, a alienação do bem clausulado em caso de **extinção do condomínio** (CC, art. 1.322). O produto da venda permanecerá em depósito judicial, até ser aplicado em outro bem, sobre o qual recairá o aludido ônus[26].

■ Sub-rogação do vínculo

Permite o estatuto processual, no art. 725, II, a *sub-rogação do vínculo* da inalienabilidade, isto é, a **transferência do gravame para outros bens livres**, desde que se convença o juiz da sua necessidade e conveniência.

Será realizada a **avaliação** de ambos os bens, do gravado e do que se sub-rogará no ônus. Se o segundo tiver valor igual ou superior ao primeiro, será deferida a sub-rogação, ficando este desonerado. A sub-rogação tem sido admitida, **mesmo havendo expressa proibição no ato de última vontade**, quando comprovadamente necessária ou vantajosa.

---

25 Washington de Barros Monteiro, *Curso*, cit., v. 6, p. 181.

26 *RSTJ*, 92/99. No mesmo sentido: "Condomínio. Extinção. Alienação judicial. Imóvel com parte ideal clausulada. Cabimento da alienação, ficando o produto relativo a essa parte em depósito judicial até oportuna e conveniente aplicação" (TJSP, *JTJ*, Lex, 168/35).

O mencionado art. 725, II, do Código de Processo Civil estabelece que se processará na forma estabelecida para os procedimentos especiais de **jurisdição voluntária** o pedido de sub-rogação. Os tribunais, por seu turno, considerando que, pelo art. 723, parágrafo único, **o juiz não fica jungido ao critério de estrita legalidade**, têm decidido que pode ele prescindir de hasta pública, se esta não lhe parecer conveniente, ou se houver transferência do vínculo para outro imóvel, assim como pode determinar que o produto da venda seja depositado em caderneta de poupança[27].

■ Dispensa judicial do vínculo da inalienabilidade

A jurisprudência, durante muito tempo, não admitia a dispensa do vínculo da inalienabilidade fora dos restritos casos mencionados. Aos poucos, no entanto, o rigor na dispensa do vínculo da inalienabilidade foi sendo **abrandado**.

Assim entendendo, o Superior Tribunal de Justiça manteve decisão do Tribunal de Justiça de Minas Gerais que atendera parcialmente ao pedido da requerente para abrandar as cláusulas restritivas de alienação de imóvel, por se tratar de mulher com mais de 40 anos de idade, divorciada e mãe de uma filha adolescente, desempregada havia dois anos e doente. Salientou a relatora, Min. Nancy Andrighi, que as cláusulas restritivas surgiram como forma de assegurar aos descendentes uma espécie de amparo financeiro perante as incertezas da vida econômica e social. No entanto, aduziu, **"não parece razoável admitir que a sobrevivência e o bem-estar da recorrida sejam prejudicados em prol da obediência irrestrita às cláusulas de inalienabilidade, impenhorabilidade e incomunicabilidade"**[28].

Não se admite, porém, a alienação de imóvel gravado para o pagamento de dívida comum. Confira-se: "O imóvel doado gravado com as cláusulas de incomunicabilidade, inalienabilidade e impenhorabilidade **não pode ser vendido para atender a dívidas particulares**"[29].

■ Proibição de sub-rogação do vínculo imposta pelo testador

Indaga-se a respeito da eficácia da manifestação do testador, ao impor a cláusula de inalienabilidade, *proibindo a sub-rogação do vínculo*. Predomina, como supramencionado, o entendimento de que **tal proibição deve ser recebida como simples exortação ou conselho**, não podendo obstaculizar a sub-rogação, se presentes estiverem os pressupostos desta. A proibição absoluta se mostra, não raras vezes, injusta, lesiva de legítimos interesses.

Devem ser levadas em conta, portanto, as situações extremas e as particularidades de cada caso, deferindo-se a sub-rogação, malgrado a proibição, sempre que conveniente ou necessária[30].

---

27 *RT*, 489/69, 508/104; *Bol. AASP*, 1.036/204, em. 14.

28 STJ, REsp 1.158.679-MG, 3ª T., rel. Min. Nancy Andrighi. Disponível em: < http://www.conjur.com.br>. Acesso em: 28 abr. 2011.

29 TAMG, Ap. 426.500-3, rel. Juiz Batista de Abreu, *DJe*, 13-8-2005.

30 Washington de Barros Monteiro, *Curso*, cit., v. 6, p. 185; Sílvio Venosa, *Direito civil*, cit., v. VII, p. 181.

■ Imposição dos vínculos sobre a legítima dos herdeiros necessários

O Código Civil, como já referido, não inibe a oneração da **metade disponível** pelo testador, mas autoriza a sua alienação por **conveniência econômica do herdeiro**, mediante autorização judicial e conversão em outros bens, sobre os quais incidirão as restrições apostas aos primeiros. Apenas procurou **inibir** a aplicação dos vínculos de inalienabilidade, impenhorabilidade e incomunicabilidade sobre a **legítima dos herdeiros necessários**. Mesmo assim, havendo **justa causa**, a pretensão pode ser deferida.

Não terá eficácia, no sistema inaugurado em janeiro de 2003, a imposição pura e simples dessas cláusulas, **sem sua motivação** declarada no testamento. Tal motivação poderá ser discutida depois da abertura da sucessão, pelos interessados, uma vez que se trata de um conceito aberto. À jurisprudência caberá a tarefa de interpretar e definir o que se entende por justa causa declinada pelo disponente.

Cabe ao testador, ao descrever a **justa causa**, erigida à condição de requisito legal, ser suficientemente claro. Fatos genéricos ou superficiais, como assinala Sílvio Venosa, "não terão o condão de sustentar a cláusula no futuro"[31].

Resta patenteado que o Código de 2002, ao exigir a indicação de **justa causa**, desencoraja a imposição de cláusulas restritivas.

■ 16.5. RESUMO

DAS DISPOSIÇÕES TESTAMENTÁRIAS EM GERAL	
INTRODUÇÃO	■ O testamento, além da nomeação de herdeiro ou legatário, pode encerrar outras disposições. Neste capítulo o CC trata do ***conteúdo*** do testamento, estabelecendo o que pode e o que não pode conter (regras ***permissivas*** e ***proibitivas***) e como deve ser interpretada a vontade do testador (regras ***interpretativas***).
REGRAS INTERPRETATIVAS	■ Quando a cláusula testamentária for suscetível de interpretações diferentes, prevalecerá a que melhor assegure a observância da vontade do testador (CC, art. 1.899). ■ Só se admite a utilização de prova externa para a elucidação de contradição ou obscuridade sobre o herdeiro, o legatário ou a coisa legada (art. 1.903). ■ A disposição geral ***em favor dos pobres*** ou de entidades particulares de ***caridade*** entender-se-á relativa aos do lugar do domicílio do testador (art. 1.902). ■ Se o testamento nomear dois ou mais herdeiros, sem discriminar a parte de cada um, partilhar-se-á por igual, entre todos, a porção disponível do testador (art. 1.904). ■ Se o testador nomear certos herdeiros individualmente e outros coletivamente, a herança será dividida em tantas quotas quantos forem os indivíduos e os grupos designados (art. 1.905). ■ Se forem determinadas as quotas de cada herdeiro, e não absorverem toda a herança, o remanescente pertencerá aos herdeiros legítimos, segundo a ordem da sucessão hereditária (art. 1.906). ■ Se forem determinados os quinhões de uns e não os de outros herdeiros, distribuir-se-á por igual a estes últimos o que restar, depois de completas as porções hereditárias dos primeiros (art. 1.907). ■ Dispondo o testador que não caiba ao herdeiro instituído certo e determinado objeto, dentre os da herança, tocará ele aos herdeiros legítimos (art. 1.908). ■ A ineficácia de uma disposição testamentária importa a das outras que, sem aquela, não teriam sido determinadas pelo testador (art. 1.910).

[31] *Direito civil*, cit., v. VII, p. 183.

<table>
<tr><td>REGRAS PROIBITIVAS</td><td>■ O art. 1.898 do CC impede a nomeação de herdeiro a termo, salvo nas disposições fideicomissárias, considerando não escrita a fixação da data ou termo em que deva começar o direito do herdeiro. Não terá este de aguardar o momento estabelecido pelo testador.
■ É nula a disposição:
a) que institua herdeiro ou legatário sob a condição captatória de que este disponha, também por testamento, em benefício do testador, ou de terceiro;
b) que se refira a pessoa incerta, cuja identidade não se possa averiguar;
c) que favoreça a pessoa incerta, cometendo a determinação de sua identidade a terceiro;
d) que deixe a arbítrio do herdeiro, ou de outrem, a fixação do valor do legado;
e) que favoreça as pessoas a que se referem os arts. 1.801 e 1.802 (CC, art. 1.900, I a V).</td></tr>
<tr><td>REGRAS PERMISSIVAS</td><td>■ As do art. 1.897 do CC
a) nomeação de herdeiro, ou legatário, de forma pura e simples: quando o testador não impõe nenhuma condição, ônus ou qualquer limitação ao direito do beneficiário;
b) nomeação sob condição: quando sua eficácia fica subordinada a evento futuro e incerto. A condição pode ser suspensiva e resolutiva (CC, arts. 126 e 127);
c) nomeação com encargo (para certo fim ou modo): quando o testador impõe um ônus ou obrigação ao beneficiário, como a de cuidar de certa pessoa, p. ex.;
d) por certo motivo, na hipótese de o testador declarar a razão que o levou a fazer a liberalidade;
e) nomeação a termo, somente nas disposições fideicomissárias (fora dessa hipótese, a designação será tida por não escrita) ou quando se tratar de nomeação de legatário (CC, art. 1.924), pois a proibição constante do art. 1.898 só atinge o herdeiro.
■ As do art. 1.911 do CC
É permitida a imposição, pelos testadores, de ônus ou gravame sobre os bens que integram a herança e compõem a metade disponível (cláusulas de inalienabilidade, vitalícia ou temporária, impenhorabilidade e incomunicabilidade dos bens). Salvo se houver justa causa, declarada no testamento, não podem tais cláusulas ser estabelecidas sobre os bens da legítima (CC, art. 1.848).</td></tr>
</table>

17

DOS LEGADOS

17.1. INTRODUÇÃO

Legado é coisa **certa e determinada** deixada a alguém, denominado legatário, **em testamento ou codicilo**. Difere da herança, que é a totalidade ou parte ideal do patrimônio do *de cujus*. Herdeiro nomeado não se confunde, pois, com legatário.

Em nosso direito não há legados universais, como no direito francês, e, consequentemente, não há legatários universais. No direito pátrio todo legado constitui liberalidade *mortis causa* **a título singular**.

O **herdeiro** representa o defunto, para todos os efeitos patrimoniais, podendo-se dizer que continua a personalidade deste. O mesmo não sucede com o **legatário**; tanto que só responde pelas dívidas quando a herança é insolvente ou toda distribuída em legados válidos, ou quando a obrigação de atender ao passivo lhe é imposta pelo testador, expressamente.

Legado é peculiar à sucessão *testamentária*. **Inexiste legado fora de testamento**. A *testamentariedade dos legados*, como se exprime Pontes de Miranda, sempre foi reconhecida no direito romano[1].

Qualquer pessoa, parente ou não, natural ou jurídica, simples ou empresária, pode ser contemplada com legado.

Objeto do legado

Podem ser objeto do legado:

- coisas corpóreas (imóveis, móveis, semoventes);
- bens incorpóreos (títulos, ações, direitos);
- alimentos;
- créditos;
- dívidas;
- todas as coisas, enfim, que não estejam fora do comércio e sejam economicamente apreciáveis.

[1] *Tratado dos testamentos*, v. 3, n. 957, p. 387.

O objeto há de ser, ainda, **lícito** e **possível**, como sucede em todo negócio jurídico (CC, art. 104).

■ Prelegado ou legado precípuo

Quando o legado é atribuído a herdeiro legítimo (que passa a cumular as qualidades de herdeiro e legatário), denomina-se **prelegado** (*praelegatum*) ou **legado precípuo** (*praecipuum*). Pode haver, portanto, como sujeito, além do testador e do legatário, a figura do **prelegatário** ou **legatário precípuo**, que recebe o legado e também os bens que integram o seu quinhão na herança.

O herdeiro encarregado de cumprir o legado é chamado de *onerado*. **Onerado** ou **gravado** é, pois, o que deve pagar o legado; **legatário,** ou **honrado**, o que recebe a dádiva ou liberalidade.

■ Sublegado e sublegatário

Se o mesmo objeto cabe a vários beneficiados, eles se denominam **colegatários**. Se a um legatário é imposta a entrega de outro legado, de sua propriedade, a este se denomina **sublegado**, e **sublegatário**, à pessoa a que o bem se destina. Por conseguinte, o **onerado** tanto pode ser um herdeiro como um legatário.

Verifica-se, assim, que o legatário é um credor prejudicial da herança, porém colocado depois dos outros, e o seu crédito pode ser pelos demais impugnado[2].

O Código Civil regula os legados nos arts. 1.912 a 1.940, num só capítulo, dividido em três seções: “Disposições gerais”, “Dos efeitos dos legados e do seu pagamento” e “Da caducidade dos legados”.

Na primeira seção predominam regras **interpretativas**, definindo o legislador o que se entende por legado de crédito, legado de alimentos, legado de usufruto etc., visando esclarecer a vontade do testador quando este não exprimir com clareza o seu pensamento.

■ 17.2. CLASSIFICAÇÃO

As várias modalidades de legado podem ser classificadas, quanto ao **objeto**, em:

2 Carlos Maximiliano, *Direito das sucessões*, cit., v. II, n. 850, p. 308.

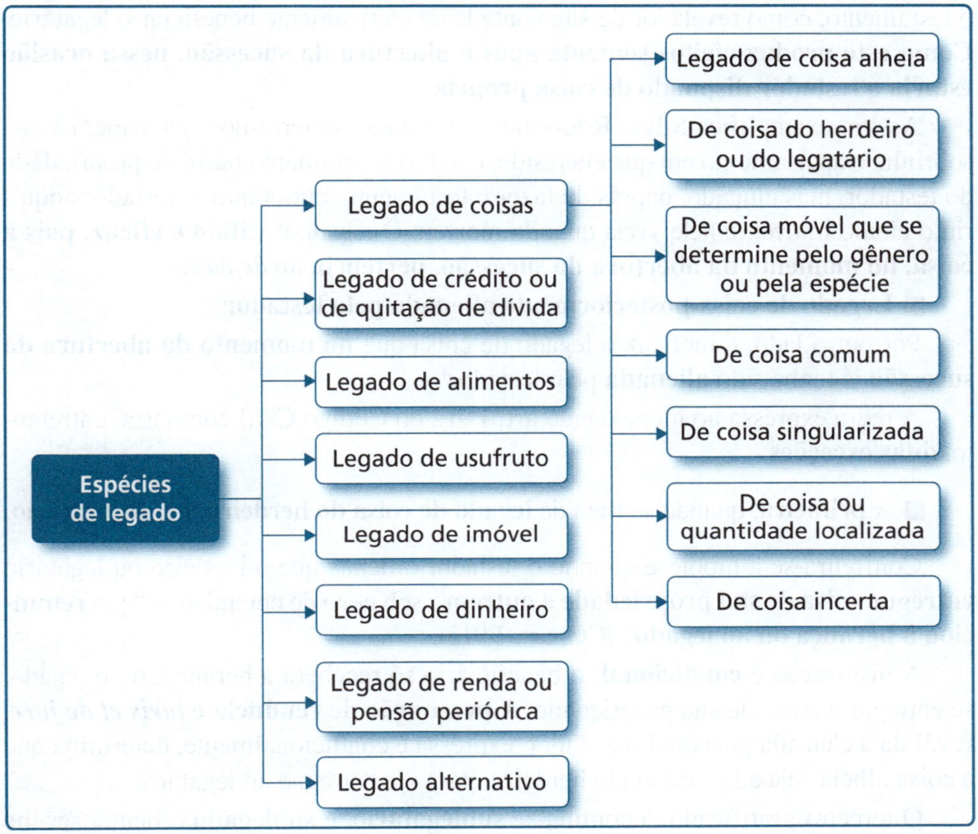

O Código Civil regula as três últimas espécies na seção concernente aos efeitos dos legados e seu pagamento, assim como o legado de coisa incerta.

■ 17.2.1. Legado de coisas

■ *17.2.1.1. Legado de coisa alheia*

Em atenção ao princípio geral de que ninguém pode dispor de mais direitos do que tem, proclama o art. 1.912 do Código Civil:

> "É **ineficaz** o legado de coisa certa que não pertença ao testador no momento da abertura da sucessão".

Não se opera a ineficácia de todo o testamento, mas **tão só da disposição relativa à coisa não pertencente ao *de cujus***.

Ao referir-se à propriedade dos bens **"no momento da abertura da sucessão"** o aludido dispositivo legal deixa implícito que, embora a coisa legada não pertença ao testador à época do testamento, **valerá o legado se este, posteriormente, vier a adquiri-la**, não só porque é no momento da abertura da sucessão que o testamento ganha eficácia como título traslativo da propriedade, como também porque se deve interpretar o comportamento do testador, adquirindo a coisa legada e mantendo intocado o testamento, como revelador de sua vontade de efetivamente beneficiar o legatário. **Como este produz efeitos somente após a abertura da sucessão, nessa ocasião estaria o testador dispondo de coisa própria**.

Assim, exemplifica Silvio Rodrigues, "o testador determinou que caberá à sua sobrinha o apartamento em que ela reside, e o dito apartamento não é de propriedade do testador, mas alugado; depois de fazer o testamento, entretanto, o testador adquiriu o citado imóvel, e nele vivia quando morreu. O legado é **válido e eficaz, pois a coisa, no momento da abertura da sucessão, pertencia ao *de cujus***"[3].

■ **Legado de coisa posteriormente alienada pelo testador**

Por outro lado, é ineficaz o legado de coisa que **no momento da abertura da sucessão** já tenha sido **alienada** pelo testador[4].

A regra expressa no mencionado art. 1.912 do Código Civil comporta, entretanto, **duas exceções**:

■ A **primeira**, quando se trata de **legado de coisa do herdeiro, ou do legatário**.

Configura-se a hipótese quando o testador ordena "que o herdeiro ou legatário **entregue coisa de sua propriedade a outrem**", sob pena de entender-se "que **renunciou à herança ou ao legado**" (CC, art. 1.913).

A disposição é **condicional**: o beneficiário só receberá a herança, ou o legado, se entregar a coisa de sua propriedade. **A presunção de renúncia é *juris et de jure***. É válida a cláusula pela qual o testador, expressa e condicionalmente, determina que a coisa alheia seja adquirida pelo herdeiro, para ser entregue ao legatário.

O terceiro gratificado denomina-se **sublegatário**, e **sublegado** o bem a ser-lhe entregue, pelo herdeiro ou legatário, por determinação do testador. O herdeiro ou legatário que cumprir a disposição testamentária, entregando coisa de sua propriedade a outrem, terá **direito de "regresso contra os coerdeiros**, pela quota de cada um, salvo se o contrário expressamente dispôs o testador" (CC, art. 1.935).

Vale ressaltar que o testador não pode impor a obrigação ou o encargo previsto no art. 1.913 a **herdeiro necessário, quanto à legítima deste**, pois a quota do herdeiro reservatário (descendente, ascendente, cônjuge) é intangível, não pode ser diminuída. Se o herdeiro legítimo se recusar a cumprir o que foi **ordenado** pelo testador, **renuncia à parte disponível** (arts. 1.789, 1.845, 1.846 e 1.847, § 1º)[5].

■ A **segunda exceção** ocorre quando há legado de coisa que se determine pelo **gênero ou espécie** (legado de **coisa genérica**, como dez sacas de café, por exemplo).

Segundo dispõe o art. 1.915 do Código Civil, deve ser **"cumprido, ainda que tal coisa não exista entre os bens deixados pelo testador"**. É que o gênero não pertence a ninguém. Embora as coisas legadas não se encontrem no patrimônio do testador,

[3] *Direito civil*, cit., v. 7, p. 200.

[4] Enneccerus, Kipp e Wolff, *Tratado de derecho civil*, v. II, § 107.

[5] Zeno Veloso, *Comentários ao Código Civil*, v. 21, p. 237; Sílvio Venosa, *Direito civil*, v. VII, p. 267.

não se acham, tampouco, em patrimônio alheio. Por outro lado, é evidente que uma deixa dessa natureza revela o propósito de o testador impor um **encargo**.

Se o testador, por exemplo, deixa ao legatário um cavalo (gênero), cumpre-se o legado **ainda que não se encontre nenhum animal entre os bens deixados pelo falecido, cabendo ao testamenteiro comprar um**, com recursos financeiros do espólio, a fim de satisfazer a disposição testamentária.

■ *17.2.1.2. Legado de coisa comum*

Se a coisa legada for comum, pertencendo somente em parte ao testador, **só em parte valerá o legado**, porque, no restante, ela será alheia, e é ineficaz o legado de coisa certa que não pertença ao devedor. Assim preceitua o art. 1.914 do Código Civil:

> "Se tão somente em parte a coisa legada pertencer ao testador, ou, no caso do artigo antecedente, ao herdeiro ou ao legatário, **só quanto a esta parte valerá o legado**".

Permanece presente a regra geral em matéria de legados: a parte da coisa que não pertence ao testador, nem ao legatário, será de **coisa alheia**, e, pois, o legado é **ineficaz**. O mesmo ocorre na hipótese do artigo anterior: se o testador ordena ao herdeiro, ou legatário, que entregue a outrem coisa que só em parte lhe pertence, apenas quanto a essa parte recairá a obrigação.

Cumpre, porém, distinguir: "Se o testador mostra saber que a coisa legada lhe pertence apenas em parte, e não obstante a lega por inteiro, **o legado vale para o todo, ficando, por isso mesmo, o onerado obrigado a adquirir a parte pertencente a outrem**, para entregá-lo ao legatário, ou a entregar-lhe o justo preço. Do mesmo modo, válido por inteiro será o legado se a parte que não lhe pertencia, por ocasião da feitura do testamento, foi pelo testador **adquirida posteriormente**, fazendo parte do seu patrimônio por ocasião de seu falecimento"[6].

Somente terá eficácia o legado de coisa certa feito pelo **cônjuge casado pelo regime da comunhão universal de bens** se não vier a ser atribuído ao cônjuge sobrevivente, a seu pedido, na partilha. Caso contrário, terá incidido sobre coisa alheia.

■ *17.2.1.3. Legado de coisa singularizada*

Se o testador especificar a coisa por suas características, singularizando-a, individualizando-a dentre todas as coisas que existam no mesmo gênero (determinado quadro ou determinado imóvel, por exemplo), **só terá eficácia o legado se a coisa for encontrada ou ainda pertencer ao *de cujus* ao tempo de sua morte** (CC, art. 1.916, 1ª parte). Se ainda existir, mas em quantidade inferior à do legado, este só será eficaz quanto à existente (art. 1.916, 2ª parte).

■ *17.2.1.4. Legado de coisa localizada*

O legado de coisa que deva encontrar-se em certo lugar **só terá eficácia se nele for achada**, "salvo se removida a título transitório" (CC, art. 1.917).

---

6 Carvalho Santos, *Código Civil brasileiro interpretado*, v. 23, p. 363.

A validade do legado não depende, assim, da situação material da coisa ao tempo da morte do testador, mas da acidentalidade ou não da remoção.

Trata o dispositivo, à evidência, de coisas que devam estar, **habitual e permanentemente**, no lugar designado pelo testador, como os móveis de determinado cômodo. Se eram vários, mas só existia um ao tempo da morte do testador, o legado só valerá no tocante a este, isto é, ao de fato encontrado, **salvo se ficar demonstrado que os demais foram removidos provisoriamente ou retirados de forma dolosa por outrem**.

Prevalece o legado quanto a coisas removidas temporariamente de um lugar e que a ele **devem retornar oportunamente**, como o gado de determinada fazenda, transferido por certo período de tempo para que se efetuem reparos nas cercas. Todavia, a disposição testamentária se torna **ineficaz** se a remoção da coisa feita pelo testador é **deliberada e definitiva**.

Perde eficácia o legado se o testador, *verbi gratia*, dispõe em seu testamento que lega as ações de sua propriedade, as joias e o dinheiro que se encontram em um cofre bancário, mas se apura, por ocasião de sua morte, que **tais bens haviam sido por ele removidos**, dois ou três anos antes, para o cofre existente em sua residência, com ânimo definitivo, demonstrado pela rescisão do contrato de locação do cofre bancário. Para manter a liberalidade deveria o testador ter refeito seu testamento, depois da remoção dos bens por ele efetuada.

■ 17.2.2. Legado de crédito ou de quitação de dívida

Pode o legado ter por objeto um **crédito** (*legatum nominis*) ou a **quitação** de uma dívida (*legatum liberationis*), tendo "eficácia somente até a importância desta, ou daquele, ao tempo da morte do testador" (CC, art. 1.918). Cumpre-se este legado "entregando o herdeiro ao legatário o título respectivo" (§ 1º).

No **legado de crédito**, o devedor é terceiro, caracterizando-se verdadeira **cessão**, em que o legatário substitui o testador e primitivo credor e pode promover a respectiva cobrança. O espólio do devedor não responde, todavia, pela exigibilidade do crédito, nem pela solvência ou insolvência do devedor. Se este for o próprio legatário, o legado será de **quitação de dívida**, operando-se como autêntica **remissão** (CC, art. 386), pois o herdeiro **devolver-lhe-á o título**.

Dispõe o § 2º do aludido art. 1.918, explicando a vontade do testador, que **"esse legado não compreende as dívidas posteriores à data do testamento"** — o que é evidente, uma vez que estas não existiam na ocasião e, *ipso facto*, não poderiam ser objeto da liberalidade. **Não há empeço, entretanto, a que o testador inclua, no legado, os débitos posteriores**, de modo expresso. Nesse caso, morto o disponente, o legatário nada terá de pagar, nem mesmo as dívidas contraídas após a data do testamento, pois assim determinou o testador.

Salvo disposição em contrário, ao total do crédito **se incorporam os juros não pagos**, pois *accessorium sequitur suum principale*.

■ Hipótese de o testador ser devedor do legatário

O art. 1.919, por sua vez, cuida da hipótese de o testador ser devedor do legatário, e estatui, interpretando a vontade do testador:

"Não o declarando expressamente o testador, **não se reputará compensação** da sua dívida o legado que ele faça ao credor".

A regra, pois, é a prevalência da liberalidade, sem prejuízo da dívida que tem o testador para com o legatário. Significa dizer que este recebe duplamente, ou seja: **conserva o legado e pode cobrar o crédito da herança** (CC, art. 1.997). Salvo, portanto, expressa ressalva feita pelo testador, o herdeiro terá de pagar ao legatário o crédito que este tinha contra o espólio e ainda entregar-lhe o legado.

Se ocorrer **compensação**, em decorrência da menção expressa do testador e pelo fato de o legatário ter aceitado a proposta, só se concretizará o legado naquilo em que a coisa legada **exceder ao valor da dívida**. Até à concorrente quantia não há realmente liberalidade, mas apenas pagamento daquilo que o legatário tinha o direito de exigir[7].

O confuso parágrafo único do art. 1.919, em comentário, preceitua que "subsistirá integralmente o legado, se a dívida lhe foi posterior, e o testador a solveu antes de morrer". Assim, não fica o legado prejudicado se, depois, o testador contraiu dívida com o legatário, que foi paga antes de o testador morrer. Aliás, diz oportunamente Zeno Veloso, "essa regra nem precisava ter constado no Código. **O legado não tem relação com a dívida posterior que o testador, em vida, quitou**"[8].

17.2.3. Legado de alimentos

Dispõe o art. 1.920 do Código Civil:

"O legado de alimentos abrange o sustento, a cura, o vestuário e a casa, enquanto o legatário viver, além da educação, se ele for menor".

O **testador** é quem deve fixar o valor da pensão alimentícia. Se não o fizer, a tarefa cabe ao **juiz**, que agirá *cum arbitrio boni viri*, levando em conta as forças da herança, a condição social e a necessidade do legatário.

Tal como ocorre no direito de família, os alimentos podem ser legados *in natura* ou em dinheiro. O testador pode, com efeito, determinar a um herdeiro que **forneça hospedagem e sustento** ao gratificado.

Se não houve disposição expressa quanto ao período que abrange o legado de alimentos, entende-se que são **vitalícios**. As prestações devidas em cumprimento do dever de educação e de instrução têm a **duração necessária para que se eduque e instrua** o beneficiado, tendo em vista a profissão escolhida. Na esteira da jurisprudência estabelecida para os alimentos do direito de família, devem-se estender até o término da formação universitária.

Os **alimentos testamentários não se confundem com os legais**, não se lhes aplicando os princípios destes. Assim, sejam fixados pelo testador ou pelo juiz, não se alteram em razão da modificação das circunstâncias e da situação econômica do beneficiado.

---

7 Eduardo de Oliveira Leite, *Comentários*, cit., v. XXI, p. 519.

8 *Comentários*, cit., v. 21, p. 241.

■ 17.2.4. Legado de usufruto

Segundo o conceito clássico, originário do direito romano, **usufruto** é o direito real de usar uma coisa pertencente a outrem e de perceber-lhe os frutos, ressalvada sua substância.

O legislador somente se referiu ao *legado de usufruto* para fixar **o tempo de sua duração** quando o testador não o houver feito. O art. 1.921 do Código Civil declara que, nesse caso, "entende-se deixado ao legatário **por toda a sua vida**", ou seja, entende-se que é **vitalício**.

Se, no entanto, o legado de usufruto tem como beneficiária **pessoa jurídica**, e o testador não determinou o tempo de duração da benesse, esta perdurará **por trinta anos**, a não ser que, antes, ocorra a extinção da pessoa jurídica em favor de quem o usufruto foi constituído (CC, art. 1.410, III).

Com a morte do legatário, consolida-se o domínio do nu-proprietário, que pode ser um herdeiro ou terceiro. **Se o testador não faz a indicação, entende-se que beneficiou o herdeiro com a nua propriedade**.

Legado conjuntamente a duas ou mais pessoas, o direito de acrescer será regulado pelo art. 1.946 do Código Civil.

■ 17.2.5. Legado de imóvel

Nos termos do art. 1.922 do Código Civil:

> "Se aquele que legar um imóvel lhe ajuntar depois novas aquisições, estas, ainda que contíguas, não se compreendem no legado, salvo expressa declaração em contrário do testador.
>
> Parágrafo único. Não se aplica o disposto neste artigo às benfeitorias necessárias, úteis ou voluptuárias feitas no prédio legado".

O princípio adotado é que o legado abrange **a coisa com os acessórios**. Só não se compreendem nele as ampliações ou acréscimos externos ao imóvel não classificados como benfeitorias. Estas, sejam **necessárias, úteis ou voluptuárias**, sendo bens acessórios, **aderem ao imóvel legado**. Do mesmo modo, se no terreno o testador ergue uma **construção**, revela o propósito de aditá-la ao legado.

■ 17.3. RESUMO

DOS LEGADOS	
CONCEITO	■ ***Legado*** é coisa ***certa e determinada*** deixada a alguém, denominado legatário, em testamento ou codicilo. Difere da herança, que é a totalidade ou parte ideal do patrimônio do ***de cujus***.
LEGATÁRIO E PRELEGATÁRIO	■ ***Legatário*** é o indivíduo contemplado em testamento com coisa certa e determinada. ■ **Prelegatário** ou **legatário precípuo** é o herdeiro legítimo que recebe os bens que integram o seu quinhão na herança e também é beneficiado com um legado.
CLASSIFICAÇÃO QUANTO AO OBJETO	■ **Legado de coisas:** **a)** legado de coisa alheia; **b)** de coisa do herdeiro ou do legatário; **c)** de coisa móvel que se determine pelo gênero ou pela espécie;

	d) de coisa comum; **e)** de coisa singularizada; **f)** de coisa ou quantidade localizada; **g)** de coisa incerta. ■ **Legado de crédito ou de quitação de dívida.** ■ **Legado de alimentos.** ■ **Legado de usufruto.** ■ **Legado de imóvel.** ■ **Legado de dinheiro.** ■ **Legado de renda ou pensão periódica.** ■ **Legado alternativo.**
LEGADO DE COISAS	■ **Legado de coisa alheia** É ineficaz o legado de coisa certa que não pertença ao testador no momento da abertura da sucessão (CC, art. 1.912). A regra comporta duas exceções: **a)** quando o testador ordena que o herdeiro ou legatário entregue coisa de sua propriedade a outrem (CC, art. 1.913); **b)** quando há legado de coisa que se determine pelo gênero ou espécie (art. 1.915). ■ **Legado de coisa comum** Se a coisa legada for comum e somente em parte pertencer ao devedor, ou, no caso do art. 1.913 do CC, ao herdeiro ou ao legatário, só quanto a essa parte valerá o legado (art. 1.914). ■ **Legado de coisa singularizada** Se o testador especificar a coisa por suas características, só terá eficácia o legado se a coisa for encontrada ou ainda pertencer ao *de cujus* ao tempo de sua morte (art. 1.916). ■ **Legado de coisa localizada** O legado de coisa que deva encontrar-se em certo lugar só terá eficácia se nele for achada, salvo se removida a título transitório (art. 1.917).
LEGADO DE CRÉDITO OU DE QUITAÇÃO DE DÍVIDA	■ O legado de crédito, ou de quitação de dívida, terá eficácia somente até a importância desta, ou daquele, ao tempo da morte do testador (CC, art. 1.918). Cumpre-se esse legado entregando o herdeiro ao legatário o título respectivo (§ 1º).
LEGADO DE ALIMENTOS	■ O legado de alimentos abrange o sustento, a cura, o vestuário e a casa, enquanto o legatário viver, além da educação, se ele for menor (art. 1.920).
LEGADO DE USUFRUTO	■ Quando o testador não fixa o tempo do legado de usufruto, entende-se que é vitalício, ou seja, deixado por toda a vida do legatário (art. 1.921).
LEGADO DE IMÓVEIS	■ Nessa espécie de legado não se compreendem na liberalidade novas aquisições que lhe tenha ajuntado o testador, ainda que contíguas, salvo expressa declaração em contrário (art. 1.922).

18

DOS EFEITOS DO LEGADO E DO SEU PAGAMENTO

18.1. AQUISIÇÃO DOS LEGADOS

Pelo princípio da *saisine*, acolhido no art. 1.784 do Código Civil, aberta a sucessão, o **herdeiro**, legítimo ou testamentário, adquire **desde logo** a **propriedade** e a **posse** da herança.

O mesmo não ocorre no tocante ao **legatário**. Este adquire apenas a **propriedade** de coisa **certa**, existente no acervo, salvo se o legado estiver sob condição suspensiva. Se se tratar de coisa **incerta**, fungível, só a adquire com a **partilha**.

No que tange à **posse**, a abertura da sucessão confere ao legatário somente o **direito de pedi-la** aos herdeiros instituídos, não podendo obtê-la por sua própria autoridade, sob pena de incorrer no crime de exercício arbitrário das próprias razões.

Preceitua, com efeito, o art. 1.923, *caput*, do Código Civil:

> "Desde a abertura da sucessão, pertence ao legatário a coisa certa, existente no acervo, salvo se o legado estiver sob condição suspensiva".

Acrescenta o § 1º:

> "Não se defere de imediato a posse da coisa, nem nela pode o legatário entrar por autoridade própria".

Consoante a lição de Silvio Rodrigues, "o **legatário**, no momento da morte do testador, adquire o domínio da coisa certa legada, bem como a **posse indireta** dela (CC, art. 1.923). A posse direta, entretanto, só será por ele adquirida no momento em que o herdeiro lhe entregar o objeto do legado (CC, art. 1.923, § 1º)"[1].

Em síntese, pois, desde o momento em que ocorre o falecimento do *de cujus*, o **herdeiro**, legítimo ou testamentário, adquire o **domínio e a posse** da herança independentemente de qualquer ato seu, salvo a aceitação. No tocante ao **legatário**, porém, diversa é a situação: "*a*) quanto ao **domínio**, ele o adquire com a abertura da sucessão, se se trata de coisa **infungível**; *b*) a aquisição só se opera com a **partilha**, se fungível a coisa **legada**. Quanto à **posse**, apenas com a **partilha** nela se investe o legatário, exceto se anteriormente obteve a entrega dos bens legados"[2].

---

1 *Direito civil*, cit., v. 7, p. 208.

2 Washington de Barros Monteiro, *Curso*, cit., v. 6, p. 198.

O herdeiro não é obrigado a cumprir desde logo o legado, devendo antes verificar se o espólio é **solvente**. Isso porque, se o passivo o absorver integralmente, podem os legatários ser obrigados a concorrer para o resgate dos débitos.

O pedido de entrega do legado deve ser formulado no **inventário**. Se todos concordarem, poderá ser deferido desde logo. **Se a coisa legada se encontra em poder de terceiro, contra este cabe a ação reivindicatória**.

Havendo discordância dos interessados, o legatário terá de aguardar a **partilha**, na qual será contemplado (CPC/2015, art. 647).

Antes da entrega da coisa, compete tão somente ao herdeiro, ou ao inventariante, a defesa judicial da posse do bem legado.

Esses são os efeitos do legado **puro e simples** (CC, art. 1.923). Todavia, a deixa pode ser, ainda, *condicional*, *a termo* ou *modal*.

■ **Legado sob condição suspensiva**

No legado sob *condição suspensiva*, o legatário só pode reclamar a coisa após o **implemento da condição**. Enquanto não advier o evento futuro e incerto, a que está subordinada a eficácia da benesse, o legatário tem apenas uma expectativa de direito. Nesse sentido, estatui o art. 1.924, segunda parte, do Código Civil que o direito de pedir o legado não se exercerá, **"nos legados condicionais, ou a prazo, enquanto esteja pendente a condição ou o prazo não se vença"**. Se o legatário falecer antes, **caduca** o legado (art. 1.943).

■ **Legado a termo**

Se *a termo* o legado, o legatário só pode reclamá-lo com o **advento do *dies a quo***, malgrado adquira o domínio dos bens infungíveis com a morte do testador.

■ **Legado modal ou com encargo**

O legado *modal* ou *com encargo* funciona como puro e simples, pois **não impede a aquisição do domínio e o direito de pedir**, desde logo, a sua entrega aos herdeiros. Sujeita o legatário, entretanto, ao seu **cumprimento**. Dispõe o art. 1.938 do Código Civil que "nos legados com encargo, aplica-se ao legatário o disposto neste Código quanto às doações de igual natureza".

Descumprido o encargo, pode **qualquer interessado** promover a declaração de **ineficácia da deixa testamentária**, a fim de que os bens da herança, ou do legado, em virtude de sentença judicial, saiam do patrimônio do beneficiário inadimplente e passem a quem de direito (*v.* n. 16.4.3 — Nomeação com imposição de encargo —, *retro*, ao qual nos reportamos).

■ **Situação do legatário, pendente ação anulatória do testamento**

Prescreve ainda o art. 1.924, primeira parte, do Código Civil que **"o direito de pedir o legado não se exercerá, enquanto se litigue sobre a validade do testamento"**, uma vez que, se o testamento for anulado, o legado se extinguirá. Tal restrição **só atinge o legatário**, não se referindo a herdeiros instituídos ou testamentários, entre os quais se torna possível a partilha, embora se litigue sobre a validade do testamento[3].

---

[3] *RF*, 78/307.

Embora o legatário não receba o legado se pendente a ação anulatória, isso não o impede de requerer **providências acautelatórias** tendentes ao resguardo ou incremento do legado, por exemplo, a venda para atender a excepcional valorização[4].

■ 18.2. EFEITOS DOS LEGADOS QUANTO ÀS SUAS MODALIDADES

■ 18.2.1. Frutos da coisa legada. Legado de dinheiro

Malgrado o legatário tenha de pedir o legado ao herdeiro no inventário, o domínio deste a ele se transmite com a abertura da sucessão. Por essa razão, **pertencem-lhe os frutos *desde a morte do testador***, exceto se dependente de condição suspensiva, ou de termo inicial, excluídos os colhidos anteriormente.

Como prevê o § 2º do citado art. 1.923 do Código Civil, "o legado de coisa certa existente na herança transfere também ao legatário os frutos que produzir, desde a morte do testador, exceto se dependente de condição suspensiva, ou de termo inicial".

Não pertencem ao legatário, portanto, os frutos colhidos anteriormente ao falecimento do *de cujus*. O herdeiro entrega-lhe a coisa tal como se ache **no momento da abertura da sucessão**, com os acréscimos sobrevindos.

Há, no entanto, algumas **exceções**:

- O **legado em dinheiro** só vence juros **"desde o dia em que se constituir em mora a pessoa obrigada a prestá-lo"** (CC, art. 1.925). O legatário terá de interpelar o herdeiro ou testamenteiro, pois somente a partir de tal ato vencem-se os juros. Se o legado for reclamado mediante **ação contenciosa**, serão eles devidos **a partir da citação inicial** para a causa, que constitui a mais enérgica das interpelações, segundo a jurisprudência.
- No **legado condicional** ou **a termo**, o legatário só terá direito aos frutos após o implemento da condição ou o advento da data estipulada. Até então, pertencerão ao espólio, ou aos seus herdeiros.
- Excluem-se os frutos desde a morte do testador no **legado de coisa incerta** ou **não encontrada** entre os bens por ele deixados. Injusto seria onerar o herdeiro com pagamento de frutos, uma vez que tais bens, enquanto não localizados, não são exigíveis.

■ 18.2.2. Legado de renda ou pensão periódica

Os arts. 1.926 a 1.928 do Código Civil têm natureza **interpretativa**. Nesses dispositivos cuida o legislador de legados cujo pagamento deve ser feito em **prestações periódicas**, fixando o momento em que o direito do legatário se efetiva, a sua extensão e o momento em que se torna exigível.

[4] *RF*, 109/411.

■ Momento em que o direito do legatário se efetiva

Dispõe o art. 1.926:

> "Se o legado consistir em renda vitalícia ou pensão periódica, esta ou aquela correrá da **morte do testador**".

Renda **vitalícia** é a que deve ser prestada pelo herdeiro ao legatário enquanto este viver. Tanto esse benefício como o de concessão de pensão **periódica** têm finalidade assistencial e, por essa razão, são regulados conjuntamente. Entrega-se certo capital, em imóveis ou dinheiro, ao herdeiro encarregado de satisfazer o legado em prestações.

A determinação de que a renda vitalícia ou a pensão periódica correm **desde a morte do testador** corresponde, na visão do legislador, à vontade presumida do testador. E a solução vale, quer seja de anos, quer de meses ou de dias o período por ele fixado. Se o *de cujus*, todavia, **fixou outro momento** para o início do pagamento da renda vitalícia ou pensão periódica, sua ordem será obedecida[5].

A determinação legal significa que, embora o legatário atrase um ou dois anos para pedir a entrega do legado, **terá o direito de receber a renda ou pensão vencida desde a morte do testador**, uma vez que não haja deixado prescrever seu direito permanecendo inerte por mais de três anos (CC, art. 206, § 3º, II)[6].

■ Extensão do direito do legatário

Por seu turno, estabelece o art. 1.927:

> "Se o legado for de quantidades certas, em prestações periódicas, **datará da morte do testador o primeiro período**, e o legatário terá direito a cada prestação, uma vez encetado cada um dos períodos sucessivos, ainda que venha a falecer antes do termo dele".

A prestação periódica é **devida por inteiro desde o primeiro dia de cada período**. Assim, no dia do falecimento do testador, o legatário tem direito a toda a pensão relativa ao primeiro período, que pode ser mensal ou anual. Iniciado o período seguinte, o legatário tem direito, desde logo, à segunda prestação inteira; e assim por diante.

Exemplifica Carvalho Santos: "O testador ordena ao herdeiro que dê a José R$ 500,00 todos os meses e morre no dia 10 de fevereiro. **Neste mesmo dia José adquire o direito de haver a primeira prestação de R$ 500,00; em 10 de março, e todos os meses sucessivamente, em igual data, adquire o direito a igual quantia**. Mas, se o legatário morre, por exemplo, em 9 de outubro, a mesada que devia ser paga a 10 deste mês não é devida aos herdeiros de José, precisamente porque tendo morrido antes de iniciado o período, o legado desta mesada, assim como das sucessivas, se extinguiu definitivamente"[7].

■ Momento em que o direito do legatário se torna exigível

Por derradeiro, prescreve o art. 1.928 do Código Civil:

---

[5] Eduardo de Oliveira Leite, *Comentários*, cit., v. XXI, p. 538-539; Zeno Veloso, *Comentários*, cit., v. 21, p. 254.

[6] Silvio Rodrigues, *Direito civil*, cit., v. 7, p. 211.

[7] *Código Civil brasileiro interpretado*, cit., v. 23, p. 454.

> “Sendo periódicas as prestações, só **no termo de cada período** se poderão exigir.
> Parágrafo único. Se as prestações forem deixadas a título de **alimentos**, pagar-se-ão no começo de cada período, sempre que outra coisa não tenha disposto o testador”.

Embora, como visto, o legatário adquira o direito à prestação periódica logo que se inicia o período correspondente, **só poderá exigir o efetivo pagamento ao final de cada período**.

Em princípio, pois, as prestações são exigíveis a final, **salvo no caso de alimentos**, que se pagarão no começo de cada período, dado o seu objetivo, sempre que outra coisa não disponha o testador. A natureza do legado de alimentos impõe que sejam pagos adiantadamente, uma vez que se destinam à subsistência do gratificado.

■ 18.2.3. Legado de coisa incerta

Se o testador deixou coisa certa e determinada, deve esta ser entregue ao legatário, que não é obrigado a receber outra, ainda que mais valiosa (CC, art. 313).

Contudo, se limitou-se a determinar o **gênero** ou a **espécie**, deixando, portanto, **coisa incerta**, ao **herdeiro**, que é o devedor, “tocará escolhê-la, guardando, porém, o **meio-termo** entre as congêneres da melhor e pior qualidade” (CC, art. 1.929).

Sujeito ao critério do valor médio, o herdeiro não pode entregar a pior coisa que encontrar no espólio, dentre as do mesmo gênero ou espécie, nem está obrigado a escolher a de melhor qualidade. A referida regra constitui reiteração da já estabelecida no art. 244 do mesmo diploma, que também segue o critério da **qualidade média ou intermediária**. Aqui, porém, o legatário é credor, e o herdeiro, devedor da obrigação de entregar um legado definido apenas pelo gênero e pela quantidade.

Determina o art. 1.930 do Código Civil que a mesma regra se aplica também às hipóteses em que a escolha é **“deixada ao arbítrio de terceiro”**, ou passa **“ao juiz”**, em razão de aquele não querer, ou não poder, aceitar a incumbência, caso em que também será guardado o **meio-termo** entre as congêneres da melhor e pior qualidade (*nec optimus nec pessimus*).

■ *Electionis* e *optionis*

A escolha cabe ao herdeiro se o testador silenciou a esse respeito. Nesse caso, o legado chama-se ***electionis***. Pode ele, no entanto, deixar a opção ao arbítrio de terceiro ou do legatário. Na última hipótese, denomina-se ***optionis*** e poderá o gratificado escolher, dentre as coisas do mesmo gênero, a melhor que existir na herança.

Se não existir coisa de tal espécie, **o herdeiro terá, então, de adquiri-la**, voltando a ter aplicação a última parte do art. 1.929, que impõe o critério do valor médio. O legatário, nesse caso, terá de contentar-se com o **meio-termo** (art. 1.931).

■ 18.2.4. Legado alternativo

Obrigação alternativa é a que compreende dois ou mais objetos e extingue-se com a prestação de apenas um. No art. 1.932 do Código Civil o legislador disciplina o *legado alternativo* dizendo que, nessa espécie, **“presume-se deixada ao herdeiro a opção”**.

Legado alternativo é aquele que tem por objeto **uma coisa ou outra**, dentre as quais só uma deverá ser entregue ao legatário. Em tal hipótese, **a opção cabe ao herdeiro**, por ser o devedor, salvo se o testador houver estipulado de forma diversa, atribuindo-a a terceiro ou ao legatário. É o mesmo critério do art. 252, concernente às obrigações alternativas, como já referido.

Se o herdeiro ou legatário a quem couber a opção **"falecer antes de exercê-la, passará este poder aos seus herdeiros"** (CC, art. 1.933). Todavia, se o **legatário** morre antes do testador, o legado **caduca** (art. 1.939, V). Uma vez feita a opção, porém, torna-se ela **irrevogável**. O que era determinável foi determinado, com a individualização da coisa, não podendo, por isso, haver retratação. Mas a irretratabilidade da escolha não significa que ela não possa ser judicialmente anulada, se realizada em desacordo com os ditames legais[8].

■ 18.3. RESPONSABILIDADE PELO PAGAMENTO DO LEGADO

Em princípio, o encargo de pagar o legado **compete ao herdeiro**. Compete a este retirar do acervo hereditário incorporado ao seu patrimônio os bens que constituíram objeto de legados, entregando-os aos legatários. "No silêncio do testamento, o cumprimento dos legados incumbe aos **herdeiros** e, não os havendo, aos **legatários**, na proporção do que herdaram" (CC, art. 1.934, *caput*).

■ Herdeiros onerados

Se o testador, no entanto, encarregar da execução somente certos herdeiros, por isso chamados de **onerados**, apenas estes por ela responderão, ficando os demais exonerados do gravame (parágrafo único do art. 1.934). Entende-se que o testador quis gravar de ônus a quota dos nomeados. Se instituído um único herdeiro, obviamente só a ele incumbe o cumprimento do legado.

Se o testador, valendo-se da permissão contida no art. 1.913, ordenar a entrega ao legatário de coisa **pertencente a um dos herdeiros ou a um dos legatários**, cumpre-lhe entregá-la ao sublegatário, **"com regresso contra os coerdeiros, pela quota de cada um, salvo se o contrário expressamente houver disposto o testador"** (CC, art. 1.935). Se o onerado não cumprir a ordem do testador, entender-se-á que **renunciou** à herança ou ao legado.

■ Responsabilidade pelas despesas com o legado

As *despesas*, como o recolhimento do imposto de transmissão *causa mortis*, depósito, transportes etc., bem como os *riscos da entrega do legado*, **"correm à conta do legatário"** ou gratificado, se não dispuser diversamente o testador (CC, art. 1.936).

■ Entrega da coisa legada, com seus acessórios

A coisa legada "entregar-se-á, **com seus acessórios**, no lugar e estado em que se achava ao falecer o testador, passando ao legatário com todos os encargos que a onerarem" (CC, art. 1.937).

---

8 Zeno Veloso, *Comentários*, cit., v. 21, p. 257-258.

Constitui tal regra uma reiteração do secular princípio geral de direito segundo o qual **o acessório acompanha o principal** em seu destino (*accessorium sequitur suum principale*).

■ 18.4. RESUMO

EFEITOS DO LEGADO	
QUANTO À SUA AQUISIÇÃO	■ O legatário, aberta a sucessão, adquire a ***propriedade*** de coisa certa existente no acervo, salvo se o legado estiver sob condição suspensiva (art. 1.923). ■ Quanto à **posse**, a aludida abertura confere-lhe somente o ***direito de pedi-la*** aos herdeiros instituídos, não podendo obtê-la por sua própria autoridade (§ 1º).
QUANTO ÀS SUAS MODALIDADES	■ **Frutos da coisa legada** Malgrado o legatário tenha de pedir o legado ao herdeiro, pertencem-lhe os frutos desde a morte do testador, exceto se dependente de condição suspensiva, ou de termo inicial (art. 1.923, § 2º). ■ **Legado em dinheiro** O legado em dinheiro só vence juros desde o dia em que se constituir em mora a pessoa obrigada a prestá-la (art. 1.925). ■ **Legado de renda** Se o legado consistir em renda vitalícia ou pensão periódica, esta ou aquela correrá da morte do testador (art. 1.926). ■ **Legado de coisa incerta** Se o testador limitou-se a determinar o gênero ou a espécie da coisa, tocará ao herdeiro, que é devedor, escolhê-la, guardando, porém, o meio-termo entre as congêneres da melhor e pior qualidade. ■ **Legado alternativo** Nessa espécie, presume a lei deixada ao **herdeiro** a opção, por ser o devedor (art. 1.932), salvo se o testador houver estipulado de forma diversa, atribuindo-a a terceiro ou ao legatário.
RESPONSABILIDADE PELO PAGAMENTO DO LEGADO	■ No silêncio do testamento, o cumprimento dos legados incumbe aos herdeiros e, não os havendo, aos legatários, na proporção do que herdaram (CC, art. 1.934).

19

DA CADUCIDADE DOS LEGADOS

19.1. INTRODUÇÃO

O legado pode deixar de produzir os efeitos mencionados na seção anterior:

- em razão da **nulidade** do testamento;
- ou de sua ineficácia decorrente da **revogação**;
- e da **caducidade**.

Caducidade vem a ser a **ineficácia, por causa ulterior**, de disposição testamentária válida[1]. Não se confunde com nulidade, em que o testamento já nasce inválido, por inobservância das formalidades legais ou em razão da incapacidade do agente.

O legado válido pode caducar por **causa superveniente**:

- de ordem **objetiva** (falta do objeto do legado); ou
- de ordem **subjetiva** (falta do beneficiário).

Em qualquer desses casos, volta ele à massa hereditária, beneficiando os herdeiros, nos termos do art. 1.788, última parte, do Código Civil.

As **causas de caducidade** vêm enumeradas no art. 1.939 do mesmo diploma, que assim prescreve:

> "Caducará o legado:
>
> I — se, depois do testamento, o testador modificar a coisa legada, ao ponto de já não ter a forma nem lhe caber a denominação que possuía;
>
> II — se o testador, por qualquer título, alienar no todo ou em parte a coisa legada; nesse caso, caducará até onde ela deixou de pertencer ao testador;
>
> III — se a coisa perecer ou for evicta, vivo ou morto o testador, sem culpa do herdeiro ou legatário incumbido do seu cumprimento;
>
> IV — se o legatário for excluído da sucessão, nos termos do art. 1.815;
>
> V — se o legatário falecer antes do testador".

As duas primeiras causas (incs. I e II) constituem, na realidade, causas de **revogação tácita**.

---

[1] Para Itabaiana de Oliveira, "caducidade é a ineficácia de um legado por causa posterior a sua instituição" (*Tratado*, cit., v. II, § 623, p. 183).

A modificação da coisa, a sua alienação e a evicção ou perecimento (incs. I a III) afetam o **objeto** do legado.

A exclusão por indignidade e a pré-morte do legatário (incs. IV e V) relacionam-se à **falta do beneficiário**.

Além dessas, podem ser incluídas **outras causas de ordem subjetiva**, como:

- a renúncia;
- o falecimento do legatário antes do implemento da condição; e
- a falta de legitimação quando da abertura da sucessão, nos termos dos arts. 1.802 e 1.943 do Código Civil.

19.2. CAUSAS OBJETIVAS

Caducará o legado em razão das causas de *ordem objetiva* (falta do objeto) a seguir estudadas.

19.2.1. Modificação substancial da coisa legada

Dispõe o inc. I do art. 1.939 do Código Civil que o legado caducará se, depois de haver elaborado o testamento, o testador modificar a coisa legada a ponto de **não mais ter a forma nem lhe caber a denominação que tinha**.

Dois são os **requisitos** para que ocorra a caducidade:

- a modificação deve ser **substancial**;
- a modificação deve ser feita pelo **próprio testador**.

Como exemplo de modificação substancial pode ser lembrada a transformação de uma mobília em lenha. Não basta alterar o nome ou o modelo do objeto, se mantida a forma ou a destinação.

Transformações, ainda que radicais, feitas por **terceiros**, à revelia do testador, ou **acidentais**, decorrentes de caso fortuito ou força maior, como o derretimento de ouro ou prata num incêndio, **não acarretam a caducidade**.

A justificativa para a caducidade, quando as modificações substanciais são efetuadas pelo **testador**, repousa no entendimento de que elas demonstram a **intenção de revogar o legado**.

Se a modificação, entretanto, **não é fundamental** a ponto de alterar a substância da coisa, "**prevalece o legado**. Se a fazenda de cultivo se modifica em fazenda de criação, ou se as ações ao portador são convertidas em ações nominativas, o legado não caduca, pois a propriedade agrícola continua a ser uma fazenda, e os títulos legados continuam a ser ações de sociedade anônima"[2].

Não haverá transformação, capaz de acarretar a caducidade do legado, no caso de demolição do prédio deixado ao legatário e edificação de outro em seu lugar, bem

---

[2] Silvio Rodrigues, *Direito civil*, cit., v. 7, p. 216.

como sua simples reconstrução, pois essa conduta revela a sua **intenção de beneficiar o legatário**, e não de revogar a liberalidade[3].

19.2.2. Alienação da coisa legada

A *alienação da coisa legada*, pelo testador, por qualquer título, no todo ou em parte, produzirá a **caducidade** do legado, até onde ela deixar de pertencer ao testador (CC, art. 1.939, II).

Cuida-se de alienação a qualquer título, oneroso ou gratuito, feito a **terceiro**. Demonstra a intenção do testador de revogar a liberalidade, sendo absoluta a presunção gerada nesse sentido. A feita ao **próprio legatário**, a **título gratuito**, acarreta a caducidade, conforme entendimento generalizado. Considera-se que houve, nesse caso, uma **antecipação da liberalidade**.

Na verdade, se o testador transfere gratuitamente a coisa legada ao próprio legatário, o legado converte-se em **doação**.

Não há como arredar a regra peremptória estatuída no art. 1.912 do Código Civil, aqui repetida: "É ineficaz o legado de coisa certa que não pertença ao testador no momento da abertura da sucessão".

A alienação, feita em vida do testador **ao próprio legatário, a título gratuito ou oneroso**, subtrai a coisa ao patrimônio do disponente, uma vez que passa a pertencer ao legatário adquirente. Desse modo, se mantida a deixa, será esta ineficaz no momento da abertura da sucessão, pois caracterizará uma proibida **alienação de coisa alheia**.

A alienação deve ser voluntária

Se a alienação a terceiro é **parcial**, caduca o legado até onde a coisa deixou de pertencer ao testador. Só a **voluntária** é causa de caducidade, não a involuntária, como a decorrente de **desapropriação**. No entanto, por ter, nesse caso, desaparecido o objeto do litígio, que passou para o domínio do expropriante, a deixa perde a sua eficácia, por configurar um **legado de coisa alheia**, salvo se readquirido pelo testador, como na hipótese de retrocessão (CC, art. 519).

Mesmo que o testador venha a readquirir a coisa alienada **voluntariamente**, a caducidade já estará consumada, não ficando restaurado o legado. **Só mediante novo testamento poderá este ser revitalizado.**

Hipótese de anulação da alienação

Ainda que a alienação venha a ser *anulada*, **não se revigora o legado, pois a intenção do testador em revogar a liberalidade ficou evidenciada**, salvo se a causa da invalidação se filiar a uma razão que afete diretamente a vontade do alienante, como na hipótese, por exemplo, de sua alienação mental ou outra semelhante[4].

Promessa irretratável de venda

Não só a alienação definitiva do objeto do legado revoga a liberalidade, senão também a *promessa irretratável de venda*. Ainda, todavia, que o compromisso de compra e venda não seja irretratável e irrevogável — o que, hoje em dia, é raro —,

---

3 Washington de Barros Monteiro, *Curso*, cit., v. 6, p. 209.

4 Silvio Rodrigues, *Direito civil*, cit., v. 7, p. 217.

revoga ele a liberalidade, pois a mera circunstância de o testador dar outro destino à coisa legada **revela que não manteve o propósito de contemplar o legatário**.

■ 19.2.3. Perecimento ou evicção da coisa legada

Também caduca o testamento, segundo dispõe o inc. III do art. 1.939 do Código Civil, "se a coisa **perecer ou for evicta**, vivo ou morto o testador, sem culpa do herdeiro ou legatário incumbido do seu cumprimento".

■ Perecimento da coisa legada

Se a coisa *perece*, o legado fica **sem objeto**, qualquer que seja a causa do perecimento: destruição do veículo, incêndio do prédio, morte do animal, por exemplo. Em qualquer desses casos, resolve-se o legado, **não assistindo ao legatário direito de reclamar pagamento do valor da coisa**, pois presume-se que o testador apenas pretendeu deixar a própria coisa, e não o seu valor.

■ Evicção da coisa legada

Verificada a *evicção*, caduca o legado, visto que o seu objeto **pertence a outrem**. Decorrendo a evicção de sentença judicial que proclama pertencer a coisa ao reivindicante e não ao testador, torna-se incontestável ser alheio o objeto da liberalidade. Como já mencionado, é **ineficaz o legado de coisa alheia**[5].

Se apenas **parcial** o perecimento ou a evicção, **subsiste o legado no remanescente**. Por conseguinte, no caso de prédio que venha a ser destruído por incêndio, por exemplo, subsiste o legado quanto ao terreno em que foi edificado[6].

■ Hipótese de culpa do herdeiro ou legatário

O dispositivo em estudo ressalva, no entanto, expressamente, o pressuposto de não ter havido culpa do **herdeiro** ou **legatário** incumbido do cumprimento do legado. Caso contrário, isto é, se ela for comprovada, **o *beneficiário* estará autorizado a postular o ressarcimento**. A solução será a mesma se a coisa perecer por caso fortuito ou força maior, estando o herdeiro ou legatário **em mora de entregá-la**, salvo se provar que o dano sobreviria ainda quando a obrigação fosse oportunamente desempenhada (CC, art. 399).

Todavia, se o perecimento ocorrer por **culpa de terceiro, antes da morte do testador**, somente este ou seus herdeiros podem pleitear o ressarcimento, jamais o legatário. O beneficiário só tem direito ao ressarcimento, se a coisa legada se perde por culpa do herdeiro ou do legatário que deveriam dar cumprimento ao legado[7].

No entanto, se a coisa pereceu **depois da morte do testador**, pereceu quando o legatário já era dono. Assim, se houve culpa de herdeiro ou de terceiro, pode o legatário, como proprietário, ingressar com ação de perdas e danos.

■ 19.3. CAUSAS SUBJETIVAS

Caducará, também, o legado em razão das causas de *natureza subjetiva* a seguir enumeradas.

---

5 Silvio Rodrigues, *Direito civil*, cit., v. 7, p. 219.

6 Washington de Barros Monteiro, *Curso*, cit., v. 6, p. 211.

7 Washington de Barros Monteiro, *Curso*, cit., v. 6, p. 211.

19.3.1. Indignidade do legatário

O art. 1.939 prevê, ainda, no inc. IV, a caducidade do legado por *indignidade do legatário*, nos termos do art. 1.815 do mesmo diploma.

Nessas condições, caduca o legado, excluindo-se da sucessão os herdeiros ou legatários:

"I — se houverem sido autores, coautores ou partícipes de homicídio doloso, ou tentativa deste, contra a pessoa de cuja sucessão se tratar, seu cônjuge, companheiro, ascendente ou descendente;

II — que houverem acusado caluniosamente em juízo o autor da herança ou incorrerem em crime contra a sua honra, ou de seu cônjuge ou companheiro;

III — que, por violência ou meios fraudulentos, inibirem ou obstarem o autor da herança de dispor livremente de seus bens por ato de última vontade" (art. 1.814).

Presume-se, nesse caso, que o testador não desejaria que a coisa legada ficasse com quem se mostrou indigno, praticando atentado contra a sua vida, sua honra ou sua liberdade de testar. Desse modo, torna-se **ineficaz** a cláusula testamentária que beneficia o legatário se algum interessado provar que ele, após o testamento, praticou um dos atos suprarrelacionados.

No entanto, se o fato é anterior ao testamento, o legado implica **perdão tácito** ao legatário (art. 1.818, parágrafo único).

A remissão ao art. 1.815 mostra que a caducidade da liberalidade não ocorre automaticamente, *pleno iure*. A exclusão do legatário, em qualquer dos casos previstos no art. 1.814, **será declarada por sentença**.

19.3.2. Pré-morte do legatário

Finalmente, o inc. V do art. 1.939 declara que caducará o legado **"se o legatário falecer antes do testador"**.

Na hipótese ora tratada, **desaparece o sujeito da liberalidade**. O testamento, como já comentado, embora válido desde o momento em que é elaborado, só tem eficácia com a morte do testador, quando se abre a sucessão. Se ocorre a *premoriência* do legatário, **o legado fica sem sujeito e não pode subsistir, vindo a caducar**.

Sendo a liberalidade feita *intuitu personae*, o legado **não é transmitido aos herdeiros do gratificado, na hipótese de pré-morte deste**. Presume-se que a intenção do testador é beneficiá-lo pessoalmente. Não se pode cogitar do direito de representação, incabível na sucessão testamentária por constituir instituto peculiar à sucessão legítima. **Nada impede, porém, que o disponente institua os referidos herdeiros *substitutos* do gratificado**.

Caducando o legado pela morte antecipada do legatário, o bem a ele deixado permanece no acervo hereditário, passando aos herdeiros legítimos. Subsiste, todavia, o legado, se houver **direito de acrescer** (que será estudado no capítulo seguinte) entre colegatários (CC, art. 1.942).

19.3.3. Renúncia do legatário

Outros casos de caducidade existem, além dos elencados no citado art. 1.939 do Código Civil, como a **renúncia do legatário**, mencionada no art. 1.943. Em razão da semelhança da matéria, aplicam-se aos legados, no que couber, as normas dos arts. 1.804 e seguintes, relativas à renúncia da herança.

Sendo assim, não pode a renúncia do legado jamais ser parcial: **ou o legatário aceita totalmente o legado ou a ele renuncia integralmente** (art. 1.808, *caput*). Nada obsta, no entanto, que renuncie ao legado e aceite a herança, ou vice-versa, mas sempre por inteiro (art. 1.808, § 1º).

19.3.4. Falecimento do legatário antes do implemento da condição suspensiva

Preceitua o art. 1.943 do Código Civil que, **"se a condição sob a qual foi instituído"** o colegatário **não se realizar**, o seu quinhão acrescerá à parte dos colegatários conjuntos.

Desse modo, se ocorrer o falecimento **antes do implemento da condição suspensiva** a que estava subordinada a eficácia da gratificação, **não terá o legatário adquirido o direito**. Nesse caso, ocorrerá a **caducidade** da disposição testamentária (CC, art. 1.943) e não haverá transmissão de direitos aos sucessores do beneficiado, porque este ainda não os adquirira.

19.3.5. Falta de legitimação do legatário

Verifica-se também a ineficácia do legado quando o legatário, no momento da abertura da sucessão, **for incapaz de receber o legado ou não tiver legitimação**, nos termos dos arts. 1.801 e 1.802 do Código Civil.

A propósito do tema, reportamo-nos aos comentários feitos sobre os que não podem ser nomeados herdeiros nem legatários, no n. 3.3, *retro*.

19.4. RESUMO

CADUCIDADE DOS LEGADOS	
CONCEITO	■ *Caducidade* vem a ser a ineficácia, por causa ulterior, de disposição testamentária originariamente válida. Não se confunde com nulidade, em que o testamento já nasce inválido, por inobservância das formalidades legais ou em razão da incapacidade do agente.
CAUSAS OBJETIVAS	a) modificação da coisa legada, pelo testador, ao ponto de já não ter a forma nem lhe caber a denominação que possuía (CC, art. 1.939, I); b) alienação da coisa legada, pelo testador, por qualquer título, no todo ou em parte (art. 1.939, II); c) evicção ou perecimento da coisa legada, sem culpa do herdeiro ou legatário incumbido do seu cumprimento, estando vivo ou morto o testador (art. 1.939, III).
CAUSAS SUBJETIVAS	a) exclusão do legatário por ***indignidade***, nos termos do art. 1.815 (CC, art. 1.939, IV); b) falecimento do legatário (art. 1.939, V) antes do testador (***premoriência***); c) ***renúncia*** do legatário (art. 1.943), que não pode ser parcial: ou aceita totalmente o legado ou a ele renuncia integralmente; d) ***falecimento*** do legatário antes do implemento da condição suspensiva a que estava subordinada a eficácia da gratificação (art. 1.943); e) ***falta de legitimação*** do legatário no momento da abertura da sucessão, nos termos do art. 1.802 do CC.

20

DO DIREITO DE ACRESCER ENTRE HERDEIROS E LEGATÁRIOS

20.1. CONCEITO

Dá-se o **direito de acrescer** quando o testador contempla vários beneficiários (coerdeiros ou colegatários), deixando-lhes a mesma herança, ou a mesma coisa determinada e certa, **em porções não determinadas**, e um dos concorrentes vem a faltar.

A propósito da matéria, estabelece o art. 1.941:

> "Quando vários *herdeiros*, pela mesma disposição testamentária, forem conjuntamente chamados à herança em quinhões **não determinados**, e qualquer deles não puder ou não quiser aceitá-la, a sua parte **acrescerá à dos coerdeiros**, salvo o direito do substituto".

Poderá ocorrer também, entre *colegatários*, o direito de acrescer, "quando nomeados conjuntamente a respeito de **uma só coisa, determinada e certa**, ou quando o objeto do legado não puder ser dividido **sem risco de desvalorização**" (CC, art. 1.942).

O art. 1.943 menciona as hipóteses em que o nomeado **não pode ou não quer** recolher a herança:

- **pré-morte**;
- **exclusão** por indignidade (art. 1.814);
- **falta de legitimação**, nos casos do art. 1.801;
- não verificação da **condição** sob a qual foi instituído; e
- **renúncia**.

A parte do que faltar será recolhida pelo **substituto** designado pelo testador se este, prevendo o acontecimento, tiver feito a nomeação. Caso contrário, **acrescerá** ao quinhão dos coerdeiros ou legatários, acréscimo que não ocorrerá, entretanto, se o testador, ao fazer a nomeação conjunta, **especificou o quinhão** de cada um (por exemplo, a metade, um terço etc.). Entende-se que, nesse caso, a intenção do testador foi beneficiar cada qual somente com a porção especificada. Por essa razão, a quota vaga do contemplado que vier a faltar será devolvida aos **herdeiros legítimos** do testador.

Nesse sentido dispõe o art. 1.944, *caput*, do Código Civil:

> "Quando não se efetua o direito de acrescer, transmite-se aos **herdeiros legítimos** a quota vaga do nomeado".

■ 20.2. PRINCÍPIOS FUNDAMENTAIS

O direito de acrescer obedece a alguns **princípios básicos**, assim enunciados:

- O direito de acrescer é decorrência da **vontade presumida** do testador; este, pela mesma disposição testamentária, nomeia **herdeiros** para toda a herança, ou para uma quota-parte dela, **sem determinar a porção de cada um**; ou, então, deixa a vários **legatários** a **mesma coisa, ou parte dela**. Em tais casos presume a lei que o testador desejava instituir o direito de acrescer para os demais coerdeiros, ou colegatários, caso um deles viesse a faltar, embora não fizesse alusão ao *jus accrescendi* no ato de última vontade.
- Nos casos em que ocorre o direito de acrescer, **reputa-se o acréscimo como forçado**; é o fundamento econômico do mencionado direito, que procura coibir, quanto possível, o fracionamento da propriedade.
- O direito de acrescer verifica-se **quer entre coerdeiros, quer entre colegatários**, pois o Código não distingue a herança e o legado, em relação ao *jus accrescendi*.
- Havendo **instituições distintas e não conjuntas**, os coerdeiros não podem ver acrescidas suas quotas com a parte do herdeiro premorto[1].

■ 20.3. REQUISITOS DO DIREITO DE ACRESCER

Para que ocorra o direito de acrescer são necessários, portanto, os seguintes requisitos:

- Nomeação de coerdeiros, ou colegatários, **na mesma disposição testamentária** (não necessariamente na mesma frase).
- Deixa dos **mesmos bens ou da mesma porção de bens**.
- **Ausência** de quotas hereditárias **determinadas**.

Presume-se que o testador nomeia herdeiros para toda a herança ou deixa a vários legatários a mesma coisa ou parte dela.

■ 20.4. ESPÉCIES DE DISPOSIÇÕES CONJUNTAS

De acordo com a tradição romana, acolhida pelo nosso ordenamento, distinguem-se **três espécies** de disposições conjuntas:

- **Conjunção real** (*re tantum*), quando os diversos instituídos são chamados, por **frases distintas**, a suceder na mesma coisa, **sem discriminação dos quinhões**. Exemplo: "deixo tal imóvel a José" e, mais adiante, "deixo tal imóvel (o mesmo anteriormente descrito) a João". Nessa instituição os dois legatários são **conjuntos** ***re***, porque contemplados com a mesma coisa, mas **não conjuntos** ***verbis***, porque efetivados os legados por meio de disposições diferentes, embora constantes do mesmo testamento.

---

[1] Washington de Barros Monteiro, *Curso de direito civil*, v. 6, p. 216-217.

- **Conjunção mista** (*re et verbis*), quando o testador, **na mesma frase**, designa vários herdeiros ou legatários para a mesma coisa (uma universalidade de bens ou uma coisa certa), **sem distribuição de partes**. Exemplo: "deixo tal imóvel a José e a João". Há uma conjunção verbal, tendo em vista que a deixa testamentária conjunta se encontra em uma mesma cláusula do testamento, e uma conjunção real, pois há unidade do objeto: portanto, *conjunctio* ***re et verbis***.
- **Conjunção verbal** (*verbis tantum*), quando o testador, **na mesma disposição**, designa herdeiros ou legatários, **especificando o quinhão de cada um**. Exemplo: "deixo tal imóvel a José e a João, metade para cada um".

As conjunções **real e mista** geram o direito de acrescer. O mesmo **não sucede com a verbal**, em que o testador especifica os quinhões, expressando a sua vontade de que cada um receba a quota por ele determinada.

As regras acima referidas, tanto no direito romano como no direito moderno, são **interpretativas** da vontade dos interessados e só aplicáveis quando não for ela clara e precisa.

■ 20.5. DIREITO DE ACRESCER ENTRE COERDEIROS

Esse direito é regulado pelo art. 1.941 do Código Civil, que prescreve verificar-se o direito de acrescer entre **coerdeiros** quando estes, pela mesma disposição, são "conjuntamente chamados à herança em **quinhões não determinados**, e qualquer deles não puder ou não quiser aceitá-la".

- É necessário, assim, **em primeiro lugar**, para que se configure o direito de acrescer, que ocorra **nomeação conjunta dos herdeiros** pela mesma disposição testamentária.
- Faz-se mister, **em segundo lugar**, que a deixa verse sobre os mesmos bens, ou sobre a mesma porção de bens, **sem discriminação das quotas** pertencentes a cada coerdeiro.
- E, **por fim**, se houver **especificação da quota de cada um**, não haverá direito de acrescer.

Considera-se feita a distribuição das partes, ou **quinhões**, pelo testador, quando este especifica a cada um dos nomeados a sua quota, ou o objeto, que lhe deixa, ou usa da expressão **"em partes iguais"** ou palavras equivalentes.

O art. 1.943 do Código Civil complementa a regra ao declarar que, se um dos herdeiros nomeados morrer antes do testador ou antes de verificada a condição, renunciar ou for excluído da herança, seu quinhão **acrescerá à parte dos coerdeiros conjuntos**. **Exceção** haverá, como já mencionado, quando o testador houver dado **substituto** ao herdeiro premorto, renunciante ou excluído, pois em tal caso a vontade do falecido é manifesta em sentido oposto ao acrescimento[2].

---

[2] Caio Mário da Silva Pereira, *Instituições de direito civil*, v. VI, p. 326-327; Silvio Rodrigues, *Direito civil*, cit., v. 7, p. 225.

■ Sujeição dos beneficiários às obrigações que oneravam o quinhão acrescido

Proclama o parágrafo único do art. 1.943:

> "Os coerdeiros ou colegatários, aos quais acresceu o quinhão daquele que não quis ou não pôde suceder, **ficam sujeitos às obrigações ou encargos** que o oneravam".

Excluem-se somente os encargos personalíssimos, como na hipótese de legado deixado para que o beneficiário se case. Em tal hipótese, se o legado acresce ao de outro colegatário, desaparece o encargo, não se podendo cogitar de sua transmissão ao favorecido com o acrescimento[3].

Se um dos herdeiros **aliena a sua quota** e, posteriormente, outro coerdeiro vem a faltar, deve-se entender que **o adquirente *não* será favorecido pelo direito de acrescer**. Há de se presumir, como argumenta Sílvio Venosa, que, se o cedente não tinha conhecimento do acréscimo, transferiu somente sua porção originária, mesmo porque sua intenção de alienação poderia não existir, se soubesse do acréscimo, e o preço pedido deveria ser maior[4].

Se um dos herdeiros conjuntos for **incapaz de receber por testamento** (CC, art. 1.801), os herdeiros capazes não devem ser prejudicados. Deve-se reconhecer, nesse caso, o direito de acrescer, uma vez que o art. 1.943, enumerando os casos de caducidade, contempla também os que foram excluídos da herança, expressão que compreende, sem dúvida, **o incapaz de herdar**[5].

O referido dispositivo legal foi corretamente aplicado pelo Tribunal de Justiça de São Paulo, nestes termos:

> "A testadora declarou a intenção de deixar seus bens 'para seus irmãos e sucessores, em partes iguais (...)'. Nos termos do art. 1.943 do CC, tendo havido o falecimento de um dos herdeiros testamentários antes do testador, a parte a ele cabente acrescerá à dos demais, salvo o direito do substituto. Ora, a alusão aos sucessores dos irmãos só pode ser compreendida atribuindo-se a eles qualidade de substitutos do premorto. A autora do testamento não deixou os bens apenas aos irmãos, mas aos irmãos e sucessores, fazendo entender que, na falta de um irmão, a parte dele caberia aos respectivos sucessores. O testamento não fala em 'irmãos sucessores', mas em irmãos e sucessores. O uso da conjunção aditiva faz crer que os sucessores não poderiam ser os próprios irmãos, mas os sucessores destes, nomeados em substituição para a hipótese de premorte de alguns deles"[6].

■ 20.6. DIREITO DE ACRESCER ENTRE COLEGATÁRIOS

Também quanto ao direito de acrescer entre os **legatários** valeu-se o legislador da secular regra que disciplina a conjunção *re et verbis*, estabelecendo no art. 1.942

[3] Washington de Barros Monteiro, *Curso*, cit., v. 6, p. 219.

[4] *Direito civil*, v. VII, p. 294.

[5] Carlos Maximiliano, *Direito das sucessões*, v. II, n. 1.102, p. 520; Carvalho Santos, *Código Civil brasileiro interpretado*, v. 24, p. 13; Washington de Barros Monteiro, *Curso*, cit., v. 6, p. 219-220.

[6] TJSP, AI 2222909-57.2019.8.26.0000-Guarujá, 6ª Câm. Dir. Priv., rel. Des. Marcus Vinicius Rios Gonçalves, j. 23-10-2019.

que aos legatários competirá igualmente esse direito, "quando nomeados conjuntamente a respeito de **uma só coisa**, determinada e certa, ou quando o objeto do legado **não puder ser dividido sem risco de desvalorização**".

Para que se verifique, portanto, o direito de acrescer entre **colegatários** faz-se necessário:

- que exista disposição testamentária **conjunta** em favor de dois ou mais legatários;
- que a coisa legada seja **uma só**, determinada e certa, ou que **se não possa dividir, sem risco de se desvalorizar**;
- que **um dos colegatários venha a faltar**, em virtude de renúncia, exclusão, premoriência ou incapacidade, ou se a condição sob a qual foi instituído não se verificar[7].

Não há direito de acrescer no **legado de dinheiro**, que é coisa genérica. O aludido art. 1.942 limita o direito de acrescer aos legados que tenham por objeto coisa certa e determinada. A fungibilidade do dinheiro o exclui da mencionada regra.

Como visto no item anterior, faltando um dos colegatários, sem que o testador lhe tenha dado substituto, a sua quota acresce à dos remanescentes, sujeita aos mesmos encargos e obrigações que a oneravam (CC, art. 1.943, parágrafo único). Não existindo, porém, direito de acrescer entre os colegatários, **a quota do que faltar acresce ao herdeiro ou legatário incumbido de satisfazer esse legado, ou a todos os herdeiros**, na proporção dos seus quinhões, se o legado se deduziu da herança (art. 1.944, parágrafo único).

20.7. DIREITO DE ACRESCER NO LEGADO DE USUFRUTO

No legado de *usufruto* o disponente transfere ao usufrutuário o direito de usar e gozar da coisa alheia, por certo tempo ou vitaliciamente. Haverá direito de acrescer entre os colegatários **se a nomeação for conjunta, sem especificação de quotas**.

Dispõe a esse respeito o art. 1.946 do Código Civil:

> "Legado um só usufruto conjuntamente a duas ou mais pessoas, a parte da que faltar acresce aos colegatários.
>
> Parágrafo único. Se não houver conjunção entre os colegatários, ou se, apesar de conjuntos, só lhes foi legada certa parte do usufruto, consolidar-se-ão na propriedade as quotas dos que faltarem, à medida que eles forem faltando".

Existindo, portanto, disposição conjunta de usufruto, em favor de duas ou mais pessoas, **haverá direito de acrescer, desde que se verifique algum dos casos de caducidade**, em relação a qualquer dos usufrutuários, diferentemente do que sucede no usufruto constituído por ato *inter vivos*. Neste, segundo estabelece o art. 1.411 do mesmo diploma, havendo usufrutuários simultâneos, o usufruto vai se extinguindo

7 Washington de Barros Monteiro, *Curso*, cit., v. 6, p. 221.

paulatinamente, consolidando-se a propriedade de forma gradativa, conforme vá falecendo cada usufrutuário, salvo se, por estipulação expressa, o quinhão desses couber ao sobrevivente.

No usufruto instituído *mortis causa*, haverá **conjunção mista** (*re et verbis*), se a determinação constar da mesma cláusula testamentária, ou **conjunção real** (*re tantum*), se o mesmo usufruto for deixado a mais de um usufrutuário, em mais de uma disposição de última vontade.

Se não houve, entretanto, disposição conjunta, ou se, apesar de conjuntos, houve distribuição do usufruto em partes certas entre os beneficiários, não haverá acrescimento, mas **consolidação da propriedade**, se um deles vem a faltar. E assim sucessivamente, até que se extinga completamente o direito real.

Extingue-se, assim, o usufruto com a **morte de todos os legatários**, se outro prazo não se estipulou. A morte do nu-proprietário, porém, não extingue o direito do usufrutuário.

Se um legatário ficou com o usufruto de metade ideal de um imóvel e nele residir, deverá pagar metade do aluguel ao nu-proprietário, uma vez que só usufrui da metade ideal e este último é titular pleno da outra metade[8].

■ 20.8. RESUMO

DO DIREITO DE ACRESCER ENTRE HERDEIROS E LEGATÁRIOS	
CONCEITO	■ Dá-se o direito de acrescer quando o testador contempla vários beneficiários (coerdeiros ou colegatários), deixando-lhes a mesma herança, ou a mesma coisa determinada e certa, ***em porções não determinadas***, e um dos concorrentes vem a faltar (CC, art. 1.941).
HIPÓTESES LEGAIS	**a)** pré-morte do nomeado; **b)** exclusão por indignidade (art. 1.814); **c)** falta de legitimação, nos casos do art. 1.801; **d)** não verificação da condição sob a qual foi instituído; **e)** renúncia.
REQUISITOS	**a)** nomeação de coerdeiros, ou colegatários, na mesma disposição testamentária (não necessariamente na mesma frase); **b)** deixa dos mesmos bens ou da mesma porção de bens; **c)** ausência de quotas hereditárias determinadas.
ESPÉCIES	**a)** conjunção ***real (re tantum)***, quando os diversos instituídos são chamados, ***por frases distintas***, a suceder na mesma coisa, ***sem discriminação dos quinhões***; **b)** conjunção ***mista (re et verbis)***, quando o testador, na mesma frase, designa vários herdeiros ou legatários para a mesma coisa, ***sem distribuição*** de partes; **c)** Conjunção ***verbal***, quando o testador, na mesma disposição, designa herdeiros ou legatários, ***especificando o quinhão de cada um***.
EFEITOS	■ A parte do herdeiro ou legatário que faltar será recolhida pelo ***substituto*** designado pelo testador, se este, prevendo o acontecimento, tiver feito a nomeação. Caso contrário, ***acrescerá*** ao quinhão dos remanescentes. Tal acréscimo não ocorrerá, entretanto, se o testador, ao fazer a nomeação conjunta, ***especificar o quinhão*** de cada um. As conjunções real e mista geram o direito de acrescer. O mesmo não ocorre com a verbal, em que o testador especifica os quinhões.

8 Sílvio Venosa, *Direito civil*, cit., v. VII, p. 296.

21

DAS SUBSTITUIÇÕES

21.1. CONCEITO

O Código Civil concede ao testador o direito de não só instituir herdeiro ou legatário em primeiro grau, como também de lhes indicar **substituto**. Este receberá a liberalidade na falta do herdeiro ou legatário nomeados, ou após estes a haverem recebido, ou ao fim de certo termo.

Permite, ainda, que o testador determine que seus bens, ou parte deles, transmitam-se, por sua morte, **a um primeiro beneficiário, que os passará, ao fim de certo tempo, a um substituto**[1].

O Código Civil admite a designação de substitutos tanto para herdeiros instituídos como para legatários. Dispõe, a esse respeito, o art. 1.947:

> "O testador pode substituir outra pessoa ao herdeiro ou ao legatário nomeado, para o caso de um ou outro não querer ou não poder aceitar a herança ou o legado, presumindo-se que a substituição foi determinada para as duas alternativas, ainda que o testador só a uma se refira".

Substituição vem a ser, pois, a indicação de certa pessoa para recolher a herança, ou legado, **se o nomeado faltar**, ou alguém consecutivamente a ele.

A **renúncia** é o exemplo característico de o gratificado **não querer** ficar com a herança ou o legado. Configuram hipóteses de **não poder** o contemplado aceitar a herança ou o legado:

- **premoriência**;
- **exclusão** por indignidade;
- falta de **legitimação**; e
- **não implemento da condição** imposta pelo testador.

21.2. ESPÉCIES DE SUBSTITUIÇÃO

No direito romano várias eram as espécies de substituição. Restaram, no direito pátrio, somente as **seguintes**:

---

1 Silvio Rodrigues, *Direito civil*, v. 7, p. 239.

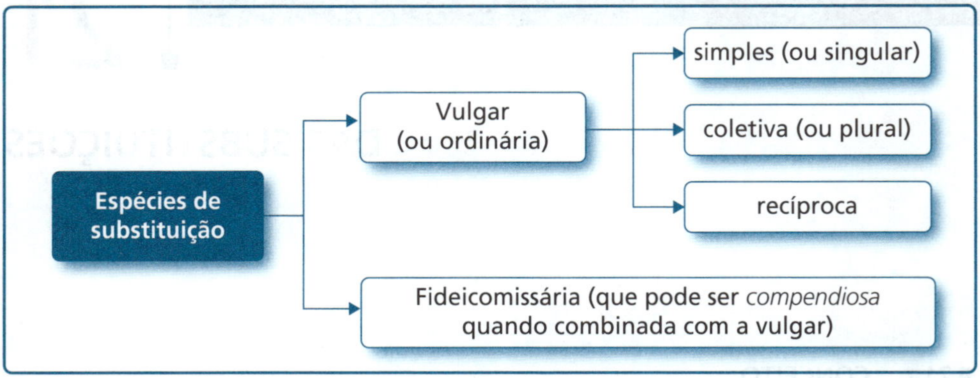

■ 21.3. A SUBSTITUIÇÃO VULGAR

Dá-se a *substituição vulgar* quando o testador designa uma ou mais pessoas para **ocupar o lugar do herdeiro, ou legatário**, que não quiser ou não puder aceitar o benefício. Foi assim denominada em virtude de sua frequência no direito romano, sendo também conhecida como *substituição direta*, pelo fato de **inexistir intermediário entre o testador e o substituto**, diferentemente do que se verifica na substituição fideicomissária.

A **substituição vulgar** é a modalidade prevista no art. 1.947, retrotranscrito.

- Constitui instituição **condicional**, estabelecida para o caso de o beneficiário não querer ou não poder recolher a herança ou o legado.
- Trata-se, também, de disposição **subsidiária**, porque só terá aplicação se a disposição principal não produzir efeito.
- Estabelece a **vocação direta**, porque o substituto herda diretamente do *de cujus*, de quem é sucessor (e não do substituído). **Não há dois sucessores sucessivos**, pois ou herda o nomeado ou, à falta deste, o substituto designado.

Sendo a sucessão testamentária ***intuitu personae***, a pré-morte do herdeiro, ou do legatário, ao testador torna caduca a disposição testamentária. Em tal caso, se não houver direito de acrescer, os bens objeto do testamento vão para os herdeiros legítimos do falecido, salvo se este indicou substituto para o nomeado. **A substituição vulgar surge, portanto, como expediente para beneficiar o substituto, se a liberalidade não puder gratificar o substituído**[2].

■ Inadmissibilidade de nomeação de substituto para herdeiro necessário

A substituição vulgar pode favorecer um estranho, um parente sucessível, um herdeiro legítimo. **Não se admite a nomeação de substituto para herdeiro necessário**. Pelo princípio da intangibilidade da legítima, se um herdeiro necessário não quiser ou não puder aceitar a herança, esta se transfere para as pessoas indicadas na lei. A substituição vulgar somente alcançaria o herdeiro necessário na parte excedente

2 Silvio Rodrigues, *Direito civil*, cit., v. 7, p. 240.

de sua quota reservatária, como no caso de lhe ser deixada a **meação disponível** do testador, com designação de substituto, sem prejuízo de sua legítima[3].

■ Substituição simples, coletiva e recíproca

Dispõe o art. 1.948 do Código Civil:

> "Também é lícito ao testador substituir muitas pessoas por uma só, ou vice-versa, e ainda substituir com reciprocidade ou sem ela".

Por conseguinte, a substituição *vulgar* pode ser:

- ■ **simples** ou **singular**, quando é designado um só substituto para um ou muitos herdeiros ou legatários instituídos;
- ■ **coletiva** ou **plural**, quando há mais de um substituto, a serem chamados simultaneamente;
- ■ e **recíproca**, quando são nomeados dois ou mais beneficiários, estabelecendo o testador que reciprocamente se substituam.

■ Substituição recíproca e inclusão de mais alguém como substituto

No caso de haver **substituição recíproca**, e os herdeiros terem sido contemplados com partes iguais, os substitutos recolherão em igualdade a cota do que vier a faltar. No entanto, se forem desiguais os quinhões, os substitutos exercerão seus direitos **na mesma proporção estabelecida na nomeação daqueles**. A proporção entre as quotas fixadas na primeira instituição se presume também repetida na substituição.

Se, todavia, **for incluído mais alguém como substituto**, além dos que já haviam sido primitivamente instituídos, **não haverá mais a possibilidade de manter a proporção fixada na primeira disposição**. A solução encontrada pelo legislador, no art. 1.950, segunda parte, foi dividir o quinhão vago em **partes iguais**.

Na **substituição coletiva** ou **plural**, em que há mais de um substituto, não são eles convocados sucessivamente, um depois do outro, **mas sim simultaneamente**, em conjunto, uma vez que o art. 1.959 do Código Civil proíbe substituição além do segundo grau. Não pode o testador, assim, dizer que deixa determinado legado a *A* e que na sua falta herdará *B*, que será, depois, substituído por *C*, e este, por *D*, primeiro um e depois outro.

Admite-se, no entanto, que o testador designe **mais de um substituto sucessivo**, para o herdeiro instituído **em primeiro lugar**; se o substituto não aceitar, será substituído por um terceiro, a assim *in infinitum*. A substituição, nesse caso, ocorrerá uma só vez. Caducará a nomeação do primeiro substituto se o herdeiro aceitar a benesse; e a dos demais substitutos, se o primeiro recolher a gratificação.

■ Sujeição do substituto à condição ou encargo imposto ao substituído

De acordo com o art. 1.949 do Código Civil:

---

3 Caio Mário da Silva Pereira, *Instituições de direito civil*, v. VI, p. 293; Zeno Veloso, *Comentários*, cit., v. 21, p. 294.

"O substituto fica sujeito à condição ou encargo imposto ao substituído, quando não for diversa a intenção manifestada pelo testador, ou não resultar outra coisa da natureza da condição ou encargo".

O substituto assume, assim, o lugar do substituído, com os mesmos direitos e deveres. **Sujeita-se à condição ou encargo imposto ao substituído**, mas somente se o testador não manifestar intenção diversa, ou não resultar outra coisa da natureza da condição ou do encargo, como ocorre nos gravames de natureza estritamente **pessoal**.

Desse modo, **não passarão para o substituto todos os ônus impostos ao substituído em duas hipóteses**:

- se assim determinar o testador;
- se os encargos impostos ao substituído são estritamente pessoais, por exemplo, a incumbência a um pintor de fazer determinado retrato.

Tal encargo não se transmite do substituído para o substituto, dada a natureza inteiramente **pessoal** da disposição testamentária[4].

21.4. A SUBSTITUIÇÃO FIDEICOMISSÁRIA

Verifica-se a *substituição fideicomissária* quando o testador nomeia um favorecido e, desde logo, designa um substituto, que recolherá a herança, ou legado, **depois daquele**. Estabelece-se uma **vocação dupla**:

- **direta**, para o herdeiro ou legatário instituído, que desfrutará do benefício por certo tempo estipulado pelo *de cujus*; e
- **indireta** ou **oblíqua**, para o substituto.

Os contemplados são, assim, nomeados em **ordem sucessiva**.

Tal modalidade de substituição é prevista no art. 1.951, *verbis*:

"Pode o testador instituir herdeiros ou legatários, estabelecendo que, por ocasião de sua morte, a herança ou o legado se transmita ao fiduciário, resolvendo-se o direito deste, por sua morte, a certo tempo ou sob certa condição, em favor de outrem, que se qualifica de fideicomissário".

Participação de três personagens

Verifica-se que há, no fideicomisso, três personagens:

- o **fideicomitente**, que é o testador;
- o **fiduciário** ou **gravado**, em geral pessoa de confiança do testador, chamado a suceder em primeiro lugar para cuidar do patrimônio deixado;
- o **fideicomissário**, último destinatário da herança, ou legado, e que os receberá por morte do fiduciário, ou realizada certa condição, ou se decorreu o tempo estabelecido pelo disponente.

[4] Washington de Barros Monteiro, *Curso de direito civil*, v. 6, p. 225.

■ Duração e modalidades de fideicomisso

É o testador quem fixa a duração do fideicomisso:

- por toda a vida do fiduciário;
- por certo tempo; ou
- até que se verifique determinada condição resolutiva do direito deste.

Têm-se, assim, **três modalidades de fideicomisso**:

- **vitalício**, em que a substituição ocorre com a morte do fiduciário;
- **a termo**, quando ocorre no momento prefixado pelo testador; e
- **condicional**, se depender do implemento de condição resolutiva.

■ Fideicomisso universal e particular

O fideicomisso chama-se:

- **universal**, quando sua instituição disser respeito à totalidade da herança ou a uma quota ideal desta; e
- **particular** quando incide sobre coisa certa e determinada do acervo hereditário.

■ Distinção entre substituição fideicomissária e substituição vulgar

A substituição *fideicomissária* distingue-se da *vulgar* porque o fiduciário recebe a liberalidade, ocupando efetivamente o lugar de sucessor, exercendo os respectivos direitos, e, posteriormente, por ocasião de sua morte, ou ao fim de certo tempo, ou, ainda, realizada certa condição, **a transmite ao fideicomissário**, havendo, assim, **vocações sucessivas**. Os dois beneficiários ordinariamente se tornam titulares da herança (vocação dupla), mas **em momentos diversos**.

A substituição *vulgar*, todavia, estabelece a **vocação direta**, visto que **o substituto herda diretamente do *de cujus***, de quem é sucessor, e não do substituído, quando este não possa ou não queira aceitar a herança, ou o legado.

Em síntese: verifica-se a substituição *fideicomissária* quando há dupla disposição, uma após outra, em **ordem sucessiva**. Se não existe dupla liberalidade, mas apenas uma, ou seja, se um dos beneficiados **só recolhe a benesse no lugar de outro**, a substituição é *vulgar*.

■ Instituição de fideicomisso somente em favor da prole eventual

O Código Civil de 2002 não admitia, ao contrário do direito pré-codificado, a constituição de fideicomisso em **codicilo**, mas somente em testamento. Tal orientação foi mantida no Código Civil de 2002, que estabeleceu, porém, ser a referida estipulação somente permitida **"em favor dos não concebidos ao tempo da morte do testador"** (art. 1.952).

A utilidade do instituto está justamente em possibilitar a deixa testamentária a pessoas ainda não existentes, como a **prole eventual**. Constitui ele o meio adequado para o testador, por exemplo, contemplar a prole eventual de um de seus descendentes, ou filho seu no caso do art. 1.597, III a V, ou de outras pessoas de sua estima, sem prejudicar os herdeiros diretos[5].

Exigem os arts. 1.951 e 1.952 do diploma civil, pois, **quatro requisitos** para a configuração da substituição fideicomissária:

- dupla vocação;
- ordem sucessiva;
- instituição **em favor de pessoas não concebidas** ao tempo da morte do testador;
- obrigação de conservar para depois restituir.

Dupla vocação

A dupla vocação é característica básica e elementar do instituto da substituição fideicomissária:

- **direta**, para o herdeiro ou legatário instituído, que desfrutará do benefício por certo tempo estipulado pelo *de cujus*, como já foi dito; e
- **indireta**, ou **oblíqua**, para o substituto.

Ordem sucessiva

Os contemplados são, assim, nomeados **em ordem sucessiva**.

Em primeiro lugar, portanto, **recebe o fiduciário**, que se comporta como autêntico proprietário, com todos os direitos e prerrogativas que a lei assegura a este (CC, art. 1.228). A sua propriedade, no entanto, é **restrita e resolúvel** (art. 1.953). Desse modo, até que se opere a substituição, o fiduciário assume a condição de **proprietário sob condição resolutiva**, enquanto **o fideicomissário o é sob condição suspensiva**. Enquanto não ocorram os fatos que determinam a substituição, tem o fideicomissário um direito meramente eventual sobre os bens fideicomitidos.

Instituição em benefício de prole eventual

O terceiro requisito do fideicomisso, com a fisionomia mais restrita que lhe foi dada pelo Código Civil de 2002, é que **o fiduciário não tenha ainda sido concebido ao tempo da morte do autor da herança**. Pela substituição fideicomissária, podem ser chamados a suceder os filhos ou netos de pessoas designadas pelo testador, ainda não concebidos no momento da abertura da sucessão. Utilizando-se dessa substituição, pode o testador **nomear fiduciário já existente, e indicar como fideicomissária a prole que vier a ter**.

Se o fideicomissário já houver nascido quando morrer o testador, adquirirá "a propriedade dos bens fideicomitidos, convertendo-se em **usufruto** o direito do fiduciário" (art. 1.952, parágrafo único).

Obrigação de conservar para depois restituir

A principal obrigação do fiduciário, erigida à condição de quarto requisito para a configuração da substituição fideicomissária, é a de **bem conservar o que recebeu, para futura entrega ao fideicomissário**. Daí proclamar o parágrafo único do

[5] Washington de Barros Monteiro, *Curso*, cit., v. 6, p. 227.

art. 1.953 que "o fiduciário é obrigado a proceder ao inventário dos bens gravados, e a prestar caução de restituí-los se o exigir o fideicomissário".

■ 21.5. A SUBSTITUIÇÃO COMPENDIOSA

Alguns autores chamam a substituição fideicomissária também de **compendiosa**.

Esclarece Washington de Barros Monteiro[6] que "ela constitui **misto de substituição vulgar e de substituição fideicomissária**".

Caio Mário da Silva Pereira, por sua vez, obtempera: "Não é, porém, vedado conciliar o fideicomisso com a substituição vulgar, designando um substituto para o caso de o fideicomissário não poder ou não querer aceitar. Esta conjugação das duas espécies (vulgar e fideicomissária) é o que na linguagem dos autores se designava, e ainda pode denominar-se, **substituição compendiosa**, por encerrar num só ato o resumo ou compêndio de ambas"[7].

A referida substituição não ofende o disposto no art. 1.959 do Código Civil, porque continua sendo do **segundo grau**. O **substituto só herdará se o fideicomissário não puder ou não quiser aceitar a herança, que passará, então, diretamente do fiduciário àquele**.

■ **Fideicomisso de resíduo**

Frise-se, ainda, que pode o testador instituir fiduciário, autorizando-o a alienar os bens deixados, determinando que apenas o **remanescente** seja transferido ao fideicomissário. Essa modalidade especial é denominada **fideicomisso de resíduo** (*de eo quod supererit*) ou **residual**, criticada por alguns doutrinadores por descaracterizar o instituto, já que deixa ao arbítrio do gravado a quantidade de bens a ser passada ao substituto. Essa possibilidade insere-se, no entanto, no âmbito da vontade do testador, que deve ser expressa[8].

■ 21.6. DIREITOS DO FIDUCIÁRIO

O *fiduciário* é o **primeiro herdeiro ou legatário instituído**, e o único substituído, que **transmite por sua morte**, a certo tempo, ou sob certa condição, **a herança ou o legado ao fideicomissário**. Deve ter a capacidade testamentária passiva, que se regula pela lei em vigor ao tempo da abertura da sucessão[9].

Nada obsta a nomeação plúrima de ***fiduciários conjuntos***. O direito de acrescer entre eles é regulado pelos mesmos princípios da instituição direta.

O fiduciário tem o ***direito*** de:

■ **Ser titular de propriedade restrita e resolúvel**. Dispõe o art. 1.953 do Código Civil que "o fiduciário tem a propriedade da herança ou legado, mas restrita e resolúvel". Com a sua morte, **a coisa fideicomitida será recolhida pelo**

6 *Curso*, cit., v. 6, p. 237-238.
7 *Instituições*, cit., v. VI, p. 299.
8 Washington de Barros Monteiro, *Curso*, cit., v. 6, p. 231.
9 Itabaiana de Oliveira, *Tratado*, cit., v. II, § 644, p. 196.

fideicomissário. Na pluralidade de *fiduciários conjuntos*, somente **a extinção de todos** implicará a substituição, salvo, evidentemente, disposição testamentária expressa em contrário[10].

■ **Exercitar todos os direitos inerentes ao domínio**. Embora tenha a obrigação de conservar os bens gravados, para depois restituí-los, o fiduciário adquire todos os direitos assegurados pelo art. 1.228 do Código Civil, podendo **aliená-los, hipotecá-los ou empenhá-los**, salvo se imposta, conjuntamente, a cláusula de ***inalienabilidade***. Tendo o fiduciário, na condição de **proprietário**, todas as prerrogativas do *dominus*, ou seja, o direito de **usar, gozar, dispor e reivindicar** a coisa, pode, consequentemente, gravá-la ou vendê-la. Todavia, como o seu **domínio é resolúvel**, torna-se ineficaz, resolve-se, quando se abre a substituição.

■ **Receber indenização pelas benfeitorias úteis e necessárias** que aumentarem o valor da coisa fideicomitida, podendo exercer, pelo valor delas, o direito de retenção (CC, art. 1.219). Tais benfeitorias **representam o produto de sua atividade e gastos**, e seria injusto que o fideicomissário delas se apropriasse, em detrimento do fiduciário. Não assim quanto às benfeitorias **voluptuárias**, porque estas não têm utilidade econômica e, portanto, a sua apropriação pelo fideicomissário não representa um enriquecimento. Este só as pagará se quiser e, se não quiser, é lícito ao fiduciário levantá-las, caso o possa fazer sem detrimento da coisa a que estiverem unidas[11].

■ **Renunciar expressamente ao fideicomisso**, por termo judicial ou escritura pública, pois não está obrigado a aceitar a liberalidade. Repudiando a herança ou o legado, **o domínio passa ao fideicomissário**, a quem se defere o poder de aceitar. Nesse sentido preceitua o art. 1.954 do Código Civil: "Salvo disposição em contrário do testador, se o fiduciário renunciar a herança ou o legado, defere-se ao fideicomissário o poder de aceitar".

■ **Sub-rogar o fideicomisso para outros bens**, desde que haja prévio consentimento do fideicomissário, na forma prevista no art. 725, II, do Código de Processo Civil de 2015, sendo competente o juízo do inventário[12].

■ **Ajuizar todas as ações que competem ao herdeiro**, inclusive a de petição de herança.

■ 21.7. DEVERES DO FIDUCIÁRIO

Por outro lado, o fiduciário tem os ***deveres*** de:

■ **Proceder ao inventário dos bens gravados**. Nos termos do parágrafo único, primeira parte, do art. 1.953 do Código Civil, "o fiduciário é obrigado a proceder ao **inventário** dos bens gravados". A principal obrigação do fiduciário é a de bem conservar o que recebeu, para sua futura entrega ao fideicomissário. Daí os deveres mencionados no dispositivo supratranscrito. O inventário, que é sempre

---

10 Caio Mário da Silva Pereira, *Instituições*, cit., v. VI, p. 303.

11 Itabaiana de Oliveira, *Tratado*, cit., v. II, § 648, p. 198.

12 Maria Helena Diniz, *Curso de direito civil brasileiro*, v. 6, p. 273.

judicial, **não pode ser dispensado**, não só por ser obrigação legal, como porque é o meio de caracterizar o **objeto do fideicomisso**.

■ **Prestar caução de restituir os bens fideicomitidos**, se lho exigir o fideicomissário (CC, art. 1.953, parágrafo único, 2ª parte), para assegurar a restituição. Não obstante seja obrigatório o inventário dos aludidos bens, a ***caução*** depende de exigência do fideicomissário e pode ser por ele **dispensada**. A caução, na realidade, "pode ser exigida por quem tenha a guarda dos interesses do fideicomissário **em expectativa**", como sublinha Carlos Roberto Barbosa Moreira, atualizador da obra de Caio Mário[13].

■ **Responder pelas despesas do inventário** e pelo **pagamento do imposto** de transmissão *causa mortis*[14].

■ **Responder pelas deteriorações da coisa** que provierem de sua **culpa ou dolo**. Não tem de indenizar, todavia, as decorrentes de seu uso regular[15].

■ **Conservar e administrar o bem sujeito ao fideicomisso e sob sua guarda**. Esta é a principal obrigação do fiduciário. Cumpre-lhe conservar o que recebeu sob condição resolutiva, para futura entrega ao fideicomissário.

■ **Restituir a coisa fideicomitida, no estado em que se achar**, quando da substituição, em consequência de uma administração regular, não respondendo, no entanto, como já dito, pelas deteriorações devidas ao uso regular, caso fortuito ou força maior, embora deva indenizar as oriundas de sua culpa ou dolo[16].

■ 21.8. DIREITOS DO FIDEICOMISSÁRIO

O fideicomissário é o **segundo** herdeiro, ou legatário, instituído e o **primeiro e único substituto**, que recebe a herança, ou o legado, por morte do fiduciário, ou realizada a condição resolutória do direito deste último[17].

São ***direitos*** do fideicomissário:

■ **Ajuizar medidas cautelares, de conservação dos bens, antes de verificada a substituição**. A sua condição, nessa fase, é a de titular de **direito eventual**, tendo apenas uma expectativa de direito (*spes debitum iri*). E o art. 130 do Código Civil permite ao titular de direito eventual, nos casos de condição suspensiva ou resolutiva, o exercício de atos destinados a conservá-lo. Só com a **abertura do fideicomisso** entra o fideicomissário na **posse** dos bens. Só então lhe assiste o **direito de reivindicar** os bens acaso alienados pelo fiduciário (CC, art. 1.359), bem como o de **pleitear a reparação dos danos** devidos à culpa. Em

---

13 *Instituições*, cit., v. VI, p. 304.

14 Itabaiana de Oliveira, *Tratado*, cit., § 648, p. 197; Caio Mário da Silva Pereira, *Instituições*, cit., v. VI, p. 303; Maria Helena Diniz, *Curso*, cit., v. 6, p. 274; Arnaldo Rizzardo, *Direito das sucessões*, p. 503.

15 Caio Mário da Silva Pereira, *Instituições*, cit., v. VI, p. 302.

16 Itabaiana de Oliveira, *Tratado*, cit., § 648, p. 198; Caio Mário da Silva Pereira, *Instituições*, cit., v. VI, p. 302; Maria Helena Diniz, *Curso*, cit., v. 6, p. 274.

17 Itabaiana de Oliveira, *Tratado*, cit., v. II, § 649, p. 199.

consequência, enquanto não recebe os bens, **não corre contra ele qualquer prescrição**, porquanto não pode propor, até então, ação alguma. Sua intervenção em juízo só se legitimará para requerimento de medidas conservatórias, inclusive contra o próprio fiduciário[18].

- Exigir, correlatamente ao dever do fiduciário, que este **proceda ao *inventário* dos bens gravados e preste *caução* de restituí-los** (art. 1.953, parágrafo único), salvo, neste último caso, se dispensado pelo testador.
- **Receber, se aceitar a herança, ou legado, a parte que ao fiduciário, em qualquer tempo, *acrescer*.** Quando o testador nomeia dois ou mais herdeiros ou legatários ***conjuntos***, haverá entre eles o direito de acrescer. Desse modo, **somente depois de extinto o direito do último fiduciário** é que os bens passarão ao poder do fideicomissário, com os respectivos acréscimos. Nesse sentido, preceitua o art. 1.956 do Código Civil: "Se o fideicomissário aceitar a herança ou o legado, terá direito à parte que, ao fiduciário, em qualquer tempo acrescer". Afinal, o fideicomissário é sucessor, herdeiro ou legatário, do testador, com todos os direitos e vantagens dessa situação.
- **Recolher a herança ou o legado, como *substituto do fiduciário***, se este falecer antes do testador, renunciar a sucessão, ou dela for excluído, ou se a condição sob a qual o mesmo fiduciário foi nomeado não se verificar (CC, art. 1.943).
- **Renunciar a herança ou legado** e, com isso, acarretar a **caducidade** do fideicomisso. Segundo o art. 1.955 do Código Civil, "o fideicomissário pode renunciar a herança ou o legado, e, neste caso, o fideicomisso caduca, deixando de ser resolúvel a propriedade do fiduciário, se não houver disposição contrária do testador". A renúncia da herança deve constar expressamente de **"instrumento público ou termo judicial"** (art. 1.806). Registre-se que, se o fideicomitente, antevendo a possibilidade de uma renúncia por parte do fideicomissário, **indicar-lhe um substituto**, não se opera a caducidade do fideicomisso.
- **Aceitar a herança ou o legado, se o fiduciário renunciá-los**, salvo disposição em contrário do testador, conforme estabelece o art. 1.954 do Código Civil.
- **Recolher, findo o fideicomisso, o *valor do seguro* ou o *preço da desapropriação*** no qual se sub-roga o bem fideicomitido, ocorrendo desapropriação ou destruição ocasionada por sinistro[19].

21.9. DEVERES DO FIDEICOMISSÁRIO

Por outro lado, constituem ***deveres*** do fideicomissário:

- **Responder pelos *encargos* da herança que o fiduciário não pode satisfazer e que ainda restarem ao sobrevir a sucessão.** Dispõe o art. 1.957 do Código Civil

[18] Washington de Barros Monteiro, *Curso*, cit., v. 6, p. 229-230.

[19] Carlos Maximiliano, *Direito das sucessões*, v. III, n. 1.273, p. 125; Caio Mário da Silva Pereira, *Instituições*, cit., v. VI, p. 304.

que, "ao sobrevir a sucessão, o fideicomissário responde pelos **encargos da herança** que ainda restarem". A regra constitui consequência do princípio segundo o qual o herdeiro responde pelos encargos da herança, dentro das forças desta. O fideicomissário, como proprietário e possuidor da herança, também responde pelos encargos desta, **mas não pelos assumidos pelo fiduciário**, cuja propriedade era restrita e resolúvel. É a este, ou aos seus herdeiros, que cumpre cumpri-los ou pagá-los[20].

- **Indenizar o fiduciário pelas benfeitorias *necessárias* e *úteis***, que aumentarem o valor da coisa fideicomitida (CC, art. 1.219), correlatamente ao dever deste de pagá-las.

21.10. CADUCIDADE DO FIDEICOMISSO

A caducidade do fideicomisso resulta de certas causas, em consequência das quais a disposição testamentária, **ainda que válida, não produz efeito**: ou pela **recusa ou falta de legitimação** do fideicomissário, ou pela **perda da coisa** legada. A vontade do testador, portanto, nenhuma influência exerce sobre as causas da caducidade, porque elas ocorrem em virtude de fatos posteriores ao testamento[21].

Caduca, assim, a substituição fideicomissária nos seguintes casos[22]:

- **Se faltar o fideicomissário, por *morrer*** depois do testador, mas antes do fiduciário, ou antes do advento do *termo* ou da realização da *condição resolutória* do direito deste último. Nesse caso, diz o art. 1.958 do Código Civil, "**a propriedade consolida-se no fiduciário**, nos termos do art. 1.955".
- **Se, igualmente, faltar o fideicomissário, pela *falta de legitimação*** (CC, art. 1.801), ***exclusão por indignidade*** (art. 1.814) **ou pela *morte* deste antes do testador**. Em qualquer dessas hipóteses fica o fiduciário sem ter a quem transmitir os bens fideicomitidos, por **falta de sucessor do segundo grau**, que seria o fideicomissário. Nesses casos, tais bens se tornam **propriedade plena do fiduciário**, consolidando-se o domínio na sua pessoa, salvo disposição contrária do testador. Levando-se em conta a norma de art. 1.952 do Código Civil, a hipótese de exclusão do fideicomissário por indignidade soa bastante remota, "somente

---

20 Zeno Veloso, *Comentários*, cit., v. 21, p. 304.

21 Itabaiana de Oliveira, *Tratado*, cit., v. II, § 654, p. 202.

22 Armando Dias de Azevedo, citado por Orozimbo Nonato (*Estudos sobre sucessão testamentária*, v. III, n. 815, p. 204), menciona nove hipóteses de *caducidade* do fideicomisso: "1) quando o fideicomissário renuncia ao seu direito (art. 1.735 do Código Civil); 2) quando o *fiduciário* renuncia ao seu direito (art. 1.581); 3) quando o fideicomissário morre antes do testador (art. 1.708, n. 5); 4) quando o fideicomissário morre antes do fiduciário ou antes do termo prefixado ou da realização da condição resolutória do direito do fiduciário (art. 1.738); 5) quando o fiduciário ou o fideicomissário é incapaz; 6) quando o fiduciário ou o fideicomissário é julgado indigno antes de receber (art. 1.595); 7) quando perece por completo o objeto, sem culpa do fiduciário (art. 1.734); 8) quando a devolução se torna irrealizável; 9) em caso de nulidade da cláusula que o instituiu ou do testamento onde estava contida". Os dispositivos citados são do Código Civil de 1916.

sendo concebível se ele, ao tempo da abertura da sucessão, já estiver vivo (caso do parágrafo único) e em idade suficiente para a prática de qualquer dos atos descritos no art. 1.814"[23].

■ **Se faltar a coisa, em caso de *perecimento*, sem culpa do fiduciário**. Subsistirá o fideicomisso, no entanto, **sobre o remanescente**, se parcial o perecimento. Nesse caso, o fideicomissário receberá a parte subsistente, extinguindo-se o fideicomisso na parte que perecer, sem dolo ou culpa do fiduciário, e desde que não ocorra sub-rogação no valor do seguro estipulado sobre a coisa.

■ **Se houver renúncia do fideicomissário**, caso em que a herança se consolida também no fiduciário, salvo se não puder recebê-la por algum motivo a ele pertinente ou disposição contrária do testador. A renúncia da substituição não pode ser feita senão depois que ela se abre, porque, para renunciar um direito, é necessário que ele exista.

■ **Se houver renúncia ou não aceitação da herança pelo fiduciário**. Nessa hipótese não chega a ocorrer a aquisição da herança pelo fiduciário, sucedendo o fideicomissário como se fosse um **substituto vulgar**. Dispõe o art. 1.954 do Código Civil que, "salvo disposição em contrário do testador, se o fiduciário renunciar a herança, ou o legado, defere-se ao fideicomissário o poder de aceitar".

O processo de extinção do fideicomisso é regulado pelos arts. 719 a 725 do Código de Processo Civil de 2015, com citação de todos os interessados.

■ **Hipóteses de transmissão dos bens aos herdeiros do fiduciário**

Se o fideicomisso foi instituído **a termo** e o fiduciário falecer antes de escoado o prazo, **transmitem-se os bens aos seus herdeiros**, até o momento estabelecido pelo testador, quando então passarão ao fideicomissário. Também se transmitem aos seus herdeiros se o falecimento ocorrer antes do implemento da **condição resolutiva** de seu direito.

■ **Pré-morte do fiduciário**

Se o fiduciário não quiser ou não puder receber a herança, os bens, como foi dito, passam diretamente para o fideicomissário, como se se tratasse de substituição vulgar, deixando de existir o fideicomisso. A consequência será a mesma **se o fiduciário falecer antes do testador. O fideicomissário poderá reclamar a herança imediatamente após a abertura da sucessão**, por não haver intermediário.

■ 21.11. NULIDADE DO FIDEICOMISSO

São *nulos* os fideicomissos instituídos sobre a **legítima**, bem como os que ultrapassam o **segundo grau**. Com efeito, declara o art. 1.959, peremptoriamente: "São nulos os fideicomissos além do segundo grau".

[23] Carlos Roberto Barbosa Moreira, atualizador da obra de Caio Mário, *Instituições*, cit., v. VI, p. 306.

A instituição **não pode, pois, ir além da pessoa do fideicomissário**. Não se permite ao testador determinar que este entregue os bens a terceira pessoa. Se tal ocorrer, **nulo será somente o excesso**, ou seja, a instituição além do segundo grau, valendo o fideicomisso até esse ponto. O caso é de nulidade, propriamente dita, e não de mera anulabilidade, cabendo ao juiz decretá-la de ofício quando tomar conhecimento do ato de última vontade[24].

O fideicomissário receberá a herança, ou o legado, como se inexistisse a determinação de transmiti-la a outrem, isto é, **"sem o encargo resolutório"**. É o que estabelece o art. 1.960 do Código Civil, *verbis*:

> "A nulidade da substituição ilegal não prejudica a instituição, que valerá sem o encargo resolutório".

Não é vedada, porém, a instituição de **fideicomissários conjuntos**. Se um deles falece antes do fiduciário, caduca o fideicomisso na parte que lhe concerne. Somente quanto a ela consolida-se a propriedade.

■ 21.12. FIDEICOMISSO POR ATO *INTER VIVOS*

Mostra-se controvertida a possibilidade de se constituir o fideicomisso por ato *inter vivos*, como a doação, em que o doador faz a liberalidade em favor de determinada pessoa, para que esta, após certo tempo, a transmita a outrem, desde logo indicado.

Inclinam-se alguns pela negativa, ao fundamento de tratar-se de matéria peculiar ao direito das sucessões. **Prevalece, no entanto, a corrente que sustenta a compatibilidade do instituto com os atos *inter vivos*, por inexistir motivo legal que justifique a vedação**. A substituição constituída por negócios dessa natureza não configura cláusula proibida nem encerra pacto sucessório[25].

O Código Civil não fala em fideicomisso quando trata de **doação**. Todavia, o fato de não se achar prevista no aludido diploma uma instituição jurídica não basta, por si, para configurar sua ilegalidade, desde que as condições essenciais à instituição se encontrem em suas disposições genéricas.

Faz-se, porém, a ressalva de que, **no caso da doação**, o fideicomisso reger-se-á pelos dispositivos do **direito das obrigações** e não deverá ter esse nome. Será, na realidade, uma liberalidade *semelhante* ao fideicomisso.

■ 21.13. FIDEICOMISSO E USUFRUTO

Malgrado a inegável semelhança entre fideicomisso e usufruto, decorrente do fato de existirem em ambos dois beneficiários ou titulares, **são institutos que não se**

---

[24] Orozimbo Nonato, *Estudos*, cit., v. III, n. 825, p. 214.

[25] Washington de Barros Monteiro, *Curso*, cit., v. 6, p. 233.

confundem. Contudo, muitos dos efeitos que se procura obter com o fideicomisso são suscetíveis de ser alcançados pelo usufruto. A utilização de linguagem menos técnica, pelo testador, dificulta a identificação, fazendo, muitas vezes, com que sejam confundidos.

As situações realmente se assemelham na prática, pois em ambos os casos o detentor atual dos bens, seja usufrutuário, seja fiduciário, conserva-os em seu poder, auferindo deles a fruição natural[26].

Dentre outras, as **diferenças mais evidentes** são as seguintes:

- o *usufruto* é **direito real** sobre coisa alheia, enquanto o *fideicomisso* constitui espécie de **substituição testamentária**;
- no *usufruto*, o domínio se desmembra, cabendo **a cada titular certos direitos** (ao usufrutuário, os de usar e gozar; ao nu-proprietário, os de dispor e reaver), ao passo que no *fideicomisso* **cada titular tem a propriedade plena**;
- o *usufrutuário e o nu-proprietário* exercem **simultaneamente** os seus direitos; o *fiduciário e o fideicomissário* exercem-nos **sucessivamente**;
- no *usufruto*, só podem ser contempladas **pessoas certas e determinadas**, enquanto o *fideicomisso* permite que se beneficie a **prole eventual**;
- no *fideicomisso*, o fiduciário **faz seus os frutos** a título de acessão, ao passo que, no *usufruto*, o usufrutuário só os adquire pela separação e apreensão, isto é, **pela percepção**, pertencendo **ao nu-proprietário os que estiverem pendentes** quando ocorrer a extinção do direito real.

Não se faz mister, para a instituição do fideicomisso, que o testador use esse vocábulo, uma vez que, na prática, são confundidas as duas expressões. **Mas é indispensável seja bem caracterizado**. Ainda que o testador fale em usufruto, a verba testamentária envolverá **fideicomisso** sempre que os beneficiários sejam chamados **sucessivamente** a receber os bens[27].

Assim também já se decidiu: "O que caracteriza o fideicomisso é a obrigação imposta ao primeiro nomeado (fiduciário) de passar, transmitir, por sua morte, ao segundo nomeado (fideicomissário) determinado bem, **pouco importando que o testador tenha usado a palavra 'usufruto'**"[28].

Por outro lado, **haverá usufruto** toda vez que o disponente, embora usando a palavra "fideicomisso", "**desmembrar o domínio, outorgando a um dos beneficiários a nua-propriedade, a substância da coisa, e a outro, o *jus utendi et fruendi***, a faculdade de retirar da coisa todos os frutos e utilidades"[29].

---

[26] Caio Mário da Silva Pereira, *Instituições*, cit., v. VI, p. 307.

[27] Caio Mário da Silva Pereira, *Instituições*, cit., v. VI, p. 308.

[28] TJRJ, *RF*, 183/224.

[29] Washington de Barros Monteiro, *Curso*, cit., v. 6, p. 232.

■ 21.14. RESUMO

DAS SUBSTITUIÇÕES	
CONCEITO DE SUBSTITUIÇÃO HEREDITÁRIA	■ ***Substituição*** vem a ser a indicação de certa pessoa para recolher a herança, ou legado, se o nomeado faltar, ou alguém consecutivamente a ele. ■ Pode faltar o beneficiário em casos de premoriência, exclusão (por indignidade ou falta de legitimação), renúncia e não implemento da condição imposta pelo testador.
ESPÉCIES	■ Substituição ***vulgar*** (simples ou singular, coletiva ou plural e recíproca). ■ Substituição ***fideicomissária***, que pode ser ***compendiosa*** quando combinada com a vulgar.
SUBSTITUIÇÃO VULGAR OU ORDINÁRIA	■ **Conceito** Dá-se a substituição vulgar quando o testador designa uma ou mais pessoas para ocupar o lugar do herdeiro, ou legatário, que não quiser ou não puder aceitar o benefício. ■ **Espécies** ■ ***simples*** (ou singular), quando é designado um só substituto; ■ ***coletiva*** (ou plural), quando há mais de um substituto, a ser chamado simultaneamente; ■ ***recíproca***, quando são nomeados dois ou mais beneficiários, estabelecendo o testador que reciprocamente se substituam (CC, art. 1.948).
CONCEITO DE SUBSTITUIÇÃO FIDEICOMISSÁRIA	■ Verifica-se quando o testador nomeia um favorecido e, desde logo, designa um substituto, que recolherá a herança, ou legado, depois daquele. Estabelece-se uma ***vocação dupla: direta***, para o herdeiro ou legatário instituído, que desfrutará do benefício por certo tempo estipulado pelo ***de cujus***, e ***indireta***, ou ***oblíqua***, para os substitutos, os quais são, assim, nomeados em ordem sucessiva. Só pode ser instituída sobre a ***metade disponível***.
LIMITAÇÃO	■ O CC estabelece que a referida estipulação somente é permitida "em favor dos não concebidos ao tempo da morte do testador" (art. 1.952). Limita, desse modo, a instituição do fideicomisso somente em benefício da ***prole eventual***. Se ao tempo da morte do testador já houver nascido o fideicomissário, adquirirá este a propriedade dos bens fideicomitidos, ***convertendo-se em usufruto*** o direito do fiduciário (parágrafo único).
PERSONAGENS	■ o ***fideicomitente*** (testador); ■ o ***fiduciário*** ou gravado: em geral, pessoa de confiança do testador, chamado a suceder em primeiro lugar para cuidar do patrimônio deixado; ■ o ***fideicomissário***, último destinatário da herança, ou legado.
ESPÉCIES DE SUBSTITUIÇÃO FIDEICOMISSÁRIA	■ fideicomisso ***vitalício***, em que a substituição ocorre com a morte do fiduciário; ■ fideicomisso ***a termo***, quando ocorre no momento prefixado pelo testador; ■ fideicomisso ***condicional***, se depender do implemento de condição resolutiva.
REQUISITOS (ART. 1.951)	■ dupla vocação; ■ ordem sucessiva; ■ obrigação de conservar para depois restituir.
DIREITOS E DEVERES DO FIDUCIÁRIO	■ ser titular de propriedade ***restrita*** e ***resolúvel*** (CC, art. 1.953); ■ poder exercitar todos os direitos inerentes ao domínio; ■ ***conservar*** e ***restituir*** a coisa; ■ proceder ao ***inventário*** dos bens gravados (art. 1.953, parágrafo único); ■ prestar ***caução*** de restituí-los, se exigida (art. 1.593, parágrafo único).
DIREITOS E DEVERES DO FIDEICOMISSÁRIO	■ ajuizar medidas cautelares, de **conservação** dos bens, antes de verificada a substituição, na condição de titular de direito eventual; ■ exigir que o fiduciário proceda ao ***inventário*** dos bens gravados e preste caução de restituí-los (art. 1.593, parágrafo único), salvo se dispensado pelo testador; ■ receber, se aceitar a herança ou legado, a parte que ao fiduciário, em qualquer tempo, ***acrescer*** (art. 1.596); ■ responder pelos ***encargos*** da herança que ainda restarem, ao sobrevir a sucessão (art. 1.957);

	■ *renunciar* à herança ou legado e, com isso, acarretar a caducidade do fideicomisso (art. 1.955); ■ *aceitar* a herança ou o legado, se o fiduciário renunciá-los, salvo disposição em contrário do testador (art. 1.954).
CADUCIDADE DO FIDEICOMISSO	■ se *faltar o fideicomissário*, por *morrer* depois do testador, mas antes do fiduciário, ou antes de realizar-se a *condição resolutória* do direito deste último, pela *renúncia* da herança ou legado, se não houver prejuízo para terceiros, ou pela **exclusão** por indignidade ou falta de legitimação; ■ se *faltar a coisa*, em caso de *perecimento*, sem culpa do fiduciário. Subsistirá, no entanto, sobre o remanescente, se parcial o perecimento.
NULIDADE DO FIDEICOMISSO	■ São nulos os fideicomissos instituídos sobre a *legítima*, bem como os que ultrapassam o *segundo grau* (CC, art. 1.959).
DISTINÇÃO ENTRE FIDEICOMISSO E USUFRUTO	■ O *usufruto* é direito real sobre coisa alheia, enquanto o *fideicomisso* constitui espécie de substituição testamentária. ■ *Naquele*, o domínio se desmembra, cabendo a cada titular certos direitos, ao passo que no *fideicomisso* cada titular tem a propriedade plena. ■ O *usufrutuário e o nu-proprietário* exercem simultaneamente os seus direitos; o *fiduciário e o fideicomissário* exercem-nos sucessivamente. ■ No *usufruto*, só podem ser contempladas pessoas certas e determinadas, enquanto o *fideicomisso* permite que se beneficie a prole eventual.

22

DA DESERDAÇÃO

■ 22.1. CONCEITO

Deserdação é o ato unilateral pelo qual o testador **exclui da sucessão *herdeiro necessário***, mediante disposição testamentária motivada em uma das **causas** previstas em lei. Para excluir da sucessão os parentes *colaterais* não é preciso deserdá-los; "basta que o testador disponha do seu patrimônio sem os contemplar" (CC, art. 1.850).

Herdeiro **necessário** é o que tem direito à **legítima** correspondente à metade da herança. Ostentam tal condição **"os descendentes, os ascendentes e o cônjuge"** (CC, art. 1.845). Como vimos, a lei restringe a liberdade de testar de quem tenha tais herdeiros, impedindo-o de dispor de mais da metade da herança (art. 1.789), pois a outra metade a eles pertence de pleno direito, **"constituindo a legítima"** (art. 1.846).

Somente **em casos excepcionais e expressos** permite a lei que o autor da herança prive seus herdeiros necessários não só da porção disponível como até mesmo da legítima, deserdando-os por meio de testamento, que é a única forma admitida[1].

Malgrado as críticas que lhe foram endereçadas, **o instituto da deserdação sobreviveu** no Código Civil de 1916, considerando que não se deve privar o testador do direito de recusar os seus bens ao que haja praticado contra ele atos ofensivos e indignos. Idêntica orientação seguiu o diploma de 2002.

Não se deve, pois, retirar a possibilidade de uma pessoa deserdar herdeiro seu, como assinala Zeno Veloso, acrescentando: "Pode haver necessidade e ser de inteira justiça que essa providência extrema tenha de ser tomada. Não se olvide que a privação da legítima só é possível se o acusado praticou algum **ato ignóbil**, previsto na lei como ensejador da medida. Jamais ocorre por puro arbítrio do testador"[2].

■ 22.2. DISTINÇÃO ENTRE DESERDAÇÃO E INDIGNIDADE

Deserdação não se confunde com *indignidade*, como vimos no n. 5.4., *retro*, embora ambas tenham a mesma finalidade, qual seja, excluir da sucessão quem praticou atos condenáveis contra o *de cujus*.

Em realidade, há **semelhanças e traços comuns** entre os dois institutos. O art. 1.961 do Código Civil dispõe que:

---

1 Silvio Rodrigues, *Direito civil*, v. 7, p. 253-254.

2 *Comentários ao Código Civil*, v. 21, p. 308-309.

"Os herdeiros necessários podem ser privados de sua legítima, ou deserdados, em todos os casos em que podem ser excluídos da sucessão".

Os arts. 1.962 e 1.963 acrescentam **outras causas delituosas de deserdação**, quer de descendente, quer de ascendente.

Ambos os institutos têm **o mesmo fundamento** — a vontade do *de cujus* —, com a diferença de que, para a indignidade, o fundamento é vontade **presumida**, enquanto a deserdação só pode fundar-se na vontade **expressa** do testador.

Não obstante as semelhanças apontadas, **indignação e deserdação não se confundem**. Distinguem-se basicamente pela sua **causa eficiente**, pelo seu **campo de atuação** e pelo **modo de sua efetivação**, como vimos no n. **5.4.2**, *retro*, ao qual nos reportamos.

■ 22.3. REQUISITOS DE EFICÁCIA DA DESERDAÇÃO

Dispõe o art. 1.964 do Código Civil:

"Somente com **expressa declaração de causa** pode a deserdação ser ordenada em testamento".

Combinando esse dispositivo com o art. 1.961, retrotranscrito, pode-se afirmar que a efetivação da deserdação exige a concorrência dos seguintes **pressupostos**:

- **Existência de herdeiros necessários** (CC, art. 1.961). A lei assegura a estes a legítima, ou reserva. A deserdação constitui, pois, exceção a essa garantia que a lei confere aos descendentes, ascendentes e cônjuge, sendo **o único meio legal de afastá-los da sucessão**. Para excluir os demais herdeiros, no entanto, como já dito, basta o testador dispor de seu patrimônio sem os contemplar (art. 1.850).
- **Testamento válido** (CC, art. 1.964). Com efeito, não produz efeito a deserdação quando determinada em testamento *nulo, revogado* ou *caduco*. O testamento também **não** pode ser substituído por escritura pública, instrumento particular autenticado, termo judicial ou codicilo. A deserdação deve ser **expressa**, embora não se exijam expressões sacramentais, não se admitindo a implícita. Pode ser concedido **perdão** ao deserdado somente **em novo testamento**. A simples reconciliação do testador com o deserdado não invalida a pena. Como a sanção é imposta no ato de última vontade, só será relevada pela via adequada da revogação testamentária. Testamento posterior que não reitere a deserdação determinada no anterior **revoga-o nessa parte**, significando **perdão implícito**[3].
- **Expressa declaração de causa prevista em lei**. As causas da deserdação estão enumeradas nos arts. 1.962 e 1.963 do Código Civil, **cujo rol é taxativo** (*numerus clausus*). Torna-se essencial que o testador mencione no testamento a causa que o leva a deserdar seu herdeiro. A deserdação tem de ser **fundamentada**. Nula é a cláusula do testamento pela qual o testador deserda descendente,

[3] Caio Mário da Silva Pereira, *Instituições*, cit., v. VI, p. 331.

por exemplo, sem declarar a causa da deserdação, porque tal pena não pode ser imposta por simples declaração, **mas com expressa menção da causa e motivos legais**[4].

■ **Propositura de ação ordinária.** Não basta a exclusão expressa do herdeiro no testamento, para que seja deserdado. É necessário, ainda, que o herdeiro instituído no lugar do deserdado, ou aquele a quem aproveite a deserdação (outros herdeiros legítimos, na ordem legal, inclusive o Município, se estes não existirem), **promova *ação ordinária* e prove, em seu curso, a veracidade da causa alegada pelo testador**, como o exige o art. 1.965 do Código Civil, nestes termos: "Ao herdeiro instituído, ou àquele a quem aproveite a deserdação, incumbe provar a veracidade da causa alegada pelo testador"[5]. **Sem essa comprovação é ineficaz a deserdação**, não ficando prejudicada a legítima do deserdado.

O direito de provar a causa da deserdação por meio da referida ação extingue-se no **prazo decadencial** "de quatro anos, a contar da data da abertura do testamento", como prescreve o parágrafo único do art. 1.965.

■ **Impugnação da deserdação**

Malgrado o Código Civil de 2002 não tenha reproduzido a regra do diploma de 1916, que permitia ao próprio deserdado tomar a iniciativa para impugnar a deserdação, provando, por exemplo, que a causa invocada é falsa, ou não foi prevista em lei, nada obsta a que assim proceda atualmente, uma vez que **"aos sucessíveis preteridos haverá sempre de facultar-se a possibilidade de impugnarem contenciosamente a existência da causa da deserdação invocada pelo testador"**[6].

■ 22.4. CAUSAS DE DESERDAÇÃO

O art. 1.961 do Código Civil proclama, como já comentado, que os herdeiros necessários podem ser privados de sua legítima, ou deserdados, em todos os casos em que podem ser excluídos da sucessão por *indignidade*.

Corresponde a dizer que os herdeiros necessários sujeitam-se à deserdação em todos os casos enumerados no art. 1.814 do mesmo diploma, que se resumem a:

- ■ atentado contra **a vida**;
- ■ atentado contra **a honra** e
- ■ atentado contra a **liberdade de testar** do *de cujus*.

Assim dispõe o art. 1.814:

---

4 *RT*, 263/135.

5 "Deserdação. Prova da veracidade da causa. Ônus que cabe ao herdeiro que se beneficiou com a deserdação. Impossibilidade, no entanto, no âmbito do inventário. Comprovação a ser feita em ação própria. Recurso não provido" (*JTJ*, Lex, 252/369).

6 Pires de Lima e Antunes Varela, *Código Civil anotado*, v. VI, p. 272, apud Zeno Veloso, *Comentários*, cit., v. 21, p. 338.

> "São excluídos da sucessão os herdeiros ou legatários:
> I — que houverem sido autores, coautores ou partícipes de homicídio doloso, ou tentativa deste, contra a pessoa de cuja sucessão se tratar, seu cônjuge, companheiro, ascendente ou descendente;
> II — que houverem acusado caluniosamente em juízo o autor da herança ou incorrerem em crime contra a sua honra, ou de seu cônjuge ou companheiro;
> III — que, por violência ou meios fraudulentos, inibirem ou obstarem o autor da herança de dispor livremente de seus bens por ato de última vontade".

22.4.1. Deserdação dos descendentes por seus ascendentes

Além dessas causas, autorizam também a deserdação as previstas nos arts. 1.962 e 1.963 do estatuto civil. O primeiro dispositivo estabelece as causas que autorizam a deserdação dos **descendentes** por seus ascendentes, e o segundo, a dos ***ascendentes*** pelos descendentes, sendo comuns as duas primeiras.

Estatui, efetivamente, o art. 1.962 do Código Civil:

> "Além das causas mencionadas no art. 1.814, autorizam a deserdação dos descendentes por seus ascendentes:
> I — ofensa física;
> II — injúria grave;
> III — relações ilícitas com a madrasta ou com o padrasto;
> IV — desamparo do ascendente em alienação mental ou grave enfermidade".

Ofensa física

A *ofensa física* caracteriza a causa de deserdação ainda que tenha acarretado somente lesões corporais de natureza **leve** e **independentemente de condenação criminal**, uma vez que o art. 935 do Código Civil estabelece a independência entre a responsabilidade civil e a criminal. Mas a violência real, **o contato físico**, faz-se necessário, sendo inerente ao preceito.

Não se exige a reiteração. **Basta uma única ofensa física** que um filho cometa contra seu pai, ou uma filha contra sua mãe, por exemplo, para que a hipótese de deserdação seja cogitada.

Aplicam-se ao caso as excludentes da ilicitude do ato, como a **legítima defesa**, por exemplo, exercida pelo filho para reprimir imoderação, violência e excessivo castigo físico imposto pelo ascendente.

Injúria grave

Deve ser dirigida ***diretamente*** contra o testador. Não se justifica a deserdação quando a ofensa atinge **somente os seus familiares**, ainda que se trate de entes muito queridos, como seus filhos ou pais. O Código de 2002, todavia, como inovação, estabelece que a injúria dirigida ao **cônjuge ou companheiro do testador** pode servir de fundamento à deserdação (art. 1.814, II). Não basta qualquer injúria, pois o adjetivo **"grave"** exige que tenha atingido seriamente a dignidade do testador e contenha o ***animus injuriandi***.

A injúria grave constitui **ofensa moral** à honra, dignidade e reputação da vítima, sendo praticada por palavras ou escritos, tais como cartas, bilhetes, telegramas, bem como por meio de **gestos obscenos e condutas desonrosas**. Muitas vezes o comportamento ultrajante e afrontoso de um filho pode magoar e insultar de forma mais profunda o pai do que palavras ofensivas.

■ Relações ilícitas com a madrasta ou com o padrasto

Tais condutas, que figuram no art. 1.962 do Código Civil como terceira causa de deserdação, justificam o castigo imposto ao descendente por criarem um ambiente **prejudicial à paz familiar, de desrespeito e falta de pudor**.

Observe-se que o inciso em tela **não exige que haja relações sexuais**, cópula ou adultério. A expressão "relações ilícitas" abrange, também, outros comportamentos lascivos, que envolvem **namoro, libidinagem, intimidade, luxúria e concupiscência**. O envolvimento amoroso e intimidades sexuais da filha com o marido de sua mãe, por exemplo, ainda que não tenha havido coito ou cópula carnal, sem dúvida se mostra repugnante, asqueroso e **ofensivo aos sentimentos mais nobres da genitora**.

O Código de 2002 não incluiu relações ilícitas do descendente com o **companheiro ou companheira** do ascendente como causa de deserdação, diferentemente do tratamento dispensado à deserdação do ascendente pelo descendente. Como se cuida de penalidade, e severa, o dispositivo, no entender de Ana Cristina de Barros Monteiro França Pinto, atualizadora da obra de seu pai, Washington de Barros Monteiro, **"não comporta interpretação extensiva, de modo que a hipótese há de ser excluída"**[7].

Zeno Veloso[8], porém, com razão, entende que tal atitude constitui **injúria grave** e gravíssima e o descendente poderá ser deserdado, com base no art. 1.962, II, do Código Civil.

■ Desamparo do ascendente em alienação mental ou grave enfermidade

A quarta causa de deserdação pode abranger a falta de assistência **material, espiritual** ou **moral**. Não se caracteriza a primeira quando o herdeiro não tem possibilidade de fornecer os recursos necessários. Já se decidiu, com efeito, que a internação do testador como indigente num hospital durante grave enfermidade não autoriza a deserdação, **se não se prova que o filho tinha recursos para custear o tratamento**[9].

Na hipótese de desamparo do ascendente em ***alienação mental***, a deserdação será possível **se o desassistido recuperar o juízo**, uma vez que a deserdação somente pode ser determinada em testamento válido. Como tal convalescimento constitui fato raro, muito dificilmente se efetivará a deserdação, nessas circunstâncias[10].

---

7 *Curso*, cit., v. 6, p. 242.

8 *Comentários*, cit., v. 21, p. 334.

9 *RT*, 51/497.

10 Zeno Veloso, *Comentários*, cit., v. 21, p. 334.

22.4.2. Deserdação dos ascendentes pelos descendentes

Assim como os ascendentes podem deserdar os descendentes, também os **descendentes podem deserdar seus ascendentes**, ocorrendo qualquer das causas enumeradas no art. 1.963 do Código Civil:

> "Além das causas enumeradas no art. 1.814, autorizam a deserdação dos ascendentes pelos descendentes:
> I — ofensa física;
> II — injúria grave;
> III — relações ilícitas com a mulher ou companheira do filho ou a do neto, ou com o marido ou companheiro da filha ou o da neta;
> IV — desamparo do filho ou neto com deficiência mental ou grave enfermidade".

As causas aqui mencionadas correspondem às do art. 1.962, já comentadas, com poucas diferenças, que serão a seguir apontadas.

Incs. I e II

Observa-se a **reprodução *ipsis litteris*** dos incisos de igual número do art. 1.962, sendo de acrescentar apenas que deverá o juiz encarar com menor rigor eventual ofensa física ou moral praticada pelo ascendente, detentor do poder familiar, contra o descendente, muitas vezes efetivadas com o escopo de educar e corrigir, desde que moderadamente, do que a levada a efeito por este contra aquele.

Inc. III

É mais completo do que o seu correspondente no art. 1.962, porque menciona relações ilícitas com a mulher ou **companheira** do filho ou a do neto, ou com o marido ou **companheiro** da filha ou da neta.

Inc. IV

O referido inciso ganhou redação aperfeiçoada, mais condizente com a moderna psiquiatria, usando a expressão **"deficiência mental"** no lugar de "alienação mental". Sem dúvida, o desamparo diante da deficiência mental ou grave enfermidade de um descendente, cometida pelo ascendente, em geral possuidor de maiores recursos financeiros, revela-se **mais grave e repulsivo** do que a idêntica conduta omissiva do descendente.

Situação do cônjuge

Erigido à condição de **herdeiro necessário** (CC, art. 1.845), também o **cônjuge** deveria, consequentemente, sujeitar-se à pena de deserdação. Todavia, não previu o legislador nenhuma causa especial que permita a sua punição pelo testador.

O companheiro sobrevivente

Não sendo ele herdeiro necessário, **não está sujeito à penalidade da deserdação**. Pode ocorrer, todavia, que o autor da herança pretenda excluí-lo da sucessão, invocando os mesmos motivos que autorizam tal sanção. A hipótese seria, no entanto, de **indignidade**, com base no art. 1.814 do Código Civil, uma vez que a deserdação pressupõe a existência da legítima e da condição de herdeiro necessário do que recebe a punição[11].

■ 22.5. EFEITOS DA DESERDAÇÃO

Dispõe o art. 1.816, *caput*, primeira parte, do Código Civil que são **pessoais** os efeitos da **exclusão** por indignidade. Por conseguinte, **ela só atinge o culpado**, não podendo alcançar terceiros, estranhos à falta cometida. O excluído, acrescenta a segunda parte do dispositivo, será excluído da sucessão, como se morto fosse antes de sua abertura.

Além disso, o parágrafo único do artigo retira do **indigno** o direito ao usufruto, à administração e à eventual sucessão dos bens que em tal circunstância couberem a seus **sucessores**.

O Código Civil, todavia, não faz referência, no capítulo concernente à **deserdação**, a esse efeito previsto para os casos de indignidade.

Caio Mário da Silva Pereira assevera que, embora não contando com a unanimidade das opiniões civilistas, tem-se entendido que **a deserdação não se estenderá aos descendentes do excluído**. Para assim raciocinar, aduz, "argumenta-se que o legislador, mesmo invocando as causas atinentes à indignidade, admite a sua invocação para fundamentar a deserdação: e é de princípio que a declaração de indignidade é **personalíssima**. O argumento é corroborado por este outro, de que a deserdação, como pena civil que é, **não pode ultrapassar a pessoa do delinquente**"[12].

A jurisprudência segue a mesma diretriz, como se pode verificar em aresto prolatado pelo Tribunal de Justiça de São Paulo: "Sucessão. **Deserdação de herdeira necessária. Castigo não incidente sobre os sucessores**. Circunstância em que não se admite a pena além da pessoa do delinquente"[13].

■ A posse dos bens da herança, pendente a ação confirmatória da deserdação

Indaga-se a respeito da posse dos bens do *de cujus*, cujo testamento contém a cláusula deserdativa, **até que passe em julgado a sentença** que confirma a privação da herança do herdeiro necessário excluído, ou lhe defere a sucessão.

A doutrina e a jurisprudência dominantes têm entendido que os bens devem ser deixados com o **inventariante**, ou **depositário judicial**, se necessário e onde houver, minorando-se, com isso, os riscos sobre a integridade do monte, uma vez que só se concretizaria, nesse caso, a pretensão do deserdado após a sentença definitiva[14].

---

[11] Washington de Barros Monteiro, *Curso*, cit., v. 6, p. 243-244.

[12] *Instituições*, cit., v. VI, p. 335-336. Nesse sentido o posicionamento de Carlos Maximiliano (*Direito das sucessões*, v. III, n. 1.308, p. 160); Orozimbo Nonato (*Estudos*, cit., v. II, n. 514, p. 163); Itabaiana de Oliveira (*Tratado*, cit., v. II, § 349, p. 27); Pontes de Miranda, *Tratado dos testamentos*, v. 4, n. 1.784, p. 309-310; Orlando Gomes, *Sucessões*, n. 188, p. 230; Eduardo de Oliveira Leite, *Comentários ao novo Código Civil*, v. XXI, p. 636.

[13] *RT*, 691/89.

[14] Silvio Rodrigues, *Direito civil*, cit., v. 7, p. 261; Eduardo de Oliveira Leite, *Comentários*, cit., v. XXI, p. 637-638.

Se o testamento é nulo, a deserdação também o é. Sendo nula a deserdação, o deserdado deixa de sê-lo, mantendo sua posição de herdeiro necessário, já que todas as disposições que o testador fez tornam-se ineficazes[15].

■ 22.6. RESUMO

DA DESERDAÇÃO	
CONCEITO	■ Deserdação é ato unilateral pelo qual o testador exclui da sucessão ***herdeiro necessário***, mediante disposição testamentária motivada em uma das ***causas*** previstas em lei.
REQUISITOS DE EFICÁCIA	■ existência de herdeiros necessários (art. 1.961); ■ testamento válido (art. 1.964); ■ expressa declaração de causa prevista em lei (arts. 1.962 e 1.963); ■ propositura de ação ordinária.
DESERDAÇÃO DOS DESCENDENTES (ART. 1.962)	a) em todos os casos em que podem ser excluídos da sucessão por **indignidade**: atentado contra a vida, a honra e a liberdade de testar do ***de cujus***; b) ***ofensa física***, independentemente de condenação criminal; c) ***injúria grave*** dirigida diretamente contra o testador; d) ***relações ilícitas*** com a madrasta ou com o padrasto; e) ***desamparo*** do ascendente em alienação mental ou grave enfermidade.
DESERDAÇÃO DOS ASCENDENTES (ART. 1.963)	a) em todos os casos em que podem ser excluídos da sucessão por ***indignidade***: atentado contra a vida, a honra e a liberdade de testar do ***de cujus***; b) ***ofensa física***; c) ***injúria grave***; d) ***relações ilícitas*** com a mulher ou companheira do filho ou do neto, ou com o marido ou companheiro da filha ou da neta; e) ***desamparo*** ao filho ou neto com deficiência mental ou grave enfermidade.
EFEITOS	■ Os efeitos da deserdação são ***pessoais***: atingem somente o herdeiro excluído. ■ Os seus descendentes herdam por direito de representação, por analogia com a regra nesse sentido aplicável aos casos de exclusão por indignidade (CC, art. 1.816). Como pena civil, a deserdação não pode ultrapassar a pessoa do delinquente.

15 Eduardo de Oliveira Leite, *Comentários*, cit., v. XXI, p. 638.

23

DA REDUÇÃO DAS DISPOSIÇÕES TESTAMENTÁRIAS

23.1. CONCEITO

Como já mencionado, a liberdade de testar é relativa, pois os **herdeiros necessários** não podem ser privados de seu direito sucessório. São eles sucessores obrigatórios, que sucedem ainda contra a vontade do *de cujus*.

Havendo **herdeiros necessários**, isto é, descendentes, ascendentes e cônjuge, o testador só poderá dispor da metade da herança (CC, art. 1.789), pois a outra constitui a **legítima**, àqueles assegurada no art. 1.846; não havendo, plena será a sua liberdade de testar, podendo afastar da sucessão os herdeiros colaterais simplesmente dispondo de seu patrimônio sem os contemplar (art. 1.850).

Se o testador for casado no regime da comunhão universal de bens, o patrimônio do casal será dividido em **duas meações**, e só poderá dispor, em testamento, integralmente, da sua, se não tiver herdeiros necessários, e da **metade**, ou seja, de **um quarto do patrimônio do casal**, se os tiver.

Para assegurar a intangibilidade da legítima, impedindo que a quota disponível deixada a terceiros ultrapasse o limite de 50%, a lei confere aos interessados o **direito de redução das disposições testamentárias** (CC, arts. 1.966 a 1.968), pelo qual se cerceiam as liberdades excessivas, efetuadas pelo testador em detrimento da legítima, restringindo-as aos limites legais, às suas justas proporções[1].

Dá-se a *redução das disposições testamentárias*, por conseguinte, **quando excederem a quota disponível do testador**. Não se anula o testamento, ou a cláusula testamentária; procede-se apenas a uma **transferência de bens da quota disponível para a legítima**. Em defesa do interesse dos herdeiros necessários, dá-lhes a lei a prerrogativa de pleitearem a redução das disposições testamentárias, a fim de que integralizem a reserva que, de pleno direito, lhes pertence[2].

O instituto da redução da liberalidade visa, portanto, preservar a integridade desta.

---

1 Washington de Barros Monteiro, *Curso de direito civil*, v. 6, p. 248.
V. a jurisprudência: "Testamento. Testador que doa metade dos seus bens disponíveis. Legalidade, desde que preservado o equilíbrio entre a doação e a legítima" (*RT*, 779/296).

2 Silvio Rodrigues, *Direito civil*, v. 7, p. 231-232.

■ Redução, no caso de partilha em vida

Muito embora a matéria esteja disciplinada no direito das sucessões, as suas regras aplicam-se também à **partilha em vida**, permitida pelo art. 2.018 do Código Civil, "contanto que não prejudique a legítima dos herdeiros necessários". Se tal acontecer, isto é, se a legítima de um herdeiro necessário for lesada pela liberalidade excessiva concedida a outro herdeiro, ou a um legatário, **o prejudicado tem ação contra o beneficiado com o *plus*, a fim de reduzir a deixa ao limite legal**.

■ Redução das doações feitas em vida pelo *de cujus*

A mesma solução é assegurada em casos de **doações feitas em vida** pelo *de cujus* que venham a afetar a legítima de seus herdeiros necessários, pois o art. 549 do Código Civil considera **nula** a doação quanto "**à parte que exceder** a de que o doador, no momento da liberalidade, poderia dispor em testamento".

■ Procedimento para efetuar a redução

A redução pode ser efetuada nos próprios **autos do inventário**, corrigindo na partilha a desigualdade das legítimas, se houver acordo entre os interessados. Não havendo, somente se fará dessa forma se o excesso mostrar-se evidente e a questão não for de alta indagação. Podem os herdeiros necessários, seus sucessores ou credores, ou ainda os cessionários de seus direitos, intentar **ação de redução** para recompor a legítima com os bens que excedem a quota disponível. Falta qualidade para agir, todavia, ao que deixa de aceitar a herança.

Preceitua, com efeito, o art. 1.967, *caput*, do Código Civil:

> "As disposições que excederem a parte disponível reduzir-se-ão aos limites dela, de conformidade com o disposto nos parágrafos seguintes".

Somente, porém, os interessados que ingressarem em juízo serão alcançados pela sentença que determinar a redução testamentária. Se a ação for intentada por alguns dos herdeiros, os demais serão havidos como tendo acatado a vontade do extinto.

■ 23.2. REDUÇÃO NAS DOAÇÕES INOFICIOSAS

A proteção da legítima dos herdeiros se dá, como já referido, não apenas pela redução das disposições testamentárias que excedem a quota disponível, como também nas chamadas **doações inoficiosas**, sendo assim consideradas as que excederem o que o doador, **"no momento da liberalidade, poderia dispor em testamento"**, na dicção do art. 549 do Código Civil.

O aludido dispositivo declara **"nula"** somente a parte que extravasar tal limite, **e não toda a doação**. Havendo herdeiros necessários, o testador só poderá dispor da metade de seus bens, pois a outra **"pertence de pleno direito"** aos referidos herdeiros (CC, art. 1.846).

O art. 549 visa preservar, pois, a **"legítima"** dos herdeiros necessários. Só tem liberdade plena de testar e, portanto, de doar quem **não tem** herdeiros dessa espécie, a saber: descendentes, ascendentes e cônjuge.

■ Momento em que se deve calcular o valor da liberalidade

Não paira nenhuma dúvida a esse respeito, visto que o art. 549 ordena, expressamente, que tal apuração seja feita tendo em vista o **momento da liberalidade**. Desse modo, se na data da concessão da benesse o doador era homem abastado e a doação foi de valor inferior à metade de seus bens, o negócio é absolutamente lícito, e eficaz, mesmo que se haja empobrecido posteriormente e morrido na miséria.

■ Momento em que a ação de redução deve ser proposta

Quando o excesso resulta de **disposição testamentária**, a referida ação só pode ser ajuizada **após a abertura da sucessão**. Não se pode litigar a respeito de herança de pessoa viva.

A questão, todavia, mostra-se controvertida quando se trata de liberalidade excessiva cometida por **ato *inter vivos***. Indaga-se se é lícito, nesse caso, aos herdeiros prejudicados insurgirem-se desde logo contra o exagero, ou se devem aguardar a abertura da sucessão.

Inclina-se a doutrina pela possibilidade de tal ação ser ajuizada desde logo, **não sendo necessário aguardar a morte do doador**, porque o excesso é declarado **nulo**, expressamente, pela lei.

Dispõe o art. 168 do Código Civil que as nulidades "podem ser alegadas por qualquer interessado, ou pelo Ministério Público, quando lhe couber intervir", acrescentando o parágrafo único que "devem ser pronunciadas pelo juiz", **de ofício**. Ademais, a ação tem por objeto **contratos entre vivos** e se reporta ao **"momento da liberalidade"**. A redução do excesso nada tem que ver com a sucessão hereditária, pois o legislador apenas utilizou o mesmo parâmetro que determinou para o testador.

O pedido é feito para que, anulado o ato, os bens retornem ao patrimônio do doador. Se forem feitas várias doações, **tomar-se-á por base a primeira**, isto é, o patrimônio então existente, para o cálculo da inoficiosidade. Caso contrário, o doador continuaria doando a metade do que possui atualmente, e todas as doações seriam legais, até extinguir todo o seu patrimônio. **A redução, nesse caso, deve alcançar somente as inoficiosas, a começar pela última**. Não são consideradas as doações feitas ao tempo em que o doador não tinha herdeiros necessários; mas somam-se os valores das que se fizeram em todo o tempo em que o doador tinha herdeiros necessários[3].

A jurisprudência segue a mesma trilha, como se pode verificar:

> "O herdeiro necessário que se julgar prejudicado com a doação efetivada pelos ascendentes aos demais descendentes, sem o consentimento, poderá pleitear a redução da liberalidade, se a doação for além da metade disponível para garantir a intangibilidade de sua quota legitimária"[4].

■ Colação e redução das doações

As doações feitas aos *descendentes* **estão sujeitas à colação** pelos valores que tiverem à data da liberalidade (CC, art. 2.004), para o fim de se obter o nivelamento

---

[3] Carlos Roberto Gonçalves, *Direito civil brasileiro*, v. 3, p. 270-271.

[4] STJ, *RT*, 754/239, 539/65.

das legítimas, salvo se o testamento dispensar os donatários de trazê-las. **Os excessos serão, então, corrigidos, igualando-se a quota dos herdeiros legitimários.**

A **colação**, no entanto, não se confunde com a **redução** das doações. Veja-se:

- **A redução** tem por finalidade fazer com que as liberalidades se contenham **dentro da metade disponível** do doador, quer beneficie algum herdeiro não descendente, quer favoreça um estranho, sendo de ordem pública. Traduz a **nulidade do excedente**, podendo alcançar em parte apenas a liberalidade, ou fulminá-la totalmente.
- **A colação** assenta-se em tese na vontade presumida do falecido, consistindo em mera conferência de valores como antecipação de legítima, **para o fim de serem igualados os quinhões**, completando-se as quotas hereditárias dos que tenham sido prejudicados pelas doações do falecido[5].

23.3. ORDEM DAS REDUÇÕES

Opera-se a redução testamentária consoante a ordem estabelecida no art. 1.967 e parágrafos do Código Civil, que determinam:

> "As disposições que excederem a parte disponível reduzir-se-ão aos limites dela, de conformidade com o disposto nos parágrafos seguintes:
>
> § 1º Em se verificando excederem as disposições testamentárias a porção disponível, serão proporcionalmente reduzidas as quotas do herdeiro ou herdeiros instituídos, até onde baste, e, não bastando, também os legados, na proporção do seu valor.
>
> § 2º Se o testador, prevenindo o caso, dispuser que se inteirem, de preferência, certos herdeiros e legatários, a redução far-se-á nos outros quinhões ou legados, observando-se a seu respeito a ordem estabelecida no parágrafo antecedente".

Não haverá, portanto, redução, se as liberalidades couberem inteiras na metade disponível. Quando o testador só em parte dispuser de sua metade disponível, o remanescente pertencerá aos herdeiros legítimos (CC, art. 1.966).

Cálculo da legítima

Cumpre apurar, assim, primeiro, o valor do monte, a extensão da massa hereditária deixada pelo finado, a fim de que se determinem definitivamente a porção disponível e a legítima — o que se faz pela avaliação realizada no inventário.

O critério para tal verificação é estabelecido na lei. Calcula-se a **legítima** sobre o valor dos bens existentes na abertura da sucessão, **abatidas as dívidas e as despesas do funeral**, adicionando-se, em seguida, o valor dos bens sujeitos a **colação** (CC, art. 1.847). As dívidas constituem o passivo do *de cujus* e devem ser abatidas do monte para que se apure o patrimônio líquido e real transmitido aos herdeiros. Se absorvem todo o acervo, não há herança. As despesas de funeral constituem dispêndios desta (art. 1.998), que devem ser atendidas de preferência aos herdeiros e legatários.

---

5 Caio Mário da Silva Pereira, *Instituições de direito civil*, v. VI, p. 353-354.

O patrimônio líquido é dividido em duas metades, correspondendo, uma delas, à **legítima**, e a outra, à **quota disponível**. Ambas, em princípio, têm o mesmo valor. O da primeira, no entanto, pode eventualmente superar o da segunda se o testador tiver feito doações aos seus descendentes, as quais devem vir à **colação**. Esta tem por fim, como já visto, conferir e igualar a legítima dos herdeiros necessários.

A operação é simplificada **se inexistir cônjuge supérstite**, por ser o *de cujus* solteiro, viúvo, separado judicialmente ou divorciado, ou sendo o casamento em regime de separação de bens. Nesses casos divide-se o monte partível em **duas porções**, sendo uma delas a legítima e a outra, a quota disponível.

Se as disposições testamentárias ultrapassarem a metade disponível, serão as liberalidades **reduzidas proporcionalmente**, até onde baste, ou seja, até o necessário para obter perfeito equilíbrio entre a porção disponível e a quota legitimária, seguindo-se a **ordem de precedência** instituída no art. 1.967 e parágrafos, retrotranscritos.

■ Redução, pela ordem, do quinhão do herdeiro instituído e, depois, dos legados

Em primeiro lugar, é atingido o **herdeiro instituído**, cujo quinhão é reduzido até obter-se a recomposição da legítima, ainda que se esgote totalmente. **Haverá redução proporcional das quotas dos herdeiros instituídos, se forem vários** (§ 1º).

Se essa redução não bastar, passar-se-á aos **legados**, na proporção do seu valor, até que se complete a legítima dos herdeiros necessários. **Os legados não serão reduzidos enquanto não desaparecer toda a herança** deixada pelo testador ao herdeiro instituído sem que a legítima ainda esteja integrada.

■ Redução das doações

Se ainda assim não se inteirar a porção legitimária, recorrer-se-á à **redução das doações** (CC, art. 549), começando pelas mais novas. Se da mesma data, a redução será proporcional.

■ Redução, segundo a vontade do testador

Ao estabelecer a ordem em que se deve verificar a redução, o legislador pressupôs apenas que aquela fosse a vontade do testador, que fez a liberalidade a todos, sem ter preferência por nenhum beneficiário. Entretanto, como isso pode não ser verdadeiro, admite o § 2º do aludido art. 1.967 que **o testador, prevenindo o caso, disponha de modo diferente sobre a redução, inclusive escolhendo certos quinhões e preservando outros**. Assim, os herdeiros e legatários por ele indicados ficam dispensados da redução, completando-se a legítima desfalcada com a redução nos **outros** quinhões hereditários ou legados, observando-se a seu respeito a ordem estabelecida no § 1º, qual seja: **primeiro, reduzem-se as heranças; em segundo lugar, os legados**.

A própria ordem das reduções previstas no citado art. 1.967 não é de ordem pública. Por conseguinte, **lícito se torna ao testador dispor de forma diversa**, por exemplo, que sofram a redução, primeiro, os legatários, depois os herdeiros, ou, ainda, que todos eles, sem distinção, suportem simultaneamente os descontos necessários. Trata-se, em suma, de matéria em que predomina a **vontade individual**[6].

---

6 Washington de Barros Monteiro, *Curso*, cit., v. 6, p. 251.

■ 23.4. REDUÇÃO EM LEGADO DE BEM IMÓVEL

Estabelece o art. 1.968 do Código Civil:

"Quando consistir em prédio divisível o legado sujeito a redução, far-se-á esta dividindo-o proporcionalmente.

§ 1º Se não for possível a divisão, e o excesso do legado montar a mais de um quarto do valor do prédio, o legatário deixará inteiro na herança o imóvel legado, ficando com o direito de pedir aos herdeiros o valor que couber na parte disponível; se o excesso não for de mais de um quarto, aos herdeiros fará tornar em dinheiro o legatário, que ficará com o prédio.

§ 2º Se o legatário for ao mesmo tempo herdeiro necessário, poderá inteirar sua legítima no mesmo imóvel, de preferência aos outros, sempre que ela e a parte subsistente do legado lhe absorverem o valor".

■ Redução de prédio divisível

Procura o legislador, com o dispositivo em epígrafe, evitar a comunhão, que é fonte de atritos. Destaca-se, inicialmente, a situação do *prédio divisível*. Se o imóvel puder ser fracionado sem alteração na sua substância, diminuição considerável de valor, ou prejuízo do uso a que se destina (CC, art. 87), **a redução far-se-á de modo simples, ou seja, dividindo-se proporcionalmente o bem.**

■ Redução de prédio indivisível

Se, todavia, o imóvel em que vai incidir a redução é *indivisível*, cumpre verificar, primeiro, o montante da redução. Na hipótese de **o excesso ser de mais de um quarto do valor do prédio** (por exemplo, o prédio vale sessenta mil e a redução necessária é de vinte mil), o legatário **o deixará inteiro na herança** e receberá do herdeiro o restante do valor, em dinheiro. Solução diversa só será admitida com a anuência deste.

No caso de o excesso **não ser de mais de um quarto do valor do prédio**, fica o legatário com o imóvel e **entrega, em dinheiro, aos herdeiros, a quantia correspondente à diferença**.

Se o legado inoficioso tiver beneficiado *herdeiro necessário*, permite o Código que ele possa **inteirar sua legítima no mesmo imóvel, de preferência aos outros herdeiros necessários**, sempre que tal legítima e a parte subsistente do legado lhe absorverem o valor. Explicando a situação, exemplifica Clóvis Beviláqua: "O prédio legado vale dez contos; a redução sofrida é de quatro; a legítima do herdeiro é de seis. Somando a legítima com a parte subsistente do legado, fica absorvido o valor do prédio. O herdeiro, sem prejuízo da porção que lhe falta para complemento da sua legítima, tem preferência aos outros, para ficar com o prédio legado"[7].

■ 23.5. AÇÃO DE REDUÇÃO

Ação de redução é a conferida ao herdeiro necessário para **reclamar a integração de sua legítima hereditária**, quando esta se houver desfalcado, por liberalidades efetuadas pelo *de cujus*, quer por meio de atos entre vivos, quer por disposição de última vontade[8].

---

7 *Código Civil dos Estados Unidos do Brasil comentado*, v. VI, p. 197.

8 Silvio Rodrigues, *Direito civil*, cit., v. 7, p. 238.

A redução da doação inoficiosa já foi estudada no n. 23.2, *retro*, quando vimos que o art. 549 do Código Civil considera **nula somente a parte que exceder a de que o doador, no momento da liberalidade, poderia dispor em testamento**. Como o excesso é declarado **nulo**, expressamente, por lei, inclina-se a doutrina pela possibilidade de a ação ser ajuizada desde logo, não sendo necessário aguardar a morte do doador.

Quando, no entanto, o excesso resulta de **disposição testamentária**, a referida ação só pode ser ajuizada após a abertura da sucessão, porque só nesse instante o testamento pode ser cumprido e produzir efeitos.

Nos dois casos, cabe ao herdeiro provar a inoficiosidade.

A ação destinada a reduzir disposição testamentária **pode ser promovida**:

- pelo herdeiro necessário lesado em sua legítima;
- por seus sucessores ou credores; ou ainda
- pelos cessionários de seus direitos.

Os **credores do falecido** (do acervo hereditário) não têm ação para reduzir as disposições inoficiosas, "até porque a herança responde pelo pagamento das dívidas do falecido, e os credores têm preferência para receber o que lhes é devido. Os sucessores só exercem os seus direitos depois de pagar as dívidas"[9].

Qualquer herdeiro, que tenha aceitado a herança, pode manejar isoladamente a referida ação, porque ela é de natureza **divisível**, como em geral sucede com as ações hereditárias. **Mas a sentença, se favorável, só beneficiará o autor**. Com efeito, só os que ingressarem em juízo serão alcançados por seus efeitos, presumindo-se que os demais quiseram respeitar a última manifestação de vontade do finado.

23.6. RESUMO

DA REDUÇÃO DAS DISPOSIÇÕES TESTAMENTÁRIAS	
CONCEITO	■ Dá-se a redução das disposições testamentárias quando estas excederem a quota disponível do testador. Essa sanção consiste na prerrogativa concedida ao herdeiro, porventura prejudicado pelas excessivas liberalidades do finado, de pleitear a redução destas, a fim de não ficar lesada a quota legitimária.
FINALIDADE	■ O instituto da redução das liberalidades visa preservar a integridade da legítima. Não se anula o testamento, ou a cláusula testamentária, mas procede-se apenas a uma transferência de bens da quota disponível para a legítima.
ORDEM DAS REDUÇÕES (ART. 1.967)	■ Em primeiro lugar é atingido o ***herdeiro instituído***, cujo quinhão é reduzido até obter-se a recomposição da legítima, ainda que se esgote totalmente. ■ Haverá redução proporcional das quotas dos herdeiros instituídos, se forem vários (§ 1º). ■ Se essa redução não bastar, passar-se-á aos legados, na proporção do seu valor, até que se complete a legítima dos herdeiros necessários. ■ Se ainda assim tal não ocorrer, recorrer-se-á à redução das doações (art. 549), começando pelas mais novas. ■ Pode o testador, no entanto, prevenindo o caso, dispor de modo diferente sobre a redução, inclusive escolhendo certos quinhões e preservando outros (§ 2º).

9 Zeno Veloso, *Comentários*, cit., v. 21, p. 340-341.

24

DA REVOGAÇÃO DO TESTAMENTO

24.1. CONCEITO

A revogação, o rompimento, a caducidade e a nulidade, absoluta ou relativa, são as causas que obstam a que o testamento produza seus efeitos jurídicos.

Constitui a **revogação** do testamento o ato pelo qual se manifesta a vontade consciente do testador, com o propósito de torná-lo **ineficaz**. A mesma vontade, que é apta a produzir efeitos *post mortem disponentis,* é igualmente hábil a cancelá-los, invalidando a emissão anterior[1].

Uma das características do testamento, proclamada nos arts. 1.858 e 1.969 do Código Civil, é ser essencialmente **revogável**. Pode o testador revogar o ato que contém a sua última manifestação de vontade **quando lhe aprouver, até a hora de sua morte, sem necessidade de declinar o motivo**. Mesmo que por mero capricho, assiste-lhe o direito de alterar ou revogar o ato de última vontade, a todo tempo[2].

Inoperância da cláusula de irrevogabilidade

Inoperante é a cláusula pela qual se declare irrevogável o testamento, ou se obrigue o testador a não alterá-lo, pois a liberdade de testar é de **ordem pública** e não admite limitações. Considera-se **não escrita** "a cláusula derrogatória, isto é, a declaração, inserida em um testamento, de ficarem insuscetíveis de revogação uma, algumas, ou todas as disposições do mesmo"[3].

Anota Zeno Veloso que o Código Civil "enuncia a característica de o testamento ser ato essencialmente revogável, afirmando que ele **pode ser mudado a qualquer tempo**, nos termos do artigo que está sendo comentado (art. 1.858), e o art. 1.969 menciona a forma pela qual se pode exercer essa faculdade. O princípio da revogabilidade do testamento é inderrogável"[4].

Exceção ao princípio da revogabilidade do testamento

Há, no entanto, uma *exceção* ao aludido princípio, prevista no art. 1.609, III, do Código Civil: **é irrevogável o testamento na parte em que o testador reconhecer filho havido fora do casamento**.

---

1 Caio Mário da Silva Pereira, *Instituições de direito civil*, v. VI, p. 339.

2 Washington de Barros Monteiro, *Curso de direito civil*, v. 6, p. 254.

3 Carlos Maximiliano, *Direito das sucessões*, v. III, n. 1.316, p. 168.

4 *Comentários ao Código Civil*, v. 21, p. 7.

E proclama o art. 1.610 do mencionado diploma que **"o reconhecimento não pode ser revogado, nem mesmo quando feito em testamento"**. Tal disposição, que sobrevive à revogação do testamento que a continha, não é, rigorosamente, *mortis causa*, e, pela sua natureza, torna-se **irretratável** logo que enunciada.

■ 24.2. FORMAS DE REVOGAÇÃO DO TESTAMENTO

Segundo o art. 1.969 do Código Civil, "o testamento pode ser revogado **pelo mesmo modo e forma como pode ser feito**".

Não se deve entender que o segundo instrumento terá a mesma forma do que está sendo revogado. **Um testamento público tanto pode ser revogado por outro público como por um cerrado, particular, marítimo, aeronáutico ou militar, e vice-versa.**

O que se quer dizer é que não importa a forma do testamento que revogue o anterior. Feita por testamento, não é necessário que a revogação seja efetuada em testamento da mesma modalidade. O aludido dispositivo não determina que se revogue pelo mesmo modo e forma por que **foi feito**, mas pelo mesmo modo e forma por que **pode ser feito** o testamento[5].

A revogação pode ter as seguintes formas:

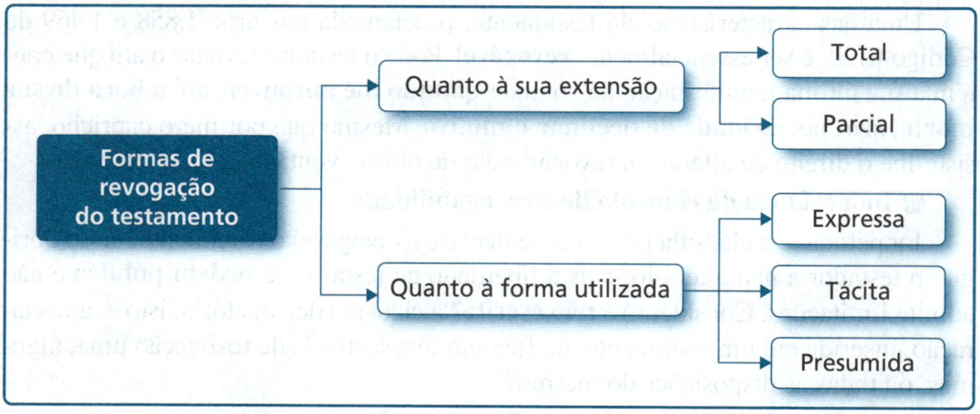

■ Revogação total

A revogação é **total** quando retira a inteira eficácia do testamento;

■ Revogação parcial

É **parcial**, quando atinge somente algumas cláusulas, permanecendo incólumes as demais.

Dispõe a propósito o art. 1.970 do Código Civil:

> "A revogação do testamento pode ser **total** ou **parcial**.
>
> Parágrafo único. Se parcial, ou se o testamento posterior não contiver cláusula revogatória expressa, o anterior subsiste em tudo que não for contrário ao posterior".

---

[5] Eduardo de Oliveira Leite, *Comentários ao novo Código Civil*, v. XXI, p. 659; Zeno Veloso, *Comentários*, cit., v. 21, p. 349.

Se o novo testamento dispuser apenas sobre alguns bens, **os demais terão o destino que lhes foi dado pelo testamento anterior, não revogado nessa parte**. O simples fato de existir um testamento posterior não significa que estará revogado o anterior. **Podem ambos coexistir, desde que se não contradigam**, como previsto no parágrafo único supratranscrito. Se houver incompatibilidade, o mais novo elimina o mais vetusto.

■ Revogação expressa

Expressa é a revogação que resulta de declaração **inequívoca** do testador **manifestada em novo testamento**. Não se exige o emprego de palavras sacramentais ou consagradas. Nada obsta a que o testador declare, apenas, que fica sem efeito o testamento anterior.

Não se admite outra forma de revogação, como **declaração verbal, escritura pública**[6]**, codicilo ou outro ato autêntico, nem que seja provada por testemunhas**, salvo na hipótese de ficar demonstrado, por essa prova, que o testador tinha o firme propósito de tornar sem efeito o seu testamento, mas não chegou, todavia, a fazê-lo em virtude de impedimento decorrente de dolo ou violência de terceiros. No direito brasileiro a revogação só se dá por um novo testamento.

Em regra, o **codicilo** não pode revogar o testamento, mas poderá alterá-lo naquilo que for próprio de disposição codicilar, ou seja, para disposições de **pequeno valor e ainda para nomeação ou substituição de testamenteiro**. Por conseguinte, se o testamento continha disposições sobre o enterro do testador, esmolas de pouca monta ou continha legados de móveis, roupas ou joias de pouco valor — o que constitui objeto próprio do codicilo (CC, art. 1.881) — e se um codicilo vem regular, posteriormente, essas liberalidades, traçando regras sobre o destino desses bens, **o testamento fica revogado nessa parte**.

■ Revogação tácita

A revogação pode também ser **tácita**, em **duas hipóteses**.

A) A **primeira** se configura quando o testador não declara que revoga o anterior, mas há **incompatibilidade** entre as disposições deste e as do novo testamento. Aquelas, como já foi dito, subsistem em tudo que não for contrário às do posterior (CC, art. 1.970, parágrafo único).

Havendo incompatibilidade das disposições, prevalece a mais recente, **ficando tacitamente revogada a anterior**. Torna-se essencial, nesse caso, precisar a data de elaboração dos testamentos, para determinar, no divórcio das disposições, qual a mais nova[7].

Se, porém, aparecerem dois testamentos da mesma pessoa, **com a mesma data e incompatíveis** entre si, sem que seja possível estabelecer qual o anterior e qual o

---

6 "Testamento. Revogação por escritura pública. Inadmissibilidade. O Código Civil deixa claro que o testamento só se revoga por outro testamento. Sentença confirmada" (*RT*, 464/84). "Testamento público. Revogação do ato mediante manifestação posterior do testador por outras formas que não as ordinárias. Inadmissibilidade. Pretensão que para ser válida e eficaz e produzir efeitos deve ser realizada pelo mesmo modo e forma em que se deu o testamento. Voto vencido" (*RT*, 799/355).

7 Caio Mário da Silva Pereira, *Instituições*, cit., v. VI, p. 343.

posterior, não haverá meio de se dar efeito à vontade do testador. Nesse caso, a solução ditada pela lógica e pelo bom-senso, e que os autores abonam, é **haver-se por não escritas em ambos as disposições contraditórias**, como preceitua o art. 2.313, n. 2, do Código Civil português, sem similar no direito brasileiro[8].

Não obstante já se tenha decidido que, decretada a separação judicial, fica sem efeito testamento pelo qual um dos cônjuges institui o outro seu herdeiro[9], o Supremo Tribunal Federal já teve a oportunidade de proclamar, em outro caso, que o "**desquite não revoga o testamento feito pelo marido à mulher**, mormente se o testador, após o desquite, mantinha relação de amizade e de demonstração de estima à esposa"[10].

Esta é **a melhor orientação**, pois, se quisesse, o marido teria, após a separação judicial, confeccionado novo testamento, revogando aquele em que beneficiara a ex-esposa, uma vez que, como já mencionado, o testamento é ato essencialmente revogável.

B) A **segunda hipótese de revogação tácita** ocorre em caso de **dilaceração ou abertura do testamento cerrado**, pelo testador, ou por outrem, com o seu consentimento. Dispõe o art. 1.972 do Código Civil:

> "O testamento cerrado que o testador **abrir ou dilacerar**, ou for aberto ou dilacerado com seu consentimento, haver-se-á como revogado".

Considera-se, assim, **revogado tacitamente pelo testador** o *testamento cerrado*, por ele ou por outrem inutilizado, mas com o seu consentimento, ou por ele aberto, sendo apresentado em juízo com o lacre violado, bem como o não encontrado, por estar desaparecido.

Entretanto, não se tem por revogado o testamento se foi aberto por terceiro em razão de **mero descuido**. Em princípio, estando aberto ou dilacerado o testamento cerrado, o juiz deve considerá-lo revogado, salvo se os interessados demonstrarem, de forma convincente, que **a abertura ou dilaceração foi feita contra a vontade do testador, ou por terceiro, acidental ou dolosamente**.

Apesar de o citado art. 1.972 do Código Civil referir-se apenas ao testamento cerrado, não há dúvida de que o **testamento particular** ou **hológrafo** também pode ser dilacerado, implicando tal fato, igualmente, revogação[11].

Cumpre registrar que essa forma revogatória **não se aplica ao testamento público**, que vale pelo contexto no livro notarial, não tendo tal efeito a dilaceração do traslado ou a eliminação de qualquer parte sua[12].

■ Revogação presumida

Por fim, a revogação **presumida, ficta** ou **legal**, também chamada **ruptura**, é a que decorre de um **fato que a lei considera relevante e capaz de alterar a manifestação de vontade do testador**, como a superveniência de descendente sucessível, por

---

8 Zeno Veloso, *Comentários*, cit., v. 21, p. 355.

9 *RF*, 173/243; *RT*, 261/204.

10 *RTJ*, 45/469.

11 Clóvis Beviláqua, *Código Civil dos Estados Unidos do Brasil comentado*, v. VI, p. 226; Zeno Veloso, *Comentários*, cit., v. 21, p. 360-361.

12 Caio Mário da Silva Pereira, *Instituições*, cit., v. VI, p. 345.

exemplo, regulada pelo Código Civil, nos arts. 1.973 a 1.975, como forma de *rompimento do testamento*, como se verá adiante (n. 25, *infra*).

24.3. REVOGAÇÃO POR TESTAMENTO INEFICAZ

O importante para que ocorra a revogação é que o novo testamento seja **válido**, no fundo e na forma. **Não valerá a revogação se for *anulado*** por omissão ou infração de solenidades essenciais ou por vícios intrínsecos, como a incapacidade decorrente de alienação mental, por exemplo.

Todavia, valerá o ato revogatório se o testamento posterior vier a *caducar* por exclusão, incapacidade, renúncia ou pré-morte do herdeiro nomeado ou por não ter cumprido a condição que lhe foi imposta, pois **o testamento caduco é originariamente válido** e só não pode ser cumprido devido à falta do beneficiário ou da coisa.

Nos termos do art. 1.971 do Código Civil:

> "A revogação produzirá seus efeitos, ainda quando o testamento, que a encerra, vier a **caducar** por exclusão, incapacidade ou renúncia do herdeiro nele nomeado; não valerá, se o testamento revogatório for **anulado** por omissão ou infração de solenidades essenciais ou por vícios intrínsecos".

Nas três hipóteses de **caducidade** mencionadas o testamento é válido. A manifestação de última vontade do *de cujus* só não alcança plena eficácia por circunstância posterior à sua feitura. **Vale, porém, a revogação, que ela contém, do testamento anterior**, ainda que o posterior não seja executável, porque a vontade revogatória permanece intacta, como expressão pura da intenção do testador. Nesse caso, a quota do herdeiro instituído e o objeto destinado ao legatário, um e outro afastados da sucessão pelo ato revocatório, devem ser recebidos pelos herdeiros legítimos do *de cujus*[13].

O mesmo, contudo, não sucede quando **o testamento revogatório tem a nulidade declarada**, ou é **decretada a sua anulação** por omissão ou infração de solenidades essenciais, ou por vícios intrínsecos. Inválido o testamento posterior, não produzirá o efeito revocatório pretendido pelo *de cujus*.

24.4. REVOGAÇÃO DO TESTAMENTO REVOGATÓRIO

Pode o testador, depois de elaborar novo testamento tornando inoperante o primitivo, mudar de ideia e **revogar o testamento revogatório**. Indaga-se se, nesse caso, o testamento anterior fica automaticamente revigorado ou não.

Em princípio, o testamento revogado não se restaura pelo simples fato de ter sido revogado também o que o revogou. **Para que ocorra a repristinação das disposições revogadas é necessário que o novo testamento expressamente as declare restauradas**.

---

13 Carlos Maximiliano, *Direito das sucessões*, cit., v. III, n. 1.323, p. 173; Silvio Rodrigues, *Direito civil*, cit., v. 7, p. 266; Caio Mário da Silva Pereira, *Instituições*, cit., v. VI, p. 341-342; Zeno Veloso, *Comentários*, cit., v. 21, p. 354.

Não é esse, no entanto, o critério adotado em vários países. No direito alemão (BGB, art. 2.258, al. 2) e no direito italiano (CC, art. 681), por exemplo, revogada a revogação, repristinam-se as disposições revogadas, sem necessidade de o testador repetir as disposições que pretende restaurar.

Malgrado a inexistência, no direito brasileiro, de norma legal sobre a matéria, **predomina o entendimento de que, revogada a revogação, não se restaura, automaticamente, o testamento primitivo**. Não obstante, revogando o testamento posterior, **pode o testador determinar que se revigorem as disposições do anterior**, ocorrendo, então, a repristinação, mas por força do mandamento expresso do disponente.

Admite-se que, pelos princípios gerais de direito, possa o testador revogar o segundo testamento e **manifestar a sua vontade no sentido de que o anterior recobre a sua força**. Tal qual a lei que revoga a lei revogadora somente restaura a lei revogada quando contenha disposição nesse sentido, assim é de se considerar a revogação testamentária[14].

■ 24.5. RESUMO

DA REVOGAÇÃO DO TESTAMENTO	
INTRODUÇÃO	■ O testamento é um ato essencialmente ***revogável***. Pode o testador revogá-lo quando lhe aprouver, sem necessidade de declinar o motivo. Nula é a cláusula pela qual o declare irrevogável, pois a liberdade de testar é de ordem pública. Há, no entanto, uma exceção: é irrevogável o testamento na parte em que o testador reconhecer filho havido fora do casamento (CC, art. 1.609, III).
FORMA DE REVOGAÇÃO	■ O testamento pode ser revogado pelo mesmo modo e forma como pode ser feito (CC, art. 1.969). Assim, um testamento público tanto pode ser revogado por outro público como por um cerrado, particular, marítimo, aeronáutico ou militar, e vice-versa.
ESPÉCIES	■ **Quanto à sua extensão** a) ***total***, quando retira a inteira eficácia do testamento; b) ***parcial***, quando atinge somente algumas cláusulas, permanecendo incólumes as demais (CC, art. 1.970 e parágrafo único). ■ **Quanto à forma** a) ***expressa:*** a que resulta de declaração inequívoca do testador manifestada em novo testamento; b) ***tácita:*** — quando o testador não declara que revoga a anterior, mas há ***incompatibilidade*** entre as disposições deste e as do novo testamento; — em caso de ***dilaceração*** ou ***abertura*** do testamento cerrado, pelo testador, ou por outrem, com o seu consentimento (CC, art. 1.972).
REVOGAÇÃO POR TESTAMENTO INEFICAZ	■ Não valerá a revogação se o novo testamento for ***anulado*** por omissão ou infração de solenidades essenciais ou por vícios intrínsecos. Mas produzirá ela os seus efeitos, ainda que o testamento, que a encerra, vier a **caducar** (CC, art. 1.971).
REVOGAÇÃO DO TESTAMENTO REVOGATÓRIO	■ O testamento revogado não se restaura pelo fato de ter sido revogado também o que o revogou. Para que ocorra a ***repristinação*** das disposições revogadas é necessário que o novo testamento ***expressamente*** as declare restauradas.

---

[14] Zeno Veloso, *Comentários*, cit., v. 21, p. 357; Caio Mário da Silva Pereira, *Instituições*, cit., v. VI, p. 342; Washington de Barros Monteiro, *Curso*, cit., v. 6, p. 256; Silvio Rodrigues, *Direito civil*, cit., v. 7, p. 267.

25

DO ROMPIMENTO DO TESTAMENTO

25.1. CONCEITO

Dá-se a ruptura do testamento nos casos em que há a **superveniência de uma circunstância relevante**, capaz de alterar a manifestação de vontade do testador, como, *verbi gratia*, **o surgimento de um herdeiro necessário**. O rompimento do testamento é, então, determinado pela lei, na presunção de que o testador não teria disposto de seus bens em testamento se soubesse da existência de tal herdeiro.

O rompimento, ao contrário da revogação, **independe da vontade do testador; é determinado pela lei**.

25.2. SUPERVENIÊNCIA DE DESCENDENTE SUCESSIVO

Dispõe o art. 1.973 do Código Civil:

> "Sobrevindo descendente sucessível ao testador, que não o tinha ou não o conhecia quando testou, rompe-se o testamento em todas as suas disposições, se esse descendente sobreviver ao testador".

O artigo em apreço contém a denominada **revogação presumida**, fundada na presunção de que o testador certamente não teria disposto de seus haveres se tivesse descendente, ou já conhecesse o existente.

Enquadram-se no citado preceito legal três hipóteses:

> "**a)** o nascimento posterior de filho, ou outro descendente (neto ou bisneto);
>
> **b)** o aparecimento de descendente, que o testador supunha falecido, ou cuja existência ignorava;
>
> **c)** o reconhecimento voluntário ou judicial do filho, ou a adoção, posteriores à lavratura do ato *causa mortis*"[1].

Nascimento posterior de filho ou outro descendente

A primeira hipótese de ruptura ou rompimento do testamento, pois, é a do *de cujus* que, ao testar, **não tinha nenhum descendente** e posteriormente vem a tê-lo,

---

1 Carlos Maximiliano, *Direito das sucessões*, cit., n. 1.346, p. 190; Washington de Barros Monteiro, *Curso de direito civil*, v. 6, p. 259.

havido do casamento ou não. Hoje, já não se admite a antiga classificação dos filhos em legítimos e ilegítimos. Pela atual Constituição Federal (art. 227, § 6º), **todos têm iguais direitos, desde que reconhecidos**. O reconhecimento pode ser voluntário ou por meio da ação de investigação de paternidade (forçado ou coativo).

Pelos mesmos motivos, dá-se, ainda, a ruptura do testamento em caso de **adoção**, não mais subsistindo as dúvidas que pairavam a esse respeito antes da atual Carta Magna. Todavia, se o testador **já tem um filho, adotivo ou não, e adota, posteriormente, outro filho, o testamento não se rompe**[2].

A superveniência de descendente sucessível, com efeito, só é causa de rompimento do testamento quando o autor da herança **não tinha nenhum herdeiro dessa classe**. Se, entretanto, **já tem um e testa, a superveniência de outro descendente não acarreta a ruptura do testamento**. Não se rompe a disposição testamentária, nesse caso, com o nascimento do *outro*: **ambos dividirão entre si a legítima**.

Nesse sentido a lição de Washington de Barros Monteiro: "O testamento só se rompe com a superveniência de filhos quando o testador não os tinha anteriormente; **se os possuía, quando testou, o nascimento de outro não provoca a *ruptio testamenti***"[3].

De fato, o art. 1.973 retrotranscrito declara rompido o testamento quando sobrevém descendente sucessível ao testador que **"não o tinha"**. Já proclamou o Supremo Tribunal Federal, na espécie, que "se o testador já tinha descendente, quando testou, o fato de surgir outro descendente não revoga o testamento, na melhor interpretação do art. 1.750 do Código Civil (*de 1916; CC/2002: art. 1.973*)"[4].

■ Desconhecimento da existência de descendente sucessível

Pode ocorrer ainda a hipótese de o testador **ignorar**, ao testar, a **concepção e existência** de um filho, ou imaginar, enganadamente, que um seu **descendente houvesse morrido**. A descoberta posterior acarreta o **rompimento automático, *ex vi legis*, do testamento**, sem necessidade de que se o revogue. Presume-se que a ciência de tais fatos o faria testar de forma diferente da que o fez.

No entanto, se o testador **souber da existência** de herdeiro necessário e mesmo assim dispuser de sua quota disponível, **o testamento é válido** e deve ser cumprido, como estatui o art. 1.975 do Código Civil, adiante comentado.

Enfatizou o Tribunal de Justiça do Rio Grande do Sul que, segundo o art. 1.973 do CC, "sobrevindo descendente sucessível ao testador, que não o tinha ou não o conhecia quando testou, rompe-se o testamento em todas as suas disposições, se esse descendente sobreviver ao testador. Contudo, não se rompe testamento, se o testador, mesmo tomando conhecimento da existência de outro herdeiro necessário após ter testado, não modifica suas disposições testamentárias. Interpretação dos artigos 1.974 e 1.975 do Código Civil. Precedentes. No caso dos autos, o autor, em investiga-

---

2 *RTJ*, 84/597.

3 *Curso*, cit., v. 6, p. 259.

4 *RTJ*, 45/469.

tória de paternidade, foi declarado filho do testador após a lavratura do testamento e antes da morte dele. O testador teve oportunidade de revogar o testamento, mas não o fez. Logo, deve ser respeitada sua vontade expressa ao testar sua parte disponível, resguardando a legítima dos herdeiros necessários"[5].

■ Reconhecimento voluntário ou judicial do filho

Na questão do **reconhecimento de filiação ocorrido após o testamento**, tudo se resume, como assinala Zeno Veloso, a uma questão de prova, isto é, a "apurar se o disponente, quando testou, **sabia ou não sabia** da existência do filho". **Se não sabia, aduz, aplica-se o art. 1.973. O rompimento ocorre, inexoravelmente, *ope legis*.** Se, porém, "sabia da existência do filho, e, mesmo assim, não o contempla nem o menciona, não há como aplicar o art. 1.973. Revogação ficta do testamento não haverá"[6].

Não destoa desse entendimento a **jurisprudência**, como se pode verificar:

> "Testamento. Rompimento. *Inadmissibilidade*. Exclusão de filho reconhecido através de ação de investigação de paternidade, após a morte do testador. Prova de que o *de cujus* **conhecia a existência daquele filho quando testou**. Omissão que significa manifestação de vontade de não contemplação naquela metade disponível"[7].

No tocante ao **nascituro**, é relevante, igualmente, apurar se o testador, ao tempo em que outorgou o ato de disposição de última vontade, **sabia ou não** que seu descendente estava concebido. **Se *não sabia*, rompe-se o testamento**.

O disponente pode **saber ou não saber** que sua mulher concebeu e aguarda um filho; ou que a mulher de um filho ou neto premorto está, ou não, grávida. A ruptura se dá com o nascimento do herdeiro, quer póstumo, quer em vida do autor da herança. Mas, como mencionado, **"é fundamental, para que se opere o rompimento do testamento, que o testador ignorasse o fato"**[8].

Já decidiu o Supremo Tribunal Federal que, se o testador **sabe** que a mulher está grávida e o filho nasce, posteriormente, o testamento **não se rompe**[9].

Observe-se, por fim, que, em qualquer das hipóteses mencionadas, **não se torna ineficaz unicamente a parte disponível, mas todo o testamento**, no pressuposto de que, havendo descendente, a ele o testador deixaria todo o patrimônio. Em outras palavras, o rompimento torna ineficaz ***todo o testamento***, restaurando-se, integralmente, a sucessão legítima.

Em consonância com o Enunciado 643 da VIII Jornada de Direito Civil do Conselho da Justiça Federal, "O rompimento do testamento (art. 1.793 do Código Civil) se refere exclusivamente às disposições de caráter patrimonial, mantendo-se válidas e eficazes as de caráter extrapatrimonial, como o reconhecimento de filho e o perdão ao indigno".

---

5 TJRS, Apel. 70.076.179.043-RS, 8ª Câm. Cív., rel. Des. Rui Portanova, j. 28-6-2018.

6 *Comentários ao Código Civil*, v. 21, p. 369-370.

7 *RT*, 759/330.

8 Zeno Veloso, *Comentários*, cit., v. 21, p. 372. No mesmo sentido: *RT*, 352/107.

9 *RTJ*, 83/677.

■ 25.3. SURGIMENTO DE HERDEIROS NECESSÁRIOS IGNORADOS, DEPOIS DO TESTAMENTO

Prescreve o art. 1.974 do Código Civil:

> "Rompe-se também o testamento feito na ignorância de existirem outros herdeiros necessários".

O dispositivo analisado no item anterior aplica-se à hipótese de se descobrir a existência de **outro herdeiro necessário**, que o testador não conhecia, mas restrita a descendentes. Agora, estende-se a possibilidade de ruptura também no caso dos **ascendentes** e do **cônjuge**.

Assim, por exemplo, se o filho, ao testar, ignora a existência do ascendente, **que supunha estar morto**, rompido estará o testamento, uma vez descoberto o erro.

O dispositivo em apreço tem aplicação, pois, ao caso do testador que **supõe morto o pai**, e o ascendente estava vivo, sobrevivendo ao filho; ou do testador que dispõe de seus bens pensando **que não tinha avós**, aparecendo, depois, um avô. Ou, numa hipótese bastante rara, citada por Zeno Veloso, se o testador acreditava "**que seu cônjuge tinha falecido**, mas está vivo, como, por exemplo, se estava num avião, foi dado como morto, mas escapou, e aparece, passado algum tempo"[10].

Note-se, sublinha o citado autor, que só há rompimento do testamento se o testador **imaginava que não tinha *ascendente algum*, nem *cônjuge***. Diferentemente, "se o testador sabe que **tem mãe viva**, e testa, surgindo, depois, seu pai, que ele pensava que já havia falecido, não há rupção do testamento, ocorrendo o mesmo se o testador **sabe que tem um avô**, aparecendo-lhe, posteriormente, outro avô".

Se ele **tem ascendente, aduz, "e sabe que tem**, outorgando o testamento, tal testamento **não se rompe se aparece, depois, outro ascendente**. O que, por sinal, também acontece, no caso do art. 1.973, se a aparição for de outro descendente".

O rompimento representa no caso, tal como sucede na hipótese regulada no art. 1.973, homenagem prestada à vontade presumida do testador, supondo-se que, **se soubesse da existência de herdeiros necessários, não teria feito o testamento**, ou o teria outorgado de outra maneira, não os excluindo.

■ 25.4. SUBSISTÊNCIA DO TESTAMENTO SE CONHECIDA A EXISTÊNCIA DE HERDEIROS NECESSÁRIOS

Finalmente, proclama o art. 1.975 do Código Civil:

> "Não se rompe o testamento, se o testador dispuser da sua metade não contemplando os herdeiros necessários de cuja existência saiba, ou quando os exclua dessa parte".

Se o testador se limita a dispor de sua **metade disponível**, a exclusão dos herdeiros necessários não implica ruptura do testamento.

---

[10] *Comentários*, cit., v. 21, p. 381-382.

Como em vários artigos o Código Civil declara que a legítima é intangível e pertence de pleno direito aos herdeiros necessários, o dispositivo em tela é considerado ocioso e redundante pela doutrina.

A hipótese aqui tratada é diversa daquela constante no art. 1.973. Nesse dispositivo cuida o legislador da situação em que o testador dispõe de seu patrimônio, e de forma integral, com comprometimento da legítima, porque **não tinha ou não sabia da existência de herdeiros necessários**. Presume o legislador que, se o soubesse, não teria disposto daquela forma e, por isso, ato contínuo, impõe o rompimento do testamento, em favor dos herdeiros necessários.

Na hipótese do art. 1.975, em comentário, não há incidência de presunção em favor dos herdeiros, **porque o testador sabe da existência deles, mas, assim mesmo, não os quer contemplar**. Nesse caso, **não se rompe o testamento**, porque ciente da existência dos herdeiros necessários, ou, mesmo prevendo a possibilidade da existência ou superveniência de filhos, ainda assim dispõe soberanamente, de acordo com sua vontade, mesmo sabedor de que a forma escolhida implicará sacrifício dos direitos destes.

25.5. RESUMO

DO ROMPIMENTO DO TESTAMENTO	
NOÇÃO	■ Sobrevindo ***descendente*** sucessível ao testador, que não o tinha ou não o conhecia quando testou, ***rompe-se*** o testamento em todas as suas disposições, se esse descendente sobreviver ao testador (CC, art. 1.973). Ocorre o rompimento do testamento por determinação legal, na presunção de que o testador não teria disposto de seus bens em testamento se soubesse da existência de algum herdeiro necessário.
HIPÓTESES LEGAIS	■ a do ***de cujus*** que, ao testar, não tinha nenhum ***descendente*** e posteriormente vem a tê-lo, havido do casamento ou não; ■ a do ***de cujus*** que, ao testar, ignorava a concepção e existência de um filho, ou imaginava, enganadamente, que um seu **descendente** houvesse morrido; ■ a do ***de cujus*** que, ao testar, ignorava a existência de ***outros herdeiros necessários***, tais como ***ascendentes*** e ***cônjuge*** (CC, art. 1.974).

26

DO TESTAMENTEIRO

■ 26.1. CONCEITO

Testamenteiro é o executor do testamento. É a pessoa encarregada de **cumprir** as disposições de última vontade do testador[1].

A lei faculta ao testador encarregar pessoa de sua confiança de cumprir as disposições de sua última vontade. Pode nomear, em **testamento** ou **codicilo** (CC, art. 1.883), um ou mais testamenteiros, **conjuntos** ou **separados**, aos quais **incumbe** "cumprir as disposições testamentárias e prestar contas em juízo do que recebeu e despendeu, observando-se o disposto em lei" (CPC/2015, art. 735, § 5º).

Dispõe a propósito o art. 1.976 do Código Civil:

> "O testador pode nomear um ou mais testamenteiros, conjuntos ou separados, para lhe darem cumprimento às disposições de última vontade".

Diz-se que os testamenteiros são:

- **conjuntos**, quando lhes cumpre atuar ao mesmo tempo, cumulando as funções;
- **separados**, quando devam exercer a testamentaria uns em falta dos outros.

Pode ainda ocorrer que, embora conjuntos, tenham os vários testamenteiros **funções distintas**, especialmente determinadas pelo testador.

Em princípio, incumbiria ao herdeiro a execução do testamento, como em realidade foi no direito romano. Pode acontecer, entretanto, que **o testador não tenha herdeiros**, ou receie que os existentes possam, após sua morte, **deixar seu testamento descumprido**, total ou parcialmente, visando alguma vantagem. Talvez convenha aos sucessores que o próprio testamento seja julgado ineficaz, pois podem beneficiar-se com a sucessão legítima[2].

Denomina-se **testamentaria** o conjunto de funções que se enfeixam na pessoa do testamenteiro, constituindo o estatuto deste, seu complexo de direitos e obrigações[3].

---

1 Clóvis Beviláqua, *Código Civil dos Estados Unidos do Brasil comentado*, obs. 1 ao art. 1.753 do Código Civil de 1916.

2 Silvio Rodrigues, *Direito civil*, v. 7, p. 273-274.

3 Washington de Barros Monteiro, *Curso de direito civil*, v. 6, p. 261.

26.2. ESPÉCIES DE TESTAMENTEIRO

Levando em consideração o *modo como é indicado*, o testamenteiro chama-se:

- **instituído** quando nomeado pelo testador; e
- **dativo**, o nomeado pelo juiz.

Estatui o art. 735, §§ 3º e 4º, do Código de Processo Civil que, se não houver testamenteiro nomeado, estiver ele ausente ou não aceitar o encargo, "**o juiz nomeará testamenteiro dativo**, observando-se a **preferência legal**", que é a determinada no art. 1.984 do Código Civil: a execução testamentária será deferida a **um dos cônjuges, e, em falta destes, ao herdeiro ou a pessoa estranha**.

- **Testamenteiro universal** é aquele a quem se confere **a posse e a administração** da herança ou de parte dela.
- **Testamenteiro particular** é o que não desfruta desses direitos, por não tê-los ou havê-los perdido. Nesse caso, cabe-lhe exigir dos herdeiros os meios necessários para cumprir as disposições testamentárias, recorrendo às medidas judiciais, se necessário.

O art. 1.977, *caput*, do Código Civil faculta ao testador a prerrogativa de conceder ao testamenteiro, que nomear, a **posse e a administração da herança**, ou de **parte dela**. Dispõe:

> "O testador pode conceder ao testamenteiro a posse e a administração da herança, ou de parte dela, não havendo cônjuge ou herdeiros necessários".

A ideia é facilitar ao nomeado desvencilhar-se da incumbência, pois mais fácil lhe será pagar legados e executar encargos tendo a posse da herança do que se isso não ocorrer[4].

- **Posse preferencial dos herdeiros necessários**

Todavia, a faculdade concedida ao testador não é irrestrita, pois só pode ele conferir a posse da herança ao testamenteiro, como consta do dispositivo supratranscrito, **se não houver cônjuge sobrevivente, descendentes e ascendentes**, ou se estes não a quiserem ou não puderem exercê-la, pois cabe a eles, **preferencialmente**, a posse e a administração da herança.

Confira-se, nesse sentido, decisão do Tribunal de Justiça de São Paulo:

> "Testamento. Posse e administração da herança e, em consequência, da função de inventariante. Cláusula de concessão ao testamenteiro. Inadmissibilidade. Existência de viúva-meeira e herdeiros necessários. **O testador só pode conceder ao testamenteiro a posse e administração da herança, ou de parte dela, se não haja cônjuge meeiro nem herdeiro necessário**. Inexistência de conflito com o art. 990 do CPC [de 1973, atual art. 617]"[5].

Preleciona a esse respeito Pontes de Miranda: "Se o testador nomeou testamenteiro e lhe deu posse e administração dos bens, havendo cônjuge meeiro ou herdeiro

---

[4] Silvio Rodrigues, *Direito civil*, cit., v. 7, p. 277.

[5] *RJTJSP*, 136/363.

necessário, vale a cláusula de nomeação e é **nula a de atribuição da posse e administração** ao testamenteiro que cônjuge não é nem herdeiro"[6].

O art. 1.977 do Código Civil estabelece que, se houver herdeiros necessários, ou seja, descendentes, ascendentes ou cônjuge sobrevivente, de quem o *de cujus* não estava separado, ou, ainda, companheiro, nas mesmas condições, **aos últimos cabe, até o compromisso do inventariante, a posse e a administração da herança**.

Segundo o art. 1.978 do Código Civil:

> "Tendo o testamenteiro a posse e a administração dos bens, incumbe-lhe **requerer inventário e cumprir o testamento**".

Compete-lhe, assim, na dupla qualidade de inventariante, se também para esse cargo for nomeado, e testamenteiro, iniciando o inventário, prestar primeiras e últimas declarações, cobrar dívidas ativas, propor ações em nome do espólio, pedir venda de bens, defender a validade do testamento, contratar advogado, pagar débitos, recolher impostos etc.[7].

■ 26.3. NOMEAÇÃO DO TESTAMENTEIRO

Qualquer pessoa natural, homem ou mulher, solteira ou casada, desde que **idônea e capaz**, pode ser nomeada testamenteira. Não podem exercer esse *munus* privado, por conseguinte:

- os **menores**;
- os **absoluta ou relativamente incapazes**, mesmo representados ou assistidos pelos seus representantes legais; e
- os **interditos**.

A mulher casada não precisa da autorização do marido para aceitar o encargo.

A responsabilidade **não pode, entretanto, ser deferida a pessoa jurídica**, por ser personalíssima. Ao dispor que a testamentaria é **indelegável**, o art. 1.985 do Código Civil ressalta o seu cunho ***intuitu personae***. Nada impede, contudo, como dispõe o aludido artigo, que o testamenteiro faça-se "representar em juízo e fora dele mediante mandatário com poderes especiais".

A nomeação do testamenteiro pelo testador é feita, em regra, no **próprio testamento**. Mas pode constar, igualmente, de **codicilo** (CC, art. 1.883).

O exercício da testamentaria pode ser cometido a um ou mais testamenteiros, **"conjuntos ou separados"**, como prescreve o art. 1.976 do Código Civil. Nomeados mais de um, importa saber se o foram **solidária, conjunta** ou **sucessivamente**.

■ **Se houver *solidariedade***, pode cada nomeado agir como bem entender, respondendo todos por seus atos.

---

[6] *Tratado de direito privado*, t. 56, § 5.589, n. 2, p. 35-36, e n. 6, p. 47.

[7] Washington de Barros Monteiro, *Curso*, cit., v. 6, p. 265.

■ **Se devem atuar *conjuntamente***, nenhum deles tem o direito de exercer sozinho o encargo.

■ **Sendo a nomeação em *ordem sucessiva***, deve assumi-lo o primeiro designado, chamando-se o segundo, se não aceitou, e assim por diante[8].

■ **Nomeação obrigatória de testamenteiro**

Embora alguns autores considerem não obrigatória a nomeação de testamenteiro, consistindo apenas em faculdade outorgada ao testador, que poderá dela valer-se, ou dispensá-la para, por exemplo, não pagar a remuneração devida, **impõe a lei tal nomeação**, como se infere do art. 1.984 do Código Civil, que proclama:

> "Na falta de testamenteiro nomeado pelo testador, a execução testamentária compete a um dos cônjuges, e, em falta destes, ao herdeiro nomeado pelo juiz".

O legislador, quando se referiu *a um dos cônjuges*, quis por óbvio dizer **cônjuge sobrevivente**. O juiz deve cogitar de **nomeá-lo, em primeiro lugar**, ou, numa interpretação extensiva do texto, de nomear o **companheiro**, se o *de cujus* vivia em união estável. **Só na falta de cônjuge ou companheiro é que pode atribuir o encargo a qualquer herdeiro**.

■ **Testamenteiro dativo**

Se não houver pessoa nessas condições, a investidura caberá a um estranho, apelidado de **testamenteiro dativo**, uma vez que as disposições testamentárias não podem ficar sem executor testamentário, designado pelo juiz, na falta de nomeação pelo próprio disponente[9].

Preceitua, ainda, o art. 735, § 4º, do Código de Processo Civil que, se, porventura, o testador omitiu a nomeação, ou se o nomeado estiver ausente ou falecido, ou não aceitar o encargo, cabe ao juiz nomear **testamenteiro dativo**, recaindo a preferência em quem estiver em condições de ser inventariante.

■ **Impedimento ao desempenho do encargo**

Preceituam ainda o aludido art. 735 do Código de Processo Civil e seus parágrafos que a aceitação da testamentaria deve constar de um termo, subscrito pelo juiz e pelo testamenteiro, que deve ser intimado pelo escrivão a comparecer em cartório e assiná-lo. **O testamenteiro deverá cumprir as disposições testamentárias e prestar contas em juízo** do que recebeu e despendeu, observando-se o disposto em lei, como retromencionado.

Não pode desempenhar o encargo quem, **a rogo do testador, escreveu o testamento**, estendendo-se a proibição **a seu descendente, ascendente, cônjuge, companheiro e irmão**. Embora alguns admitam a investidura, nesse caso, se o nomeado renunciar à vintena, em nenhuma hipótese, todavia, deve-se aceitá-la. Tolerá-la seria indiretamente sancionar a irregularidade da nomeação[10].

---

8 Orlando Gomes, *Sucessões*, cit., p. 252.

9 Washington de Barros Monteiro, *Curso*, cit., v. 6, p. 263.

10 Orlando Gomes, *Sucessões*, cit., p. 252-253.

26.4. ACEITAÇÃO DO ENCARGO PELO TESTAMENTEIRO

A pessoa nomeada para exercer a testamentaria pode, livremente, **aceitar ou recusar a nomeação**. Ao contrário da tutela, que é encargo público, a testamentaria é *munus privatum*, como já foi dito, função que ninguém é obrigado a exercer, senão por anuência livre.

A aceitação será:

- **expressa** quando o nomeado o declare;
- **tácita**, quando inicia a execução testamentária sem algum pronunciamento;
- **presumida**, se aceita legado a ele feito para esse fim[11].

Normalmente, a **recusa** não precisa ser justificada, nem obedece a forma determinada. Uma vez, porém, **aceita a testamentaria, a *renúncia* tem de ser motivada**. Malgrado a lei não enuncie as **escusas**, é admissível que só possa o testamenteiro deixar o encargo justificadamente[12].

26.5. ATRIBUIÇÕES DO TESTAMENTEIRO

Ao testamenteiro incumbe, em síntese, **a execução do testamento**, mediante o exercício das atribuições conferidas pelo testador. Quando não especificadas no ato de última vontade, cumpre-lhe praticar os atos que a lei menciona destacadamente como próprios da testamentaria.

- **Deve, primeiro, *apresentar em juízo* o testamento**, para serem cumpridas as formalidades de abertura ou publicação, registro e ordem de cumprimento. Se o instrumento estiver em poder de outra pessoa, pode requerer ao juiz que ordene a sua intimação para que o exiba em juízo, sob pena de busca e apreensão (CC, art. 1.979).

- **Deve o testamenteiro, ainda, em segundo lugar, registrado o testamento, *dar execução às suas disposições*** em cento e oitenta dias, contados da aceitação da testamentaria, se o testador não lhe concedeu mais prazo ou não ocorreu a sua prorrogação por **"motivo suficiente"** (CC, art. 1.983 e parágrafo único).

É intuitivo que o mencionado prazo **deverá ser dilatado** se porventura instaurar-se **litígio acerca da herança**. Nesse caso, os seis meses começarão a fluir da data em que findar o pleito judicial. Pode ainda o juiz prorrogar o termo, desde que complexos os interesses ligados à herança e não tenha sido possível ao testamenteiro solucioná-los no prazo concedido[13].

- **Em terceiro lugar, compete ao testamenteiro *defender a validade do testamento***. Preceitua o art. 1.981 do Código Civil: "Compete ao testamenteiro com ou sem o concurso do inventariante e dos herdeiros instituídos, defender a validade do testamento".

---

11 Caio Mário da Silva Pereira, *Instituições*, cit., v. VI, p. 313.

12 Orlando Gomes, *Sucessões*, cit., p. 253.

13 Washington de Barros Monteiro, *Curso*, cit., v. 6, p. 265.

Se os herdeiros se desinteressam em defender o testamento, cumpre ao testamenteiro fazê-lo. Os termos imperativos da lei evidenciam que tem ele de **defender o testamento**, com a *legitimatio ad causam* para propugnar seu cumprimento, e passiva para sustentar sua validade total ou parcial, contra qualquer investida[14].

Cumpre-lhe, pois, não importam as circunstâncias, **pugnar pela subsistência do testamento, não lhe sendo lícito transigir acerca da validade do ato. Falece-lhe qualidade para confessar a sua nulidade ou pleitear o seu não cumprimento**. Quem não está disposto a sustentar a validade do testamento, por não sentir a necessária convicção, "não pode continuar no cargo de testamenteiro", como afirma Pontes de Miranda[15]. Deve, assim, renunciar.

Se o testamenteiro é **universal**, o que lhe garante a posse e a administração da herança, poderá agir de forma isolada, **independentemente da participação dos herdeiros instituídos**[16].

■ **Em quarto lugar, incumbe ao testamenteiro *exercer as funções de inventariante***, quando lhe forem concedidas a **posse e a administração da herança**, ou **não haja cônjuge nem herdeiros necessários**. Nesse mister, encarrega-se do pagamento dos legados e do cumprimento dos demais encargos da herança.

■ **É o testamenteiro obrigado, igualmente, em quinto lugar, a *prestar contas da testamentaria***, submetendo-as ao juiz em forma contábil, com a inscrição das despesas a débito da herança e os haveres e rendimentos recebidos ao respectivo crédito (CC, art. 1.980).

Para cumprir o testamento e prestar contas da testamentaria, terá o executor, como mencionado, **cento e oitenta dias**, contados da aceitação da testamentaria, se lhe não for concedido maior prazo pelo testador ou não for prorrogado por motivo suficiente (CC, art. 1.983 e parágrafo único).

As contas serão apresentadas em **forma adequada**, especificando-se as receitas e a aplicação das despesas, bem como o respectivo saldo; e serão instruídas com os documentos justificativos, como determina o art. 551 do diploma processual civil. Ao juiz compete apreciar a prestação de contas, **glosando despesas ilegalmente feitas** e que não se achem devidamente justificadas. Pode o testamenteiro inclusive ser removido, **perdendo o prêmio deixado pelo testador, se houver glosa de verbas despendidas irregularmente**.

O saldo apurado contra o testamenteiro na prestação de contas será reclamado nos próprios autos, como nas execuções de sentenças (CPC/2015, art. 552).

Além das atribuições até agora mencionadas, cabe ao testamenteiro mais ***"as que lhe conferir o testador, nos limites da lei"*** (CC, art. 1.982).

Desse modo, pode o testamenteiro estar investido de **faculdades ou deveres estabelecidos pelo falecido**, por exemplo os referentes ao custeio de educação dos

---

14 Caio Mário da Silva Pereira, *Instituições*, cit., v. VI, p. 319.

15 *Tratado dos testamentos*, v. 5, n. 2.230, p. 238.

16 Eduardo de Oliveira Leite, *Comentários ao novo Código Civil*, v. XXI, p. 694.

filhos do disponente, ou outros. A aceitação do testamento, nesses casos, envolve as respectivas incumbências, de que tem de dar contas também[17].

■ 26.6. RESPONSABILIDADE DO TESTAMENTEIRO

Preceitua o art. 1.980 do Código Civil que o testamenteiro é obrigado a cumprir as disposições testamentárias, no prazo marcado pelo testador, **"subsistindo sua responsabilidade enquanto durar a execução do testamento"**.

Como encarregado de cumprir a vontade manifestada pelo testador e fazê-la produzir os efeitos almejados, o testamenteiro tem **deveres**, que implicam **responsabilidade**, a cumprir.

■ **Em relação aos *herdeiros***, as responsabilidades sobressaem quando se trata de **testamenteiro universal**, pelo fato de serem mais amplas as suas obrigações. Responde, assim, o testamenteiro pelos haveres a ele entregues, pelos danos causados por culpa sua, e ainda pelos prejuízos decorrentes de sua omissão, como no caso de direitos que deixou prescrever, créditos de cuja cobrança se omitiu etc.

■ **Em relação aos *legatários***, a sua responsabilidade está ligada ao cumprimento dos legados, envolvendo desde as diligências necessárias a identificar e encontrar os favorecidos, até a efetiva entrega do objeto[18].

■ **Responde ainda o testamenteiro por perdas e danos** que causar aos herdeiros e legatários, na forma do direito comum, pelos abusos que cometer[19].

■ 26.7. REMUNERAÇÃO DO TESTAMENTEIRO

O testamenteiro tem direito a um prêmio, que se denomina ***vintena***, pelos serviços prestados. O seu montante é fixado livremente pelo testador. Se não o taxar, será arbitrado pelo juiz, entre os limites de **1% e 5% sobre toda *a herança líquida***, ou seja, sobre o saldo remanescente depois de pagas todas as despesas, conforme a importância dela e a maior ou menor dificuldade na execução do testamento, salvo disposição testamentária em contrário, sendo deduzido da metade disponível quando houver herdeiros necessários.

Dispõe, efetivamente, o art. 1.987 do Código Civil:

> "Salvo disposição testamentária em contrário, o testamenteiro, que não seja herdeiro ou legatário, terá direito a um prêmio, que, se o testador não o houver fixado, será de um a cinco por cento, arbitrado pelo juiz, sobre a herança líquida, conforme a importância dela e maior ou menor dificuldade na execução do testamento.
>
> Parágrafo único. O prêmio arbitrado será pago à conta da parte disponível, quando houver herdeiro necessário".

---

17 Caio Mário da Silva Pereira, *Instituições*, cit., v. VI, p. 320-321.

18 Caio Mário da Silva Pereira, *Instituições*, cit., v. VI, p. 321.

19 Enneccerus, Kipp e Wolff, *Tratado de derecho civil*, v. II, § 118.

A testamentaria é, pois, função remunerada. Somente o **herdeiro, ou legatário**, a exercerá **desinteressadamente**, mas o testador poderá, se o desejar, fixar remuneração para o herdeiro instituído, ou legatário.

O herdeiro a que se refere o art. 1.987 do Código Civil é o **instituído**, pois **o legítimo tem direito à vintena** na medida em que recebe a herança por determinação legal, não estando obrigado a exercer gratuitamente o cargo. O herdeiro instituído e o legatário, ao contrário, não podem reclamar a vintena porque se presume que a deixa testamentária lhes foi concedida justamente para retribuir os esforços realizados na execução do testamento[20].

Renúncia à herança ou ao legado, para pleitear o prêmio

Estabelece o art. 1.988 do Código Civil que "o herdeiro ou o legatário nomeado testamenteiro poderá **preferir o prêmio à herança ou ao legado**".

Como esclarece Silvio Rodrigues, "pode ocorrer que, em virtude do vulto da herança e da modéstia do **legado**, ao testamenteiro mais convenha **renunciar a este para pleitear o prêmio**"[21].

Mesmo que as dívidas absorvam todo o acervo, **o testamenteiro não ficará sem remuneração**, pois esta sairá do monte e será, assim, suportada pelos credores.

Prescreve o art. 1.989 do Código Civil que "reverterá à herança o prêmio que o testamenteiro perder, por ser removido ou por não ter sido cumprido o testamento".

O testamenteiro é **removido** quando:

- faz despesas ilegais, ou não conformes ao testamento;
- quando é negligente ou prevaricador; e
- quando não ultima, por culpa sua, o inventário no prazo que lhe for marcado.

O prêmio reverte à herança, mas **o substituto terá direito à remuneração** pelo trabalho prestado[22].

Perda da vintena

A vintena é **perdida** em casos de:

- remoção, por terem sido glosadas as despesas por ilegais ou não conformes ao testamento;
- remoção por negligência, em razão de não ter sido cumprido o testamento (CC, art. 1.989);
- não promoção da inscrição da hipoteca legal (art. 1.497);
- incapacidade superveniente, como a interdição.

---

[20] Silvio Rodrigues, *Direito civil*, cit., v. 7, p. 280-281.

[21] *Direito civil*, cit., v. 7, p. 282.

[22] Eduardo de Oliveira Leite, *Comentários*, cit., v. XXI, p. 708.

■ 26.8. CESSAÇÃO DA TESTAMENTARIA

A testamentaria **termina**[23]:

- pela conclusão do encargo, quando se encerram as suas funções, comprovando-se o seu cabal cumprimento mediante a prestação de contas;
- pelo esgotamento do prazo, salvo prorrogação "se houver motivo suficiente" (CC, art. 1.983, parágrafo único);
- pela morte do testamenteiro, uma vez que o *munus* tem caráter personalíssimo, sendo indelegável e intransferível aos sucessores (art. 1.985);
- pela renúncia, ocorrendo motivo justo e aceito pela autoridade judiciária;
- pela superveniência de motivo que incapacite o testamenteiro para a testamentaria;
- pela anulação do testamento;
- pela destituição por decreto judicial, nos casos em que tenha cabimento.

Os casos em que tem cabimento a **destituição do testamenteiro** por decreto judicial não são mencionados expressamente no Código Civil, salvo a hipótese do art. 1.989. Mas há ainda os seguintes casos em que se justifica a **destituição**[24]:

- se ao testamenteiro forem glosadas as despesas por ilegais ou em discordância com o testamento;
- se o testamenteiro não cumprir as disposições testamentárias;
- se promover interesses contrários aos do espólio, por exemplo, aceitando procuração e iniciando contra este ação de cobrança;
- por incapacidade superveniente, como a interdição.

A **destituição** é decretada a requerimento dos interessados, inclusive do Ministério Público, podendo dar-se ainda *ex officio*. Da decisão proferida cabe recurso de apelação fundado no art. 1.009 do estatuto processual de 2015.

■ 26.9. RESUMO

DO TESTAMENTEIRO	
CONCEITO	■ ***Testamenteiro*** é o executor do testamento. A lei faculta ao testador encarregar pessoa de sua confiança para cumprir as disposições de sua última vontade. Pode nomear, em testamento ou codicilo (CC, art. 1.883), um ou mais testamenteiros, conjuntos ou separados (art. 1.976). Na falta de testamenteiro nomeado pelo testador, a execução testamentária compete a um dos cônjuges, e, em falta destes, ao herdeiro nomeado pelo juiz (art. 1.984).
QUEM PODE SER NOMEADO	■ Qualquer pessoa natural, desde que idônea e capaz, pode ser nomeada testamenteira. O encargo não pode, entretanto, ser deferido a pessoa jurídica, por ser personalíssimo. O art. 1.985 do CC, ao dispor que a testamentaria é ***indelegável***, ressalta o seu cunho ***intuitu personae***.

[23] Caio Mário da Silva Pereira, *Instituições*, cit., v. VI, p. 324.
[24] Washington de Barros Monteiro, *Curso*, cit., v. 6, p. 272.

ESPÉCIES DE TESTAMENTEIRO	■ *instituído*: o nomeado pelo testador; ■ *dativo*: o nomeado pelo juiz (CPC/2015, art. 735, §§ 3º e 4º); ■ *universal*: aquele a quem se confere a posse e a administração da herança ou parte dela (CC, art. 1.977). O testador só pode, no entanto, conferir a posse da herança ao testamenteiro se não houver cônjuge sobrevivente, descendentes e ascendentes, ou se estes não a quiserem ou não puderem exercê-la, pois cabe a eles, preferencialmente, a posse e a administração da herança (art. 1.977); ■ *particular*: é o que não desfruta desses direitos.
REMUNERAÇÃO DO TESTAMENTEIRO	■ O testamenteiro tem direito a um prêmio, que se denomina ***vintena***, pelos serviços prestados. O seu montante é fixado livremente pelo testador. Se não o taxar, será arbitrado pelo juiz, entre os limites de 1% e 5% sobre toda a herança líquida, conforme a importância dela e a maior ou menor dificuldade na execução do testamento, salvo disposição testamentária em contrário (CC, art. 1.987), sendo deduzido da metade disponível quando houver herdeiros necessários.

■ 26.10. QUESTÕES

1. (MP/DFT/Promotor de Justiça/29º Concurso/2011) No que tange ao Direito Sucessório, leia as proposições seguintes:

I. É lícito o testamento conjuntivo recíproco entre marido e mulher, no mesmo instrumento, quando o regime de bens do casamento for da comunhão universal, porquanto, neste caso, há uma massa patrimonial única.

II. Colação é o ato pelo qual os herdeiros descendentes ou ascendentes, que concorrem à sucessão, declaram, no inventário, as doações que receberam do falecido, para que sejam igualadas as quotas hereditárias.

III. São requisitos para a configuração da substituição fideicomissária: a dupla vocação hereditária; a ordem sucessiva; a instituição em favor de pessoas não concebidas ao tempo da morte do testador e a obrigação de conservar para depois restituir.

IV. Os atos de aceitação e de renúncia podem ser objeto de retratação até a apresentação das últimas declarações no bojo da ação de inventário.

Pode-se afirmar que:

a) Somente os itens I e IV estão corretos.
b) Somente os itens II e III estão corretos.
c) Somente os itens III e IV estão corretos.
d) Somente o item I está correto.
e) Somente o item III está correto.

2. (TJRJ/Juiz de Direito/XLVI Concurso/VUNESP/2014) Sendo o legado coisa certa e determinada deixada a alguém, denominado legatário, em testamento ou codicilo, é CORRETO afirmar que

a) o legado pode recair sobre coisa alheia, cabendo ao herdeiro a obrigação de adquirir a coisa alheia, por conta do espólio, para entregá-la ao legatário.
b) as benfeitorias necessárias, úteis ou voluptuárias, apesar de serem bens acessórios, não aderem ao imóvel legado.
c) qualquer pessoa, natural ou jurídica, simples ou empresária, pode ser contemplada com legado, podendo, assim, o herdeiro cumular a qualidade de legatário.
d) em se tratando de legado de alimentos, não é possível presumi-lo como vitalício, ainda que o testador não tenha disposto expressamente acerca disso.

3. (TJMG/Juiz de Direito//FUNDEP-Gestão de Concursos/2014) Sobre o direito de representação na sucessão legítima, é INCORRETO afirmar que

a) os representantes só podem herdar, como tais, o que herdaria o representado, se vivo fosse.
b) na linha transversal, somente se dá o direito de representação em favor dos filhos de irmãos do falecido, quando com irmãos destes concorrerem.

c) o direito de representação dá-se na linha reta descendente, mas nunca na ascendente.
d) o renunciante à herança de uma pessoa não poderá representá-la na sucessão de outra.

4. (OAB/Exame de Ordem 2009.2/CESPE/UnB) Acerca do direito sucessório, assinale a opção CORRETA.

a) É válida a disposição testamentária do testador casado, em favor de filho que nasça de seu relacionamento com sua concubina.
b) Não é válida disposição de última vontade que institua pessoa jurídica como herdeira testamentária.
c) A aceitação da herança é o ato jurídico unilateral por meio do qual o herdeiro manifesta livremente sua vontade de receber a herança; por isso o ato deve sempre ser feito por declaração escrita.
d) Os descendentes do herdeiro que renuncia à herança herdam por representação na sucessão legítima.

5. (MP/BA/Promotor de Justiça/2010) Bernardo, em 12 de maio de 2008, mediante testamento particular, reconheceu a paternidade de Cecília, bem assim dispôs da metade de seu patrimônio. Consta que o referido testamento foi celebrado em circunstâncias excepcionais, devidamente declaradas na cédula, contudo, sem testemunhas.
Assinale a alternativa CORRETA.

a) O testamento é anulável.
b) O testamento é inexistente.
c) O testamento é ineficaz.
d) O testamento somente será válido no que concerne à disposição do patrimônio.
e) O testamento poderá ser confirmado, a critério do Juiz.

6. (PGE/RS/Defensor Público/2011) Assinale a alternativa que contém a afirmação CORRETA em relação ao assunto indicado. Direito das Sucessões.

a) Na sucessão universal, o direito de propriedade imobiliária transmite-se quando do registro dos formais de partilha no Ofício do Registro de Imóveis.
b) Conforme regra expressa no Código Civil, são herdeiros necessários os descendentes, os ascendentes, os cônjuges e os companheiros.
c) O testador não pode, mesmo justificando, estabelecer cláusula de impenhorabilidade sobre os bens da legítima.
d) O direito de representação, no direito sucessório, dá-se apenas na linha reta descendente e ascendente.
e) O prazo de decadência para anular disposição testamentária inquinada de coação é de quatro anos, contados de quando o interessado tiver conhecimento do vício.

7. (MP/SC/Promotor de Justiça/XXXIV Concurso/2009) 32ª Questão:

I. Considera-se testamentária a sucessão ainda que ocorra a caducidade, rompimento ou nulidade do testamento.
II. Os direitos, conferidos ao herdeiro em consequência de substituição ou de direito de acrescer, presumem-se abrangidos pela cessão feita anteriormente.
III. Aberta a sucessão, o direito de preferência aos direitos hereditários existe apenas em face de estranhos, não quando o interessado for algum coerdeiro.
IV. A jacência, considerada etapa preliminar da vacância, nem sempre desemboca naquela declaração, porquanto, quando todos os chamados a suceder renunciarem à herança, será esta desde logo declarada vacante.
V. São nulas as disposições testamentárias inquinadas de erro, dolo ou coação.

a) apenas III está correto.
b) apenas I, IV estão corretos.
c) apenas II e IV estão corretos.
d) apenas II e V estão corretos.
e) apenas III e IV estão corretos.

8. (MP/SP/Promotor de Justiça/91º Concurso/2015) Sobre o testamento cerrado, é CORRETO afirmar que:

a) A pessoa portadora de cegueira total poderá testar sob a forma cerrada.
b) O analfabeto poderá dispor de seus bens em testamento cerrado.
c) O testador surdo-mudo poderá fazer o testamento por intermédio de outra pessoa, a seu rogo.
d) Não obstante a deficiência auditiva do testador, o auto de aprovação do testamento cerrado deverá ser lido na presença dele e das testemunhas.
e) O testamento cerrado deverá obrigatoriamente ser escrito em língua nacional, pelo próprio testador, ou por outrem, a seu rogo.

9. (OAB/Exame da Ordem Unificado/2010.2) Em 2004, Joaquim, que não tinha herdeiros necessários, lavrou um testamento contemplando como sua herdeira universal Ana. Em 2006, arrependido, Joaquim revogou o testamento de 2004, nomeando como seu herdeiro universal Sérgio. Em 2008, Sérgio faleceu, deixando uma filha Catarina. No mês de julho de 2010, faleceu Joaquim. O único parente vivo de Joaquim era seu irmão, Rubens.
Assinale a alternativa que indique a quem caberá a herança de Joaquim.

a) Rubens.
b) Catarina.
c) Ana.
d) A herança será vacante.

10. (OAB/XXVII Exame de Ordem Unificado/2018) Em 2010, Juliana, sem herdeiros necessários, lavrou testamento público deixando todos os seus bens para sua prima, Roberta. Em 2016, Juliana realizou inseminação artificial heteróloga e, nove meses depois, nasceu Carolina. Em razão de complicações no parto, Juliana faleceu poucas horas após o procedimento. Sobre a sucessão de Juliana, assinale a afirmativas CORRETA.

a) Carolina herdará todos os bens de Juliana.
b) Roberta herdará a parte disponível e Carolina, a legítima.
c) Roberta herdará todos os bens de Juliana.
d) A herança de Juliana será declarada jacente.

11. (TJRJ/Juiz de Direito/VUNESP/2012) A revogação do testamento

a) não produzirá seus efeitos, ainda quando o testamento, que a encerra, vier a caducar por exclusão, incapacidade ou renúncia do herdeiro nele nomeado, assim como se o testamento revogatório for anulado por omissão ou infração de solenidades essenciais ou por vícios intrínsecos.
b) não produzirá seus efeitos, ainda quando o testamento, que a encerra, vier a caducar por exclusão, incapacidade ou renúncia do herdeiro nele nomeado; valendo, todavia, se o testamento revogatório for anulado por omissão ou infração de solenidades essenciais ou por vícios intrínsecos.
c) produzirá seus efeitos, ainda quando o testamento, que a encerra, vier a caducar por exclusão, incapacidade ou renúncia do herdeiro nele nomeado; não valerá, se o testamento revogatório for anulado por omissão ou infração de solenidades essenciais ou por vícios intrínsecos.
d) produzirá seus efeitos, ainda quando o testamento, que a encerra, vier a caducar por exclusão, incapacidade ou renúncia do herdeiro nele nomeado ou quando o testamento revogatório for anulado por omissão ou infração de solenidades essenciais ou por vícios intrínsecos.

12. (MP/SP/Promotor de Justiça/86º Concurso/2008) Certo testador institui seus herdeiros Antonio por 1/6 da herança, Benedito por 2/6 e Carlos por 3/6, dispondo que, na falta de um deles por premoriência, indignidade ou renúncia, nomeia Daniel, como herdeiro, juntamente com os demais. Considerando a condição de substituto vulgar de Daniel, a concorrer com os substitutos recíprocos, assinale a assertiva CORRETA sobre a distribuição da herança caso Antonio venha a falecer.

a) O seu quinhão será dividido entre Daniel, Benedito e Carlos na mesma proporção fixada, ou seja, 1/6, 2/6 e 3/6.

b) Benedito, Carlos e Daniel receberão cada um 1/3 da herança deixada pelo *de cujus*.
c) O quinhão de Antonio (1/6) irá para Daniel, ficando Benedito com 2/6 da herança e Carlos com 3/6 desta.
d) O quinhão de Antonio (1/6) será dividido em partes iguais para todos os herdeiros, Benedito, Carlos e inclusive Daniel.
e) A sua cota (1/6) será dividida entre Benedito, que receberá duas partes dela, e Carlos, que ficará com três partes dela.

13. (OAB/XVVI Exame de Ordem Unificado/2018) Lúcio, viúvo, tendo como únicos parentes um sobrinho, Paulo, e um tio, Fernando, fez testamento de acordo com todas as formalidades legais e deixou toda a sua herança ao seu amigo Carlos, que tinha uma filha, Juliana. O herdeiro instituído no ato de última vontade morreu antes do testador. Morto Lúcio, foi aberta a sucessão.

Assinale a opção que indica como será feita a partilha.

a) Juliana receberá todos os bens de Lúcio.
b) Juliana receberá a parte disponível e Paulo, a legítima.
c) Paulo e Fernando receberão, cada um, metade dos bens de Lúcio.
d) Paulo receberá todos os bens de Lúcio.

14. (TJPR/Juiz de Direito/UFPR/2013) Considerando o que dispõe a Lei Civil com relação à sucessão em geral, à sucessão legítima e à testamentária, assinale a alternativa CORRETA.

a) Aberta a sucessão, a herança transmite-se aos herdeiros com a expedição do formal de partilha ou o registro do testamento, conforme se trate de sucessão legítima ou testamentária.
b) Morrendo a pessoa sem testamento, transmite-se a herança aos herdeiros legítimos; o mesmo ocorrerá quanto a bens não compreendidos no testamento; porém, embora subsista a sucessão legítima, caso julgado nulo o testamento, não subsistirá se vier a caducar, caso em que será promovida a arrecadação legal dos bens.
c) Na sucessão testamentária podem ser chamadas a suceder as pessoas jurídicas.
d) Concorrendo à herança do falecido irmãos bilaterais com irmãos unilaterais, cada um destes herdará cota equivalente da que cada um daqueles herdar.

15. (TJPI/Outorga de delegações de serventias de notas e de registro/CESPE/UnB/2013) A respeito do testamento, assinale a opção CORRETA.

a) Caracteriza vício a entrega de minuta de testamento antes de sua leitura e assinatura, ainda que o autor da herança, após a sua leitura, tenha ratificado o seu conteúdo na presença das cinco testemunhas necessárias e do tabelião.
b) Se um descendente superveniente — filho havido fora do casamento conhecido pelo testador — nascer após a escritura do testamento, deverá haver o rompimento deste, espécie de revogação tácita pela superveniência de fato que retira a eficácia da disposição patrimonial.
c) A constatação de vício formal, por si só, não deve ensejar a invalidação do ato, máxime se demonstrada a capacidade mental do testador, por ocasião do ato.
d) Ainda que a escritura pública de testamento reflita as disposições de última vontade do testador, o testamento será nulo se alguma das testemunhas presentes no momento, por exemplo, um funcionário do cartório em que tenha sido lavrado o testamento, tiver assinado o ato sem assistir à manifestação do testador, seja este capaz ou incapaz.
e) De acordo om o STJ, não é possível o abrandamento das cláusulas de inalienabilidade, incomunicabilidade e impenhorabilidade impostas por testamento para autorizar a alienação de imóvel gravado, por afronta às disposições de última vontade do testador.

16. (MP/PR/Promotor de Justiça/2014) Assinale a alternativa CORRETA:

a) A existência de testamento, mesmo que todos os herdeiros sejam maiores e capazes, impede a realização de inventário extrajudicial.
b) O direito brasileiro proíbe o testamento recíproco, mas permite o testamento correspectivo.
c) Não é válida nomeação de herdeiro sob condição.

d) O direito brasileiro não admite a revogação parcial de testamento.
e) O testamento realizado por menor entre 16 e 18 anos é anulável.

17. (PGR/Procurador da República/2015) Relativamente às restrições que pode sofrer a legítima:

a) O testador, segundo o Código Civil de 2002, não pode estabelecer cláusula de impenhorabilidade, incomunicabilidade e inalienabilidade.
b) Em relação à cláusula de inalienabilidade, não são ineficazes o penhor e a hipoteca, uma vez que não implicam a alienação do bem, mas apenas garantia ao credor.
c) A cláusula de inalienabilidade implica necessariamente a incomunicabilidade, não se podendo presumi-la se não vier expressa em testamento.
d) Havendo justa causa, o testador pode estabelecer cláusula de inalienabilidade se considerar que o herdeiro é um perdulário e que poderá dissipar seus bens.

18. (OAB/XX Exame de Ordem Unificado/Fundação Getulio Vargas/2016) Antônio deseja lavrar um testamento e deixar toda a sua herança para uma instituição de caridade que cuida de animais abandonados. O único parente de Antônio é seu irmão João, com quem almoça todos os domingos. Antônio não possui outros parentes nem cônjuge ou companheira. Antônio procura você na condição de advogado e indaga se a vontade dele é tutelada pela lei. Diante da indagação de Antônio, assinale a afirmativa CORRETA.

a) Antônio pode deixar toda a herança para a instituição de caridade, uma vez que seu irmão não é seu herdeiro necessário.
b) Antônio não pode testar em favor da instituição de caridade que cuida de animais, uma vez que a herança cabe inteiramente a parente vivo mais próximo, no caso, seu irmão.
c) Antônio pode deixar por testamento apenas metade da herança para a instituição de caridade, uma vez que a outra metade pertence por lei a seu irmão, a quem deve alimentos.
d) Antônio pode deixar para a instituição de caridade 3/4 de seu patrimônio, uma vez que é preciso garantir no mínimo 1/4 da herança a seu irmão bilateral.

19. (TJSP/Outorga de Delegações de Notas e de Registros/VUNESP/2016) Sobre o testamento, é CORRETO afirmar que

a) Não possuem capacidade testamentária o cego, o analfabeto e o surdo.
b) É por natureza revogável, no exercício da autonomia privada, salvo quanto ao reconhecimento de filhos, ainda que incidentalmente manifestado.
c) A revogação do testamento correspectivo exige manifestação de vontade de ambos os testadores.
d) É possível ao testador gravar livremente os bens da legítima com cláusula de inalienabilidade.

20. (OAB/XXV Exame de Ordem Unificado/Fundação Getulio Vargas/2018) Mário, cego, viúvo, faleceu em 1º de junho de 2017, deixando 2 filhos: Clara, casada com Paulo, e Júlio, solteiro. Em seu testamento público, feito de acordo com as formalidades legais, em 02 de janeiro de 2017, Mário gravou a legítima de Clara com cláusula de incomunicabilidade; além disso, deixou toda a sua parte disponível para Júlio.
Sobre a situação narrada, assinale a afirmativa CORRETA.

a) O testamento é inválido, pois, como Mário é cego, deveria estar regularmente assistido para celebrar o testamento validamente.
b) A cláusula de incomunicabilidade é inválida, pois Mário não declarou a justa causa no testamento, como exigido pela legislação civil.
c) A cláusula que confere a Júlio toda a parte disponível é inválida, pois Mário não pode tratar seus filhos de forma diferente.
d) O testamento é inválido, pois, como Mário é cego, a legislação apenas lhe permite celebrar testamento cerrado.

21. (TJBA/Juiz de Direito/CESPE-CEBRASPE/2019) À luz do Código Civil e da teoria das invalidades dos atos e negócios jurídicos, a elaboração de testamento conjuntivo nas modalidades simultânea, recíproca ou correspectiva é ato eivado de

a) anulabilidade em qualquer uma das três modalidades.
b) nulidade em qualquer uma das três modalidades.
c) ineficácia e qualquer uma das três modalidades.
d) nulidade, nas modalidades recíproca e correspectiva, e anulabilidade na modalidade simultânea.
e) anulabilidade, na modalidade correspectiva, e nulidade nas modalidades recíproca e simultânea.

22. (TJRS/Concurso para a Outorga de Delegação de Serviços Notariais e Registrais/2019) Imagine a seguinte situação hipotética: alguém faz um testamento público, onde dispõe de toda a sua parte disponível para terceiros, com a intenção manifesta de não proporcionar a seus filhos a totalidade de seu patrimônio, porém respeitando a legítima dos herdeiros necessários. Posteriormente à lavratura do testamento, descobre e reconhece a paternidade de outro filho; porém, de forma proposital, não altera o testamento anteriormente lavrado. Então ocorre a morte do testador. É CORRETO afirmar que o testamento

a) é um ato válido, tendo em vista que foi respeitada a legítima dos herdeiros necessários.
b) é um ato nulo de pleno direito, podendo ser revisto a qualquer momento.
c) não tem efeitos, em razão do rompimento.
d) é um ato anulável, podendo os herdeiros pleitearem seu desfazimento em até três anos.
e) apenas o filho reconhecido após a lavratura do testamento tem legitimidade para pleitear o desfazimento do testamento.

23. (TJRS/Concurso para a Outorga de Delegação de Serviços Notariais e Registrais/VUNESP 2019) Assinale a alternativa CORRETA sobre a sucessão testamentária, de acordo com as disposições do Código Civil de 2002.

a) Na lavratura de testamento público, é dispensada a presença de testemunhas na leitura do instrumento.
b) É nula a disposição testamentária que favoreça as testemunhas do testamento.
c) Os relativamente incapazes, em razão da idade, não possuem capacidade para testar.
d) O testador não poderá nomear mais de um testamenteiro para exercer, em conjunto, as funções inerentes ao cargo.
e) É inválido o legado de usufruto quando não houve expressa fixação de tempo.

24. (MP/MT/Promotor de Justiça/Fundação Carlos Chagas/2019) Um avô dispõe por testamento público em favor de seu neto, já concebido mas ainda não nascido. Tendo esse neto nascido morto, esse testamento, de acordo com o Código Civil,

a) inicialmente válido, será tido por ocasião da morte do nascituro como ineficaz mas não nulo, pois era juridicamente possível que o avô beneficiasse o neto concebido, dentro da teoria adotada pela legislação civil.
b) será tido por válido de início, mas ato jurídico inexistente quando do nascimento sem vida, desaparecendo todos os efeitos jurídicos pelo não implemento da condição prevista em reação ao neto concebido.
c) inicialmente válido, será tido por ocasião da morte do nascituro como nulo, pelo não implemento da condição prevista no testamento, ou seja, o nascimento com vida do neto concebido.
d) será tido por ineficaz desde a disposição testamentária, pela impossibilidade de beneficiar por testamento quem ainda não possui personalidade jurídica.
e) será válido e eficaz apesar do nascimento sem vida do neto beneficiado pelo testamento, pois a teoria adotada pelas normas civis, concepcionista, prescinde do nascimento com vida para gerar efeitos jurídicos permanentes e incondicionados.

■ GABARITO ■

1. "e". "Exigem os arts. 1.951 e 1.952 do diploma civil, pois, quatro requisitos para a configuração da substituição fideicomissária: a) dupla vocação; b) ordem sucessiva; c) instituição em favor de pessoas não concebidas ao tempo da morte do testador; d) obrigação de conservar para depois restituir" (Carlos Roberto Gonçalves, *Direito civil brasileiro*, v. 7, p. 407). Quanto à proposição II, o art. 2.002 do CC dispõe que só os descendentes estão obrigados a conferir o valor das doações.
2. "c". *Vide* item 17.1, *retro*.
3. "d". *Vide* art. 1.876 do CC.
4. "a". *Vide* art. 1.803 do CC.
5. "e". *Vide* art. 1.879 do CC.
6. "e". *Vide* art. 1.909, parágrafo único, do CC.
7. "e". III: *vide* art. 1.784 do CC; IV: *vide* art. 1.823 do CC.
8. "d". *Vide* art. 1.868 do CC e art. 192 do CPC/2015.
9. "a". *Vide* art. 1.788, *in fine*, do CC. A pré-morte do beneficiário é causa de caducidade do testamento.
10. "a". *Vide* art. 1.973 do CC.
11. "c". *Vide* art. 1.971 do CC.
12. "d". *Vide* art. 1.950, segunda parte, do CC.
13. "d". *Vide* art. 1.843 do CC.
14. "c". *Vide* art. 1.799, II, do CC.
15. "c". "O testamento é um ato solene que deve ser submetido a numerosas formalidades; caso contrário, pode ser anulado. (...) O vício formal somente deve ser motivo de invalidação do ato quando comprometedor da sua essência, que é a livre manifestação da vontade do testador, sob pena de se prestigiar a literalidade em detrimento da outorga legal à disponibilização patrimonial pelo seu titular" (STJ, REsp 600.746, 4ª T., rel. Min. Aldir Passarinho Júnior, *DJe*, 15-6-2010).
16. "a". *Vide* art. 610 do CPC/2015.
17. "c". *Vide* arts. 1.848 e 1.911 do CC.
18. "a". *Vide* art. 1.850 do CC.
19. "b". *Vide* arts. 1.609, III, e 1.969 do CC.
20. "b". *Vide* art. 1.848 do CC.
21. "b". *Vide* art. 1.863 do CC.
22. "a".
23. "b".
24. "a".

27

DO INVENTÁRIO E DA PARTILHA

27.1. INTRODUÇÃO

Tendo em vista que os procedimentos do inventário e do arrolamento encontram-se disciplinados no Código de Processo Civil, o novo estatuto civil, para evitar a superposição do tema, limitou-se a proclamar em um só artigo, o de n. 1.991, no capítulo intitulado "Do Inventário":

"Desde a assinatura do compromisso até a homologação da partilha, a administração da herança será exercida pelo inventariante".

27.2. CONCEITO DE INVENTÁRIO

Aberta a sucessão, a herança transmite-se, desde logo, aos herdeiros legítimos e testamentários (CC, art. 1.784), malgrado os bens imóveis permaneçam ainda em nome do *de cujus* no Registro de Imóveis. É necessário, então, **proceder-se ao inventário, isto é, à relação, descrição e avaliação dos bens deixados**, e à subsequente **partilha**, expedindo-se o respectivo formal.

Embora os herdeiros adquiram a propriedade desde a abertura da sucessão, os seus nomes passam a figurar no Registro de Imóveis somente **após o registro do formal de partilha**. Tal registro é necessário para manter a ***continuidade*** exigida pela Lei dos Registros Públicos (Lei n. 6.015, de 31-12-1973, art. 195).

No inventário, **apura-se o patrimônio do *de cujus***, cobram-se as dívidas ativas e pagam-se as passivas. Também se avaliam os bens e pagam-se os legados e o imposto *causa mortis*. Após, procede-se à partilha.

Inventário, pois, no sentido **restrito**, é o **rol de todos os haveres e responsabilidades patrimoniais de um indivíduo**. Na acepção **ampla** e comum no foro, ou seja, no sentido sucessório, é o processo no qual se **descrevem e avaliam os bens de pessoa falecida, e partilham entre os seus sucessores o que sobra**, depois de pagos os impostos, as despesas judiciais e as dívidas passivas reconhecidas pelos herdeiros[1].

Inventário judicial e inventário administrativo

Dispõe o art. 610 do Código de Processo Civil de 2015: "Havendo testamento ou interessado incapaz, proceder-se-á ao **inventário judicial**. § 1º Se todos forem *capazes*

---

[1] Carlos Maximiliano, *Direito das sucessões*, v. III, n. 1.424, p. 268.

e concordes, o inventário e a partilha poderão ser feitos por **escritura pública**, a qual constituirá documento hábil para qualquer ato de registro, bem como para levantamento de importância depositada em instituições financeiras".

O inventário **judicial** constitui processo de caráter **contencioso** e deve ser instaurado no domicílio do autor da herança (CPC/2015, art. 48). A regra, hoje, é a **contenciosidade**, em razão da **possibilidade de haver litígio entre os interessados na herança**, tanto na primeira fase, de declaração dos bens, quanto nas subsequentes, de habilitação dos herdeiros, avaliação dos bens e partilha dos quinhões, exigindo **julgamento, e não simples homologação judicial**, malgrado possam as partes transigir e realizar partilha amigável, desde que sejam maiores e capazes.

O inventário, judicial ou administrativo, é **indispensável** mesmo que o falecido tenha deixado um **único herdeiro**. Nessa hipótese não se procede à partilha, mas apenas à ***adjudicação*** dos bens a este.

Dispõe o art. 659 do Código de Processo Civil de 2015, na Seção IX, que cuida do *arrolamento*:

> "Art. 659. A partilha amigável, celebrada entre partes capazes, nos termos da lei, será homologada de plano pelo juiz, com observância dos arts. 660 a 663.
>
> § 1º O disposto neste artigo aplica-se, também, ao pedido de adjudicação, quando houver herdeiro único.
>
> § 2º Transitada em julgado a sentença de homologação de partilha ou de adjudicação, será lavrado o formal de partilha ou elaborada a carta de adjudicação e, em seguida, serão expedidos os alvarás referentes aos bens e às rendas por ele abrangidos, intimando-se o fisco para lançamento administrativo do imposto de transmissão e de outros tributos porventura incidentes, conforme dispuser a legislação tributária, nos termos do § 2º do art. 662".

■ 27.3. ABERTURA DO INVENTÁRIO JUDICIAL

A abertura do inventário deve ser requerida no **prazo de sessenta dias**, a contar do falecimento do *de cujus*, e estar **encerrado dentro dos doze meses** subsequentes. O art. 1.796 do Código Civil prevê apenas o prazo de abertura.

Dispõe, no entanto, o art. 611 do Código de Processo Civil de 2015: "O processo de inventário e de partilha deve ser instaurado dentro de 2 (dois) meses, a contar da abertura da sucessão, ultimando-se nos 12 (doze) meses subsequentes, podendo o juiz prorrogar tais prazos, de ofício ou a requerimento de parte".

Se, portanto, houver retardamento por motivo justo, **o juiz poderá dilatar esses prazos**.

O inventariante somente será punido pelo atraso, **com a remoção do cargo**, a pedido de algum interessado e se **demonstrada a sua culpa**, pois não há remoção *ex officio*. Nesse caso, se for testamenteiro, perderá o prêmio (CC, art. 1.989).

■ A quem incumbe requerer o inventário e a partilha

Dispõe o art. 615, *caput*, do Código de Processo Civil:

> "O requerimento de inventário e de partilha incumbe a quem estiver na posse e na administração do espólio, no prazo estabelecido no art. 611".

Acrescenta o parágrafo único que "o requerimento será instruído com a certidão de óbito do autor da herança". Deve ser juntada, também, procuração outorgada ao advogado, com poderes para prestar compromisso de inventariante.

Incumbe, assim, *prioritariamente*, a quem estiver na **posse e administração do espólio** requerer o inventário e a partilha, no prazo de dois meses. Os arts. 613 e 614 do Código de Processo Civil de 2015 referem-se ao **administrador provisório** como o encarregado da herança até que haja a nomeação do inventariante, que passará então a representar a massa hereditária (art. 75, VII).

Antes da abertura do inventário e **até a nomeação do inventariante** cabe, pois, ao **administrador provisório** a representação ativa e passiva do espólio. A provisoriedade e a urgência caracterizam e legitimam o encargo de administrador provisório[2].

Aduz o art. 616 do mesmo diploma que têm, contudo, ***legitimidade concorrente***: "I — o cônjuge ou companheiro supérstite; II — o herdeiro; III — o legatário; IV — o testamenteiro; V — o cessionário do herdeiro ou do legatário; VI — o credor do herdeiro, do legatário ou do autor da herança; VII — o Ministério Público, havendo herdeiros incapazes; VIII — a Fazenda Pública, quando tiver interesse; IX — o administrador judicial da falência do herdeiro, do legatário, do autor da herança ou do cônjuge ou companheiro supérstite".

Já se decidiu que, no prazo do citado art. 983 [CPC/73, atual art. 611], a iniciativa para requerer o inventário é **privativa** de quem estiver na posse e administração dos bens do espólio, com base no art. 987 [CPC/73, atual art. 615]. Só após **decorrido, *in albis*, o prazo legal** podem requerer o inventário as pessoas enumeradas no art. 988 [CPC/73, atual art. 616][3].

Requerimento de abertura do inventário feito fora do prazo legal

Tal fato não implica indeferimento do pedido, pois os dispositivos legais que estabelecem o aludido prazo são desprovidos de qualquer sanção. Mas cada Estado pode **instituir multa, como pena pela não observância desse prazo**. Proclama a Súmula 542 do Supremo Tribunal Federal:

> "Não é inconstitucional a multa instituída pelo Estado-membro, como sanção pelo retardamento do início ou da ultimação do inventário".

Instaurado o processo, segue o inventário até final partilha, **não podendo ser extinto por abandono ou inércia do inventariante**. Nesse caso deve o juiz determinar o regular prosseguimento do feito, se necessário com **remoção do inventariante e sua substituição** por outro interessado na herança ou por inventariante dativo. Só se extingue o inventário se ficar comprovada a **inexistência de bens a inventariar**, uma vez que nessa hipótese a ação perderá seu objeto[4].

---

2 *RJTJSP*, 113/214.

3 *RJ*, 279/109, apud Theotonio Negrão e José Roberto Ferreira Gouvêa, *Código de Processo Civil e legislação processual em vigor*, nota 1a ao art. 988.

4 Euclides de Oliveira e Sebastião Amorim, *Inventários e partilhas*, cit., p. 329. No mesmo sentido: *JTJ*, Lex, 227/77.

■ **Distribuição por dependência do inventário do cônjuge ou de algum herdeiro que venha a falecer**

Será distribuído por dependência o inventário do cônjuge que vier a falecer antes da partilha do consorte premorto. **As duas heranças serão inventariadas e partilhadas em conjunto**, com a nomeação de um só inventariante, **desde que comuns os herdeiros**, conforme estatui o art. 672 do Código de Processo Civil de 2015.

■ 27.4. ESPÉCIES DE INVENTÁRIO

O estatuto processual de 2015 prevê, nos arts. 610 a 667, três espécies de **inventário judicial**, de ritos distintos:

- O inventário pelo **rito tradicional** e **solene**, de aplicação residual e regulado nos arts. 610 a 658.
- O inventário pelo rito de **arrolamento sumário**, abrangendo bens de qualquer valor, para a hipótese de **todos os interessados serem capazes e concordarem com a partilha**, que será homologada de plano pelo juiz mediante a prova de quitação dos tributos, na forma do art. 659, aplicável também ao pedido de adjudicação quando houver herdeiro único.
- O inventário pelo rito de **arrolamento comum**, previsto no art. 664, para quando os bens do espólio sejam de **valor igual ou inferior a** 1.000 (mil) salários mínimos.

O inventário **extrajudicial** ou **administrativo** foi introduzido pela Lei n. 11.441, de 4 de janeiro de 2007, e reafirmado nos §§ 1º e 2º do art. 610 do novo diploma.

Nos termos do art. 672 do Código de Processo Civil, "é lícita a cumulação de inventários para a partilha de heranças de pessoas diversas. No presente caso, justifica-se o pedido de cumulação de inventários, visto que os *de cujus* eram cônjuges, possuem a mesma linha sucessória e os mesmos bens a inventariar"[5].

■ 27.5. INVENTÁRIO NEGATIVO

O inventário negativo não é previsto na legislação pátria. Entretanto, tem sido admitido pelos juízes em situações excepcionais, em que há necessidade de comprovar a **inexistência de bens a inventariar**. Tal modalidade torna-se, em alguns casos, necessária, especialmente para evitar a imposição de certas sanções com que o Código Civil pune a infração de algumas disposições.

A finalidade do inventário negativo é, na maioria das vezes, **evitar a incidência da causa suspensiva** prevista no art. 1.523, I, do Código Civil, que exige inventário

---

V. ainda: "Não é viável a extinção do processo de arrolamento, antes do julgamento da partilha, para que outro inventário possa ser iniciado. Por outro lado, não podem existir dois processos distintos de inventário, quando são os mesmos os bens a serem conferidos aos herdeiros, no caso de dupla sucessão" (*RT*, 677/120).

[5] TJMG, AI 10471100011637001, rel. Des. Fábio Torres de Sousa, j. 4-2-2020.

e partilha **dos bens aos herdeiros, a cargo do viúvo, ou viúva, que pretende casar-se novamente**, sob pena de tornar-se obrigatório o regime da separação de bens. O viúvo, ou viúva, que pretender casar-se em outro regime de bens deverá requerer a abertura de inventário negativo, para comprovar que não está sujeito àquela causa suspensiva de casamento.

Em igual situação encontra-se o divorciado que se casar **antes de homologar ou decidir a partilha dos bens do casal** (CC, art. 1.523, II). Para que se celebrem as novas núpcias no regime da comunhão, não basta o simples inventário, sendo necessário se homologue a respectiva partilha.

O parágrafo único do art. 1.523 permite aos nubentes solicitar ao juiz que não lhes sejam aplicadas as causas suspensivas do casamento, provando a inexistência de prejuízo para o herdeiro. **Uma das formas de efetuar essa prova é exatamente o inventário negativo.**

Pode haver interesse do sucessor, ainda, na realização de inventário negativo para comprovar que o falecido **não deixou bens**, nem numerário suficiente, **para responder por suas dívidas**. Tal demonstração se mostra relevante pelo fato de o herdeiro somente responder *intra vires hereditatis*, ou seja, até o limite das forças da herança (CC, art. 1.792).

É admissível inventário negativo **por escritura pública**, como dispõe o art. 28 da Resolução n. 35 do Conselho Nacional de Justiça, de 24 de abril de 2007, que disciplina a aplicação da Lei n. 11.441/2007 pelos serviços notariais e de registro.

27.6. INVENTARIANÇA

27.6.1. Nomeação do inventariante

Ao despachar a inicial de abertura de inventário pelo rito tradicional e solene, o juiz **nomeará o inventariante**, a quem caberão a administração e a representação ativa e passiva da herança até que se ultime a partilha.

A nomeação é feita segundo a **ordem preferencial** estabelecida no art. 617 do Código de Processo Civil de 2015, salvo casos especiais. Essa ordem **não é absoluta**, podendo ser alterada se houver motivos que aconselhem a sua inobservância[6].

Quem pode ser nomeado inventariante?

Só podem exercer esse cargo **pessoas capazes**, que não tenham, de algum modo, interesses contrários aos do espólio. Herdeiro menor não pode, assim, ser inventariante. Eventualmente, à falta de outros interessados na herança, pode ser investido no cargo, como dativo, o **representante legal do incapaz**[7].

---

6 *RTJ*, 101/667. No mesmo sentido: "A ordem de nomeação não é absoluta. O fato de não se observar a ordem não implica ofensa ao art. 990. Caso em que a nomeação do inventariante dativo se deveu à necessidade de eliminar as discórdias atuais e prevenir outras" (STJ, REsp 88.296-SP, 3ª T., rel. Min. Nilson Naves, *DJU*, 8-2-1999, p. 275).

7 *RT*, 490/102.

■ **O cônjuge ou companheiro sobrevivente (CPC, art. 617, I)**

Em primeiro lugar, na aludida ordem, figuram o ***cônjuge ou companheiro sobrevivente***, desde que estivesse convivendo com o outro ao tempo da morte deste. O múnus ou encargo é **pessoal**, sendo incabível a nomeação de ambos os cônjuges, ao mesmo tempo, como inventariantes[8].

Se não houver cônjuge, mas ***companheiro***, este **desfrutará da mesma preferência**, inclusive em face da Constituição Federal (art. 226, § 3º). **A demonstração dessa condição pode ser feita nos autos do inventário** com a juntada de documentos, a comprovação da existência de filho comum, o convívio sob o mesmo endereço etc[9].

■ **O herdeiro que se achar na posse e administração dos bens da herança (CPC, art. 617, II)**

Na falta ou impedimento do cônjuge supérstite ou companheiro, será nomeado o referido ***herdeiro***.

■ **Qualquer herdeiro, nenhum estando na posse e administração do espólio (CPC, art. 617, III)**

Nesse caso, atribuir-se-á a inventariança a ***qualquer herdeiro*** (inc. III), legítimo ou testamentário, a critério do juiz[10]. Quando concorrem pessoas mencionadas no mesmo inciso, **o juiz optará por uma delas**, de acordo com o seu prudente arbítrio.

■ **O herdeiro menor, por seu representante legal (CPC, art. 617, IV)**

Trata-se de inovação do Código de Processo Civil de 2015.

■ **O testamenteiro, se lhe foi confiada a administração do espólio ou toda a herança estiver distribuída em legados (CPC, art. 617, V)**

Em quinto lugar, figura o ***testamenteiro universal***, ou seja, o que estiver na posse e administração da herança. Relembre-se que cabem elas, preferencialmente, ao cônjuge e aos herdeiros necessários. Só podem ser conferidas ao testamenteiro, pelo testador, se aqueles não existirem, não quiserem ou não puderem exercê-las. **O testamenteiro só prefere aos colaterais.**

■ **O cessionário do herdeiro ou do legatário (CPC, art. 617, VI)**

Figura este em sexto lugar.

■ **O *inventariante judicial* (CPC, art. 617, VII)**

Trata-se de figura em desuso, **"se houver"**, ou seja, se tal cargo estiver previsto na lei de organização judiciária local.

■ **Pessoa estranha idônea (inventariante dativo), quando não houver inventariante judicial (CPC, art. 617, VIII)**

Desempenhará esta todas as funções inerentes à inventariança, mas não poderá representar ativa e passivamente a herança. Dispõe, com efeito, o art. 75, § 1º, do estatuto processual civil que, nesse caso, **todos os herdeiros e sucessores do falecido** participarão, como autores ou réus, nas ações em que o espólio for parte.

---

8 *JTJ*, Lex, 165/201.

9 TJSP, AI 213.0812-43.2016.8.26.0000, 8ª Câm. Dir. Priv., rel. Des. Grava Brasil, j. 14-10-2016.

10 "Para a nomeação de inventariante, a lei não distingue entre herdeiro legítimo e testamentário" (*RT*, 503/103).

Remuneração do inventariante dativo

O inventariante não tem direito à remuneração pelos encargos da herança, **salvo se for dativo**. Nesse caso, faz jus a uma remuneração pelos serviços prestados, que será arbitrada, **por analogia**, de acordo com a regra do art. 1.987 do Código Civil, que trata da **vintena** do testamenteiro. Não havendo a lei estabelecido critério para se determinar o prêmio devido ao inventariante dativo, fica ao **prudente arbítrio do juiz** a sua fixação, devendo ser remunerado ao termo do processo, e não por ocasião da nomeação[11].

Nomeação e prestação de compromisso

Depois de nomeado, o inventariante será intimado e prestará, dentro de cinco dias, o **compromisso** de bem e fielmente desempenhar o cargo (CPC, art. 617, parágrafo único). Objetivando, porém, simplificar o processamento de inventários sob o rito de **arrolamento**, o estatuto processual, em boa hora, **eliminou a necessidade de o inventariante assinar termo de compromisso**, estando ele investido no cargo apenas com a nomeação.

Incompatibilidade para o exercício da inventariança

Certas situações incompatibilizam a pessoa para o exercício do cargo, como a posição de **credor ou de devedor** do espólio, de titular de **interesse contrário** a este, de **excluído do rol de herdeiros** etc. O *cessionário de direitos* só pode ser inventariante na falta de herdeiros.

27.6.2. Atribuições do inventariante

O Código de Processo Civil de 2015 determina a **representação processual** do *espólio* pelo **inventariante** (art. 75, VII). Constitui tal ente o complexo de direitos e obrigações do falecido, abrangendo bens de toda natureza. Essa massa patrimonial não personificada surge com a abertura da sucessão, **representada de início, ativa e passivamente, pelo administrador provisório, até a nomeação do inventariante** (CPC, arts. 614 e 75, VII), sendo identificada como uma unidade até a partilha, com a atribuição dos quinhões hereditários aos sucessores (CPC, arts. 618 e 655).

Com o julgamento da partilha cessa a comunhão hereditária, **desaparecendo a figura do espólio**, que será substituída **pelo herdeiro** a quem coube o direito ou a coisa. Segue-se daí que o espólio não tem legitimidade para propor ação, depois de julgada a partilha[12].

Além de "representar o espólio ativa e passivamente, em juízo ou fora dele" **(CPC, art. 618, I)**, incumbe ao inventariante **"administrar o espólio, velando-lhe os bens com a mesma diligência que teria se seus fossem"** (inc. II).

Além dessas tarefas próprias da função de administrador e representante do espólio, lista o dispositivo outras atribuições que se constituem em deveres do inventariante:

---

11 *JTJ*, Lex, 168/236; *RJTJSP*, 130/159.

12 *RT*, 632/141. Julgada a partilha, já não existe espólio (*RJTJSP*, 101/266, 102/221), que por isso não pode recorrer (*JTACSP*, 101/104), não sendo mais cabível ajuizar ação em nome deste (*JTACSP*, Lex, 146/241).

"III — prestar as primeiras e as últimas declarações pessoalmente ou por procurador com poderes especiais;

IV — exibir em cartório, a qualquer tempo, para exame das partes, os documentos relativos ao espólio;

V — juntar aos autos certidão do testamento, se houver;

VI — trazer à colação os bens recebidos pelo herdeiro ausente, renunciante ou excluído;

VII — prestar contas de sua gestão ao deixar o cargo ou sempre que o juiz lhe determinar;

VIII — requerer a declaração de insolvência".

Não obstante as declarações prestadas pelo inventariante gozem de **presunção de verdade**, incumbe-lhe **exibir em cartório, para exame das partes, quando solicitado**, os documentos relativos ao espólio.

Compete, ainda, ao inventariante, ouvidos os interessados e com autorização do juiz, nos termos do **art. 619** e incs. I a IV do Código de Processo Civil:

"I — alienar bens de qualquer espécie;

II — transigir em juízo ou fora dele;

III — pagar dívidas do espólio;

IV — fazer as despesas necessárias para a conservação e o melhoramento dos bens do espólio".

27.6.3. Remoção e destituição do inventariante

O inventariante poderá ser removido, a requerimento de qualquer interessado, nas hipóteses alinhadas no **art. 622** do Código de Processo Civil de 2015:

"I — se não prestar, no prazo legal, as primeiras ou as últimas declarações;

II — se não der ao inventário andamento regular, se suscitar dúvidas infundadas ou se praticar atos meramente protelatórios;

III — se, por culpa sua, bens do espólio se deteriorarem, forem dilapidados ou sofrerem dano;

IV — se não defender o espólio nas ações em que for citado, se deixar de cobrar dívidas ativas ou se não promover as medidas necessárias para evitar o perecimento de direitos;

V — se não prestar contas ou se as que prestar não forem julgadas boas;

VI — se sonegar, ocultar ou desviar bens do espólio".

A enumeração é **meramente exemplificativa**, podendo o inventariante ser removido por outras causas ou faltas que o incompatibilizem com o exercício do cargo. Tem-se decidido, com efeito, que "**não é exaustiva a enumeração do art. 995 do CPC [de 1973, atual art. 622]**, nada impedindo que outras causas que denotem deslealdade, improbidade, ou outros vícios, sejam válidas para a remoção do inventariante"[13].

---

13 *RTJ*, 94/738; *JTJ*, Lex, 192/205.

■ Remoção *ex officio* ou a pedido de qualquer interessado

Admite-se que a remoção seja determinada *ex officio* **pelo juiz ou a pedido de qualquer interessado**, máxime havendo interesse de incapazes ou de herdeiros ausentes. Nessa linha a diretriz traçada pelo Superior Tribunal de Justiça:

> "O inventariante pode ser removido **de ofício** pelo juiz, independentemente de requerimento dos herdeiros"[14].

Nesses casos, deverá o inventariante ser intimado para, no prazo de quinze dias, **defender-se e produzir provas** (CPC/2015, art. 623), correndo o incidente em apenso aos autos do inventário. O despacho de remoção deve ser fundamentado[15].

Cabe salientar que a **simples demora** na terminação do inventário não justifica a remoção. Em caso de indevida paralisação do processo, **não se admite arquivamento nem decreto extintivo**, sendo inaplicável, na espécie, a regra do art. 485, II e III, do estatuto processual. Incumbirá ao juiz, com fundamento no art. 139 do mesmo diploma, ordenar as medidas para promover o andamento do inventário, **podendo remover e substituir o inventariante relapso**, se necessário. Para tanto, é preciso que a demora tenha por causa a **culpa** do inventariante[16].

Se o juiz remover o inventariante, nomeará outro, observada a ordem do art. 617 (CPC/2015, art. 624). **O inventariante removido entregará imediatamente ao substituto os bens do espólio**; deixando de fazê-lo, será compelido mediante mandado de busca e apreensão, ou de imissão de posse, conforme se tratar de bem móvel ou imóvel (art. 625).

Permite o art. 627 do Código de Processo Civil de 2015 que as partes, no prazo comum de quinze dias para dizerem sobre as primeiras declarações, **reclamem "contra a nomeação de inventariante (inc. II)"**. Se acolher o pedido, o juiz destituirá o que se encontra no exercício do cargo e nomeará outro em seu lugar.

■ Destituição do inventariante

A remoção é espécie do gênero *destituição*. Esta é mais ampla e pode ocorrer **sem que haja ato culposo ou doloso** do inventariante. Ambas, no entanto, implicam perda do cargo de inventariante. Mas a *remoção* é determinada em consequência de uma falta, **no exercício do cargo**, relacionada ao inventário, enquanto a *destituição* é determinada em razão de um **fato externo ao processo**.

Como prelecionam Euclides de Oliveira e Sebastião Amorim, para haver a *destituição* "**basta que se configure impedimento legal ou falta de legitimação** para o exercício daquele encargo". A reclamação contra a nomeação do inventariante, aduzem, "pode ter origem inclusive na eventual inobservância da ordem de preferên-

---

14 REsp 163.741-BA, 3ª T., rel. Min. Waldemar Zveiter, *DJU*, 10-4-2000, p. 83. No mesmo sentido: *RJTJSP*, 132/309; *RTJ*, 109/751.

15 "O despacho de remoção deve ser fundamentado; e o juiz deve obedecer ao disposto no art. 996, ordenando a intimação do inventariante para oferecer defesa e indicar as provas que pretende produzir. É inadmissível a remoção de plano" (*RT*, 514/100; *RF*, 260/259).

16 *RT*, 479/97; *Bol. AASP*, 877/273.

cia para o exercício da inventariança, conforme a enumeração do artigo 990 do mesmo Código [de 1973, atual art. 617]"[17].

A jurisprudência do Superior Tribunal de Justiça é firme no sentido de que cabe **agravo de instrumento** contra a decisão proferida em incidente de remoção do inventariante, porque não põe termo ao inventário. Do mesmo modo a que resolve sobre reclamação **contra a nomeação** do inventariante[18].

Outros julgamentos emanados da mesma Corte proclamaram que as decisões são agraváveis, mas não existe erro grosseiro na interposição de apelação, aplicando, por isso, o princípio da fungibilidade dos recursos[19].

■ 27.7. O PROCESSAMENTO DO INVENTÁRIO

■ 27.7.1. Foro competente

O inventário é aberto no **foro do último domicílio** do finado, ainda que todos os interessados residam em localidades diversas (CC, arts. 1.785 e 1.796; CPC/2015, art. 48). Tem-se entendido, todavia, que a incompetência de foro diverso, *in casu*, é **meramente relativa** e, pois, prorrogável e insuscetível de ser conhecida *ex officio*[20].

Dispõe o art. 48 do Código de Processo Civil de 2015:

> "O foro de domicílio do autor da herança, no Brasil, é o competente para o inventário, a partilha, a arrecadação, o cumprimento de disposições de última vontade, a impugnação ou anulação de partilha extrajudicial e para todas as ações em que o espólio for réu, ainda que o óbito tenha ocorrido no estrangeiro.
>
> Parágrafo único. Se o autor da herança não possuía domicílio certo, é competente:
>
> I — o foro de situação dos bens imóveis;
>
> II — havendo bens imóveis em foros diferentes, qualquer destes;
>
> III — não havendo bens imóveis, o foro do local de qualquer dos bens do espólio".

Se o *de cujus* teve diversos domicílios, todos seriam, em princípio, hábeis a determinar a competência para o processamento do inventário. Nesse caso **será ela estabelecida pela *prevenção***, considerando-se competente o foro onde foi primeiro requerido[21].

Se os juízes em conflito tomaram conhecimento da inicial no mesmo dia, "prevalece a competência do juízo **onde primeiro foi prestado o compromisso de inventariante**"[22].

---

17 *Inventários e partilhas*, cit., p. 351.

18 *RSTJ*, 59/175; STJ, *RT*, 709/206.

19 *RSTJ*, 83/193; REsp 69.830-PR, 3ª T., rel. Min. Eduardo Ribeiro, *DJU*, 19-5-1997; REsp 337.374-BA, 4ª T., rel. Min. Barros Monteiro, *DJU*, 27-5-2002.

20 Súmula 58 do TFR; STJ, CComp 15.227-GO, 2ª Seção, rel. Min. Costa Leite, *DJU*, 20-5-1996, p. 16660; *RT*, 766/242, 797/324; *JTJ*, Lex, 167/186; *RJTJSP*, 103/267. No mesmo sentido: "A competência para o processo sucessório é relativa, não podendo ser arguida de ofício" (STJ, CComp 13.646-6-PR, 2ª Seção, rel. Min. Ruy Rosado de Aguiar, *DJU*, 25-9-1995, p. 31059).

21 STJ, CComp 6.539-RO, 2ª Seção, rel. Min. Dias Trindade, *DJU*, 11-4-1994, p. 7584.

22 TFR, CComp 7.487-PA, 1ª Seção, rel. Min. Milton Luiz Pereira, *DJU*, 3-5-1989, p. 6735.

Sendo **interdito** o autor da herança, "o foro competente para o inventário é **o do seu curador**, *ex vi* dos arts. 36 do Código Civil e 48 do Código de Processo Civil de 2015, não admitida prova em contrário, sendo irrelevante o lugar da situação dos bens ou da sua residência ou do óbito"[23].

■ **Competência do foro da situação do imóvel**

Determinada a competência de *foro*, caberá definir o juízo do inventário, de acordo com as normas locais de organização judiciária. Não obstante em razão da *vis attractiva* do inventário (CPC, art. 48) as ações propostas contra o espólio devam correr no foro do seu processamento, não são por ele atraídas as causas referidas na parte final do art. 47, *caput* e § 1º, que são de competência do **foro da situação do imóvel**, ainda que o espólio seja réu.

■ **Competência internacional**

No âmbito da competência internacional, dispõe o art. 23 do Código de Processo Civil de 2015:

> "Compete à autoridade judiciária brasileira, com exclusão de qualquer outra:
>
> I — conhecer de ações relativas a imóveis situados no Brasil;
>
> II — em matéria de sucessão hereditária, proceder à confirmação de testamento particular e ao inventário e à partilha de bens situados no Brasil, ainda que o autor da herança seja de nacionalidade estrangeira ou tenha domicílio fora do território nacional".

Observa-se que o interesse do legislador circunscreve-se aos **bens aqui situados**. Por isso, na sucessão *mortis causa*, "o juízo do inventário e partilha não deve, no Brasil, cogitar de imóveis sitos no estrangeiro"[24]. Serão estes inventariados e partilhados **no país em que estão localizados**. Se porventura for aberto, em país estrangeiro, processo de inventário e partilha dos **bens situados no Brasil, a sentença aqui não terá validade**, nem induzirá litispendência (CPC/2015, art. 24).

O Supremo Tribunal Federal teve a oportunidade de proclamar, a propósito da pluralidade de juízos sucessórios:

> "Partilhados os bens deixados em herança no estrangeiro, segundo a lei sucessória da situação, descabe à Justiça brasileira computá-los na cota hereditária a ser partilhada no País, em detrimento do princípio da pluralidade dos juízos sucessórios, consagrada pelo art. 89-II do CPC [de 1973]"[25].

■ 27.7.2. Pedido de abertura

O requerimento de abertura do inventário será instruído obrigatoriamente com a **certidão de óbito** do *de cujus* (CPC/2015, art. 615, parágrafo único) e com a **procuração** outorgada ao advogado que assinar a petição (art. 103). O requerente juntará,

---

23 *RSTJ*, 75/309; STJ, *RT*, 713/224.

24 *RSTJ*, 103/243.

25 *RTJ*, 110/750.

também, quaisquer outros documentos comprobatórios de interesse processual, como a **cédula testamentária, certidão de casamento do viúvo-meeiro, certidões de nascimento dos herdeiros** etc.

Presumem-se verdadeiras as declarações do inventariante devidamente compromissado. No caso de haver impugnação às declarações, a comprovação documental é de rigor, para ensejar a decisão judicial[26].

De qualquer modo, incumbe ao inventariante, dentre outros deveres, "**exibir em cartório**, a qualquer tempo, para exame das partes, os documentos relativos ao espólio" (CPC, art. 618, IV). Cabe ao juiz a prerrogativa de, na direção do processo e sempre que entender necessário, **determinar que os documentos sejam exibidos em cartório** para seu exame e dos interessados.

■ 27.7.3. Prestação das primeiras declarações

Preceitua o art. 620 do Código de Processo Civil de 2015 que o inventariante deverá prestar as **primeiras declarações dentro de vinte dias**, contados da data em que prestou o compromisso. No termo, assinado pelo juiz, escrivão e inventariante, serão exarados:

> "I — o nome, o estado, a idade e o domicílio do autor da herança, o dia e o lugar em que faleceu e se deixou testamento;
>
> II — o nome, o estado, a idade, o endereço eletrônico e a residência dos herdeiros e, havendo cônjuge ou companheiro supérstite, além dos respectivos dados pessoais, o regime de bens do casamento ou da união estável;
>
> III — a qualidade dos herdeiros e o grau de parentesco com o inventariado;
>
> IV — a relação completa e individuada de todos os bens do espólio, inclusive aqueles que devem ser conferidos à colação, e dos bens alheios que nele forem encontrados (...)".

Os **bens serão descritos com individuação e clareza**, assim como os alheios encontrados na herança.

Dispõe o mencionado inc. IV, em complementação, que serão descritos:

> "*a)* os imóveis, com as suas especificações, nomeadamente local em que se encontram, extensão da área, limites, confrontações, benfeitorias, origem dos títulos, números das matrículas e ônus que os gravam;
>
> *b)* os móveis, com os sinais característicos;
>
> *c)* os semoventes, seu número, suas espécies, suas marcas e seus sinais distintivos;
>
> *d)* o dinheiro, as joias, os objetos de ouro e prata e as pedras preciosas, declarando-se-lhes especificadamente a qualidade, o peso e a importância;
>
> *e)* os títulos da dívida pública, bem como as ações, as quotas e os títulos de sociedade, mencionando-se-lhes o número, o valor e a data;
>
> *f)* as dívidas ativas e passivas, indicando-se-lhes as datas, os títulos, a origem da obrigação e os nomes dos credores e dos devedores;

[26] Euclides de Oliveira e Sebastião Amorim, *Inventários e partilhas*, cit., p. 340.

g) direitos e ações;

h) o valor corrente de cada um dos bens do espólio".

Mesmo que os imóveis **não estejam registrados em nome do *de cujus* no registro de imóveis, devem ser descritos no inventário**, se lhe pertenciam e se encontravam em sua posse. Os bens pertencentes ao *de cujus* em **comunhão com o seu cônjuge** devem ser relacionados integralmente, e não apenas a parte ideal que lhe pertencia.

Como se verifica, o diploma processual é bastante explícito e minucioso quanto às declarações exigidas e sobre o seu conteúdo, **objetivando, assim, uma perfeita individualização e caracterização dos bens**, bem como a correta e completa indicação dos herdeiros, demais sucessores, credores e devedores.

Em virtude da obrigação legal de averbação das alterações feitas em imóveis, "é legítima a decisão judicial que condiciona o prosseguimento da ação de inventário à regularização, perante o cartório competente, dos bens que compõem o acervo submetido à partilha. A condição não representa obstáculo ao direito de exercício da ação, mas principalmente o cumprimento de condicionantes estabelecidas pelo próprio sistema legal"[27].

Observa-se, no tocante aos **bens alheios que se acharem no espólio**, referidos no inc. IV do art. 620, **que devem ser relacionados**, com a menção a seus proprietários, quando conhecidos, para que possam ser destacados da partilha. O inventariante mencionará, igualmente, as **penhoras, os sequestros, litígios e ônus** a que os bens da herança estejam sujeitos.

Aduz o § 1º do art. 620:

"O juiz determinará que se proceda:

I — ao balanço do estabelecimento, se o autor da herança era empresário individual;

II — à apuração de haveres, se o autor da herança era sócio de sociedade que não anônima".

Para a **confecção do balanço**, no caso de autor da herança que era comerciante em nome individual, **o juiz nomeará um perito**, nos termos do parágrafo único do art. 630 do Código de Processo Civil de 2015.

Se o autor da herança era **sócio de sociedade não anônima**, somente haverá a apuração dos haveres do falecido no caso de a morte do sócio **não acarretar a liquidação da sociedade**. O contrato social costuma ser expresso, determinando a maneira pela qual se processa a apuração de haveres e como se solverá a quota do sócio falecido. No caso de sociedade simples, liquida-se a quota do sócio morto, nos termos do art. 1.028 do Código Civil[28].

---

27 STJ, 3ª T., rel. Min. Nancy Andrighi, disponível in Revista *Consultor Jurídico* de 21-5-2018.

28 Euclides de Oliveira e Sebastião Amorim, *Inventários e partilhas*, cit., p. 358; Washington de Barros Monteiro, *Curso de direito civil*, v. 6, p. 280.

■ 27.7.4. Fase das impugnações. Questões de alta indagação

Reduzidas *a termo* as primeiras declarações, com observância do disposto no art. 620 do Código de Processo Civil de 2015, o juiz mandará **citar os interessados** no inventário e na partilha, quais sejam, o cônjuge ou o companheiro, os herdeiros e os legatários, e intimar a Fazenda Pública, o Ministério Público, se houver herdeiro incapaz ou ausente, e o testamenteiro, se houver testamento (CPC, art. 626).

Concluídas as citações, abrir-se-á vista às partes, em cartório e pelo prazo comum de dez dias, **para dizerem sobre as primeiras declarações**. Cabe à parte, segundo estatui o art. 627 do Código de Processo Civil:

"I — arguir erros, omissões e sonegação de bens;

II — reclamar contra a nomeação do inventariante;

III — contestar a qualidade de quem foi incluído no título de herdeiro".

■ Arguição de erros e omissões (inc. I)

Se o juiz, ouvidos os interessados, e colhidas as provas, julgar procedente a impugnação referida no inc. I, mandará retificar as declarações prestadas.

■ Reclamação contra a nomeação do inventariante

Acolhendo o pedido de que trata o **inc. II**, deverá nomear outro inventariante, observando a preferência legal.

■ Contestação da qualidade de quem foi incluído no título de herdeiro

Se verificar que a questão sobre a qualidade de herdeiro **(inc. III)** constitui matéria de **alta indagação**, remeterá a parte para os **meios ordinários** e **sobrestará**, até o julgamento final da ação a ser proposta, **na entrega do quinhão que couber na partilha ao herdeiro admitido** (CPC, art. 627 e parágrafos).

Não tendo impugnado, nessa oportunidade, a qualidade de herdeiro, não mais poderão fazê-lo os interessados. Se impugnarem, poderá o juiz **decidir de plano a impugnação**, caso encontre elementos no próprio inventário. **Questões de direito, mesmo intrincadas, e questões de fato documentadas resolvem-se no juízo do inventário, e não na via ordinária**[29].

Dispõe, com efeito, o art. 612 do Código de Processo Civil de 2015 que "o juiz decidirá todas as questões de direito desde que os fatos relevantes estejam provados por documento, só remetendo para as vias ordinárias as questões que dependerem de outras provas".

Já se decidiu que questão de alta indagação "não é uma intrincada, difícil e debatida questão de direito, mas o fato incerto que depende de prova ***aliunde***, isto é, **de prova a vir de fora do processo, a ser colhida em outro feito**"[30].

Verificando, porém, tratar-se de fato de matéria de **alta indagação**, por exemplo a admissão de herdeiro que envolva investigação de paternidade ou maternidade, o juiz remeterá as partes para os meios ordinários, como referido.

---

29 STJ, REsp 114.524-RJ, 4ª T., rel. Min. Sálvio de Figueiredo, *DJU*, 23-6-2003, p. 371.

30 *JTJ*, Lex, 171/197. No mesmo sentido: *JTJ*, Lex, 211/98; *RT*, 603/63.

A **união estável**, como se tem decidido, **pode ser reconhecida nos próprios autos do inventário do companheiro**, desde que provada documentalmente[31] ou desde que os herdeiros e interessados na herança, maiores e capazes, estejam de acordo[32].

Como se tem decidido, é possível o reconhecimento de união estável nos próprios autos do inventário, desde que suficientemente provada por documentos e não se tratando de questão de alta indagação, em atendimento ao princípio da instrumentalidade do processo[33], quando os herdeiros e interessados na herança, maiores e capazes, estejam de acordo.

■ **Reserva do quinhão do herdeiro excluído**

Quem se julgar preterido poderá demandar a sua **admissão** no inventário, enquanto não efetivada a partilha. Ouvidas as partes no prazo de quinze dias, o juiz decidirá. Se não acolher o pedido, "remeterá o requerente às vias ordinárias, mandando **reservar, em poder do inventariante, o quinhão do herdeiro excluído** até que se decida o litígio" (CPC, art. 628, *caput* e §§ 1º e 2º).

O Superior Tribunal de Justiça deixou assentado, todavia, que, "no inventário, o pedido de reserva de bens de que trata o art. 1.001 do CPC [de 1973] tem as características de uma **medida cautelar**, exigindo para seu deferimento a presença dos pressupostos do *periculum in mora* e do *fumus boni juris*"[34].

■ 27.7.5. Avaliação dos bens inventariados

Decididas as questões suscitadas nessa primeira fase, segue-se a **avaliação** dos bens inventariados, que servirá de base de cálculo do imposto de transmissão *causa mortis* e possibilitará uma correta partilha dos bens.

Preceitua o art. 630 do Código de Processo Civil de 2015 que, "findo o prazo do art. 627, sem impugnação ou decidida a impugnação que houver sido oposta, **o juiz nomeará, se for o caso, perito** para avaliar os bens do espólio, se não houver na comarca avaliador judicial".

Acrescenta o parágrafo único que, "na hipótese prevista no art. 620, § 1º, o juiz nomeará perito para avaliação das quotas sociais ou apuração dos haveres".

A **avaliação é dispensável**, do ponto de vista fiscal, quando já houver prova do valor dos bens cadastrados pelo Poder Público municipal para fins de cobrança de **IPTU** — Imposto sobre a Propriedade Territorial Urbana **(valor venal)** ou pelo **INCRA** — Instituto Nacional de Colonização e Reforma Agrária (imóveis rurais), bem como **se os herdeiros forem capazes e a Fazenda Pública concordar com o valor atribuído nas primeiras declarações** (CPC, art. 633).

31 STJ, *RT*, 734/257; *JTJ*, Lex, 207/193, 260/295.

32 *JTJ*, Lex, 183/179.

33 TJMS, Ap. 1404741-30.2019.812.0000, 4ª Câm. Cív., rel. Des. Alexandre Bastos, *DJe*, 29-5-2019.

34 *RT*, 747/209. No mesmo sentido: "O simples trâmite da ação movida pelo herdeiro excluído não gera o direito de reserva de bens em poder do inventariante, porque sempre se fará necessária a conjugação dos requisitos da relevância do direito e do perigo na demora, apesar de remetida a parte à via ordinária" (STJ, REsp 423.192-SP, 3ª T., rel. Min. Nancy Andrighi, *DJU*, 28-10-2002, p. 311).

Tem-se decidido que a Fazenda Pública não pode requerer avaliação **se foi feita a prova do valor fiscal ou cadastral** dos bens inventariados e os herdeiros concordaram com esse valor[35].

Bens situados fora da comarca são avaliados por **precatória**, salvo se forem de **pequeno valor ou perfeitamente conhecidos do perito nomeado**, conforme estabelece o art. 632 do diploma processual.

Entregue o laudo de avaliação, o juiz mandará que as partes se manifestem sobre ele no prazo de quinze dias, que correrá em cartório (CPC, art. 635). Se a **impugnação versar sobre o valor dado pelo perito**, o juiz deverá decidir de plano, levando em consideração os elementos do processo (§ 1º). Se julgar procedente a impugnação, determinará que o perito retifique a avaliação, observando este os fundamentos da decisão (§ 2º).

Em realidade, a avaliação se justifica sempre que haja **discordância entre os herdeiros** ou em caso de partilha diferenciada envolvendo **incapazes**. O seu escopo principal é alcançar, na partilha, a **igualdade dos quinhões**. Para efeito de partilha, deve ser renovada se, pelo decurso de longo tempo, tiver ocorrido grande alteração dos valores atribuídos inicialmente aos bens[36].

Da mesma forma, como tem proclamado o Superior Tribunal de Justiça, para o cálculo do imposto *causa mortis* é cabível a realização de **nova avaliação** dos bens inventariados, se os valores atribuídos já se encontram **defasados**[37].

27.7.6. Últimas declarações do inventariante

Aceito o laudo, ou resolvidas as impugnações suscitadas a seu respeito, lavrar-se-á em seguida o **termo de *últimas declarações***, no qual o inventariante poderá emendar, aditar ou complementar as primeiras (CPC/2015, art. 636).

É a oportunidade para a **descrição de bens que foram esquecidos ou omitidos** por alguma falha ou até mesmo desconhecimento, para retificar as primeiras declarações e fornecer elementos que possam facilitar a partilha dos bens. As últimas declarações devem ser prestadas, ainda que para apenas informar que nada há a acrescentar ou corrigir.

As partes serão ouvidas sobre as últimas declarações no prazo comum de quinze dias (CPC, art. 637), **podendo arguir a sonegação de bens, pelo inventariante, somente após a declaração por ele feita de não existirem outros a inventariar** (CPC, art. 621), **ou por algum herdeiro**, depois de declarar que não os possui (CC, art. 1.996).

Por essa razão, é recomendável que o inventariante, *ad cautelam*, **proteste por trazer ao inventário, a qualquer tempo, declaração da existência de outros bens** eventualmente omitidos sem sua culpa, ou qualquer outro esclarecimento destinado a possibilitar e facilitar a atribuição dos bens inventariados[38].

---

35 *RT*, 492/104; *RJTJSP*, 37/145.

36 *RTJ*, 110/416.

37 REsp 14.880-0-MG, 1ª T., rel. Min. Demócrito Reinaldo, *DJU*, 19-6-1995, p. 18636.

38 Euclides de Oliveira e Sebastião Amorim, *Inventários e partilhas*, cit., p. 371.

■ 27.7.7. Liquidação dos impostos

Após a manifestação das partes sobre as últimas declarações, procede-se ao **cálculo do imposto *causa mortis*** (CPC/2015, art. 637), sobre o qual serão ouvidas todas as partes, inclusive o representante do Ministério Público, se houver interesse de menores ou incapazes, e a Fazenda Pública. Homologado por sentença, **são expedidas guias para o pagamento, encerrando-se o inventário**.

Segundo proclama a Súmula 112 do Supremo Tribunal Federal, "o imposto de transmissão *causa mortis* é devido pela alíquota vigente **ao tempo da abertura da sucessão**". Por outro lado, o aludido imposto, calculado sobre o valor encontrado na avaliação, deve ser **corrigido monetariamente**[39].

Se a Fazenda do Estado e todos os interessados concordarem com o cálculo do imposto, não há necessidade de ser feito outro pelo contador do juízo, ainda que haja herdeiro menor[40].

Quando houver, no espólio, bem compromissado à venda pelo finado, o imposto será calculado sobre o crédito existente, ou seja, sobre o preço a receber e cujo valor será transmitido aos herdeiros. Dispõe nesse sentido a Súmula 590 do Supremo Tribunal Federal: "Calcula-se o imposto de transmissão ***causa mortis* sobre o saldo credor da promessa de compra e venda de imóvel**, no momento da abertura da sucessão do promitente vendedor".

Incide o imposto de **transmissão *inter vivos*** sobre o valor dos **imóveis** que, na partilha, forem atribuídos ao cônjuge supérstite, a qualquer herdeiro, legatário ou cessionário, **acima da respectiva meação ou quinhão**.

■ 27.8. FASE DA PARTILHA

Passa-se, em seguida, à fase da partilha. O juiz facultará às partes a formulação, no prazo de quinze dias, de pedido de quinhão e, após, proferirá o **despacho de deliberação** da partilha, que é **irrecorrível**, resolvendo as solicitações e designando os bens que devam constituir o quinhão de cada herdeiro e legatário (CPC/2015, art. 647)[41].

Dispõe o art. 2.014 do Código Civil:

> "Pode o testador indicar os bens e valores que devem compor os quinhões hereditários, deliberando ele próprio a partilha, que prevalecerá, salvo se o valor dos bens não corresponder às quotas estabelecidas".

A jurisprudência conforma que se deve respeitar a vontade do testador em evitar o condomínio entre os herdeiros: "Sob tal perspectiva, nada obsta a realização da partilha dispondo de bens diversos a cada um dos herdeiros, desde que se assegure as respectivas quotas hereditárias a cada um dos herdeiros"[42].

---

39 STJ, REsp 17.132-0-PR, 2ª T., rel. Min. Américo Luz, *DJU*, 20-3-1995, p. 1604.

40 *Bol. AASP*, 1.399/247.

41 É irrecorrível o despacho de deliberação de partilha (*RT*, 506/123; *RJTJSP*, 103/153).

42 TJSP, Apel. 1002461-872016.8.26.0576, São José do Rio Preto, 7ª Câm. Dir. Priv., rel. Des. Rômolo Russo, j. 22-10-2019.

O partidor organizará o **esboço** de acordo com a decisão do juiz. **Contra a sentença que julga a partilha cabe recurso de apelação.**

Nada obsta a que os interessados, sendo capazes, façam **"partilha amigável**, por escritura pública, termo nos autos do inventário, ou escrito particular, homologado pelo juiz", na dicção do art. 2.015 do Código Civil (*v.* "Da partilha", n. 31, *infra*).

O procedimento será obrigatoriamente **judicial** se o *de cujus* **deixou testamento**. Somente nesse caso a partilha amigável *post mortem* será **homologada pelo juiz**. Sempre que os herdeiros maiores concordarem com a partilha amigável e buscarem a **via administrativa**, a escritura pública de partilha valerá, por si só, como título hábil para o registro imobiliário (Lei n. 11.441, de 4-1-2007, art. 1º; CPC/2015, art. 610, § 1º).

■ 27.9. O ARROLAMENTO SUMÁRIO

■ 27.9.1. Conceitos e requisitos

O arrolamento sumário constitui forma simplificada de inventário-partilha, permitida quando **todos os herdeiros são capazes e convierem em fazer partilha amigável** dos bens deixados pelo falecido, qualquer que seja o seu valor.

Dispõe o art. 659, *caput*, do Código de Processo Civil de 2015 que "a partilha amigável, celebrada entre partes capazes, nos termos da lei, será **homologada de plano** pelo juiz, com observância dos arts. 660 a 663".

Os interessados, escolhendo essa espécie de procedimento, apresentarão a partilha amigável, por **escritura pública, termo nos autos do inventário, ou escrito particular** (CC/2002, art. 2.015, correspondente ao art. 1.773 do Código revogado), que será simplesmente **homologada, de plano**, pelo juiz, provada a quitação dos impostos.

Basta que os interessados, portanto, elejam essa espécie de procedimento, constituindo procurador e apresentando para homologação a partilha amigável, por instrumento público ou particular. Pode ser utilizado também para homologar **pedido de adjudicação, quando houver herdeiro único**, como prevê o § 1º do art. 659 do diploma processual.

A participação na herança de herdeiros incapazes constitui empeço à adoção do mencionado procedimento simplificado, assim como a existência de interessado ausente, que deva ser citado e não seja localizado. **É nulo o processo de arrolamento se não requerido por todos os interessados**, que, além do mais, devem ser capazes[43].

Se houver **testamento**, exigem-se **os mesmos requisitos**, ou seja, poderão os interessados propor a partilha amigável por meio do arrolamento sumário, desde que capazes, **mas sob a fiscalização do testamenteiro e do representante do Ministério Público**.

Os herdeiros casados deverão juntar também a **procuração outorgada pelos respectivos cônjuges**, em razão do caráter **negocial** da partilha amigável, máxime se a divisão dos bens não for igualitária[44].

---

43 *RT*, 607/167.

44 Euclides de Oliveira e Sebastião Amorim, *Inventários e partilhas*, cit., p. 457-458.

Denunciado o acordo por uma das partes, antes de homologada em juízo a partilha amigável, esta juridicamente não existe e, por isso, não constitui título executivo judicial[45].

Em razão da possibilidade, criada pela Lei n. 11.441, de 4 de janeiro de 2007, e reafirmada pelos §§ 1º e 2º do art. 610 do novo Código de Processo Civil, de se realizarem o inventário e a partilha administrativamente, mediante escritura pública, que não precisa ser homologada em juízo, o procedimento **judicial** de arrolamento sumário fica reservado aos casos em que o falecido deixou **testamento**, ou em que, mesmo não havendo manifestação de última vontade, **as partes preferirem essa via**, em face do caráter opcional da celebração de inventário por escritura pública.

27.9.2. Fases processuais

Preceitua o art. 660 do Código de Processo Civil de 2015:

> "Na petição de inventário, que se processará na forma de arrolamento sumário, independentemente da lavratura de termos de qualquer espécie, os herdeiros:
> I — requererão ao juiz a nomeação do inventariante que designarem;
> II — declararão os títulos dos herdeiros e os bens do espólio, observado o disposto no art. 630;
> III — atribuirão o valor dos bens do espólio, para fins de partilha".

Na petição, portanto, os herdeiros deverão requerer a **nomeação do inventariante** por eles próprios indicado e apresentar o **rol de herdeiros** e a **relação de bens**, atribuindo-lhes o valor sumário, para fins de partilha. Além da partilha, a inicial deve estar instruída com a **certidão de óbito e com certidões negativas dos tributos relativos aos bens do espólio**. É importante, também, estarem todos os interessados representados nos autos, para que o procedimento tenha a rapidez desejada.

Para fins fiscais, **toma-se por base o valor atribuído aos bens pelos interessados**. Não se apreciam questões relativas ao imposto *causa mortis* e à taxa judiciária, ressalvado ao fisco o direito de cobrar administrativamente eventuais diferenças (CPC, art. 662, §§ 1º e 2º).

Dispensa-se por isso a citação da Fazenda, que não intervém no arrolamento sumário em vista da homologação de plano da partilha. Deverá, no entanto, **ser cientificada da sentença homologatória**, mediante publicação pela imprensa, em razão do seu interesse no recolhimento do imposto *causa mortis*, sendo-lhe facultado exigir eventual diferença na via administrativa, mediante lançamento complementar, uma vez que não fica adstrita aos valores dos bens do espólio atribuídos pelos herdeiros[46].

---

45 *JTJ*, Lex, 192/208.

46 "Não se dá vista, no arrolamento, à Fazenda Pública. Qualquer questão fiscal deve ser tratada na esfera administrativa" (*RF*, 286/275). "Imprimindo ao feito o rito sumário do arrolamento, é defesa a intervenção da Fazenda Pública, a teor do disposto no art. 1.034 e §§ do CPC [de 1973, atual art. 662]" (Theotonio Negrão, *Código de Processo Civil*, cit., nota 1 ao art. 1.034). "No arrolamento não cabe o conhecimento e apreciação sobre pretendida isenção de taxas judiciárias ou tributos incidentes sobre a transmissão da propriedade dos bens do espólio" (*Bol. AASP*, 2.380/3171).

Dispõe, com efeito, o § 2º do art. 662 do Código de Processo Civil que "o imposto de transmissão será objeto de lançamento administrativo, conforme dispuser a legislação tributária, não ficando as autoridades fazendárias adstritas aos valores dos bens do espólio atribuídos pelos herdeiros".

Todavia, "mesmo em se tratando de arrolamento sumário, **a expedição do formal de partilha e do alvará** requerido fica condicionada ao pagamento dos impostos devidos à Fazenda Pública Estadual"[47].

Se **incabível o arrolamento, deve ser convertido em inventário**, feitas as devidas adaptações. Inversamente, o inventário pode a todo tempo ser convertido em arrolamento, se este for cabível[48].

■ 27.9.3. Eliminação de termos e dispensa de avaliação

O art. 660 do Código de Processo Civil de 2015 **dispensa, expressamente, a lavratura de termos de qualquer espécie**. Desse modo, ao contrário do que sucede no inventário, não se lavram, no arrolamento sumário, os termos das declarações iniciais e o de partilha. Também se desobriga o inventariante de prestar compromisso nos autos, desburocratizando, assim, o procedimento.

Não se procede, também, à *avaliação* dos bens do espólio. Prescreve o art. 661 do Código de Processo Civil de 2015 que, "ressalvada a hipótese prevista no parágrafo único do art. 663, não se procederá à avaliação dos bens do espólio para nenhuma finalidade".

A estimativa feita pelo inventariante, no caso dos imóveis, não pode ser, entretanto, inferior à dos lançamentos fiscais relativos ao ano do óbito do *de cujus*, pois o § 2º do art. 659 do diploma processual exige que o pedido de arrolamento seja instruído com **prova da quitação dos tributos relativos aos bens do espólio e às suas rendas**, para fins de homologação da partilha.

O art. 663 do aludido Código requer, porém, **a avaliação, se houver credores do espólio com direito a reserva de bens** suficientes para o pagamento da dívida e estes impugnarem a estimativa. Nesse caso, a reserva não será feita pelo valor estimado pelos interessados, mas pelo da avaliação.

A partilha é **homologada de plano pelo juiz**, mediante prova da quitação dos impostos. Será dispensada e substituída pela *adjudicação* se houver um único herdeiro. Decorrido o prazo para recurso, é expedido o formal de partilha ou a carta de adjudicação.

■ 27.10. O ARROLAMENTO COMUM

■ 27.10.1. Conceito e requisitos

O arrolamento será comum quando **o valor dos bens não exceder a 1.000 salários mínimos** (CPC, art. 664).

---

47 *RT*, 810/221.

48 *RT*, 599/65; *RJTJSP*, 107/243.

Tal modalidade constitui também **forma simplificada** de inventário de bens, porém específico para os de **pequeno valor**, até o limite de valor mencionado. Difere do arrolamento *sumário* porque neste é condição básica a **concordância** de partes capazes, enquanto no *comum* **basta o reduzido valor da herança**, sendo **obrigatória** a sua adoção, ainda que não representados todos os herdeiros e mesmo que haja ausentes ou incapazes, ou testamento. Nesses casos, haverá intervenção do Ministério Público.

27.10.2. Plano de partilha

O inventariante nomeado apresentará as suas *declarações* independentemente da assinatura de termo de compromisso, com a **estimativa** do valor dos bens do espólio e o **plano de partilha**. Se o valor atribuído aos bens for impugnado, far-se-á a **avaliação**. Apresentado o laudo, em dez dias, pelo avaliador nomeado, o juiz deliberará sobre a partilha, **decidindo de plano todas as reclamações** e mandando pagar as dívidas não impugnadas (CPC, art. 664, §§ 1º e 2º).

O esboço ou **plano de partilha** deve conter os respectivos orçamentos e folhas de pagamento a cada parte, com os **dados completos**, de modo a possibilitar o oportuno registro, com relação aos imóveis, e a prevenir problemas futuros com aditamentos ou retificações. Os interessados, devidamente citados, poderão **impugnar** o plano apresentado, propondo novo esboço, a exigir deliberação judicial.

Desde que os bens admitam **divisão cômoda**, a partilha será feita atendendo-se à perfeita **igualdade dos quinhões**. Não sendo isso possível, ficarão eles **indivisos**, fazendo-se a partilha em partes ideais, na proporção dos quinhões.

Aplica-se à hipótese, no que couber, o disposto no art. 662 do mesmo diploma, que não permite discussão sobre o imposto *causa mortis* devido, ressalvando à Fazenda a cobrança, via administrativa, de eventual diferença.

Provada a quitação dos tributos relativos aos bens do espólio e às suas rendas, **o juiz julgará a partilha** (CPC, art. 664, § 5º). Após o julgamento será recolhido o imposto *causa mortis*, expedindo-se o competente **formal** ou **carta de adjudicação**.

27.11. O INVENTÁRIO ADMINISTRATIVO

27.11.1. Introdução

Visando racionalizar os procedimentos e simplificar a vida dos cidadãos, bem como desafogar o Poder Judiciário, a Lei n. 11.441, de 4 de janeiro de 2007, oferece à coletividade outro procedimento além do judicial, possibilitando a realização de inventário e partilha amigável por **escritura pública, independentemente de homologação judicial**, quando todos os interessados sejam **capazes** e **não haja testamento**. Assim, o inventário deixou de ser procedimento exclusivamente judicial.

A inovação não segue, pois, os princípios do direito processual civil, mas do procedimento **notarial, extrajudicial**. Efetivou-se com a alteração dos arts. 982, 983 e 1.031 do Código de Processo Civil de 1973, **sendo reafirmada no art. 610, §§ 1º e 2º, do novo diploma processual**, com a seguinte redação:

> "Art. 610. Havendo testamento ou interessado incapaz, proceder-se-á ao inventário judicial.

§ 1º Se todos forem capazes e concordes, o inventário e a partilha poderão ser feitos por escritura pública, a qual constituirá documento hábil para qualquer ato de registro, bem como para levantamento de importância depositada em instituições financeiras.

§ 2º O tabelião somente lavrará a escritura se todas as partes interessadas estiverem assistidas por advogado ou por defensor público, cuja qualificação e assinatura constarão do ato notarial".

Malgrado se deva proceder ao inventário judicial se houver testamento, conforme estabelecido no *caput* do art. 610, supratranscrito, a Corregedoria Geral da Justiça do Estado de São Paulo publicou, no dia 28 de junho de 2016, o Provimento n. 37, **autorizando a lavratura de inventário extrajudicial** nos casos em que houver testamento válido, **desde que haja prévia autorização do juízo sucessório competente**. A partir, pois, do deferimento do pedido, o tabelião de notas poderá lavrar a escritura de inventário. Trata-se de mais uma medida destinada a desafogar o Poder Judiciário.

■ 27.11.2. Caráter facultativo do procedimento administrativo

A redação conferida ao retrotranscrito § 1º do art. 610 do Código de Processo Civil de 2015, com a utilização do verbo **"poderão"**, indica o caráter *facultativo* do procedimento administrativo. A escolha fica a critério das partes. Entende-se, pois, que a criação do procedimento administrativo do inventário e partilha extrajudiciais, mediante escritura pública, **não obsta à utilização da via judicial correspondente**.

Há, efetivamente, situações que justificam o interesse em promover o arrolamento judicial, não obstante estejam as partes concordes com a partilha, como, *v.g.*, quando haja necessidade de **prévio levantamento de dinheiro ou de venda de bens** deixados pelo *de cujus*, para a obtenção de numerário destinado ao recolhimento de impostos em atraso, bem como ao atendimento dos encargos do processo.

O art. 2º da Resolução n. 35, de 24 de abril de 2007, do Conselho Nacional de Justiça, proclama ser "facultada aos interessados a opção pela via judicial ou extrajudicial, podendo ser solicitada, **a qualquer momento**, a suspensão, pelo prazo de 30 dias, ou a **desistência da via judicial**, para promoção da via extrajudicial".

■ 27.11.3. Dispensa de homologação judicial da partilha

Ante a inequívoca redação dada ao § 1º do art. 610 do Código de Processo Civil de 2015, sempre que as partes maiores e capazes, estando concordes com a partilha, procurarem a via administrativa, a escritura pública lavrada pelo notário, de partilha amigável, valerá, por si, como **título hábil para o registro imobiliário, dispensando a exigência de homologação judicial**.

Além de constituir título hábil para o registro imobiliário, que é o seu efeito principal, a escritura de partilha amigável serve também para outros fins, como **autorizar o levantamento, pelos herdeiros, de valores que se acham depositados em instituições financeiras** em conta do falecido, sem necessidade de exibição de alvará judicial, bem como a **transferência da propriedade de veículos no DETRAN e outras providências**, decorrentes da partilha, perante a Junta Comercial, o Registro Civil de Pessoas Jurídicas, as companhias telefônicas etc.

Nessa linha dispõe o art. 3º da Resolução n. 35 do Conselho Nacional de Justiça:

"Art. 3º As escrituras públicas de inventário e partilha, separação e divórcio consensuais não dependem de homologação judicial e são títulos hábeis para o registro civil e o registro imobiliário, para a transferência de bens e direitos, bem como para promoção de todos os atos necessários à materialização das transferências de bens e levantamento de valores (DETRAN, Junta Comercial, Registro Civil de Pessoas Jurídicas, instituições financeiras, companhias telefônicas, etc.)".

27.11.4. Partes interessadas

Consideram-se *partes interessadas* na lavratura da escritura pública de inventário e partilha:

- o cônjuge sobrevivente;
- o companheiro sobrevivente;
- os herdeiros legítimos;
- eventuais cessionários; e
- eventuais credores.

As **partes e respectivos cônjuges** devem estar, na escritura, **nomeados e qualificados**, mencionando-se: nacionalidade, profissão, idade, estado civil, regime de bens, data do casamento, pacto antenupcial e seu registro imobiliário, número do documento de identidade, número de inscrição no CPF/MF, domicílio e residência.

A **cessão de direitos hereditários** efetiva-se também por escritura pública (CC, art. 1.793). Pode ser total ou parcial, conforme o interesse dos herdeiros. O cessionário comparece ao inventário judicial ou à escritura pública em substituição ao herdeiro cedente, assumindo a posição de parte.

O inventário extrajudicial pode ser promovido por **cessionário** de direitos hereditários, mesmo na hipótese de cessão de parte do acervo, desde que todos os herdeiros estejam presentes e concordes (Res. CNJ n. 35/2007, art. 16).

Os **cônjuges dos herdeiros** deverão comparecer ao ato de lavratura da escritura pública de inventário e partilha quando houver **renúncia** ou algum tipo de **partilha** que **importe em transmissão**, exceto se o casamento se der sob o regime da separação absoluta.

O **companheiro** que tenha direito à sucessão **é parte**, observada a necessidade de ação judicial se o autor da herança não deixar outro sucessor ou não houver consenso de todos os herdeiros, inclusive quanto ao reconhecimento da união estável. A **meação de companheiro** pode ser reconhecida na escritura pública, desde que todos os herdeiros e interessados na herança, absolutamente capazes, estejam de acordo (Res. CNJ n. 35/2007, arts. 17 a 19).

Compete aos **herdeiros** indicar **não só o ativo, mas também o passivo** do espólio, discriminando as dívidas e apontando os respectivos credores, bem como a forma de seu pagamento. É obrigatória **a nomeação de interessado**, na escritura pública de inventário e partilha, para representar o espólio, **com poderes de inventariante**, no cumprimento de obrigações **ativas** ou **passivas** pendentes, ou seja, em situações que exijam atividades externas à escritura (p. ex., o levantamento de depósitos bancários, recebimento ou outorga de escritura em nome do espólio, transferência de bens em órgãos públicos etc.), sem necessidade de seguir a ordem prevista no art. 617 do Código de Processo Civil de 2015.

O **credor do espólio** poderá receber diretamente o pagamento de seus direitos mediante acordo com os herdeiros, ou figurar na escritura pública para oportuno recebimento de seu crédito. Ainda que não indicados ou nomeados expressamente, os credores terão sempre ressalvados os seus direitos, podendo exigir o seu reconhecimento em ação própria contra os herdeiros, na proporção dos quinhões que lhes forem atribuídos na partilha.

Desse modo, **a existência de credores do espólio não impedirá a realização do inventário e partilha, ou adjudicação, por escritura pública** (Res. CNJ n. 35/2007, art. 27).

■ 27.11.5. Lavratura de escritura pública por tabelião de notas

Para a lavratura dos atos notariais de que trata o art. 610 do novo Código de Processo Civil, é livre a escolha do tabelião de notas, **não se aplicando as regras de competência** do Código de Processo Civil.

A competência é uma medida da jurisdição, que é monopólio do Poder Judiciário — e o tabelião não tem poderes jurisdicionais. Por essa razão, podem os interessados promover a lavratura da escritura no cartório da localidade que lhes for mais conveniente, independentemente do domicílio do autor da herança, da situação dos bens e de serem ali domiciliados ou não.

Proclama, efetivamente, o art. 1º da Resolução n. 35 do Conselho Nacional de Justiça que "para a lavratura dos atos notariais de que trata a Lei 11.441/2007, **é livre a escolha do tabelião de notas**, não se aplicando as regras de competência do Código de Processo Civil".

A competência para **escrituras** de inventário e partilha no Brasil **restringe-se aos bens situados no território nacional**. Essa regra, prevista nos arts. 23 e 48 do Código de Processo Civil de 2015, concernente ao inventário judicial, aplica-se também ao inventário extrajudicial ou administrativo. Os bens situados no estrangeiro devem ser objeto de procedimento autônomo, no país em que se encontram.

Preceitua, com efeito, o art. 29 da Resolução n. 35/2007 do Conselho Nacional de Justiça: **"É vedada a lavratura de escritura pública de inventário e partilha referente a bens localizados no exterior"**.

O **tabelião** é responsável por eventuais desvios e atos praticados contra expressa disposição legal, inclusive pelo escrevente habilitado. Por essa razão, **poderá se negar a lavrar a escritura** de inventário ou partilha se houver fundados indícios de fraude ou em caso de dúvidas sobre a declaração de vontade de algum dos herdeiros, fundamentando a recusa por escrito (Res. CNJ n. 35/2007, art. 32).

A escritura pública de inventário e partilha pode ser lavrada **a qualquer tempo**, cabendo ao tabelião fiscalizar o recolhimento de **eventual multa**, conforme previsão em legislação tributária estadual e distrital específicas. O recolhimento dos tributos incidentes deve anteceder a lavratura da escritura (Res. CNJ n. 35/2007, arts. 14 e 31).

A escritura pública pode ser **retificada**, desde que haja o consentimento de todos os interessados. Os **erros materiais poderão ser corrigidos**, de ofício ou mediante requerimento de qualquer das partes, ou de seu procurador, por averbação à margem do ato notarial ou, não havendo espaço, por escrituração própria lançada no livro das escrituras públicas e anotação remissiva (Res. CNJ n. 35/2007, art. 13).

A **gratuidade** prevista na Lei n. 11.441/2007 compreende as escrituras de *inventário, partilha*, separação e divórcio consensuais. Para a obtenção da *gratuidade* **basta a simples declaração dos interessados de que não possuem condições de arcar com os emolumentos**, ainda que as partes estejam assistidas por advogado constituído (Res. CNJ n. 35/2007, arts. 6º e 7º).

■ 27.11.6. Assistência de advogado

Preceitua o § 2º do art. 610 do Código de Processo Civil de 2015 que "o tabelião somente lavrará a escritura pública se todas as partes interessadas **estiverem assistidas por advogado** ou por defensor público, cuja qualificação e assinatura constarão do ato notarial".

O advogado comparece ao ato e subscreve a escritura como **assistente das partes, não havendo necessidade de procuração**. Com efeito, os arts. 103 e 104 do Código de Processo Civil exigem a procuração somente para que o advogado venha a "postular em juízo" — o que não é o caso. Diferente é a situação **quando os interessados não se encontram presentes ao ato notarial**, mas são representados por terceiro, advogado ou não. **O representante deverá, então, apresentar-se munido de procuração**. Se o interessado for advogado, poderá participar do ato notarial nessa qualidade e na de advogado assistente, sem a necessidade da presença de outro advogado.

Dispõe o art. 9º da Resolução n. 35 do Conselho Nacional de Justiça ser "vedada ao tabelião a indicação de advogado às partes, que deverão comparecer para o ato notarial acompanhadas de profissional de sua confiança. Se as partes não dispuserem de condições econômicas para contratar advogado, o tabelião deverá recomendar-lhes a Defensoria Pública, onde houver, ou, na sua falta, a Seccional da Ordem dos Advogados do Brasil".

■ 27.11.7. Sobrepartilha pela via administrativa

Dispõe o art. 2.022 do Código Civil que "ficam sujeitos a **sobrepartilha** os bens sonegados e quaisquer outros bens da herança de que se tiver ciência após a partilha".

Os casos previstos no art. 669 do Código de Processo Civil de 2015 são aqueles em que a herança contiver bens remotos do lugar do inventário, litigiosos, ou de liquidação morosa ou difícil, bem como os bens sonegados e os de que tiverem ciência os herdeiros após a partilha.

Pode a sobrepartilha ser feita também pela via extrajudicial, ou seja, por escritura pública. **Faz-se a sobrepartilha, assim, pela mesma forma que a partilha, isto é, por outra escritura pública**, desde que todos os herdeiros sejam **capazes e concordes**. Caso haja alguma discordância, a sobrepartilha deverá ser efetuada mediante inventário judicial. Mesmo que o inventário tenha se processado judicialmente, a sobrepartilha poderá ser realizada administrativamente, e vice-versa.

É admissível a sobrepartilha por escritura pública, **ainda que referente a inventário e partilha judicial já findos**, mesmo que o herdeiro, hoje maior e capaz, fosse menor ou incapaz ao tempo do óbito ou do processo judicial (Res. CNJ n. 35/2007, art. 25). Todavia, a incapacidade superveniente constitui empeço à realização da sobrepartilha pela via administrativa, mesmo que o inventário anterior tenha observado essa forma (CPC/2015, art. 610).

Lavrada a escritura pública de sobrepartilha, deve o notário anotar o fato na escritura de partilha, se lavrada em seu cartório, ou fazer a devida comunicação ao Juízo ou ao cartório onde se promoveu o inventário primitivo, para a respectiva anotação.

Se houver **um só herdeiro**, maior e capaz, com direito à totalidade da herança, lavrar-se-á a escritura de inventário e **adjudicação** dos bens, em vez de partilha.

27.11.8. Inventário negativo

Como mencionado no item 27.5, *retro*, o inventário negativo, embora não previsto na legislação pátria, tem sido admitido pelos juízes em situações excepcionais, quando há necessidade de comprovar a **inexistência de bens a inventariar**. Tal modalidade torna-se, em alguns casos, necessária, especialmente para evitar a imposição de certas sanções com que o Código Civil pune a infração de algumas disposições.

É admissível inventário negativo também por escritura pública, como enfatiza o art. 28 da Resolução n. 35/2007, do Conselho Nacional de Justiça. Nesse caso, a escritura deverá conter todos os dados de identificação do *de cujus*, do cônjuge sobrevivente e dos sucessores, que herdariam caso houvesse patrimônio, a declaração da data e do local do óbito, bem como de inexistência de bens a partilhar, comparecendo ao ato todas as partes interessadas.

27.11.9. Alvará para levantamento ou recebimento de valores

Se a herança estiver limitada a ativos financeiros em instituições bancárias ou a créditos específicos junto a órgãos públicos ou privados, pode acontecer de se exigir dos sucessores apenas um *alvará* judicial para a liberação dos valores.

Realizados, porém, o inventário e a partilha pela via administrativa, a liberação de valores ou créditos **não depende de alvará, sendo hábil para tanto a escritura pública lavrada pelo notário**.

Efetivamente, a **escritura pública** mencionada no § 1º do art. 610 do novo Código de Processo Civil **tem a mesma eficácia do alvará judicial**, impondo às instituições financeiras e a outros órgãos, públicos e privados, o respeito ao que nela estiver contido. Assim, podem os interessados, no pressuposto de serem preenchidos todos os demais requisitos para tanto, promover a destinação daqueles valores por meio de escritura pública, a título de partilha ou adjudicação, com a mesma eficácia do alvará judicial[49].

[49] Francisco José Cahali et al, *Escrituras públicas:* separação, divórcio, inventário e partilha consensuais, p. 88.

Especificamente para as verbas mencionadas na Lei n. 6.858/80, dispõe o art. 14 da Resolução n. 35/2007 do Conselho Nacional de Justiça: **"Para as verbas previstas na Lei n. 6.858/80, é também admissível a escritura pública de inventário e partilha"**.

■ 27.12. RESUMO

DO INVENTÁRIO	
CONCEITO	■ O inventário é o processo judicial destinado a relacionar, descrever, avaliar e liquidar todos os bens pertencentes ao ***de cujus*** ao tempo de sua morte, para distribuí-los entre os seus sucessores. Nele apura-se o patrimônio do ***de cujus***, cobram-se as dívidas ativas e ■ pagam-se as passivas. Também se avaliam os bens e pagam-se os legados e o imposto ***causa mortis***. Após, procede-se à partilha.
ABERTURA	■ Deve ser requerida a abertura do inventário no prazo de sessenta dias, a contar do falecimento do ***de cujus***, e estar encerrado dentro dos doze meses subsequentes (CPC/2015, art. 611). ■ Se houver retardamento, por motivo justo, o juiz poderá dilatar o aludido prazo.
ESPÉCIES	■ ***inventário*** tradicional e solene, de aplicação residual e regulado no art. 610 do CPC/2015; ■ ***arrolamento sumário***, abrangendo bens de qualquer valor, para a hipótese de todos os interessados serem capazes e concordarem com a partilha; ■ ***arrolamento comum***, para quando os bens do espólio sejam de valor igual ou inferior a 1.000 salários mínimos.
INVENTARIANTE	■ **Nomeação** O inventariante é nomeado pelo juiz segundo a ordem preferencial estabelecida no art. 617 do CPC. Essa ordem não é absoluta, podendo ser alterada se houver motivos que aconselhem a sua inobservância. ■ **Função** Administrar e representar ativa e passivamente a herança (CPC, art. 618, I e II) até a homologação da partilha. ■ **Remoção (CPC, art. 622)** **a)** se não prestar, no prazo legal, as primeiras e as últimas declarações; **b)** se não der ao inventário andamento regular, suscitando dúvidas infundadas ou praticando atos meramente protelatórios; **c)** se, por culpa sua, se deteriorarem, forem dilapidados ou sofrerem dano bens do espólio; **d)** se não defender o espólio nas ações em que for citado, deixar de cobrar dívidas ativas ou não promover as medidas necessárias para evitar o perecimento de direitos; **e)** se não prestar contas ou as que prestar não forem julgadas boas; **f)** se sonegar, ocultar ou desviar bens do espólio; **g)** se cometer outras faltas que o incompatibilizem com o exercício do cargo.
PROCESSAMENTO DO INVENTÁRIO	■ Ao despachar a petição inicial, o juiz nomeará o inventariante, que prestará o compromisso e, em vinte dias, as ***primeiras declarações***. ■ Serão citados os interessados: cônjuge, herdeiros, legatários, Fazenda Pública, Ministério Público (se houver herdeiro incapaz ou ausente) e testamenteiro (se o falecido tiver deixado testamento). ■ Decididas as questões suscitadas nessa primeira fase, segue-se a ***avaliação*** dos bens inventariados (CPC, art. 630), que servirá de base de cálculo do imposto de transmissão ***causa mortis*** e da partilha. ■ Resolvidas eventuais impugnações, lavrar-se-á em seguida o termo de ***últimas declarações*** (CPC, art. 636). ■ Passa-se, em seguida, à fase da ***partilha***. O juiz facultará às partes a formulação, no prazo de quinze dias, de pedido de quinhão e, após, proferirá o ***despacho de deliberação*** da partilha, que é irrecorrível (CPC, art. 647). ■ O partidor organizará o esboço de acordo com a decisão do juiz. Contra a sentença que julga a partilha cabe recurso de apelação.

ARROLAMENTO SUMÁRIO	■ Trata-se de forma simplificada de inventário-partilha, permitida quando todos os herdeiros forem ***capazes*** e convierem em fazer ***partilha amigável*** dos bens deixados pelo falecido, qualquer que seja o seu valor (CPC, art. 659). Os interessados, escolhendo essa espécie de procedimento, apresentarão a partilha amigável, por escritura pública, termo nos autos do inventário, ou escrito particular (CC, art. 2.015), que será simplesmente homologada, de plano, pelo juiz, provada a quitação dos impostos.
ARROLAMENTO COMUM	■ É o procedimento indicado quando o valor dos bens não exceder a 1.000 salários mínimos (CPC, art. 664). O inventariante nomeado apresentará as suas ***declarações***, com a estimativa do valor dos bens do espólio e o ***plano de partilha***. Serão citados os herdeiros não representados. Se o valor atribuído aos bens for impugnado, far-se-á a ***avaliação***. Apresentado o laudo, em dez dias, pelo avaliador nomeado, o juiz deliberará sobre a partilha, decidindo de plano todas as reclamações e mandando pagar as dívidas não impugnadas (CPC, art. 664, § 2º). Provada a quitação dos tributos relativos aos bens do espólio e às suas rendas, o juiz julgará a ***partilha***. Após o julgamento, será recolhido o imposto ***causa mortis***, expedindo-se o competente ***formal*** ou carta de ***adjudicação***.
INVENTÁRIO ADMINISTRATIVO	■ O art. 610 do NCPC oferece à coletividade outro procedimento além do judicial, possibilitando a realização de inventário e partilha amigável por ***escritura pública***, quando todos os interessados sejam ***capazes*** e ***não haja testamento***. Tal procedimento tem caráter **facultativo** e dispensa homologação judicial da partilha. As partes interessadas devem ser assistidas por ***advogado***. Admite-se ***sobrepartilha*** e inventário ***negativo***. A liberação de valores ou créditos ***não depende de alvará***, sendo hábil para tanto a escritura pública lavrada pelo notário.

28

DOS SONEGADOS

■ 28.1. INTRODUÇÃO

Aberta a sucessão e iniciado o inventário, incumbe ao *inventariante* apresentar as **declarações preliminares**, das quais se lavrará termo circunstanciado em que será lançada relação **completa e individuada de todos os bens do espólio** e dos alheios que nele forem encontrados (CPC/2015, art. 620).

Também os *herdeiros* devem **declarar e restituir** bens do espólio que têm em seu poder, e **indicar** os que saibam encontrarem-se em mãos de terceiros. Estão obrigados, ainda, a conferir o valor das doações que em vida receberam do *de cujus*, **trazendo-os à colação** para igualar a legítima dos herdeiros necessários, como o exige o art. 2.002 do Código Civil.

Cometerão, todavia, o delito civil de **sonegação**, sujeitando-se às penas determinadas nos arts. 1.992 e 1.993 do Código Civil:

- **o inventariante** que deixar de cumprir esse dever, omitindo ou não descrevendo, intencionalmente, qualquer bem ou valor, de modo a desfalcar o ativo do espólio;
- **o herdeiro** que, dolosamente, não descrever no inventário os bens que estejam em seu poder, ou, com o seu conhecimento, no de outrem, ou que os omitir na colação, ou que, ainda, deixar de restituí-los.

■ 28.2. CONCEITO

Sonegar é **ocultar bens** que devem ser inventariados ou levados à colação.

No entender de Carlos Maximiliano, "*sonegado* é tudo aquilo que deveria entrar em partilha, porém foi ciente e **conscientemente omitido** na descrição de bens pelo inventariante, **não restituído** pelo mesmo ou por sucessor universal, ou doado a herdeiro e **não trazido à colação** pelo beneficiado com a liberdade". A falta propositada, aduz, "constitui ato de má-fé; por isto, a lei a fulmina com especial penalidade"[1].

Basta, para caracterizar a infração, a fraude incidente sobre **um único objeto**, não se exigindo que abranja vários bens.

---

[1] *Direito das sucessões*, v. III, n. 1.543, p. 400.

Dispõe o art. 1.992 do Código Civil:

"O herdeiro que sonegar bens da herança, não os descrevendo no inventário quando estejam em seu poder, ou, com o seu conhecimento, no de outrem, ou que os omitir na colação, a que os deva levar, ou que deixar de restituí-los, perderá o direito que sobre eles lhe caiba".

Acrescenta o art. 1.993:

"Além da pena cominada no artigo antecedente, se o sonegador for o próprio inventariante, remover-se-á, em se provando a sonegação, ou negando ele a existência dos bens, quando indicados".

As disposições concernentes aos sonegados colimam **dupla finalidade**:

- assegurar aos herdeiros a integridade dos seus direitos sobre o acervo sucessório, e,
- aos credores, o direito de se pagarem com o produto da venda de bens do espólio.

28.3. QUEM ESTÁ SUJEITO À PENA DE SONEGADOS

A sonegação de bens no inventário constitui **infração** que pode ser praticada:

- **pelo inventariante**, quando omite, intencionalmente, bens ou valores, ao prestar as primeiras e as últimas declarações, afirmando não existirem outros por inventariar; ou
- **pelo herdeiro** que não indica bens em seu poder, ou sabidamente de terceiros, ou ainda omite os doados pelo *de cujus* e sujeitos à colação (CC, art. 1.992);
- **pelo testamenteiro**, quando exercer também a inventariança.

Da combinação dos arts. 1.992 e 1.993 do Código Civil resulta que arguidos de sonegação **podem ser**:

"***a)*** o herdeiro que sonega bens da herança, não os descrevendo no inventário, quando em seu poder;

b) o herdeiro que não denuncia a existência de bens do acervo, que, com ciência sua, se encontrem em poder de outrem;

c) o herdeiro que deixa de conferir no inventário bens sujeitos a colação;

d) o inventariante que não inclui ou omite, nas declarações prestadas, efeitos pertencentes ao espólio;

e) finalmente, o cessionário do herdeiro, quando declara que não possui bens hereditários"[2].

Para que tenha cabimento a ação de sonegados, não é preciso que o sonegador negue a restituição dos bens; **é bastante que não os descreva**, estando em seu poder,

2 Washington de Barros Monteiro, *Curso de direito civil*, v. 6, p. 295-296.

ou mesmo no de outrem, **mas com ciência sua**. Pratica sonegação o inventariante que voluntariamente deixa de declarar no inventário o **direito de crédito** do *de cujus*, na conformidade do respectivo título[3].

Em diversas situações ocorre sonegação de bens. Constitui sonegado, por exemplo:

> "**a)** falsificar escrita, para diminuir o ativo;
>
> **b)** ocultar créditos, aquisições, etc.;
>
> **c)** disfarçar doação ou dádiva;
>
> **d)** encobrir dívida de herdeiro para com o espólio;
>
> **e)** realizar, até mesmo em vida do inventariado e manter depois de sua morte, alienação fictícia de coisas pertencentes a ele; ou nada declarar sobre compra fraudulenta efetuada por terceiro;
>
> **f)** extraviar, de propósito, ou ocultar títulos de propriedade ou de dívida;
>
> **g)** simular ou falsificar aquisição de bens do *de cujus* por ele, sonegador;
>
> **h)** utilizar-se, diretamente ou por meio de interposta pessoa, de um crédito inexistente ou falso, contra a sucessão, a fim de baixar o monte-mor ou prejudicar herdeiro ou credor"[4].

A simples apresentação de um **testamento falso** não constitui sonegado. Se o herdeiro é autor ou cúmplice de semelhante fraude, sofre as penas civis ou criminais instituídas para os delitos de tal natureza[5].

■ 28.4. PRESSUPOSTO SUBJETIVO

Sonegar é o mesmo que ocultar, como já dissemos, além de desviar, omitir. Tais expressões pressupõem a existência do *dolo*. Em princípio, pois, não oculta, **não sonega**, quem não descreve no inventário determinado bem por **esquecimento** ou simples omissão decorrente de **erro ou ignorância**.

Todavia, se o inventariante declara, peremptoriamente, após as últimas declarações, inexistirem outros bens a inventariar, **incumbe-lhe o ônus de demonstrar, na ação de sonegados, que a omissão não ocorreu com dolo**, máxime se já fora ventilada incidentalmente no inventário e não suprida.

A incorreta declaração feita pelo inventariante, **ao encerrar as últimas declarações**, de inexistirem outros bens, **faz presumir** ter havido malícia e, por conseguinte, a sonegação. Tal ilação resultará do fato da ocultação. O dolo na sonegação existe *in re ipsa*, no próprio ato de ocultar, desviar, omitir. Contudo, trata-se de **presunção vencível**, *juris tantum*, competindo-lhe provar que não houve dolo de sua parte.

A interpelação destinada a constituir em mora o sonegador, embora aconselhável, não é indispensável. Consoante a lição de Carlos Maximiliano, "do simples fato

---

3 *RT*, 324/123, 589/109, 704/111.

4 Carlos Maximiliano, *Direito das sucessões*, cit., v. III, n. 1.554, p. 409-410.

5 Planiol e Ripert, *Traité pratique de droit civil français*, v. IV, n. 294.

de ocultar um objeto ou valor, ou subtraí-lo à partilha, ressalta a malícia — *dolus pro facto est*; neste caso, **incumbe ao faltoso provar a boa-fé**"[6].

É evidente, no entanto, que, se o faltoso é intimado, no curso do próprio inventário, a descrever ou trazer à colação certo bem, **sob pena de sonegados**, e silencia ou recusa o atendimento, **fica patenteada a malícia**, que servirá de motivo à ação.

■ 28.5. PENA COMINADA AO HERDEIRO

A pena de sonegados tem caráter civil e consiste, para o *herdeiro*, na **perda do direito sobre o bem sonegado** (CC, art. 1.992), que é devolvido ao monte e partilhado aos outros herdeiros, como se o sonegador nunca tivesse existido.

Se o sonegador escondeu todos os bens hereditários, não recebe coisa alguma. Se ocultou toda a herança, perde a herança inteira, sujeitando-se, ainda, às sanções criminais que lhe forem cabíveis. O castigo do sonegador é, portanto, severo: **ele perde o direito que lhe cabia sobre os bens que ocultou ou escondeu e terá de restituí-los ao acervo, com seus frutos e rendimentos**[7].

Se o bem sonegado **não mais se encontrar em seu patrimônio**, o sonegador será responsável pelo **seu valor, mais as perdas e danos** (CC, art. 1.995). Mesmo que haja restituído o bem que ocultou e sofrido a pena prevista nos arts. 1.992 e 1.994, terá de indenizar os danos que, com o ato ilícito praticado, veio a causar, na conformidade das regras gerais da responsabilidade civil.

■ 28.6. PENA COMINADA AO INVENTARIANTE

Quando o sonegador for o *inventariante*, a pena de sonegados limitar-se-á à **remoção da inventariança**, se não for herdeiro nem meeiro. Se o for, perderá também o direito ao bem sonegado, como se infere da combinação dos arts. 1.992 e 1.993 do Código Civil.

Há uma corrente que sustenta não se aplicar ao cônjuge meeiro que exerce a inventariança a pena de perda de direitos ao bem sonegado, interpretando isoladamente o art. 1.992 do Código Civil, que alude exclusivamente a *herdeiro*. Tal corrente, no entanto, **não conta com o apoio da doutrina majoritária**, que adota posição diametralmente oposta, combinando o disposto nos citados arts. 1.992 e 1.993. Este último refere-se ao *inventariante* acoimado de sonegador, sem distinguir entre *inventariante-herdeiro* e inventariante despido de semelhante título, como sucede, em alguns casos, com o cônjuge sobrevivente.

Nesse sentido a lição de Washington de Barros Monteiro: "Portanto, a pena de sonegados, no seu duplo aspecto **(remoção da inventariança e perda do direito sobre os bens sonegados)**, tem toda **aplicação ao inventariante que não seja herdeiro**. A simples destituição do cargo não constituiria penalidade à altura da gravidade da

[6] *Direito das sucessões*, cit., v. III, n. 1.549, p. 406.

[7] Zeno Veloso, *Comentários ao Código Civil*, v. 21, p. 398.

infração. Nem podia ser de outra forma, porque, em muitos inventários, é o cônjuge sobrevivente que exerce tais funções; sujeitá-lo a simples remoção, poupando-se-lhe a inibição do direito sobre os bens, eliminaria ou estancaria, certamente, poderoso estímulo, a jungi-lo ao caminho da probidade e do dever. A mesma conclusão se aplica ao companheiro que participe da herança ou exerça o cargo de inventariante"[8].

■ 28.7. PENA COMINADA AO TESTAMENTEIRO

O *testamenteiro* está sujeito, igualmente, à pena de **perda da inventariança** (CC, art. 1.993)[9].

Observa Eduardo de Oliveira Leite que é raríssimo aplicarem-se as penas civis por meio de sonegados. Em regra, os interessados arguem, no próprio inventário, a falta de certos bens, que deveriam ser descritos. O responsável pelo destino destes apresenta-os e justifica-se, ou demonstra, de plano, a improcedência da reclamação, cessando o debate. Quando, porém, "a justificativa é improcedente ou insuficiente, desencadeia-se a sonegação. E a pena civil — seja a remoção, seja a perda do direito ao bem sonegado — é imposta por sentença, ao responsável pela sonegação"[10].

■ 28.8. MOMENTO EM QUE SE CARACTERIZA A SONEGAÇÃO

Só se pode arguir de sonegação o *inventariante* depois de encerrada a descrição dos bens, **"com a declaração, por ele feita, de não existirem outros por inventariar"** (CC, art. 1.996, 1ª parte; CPC/2015, art. 621).

É comum o inventariante, nessa ocasião, protestar pela apresentação de outros bens que venham a aparecer para não ser acoimado de sonegador. Cabe ao interessado, então, **interpelá-lo** para que os apresente, apontando-os. Havendo recusa ou omissão, caracteriza-se a intenção maliciosa e punível.

Ao *herdeiro*, contudo, **a lei não fixa prazo** para declarar se sabe ou não da existência de outros bens. Pode caracterizar-se a má-fé, portanto, ao se manifestar sobre as primeiras declarações, ao concordar com o esboço de partilha em que não figuram bens que deveria ter trazido à colação ou ao praticar qualquer ato que revele o propósito incontestável de ocultar, em benefício próprio, bens do espólio.

Se o herdeiro estiver na posse da coisa, ou esta estiver com outra pessoa, mas com ciência sua, a ação será precedida de **interpelação** para que a apresente.

---

[8] *Curso*, cit., v. 6, p. 297.
"Sonegados. Ocultação dolosa de bens pelo herdeiro inventariante. Sua sujeição a perdas e danos, bem assim a perder os que omitira. Se a prova convence que a omissão de declaração de bens é ocultação dolosa do inventariante herdeiro, sujeita-se este à reparação de perdas e danos, e perda de direito sobre os bens omitidos" (*RT*, 465/100, 777/51).

[9] Caio Mário da Silva Pereira, *Instituições de direito civil*, v. VI, p. 397.

[10] *Comentários ao novo Código Civil*, v. XXI, p. 722.

■ 28.9. AÇÃO DE SONEGADOS

Preceitua o art. 1.994 do Código Civil:

> "A pena de sonegados só se pode requerer e impor em ação movida pelos herdeiros ou pelos credores da herança.
>
> Parágrafo único. A sentença que se proferir na ação de sonegados, movida por qualquer dos herdeiros ou credores, aproveita aos demais interessados".

A simples **destituição do inventariante** pode ser decretada nos próprios autos do inventário, se neles houver elementos comprobatórios da sonegação. Igualmente a perda da vintena pelo testamenteiro inventariante. No entanto, a **perda do direito aos bens** pelo herdeiro ou inventariante-meeiro acusados de sonegação só pode ser decretada por **sentença** proferida em **ação ordinária**, por se tratar de questão de alta indagação.

A *ação de sonegados* **prescreve em dez anos** (CC, art. 205) e deve ser ajuizada no **foro do inventário**, estando legitimados ativamente os herdeiros legítimos ou testamentários e os credores do espólio. **Podem propô-la, assim**:

- **qualquer herdeiro**, contra o inventariante;
- **o inventariante** ou **outro herdeiro**, se por herdeiro for praticada a omissão fraudulenta;
- **o credor do monte**, no caso de a ocultação dos bens lhe causar prejuízo (art. 1.994).

A **Fazenda Pública** pode cobrar os seus direitos fiscais sobre os bens sonegados. Assiste-lhe o direito de, para esse fim, reclamá-los no inventário e de propor a ação, se a tanto for preciso chegar, "**não se aplicando, porém, a pena de sonegados**, inadmissível quando não se descrevem os bens, com o beneplácito dos herdeiros, a fim de diminuir o montante do imposto *causa mortis*"[11].

O aludido prazo prescricional começa a fluir do momento em que o *inventariante* **declara não existirem outros bens a inventariar**, ou, no caso de sonegação pelo *herdeiro*, a partir de sua manifestação no inventário, **afirmando não possuir os bens sonegados**. Se, nesse caso, não houver manifestação formal do herdeiro, o *dies a quo* será a data do vencimento do prazo estipulado na sua interpelação. Somente a partir desse momento poder-se-á falar em *pretensão*, nos termos do art. 189 do Código Civil[12].

Nada impede que se alegue sonegação **após encerrado o inventário e mesmo ultimada a partilha**, desde que o herdeiro interessado venha a obter informação da ocultação dolosa, observado, naturalmente, o prazo prescricional. A sonegação de

---

[11] Washington de Barros Monteiro, *Curso*, cit., v. 6, p. 299.

[12] Eduardo de Oliveira Leite, *Comentários*, cit., v. XXI, p. 728-729; Caio Mário da Silva Pereira, *Instituições*, cit., v. VI, p. 398.

bens não anula nem rescinde a partilha: **corrige-se na sobrepartilha**, como dispõe o art. 2.022 do Código Civil[13].

■ 28.10. RESUMO

DOS SONEGADOS	
CONCEITO	■ ***Sonegação*** é a ocultação dos bens que devem ser inventariados ou levados à colação.
CASOS DE SONEGAÇÃO	■ Sonegação constitui infração que pode ser praticada pelo ***inventariante***, quando omite, intencionalmente, bens ou valores, ao prestar as primeiras e as últimas declarações, afirmando não existirem outros por inventariar, ou pelo ***herdeiro*** que não indica bens em seu poder, ou sabidamente de terceiros, ou ainda omite os doados pelo ***de cujus*** e sujeitos à colação (CC, art. 1.992), ou ainda pelo ***testamenteiro***, se sonegar bens ao inventário.
PENA DE SONEGADOS	A pena de sonegados tem caráter civil e consiste: ■ para o ***herdeiro***, na perda do direito sobre o bem sonegado (CC, art. 1.992). Se tal bem não mais se encontrar em seu patrimônio, será responsável pelo seu valor, mais as perdas e danos (art. 1.995); ■ para o ***inventariante***, apenas na remoção da inventariança, se não for herdeiro nem meeiro. Se o for, perderá também o direito ao bem sonegado (arts. 1.992 e 1.993); ■ para o ***testamenteiro***, na perda da inventariança, bem como da vintena.
AÇÃO DE SONEGADOS	■ A ação de sonegados prescreve em dez anos e deve ser ajuizada no foro do inventário, estando legitimados ativamente os herdeiros legítimos ou testamentários e os credores. A Fazenda Pública pode cobrar os seus direitos fiscais sobre os bens sonegados.

[13] Euclides de Oliveira e Sebastião Amorim, *Inventários e partilhas*, p. 360; Eduardo de Oliveira Leite, *Comentários*, cit., v. XXI, p. 726.

29

DO PAGAMENTO DAS DÍVIDAS

29.1. INTRODUÇÃO

De acordo com o **princípio da responsabilidade patrimonial**, consagrado pelo direito moderno, **é o patrimônio do devedor que responde por suas dívidas**. Proclama, com efeito, o art. 391 do Código Civil:

> "Pelo inadimplemento das obrigações respondem todos os bens do devedor".

Sendo a herança o acervo de bens que constitui o **patrimônio do falecido**, responde ela, consequentemente, por seus débitos, como dispõem os arts. 1.997 do Código Civil e 796 do Código de Processo Civil de 2015.

Enquanto vivia, o patrimônio do devedor representava a garantia genérica dos credores. Se morre o devedor, não se consideram, só por isso, pagas e quitadas as suas dívidas. O direito dos credores remanesce no acervo que ele deixou. **Os credores acionarão o espólio e receberão da herança o que lhes for devido**[1].

De acordo com a teoria da ***continuação da pessoa***, a do herdeiro substitui a do *de cujus* em todas as relações jurídicas das quais ele era titular. O princípio dominante na matéria é que se supõe prosseguir na morte, em relação aos credores, **a mesma situação patrimonial que vigorava em vida**. Destarte, os credores que tinham sobre os bens do devedor um direito genérico de garantia exercem-no **sobre o acervo** que ele deixar[2].

Dentro dos seus recursos, deve a herança, portanto, suportar a solução do passivo existente. O patrimônio **transmissível aos herdeiros** do finado, todavia, é apenas o **saldo entre o seu ativo e o seu passivo**, neste incluídos os impostos sucessórios. Por essa razão, para se apurar o montante que será objeto da sucessão, faz-se necessário, em primeiro lugar, apurar o montante de suas **dívidas**, para saldá-las. **Se estas absorverem todo o ativo, os herdeiros nada recebem**. São herdeiros sem herança.

29.2. RESPONSABILIDADE DO ESPÓLIO E DOS HERDEIROS

Os ***créditos*** do espólio devem ser cobrados pelos meios regulares para serem partilhados entre os sucessores. A respeito das ***dívidas*** do falecido, dispõe o citado art. 1.997, *caput*, do Código Civil:

---

1 Zeno Veloso, *Comentários ao Código Civil*, v. 21, p. 402.

2 Eduardo de Oliveira Leite, *Comentários ao novo Código Civil*, v. XXI, p. 731; Caio Mário da Silva Pereira, *Instituições de direito civil*, v. VI, p. 391-392.

"A herança responde pelo pagamento das dívidas do falecido; mas, **feita a partilha, só respondem os herdeiros**, cada qual em proporção da parte que na herança lhe coube".

A ultimação da **partilha** não pode frustrar o direito dos credores, que só se extingue pelo pagamento ou pela prescrição. Portanto, mesmo depois de sua efetivação **podem os credores exigir dos herdeiros**, proporcionalmente, o pagamento dos créditos que tenham contra o falecido, como prevê a segunda parte do dispositivo retrotranscrito.

Constituem encargos da herança:

- despesas funerárias (CC, art. 1.998);
- vintena do testamenteiro (art. 1.987, parágrafo único);
- dívidas do falecido;
- cumprimento dos legados.

Só serão partilhados os bens ou valores **que restarem depois de pagas as dívidas**, isto é, depois de descontado o que, de fato, pertence a outrem. Se estas **ultrapassarem as forças da herança**, os herdeiros não responderão pelo excesso, pois toda aceitação é feita ***em benefício do inventário***. Prevalece, com efeito, no direito pátrio, o princípio da irresponsabilidade *ultra vires hereditatis*, consagrado no art. 1.792 do Código Civil.

Os **legados**, porém, podem ser atingidos e absorvidos pelo pagamento das dívidas quando o monte não for suficiente para liquidar o passivo. Se, mesmo assim, permanecer o excesso, o inventariante requererá a declaração de **insolvência do espólio** (CPC/2015, art. 618, VIII). Sendo este dividido em legados, faz-se o rateio entre os legatários, na proporção dos benefícios.

A partilha dos bens aos herdeiros é feita na presunção de que os bens partilhados pertencem ao espólio, pois não há mais dívidas. Se, no entanto, remanesceram **débitos** a serem resgatados, **o dever de saldá-los se transmite aos herdeiros**, que, em tese, representam a pessoa do finado.

29.3. HABILITAÇÃO DOS CRÉDITOS. RESERVA E SEPARAÇÃO DE BENS

Habilitação no inventário

A cobrança das dívidas faz-se, em regra, pela ***habilitação* do credor no inventário**, nos termos do art. 642 e parágrafos do Código de Processo Civil de 2015, devendo ser requerida antes da liquidação, para possibilitar, se aceita, a inclusão do crédito no passivo do espólio, deduzindo-se-lhe o valor no cálculo do imposto.

A **Fazenda Pública** não se habilita, porque a partilha não pode ser homologada sem prova da quitação tributária de todos os bens do espólio e de suas rendas, sendo requisitada a prova da quitação junto à Receita Federal (CTN, art. 192). O **credor hipotecário** igualmente não depende de prévia habilitação, dadas as garantias reais inerentes ao crédito e que lhe asseguram direito de sequela[3].

[3] Washington de Barros Monteiro, *Curso de direito civil*, v. 6, p. 302.

■ Ação de cobrança ou execução

Pode o credor, todavia, optar pela *ação de cobrança* ou pela *execução* contra devedor solvente, **se munido de título hábil**, requerendo, nesse caso, a penhora no rosto dos autos do inventário.

Os credores, embora possam a todo tempo acionar os herdeiros, e deles receber *pro rata* o que a cada qual corresponde nos débitos do finado, têm o direito de garantia sobre o conjunto patrimonial deixado. Deverão, portanto, ser **pagas pelo monte as seguintes dívidas**:

> "**I**. Em primeiro plano, aquelas que gozam de **privilégio geral**, na ordem legalmente estabelecida (novo Código Civil, art. 965), a saber:
>
> **a)** o crédito por despesas com o funeral, feito segundo a condição do finado e o costume do lugar;
>
> **b)** as custas judiciais e despesas com a arrecadação e liquidação da massa;
>
> **c)** os gastos com o luto do cônjuge e dos filhos;
>
> **d)** o crédito por despesas com a doença de que faleceu o devedor, no semestre anterior à sua morte;
>
> **e)** o crédito pelos gastos de mantença do devedor falecido e sua família, no trimestre anterior ao falecimento;
>
> **f)** o crédito pelos salários devidos aos empregados e mais pessoas de serviço doméstico do devedor, nos seus derradeiros meses de vida;
>
> **g)** os demais créditos de privilégio geral.
>
> **II**. As dívidas contraídas em vida pelo falecido, e que se transmitem por sua morte aos herdeiros"[4].

■ Separação de dinheiro ou de bens

Não sendo impugnada a habilitação de dívida vencida e exigível, o juiz declarará habilitado o credor e mandará que se faça a ***separação* de dinheiro** ou, na sua falta, **de bens** suficientes para seu pagamento. Se houver separação de bens, o juiz mandará aliená-los em hasta pública se o credor não preferir que lhe sejam adjudicados. A adjudicação, no entanto, depende da concordância de todas as partes (CPC, art. 642 e § 2º).

■ Reserva de bens em poder do inventariante

Havendo impugnação, as partes serão remetidas às vias ordinárias. Nesse caso, o juiz mandará, porém, ***reservar*** em poder do inventariante bens suficientes para pagar o credor, quando a dívida constar de documento que comprove suficientemente a obrigação e a impugnação não se fundar em quitação, como estabelece o art. 643 do estatuto processual civil[5].

---

4 Caio Mário da Silva Pereira, *Instituições*, cit., v. VI, p. 393.

5 "O pedido de habilitação de crédito em inventário enseja a condenação em honorários desde que haja resistência do promovido" (STJ, REsp 578.943, 4ª T., rel. Min. Cesar Asfor Rocha, *DJU*, 4-10-2004, p. 320). "Se a dívida está em nome de terceira pessoa, e não do espólio, não é de se admitir a reserva de bens prevista no art. 1.018, par. ún., do CPC [de 1973, atual art. 643]" (STJ, REsp 209.653-SP, 3ª T., rel. Min. Nancy Andrighi, *DJU*, 25-6-2001, p. 170).

A hipótese é detalhadamente regulada nos §§ 1º e 2º do art. 1.997 do Código Civil, segundo os quais, se os credores, antes da partilha, requererem ao juízo do inventário o pagamento de dívidas, vencidas e exigíveis, documentalmente comprovadas, e **houver impugnação**, que não se funde na alegação, também devidamente comprovada, de que o pagamento já foi efetivado, o juiz, como medida cautelar, **mandará reservar**, em poder do inventariante, **bens hereditários** suficientes para solução do débito, e sobre os quais recairá, oportunamente, a execução.

O credor, nesse caso, é remetido às **vias ordinárias**, e a reserva de bens perderá a eficácia se ele não apresentar a ação de cobrança em trinta dias.

Verifica-se, portanto, que ***separação de bens*** não se confunde com ***reserva***. Esta ocorre quando a dívida é impugnada, e aquela quando não o é.

Não havendo o juiz acolhido, no processo de inventário, habilitação pretendida pelo credor, compete a este promover a cobrança pelos meios regulares (CPC/2015, art. 643). Reconhecido, porém, o débito em sua maior parte, não há motivo para recusar-lhe a habilitação em inventário, até a quantia admitida pelos interessados.

Mesmo a **dívida não vencida** pode ser cobrada no inventário, se líquida e certa. Concordando as partes com o pedido, o juiz, ao julgar habilitado o crédito, mandará que se faça separação de bens para o futuro pagamento (CPC, art. 644, parágrafo único).

O art. 2.000 do Código Civil faz a distinção entre **credor do *de cujus*** (do espólio) e **credor do herdeiro**, estabelecendo preferência em favor do primeiro sobre o credor do herdeiro, que tem direito apenas ao que sobejar.

O **legatário** será **parte legítima** para manifestar-se sobre as dívidas do espólio:

- quando toda a herança for dividida em legados;
- quando o reconhecimento das dívidas importar redução dos legados (CPC, art. 645).

Cobrança de dívida depois de efetivada a partilha

Efetivada a partilha, os credores cobrarão os seus créditos não mais do espólio, **mas dos herdeiros**, na proporção da parte que lhes couber na herança, como já mencionado. Entre eles não há solidariedade. No entanto, se a dívida for indivisível, o que pagar tem direito regressivo contra os outros, dividindo-se a parte do coerdeiro insolvente entre os demais (CC, art. 1.999).

Ocorrerá o mesmo com o herdeiro a quem couber um **imóvel hipotecado**, sem dedução do valor do encargo, e que tiver pago o débito.

Se em virtude de ***evicção*** um dos herdeiros vier a perder bens que lhe haviam sido adjudicados na divisão, os demais o indenizarão, na proporção de suas quotas, por força do art. 2.024 do Código Civil, tomando como base para cálculo da indenização o valor do bem ao tempo da partilha, para que seja mantida a igualdade determinada no art. 2.017, salvo convenção em contrário entre os herdeiros, ou se a evicção decorrer de culpa do evicto ou de fato posterior à partilha (art. 2.025).

29.4. DESPESAS FUNERÁRIAS

Dispõe o art. 1.998 do Código Civil:

"As despesas funerárias, haja ou não herdeiros legítimos, sairão do monte da herança; mas as de sufrágios por alma do falecido só obrigarão a herança quando ordenadas em testamento ou codicilo".

Despesas funerárias são as que se realizam em virtude do óbito do *de cujus* e de seu ulterior sepultamento. Gozam de **privilégio geral**, segundo estabelece o art. 965, I, transcrito no item anterior, desde que realizado o funeral sem pompa, segundo a condição do morto e o costume do lugar.

Compartilham dessa natureza, segundo Washington de Barros Monteiro:

"*a*) dispêndios com o tratamento médico e hospitalar, concernentes à última enfermidade do falecido;

b) despesas com a obtenção do terreno para inumação;

c) gastos com o enterro propriamente dito, inclusive publicações e convite;

d) despesas com a edificação de túmulo, desde que não excessivas, faustosas ou suspeitas, assim como os gastos com aquisição de terreno ou jazigo em cemitério. Como diz Troplong, exigem-se decência e comedimento no funeral; o excesso, a ostentação e o luxo constituem quase uma impiedade;

e) parcelas despendidas com o luto, desde que moderadas;

f) honorários do advogado do procurador do inventariante, sobre os quais não incide o imposto de transmissão *causa mortis* (Súmula n. 115)"[6].

No entanto, as despesas feitas em **sufrágio da alma** do finado, como **missas** e outros atos religiosos, só obrigarão a herança quando ordenadas em **testamento ou codicilo**, como prescreve a segunda parte do citado art. 1.998.

■ 29.5. HERDEIRO DEVEDOR DO ESPÓLIO

Nos termos do art. 2.001 do Código Civil:

"Se o herdeiro for devedor ao espólio, sua dívida será partilhada igualmente entre todos, salvo se a maioria consentir que o débito seja imputado inteiramente no quinhão do devedor".

Esclarece Zeno Veloso que a dívida do herdeiro ao espólio "é, por óbvio, um crédito da herança, **que deve ser partilhado igualmente entre os herdeiros**, do mesmo modo como ocorreria se o débito fosse de pessoa estranha à sucessão. Mas, se o herdeiro-devedor quiser, e com isso concordar a maioria, o débito será imputado inteiramente no quinhão do devedor"[7].

O dispositivo em apreço evita que o herdeiro experimente um benefício em face de seus coerdeiros. Silvio Rodrigues[8] figura a hipótese de uma sucessão, composta de três herdeiros, em cujo ativo se encontrassem dois débitos, um devido por certo herdeiro, e o outro por devedores insolváveis.

---

6 *Curso*, cit., v. 6, p. 306-307.

7 *Comentários*, cit., v. 21, p. 404.

8 *Direito civil*, cit., v. 7, p. 336.

Imputado o débito no quinhão do herdeiro devedor, numa espécie indireta de compensação, este, segundo o mencionado autor, "em tese haveria recebido o seu quinhão inteiro, porque a dívida que o onerava era por ele mesmo devida e devia de qualquer modo ser resgatada. Enquanto seus coerdeiros receberiam um crédito irresgatável, ou seja, muito menos do que o primeiro herdeiro teria recebido".

■ 29.6. RESUMO

DO PAGAMENTO DAS DÍVIDAS	
RESPONSABILIDADE PELO PAGAMENTO	Pelas dívidas do falecido responde a herança, mas, feita a partilha, só respondem os herdeiros, cada qual em proporção da parte que naquela lhe cabe (CC, art. 1.997). Constituem encargos da herança: ■ despesas funerárias (art. 1.998); ■ vintena do testamenteiro; ■ dívidas do falecido; ■ cumprimento dos legados.
RESPONSABILIDADE PELO EXCESSO	■ Se as dívidas ultrapassarem as forças da herança, os herdeiros não responderão pelo excesso, pois toda aceitação é feita em benefício do inventário (CC, art. 1.792). Os legados, porém, podem ser atingidos e absorvidos pelo pagamento das dívidas quando o monte não for suficiente para liquidar o passivo.
COBRANÇA DAS DÍVIDAS	■ Faz-se, em regra, pela ***habilitação*** do credor no inventário (CPC, art. 642), devendo ser requerida antes da liquidação, para possibilitar, se aceita, a inclusão do crédito no passivo do espólio, deduzindo-se-lhe o valor no cálculo do imposto. Pode o credor, todavia, optar pela ***ação de cobrança*** ou pela ***execução*** contra devedor solvente, se munido de título hábil, requerendo, nesse caso, a penhora no rosto dos autos do inventário. ■ Mesmo a dívida ***não vencida*** pode ser cobrada no inventário, se líquida e certa. Concordando as partes com o pedido, o juiz, ao julgar habilitado o crédito, mandará que se faça separação de bens para o futuro pagamento (CPC, art. 644).

30

DA COLAÇÃO

■ 30.1. CONCEITO

Colação é o ato pelo qual os herdeiros descendentes que concorrem à sucessão do ascendente comum **declaram no inventário as doações que dele em vida receberam**, sob pena de sonegados, para que sejam conferidas e igualadas as respectivas legítimas (CC, arts. 2.002 e 2.003). É dever imposto ao herdeiro, pois a doação de ascendentes a descendentes "importa **adiantamento** do que lhes cabe por herança" (CC, art. 544).

Pode-se afirmar que predomina nos diversos países o entendimento de que a colação procura manter, dentro do possível, a **igualdade** entre os herdeiros legitimados. É, portanto, a ***igualdade*** das quotas hereditárias legítimas, dentro da regulamentação de cada Estado, a base conceitual do instituto da colação.

Mencione-se como exemplo, valendo por todos, o conceito de Washington de Barros Monteiro: "A colação vem a ser a restituição ao acervo hereditário dos valores recebidos pelos herdeiros, **a título de doação**, para subsequente inclusão na partilha, a fim de que esta se realize com **igualdade**"[1].

■ 30.2. FUNDAMENTO DA COLAÇÃO

Se o conceito de colação é praticamente uniforme na doutrina, diversa é a situação no que tange ao seu fundamento. **Várias são as teorias**, seguramente inconciliáveis, que procuram justificar a exigência legal da conferência de bens no inventário. Destacam-se os seguintes fundamentos:

- a vontade presumida do ascendente;
- o interesse superior da família;
- a compropriedade familiar;
- a igualdade entre os descendentes;
- a antecipação da herança[2].

Sustenta, todavia, a doutrina contemporânea que a *collatio bonorum*, desde a sua origem, no direito romano, assenta o seu fundamento jurídico no princípio da

---

1 *Curso de direito civil*, v. 6, p. 309.

2 Orlando Gomes, *Sucessões*, p. 286.

equidade. Washington de Barros Monteiro dá ênfase à observação de Cunha Gonçalves de que a colação tem, "ainda hoje, seu histórico fundamento: a **equidade**, a **igualdade das legítimas**", acrescentando que tal instituto se funda, ainda, "na **vontade presumida** do *de cujus*, no sentido de manter entre os filhos perfeita igualdade de tratamento"[3].

Pode-se afirmar, portanto, que a doutrina contemporânea considera ter a colação como escopo a **equidade** e a **igualdade** das legítimas, fundando-se na **vontade presumida** do finado. Comprova a veracidade dessa concepção o fato de o doador necessitar, se desejar realmente gratificar o donatário, colocando-o em posição vantajosa em relação aos demais descendentes, declarar expressamente essa intenção, **dispensando da colação o beneficiário**, como prevê o art. 2.005, *caput*, do Código Civil.

■ 30.3. PESSOAS SUJEITAS À COLAÇÃO

■ O herdeiro donatário

O herdeiro beneficiado pela liberalidade em vida terá de conferi-la. O Código Civil obriga à colação apenas os ***descendentes*** em relação às doações recebidas dos *ascendentes*. Estes, porém, estão dispensados de conferir os bens que receberam em vida dos descendentes. **Não só os ascendentes, mas também os colaterais e os estranhos não estão sujeitos à colação.**

■ O cônjuge sobrevivente

O estatuto civil proclama, no art. 2.003, que a colação tem por fim igualar "as legítimas dos **descendentes** e do **cônjuge sobrevivente**". Todavia, no art. 2.002 declara que **só os descendentes** estão obrigados a conferir o valor das doações. Há uma nítida contradição entre os dois dispositivos citados, como sucede igualmente no **direito português** que, a despeito de haver colocado o cônjuge entre os herdeiros necessários, deixou de impor-lhe, explicitamente, a obrigação de colacionar.

Tal omissão não inibiu, no entanto, a doutrina lusitana de reputá-lo também sujeito à conferência como os descendentes, mediante o emprego da **analogia**.

No nosso direito, observa-se do art. 544 do Código Civil que "a doação de ascendentes a descendentes, ou de um cônjuge a outro, importa adiantamento do que lhes cabe por herança". Sendo assim, **deve o cônjuge contemplado com a liberalidade trazer à colação o valor do bem doado**. Para dar sentido ao disposto nesse artigo, sendo a doação de um cônjuge a outro considerada adiantamento da legítima, não há como fugir da conclusão, numa **interpretação sistemática**, compreensiva, de que o cônjuge deve trazer à colação o valor da doação que, em vida, recebeu do outro cônjuge[4].

Releva observar que o dever de colacionar, quanto ao cônjuge, **restringe-se à hipótese em que deva concorrer com descendentes**. Havendo restrição quanto ao

---

3 *Curso*, cit., v. 6, p. 309.

4 Silvio Rodrigues, *Direito civil*, cit., v. 7, p. 311; Orlando Gomes, *Sucessões*, cit., p. 289-290; Washington de Barros Monteiro, *Curso*, cit., v. 6, p. 316; Caio Mário da Silva Pereira, *Instituições*, cit., v. VI, p. 406; Zeno Veloso, *Comentários ao Código Civil*, v. 21, p. 409-412; Eduardo de Oliveira Leite, *Comentários ao novo Código Civil*, v. XXI, p. 759-760; Euclides de Oliveira e Sebastião Amorim, *Inventários e partilhas*, p. 376-377.

regime de bens, o cônjuge sobrevivente só deverá colacionar os bens recebidos por doação de seu consorte **quando concorrer à sucessão**, nos casos previstos nos arts. 1.829, I, e 1.832, do diploma civil. Não está ele sujeito à colação quando participa sozinho, pois não faria sentido, nem quando concorre com ascendentes, já que estes também não estão.

Os herdeiros netos

Também os netos devem colacionar, quando representarem seus pais na herança do avô, **o mesmo que seus pais teriam de conferir**. Nesse sentido dispõe o art. 2.009 do Código Civil: "Quando os netos, representando os seus pais, sucederem aos avós, serão obrigados a trazer à colação, ainda que não o hajam herdado, o que os pais teriam de conferir".

Esclarece Silvio Rodrigues que a regra se inspira na ideia de que o representante recebe tudo o que o representado receberia, **mas apenas o que ele receberia** (CC, art. 1.854). E prossegue: "Ora, se o neto ficasse dispensado de conferir as doações recebidas por seu pai apenas porque estas não lhe vieram às mãos, seu quinhão, na herança do avô, excederia ao cabente a seu pai, o que destoa do princípio acima proclamado, de que ao representante só cabe o que caberia ao representado"[5].

Adverte, todavia, Zeno Veloso que nem todos os descendentes estão sujeitos à colação, mas **somente os que, ao tempo da doação, seriam chamados à sucessão na qualidade de herdeiros necessários** (arts. 2.002 e 2.005, parágrafo único). Pelo exposto, aduz, "se o avô faz doação ao neto, **estando vivo o pai deste**, não está obrigado o neto a trazer o valor da doação à colação, se, futuramente, for chamado à sucessão do avô, pois, **no momento da doação**, o herdeiro necessário era o filho do doador, não o neto. Pela mesma razão, se o avô fez doação diretamente ao neto, o pai deste, quando vier à sucessão do ascendente, não precisa conferir o valor da doação"[6].

Embora o retrotranscrito art. 2.009 só faça referência aos netos, é certo que a disposição é aplicável a **bisnetos, trinetos** etc., como explica Carvalho Santos: "A razão está em que a representação em linha reta é ilimitada e à colação está obrigado qualquer descendente que represente um ascendente intermédio e donatário do autor da herança"[7].

O renunciante à herança e o excluído por indignidade

Ainda que tenha *renunciado à herança*, ou dela tenha sido *excluído por indignidade*, não se exime o herdeiro de repor a parte inoficiosa, com relação às liberalidades que houve do doador. Preceitua, de fato, o art. 2.008 do Código Civil: "Aquele que renunciou a herança ou dela foi excluído, **deve, não obstante, conferir as doações recebidas**, para o fim de repor o que exceder o disponível".

Assim também dispõe o art. 640 do Código de Processo Civil de 2015, cujo § 1º permite que o donatário escolha, dos bens doados, tantos quantos bastem para perfazer a legítima e a metade disponível, **entrando na partilha o excedente**, para ser dividido entre os demais herdeiros.

---

5 *Direito civil*, cit., v. 7, p. 309.

6 *Comentários*, cit., v. 21, p. 428.

7 *Código Civil brasileiro interpretado*, v. 25, p. 40.

O cônjuge do herdeiro

As doações feitas ao *cônjuge do herdeiro* poderão ser ou não sujeitas à colação, **na dependência do regime de bens no casamento**: se for o da comunhão universal, conferem-se; mas, se for de comunhão parcial ou de separação, não se colacionam. Daí a afirmação de Planiol, Ripert e Boulanger de que a colação pelo cônjuge do herdeiro **está em função do regime de bens, não da doação em si mesma**[8].

■ Descendente que, à época da liberalidade, não seria chamado à sucessão

O princípio geral de que, para igualar as legítimas, os descendentes devem conferir o valor das doações que receberam em vida do ascendente é enunciado, como visto, no art. 2.002 do Código Civil. Todavia, estabelece o parágrafo único do art. 2.005 do mesmo diploma que "presume-se imputada na parte disponível a liberalidade feita a descendente que, ao tempo do ato, não seria chamado à sucessão na qualidade de herdeiro necessário".

Em suma, não estão sujeitas à colação as liberalidades feitas a **descendente que não era herdeiro necessário**, na data em que foram feitas. Assim é que a doação feita ao filho adotivo é sujeita a ser conferida. Mas **a que foi feita antes do ato de adoção não o é**, porque na data da liberalidade ele não seria chamado a suceder na qualidade de herdeiro necessário. Pelo mesmo motivo, o filho natural, que tiver recebido doação **antes do reconhecimento**, seja este espontâneo ou judicial, **não é obrigado a trazê-la à colação**, porque somente o reconhecimento lhe confere o *status* que o qualifica na condição de herdeiro necessário[9].

Do mesmo modo, se o doador contemplou no passado **filho incestuoso**, que, à época da liberalidade, não poderia ser chamado à sucessão respectiva na qualidade de herdeiro necessário, tal doação deve ser contabilizada na parte disponível[10].

■ 30.4. DISPENSA DA COLAÇÃO

O doador pode **dispensar o donatário da colação**, determinando que a liberalidade saia de sua metade disponível, contanto que a doação não exceda o valor da quota disponível, computado o seu valor ao tempo da doação (CC, arts. 549 e 2.004, *caput*). Preceitua, nessa direção, o art. 2.005, *caput*, do Código Civil:

> "São **dispensadas da colação** as doações que o doador determinar saiam da parte disponível, contanto que não a excedam, computado o seu valor ao tempo da doação".

Verifica-se, pois, que as normas que impõem a colação **não são cogentes**: podem ser afastadas pela **vontade do autor da liberalidade**, desde que a doação não seja inoficiosa, bem como **por força de disposição legal**.

---

8 *Traité élémentaire de droit civil*, v. III, n. 2.772 e s., apud Caio Mário da Silva Pereira, *Instituições*, cit., v. VI, p. 407.

9 Carlos Roberto Barbosa Moreira, atualizador da obra de Caio Mário da Silva Pereira, *Instituições*, cit., v. VI, p. 408.

10 Washington de Barros Monteiro, *Curso*, cit., v. 6, p. 315.

Se o testador pode deixar a porção disponível a um descendente, pode também beneficiá-lo com a dispensa da colação, **desde que o faça expressamente** no próprio título constitutivo da liberalidade ou por testamento. Nesse sentido dispõe o art. 2.006 do Código Civil:

> "A dispensa da colação pode ser outorgada pelo doador em **testamento**, ou no próprio **título de liberalidade**".

Preleciona Carlos Maximiliano que "a dispensa de colação há de ser **expressa**. Não basta a presumida, nem a virtual: por exemplo, a decorrente do fato de ser a liberalidade manual, ou efetuada por meio de interposta pessoa. Entretanto, não se exigem expressões sacramentais; basta ficar evidente o intuito de libertar da obrigação de ***conferir***"[11].

■ Dispensa na escritura de doação ou em testamento

A dispensa da colação pode constar da própria ***escritura de doação*** ou em ***testamento***, em que o *de cujus* **declara** que deve ser incluído na sua quota disponível o que doou em vida ao ascendente. Sendo um ato formal, será ineficaz se praticado por outro modo.

A dispensa da colação, quando feita por uma das duas formas admitidas em lei, destrói a presunção de que o doador pretendia fazer, simplesmente, uma antecipação da herança ao donatário, **pois evidencia-se, com tal liberação, que a sua intenção é gratificar melhor o aludido herdeiro**, destinando-lhe maior porção que aos outros[12].

A disposição, todavia, só valerá, como mencionado, **dentro dos limites da quota disponível**, pois, se a liberalidade exceder os extremos da metade de que o ascendente podia livremente dispor, deve ela ser reduzida a esse montante, cabendo ao beneficiário conferir o restante[13].

■ Dispensa legal de colação de determinados gastos com o descendente

A lei desobriga também de colação certos gastos do ascendente com o descendente menor, como prescreve o art. 2.010 do Código Civil, *verbis*:

> "Não virão à colação os gastos ordinários do ascendente com o descendente, enquanto menor, na sua educação, estudos, sustento, vestuário, tratamento nas enfermidades, enxoval, assim como as despesas de casamento, ou as feitas no interesse de sua defesa em processo-crime".

Tais dispêndios não constituem propriamente liberalidade, mas, antes de tudo, **obrigações naturais**, cumprimento de um dever, especialmente os efetuados com a educação, estudos, alimentos, vestuário e tratamento nas enfermidades de filho menor.

A dispensa só se refere, efetivamente, aos **descendentes menores**. Nessa consonância, as filhas solteiras que vivem com os pais e por eles são sustentadas, ou os

---

11 *Direito das sucessões*, n. 1.585, p. 441.

12 Zeno Veloso, *Comentários*, cit., v. 21, p. 424.

13 Silvio Rodrigues, *Direito civil*, cit., v. 7, p. 313.

varões que após os 18 anos não trabalham, devem trazer à colação, no inventário do ascendente, as despesas com seu sustento, por ele efetuadas após a maioridade[14].

Reiterada jurisprudência tem, contudo, afirmado a não cessação da obrigação alimentar paterna diante da simples maioridade do filho, determinando a manutenção do encargo **até o limite de 24 anos deste** — limite este extraído da legislação sobre o imposto de renda —, **enquanto estiver cursando escola superior**, salvo se dispuser de meios próprios para sua manutenção[15].

As despesas com o **casamento** do descendente, concernentes a enxoval, convites, festa nupcial, e as feitas no interesse de sua defesa em **processo-crime** estão igualmente dispensadas da colação. **Não mais se exige que o descendente tenha sido absolvido no processo-crime**, para que as respectivas despesas sejam dispensadas da conferência, como o fazia, injustificadamente, o art. 1.793 do diploma de 1916.

O citado art. 2.010 menciona que os gastos têm de ser **ordinários**, comuns, que fazem parte, naturalmente, da obrigação de criar, educar e sustentar os filhos menores. Os gastos **extraordinários** que o pai teve de suportar, representados, por exemplo, pelo ressarcimento do prejuízo causado por filho menor a terceiro, em virtude da prática de ato ilícito, **poderão ir à colação**[16].

Prescreve ainda o art. 2.011:

> "As doações remuneratórias de serviços feitos ao ascendente também não estão sujeitas a colação".

A razão para a dispensa, como esclarece Silvio Rodrigues, é que "tais doações, em rigor, não são liberalidades, mas **contraprestação**, fornecida pelo doador, **em paga de favores recebidos do donatário**. Se o filho maior, vivendo a expensas do pai, compensa os favores recebidos com uma assistência cotidiana, amparando-o em sua velhice, socorrendo-o em suas enfermidades, acompanhando-o em seus inseguros passos, um favor se compensa com outro, e se pode entender que os alimentos recebidos apenas **retribuem os serviços prestados**"[17].

Doações dessa natureza constituem, efetivamente, retribuição de serviços prestados ao doador. Assim como não se revogam por ingratidão do donatário (CC, art. 564, I), também **isentam o beneficiário da colação respectiva**[18].

Em suma, **não estão sujeitos à conferência** colacional, **por força de lei**:

---

[14] Washington de Barros Monteiro, *Curso*, cit., v. 6, p. 315; Silvio Rodrigues, *Direito civil*, cit., v. 7, p. 314.

[15] "Pensão alimentícia. Maioridade do filho, que é estudante regular de curso superior e não trabalha. Impossibilidade de exclusão da responsabilidade do pai quanto a seu amparo financeiro para o sustento e os estudos" (*RT*, 814/220). "A maioridade do filho, que é estudante e não trabalha, a exemplo do que acontece com as famílias abastadas, não justifica a exclusão da responsabilidade do pai quanto a seu amparo financeiro para o sustento e estudos. Assim, têm direito a alimentos os filhos maiores, até 24 anos, quando ainda estejam cursando estabelecimento de ensino superior, salvo a hipótese de possuírem rendimentos próprios" (*RJTJSP*, Lex, 18/201; *RT*, 727/262).

[16] Carlos Roberto Gonçalves, *Responsabilidade civil*, p. 234.

[17] *Direito civil*, cit., v. 7, p. 314-315.

[18] Washington de Barros Monteiro, *Curso*, cit., v. 6, p. 315.

a) as despesas **ordinárias** que os pais fizerem com os filhos, enquanto menores, para seus alimentos (inclusive sob a forma de mesadas e pensões), educação, tratamento de enfermidade; enxoval e despesas com o casamento, inclusive festa nupcial; as feitas no interesse de sua defesa em processo-crime (CC, art. 2.010);

b) as doações **remuneratórias de serviços feitos ao ascendente**, nos termos do art. 2.011 do estatuto civil;

c) as **benfeitorias** acrescidas aos bens doados;

d) os **frutos e rendimentos** desses bens, até a data do falecimento do autor da herança[19].

■ Benfeitorias, frutos e rendimentos

As benfeitorias, os frutos e os rendimentos, sendo acessórios do principal, pertencem ao herdeiro. Dispõe o § 2º do art. 2.004 do Código Civil: "Só o valor dos bens doados entrará em colação; **não assim o das benfeitorias acrescidas**, as quais pertencerão ao herdeiro donatário, correndo também à conta deste os **rendimentos** ou **lucros**, assim como os danos e perdas que eles sofrerem".

Obtempera Pontes de Miranda[20] que, no entanto, estão sujeitos à colação "os valores dos rendimentos dos bens do pai ou da mãe de que tinha uso o herdeiro (*e.g.*, **os alugueres do apartamento que residia gratuitamente**)". Nelson Pinto Ferreira[21] igualmente entende cabível a colação quanto ao **usufruto gratuito, o uso e a habitação cedida aos filhos**, uma vez que "constituem outros casos de doação, porque esta supõe a transferência de bens, ou vantagens, em caráter definitivo, sem transferência da coisa. A toda evidência, portanto, que ocorrendo concessão de usufruto gratuito por parte do ascendente em favor do descendente, quer ocorrendo comodato, seja para habitação ou exploração agropastoril, agrícola, pecuária ou industrial, **doação houve e o valor correspondente ao rendimento ou fruto que o bem produziria será objeto de colação**. É que nos exemplos mencionados existiu vantagem em favor do descendente, sem que tenha ocorrido a transferência de propriedade".

■ Perecimento da coisa recebida em doação

Segundo o magistério de Caio Mário da Silva Pereira, "se a coisa recebida em doação **perece sem culpa do beneficiado**, não está sujeito a conferir-lhe o valor no inventário do donante, vigorando a *preaesumptio* de que ocorreria ainda que a doação se não tivesse cumprido. Mas, **se culposa a perda, subsiste a obrigação de colacionar o valor da coisa ou a sua estimativa**"[22].

■ 30.5. MODOS DE EFETUAR A CONFERÊNCIA

As normas procedimentais sobre colação encontram-se nos arts. 639 a 641 do Código de Processo Civil de 2015.

---

19 Euclides de Oliveira e Sebastião Amorim, *Inventários e partilhas*, cit., p. 380-381; Caio Mário da Silva Pereira, *Instituições*, cit., v. VI, p. 410.

20 *Tratado*, cit., v. 55, p. 349.

21 *Da colação*, cit., p. 183.

22 *Instituições*, cit., v. VI, p. 410-411.

Os herdeiros contemplados com liberalidades em vida do *de cujus* têm o dever de conferir, **no curso do inventário**, os respectivos valores após a abertura da sucessão. A oportunidade para efetuar essa conferência, por termo nos autos, é o **prazo de quinze dias aberto aos herdeiros para dizerem sobre as primeiras declarações**, segundo estabelece o art. 639 do estatuto processual.

O herdeiro que não apresente espontaneamente o objeto recebido **será intimado a fazê-lo**, sob pena de se tornar incurso na pena de sonegados. Se o herdeiro negar o recebimento dos bens, ou a obrigação de os conferir, **procede-se à instrução**, com colheita de provas, salvo se a matéria for de alta indagação, quando as partes serão remetidas às vias ordinárias.

Julgada improcedente a oposição, o herdeiro será intimado a fazer a conferência, **no prazo de quinze dias, sob pena de sequestro dos bens** (CPC, art. 641 e parágrafos).

■ Conferência dos bens pelo seu valor e, excepcionalmente, em substância

Muito já se discutiu sobre se os bens devem ser conferidos em *substância*, ou por sua *estimativa* ao tempo da liberalidade ou da abertura da sucessão.

O Código Civil de 1916, por sua vez, mandava conferir as doações e os dotes em **substância** (art. 1.786), devendo o herdeiro, pois, colacionar **o próprio bem doado**; se, porventura, já não o possuísse, traria à colação o seu valor (art. 1.787). O aludido diploma adotava como regra, em suma, a colação em substância; **excepcionalmente, admitia também colação pelo valor estimativo**, se o donatário já alienara os bens doados.

O atual Código Civil regula a matéria no art. 2.002, *caput*, que assim dispõe:

> "Os descendentes que concorrerem à sucessão do ascendente comum são obrigados, para igualar as legítimas, a conferir **o valor** das doações que dele em vida receberam, sob pena de sonegação".

Acrescenta o seu parágrafo único que "para cálculo da legítima, **o valor dos bens** conferidos será computado na parte indisponível, sem aumentar o disponível".

A conferência não será feita, portanto, em substância, mas pelo **"valor das doações"**. O parágrafo único reforça a ideia de conferência pelo **"valor dos bens"**.

Estatui, porém, o parágrafo único do art. 2.003:

> "Se, computados os valores das doações feitas em adiantamento de legítima, não houver no acervo bens suficientes para igualar as legítimas dos descendentes e do cônjuge, os bens assim doados serão **conferidos em espécie**, ou, quando deles já não disponha o donatário, pelo seu valor ao tempo da liberalidade".

Por sua vez, proclama o art. 2.004:

> "O valor de colação dos bens doados será aquele, certo ou estimativo, que lhes atribuir o ato de liberalidade".

Resta concluir, diante desse quadro, que **a regra** no direito brasileiro passou a ser a da **colação em valor** (arts. 2.002 e 2.004), podendo ser **em substância** na hipótese do parágrafo único do art. 2.003, ou seja, quando os bens remanescentes no patrimônio do *de cujus* forem insuficientes para assegurar a igualdade das legítimas dos descendentes e do cônjuge[23].

Destaque-se o Enunciado 644 da VIII Jornada de Direito Civil do Conselho da Justiça Federal:

> "— Os arts. 2.003 e 2.004 do Código Civil e o art. 639 do CPC devem ser interpretados de modo a garantir a igualdade das legítimas e a coerência do ordenamento.
> — O bem doado, em adiantamento de legítima, será colacionado de acordo com seu valor atual na data da abertura da sucessão, se ainda integrar o patrimônio do donatário.
> — Se o donatário já não possuir o bem doado, este será colacionado pelo valor do tempo de sua alienação, atualizado monetariamente".

Prevalência do valor do bem ao tempo da abertura da sucessão

Preceitua o parágrafo único do art. 639 do Código de Processo Civil de 2015 que "os bens a serem conferidos na partilha, assim como as acessões e as benfeitorias que o donatário fez, calcular-se-ão pelo valor que tiverem **ao tempo da abertura da sucessão**".

Se no ato de doação não constar valor certo, nem houver estimação feita na data da liberalidade, os bens serão conferidos, na partilha, pelo valor que tivessem ao tempo da liberalidade, **o que se terá de calcular**, como salienta Zeno Veloso[24].

■ Atualização monetária do valor

A atualização monetária mostra-se, *in casu*, indispensável, para evitar que o donatário, conferindo o bem recebido pelo valor antigo, da época da liberalidade, experimente, em consequência da inflação, uma brutal e **indevida vantagem**. Por essa razão, sugerem Euclides de Oliveira e Sebastião Amorim que seja afastada qualquer interpretação literal do dispositivo em apreço e se considere que, embora adotado "o valor ao tempo da liberalidade, **deve ser feita a sua atualização monetária** pelos índices próprios de correção até a data da abertura da sucessão"[25].

A **jurisprudência**, considerando exatamente os surtos inflacionários, já se pronunciou nesse sentido, minimizando os efeitos do art. 1.792 do Código Civil de 1916, estabelecendo que o valor do bem colacionado devia ser atualizado monetariamente, na data da abertura da sucessão. Nesse sentido, assentou o Superior Tribunal de Justiça:

> "Em ciclo inflacionário, na conferência, se o bem doado já fora vendido antes da abertura da sucessão, **seu valor há de ser atualizado** na data desta"[26].

■ 30.6. DOAÇÃO FEITA POR AMBOS OS CÔNJUGES OU COMPANHEIROS

Quando a doação é feita por apenas um dos cônjuges, só no seu inventário se deve conferir a benesse. Todavia, quando é realizada por ambos os cônjuges, **no in-**

---

23 Caio Mário da Silva Pereira, *Instituições*, cit., v. VI, p. 412; Washington de Barros Monteiro, *Curso*, cit., v. 6, p. 311.

24 *Comentários*, cit., v. 21, p. 420.

25 *Inventários e partilhas*, cit., p. 378.

26 *RSTJ*, 37/405.

ventário de cada um se conferirá por metade, considerando-se que foi o que cada qual, em realidade, doou.

Dispõe, com efeito, o art. 2.012 do Código Civil:

"Sendo feita a doação por ambos os cônjuges, no inventário de cada um se conferirá por metade".

A justificativa para a regra é que **se presume ter cada um dos ascendentes efetuado metade da doação**. Embora feita por ambos ao descendente comum, trata-se, na verdade, de **duas liberalidades** antecipatórias da herança: a paterna e a materna. Por essa razão, no inventário de cada um dos cônjuges se conferirá o que for doado por metade.

Não padece dúvida, em face do estabelecido no art. 226, § 3º, da Constituição Federal, e dos arts. 1.723 e seguintes do Código Civil, que o dispositivo em apreço é aplicável à hipótese de a doação ser feita ao descendente por **ambos os companheiros**, se a família é constituída por **união estável**.

■ 30.7. RESUMO

DA COLAÇÃO	
CONCEITO	■ ***Colação*** é o ato pelo qual os herdeiros descendentes que concorrem à sucessão do ascendente comum declaram no inventário as doações que dele em vida receberam, sob pena de sonegados, para que sejam conferidas e igualadas as respectivas legítimas (CC, arts. 2.002 e 2.003). Visa restabelecer a igualdade entre herdeiros legitimários.
MODO DE EFETIVAÇÃO	■ Como regra, a colação é feita ***pelo valor dos bens***, podendo excepcionalmente ser efetivada em ***substância***, com os bens doados retornando em espécie à massa da herança, na hipótese do parágrafo único do art. 2.003, ou seja, quando os bens remanescentes no patrimônio do *de cujus* forem insuficientes para assegurar a igualdade das legítimas dos descendentes e do cônjuge. O valor da colação será aquele, certo ou estimativo, que lhes atribuir o ***ato de liberalidade*** (CC, art. 2.004).
PROCEDIMENTO	■ O herdeiro obrigado à colação conferirá os bens que recebeu no prazo concedido às partes para falar sobre as primeiras declarações (CPC/2015, art. 639). ■ Se negar o recebimento dos bens ou a obrigação de colacionar, decidirá o juiz, ouvidas as partes, à vista das alegações e provas produzidas (art. 641). ■ Improcedente a oposição, o herdeiro terá quinze dias para proceder à conferência, sob pena de sequestro dos bens, ou de imputação, em seu quinhão, do valor deles, se não os possuir. Se houver matéria de alta indagação, as partes serão remetidas às vias ordinárias (§ 2º).
DISPENSA DA COLAÇÃO	■ São dispensadas da colação as doações que o testador determinar saiam da parte disponível, contanto que a não excedam, computado o seu valor ao tempo da doação (CC, art. 2005). ■ A dispensa da colação pode ser outorgada pelo doador em testamento, ou no próprio título de liberalidade. ■ Não virão à colação os ***gastos ordinários*** do ascendente com o descendente, enquanto menor, na sua educação, estudos, sustento, vestuário, tratamento nas enfermidades, enxoval, assim como as despesas de casamento, ou as feitas no interesse de sua defesa em processo-crime (art. 2.010). ■ Igualmente não estão sujeitas à colação as ***doações remuneratórias*** de serviços feitos ao ascendente (art. 2.011).
EFEITOS	■ A colação tem por fim igualar, na proporção estabelecida no CC, as legítimas dos descendentes e do cônjuge sobrevivente. ■ Quando os netos, representando os seus pais, sucederem aos avós, serão obrigados a trazer à colação, ainda que não o hajam herdado, o que os pais teriam de conferir (CC, art. 2.009). ■ O que renunciou à herança também deve conferir as doações recebidas, repondo a parte inoficiosa (art. 2.008).

31

DA PARTILHA

31.1. CONCEITO

Terminado o inventário, ***partilham-se*** os bens entre os herdeiros e cessionários, separando-se a meação do cônjuge supérstite. Segundo o magistério de Carlos Maximiliano, "*partilha* é a divisão do espólio entre os sucessores do falecido"[1].

Com a partilha desaparece o caráter transitório da indivisão do acervo hereditário determinado pela abertura da sucessão. Cessa, com o seu advento, a comunhão hereditária, **desaparecendo a figura do espólio**, que será substituída pelo herdeiro a quem coube o direito ou a coisa objeto da causa[2].

Principal efeito

Por isso se diz que a partilha tem como principal efeito a **extinção da comunhão hereditária** que se estabeleceu, por força da lei, com o falecimento do *de cujus* (CC, arts. 1.784 e 1.791).

Na maior parte das vezes ocorre a discriminação material do que compõe cada quinhão hereditário, realizando-se a divisão dos bens pertencentes ao espólio. **Pode haver, no entanto, partilha sem divisão**, quando, por exemplo, o bem é **indivisível** ou, sendo divisível, os herdeiros **preferem** que permaneça em comum, passando a reger-se a comunhão, como ato *inter vivos*, pelas normas do direito das coisas (CC, arts. 1.314 e s.)[3].

Adjudicação dos bens

Se houver um **único herdeiro**, faz-se-lhe a *adjudicação* dos bens. A situação se simplifica, pois não haverá partilha nem divisão, podendo ser utilizado o inventário simplificado, na forma de arrolamento sumário, como previsto no art. 659, § 1º, do Código de Processo Civil[4].

Direito de requerer a partilha dos bens

Preceitua o art. 2.013 do Código Civil:

---

1 *Direito das sucessões*, v. III, n. 1.461, p. 318.

2 *RF*, 282/266. No mesmo sentido: *RT*, 643/67, 759/231.

3 Silvio Rodrigues, *Direito civil*, v. 7, p. 293.

4 "Havendo um só herdeiro, com direito à totalidade da herança, não há o que partilhar, e o juiz proferirá sentença adjudicando os bens ao único herdeiro (v. art. 1.031, § 1º, e LRP, 167-I-25)" (Theotonio Negrão, *Código de Processo Civil e legislação processual em vigor*, nota 4 ao art. 1.022, p. 961).

"O herdeiro pode **sempre** requerer a partilha, **ainda que o testador o proíba**, cabendo igual faculdade aos seus cessionários e credores".

O Código Civil **facilita a extinção do condomínio**, que é tido por escritores antigos e modernos como fonte de atritos e desavenças. Esse preconceito contra o condomínio, fruto de séculos de tradição, baseia-se na convicção de ser impossível um harmonioso funcionamento da comunhão. *Communio est mater discordiarum*, eis o aforismo consagrado pela jurisprudência romana.

É por essa razão, certamente, que o aludido diploma dispõe, no art. 1.320, que **"a todo tempo será lícito ao condômino exigir a divisão da coisa comum"**; e, no art. 1.320, §§ 1º e 2º, que a *cláusula de indivisão* convencionada pelos condôminos, ou imposta pelo doador ou testador, **valerá apenas por cinco anos**.

Pelo mesmo motivo estabelece o Código Civil, no citado art. 2.013, o princípio de que nenhum condômino pode ser obrigado a permanecer na comunhão. Cada um deles tem o direito de requerer, **a todo tempo**, que se divida a coisa comum. Ressalva-se o prazo prescricional de **quinze anos**, previsto no art. 1.238 do aludido diploma, para que o possuidor obste à partilha do bem mediante invocação da **usucapião**.

■ Admissibilidade de realização da partilha, mesmo estando um dos herdeiros, ou terceiro, na posse de bens do espólio

Não impede a realização da partilha o fato de **um ou mais herdeiros, ou terceiro, estar na posse de certos bens do espólio**, salvo se da morte do proprietário houverem decorrido quinze anos, pois, nesse caso, ter-se-á consumado em favor do possuidor, ainda que não tenha justo título nem boa-fé, **usucapião extraordinária**. Todavia, para que a posse do herdeiro, ou de terceiro, represente obstáculo legal à partilha, é necessário que ela se exerça com **exclusão dos demais coerdeiros**[5].

■ Posse exclusiva de um dos herdeiros e usucapião

A convivência condominial mostra-se, em regra, incompatível com a prescrição aquisitiva. O herdeiro que administrar sem oposição dos outros presume-se representante comum (CC, art. 1.324). **A jurisprudência tem, todavia, admitido tal modalidade aquisitiva do domínio em casos especiais, ou seja, desde que a posse do condômino ou herdeiro tenha sido exclusiva sobre o bem usucapiendo e com ânimo de dono**, caracterizada por atos exteriores que demonstrem a vontade de impedir a posse dos demais condôminos ou herdeiros, como se proprietário único do imóvel fosse[6].

■ Natureza meramente declaratória da partilha

A natureza da partilha é meramente *declaratória* e não atributiva da propriedade. O herdeiro adquire o domínio e a posse dos bens não em virtude dela, mas **por força da abertura da sucessão**. A sentença que a homologa retroage os seus efeitos a esse momento, tendo, portanto, efeito *ex tunc*.

---

5 Silvio Rodrigues, *Direito civil*, cit., v. 7, p. 294; Washington de Barros Monteiro, *Curso de direito civil*, v. 6, p. 320.

6 *JTJ*, Lex, 177/252.

■ 31.2. ESPÉCIES DE PARTILHA

A partilha pode ser:

- **amigável**, quando resulta de acordo entre interessados capazes; e
- **judicial**, realizada no processo de inventário, por deliberação do juiz, quando não há acordo entre os herdeiros ou sempre que um deles seja menor ou incapaz.

■ Partilha amigável

Dispõe o art. 2.015 do Código Civil:

> "Se os herdeiros forem capazes, poderão fazer *partilha amigável*, por escritura pública, termo nos autos do inventário, ou escrito particular, homologado pelo juiz".

Essa partilha é negócio jurídico plurilateral e resulta da **vontade concordante de todos os herdeiros**, que manifestam seu propósito de dividir o espólio da maneira constante do instrumento. Trata-se de negócio solene, que **só vale se efetivado após a morte do autor da herança**, visto não ser eficaz contrato que tenha por objeto herança de pessoa viva (CC, art. 426).

A lei faculta a realização dessa modalidade de partilha por **três modos** diferentes:

- **escritura pública**;
- **termo** nos autos do inventário; e
- **instrumento particular**, ao depois homologado pelo juiz[7].

Os herdeiros só podem valer-se da solução extrajudicial se forem **maiores e capazes**, uma vez que todo negócio jurídico implica a capacidade das partes. Se algum for *incapaz*, ainda que relativamente, **não pode fazê-lo, mesmo que assistido por seu representante legal**. A lei exige que a partilha, então, processe-se judicialmente, para que a atribuição de quinhões seja acompanhada e conferida pelo Ministério Público e fiscalizada pelo juiz[8].

Preceitua, efetivamente, o art. 2.016 do Código Civil:

> "Será **sempre judicial** a partilha, se os herdeiros divergirem, assim como se algum deles for *incapaz*".

■ Partilha judicial

Na *partilha judicial*, de caráter obrigatório, sempre que os herdeiros **divergirem** ou se algum deles for **menor ou incapaz**, as partes formularão pedido de quinhão, e o juiz resolverá as pretensões no **despacho de deliberação**, que constitui, segundo

---

[7] De acordo com a nova redação do art. 982 do Código de Processo Civil [de 1973], dada pela Lei n. 11.441/2007 [atual art. 610, §§ 1º e 2º], sempre que as partes maiores e capazes, estando concordes com a partilha, procurarem a via administrativa, a escritura pública lavrada pelo notário, de partilha amigável, valerá por si, como título hábil para o registro imobiliário, dispensando a exigência de homologação judicial.

[8] Silvio Rodrigues, *Direito civil*, v. 7, p. 295.

alguns, uma decisão judicial passível de ser atacada por agravo de instrumento. A jurisprudência dominante, contudo, é em sentido oposto, "tendo-o como **irrecorrível**"[9].

O partidor organizará o **esboço de partilha** de acordo com essa deliberação, observando nos pagamentos a seguinte ordem:

- dívidas atendidas;
- meação do cônjuge;
- meação disponível;
- quinhões hereditários, a começar pelo coerdeiro mais velho (CPC/2015, art. 651).

O esboço é, praticamente, uma preparação da partilha a ser efetivada. Também se denomina **"plano de partilha"**, sobre o qual se manifestarão as partes, no prazo comum de cinco dias. Resolvidas eventuais reclamações, será a partilha lançada nos autos [CPC/73, art. 1.024, atual art. 652], em um instrumento chamado **"auto de partilha"**, que levará as assinaturas do juiz e do escrivão e terá o conteúdo especificado no art. 1.025 do estatuto processual civil [de 1973, atual art. 653][10].

O monte partível é a **herança líquida**, depois de deduzidos do acervo os legados, o imposto *causa mortis* e as dívidas. Ouvidas as partes sobre o esboço e resolvidas as reclamações, **a partilha será lançada nos autos** (CPC, art. 652), como retromencionado. Pago o imposto de transmissão e juntada aos autos certidão ou informação negativa de dívida para com a Fazenda Pública, **o juiz a julgará por *sentença*** (art. 654).

O imposto de transmissão *causa mortis* **deve ser recolhido antes da sentença de partilha**, como determina o aludido art. 654. Já se decidiu que "a admissão do pagamento apenas quando o formal é levado a registro constitui mera liberalidade que, quando não adotada, não implica em violação de direito"[11].

O Superior Tribunal de Justiça veio a proclamar, certa feita, que o benefício da justiça gratuita isenta os herdeiros do pagamento do imposto de transmissão *causa mortis*[12]. Parece-nos, no entanto, que **a dispensa do pagamento do tributo devido depende sempre de expressa previsão legal** (CTN, art. 176). O art. 3º da lei que regula a assistência judiciária (Lei n. 1.060, de 5-2-1950) declara expressamente as isenções permitidas, como taxas judiciárias, emolumentos, custas e outras despesas, não incluindo nesse rol a dívida tributária.

Nesse sentido decidiu o Tribunal de Justiça de São Paulo:

> "Imposto de transmissão *causa mortis*. Recolhimento determinado pelo juízo *a quo*. *Assistência judiciária* assegurada constitucionalmente àqueles que comprovarem insuficiência de recursos que **não compreende a isenção do imposto em causa**. Dispensa

[9] "É irrecorrível o despacho de deliberação de partilha" (*RT*, 474/79, 506/123; *RJTJSP*, 92/277, 103/153).

[10] Euclides de Oliveira e Sebastião Amorim, *Inventários e partilhas*, p. 440-441.

[11] *Revista Trimestral de Jurisprudência dos Estados*, 134/204.

[12] REsp 238.161-SP, 2ª T., rel. Min. Eliana Calmon, *DJU*, 9-10-2000, p. 133.

do pagamento do tributo devido, outrossim, que **depende sempre de expressa previsão legal** (art. 176 do CTN), inexistente na espécie. Agravo não provido"[13].

■ Formal de partilha

Transitada em julgado a sentença, receberá o herdeiro os bens que integram o seu quinhão, por meio de um documento denominado ***formal de partilha***, que pode ser substituído por simples **certidão** do pagamento do quinhão hereditário quando este não exceder cinco vezes o salário mínimo vigente na sede do juízo, nela se transcrevendo a sentença de partilha transitada em julgado (CPC/2015, art. 655, parágrafo único).

Ambos, o *formal de partilha e a certidão*, são **títulos executivos judiciais**, como prescreve o art. 515, IV, do Código de Processo Civil, tendo força executiva contra o inventariante, os demais herdeiros e seus sucessores, a título universal ou singular.

■ Correção da partilha

A partilha *amigável* não é julgada por sentença, mas **simplesmente homologada**. O recurso cabível contra a referida sentença é o de apelação.

A partilha, mesmo depois de passar em julgado a sentença, pode ser ***emendada*** nos mesmos autos do inventário, convindo todas as partes, quando tenha havido **erro de fato na descrição dos bens**; poderá o juiz, de ofício ou a requerimento da parte, a qualquer tempo, corrigir-lhe as **inexatidões materiais** (CPC/73, atual art. 656)[14].

■ Instituição de usufruto em partilha amigável

Tem a jurisprudência admitido a instituição de *usufruto* em partilha amigável, **inclusive por termo nos autos**, como se pode verificar: "O usufruto é destacável da nua propriedade, como direito autônomo. Tanto a viúva-meeira como os herdeiros possuem partes ideais no todo. Portanto, **nada obsta a que se concretizem essas partes pela forma avençada na partilha**"[15].

Nessa mesma linha, decidiu o Superior Tribunal de Justiça que, sendo os herdeiros proprietários, pelo *droit de saisine*, "não subsiste qualquer empecilho para gravarem os bens com usufruto vitalício em favor de sua mãe, assinalando que **a escritura pública exigida resta substituída pelo termo nos autos**, o qual (...) dá segurança e formalidade ao ato"[16].

■ 31.3. PARTILHA EM VIDA

A partilha por ato *inter vivos*, ou partilha em vida, é feita pelo pai ou qualquer ascendente, por **escritura pública** ou **testamento**, não podendo prejudicar a legítima dos herdeiros necessários. Regula a espécie o art. 2.018 do Código Civil, *verbis*:

---

13 *JTJ*, Lex, 259/254.

14 "Pode ser processado nos próprios autos do inventário o pedido de retificação da partilha, para nela constar o nome do atual confrontante, sucessor daquele que figurava na matrícula do imóvel partilhado, conforme prova fornecida pelo Registro de Imóveis" (STJ, REsp 35.873-SP, 4ª T., rel. Min. Ruy Rosado de Aguiar, *DJU* 29-5-1995, p. 15518).

15 *RT*, 606/106; *RJTJSP*, 37/31.

16 REsp 88.681-96-SP, 4ª T., rel. Min. Sálvio de Figueiredo Teixeira, j. 30-4-1998.

> "É válida a partilha feita por ascendente, por ato entre vivos ou de última vontade, contanto que não prejudique a legítima dos herdeiros necessários".

O ascendente exerce faculdade que é inerente ao direito de propriedade.

- Quando feita por *ato entre vivos*, denomina-se **partilha-doação** (*divisio parentum inter liberos*).
- Efetuada por *ato de última vontade*, chama-se **partilha-testamento** (*testamentum parentum inter liberos*).

Por qualquer desses meios, o ascendente distribui os bens entre os herdeiros necessários, **definindo o quinhão de cada um**[17].

Não pode a partilha em vida ser efetuada por **eventuais herdeiros**, visto não se permitirem, como foi dito, **pactos sucessórios**. O nosso ordenamento só admite, com efeito, duas formas de sucessão *causa mortis*: a legítima e a testamentária. O art. 426 afasta a sucessão *contratual*. A partilha *inter vivos*, feita pelo ascendente sob a forma de doação, pode ser considerada **exceção** à norma do aludido dispositivo legal, por corresponder a uma **sucessão antecipada**.

A partilha em vida constitui, realmente, sucessão ou inventário antecipado, **com o objetivo de dispensar os descendentes da feitura do inventário comum ou arrolamento**, afastando-se a colação. Pode haver, no entanto, a **redução dos quinhões**, no caso de ser ofendida a legítima de algum herdeiro necessário, bem como a participação do companheiro, se for o caso. Realizada por testamento, não faz com que os herdeiros percam essa qualidade, representando apenas concretização do quinhão de cada um.

A partilha em vida, **quando feita por testamento**, evita o inconveniente lembrado pela doutrina, responsável pela pouca acolhida entre nós dessa modalidade, de que ela pode suscitar ingratidões por parte dos filhos de má formação, que abandonam os genitores assim que se veem aquinhoados.

Preleciona Arnoldo Wald que os bens assim partilhados **não estão sujeitos a inventário**, "pois a partilha em vida é inventário antecipado", **nem são trazidos à colação** no momento da morte do hereditando, podendo haver, quando muito, a redução dos quinhões no caso de não ter sido atendida a legítima de algum herdeiro[18].

Prescreve o art. 2.014 do Código Civil:

> "Pode o testador indicar os bens e valores que devem compor os quinhões hereditários, deliberando ele próprio a partilha, que prevalecerá, salvo se o valor dos bens não corresponder às quotas estabelecidas".

O testador pode, portanto, **especificar os bens que integrarão os quinhões hereditários**, com o objetivo de evitar eventuais conflitos que poderiam surgir entre os descendentes a respeito da formação e composição das respectivas quotas. Essa determinação concreta dos bens não transforma o herdeiro em legatário. Ele continua

---

17 Zeno Veloso, *Comentários ao Código Civil*, v. 21, p. 437.

18 O regime jurídico da partilha em vida, *RT*, 622/7-15.

herdeiro, porque assim estabelece a lei, malgrado tenham sido particularizados os que comporão a parte do herdeiro.

Respeitada a legítima dos herdeiros necessários, não precisa o testador ser justo na distribuição dos quinhões, que podem ser desiguais, contanto que o testamento declare que **as eventuais desigualdades serão imputadas em sua quota disponível**. Sendo lícito ao testador dispor livremente de metade de seus bens, nada impede que gratifique um de seus herdeiros mais do que os outros, embora sejam todos necessários, contanto que lhes não prejudique a legítima[19].

O ascendente que pretender efetivar a partilha, por ato entre vivos, da integralidade de seu patrimônio deverá, todavia, fazer a **reserva de bens suficientes, que assegurem a sua subsistência**, nos termos do art. 548 do Código Civil, salvo se tiver renda que a garanta.

■ 31.4. REGRAS SOBRE A PARTILHA

Deve ser observada, na partilha, a maior **igualdade** possível. Nesse sentido, dispõe o art. 2.017 do Código Civil:

> "No partilhar os bens, observar-se-á, quanto ao seu valor, natureza e qualidade, a maior *igualdade* possível".

Justo, portanto, aquinhoem-se os herdeiros em toda a sorte de bens, **no bom e no ruim, no certo e no duvidoso**. Não é bem elaborada a partilha, assinala Washington de Barros Monteiro, "que atribua a um herdeiro os melhores bens do acervo e a outro impute o pior, embora aritmeticamente possam coincidir os valores de ambos os quinhões"[20].

A exigência legal de que se observe, na partilha, a maior igualdade possível não obriga a que todos os herdeiros fiquem com uma parte ideal em cada bem, permanecendo todos *pro indiviso*. Ao contrário, **deve ser evitado, tanto quanto possível, o condomínio**, sabidamente fonte de discórdias e de demandas, constituindo mesmo, segundo Itabaiana de Oliveira, a *discordiarum nutrix*[21].

A partilha deve consultar, também, a **comodidade dos herdeiros** e, tanto quanto o permitir a igualdade a ser observada, **evitar litígios futuros**. No primeiro caso, se algum dos herdeiros tiver um prédio contíguo a outro pertencente à herança, deve este lhe ser deixado, com preferência a qualquer outro; se, por exemplo, um deles reside em prédio do espólio, deverá receber em pagamento esse mesmo imóvel. Tudo isso pode ser feito sem prejuízo da exata **igualdade da partilha**.

Para evitar demandas futuras, recomenda-se não só evitar a indivisão, como já dito, senão também **declarar, com a possível exatidão, as confrontações dos imóveis**; se couberem a dois ou mais coerdeiros, é indispensável, também, que se regulamente o uso de eventual **servidão**.

---

19 Silvio Rodrigues, *Direito civil*, cit., v. 7, p. 297.

20 *Curso*, cit., v. 6, p. 326.

21 *Tratado de direito das sucessões*, v. III, § 916, p. 102.

Prescreve o art. 2.019 do Código Civil:

> "Os bens insuscetíveis de divisão cômoda, que não couberem na meação do cônjuge sobrevivente ou no quinhão de um só herdeiro, serão vendidos judicialmente, partilhando-se o valor apurado, a não ser que haja acordo para serem adjudicados a todos.
> § 1º Não se fará a venda judicial se o cônjuge sobrevivente ou um ou mais herdeiros requererem lhes seja adjudicado o bem, repondo aos outros, em dinheiro, a diferença, após avaliação atualizada.
> § 2º Se a adjudicação for requerida por mais de um herdeiro, observar-se-á o processo da licitação".

A **adjudicação** ao herdeiro, ao cessionário ou ao cônjuge sobrevivente **prefere, portanto, à venda judicial** no condomínio derivado da herança. Pode ela ser requerida a qualquer tempo, enquanto não realizada a praça. Para essa adjudicação, torna-se **desnecessário** o assentimento dos demais herdeiros. No entanto, se mais de um a pleitear, impor-se-á a **licitação**[22].

A lei confere **hipoteca** "ao coerdeiro, para garantia do seu quinhão ou torna da partilha, sobre o imóvel adjudicado ao herdeiro reponente" (CC, art. 1.489, IV).

■ 31.5. SOBREPARTILHA

Ficam sujeitos à sobrepartilha os bens que, por alguma razão, **não tenham sido partilhados** no processo de inventário. Trata-se de uma complementação da partilha, destinada a **suprir omissões** desta, especialmente pela descoberta de outros bens.

Prescreve o art. 669 do Código de Processo Civil de 2015 que devem ser sobrepartilhados os bens:

> "I — sonegados;
> II — da herança, descobertos após partilha;
> III — litigiosos, assim como os de liquidação difícil ou morosa;
> IV — situados em lugar remoto da sede do juízo onde se processa o inventário".

■ Bens litigiosos ou situados em lugar remoto

Se os herdeiros preferirem relegar os bens mencionados nos incs. III e IV do art. 669 do estatuto processual à **sobrepartilha**, ficarão sob a guarda e administração do mesmo inventariante ou de outro que indicarem (parágrafo único). O imposto de transmissão *causa mortis* referente a tais bens será recolhido por ocasião daquela. Não se justifica, realmente, que possam ser instados ao pagamento do tributo enquanto não conseguirem apurar os valores respectivos.

Na hipótese mencionada, de haver bens sujeitos à sobrepartilha por serem **litigiosos ou por estarem situados em lugar remoto** da sede do juízo onde se processa

[22] Washington de Barros Monteiro, *Curso*, cit., v. 6, p. 328.

o inventário, o espólio permanecerá existindo, ainda que transitada em julgado a sentença que homologou a partilha dos demais bens a ele pertencentes[23].

O Código Civil contém dispositivo semelhante ao do estatuto processual, qual seja, o art. 2.021:

> "Quando parte da herança consistir em bens remotos do lugar do inventário, litigiosos, ou de liquidação morosa ou difícil, poderá proceder-se, no prazo legal, à partilha dos outros, reservando-se aqueles para uma ou mais sobrepartilhas, sob a guarda e a administração do mesmo ou diverso inventariante, e consentimento da maioria dos herdeiros".

A existência de bens nas situações descritas pode comprometer o bom andamento e finalização da partilha. Procede-se, então, no prazo legal, à partilha dos outros bens, **reservando-se aqueles para uma ou mais partilhas**, adiando-se a divisão dos bens que, por diversos motivos, apresentam liquidação complicada, ficando estes sob a guarda e administração do mesmo ou diverso inventariante, conforme o aprazamento da maioria dos herdeiros[24].

Bens sonegados

Preceitua, ainda, o art. 2.022 do Código Civil:

> "Ficam sujeitos a sobrepartilha os bens sonegados e quaisquer outros bens da herança de que se tiver ciência após a partilha".

Os bens **sonegados** e os que se descobrirem depois da partilha constituem um novo acervo de bens que deixou de ser inventariado e partilhado com os outros. E, como a partilha já se encerrou, faz-se a distribuição deles em **sobrepartilha**[25].

Dispõe, por fim, o art. 670 do Código de Processo Civil de 2015 que "na sobrepartilha dos bens, observar-se-á o processo de inventário e de partilha", sendo realizada nos autos do inventário do autor da herança (parágrafo único).

A sobrepartilha correrá, portanto, **nos autos do inventário do autor da herança**, prevalecendo a representação processual das partes e a atuação do inventariante em exercício, salvo se requerida a sua substituição. Repetem-se as fases procedimentais de declaração dos bens, eventual avaliação, cálculo e recolhimento do imposto *causa mortis*, juntada de negativas fiscais e partilha[26].

Assinale-se que é admissível a sobrepartilha por **escritura pública lavrada por tabelião de notas** entre interessados maiores e capazes, que com ela estejam concordes, com base no art. 610, § 1º, do Código de Processo Civil de 2015.

---

23 STJ, REsp 284.669-SP, 3ª T., rel. Min. Nancy Andrighi, *DJU*, 13-8-2001.

24 Zeno Veloso, *Comentários*, cit., v. 21, p. 439.

25 Eduardo de Oliveira Leite, *Comentários ao novo Código Civil*, v. XXI, p. 812. *V.* ainda: "Partilha. Bens não arrolados. Hipótese que não justifica a rescisória, devendo-se proceder à sobrepartilha" (STJ, REsp 95.452-BA, rel. Min. Eduardo Ribeiro, *DJU*, 26-8-1996, p. 29684).

26 Euclides de Oliveira e Sebastião Amorim, *Inventários e partilhas*, cit., p. 450.

■ 31.6. RESUMO

DA PARTILHA	
CONCEITO	■ *Partilha* é a divisão judicial do monte líquido, apurado durante o inventário, entre os herdeiros do ***de cujus*** e cessionários, separando-se a meação do cônjuge supérstite. Se houver um único herdeiro, faz-se-lhe a ***adjudicação***.
ESPÉCIES	■ **Amigável** **a)** Por ato ***inter vivos*** É feita pelo pai ou qualquer ascendente, por escritura pública ou testamento, não podendo prejudicar a legítima dos herdeiros necessários (CC, art. 2.018). Trata-se de inventário antecipado, com o objetivo de dispensar os descendentes do inventário comum, afastando-se a colação. **b)** Por ato ***post mortem*** É feita no curso do inventário ou do arrolamento, por escritura pública, termo nos autos, ou escrito particular, desde que os herdeiros sejam capazes (CC, art. 2.015). O procedimento será obrigatoriamente judicial se o ***de cujus*** deixou testamento. Somente nesse caso a partilha amigável será homologada pelo juiz. Sempre que os herdeiros maiores concordarem com a partilha amigável e buscarem a via administrativa, a escritura pública de partilha valerá, por si, como título hábil para o registro imobiliário (CPC/2015, art. 610, § 1º). ■ **Judicial** **a)** É obrigatória, sempre que os herdeiros divergirem ou algum deles for menor ou incapaz. As partes formularão pedido de quinhão, e o juiz resolverá as pretensões no ***despacho de deliberação***. O partidor organizará a partilha de acordo com essa deliberação. **b)** Ouvidas as partes sobre o esboço, a partilha será lançada nos autos (CPC/2015, art. 652). **c)** Pago o imposto de transmissão e juntada aos autos certidão negativa de dívida para com a Fazenda Pública, o juiz a julgará por ***sentença*** (art. 654).

32

DA GARANTIA DOS QUINHÕES HEREDITÁRIOS

32.1. EFEITO DECLARATÓRIO DA PARTILHA

Nos termos do art. 2.023 do Código Civil:

> "Julgada a partilha, fica o direito de cada um dos herdeiros circunscrito aos bens do seu **quinhão**".

Já foi mencionado no capítulo anterior (n. 31.1) que a partilha tem como principal efeito a extinção da comunhão hereditária que se estabeleceu, por força da lei, com o falecimento do *de cujus* (CC, art. 2.013). Esse efeito é de natureza meramente declaratória e não constitutiva, não atributiva da propriedade.

O herdeiro, assim, **adquire o domínio e a posse dos bens não em virtude da partilha, mas por força da abertura da sucessão**. A sentença que a homologa retroage os seus efeitos, por *ficção*, a esse momento, tendo, portanto, efeito *ex tunc*. O que era direito a uma quota ideal, abstrata (direito à sucessão aberta), do patrimônio deixado pelo finado passa a ser, com a partilha, um **direito concreto e exclusivo** sobre os bens incluídos no **quinhão** de cada herdeiro[1].

Teorias

a) Para a teoria da ***ficção da lei***, realizada a partilha supõe-se que o herdeiro recebeu seu quinhão, tal como ficou constituído, **diretamente do falecido**, sem a menor ingerência por parte dos demais coerdeiros. Mas, tratando-se de uma **ficção**, só a partir da partilha é que seu direito passa a recair exclusivamente sobre os bens que compõem o seu quinhão.

b) A teoria da ***condição resolutiva*** melhor se ajusta, todavia, à nossa sistemática jurídica. Admite ela que cada herdeiro tem um direito **condicional** sobre **todos os bens** componentes do acervo hereditário. A condição é a de que os bens se incluam em seu **quinhão**. Ultimada a divisão, **resolve-se** o direito do herdeiro sobre os bens imputados nos quinhões dos coerdeiros.

O art. 1.791 do Código Civil abona a tese ao editar que "a herança defere-se como um **todo unitário**, ainda que vários sejam os herdeiros". Complementa o parágrafo único, afirmando que "até a partilha, o direito dos coerdeiros, quanto à propriedade e posse da herança, será **indivisível**, e regular-se-á pelas normas relativas ao condomínio".

---

1 Zeno Veloso, *Comentários ao Código Civil*, v. 21, p. 440.

Sobrevindo o julgamento da partilha, **cada herdeiro se investe no quinhão respectivo**, ficando assim definido e materializado seu direito.

■ Consequências do efeito meramente declaratório da partilha

Do efeito meramente **declarativo** da partilha, resultam, segundo resume Washington de Barros Monteiro, as seguintes **consequências de ordem prática**:

> "*a)* o herdeiro não precisa permanecer à espera da divisão para a outrem **ceder seus direitos**. Só pode fazê-lo, porém, de modo **abstrato e ideal**, sem especialização dos direitos cedidos. Mas não necessita, em compensação, da aquiescência dos demais herdeiros, que terão primazia, porém, na respectiva aquisição;
>
> *b)* a alienação de determinado bem, concretamente **individuado** e indicado (*res certa*), **é ineficaz**;
>
> *c)* se, antes da partilha, o herdeiro constitui **hipoteca** sobre um dos imóveis do espólio, tornar-se-á sem efeito a garantia se o bem gravado se atribui a outro herdeiro"[2].

A sentença que julgar a partilha prevalece entre os interessados e seus sucessores, em relação aos bens inventariados, **enquanto não anulada ou rescindida**. O formal de partilha, ou a certidão, quando forem partilhados bens imóveis, serão registrados no Registro de Imóveis (Lei n. 6.015, de 31-12-1973, art. 167, item I, n. 23).

■ 32.2. RESPONSABILIDADE PELA EVICÇÃO

Edita o art. 2.024 do Código Civil:

> "Os coerdeiros são reciprocamente obrigados a indenizar-se no caso de **evicção** dos bens aquinhoados".

O dispositivo visa assegurar a **igualdade na partilha**. Se determinado bem do acervo hereditário, que passou a integrar o quinhão do herdeiro, sofrer evicção, ou seja, se for reconhecido em sentença judicial que não pertencia ao *de cujus*, mas a terceiro, que é proclamado seu legítimo proprietário, **a perda não pode ser sofrida apenas pelo herdeiro a quem coube o aludido bem**.

Como tal fato abalaria o princípio fundamental da igualdade, imposto no art. 2.017 do Código Civil, os demais herdeiros são convocados para participar de um **rateio**, com o próprio herdeiro desfalcado, **dividindo-se entre todos os prejuízos**. Em vez de anular a partilha, procura o legislador apenas corrigir o defeito, impondo aos herdeiros, e na proporção de seus quinhões, o dever de indenizarem o evicto[3].

■ Cálculo do valor do bem

Para a apuração dos prejuízos resultantes da evicção, a indenização deve ser calculada segundo **o valor do bem ao tempo da sentença que julgou a partilha**, e não à época em que o herdeiro foi vencido na reivindicatória promovida pelo

---

[2] *Curso de direito civil*, v. 6, p. 332.

[3] Zeno Veloso, *Comentários*, cit., v. 21, p. 441; Silvio Rodrigues, *Direito civil*, v. 7, p. 301.

verdadeiro proprietário, aplicando-se à hipótese o disposto no parágrafo único do art. 450 do Código Civil, segundo o qual o preço, seja a evicção total ou parcial, "será o do valor da coisa, na época em que se evenceu".

■ Cessação da obrigação decorrente da evicção

Estatui o art. 2.025 do Código Civil:

> "Cessa a obrigação mútua estabelecida no artigo antecedente, havendo convenção em contrário, e bem assim dando-se evicção por culpa do evicto, ou por fato posterior à partilha".

Em **três casos**, portanto, exclui-se a obrigação decorrente da evicção:

a) quando houver, na partilha, ou em documento separado, **convenção em contrário**, estipulada em termos expressos ou genéricos, porém inequívocos;

b) ocorrendo a evicção por **culpa do herdeiro evicto**; se este, por exemplo, poderia ter invocado usucapião e não o fez, vindo a perder por isso o bem herdado, só pode queixar-se da própria inércia, não tendo direito de reclamar dos coerdeiros o ressarcimento dos prejuízos que sofreu;

c) se a evicção se deu por **fato posterior à partilha**, por exemplo, força maior, falência, apreensão por motivos sanitários ou fiscais etc.[4].

■ Insolvência de coerdeiro

Por fim, estatui o art. 2.026 do estatuto civil:

> "O evicto será indenizado pelos coerdeiros na proporção de suas quotas hereditárias, mas, se algum deles se achar insolvente, responderão os demais na mesma proporção, pela parte desse, menos a quota que corresponderia ao indenizado".

De conformidade com esse dispositivo, a composição do prejuízo do evicto far-se-á **em proporção** às cotas hereditárias dos demais compartilhantes. A **proporcionalidade** ressalta como um consectário lógico da comunhão igualitária antes existente.

Em segundo lugar, se algum herdeiro for **insolvente**, responderão os demais, na mesma proporção, pela parte deste, **menos a quota que corresponderia ao indenizado**. Desse modo, o herdeiro evicto não deixa de participar também do rateio da parte que seria paga pelo insolvente.

■ Ação do herdeiro evicto

A ação a que faz jus o herdeiro evicto é de natureza **pessoal** e prescreve em **dez anos** (CC, art. 205). O *dies a quo* do prazo prescricional é o da **sentença que reconheceu a evicção**. A indenização é paga em dinheiro; não se procede a nova partilha, nem se dá ao evicto novo bem[5].

---

[4] Washington de Barros Monteiro, *Curso*, cit., v. 6, p. 333.

[5] Eduardo de Oliveira Leite, *Comentários ao novo Código Civil*, v. XXI, p. 820.

■ 32.3. RESUMO

DA GARANTIA DOS QUINHÕES HEREDITÁRIOS	
EFEITO DECLARATÓRIO DA PARTILHA	■ Julgada a partilha, fica o direito de cada um dos herdeiros circunscrito aos bens do seu quinhão (CC, art. 2.023). A partilha extingue a comunhão hereditária. Esse efeito é de natureza meramente ***declaratória*** e não constitutiva, não atributiva da propriedade.
RESPONSABILIDADE PELA EVICÇÃO	Os coerdeiros são reciprocamente obrigados a indenizar-se no caso de ***evicção*** dos bens aquinhoados. Cessa tal obrigação: ■ havendo convenção em contrário; ■ dando-se a evicção por culpa do evicto: ou ■ por fato posterior à partilha (CC, arts. 2.024 e 2.025).

33

DA ANULAÇÃO DA PARTILHA

■ 33.1. ANULABILIDADE DA PARTILHA

Dispõe o art. 2.027 do Código Civil:

"A partilha, uma vez feita e julgada, só é **anulável** pelos vícios e defeitos que invalidam, em geral, os negócios jurídicos.

Parágrafo único. Extingue-se em um ano o direito de anular a partilha".

Depreende-se desse dispositivo que a partilha deve obedecer aos **requisitos de validade** dos negócios jurídicos em geral. É meramente **anulável** quando relativamente incapaz o agente, ou estiver eivada de vícios ou defeitos mencionados no art. 171 do Código Civil, que proclama:

"Além dos casos expressamente declarados na lei, é anulável o negócio jurídico:

I — por incapacidade relativa do agente;

II — por vício resultante de erro, dolo, coação, estado de perigo, lesão ou fraude contra credores".

O art. 2.027, supratranscrito, é o único dispositivo do presente capítulo e o derradeiro das regras permanentes do Código Civil. Observa-se, então, que somente foi prevista a hipótese de a partilha ser anulável, estabelecendo-se o prazo de um ano para que o direito de anulá-la seja exercido.

O Código de Processo Civil de 2015 é mais minucioso no tocante à invalidade da partilha, distinguindo a **partilha amigável**, homologada pelo juiz, que pode ser objeto de ***ação anulatória*** (art. 657) no prazo decadencial de um ano, da **partilha judicial**, decidida por sentença, que é passível de ***ação rescisória*** (art. 658) no prazo decadencial de dois anos, contados do trânsito em julgado da decisão (art. 975).

Segundo dispõe o art. 657 do Código de Processo Civil, a partilha **amigável**, lavrada em instrumento público, reduzida a termo nos autos do inventário ou escrito particular **homologado pelo juiz**, "pode ser **anulada** por dolo, coação, erro essencial ou intervenção de incapaz, observado o disposto no § 4º do art. 966". Acrescenta o parágrafo único que **prescreve em um ano** o direito de propor ação anulatória, contado esse prazo:

"I — no caso de coação, do dia em que ela cessou;

II — no caso de erro ou dolo, do dia em que se realizou o ato;

III — quanto ao incapaz, do dia em que cessar a incapacidade".

O art. 966, § 4º, do Código de Processo Civil, cuja hermenêutica há de ser conjugada com os arts. 657 e 658 do mesmo diploma, prescreve que "os atos de disposição de direitos, praticados pelas partes ou por outros participantes do processo e homologados pelo juízo, bem como os atos homologatórios praticados no curso da execução, estão sujeitos à anulação, nos termos da lei".

■ 33.2. RESCINDIBILIDADE DA PARTILHA

Preceitua o art. 658 do Código de Processo Civil:

> "É **rescindível** a partilha julgada por sentença:
>
> I — nos casos mencionados no artigo 657;
>
> II — se feita com preterição de formalidades legais;
>
> III — se preteriu herdeiro ou incluiu quem não o seja".

A partilha pode ser, pois, **anulada** ou **rescindida**.

■ Partilha amigável

A *amigável*, simplesmente homologada, é **anulável** pelos vícios e defeitos que invalidam, em geral, os atos e negócios jurídicos, como **erro, dolo, coação** etc., sendo de **um ano** o prazo para a propositura da ação, como visto (CPC, art. 657). A propósito, decidiu o Superior Tribunal de Justiça:

> "Ação declaratória de reconhecimento de união estável. Pedido de anulação de partilha. Quanto ao direito de anular a partilha, verifica-se que o prazo decadencial de **um ano** previsto no art. 178, § 6º, inciso V, do CC/16 (*correspondente ao art. 2.027, parágrafo único, do CC/2002*) é contado tão somente a partir do momento em que aquele que pretende a anulação atinge, por decisão transitada em julgado, **a condição de herdeiro, legatário ou sucessor do falecido**"[1].

■ Partilha judicial

A *partilha judicial*, por sua vez, julgada por sentença, é **rescindível**:

- ■ tendo havido erro essencial, dolo, coação ou intervenção de incapaz;
- ■ se feita com preterição de formalidades legais;
- ■ se preteriu herdeiro ou incluiu quem não o era (CPC, art. 658)[2].

A **ação anulatória** da partilha segue o rito ordinário e se processa no mesmo juízo do inventário.

A **ação rescisória** prevista no art. 658, no entanto, processa-se perante o tribunal, devendo ser ajuizada no prazo de *dois anos* (CPC, arts. 966 e 975).

---

[1] STJ, REsp 1.015.975-SP, 3ª T., rel. Min. Nancy Andrighi, j. 13-5-2008.

[2] "Tratando-se de partilha judicial onde herdeiro necessário que integrou o feito não foi incluído nas últimas declarações e na sentença final, rescinde-se o julgado por violação literal ao disposto no art. 1.030, III, do CPC [de 1973, atual art. 658, III]" (TJRN, AR 1998.000992-8, Pleno, rel. Des. Osvaldo Cruz, *DJe*, 24-6-2005).

É preciso, entretanto, como observam Euclides de Oliveira e Sebastião Amorim, atentar para a existência de situações "de sentença meramente **homologatória**, ainda que não decorrente de partilha amigável, isto é, quando a sentença limita-se a julgar os termos do esboço organizado, **inocorrendo litigiosidade** entre os sucessores. Nesse caso, a rescisão a que alude o artigo 1.030 do Código de Processo Civil [de 1973, atual art. 658] **nada tem a ver com a rescisória** propriamente dita, mas diz respeito à **anulação do ato homologado**, regrando-se de forma símile às hipóteses do precitado artigo 1.029, ou seja, no mesmo prazo e perante o mesmo juízo"[3].

Desse modo, quando a sentença se limita a julgar os termos do **esboço organizado, sem que haja litigiosidade entre os herdeiros, não passa de homologatória, não estando sujeita à rescisória**. Esta é reservada às hipóteses de ***sentença de mérito***, com impugnação ao seu conteúdo decisório, em situações como as de partilha contenciosa, direcionamento de quinhões em disputa, exclusão de herdeiros etc.[4].

Nesse sentido a jurisprudência:

> "A ação para anular a partilha amigável, embora judicial, é a anulatória, quando se dirige ao ato homologado, e não propriamente à sentença homologatória"[5].

Em suma: quando se impugna **o próprio ato negocial** em seu conteúdo ou na efetividade da vontade livremente manifestada, são adequadas as chamadas **vias ordinárias** apontadas pelos arts. 966, § 4º, e 657 do Código de Processo Civil de 2015, ou seja, ter-se-á um processo de conhecimento da competência do juízo de primeiro grau de jurisdição, tal como se dá sempre para o pleito de **anulação** dos atos negociais em geral.

Quando se trata, porém, de atacar **o ato homologador**, que é jurisdicional, o caminho é a **ação rescisória**. Impõe-se esta sempre que a parte não esteja a alegar **vícios internos do ato**, mas a sustentar que ele não deveria ter sido homologado porque para tanto **faltaria algum requisito**[6].

■ 33.3. NULIDADE DA PARTILHA

Os **terceiros**, que não participaram direta ou indiretamente do processo em que houve a partilha, podem ajuizar ação de **nulidade da partilha**, cumulada com **petição de herança**, no prazo geral de dez anos (CC, art. 205)[7].

---

3 *Inventários e partilhas*, p. 444-445.

4 *RTJ*, 113/273; *RJTJSP*, 73/116.

5 *RJTJSP*, 94/378. No mesmo sentido: "Quando há incidentes e controvérsias judiciais no processo de inventário, cabe a ação rescisória da partilha, e não a ação anulatória, porque a sentença então proferida não é meramente homologatória" (STF, *RT*, 597/233). "Somente a partilha amigável, suscetível que é de mera homologação, é objeto de ação de anulação, ao passo que a judicial, aquela que por sentença é julgada, comporta ação rescisória" (*RT*, 721/99).

6 Cândido Dinamarco, *Fundamentos do processo civil moderno*, t. II, p. 1067-1069.

7 *RT*, 567/235.

Observa Zeno Veloso que "a jurisprudência já se pacificou no entendimento de que, independentemente da forma em que a partilha foi feita — amigável ou judicialmente —, se houver **exclusão de herdeiro** (que não participou do inventário), está a partilha eivada de **nulidade absoluta**, e o herdeiro prejudicado não fica adstrito à ação de anulação, nem à rescisória, e seus respectivos prazos de decadência, podendo utilizar-se da ***querela nullitatis*, da ação de nulidade ou de petição de herança**, que decisões do STF (RE 97.546-2) e do STJ (REsp 45.693-2) afirmam estar sujeita a prazo de prescrição *longi temporis*, de vinte anos, devendo ser observado que, por este Código, o prazo máximo de prescrição é de dez anos (art. 205)"[8].

Tem-se decidido, com efeito, que "quem não figurou como parte no processo que deu origem à rescisória não tem legitimidade 'ad causam' para nesta última figurar"[9]. Assim, "**só os herdeiros ou o cônjuge sobrevivente** têm legitimidade para propor a ação de anulação de partilha e a ação rescisória de partilha"[10].

A procedência da **ação de investigação de paternidade, cumulada com petição de herança, *dispensa***, segundo jurisprudência consolidada, a **propositura de nova ação** para a decretação da nulidade da partilha e reivindicação dos bens, uma vez que disso resulta, lógica e automaticamente, a **nulidade da partilha** realizada sem a presença e participação do autor vitorioso, afigurando-se **dispensável a propositura de ação específica** que tenha por objeto apenas vê-la reconhecida expressamente[11].

■ 33.4. CORREÇÃO DE ERRO DE FATO E DE INEXATIDÕES MATERIAIS

A partilha, ainda depois de passar em julgado a sentença, pode ser **emendada** nos mesmos autos do inventário, concordando todas as partes, quando tenha havido **erro de fato** na descrição dos bens, como foi dito no n. 31.2, *retro*.

O juiz, nesse caso, de ofício ou a requerimento da parte, poderá, a qualquer tempo, corrigir-lhe as **inexatidões materiais**, nos termos do art. 656 do Código de Processo Civil de 2015.

Em geral são formulados simples **pedidos de retificação** do auto de partilha ou de adjudicação, com o subsequente **aditamento do formal ou da carta de adjudicação**, ou ainda da certidão do pagamento, se já expedidos.

Cabe agravo de instrumento contra decisão que determina retificação de partilha em inventário e autoriza sobrepartilha de bens[12].

---

8 *Comentários ao Código Civil*, v. 21, p. 443.

9 *RSTJ*, 12/25.

10 *RSTJ*, 130/217.

11 *RTJ*, 52/193; STJ, *RT*, 738/250; *RSTJ*, 74/2004; *RTJE*, 150/233; *Ajuris*, 76/655.

12 *RT*, 472/98; *RJTJSP*, 102/180.

■ 33.5. RESUMO

DA ANULAÇÃO DA PARTILHA	
ANULABILIDADE DA PARTILHA	■ Segundo dispõe o art. 657 do CPC/2015, a partilha ***amigável***, lavrada em instrumento público, reduzida a termo nos autos do inventário ou constante de escrito particular homologado pelo juiz, "pode ser ***anulada*** por dolo, coação, erro essencial ou intervenção de incapaz".
RESCINDIBILIDADE DA PARTILHA	A partilha ***judicial***, julgada por sentença, é *rescindível*: ■ tendo havido erro essencial, dolo, coação ou intervenção de incapaz; ■ se feita com preterição de formalidades legais; ■ se preteriu herdeiro ou incluiu quem não o era (CPC, art. 658).

■ 33.6. QUESTÕES

1. (OAB/Exame de Ordem/MG/2009) Assinale a alternativa INCORRETA:

a) O herdeiro não poderá requerer a partilha, caso o testador o proíba a prática de tal ato.
b) Havendo herdeiro incapaz, a partilha deverá ser sempre judicial.
c) O bem, que não puder ser dividido e não couber na meação ou nos quinhões hereditários, deverá ser alienado judicialmente e o seu produto partilhado, ressalvada hipótese de acordo.
d) Os bens situados em locais remotos do inventário poderão ser sobrepartilhados, sendo os outros, que não se adéquem a esta condição, partilhados normalmente.

2. (MP/MG/Promotor de Justiça/ 51º Concurso/2011) Quanto ao Direito das Sucessões, é INCORRETO afirmar:

a) Os herdeiros capazes, bem como os incapazes, mediante representação por instrumento público, poderão fazer partilha amigável, por escritura pública, termo nos autos do inventário, ou escrito particular, homologado pelo juiz.
b) Os herdeiros em posse dos bens da herança, o cônjuge sobrevivente e o inventariante são obrigados a trazer ao acervo os frutos que perceberam, desde a abertura da sucessão; têm direito ao reembolso das despesas necessárias e úteis que fizeram, e respondem pelo dano a que, por dolo ou culpa, deram causa.
c) Ficam sujeitos a sobrepartilha os bens sonegados e quaisquer outros bens da herança de que se tiver ciência após a partilha.
d) A partilha, uma vez feita e julgada, só é anulável pelos vícios e defeitos que invalidam, em geral, os negócios jurídicos.

3. (TJSP/Concurso para Delegações de Notas e de Registros/2016) O montante que compõe a legítima dos herdeiros necessários, na doação e no testamento, será verificado no momento

a) da abertura da sucessão.
b) da liberalidade e da elaboração, respectivamente.
c) da abertura da sucessão e da liberalidade, respectivamente.
d) da liberalidade e da abertura da sucessão, respectivamente.

4. (TJPR/Juiz de Direito/2008) Sobre o direito das sucessões, assinale a alternativa CORRETA:

a) Os ascendentes do falecido, quando chamados a suceder por direito próprio, não têm dever de colacionar as doações que receberam do *de cujus*.
b) Quando for chamado a suceder em concorrência com descendentes exclusivos do *de cujus*, o cônjuge sobrevivente jamais terá o dever de colacionar as doações que recebeu do falecido.
c) O companheiro sobrevivente jamais participará da sucessão do companheiro falecido em concorrência com os descendentes exclusivos deste.
d) A garantia da quota mínima de um quarto da herança, assegurada pelo Código Civil ao cônjuge sobrevivente, subsiste mesmo que nenhum dos herdeiros do falecido seja descendente do cônjuge viúvo.

5. (TJMG/Remoção/Titular de Serviços de Notas e de Registros/CONSULPLAN/2018) Assinale a afirmação INCORRETA.

a) Será sempre judicial a partilha, se os herdeiros divergirem, assim como se algum deles for incapaz.
b) No partilhar os bens, não será observada a maior igualdade possível quanto ao seu valor, natureza e qualidade.
c) É válida a partilha feita por ascendente, por ato entre vivos ou de última vontade, contanto que não prejudique a legítima dos herdeiros necessários.
d) Se os herdeiros forem capazes, poderão fazer partilha amigável, por escritura pública, termo nos autos do inventário, ou escrito particular, homologado pelo juiz.

6. (MP/SP/Promotor de Justiça/87º Concurso/2010) Assinale a alternativa CORRETA:

a) A abertura da sucessão ocorre com a distribuição do inventário dos bens deixados pelo *de cujus*.
b) Realizada a partilha dos bens do falecido e havendo ainda dívidas, os herdeiros por elas respondem integralmente.
c) JOSÉ veio a falecer em decorrência de acidente de trânsito, sendo que seu irmão JOÃO, também vítima do mesmo acidente, sobreviveu por alguns dias, vindo a falecer. JOSÉ não possuía ascendentes, descendentes, cônjuge ou companheira, mas tão somente outros três irmãos. Aberta a sucessão e realizada a partilha, coube ¼ (um quarto) dos bens por ele deixados a cada um dos irmãos.
d) Aquele que pretender estabelecer disposições especiais sobre o seu enterro deverá fazê-lo, necessariamente, por meio de testamento público, cerrado ou particular.
e) O direito de representação, segundo estabelece o Código Civil, dá-se na linha ascendente e descendente, assim como na linha transversal, mas neste caso somente em favor dos filhos de irmãos do falecido.

7. (MP/SP/Promotor de Justiça/91º Concurso/2015) Entre as opções abaixo, assinale a alternativa CORRETA:

a) O neto, que vier a receber doação de seu avô, estando seu pai vivo por ocasião da morte do doador, se for chamado à sucessão do avô, não precisará colacionar.
b) A dispensa da colação pode ser outorgada pelo doador também pela forma oral.
c) O testamenteiro possui legitimidade para, na defesa do interesse dos herdeiros necessários, exigir a colação das liberalidades recebidas, em vida, por um dos filhos do autor da herança em prejuízo dos demais.
d) O ascendente que for contemplado, em vida, com uma liberalidade do descendente está obrigado à colação, sobrevindo a morte do doador.
e) As doações que o doador determinar que saiam da parte disponível estão sujeitas à colação, ainda que não a excedam.

8. (MP/PR/Promotor de Justiça/2009) A propósito da sucessão, pode-se afirmar:

a) A partilha por instrumento particular, uma vez firmada pelos herdeiros e homologada judicialmente, é anulável pelos vícios e defeitos que conduzem à anulabilidade dos atos jurídicos, respeitado, porém, o prazo decadencial de 01 (um) ano.
b) O direito de representação dá-se na linha reta descendente, não sendo outorgado em favor de ascendente; na linha transversal não há direito de representação, mesmo em favor dos filhos de irmãos do falecido, quando com irmãos deste vierem a concorrer.
c) É nula de pleno direito qualquer disposição testamentária que se revista de caráter não patrimonial.
d) A cláusula de inalienabilidade, instituída em testamento, poderá recair sobre os bens da legítima, a critério do testador, independentemente da existência de justa causa.
e) n.d.a.

9. (TJCE/Concurso para Delegação de Notas e de Registro/IESES/2018) Em relação à sonegação, responda:

I. Só se pode arguir de sonegação o inventariante depois de encerrada a descrição dos bens com a declaração por ele feita, de não existirem outros por inventariar e partir.
II. A pena de sonegadas independe de ação própria, podendo ser aplicada no inventário mediante requerimento fundamentado formulado pelos herdeiros.
III. Está sujeito à pena de sonegação o herdeiro que deixar de apresentar bens que deveria colacionar.

Assinale a CORRETA:

a) Apenas as assertivas I e IIII são verdadeiras.
b) Apenas as assertivas I e II são verdadeiras.
c) Apenas a assertiva II é verdadeira.
d) Todas as assertivas são verdadeiras.

10. (TJPB/Outorga de Delegações de Cartórios de Notas e de Registros/IESES/2014) Assinale a alternativa CORRETA:

a) A existência de testamento, mesmo que todos os herdeiros sejam maiores e capazes, impede a realização de inventário extrajudicial.
b) O direito brasileiro proíbe o testamento recíproco, mas permite o testamento correspectivo.
c) O codicilo pode ser realizado mediante escritura pública ou escrito particular; neste último caso, deverá ser subscrito por duas testemunhas.
d) Não é válida nomeação de herdeiro sob condição.

11. (TJPI/Outorga de Delegações de Cartórios de Notas e de Registros/CESPE/UnB/2014) Com referência a sucessão, inventário e partilha, assinale a opção CORRETA:

a) A constatação de vício formal no testamento público acarretará a invalidade do ato, haja vista que a formalidade lhe é legalmente imposta.
b) Romper-se-á o testamento já registrado em cartório se sobrevier ao testador outro descendente depois da lavratura do ato.
c) O ato de disposição patrimonial da meação da viúva em favor dos herdeiros configura verdadeira renúncia à herança e depende da abertura da sucessão.
d) Os herdeiros serão responsáveis pelo pagamento das dívidas do falecido até o momento em que for realizada a partilha.
e) Além do herdeiro que não aponta a existência de bens do acervo, poderá ser tido como sonegador o herdeiro que não apontar a existência de locação de bem arrolado no inventário.

12. (Assembleia Legislativa/GO/Procurador/CS-UFG/2015) O livro V do Código Civil de 2002 trata da normatização jurídica da transmissão do patrimônio em decorrência da morte, fato que se justifica em aspectos religiosos, políticos, familiares e psicológicos. No atinente ao Direito das Sucessões, disciplina o Código Civil que

a) o companheiro não pode ser escolhido e nomeado inventariante em processo de inventário por expressa vedação legal.
b) a administração da herança será exercida pelo inventariante desde a morte do *de cujus* até a homologação da partilha.
c) a partilha será sempre judicial, se os herdeiros divergirem, assim como se algum deles for incapaz.
d) a pretensão de anular a partilha prescreve em 3 (três) anos.

13. (Secretaria da Fazenda/PI/Auditor Fiscal Estadual/Fundação Carlos Chagas/2015) Feita a partilha, os herdeiros respondem pelas dívidas do falecido

a) em partes iguais, ainda que tenha sido desproporcional a divisão da herança.
b) solidariamente, porém somente até os limites da herança.
c) solidariamente, porém somente se houver prova documental da obrigação.
d) proporcionalmente à parte que lhes coube na herança.
e) solidariamente, ainda que superem o valor da herança.

14. (TJDF/Juiz de Direito/XLIII Concurso/CESPE/2016) A propósito do direito das sucessões, com fundamento nos dispositivos legais, na doutrina e no entendimento jurisprudencial pátrio, assinale a opção CORRETA.

a) A herança é considerada um bem divisível, antes mesmo da partilha.
b) O filho do autor da herança tem o direito de exigir de seus irmãos a colação dos bens recebidos por doação, a título de adiantamento da legítima, ainda que não tenha sido concebido ao tempo da liberalidade.
c) O cônjuge supérstite pode opor o direito real de habitação aos irmãos do cônjuge falecido, caso eles já fossem, antes da abertura da sucessão, coproprietários do imóvel em que ela e o marido residiam.
d) O testador só poderá dispor de um terço da herança no caso de haver herdeiros necessários.
e) O cumprimento de legado de coisa que se determine pelo gênero é impossibilitado quando a coisa não mais existir entre os bens deixados pelo testador.

15. (TJMG/Outorga de Delegações de Notas e de Registro/CONSULPLAN/2016) Dentre as alternativas abaixo, relativamente ao pagamento das dívidas deixadas pelo falecido, autor da herança, apenas uma é INCORRETA. Assinale-a:

a) Antes da partilha, poderão os credores do espólio requerer ao juízo do inventário o pagamento das dívidas vencidas e exigíveis; a petição, acompanhada de prova literal da dívida, será distribuída por dependência e autuada em apenso aos autos do processo de inventário.
b) Os donatários serão chamados a pronunciar-se sobre a aprovação das dívidas, ainda que não haja possibilidade de resultar delas a redução das liberalidades, atendendo-se ao devido processo legal.
c) Separados os bens, tantos quantos forem necessários para o pagamento dos credores habilitados, o juiz mandará aliená-los, observando-se as disposições legais relativas à expropriação.
d) Concordando as partes com o pedido, o juiz, ao declarar habilitado o credor, mandará que se faça a separação de dinheiro ou, em sua falta, de bens suficientes para o pagamento.

16. (TJSP/Juiz de Direito/VUNESP/2017) Aberto o inventário dos bens deixados pelo falecimento de José, o automóvel, único bem a ser partilhado entre seus dois filhos, Pedro e Antônio, passa a ser reivindicado na totalidade por Pedro sob a alegação de que o veículo foi objeto de doação feita a ele verbalmente 1 (um) ano antes da morte do pai.
Considerando o processo de inventário, é CORRETO afirmar que o veículo deve ser

a) partilhado entre os dois herdeiros, ainda que tenha sido entregue ao donatário incontinenti à doação verbal.
b) destinado a Pedro, ainda que não tenha saído da parte disponível do patrimônio do doador, uma vez que a doação, mesmo que verbal, não perde o caráter de liberalidade e torna obrigatório o prevalecimento da manifestação de vontade do falecido doador.
c) levado à colação e partilhado entre os dois herdeiros, exceto se foi entregue ao donatário incontinenti à doação verbal.
d) destinado a Pedro, considerando que a doação tem preferência sobre a herança e não a torna sujeita à colação.

17. (TJSP/11º Concurso para Outorga de Delegações de Notas e de Registro/VUNESP/2018) A substituição compendiosa é

a) a concorrência da substituição ordinária e da substituição recíproca.
b) aquela em que o testador determina que certa parte de seu patrimônio ou um ou mais bens dele destacados fiquem sob a confiança de um herdeiro instituído.
c) aquela em que o testador designa vários substitutos simultâneos ao herdeiro instituído.
d) a concorrência da substituição vulgar e da substituição fideicomissária.

18. (TJMG/Titular de Serviços de Notas e de Registros/Remoção/CONSULPLAN/2018) Assinale a alternativa CORRETA.

a) A sentença que se proferir na ação de sonegados aproveita apenas aos herdeiros.
b) A pena de sonegados só se pode requerer e impor em ação movida pelos herdeiros, exclusivamente.
c) Desde a assinatura do compromisso até a homologação da partilha, a administração da herança será exercida pelo inventariante.
d) Se não se restituírem os bens sonegados, por já não os ter o sonegador em seu poder, não pagará ele a importância dos valores que ocultou, nem perdas e danos.

19. (MP/SP/Promotor de Justiça/2019) Os descendentes que concorrerem à sucessão do ascendente comum são obrigados, para igualar as legítimas, a conferir o valor das doações que dele em vida receberam. Esse conceito corresponde ao instituto da

a) colação
b) sonegação.
c) conferência.
d) colmatação.
e) substituição.

GABARITO

1. "a". *Vide* art. 2.013 do CC.
2. "a". *Vide* art. 2.015 do CC.
3. "d".
4. "a". *Vide* art. 2.002 do CC. O CC obriga à colação apenas os *descendentes* em relação às doações recebidas dos *ascendentes*. Estes, porém, estão dispensados de conferir os bens que receberam em vida dos descendentes.
5. "b". *Vide* art. 207 do CC.
6. "c". *Vide* art. 1.839 do CC. Quanto à questão "b", os herdeiros respondem pelas dívidas do falecido, cada qual em proporção da parte que na herança lhe coube, segundo dispõe o art. 1.997 do CC.
7. "a". *Vide* item 30.3, *retro*.
8. "a". *Vide* art. 2.027 e parágrafo único do CC.
9. "a".
10. "a". *Vide* art. 610 do CPC/2015.
11. "e". *Vide* item 28.3, *retro*.
12. "c". *Vide* art. 2.016 do CC.
13. "d". *Vide* art. 1.997 do CC.
14. *Vide* art. 2.002 do CC.
15. "b". Formalidade não existente nos artigos 1.997 a 2.001 do CC, no capítulo que trata do "pagamento das dívidas no inventário".
16. "a". *Vide* art. 548 do CC.
17. "d". Preleciona Washington de Barros Monteiro que "a substituição compendiosa é assim chamada porque, sob compêndio de palavras, abrange várias substituições de natureza diferente (*sub compendio verborum, continebat plures substitutiones*)" (*Curso de direito civil*, 35. ed., Saraiva, v. 6).
18. "c". *Vide* art. 1.991 do CC.
19. "a". *Vide* art. 2.002 do CC.

REFERÊNCIAS

AGUIAR DIAS, José de. *Cláusula de não indenizar*. 2. ed. Rio de Janeiro, 1955.

______. *Da responsabilidade civil*. 4. ed. Rio de Janeiro: Forense, 1960.

______. *Da responsabilidade civil*. 10. ed. Rio de Janeiro: Forense, 1997.

AGUIAR JÚNIOR, Ruy Rosado de. Responsabilidade civil do médico. *RT, 718*:43.

ALMADA, Ney de Mello. *Direito das sucessões*. 2. ed. São Paulo: Brasiliense Coleções, 1991. v. I.

ALMEIDA, José Luiz Gavião de. In: AZEVEDO, Álvaro Villaça (Coord.). *Código Civil comentado*. São Paulo: Atlas, 2003. v. XVIII.

ALPA, G.; BESSONE, M. *La responsabilità civile*. Milano: Giuffrè, 1980. v. 1 e 2.

ALVIM, Agostinho. *Aspectos da locação predial*. 1966.

______. *Da inexecução das obrigações e suas consequências*. 3. ed. São Paulo: Jurídica e Universitária, 1965.

AMERICANO, Jorge. *Do abuso de direito, no exercício da demanda*. São Paulo: 1932.

AMORIM, Sebastião Luiz; OLIVEIRA, Euclides Benedito de. *Inventários e partilhas*. 19. ed. São Paulo: Universitária de Direito, 2005.

______. *Separação e divórcio*. 6. ed. São Paulo: Universitária de Direito, 2001.

ANZORENA, Arturo Acuña. *Estudios sobre la responsabilidad civil*. La Plata: Platense, 1963.

ARAÚJO CINTRA, Antonio Carlos. *Teoria geral do processo*. 4. ed. São Paulo: Revista dos Tribunais, 1999.

ARRUDA ALVIM. *Código de Processo Civil comentado*. São Paulo: Revista dos Tribunais, 1979.

______. *Código do Consumidor comentado*. São Paulo: Revista dos Tribunais, 1991.

______. *Manual de direito processual civil*. São Paulo: Revista dos Tribunais, 1986. v. 2.

ASCENSÃO, José de Oliveira. *Direito civil*: sucessões. Coimbra: Coimbra Editora, 1989.

ASSESSORIA DE COMUNICAÇÃO DO IBDFAM. Equiparação de cônjuge e companheiro na sucessão ainda gera polêmica e promove o debate. *IBDFAM*, 14-11-2018. Disponível em: <http://www.ibdfam.org.br>.

ASSIS, Araken de. *Da execução de alimentos e prisão do devedor*. 4. ed. São Paulo: Revista dos Tribunais, 1998.

ASSUNÇÃO, Alexandre Guedes Alcoforado. In: FIUZA, Ricardo (Coord.). *Novo Código Civil comentado*. São Paulo: Saraiva, 2002.

ATHIAS, Jorge Alex Nunes et al. *Dano ambiental*: prevenção, reparação e repressão. São Paulo: Revista dos Tribunais, 1993.

AVELAR, Juarez Moraes. *Cirurgia plástica*: obrigação de meio. São Paulo: Hipócrates, 2000.

AZEVEDO, Álvaro Villaça. *Bem de família, com comentários à Lei n. 8.009/90*. 4. ed. São Paulo: Revista dos Tribunais, 1999.

______. Comentários à Lei n. 9.278, de 10 de maio de 1996. *Revista Literária de Direito*, n. 11.

______. *Comentários ao Código Civil*. São Paulo: Saraiva, 2003. v. 19.

______. Contrato de casamento, sua extinção e renúncia a alimentos na separação consensual. In: *Estudos em homenagem ao Professor Washington de Barros Monteiro*. São Paulo: Saraiva, 1982.

______. Do bem de família. In: *Direito de família e o novo Código Civil*. Belo Horizonte: Del Rey/IBDFAM, 2001.

AZEVEDO, Antonio Junqueira et al. Responsabilidade civil dos pais. In: *Responsabilidade civil:* doutrina e jurisprudência. São Paulo: Saraiva, 1984.

AZEVEDO, Vicente. *Crime — dano — reparação*. São Paulo: Revista dos Tribunais, 1934.

AZEVEDO JÚNIOR, José Osório. O dano moral e sua avaliação. *Revista do Advogado, 49*:14, dez. 1996.

BANDEIRA DE MELLO, Celso Antônio. Responsabilidade extracontratual do Estado por comportamentos administrativos. *RT, 552*:11.

BARASSI, Lodovico. *La teoria generale delle obbligazioni*. Milano: Giuffrè, 1964.

BARBOZA, Heloísa Helena. O direito de família brasileiro no final do século XX. In: BARRETO, Vicente (Coord.). *A nova família:* problemas e perspectivas. Rio de Janeiro: Renovar, 1997.

______. O direito de família no Projeto de Código Civil: considerações sobre o "direito pessoal". *Revista Brasileira de Direito de Família*, Porto Alegre: Síntese/IBDFAM, v. 11.

BARRA, Washington Epaminondas Medeiros. Dos alimentos no direito de família e o novo Código Civil — célere apreciação. In: *Questões de direito civil e o novo Código*. São Paulo: Procuradoria Geral de Justiça-Imprensa Oficial, 2004.

BARREIRA, Dolor. *Sucessão legítima*. Rio de Janeiro: Borsoi, 1970.

BARROS, Flávio Monteiro de. Alimentos gravídicos. *Boletim 03/09*, Curso FMB, 2009.

BARROS, Octávio de. *Responsabilidade pública*. São Paulo: Revista dos Tribunais, 1956.

BARROS, Sérgio Resende de. A ideologia do afeto. *Revista Brasileira de Direito de Família*, Porto Alegre: Síntese/IBDFAM, v. 14, jul./set. 2002.

BARROS MONTEIRO, Washington de. *Curso de direito civil*. 5. ed. São Paulo: Saraiva. v. 1.

______. *Curso de direito civil*. 29. ed. São Paulo: Saraiva, 1997. v. 5.

BENJAMIN, Antonio Herman de Vasconcellos et al. *Comentários ao Código de Proteção ao Consumidor*. São Paulo: Saraiva, 1991.

BENJÓ, Celso. O "leasing" na sistemática jurídica nacional e internacional. *RF, 274*:18.

BESSON, André. *La notion de garde dans la responsabilité du fait des choses*. Paris: Dalloz, 1927.

BEVILÁQUA, Clóvis. *Código Civil comentado*. 6. ed. Rio de Janeiro: Francisco Alves, 1940.

______. *Código Civil comentado*. 3. ed. Rio de Janeiro: Francisco Alves, 1927. v. 1.

______. *Código Civil dos Estados Unidos do Brasil comentado*. 8. ed. Rio de Janeiro: Francisco Alves, 1950. v. 2.

______. *Código Civil dos Estados Unidos do Brasil comentado*. 3. ed. Rio de Janeiro: Francisco Alves, 1935. v. 6.

______. *Código Civil dos Estados Unidos do Brasil*. Ed. histórica. Rio de Janeiro: Rio, 1958.

______. *Direito das sucessões*. 4. ed. Rio de Janeiro: Freitas Bastos, 1945.

______. *Direito de família*. Campinas: Red Livros, 2001.

______. *Direitos do consumidor*. Rio de Janeiro: Forense Universitária, 1990.

______. *Reparação civil por danos morais*. São Paulo: Revista dos Tribunais, 1993.

______. Responsabilidade civil nas atividades perigosas. In: *Responsabilidade civil:* doutrina e jurisprudência. São Paulo: Saraiva, 1984.

______. *Teoria geral do direito civil*. 7. ed. atual. por Achilles Beviláqua e Isaías Beviláqua. Rio de Janeiro: Paulo de Azevedo, 1955.

BIANCA, Massimo. *Diritto civile*: la famiglia — le successioni. Milano: Giuffrè, 1989.

BITTAR, Carlos Alberto. *Curso de direito civil*. Rio de Janeiro: Forense Universitária, 1994. v. 2.

______. *Direito das sucessões*. Rio de Janeiro: Forense Universitária, 1992.

BITTENCOURT, Darlan Rodrigues; MARCONDES, Ricardo K. Lineamentos da responsabilidade civil ambiental. *RT*, 740/53.

BONVICINI, Eugenio. *La responsabilità civile*. Milano: Giuffrè, 1924.

BORGES CARNEIRO, Manuel. *Direito civil de Portugal*. Lisboa: Imp. Sousa Neves, 1867.

BRUNINI, Weida Zancaner. *Da responsabilidade extracontratual da Administração Pública*. São Paulo: Revista dos Tribunais, 1981.

CAHALI, Francisco José. *Contrato de convivência na união estável*. São Paulo: Saraiva, 2002.

_____. Dos alimentos. In: *Direito de família e o novo Código Civil*. Belo Horizonte: Del Rey/IBDFAM, 2001.

_____; HIRONAKA, Giselda Maria Fernandes Novaes. *Curso avançado de direito civil*. São Paulo: Revista dos Tribunais, 2000. v. 6.

_____ et al. *Escrituras públicas*: separação, divórcio, inventário e partilha consensuais. São Paulo: Revista dos Tribunais, 2007.

CAHALI, Yussef Said. A comunhão dos aquestos no regime da separação de bens. In: CAHALI, Yussef (Coord.). *Família e casamento*: doutrina e jurisprudência. São Paulo: Saraiva, 1988.

_____. Bigamia. In: *Enciclopédia Saraiva do Direito*. São Paulo: Saraiva, 1978. v. 11.

_____. *Dano e indenização*. São Paulo: Revista dos Tribunais, 1980.

_____. Derrogação (não recepção) do art. 36, II, da Lei do Divórcio pela Constituição de 1988. In: WAMBIER, Teresa Arruda Alvim; LAZZARINI, Alexandre Alves (Coord.). *Repertório de jurisprudência e doutrina sobre direito de família*: aspectos constitucionais, civis e processuais. São Paulo: Revista dos Tribunais, 1996. v. 3.

_____. *Divórcio e separação*. 10. ed. São Paulo: Revista dos Tribunais, 2002.

_____. *Divórcio e separação*. 6. ed. São Paulo: Revista dos Tribunais, 1961.

_____. *Dos alimentos*. 1. ed. 4ª tir. São Paulo: Revista dos Tribunais, 1987.

_____. *Dos alimentos*. 3. ed. São Paulo: Revista dos Tribunais, 1998, e 4. ed., 2002.

_____. *Responsabilidade civil do Estado*. São Paulo: Revista dos Tribunais, 1982; 2. ed., 1996.

_____. Responsabilidade dos bancos pelo roubo em seus cofres. *RT*, *591*:9.

CÂMARA LEAL. *Comentários ao Código de Processo Penal brasileiro*. Rio de Janeiro, 1943.

CAMBI, Eduardo. A relação entre o adotado, maior de 18 anos, e os parentes do adotante. *RT*, 809/28.

CAPITANT, Henri. *Les grands arrêts de la jurisprudence civile*. 3. ed. Paris: Dalloz, 1950.

CARBONNIER, Jean. *Droit civil*. Paris: PUF, 1969.

CARVALHO, Afonso de. *Novas decisões*. Apud CRUZ, José Raimundo Gomes da. *RJTJSP*, *106*:8.

CARVALHO SANTOS, J. M. de. *Código Civil brasileiro interpretado*. Rio de Janeiro: Freitas Bastos, 1934. v. 20.

_____. *Código Civil brasileiro interpretado*. Rio de Janeiro: Freitas Bastos, 1960. v. 23, 24 e 25.

_____. *Código Civil brasileiro interpretado*. 7. ed. Rio de Janeiro: Freitas Bastos, 1961.

CASILLO, João. Dano moral — indenização — critério para fixação. *RT*, *634*:235.

CASSETTARI, Christiano. Multiparentalidade e parentalidade socioafetiva: efeitos jurídicos. *Jornal Carta Forense*, p. A12, jun. 2014.

CASTRO, Amílcar de. *Comentários ao Código de Processo Civil*. São Paulo: Revista dos Tribunais, 1976. v. 8.

CAVALIERI FILHO, Sérgio. A responsabilidade civil prevista no Código de Trânsito Brasileiro à luz da Constituição Federal. *RT*, 765/87.

_____. *Programa de responsabilidade civil*. 2. ed. São Paulo: Malheiros, 2000.

CHAVES, Antônio. *Adoção*. Belo Horizonte: Del Rey, 1995.

_____. Direito à própria imagem. *RT*, 451/12.

_____. *Tratado de direito civil*. São Paulo: Revista dos Tribunais, 1985. v. 3.

CHINELATO, Silmara Juny. *Comentários ao Código Civil*. São Paulo: Saraiva, 2004. v. 18.

CICU, Antonio. *Successioni per causa di morte*. Milano: Giuffrè, 1954. v. I.

COELHO, Vicente de Faria. *Nulidade e anulação do casamento*. Rio de Janeiro: Freitas Bastos, 1952.

COLTRO, Antônio Carlos Mathias. A união estável: um conceito? In: ALVIM, Thereza Arruda (Coord.). *Direito de família*: aspectos constitucionais, civis e processuais. São Paulo: Revista dos Tribunais. v. 2.

______. Da tutela. In: *Direito de família e o novo Código Civil*. Belo Horizonte: Del Rey/IBDFAM, 2001.

CORRÊA DE OLIVEIRA, José Lamartine; FERREIRA MUNIZ, Francisco José. *Direito de família*. Porto Alegre: Sérgio Antonio Fabris, 1990.

COUTO E SILVA, Clóvis do. *Comentários ao Código de Processo Civil*. São Paulo: Revista dos Tribunais, 1977. v. XI, t. I.

COVELLO, Sérgio Carlos et al. Responsabilidade dos bancos pelo pagamento de cheques falsos e falsificados. In: CAHALI, Yussef Said (Coord.). *Responsabilidade civil*: doutrina e jurisprudência. São Paulo: Saraiva, 1984.

CREDIE, Ricardo Arcoverde. *Bem de família*: teoria e prática. 2. ed. São Paulo: Saraiva, 2004.

CRETELLA JÚNIOR, José. Responsabilidade do Estado por atos judiciais. *RF, 230*:46.

______. *Tratado de direito administrativo*. Rio de Janeiro: Forense, 1972. v. 8.

______ et al. Responsabilidade civil do Estado legislador. In: CAHALI, Yussef Said (Coord.). *Responsabilidade civil:* doutrina e jurisprudência. São Paulo: Saraiva, 1984.

CRUZ, José Raimundo Gomes da. Transporte gratuito e responsabilidade civil. *RJTJSP,* 106/8.

CUNHA GONÇALVES, Luís da. *Direitos de família e direitos das sucessões*. Lisboa: Edições Ática, 1955.

______. *Tratado de direito civil*. 2. ed. São Paulo: Max Limonad, s.d. v. 9 e 10.

______. *Tratado de direito civil*. 2. ed. São Paulo: Max Limonad, v. 12, t. 2, s.d.

CUSTÓDIO, Helita Barreira. Avaliação de custos ambientais em ações jurídicas de lesão ao meio ambiente. *RT*, 652/14.

DE PAGE, Henri. *Traité élémentaire de droit civil belge*. 2. ed. Bruxelles: Émile Bruylant, 1954. v. 2.

______. *Traité élémentaire de droit civil belge*. Bruxelles: Émile Bruylant, 1948. v. 1.

DEGNI, Francesco. *Il diritto di famiglia nel nuovo Códice Civile italiano*. Padova: CEDAM, 1943.

DEMOGUE, René. *Traité des obligations en général*. Paris: 1923.

DI FRANCESCO, José Roberto Pacheco. Aspectos da obrigação alimentar. *Revista do Advogado*, n. 58, mar. 2000.

DI PIETRO, Maria Sylvia Zanella. *Direito administrativo*. 2. ed. São Paulo: Atlas, 1991.

DIAS, Maria Berenice. Da separação e do divórcio. In: *Direito de família e o novo Código Civil*. Belo Horizonte: Del Rey/IBDFAM, 2001.

______. *Direito de família e o novo Código Civil*. Prefácio. Belo Horizonte: Del Rey/IBDFAM, 2001.

______. Famílias modernas: (Inter)secções do afeto e da lei. *Revista Brasileira de Direito de Família,* Porto Alegre, Síntese/IBDFAM, v. 8, p. 65, jan./mar. 2001.

______. Guarda compartilhada: uma solução para os novos tempos. *Revista Jurídica Consulex*, n. 275, 30 jun. 2008.

______. O lar que não chegou. *Jus Navigandi*, Teresina, ano 13, n. 2.252, 21-8-2009. Disponível em: <http://jus2.uol.com.br/doutrina/texto.asp?id=13412>.

______. *União homossexual, o preconceito e a justiça*. Porto Alegre: Livraria do Advogado, 2000.

DINAMARCO, Cândido Rangel. *Fundamentos do processo civil moderno*. 3. ed. São Paulo: Malheiros, 2000. t. II.

______. Relativizar a coisa julgada material — I. *Revista Meio Jurídico*, v. 44, 2001.

______. *Teoria geral do processo*. 4. ed. São Paulo: Revista dos Tribunais, 1999.

DINIZ, Maria Helena. Análise hermenêutica do art. 1.531 do Código Civil e dos arts. 16 a 18 do Código de Processo Civil. *Jurisprudência Brasileira*, 147/14.

______. *Curso de direito civil brasileiro*. 22. ed. São Paulo: Saraiva, 2007. v. 5.

______. *Curso de direito civil brasileiro*. 17. ed. São Paulo: Saraiva, 2002. v. 5.

______. *Curso de direito civil brasileiro.* 16. ed. São Paulo: Saraiva, 2002. v. 6.

______. *Curso de direito civil brasileiro.* 21. ed. São Paulo: Saraiva, 2007. v. 7.

______. O problema da liquidação do dano moral e o dos critérios para a fixação do "quantum" indenizatório. In: *Atualidades jurídicas 2.* São Paulo: Saraiva, 2001.

______. *Responsabilidade civil.* São Paulo: Saraiva, 1984 e 2002.

______. In: AZEVEDO, Antônio Junqueira de (Coord.). *Comentários ao Código Civil.* São Paulo: Saraiva, 2003. v. 22.

DIREITO, Carlos Alberto Menezes. Anotações sobre a responsabilidade civil por furto de automóveis em "shopping centers". *RT,* 651/235.

______; CAVALIERI FILHO, Sérgio. *Comentários ao novo Código Civil.* Rio de Janeiro: Forense, 2004.

DONADELI, Paulo Henrique; RISSI, Rosiane Sasso. O direito à convivência familiar e o direito de visita dos avós. *Revista Jurídica Consulex*, n. 278, 15-8-2008.

ENNECCERUS, Ludwig; KIPP, Theodor; WOLFF, Martin. *Tratado de derecho civil:* derecho de sucesiones. Tradução da 8. ed. alemã. Barcelona: Bosch, 1951. v. I e II.

ENNECCERUS; LEHMANN. *Derecho de obligaciones.* Barcelona, 1935.

ESPÍNOLA, Eduardo. *A família no direito civil brasileiro.* Rio de Janeiro: Conquista, 1957.

FACHIN, Luiz Edson. *Comentários ao novo Código Civil.* Rio de Janeiro: Forense, 2004. v. XVIII.

______; PIANOVSKI RUZYK, Carlos Eduardo. In: AZEVEDO, Álvaro Villaça (Coord.). *Código Civil comentado.* São Paulo: Atlas, 2003. v. XV.

FADEL, Sérgio S. *Código de Processo Civil comentado.* Rio de Janeiro: Konfino, 1974. t. 4.

FARIAS, Cristiano Chaves de. Incidentes à transmissão da herança: aceitação, renúncia, cessão de direitos hereditários e petição de herança. In: HIRONAKA, Giselda Maria Fernandes Novaes; PEREIRA, Rodrigo Cunha (Coord.). *Direito das sucessões e o novo Código Civil.* Belo Horizonte: Del Rey, 2004.

______. *O novo procedimento da separação e do divórcio.* Rio de Janeiro: Lumen Juris, 2007.

______. Um alento ao futuro: novo tratamento da coisa julgada nas ações relativas à filiação. *Revista Brasileira de Direito de Família*, Porto Alegre: Síntese/IBDFAM, v. 13.

FAZZALARI, Elio. *Istituzioni di diritto processuale.* Padova: CEDAM, 1975.

FERREIRA, Nelson Pinto. *Da colação no direito civil e no direito civil comparado.* São Paulo: Juarez de Oliveira, 2002.

FISCHER, Hans Albrecht. *A reparação dos danos no direito civil.* Tradução de Férrer de Almeida. São Paulo: Saraiva, 1938.

FIUZA, Ricardo. *O novo Código Civil e as propostas de aperfeiçoamento.* São Paulo: Saraiva, 2004.

FONSECA, Arnoldo Medeiros da. *Caso fortuito e teoria da imprevisão.* 2. ed. Rio de Janeiro: Imprensa Nacional, 1943.

______. *Investigação de paternidade.* 3. ed. Rio de Janeiro: Forense, 1958.

FRANÇA, R. Limongi. Reparação do dano moral. *RT,* 565/30.

GAGLIANO, Pablo Stolze. A nova emenda do divórcio. *Jus Navigandi*, 17-7-2010. Disponível em: <http://jus.uol.com.br/revista/texto/16969>.

______; PAMPLONA FILHO, Rodolfo. *Novo curso de direito civil.* 3. ed. São Paulo: Saraiva, 2005. v. III.

GAMA, Guilherme Calmon Nogueira da. Das relações de parentesco. In: *Direito de família e o novo Código Civil.* Belo Horizonte: Del Rey/IBDFAM, 2001.

GARCIA, Gustavo Filipe Barbosa. Casamento anulável no Código Civil de 2002 e repercussões da Lei 11.106/2005. *RT,* 840/114.

GARCIA, Marco Túlio Murano. União estável e concubinato no novo Código Civil. *Revista Brasileira de Direito de Família,* Porto Alegre: Síntese/IBDFAM, v. 20/32.

GIORGIS, José Carlos Teixeira. Os direitos sucessórios do cônjuge sobrevivo. *Revista Brasileira de Direito de Família*, Porto Alegre: Síntese/IBDFAM, v. 29, abr./maio 2005.

GOMES DA CRUZ, José Raimundo. Transporte gratuito e responsabilidade civil. *RJTJSP, 106*:8.

GOMES, Orlando. *Direito de família*. 14. ed. Atualização de Humberto Theodoro Júnior. Rio de Janeiro: Forense, 2002.

______. *Obrigações*. 2. ed. Rio de Janeiro: Forense, 1968.

______. *Sucessões*. Atualização de Mário Roberto Carvalho de Faria. 12. ed. Rio de Janeiro: Forense, 2004.

______. *Sucessões*. 4. ed. Rio de Janeiro: Forense, 1979.

GONÇALVES, Carlos Roberto. *Direito civil brasileiro*. 7. ed. São Paulo: Saraiva, 2013. v. 7.

______. *Direito civil brasileiro*. São Paulo: Saraiva, 2003. v. 1; 2005. v. 1.

______. *Direito civil brasileiro*. São Paulo: Saraiva, 2004. v. 2.

______. *Direito civil brasileiro*. São Paulo: Saraiva, 2004. v. 3; 16. ed. 2019. v. 3.

______. *Direito civil brasileiro*. São Paulo: Saraiva, 2005. v. 4.

______. *Direito das sucessões*. 7. ed. São Paulo: Saraiva, 2004 (Col. Sinopses Jurídicas, 4).

______. *Direito de família*. 9. ed. São Paulo: Saraiva, 2003 (Col. Sinopses Jurídicas, 2).

______. *Impenhorabilidade do bem de família*. 3. ed. Porto Alegre: Síntese, 1994.

______. *Principais inovações no Código Civil de 2002*. São Paulo: Saraiva, 2002.

______. *Responsabilidade civil*. 9. ed. São Paulo: Saraiva, 2005.

GONÇALVES, Marcus Vinícius Rios. *Processo de execução e cautelar*. São Paulo: Saraiva, 1998 (Col. Sinopses Jurídicas, v. 12).

GOZZO, Débora. In: ARRUDA ALVIM; ALVIM, Thereza (Coord.). *Comentários ao Código Civil brasileiro*. Rio de Janeiro: Forense, 2004. v. XVI.

______. *Pacto antenupcial*. São Paulo: Saraiva, 1992.

GRANIZO, Martin. *Los daños y la responsabilidad objectiva en el derecho positivo español*. Pamplona: Aranzadi, 1972.

GRECO FILHO, Vicente. *Direito processual civil brasileiro*. São Paulo: Saraiva, 1986.

GRINOVER, Ada Pellegrini. *Eficácia e autoridade da sentença penal*. São Paulo: Revista dos Tribunais, 1978.

______. *Teoria geral do processo*. 4. ed. São Paulo: Revista dos Tribunais, 1999.

GRISARD FILHO, Waldyr. A adoção depois do novo Código Civil. *RT*, 816/26.

GROENINGA, Giselle Câmara. Guarda compartilhada: considerações interdisciplinares. *Revista Jurídica Consulex*, n. 275, 30 jun. 2008.

GUIMARÃES DE SOUZA, Mário. *O advogado*. Recife, 1935.

HERRERA, F. Lopes. *Derecho de família*. Caracas: Universidad Católica, 1970.

HIRONAKA, Giselda Maria Fernandes Novaes. *Comentários ao Código Civil*. Coordenação de Antônio Junqueira de Azevedo. São Paulo: Saraiva, 2003. v. 20.

______. Concorrência do companheiro e do cônjuge na sucessão dos descendentes. In: DELGADO, Mário Luiz; ALVES, Jones Figueirêdo (Coord.). *Questões controvertidas no novo Código Civil*. São Paulo: Método, 2003.

______. Herdeiros necessários e direito de representação. In: PEREIRA, Rodrigo da Cunha; HIRONAKA, Giselda Maria Fernandes Novaes (Coord.). *Direito das sucessões e o novo Código Civil*. Belo Horizonte: Del Rey, 2004.

______. O sistema de vocação concorrente do cônjuge e/ou do companheiro com os herdeiros do autor da herança, nos direitos brasileiro e italiano. *Revista Brasileira de Direito de Família*, Porto Alegre: Síntese/IBDFAM, v. 29, abr./maio 2005.

______. Ordem de vocação hereditária. In: PEREIRA, Rodrigo da Cunha; HIRONAKA, Giselda Maria Fernandes Novaes (Coord.). *Direito das sucessões e o novo Código Civil*. Belo Horizonte: Del Rey, 2004.

ITABAIANA DE OLIVEIRA, Arthur Vasco. *Tratado de direito das sucessões*. 3. ed. Rio de Janeiro: Livraria Jacintho, 1936. v. I a III.

ITURRASPE, Jorge Mosset. *Responsabilidad civil.* Buenos Aires: Hammurabi, 1979.

JOSSERAND, Louis. *Derecho civil.* Buenos Aires: Bosch, 1951.

______. *Derecho civil:* la familia. Tradução espanhola de Santiago Cunchillos y Manterola. Buenos Aires: Bosch, 1952. v. II, t. I.

KIPP, Theodor; WOLFF, Martin. *Derecho de familia.* 2. ed. Barcelona: Bosch, 1953.

LACERDA DE ALMEIDA, Francisco de Paula. *Sucessões.* Rio de Janeiro: J. Ribeiro dos Santos, 1915.

LACERDA, Galeno. *Comentários ao Código de Processo Civil.* Rio de Janeiro: Forense, 1980. v. VIII, t. I.

LAZZARINI, Álvaro. Responsabilidade civil do Estado por atos omissivos de seus agentes. *RJTJSP,* 117/8.

LEITE, Eduardo de Oliveira. In: TEIXEIRA, Sálvio de Figueiredo (Coord.). *Comentários ao novo Código Civil.* 3. ed. Rio de Janeiro: Forense, 2003. v. XXI.

______. *Famílias monoparentais.* 2. ed. São Paulo: Revista dos Tribunais, 2003.

______. O direito (não sagrado) de visita. In: WAMBIER, Teresa Arruda Alvim; LAZZARINI, Alexandre Alves (Coord.). *Repertório de jurisprudência e doutrina sobre direito de família*: aspectos constitucionais, civis e processuais. São Paulo: Revista dos Tribunais, 1996. v. 3.

______. *Temas de direito de família.* São Paulo: Revista dos Tribunais, 1994.

LEITE, Iolanda Moreira. Bigamia. In: CAHALI, Yussef Said (Coord.). *Família e casamento:* doutrina e jurisprudência. São Paulo: Saraiva, 1988.

______ et al. Responsabilidade civil do construtor. In: CAHALI, Yussef Said (Coord.). *Responsabilidade civil*: doutrina e jurisprudência. São Paulo: Saraiva, 1984.

LENZ, Luís Alberto Thompson Flores. A responsabilidade civil do transportador pela morte de passageiro em assalto aos coletivos. *RT,* 643/51.

______. A responsabilidade civil frente à legítima defesa putativa. *RT,* 632/72.

LIMA, Alcides de Mendonça. *Comentários ao Código de Processo Civil.* Rio de Janeiro: Forense, 1974.

LIMA, Alvino. *Culpa e risco.* São Paulo, 1960.

______. *Da culpa ao risco.* São Paulo, 1938.

LIRA, Ricardo Pereira. Breve estudo sobre as entidades familiares. In: BARRETTO, Vicente (Coord.). *A nova família*: problemas e perspectivas. Rio de Janeiro: Renovar, 1997.

LÔBO, Paulo Luiz Netto. In: AZEVEDO, Álvaro Villaça (Coord.). *Código Civil comentado.* São Paulo: Atlas, 2003. v. XVI.

______. *Direito civil*: famílias. São Paulo: Saraiva, 2009.

______. Divórcio: alteração constitucional e suas consequências. Portal IBDFAM. Disponível em: <http://www.ibdfam.org.br/>. Acesso em: 15 ago. 2010.

LOPES, João Batista. Perspectivas atuais da responsabilidade civil. *RJTJSP,* 57/14.

LOPEZ, Teresa Ancona. In: CAHALI, Yussef Said (Coord.). *Separação consensual* (aspectos práticos e controvérsias). *Família e casamento.* São Paulo: Saraiva, 1988.

LUCARELLI, Fábio Dutra. Responsabilidade civil por dano ecológico. *RT,* 700/16.

LYRA, Afrânio. Responsabilidade civil. Salvador: Vellenich, 1977.

MADALENO, Rolf. *Curso de direito de família.* 2. ed. Rio de Janeiro: Forense, 2002.

______. *Direito de família*: aspectos polêmicos. Porto Alegre: Livraria do Advogado, 1998.

______. Do regime de bens entre os cônjuges. In: *Direito de família e o novo Código Civil.* Belo Horizonte: Del Rey/IBDFAM, 2001.

______. Escritura pública como prova relativa de união estável. *Revista Brasileira de Direito de Família,* Porto Alegre: Síntese/IBDFAM, v. 17, p. 80.

______. Renúncia de herança no pacto antenupcial. *Revista IBDFAM*, maio-jun. 2018.

MAGALHÃES, Teresa Ancona Lopes de. *O dano estético.* São Paulo: Revista dos Tribunais, 1980.

______ et al. Responsabilidade civil dos médicos. In: CAHALI, Yussef Said (Coord.). *Responsabilidade civil*: doutrina e jurisprudência. São Paulo: Saraiva, 1984.

MAHFUZ, Nanci. Prestação de contas de pensão alimentícia. *Revista do EMERJ*, 54/22.

MALUF, Carlos Alberto; MALUF, Adriana Freitas Dabus. As relações de parentesco na contemporaneidade. *Revista Nacional de Direito de Família e Sucessões*, Lex Magister e IASP, p. 125-143, 2014.

MANCUSO, Rodolfo de Camargo. Responsabilidade civil do banco em caso de subtração fraudulenta do conteúdo do cofre locado a particular. *RT*, 616/32.

MARINONI, Luiz Guilherme. Tutela inibitória: a tutela de prevenção do ato ilícito. *Revista de Direito Processual Civil,* Curitiba: Gênesis, v. 2, 1988.

MARMITT, Arnaldo. *Perdas e danos*. Rio de Janeiro: Aide, 1987.

MARQUES, Cláudia Lima. *Contratos no Código de Defesa do Consumidor*. São Paulo: Revista dos Tribunais, 1992.

MARQUES, José Frederico. *Elementos de direito processual penal*. Rio de Janeiro: Forense, 1961. v. 3.

_____. *Instituições de direito processual civil*. Rio de Janeiro: Forense, 1960. v. 5.

_____. *Tratado de direito penal*. 2. ed. São Paulo: Saraiva, 1961, v. 2 e 1964, v. 3.

MARTINS, Pedro Batista. *Comentários ao Código de Processo Civil*. Rio de Janeiro: Forense, [s.d.]. v. III.

MARTY, G.; RAYNAUD, P. *Les personnes*. Paris: Sirey, 1976.

MATTIA, Fábio Maria de. Direito de visita e limites à autoridade paterna. In: *Enciclopédia Saraiva do Direito*. São Paulo: Saraiva, 1982. v. 77.

MAXIMILIANO, Carlos. *Direito das sucessões*. 2. ed. Rio de Janeiro: Freitas Bastos, 1942. v. I e III.

MAZEAUD; MAZEAUD. *Traité théorique et pratique de la responsabilité civile, délictuelle et contractuelle*. 3. ed. Paris: Libr. du Recueil Sirey, 1947.

MEIRELLES, Hely Lopes. *Direito administrativo brasileiro*. 6. ed. São Paulo: Revista dos Tribunais, 1978.

_____. *Direito de construir*. 2. ed. São Paulo: Revista dos Tribunais, 1965.

_____. Proteção ambiental e ação civil pública. *RT*, 611/7.

MESSINEO, Francesco. *Manuale di diritto civile e commerciale*. 7. ed. Milano: Giuffrè, 1947, v. 1.

_____. *Manuale di diritto civile e commerciale*. Milano, 1958.

MILARÉ, Edis. Meio ambiente: elementos integrantes e conceito. *RT*, 623/32.

MIRAGEM, Bruno. *Direito civil*: responsabilidade civil. São Paulo: Saraiva, 2015.

MONTEIRO, Washington de Barros. *Curso de direito civil*. 35. ed. Atualização de Ana Cristina de Barros Monteiro França Pinto. São Paulo: Saraiva, 2003. v. 6; 37. ed. atualizada por Regina Beatriz Tavares da Silva, 2004. v. 2.

_____. *Curso de direito civil*. 4. ed. São Paulo: Saraiva, 1960; 32. ed., 1995; 37. ed. atualizada por Regina Beatriz Tavares da Silva, 2004. v. 2.

MONTENEGRO, Antonio Lindbergh C. *Responsabilidade civil*. Rio de Janeiro: Anaconda Cultural, 1985.

MORAES, Alexandre de. *Direito constitucional*. 2. ed. São Paulo: Atlas.

MORAES, Walter. Direito à própria imagem. *RT*, 444/11.

_____. *Teoria geral e sucessão legítima*. São Paulo: Revista dos Tribunais, 1980.

MOREIRA, José Carlos Barbosa. *Direito aplicado*: acórdãos e votos. Rio de Janeiro: Forense, 1987.

MOURA, Mário Aguiar. *Tratado prático da filiação*. 2. ed. Rio de Janeiro: Aide, 1984.

MUKAI, Toshio. *Direito ambiental sistematizado*. Rio de Janeiro: Forense Universitária, 1988.

_____. *Responsabilidade solidária da Administração por danos ao meio ambiente*. Conferência pronunciada no II Simpósio Estadual de Direito Ambiental. Curitiba, 1987.

NACARATO NAZO, Georgette. *Da responsabilidade civil no pré-contrato de casamento*. São Paulo: Bushatsky, 1976.

NALINI, José Renato. A responsabilidade civil do notário. *RJTJSP*, 130/19.

NEGRÃO, Theotonio. *Código de Processo Civil e legislação processual em vigor*. 18. ed. São Paulo: Revista dos Tribunais, 1988.

______. *Código de Processo Civil e legislação processual em vigor.* 30. ed. São Paulo: Saraiva, 1999.

______; GOUVÊA, José Roberto Ferreira. *Código de Processo Civil e legislação processual em vigor.* 37. ed. São Paulo: Saraiva, 2005.

NERY JUNIOR, Nelson. Aspectos da responsabilidade civil do fornecedor no Código de Defesa do Consumidor. *Revista do Advogado*, n. 33, p. 76.

______. Responsabilidade civil por dano ecológico e ação civil pública. *Justitia*, 126/175.

______; NERY, Rosa Maria de Andrade. *Código de Processo Civil comentado.* 3. ed. São Paulo: Revista dos Tribunais, 1997.

______ et al. *Direito ambiental*: prevenção, reparação e repressão. São Paulo: Revista dos Tribunais, 1993.

NICK, Sérgio Eduardo. Guarda compartilhada: um novo enfoque no cuidado aos filhos de pais separados ou divorciados. In: *A nova família*: problemas e perspectivas. Rio de Janeiro: Renovar, 1997.

NOGUEIRA DA GAMA, Guilherme Calmon. *O companheirismo.* 2. ed. São Paulo: Revista dos Tribunais, 2001.

NONATO DA SILVA, Orozimbo. *Do testamento.* [s.l.]: Impressora Diocesana, 1932.

______. *Estudos sobre sucessão testamentária.* Rio de Janeiro: Forense, 1957. v. I.

NORONHA, E. Magalhães. *Direito penal.* 4. ed. São Paulo: Saraiva, 1966.

OLIVEIRA, Euclides Benedito de. Concorrência sucessória e a nova ordem da vocação hereditária. *Revista Brasileira de Direito de Família*, Porto Alegre: Síntese/IBDFAM, v. 29, abr./maio 2005.

______. *Direito de herança*: a nova ordem da sucessão. São Paulo: Saraiva, 2005.

______. Direito de visitas dos avós aos netos. *Revista da Associação Paulista do Ministério Público*, n. 46, fev./abr. 2008.

______. Separação de fato e regime de bens no casamento. *Revista do IBDFAM,* Porto Alegre: Síntese, v. 5.

______. *União estável:* do concubinato ao casamento. 6. ed. São Paulo: Método, 2003.

______; HIRONAKA, Giselda Maria Fernandes Novaes. Do casamento. In: *Direito de família e o novo Código Civil.* Belo Horizonte: Del Rey/IBDFAM, 2001.

ORLANDI NETO, Narciso. Casamento celebrado no exterior e traslado do assento. In: CAHALI, Yussef Said (Coord.). *Família e casamento.* São Paulo: Saraiva, 1988.

PACHECO, José da Silva. A nova Constituição e o problema da responsabilidade civil das pessoas jurídicas de direito público e privado prestadoras de serviço público. *RT,* 635/103.

PAIVA, Alfredo de Almeida. *Aspectos do contrato de empreitada.* Rio de Janeiro: Forense, 1955.

PASSOS, J. J. Calmon de. *Comentários ao Código de Processo Civil.* Rio de Janeiro: Forense, 1976.

PEREIRA COELHO, Francisco Manuel. *Curso de direito de família.* Coimbra: Atlântida, 1965.

PEREIRA, Caio Mário da Silva. *Instituições de direito civil.* 14. ed. Atualização de Tânia Pereira da Silva. Rio de Janeiro: Forense, 2004. v. 5.

______. *Instituições de direito civil.* 15. ed. Atualização de Carlos Roberto Barbosa Moreira. Rio de Janeiro: Forense, 2005. v. VI; e 19. ed., 2002. v. I.

______. *Instituições de direito civil.* 3. ed. Rio de Janeiro: Forense, 1975.

______. *Reconhecimento de paternidade e seus efeitos.* 5. ed. Rio de Janeiro: Forense, 1985.

______. *Responsabilidade civil.* 2. ed. Rio de Janeiro: Forense, 1990.

PEREIRA, Lafayette Rodrigues. *Direitos de família.* 4. ed. Rio de Janeiro: Freitas Bastos, 1945.

PEREIRA, Rodrigo da Cunha. *Concubinato e união estável.* 6. ed. Belo Horizonte: Del Rey, 2001.

______. Família, direitos humanos, psicanálise e inclusão social. *Revista Brasileira de Direito de Família,* Porto Alegre: Síntese/IBDFAM, v. 16, jan./mar. 2003.

______. União estável. In: *Direito de família e o novo Código Civil.* Belo Horizonte: Del Rey/IBDFAM, 2001.

______; DIAS, Maria Berenice. *Direito de família e o novo Código Civil.* Prefácio. Belo Horizonte: Del Rey/IBDFAM, 2001.

PIERI, José Eduardo; GARCIA, Rebeca. Repercussões práticas da regulamentação do Marco Civil da Internet. *Revista Consultor Jurídico*, de 18-6-2016.

PINHEIRO FRANCO, Antonio Celso. A fixação da indenização por dolo processual. *JTACSP, Revista dos Tribunais*, 99/9.

PINTO DE CARVALHO, Luiz Camargo. Observações em torno da responsabilidade civil no transporte aéreo. *Revista do Advogado*, AASP, n. 46.

PLANIOL, Marcel. *Traité élémentaire de droit civil français*. 7. ed. Paris: [s.n.], 1915. t. III.

_____; RIPERT, Georges. *Traité pratique de droit civil français*. Paris: [s.n.], 1926. v. 1 e 4.

PONTES DE MIRANDA, Francisco Cavalcanti. *Comentários ao Código de Processo Civil*. 2. ed. Rio de Janeiro: Forense, 1958.

_____. *Tratado de direito de família*. 3. ed. São Paulo: Max Limonad, 1947. v. I a III.

_____. *Tratado de direito de família*. São Paulo: Max Limonad, [s.d.]. v. 3.

_____. *Tratado de direito privado*. Rio de Janeiro: Borsoi, 1946, v. 26 e 1970, v. 54.

_____. *Tratado de direito privado*. 3. ed. Rio de Janeiro: Borsoi, 1954/1956. v. 8 e 9.

_____. *Tratado de direito privado*. 3. ed. São Paulo: Revista dos Tribunais, 1983. v. 55; 3. ed. Rio de Janeiro: Borsoi, 1972. v. 56; e 1973. v. 59 e 60.

_____. *Tratado dos testamentos*. Rio de Janeiro: Livraria, Papelaria e Litho-Typographia Pimenta de Mello & C., 1930. v. 1 a 5.

PORTO, Mário Moacyr. *Ação de responsabilidade civil e outros estudos*. São Paulo: Revista dos Tribunais, 1966.

_____. Ações de investigação de paternidade ilegítima e petição de herança. *RT*, 645/10.

_____. Casamento nulo e inexistente. Matrimônio religioso putativo. *RT*, 607/9.

_____. Responsabilidade civil do construtor. *RT*, 623/7.

_____. Responsabilidade do Estado pelos atos de seus juízes. *RT*, 563/14.

_____. *Temas de responsabilidade civil*. São Paulo: Revista dos Tribunais, 1989.

_____. Teoria da aparência e herdeiro aparente. In: *Ação de responsabilidade civil e outros estudos*. São Paulo: Revista dos Tribunais, 1966.

POTHIER. Traité des obligations. In: *Oeuvres*. Paris, 1861.

PRUNES, Lourenço Mário. *Investigação de paternidade*. 2. ed. São Paulo: Sugestões Literárias, 1978.

RAZUK, Paulo Eduardo. O nome civil da mulher casada. *RJTJSP*, Lex, 128/19.

REALE, Miguel. Diretrizes gerais sobre o Projeto de Código Civil. In: *Estudos de filosofia e ciência do direito*. São Paulo: Saraiva, 1978.

_____. *O Projeto do novo Código Civil*. 2. ed. São Paulo: Saraiva, 1999.

RÉGIS, Mário Luiz Delgado. Controvérsias na sucessão do cônjuge e do convivente. *Revista Brasileira de Direito de Família*, Porto Alegre: Síntese/IBDFAM, v. 29, abr./maio 2005.

REIS, Clayton. A responsabilidade civil do notário e do registrador. *RT*, 703/19.

RESTIFFE NETO, Paulo; ALONSO, Félix Ruiz. A recepção do casamento religioso e o novo Código Civil. *RT*, 817/35.

RIPERT, Georges. *La règle morale dans les obligations civiles*. Paris: LGDJ, 1935.

RIZZARDO, Arnaldo. *A reparação nos acidentes de trânsito*. 2. ed. São Paulo: Revista dos Tribunais, 1986.

_____. *Direito das sucessões*. 2. ed. Rio de Janeiro: Forense, 2005.

_____. *Direito de família*. 2. ed. Rio de Janeiro: Forense, 2004.

RODRIGUES, Francisco César Pinheiro. Indenização na litigância de má-fé. *RT*, 584/9.

RODRIGUES, Silvio. In: AZEVEDO, Antônio Junqueira de (Coord.). *Comentários ao Código Civil*. São Paulo: Saraiva, 2003. v. 17.

_____. *Direito civil*. 25. ed. Atualização de Zeno Veloso. São Paulo: Saraiva, 2002. v. 7; e 32. ed., 2002. v. 1.

_____. *Direito civil*. 28. ed. Atualização de Francisco José Cahali. São Paulo: Saraiva, 2004. v. 6.

______. *Direito civil*. 32. ed. São Paulo: Saraiva, 2002. v. 1.

______. *Direito civil*. São Paulo: Saraiva, 1975. v. 2, 3 e 4.

______. *O divórcio e a lei que o regulamenta*. São Paulo: Saraiva, 1978.

ROSENVAL, Nelson. Curatela. In *Tratado de direito das famílias*, diversos autores. Belo Horizonte: IBDFAM, 2015.

RUGGIERO, Roberto de; MAROI, Fulvio. *Istituzioni di diritto privato*. 8. ed. Milano: Prineipato, 1955. v. 1.

SAN THIAGO DANTAS, Francisco. *Direitos de família e das sucessões*. 2. ed. Rio de Janeiro: Forense, 1991.

SANTOS, Antônio Jeová. *Dano moral indenizável*. São Paulo: Lejus, 1997.

______. *Dano moral na internet*. São Paulo: Método, 2001.

SANTOS, Ernane Fidélis. *Manual de direito processual civil*. São Paulo: Saraiva, 1985. v. 1.

SANTOS, Lia Justiniano dos. Guarda compartilhada. *Revista Brasileira de Direito de Família*, Porto Alegre: Síntese/IBDFAM, v. 8.

SANTOS, Moacyr Amaral. *Comentários ao Código de Processo Civil*. Rio de Janeiro: Forense, 1981. v. 4.

SAVATIER, René. *Cours de droit civil*. 12. ed. Paris: LGDJ, 1949.

______. *Traité de la responsabilité civile en droit français*. Paris, 1951.

SAVI, Sérgio. *Responsabilidade civil por perda de uma chance*. São Paulo: Atlas, 2006.

SAVIGNY. *Le droit des obligations*. Tradução de Gerardini e Jozon. Paris, 1873.

SEABRA FAGUNDES, Miguel. O direito administrativo na futura Constituição. *Revista de Direito Administrativo*, v. 168.

SENTO SÉ, João. *Responsabilidade civil do Estado por atos judiciais*. São Paulo: Bushatsky, 1976.

SERPA LOPES, Miguel Maria de. *Curso de direito civil*. Rio de Janeiro: Freitas Bastos, 1971.

SILVA, Regina Beatriz Tavares da. *Dever de assistência imaterial entre cônjuges*. Rio de Janeiro: Forense Universitária, 1990.

______. In: FIUZA, Ricardo (Coord.). *Novo Código Civil comentado*. São Paulo: Saraiva, 2002.

SILVA, Wilson Melo da. *Da responsabilidade civil automobilística*. 3. ed. São Paulo: Saraiva, 1980.

______. *Responsabilidade sem culpa e socialização do risco*. Belo Horizonte: Bernardo Álvares, 1962.

SILVEIRA, Alípio. *A boa-fé no Código Civil*. São Paulo, 1941.

______. *Da separação litigiosa à anulação do casamento*. São Paulo: Universitária de Direito, 1983.

______. *O casamento putativo no direito brasileiro*. São Paulo: Universitária de Direito, 1972.

SOUSA, Álvaro Couri Antunes. Overbooking: responsabilidade civil do transportador aéreo à luz do Código de Defesa do Consumidor. *RT*, 775/78.

SOUZA, Ivone M. C. Coelho de. Famílias modernas: (inter)secções do afeto e da lei. *Revista Brasileira de Direito de Família*, Porto Alegre: Síntese/IBDFAM, v. 8, jan./mar. 2001, p. 65.

SOUZA, José Guilherme de. A responsabilidade civil do Estado pelo exercício da atividade judiciária. *RT*, 652/29.

STOCO, Rui. *Responsabilidade civil*. 4. ed. São Paulo: Revista dos Tribunais, 1999.

______. Responsabilidade civil e tutela antecipada nas ações de reparação de danos. *Informativo Jurídico INCIJUR*. Joinville, p. 24-25.

TARTUCE, Flávio. *Direito civil*. 11. ed. São Paulo: GEN/Forense, 2018. v. 6.

______. *Direito civil*: direito de família. 14. ed. São Paulo: GEN/Forense, 2019.

TARTUCE, Flávio; SIMÃO, José Fernando. *Direito civil*. Série Concursos Públicos. São Paulo: Método, 2008. v. 6.

TEPEDINO, Gustavo. A disciplina civil-constitucional das relações familiares. In: BARRETTO, Vicente (Coord.). *A nova família*: problemas e perspectivas. Rio de Janeiro: Renovar, 1997.

______. Controvérsias sobre regime de bens no novo Código Civil. *Revista Brasileira de Direito das Família e Sucessões*, IBDFAM, n. 2.

THEODORO JÚNIOR, Humberto. *Processo de execução*. 11. ed. São Paulo: LEUD, 1986.

TOURINHO FILHO, Fernando da Costa. *Processo penal*. 5. ed. Bauru: Jalovi, 1979. v. 2.

TRABUCCHI, Alberto. *Instituciones de derecho civil*. Tradução de Luiz Martinez-Calcerrada. Madrid: Revista de Derecho Privado, 1967. v. II.

VARELA, João de Matos Antunes. *A responsabilidade no direito*. São Paulo: Instituto dos Advogados, 1982.

______. *Das obrigações em geral*. 4. ed. Coimbra: Coimbra Editora, 1986.

______. *Direito da família*. Lisboa: Petrony, [illegible]

______. *Dissolução da sociedade conjugal*. Rio de Janeiro: Forense, 1980.

______. Do direito sucessório dos companheiros. In: *Direito de família e o novo Código Civil*. Belo Horizonte: Del Rey/IBDFAM, 2001.

VELOSO, Zeno. *Código Civil comentado*. São Paulo: Atlas, 2002. v. XVII.

______. *Direito brasileiro da filiação e paternidade*. São Paulo: Malheiros, 1997.

______. Novo casamento do cônjuge do ausente. *Revista Brasileira de Direito de Família*, Porto Alegre: Síntese/IBDFAM, v. 23, p. 37, abr./maio 2004.

______. Regimes matrimoniais de bens. In: PEREIRA, Rodrigo da Cunha (Coord.). *Direito de família contemporâneo*. Belo Horizonte: Del Rey, 1997.

______. Sucessão do cônjuge no novo Código Civil. *Revista Brasileira de Direito de Família*, Porto Alegre: Síntese/IBDFAM, v. 17, abr./maio 2003.

______. *Testamentos*. 2. ed. Belém: Cejup, 1993.

______. *União estável*. Belém: Cejup, 1997.

______. In: AZEVEDO, Antônio Junqueira de (Coord.). *Comentários ao Código Civil*. São Paulo: Saraiva, 2003. v. 21.

______. In: FIUZA, Ricardo (Coord.). *Novo Código Civil comentado*. São Paulo: Saraiva, 2002.

VENOSA, Sílvio de Salvo. *Direito civil*. 6. ed. São Paulo: Atlas, 2006. v. IV.

______. *Direito civil*. 3. ed. São Paulo: Atlas, 2003. v. VI.

______. *Direito civil*. 5. ed. São Paulo: Atlas, 2005. v. VII.

WAINER, Ann Helen. Responsabilidade civil do construtor. *RT*, 643/232.

WALD, Arnoldo. A introdução do "leasing" no Brasil. *RT*, 415/9.

______. A responsabilidade contratual dos banqueiros. *RT*, 582/263.

______. *Direito das sucessões*. 12. ed. São Paulo: Saraiva, 2002.

______. *O novo direito de família*. 15. ed. São Paulo: Saraiva, 2004.

______. O regime jurídico da partilha. *RT*, 622/7-15.

______. Responsabilidade do banqueiro por atividade culposa. *RT*, 595/40.

WELTER, Belmiro Pedro. *Direito de família*: questões controvertidas. Porto Alegre: Síntese, 2000.

WILLEMAN, Flávio de Araújo. *Responsabilidade civil das agências reguladoras*. Rio de Janeiro: Lumen Juris, 2005.

YARSHELL, Flávio Luiz. Dano moral: tutela preventiva (ou inibitória), sancionatória e específica. *Revista do Advogado*, 49/62.

______. Temas de direito processual na Lei 11.804/08 (ação de alimentos "gravídicos") — III. *Carta Forense*, 3-2-2009.

ZANNONI, Eduardo. *El daño en la responsabilidad civil*. Buenos Aires: Astrea, 1982.

ZULIANI, Ênio Santarelli. Responsabilidade civil dos advogados. *Seleções Jurídicas*, Rio de Janeiro, COAD, out./nov. 2002.